DROIT DE L'ARBITRAGE INTERNE ET INTERNATIONAL

DROIT DE L'ARBITRAGE INTERNE ET INTERNATIONAL

2e édition

CHRISTOPHE SERAGLINI
Agrégé des Facultés de droit
Professeur à l'Université Paris-Sud 11

JÉRÔME ORTSCHEIDT
Docteur en droit
Avocat au Conseil d'État et à la Cour de cassation

LGDJ une marque de Lextenso

70, rue du Gouverneur Général Éboué
92131 Issy-les-Moulineaux Cedex
www.lgdj-editions.fr
ISBN 978-2-275-04245-9

SOMMAIRE

LISTE DES ABRÉVIATIONS

Arb. int.	*Arbitration International*
Cass. com.	Chambre commerciale
CPC	Code de procédure civile
D.	*Dalloz*
DP	*Dalloz périodique*
Dr. et patr.	*Droit et patrimoine*
Dr. sociétés	*Droit des sociétés*
Gaz. Pal.	*Gazette du Palais*
IBA	*International Bar Association*
ICCA	*International Council for Commercial Arbitration*
ICSID Review, Foreign Investment Law Journal	*International Centre for Settlement of Investment Disputes Review, Foreign Investment Law Journal*
J-Cl. Com	*Juris-Classeur Commercial*
J-Cl. Pr. civ	*Juris-Classeur Procédure Civile*
JCP A	*Juris-Classeur périodique, édition administrative*
JCP E	*Juris-Classeur périodique, édition entreprise et affaires*
JCP G	*Juris-Classeur périodique, édition générale*
JDI	*Journal de droit international Clunet*
Journ. int. arb.	*Journal of International Arbitration, Kluwer Law International*
JO	*Journal officiel*
JT	*Journal des tribunaux*
LCIA	*Cour d'arbitrage international de Londres*
Lloyd's Rep.	*Lloyd's Law Report*
LPA	*Les Petites Affiches*
MARC	Modes alternatifs de règlement des conflits
RCADI	*Recueil des cours de l'Académie de droit international*
RCDIP	*Revue critique de droit international privé*
RDAI/IBLJ	*Revue de droit des affaires internationales/International Business Law Journal*
RDC	*Revue des contrats*
Rép. Dalloz Int.	*Répertoire Dalloz de droit international*
Rev. arb.	*Revue de l'arbitrage*
Rev. soc.	*Revue des sociétés*
RGDA	*Revue générale de droit des assurances*
RID comp.	*Revue internationale de droit comparé*
RJDA	*Revue de jurisprudence de droit des affaires*

RJ com.	*Revue de jurisprudence commerciale*
RLDC	*Revue Lamy de droit civil*
RTD civ.	*Revue trimestrielle de droit civil*
RTD com.	*Revue trimestrielle de droit commercial*
S.	*Sirey*
YCA	*Yearbook of Commercial Arbitration*

INTRODUCTION

1 **Spécificité des modes de règlement des litiges dans les activités économiques.** Certains justiciables, et particulièrement les opérateurs du commerce international, préfèrent, pour résoudre les différends pouvant les opposer, recourir à d'autres mécanismes que les procédures juridictionnelles étatiques. L'arbitrage est l'une de ces alternatives à la justice étatique. Toutefois, ces mécanismes de résolution des litiges, généralement de caractère privé et alternatifs à la justice étatique, sont fort divers et de nature variable.

2 **Modes alternatifs de règlement des conflits.** Il convient de distinguer l'arbitrage des autres « modes alternatifs de règlement des conflits ». À vrai dire, la dénomination « modes alternatifs de règlement des conflits » (« MARC »)[1] est généralement réservée à des mécanismes qui sont alternatifs à la justice étatique en ce qu'ils tentent d'éviter les affres des procédures judiciaires en privilégiant un règlement plus pacifique des litiges. Ces mécanismes se sont d'abord développés aux États-Unis, en réaction aux lourdeurs, lenteurs et coûts excessifs des procès. Ils reposent notamment sur la recherche d'un accord amiable entre les parties, éventuellement aidées par un tiers, pour résoudre leur litige, plutôt que d'une décision plus traumatisante désignant un gagnant et un perdant. Ils devraient au surplus faciliter, le cas échéant, la poursuite des relations commerciales

1. Ou « MARD » (modes alternatifs de règlement des différends), ou encore « ADR » (Alternative Dispute Resolution), pour reprendre l'acronyme anglo-saxon qui les désigne. Sur le sujet, v. notamment, L. Cadiet et alii, *Médiation et arbitrage, Alternative dispute resolution*, Litec, 2005 ; L. Cadiet et Th. Clay, *Les modes alternatifs de règlement des conflits*, Dalloz, Connaissance du droit, 3e éd., 2019 ; P. Chevalier, Y. Desdevises, P. Milburn, et alii, *Les modes alternatifs de règlement des litiges : les voies nouvelles d'une autre justice*, La Documentation française, 2003 ; Ph. Fouchard, « Arbitrage et modes alternatifs de règlement des litiges du commerce international », in *Souveraineté étatique et marchés internationaux à la fin du xxe siècle, Mélanges en l'honneur de Ph. Kahn*, Litec, 2000, p. 95 ; J.-Cl. Goldsmith, « Les modes de règlement amiable des différends », *RDAI* 1996, p. 221 ; « Les modes alternatifs de règlement des différends de la vie économique », *Justices* 1995, p. 53 ; G. Herrmann, « La conciliation, nouvelle méthode de règlement des différends », *Rev. arb.* 1985, p. 343 ; F.-S. Narim, « Médiation et arbitrage », in *Arbitration in the next decade, Suppl. spéc., Bull. CCI* 1999/2, p. 43 ; *Les modes alternatifs de règlement des conflits*, n° spéc., *RID comp.* 1997, p. 311 ; B. Oppetit, « Arbitrage, médiation et conciliation », *Rev. arb.* 1984, p. 307 ; F. Vert, « Le rapport *Magendie* sur la Médiation : enjeux et perspectives », *Cah. arb.* 2010, p. 779. V. également, afin de se tenir informé des développements législatifs et jurisprudentiels en la matière, de plus en plus fréquents et importants, la chronique annuelle de « Droit des modes amiables de règlement des conflits », initiée en 2007 à la *Revue de l'arbitrage*, par J.-Ph. Tricoit.

entre les parties, dès lors qu'ils aboutissent à une solution volontairement acceptée et fruit des discussions entre elles. Cependant, au-delà de quelques caractères communs, ces « MARC » peuvent revêtir des formes très diverses au sein d'un même ordre juridique, mais également d'un État à un autre, selon l'état d'esprit et la culture de règlement des conflits propres à chacun[2].

La conciliation et la médiation sont des exemples classiques de ce type de modes alternatifs : un tiers, qualifié selon le cas de médiateur ou de conciliateur, intervient pour permettre aux parties de se rapprocher, notamment en confrontant leurs points de vue, afin qu'elles trouvent un terrain d'entente. Le dernier mot reviendra cependant aux parties elles-mêmes, qui pourront notamment conclure une transaction. Il existe des médiations légales, imposées par la loi, des médiations judiciaires, intervenant dans le cadre d'un procès en cours et entreprises à l'initiative du juge[3], et des médiations

2. V. L. Cadiet, « Avant-propos », in *Médiation et arbitrage, Alternative dispute resolution*, L. Cadiet et alii, préc., p. 5, spéc. p. 8 et s. ; Y. Chaput, « Médiation et contentieux des affaires », *ibid.*, p. 93, spéc. p. 105.

3. Dans le cadre judiciaire, l'article 131-1 CPC définit le médiateur comme la personne désignée par le juge, avec l'accord des parties, « afin d'entendre les parties et de confronter leurs points de vue pour leur permettre de trouver une solution au conflit qui les oppose ». La médiation judiciaire, pratique née à l'initiative des juges, a été ensuite consacrée par le législateur : L. n° 95-125 du 8 février 1995 relative à l'organisation des juridictions et à la procédure civile, pénale et administrative (*JO* 9 févr. 1995, p. 2175, art. 21 à 26) et D. n° 96-652 du 22 juillet 1996 relatif à la conciliation et à la médiation judiciaires (*JO* 23 juill. 1996, p. 11125, insérant la médiation dans le Code de procédure civile aux articles 131-1 à 131-15). V. aussi, sur la conciliation devant le juge, art. 128 à 131, et art. 829 à 835 CPC. Ces pratiques sont aujourd'hui largement encouragées par le législateur. Ainsi, depuis le décret n° 2015-282 du 11 mars 2015 qui a regroupé la conciliation et la médiation au sein du même titre (titre VI, livre I) dans le Code de procédure civile, il est énoncé à l'article 127 CPC : « S'il n'est pas justifié, lors de l'introduction de l'instance et conformément aux dispostions des articles 56 et 58, des diligences entreprises en vue de parvenir à une résolution amiable de leur litige, le juge peut proposer aux parties une mesure de conciliation ou de médiation ». L'article 4 de la « Loi de modernisation de la justice du XXIe siècle » (L. n° 2016-1547 du 18 nov. 2016, *JO*, n° 269, 19 nov. 2016) prévoit même que « la saisine du tribunal d'instance par déclaration au greffe doit être précédée d'une tentative de conciliation menée par un conciliateur de justice ». V. aussi, sur la médiation familiale en matière de divorce, art. 255 C. civ., ou d'autorité parentale, art. 373-2-10 C. civ. introduit par la loi n° 2002-305 du 4 mars 2002. Plus généralement, le législateur a tendance, dans les années récentes, à multiplier les dispositions relatives à la conciliation ou la médiation, de façon générale ou dans des secteurs particuliers, que ce soit dans le domaine des relations privées, notamment dans le cadre des litiges de consommation (v. notamment, livre V Code de la consommation, « Médiation des litiges de consommation », introduit par l'ordonnance n° 2015-10033 du 20 août 2015 et son décret n° 2015-1382 du 30 oct. 2015, transposant la directive du 21 mai 2013 dite Règlement extrajudiciaire des litiges (B. Mallet-Bricourt, « Médiation et droit de la consommation : une avancée vers la généralisation du règlement extrajudiciaire des litiges », *RTD civ.* 2015, p. 952) et le site internet dédié (www.mediation-conso.fr) ; à l'échelon européen, v. la plateforme de règlement en ligne des litiges de la consommation (http://ec.europa.eu/consumers/odr ouverte par la commission européenne)), ou dans celui des relations entre l'Administration et ses administrés, avec des régimes juridiques variables selon les cas, notamment quant au statut juridique du médiateur. V. encore, ordonnance n° 2011-1540 du 16 novembre 2011 (*JO* n° 266, 17 nov. 2011, p. 19286) portant transposition de la directive 2008/52/CE du 21 mai 2008 sur certains aspects de la médiation en matière civile et commerciale, et son décret d'application n° 2012-66 du 20 janvier 2012 (*JO* 22 janv. 2012) relatif à la résolution amiable des différends. La dernière intervention législative significative en date est la loi de modernisation de la justice du XXIe siècle (L. n° 2016-1547 du 18 nov. 2016, *JO* n° 269, 19 nov. 2016) qui consacre plusieurs dispositions aux modes alternatifs de règlement des conflits (sur lesquelles, v. notamment la « Chronique de droit des modes amiables de règlement des conflits » de J.-Ph. Tricoit, *Rev. arb.* 2017, p. 279 ; Th. Clay, « L'arbitrage, les modes alternatifs de règlement des différends et la transaction dans la loi "Justice du XXIe siècle" », *JCP* G 2016, doctr. 1295 ; L. Mayer, « Les modes amiables de règlement des litiges dans la loi "Justice du XXIe siècle" », *Cah. arb.*

purement conventionnelles, dont l'initiative repose sur une démarche volontaire des parties. Seules ces dernières retiendront ici notre attention[4]. Elles peuvent prendre place au cours d'une procédure judiciaire ou dans un cadre non judiciaire, notamment en raison d'une clause conventionnelle imposant le recours préalable à la médiation ou à la conciliation avant toute saisine d'un juge ou d'un arbitre. Si certains continuent de distinguer les missions du conciliateur et du médiateur, le premier devant se contenter de rapprocher les parties afin qu'elles trouvent elles-mêmes une solution alors que le second devrait leur en proposer une[5], il est en réalité bien difficile de distinguer aussi nettement les deux institutions ; la différence, déjà formellement bien ténue, le sera très certainement encore davantage en pratique : comment en effet rapprocher les parties sans leur proposer une solution d'équilibre ? L'assimilation des deux notions est d'ailleurs l'option choisie par la loi-type CNUDCI sur la conciliation internationale du 24 juin 2002[6], par la directive n° 2008/52/CE du Parlement européen et du Conseil sur certains aspects de la médiation dans les matières civiles et commerciales du 21 mai 2008[7], et par le droit français lors de la transposition de cette directive[8]. Ainsi, l'article 3 (a) de la directive définit la médiation comme « un processus structuré, quelle que soit la manière dont il est nommé ou visé, dans lequel deux ou plusieurs parties à un litige tentent par elles-mêmes, volontairement, de parvenir à un accord sur la résolution de leur litige avec l'aide d'un médiateur. Ce processus peut être engagé par les parties, suggéré ou ordonné par une juridiction ou prescrit par le droit d'un État membre ». Le médiateur y est quant à lui défini comme « tout tiers sollicité pour mener une médiation avec efficacité, impartialité et compétence, quelle que soit l'appellation ou la profession de ce tiers dans l'État membre concerné et quelle que soit la façon dont il a été nommé pour mener ladite médiation ou dont il a été chargé de la mener ». De son côté, l'article 1530 du Code de procédure civile énonce que « la médiation et la conciliation conventionnelles régies par le présent titre s'entendent [...] de tout processus structuré, par lequel deux ou plusieurs parties tentent de parvenir à un accord, en dehors de toute procédure judiciaire en vue de la résolution amiable de leurs différends, avec l'aide d'un tiers choisi par elles qui accomplit sa mission avec impartialité, compétence et diligence ».

Les contrats, particulièrement ceux de longue durée, et notamment dans le domaine de la construction, contiennent de plus en plus fréquemment une clause de conciliation ou de médiation obligatoire et préalable à la saisine d'une juridiction étatique ou

2017, p. 11) ; v. aussi, loi n° 2019-222 du 23 mars 2019 de programmation 2018-2022 et de réforme pour la justice (*JO* n° 71, 24 mars 2019).

4. À leur sujet, s'agissant du droit français, v. le nouveau Livre V CPC (« La résolution amiable des différends »), issu du décret n° 2012-66 du 20 janvier 2012, préc.

5. V. la définition de la médiation donnée par le *Vocabulaire juridique Capitant* (sous la direction de G. Cornu, PUF, coll. « Quadrige », 12e éd., 2018), V° *Médiation*, qui maintient la distinction : « Mode de solution des conflits consistant, pour la personne choisie par les antagonistes (en raison le plus souvent de son autorité personnelle), à proposer à ceux-ci un projet de solution, sans se borner à s'efforcer de les rapprocher, à la différence de la conciliation, mais sans être investi du pouvoir de le leur imposer comme décision juridictionnelle, à la différence de l'arbitrage et de la juridiction étatique ».

6. V. art. 1-3 (texte in *Rev. arb.* 2004, p. 143, et le commentaire de J.-M. Jacquet, p. 63).

7. Directive 2008/52/CE du Parlement européen et du Conseil du 21 mai 2008 sur certains aspects de la médiation en matière civile et commerciale, *JO* L. 136 du 24 mai 2008, p. 3-8 ; présentation par H. Muir Watt, in *RCDIP* 2008, p. 697 ; et commentaire par J.-Ph. Tricoit, in *Rev. arb.* 2009, p. 207.

8. V. art. 1530 CPC issu du décret n° 2012-66 du 20 janvier 2012, préc. Pour une étude de droit comparé de la transposition de cette directive, v. les différents articles consacrés à cette question (Allemagne, Belgique, Espagne, France, Italie) in *Cah. arb.* 2012, p. 323 et s.

arbitrale en cas de litige entre les parties[9]. La jurisprudence française consacre la licéité de cette clause et en assure le respect en décidant que, si l'une des parties l'invoque, elle constitue une fin de non-recevoir s'imposant au juge ou à l'arbitre selon le cas, alors même que la clause de conciliation préalable n'est pas expressément prévue parmi les cas de fin de non-recevoir de l'article 122 du Code de procédure civile[10] et que la clause ne formulerait que peu de précisions quant à ses modalités de mise en œuvre[11]. La jurisprudence a en outre précisé que la mise en œuvre de la procédure de conciliation suspend jusqu'à son issue le cours de la prescription[12], que la clause peut être invoquée en tout état de cause[13] et qu'en revanche, la situation donnant lieu à la fin de non-recevoir tirée du défaut de mise en œuvre de la clause n'est pas susceptible d'être régularisée par une mise en œuvre en cours d'instance[14]. Au-delà de ces précisions jurisprudentielles, pendant très longtemps, les « MARC » ont assez peu fait l'objet de réglementations législatives propres et on leur appliquait très largement le droit commun des contrats. Cette « abstention législative » était généralement plutôt considérée comme bienvenue[15]. Toutefois, la situation devrait évoluer, dans la mesure où la CNUDCI, en proposant une loi-modèle sur la conciliation commerciale internationale en 2002, tout comme la directive européenne du 21 mai 2008, devraient conduire certains États à légiférer en la matière. D'ailleurs, la directive européenne a été transposée en droit français par une ordonnance du 16 novembre 2011[16]. En tout cas, de nombreux

9. Sur ces clauses, v. D. Jiménez Figueres, « Multi-tier Dispute Resolution Clauses in ICC Arbitration », *Bull. CCI*, vol. 14, 2003, n° 1, p. 71 ; E. Jolivet, « Arbitrage CCI et procédures ADR », *Cah. arb.*, vol. I, *Gaz. Pal.* éd., 2002, p. 261. V. aussi, *infra*, n° 25.

10. Cass. ch. mixte, 14 févr. 2003, *D.* 2003, p. 1386, note P. Ancel et M. Cottin ; *JCP* G 2003, I, 164, n° 9, obs. Ch. Seraglini ; *Rev. arb.* 2003, p. 403 (1re esp.), note Ch. Jarrosson ; *D.* 2003, som. p. 2481, obs. Th. Clay. Plus précisément, la demande portée prématurément devant le juge ou l'arbitre est irrecevable en l'état ; en ce sens, Ch. Jarrosson, « Médiation et droit des contrats », in *Médiation et arbitrage, Alternative dispute resolution*, L. Cadiet *et alii*, préc., p. 33, spéc. p. 39.

11. Cass. 3e civ., 19 mai 2016, *Rev. arb.* 2016, p. 1094, note N. Dissaux ; *ibid.* 2017, p. 302, obs. J.-Ph. Tricoit.

12. Cass. ch. mixte, 14 févr. 2003, préc. Et depuis, v. art. 2238 C. civ., issu de la loi n° 2008-561 du 17 juin 2008 sur la réforme de la prescription en matière civile.

13. Cass. com., 22 févr. 2005, *JCP* G 2005, I, 183, obs. Th. Clay.

14. Cass. 3e civ., 6 oct. 2016, *Rev. arb.* 2017, p. 304, obs. J.-Ph. Tricoit ; Cass. 3e civ., 16 juin 2016, *Rev. arb.* 2016, p. 1095, note N. Dissaux ; Cass. ch. mixte, 12 déc. 2014, *Rev. arb.* 2015, p. 246, n° 49, obs. J.-Ph. Tricoit ; *JCP* E 2015, 1018, note N. Dissaux ; *D.* 2015, p. 208, note C. Boillot ; *RDC* 2015, p. 308, obs. C. Pelletier.

15. Cf. Ch. Jarrosson, « Médiation et droit des contrats », in *Médiation et arbitrage, Alternative dispute resolution*, L. Cadiet et alii, préc., p. 33, spéc. p. 36.

16. V. ordonnance n° 2011-1540 du 16 novembre 2011 portant transposition de la directive du 21 mai 2008 sur certains aspects de la médiation en matière civile et commerciale, *JO* n° 266, 17 nov. 2011, p. 19286 ; sur cette ordonnance, v. N. Nevejans, « L'ordonnance n° 2011-1540 du 16 novembre 2011 portant transposition de la directive du 21 mai 2008 sur certains aspects de la médiation en matière civile et commerciale », *JCP* G 2012, doctr. 148 ; et aussi, J.-Ph. Tricoit, *Rev. arb.* 2012, chron. p. 157, spéc. n° 20 et s., p. 168. V. aussi son décret d'application n° 2012-66 du 20 janvier 2012 (*JO* 22 janv. 2012) relatif à la résolution amiable des différends, qui a introduit dans le Code de procédure civile un livre V relatif à la résolution amiable des différends en matière civile, commerciale, sociale et rurale lorsque les parties à un litige décident de le régler par un accord entre elles. Le décret, qui a pour but de stimuler le recours aux procédés amiables de règlement des litiges, prévoit trois modes possibles de résolution du conflit : la médiation, la conciliation et la procédure participative ; pour un commentaire, v. F. Rongeat-Oudin, « Le règlement amiable des différends est en bonne marche », *JCP* G 2012, 157. V. désormais livre V (« La résolution amiable des différends »), art. 1530 et s. CPC. V. aussi les initiatives en matière de droit de la consommation au titre I du livre VI du Code de la consommation sur la médiation des litiges de

règlements d'origine privée ont déjà été élaborés, dont certains par des institutions dont l'activité première est d'administrer des arbitrages[17], afin de fournir des règles plus précises pour encadrer et assurer le bon fonctionnement de ces modes alternatifs. De ce fait, à côté de la médiation ou conciliation *ad hoc* organisée par les parties elles-mêmes, se développe une médiation ou conciliation institutionnelle, comme un parallèle à l'arbitrage institutionnel. Les règlements institutionnels organisent curieusement le déroulement de ces procédures alternatives selon des modalités relativement proches de celles prévues par les mêmes institutions pour l'arbitrage. Cette prise en charge « institutionnelle » de ces procédures est certainement une bonne chose en vue d'en renforcer l'efficacité, même si elle a pour contrepartie d'en atténuer quelque peu la souplesse et le caractère informel.

Quoi qu'il en soit, si l'arbitrage peut être vu comme une alternative à la justice étatique, il se distingue de ces modes alternatifs de règlement des conflits par les traits mêmes qui le rapprochent de la justice étatique. L'efficacité des « MARC » repose largement sur la bonne volonté des parties, puisque la solution leur est proposée et ne peut en principe leur être imposée[18] ; ce sont des procédures amiables, dont l'issue positive dépend d'un accord entre les parties, qui revêtira souvent la qualification de transaction[19]. Au contraire, une procédure arbitrale a vocation à aboutir à une décision rendue par un tiers qui s'imposera aux parties. En réalité, les « MARC » et l'arbitrage peuvent être vus comme des mécanismes complémentaires plutôt qu'opposés : un « MARC » peut être mis en œuvre avant l'arbitrage et afin de l'éviter, mais ce dernier se révélera nécessaire en cas d'échec de la procédure amiable[20].

3 **Spécificité de l'arbitrage.** Malgré le succès actuel des modes alternatifs de règlement des conflits[21], l'arbitrage conserve, pour le moment au moins, un statut privilégié comme alternative à la justice étatique, notamment dans le commerce international où il reste le mode habituel de résolution des litiges. Il est vrai que certains de ses traits caractéristiques lui procurent quelques avantages par rapport aux « MARC », au premier rang desquels se trouve le caractère obligatoire de la solution adoptée par le

consommation (initialement introduit par l'ordonnance n° 2015-1033 du 28 août 2015 et le décret n° 2015-1382 du 30 oct. 2015 (sur lesquels, v. B. Mallet-Bricourt, « Médiation et droit de la consommation : une avancée vers la généralisation du règlement extrajudiciaire des litiges », *RTD civ.* 2015, p. 952, et le site internet dédié : www.mediation-conso.fr), transposant la directive n° 2013/11/UE du 21 mai 2013 dite Règlement extrajudiciaire des litiges de consommation (*JOUE* n° L 165, 18 juin 2013, p. 63 ; sur l'échelon européen, v. plateforme de règlement en ligne des litiges de la consommation : http://ec.europa.eu/consumers/odr)) ; v. depuis, ord. n° 2016-301 du 14 mars 2016 (*JORF* n° 0064 du 16 mars 2016, texte n° 39) et décret n° 2016-884 du 29 juin 2016 (*JORF* n° 0151 du 30 juin 2016, texte n° 62).

17. V. ainsi le règlement de médiation de la CCI en vigueur depuis 2014 et remplaçant le règlement pour la résolution amiable des différends (ADR Rules) de 2001.

18. Sur les diverses procédures prévues par le Code de procédure civile pour attribuer force exécutoire aux accords pouvant intervenir dans le cadre des règlements amiables des litiges, v. B. Gorchs, « Le contrôle judiciaire des accords de règlement amiable », *Rev. arb.* 2008, p. 33.

19. En France, cette qualification ne devrait toutefois pas pouvoir être retenue en cas d'absence de concessions réciproques, au regard de la définition de la transaction retenue par la jurisprudence et désormais inscrite à l'article 2044 du Code civil depuis la loi n° 2016-1547 du 18 novembre 2016 dite « de modernisation de la justice du XXIe siècle ».

20. Cependant, il existe des traits communs entre l'arbitrage et les « MARC » qui rendent parfois la distinction difficile en pratique ; sur ce point et pour un examen plus approfondi de la distinction entre médiation/conciliation et arbitrage, v. *infra*, n° 25.

21. V. I. Vaugon, M. Dary, « Les modes alternatifs de règlement des conflits : une stratégie gagnante pour les entreprises », *Cah. arb.* 2010, p. 65.

tribunal arbitral. À l'issue d'un véritable procès, une décision, appelée sentence arbitrale, sera rendue par le tribunal arbitral qui fixera une solution s'imposant aux parties. Cette description particulièrement sommaire du mécanisme ne doit toutefois pas conduire à le rapprocher excessivement de la justice étatique, dès lors que d'autres éléments caractéristiques de l'arbitrage l'en différencient nettement : il constitue une justice essentiellement privée, dont l'organisation et le déroulement sont très largement laissés aux initiatives des parties, des arbitres et des institutions d'arbitrage. En effet, si de nombreux droits étatiques comportent à l'heure actuelle une législation sur l'arbitrage, parfois relativement précise et détaillée, le plus souvent, celle-ci est libérale et laisse une grande place à la liberté des parties et des arbitres dans la mise en œuvre du mécanisme. En conséquence, les règles d'origine privée et la pratique des protagonistes de l'arbitrage revêtent une grande importance en la matière.

4 **Division.** En France, deux régimes juridiques de l'arbitrage coexistent dans les textes, l'un pour l'arbitrage interne, l'autre pour l'arbitrage international. Si le second bénéficie depuis longtemps de solutions particulièrement favorables sous l'impulsion d'une jurisprudence très audacieuse et bienveillante, le premier semble de plus en plus bénéficier de faveurs analogues, surtout depuis la réforme opérée par le décret nº 2011-48 du 13 janvier 2011[22]. Nous prendrons néanmoins ici le parti, puisque telle est encore la logique du droit français, maintenue lors de la réforme opérée par le décret du 13 janvier 2011, de distinguer l'étude de l'arbitrage interne et celle de l'arbitrage international. Au demeurant, dans la pratique, ce sont deux mondes relativement distincts, dont les principaux acteurs sont souvent différents.

Avant d'exposer ces deux régimes, il convient toutefois de présenter plus précisément quelques éléments communs et d'ordre général, comme des éléments de définition (section 1), un rapide historique de l'arbitrage (section 2), les avantages et inconvénients de ce mécanisme qui peuvent expliquer son succès pour la résolution des conflits (section 3), et enfin ses sources (section 4).

SECTION 1 ÉLÉMENTS DE DÉFINITION

5 Il faut avant tout préciser la notion d'arbitrage (§ 1). Par ailleurs, si l'on dit généralement que ce mécanisme de résolution des litiges intervient essentiellement dans le domaine « commercial », ce dernier terme ne doit toutefois pas être ici entendu, tant en matière internationale qu'aujourd'hui en matière interne, dans le sens traditionnel qu'il revêt en droit commercial français (§ 2). Enfin, l'arbitrage connaît surtout un franc succès en matière internationale, où il bénéficie encore aujourd'hui d'un régime juridique souvent plus favorable qu'en matière interne, ce qui implique d'identifier précisément les situations donnant lieu à un arbitrage international (§ 3).

22. Sur cette réforme, v. *infra*, nº 43 et 56.

§ 1. NOTION D'ARBITRAGE

6 Afin de définir plus précisément l'arbitrage, il convient d'en préciser la nature juridique (A), de le différencier d'institutions juridiques voisines (B), puis de distinguer différents types d'arbitrages (C).

A. NATURE JURIDIQUE DE L'ARBITRAGE

7 **Définition générale.** Si de nombreux États ont aujourd'hui adopté des législations spécifiques régissant l'arbitrage, aucune d'entre elles ne s'aventure réellement à en donner une définition[23]. Au demeurant, les États n'ont pas toujours la même vision de ce qui relève de l'arbitrage ou d'autres institutions voisines[24]. En revanche, la doctrine s'est depuis longtemps aventurée à dégager une définition de l'institution. Motulsky définissait l'arbitrage comme « le jugement d'une contestation par des particuliers choisis, en principe, par d'autres particuliers au moyen d'une convention »[25]. Pour M. Jarrosson, l'arbitrage est « l'institution par laquelle un tiers règle le différend qui oppose deux ou plusieurs parties, en exerçant la mission juridictionnelle qui lui a été confiée par celles-ci »[26]. MM. Poudret et Besson estiment quant à eux qu'il conviendrait d'ajouter à cette définition que le tiers agit à titre privé, et non dans l'exercice d'une fonction publique, et parlent ainsi d'un « mode conventionnel de règlement des litiges par des particuliers choisis directement ou indirectement par les parties et investis du pouvoir de juger à la place des juridictions étatiques par une décision ayant des effets analogues à ceux d'un jugement »[27]. Ces définitions doctrinales, sans être totalement identiques, sont relativement équivalentes : si chacune insiste sur un aspect ou un autre de l'institution, toutes s'accordent pour retenir que l'arbitrage est un mode de résolution des litiges par lequel les parties, d'un commun accord, décident de soustraire l'examen de leur litige aux juridictions étatiques et d'en confier le règlement définitif à une ou plusieurs personnes privées qu'elles choisissent et qui sont investies, pour la circonstance, de la mission de juger. Ce faisant, ces définitions soulignent toutes les dimensions conventionnelle (1) et juridictionnelle (2) de l'institution, qui caractérisent sa nature juridique duale (3).

1. Dimension conventionnelle de l'arbitrage

8 **Caractère volontaire et privé de l'arbitrage.** L'arbitrage apparaît comme une justice volontaire et privée.

9 **Une justice volontaire.** L'arbitrage est une justice volontaire en ce que les parties s'accordent pour soustraire leur litige à la connaissance de la justice étatique et le

23. Cf. J.-F. Poudret, S. Besson, *Droit comparé de l'arbitrage international*, Bruylant, 2002, n° 1, p. 1, citant M. Jarrosson selon lequel « l'arbitrage n'a pas de définition légale ».

24. Sur ces problèmes de frontières, v. *infra*, n° 21 et s.

25. H. Motulsky, *Études et notes sur l'arbitrage*, *Écrits*, t. 2, Dalloz, 1974, p. 5.

26. Ch. Jarrosson, *La notion d'arbitrage*, LGDJ, 1987, n° 785, p. 372.

27. J.-F. Poudret, S. Besson, *Droit comparé de l'arbitrage international*, préc., n° 3, p. 3. Pour d'autres définitions, données par des auteurs de différents pays, v. les références citées par ces auteurs (n° 2, p. 1) et par Ph. Fouchard, E. Gaillard, B. Goldman, *Traité de l'arbitrage commercial international*, Litec, 1996, n° 7, p. 11.

soumettre à une ou plusieurs personnes privées. Aussi, l'arbitrage repose avant tout sur une « convention d'arbitrage », par laquelle les parties donnent mission à un ou plusieurs arbitres, qui constitueront le « tribunal arbitral », de trancher un litige. Cette convention peut prendre deux formes : la clause compromissoire, qui renferme l'accord des parties à un contrat avant l'apparition de tout différend et qui vise les litiges qui pourraient à l'avenir naître entre elles en relation avec ce contrat, et le compromis, stipulant l'accord des parties de soumettre un litige déjà né à l'arbitrage. En tout cas, l'existence d'une convention d'arbitrage conclue entre les parties à l'origine de la mission confiée à l'arbitre semble, à première vue, être consubstantielle à la notion d'arbitrage[28]. De façon plus générale, l'élément volontaire innerve toute l'institution et se manifeste notamment par la grande place laissée à la volonté des parties dans l'organisation du règlement de leur litige, tant au niveau de la désignation des arbitres, que de la procédure suivie dans l'instance arbitrale, ou du choix des dispositions appliquées au fond par le tribunal arbitral pour la résolution du litige.

10 **Élément volontaire et arbitrage forcé.** Le caractère volontaire de l'arbitrage semble tant être de l'essence de l'institution qu'une grande partie de la doctrine considère que « l'arbitrage forcé », mécanisme juridictionnel préétabli et imposé aux parties par la loi pour les litiges en vue desquels il a été institué[29], n'est pas de l'arbitrage et

28. Sur la question du consentement nécessaire à l'arbitrage en matière internationale, dans l'affaire *Tarom*, la cour d'appel de Paris (Paris, 1er juin 1999, *JDI* 2000, p. 370, note É. Loquin; *Rev. arb.* 2000, p. 493, et le commentaire de B. Stern, « Un coup d'arrêt à la marginalisation du consentement dans l'arbitrage international », p. 403) a déclaré que « l'arbitrage international, qu'il se déroule en France ou à l'étranger, a un fondement nécessairement conventionnel et relève à ce titre exclusivement de la volonté commune des parties laquelle est seule à pouvoir habiliter l'arbitre en lui conférant un pouvoir juridictionnel », et ainsi refusé de reconnaître un « arbitrage forcé international » (v. obs. É. Loquin préc.) ; plus précisément, la cour a refusé de déduire d'un accord international entre deux États la possibilité d'imposer l'organisation d'un arbitrage CCI entre ressortissants de ces deux États ayant signé un contrat qui ne mentionnait pas ledit traité et qui prévoyait une autre forme d'arbitrage institutionnel. La Cour de cassation (Cass. 1re civ., 19 mars 2002, *JDI* 2003, p. 139, note crit. É. Loquin ; *RTD com.* 2002, p. 664 (1re esp.), obs. crit. É. Loquin) a approuvé cette position en retenant que « seule la volonté des contractants a le pouvoir d'investir l'arbitre de son pouvoir juridictionnel ». V. aussi, sur cette affaire, A. Mezghani, « Arbitrage forcé et fondement contractuel de l'arbitrage ? », *Cah. arb.*, vol. II, *Gaz. Pal.* éd., 2004, p. 36. Ceci étant, la jurisprudence française ne semble pas toujours en phase avec le précepte qu'elle énonce quant au consentement nécessaire à l'arbitrage : v. sur l'extension de la clause d'arbitrage à des tiers, *infra*, n° 199 et s. (arbitrage interne), et *infra*, n° 720 et s. (arbitrage international).

29. Par exemple, l'arbitrage de la commission arbitrale des journalistes, organisé par la loi du 29 mars 1935, obligatoire pour les contestations relatives à l'indemnité de licenciement d'un journaliste ayant plus de 15 ans d'ancienneté et à qui il est reproché une faute grave et répétée (art. L. 761-5 C. trav., devenu art. L. 7112-4 depuis la loi du 21 janvier 2008). La commission, dont la composition est également fixée par la loi, est constituée d'« arbitres » désignés paritairement par les organisations professionnelles d'employeurs et de salariés et présidée par un magistrat ou un fonctionnaire, en exercice ou retraité. Selon M. Jarrosson, cette institution est une juridiction d'exception, et non un tribunal arbitral. La jurisprudence paraît plus hésitante : v. Cass. 2e civ., 21 mars 1988, *Rev. arb.* 1989, p. 223, note G. Flécheux, qui admet, à propos d'une décision de cette commission, la qualification de sentence arbitrale afin de déterminer les voies de recours ouvertes contre cette décision ; et aussi, CA Paris, 8 sept. 2015, *Rev. arb.* 2015, p. 1219, lui appliquant le régime de l'arbitrage ; v. cependant, Cass. soc., 11 janv. 2000, *RTD com.* 2000, p. 595, obs. É. Loquin : non application de l'article 1456 (rédaction antérieure au décret n° 2011-48 du 13 janvier 2011 portant réforme du droit français de l'arbitrage ; aujourd'hui art. 1463, al. 1) CPC qui fixe à 6 mois la durée de l'instance arbitrale à défaut de clause contraire. Par ailleurs, la cour d'appel de Paris a décidé que si, selon l'article 1482 CPC, la sentence rendue en matière d'arbitrage interne est susceptible d'appel à moins que les parties n'y aient renoncé dans leur convention d'arbitrage (régime applicable avant l'entrée en vigueur du décret du 13 janvier 2011 qui fait dorénavant de l'appel de la sentence arbitrale en matière

porte donc mal son nom ; ce serait plutôt une juridiction d'exception qui emprunte, de par la volonté du législateur, une partie de son régime à celui de l'arbitrage[30]. Ceci étant, ce point de vue peut être discuté. Tout d'abord, l'arbitrage forcé est une figure ancienne, qui était relativement importante dans l'Ancien Droit et commune jusqu'à la seconde moitié du XIXe siècle, même s'il est vrai qu'il est devenu relativement exceptionnel aujourd'hui. Ensuite, on pourrait estimer que lorsque la loi ne fait qu'imposer le principe du recours à l'arbitrage, et non la personne des arbitres ou le reste des modalités de résolution du litige, on demeure dans le domaine de l'arbitrage ; le mécanisme en cause reste alors en effet une justice privée et, d'une certaine manière, volontaire, puisque ses modalités restent en grande partie aux mains des parties. En revanche, si la loi impose davantage, notamment la composition du tribunal, et à mesure que la maîtrise par les parties de l'organisation de la procédure s'amoindrit, la qualification d'arbitrage devient plus douteuse[31].

11 **Expressions diverses du consentement à l'arbitrage.** L'exigence de principe d'un consentement des parties à l'arbitrage ne doit pas conduire à se méprendre : si le consentement à l'arbitrage semble être de l'essence de l'institution, il peut être donné sous diverses formes et à divers moments. Tout d'abord, la nécessité d'un consentement n'implique pas que l'engagement d'aller à l'arbitrage en cas de litige futur soit égalitaire et mutuel. La clause d'arbitrage peut ainsi être « optionnelle » pour l'une des parties ou « unilatérale »[32], en ce sens qu'elle offre à une seule partie la possibilité de saisir, si elle le souhaite, le tribunal arbitral plutôt que la juridiction étatique en cas de litige, l'autre partie ne bénéficiant pas de la même option lorsqu'elle est demanderesse et

interne l'exception, et du recours en annulation le principe : v. art. 1489 et 1491 nouveaux, et *infra*, n° 504), n'est pas susceptible d'appel la sentence rendue en application des dispositions de l'article L. 761-5 du Code du travail, devenu l'article L. 7112-4 depuis la loi du 21 janvier 2008, qui exclut expressément l'exercice d'une telle voie de recours à l'encontre de la décision de la commission arbitrale des journalistes, « une juridiction étatique d'exception instaurée par le Code du travail [...], bien que soient applicables à ses décisions les textes sur l'arbitrage » (Paris, 4 juin 2009, *Rev. arb.* 2009, p. 442) ; la jurisprudence a précisé qu'il n'en résulte pas une méconnaissance du droit à un recours juridictionnel effectif puisque la décision de la commission peut faire l'objet, devant la cour d'appel, d'un recours en annulation formé selon les règles applicables en matière d'arbitrage (Cass. soc., 15 avr. 2015, *Rev. arb.* 2015, p. 648). Ainsi, la jurisprudence paraît n'appliquer que partiellement à la commission arbitrale des journalistes la réglementation relative à l'arbitrage, et à condition qu'il n'existe pas de disposition spécifique à cette commission régissant la question posée.

30. Dans le même ordre d'idées, on peut citer l'arbitrage du bâtonnier, qui comporte toutefois plusieurs facettes, en ce qu'il est parfois volontaire, parfois forcé : v. B. MOREAU, « L'arbitrage du bâtonnier », *Rev. arb.* 1993, p. 361. V. également, en matière internationale, la discussion relative au Tribunal arbitral irano-américain créé par les Accords d'Alger du 14 janvier 1981 ; à ce propos, v. Paris, 28 juin 2001, *Rev. arb.* 2002, p. 163, note J. PAULSSON ; et Ph. FOUCHARD, « La nature juridique des différends irano-américains », in *Le Tribunal des différends irano-américains*, CEDIN, 1984, p. 27.

31. Pour une réflexion renouvelée sur l'arbitrage forcé, A. PINNA, « Réflexions sur l'arbitrage forcé », *Cah. arb.*, vol. V, Pedone, 2011, p. 144 ; toutefois, l'auteur envisage davantage ce que l'on pourrait voir comme des arbitrages découlant de clauses d'arbitrage stipulées dans des contrats d'adhésion, que l'arbitrage forcé au sens strict.

32. La clause d'arbitrage peut aussi être « optionnelle » pour chacune des parties et est alors également dite « bilatérale » ; elle est valable mais n'engage que très peu les parties, puisque sa mise en œuvre est alors laissée au bon vouloir de la partie qui aura la position de demandeur au moment du litige, voire des deux parties selon l'interprétation que l'on fera des termes de l'option : Cass. 1re civ., 12 juin 2013, *Rev. arb.* 2013, p. 1012, note J. BARBET ; *RTD com.* 2013, p. 478, note É. LOQUIN ; *D.* 2013, p. 2936, obs. Th. CLAY ; *RTD civ.* 2013, p. 838, note B. FAGES ; *RDC* 2013, p. 1376, note R. LIBCHABER, et p. 1470, note Y.-M. SERINET et X. BOUCOBZA.

devant impérativement saisir, selon le cas, le tribunal arbitral ou le juge étatique[33]. La Cour de cassation a reconnu la validité d'une clause attributive de juridiction optionnelle unilatérale dès lors que ladite clause, qui laissait à l'une des parties le choix entre plusieurs juridictions déterminées, permettait « d'identifier les juridictions éventuellement amenées à se saisir du litige » et répondait ainsi à « l'impératif de prévisibilité auquel doivent satisfaire les clauses d'élection de for »[34]. On voit mal pourquoi la même solution ne vaudrait pas pour des conventions d'arbitrage du même type. Ensuite, le consentement de chaque partie à l'arbitrage peut être « décalé » dans le temps, chacune consentant à des moments différents. Il en est notamment ainsi de « l'arbitrage sur requête unilatérale » en matière de protection des investissements.

Les traités relatifs à la protection des investissements ont pour caractéristique l'octroi, par l'État d'accueil des investissements, de droits et de garanties matérielles au profit des investisseurs étrangers. Pour assurer l'effectivité de ces garanties, et notamment éviter à l'investisseur étranger un recours obligatoire aux juridictions de l'État d'accueil en cas de litige, ils prévoient généralement l'arbitrage comme mode de résolution des litiges relatifs aux investissements visés par le traité. Plus précisément, la plupart de ces traités renferment, selon des modalités variables, un engagement de l'État d'accepter la soumission à l'arbitrage des litiges qui pourraient l'opposer à un opérateur ressortissant de l'autre État partie au traité dans le cadre d'un investissement réalisé sur son territoire. Cet engagement a fait l'objet de controverses : certains estimaient qu'il s'agissait d'un simple engagement de l'État d'insérer une clause d'arbitrage dans tout contrat qu'il serait amené à conclure avec un investisseur privé étranger ; pour d'autres, par ce biais, l'État s'engageait directement et par avance à accepter l'arbitrage pour tout litige relatif aux investissements répondant aux conditions du traité et qui pourrait l'opposer à un investisseur de l'autre État partie à ce traité et ce, même en l'absence de tout lien contractuel entre lui et cet investisseur étranger ; autrement dit, il s'agirait alors d'une offre d'arbitrage anticipée, générale et impersonnelle, faite à tout investisseur potentiel, et l'exigence d'un contrat liant les parties à l'arbitrage serait de ce fait supprimée[35]. Dans la jurisprudence arbitrale internationale, la seconde opinion a prévalu[36]. Ainsi, les consentements à l'arbitrage sont dissociés : le

33. Sur les clauses de résolution des litiges optionnelles, v. Angers, 25 sept. 1972, *Rev. arb.* 1973, p. 164, note J. Rubellin-Devichi, et sur pourvoi, Cass. 1re civ., 15 mai 1974, *Bull. civ.* I, n° 122 ; et J. Barbet, P. Rosher, « Les clauses de résolution de litiges optionnelles », *Rev. arb.* 2010, p. 45 ; S. Nesbitt, H. Quinlan, « The Status and Operation of Unilateral or Optional Arbitration Clauses », *Arb. Int.* 2006, p. 133.

34. Cass. 1re civ., 7 oct. 2015, *Cah. arb.* 2015, p. 757, note J. Barbet. En revanche, la jurisprudence invalide les clauses optionnelles unilatérales qui permettent à une seule partie de choisir, de façon discrétionnaire, potentiellement n'importe quelle juridiction qui se reconnaîtrait compétente : Cass. 1re civ., 26 sept. 2012, *D.* 2012, p. 2876, note D. Martel ; *D.* 2013, p. 1508, obs. F. Jault-Seseke, et p. 2298, obs. L. d'Avout et S. Bollée ; *JCP* G 2013, 105, note L. Degos et D. Akchoti ; *RCDIP* 2013, p. 256, note D. Bureau ; *JDI* 2013, p. 175, note C. Brière ; *Cah. arb.* 2013, p. 443, note J. Barbet ; *RDC* 2013, p. 661, note J.-B. Racine.

35. On a donc parlé d'arbitrage « *without privity* », au sens où il ne se fonde pas sur une relation contractuelle préexistante entre les parties : J. Paulsson, « Arbitration without Privity », *ICSID Review, Foreign Investment Law Journal* 1995, p. 232.

36. V. notamment la sentence *APPL c/ République du Sri Lanka* du 27 juin 1990 (extraits in *JDI* 1992, p. 216, obs. E. Gaillard), où le tribunal arbitral a admis la recevabilité de la requête contre le gouvernement sri lankais, introduite par une société de Hong Kong pour les dommages subis par elle du fait des agissements des forces de sécurité sri lankaises et ce, en l'absence d'un quelconque lien contractuel préalable entre cet investisseur et l'État sri lankais ; le Centre international pour le règlement des différends relatifs aux investissements (CIRDI) avait été saisi sur la base d'un accord bilatéral d'investissement

consentement de l'État est donné par anticipation, dans le cadre d'un traité relatif à la protection des investissements étrangers, et celui de l'opérateur privé investisseur est donné lors du dépôt de sa requête d'arbitrage portant une réclamation relative à la protection de son investissement, qui marque son adhésion à la convention d'arbitrage « ouverte » contenue dans le traité ; à une offre générale faite par l'État, vient ainsi s'ajouter, de façon différée, l'acceptation d'un opérateur privé, que ce dernier manifeste par le biais de sa requête unilatérale d'arbitrage[37].

Dans le même ordre d'idées, mais de façon plus classique, le consentement à l'arbitrage peut découler de l'adhésion d'une personne aux statuts d'une personne morale ou à un règlement de copropriété prévoyant un recours à l'arbitrage en cas de conflit entre les associés de la personne morale ou les copropriétaires. Par ailleurs, il est même admis par la jurisprudence française, dans le cadre de solutions plus ou moins justifiées selon les cas, que le consentement d'une partie à l'arbitrage puisse être parfois présumé, voire imposé en tant que conséquence nécessaire d'un autre acte de volonté de celle-ci : par exemple, en cas de succession dans les obligations substantielles d'une partie signataire de la convention d'arbitrage, de transmission de droits affectés d'une convention d'arbitrage, ou encore de participation au contrat substantiel contenant la convention d'arbitrage, voire même de simple implication dans l'exécution de ce contrat[38].

12 **Consentement et « arbitrage des conflits sportifs ».** S'agissant du consentement nécessaire à l'arbitrage, il convient également d'évoquer le cas particulier des juridictions dites « sportives », et notamment du Tribunal arbitral du sport[39].

L'arbitrage des litiges sportifs[40] est prévu dans de nombreux règlements établis par des institutions sportives et dans les statuts de divers groupements sportifs, nationaux

entre la Grande-Bretagne et le Sri Lanka, étendu à Hong Kong, et comportant un engagement unilatéral de l'État de soumettre les différends nés d'un investissement à l'arbitrage. V. également, sent. *Zaïre c/American Manufacturing and Trading Inc. (AMT)* du 21 février 1997, *JDI* 1998, p. 243, obs. E. Gaillard ; plus généralement sur cette question : G. Burdeau, « Nouvelles perspectives pour l'arbitrage dans le contentieux économique intéressant les États », *Rev. arb.* 1995, p. 3 ; E. Gaillard, « L'arbitrage sur le fondement des traités de protection des investissements », *Rev. arb.* 2003, p. 853 ; F. Horchani, « Le droit des investissements à l'heure de la mondialisation », *JDI* 2004, p. 367 ; A. Prujiner, « L'arbitrage unilatéral : un coucou dans le nid de l'arbitrage conventionnel ? », *Rev. arb.* 2005, p. 63 ; B. Stern, « Le consentement à l'arbitrage CIRDI en matière d'investissement international : que disent les travaux préparatoires ? », in *Mélanges en l'honneur de Ph. Kahn*, Litec, 2000, p. 223.

37. Sur l'arbitrage en matière d'investissement, v. encore *infra*, n° 61 et les réf. citées.

38. Sur ces différents points, v. *infra*, n° 199 et s., *infra*, n° 207 et s. (arbitrage interne), et *infra*, n° 720 et s., *infra*, n° 724 et s. (arbitrage international).

39. Sur l'arbitrage des conflits sportifs en général, v. C. Chaussard, *Les voies de règlement des litiges sportifs*, Thèse, Dijon, 2006 ; M. Maisonneuve, *L'arbitrage des litiges sportifs*, LGDJ, Bibliothèque de droit public, t. 267, 2011 ; A. Rigozzi, *L'arbitrage international en matière de sport*, Bruylant, LGDJ, Helbing & Lichtenhahn, 2005 ; G. Simon, « L'arbitrage des conflits sportifs », *Rev. arb.* 1995, p. 185. Sur le Tribunal Arbitral du Sport (TAS), v. K. Mbaye, « Le Tribunal Arbitral du Sport, organe principal de l'arbitrage international en matière de sport », in *Liber Amicorum in honour of Robert Briner*, ICC Publishing, 2005, p. 519 ; A. Pinna, « Les vicissitudes du Tribunal arbitral du sport », *Cah. arb.*, vol. III, *Gaz. Pal.* éd. 2006, p. 139 ; M. Reeb, D. Mavromati, *The Code of the Court of Arbitration for Sport : Commentary, Cases and Materials*, Kluwer, 2015. Sur la jurisprudence, v. notamment les chroniques « des sentences arbitrales du Tribunal Arbitral du Sport » au *JDI* depuis 2001, de « jurisprudence en matière d'arbitrage sportif » aux *Cahiers de l'Arbitrage* depuis 2006, et de « jurisprudence arbitrale en matière sportive » à la *Revue de l'arbitrage* depuis 2008.

40. À ne pas confondre avec l'activité menée, pour assurer le bon déroulement du jeu, par les personnes présentes sur l'aire de jeu et habilitées à cet effet.

ou internationaux[41]. Il se substitue ainsi très largement à la justice étatique pour la résolution des litiges relatifs au respect des disciplines propres à chaque organisme sportif ou à chaque compétition (déontologie, tenue des compétitions, etc.). L'arbitrage répond en effet aux besoins spécifiques de la justice sportive. Le monde sportif étant relativement fermé et fortement hiérarchisé, avec des clubs et associations sportifs, des ligues, des fédérations régionales, nationales et internationales, et des instances olympiques, les groupements sportifs ont rapidement souhaité régler en leur sein les contestations nées de la pratique de leur sport. Par ailleurs, la résolution de telles contestations par la justice étatique ne se révélait pas nécessairement la voie la plus appropriée : compte tenu de la source souvent privée et du caractère fréquemment international des réglementations et organisations sportives, et de la dimension réellement internationale de nombreux litiges sportifs, une résolution « véritablement internationale » de ces litiges pouvait paraître plus pertinente. Les divers groupements sportifs (institutions, fédérations, associations, organisateurs de compétitions) ont ainsi pris l'habitude d'insérer dans leurs statuts ou leurs règlements une clause imposant, pour la contestation de leurs décisions, l'arbitrage à leurs adhérents (associations sportives, clubs, etc.) et aux sportifs en dépendant. Ils ont également créé des « institutions d'arbitrage » en matière sportive qui, au départ, étaient en réalité des organes internes à ces groupements, chargés du règlement de ce type de litiges. S'est donc rapidement posé un problème d'indépendance d'une institution de ce type par rapport au groupement qui régit le sport en question et qui l'a instituée, lorsque le litige opposait le groupement à l'un de ses adhérents ou à un sportif en dépendant et concernait une décision prise par le groupement. Selon plusieurs juridictions administratives ou judiciaires étatiques, une telle institution ne peut être considérée comme un tribunal arbitral dès lors qu'elle exprime la volonté de la personne morale dont elle dépend et règle des différends internes[42] ; sa décision ne peut donc bénéficier du régime favorable des sentences arbitrales. L'institution ne peut être considérée comme un tribunal arbitral, et sa décision comme une sentence arbitrale soumise aux procédures de contrôle et voies de recours propres aux sentences, que lorsqu'elle est totalement indépendante de la personne morale. Aussi, dans un deuxième temps, les groupements sportifs ont été conduits à créer des organes de règlement des litiges véritablement indépendants, dont le principal est certainement le Tribunal arbitral du sport (TAS).

Le TAS a été créé en 1984 à l'initiative du Comité international olympique (CIO) afin de régler les litiges du sport. Toutefois, le TAS n'a véritablement acquis son indépendance que grâce à la Convention de Paris du 22 juin 1994 et la création par le CIO, les associations des fédérations internationales des sports olympiques et les comités nationaux, d'un conseil indépendant du CIO, le Conseil international de l'arbitrage en matière de sport (CIAS). Ce conseil est une fondation suisse de droit privé dont le rôle est d'assurer l'administration et le financement du TAS et d'établir une liste d'arbitres proposés au choix des parties. L'objet du TAS est de régler les conflits de toute nature dès lors qu'ils ont un lien avec le sport (litiges nés de l'application des règlements fédéraux, des contrats d'engagement de joueurs ou cadres sportifs, de contrats commerciaux

41. Ainsi, à titre d'exemple, la règle 61.2 de la Charte olympique (état en vigueur au 9 octobre 2018) prévoit que « tout différend survenant à l'occasion des Jeux olympiques ou en relation avec ceux-ci sera soumis exclusivement au Tribunal arbitral du sport (TAS), conformément au Code de l'arbitrage en matière de sport ».

42. V. notamment, Trib. féd. Suisse, 27 mai 2003, *Bull. ASA* 2003, p. 601 ; *JDI* 2003, p. 1096, et la note de A. Plantey, p. 1085.

liés à la pratique sportive), et notamment les contestations relatives aux décisions disciplinaires prises par les fédérations et associations sportives et leurs organes internes. Certes, la compétence du TAS est normalement subordonnée à la conclusion par les parties d'une convention d'arbitrage, sous forme d'un compromis ou d'une clause compromissoire. Toutefois, de nombreuses fédérations sportives, nationales ou internationales, ont progressivement adhéré à la clause d'arbitrage du TAS et à son règlement de procédure, en introduisant dans leurs statuts et règlements sportifs une clause de recours obligatoire au TAS pour la résolution des litiges. Aussi, s'agissant des litiges entre le groupement sportif et ses membres, la délivrance d'une licence à un sportif, l'affiliation des clubs à une fédération, ou encore l'acceptation par un sportif de participer à une compétition donnée, valent adhésion aux statuts et règlements émanant des fédérations nationales ou internationales. Le consentement à la clause d'arbitrage figurant dans ces statuts ou règlements est donc indirect et, il faut bien l'avouer, quelque peu contraint pour l'une des parties. Certains contestent même la réalité de ce consentement et rapprochent cet arbitrage de l'arbitrage forcé, dans la mesure où la clause d'arbitrage est imposée à l'une des parties par l'autre. Mais on pourrait alors parler de contrats d'adhésion donnant compétence au TAS pour le règlement des litiges ; or, un contrat d'adhésion reste un contrat[43].

13 **Une justice privée.** Le recours à l'arbitrage traduit également un choix des parties pour une forme privée de justice. Les parties s'adressent à une ou des personnes privées, le ou les arbitres, et non à l'appareil judiciaire de l'État. L'arbitre n'est pas, contrairement au juge étatique, investi par l'État d'un pouvoir juridictionnel permanent ; il bénéficie néanmoins ponctuellement d'un pouvoir juridictionnel, pour une affaire déterminée, qui trouve son origine dans l'accord des parties qui l'ont désigné et qui est reconnu par les droits étatiques. Ne rendant en tout cas pas la justice au nom d'un État, l'arbitre ne peut donc soumettre de questions préjudicielles à la Cour de justice de l'Union européenne[44], dans la mesure où « un tribunal arbitral conventionnel ne constitue pas une juridiction d'un État membre au sens de l'article 234 CE, dès lors qu'il n'y a aucune obligation, ni en droit ni en fait, pour les parties contractantes de confier leurs différends à l'arbitrage et que les autorités publiques de l'État membre concerné ne sont ni impliquées dans le choix de la voie de l'arbitrage, ni appelées à intervenir d'office dans le déroulement de la procédure devant l'arbitre »[45]. De même, en France, l'arbitre ne peut poser une question prioritaire de constitutionnalité au

43. Sur le sujet, v. dans l'affaire *Claudia Pechstein*, Oberlandesgericht München, 15 janv. 2015, *Rev. arb.* 2015, p. 909, note M. Maisonneuve et, sur pourvoi, BGH, 7 juin 2016, *Rev. arb.* 2016, p. 908, note M. Maisonneuve.

44. CJCE, 23 mars 1982, *Nordsee*, *Rev. arb.* 1982, p. 473 ; v. CJCE, 27 janv. 2005, *Denuit*, *Rev. arb.* 2005, p. 765, note L. Idot ; *RTD com.* 2005, p. 488, obs. É. Loquin. En revanche, le juge saisi d'un recours contre une sentence arbitrale impliquant une question de droit européen peut poser une question préjudicielle à la CJUE : Paris, 23 sept. 2014, *Rev. arb.* 2014, p. 1022 ; *JCP* G 2015, 877, n° 8, obs. Ch. Seraglini ; et Cass. 1re civ., 18 nov. 2015, *Rev. arb.* 2015, p. 1231.

45. CJCE, 27 janv. 2005, *Denuit*, préc. En revanche, un tribunal arbitral d'origine légale devrait pouvoir poser une question préjudicielle : en ce sens, CJUE, ord., 13 févr. 2014, *Merck Canada c/ Accord Healthcare Ltd.*, C-555/13, où la Cour rappelle que, pour apprécier si l'organisme posant la question préjudicielle possède le caractère d'une « juridiction » au sens du droit de l'Union, elle tient compte « d'un ensemble d'éléments, tels que l'origine légale de l'organisme, sa permanence, le caractère obligatoire de sa juridiction, la nature contradictoire de la procédure, l'application, par l'organisme, de règles de droit ainsi que son indépendance », autant d'éléments vérifiés à propos du « Tribunal Arbitral necessário » portugais en cause dans cette affaire.

Conseil constitutionnel, dès lors que « l'arbitre, investi de son pouvoir juridictionnel par la volonté commune des parties, ne constitue pas une juridiction relevant de la Cour de cassation au sens de l'article 23-1 de l'ordonnance nº 58-1067 du 7 novembre 1958 portant loi organique sur le Conseil constitutionnel »[46]. Plus généralement, le constat selon lequel l'arbitre n'est pas une juridiction de l'État induit, en matière internationale, un phénomène particulier, que l'on décrit en affirmant que l'arbitre international n'a pas, à proprement parler, de for et est « délocalisé », ou en évoquant la « délocalisation » de l'arbitre international, et qui lui permet de bénéficier d'une grande liberté dans l'exercice de sa mission, et notamment d'une très large autonomie à l'égard des règles étatiques (règles de droit international privé, règles de procédure, règles de fond), fussent-elles celles du siège du tribunal arbitral[47].

2. Dimension juridictionnelle de l'arbitrage

14 **Mission juridictionnelle véritable mais particulière et éphémère de l'arbitre.** De caractère privé, la justice arbitrale peut néanmoins être considérée comme une véritable forme de justice. L'arbitre désigné par les parties exerce en effet une mission très similaire à celle d'un juge, dès lors qu'il doit dire le droit dans la perspective de rendre une décision obligatoire tranchant la contestation entre les parties. S'il est un juge, l'arbitre est néanmoins un juge particulier.

Le déroulement d'un arbitrage est relativement proche de celui d'un procès. Par ailleurs, selon l'article 1478 du Code de procédure civile[48], le tribunal arbitral tranche le litige en application des règles de droit. À l'issue de la procédure arbitrale, le tribunal arbitral, composé d'un ou de plusieurs membres, rend une sentence arbitrale, qui peut être vue comme l'équivalent d'un jugement et qui en possède d'ailleurs de nombreux attributs. Elle bénéficie notamment, de façon automatique, de l'autorité de chose jugée relativement à la contestation qu'elle tranche[49]. Elle reste toutefois un acte de justice privée qui ne bénéficie pas automatiquement, au moins en droit français, de la force exécutoire au moment où elle est rendue. À défaut d'exécution volontaire, son exécution forcée pourra néanmoins être obtenue. L'un des grands avantages de l'arbitrage est en effet de permettre à la partie créancière en vertu de la sentence arbitrale d'obtenir l'aide de la force publique pour assurer l'exécution de celle-ci, après l'avoir soumise à un juge étatique, le juge de l'exequatur[50]. Ce juge, avant d'accorder l'exequatur qui permet à la sentence arbitrale de produire des effets contraignants dans son ordre

46. Cass. com., 28 juin 2011, *JCP* G 2011, 1432, nº 1, obs. J. Ortscheidt ; *D.* 2012, p. 159, note A. Bénabent ; *Rev. arb.* 2012, p. 65, note G. Samper-Le Breton.

47. Quant à l'impact de cette liberté sur l'œuvre de l'arbitre, v. P. Mayer, « La liberté de l'arbitre », *Rev. arb.* 2013, p. 339 ; et aussi, J.-M. Jacquet, « Les libertés de l'arbitre international », in *Mélanges en l'honneur du professeur Pierre Mayer*, LGDJ, 2015, p. 311. Pour plus de détails sur la notion de « délocalisation » et ses implications, v. *infra*, nº 577 et s.

48. Dans sa rédaction issue du décret nº 2011-48 du 13 janvier 2011 portant réforme du droit français de l'arbitrage ; v. auparavant art. 1474 CPC.

49. Art. 1484, al. 1er, CPC (issu du décret du 13 janvier 2011), applicable en matière d'arbitrage interne et également d'arbitrage international par renvoi de l'art. 1506 du même code ; v. auparavant art. 1476 et 1500 CPC. L'autorité de chose jugée ne vaut cependant que lorsque la sentence est effectivement définitive. Lorsque les parties ont au contraire prévu la possibilité d'une demande de réexamen de la sentence par un second tribunal arbitral dans un certain délai, celle-ci n'acquière l'autorité de chose jugée qu'à défaut d'une telle demande dans le délai prévu : Cass. 1re civ., 5 mars 2014, *Rev. arb.* 2014, p. 503.

50. V. art. 1487 CPC, dans sa rédaction issue du décret du 13 janvier 2011.

juridique, opérera un contrôle de régularité de la sentence au regard d'un certain nombre d'exigences posées par son droit. La sentence arbitrale peut également faire l'objet, en elle-même, d'un recours par la partie déçue devant le juge du lieu où elle a été rendue qui en contrôlera alors la régularité (recours en annulation ou appel selon les cas)[51]. Si l'on met de côté l'appel, exclu par la loi en matière internationale et devenu l'exception en matière interne depuis la réforme opérée par le décret n° 2011-48 du 13 janvier 2011[52], le contrôle du juge du recours en annulation ou de l'exequatur[53] s'opère, en droit français, dans le cadre limité des articles 1492 (arbitrage interne) et 1520 (arbitrage international) du Code de procédure civile[54]. Ce contrôle vise en premier lieu à s'assurer que la volonté des parties a été respectée. Il porte alors sur la compétence de l'arbitre – qui doit effectivement avoir été investi par les parties du pouvoir qu'il a exercé –, sur la constitution du tribunal arbitral – qui doit avoir été conforme à la volonté exprimée par les parties –, ou encore sur le respect des termes de la mission qui lui avait été confiée par les parties. Ces vérifications mettent plutôt en avant l'aspect conventionnel de l'arbitrage. Un autre volet du contrôle souligne davantage l'aspect juridictionnel de l'arbitrage, même s'il se veut alors très limité, ce qui est une marque de confiance des États à l'égard de cette forme de justice privée. Ainsi, le juge s'interdit toute révision au fond de la sentence arbitrale, tout réexamen au fond de l'affaire tranchée par l'arbitre. Il n'entend contrôler que le respect d'exigences fondamentales en matière de justice, ainsi que le respect d'intérêts qu'il juge supérieurs aux intérêts privés des parties. Aussi, son contrôle porte essentiellement sur la conformité de la sentence rendue à son ordre public (interne ou international selon le cas), ordre public qui revêt une dimension substantielle – la solution retenue par la sentence ne devant pas heurter l'ordre public du for –, et également une dimension procédurale – la procédure ayant conduit à l'élaboration de la sentence devant répondre à certaines exigences minimales dans la manière de rendre la justice, à certains principes fondamentaux de procédure, inhérents à la justice comme le principe de la contradiction, l'égalité des parties, ou les droits de la défense.

Un arbitre n'étant pas habilité par un État pour la fonction juridictionnelle qu'il exerce, il est également un juge éphémère : une fois la mission que lui ont ponctuellement confiée les parties effectuée, soit dès le prononcé de la sentence, il est dessaisi et n'est plus juge[55].

3. Nature juridique duale de l'arbitrage

15 **Consensus actuel sur la nature duale de l'arbitrage.** Un débat a longtemps animé la doctrine quant à la nature, contractuelle ou juridictionnelle, de l'arbitrage. Selon une thèse « contractualiste » mettant l'accent sur la dimension contractuelle de l'arbitrage, l'accord

51. Sur ces recours, v. *infra*, n° 502 et s. (arbitrage interne) et *infra*, n° 952 et s. (arbitrage international).

52. V. art. 1489 CPC. Auparavant, l'appel de la sentence était le principe en matière interne, sauf renonciation à l'appel par les parties (art. 1482 anc.) ; cette renonciation conventionnelle était toutefois très généralement stipulée en pratique ; v. *infra*, n° 535.

53. Dans ce second cas, contrairement au cas du recours en annulation, le contrôle s'opère en deux temps : de façon très sommaire par le juge de l'exequatur, soit le président du tribunal de grande instance, et de façon plus complète bien que toujours limitée, en cas d'appel de l'ordonnance rendue par celui-ci, par la cour d'appel ; v., pour l'arbitrage interne, *infra*, n° 481 et s. (exequatur), et *infra*, n° 535 et s. (recours en annulation).

54. Avant le décret n° 2011-48 du 13 janvier 2011, respectivement art. 1484 et 1502 CPC.

55. Art. 1485, al. 1, CPC (auparavant, art. 1475, al. 1, anc.).

de volonté des parties domine toute l'institution dans la mesure où il est le fondement du pouvoir de l'arbitre et la sentence arbitrale y puise sa valeur juridique ; l'arbitre est alors perçu comme proche d'un mandataire des parties. Une thèse « juridictionnaliste » insiste davantage sur le fait que l'arbitre exerce la mission d'un véritable juge et non celle d'un simple mandataire des parties, et que la sentence arbitrale est un véritable jugement ; l'arbitre serait simplement une juridiction privée, par opposition à la juridiction étatique[56].

Aujourd'hui, la question fait l'objet d'un relatif consensus. La doctrine actuelle s'accorde pour mettre en avant une conception dualiste de l'arbitrage : l'arbitrage est un mécanisme d'une nature particulière, à la frontière du contractuel et du juridictionnel, l'arbitre exerçant une mission juridictionnelle qui a une origine conventionnelle[57]. L'origine conventionnelle de l'arbitrage tient au fait que les parties décident d'y recourir d'un commun accord et en fixent très largement les modalités, notamment quant à la désignation des arbitres, quant aux règles de procédure et de fond applicables. De plus, l'arbitre, investi par les parties, rend une sentence qui demeure un acte privé. Néanmoins, l'arbitre exerce une véritable mission juridictionnelle que les États autorisent et à l'efficacité de laquelle ils vont, à certaines conditions, prêter leur concours, notamment en accordant l'exequatur à la sentence arbitrale rendue. L'arbitrage est donc une justice, privée, d'origine conventionnelle.

16 **Nature duale et textes applicables à l'arbitrage.** La nature duale de l'arbitrage est d'une certaine manière consacrée par les dispositions du Code de procédure civile français. Certaines dispositions reflètent la dimension juridictionnelle de l'arbitrage. Ainsi, selon les articles 1478[58] (arbitrage interne) et 1511[59] (arbitrage international), le tribunal arbitral « tranche le litige », ce qui fait bien référence à une mission de juge. Diverses dispositions parlent de « tribunal arbitral ». L'article 1484, alinéa 1er, du Code de procédure civile[60] reconnaît l'autorité de la chose jugée de la sentence arbitrale dès qu'elle est rendue, poussant ainsi assez loin son assimilation à un jugement. La dimension contractuelle se retrouve quant à elle dans les multiples références, directes ou indirectes, faites par les textes à la volonté des parties. La nature duale de l'arbitrage transparaît encore dans les griefs qui peuvent être invoqués devant le juge étatique à l'encontre d'une sentence en vue d'en obtenir l'annulation ou de s'opposer à son exequatur. Certains griefs sont fortement marqués par la dimension contractuelle de l'arbitrage : la sentence sera annulée si le tribunal arbitral s'est déclaré à tort compétent ou incompétent[61], ou encore lorsque le tribunal arbitral a statué sans se conformer à la mission qui lui avait été confiée par les parties[62]. D'autres griefs subissent davantage l'influence du caractère juridictionnel de l'arbitrage : la sentence sera annulée si le principe de la contradiction,

56. Sur ce débat, É. Loquin, « Arbitrage. – Définition. Nature juridique. Distinction avec d'autres institutions. Avantages et inconvénients », *J.-Cl. Proc. civ.*, fasc. 1005, n° 39 et s., et les réf. citées.

57. Ph. Fouchard, E. Gaillard, B. Goldman, *Traité de l'arbitrage commercial international*, Litec, 1996, n° 11, p. 14. V. cependant, pour une vision radicalement différente de l'arbitrage, niant son caractère juridictionnel, V. Heuzé, « Une variété de transactions : la convention d'arbitrage », *Rev. arb.* 2015, p. 3.

58. Art. 1474 CPC avant le décret n° 2011-48 du 13 janvier 2011 portant réforme du droit français de l'arbitrage.

59. Art. 1496 CPC avant le décret du 13 janvier 2011.

60. Art. 1476 CPC avant le décret du 13 janvier 2011.

61. CPC, art. 1492-1° (auparavant 1484-1°) en matière interne, art. 1520-1° (auparavant 1502-1°), en matière internationale.

62. CPC, art. 1492-3° (auparavant 1484-3°) en matière interne, art. 1520-3° (aupravant 1502-3°), en matière internationale.

exigence procédurale fondamentale, n'a pas été respecté[63], ou si elle apparaît contraire à l'ordre public[64], ce qui atteste d'un contrôle de l'État sur la manière de rendre cette justice privée, dans le respect des exigences fondamentales du for, et paraît très éloigné de toute considération relative à la volonté des parties.

17 **Nature duale et pratique arbitrale.** La nature duale de l'arbitrage se retrouve également dans la pratique et dans le comportement des arbitres, à la fois juges et « hommes » à l'écoute des parties. Ceci étant, certains estiment qu'en se développant, l'arbitrage s'est fortement (excessivement ?) juridictionnalisé. Le succès de l'arbitrage institutionnel, qui conduit à un certain encadrement et à un plus grand formalisme des procédures arbitrales, y a certainement contribué[65]. La « dégradation des mœurs arbitrales », souvent dénoncée[66], ne pouvait que renforcer cette orientation en rendant plus fréquente l'intervention des tribunaux étatiques pour, face à des parties récalcitrantes, aider au bon déroulement des arbitrages ou assurer l'exécution forcée des sentences rendues. On pourrait regretter cette évolution. Toutefois, dès lors que l'arbitrage se substitue effectivement à la justice étatique comme mode ordinaire de règlement des litiges, au moins dans le commerce international, le phénomène était probablement inévitable, compte tenu de la nature humaine et des importants enjeux financiers souvent en cause. Une « juridictionnalisation » de l'arbitrage n'est d'ailleurs peut-être pas en soi condamnable, dans la mesure où elle peut contribuer à la qualité et à l'efficacité de cette justice. Tout est en réalité question d'équilibre : il convient seulement d'éviter que l'arbitrage ne perde son âme du fait d'une juridictionnalisation excessive.

B. DIFFÉRENTS TYPES D'ARBITRAGES

18 **Arbitrage institutionnel et arbitrage *ad hoc*.** Deux grands types d'arbitrage sont ouverts aux parties : l'arbitrage *ad hoc* et l'arbitrage institutionnel. Chacun présente des avantages et des inconvénients.

19 **Arbitrage institutionnel.** L'arbitrage institutionnel peut être défini comme celui que les parties décident de placer sous l'égide d'une institution d'arbitrage[67]. Une institution d'arbitrage n'est ni une juridiction, ni un tribunal arbitral. Elle a pour rôle d'organiser les arbitrages placés par les parties sous son égide. Les institutions d'arbitrage sont nombreuses, d'importance, de compétence, et de durée de vie variables. Elles peuvent intervenir dans des domaines spécialisés[68] ou être à vocation générale, avoir une

63. CPC, art. 1492-4° (auparavant 1484-4°) en matière interne, art. 1520-4° (auparavant 1502-4°), en matière internationale.

64. CPC, art. 1492-5° (auparavant 1484-6°) en matière interne, art. 1520-5° (auparavant 1502-5°), en matière internationale.

65. Sur ce type d'arbitrage, v. *infra*, n° 19.

66. Ph. Fouchard, E. Gaillard, B. Goldman, *Traité de l'arbitrage commercial international*, Litec, 1996, n° 2, p. 3.

67. V. « Les institutions d'arbitrage en France », *Actes du colloque organisé par le Comité français de l'arbitrage*, Paris, 19 janv. 1990, *Rev. arb.* 1990, p. 227 ; Ph. Fouchard, E. Gaillard, B. Goldman, *Traité de l'arbitrage commercial international*, préc., n°s 330 et s., p. 180. Sur le droit comparé, v. L. A. Mistelis, L. Shore, H. Smit (dir.), *Arbitration Rules, International Institutions*, 3rd ed., Juris Publishing Inc., 2010 ; et *Arbitration Rules, National Institutions*, 2nd ed., Juris Publishing Inc., 2010.

68. Elles prennent alors en charge des arbitrages spécifiques ; par exemple : dans le domaine des matières premières, la *Grain and Feed Trade Association* (GAFTA), dans le domaine des litiges maritimes, la

dimension nationale, régionale, ou internationale[69]. Le développement de l'arbitrage international s'est fait au profit de l'arbitrage institutionnel[70], qui concerne aujourd'hui une grande majorité des arbitrages. Et il est vrai que les avantages de l'arbitrage institutionnel sont nombreux[71].

L'institution d'arbitrage organise les arbitrages placés sous son égide. Elle élabore à ce propos un règlement d'arbitrage qui fixe les principales règles qui gouverneront la procédure arbitrale, ainsi que les pouvoirs et les devoirs des arbitres. Elle dispose d'un secrétariat qui assure la liaison entre les parties et les arbitres, ainsi qu'un certain nombre de tâches matérielles. Un organe au sein de l'institution est également chargé de l'administration de l'arbitrage et se voit reconnaître, dans certains règlements d'arbitrage, diverses prérogatives pour contrôler le déroulement d'un arbitrage et résoudre les difficultés auxquelles il peut donner lieu : faculté de fixer le siège, intervention dans la constitution du tribunal arbitral, possibilité de proroger le délai d'arbitrage, etc. Ainsi, l'institution se substitue, dans un certain nombre de cas, au juge du siège du tribunal arbitral qui est en principe l'autorité compétente pour aider au bon déroulement de l'instance arbitrale[72]. Le droit français reconnaît ce rôle fondamental aux institutions d'arbitrage dans divers articles issus du décret n° 2011-48 du 13 janvier 2011[73]. Certaines institutions d'arbitrage mettent également à la disposition des parties des listes d'arbitres et des clauses d'arbitrage types. Les avantages de l'arbitrage institutionnel sont donc conséquents : les dispositions du règlement d'arbitrage dispensent très largement les parties de fixer elles-mêmes les règles de procédure applicables à leur

London Maritime Arbitrators Association (LMAA), dans le domaine de la propriété intellectuelle, le « Centre d'arbitrage et de médiation » créé par l'OMPI en 1994.

69. C'est le cas de la Cour internationale d'arbitrage de la Chambre de commerce internationale (CCI), de l'Association américaine d'arbitrage (AAA), de la Cour d'arbitrage international de Londres (LCIA), ou encore de la Chambre de commerce de Stockholm. On citera également le Centre international pour le règlement des différends en matière d'investissements (CIRDI), qui connaît de litiges opposant un État, ou une personne morale de droit public, à un investisseur privé ressortissant d'un autre État. Ce centre, créé par la Convention de Washington de 1965 et émanation de la Banque mondiale, a longtemps été peu actif. Toutefois, plus de 150 pays ont aujourd'hui ratifié la Convention de Washington. Mais l'accélération de l'activité du centre dans les années récentes est essentiellement due à la conjonction de trois facteurs : la multiplication des traités de protection des investissements signés par les États, les crises financières qui ont affecté, dans les années récentes, des pays qui avaient connu un développement économique rapide, les obligeant à prendre des mesures qui ont déplu aux investisseurs étrangers, et une interprétation audacieuse de leur compétence par les tribunaux arbitraux constitués dans le cadre du CIRDI. Sur ces questions, v. notamment, G. Burdeau, « Nouvelles perspectives pour l'arbitrage dans le contentieux économique intéressant les États », *Rev. arb.* 1995, p. 3 ; E. Gaillard, « L'arbitrage sur le fondement des traités de protection des investissements », *Rev. arb.* 2003, p. 853 ; F. Horchani, « Le droit international des investissements à l'heure de la mondialisation », *JDI* 2004, p. 367 ; J. Paulsson, « Arbitration without Privity », *ICSID Review, Foreign Investment Law Journal* 1995, p. 232 ; B. Stern, « Le consentement à l'arbitrage CIRDI en matière d'investissement international : que disent les travaux préparatoires ? », in *Mélanges en l'honneur de Ph. Kahn*, Litec, 2000, p. 223. V. également, *supra*, n° 11.

70. Sur cette corrélation, v. en particulier F. Grisel, E. Jolivet et E. Silva Romero, « Aux origines de l'arbitrage commercial contemporain : l'émergence de l'arbitrage CCI (1920-1958) », *Rev. arb.* 2016, p. 403.

71. V. E. Jolivet, « L'intérêt de recourir à une institution d'arbitrage. L'exemple de la Cour internationale d'arbitrage de la CCI », in *Global Reflections on International Law, Commerce and Dispute Resolution, Liber Amicorum in honour of Robert Briner*, ICC Publishing, 2005, p. 413.

72. Aussi, avant de choisir de placer leur arbitrage sous l'égide d'une institution, les parties seraient avisées de se renseigner sur les pouvoirs reconnus à cette institution, par son règlement, dans l'organisation de l'arbitrage.

73. V. notamment, art. 1452 à 1454, 1456 et 1457 CPC.

arbitrage, ce qui est bienvenu dans la mesure où elles n'ont pas toujours conscience, lors de la conclusion de la convention d'arbitrage, de certains problèmes qui pourront se poser au moment du litige ; l'arbitrage est ainsi précisément organisé, des services utiles sont fournis par l'institution pendant son déroulement, une certaine sécurité juridique est garantie puisque le travail des arbitres est encadré et guidé par les dispositions du règlement d'arbitrage ; une certaine souplesse est néanmoins maintenue dans la mesure où, le plus souvent, les parties pourront, si elles le souhaitent, déroger au moins en partie aux dispositions du règlement applicable[74].

Ce type d'arbitrage a pour inconvénient majeur un coût supplémentaire non négligeable, les services de l'institution devant être rémunérés. Certains regretteront également un dirigisme excessif de certaines institutions et, plus généralement, la plus forte juridictionnalisation de la procédure arbitrale qui découle nécessairement du recours à l'arbitrage institutionnel. En tout cas, face à une certaine prolifération d'institutions plus ou moins sérieuses et dont la pérennité et l'activité sont variables, il est judicieux de choisir une institution à la réputation bien assise[75].

20 **Arbitrage *ad hoc*.** L'arbitrage *ad hoc* peut être aisément défini comme celui qui, à l'inverse, n'est pas confié à une institution d'arbitrage[76]. Il se développe sans aucune structure préexistante et n'implique que les parties et les arbitres qui, dès lors, bénéficient de la plus grande liberté dans l'organisation de l'arbitrage. Il a donc pour avantage majeur sa grande adaptabilité aux exigences particulières de chaque espèce. Son principal inconvénient est la contrepartie de cet avantage : face à la fréquente insuffisance des prévisions des parties avant la naissance du litige quant aux règles devant régir la procédure arbitrale, et à la difficulté de s'entendre sur ces règles une fois le litige né, l'arbitrage *ad hoc* impose souvent aux arbitres de définir eux-mêmes les règles essentielles qui gouverneront l'arbitrage et d'élaborer au moins une ébauche de règlement d'arbitrage. Les arbitres pourront choisir de définir ces règles dès le début de l'instance arbitrale ou seulement au fur et à mesure, lorsque les difficultés surviendront. Cependant, il est toujours possible d'adopter, dans le cadre d'un arbitrage *ad hoc*, un règlement d'arbitrage préexistant, sans pour autant entrer dans le cadre d'un arbitrage institutionnel. D'ailleurs, la Commission des Nations Unies pour le droit du commerce international (CNUDCI) a élaboré en 1976 un règlement d'arbitrage qui s'adresse spécialement aux parties à un arbitrage *ad hoc*, invitées à en adopter les dispositions[77]. Ce règlement, qui a connu un grand succès dans les arbitrages *ad hoc*, a été révisé en 2010, révision qui y apporte diverses améliorations[78]. Plus récemment, en 2013, une association française,

74. Pour une analyse du régime juridique des relations entre l'institution et les parties à l'arbitrage, v. Ch. Jarrosson, « Le statut juridique de l'arbitrage administré », *Rev. arb.* 2016, p. 445.

75. Pour une liste, non exhaustive, des centres d'arbitrage ayant leur siège en France, v. J.-B. Racine, *Droit de l'arbitrage*, PUF, Thémis, 2016, n° 36, p. 33.

76. Sur le sujet, v. notamment, P. Lalive, « Avantages et inconvénients de l'arbitrage ad hoc », in *Études offertes à Pierre Bellet*, Litec, 1991, p. 301.

77. V. le commentaire de Ph. Fouchard, in *JDI* 1979, p. 816 ; sur l'œuvre de la CNUDCI, v. *infra*, n° 65.

78. Version révisée consultable sur le site www. uncitral. org. ; et aussi *JDI* 2010, p. 1483 ; *Rev. arb.* 2011, p. 303, et le commentaire de P. Pic, I. Léger, p. 99 ; M. E. Schneider, « The revision of the UNCITRAL Arbitration Rules. Some observations on the process and the results », *Cah. arb.* 2011, p. 903.

Paris Place d'Arbitrage, a élaboré un « Règlement d'arbitrage de Paris »[79], ayant pour cible les procédures d'arbitrage *ad hoc* dont le siège est à Paris[80].

C. ARBITRAGE ET INSTITUTIONS VOISINES

21 **Importance et difficultés de la qualification d'arbitrage.** L'arbitrage obéit à un régime juridique spécifique. Cependant, il partage certains caractères avec d'autres institutions soumises à des régimes juridiques distincts de celui qui lui est applicable[81]. La qualification de l'institution en cause revêt donc une importance considérable : elle déterminera le régime juridique du mécanisme convenu entre les parties pour le règlement de leur différend, notamment quant aux voies de recours ouvertes pour contester la décision rendue à l'issue de celui-ci. Fondamentale, l'opération de qualification est cependant parfois difficile[82]. Certes, la définition généralement retenue de l'arbitrage, qui souligne l'exercice par l'arbitre d'une mission juridictionnelle, soit celle de trancher définitivement un litige par le biais d'une décision obligatoire pour les parties, devrait permettre de le distinguer d'autres institutions. Toutefois, en pratique, la distinction n'est pas toujours aisée, les parties indiquant se soumettre à un mécanisme qui se situe à la frontière de l'arbitrage et d'une autre institution. Au surplus, les parties ne facilitent pas toujours la tâche du juge, en n'exprimant pas clairement leurs attentes quant au mécanisme qu'elles souhaitent utiliser, et une extrême confusion règne parfois dans la rédaction des clauses contractuelles qui décident de soumettre à un tiers un point qui les oppose ; on y parle d'arbitrage là où il s'agit en réalité d'un autre mécanisme, et inversement[83].

Ces difficultés de qualification sont accrues dans l'arbitrage international en raison des conceptions différentes que les droits étatiques peuvent retenir de la notion d'arbitrage[84]. Or, le juge étatique interviendra le plus souvent *a posteriori* pour se prononcer sur la qualification de l'institution en cause, principalement dans le cadre d'une demande d'exécution ou d'annulation de la décision rendue par celle-ci. La qualification relevant, en droit international privé, de la loi du for, chaque juge sera maître de la qualification qu'il entend donner à la décision qui lui est soumise et des divergences peuvent donc apparaître. Ainsi par exemple, une décision, qualifiée de sentence arbitrale dans l'État où elle a été rendue, car émanant d'une personne considérée par le droit de cet État comme un arbitre, pourra être autrement qualifiée dans un autre État, notamment dans celui où l'exécution de cette décision serait recherchée. Ces divergences de qualification peuvent également être gênantes pour le « prétendu arbitre » lui-même, qui

79. « Paris Arbitration Rules » dans la version anglaise du texte.

80. Le Règlement est accessible, en français et en anglais, sur le site : www.parisarbitration.com.

81. Sur la question, v. Ch. Jarrosson, *La notion d'arbitrage*, LGDJ, 1987, p. 111 ; « Les frontières de l'arbitrage », *Rev. arb.* 2001, p. 5 ; « Variations autour de la notion d'arbitrage », *Rev. arb.* 2005, p. 1049.

82. V. les exemples donnés par Ch. Jarrosson, « Variations autour de la notion d'arbitrage », préc.

83. Pour un exemple de telles clauses « pathologiques », le vocabulaire employé faisant à la fois référence à l'arbitrage et à la conciliation, v. Paris, 20 nov. 2003, *Rev. arb.* 2005, p. 1053, obs. Ch. Jarrosson ; *D.* 2004, som., p. 3179, obs. Th. Clay.

84. V. É. Loquin, « L'arbitrage du commerce international », Joly éditions, Pratique des affaires, 2015, n° 2 et s., p. 1. V. notamment, les problèmes créés par les institutions italiennes de l'*arbitrato irrituale*, l'*arbitrato rituale* et l'*arbitraggio*, T. Tempieri, « Réflexions sur l'avenir de l'arbitrage libre en Italie », *Cah. arb.*, vol. I, *Gaz. Pal.* éd., 2002, p. 181 ; et J.-F. Poudret, S. Besson, *Droit comparé de l'arbitrage international*, Bruylant, 2002, n° 20 et s., p. 21.

aurait à s'interroger en amont sur sa qualité exacte ; pour exercer sa mission, doit-il se référer au droit du pays où il rendra sa décision, au droit régissant le contrat liant les parties, au droit du lieu d'exécution prévisible de sa décision ? À défaut de définition commune, et afin d'atténuer les potentielles conséquences néfastes de telles divergences de point de vue en droit comparé, il serait souhaitable que chaque droit étatique, et plus particulièrement ses juges, retiennent à tout le moins une définition de l'arbitrage plus compréhensive en matière internationale qu'en matière interne, permettant d'y inclure les institutions reconnues comme telles à l'étranger même si elles ne correspondent pas exactement à la conception retenue en droit interne. Dans cette perspective, René David proposait de retenir que « l'arbitrage est une technique visant à faire donner la solution d'une question, intéressant les rapports entre deux ou plusieurs personnes, par une ou plusieurs autres personnes – l'arbitre ou les arbitres – lesquelles tiennent leurs pouvoirs d'une convention privée et statuent sur la base de cette convention, sans être investies de cette mission par l'État »[85].

22 **Critères de la qualification d'arbitrage retenus par la jurisprudence.** Depuis fort longtemps[86], le juge se reconnaît le pouvoir de requalifier le mécanisme envisagé par les parties, sans s'arrêter au langage qu'elles ont employé dans leur accord, et décide que la qualification d'arbitrage résulte, non pas des termes retenus par les parties dans leur convention, mais d'une analyse de la mission qu'elles ont confiée au tiers[87]. À cet égard, la jurisprudence exige avant tout que l'arbitre soit un tiers indépendant des parties, dès lors qu'il ne peut être considéré comme leur mandataire, même commun[88]. Au-delà, pour retenir la qualification d'arbitrage, elle procède à partir d'un faisceau d'indices, dont deux se révèlent toutefois essentiels et doivent être cumulativement réunis : en effet, la jurisprudence énonce parfois que « l'arbitrage suppose l'existence préalable d'un litige et implique que le tiers ait été investi de pouvoirs juridictionnels pour y mettre fin »[89]. Ainsi, l'arbitrage implique tout d'abord l'existence d'un litige ; à défaut de litige, il n'y a pas d'arbitrage[90]. Il convient ici de souligner que l'existence d'un désaccord entre les parties ne conduit pas nécessairement à l'existence d'un litige. La notion de « litige » est plus exigeante et implique l'affrontement de prétentions juridiques antagonistes, une opposition d'intérêts fondée sur des prétentions juridiques[91]. Ensuite, l'existence d'un litige est une condition nécessaire mais non suffisante à la qualification d'arbitrage ; il importe également que le tiers ait été investi d'un pouvoir

85. R. David, *L'arbitrage dans le commerce international*, Economica, 1982, p. 9.

86. Req. 31 mars 1862, *DP* 1862, 1, p. 242.

87. Au demeurant, au-delà de la mission que les parties ont envisagé de *confier* au tiers dans leur convention, il faudrait également s'attacher à la mission effectivement *exercée* par celui-ci au moment de la contestation opposant les parties. En effet, une clause largement rédigée pourrait conduire le tiers à exercer, selon les cas et le type de contestation opposant effectivement les parties, tantôt une simple mission d'expert ou de mandataire commun des parties, faute de véritable « litige » opposant les parties, tantôt une véritable mission d'arbitre en présence d'un véritable litige opposant les parties ; v. à cet égard la clause litigieuse dans Paris, 2 avr. 2009, *RTD com.* 2009, p. 539, obs. É. Loquin ; *Rev. arb.* 2009, p. 787, note J. Billemont ; et, sur pourvoi, Cass. 1re civ., 15 déc. 2010, *Rev. arb.* 2011, p. 435, note J. Billemont.

88. Sur la nécessaire indépendance de l'arbitre, v. *infra*, n° 229 et s. (arbitrage interne), et *infra*, n° 738 et s. (arbitrage international).

89. V. Paris, 15 déc. 1998, *Rev. arb.* 2001, p. 151.

90. Cass. 1re civ., 15 déc. 2010, préc.

91. H. Motulsky, *Études et notes sur l'arbitrage*, *Écrits*, t. 2, Dalloz, 1974, n° 3, p. 6 et n° 14, p. 21 ; É. Loquin, « Arbitrage. – Définition. Nature juridique. Distinction avec d'autres institutions. Avantages et inconvénients », *J. Cl. Proc. civ.*, fasc. 1005, n° 59.

juridictionnel pour trancher ce litige au moyen d'une décision ayant un caractère obligatoire pour les parties[92] ; et ce caractère obligatoire doit avoir été convenu entre les parties avant même que la décision n'ait été rendue. Cependant, une fois encore, le caractère obligatoire de la décision n'est pas un critère suffisant à la qualification d'arbitrage : si cette décision, même obligatoire, ne met pas fin à un « litige », elle ne sera pas une sentence arbitrale.

En pratique, ces deux critères cumulatifs permettent le plus souvent de distinguer l'arbitrage d'autres institutions, même si certaines situations demeurent parfois délicates[93], comme les exemples suivants pourront l'illustrer.

23 **Arbitrage juridictionnel et arbitrage contractuel.** Le droit français, avec d'autres, retient une conception relativement étroite de l'arbitrage, en ce que ce dernier implique l'exercice d'une mission juridictionnelle qui devrait donc aboutir à l'élaboration d'un acte juridictionnel. Cette conception conduit à exclure du domaine de l'arbitrage la mission du tiers consistant en la fixation d'une obligation, même si celle-ci est l'objet d'un désaccord entre les parties, et donc l'arbitrage dit « contractuel ». L'arbitrage contractuel vise le cas où les parties au contrat qui ne parviennent pas, au moment de sa conclusion ou ultérieurement, à s'entendre sur certaines de ses stipulations,

92. V. Paris, 17 juin 2004, *Sté Miss France*, *Rev. arb.* 2006, p. 161, note T. Azzi ; *JDI* 2005, p. 1165, note É. Loquin, rejetant de ce fait la qualification d'arbitrage à propos de la procédure ICANN pour la gestion du système des noms de domaine.

93. V. notamment, sur les débats quant à la nature juridique du « référé pré-arbitral » CCI, régi par un règlement entré en vigueur le 1er janvier 1990, les commentaires opposés de la décision : Paris, 29 avr. 2003, *SNPC c/ sté Total Fina Elf E&P Congo* (qui décide qu'il s'agit d'un mécanisme contractuel conduisant à une décision qui a seulement « l'autorité de la chose convenue » et qui n'est pas une sentence arbitrale et n'est donc pas susceptible d'un recours en annulation), *JCP* G 2003, I, 164, n° 8, obs. J. Béguin ; *Rev. arb.* 2003, p. 1296, note Ch. Jarrosson ; *D.* 2003, som., p. 2478, obs. Th. Clay ; *RTD com.* 2003, p. 482, obs. É. Loquin ; *JDI* 2004, p. 511, note P. Mayer. D'après le préambule du règlement de référé pré-arbitral CCI, celui-ci « met à la disposition des usagers du commerce international un nouveau mécanisme par lequel des mesures peuvent être rapidement prises lorsque certaines difficultés surviennent dans le cadre de relations contractuelles. Ce règlement répond à un besoin spécifique : recourir à très bref délai à un tiers – "le tiers statuant en référé" – habilité à ordonner des mesures provisoires revêtant un caractère d'urgence ». Selon la cour d'appel de Paris, « il résulte des termes du préambule du Règlement pré-arbitral de la CCI que la qualification d'arbitrage a été soigneusement évitée en gommant toute référence aux expressions évoquant une telle qualification. L'ordonnance rendue d'après le Règlement de référé pré-arbitral de la CCI, mécanisme contractuel qui repose sur la coopération des parties, a, malgré son appellation, une nature conventionnelle : elle n'a d'autorité que celle de la chose convenue ; en conséquence, est irrecevable le recours en annulation ». Pourtant des rapprochements avec l'arbitrage étaient possibles : l'intervention d'un tiers, sur la base d'un accord des parties, pour participer au règlement d'un litige, en prenant en compte des arguments juridiques, en rendant une décision ayant un caractère obligatoire, bien que provisoire, et à l'issue d'une procédure contradictoire. Sur ce référé pré-arbitral, v. aussi J.-J. Arnaldez et E. Schäfer, « Le règlement de référé pré-arbitral de la CCI », *Rev. arb.* 1990, p. 835 ; K. P. Berger, « Pre-Arbitral Referees : Arbitrators, Quasi-Arbitrators, Hybrids or Creatures of Contract Law ? », in *Liber Amicorum in honour of Robert Briner*, ICC Publishing, 2005, p. 73 ; J.-Y. Garaud et C.-H. de Taffin, « Le règlement de référé pré-arbitral de la CCI », *Bull. CCI*, vol. 16, n° 1, 2005, p. 33. V. aussi « l'arbitre d'urgence », instauré par le règlement CCI de 2012 dont l'article 29 indique que « toute partie sollicitant des mesures conservatoires ou provisoires urgentes qui ne peuvent attendre la constitution d'un tribunal arbitral ("mesures d'urgence") peut déposer une requête à cette fin conformément aux règles relatives à l'arbitre d'urgence de l'appendice V ». Ses décisions sont, selon les termes mêmes de l'article 29, des « ordonnances » qui ne lient pas le tribunal arbitral ultérieurement saisi et qui ne devraient donc pas pouvoir bénéficier de la qualification de sentence arbitrale et du régime juridique de cette dernière. Sur la distinction entre sentence et ordonnance, v. *infra*, n° 426 (arbitrage interne) et n° 850 et 862 (arbitrage international).

confient à un tiers le soin de compléter le contrat initial ou de l'adapter en cas de modification des circonstances[94]. Cette mission relève, en droit français, de l'institution du mandat commun. Un exemple de la possible confusion entre arbitrage juridictionnel et ce mandat commun a longtemps été donné par l'article 1592 du Code civil qui prévoyait que les parties à un contrat de vente pouvaient confier à un tiers la détermination du prix, le législateur semant lui-même quelque peu le trouble en énonçant que cette détermination pouvait être laissée « à l'arbitrage d'un tiers ». Ce tiers n'était pourtant pas un arbitre au sens du droit français, dans la mesure où il ne tranchait pas un litige, les parties ne pouvant formuler aucune prétention juridique faute de situation juridique préexistante, mais définissait un élément du contrat en lieu et place des parties ; il était donc un mandataire commun des parties qui, en fixant le prix, allait combler une lacune essentielle du contrat. La loi nº 2016-1547 du 18 novembre 2016 dite « de modernisation de la justice du XXIe siècle » a judicieusement remplacé, à l'article 1592 du Code civil, l'expression « arbitrage d'un tiers » par celle « d'estimation d'un tiers » et devrait ainsi mettre fin à toute confusion.

Le critère de distinction entre arbitrage juridictionnel et arbitrage contractuel réside donc dans l'existence préalable d'un litige que l'arbitre doit trancher, un désaccord sur la fixation d'une clause du contrat n'étant pas un litige[95]. Sa mise en œuvre n'est toutefois pas toujours aisée et, dans certains cas, on est en droit d'hésiter quant à l'existence ou non d'un litige[96]. À titre d'exemple, dans le cadre d'une cession d'actions, les parties peuvent s'entendre sur un prix mais prévoir qu'en cas de découverte par le cessionnaire d'un passif inconnu, le prix fera l'objet d'une réduction qui sera évaluée par un tiers, qu'elles pourront qualifier d'arbitre ou d'expert dans leur accord. Ce tiers est-il alors un arbitre ou un simple mandataire commun ? La réponse dépend largement d'une analyse précise de la mission qui sera réellement confiée au tiers au cas d'espèce[97]. Or, le choix de la qualification peut avoir des conséquences importantes : si le tiers n'est pas intervenu en tant qu'arbitre, sa décision n'est pas susceptible d'exequatur ou d'un recours en annulation ; les parties disposeront uniquement de l'action *ex contractu* devant les tribunaux de droit commun aux fins de voir reconnaître l'existence de la convention et déclarer qu'elle produira ses effets.

Des difficultés analogues peuvent se présenter à propos des clauses d'adaptation du contrat à l'évolution des circonstances. Ces clauses dites d'adaptation figurent dans

94. Sur cette question, v. A. Kassis, *Problème de base de l'arbitrage en droit comparé et en droit conventionnel, Arbitrage contractuel et arbitrage juridictionnel*, t. 1, LGDJ, 1987 ; É. Loquin, « La distinction de l'arbitrage contractuel et de l'arbitrage juridictionnel », *RTD com.* 1993, p. 482 ; B. Oppetit, « Arbitrage contractuel et arbitrage juridictionnel », *Rev. arb.* 1977, p. 315.

95. V. par exemple, Paris, 2 avr. 2009, *RTD com.* 2009, p. 539, obs. É. Loquin ; *Rev. arb.* 2009, p. 787, note J. Billemont ; et, sur pourvoi, Cass. 1re civ., 15 déc. 2010, *Rev. arb.* 2011, p. 435, note J. Billemont : une clause du contrat prévoyant qu'une commission de tiers experts désignée conjointement par les parties devra fixer les objectifs de vente imposés au distributeur en l'absence d'accord des parties sur ceux-ci n'est pas une clause compromissoire, dès lors que l'existence d'un litige, sans lequel il n'existe pas d'arbitrage juridictionnel, n'est pas caractérisée, le désaccord sur le volume des objectifs ne remettant pas en cause le principe de l'obligation pour le distributeur de se voir assigner annuellement des objectifs.

96. V. notamment, Paris, 24 mars 1992, *RTD com.* 1993, p. 492, obs. É. Loquin ; Cass. com., 4 mars 1998, *RTD com.* 1998, p. 578, obs. É. Loquin ; Paris, 7 nov. 2000, *RTD com.* 2001, p. 55, obs. É. Loquin ; Cass. com., 16 févr. 2010, *Rev. arb.* 2010, p. 503, note J.-J. Daigre ; *D.* 2010, p. 1765, note J. Moury ; *JCP* E 2010, p. 1591, note D. Cohen ; *Rev. soc.* 2010, p. 165 (2e arrêt), note A. Couret.

97. Pour des exemples d'hésitation possible, v. Cass. 3e civ., 9 oct. 1984, Cass. 1re civ., 12 déc. 1984, et Cass. com., 3 janv. 1985, *Rev. arb.* 1986, p. 263, note P. Mayer ; Paris, 22 mai 2001, *Rev. arb.* 2005, p. 1067, obs. Ch. Jarrosson ; et aussi, Th. Clay, *D.* 2005, pan., p. 3051 et les décisions citées.

certains contrats de longue durée, surtout internationaux, et prévoient une renégociation ou une révision du contrat en cas de changement de circonstances, notamment économiques, conduisant à un grave déséquilibre entre les obligations réciproques des parties et, si les parties ne s'accordent pas, l'intervention d'un tiers chargé de dire si les conditions contractuelles de l'adaptation sont réunies et/ou de procéder lui-même à cette adaptation. Comment qualifier cette mission confiée au tiers : y a-t-il litige et est-ce de l'arbitrage ? Même si la proposition peut être contestée, on devrait à tout le moins retenir la qualification d'arbitrage dès l'instant où les parties s'opposent sur la mise en œuvre de la clause d'adaptation, soit dans son principe même – y a-t-il lieu à adaptation ? –, soit quant à ses modalités de mise en œuvre[98]. En tout cas, au moins en matière internationale, il paraît approprié de retenir une conception large de l'arbitrage, de nombreux États estimant qu'il s'agit bien d'arbitrage[99].

Plus généralement, dans de nombreux États, comme la Grande-Bretagne ou les Pays-Bas, le tiers chargé de combler des lacunes du contrat, de fixer ou d'amender un point du contrat pour l'adapter aux circonstances, est bien un arbitre.

24 **Arbitrage et transaction.** L'article 1989 du Code civil, relatif au mandat, précise que « le pouvoir de transiger ne renferme pas celui de compromettre ». Si le texte prend soin d'apporter une telle précision, c'est que les deux institutions peuvent en effet être rapprochées sur certains points. Dans les deux cas, l'objectif est de résoudre un litige : l'article 2044 du Code civil énonce que « la transaction est un contrat par lequel les parties, par des concessions réciproques, terminent une contestation née, ou préviennent une contestation à naître »[100] ; de son côté, la convention d'arbitrage est conclue en vue de résoudre un litige né (compromis) ou à naître (clause compromissoire). Comme la sentence arbitrale, la transaction mettra fin au litige et s'opposera à toute action en justice ayant le même objet[101]. Néanmoins, la distinction entre les deux institutions est en principe aisée, surtout lorsque la transaction ne met en cause que les parties au litige et ne fait aucunement intervenir un tiers : la transaction est un contrat, signé par les parties, qui met fin au litige les opposant à l'issue d'une procédure contractuelle de règlement du litige, les parties résolvant elles-mêmes leur litige, alors que la sentence arbitrale est l'œuvre d'un tiers, est signée par lui et est rendue à l'issue d'une procédure juridictionnelle de règlement du litige ; par ailleurs, la transaction suppose l'existence de concessions réciproques, alors que la sentence arbitrale peut consacrer l'intégralité des droits de l'une des parties. Cependant, lorsque la transaction fait intervenir un tiers, des problèmes de frontières peuvent apparaître.

98. V. admettant implicitement la qualification d'arbitrage, Paris, 13 janv. 1971, *Rev. arb.* 1973, p. 68, note Ph. Fouchard.

99. Sur ce débat et plus largement sur les problèmes engendrés par les clauses d'adaptation quant à la qualité et aux pouvoirs de l'arbitre, v. Ph. Fouchard, E. Gaillard, B. Goldman, *Traité de l'arbitrage commercial international*, Litec, 1996, n° 33 et s., p. 26 ; J.-F. Poudret, S. Besson, *Droit comparé de l'arbitrage international*, Bruylant, 2002, n° 19 et s., p. 19.

100. Définition issue de la loi n° 2016-1547 du 18 novembre 2016 dite « de modernisation de la justice du XXIe siècle », qui a ajouté la référence aux « concessions réciproques », auparavant absente du texte même si une telle exigence était retenue de longue date par la jurisprudence. Sur les modifications apportées au régime de la transaction par cette loi, v. Th. Clay, « L'arbitrage, les modes alternatifs de règlement des différends et la transaction dans la loi "Justice du XXIe siècle" », *JCP* G 2016, 1295 ; L. Mayer, « Les modes amiables de règlement des litiges dans la loi "Justice du XXIe siècle" », *Cah. arb.* 2017, p. 11.

101. V. art. 2052 C. civ. qui, dans sa rédaction issue de la loi n° 2016-1547 du 18 novembre 2016 dite « de modernisation de la justice du XXIe siècle », énonce que « la transaction fait obstacle à l'introduction ou à la poursuite entre les parties d'une action en justice ayant le même objet ».

Il en sera notamment ainsi lorsque les parties chargent le tiers d'établir en leur nom une transaction qu'elles déclarent accepter par avance. De même, est d'une qualification malaisée la « sentence d'accord parties »[102], qui intervient lorsque les parties, au cours de l'instance arbitrale, se mettent d'accord et établissent une transaction qu'elles demandent au tribunal arbitral d'enregistrer dans une sentence ; malgré l'influence alors très limitée des arbitres sur la solution du litige, les parties espèrent que cette « sentence » puisse alors bénéficier du régime de la sentence arbitrale en matière d'exécution forcée, beaucoup plus favorable que celui de la transaction. Cependant, la Cour de cassation semble s'y opposer, en refusant notamment le bénéfice du régime juridique de la sentence arbitrale à la décision des arbitres se bornant à constater l'accord des parties dans son dispositif, sans aucun motif dans le corps de celle-ci, et qui ne pouvait dès lors s'analyser en un acte juridictionnel[103]. La Haute juridiction paraît donc exiger une motivation de la part du tribunal arbitral pour que sa « décision » puisse bénéficier du régime juridique de la sentence arbitrale. Mais en quoi pourrait consister cette motivation puisque, se bornant en principe à constater l'accord des parties, et donc une transaction en présence de concessions réciproques, la sentence d'accord parties ne renferme généralement pas de raisonnement juridique de la part du tribunal arbitral ? Le tribunal devrait-il apprécier le bien-fondé de l'accord des parties, et même expliquer pourquoi il l'approuve, pour que sa décision puisse bénéficier du qualificatif de sentence ? Hormis la vérification de son absence de contrariété à l'ordre public, le tribunal arbitral n'a pas, en principe, à donner son avis sur la solution retenue par les parties ; les parties ne l'attendent d'ailleurs pas ; s'il ne l'approuve pas, il peut toujours, et préférablement selon nous, tout simplement refuser de l'entériner. Par ailleurs, même si elle peut s'expliquer conceptuellement, on peut s'interroger sur l'opportunité de cette solution restrictive, dès lors qu'elle semble contrarier l'intention des parties. D'ailleurs, d'autres droits étatiques admettent au contraire la qualification de sentence arbitrale pour la sentence d'accord parties, ce qui rend le refus français d'autant plus problématique dans un contexte d'arbitrage international[104].

25 **Arbitrage et modes alternatifs de règlement des conflits (médiation et conciliation).** Les modes alternatifs de règlement des conflits (MARC), essentiellement la médiation et la conciliation, connaissent actuellement un grand succès dans la pratique et suscitent l'intérêt grandissant de la doctrine[105]. Ces mécanismes se distinguent en principe nettement de l'arbitrage. Certes, ils font généralement, comme l'arbitrage, intervenir un tiers en vue de résoudre un litige. Toutefois, seul l'arbitre exerce un pouvoir juridictionnel et peut imposer une solution aux parties, et seule la sentence arbitrale a autorité de chose jugée et peut obtenir, après exequatur, force exécutoire. Au

102. V. art. 33 règlement CCI de 2012 (version révisée en 2017), art. 36.1 règlement CNUDCI (version révisée en 2010), art. 30 loi-type CNUDCI ; sur la sentence d'accord parties, v. notamment, Ch. Jarrosson et J.-B. Racine, « La sentence d'acord-parties », in *Droit sans frontières, Mélanges en l'honneur d'Éric Loquin*, LexisNexis, 2018, p. 139 ; et *infra*, n° 432.

103. Cass. 1re civ., 14 nov. 2012, *JCP* G 2012, doctr. 1354, n° 2, obs. J. Orscheidt ; *D.* 2012, p. 2991, spéc. p. 3002, obs. Th. Clay ; *RTD com.* 2013, p. 476, obs. É. Loquin ; *Rev. arb.* 2013, p. 138, note J. Billemont.

104. V. notamment, art. 30.2 loi-type CNUDCI qui énonce : « La sentence d'accord des parties est rendue conformément aux dispositions de l'article 31 et mentionne le fait qu'il s'agit d'une sentence. Une telle sentence a le même statut et le même effet que toute autre sentence prononcée sur le fond de l'affaire ». V. aussi, Section 51 *Arbitration Act* anglais, Art. 1069 CPC néerlandais.

105. Sur le sujet, v. aussi *supra*, n° 2 et les réf. citées.

contraire, dans les modes alternatifs de règlement des conflits, le tiers n'exerce aucun pouvoir juridictionnel et ne rend aucune décision obligatoire pour les parties ; tout au plus, il peut leur proposer une solution, mais la résolution du litige dépendra d'un accord des parties, qui aura donc une valeur purement contractuelle[106]. La distinction paraît donc nette, si bien que nombre d'institutions d'arbitrage ont établi, en parallèle à leur procédure d'arbitrage, une procédure de mode alternatif de règlement des conflits[107]. Dans la pratique contractuelle, les parties paraissent également distinguer les deux institutions en les prévoyant successivement pour la résolution de leurs différends. Il est en effet de plus en plus courant pour les parties à un contrat de stipuler qu'en cas de litige, une tentative de conciliation préalable précédera obligatoirement le règlement par voie d'arbitrage[108]. La Cour de cassation a renforcé l'efficacité de cette clause contractuelle de conciliation ou de médiation préalable en décidant qu'elle constitue une fin de non-recevoir, bien qu'elle ne figure pas parmi les cas visés à l'article 122 du Code de procédure civile, qui s'impose au juge ou à l'arbitre saisi au fond si l'une des parties l'invoque et qui suspend le cours de la prescription[109].

Néanmoins, certains rapprochements se réalisent parfois entre la conciliation ou la médiation et l'arbitrage. Déjà, on pourrait estimer qu'il entre dans la mission de tout arbitre de chercher à concilier les parties[110]. Ensuite, si les parties peuvent bien entendu, au cours d'une instance arbitrale, s'entendre seules et notifier alors à l'arbitre que la procédure d'arbitrage n'a plus de raison d'être, elles peuvent également se concilier

106. Ph. Fouchard, « Arbitrage et modes alternatifs de règlement des litiges du commerce international », in *Mélanges en l'honneur de Ph. Kahn*, Litec, 2000, p. 95 ; Ch. Jarrosson, « Les modes alternatifs de règlement des conflits : présentation générale », *RID comp.* 1997, p. 325.

107. V. notamment, règlement de conciliation de la CNUDCI, règlement de médiation de l'OMPI, *Mediation Rules* de la CCI ; et aussi, loi-type CNUDCI du 24 juin 2002 sur la conciliation commerciale internationale, reproduit in *Rev. arb.* 2004, p. 143, et le commentaire de J.-M. Jacquet, p. 63.

108. Pour l'interaction, dans le domaine de la construction, entre les « Dispute Boards » et l'arbitrage, v. notamment P.-A. Gélinas, « L'action des Dispute Boards secondée par l'arbitre », *Cah. arb.* 2010, p. 71.

109. Cass. ch. mixte, 14 févr. 2003, *D.* 2003, p. 1386, note P. Ancel et M. Cottin, et som. p. 2481, obs. Th. Clay ; *JCP* G 2003, I, 164, n° 9, obs. Ch. Seraglini ; *Rev. arb.* 2003, p. 403 (1re esp.), note Ch. Jarrosson. Sur la divergence antérieure à cet arrêt entre les chambres de la Cour de cassation, v. les décisions commentées par Ch. Jarrosson, in *Rev. arb.* 2001, p. 749. La solution vaut même si la clause ne précise pas les conditions particulières de sa mise en œuvre, dès lors qu'elle entend bien imposer une obligation contraignante : Cass. 3e civ., 19 mai 2016, *Rev. arb.* 2016, p. 1094, note N. Dissaux ; *ibid.* 2017, p. 302, obs. J.-Ph. Tricoit. De plus, la situation donnant lieu à la fin de non-recevoir tirée du défaut de mise en œuvre d'une telle clause n'est pas susceptible d'être régularisée par la mise en œuvre de la clause en cours d'instance arbitrale : Cass. ch. mixte, 12 déc. 2014, *Rev. arb.* 2015, p. 246, n° 49, obs. J.-Ph. Tricoit ; *JCP* E 2015, 1018, note N. Dissaux ; *D.* 2015, p. 208, note C. Boillot ; *RDC* 2015, p. 308, obs. C. Pelletier ; Cass. 3e civ., 16 juin 2016, *Rev. arb.* 2016, p. 1095, note N. Dissaux ; Cass. 3e civ., 6 oct. 2016, *Rev. arb.* 2017, p. 304, obs. J.-Ph. Tricoit. En revanche, la clause n'impose pas aux parties une obligation d'aboutir à un accord ; les parties ont simplement une obligation de moyens, celle de faire les efforts raisonnables pour tenter, de bonne foi, de trouver une solution non contentieuse. De plus, la clause « ne prive pas le juge des référés du pouvoir d'allouer, dans les conditions de l'article 873 CPC, une provision au créancier si l'urgence justifie de passer outre le processus de règlement amiable du conflit » (Paris, 13 oct. 2006, *Rev. arb.* 2007, p. 343) ; même solution, s'agissant du pouvoir du juge d'ordonner une mesure provisoire prise sur le fondement de l'article 145 CPC (Paris, 11 oct. 2006, *Rev. arb.* 2007, p. 341). Sur le traitement de ces clauses dans la jurisprudence arbitrale, v. sent. CCI n° 14427 (2008), *JDI* 2013, chron. 1, p. 203, spéc. p. 217, obs. F. M. S. ; sent. CCI n° 14574 (2007 et 2008), *ibid.*, spéc. p. 248, obs. B. D., et les réf. citées.

110. L'article 21 CPC, auquel l'article 1464, al. 2, CPC renvoie (v., avant le décret n° 2011-48 du 13 janvier 2011 portant réforme du droit français de l'arbitrage, art. 1460, al. 2 CPC), le déclare à propos du juge : « Il entre dans la mission du juge de concilier les parties ».

devant l'arbitre et avec l'aide de celui-ci, ce qui pourra conduire à une interruption de l'instance arbitrale et à la réalisation d'un accord par voie de transaction ; les parties pourront même alors demander à l'arbitre de rendre une « sentence d'accord parties » qui reprendra la teneur de leur accord, en espérant que cette « sentence » puisse ainsi bénéficier des attributs d'une véritable sentence arbitrale[111]. Enfin et surtout, la rédaction des clauses contractuelles est parfois confuse, les parties y stipulant par exemple qu'elles feront appel à un « médiateur » en cas de litige, en précisant qu'elles accepteront par avance la solution donnée par celui-ci, si bien que l'on peut hésiter quant à la qualification des pouvoirs de ce tiers[112]. Ici encore, au-delà des termes employés, le choix de la qualification dépendra d'une analyse de l'intention réelle des parties quant à la mission effectivement confiée au tiers.

26 **Arbitrage et expertise.** La distinction entre les deux institutions est *a priori* aisée : l'arbitrage implique l'existence d'un litige et a pour finalité une décision juridictionnelle, obligatoire pour les parties, rendue en application du droit ; l'expertise fait quant à elle intervenir un tiers nommé par un juge, les parties, ou un arbitre en raison de ses connaissances et afin de donner un avis sur un fait ou un ensemble de faits ; en règle générale, l'avis de l'expert ne lie pas celui qui l'a nommé[113]. Autrement dit, l'expert se prononce sur les faits, en formulant un avis qui ne lie pas celui qui l'a sollicité, alors que l'arbitre tranche des difficultés d'ordre juridique, par le biais d'une sentence arbitrale qui s'impose aux parties.

Toutefois, la frontière entre l'arbitrage et l'expertise est parfois obscurcie par le fait que les parties en litige décident de faire appel à un tiers, sans que les termes employés dans l'acte le désignant ne permettent de dire avec certitude si elles ont décidé de lui faire trancher le litige ou seulement souhaité être éclairées par son avis. Le risque de confusion grandit dans les cas des expertises « obligatoires » ou « irrévocables ». Dans ces hypothèses, les parties en désaccord chargent un tiers d'estimer un bien ou un préjudice, ou encore de fixer le montant d'un loyer ou d'une indemnité de fin de bail, et il est prévu que l'avis du tiers liera les parties. La décision de l'expert partage alors cette caractéristique avec celle de l'arbitre d'être obligatoire pour les parties, ce qui autorise l'hésitation. Or, la qualification a un enjeu, les deux institutions étant soumises à des régimes juridiques différents ; dès lors, diverses questions peuvent se poser : l'« expert » est-il tenu de respecter les principes fondamentaux de la procédure qui s'imposent aux arbitres ? Bénéficie-t-il d'une certaine « immunité » dans l'exercice de sa fonction ? Sa décision est-elle susceptible des recours applicables aux sentences arbitrales ? A-t-elle autorité de la chose jugée dès qu'elle est rendue, et est-elle susceptible d'obtenir la force exécutoire à l'issue d'une procédure d'exequatur, caractéristiques de la sentence arbitrale ? La difficulté est notamment apparue à propos des expertises médicales obligatoires prévues par certaines polices d'assurance, où sont malheureusement parfois employés tout à la fois les termes d'expertise et d'arbitrage[114]. Après de nombreuses

111. Sur les doutes toutefois suscités à cet égard par la jurisprudence française, v. *supra*, n° 24, et *infra*, n° 432.

112. Pour des illustrations de cette confusion dans la rédaction des clauses contractuelles, v. Paris, 21 nov. 2001, *RTD com.* 2002, p. 40, obs. É. Loquin ; Paris, 24 févr. 2015, *Rev. arb.* 2015, p. 1149, note P. Giraud.

113. Ainsi, l'article 246 CPC précise que « le juge n'est pas lié par les constatations ou les conclusions du technicien ».

114. V. aussi, en matière de fusion-acquisition, W. Peter, « Arbitration of Mergers and Acquisitions : Purchase Price Adjustments Disputes », *Arb. Int.* 2003, p. 491.

hésitations[115], la jurisprudence paraît aujourd'hui répondre à cette difficulté en distinguant selon l'objet de la mission confiée au tiers par les parties : uniquement chargé de fixer, de façon irrévocable, une question de fait, le tiers est un expert, malgré la force obligatoire de sa décision ; en revanche, s'il lui est demandé de tirer les conséquences juridiques de ses conclusions de fait, il est un arbitre[116]. Autrement dit, l'arbitre tranche un point de droit, l'expert fixe, serait-ce définitivement, un point de fait. En effet, l'existence d'un désaccord entre les parties, d'une contestation sur des éléments de pur fait, ne suffit pas pour retenir la qualification d'arbitrage ; il faut en outre constater l'existence d'un litige, c'est-à-dire l'affrontement de prétentions juridiques antagonistes, que le tiers reçoit pour mission de trancher ; comme l'exprime la Cour de cassation, « sans existence d'un litige, il n'existe pas d'arbitrage juridictionnel »[117]. Ainsi, à titre d'exemple, en désaccord sur la valeur d'un véhicule accidenté, un assureur et son assuré avaient décidé de s'en remettre à la « commission d'arbitrage de la Confédération française des experts en automobile », pour « trancher le différend et statuer en dernier ressort en qualité d'arbitre-expert », la commission disposant, à cet effet, des pouvoirs « d'amiable compositeur ». Le vocabulaire employé par les parties rendait la situation passablement confuse. La cour d'appel de Paris[118] a estimé que la mission confiée au tiers était seulement de donner un avis technique sur une question de pur fait, soit une mission d'expert ; elle a ajouté que le fait que cet avis était obligatoire, en vertu de la volonté exprimée par les parties dans l'acte qu'elles avaient improprement qualifié de « compromis », ne changeait en rien la qualification retenue, dès lors que l'expert n'avait pas eu à trancher un différend portant sur une prétention les opposant sur l'exercice d'un droit, mais s'était borné à fournir une évaluation ; en effet, la garantie de l'assureur était d'ores et déjà acquise à l'assuré, seule la valeur du véhicule, question de fait, étant contestée[119].

On le perçoit aisément, le critère de distinction peut être d'utilisation délicate. Qu'en est-il notamment lorsque l'évaluation demandée au tiers met en cause des éléments d'ordre juridique : est-on toujours en présence d'une expertise ou a-t-on basculé dans le monde de l'arbitrage ? De son côté, l'arbitre est bien entendu conduit à se prononcer sur des éléments factuels, et non simplement sur des questions d'ordre juridique. Aussi, la « frontière » entre arbitrage et expertise, tirée de la distinction entre question de droit et question de fait, reste fluctuante[120]. D'ailleurs, la jurisprudence ne suit pas toujours sa

115. Cf. la jurisprudence citée par B. Moreau, A. Beregoi, R. Descours-Karmitz, P. Mallet et A. Leleu, V° Arbitrage en droit interne, *Rép. Dalloz Proc. civ.*, 2017, n° 24 et s.

116. En ce sens, Ch. Jarrosson, « Arbitrage commercial – Droit interne », *J. Cl. com.*, fasc. 197, n° 23.

117. Cass. 1re civ., 15 déc. 2010, *Rev. arb.* 2011, p. 435, note J. Billemont.

118. Paris, 14 mars 2002, *Rev. arb.* 2005, p. 1029, obs. Ch. Jarrosson ; *JCP* G 2003, I, 105, n° 1, obs. Ch. Seraglini.

119. Dans le même sens, v. Paris, 4 déc. 2008, *RTD com.* 2009, p. 537, obs. É. Loquin ; et aussi, dans le domaine des expertises médicales, Cass. 2e civ., 19 févr. 2015, *Rev. arb.* 2015, p. 281. En revanche, les arbitrages dits de qualité (« Commodity arbitration »), relatifs à des litiges portant sur la qualité et la conformité des marchandises livrées, devraient être considérés comme des arbitrages véritables bien que portant sur des questions techniques, dès lors au moins que la décision rendue tire des conséquences juridiques de l'appréciation technique effectuée sur la qualité de la marchandise, en prononçant des indemnisations, des réfactions de prix, etc.

120. Pour un exemple de ces difficultés, v. Cass. com., 16 févr. 2010, *Rev. arb.* 2010, p. 503, note J.-J. Daigre ; *D.* 2010, p. 1765, note J. Moury ; *JCP* E 2010, p. 1591, note D. Cohen ; *Rev. soc.* 2010, p. 165 (2e arrêt), note A. Couret : les parties à un contrat de cession de parts sociales avaient prévu que le prix de cession pourrait donner lieu à un complément si certaines conditions précisément définies étaient réalisées, le tiers ne devant intervenir que pour déterminer si ces conditions factuelles étaient ou non

ligne de conduite et retient parfois la qualification d'arbitrage dès lors que la personne à laquelle les parties s'en remettent pour procéder à une appréciation ou évaluation, quoique qualifiée d'expert, a pour mission de rendre une décision obligatoire, définitive et irrévocable[121].

27 **Priorité à la qualification d'arbitrage ?** M. Jarrosson propose, en cas de doute persistant, de faire prévaloir la qualification d'arbitrage, « notion résiduelle, accueillant en son sein toutes les situations marginales » et qui offre un régime cohérent et un certain nombre de garanties aux parties, que n'offrent pas nécessairement les institutions voisines[122]. De plus, selon l'auteur, les parties ont généralement eu pour souhait réel d'apporter une solution définitive à leur différend, ce que permet l'arbitrage. On peut toutefois rester quelque peu réservé à l'égard de cette proposition qui prend pour acquis le souhait des parties en faveur d'une résolution définitive de leur litige. On peut également constater que, plus simplement, lorsque la qualification n'a pas d'incidence pratique réelle, le juge se dispense de qualifier[123].

§ 2. NOTION D'ARBITRAGE COMMERCIAL

28 **Signification particulière de l'adjectif commercial.** L'adjectif commercial, accolé au mot arbitrage, n'a pas le même sens qu'en droit commercial

accomplies ; la Cour de cassation a retenu que le tiers avait reçu mission, « non d'exercer un pouvoir juridictionnel mais de procéder sur des éléments de fait à un constat s'imposant aux parties, lesquelles en avaient préalablement tiré les conséquences juridiques, peu important que l'intervention de ce tiers fût soumise à la constatation d'un désaccord entre les cocontractants relativement à ces éléments » ; la Cour considère donc que le désaccord ne pouvait être que factuel, ses conséquences juridiques ayant été prévues en amont par le contrat.

121. Pour un exemple de ces hésitations dans le domaine des expertises médicales, comparer : Paris, 20 oct. 1994, *Rev. arb.* 1996, p. 442 (dans un acte qu'elles avaient qualifié de « compromis médical », les parties avaient désigné un médecin expert, qui devait se livrer à un examen contradictoire de l'assuré accidenté, déterminer les conséquences médicales de l'accident et statuer en dernier ressort sur l'évaluation du préjudice corporel dû à l'accident = arbitrage), et Paris, 21 déc. 2000, *Rev. arb.* 2001, p. 17 (les parties confient à un médecin le soin de résoudre « une difficulté médicale », plus précisément de dire si les troubles psychologiques dont souffrait l'assuré étaient en relation directe, certaine et exclusive avec l'accident dont il avait été victime et, le cas échéant, fixer une taxe d'IPP = expertise !) ; de même, Paris, 28 oct. 2004, *Rev. arb.* 2005, p. 1059, obs. Ch. Jarrosson (résolution d'une difficulté purement médicale, savoir si l'assuré pouvait reprendre son activité professionnelle) ; v. aussi, Cass. 1re civ., 28 nov. 2006, n° 05-10303, *RJDA*/2, avr.-juin 2007, p. 443, note J. Beauchard : jugé que la convention donnant à l'expert médecin le pouvoir de se prononcer sur la durée des incapacités totale et partielle de travail par une sentence rendue en dernier ressort était bien un compromis arbitral ; la qualification d'arbitrage est retenue au seul motif du caractère contraignant, dans la volonté des parties, de la décision du tiers, alors que la mission confiée au tiers pouvait être vue comme relevant d'une appréciation technique ; dans le même ordre d'idées, v. encore, Cass. 1re civ., 16 juin 2011, *Rev. arb.* 2011, p. 950, note J. Billemont ; et Cass. 2e civ., 3 oct. 2013, *Rev. arb.* 2014, p. 641, note V. Chantebout (qualification d'arbitrage retenue pour la mission du médecin chargé de déterminer le taux d'invalidité de l'assuré contesté entre les parties, à partir du barême indicatif des déficits fonctionnels séquellaires en droit commun, dit « barême Rousseau », joint au « compromis d'arbitrage »).

122. Ch. Jarrosson, *La notion d'arbitrage*, Litec, 1987, spéc. nos 234 et s. ; « Les frontières de l'arbitrage », *Rev. arb.* 2001, p. 5, spéc. n° 34.

123. Il convient de préciser que l'amiable composition est en revanche un véritable arbitrage, quelque peu aménagé, surtout en ce qui concerne l'application du droit : l'arbitre amiable compositeur ayant le pouvoir (ou le devoir ?) d'écarter l'application stricte du droit afin de prendre en compte l'équité ; sur cette institution, v. *infra*, n° 454 (arbitrage interne) et *infra*, n° 883 (arbitrage international).

interne français. De plus, sa signification varie selon que l'arbitrage est interne ou international.

29 **Commercialité de l'arbitrage en matière interne.** En droit interne français, le terme « commercial », attaché à l'arbitrage, a longtemps eu un sens relativement restrictif, marquant l'hostilité du législateur à l'égard de l'arbitrage en général et de la clause compromissoire en particulier. En effet, l'article 2061 du Code civil a longtemps énoncé que « la clause compromissoire est nulle s'il n'est disposé autrement par la loi ». L'article 631 de l'ancien Code de commerce, aujourd'hui repris en substance par l'article L. 721-3 du Code de commerce, constituait la principale dérogation à cette prohibition de principe en validant la clause compromissoire pour les litiges relevant normalement de la compétence du tribunal de commerce, soit les contestations nées à l'occasion d'une activité commerciale ou d'actes de commerce par nature ou par accessoire. Était en revanche prohibée la stipulation de clauses compromissoires dans les actes civils ou mixtes, pour lesquels seul le recours au compromis pouvait être envisagé. On pouvait donc estimer que « l'arbitrage commercial » était essentiellement celui pour lequel la clause compromissoire était autorisée par l'article 631 de l'ancien Code de commerce. En effet, l'arbitrage pouvant avant tout se développer là où la clause compromissoire est autorisée[124], l'arbitrage interne concernait essentiellement la matière commerciale telle qu'entendue par l'article 631 de l'ancien Code de commerce.

La situation a cependant changé à partir de la loi du 15 mai 2001 sur les nouvelles régulations économiques (NRE) qui a réalisé une première modification significative de l'article 2061 du Code civil. Suite à cette loi, celui-ci énonçait désormais que « sous réserve des dispositions législatives particulières, la clause compromissoire est valable dans les contrats conclus à raison d'une activité professionnelle ». La frontière s'était donc quelque peu déplacée : la nouvelle ligne de partage en droit interne s'opérait dorénavant entre les litiges professionnels, pour lesquels la clause compromissoire était en principe autorisée et l'arbitrage pouvait en conséquence se développer, et les litiges non professionnels où la clause compromissoire restait en principe prohibée[125]. L'« arbitrage commercial » en matière interne allait donc désormais au-delà des activités commerciales au sens de l'article L. 721-3 du Code de commerce pour s'étendre aux « activités professionnelles ». Une nouvelle réforme de l'article 2061 du Code civil a été opérée par la loi n° 2016-1547 du 18 novembre 2016 dite « de modernisation de la justice du XXIe siècle ». Depuis cette loi, le texte se borne à poser une simple inopposabilité de la clause compromissoire à l'égard de la partie qui n'a pas contracté dans le cadre de son activité professionnelle[126]. Aussi, à côté de l'arbitrage « commercial », entendu largement comme l'arbitrage des « activités professionnelles », pourrait dorénavant se développer un arbitrage purement civil, restreint toutefois par l'inopposabilité, et non plus la nullité, de la clause compromissoire à l'égard de celui qui ne l'a pas conclue dans le cadre d'une activité professionnelle[127]. Quoi qu'il en soit, cette ligne de partage en droit

124. Puisqu'il est toujours plus facile de s'entendre avant la naissance d'un litige pour conclure une clause compromissoire qu'après apparition du litige pour conclure un compromis.

125. Pour plus de détails sur cette réforme et ses implications, v. *infra*, n° 117 et s.

126. Pour une étude du nouveau texte issu de la loi n° 2016-1547 du 18 novembre 2016 dite « de modernisation de la justice du XXIe siècle », v. *infra*, n° 129 et s.

127. Sur la portée réelle de cette modification, v. *infra*, n° 129 et s.

interne, que ce soit dans sa version ancienne, intermédiaire ou la plus récente, n'est pas reprise dans l'arbitrage international[128].

30 **Commercialité de l'arbitrage en matière internationale.** En matière internationale, la situation est en réalité quelque peu curieuse : on utilise comme expression consacrée celle d'« arbitrage commercial international », alors qu'en fait, le terme « commercial » peut sembler bien inapproprié pour décrire la réalité de l'état du droit positif.

Les divers instruments internationaux qui utilisent l'expression « d'arbitrage commercial international » confirment qu'il est conseillé aux droits nationaux de retenir une acception relativement souple du terme « commercial ». Ainsi, si la loi-modèle CNUDCI[129] du 21 juin 1985 concerne « l'arbitrage commercial international »[130], elle retient une conception particulièrement compréhensive de la commercialité dans une note à laquelle son article 1er renvoie. La note énonce en effet : « Le terme commercial devrait être interprété au sens large, afin de désigner les questions issues de toute relation de caractère commercial, contractuelle ou non contractuelle. Les relations de nature commerciale comprennent, sans y être limitées, les transactions suivantes : toute transaction commerciale portant sur la fourniture ou l'échange de marchandises ou de services, accord de distribution, représentation commerciale, affacturage, crédit-bail, construction d'usine, services consultatifs, ingénierie, licences, investissements, financement, transactions bancaires, assurances, accords d'exploitation ou concessions, co-entreprises et autres formes de coopération industrielle ou commerciale, transport de marchandises ou de passagers par voie aérienne, maritime, ferroviaire ou routière ». La loi-type vise ainsi un échange de valeurs économiques, peu important leur affectation ultérieure : consommation, services publics, etc. De son côté, la Convention de New York du 10 juin 1958 pour la reconnaissance et l'exécution des sentences arbitrales étrangères, instrument ô combien important dans l'arbitrage international, n'est pas limitée par principe aux litiges commerciaux[131]. Elle donne seulement la possibilité aux États contractants de formuler une réserve pour limiter son champ d'application aux litiges entendus comme commerciaux selon le droit de l'État concerné, permettant ainsi à ce dernier de maintenir un traitement distinct pour les arbitrages commerciaux et pour les arbitrages non commerciaux[132]. Dans ce cadre, chaque État ayant formulé cette réserve détermine, en application de sa loi, si un litige présente ou non un caractère commercial. Toutefois, ce recours à une définition nationale de la commercialité suppose que l'État en question ait usé de la réserve prévue à ce titre. Surtout, de nombreux droits nationaux qui limitent l'arbitrage, et plus spécifiquement la validité de la clause compromissoire, à la matière commerciale en droit interne, n'appliquent pas cette limite à l'arbitrage international.

Ainsi, en France, la notion de « commerce » dans la formule de l'article 1504 du Code de procédure civile[133], selon lequel « est international l'arbitrage qui met en cause des

128. Sur l'exclusion jurisprudentielle de l'article 2061 du Code civil en matière internationale, v. *infra*, n° 651.

129. Commission des Nations Unies pour le développement du commerce international.

130. Sur cette loi-type, v. *infra*, n° 65.

131. Sur cette convention, v. *infra*, n° 60, et n° 986 et s.

132. Art. I (3) : « Au moment de signer ou de ratifier la présente Convention, d'y adhérer [...], tout État pourra [...] déclarer qu'il appliquera la Convention uniquement aux différends issus de rapports de droit, contractuels ou non contractuels, qui sont considérés comme commerciaux par sa loi nationale ».

133. V., avant le décret n° 2011-48 du 13 janvier 2011, art. 1492 CPC.

intérêts du commerce international », ne doit pas être entendue dans le sens étroit qu'elle revêt en droit interne. D'ailleurs, dès avant le décret nº 81-500 du 12 mai 1981 relatif à l'arbitrage international qui a introduit l'article 1492 dans le Code de procédure civile, dont le nouvel article 1504 issu du décret nº 2011-48 du 13 janvier 2011 reprend la formulation, la jurisprudence avait, par l'arrêt *Hecht*[134], écarté en matière internationale l'application de la prohibition de principe des clauses compromissoires à l'époque formulée en matière interne. Depuis lors, elle a précisé qu'« en matière d'arbitrage international, la notion de commercialité ne se confond pas avec celle d'acte de commerce au sens étroit et technique des droits internes », et que « doit être considéré comme commercial tout arbitrage international portant sur un litige né à l'occasion d'une opération économique internationale et mettant en cause, dans cette mesure, les intérêts du commerce international »[135]. Ce faisant, la jurisprudence « neutralise » également les compréhensions restrictives du terme « commercial » qui seraient éventuellement retenues à l'étranger, notamment par le droit d'un État partie au litige, dès lors que sa définition de la commercialité en matière internationale s'applique en tant que règle matérielle du droit français de l'arbitrage international, applicable par le juge français dès qu'il est saisi d'une question relative à l'arbitrage, peu importants les circonstances d'une telle saisine[136]. Dans le même ordre d'idées, la doctrine française[137] retient qu'est commercial « tout arbitrage international opposant des entreprises à propos d'un litige à caractère économique », et que le commerce international visé à l'article 1504 du Code de procédure civile désigne « tous les échanges économiques, à travers les frontières ». Le terme « commercial » fait donc plutôt référence à l'idée « d'opération économique ». Il suffit, pour qu'un arbitrage soit qualifié à la fois de commercial et d'international au sens de l'article 1504, qu'il intéresse une opération économique impliquant un mouvement de biens, de services, ou encore de fonds, de technologie, de savoir-faire, de personnel, d'un pays à un autre ou, plus largement, ne se dénouant pas dans un seul État. La plupart des échanges économiques impliquant un transfert de valeurs patrimoniales sont donc concernés. L'exigence du caractère « commercial » de l'arbitrage international a d'autant moins de poids en droit français depuis que la France a levé, le 17 novembre 1989, la réserve de commercialité qu'elle avait faite à l'application de la Convention de New York lors de la ratification de cette convention, ce qui implique que la Convention est aujourd'hui applicable à des sentences rendues sur des différends qui ne seraient pas commerciaux au sens du droit interne français[138]. La France a ainsi marqué son intention de gommer, en matière internationale, la distinction entre arbitrages civil et commercial. En matière internationale, la pertinence de l'adjectif « commercial » apparaît dès lors, au moins en droit français, toute relative et l'on pourrait davantage parler d'arbitrage « du commerce international »[139], cette dernière expression étant largement entendue. La libéralisation de la clause compromissoire en matière interne opérée par la loi nº 2016-1547 du

134. Cass. 1re civ., 4 juill. 1972, *JDI* 1972, p. 843, note B. Oppetit ; *RCDIP* 1974, p. 82, note P. Level.

135. Paris, 13 juin 1996, *KFTCIC*, *JDI* 1997, p. 151, note É. Loquin ; *Rev. arb.* 1997, p. 251, note E. Gaillard.

136. Sur cette utilisation quasi systématique des règles matérielles par le juge français en matière d'arbitrage international, v. *infra*, nº 594 et s.

137. Ph. Fouchard, E. Gaillard et B. Goldman, *Traité de l'arbitrage commercial international*, Litec, 1996, nºs 58-59, p. 38.

138. Sur cette levée, v. Ph. Fouchard, « La levée par la France de sa réserve de commercialité pour l'application de la Convention de New York », *Rev. arb.* 1990, p. 571.

139. V. ainsi, D. Hascher, Vº *Arbitrage du commerce international*, *Rép. Dalloz Int.* 2005, nº 5.

18 novembre 2016 dite « de modernisation de la justice du XXIe siècle »[140], qui étend le domaine de l'arbitrage au-delà de la seule matière commerciale ou même professionnelle, si elle ne concerne probablement pas directement l'arbitrage international, ne devrait toutefois que renforcer ce constat.

Dans ces conditions, la qualité des parties ne semble pas devoir influencer la qualification d'arbitrage du commerce international. Aussi, le fait que le litige implique une partie qui n'est pas commerçante au sens de son droit interne ne devrait pas importer, dès lors que l'on peut caractériser une opération internationale à objet économique. Ainsi, les contrats de consommation ne paraissent pas exclus de la notion de commerce au sens de l'article 1504 du Code de procédure civile[141]. De même, le contrat de travail paraît entrer dans cette conception large du commerce en matière internationale, dans la mesure où il concerne une activité à objet économique. Ceci étant, l'application de la réglementation, d'inspiration libérale, relative à l'arbitrage international à propos de tels contrats impliquant des parties faibles pose problème[142].

Devraient également relever de l'arbitrage du commerce international les arbitrages opposant des parties privées et des opérateurs publics (l'État ou ses émanations) à propos d'opérations économiques internationales qui donnent lieu à des « contrats d'État »[143]. Les arbitrages en matière d'investissement, prenant notamment place dans le cadre de la Convention de Washington de 1965 et du CIRDI, pourraient être considérés comme appartenant à la même catégorie, dès lors qu'ils portent sur des litiges d'ordre économique, au moins lorsque ces derniers sont nés d'un contrat et opposent une entité étatique à une entreprise privée étrangère. Toutefois, ces arbitrages présentent une spécificité indéniable, qui justifie qu'ils ne soient pas étudiés dans le cadre du présent ouvrage[144]. En revanche, devrait être certainement exclu de la définition de l'article 1504 du Code de procédure civile l'arbitrage interétatique ou de droit international public, soit « le règlement des litiges entre États par des juges de leur choix sur la base du respect du droit », ou plus largement celui opposant des sujets de droit international public (États, organisations internationales), sauf s'ils ont agi en tant qu'opérateurs du commerce international.

140. V. *supra*, n° 30 et *infra*, n° 129 et s.

141. V. à ce propos, Paris, 7 déc. 1994, *Rev. arb.* 1996, p. 245, note Ch. Jarrosson ; *RTD com.* 1995, p. 401, note É. Loquin ; Cass. 1re civ., 21 mai 1997, *RTD com.* 1998, p. 330, note É. Loquin ; Cass. 1re civ., 30 mars 2004, *RTD com.* 2004, p. 447, obs. É. Loquin ; *Rev. arb.* 2005, p. 115 (1re esp.), note X. Boucobza ; *JCP* G 2005, I, 134, n° 3, obs. Ch. Seraglini ; et plus généralement, *infra*, n° 661 et s.

142. Sur ces difficultés, v. *infra*, n° 661 et s.

143. La situation est différente dans l'arbitrage interne, où des restrictions à l'arbitrage existent généralement en présence d'une personne publique ou d'une opération publique ; pour les restrictions posées par le droit français en matière interne, v. *infra*, n° 90 et s. Sur l'aptitude, en matière internationale, de l'État et des autres personnes morales de droit public à conclure une convention d'arbitrage malgré les éventuelles restrictions posées par le droit de l'État en question, v. *infra*, n° 631 et s.

144. Il en sera de même s'agissant du Tribunal des différends irano-américains, créé par les Accords d'Alger du 19 janvier 1981 et statuant sur des différends d'ordre économique entre entreprises américaines et organismes publics ou État d'Iran. Sur l'arbitrage en matière d'investissement, v. *supra*, n° 11 et *infra*, n° 61 et les réf. citées.

§ 3. NOTION D'ARBITRAGE COMMERCIAL INTERNATIONAL

31 **Intérêt de la distinction entre arbitrages interne et international.** En droit français, malgré l'existence de règles communes, ainsi que d'une tendance actuelle, de la part d'abord de la jurisprudence puis du décret n° 2011-48 du 13 janvier 2011, à rapprocher les régimes des deux institutions, les textes, même après la réforme du droit de l'arbitrage opérée en 2011, distinguent encore l'arbitrage interne et l'arbitrage international. La raison est avant tout historique : un régime libéral, spécifique à l'arbitrage international, est né et s'est construit « en réaction » à une réglementation de l'arbitrage interne alors jugée trop contraignante et restrictive. Ce mouvement, initié par la jurisprudence, a été prolongé par le décret du 12 mai 1981. Toutefois, les différences entre les deux régimes ont par la suite tendu à s'estomper, si bien que certains se sont interrogés sur l'opportunité de maintenir en droit français cette dichotomie[145]. D'ailleurs, la démarche tendant à élaborer deux réglementations différentes n'est pas unanimement suivie en droit comparé[146]. Cependant, dans le cadre de la réforme du droit français de l'arbitrage opérée en 2011, il a été finalement décidé de maintenir cette distinction, bien qu'il résulte de cette réforme un rapprochement encore plus significatif des régimes juridiques des deux institutions[147]. Aussi, il appartiendra toujours au juge français de soulever d'office la question de la qualification interne ou internationale de l'arbitrage si les parties ne le font pas, dès lors que la résolution d'une question en dépend (par exemple, quant aux voies de recours, dont le régime est en de nombreux points différent en matière interne et en matière internationale)[148]. Dans le même ordre d'idées, les parties ne peuvent prétendre lier le juge par une qualification qu'elles retiendraient expressément[149].

Au demeurant, on peut estimer que les deux institutions ne sont pas totalement identiques. L'idée, aujourd'hui très largement répandue, selon laquelle l'arbitrage est le

145. Sur ce débat, v. P. Lalive, « Un faux problème : monisme ou dualisme dans la législation arbitrale ? », in *Mélanges en l'honneur de Fr. Dessemontet*, Cedodac éd., 2009, p. 255 ; P. Mayer, « Faut-il distinguer arbitrage interne et arbitrage international ? », *Rev. arb.* 2005, p. 361 ; et aussi, les contributions française (J. Pellerin), suisse (F. Perret) et italienne (E. F. Ricci) sur « Arbitrage international, arbitrage interne : monisme ou dualisme », in *Cah. arb.*, vol. IV, Pedone 2008, p. 133 et s. ; v. également les actes du colloque tenu à Lausanne en octobre 2009, *Arbitrage interne et international*, Droz éd., 2010, sous la dir. de A. Bonomi et D. Bochatay.

146. Elle l'est par exemple en Suisse, mais la solution s'explique essentiellement par des raisons de répartition constitutionnelle des compétences entre la Confédération et les cantons (sur ce point, v. J.-F. Poudret, S. Besson, *Droit comparé de l'arbitrage international*, Bruylant, 2002, n° 24, p. 26), ainsi qu'en Irlande et en Grèce. D'autres États, comme les Pays-Bas, la Grande-Bretagne, l'Allemagne, l'Autriche, l'Espagne, la Finlande, la Norvège, le Danemark, ont à l'inverse choisi d'adopter une réglementation unique couvrant l'arbitrage interne et l'arbitrage international, et distinguent plus volontiers arbitrages se déroulant sur leur territoire et arbitrages se déroulant à l'étranger ; pour un exemple récent de monisme, v. la loi belge relative à l'arbitrage du 24 juin 2013, *Rev. arb.* 2013, p. 953. Plus généralement, quant à l'état du droit comparé sur la question, v. J.-F. Poudret, S. Besson, *Droit comparé de l'arbitrage international*, préc., n° 22 et s., p. 24, actualisé dans la version anglaise de l'ouvrage, éditée en 2007, aux mêmes paragraphes.

147. Pour plus de détails sur cette réforme, v. *infra*, n° 43.

148. Sur cette obligation, v. par exemple, Cass. 1re civ., 12 janv. 2011, *Rev. arb.* 2011, p. 773, obs. Th. Bernard.

149. Cass. 1re civ., 20 nov. 2013, *JCP* G 2013, 256, n° 10, obs. C. Nourissat ; *ibid.*, 1391, n° 2, obs. Ch. Seraglini ; *JCP* G 2014, 57, note B. Le Bars ; *Rev. arb.* 2014, p. 383, note D. Bureau.

mode de droit commun de règlement des litiges du commerce international, ce qui justifie de lui accorder un régime juridique très favorable, ne peut notamment être reprise à propos de l'arbitrage interne. Dès lors, il n'est pas certain que les solutions très libérales retenues pour l'arbitrage international doivent toutes être appliquées à l'arbitrage interne. Plus généralement, des différences de régime demeurent et peuvent paraître fondées, s'agissant notamment des voies de recours ouvertes à l'encontre de la sentence arbitrale[150]. Ces différences ne sont pas injustifiées : un État peut légitimement vouloir imposer en droit interne ses traditions, alors que l'application de certaines d'entre elles dans un contexte international serait moins légitime et plus problématique. Par ailleurs, seul l'arbitrage international, visant *a priori* des situations internationales[151], devrait conduire à l'émergence de problèmes spécifiques de conflits de lois et, plus généralement, de droit international privé.

En tout cas, le droit français maintenant la distinction, il importe de définir l'arbitrage interne et l'arbitrage international. Le premier se définit en négatif du second : est interne, l'arbitrage qui n'est pas international. C'est donc à la définition de ce dernier qu'il convient de s'attacher.

32 **Loi applicable à la qualification « internationale ».** En matière internationale, la qualification s'opère généralement *lege fori*. Aussi, s'agissant du juge français, il appartient à la loi française du for de décider, non seulement si l'on est en présence d'un arbitrage ou d'un autre mécanisme, mais encore de ses caractères interne ou international, commercial ou non. Cette application de la loi du for présente certains inconvénients, dès lors que le juge d'un État peut être saisi de la question de la qualification de façon très incidente, et notamment *a posteriori*, alors que l'arbitrage a déjà eu lieu et qu'il convient simplement, par exemple, d'examiner un recours contre la sentence rendue. Il peut alors être dommageable de déterminer après coup, selon ses propres conceptions, s'il s'agit bien d'un arbitrage international, bénéficiant de ce fait d'un régime plus favorable que celui applicable à l'arbitrage interne. En effet, des divergences de qualification pouvant exister en droit comparé, le risque est alors que le juge refuse la qualification « internationale » à une situation jusque-là envisagée comme telle par les parties et les arbitres qui avaient raisonné sur la base d'un autre droit. Pour éviter de tels désagréments, il serait à tout le moins opportun de retenir une conception relativement compréhensive de l'internationalité. C'est au demeurant la démarche suivie par la jurisprudence française.

33 **Hésitations sur le critère de distinction en droit comparé.** Un rapide examen de droit comparé révèle une hésitation entre deux démarches pour définir l'internationalité, selon qu'est retenu un critère juridique ou un critère économique[152].

150. La voie de l'appel à l'encontre de la sentence arbitrale reste en principe ouverte en matière interne, même après le décret n° 2011-48 du 13 janvier 2011 qui en fait simplement l'exception et non plus le principe, alors qu'elle est heureusement totalement exclue en matière internationale ; les cas d'annulation de la sentence arbitrale sont plus nombreux en matière interne (v. art. 1492 CPC) qu'en matière internationale (v. art. 1520 CPC) ; la possibilité de renoncer au recours en annulation, introduite par le décret du 13 janvier 2011, n'est offerte aux parties qu'en matière internationale (art. 1522 CPC).

151. Toutefois, sur la définition particulière de l'internationalité en la matière, v. *infra*, n° 33 et s.

152. Sur la question, v. Ph. Fouchard, « Quand un arbitrage est-il international ? », *Rev. arb.* 1970, p. 59 ; J.-F. Poudret, « Critères d'internationalité de l'arbitrage et droit européen », in *L'extranéité ou le dépassement de l'ordre juridique étatique*, Pedone, 2000, p. 53.

La majorité des droits étatiques retiennent un critère juridique, fondé sur l'existence d'éléments d'extranéité. Ils se partagent toutefois entre ceux qui s'attachent à l'extranéité de l'opération litigieuse donnant lieu à arbitrage, et ceux qui s'attachent à l'extranéité de la procédure arbitrale elle-même. Ils hésitent également entre deux options. La première option consiste à donner une définition synthétique de l'internationalité. Dans cette perspective, l'article 176 de la LDIP suisse retient que ses dispositions sur l'arbitrage international s'appliquent « à tout arbitrage si le siège du tribunal arbitral se trouve en Suisse et si au moins l'une des parties n'avait, au moment de la conclusion de la convention d'arbitrage, ni son domicile, ni sa résidence habituelle en Suisse »[153]. Dans le même ordre d'idées, la Convention de Genève du 21 avril 1961 sur l'arbitrage commercial international prévoit son application « aux conventions d'arbitrage conclues, pour le règlement de litiges relatifs à des opérations de commerce international entre personnes physiques ou morales ayant, au moment de la conclusion de la convention, leur résidence habituelle ou leur siège dans des États contractants différents », ainsi qu'aux procédures et sentences arbitrales fondées sur de telles conventions (art. I (1)). La seconde option consiste à se contenter d'une simple énumération de situations considérées comme internationales. En ce sens, l'article 1.3 de la loi-type CNUDCI recense divers critères alternatifs caractérisant un arbitrage international : lorsque les parties à la convention d'arbitrage ont, au moment de la conclusion de celle-ci, leur établissement dans des États différents ; ou lorsque, les parties ayant leurs établissements dans le même pays, le lieu de l'arbitrage, ou tout lieu d'exécution d'une partie substantielle des obligations issues de la relation commerciale, ou le lieu avec lequel l'objet du différend a le lien le plus étroit, est situé dans un autre pays que celui où sont établies les parties ; ou encore lorsque les parties sont convenues expressément que l'objet de la convention d'arbitrage a des liens avec plus d'un pays. Avec ce dernier critère, la loi-type fait une place à une internationalité purement conventionnelle, qui résulte de la seule déclaration des parties ; il en est de même lorsque l'internationalité se définit uniquement en fonction du choix opéré par les parties d'un siège de l'arbitrage à l'étranger. Ces solutions peuvent paraître contestables, dans la mesure où il n'est pas opportun de laisser aux mains des parties la qualification « internationale » qui conduit généralement à l'application de règles plus libérales qu'en matière interne.

D'ailleurs, le droit français, qui retient, pour définir le caractère international d'un arbitrage, un critère purement économique basé sur l'implication économique de la relation litigieuse, ne laisse aucune place à la volonté des parties.

34 **Critère économique de l'internationalité en droit français.** Pour définir l'internationalité de l'arbitrage, le droit français ne retient pas un critère juridique, tiré de l'existence d'éléments d'extranéité et propre à déclencher le jeu des conflits de lois. Il adopte de longue date[154] un critère purement économique, tiré de la mise en cause des intérêts du commerce international. L'article 1504 du Code de procédure civile[155] donne ainsi la définition suivante de l'arbitrage international : « Est international l'arbitrage qui met en cause des intérêts du commerce international ». La formule retenue est

153. Pour les personnes morales, le siège est assimilé au domicile.
154. Civ., 17 mai 1927, *Pélissier du Besset*, *DP* 1928, I, 25, concl. MATTER, note H. CAPITANT.
155. Depuis le décret n° 2011-48 du 13 janvier 2011 ; auparavant, art. 1492 CPC.

cependant peu éclairante en elle-même et méritait d'être précisée[156]. La jurisprudence s'y est employée.

35 **Sens du critère tiré de la mise en cause des intérêts du commerce international.** La définition de l'article 1504 du Code de procédure civile puise ses racines dans la jurisprudence antérieure relative à l'application aux contrats internationaux de règles matérielles en lieu et place des dispositions restrictives de droit interne français. Cette jurisprudence, amorcée en 1927 au sujet de la validité des clauses monétaires dans les contrats internationaux, a ensuite été appliquée à l'arbitrage[157]. Elle permet donc déjà d'éclairer le sens de l'article 1504, qui a repris la formule énoncée auparavant à l'article 1492 du Code de procédure civile depuis le décret du 12 mai 1981 et qui avait elle-même été encore précisée par la jurisprudence rendue postérieurement à l'adoption de cette définition par ledit décret. Selon une formule aujourd'hui devenue classique, la cour d'appel de Paris retient : « Le caractère international de l'arbitrage doit être déterminé en fonction de la réalité économique du processus à l'occasion duquel il est mis en œuvre. À cet égard, il suffit que l'opération économique réalise un transfert de biens, de services ou de fonds à travers les frontières ; la nationalité des parties en cause, la loi applicable au contrat ou à l'arbitrage, ainsi que le lieu de l'arbitrage étant, en revanche, inopérants »[158]. Dans une formulation plus épurée et plus récente, la même cour énonce que l'internationalité, au sens de l'article 1504, « fait appel, indépendamment de la qualité ou de la nationalité des parties, de la loi applicable au fond ou à l'arbitrage, ou encore du siège du tribunal arbitral, à une définition exclusivement économique de l'arbitrage international selon laquelle il suffit que le litige soumis à l'arbitre porte sur une opération qui ne se dénoue pas économiquement dans un seul État »[159].

Ainsi éclairée, la définition de l'article 1504 du Code de procédure civile fait apparaître que c'est la matière litigieuse qui définit le caractère international de l'arbitrage : en droit français, un arbitrage est international en fonction du litige qui en est l'objet, « de la nature des relations économiques à l'origine du litige »[160], « de l'opération économique qui en est l'occasion »[161], peu importants la nationalité des parties, la loi applicable au contrat ou à l'arbitrage, ou encore le lieu où l'arbitrage se déroule. L'élément

156. V. Ph. Leboulanger, « La notion d'« intérêts » du commerce international », *Rev. arb.* 2005, p. 487 ; P. Mayer, « Réflexions sur la notion de contrat international », in *Mélanges en l'honneur de P. Tercier*, Schulthess, 2008, p. 873.

157. Civ. 17 mai 1927, préc. Sur l'évolution ultérieure de cette jurisprudence et son application dans le domaine plus particulier de l'arbitrage pour aboutir à l'article 1492 CPC dans sa rédaction issue du décret du 12 mai 1981, reprise à l'article 1504 CPC depuis le décret du 13 janvier 2011, v. Ph. Fouchard, E. Gaillard, B. Goldman, *Traité de l'arbitrage commercial international*, Litec, 1996, n° 108 et s., p. 59.

158. V. notamment, Paris, 5 avr. 1990, *Rev. arb.* 1992, p. 110, note H. Synvet.

159. Paris, 29 mars 2001, *Rev. arb.* 2001, p. 543, note D. Bureau ; Paris, 14 juin 2001, *Rev. arb.* 2001, p. 773, note Ch. Seraglini ; et aussi, Paris, 17 janv. 2002, *Rev. arb.* 2002, p. 391, note J.-B. Racine ; Paris, 19 oct. 2000, 2 et 16 oct. 2003, 19 févr. 2004, *Rev. arb.* 2004, p. 859, note L. Jaeger ; Paris, 15 janv. 2004, *Rev. arb.* 2004, p. 907 (2e esp.), note J.-G. Betto ; Paris, 18 janv. 2007, *Rev. arb.* 2007, p. 134 ; Paris, 10 mai 2007, *Rev. arb.* 2007, p. 821 (2e arrêt), note V. Chantebout ; Paris, 13 nov. 2008, *Rev. arb.* 2009, p. 389, note M. Audit, et, sur pourvoi, Cass. 1re civ., 26 janv. 2011, *Rev. arb.* 2011, p. 284 ; *RCDIP* 2011, p. 704, note M. Laazouzi ; Paris, 11 juin 2009, *Rev. arb.* 2009, p. 652 ; Paris, 7 avr. 2011, *Rev. arb.* 2011, p. 576 ; Paris, 27 janv. 2015, *Rev. arb.* 2015, p. 276.

160. Cass. 1re civ., 20 nov. 2013, *JCP* G 2013, 256, n° 10, obs. C. Nourissat ; *ibid.*, 1391, n° 2, obs. Ch. Seraglini ; *JCP* G 2014, 57, note B. Le Bars ; *Rev. arb.* 2014, p. 383, note D. Bureau.

161. Ph. Fouchard, E. Gaillard, B. Goldman, *Traité de l'arbitrage commercial international*, préc., n° 115, p. 64.

volontaire n'est pas davantage pris en considération : la Cour de cassation a elle-même précisé que « la qualification, interne ou internationale, d'un arbitrage, déterminée en fonction de la nature des relations économiques à l'origine du litige, ne dépend pas de la volonté des parties »[162]. Par ailleurs, le critère est purement économique, dès lors qu'il ne s'attache pas vraiment, en principe, à la localisation de la relation litigieuse, mais exige plus simplement que les économies de deux ou plusieurs États soient concernées par cette relation.

Dans un arrêt rendu dans le cadre de « l'affaire *Tapie – Crédit Lyonnais* », la cour d'appel de Paris[163] a paru remettre quelque peu en cause ces solutions libérales. Elle a énoncé, pour retenir le caractère interne de l'arbitrage, que les arbitres étant saisis en vertu d'un compromis d'arbitrage qui visait à résoudre de façon globale et définitive les divers contentieux opposant une banque française à son client français, la solution de cet arbitrage, quelle qu'elle soit, n'emporterait pas de flux financier ou de transfert de valeurs au travers des frontières. Pourtant, les contentieux en question avaient notamment, si ce n'est principalement, pour origine les conditions d'exécution du mandat de vente des titres d'une société étrangère (Adidas), confié par le client à la banque, vente qui s'effectua au profit d'acquéreurs étrangers et qui avait donc impliqué « un transfert de valeurs au travers des frontières » ; autrement dit, le contentieux concernait largement les conditions d'exécution d'un mandat relatif à une opération internationale. La cour a semblé négliger le fait que lorsqu'un même arbitrage porte sur plusieurs litiges, certains internes, d'autres internationaux, la qualification internationale devrait l'emporter puisque, par hypothèse, l'ensemble des opérations litigieuses ne se dénoue pas dans un seul État. De plus, la cour d'appel a paru déplacer l'appréciation relative à l'internationalité de l'opération litigieuse au résultat même du litige tel que décidé par les arbitres, soit la sentence, qui devrait donc impliquer un flux financier au-dessus des frontières. Or, il convient en principe d'examiner les flux que l'opération litigieuse a entraînés ou qu'elle aurait dû entraîner, et non ceux qui seront potentiellement générés (ou pas) par la sentence. Toutefois, pour définir le caractère interne ou international de l'arbitrage, la cour d'appel a également semblé s'attacher à l'acte fondant la compétence des arbitres, ici un compromis visant à résoudre « de manière globale et définitive les différents contentieux opposant les parties », et non réellement aux litiges visés par celui-ci et aux opérations qui en étaient à l'origine. D'ailleurs, pour confirmer la décision de la cour d'appel, la Cour de cassation a préféré se fonder sur ce compromis et retenir un critère chronologique : elle a énoncé que l'internationalité devait s'apprécier au moment de l'arbitrage ; or, selon elle, la dimension internationale du litige entre les parties, qui avait probablement existé à l'origine, avait disparu suite au compromis d'arbitrage signé entre les parties qui avait restreint le litige dont les parties saisissaient les arbitres, si bien que « les litiges [dont les arbitres étaient saisis] ne portaient plus que sur

162. Cass. 1re civ., 13 mars 2007, *RCDIP* 2007, p. 455, note D. Bureau ; *Rev. arb.* 2007, p. 499, note L. Jaeger ; Cass. 1re civ., 20 nov. 2013, préc.

163. Paris, 17 févr. 2015, *JCP* G 2015, 289, note S. Bollée ; *D.* 2015, p. 425, édito Th. Clay ; *ibid.*, p. 1253, note D. Mouralis ; *ibid.*, p. 2032, obs. L. d'Avout ; *ibid.*, p. 2598, obs. Th. Clay ; *Rev. arb.* 2015, p. 832, note P. Mayer ; *Cah. arb.* 2015, p. 281, note A. de Fontmichel ; *LPA*, 25 nov. 2015, nº 221, p. 7, note M. Henry. V. déjà, Paris, 7 oct. 2014, *Rev. arb.* 2015, p. 528 (2 décis.), note A. Couret ; *Cah. arb.* 2015, p. 83, note B. Dondero.

des opérations qui se dénouaient économiquement en France, de sorte qu'elles ne mettaient plus en cause des intérêts du commerce international »[164].

En tout cas, cet arrêt confirme que l'internationalité du litige s'apprécie au moment de l'arbitrage[165] ; si une modification intervient à ce moment par rapport à la situation initiale des parties, la qualification interne ou internationale de l'arbitrage pourra s'en trouver modifiée[166].

36 **Implications du critère économique de l'internationalité.** Très souvent, critères juridique et économique se rejoindront : la présence d'éléments d'extranéité sera le signe que l'opération litigieuse est économiquement internationale. Toutefois, l'un des critères peut se trouver vérifié sans que l'autre le soit. Ainsi, la présence d'éléments d'extranéité pourra ne pas suffire à retenir l'internationalité de l'arbitrage au sens du droit français si cet arbitrage ne concerne pas un litige se rapportant au négoce international[167]. Cependant, ce cas de figure sera très rare. Le critère économique se révèle en effet généralement moins étroit que le critère juridique et permet de caractériser un arbitrage international là où le critère juridique ne l'aurait pas autorisé. Ainsi, un contrat peut être international sur le plan économique uniquement en raison des liens qu'il entretient avec un autre contrat ; autrement dit, le critère retenu par le droit français permet d'envisager l'opération d'un point de vue global. Par exemple, un contrat de sous-traitance entre un entrepreneur établi en France et une société française, relatif à des études à effectuer en vue d'une construction à l'étranger, s'inscrit dans un ensemble contractuel mettant en cause des intérêts du commerce international qui conduit à qualifier d'international l'arbitrage auquel ce contrat peut donner lieu[168]. Le critère économique permet aussi de tenir compte du « projet contractuel » des parties et de qualifier d'international un arbitrage portant sur une opération qui pourrait, prise isolément, être qualifiée d'interne mais qui s'inscrit dans une opération internationale plus vaste. Ainsi, est international l'arbitrage relatif à un contrat conclu entre des parties françaises, soumis à la loi française, mais créant une société en participation dont l'objet est l'obtention et l'exécution de marchés dans un pays étranger[169]. Le critère économique peut encore permettre de tenir compte des liens que l'une des parties entretient avec un tiers. Ainsi, une vente de navires, intervenue entre deux sociétés italiennes, donne lieu à un arbitrage international, dès lors qu'elle met en cause des intérêts du commerce international en ce que l'acquéreur est entièrement contrôlé par une société d'un autre pays et que l'acquisition a été financée par un apport de fonds provenant de ce principal actionnaire étranger, financement qui introduisait donc une économie étrangère[170]. De même, est international l'arbitrage relatif à la propriété de l'immeuble et du fonds de la

164. Cass. 1re civ., 30 juin 2016, *JCP* G 2016, 954, note S. Bollée ; *ibid.*, 1020, n° 10, obs. C. Nourissat ; *D.* 2016, p. 2589, obs. Th. Clay ; *ibid.*, p. 2034, obs. L. d'Avout ; *Rev. arb.* 2016, p. 1123, note P. Mayer ; *Cah. arb.* 2017, p. 339, note M. Henry ; *Rev. crit. DIP* 2017, p. 245, note J.-B. Racine.

165. D. Hascher, V° « Arbitrage du commerce international », *Rép. Dalloz Int.*, 2005, n° 3.

166. Cass. 1re civ., 30 juin 2016, préc.

167. V. Paris, 21 févr. 1984, *Rev. arb.* 1986, p. 65, note Ph. Fouchard (litige entre une société allemande et des cédants français, mais survenu à l'occasion de la cession de la majorité des actions d'une société française et spécialement de la gestion de cette société) ; v. aussi, Paris, 26 mai 1992, *Rev. arb.* 1993, p. 624, note L. Aynès.

168. Paris, 24 avr. 1992, *Rev. arb.* 1992, p. 598, note Ch. Jarrosson.

169. Paris, 26 janv. 1990, *Rev. arb.* 1991, p. 125 (2e esp.) ; *RTD com.* 1991, p. 575, obs. É. Loquin.

170. Paris, 26 avr. 1985, *Rev. arb.* 1985, p. 311, note E. Mezger ; *JDI* 1986, p. 175, note J.-M. Jacquet.

Bibliothèque polonaise localisée à Paris, ainsi qu'à l'exploitation de celle-ci à l'aide de capitaux étrangers[171].

37 **Arbitrage international et arbitrage étranger.** Une autre distinction présente un certain intérêt, celle entre l'arbitrage international et l'arbitrage étranger. En effet, le droit français attache certaines conséquences au caractère étranger d'un arbitrage, sans qu'importe alors au surplus son caractère international ou interne. L'arbitrage étranger est tout simplement celui qui se déroule en dehors du territoire français ; il donnera lieu à une sentence arbitrale rendue à l'étranger. À l'égard de celle-ci, le droit français n'attachera aucune importance au fait qu'elle a été rendue dans le cadre d'un arbitrage interne ou international au regard du critère posé à l'article 1504 du Code de procédure civile ; elle bénéficiera dans tous les cas du régime favorable de reconnaissance et d'exécution prévu pour les sentences arbitrales internationales et étrangères[172]. De même, la Convention de New York de 1958, qui vise « la reconnaissance et l'exécution des sentences arbitrales étrangères », « s'applique à la reconnaissance et à l'exécution des sentences rendues sur le territoire d'un État autre que celui où la reconnaissance et l'exécution des sentences sont demandées » (art. 1er). Ses dispositions sont donc applicables, sans distinction, aux sentences rendues en dehors du territoire de l'État requis, que ce soit en matière interne ou internationale. Toutefois, la Convention s'applique également « aux sentences arbitrales qui ne sont pas considérées comme sentences nationales dans l'État où leur reconnaissance et leur exécution sont demandées » ; cette disposition, qui ne brille pas par sa clarté, semble viser les sentences rendues sur le territoire de l'État requis mais en matière internationale ; ainsi, pour les sentences rendues sur le territoire de l'État requis, la distinction entre arbitrage interne et arbitrage international retrouve un intérêt. C'est d'ailleurs le point de vue retenu par le droit commun français qui accorde, en matière de reconnaissance et d'exécution des sentences rendues en France, un traitement différent aux sentences rendues en matière interne[173] et à celles rendues en matière internationale[174].

Par ailleurs, si en principe un arbitrage se déroulant à l'étranger échappe très largement au droit français, les conditions de reconnaissance et d'exécution de la sentence rendue sur le territoire français mises à part, il peut néanmoins être soumis à la loi

171. Cass. 1re civ., 8 oct. 2009, *Rev. arb.* 2011, p. 126, note crit. L. Perreau-Saussine. Cependant, les arrêts rendus dans l'affaire *Tapie – Crédit Lyonnais* (Paris, 17 févr. 2015 et Cass. 1re civ., 30 juin 2016, préc.) semblent, au regard des données de l'espèce, retenir une vision plus restrictive de l'internationalité.

172. Cass. 1re civ., 17 oct. 2000, *Rev. arb.* 2000, p. 648, note P. Mayer. V. cependant l'apparente contradiction qui résulte de la motivation de l'arrêt *Putrabali* (Cass. 1re civ., 29 juin 2007, *Rev. arb.* 2007, p. 507, rapport J. P. Ancel, note E. Gaillard ; *JDI* 2007, p. 1236, note Th. Clay ; *JCP* G 2007, I, 216, no 7 et s., obs. Ch. Seraglini ; *RTD com.* 2007, p. 682, obs. É. Loquin ; *D.* 2008, p. 1429, note L. Degos ; *RCDIP* 2008, p. 109, note S. Bollée ; Ph. Pinsolle, « L'ordre juridique arbitral et la qualification de la sentence arbitrale de décision de justice internationale (à propos de l'arrêt Putrabali du 29 juin 2007) », *Cah. arb.*, vol. IV, Pedone, 2008, p. 110 ; *adde* A. Mourre, « À propos des articles V et VII de la Convention de New York et de la reconnaissance des sentences annulées dans leurs pays d'origine : où va-t-on après les arrêts Termo Rio et Putrabali ? », *Rev. arb.* 2008, p. 263) qui paraît réserver un statut particulier à la sentence étrangère rendue en matière internationale, à savoir celui de « décision de justice internationale », qui justifierait qu'elle ne soit pas atteinte par son annulation à l'étranger ; doit-on alors en déduire que la sentence rendue à l'étranger en matière interne, qui ne peut bénéficier du même qualificatif, devrait au contraire être atteinte par une annulation dans son pays d'origine, ce qui n'est pourtant pas la solution retenue par l'arrêt du 17 octobre 2000 précité ? Sur l'arrêt *Putrabali*, v. *infra*, no 577 et s. et *infra*, no 924.

173. Art. 1487 et s. CPC après le décret du 13 janvier 2011.

174. Art. 1514 et s. CPC après le décret du 13 janvier 2011.

française dans un cas particulier, et sa qualification interne ou internationale revêt alors une certaine importance. En effet, l'article 1505 du Code de procédure civile, dans sa rédaction issue du décret n° 2011-48 du 13 janvier 2011, prévoit que le juge français sera le « juge d'appui » (autrement dit, le juge qui pourra venir en aide à la procédure arbitrale en cas de difficulté relative à son déroulement, notamment à propos de la constitution du tribunal arbitral[175]), non seulement lorsque le siège du tribunal arbitral est en France, mais également lorsque les parties sont convenues de soumettre l'arbitrage à la loi de procédure française, ou ont expressément donné compétence aux juridictions étatiques françaises pour connaître des différends relatifs à la procédure arbitrale, ou encore lorsque l'une des parties est exposée à un risque de déni de justice. Ce juge agissant essentiellement, si ce n'est exclusivement, en application de règles matérielles françaises du droit de l'arbitrage international[176], l'emprise du droit français sera alors non négligeable[177]. Cependant, pour que le choix de la loi française ou des juridictions françaises, ou encore l'existence d'un risque de déni de justice, emportent de telles conséquences, encore faudrait-il que l'arbitrage étranger en cause soit également international, dans la mesure où l'article 1505 ne s'applique qu'à l'arbitrage international, qu'il vise expressément.

SECTION 2 HISTORIQUE DE L'ARBITRAGE

38 **Une longue histoire.** La figure actuelle de l'arbitrage s'est façonnée au cours des siècles. Il ne s'agit pas ici de procéder à une étude historique approfondie de l'institution[178]. D'ailleurs, les origines de l'arbitrage restent difficiles à déterminer avec précision. Bien qu'il s'agisse probablement d'une institution plus ancienne encore, puisqu'il en existe des traces dans les civilisations primitives, il est certain que l'arbitrage était déjà connu dans l'Antiquité grecque et romaine[179] ; il pouvait toutefois alors renvoyer à divers mécanismes[180], dont le trait commun était de vouloir échapper au formalisme de la justice étatique traditionnelle. Quoi qu'il en soit, le sens de la notion a beaucoup évolué au fil des siècles, tout comme le traitement qui a pu lui être

175. Sur cette notion et le rôle du juge d'appui, v. *infra*, n° 773.

176. Sur le recours quasi systématique à ces règles matérielles françaises par le juge en matière d'arbitrage international, v. *infra*, n° 594 et s.

177. V. déjà, avant le décret du 13 janvier 2011, art. 1493, al. 2, CPC qui autorisait les parties, dans le cas d'un arbitrage international se déroulant à l'étranger, à prévoir que la loi française régira la procédure arbitrale. Le Code en déduisait que la loi et le juge français seraient alors compétents pour veiller au bon déroulement de la procédure arbitrale, notamment quant à la désignation des arbitres. V. également art. 1495 ancien CPC.

178. V. É. Loquin, *J. Cl. Proc. civ.*, fasc. 1010.

179. V. avant cette période, S. Lafont, « L'arbitrage en Mésopotamie », *Rev. arb.* 2000, p. 557. Sur la Grèce, v. J. Velissaropoulos-Karakostas, « L'arbitrage dans la Grèce Antique », *Rev. arb.* 2000, p. 9 ; sur Rome, v. B. de Loynes de Fumichon, « L'arbitrage à Rome », *Rev. arb.* 2003, p. 285.

180. V. É. Loquin, *J. Cl. Proc. civ.*, fasc. 1010, n° 1 et s. ; v. également, sur le sens des différentes appellations durant l'époque médiévale, v. A. Lefebvre-Teillard, « Arbiter, Arbitrator Seu Amicabilis Compositor », *Rev. arb.* 2008, p. 369.

accordé par les législations étatiques, ce dernier semblant en fait obéir à une sorte de mouvement de balancier.

39 **Ancien droit.** Dans l'Ancien Droit[181], et pour se limiter à la France[182], l'essor des villes, l'organisation des foires et la constitution des corporations ont conduit au développement de l'arbitrage institutionnel. En effet, des tribunaux arbitraux ont alors été créés dans le cadre des foires et des corporations pour le règlement des litiges commerciaux ; la sentence rendue par ces tribunaux revêtait une certaine forme de force contraignante, dès lors que celui qui refusait de l'exécuter pouvait être exclu de la foire ou de la corporation en question.

Durant cette période, le traitement accordé à l'arbitrage par le législateur a été largement fonction de la vision qu'avait, à un moment ou à un autre, le pouvoir politique de l'arbitrage, elle-même largement conditionnée par les relations que ce dernier entretenait avec le pouvoir judiciaire : des relations difficiles, voire de méfiance à l'égard des juges pouvaient, au cours de la même période, conduire le pouvoir politique à accorder un traitement favorable à l'arbitrage[183]. Globalement, le pouvoir royal s'est montré relativement bienveillant à l'égard de l'arbitrage. Deux édits sur l'arbitrage de François II d'août 1560, confirmés par l'ordonnance de Moulins de février 1566, ont même rendu l'arbitrage obligatoire dans certaines matières : pour les litiges entre marchands pour « fait de marchandises » et, en matière familiale, pour les demandes en partage et division de successions entre proches parents et les demandes en reddition de compte des tutelles. L'Ordonnance sur le commerce de terre de mars 1673 a également institué l'arbitrage obligatoire pour le jugement des contestations entre associés au sein d'une société. Toutefois, au cours de cette période, si l'arbitrage était plutôt vu avec faveur, son régime juridique restait assez strictement encadré. Par ailleurs, les Parlements de l'Ancien Régime étaient quant à eux plutôt hostiles à l'arbitrage, dans la mesure où il constituait une justice parallèle et concurrente.

40 **Période révolutionnaire.** Peut-être en réaction aux anciennes institutions judiciaires, fortement critiquées à la veille de la Révolution, mais également en raison d'une vision quelque peu idéalisée des rapports entre les individus et d'une possible résolution « pacifiée » des conflits, le législateur révolutionnaire a eu la volonté, au moins dans un premier temps, de promouvoir l'arbitrage[184]. Ainsi, l'Assemblée Constituante a élevé l'arbitrage volontaire à la hauteur d'un principe constitutionnel. L'article 1er du décret des 16-24 août 1790 sur l'organisation judiciaire déclarait de façon solennelle : « L'arbitrage étant le moyen le plus raisonnable de terminer les contestations entre les citoyens, les législatures ne pourront faire aucune disposition qui tendrait à diminuer soit la faveur, soit l'efficacité des compromis ». La Constitution du 3 septembre 1791

181. S. Dauchy, « Le recours contre les décisions arbitrales en perspective historique », *Rev. arb.* 1999, p. 763 ; Y. Jeanclos, « La pratique de l'arbitrage du XIIe au XVe siècles », *Rev. arb.* 1999, p. 417. V. également, A. Lefebvre-Teillard, « L'arbitrage en droit canonique », *Rev. arb.* 2006, p. 5.

182. Pour l'étranger, v. F. Manella, « L'arbitrage à Venise (XIIe-XVIe siècles) », *Rev. arb.* 2002, p. 263 ; D. Papadatou, « L'arbitrage byzantin », *Rev. arb.* 2000, p. 349 ; J.-F. Poudret, « Deux aspects de l'arbitrage dans les pays romands au Moyen Âge : l'arbitrabilité et le juge-arbitre », *Rev. arb.* 1999, p. 3.

183. Sur cette période, v. encore J. Hilaire, « L'arbitrage dans la période moderne (XVIe-XVIIIe siècles) », *Rev. arb.* 2000, p. 187 ; C. Jallamion, « Arbitrage et pouvoir politique en France du XVIIe au XIXe siècles », *Rev. arb.* 2005, p. 3.

184. Sur cette période, v. É. Loquin, *J. Cl. Proc. civ.*, fasc. 1010, no 19 et s. ; J.-J. Clère, « L'arbitrage révolutionnaire : apogée et déclin d'une institution (1790-1806) », *Rev. arb.* 1981, p. 3 ; B. de Loynes de Fulchimon, « La passion de la Révolution française pour l'arbitrage », *Rev. arb.* 2014, p. 3.

énonçait que « le droit des citoyens de terminer définitivement leurs contestations par la voie de l'arbitrage ne peut recevoir aucune atteinte par les actes du Pouvoir législatif ». Surtout, le législateur révolutionnaire a réglementé dans un sens très favorable l'arbitrage volontaire et, dans un premier temps au moins, élargi le champ de l'arbitrage forcé. L'arbitrage a en effet été imposé dans un certain nombre de domaines : le principe de l'arbitrage obligatoire des litiges relatifs aux rapports de famille a été repris, et son domaine élargi en incluant certaines formes de divorce et les litiges entre parents et enfants naturels ; ces litiges devaient être soumis à des tribunaux de famille composés de « parents... amis, ou voisins » ; les litiges relatifs aux donations et successions, et ceux relatifs au mode de partage des biens communaux ont également été soumis à arbitrage obligatoire[185].

Toutefois, une réaction d'hostilité à l'arbitrage s'est rapidement manifestée, d'abord à l'encontre de l'arbitrage obligatoire, puis à l'égard de l'arbitrage volontaire ; ce désamour et la reprise en mains de la justice par l'appareil d'État se sont accentués avec Napoléon au début du XIXe siècle, qui a marqué une volonté législative de limiter l'arbitrage et de le soumettre à un contrôle étroit.

41 **XIXe siècle.** Le Code de procédure civile de 1806 a strictement réglementé l'arbitrage, l'interdisant même dans certains domaines[186]. L'interdiction[187] visait toutes les personnes n'ayant pas la libre disposition de leurs droits (incapables personnes privées et établissements publics) et toute matière intéressant l'ordre public. Là où il restait autorisé, l'arbitrage était encadré par des règles relativement strictes en rendant l'usage peu attrayant. Dans le cadre de l'élaboration du Code de commerce, si un arbitrage forcé a d'abord été maintenu pour juger « toutes contestations entre associés et pour raison de société » (art. 51), il a rapidement été supprimé par la loi des 17-23 juillet 1856. En revanche, l'article 332 du même code, qui validait la clause compromissoire en matière d'assurance maritime, subsistera jusqu'à la loi du 31 décembre 1925 qui étendra cette solution favorable à toute la matière commerciale.

De son côté, la jurisprudence a également démontré progressivement une relative hostilité à l'égard de l'arbitrage, particulièrement à propos de la clause compromissoire, même si son attitude était loin d'être uniforme et constante. La Cour de cassation a retenu dans un arrêt *Prunier* de 1843, au moins selon l'interprétation qui en a longtemps été donnée, que la clause compromissoire, par laquelle on décide à l'avance de recourir à l'arbitrage en cas de litige futur, était en principe nulle[188]. Une telle interprétation, qui conduisait à n'admettre en principe que l'arbitrage sur compromis, ne pouvait être que défavorable au développement de l'arbitrage[189].

185. V. C. Jallamion, « Arbitrage et pouvoir politique en France du XVIIe au XIXe siècles », *Rev. arb.* 2005, p. 3, spéc. p. 21 à 36.

186. Sur cette période, v. J. Rubellin-Devichi et É. Loquin, *J. Cl. Proc. civ.*, fasc. 1010, no 19 et s.

187. Art. 1003 et 1004 CPC.

188. Civ., 10 juill. 1843, *Compagnie l'Alliance c/ Prunier*, *S.* 1843, 1, 561, concl. Hello, note Devilleneuve ; *D.* 1843, 1, 343, reproduit in *Rev. arb.* 1992, p. 399. Sur cette affaire et son impact ultérieur en droit français de l'arbitrage et, plus généralement, sur l'attitude en réalité relativement nuancée de la jurisprudence à l'égard de l'arbitrage entre le milieu du XIXe siècle et le milieu du XXe siècle, v. C. Jallamion, « La jurisprudence française et l'arbitrage de 1843 à 1958 : de la défaveur à la faveur jusqu'à l'avènement de l'arbitrage international », *Rev. arb.* 2015, p. 739 et p. 1037.

189. Sur cette interprétation probablement quelque peu excessive de l'arrêt *Prunier* par la jurisprudence postérieure et l'évolution ultérieure, v. C. Jallamion, « La jurisprudence française et l'arbitrage de 1843 à 1958 : de la défaveur à la faveur jusqu'à l'avènement de l'arbitrage international », préc., et *infra*, no 118 et s.

42 **xxe siècle.** La prohibition de principe des clauses compromissoires n'était pas très adaptée aux nécessités du commerce, surtout international. Aussi, la jurisprudence a rapidement atténué la rigueur du principe de nullité de la clause compromissoire en admettant la validité d'une telle clause en matière internationale. Plus généralement, elle a progressivement élaboré un régime spécifique pour l'arbitrage international, par le biais de règles matérielles posant souvent des solutions opposées à celles retenues par les textes, ou la jurisprudence elle-même, pour l'arbitrage interne et jugées trop restrictives[190].

L'évolution du régime de l'arbitrage a été plus chaotique en matière interne. La France ayant adhéré au Protocole relatif aux clauses d'arbitrage signé à Genève le 24 septembre 1923, elle s'était engagée à reconnaître la validité de la clause compromissoire en matière commerciale. Cet engagement a conduit à l'adoption de la loi du 31 décembre 1925, ajoutant un alinéa à l'article 631 du Code de commerce qui validait la clause compromissoire dans les litiges entre commerçants[191]. La prohibition de la clause compromissoire, issue de la jurisprudence *Prunier*, était donc maintenue pour les actes civils et les actes mixtes. Par ailleurs, le législateur a, après 1926, progressivement élargi le champ de l'arbitrage, volontaire ou forcé selon les cas. Ainsi, la loi du 30 juin 1926[192] sur la propriété commerciale et la loi du 13 novembre 1933[193] sur la réduction des droits de vote plural dans les sociétés, ont institué, la première un arbitrage « bâtard » supprimé par la loi modificative n° 46-744 du 18 avril 1946[194], la seconde un arbitrage obligatoire mais d'application limitée dans le temps. À propos du statut de la copropriété des immeubles divisés par appartements, l'article 8 de la loi du 28 juin 1938[195] a admis la stipulation des clauses compromissoires dans les règlements de copropriété. Enfin, l'article L. 761-5 du Code du travail, introduit par la loi du 29 mars 1935, a décidé que l'indemnité de licenciement due aux journalistes lorsque la durée des services excéderait quinze années serait obligatoirement fixée par une commission mixte d'arbitrage[196]. Sur un plan plus général, la loi n° 72-626 du 5 juillet 1972[197] a transposé dans le Code civil, aux articles 2059 et 2060, la prohibition de l'arbitrage figurant aux articles 1003 et 1004 du Code de procédure civile à l'égard des matières intéressant l'ordre public et des personnes n'ayant pas la libre disposition de leurs droits. Les deux articles ont été légèrement retouchés pour l'occasion, mais se sont surtout vu adjoindre un article 2061 qui pouvait être vu comme la reprise législative de la jurisprudence *Prunier*, telle qu'elle était alors interprétée. Il énonçait en effet que « la clause compromissoire est nulle s'il n'est pas disposé autrement par la loi ». Une exception fondamentale au principe de nullité était toutefois constituée par l'article 631 du Code de commerce. Néanmoins, cette interprétation malheureuse et probablement erronée de l'arrêt *Prunier*[198], ainsi avalisée par le législateur, a longtemps freiné en France le développement de l'arbitrage, en matière interne au moins.

190. Sur ce point, v. C. Jallamion, « La jurisprudence française et l'arbitrage de 1843 à 1958 : de la défaveur à la faveur jusqu'à l'avènement de l'arbitrage international », préc.

191. *DP* 1926, 4, 25. Aujourd'hui, art. L. 721-3 C. com., depuis l'ordonnance n° 2006-673 du 8 juin 2006, après avoir fait un bref séjour dans le Code de l'organisation judiciaire (art. L. 411-4) entre 2001 et 2006.

192. *DP* 1926, 4, 257.

193. *DP* 1934, 4, 41, comm. Cordonnier.

194. *D.* 1946, 178 et 301, comm. Martin et Maus, rect. 318.

195. *DP* 1939, 4, 73, comm. Chevallier.

196. Aujourd'hui art. L. 7112-4 depuis la loi n° 2008-67 du 21 janvier 2008.

197. *D.* 1972, p. 361.

198. V. sur ce point, *infra*, n° 118 et s.

Sous l'influence du développement de l'arbitrage international, est ensuite venu le temps de la réforme, entreprise par voie réglementaire. Par un décret n° 80-354 du 14 mai 1980, entré en vigueur le 1er octobre 1980, a ainsi été réformé l'arbitrage interne. La nouvelle réglementation a été intégrée aux articles 1442 à 1491 du Code de procédure civile. Un an plus tard, un décret n° 81-500 du 12 mai 1981 a complété cette réforme, en posant une réglementation de l'arbitrage international, intégrée aux articles 1492 à 1507 du même code. Les deux décrets visaient, dans des proportions toutefois variables, à promouvoir l'arbitrage et à en assurer l'efficacité. Ils instituaient, pour l'époque, un droit résolument moderne de l'arbitrage. La jurisprudence ultérieure a, dans l'application et l'interprétation de ces dispositions, accentué cette orientation. Toutefois, ces réformes, opérées par voie réglementaire, n'ont pu remettre en cause les dispositions législatives en la matière, et notamment l'article 2061 du Code civil qui maintenait donc en droit français la prohibition de principe de la clause compromissoire, sauf disposition particulière... alors même que le régime de l'arbitrage devenait, quant à lui, volontairement favorable ! De façon plus paradoxale encore, le Code de procédure civile réglementait libéralement la clause compromissoire, qui était pourtant toujours vue par le Code civil comme en principe nulle !

43 **Période récente**[199]. Il a fallu attendre le XXIe siècle et la loi n° 2001-420 du 15 mai 2001 sur les nouvelles régulations économiques – dite loi NRE – pour mettre fin à cette curiosité. Cette loi a réintroduit, à l'article L. 411-4 du Code de l'organisation judiciaire[200], les dispositions de l'article 631 de l'ancien Code de commerce, malencontreusement abrogées par le législateur par une loi n° 91-1258 du 17 décembre 1991[201]. Cela a été l'occasion de modifier l'article 2061 du Code civil pour lui faire désormais affirmer que « sous réserve des dispositions législatives particulières, la clause compromissoire est valable dans les contrats conclus à raison d'une activité professionnelle ». Ainsi, un renversement symbolique du principe était opéré : l'exception – la validité – devenait la règle, la règle ancienne de nullité faisant dorénavant figure d'exception. Ce renversement total de perspective s'est accompagné d'un élargissement du domaine de validité de la clause compromissoire[202]. Puis une nouvelle étape dans la reconnaissance de validité de la clause compromissoire a été franchie avec la loi n° 2016-1547 du 18 novembre 2016 dite « de modernisation de la justice du XXIe siècle », qui se borne à poser, à l'article 2061 du Code civil, une simple inopposabilité de la clause compromissoire à l'égard de la partie qui n'a pas contracté dans le cadre de son activité professionnelle, sans restriction quant à sa validité même[203].

En dehors de cette importante réforme du régime de la clause compromissoire, opérée en deux temps, la modification des textes a été plutôt rare après les décrets de 1980 et 1981. Un projet de réforme visant à favoriser l'arbitrage en matière administrative, qui paraissait sur le point d'être adopté en 2007, semble avoir été, pour le moment au moins, mis en sommeil[204]. Cependant, l'arbitrage de droit privé a fait l'objet d'une

199. Sur cette période, v. L. WEILLER, « Vingt ans de droit de l'arbitrage », *Procédures* janv. 2015, n° 1, dossier 3.

200. Aujourd'hui, art. L. 721-3 C. com. depuis l'ordonnance n° 2006-673 du 8 juin 2006.

201. Sur ce point, v. D. BUREAU et N. MOLFESSIS, « Le nouveau code de commerce ? Une mystification », *D.* 2001, chron., p. 361, spéc. note 24.

202. Sur cette première réforme, v. *infra*, n° 121 et s.

203. Sur cette deuxième réforme et sa portée, v. *infra*, n° 129 et s.

204. Sur ce point, v. *infra*, n° 93.

réforme d'envergure en 2011. Sous l'impulsion d'une association privée, le Comité français de l'arbitrage, un projet de réforme du droit français de l'arbitrage a été élaboré par des professionnels à partir de 2001 et déposé en 2006 au ministère de la Justice[205]. Les objectifs poursuivis étaient la consolidation des acquis jurisprudentiels, une plus grande lisibilité de l'état du droit positif français et quelques corrections et innovations sur les obstacles subsistants au développement de l'arbitrage. Ce projet a été repris et modifié par la Chancellerie à partir de novembre 2009 pour aboutir, après de nombreuses consultations et diverses versions du texte, au décret nº 2011-48 du 13 janvier 2011, entré en vigueur, pour la plupart de ses dispositions, le 1er mai 2011[206]. En effet, aux termes de l'article 3 du décret, ses dispositions entrent en vigueur le 1er mai 2011, sous réserve des dispositions suivantes : 1) les dispositions des articles 1442 à 1445, 1489 et des 2º et 3º dc l'article 1505 du Code de procédure civile s'appliquent lorsque la convention d'arbitrage a été conclue après le 1er mai 2011 ; 2) les dispositions des articles 1456 à 1458, 1486, 1502, 1513 et 1522 du Code de procédure civile s'appliquent lorsque le tribunal arbitral a été constitué postérieurement au 1er mai 2011 ; 3) les dispositions de l'article 1526 du Code de procédure civile s'appliquent aux sentences arbitrales rendues après le 1er mai 2011[207]. Ainsi, certains articles ne s'appliquent qu'aux conventions d'arbitrage conclues après le 1er mai 2011 ; ou aux tribunaux arbitraux constitués après cette date ; ou aux sentences rendues après cette date. Ces dispositions transitoires seront signalées ci-dessous, au fur et à mesure des développements du présent ouvrage relatifs au droit français de l'arbitrage.

Le décret de 2011 a conservé la distinction entre arbitrage interne et arbitrage international. L'objectif poursuivi par ce texte était de donner un « second souffle » au droit français de l'arbitrage, mais sans en changer la ligne directrice. Aussi, pour importante qu'elle soit, la réforme opérée en 2011 ne constitue aucunement un revirement et le nouveau décret reste dans la même ligne que le droit antérieur. Il s'appuie largement sur le « socle » de base qui, depuis plus de trente ans, est devenu la « tradition » du droit français de l'arbitrage, à savoir d'une part, les dispositions introduites par les décrets

205. V. « Texte proposé par le Comité français de l'arbitrage pour une réforme du Livre IV NCPC », *Rev. arb.* 2006, p. 499, et la présentation du texte par J.-L. Delvolvé, p. 491.

206. Décret nº 2011-48, 13 janvier 2011, *JO* 14 janv. 2011. Pour des commentaires de ce texte, v. notamment, J. Béguin, J. Ortscheidt, Ch. Seraglini, « Un second souffle pour l'arbitrage. – À propos du décret du 13 janvier 2011 », *JCP* G 2011, doctr. 322 (arbitrage interne) ; et *ibid.*, doctr. 467 (arbitrage international) ; S. Bollée, « Le droit français de l'arbitrage international après le décret nº 2011-48 du 13 janvier 2011 », *RCDIP* 2011, p. 553 ; Th. Clay, « Liberté, égalité, efficacité, la devise du nouveau droit de l'arbitrage. Commentaire article par article », *JDI* 2011, p. 443 (arbitrage interne) et p. 815 (arbitrage international) ; E. Gaillard et P. de Lapasse, « Le nouveau droit de l'arbitrage interne et international », *D.* 2011, p. 175 ; Ch. Jarrosson, J. Pellerin, « Le droit français de l'arbitrage après le décret du 13 janvier 2011 », *Rev. arb.* 2011, p. 5, avec un tableau de concordance entre les textes nouveaux et anciens, p. 81 ; E. Kleiman, J. Spinelli, « La réforme du droit de l'arbitrage, sous le double signe de la lisibilité et de l'efficacité. À propos du décret du 13 janvier 2011 », *Gaz. Pal.* 26-27 janv. 2011, p. 9 ; É. Loquin, « La réforme du droit français interne et international de l'arbitrage », *RTD com.* 2011, p. 255 ; et le numéro 2011/2 des *Cah. arb.*, avec les commentaires de E. Gaillard et P. de Lapasse (« Commentaire analytique du décret du 13 janvier 2011 portant réforme du droit français de l'arbitrage »), p. 263, Th. Clay (« L'appui du juge à l'arbitrage »), p. 331, E. A. Schwartz (« The New French Arbitration Decree : The Arbitral Procedure »), p. 349, et Ch. Seraglini (« L'efficacité et l'autorité renforcées des sentences arbitrales en France après le décret nº 2011-48 du 13 janvier 2011 »), p. 375 ; et aussi l'ouvrage, Th. Clay (dir.), *Le nouveau droit français de l'arbitrage, Actes du colloque du 28 février 2011*, Lextenso éditions, 2011.

207. Pour un exposé de ces dispositions transitoires, v. Ch. Jarrosson, J. Pellerin, « Le droit français de l'arbitrage après le décret du 13 janvier 2011 », préc., nº 110 et s., p. 76 et s.

de 1980 et 1981 et, d'autre part, la jurisprudence intervenue pour les compléter. Tout en maintenant une certaine tradition, tant pour l'arbitrage interne que pour l'arbitrage international, le décret du 13 janvier 2011 poursuit également un effort de clarification sur certaines questions fondamentales dans l'arbitrage interne et/ou international, notamment en consacrant formellement diverses règles dégagées par la jurisprudence ou en procédant au toilettage d'anciens textes. Ainsi, la lisibilité et la prévisibilité du droit français de l'arbitrage s'en trouvent améliorées. Enfin, si le décret ne révolutionne pas le régime juridique de l'arbitrage, il apporte un certain nombre d'innovations intéressantes sur plusieurs points qui seront étudiés au fil de cet ouvrage. De façon générale, le régime juridique de l'arbitrage interne s'en trouve grandement libéralisé, et le libéralisme qui marquait déjà le régime de l'arbitrage international s'en trouve accentué.

S'agissant plus particulièrement de l'arbitrage international, le décret du 13 janvier 2011 fait preuve, comme son prédécesseur du 12 mai 1981, d'une grande sobriété, en comparaison des dispositions consacrées à l'arbitrage interne. Le droit français préfère donc toujours garder le silence sur un certain nombre de questions, laissant le soin à la jurisprudence de combler, le cas échéant, ce silence. Toutefois, il convient de tenir compte des dispositions du nouvel article 1506 du Code de procédure civile, qui rendent applicables, à titre supplétif (s'il n'en est pas convenu autrement par les parties) à l'arbitrage international un certain nombre de dispositions du décret relatives à l'arbitrage interne. Cet article dispose en effet : « À moins que les parties en soient convenues autrement et sous réserve des dispositions du présent titre, s'appliquent à l'arbitrage international les articles [...] » ; suit une liste des articles concernés. Cette disposition apporte une clarification importante en matière internationale. Auparavant, l'ancien article 1495 du Code de procédure civile procédait en effet à un renvoi général aux titres I, II et III du livre IV du même code, relatifs à l'arbitrage interne, en énonçant : « Lorsque l'arbitrage international est soumis à la loi française, les dispositions des titres I, II et III du présent livre ne s'appliquent qu'à défaut de convention particulière et sous réserve des articles 1493 et 1494 ». La disposition ne brillait pas par sa clarté et avait pu susciter des interrogations, notamment quant au sens et à la portée de la référence à la « soumission » à la loi française[208]. Dorénavant, les dispositions de l'arbitrage interne dont l'application à l'arbitrage international apparaît véritablement utile, ainsi que les conditions de cette application, sont clairement énoncées à l'article 1506 du Code de procédure civile.

Par ailleurs, le décret, comme d'ailleurs son prédécesseur de 1981, ne définit pas directement le champ d'application spatial des dispositions relatives à l'arbitrage international. Le débat à ce sujet reste donc ouvert. Tout au plus, on soulignera qu'il faut probablement distinguer les dispositions qui s'adressent essentiellement aux juges français, et qui fixent les cas et les modalités de leur intervention en matière d'arbitrage international (juge d'appui, juge du recours en annulation de la sentence rendue en France, juge de l'exequatur, etc.), de celles qui s'adressent davantage aux parties et aux arbitres et leur offrent des règles pour conduire la procédure arbitrale et qui sont donc, à ce titre, très largement supplétives. Au titre des premières, on relèvera notamment que le nouvel article 1505 du Code de procédure civile, relatif au domaine d'intervention du juge d'appui[209] français dans un arbitrage international, retient la compétence de ce juge lorsque l'arbitrage a son siège en France, mais aussi dans des hypothèses où l'arbitrage se déroule à l'étranger : lorsque les parties ont choisi la loi de procédure

208. V. D. Cohen, « La soumission de l'arbitrage international à la loi française (commentaire de l'article 1495 du CPC) », *Rev. arb.* 1991, p. 155.

209. Sur cette notion, v. *infra*, n° 773.

française pour l'arbitrage, ou ont expressément donné compétence aux juridictions françaises pour connaître des différends relatifs à la procédure arbitrale, ou encore lorsque l'une des parties est exposée à un risque de déni de justice. Or, ce juge agira à l'évidence au regard des dispositions du droit français de l'arbitrage international.

Enfin, on relèvera d'ores et déjà que c'est en matière de reconnaissance et d'exécution des sentences et de voies de recours contre celles-ci que les innovations apportées par le décret du 13 janvier 2011 sont, en matière d'arbitrage international, les plus significatives[210].

SECTION 3 RAISONS DU SUCCÈS DE L'ARBITRAGE

44 **Avantages de l'arbitrage sur la justice étatique.** Il est aujourd'hui devenu classique d'affirmer, sans d'ailleurs trop préciser la portée exacte de cette formule, que l'arbitrage est le mode de droit commun – ou encore usuel, ordinaire, habituel – de résolution des litiges du commerce international. Si cette affirmation ne peut être transposée en matière interne, il est toutefois indéniable que l'arbitrage y connaît également, à l'heure actuelle, un important développement. On peut s'interroger sur les raisons d'un tel succès pour une justice qui demeure privée et, par conséquent, non dénuée de certaines faiblesses.

Une vision quelque peu idéalisée de l'arbitrage, un temps défendue[211], prêtait à l'arbitrage des qualités dont la justice étatique aurait quant à elle été dépourvue. Selon cette vision, le recours à l'arbitrage par les opérateurs économiques internationaux pouvait donc être perçu comme une manifestation de leur rejet d'une justice étatique chargée de nombreux défauts. Confrontée à la réalité des contentieux, cette vision idéalisée de la justice arbitrale a cependant perdu de sa superbe : si l'arbitrage présente d'indéniables avantages, il n'est toutefois pas dépourvu de quelques inconvénients. Néanmoins, il reste, à l'heure actuelle, un mécanisme qui domine très largement le règlement des contentieux du commerce international et qui se développe dans le contentieux interne. Aussi, seule une évaluation des avantages et inconvénients de ce mécanisme de résolution des litiges peut permettre de comprendre les raisons de ce succès. À cet égard, il est généralement considéré que l'arbitrage est une justice mieux administrée (§ 1) et mieux rendue (§ 2) que la justice étatique. Ces considérations sont néanmoins empreintes de relativité et, à l'heure actuelle, une réflexion est d'ailleurs menée, et des propositions faites[212], en vue d'améliorer l'efficacité du système.

210. Sur ce point, v. *infra*, n° 938.

211. Particulièrement par R. David, *L'arbitrage commercial international*, Economica, 1982.

212. V. par exemple, A. Respondek, « Five proposals to further increase the efficency of International Arbitration Proceedings », *Journ. int. arb.* 2014, vol. 31, issue 4, p. 507.

§ 1. UNE JUSTICE SUPPOSÉE MIEUX ADMINISTRÉE

45 **Administration de la justice arbitrale et de la justice étatique.** L'arbitrage serait une justice mieux administrée parce que plus rapide, moins onéreuse, moins formaliste et plus discrète, que la justice étatique.

46 **Célérité relative de l'arbitrage.** La célérité supposée de l'arbitrage tient notamment au fait qu'il ne subit pas, en principe, la contrainte du double degré de juridiction inhérent à la justice étatique et qui allonge les procédures. Par ailleurs, l'arbitre, n'étant pas un juge professionnel, est en principe celui de l'affaire pour laquelle il a été nommé et peut donc, en théorie au moins, s'y consacrer immédiatement et pleinement, contrairement au juge étatique qui doit en gérer plusieurs à la fois. De plus, la possibilité offerte aux parties de choisir l'arbitre leur permet de désigner une personne qualifiée dans le domaine concerné par le litige et peut ainsi éviter le recours à des experts, souvent facteur de délais. Enfin, en matière internationale, l'arbitrage permet aux parties d'échapper aux difficultés liées à la détermination de la juridiction compétente, parfois problématique et également source de délais.

Fort de l'idée que l'arbitrage est une procédure rapide, l'article 1463, alinéa 1, du Code de procédure civile[213] prévoit, en matière d'arbitrage interne, qu'à défaut de stipulation conventionnelle, la durée de l'instance arbitrale sera de six mois[214]. Même en matière internationale, où le droit français n'impose pas la stipulation d'un délai par les parties, ni de délai légal à défaut de stipulation conventionnelle, de nombreux règlements d'arbitrage prévoient un délai de principe relativement court. En tout cas, les parties pouvant fixer librement la durée de leur arbitrage, elles ont une certaine maîtrise des délais et peuvent donc hâter les choses et tenter d'obtenir une sentence dans un délai bref. Certains types d'arbitrage sont propices à une telle célérité, comme les arbitrages dits « de qualité », dans lesquels un tiers est chargé de déterminer l'état ou la qualité d'une marchandise ou encore sa conformité au contrat et, le cas échéant, les conséquences contractuelles d'une qualité insuffisante. Par ailleurs, on notera que le décret nº 2011-48 du 13 janvier 2011 prévoit expressément un principe de célérité et de loyauté dans la procédure s'imposant à la fois aux parties et aux arbitres (art. 1464, al. 3, CPC)[215].

Ceci étant, cet avantage supposé de l'arbitrage doit aujourd'hui être fortement relativisé. Un arbitrage est souvent une procédure longue, donnant lieu à des prorogations successives du délai initialement fixé comme durée de l'instance arbitrale. Notamment dans l'arbitrage international, l'importance et la complexité de certaines affaires, l'éloignement géographique des parties, et la difficulté d'accorder les emplois du temps des différents protagonistes (arbitres, conseils, parties), peuvent en partie expliquer l'allongement des procédures. Ce dernier résulte également des multiples recours aux juridictions étatiques qui ont aujourd'hui tendance à se greffer à une instance arbitrale. Ces recours sont souvent le fait de parties récalcitrantes qui souhaitent freiner la progression de l'instance arbitrale, ou en contester le résultat en formant un recours contre la sentence arbitrale rendue afin d'en éviter ou d'en retarder

213. V., avant le décret nº 2011-48 du 13 janvier 2011, art. 1456 CPC.

214. Le délai initial pouvant toutefois être prorogé selon certaines modalités ; sur lesquelles, v. *infra*, nº 327 et s.

215. Sur cette disposition, v. *infra*, nº 396 et s.

l'exécution[216]. Ils pourront également être le fait de la partie qui souhaite « débloquer » la situation dans l'arbitrage malgré la mauvaise volonté et/ou l'inertie manifestées par l'autre partie ; elle fera alors appel au juge étatique pour permettre de faire progresser l'instance arbitrale. D'ailleurs, certains ont parlé d'une « dégradation des mœurs arbitrales »[217] conduisant à la multiplication des interventions du juge étatique avant, pendant et à l'issue de l'instance arbitrale. En tout cas, ces recours aux juridictions étatiques ajoutent des instances supplémentaires à l'instance arbitrale proprement dite, ce qui ne peut que nuire à la rapidité du mécanisme.

Dans ce contexte, certains opérateurs économiques se plaignent des délais actuels dans l'arbitrage, et la pratique réfléchit depuis quelques années à des solutions pour écourter les procédures arbitrales[218]. Certaines institutions ont ainsi cherché à « discipliner » les pratiques des parties et de leurs conseils lors des procédures arbitrales, par des initiatives qui peuvent parfois être discutées[219]. Par ailleurs et surtout, plusieurs centres d'arbitrage ont adopté des dispositions ou formulé des recommandations à destination des arbitres, des parties ou des conseils, afin de réduire la durée des procédures arbitrales qu'ils administrent[220], voire ont mis en place des « procédures d'arbitrage accélérées », essentiellement destinées aux litiges de moindre importance qu'ils sont amenés à administrer[221].

Ceci étant, l'attitude des opérateurs économiques n'est pas dénuée d'ambiguïtés vis-à-vis de cette recherche de célérité : selon les litiges auxquels il doit faire face, un même opérateur sera plus ou moins attaché à faire rapidement progresser une instance arbitrale, selon qu'il est demandeur ou défendeur, pressé ou non de voir le litige résolu, etc.

47 **Coût (certain) de l'arbitrage.** Le caractère peu onéreux de l'arbitrage, un temps mis en avant, apparaît aujourd'hui comme une douce illusion, à tout le moins dans le commerce international. Certes, certains arbitrages rapides et peu complexes, comme

216. Sur les tactiques dilatoires afin de retarder une procédure arbitrale, v. A. De Fontmichel, « Les tentatives de paralysie de l'instance arbitrale devant le juge étatique », *Cah. arb.* 2010, p. 407.

217. Ph. Fouchard, E. Gaillard, B. Goldman, *Traité de l'arbitrage commercial international*, Litec, 1996, n° 2, p. 3. Sur l'éthique dans l'arbitrage, v. M. Henry, « Éthique et arbitrage, ou la solitude du coureur de fond », *Rev. arb.* 2016, p. 707 et les réf. citées.

218. V. sur ce point, L. Reed, J. Bannon Vanto, « The Case for Increased Use of Dispositive Motions in International Arbitration », *Cah. arb.* 2011, p. 33. V. aussi, B. Hanotiau, « Mieux maîtriser le temps et réduire les coûts dans l'arbitrage international », in *Mélanges G. Keutgen*, Bruylant, 2009, p. 377.

219. V. notamment les « IBA Guidelines on Party Representation in International Arbitration » adoptées le 25 mai 2013 par l'International Bar Association (IBA) (pour des commentaires, v. notamment, P. Ashford, *The IBA Guidelines on Party Representation in International Arbitration*, Cambridge University Press, 2016 ; T. Cummins, « The IBA Guidelines on Party Representation in International Arbitration – Levelling the Playing Field? », *Arb. int.* 2014, vol. 30, issue 3, p. 429 ; F. Dasser, « A Critical Analysis of the IBA Guidelines on Party Representation », in *The Sense and Non-Sense of Guidelines, Rules and other Para-regulatory Texts in International Arbitration*, ASA Special Series n° 37, 2015, p. 33) ; v. aussi, art. 18.5 et 18.6 règlement LCIA 2014 et les « General Guidelines for the Parties' legal representatives » en annexe dudit règlement (pour le texte du règlement et de l'annexe, v. notamment *Rev. arb.* 2015, p. 295, avec le commentaire de V.V. Veeder, « Le nouveau règlement 2014 de la LCIA : quelques nouveautés », p. 49, spéc. n° 25 et s., p. 65).

220. V., par exemple, le « ICC Arbitration Commission Report on Techniques for Controlling Time and Costs in Arbitration », avec une première édition en 2007 et une seconde, révisée, en 2012.

221. V., par exemple, art. 30 et appendice VI du règlement CCI de 2017 ; sur les procédures accélérées, v. notamment *Expedited Procedures in International Arbitration*, L. Lévy, M. Polkinghorne (ed.), Dossiers XVI, ICC Institute of World Business Law, 2017. V. aussi, L. Bizikova, « Overcoming Due Process Paranoia : Expeditiousness as a New Principle of International Arbitration », *Cah. arb.* 2017, p. 593.

les arbitrages dits de qualité, peuvent demeurer peu onéreux. Cependant, la « norme » est aujourd'hui tout autre. En effet, le choix de l'arbitrage exclut le bénéfice des infrastructures de la justice étatique. De plus, si la représentation par avocats n'est généralement pas obligatoire dans l'arbitrage, les parties s'y font le plus souvent représenter ou assister par un conseil. Aux honoraires de leurs avocats, les parties devront ajouter ceux des arbitres, ainsi que les divers coûts et frais nécessaires au fonctionnement de l'instance arbitrale (locations de locaux, frais de déplacement, coûts des experts, traducteurs, sténotypistes, coûts internes, etc.). Dans l'arbitrage institutionnel, elles devront y ajouter les frais d'administration versés à l'institution organisatrice de l'arbitrage. Plus généralement, les coûts d'une procédure arbitrale ont eu tendance à se diversifier et à augmenter[222]. Aussi, l'arbitrage du commerce international est parfois considéré comme une justice « de luxe »[223]. Dans ces conditions, des réflexions sont menées pour tenter de limiter les coûts de l'arbitrage, et certaines initiatives ou propositions ont vu le jour à cette fin[224]. Ceci étant, l'arbitrage semble demeurer globalement moins onéreux que la justice de certains systèmes anglo-saxons.

Néanmoins, le coût certain des procédures arbitrales a fait naître un débat quant à l'accès à la justice des parties liées par une convention d'arbitrage mais qui, du fait d'une situation d'impécuniosité, ne pourraient pas assumer le coût d'une telle procédure et notamment s'acquitter de leur part de la provision pour frais de l'arbitrage[225], débat alimenté par certaines décisions jurisprudentielles[226]. Dans une affaire *Pirelli*, la Cour de cassation a en effet décidé que le refus par un tribunal arbitral d'examiner les demandes reconventionnelles du défendeur impécunieux en raison de son défaut de paiement de la part de la provision pour frais afférente à ces demandes, sanction prévue par le règlement d'arbitrage applicable, peut être de nature à porter atteinte au droit d'accès à la justice et au principe d'égalité des parties si ces demandes sont « indissociables » des demandes principales[227]. Les « demandes indissociables », expression jusque-là inconnue du droit de la procédure civile, semblent viser à tout le moins les situations dans

222. Pour une analyse des divers « coûts » dans l'arbitrage moderne et de leur gestion, v. C. Duclerq, « Les "nouveaux" coûts dans l'arbitrage international », *Cah. arb.* 2013, p. 899.

223. Sur la question, v. B. Hanotiau, « Mieux maîtriser le temps et réduire les coûts dans l'arbitrage international », préc.

224. V. notamment, « ICC Arbitration Commission Report on Techniques for Controlling Time and Costs in Arbitration », avec une première édition en 2007 et une seconde, révisée, en 2012 ; pour un commentaire, v. Ph. Cavalieros, « Le rapport de la CCI sur les décisions sur les coûts en arbitrage international », *Rev. arb.* 2016, p. 359 et les réf. citées. V. aussi, W. Brown, « What Steps Should Arbitrators Take to Limit the Cost of Arbitration ? », *Journ. int. arb.* 2014, vol. 31, issue 4, p. 499.

225. Provision couvrant en principe, la rémunération des arbitres et, le cas échéant, les frais du centre chargé d'administrer l'arbitrage ; sur cette provision, v. *infra*, n° 299.

226. Sur la question, v. F.-X. Train, « Impécuniosité et accès à la justice dans l'arbitrage international (à propos de l'arrêt de la cour d'appel de Paris du 17 novembre 2011 dans l'affaire LP c/ Pirelli) », *Rev. arb.* 2012, p. 267.

227. Cass. 1re civ., 28 mars 2013, *Rev. arb.* 2013, p. 746 (1re esp.), note F.-X. Train ; *Cah. arb.* 2013, p. 479 (1re esp.), note A. Pinna, et p. 585, « Propos d'audience de M. l'avocat général Pierre Chevalier » ; *JCP* G 2013, 784, n° 4, obs. Ch. Seraglini ; cassant l'arrêt de la cour d'appel de Paris qui avait reconnu plus largement l'atteinte au droit d'accès à la justice et au principe d'égalité en ne la limitant pas au cas des demandes « indissociables » : Paris, 17 nov. 2011, *D.* 2011, p. 3031, obs. Th. Clay ; *JCP* G 2012, 843, n° 6, obs. Ch. Seraglini ; *RTD com.* 2012, p. 530, obs. É. Loquin ; *Cah. arb.* 2012, p. 159, note D. Cohen ; F.-X. Train, « Impécuniosité et accès à la justice dans l'arbitrage international (à propos de l'arrêt de la cour d'appel de Paris du 17 novembre 2011 dans l'affaire LP c/ Pirelli) », *Rev. arb.* 2012, p. 267 ; et aussi, X. Boucobza et Y.-M. Serinet, « Les principes du procès équitable dans l'arbitrage international », *JDI* 2012, doctr. 2, p. 41. Sur cette jurisprudence, v. aussi, *infra*, n° 553.

lesquelles les arguments de fait et de droit sont identiques au soutien de la demande principale et de la demande reconventionnelle ou, plus largement, les demandes reconventionnelles qui constituent en réalité des moyens de défense aux demandes principales adverses[228]. Par ailleurs, s'agissant cette fois d'un demandeur prétendument impécunieux, dans une affaire *Lola Fleurs*, la cour d'appel de Paris a retenu que le caractère manifestement inapplicable de la clause compromissoire[229] ne saurait se déduire de l'incapacité alléguée d'une partie à faire face au coût d'une procédure arbitrale en raison de sa situation financière et du déni de justice qui en résulterait, dès lors qu'il appartient en tout état de cause au tribunal arbitral de permettre l'accès au juge, un éventuel manquement de sa part sur ce point étant susceptible d'être sanctionné ultérieurement[230]. Ainsi, la jurisprudence française choisit d'opérer uniquement un contrôle *a posteriori* des conséquences de la situation d'impécuniosité d'une partie liée par une convention d'arbitrage sur son accès à la justice. Elle met à la charge du tribunal arbitral lui-même, on l'espère, le cas échéant, avec l'aide du centre d'arbitrage, le soin de gérer cette situation d'impécuniosité, d'en tirer les conséquences sur la procédure arbitrale, et notamment sur la question du paiement des provisions pour frais de l'arbitrage. Il le fera sous le contrôle du juge de l'annulation, qui contrôlera en particulier le respect par la sentence de l'ordre public procédural et le droit d'accès au juge. Or, la mission ainsi dévolue au tribunal arbitral, qui doit concilier l'accès à la justice d'une partie impécunieuse et les caractéristiques de l'arbitrage, apparaît bien délicate, tant les problématiques engendrées par cette jurisprudence sont grandes et les éléments de solution donnés par les juges relativement pauvres[231].

Par ailleurs, le coût important de certaines procédures arbitrales a probablement favorisé le développement de modes de financement extérieurs de ces procédures, notamment par le recours au financement de la procédure arbitrale par un tiers (« Third party funding »), qui ne sont pas sans poser divers problèmes théoriques et pratiques[232].

---

228. En ce sens, F.-X. Train, note sous Cass. 1re civ., 28 mars 2013 préc., spéc. nº 12 et s., p. 758.

229. Ce caractère constitue une limite au principe selon lequel un juge saisi d'un litige au mépris d'une convention d'arbitrage doit se déclarer incompétent et renvoyer les parties à l'arbitrage ; sur ce principe et ses limites, v. *infra*, nº 172 et s. (arbitrage interne), et nº 678 et s. (arbitrage international).

230. Paris, 26 févr. 2013, *Rev. arb.* 2013, p. 746 (2e esp.), note F.-X. Train ; *JCP* G 2013, 784, nº 4, obs. Ch. Seraglini ; *Cah. arb.* 2013, p. 479 (2e esp.), note A. Pinna ; dans le même sens, Cass. 1re civ., 13 juill. 2016, *Rev. arb.* 2016, p. 859, obs. M. Boucaron-Narretto. V., pour la position opposée du droit allemand, qui considère que l'impécuniosité d'une partie est susceptible d'affecter l'efficacité de la clause d'arbitrage, D. Kühner, « The impact of party impecuniosity on arbitration agreements: the example of France and Germany », *Journ. int. arb.* 2014, vol. 31, issue 6, p. 807.

231. Sur d'éventuelles solutions et les difficultés qu'elles suscitent, v. F.-X. Train, « Impécuniosité et accès à la justice dans l'arbitrage international (à propos de l'arrêt de la cour d'appel de Paris du 17 novembre 2011 dans l'affaire LP c/ Pirelli) », préc., spéc. nº 26 et s. V. aussi, M. de Fontmichel, « Le financement de l'arbitrage par une partie insolvable », in *L'argent dans l'arbitrage*, W. Ben Hamida et Th. Clay (dir.), 2013, Lextenso, p. 37.

232. Sur le sujet, v. notamment C. Dupeyron et M. Valentini, « Maîtriser les conséquences de la présence du tiers financeur sur la procédure à travers le contrat de financement », *Rev. arb.* 2014, p. 909 ; H. Gharavi, « Le financement par un tiers », in *L'argent dans l'arbitrage*, W. Ben Hamida et Th. Clay (dir.), 2013, Lextenso, p. 33 ; C. Kessedjian (dir.), *Le financement de contentieux par tiers – Third Party Litigation Funding*, Éd. Panthéon-Assas, Colloques, déc. 2012 ; Ph. Pinsolle, « Le financement de l'arbitrage par les tiers », *Rev. arb.* 2011, p. 385. V. aussi, « Financement du procès par les tiers », *Rapport du Club des juristes*, juin 2014 ; sur ce rapport, v. notamment, A. Goldsmith, « Commentary: French Think Tank Releases Noteworthy Report On Third Party Litigation Funding », *Cah. arb.* 2014, p. 687.

48 **Souplesse de la procédure arbitrale.** Malgré une juridictionnalisation certaine de l'arbitrage, favorisée par le succès de l'arbitrage institutionnel qui est nécessairement plus encadré, son caractère non formaliste demeure un avantage réel de ce mécanisme. Plus précisément, l'arbitrage reste une justice sur mesure, à l'organisation très flexible : les parties et les arbitres peuvent très largement organiser l'instance arbitrale comme ils l'entendent, en alliant par exemple les procédures écrites et orales et, plus généralement, en empruntant des éléments à des cultures juridiques différentes[233]. De plus, « l'ambiance » d'un arbitrage est généralement moins solennelle que celle qui règne dans les prétoires, et le rapport à l'arbitre certainement moins distant que celui que les justiciables peuvent entretenir à l'égard du juge étatique, ce qui peut favoriser l'apaisement du climat et la conciliation des parties.

49 **Confidentialité (espérée) de l'arbitrage.** La confidentialité de l'arbitrage a longtemps été, et est encore souvent considérée comme un trait marquant de l'institution[234]. En tout cas, elle est probablement attendue par les parties recourant à l'arbitrage. De fait, il est généralement opportun pour une entreprise que ses contentieux commerciaux ne soient pas portés à la connaissance d'un trop large public, ni même de ses concurrents. L'arbitrage, souvent perçu comme une justice confidentielle, sans publicité des débats ni, en principe, des sentences rendues, semble permettre de préserver le secret des affaires. Aussi, on estime communément que les parties, leurs conseils, le personnel des institutions d'arbitrage et les arbitres doivent respecter cette confidentialité[235].

Toutefois, le statut de la confidentialité de l'arbitrage est aujourd'hui incertain. Des discussions existent : sur la nature, légale ou conventionnelle, de l'obligation de confidentialité dans l'arbitrage ; sur sa valeur de principe général de l'arbitrage et donc inhérent à celui-ci, ou sur la nécessité qu'elle soit expressément stipulée par les parties pour s'appliquer dans une procédure arbitrale ; sur sa portée, tant *ratione materiae* – quels sont les éléments couverts par la confidentialité : l'existence de l'arbitrage, les audiences, le délibéré, la sentence arbitrale, les documents et pièces échangés dans le cadre de l'instance arbitrale ? –, que *ratione personae* – quelles sont les personnes soumises à une obligation de confidentialité ; les témoins en font-ils partie ? – ; ou encore sur les limites à lui assigner, notamment au nom de l'ordre public ou lorsque des intérêts publics sont en cause, ou encore au nom des obligations de transparence, d'information et de révélation auxquelles sont soumises les entreprises en vertu de certains droits

233. Le système anglo-saxon de la « cross examination » connaît ainsi un succès certain dans les procédures arbitrales internationales.

234. Pour une étude détaillée sur le sujet et les controverses qu'il suscite, v. *Arbitrage et confidentialité*, Actes du colloque CEPA, Bruylant, 2014 ; O. Caprasse et R. Ziadé, « La confidentialité dans la procédure arbitrale », *Rev. arb.* 2014, p. 593 ; Ph. Cavalieros, « La confidentialité de l'arbitrage », *Cah. arb.*, vol. III, *Gaz. Pal.* éd., 2006, p. 56 ; J.-L. Delvolvé, « Vraies et fausses confidences, ou les petits et les grands secrets de l'arbitrage », *Rev. arb.* 1996, p. 373 ; E. Gaillard, « Le principe de confidentialité dans l'arbitrage commercial international », *D.* 1987, chron., p. 153 ; J.-M. Garinot, *Le secret des affaires*, CNRS Credimi, LexisNexis 2013, spéc. n° 302 et s., p. 249 ; É. Loquin, « Les obligations de confidentialité dans l'arbitrage », *Rev. arb.* 2006, p. 323 ; Ch. Müller, « La confidentialité de l'arbitrage commercial international, un trompe l'œil ? », *Bull. ASA* 2005, n° 2, vol. 23, p. 216. Sur le sujet, v. encore le numéro spécial du *Bulletin de la Cour internationale d'arbitrage de la CCI*, « La confidentialité dans l'arbitrage », *Bull. CIArb. CCI*, suppl. spéc. 2009. V. aussi le débat sur la « transparence » dans l'arbitrage, in *Cah. arb.* 2012, p. 583 et s., avec les articles de J. Fernandez-Armesto (p. 583) et P. Hodges (p. 589).

235. Si certaines sentences sont aujourd'hui publiées, notamment parmi celles rendues sous l'égide de la CCI, la confidentialité reste en principe respectée dans ce cadre dès lors qu'elles le sont dépourvues de tout élément qui permettrait d'identifier les parties, les arbitres, ou le litige.

étatiques[236] ; voire sur son existence même. En effet, un vent de protestation s'est récemment levé, contestant la légitimité de la confidentialité de l'arbitrage et vantant au contraire les vertus de la transparence, particulièrement dans les arbitrages d'investissement impliquant des États[237]. Cela a conduit à l'adoption de textes favorisant une plus grande transparence, notamment dans l'arbitrage d'investissement[238]. Par ailleurs, dans les faits, une procédure arbitrale ne se révélera pas toujours aussi confidentielle qu'on l'aurait espéré. Une partie ou son conseil, voire un arbitre, peut faire preuve d'indiscrétion, indiscrétion parfois relayée par la presse. De plus, les recours possibles aux juridictions étatiques en marge d'une instance arbitrale, notamment à l'encontre de la sentence rendue, ou l'appel de la décision accordant l'exequatur à la sentence, qui sont prévus par les textes, donnent lieu à des décisions judiciaires soumises à publicité.

L'ambiguïté du statut de la confidentialité dans l'arbitrage résulte en partie du silence relatif des textes. Les législations étatiques ne disent généralement rien ou très peu sur la confidentialité dans l'arbitrage ; il en va de même pour de nombreux règlements d'arbitrage institutionnels. Face à ce relatif silence, certaines juridictions étrangères ont nié l'existence d'un principe général de confidentialité qui serait inhérent à la stipulation d'une convention d'arbitrage[239], alors que d'autres reconnaissaient l'existence d'un tel principe[240]. Le droit et la jurisprudence français illustrent quant à eux parfaitement ces incertitudes et hésitations. Les textes, longtemps totalement silencieux sur le sujet, reconnaissent aujourd'hui, depuis le décret nº 2011-48 du 13 janvier 2011, la confidentialité de l'arbitrage en matière interne[241]. L'article 1464, alinéa 4, du Code de procédure civile dispose désormais que « sous réserve des obligations légales et à moins que les parties n'en disposent autrement, la procédure arbitrale est soumise au principe de confidentialité ». Ainsi, il s'agit donc dorénavant d'une obligation légale, mais non impérative puisque les parties peuvent y déroger. Toutefois, le texte reste silencieux sur les destinataires exacts de l'obligation (parties et arbitres certainement, mais qu'en est-il des autres participants ?) et le régime de celle-ci (qu'en est-il des sanctions par exemple ?). Il appartiendra à la jurisprudence de définir les contours de cette obligation. Par ailleurs, cette disposition n'est pas reprise en matière d'arbitrage international, l'article 1506 du Code de procédure civile ne renvoyant pas à l'alinéa 4 de

236. V. F. Fages, « La confidentialité de l'arbitrage à l'épreuve de la transparence financière », *Rev. arb.* 2003, p. 5.

237. Sur le sujet, v. notamment J.-B. Racine, « Sur l'idéologie de la transparence en droit de l'arbitrage », in *Mélanges en l'honneur du professeur Pierre Mayer*, LGDJ, 2015, p. 727.

238. V. règlement de la CNUDCI sur la transparence dans l'arbitrage entre investisseurs et États fondé sur des traités, et le nouvel article 1.4 du règlement d'arbitrage CNUDCI adopté en 2013. Sur le sujet, v. notamment, G. Petrochilos, « Transparency in Commercial Arbitrations Involving States », *Cah. arb.* 2018, p. 19. L'idée est aussi parfois défendue en matière d'arbitrage commercial : F. Blavi, « A case in favour of publicly available awards in International Commercial Arbitration: Transparency v. Confidentality », *RDAI* 2016, nº 1, p. 83.

239. Cour suprême de Suède, 27 oct. 2000, *AI Trade Finance Inc.*, *Stockholm Arb. Report* 2002/2, p. 144 ; *Rev. arb.* 2001, p. 821, note S. Jarvin et G. Reid ; High Court d'Australie, 7 avr. 1995, *Esso v. Plowman*, 128, *ALR* 391. 1995 ; *Rev. arb.* 1996, p. 539, note D. Kapeliuk-Klinger ; v. cependant, en Australie, les sections 27E à 27I du *Commercial Arbitration Act* de 2017, applicable aux arbitrages internes australiens, qui prévoient désormais une confidentialité de principe avec un système d'*opt-out* pour les parties ; v. également pour l'arbitrage international, les sections 23C à 23G de l'*International Arbitration Act* de 2011 qui reposent cette fois sur un système d'*opt-in*.

240. En Angleterre : Court of Appeal, *Dolling-Baker c/ Merret*, 1990, 1 *WLR* 1205 ; High Court, *Hassneh Insurance Co of Israël c/ Mew*, 1993, 2 *Lloyd's Rep.*, 243.

241. Sur ce point, v. aussi, *infra*, nº 399 et s.

l'article 1464. Le statut de la confidentialité dans l'arbitrage international reste donc incertain[242], la jurisprudence rendue avant le décret de 2011 n'étant en effet guère plus éclairante sur le sujet[243].

Compte tenu des incertitudes du droit positif[244], la doctrine doute aujourd'hui de l'existence et/ou de la portée d'un principe de confidentialité dans l'arbitrage, notamment international. Certains auteurs ont de ce fait proposé de distinguer entre « confidentiality and privacy », ce dernier terme étant entendu comme le caractère privé des débats qui serait, lui seul, inhérent à l'arbitrage. Surtout, face à de telles incertitudes, il est conseillé aux parties de prévoir elles-mêmes, contractuellement et si possible dès la convention d'arbitrage, le principe de la confidentialité de leur procédure arbitrale et l'étendue qu'elles entendent lui donner[245], voire la loi applicable à cette question[246]. L'obligation de confidentialité est en effet pour beaucoup un engagement essentiellement contractuel, qu'il vaut mieux stipuler expressément et qui sera sanctionné, en cas de violation, sur le terrain et selon les conditions de la responsabilité contractuelle[247]. Dans la pratique, certaines parties prennent d'ailleurs soin d'inclure des clauses de confidentialité dans l'accord d'arbitrage, ou à tout le moins de les envisager au début de l'instance arbitrale[248].

242. V. d'ailleurs, les opinions en sens contraire exprimées dans le cadre du commentaire du décret du 13 janvier 2011 par E. Gaillard et P. de Lapasse (« Commentaire analytique du décret du 13 janvier 2011 portant réforme du droit français de l'arbitrage », *Cah. arb.* 2011, p. 263, spéc. n° 106, p. 320), et Ch. Jarrosson et J. Pellerin (« Le droit français de l'arbitrage après le décret du 13 janvier 2011 », *Rev. arb.* 2011, p. 5, spéc. n° 86, p. 60).

243. Sur ce point et cette jurisprudence, v. *infra*, n° 798.

244. Pour une étude de droit comparé sur la confidentialité, v. G. B. Born, *International Commercial Arbitration*, Kluwer Law International, 2nd ed., 2014, spéc. chap. 20, p. 2779 et s., et les références citées.

245. C'est notamment la position de l'Association de droit international (International Law Association (ILA)) : v. Conclusions et Recommandations sur le principe de confidentialité, adoptées en août 2010. Sur ce texte, v. notamment, G. Petrochilos, « The ILA Tackles Confidentiality : the ILA Findings and Recommendations on Confidentiality », *Cah. arb.* 2011, p. 51 ; F. Dely, M. Friedman et L. Radicati di Brozolo, « International Law Association International Commercial Arbitration Committee's Report and Recommandations On Confidentiality in International Commercial Arbitration », *Arb. int.* 2012, p. 355.

246. Plusieurs lois sont en effet susceptibles de s'appliquer à la question de la confidentialité : loi du siège, en tant que loi régissant la procédure arbitrale, loi applicable à la convention d'arbitrage si elle est différente de la première, notamment si l'obligation de confidentialité découle, expressément ou implicitement, de la convention d'arbitrage, ou encore loi du contrat principal liant les parties, en particulier si la relation contractuelle entre les parties est elle-même soumise à un tel devoir. Afin d'éviter une trop grande incertitude quant à la portée exacte de l'obligation de confidentialité, il semble donc préférable de stipuler expressément, dans la convention d'arbitrage, non seulement le devoir de confidentialité mais aussi la loi applicable à cette question. C'est notamment la position de l'Association de droit international : v. Conclusions et Recommandations sur le principe de confidentialité, adoptées en août 2010, préc.

247. Sauf le cas de l'obligation au secret du délibéré pesant sur l'arbitre (art. 1479 CPC pour l'arbitrage interne, auquel renvoie l'art. 1506.4° pour l'arbitrage international ; et v., avant le décret du 13 janvier 2011, art. 1469 CPC), qui est quant à lui lié à la mission juridictionnelle de l'arbitre.

248. Pour une approche concrète de la gestion de la confidentialité dans les procédures arbitrales, v. notamment O. Caprasse et R. Ziadé, « La confidentialité dans la procédure arbitrale », *Rev. arb.* 2014, p. 593.

§ 2. UNE JUSTICE MIEUX RENDUE

50 **Un juge choisi.** L'arbitrage permet aux parties de choisir librement leur juge. Aussi, elles pourront choisir une personne ayant, selon les caractéristiques propres à chaque affaire, des compétences juridiques ou techniques particulières, et notamment un spécialiste de la matière litigieuse ou du marché en cause. Ainsi, dans les arbitrages dits « de qualité » ayant pour objet essentiel l'appréciation de la qualité de la marchandise objet du contrat (or, grain, café, etc.), le recours à un spécialiste de la marchandise en question peut s'avérer particulièrement opportun. Les parties pourraient également choisir une personne plus disponible, plus au fait des réalités commerciales, ou encore davantage à l'écoute de leurs attentes particulières que ne le serait un juge étatique.

Toutefois, le choix du ou des arbitres doit être judicieusement pensé. L'équilibre entre compétences techniques et juridiques doit notamment être généralement préservé au sein d'un même tribunal arbitral : l'absence de qualification juridique d'un tribunal arbitral uniquement composé de « techniciens » pourrait s'avérer problématique lorsque l'affaire se révèle finalement juridiquement plus compliquée qu'il n'y paraissait à l'origine. Par ailleurs, la supposée plus grande disponibilité des arbitres peut se révéler, dans les faits, toute relative. Elle devrait certes être attendue d'un arbitre nommé et rémunéré par les parties. Cependant, l'arbitrage n'étant pas, au moins officiellement, une profession, l'arbitre a souvent d'autres occupations professionnelles et sa disponibilité s'en trouve donc affectée. Au surplus, une certaine « professionnalisation » de la fonction d'arbitre peut être observée, certains avocats en faisant notamment leur activité principale. Or, les arbitres les plus demandés sont forcément moins disponibles que les autres, et l'articulation des calendriers de chacun des intervenants à la procédure (arbitres, conseils, parties, témoins, experts) pour la fixation des audiences peut s'avérer problématique. Enfin, si l'arbitre peut effectivement être plus au fait des réalités commerciales et à l'écoute des attentes des parties que ne le serait un juge, ces prédispositions peuvent avoir des effets négatifs, comme une inclination à l'adoption d'une solution « mi-figue mi-raisin », ne voulant décevoir aucune des parties et risquant finalement de n'en satisfaire aucune.

51 **Neutralité de l'arbitre en matière internationale.** La possibilité offerte aux parties de choisir leur juge revêt une dimension particulière en matière internationale : les parties ont ainsi la possibilité de choisir un juge « neutre », qui n'est pas celui de l'une des parties. Or, le souci de neutralité de la justice est particulièrement présent dans le commerce international. Aucune partie ne tient particulièrement à ce qu'un éventuel différend contractuel soit porté devant les juges de son cocontractant. Cette préoccupation est particulièrement forte dans le cas des litiges relatifs aux contrats d'États, opposant un État ou un organisme public et un opérateur privé étranger. Même si le juge de l'une des parties ne peut être systématiquement soupçonné de partialité, cette partie partagera à tout le moins avec lui « un même héritage culturel, que ce soit sur le plan linguistique, économique, ou surtout juridique »[249]. En bref, devant le juge étatique, l'une des parties conserve généralement l'avantage de « jouer à la maison ». L'arbitrage peut, à cet égard, rassurer chacune des parties en offrant, non seulement un juge neutre, mais aussi et plus généralement un « terrain » neutre. Néanmoins, chacune des parties

249. Y. Derains, « Sources et domaine d'application du droit français de l'arbitrage international », in *Droit et pratique de l'arbitrage international en France*, Feduci, 1984, p. 1, spéc. p. 2.

souhaite très souvent nommer un arbitre de sa nationalité, et la neutralité du juge lui-même ne sera recherchée qu'à propos du président du tribunal arbitral, ou que dans le cas d'un arbitre unique[250].

52 **Neutralité et universalisme de l'arbitrage international.** Une autre forme de neutralité obtenue grâce à l'arbitrage international se manifeste par rapport aux particularismes des droits et procédures nationaux, peu adaptés à la justice des commerçants internationaux. L'arbitrage international permet une « neutralisation des facteurs nationaux et locaux »[251] et une véritable adaptation du règlement du litige aux besoins des échanges internationaux.

Déjà, en matière internationale, comme en matière interne, les arbitres peuvent tenir compte des usages du commerce et autres usages professionnels probablement plus facilement que ne le ferait un juge étatique ; les parties pourront également stipuler un arbitrage en amiable composition, invitant l'arbitre à s'écarter de l'application stricte du droit dans la résolution du litige, au profit de considérations d'équité[252]. Surtout et plus généralement, l'arbitrage permet aux opérateurs du commerce international d'échapper aux contraintes étatiques, qu'elles soient d'ordre procédural ou relatives au fond du litige, ainsi qu'aux particularismes nationaux, qu'ils soient juridiques ou culturels. Sur le plan procédural, il autorise les parties à se « concocter » une procédure « sur mesure », anationale et adaptée aux données du litige. Quant au droit appliqué au fond du litige, il permet de s'affranchir de l'application d'une loi étatique au profit de la *lex mercatoria*, supposée mieux adaptée aux besoins des opérateurs du commerce international[253]. Enfin, il aboutit à une décision qui sera très facilement reconnue par les divers ordres juridiques dans lesquels son exécution forcée pourrait être recherchée. Selon certains, le succès de l'arbitrage international marquerait ainsi la volonté d'obtenir une justice empreinte d'universalisme juridique, pallierait l'absence de juridiction véritablement internationale pour la résolution des litiges du commerce international, et offrirait aux opérateurs du commerce international non seulement une justice véritablement internationale dégagée des ordres juridiques nationaux, mais également des normes transnationales de solutions des litiges adaptées aux besoins du commerce international[254].

Cependant, cette idée, bien que juste, doit elle-même être relativisée. Tout d'abord, il n'est pas certain que les opérateurs du commerce international cherchent réellement à écarter l'application d'un droit étatique au profit de la *lex mercatoria* ; le premier présente en effet l'avantage non négligeable pour les opérateurs économiques de la facilité d'accès à l'information et de la prévisibilité, ce que n'a pas la seconde. De nombreux opérateurs semblent d'ailleurs demeurer hostiles à l'application de la *lex mercatoria* et lui préférer la prévisibilité des solutions tirées de l'application d'une loi étatique. À cet égard, on ne peut qu'être frappé par le faible nombre de situations où les parties choisissent expressément, pour régir leurs relations contractuelles, un droit non étatique, comparé au choix très fréquent d'un droit étatique. Quant à l'équité, son usage semble

250. V. à cet égard, art. 13.5 règlement CCI de 2017 ; art. 6 règlement LCIA de 2014.

251. Ph. Fouchard, E. Gaillard, B. Goldman, *Traité de l'arbitrage commercial international*, Litec, 1996, n° 117, p. 65.

252. Sur cette forme d'arbitrage, v. *infra*, n° 454 (arbitrage interne) et *infra*, n° 883 (arbitrage international).

253. Sur le droit applicable au fond du litige dans l'arbitrage international, v. *infra*, n° 886 et s.

254. É. Loquin, *L'arbitrage du commerce international*, Joly éditions, Pratique des affaires, 2015, n° 33 et s., p. 32.

étrangement plus fréquent en matière interne qu'en matière internationale, probablement en partie en raison des acceptions différentes que ce terme peut couvrir en droit comparé et donc d'une certaine réticence des opérateurs du commerce international à y recourir face à cette incertitude.

53 **Synthèse des avantages de l'arbitrage.** Plusieurs raisons peuvent finalement expliquer le succès de l'arbitrage. Certaines sont communes à l'arbitrage interne et à l'arbitrage international, d'autres sont plus spécifiques au second. L'arbitrage est une forme de justice dont le principal avantage reste sa remarquable adaptabilité : il est une justice « sur mesure ». Aussi, il convient particulièrement à certains types de litiges. L'arbitrage est tout d'abord adapté au règlement rapide et sans heurts de petits litiges techniques opposant des parties qui appartiennent au même milieu professionnel, et notamment dans le négoce de certaines matières premières et de certaines denrées. Il paraît ensuite approprié pour la résolution des litiges entre parties qui sont en relations suivies d'affaires et qui souhaitent, malgré le litige qui peut les opposer à un moment donné, maintenir ces relations ; elles préféreront alors un mode de règlement moins « traumatisant » que le recours à la justice étatique. L'arbitrage convient également aux litiges exigeant le respect d'une certaine confidentialité afin de préserver le secret des affaires[255]. Il présente encore des avantages certains dans le cas d'affaires complexes, aux enjeux financiers considérables et qui peuvent engendrer de volumineuses productions de documents et nécessiter des compétences et une attention particulières ; autrement dit, il convient aux « gros contrats », relativement fréquents dans les affaires internationales. De plus, l'arbitrage international permet d'assurer une certaine neutralité et un certain universalisme de la justice des litiges du commerce international.

Il faut ajouter à ces divers avantages l'efficacité indéniable de cette justice. Certes, *a priori*, l'arbitrage souffre d'une faiblesse congénitale : n'étant pas le juge d'un État, l'arbitre ne dispose pas de la force publique. Toutefois, l'efficacité de l'arbitrage résulte justement de la bienveillance manifestée par la plupart des États à son égard. Convaincus qu'il s'agit d'un mécanisme utile au développement du commerce, et même indispensable à l'essor du commerce international, la plupart des États prêtent aujourd'hui largement leur concours au bon fonctionnement de l'arbitrage aux divers stades du processus arbitral, en veillant dans le même temps à ne pas intervenir de façon intempestive afin de ne pas en diminuer l'efficacité et l'attractivité. Les droits étatiques assurent ainsi le respect de l'engagement pris dans la convention d'arbitrage d'aller à l'arbitrage en affirmant l'autonomie de cette convention par rapport au contrat principal qui très souvent la contient[256], ou encore le principe de Compétence-Compétence autorisant l'arbitre à vérifier lui-même sa compétence lorsque celle-ci est contestée devant lui[257] ; les juridictions étatiques aident à la constitution du tribunal arbitral lorsque celle-ci se heurte à des difficultés, notamment en raison de l'inertie d'une partie, et interviennent plus généralement afin de résoudre les divers incidents qui peuvent émailler la

255. Sans évoquer les cas où les parties entendraient faire un mauvais usage de cette confidentialité de l'arbitrage pour échapper à la justice étatique et assurer la mise en œuvre de contrats frappés d'illicéité, notamment des contrats visant au versement de pots-de-vin pour l'obtention de certains marchés. Quelques exemples notoires dans la pratique ont démontré, d'une part, que certaines parties ont pu envisager l'arbitrage comme un moyen de contourner une telle illicéité et, d'autre part, que les arbitres ont généralement refusé de prêter la main à de telles pratiques et ont au contraire été prêts à les sanctionner.

256. Sur ce principe, v. *infra*, n° 74 et s. (arbitrage interne), et *infra*, n° 610 et s. (arbitrage international).

257. Sur ce principe, v. *infra*, n° 165 et s. (arbitrage interne), et *infra*, n° 679 et s. (arbitrage international).

procédure arbitrale ; les droits étatiques assurent encore la pleine efficacité des sentences arbitrales en les soumettant à un régime de reconnaissance et d'exécution sur leur territoire particulièrement favorable[258].

Ceci étant, l'arbitrage comporte également quelques inconvénients, dont le principal reste probablement son coût, surtout en matière internationale[259]. Certains y ajouteront l'allongement aujourd'hui parfois excessif des procédures arbitrales, notamment en raison des recours fréquents aux juridictions étatiques en vue d'en freiner le déroulement ou d'en contester le résultat. D'autres s'inquiéteront davantage d'une prise de liberté excessive de certains arbitres à l'égard du droit, pouvant conduire à développer à l'encontre de l'arbitre, chez les parties un soupçon d'arbitraire et chez les États le sentiment qu'il est peu intéressé par la protection d'intérêts qu'ils estiment supérieurs aux intérêts privés mais que l'arbitre perçoit comme des freins au commerce. Plus généralement, on pourrait s'inquiéter de « l'acceptation sociale » de l'arbitrage : cette justice privée, largement mal connue du grand public, n'est pas toujours justement perçue et certaines affaires, dont les médias généralistes se sont emparés, ont certainement contribué à véhiculer une image pour le moins déformée et peu flatteuse de l'institution.

SECTION 4 SOURCES DE L'ARBITRAGE

54 **Grande diversité des sources et importance du droit comparé.** L'objectif de l'ouvrage est, pour l'essentiel, de présenter le droit français de l'arbitrage, tant interne qu'international. Cependant, l'examen de ce qui se fait ailleurs ne peut être totalement négligé.

Certes, même s'il n'existe pas à proprement parler une législation internationale relative à l'arbitrage, qui régirait l'ensemble de la matière, on peut néanmoins constater, à l'heure actuelle, un certain rapprochement des solutions entre les différentes législations, probablement lié en partie à la grande circulation des idées et à l'influence d'organismes internationaux en la matière ; une harmonisation, voire même une relative uniformisation des droits se réalise ainsi de façon informelle. Ceci étant, l'étude du droit comparé en matière d'arbitrage demeure encore primordiale, compte tenu des divergences persistantes entre les différents droits étatiques[260]. Cette affirmation révèle bien entendu toute sa pertinence dans le cadre de l'arbitrage international, du fait du caractère potentiellement multilocalisé de tout arbitrage international[261], et particulièrement lorsque l'on se place du point de vue de l'arbitre lui-même. Cependant, même pour l'étude du droit de l'arbitrage interne, la comparaison avec les solutions posées dans d'autres États est parfois riche d'enseignements. Par ailleurs, une autre

258. V. *infra*, n° 481 et s. (arbitrage interne), et *infra*, n° 922 et s. (arbitrage international).

259. Où il reste toutefois généralement proportionné à l'enjeu du litige, ce qui n'est pas toujours le cas en matière interne.

260. Sur le sujet, E. GAILLARD, « Du bon usage du droit comparé dans l'arbitrage international », *Rev. arb.* 2005, p. 375 ; et aussi, « L'apport de la pensée juridique française à l'arbitrage international », *JDI* 2017, var. 2, p. 529.

261. Sur ce concept de « multilocalisation », ici préféré à celui de « délocalisation » généralement mis en avant particulièrement par la doctrine française, v. *infra*, n° 577 et s.

caractéristique de l'arbitrage est la place fondamentale qu'occupe, à côté du droit et de la jurisprudence étatiques, les sources et pratiques d'origine privée. Aussi, il convient de consacrer un bref développement aux sources de l'arbitrage[262], tout en renvoyant pour l'essentiel à des ouvrages plus complets sur le sujet[263]. Le droit de l'arbitrage international puise ses sources aussi bien dans les droits nationaux (§ 1), que dans des éléments d'origine internationale (§ 2).

§ 1. SOURCES NATIONALES

55 **Primauté des sources nationales.** Les sources nationales demeurent essentielles dans la réglementation de l'arbitrage, qu'il s'agisse de l'arbitrage interne ou de l'arbitrage international. Le trait marquant les concernant dans la période récente réside probablement dans la prolifération des réformes législatives relatives à l'arbitrage en droit comparé, qui se font généralement dans un sens favorable à l'institution. On peut même noter un rapprochement des législations en la matière tendant à l'émergence d'un « tronc commun » de plus en plus important. Cette évolution a probablement été facilitée par l'adoption de la loi-type CNUDCI élaborée en 1985 sous l'égide de la Commission des Nations Unies pour le droit du commerce international[264]. Cette loi-modèle, proposée aux États souhaitant réformer leur droit de l'arbitrage, a de fait été largement suivie, certes dans des proportions variables, par nombre d'entre eux.

56 **Droit français.** En France, le droit de l'arbitrage a longtemps été d'origine quasi exclusivement jurisprudentielle[265]. Le Code de procédure civile de 1806 ne contenait que quelques dispositions (art. 1003 à 1028), relatives au seul arbitrage interne. La loi du 31 décembre 1925, en incorporant un alinéa à l'article 631 du Code de commerce autorisant la stipulation d'une clause compromissoire en matière commerciale, a rendu possible le développement de l'arbitrage malgré la prohibition de principe qui a longtemps frappé la clause compromissoire en droit français[266]. Une loi du 5 juillet 1972 s'est bornée à transférer dans le Code civil les articles 1003 et 1004 du Code de procédure civile posant des restrictions au recours à l'arbitrage, qui sont devenus les

262. Pour un accès aux diverses sources étatiques et privées en matière d'arbitrage, v. la liste des sites Internet figurant in *Yearbook of Commercial Arbitration* 2000, p. 1205. Sur la place et le rôle des différentes « lois de l'arbitrage » (le mot « loi » étant utilisé dans son sens générique, visant tant les sources nationales qu'internationales, d'origine publique comme privée), v. J.-M. Jacquet, « Les lois de l'arbitrage », *JDI* 2015, doctr. p. 1.

263. Sur le droit comparé, v. particulièrement l'impressionnant ouvrage de J.-F. Poudret, S. Besson, *Droit comparé de l'arbitrage international*, Bruylant, 2002, avec une seconde édition en langue anglaise parue en 2007 chez Thomson-Sweet & Maxwell ; v. aussi, N. Blackaby, C. Partasides, A. Redfern, M. Hunter, *Redfern and Hunter on International Arbitration*, 6e éd., Oxford University Press, 2015 ; G. Born, *International Commercial Arbitration*, 2e éd., Kluwer Law International, 2014 ; J. D. M. Lew, L. A. Mistelis, S. M. Kroll, *Comparative International Commercial Arbitration*, Kluwer Law International, 2003. Il est aussi intéressant de consulter, outre les revues étrangères spécialisées, les panoramas de jurisprudence étrangère régulièrement publiés aux *Cahiers de l'arbitrage* et, de façon moins fréquente, à la *Revue de l'arbitrage*.

264. Sur l'œuvre de la CNUDCI, v. *infra*, n° 65.

265. Sur l'évolution du droit français, surtout en matière internationale, v. Ph. Fouchard, E. Gaillard, B. Goldman, *Traité de l'arbitrage commercial international*, Litec, 1996, n° 131 et s., p. 73.

266. Sur cette prohibition, v. *supra*, n° 42 et 43, et *infra*, n° 118 et s.

articles 2059 et 2060 du Code civil, et à y ajouter un article 2061 consacrant et généralisant, de façon malheureuse, la prohibition de principe de la clause compromissoire résultant de la jurisprudence *Prunier*[267].

Cependant, la jurisprudence avait progressivement élaboré un régime spécifique de l'arbitrage international, sur de nombreux points détaché des solutions applicables à l'arbitrage interne. Dans un esprit de faveur marquée à l'égard de l'arbitrage international, elle avait procédé par création de règles matérielles, souvent élaborées en réaction aux règles correspondantes de l'arbitrage interne jugées inadaptées à l'arbitrage international, ayant vocation à s'appliquer à tout arbitrage dont aurait à connaître, à un titre ou un autre, le juge français et occultant par conséquent le jeu des règles de conflits de lois. La jurisprudence avait notamment ainsi posé et donc, dans une certaine mesure, imposé à propos de tout arbitrage dont un juge français aurait à connaître, l'indépendance de la clause compromissoire par rapport au contrat qui la contient[268], la validité de la clause compromissoire conclue par un État ou une personne morale de droit public[269], ou encore la validité de la clause compromissoire dans les actes mixtes[270]. Cette démarche jurisprudentielle a d'ailleurs perduré après l'intervention de la réforme de 1980 et 1981 qui a maintenu la séparation née de la jurisprudence entre la réglementation de l'arbitrage interne et celle de l'arbitrage international.

Le droit français de l'arbitrage a en effet connu une première réforme d'importance, réalisée par la voie de deux décrets successifs : un décret du 14 mai 1980 réglementant en 50 articles l'arbitrage interne[271], et un décret du 12 mai 1981 le complétant en réglementant l'arbitrage international à travers quelques articles seulement[272]. Les deux décrets ont été intégrés dans un livre IV du Nouveau Code de procédure civile[273], comprenant les articles 1442 à 1491 relatifs à l'arbitrage interne[274] et les articles 1492 à 1507 relatifs à l'arbitrage international[275]. Un même objectif a guidé l'élaboration des deux textes : promouvoir l'institution et en assurer l'efficacité. Dans cette optique, et particulièrement en ce qui concerne l'arbitrage international, les dispositions adoptées ont été volontairement succinctes et peu nombreuses, laissant la plus grande place à la volonté des parties en la matière. Par ailleurs, la réforme opérée n'a pas remis en cause, pour l'essentiel, les solutions jurisprudentielles antérieures, établies notamment par voie de règles matérielles propres à l'arbitrage international, et les a même, pour certaines,

267. Civ. 10 juill. 1843, *S.* 1843, I, 561, concl. Hello, note Devilleneuve.

268. Cass. 1re civ., 7 mai 1963, *Gosset*, *JCP* 1963, II, 13405, note B. Goldman ; *JDI* 1964, p. 82 (1re esp.), note J.-D. Bredin ; *RCDIP* 1963, p. 615, note H. Motulsky ; *D.* 1963, p. 545, note J. Robert ; et *infra*, n° 610 et s.

269. Cass. 1re civ., 2 mai 1966, *Galakis*, *RCDIP* 1967, p. 553, note B. Goldman ; *JDI* 1966, p. 648, note P. Level ; *D.* 1966, p. 575, note J. Robert ; et *infra*, n° 631 et s.

270. Cass. 1re civ., 4 juill. 1972, *Hecht*, *JDI* 1972, p. 843, note B. Oppetit ; *RCDIP* 1974, p. 82, note P. Level ; *Rev. arb.* 1974, p. 89 ; et *infra*, n° 651 et s.

271. Sur ce texte, v. le numéro spécial de la *Rev. arb.* 1980, n° 4, p. 583 et s. ; et aussi, Ph. Fouchard, « L'arbitrage commercial et le législateur », in *Études dédiées à René Roblot*, LGDJ, 1984, p. 63 ; J. Robert, *D.* 1980, chron., p. 189.

272. Sur ce texte, v. le numéro spécial de la *Rev. arb.* 1981, n° 4, p. 445 et s. ; et aussi, P. Bellet et E. Mezger, « L'arbitrage international dans le Nouveau Code de procédure civile », *RCDIP* 1981, p. 611 ; Ph. Fouchard, « L'arbitrage international en France après le décret du 12 mai 1981 », *JDI* 1982, p. 374.

273. Aujourd'hui Code de procédure civile.

274. Titres I à IV.

275. Plus précisément, un titre V relatif à « l'arbitrage international » (art. 1492 à 1497) et un titre VI sur « la reconnaissance, l'exécution forcée et les voies de recours à l'égard des sentences arbitrales rendues à l'étranger ou en matière d'arbitrage international » (art. 1498 à 1507).

consacrées. Lors de l'adoption du décret de 1981, le garde des Sceaux avait ainsi tenu à expressément préciser que « les dispositions nouvelles sur l'arbitrage international ne concernent que la procédure et ne remettent nullement en cause les principes maintenant bien établis par la jurisprudence de la Cour de cassation en ce qui concerne le régime juridique de l'arbitrage international [...] »[276]. Une autre particularité du décret de 1981 a été de ne pas délimiter le champ d'application territoriale du droit français de l'arbitrage international, qui semblait ainsi avoir, dans l'esprit du législateur, une « vocation universelle », conception qui paraît avoir été largement suivie par la jurisprudence[277]. En tout cas, compte tenu de la sobriété volontaire des textes, et parce qu'il est parfois nécessaire de préciser les choses, le travail de la jurisprudence est resté, même après cette réforme, primordial pour définir le régime exact de l'arbitrage en France, particulièrement, bien que non exclusivement, celui de l'arbitrage international. Ce travail a été dans le sens d'une confirmation, et même d'une certaine accentuation, de la philosophie libérale véhiculée par les deux décrets de 1980 et 1981[278]. En matière internationale particulièrement, pour compléter ou préciser des textes souvent laconiques, la jurisprudence a conservé et même très largement accentué sa démarche en termes de règles matérielles, débarrassée des contingences relatives à la détermination du droit applicable en vertu des règles de conflit de lois. Par ailleurs, toute cette jurisprudence s'est articulée autour de l'idée de favoriser au maximum « l'efficacité de l'arbitrage »[279].

Cependant, la réforme de 1980-1981, opérée par voie réglementaire, souffrait dès l'origine d'une faiblesse, affectant essentiellement l'arbitrage interne : elle n'avait pas touché à certaines dispositions législatives restrictives figurant dans d'autres codes, et notamment aux articles 2059 à 2061 du Code civil, heureusement écartés par la jurisprudence en matière internationale. La prohibition de principe de la clause compromissoire sauf disposition légale particulière, édictée à l'article 2061 du Code civil, était notamment maintenue, alors même que le nouveau régime de l'arbitrage interne institué en 1980 se voulait novateur et favorable à l'institution ! L'article 2060 du Code civil n'a quant à lui été retouché que faiblement par une loi de 1975 prévoyant une possible autorisation de compromettre donnée par décret pour « certaines catégories d'établissements publics à caractère industriel et commercial ». C'est pour l'essentiel la jurisprudence qui a, de sa propre autorité, neutralisé les effets néfastes de cet article[280]. Une première modification profonde de l'article 2061 du Code civil relatif à la validité de la clause compromissoire n'interviendra quant à elle qu'avec la loi du 15 mai 2001 sur

276. Rapport au Premier ministre, *JCP* 1981, n° 23, suppl. 3 juin 1981 et annexes, p. 1033 ; et Ph. Fouchard, « L'arbitrage international en France après le décret du 12 mai 1981 », *JDI* 1982, p. 374, spéc. p. 381.

277. V. notamment, en ce qui concerne le régime de la convention d'arbitrage, *infra*, n° 594 et s. V. aussi, E. Gaillard, « L'apport de la pensée juridique française à l'arbitrage international », *JDI* 2017, var. 2, p. 529.

278. V. E. Gaillard, « La jurisprudence de la Cour de cassation en matière d'arbitrage international », *Rev. arb.* 2007, p. 697 ; l'auteur se propose d'étudier les « grands arrêts » de la Cour de cassation en matière d'arbitrage international sur la période 1995-2007. V. aussi, Th. Clay et Ph. Pinsolle, « De l'autonomie de la convention d'arbitrage à l'autonomie de la sentence abitrale – Les grands arrêts de la jurisprudence française en matière d'arbitrage international de 1963 à 2007 », *JDI* 2015, doctr. 2, p. 13.

279. V. utilisant l'expression, Cass. 1re civ., 7 juin 2006, *Copropriété maritime Jules Verne c/ sté ABS et a.*, *Rev. arb.* 2006, p. 945, note E. Gaillard ; *JDI* 2006, p. 1384, obs. A. Mourre ; *JCP* G 2006, I, 187, n° 7, obs. Ch. Seraglini.

280. Sur ce point, v. *infra*, n° 107 et s.

les nouvelles régulations économiques. Suite à cette réforme, l'article 2061 du Code civil énonçait désormais que « sous réserve des dispositions législatives particulières, la clause compromissoire est valable dans les contrats conclus à raison d'une activité professionnelle ». Au-delà du renversement, symbolique mais fort, de la solution énoncée, qui passait d'un principe de prohibition à un principe de validité, la réforme élargissait significativement le domaine de validité de la clause compromissoire dans l'arbitrage interne. Cet article a fait l'objet d'une nouvelle modification par la loi n° 2016-1547 du 18 novembre 2016 dite « de modernisation de la justice du XXIe siècle » qui a probablement renforcé cet élargissement puisque l'article se borne dorénavant à retenir une simple inopposabilité de la clause compromissoire à l'égard de la partie qui n'a pas contracté dans le cadre de son activité professionnelle, sans poser de restriction quant à sa validité même[281].

En tout cas, compte tenu du caractère extrêmement succinct des textes de 1980 et 1981, le droit français de l'arbitrage avait l'avantage d'être extrêmement souple et la faculté d'évoluer rapidement. En contrepartie, il avait pour inconvénient d'être souvent considéré comme d'une faible lisibilité pour les étrangers. Certes, la jurisprudence a le plus souvent écarté l'application des dispositions les moins favorables à l'arbitrage (article 2061 du Code civil, au moins dans ses versions antérieures à la loi de 2016) en matière internationale, et a parfois même vidé certaines dispositions de leur substance et de leur effet néfaste en matière interne (article 2060 du Code civil). Néanmoins, ces subtilités ne sont pas d'une clarté évidente pour un œil étranger et la « vitrine » n'était pas toujours très attirante. Aussi, le Comité français de l'arbitrage a présenté en 2006 un projet de réforme visant essentiellement à clarifier les acquis jurisprudentiels et à apporter certaines corrections au droit français jugées nécessaires pour assurer encore davantage le bon fonctionnement de l'arbitrage en France, ce qui pouvait contribuer à le rendre plus lisible et donc plus attrayant encore. Cette initiative a finalement été relayée par le pouvoir réglementaire et a abouti au décret n° 2011-48 du 13 janvier 2011 portant réforme de l'arbitrage dont les caractéristiques générales ont déjà été exposées[282] et dont les détails seront étudiés au fil du présent ouvrage.

Une autre évolution de la législation relative à l'arbitrage aurait pu toucher la matière administrative[283]. Sur une initiative de la Chancellerie née du besoin ressenti d'ouvrir l'arbitrage aux personnes morales de droit public, notamment pour les contrats relatifs aux ouvrages publics et le service public de leur exploitation, un groupe de travail a été constitué en 2006 sous la présidence d'un ancien président de la section du contentieux du Conseil d'État. Ce groupe de travail a remis un rapport au ministre de la Justice en mars 2007 qui proposait de mettre en place, « pour les

281. Sur cette réforme et sa portée, v. *infra*, n° 129 et s.

282. Pour une brève présentation et les commentaires de ce décret, v. *supra*, n° 43 ; sur l'historique de la réforme, v. notamment L. DEGOS, « L'histoire du nouveau décret, dix ans de gestation », in *Le nouveau droit français de l'arbitrage*, Th. CLAY (dir.), Lextenso éditions, 2011, p. 25 ; Th. CLAY, « Liberté, égalité, efficacité, la devise du nouveau droit de l'arbitrage. Commentaire article par article », *JDI* 2011, p. 443, spéc. n° 3 et s., p. 445.

283. V. J.-L. DELVOLVÉ, « Une véritable révolution... inaboutie (Remarques sur le projet de réforme de l'arbitrage en matière administrative) », *Rev. arb.* 2007, p. 373, et les références citées note 7 ; S. LEMAIRE, « La libéralisation de l'arbitrage international en droit administratif : approche critique du projet de réforme du 13 mai 2007 », *Rev. arb.* 2007, p. 407 ; et le texte du projet, p. 651 ; v. aussi, D. LABETOULLE, « L'arbitrage n'est pas un troisième degré de juridiction », *JCP* G 2007, I, 143. Sur ce projet et ses suites, v. *infra*, n° 93.

litiges contractuels » de l'administration, « le régime procédural qui s'appliquerait à l'arbitrage relevant du droit public ». L'idée-force en était de supprimer l'interdiction faite aux personnes morales de droit public de compromettre figurant à l'article 2060 du Code civil, et encore applicable à tout le moins en matière interne. Les principales innovations préconisées étaient l'aptitude de toute personne morale de droit public à compromettre en toutes matières contractuelles, sauf pour les contrats de louage de services, la plénitude de juridiction de l'arbitre même pour apprécier la validité des actes administratifs, et la création d'un cadre procédural spécifique applicable à l'arbitrage proprement administratif. L'arbitrage relatif à un litige relevant du droit privé devait rester soumis au droit commun, tandis que celui relevant du droit public devait bénéficier d'un régime spécial, marqué notamment par la compétence des juridictions administratives, tant comme juge d'appui que comme juge du contrôle des sentences arbitrales rendues. Cette proposition a suscité de vives réactions, notamment de la part du monde de l'arbitrage. De fait, si l'objectif d'élargir l'arbitrage en matière administrative est louable, la proposition ne prenait pas suffisamment en compte les aspects internationaux de la question et pouvait avoir des effets néfastes pour l'image du droit français de l'arbitrage vis-à-vis de l'étranger. Quoi qu'il en soit, l'arbitrage suscitant parfois des débats relativement à sa légitimité à l'heure actuelle, particulièrement lorsqu'il implique des personnes publiques, débats notamment alimentés par une image souvent tronquée de l'arbitrage auprès de l'opinion publique, les ardeurs législatives quant à ce projet de réforme semblent aujourd'hui avoir été largement refroidies. Néanmoins, dans les années récentes, une opposition entre les juridictions judiciaires et administratives à propos du régime des sentences internationales impliquant une personne publique française a relancé la problématique de l'arbitrage en matière administrative[284].

57 **Mouvements législatifs à l'étranger.** L'arbitrage fait l'objet, depuis quelques années, d'un véritable vent de réformes en droit comparé, qui atteint tous les continents[285]. Ces diverses réformes législatives ont pour trait commun de se vouloir favorables à l'arbitrage. Aussi, on ne peut s'étonner d'un rapprochement indéniable, si ce n'est d'une certaine uniformisation, des réglementations étatiques relatives à l'arbitrage. Le fait que nombre de ces réformes soient inspirées, plus ou moins profondément, de la loi-type CNUDCI, n'a pu que contribuer à un tel phénomène. Ceci étant, des divergences demeurent, le libéralisme à l'égard de l'institution arbitrale restant plus ou moins marqué d'une législation à une autre.

Les raisons de cette effervescence législative sont probablement de deux ordres. D'une part, le développement des échanges internationaux a accentué chez la plupart des États la conviction que l'arbitrage était le mode de résolution approprié pour les litiges nés de ces échanges et devait donc bénéficier d'une réglementation idoine et

284. Sur cette opposition jurisprudentielle, v. *infra*, n° 632.

285. Pour un panorama, malheureusement déjà obsolète, des mouvements législatifs étrangers, v. Ph. Fouchard, E. Gaillard, B. Goldman, *Traité de l'arbitrage commercial international*, Litec, 1996, n° 152 et s., p. 83. V. aussi, plus récemment, É. Loquin, *L'arbitrage du commerce international*, Joly Éd., Pratique des affaires, 2015, n° 63 et s., p. 52. Le texte des réformes législatives étrangères est généralement présenté en version française, et accompagné d'un commentaire, à la *Revue de l'arbitrage* ; les *Cahiers de l'arbitrage* publient quant à eux régulièrement des commentaires des réformes législatives étrangères ; on renverra donc à cet égard à la consultation de ces deux revues. Par ailleurs, les deux mêmes revues comportent des chroniques ou panoramas réguliers de la jurisprudence de divers pays étrangers qu'il est intéressant de consulter.

favorable, au moins en matière internationale, afin de faciliter la participation efficace de leurs entreprises au commerce international. D'autre part, certains États ont également eu pour objectif de rendre leur territoire attractif pour accueillir des procédures arbitrales internationales sur leur sol, dès lors que l'accueil de procédures arbitrales sur son territoire génère en soi une activité économique.

§ 2. SOURCES INTERNATIONALES

58 **Dualité des sources internationales.** Parmi les sources internationales du droit de l'arbitrage, il convient de distinguer les conventions internationales (A) et les sources d'origine privée (B).

A. CONVENTIONS INTERNATIONALES

59 **Importance relative des conventions internationales en matière d'arbitrage.** Les conventions internationales relatives à l'arbitrage ont soit un objet, soit une portée relativement limités. Il n'existe pas à proprement parler de convention internationale qui énoncerait des règles uniformes couvrant l'ensemble de la matière arbitrale et qui lierait un nombre significatif d'États. Ceci dit, les conventions existantes ont généralement pour objectif, afin de favoriser le développement de l'arbitrage, de poser des règles relativement libérales réalisant une unification partielle du droit de l'arbitrage entre les États signataires ou, à tout le moins, favorisant la coopération internationale entre ces États, notamment en matière de reconnaissance réciproque des sentences arbitrales. Aussi, si on laisse de côté les conventions bilatérales, qui ne concernent le plus souvent que de façon accessoire l'arbitrage, comme les conventions d'entraide judiciaire comportant parfois des dispositions sur la reconnaissance et l'exécution des sentences arbitrales[286], ou les accords économiques et notamment les traités d'investissement, prévoyant l'arbitrage comme mode de règlement privilégié des litiges, on peut distinguer, parmi les conventions ayant pour objet principal l'arbitrage, celles portant sur la reconnaissance et l'exécution des sentences arbitrales de celles portant sur la matière même de l'arbitrage.

60 **Conventions relatives à la reconnaissance et à l'exécution des sentences arbitrales.** Certaines conventions internationales s'intéressent principalement à la reconnaissance des conventions d'arbitrage et des sentences arbitrales. Deux instruments anciens, élaborés sous les auspices de la Société des Nations, ont eu, à cet égard, une importance certaine pour le développement de l'arbitrage. Le premier, le Protocole de Genève du 24 septembre 1923 relatif aux clauses d'arbitrage, avait pour but de faire reconnaître par les États signataires la validité du compromis et de la clause compromissoire dans les contrats du commerce international. Le second, la Convention de Genève du 26 septembre 1927 pour l'exécution des sentences arbitrales étrangères, visait à favoriser l'exequatur des sentences rendues sur le territoire d'un État contractant dans les autres États contractants. Toutefois, l'instrument qui a permis l'essor de

286. Pour une typologie et sur les possibles conflits de conventions pouvant résulter de cette multiplicité des textes et leur mode de résolution, v. Ph. Fouchard, E. Gaillard, B. Goldman, *Traité de l'arbitrage commercial international*, Litec, 1996, n° 217 et s., p. 126.

l'arbitrage international est incontestablement la Convention de New York du 10 juin 1958 pour la reconnaissance et l'exécution des sentences arbitrales étrangères[287].

Traité multilatéral conclu sous les auspices des Nations unies, la Convention de New York lie aujourd'hui plus de cent cinquante pays[288]. Elle s'applique aussi bien aux sentences « étrangères », même rendues dans le cadre d'un arbitrage interne, qu'aux sentences qui ne sont pas considérées comme nationales dans l'État où leur reconnaissance et leur exécution sont demandées, autrement dit aux sentences rendues dans le pays même où elles sont ensuite invoquées mais vues comme non nationales par ledit État (art. I (1))[289]. De plus, à vocation universelle, la Convention s'applique dans l'État requis signataire peu important la nationalité ou la résidence des parties, alors même que la sentence aurait été rendue dans un État non-signataire. Son application n'est donc pas soumise en principe à une condition de réciprocité. La Convention permet toutefois aux États signataires de formuler une réserve de réciprocité, possibilité dont la France a usé, et dont il résulte que la Convention ne peut être invoquée dans un État réservataire que si le rapport de droit en cause concerne deux États signataires ; dans le cas contraire, le droit commun de l'État en question s'applique[290]. Toutefois, cette réserve de réciprocité a en réalité peu d'incidence pratique à l'heure actuelle, compte tenu du nombre conséquent d'États liés par la Convention. La Convention, qui s'applique en principe aux sentences arbitrales rendues en toute matière, a également ouvert aux États la possibilité de formuler une réserve dite de commercialité, selon laquelle « tout État pourra également déclarer qu'il appliquera la Convention uniquement aux différends issus de rapports de droit contractuels ou non contractuels, qui sont considérés comme commerciaux par sa loi nationale ». La France, qui avait dans un premier temps formulé une telle réserve, l'a levée le 17 novembre 1989.

Compte tenu de son large succès, la Convention de New York est un élément fondamental de la circulation internationale des sentences arbitrales, en ce sens qu'elle permet d'obtenir aisément l'exécution dans un pays d'une sentence rendue dans un autre pays. Elle soumet en effet la reconnaissance ou l'exécution de la sentence arbitrale à un contrôle allégé, ne portant que sur quelques points précis et limités[291]. En France, l'impact de la Convention de New York demeure toutefois relativement faible. En effet,

287. Pour un commentaire de cette convention, v. notamment, J.-D. Bredin, *JDI* 1960, p. 1002 ; Klein, *RCDIP* 1958, p. 484 ; H. Motulsky, *Rev. arb.* 1959, p. 3 ; J. Robert, *D.* 1958, chron. p. 223 ; et en langue anglaise, A. J. Van den Berg, *The New York Arbitration Convention of 1958*, Kluwer, 1961 ; et v., sur son interprétation par les juridictions étatiques, la chronique tenue au *Yearbook of Commercial Arbitration* depuis 1976 ; v. aussi, E. Gaillard et G. A. Bermann (dir.), *Guide sur la Convention pour la reconnaissance et l'exécution des sentences arbitrales étrangères*, Secrétariat de la CNUDCI, Éd. A. Pedone, 2017 ; A. J. Van Den Berg (dir.), *50 Years of the New York Convention*, Kluwer, 2009 ; et le *Guide des règles nationales de procédure pour la reconnaissance et l'exécution des sentences arbitrales conformément à la Convention de New York*, *Bull. CCI*, suppl. spéc. 2009. Pour un examen plus détaillé de cette convention, v. *infra*, n° 1008 et s.

288. 159 États parties au 1er janvier 2019. La liste actualisée des pays membres peut être consultée sur le site suivant : http://www.uncitral.org/uncitral/fr/uncitral_texts/arbitration/NYConvention_status.html.

289. En ce sens, Ph. Fouchard, E. Gaillard, B. Goldman, *Traité de l'arbitrage commercial international*, Litec, 1996, n° 257, p. 147.

290. Ce qui, dans le cas de la France, est relativement indolore, puisque le droit français se montre plus libéral que la Convention en matière de reconnaissance et d'exécution des sentences : v. à cet égard, l'article VII de la Convention qui prévoit que toute partie peut se prévaloir du droit d'invoquer un régime plus favorable à l'exécution de la sentence, qui serait prévu par le droit du pays dans lequel la reconnaissance ou l'exécution est requise.

291. Sur ce contrôle, v. *infra*, n° 1010 et s.

le droit français commun se montrant plus libéral que la Convention en matière de reconnaissance et d'exécution des sentences arbitrales étrangères, il régit les demandes de reconnaissance ou d'exécution en France de telles sentences arbitrales. La solution résulte des dispositions de la Convention de New York elle-même, dont l'article VII (1) permet de faire primer le traitement plus favorable en matière de reconnaissance et d'exécution issu d'un traité liant le pays d'accueil ou du droit commun de ce pays[292]. Or, le droit français est considéré comme accordant un traitement plus favorable à la reconnaissance des sentences arbitrales étrangères, ce qui explique un relatif désintérêt des juges, et aussi des auteurs[293], français pour la Convention de New York. En revanche, d'un point de vue détaché d'un ordre juridique étatique particulier, cette Convention revêt une grande importance. En effet, l'arbitrage international est potentiellement « multilocalisé », en ce sens qu'il peut être soumis à la loi de chacun des États dans lesquels il a vocation à déployer des effets[294], ce qui vise l'État du siège et tous les États où l'exécution de la sentence arbitrale pourrait être sollicitée. Or, grâce à la Convention de New York, une sentence bénéficie des plus grandes chances de reconnaissance internationale. Néanmoins, l'objet de la Convention de New York reste relativement limité, comme en atteste son intitulé : il s'agit essentiellement de mettre en place un régime international favorable de reconnaissance et d'exécution des sentences arbitrales étrangères ; elle ne régit donc ni la procédure arbitrale proprement dite, ni même les voies de recours ouvertes contre la sentence arbitrale au siège du tribunal arbitral. Elle contient cependant une disposition (art. II) relative à un objet autre que son objet principal, à savoir une règle matérielle posant un principe général de validité de la convention d'arbitrage et précisant la forme et certains des effets de celle-ci.

61 **Conventions relatives à l'arbitrage international.** La Convention de Genève du 21 avril 1961 sur l'arbitrage commercial international avait, quant à elle, un objet plus général et ambitieux, puisqu'elle a posé des dispositions propres à régir l'arbitrage international lui-même[295]. Conclue sous les auspices du comité pour le développement des échanges commerciaux de la Commission économique pour l'Europe des Nations Unies, elle

292. Clause dite de la sentence la plus favorisée. Pour des applications en France, Cass. 1re civ., 9 oct. 1984, *Norsolor*, *Rev. arb.* 1985, p. 431, note B. Goldman ; *JDI* 1985, p. 679, note Ph. Kahn ; *RCDIP* 1985, p. 551 (2e esp.), note B. Dutoit ; *D.* 1985, p. 101, note J. Robert ; Cass. 1re civ., 10 mars 1993, *Polish Ocean Line*, *Rev. arb.* 1993, p. 255 (2e esp.), note D. Hascher ; *JDI* 1993, p. 360 (1re esp.), note Ph. Kahn ; Cass. 1re civ., 23 mars 1994, *Hilmarton*, *Rev. arb.* 1994, p. 327, note Ch. Jarrosson ; *JDI* 1994, p. 701, note E. Gaillard ; *RCDIP* 1995, p. 356, note B. Oppetit ; Cass. 1re civ., 7 juin 2006, *Copropriété maritime Jules Verne et a. c/ABS*, *Rev. arb.* 2006, p. 945, note E. Gaillard ; *JDI* 2006, p. 1384, note A. Mourre ; *JCP* G 2006, I, 187, n° 8, obs. Ch. Seraglini ; Cass. 1re civ., 29 juin 2007, *sté PT Putrabali Adyamulia c/ sté Rena Holding et a.*, *Rev. arb.* 2007, p. 507, rapport J.-P. Ancel, note E. Gaillard ; *JDI* 2007, p. 1236, note Th. Clay ; *JCP* G 2007, I, 216, n° 7 et s., obs. Ch. Seraglini ; *RTD com.* 2007, p. 682, obs. É. Loquin ; *D.* 2008, p. 1429, note L. Degos ; *RCDIP* 2008, p. 109, note S. Bollée ; Ph. Pinsolle, « L'ordre juridique arbitral et la qualification de la sentence arbitrale de décision de justice internationale (à propos de l'arrêt Putrabali du 29 juin 2007) », *Cah. arb.*, vol. IV, Pedone, 2008, p. 110 ; *adde* A. Mourre, « À propos des articles V et VII de la Convention de New York et de la reconnaissance des sentences annulées dans leurs pays d'origine : où va-t-on après les arrêts Termo Rio et Putrabali ? », *Rev. arb.* 2008, p. 263. V. plus généralement sur ce point, *infra*, n° 577 et s. et *infra*, n° 924 et s.

293. Sur ce point, v. Th. Clay, « La Convention de New York vue par la Doctrine Française », *Bull. ASA*, vol. 27, n° 1, 2009, p. 50.

294. P. Mayer, « L'insertion de la sentence dans l'ordre juridique français », in *Le droit et la pratique de l'arbitrage international en France*, Feduci, 1984, p. 81.

295. Pour un commentaire, v. notamment, F. E. Klein, *RCDIP* 1962, p. 621 ; J. Robert, *D.* 1961, chron. p. 173. Sur cette convention, v. aussi, *infra*, n° 1023 et s.

visait particulièrement à faciliter le commerce Est-Ouest en Europe. Si la convention lie aujourd'hui trente et un pays[296], dont la France, l'Allemagne, la Belgique et l'Italie, son impact pratique demeure relativement limité, compte tenu de ses conditions d'application plutôt exigeantes ; elle s'applique en effet aux arbitrages nés « d'opérations de commerce international » et fondés sur des conventions d'arbitrage conclues par des personnes ayant, au moment de la conclusion de la convention, leur résidence ou leur siège dans des États contractants différents (art. I (1)). Ceci étant, son influence, à titre « d'autorité », n'est pas à négliger. En effet, à l'époque de son élaboration, les règles matérielles qu'elle a posées pouvaient apparaître comme novatrices et beaucoup ont été reprises par la suite dans d'autres textes, internes ou internationaux, d'origine étatique ou privée, relatifs à l'arbitrage. Elle a ainsi affirmé la capacité de compromettre des personnes morales de droit public, le principe de Compétence-Compétence de l'arbitre, ou la liberté de l'arbitre dans la détermination du droit applicable au litige, solutions qui sont progressivement devenues incontournables dans l'arbitrage international. Elle a au surplus exercé une certaine influence sur la jurisprudence arbitrale internationale.

Une autre convention internationale se révèle aujourd'hui d'une grande importance pratique, la Convention de Washington du 18 mars 1965 créant le CIRDI (Centre international pour le règlement des différends relatifs aux investissements). Au 12 avril 2019, 163 États avaient signé cette convention et 154 l'avaient ratifiée[297]. La Convention de Washington vise à créer un système d'arbitrage complet mais obéissant à un régime spécifique, puisque limité au « règlement des différends relatifs aux investissements entre États et ressortissants d'autres États ». Ainsi, elle ne concerne que le contentieux relatif à un investissement et opposant un État ayant ratifié la Convention à une personne privée, l'investisseur, ressortissant d'un autre État contractant. Le CIRDI, dont le siège est à la Banque internationale pour la reconstruction et le développement à Washington, est chargé de prendre en charge ce contentieux[298]. L'arbitrage placé sous l'égide du CIRDI, régi par un traité international et ainsi « protégé » des droits étatiques, bénéficie d'une grande autonomie. La procédure CIRDI se caractérise

296. *Yearbook Commercial Arbitration* 2005, p. 1197.

297. V. le site : icsid.worldbank.org. En application de l'article 71 de la Convention, la Bolivie, auparavant liée par cette convention, a dénoncé son adhésion le 2 mai 2007, dénonciation qui a pris effet le 3 novembre 2007 ; l'Équateur a fait de même le 6 juillet 2009, et cette dénonciation a pris effet le 7 janvier 2010 ; enfin, le Vénézuéla a également dénoncé son adhésion le 24 janvier 2012, et cette dénonciation a pris effet le 25 juillet 2012 (v. S. Manciaux, « Le Vénézuéla se retire du CIRDI », *Rev. arb.* 2012, p. 215).

298. Sur l'activité du CIRDI et les sentences rendues sous son égide, v. la chronique annuelle tenue d'abord par E. Gaillard, puis par S. Manciaux, puis par B. Rémy, depuis 1986 au *Journal de droit international* (et la compilation dans deux volumes, *La jurisprudence du CIRDI*, Pedone, 2004 (vol. I) et 2010 (vol. II)) ; et aussi, E. Gaillard, Y. Banifetami (ed.), *The Annulment of ISCID Awards, IAI Series on International Arbitration*, n° 1, 2004 ; v. également, S. Manciaux, *Investissements étrangers et arbitrage entre États et ressortissants d'autres États : 25 années d'activité du CIRDI*, Litec, 2002 ; Ch. Schreuer, L. Malintoppi, A. Reinisch, A. Sinclair, *The ICSID Convention : A Commentary*, 2e éd., Cambridge University Press, 2009. De façon plus générale, sur l'arbitrage en matière d'investissement, v. notamment Z. Douglas, *The International Law of Investment Claims,* Cambridge University Press, 2012 ; Ch. Leben (dir.), *Droit international des investissements et de l'arbitrage transnational*, Pedone, 2015 ; et aussi, M. Audit, S. Bollée et P. Callé, *Droit du commerce international et des investissements étrangers*, LGDJ, 2e éd., 2016, n° 977 et s. ; S. Lemaire, « Arbitrage d'investissement et Union européenne », *Rev. arb.* 2016, p. 1029 ; et la chronique « Investissements internationaux et arbitrage » tenue aux *Cahiers de l'arbitrage* par I. Fadlallah, Ch. Leben et E. Teynier, et la chronique de « jurisprudence arbitrale en droit des investissements » tenue à la *Revue de l'arbitrage* par S. Lemaire et M. Laazouzi ; v. plus généralement, les nombreuses références bibliographiques régulièrement citées dans ces différentes chroniques et les réf. citées *supra*, n° 11.

notamment par le fait que la sentence rendue par un tribunal arbitral peut faire l'objet d'un recours en annulation devant un comité *ad hoc*, mais non d'un recours devant les tribunaux étatiques. D'ailleurs, l'article 54 de la Convention impose à tout État contractant de reconnaître le caractère obligatoire d'une sentence CIRDI et d'assurer l'exécution des obligations pécuniaires qui en résultent « comme s'il s'agissait d'un jugement définitif d'un tribunal fonctionnant sur le territoire dudit État ». Cela exclut en principe notamment qu'un État contractant applique à une sentence CIRDI les motifs de refus de reconnaissance ou d'exécution prévus à l'article V de la Convention de New York. Très longtemps « dormante », l'activité du centre a connu une forte croissance depuis une quinzaine d'années, principalement en raison de la multiplication des traités d'investissement et d'une interprétation audacieuse de leurs dispositions par les tribunaux arbitraux constitués sous l'égide du CIRDI. En effet, ces traités prévoient souvent, au titre des garanties accordées par l'État d'accueil aux investisseurs étrangers, une clause confiant le règlement des différends potentiels à l'arbitrage, et notamment à un arbitrage CIRDI lorsque les États parties au traité sont également liés par la Convention de Washington. Les tribunaux arbitraux constitués sous l'égide du CIRDI ont décidé qu'une telle clause comportait acceptation par avance par l'État signataire de voir soumise au CIRDI toute réclamation émanant d'un investisseur ressortissant de l'autre État partie au traité de protection des investissements étrangers et fondée sur la violation des engagements nés dudit traité[299]. De ce fait, la Convention de Washington est devenue un instrument essentiel du contentieux relatif au droit international de l'investissement.

De nombreuses conventions régionales ont également été adoptées en matière d'arbitrage international, comme par exemple la Convention interaméricaine de Panama du 30 janvier 1975[300], la Convention d'Amman du 14 avril 1987 créant un centre arabe d'arbitrage commercial[301], le Traité OHADA du 17 octobre 1993 qui a engendré un acte uniforme sur l'arbitrage du 11 mars 1999 et un règlement d'arbitrage du 11 mars 1999 de la Cour commune de justice et d'arbitrage créée par ce traité[302], ces deux derniers ayant été révisés le 23 novembre 2017[303].

62 **Arbitrage et Union européenne.** Si le droit de l'Union européenne ne s'est encore qu'assez peu emparé de l'arbitrage, la matière n'étant pas en principe couverte par

299. Sur cette question, v. *supra*, nº 11 et le réf. citées ; et notamment, G. Burdeau, « Nouvelles perspectives pour l'arbitrage dans le contentieux économique intéressant les États », *Rev. arb.* 1995, p. 3 ; E. Gaillard, « L'arbitrage sur le fondement des traités de protection des investissements », *Rev. arb.* 2003, p. 853 ; F. Horchani, « Le droit international des investissements à l'heure de la mondialisation », *JDI* 2004, p. 367 ; J. Paulsson, « Arbitration without Privity », *ICSID Review, Foreign Investment Law Journal* 1995, p. 232 ; A. Prujiner, « L'arbitrage unilatéral : un coucou dans le nid de l'arbitrage conventionnel ? », *Rev. arb.* 2005, p. 63 ; B. Stern, « Le consentement à l'arbitrage CIRDI en matière d'investissement international : que disent les travaux préparatoires ? », in *Mélanges en l'honneur de Ph. Kahn*, Litec, 2000, p. 223.

300. *Rev. arb.* 1977, p. 209, et commentaire de Ph. Fouchard, p. 203.

301. *Rev. arb.* 1989, p. 631, avec le commentaire de A. H. El-Ahdab.

302. Ph. Fouchard et alii, *L'OHADA et les perspectives de l'arbitrage en Afrique*, vol. 1, Bruylant, 2000.

303. Sur cette révision, v. A. Terrien, « The 2017 OHADA Uniform Act on Arbitration », *Cah. arb.* 2018, p. 255 ; A. Fénéon, « L'arbitrage OHADA après la réforme du 23 novembre 2017 », *Rev. arb.* 2018, p. 731.

l'espace judiciaire européen, cet état de fait pourrait toutefois changer à plus ou moins long terme[304].

Longtemps, le droit de l'Union européenne a paru négliger l'arbitrage. Il ne réglemente pas l'arbitrage de droit privé[305]. De son côté, la Cour de justice des Communautés européennes (aujourd'hui Cour de justice de l'Union européenne) a décidé, dans son arrêt *Nordsee*, qu'un tribunal arbitral ne pouvait être assimilé à une « juridiction d'un État membre » au sens de l'article 234 CE, et ne pouvait donc la saisir d'une question préjudicielle[306]. Par ailleurs, l'arbitrage a très tôt été expressément exclu du champ d'application des principaux instruments de coopération judiciaire sur le plan européen, tels que la Convention de Bruxelles du 27 septembre 1968, puis le Règlement CE nº 44/2001 (dit Bruxelles I) du 22 décembre 2000 concernant la compétence judiciaire, la reconnaissance et l'exécution des décisions en matière civile et commerciale (art. 1 (2) (d)). Cette exclusion, bien qu'expresse, a néanmoins donné lieu à débat dans la mesure où sa formulation très générale ne permettait pas d'en définir la portée exacte, et il était notamment possible de penser que certaines décisions judiciaires touchant de près ou de loin à l'arbitrage pouvaient néanmoins relever de la Convention ou du Règlement. Les sentences arbitrales elles-mêmes étaient certainement exclues du bénéfice des dispositions de la Convention ou du Règlement, tout comme les autres décisions rendues par les arbitres, ainsi que certaines décisions étatiques rendues à l'issue de procédures judiciaires liées à une procédure arbitrale. Dans son arrêt *Marc Rich*, la Cour de justice a en effet estimé que la Convention de Bruxelles ne s'appliquait pas « aux procédures judiciaires qui servent à la mise en œuvre d'une procédure d'arbitrage, telles que les procédures de désignation ou de récusation d'un arbitre »[307]. La solution était probablement applicable à d'autres décisions relevant de la même catégorie, comme la prorogation du délai d'arbitrage par le juge[308], et plus généralement, la plupart des décisions du « juge d'appui ». Elle devait également concerner des décisions judiciaires statuant sur la

304. Sur les évolutions récentes en la matière, v. notamment L. Idot, « Arbitrage et droit de l'Union européenne – Retour sur quelques développements récents », *Rev. arb.* 2016, p. 471 ; P. Mayer (dir.), *Arbitrage et droit de l'Union européenne*, Credimi, LexisNexis, 2012, vol. 38.

305. En revanche, l'article 272 du Traité sur le fonctionnement de l'Union européenne donne compétence à la Cour de justice de l'Union européenne pour statuer sur des litiges qui lui sont soumis en vertu d'une clause compromissoire contenue dans un contrat de droit public ou de droit privé passé par l'Union ou pour son compte. On peut s'interroger sur la nature d'une telle procédure : la compétence de la Cour repose sur une base volontaire, mais la procédure suivie est celle stipulée dans le règlement de la Cour et la décision rendue produit les mêmes effets qu'un arrêt dans le cadre d'une procédure ordinaire ; aussi, certains ont parlé « d'arbitrage judiciaire » à son propos.

306. CJCE, 23 mars 1982, aff. 102/81, *Rec.* p. 1095 ; *Rev. arb.* 1982, p. 473 ; v. aussi, CJCE, 1er juin 1999, *Eco Swiss c/Benetton*, aff. C-126-97, *Rec.* I, p. 3055 ; *Rev. arb.* 1999, p. 631, att. 34 ; CJCE, 27 janv. 2005, *Denuit*, *Rev. arb.* 2005, p. 765, note L. Idot ; *RTD com.* 2005, p. 488, obs. É. Loquin. En revanche, un tribunal arbitral d'origine légale devrait pouvoir poser une question préjudicielle : en ce sens, v. CJUE (ord.), 13 févr. 2014, *Merck Canada c/Accord Healthcare Ltd.*, aff. C-555/13, où la Cour rappelle que pour apprécier si l'organisme posant la question préjudicielle possède le caractère d'une « juridiction » au sens du droit de l'Union, elle tient compte « d'un ensemble d'éléments, tels que l'origine légale de l'organisme, sa permanence, le caractère obligatoire de sa juridiction, la nature contradictoire de la procédure, l'application, par l'organisme, de règles de droit ainsi que son indépendance », autant d'éléments vérifiés à propos du « Tribunal Arbitral necessário » portugais en cause dans cette affaire. Sur cette question, v. également *supra*, nº 13.

307. CJCE, 25 juill. 1991, *Rec.* I, p. 3855 ; *Rev. arb.* 1991, p. 677, note D. Hascher ; *JDI* 1992, p. 488, note A. Huet ; *RCDIP* 1993, p. 310, note P. Mayer.

308. CJCE, 17 nov. 1998, *Van Huden*, aff. C-391/95, *Rec.* I, p. 7091, pt 32 ; *Rev. arb.* 1999, p. 143, note H. Gaudemet-Tallon.

validité d'une sentence arbitrale (décisions rendues sur recours en annulation ou demande de reconnaissance et d'exécution de sentences arbitrales)[309]. Cependant, la question demeurait ouverte à propos d'autres décisions judiciaires plus ou moins liées à une procédure arbitrale. À cet égard, dans son arrêt *Van Huden*, la Cour de justice a considéré que la Convention (aujourd'hui le Règlement) de Bruxelles était applicable aux procédures judiciaires destinées à obtenir du juge des mesures provisoires, même si celles-ci visaient à protéger des droits faisant l'objet d'une procédure arbitrale pendante[310]. Mais qu'en était-il d'un jugement statuant sur le fond après avoir écarté une exception d'incompétence fondée sur une convention d'arbitrage ? Certains auteurs estimaient qu'une telle décision devait pouvoir bénéficier du régime du Règlement Bruxelles I[311], dans la mesure où la compétence du juge saisi au fond malgré l'existence d'une clause d'arbitrage relèverait bien du Règlement lorsque le litige porte au principal sur une matière couverte par ce Règlement ; selon ces auteurs, le juge est en effet alors saisi à titre principal d'une matière couverte par le Règlement et doit seulement trancher au préalable et de façon incidente une question exclue dudit Règlement, celle relative à la validité de la clause d'arbitrage ; en quelque sorte, le principal absorberait l'incident[312]. De son côté, la cour d'appel de Paris, dans un arrêt *Fincantieri*[313], a

309. Ainsi, le règlement n'est en principe pas applicable aux décisions de reconnaissance et d'exequatur des sentences arbitrales, quand bien même la sentence dont l'exécution est demandée dans un État membre enjoindrait à une partie de retirer des demandes portées devant les juridictions de cet État qui pourraient être compétentes en vertu du règlement : CJUE, 13 mai 2015, aff. C-536/13, *Gazprom*, *Rev. arb.* 2015, p. 871, note S. Bollée ; *JCP* G 2015, 804, note C. Nourissat ; *ibid.*, 1370, n° 6, obs. Ch. Seraglini ; *D.* 2015, p. 2031, obs. S. Bollée ; *ibid.*, p. 2588, obs. Th. Clay ; *Europe* 2015, comm. 286, obs. L. Idot ; *Cah. arb.* 2016, p. 63, note S. Clave ; la Cour de justice retient que « le règlement [...] ne s'oppose pas à ce qu'une juridiction d'un État membre reconnaisse et exécute, ni à ce qu'elle refuse de reconnaître et d'exécuter, une sentence arbitrale interdisant à une partie de présenter certaines demandes devant une juridiction de cet État membre, dans la mesure où ce règlement ne régit pas la reconnaissance et l'exécution, dans un État membre, d'une sentence arbitrale prononcée par un tribunal arbitral dans un autre État membre ». Autrement dit, la reconnaissance et l'exécution d'une telle sentence restent soumises aux règles de droit commun du pays dans lequel celles-ci sont requises. Il n'est toutefois pas certain que cette solution puisse être appliquée telle quelle au cas où l'exequatur de la sentence est requis dans un autre État membre que celui dont les juridictions étaient saisies des demandes que le tribunal arbitral ordonne de retirer. En effet, selon la logique suivie par la Cour de justice dans l'arrêt *West Tankers* (CJCE, 10 févr. 2009, aff. C-185/07, *West Tankers*, *Rev. arb.* 2009, p. 407, note S. Bollée ; *D.* 2009, p. 981, note C. Kessedjian ; *Rev. crit. DIP* 2009, p. 373, note H. Muir-Watt ; *JDI* 2010, 1281, note B. Audit ; et A. Mourre et A. Vagenheim, « À propos de la portée de l'exclusion de l'arbitrage dans le règlement n° 44/2001, notamment après l'arrêt *West Tankers* », *Cah. arb.*, vol. V, Pedone, 2011, p. 313), on pourrait considérer que, même si le règlement n'est pas, à proprement parler, applicable dans cette situation, les juridictions d'un État membre ne sauraient accorder l'exequatur, et donc donner effet, à une injonction arbitrale faite à l'une des parties de mettre fin à l'action portée devant la juridiction d'un autre État membre et qui prétend ainsi empêcher le juge de ce dernier d'apprécier sa compétence en vertu du règlement.

310. CJCE, 17 nov. 1998, *Van Huden*, préc. Dans le même sens, v. Paris, 18 juin 2010, extraits in *Cah. arb.* 2010, p. 927.

311. V. J.-F. Poudret, S. Besson, *Droit comparé de l'arbitrage international*, Bruylant, 2002, n° 84, p. 63, et n° 1015 et s., p. 964.

312. V. A. Mourre et A. Vagenheim, « À propos de la portée de l'exclusion de l'arbitrage dans le règlement n° 44/2001, notamment après l'arrêt *West Tankers* », *Cah. arb.*, vol. V, Pedone, 2011, p. 313, spéc. p. 316-317.

313. Paris, 15 juin 2006, *Legal Department du ministère de la Justice de la République d'Irak c/ stés Fincantieri Cantieri Navali Italiani et a.*, *Rev. arb.* 2007, p. 90, note S. Bollée ; *D.* 2006, p. 3035, obs. Th. Clay. V. plus récemment, dans le même sens, Paris, 18 juin 2010, préc.

estimé qu'un jugement préalable de la cour d'appel de Gênes écartant l'exception d'incompétence fondée sur l'existence d'une convention d'arbitrage ne pouvait bénéficier du Règlement, dès lors qu'il ne tranchait pas le fond du litige. Elle lui a par ailleurs refusé toute reconnaissance en France en application du droit commun français, essentiellement au motif que le juge italien avait, en écartant la convention d'arbitrage, méconnu l'effet négatif du principe de Compétence-Compétence posé par le droit français de l'arbitrage international, selon lequel il appartient en priorité à l'arbitre d'examiner la validité et la portée de la convention d'arbitrage[314]. On peut s'interroger sur la solution qu'aurait retenue la cour d'appel si le jugement italien avait, dans le même temps, écarté la clause d'arbitrage et tranché le litige au fond. La Cour de justice paraissait, quant à elle, favorable à l'application du Règlement à ce type de décisions judiciaires. Dans son arrêt *West Tankers*, elle a déclaré que « l'exception d'incompétence, soulevée par West Tankers devant le Tribunale di Siracusa et tirée de l'existence d'une convention d'arbitrage, y compris la question de la validité de cette dernière, relève du champ d'application du règlement n° 44/2001 et il appartient alors exclusivement à cette juridiction de statuer sur cette exception ainsi que sur sa propre compétence en vertu des articles 1er, paragraphe 2, sous d), et 5, point 3, de ce règlement » ; dans ces conditions, les juridictions d'un autre État membre, et particulièrement celles du siège de l'arbitrage envisagé par la convention d'arbitrage, ne peuvent prononcer d'injonctions à l'encontre de l'une des parties de mettre fin à l'action ainsi portée devant la juridiction d'un autre État membre (autrement dit, des « *anti-suit injunctions* »)[315]. L'impact exact de cette décision était difficile à déterminer[316] ; on pouvait notamment se demander si elle condamnait la jurisprudence *Fincantieri* de la cour d'appel de Paris[317].

Ces débats ont été quelque peu relancés lors de la refonte du Règlement Bruxelles I opérée par le Règlement (UE) n° 1215/2012 du 12 décembre 2012. Plus généralement, le droit de l'Union européenne tend aujourd'hui à exercer une influence grandissante sur l'arbitrage. Tout d'abord, un juge d'un État membre, saisi d'une demande d'annulation d'une sentence arbitrale ou d'exequatur de celle-ci, peut saisir la Cour de justice d'une question préjudicielle en application de l'article 234 CE dès lors qu'il estime qu'une décision de la Cour relative à l'interprétation du droit de l'Union européenne

---

314. Sur ce principe, v. *infra*, n° 688 et s.

315. CJCE, 10 févr. 2009, aff. C-185/07, *West Tankers*, pt 27, *Rev. arb.* 2009, p. 407, note S. Bollée ; *D.* 2009, p. 981, note C. Kessedjian ; *Rev. crit. DIP* 2009, p. 373, note H. Muir-Watt ; *JDI* 2010, 1281, note B. Audit ; et A. Mourre et A. Vagenheim, « À propos de la portée de l'exclusion de l'arbitrage dans le règlement n° 44/2001, notamment après l'arrêt *West Tankers* », *Cah. arb.*, vol. V, Pedone, 2011, p. 313. En revanche, une « anti-suit injunction » prononcée par un tribunal arbitral ne relève pas directement du règlement, si bien que la reconnaissance et l'exécution de la sentence arbitrale la prononçant seront appréciées en application des règles de droit commun de l'État membre dans lequel celles-ci sont recherchées, à tout le moins s'agissant de l'État dont les juridictions sont visées par cet « anti-suit injunction » : CJUE, 13 mai 2015, aff. C-536/13, *Gazprom*, *Rev. arb.* 2015, p. 871, note S. Bollée ; *JCP* G 2015, 804, note C. Nourissat ; *ibid.*, 1370, n° 6, obs. Ch. Seraglini ; *D.* 2015, p. 2031, obs. S. Bollée ; *ibid.*, p. 2588, obs. Th. Clay ; *Europe* 2015, comm. 286, obs. L. Idot ; *Cah. arb.* 2016, p. 63, note S. Clavel.

316. V., suivant et même accentuant la décision de la Cour de justice, Court of Appeal of England & Wales, *National Navigation Cv. Endesa Generacion SA*, [2009] EWCA Civ 1397 ; *Cah. arb.* 2010, p. 463, note K. Reichert.

317. Sur son impact clair quant à la condamnation de l'utilisation des *anti-suit injunctions* dans l'arbitrage, v. *infra*, n° 676 et *infra*, n° 783.

est nécessaire pour rendre son jugement[318]. Cela s'est notamment traduit par des questions préjudicielles relatives au respect par les sentences arbitrales de dispositions impératives de droit de l'Union européenne, spécialement en matière de droit de la concurrence ou de protection des parties faibles[319]. Ensuite, la question de l'application à l'arbitrage de certains instruments européens de coopération judiciaire, et particulièrement du Règlement Bruxelles I, a été récemment à nouveau posée. Dans le cadre de la refonte du Règlement Bruxelles I, les rapports entre l'arbitrage et le droit de l'Union européenne ont en effet été à nouveau examinés. Sur la base d'une étude établie à la demande de la Commission par un groupe d'universitaires allemands[320], la Commission a estimé que l'exclusion de l'arbitrage du champ d'application du Règlement par l'article 1 (2) (d) suscitait des difficultés[321]. Dans un premier temps, la Commission a proposé en conséquence notamment de supprimer cette exclusion. Il devait en résulter que toute décision rendue par un tribunal d'un État membre en matière d'arbitrage (décision de nomination ou de récusation d'arbitres, décision tranchant la question de la validité de la convention d'arbitrage, décision d'annulation ou de reconnaissance d'une sentence arbitrale) serait automatiquement reconnue dans les autres États membres, et en tout cas bénéficierait du régime de reconnaissance posé par le Règlement. La Commission a également proposé de créer une compétence exclusive en faveur des juridictions du siège de l'arbitrage pour tout ce qui concerne les mesures judiciaires de soutien de l'arbitrage, et d'introduire dans le Règlement une règle de conflit de lois uniforme sur la validité de la convention d'arbitrage, ainsi que des règles de litispendance entre juridictions d'États membres saisies de la question de la validité de la convention d'arbitrage[322]. Diverses réactions, le plus souvent hostiles compte tenu des conséquences sur l'arbitrage de ces propositions, se sont exprimées dans le cadre de la consultation lancée par la Commission[323]. Le Parlement européen a quant à lui voté une

318. CJCE, 27 avr. 1994, *Commune d'Almelo*, aff. C-393/92, *Rec.* I, p. 1477 ; *Rev. arb.* 1995, p. 503, note Ph. Fouchard.

319. V., par exemple, pour le droit de la consommation, *infra*, n° 127.

320. *Report on the Application of Regulation Brussels I in 25 Member States*, by Prof. Dr. B. Hess, Prof. Dr. T. Pfeiffer, dit Rapport « Heidelberg », extraits in *Cah. arb.*, vol. IV, Pedone, 2008, p. 151.

321. Rapport préparatoire et livre vert de la Commission du 21 avril 2009 sur le fonctionnement des règles actuelles de compétence des juridictions et de reconnaissance et d'exécution des décisions étrangères en matière civile et commerciale, ouvrant une consultation publique sur la révision du Règlement n° 44/2001, § 3.7.

322. Pour un regard critique sur les propositions de la Commission, v. A. Mourre et A. Vagenheim, « À propos de la portée de l'exclusion de l'arbitrage dans le règlement n° 44/2001, notamment après l'arrêt *West Tankers* », *Cah. arb.*, vol. V, Pedone, 2011, p. 313, spéc. p. 320 et s. Déjà auparavant, sur l'opportunité (ou l'inopportunité) d'inclure l'arbitrage dans le Règlement Bruxelles I, v. A. Mourre, « Faut-il un statut communautaire de l'arbitrage ? », *Bull. ASA* 2005, p. 408 ; H. van Houtte, « Why not include Arbitration in the Brussels Jurisdiction Regulation ? », *Arb. Int.* 2005/4, p. 509.

323. Sur ce très vif débat, v. après le rapport Heidelberg ou les propositions initiales de la Commission, les réactions très ou plutôt hostiles : « Observations sur le Rapport relatif à l'application du Règlement de Bruxelles I dans les États membres de l'Union européenne, dit « Rapport Schlosser » du 22 mai 2008 – Groupe de Travail ICC-France », *Cah. arb.*, vol. V, Pedone, 2011, p. 327 ; « Rapport du conseil de l'Ordre et résolution sur le projet d'intégration de l'arbitrage dans le règlement n° 44/2001 », *ibid.*, p. 336 ; C. Kessedjian, « Le Règlement 44/2001 et l'arbitrage », *Rev. arb.* 2009, p. 699 ; A. Mourre et A. Vagenheim, « À propos de la portée de l'exclusion de l'arbitrage dans le règlement n° 44/2001, notamment après l'arrêt *West Tankers* », *Cah. arb.*, vol. V, Pedone, 2011, p. 313, spéc. p. 320 et s. ; Ph. Pinsolle, « Les problèmes cachés de la proposition de suppression de l'exception d'arbitrage du Règlement 44/2001 », *Cah. arb.* 2010, p. 31. À l'inverse, pour une défense du rapport Heidelberg ou des propositions initiales de la Commission, v. P. Schlosser, B. Hess, Th. Pfeiffer, « Les propositions du Rapport

résolution le 7 septembre 2010[324] préconisant le maintien de l'arbitrage en dehors du Règlement Bruxelles I. Puis la Commission a publié, le 14 décembre 2010, sa proposition de « refonte » du Règlement dit Bruxelles I qui se montrait beaucoup moins ambitieuse quant à l'intégration de l'arbitrage dans le Règlement[325]. La Commission proposait de maintenir, de façon générale, l'exclusion de l'arbitrage du domaine du Règlement Bruxelles I, tout en ajoutant quelques dispositions nouvelles visant à « améliorer le lien entre le Règlement et l'arbitrage ». À cet égard, elle proposait un nouvel article 29. 4 du Règlement disposant :

« Lorsque le siège convenu ou désigné d'un arbitrage se situe dans un État membre, les juridictions d'un autre État membre dont la compétence est contestée en vertu d'une convention d'arbitrage sursoient à statuer dès que les juridictions de l'État membre où se trouve le siège de l'arbitrage ou le tribunal arbitral ont été saisis d'un recours ayant pour objet de déterminer, à titre principal ou incident, l'existence, la validité ou les effets de ladite convention d'arbitrage.

Le présent paragraphe ne fait pas obstacle à ce que la juridiction dont la compétence est contestée se dessaisisse dans le cas visé ci-dessus si sa législation nationale l'exige.

Lorsque l'existence, la validité ou les effets de la convention d'arbitrage sont établis, la juridiction saisie décline sa compétence ».

En vertu de cette proposition, une priorité est donnée, dès qu'ils sont saisis[326], au tribunal arbitral ou au juge du siège sur le juge saisi du fond du litige et dont la compétence est contestée par l'invocation d'une convention d'arbitrage, pour trancher les questions relatives à l'existence, la validité et l'étendue de cette convention d'arbitrage. Toutefois, cette proposition aurait probablement eu peu d'impact en France, où le juge saisi au fond du litige au mépris d'une convention d'arbitrage doit d'ores et déjà se dessaisir au profit du tribunal arbitral en vertu de l'effet négatif du principe de Compétence-Compétence[327].

Surtout, le nouveau Règlement finalement adopté (Règlement (UE) n° 1215/2012) le 12 décembre 2012, qui est entré en application à compter du 10 janvier 2015, n'a pas repris cette proposition et a très largement confirmé l'exclusion de l'arbitrage de son champ d'application, l'article 1 (2) (d) étant toujours formulé de la même manière. Toutefois, la rédaction pour le moins alambiquée de son considérant n° 12, qui entendait pourtant apporter quelques précisions sur la portée de l'exclusion de l'arbitrage, ne manquera pas de continuer à alimenter les débats sur cette question[328]. Certaines des

---

Heidelberg concernant l'application de « Brussel I » à l'arbitrage – une réponse à l'éditorial de M. Lazareff », *Cah. arb.*, vol. V, Pedone, 2011, p. 339 ; et l'éditorial en question de S. Lazareff, p. 5 ; B. Hess, « Improving the Interfaces Between Arbitration and European Procedural Law – the Heidelberg

324. Sur laquelle, v. Ch. Jarrosson, *Rev. arb.* 2010, p. 697.

325. Sur cette proposition, v. F.-X. Train, *Rev. arb.* 2010, p. 1010.

326. Et la Commission proposait à cet égard un article 33.3 précisant le moment auquel le tribunal arbitral est réputé saisi : « Aux fins de la présente section, un tribunal arbitral est réputé saisi lorsqu'une partie a désigné un arbitre ou a demandé le soutien d'une institution, autorité ou juridiction pour la constitution du tribunal ». Sur la date de saisine du tribunal arbitral en droit français, v. *infra*, n° 317.

327. Sur ce principe, v. *infra*, n° 173 et s. (arbitrage interne) et *infra*, n° 688 et s. (arbitrage international).

328. Règlement (UE) n° 1215/2012 du Parlement européen et du Conseil du 12 déc. 2012, concernant la compétence judiciaire, la reconnaissance et l'exécution des décisions en matière civile et commerciale, *JOUE*, 20 déc. 2012. Sur l'impact du nouveau règlement sur l'arbitrage, v. notamment, S. Bollée, « L'arbitrage et le nouveau règlement Bruxelles I », *Rev. arb.* 2013, p. 979 ; A. Mourre et M. Nioche, « Le règlement Bruxelles I "refondu" évite le risque d'une régionalisation de l'arbitrage », *Cah. arb.* 2013, p. 567 ; S. Menétrey et J.-B. Racine, « L'arbitrage et le règlement Bruxelles I bis », in *Le nouveau règlement Bruxelles I bis*, E. Guinchard (dir.), Bruylant, 2014, p. 13.

précisions qu'il apporte ne font qu'en réalité reprendre des solutions acquises qui ne faisaient guère de doute. Il en est ainsi de son paragraphe 4 qui énonce que « le présent règlement ne devrait pas s'appliquer à une action ou une demande accessoire portant, en particulier, sur la constitution d'un tribunal arbitral, les compétences des arbitres, le déroulement d'une procédure arbitrale ou tout autre aspect de cette procédure ni à une action ou une décision concernant l'annulation, la révision, la reconnaissance ou l'exécution d'une sentence arbitrale, ou l'appel formé contre celle-ci ». Une autre précision du considérant est que « rien dans le présent règlement ne devrait empêcher la juridiction d'un État membre, lorsqu'elle est saisie d'une demande faisant l'objet d'une convention d'arbitrage passée entre les parties, de renvoyer les parties à l'arbitrage, de surseoir à statuer, de mettre fin à l'instance ou d'examiner si la convention d'arbitrage est caduque, inopérante ou non susceptible d'être appliquée, conformément à son droit national ». Autrement dit, la question de la reconnaissance ou pas d'un effet négatif du principe de Compétence-Compétence, voulant que l'arbitre bénéficie d'une priorité pour trancher les contestations relatives à sa compétence, ne relève pas du Règlement mais du seul droit national de chaque État. Selon la même logique, le considérant précise aussi qu'« une décision rendue par une juridiction d'un État membre concernant la question de savoir si une convention d'arbitrage est caduque, inopérante ou non susceptible d'être appliquée ne devrait pas être soumise aux règles de reconnaissance et d'exécution inscrites dans le présent règlement, que la juridiction se soit prononcée sur cette question à titre principal ou incident ». Cela semble écarter l'idée que la question de la validité ou des effets d'une convention d'arbitrage, même soulevée à titre incident, puisse relever du Règlement. En revanche, la décision rendue au fond par le juge qui aurait écarté l'exception tirée de l'existence d'une convention d'arbitrage devrait relever du Règlement. En effet, le considérant énonce que « si une juridiction d'un État membre, dans le cadre de l'exercice de sa compétence en vertu du présent règlement ou de son droit national, a constaté qu'une convention d'arbitrage est caduque, inopérante ou non susceptible d'être appliquée, cela ne devrait pas empêcher que sa décision au fond soit reconnue ou, le cas échéant, exécutée conformément au présent règlement ». Toutefois, on peut se demander si l'exequatur d'une telle décision pourrait néanmoins être refusé dès lors que le juge de l'État requis considérerait que le juge d'origine n'aurait pas dû écarter l'exception d'arbitrage ; cela conduirait le juge requis à opérer un contrôle de la compétence du juge d'origine dans un cas non prévu par le Règlement. Aussi, seule la caractérisation d'une violation manifeste de l'ordre public de l'État requis devrait pouvoir l'autoriser, par exemple si la convention d'arbitrage, à l'évidence valable, a néanmoins été écartée par le juge d'origine pour des raisons pouvant heurter l'ordre public du juge requis. La reconnaissance de cette décision devrait encore pouvoir être refusée sur la base de l'article 45 (1) du Règlement en cas d'inconciliabilité de la décision du juge d'origine avec une sentence arbitrale qui aurait déjà été rendue dans un litige entre les mêmes parties ayant le même objet et la même cause, et reconnue dans le pays du juge requis. Enfin, on peut s'interroger sur l'impact des précisions apportées par le considérant n° 12 sur la jurisprudence *West Tankers* et la condamnation par la Cour de justice des *anti-suit injunctions* visant à protéger la compétence arbitrale[329]. En effet, cette condamnation paraissait notamment fondée sur le fait

329. CJCE, 10 févr. 2009, aff. C-185/07, *West Tankers*, pt 27, *Rev. arb.* 2009, p. 407, note S. Bollée ; *D.* 2009, p. 981, note C. Kessedjian ; *Rev. crit. DIP* 2009, p. 373, note H. Muir-Watt ; *JDI* 2010, 1281, note B. Audit ; et A. Mourre et A. Vagenheim, « À propos de la portée de l'exclusion de l'arbitrage dans le règlement n° 44/2001, notamment après l'arrêt *West Tankers* », *Cah. arb.*, vol. V, Pedone, 2011, p. 313.

que la Cour considérait que l'exception d'arbitrage portée devant le juge était une question relevant du Règlement, solution dorénavant écartée par le considérant 12. Toutefois, il n'est pas exclu que la Cour manifeste en réalité une hostilité plus générale à l'égard des *anti-suit injunctions* et maintienne donc sa jurisprudence.

Par ailleurs, il faut évoquer l'hostilité manifestée par la Commission, et récemment relayée par la Cour de justice, à l'égard de l'arbitrage d'investissement, la Cour ayant notamment retenu l'incompatibilité avec le droit de l'Union européenne de l'offre d'arbitrage insérée dans un traité d'investissement conclu entre deux pays membres de l'Union[330].

63 **Autres conventions non spécifiques à l'arbitrage.** On s'interroge également sur l'influence éventuelle d'autres conventions internationales qui, sans être relatives à l'arbitrage, pourraient avoir un certain impact en la matière. Ainsi, les relations entre l'arbitrage et la Convention européenne des droits de l'homme ont depuis un certain temps suscité un grand intérêt doctrinal[331], même si la question a pour le moment essentiellement tourné autour de l'application à l'arbitrage de l'article 6.1 de la Convention. En France, la Cour de cassation a décidé que la Convention « qui ne concerne que les États et les juridictions étatiques, est sans application en la matière... »[332], ce qui est probablement une affirmation quelque peu excessive et qui mérite en tout cas d'être explicitée[333]. La Cour européenne des droits de l'homme ne semble d'ailleurs pas être tout à fait du même avis, même si sa position n'est elle-même pas encore parfaitement claire sur le sujet[334].

B. SOURCES PRIVÉES

64 **Importance des sources privées dans la pratique de l'arbitrage.** De nombreux textes de caractère privé ont un impact considérable sur la pratique de l'arbitrage, en particulier de l'arbitrage international. Ce phénomène est encouragé par l'attitude des

330. CJUE, 6 mars 2018, aff. C-284/16, *République Slovaque c/ Achmea*, *Rev. arb.* 2018, p. 424, obs. S. Lemaire ; *Cah. arb.* 2018, p. 73, note A. Pinna ; *RCDIP* 2018, p. 616, note E. Gaillard ; *JDI* 2018, comm. 14, p. 903, note Y. Nouvel ; *D.* 2018, p. 1934, obs. S. Bollée ; *ibid.*, p. 2450, obs. Th. Clay ; voir aussi CJUE, 30 avr. 2019, avis 1/17, *JDI* 2019, comm. 20, p. 833, note E. Gaillard.. Sur le sujet, v. notamment, S. Lemaire, « Arbitrage d'investissement et Union européenne », *Rev. arb.* 2016, p. 1029.

331. V. notamment S. Besson, « Arbitration and Human rights », *Bull. ASA* 2006, p. 395 ; R. Briner, F. Von Schlabrendorff, « Article 6 of the European Convention on Human Rights and its Bearing upon International Arbitration », in *Law of International Business and Dispute Settlement in the 21st Century, Liber Amicorum Karl-Heinz Böckstiegel,* 2001, *p.* 89 ; L. Caflish, « Arbitrage et protection des droits de l'homme dans un contexte européen », in *Mélanges Jean-Michel Jacquet*, LexisNexis, 2013, p. 75 ; Ch. Jarrosson, « L'arbitrage et la Convention européenne des droits de l'homme », *Rev. arb.* 1989, p. 573 ; P. Lambert, « L'arbitrage et l'article 6, 1° de la Convention européenne des droits de l'homme », in *L'arbitrage et la Convention européenne des droits de l'homme*, Bruylant, coll. Droit et justice, n° 31, 2001, p. 9 ; A. Mourre, « Le droit français de l'arbitrage international face à la Convention européenne des droits de l'homme », *Cah. arb.*, vol. I, *Gaz. Pal.* éd., 2002, p. 22.

332. Cass. 1re civ., 20 févr. 2001, *sté Cubic Defense Systems Inc. c/ CCI*, *Rev. arb.* 2001, p. 511, note Th. Clay ; *RCDIP* 2002, p. 124, note Ch. Seraglini ; M.-L. Niboyet, « Incertitude sur l'incidence de la Convention européenne des droits de l'homme en droit français de l'arbitrage international : l'arrêt Cubic de la Cour de cassation », *Cah. arb.*, vol. I, *Gaz. Pal.* éd., 2002, p. 35.

333. Sur les contours exacts de la solution, v. Ch. Seraglini, note sous Cass. 1re civ., 20 févr. 2001, *sté Cubic Defense Systems Inc. c/ CCI*, *RCDIP* 2002, p. 124.

334. CEDH (5e section), 3 avr. 2008, *Regent Company c/ Ukraine*, *Rev. arb.* 2009, p. 797, note J.-B. Racine.

droits étatiques qui, dans l'optique de laisser la volonté des parties s'exprimer en matière d'arbitrage, énoncent des dispositions le plus souvent supplétives d'une telle volonté, voire demeurent silencieux sur de nombreuses questions. Le caractère délocalisé de l'arbitrage international, qui rend l'empreinte des droits étatiques sur cette forme de justice plus diffuse, favorise encore davantage le développement de ces sources privées. Ces règles sont elles-mêmes d'origine diverse : elles sont l'œuvre d'organismes privés, d'organisations professionnelles, et des professionnels de l'arbitrage eux-mêmes, comme les institutions d'arbitrage et les tribunaux arbitraux.

65 **Œuvre de la CNUDCI.** Au titre des instruments d'origine privée, deux textes, élaborés par la CNUDCI (Commission des Nations Unies pour le droit du commerce international)[335], sont d'une grande importance pratique. Le premier est le Règlement CNUDCI du 28 avril 1976[336], qui est recommandé « pour le règlement des litiges nés des relations commerciales internationales, particulièrement par le renvoi au Règlement d'arbitrage dans les contrats commerciaux » par une résolution de l'Assemblée générale des Nations Unies du 15 décembre 1976. Il peut donc être adopté par les parties dans leur convention d'arbitrage et se révèle particulièrement utile dans l'arbitrage *ad hoc* ; il a également largement inspiré le Règlement de certains centres régionaux d'arbitrage. Ce règlement, qui a connu un grand succès dans les arbitrages *ad hoc*, a fait l'objet d'une révision en 2010 lui apportant diverses améliorations[337], puis à nouveau d'une légère modification en 2013[338]. Le second texte est la loi-type sur l'arbitrage commercial international (loi-type CNUDCI) adoptée le 21 juin 1985[339] et amendée en 2006, qui est un ensemble d'articles constituant un modèle de législation relativement complet proposé aux États désireux de moderniser leur droit de l'arbitrage. Dans une résolution du 11 décembre 1985, l'Assemblée générale des Nations Unies a ainsi recommandé aux États de prendre en considération cette loi-modèle lors de la promulgation ou de la révision de leur législation sur l'arbitrage, afin de répondre aux besoins de l'arbitrage commercial international. En elle-même, la loi-type[340] n'a donc aucune valeur contraignante. Cependant, de nombreux États s'en sont effectivement inspirés, selon une ampleur variable, lorsqu'ils ont décidé de modifier leur législation sur l'arbitrage[341], ce qui a pu contribuer à une certaine harmonisation des droits nationaux de l'arbitrage. En principe, la loi-type a vocation à régir les seuls arbitrages internationaux ; toutefois,

335. UNCITRAL en anglais.

336. Pour un commentaire, v. Ph. Fouchard, *JDI* 1979, p. 816.

337. Version révisée consultable sur le site www. uncitral. org. ; et aussi *JDI* 2010, p. 1483 ; *Rev. arb.* 2011, p. 303, et le commentaire de P. Pic, I. Léger, p. 99 ; M. E. Schneider, « The revision of the UNCITRAL Arbitration Rules. Some observations on the process and the results », *Cah. arb.* 2011, p. 903. Pour un ouvrage actualisé commentant le règlement CNUDCI, v. P. Binder, *Analytical Commentary to the UNCITRAL Arbitration Rules*, Sweet & Maxwell, 3e éd., 2013.

338. Incluant un nouveau paragraphe 4 à l'article premier du règlement, relatif à l'arbitrage entre investisseurs et États engagé en vertu d'un traité prévoyant la protection des investissements ou des investisseurs et précisant que, pour un tel arbitrage, le règlement inclut également le règlement de la CNUDCI sur la transparence dans l'arbitrage entre investisseurs et États fondé sur des traités, sous réserve de l'article premier de ce dernier.

339. Pour un commentaire, v. notamment S. Jarvin, *Rev. arb.* 1986, p. 509 ; Ph. Fouchard, *JDI* 1987, p. 861 ; G. Herrmann, « The UNCITRAL Model Law – its Background, Salients Features and Purposes », *Arb. Int.* 1985, p. 6 ; v. aussi, P. Sanders, « Unity and Diversity in the Adoption of the Model Law », *Arb. Int.* 1995, p. 1.

340. « Model law » en anglais.

341. Pour une liste, v. *Yearbook* 2005, p. 146 et le site www.un.or.at/uncitral.

chaque État s'en inspirant a été libre de déterminer l'étendue de son emprunt à la loi-type, tout comme de réserver cet emprunt à l'arbitrage international ou de l'étendre à l'arbitrage interne.

66 **Œuvres des institutions d'arbitrage et des associations.** Les conventions-types d'arbitrage, proposées aux parties par des associations professionnelles et des institutions d'arbitrage, revêtent également une grande importance pratique, en ce qu'elles favorisent une meilleure rédaction et, par conséquent, une plus grande efficacité des clauses d'arbitrage insérées dans les contrats. Surtout, compte tenu du succès de l'arbitrage institutionnel, l'importance pratique des règlements d'arbitrage, élaborés par les institutions d'arbitrage, est considérable. Le choix de l'arbitrage institutionnel emporte en effet l'application du règlement de l'institution en cause[342], dont les dispositions relatives à la constitution du tribunal arbitral, ou au déroulement de l'instance, gouverneront pour l'essentiel l'arbitrage en question ; en effet, les législations étatiques se voulant, pour l'essentiel, supplétives de volonté en la matière, elles seront alors remplacées par les dispositions du règlement en question[343]. Par ailleurs, de nombreux règlements d'arbitrage permettent à l'institution organisatrice d'intervenir à différents stades de l'instance arbitrale, afin d'en assurer le bon déroulement, notamment lors de la constitution du tribunal arbitral ; des organes au sein de l'institution auront donc vocation à intervenir en lieu et place du juge étatique du siège (juge d'appui) pour résoudre certaines difficultés et assurer le bon déroulement de l'instance arbitrale, comme la nomination d'un arbitre ou la prorogation du délai d'arbitrage. Selon certains, « ces règlements d'arbitrage se présentent en réalité comme de véritables petits Codes de procédure arbitrale »[344]. À l'heure actuelle, on peut observer une certaine convergence des règles posées par les différents règlements d'arbitrage institutionnel, chaque institution ayant semble-t-il tendance à s'inspirer des bonnes idées des autres, ce que certains pourront considérer comme accentuant le phénomène d'uniformisation de l'arbitrage international.

On peut également mentionner l'œuvre d'organisations professionnelles ou d'associations de juristes, qui ont diffusé des règles[345], lignes directrices ou recommandations touchant à l'arbitrage afin de favoriser une certaine harmonisation des pratiques, et dont certaines revêtent une grande importance. Ainsi, l'*International Bar Association* (*IBA*) a adopté des Règles en matière de preuve dans l'arbitrage international, dont l'emploi n'est pas obligatoire mais auxquelles les parties peuvent choisir de se soumettre ou les arbitres de se référer[346], ainsi que des « Lignes directrices » (« Guidelines ») sur les

342. V. notamment Cass. com., 19 mai 1987, *Rev. arb.* 1988, p. 142, note P. Ancel.

343. V. en matière d'arbitrage international, art. 1509 CPC (rédaction issue du décret n° 2011-48 du 13 janvier 2011 ; et auparavant, art. 1494 CPC).

344. Ph. Fouchard, E. Gaillard, B. Goldman, *Traité de l'arbitrage commercial international*, Litec, 1996, n° 369, p. 199.

345. V. ainsi les « Paris Arbitration Rules », soit un règlement d'arbitrage *ad hoc* proposé par l'association « Paris Place d'arbitrage » ; sur lequel v. notamment, Ph. Pinsolle et M. Polkinghorne, « The Paris Arbitration Rules », *Cah. arb.* 2013, p. 747.

346. « International Bar Association Rules on the Taking of Evidence in International Commercial Arbitration », *Yearbook of Commercial Arbitration*, 1999, p. 410 ; le 29 mai 2010, l'International Bar Association a approuvé une version révisée de ces règles : pour un commentaire, v. D. Bensaude, « Présentation des règles *IBA* 2010 sur l'administration de la preuve », *Rev. arb.* 2011, p. 1109 (avec le texte reproduit en français p. 1149) ; J. Gill QC, G. S. Tawil, R. Kreindler, « The 2010 Revisions to the IBA Rules on the Taking of Evidence in International Arbitration », *Cah. arb.* 2011, p. 23 ; v. aussi, les divers articles consacrés à cette version révisée in *International Arbitration Law Review*, vol. 13, n° 5, 2010.

conflits d'intérêts dans l'arbitrage international[347], ou encore sur la représentation des parties dans l'arbitrage international[348]. On peut aussi évoquer les diverses Recommandations de l'Association de droit international, adressées tantôt aux États, tantôt aux arbitres, et particulièrement en dernier lieu, celles sur l'ordre public en tant que motif de refus de reconnaissance ou d'exécution des sentences arbitrales internationales[349], celles sur la litispendance et l'autorité de la chose jugée en arbitrage[350], ou encore celles sur l'établissement de la teneur du droit applicable dans l'arbitrage commercial international[351]. Cette multiplication des règles, lignes directrices et recommandations d'origine privée est parfois critiquée, notamment en raison de l'uniformisation vers laquelle elle conduit[352].

67 **Œuvre des tribunaux arbitraux internationaux.** Une place doit également être faite aux solutions retenues par les arbitres eux-mêmes dans le cadre des procédures arbitrales qu'ils dirigent. Il serait excessif de parler, à leur égard, d'une véritable jurisprudence arbitrale, dans la mesure où les décisions des tribunaux arbitraux ne sont rendues publiques ou ne sont publiées que pour un faible nombre d'entre elles[353] et n'ont, en toute hypothèse, aucun caractère obligatoire pour les autres tribunaux arbitraux. On peut à tout le moins considérer que certaines sentences jouent le rôle de guide ou d'autorité morale dans des arbitrages ultérieurs, et constater qu'il se dégage quelques grandes tendances dans les solutions adoptées par les arbitres internationaux sur certaines questions[354].

347. « IBA Guidelines on Conflicts of Interests in International Arbitration », 2004 ; v. D. A. Lawson, « Impartiality and Independance of International Arbitrators – A Commentary on the IBA Guidelines », *Bull. ASA* 2005, p. 22 ; et Th. Clay ; « Présentation des directives de l'IBA sur les conflits d'intérêts dans l'arbitrage international », *Rev. arb.* 2004, p. 991 ; la version la plus récente de ces « Guidelines » a été adoptée par l'IBA le 23 octobre 2014.

348. Sur ce texte, v. notamment, C. Benson, « The IBA Guidelines on Party Representation : An Important Step in Overcoming the Taboo of Ethics in International Arbitration », *Cah. arb.* 2014, p. 47 ; C. A. Carmona, « Considerations on the IBA Guidelines on Party Representation in International Arbitration: a Brazilian point of view », *Cah. arb.* 2014, p. 29.

349. V. le texte et le commentaire de P. Mayer, *Rev. arb.* 2002, p. 1061.

350. V. le texte in *Rev. arb.* 2006, p. 1119, et le commentaire de Ch. Seraglini, p. 909.

351. V. le commentaire de F.-X. Train, *Cah. arb.*, Vol. V, Pedone, 2011, p. 155.

352. Pour une approche critique de ces « Guidelines » et autres textes visant à l'unification des pratiques, v. M.-E. Schneider, « The Essential Guidelines for the Preparation of Guidelines, Directives, Notes, Protocols and other Methods Intended to Help International Arbitration Practitioners to Avoid the Need for Independent Thinking and to Promote the Transformation of Errors into 'Best Practices' », in *Liber Amicorum en l'honneur de Serge Lazareff*, L. Lévy et Y. Derains (dir.), Pedone, 2011, p. 563. Sur ce débat, v. D. Sabharwal et R. Zaman, « *Vive la différence ?* Convergence and Conformity in the Rules Reforms of Arbitral Institutions: The Case of the LCIA Rules 2014 », *Journ. int. arb.* 2014, vol. 31, p. 701 et les références citées.

353. La publication des sentences, notamment celles rendues sous l'égide de la CCI, est cependant de plus en plus fréquente : pour ces publications, outre celles publiées au *Bulletin* de la CCI, v. notamment la chronique au *Journal de droit international* (JDI), et aussi E. Jolivet et L. Marquis, « Chronique des sentences de la Chambre de commerce internationale », in *Cahiers de l'arbitrage.*

354. Pour une discussion détaillée sur le sujet, v. Ph. Fouchard, E. Gaillard, B. Goldman, *Traité de l'arbitrage commercial international*, Litec, 1996, n°s 371 et s., p. 199 ; et aussi, *Precedent in International Arbitration*, E. Gaillard (Gen. Ed.), *IAI Series*, Juris Publishing 2007 ; O. Cachard, « La libre recherche scientifique à son paroxysme : la jurisprudence arbitrale », in *La pensée de François Gény*, O. Cachard, F.-X. Licari et F. Lormant (dir.), Dalloz, 2013, p. 57 ; G. Guillaume, « Le précédent dans la justice et l'arbitrage international – Lalive Lecture, 2 juin 2010 », *JDI* 2010, p. 686 ; J.-M. Jacquet, « Avons-nous besoin de jurisprudence arbitrale ? », *Rev. arb.* 2010, p. 445 ; Ch. Kessedjian, « La pratique arbitrale », in

68 **Division de l'ouvrage.** Le droit français distingue, même après la réforme intervenue le 13 janvier 2011, les règles applicables à l'arbitrage interne de celles applicables à l'arbitrage international. Certes, les règles communes aux deux institutions sont de plus en plus nombreuses[355]. De plus, parfois, bien que les textes applicables soient formellement différents, les solutions retenues pour l'arbitrage interne et l'arbitrage international sont identiques. À cet égard, il est indéniable que l'influence de la jurisprudence rendue en matière d'arbitrage international sur celle rendue à propos de l'arbitrage interne est de plus en plus forte. Il est également vrai qu'il existe une tendance actuelle à vouloir rapprocher les régimes des deux institutions. Toutefois, les textes français actuels distinguent toujours les deux institutions. Par ailleurs, comme il a été expliqué[356], les deux institutions ne sont pas totalement identiques et ne répondent pas exactement aux mêmes besoins. Dans ces conditions, le présent ouvrage sera divisé en deux parties, consacrées à l'arbitrage interne (partie 1) et à l'arbitrage international (partie 2). Un tel choix conduira à certaines répétitions, dès lors que certaines solutions sont communes aux deux institutions et qu'il a été souhaité que les deux parties puissent chacune se lire de façon relativement autonome.

On rappellera que la distinction entre arbitrage interne et arbitrage international s'opère en utilisant le critère fixé à l'article 1504 du Code de procédure civile[357] pour définir l'arbitrage international, tel qu'éclairé par la jurisprudence : « Est international l'arbitrage qui met en cause des intérêts du commerce international ». La satisfaction de ce critère économique suffit à qualifier un arbitrage d'international pour bénéficier des règles spécifiques, et encore aujourd'hui plus libérales, de l'arbitrage international. À l'inverse, l'arbitrage qui ne satisfait pas à cette définition généreuse de l'internationalité, et qui vise donc un litige strictement interne, relèvera des règles sur l'arbitrage interne.

Mélanges en l'honneur du professeur Jean-Michel Jacquet, LexisNexis, 2013, p. 121 ; Ch. Larroumet, « À propos de la jurisprudence arbitrale », *Cah. arb.*, vol. IV, Pedone, 2008, p. 105.

355. V. notamment le renvoi opéré, en matière internationale, par l'article 1506 CPC à une liste d'articles relatifs à l'arbitrage interne.

356. V. *supra*, n° 31.

357. Art. 1492 CPC avant le décret n° 2011-48 du 13 janvier 2011.

PREMIÈRE PARTIE
L'ARBITRAGE INTERNE

69 **Division.** Les dispositions applicables à l'arbitrage interne se trouvent essentiellement dans le Code de procédure civile, aux articles 1442 à 1503 issus du décret nº 2011-48 du 13 janvier 2011[1]. Toutefois, il convient d'y ajouter quelques dispositions éparses se trouvant dans d'autres textes, et particulièrement les articles 2059 à 2061 du Code civil relatifs aux domaines et aux conditions dans lesquels on peut recourir à l'arbitrage. De plus, et même si cette affirmation est encore plus juste à propos de l'arbitrage international, il ne faut pas perdre de vue le rôle essentiel joué par la jurisprudence dans la détermination du régime juridique de l'arbitrage interne. Sous l'empire des textes antérieurs à la réforme opérée par le décret du 13 janvier 2011, la jurisprudence avait en effet élaboré, par interprétation des textes existants et comblement des lacunes laissées par ceux-ci, un régime de l'arbitrage interne relativement favorable au développement et à l'efficacité de cette institution. Son rôle devrait demeurer essentiel, et tendre aux mêmes fins, sous l'empire du texte nouveau.

La convention d'arbitrage, acte qui exprime la volonté des parties de recourir à ce mode particulier de règlement des litiges qu'est l'arbitrage et qui fonde le pouvoir du tribunal arbitral de trancher le litige opposant ces parties, est certainement, de ce fait, l'acte fondateur de tout arbitrage. Elle doit donc être étudiée en premier lieu (titre 1). Le déroulement logique d'un arbitrage conduit à étudier ensuite l'instance arbitrale qui doit aboutir au règlement du litige opposant les parties par le biais d'une sentence arbitrale (titre 2). Idéalement, cette sentence devrait ensuite être exécutée spontanément par les parties ; cependant, il arrive que sa validité soit contestée par l'une d'elles ou que son exécution se heurte à des difficultés, ce qui conduira à la saisine et à un contrôle du juge étatique, selon des modalités qu'il convient donc d'exposer (titre 3).

1. V., pour la législation antérieure issue du décret du 15 mai 1980, anciens art. 1442 à 1491 CPC.

TITRE 1
LA CONVENTION D'ARBITRAGE

70 **Variété des « conventions d'arbitrage ».** De façon générale, la convention d'arbitrage peut être définie comme la convention par laquelle les parties décident de faire trancher par un ou plusieurs arbitres les litiges déjà nés ou à naître entre elles. Cependant, l'expression « convention d'arbitrage » a longtemps visé, au moins en matière d'arbitrage interne[1], deux catégories de convention qui étaient soumises à des régimes juridiques distincts et que le Code de procédure civile, avant le décret n° 2011-48 du 13 janvier 2011, distinguait expressément en consacrant, dans le titre I de son livre IV, un chapitre I à la « clause compromissoire » (anciens art. 1442 à 1446) et un chapitre II au « compromis » (anciens art. 1447 à 1450). Le régime de la clause compromissoire et celui du compromis divergeaient notamment à propos des exigences de forme propres à chacune de ces deux conventions. Cependant, les deux types de convention obéissaient aussi à des « règles communes », auxquelles un chapitre III (anciens art. 1451 à 1459) était consacré.

Toutefois, la réforme du 13 janvier 2011 a largement atténué la distinction entre clause compromissoire et compromis dans l'arbitrage interne, en soumettant désormais très largement ces deux types de convention d'arbitrage aux mêmes dispositions, qui figurent aux articles 1442 à 1449 du Code de procédure civile dans un chapitre intitulé, de manière générique, « La convention d'arbitrage ». L'article 1442 débute d'ailleurs en énonçant que « la convention d'arbitrage prend la forme d'une clause compromissoire ou d'un compromis ».

71 **La clause compromissoire.** L'article 1442, alinéa 2, du Code de procédure civile définit la clause compromissoire comme la « convention par laquelle les parties à un contrat ou plusieurs contrats s'engagent à soumettre à l'arbitrage les litiges qui pourraient naître relativement à ce ou à ces contrats »[2]. La clause compromissoire est donc l'acte conclu à un moment où tout va bien, par des parties engagées dans des relations contractuelles, et en vue de la résolution des éventuels litiges qui pourraient naître de

1. Sur l'effacement précoce de cette distinction en matière d'arbitrage international, au moins à en croire la jurisprudence qui, dès avant la réforme opérée par le décret du 13 janvier 2011, avait manifesté la volonté de fondre les régimes des deux types de convention d'arbitrage, v. *infra*, n° 581 et s.

2. V., avant la réforme de 2011, ancien art. 1442 CPC qui en donnait une définition très similaire.

ces relations dans le futur[3]. Elle est une convention qui se suffit à elle-même : sa stipulation fonde l'engagement des parties de recourir à l'arbitrage et rend inutile l'établissement ultérieur, au moment de la naissance du litige, d'un compromis[4]. Autrement dit, une fois le litige né, le recours à l'arbitrage pourra se faire sur la base de la seule clause compromissoire. Elle est généralement conclue en même temps que le contrat entre les parties qui pourra, par la suite, être à l'origine du litige, et apparaît donc sous la forme d'une clause contenue dans celui-ci. Toutefois, elle est une convention autonome[5] et peut donc également être conclue par acte séparé et postérieur au contrat principal. Elle reste néanmoins, en ce cas, une clause compromissoire, dès lors qu'elle est conclue avant la naissance du litige.

72 **Le compromis.** La convention d'arbitrage conclue une fois le litige né est un compromis, défini par l'article 1442, alinéa 3, du Code de procédure civile comme « la convention par laquelle les parties à un litige né soumettent celui-ci à l'arbitrage »[6]. Le compromis est donc, quant à lui, signé lorsque les relations sont délicates entre les parties puisque, par hypothèse, un litige les oppose. Celles-ci parviennent néanmoins encore à s'entendre pour recourir à l'arbitrage afin de régler ce litige. D'ailleurs, l'article 1446 du Code de procédure civile précise que « les parties peuvent compromettre même au cours d'une instance déjà engagée devant une juridiction »[7].

En pratique, le compromis peut être conclu de deux façons. Les parties peuvent, dans un seul et même acte, constater par écrit leur compromis et l'acceptation par le ou les arbitres désignés de leur mission[8]. Cet acte renferme alors deux accords, le compromis entre les parties lui-même et le contrat d'arbitre liant les parties et le ou les arbitres qui acceptent leur mission[9]. Dans cette hypothèse, les parties inviteront donc, avant même la signature du compromis, le ou les arbitres pressentis à la signature de cet acte, qui précisera souvent par ailleurs les divers aspects de l'arbitrage à venir (mission du tribunal arbitral, objet du litige, etc.). Toutefois, les parties procèdent plus souvent en deux temps : signer d'abord un compromis entre elles, puis demander à l'arbitre ou aux arbitres pressentis s'ils acceptent leur mission ; un acte séparé constatera donc le contrat d'arbitre et définira les termes de la mission du ou des arbitres[10].

3. Sur les rapports entre la convention d'arbitrage et le droit commun des obligations, v. S. Bollée, « La clause compromissoire et le droit commun des conventions », *Rev. arb.* 2005, p. 917.

4. Cass. 2e civ., 11 juill. 2002, *Rev. arb.* 2004, p. 283 (1re esp.), note M. Bandrac : « La rédaction d'un compromis ne s'impose pas dès lors que l'arbitrage résultait d'une clause compromissoire, et cela même si la clause compromissoire prévoyait la rédaction d'un compromis » ; et aussi, Cass. 2e civ., 23 nov. 2002, *ibid.*, 2e esp.

5. Sur cette autonomie, v. *infra*, n° 74 et s.

6. V., sous l'empire des textes antérieurs, ancien art. 1447 CPC qui en donnait une définition presque identique.

7. V. auparavant, ancien art. 1450 CPC.

8. À cet égard, avant le décret du 13 janvier 2011, l'ancien article 1449 CPC prévoyait que le compromis pouvait être constaté par écrit dans un procès-verbal signé par l'arbitre et les parties.

9. Sur le contrat d'arbitre, v. *infra*, n° 286 et s.

10. Avant le décret du 13 janvier 2011, les parties qui utilisaient cette voie se devaient toutefois d'être prudentes. En effet, le litige étant né, elles pouvaient être tentées de désigner nommément dans le compromis le ou les arbitres pressentis. Or, lorsque, dans le compromis, les parties avaient désigné précisément une personne comme arbitre, l'ancien article 1448, al. 3, CPC prévoyait la caducité du compromis lorsqu'un arbitre qu'il désignait n'acceptait pas la mission qui lui était confiée. Aussi, la première solution, celle de l'acte signé par tous et recueillant l'acceptation par les arbitres de leur mission, pouvait sembler être une solution préférable.

On pressent aisément qu'exigeant un litige déjà né, le compromis se rencontre en pratique beaucoup moins souvent que la clause compromissoire : il est certainement plus facile pour les parties de s'entendre sur un recours à l'arbitrage lorsque leurs relations sont encore bonnes et que la perspective d'un litige n'est qu'une idée lointaine et virtuelle, qu'une fois le litige né. Cependant, son intérêt n'est pas à négliger[11]. Tout d'abord, il peut apparaître moins dangereux que la clause compromissoire pour certains contractants, notamment pour les parties présumées faibles, dès lors qu'il est conclu une fois le litige né, et donc généralement en connaissance de cause et à un moment où une partie ne peut plus se voir imposer le recours à l'arbitrage par son cocontractant. À l'inverse, une clause compromissoire pourrait être imposée par le partenaire contractuel en position de force dans le cadre d'un contrat non négocié, ou même conclue par une partie présumée faible sans prise de conscience de la portée réelle d'un tel engagement, les litiges qu'elle vise étant encore hypothétiques. Autrement dit, il n'y a en principe pas lieu de craindre qu'une partie ait été contrainte par l'autre partie d'adhérer à un compromis, ou qu'elle y ait adhéré sans avoir eu l'opportunité de prendre conscience des conséquences d'un tel choix. Dans ces conditions, le compromis pourrait bénéficier d'un domaine de validité plus large que la clause compromissoire, et notamment être autorisé là où la clause compromissoire ne l'est pas ou est limitée dans son efficacité, dans un souci de protection de certaines catégories de contractants réputés faibles, comme les salariés ou les consommateurs[12]. Le compromis présente également un intérêt hors du cadre contractuel, pour la résolution par voie d'arbitrage de litiges relatifs à des obligations extracontractuelles ou délictuelles.

73 **Unification des régimes de la clause compromissoire et du compromis par le décret du 13 janvier 2011 et importance du principe d'indépendance de la convention d'arbitrage par rapport au contrat principal.** Le décret du 13 janvier 2011 a donc très largement unifié le régime juridique de la clause compromissoire et du compromis. Deux différences, somme toute mineures, subsistent entre les deux institutions dans les dispositions issues du décret[13] : la clause compromissoire, lorsqu'elle est nulle, est réputée non écrite[14] ; le compromis est nul s'il ne précise pas l'objet du litige[15]. Dans ces conditions, il paraît opportun de présenter le régime juridique applicable à la « convention d'arbitrage » en général, que ce soit à propos de ses conditions de validité (chapitre 2) ou de ses effets (chapitre 3). Des distinctions seront opérées entre l'une et l'autre variétés de convention d'arbitrage uniquement lorsque cela se révélera nécessaire. Toutefois, les questions relatives aux conditions de validité et aux effets de la convention d'arbitrage ne peuvent être correctement appréhendées qu'après l'exposé d'un principe dominant tout le régime de la convention d'arbitrage, celui d'indépendance (ou d'autonomie ou de séparabilité) de cette convention par rapport au contrat principal liant les parties (chapitre 1).

---

11. Sur le sujet, v. Ch. Jarrosson, « Le compromis, convention d'arbitrage d'avenir ? », in *Les relations privées internationales, Mélanges en l'honneur du Professeur Bernard Audit*, LGDJ, 2014, p. 465.

12. Sur ce point, v. les solutions évolutives du droit français de l'arbitrage interne, *infra*, n° 117 et s.

13. Même si des différences demeurent entre clause compromissoire et compromis au-delà des dispositions du décret du 13 janvier 2011. Ainsi, dans le Code civil, l'article 2061 vise spécifiquement la clause compromissoire (sur cette disposition, v. *infra*, n° 117 et s.). De plus, en pratique, la rédaction d'une clause compromissoire, tournée vers l'avenir, et celle d'un compromis, concentré sur le passé et le présent, diffèrent largement.

14. Art. 1447 al. 2, CPC.

15. Art. 1445, CPC.

CHAPITRE 1
LE PRINCIPE D'INDÉPENDANCE DE LA CONVENTION D'ARBITRAGE PAR RAPPORT AU CONTRAT PRINCIPAL

74 **Position du problème et opportunité du principe d'indépendance.** *A priori*, le non-respect des conditions de validité d'une convention d'arbitrage ne devrait soulever aucune difficulté particulière. En effet, la sanction du non-respect des conditions de validité d'un acte est, à l'évidence, la nullité de celui-ci. Toutefois, dans le cas particulier de la clause compromissoire, une première question peut se poser quant à l'étendue de cette nullité : influe-t-elle sur la validité du contrat substantiel dans lequel est généralement stipulée la clause compromissoire ? L'article 1447, alinéa 2, du Code de procédure civile donne la réponse à cette question en précisant que, « lorsqu'elle est nulle, la clause compromissoire est réputée non écrite »[1]. Ainsi, la nullité de la clause compromissoire ne doit pas, en principe, entraîner celle du contrat principal auquel elle se rapporte[2]. La solution devrait toutefois être nuancée. Lorsque la cause de nullité est propre à la clause compromissoire et n'affecte pas également le contrat substantiel, seule cette clause sera nulle et le contrat principal en principe maintenu. À titre d'exemple, lorsque la clause compromissoire est nulle en raison de l'inarbitrabilité du litige[3], le contrat principal ne devrait pas en être affecté. Cependant, une même cause de nullité pourrait affecter, dans le même temps, la clause compromissoire et le contrat principal, par exemple l'incapacité d'une partie à conclure un acte juridique. En ce cas, la nullité devrait logiquement atteindre les deux actes.

1. V., avant le décret du 13 janvier 2011, art. 1446 CPC. Sur la question, v. J.-F. Poudret, S. Besson, *Droit comparé de l'arbitrage international*, Bruylant, 2002, n° 165, p. 135.

2. Une cour d'appel a même refusé de prononcer la nullité d'un pacte d'actionnaires après avoir constaté celle de la clause compromissoire qui y était stipulée, alors que le pacte d'actionnaires stipulait que la nullité d'une seule clause entraînerait celle du pacte ; la Cour de cassation l'a approuvée aux motifs que « l'arrêt retient que la clause compromissoire, clause procédurale, n'est qu'accessoire au contrat et non la cause de l'acte ; que la cour d'appel en déduit exactement que, même si l'article 11 du pacte d'actionnaires stipule que la nullité d'une seule clause entraînera celle du pacte lui-même, l'autonomie de la clause par rapport au contrat qui la contient ne permet pas d'admettre que sa nullité entraîne la nullité totale du contrat » (Cass. 1re civ., 15 mai 2008, n° 06-20806, *JCP* G 2008, I, 222, n° 1, obs. J. Béguin). Ainsi, l'autonomie de la clause justifie que, malgré les stipulations du contrat la contenant, sa nullité n'entraîne pas celle de ce contrat ; il aurait probablement fallu une disposition expresse liant spécifiquement le sort du contrat et celui de la clause compromissoire pour déroger à cette solution aujourd'hui posée par l'article 1447, al. 2, (et ancien art. 1446 auparavant) CPC, à supposer que les parties soient autorisées à y déroger.

3. Sur l'inarbitrabilité, v. *infra*, n° 100 et s.

Une autre question, plus problématique, est celle de savoir quel est l'impact de la nullité du contrat principal sur la clause compromissoire lorsqu'une cause de nullité atteint ce contrat lui-même, comme une erreur sur les qualités essentielles de la prestation due par l'un des contractants[4], ou le contenu ou le but illicite[5] du contrat. En vertu du principe de « Compétence-Compétence », selon lequel l'arbitre a le pouvoir de se prononcer lui-même sur sa compétence lorsqu'elle est contestée devant lui[6], si la nullité du contrat principal est invoquée devant l'arbitre, ce dernier pourra se prononcer sur cette question. Mais que doit faire l'arbitre s'il considère que le contrat principal est effectivement nul ? Si l'on estime que la clause compromissoire est une clause du contrat parmi d'autres, devant suivre le sort de celui-ci, la nullité du contrat devrait emporter celle de la clause compromissoire et faire disparaître les pouvoirs de l'arbitre dont cette clause est la source. Autrement dit, la clause compromissoire, souvent stipulée dans le contrat principal, se verrait affectée par la nullité éventuelle de celui-ci, et l'arbitre qui constaterait la nullité du contrat principal devrait se déclarer incompétent, puisqu'alors, l'acte fondant sa compétence serait lui-même nul. Cependant, une telle solution serait particulièrement préjudiciable au bon fonctionnement de l'arbitrage. Il y aurait plutôt intérêt à retenir, pour assurer l'efficacité de l'arbitrage, que la clause compromissoire peut survivre à la nullité du contrat principal : l'arbitre pourrait alors constater la nullité de ce contrat, et même la prononcer, sans « scier la branche sur laquelle il est assis ». Autrement dit, il serait préférable de reconnaître un certain degré d'indépendance, ou l'autonomie, ou encore la séparabilité, de la clause compromissoire par rapport au contrat principal, ce qui permettrait à cette clause de ne pas être affectée par la nullité du contrat et, plus généralement, par les vicissitudes que peut connaître ce contrat.

Si ce principe d'autonomie est depuis longtemps admis dans l'arbitrage international et aujourd'hui très largement en droit comparé, sa consécration par le droit français dans l'arbitrage interne a été plus longue et problématique (section 1) ; le principe y étant aujourd'hui clairement reconnu, il doit par ailleurs être justifié (section 2).

SECTION 1 L'AFFIRMATION DU PRINCIPE D'INDÉPENDANCE EN DROIT FRANÇAIS DE L'ARBITRAGE INTERNE

75 **Reconnaissance progressive du principe d'indépendance.** Dans son sens originaire[7], « l'indépendance », ou « l'autonomie » de la convention d'arbitrage s'exprime à l'égard du contrat principal liant les parties. Elle signifie que la

4. Art. 1132 et 1133 C. civ. issus de l'ordonnance n° 2016-131 du 10 févr. 2016 portant réforme du droit des contrats, du régime général et de la preuve des obligations.

5. Art. 1128 et 1162 C. civ. issus de l'ordonnance n° 2016-131 du 10 févr. 2016 portant réforme du droit des contrats, du régime général et de la preuve des obligations.

6. Sur ce principe, v. *infra*, n° 165 et s.

7. La jurisprudence française lui ayant ajouté, en matière d'arbitrage international, un autre sens, peu répandu en droit comparé, celui d'autonomie de la convention d'arbitrage par rapport à toute loi étatique ; sur ce point, v. *infra*, n° 594 et s.

convention d'arbitrage, qui est certes, par nature, liée à ce contrat, dans la mesure où elle vise à la résolution des litiges pouvant naître de ce contrat et n'aurait donc guère de raison d'être sans lui, demeure toutefois autonome par rapport à ce contrat, si bien que son sort ne dépend pas des tourments pouvant affecter celui-ci. Facile à admettre dans le cas du compromis, l'idée posait plus de difficultés s'agissant de la clause compromissoire dès lors que celle-ci est généralement stipulée dans le contrat principal et semble y être une clause parmi d'autres, devant donc suivre le sort de celui-ci. L'idée s'est néanmoins progressivement imposée.

Dès 1963, dans l'arrêt *Gosset*[8], la Cour de cassation a consacré l'autonomie de la clause d'arbitrage internationale par rapport au contrat principal, si bien que celle-là ne peut être affectée par l'invalidité de celui-ci. Cela permettait notamment à un arbitre de rendre une sentence sur la base d'une clause compromissoire figurant dans un contrat dont la nullité était avérée. Dans l'arbitrage international, ce principe d'autonomie a même connu des extensions progressives pour aboutir à l'affirmation par la jurisprudence française d'un « principe de validité » de la clause d'arbitrage internationale, détachée de toute loi étatique[9]. Par ailleurs, le principe d'autonomie est aujourd'hui très répandu en droit comparé et figure expressément dans la plupart des règlements d'arbitrage, si bien qu'il est parfois considéré comme un principe général du droit de l'arbitrage international[10].

La reconnaissance du même principe par le droit français de l'arbitrage interne a curieusement été beaucoup plus tardive. Des décisions anciennes de la Cour de cassation liaient au contraire le sort de la clause compromissoire à celui du contrat principal. La doctrine avait beaucoup critiqué cette solution et la cour d'appel de Paris s'était prononcée en faveur d'une certaine autonomie de la clause compromissoire en matière d'arbitrage interne[11]. Le principe a finalement été consacré par la Cour de cassation de façon solennelle dans deux arrêts rendus en avril 2002 par deux chambres différentes. Dans un arrêt *Barbot*[12], la deuxième chambre civile a énoncé : « La clause compromissoire présentant, par rapport à la convention principale dans laquelle elle s'insère, une autonomie juridique qui exclut qu'elle puisse être affectée par l'inefficacité de cet acte, l'éventuelle nullité du contrat de sous-traitance est sans incidence sur la validité de ladite clause ». Dans un arrêt *Toulousy*[13], la chambre commerciale a retenu : « En droit interne de l'arbitrage, la clause compromissoire présente, par rapport à la convention principale dans laquelle elle s'insère, une autonomie juridique qui exclut, sauf stipulation contraire, qu'elle puisse être affectée par une éventuelle inefficacité de cette convention »[14]. Ce principe, solennellement proclamé par deux chambres de la Cour de cassation à des dates relativement rapprochées et en des termes quasi identiques, a été inscrit dans les

8. Cass. 1re civ., 7 mai 1963, *Gosset, JCP* 1963, II, 13405, note B. Goldman ; *JDI* 1964, p. 82 (1re esp.), note J.-D. Bredin ; *RCDIP* 1963, p. 615, note H. Motulsky ; *D.* 1963, p. 545, note J. Robert.

9. Ce qui pourrait apparaître comme une dérive du principe d'autonomie ; sur ce point, v. *infra*, n° 599.

10. Sur tous ces points, v. *infra*, n° 610 et s.

11. Paris, 8 oct. 1998, *Rev. arb.* 1999, p. 350, note P. Ancel et O. Gout ; *RTD com.* 1999, p. 844, obs. É. Loquin ; Paris, 11 mai 2000, *Rev. arb.* 2002, p. 180, obs. Th. Clay.

12. Cass. 2e civ., 4 avr. 2002, *Barbot c/ Bouygues Bâtiment*, *Rev. arb.* 2003, p. 103 (1re esp.), note P. Didier ; *JCP* G 2003, I, 105, n° 2, obs. Ch. Seraglini ; *D.* 2003, p. 1117, note L. Degos.

13. Cass. com., 9 avr. 2002, *Toulousy c/ Philan*, *Rev. arb.* 2003, p. 103 (2e esp.), note P. Didier ; *JCP* G 2003, I, 105, n° 2, obs. Ch. Seraglini ; *D.* 2003, p. 1117, note L. Degos, et som. p. 2470, obs. Th. Clay.

14. V. par la suite, Cass. 2e civ., 20 mars 2003, *D.* 2003, som., p. 2470, obs. Th. Clay ; *Rev. arb.* 2007, p. 545 (1re esp.), obs. J. Rouche (validation, au nom de son autonomie, de la clause compromissoire en dépit de l'éventuelle nullité du contrat de sous-traitance dans lequel elle est insérée).

textes par le décret du 13 janvier 2011, qui a toutefois préféré retenir le terme « d'indépendance » et non celui « d'autonomie ». Désormais, l'article 1447, alinéa 1, du Code de procédure civile énonce : « La convention d'arbitrage est indépendante du contrat auquel elle se rapporte. Elle n'est pas affectée par l'inefficacité de celui-ci ». Si le principe est de ce fait désormais bien assis en droit français de l'arbitrage interne[15], il convient toutefois d'en préciser le sens et la portée, et d'en examiner les éventuelles limites.

76 **Sens et portée du principe d'indépendance.** Certains auteurs préfèrent, au terme « d'autonomie », les termes de « séparabilité » ou « d'indépendance » qui, évoquant une indépendance fonctionnelle de la clause compromissoire par rapport au contrat, rendraient mieux compte de la réalité des rapports entre cette clause et le reste du contrat. En effet, la clause n'a guère de raison d'être sans le contrat principal[16]. Le décret du 13 janvier 2011 a, quant à lui, retenu le terme « indépendance ». Quoi qu'il en soit, le principe d'indépendance n'implique nullement que la clause compromissoire doive faire l'objet d'un consentement distinct de celui exprimé pour le contrat principal. La principale conséquence du principe est que cette clause ne peut être affectée par les événements, supposés ou avérés, pouvant affecter la validité ou la pérennité du contrat principal : la clause compromissoire verra ainsi ses effets maintenus bien que le contrat principal soit nul, ait été résilié ou résolu, ou encore ait pris fin par arrivée de son terme. L'arbitre pourra donc tout à fait, non seulement examiner toute question relative à la validité ou à la pérennité du contrat – en vertu du principe de Compétence-Compétence–, mais également lui-même constater la réalité de ces différents événements affectant le contrat principal et en tirer toute conséquence, sans que ne soit pour autant remise en cause l'efficacité de l'acte juridique fondant sa compétence. Autrement dit, la clause d'arbitrage est en principe détachable du contrat principal et indifférente au sort de celui-ci. L'opportunité de la solution est évidente : on permet ainsi à l'arbitre d'être le juge du contrat, susceptible de régler toutes les questions contentieuses pouvant se poser à son sujet[17].

77 **Limites du principe d'indépendance.** Quelques divergences de rédaction entre les deux arrêts rendus en avril 2002 par la deuxième chambre civile et la chambre commerciale de la Cour de cassation avaient, dans un premier temps, pu susciter des interrogations quant à d'éventuelles limites au principe d'indépendance.

En premier lieu, la deuxième chambre civile avait parlé de « nullité » et « d'inefficacité » de la convention principale, là où la chambre commerciale avait seulement employé le terme « d'inefficacité » de cette convention. Il ne fallait pas y voir une divergence puisque, très rapidement par la suite, la deuxième chambre civile a adopté mot pour mot la formulation de la chambre commerciale[18]. Néanmoins, cette légère différence initiale dans le vocabulaire employé pouvait évoquer un débat antérieur,

15. V. aussi, art. 1230 C. civ. issu de l'ordonnance nº 2016-131 du 10 févr. 2016 portant réforme du droit des contrats, du régime général et de la preuve des obligations qui énonce : « La résolution [du contrat] n'affecte ni les clauses relatives au règlement des différends [...] ».

16. P. Mayer, « Les limites à la séparabilité de la clause compromissoire », *Rev. arb.* 1998, p. 359, qui expose par ailleurs les conséquences juridiques de cette analyse plus nuancée. Le terme « séparabilité » fait référence à celui retenu en droit anglais de « severability » ou « separability ».

17. Sur l'impact particulier de la solution s'agissant de la violation par le contrat des règles d'ordre public et du pouvoir de l'arbitre de sanctionner cette violation, notamment en prononçant la nullité du contrat, v. *infra*, nº 110 et s.

18. Cass. 2e civ., 20 mars 2003, *D.* 2003, som. p. 2470, obs. Th. Clay ; *Rev. arb.* 2007, p. 545 (1re esp.), obs. J. Rouche.

qui avait animé la doctrine lors de l'adoption du principe d'autonomie dans l'arbitrage international, relatif à la question de l'inexistence *ab initio* du contrat principal, notamment lorsqu'il n'y aurait pas eu de rencontre de volontés pour ce contrat. Pour certains en effet, s'il était clair que le principe d'autonomie devait s'appliquer lorsque le contrat principal était simplement affecté d'un vice ou avait existé mais n'existait plus, notamment du fait de son extinction par arrivée du terme, de sa résiliation ou résolution, ou de sa caducité, le même principe était en revanche inapplicable en cas d'inexistence *ab initio* du contrat principal[19]. La jurisprudence, quant à elle, n'a pas toujours été parfaitement claire. D'un côté, la proposition ne semblait guère la séduire, les juges ayant notamment admis l'application d'une clause compromissoire dans l'hypothèse d'un contrat signé par les parties mais non entré en vigueur du fait de la carence de l'une d'elles à fournir les garanties convenues, dès lors que le différend était lié à la conclusion du contrat[20]. Cette affaire concernait cependant un contrat non entré en vigueur et non pas, à proprement parler, inexistant. Or, d'un autre côté, un arrêt de la Cour de cassation, rendu à propos d'un contrat paraphé mais non signé et dont l'exécution avait été abandonnée, avait indiqué que le principe d'autonomie de la clause d'arbitrage « trouve sa limite dans l'existence en la forme de la convention principale qui contiendrait la clause invoquée »[21]. Cette décision a engendré des doutes quant à l'état exact du droit positif. En tout cas, la solution conduisant à l'inapplicabilité du principe d'autonomie en cas d'inexistence *ab initio* du contrat principal était certainement inopportune, compte tenu des incertitudes qui entourent la notion d'inexistence. Heureusement, dans un arrêt *Omenex* du 25 octobre 2005, la Cour de cassation a clairement décidé qu'« en application du principe de validité de la convention d'arbitrage et de son autonomie en matière internationale, la nullité non plus que l'inexistence du contrat qui la contient ne l'affectent »[22]. Cette solution, énoncée en matière d'arbitrage international, devait probablement être applicable à l'arbitrage interne malgré la justification « proprement internationale » donnée par la Cour de cassation à sa décision : d'une part, la clause compromissoire bénéficie aujourd'hui également, en matière interne, du principe d'autonomie et, au moins partiellement, d'un principe de validité résultant de l'article 2061 du Code civil, même s'il ne saurait avoir le même sens et la même portée qu'en matière internationale ; d'autre part, on voit mal ce qui pourrait justifier une différence de traitement de la clause d'arbitrage interne et de la clause d'arbitrage international sur ce point. Au demeurant, la solution avait déjà été reconnue avant 2005 en matière interne

19. P. Sanders, « L'autonomie de la clause compromissoire », in *Hommage à Frédéric Eisemann*, 1978, p. 31. Sur cette controverse, v. Ph. Fouchard, E. Gaillard, B. Goldman, *Traité de l'arbitrage commercial international*, Litec, 1996, n° 411, p. 226 ; J.-F. Poudret, S. Besson, *Droit comparé de l'arbitrage international*, Bruylant, 2002, n° 167, p. 136.

20. Cass. 1re civ., 6 déc. 1988, *Navimpex*, *Rev. arb.* 1989, p. 641, note B. Goldman ; *JDI* 1990, p. 134, note M.-L. Niboyet-Hoegy. V., plus tranché encore, Paris, 8 mars 1990, *Rev. arb.* 1990, p. 675 (2e esp.), note P. Mayer, qui affirme que « la clause compromissoire possède une complète autonomie juridique à l'égard [...] de la convention principale, dont l'inexistence ou la nullité n'ont aucun effet sur elle [...] ».

21. Cass. 1re civ., 10 juill. 1990, *Cassia*, *Rev. arb.* 1990, p. 851, note J.-H. Moitry et C. Vergne ; *JDI* 1992, p. 168, note crit. É. Loquin ; dans le même sens, Paris, 10 mai 1994, *Rev. arb.* 1996, p. 66, note Ch. Jarrosson ; Paris, 19 janv. 1999, *Rev. arb.* 1999, p. 601 (3e esp.), note Ch. Jarrosson.

22. Cass. 1re civ., 25 oct. 2005, *Sté Omenex c/ M. Hugon*, *D.* 2005, p. 3052 et p. 3060, obs. Th. Clay ; *D.* 2006, p. 199, avis J. Sainte-Rose ; *JCP* G 2006, I, 148, n° 6, obs. J. Béguin ; *Rev. arb.* 2006, p. 103, note J.-B. Racine ; *JDI* 2006, p. 996, note F.-X. Train.

par la cour d'appel de Paris[23], qui l'a reprise plus récemment encore[24]. Enfin, l'article 1447, alinéa 1, du Code de procédure civile, issu du décret du 13 janvier 2011, en énonçant que la clause compromissoire « n'est pas affectée par l'inefficacité » du contrat, devait conforter ce point de vue. En effet, le terme d'« inefficacité » n'a pas été choisi par hasard, mais pour couvrir l'ensemble des vicissitudes que le contrat principal pourrait connaître. D'ailleurs, la jurisprudence rendue depuis lors par la Cour de cassation au visa de cette disposition semble bien aller en ce sens[25].

En second lieu, la chambre commerciale avait fait mention, dans l'arrêt *Toulousy*, d'une éventuelle « stipulation contraire », semblant ainsi réserver le cas où les parties auraient expressément lié le sort de la clause compromissoire à celui du contrat principal. Si elle ne mentionnait pas cette réserve dans son arrêt *Barbot*, la deuxième chambre civile l'avait par la suite évoquée, en faisant sienne la formule de l'arrêt *Toulousy*[26]. Néanmoins, on perçoit mal l'intérêt pour les parties de stipuler un tel lien de dépendance entre le contrat principal et la clause compromissoire. D'ailleurs, il n'est pas certain que le nouvel article 1447, alinéa 1, du Code de procédure civile l'autorise. En toute hypothèse, s'il était admis, ce lien devrait, pour être retenu, être expressément stipulé par les parties[27].

Une autre limite au principe d'autonomie mérite en revanche d'être formulée[28] : si la clause compromissoire ne suit pas en principe le sort du contrat principal, il doit en aller autrement lorsqu'elle est affectée de la même cause de nullité que celui-ci. Autrement dit, le principe d'autonomie n'implique la survie de la clause compromissoire qu'en cas de nullité du contrat principal pour des causes qui ne touchent pas également directement la clause elle-même. Au contraire, lorsqu'une cause de nullité est de telle nature qu'elle affecte à la fois, et de façon distincte, le contrat principal et la clause compromissoire, cette dernière sera également nulle ; cette nullité devrait alors être constatée par l'arbitre, qui n'aurait d'autre choix que de se déclarer incompétent[29]. Il pourrait en être ainsi lorsque les deux actes sont affectés d'un même vice[30] ; on pourrait notamment songer à un vice du consentement. Cependant, du fait de l'autonomie des deux actes, le vice en question devra souvent être apprécié de façon distincte pour chacun d'eux. Ainsi, le dol peut porter sur la substance du contrat (manœuvres ayant conduit par exemple à conclure à un certain prix), sans que l'on puisse l'étendre à la clause compromissoire elle-même ; à l'inverse, on pourrait même songer à un dol affectant la seule stipulation de l'arbitrage (manœuvres conduisant à tromper l'autre partie sur les caractéristiques de ce mode de règlement des litiges), sans que cela affecte la substance du contrat. Par ailleurs, lorsqu'il

23. Paris, 8 oct. 1998, *RTD com.* 1999, p. 844, obs. É. Loquin ; *Rev. arb.* 1999, p. 350, note P. Ancel et O. Gout ; Paris, 11 mai 2000, *Rev. arb.* 2002, p. 180, obs. Th. Clay.

24. Paris, 17 mars 2011, *Rev. arb.* 2011, p. 490, note J. Barbet : « La clause compromissoire présente, par rapport à la convention principale dans laquelle elle s'insère, une autonomie juridique et elle peut être mise en œuvre indépendamment de l'existence de la convention principale ».

25. V. Cass. 1re civ., 14 mai 2014, *Rev. arb.* 2014, p. 937, note D. Bureau ; *JCP* G 2014, doctr. 857, n° 1, obs. Ch. Seraglini ; *D.* 2014, p. 2542, obs. Th. Clay ; *RTD com.* 2015, p. 63, note É. Loquin.

26. Cass. 2e civ., 20 mars 2003, *D.* 2003, som. p. 2470, obs. Th. Clay ; *Rev. arb.* 2007, p. 545 (1re esp.), obs. J. Rouche.

27. V. à cet égard, Cass. 1re civ., 15 mai 2008, n° 06-20806, *JCP* G 2008, I, 222, n° 1, obs. J. Béguin.

28. Plus généralement, sur les limites qu'il convient d'assigner à la notion d'autonomie de la clause d'arbitrage, v. P. Mayer, « Les limites à la séparabilité de la clause compromissoire », *Rev. arb.* 1998, p. 359.

29. En ce sens, P. Mayer, « Les limites à la séparabilité de la clause compromissoire », préc., spéc. nos 7 et s., p. 363. Sur la compétence de l'arbitre pour apprécier la validité de son investiture, v. *infra*, n° 165 et s.

30. Sur les limites de cette affirmation en matière d'arbitrage international, v. *infra*, n° 613.

est constaté que le contrat principal est inexistant, et même si en principe cette inexistence n'affecte pas la clause compromissoire, il pourra être difficile de retenir qu'un accord des parties a néanmoins eu lieu sur la clause compromissoire figurant dans ce contrat dont l'existence n'est pas établie : à défaut d'échange de consentements sur l'un, on pourra avoir du mal à caractériser un échange de consentements sur l'autre.

78 **Cas particulier d'une transaction ou d'une novation.** Une discussion demeure enfin quant à l'applicabilité du principe d'indépendance dans le cas où le contrat principal contenant la convention d'arbitrage fait l'objet d'une transaction ou d'une novation. Dans un arrêt *Cosiac*, la cour d'appel de Paris avait décidé, au nom du principe d'autonomie, que « la transaction ou la novation intervenue sur la convention contenant la clause compromissoire ne peut avoir pour effet de priver cette clause de son efficacité »[31]. La solution, énoncée dans le cadre d'un arbitrage international, était probablement transposable à l'arbitrage interne. Toutefois, la doctrine restait plus nuancée, certains auteurs invitant à distinguer les situations[32].

Tout d'abord, il est certain que la transaction, lorsqu'elle porte sur le litige entre les parties mais ne met pas fin au contrat d'origine les liant, laissant subsister certaines obligations au sein de ce contrat, ne devrait pas atteindre la clause compromissoire figurant dans celui-ci, qui demeure efficace pour des litiges futurs non couverts par la transaction[33]. Ensuite, lorsque la transaction met également fin, pour l'avenir seulement ou avec effet rétroactif, au contrat d'origine, la question est plus délicate. Bien entendu, la solution sera facilitée si cette transaction contient elle-même une clause d'arbitrage ; celle-ci devrait alors pouvoir s'appliquer à tout le moins à tous les litiges « nés de ou en relation avec » la transaction[34]. Au-delà, tout dépend du point de savoir si la transaction fait ou non en outre naître des obligations nouvelles. À défaut d'obligations nouvelles, la transaction opère comme une résiliation ou une résolution du contrat, à laquelle la clause d'arbitrage d'origine devrait logiquement survivre, même si son usage risque d'être hypothétique puisque la transaction est censée mettre définitivement fin au litige qu'elle couvre et que, le contrat ayant totalement disparu, les litiges futurs devraient en principe être improbables. Lorsque la transaction met en outre à la charge des parties

31. Paris, 4 mars 1986, *Cosiac*, *Rev. arb.* 1987, p. 167, note Ch. Jarrosson ; pourvoi rejeté par Cass. 1re civ., 10 mai 1988, *Rev. arb.* 1988, p. 639, note Ch. Jarrosson, selon lequel « la novation, à la supposer établie, ne peut avoir pour effet de priver d'efficacité la clause compromissoire insérée dans le contrat ».

32. V. notamment J. Barbet, note sous Paris, 17 mars 2011, *Rev. arb.* 2011, p. 490.

33. En ce sens, en présence d'un protocole transactionnel comportant une clause d'arbitrage identique à celle figurant dans un protocole de cession d'actions antérieur, la Cour de cassation a approuvé une cour d'appel qui avait retenu que les parties avaient ainsi confirmé leur volonté de soumettre leur différend à l'arbitrage et qu'en l'absence de stipulation expresse dans le protocole transactionnel tendant à anéantir la clause d'arbitrage du protocole de cession, cette dernière clause, qui demeurait autonome par rapport au protocole la contenant, ne pouvait se trouver affectée par l'inefficacité partielle de celui-ci du fait du protocole transactionnel ; aussi, le tribunal arbitral pouvait se prononcer sur le non-respect d'obligations figurant au protocole de cession : Cass. 1re civ., 2 avr. 2014 (*JCP* G 2014, doctr. 857, n° 1, obs. Ch. Seraglini ; *Procédures* juin 2014, comm. 175, note L. Weiller ; *Rev. soc.* 2014, p. 584, note B. Le Bars ; *D.* 2014, p. 2542, obs. Th. Clay), approuvant Paris, 17 mars 2011, *Rev. arb.* 2011, p. 490, note J. Barbet. On peut estimer que la solution devrait être identique, même à défaut de clause d'arbitrage dans la transaction semblable à celle figurant dans le contrat initial, dès lors que le litige dont est saisi le tribunal arbitral porte sur des obligations du contrat d'origine non couvertes par la transaction et qu'aucune stipulation de celle-ci ne met expressément fin à la clause d'arbitrage du contrat d'origine : v. en ce sens, Paris, 17 oct. 2017, *Rev. arb.* 2017, p. 1265 (arrêt rendu en matière d'arbitrage international).

34. Sur l'utilité d'adopter une formulation relativement large des litiges couverts par une clause compromissoire, v. *infra*, n° 189 et s.

des obligations nouvelles, la question se complique, à tout le moins si la transaction ne comporte pas elle-même stipulation d'une clause de règlement des litiges : n'y a-t-il pas alors, de par l'effet de la volonté des parties, novation par substitution d'obligations et, en ce cas, anéantissement de la clause d'arbitrage figurant au contrat principal d'origine[35] ? En premier lieu, il convient de souligner qu'en toute hypothèse, l'arbitre sera compétent pour examiner la question de la réalité et de la portée d'une transaction sur les droits litigieux afin de déterminer sa compétence, en vertu du principe de Compétence-Compétence. En second lieu, M. Loquin estime, de son côté, que s'il constate, dans un tel cas de figure, une transaction, l'arbitre devrait se déclarer incompétent. En effet, selon l'auteur, la clause compromissoire est un contrat de procédure qui a pour objet le droit d'action attaché aux droits substantiels, et est ainsi l'accessoire de celui-ci[36]. Or, si le droit d'action peut survivre à l'extinction des droits substantiels, il n'en serait pas de même en cas de transaction, celle-ci éteignant le droit d'action né des droits substantiels sur lesquels il a été transigé. Un litige portant sur les éventuels droits nés de la transaction porterait donc sur des droits nouveaux, la transaction ayant en ce cas un effet novatoire. Un droit d'action nouveau serait alors en cause, auquel, sauf volonté exprimée par les parties lors de l'opération novatoire, la clause compromissoire ancienne ne serait pas attachée[37]. Le raisonnement suivi devrait être plus généralement applicable à toute novation par substitution d'obligations. Cependant, un autre auteur[38] a pu surtout souligner l'incertitude des solutions jurisprudentielles en la matière[39]. Cela dit, la jurisprudence la plus récente semble bien confirmer que la transaction, à supposer même qu'elle ait un effet novatoire[40], ne remet pas en cause l'efficacité de la convention d'arbitrage insérée au contrat initial[41].

S'agissant de la novation affectant un contrat contenant une clause compromissoire, deux hypothèses paraissent principalement envisageables, selon le type de novation en cause. Tout d'abord, il peut s'agir d'une novation par substitution d'obligations : les parties au contrat initial passent un accord ultérieur sur le même sujet que le contrat initial qui ne contient toutefois pas de clause d'arbitrage, et l'une d'elles prétend ensuite que cet accord emporte novation et a remplacé le contrat initial qui se trouve éteint, avec la clause compromissoire qui y était insérée. L'autre partie pourra bien entendu prétendre qu'il n'y a pas novation dans la mesure où les conditions de la novation ne sont pas réunies. Mais

35. V. J. Barbet, note préc., spéc. n° 5 et s., p. 496.

36. Sur ce caractère d'accessoire au second degré, v. *infra*, n° 81.

37. É. Loquin, *RTD com.* 2001, p. 61 ; v. aussi, « Arbitrage – Compromis et clause compromissoire », *J.-Cl. Proc. civ.*, fasc. 1020, n° 11 ; et aussi Ch. Jarrosson, note sous Paris, 4 mars 1986, *Cosiac*, *Rev. arb.* 1987, p. 167.

38. P. Ancel, « Arbitrage et novation », *Rev. arb.* 2002, p. 3, spéc. n°s 20 et s., p. 26 ; l'auteur distingue novation par changement de personnes et novation par changement de l'obligation.

39. V. notamment, paraissant retenir des solutions contraires aux arrêts du 4 mars 1986 et du 10 mai 1988 rendus dans l'affaire *Cosiac*, Cass. com., 22 mai 2001 et Paris, 11 juin 1998, *Rev. arb.* 2002, p. 147.

40. Ce qu'elle peut avoir par volonté des parties : Cass. com., 21 janv. 1997, *Bull. civ.* IV, n° 25 ; *D.* 1997, som. p. 179, obs. L. Aynès.

41. Paris, 21 janv. 2010, *Rev. arb.* 2010, p. 339, note F.-X. Train (rendu en matière d'arbitrage international). V. aussi, Paris, 17 mars 2011, *Rev. arb.* 2011, p. 490, note J. Barbet ; et sur pourvoi, Cass. 1re civ., 2 avr. 2014, *JCP* G 2014, 857, n° 1, obs. Ch. Seraglini ; *Procédures* juin 2014, comm. 175, note L. Weiller ; *Rev. soc.* 2014, p. 584, note B. Le Bars ; *D.* 2014, p. 2542, obs. Th. Clay ; v. aussi, à propos d'une transaction conclue pour mettre un terme au litige né de la mise en oeuvre d'un contrat d'assurance contenant une clause compromissoire : Cass. 1re civ., 9 juill. 2014, *D.* 2014, p. 2092, note V. Mazeaud ; *ibid.*, p. 2546, obs. Th. Clay ; *Procédures* 2014, comm. 298, obs. L. Weiller ; *Rev. gén. dr. assur.* 2014, p. 543, note V. Heuzé ; *RTD civ.* 2014, p. 888, note H. Barbier.

elle pourrait également songer à soutenir, sur la base de la jurisprudence précitée à propos de la transaction, que même en cas de novation, la clause compromissoire, en raison de son autonomie, survit à la novation du contrat. Ensuite, la novation peut s'opérer par changement de personnes : un tiers intervient dans le rapport contractuel pour prendre la place de l'un des contractants, débiteur ou créancier. La question sera alors de savoir si la clause compromissoire s'applique aux rapports entre l'autre contractant initial et son nouveau débiteur ou créancier. En principe, la novation conduit à la disparition du contrat ou de l'obligation originaire, pour laisser la place à un contrat ou une obligation nouvelle. Aussi, la clause compromissoire, accessoire de l'ancien droit d'action, ne devrait pas concerner le nouveau droit d'action attaché aux nouveaux droits substantiels, d'autant moins lorsque le nouveau rapport lie des parties différentes. Toutefois, des considérations propres à l'arbitrage pourraient conduire la jurisprudence à faire quelques entorses à ces principes. Pour la novation par changement de personnes, la jurisprudence pourrait utiliser ses solutions, pour le moment développées essentiellement dans l'arbitrage international mais qui pourraient rapidement être étendues à l'arbitrage interne, relatives à l'extension de la clause compromissoire à des tiers, selon lesquelles la clause compromissoire doit être étendue à toute personne directement impliquée dans l'exécution du contrat contenant la clause[42]. Or, celui qui se substitue à l'une des parties au contrat n'est-il pas « directement impliqué » dans l'exécution de celui-ci ? Ainsi, la jurisprudence pourrait songer à combiner le principe d'autonomie de la clause compromissoire, justifiant que cette dernière ne soit pas affectée par les événements touchant le contrat principal, et le principe d'extension de la clause compromissoire au tiers directement impliqué dans l'exécution du contrat, pour étendre celle-ci aux rapports entre la partie initiale et la partie nouvelle. S'agissant de la novation par substitution d'obligations, la jurisprudence pourrait maintenir la solution et la motivation de l'arrêt *Cosiac*, qui paraît au demeurant conforter par des arrêts plus récents relatifs à la transaction[43]. Elle pourrait également songer à utiliser les solutions qu'elle retient en matière d'extension de la clause compromissoire dans un groupe de contrats signés entre les mêmes parties, pour décider que la clause compromissoire contenue dans le contrat initial doit être étendue aux nouveaux accords, même si ceux-ci fondent de nouveaux rapports d'obligations, dès lors qu'ils participent avec l'ancien contrat à la réalisation d'une opération économique unique[44].

79 **Principe d'indépendance et principe de Compétence-Compétence.** Le principe de « Compétence-Compétence », selon lequel l'arbitre peut apprécier lui-même sa propre compétence lorsque celle-ci est contestée devant lui, sans avoir à surseoir à statuer jusqu'à ce qu'un juge étatique se soit prononcé sur ce point, est parfois rattaché au principe d'autonomie de la convention d'arbitrage par rapport au contrat principal[45]. Toutefois, si les deux règles entretiennent des relations étroites, elles ont chacune leur raison d'être propre[46]. D'ailleurs, sur un strict plan théorique, la reconnaissance de l'une n'implique nullement, en elle-même, celle de l'autre.

42. Sur ces solutions, v. *infra*, n° 720 et s.

43. Paris, 21 janv. 2010, préc. ; Paris, 17 mars 2011, préc., et sur pourvoi, Cass. 1re civ., 2 avr. 2014, préc.

44. Sur cette jurisprudence, v. *infra*, n° 194 et s. Et en ce sens, Paris, 12 juin 2012, *Rev. arb.* 2012, p. 811, note L. Aynès.

45. V., par exemple, J.-F. Poudret, S. Besson, *Droit comparé de l'arbitrage international*, Bruylant, 2002, n° 166, p. 135. Sur le principe de Compétence-Compétence, v. *infra*, n° 165 et s.

46. Sur ce point, v. A. Dimolitsa, « Autonomie et "Kompetenz-Kompetenz" », *Rev. arb.* 1998, p. 305, spéc. n° 2, p. 306.

En effet, le principe de Compétence-Compétence peut très bien être retenu sans reconnaître celui d'autonomie de la convention d'arbitrage. Même sans cette autonomie, le principe de Compétence-Compétence permettrait néanmoins à l'arbitre de statuer sur sa propre compétence tant que la nullité du contrat principal n'est pas établie. En revanche, s'il constatait cette nullité, l'arbitre serait contraint de se déclarer incompétent, la nullité du contrat rejaillissant sur la clause compromissoire. Sur un plan pratique toutefois, le principe de Compétence-Compétence aurait alors un intérêt limité, la compétence de l'arbitre pour trancher le fond du litige demeurant au final très fragile ; le principe d'autonomie viendrait ici au contraire renforcer la compétence de l'arbitre.

De même, le principe d'autonomie de la clause compromissoire pourrait très bien exister sans reconnaissance du principe de Compétence-Compétence. Il impliquerait alors qu'une contestation portant sur la validité ou la pérennité du contrat principal ne serait pas susceptible d'affecter la clause compromissoire, et donc la compétence de l'arbitre. En conséquence, l'arbitre, même non pourvu de la « Compétence-Compétence », n'aurait pas à se déclarer incompétent si la validité du seul contrat principal était en cause. En revanche, si la contestation portait sur la validité de la clause compromissoire elle-même, alors, sans le principe de Compétence-Compétence, l'arbitre serait contraint de surseoir à statuer dans l'attente d'une décision du juge étatique sur cette contestation. En effet, l'autonomie de la convention d'arbitrage n'est alors d'aucun secours, puisque c'est la convention d'arbitrage elle-même, fondement de l'investiture de l'arbitre, qui est mise en cause. Le principe d'autonomie serait donc en pratique d'une utilité relative et, une fois encore, la compétence de l'arbitre bien fragile. Le principe de Compétence-Compétence viendrait au contraire ici justifier une compétence arbitrale préalable à l'exercice de la compétence sur le fond qui renforcerait l'efficacité du mécanisme.

En résumé, les deux principes sont complémentaires pour assurer l'efficacité de la convention d'arbitrage et, plus généralement, de l'arbitrage : le principe de Compétence-Compétence permet à l'arbitre d'examiner les questions relatives à sa compétence lorsque celle-ci est contestée ; le principe d'autonomie de la clause compromissoire par rapport au contrat lui permet en outre d'aller au bout de son raisonnement sans contradiction, et de prononcer éventuellement la nullité du contrat sans « scier la branche sur laquelle il est assis ».

SECTION 2 LA JUSTIFICATION DU PRINCIPE D'INDÉPENDANCE

80 **Justifications théorique et pratique.** Le principe d'indépendance peut sembler délicat à justifier sur le plan de la théorie juridique, dans la mesure où il est *a priori* difficilement conciliable avec un autre principe, celui de la transmission de la clause compromissoire avec le contrat principal[47]. La doctrine s'est néanmoins employée à proposer des justifications théoriques. Sur un plan pratique en revanche, la solution est aisément justifiable, compte tenu de son opportunité.

47. Sur cet autre principe, v. *infra*, n° 207 et s.

81 **Une justification théorique objet de discussions.** Sur le plan théorique, le principe d'autonomie est aujourd'hui généralement justifié par le fait que la convention d'arbitrage est une convention distincte du contrat principal et a un objet particulier, d'ordre processuel : alors que le contrat principal a trait aux droits substantiels, la convention d'arbitrage est une convention de procédure qui vise à l'organisation du procès entre les parties au contrat et qui affecte le droit d'action, accessoire des droits substantiels, d'une restriction imposant d'exercer ce droit d'action uniquement devant la juridiction arbitrale[48]. La convention d'arbitrage est donc un accessoire, une modalité, du droit d'action qui accompagne les droits substantiels nés du contrat principal, et non de ces droits eux-mêmes ; c'est la raison pour laquelle elle existe tant que le droit d'action existe, même si le contrat vient à disparaître, dans la mesure où le droit d'action est lui-même autonome par rapport aux droits substantiels[49]. Cette justification paraît être reprise par la jurisprudence[50]. Certains auteurs relativisent toutefois l'indépendance de la clause compromissoire par rapport au contrat principal et sa nature de contrat réellement autonome. M. Mayer[51] indique ainsi que la clause compromissoire ne peut être vue comme un contrat réellement autonome, dans la mesure où « elle serait inconcevable en l'absence du reste du contrat » ; selon l'auteur, son objet même est constitué par le reste du contrat, puisqu'elle vise à organiser le règlement des litiges auxquels sont susceptibles de donner naissance les autres clauses contractuelles. Il en conclut qu'elle est donc bel et bien une clause, parmi d'autres, dans un contrat unique et constitue même un élément du régime contractuel voulu par les parties ; elle « est l'accessoire du reste du contrat dont elle contribue à préciser sur un certain plan le régime juridique ». Aussi, l'auteur préfère parler d'un principe de « séparabilité » de la clause d'arbitrage. Quoi qu'il en soit, la différence de nature des deux actes justifie que l'on retienne une certaine dose d'autonomie de la clause d'arbitrage par rapport à l'acte qui la contient et dont elle vise à régler les litiges qui peuvent en découler.

82 **Une justification essentiellement pratique.** Le principe d'autonomie peut aussi plus simplement être vu comme une fiction juridique posée par la jurisprudence, et aujourd'hui par le décret du 13 janvier 2011, en raison de son caractère particulièrement nécessaire au fonctionnement de l'arbitrage. L'opportunité du principe d'autonomie sur le plan pratique ne fait en effet guère de doute : il est nécessaire à l'efficacité de

48. C. Legros, *L'arbitrage et les opérations juridiques à trois personnes*, thèse Rouen, 1999, n° 152 et s. ; É. Loquin, « Différences et convergences dans le régime de la transmission et de l'extension de la clause compromissoire devant les juridictions françaises », *Cah. arb.*, vol. II, *Gaz. Pal.* éd., 2004, spéc. p. 53.

49. V. Cass. 3e civ., 5 févr. 1997, *Rev. proc. civ.* 1997, comm. n° 82, p. 6 : « L'existence du droit invoqué par le demandeur n'est pas une condition de recevabilité de l'action ».

50. Cass. 1re civ., 27 mars 2007, *stés ABS et AGF Iart c/ sté Amkor Technology et a.*, *JCP* G 2007, II, 10118, note C. Gohlen ; *ibid.*, I, 168, n° 11 et s., obs. Ch. Seraglini ; *D.* 2007, p. 2077, note S. Bollée, et pan. 180, spéc. 184, obs. Th. Clay ; *JDI* 2007, p. 968, note C. Legros ; *Rev. arb.* 2007, p. 785, note J. El Adhab ; *RCDIP* 2007, p. 798, note F. Jault-Seseke ; F.-X. Train, « Action directe et arbitrage – à propos de l'arrêt ABS du 27 mars 2007 », *Cah. arb.*, vol. IV, Pedone, 2008, p. 30 ; *RTD com.* 2007, p. 677, obs. É. Loquin. Sur cet arrêt, v. *infra*, n° 727.

51. P. Mayer, « Les limites de la séparabilité de la clause compromissoire », *Rev. arb.* 1998, p. 359, spéc. nos 3 et s., p. 361. Selon l'auteur, « la clause compromissoire est séparable, et doit être séparée dans la mesure précisément où elle contribue à définir le processus à l'issue duquel le sort du contrat sera réglé, autrement dit dans la mesure où elle est un accessoire des clauses substantielles du contrat » (n° 4, p. 362). V. aussi, pour une position plus nuancée, P. Mayer, « La "circulation" des conventions d'arbitrage », *JDI* 2005, p. 251.

l'arbitrage, ce qui explique probablement qu'il ait d'abord été reconnu en matière internationale, où l'attrait de la jurisprudence pour l'arbitrage a été beaucoup plus précoce qu'en matière interne ; à défaut d'autonomie, les vicissitudes pouvant affecter le contrat principal auraient affecté la clause d'arbitrage qui, le plus souvent, se trouve matériellement dans ce contrat ; à l'extrême, il aurait suffi à l'une des parties de résilier le contrat pour prétendre priver d'effet la clause d'arbitrage ; plus généralement, la nullité du contrat aurait privé le tribunal arbitral de sa compétence pour trancher le litige au fond, ce qui aurait constitué un frein sérieux au développement de la justice arbitrale. En outre, retenir que le principe d'autonomie relève essentiellement d'une fiction juridique d'origine jurisprudentielle posée pour des considérations pratiques permet d'expliquer certaines solutions retenues par la jurisprudence qui pourraient, de prime abord, ne pas paraître totalement en adéquation avec la justification théorique selon laquelle la convention d'arbitrage est un accessoire du droit d'action accompagnant les droits substantiels nés du contrat[52].

52. V. notamment les discussions sur les solutions jurisprudentielles en cas de transaction et de novation, *supra*, n° 78.

CHAPITRE 2
LES CONDITIONS DE VALIDITÉ DE LA CONVENTION D'ARBITRAGE

83 **Division.** Sur le terrain des conditions de validité, une convention d'arbitrage est bien entendu soumise aux conditions de validité classiques traditionnellement posées à l'égard de tout acte juridique, et notamment à celles relatives à l'existence et à la qualité du consentement donné : le consentement à l'arbitrage doit exister[1], être libre et éclairé, exempt de vices. Au demeurant, la qualité du consentement à la convention d'arbitrage devrait être vue comme une exigence fondamentale, dans la mesure où cette convention fonde la compétence du tribunal arbitral et la renonciation des parties à la compétence des tribunaux étatiques[2]. À cet égard, une partie peut prétendre que son consentement à la convention d'arbitrage résulte d'une erreur, a été surpris par dol ou extorqué par violence. La question est relativement traditionnelle, si ce n'est qu'il importe d'y apporter deux précisions afin de tenir compte des particularités liées à la matière arbitrale. Tout d'abord, en vertu du principe de Compétence-Compétence tel que retenu par le droit français, selon lequel le tribunal arbitral bénéficie d'une compétence prioritaire pour se prononcer sur les questions mettant en cause la validité de son investiture[3], le tribunal arbitral pourra se prononcer lui-même sur ce type de prétentions. D'autre part, en raison du principe d'autonomie de la convention d'arbitrage, et plus particulièrement de la clause compromissoire, par rapport au contrat principal[4], le vice devra être caractérisé à l'égard du consentement à la convention d'arbitrage elle-même, et non simplement à l'égard du consentement au contrat principal. La question se pose essentiellement à propos de la clause compromissoire. S'agissant du compromis en effet, son indépendance par rapport au contrat principal apparaît avec encore plus d'évidence puisqu'il est signé une fois le litige né, et donc postérieurement, et

1. Sur ce point, v. l'article 2061, alinéa 1er, du Code civil dans sa rédaction issue de la loi n° 2016-1547, qui dispose : « La clause compromissoire doit avoir été acceptée par la partie à laquelle on l'oppose, à moins que celle-ci n'ait succédé aux droits et obligations de la partie qui l'a initialement acceptée ». Sur cette disposition, v. *infra*, n° 129 et s., et n° 194 et s.

2. Pour un rappel solennel de la nécessité d'un consentement à l'arbitrage, v. Cass. 1re civ., 19 mars 2002, *Tarom*, *RTD com.* 2002, p. 664, obs. É. Loquin, déclarant que « seule la volonté commune des contractants a le pouvoir d'investir l'arbitre de son pouvoir juridictionnel », et approuvant Paris, 1er juin 1999, *Rev. arb.* 2000, p. 493, et l'article de B. Stern, p. 403 ; *JDI* 2000, p. 370, note É. Loquin.

3. Sur ce principe, v. *infra*, n° 165 et s.

4. Sur ce principe, v. *supra*, n° 74 et s.

indépendamment du contrat principal. Aussi, la qualité du consentement s'apprécie à l'évidence au regard du compromis lui-même. Pour la clause compromissoire, les vices du consentement doivent donc également être envisagés de façon autonome pour elle et pour le contrat principal. Certes, assez souvent, le même vice peut affecter à la fois l'une et l'autre. Toutefois, cette coïncidence n'est pas systématique. Ainsi par exemple, un contrat de vente qui serait vicié pour erreur sur la substance de la chose vendue n'implique pas pour autant un vice du consentement affectant la clause compromissoire qui y est stipulée, dans la mesure où le vice en question est bien propre au contrat de vente lui-même.

Cela étant, ne seront ici étudiées que les conditions pour lesquelles la convention d'arbitrage connaît de réelles spécificités. À cet égard, la convention d'arbitrage est, en premier lieu, soumise à des conditions relatives à la capacité et au pouvoir de compromettre, c'est-à-dire de conclure une convention d'arbitrage (section 1). Sa validité suppose également la licéité du recours à l'arbitrage, ce qui a trait aux droits sur lesquels on peut compromettre et met notamment en cause l'arbitrabilité du litige (section 2). La convention d'arbitrage est enfin soumise à des conditions de validité en la forme (section 3).

SECTION 1 LA CAPACITÉ ET LE POUVOIR DE COMPROMETTRE

84 **Division.** La convention d'arbitrage étant un acte juridique, la personne qui conclut une convention d'arbitrage en son nom et pour son compte doit être capable (§ 1). De plus, lorsqu'une personne prétend conclure un tel acte pour le compte d'autrui, elle doit avoir reçu un pouvoir à cet effet (§ 2).

§ 1. LA CAPACITÉ DE COMPROMETTRE

85 **Personnes privées et personnes publiques.** L'article 2059 du Code civil dispose que « toutes personnes peuvent compromettre sur les droits dont elles ont la libre disposition ». Ainsi, la justice arbitrale semble en principe accessible à toute personne, à condition que celle-ci ait la libre disposition de ses droits. Toutefois, la convention d'arbitrage étant un acte juridique, il existe des exceptions pour certaines personnes dont la capacité juridique est restreinte. Il convient ici de se reporter pour l'essentiel aux dispositions relatives à la capacité à contracter en général. La capacité de compromettre doit toutefois être appréciée différemment pour les personnes privées (A) et pour les personnes publiques (B).

A. LES PERSONNES PRIVÉES

86 **La convention d'arbitrage, acte d'administration ou de disposition ?** En tant qu'acte juridique, la convention d'arbitrage pose la question de la capacité à contracter

de celui qui y souscrit. En application de l'article 1145 du Code civil[5], pourrait donc en principe compromettre toute personne physique qui n'est pas frappée d'une incapacité prévue par la loi. L'article 1146[6] précise que sont incapables de contracter, « dans la mesure définie par la loi », les mineurs non émancipés et les majeurs protégés au sens de l'article 425 du même code. Ainsi, la loi fixe « la mesure » de l'incapacité de ces catégories de personnes, et il est donc nécessaire de voir comment elle définit les contours de leur incapacité pour savoir précisément qui peut, et à quelles conditions, conclure une convention d'arbitrage. C'est la capacité d'exercice qui est ici en cause. Celle-ci peut se définir comme « l'aptitude à faire valoir par soi-même et seul un droit dont on est titulaire, sans avoir besoin d'être représenté ni assisté à cet effet par un tiers »[7]. La question relevant davantage du droit des personnes, seules quelques indications générales seront ici données.

La capacité de contracter de certaines personnes protégées dépend souvent de la gravité de l'acte en cause. À cet égard, on distingue généralement les actes de disposition, les actes d'administration et les actes conservatoires. Si la convention d'arbitrage ne peut à l'évidence être regardée comme un simple acte conservatoire, on peut en revanche hésiter à la ranger dans la première ou la deuxième catégorie d'actes. En droit français, l'opinion traditionnelle a longtemps été que la convention d'arbitrage était un acte grave, emportant renonciation à certaines garanties offertes par la justice étatique, ainsi qu'au droit litigieux tel qu'il serait reconnu par un juge étatique. De ce fait, il était considéré qu'elle devait être rangée dans la catégorie des actes de disposition. À tout le moins, sa conclusion supposerait que la personne puisse disposer des droits litigieux[8].

Cependant, la doctrine plus récente conteste le caractère systématique de cette qualification. Ainsi, il a été avancé par M. Loquin[9] que l'arbitrage étant devenu un mode sûr de règlement des litiges, il ne convenait pas de s'en méfier *a priori* : l'arbitre statue généralement en droit, et sous le contrôle du juge étatique. L'auteur propose donc de ne maintenir de façon systématique la qualification d'acte de disposition qu'à l'égard de la convention d'arbitrage stipulant l'amiable composition, dans la mesure où une telle convention implique effectivement renonciation par les parties à l'application stricte du droit au profit d'un usage par l'arbitre de l'équité. En dehors de cette hypothèse spécifique, l'auteur plaide en revanche pour une analyse au cas par cas, tenant compte de l'objet du litige, ainsi que de la règle de capacité qu'il s'agit d'appliquer. Selon cette logique, la convention d'arbitrage ne serait pas un acte de disposition lorsque la décision de l'arbitre n'est pas susceptible d'avoir une influence sur la propriété des biens en litige, ni d'affecter durablement leur valeur ; autrement dit, elle constituerait un acte d'administration chaque fois qu'elle se rattache à l'administration du patrimoine. Elle ne devrait être qualifiée d'acte de disposition que pour les litiges dont la solution risque d'affecter définitivement la consistance ou la valeur du patrimoine, ainsi que pour les

5. Dans sa rédaction issue de l'ordonnance n° 2016-131 du 10 févr. 2016 portant réforme du droit des contrats, du régime général et de la preuve des obligations ; v. auparavant, art. 1123 anc.

6. Dans sa rédaction issue de l'ordonnance n° 2016-131 du 10 févr. 2016 portant réforme du droit des contrats, du régime général et de la preuve des obligations ; v. auparavant, art. 1124 anc.

7. G. Cornu, *Vocabulaire Juridique Association Henri Capitant*, V° *Capacité d'exercice*, 12e éd., PUF, coll. « Quadrige », 2018.

8. V. en ce sens, art. 2059 C. civ. ; et É. Loquin, « Conventions d'arbitrage – Conditions de fond : consentement, capacité, pouvoir, objet, cause », *J.-Cl. Proc. civ.*, fasc. 1022, n° 21.

9. É. Loquin, « Convention d'arbitrage – Conditions de fond : consentement, capacité, pouvoir, objet, cause », *J.-Cl. Proc. civ.*, fasc. 1022, n° 22 et s.

litiges extrapatrimoniaux. Ainsi, la qualification ne dépendrait plus vraiment de la convention d'arbitrage elle-même, mais de l'objet du litige et des incidences possibles de la sentence arbitrale à intervenir sur les droits de l'individu concerné.

Bien que séduisante[10], cette proposition risque d'être extrêmement difficile à mettre en œuvre. Elle implique en effet une démarche prospective souvent délicate à suivre : il n'est pas toujours évident de déterminer *a priori* si le litige mettra ou non durablement en cause le patrimoine de l'une des parties. La tâche risque même de se révéler impossible dans le cas de la clause compromissoire qui intervient par hypothèse avant tout litige et qui ne définit généralement pas de façon précise l'objet des litiges qu'elle entend couvrir[11]. La proposition, si elle était suivie, instaurerait donc une forte relativité quant à la validité de la clause compromissoire, qui serait affectée d'un statut bien précaire puisque, le plus souvent, cette validité ne pourrait être vérifiée qu'au moment de la naissance du litige. Cela paraît peu compatible avec le souci de sécurité juridique et de prévisibilité cher aux parties à un contrat. Aussi, cette proposition ne semble pouvoir être aisément mise en œuvre que pour le compromis.

Quoi qu'il en soit, la jurisprudence semble adopter une démarche essentiellement pragmatique et raisonner au cas par cas, selon la règle de capacité (ou de pouvoir) en cause. Cependant, dans les années récentes, au moins dans le domaine de la vie des affaires et particulièrement pour l'arbitrage international, qui implique essentiellement des personnes morales, elle semble évoluer vers la reconnaissance du statut « d'acte de gestion courante » de la convention d'arbitrage[12]. Au contraire, intervenant essentiellement dans l'arbitrage interne, le législateur paraît davantage adhérer à l'opinion traditionnelle en ce qui concerne les règles relatives à la capacité de compromettre. Il démontre en effet une certaine inclination à traiter la convention d'arbitrage interne comme un acte grave. On peut le vérifier en examinant les règles relatives à la capacité de certaines catégories de personnes protégées : mineurs, majeurs protégés, et personnes en mesure de sauvegarde ou en redressement ou en liquidation judiciaire.

87 **Mineurs.** Le mineur non émancipé ne peut à l'évidence conclure lui-même une convention d'arbitrage. Toutefois, son représentant légal pourra le faire en son nom. La question est en réalité davantage celle de savoir quel représentant peut agir, dans

10. V. semble-t-il en ce sens, même si l'arrêt n'est pas parfaitement clair à cet égard, Cass. 1re civ., 8 févr. 2000, *Rev. arb.* 2002, p. 661, note H. Lécuyer : deux époux assignent le frère du mari en vue d'obtenir le partage de biens indivis qui, pour les époux, sont des biens communs ; par la suite, le mari, sans le concours de son épouse, signe un compromis d'arbitrage avec son frère ; l'épouse assigne son mari, sur le fondement de l'article 1427 C. civ., en lui reprochant d'avoir outrepassé ses pouvoirs sur les biens communs et en demandant l'annulation du compromis signé sans son accord ; la cour d'appel rejette la demande dès lors que l'article 1421 C. civ. donne le pouvoir à chaque époux d'administrer seul les biens communs et, en conséquence, d'exercer les actions en justice relatives à ces biens ; ainsi, la cour d'appel semble assimiler le compromis à une action en justice et à un acte d'administration. La Cour de cassation censure cette décision, au visa de l'article 1424 et de l'article 2059 C. civ., en retenant qu'« en statuant ainsi, après avoir relevé que le compromis litigieux tendait au partage de biens communs dont le signataire n'avait pas la libre disposition, la cour d'appel a violé, par refus d'application, les textes susvisés » ; la qualification d'acte d'administration retenue par la cour d'appel ne paraît ainsi remise en cause par la Cour de cassation que parce que l'opération pour laquelle le compromis avait été stipulé, un partage de biens communs, relevait elle-même des actes de disposition.

11. Bien au contraire, la clause compromissoire est souvent rédigée de façon suffisamment large pour pouvoir couvrir tous les litiges susceptibles de naître à l'avenir entre les parties relativement au contrat qui les lie.

12. V. *infra*, n° 621.

la mesure où il existe plusieurs organes de représentation du mineur (administrateur légal, tuteur, conseil de famille, juge des tutelles), et à quelles conditions. L'organe qui peut agir au nom du mineur est en principe l'organe normal de représentation, c'est-à-dire, selon les cas, les parents en tant qu'administrateurs légaux, ou le tuteur en cas de tutelle. Cependant, se pose la question de savoir si cet organe ne doit pas, afin de conclure valablement une convention d'arbitrage pour l'incapable, obtenir au préalable une autorisation émanant d'une autre autorité.

Pour prendre l'exemple de l'administration légale des parents qui exercent en commun l'autorité parentale[13], selon l'article 382-1 du Code civil, chacun des parents est réputé, à l'égard des tiers, avoir reçu de l'autre le pouvoir de faire seul les actes d'administration portant sur les biens du mineur. L'article 387 du même code précise qu'en cas de désaccord entre les administrateurs légaux, le juge des tutelles est saisi aux fins d'autorisation de l'acte. Cependant, l'article 387-1, 4°, prévoit que le ou les administrateurs légaux ne peuvent, sans l'autorisation préalable du juge des tutelles, « renoncer pour le mineur à un droit, transiger ou compromettre ». Aussi, le législateur semble bien ici s'en tenir à la conception traditionnelle, selon laquelle la convention d'arbitrage est un acte, si ce n'est de disposition, à tout le moins grave, traité de la même manière que la renonciation à un droit et impliquant donc l'autorisation du juge des tutelles. Au contraire, si la proposition de M. Loquin avait été retenue, la solution aurait pu varier selon que le litige couvert par la convention d'arbitrage aurait mis en cause la propriété ou la consistance des biens du mineur, ou seulement leur administration sans être susceptible d'affecter durablement la propriété ou la valeur de ces biens. Néanmoins, compte tenu des incertitudes qui, à retenir cette seconde conception, étaient susceptibles d'entourer la validité d'une convention d'arbitrage, et spécialement d'une clause compromissoire[14], la solution retenue par le législateur apparaît finalement raisonnable.

S'agissant de la tutelle d'un mineur, applicable en cas de décès ou de privation de l'exercice de l'autorité parentale des deux parents[15], l'article 506 du Code civil fournit la solution en énonçant : « Le tuteur ne peut transiger ou compromettre au nom de la personne protégée qu'après avoir fait approuver par le conseil de famille ou, à défaut, par le juge les clauses de la transaction ou du compromis et, le cas échéant, la clause compromissoire ». Par ailleurs, le compromis et la clause compromissoire sont rangés parmi les actes de disposition dans l'annexe 1 du décret n° 2008-1484 du 22 décembre 2008, pris en application de l'article 496 du Code civil et qui fixe la liste des actes regardés, pour l'application du titre relatif à « la gestion du patrimoine des mineurs et majeurs en tutelle », comme des « actes d'administration relatifs à la gestion courante du patrimoine et comme des actes de disposition qui engagent celui-ci de manière durable et substantielle ». Le tuteur aura donc toujours besoin d'une autorisation pour valablement compromettre au nom du mineur en tutelle. Ainsi, de façon générale, le législateur semble bien traiter la convention d'arbitrage comme un acte grave, s'agissant des mineurs non émancipés.

Le mineur émancipé est quant à lui, en vertu de l'article 413-6, alinéa 1, du Code civil, capable comme un majeur pour tous les actes de la vie civile ; aucune restriction à sa capacité de compromettre ne semble posée. Toutefois, selon l'article 413-8 du Code civil, le mineur émancipé ne peut être commerçant sans l'autorisation du juge des

13. Art. 382 C. civ.
14. V. *supra*, n° 85.
15. Art. 390 C. civ.

tutelles ou du président du tribunal de grande instance[16], ce qui pourrait conduire à restreindre l'opposabilité d'une clause compromissoire à l'égard d'un mineur émancipé, dès lors qu'en vertu de l'article 2061, alinéa 2, du Code civil dans sa rédaction issue de la loi n° 15-47 du 18 novembre 2016 de modernisation de la justice du XXIe siècle, une telle clause ne peut être opposée à la partie qui n'a pas conclu dans le cadre de son activité professionnelle[17].

88 **Majeurs protégés.** S'agissant du majeur placé sous sauvegarde de justice, l'article 435 du Code civil énonce qu'il « conserve l'exercice de ses droits ». Le texte ajoute qu'il ne peut toutefois, à peine de nullité, faire un acte pour lequel un mandataire spécial a été désigné en application de l'article 437. Le texte énonce encore que « les actes qu'[il] a passés et les engagements qu'[il] a contractés pendant la durée de la mesure peuvent être rescindés pour simple lésion ou réduits en cas d'excès, alors même qu'ils pourraient être annulés en vertu de l'article 414-1 », cette dernière disposition prévoyant la nullité de l'acte s'il est établi l'existence d'un trouble mental au moment de sa conclusion. Ceci étant, si l'on met le cas d'un éventuel trouble mental à part, l'adhésion à une convention d'arbitrage devrait rarement pouvoir caractériser un excès ou une lésion.

Pour les personnes en curatelle[18], l'article 467 du Code civil énonce que « la personne en curatelle ne peut, sans l'assistance du curateur, faire aucun acte qui, en cas de tutelle, requerrait une autorisation du juge ou du conseil de famille ». Aussi, puisque l'article 506 du Code civil prévoit que le tuteur ne peut compromettre au nom de la personne protégée qu'après approbation des clauses du compromis ou de la clause compromissoire par le conseil de famille ou, à défaut, par le juge, l'assistance du curateur paraît nécessaire pour la conclusion d'une convention d'arbitrage. Cette exigence peut sembler suffisante pour protéger la personne qui fait simplement l'objet d'une mesure de curatelle, le curateur n'ayant pas en principe de pouvoir de représentation mais une simple mission d'assistance.

89 **Personne en mesure de sauvegarde, redressement ou liquidation judiciaire.** Un cas particulier d'incapacité concerne le débiteur en faillite[19], s'agissant de la convention d'arbitrage conclue postérieurement au jugement d'ouverture de la procédure collective[20]. On peut ici distinguer la sauvegarde, le redressement et la liquidation judiciaires[21].

16. À compter du 1er janvier 2020, date d'entrée en vigueur de la loi de programmation et de réforme de la justice du 23 mars 2019, le tribunal de grande instance sera remplacé par le tribunal judiciaire. Dans cet ouvrage, toute référence au tribunal de grande instance doit donc s'entendre, à compter de cette date, comme une référence au tribunal judiciaire.

17. Sur l'article 2061 C. civ. dans ses différentes versions, v. *infra*, n° 121 et s. Avant la loi de modernisation de la justice du XXIe siècle, l'article 413-8 C. civ. pouvait être vu comme restreignant la possibilité même de conclure valablement une clause compromissoire dès lors que, selon l'article 2061 ancien, la clause ne pouvait être conclue que dans le cadre d'une activité professionnelle.

18. V. aussi, pour les actes accomplis moins de deux ans avant la publicité du jugement d'ouverture de la mesure de protection, art. 464 C. civ. ; et, sur les conditions de la sanction de l'irrégularité des actes accomplis après la publicité du jugement d'ouverture de la mesure de protection par la personne protégée ou par la personne chargée de sa protection (curateur ou tuteur), art. 465 C. civ.

19. V. Ph. Fouchard, « Arbitrage et faillite », *Rev. arb.* 1998, p. 471.

20. L'ouverture d'une procédure collective ne remettant pas en principe en cause la validité des conventions d'arbitrage conclues antérieurement par le débiteur, même si elle peut conduire à certaines restrictions dans leur mise en œuvre ; sur ce dernier point, v. *infra*, n° 147.

21. Bien entendu, il faudra au surplus que le litige soit arbitrable ; or, l'ouverture d'une procédure collective conduit à certaines restrictions en matière d'arbitrabilité ; sur ces restrictions, v. *infra*, n° 147.

En cas de mesure de sauvegarde, si l'administration de l'entreprise est en principe assurée par son dirigeant, le tribunal qui nomme un ou plusieurs administrateurs les charge ensemble ou séparément de surveiller le débiteur dans sa gestion ou de l'assister pour tous les actes de gestion ou pour certains d'entre eux[22]. L'article L. 622-3 du Code de commerce ajoute que « le débiteur continue à exercer sur son patrimoine les actes de disposition et d'administration, ainsi que les droits et actions qui ne sont pas compris dans la mission de l'administrateur ». Tout semble donc dépendre en premier lieu de l'étendue de la mission confiée à l'administrateur par le jugement d'ouverture. Par ailleurs, l'alinéa 2 du même article dispose que « sous réserve des dispositions des articles L. 622-7 et L. 622-13, les actes de gestion courante qu'accomplit seul le débiteur sont réputés valables à l'égard des tiers de bonne foi ». Or, la jurisprudence actuelle tend de plus en plus à considérer la conclusion d'une convention d'arbitrage comme un acte de gestion courante dans la vie des sociétés[23]. Aussi, si cette orientation était suivie, la stipulation d'une convention d'arbitrage par le débiteur seul pourrait sembler dans tous les cas valable à l'égard des tiers de bonne foi. Cependant, l'article L. 622-7 du Code de commerce dispose justement : « [...] II. Le juge-commissaire peut autoriser le débiteur à faire un acte de disposition étranger à la gestion courante de l'entreprise, à consentir une hypothèque, un gage ou un nantissement ou à compromettre ou transiger ». On peut en déduire que l'autorisation du juge-commissaire est finalement toujours nécessaire, et doit être combinée avec les dispositions relatives à la mission (surveillance ou assistance) confiée dans chaque espèce à l'administrateur[24]. Ainsi, le législateur donne expressément la solution et paraît toujours percevoir la convention d'arbitrage comme un acte relativement grave et, en tout cas, la soumettre à un traitement analogue à celui des actes étrangers à la gestion courante de l'entreprise en mesure de sauvegarde.

En cas de redressement judiciaire, l'article L. 631-14 du Code de commerce prévoit que les articles L. 622-3 à L. 622-9, à l'exception de l'article L. 622-6-1, et les articles L. 622-13 à L. 622-33, qui sont en principe applicables à la procédure de sauvegarde, le sont également à la procédure de redressement judiciaire, sous réserve des dispositions particulières à cette dernière. À cet égard, l'article L. 631-14 prévoit que lorsque l'administrateur a une mission de représentation, il exerce les prérogatives conférées au débiteur par le II de l'article L. 622-7, et qu'en cas de mission d'assistance, il les exerce concurremment avec le débiteur. Autrement dit, tout dépendra à nouveau de l'étendue de la mission confiée par le tribunal à l'administrateur (simple mission d'assistance ou mission de représentation)[25] et, dans le cas d'une mission de représentation, l'administrateur se substitue au débiteur dans le cadre de l'application du II de l'article L. 622-7.

En cas de liquidation judiciaire, le liquidateur exerce en principe les droits et actions du débiteur concernant son patrimoine[26]. Par ailleurs, l'article L. 642-24, alinéa 1, du Code de commerce dispose que « le liquidateur peut, avec l'autorisation du juge-commissaire et le débiteur entendu ou dûment appelé, compromettre et transiger sur toutes les contestations qui intéressent collectivement les créanciers même sur celles qui sont relatives à des droits

22. Art. L. 622-1 C. com.

23. V. *infra*, n° 97. Et aussi, en matière internationale, Cass. 1re civ., 8 juill. 2009, *Soerni*, *Rev. arb.* 2009, p. 529, note D. Cohen ; *Cah. arb.* 2010, p. 97, note F.-X. Train ; *JCP* G 2009, I, 462, n° 10, obs. J. Ortscheidt ; *D.* 2009, p. 2959, n° I-A, obs. Th. Clay ; *ibid.*, p. 2384, n° I-B, obs. L. d'Avout ; *ibid.*, p. 1957, obs. X. Delpech ; *RCDIP* 2009, p. 779, note F. Jault-Seseke ; et *infra*, n° 630.

24. V., sous l'empire du texte ancien, Paris, 10 févr. 1994, *D.* 1994, IR, 79 ; *Rev. arb.* 1998, p. 549.

25. V. art. L. 631-12 C. com.

26. Art. L. 641-9 C. com.

et actions immobiliers » ; de plus, si l'objet du compromis est d'une valeur indéterminée ou excède la compétence en dernier ressort du tribunal, le compromis est soumis à l'homologation du tribunal (alinéa 2). L'autorisation du juge-commissaire est donc toujours nécessaire pour « compromettre » sur les contestations qui intéressent collectivement les créanciers, et c'est le liquidateur qui peut conclure la convention d'arbitrage. La solution est à nouveau donnée par le législateur qui, sans s'aventurer à qualifier la convention d'arbitrage d'acte de disposition ou d'acte étranger à la gestion courante, peut-être en raison de la difficulté à la ranger dans les catégories existantes, prend la peine d'en traiter spécifiquement et semble bien la considérer comme un acte relativement grave.

B. LE CAS PARTICULIER DES PERSONNES PUBLIQUES

90 **Question de capacité ou d'arbitrabilité subjective ?** Certains auteurs abordent la question de l'aptitude de l'État et des autres personnes morales de droit public à compromettre sous l'angle de l'arbitrabilité dite « subjective ». Selon eux, il ne pourrait s'agir d'une question de capacité dans la mesure où l'État a, par nature, une pleine capacité juridique[27]. On pourrait en effet considérer que l'État et les personnes morales de droit public ne peuvent compromettre, sauf exception, parce que les litiges qui les concernent sont généralement inarbitrables, car devant être réservés à la seule compétence des juridictions étatiques. Néanmoins, pour les seuls besoins de l'organisation de l'ouvrage, nous rejoindrons un autre courant doctrinal qui retient qu'est bien ici en cause une limitation de la capacité de compromettre de l'État et des autres personnes morales de droit public, soit une limitation de leur capacité de jouissance[28]. Il est vrai qu'en droit français au moins, la prohibition pour les personnes morales de droit public de compromettre s'explique essentiellement par des considérations liées au statut des personnes concernées. Comme le relève M. Loquin[29], l'interdiction est avant tout organique et frappe traditionnellement tous les types de conventions conclues par les personnes morales de droit public, peu important le caractère administratif ou non du litige. C'est l'Administration qui ne semble pas, en principe, autorisée à compromettre[30]. Les origines de cette prohibition tendent à expliquer ce point de vue.

91 **Une prohibition traditionnelle.** L'article 2060 du Code civil semble poser une restriction à la capacité de jouissance des personnes publiques, capacité qui peut être

27. Ph. Fouchard, E. Gaillard, B. Goldman, *Traité de l'arbitrage commercial international*, Litec, 1996, n° 533, p. 329, et n° 539, p. 332.

28. Sur ce débat, v. J.-F. Poudret, S. Besson, *Droit comparé de l'arbitrage international*, Bruylant, 2002, n° 228, p. 190.

29. É. Loquin, « Arbitrage – Compromis et clause compromissoire », *J. Cl. Proc. civ.*, fasc. 1020, n° 130.

30. V. cependant, qui semble remettre en cause cette solution, T. confl., 16 oct. 2006, n° C 3506 : le Tribunal des conflits énonce que « lorsqu'un établissement public tient de la loi la qualité d'établissement industriel et commercial, les contrats conclus pour les besoins de ses activités relèvent de la compétence de la juridiction judiciaire, à l'exception de ceux relatifs à celles de ses activités qui ressortissent par leur nature de prérogatives de puissance publique ». Ainsi, le critère organique ne jouerait pas pour les établissements publics à caractère industriel et commercial ; et si les contrats qu'ils concluent relèvent en principe de la compétence du juge judiciaire, la convention d'arbitrage stipulée pour ces contrats devrait donc être valable, sauf cas d'inarbitrabilité touchant la matière ou les droits litigieux (sur l'inarbitrabilité, v. *infra*, n° 100 et s.). Plus généralement, la question de l'aptitude à compromettre des personnes morales de droit public pourrait certainement être étudiée sous l'angle de l'arbitrabilité des litiges.

définie comme « l'aptitude à devenir titulaire d'un droit ou d'une obligation » et qui, « pour une personne physique, ne peut être entamée, dans les cas exceptionnels limitativement prévus par la loi, que pour la jouissance d'un droit déterminé »[31]. Il énonce en effet qu'« on ne peut compromettre [...] sur les contestations intéressant les collectivités publiques et les établissements publics [...] »[32]. On déduit de la formulation de cet article que l'État, les collectivités locales et les établissements publics se voient en principe dénier la capacité de compromettre[33]. Cette prohibition, en réalité ancienne puisqu'affirmée par la jurisprudence dès le début du XIXe siècle, s'est construite sur l'idée que les litiges intéressant l'État et les autres personnes morales de droit public relevaient de la compétence impérative des juridictions administratives, dès lors qu'ils concernent au plus près l'intérêt public, ce qui devait conduire à l'illégalité de toute convention tendant à déroger à cette attribution de compétence[34]. La jurisprudence s'était notamment appuyée sur l'article 1004 du Code de procédure civile dans sa rédaction de 1806, qui disposait que l'on ne pouvait compromettre sur aucune des contestations qui seraient sujettes à communication au ministère public. Or, l'article 83 du même code prévoyait justement, parmi ces causes communicables, celles « qui concernent [...] l'État, le domaine, les communes, les établissements publics ». Cette prohibition a été reprise par la loi du 5 juillet 1972 qui l'a inscrite à l'article 2060 du Code civil en des termes plus nets. De son côté, le Conseil d'État a récemment énoncé « qu'il résulte des principes généraux du droit public français que, sous réserve des dérogations découlant de dispositions législatives expresses ou, le cas échéant, des stipulations de conventions internationales régulièrement incorporées dans l'ordre juridique interne, les personnes morales de droit public ne peuvent pas se soustraire aux règles qui déterminent la compétence des juridictions nationales en remettant à la décision d'un arbitre la solution des litiges auxquels elles sont parties »[35].

92 **Exceptions au principe de prohibition.** Cette prohibition connaît toutefois des exceptions, légales ou réglementaires, ainsi qu'un mouvement d'idées en sens contraire. Une loi de budget du 17 avril 1906 avait déjà permis, dans les marchés de travaux publics, à l'État, aux départements et aux communes de recourir à l'arbitrage pour la liquidation de leurs

31. G. Cornu, *Vocabulaire Juridique Association Henri Capitant*, V° *Capacité de jouissance*, 12e éd., PUF, coll. « Quadrige », 2018.

32. V. aussi, art. L. 432-1 du Code des relations entre le public et l'administration, créé par l'ordonnance n° 2015-1341 du 23 octobre 2015.

33. Le Conseil d'État a, par ailleurs, étendu la prohibition aux contrats de travaux publics conclus entre deux personnes privées, au motif que ce contentieux était par nature de type administratif ; cela conduirait à penser que la prohibition vise non seulement des personnes, mais aussi, dans certains cas, des matières ; un critère organique comme un critère matériel pourrait ainsi, alternativement, justifier la prohibition : CE, 3 mars 1989, *Sté des Autoroutes de la Région Rhône-Alpes*, *Rev. arb.* 1989, p. 215, note D. Foussard ; *ibid.* 1992, p. 279, obs. Y. Gaudemet ; cette décision a cependant été très majoritairement critiquée par la doctrine. Sur ce double critère, organique et matériel, d'inarbitrabilité, v. aussi M. Audit, « L'arbitrabilité des litiges impliquant une personne publique française dans le nouveau contexte des affaires INSERM et Ryanair (SMAC) », *Cah. arb.* 2015, p. 235.

34. Sur les raisons de la prohibition, v. É. Loquin, « Arbitrage – Conventions d'arbitrage – Conditions de fond. Litige arbitrable », *J. Cl. Proc. civ.*, fasc. 1024, spéc. n° 31 et s. ; F. Lombard, « Arbitrage et droit administratif : une incompatibilité de principe ? », *Cah. arb.* 2015, p. 209 ; Y. Gaudemet, « Arbitrage et droit public », *Dr. et patrimoine*, n° 105, juin 2002, p. 83 ; Ch. Jarrosson, « L'arbitrage en droit public », *AJDA* 1997, p. 16.

35. CE, 23 déc. 2015, *Broaland Pacifique c/ Administration supérieure des îles Wallis et Futuna*, *Rev. arb.* 2016, p. 349 ; *D.* 2016, p. 2025, obs. S. Bollée ; *JCP* G 2016, 900, n° 5, obs. Ch. Seraglini.

dépenses de travaux et de fournitures. Surtout, l'alinéa 2 de l'article 2060 du Code civil, ajouté par une loi du 9 juillet 1975, a précisé que « toutefois, des catégories d'EPIC peuvent être autorisées par décret à compromettre »[36]. Pendant longtemps, les quelques autorisations données l'ont été, non par décret, mais par une loi : au profit notamment de la SNCF en 1982[37], de La Poste et de France Télécom en 1990[38], de Réseau Ferré de France en 1997[39]. Plus récemment, la voie du décret a bénéficié d'un retour en grâce pour des autorisations données, en 2000 aux établissements publics d'enseignement supérieur[40], en 2002 aux établissements publics industriels et commerciaux des secteurs des mines et de l'électricité et du gaz, soit les Charbonnages de France (établissement dissous en 2007), les Houillères de bassin, EDF et GDF, les deux derniers ayant cependant été privatisés depuis lors[41]. Enfin, une étape importante dans l'ouverture à l'arbitrage du contentieux intéressant les personnes morales de droit public a certainement été constituée par l'ordonnance du 17 juin 2004, qui a créé un nouveau type de contrats administratifs, les contrats de partenariat, et a prévu, à leur égard, le recours à l'arbitrage selon des modalités particulières[42]. Ces contrats visent à assurer le financement par des sociétés de droit privé de la construction d'ouvrages ou d'équipements nécessaires au service public, voire d'associer ces sociétés à leur exploitation ou leur gestion ultérieure. L'État et les établissements publics, en vertu de l'article 11 de l'ordonnance du 17 juin 2004, et les collectivités territoriales et leurs établissements publics, en vertu de l'article 1414-12 du Code général des collectivités territoriales, pouvaient ainsi désormais recourir à l'arbitrage dans ce type de contrats[43]. Une ordonnance du 23 juillet 2015 a succédé à celle de 2004 et parle dorénavant de « marchés de partenariat »[44]. Une tentative de synthèse de ces différentes dérogations se trouve aujourd'hui à l'article L. 311-6 du Code de justice administrative[45]. Plus récemment encore, il a été prévu que l'État pouvait, sur autorisation délivrée par un décret en Conseil d'État délibéré en conseil des ministres, consentir à l'arbitrage pour la

36. On s'accorde généralement en doctrine pour considérer que cette éventuelle autorisation par décret ne viserait que le compromis et non la clause compromissoire (v. en ce sens, Y. Gaudemet, « Arbitrage et droit public », *Dr. et patr.*, nº 105, juin 2002, p. 83, spéc. p. 85).

37. L. nº 82-1153, 30 déc. 1982, art. 25, al. 1er, *JO* du 31 déc. 1982 ; *Rev. arb.* 1983, p. 365 (v. aujourd'hui, art. L. 2141-5 Code des transports).

38. L. nº 90-568, 2 juill. 1990, art. 28, *JO* du 8 juill. 1990 ; *Rev. arb.* 1990, p. 945, Ph. Fouchard.

39. L. nº 97-135, 13 févr. 1997, *JO* du 15 févr. 1997 (v. aujourd'hui, art. L. 2111-14 Code des transports).

40. D. nº 2000-764, 1er août 2000, *JO* du 6 août 2000 ; *Rev. arb.* 2000, p. 665 (v. art. L. 123-6 et art. D. 123-10 Code de l'éducation).

41. D. nº 2002-56, 8 janv. 2002, qui renvoie à l'article 146 du Code minier et à la loi du 8 avril 1946, *JO* du 15 janv. 2002 ; *Rev. arb.* 2002, p. 249.

42. Ord. nº 2004-559, 17 juin 2004, *JO* 19 juin 2004, article 11 ; v. M. Audit, « Le contrat de partenariat ou l'essor de l'arbitrage en matière administrative », *Rev. arb.* 2004, p. 541 ; D. Foussard, note sous CE, 29 oct. 2004, et Cons. const., 2 déc. 2004, nº 2004-506 DC, *Rev. arb.* 2005, p. 134. V. aujourd'hui, suite à l'ordonnance nº 2015-899 du 23 juillet 2015 relative aux marchés publics, l'art. 90 de cette ordonnance.

43. Ainsi, l'article 1414-12 du Code des marchés publics disposait : « Un contrat de partenariat comporte nécessairement des clauses relatives : [...] (l) Aux modalités de prévention et de règlement des litiges et aux conditions dans lesquelles il peut, le cas échéant, être fait recours à l'arbitrage, avec application de la loi française » (article abrogé par l'article 101 de l'ordonnance nº 2015-899 du 23 juillet 2015 relative aux marchés publics).

44. Sur l'impact de l'ordonnance nº 2015-899 sur l'arbitrage relatif à ces marchés, v. notamment M. Laazouzi, « Marché de partenariat et arbitrage. L'arbitrage international des marchés de partenariat soumis au régime du Code de procédure civile », *AJDA* 2016, p. 1163.

45. Sur cette disposition, v. D. Foussard, « Les dispositions sur l'arbitrage administratif de l'article L. 311-6 du Code de justice administrative », *Rev. arb.* 2000, p. 537.

résolution des litiges dans lesquels il est engagé à propos de l'exploitation de l'énergie hydraulique[46]. De même, les contrats passés par les personnes morales de droit public en lien avec la construction ou la rénovation des enceintes sportives destinées à accueillir l'UEFA Euro 2016 et des équipements connexes permettant le fonctionnement de celles-ci, ainsi qu'avec l'organisation et le déroulement de cette compétition, pouvaient prévoir le recours à l'arbitrage avec application de la loi française[47].

93 **Vers une reconnaissance générale de l'arbitrage en matière administrative ?** L'étape ultime de cette évolution favorable à l'arbitrage en matière administrative aurait dû être l'adoption d'un projet de loi élaboré en mars 2007. Les dérogations à la prohibition figurant à l'article 2060 du Code civil se trouvent en effet dans des textes épars et sont édictées sans cohérence d'ensemble, notamment quant au régime d'arbitrage mis en place dans chaque cas, certaines renvoyant au droit commun de l'arbitrage, d'autres instaurant des régimes particuliers, ce qui rend le droit français passablement confus sur ce sujet. Aussi, un projet de réforme a vu le jour, visant à aller au-delà de ces dérogations ponctuelles et à remettre en cause de façon plus générale la prohibition énoncée à l'article 2060 du Code civil[48]. Un groupe de travail, constitué à l'initiative du garde des Sceaux et présidé par M. Labetoulle, a remis un rapport ainsi qu'un projet de loi sur l'arbitrage en matière administrative le 13 mars 2007. Le groupe de travail suggérait certaines innovations, la plus fondamentale étant certainement l'affirmation d'un principe d'arbitrabilité des litiges intéressant les personnes morales de droit public, prenant directement le contre-pied de l'actuel article 2060 du Code civil. Ce projet affirmait l'aptitude de toute personne morale de droit public à compromettre en toutes matières contractuelles, à l'exception du contrat de louage de services. Par ailleurs, il préconisait une plénitude de juridiction de l'arbitre pour interpréter et même apprécier la validité des actes administratifs unilatéraux dans le cadre du litige contractuel qui lui serait soumis. Toutefois, le rapport n'entendait pas aligner le régime de l'arbitrage en matière administrative sur celui de l'arbitrage de droit commun. Il préconisait une distinction, pour les litiges auxquels seraient confrontées les personnes morales de droit public, entre ceux relevant du droit administratif et ceux relevant du droit privé. Dans la réforme proposée, si ces derniers devaient bien relever du droit commun de l'arbitrage, les premiers devaient être soumis à un régime spécifique notamment caractérisé par la compétence des juridictions administratives en tant que juge d'appui, juge chargé du contrôle de la validité de la sentence

46. Art. L. 511-13 Code de l'énergie, résultant de l'ordonnance n° 2011-504 du 9 mai 2011 portant codification de la partie législative du Code de l'énergie.

47. Loi n° 2011-617 du 1er juin 2011 relative à l'organisation du championnat d'Europe de football de l'UEFA en 2016, art. 3 ; sur laquelle, v. M. Maisonneuve, « Chronique de jurisprudence arbitrale en matière sportive », *Rev. arb.* 2011, p. 831. V. aussi, autorisant la ville de Paris à compromettre dans le cadre de la préparation des Jeux olympiques de 2024, L. n° 2018-202 du 26 mars 2018 relative à l'organisation des Jeux olympiques et paralympiques de 2024 (*JO* 27 mars 2018, texte n° 1 ; *AJCA* 2018, p. 150, obs. X. Delpech ; *JCP G* 2018, 508, obs. A. Bouvet ; *RDI* 2018, p. 312, obs. S. Braconnier). V. pourtant, critiquant cette législation comme inutile eu égard à la jurisprudence *Galakis* (rendue en matière d'arbitrage international et sur laquelle v. *infra*, n° 632), Th. Clay, chron. « Arbitrage et modes alternatifs de règlement des litiges », *D.* 2018, p. 2449.

48. V. le texte du Rapport du groupe de travail sur l'arbitrage en matière administrative, remis au garde des Sceaux (13 mars 2007), auquel était joint un projet de loi, in *Rev. arb.* 2007, p. 651, et le commentaire de J.-L. Delvolvé, « Une véritable révolution... inaboutie (remarques sur le projet de réforme de l'arbitrage en matière administrative) », p. 373, et les réf. citées. V. aussi, *supra*, n° 56.

arbitrale, et juge de l'exequatur de celle-ci[49]. Cette proposition a reçu un accueil pour le moins mitigé de la part du monde de l'arbitrage, notamment en raison des possibles répercussions de la réforme proposée sur l'arbitrage international[50]. De fait, si le texte proposé ne semblait pas envisager spécifiquement la matière internationale, il risquait de l'absorber, en ce que le rapport du groupe de travail paraissait bien concevoir un alignement de l'arbitrage international impliquant des personnes morales de droit public sur le régime proposé pour l'arbitrage interne, et donc la compétence des juridictions administratives dès lors que le contrat serait administratif[51]. Or, une telle solution pouvait paraître particulièrement inopportune, dans la mesure où les solutions préconisées, essentiellement envisagées dans une perspective interne, étaient susceptibles de créer de nombreuses difficultés en matière internationale. D'ailleurs, la jurisprudence judiciaire n'avait pas manqué très tôt d'écarter l'application, dans l'arbitrage international, de la prohibition formulée à l'article 2060 du Code civil, compte tenu de ses inconvénients évidents en ce domaine[52]. Néanmoins, ce sont finalement des prises de position jurisprudentielles récentes qui ont effectivement quelque peu obscurci le régime de l'arbitrage international impliquant des contrats administratifs conclus par des personnes morales de droit public françaises[53]. En tout cas, ce projet de réforme, d'abord recalé par le Conseil constitutionnel[54], semble ensuite avoir été victime de l'image controversée dont souffre l'arbitrage auprès de l'opinion publique, alimentée par quelques affaires médiatisées engendrant un mauvais procès fait à l'arbitrage, et qui a probablement fait de la libéralisation de l'arbitrage en matière administrative un sujet délicat que le législateur a décidé de mettre entre « parenthèses ».

§ 2. LE POUVOIR DE COMPROMETTRE POUR AUTRUI

94 **Pouvoir de représentation conventionnel et pouvoir de représentation légal.** Une personne peut, dans le cadre d'un mandat conventionnel, donner pouvoir à une autre pour la représenter dans le cadre d'un acte juridique. La source de ce pouvoir de représentation peut également être légale, comme dans le cas des représentants légaux des personnes morales, pour lesquelles la loi détermine les personnes habilitées à agir en leur nom et pour leur compte, ainsi que les limites de ce pouvoir de représentation. Dans tous les cas, la question se pose de savoir si le pouvoir ainsi conféré au représentant, conventionnel ou légal, permet à celui-ci de conclure une convention d'arbitrage au nom et pour le compte du représenté. Il n'y a pas de difficulté lorsque le représentant bénéficie

49. Sur l'état de la question relative à la compétence du juge (judiciaire ou administratif ?) pour les arbitrages impliquant des personnes publiques, v. E. Bruce, « La compétence du juge administratif dans l'arbitrage des personnes publiques (Remises en question) », *Rev. arb.* 2006, p. 65, et les réf. citées. V. aussi, en matière internationale, *infra*, n° 632.

50. Sur les aspects internationaux de la réforme envisagée, v. S. Lemaire, « La libéralisation de l'arbitrage international en droit administratif ; approche critique du projet de réforme du 13 mars 2007 », *Rev. arb.* 2007, p. 407.

51. Sur les solutions plus nuancées, à défaut d'être plus claires, en droit positif actuel, résultant des affaires *Inserm*, *Fosmax* et *Ryanair*, v. *infra*, n° 632.

52. Sur cette inapplicabilité, v. *infra*, n° 632.

53. Sur ce point, v. *infra*, n° 632.

54. Le « cavalier législatif » de l'article 40 de la loi n° 2007-308 portant réforme de la protection juridique des majeurs (!) reprenant cette proposition, a en effet été censuré par le Conseil constitutionnel : Cons. const., 1er mars 2007, n° 2007-552 DC ; sur ce point, v. Th. Clay, *D.* 2008, p. 180.

d'un pouvoir spécialement donné à cet effet par le représenté. Des difficultés naissent en revanche lorsque les pouvoirs donnés au représentant ont été exprimés de façon plus générale. Trois exemples peuvent ici servir d'illustrations à ces difficultés.

95 **Mandat général.** L'article 1988 du Code civil retient que « le mandat conçu en termes généraux n'embrasse que les actes d'administration ». Aussi, si l'on s'en tient à la conception qui semble rester dominante, au moins chez le législateur, selon laquelle la convention d'arbitrage est un acte grave dont le régime est analogue à celui des actes de disposition, le mandat conçu en termes généraux ne devrait pas pouvoir couvrir la conclusion d'une convention d'arbitrage ; pour que le mandataire soit autorisé à conclure valablement un tel acte au nom et pour le compte du mandant, le mandat devrait préciser qu'il s'étend aux actes de disposition, et la mention selon laquelle le mandataire peut passer « tout acte » ne devrait pas suffire[55]. Au surplus, une interprétation restrictive des termes du mandat sera encouragée par l'article 1989 du Code civil qui énonce que « le pouvoir de transiger ne renferme pas celui de compromettre », si bien que la mention d'un « pouvoir de transiger » dans l'acte de mandat ne pourra suffire à donner au mandataire le pouvoir de conclure une convention d'arbitrage. Certes, la solution pourrait être différente si la jurisprudence récente rendue en matière d'arbitrage international, qui tend à « banaliser » la conclusion d'une convention d'arbitrage par les personnes morales, en la considérant comme un acte de gestion courante dans la vie de celles-ci et en retenant très libéralement le pouvoir du signataire de conclure une convention d'arbitrage au nom de la personne morale, était généralisée, appliquée à tout représentant, légal ou conventionnel, et enfin étendue à l'arbitrage interne[56]. Cependant, une telle extension demeure incertaine. En revanche, il faut certainement tenir compte de la théorie du mandat apparent, qui est susceptible d'influer sur les solutions qui viennent d'être énoncées. Ceci étant, la prudence conduira plutôt à conseiller de donner un mandat spécial à l'effet de conclure une convention d'arbitrage, ou à préciser spécialement dans l'acte de mandat la possibilité pour le mandataire de conclure une telle convention.

96 **Mandat *ad litem*.** La question du pouvoir du mandataire d'engager le mandant dans une convention d'arbitrage se pose également pour le mandat *ad litem*, c'est-à-dire le mandat de représentation en justice dont bénéficie l'avocat qui lui permet d'accomplir au nom et pour le compte de son client « tous les actes de la procédure » (art. 411 CPC), tous les actes nécessaires à la conduite du procès, sans besoin d'une autorisation écrite du client. Par ailleurs, l'article 417 du Code de procédure civile prévoit que « la personne investie d'un mandat de représentation en justice est réputée, à l'égard du juge et de la partie adverse, avoir reçu pouvoir spécial de faire ou accepter un désistement, d'acquiescer, de faire, accepter ou donner des offres, un aveu ou un consentement ». La jurisprudence en déduit que cette personne est notamment réputée, à l'égard du juge et de la partie adverse, avoir reçu pouvoir spécial de transiger[57]. La question est donc de savoir si la convention d'arbitrage est couverte par ces dispositions. La jurisprudence

55. La solution serait à nouveau différente si la proposition de M. Loquin était retenue (v. *supra*, n° 86). Il faudrait alors distinguer : la conclusion d'une convention d'arbitrage ne serait assimilable à un acte de disposition que si le litige en cause est susceptible d'affecter durablement la propriété ou la valeur des droits patrimoniaux du mandant, ou a trait à des droits extrapatrimoniaux, ou encore prévoit l'amiable composition.

56. V. *infra*, n° 630.

57. Cass. 1re civ., 7 juill. 1987, *Gaz. Pal.* 1987, 1, 767, note Damien.

tend à répondre par la négative[58], et un pouvoir spécial donné par son client devrait donc être nécessaire pour que l'avocat puisse valablement conclure une convention d'arbitrage au nom et pour le compte de celui-ci. Le pouvoir de transiger que l'avocat est, selon la jurisprudence, réputé avoir en vertu de l'article 417 du Code de procédure civile, ne devrait notamment pas pouvoir être étendu au pouvoir de compromettre si l'on s'appuie sur les dispositions de l'article 1989 du Code civil, selon lequel « le pouvoir de transiger ne renferme pas celui de compromettre ».

Une autre question est de savoir si, dans le cadre d'une procédure arbitrale, l'avocat représentant l'une des parties[59] peut ou non modifier les termes de la convention d'arbitrage sans pouvoir spécial de son client à cet égard, notamment en acceptant d'élargir le champ des litiges couverts par la convention d'arbitrage, ou de modifier le nombre d'arbitres ou la durée de la procédure arbitrale initialement prévus. Sur ce point, bien que la question ne semble pas avoir fait l'objet d'une réponse générale en jurisprudence, les juges ont néanmoins eu l'occasion de décider que le mandat de représentation en justice de l'avocat lui permet de consentir, sans autorisation spéciale de son client, à la prorogation du délai accordé au tribunal arbitral pour accomplir sa mission[60]. La solution peut laisser penser que les juges considèrent cette prorogation comme un acte normal de procédure, un acte nécessaire à la conduite du procès... jusqu'à son terme !

97 **Représentants légaux des personnes morales.** La question du pouvoir de compromettre pour autrui se pose également dans le cas des dirigeants sociaux des personnes morales[61]. Les personnes morales ne pouvant agir que par l'intermédiaire de leurs organes, dans toutes les sociétés civiles ou commerciales, les dirigeants disposent, aujourd'hui en vertu de la loi, du pouvoir d'engager la société avec les tiers, sous certaines limites qui varient selon le type de sociétés en cause. La question est de savoir si ce pouvoir comprend celui de compromettre au nom de la société. Le droit positif a connu une évolution sur ce point. Pendant longtemps, et jusqu'au milieu des années 1950, la jurisprudence s'est montrée relativement restrictive : considérant que la stipulation d'une convention d'arbitrage était un acte grave, elle exigeait, en se fondant sur l'article 1988 du Code civil, qu'un mandat spécial ait été donné au dirigeant pour valablement engager la société dans une convention d'arbitrage ; ce mandat spécial pouvait résulter d'une clause des statuts, d'une délibération des associés, ou d'un acte distinct. À partir des années 1950, la jurisprudence s'est montrée de plus en plus favorable à l'engagement de la société dans une convention d'arbitrage par le dirigeant social, pour finalement ne plus exiger un pouvoir spécial donné à ce dernier pour engager la société à l'arbitrage et admettre que les pouvoirs généraux de direction ou d'administration des mandataires sociaux étaient suffisants à cet égard[62].

Le droit écrit relatif au statut des dirigeants des personnes morales a confirmé cette évolution. Auparavant considérés comme des mandataires sociaux, donc conventionnels,

58. TGI Seine, 14 mars 1963, *JCP* A 1963, II, 13396, note P. L. ; *Rev. arb.* 1963, p. 98 ; Paris, 8 janv. 1970, *JCP* A 1970, II, 16400.

59. La représentation par avocat dans l'arbitrage, bien que non obligatoire, est néanmoins très courante ; v. *infra*, n° 391.

60. Cass. 2e civ., 21 nov. 2002, *JCP* G 2003, I, 164, spéc. n° 5, obs. J. Ortscheidt ; *Rev. arb.* 2004, p. 303, note E. Taÿ-Pamart. V. aussi, *infra*, n° 329.

61. Sur le sujet, v. D. Cohen, « L'engagement des sociétés à l'arbitrage », *Rev. arb.* 2006, p. 35 ; et aussi, X. Boucobza, « Le pouvoir d'engager les sociétés à l'arbitrage », *Rev. arb.* 2013, p. 633.

62. Sur cette évolution, D. Cohen, « L'engagement des sociétés à l'arbitrage », préc., spéc., en matière d'arbitrage interne, n° 12 et s.

dont les pouvoirs étaient définis par la volonté des associés, les dirigeants sont, depuis la loi du 24 janvier 1966 pour les sociétés commerciales et la loi du 4 janvier 1978 pour l'ensemble des sociétés, des représentants légaux dont les pouvoirs sont définis par la loi. Aussi, toute personne qui, de par la loi, a la qualité de dirigeant et le pouvoir de représentation de la société peut aujourd'hui, par cette seule qualité, engager la société sans pouvoir spécial. Les éventuelles limitations statutaires aux pouvoirs du dirigeant définis par la loi ne valent que pour les relations internes à la société et ne sont pas opposables aux tiers. Ainsi, s'agissant des sociétés civiles, l'article 1848 du Code civil dispose que, dans les rapports entre associés, le gérant peut accomplir tous les actes de gestion que demande l'intérêt de la société, et prévoit que si les restrictions statutaires sont possibles, elles ne concerneront toutefois que les rapports entre associés ; vis-à-vis des tiers en effet, « le gérant engage la société par les actes entrant dans l'objet social » et « les clauses statutaires limitant les pouvoirs des gérants sont inopposables aux tiers » (art. 1849 C. civ.). Or, la jurisprudence considère que compromettre est bien un acte de gestion courante pour une société. Aussi, un gérant pourra compromettre au nom de la société, sans autorisation spéciale, à condition que les litiges couverts par la convention d'arbitrage puissent être rattachés à l'objet social, ce qui sera le plus souvent le cas compte tenu des termes très généraux employés dans les statuts pour définir l'objet social. Dans les sociétés de capitaux, la solution est à peu près identique, si ce n'est que la société est engagée vis-à-vis des tiers par les actes de ses représentants légaux, même s'ils n'entrent pas dans l'objet social, à moins qu'il ne soit établi que le tiers savait que l'acte dépassait cet objet ou ne pouvait l'ignorer compte tenu des circonstances, étant entendu que la seule publicité des statuts ne peut suffire à cet égard[63].

La question est plus délicate s'agissant d'une personne qui n'est pas dirigeante au sens de la loi ; on peut notamment songer à l'administrateur, à l'associé, ou à un salarié de la société. *A priori*, les solutions devraient ici être plus restrictives, puisque cette personne ne détient pas de par la loi le pouvoir de représenter, et donc d'engager, la société. Aussi, il lui faudrait un pouvoir spécial, attribué généralement par le biais d'un mandat[64], pour qu'elle puisse engager valablement la société dans une convention d'arbitrage. Cependant, la jurisprudence actuelle se montre parfois, même en matière d'arbitrage interne[65], beaucoup moins exigeante. Ainsi, dans le cas d'un compromis d'arbitrage signé par un simple directeur financier dépourvu de délégation particulière, et dont le défaut de pouvoir de représenter la société au compromis était invoqué au soutien d'un recours en annulation contre la sentence arbitrale rendue, la cour d'appel d'Aix-en-Provence a écarté ce grief au motif qu'il n'était pas prévu par l'ancien article 1484 (art. 1492 depuis la réforme du 13 janvier 2011) du Code de procédure civile qui énumère de façon limitative les griefs susceptibles de conduire à l'annulation de la sentence[66]. Cette décision semble impliquer que la cour d'appel a reconnu le pouvoir du directeur technique d'engager la société, à défaut de quoi la convention d'arbitrage aurait été nulle au sens de l'article 1484.1° (aujourd'hui art. 1492.1°), le défaut de pouvoir étant en principe

63. V. par exemple, pour la société anonyme à conseil d'administration et direction générale, art. L. 225-35, L. 225-51-1 et L. 225-56 C. com. ; et, pour la société anonyme à directoire et conseil de surveillance, art. L. 225-64 C. com.

64. Même si, comme l'a relevé un auteur, dans le domaine des sociétés, on parle plus volontiers de « délégations » de signature ou de pouvoir : D. COHEN, « L'engagement des sociétés à l'arbitrage », préc., spéc. n° 25.

65. Sur le libéralisme encore plus évident en matière d'arbitrage international, résultant d'une règle matérielle du droit français de l'arbitrage international s'agissant des personnes morales, v. *infra*, n° 630.

66. Aix-en-Provence, 4 juin 2003, *Rev. arb.* 2006, p. 139.

sanctionné par la nullité de l'acte[67]. Il resterait à savoir sur quelle base exacte ce pouvoir était ainsi reconnu par les juges. On pourrait songer au mandat apparent, mais la motivation de l'arrêt n'est guère éclairante à cet égard. Plus récemment, la cour d'appel de Paris et la Cour de cassation ont décidé que la croyance du cocontractant à l'existence d'une délégation de pouvoir au profit d'un directeur d'une société, aux fins de signature d'une convention de groupement d'entreprises, contenant une clause compromissoire, dans le cadre d'un marché, pouvait légitimement résulter du fait que, peu de temps avant la conclusion de cette convention, le directeur avait été signataire pour le compte de la société d'un autre marché, dont la société ne prétendait nullement qu'il ne l'aurait pas engagée[68]. Ainsi, la croyance légitime dans les pouvoirs du signataire et la caractérisation d'un mandat apparent permettent de justifier l'engagement de la société à l'arbitrage. En tout cas, compte tenu des solutions jurisprudentielles actuelles, un auteur a pu conclure que « la société est engagée à l'arbitrage par son représentant, même dépourvu de pouvoir légal »[69]. Quoi qu'il en soit, cette solution tend certainement à s'imposer dans l'arbitrage international.

98 **Application à l'arbitrage interne des solutions libérales retenues dans l'arbitrage international ?** En matière d'arbitrage international, la jurisprudence française retient que « l'engagement d'une société à l'arbitrage ne s'apprécie pas par référence à une quelconque loi nationale mais par la mise en œuvre d'une règle matérielle déduite du principe de validité de la convention d'arbitrage fondée sur la volonté commune des parties, de l'exigence de bonne foi et de la croyance légitime dans les pouvoirs du signataire de la clause pour conclure un acte de gestion courante qui lie la société »[70]. Elle a adopté une solution analogue à propos du pouvoir de l'avocat d'engager son client personne physique dans une convention d'arbitrage en vertu d'un mandat conventionnel général[71]. On peut s'interroger sur la possible extension de ces solutions à l'arbitrage interne, compte tenu de la tendance de la jurisprudence à y transposer, dans un délai plus ou moins long selon les cas, les solutions qu'elle adopte en matière d'arbitrage international, et sur leur éventuelle généralisation à tout mandataire prétendu. Pourtant, il n'est pas certain que ce « principe de pouvoir du signataire » de la convention d'arbitrage parfois évoqué par la jurisprudence, à le supposer justifié s'agissant de l'arbitrage international[72], le serait également en matière interne, où le contexte est différent et où il est notamment plus facile pour le cocontractant de vérifier les pouvoirs du prétendu mandataire. La théorie de l'apparence, qui nécessite de vérifier au cas par cas la croyance légitime du tiers sans poser *a priori* un principe de pouvoir, pourrait sembler suffisante pour assurer la protection des tiers en matière interne.

67. Et donc, en vertu du nouvel article 1492.1° CPC issu du décret du 13 janvier 2011, le tribunal arbitral se serait « déclaré à tort compétent ».

68. Paris, 8 mars 2016, *Rev. arb.* 2017, p. 611, obs. J. Barbet et, sur pourvoi, Cass. 1re civ., 4 mai 2017, *Rev. arb.* 2018, p. 765 (1re esp.), note D. Cohen.

69. D. Cohen, « L'engagement des sociétés à l'arbitrage », préc., spéc. n° 10, et pour une démonstration en matière d'arbitrage interne, n° 12 et s.

70. Cass. 1re civ., 8 juill. 2009, *Soerni*, *Rev. arb.* 2009, p. 529, note D. Cohen ; *Cah. arb.* 2010, p. 97, note F.-X. Train ; *JCP* G 2009, I, 462, n° 10, obs. J. Ortscheidt ; *D.* 2009, p. 2959, n° I-A, obs. Th. Clay ; *ibid.*, p. 2384, n° I-B, obs. L. d'Avout ; *ibid.*, p. 1957, obs. X. Delpech ; *RCDIP* 2009, p. 779, note F. Jault-Seseke.

71. Cass. 1re civ., 16 mars 2016, *JCP* G 2016, 900, n° 3, obs. Ch. Seraglini ; *Rev. arb.* 2016, p. 816, note L. d'Avout ; *Cah. arb.* 2016, p. 441, note H. Barbier ; et déjà dans la même affaire, Paris, 24 juin 2014, *Rev. arb.* 2015, p. 515, note S. Akhouad.

72. La cour d'appel de Paris a plus exactement parlé d'un « principe de capacité », ce qui ne serait que plus inquiétant encore. Sur ce « principe » dans l'arbitrage international, v. *infra*, n° 630.

Au demeurant, il n'est pas certain qu'au-delà des mots, la règle matérielle élaborée par la jurisprudence en matière internationale soit en réalité autre chose que la mise en œuvre de la théorie de l'apparence[73].

SECTION 2 LA LICÉITÉ DU RECOURS À L'ARBITRAGE

99 **Un droit positif quelque peu obscur.** On peut considérer que la convention d'arbitrage doit, pour être licite quant à son contenu et conforme à l'ordre public quant à son but[74], porter sur un litige pouvant être réglé par voie d'arbitrage. En ce sens, la licéité du recours à l'arbitrage apparaît comme une condition de validité de la convention d'arbitrage. En réalité, cette question se divise. En premier lieu, elle concerne de façon générale, pour tout type de conventions d'arbitrage, clause compromissoire comme compromis, l'arbitrabilité des litiges, c'est-à-dire l'aptitude d'une cause à être soumise à l'arbitrage. Pour être valable, la convention d'arbitrage doit porter sur un litige arbitrable (§ 1). En second lieu, la question concerne, ou concernait avant la réforme de l'article 2061 du Code civil opérée par la loi du 18 novembre 2016 de modernisation de la justice du XXIe siècle, spécifiquement la clause compromissoire, dans la mesure où le recours à l'arbitrage par ce biais a longtemps fait l'objet et fait encore aujourd'hui l'objet, mais dans une mesure moindre, de restrictions dans l'arbitrage interne : la clause compromissoire y a longtemps été frappée d'une prohibition de principe sauf exceptions, puis s'y est vu reconnaître une licéité de principe, elle-même sujette à des conditions et exceptions, avant d'y voir plus récemment encore, et en apparence au moins, sa licéité pleinement affirmée (§ 2). On ne se situe plus tout à fait dans le domaine de l'arbitrabilité au sens strict, puisque le litige peut très bien être arbitrable ; simplement, le recours à l'arbitrage ne sera licite ou pleinement efficace que s'il se fait par le biais d'un compromis, soit après la naissance du litige. Si les deux questions sont donc quelque peu distinctes, elles concernent néanmoins toutes deux la licéité de la stipulation d'une convention d'arbitrage et, plus généralement, du recours à l'arbitrage. Elles seront donc traitées à la suite. L'exposé des règles relatives à la licéité du recours à l'arbitrage reste néanmoins délicat, tant les différents critères utilisés pour la définir sont relativement obscurs et se recoupent au moins partiellement. Aussi, quelques illustrations, par domaines, pourront, on l'espère, aider à éclairer le sujet (§ 3).

73. Sur ce point, v. *infra*, n° 630.

74. Dans leur rédaction issue de l'ordonnance n° 2016-131 du 10 février 2016 portant réforme du droit des contrats, du régime général et de la preuve des obligations, qui a supprimé la notion d'objet du contrat, l'article 1162 du Code civil impose à toute convention, et donc à la convention d'arbitrage, de ne pas déroger à l'ordre public, ni par ses stipulations, ni par son but, et l'article 1128 du même code exige un contenu licite comme condition de validité du contrat.

§ 1. UNE CONDITION VISANT TOUTE CONVENTION D'ARBITRAGE : L'ARBITRABILITÉ DES LITIGES

100 **Définitions de l'arbitrabilité : arbitrabilité objective et arbitrabilité subjective.** Le droit français pose des restrictions à l'arbitrabilité des litiges, surtout en matière interne[75]. Toutefois, comme le dit M. Jarrosson, « l'arbitrabilité est une question abstraite, délicate, mal cernée, fuyante, et qui suscite un certain nombre de malentendus, voire de contresens »[76]. C'est une matière fortement teintée d'ordre public, notion elle-même fuyante. Au sens large, l'arbitrabilité d'un litige peut être contestée à l'égard de l'une des parties, en raison de sa qualité ou de sa mission particulière qui lui interdiraient de valablement se soumettre à la justice arbitrale, soit à l'égard de la matière ou des droits litigieux qui devraient, pour des considérations d'intérêt général ou même relatives aux intérêts privés de certaines personnes que le législateur entend protéger, être réservés à la connaissance du juge étatique. On parle, dans le premier cas, qui concerne essentiellement l'État et les autres organismes publics, d'arbitrabilité « subjective » ou *ratione personae* et, dans le second, qui concerne l'objet du litige, d'arbitrabilité « objective » ou *ratione materiae*. Toutefois, la notion d'arbitrabilité « subjective » fait l'objet de controverses[77]. Certains auteurs estiment qu'elle constitue un abus de langage, puisqu'elle concerne l'aptitude d'une personne à recourir à l'arbitrage et vise donc en réalité un problème spécifique de capacité à compromettre. Selon eux, « l'arbitrabilité » devrait être exclusivement définie comme l'aptitude d'un litige à faire l'objet d'un arbitrage[78]. Sans trancher cette controverse, dans la présentation du présent ouvrage, nous nous rallions à cette dernière conception et ne traiterons ici que l'arbitrabilité dite objective[79].

101 **Les contours incertains de l'arbitrabilité objective.** L'arbitrage n'est donc pas possible en toute matière ou à propos de tout droit litigieux, et l'on distingue dans ce cadre les matières ou droits arbitrables et les matières ou droits non arbitrables. Ceci étant, les critères de l'arbitrabilité se définissent plutôt négativement, c'est-à-dire en cherchant à identifier les restrictions à l'arbitrabilité, autrement dit les cas d'inarbitrabilité. Or, ces restrictions sont diverses et de portée parfois incertaine, si bien que les contours de l'arbitrabilité objective restent difficiles à cerner précisément. Ce flou relatif n'est pas sans inconvénient. En effet, il appartiendra souvent au tribunal arbitral lui-même, en vertu du principe de Compétence-Compétence qui, en droit français, lui donne une compétence prioritaire sur le plan chronologique pour se prononcer sur les

75. Sur le sujet, s'agissant de l'arbitrage interne, v. notamment, P. Level, « L'arbitrabilité », *Rev. arb.* 1992, p. 213 ; É. Loquin, « Arbitrage – Conventions d'arbitrage – Conditions de fond – Litige arbitrable », *J. Cl. Proc. civ.*, fasc. 1024, et les nombreuses références citées par l'auteur. Sur la réduction du domaine de l'inarbitrabilité en matière d'arbitrage international, où s'affirme au contraire un principe d'arbitrabilité, soumis à quelques exceptions seulement, de tout litige répondant à la définition de l'article 1504 CPC, v. *infra*, n° 649 et s.

76. Ch. Jarrosson, « L'arbitrabilité, présentation méthodologique », *RJ com.* 1996, p. 1.

77. Sur ces controverses, v. Ph. Fouchard, E. Gaillard, B. Goldman, *Traité de l'arbitrage commercial international*, Litec, 1996, n° 533, p. 329, et n°s 537 et s., p. 331, et les réf. citées ; J.-F. Poudret, S. Besson, *Droit comparé de l'arbitrage international*, Bruylant, 2002, n° 228, p. 190.

78. En ce sens, Ch. Jarrosson, « L'arbitrabilité, présentation méthodologique », préc., spéc. n°s 2 et s., pour qui « l'arbitrabilité est le fait d'être arbitrable ; or, est arbitrable ce qui est susceptible d'être arbitré » ; J.-F. Poudret, S. Besson, *Droit comparé de l'arbitrage international*, préc., n° 228, p. 190. *Contra*, Ph. Fouchard, E. Gaillard, B. Goldman, *Traité de l'arbitrage commercial international*, préc., n°s 536 et s., p. 331.

79. Sur la capacité des personnes publiques à compromettre, v. *supra*, n° 90 et s.

contestations relatives à la validité de la convention d'arbitrage[80], d'examiner en premier, et sous le contrôle ultérieur du juge, la question de l'arbitrabilité du litige, qui met justement en cause la validité de la convention d'arbitrage. Il serait donc préférable que le tribunal arbitral puisse aisément identifier les solutions retenues par le droit positif en la matière.

102 **Les critères de l'arbitrabilité en droit interne français.** Les critères de l'arbitrabilité objective sont donnés par les articles 2059 et 2060 du Code civil. Toutefois, ces articles ne sont pas d'une parfaite clarté et leur interprétation n'a pas été évidente. L'article 2059 dispose que « toutes personnes peuvent compromettre sur les droits dont elles ont la libre disposition ». Le texte définit donc l'arbitrabilité à partir de la libre disposition des droits litigieux et semble ainsi, en lui-même, relativement favorable à l'arbitrage. Cependant, le critère de l'arbitrabilité qu'il retient n'est pas aisé à mettre en œuvre. Par ailleurs, d'autres dispositions viennent, ou venaient, compliquer le débat et laissent une impression beaucoup moins favorable à l'arbitrabilité. Tout d'abord, l'article 2060 dresse une liste de questions ou contestations qui ne peuvent être arbitrées. Il énonce que l'« on ne peut compromettre sur les questions d'état et de capacité des personnes, sur celles relatives au divorce et à la séparation de corps ou sur les contestations intéressant les collectivités publiques et les établissements publics et plus généralement dans toutes les matières qui intéressent l'ordre public ». Il paraît ainsi fermer un certain nombre de domaines à l'arbitrage, et plus particulièrement celui de l'ordre public, ce qui constituerait une importante restriction à l'arbitrage, dès lors que le champ des matières pouvant « intéresser l'ordre public » peut être particulièrement large, notamment dans le secteur économique, secteur privilégié de la justice arbitrale. Ensuite, et même si la question n'est plus tout à fait celle de l'arbitrabilité au sens strict, l'article 2061 du Code civil, qui a longtemps retenu un principe de prohibition de la clause compromissoire, sauf exceptions, ne pouvait que restreindre en pratique le recours à l'arbitrage ; heureusement, le législateur y a finalement remédié en effaçant ce principe de prohibition[81]. S'agissant de l'arbitrabilité au sens strict et de la référence faite à l'ordre public par l'article 2060 du Code civil, c'est la jurisprudence qui a œuvré pour réduire au maximum la portée de cette disposition dans l'arbitrage interne.

Cela étant, on déduit généralement des articles 2059 et 2060 du Code civil, tels qu'interprétés par la jurisprudence, deux causes possibles d'inarbitrabilité objective : l'indisponibilité des droits (art. 2059 et 2060) (A) et, dans une mesure moindre compte tenu du travail jurisprudentiel sur l'article 2060, l'implication de l'ordre public au fond du litige (art. 2060) (B). À cela, certains ajoutent une troisième cause possible d'inarbitrabilité : la compétence exclusive donnée à une autre juridiction, et principalement à un tribunal étatique, excluant la compétence arbitrale sur les questions pour lesquelles cette exclusivité existe. On peut toutefois s'interroger sur l'autonomie réelle de ce critère d'inarbitrabilité par rapport aux deux précédents (C). Tout cela conduit à faire un bilan contrasté des critères de l'inarbitrabilité en droit français (D).

80. Sur ce principe, v. *infra*, n° 165 et s.
81. Sur ce point et l'évolution progressive de l'article 2061 C. civ., v. *infra*, n° 117 et s.

A. LA DISPONIBILITÉ DES DROITS LITIGIEUX

103 **Le critère de la libre disponibilité des droits.** Si l'on s'en tient à la lecture de l'article 2059 du Code civil, en droit français de l'arbitrage interne, le recours à l'arbitrage semble possible lorsque les parties peuvent librement disposer des droits litigieux, lorsque ceux-ci sont susceptibles de faire l'objet d'un acte de disposition. Selon le Vocabulaire Juridique Capitant, l'acte de disposition peut être défini comme une « opération grave qui entame ou engage un patrimoine, pour le présent ou l'avenir, dans ses capitaux ou sa substance [...] »[82]. La renonciation à un droit, la plupart des aliénations, ou encore la cession d'un droit, ainsi que certaines opérations relatives aux baux les plus graves (comme les baux de longue durée ou offrant un droit à renouvellement), peuvent être vues comme des actes de disposition.

En exigeant, pour permettre le recours à l'arbitrage, que les parties puissent disposer des droits litigieux, le législateur paraît bien assimiler la décision de recourir à l'arbitrage à un acte grave, et notamment à une forme de renonciation aux droits litigieux concernés. Plus précisément, l'article 2059 du Code civil semble viser deux ordres de considérations : l'indisponibilité des droits extrapatrimoniaux et, de façon plus moderne, celle de droits garantis par un ordre public de protection. Pour ces derniers, le législateur veut que la personne protégée ait la possibilité d'acquérir et d'exercer les droits en question ; aussi, l'ordre public lui interdit d'y renoncer, au moins par avance ; une fois ces droits acquis, ou l'état de faiblesse supposé de cette personne disparu, celle-ci sera généralement libre d'y renoncer. Dans cette perspective, en vertu de l'article 2059, l'acquisition et l'exercice de tels droits sont protégés par un ordre public « juridictionnel » qui interdit de renoncer, au moins par avance, à les faire valoir devant un juge étatique. Le législateur semble ici craindre que l'arbitrage ne soit un frein à l'exercice effectif de ses droits par la personne en cause, dès lors qu'il n'offre pas les mêmes garanties que la justice étatique (coût, possible éloignement entre le justiciable protégé et son juge, non-garantie d'une bonne application du droit, etc.). En revanche, une fois le droit acquis ou la situation de faiblesse supposée disparue, cet ordre public « juridictionnel » s'effacera le plus souvent pour autoriser le recours à l'arbitrage, les droits devenant disponibles. Autrement dit, l'article 2059 instaure une protection juridictionnelle, généralement temporaire, de certains droits, afin de garantir l'efficacité de la protection substantielle dont bénéficient généralement ces mêmes droits. Comme le dit M. Loquin, sont ici en cause des droits subjectifs dont le législateur interdit la libre disposition dans l'intérêt privé de leur titulaire[83], parce qu'on craint que ce dernier ne puisse les défendre sans aide extérieure ; aussi, une règle d'ordre public va frapper le droit en cause et interdire, de ce fait, temporairement ou définitivement, le recours à l'arbitrage.

104 **Justification de la restriction tirée de l'indisponibilité des droits.** Cette solution pourrait traduire une méfiance ancienne, mais aujourd'hui heureusement largement dépassée, à l'égard de l'arbitrage. L'arbitrage ne serait pas une justice comme les autres, et risquerait de ne pas assurer de façon satisfaisante la défense des droits

82. G. Cornu, Association Henri Capitant, *Vocabulaire juridique*, V° *Disposition (acte de)*, PUF, coll. « Quadrige », 12e éd., 2018. Ou encore : « Acte juridique comportant transmission d'un droit réel ou souscription d'un engagement juridique important et pouvant avoir pour effet de diminuer la valeur du patrimoine » (*Lexique des termes juridiques*, V° *Acte de disposition*, Dalloz, 25e éd., 2017-2018).

83. É. Loquin, « Arbitrage – Conventions d'arbitrage – Conditions de fond – Litige arbitrable », *J. Cl. Proc. civ.*, fasc. 1024, n° 24 et n° 83.

subjectifs, ce qui ne serait tolérable qu'à l'égard des droits disponibles. Selon cette vision, aller devant un arbitre serait prendre le risque que les droits litigieux ne soient pas reconnus par celui-ci de la manière dont ils le seraient par un juge étatique. Autrement dit, ces droits pourraient être remis en cause du fait du recours à l'arbitrage, et ils doivent donc être disponibles pour que l'arbitrage soit autorisé. On pourrait y ajouter une perspective plus procédurale, selon laquelle recourir à l'arbitrage conduirait à renoncer à certaines garanties qui sont attachées à la justice étatique (gratuité, respect des droits de la défense, contrôle de la bonne application du droit par les juridictions supérieures, existence de plusieurs degrés de juridiction, etc.). À s'en tenir à une telle vision des choses, le critère de l'inarbitrabilité fondé sur l'indisponibilité des droits litigieux pourrait aujourd'hui être fortement contesté[84]. En effet, la justice arbitrale offre, sur le plan procédural, de nombreuses garanties. De plus, assimiler le fait de confier le contentieux de ses droits à un arbitre à une renonciation à ceux-ci apparaît excessif, même lorsque ces droits relèvent d'un ordre public de protection. L'arbitrage n'est pas forcément synonyme de méconnaissance des règles protectrices de certains contractants, dès lors que l'arbitre doit respecter et mettre lui-même en œuvre, si besoin, ces règles. Au demeurant, la jurisprudence a manifesté sa confiance envers les arbitres pour assurer la mise en œuvre des règles de fond relevant d'un ordre public de direction (concurrence, procédures collectives, etc.) dans le règlement des litiges, et l'on devrait donc également l'admettre pour l'ordre public de protection[85]. Toutefois, cela n'est vrai que si des garanties sont mises en place pour s'assurer que l'arbitre respecte la réglementation protectrice impérative qui s'applique éventuellement au fond du litige. Or, il n'est pas certain que de telles garanties existent en l'état actuel du droit positif, notamment compte tenu de certaines solutions jurisprudentielles relatives au contrôle du respect des dispositions d'ordre public par la sentence arbitrale, même si la jurisprudence la plus récente paraît plus rassurante à cet égard[86]. Surtout, même si l'arbitrage ne peut plus être vu avec une telle défiance, et même à supposer que des garanties existent quant au respect par les arbitres des dispositions impératives protectrices de certains droits subjectifs, la restriction à l'arbitrage posée par l'article 2059 peut encore se justifier. En effet, l'arbitrage, au moins celui de droit commun[87], reste, sur un plan procédural, une forme de justice inadaptée à l'égard de certaines parties, comme les consommateurs, les salariés ou les autres parties dites en situation de faiblesse. Notamment, il a un coût financier certain, est susceptible d'éloigner ces parties de leur « juge naturel », obéit à des règles spécifiques souvent mal connues des simples particuliers, supprime la garantie du double degré de juridiction, etc. Le souci du législateur n'est ici pas uniquement d'assurer, sur le plan substantiel, la bonne application des règles de fond protectrices d'une partie[88], mais aussi de garantir à la partie faible l'accès à un juge proche, facilement accessible, et peu coûteux, afin qu'elle puisse effectivement faire valoir ses droits.

84. En ce sens, É. LOQUIN, « Arbitrage – Conventions d'arbitrage – Conditions de fond – Litige arbitrable », préc., nº 85.

85. Sur l'office de l'arbitre au regard des règles d'ordre public, v. *infra*, nº 110 et s.

86. V. *infra*, nº 552 et s.

87. On mettra donc ici de côté l'arbitrage « en ligne », proposé par certaines institutions dans les années récentes et qui se caractérise notamment par un faible coût et une facilité d'utilisation qui pourraient effectivement convenir au contentieux des parties dites en situation de faiblesse.

88. Ce qui pourrait être assuré dans le cadre de l'arbitrage à partir du moment où le contrôle étatique des sentences à cet égard serait réel.

Ce souci de protection, ainsi entendu, qui sous-tend la règle de l'article 2059 du Code civil, explique sûrement que, le plus souvent, la protection procédurale, et donc l'interdiction de l'arbitrage, ne sont que temporaires et ne durent que tant que les droits litigieux ne sont pas acquis ou que la situation de faiblesse perdure.

105 **Un critère à géométrie variable.** Une tâche ardue est de préciser ce que recouvre exactement la notion de « droits disponibles ». Il apparaît tout d'abord impossible de raisonner par blocs de matières et préférable de raisonner droit par droit ; un tri sera ainsi parfois nécessaire, au sein d'un même litige, entre les droits qui sont arbitrables car disponibles et ceux qui sont inarbitrables car indisponibles. Ensuite, l'indisponibilité d'un droit est une notion toute relative[89]. On présente, de façon classique, les droits patrimoniaux comme disponibles et les droits extrapatrimoniaux comme indisponibles. Cependant, cette présentation est très approximative. Enfin, l'inarbitrabilité peut être temporaire ou définitive. Sur ce point, les droits extrapatrimoniaux sont généralement présentés comme définitivement indisponibles, et les droits protégés par un ordre public de protection généralement comme temporairement indisponibles[90] ; ces derniers pourront devenir disponibles, soit au moment de la naissance du litige, soit même dès que la personne protégée les aura acquis.

S'agissant des droits extrapatrimoniaux, on estime généralement qu'ils sont frappés d'une indisponibilité, et donc d'une inarbitrabilité, définitives, dans la mesure où ils sont exclus du commerce juridique. Il en est notamment ainsi des droits qui portent sur des choses hors commerce : droits de la personnalité, éléments du corps humain, offices ministériels, concessions mortuaires. Cela résulte de l'indisponibilité de l'état des personnes et des droits de la personnalité qui sont des choses hors commerce. L'indisponibilité, et l'inarbitrabilité, seraient donc radicales à leur sujet. Cependant, outre le fait que ce principe d'indisponibilité des droits extrapatrimoniaux est relatif en droit comparé, ce qui rend le critère quelque peu défaillant dans l'arbitrage international[91], il est également susceptible de nuances en matière d'arbitrage interne. Ainsi, on peut s'interroger sur l'inarbitrabilité définitive de certains droits de la personnalité. Compte tenu de la validité des conventions portant patrimonialisation de l'image des personnes, les litiges nés de ces conventions pourraient peut-être faire l'objet d'un arbitrage. La question peut également être posée s'agissant du droit moral de l'auteur sur son œuvre, compte tenu de l'évolution des idées quant à son indisponibilité. L'indisponibilité pourrait donc parfois n'être que temporaire, ce qui la rapprocherait de celle touchant les droits relevant d'un ordre public de protection. Par ailleurs, quelles que soient les discussions entourant l'indisponibilité de certains droits extrapatrimoniaux, une éventuelle indisponibilité définitive de ces droits ne devrait, en toute hypothèse, avoir qu'une portée limitée en matière d'arbitrabilité. En effet, comme le relève M. Loquin[92], le principe d'indisponibilité des droits extrapatrimoniaux « n'interdit pas de soumettre à l'arbitrage un litige né de l'atteinte à l'un de ces droits : atteinte à l'intégrité corporelle, publication non autorisée de l'image d'une personne ou atteinte à l'intimité dans sa vie privée... de même que ces litiges sont susceptibles d'être réglés par

89. Sur cette relativité, v. P. Level, « L'arbitrabilité », *Rev. arb.* 1992, p. 213, spéc. n° 11, p. 222.

90. En ce sens, É. Loquin, « Arbitrage – Conventions d'arbitrage – Conditions de fond – Litige arbitrable », *J. Cl. Proc. civ.*, fasc. 1024, n° 86 et s.

91. Sur ce point, v. *infra*, n° 653.

92. É. Loquin, « Arbitrage – Conventions d'arbitrage – Conditions de fond – Litige arbitrable », préc., n° 88.

transaction ». En effet, le litige ne porte pas alors sur le droit de la personnalité lui-même, mais sur le droit de la victime à des dommages et intérêts pour atteinte au droit de la personnalité. Or, le droit à des dommages et intérêts est un droit patrimonial qui, une fois acquis, est susceptible de renonciation. Autrement dit, si la stipulation d'une clause compromissoire paraît ici exclue – puisqu'intervenant avant naissance du litige –, le compromis pour des droits litigieux qui, une fois acquis, sont devenus disponibles, paraît tout à fait envisageable. En revanche, si le litige met en cause l'existence ou l'étendue du droit de la personnalité, il devrait demeurer très largement inarbitrable, car ce droit reste indisponible[93].

S'agissant des droits rendus indisponibles par un ordre public de protection, leur indisponibilité ne sera souvent que temporaire. Et il en ira donc de même de l'inarbitrabilité. En effet, le législateur interdit à une personne considérée comme en situation de faiblesse dans le rapport contractuel, dans un souci de protection de celle-ci, de renoncer par avance à un droit non encore acquis. L'arbitrage étant perçu comme pouvant affecter l'exercice effectif de ses droits par la personne protégée[94], il est impossible de décider d'y recourir tant que le droit en question n'est pas acquis et que la personne protégée n'a donc pas la possibilité de le faire valoir en justice, voire tant que la situation de faiblesse à l'égard de son cocontractant subsiste. En revanche, une fois le droit acquis, la situation de faiblesse est moindre, voire absente, et la renonciation au droit, devenu disponible, devient donc possible. De la même manière, la partie concernée peut alors, en connaissance de cause et librement, peser les conséquences d'un choix de l'arbitrage. Ainsi, l'inarbitrabilité n'affectera ici, le plus souvent, que la clause compromissoire, qui intervient généralement alors que le droit protégé n'est pas encore acquis, et la conclusion d'un compromis, ou même la renonciation à invoquer la nullité de la clause compromissoire, une fois le litige né et donc le droit en question acquis, sera au contraire possible[95]. Ceci étant, les choses ne sont pas toujours aussi simples, dans la mesure où il est parfois difficile de déterminer la date à laquelle un droit protégé par l'ordre public de protection devient disponible : la date d'acquisition de ce droit, parfois délicate à identifier[96], ne correspond pas, en outre, systématiquement à celle où il devient possible d'y renoncer, et donc de conclure une convention d'arbitrage. Certains droits sont acquis dès après la conclusion du contrat. En ce cas, la conclusion d'une convention d'arbitrage pourrait intervenir après la conclusion du contrat et avant même la naissance de tout litige ; cette convention serait donc une clause compromissoire. D'autres droits ne sont, au contraire, acquis qu'au fur et à mesure de l'exécution du contrat. La renonciation à ceux-ci ne sera donc possible qu'au fur et à mesure de l'exécution du contrat et de leur acquisition ; dans cette hypothèse, la conclusion d'une convention d'arbitrage sera possible dès le droit acquis. Ainsi, en matière de créances alimentaires, on pourrait admettre le compromis portant sur un litige relatif à des arrérages échus. Pour d'autres droits encore, leur acquisition ne suffit pas pour que

93. Pour une discussion sur les contours de l'inarbitrabilité en la matière, v. É. Loquin, « Arbitrage – Conventions d'arbitrage – Conditions de fond – Litige arbitrable », préc.

94. V. *supra*, n° 103, 104.

95. V. par exemple, s'agissant d'un salarié, Paris, 10 janv. 2017, *Rev. arb.* 2017, p. 331 et p. 1059 ; *D.* 2017, p. 2561, obs. Th. Clay ; *Cah. arb.* 2018, p. 302, obs. M. de Fontmichel : « Lorsque le litige est né, il est loisible à un salarié de renoncer à la compétence du conseil de prud'hommes ; tel est le cas du défendeur qui, ayant été assigné devant le tribunal de grande instance a revendiqué, non pas la compétence de la juridiction prud'homale, mais le bénéfice de la clause compromissoire ».

96. Sur ce point, v. É. Loquin, « Arbitrage – Conventions d'arbitrage – Conditions de fond – Litige arbitrable », préc., n° 89 et les auteurs cités.

l'on permette à leur titulaire d'y renoncer, notamment parce qu'il est placé dans un état de faiblesse ou de subordination à l'égard de l'autre partie qui dure même après l'acquisition du droit en question. Cet état de fait justifie qu'on ne l'autorise pas à renoncer à ses droits, même acquis, tant que l'état de faiblesse ou de subordination n'a pas cessé. On peut notamment songer à la situation du salarié qui ne peut renoncer à certains droits qu'après cessation de la relation de travail. Tant que l'état de subordination existe, le salarié a besoin d'être protégé ; aussi, il ne peut pas conclure de convention d'arbitrage avant la cessation du contrat. On admet généralement qu'une fois le contrat rompu, les droits du salarié deviennent disponibles et peuvent donc faire l'objet d'une convention d'arbitrage. Autrement dit, cela ferme en principe la porte à la clause compromissoire (sauf pour le salarié à renoncer, une fois le litige né, à en invoquer la nullité[97]), mais non à tous les compromis[98].

Pour résumer, on pourrait donc considérer que l'indisponibilité visée à l'article 2059 du Code civil concerne, soit des matières fermées à l'arbitrage car hors commerce, soit un ordre public de protection qui n'interdit que temporairement le recours à l'arbitrage.

106 **Indisponibilité des droits et règles d'ordre public applicables au fond du litige.** Les notions d'indisponibilité d'un droit d'une part, et d'existence d'une règle d'ordre public régissant le fond du litige d'autre part, sont parfois confondues : le droit serait indisponible dès lors que des dispositions d'ordre public le régissent le fond. Certes, on observe quelquefois une coïncidence entre un ordre public de fond et un ordre public « juridictionnel » : certains droits, protégés par un ordre public de fond, bénéficient au surplus d'une protection par un ordre public « juridictionnel » qui interdit, définitivement ou temporairement, le recours à l'arbitrage à leur égard. Toutefois, ce raccourci n'est pas toujours vérifié. Certaines règles d'ordre public peuvent régir le fond du litige sans pour autant rendre les droits litigieux indisponibles ; à l'inverse, des droits peuvent être indisponibles alors qu'aucune règle d'ordre public ne les régit au fond. En fait, les deux notions ne se situent pas sur le même plan. L'indisponibilité est commandée par un souci de protection d'une personne ; et une règle d'ordre public « juridictionnel » va donc, pour garantir l'exercice de ses droits par cette personne, lui interdire de prévoir leur soumission à l'arbitrage tant qu'ils ne sont pas acquis, voire tant que l'état de faiblesse n'a pas cessé, que les droits en cause soient ou non couverts au fond par des dispositions d'ordre public. L'ordre public au fond vient, quant à lui, garantir le contenu de certains droits, sans pour autant interdire l'arbitrage ; il s'impose même dans l'arbitrage, l'arbitre étant tenu de le mettre en œuvre[99].

Le propos peut être illustré avec l'exemple des droits du salarié dans le cadre de son contrat individuel de travail. Pendant la durée du contrat, ses droits, même patrimoniaux et même ceux qui ne sont pas régis au fond par des règles d'ordre public, sont très largement indisponibles. Une règle d'ordre public interdit, dans un souci de protection du salarié, d'en disposer, au moins pendant un certain temps. Tant que le contrat n'a pas pris fin, il lui est donc impossible de valablement conclure une convention d'arbitrage. À l'inverse, après la cessation du contrat de travail, les droits du salarié deviennent très largement disponibles et ce, même s'agissant de droits pour lesquels des règles d'ordre

97. Paris, 10 janv. 2017, préc.
98. Pour plus de détails sur le cas du salarié, v. *infra*, n° 141.
99. Sur cette obligation, v. *infra*, n° 110 et s.

public ont vocation à s'appliquer au fond ; le salarié pourra donc choisir la voie de l'arbitrage pour les voir reconnaître[100].

Cette confusion fréquente entre les notions d'indisponibilité des droits et de règles d'ordre public régissant au fond le litige a très certainement obscurci le débat relatif à l'interprétation qu'il convenait de donner à l'article 2060 du Code civil, lorsque celui-ci dispose que l'on ne peut compromettre « dans les matières qui intéressent l'ordre public ».

B. L'INARBITRABILITÉ (PRÉTENDUE) DES MATIÈRES QUI INTÉRESSENT L'ORDRE PUBLIC

107 **L'interprétation difficile de l'article 2060 du Code civil.** L'article 2060 du Code civil énonce que l'« on ne peut compromettre sur les questions d'état et de capacité des personnes, sur celles relatives au divorce et à la séparation de corps [...] et plus généralement dans toutes les matières qui intéressent l'ordre public ». Le sens de cette disposition n'est pas d'une parfaite clarté. On peut notamment se demander si elle est un simple texte d'illustration de droits indisponibles et si l'article 2059 du Code civil, qui retient le critère de la libre disponibilité, ne fixe pas ainsi le seul critère pertinent de l'arbitrabilité, ou si, au contraire, l'article 2060 vise, au-delà du critère tiré de la libre disponibilité, d'autres domaines fermés à l'arbitrage. Mais la principale difficulté vient de la référence, faite *in fine* par le texte, à l'inarbitrabilité « dans toutes les matières qui intéressent l'ordre public ». La portée exacte de cette formule a fait débat.

108 **Inarbitrabilité fondée sur l'implication de l'ordre public au fond du litige.** Une première lecture, simpliste, de cette formule pourrait laisser penser que l'arbitrage est exclu dans toutes les matières où il existe des règles d'ordre public applicables au fond du litige ; ainsi, un litige ne pourrait être soumis à l'arbitrage dès lors qu'il touche, de près ou de loin, à l'ordre public, et notamment dès lors que sa résolution implique d'interpréter ou d'appliquer des règles d'ordre public. Ce fut l'interprétation donnée par la jurisprudence du XIXe siècle de l'article 1004 du Code de procédure civile, qui avait précédé l'article 2060 du Code civil avant la loi du 5 juillet 1972[101]. La solution était semble-t-il encore présente dans certaines décisions du milieu du XXe siècle. Ainsi, la cour d'appel de Paris affirmait encore en 1954 que « les dispositions légales ou réglementaires relatives à la taxation intéressant l'ordre public, aucune contestation concernant l'interprétation ou l'application de ces dispositions ne peut être réglée par voie d'arbitrage sous peine de violation de l'article 1004 du Code de procédure civile » ; était donc soustraite à l'arbitrage toute contestation survenue relativement à l'exécution d'un marché portant sur une denrée taxée[102]. Selon cette lecture, il y aurait ainsi coïncidence parfaite entre implication de règles d'ordre public au fond du litige et inarbitrabilité de celui-ci.

Une telle interprétation de l'actuel article 2060 du Code civil manifestait une méfiance évidente à l'égard de l'arbitre pour assurer la défense de l'ordre public, tant de direction que de protection. Cependant, sur le plan pratique, elle était extrêmement

100. Sur la situation du salarié, v. *infra*, n° 141.

101. Civ., 9 janv. 1854, *DP* 1854, 1, p. 69 ; Req. 7 nov. 1865, *D.* 1866, 1, 204 ; Req. 6 juill. 1899, *S.* 1901, 1, 357 ; *D.* 1899, 1, 50.

102. Paris, 9 févr. 1954, *D.* 1954, p. 192 ; *JCP* 1955, II, 8483, note H. MOTULSKY ; *Rev. arb.* 1955, p. 21.

défavorable au développement de l'arbitrage. En effet, elle en réduisait en premier lieu considérablement le domaine d'application : compte tenu de la fréquence de plus en plus grande des dispositions d'ordre public applicables aux opérations économiques, la compétence de l'arbitre pour régler les litiges en ce domaine risquait d'être fortement mise à mal. En second lieu, la solution favorisait les manœuvres dilatoires lors des instances arbitrales. Il suffisait en effet à une partie, lors d'un arbitrage relatif à l'exécution d'un contrat, d'invoquer la nullité de celui-ci pour violation d'une règle d'ordre public, par exemple relative au droit de la concurrence, matière qui « intéresse » sans conteste l'ordre public et largement régie au fond par des règles d'ordre public, pour échapper, à tout le moins temporairement, à l'arbitrage. En effet, à suivre cette interprétation de l'article 2060 du Code civil, le tribunal arbitral n'était pas compétent pour trancher cette question et devait, au minimum, surseoir à statuer dans l'attente d'une décision d'un juge étatique sur l'exception de nullité touchant au droit de la concurrence ; la partie la plus diligente devait alors saisir la juridiction étatique compétente et, une fois la question tranchée, peut-être en faveur de la validité du contrat au regard du droit de la concurrence, les parties pourraient alors revenir devant le tribunal arbitral pour vider le contentieux. Le risque de manœuvres dilatoires et d'une perte de temps considérable était très visible.

Compte tenu de ses inconvénients, cette interprétation de l'article 2060 a été très rapidement contestée par la doctrine[103], dont les réflexions ont très certainement contribué à l'évolution de la jurisprudence qui, si elle a été longue et progressive, a finalement abouti à une véritable réécriture et à la « neutralisation » de ce membre de phrase de l'article 2060 du Code civil, aussi bien pour l'arbitrage interne que pour l'arbitrage international. Cependant, la révolution ne s'est pas faite en un jour, ni sans réticences ou tâtonnements[104]. Elle a connu différentes étapes.

109 **Inarbitrabilité fondée sur une violation de l'ordre public au fond.** L'amorce de l'évolution jurisprudentielle est certainement l'arrêt *Tissot* de la chambre commerciale de la Cour de cassation du 29 novembre 1950[105]. La Cour régulatrice y a censuré un arrêt ayant confirmé une ordonnance d'exequatur d'une sentence relative à une vente d'orge de brasserie, dont le prix était réglementé, au motif « qu'en s'abstenant de rechercher si le prix de l'orge vendu excédait le cours du 1er septembre 1939, ce qui, rendant la vente contraire à l'ordre public, eût interdit qu'elle fît l'objet d'un compromis », la cour d'appel n'avait pas donné de base légale à sa décision. Ainsi, il semblait résulter de cette motivation que si le prix excédait le cours fixé, la vente était contraire à l'ordre public, ce qui « interdisait » le compromis, et qu'en revanche, ce dernier resterait valable dans le cas contraire. Un critère émergeait donc, selon lequel la convention d'arbitrage n'était pas nulle du seul fait que le contrat auquel elle a trait était soumis, à certains égards, à une réglementation d'ordre public ; elle ne l'était, et le litige n'était en conséquence inarbitrable, que si l'opération ou la convention litigieuse était frappée

103. Notamment par Hébraud, obs. sous Cass. com., 29 nov. 1950, *Tissot, RTD civ.* 1951, p. 106 ; et H. Motulsky, *Écrits, Études et notes sur l'arbitrage*, t. 2, Dalloz, 1974, p. 53 et s.

104. Sur cette évolution, v. notamment L. Idot, « Rapport introductif », in *Competition and arbitration law*, Publ. CCI n° 480/3, 1993, p. 11, spéc. n° 38, p. 22 ; et « L'arbitrabilité des litiges, l'exemple français », *RJ com.* 1996, p. 6 ; J.-B. Racine, *L'arbitrage commercial international et l'ordre public*, LGDJ, 1999, nos 202 et s., p. 121 ; Ph. Fouchard, E. Gaillard, B. Goldman, *Traité de l'arbitrage commercial international*, Litec, 1996, nos 560 et s., p. 345.

105. Cass. com., 29 nov. 1950, *Tissot, JCP* 1951, IV, 5 ; *D.* 1951, p. 170 ; *RTD civ.* 1951, p. 106, obs. Hébraud ; *RTD com.* 1951, p. 275, obs. Boitard ; *S.* 1951. I. 120, note J. Robert.

d'illicéité comme ayant effectivement contrevenu à une règle d'ordre public. En ce cas, un tribunal arbitral ne pouvait trancher cette question, que ce soit à titre principal ou incident. Dans un arrêt ultérieur, la cour d'appel de Paris a suivi ce raisonnement. Elle a retenu : « S'il est de principe que le compromis est interdit sur toute cause intéressant l'ordre public, cette règle ne signifie point, ni n'a jamais signifié que tout litige relatif à une convention ou opération soumise à certains égards à une réglementation présentant un caractère d'ordre public se trouverait de ce fait soustrait à l'arbitrage ; qu'elle n'a qu'une portée beaucoup plus restreinte et n'emporte nullité du compromis que si l'opération ou convention litigieuse à laquelle il a trait se trouve être illicite et frappée d'invalidité comme ayant effectivement contrevenu à un règlement d'ordre public ». La cour résumait sa pensée en énonçant : « En un mot, la nullité du compromis ne découle pas de ce que le litige touche à des questions d'ordre public, mais uniquement du fait que l'ordre public a été violé »[106]. Cela a longtemps été la position dominante de la jurisprudence ultérieure[107]. Dans ce cadre, dans un arrêt du 20 janvier 1989, la cour d'appel de Paris a précisé que « le caractère contractuel et privé de l'arbitrage interdit à la juridiction arbitrale, [...] dans les matières régies par des dispositions impératives, de sanctionner une violation de l'ordre public, une telle prérogative appartenant aux seuls tribunaux de l'État ». Dans ce cas, le tribunal arbitral doit « examiner la cause au regard des dispositions invoquées afin de vérifier la validité de son investiture en recherchant s'il existe ou non, une violation de l'ordre public de nature à lui interdire de statuer »[108]. Ainsi, saisi à titre incident d'une exception de nullité du contrat fondée sur la violation d'une règle d'ordre public, le tribunal arbitral pouvait déterminer s'il y avait eu ou non violation de l'ordre public et ce, afin de vérifier la validité de son investiture. Si la violation ne lui paraissait pas constituée, l'ordre public n'était pas en cause et le tribunal arbitral pouvait donc statuer sur la demande principale, par exemple sur l'exécution du contrat. Au contraire, si après vérification, il estimait que l'ordre public était violé par le contrat, il pouvait simplement se déclarer incompétent, sans pouvoir prononcer la nullité du contrat. Par ailleurs, le tribunal arbitral ne semblait pas pouvoir être saisi à titre principal d'une question de nullité fondée sur une règle d'ordre public, puisqu'il ne se voyait pas reconnaître le pouvoir de prononcer la nullité d'un contrat pour violation de l'ordre public. Autrement dit, l'arbitre pouvait constater une violation de règles d'ordre public, mais non en tirer d'autre conséquence que son incompétence, n'ayant pas le pouvoir de sanctionner lui-même cette violation. La limite de sa compétence par rapport à l'ordre public était constituée par le cas où celui-ci avait été violé par le contrat litigieux ; s'il constatait cette violation, l'arbitre devait se déclarer incompétent compte tenu de la nullité consécutive de la convention d'arbitrage.

Cette solution avait le mérite de réduire considérablement le risque de manœuvres dilatoires, l'invocation en défense d'une prétendue violation de règles d'ordre public ne suffisant plus à stopper ou interrompre une instance arbitrale. Mais elle avait aussi des inconvénients évidents : on ne pouvait toujours pas saisir principalement l'arbitre d'une demande de nullité du contrat pour violation de l'ordre public et, si une exception de nullité invoquée en défense à une action en exécution du contrat était avérée, l'arbitre n'était plus compétent. La solution apparaissait donc insatisfaisante, l'arbitre ne

106. Paris, 15 juin 1956, *Rev. arb.* 1956, p. 97 ; *JCP* 1956, II, 9419, note H. MOTULSKY ; *D.* 1957, p. 587, note J. ROBERT.

107. V. notamment, Paris, 22 mai 1980, et Cass. com., 21 oct. 1981, *Dauphin c/ Decaux*, *Rev. arb.* 1982, p. 264, note J.-B. BLAISE ; Cass. com., 26 sept. 1984, *Rev. arb.* 1986, p. 442, note P. ANCEL.

108. Paris, 20 janv. 1989, *SPD c/DPF*, *Rev. arb.* 1989, p. 280 (2e esp.), obs. L. IDOT.

pouvant toujours pas sanctionner lui-même la violation d'une règle d'ordre public. De plus, elle compliquait la tâche de l'arbitre pour une maigre satisfaction, puisqu'elle lui imposait, pour trancher la question de l'arbitrabilité ou non du litige, d'entrer éventuellement dans un examen détaillé du fond du litige pour apprécier l'éventuelle illicéité du contrat au regard de l'ordre public, pour lui refuser ensuite d'aller plus loin lorsqu'il constatait effectivement une illicéité. Bref, elle lui imposait un bond en avant dans le fond du litige, puis un bond en arrière pour se limiter à la seule question de sa compétence. Aussi, certains auteurs soulignaient justement qu'« il est franchement curieux qu'ayant fait ce qui est le plus difficile, constater l'illicéité, l'arbitre ne puisse aller jusqu'au bout et prononcer la nullité »[109]. Au demeurant, la solution pouvait à cet égard sembler quelque peu absurde. En effet, elle autorise l'arbitre à faire ce qui peut constituer un danger pour la sauvegarde de l'ordre public, soit dire à tort que le contrat n'emporte aucune violation de celui-ci et en ordonner en conséquence l'exécution, alors même qu'il peut se tromper dans cette appréciation et ainsi ordonner l'exécution d'un contrat violant en fait l'ordre public. En revanche, elle lui interdit de faire ce qui ne présente généralement aucun danger pour la protection de l'ordre public, et peut même être utile à cette protection, c'est-à-dire prononcer l'annulation du contrat pour violation de l'ordre public lorsqu'il estime que cette violation est avérée ; si l'arbitre a raison à cet égard, l'annulation du contrat assure le respect de l'ordre public ; s'il a tort, l'annulation du contrat ne portera le plus souvent pas pour autant gravement atteinte à l'ordre public, l'arbitre se contentant alors d'être, en quelque sorte, plus royaliste que le roi. Enfin, cette solution intermédiaire obligeant le tribunal arbitral à se déclarer incompétent s'il estime l'ordre public violé, l'incitait assez peu à assurer la défense de l'ordre public, un arbitre n'étant guère naturellement attiré par l'idée de commettre ce véritable « suicide arbitral ». Aussi, cette solution a été rapidement critiquée par la doctrine et la jurisprudence a été conduite à se montrer plus audacieuse.

110 **Pouvoir de l'arbitre de juger d'une violation de l'ordre public au fond dans l'arbitrage international.** L'étape suivante est intervenue dans l'arbitrage international où la cour d'appel de Paris a retenu, dans le cadre d'un litige impliquant les règles impératives du droit de la concurrence, qu'en matière internationale, « l'arbitrabilité d'un litige n'est pas exclue du seul fait qu'une réglementation d'ordre public est applicable au rapport de droit litigieux », et que « l'arbitre a compétence pour apprécier sa propre compétence quant à l'arbitrabilité du litige au regard de l'ordre public international et dispose du pouvoir d'appliquer les principes et règles relevant de cet ordre public, ainsi que de sanctionner leur méconnaissance éventuelle, sous le contrôle du juge de l'annulation »[110]. Elle précisait que « si le caractère de loi de police économique de la règle communautaire du droit de la concurrence interdit aux arbitres de prononcer des injonctions ou des amendes, ils peuvent néanmoins tirer les conséquences civiles d'un comportement jugé illicite au regard des règles d'ordre public ». Une limite à l'arbitrabilité était toutefois posée dans « les cas où la non arbitrabilité relève de la matière, en ce qu'elle intéresse au plus près l'ordre public [international] et exclut de manière absolue la compétence arbitrale du fait de la nullité de la convention d'arbitrage »[111]. Était ainsi admis le pouvoir du tribunal

109. P. Mayer, « Le contrat illicite », *Rev. arb.* 1984, p. 205, spéc. p. 212.

110. Paris, 19 mai 1993, *Labinal*, *Rev. arb.* 1993, p. 645, note Ch. Jarrosson ; *JDI* 1993, p. 957, note L. Idot ; *RTD com.* 1993, p. 492, obs. J.-C. Dubarry et É. Loquin. Déjà, s'orientant vers cette solution : Paris, 12 janv. 1993, *Norbert Beyrard*, *Rev. arb.* 1994, p. 685 ; Paris, 29 mars 1991, *Ganz*, *Rev. arb.* 1991, p. 478, note L. Idot ; Paris, 16 févr. 1989, *Almira Films*, *Rev. arb.* 1989, p. 711, note L. Idot.

111. Paris, 29 mars 1991, *Ganz*, préc. Sur le sens de cette limite, v. *infra*, n° 115.

arbitral, qui constate une contrariété à l'ordre public, de la sanctionner lui-même, par exemple en prononçant la nullité du contrat. Il s'agissait d'une véritable marque de confiance à l'égard des arbitres, probablement influencée par la position prise par la Cour suprême des États-Unis dans l'arrêt *Mitsubishi* en 1985[112]. La confiance n'était toutefois pas aveugle, le tribunal arbitral exerçant ce nouveau pouvoir « sous le contrôle du juge de l'annulation ». Ainsi, le respect des dispositions d'ordre public applicables au fond du litige semble suffisamment garanti par un contrôle *a posteriori* sur la sentence, plutôt que par une interdiction *a priori* de l'arbitrage. Toutefois, on a pu par la suite s'interroger sur la réalité d'un tel contrôle, tant en ce qui concerne son existence même en matière d'arbitrage international, où il peut ne pas avoir l'opportunité de s'exercer compte tenu du caractère délocalisé de l'arbitre international[113], qu'à propos de sa consistance lorsqu'il a l'occasion de s'exercer, compte tenu de l'attitude longtemps adoptée par la jurisprudence française en matière de contrôle du respect de l'ordre public par la sentence arbitrale[114].

111 **Reconnaissance de la solution dans l'arbitrage interne.** La solution a par la suite été étendue à l'arbitrage interne. Déjà, dans un arrêt du 20 septembre 1995 concernant un arbitrage international[115], la cour d'appel de Paris avait suggéré cette extension, en affirmant qu'« en matière d'arbitrage interne ou international, [...] l'arbitrabilité n'est pas exclue du seul fait qu'une réglementation d'ordre public est applicable au rapport de droit litigieux [...] ». Par la suite, elle avait appliqué la solution dans des affaires purement internes[116].

Surtout, la question a été tranchée par la Cour de cassation elle-même dans un arrêt du 9 avril 2002. La Haute juridiction a, par là même, apporté son sceau à une évolution jurisprudentielle qui était auparavant essentiellement le fait des juridictions du fond. Dans le cadre d'un litige relatif à la nullité d'une société en participation dont l'acte constitutif prévoyait une clause compromissoire pour la résolution des litiges entre associés, elle a énoncé, pour répondre au moyen prétendant que la cour d'appel avait violé l'article 2060 du Code civil en retenant, pour écarter le grief de nullité de la clause compromissoire, qu'il n'était pas rapporté que l'ordre public avait été violé en l'espèce tout en constatant que le demandeur au pourvoi invoquait la nullité de la société, qu'« il appartient à l'arbitre, hors les cas où la non arbitrabilité relève de la matière, de mettre en œuvre les règles impératives du droit, sous le contrôle du juge de l'annulation »[117]. L'expression « mettre en œuvre » utilisée par la Cour de cassation paraît susceptible de couvrir toutes les hypothèses, et notamment celle de la nullité du contrat pour violation de l'ordre public. D'ailleurs, la cour d'appel de Paris a ultérieurement énoncé, en matière interne, que « l'arbitre apprécie sa propre compétence quant à l'arbitrabilité du litige au regard de l'ordre public et dispose du pouvoir d'appliquer les principes et les règles qui en

112. Cour suprême des États-Unis, 2 juill. 1985, *Mitsubishi c/ Soler*, *Rev. arb.* 1986, p. 273, et le commentaire de J. Robert, p. 173.

113. Sur ce point, v. *infra*, n° 577 et s.

114. V., pour l'arbitrage interne, *infra*, n° 552 et s., et, pour l'arbitrage international, *infra*, n° 1000 et s.

115. Paris, 20 sept. 1995, *Matra Hachette*, *Rev. arb.* 1996, p. 87, note D. Cohen, rendu à propos des règles impératives du droit des procédures collectives.

116. Paris, 16 juin 1998, *Rev. arb.* 1999, p. 333, note L. Idot ; Paris, 12 sept. 2002, *Rev. arb.* 2003, p. 173, note M.-E. Boursier.

117. Cass. com., 9 avr. 2002, *Toulousy c/ Philam*, *Rev. arb.* 2003, p. 103 (2e esp.), note P. Didier ; *D.* 2003, p. 1117, note L. Degos ; *ibid.* 2003, somm., p. 2470, obs. Th. Clay ; *JCP* G 2003, I, 2003, n° 2, obs. Ch. Seraglini ; *RTD com.* 2003, p. 62, obs. É. Loquin ; v. encore, Cass. 2e civ., 20 mars 2003, *D.* 2003, somm., p. 2470, obs. Th. Clay.

relèvent ainsi que d'en sanctionner la méconnaissance éventuelle, l'arbitrabilité n'étant pas exclue du seul fait qu'une réglementation d'ordre public est applicable au litige »[118].

Finalement, deux cas d'inarbitrabilité demeurent dans l'expression utilisée par l'article 2060 du Code civil interdisant l'arbitrage des contestations « qui intéressent l'ordre public » : d'une part, le cas où la convention d'arbitrage est illicite dans la mesure où elle donne au tribunal arbitral mission de contrevenir à l'ordre public, les parties l'invitant à méconnaître une règle d'ordre public pour rendre sa sentence ; d'autre part, les questions touchant au plus près à l'ordre public qui sont, par leur nature même, soustraites à l'arbitrage[119] ; il s'agit, dans ce dernier cas, d'un ordre public plus restreint, notamment visé par l'article 2059 et le reste des dispositions de l'article 2060 du Code civil.

112 **Une confiance méritée ?** En pratique, on pourrait se demander si la confiance ainsi placée en l'arbitre pour faire respecter les dispositions d'ordre public voulant régir le fond du litige est méritée. Ne peut-on craindre qu'un tribunal arbitral se sente moins concerné par la défense de l'ordre public que ne le serait un juge étatique ? N'étant pas le serviteur de l'État, un tribunal arbitral risque en effet de ne pas naturellement se voir, contrairement au juge, comme le gardien de l'ordre public. Il pourrait au contraire être plus soucieux de la satisfaction des intérêts privés des parties qui l'ont nommé et du respect de la parole donnée que de la défense des politiques étatiques. De plus, l'intrusion de l'ordre public dans le litige pourra, dans certains cas, lui apparaître comme une prime à la mauvaise foi. En effet, la partie qui prétend que le contrat est contraire à l'ordre public, par exemple est illicite en ce qu'il constitue une entente prohibée par le droit de la concurrence ou facilite le versement d'un pot-de-vin, était souvent consciente de cette illicéité dès la conclusion du contrat, voire même y avait largement participé. Aussi, un tribunal arbitral pourrait ne pas être particulièrement incité à sanctionner une violation de l'ordre public dans la mesure où il ferait ainsi prévaloir les intérêts d'une partie qui lui apparaît être de mauvaise foi[120].

Ainsi, diverses considérations pourraient conduire à penser qu'un tribunal arbitral risque de moins bien défendre l'ordre public que ne le ferait un juge étatique. Aussi, c'est le contrôle du juge sur la manière dont le tribunal arbitral exécute son office au

118. Paris, 20 mars 2008, *Rev. arb.* 2008, p. 341.

119. V. en ce sens, *a contrario*, Paris, 1er juill. 2014, *D.* 2014, p. 2544, obs. Th. Clay ; *Rev. arb.* 2015, p. 134, note R. Dupeyré, qui énonce, à propos des dispositions de l'article L. 442-6, I, 5°, du Code de commerce sur la rupture brutale de relations commerciales établies : « Il appartient aux arbitres, sous le contrôle du juge de l'annulation, d'appliquer les règles d'ordre public. La seule circonstance que de telles dispositions régissent le fond du litige n'a pas pour effet d'exclure le recours à l'arbitrage, *dès lors que, par leur nature, les demandes des parties ne sont pas inarbitrales* » (souligné par nous) ; approuvé par Cass. 1re civ., 21 oct. 2015, *Rev. arb.* 2015, p. 1229 ; *JCP* G 2015, 1228, obs. L. Weiller ; *D.* 2015, p. 2537, note N. Dissaux ; *ibid.*, p. 2590, obs. Th. Clay ; *RTD com.* 2016, p. 693, obs. É. Loquin.

120. On notera cependant que l'autre partie n'est souvent guère plus innocente. Par ailleurs, il existe souvent d'autres moyens de sanctionner la mauvaise foi d'une partie invoquant l'illicéité du contrat alors qu'elle a participé à cette illicéité, qui sont plus satisfaisants que de négliger purement et simplement l'application des règles d'ordre public : attribution de dommages et intérêts à l'autre partie non coupable, absence de répétition des prestations déjà fournies par la partie de mauvaise foi, etc. Il est même fort possible que la règle d'ordre public qui a été violée, ou plus généralement le système juridique auquel elle appartient, ait pris cet élément en compte et prévu des mécanismes pour sanctionner la mauvaise foi ou la complicité éventuelle de celui qui invoque la nullité pour violation de l'ordre public. Le tribunal arbitral dispose donc bien souvent d'outils pour sanctionner cette mauvaise foi, tout en assurant le respect des règles d'ordre public qui se veulent applicables au fond du litige.

regard de l'ordre public, opéré *in fine* sur la sentence arbitrale, qui est susceptible de véritablement garantir le respect des dispositions d'ordre public dans l'arbitrage. En principe, ce contrôle existe puisque la jurisprudence affirme que l'arbitre exerce sa mission à cet égard « sous le contrôle du juge de l'annulation ». Encore faut-il que ce contrôle ait quelque consistance et ne soit pas purement formel. Or, on a pu s'inquiéter de l'évolution ultérieure de la jurisprudence française à cet égard, même si les arrêts les plus récents, au moins ceux émanant de la cour d'appel de Paris, sont plus rassurants[121].

113 **Invocation d'office par l'arbitre de règles d'ordre public justifiant l'inarbitrabilité ou applicables au fond du litige.** L'arbitre peut-il relever d'office l'application de règles d'ordre public qui, soit justifient l'inarbitrabilité du litige, soit régissent celui-ci au fond ? Autrement dit, quelle doit être son attitude lorsqu'aucune des parties n'invoque l'application de règles d'ordre public à la cause ? Lorsque l'arbitre constate lui-même l'inarbitrabilité du litige ou l'application au fond du litige de dispositions d'ordre public, il devrait probablement soulever le moyen d'office. La cour d'appel de Paris a en effet indiqué que même si les parties n'ont pas invoqué les règles d'ordre public devant le tribunal arbitral, il appartient à celui-ci d'en faire application d'office, sous réserve du respect du principe de la contradiction[122]. Bien entendu, il se peut que le tribunal arbitral ne perçoive pas la difficulté et retienne sa compétence et/ou ordonne l'exécution d'un contrat, sans déceler que le litige était inarbitrable ou que des dispositions d'ordre public étaient applicables au fond du litige. S'expose-t-il alors à une sanction systématique de sa sentence ? En fait, on devrait ici distinguer.

Si la question était celle de l'inarbitrabilité du litige, il convient de distinguer selon que les parties pouvaient ou non renoncer à la cause d'inarbitrabilité en question. Pour les causes d'inarbitrabilité visant à la protection d'une partie et auxquelles celle-ci peut généralement renoncer, la participation de cette partie à l'arbitrage sans protestation relative à l'arbitrabilité du litige devrait être considérée comme une renonciation à invoquer l'incompétence du tribunal arbitral ; aussi, le juge ne devrait pas sanctionner le tribunal arbitral qui a retenu sa compétence[123]. Au contraire, s'agissant des causes d'inarbitrabilité auxquelles les parties ne peuvent renoncer, en cas de recours contre la sentence arbitrale ou de demande d'exequatur, la sentence devrait être annulée ou se voir refuser l'exequatur[124].

Si la question concerne l'application de dispositions d'ordre public au fond et qu'une violation de l'ordre public par le contrat est effectivement révélée et avérée par la suite[125], la sentence sera annulée ou se verra refuser l'exequatur, à condition toutefois que le

121. Sur ce point, v. pour l'arbitrage interne, *infra*, n° 552 et s., et, pour l'arbitrage international, *infra*, n° 1000 et s.

122. Paris, 16 mars 1995, *Rev. arb.* 1996, p. 146, obs. Y. Derains.

123. Toutefois, il conviendrait peut-être de tenir compte ici de l'arrêt *Claro* (CJCE, 26 oct. 2006, *Elisa Maria Mostaza Claro*, aff. C-168/05, *Rev. arb.* 2007, p. 109, note L. Idot ; *JCP* G 2007, I, 168, n° 1, obs. Ch. Seraglini ; *JDI* 2007, p. 581, note A. Mourre ; *D.* 2006. pan., p. 3027, obs. Th. Clay ; *ibid.*, p. 2562, obs. S. Bollée ; *RTD Civ.* 2007, p. 113, obs. J. Mestre et B. Fages ; *ibid.*, p. 633, obs. Th. Théry) rendu par la Cour de justice de l'Union européenne qui pourrait remettre en cause cette proposition qui nous paraît pourtant logique : v. *infra*, n° 127.

124. Pour un exposé plus détaillé de l'office de l'arbitre quant à l'appréciation de sa propre compétence, en dehors des questions d'arbitrabilité du litige, en cas d'absence de contestation des parties à cet égard, v. *infra*, n° 170.

125. Sur la possibilité d'invoquer l'ordre public pour la première fois dans le cadre du recours contre la sentence devant le juge étatique, v. *infra*, n° 552 et s.

résultat qu'elle pose heurte de manière manifeste, effective et concrète l'ordre public[126]. En effet, comme l'a justement énoncé la jurisprudence, « aucune annulation de la sentence n'est encourue simplement parce que les arbitres n'ont pas soulevé d'office les questions de droit communautaire de la concurrence »[127]. L'annulation ne sera encourue que si cette omission du tribunal arbitral de prendre en compte des règles d'ordre public qui avaient vocation à s'appliquer au fond du litige conduit effectivement à une violation effective et concrète de l'ordre public. Si tel est effectivement le cas, et même si rien ne peut être véritablement reproché au tribunal arbitral qui n'a « rien vu », la sentence est alors objectivement contraire à l'ordre public au sens de l'article 1492.5° du Code de procédure civile[128].

La question pourrait toutefois rebondir : que doit faire le tribunal arbitral si les parties, interrogées par lui sur la question de l'application au litige de règles d'ordre public, et notamment sur la contrariété du contrat à l'ordre public, s'accordent pour lui interdire d'examiner les questions relatives à l'ordre public, et notamment celle de la validité du contrat ? Elles pourraient notamment soutenir qu'elles ne lui ont donné compétence que pour connaître de l'exécution ou de l'interprétation du contrat, et non pour examiner sa validité, essayant ainsi de restreindre la compétence du tribunal arbitral. Ici, on peut hésiter quant à l'attitude que le tribunal arbitral devrait adopter. Il faut probablement distinguer selon que les dispositions d'ordre public en cause sont ou non susceptibles de renonciation. Pour les dispositions d'ordre public susceptibles de renonciation, notamment celles visant à la protection de l'une des parties, le tribunal arbitral devrait accepter l'accord des parties : la partie protégée, avertie par le tribunal, décide en effet de renoncer en connaissance de cause à la protection qui lui était accordée, que ce soit quant à l'inarbitrabilité du litige ou quant à l'éventuelle invalidité du contrat au fond ; le tribunal arbitral devrait donner effet à cette renonciation, comme le ferait un juge. En revanche, la question est plus délicate s'agissant des dispositions d'ordre public, relatives à l'arbitrabilité ou au fond du litige, auxquelles les parties ne peuvent renoncer. Selon certains, le tribunal arbitral devrait alors passer outre les objections des parties et néanmoins appliquer les règles d'ordre public au litige et, le cas échéant, sanctionner la violation de l'ordre public, en prononçant par exemple la nullité du contrat. Cependant, le tribunal arbitral aurait alors clairement dépassé les termes de sa mission. Il statuerait *ultra petita* s'il prononçait la nullité du contrat et pourrait donc s'exposer à une annulation de sa sentence en cas de recours en annulation[129]. Par ailleurs, sa sentence risquerait de toute façon d'être inutile, les parties pouvant s'accorder pour n'y prêter aucune attention et se mettre à la recherche d'un tribunal arbitral plus complaisant. D'autres auteurs estiment que le tribunal arbitral, ne pouvant statuer sur la validité du contrat si les parties ne lui donnent pas compétence à cet égard, ne peut davantage se faire le complice de l'illicéité et devrait donc se déclarer incompétent en donnant, dans sa décision, les raisons de cette incompétence. En effet, l'objet de la mission qui lui a

126. Sur ces critères, exigés par la jurisprudence pour que la contrariété de la sentence à l'ordre public puisse justifier son annulation ou un refus d'exequatur, v. *infra*, n° 552 et s.

127. Paris, 18 nov. 2004, *Thalès Air Défense c/ GIE Euromissile*, *JCP* G 2005, II, 10038, note G. Chabot ; *ibid.*, I, 134, n° 8, obs. Ch. Seraglini ; *JDI* 2005, p. 357, note A. Mourre ; *D.* 2005, pan. 3058, obs. Th. Clay ; *RTD com.* 2005, p. 263, obs. É. Loquin ; *Rev. arb.* 2005, p. 529, note L. G. Radicati di Brozolo ; *RCDIP* 2006, p. 104, note S. Bollée ; Ch. Seraglini, « L'affaire Thalès et le non-usage immodéré de l'exception d'ordre public (ou les dérèglements de la dérèglementation) », *Cah. arb.*, vol. III, *Gaz. Pal.* éd., 2006, p. 87.

128. Sous l'empire de la législation antérieure au décret du 13 janvier 2011, art. 1484.6° CPC.

129. V. art. 1492.3° CPC (art. 1484.3° CPC avant le décret du 13 janvier 2011).

été confiée doit alors être vu comme illicite, en contrariété avec l'article 6 du Code civil. Mais, une fois encore, les parties peuvent toujours... chercher un autre tribunal arbitral, moins scrupuleux.

En réalité, divers cas de figure doivent être ici envisagés[130]. Si la question posée est celle de l'arbitrabilité du litige, la solution est relativement simple : l'arbitre ne peut exercer sa fonction que si la loi l'y autorise et, peu important l'attitude des parties, il doit vérifier qu'il est bien autorisé à exercer cette fonction. Si les parties prétendaient le lui interdire, il ne pourrait que démissionner ou se déclarer incompétent. La question se complique lorsque l'ordre public concerne les règles applicables au fond du litige. Il convient alors de distinguer plusieurs hypothèses. Si l'arbitre était initialement saisi d'une demande relative à l'exécution ou l'inexécution du contrat et que la convention d'arbitrage est rédigée en des termes suffisamment larges, visant par exemple « tous les litiges en relation avec le présent contrat », compte tenu de l'interprétation large des termes de la convention d'arbitrage retenue par la jurisprudence[131], l'arbitre a compétence pour ouvrir le débat sur la validité du contrat. Sa compétence pour connaître d'une question d'exécution du contrat lui donne en effet compétence pour examiner sa validité, ou au moins introduire cette question dans le débat, car on ne peut en principe ordonner l'exécution d'un contrat nul. Ce n'est que si les parties ont expressément restreint sa compétence pour connaître des questions de validité du contrat, dans la convention d'arbitrage ou lors de sa saisine, que l'arbitre devrait refuser sa mission ou se déclarer tout de suite incompétent, afin de ne pas mettre en œuvre l'exécution d'un contrat illicite. En ce cas, il devrait considérer la convention d'arbitrage comme nulle pour illicéité de son but et/ou de son contenu. Autrement dit, à défaut de restriction expresse par les parties de la compétence de l'arbitre, exprimée dans la convention d'arbitrage ou dans les actes le saisissant, l'arbitre, saisi d'une question d'exécution du contrat, doit être considéré comme autorisé à introduire la question de l'application des règles d'ordre public dans le débat. Ensuite, une fois cette question introduite d'office dans le débat, si les parties ne s'accordent pas pour restreindre sa compétence à cet égard, et notamment si une seule partie conteste cette compétence, l'arbitre peut continuer son travail et, le cas échéant, déclarer la demande d'exécution dépourvue de fondement car fondée sur un contrat nul. En revanche, si les parties s'accordent pour lui dire d'ignorer la question, l'arbitre idéaliste pourra considérer que l'accord opéré devant lui, tentant d'exclure du débat l'ordre public, est illicite et qu'il n'en tiendra pas compte, et il continuera son office sur le fondement de la convention d'arbitrage qui lui donnait entière compétence. Il tranchera alors le litige en application des règles d'ordre public en cause. Toutefois, sa sentence risque de « finir aux oubliettes ». Aussi, l'arbitre plus réaliste pourra préférer se contenter de démissionner, ou de se déclarer incompétent pour illicéité de sa mission, ne pouvant se faire complice d'une violation de l'ordre public... mais les parties pourront toujours se mettre à la recherche d'un autre arbitre, plus complaisant, risque qu'on ne peut éviter.

130. Pour un exposé plus détaillé, v. Ch. Seraglini, *Lois de police et justice arbitrale internationale*, Dalloz, Nouvelle bibliothèque des thèses, 2001, n° 994 et s., p. 470.

131. Sur cette interprétation large, v. *infra*, n° 191.

C. LA COMPÉTENCE EXCLUSIVE D'UN ORGANE ÉTATIQUE

114 **Un critère discuté.** La loi attribue parfois une compétence exclusive à une juridiction ou à une autorité particulière pour connaître de certains types de litiges ou pour prononcer certaines mesures. Une question survient alors : cette attribution de compétence exclusive constitue-t-elle, en elle-même, un obstacle à l'arbitrage et un critère d'inarbitrabilité ? Pour répondre, il convient d'analyser les raisons qui ont motivé l'attribution de la compétence exclusive et de s'interroger sur sa finalité, ainsi que sur son étendue, car ce n'est pas nécessairement toute la matière en cause qui est fermée à l'arbitrage. Cela conduit à considérer deux hypothèses.

Souvent, l'attribution d'une compétence exclusive à une autorité s'inscrit seulement dans le cadre de la répartition des compétences matérielles entre les différentes juridictions judiciaires ou administratives : une compétence exclusive est accordée à une juridiction pour connaître de certains litiges dans le cadre de la répartition des compétences entre les différentes juridictions de l'État. Autrement dit, le législateur organise, au sein de l'ordre juridique, la répartition des compétences entre les juridictions et prévoit, dans ce cadre, que telle juridiction est seule compétente pour connaître de tel type de litiges. En ce cas, *a priori*, rien ne s'oppose à ce que le litige pour lequel telle juridiction a une compétence exclusive au sein de l'organigramme judiciaire soit soumis à l'arbitrage, car l'arbitre n'est pas concerné par ces règles de répartition des compétences entre juridictions étatiques[132].

Dans d'autres cas cependant, il y a coïncidence : il existe une règle de compétence exclusive pour une matière, ou certaines questions, par ailleurs soustraites à l'arbitrage. En ce cas, l'attribution de la compétence exclusive à une juridiction pour connaître de certains litiges ou prononcer certaines mesures est motivée par des considérations d'ordre public, notamment parce que la matière, ou certains de ses aspects, touchent à des prérogatives souveraines de l'État ou impliquent les tiers. L'attribution de compétence exclusive tend alors à assurer un objectif législatif : le législateur a voulu que tous les aspects de cette question, ou au moins certains d'entre eux, soient concentrés devant une seule et même juridiction, car cela lui apparaît comme le seul moyen de mener à bien le but poursuivi par la loi. On peut songer aux matières pénale, fiscale, ou encore aux procédures collectives. Ainsi, la répression pénale est exclusivement concentrée devant les juridictions pénales. De même, les solutions pour gérer au mieux une procédure collective, compte tenu des objectifs poursuivis, relèvent, pour une grande part, du seul tribunal qui a ouvert la procédure. Ces questions sont alors effectivement inarbitrables. Comme l'écrivait Motulsky, « l'interdiction de l'arbitrage ne résulte pas de la seule existence d'une attribution impérative de compétence ; elle ne doit être admise que dans le cas où cette attribution traduit l'idée que le règlement du différend par la

132. V. par exemple, à propos de l'action pour rupture brutale de relations commerciales établies prévue à l'article L. 442-6, I, 5°, du Code de commerce, Cass. 1re civ., 21 oct. 2015 (*Rev. arb.* 2015, p. 1229 ; *JCP* G 2015, 1228, obs. L. Weiller ; *D.* 2015, p. 2537, note N. Dissaux ; *ibid.*, p. 2590, obs. Th. Clay ; *RTD com.* 2016, p. 693, obs. É. Loquin), rejetant le pourvoi contre Paris, 1er juill. 2014 (*D.* 2014, p. 2544, obs. Th. Clay ; *Rev. arb.* 2015, p. 134, note R. Dupeyré) : dans ces arrêts, les juges retiennent que les dispositions de l'article D. 442-3 du Code de commerce, qui désignent les juridictions compétentes pour connaître d'une telle action, pas plus que la circonstance que l'article L. 442-6 confie au ministre de l'Économie et au ministère public une action autonome aux fins de protection du marché et de la concurrence, n'ont pas pour effet d'exclure le recours à l'arbitrage pour trancher les litiges nés, entre les opérateurs économiques, de l'application de ce texte.

voie arbitrale apparaîtrait, en soi, comme contraire à l'ordre public »[133]. Mais en réalité, l'existence de la compétence exclusive n'est pas, à proprement parler, le fondement de l'inarbitrabilité ; c'est bien davantage le caractère spécifique de la matière concernée par le litige (qui touche aux intérêts de la collectivité et implique souvent une intervention de l'État en tant que puissance publique, ou qui intéresse de près des tiers) qui exclut l'arbitrage.

De façon plus générale, l'inarbitrabilité ne résulte donc pas vraiment de l'exclusivité de la compétence elle-même. Elle relève davantage : soit du fait que, dans un souci de protection, l'État considère que la matière ou le droit litigieux est indisponible, hypothèse couverte par l'article 2059 du Code civil[134], et le fait que cette matière soit, par ailleurs, soumise à la compétence exclusive d'une juridiction au sein de l'organisation étatique est une simple coïncidence[135] ; soit du fait que, pour des considérations liées à la défense des intérêts de la collectivité publique ou des tiers, qui font qu'une matière touche au plus près les intérêts publics, hypothèse couverte par l'article 2060 du Code civil tel qu'interprété par la jurisprudence se référant aux cas d'inarbitrabilité « par nature »[136], le législateur considère que cette matière, ou certains de ses aspects, doivent être de la compétence exclusive d'une juridiction, afin d'assurer la satisfaction des objectifs ainsi poursuivis[137]. Dans ces hypothèses, c'est donc davantage la *ratio legis* de l'exclusivité, la raison profonde de son existence, que la compétence exclusive elle-même, qui explique la solution. La compétence exclusive n'est qu'une conséquence de cette *ratio legis*, généralement une considération d'ordre public ou d'indisponibilité commandant de donner compétence exclusive à une juridiction pour satisfaire certains objectifs. Finalement, on pourrait donc négliger l'attribution d'une compétence exclusive comme critère d'inarbitrabilité, dans la mesure où l'inarbitrabilité sera toujours par ailleurs justifiée par l'indisponibilité des droits ou de la matière (art. 2059 C. civ.) ou, plus largement, par des considérations d'ordre public commandant d'exclure l'arbitrage (art. 2060 C. civ.). Même ainsi « éclairés », les critères de l'arbitrabilité restent néanmoins passablement compliqués ; un rapide bilan permet de le mettre en évidence.

D. BILAN SUR LES CRITÈRES DE L'INARBITRABILITÉ

115 **Un état actuel du droit positif incertain sur les critères de l'arbitrabilité.** On peut déjà conclure de l'évolution progressive de la jurisprudence qu'une distinction doit être faite entre un ordre public de fond, visant des règles d'ordre public qui ont vocation à s'appliquer au fond du litige soumis au tribunal arbitral, et un ordre public qui frappe la convention d'arbitrage elle-même et vient limiter la compétence arbitrale, que l'on peut qualifier d'ordre public « juridictionnel » en ce qu'il vise les cas dans lesquels le recours aux juridictions étatiques pour la résolution de certains litiges est d'ordre public, cas envisagés par l'article 2059 du Code civil, et par l'article 2060 du même code tel qu'interprété par la jurisprudence. Le fait que l'ordre public soit impliqué au fond du litige ne doit pas nécessairement entraîner le jeu de l'ordre public « juridictionnel »

133. H. Motulsky, note sous Cass. soc., 7 févr. 1958, *JCP* 1958, II, 10777.
134. On peut par exemple ici songer à l'état des personnes.
135. Pour l'état des personnes, la compétence exclusive du tribunal de grande instance.
136. V. *supra*, n° 110 et *infra*, n° 115.
137. Par exemple, en matière pénale ou de procédures collectives.

réservant, au moins provisoirement, la matière au juge. Le plus souvent, la présence de règles d'ordre public régissant le fond du litige impose seulement à l'arbitre d'en assurer le respect dans la résolution du litige, sous peine de sanction à l'égard de sa sentence sur le fondement de l'article 1492.5° du Code de procédure civile pour contrariété à l'ordre public[138]. Au contraire, l'ordre public « juridictionnel », qui atteint la convention d'arbitrage elle-même, sera susceptible de conduire à l'annulation de la sentence qui serait éventuellement rendue malgré l'inarbitrabilité, sur le fondement de l'article 1492.1° du Code de procédure civile, le tribunal arbitral s'étant déclaré à tort compétent[139].

Ensuite, l'inarbitrabilité peut résulter, en premier lieu, du fait que la convention d'arbitrage est illicite par son objet même, en ce qu'elle donne mission au tribunal arbitral de violer l'ordre public. Tel est le cas lorsque la mission donnée au tribunal arbitral implique pour lui de contrevenir à l'ordre public, par exemple parce que les parties lui demandent d'ordonner l'exécution d'un contrat contraire à l'ordre public ou d'allouer des dommages et intérêts suite à son inexécution, tout en lui interdisant d'examiner la question de sa validité. Ce cas de figure devrait se rencontrer relativement rarement, même si l'hypothèse n'est pas impossible[140]. L'inarbitrabilité peut résulter, en deuxième lieu, de l'article 2059 du Code civil qui, dans un souci de protection de l'une des parties, pose l'indisponibilité des droits litigieux. Toutefois, très souvent, cette interdiction de l'arbitrage ne sera, compte tenu de sa finalité protectrice, que temporaire et ne durera que tant que le droit litigieux n'est pas acquis ou tant que la situation de faiblesse supposée de la partie protégée perdure. En troisième lieu, l'inarbitrabilité peut résulter de l'article 2060 du Code civil, mais tel qu'interprété par la jurisprudence. Elle vise alors le cas « où la non-arbitrabilité relève de la matière »[141], soit des questions qui, touchant au plus près, en raison de leur nature, à l'ordre public, dans la mesure où elles mettent en cause l'intérêt public ou les droits des tiers, sont de ce fait réservées aux juges étatiques et soustraites à l'arbitrage.

Cependant, s'agissant de ces droits frappés d'indisponibilité ou de ces matières par nature inarbitrables, il existe des nuances et des évolutions, et donc une certaine relativité des solutions. Ainsi, en ce qui concerne l'indisponibilité, celle-ci sera le plus souvent temporaire ; et il en sera de même de l'inarbitrabilité, l'arbitrage redevenant possible dès que les droits sont devenus disponibles[142]. De même, pour l'article 2060 du Code civil, il est douteux que l'on puisse retenir que certaines matières sont, dans leur ensemble, pour toutes les questions qu'elles peuvent faire naître, totalement fermées à l'arbitrage. Par exemple, certaines questions relevant du droit de la famille, matière généralement vue comme inarbitrable par nature, pourraient très bien être considérées comme arbitrables[143]. Il en est de même, à des degrés variables, pour le droit pénal, les procédures collectives, la propriété intellectuelle ou industrielle. Finalement,

138. Avant le décret du 13 janvier 2011, art. 1484.6° CPC. En réalité, compte tenu de l'interprétation jurisprudentielle de cette disposition, plutôt en cas de contrariété manifeste, effective et concrète de la reconnaissance ou de l'exécution de la sentence à l'ordre public ; sur ce point, v. *infra*, n° 552 et s.

139. Avant le décret du 13 janvier 2011, art. 1484.1° CPC, et pour sentence rendue « sur convention nulle ».

140. Par exemple, Paris, 22 mai 1980 et Cass. com., 21 oct. 1981, *J. C. Decaux*, *Rev. arb.* 1982, p. 264, note J.-P. Blaise.

141. Cass. com., 9 avr. 2002, *Toulousy*, *Rev. arb.* 2003, p. 103, note P. Didier ; *D.* 2003, p. 1117, note L. Degos ; *ibid.* 2003, somm., p. 2470, obs. Th. Clay ; *JCP* G 2003, I, 2003, n° 2, obs. Ch. Seraglini. V. également Paris, 16 févr. 1989, *Almira Films*, *Rev. arb.* 1989, p. 711, note L. Idot.

142. V. *supra*, n° 103 et s.

143. V. *infra*, n° 136.

l'article 2060 n'apporte que des restrictions limitées à l'arbitrabilité, qu'il convient de mesurer au cas par cas[144], et il serait probablement plus pertinent de retenir qu'en vertu de l'article 2060, certaines questions, et non certaines matières, sont par nature inarbitrables.

Par ailleurs, le critère d'inarbitrabilité résultant de l'article 2060 du Code civil semble parfois recouper celui de l'indisponibilité des droits litigieux visé à l'article 2059. Il pourrait en être ainsi de la liste de « blocs d'inarbitrabilité » de l'article 2060 (état et capacité des personnes, divorce et séparation de corps). On pourrait également songer à d'autres matières, non expressément visées par cet article mais qui semblent hermétiques à l'arbitrage, comme le droit pénal ou le droit fiscal. Dans ces conditions, certains auteurs estiment que la référence aux droits disponibles dans l'article 2059 du Code civil pourrait suffire à déterminer les contours de l'arbitrabilité en droit français[145]. L'article 2060 ne serait, quant à lui, qu'un texte d'illustration, mal rédigé, mais heureusement neutralisé par la jurisprudence, et finalement inutile. Ces auteurs s'interrogent notamment sur l'utilité actuelle du membre de phrase de l'article 2060 du Code civil qui pose l'interdiction de compromettre « dans les matières qui intéressent l'ordre public », et estiment qu'il n'a plus de raison d'être, puisque la jurisprudence est parvenue à une règle très largement opposée, selon laquelle l'ordre public ne constitue pas en soi un obstacle à l'arbitrage[146]. Ainsi, selon M. Jarrosson[147], il convient d'abroger l'article 2060. En effet, l'article 2059 suffirait pour définir l'arbitrabilité, puisque l'inarbitrabilité résulte de l'indisponibilité du droit, et cette indisponibilité est édictée, expressément ou implicitement, temporairement ou de façon définitive, de façon absolue – ce qui viserait les matières comme l'état et la capacité des personnes – ou relative – ce qui viserait un droit particulier –, par une règle d'ordre public. Autrement dit, selon l'auteur, c'est une règle d'ordre public qui joue pour rendre certains droits indisponibles, et ainsi le litige les concernant inarbitrable ; mais, une fois l'indisponibilité du droit retenue, il est inutile de faire au surplus une référence à l'ordre public. Cependant, d'autres auteurs distinguent les deux critères de l'indisponibilité des droits et de l'ordre public, et défendent la pertinence des deux textes, articles 2059 et 2060[148], alors que d'autres encore militent pour l'abrogation pure et simple des deux textes[149].

Tout cela atteste d'une grande confusion quant aux critères de l'arbitrabilité en droit français : certains auteurs militent pour n'en retenir qu'un seul parmi ceux existant, alors que d'autres soulignent au contraire le mérite et l'intérêt de chacun. Il est en tout cas évident que ces critères, tels qu'aujourd'hui rédigés et/ou interprétés, se recoupent dans une large mesure et qu'il est difficile, notamment pour le tribunal arbitral amené à se prononcer sur ce sujet, d'y voir parfaitement clair. Aussi, la solution la plus raisonnable serait peut-être de remettre l'ensemble de l'œuvre sur la table et de s'atteler à la rédaction d'un seul article définissant l'arbitrabilité... tâche, il est vrai, ô combien difficile !

144. Pour des illustrations par matière, v. *infra*, n° 136 et s.

145. B. Oppetit, « L'arbitrage en matière de brevets d'invention après la loi du 13 juillet 1978 », *Rev. arb.* 1979, p. 83, spéc. p. 88.

146. P. Level, « L'arbitrabilité », *Rev. arb.* 1992, p. 240 ; Ch. Jarrosson, « L'arbitrabilité : présentation méthodologique », *RJ com.* 1996, p. 1, spéc. p. 3.

147. Ch. Jarrosson, « L'arbitrabilité : présentation méthodologique », préc., spéc. p. 3.

148. Pour une démonstration convaincante à cet égard, v. É. Loquin, « Arbitrage – Conventions d'arbitrage – Conditions de fond – Litige arbitrable », *J. Cl. Proc. civ.*, fasc. 1024, n° 22 et s., et n° 83.

149. Th. Clay, « La simplification de la transaction et de l'arbitrage dans le Code civil », *JCP* G 2014, doctr. 492, spéc. n° 42 et s.

116 **Une situation délicate pour l'arbitre.** La tâche de l'arbitre, premier concerné pour apprécier ce qui est arbitrable et ce qui ne l'est pas, ne sera pas toujours aisée. Sa situation est d'autant plus délicate que sa décision quant à l'arbitrabilité devrait faire l'objet d'un examen attentif de la part du juge du contrôle de la sentence arbitrale. En effet, outre le fait que la question de la compétence arbitrale fait en principe l'objet d'un contrôle total, en fait et en droit, par le juge[150], il semble que la Cour de cassation veille par ailleurs à ce que ce juge exerce effectivement un contrôle réel sur l'appréciation faite par l'arbitre quant à l'arbitrabilité du litige. Ainsi, dans une affaire relevant de l'arbitrage international mais dont la solution est certainement transposable à l'arbitrage interne, la Haute juridiction a censuré une cour d'appel qui s'était bornée, pour écarter un moyen tiré de l'inarbitrabilité du litige comme étant couvert par le secret défense, à retenir que « c'est à bon droit que le tribunal arbitral a estimé que les demandes dans leur objet étaient arbitrables et susceptibles d'être tranchées au terme d'un procès équitable »[151]. La Cour de cassation a censuré cette décision au visa de l'article 455 du Code de procédure civile, et donc pour absence de motivation, en énonçant qu'« en se prononçant ainsi, par une clause de style, dépourvue de toute motivation précise et de toute référence explicite aux motifs des arbitres dont elle a estimé le raisonnement pertinent, la cour d'appel n'a pas mis la Cour de cassation en mesure d'exercer son contrôle »[152].

§ 2. UNE CONDITION PROPRE À LA CLAUSE COMPROMISSOIRE : LE DOMAINE DE LICÉITÉ DE LA CLAUSE COMPROMISSOIRE

117 **La clause compromissoire, une clause longtemps mal aimée.** La clause compromissoire, convention conclue par les parties avant tout litige et par laquelle celles-ci s'engagent à soumettre à l'arbitrage leurs éventuels litiges, a connu, en droit français, une histoire mouvementée. Outil né de la pratique contractuelle, elle ne se voyait, au départ, reconnaître aucune valeur propre, le Code de procédure civile de 1806 n'y faisant aucune référence et n'envisageant que le compromis. Aussi, les dispositions relatives à ce dernier lui ont d'abord été appliquées. Sa spécificité s'est toutefois affirmée progressivement dans la jurisprudence et dans les textes, législatifs et réglementaires, et a été consacrée par le décret du 14 mai 1980 qui l'a définie, l'a distinguée expressément du compromis, et lui a consacré des dispositions propres[153].

Néanmoins, pendant longtemps, et même après le décret du 14 mai 1980, l'essor de la clause compromissoire s'est trouvé freiné, en droit de l'arbitrage interne au moins[154], par le fait que cette clause était frappée d'une prohibition de principe, sa licéité étant l'exception. Cette solution constituait un obstacle certain au développement de

150. Sur ce point, v. *infra*, n° 168 et 169.

151. Paris, 29 juin 2006, *Thalès*, *D.* 2006, p. 3031, obs. Th. Clay.

152. Cass. 1re civ., 11 févr. 2009, *D.* 2009, p. 557, obs. X. Delpech ; *JCP* G 2009, I, 148, n° 11, obs. J. Ortscheidt ; *JDI* 2009, p. 1274, note J.-B. Racine.

153. V. ancien art. 1442 et s. CPC. Depuis le décret du 13 janvier 2011, cette spécificité est moins accentuée dans les textes, qui consacrent dorénavant un seul et même chapitre à « la convention d'arbitrage », en distinguant très peu le régime de la clause compromissoire et celui du compromis ; sur ce point, v. *supra*, n° 70 et s.

154. Sur l'exclusion jurisprudentielle de ces restrictions dans l'arbitrage international, v. *infra*, n° 651.

l'arbitrage en matière interne. En effet, pour un litige déjà né, les parties pouvaient en principe valablement compromettre sur les droits dont elles avaient la libre disposition. Toutefois, il est plus aléatoire de s'entendre sur un recours à l'arbitrage une fois le différend entre les parties né. Un tel accord est plus aisé avant qu'un tel différend ne survienne. Cependant, pour les litiges à naître, la prohibition de principe des clauses compromissoires venait restreindre la possibilité de recourir par avance à l'arbitrage. Il a fallu attendre, d'abord la loi du 15 mai 2001 sur les nouvelles régulations économiques (dite loi NRE) pour voir ce principe de prohibition heureusement céder la place à un principe de licéité de la clause compromissoire, qui demeurait toutefois limité, puis la loi du 18 novembre 2016 de modernisation de la justice du XXIe siècle pour que le raisonnement en termes de prohibition ou de licéité de la clause compromissoire soit remplacé par un raisonnement en termes d'opposabilité de cette clause. Pour apprécier la portée de ces changements successifs, il convient d'examiner en premier lieu le sens et la portée du principe ancien de prohibition de la clause compromissoire (A), puis ceux du principe intermédiaire de licéité de la clause compromissoire dans les contrats conclus « à raison d'une activité professionnelle » (B), avant de se tourner vers le principe nouveau de simple inopposabilité de la clause à la partie n'ayant pas contracté dans le cadre de son activité professionnelle (C).

A. LE PRINCIPE ANCIEN : LA PROHIBITION DE LA CLAUSE COMPROMISSOIRE SAUF EXCEPTION

118 **L'arrêt *Prunier* et ses suites.** Le « mauvais traitement » dont a longtemps été l'objet la clause compromissoire résulte très largement de l'interprétation donnée par la jurisprudence ultérieure et le législateur à un arrêt *Prunier* de la Cour de cassation du 10 juillet 1843[155]. La Cour régulatrice y a décidé de priver d'effet la clause compromissoire stipulée dans un contrat d'assurance-incendie souscrit par un particulier avec son assureur. Elle l'a fait au nom de la protection de la partie, l'assuré, qui ne peut négocier les termes de son contrat du fait du rapport de force déséquilibré dans la relation contractuelle, et a souligné le risque qu'il y aurait à autoriser l'insertion par avance d'une clause d'arbitrage dans de tels contrats[156], dans la mesure où sa stipulation risquerait de devenir « en quelque sorte banale et de pur style »[157]. Il s'agissait donc d'éviter que le professionnel n'impose le recours à l'arbitrage à une partie qui ne peut discuter les termes de son contrat d'assurance. Cet arrêt, qui pouvait donc être vu comme précurseur du droit de la consommation, a cependant été interprété de façon beaucoup plus radicale par la jurisprudence ultérieure, qui a considéré qu'il posait une prohibition de principe des clauses compromissoires en droit français, non limitée aux cas où une partie peut être considérée comme étant en position de faiblesse lors de la formation du contrat.

155. Civ. 10 juill. 1843, *Cie L'alliance c/ Prunier*, *S.* 1843, 1, p. 561, note DEVILLENEUVE, concl. HELLO ; reproduit in *Rev. arb.* 1992, p. 399, et l'article de Ch. JARROSSON, « La clause compromissoire (art. 2061 C. civ.) », p. 259. Sur cette affaire et l'évolution ultérieure de la jurisprudence, v. C. JALLAMION, « La jurisprudence française et l'arbitrage de 1843 à 1958 : de la défaveur à la faveur jusqu'à l'avènement de l'arbitrage international », *Rev. arb.* 2015, p. 739 et p. 1037.

156. Que l'on qualifierait aujourd'hui de contrats d'adhésion.

157. Elle a ajouté, signe d'une certaine suspicion à l'égard de l'arbitrage, que « l'exception au droit commun serait la règle, et que l'on serait privé des garanties que présentent les tribunaux ».

Cette solution radicale a perduré jusqu'en 1923. Puis, dans le cadre d'un vent de faveur soufflant sur l'arbitrage international, la France a signé le protocole de Genève du 24 septembre 1923, dont l'un des objets était de proclamer la validité des clauses compromissoires en matière internationale dans les rapports entre des parties situées dans des États signataires. Ce protocole a également été l'occasion, pour le législateur français, de s'interroger sur la pertinence de son droit interne. Une loi du 31 décembre 1925 a ainsi autorisé la clause compromissoire en matière commerciale en ajoutant un alinéa à ce qui était, à l'époque, l'article 631 du Code de commerce, article qui définissait la compétence des tribunaux de commerce[158]. La validité de la clause compromissoire était désormais admise pour les litiges relevant normalement de la compétence des tribunaux de commerce, soit, schématiquement, en matière commerciale. Cependant, le domaine de licéité de la clause compromissoire restait strictement limité, puisque le principe de prohibition demeurait en jurisprudence.

Par la suite, la situation de la clause compromissoire a même, d'une certaine manière, empiré puisque, par une loi du 5 juillet 1972, le législateur a cru bon de procéder à l'inscription dans la loi, à l'article 2061 du Code civil, de la solution résultant de l'interprétation à l'époque dominante de l'arrêt *Prunier*. Cet article a dès lors énoncé que « la clause compromissoire est nulle s'il n'est disposé autrement par la loi », inscrivant ainsi de manière durable dans la loi un principe de nullité de la clause compromissoire, sauf exceptions législatives, applicable à de nombreuses activités économiques où aucun rapport de force déséquilibré n'existe pourtant *a priori*. La principale exception législative était constituée par l'article 631 du Code de commerce, validant la clause compromissoire en matière commerciale et qui a, malgré tout, permis le développement de l'arbitrage en droit interne.

Divers textes législatifs ont, par la suite, posé d'autres « exceptions législatives », étendant ainsi la licéité à d'autres hypothèses. Une loi nº 90-1258 du 31 décembre 1990 relative à l'exercice sous forme de société des professions libérales « soumises à un statut législatif ou réglementaire ou dont le titre est protégé » a, par exemple, permis l'insertion de clauses compromissoires dans les statuts des sociétés de ce type pour la résolution des « contestations qui surviendraient entre associés pour raison de leur société »[159].

Ce système, posant une prohibition de principe et des exceptions légales, conduisait à retenir la validité de la clause compromissoire essentiellement si l'acte était commercial pour les deux parties, soit en raison de leur qualité, soit du fait de la nature de l'acte à l'origine de la clause, qui serait un acte de commerce par nature. Cependant, la clause compromissoire restait prohibée notamment dans les statuts de nombreuses sociétés ou autres personnes morales, ou à l'égard de personnes physiques, non commerçantes mais exerçant néanmoins une activité économique, ou encore lorsque l'acte pour lequel la clause compromissoire était stipulée était mixte ou civil[160]. Dans ces hypothèses, seul un compromis était envisageable, mais plus difficile à obtenir puisqu'intervenant après la naissance du litige. Au surplus, la jurisprudence avait eu tendance à considérer cette nullité de la clause compromissoire avec une certaine rigueur, dans la mesure où elle décidait qu'il s'agissait d'une « nullité relative double », c'est-à-dire que chacune des

158. V. aujourd'hui, art. L. 721-3 C. com.

159. Aujourd'hui art. L. 721-5, al. 2, C. com., à l'époque art. 631-1, al. 2, du même code. Pour des illustrations des questions suscitées par la délicate formule « pour raison de leur société », v. Cass. com., 5 oct. 1999, et Cass. com., 20 oct. 1998, *RTD com.* 2000, p. 339, obs. É. Loquin.

160. Pour un exemple, v. Cass. 2e civ., 28 sept. 2000, *Rev. arb.* 2001, p. 505.

parties au contrat pouvait l'invoquer contre l'autre ; ainsi, dans un acte mixte, le commerçant pouvait l'opposer à la partie non-commerçante[161]. La jurisprudence avait heureusement quelque peu atténué cette rigueur en admettant le caractère relatif de la nullité, et donc la possibilité pour les parties de renoncer à l'invoquer après la naissance du litige[162]. Plus précisément, la cour d'appel de Paris avait retenu que « la nullité de la clause compromissoire qui n'entrerait pas dans les cas où elle est autorisée par la loi est édictée dans un but de protection des parties, il est donc loisible à celles-ci d'y renoncer une fois le litige né », et la participation volontaire des deux parties à l'arbitrage emportait une telle renonciation[163]. De son côté, la Cour de cassation avait décidé que « la participation sans réserve d'une partie à l'arbitrage vaut de sa part renonciation au droit d'invoquer, au motif qu'elle était insérée dans un acte mixte, la nullité de la clause compromissoire »[164]. L'assouplissement jurisprudentiel le plus marquant avait néanmoins été la proclamation par les juges de l'inapplicabilité de l'article 2061 du Code civil à l'arbitrage international et d'une règle matérielle française retenant au contraire un « principe de validité », « sans condition de commercialité », de la clause compromissoire internationale[165].

119 **Un état du droit positif insatisfaisant.** Toutefois, cet état des choses demeurait insatisfaisant, déjà sur un plan formel puisque le Code de procédure civile régissait, depuis le décret du 14 mai 1980, en détail et dans un esprit de faveur un mécanisme déclaré en principe nul par le Code civil ! En effet, la réforme de l'arbitrage interne opérée en 1980 par la voie d'un décret n'avait pas modifié la loi, dès lors qu'on estimait que la question traitée à l'article 2061 du Code civil touchait aux « principes fondamentaux du droit des obligations », au sens de la Constitution, et ne relevait donc pas du pouvoir réglementaire. Surtout, sur un plan pratique, la clause compromissoire ne pouvait toujours pas être insérée dans un contrat, ou dans les statuts d'une personne morale, dès lors qu'elle ne satisfaisait pas aux hypothèses visées aux anciens articles 631 et 631-1 du Code de commerce et ce, même si les parties agissaient comme des professionnels et pouvaient donc être présumées en position d'égalité. Dans toutes ces activités, seul le compromis était envisageable. Par ailleurs, l'existence même de l'article 2061 du Code civil pouvait donner une mauvaise image du droit français de l'arbitrage à l'étranger et ce, même si la jurisprudence avait écarté ce texte en matière d'arbitrage international. En effet, il pouvait s'avérer délicat d'expliquer à des étrangers que l'article 2061, qui formellement ne limitait pas son champ d'application à l'arbitrage interne, était néanmoins cantonné à ce domaine par la jurisprudence. Enfin, la doctrine, très critique à l'égard de cette disposition qu'elle considérait comme dépassée, soutenait qu'elle

161. Cass. com., 2 déc. 1964, *D.* 1965, p. 412 ; *JCP* 1965, II, 16041, note P. Level ; Cass. 2e civ., 5 mai 1982, *Rev. arb.* 1983, p. 75, note J. Rubellin-Devichi ; Paris, 11 mars 1994, *RTD com.* 1994, p. 700, obs. É. Loquin ; *Rev. arb.* 1996, p. 139, obs. J. Pellerin.

162. Paris, 12 janv. 1988, *Rev. arb.* 1988, p. 691, note L. Zollinger.

163. Paris, 12 nov. 1998, *Rev. arb.* 1999, p. 374.

164. Cass. 2e civ., 21 nov. 2002, *Rev. arb.* 2004, p. 283 (2e esp.), note M. Bandrac ; et déjà, tendant à considérer que cette participation volontaire valait substitution d'un compromis valable à la clause compromissoire nulle, Cass. 2e civ., 21 juin 1995, *Rev. arb.* 1998, p. 157, obs. Ch. Jarrosson.

165. Notamment, très clairement, Cass. 1re civ., 5 janv. 1999, *Zanzi*, *Rev. arb.* 1999, p. 260, note Ph. Fouchard ; et déjà, Cass. 1re civ., 4 juill. 1972, *Hecht*, *JDI* 1972, p. 843, note B. Oppetit ; *RCDIP* 1974, p. 82, note P. Level ; *Rev. arb.* 1974, p. 89, et l'article de Ph. Francescakis, p. 67. Sur cette exclusion et cette règle matérielle, v. *infra*, n° 651.

résultait au surplus d'une mauvaise interprétation de l'arrêt *Prunier*, ce qui lui conférait par conséquent une base peu solide[166].

120 **Une maladresse législative bienvenue.** Cet état de choses a été heureusement bouleversé en raison d'une maladresse du législateur. En effet, au moment de la recodification du Code de commerce[167], certains auteurs[168] ont souligné que, par une loi n° 91-1258 du 17 décembre 1991, le législateur avait malencontreusement abrogé les articles 631 et 631-1 du Code de commerce qui donnaient une base légale à la compétence des tribunaux de commerce. Pour réparer cette malencontreuse erreur, le législateur a réintroduit ces textes par la loi n° 2001-420 du 15 mai 2001 sur les nouvelles régulations économiques (dite loi NRE), en profitant de l'occasion pour en moderniser la rédaction[169], et en les accompagnant de dispositions de droit transitoire assurant leur application rétroactive, afin d'éviter la remise en cause des jugements rendus par les tribunaux de commerce après la loi du 17 décembre 1991. Le législateur a également décidé de transférer ces dispositions dans le Code de l'organisation judiciaire, aux articles L. 411-4, pour l'ancien article 631, et L. 411-6, pour l'ancien article 631-1 du Code de commerce. Cependant, ce transfert fut de courte durée, puisque l'ordonnance n° 2006-673 du 8 juin 2006 a replacé ces dispositions dans le Code de commerce, aux articles L. 721-3 et L. 721-5. Par ailleurs, le législateur a profité de l'occasion donnée par la loi NRE pour réformer une première fois le régime de la clause compromissoire en droit interne. Si cette réforme a eu du mal à aboutir et a connu de nombreuses péripéties, notamment parlementaires[170], l'article 2061 du Code civil a finalement été modifié par la loi du 15 mai 2001, qui posait dorénavant un principe de licéité de la clause compromissoire dans les contrats conclus « à raison d'une activité professionnelle ». Puisque cet article a été à nouveau modifié par la loi de modernisation de la justice du XXIe siècle du 18 novembre 2016, ce principe de licéité peut donc être qualifié de « principe intermédiaire » dans la réglementation relative à la clause compromissoire en droit français.

B. LE PRINCIPE INTERMÉDIAIRE : LA LICÉITÉ DE LA CLAUSE COMPROMISSOIRE DANS LES CONTRATS CONCLUS « À RAISON D'UNE ACTIVITÉ PROFESSIONNELLE »

121 **L'article 2061 tel qu'issu de la loi NRE du 15 mai 2001.** L'article 2061 du Code civil, suite à la loi n° 2001-420 du 15 mai 2001[171], disposait désormais que « sous

166. V. Ch. Jarrosson, « La clause compromissoire : l'article 2061 du Code civil », *Rev. arb.* 1992, p. 399.

167. Ord. n° 2000-912 du 18 septembre 2000 instituant un nouveau Code de commerce à droit constant.

168. V. notamment, D. Bureau et N. Molfessis, « Le nouveau Code de commerce ? Une mystification », *D.* 2001, chron. 361, spéc. note 24.

169. Le nouveau libellé vise les « contestations relatives aux engagements entre commerçants, entre établissements de crédits ou entre eux » ; « celles relatives aux sociétés commerciales » ; et « celles relatives aux actes de commerce entre toutes personnes ».

170. Sur ces péripéties, v. Ph. Fouchard, « La laborieuse réforme de la clause compromissoire par la loi du 15 mai 2001 », *Rev. arb.* 2001, p. 397, spéc. n° 10 et s. ; B. Moreau et L. Degos, « La clause compromissoire réhabilitée », *Cah. arb.*, vol. I, *Gaz. Pal.* éd., 2002, p. 16.

171. Loi n° 2001-420 du 15 mai 2001 relative aux nouvelles régulations économiques, *JO* 16 mai 2001. Sur cette réforme de l'article 2061 du Code civil, v. notamment Ch. Jarrosson, « Le nouvel essor de la clause

réserve des dispositions législatives particulières, la clause compromissoire est valable dans les contrats conclus à raison d'une activité professionnelle ». Ainsi, à l'interdiction de principe accompagnée d'exceptions, succèdait un principe de licéité de la clause compromissoire, toutefois limité à la matière professionnelle, mais éventuellement complété par des dispositions particulières qui pouvaient, soit en élargir, soit en restreindre, le domaine. Plus précisément, le texte formulait une affirmation, une condition et une réserve.

122 **L'affirmation : le principe de validité.** Suite à la loi NRE, l'article 2061 affirmait clairement la validité de la clause compromissoire en tant que principe. Le symbole était fort et traduisait bien l'esprit de la réforme opérée en 2001, qui était de bannir définitivement l'ancienne suspicion dont avaient longtemps été victimes, en droit interne, l'arbitrage en général et la clause compromissoire en particulier. Ceci étant, il était probablement plus exact de parler ici d'un principe de licéité, plutôt que de validité, de la clause compromissoire, cette dernière n'étant pas par principe valable et demeurant soumise à certaines exigences quant à sa validité[172].

123 **La condition : une clause valable « dans les contrats conclus à raison d'une activité professionnelle ».** En 2001, pour définir le domaine nouvellement ouvert à la clause compromissoire, le législateur a préféré recourir à un critère objectif, tiré du fait que le contrat devait intervenir dans le cadre de l'activité professionnelle des parties, plutôt qu'au critère personnel plus classique distinguant entre les personnes, professionnels et non-professionnels ou consommateurs. Ce critère, relativement nouveau, devait probablement être ultérieurement précisé par la jurisprudence et la Cour de cassation a clairement posé qu'elle entendait exercer son contrôle sur l'appréciation par les juges du fond de cette notion[173]. Cela étant, on pouvait déjà dire, en se référant au *Vocabulaire juridique* Capitant, que l'activité professionnelle se définit comme un « travail, dépendant ou indépendant, qui se caractérise par l'accomplissement régulier de certains actes, par opposition à travail occasionnel, et par la poursuite d'un but lucratif »[174]. Elle doit donc présenter un caractère habituel et viser à procurer des ressources à son auteur[175]. Le contrat conclu « à raison d'une activité professionnelle » s'oppose ainsi à celui conclu pour un usage domestique ou purement privé. Il est évident que ce nouveau critère dépassait la distinction antérieure entre actes civil et commercial, une activité professionnelle pouvant se développer au-delà du strict droit commercial : les activités artisanales, libérales, agricoles, qui seraient exercées par des personnes physiques ou morales, même non commerçantes (sociétés civiles, GIE, associations professionnelles), étaient ainsi couvertes[176]. Il restait toutefois une activité professionnelle où la

compromissoire après la loi du 15 mai 2001 », *JCP* G 2001, I, 333 ; Ph. Fouchard, « La laborieuse réforme de la clause compromissoire par la loi du 15 mai 2001 », *Rev. arb.* 2001, p. 397 ; B. Moreau et L. Degos, « La clause compromissoire réhabilitée », *Cah. arb.*, vol. I, *Gaz. Pal.* éd., 2002, p. 16 ; É. Loquin, « Les métamorphoses de la clause compromissoire », *RTD com.* 2001, p. 642 ; Th. Clay, *D.* 2003, som., p. 2469 ; « Nouvelles perspectives en matière d'arbitrage », dossier spécial, *Dr. et patr.* mai et juin 2002, n° 104 et 105.

172. Notamment en termes de capacité (v. *supra*, n° 85 et s.), d'arbitrabilité (v. *supra*, n° 100 et s.) ou de forme (v. *infra*, n° 148 et s.).

173. Cass. 1re civ., 20 déc. 2017, *JCP* G 2018, 312, note P. Casson ; *D.* 2018, p. 2451, obs. Th. Clay.

174. G. Cornu, Association Henri Capitant, *Vocabulaire juridique*, V° *Activité professionnelle*, PUF, coll. « Quadrige », 12e éd., 2018.

175. V. G. Cornu, Association Henri Capitant, *Vocabulaire juridique*, V° *Profession*, préc.

176. Sur l'activité professionnelle des sociétés civiles, v. F. Fages et L. Jaeger, « Les nouveaux domaines de la clause compromissoire en droit des sociétés », *Bull. Joly Sociétés* 2001, p. 772.

clause compromissoire n'était pas valable : l'activité salariée, qui relevait des « dispositions législatives particulières » visées par l'article 2061 du Code civil[177].

Le contrat devait avoir été conclu « à raison »[178] de l'activité professionnelle, soit dans le cadre et pour les besoins de l'exercice de cette activité. En revanche, il importait peu que le contrat fût ou non conclu dans le cadre de la spécialité professionnelle de chaque partie. Un boulanger pouvait ainsi très bien conclure valablement une clause compromissoire dans le contrat d'installation d'un système d'alarme, dès lors qu'il le faisait pour la surveillance de son magasin et donc pour les besoins de son activité professionnelle. Les compétences techniques ou autres de la personne concernée par rapport au domaine dans lequel le contrat intervenait n'étaient ainsi pas prises en compte ; ce qui importait, c'était que cette personne, en tant que professionnel, pouvait comprendre la portée de la stipulation d'une clause compromissoire.

La condition relative à l'activité professionnelle figurant au singulier dans le texte, on pouvait se demander si, pour valider la clause compromissoire, les deux parties devaient avoir conclu le contrat pour les besoins d'une activité professionnelle, ou s'il suffisait qu'une seule partie ait agi dans le cadre d'une telle activité. Selon la majorité des commentateurs du texte issu de la réforme de 2001, la condition relative à l'activité professionnelle était bilatérale et impliquait que le contrat eût été conclu dans le cadre d'une activité qui était professionnelle pour les deux parties[179], interprétation qui semblait conforme aux travaux parlementaires et préservait la protection de la personne n'agissant pas dans ce cadre, notamment le consommateur. Et ce fut effectivement la solution par la suite retenue par la Cour de cassation[180]. Selon la même logique, certains estimaient que la clause compromissoire visant les litiges entre la société et ses associés ou entre associés, et figurant dans les statuts d'une SCI qui réunit des associés professionnels et non professionnels, ne devait pas être opposable à ces derniers[181]. Ceci étant, si la condition relative à l'activité professionnelle n'était pas remplie à l'égard des deux parties, la clause compromissoire pouvait encore être validée sur le fondement de « dispositions législatives particulières », comme les articles L. 721-3 et L. 721-5 du Code de commerce[182].

Par ailleurs, la condition relative à l'activité professionnelle devait être satisfaite au moment de la conclusion du contrat, puisque c'est à cette date qu'il convient en principe d'apprécier la validité d'une convention[183].

177. V. *infra*, n° 126 et *infra*, n° 141.

178. « En raison » aurait d'ailleurs probablement été plus correct.

179. En ce sens, Ph. Marini et F. Fages, « La réforme de la clause compromissoire », préc., n° 17, p. 2662.

180. Cass. 1re civ., 29 févr. 2012, n° 11-12782 ; *JCP* G 2012, p. 405, obs. J. Monéger ; *ibid.*, 843, n° 1, obs. J. Ortscheidt ; *Rev. arb.* 2012, p. 359, note M. de Fontmichel.

181. En ce sens, É. Loquin, « Arbitrage. – Compromis et clause compromissoire », *J. Cl. Proc. civ.*, fasc. 1020, n° 94.

182. Sur la clause compromissoire dans les statuts de sociétés, v. *infra*, n° 146.

183. Cass. 1re civ., 29 févr. 2012, préc. : aussi, la clause compromissoire n'est pas valable à l'égard de celui qui, à cette date, est retraité et n'exerce plus d'activité professionnelle. V. toutefois, Ch. Jarrosson, « Le nouvel essor de la clause compromissoire après la loi du 15 mai 2001 », *JCP* G 2001, I, 333, spéc. n° 15, selon lequel la clause compromissoire serait valable si, conclue hors l'activité professionnelle de l'une des parties, elle était mise en œuvre à un moment où les deux parties avaient acquis la qualité de professionnel. Et v. par ailleurs, *infra*, n° 128, s'agissant de l'application dans le temps de l'article 2061 du Code civil tel qu'issu de la loi NRE du 15 mai 2001.

Cette réforme de l'article 2061 du Code civil opérée en 2001 constituait à n'en pas douter une avancée en droit français de l'arbitrage interne. Toutefois, certains estimaient que la restriction du principe de licéité aux seuls contrats conclus dans le cadre d'une activité professionnelle pour les deux parties était injustifiée, et que le législateur avait donc ici fait preuve d'une trop grande timidité. Selon eux, rien ne justifiait en réalité la nullité de la clause compromissoire conclue entre deux parties en dehors de leur activité professionnelle, dès lors qu'aucune d'entre elles ne pouvait être considérée comme une partie faible[184]. Ils estimaient que les restrictions à la licéité de la clause compromissoire devaient uniquement résulter des articles 2059 et 2060 du Code civil, amplement suffisants à cet égard. Cependant, on sait que ces dernières dispositions ne brillent pas par leur clarté[185], et on pouvait donc douter de l'opportunité de fonder le régime de la licéité de la clause compromissoire sur elles seules. C'est pourtant peut-être ce à quoi conduit la nouvelle réforme de l'article 2061 du Code civil opérée par la loi de modernisation de la justice du XXIe siècle du 18 novembre 2016[186].

En tout cas, l'article 2061 du Code civil tel qu'issu de la loi NRE ouvrait des perspectives nouvelles à la clause compromissoire en matière interne, dorénavant autorisée dans divers contrats où elle était autrefois bannie dans la mesure où ceux-ci n'entraient pas dans le domaine de compétence des tribunaux de commerce : les baux, au-delà des seuls baux commerciaux, si les deux parties agissaient dans le cadre d'une activité professionnelle ; les contrats de toute nature conclus par un professionnel non-commerçant (artisan, profession libérale, société civile professionnelle, agriculteur, SCI exerçant une activité professionnelle, auteur ou artiste cédant ou louant son monopole d'exploitation dans les cessions de droits de propriété littéraire et artistique), dès lors qu'ils étaient conclus dans le cadre de l'activité professionnelle de celui-ci.

124 **La réserve : les dispositions législatives particulières.** Des « dispositions législatives particulières » pouvaient soit étendre, soit restreindre le champ d'application du principe de licéité de la clause compromissoire ; elles pouvaient être des dispositions déjà existantes en 2001 ou des dispositions à venir, ce qui ouvrait la porte à des réformes futures.

125 **Dispositions législatives « extensives ».** Parmi les dispositions existantes en 2001 qui pouvaient étendre le domaine de validité de la clause compromissoire, on pouvait songer aux anciens articles 631 et 631-1 du Code de commerce, devenus articles L. 721-3 et L. 721-5 du même code depuis l'ordonnance n° 2006-673 du 8 juin 2006. Le premier valide les clauses compromissoires en matière commerciale[187]. Le second autorise les associés de sociétés constituées conformément à la loi n° 90-1258 du 31 décembre 1990, relative à l'exercice sous forme de sociétés des professions libérales soumises à un

184. Par exemple, Ch. Jarrosson, « Arbitrage commercial – Droit interne », *J. Cl. com.*, fasc. 197, n° 39.

185. V. *supra*, n° 101 et s.

186. Sur ce point, v. *infra*, n° 129 et s.

187. L'article L. 721-3, dernier alinéa, du Code de commerce est, dans sa dernière rédaction issue de la loi n° 2016-1547 du 18 novembre 2016, ainsi rédigé : « Toutefois, les parties peuvent, au moment où elles contractent, convenir de soumettre à l'arbitrage les contestations ci-dessus énumérées » ; lesquelles sont : 1° les contestations relatives aux engagements entre commerçants, entre artisans, entre établissements de crédit, entre sociétés de financement ou entre eux ; 2° celles relatives aux sociétés commerciales (sur l'apport de cette expression nouvelle par rapport à la formulation précédente qui visait les contestations « entre associés pour raison d'une société de commerce », ce qui semblait plus restrictif et avait conduit à des difficultés d'interprétation, v. Ph. Fouchard, « La laborieuse réforme de la clause compromissoire par la loi du 15 mai 2001 », *Rev. arb.* 2001, p. 397, spéc. n° 34) ; 3° celles relatives aux actes de commerce entre toutes personnes.

statut législatif ou réglementaire ou dont le titre est protégé, à convenir dans les statuts de soumettre à l'arbitrage les contestations qui surviendraient entre eux pour raison de leur société. Il est vrai que ces textes avaient perdu une grande part de leur utilité dès lors que l'article 2061 du Code civil autorisait dorénavant les clauses compromissoires conclues pour les besoins d'une activité professionnelle, ce qui incluait la plupart des situations visées par les articles L. 721-3 et L. 721-5. Toutefois, ces dispositions gardaient parfois un intérêt. Ainsi, l'article L. 721-3 permettait notamment de valider la clause compromissoire conclue à l'occasion d'une activité qui n'est pas professionnelle pour les deux parties, mais à propos d'un acte qui revêt néanmoins la qualification d'acte de commerce par nature et dont la commercialité est indépendante de l'exercice d'une activité commerciale. On peut songer à des opérations boursières répétées et spéculatives[188], ou à une cession de blocs d'actions majoritaires. Dans un arrêt du 2 juillet 2002[189], la Cour de cassation a ainsi considéré qu'un acte de cession portant sur la totalité du capital d'une société et entraînant, de ce fait, un transfert de contrôle, revêtait un caractère commercial et qu'en conséquence, la clause compromissoire figurant dans cet acte était valable[190]. De même, l'article L. 721-3, en ce qu'il vise les « contestations relatives aux sociétés commerciales », présentait une utilité certaine s'agissant des litiges entre une telle société et ses associés, ou entre associés de cette société. En effet, il permettait d'étendre le domaine de validité de la clause compromissoire si la contestation était relative à la société, même si elle n'entrait pas dans l'activité professionnelle de l'associé, et même si ce dernier n'était pas commerçant[191]. Les associés d'une société en nom collectif et les associés commandités ayant, quant à eux, la qualité de commerçant du seul fait de leur association, la clause compromissoire était licite pour les litiges survenant entre eux, ou entre eux et la société et ce, sans qu'il fût nécessaire de recourir, pour ce faire, à l'article 2061 du Code civil. Il en allait de même pour les autres associés ayant qualité de commerçant en eux-mêmes (comme les personnes morales commerçantes). À cela s'ajoutait l'élargissement de la formulation de l'article L. 721-3, par rapport à l'ancien article 631 du Code de commerce, à « toutes les contestations relatives aux sociétés commerciales », et non plus aux seules « contestations entre associés, pour raison d'une société de commerce », expression plus ambiguë et restrictive qui avait donné lieu à des difficultés d'interprétation. Cette nouvelle formulation aurait ainsi permis de couvrir les cessions d'actions même minoritaires d'une société commerciale[192].

---

188. Paris, 17 juin 1971, *Rev. arb.* 1971, p. 116, note Ph. Fouchard ; Paris, 8 juill. 1972, *Rev. arb.* 1972, p. 65.

189. Cass. com., 2 juill. 2002, *JCP* G 2003, I, 105, n° 3, obs. J. Béguin.

190. V. aussi, Cass. 1re civ., 22 oct. 2014, *JCP* G 2014, 1138, note B. Le Bars ; *D.* 2014, p. 2544, obs. Th. Clay ; *D.* 2015, p. 56, note B. Dondero ; *Rev. arb.* 2016, p. 853, obs. M. Boucaron-Nardetto ; Cass. com., 19 avr. 1985, *Rev. arb.* 1986, p. 424, note Ph. Fouchard.

191. V. aussi, pour l'application, en vertu de l'article L. 721.3 du Code de commerce, de la clause compromissoire figurant dans les statuts d'une société à l'action sociale « ut singuli » de l'article 225-252 du Code de commerce exercée à l'encontre du président du directoire de la société, Paris, 7 oct. 2014, *Rev. arb.* 2015, p. 528 (2e déc.), note A. Couret ; *Cah. arb.* 2015, p. 83, note B. Dondero.

192. En ce sens, v. A. Couret, « Les cessions de droits sociaux », *Rev. arb.* 2013, p. 651, spéc. n° 9 et s., p. 655, et les arrêts cités. Sur ce point, v. également le débat, É. Loquin, « Arbitrage. – Compromis et clause compromissoire », *J. Cl. Proc. civ.*, fasc. 1020, n° 114 ; E. Scolastique, « Arbitrage et droit des sociétés », *Dr. et patr.* juin 2002, n° 105, p. 52, spéc. p. 55 et s. Plus généralement, sur l'arbitrabilité des cessions de droits sociaux, v. A. Couret, « Les cessions de droits sociaux », préc., spéc. n° 7 et s., p. 655 ; Th. Clay, « Le règlement arbitral des litiges nés de la cession de parts sociales », *LPA*, 30 mai 2012, n° 108, p. 46 ; D. Cohen, « L'arbitrage et les cessions de droits sociaux », *Gaz. Pal.*, 20 mai 2010, n° 140, p. 87.

126 **Dispositions législatives « restrictives ».** Parmi les « dispositions législatives particulières » existantes dès 2001 qui pouvaient au contraire restreindre le domaine de licéité de la clause compromissoire, on pouvait certainement retenir celles relatives au contrat individuel de travail. Alors même que la clause compromissoire stipulée dans un contrat de travail l'est généralement dans un acte conclu dans le cadre d'une activité professionnelle pour les deux parties, elle restait prohibée par l'article L. 1411-4, alinéa 1er, du Code du travail[193] qui énonce : « Le conseil de prud'hommes est seul compétent, quel que soit le montant de la demande, pour connaître des différends mentionnés au présent chapitre [soit notamment les différends nés d'un contrat de travail]. Toute convention contraire est réputée non écrite ». Ainsi, cette « disposition législative particulière », qui attribue compétence exclusive aux conseils de prud'hommes pour connaître des litiges individuels nés d'un contrat de travail et répute non écrite toute convention dérogatoire, bannissait à l'évidence la clause compromissoire dans un contrat individuel de travail. Cependant, on estimait généralement que le recours au compromis après cessation du contrat de travail restait, malgré les termes généraux de cette disposition, autorisé[194].

La question était plus complexe s'agissant des contrats conclus par un consommateur. *A priori*, la clause compromissoire ne semblait pas licite dans de tels contrats, faute de satisfaire la condition relative à l'activité professionnelle posée par l'article 2061 du Code civil, puisque le consommateur est défini comme « celui qui contracte à des fins qui n'entrent pas dans le cadre de son activité professionnelle »[195]. De plus, le critère de l'activité professionnelle avait justement été retenu en 2001 dans l'article 2061 notamment afin de protéger cette catégorie de contractants. Toutefois, la difficulté naissait de la réserve des « dispositions législatives particulières » et, plus précisément, d'un décalage entre deux corps de dispositions législatives en la matière : l'article 2061 du Code civil d'une part, et les dispositions du Code de la consommation d'autre part[196]. Jusqu'en 2008, l'article L. 132-1, alinéa 3, du Code de la consommation, issu de la loi n° 95-96 du 1er février 1995 transposant en droit français la directive européenne sur les clauses abusives du 5 avril 1993, prévoyait que certaines clauses peuvent être réputées abusives si elles « ont pour objet ou effet de créer, au détriment du non-professionnel ou du consommateur, un déséquilibre significatif entre les droits et obligations des parties au contrat ». Le texte renvoyait à une liste non exhaustive, figurant en annexe, de telles clauses pouvant être abusives. Cette liste visait notamment la clause ayant pour objet ou effet « de supprimer ou d'entraver l'exercice d'actions en justice ou des voies de recours par le consommateur, notamment en obligeant le consommateur à saisir exclusivement une juridiction d'arbitrage non couverte par des dispositions

193. Auparavant art. L. 511-1, al. 6, C. trav., modifié par la loi n° 2004-1343 du 9 décembre 2004 et abrogé par l'ordonnance n° 2007-329 du 12 mars 2007.

194. En ce sens, Cass. soc., 5 nov. 1984, *JCP* 1985, II, 20510, note N. S. ; *Rev. arb.* 1986, p. 47, note M.-A. Moreau-Bourlès. Sur la portée exacte de cette disposition quant à la possibilité de recourir à l'arbitrage pour les litiges individuels de travail, v. *infra*, n° 141.

195. Art. 2 (b) Directive du 5 avril 1993 sur les clauses abusives.

196. Sur la difficile conciliation des deux textes avec la version de l'article 2061 du Code civil antérieure à la loi NRE du 15 mai 2001, v. Ch. Jarrosson, « Le nouvel essor de la clause compromissoire après la loi du 15 mai 2001 », *JCP* G 2001, I, 333, spéc. n° 13, p. 1320.

légales [...] »[197]. Ainsi, en application de ces dispositions, la clause compromissoire[198] dans les contrats de consommation était, non pas systématiquement nulle, mais seulement potentiellement abusive. Le non-professionnel ou consommateur, sur lequel pesait la charge de la preuve du caractère abusif, devait démontrer que cette clause avait « pour objet ou pour effet de créer, au détriment du non-professionnel ou du consommateur, un déséquilibre significatif entre les droits et obligations des parties au contrat ». De son côté, l'article 2061 du Code civil paraissait prohiber, que ce soit dans son ancienne formulation ou dans celle issue de la loi NRE du 15 mai 2001, la clause compromissoire dans les contrats de consommation puisque, par hypothèse, le consommateur ne conclut pas le contrat dans le cadre d'une activité professionnelle. Ainsi, l'article 2061 du Code civil obéissait à une logique de nullité/validité de la clause compromissoire, tandis que l'article L. 132-1 du Code de la consommation ne donnait aucune automaticité au caractère abusif d'une telle clause et invitait à une appréciation au cas par cas, sur démonstration par le consommateur de son caractère abusif. Dès lors, l'article 2061 du Code civil réservant les « dispositions législatives particulières », deux interprétations étaient envisageables. Selon une première interprétation, ces « dispositions législatives particulières » renvoyaient effectivement à l'article L. 132-1 du Code de la consommation et, faute pour le consommateur de démontrer le caractère effectivement abusif de la clause compromissoire en l'espèce, celle-ci était valable dans les contrats de consommation. Selon une seconde interprétation, l'article L. 132-1 du Code de la consommation ne relevait pas des « dispositions législatives particulières » au sens de l'article 2061 du Code civil, et la clause compromissoire restait donc prohibée dans le contrat de consommation dans la mesure où, par hypothèse, ce contrat n'est pas conclu par le consommateur dans le cadre d'une activité professionnelle. Si la première interprétation était peut-être la plus conforme à la lettre des textes, la seconde, appelée de ses vœux par une majorité d'auteurs[199], était certainement plus conforme à l'esprit de la réforme opérée en 2001. En effet, le législateur n'avait alors eu aucune volonté d'autoriser la clause compromissoire dans les contrats de consommation, la formulation même de la condition relative à l'activité professionnelle paraissant attester du contraire. Ceci étant, cette seconde interprétation se conciliait plus difficilement que la première avec la lettre et la lecture combinée des deux textes. À tout le moins, si la seconde interprétation était retenue, l'article L. 132-1 du Code de la consommation, et sa référence à la clause compromissoire, pouvait apparaître comme une « anomalie

197. V. Ph. Fouchard, « Clauses abusives en matière d'arbitrage », *Rev. arb.* 1995, p. 147 ; et aussi, sur l'extension de cette disposition aux autres modes alternatifs de règlement des litiges, S. Bollée, « Clauses abusives et modes alternatifs de règlement des litiges (l'article 6 de la loi n° 2005-67 du 28 janvier 2005) », *Rev. arb.* 2005, p. 225.

198. Il est à noter que l'article L. 132-1 (aujourd'hui art. L. 212-1 depuis la recodification du Code de la consommation opérée le 1er juillet 2016) n'est pas, à en croire la jurisprudence, applicable au compromis. En effet, la Cour de cassation a énoncé que « le compromis d'arbitrage signé, hors toute clause compromissoire insérée à la police d'assurance, entre l'assureur et l'assuré après la naissance du litige, ne constitue pas une clause figurant dans un contrat conclu entre un professionnel et un non-professionnel ou un consommateur, et n'est donc pas susceptible de présenter un caractère abusif au sens de l'article L. 132-1 du Code de la consommation » : Cass. 1re civ., 25 févr. 2010, *JCP* G 2010, I, 516, n° 11, obs. N. Sauphanor-Brouillaud ; *ibid.*, 546, n° 7, obs. Th. Clay ; *ibid.*, 644, n° 1, obs. Ch. Seraglini ; *JCP* G 2010, II, 659, note A. Pélissier ; *D.* 2010, p. 651, note X. Delpech, et pan. p. 2933, obs. Th. Clay ; *RTD civ.* 2010, p. 323, obs. B. Fages ; *RDC* 2010, p. 886, note N. Sauphanor-Brouillaud ; *LPA* 2010, n° 202, obs. M. de Fontmichel ; *Rev. arb.* 2011, p. 139, note J. El-Ahdab.

199. Pour un avis contraire, L. Degos, « Les nouvelles dispositions de la loi française relatives à la clause compromissoire », *RDAI* 5/2001, p. 653, spéc. p. 656 et s.

législative ». Anomalie qui offrait au surplus un outil dangereux à ceux qui souhaitaient ouvrir, sans garde-fou, le droit de la consommation à l'arbitrage de droit commun.

Or, cette crainte pouvait grandir avec la modification de l'article L. 132-1 du Code de la consommation intervenue en 2008 (aujourd'hui article L. 212-1 depuis la recodification du Code de la consommation opérée le 1er juillet 2016), dès lors que le législateur n'en a pas profité pour clarifier ce point et remettre en cause cette apparente anomalie. Cela pouvait donc conforter ceux qui voyaient dans l'article L. 132-1 une « disposition législative particulière » au sens de l'article 2061 du Code civil. Les articles 85 et 86 de la loi n° 2008-776 du 4 août 2008 sur la modernisation de l'économie ont en effet réformé l'article L. 132-1 et prévu la suppression de son annexe et son remplacement par deux listes de clauses, l'une grise visant des clauses pouvant être abusives, l'autre noire concernant les clauses par principe abusives. Ces listes ont été adoptées par le décret n° 2009-302 du 18 mars 2009 portant application de l'article L. 132-1 du Code de la consommation et modifiant l'article R. 132-2 du même code (aujourd'hui, articles R. 212-1 et R. 212-2 depuis la recodification du Code de la consommation opérée le 1er juillet 2016). Selon l'article 2-10° du décret, « dans les contrats conclus entre des professionnels et des non-professionnels ou des consommateurs, sont présumées abusives au sens des dispositions du premier et du deuxième alinéas de l'article L. 132-1[200], sauf au professionnel à rapporter la preuve contraire, les clauses ayant pour objet ou pour effet de : [...] 10° Supprimer ou entraver l'exercice d'actions en justice ou des voies de recours par le consommateur, notamment en obligeant le consommateur à saisir exclusivement une juridiction d'arbitrage non couverte par des dispositions légales ou à passer exclusivement par un mode alternatif de règlement des litiges ». La clause compromissoire fait donc désormais l'objet d'une présomption de caractère abusif que le professionnel pourra tenter de renverser. Dorénavant, la charge de la preuve pèse sur le professionnel, ce qui pourrait sembler plus favorable au consommateur que ne l'était le régime ancien. Néanmoins, dans la perspective de protéger le consommateur contre les clauses compromissoires, la mise en œuvre de cette nouvelle solution se conciliait assez mal avec le principe de Compétence-Compétence tel que retenu en droit français[201]. En effet, si l'on retenait que l'article 2061 du Code civil, dans sa rédaction issue de la loi NRE du 15 mai 2001, ne permettait pas, à lui seul, d'invalider la clause compromissoire dans un contrat de consommation comme manifestement nulle car non conclue par le consommateur dans le cadre d'une activité professionnelle, on devait alors s'interroger sur l'autorité qui serait en premier lieu compétente pour trancher la question du caractère abusif ou non de la clause. Le principe de Compétence-Compétence, tel qu'énoncé aux articles 1448 et 1465 du Code de procédure civile, veut qu'il appartienne au tribunal arbitral d'apprécier en premier, et par priorité sur le juge, les contestations relatives à son pouvoir juridictionnel, et donc notamment la validité de la clause compromissoire. Aussi, logiquement, le consommateur qui saisissait le juge d'un litige contre le professionnel pouvait se voir opposer la clause compromissoire par le professionnel, qui contesterait son caractère abusif et soutiendrait que cette appréciation relève en premier lieu du tribunal arbitral. Certes, le juge pourrait ne pas renvoyer la question au tribunal arbitral, mais à condition que celui-ci ne soit pas encore saisi (ce qui ne serait pas le cas si l'initiative de l'action venait du professionnel, la situation du consommateur étant alors encore plus délicate) et qu'il puisse constater que la clause est « manifestement nulle » au sens de l'article 1148 du Code de procédure civile. Or, la présomption de

200. Aujourd'hui premier et cinquième alinéas de l'article L. 212-1.

201. Sur ce principe, v. *infra*, n° 165 et s.

caractère abusif n'étant pas irréfragable, elle ne devrait pas suffire à rendre cette clause « manifestement nulle ». Ainsi, la question aurait dû d'abord être soumise au tribunal arbitral, ce qui aurait contraint le consommateur à aller à l'arbitrage ! Dans ces conditions, même avec la nouvelle rédaction de l'article L. 132-1 du Code de la consommation (aujourd'hui article L 212-1 du Code de la consommation), on pouvait préférer considérer, pour assurer la protection du consommateur, que l'article 2061 du Code civil invalidait d'emblée les clauses compromissoires dans les contrats de consommation, les rendant « manifestement nulles » au sens de l'article 1448 du Code de procédure civile, et que la référence aux « dispositions législatives particulières » à l'article 2061 du Code civil n'y changeait rien[202]. Mais il apparaissait alors curieux qu'une réforme, intervenue après 2001, n'ait pas pris en compte ce problème. Comment soutenir que le législateur de 2008, malgré les commentaires qui ont suivi la réforme de 2001 à ce sujet, n'ait pas été conscient du problème et n'ait pas voulu, par ce maintien de la clause compromissoire dans une zone grise, ouvrir la porte à une appréciation de sa validité au cas par cas ? Les partisans d'une ouverture du droit de la consommation à l'arbitrage de droit commun pouvaient ne pas manquer de souligner ce point ; si la réforme de l'article 2061 du Code civil opérée par la loi nº 2016-1547 du 18 novembre 2016 dite de modernisation de la justice du XXIe siècle a fait disparaître la référence aux « dispositions législatives particulières », il n'est pas certain que le débat sur ce point soit totalement clos[203].

127 **Le régime de la sanction.** La sanction du non-respect de la condition relative à l'activité professionnelle était certainement, à l'issue de la réforme opérée par la loi NRE du 15 mai 2001, la nullité de la clause compromissoire[204]. Cette nullité ne devait pas entraîner celle du contrat contenant la clause compromissoire, en application de l'article 1447, alinéa 2, du Code de procédure civile qui répute non écrite la clause compromissoire nulle[205]. La solution était au demeurant renforcée par la reconnaissance, par la jurisprudence en 2002 puis par le décret du 13 janvier 2011, du principe d'autonomie de la clause compromissoire dans l'arbitrage interne, voulant que le sort de celle-ci soit indépendant du sort du contrat[206]. Cette nullité étant essentiellement fondée sur le souci de protéger la partie qui ne conclut pas le contrat à raison d'une activité professionnelle, elle devait certainement être relative[207] et, plus précisément, ne pouvoir être invoquée que par cette partie[208]. Aussi, la jurisprudence rendue sous l'empire de l'article 2061 du Code civil dans sa version antérieure à la réforme de 2001, retenant que la nullité pouvait être invoquée par les deux parties, devait probablement ne pas perdurer[209]. Cette jurisprudence pouvait éventuellement s'appuyer sur l'ancienne prohibition de principe de la clause compromissoire, sa licéité étant l'exception. Mais le principe étant, depuis la loi NRE, inversé et la clause compromissoire en principe autorisée, le régime de

202. Sur les limites à la protection du consommateur résultant en toute hypothèse de l'effet négatif du principe de compétence-compétence, v. *infra*, nº 142.

203. Sur ce point, v. *infra*, nº 132.

204. Cass. 1re civ., 29 févr. 2012, nº 11-12782 ; *JCP* G 2012, p. 405, obs. J. MONÉGER ; *ibid.*, 843, nº 1, obs. J. ORTSCHEIDT ; *Rev. arb.* 2012, p. 359, note M. DE FONTMICHEL.

205. V., avant le décret du 13 janvier 2011, art. 1446 CPC.

206. V. *supra*, nº 75 et s.

207. Contrairement à d'autres conditions de validité de la clause compromissoire qui entraînent une nullité absolue, comme l'inarbitrabilité du litige fondée sur un ordre public de direction.

208. Bien entendu, si aucune des deux parties n'avait conclu le contrat dans le cadre d'une activité professionnelle, chacune devait pouvoir l'invoquer.

209. Sur cette jurisprudence, v. *supra*, nº 118.

l'action en nullité devait désormais être interprété restrictivement, ce qui devait conduire à retenir le caractère relatif de la nullité. Selon la même logique, la partie protégée devait pouvoir, une fois le litige né, renoncer à invoquer la nullité, notamment en participant volontairement et en connaissance de cause à l'arbitrage[210]. Il semblait en effet s'agir d'un ordre public de protection, dès lors susceptible de renonciation par la partie protégée. Cependant, un arrêt *Claro* de la Cour de justice de l'Union européenne pouvait sembler aller à l'encontre de cette proposition[211]. La question posée à la Cour était de savoir si, au regard de la directive 93/13/CEE du 5 avril 1993 sur les clauses abusives, un consommateur espagnol qui, assigné en arbitrage sur la base de la clause compromissoire stipulée dans un contrat d'abonnement téléphonique et bien qu'averti de sa possibilité de refuser l'arbitrage au profit de la juridiction étatique, avait choisi de participer à l'instance arbitrale, pouvait néanmoins, au stade du recours contre la sentence arbitrale, invoquer le caractère abusif de la clause compromissoire. En droit espagnol, la clause était effectivement abusive. Toutefois, la loi espagnole applicable en la cause imposait aux parties de contester la compétence du tribunal arbitral devant lui, ce que le consommateur n'avait pas fait. Interrogée sur cette difficulté par les juges espagnols, la Cour de justice a répondu que la directive du 5 avril 1993 « doit être interprétée en ce sens qu'elle implique qu'une juridiction nationale saisie d'un recours en annulation d'une sentence arbitrale apprécie la nullité de la convention d'arbitrage et annule cette sentence au motif que ladite convention contient une clause abusive, alors même que le consommateur a invoqué cette nullité non pas dans le cadre de la procédure arbitrale, mais uniquement dans celui du recours en annulation ». Cet arrêt pourrait être salué en ce qu'il devrait conduire les juges français à s'interroger sur certaines de leurs solutions qui paraissent discutables, car excessives[212]. Toutefois, la solution retenue appelle quelques réserves au regard des données de l'espèce. Le consommateur avait ici largement eu l'opportunité de contester la compétence du tribunal arbitral et avait même été informé par l'institution en charge de l'arbitrage qu'il pouvait, dans un délai de dix jours, refuser l'arbitrage au profit de la juridiction étatique, droit qu'il n'avait pas exercé. On pouvait donc estimer qu'il avait renoncé à se prévaloir du caractère abusif de la clause compromissoire à un moment où, le litige étant né, ses droits étaient disponibles. L'ordre public de protection, ici *a priori* seul en cause, n'impliquait probablement pas qu'il puisse, à son gré, jouer sur plusieurs tableaux, alors même qu'il avait toutes les cartes en main pour choisir de ne pas bénéficier de la protection qui lui était accordée. L'excès de protection induit par cette décision nuit à la légitimité de cette protection, dans la mesure où il ouvre la porte à toutes les manœuvres.

210. V., sous l'empire de la rédaction de l'article 2061 du Code civil antérieure à la loi NRE du 15 mai 2001, pour la clause compromissoire figurant dans un acte mixte : « La participation sans réserve d'une partie à l'arbitrage vaut de sa part renonciation au droit d'invoquer, au motif qu'elle était insérée dans un acte mixte, la nullité de la clause compromissoire » : Cass. 2e civ., 21 nov. 2002, *Rev. arb.* 2004, p. 283 (2e esp.), note M. Bandrac.

211. CJCE, 26 oct. 2006, *Elisa Maria Mostaza Claro*, aff. C-168/05, *Rev. arb.* 2007, p. 109, note L. Idot ; *JCP* G 2007, I, 168, n° 1, obs. Ch. Seraglini ; *JDI* 2007, p. 581, note A. Mourre ; *D.* 2006, pan., p. 3027, obs. Th. Clay ; *ibid.*, p. 2562, obs. S. Bollée ; *RTD civ.* 2007, p. 113, obs. J. Mestre et B. Fages ; *ibid.*, p. 633, obs. Th. Théry.

212. Soit, essentiellement, en matière internationale sur le sort des clauses compromissoires dans les contrats de consommation (v. *infra*, n° 662) et, dans l'arbitrage international comme interne, sur la solution longtemps suivie en matière de contrôle par le juge du respect des règles d'ordre public par la sentence arbitrale (v. *infra*, n° 552 et s., et *infra*, n° 1000 et s.).

128 **Application dans le temps de l'article 2061 du Code civil issu de la loi NRE du 15 mai 2001.** La question de l'application dans le temps de l'article 2061 du Code civil dans sa rédaction issue de la loi NRE a fait l'objet de vifs débats en doctrine. En effet, si la loi du 15 mai 2001 avait prévu des dispositions de droit transitoire quant à l'application des anciens articles 631 et 631-1 du Code de commerce, aujourd'hui articles L. 721-3 et L. 721-5 du même code, elle ne contenait en revanche aucune disposition de cet ordre s'agissant de l'article 2061 du Code civil. Aussi, la question s'est posée : la nouvelle rédaction s'appliquait-elle uniquement aux clauses compromissoires conclues après l'entrée en vigueur de la loi, ou également à celles conclues antérieurement ? Le principe de droit transitoire en matière contractuelle, s'agissant des conditions de validité d'un contrat, est, conformément à l'idée que la validité s'apprécie au jour de la conclusion du contrat, celui de la survie de la loi ancienne. Selon cette logique, le texte issu de la loi NRE devait seulement être applicable aux contrats conclus après son entrée en vigueur. Toutefois, certains auteurs ont fait valoir que cette solution aurait été particulièrement inopportune, dans la mesure où elle aurait conduit à maintenir pendant longtemps deux régimes différents pour la clause compromissoire, selon la date de conclusion du contrat la stipulant. En conséquence, ils plaidaient pour une application « immédiate » de la loi nouvelle, qui régirait dès son entrée en vigueur toutes les clauses compromissoires. Deux arguments étaient avancés pour fonder une telle solution : en premier lieu, le caractère d'ordre public de la loi nouvelle, faisant exception au principe de survie de la loi ancienne ; en second lieu, la nature processuelle, et non pas seulement contractuelle, de la convention d'arbitrage et, plus généralement, de la matière « arbitrage » sur laquelle cette loi intervenait ; or, en matière procédurale, la loi nouvelle s'applique de façon immédiate. En tout cas, la jurisprudence a clairement décidé de retenir l'application immédiate, et même en réalité rétroactive, de l'article 2061 du Code civil dans sa rédaction issue de la loi du 15 mai 2001.

Quelques décisions de juges du fond[213] ont été en ce sens, en validant une clause compromissoire qui aurait été nulle sous l'empire de la loi ancienne et stipulée dans un contrat conclu avant l'entrée en vigueur de la loi du 15 mai 2001. Pour la cour d'appel d'Orléans, une telle solution se justifiait par le fait que « la clause compromissoire, comme la clause de compétence en général, est une clause contractuelle de nature particulière, assurant le lien entre le contrat et le procès, qui a pour objet la mise en œuvre d'une règle de procédure, de sorte qu'en droit transitoire, il y a lieu d'appliquer immédiatement la loi nouvelle qui la rend valable au moment où elle produit son effet, c'est-à-dire celui de l'introduction d'une instance, et non la loi ancienne qui l'annulait au jour de la conclusion du contrat qui la contient »[214]. Le raisonnement suivi est donc que la clause compromissoire est un contrat d'une nature particulière, ayant pour objet la mise en œuvre d'une règle de procédure, et qui ne produit donc son effet qu'au jour de sa mise en œuvre, c'est-à-dire au jour de la naissance du litige. Sa validité devrait donc s'apprécier à cette date. On pouvait ne pas être totalement convaincu par le raisonnement. D'ailleurs, d'autres juges du fond se sont exprimés en sens contraire. Ainsi, la cour d'appel de Paris a estimé que « l'article 2061 du Code civil ne constitue pas une

213. TGI Paris (Ord. réf.), 8 oct. 2002, *Rev. arb.* 2003, p. 199, note L. JAEGER ; *JCP* G 2003, I, 164, n° 1, obs. J. BÉGUIN ; *RTD com.* 2003, p. 695, obs. É. LOQUIN ; Trib. com. Paris, 17 févr. 2004, *Rev. arb.* 2004, p. 451 ; Orléans, 18 mars 2004, *JCP* G 2004, II, 10103, note Th. LE BARS et P. CALLÉ ; *ibid.*, I, 179, obs. J. BÉGUIN ; *RTD com.* 2004, p. 441, obs. É. LOQUIN ; *Rev. arb.* 2004, p. 391, note critique D. BUREAU.

214. Orléans, 18 mars 2004, préc.

règle procédurale car il concerne la validité de la clause compromissoire et non ses règles de mise en œuvre ; il en résulte qu'eu égard à l'article 2 du Code civil, sa nouvelle rédaction ne peut être appliquée à l'appréciation d'une clause conclue avant l'entrée en vigueur de la loi du 15 mai 2001 »[215]. Selon le juge parisien, la question était bien celle de la validité de la clause compromissoire et non celle de ses effets. Or, la validité s'apprécie au jour de la conclusion de la convention. Aussi, en vertu de l'article 2 du Code civil, la loi nouvelle, qui « ne dispose que pour l'avenir », est insusceptible de valider une disposition contractuelle formée sous l'empire d'une loi ancienne qui la considérait comme nulle. Une telle validation donnerait effectivement un effet rétroactif à la loi nouvelle. Cependant, la Cour de cassation s'est clairement prononcée en faveur du premier courant jurisprudentiel, sans toutefois prendre la peine de justifier sur le plan théorique sa solution. Selon elle[216], la clause compromissoire stipulée dans les contrats conclus dans le cadre d'une activité professionnelle, « nulle sous l'empire du texte antérieur, peut être invoquée à l'occasion d'un litige portant sur l'exécution de ces contrats, peu important, à cet égard, qu'ils aient ou non pris fin avant l'entrée en vigueur de la loi nouvelle » ; en conséquence, « la clause contenue dans un contrat de collaboration liant un avocat et une SCP d'avocats est donc valable et doit être mise en œuvre ». Ce faisant, la Cour de cassation opérait une véritable « résurrection » d'une clause compromissoire nulle. En effet, dans les espèces ayant conduit à ses arrêts, elle a conféré un véritable effet rétroactif, et non simplement immédiat, à la loi du 15 mai 2001, puisqu'elle l'a appliquée même si le contrat litigieux avait pris fin avant l'entrée en vigueur de la loi nouvelle ! Certains expliqueront la solution en invoquant la nature procédurale de la clause compromissoire : les lois de procédure étant d'application immédiate, « la clause compromissoire, dont l'objet n'est pas le droit substantiel, mais le droit d'action [attaché au droit substantiel], peut [donc] être affectée par la loi nouvelle tant que le droit d'action existe » ; ainsi, « la solution donnée par la Cour de cassation [serait] une conséquence parmi beaucoup d'autres du principe de l'autonomie de la clause compromissoire par rapport au contrat principal »[217]. Cela justifierait que la loi nouvelle s'applique même aux contrats dont le terme est expiré, puisque la clause survit à cette extinction dès lors qu'elle affecte le droit d'agir en justice, qui demeure tant que ce droit n'est pas prescrit, et non les droits substantiels nés du contrat. Sa nature procédurale l'emporterait ainsi sur sa nature contractuelle en matière de droit transitoire, ce qui justifierait de lui appliquer les solutions relatives aux règles de procédure et non de droit des contrats.

Quoi qu'il en soit, ce principe de licéité (ou de validité) de la clause compromissoire dans les contrats conclus dans le cadre d'une activité professionnelle ne reflète plus exactement l'état du droit positif. En effet, à l'occasion de la loi de modernisation de la justice du XXIe siècle du 18 novembre 2016, le législateur est allé plus loin en abandonnant la logique en termes de principe de validité soumis à des restrictions, pour n'aborder le régime de la clause compromissoire dans l'article 2061 que sous l'angle de l'opposabilité de celle-ci. Cela dit, la référence au critère de l'activité professionnelle

215. Paris, 9 déc. 2003, *Rev. arb.* 2004, p. 641, note D. BUREAU.

216. Cass. 1re civ., 22 nov. 2005, *Rev. arb.* 2005, p. 1011, note D. BUREAU ; *D.* 2006, p. 277, note Th. LE BARS et P. CALLÉ ; *ibid.*, pan., p. 3027, obs. Th. CLAY ; *JCP* G 2006, I, 148, n° 1, obs. J. BÉGUIN ; *ibid.*, II, 10015, note E. CORNUT ; *RTD com.* 2006, p. 302, obs. É. LOQUIN ; Cass. 1re civ., 7 juin 2006, *Rev. arb.* 2007, p. 545 (3e esp.), obs. J. ROUCHE.

217. En ce sens, É. LOQUIN, obs. sous Cass. 1re civ., 22 nov. 2005, *RTD com.* 2006, p. 302, spéc. p. 303-304.

a été maintenue pour définir la frontière, non plus entre validité et invalidité, mais entre opposabilité et inopposabilité. Plus généralement, il n'est pas certain que cette dernière réforme modifie en profondeur le régime de la clause compromissoire issu de la loi du 15 mai 2001 et une grande partie des développements qui viennent d'y être consacrés reste probablement pertinente dans le cadre du régime issu de la loi de 2016.

C. LE PRINCIPE NOUVEAU : L'INOPPOSABILITÉ DE LA CLAUSE COMPROMISSOIRE À LA PARTIE N'AYANT PAS CONTRACTÉ DANS LE CADRE DE SON ACTIVITÉ PROFESSIONNELLE

129 **Le régime actuel de la clause compromissoire : de la validité sous condition à une possible inopposabilité.** Depuis la loi nº 2016-1547 du 18 novembre 2016 dite de modernisation de la justice du XXIᵉ siècle, l'article 2061 du Code civil dispose désormais : « La clause compromissoire doit avoir été acceptée par la partie à laquelle on l'oppose, à moins que celle-ci n'ait succédé aux droits et obligations de la partie qui l'a initialement acceptée.

Lorsque l'une des parties n'a pas contracté dans le cadre de son activité professionnelle, la clause ne peut lui être opposée »[218].

Le premier alinéa concerne la question du consentement à la clause d'arbitrage et peut être vu comme une évidence (une partie doit en principe avoir accepté la clause pour être liée par elle !) ou comme une réaction à une jurisprudence, surtout développée en matière d'arbitrage international et que certains pourront juger excessive, relative à l'extension de la clause d'arbitrage à des non-signataires[219]. Le second alinéa remplace plus directement les dispositions antérieures de l'article 2061 et a bien trait à la possibilité de recourir à l'arbitrage, mais raisonne non plus en termes de validité/invalidité, mais en termes d'opposabilité/inopposabilité. Contrairement à la réforme opérée en 2001, cette modification a été assez peu discutée lors des travaux parlementaires et a quelque peu surpris. Le but affiché était d'étendre le champ d'application de la clause compromissoire aux rapports impliquant des particuliers. Désormais, la validité au fond de la clause compromissoire semble être soumise aux conditions ordinaires régissant les contrats, sous réserve des règles relatives à l'arbitrabilité des litiges[220]. Il semble donc à première vue que la clause compromissoire soit possible dans tous les contrats civils et commerciaux, entre toutes personnes, sous réserve des restrictions résultant d'un ordre public « juridictionnel » et posées aux articles 2059 et 2060 du Code civil tels qu'interprétés par la jurisprudence, et donc essentiellement sous la réserve de la libre disposition des droits litigieux[221]. Ainsi, des clauses compromissoires pourraient valablement

218. Sur cette nouvelle disposition, v. Th. Clay, « L'arbitrage, les modes alternatifs de règlement des différends et la transaction dans la loi Justice du XXIᵉ siècle », *JCP* G 2016, doctr. 1295 ; « Les articles relatifs aux conventions d'arbitrage », *Cah. arb.* 2017, p. 17 ; Ch. Jarrosson et J.-B. Racine, « Les dispositions relatives à l'arbitrage dans la loi de modernisation de la justice du XXIe siècle », *Rev. arb.* 2016, p. 1007 ; et aussi, les actes du colloque Paris, place d'arbitrage du 30 novembre 2016, « La nouvelle convention d'arbitrage après la loi de modernisation de la Justice du XXIᵉ siècle », *Cah. arb.* 2017, p. 9. V. également, L. Weiller, « Compte rendu de l'atelier du groupe de travail "Pratique Arbitrale" du Comité français de l'arbitrage – Le domaine d'efficacité de la clause compromissoire », *Rev. arb.* 2017, p. 1085.

219. Sur cette jurisprudence, v. *infra*, nº 206 (arbitrage interne) et nº 713 (arbitrage international).

220. Sur ces règles, v. *supra*, nº 100 et s.

221. Sur les contours de cet ordre public « juridictionnel », v. *supra*, nº 115.

figurer dans des règlements de copropriété, des conventions d'indivision, les statuts de sociétés civiles immobilières, voire dans « les nouvelles relations économiques entre particuliers par internet, où des modes simplifiés pourraient permettre à moindre coût le règlement des différends »[222]. De façon plus générale, ce sont notamment tous les contrats entre particuliers qui semblent pouvoir dorénavant comporter une clause compromissoire. On peut toutefois se demander si cette réforme n'a pas une portée plus symbolique que pratique. Tout d'abord, l'éventuelle inarbitrabilité du litige résultant des articles 2059 et 2060 du Code civil pourra toujours limiter la validité de la clause compromissoire. Ensuite, la clause demeurant inopposable à la partie n'ayant pas contracté dans le cadre de son activité professionnelle, son efficacité réelle dépendra de l'attitude adoptée par l'une des parties, voire les deux, au moment du litige. En réalité, la réforme ne semble pas modifier profondément le sort de la clause compromissoire dans ce cas de figure : essentiellement, on passe d'une nullité relative de la clause, ne pouvant donc être invoquée que par la partie n'ayant pas contracté dans le cadre de son activité professionnelle, qui pouvait choisir de ne pas l'invoquer et accepter d'aller à l'arbitrage, à une inopposabilité de la clause à cette même partie, qui pourra à nouveau choisir de l'invoquer ou non ; le résultat final semble être sensiblement le même. Aussi, la plupart des développements précédemment consacrés au régime de la clause compromissoire après la loi NRE de 2001 restent valables et on signalera simplement ici les principaux changements. Cependant, au-delà de ce constat de base, le texte nouveau fait naître plus d'incertitudes qu'il ne résout de difficultés existantes sous l'empire du texte antérieur.

130 **Une option pas si nouvelle, ouverte à la partie n'ayant pas contracté dans le cadre de son activité professionnelle.** Si l'article 2061 du Code civil fait toujours référence à « l'activité professionnelle », c'est désormais pour poser une inopposabilité de la clause compromissoire et non plus pour en limiter la validité. La différence est *a priori* majeure puisque la personne n'ayant pas conclu la clause compromissoire dans le cadre de son activité professionnelle a désormais le choix : elle peut choisir d'aller à l'arbitrage, mais ne peut y être contrainte, la clause lui étant « inopposable ». Toutefois, cela change-t-il réellement les choses ? En effet, la nullité résultant de l'article 2061 du Code civil dans sa version issue de la loi NRE de 2001 devait probablement être considérée comme relative, ne pouvant être invoquée que par la partie protégée, soit celle n'ayant pas contracté en raison de son activité professionnelle, et comme étant susceptible de confirmation[223]. Aussi, les choses semblent avoir peu varié. Si cette partie est demanderesse au litige, elle peut désormais saisir l'arbitre sans que l'autre partie qui aurait contracté dans le cadre de son activité professionnelle puisse s'y opposer, comme elle pouvait déjà le faire sous le régime ancien en ne se prévalant pas de la nullité relative ; elle peut aussi choisir de saisir le juge étatique et devrait pouvoir, pour faire échec au jeu de l'effet négatif du principe de compétence-compétence et éviter que la question de l'efficacité de la clause ne soit renvoyée à l'arbitre, se prévaloir de l'inapplicabilité manifeste de la clause en raison de son inopposabilité évidente à son égard[224] ; mais, une fois encore, tel semblait être déjà le cas avant 2016, puisque la partie n'ayant pas conclu dans le cadre de son activité professionnelle aurait dû pouvoir

222. J.-J. Urvoas, Amendement du Gouvernement, CL159, 30 avr. 2016, exposé des motifs, cité par Th. Clay, « Les articles relatifs aux conventions d'arbitrage », préc., n° 15, p. 27.

223. V. *supra*, n° 127.

224. Sur l'effet négatif du principe de compétence-compétence et ses limites, v. *infra*, n° 173 et s.

se prévaloir de la limite au jeu de l'effet négatif du principe de compétence-compétence tirée de la nullité manifeste de la clause en raison de son invalidité évidente à son égard[225]. Si la partie n'ayant pas contracté dans le cadre de son activité professionnelle est défenderesse au litige, devant l'arbitre, elle peut désormais accepter la compétence arbitrale ou s'y opposer, mais rien ne paraît changer par rapport au régime antérieur, puisqu'elle pouvait faire de même avant 2016 sur le fondement de la nullité relative de la clause ; devant le juge, elle peut, sous l'empire du nouvel article 2061, soit ne rien dire et accepter la compétence du juge, soit invoquer la clause d'arbitrage ; mais elle pouvait probablement faire de même auparavant puisqu'elle seule devait pouvoir se prévaloir de la nullité relative affectant la clause compromissoire et donc choisir de renoncer à l'invoquer. On pourrait peut-être seulement déceler une différence entre le régime issu de la loi NRE de 2001 et celui résultant de la loi de modernisation de la justice du XXIe siècle de 2016 en ce qui concerne la portée du choix opéré par la partie protégée de recourir ou non à l'arbitrage en cas de litiges successifs : auparavant, si la personne n'ayant pas contracté dans le cadre de son activité professionnelle décidait d'invoquer, ou au contraire renonçait à invoquer, la nullité de la clause compromissoire dans le cadre d'une procédure, on pouvait considérer que ce choix était définitif et valait pour d'autres litiges futurs couverts par la même clause ; elle avait ainsi soit définitivement invalidé, soit définitivement confirmé la clause nulle ; en revanche, avec le raisonnement en termes « d'inopposabilité » résultant du régime nouveau, on pourrait plus aisément concevoir que le choix opéré par cette partie entre opposabilité et inopposabilité de la clause ne vaille que pour le litige pour lequel ce choix est fait et ne présage pas de la solution pour les litiges futurs[226], sauf à considérer qu'un changement d'attitude entre deux litiges caractériserait une contradiction au détriment de l'autre partie.

131 **Le cas de deux parties n'ayant pas contracté dans le cadre de leur activité professionnelle.** Le nouvel article 2061 du Code civil vise expressément le cas où « l'une des parties » a contracté en dehors de son activité professionnelle, l'autre ayant donc, on peut le penser, conclu dans le cadre d'une telle activité. Cela signifie-t-il que l'inopposabilité n'a pas à jouer lorsque les deux parties ont conclu en dehors d'une activité professionnelle et ne s'applique donc que dans les relations entre professionnels et non professionnels ? Certains auteurs le pensent, dès lors que le texte nouveau a pour objectif de libéraliser le recours à l'arbitrage et que l'inopposabilité qu'il retient viserait essentiellement à rétablir l'équilibre dans une relation contractuelle déséquilibrée et serait donc inutile dans un rapport entre deux non-professionnels[227]. C'est également

225. Sur les doutes possibles, sous l'empire du régime antérieur à la réforme de 2016, quant à la faculté pour un consommateur de se prévaloir de la nullité ou de l'inapplicabilité manifeste de la clause compromissoire pour faire obstacle à l'effet négatif du principe de compétence-compétence du fait des dispositions des articles L. 212-1 et R. 212-2 du Code de la consommation relatives aux clauses abusives, v. *supra*, n° 126.

226. En ce sens, Ch. Jarrosson et J.-B. Racine, « Les dispositions relatives à l'arbitrage dans la loi de modernisation de la justice du XXIe siècle », *Rev. arb.* 2016, p. 1007 , spéc. n° 2.

227. Th. Clay, « L'arbitrage, les modes alternatifs de règlement des différends et la transaction dans la loi Justice du XXIe siècle », *JCP* G 2016, doctr. 1295 ; Ch. Jarrosson et J.-B. Racine, « Les dispositions relatives à l'arbitrage dans la loi de modernisation de la justice du XXIe siècle », préc., spéc. n° 21 ; L. Weiller, « Compte rendu de l'atelier du groupe de travail "Pratique Arbitrale" du Comité français de l'arbitrage – Le domaine d'efficacité de la clause compromissoire », *Rev. arb.* 2017, p. 1085, spéc. p. 1087.

l'opinion du ministère de la Justice[228]. On peut toutefois rester circonspect quant à la pertinence de cette position. En effet, ne conduit-elle pas à considérer que la clause compromissoire a par principe force obligatoire dans les rapports entre non-professionnels, ce qui pourrait sembler excessif ? De tels rapports sont-ils nécessairement équilibrés ? Ne serait-il pas plus raisonnable, et conforme à l'intention des rapporteurs du projet de loi[229], de considérer que l'inopposabilité peut concerner les relations entre non-professionnels et vaut en ce cas pour les deux parties, chacune ayant donc la possibilité de neutraliser le jeu de la clause compromissoire ? Autrement posé, les deux parties non professionnelles devront renoncer à se prévaloir de l'inopposabilité, l'une en saisissant l'arbitre et l'autre en ne contestant pas la compétence arbitrale, pour que la clause puisse jouer ; en revanche, si l'une saisit le juge, l'autre ne pourra plus prétendre invoquer la clause, définitivement inopposable à son adversaire pour le litige en cause.

132 **La disparition de la réserve des « dispositions législatives particulières ».** Dans sa rédaction issue de la loi NRE de 2001, l'article 2061 du Code civil réservait les « dispositions législatives particulières », telles que les articles L. 721-3 et L. 721-5 du Code de commerce, les articles L. 212-1 et R. 212-2, 10°, du Code de la consommation pour les consommateurs et l'article L. 1411-1 du Code du travail pour les salariés[230]. Depuis la réforme de 2016, cette réserve ne figure plus à l'article 2061. Comment interpréter cette disparition et articuler désormais ces différents textes ? En application du principe selon lequel le spécial déroge au général, on pourrait considérer que ces dispositions « spéciales » doivent néanmoins prévaloir sur l'article 2061 du Code civil. Cela ne devrait guère poser de difficultés pour les dispositions du Code de commerce qui validaient déjà et valident encore expressément le recours à l'arbitrage, puisqu'elles poursuivent la même philosophie favorable à la clause compromissoire que le nouvel article 2061.

La question est plus délicate pour les articles L. 212-1 et R. 212-2, 10°, du Code de la consommation, qui prévoient que la clause compromissoire est seulement présumée abusive à l'égard du consommateur, le professionnel pouvant renverser cette présomption. Doivent-ils prévaloir alors même qu'ils pourraient être vus comme moins protecteurs pour le consommateur que l'inopposabilité prévue au nouvel article 2061, qui visait pourtant à protéger essentiellement le consommateur face au professionnel ? Ou les deux protections doivent-elles se cumuler ? Autrement dit, le professionnel qui serait parvenu à démontrer que la clause n'est pas abusive, pourrait néanmoins encore se voir répondre qu'elle reste inopposable au consommateur. Mais quelle serait alors l'utilité des articles L. 212-1 et R. 212-2 pour un consommateur qui s'oppose à l'arbitrage et qui peut plus directement et facilement invoquer l'article 2061 ? Il semble donc plus raisonnable de faire prévaloir la disposition la plus récente, soit le nouvel article 2061 du Code civil, d'autant plus que cela permettrait plus facilement de neutraliser à l'égard du consommateur le possible jeu de l'effet négatif du principe de compétence-

228. En effet, dans une réponse à une question écrite, le ministère a énoncé, au motif que la relation n'était alors pas déséquilibrée : « l'inopposabilité prévue par la rédaction actuelle de l'article 2061 du Code civil ne s'applique donc pas dans les trois situations évoquées : un arbitrage entre deux particuliers, personnes physiques ; un arbitrage entre deux professionnels, personnes morales et un arbitrage entre un non-professionnel, personne morale et un particulier, personne physique » (réponse du 16 mai 2017, publiée in *Rev. arb.* 2017, p. 773 ; v. aussi, *D.* 2017, p. 2560, obs. Th. Clay).

229. V. Ch. Jarrosson et J.-B. Racine, « Les dispositions relatives à l'arbitrage dans la loi de modernisation de la justice du XXIe siècle», préc., n° 21, p. 1019.

230. Sur ce point, v. *supra*, n° 124 et s.

compétence que dans le cadre de l'application des articles L. 212-1 et R. 212-2[231]. Toutefois, cela conduit à s'interroger sur l'utilité, au moins en matière d'arbitrage interne[232], de la mention de la clause compromissoire dans la liste des clauses présumées abusives figurant à l'article R. 212-2 du Code de la consommation.

S'agissant du contrat de travail, le salarié semble bien le contracter dans le cadre de son activité professionnelle et la clause compromissoire ne lui paraît donc pas inopposable en vertu du nouvel article 2061 du Code civil. Auparavant, la réserve des « dispositions législatives particulières » permettait d'assurer la protection du salarié en rendant applicable l'article L. 1411-1 du Code du travail prévoyant la compétence exclusive des conseils de prud'hommes. Aussi, il conviendrait de considérer, pour maintenir cette protection, que malgré la disparition de cette réserve, l'article L. 1411-1 du Code du travail, texte spécial, prévaut sur l'article 2061 du Code civil, même si la protection du salarié pourrait également être assurée par l'article 2059 du Code civil et l'exigence de libre disposition des droits[233].

133 **Application dans le temps du nouvel article 2061.** Pas plus que lors de la réforme opérée en 2001, la loi de modernisation de la justice du XXIe siècle n'apporte de précision quant à l'application dans le temps du nouvel article 2061 du Code civil[234]. S'il est certain qu'il s'applique aux clauses compromissoires conclues après son entrée en vigueur, qu'en est-il pour celles conclues avant, dès lors au moins que la procédure arbitrale n'était pas encore engagée au jour de l'entrée en vigueur de la loi nouvelle ? Après la réforme de l'article 2061 opérée par la loi NRE de 2001, la jurisprudence avait finalement retenu l'application immédiate de la loi nouvelle à toute clause compromissoire, conclue avant ou après l'entrée en vigueur de la loi[235]. Il est probable qu'elle retienne la même solution pour le nouvel article 2061, dès lors que les deux réformes vont dans le même sens, celui de la libéralisation du régime de la clause compromissoire.

134 **Probable inapplicabilité du nouvel article 2061 dans l'arbitrage international.** Il est également vraisemblable que la jurisprudence décide, comme elle l'avait fait pour les versions antérieures de l'article 2061 du Code civil, que celui-ci est inapplicable en matière internationale[236], ne serait-ce qu'en raison des exigences posées par le texte nouveau en matière de consentement[237] à la clause compromissoire, qui semblent peu compatibles avec la jurisprudence développée, essentiellement en matière internationale, à propos de l'extension des clauses d'arbitrage à des tiers[238].

231. Sur la difficulté suscitée par le texte antérieur à cet égard, v. *supra*, n° 126. De plus, cette neutralisation ne sera pas totale : sur les limites à la protection du consommateur résultant en toute hypothèse de l'effet négatif du principe de compétence-compétence, v. *infra*, n° 142.

232. Sur le rôle possible des articles L. 212-1 et R. 212-2 du Code de la consommation dans l'arbitrage international où la jurisprudence a toujours déclaré et risque de continuer à déclarer inapplicable l'article 2061 du Code civil, v. *infra*, n° 662.

233. Sur ce point, v. *infra*, n° 141.

234. Sur le sujet, v. P. Rosher, « Application dans le temps de la loi sur la justice du XXIe siècle », *Cah. arb.* 2017, p. 33.

235. V. *supra*, n° 128.

236. Sur ce point, v. Ph. Pinsolle, « Does the new version of the Article 2061 of the French Civil Code apply to International Arbitration? », *Cah. arb.* 2017, p. 39.

237. Selon le nouvel alinéa 1er de l'article 2061 du Code civil, la clause doit avoir été acceptée par la partie à laquelle on l'oppose.

238. Sur cette jurisprudence, v. *infra*, n° 722.

§ 3. ILLUSTRATIONS PARTICULIÈRES

135 **Tentative de clarification par l'exemple.** Afin de tenter de clarifier quelque peu les choses en ce qui concerne la licéité du recours à l'arbitrage, on peut illustrer les propos précédents à travers quelques grandes matières où la question peut se poser. Ceci étant, ne pourront ici être présentées que des grandes lignes de réflexions et, éventuellement, de solutions, sachant que ces solutions sont souvent relatives et peu claires[239].

136 **Droits extrapatrimoniaux.** En droit interne, parmi les droits inarbitrables, semblent figurer en première place la plupart des droits extrapatrimoniaux. La solution paraît résulter de la conjonction des articles 2059 et 2060 du Code civil. En effet, les droits extrapatrimoniaux peuvent être considérés comme indisponibles au sens de l'article 2059. On peut également considérer qu'ils relèvent des matières inarbitrables *per se* ou « par nature », selon l'expression utilisée par la jurisprudence dans le cadre de l'article 2060[240]. Plus généralement, on peut estimer que toutes les choses hors commerce sont inarbitrables et qu'il s'agit d'une application particulière de l'article 1162 du Code civil, selon lequel le contrat ne peut déroger à l'ordre public ni par ses stipulations, ni par son but[241].

Ainsi, l'état des personnes et les droits de la personnalité, en principe exclus du commerce juridique, seraient de ce fait fermés à l'arbitrage. D'ailleurs, l'article 2060 du Code civil exclut expressément l'arbitrage pour les questions d'état et de capacité, ainsi que pour celles relatives au divorce et à la séparation de corps. En ce qui concerne l'état des personnes, on pourrait considérer que l'article 2059 du Code civil, posant le critère de la disponibilité des droits, suffit pour fermer ces questions à l'arbitrage, et que l'article 2060 est, dès lors, inutile. Cependant, certains droits liés à l'état semblent disponibles (par exemple, le divorce par consentement mutuel). En ce cas, c'est bien l'article 2060 qui ferme expressément la porte à l'arbitrage. S'agissant des droits de la personnalité, l'article 2059 devrait au contraire suffire pour délimiter le champ de l'arbitrabilité, dès lors qu'ils sont des droits indisponibles au sens de cet article.

Ceci étant, l'exclusion de l'arbitrage en matière de droits extrapatrimoniaux doit être circonscrite. Il serait notamment inexact d'en déduire que le droit de la famille est, de ce fait, totalement fermé à l'arbitrage. En effet, si le droit extrapatrimonial de la famille semble bien être, en l'état actuel du droit positif à tout le moins, une matière inarbitrable « par nature »[242], ce constat ne peut probablement pas être étendu à l'ensemble du droit de la famille, et notamment au droit des successions et aux régimes matrimoniaux[243].

239. Pour une étude relativement détaillée et récente, v. É. Loquin, « Arbitrage – Conventions d'arbitrage – Conditions de fond – Litige arbitrable », *J. Cl. Proc. civ.*, fasc. 1024.

240. V. *supra*, n° 110 et 115.

241. Depuis l'ordonnance n° 2016-131 du 10 février 2016 portant réforme du droit des contrats, du régime général et de la preuve des obligations. V. auparavant, l'article 1128 du Code civil qui disposait que seules les choses qui sont dans le commerce peuvent faire l'objet d'une convention.

242. Pour la situation de l'arbitrage en la matière, parfois plus enviable par le passé, et pour les perspectives d'évolution future, v. B. Mallet-Bricourt, « Arbitrage et droit de la famille », *Dr. et patr.* mai 2002, n° 104, p. 59, spéc. p. 62-63.

243. Sur le sujet, v. P. Catala, « Arbitrage et patrimoine familial », *Rev. arb.* 1994, p. 279 ; B. Mallet-Bricourt, « Arbitrage et droit de la famille », préc. Et aussi, M. de Fontmichel et G. Barbe, « La pratique de l'arbitrage en matière de divorce, de séparation et de successions », *JCP* G 2018, 1834 ; A. Devers, « L'arbitrage en droit de la famille », *Dr. fam.* 2019, p. 27.

Devraient au contraire être arbitrables de nombreuses questions relevant du droit patrimonial de la famille, comme les questions pécuniaires pouvant découler d'un divorce[244], et, plus généralement, la question des intérêts pécuniaires liée à une question d'état. Cependant, la conclusion d'une clause compromissoire pour ces questions semble difficilement envisageable ou peu efficace, compte tenu des obstacles que constituent, d'une part, l'article 2061 du Code civil, que ce soit dans sa rédaction antérieure ou dans sa rédaction issue de la loi du 18 novembre 2016, dès lors que, le plus souvent, les droits en cause ne tirent pas leur existence d'un contrat conclu dans le cadre d'une activité professionnelle[245] et, d'autre part, au moins pour certains d'entre eux, l'article 2059 du même code, dans la mesure où ils ne sont pas disponibles tant qu'ils ne sont pas définitivement acquis. En revanche, la conclusion d'un compromis, une fois le droit en cause acquis, devrait être plus aisément envisageable et efficace. Des discussions du même ordre sont également possibles s'agissant des droits de la personnalité. Pour le droit à l'image, en principe hors commerce, la jurisprudence admet en effet la validité des conventions relatives à la patrimonialisation de l'image des individus. On peut donc questionner l'inarbitrabilité des litiges qui pourraient résulter de cette patrimonialisation. L'arbitrabilité des litiges nés d'une atteinte aux droits de la personnalité, comme une publication non autorisée de l'image d'une personne, devrait quant à elle être admise, car le litige porte alors sur un droit de créance de dommages et intérêts, droit patrimonial susceptible de renonciation après sa naissance, et donc de compromis. Une limite à l'arbitrabilité demeurerait toutefois en cas de remise en cause, par le défendeur au litige, du droit de la personnalité en question lui-même.

Par ailleurs, les frontières exactes de l'exclusion de l'arbitrage pour certains droits extrapatrimoniaux sont parfois délicates à délimiter. Ainsi, s'agissant des questions d'état et de capacité des individus, on doit probablement fixer des limites à l'exclusion de l'arbitrage expressément édictée par l'article 2060 du Code civil. On devrait notamment admettre l'arbitrabilité d'une demande en nullité d'un contrat fondée sur l'incapacité de l'une des parties. En effet, l'état d'incapacité n'est alors pas véritablement en jeu : le litige porte sur le contrat, et l'objet de l'instance reste donc d'ordre patrimonial. L'incapacité, si elle était avérée, ne serait que le motif d'annulation du contrat. Si cette incapacité était établie préalablement à l'arbitrage, notamment parce que d'origine légale, l'arbitre n'aura qu'à en tirer les conséquences contractuelles. La situation est certes plus délicate lorsque l'arbitre doit lui-même décider s'il y a ou non incapacité. Dans ce cas néanmoins, que l'arbitre décide que la personne en cause est effectivement incapable et prononce la nullité du contrat ou, à l'inverse, rejette l'incapacité et valide le contrat, sa décision relative à la capacité ne devrait avoir aucune autorité de chose jugée au-delà de la question de la validité du contrat dont il est saisi. La situation serait plus délicate encore si la question incidente posée à l'arbitre était, par exemple, celle de la validité d'une union. En ce cas, l'arbitre aurait probablement l'obligation de surseoir à statuer et de renvoyer la question au juge étatique.

137 **Droit pénal.** Le droit pénal illustre volontiers l'inarbitrabilité « par nature » ou *per se*, évoquée par la jurisprudence rendue au regard de l'article 2060 du Code civil[246]. La

244. Cass. 2e civ., 25 janv. 1963, *JCP* 1964, II, 13472, à propos de la liquidation d'un régime matrimonial ; Cass. 2e civ., 7 nov. 1974, *Rev. arb.* 1975, p. 302, note É. Loquin, à propos d'un partage entre héritiers.

245. Ce qui rendait la clause non valable hier et la rendrait inopposable aujourd'hui.

246. V. *supra*, no 110 et 115.

matière n'est certes pas expressément visée par l'article 2060 mais peut être considérée comme implicitement couverte par la référence jurisprudentielle aux matières qui intéressent au plus près l'ordre public et, de ce fait, exclusives d'arbitrage. On estime en effet généralement que la matière pénale touche de trop près aux prérogatives souveraines de l'État pour que son contentieux soit susceptible d'arbitrage[247]. Le monopole étatique de la justice pénale se concilie, il est vrai, assez mal avec l'idée d'une soumission à un juge privé d'un litige de cet ordre. Aussi, il est certain que l'action publique résultant d'une infraction pénale n'est pas arbitrable. De même, il est acquis qu'un arbitre ne peut pas prononcer de sanctions pénales, ni assurer leur mise en œuvre.

Toutefois, il ne faut pas en conclure que la seule existence de sanctions pénales attachées au non-respect d'une disposition d'ordre public, qui sont au demeurant fréquentes en matière économique afin d'y renforcer la vigueur des dispositions impératives, rend inarbitrable l'entier litige mettant en cause l'application d'une telle disposition. Une infraction pénale peut ainsi être en cause dans le cadre d'un litige privé soumis à arbitrage. On peut notamment songer à un contrat impliquant le paiement de commissions dont il serait argué, devant le tribunal arbitral, qu'il aurait en réalité permis la réalisation d'une corruption ou d'un trafic d'influence. Le litige n'en sera pas moins arbitrable, le droit français admettant que l'arbitre puisse statuer sur les conséquences civiles d'une infraction, à condition de respecter, le cas échéant, la règle « le criminel tient le civil en l'état » et de surseoir à statuer dans l'attente de la décision à intervenir sur l'action publique. Dans l'arbitrage interne[248], la règle « le criminel tient le civil en l'état » s'impose à l'arbitre[249]. Toutefois, sa portée est fortement limitée de plusieurs manières. Tout d'abord, des restrictions à son domaine d'application ont été apportées par le législateur lui-même, à travers la loi n° 2007-291 du 5 mars 2007 tendant à renforcer l'équilibre de la procédure pénale[250]. Avant cette loi, le sursis à statuer obligatoire, institué par l'article 4 du Code de procédure pénale, qui ne concernait initialement que la juridiction civile saisie de l'action civile proprement dite, avait été étendu par la jurisprudence à toutes les actions de nature civile, dès lors que la décision sur l'action publique était susceptible d'influer sur la solution du procès civil. Désormais, la nouvelle formulation de l'article 4 indique clairement que seule l'action civile proprement dite (demande de dommages et intérêts résultant d'une infraction) est soumise au principe du sursis obligatoire, et que « la mise en mouvement de l'action publique n'impose pas la suspension du jugement des autres actions exercées devant la juridiction civile, de quelque nature qu'elles soient, même si la décision à intervenir au pénal est susceptible d'exercer, directement ou indirectement, une influence sur la solution du procès civil ». Aussi, un tribunal arbitral, en matière interne[251], sera ou non soumis à la règle du sursis, selon que l'action dont il est saisi tend à la réparation du

247. Sur les rapports entre le droit pénal et l'arbitrage, v. D. Chilstein, « Droit pénal et arbitrage », *Rev. arb.* 2009, p. 3. V. également les actes du colloque organisé par le Comité français de l'arbitrage sur « l'arbitrage à l'épreuve des procédures pénales », publiés in *Rev. arb.* 2019, p. 3 et s., et notamment : F.-X. Train, « Introduction », p. 3 ; D. Chilstein, « Les infractions ayant une incidence sur le fond du litige », p. 31 ; P. Mayer, « L'influence d'une procédure pénale sur le déroulement de l'instance arbitrale », p. 105 ; J.-B. Racine, « L'office du juge du contrôle de la sentence », p. 209 ; É. Loquin, « Propos conclusifs », p. 231.

248. Sur la solution exactement inverse, applicable en matière d'arbitrage international, v. *infra*, n° 658.

249. Paris, 23 févr. 1996, *Rev. arb.* 2000, p. 471 (1re esp.), note J.-B. Racine.

250. *JO*, 6 mars 2007 ; pour un bref commentaire, v. F.-X. Train, « Modification de l'article 4 du Code de procédure pénale », *Rev. arb.* 2007, p. 145.

251. Puisqu'en matière internationale, le sursis est de toute façon facultatif pour l'arbitre.

dommage causé par l'infraction ou est simplement connexe. Ensuite, il faut encore que l'action publique ait été mise en mouvement devant le juge pénal avant le début ou au cours du procès, que la demande de sursis ait été formulée devant le tribunal arbitral[252], et que l'instance pénale soit susceptible d'exercer une influence sur la solution du litige soumis à l'arbitrage. Enfin, la contrainte ainsi imposée au tribunal arbitral est quelque peu atténuée par le fait qu'il apprécie lui-même si la décision à intervenir sur l'action publique est susceptible d'influer sur le jugement du litige dont il est saisi[253].

138 **Droit fiscal.** La fiscalité, l'un des attributs de la souveraineté, relève du pouvoir exclusif de l'État[254]. Aussi, il est certain que les litiges entre l'État et les contribuables ne sont pas arbitrables : d'une part, parce qu'ils constituent, en application de la jurisprudence rendue à propos de l'article 2060 du Code civil[255], une matière qui touche au plus près l'ordre public et qui reste, pour cette raison, fermée à l'arbitrage ; d'autre part, parce que l'une des parties au litige, l'État, est normalement frappée d'une interdiction de compromettre, sauf exception[256]. Ces litiges feraient donc partie du « noyau dur de l'ordre public »[257], réservé aux juridictions étatiques.

Ceci étant, compte tenu de l'interprétation faite par la jurisprudence de l'article 2060 du Code civil, il faut probablement retenir aujourd'hui qu'il n'y a pas d'inarbitrabilité absolue de la matière fiscale, dès lors que l'arbitrage n'est pas exclu par le seul fait que des règles d'ordre public sont applicables au fond du litige soumis aux arbitres. En réalité, la clé de la solution réside davantage dans l'objet du litige en cause que dans la nature fiscale, et donc d'ordre public, des règles applicables à celui-ci : si un arbitre ne peut, à l'évidence, trancher un litige entre un contribuable et l'administration fiscale, dans la mesure où un tel litige touche de trop près aux intérêts publics et aux prérogatives de l'État, il devrait en revanche pouvoir connaître de l'incidence de règles fiscales sur la solution d'un litige de nature privée, entre personnes privées, dont il serait saisi. Il devrait, par exemple, pouvoir connaître d'un litige relatif à une clause contractuelle mettant à la charge de l'une des parties l'impôt généré par l'opération contractuelle[258]. Cependant, cette compétence arbitrale devrait à son tour trouver sa limite lorsque l'assiette, le quantum ou l'exigibilité d'un impôt seront contestés et que ces questions conditionneront la solution du litige soumis à l'arbitre. L'arbitre ne pouvant, à notre avis, se prononcer directement sur ces questions, il pourrait, s'il estime la « contestation fiscale » sérieuse et effectivement susceptible d'avoir une influence sur la solution du litige dont il est saisi, surseoir à statuer dans l'attente de la décision de l'autorité étatique à ce sujet. Selon la même logique, l'arbitre devrait pouvoir apprécier l'incidence sur le contrat ou le litige d'une violation, alléguée ou avérée, de règles fiscales, et

252. Paris, 23 févr. 1996, *Rev. arb.* 2000, p. 471, note J.-B. Racine.

253. V. récemment, Paris, 13 févr. 2003, *Rev. arb.* 2004, p. 311 (2e esp.), note J.-B. Racine.

254. Sur les contours exacts de l'arbitrabilité des litiges impliquant le droit fiscal, v. *Arbitrage et fiscalité*, numéro spécial, *Rev. arb.* 2001, p. 263, et spéc. P. Ancel, « Arbitrage et ordre public fiscal », p. 269 (principalement sur l'arbitrage interne), I. Fadlallah, « Arbitrage et litiges fiscaux », p. 299 (principalement sur l'arbitrage international) ; et aussi, J.-P. Le Gall, « Arbitrage et fiscalité », *Rev. arb.* 1994, p. 3.

255. V. *supra*, no 110 et 115.

256. V. *supra*, no 90 et s.

257. Pour rependre l'expression de P. Ancel, « Arbitrage et ordre public fiscal », *Rev. arb.* 2001, p. 269, spéc. p. 272.

258. En ce sens, Paris, 23 mai 2017, *Rev. arb.* 2017, p. 1069 ; *D.* 2017, p. 2562, obs. Th. Clay ; *Cah. arb.* 2018, p. 296, obs. R. Wheeler (arrêt rendu en matière d'arbitrage international).

notamment prononcer la nullité d'un contrat pour violation de l'ordre public fiscal. Bien entendu, il ne pourra connaître que des aspects contractuels et civils de l'application des règles fiscales, et non prononcer les sanctions proprement fiscales ou pénales liées à la violation du droit fiscal[259].

139 **Parties faibles.** L'arbitrage est traditionnellement vu avec méfiance à l'égard des catégories de contractants présumés en situation de faiblesse dans le rapport contractuel (consommateurs, salariés, locataires d'habitation notamment), compte tenu de la crainte qu'une telle procédure leur soit imposée par leur cocontractant en position de force[260]. C'est donc surtout la clause compromissoire, conclue avant naissance de tout litige et généralement au moment de la conclusion du contrat, qui est particulièrement suspectée. Dans l'ordre interne[261], ces contractants semblent bénéficier d'une protection particulière, notamment par le biais des articles 2059 et 2061 du Code civil. En premier lieu, en vertu de l'article 2059, les parties doivent avoir la libre disposition de leurs droits lors de la souscription d'une convention d'arbitrage. Or, souvent, ce ne sera pas le cas, s'agissant de la clause compromissoire, de personnes dont les droits sont protégés par une indisponibilité leur interdisant d'y renoncer tant que ces droits ne sont pas acquis[262]. Tout au plus, il pourra être admis qu'une fois le litige né, la partie faible n'a plus besoin d'être aussi rigoureusement protégée et peut donc valablement, soit conclure un compromis, soit confirmer la clause compromissoire nulle, pour ses droits devenus disponibles. L'article 2059 protège ainsi, le plus souvent temporairement, ces catégories de contractants contre l'arbitrage. En second lieu, certaines d'entre elles bénéficieront d'une protection supplémentaire contre la clause compromissoire par le biais de l'article 2061 du Code civil, celle-ci devant, en vertu de cet article, être conclue dans le cadre d'une activité professionnelle pour être pleinement efficace, ce qui exclut notamment les consommateurs ; à leur égard, la clause sera, compte tenu de la nouvelle rédaction de l'article 2061 issue de la loi du 18 novembre 2016 de modernisation de la justice du XXIe siècle, inopposable et ils ne pourront donc pas se la voir imposer. Quant aux salariés, la réserve des « dispositions législatives particulières », visée par l'article 2061 dans sa rédaction issue de la loi NRE du 15 mai 2001, permettait un renvoi à l'article L. 1411-4 du Code du travail qui excluait la validité de la clause compromissoire stipulée dans un contrat de travail, bien que cette clause soit conclue dans le cadre de leur activité professionnelle. Même si la loi du 18 novembre 2016 a effacé la réserve des dispositions législatives particulières à l'article 2061, l'article L. 1411-1 du Code du travail devrait continuer à prévaloir sur l'article 2061 du Code civil, en vertu du principe selon lequel le spécial déroge au général[263]. Cela dit, très souvent, les deux protections résultant des articles 2059 et 2061 du Code civil se recoupent, d'où l'interrogation de certains auteurs sur la nécessité d'un tel cumul de textes.

259. V. à ce sujet, à propos de l'ancien article 1840 CGI (v. aujourd'hui art. 1202 C. civ. issu de l'ordonnance n° 2016-131 du 10 févr. 2016 portant réforme du droit des contrats, du régime général et de la preuve des obligations), Paris, 20 mai 1994, *Rev. arb.* 1994, p. 397.

260. Sur le sujet, v. M. DE FONTMICHEL, *Le faible et l'arbitrage*, thèse Université Versailles Saint-Quentin-en-Yvelines, Economica, 2013, et la bibliographie de l'auteur. V. également, « Arbitrage et partie faible », actes du colloque du 9 mai 2016, *JDI* 2017, doctr. 1, p. 1.

261. Sur la situation en matière d'arbitrage international, v. *infra*, n° 660 et s.

262. Sur ce point, v. *supra*, n° 103 et s.

263. Sur ce point, v. aussi *supra*, n° 132.

140 **Le consommateur.** Le consommateur[264] est donc protégé contre la clause compromissoire à la fois, par les dispositions de l'article 2059 du Code civil, dès lors que l'on considère qu'il ne peut disposer par avance de ses droits, et par celles de l'article 2061 du même code, dès lors qu'il ne conclut pas le contrat incluant la clause compromissoire dans le cadre d'une activité professionnelle. Cette protection devrait durer jusqu'à la naissance du litige, le consommateur pouvant alors décider de conclure un compromis ou d'accepter la clause compromissoire en allant volontairement, et en connaissance de cause, à l'arbitrage. Cependant, sa protection pourrait même s'étendre au-delà, à en croire la Cour de justice de l'Union européenne. En effet, cette dernière autorise le consommateur, averti au début du litige qu'il ne peut être contraint d'aller à l'arbitrage et peut au contraire choisir la voie de la justice étatique, et qui accepte malgré tout d'aller à l'arbitrage, à néanmoins contester la validité de la clause compromissoire pour la première fois au stade du recours en annulation contre la sentence rendue[265]. Selon cette logique, le consommateur pourrait invoquer l'inopposabilité de la clause compromissoire résultant de l'article 2061 du Code civil au stade du recours en annulation contre la sentence arbitrale, alors même qu'il ne l'aurait pas invoquée devant le tribunal arbitral, ce qui serait une solution particulièrement excessive. Il faut enfin rappeler, à propos du consommateur, le trouble suscité par les dispositions des articles L. 212-1 et R. 212-2, 10°, du Code de la consommation en ce qui concerne le régime de la clause compromissoire[266].

En revanche, le compromis, non visé par l'article 2061 du Code civil et intervenant après naissance du litige, soit à un moment où la plupart des droits du consommateur sont devenus disponibles, devrait être possible au regard de l'article 2059 du même code. La Cour de cassation a au surplus jugé que le compromis d'arbitrage, signé dans le cadre d'un litige né d'un contrat d'assurance, n'était pas concerné par la législation sur les clauses abusives, dès lors que « [...] signé, hors toute clause compromissoire insérée à la police d'assurance, entre l'assureur et l'assuré après la naissance du litige, [il] ne constitue pas une clause figurant dans un contrat conclu entre un professionnel et un non-professionnel ou un consommateur, et n'est donc pas susceptible de présenter un caractère abusif au sens de l'article L. 132-1 (aujourd'hui L. 212-1) du Code de la consommation »[267].

141 **Le salarié.** La clause compromissoire paraît clairement exclue à l'égard du salarié[268], tant par le jeu de l'article 2059 du Code civil, que par celui combiné des articles 2061 du même code et L. 1411-4 du Code du travail. Tout d'abord, avant la

264. Sur le sujet, v. Ph. Delebecque, « Arbitrage et droit de la consommation », *Dr. et patr.* mai 2002, n° 104, p. 46.

265. CJCE, 26 oct. 2006, *Elisa Maria Mostaza Claro*, aff. C-168/05, *Rev. arb.* 2007, p. 109, note L. Idot ; *JCP* G 2007, I, 168, n° 1, obs. Ch. Seraglini ; *JDI* 2007, p. 581, note A. Mourre ; *D.* 2006, pan., p. 3027, obs. Th. Clay ; *ibid.*, p. 2562, obs. S. Bollée ; *RTD civ.* 2007, p. 113, obs. J. Mestre et B. Fages ; *ibid.*, p. 633, obs. Th. Théry. Sur ce point, v. *supra*, n° 127.

266. V. *supra*, n° 126 et 132.

267. Cass. 1re civ., 25 févr. 2010, *JCP* G 2010, I, 516, n° 11, obs. N. Sauphanor-Brouillaud ; *ibid.*, 546, n° 7, obs. Th. Clay ; *ibid.*, 644, n° 1, obs. Ch. Seraglini ; *JCP* G 2010, II, 659, note A. Pélissier ; *D.* 2010, p. 651, note X. Delpech, et pan. p. 2933, obs. Th. Clay ; *RTD civ.* 2010, p. 323, obs. B. Fages ; *RDC* 2010, p. 886, note N. Sauphanor-Brouillaud ; *LPA* 2010, n° 202, obs. M. de Fontmichel ; *Rev. arb.* 2011, p. 139, note J. El-Ahdab ; *RTD com.* 2012, p. 520, obs. É. Loquin.

268. Sur le sujet, v. J.-M. Olivier, « Arbitrage et droit du travail », *Dr. et patr.* mai 2002, n° 104, p. 52 ; E. Courtois-Champenois, « L'arbitrage des litiges en droit du travail : à la redécouverte d'une institution française en disgrâce (Étude comparative des droits français et américain) », *Rev. arb.* 2003, p. 349.

naissance du litige, en application de l'article 2059, le salarié ne peut valablement conclure une convention d'arbitrage tant que ses droits doivent être considérés comme indisponibles, soit tant que le contrat de travail n'est pas rompu, à tout le moins dès lors que le litige relève bien de l'article L. 1411-4 du Code du travail. L'article L. 1411-4 dispose en effet que « le conseil de prud'hommes est seul compétent, quel que soit le montant de la demande, pour connaître des différends mentionnés au présent chapitre » (soit les litiges individuels nés d'un contrat de travail), et ajoute que « toute convention dérogatoire est réputée non écrite ». Il confère ainsi une compétence exclusive au conseil de prud'hommes pour ces litiges et exclut, de ce fait, toute clause compromissoire[269]. Ensuite, l'article L. 1411-4 constituait également l'une des « dispositions particulières » visées à l'article 2061 du Code civil dans sa rédaction issue de la loi NRE du 15 mai 2001, et s'opposait encore, dans ce cadre, à la licéité de la clause compromissoire alors même que le contrat de travail pouvait être considéré comme étant conclu dans le cadre de l'activité professionnelle du salarié[270]. Malgré la disparition de la réserve des dispositions législatives particulières à l'article 2061 depuis la réforme opérée par la loi du 18 novembre 2016, l'article L. 1411-1 du Code du travail, texte spécial, doit être considéré comme toujours applicable et dérogeant à l'article 2061 du Code civil. Ainsi, la situation du salarié n'aurait guère été impactée par cette dernière réforme[271].

Pour que la protection joue, encore faut-il toutefois que le litige relève bien de l'article L. 1411-4 du Code du travail. À cet égard, la cour d'appel de Paris a décidé que l'action en violation d'une clause de non-concurrence, signée par l'une des parties le jour même où son futur employeur prenait l'engagement de conclure avec elle un contrat de travail, n'était pas un litige individuel à propos d'un contrat de travail, dont la connaissance est réservée par l'article L. 1411-4 aux juridictions prud'homales[272]. L'hypothèse était un peu particulière : la cour d'appel a estimé que la clause de non-concurrence relevait du protocole signé entre les parties, et relatif à la reprise de la société appartenant à la future salariée par le cessionnaire, et non du contrat de travail promis à la cédante[273].

Par ailleurs, il est généralement admis, malgré la généralité des termes de l'article L. 1411-4 du Code du travail, qu'après cessation de la relation de travail, lorsque le salarié n'est plus sous la dépendance de son employeur, il retrouve la libre disponibilité de ses droits. La loi du 18 janvier 1979 relative au conseil de prud'hommes

269. Paris, 10 déc. 1985, *Rev. arb.* 1987, p. 157, note M.-Cl. Rondeau-Rivier ; Paris, 3 juill. 1997, *Rev. arb.* 1997, p. 611, obs. L. Degos ; Paris, 10 janv. 2012, *Cah. arb.* 2012, p. 206.

270. Avant la réforme de l'article 2061 opérée par la loi du 15 mai 2001, la clause compromissoire était nulle en la matière, puisque le contrat de travail n'est pas un acte de commerce : Cass. soc., 9 juill. 1953, *Dr. Soc.* 1954, p. 32.

271. Sur ce point, v. aussi *supra*, n° 132. Sur l'incidence du nouvel article 2061 issu de la loi du 18 novembre 2016 sur la clause compromissoire dans les contrats de travail, v. M. Danis, « Les questions soulevées hors la loi Justice du XXIe siècle : la nouvelle convention d'arbitrage dans le contrat de travail », *Cah. arb.* 2017, p. 59.

272. Paris, 12 sept. 2002, *Rev. arb.* 2003, p. 173, note M.-E. Boursier.

273. Il a encore été considéré que ne relevait pas de l'article L. 1411-4 le litige relatif au versement fautif de primes exceptionnelles opposant une société et son ancien gérant, fût-il par ailleurs salarié de celle-ci, dans la mesure où il ne s'agit pas d'un contentieux salarial entre un employeur et un salarié, mais d'une action en responsabilité exercée en raison de fautes de gestion : Paris, 10 janv. 2017, *Rev. arb.* 2017, p. 331 et p. 1059 ; *D.* 2017, p. 2561, obs. Th. Clay ; *Cah. arb.* 2018, p. 302, obs. M. de Fontmichel.

admettait ainsi expressément le compromis, dès lors qu'il était conclu postérieurement à l'expiration du contrat de travail[274]. Certes, la loi n° 82-372 du 6 mai 1982[275] a modifié cette disposition en supprimant toute référence au compromis, ce qui a pu être interprété de diverses façons, et notamment comme conférant un caractère permanent à la compétence exclusive du conseil de prud'hommes, condamnant ainsi également le compromis. Cela n'a toutefois pas été l'interprétation dominante en doctrine, selon laquelle le compromis conclu après rupture du contrat devait toujours être admis, solution confortée par l'article 2059 puisque, à ce moment, les droits du salarié deviennent disponibles. La jurisprudence postérieure à 1982 s'est finalement prononcée en ce sens[276]. Selon la même logique, ayant retrouvé la libre disponibilité de ses droits, le salarié peut renoncer à invoquer la nullité de la clause compromissoire qu'il aurait antérieurement conclue[277].

142 **Protection de la partie faible et principe de Compétence-Compétence.** Les articles 2059 et 2061 du Code civil devraient même protéger le contractant réputé faible du jeu de l'effet négatif du principe de Compétence-Compétence résultant de l'article 1448 du Code de procédure civile[278]. Ce principe, tel qu'entendu en droit français, veut que la partie qui entend contester la validité d'une convention d'arbitrage et, plus généralement, la compétence du tribunal arbitral, porte en premier lieu cette contestation devant le tribunal arbitral lui-même, et ne puisse la porter d'abord devant une juridiction étatique, sauf nullité ou inapplicabilité manifeste de la convention d'arbitrage[279]. Or, il devrait être assez souvent relativement aisé de constater, à l'égard du consommateur ou du salarié, la nullité ou l'inapplicabilité manifeste de la clause compromissoire qui n'est pas conclue dans le cadre d'une activité professionnelle (consommateur), ou qui relève des dispositions législatives particulières invalidant cette clause (salarié), ou encore de celle portant sur des droits indisponibles, ce que sont généralement les droits du consommateur ou du salarié avant la naissance du litige.

Ceci étant, la protection offerte par ces dispositions contre le jeu de l'effet négatif du principe de Compétence-Compétence n'est pas totale. En premier lieu, des discussions seront parfois possibles sur la question de savoir si une personne, non commerçante mais ayant une activité libérale (médecin, architecte, etc.), a agi dans le cadre de son activité professionnelle ou en tant que consommateur. Il pourra alors être difficile de caractériser une « inopposabilité manifeste » de la clause d'arbitrage devant le juge étatique, et le renvoi à l'arbitrage ne sera, dès lors, pas à exclure. En second lieu et surtout, la limite à l'incompétence du juge étatique tirée de la nullité ou de l'inapplicabilité manifeste ne joue que si le tribunal arbitral n'est pas encore saisi. Au contraire, lorsque le tribunal arbitral est déjà saisi, le juge doit en principe et en toute hypothèse renvoyer les parties à l'arbitrage, le tribunal arbitral bénéficiant alors d'une priorité chronologique absolue pour se prononcer en premier sur la question de la validité ou de

274. Ancien art. L. 511-1 C. trav.

275. *JO* 7 mai 1982.

276. Cass. soc., 5 nov. 1984, *JCP* 1985, II, 20510, note N. S. ; *Rev. arb.* 1986, p. 47, note Moreau-Bourlès, qui constate que la cour d'appel avait relevé que le contrat de travail avait été rompu avant la signature du compromis ; Paris, 14 déc. 1990, *Rev. arb.* 1991, p. 365, obs. B. Moreau ; et *a contrario*, Paris, 4 juin 1992, *Rev. arb.* 1993, p. 449.

277. Paris, 10 janv. 2017, *Rev. arb.* 2017, p. 331 et p. 1059 ; *D.* 2017, p. 2561, obs. Th. Clay ; *Cah. arb.* 2018, p. 302, obs. M. de Fontmichel.

278. Depuis le décret du 13 janvier 2011 ; v. auparavant, pour une solution identique même si la formulation était quelque peu différente, ancien art. 1458 CPC.

279. Sur ce principe, v. *infra*, n° 173 et s.

l'opposabilité de la clause compromissoire. Dès lors, si le professionnel ou l'employeur prend l'initiative de l'action et parvient à saisir le tribunal arbitral[280], le consommateur ou le salarié ne pourrait plus saisir le juge étatique pour éviter d'avoir à contester la validité ou l'opposabilité de la clause compromissoire d'abord devant les arbitres eux-mêmes... sauf à créer une véritable exception au jeu de l'article 1448 du Code de procédure civile, au profit de ces catégories de contractants[281]. D'ailleurs, c'est la solution qu'a adoptée la chambre sociale de la Cour de cassation pour les salariés. Elle a déclaré qu'« il résulte de l'article L. 1411-4 du Code du travail que le principe Compétence-Compétence selon lequel il appartient à l'arbitre de statuer par priorité sur sa propre compétence n'est pas applicable en matière prud'homale »[282]. On pourrait souhaiter une solution analogue pour le consommateur. En tout cas, la situation des parties réputées faibles face à l'effet négatif du principe de Compétence-Compétence reste plus enviable en matière interne qu'en matière d'arbitrage international, surtout pour le consommateur, la jurisprudence ayant jugé l'article 2061 du Code civil inapplicable en matière internationale[283].

143 **Le contrat de bail.** Un autre contrat où l'une des parties peut se trouver en situation de faiblesse par rapport à son cocontractant est le contrat de bail[284]. Dans un souci de protection de l'une des parties, essentiellement le locataire, certains baux spécifiques, professionnels ou non (d'habitation, commercial, rural), sont plus ou moins largement régis au fond par des dispositions impératives, surtout relativement au montant du loyer et à la situation du locataire à l'expiration du bail. Toutefois, cela ne constitue pas en soi un obstacle de principe à l'arbitrage, puisque l'application de dispositions d'ordre public au fond du litige n'est aujourd'hui plus considérée comme une cause d'inarbitrabilité[285]. Néanmoins, ces dispositions, en ce qu'elles sont essentiellement protectrices de l'une des parties au contrat réputée en situation de faiblesse, vont pouvoir largement limiter les possibilités de recourir à l'arbitrage par voie de clause compromissoire, sans avoir nécessairement le même impact négatif à l'égard du compromis. Il faut ainsi distinguer entre un ordre public de fond, qui ne conduit pas nécessairement à l'inarbitrabilité, et un ordre public « juridictionnel », interdisant le recours à l'arbitrage pour certains droits de la partie protégée qui restent indisponibles tant qu'ils ne sont pas acquis[286].

S'agissant des baux professionnels au sens large (commercial, rural, pour les besoins d'une activité libérale), les réformes de l'article 2061 du Code civil opérées successivement par la loi du 15 mai 2001 puis par la loi du 18 novembre 2016 ont ouvert de nouvelles perspectives à la clause compromissoire, puisque celle-ci devrait dorénavant être en principe valable dans tous les contrats de bail « conclus dans le

280. Sur la notion de « saisine » du tribunal arbitral, et notamment sa temporalité, v. *infra*, n° 176 et n° 310 et s.

281. Pour plus de détails, on renverra à la partie relative à l'arbitrage international, où la question y est plus problématique encore pour la partie faible, et particulièrement pour le consommateur : v. *infra*, n° 660 et s.

282. Cass. soc., 30 nov. 2011, *M. E. Serant et a. c/ SA Deloitte*, n° 11-12905 et 11-12906, *JCP* G 2012, 843, n° 23, obs. Ch. Seraglini ; *D.* 2012, p. 2997, obs. Th. Clay ; *RTD com.* 2012, p. 351, obs. A. Constantin, et 528, obs. É. Loquin ; *Rev. arb.* 2012, p. 333 (1re décis.), note M. Boucaron-Nardetto.

283. Sur ce point, v. *infra*, n° 660 et s.

284. Sur le sujet, v. É. Loquin, « Arbitrage – Conventions d'arbitrage – Conditions de fond – Litige arbitrable », *J. Cl. Proc. civ.*, fasc. 1024, n° 93 et s. ; N. Reboul-Maupin, « Arbitrage et bail », *Dr. et patr.* mai 2002, n° 104, p. 69.

285. V. *supra*, n° 107 et s.

286. Sur cette idée, v. *supra*, n° 103 et s.

cadre d'une activité professionnelle », et non plus dans les seuls baux commerciaux. Paraissent ainsi concernés, non seulement les baux commerciaux, mais plus largement tous les baux civils professionnels, les baux ruraux, ou autres, autrement dit tous les baux conclus dans le cadre d'une activité artisanale, libérale ou agricole. Toutefois, avant la dernière réforme de l'article 2061 opérée par la loi du 18 novembre 2016, pour que la clause compromissoire fût valable, la conclusion du bail devait intervenir dans le cadre de l'activité professionnelle des deux parties, locataire et bailleur (telle une SCI professionnelle)[287]. Depuis cette réforme, la clause est simplement inopposable à la partie qui n'a pas contracté dans le cadre de son activité professionnelle. Par ailleurs, il faut encore, en vertu de l'article 2059 du Code civil, que le litige porte sur des droits disponibles. Cependant, s'agissant de baux conclus, par hypothèse, entre professionnels, il ne faudrait pas en déduire que cette dernière considération limite très largement la validité de la clause compromissoire, par exemple en matière de bail commercial, quand bien même ce contrat fait largement l'objet de dispositions impératives. Les droits nés de ce bail qui sont régis par des dispositions impératives ne sont pas tous « indisponibles » jusqu'à l'expiration du contrat. La position contraire, qui conduirait à attendre l'expiration du bail pour considérer les droits nés de celui-ci et régis par des dispositions d'ordre public comme disponibles, serait en effet excessive et occulterait l'évolution de la jurisprudence quant aux rapports entre arbitrabilité et implication de réglementations d'ordre public au fond du litige. Elle reviendrait à confondre de façon systématique le caractère d'ordre public des règles applicables au fond du litige et l'indisponibilité des droits. Or, l'indisponibilité d'un droit ne résulte pas du simple fait que des dispositions d'ordre public le régissent au fond. Ces baux étant conclus entre professionnels, on ne peut se reposer sur la seule qualité de locataire de l'une des parties, qu'il faudrait protéger de façon générale de la clause compromissoire sous prétexte qu'elle est en situation de faiblesse, pour prétendre que tous ses droits sont indisponibles tant qu'ils ne sont pas définitivement acquis. Ce serait en totale contradiction avec l'ouverture des baux professionnels à la clause compromissoire résultant de la rédaction de l'article 2061 du Code civil issue des lois du 15 mai 2001 et du 18 novembre 2016. Ne devraient être concernés par l'indisponibilité, et donc par l'impossibilité de conclure une clause compromissoire, que les droits protégés au fond par des dispositions d'ordre public dont on considère que l'importance est telle qu'elle justifie, sur le plan procédural, une mesure de protection supplémentaire, afin d'assurer leur effectivité, conduisant à l'interdiction de compromettre tant que le droit en cause n'est pas définitivement acquis, soit le plus souvent jusqu'à l'expiration du contrat. Il conviendrait donc de procéder à une analyse droit par droit (fixation du loyer, révision du loyer, droit au renouvellement du bail, droit de préemption, etc.), pour définir ceux qui justifient véritablement cette protection « procédurale » particulière de personnes qui, par hypothèse, ont conclu leur bail dans le cadre de leur activité professionnelle. Pour ces droits ainsi identifiés, seul le compromis, conclu après naissance du litige, une fois le droit en cause acquis et donc à un moment où il est devenu possible d'y renoncer, serait alors possible.

La situation semble plus simple pour les baux d'habitation. Le locataire est alors protégé par l'article 2061 du Code civil lui-même, puisque, par hypothèse, il ne conclut pas le contrat dans le cadre d'une activité professionnelle. La clause, nulle à son égard avant la loi du 18 novembre 2016, lui sera dorénavant inopposable. Une interrogation

287. En ce sens, Cass. 1re civ., 29 févr. 2012, *JCP* G 2012, 405, obs. J. Monéger ; *ibid.*, 843, n° 1, obs. J. Ortscheidt ; *Rev. arb.* 2012, p. 359, note M. de Fontmichel.

pourrait naître si, comme certains, on considérait que l'inopposabilité aujourd'hui posée par l'article 2061 n'a pas lieu de jouer lorsque les deux parties n'ont pas contracté dans le cadre d'une activité professionnelle ; en ce cas, la clause serait opposable tant au bailleur qu'au locataire non professionnels. Toutefois, pour des raisons qui ont déjà été exposées[288], il nous paraît préférable de considérer que, dans une telle situation, l'inopposabilité joue au bénéfice des deux parties et que la clause ne sera donc pleinement efficace que si les deux parties renoncent à se prévaloir de l'inopposabilité. Au surplus, l'article 2059 du Code civil devrait venir comme un complément dans la protection du locataire. Le parallèle avec le consommateur ou le salarié est alors justifié, car il est ici certain que le locataire d'habitation bénéficie, comme ces derniers, du fait de sa seule qualité, d'une protection législative particulière contre l'arbitrage. Le législateur estime en effet que la protection de ses droits justifie qu'ils demeurent indisponibles tant qu'ils ne sont pas acquis, ce qui interdit la clause compromissoire, et pourrait aussi éventuellement, à l'instar du salarié[289], limiter la validité du compromis jusqu'à la date d'expiration du contrat, même si le droit en question a été acquis avant cette date. Si le recours au compromis devrait être possible dès lors que les droits sont devenus disponibles et donc susceptibles de renonciation, il restera en effet à déterminer la date à laquelle ils le deviennent. On peut considérer qu'ils le sont à tout le moins une fois le contrat expiré, pour les litiges relatifs notamment à la situation du locataire à l'expiration du bail.

Bien entendu, dans tous les cas, l'arbitre devra respecter les dispositions d'ordre public au fond, très présentes en matière de baux, même s'agissant du bail commercial, notamment sur le montant du loyer, sa révision et la situation du locataire à l'expiration du bail, sous peine de voir sa sentence annulée dans le cadre d'un recours en annulation. C'est toute la logique des rapports entre arbitrage et ordre public consacrée par la jurisprudence[290].

144 **Propriété industrielle**[291]. En droit français de l'arbitrage interne[292], comme dans de nombreux droits étrangers, l'arbitrabilité des litiges de propriété industrielle fait encore

288. V. *supra*, n° 131.

289. V. *supra*, n° 143.

290. V. *supra*, n° 107 et s.

291. Sur la propriété littéraire et artistique, v. B. Oppetit, « L'arbitrabilité des litiges de droit d'auteur et droits voisins », in *Arbitrage et propriété intellectuelle*, Actes du colloque organisé par l'IRPI (Paris, 26 janv. 1994), Litec, 1994, p. 121 ; M. Josselin-Gall, « Arbitrage et propriétés intellectuelles », *Dr. et patr.* juin 2002, n° 105, p. 63, spéc. p. 70 et s. ; Ch. Caron, « Le contentieux arbitral du droit d'auteur », *Rev. arb.* 2014, p. 331. Depuis la loi n° 2011-525 du 17 mai 2011 de simplification et d'amélioration de la qualité du droit (*JO* 18 mai, p. 8537 ; *JCP* E 2011, 1663, obs. J.-M. Bruguière et E. Gillet), l'article L. 331-1 CPI dispose que « les actions civiles et les demandes relatives à la propriété littéraire et artistique, y compris lorsqu'elles portent également sur une question connexe de concurrence déloyale, sont exclusivement portées devant des tribunaux de grande instance, déterminés par voie réglementaire », tout en précisant que « les dispositions qui précèdent ne font pas obstacle au recours à l'arbitrage, dans les conditions prévues aux articles 2059 et 2060 du Code civil ». La question de l'arbitrabilité des droits de propriété littéraire et artistique est donc essentiellement régie par les articles 2059 et 2060 du Code civil, tels qu'interprétés par la jurisprudence. Aussi, c'est principalement la question de la libre disponibilité ou non du droit litigieux qui conditionnera la possibilité de recourir à l'arbitrage (cf. droit moral de l'auteur). Il conviendra également de tenir compte de l'article 2061 du Code civil et du critère de l'activité professionnelle pour juger de l'opposabilité d'une clause compromissoire en la matière.

292. Sur la situation dans le droit de l'arbitrage international et le droit comparé, v. *infra*, n° 663.

l'objet de restrictions[293]. Cependant, une fois encore, la matière n'est pas totalement fermée à l'arbitrage, et il convient donc de prendre la mesure de l'inarbitrabilité potentielle qui l'affecte.

Le débat quant à l'arbitrabilité du contentieux de la propriété industrielle est né des liens entre les monopoles conférés par l'État que constituent les droits de propriété industrielle et l'ordre public. Les lois n° 78-742 du 13 juillet 1978 pour les brevets, et n° 91-7 du 4 janvier 1991 pour les marques, ont été relativement favorables à l'arbitrage dans ces matières.

S'agissant des brevets, l'article 68 de la loi du 2 janvier 1968 disposait, avant l'intervention de la loi du 13 juillet 1978, que « l'ensemble du contentieux de la présente loi est attribué aux tribunaux de grande instance et aux cours d'appel auxquels ils sont rattachés, à l'exception des recours formés contre les décrets et les arrêts du ministre chargé de la propriété industrielle, qui relèvent de la juridiction administrative »[294]. La jurisprudence alors dominante, liant attribution légale de compétence et inarbitrabilité des litiges[295], avait interprété largement ces dispositions et exclu l'arbitrage pour tous les litiges ayant trait à un brevet, même ceux relatifs à un contrat d'exploitation du brevet[296]. À l'heure actuelle, l'article L. 615-17 du Code de la propriété intellectuelle donne toujours une compétence exclusive aux tribunaux de grande instance pour le contentieux né des brevets. Heureusement, sous l'impulsion des critiques doctrinales à l'encontre de la solution jurisprudentielle antérieure et des besoins de la pratique, la loi du 13 juillet 1978 a ajouté un nouvel alinéa à l'actuel article L. 615-17, précisant que « les dispositions qui précèdent ne font pas obstacle au recours à l'arbitrage, dans les conditions prévues aux articles 2059 et 2060 du Code civil »[297]. La loi du 4 janvier 1991 a posé, à l'article L. 716-4, la même réserve à la compétence exclusive donnée par l'article L. 716-3 aux tribunaux de grande instance pour le contentieux civil des marques. Par ailleurs, une loi n° 2011-525 du 17 mai 2011 de simplification et d'amélioration de la qualité du droit a entendu étendre, par souci d'harmonie, la possibilité du recours à l'arbitrage, qui n'était auparavant expressément prévue qu'en matière de marques et de brevets, aux autres droits de propriété intellectuelle[298]. Ainsi, l'article 196 de cette loi a modifié l'article L. 331-1, alinéa 1, du Code de la propriété intellectuelle, relatif à la propriété littéraire et artistique, qui dispose désormais : « Les actions civiles et les demandes relatives à la propriété littéraire et artistique, y compris lorsqu'elles portent également sur une question connexe de concurrence déloyale, sont exclusivement

293. Sur ce sujet, *Arbitrage et propriété intellectuelle*, préc., et plus spécialement sur le droit français, G. Bonnet et Ch. Jarrosson, « L'arbitrabilité des litiges de propriété industrielle en droit français », p. 61 ; v. aussi M. Josselin-Gall, « Arbitrage et propriétés intellectuelles », préc. ; et les actes du colloque sur « Arbitrage et propriété intellectuelle » organisé par le Comité français de l'arbitrage le 18 octobre 2013, publiés à la *Revue de l'arbitrage*, 2014, p. 267 et s., et plus spécialement sur le droit français, J.-B. Racine, « Arbitrage et contentieux de l'exploitation contractuelle des droits de propriété industrielle », p. 287 ; T. Azzi, « Arbitrabilité et validité du titre en droit français », p. 319.

294. Pour les marques, v. art. 12 et 24 de la loi du 31 décembre 1964.

295. Sur le caractère non nécessairement pertinent de ce raccourci, v. *supra*, n° 114.

296. Cass. com., 18 nov. 1975, *JCP* 1977, II, 18547, note M. Santa-Croce ; *Rev. arb.* 1976, p. 110, note J. Robert. La jurisprudence ne semblait toutefois pas être aussi restrictive s'agissant du contentieux des marques.

297. V. B. Oppetit, « L'arbitrage en matière de brevets d'invention après la loi du 13 juillet 1978 », *Rev. arb.* 1979, p. 83.

298. L. n° 2011-525, 17 mai 2011 de simplification et d'amélioration de la qualité du droit, *JO* 18 mai, p. 8537 ; *JCP* E 2011, 1663, obs. J.-M. Bruguière et E. Gillet.

portées devant des tribunaux de grande instance, déterminés par voie réglementaire ». La même formule est ensuite utilisée pour les dessins et modèles (art. L. 521-3-1), les marques (art. L. 716-3), les indications géographiques (art. L. 722-8), les brevets (art. L. 615-17) et les obtentions végétales (art. L. 623-31), alors, qu'auparavant, ces textes étaient rédigés de manière différente. Surtout, l'alinéa ou l'article qui suit chacun de ces textes indique que « les dispositions qui précèdent ne font pas obstacle au recours à l'arbitrage, dans les conditions prévues aux articles 2059 et 2060 du Code civil ». Il en résulte que la compétence exclusive attribuée en ces matières à certaines juridictions ne vient plus obscurcir le débat relatif à leur arbitrabilité. L'arbitrabilité des litiges de propriété intellectuelle est aujourd'hui largement reconnue, dans les limites des articles 2059 et 2060 du Code civil, et à moins qu'une disposition ne l'interdise expressément[299]. De son côté, l'article 2061 du Code civil, qui a d'abord posé, à l'issue de la réforme opérée par la loi du 15 mai 2001, un principe de validité de la clause compromissoire dans les contrats conclus « à raison d'une activité professionnelle », pour finalement énoncer, depuis la loi du 18 novembre 2016 de modernisation de la justice du XXIe siècle, une simple inopposabilité de la clause à la partie qui n'a pas contracté dans le cadre de son activité professionnelle[300], ne peut que favoriser le développement de l'arbitrage des droits de propriété industrielle, dans la mesure où les contrats relatifs à leur exploitation sont généralement conclus dans le cadre de l'activité professionnelle des deux parties.

Reste donc le débat général quant à l'impact des articles 2059 et 2060 du Code civil, et leur référence aux droits disponibles pour l'un et à l'ordre public pour l'autre, sur l'arbitrabilité des litiges de propriété industrielle. À cet égard, il ne peut plus y avoir, en toute hypothèse et du fait même de la rédaction des articles du Code de la propriété intellectuelle susvisés, de rejet général de l'arbitrage. Par ailleurs, l'article 2059 du Code civil n'est ici, en réalité, que peu concerné, car les droits en cause sont très largement disponibles[301]. C'est donc essentiellement l'article 2060 et sa référence à l'ordre public, telle qu'interprétée par la jurisprudence[302], qui constituent le cœur du débat. Sur ce point, on a longtemps distingué le contentieux de la validité du titre, jugé inarbitrable, et le contentieux relatif à son exploitation, considéré comme arbitrable.

L'arbitrabilité du contentieux de l'exploitation des droits de propriété industrielle est clairement admise, la cour d'appel de Paris ayant affirmé que « les litiges portant sur les contrats relatifs à l'exploitation des brevets, qu'il s'agisse d'interprétation ou d'exécution du contrat, sont arbitrables »[303]. Le contentieux de la titularité des droits est également considéré comme arbitrable, dans la mesure où il intéresse seulement

299. Ce qui est le cas de l'article L. 615-17, al. 3, CPI : compétence impérative du juge pour constater la cessation d'effet d'un brevet français en cas d'existence d'un brevet européen.

300. Sur la portée de ces réformes successives de l'article 2061 C. civ., v. *supra*, n° 117 et s.

301. On met bien entendu ici de côté la propriété littéraire et artistique et le droit moral de l'auteur sur son œuvre.

302. V. *supra*, n° 110 et s.

303. Paris, 24 mars 1994, *Deko*, *Rev. arb.* 1994, p. 515, note Ch. Jarrosson ; *D.* 1996, som., p. 21, obs. J. M. Mousseron et J. Schmidt-Szalewski. La solution, posée pour les brevets, doit probablement être étendue au cas des marques et, aujourd'hui, aux autres droits de propriété industrielle touchés par la réforme opérée par la loi n° 2011-525 du 17 mai 2011 de simplification et d'amélioration de la qualité du droit. V. aussi, pour les brevets, Paris, 15 juin 1981, *Rev. arb.* 1983, p. 89 (1re esp.), note A. Francon ; TGI Paris (Ord. réf.), 30 juin 1988, *Rev. arb.* 1994, p. 542, obs. Ph. Fouchard ; Paris, 3 févr. 1992, *RTD com.* 1993, p. 293, obs. J.-C. Dubarry et É. Loquin ; pour les marques, v. TGI Paris, 17 mars 1981, *Rev. arb.* 1983, p. 89 (2e esp.), note A. Francon.

des intérêts privés et non l'ordre public[304]. La solution est toutefois différente si le litige oppose le salarié à son employeur car le contentieux est alors né d'un contrat de travail et est donc soumis aux règles applicables à l'arbitrabilité des litiges nés d'un tel contrat[305]. Selon la doctrine, le contentieux civil de la contrefaçon est également arbitrable[306]. Cependant, la contrefaçon ayant été repénalisée dans les articles L. 615-12 et suivants du Code de la propriété intellectuelle, l'action pénale reste, quant à elle, inarbitrable[307].

Pendant longtemps, il a en revanche été considéré qu'un tribunal arbitral ne pouvait se prononcer sur la validité d'un brevet ou d'une marque ayant fait l'objet d'un dépôt, une telle question intéressant au plus près l'ordre public. La jurisprudence déclarait d'ailleurs que le litige est arbitrable « dès lors que la validité du brevet n'est pas en cause »[308]. Le principal argument avancé au soutien de cette solution était que l'intervention de l'autorité publique ayant délivré le titre et les droits des tiers sont alors en cause. D'une part, l'État disposerait d'un monopole dans l'attribution, et donc dans le retrait, du titre. De fait, tout le dispositif d'attribution et de protection de ces droits est fortement encadré par l'intervention de l'État[309] : le titre de propriété industrielle, délivré à certaines conditions et qui confère à son titulaire un véritable monopole opposable aux tiers, est délivré par un organisme public, l'Institut national de la propriété intellectuelle (INPI), dont les décisions de délivrance, de rejet ou de maintien du titre sont susceptibles de recours devant les cours d'appel désignées par voie réglementaire[310]. De plus, la nullité du titre ne peut être déclarée que par décision de justice[311], ce qui paraît viser les seules décisions étatiques. La décision d'annulation sera inscrite au registre national des brevets ou des marques. L'article L. 613-27 du Code de la propriété intellectuelle énonce ainsi que « les décisions passées en force de chose jugée sont notifiées au directeur de l'INPI, aux fins d'inscription au registre national des brevets », et une solution analogue résulte de l'article L. 714-3 pour les marques. Cette

304. Paris, 31 oct. 2001, *Propr. Ind.* 2002, n° 8, comm. 76, note J. Raynard : « Le litige qui concerne, non pas la validité du brevet, mais la paternité de l'invention, est arbitrable ». *Contra*, pour l'inarbitrabilité d'un litige portant sur la titularité des obtentions végétales, pour lesquelles il n'existait toutefois pas de dispositions légales autorisant expressément l'arbitrage, l'énigmatique Cass. 2e civ., 1er févr. 2001, *Rev. arb.* 2001, p. 232 ; *Propr. Ind.* 2002, n° 7, comm. 74, note J. Schmidt-Szalewski. Cependant, cette jurisprudence ne devrait pas perdurer compte tenu de la nouvelle rédaction de l'article L. 623-31 CPI, issue de la loi n° 2011-525 du 17 mai 2011 de simplification et d'amélioration de la qualité du droit.

305. Sur lesquelles, v. *supra*, n° 141.

306. Sur les discussions possibles à cet égard, v. É. Loquin, « Arbitrage – Conventions d'arbitrage – Conditions de fond – Litige arbitrable », *J. Cl. Proc. civ.*, fasc. 1024, n° 70. En tout cas, si l'action pénale est engagée, l'arbitre devra éventuellement tenir compte de la règle selon laquelle le criminel tient le civil en l'état, applicable, il est vrai de façon nuancée, dans l'arbitrage interne (sur ce point, v. *supra*, n° 137, et *infra*, n° 358).

307. É. Loquin, « Arbitrage – Conventions d'arbitrage – Conditions de fond – Litige arbitrable », préc., n° 70.

308. Paris, 3 févr. 1992, *RTD com.* 1993, p. 293, obs. É. Loquin ; Cass. 2e civ., 1er févr. 2001, *Rev. arb.* 2001, p. 232.

309. La doctrine estime également que le contentieux portant sur les licences forcées (licences obligatoires délivrées par le juge (art. L. 613-11 et s. CPI) pour défaut ou insuffisance d'exploitation d'un brevet ou pour cause de dépendance, licences d'office décidées par l'administration (art. L. 613-16 et s. CPI) dans l'intérêt de la santé publique, ou pour les besoins de l'économie nationale ou de la défense nationale), très fortement teintées d'ordre public et marquées par une forte intervention d'autorités étatiques, est, à quelques nuances près, largement inarbitrable.

310. Art. L. 411-4 et R. 411-19 CPI.

311. Art. L. 613-25 CPI pour les brevets et L. 714-3 CPI pour les marques.

implication de l'État paraît s'opposer à ce qu'un juge privé puisse statuer sur la validité ou la nullité de ce qui a été accordé par l'État. D'autre part, le caractère privé de l'arbitrage constituerait un autre obstacle à l'arbitrabilité. En effet, une décision d'annulation du titre devrait logiquement avoir un effet *erga omnes*, et donc des incidences sur les droits des tiers, puisque l'article L. 613-27 du Code de la propriété intellectuelle énonce que « la décision d'annulation d'un brevet d'invention a un effet absolu sous réserve de la tierce opposition »[312]. Aussi, comment un tribunal arbitral pourrait-il juger de la validité ou de la nullité du titre par une décision ayant un effet absolu et affectant de ce fait les droits des tiers ?

Dans ces conditions, il était traditionnellement admis que, lorsque le litige ne portait pas uniquement sur les droits et devoirs respectifs des parties à un contrat de licence, mais également sur la validité du titre, l'arbitre ne pouvait connaître de cette dernière question : soit le litige deviendrait inarbitrable dans son ensemble, solution probablement excessive, soit l'arbitre devrait surseoir à statuer dans l'attente de la décision d'un juge étatique sur la question de validité du titre. Cependant, même cette dernière solution peut ne pas apparaître totalement satisfaisante. En effet, dans un contentieux relatif à l'exploitation[313], la partie poursuivie pour inexécution du contrat, par exemple un licencié pour non-paiement des redevances, pourrait être tentée, peut-être de façon dilatoire, de soulever la nullité du titre pour échapper, au moins temporairement, à l'arbitrage. Elle gagnerait ainsi du temps, en obligeant le tribunal arbitral à surseoir à statuer dans l'attente d'une décision du juge étatique sur la validité du titre. C'est finalement la compétence généralement reconnue au tribunal arbitral dans le contentieux de l'exploitation du titre qui pourrait s'en trouver indirectement atteinte. Aussi, certains auteurs ont estimé que, dans le contentieux de l'exploitation, si la question de la validité du droit est soulevée à titre incident, comme moyen de défense à une demande en paiement ou en exécution du contrat, le tribunal arbitral pourrait, en vertu du principe de Compétence-Compétence l'autorisant à apprécier lui-même sa propre compétence, et donc l'arbitrabilité du litige, lorsqu'elle est contestée devant lui[314], se prononcer à titre incident sur cette question. Ainsi, avant de se déclarer, le cas échéant, incompétent, le tribunal arbitral devrait vérifier que, selon lui, le titre est nul ; s'il estime que tel est le cas, ne pouvant prononcer lui-même cette nullité, il devrait renvoyer la question au juge ; en revanche, s'il estime le titre valable, il pourrait retenir sa compétence et trancher le litige[315]. D'autres auteurs ont été plus loin, en soutenant que le tribunal arbitral pourrait constater lui-même la nullité du titre, constatation qui n'aurait toutefois d'effet qu'entre les parties, et trancher au fond le litige, sans avoir à se déclarer incompétent[316]. L'objectif poursuivi pour ces propositions est, à l'évidence, de neutraliser les éventuelles manœuvres dilatoires.

312. L'article L. 714-3 CPI retient une solution analogue pour les marques.

313. Ou dans le contentieux civil de la contrefaçon.

314. Sur ce principe de Compétence-Compétence, v. *infra*, n° 165 et s.

315. É. Loquin, note sous Paris, 3 févr. 1992, *RTD com.* 1993, p. 293, spéc. p. 294. De leur côté, MM. Bonnet et Jarrosson (« L'arbitrabilité des litiges de propriété industrielle en droit français », in *Arbitrage et propriété intellectuelle*, préc., spéc. p. 70) estiment, en se fondant sur l'idée que la délivrance du titre justifierait une présomption de validité de celui-ci, que l'arbitre doit poursuivre sa mission si la nullité invoquée ne lui apparaît pas absolument manifeste.

316. X.-A. de Mello, « L'expérience des arbitres (ou l'espérance des arbitres) », in *Arbitrage et propriété intellectuelle*, préc., p. 93 ; Ph. Fouchard, « Synthèse », in *Arbitrage et propriété intellectuelle*, préc., p. 139, spéc. n° 12, p. 142-143 ; M. Josselin-Gall, « Arbitrage et propriétés intellectuelles », préc., spéc. p. 66-67.

La cour d'appel de Paris semble en tout cas avoir franchi un pas important quant à l'arbitrabilité du contentieux de la validité du titre de propriété industrielle dans un arrêt du 28 février 2008[317], certes rendu en matière d'arbitrage international. Elle y a retenu une solution qui est très certainement également applicable en matière d'arbitrage interne, dès lors qu'elle concernait un brevet délivré par les autorités françaises et qu'on ne voit pas en quoi le caractère interne de la situation justifierait une solution différente et plus restrictive. De même, rendue en droit des brevets, la solution devrait logiquement également valoir pour les autres droits de propriété industrielle[318]. La cour a tout d'abord classiquement estimé qu'il « est constant que les litiges portant sur des contrats relatifs à l'exploitation des brevets, qu'il s'agisse d'interprétation ou d'exécution du contrat, sont arbitrables ». Elle a ensuite ajouté, moins classiquement : « Au surplus, la question de la validité du brevet débattue de manière incidente à l'occasion d'un litige de nature contractuelle peut être soumise à l'arbitre, l'invalidité éventuellement constatée n'ayant, pas plus que s'il s'agissait de la décision d'un juge, d'autorité de chose jugée car elle ne figure notamment pas au dispositif, et n'a d'effet qu'à l'égard des parties, de même d'ailleurs qu'une décision en faveur de la validité, les tiers pouvant toujours demander la nullité du brevet pour les mêmes causes ». La cour d'appel semble donc admettre, probablement afin de contrer l'argument d'invalidité du titre trop facilement opposé à une action liée au non-respect du contrat d'exploitation par un défendeur de mauvaise foi, une arbitrabilité de la validité des brevets, mais sous certaines conditions et avec des effets limités. En vertu de cet arrêt, l'arbitre devant lequel la nullité du titre est invoquée à titre incident, peut poursuivre sa mission sans avoir à surseoir à statuer, ce qui renforce sa compétence en matière de litiges relatifs à l'exploitation des titres de propriété industrielle, sans porter atteinte, en apparence au moins, à celle du juge. En effet, ce dernier pourra toujours être saisi par la suite de la question de la validité du titre, la décision de l'arbitre étant dépourvue, tant d'autorité de chose jugée, que d'effet *erga omnes*. Ce raisonnement semble avoir été ultérieurement avalisé, au moins implicitement, par la Cour de cassation[319].

Cette solution, si elle peut être vue comme une avancée répondant à certains besoins de la pratique, suscite néanmoins plusieurs interrogations. En premier lieu, s'agissant de ses conditions d'application, l'argument relatif à la nullité du titre ne peut, semble-t-il, être abordé que de façon incidente devant l'arbitre, par exemple dans le cadre d'une défense à une demande principale en exécution des obligations nées du contrat. L'arbitre ne pourrait donc être saisi directement et à titre principal d'une demande de nullité du titre. Curieusement, on retrouve ici une distinction, un temps retenue par la jurisprudence relative à l'article 2060 du Code civil et à la prohibition de l'arbitrage dans les matières intéressant l'ordre public, qui avait alors, à raison, été dénoncée par la doctrine[320]. Par ailleurs, selon la cour, la question incidente de la validité du titre « *peut* » être soumise à l'arbitre, ce qui pourrait signifier qu'une partie pourrait choisir de porter cette question plutôt devant un juge, sans pour autant violer son engagement

317. Paris, 28 févr. 2008, *Rev. arb.* 2009, p. 168, note T. Azzi ; *JCP* G 2008, I, 164, n° 6, obs. J. Béguin ; *RTD com.* 2008, p. 516, obs. É. Loquin ; *D.* 2008, pan., p. 3113, obs. Th. Clay.

318. En ce sens, T. Azzi, note préc., n° 9.

319. Dans un arrêt rendu en matière internationale : Cass. 1re civ., 12 juin 2013, *JCP* G 2013, doctr. 784, n° 3, obs. Ch. Seraglini ; *D.* 2013, p. 2936, obs. Th. Clay ; *Cah. arb.* 2014, p. 73, note I. Léger ; et aussi, T. Azzi, « Arbitrabilité et validité du titre en droit français », *Rev. arb.* 2014, p. 319.

320. V. *supra*, n° 109.

de soumettre les litiges nés du contrat à l'arbitrage[321]. Si l'on admettait une telle solution, les deux entités, arbitre saisi par l'une des parties d'une demande d'exécution du contrat et juge saisi par l'autre d'une demande de nullité du titre, demeurent-elles toutes deux compétentes pour trancher la question de validité, avec les risques de décisions contradictoires, ou l'une d'elles (le juge ?) a-t-elle alors priorité relativement à cette question dès qu'elle est saisie ? L'autre entité devrait-elle, en ce cas, surseoir à statuer ? Mais alors, comment concilier cette solution avec l'effet négatif du principe de Compétence-Compétence, tel qu'il résulte de l'article 1448 du Code de procédure civile[322], donnant en principe une compétence prioritaire, sur le plan chronologique, à l'arbitre pour trancher les contestations relatives à sa compétence[323] ? En second lieu, la proposition de la cour d'appel suscite également diverses interrogations quant aux effets de la décision rendue par l'arbitre. À en croire l'arrêt, cette décision semble à la fois privée d'autorité de chose jugée sur la question de la validité du titre – que l'arbitre se prononce dans le sens de la validité ou de la nullité du titre – et n'avoir d'effet qu'entre les parties. Sur le premier point, la solution repose sur le constat fait par la cour d'appel de Paris que l'opinion de l'arbitre relative à la validité du titre ne figure pas dans le dispositif, mais dans les seuls motifs, de la sentence. Toutefois, on peut déjà se demander si de tels motifs ne doivent pas être considérés comme décisoires, même si la jurisprudence, dans son dernier état, paraît finalement ne pas accorder la moindre autorité de chose jugée aux motifs, fussent-ils le soutien nécessaire du dispositif[324]. Par ailleurs, qu'en sera-t-il dans le cas où un arbitre « imprudent » fera figurer son appréciation quant à la validité du titre dans le dispositif de la sentence ? Surtout, c'est oublier que la jurisprudence se montre généralement moins formelle en matière d'arbitrage, puisqu'elle décide que l'arbitre n'a pas à énoncer sa décision sous forme de dispositif et que celle-ci peut très bien figurer dans les motifs[325]. Aussi, que décider lorsque l'arbitre ne distingue pas motifs et dispositif dans sa sentence ? Quoi qu'il en soit, si l'on suit la proposition de la cour d'appel, il conviendrait alors de déterminer quel est l'effet exact de la décision de l'arbitre. Pour certains[326], l'effet concernera uniquement le contrat liant les parties et l'objet du litige tranché par l'arbitre. Mais quel sera exactement cet effet si la décision sur la validité n'a pas, à lire la cour d'appel, d'autorité de chose jugée ? À défaut d'une telle autorité, le juge étatique devrait pouvoir être saisi ultérieurement par tout intéressé de la question de la validité du titre. Cela inclut-il les parties au litige, qui pourraient ainsi ressaisir le juge de la question de validité du titre ? Mais quel serait alors l'impact sur le contrat sur lequel l'arbitre s'est prononcé d'une décision du juge allant dans un sens contraire à la position adoptée par l'arbitre quant à la validité du titre ? À cet égard, le parallèle, évoqué par la cour d'appel de Paris, entre le défaut d'autorité de la chose jugée de la décision de l'arbitre et celui d'une décision du juge étatique, est partiellement inexact. Tout d'abord, la décision du juge qui annule un titre de propriété industrielle a bien, contrairement à la décision de l'arbitre, un effet absolu, *erga omnes*. Ensuite, une décision du juge refusant d'annuler un brevet n'a, en effet, qu'un effet relatif, ce qui autorise un tiers à agir ultérieurement en nullité du même titre. Mais elle a bien une autorité de chose jugée entre les parties, leur interdisant

321. En ce sens, T. Azzi, note préc., n° 9.
322. Depuis le décret du 13 janvier 2011 ; v. auparavant, art. 1458 CPC.
323. V. *infra*, n° 173 et s.
324. Cass. 1re civ., 20 févr. 2007, *Bull. civ.* I, n° 66 ; Cass. 3e civ., 10 juin 2009, *Bull. civ.* III, n° 139.
325. Cass. 2e civ., 25 mars 1999, *Bull. civ.* II, n° 57 ; *D.* 1999, IR, 113 ; et *infra*, n° 452.
326. T. Azzi, note préc., n° 10.

de formuler une nouvelle demande d'annulation. Or, à en croire la cour d'appel, la décision de l'arbitre n'a même pas cette autorité de chose jugée entre les parties quant à la validité du titre. Aussi, les parties ne seraient pas empêchées d'agir ultérieurement en nullité devant le juge[327]. On peut donc légitimement s'interroger sur l'impact d'une décision du juge quant à la validité du titre, en sens contraire de celle de l'arbitre, sur le contrat dont ce dernier avait eu à connaître.

La décision de l'arbitre tenant le titre de propriété industrielle pour valable et ordonnant l'exécution du contrat pourrait ne pas apparaître trop problématique. Toutefois, un juge étatique, saisi ultérieurement, éventuellement par l'une des parties, pourrait se prononcer en sens contraire, d'où une possible contrariété de décisions, peut-être rendues entre les mêmes parties ! En tout cas, la situation est certainement plus problématique encore si l'arbitre estime que le titre est nul. Sa décision n'aurait alors aucun effet *erga omnes*, mais seulement un effet *inter partes*. Le titre restera donc valable à l'égard des tiers tant qu'un juge étatique n'aura pas été saisi de la question. Mais sera-t-il définitivement nul entre les parties, ou l'une d'elles aura-t-elle la possibilité de saisir le juge étatique de cette question, avec l'impact que pourrait avoir une telle possibilité sur le contrat déjà examiné par l'arbitre ? Si le juge décide, sur saisine d'une partie mécontente de la sentence, que le titre est valable, on est confronté à une contrariété de décisions rendues entre les mêmes parties bien difficile à résoudre. À supposer même que le titre soit définitivement nul entre les parties, qui ne pourraient plus saisir le juge étatique de la question, il est alors curieux que le titulaire ne puisse plus se prévaloir de son droit contre son cocontractant, qui pourrait contrefaire en toute impunité, alors que les tiers seront, quant à eux, toujours soumis au risque d'une action en contrefaçon, puisque le titre demeure valable à leur égard !

La solution proposée par la cour d'appel de Paris est donc problématique[328]. Elle constitue un effort louable, mais l'œuvre demeure inachevée et, pour cette raison, insatisfaisante. Elle risque de conduire à des contrariétés de décisions difficilement guérissables[329]. Aussi, si l'évolution ultérieure de la jurisprudence devait toujours aller dans un sens favorable à la compétence à l'arbitre en la matière, ne conviendrait-il pas d'aller jusqu'au bout, et d'accorder à sa décision autorité de chose jugée et effet absolu ? Des précédents étrangers sont en ce sens[330]. Ou conviendrait-il de revenir à la seule compétence du juge pour connaître des questions relatives à la validité du titre, malgré les inconvénients de cette solution pour l'arbitrage ? En tout cas, compte tenu

327. À cet égard, on pourrait également s'interroger sur la cohérence de la solution avec l'obligation de concentration des demandes imposée par la jurisprudence dans l'arbitrage ; sur laquelle, v. *infra*, n° 473.

328. Au surplus, elle apparaît quelque peu en décalage avec celle résultant de l'article 24-4 du Règlement Bruxelles I bis du 12 décembre 2012 concernant la compétence judiciaire, la reconnaissance et l'exécution des décisions en matière civile et commerciale, qui prévoit qu'en matière de validité des titres de propriété industrielle donnant lieu à dépôt ou à enregistrement, les juridictions de l'État membre du lieu du dépôt ou de l'enregistrement ont compétence exclusive et ce, que « la question soit soulevée par voie d'action ou d'exception ».

329. Pour des exemples de telles situations, v. T. Azzi, note préc., n° 12.

330. Notamment en Belgique et en Suisse où la décision de l'arbitre constatant la nullité du brevet peut conduire à la radiation du titre sur le registre des brevets. Sur ce point, v. F. Perret, « L'arbitrabilité des contentieux en matière de brevets d'invention », in *Liber Amicorum Claude Reymond*, Litec, 2004, p. 229, spéc. n° 4, p. 232 ; et aussi, du même auteur, pour une étude du droit comparé sur cette question, « L'arbitrabilité des litiges de propriété industrielle en droit comparé : Suisse/Allemagne/Italie », in *Arbitrage et propriété intellectuelle*, préc., p. 73 ; et « Le contentieux de l'annulation du titre », *Rev. arb.* 2014, p. 303 ; v. aussi, *infra*, n° 663.

des incertitudes et imperfections qui entourent la solution proposée par la cour d'appel de Paris, il pourra toujours apparaître plus raisonnable à un tribunal arbitral, en l'état actuel du droit positif, de surseoir à statuer sur la validité du titre, au moins lorsque l'argument lui paraît sérieux.

145 **Droit de la concurrence.** La question de l'arbitrabilité du droit de la concurrence s'est surtout posée à propos du droit européen de la concurrence et dans le contexte de l'arbitrage international. Aussi, elle sera plus précisément abordée dans ce cadre[331]. Ceci étant, les solutions retenues dans l'arbitrage international sont certainement très largement transposables à l'arbitrage interne, sous réserve de quelques adaptations tenant compte des solutions propres à la matière en droit interne (réglementations applicables, compétence des autorités)[332]. En tout cas, même en matière d'arbitrage interne, on peut affirmer que l'arbitrabilité des litiges impliquant des règles relatives au droit de la concurrence est aujourd'hui très largement reconnue. L'évolution de la jurisprudence quant à la portée de l'article 2060 du Code civil et de sa référence aux « matières qui intéressent l'ordre public » s'est largement opérée au regard du droit de la concurrence. Aussi, un tribunal arbitral peut très certainement appliquer au litige des dispositions impératives du droit de la concurrence et connaître des conséquences civiles des pratiques anticoncurrentielles. Il peut ainsi, par exemple, prononcer la nullité du contrat ou accorder des dommages et intérêts à la victime de telles pratiques[333]. Bien entendu, selon la jurisprudence, il devra le faire dans le respect des règles de concurrence applicables[334]. Ainsi, rien ne paraît aujourd'hui s'opposer à ce qu'un arbitre prononce, par application de l'article L. 420-3 du Code de commerce, la nullité de conventions prohibées par les articles L. 420-1 et L. 420-2 du même code, voire même une exemption de cette nullité en application de l'article L. 420-4[335]. Toutefois, certaines limites à la compétence arbitrale demeurent. Il convient en fait de distinguer le « private enforcement » et le « public enforcement » du droit de la concurrence[336]. L'arbitre ne peut intervenir que dans le cadre du premier, normalement confié au juge, et non du second, confié aux autorités spécialisées. Aussi, il ne peut que tirer des conséquences civiles d'un comportement contraire au droit de la concurrence, et ne peut notamment pas prononcer des injonctions ou des amendes[337]. Plus généralement, il ne peut exercer les pouvoirs réservés par les textes aux autorités chargées de contrôler la libre concurrence, et particulièrement à l'autorité de la concurrence en France : là où le juge étatique n'est pas compétent, l'arbitre ne saurait l'être. Une bonne illustration de cette distinction entre « private enforcement » et « public enforcement » est donnée par l'article L. 442-6 du Code de commerce en matière de pratiques restrictives de concurrence : la jurisprudence a admis l'arbitrabilité de l'action visée par cette disposition et dirigée par une

331. V. *infra*, n° 664.

332. Sur les rapports entre droit de la concurrence et arbitrage, v. W. ABDELGAWAD, *Arbitrage et droit de la concurrence*, LGDJ, 2001.

333. V. la jurisprudence citée *supra*, n° 110.

334. Sur ce point, v. *supra*, n° 110 et s.

335. Et ce, malgré la règle de compétence exclusive figurant à l'art. L. 420-7 C. com., celle-ci n'intéressant que l'organisation des compétences entre les juridictions étatiques.

336. Pour reprendre l'expression de L. IDOT, « La place de l'arbitrage dans la résolution des litiges de droit de la concurrence », *D.* 2007, p. 2681, spéc. n° 2, p. 2682.

337. V. en matière d'arbitrage international, à propos du droit communautaire de la concurrence, mais la solution est certainement transposable à l'arbitrage interne : Paris, 19 mai 1993, *Labinal*, *RTD com.* 1993, p. 492, obs. É. LOQUIN ; *Rev. arb.* 1993, p. 645, note Ch. JARROSSON ; *JDI* 1993, p. 957, note L. IDOT.

partie à l'encontre de son co-contractant aux fins d'indemnisation du préjudice résultant de la rupture brutale de relations commerciales établies[338] ; en revanche, l'action autonome prévue par ce même texte au profit du ministère public et du ministre chargé de l'économie aux fins de protection du fonctionnement du marché et de la concurrence par la cessation des pratiques illicites et l'application d'amendes civiles n'est pas de la compétence de l'arbitre[339].

146 **Droit des sociétés.** Le droit des sociétés est un domaine aujourd'hui largement ouvert à l'arbitrage[340]. Il est d'ailleurs de pratique courante de stipuler une clause d'arbitrage dans les statuts de sociétés afin de couvrir les litiges trouvant leur cause dans l'existence du pacte social ou, plus généralement, toutes les contestations entre associés, entre ces derniers et la société, ou encore entre la société et ses dirigeants. De même, on en trouve fréquemment dans les pactes d'actionnaires ou les cessions de droits sociaux[341]. Il convient toutefois de distinguer la possibilité de conclure une clause compromissoire pour des litiges relatifs à une société, qui concerne le domaine de validité de cette clause, de la possibilité générale de recourir à l'arbitrage en droit des sociétés, soit l'arbitrabilité au sens strict du droit des sociétés.

En premier lieu, s'agissant de la possibilité de conclure une clause compromissoire, il faut bien évidemment tenir compte des implications des réformes successives de l'article 2061 du Code civil, opérées d'abord par la loi NRE du 15 mai 2001[342], puis par la loi de modernisation de la justice du XXIe siècle du 18 novembre 2016. On peut ici distinguer les sociétés commerciales des sociétés civiles, en envisageant dans chaque cas les clauses compromissoires stipulées dans des contrats conclus par la société avec des

338. Cass. 1re civ., 21 oct. 2015, *Rev. arb.* 2015, p. 1229 ; *JCP* G 2015, p. 1228, obs. L. Weiller ; *D.* 2015, p. 2537, note N. Dissaux ; *ibid.*, p. 2590, obs. Th. Clay ; *RTD com.* 2016, p. 693, obs. É. Loquin, rejetant le pourvoi contre Paris, 1er juill. 2014, *D.* 2014, p. 2544, obs. Th. Clay ; *Rev. arb.* 2015, p. 134, note R. Dupeyré, et qui énonce que la circonstance que l'article L. 442-6 du Code de commerce confie au ministre de l'Économie et au ministère public une action autonome aux fins de protection du marché et de la concurrence n'a pas pour effet d'exclure le recours à l'arbitrage pour trancher les litiges nés, entre les opérateurs économiques, de l'application de ce texte (arrêt rendu en matière d'arbitrage international). V. déjà, Cass. 1re civ., 8 juill. 2010, *Rev. arb.* 2010, p. 513, note R. Dupeyré ; *D.* 2010, p. 2884, note M. Audit et O. Cuperlier ; *ibid.*, p. 2933, obs. Th. Clay ; *RCDIP* 2010, p. 743, note D. Bureau et H. Muir Watt ; *JCP* G 2010, 1286, n° 3, obs. J. Béguin. (arrêt rendu en matière d'arbitrage international).

339. Cass. 1re civ., 6 juill. 2016, *Rev. arb.* 2016, p. 857, obs. M. Boucaron-Nardetto (arrêt rendu en matière d'arbitrage international).

340. Sur l'arbitrage et le droit des sociétés, v. D. Cohen, *Arbitrage et société*, LGDJ, 1993. Pour une étude de droit comparé, B. Hanotiau, « L'arbitrabilité des litiges en matière de droit des sociétés », in *Liber Amicorum Claude Reymond – Autour de l'arbitrage*, Litec, 2004, p. 97 ; O. Caprasse, *Les sociétés et l'arbitrage*, Bruylant, 2002. V. aussi, les contributions au colloque organisé par le Comité français de l'arbitrage le 16 novembre 2012 sur « Arbitrage et sociétés », publiées à la *Revue de l'arbitrage* 2013, p. 605 et s.

341. Sur la question des clauses compromissoires conclues dans les contrats de cession de droits sociaux, v. A. Couret, « Les cessions de droits sociaux », *Rev. arb.* 2013, p. 651.

342. V. *supra*, n° 121 et s. Sur l'impact de la réforme de l'article 2061 du Code civil opérée par la loi NRE du 15 mai 2001 quant à la validité des clauses compromissoires dans les litiges relatifs aux sociétés, v. A. Mourre, « L'impact de la réforme de la clause compromissoire sur les litiges relatifs aux sociétés », *Cah. arb.*, vol. II, *Gaz. Pal.* éd., 2004, p. 125 ; F. Fages et L. Jaeger, « Les nouveaux domaines de la clause compromissoire en droit des sociétés », *Bull. Joly Sociétés* 2001, p. 772 ; E. Scolastique, « Arbitrage et droit des sociétés », *Dr. et patr.*, n° 105, juin 2002, p. 52 ; et aussi L. Jaeger, note sous Cass. com., 2 juill. 2002, *Rev. arb.* 2002, p. 927.

tiers d'une part, et celles figurant dans les statuts de la société pour la résolution des litiges entre associés, ou entre la société et les associés, d'autre part.

Pour une société commerciale, la validité de principe des clauses compromissoires stipulées dans les contrats qu'elle conclut avec des tiers pouvait, depuis la loi NRE de 2001, résulter de l'article 2061 du Code civil lui-même, une société commerciale exerçant, par définition, une activité professionnelle. Le recours à l'article L. 721-3 du Code de commerce, qui a remplacé l'article 631 de l'ancien Code de commerce et qui pouvait être vu comme une « disposition législative particulière » au sens de l'article 2061 du Code civil dans sa rédaction issue de cette loi, en ce qu'il vise les contestations relatives aux engagements entre commerçants, apparaissait ici relativement inutile. Il devrait en être de même après la loi du 18 novembre 2016 de modernisation de la justice du XXIe siècle. En effet, l'article 2061 du Code civil semble dorénavant poser comme seule limite à l'opposabilité, et non plus à la validité, de la clause compromissoire le fait que la partie en cause n'a pas contracté dans le cadre de son activité professionnelle, ce qui ne devrait pas concerner une société commerciale. Pour le reste, la question devient celle, plus générale, de la licéité du recours à l'arbitrage en droit des sociétés, c'est-à-dire celle de l'arbitrabilité des litiges en la matière, qui sera examinée ci-après. Il convient simplement de préciser que l'activité devra également être professionnelle pour l'autre partie au contrat afin que la clause compromissoire soit également opposable à celle-ci. S'agissant ensuite des clauses compromissoires figurant dans les statuts d'une société commerciale, elles seront opposables aux associés dont la participation à la société entre dans le cadre de leur activité professionnelle, en application de l'article 2061 du Code civil, et encore à ceux ayant le statut de commerçants (associés eux-mêmes sociétés commerciales, associés de sociétés en nom collectif, ou associés commandités), en application de l'article L. 721-3, 1° du Code de commerce. Pour les autres associés, la validité (avant 2016) ou l'opposabilité (depuis la réforme de 2016) de la clause compromissoire peut encore résulter de l'article L. 721-3, 2° du Code de commerce[343]. Certains auteurs[344] estiment que la nouvelle rédaction de cet article, qui remplace l'ancien article 631, alinéa 2, du Code de commerce, devrait même améliorer le sort de la clause compromissoire relativement aux sociétés commerciales. L'article 631 de l'ancien Code de commerce ne validait en effet la clause compromissoire qu'à propos des « contestations entre associés *pour raison d'une société de commerce* »[345]. Cette expression avait parfois été interprétée restrictivement par la jurisprudence, qui retenait notamment que les contestations en question devaient concerner des associés et « mettre en cause l'existence, les termes et l'application du pacte social »[346], ou étaient celles « qui naissent à propos de la constitution, du fonctionnement, ou de la liquidation d'une société, et qui mettent en cause des intérêts sociaux »[347]. Cette interprétation excluait certains litiges, pourtant relatifs à une société commerciale, mais qui n'avaient pas lieu entre associés ou ne mettaient

343. Et ce, bien que l'article 2061 du Code civil, depuis la loi du 18 novembre 2016, ne réserve plus expressément les « dispositions législatives particulières », dans la mesure où de telles dispositions devraient continuer à s'appliquer en vertu de l'adage selon lequel le spécial déroge au général : sur ce point, v. *supra*, n° 132.

344. F. Fages et L. Jaeger, « Les nouveaux domaines de la clause compromissoire en droit des sociétés », préc.

345. C'est nous qui soulignons.

346. Amiens, 18 févr. 1959, *D.* 1959, p. 321, note J. Hémard ; *RTD com.* 1961, p. 108, obs. R. Rodière.

347. TGI Seine, 29 nov. 1960, *D.* 1961, p. 104 ; *RTD com.* 1961, p. 350, obs. M. Boitard.

pas en cause le pacte social. L'article L. 721-3, 2° du Code de commerce, qui vise désormais les contestations « *relatives* aux sociétés commerciales »[348], et s'abstient au surplus de toute référence aux « associés », autoriserait une interprétation plus souple, qui permettrait de valablement stipuler une clause compromissoire pour des litiges qui ne découlent pas directement des statuts de la société, comme ceux nés de pactes d'actionnaires, voire même ceux opposant la société aux dirigeants non associés ; la seule condition étant désormais que le litige soit « relatif » à la société, expression qui peut être largement entendue[349].

Les modifications rédactionnelles de l'article 2061 du Code civil, résultant de la loi NRE du 15 mai 2001 puis de la loi du 18 novembre 2016 de modernisation de la justice du XXIe siècle, ont également eu un impact sur les solutions relatives aux clauses compromissoires figurant dans les actes de cession de titres d'une société commerciale[350]. La clause compromissoire y est désormais valable, en application de l'article 2061 du Code civil, si la cession intervient dans le cadre d'une activité professionnelle pour les deux parties. En revanche, si l'une des parties au moins n'est pas commerçante (art. L. 721-3, 1° C. com.), ou ne conclut pas la cession dans le cadre d'une activité professionnelle (art. 2061 C. civ.), la clause lui serait inopposable selon l'article 2061 du Code civil dans sa version actuelle. Toutefois, l'article L. 721-3, 2° du Code de commerce, en tant que disposition spéciale qui devrait toujours prévaloir sur les dispositions plus générales de l'article 2061 malgré la disparition de la réserve des « dispositions législatives particulières » dans ce dernier depuis la loi du 18 novembre 2016[351], devrait finalement permettre l'opposabilité de la clause compromissoire à la partie n'ayant pas contracté dans le cadre de son activité professionnelle. Certes, la jurisprudence refusait auparavant d'appliquer de façon systématique l'article 631, alinéa 2, de l'ancien Code de commerce aux cessions de droits sociaux, en considérant que les contestations les concernant ne constituaient pas des « contestations entre associés pour raison d'une société de commerce », dans la mesure où elles n'intéressaient « ni l'existence, ni le fonctionnement de la société, ni les rapports des associés avec la société »[352]. Elle retenait toutefois que la cession qui emportait transfert de contrôle de la société objet de la cession était un acte commercial, si bien que la clause compromissoire figurant dans l'acte de cession était valable en application de l'article 631, alinéa 3, de l'ancien Code de commerce[353]. Cette solution, validant la clause compromissoire dans les cessions de contrôle, peu important la qualité des parties à l'acte, a été confirmée en application de l'article L. 721-3, alinéa 3, du Code de commerce qui valide les clauses compromissoires pour les contestations « relatives aux actes de commerce entre toutes personnes »[354]. Cependant, la clause compromissoire pourrait même désormais être valable et opposable à toutes les parties signataires dans toutes les cessions de droits

348. C'est nous qui soulignons.

349. Pour une discussion sur les différentes interprétations possibles et la portée éventuelle de ce changement rédactionnel, v. F. Fages et L. Jaeger, « Les nouveaux domaines de la clause compromissoire en droit des sociétés », préc.

350. V. aussi, sur la question des clauses compromissoires conclues dans les contrats de cession de droits sociaux, *supra*, n° 125, et A. Couret, « Les cessions de droits sociaux », *Rev. arb.* 2013, p. 651.

351. Sur ce point, v. *supra*, n° 132.

352. Paris, 17 oct. 1960, *D.* 1961, p. 199, note J. Hémard.

353. V. encore, en application du texte ancien, Cass. com., 2 juill. 2002, *Rev. arb.* 2002, p. 927, note L. Jaeger.

354. Cass. 1re civ., 22 oct. 2014, *JCP* G 2014, 1138, note B. Le Bars ; *D.* 2014, p. 2544, obs. Th. Clay ; *D.* 2015, p. 56, note B. Dondero ; *Rev. arb.* 2016, p. 853, obs. M. Boucaron-Nardetto.

sociaux, même celles n'emportant pas transfert du contrôle de la société, en application de l'article 721-3, 2° qui vise, non plus les « contestations entre associés pour raison d'une société de commerce » (art. 631 ancien C. com.), mais « les contestations relatives aux sociétés commerciales ». Cette dernière expression, entendue largement, pourrait englober toute contestation relative à une cession de droits sociaux, qui serait ainsi considérée comme « relative à la société »[355]. D'ailleurs, à propos de la compétence des tribunaux de commerce, la Cour de cassation a décidé qu'en application de l'article L. 721-3, 2° du Code de commerce, le litige né à l'occasion d'une cession de titres d'une société commerciale, relève désormais de la compétence du tribunal de commerce[356]. Logiquement, en application de l'article L. 721-3, alinéa 2, le même litige pourrait être soumis à l'arbitrage en vertu d'une clause compromissoire figurant dans l'acte de cession.

Pour les sociétés civiles, certaines ont clairement une activité professionnelle : sociétés civiles de moyens, sociétés civiles professionnelles. À leur égard, c'est l'article 2061 du Code civil, dans ses versions récentes successives, visant les contrats conclus dans le cadre d'une activité professionnelle, qui permettra de valider les clauses compromissoires dans les contrats qu'elles concluent avec les tiers pour la réalisation de leur objet social. Pour d'autres sociétés civiles, la question est plus délicate[357]. Il en est notamment ainsi de la société civile immobilière, forme sociale qui peut être utilisée tant par des particuliers que par des professionnels. Certains auteurs estiment que lorsqu'une telle société est constituée entre particuliers pour la simple gestion d'un immeuble, souvent familial, elle n'exerce pas une activité professionnelle ; dès lors, la clause compromissoire dans les contrats qu'elle conclut n'aurait pas été valable avant 2016[358], et lui serait logiquement inopposable aujourd'hui ; elle serait en revanche valable et opposable à la société dont l'objet est la gestion d'actifs immobiliers significatifs. D'autres auteurs, au contraire, considèrent que la notion d'activité professionnelle doit être plus largement entendue, et que toutes les sociétés civiles ont bien une telle activité dès lors qu'elles recherchent un profit ; aussi, tous les contrats qu'elles concluent pourraient valablement comporter une clause compromissoire[359], qui leur serait opposable. Quant aux clauses compromissoires figurant dans les statuts des sociétés civiles, elles ne devraient pas être opposables aux associés dont la participation à la société ne s'inscrit pas dans le cadre d'une activité professionnelle ; cela vise essentiellement le cas des associés de sociétés civiles immobilières non professionnelles.

---

355. En ce sens, A. Couret, « Les cessions de droits sociaux », *Rev. arb.* 2013, p. 651, n° 9 et s., p. 955 ; F. Fages et L. Jaeger, « Les nouveaux domaines de la clause compromissoire en droit des sociétés », préc. ; et aussi, L. Jaeger, note sous Cass. com., 2 juill. 2002, préc., spéc. p. 930. Pour une vision plus restrictive, v. E. Scolastique, « Arbitrage et droit des sociétés », préc., spéc. p. 55-57.

356. Cass. com., 10 juill. 2007, *Bull. civ.* IV, n° 193 ; *D.* 2008, p. 518, note Thévenet-Montfrond ; Cass. com., 12 févr. 2008, *Bull. civ.* IV, n° 39.

357. Pour une discussion sur la notion « d'activité professionnelle » s'agissant des sociétés civiles, v. F. Fages et L. Jaeger, « Les nouveaux domaines de la clause compromissoire en droit des sociétés », préc. ; E. Scolastique, « Arbitrage et droit des sociétés », préc., spéc. p. 58 et s.

358. E. Scolastique, « Arbitrage et droit des sociétés », préc., spéc. p. 59 ; F. Fages et L. Jaeger, « Les nouveaux domaines de la clause compromissoire en droit des sociétés », préc., spéc. p. 784.

359. Ph. Fouchard, « La laborieuse réforme de la clause compromissoire par la loi du 15 mai 2001 », *Rev. arb.* 2001, p. 397, spéc. n° 21, p. 410 ; A. Mourre, « L'impact de la réforme de la clause compromissoire sur les litiges relatifs aux sociétés », préc., spéc. n° 15, p. 128.

En second lieu, *ratione materiae*, et s'agissant donc de l'arbitrabilité *stricto sensu* des litiges relatifs au droit des sociétés[360], elle est très largement admise, même si cette matière est gouvernée par certaines dispositions d'ordre public, puisque la jurisprudence admet aujourd'hui que l'implication de règles d'ordre public au fond du litige ne fait pas obstacle à l'arbitrabilité[361]. Simplement, l'arbitre devra respecter ces règles. Ainsi, ont été jugées arbitrables : un litige relatif à l'exclusion d'un associé décidée par l'assemblée générale extraordinaire[362], celui relatif à la révocation d'un dirigeant social[363], ou encore l'exercice de l'action sociale *ut singuli* à l'encontre des dirigeants sociaux[364]. Certaines questions sont néanmoins longtemps demeurées sujettes à discussions. Il en a notamment été ainsi du pouvoir de l'arbitre de prononcer la nullité ou la dissolution d'une société. Par le passé, la jurisprudence avait plusieurs fois jugé que la question de la nullité d'une société était inarbitrable[365]. La solution était parfois justifiée en doctrine par la protection des tiers qui contractent avec la société. Cependant, l'argument prouve peu, puisque la nullité de la société n'est que très peu susceptible de porter atteinte aux intérêts des tiers ; notamment, ni la société, ni les associés ne peuvent se prévaloir de cette nullité à l'encontre des tiers de bonne foi[366]. Par ailleurs, la Cour de cassation a ultérieurement décidé que la question de la dissolution et de la liquidation d'une société était, quant à elle, arbitrable[367], point de vue par la suite confirmé[368] et encore récemment réaffirmé[369] par les juridictions du fond. Or, il ne paraît pas logique de distinguer entre nullité et dissolution, puisque les deux mécanismes ont des conséquences relativement proches. Aussi, il peut être estimé que la jurisprudence la plus récente est revenue sur les décisions antérieures, et que la nullité du pacte social peut effectivement être soumise à un arbitre. D'ailleurs, en 2002, la Cour de cassation a décidé que le juge, saisi par un associé d'une action en nullité d'une société au mépris de la clause compromissoire figurant dans les statuts de celle-ci, devait se déclarer incompétent et renvoyer les parties à l'arbitrage, dès lors « qu'il appartient à l'arbitre, hors les cas où la non-arbitrabilité relève de la matière, de mettre en œuvre les règles

360. Sur le sujet, v. notamment O. Caprasse, « Les décisions sociales », *Rev. arb.* 2013, p. 673.

361. V. *supra*, n° 110 et 111.

362. Paris, 6 janv. 1984, *Rev. arb.* 1985, p. 279 ; et aussi, implicitement, Paris, 7 avr. 2015, *Rev. arb.* 2015, p. 797 (3e esp.), note D. Cohen (arrêt rendu en matière d'arbitrage international).

363. Paris, 24 nov. 1981, *Rev. arb.* 1982, p. 224, note Ph. Fouchard. Pour une étude détaillée sur la question de l'arbitrabilité, v. D. Cohen, *Arbitrage et société*, préc., n° 260 et s.

364. Paris, 7 oct. 2014, *Rev. arb.* 2015, p. 528, note A. Couret ; *Cah. arb.* 2015, p. 83, note B. Dondero.

365. Cass. com., 17 juill. 1951, *JCP* 1952, II, 7150 (1re esp.), obs. D. B. ; et aussi, Cass. com., 18 juin 1958, *Bull. civ.* III, n° 254.

366. En ce sens, v. D. Cohen, *Arbitrage et société*, préc., n° 302, et, plus généralement, pour une critique de la solution, n° 294 et s.

367. Cass. com., 30 janv. 1967, *Rev. arb.* 1967, p. 92 ; *JCP* 1967, II, 15215, note P. L. ; *D.* 1968, p. 320. V. plus récemment, implicitement, Cass. 1re civ., 27 févr. 2013, *D.* 2013, p. 2937, obs. Th. Clay ; *Rev. arb.* 2015, p. 797 (1re esp.), note D. Cohen.

368. Paris, 22 mars 1991, *Rev. arb.* 1992, p. 652, note D. Cohen ; Colmar, 21 sept. 1993, *Rev. arb.* 1994, p. 348, note D. Cohen ; *RJ com.* 1994, p. 154, note Ch. Jarrosson.

369. Paris, 20 janv. 2015 et 7 avr. 2015, *Rev. arb.* 2015, p. 797 (2e et 3e esp.), note D. Cohen (arrêts rendus en matière internationale). Toutefois, la cour d'appel précise que le tribunal arbitral ne peut prononcer la dissolution d'une société sans que celle-ci ait été appelée à la procédure arbitrale, sous peine d'exposer sa sentence à une annulation ou un refus d'exequatur.

impératives de droit, sous le contrôle du juge de l'annulation »[370]. Cette motivation, qui affirme donc qu'il appartient à l'arbitre de mettre en œuvre les règles impératives relatives à la nullité d'une société, et non pas simplement d'apprécier l'arbitrabilité de l'action en nullité au regard de celles-ci, paraît induire que l'arbitre peut prononcer une telle nullité. Toutefois, faute de décision plus claire de la Cour de cassation sur la question de la nullité elle-même, un léger doute demeure.

147 **Procédures collectives.** La survenance d'une procédure collective à l'encontre d'une partie liée par une convention d'arbitrage implique certaines restrictions à l'arbitrabilité des litiges. Ces restrictions sont fondées sur des considérations d'ordre public[371]. Conformément à la conception « collective » qu'a le droit français du règlement d'une procédure collective, la satisfaction des objectifs poursuivis, soit la poursuite de l'activité de l'entreprise, la sauvegarde de l'emploi et l'apurement du passif, implique une centralisation du contentieux lié à la procédure collective entre les mains d'un seul juge, le tribunal de la procédure. Et il est exclu que ce juge soit une juridiction arbitrale. En effet, l'arbitrage, du fait de sa base conventionnelle, conduit plutôt à un règlement décentralisé et éparpillé. Toutefois, il serait hâtif d'en conclure que la procédure collective frappant une partie signataire d'une convention d'arbitrage ferme la porte à toute possibilité d'arbitrage. Ici encore, il faut prendre la mesure des restrictions imposées à une instance arbitrale par le droit des procédures collectives. Pour ce faire, il convient de distinguer, d'une part, la compétence de l'arbitre pour connaître de litiges touchant de près ou de loin à une procédure collective et, d'autre part, les règles procédurales à suivre au cours de l'instance arbitrale en cas de procédure collective ouverte à l'égard de l'une des parties.

Sur le premier point, il est évident qu'un tribunal arbitral ne peut prononcer la sauvegarde, la mise en redressement ou en liquidation judiciaire d'une personne. Plus généralement, sont inarbitrables les litiges qui ont pour objet la procédure collective, qui y sont si liés qu'ils n'auraient pu naître sans elle et qui sont, pour cette raison, réservés au tribunal de la procédure. Ces litiges sont visés à l'article R. 662-3 du Code de commerce, qui dispose : « Sans préjudice des pouvoirs attribués en premier ressort au juge-commissaire, le tribunal saisi d'une procédure de sauvegarde, de redressement judiciaire ou de liquidation judiciaire connaît de tout ce qui concerne la sauvegarde, le redressement et la liquidation judiciaires, l'action en responsabilité pour insuffisance d'actif, la faillite personnelle ou l'interdiction prévue à l'article L. 653-8, à l'exception des actions en responsabilité civile exercées à l'encontre de l'administrateur, du mandataire judiciaire, du commissaire à l'exécution du plan ou du liquidateur qui sont de la compétence du tribunal de grande instance ». Selon la jurisprudence, le tribunal de la procédure collective est ainsi seul compétent « pour connaître des contestations nées de la procédure collective ou sur lesquelles cette procédure exerce une influence juridique »[372]. Des considérations d'ordre public justifient effectivement l'inarbitrabilité

370. Cass. com., 9 avr. 2002, *Toulousy c/ Philam*, *Rev. arb.* 2003, p. 103 (2e esp.), note P. Didier ; *D.* 2003, p. 1117, note L. Degos ; *ibid.*, somm., p. 2470, obs. Th. Clay ; *JCP* G 2003, I, 2003, n° 2, obs. Ch. Seraglini ; *RTD com.* 2003, p. 62, obs. É. Loquin.

371. Sur les contours exacts des rapports entre faillite et arbitrage, v. P. Ancel, « Arbitrage et procédures collectives après la loi du 25 janvier 1985 », *Rev. arb.* 1987, p. 127 ; « Arbitrage et procédures collectives », *Rev. arb.* 1983, p. 255 ; Ph. Fouchard, « Arbitrage et faillite », *Rev. arb.* 1998, p. 471 ; Chron., *Rev. arb.* 2003, p. 207.

372. Cass. com., 8 juin 1993, *Bull. civ.* IV, n° 233 ; Cass. com., 19 mai 1987, *Bull. civ.* IV, n° 117 ; *Rev. arb.* 1988, p. 144, note P. Ancel.

de ce type de litiges. En effet, ils intéressent significativement les tiers, et particulièrement les créanciers du débiteur concerné par la procédure, ainsi que l'État : l'ouverture d'une procédure collective et, plus généralement, les diverses décisions liées à une procédure collective, auront des incidences sur les tiers, créanciers, salariés, et sur l'économie. De plus, pour assurer le règlement général de la procédure collective, impliquant une concentration des décisions, une compétence exclusive doit être donnée au tribunal de la procédure. Cette exclusivité concerne ainsi les décisions relatives à l'ouverture de la procédure, aux pouvoirs laissés au débiteur lui-même, à la nullité des actes conclus pendant la période suspecte, ou encore aux sanctions spécifiques pouvant être prononcées à l'encontre des dirigeants. Autrement dit, l'arbitre ne peut connaître des contestations qui n'auraient pas pu prendre naissance si le débiteur ne faisait pas l'objet d'une procédure de sauvegarde, de redressement ou de liquidation judiciaires[373]. En revanche, l'arbitrage n'est pas exclu pour tous les autres litiges contractuels « ordinaires », entre le débiteur faisant l'objet de la procédure collective et un tiers, et portant sur des faits antérieurs à l'ouverture de la procédure collective qui se seraient présentés de la même manière sans procédure collective. Ces litiges purement contractuels restent arbitrables, même s'ils peuvent avoir une influence sur le bien-fondé de la créance produite par l'un des créanciers du débiteur à la procédure collective[374].

Dans ces conditions, la procédure collective atteignant l'une des parties au litige ne restreint finalement que faiblement la compétence arbitrale. En effet, l'arbitrabilité est maintenue pour tous les litiges d'ordre contractuel non directement liés à l'ouverture d'une procédure collective, qui concernent des contrats conclus antérieurement à la procédure et qui seraient survenus de la même façon en dehors de celle-ci[375]. Cependant, pour ces litiges, le déroulement de l'instance arbitrale elle-même pourra se trouver perturbé par la survenance d'une procédure collective. Des restrictions procédurales sont en effet susceptibles d'intervenir, qui ne remettent pas fondamentalement en cause la compétence arbitrale pour trancher au fond le litige. Autrement dit, la procédure collective va affecter le déroulement de l'instance arbitrale, sans l'interdire. La jurisprudence a notamment progressivement clarifié la question de l'impact sur l'arbitrage du principe d'interruption ou d'interdiction des poursuites individuelles et de l'obligation de déclaration des créances, aujourd'hui régis par les articles L. 622-21 et L. 622-22 du Code de commerce, dans leur rédaction issue de l'ordonnance du 18 décembre 2008 et de son décret d'application du 12 février 2009. En application de ces dispositions et de la jurisprudence, le système semble à l'heure actuelle être le suivant.

373. V. par exemple, Cass. 1re civ., 1er juill. 2009, *Cah. arb.* 2010, p. 453, note J. Ortscheidt.

374. Cependant, si le juge-commissaire s'est prononcé sur l'admission d'une créance déclarée à l'issue de la procédure de déclaration de créances, par une ordonnance devenue définitive faute de recours, une partie n'est plus recevable à saisir un tribunal arbitral pour remettre en cause cette créance, l'autorité de chose jugée de l'ordonnance du juge-commissaire étant, selon la Cour de cassation, en ce cas d'ordre public : Cass. 1re civ., 11 sept. 2013, *JCP* E 2013, 1692, note D. Mouralis ; *D.* 2013, p. 2891, note crit. N. Borga et J. Daniel ; *Cah. arb.* 2014, p. 283, note L. d'Avout ; il en est probablement de même si le juge-commissaire s'est définitivement prononcé pour le rejet de la créance.

375. Ainsi, la clause compromissoire est opposable au liquidateur agissant en nullité du contrat la contenant : Cass. 1re civ., 29 janv. 2014, *Procédures* 2014, comm. 145, obs. L. Weiller ; de même, la clause compromissoire stipulée dans un contrat est opposable au liquidateur qui a fait le choix de poursuivre l'exécution de ce contrat en application de l'article L. 622-13 du Code de commerce : Cass. 1re civ., 1er avr. 2015, *Rev. arb.* 2015, p. 1171, obs. L. Weiller ; *Cah. arb.* 2015, p. 303, note S. Achille ; *D.* 2015, p. 2591, obs. Th. Clay.

Il est depuis longtemps admis que les clauses compromissoires conclues avant le jugement d'ouverture sont valables et opposables au débiteur, aux autres créanciers et aux organes de la procédure[376]. Dans la résolution du litige, le tribunal arbitral devra néanmoins respecter, sous peine de voir sa sentence sanctionnée par le juge, les principes et règles d'ordre public qui gouvernent la matière au fond, comme l'interruption des poursuites individuelles ou l'égalité des créanciers[377], l'extinction des créances non déclarées à la procédure[378], ou encore les règles régissant les recours en matière de procédure collective[379]. Dans ces limites, l'instance arbitrale déjà en cours au jour du jugement d'ouverture échappe largement à l'intervention du juge-commissaire[380]. Si le créancier a, au moment du prononcé du jugement d'ouverture, déjà saisi un tribunal arbitral d'une action en paiement de sa créance, ou en résolution ou résiliation du contrat pour défaut de paiement, la procédure arbitrale est interrompue en application de l'article L. 622-21 du Code de commerce. L'instance arbitrale pourra cependant reprendre immédiatement après déclaration de la créance, sans qu'il soit nécessaire d'attendre que le juge-commissaire ait procédé à la vérification des créances, à condition que les organes de la procédure interviennent à l'instance pendante ou, plus exactement, qu'ils y soient dûment appelés, leur abstention d'y participer ne conduisant pas à l'irrégularité de l'instance arbitrale[381]. Quant au juge-commissaire, son rôle à l'égard de la déclaration de créances sera alors relativement limité. En effet, s'il est en principe chargé de l'admission ou du rejet d'une créance déclarée, il devra constater qu'une instance est en cours à son sujet et donc renvoyer au tribunal arbitral le règlement du litige sur cette créance (art. L. 624-2 C. com.). Il semble même qu'il n'a alors plus compétence pour se prononcer sur la régularité de la déclaration de créance elle-même[382], et qu'il appartient au tribunal arbitral, qui est tenu de vérifier la régularité de la reprise

376. Pour les conventions d'arbitrage conclues postérieurement à l'ouverture d'une procédure collective, v. les règles sur la capacité, *supra*, n° 89.

377. Cass. 1re civ., 8 mars 1988, *Thinet*, *D.* 1989, p. 577, note J. Robert ; *Rev. arb.* 1989, p. 473, note P. Ancel, qui annule une sentence pour violation du principe d'interruption des poursuites ; les arbitres auraient dû constater l'interruption de l'instance arbitrale ; et Cass. 1re civ., 5 févr. 1991, *Almira*, *Rev. arb.* 1991, p. 625, note L. Idot, qui pose la même solution pour le principe du dessaisissement du débiteur et celui de l'interruption de l'instance en cas de faillite, et qui qualifie ces principes comme étant à la fois d'ordre public interne et international (arrêts rendus en matière d'arbitrage international mais dont la solution s'impose avec d'autant plus de vigueur en matière interne).

378. Paris, 11 févr. 2010 (2 arrêts), *Rev. arb.* 2010, p. 827, note D. Mouralis ; et dans la même affaire, Cass. 1re civ., 28 sept. 2011, n° 10-18320 et 10-18321, *Cah. arb.* 2011, p. 1140-1141.

379. Paris, 13 janv. 2011, *Rev. arb.* 2011, p. 714, note D. Mouralis, qui annule les dispositions d'une sentence par lesquelles les arbitres s'étaient reconnus compétents pour statuer sur une demande portant sur l'existence et le montant d'une créance dont l'admission à la procédure collective n'était plus susceptible d'être contestée par la débitrice qui avait laissé expirer le délai d'appel contre l'ordonnance d'admission des créances rendue par le juge-commissaire.

380. Sur la date à laquelle l'instance arbitrale peut être considérée comme étant en cours, v. *infra*, n° 315, 316, 317, et plus spécialement, pour les procédures collectives, *infra*, n° 316. V. également, sur l'impact d'une procédure collective sur l'instance arbitrale, *infra*, n° 319 et 361.

381. Cass. 1re civ., 6 mai 2009, *D.* 2009, p. 2959, obs. Th. Clay ; *RTD com.* 2009, p. 546, obs. É. Loquin ; *JCP* G 2009, I, 462, n° 7, obs. J. Béguin ; *ibid.*, II, 534, note G. Bolard ; *Rev. arb.* 2010, p. 299, note D. Cohen (arrêt rendu en matière d'arbitrage international).

382. *Contra*, P. Ancel, note sous Cass. com., 14 janv. et 2 juin 2004, *Rev. arb.* 2004, p. 591, spéc. n° 17, p. 607 *in limine*.

d'instance, d'apprécier à cette fin la régularité de cette déclaration[383]. Une fois l'instance arbitrale reprise, le pouvoir du tribunal arbitral est limité néanmoins à la fixation de la créance due par le débiteur en faillite, en application de l'article L. 622-22 du Code de commerce. Le tribunal arbitral ne peut donc condamner le débiteur à payer le créancier, sous peine d'annulation de sa sentence[384]. Cette fixation permettra l'admission de la créance qui devra avoir été préalablement valablement déclarée.

Deux arrêts de 2004 ont clarifié la situation lorsque l'instance arbitrale n'était pas en cours au moment de l'ouverture d'une procédure collective[385]. Ils posent une solution en deux temps. Le premier retient que « le principe d'ordre public de l'arrêt des poursuites individuelles interdit, après l'ouverture de la procédure collective, la saisine du tribunal arbitral par un créancier dont la créance a son origine antérieurement au jugement d'ouverture, sans qu'il se soit soumis au préalable à la procédure de vérification des créances ». Le principe d'interdiction des poursuites s'applique donc. Après l'ouverture de la procédure collective, toute saisine directe du tribunal arbitral est interdite. Le créancier devra déclarer sa créance et se soumettre à la procédure de vérification des créances avant de pouvoir engager un arbitrage. Le juge-commissaire procédera alors à la vérification selon les modalités fixées à l'article L. 624-2 du Code de commerce. Toutefois, l'existence d'une clause compromissoire et le principe de Compétence-Compétence[386] rendent, dans le cadre de cette procédure de vérification, le juge-commissaire incompétent pour statuer sur la créance qui serait contestée, dès lors que l'une des parties invoque devant lui la clause d'arbitrage. En effet, selon le second arrêt, « lorsque l'instance arbitrale n'est pas en cours au jour du jugement d'ouverture, le juge-commissaire, saisi d'une contestation et devant lequel est invoquée une clause compromissoire, doit après avoir le cas échéant vérifié la régularité de la déclaration de créance, se déclarer incompétent à moins que la convention d'arbitrage ne soit manifestement nulle ou inapplicable ». Le créancier (ou le débiteur) peut donc se prévaloir de la convention d'arbitrage et le juge devra alors, en application combinée des articles L. 624-2 du Code de commerce et 1448 du Code de procédure civile[387], constater que la contestation ne relève pas de sa compétence, sauf en cas de clause d'arbitrage manifestement nulle ou inapplicable. Il appartiendra au tribunal arbitral de trancher la contestation relative à la créance régulièrement déclarée. Seule la régularité de la déclaration, en termes de délais et de forme, devrait logiquement continuer à être contrôlée par le juge-commissaire. Autrement dit, le juge-commissaire pourra, dans cette hypothèse, vérifier la déclaration et non la créance elle-même. Il reste que le créancier, qui avait fait sa demande d'arbitrage avant l'ouverture de la procédure mais n'est pas parvenu à parfaire la constitution du tribunal arbitral au moment de l'ouverture de la procédure, si bien qu'en ce cas, l'instance arbitrale ne semble pas être encore en cours, devrait attendre la décision d'incompétence du juge-commissaire, pour pouvoir ensuite

383. V. notamment, Cass. com., 25 févr. 2004, n° 02-17246, qui constate que si une instance est en cours, « il appartient à la juridiction saisie de vérifier la régularité de la reprise d'instance et, à cette fin, d'apprécier la régularité de la déclaration de créance ».

384. Cass. 1re civ., 6 mai 2009, préc. ; et aussi, Cass. 1re civ., 8 mars 1988, *Thinet*, *D.* 1989, p. 577, note J. Robert ; *Rev. arb.* 1989, p. 473, note P. Ancel (rendu en matière internationale).

385. Cass. com., 2 juin 2004 (2 arrêts), *Rev. arb.* 2004, p. 591 (2e et 3e esp.), note P. Ancel ; *RTD com.* 2004, p. 439, obs. É. Loquin ; *ibid.*, p. 808, obs. A. Martin-Serf ; *JCP* G 2004, I, 179, n° 1, obs. J. Béguin ; *D.* 2004, som., p. 3184, obs. Th. Clay ; *JDI* 2005, p. 101, note A. Mourre.

386. Sur ce principe, v. *infra*, n° 165 et s.

387. Art. 1458 CPC avant le décret du 13 janvier 2011.

agir en arbitrage et même parfaire la constitution du tribunal arbitral[388]. Cette contrainte peut être une source de délais considérables[389]. Mieux vaudrait permettre à l'instance arbitrale de se développer juste après la déclaration de créance, quitte pour le tribunal arbitral à surseoir à statuer si cette déclaration était ensuite contestée quant à sa forme devant le juge-commissaire. En tout cas, une question essentielle est celle de la détermination de la date à laquelle une instance arbitrale peut être considérée comme étant « en cours » au sens du droit des procédures collectives[390].

SECTION 3 LES CONDITIONS DE VALIDITÉ EN LA FORME DE LA CONVENTION D'ARBITRAGE

148 **Division.** Clause compromissoire comme compromis sont soumis à une exigence d'écrit (§ 1), ainsi qu'à une exigence de détermination des modalités de désignation des arbitres (§ 2) ; ces deux exigences sont toutefois assorties de sanctions différentes. Par ailleurs, le seul compromis est soumis à une exigence de forme supplémentaire, relative à la détermination de l'objet du litige (§ 3).

§ 1. L'EXIGENCE D'ÉCRIT

149 **Distinction antérieure de la clause compromissoire et du compromis.** Avant la réforme opérée par le décret n° 2011-48 du 13 janvier 2011, les exigences de forme variaient quelque peu s'agissant respectivement de la clause compromissoire et du compromis.

150 **L'exigence d'écrit pour la clause compromissoire avant le décret du 13 janvier 2011.** L'ancien article 1443 du Code de procédure civile disposait que la clause compromissoire devait être stipulée par écrit et ce, à peine de nullité. Cette exigence, dont la méconnaissance était sanctionnée par la nullité, distinguait clairement le régime de la clause compromissoire en matière d'arbitrage interne et en matière d'arbitrage international. En effet, la clause compromissoire internationale a été considérée par la jurisprudence, dès avant la réforme de 2011, comme une convention consensuelle, soumise à aucune exigence de forme[391].

151 **L'exigence d'écrit pour le compromis avant le décret du 13 janvier 2011.** Les dispositions relatives au compromis étaient beaucoup moins claires quant aux exigences de forme. En effet, l'ancien article 1449 du Code de procédure civile indiquait que

388. En ce sens, Cass. com., 2 juin 2004, *Rev. arb.* 2004, p. 591 (2e esp.), note P. Ancel ; *RTD com.* 2004, p. 439, obs. É. Loquin ; *ibid.*, p. 808, obs. A. Martin-Serf ; *JCP* 2004, I, 179, n° 1, obs. J. Béguin ; *D.* 2004, som., p. 3184, obs. Th. Clay ; *JDI* 2005, p. 101, note A. Mourre.

389. Pour une critique de cette solution, v. A. Mourre, note préc.

390. Pour une discussion sur ce point, v. *infra*, n° 316.

391. V. *infra*, n° 666 et s.

« le compromis est constaté par écrit », et précisait qu'« il peut l'être dans un procès-verbal signé par l'arbitre et les parties ». Cependant, aucune sanction n'était prévue par le texte, et la jurisprudence avait décidé que le défaut d'écrit n'était pas sanctionné par la nullité du compromis[392]. Par ailleurs, et assez logiquement, elle avait ajouté qu'aucune forme particulière n'était imposée pour cet écrit[393]. Le compromis avait donc finalement un caractère consensuel. Une difficulté pouvait néanmoins survenir de l'ancien article 1448, alinéa 1er, du Code de procédure civile qui exigeait, à peine de nullité cette fois, que l'objet du litige soit déterminé dans le compromis. Dès lors, comment établir que cette condition avait été satisfaite à défaut de compromis écrit ? La jurisprudence avait répondu à cette interrogation en retenant que la preuve par écrit de la détermination de l'objet du litige pouvait résulter des correspondances échangées entre les parties et l'arbitre[394].

Par ailleurs, l'ancien article 1477, alinéa 2, du Code de procédure civile énonçait que, dans le cadre d'une demande d'exequatur, nécessaire en vue de l'exécution forcée de la sentence[395], un exemplaire de la convention d'arbitrage devait être produit. Dans ces conditions, il demeurait prudent de rédiger un écrit. Deux formes de compromis pouvaient alors se rencontrer, comme l'indiquait l'ancien article 1449 du Code de procédure civile. Le compromis pouvait bien entendu prendre la forme d'un acte signé par les seules parties. Il pouvait également prendre la forme d'un procès-verbal signé par les parties et les arbitres[396] ; dans ce cas, il exposait le litige, la volonté d'en soumettre la résolution aux arbitres, la désignation de ces derniers, ainsi que leur acceptation de cette mission et, éventuellement, les conditions d'organisation de l'arbitrage à venir.

152 **L'exigence d'écrit de la convention d'arbitrage depuis le décret du 13 janvier 2011.** Le décret du 13 janvier 2011, en unifiant les régimes de la clause compromissoire et du compromis[397], a largement clarifié les choses sur la question de la forme de la convention d'arbitrage. Désormais, l'article 1443 du Code de procédure civile dispose de façon générale que toute convention d'arbitrage, clause compromissoire comme compromis, doit, à peine de nullité, être écrite. L'exigence d'écrit pour la clause compromissoire est donc maintenue, contrairement aux souhaits de certains[398] et à la solution retenue, d'abord par la jurisprudence, puis par le décret du 13 janvier 2011 lui-même, à propos de la convention d'arbitrage internationale[399]. Ainsi, malgré la faveur à l'égard de l'arbitrage qui caractérise la réforme de 2011, le législateur semble toujours considérer la clause compromissoire comme un acte grave en matière interne, impliquant une exigence d'écrit[400]. Par ailleurs, le régime du compromis se trouve quant à

392. Paris, 13 janv. 1984, *D.* 1984, IR, 174 ; *Rev. arb.* 1984, p. 530, obs. Bernard.

393. Paris, 13 janv. 1984, préc.

394. Paris, 13 janv. 1984, préc.

395. Sur la procédure d'exequatur, v. *infra*, n° 481 et s.

396. Sur la nécessité d'un procès-verbal signé par les parties et les arbitres pour valoir compromis, v. Cass. 2e civ., 17 nov. 1993, *Rev. arb.* 1995, p. 78, note Ph. Fouchard ; cet arrêt conduit curieusement à faire de ce compromis, constaté dans un procès-verbal, un acte solennel.

397. V. *supra*, n° 70 et s.

398. Et notamment du Comité français de l'arbitrage ; sur ce point, v. E. Gaillard, P. de Lapasse, « Commentaire analytique du décret du 13 janvier 2011 portant réforme du droit français de l'arbitrage », *Cah. arb.* 2011, p. 263, spéc. n° 16 ; É. Loquin, « La réforme du droit français interne et international de l'arbitrage », *RTD com.* 2011, p. 255, spéc. n° 15 et s.

399. V. *infra*, n° 666 et s.

400. Toutefois, selon la Cour de cassation, l'absence d'écrit quant à la clause compromissoire ne résulte pas d'une simple absence d'écrit du contrat principal, dès lors qu'en vertu de l'article 1447 CPC, la

lui durci, puisque l'exigence d'écrit est désormais posée à peine de nullité, ce que l'on pourra regretter, le compromis n'emportant pas, contrairement à la clause compromissoire, renonciation par avance à la justice étatique.

153 **L'exigence d'écrit et clause d'arbitrage par référence.** Toutefois, même dans l'arbitrage interne, les textes et la jurisprudence avaient, dès avant la réforme opérée par le décret de 2011, quelque peu assoupli l'exigence d'écrit, particulièrement s'agissant de la clause compromissoire. L'ancien article 1443 du Code de procédure civile disposait en effet que la clause compromissoire devait être stipulée par écrit soit « dans la convention principale », c'est-à-dire le contrat auquel elle se rapporte, soit « dans un document auquel celle-ci se réfère », validant ainsi la clause dite « par référence »[401]. Cette dernière désigne la clause stipulée dans un document non nécessairement signé par les parties, et émanant parfois de l'une d'elles, auquel le contrat principal fait toutefois référence : conditions générales de vente ou d'achat de l'une des parties, contrat-type publié par une association professionnelle auquel le contrat principal renvoie, contrat antérieur conclu entre les mêmes parties, contrat-cadre auquel renvoie un contrat d'exécution, etc. Le décret du 13 janvier 2011 a accentué l'assouplissement de l'exigence d'écrit figurant à l'article 1443 du Code de procédure civile, et confirmé la validité des clauses d'arbitrage par référence, puisque cet article énonce désormais que la convention d'arbitrage « peut résulter d'un échange d'écrits ou d'un document auquel il est fait référence dans la convention principale ». Ceci étant, ni le texte antérieur, ni la formulation nouvelle ne renseignent sur la forme exacte que doit revêtir cette référence pour valider la convention d'arbitrage.

Pour s'assurer, malgré le simple renvoi opéré par le contrat principal au document contenant la clause d'arbitrage, de la connaissance par les parties de cette clause au moment de la conclusion du contrat, et ainsi de leur consentement à celle-ci, on pourrait songer à imposer certaines exigences de forme. Toutefois, on pourrait, à l'inverse, se contenter d'une approche consensualiste du problème, conduisant à simplement rechercher la réalité du consentement des parties à la clause. Cela permettrait d'éviter des contestations formulées de mauvaise foi, par des parties voulant tirer profit du non-respect de règles de forme trop strictes et peu compatibles avec les nécessités du commerce. Le libellé de l'article 1443 du Code de procédure civile, tant dans son ancienne que dans sa nouvelle formulation, impose une référence dans le contrat principal au

convention d'arbitrage est indépendante du contrat auquel elle se rapporte et n'est pas affectée par l'inefficacité de celui-ci ; dans ces conditions, la Haute juridiction estime que viole cet article la cour d'appel qui annule une sentence arbitrale au motif que la défenderesse à l'annulation invoquait vainement l'autonomie de la clause compromissoire stipulée par ses conditions générales d'achat en l'absence de démonstration d'un engagement contractuel de la demanderesse à l'annulation, aucune pièce émanant de celle-ci susceptible de s'analyser comme un commencement de preuve par écrit n'ayant été produite et s'agissant d'un contrat civil à l'égard de cette dernière, il ne pouvait être suppléé à cette carence par l'allégation des usages de la profession ou de l'existence d'un flux d'affaires entre les parties : Cass. 1re civ., 14 mai 2014, *Rev. arb.* 2014, p. 937, note D. Bureau ; *JCP* G 2014, 857, nº 1, obs. Ch. Seraglini ; *D.* 2014, p. 2542, obs. Th. Clay ; *RTD com.* 2015, p. 63, note É. Loquin, censurant Paris, 4 déc. 2012, *Rev. arb.* 2013, p. 449 (1re esp.), note D. Vidal. Ceci étant, il reste que, faute de preuve écrite d'un contrat principal, il pourra être parfois difficile (mais pas impossible, notamment dans le cas d'une clause d'arbitrage par référence à laquelle la convention principale, non écrite, renverrait (v. *infra*, nº 153 sur l'interprétation libérale de cette « référence » par la jurisprudence)) de caractériser l'écrit exigé par l'article 1443 du Code de procédure civile pour la validité de la clause compromissoire.

401. Sur ces clauses, v. notamment, B. Oppetit, « La clause d'arbitrage par référence », *Rev. arb.* 1990, p. 551.

document contenant la clause compromissoire. Ceci étant, deux interprétations de cette exigence sont envisageables : selon une interprétation restrictive, la référence requise devrait être une référence à la clause compromissoire elle-même ; selon une interprétation moins exigeante, une simple référence au document la contenant suffirait. En toute logique, que l'on adopte l'une ou l'autre interprétation, la référence ne devrait en tout cas pas être équivoque, et devrait permettre d'affirmer que la partie à laquelle la clause compromissoire est opposée en avait effectivement eu connaissance au moment de la signature du contrat. Aussi, en cas de référence générale par le contrat principal au document contenant la clause, il serait nécessaire que ce document ait été porté à la connaissance des parties au moment de la conclusion du contrat. Il ne devrait donc pas suffire, après un contrat conclu par téléphone, qu'un commerçant adresse une confirmation de commande (ou une facture) à l'autre partie, dans laquelle figure une clause compromissoire, en l'absence de référence antérieure à ce document. En effet, l'envoi est alors postérieur à la conclusion du contrat, et il paraît difficile de présumer que la prise de connaissance de la clause compromissoire a eu lieu au moment de la commande (acceptée) par téléphone. Il faudrait donc, à tout le moins, par ailleurs établir ce dernier point, ou que le client qui a reçu cette confirmation ait ensuite donné son accord à cette clause à réception. Et l'absence de contestation à réception ne devrait pouvoir suffire à cet égard. Pourtant, la jurisprudence n'est pas toujours aussi exigeante.

Dans l'arbitrage international, où l'article 1443 du Code de procédure civile n'est pas applicable, la jurisprudence a progressivement élaboré, avant le décret du 13 janvier 2011, une règle matérielle très libérale et favorable à la validité des clauses compromissoires par référence, essentiellement gouvernée par le principe du consensualisme et échappant très largement à tout formalisme. En vertu de cette règle, l'essentiel est de pouvoir déceler un consentement des parties à la clause. Le consensualisme est atténué par une exigence de forme très limitée : la convention d'arbitrage doit figurer dans un document auquel le contrat principal doit faire référence ; mais ce document peut revêtir des formes diverses, n'a pas besoin d'être signé par la partie à laquelle on l'oppose, et la référence qui y est faite par le contrat principal n'a pas à être écrite. Pour caractériser le consentement des parties à la clause compromissoire, il suffira d'établir que ce document a été porté à leur connaissance au moment de la conclusion du contrat, ou qu'elles en avaient alors nécessairement connaissance, et qu'elles n'ont pas, à l'époque, protesté ; leur silence vaudra alors acceptation de la clause compromissoire. Le décret du 13 janvier 2011, en consacrant le caractère purement consensuel d'une convention d'arbitrage internationale à l'article 1507 du Code de procédure civile, devrait encore accentuer ce libéralisme[402].

Cette solution paraissait être justifiée par la spécificité de l'arbitrage international, la jurisprudence visant expressément « la clause d'arbitrage internationale ». Cependant, à la veille de la réforme opérée en 2011, la jurisprudence semblait finalement l'étendre à l'arbitrage interne. Dans un arrêt rendu à propos d'un contrat de vente conclu verbalement, pour lequel l'acquéreur avait ensuite expédié une lettre de confirmation comportant une clause compromissoire à l'acheteur qui n'en avait pas contesté le contenu après réception, la Cour de cassation a en effet retenu : « Si l'article 1443 du nouveau Code de procédure civile exige que la clause compromissoire figure dans un document écrit, il ne régit ni la forme ni l'existence des stipulations qui se référant à ce document, font la

402. Pour plus de détails sur ce point et sur l'évolution du droit français de l'arbitrage international vers une convention d'arbitrage purement consensuelle, sans aucune exigence relative à la forme, v. *infra*, n° 666 et s.

convention des parties » ; dès lors, la clause compromissoire contenue dans la lettre de confirmation était opposable au destinataire[403]. Ainsi, la forme de la référence semble libre. Elle peut être verbale, et pourra alors être prouvée par tout moyen, et même notamment par la réception, postérieure à la conclusion du contrat, du document contenant la clause, dès lors qu'aucune contestation ne s'en suit. Le silence gardé à réception dudit document fait présumer (voire établit ?) l'existence d'un accord verbal antérieur[404] ! Le droit positif relatif à l'arbitrage interne paraissait donc, à la veille de la réforme de 2011, pouvoir être ainsi résumé : si la convention d'arbitrage doit être écrite, elle n'a pas besoin de figurer dans un document signé par les deux parties ; il suffit que le document la contenant ait été intégré, d'une manière ou d'une autre, dans le champ contractuel par les parties. Autrement dit, la convention d'arbitrage doit être écrite mais le consentement des parties à celle-ci n'a pas besoin de l'être, et pourra être établi par tout moyen. Il est probable que cette solution soit maintenue après le décret n° 2011-48, bien que celui-ci réitère clairement l'exigence d'écrit pour la convention d'arbitrage en matière interne. En effet, une interprétation relativement souple de « l'échange d'écrits », au sens de l'article 1443 du Code de procédure civile dans sa nouvelle formulation, devrait permettre à la jurisprudence de maintenir cette solution libérale.

§ 2. L'EXIGENCE RELATIVE À LA DÉSIGNATION DES ARBITRES

154 **La nullité de la convention d'arbitrage « blanche » avant le décret du 13 janvier 2011.** Avant le décret de 2011, le Code de procédure civile prévoyait une autre exigence formelle, posée à peine de nullité tant pour la clause compromissoire, par l'ancien article 1443, alinéa 2, que pour le compromis, par l'ancien article 1448, alinéa 2 : la convention d'arbitrage devait, soit désigner le ou les arbitres, soit prévoir les modalités de leur désignation. Était ainsi condamnée, au moins en droit de l'arbitrage interne[405], la convention d'arbitrage « blanche »[406], soit celle qui prévoit le recours à l'arbitrage sans autre précision, et notamment sans spécifier les modalités de désignation des arbitres. Cette exigence expliquait également que le juge, saisi d'une difficulté de constitution du tribunal arbitral dans le cadre de l'ancien article 1444 du Code de procédure civile, ne pouvait se substituer aux parties pour désigner le ou les arbitres lorsque la clause d'arbitrage était « insuffisante pour permettre de constituer le tribunal arbitral » (ancien art. 1444, al. 3). Il faut toutefois préciser que lorsque les parties avaient placé leur arbitrage sous l'égide d'une institution dont le règlement

403. Cass. 2e civ., 21 janv. 1999, *RTD com.* 1999, p. 847, obs. É. Loquin ; *Rev. arb.* 2003, p. 1341 (3e esp.), obs. C. Legros ; dans le même sens, Paris, 7 mai 2009, *Rev. arb.* 2009, p. 648.

404. V. plus récemment dans le même sens, Cass. 1re civ., 20 oct. 2010, *Rev. arb.* 2010, p. 976.

405. Sur le droit antérieur au décret du 13 janvier 2011 pour l'arbitrage international, v. *infra*, n° 713 et *infra*, n° 784.

406. Cass. com., 18 janv. 1994, *Rev. arb.* 1994, p. 536, note Ph. Fouchard. Sur les problèmes d'interprétation et de mise en œuvre suscités par les clauses d'arbitrage aux dispositions lacunaires, v. *infra*, n° 189 et s. et spéc. *infra*, n° 193.

prévoyait des modalités de désignation en cas de silence des parties, la jurisprudence considérait que les exigences des articles 1443 et 1448 étaient satisfaites[407].

155 **La validité de la convention d'arbitrage « blanche » depuis le décret du 13 janvier 2011.** Le décret du 13 janvier 2011 a heureusement modifié les choses sur ce point, et ainsi assoupli les exigences de forme relatives à la convention d'arbitrage. En premier lieu, et conformément à la logique d'unification des régimes de la clause compromissoire et du compromis suivie par la réforme[408], un seul et même article, l'article 1444 du Code de procédure civile, énonce la solution pour la clause compromissoire et le compromis. En second lieu, cet article dispose désormais : « La convention d'arbitrage désigne, le cas échéant par référence à un règlement d'arbitrage, le ou les arbitres, ou prévoit les modalités de leur désignation. À défaut, il est procédé conformément aux dispositions des articles 1451 à 1454 ». Ainsi, si le nouvel article 1444 reprend le principe prévu aux anciens articles 1443, alinéa 2 (clause compromissoire), et 1448, alinéa 2 (compromis), les conséquences d'un défaut de disposition relative à la désignation des arbitres sont modifiées : la validité de la convention d'arbitrage n'en sera plus affectée et il sera simplement fait application des modalités de désignation fixées de façon supplétive aux articles 1451 à 1454. C'est plus particulièrement l'article 1452 qui viendra à la rescousse des parties non précautionneuses[409]. Toutefois, il convient de noter qu'en vertu de l'article 3 du décret du 13 janvier 2011, consacré aux règles de droit transitoire, le nouvel article 1444 n'est applicable qu'aux conventions d'arbitrage conclues après le 1er mai 2011, date d'entrée en vigueur du décret. Aussi, les conventions d'arbitrage « blanches » conclues avant cette date devraient toujours être soumises à la solution ancienne, ce qui est regrettable, sauf à considérer que le nouvel article 1452, qui est, quant à lui, applicable dès le 1er mai 2011 et prévoit des modalités de désignation des arbitres « en l'absence d'accord des parties sur les modalités de désignation du ou des arbitres », peut néanmoins être appliqué. Si cette dernière solution serait souhaitable, elle se concilierait cependant mal avec le fait que, pour les conventions d'arbitrage conclues avant le 1er mai 2011, les anciens articles 1443, alinéa 2, et 1448, alinéa 2, en principe toujours applicables, exigent que la clause compromissoire comme le compromis désignent le ou les arbitres, ou prévoient les modalités de leur désignation.

156 **Modalités possibles de désignation des arbitres.** Quoi qu'il en soit, lorsque les parties ont songé à régler la question de la désignation des arbitres dans la clause compromissoire, le plus souvent, elles prévoient seulement des modalités de désignation, et non de désigner les arbitres nommément. La raison en est qu'il est assez délicat, et source potentielle de difficultés au moment de la survenance du litige, de désigner par avance les arbitres dans la clause compromissoire. Une difficulté naîtrait notamment en cas de décès de l'arbitre, ou si la personne désignée déclinait, au moment du litige, ce qui reste pour elle une simple invitation à être arbitre. Il est également difficile de déterminer, au moment de la conclusion de la clause compromissoire, et donc avant l'appréhension des données d'un litige non encore né, quelles compétences particulières seront nécessaires ou utiles chez l'arbitre.

407. Paris, 14 févr. 1985, *Rev. arb.* 1987, p. 325, note Level. Pour plus de détails sur ces modalités de désignation, dont la fixation peut donc être indirecte lorsqu'elle résulte de l'adoption d'un règlement d'arbitrage comportant des dispositions à cet égard, v. *infra*, n° 251 et s.

408. Sur ce point, v. *supra*, n° 70 et s.

409. Sur ces dispositions, v. *infra*, n° 256 et s.

Dans le compromis au contraire, conscientes des données du litige déjà né et de leurs besoins spécifiques, notamment quant au profil des arbitres, les parties ont plutôt tendance à directement désigner le ou les arbitres. Toutefois, sous l'empire des textes antérieurs à la réforme de 2011, elles devaient alors s'assurer du consentement de ces derniers, sous peine de caducité du compromis. En effet, l'ancien article 1448, alinéa 3, du Code de procédure civile prévoyait que « le compromis est caduc lorsqu'un arbitre qu'il désigne n'accepte pas la mission qui lui est confiée ». Cette disposition n'a pas été reprise par le décret du 13 janvier 2011. Deux solutions sont dès lors envisageables en cas de refus ou d'impossibilité des arbitres d'accepter leur mission. D'un côté, on peut considérer que la désignation du ou des arbitres dans le compromis traduit un fort *intuitu personae* quant à la personne des arbitres dans l'esprit des parties, et que le compromis sera effectivement caduc en cas de refus de sa mission par un arbitre, comme le prévoyait le texte antérieur. D'un autre côté, on peut considérer que l'on se trouve alors dans l'hypothèse visée à l'article 1444 du Code de procédure civile (défaut de désignation, ou de stipulation relative aux modalités de désignation, des arbitres dans la convention d'arbitrage), ou dans celle visée à l'article 1452 du même code (absence d'accord des parties sur les modalités de désignation des arbitres), et qu'entre alors en jeu ce dernier article, qui prévoit des modalités de désignation supplétives de la volonté des parties. On peut également estimer que l'on est confronté à un « autre différend lié à la constitution du tribunal arbitral » au sens de l'article 1454 du même code, qui doit être réglé, faute d'accord des parties, par la personne chargée d'organiser l'arbitrage ou, à défaut, par le juge d'appui. Si la seconde solution nécessite une interprétation relativement compréhensive des articles en question, elle paraît préférable à la première, la volonté des parties de désigner tel ou tel arbitre nous paraissant rarement devoir, dans leur esprit même, supplanter leur volonté de recourir à l'arbitrage pour régler leur différend[410].

§ 3. L'EXIGENCE PROPRE AU COMPROMIS RELATIVE À LA DÉTERMINATION DE L'OBJET DU LITIGE

157 **Condition de détermination de l'objet du litige propre au compromis.** L'article 1445 du Code de procédure civile énonce une autre condition de forme, qui concerne la validité du seul compromis : celui-ci doit déterminer, à peine de nullité, l'objet du litige[411]. C'est la reprise de l'ancien 1448, alinéa 1er, antérieur à la réforme de 2011. La stipulation de l'objet du litige peut apparaître essentielle puisqu'elle délimite la compétence attribuée par les parties au tribunal arbitral et permettra donc de vérifier que celui-ci n'a pas dépassé l'étendue du pouvoir juridictionnel attribué par les parties. En outre, dans le cas d'un compromis, le différend étant déjà né, les parties peuvent définir plus précisément que dans le cadre d'une clause compromissoire le litige dont elles entendent confier la résolution au tribunal arbitral. Selon la jurisprudence rendue sous l'empire de l'ancien article 1448, alinéa 1er, ne détermine pas de façon satisfaisante l'objet du litige le compromis qui donne à l'arbitre la mission « d'examiner tous les problèmes en suspens pouvant exister entre les parties, à l'exception de trois de ces problèmes », dès lors que les « problèmes » soumis à l'arbitrage

410. *Contra*, E. Gaillard, P. de Lapasse, « Commentaire analytique du décret du 13 janvier 2011 portant réforme du droit français de l'arbitrage », *Cah. arb.* 2011, p. 263, spéc. nº 18.

411. Pour un exemple récent d'annulation faute de détermination de l'objet du litige, v. Paris, 23 mars 2010, *Rev. arb.* 2010, p. 389.

demeurent indéterminés[412]. Néanmoins, la jurisprudence se montrait généralement relativement souple quant à la satisfaction de cette condition : la détermination de l'objet du litige supposait seulement une désignation claire de la nature du litige, sans qu'il soit nécessaire d'en préciser les détails[413]. Cette souplesse devrait perdurer sous l'empire du texte nouveau.

412. Cass. 2e civ., 2 juill. 1970, *D.* 1970, p. 761 ; *JCP* 1971, II, 16642, note P. L. ; *Rev. arb.* 1970, p. 70, note J. R.

413. Paris, 10 nov. 1927, *DH* 1928, p. 74.

CHAPITRE 3
LES EFFETS DE LA CONVENTION D'ARBITRAGE

158 Lorsque ses conditions de validité sont satisfaites, une convention d'arbitrage produit certains effets, très largement communs à la clause compromissoire et au compromis. Nombre de ces effets concernent l'instance arbitrale, puisque c'est justement la convention d'arbitrage qui permet et qui fonde la mise en place d'une instance arbitrale. De tels effets seront donc examinés dans le titre relatif à l'instance arbitrale.

De façon plus générale, comme toute convention valable, la convention d'arbitrage a bien entendu force obligatoire à l'égard des parties. Cette affirmation d'évidence prend toutefois un relief particulier dans le cas de la convention d'arbitrage qui justifie que l'on y consacre ici quelques développements. En effet, l'efficacité réelle d'une convention d'arbitrage implique qu'une partie ne puisse se soustraire à son engagement de voir trancher par arbitrage les litiges l'opposant à son cocontractant, sous peine de compromettre le développement même de ce mode de règlement des litiges. Aussi, soucieux d'assurer l'efficacité de l'arbitrage, le droit positif français fait produire des effets particulièrement énergiques à la convention d'arbitrage, qui dépassent même parfois le cadre des seules parties ayant souscrit à cette convention pour atteindre des tiers. On pourrait parler, à cet égard, du « rayonnement particulier » de la convention d'arbitrage, qui concerne tant les parties (section 1), que les tiers (section 2). Ce rayonnement particulier va même pouvoir se vérifier en ce qui concerne la circulation juridique de la convention d'arbitrage (section 3).

SECTION 1 LE RAYONNEMENT DE LA CONVENTION D'ARBITRAGE ENTRE LES PARTIES

159 **Diversité des effets de la convention d'arbitrage.** En concluant une convention d'arbitrage, les parties s'engagent à soumettre leur litige, éventuel (clause compromissoire) ou actuel (compromis), à l'arbitrage. La convention d'arbitrage engendre donc, positivement, un engagement des parties, en cas de litige, de saisir un tribunal

arbitral et, négativement, une interdiction de saisir un tribunal étatique. On pourrait parler classiquement d'obligations positive et négative ainsi mises à la charge des parties.

Toutefois, certains auteurs proposent une vision un peu différente et renouvelée des choses[1]. Selon eux, les effets de la convention d'arbitrage ne se ramènent pas, pour l'essentiel, à la création d'obligations, dans la mesure où il ne s'agit pas d'un contrat mais d'une convention. Son contenu obligationnel reste, dès lors, secondaire, et l'essentiel de ses effets réside dans le fait qu'elle « configure » le droit d'action dont dispose chacune des parties dans le cadre contractuel ; elle « détermine, sur le plan contentieux, la condition juridique du contrat »[2]. Cet effet particulier de la convention d'arbitrage, tenant à la configuration du droit d'action attaché aux droits substantiels nés du contrat, justifierait plusieurs solutions qui, sinon, dans une analyse civiliste, pourraient surprendre, comme la transmission de la convention d'arbitrage avec la créance née du contrat malgré l'autonomie reconnue à la convention d'arbitrage par rapport celui-ci[3].

Quoi qu'il en soit, et même si l'on s'en tient à une présentation plus classique, la convention d'arbitrage déploie un effet positif, en ce qu'elle engage les parties à soumettre les litiges qu'elle vise à l'arbitrage en lieu et place de la justice étatique et fonde la compétence du tribunal arbitral pour trancher ces litiges. Corrélativement, elle déploie un effet négatif, dans la mesure où elle conduit à l'incompétence des tribunaux étatiques pour connaître des mêmes litiges et interdit à l'une des parties de porter ces litiges devant eux. Autrement dit, la convention d'arbitrage opère en quelque sorte un transfert de compétence des tribunaux étatiques au tribunal arbitral.

Le souci d'assurer l'efficacité de la justice arbitrale conduit le droit positif à donner une dimension toute particulière à ce transfert de compétence, ce qui justifie de l'examiner de façon plus approfondie (§ 1). Par ailleurs, il sera parfois nécessaire d'interpréter la convention d'arbitrage afin de préciser la portée exacte du consentement des parties à l'arbitrage qui y est exprimé ; ici encore, cette interprétation se fera, en droit positif, dans un esprit de faveur à l'arbitrage (§ 2). Enfin, la convention d'arbitrage pourra, comme toute convention, voir ses effets s'éteindre pour diverses causes (§ 3).

§ 1. LE TRANSFERT DE COMPÉTENCE DU TRIBUNAL ÉTATIQUE AU PROFIT DU TRIBUNAL ARBITRAL

160 Le principe du transfert de compétence du tribunal étatique au profit du tribunal arbitral, s'il est particulièrement vigoureux (A) en droit positif français, y connaît cependant quelques limites (B).

A. LE PRINCIPE DU TRANSFERT DE COMPÉTENCE

161 **Effets positif et négatif du principe**. La convention d'arbitrage a pour effet de rendre incompétents les tribunaux étatiques pour trancher les litiges qu'elle vise. On

1. P. Ancel, « Arbitrage et novation », *Rev. arb.* 2002, p. 3 ; et aussi « Force obligatoire et contenu obligationnel du contrat », *RTD civ.* 1999, p. 771 ; S. Bollée, « La clause compromissoire et le droit commun des conventions », *Rev. arb.* 2005, p. 917, spéc. n° 5 et s. ; P. Mayer, « La circulation des conventions d'arbitrage », *JDI* 2005, p. 251.

2. S. Bollée, « La clause compromissoire et le droit commun des conventions », préc., n° 7.

3. V. *infra*, n° 207 et s.

parle ici d'« effet négatif » de la convention d'arbitrage. Afin d'assurer l'efficacité de cet effet, le droit positif fait obligation au juge étatique de respecter la volonté des parties en déclinant sa compétence lorsqu'il est saisi d'un litige entrant dans le champ d'application de la convention d'arbitrage. L'article 1448 du Code de procédure civile énonce expressément un tel principe d'incompétence, en disposant : « Lorsqu'un litige relevant d'une convention d'arbitrage est porté devant une juridiction de l'État, celle-ci se déclare incompétente sauf si le tribunal arbitral n'est pas encore saisi et si la convention d'arbitrage est manifestement nulle ou manifestement inapplicable »[4]. La convention d'arbitrage a également et surtout un « effet positif » : celui de rendre compétent le tribunal arbitral pour trancher le litige et donc d'obliger les parties à saisir ce juge privé. Au surplus, ces effets positif et négatif revêtent une dimension toute particulière en droit français, permettant d'assurer plus encore l'efficacité des conventions d'arbitrage. Cette dimension apparaît dans le règlement des contestations relatives à la compétence du tribunal arbitral, puisqu'elle va y justifier : d'une part, que le tribunal arbitral ait compétence pour apprécier lui-même sa propre compétence lorsqu'elle est contestée devant lui, soit ce que l'on désigne généralement comme l'effet positif du principe de Compétence-Compétence (1) ; d'autre part, que le juge étatique ne soit pas, dans un premier temps au moins, compétent pour apprécier la compétence arbitrale, soit ce que l'on nomme l'effet négatif du principe de Compétence-Compétence (2)[5].

1. L'effet positif de la convention d'arbitrage

162 **Double aspect de l'effet positif de la convention d'arbitrage.** L'effet principal de la convention d'arbitrage est de rendre l'arbitre compétent pour trancher les litiges qu'elle couvre. Cet effet positif de la convention d'arbitrage s'impose à l'évidence aux parties en les obligeant à saisir ce juge particulier en cas de litige (a). Cependant, il concerne également l'arbitre lui-même, puisqu'il fonde son pouvoir de juger et va même justifier que l'arbitre puisse statuer sur les contestations relatives à son pouvoir de juger lorsqu'elles sont présentées devant lui (b).

a) La force obligatoire de la convention d'arbitrage et les parties

163 **Force obligatoire (et exécution forcée) de la convention d'arbitrage à l'égard des parties.** Afin d'assurer l'efficacité de la convention d'arbitrage, il est impératif que l'engagement des parties qu'elle comporte de recourir à l'arbitrage en cas de litige puisse faire l'objet d'une exécution en nature[6]. L'allocation de dommages et intérêts en cas de méconnaissance par l'une des parties de son engagement serait en effet une sanction bien inadéquate. Il serait difficile de définir, et surtout d'évaluer, le préjudice subi de ce fait par l'autre partie : avoir été privée de l'opportunité d'être jugée par un arbitre plutôt que par un juge étatique ? Ce serait alors un préjudice bien délicat à faire valoir devant un juge étatique. Surtout, l'obtention de dommages et intérêts serait, le plus souvent, une piètre consolation pour la partie lésée. Aussi, afin d'assurer l'efficacité

4. V. déjà, sous une formulation quelque peu différente, art. 1458 CPC avant le décret n° 2011-48 du 13 janvier 2011.

5. Sur le principe de Compétence-Compétence, v. M. Boucaron-Nardetto, *Le principe de Compétence-Compétence en droit de l'arbitrage*, PUAM, 2013.

6. Sur la reconnaissance progressive de cette solution, v. Ph. Fouchard, E. Gaillard, B. Goldman, *Traité de l'arbitrage commercial international*, Litec, 1996, n°s 631 et s., p. 398.

de la convention d'arbitrage, les textes et la jurisprudence ont mis en place des mécanismes visant à lutter contre le refus d'une partie d'honorer son engagement d'aller à l'arbitrage, et même contre l'obstruction éventuelle de celle qui chercherait à empêcher le bon déroulement de la procédure arbitrale, particulièrement au stade de la constitution du tribunal arbitral[7]. Notamment, si une partie récalcitrante va jusqu'à refuser de participer à l'instance arbitrale, l'efficacité de la convention d'arbitrage sera néanmoins assurée : sa défaillance ne paralyse pas l'arbitrage et le tribunal arbitral est autorisé à rendre une sentence par défaut ou réputée contradictoire. Cette possibilité n'est pas expressément envisagée par le Code de procédure civile, qui ne prévoit pas pour l'arbitrage de dispositions équivalentes aux articles 471 et suivants relatifs à la procédure judiciaire. En revanche, elle est spécifiquement prévue par certains règlements d'arbitrage[8], et la jurisprudence donne effet à ces dispositions[9]. De façon plus générale, face au silence du législateur, la jurisprudence a affirmé, dans le cadre d'un arbitrage international, que « la sentence rendue par défaut n'est pas contraire à l'ordre public international si le défendeur a été dûment informé du déroulement de la procédure et n'a pas été dans l'impossibilité matérielle de se faire représenter devant le tribunal arbitral siégeant à l'étranger »[10]. Néanmoins, le tribunal arbitral devra, comme le ferait un juge dans le cadre d'une procédure par défaut en application de l'article 472 du Code de procédure civile, vérifier le bien-fondé des prétentions du demandeur, sans pouvoir le déduire de la seule abstention du défendeur, et ne faire droit à la demande que s'il l'estime régulière, recevable et bien fondée. Par ailleurs, il devra assurer le respect du principe de la contradiction, en invitant le défendeur défaillant à participer à chaque étape de la procédure[11].

164 **Indivisibilité du litige et convention d'arbitrage.** En cas de litige impliquant plusieurs parties dont certaines seulement sont liées par une convention d'arbitrage[12], une partie signataire de cette convention ne pourra pas se prévaloir de l'indivisibilité du litige pour échapper à la compétence arbitrale et prétendre, par exemple, assigner l'ensemble des défendeurs, y compris l'autre partie à la convention d'arbitrage, devant le tribunal étatique[13]. La Cour de cassation a en effet affirmé la primauté de la compétence arbitrale dans de telles situations, en jugeant que « si, en cas de pluralité de défendeurs, le demandeur peut à son choix assigner toutes les parties devant le tribunal de l'une

7. Sur ce point, v. *infra*, n° 265 et s.

8. V. par exemple, art. 27 du règlement de la Chambre arbitrale internationale de Paris : « Si le défendeur, régulièrement cité ne comparaît pas, ne se fait pas représenter, ne produit ni argumentation ni pièce, le tribunal arbitral peut procéder à l'arbitrage en se fondant sur les éléments dont il dispose ».

9. Paris, 14 févr. 1985, *Rev. arb.* 1987, p. 325, note P. Level. Et aussi, pour l'arbitrage international, Paris, 24 mars 1995, *Rev. arb.* 1996, p. 259, note J.-M. Talau ; Paris, 13 sept. 2007, *Rev. arb.* 2008, p. 313, note F.-X. Train.

10. Paris, 7 févr. 1991, *Rev. arb.* 1992, p. 630, obs. J. Pellerin ; la solution, rendue dans le cadre d'un arbitrage international, est très probablement également applicable dans l'arbitrage interne.

11. V., en ce sens, art. 27, al. 2 du règlement de la Chambre arbitrale internationale de Paris : « Il veille néanmoins à appeler le défendeur défaillant à participer à l'arbitrage à chaque étape de la procédure, dans le respect du principe de la contradiction ». Par ailleurs, pour une illustration de non-respect par l'arbitre de ces exigences, v. Paris, 15 janv. 2013, *Rev. arb.* 2013, p. 295 (arrêt rendu en matière d'arbitrage international).

12. Par exemple, un litige impliquant plusieurs défendeurs, ou dans le cadre duquel intervient un appel en garantie.

13. Sur la question, v. J. Rubellin-Devichi, « De l'effectivité de la clause compromissoire en cas de pluralité de défendeurs ou d'appel en garantie dans la jurisprudence récente », *Rev. arb.* 1981, p. 29.

d'elles, cette faculté n'existe qu'à la condition qu'il y ait indivisibilité de toutes les actions et que les parties n'aient pas, par une clause de leur marché, entendu soustraire aux tribunaux, pour les soumettre à l'arbitrage, les contestations susceptibles de s'élever entre elles »[14]. Une solution analogue s'applique en cas d'appel en garantie : l'appelé en garantie devant une juridiction étatique pourra efficacement opposer la convention d'arbitrage le liant à l'appelant[15]. Selon la Cour de cassation, il résulte des dispositions de l'article 333 du Code de procédure civile[16] que « l'obligation de procéder devant la juridiction saisie de la demande originaire ne s'impose au tiers mis en cause que si la contestation ne porte que sur la compétence territoriale », ce qui n'est pas le cas lorsque la contestation résulte de l'existence d'une convention d'arbitrage. Cette disposition ne peut donc faire échec à une convention d'arbitrage.

b) *La force obligatoire de la convention d'arbitrage et le pouvoir du tribunal arbitral : l'effet positif du principe de Compétence-Compétence*

165 **Double dimension de l'effet positif de la convention à l'égard du tribunal arbitral.** La convention d'arbitrage déploie également son effet positif à l'égard de l'arbitre, en fondant la compétence de celui-ci pour trancher les litiges qu'elle vise. Comme un véritable juge, il dispose, de par la convention d'arbitrage, d'une compétence pleine qui lui permet, non seulement de trancher le fond du litige, mais encore de prononcer les mesures d'instruction utiles, ainsi que les mesures provisoires ou conservatoires qui entrent dans l'objet du litige[17]. Toutefois, l'effet positif de la convention d'arbitrage sur la compétence de l'arbitre se manifeste d'une autre manière : l'arbitre est également reconnu compétent pour connaître des contestations relatives à sa propre compétence.

En effet, il n'est pas rare qu'au moment de la survenance du litige, l'une des parties conteste la compétence arbitrale. Elle soutiendra qu'il n'y a pas de convention d'arbitrage valable, ou qu'elle n'est pas liée par cette convention, ou encore que le litige n'est pas couvert par celle-ci. Autrement dit, les contestations pourront porter sur la compétence du tribunal arbitral, soit dans son existence, soit dans son étendue. Ces contestations pourront être formulées devant le tribunal arbitral déjà constitué, ou devant un juge étatique que la partie refusant d'aller à l'arbitrage saisirait du fond du litige au mépris de la convention d'arbitrage. Elles pourront encore l'être ultérieurement, dans le cadre du contrôle de la sentence arbitrale, la même partie pouvant notamment prétendre que le tribunal arbitral s'est déclaré à tort compétent, afin d'obtenir l'annulation ou un refus d'exequatur de la sentence[18]. Lorsque ces contestations sont soulevées devant

14. V. dans le cadre d'un arbitrage international mais la solution est transposable à l'arbitrage interne, Cass. 2e civ., 3 mai 1957, *Rev. arb.* 1957, p. 132 ; *RCDIP* 1957, p. 495, note E. Mezger. V. également, Cass. 1re civ., 6 févr. 2001, *Peavey Company*, *Rev. arb.* 2001, p. 765, note D. Cohen ; *JCP* G 2001, II, 10567, note C. Legros ; *RCDIP* 2001, p. 522, note F. Jault-Seseke ; Cass. 1re civ., 16 oct. 2001, *Sté Quarto Children's books*, *Rev. arb.* 2002, p. 919, note D. Cohen.

15. Cass. com., 8 nov. 1982, *Rev. arb.* 1983, p. 177, note J. Rubellin-Devichi ; *JDI* 1984, p. 151, note J. Buhart ; l'arrêt a été rendu à propos d'un arbitrage international mais la solution vaut pour l'arbitrage interne (en ce sens, H. Gaudemet-Tallon, note sous Cass. com., 30 mars 1993, *RCDIP* 1993, p. 680, spéc. p. 682). V. aussi, posant une solution identique pour la clause attributive de juridiction en matière internationale, Cass. com., 30 mars 1993, préc.

16. Article qui prévoit, en matière d'intervention forcée, que « le tiers mis en cause est tenu de procéder devant la juridiction saisie de la demande originaire, sans qu'il puisse décliner la compétence territoriale de cette juridiction, même en invoquant une clause attributive de compétence ».

17. V. *infra*, n° 405.

18. V. art. 1492.1° CPC (et, avant le décret du 13 janvier 2011, art. 1484.1° et 1484.3° CPC).

le tribunal arbitral, une question se pose : celui-ci peut-il se prononcer à leur sujet, alors même qu'elles semblent remettre en cause son investiture, son pouvoir juridictionnel ? Ici, l'effet positif de la convention d'arbitrage trouve aujourd'hui un prolongement, qui va fonder la compétence du tribunal arbitral pour se prononcer lui-même sur ces contestations, et qui est autrement appelé « effet positif du principe de Compétence-Compétence »[19]. La solution est expressément formulée à l'article 1465 du Code de procédure civile issu du décret du 13 janvier 2011[20]. En réalité, elle avait été consacrée dès le décret du 14 mai 1980, et figurait à l'article 1466 du même code avant la réforme de 2011. Cela étant, avant le décret de 1980, elle a été longtemps contestée, compte tenu des objections théoriques qu'elle pouvait soulever.

166 **Refus antérieur de la jurisprudence et justifications.** L'effet positif du principe de Compétence-Compétence, aujourd'hui expressément formulé à l'article 1465 du Code de procédure civile, a pu auparavant être contesté en jurisprudence et en doctrine[21]. Certains auteurs et juridictions avaient en effet entendu établir une distinction entre deux situations, selon la nature de la contestation relative à la compétence de l'arbitre. Selon eux, on pouvait admettre que l'arbitre se prononce lui-même sur l'étendue de sa compétence, *ratione materiae* ou *ratione personae*, et donc de son pouvoir de juger, dans la mesure où cette question ne remettait pas en cause l'existence même de ce pouvoir et sa qualité même d'arbitre. En revanche, il était inconcevable d'autoriser l'arbitre à se prononcer sur l'existence ou la validité de la convention d'arbitrage – et donc de son pouvoir de juger –, car c'était, cette fois, son investiture en qualité même d'arbitre qui était contestée. Et en effet, la convention d'arbitrage, dans le même temps, fonde le pouvoir de juger de l'arbitre, investit celui-ci d'une mission temporaire de juge, et définit l'étendue du pouvoir juridictionnel qui lui est ainsi conféré en visant, de façon plus ou moins générale, les litiges pour lesquels ce pouvoir est donné. Or, la contestation de l'existence ou de la validité de la convention d'arbitrage mettrait donc en cause l'investiture même de l'arbitre[22], alors que celle relative à l'étendue de la convention d'arbitrage concernerait seulement l'étendue de sa compétence[23], de son pouvoir de juger, sans remettre en cause son investiture. Dès lors, en cas de contestation sur la validité de l'acte qui l'a prétendument institué, l'arbitre devrait surseoir à statuer

19. Sur le principe de compétence-compétence, v. M. Boucaron-Nardetto, *Le principe compétence-compétence en droit de l'arbitrage*, PUAM, 2013.

20. On a justement souligné l'ambiguïté de l'expression allemande de *Kompetenz-Kompetenz*, souvent utilisée pour décrire le phénomène. En effet, cette expression recouvre, en droit allemand, une signification différente de celle ici en cause et qui, transposée à l'arbitrage, conduirait à reconnaître à l'arbitre le pouvoir de juger en dernier ressort, sans contrôle judiciaire, de sa compétence. Or, tel n'est pas le sens du principe en droit de l'arbitrage, où la décision de l'arbitre sur sa compétence est soumise à un contrôle ultérieur total du juge étatique. Sur cette ambiguïté du vocabulaire, v. Ph. Fouchard, E. Gaillard, B. Goldman, *Traité de l'arbitrage commercial international*, Litec, 1996, n° 651, p. 409.

21. V. notamment l'opposition entre l'arrêt *Caulliez* (Cass. com., 22 févr. 1949, *JCP* 1949, II, 4899, note H. Motulsky ; *S.* 1949, 1, 73) et l'arrêt *Courtieu* (Cass. com., 6 oct. 1953, *JCP* 1954, II, 8293 ; *D.* 1954, p. 25). Sur ces arrêts et, plus généralement, sur cette querelle, v. H. Motulsky, *Études et notes sur l'arbitrage, Écrits*, t. II, Dalloz, 1974, p. 162 et s., et p. 189 à 242.

22. Dans cette perspective, l'investiture peut s'entendre comme l'action de conférer à quelqu'un une mission ou une fonction. Le juge étatique est investi par l'État de son pouvoir juridictionnel. Pour l'arbitre, c'est la volonté des parties, exprimée dans la convention d'arbitrage, qui lui confère un pouvoir de juger temporaire.

23. La compétence serait ici entendue comme la possibilité reconnue à l'arbitre de connaître de telle ou telle catégorie de litiges.

dans l'attente de la réponse du juge étatique sur ce point. En revanche, lorsque seule l'étendue de la convention d'arbitrage, et donc de son pouvoir de juger, est contestée devant lui, l'arbitre, dont l'existence du pouvoir de juger a été préalablement reconnue ou n'est pas contestée, pourrait examiner cette question.

La jurisprudence a pu être sensible à cette distinction. Ainsi, dans un arrêt de 1953, la Cour de cassation avait décidé que « le litige mettant en cause la validité de la clause compromissoire doit être soumis aux juridictions de droit commun, seules compétentes pour en connaître »[24], déniant donc à l'arbitre la possibilité de statuer sur les contestations relatives à l'existence ou la validité de la convention d'arbitrage. Sur un plan théorique, la solution pouvait se justifier : la convention d'arbitrage investissant temporairement l'arbitre du pouvoir de juger, une contestation relative à sa validité met donc en cause l'aptitude même de l'arbitre à exercer un pouvoir juridictionnel ; dès lors, comment concevoir qu'il puisse juger de la validité de sa propre investiture alors que la question est justement de savoir s'il a été ou non régulièrement investi ? Sur un plan pratique, il pouvait au surplus être vu comme dangereux de confier une telle question à l'arbitre, naturellement peu enclin à nier son investiture et à ainsi signer son arrêt de « mort arbitrale ».

Cependant, cette solution pouvait également être contestée, et l'a rapidement été[25], particulièrement par Motulsky. Selon cet auteur[26], les parties au contrat « confèrent, à la fois et par le même acte, à la juridiction arbitrale son existence et sa compétence ; l'arbitre n'étant un juge que dans la mesure où les parties l'ont voulu, dire qu'il n'est pas institué, ou dire qu'il n'est pas compétent, c'est exactement la même chose » ; aussi, « dès lors que l'on admet [...] que les arbitres sont juges de leur compétence, on affirme donc, par là même, qu'ils sont juges de la validité de leur investiture car, les deux découlant du même acte, œuvre des parties, on ne voit pas au nom de quel principe il serait permis de les traiter différemment »[27]. Ce point de vue l'a finalement emporté.

167 **Consécration du principe par le décret du 14 mai 1980.** Pour l'arbitrage international, certains juges du fond avaient résisté à la Cour de cassation, qui avait elle-même fini par admettre la compétence de l'arbitre pour statuer sur sa propre compétence[28]. Le décret du 14 mai 1980 a consacré cette compétence dans le droit de l'arbitrage interne. Selon l'ancien article 1466 du Code de procédure civile, issu de ce décret, « si, devant l'arbitre, l'une des parties conteste dans son principe ou son étendue le pouvoir juridictionnel de l'arbitre, il appartient à celui-ci de statuer sur la validité ou les limites de son investiture ». Cette disposition attribuait ainsi à l'arbitre la compétence pour se prononcer, tant sur les « limites » de son investiture, que sur la « validité » de celle-ci, en cas de contestation formulée devant lui. L'arbitre pouvait donc trancher une contestation relative à la validité de la convention d'arbitrage, comme une contestation relative à son champ d'application. Le décret du 13 janvier 2011 a confirmé la solution, tout en simplifiant la formulation de la règle. Elle figure dorénavant à l'article 1465 du Code de procédure civile qui énonce que « le tribunal arbitral est seul compétent pour statuer sur les contestations relatives à son pouvoir juridictionnel ». L'arbitre est désormais,

24. Cass. com., 6 oct. 1953, *Courtieu*, préc., et le commentaire de H. Motulsky, « Menace sur l'arbitrage : la prétendue incompétence des arbitres en cas de contestation de l'existence ou de la validité d'une clause compromissoire », in *Études et notes sur l'arbitrage, Écrits*, t. II, Dalloz, 1974, p. 189.

25. Sur ces débats, v. É. Loquin, *J.-Cl. Proc. civ.*, V° Arbitrage. – Compétence arbitrale – Conflit entre la compétence arbitrale et la compétence judiciaire, fasc. 1034, n° 54 et s., et les réf. citées.

26. H. Motulsky, *Études et notes sur l'arbitrage*, préc., p. 162 et s., et p. 189 à 242.

27. H. Motulsky, *Études et notes sur l'arbitrage*, préc., p. 239.

28. Cass. 1re civ., 18 mai 1971, *Impex*, *JDI* 1972, p. 62, note B. Oppetit ; *Rev. arb.* 1972, p. 2, note Ph. Kahn.

comme le juge, « juge de sa compétence », et peut vérifier tant les « limites » de son pouvoir juridictionnel, que la « validité » même de celui-ci. Il pourra examiner les contestations sur la validité de la convention d'arbitrage, comme celles relatives à l'étendue, *ratione personae* (partie qui se prétend non liée par la convention d'arbitrage) ou *ratione materiae* (objet du litige prétendument non couvert par la convention d'arbitrage), de la convention[29]. La cour d'appel de Paris avait d'ailleurs clairement indiqué à cet égard, avant le décret du 13 janvier 2011, que « les dispositions de l'article 1466 donnent pouvoir aux arbitres, non seulement de se prononcer sur un vice affectant directement la convention d'arbitrage, mais aussi d'apprécier l'existence même de cette convention ou de déterminer les parties auxquelles elle est applicable »[30].

168 **Justifications du principe de Compétence-Compétence.** Pour justifier le principe de Compétence-Compétence sur le plan théorique, certains auteurs considèrent qu'il relève de la mission juridictionnelle de l'arbitre : l'arbitre étant un véritable juge, il doit, comme tout juge, être celui de sa compétence[31]. L'argument peut ne pas convaincre, puisque la question est justement celle de savoir si le prétendu arbitre a bien cette qualité et est effectivement doté d'un pouvoir de juger. Pour le juge au contraire, une contestation relative à sa compétence n'affecte pas sa qualité de juge, mais seulement son aptitude à trancher le litige particulier dont il est saisi. En réalité, la justification du principe de Compétence-Compétence est essentiellement d'ordre pratique : ce principe est nécessaire au bon fonctionnement de l'arbitrage. Refuser la compétence de l'arbitre pour trancher les contestations relatives à l'existence de son pouvoir juridictionnel a pour inconvénient évident de favoriser les exceptions d'incompétence présentées de façon dilatoire. En effet, cela conduit l'arbitre à devoir surseoir à statuer en cas de contestation, quels qu'en soient les mérites, de la validité de la convention d'arbitrage, dans l'attente d'une décision d'une juridiction étatique sur ce point. Un tel refus pourrait donc constituer une arme particulièrement efficace aux mains de parties de mauvaise foi souhaitant considérablement ralentir, voire décourager, toute procédure arbitrale. C'est l'efficacité même de l'arbitrage qui risquerait finalement d'être compromise. Un droit favorable à l'arbitrage, comme voulait l'être le droit français dans le cadre du décret du 14 mai 1980, se doit donc de dépasser les éventuelles objections théoriques et de consacrer la compétence de l'arbitre pour juger de sa propre compétence. Depuis ce décret, on doit considérer que le fondement du pouvoir de l'arbitre pour statuer sur sa propre compétence lorsqu'elle est contestée devant lui, est légal et résulte de la volonté du législateur.

Surtout, il ne faut pas se méprendre sur le sens du principe de Compétence-Compétence. La décision du tribunal arbitral sur sa compétence n'a rien de définitive ou souveraine, puisque le juge étatique ne se sentira aucunement lié par elle. Si le tribunal arbitral considère qu'il est compétent, il poursuivra son travail et examinera le fond du litige. Toutefois, sa décision sur la compétence constitue, en fait, un pari sur l'avenir, puisque le juge étatique sera ensuite susceptible, dans le cadre des recours exercés contre la sentence rendue ou contre l'ordonnance accordant à celle-ci l'exequatur, de contrôler le bien-fondé de l'appréciation portée par le tribunal arbitral sur sa propre compétence. Le juge pourra annuler la sentence s'il est d'un avis contraire, au motif

29. Il s'agit alors d'une question d'interprétation des termes de la convention d'arbitrage par rapport à l'objet du litige, sur laquelle, v. *infra*, n° 188 et s.

30. Paris, 28 févr. 2001, *Rev. arb.* 2001, p. 236.

31. É. Loquin, *J.-Cl. Proc. civ.*, V° Arbitrage. – Compétence arbitrale – Conflit entre la compétence arbitrale et la compétence judiciaire, préc., n° 64.

que le tribunal arbitral se sera déclaré à tort compétent ou incompétent[32] au sens de l'article 1492.1° du Code de procédure civile. Dans son contrôle, le juge ne sera en aucune manière lié par les énonciations et constatations de la sentence et pourra reconsidérer, tant en fait qu'en droit, la question de la compétence arbitrale. En effet, la Cour de cassation a précisé qu'aucune limitation n'était ici apportée aux pouvoirs du juge de rechercher en droit et en fait tous les éléments permettant d'apprécier lui-même si l'arbitre avait statué sans convention d'arbitrage[33].

169 **Mise en œuvre du principe de Compétence-Compétence.** Sur un plan pratique, le tribunal arbitral peut choisir de se prononcer sur sa compétence dans une sentence « partielle », « intérimaire » ou « préliminaire », avant de poursuivre, le cas échéant, l'examen du litige au fond. La jurisprudence admet qu'un recours immédiat contre une telle sentence par laquelle le tribunal arbitral a retenu sa compétence est alors recevable[34]. Toutefois, il arrive parfois que la partie qui obtient satisfaction sur la compétence du tribunal arbitral ne prenne pas la peine de signifier cette sentence à l'autre partie ; il semble alors que la partie mécontente de la décision du tribunal arbitral ne soit pas obligée d'agir immédiatement et puisse choisir d'exercer son recours contre la sentence intermédiaire en même temps que son recours contre la sentence finale, dès lors qu'elle avait contesté cette compétence devant le tribunal arbitral[35]. En revanche, lorsque la sentence par laquelle le tribunal arbitral a retenu sa compétence a bien été signifiée à la partie contestant la compétence, celle-ci paraît devoir agir dans le délai de recours contre cette sentence, sans attendre la sentence sur le fond, sous peine de ne plus pouvoir contester, dans le cadre du recours contre la sentence sur le fond, la compétence du tribunal arbitral[36]. Pourtant, la solution contraire aurait pu d'autant

32. Avant le décret du 13 janvier 2011, le juge était susceptible d'opérer son contrôle de la compétence arbitrale sur le fondement de l'article 1484.1° CPC (l'arbitre a statué « sans convention d'arbitrage ou sur convention nulle ou expirée », pour le cas où la convention n'était pas valable) ou de l'article 1484.3° CPC (l'arbitre a statué « sans se conformer à la mission qui lui avait été conférée », s'il a statué au-delà des limites des pouvoirs qui lui étaient conférés par la convention d'arbitrage).

33. Cass. 1re civ., 6 janv. 1987, *JDI* 1987, p. 638, note B. Goldman ; *Rev. arb.* 1987, p. 469, note Ph. Leboulanger (affaire du *Plateau des Pyramides*). L'arrêt a été rendu en matière d'arbitrage international mais la solution est applicable à l'arbitrage interne. Il faut toutefois que le tribunal arbitral se soit effectivement prononcé sur sa compétence, et non sur une question de recevabilité de la demande, auquel cas, et peu important le vocabulaire utilisé par les arbitres dans leur sentence, le juge ne saurait procéder à un contrôle total de la décision du tribunal, la recevabilité relevant du fond du litige et donc du principe de non-révision au fond de la sentence (sur lequel, v. *infra*, n° 536) : Cass. 1re civ., 18 mars 2015, *Rev. arb.* 2015, p. 1110, note D. Cohen ; *Cah. arb.* 2015, p. 343, note I. Fadlallah ; *ibid.*, p. 803, note S. Bollée ; *JCP* G 2015, 877, n° 7, obs. Ch. Seraglini ; *RDC* 2015, p. 555, obs. X. Boucobza et Y.-M. Serinet ; *D.* 2015, p. 2591, obs. Th. Clay ; *RTD com.* 2016, p. 708, obs. É. Loquin (arrêt rendu en matière d'arbitrage international) ; et aussi, Paris, 28 juin 2016, *Rev. arb.* 2016, p. 1101, note N. Dissaux ; *ibid.*, p. 1153, note J. Barbet ; Paris, 25 avr. 2017, *Rev. arb.* 2017, p. 1197 (2e esp.), note L. Mayer ; Paris, 16 janv. 2018, *Rev. arb.* 2018, p. 297 ; *D.* 2018, p. 2460, obs. Th. Clay (arrêts rendus en matière d'arbitrage international). Sur la distinction entre compétence de l'arbitre et recevabilité de la demande, v. aussi J. Paulsson, « Jurisdiction and Admissibility », in *Liber amicorum in honour of Robert Briner*, ICC Publishing, 2005, p. 601 ; A.-V. Schlaepfer, « Jurisdiction and admissibility: a subtle distinction, not always easy to make in international arbitration », *Cah. arb.* 2013, p. 327.

34. Paris, 7 juin 1984, *Rev. arb.* 1984, p. 504, note E. Mezger.

35. Paris, 4 mars 2004, *Rev. arb.* 2005, p. 143, note F.-X. Train : en l'espèce, la cour d'appel constate que la sentence intérimaire n'avait pas été notifiée ; l'arrêt a été rendu en matière d'arbitrage international mais la solution est certainement transposable à l'arbitrage interne.

36. Paris, 2 juin 2015, *Rev. arb.* 2015, p. 955.

mieux se comprendre que le recours exercé immédiatement contre la sentence partielle n'est, de toute façon, pas suspensif de l'instance arbitrale[37]. La partie contestant la compétence pouvait donc préférer, par économie de moyens, attendre la sentence finale pour exercer ses recours devant le juge étatique ; mais, d'un autre côté, il peut paraître choquant de permettre à cette partie de jouer sur deux tableaux et de contester la décision des arbitres sur leur compétence uniquement si la sentence sur le fond ne la satisfait finalement pas. Par ailleurs, la jurisprudence a logiquement considéré, dès avant le décret du 13 janvier 2011, que le recours était également possible contre la sentence, rare en pratique, par laquelle le tribunal arbitral a estimé qu'il était incompétent[38], dans la mesure où, s'il s'est trompé, le tribunal a ainsi méconnu les termes de sa mission, au sens de l'ancien article 1484.3 du Code de procédure civile dans sa rédaction alors applicable[39]. Le nouvel article 1492.1°, qui vise désormais le cas où « le tribunal arbitral s'est déclaré à tort compétent ou *incompétent* », confirme cette solution. Le contrôle sera alors, ici encore, plein[40], et la jurisprudence sanctionne d'ailleurs parfois le tribunal arbitral qui, selon elle, s'est déclaré à tort incompétent[41].

Toutefois, le tribunal arbitral peut également décider de se prononcer sur sa compétence en même temps que sur le fond du litige, et dans le cadre d'une sentence finale. Dans ce cas, les questions relatives à sa compétence seront réexaminées par le juge dans le cadre du recours dirigé contre la sentence finale ou l'ordonnance d'exequatur de celle-ci.

170 Moment où l'exception d'incompétence du tribunal arbitral doit être soulevée. Les textes ne comportent aucune indication quant au moment où la partie qui entend contester la compétence du tribunal arbitral devant celui-ci doit soulever l'exception d'incompétence arbitrale. Certes, depuis le décret du 13 janvier 2011, l'article 1466 du Code de procédure civile prévoit que « la partie qui, en connaissance de cause et sans motif légitime, s'abstient d'invoquer en temps utile une irrégularité devant le tribunal arbitral est réputée avoir renoncé à s'en prévaloir ». Cependant, hormis le fait qu'il serait peut-être hâtif de considérer, dans tous les cas, l'incompétence du tribunal arbitral comme une irrégularité au sens de cette disposition, cette dernière ne précise surtout pas

37. Paris, 7 juill. 1987, *Rev. arb.* 1988, p. 649, note E. Mezger ; Paris, 17 déc. 1991, *sté Gatoil*, *Rev. arb.* 1993, p. 281, note H. Synvet ; Paris, 9 juill. 1992, *Rev. arb.* 1993, p. 303, note Ch. Jarrosson ; Paris, 4 mars 2004, préc. Ces arrêts ont été rendus en matière d'arbitrage international mais on ne voit pas de raison de retenir une solution différente pour l'arbitrage interne. Sur ces questions, v. aussi, *infra*, n° 513.

38. Sur les débats entourant la qualification et le régime juridique de la décision d'incompétence de l'arbitre, v. J.-B. Racine, « La sentence d'incompétence », *Rev. arb.* 2010, p. 729.

39. Paris, 16 juin 1988, *Rev. arb.* 1989, p. 309, note Ch. Jarrosson ; Paris, 21 juin 1990, *Rev. arb.* 1991, p. 96, note J.-L. Delvolvé ; Paris, 7 juill. 1994, *Rev. arb.* 1995, p. 107, note S. Jarvin ; Paris, 22 mai 2008, *Abela Foundation*, *Rev. arb.* 2008, p. 730, note F.-X. Train ; *JCP* G 2008, I, 222, n° 7 et s., obs. Ch. Seraglini ; *D.* 2008, p. 3117, obs. Th. Clay ; et J.-B. Racine, « L'affaire Abela ou les vicissitudes du contrôle de la compétence arbitrale », *Cah. arb.*, vol. V, Pedone, 2011, p. 187 ; maintenu par Cass. 1re civ., 6 oct. 2010, *Rev. arb.* 2010, p. 813, note F.-X. Train ; *D.* 2010, p. 2441, obs. X. Delpech, et p. 2943, obs. Th. Clay ; *JCP* G 2010, p. 1028, note P. Chevalier, et p. 1286, n° 6, obs. J. Ortscheidt ; *Cah. arb.* 2011, p. 443, note J.-B. Racine ; *RCDIP* 2011, p. 85, note F. Jault-Seseke.

40. Cass. 1re civ., 6 oct. 2010, *Abela Foundation*, préc. ; et aussi, Paris, 26 mars 2009, *sté Papillon Group Corporation c/ République Arabe de Syrie*, *Rev. arb.* 2010, p. 525, note V. Chantebout (arrêts rendus en matière internationale).

41. V. par exemple, en matière d'arbitrage international, Paris, 22 mai 2008, *Abela Foundation*, préc. ; maintenu par Cass. 1re civ., 6 oct. 2010, préc. Sur le contrôle du juge sur la compétence arbitrale, v. aussi, D. Mouralis, « Examen approfondi de la compétence de l'arbitre par le juge contrôlant la sentence : quelques précisions et illustrations », *Cah. arb.* 2012, p. 167.

à quel moment exact l'irrégularité doit être invoquée devant le tribunal arbitral. De son côté, l'article 74 du Code de procédure civile, relatif aux exceptions de procédure, et donc notamment à l'exception d'incompétence, devant le juge judiciaire, énonce que ces exceptions doivent, à peine d'irrecevabilité, être soulevées simultanément et avant toute défense au fond ou fin de non-recevoir. Cependant, il est inapplicable à l'arbitrage, dans la mesure où l'article 749 du même code réserve l'application de ces dispositions aux juridictions de l'ordre judiciaire. Au surplus, l'article 1464 du Code de procédure civile dispose que le tribunal arbitral détermine la procédure arbitrale sans être tenu de suivre les règles établies pour les tribunaux étatiques[42]. Néanmoins, on pourrait considérer qu'un principe équivalent à l'article 74 devrait être applicable dans l'arbitrage, ce qui conduirait à exiger de la partie qui entend contester la compétence arbitrale de le faire devant le tribunal arbitral *in limine litis*, préalablement à toute défense sur le fond. D'ailleurs, la doctrine majoritaire est effectivement favorable à cette solution rigoureuse, l'abstention d'une partie à invoquer une cause d'incompétence du tribunal arbitral au moment où celle-ci est acquise étant vue comme une renonciation à s'en prévaloir[43].

Une telle solution, si elle doit être approuvée dans son principe, pourrait toutefois être quelque peu nuancée. Il conviendrait en effet de distinguer deux hypothèses. Si l'incompétence arbitrale en question est fondée sur une cause d'ordre public à laquelle les parties ne peuvent valablement renoncer, par exemple une cause d'inarbitrabilité du litige non susceptible de renonciation, la sentence que rendrait l'arbitre pourra être annulée par le juge, même si aucune partie n'a invoqué la nullité de la convention d'arbitrage devant le tribunal arbitral. Il serait donc curieux et, en tout cas, vain d'imposer à une partie de soulever ce type d'exceptions *in limine litis* devant le tribunal arbitral et de le lui interdire par la suite, puisqu'elle pourra, de toute façon, la soulever devant le juge étatique dans le cadre des recours contre la sentence. Mieux vaudrait autoriser cette partie à invoquer cette exception en tout état de cause devant le tribunal arbitral. Au contraire, si l'incompétence arbitrale en question est fondée sur une cause que les parties peuvent valablement couvrir, comme le défaut de consentement à la convention d'arbitrage, ou le non-respect d'une exigence de forme, le fait pour une partie de participer à l'arbitrage sans invoquer, *in limine litis*, l'incompétence arbitrale devrait être vue comme une renonciation à invoquer la cause de nullité en question, ou comme lui interdisant de le faire par la suite. Autrement dit, tout dépendrait de la question de savoir si la partie qui invoque l'incompétence du tribunal arbitral pouvait renoncer, et a renoncé en connaissance de cause, à invoquer la cause d'incompétence arbitrale en question.

En tout cas, la jurisprudence considère qu'une partie, qui n'a pas invoqué l'incompétence arbitrale devant l'arbitre lui-même, ne peut le faire devant le juge chargé du recours[44]. Bien entendu, conformément à la logique qui vient d'être exposée, la solution ne devrait valoir que pour les causes d'incompétence arbitrale auxquelles les parties peuvent valablement renoncer. De plus, elle n'est pas applicable à la partie défaillante à l'arbitrage, qui pourra toujours présenter le grief dans le cadre des recours contre la sentence arbitrale[45], sa défaillance pouvant être vue comme une forme de protestation.

42. V. déjà, avant le décret du 13 janvier 2011, art. 1460 CPC.

43. Sur ce point, L. Cadiet, « La renonciation à se prévaloir des irrégularités de la procédure arbitrale », *Rev. arb.* 1996, p. 3, spéc. n°s 10 et s., p. 14, et les arrêts cités.

44. V. *infra*, n° 524.

45. En ce sens, Paris, 23 juin 2011, *Rev. arb.* 2011, p. 835.

Par ailleurs, cette présentation des choses doit être faite sous la réserve de l'arrêt *Claro* de la Cour de justice de l'Union européenne rendu en 2006 à propos de la clause d'arbitrage opposée à un consommateur[46]. Dans le cadre d'une question préjudicielle relative à l'interprétation de la directive 93/13/CEE du 5 avril 1993 sur les clauses abusives, la Cour de justice a en effet indiqué qu'une juridiction nationale, saisie d'un recours en annulation d'une sentence arbitrale, doit apprécier la nullité de la convention d'arbitrage et annuler la sentence si la clause d'arbitrage lui apparaît abusive, quand bien même le consommateur aurait invoqué cette nullité, non pas dans le cadre de la procédure arbitrale à laquelle il a participé, mais uniquement dans celui du recours en annulation. Ainsi, le consommateur ne serait pas tenu d'invoquer le caractère abusif d'une convention d'arbitrage devant le tribunal arbitral, et donc d'autant moins *in limine litis*. Toutefois, on sait que la solution retenue par la Cour de justice appelle quelques réserves[47]. Notamment, dans cette affaire, la consommatrice, certes défenderesse à l'arbitrage, avait été avertie, en début de procédure, qu'elle pouvait refuser d'aller à l'arbitrage et préférer la voie du juge étatique. Aussi, en acceptant néanmoins l'arbitrage, elle semblait avoir renoncé à se prévaloir du caractère abusif de la clause d'arbitrage. Dans ces conditions, la solution retenue par la Cour de justice pourrait ouvrir la porte à toutes les manœuvres : à suivre sa logique, ne faudrait-il d'ailleurs pas autoriser le consommateur à invoquer le caractère abusif de la clause d'arbitrage devant le juge étatique, dans le cadre du recours exercé contre la sentence, alors même qu'il aurait été le demandeur à l'arbitrage ? En tout cas, on peut espérer que cette solution, si elle devait être reprise par le juge français, soit alors circonscrite à la seule question de la mise en œuvre de la directive sur les clauses abusives et du caractère abusif de la convention d'arbitrage, et ne soit pas étendue au-delà de ce cercle restreint.

171 **Invocation d'office par le tribunal arbitral de son incompétence.** On peut également s'interroger sur la possibilité ou même l'obligation pour le tribunal arbitral de soulever d'office son incompétence lorsqu'aucune des parties ne la conteste. *A priori*, on pourrait considérer que le tribunal arbitral n'a pas à s'interroger sur ce point : en demeurant silencieuses sur la question de la compétence arbitrale, les parties peuvent être présumées avoir entendu couvrir les éventuelles causes d'incompétence. Aussi, quand bien même le tribunal arbitral identifierait de lui-même une difficulté éventuelle quant à sa compétence, il n'aurait pas à l'invoquer de son propre fait. Toutefois, encore faut-il que les parties puissent valablement couvrir la cause d'incompétence en question. Aussi, une fois encore, il serait plutôt judicieux de distinguer deux hypothèses. Lorsque la cause de cette éventuelle incompétence peut être couverte par la ou les parties concernées[48], le tribunal arbitral ne devrait pas, en règle générale, soulever l'exception d'incompétence de sa propre initiative. Le silence des parties semble signifier qu'elles entendent couvrir cette éventuelle cause initiale d'incompétence. En revanche, lorsque son incompétence pourrait résulter d'une cause à laquelle la partie concernée ne

46. CJCE, 26 oct. 2006, *Elisa Maria Mostaza Claro*, aff. C-168/05, *Rev. arb.* 2007, p. 109, note L. Idot ; *JCP* G 2007, I, 168, nº 1, obs. Ch. Seraglini ; *JDI* 2007, p. 581, note A. Mourre ; *D.* 2006, pan., p. 3027, obs. Th. Clay ; *ibid.*, p. 2562, obs. S. Bollée ; *RTD civ.* 2007, p. 113, obs. J. Mestre et B. Fages ; *ibid.*, p. 633, obs. Th. Théry.

47. Pour plus de détails sur ce point, v. *supra*, nº 127.

48. Par exemple, le litige ne semble pas couvert par les termes de la convention d'arbitrage mais les parties saisissent le tribunal arbitral et ne formulent aucune contestation à cet égard.

peut valablement renoncer[49], le tribunal arbitral devrait la soulever d'office, afin d'éviter une annulation ou un refus d'exequatur de sa sentence par le juge étatique. On pourrait également conseiller au tribunal arbitral de soulever d'office la question de son incompétence lorsqu'elle résulte d'une règle protectrice de l'une des parties, à laquelle celle-ci peut certes renoncer, mais dont il n'est pas certain qu'elle ait connaissance. En effet, il y a alors un risque que, dans le cadre d'un recours en annulation devant le juge, ce dernier considère que cette partie n'a pas renoncé « de façon non équivoque et en connaissance de cause », et que la sentence doit en conséquence être annulée, le tribunal arbitral s'étant déclaré à tort compétent. L'arrêt *Claro*[50] de la Cour de justice ne peut qu'inciter le tribunal arbitral à agir en ce sens. Enfin, lorsque le défendeur décide de ne pas participer à la procédure arbitrale, il est difficile de considérer qu'une telle abstention vaut renonciation à contester la compétence arbitrale. Au contraire, elle peut être vue comme une forme de contestation, et la partie en question pourrait donc toujours contester la compétence arbitrale devant le juge saisi du contrôle de la sentence arbitrale[51]. La Cour de justice s'est d'ailleurs prononcée en ce sens, toujours dans le cadre de la directive sur les clauses abusives[52]. Aussi, le tribunal arbitral serait avisé de vérifier de sa propre initiative si sa compétence ne peut être ultérieurement remise en question.

2. L'effet négatif de la convention d'arbitrage

172 **Incompétence des tribunaux étatiques en présence d'une convention d'arbitrage.** La convention d'arbitrage a un effet négatif, complément de son effet positif : elle rend les tribunaux étatiques incompétents pour connaître des litiges que les parties ont entendu soumettre à l'arbitrage. Le juge étatique doit donc se déclarer incompétent pour connaître des litiges visés par la clause compromissoire ou le compromis. Cette solution est clairement posée par l'article 1448 du Code de procédure civile, qui énonce que « lorsqu'un litige relevant d'une convention d'arbitrage est porté devant une juridiction de l'État, celle-ci se déclare incompétente sauf si le tribunal arbitral n'est pas encore saisi et si la convention d'arbitrage est manifestement nulle ou manifestement inapplicable »[53]. Le texte précise toutefois que la juridiction de l'État ne peut relever d'office son incompétence (art. 1448, al. 2). Ainsi, il appartient au défendeur de soulever l'exception d'incompétence du juge étatique, à défaut de quoi il sera réputé avoir tacitement renoncé à la convention d'arbitrage[54]. Le texte ajoute enfin que « toute stipulation contraire au présent article est réputée non écrite » (art. 1448, al. 3). Par ailleurs, la jurisprudence a précisé que « l'exception tirée de l'existence d'une clause

49. Comme l'inarbitrabilité du litige ou même, à en croire la Cour de justice de l'Union européenne, le caractère abusif de la clause d'arbitrage à l'égard du consommateur.

50. CJCE, 26 oct. 2006, *Elisa Maria Mostaza Claro*, aff. C-168/05, *Rev. arb.* 2007, p. 109, note L. Idot ; *JCP* G 2007, I, 168, nº 1, obs. Ch. Seraglini ; *JDI* 2007, p. 581, note A. Mourre ; *D.* 2008. pan. 3027, obs. Th. Clay ; *ibid.*, p. 2562, obs. S. Bollée ; *RTD civ.* 2007, p. 113, obs. J. Mestre et B. Fages ; *ibid.*, p. 633, obs. Th. Théry.

51. En ce sens, Cass. 1re civ., 22 sept. 2010, *Rev. arb.* 2011, p. 152 (2e esp.), note J.-G. Betto et A. Reynaud.

52. CJUE, 6 oct. 2009, aff. C-40/08, *Asturcom Telecomunicaciones*, *Rev. arb.* 2009, p. 813, note Ch. Jarrosson ; *Cah. arb.* 2010, p. 471, note A. Musella et P. Pedone ; *JCP* G 2010, I, 644, nº 3, obs. Ch. Seraglini ; *D.* 2009, p. 2959, obs. Th. Clay.

53. V. déjà, sous une formulation quelque peu différente, art. 1458 CPC avant le décret nº 2011-48 du 13 janvier 2011.

54. Sur la renonciation à la convention d'arbitrage, v. *infra*, nº 179 et s.

compromissoire est régie par les dispositions qui gouvernent les exceptions de procédure, de sorte qu'elle ne peut être soulevée par une partie qui avait préalablement conclu au fond »[55]. L'exception d'incompétence de la juridiction étatique doit donc être soulevée avant toute défense au fond, dans les conditions de l'article 74 du Code de procédure civile.

Cet effet négatif de la convention d'arbitrage, obligeant le juge à décliner sa compétence et à renvoyer les parties à l'arbitrage lorsqu'il est saisi au mépris d'une convention d'arbitrage liant les parties, assure l'efficacité même de la convention d'arbitrage et, plus généralement, est essentiel au fonctionnement de l'arbitrage. Toutefois, le droit français estime au surplus que l'efficacité de la convention d'arbitrage pourrait être amoindrie si l'on autorisait la partie ayant saisi le juge à contester la compétence arbitrale devant celui-ci, et ce juge à trancher cette contestation avant, le cas échéant, de renvoyer les parties à l'arbitrage. Aussi, le droit français donne une portée toute particulière à l'effet négatif de la convention d'arbitrage, en considérant qu'il s'accompagne d'un effet négatif du principe de Compétence-Compétence, donnant une compétence prioritaire à l'arbitre pour statuer sur les contestations relatives à sa compétence.

173 **Effet négatif du principe de Compétence-Compétence : incompétence des tribunaux étatiques pour statuer sur la compétence du tribunal arbitral.** Le sens particulier donné par le droit français[56] à l'effet négatif de la convention d'arbitrage apparaît sur la question du règlement des contestations relatives à la compétence du tribunal arbitral. La question est alors la suivante : le juge peut-il vérifier la compétence du tribunal arbitral avant de renvoyer, le cas échéant, les parties à l'arbitrage, ou faut-il au contraire réserver, dans un premier temps au moins, au tribunal arbitral la compétence pour apprécier sa propre compétence ? En réponse à cette question, le droit français a clairement choisi d'imposer un « effet négatif du principe de Compétence-Compétence », commandant au juge étatique, saisi du fond du litige malgré l'existence apparente d'une convention d'arbitrage, de renvoyer au tribunal arbitral les contestations relatives à la compétence arbitrale. Autrement dit, il institue une règle de priorité chronologique en faveur du tribunal arbitral sur l'appréciation de sa compétence[57]. De ce fait, l'existence d'une convention d'arbitrage prive le juge, non seulement de compétence sur le fond du litige, mais également, au moins temporairement, de compétence sur les contestations relatives à la compétence arbitrale.

174 **Priorité chronologique quasi absolue au tribunal arbitral pour statuer sur sa compétence.** L'effet négatif du principe de Compétence-Compétence revêt deux aspects. D'une part, il rend irrecevable devant le juge étatique toute action principale

55. Cass. 2e civ., 22 nov. 2001, *Rev. arb.* 2002, p. 371, note Ph. Théry ; et aussi, Cass. 2e civ., 21 déc. 2006, *Rev. arb.* 2007, p 132 ; Cass. 1re civ., 23 janv. 2007, *Rev. arb.* 2007, p. 290, obs. E. Teynier et P. Pic ; Cass. 1re civ., 3 févr. 2010, et 14 avr. 2010, *Rev. arb.* 2010, p. 495, note P. Callé ; Cass. 2e civ., 10 avr. 2014, *Rev. arb.* 2014, p. 514.

56. La solution française reste relativement isolée en droit comparé. Sur l'état de la question en droit comparé et dans l'arbitrage international, v. *infra*, no 688 et s.

57. Sur la question, v. E. Gaillard, « L'effet négatif de la compétence-compétence », in *Mélanges J.-F. Poudret*, Lausanne, 1999, p. 387 ; E. Gaillard et Y. Banifatemi, « Negative Effect of Competence-Competence: The Rule of Priority in Favour of the Arbitrators », in *Enforcement of Arbitration Agreements and International Arbitral Awards, The New York Convention in Practice*, E. Gaillard & D. Di Pietro (eds), Cameron May, 2008, p. 257. V. aussi, M. Boucaron-Nardetto, « La compétence-compétence : le point de vue français – Plaidoyer pour la compétence-compétence à la française », *Cah. arb.* 2013, p. 37.

contre la convention d'arbitrage elle-même, et visant par exemple à faire constater sa nullité ou sa caducité[58]. D'autre part, il commande au juge étatique, saisi d'un litige au fond en dépit de l'existence apparente d'une convention d'arbitrage, de se déclarer incompétent, dès lors que le défendeur se prévaut de la convention d'arbitrage, même si la validité ou l'applicabilité de celle-ci est contestée par le demandeur. Il interdit donc au juge de se prononcer sur la compétence de l'arbitre avant que ce dernier ait eu l'opportunité de le faire.

Dès lors que le défendeur se prévaut d'une convention d'arbitrage *in limine litis*, l'article 1448 du Code de procédure civile[59], qui apparaît ainsi, dans l'interprétation qu'en fait la jurisprudence, comme le versant « négatif » de l'article 1465 du même code[60], dicte la conduite du juge en conduisant à distinguer deux hypothèses[61]. Lorsque le tribunal arbitral est déjà saisi du même litige, le juge doit se déclarer incompétent et aucun examen relatif à la validité ou à la portée de la convention d'arbitrage ne lui est permis, un tel examen étant réservé au tribunal arbitral. Lorsque le tribunal arbitral n'est pas encore saisi, le juge doit encore se déclarer incompétent, à moins que la convention d'arbitrage ne soit « manifestement nulle ou manifestement inapplicable ». Dans cette seconde hypothèse, le juge peut donc, dans une certaine mesure, apprécier la validité ou la portée de la convention d'arbitrage. Toutefois, l'examen du juge en matière de nullité ou d'inapplicabilité manifeste doit demeurer très limité et s'en tenir aux évidences. La nullité ou l'inapplicabilité« manifeste » vise celle qui est « évidente, incontestable, qu'aucune argumentation sérieuse n'est en mesure de mettre en doute »[62]. Dans cette perspective, l'inapplicabilité manifeste vise le cas où le litige dont le juge est saisi se situe manifestement en dehors des prévisions de la convention d'arbitrage, ou l'hypothèse d'une partie manifestement non liée par la convention qu'on prétend lui opposer.

175 **Conception jurisprudentielle très restrictive de l'exception tirée de la nullité ou de l'inapplicabilité manifeste.** La jurisprudence adopte d'ailleurs une interprétation très restrictive de la nullité ou de l'inapplicabilité manifeste : elle est celle qui s'impose avec la force de l'évidence, par un simple examen *prima facie*. Dès lors, en cas d'ambiguïté, de discussions possibles sur l'existence, la validité, ou l'étendue, tant *ratione materiae* que *ratione personae*, de la convention d'arbitrage, le caractère manifeste fait défaut et la question doit être tranchée prioritairement par le tribunal arbitral. Dans ces conditions, la nullité ou l'inapplicabilité manifeste ne devrait pouvoir être caractérisée que dans des situations exceptionnelles, telle une inarbitrabilité manifeste. D'ailleurs, la jurisprudence retient une conception si restrictive de cette exception à l'effet négatif du principe de Compétence-Compétence qu'elle avait, un temps, hésité à admettre la limite

58. Cass. 1re civ., 5 janv. 1999, *Zanzi*, *Rev. arb.* 1999, p. 260, note Ph. Fouchard. Énoncée en matière d'arbitrage international, la solution est applicable dans l'arbitrage interne dans la mesure où elle résulte de la portée donnée par la jurisprudence à l'effet négatif du principe de Compétence-Compétence, identique dans l'arbitrage interne et dans l'arbitrage international. D'ailleurs, pour une affirmation moins solennelle de la solution mais ne laissant pas place au doute en matière d'arbitrage interne, v. Cass. 2e civ., 10 mai 1995, *Bull. civ.* II, n° 135, p. 77 ; *Rev. arb.* 1995, p. 617, note E. Gaillard.

59. V. art. 1458 CPC avant le décret du 13 janvier 2011.

60. V. art. 1466 CPC avant le décret du 13 janvier 2011.

61. Avant la réforme de 2011, ces deux hypothèses étaient plus nettement différenciées dans l'ancien article 1458 CPC, qui y consacrait deux alinéas distincts (al. 1 et 2).

62. Ph. Fouchard, « La coopération du président du tribunal de grande instance à l'arbitrage », *Rev. arb.* 1985, p. 5, spéc. p. 27.

de « l'inapplicabilité manifeste »[63], qui n'était pas expressément mentionnée par les textes avant le décret du 13 janvier 2011. La doctrine majoritaire estimait néanmoins qu'elle était implicitement visée par l'ancien article 1458 du Code de procédure civile. En effet, l'interdiction faite au juge du fond de constater l'inapplicabilité manifeste de la convention d'arbitrage au différend qui lui est soumis, alors même que le tribunal arbitral n'est pas encore saisi, aurait pour inconvénient majeur d'obliger les parties à entamer un arbitrage même si la convention d'arbitrage, sans être manifestement nulle, est néanmoins manifestement inapplicable au litige. La perte de temps éventuelle serait évidente. Aussi, la Cour de cassation avait finalement admis d'ajouter, à côté de la nullité manifeste, cette autre exception au jeu de l'effet négatif du principe de Compétence-Compétence tirée de « l'inapplicabilité manifeste » de la convention d'arbitrage, d'abord en matière d'arbitrage international[64], puis d'arbitrage interne[65]. Cette exception est désormais inscrite à l'article 1448 du Code de procédure civile.

Ceci étant, l'inapplicabilité manifeste n'a été qu'exceptionnellement retenue dans le cadre d'un arbitrage interne[66]. Elle l'a notamment été à l'égard de la clause compromissoire insérée dans un contrat d'approvisionnement pour un litige né d'un autre contrat entre les mêmes parties mais ayant un objet différent (contrat de gage à la garantie du paiement des marchandises) et contenant lui-même une clause attributive de juridiction ; dès lors, « l'arbitre ne pouvait étendre sa compétence à un contrat autre que celui qui contenait la clause d'arbitrage alors que les parties avaient voulu distinguer les contrats par des clauses contraires »[67]. De même, la Cour de cassation a refusé au franchiseur d'un débiteur failli, assigné en responsabilité civile devant le tribunal de la procédure collective par le commissaire à l'exécution du plan, la possibilité d'opposer la clause d'arbitrage stipulée dans le contrat de franchise, au motif que cette clause ne concernait que les litiges entre les parties qui l'avaient stipulée et n'était donc opposable au commissaire que lorsqu'il exerçait les droits et actions du débiteur lui-même, suivant les modalités de la liquidation judiciaire, et non lorsqu'il engageait une action au nom et dans l'intérêt collectif des créanciers sur le fondement de l'article 1382 du Code civil ; pour la Cour, était ainsi caractérisée « l'inapplicabilité évidente de la convention d'arbitrage, de nature à faire obstacle au principe [de Compétence-Compétence] »[68] ; la même

63. V., reprochant au juge d'avoir retenu sa compétence au motif que la clause d'arbitrage était manifestement inapplicable, sans avoir relevé « la nullité manifeste de la convention d'arbitrage, seule de nature à faire obstacle au principe » de Compétence-Compétence : Cass. 1re civ., 26 juin 2001, *American Bureau of Shipping*, *Rev. arb.* 2001, p. 529, note E. Gaillard.

64. Cass. 1re civ., 16 oct. 2001, *Société Quarto Children's books Ltd*, *Rev. arb.* 2002, p. 919, note D. Cohen.

65. Cass. 2e civ., 18 déc. 2003, 2 arrêts, *Bull. civ.* II, n° 393 et 394 ; *Rev. arb.* 2004, p 442 ; *JCP* G 2004, II, 10075, note C. Noblot (1er arrêt) ; *RTD com.* 2004, p. 255, obs. É. Loquin ; Cass. 2e civ., 8 avr. 2004, *Bull. civ.* II, n° 162 ; *Rev. arb.* 2004, p. 849, rendu en matière d'assistance du juge étatique à la constitution du tribunal arbitral dans le cadre de l'ancien article 1444 CPC.

66. Pour la jurisprudence relative à cette limite rendue en matière d'arbitrage international, v. *infra*, n° 689.

67. Cass. 1re civ., 4 juill. 2006, *Rev. arb.* 2006, p. 959, note F.-X. Train ; *JCP* G 2006, I, 187, n° 10, obs. Ch. Seraglini. V. aussi, Cass. 1re civ., 8 déc. 2009, *Rev. arb.* 2011, p. 193, obs. Y. Strickler ; Cass. 1re civ., 12 févr. 2014, n° 13-18059, *D.* 2014, p. 2546, obs. Th. Clay ; *JCP* G 2014, 857, n° 3 (3e arrêt), obs. Ch. Seraglini.

68. Cass. com., 13 juin 2006, *JCP* G 2006, I, 187, n° 10, obs. Ch. Seraglini ; *Rev. arb.* 2006, p. 955 ; et également Cass. 1re civ., 1er juill. 2009, *Rev. arb.* 2009, p. 655 ; *Cah. arb.* 2010, p. 453, note J. Ortscheidt : « L'action engagée par le liquidateur d'une société, dans l'intérêt des créanciers, étant une action en responsabilité pour soutien abusif et en comblement de passif, et le liquidateur n'étant pas partie à la clause

solution a été retenue pour l'action du liquidateur en nullité d'un acte sur le fondement des dispositions de l'article L. 632-1, I, 2°, du Code de commerce (nullité de la période suspecte)[69]. A encore été jugée manifestement nulle la clause compromissoire qui, sous le régime de l'article 2061 du Code civil antérieur à la loi du 18 novembre 2016[70], n'avait pas été conclue par une personne exerçant une activité professionnelle[71].

Néanmoins, l'interprétation de la notion d'inapplicabilité ou de nullité manifeste demeure très restrictive en jurisprudence. Ce constat est somme toute logique lorsque l'on songe, d'une part, à l'objectif qui sous-tend l'effet négatif du principe de Compétence-Compétence et, d'autre part, aux solutions substantielles, particulièrement favorables, par ailleurs retenues par la jurisprudence en matière de validité et de portée tant *ratione materiae* que *ratione personae* de la convention d'arbitrage[72]. Ainsi, l'inapplicabilité manifeste ne pourra résulter que du constat, exclusif de toute interprétation ou de toute analyse substantielle des faits, que le litige ne peut, à l'évidence, entrer dans le champ d'application de la convention d'arbitrage en cause, ou que la partie à laquelle on prétend l'opposer n'a, à l'évidence, aucun lien avec elle. De même, la nullité manifeste est celle qui s'impose avec la force de l'évidence. Dans ces conditions, les exemples de rejet de l'argument tiré de la nullité ou de l'inapplicabilité manifeste sont très nombreux en jurisprudence, même en se limitant à l'arbitrage interne[73]. Ainsi, il n'y a pas de nullité ou d'inapplicabilité manifeste en présence d'une clause compromissoire et d'une clause attributive de juridiction dans le même contrat ; il y a alors simplement une ambiguïté, qu'il appartient en priorité au tribunal arbitral de lever[74]. De même, se

compromissoire liant la société en liquidation et la société défenderesse, il en résulte que la clause est manifestement inapplicable ». Dans le même sens, retenant implicitement l'inapplicabilité manifeste de la clause compromissoire tout en adoptant un vocabulaire différent, Cass. com., 14 janv. 2004, *Rev. arb.* 2004, p. 591 (1re esp.), note P. Ancel : « Le liquidateur d'une société franchisée, qui n'est pas lui-même partie au contrat stipulant la clause compromissoire, agit en responsabilité dans l'intérêt des créanciers contre le franchiseur pour soutien abusif apporté à la société franchisée, ce dont il résulte que ladite clause est étrangère au litige ». V. aussi, Cass. 1re civ., 2 oct. 2002, *Bull. civ.* I, n° 233, p. 180 ; *Rev. arb.* 2002, p 1051.

69. Cass. com., 17 nov. 2015, *D.* 2015, p. 2439, obs. A. Lienhard ; *Rev. arb.* 2016, p. 798, note M. de Fontmichel, et p. 856, obs. M. Boucaron-Nardetto ; *Cah. arb.* 2016, p. 49, note H. Barbier ; *RTD com.* 2016, p. 334, obs. A. Martin-Serf : « Le liquidateur qui demande, à titre principal, la nullité d'un acte sur le fondement des dispositions de l'article L. 632-1, I, 2° du Code de commerce ne se substitue pas au débiteur dessaisi pour agir en son nom mais exerce une action au nom et dans l'intérêt collectif des créanciers de sorte qu'une clause compromissoire stipulée dans l'acte litigieux est manifestement inapplicable au litige ».

70. Sur la modification de l'article 2061 opérée par la loi du 18 novembre 2016 dite de modernisation de la justice du xxie siècle, v. *supra*, n° 129 et s.

71. V. implicitement, Cass. 1re civ., 29 févr. 2012, *JCP G* 2012, 405, note J. Monéger ; *JCP G* 2012, 405, obs. J. Monéger ; *ibid.*, 843, n° 1, obs. J. Ortscheidt ; *Rev. arb.* 2012, p. 359, note M. de Fontmichel. Suite à la modification de l'article 2061 résultant de la loi du 18 novembre 2016, on pourrait plutôt caractériser une « inapplicabilité » manifeste de la clause compromissoire à la partie qui n'a pas contracté dans le cadre de son activité professionnelle, puisque la clause n'est plus nulle à son égard mais lui est seulement inopposable. Pour un autre exemple de caractérisation d'une inapplicabilité manifeste, v. Cass. 1re civ., 14 mai 2014, *Rev. arb.* 2017, p. 498.

72. Sur ces solutions, v. notamment *infra*, n° 188 et s. (portée *ratione materiae*) et n° 193 et s. (portée *ratione personae*).

73. Pour d'autres exemples de rejet de cette limite en matière internationale, v. *infra*, n° 689.

74. Cass. 2e civ., 18 déc. 2003, *JCP* G 2004, II, 10075, note C. Noblot ; *Rev. arb.* 2004, p 442 ; *RTD com.* 2004, p. 255, obs. É. Loquin. V. aussi, Cass. 1re civ., 14 nov. 2007, *Rev. arb.* 2008, p. 453, note F.-X. Train, rendu en application de l'ancien article 1444, al. 3, CPC qui prévoyait que le juge d'appui pouvait refuser d'apporter son concours, en cas de difficulté, à la constitution du tribunal arbitral lorsque la clause d'arbitrage était, soit manifestement nulle, soit insuffisante pour permettre de constituer le tribunal arbitral. La jurisprudence y avait ici aussi ajouté la limite de la clause manifestement inapplicable. La même

détermine par des motifs impropres à établir le caractère manifeste de la nullité ou de l'inapplicabilité de la clause d'arbitrage, l'arrêt qui, pour déclarer le juge compétent, retient que la clause litigieuse, parfaitement claire, ne soumet à l'arbitrage que les litiges relatifs aux garanties et que, même en l'absence de garanties particulières prévues par le contrat, étendre le domaine de la clause à l'exécution des promesses de vente et d'achat constituerait une dénaturation[75]. De même encore, statue par des motifs insusceptibles de caractériser la nullité ou l'inapplicabilité manifeste de la clause d'arbitrage la cour d'appel qui, pour écarter la compétence prioritaire de l'arbitre pour statuer sur sa propre compétence, retient que la clause d'arbitrage ne visant que les contestations nées de l'interprétation et de l'exécution de l'accord de franchise, les litiges relatifs à la nullité de cet accord lors de sa formation en sont exclus[76], ou la cour d'appel qui retient que, s'agissant d'une demande en concurrence déloyale, le litige est étranger à la sphère contractuelle et ne relève pas de la convention d'arbitrage limitée aux difficultés survenant dans l'exécution ou l'interprétation des conventions ou par suite de leur résiliation[77]. N'est pas davantage manifestement nulle la clause qui prévoit que « les arbitres ne seront soumis à aucune règle ni aucun délai prévu au Code de procédure civile »[78]. Enfin, le caractère manifestement inapplicable de la clause d'arbitrage ne saurait davantage résulter de l'incapacité prétendue d'une partie à faire face au coût d'une procédure arbitrale en raison de sa situation financière et du déni de justice qui en résulterait[79]. Les exemples pourraient être multipliés[80].

En résumé, le juge n'est autorisé qu'à procéder à un contrôle *prima facie* de la nullité comme de l'inapplicabilité manifestes, qui doivent lui apparaître évidentes, excluant tout examen substantiel et approfondi. Mieux, l'incertitude profitera ici à la compétence prioritaire du tribunal arbitral pour trancher la contestation relative à sa compétence. La complexité de la relation contractuelle en cause, l'éventualité d'une convention d'arbitrage valable et applicable, excluent le caractère manifestement nul ou inapplicable de celle-ci[81]. En pratique, la nullité ou l'inapplicabilité manifeste sera

réserve se trouve aujourd'hui à l'article 1455 CPC. Dans ce cadre également, la limite était, et sera probablement toujours, strictement entendue : le doute créé par la présence, dans les statuts d'une société, d'une contradiction entre une clause attributive de juridiction et une clause compromissoire quant à la volonté de recourir à l'arbitrage ne suffit pas à rendre cette dernière manifestement nulle ou inapplicable ; il appartiendra au tribunal arbitral de se prononcer, en priorité, sur cette contradiction apparente et le juge ne peut donc refuser d'apporter son concours à la constitution du tribunal arbitral en cas de difficulté. V. encore, au regard de l'ancien article 1444, al. 3, CPC, Cass. 1re civ., 8 avr. 2009, *JCP* G 2009, I, 148, n° 7, obs. Ch. Seraglini ; *Rev. arb.* 2009, p. 521, note M. Danis et B. Siin ; *RTD com.* 2009, p. 552, obs. É. Loquin.

75. Cass. 1re civ., 9 juill. 2008, *Rev. arb.* 2008, p. 677 (2e esp.), note O. Cachard.

76. Cass. 1re civ., 12 déc. 2007, *Rev. arb.* 2008, p. 677 (1re esp.), note O. Cachard.

77. Cass. 1re civ., 8 nov. 2005, *Rev. arb.* 2006, p. 925 (2e esp.), note D. Bensaude. V. aussi Cass. 2e civ., 8 avr. 2004, *Rev. arb.* 2004, p. 849.

78. Cass. 1re civ., 7 juin 2006, *Rev. arb.* 2007. 545 (2e esp.), obs. J. Rouche.

79. Cass. 1re civ., 13 juill. 2016, *Rev. arb.* 2016, p. 859, obs. M. Boucaron-Narretto ; Paris, 26 févr. 2013, *Lola Fleur, Rev. arb.* 2013, p. 746 (2e esp.), note F.-X. Train ; *Cah. arb.* 2013, p. 479, note A. Pinna ; *D.* 2013, p. 2936, obs. Th. Clay. Sur cette situation alléguée d'impécuniosité, v. *supra*, n° 47.

80. V. encore, Cass. 1re civ., 6 mars 2007, *Bull. civ.* I, n° 91 ; *Rev. arb.* 2007, p. 345.

81. V. également sur le sujet, M. Boucaron-Nardetto, « Retour sur les critères de contrôle de la nullité et de l'inapplicabilité de la clause compromissoire », *Rev. arb.* 2016, p. 853, et la jurisprudence citée ; O. Cachard, « Le contrôle de la nullité ou de l'inapplicabilité manifeste de la clause compromissoire », *Rev. arb.* 2006, p. 893 ; Ch. Seraglini, *JCP G* 2003, I, 164, n° 6, *JCP G* 2006, I, 187, n° 7 et s., et *JCP G* 2009, I, 148, n° 4 et s. ; Y. Strickler, « La jurisprudence de la Cour de cassation en matière d'effet négatif de la compétence-compétence (janvier 2009-décembre 2010) », *Rev. arb.* 2011, p. 191.

difficile à caractériser compte tenu, d'une part, du cadre limité du contrôle ici autorisé aux juges du fond par la Cour de cassation et, d'autre part, des solutions très favorables régissant tant la validité de la convention d'arbitrage, que son interprétation ou ses effets *rationae materiae* et *ratione personae*. Enfin, il convient de relever que l'alinéa 3 de l'article 1448 réputant « non écrite » toute stipulation contraire à cet article, dans l'arbitrage interne[82], il est interdit aux parties de déroger à l'effet négatif du principe de Compétence-Compétence et à ses conditions d'application, tels qu'entendus par le droit français.

176 **Détermination de la date à laquelle le tribunal arbitral est saisi.** Une difficulté d'application du texte de l'ancien article 1458, alinéa 2, du Code de procédure civile pouvait résulter de la détermination de la date à laquelle le tribunal arbitral peut être considéré comme « saisi » au sens de cette disposition. Avant cette date, le juge peut en effet opérer un contrôle de la nullité ou de l'inapplicabilité manifeste de la convention d'arbitrage ; après cette date, même ce contrôle restreint lui est interdit. Or, aucune disposition du Code de procédure civile ne précisait quel événement marquait la saisine du tribunal arbitral. Dès lors, devait-on retenir la date de la requête d'arbitrage, afin d'éviter toute manœuvre de « court-circuitage » de l'arbitrage par le défendeur qui, recevant cette requête, s'empresserait de saisir le juge étatique pour, à tout le moins, créer une procédure étatique parallèle polluante sur la question de la nullité ou de l'inapplicabilité manifeste ? Le problème est, qu'à cette date, il n'y a pas encore de tribunal arbitral constitué, cette constitution pouvant au demeurant prendre du temps, et qu'il peut donc difficilement être considéré comme « saisi ». Fallait-il alors retenir la date de la constitution du tribunal arbitral, ou encore la date de signature de l'acte de mission par le tribunal arbitral ? À cet égard, on pouvait, avant le décret du 13 janvier 2011, s'appuyer sur l'ancien article 1452 du Code de procédure civile, qui disposait que la constitution du tribunal arbitral n'était parfaite que si le ou les arbitres acceptaient la mission qui leur est confiée, et sur l'ancien article 1456 du même code qui, s'agissant du délai dans lequel les arbitres doivent remplir leur mission, prévoyait que ce délai ne courait qu'à compter du jour où le dernier arbitre avait accepté cette mission ; le tribunal arbitral n'était donc, dans ce cadre, réputé saisi qu'à cette date[83]. Cependant, la jurisprudence avait décidé que la saisine effective du tribunal arbitral pouvait ne pas coïncider avec la date de l'acceptation par tous les arbitres de leur mission, dès lors qu'elle se matérialise par la soumission effective du litige au tribunal arbitral constitué et suppose donc que les données du litige soient portées à la connaissance du tribunal[84]. On notera toutefois que les arrêts rendus ne concernaient pas la mise en œuvre de l'effet négatif du principe de Compétence-Compétence, figurant alors à l'article 1458 du Code de procédure civile, mais davantage la question du point de départ du délai d'arbitrage pendant lequel les arbitres doivent, sauf prorogation, exercer leur mission, ou celle de savoir à partir de quelle date l'instance arbitrale peut être considérée comme étant « en cours » au regard notamment du droit des procédures collectives et du principe d'interruption des poursuites individuelles[85]. Dans le cadre de l'ancien

82. L'alinéa 3 n'étant pas applicable à l'arbitrage international puisque l'article 1506 CPC ne renvoie qu'aux deux premiers alinéas de l'article 1448.

83. En ce sens, Cass. 1re civ., 30 mars 2004, *Rev. arb.* 2005, p. 977, note J. Pellerin.

84. Paris, 28 nov. 1991, *Rev. arb.* 1992, p. 625 (1re esp.), obs. J. Pellerin ; Paris, 8 mars 2001, *Rev. arb.* 2001, p. 567, note C. Legros ; Cass. 2e civ., 20 mars 2003, *Rev. arb.* 2003, p. 551.

85. Sur l'impact de l'ouverture d'une procédure collective sur l'arbitrage, qui dépend notamment de la question de savoir si une instance arbitrale était ou non déjà « en cours » au jour de l'ouverture de la procédure collective, v. *supra*, n° 147, et *infra*, n° 319 et 361.

article 1458 et de la mise en œuvre du principe de Compétence-Compétence, la réponse à apporter pouvait être différente, dès lors qu'il s'agirait, dans ce cas, d'éviter toute manœuvre visant à court-circuiter, ne serait-ce que partiellement, l'effet négatif en s'empressant de saisir un tribunal étatique. Dans cette perspective, on aurait pu préférer retenir la date la plus antérieure dans le temps, soit la date de la notification de la requête d'arbitrage, tout en précisant que cette solution ne serait pas transposable à d'autres questions, comme celle du point de départ du délai d'arbitrage, où il convient plutôt de retenir une date plus tardive dès lors que le tribunal arbitral ne peut exercer sa mission tant qu'il n'est pas constitué, et même tant qu'il n'a pas reçu les éléments essentiels du dossier[86].

Le décret du 13 janvier 2011 a quelque peu éclairci la question. En effet, le nouvel article 1456, alinéa 1, du Code de procédure civile ne reprend pas seulement la règle posée par l'ancien article 1452, selon laquelle la constitution du tribunal arbitral est parfaite à la date d'acceptation par le ou les arbitres de leur mission. Il ajoute qu'« à cette date, il est saisi du litige ». Il faudrait donc en conclure que, désormais, la date de la « saisine », par ailleurs retenue par l'article 1448 dans le cadre de la mise en œuvre de l'effet négatif du principe de Compétence-Compétence, est bien la date de constitution du tribunal arbitral, marquée par l'acceptation de sa mission par le dernier arbitre. Ceci étant, il faut souligner qu'il est toujours possible de déroger à la règle de l'article 1456, alinéa 1, selon laquelle le tribunal arbitral est saisi du litige dès sa constitution, en vertu du nouvel article 1461, qui précise que toute disposition contraire aux dispositions des articles 1450 à 1460 est réputée non écrite, « sous réserve des dispositions du premier alinéa de l'article 1456 ». Aussi, les parties directement, ou un règlement d'arbitrage, pourraient décider de reporter la date de la saisine à la remise effective du dossier aux arbitres, ou encore à la signature de l'acte de mission. La solution a surtout une utilité quant au point de départ du délai d'arbitrage, fixé en principe à six mois à compter de la saisine par l'article 1463. Mais elle devrait alors reporter d'autant la date de la saisine au sens de l'article 1448, et donc dans le cadre de la mise en œuvre de l'effet négatif du principe de Compétence-Compétence.

177 **Contrôle ultérieur du juge.** Il ne faut pas se méprendre sur le sens de l'effet négatif du principe de Compétence-Compétence. Si l'appréciation faite par le tribunal arbitral sur sa propre compétence bénéficie d'une priorité chronologique, elle n'est en aucun cas souveraine : un recours pourra être exercé contre la sentence dans laquelle le tribunal arbitral a statué sur les contestations relatives à sa compétence, et le juge étatique opérera alors un contrôle total en la matière. La Cour de cassation a en effet clairement indiqué que, dans le cadre de ce contrôle, le juge n'est aucunement lié par les constatations de fait ou de droit du tribunal arbitral[87]. Selon elle, « le juge de l'annulation contrôle la décision du tribunal arbitral sur sa compétence, qu'il se soit déclaré compétent ou incompétent, en recherchant tous les éléments de droit ou de fait permettant d'apprécier la portée de la convention d'arbitrage et d'en déduire les conséquences sur le respect de la mission confiée aux arbitres »[88]. Le juge pourra annuler la sentence,

86. Sur la question générale de la date de la saisine du tribunal arbitral, v. *infra*, n° 315, 316, 317.

87. Cass. 1re civ., 6 janv. 1987, *SPP*, *JDI* 1987, p. 638, note B. Goldman ; *Rev. arb.* 1987, p. 469, note Ph. Leboulanger. L'arrêt a été rendu en matière d'arbitrage international mais la solution est applicable à l'arbitrage interne. Et v. *supra*, n° 168 et 169.

88. Cass. 1re civ., 6 oct. 2010, *Rev. arb.* 2010, p. 813, note F.-X. Train ; *D.* 2010, p. 2441, obs. X. Delpech, et p. 2943, obs. Th. Clay ; *JCP* G 2010, p. 1028, note P. Chevalier, et p. 1286, n° 6, obs. J. Ortscheidt ; *Cah. arb.* 2011, p. 443, note J.-B. Racine ; *RCDIP* 2011, p. 85, note F. Jault-Seseke. Cependant, ce contrôle total ne s'exerce que si le tribunal arbitral s'est effectivement prononcé sur sa compétence,

ou en refuser l'exequatur, s'il estime que « le tribunal arbitral s'est déclaré à tort compétent ou incompétent »[89]. Dans les deux cas, le contrôle sera donc identique et total[90]. Dès lors, le juge semble toujours avoir le dernier mot. Toutefois, si cette proposition est probablement juste s'agissant de l'arbitrage interne, elle doit être reçue avec beaucoup plus de circonspection dans l'arbitrage international, ce qui conduira à s'interroger, dans ce cadre, sur les mérites de cette conception toute particulière du principe de Compétence-Compétence retenue par le droit français, conférant une priorité quasi absolue à l'arbitre pour statuer sur les contestations relatives à sa compétence[91].

B. LES LIMITES AU TRANSFERT DE COMPÉTENCE

178 **Division.** Le principe du transfert de compétence des juridictions étatiques au tribunal arbitral opéré par la convention d'arbitrage comporte quelques limites. L'une d'elles résulte de la volonté des parties qui peuvent, d'un commun accord, renoncer au bénéfice de la convention d'arbitrage qu'elles avaient conclue et finalement préférer porter leur différend devant le juge étatique (1). Une autre limite, beaucoup moins radicale puisqu'elle permettra au juge, non pas de connaître du litige couvert par la convention d'arbitrage au fond, mais seulement d'intervenir de façon accessoire, résulte de la loi qui accorde au juge certaines compétences résiduelles malgré l'existence d'une convention d'arbitrage. Au demeurant, ces compétences résiduelles ont le plus souvent pour objectif d'assurer l'efficacité de l'arbitrage, et non de court-circuiter la compétence arbitrale (2)[92].

et non sur une question de recevabilité de la demande, auquel cas, et peu important le vocabulaire utilisé par le tribunal dans sa sentence, le juge ne saurait procéder à un contrôle total de sa décision, la recevabilité relevant du fond du litige et donc du principe de non-révision au fond de la sentence (sur lequel, v. *infra*, n° 536) : Cass. 1re civ., 18 mars 2015, *Rev. arb.* 2015, p. 1110, note D. Cohen ; *Cah. arb.* 2015, p. 343, note I. Fadlallah ; *ibid.*, p. 803, note S. Bollée ; *JCP* G 2015, 877, n° 7, obs. Ch. Seraglini ; *RDC* 2015, p. 555, obs. X. Boucobza et Y.-M. Serinet ; *D.* 2015, p. 2591, obs. Th. Clay ; *RTD com.* 2016, p. 708, obs. É. Loquin (arrêt rendu en matière d'arbitrage international) ; et aussi, Paris, 28 juin 2016, *Rev. arb.* 2016, p. 1101, note N. Dissaux ; *ibid.*, p. 1153, note J. Barbet ; Paris, 25 avr. 2017, *Rev. arb.* 2017, p. 1197 (2e esp.), note L. Mayer ; Paris, 16 janv. 2018, *Rev. arb.* 2018, p. 297 ; *D.* 2018, p. 2460, obs. Th. Clay (arrêts rendus en matière d'arbitrage international).

89. Art. 1492.1° CPC. La solution s'applique donc aussi bien quand le tribunal arbitral s'est estimé à tort compétent que lorsqu'il a à tort écarté sa compétence. Avant le décret du 13 janvier 2011, l'ancien article 1484 CPC, qui énumérait les cas d'ouverture du recours en annulation contre la sentence, ne visait pas le cas où l'arbitre se serait déclaré à tort incompétent. Toutefois, la jurisprudence considérait que, dans ce cas, l'arbitre « avait statué sans se conformer à la mission qui lui avait été conférée », hypothèse visée par le 3° de l'ancien article 1484 (Paris, 21 juin 1990, *Rev. arb.* 1991, p. 96, note J.-L. Delvolvé ; Paris, 16 juin 1988, *Rev. arb.* 1989, p. 309, note Ch. Jarrosson ; Paris, 7 juin 1994, *Rev. arb.* 1995, p. 107, note S. Jarvin).

90. V. encore, Paris, 18 nov. 2010, *Rev. arb.* 2011, p. 695, note S. Lemaire : même solution lorsque la source de la convention d'arbitrage est un traité bilatéral d'investissement.

91. V. *infra*, n° 691 et s.

92. Ne seront pas ici examinés deux autres cas d'intervention du juge étatique, dans la mesure où ils s'expliquent par l'instance arbitrale elle-même et lui sont propres : l'aide du juge d'appui au bon déroulement de l'instance arbitrale, notamment en matière de constitution du tribunal arbitral en cas de difficulté, et le contrôle par le juge étatique de la sentence arbitrale ; sur ces deux points, v. *infra*, n° 265 et s. ; *infra*, n° 482 et s. et *infra*, n° 508 et s.

1. La renonciation au bénéfice de la convention d'arbitrage

179 **Exigence d'une renonciation commune.** Les parties peuvent toujours, d'un commun accord, défaire ce qu'elles ont fait et donc renoncer au bénéfice de la convention d'arbitrage. En revanche, une partie ne peut, unilatéralement, priver d'effet une convention d'arbitrage. La renonciation doit être commune. Toutefois, elle pourra découler de la conjonction de deux démarches unilatérales dans le même sens. Ainsi, le défendeur assigné au fond du litige devant un juge étatique qui ne soulève pas l'exception d'incompétence du juge, renonce de ce fait au bénéfice de la convention d'arbitrage. De son côté, en saisissant le juge étatique, le demandeur a lui aussi renoncé au bénéfice de la convention d'arbitrage. Il y a donc bien renonciation commune. Deux questions posent davantage difficulté : la forme que peut revêtir la renonciation et la portée exacte d'une renonciation.

180 **Forme de la renonciation.** La renonciation peut bien entendu être expresse et notamment résulter, dans le cadre d'un ensemble contractuel composé d'une succession de contrats indissociables entre les parties, de la stipulation d'une clause attributive de juridiction dans un contrat postérieur à celui qui contenait la clause d'arbitrage[93]. La renonciation peut également être tacite ; elle doit alors résulter d'une manifestation de volonté dépourvue de toute équivoque[94]. La renonciation tacite et non équivoque à la convention d'arbitrage est aisément caractérisée en ce qui concerne le demandeur qui assigne au fond l'autre partie devant le juge étatique pour une demande qui aurait dû être soumise à l'arbitrage[95], et pour le défendeur qui se défend alors au fond sans contester la compétence du juge[96]. Il y a encore renonciation tacite lorsqu'une partie refuse de participer à l'arbitrage initié par l'autre partie et que cette dernière, prenant acte de ce refus et renonçant elle-même à l'arbitrage, choisit de saisir la juridiction étatique[97]. La caractérisation d'une renonciation tacite est plus délicate s'agissant d'une partie qui refuse de participer à la constitution du tribunal arbitral[98]. La solution devrait dépendre des circonstances : si, malgré ce refus, le tribunal a pu être mis en place, il n'y a pas eu de renonciation et cette partie peut encore bénéficier de la convention d'arbitrage et participer à l'instance ; en revanche, la renonciation pourrait être retenue lorsque le refus a conduit à ne pouvoir mettre en place le tribunal arbitral, pour

93. Paris, 9 déc. 1987, *Rev. arb.* 1988, p. 573 (2e esp.), et obs. G. Pluyette, p. 534.

94. Pour un refus de voir dans l'attitude des parties une manifestation non équivoque de la volonté de renoncer au bénéfice de la convention d'arbitrage, v. Cass. 2e civ., 18 févr. 1999, *Rev. arb.* 1999, p. 299 (2 arrêts), note Ph. Pinsolle ; Cass. 2e civ., 3 nov. 1993, *Rev. arb.* 1994, p. 533, obs. Ph. Fouchard ; et aussi, Paris, 21 janv. 2010, *Rev. arb.* 2010, p. 339, note F.-X. Train (arrêt rendu en matière internationale) ; Paris, 7 avr. 2015, *Rev. arb.* 2015, p. 1216 (arrêt rendu en matière internationale).

95. En ce sens, Paris, 7 juill. 1994, *Uzinexportimport*, *Rev. arb.* 1995, p. 107, note S. Jarvin (rendu en matière d'arbitrage international).

96. Cass. 1re civ., 15 juin 1975, *Rev. arb.* 1976, p. 189, note É. Loquin ; Paris, 7 juin 1984, *Rev. arb.* 1984, p. 504, note E. Mezger ; Cass. 1re civ., 20 avr. 2017, *Rev. arb.* 2017, p. 763 ; *JCP* G 2017, 694, note D. Mouralis ; *D.* 2017, p. 2562, obs. Th. Clay.

97. Cass. 1re civ., 7 juin 2006, *JCP* G 2006, I, 187, no 2, obs. J. Ortscheidt ; *Rev. arb.* 2006, p. 983, obs. J.-Y. Garaud et Ch.-H. de Taffin ; v. aussi, en matière de renonciation implicite, Cass. 1re civ., 22 mai 2008, no 07-13974, extraits in *Cah. arb.*, vol. V, Pedone, 2011, p. 655.

98. V. Paris, 14 nov. 1991, *Rev. arb.* 1994, p. 545 (2e déc.), note Ph. Fouchard : le refus d'une partie de désigner son arbitre dans le délai qui lui avait été imparti ne vaut pas renonciation à la convention d'arbitrage (arrêt rendu en matière d'arbitrage international).

éviter que cette partie joue sur les deux tableaux afin de se soustraire à toute procédure, arbitrale ou étatique[99]. Cela étant, ce cas de figure devrait somme toute être rare, compte tenu de l'aide possible de l'institution d'arbitrage ou du juge étatique en cas de difficulté de constitution du tribunal arbitral[100].

En revanche, il est certain que la saisine du juge des référés en vue d'obtenir des mesures provisoires ou conservatoires n'emporte pas renonciation au bénéfice de la convention d'arbitrage, la compétence du juge des référés pour prononcer ce type de mesures étant considérée comme compatible avec la compétence de l'arbitre pour trancher le fond du litige. Cette solution a d'ailleurs été confirmée par l'article 1449, alinéa 1, du Code de procédure civile dans sa rédaction issue du décret du 13 janvier 2011, qui dispose que « l'existence d'une convention d'arbitrage ne fait pas obstacle, tant que le tribunal arbitral n'est pas constitué, à ce qu'une partie saisisse une juridiction de l'État aux fins d'obtenir une mesure d'instruction ou une mesure provisoire ou conservatoire ». De même, la saisine d'une juridiction étatique pour voir ordonner une mesure qui relève de sa compétence exclusive et qui ne peut être prononcée par un tribunal arbitral, ne caractérise aucune renonciation au bénéfice de la convention d'arbitrage[101]. L'article 1468 du Code de procédure civile issu du décret du 13 janvier 2011 le confirme puisqu'il précise, après avoir reconnu le pouvoir du tribunal arbitral de prononcer des mesures provisoires et conservatoires, que « toutefois la juridiction de l'État est seule compétente pour ordonner des saisies conservatoires et sûretés judiciaires ». Dans ces conditions, la saisine du juge pour ce type de mesures ne saurait être interprétée comme une renonciation à l'arbitrage. Enfin, sauf stipulation conventionnelle d'une forclusion, le non-respect du délai prévu par la convention d'arbitrage pour la mise en œuvre de la procédure arbitrale ne peut être interprété comme une renonciation à celle-ci[102].

181 **Portée de la renonciation.** Une autre difficulté peut concerner la portée à attribuer à la renonciation. Lorsqu'elle est caractérisée, la renonciation est certaine s'agissant du droit de saisir un tribunal arbitral de la même demande que celle que les parties ont ainsi accepté de soumettre au juge étatique. On peut en revanche hésiter à considérer qu'il y a alors renonciation à la convention d'arbitrage pour tout autre litige qui pourrait survenir à l'avenir entre les parties relativement au contrat visé par la convention d'arbitrage. Sur ce point, tout pourra dépendre tout d'abord du type de convention d'arbitrage en cause. La renonciation à un compromis, acte qui vise un litige particulier, a, à l'évidence, un effet général : le compromis est alors caduc. S'agissant de la clause compromissoire, qui vise un ensemble de litiges pouvant survenir entre les parties, la renonciation à la clause pour l'un d'eux n'implique pas nécessairement renonciation pour d'autres litiges qui pourraient apparaître dans le futur. Tout devrait être ici question d'interprétation de la volonté des parties : ont-elles entendu renoncer à la clause compromissoire ponctuellement, pour un litige déterminé, ou définitivement, même pour des litiges ultérieurs ? En tout cas, la Cour de cassation a retenu que la partie qui saisit

99. V., sous l'empire du régime antérieur au décret du 14 mai 1980 qui ne prévoyait pas l'aide du juge étatique à la constitution du tribunal arbitral en cas de difficultés, Cass. com., 22 févr. 1983, *Rev. arb.* 1984, p. 134.

100. Sur cette aide, v. *infra*, n° 261 et *infra*, n° 265 et s.

101. Sur la question des mesures provisoires et conservatoires, v. *infra*, n° 182 et s., et surtout *infra*, n° 405 et s.

102. Paris, 17 nov. 1994, *Rev. arb.* 1996, p. 137 (3e esp.), note J. Pellerin ; Versailles, 14 nov. 1996, *Rev. arb.* 1997, p. 361, note A. Hory.

une juridiction étatique d'une demande au fond renonce au bénéfice de la clause compromissoire, « non seulement en ce qui concerne la demande présentée, mais encore quant aux demandes reconventionnelles rattachées au même contrat qui pourraient être présentées par l'autre partie »[103]. Plus récemment, la même Cour a décidé que « [...] la renonciation à la compétence arbitrale vaut pour tous les effets de la clause compromissoire », et qu'« une cour d'appel déclare valablement irrecevable une exception d'incompétence fondée sur l'existence d'une clause compromissoire et dit en conséquence le tribunal de commerce compétent, au motif que les parties qui la soulevaient avaient conclu au fond dans l'instance ayant abouti au jugement avant-dire droit du tribunal de commerce et notamment au rejet des demandes reconventionnelles de leur adversaire, reprises dans une assignation ultérieure, dont le tribunal demeurait saisi »[104]. La solution doit être approuvée s'agissant d'un seul et même litige : elle évite un morcellement du contentieux, qui interviendrait si le défendeur, ayant dans un premier temps accepté la saisine du juge étatique par le demandeur au principal, était ensuite autorisé à saisir l'arbitre d'une demande incidente ou reconventionnelle, ou si le demandeur devant le juge étatique pouvait prétendre que les demandes reconventionnelles présentées par le défendeur relèvent de la compétence d'un tribunal arbitral. Toutefois, il serait peut-être excessif de donner à cette solution une portée générale et absolue qui conduirait à retenir, quelles que soient les circonstances de la renonciation, que celle-ci vaut pour tout litige, même ultérieur, qui pourrait résulter du contrat visé par la clause compromissoire. En effet, en saisissant le juge (demandeur), ou en ne contestant pas la compétence de celui-ci (défendeur), pour un litige, une partie ne manifeste pas nécessairement une volonté non équivoque de renoncer à la clause d'arbitrage pour tous les litiges susceptibles d'être visés par celle-ci. La décision prise par chaque partie, à un moment donné, de ne pas aller à l'arbitrage a pu être motivée par des considérations diverses d'opportunité, sans que les parties aient envisagé que ce choix conduirait à une renonciation à la clause compromissoire pour le futur. Il serait donc préférable d'analyser au cas par cas la volonté des parties et les circonstances dans lesquelles la renonciation était intervenue : qu'ont-elles voulu, et quelle croyance légitime quant au sort futur de la clause compromissoire a pu naître dans l'esprit de chacune lorsqu'elles ont décidé, pour un litige donné, de ne pas mettre en œuvre cette clause[105] ?

103. Cass. 1re civ., 6 juin 1978, *JDI* 1978, p. 908, note B. Oppetit ; *Rev. arb.* 1979, p. 230, note P. Level (arrêt rendu en matière d'arbitrage international).

104. Cass. 1re civ., 23 janv. 2007, *Rev. arb.* 2007, p. 290, obs. E. Teynier et P. Pic.

105. V., pour la situation opposée où l'usage de la clause d'arbitrage pour un premier litige n'interdit pas aux parties d'y renoncer dans le cadre d'un deuxième litige portant sur le même contrat, Paris, 19 mai 2015, *Rev. arb.* 2015, p. 952 (arrêt rendu en matière d'arbitrage international) : « Une clause compromissoire continue à produire ses effets après un premier arbitrage et il est loisible aux parties, si un nouveau litige surgit entre elles à propos du même contrat, d'engager une nouvelle procédure arbitrale sur le fondement de la même clause, mais, aussi bien, de renoncer à celle-ci en saisissant du second différend une juridiction étatique. La circonstance qu'une partie ait précédemment fait usage du droit de recourir à l'arbitrage ne saurait être interprétée comme excluant à l'avenir toute renonciation au bénéfice des clauses compromissoires ». Un raisonnement analogue ne pourrait-il pas être tenu lorsque, à l'inverse, les parties ont renoncé à la clause d'arbitrage pour leur premier litige, ce qui n'exclurait pas systématiquement qu'elles puissent s'en prévaloir lors d'un deuxième litige ultérieur, tout dépendant bien entendu des circonstances de cette renonciation ?

2. La compétence résiduelle des tribunaux étatiques en présence d'une convention d'arbitrage

182 **Compétence concurrente et compétence exclusive du juge.** Malgré l'existence d'une convention d'arbitrage, et même lorsque la compétence arbitrale pour la résolution du fond du litige n'est pas contestée, le juge étatique conserve diverses compétences résiduelles. Certaines peuvent être qualifiées de concurrentes de celles reconnues à l'arbitre, au sens où elles peuvent être potentiellement exercées par les deux autorités ; d'autres sont exclusives, puisqu'elles sont l'apanage du seul juge étatique. Dans tous les cas néanmoins, l'intervention du juge vise le plus souvent, non pas à empiéter sur la compétence de l'arbitre, mais à assurer l'efficacité des procédures arbitrales malgré certaines faiblesses inhérentes à l'arbitrage. Ce souci est évident lorsque le juge intervient en cas de difficultés de constitution du tribunal arbitral afin de permettre la mise place de celui-ci[106]. Mais on le vérifie également lors des interventions du juge motivées par l'urgence ou par les faiblesses intrinsèques des pouvoirs de l'arbitre, juge privé qui ne bénéficie pas de certaines prérogatives du juge étatique.

a) La compétence résiduelle concurrente

183 **Urgence et mesures provisoires ou conservatoires.** L'arbitrage n'est pas toujours une procédure adaptée à l'adoption efficace de mesures provisoires ou conservatoires qui présentent un caractère d'urgence. En premier lieu, seul le recours au juge étatique est envisageable pour solliciter de telles mesures lorsque le tribunal arbitral n'est pas encore constitué. En second lieu, le tribunal arbitral, une fois constitué, se voit certes très largement reconnaître le pouvoir de prendre des mesures provisoires ou conservatoires[107]. Toutefois, ce pouvoir reste limité, certaines mesures provisoires ne pouvant être prises que par un juge, et parfois d'une efficacité relative, d'autres mesures que l'arbitre pourrait adopter risquant de se heurter à des problèmes d'exécution ; pour ces dernières, il pourrait apparaître plus opportun aux parties de demander au juge étatique de les prononcer.

Dans ces conditions, la jurisprudence avait considéré que la stipulation d'une convention d'arbitrage n'interdit pas en principe aux parties de saisir le juge étatique pour voir prononcer des mesures provisoires ou conservatoires[108]. Dès lors, cette saisine du juge étatique ne constitue pas, sauf stipulation contraire de la convention d'arbitrage ou du règlement d'arbitrage applicable, une renonciation à la convention d'arbitrage[109]. Le décret du 13 janvier 2011 l'a confirmé en disposant, à l'article 1449 du Code de procédure civile, que « l'existence d'une convention d'arbitrage ne fait pas obstacle, tant que le tribunal arbitral n'est pas constitué, à ce qu'une partie saisisse une juridiction

106. Sur cette intervention, v. *infra*, n° 265 et s.

107. V., depuis le décret du 13 janvier 2011, art. 1468 CPC. Un tel pouvoir avait été auparavant reconnu par la jurisprudence. Sur les pouvoirs du tribunal arbitral en matière de mesures provisoires et conservatoires, v. *infra*, n° 405.

108. Cass. 3e civ., 20 déc. 1982, *Rev. arb.* 1986, p. 233 (1re esp.). Pour plus de détails sur cette intervention du juge étatique, v. *infra*, n° 406 et s.

109. V., pour une motivation très claire en ce sens, Paris, 7 juin 2001, *Rev. arb.* 2001, p. 616 : « La saisine du juge des référés pour voir ordonner des mesures provisoires d'urgence constitue un acte qui, pour la partie saisissante, ne vaut pas renonciation à la clause compromissoire, sous réserve de dispositions contraires dans le règlement d'arbitrage, dans la mesure où le pouvoir de l'arbitre de trancher le fond du litige reste intact » (arrêt rendu en matière d'arbitrage international).

de l'État aux fins d'obtenir une mesure d'instruction ou une mesure provisoire ou conservatoire »[110]. La possibilité de saisir le juge n'est toutefois ouverte que si les parties n'ont pas convenu par avance de s'interdire de le faire et de réserver au tribunal arbitral la compétence pour prendre des mesures provisoires ou conservatoires. Cette renonciation à la possibilité de recourir au juge peut être expresse, par le biais d'une stipulation de la convention d'arbitrage ou implicite, notamment par l'adoption d'un règlement d'arbitrage qui comporterait une disposition en ce sens[111]. Certains auteurs discutent cependant de la portée d'une telle renonciation lorsqu'il n'existe aucun mécanisme de substitution à l'intervention du juge étatique, surtout lorsque l'arbitre n'a pas le pouvoir de prononcer la mesure conservatoire et provisoire envisagée. Selon eux, le déni de justice résultant de l'impossibilité pour une partie de faire prononcer des mesures conservatoires et provisoires devrait, exceptionnellement, permettre de saisir le juge étatique[112]. Toutefois, le droit de solliciter une mesure provisoire ou conservatoire étant très largement disponible, il est donc possible d'y renoncer par avance, dès lors que cette renonciation intervient en connaissance de cause. Pourquoi, dès lors, la priver de certains de ses effets ? Tout devrait plutôt dépendre de la rédaction de la disposition portant renonciation au recours au juge étatique et de l'interprétation qui peut être donnée à la volonté des parties à cet égard : ont-elles ou non voulu exclure le recours au juge étatique pour toute mesure provisoire ou conservatoire[113] ?

À défaut d'exclusion conventionnelle, une compétence concurrente, essentiellement fondée sur l'urgence des mesures à prendre, est reconnue en matière de mesures provisoires et conservatoires au juge de l'urgence, c'est-à-dire au juge des référés. Le souci du législateur est toutefois que cette compétence n'empiète pas réellement sur celle du tribunal arbitral pour trancher le fond du litige. Ce souci explique le régime différencié des mesures de référé « classiques » et du référé-provision.

184 **Mesures de référé « classiques »[114].** Pour ces mesures, en vertu de l'article 1449, alinéa 2, du Code de procédure civile, le juge des référés compétent sera, au choix du demandeur, le président du tribunal de grande instance ou du tribunal de commerce, à l'exclusion des présidents des autres juridictions, sous réserve des dispositions régissant les saisies conservatoires et les sûretés judiciaires[115]. Hormis ce point, c'est essentiellement la condition d'urgence, aujourd'hui posée par ce même article, qui devra être satisfaite pour permettre au juge des référés de prendre toutes les mesures provisoires « qui ne se heurtent à aucune contestation sérieuse ou que justifie l'existence d'un différend »[116], ou « les mesures conservatoires ou de remise en état qui s'imposent, soit pour prévenir un dommage imminent, soit pour faire cesser un trouble

110. Pour plus de détails sur ce point, v. *infra*, n° 406.

111. Cass. 2e civ., 20 mars 1989, *Rev. arb.* 1989, p. 494 (2e esp.), note G. Couchez. V. aussi, en matière d'arbitrage international, mais la solution est probablement transposable à l'arbitrage interne, Paris, 2 avr. 2003, *Rev. arb.* 2004, p. 981, à propos du référé fondé sur l'article 145 CPC : « [...] sauf si, par des stipulations particulières, les parties ont prévu de réserver aux arbitres la recherche des preuves ». Pour plus de détails sur cette question, v. *infra*, n° 407.

112. En ce sens pour l'arbitrage international, G. Pluyette, « Une vue française », in *Mesures provisoires et conservatoires en matière d'arbitrage international*, Publ. CCI n° 519, 1993, p. 74, spéc. p. 77.

113. Pour une discussion plus détaillée sur ce point, v. *infra*, n° 407.

114. Pour plus de détails sur le prononcé de ces mesures par le juge étatique en présence d'une convention d'arbitrage, v. *infra*, n° 417 et s.

115. Pour plus de détails sur le juge compétent, v. *infra*, n° 408.

116. Art. 808 CPC.

manifestement illicite »[117]. En réalité, il était admis de longue date que l'existence d'une convention d'arbitrage ne fait pas en principe échec à cette compétence du juge des référés[118]. Pendant longtemps, on a même estimé que les parties pouvaient ici s'adresser au juge des référés même si le tribunal arbitral était déjà saisi, dès lors que l'urgence le justifiait[119]. Bien entendu, les parties pouvaient en principe également s'adresser au tribunal arbitral une fois celui-ci saisi pour le prononcé des mêmes mesures. Les deux compétences coexistaient, et il appartenait aux parties de choisir la voie qui leur paraissait la plus appropriée en l'espèce. Un doute avait toutefois pu naître de deux arrêts de 2002 et 2005, quelque peu ambigus, qui semblaient indiquer qu'après constitution du tribunal arbitral, la saisine du juge des référés aux fins de mesures provisoires ou conservatoires n'était plus possible[120]. Certaines décisions ultérieures se prononçaient toutefois en sens contraire[121]. Cependant, l'ambiguïté paraît bien avoir été levée par le décret du 13 janvier 2011. En effet, le nouvel article 1449, alinéa 1er, du Code de procédure civile dispose que « l'existence d'une convention d'arbitrage ne fait pas obstacle, tant que le tribunal arbitral n'est pas constitué, à ce qu'une partie saisisse une juridiction de l'État aux fins d'obtenir une mesure d'instruction ou une mesure provisoire ou conservatoire », ce qui semble bien indiquer, malgré l'opinion de certains[122], qu'une fois le tribunal arbitral constitué, le recours au juge étatique n'est plus possible. On peut regretter une telle solution, qui semble inopportune dès lors qu'un tribunal arbitral, même constitué, n'est pas toujours le mieux placé pour agir avec la célérité et l'efficacité que requièrent certaines mesures d'urgence. On aurait pu plutôt envisager que le juge puisse exercer ce pouvoir, même une fois le tribunal arbitral constitué, mais avec parcimonie, soit uniquement lorsque la saisine du tribunal arbitral pour solliciter la même mesure lui paraît inadéquate en l'espèce[123].

185 **Mesures prises de façon non contradictoire et mesures d'instruction**[124]**.** Ces solutions sont aussi valables pour toutes les mesures urgentes que peut ordonner le président du tribunal de grande instance ou du tribunal de commerce, saisi sur requête, lorsque les circonstances exigent qu'elles ne soient pas prises contradictoirement[125]. Ici encore, l'urgence justifie la solution. Les parties peuvent également solliciter du juge des référés des mesures d'instruction *in futurum* sur le

117. Art. 809, al. 1er, CPC.

118. V. *infra*, n° 417 et s.

119. Cass. 2e civ., 1er févr. 1989, *Rev. arb.* 1989, p. 494 (1re esp.), note G. Couchez.

120. Cass. 1re civ., 6 déc. 2005, *Bull. civ.* I, n° 463 ; *RTD com.* 2006, p. 297, obs. É. Loquin ; Cass. 2e civ., 7 mars 2002, *Bull. civ.* II, n° 31. Pour un examen plus détaillé de ces deux arrêts, v. *infra*, n° 418.

121. V. TGI Paris (Ord. réf.), 29 mars 2010, *République de Guinée Équatoriale c/ Société Fitzpatrick Equatorial Guinea Ltd*, *Cah. arb.* 2010, p. 853, note L. Degos ; *JCP* G 2010, 644, n° 4, obs. J. Ortscheidt ; *Rev. arb.* 2011, p. 499, note D. Bensaude, qui énonce que l'article 809, al. 1, CPC peut fonder une demande présentée au juge des référés « y compris dans l'hypothèse où le tribunal arbitral étant saisi, la juridiction étatique ne serait plus compétente pour trancher le litige [...] » (rendu en matière internationale).

122. V. en ce sens, Ch. Jarrosson, J. Pellerin, « Le droit français de l'arbitrage après le décret du 13 janvier 2011 », *Rev. arb.* 2011, p. 5, spéc. n° 17 et s.

123. Pour une discussion plus détaillée sur cette question, v. *infra*, n° 418.

124. Pour plus de détails sur le prononcé de ces mesures par le juge étatique en présence d'une convention d'arbitrage, v. *infra*, n° 413 et s.

125. Cass. com., 10 mars 1998, *Rev. arb.* 1999, p. 57 (1re esp.), note A. Hory. V. art. 812 CPC (tribunal de grande instance) et art. 875 CPC (tribunal de commerce).

fondement de l'article 145 du Code de procédure civile, dès lors qu'il existe un motif légitime de conserver ou d'établir, avant tout procès, la preuve de faits dont pourrait dépendre la solution d'un litige[126]. Cette fois, il est certain que la demande au titre de l'article 145 n'est plus recevable si le tribunal arbitral a déjà été saisi du fond de l'affaire, puisque la mesure doit être ordonnée « avant tout procès » ; une fois l'instance arbitrale engagée, le juge ne peut donc plus intervenir sur la base de ce texte[127]. Cette restriction relative à l'absence de saisine du tribunal arbitral s'est très vite imposée, mais pour une raison différente, dans le cas du référé-provision.

186 **Le cas spécifique du référé-provision**[128]. Selon l'article 809, alinéa 2, du Code de procédure civile, « dans les cas où l'existence de l'obligation n'est pas sérieusement contestable, il peut accorder une provision au créancier, ou ordonner l'exécution de l'obligation même s'il s'agit d'une obligation de faire ». Par ce mécanisme, le juge des référés peut, certes par une décision provisoire, puisqu'elle pourra être remise en cause par le juge du fond, mais néanmoins immédiatement exécutoire, condamner le débiteur à payer tout ou partie de sa dette, à l'issue d'une procédure relativement sommaire, dès lors que cette dette ne lui apparaît pas sérieusement contestable. Malgré le caractère provisoire de cette décision, la jurisprudence a longtemps hésité à admettre l'application du référé-provision en présence d'une convention d'arbitrage. Ceci s'explique par le souci du juge étatique de ne pas empiéter sur la compétence de l'arbitre, juge naturel des parties, pour connaître d'éléments touchant au fond du litige. Or, le référé-provision, s'il conduit en principe à une décision provisoire qui ne préjudicie pas au principal, permet néanmoins au créancier d'obtenir une provision, parfois équivalente à l'intégralité de la créance qu'il revendique, ou l'exécution d'une obligation de faire. Aussi, il est parfois devenu en pratique un mode de recouvrement des créances qui dispense d'agir au fond. Le juge étatique risque donc ici d'intervenir, non plus comme un auxiliaire, mais comme un substitut, et donc comme un concurrent direct, de l'arbitrage. Avant la réforme opérée par le décret du 13 janvier 2011, la jurisprudence a finalement admis le référé-provision en présence d'une convention d'arbitrage, mais en le soumettant à un régime dérogatoire au droit commun du référé-provision. Elle a posé deux conditions spécifiques et cumulatives. D'une part, la compétence du juge étatique cesse une fois que la procédure arbitrale est en cours, c'est-à-dire à partir du moment où le tribunal arbitral est constitué[129] ; une fois le tribunal arbitral constitué, la demande de provision doit être formulée devant ce

126. Cass. 3e civ., 20 déc. 1982, *Rev. arb.* 1986, p. 233 (1re esp.) ; v. aussi, Cass. 2e civ., 11 oct. 1995, *sté Eurodisney*, *Rev. arb.* 1996, p. 228 (3 arrêts) ; *RTD com.* 1996, p. 664, obs. É. Loquin ; et A. Hory, « Mesure d'instruction *in futurum* et arbitrage », *Rev. arb.* 1996, p. 13. D'ailleurs, depuis le décret du 13 janvier 2011, l'article 1449, al. 2, fait expressément référence à l'article 145 CPC.

127. Cass. 1re civ., 25 avr. 2006, *Rev. arb.* 2007, p. 79, note J. El-Ahdab. Encore faut-il que le tribunal arbitral soit constitué : v. Paris, 10 févr. 2015, *Cah. arb.* 2015, p. 353.

128. Pour plus de détails sur le référé-provision devant le juge étatique en présence d'une convention d'arbitrage, v. *infra*, n° 410 et s.

129. Cass. 2e civ., 18 juin 1986, *Rev. arb.* 1986, p. 565 (1re esp.), note G. Couchez. Cette condition posée par la jurisprudence dès avant le décret du 13 janvier 2011 était toutefois critiquée par certains : si l'intervention du juge est admise avant la constitution du tribunal arbitral, au motif que ses décisions n'ont qu'un caractère provisoire et ne préjudicient pas au principal, l'argument vaut autant une fois les arbitres saisis, la décision du juge demeurant provisoire une fois le tribunal arbitral constitué et ce dernier restant libre de ne pas adopter l'analyse du juge. Le nouvel article 1449, alinéa 1er, du Code de procédure civile issu du décret du 13 janvier 2011, en subordonnant l'intervention du juge à l'absence de constitution du tribunal arbitral, met fin à la discussion.

tribunal. D'autre part, l'urgence doit être caractérisée[130]. La solution était justifiée : la décision du juge étatique risquant, dans les faits, d'empiéter sur la compétence de l'arbitre pour connaître du fond du litige, seules l'urgence et l'impérieuse nécessité de préserver les intérêts du créancier pouvaient justifier l'intervention du juge. Le juge naturel d'une demande de provision restait donc le tribunal arbitral. Cette jurisprudence est confortée par la réforme du 13 janvier 2011. En effet, le second alinéa de l'article 1449 du Code de procédure civile subordonne le prononcé d'une mesure provisoire ou conservatoire à la condition de l'urgence, et son premier alinéa autorise ce type de mesures « tant que le tribunal arbitral n'est pas constitué ».

b) La compétence exclusive des tribunaux étatiques

187 **Mesures relevant de la compétence exclusive des juridictions étatiques.** L'arbitre, juge privé qui ne rend pas la justice au nom de l'État, ne dispose donc pas de tous les pouvoirs du juge étatique, notamment des pouvoirs de contrainte sur les biens et les individus à la disposition du seul juge[131]. Ce dernier bénéficie à cet égard d'une compétence exclusive, en raison du monopole de l'État pour exercer la contrainte sur le territoire[132]. Dans ces conditions, il est admis de longue date que le juge étatique conserve en principe toute compétence, même lorsqu'une instance arbitrale est en cours, pour ordonner les mesures relevant des voies d'exécution (saisie-conservatoire, inscription d'hypothèque, nantissement judiciaire...), et notamment les mesures destinées à garantir l'exécution de la sentence à venir, comme une saisie conservatoire. La solution a été confirmée par le décret du 13 janvier 2011. Le nouvel article 1468 du Code de procédure civile, après avoir expressément reconnu le pouvoir du tribunal arbitral pour ordonner toute mesure provisoire ou conservatoire qu'il juge opportune, précise que « toutefois, la juridiction de l'État est seule compétente pour ordonner des saisies conservatoires et sûretés judiciaires ». Cette compétence existe dès lors que ni une convention expresse des parties, ni le règlement d'arbitrage applicable, ne prohibent la mesure[133]. Certains auteurs s'interrogent toutefois sur la licéité et/ou la portée exacte d'une renonciation par avance des parties à la possibilité d'obtenir du juge ce type de mesures, dès lors qu'elles ne peuvent par ailleurs être obtenues de l'arbitre[134].

Par ailleurs, l'effet relatif de la convention d'arbitrage exclut que l'arbitre puisse adresser des injonctions à des tiers à cette convention[135]. L'arbitre ne peut donc contraindre un tiers récalcitrant à produire un élément de preuve ou à comparaître devant lui comme témoin. Cette production ou cette comparution du tiers pouvant parfois être fort utile à la bonne résolution du litige, la doctrine a émis le souhait qu'une

130. Cass. 2e civ., 2 avr. 1997, *Rev. arb.* 1998, p. 673, note L. Degos ; *RTD com.* 1997, p. 434, note É. Loquin ; Cass. com., 29 juin 1999, *Rev. arb.* 1999, p. 817, note A. Hory ; Cass. 2e civ., 13 juin 2002, *Bull. civ.* II, n° 130 ; *Rev. arb.* 2006, p. 751 (2e esp.), obs. P. Duprey.

131. Sur l'absence d'*imperium merum* de l'arbitre, v. *infra*, n° 373.

132. Sur la question, Ch. Jarrosson, « Réflexions sur l'imperium », in *Études offertes à P. Bellet*, Litec, 1991, p. 245 ; et plus particulièrement sur ses incidences dans le domaine des mesures provisoires, P. Mayer, « Imperium de l'arbitre et mesures provisoires », in *Mélanges J.-F. Poudret*, Lausanne, 1999, p. 437.

133. V. les arrêts rendus en matière d'arbitrage international, Cass. 1re civ., 18 nov. 1986, *Atlantic Triton, RCDIP* 1987, p. 760, note B. Audit ; *Rev. arb.* 1987, p. 315, note Fléchеux ; TGI Paris, 15 mars 1995, *JDI* 1997, p. 813, note B. Audit. V., pour l'ancienne saisie-arrêt du droit français, Cass. 1re civ., 20 mars 1989, *Eurodif, Rev. arb.* 1989, p. 653, note Ph. Fouchard ; *JDI* 1990, p. 1004, note Ph. Ouakrat.

134. Sur ce débat, v. *supra*, n° 183, et *infra*, n° 407.

135. Sauf cas d'extension de la convention d'arbitrage au tiers ; sur cette extension, v. *infra*, n° 199 et s.

partie, ou même l'arbitre, puisse s'adresser au juge des référés afin que celui-ci ordonne au tiers cette production ou de comparaître devant le tribunal arbitral. Le souhait n'a été que partiellement exaucé par le décret du 13 janvier 2011. Selon le nouvel article 1469 du Code de procédure civile, la partie à l'arbitrage qui souhaite faire état d'un document détenu par un tiers peut, sur invitation du tribunal arbitral, faire assigner ce tiers devant le président du tribunal de grande instance aux fins d'obtenir la production du document. En revanche, rien n'est prévu pour la comparution du tiers devant le tribunal arbitral[136].

§ 2. LA PORTÉE DU CONSENTEMENT DES PARTIES À L'ARBITRAGE : L'INTERPRÉTATION DE LA CONVENTION D'ARBITRAGE

188 **Importance de la rédaction et difficultés d'interprétation ou de mise en œuvre de la convention d'arbitrage.** La rédaction des conventions d'arbitrage revêt en pratique une grande importance. En effet, la convention d'arbitrage renferme l'accord des parties pour recourir à un mécanisme de règlement des litiges dérogatoire au droit commun. Dès lors, la portée exacte de cet accord doit être clairement définie, surtout dans le cas de la clause compromissoire qui vise des catégories de litiges non encore survenus, afin d'éviter toute contestation sur ce que les parties ont effectivement entendu soumettre à l'arbitrage. Aussi, les parties seront avisées de s'exprimer dans des termes clairs et précis, ne laissant aucun doute quant à leur volonté de se soumettre à l'arbitrage, ainsi que de donner une définition des litiges soumis à l'arbitrage. Dans le cas de la clause compromissoire, cette définition devra être suffisamment large pour englober tous les litiges susceptibles de naître entre elles à l'occasion de la relation contractuelle en cause, à moins que les parties ne souhaitent effectivement limiter la compétence arbitrale à certaines questions précises. Malgré tout, des contestations apparaissent parfois sur ces questions, et il s'agira alors d'interpréter la volonté des parties : ont-elles véritablement voulu recourir à l'arbitrage ; quels litiges ont-elles voulu soumettre à l'arbitrage ? Par ailleurs, la rédaction de la convention d'arbitrage doit être suffisamment satisfaisante pour permettre la mise en œuvre de l'arbitrage au moment du litige. À cet égard, le contenu de la convention d'arbitrage pourra varier en fonction des circonstances propres à chaque relation contractuelle. Il dépendra également du caractère institutionnel ou *ad hoc* de l'arbitrage envisagé. Dans le premier cas, la convention d'arbitrage peut être « allégée » d'un certain nombre d'énonciations, dans la mesure où le règlement d'arbitrage applicable la complétera utilement. Les parties devront toutefois désigner clairement l'institution chargée d'administrer l'arbitrage, pour éviter toute incertitude sur ce point. Dans le cas d'un arbitrage *ad hoc*, les parties auront intérêt, afin d'éviter nombre de difficultés au moment de la survenance du litige et de la mise en œuvre de l'arbitrage, à prévoir dans leur convention certaines dispositions, notamment relatives au nombre et aux modalités de désignation des arbitres, même si, depuis le décret du 13 janvier 2011, les textes fournissent une solution en cas de silence des parties sur ce point[137].

136. Pour plus de détails sur ces points, v. *infra*, n° 345 et s.
137. V. *infra*, n° 256 et s.

Cependant, en pratique, la rédaction des conventions d'arbitrage n'est pas toujours satisfaisante et des difficultés d'interprétation ou de mise en œuvre apparaissent. Ces difficultés concernent surtout la clause compromissoire. En effet, on peut espérer que le compromis, rédigé à un moment où le litige entre les parties est né et généralement, de ce fait, parfaitement identifié, soit moins sujet à ce type de difficultés. Les développements suivants concerneront donc essentiellement la clause compromissoire. À cet égard, la portée du consentement des parties à l'arbitrage exprimé dans la convention d'arbitrage peut poser des problèmes essentiellement dans deux types de situations[138]. Tout d'abord, dans un contrat isolé, la rédaction de la convention d'arbitrage peut créer une incertitude quant aux litiges que les parties ont entendu soumettre à l'arbitrage ; de façon plus générale, cette rédaction peut être défaillante et engendrer des difficultés de mise en œuvre compte tenu des interrogations qu'elle engendre quant à la volonté réelle des parties. Il faudra alors déterminer si le litige dont le tribunal arbitral est saisi entre bien dans les prévisions de la convention d'arbitrage, ou tenter de la mettre en œuvre (A). Ensuite, les parties peuvent être liées par plusieurs contrats. L'existence d'une ou de plusieurs clauses de règlement des litiges au sein d'un groupe de contrats liant les mêmes parties peut alors poser des difficultés particulières d'interprétation (B)[139]. Il convient toutefois de rappeler qu'en vertu du principe de Compétence-Compétence, il appartiendra le plus souvent au tribunal arbitral de trancher en premier les difficultés d'interprétation de la convention d'arbitrage, même si son appréciation à ce sujet, dès lors qu'elle a trait à sa compétence même, ne sera pas souveraine et sera soumise à un contrôle ultérieur complet du juge[140].

A. L'INTERPRÉTATION DE LA CONVENTION D'ARBITRAGE DANS UN CONTRAT ISOLÉ

189 **Variabilité et difficultés de rédaction des conventions d'arbitrage.** Une clause d'arbitrage vise en principe une catégorie de litiges déterminés. Le plus souvent, les parties auront, lors de sa stipulation, entendu soumettre à l'arbitrage toute question susceptible de s'élever entre elles relativement au contrat qu'elles ont conclu. Elles peuvent toutefois avoir choisi de restreindre la compétence du tribunal arbitral à un type particulier de litiges susceptibles de naître entre elles, ou d'exclure certaines questions du domaine de compétence du tribunal arbitral. L'intention des parties quant à la portée *ratione materiae* de la clause d'arbitrage, quelle qu'elle soit, doit en principe être respectée, puisque l'arbitre n'est investi du pouvoir de juger que dans le cadre de ce que les parties ont voulu. Cependant, il n'est justement pas toujours aisé de déterminer précisément cette intention : le libellé de la clause peut être imprécis, voire défectueux. Au moment de la survenance du litige, ce point peut donc être sujet de discussions. Certes, les parties peuvent alors, pour régler la difficulté, s'accorder sur une interprétation, ou même étendre le champ d'application de la clause jusque-là rédigée de façon trop restrictive. Mais la survenance d'un litige n'est guère propice à ce type d'accords. Une

138. Il peut également y avoir, dans certains cas, un doute quant au mécanisme auquel les parties ont entendu recourir : arbitrage, ou expertise, ou autre mode alternatif de résolution des litiges ; sur ce point, v. *supra*, n° 21 et s.

139. Sur la question, différente, de l'extension des clauses à des parties non-signataires dans les groupes de contrats liant des parties différentes, v. *infra*, n° 206.

140. Sur ce point, v. *supra*, n° 165 et s.

partie pourra au contraire alors songer à tirer parti de la situation pour prétendre que le litige n'entre pas dans les prévisions de la clause d'arbitrage qu'elle a conclue. Si le tribunal arbitral lui donne tort, elle pourra réitérer l'argument devant le juge, dans le cadre d'un recours en annulation ou pour s'opposer à l'exequatur de la sentence. Ainsi, le tribunal arbitral, puis le cas échéant le juge, pourront être conduits à rechercher quelle a été la volonté réelle des parties à cet égard.

190 **Utilité d'une définition large du champ d'application *ratione materiae* de la convention d'arbitrage.** Les clauses compromissoires peuvent être rédigées de façon variable. Toutefois, pour éviter un certain nombre de difficultés, les parties ne souhaitant pas restreindre la compétence du tribunal arbitral ont intérêt à rédiger leur clause de façon suffisamment large pour qu'elle puisse couvrir tous les différends susceptibles de naître entre elles à propos du contrat qui les lie. Elles pourront utiliser les formules types établies notamment par certaines institutions d'arbitrage. Des formules comme « seront soumis à l'arbitrage tous les litiges qui pourront naître à l'occasion du présent contrat », ou « les litiges découlant du présent contrat », ou encore « se rattachant au présent contrat », devraient permettre d'englober tous les litiges susceptibles de survenir entre les parties à l'occasion de leur relation contractuelle. En revanche, la clause selon laquelle « seront soumis à l'arbitrage tous les différends relatifs à l'interprétation ou à l'exécution du présent contrat » est beaucoup moins satisfaisante. Un tel libellé pourrait par exemple, en théorie au moins, faire naître un doute quant à l'applicabilité de la convention d'arbitrage au contentieux de la validité du contrat. Une partie assignée devant le tribunal arbitral pour inexécution du contrat pourrait tirer argument de ce libellé apparemment restrictif pour invoquer la nullité du contrat et prétendre que cette question, préalable à l'exécution, n'est pas de la compétence du tribunal arbitral, et doit être tranchée par une juridiction étatique. Heureusement, la jurisprudence, étatique comme arbitrale, vient au secours de ces rédactions maladroites, en retenant une interprétation relativement généreuse des dispositions des conventions d'arbitrage, afin d'en assurer l'efficacité[141].

191 **Principes d'interprétation retenus par la jurisprudence.** Les arbitres tendent à appliquer à l'interprétation de la convention d'arbitrage certains principes qui gouvernent l'interprétation des conventions en général[142] : le principe d'interprétation de bonne foi des conventions, commandant de faire prévaloir, en cas de doute, la volonté réelle sur la volonté déclarée ; le principe de l'effet utile, visé à l'article 1191 du Code civil[143] ; ou encore le principe d'interprétation *contra proferentem*, visé à l'article 1190 du Code civil[144] et invitant à une interprétation défavorable à celui qui a rédigé la clause obscure ou ambiguë. En revanche, le prétendu principe, parfois avancé, d'interprétation stricte

141. V. toutefois, Cass. com., 5 mars 1980, *Rev. arb.* 1983, p. 59, note B. Moreau, où la clause compromissoire figurant dans les statuts d'une société ne visait que les litiges « entre deux ou plusieurs associés », ce qui a conduit les juges du fond, approuvés par la Cour de cassation, à retenir que la clause ne visait donc pas le litige s'élevant entre un associé et à la fois l'un de ses coassociés et la société ; il n'est toutefois pas certain que ce type d'interprétation relativement restrictive, retenue dans un arrêt ancien, ait encore cours dans la jurisprudence actuelle.

142. V. notamment art. 1188 et s. C. civ., depuis l'ordonnance n° 2016-131 du 10 février 2016 portant réforme du droit des contrats, du régime général et de la preuve des obligations.

143. Depuis l'ordonnance n° 2016-131 du 10 février 2016 portant réforme du droit des contrats, du régime général et de la preuve des obligations. V. auparavant, art. 1157 C. civ.

144. Depuis l'ordonnance n° 2016-131 du 10 février 2016 portant réforme du droit des contrats, du régime général et de la preuve des obligations. V. auparavant, art. 1162 C. civ.

de la clause d'arbitrage est en réalité largement écarté, particulièrement dans l'arbitrage international[145], mais de plus en plus également dans l'arbitrage interne. Les arbitres rejettent majoritairement un tel principe d'interprétation qui pourrait encourager une partie de mauvaise foi à se saisir d'une maladresse rédactionnelle pour échapper à l'arbitrage, et lui préfèrent celui de « l'effet utile » des conventions d'arbitrage.

Le juge étatique suit une ligne similaire. Il semble guidé, dans son interprétation des conventions d'arbitrage, par un souci d'efficacité de ces conventions, qui le conduit à prendre, au besoin, quelques libertés avec les termes employés par les parties. Malgré quelques déclarations en sens contraire[146], au demeurant relativement anciennes, la jurisprudence interprète largement les termes des clauses compromissoires, en quelque sorte au nom de leur effet utile commandant d'éviter toute dispersion du contentieux. Elle admet notamment qu'à défaut de stipulations restreignant clairement la compétence arbitrale, les questions de validité du contrat peuvent être soumises à l'arbitrage alors même que la clause d'arbitrage ne vise que les litiges relatifs à l'interprétation et à l'exécution du contrat[147]. De même, elle estime que des arbitres sont compétents pour statuer sur un litige relatif à une demande de dommages et intérêts pour résiliation abusive du contrat, bien que la clause compromissoire ne vise que « les litiges survenus à l'occasion de l'exécution du contrat »[148]. La cour d'appel de Paris a parfaitement exprimé la philosophie suivie par la jurisprudence dans l'interprétation des conventions d'arbitrage en déclarant que « la convention d'arbitrage soustrait d'une manière générale le litige à la compétence des tribunaux judiciaires pour tout ce qui est en relation causale ou connexe avec son objet ; lorsque la clause se réfère à l'exécution du contrat, elle est applicable au litige mettant en cause la caducité du contrat »[149]. Dans ces conditions, « les arbitres qui accordent des dommages-intérêts en réparation d'un préjudice d'atteinte à l'image d'une partie restent fidèles à la mission qui leur a été confiée de trancher le litige concernant la validité, l'interprétation, l'exécution et les conséquences du contrat »[150].

Ces solutions doivent être approuvées. On doit considérer qu'à défaut de dispositions contractuelles contraires claires, le pouvoir donné par les parties au tribunal arbitral d'ordonner l'exécution du contrat implique le pouvoir d'examiner au préalable, le

145. Où l'arbitrage est le mode ordinaire de règlement des différends ; il ne serait donc pas justifié de restreindre l'interprétation des conventions d'arbitrage qui prévoient d'y recourir ; v. *infra*, n° 707 et s.

146. Paris, 11 mars 1986, *Gaz. Pal.* 1986, 1, 298, note J. Ripoll.

147. Paris, 17 janv. 2002, *Rev. arb.* 2002, p. 202 ; confirmé par Cass. 2e civ., 15 janv. 2004, *Rev. arb.* 2004, p. 446. V. cependant, beaucoup plus restrictif, Paris, 24 mai 2016, *Rev. arb.* 2017, p. 617, obs. crit. J. Barbet, qui retient que « la clause qui vise uniquement les litiges pouvant survenir "dans l'application du présent contat" ne peut s'étendre à ceux relatifs à la validité de la conclusion du contrat et en particulier à l'action en nullité pour dol d'un acte de cession d'actions ».

148. Cass. com., 13 mars 1978, *Rev. arb.* 1979, p. 339, note Ph. Fouchard (rendu en matière d'arbitrage international).V. encore, estimant que l'action *ut singuli* de l'article L. 225-252 du Code de commerce, exercée par un associé en dommages et intérêts à l'encontre du président du directoire d'une société pour des dépenses exposées par la société en vertu de décisions jugées fautives, entre dans le champ de la clause compromissoire du pacte d'associés prévoyant que « toutes contestations qui pourraient s'élever au cours de l'existence de la société ou après sa dissolution pendant le cours des opérations de liquidation soit entre les actionnaires, les organes de la société et la société, soit entre les actionnaires eux-mêmes relativement aux affaires sociales ou à l'exécution des dispositions statutaires sont soumises à la procédure d'arbitrage » : Paris, 7 oct. 2014, *Rev. arb.* 2015, p. 528 (2e déc.), note A. Couret ; *Cah. arb.* 2015, p. 83, note B. Dondero.

149. Paris, 10 mars 1995, *Rev. arb.* 1996, p. 143, obs. Y. Derains.

150. Paris, 17 janv. 2008, *Rev. arb.* 2008, p. 162.

cas échéant, sa validité, dès lors que la force obligatoire d'un contrat est conditionnée par sa validité. Plus généralement, la raison d'être d'une convention d'arbitrage est, en principe et à défaut d'une volonté contraire des parties clairement exprimée, de leur fournir un mode complet de règlement des différends pouvant surgir entre elles du fait de leur relation contractuelle. Autrement dit, l'essence de la convention d'arbitrage est *a priori* de fournir *un* mode de règlement de *tous* les différends pouvant surgir relativement au contrat liant les parties. Cette convention doit donc être interprétée en conséquence. Selon la même logique, on peut comprendre qu'à l'inverse, lorsque les parties ont expressément confié au tribunal arbitral la seule mission d'interpréter le contrat, la jurisprudence refuse de lui reconnaître compétence pour se prononcer sur l'inexécution du contrat et ses suites. Les parties semblent alors avoir entendu donner au tribunal arbitral une mission bien particulière et limitée[151]. Ceci étant, l'interprétation retenue par les juges est parfois particulièrement compréhensive[152].

192 **Principes d'interprétation retenus par la jurisprudence et principe de Compétence-Compétence.** L'interprétation favorable adoptée par la jurisprudence a nécessairement un impact sur la mise en œuvre de l'effet négatif du principe de Compétence-Compétence et de sa limite tirée de l'inapplicabilité manifeste de la convention d'arbitrage[153]. En effet, compte tenu d'une telle interprétation, il sera difficile de caractériser une inapplicabilité manifeste, la clause ayant *a priori* vocation à couvrir « tous les différends en relation avec le contrat contenant la clause », cette dernière expression étant largement entendue[154]. De plus, puisque le juge interprète largement les termes de la convention d'arbitrage, il validera le plus souvent par la suite l'interprétation retenue par le tribunal arbitral qui s'est déclaré compétent.

Le propos peut être illustré par le cas des demandes de nature délictuelle qu'une partie entend soumettre au tribunal arbitral. Le cas concerne surtout la clause compromissoire car le compromis, rédigé une fois le litige né, est souvent suffisamment précis pour savoir si les parties entendent y inclure ce type de demandes. S'agissant de l'effet négatif du principe de Compétence-Compétence, la nature délictuelle de la demande ne suffit pas, à elle seule, à caractériser une inapplicabilité manifeste de la clause compromissoire dès lors que cette demande paraît pouvoir être comprise dans le libellé de la clause. La Cour de cassation[155] refuse ainsi au mandataire liquidateur d'une partie à un contrat de franchise la possibilité d'assigner l'autre partie en dommages-intérêts devant le juge étatique en invoquant un manquement, non pas au contrat, mais à une obligation précontractuelle d'information. Le juge du fond, séduit par l'argument, avait écarté l'exception d'incompétence invoquée par le défendeur aux motifs que le demandeur se fondait sur un fait

151. En ce sens, dans l'arbitrage international, Paris, 25 janv. 1972, *Rev. arb.* 1973, p. 158, note Ph. Fouchard ; Paris, 22 mai 2003, *Rev. arb.* 2003, p. 1252, note F.-X. Train ; *JCP* G 2004, I, 119, n° 6, obs. Ch. Seraglini.

152. V. ainsi, en matière d'arbitrage international, Paris, 24 mai 2000, *Rev. arb.* 2001, p. 535, note P. Didier : la clause d'arbitrage peut s'appliquer, après expiration du contrat qui la stipulait, à un litige relatif à l'indemnisation du préjudice résultant de la rupture des pourparlers entrepris en vue de la conclusion d'un nouveau contrat, car « la demande d'indemnisation découle et trouve sa source directement dans le contrat expiré ». En l'espèce, la clause compromissoire contenue dans le contrat expiré stipulait : « Toute controverse, litige ou réclamation découlant de ou en relation avec le présent accord ou *toute rupture de celui-ci...* doit être réglé par arbitrage ». Or, formellement, il s'agissait, en l'espèce, de pourparlers relatifs à un autre contrat. L'interprétation retenue par les juges peut donc être vue comme généreuse.

153. Sur ce principe et ses limites, v. *supra*, n° 173 et s.

154. Par exemple, Cass. 2e civ., 14 mai 1997, *D.* 1997, IR, 137.

155. Cass. 1re civ., 4 juill. 2006, n° 05-17460 ; *JCP* G 2006, I, 187, n° 9, obs. Ch. Seraglini.

générateur antérieur aux relations contractuelles et que, de ce fait, le litige ne relevait pas du contrat de franchise dans lequel la clause compromissoire était stipulée. La Haute juridiction a censuré la décision, de tels motifs ne permettant pas de caractériser une inapplicabilité manifeste de la clause compromissoire[156]. La logique de l'effet négatif du principe de Compétence-Compétence, tel que retenu par la jurisprudence, semble imposer la solution : l'obligation d'information précontractuelle ne trouvait-elle pas sa raison d'être dans le contrat, et sa violation ne se révélera-t-elle pas, le plus souvent, qu'au moment de l'exécution du contrat conclu ? En tout cas, une telle interrogation rend non manifeste l'inapplicabilité de la clause d'arbitrage. Autrement dit, lorsque la convention d'arbitrage vise tout litige en relation avec le contrat, la nature délictuelle ou quasi délictuelle du différend opposant les parties ne conduit pas à retenir le caractère manifestement inapplicable de la clause compromissoire. Cependant, l'absence d'inapplicabilité manifeste de la clause n'implique pas, en principe, que le tribunal arbitral soit effectivement compétent pour connaître de demandes de nature délictuelle. Et, au stade ultérieur du contrôle étatique de la sentence arbitrale, le juge ne sera alors plus limité dans son examen du respect par l'arbitre des limites de sa compétence. Il pourra donc, contrairement au tribunal arbitral, décider que la clause, compte tenu de son libellé, ne couvrait pas les demandes de nature délictuelle. Cependant, bien souvent, il considérera que les demandes de nature délictuelle sont effectivement comprises dans le champ de la compétence arbitrale. En effet, la jurisprudence semble retenir que la clause compromissoire rédigée de façon large peut couvrir les demandes de nature délictuelle. Elle décide que la nature contractuelle ou délictuelle des demandes ne délimite pas la compétence du tribunal arbitral, dès lors que ces demandes peuvent être englobées dans les litiges couverts par le libellé de la clause compromissoire. Il en sera ainsi d'une demande de nature délictuelle mais pouvant être considérée comme « en relation avec le présent contrat », ou comme « découlant du présent contrat »[157]. Néanmoins, une demande délictuelle n'est pas de même nature qu'une demande contractuelle. En conséquence, s'il était d'abord saisi sur le seul terrain contractuel, le tribunal arbitral ne peut examiner une demande de nature délictuelle sans modifier les termes du litige, et devra donc se soumettre aux règles régissant, selon la jurisprudence, l'évolution possible du litige. Ces règles varient selon que le tribunal arbitral est saisi sur la base d'une clause compromissoire, pour laquelle le principe est celui du caractère évolutif du litige, ou d'un compromis, pour lequel le principe est à l'inverse celui de l'immutabilité du litige[158]. Aussi, lorsque son investiture procède d'un

156. V. encore, à titre d'exemples, Paris, 30 juin 2004, *Rev. arb.* 2005, p. 673 (3e esp.), note J.-B. Racine : « Il appartient à l'arbitre de statuer sur sa propre compétence ; seul l'arbitre pourra donc décider si la nature précontractuelle de la faute invoquée ressortit ou non de sa compétence » ; Cass. 1re civ., 8 nov. 2005, *Rev. arb.* 2006, p. 925 (2e esp.), note D. Bensaude (pas d'inapplicabilité manifeste de la clause compromissoire visant les difficultés survenant dans l'exécution ou l'interprétation des conventions ou par suite de leur résiliation, pour une demande en concurrence déloyale) ; Cass. 1re civ., 6 nov. 2013, *Rev. arb.* 2013, p. 1084 ; *D.* 2013, p. 2937, obs. Th. Clay (pas d'inapplicabilité manifeste de la clause compromissoire insérée dans un contrat de distribution pour un litige relatif à la responsabilité délictuelle du fournisseur à l'égard des asssociés fondateurs de la société distributrice et fondée sur un manquement contractuel relatif au contrat contenant la clause) ; et encore, Cass. 1re civ., 13 sept. 2017, *Rev. arb.* 2017, p. 1079 ; pour des décisions dans le même sens rendues en matière d'arbitrage international, v. *infra*, n° 712.

157. En ce sens, v. Paris, 1er juill. 2014, *D.* 2014, p. 2544, obs. Th. Clay ; *Rev. arb.* 2015, p. 134, note R. Dupeyré ; approuvé par Cass. 1re civ., 21 oct. 2015, *Rev. arb.* 2015, p. 1229 ; *JCP* G 2015, p. 1228, obs. L. Weiller ; *D.* 2015, p. 2537, note N. Dissaux ; *ibid.*, p. 2590, obs. Th. Clay ; *RTD com.* 2016, p. 693, obs. É. Loquin ; et aussi, rendu en matière d'arbitrage international, Paris, 17 mars 2011, *Rev. arb.* 2011, p. 575.

158. Sur ces questions relatives à l'évolution possible du litige et les contraintes en résultant pour l'arbitre, v. *infra*, n° 380 et s.

compromis, « l'arbitre ne peut, sans nouvel accord des parties, être saisi par une partie d'une demande incidente n'entrant pas, par son objet, dans les prévisions du compromis, de sorte qu'ayant souverainement constaté qu'une demande relative à l'éventuelle responsabilité délictuelle d'une partie s'analyse non comme une demande incidente ayant le même objet que la demande principale [uniquement fondée sur la responsabilité contractuelle seule visée dans le compromis] mais comme une demande ayant un objet différent, une cour d'appel ne peut qu'annuler la sentence arbitrale du fait de la méconnaissance par les arbitres de l'étendue de leur mission »[159].

193 **Clauses pathologiques.** Malgré la bienveillance de la jurisprudence, certaines conventions d'arbitrage, à la rédaction particulièrement défaillante, poseront d'importantes difficultés de mise en œuvre. On parle volontiers, à leur propos, de « clauses pathologiques », soit celles présentant « un vice susceptible de faire obstacle au déroulement harmonieux de l'arbitrage »[160]. Leur rédaction défectueuse pourra empêcher la mise en œuvre de l'arbitrage ou, à tout le moins, grandement en perturber le bon déroulement. Les défaillances rédactionnelles sont diverses : ambiguïté quant au caractère obligatoire ou non pour les parties du recours à l'arbitrage en cas de litige ; référence, de façon alternative, à la juridiction arbitrale et à une juridiction étatique ; formulation suscitant un doute quant à la volonté des parties de recourir à l'arbitrage ou à un autre mécanisme de règlement des conflits ; référence tant à un arbitrage *ad hoc* qu'à un arbitrage institutionnel ; désignation imprécise ou maladroite de l'institution censée régir l'arbitrage envisagé ou de l'autorité chargée de désigner les arbitres ; ou encore stipulation de modalités de désignation des arbitres difficilement praticables. Malgré ces défauts, la jurisprudence tente généralement de donner effet à telles clauses, au nom de l'effet utile de la convention d'arbitrage, en recherchant l'intention des parties derrière l'usage de formules maladroites, parfois au prix de certaines audaces d'interprétation[161]. Elles n'en posent pas moins de nombreuses difficultés. Le sommet de la maladresse est probablement atteint avec la clause dite « blanche », qui ne précise rien, hormis la volonté des parties de recourir à l'arbitrage ; elle ne fournit en revanche aucune indication sur les modalités de désignation des arbitres, ni directement, ni indirectement par référence notamment à un règlement d'arbitrage[162]. Dans l'arbitrage interne, une telle clause a longtemps été considérée comme nulle en vertu des anciens articles 1443, alinéa 2 (clause compromissoire), et 1448, alinéa 2 (compromis), du Code de procédure civile qui imposaient, à peine de nullité, que la convention d'arbitrage, directement ou par référence à un règlement d'arbitrage, désigne les arbitres ou prévoit les modalités de

159. Cass. 1re civ., 6 mars 2007, *Rev. arb.* 2007, p. 143 ; *JCP* G 2007, I, 168, n° 8, obs. J. Ortscheidt ; *RTD com.* 2007, p. 684, obs. É. Loquin, sur pourvoi contre Paris, 6 avr. 2006, *RTD com.* 2006, p. 771, obs. É. Loquin. Dans le même sens, Cass. 1re civ., 18 mai 2005 et Paris, 6 avr. 2006, *Rev. arb.* 2006, p. 925 (1re esp., 1re et 2e décis.), note D. Bensaude.

160. Ph. Fouchard, E. Gaillard, B. Goldman, *Traité de l'arbitrage commercial international*, Litec, 1996, n° 484, p. 283, citant F. Eisemann, « La clause d'arbitrage pathologique », in *Études Minoli*, p. 129. Sur ces clauses, v. aussi, H. Scalbert et L. Marville, « Les clauses compromissoires pathologiques », *Rev. arb.* 1988, p. 117.

161. Pour des exemples de sauvetage de clauses pathologiques dans la jurisprudence française, notamment en cas de désignation maladroite d'une institution d'arbitrage, conduisant à « renommer » l'institution d'arbitrage visée par la clause compromissoire : Paris, 14 févr. 1985, *Rev. arb.* 1987, p. 325, note P. Level ; et aussi, rendus en matière d'arbitrage international : Cass. 1re civ., 14 déc. 1983, *Rev. arb.* 1984, p. 483, note M.-C. Rondeau-Rivier ; TGI Paris (Ord. réf.), 13 déc. 1988, *Rev. arb.* 1990, p. 521 ; Paris, 24 mars 1994, *Rev. arb.* 1994, p. 515, note Ch. Jarrosson.

162. Sur cette clause, v. aussi *supra*, n° 154 et s.

leur désignation[163]. Sur ce point, le décret du 13 janvier 2011 a apporté une innovation importante et très bienvenue. Désormais, le nouvel article 1444 du Code de procédure civile dispose qu'en cas de silence de la convention d'arbitrage à cet égard, « il est procédé conformément aux dispositions des articles 1451 à 1454 ». Autrement dit, la validité de la convention d'arbitrage n'en sera plus affectée, et il sera simplement fait application des modalités de désignation fixées aux articles 1451 à 1454. C'est plus particulièrement l'article 1452 qui viendra à la rescousse des parties non précautionneuses[164].

B. L'INTERPRÉTATION DE LA CONVENTION D'ARBITRAGE DANS UN GROUPE DE CONTRATS ENTRE LES MÊMES PARTIES

194 **Données du problème.** Les parties peuvent être liées entre elles par un ensemble plus ou moins complexe de contrats : contrats de même nature conclus successivement dans le cadre de leurs relations habituelles d'affaires, contrat-cadre et contrats passés en application de celui-ci, ou encore contrats qui, sans être formellement dans une situation de dépendance les uns des autres, sont néanmoins passés simultanément dans le cadre de la réalisation d'une opération économique unique[165].

Les contrats de même nature conclus successivement dans le cadre de relations habituelles d'affaires font l'objet de solutions relativement bien assises en jurisprudence : dès lors que des parties qui sont en relations habituelles d'affaires, ce qui implique la réitération entre elles de contrats de même nature et un véritable courant d'affaires d'une certaine durée, ont pris pour habitude de stipuler une clause compromissoire dans ces contrats, son omission dans le dernier contrat en date ne suffira pas à exclure le recours à l'arbitrage pour ce contrat[166]. Bien entendu, une telle pratique suivie ne constitue qu'une présomption en faveur de la soumission des litiges à l'arbitrage malgré l'absence de clause compromissoire dans un contrat particulier ; le recours à l'arbitrage sera exclu pour un litige né d'un contrat si celui-ci contient des dispositions, telle une clause attributive de juridiction, manifestant clairement l'intention des parties de modifier leur pratique habituelle antérieure[167].

Les autres catégories d'ensembles contractuels (contrats passés dans le cadre d'une même opération économique) posent des problèmes plus délicats. L'un de ces contrats peut comporter une clause compromissoire, alors que les autres n'en contiennent pas, ou contiennent une clause de règlement des différends distincte (clause d'arbitrage autrement rédigée, clause attributive de juridiction, etc.). La question est alors de savoir si la clause compromissoire contenue dans l'un de ces contrats peut s'appliquer aux litiges nés d'un autre de ces contrats, ou à des litiges impliquant plusieurs de ces contrats. De même, est-il permis, le cas échéant, de combiner les différentes clauses compromissoires stipulées dans plusieurs contrats, afin de soumettre l'ensemble du

163. Pour un exemple d'annulation, Cass. com., 18 janv. 1994, *Rev. arb.* 1994, p. 536, obs. Ph. Fouchard.

164. Sur ces dispositions supplétives en matière de désignation des arbitres, v. *supra*, nº 155 et s.

165. Sur le sujet, v. D. Cohen, « Arbitrage et groupe de contrats », *Rev. arb.* 1997, p. 471 ; F.-X. Train, *Les contrats liés devant l'arbitre du commerce international*, LGDJ, 2003 ; « L'extension de la clause compromissoire : chronique des années 2012-2017 », *Rev. arb.* 2017, p. 389.

166. Par exemple, Paris, 18 mars 1983, *Rev. arb.* 1983, p. 491, note J. Robert.

167. Par exemple, Paris, 9 déc. 1987, *Rev. arb.* 1988, p. 573 (2e décis.), et le commentaire de G. Pluyette, p. 530.

litige à un arbitrage unique ? Ces difficultés, relatives à la portée *ratione materiae* de la clause compromissoire stipulée dans un contrat élément du groupe de contrats liant les mêmes parties, mettent en cause l'interprétation de la volonté des parties : quelle portée ont-elles voulu donner à la clause compromissoire contenue dans l'un des contrats[168] ?

195 **Attitude de la jurisprudence.** La jurisprudence, tant arbitrale qu'étatique, tend à résoudre les difficultés relatives à la portée *rationae materiae* de la clause d'arbitrage dans un groupe de contrats liant les mêmes parties par interprétation de la volonté de celles-ci. On aurait pu croire qu'au nom de la relativité des conventions, elle considère qu'à défaut de dispositions claires en sens contraire, la clause compromissoire ne peut fonder la compétence du tribunal arbitral qu'à l'égard du contrat qui la contient, et ne peut pas justifier cette compétence pour des contrats distincts, même passés entre les mêmes parties. Toutefois, en droit positif, la solution n'est pas vraiment en ce sens.

Les arbitres ont tendance à admettre, au nom de la volonté supposée des parties, l'extension d'une clause compromissoire contenue dans un contrat, notamment un accord-cadre, à d'autres contrats liant les mêmes parties sur le fondement du caractère complémentaire de ces contrats, ou de leur participation à la réalisation d'une même opération globalement envisagée. En revanche, les arbitres sont plus réticents à l'idée d'adopter la même solution lorsque les différents contrats en question comportent des clauses d'arbitrage qui ne sont pas conciliables entre elles (car trop différentes sur des points considérés comme essentiels) ou, *a fortiori*, des clauses de règlement des litiges de nature différente (clause d'arbitrage dans un contrat et une clause attributive de juridiction dans un autre). Les parties semblent en effet avoir alors eu la volonté de dissocier le contentieux de leurs différents contrats[169].

L'attitude des juges est analogue, voire plus audacieuse encore. La jurisprudence a plusieurs fois retenu l'application d'une clause d'arbitrage à l'égard de contrats qui ne la contiennent pas et qu'elle ne vise pas expressément, dès lors qu'existe un lien nécessaire entre ces contrats et celui dans lequel elle est stipulée. Ce lien peut tenir au caractère accessoire ou complémentaire du contrat ne contenant pas la clause par rapport au contrat qui la stipule[170] ou au fait que le premier a pour fondement le second[171], ou encore résulter du fait que les contrats participent tous à une même opération économique et qu'une indivisibilité conventionnelle peut, dès lors, être retenue entre eux[172]. Ainsi, la clause compromissoire stipulée dans un contrat de franchise est applicable au contrat de location-gérance souscrit par les mêmes parties pour l'exploitation, par le

168. Cette question ne doit pas être confondue avec celle relative à la portée *ratione personae*– et à l'éventuelle extension – de la convention d'arbitrage à l'égard de personnes qui, au moins formellement, ne l'ont pas conclue, notamment dans le cadre de groupes de contrats impliquant diverses parties ; sur cette autre question, v. *infra*, n° 199 et s.

169. Pour plus de détails sur la jurisprudence arbitrale, v. les sentences rendues en matière d'arbitrage international, où les sentences sont davantage publiées et donc plus accessibles, *infra*, n° 715.

170. Cass. com., 5 mars 1991, *Rev. arb.* 1992, p. 66 (1re esp.), obs. L. Aynès : la convention d'arbitrage contenue dans un contrat de cession d'actions assorti d'une garantie d'actif et de passif s'étend au litige survenu à l'occasion de la mise en œuvre d'un contrat subséquent établissant la situation comptable de la société en cause car le second contrat ne constitue que la suite du premier et est destiné à le concrétiser ; et aussi, Paris, 29 nov. 1991, *Rev. arb.* 1993, p. 617, note L. Aynès.

171. Cass. 1re civ., 9 juill. 2014, *D.* 2014, p. 2092, note V. Mazeaud ; *ibid.*, p. 2546, obs. Th. Clay ; *Procédures* 2014, comm. 298, obs. L. Weiller ; *Rev. gén. dr. assur.* 2014, p. 543, note V. Heuzé ; *RTD civ.* 2014, p. 888, note H. Barbier : forme un ensemble contractuel le contrat d'assurance contenant une clause compromissoire et la transaction conclue pour mettre un terme au litige né de la mise en œuvre du premier.

172. Paris, 21 févr. 2002, *Rev. arb.* 2002, p. 955, note F.-X. Train.

franchisé, du fonds de commerce du franchiseur, ces deux contrats étant interdépendants puisque c'est pour assurer l'exploitation du fonds sous son enseigne, conformément au contrat de franchise, que le franchiseur a consenti à la location-gérance[173]. La jurisprudence a encore admis l'extension de la clause compromissoire figurant dans un protocole de cessions d'actions au litige né de la convention sur complément de prix signée le même jour[174], ou de celle contenue dans une promesse de cession d'actions, qui prévoyait par ailleurs une faculté de substitution pour le cessionnaire, à l'acte de cession définitif intervenu ultérieurement entre le cédant et une filiale de la société bénéficiaire de la promesse qui agissait donc en tant que substituée au bénéficiaire de la promesse[175], ou encore de la clause contenue dans un contrat à un autre dès lors qu'ils mettent en œuvre la même opération économique[176]. Ce faisant, la jurisprudence adopte une analyse plus économique que juridique des ensembles contractuels. Selon cette analyse, lorsqu'elle peut caractériser l'existence d'un groupe de contrats participant à une même opération économique globalement envisagée, elle présumera la volonté des parties d'appliquer la convention d'arbitrage stipulée dans l'un d'eux à l'ensemble du contentieux pouvant naître de ces contrats. Autrement dit, elle combine une analyse objective de l'objet des différents contrats et une analyse subjective de la volonté des parties pour vérifier, d'une part que les contrats sont intellectuellement liés, concourent à une même opération économique, se complètent ou se réalisent l'un par l'autre, et d'autre part que les parties ont entendu regrouper les contentieux éventuels pouvant naître de ces différents contrats. Toutefois, si le premier élément est caractérisé, le second est alors présumé. Une telle volonté des parties étant présumée, l'analyse objective primera donc souvent sur l'analyse subjective[177]. La limite de cette extension se trouve bien entendu, selon la même logique, dans l'expression par les parties d'une volonté en sens contraire[178]. Aussi, les juges restent plus réservés pour appliquer la clause compromissoire contenue dans un contrat à un autre contrat du même groupe qui contient toutefois une clause compromissoire inconciliable[179], ou une clause de règlement des litiges de nature différente[180]. Le risque de voir se développer des instances parallèles, et donc d'éventuelles décisions contradictoires, semble alors inévitable, à

173. Paris, 26 avr. 2007, *JCP* G 2007, I, 216, n° 1, obs. J. Béguin.

174. Paris, 13 févr. 2003, *Rev. arb.* 2004, p. 311 (2e esp.), note J.-B. Racine ; *RTD com.* 2003, p. 696, obs. É. Loquin.

175. Cass. 2e civ., 7 janv. 1999, *Rev. arb.* 2003, p. 1341 (4e esp.), obs. C. Legros.

176. Paris, 21 févr. 2002, préc. V. encore, Paris, 26 avr. 2007, préc.

177. En ce sens, D. Cohen, « Arbitrage et groupes de contrats », *Rev. arb.* 1997, p. 471, spéc. p. 487.

178. V. dans l'arbitrage international, Paris, 22 mai 2003, *Rev. arb.* 2003, p. 1252, note F.-X. Train ; *JCP* G 2004, I, 119, n° 6, obs. Ch. Seraglini : inapplication de la clause d'arbitrage figurant dans un premier contrat au nouveau contrat « annulant le premier » et comportant une nouvelle clause d'arbitrage au libellé plus limité quant aux litiges couverts.

179. Et non pas simplement différente ; les clauses inconciliables sont, par exemple, celles qui prévoient, pour l'une, un arbitrage *ad hoc* et, pour l'autre, un arbitrage institutionnel, ou qui diffèrent quant à la composition du tribunal arbitral.

180. Pour un litige né d'un autre contrat entre les mêmes parties mais ayant un objet différent (contrat de gage à la garantie du paiement des marchandises) et contenant lui-même une clause attributive de juridiction : Cass. 1re civ., 4 juill. 2006, *Rev. arb.* 2006, p. 959, note F.-X. Train ; *JCP* G 2006, I, 187, n° 10, obs. Ch. Seraglini. V. aussi, pour un contrat-cadre contenant une clause d'arbitrage et des contrats d'application contenant des clauses de règlement des litiges différentes, Cass. 1re civ., 6 nov. 2013, *Rev. arb.* 2013, p. 1081 ; *JCP* G 2013, 1391, n° 4, obs. Ch. Seraglini ; *RDC* 2014, p. 260, note X. Boucobza et Y.-M. Serinet (arrêt rendu en matière d'arbitrage international).

défaut d'accord entre les parties pour procéder à une consolidation des procédures[181].

Depuis la réforme du 13 janvier 2011, l'article 1442, alinéa 2, du Code de procédure civile envisage expressément l'application de la clause compromissoire à d'autres contrats que celui dans lequel elle est stipulée, en disposant que « la clause compromissoire est la convention par laquelle les parties à un ou plusieurs contrats s'engagent à soumettre à l'arbitrage les litiges qui pourraient naître relativement à ce ou à ces contrats ». Encore faudra-t-il que les parties aient eu la volonté d'inclure dans le champ d'application de la clause compromissoire les litiges nés d'autres contrats. Aussi, la jurisprudence antérieure à la réforme est non seulement renforcée, mais demeure surtout pertinente pour déterminer les circonstances dans lesquelles cette volonté peut être présumée.

§ 3. L'EXTINCTION DE LA CONVENTION D'ARBITRAGE

196 **Double origine des causes d'extinction d'une convention d'arbitrage.** Deux ordres de cause peuvent, en théorie au moins, conduire à voir les effets d'une convention d'arbitrage s'éteindre. En premier lieu, compte tenu des liens que la convention d'arbitrage entretient avec le contrat principal, ayant été stipulée pour la résolution des litiges nés de ce contrat, l'extinction de celui-ci pourrait avoir un impact sur le sort de celle-là. Toutefois, le principe d'autonomie de la convention d'arbitrage par rapport à ce contrat vient en réalité limiter un tel impact. En second lieu et plus sûrement, la convention d'arbitrage étant elle-même une convention, elle peut s'éteindre pour des causes qui lui sont propres.

197 **Impact limité de l'extinction du contrat principal.** *A priori*, l'extinction du contrat principal devrait justifier celle de la convention d'arbitrage, dès lors que celle-ci se trouve privée de sa raison d'être : conclue pour résoudre les litiges nés du contrat, elle semble n'avoir d'utilité que tant que dure celui-ci. Toutefois, cette proposition trouve rapidement ses limites. En effet, la convention d'arbitrage peut conserver une grande utilité, et par conséquent sa fonction, même après extinction du contrat principal, en particulier pour régler les litiges portant justement sur cette extinction et ses effets. Par exemple, la convention d'arbitrage doit pouvoir trouver application pour le règlement des litiges concernant la validité d'une résiliation du contrat, les responsabilités consécutives, etc. Aussi, en vertu du principe d'autonomie de la convention

181. Sur les difficultés engendrées par ces situations, v. *infra*, n° 337 et s. Par ailleurs, dans le cadre d'un arbitrage international, il a été décidé que la convention d'arbitrage contenue dans un protocole d'accord ne peut être étendue à des effets de commerce, en l'occurrence des billets à ordre, souscrits en exécution d'avenants (reconnaissances de dettes) signés pour régler les sommes dues en vertu de ce protocole, dès lors que ces billets constituent un engagement autonome qui n'est pas soumis audit protocole ni à ses avenants (Paris, 3 déc. 2008, *Rev. arb.* 2009, p. 547, note J.-J. Daigre). Ainsi, l'autonomie du droit cambiaire s'opposerait à l'extension de la convention d'arbitrage applicable au rapport fondamental. Cependant, cette décision, rendue par une chambre de la cour d'appel de Paris non spécialisée en matière d'arbitrage, paraît très en retrait de la jurisprudence dominante en la matière. Le litige était bien lié à l'exécution des reconnaissances de dette ; il nous semble donc que la jurisprudence dominante tendrait plutôt à considérer que les parties avaient entendu régler par voie d'arbitrage tous les litiges pouvant résulter de l'exécution du protocole et de ses avenants, sans s'arrêter au caractère autonome de l'engagement cambiaire, particulièrement dans le cas d'un arbitrage international où la jurisprudence ne goûte généralement guère ce genre de subtilité juridique.

d'arbitrage par rapport au contrat pour lequel elle a été stipulée, l'allégation de la caducité, de la nullité, de la résolution ou de la résiliation du contrat, ne suffit pas à priver d'effet la convention d'arbitrage ; le contentieux éventuel de ces causes d'extinction du contrat principal et de leurs conséquences sur la situation respective des parties devra être résolu par voie d'arbitrage[182].

198 **Causes d'extinction propres à la convention d'arbitrage.** Compte tenu de l'autonomie qui lui est reconnue par rapport au contrat principal, la convention d'arbitrage peut en définitive essentiellement voir ses effets s'éteindre en raison de causes qui lui sont propres : lorsqu'elle est valablement résiliée par l'une des parties pour de justes motifs, lorsque les parties y ont renoncé[183], ou lorsqu'elle est elle-même, directement et indépendamment du contrat principal, affectée d'une cause de nullité, comme l'inarbitrabilité du litige ou, plus généralement, lorsqu'elle ne satisfait pas à l'une des conditions posées à sa validité. Par ailleurs, certains événements pourront justifier l'extinction d'un compromis, acte conclu pour la résolution d'un litige particulier et déjà né, sans pour autant avoir le même effet à l'égard d'une clause compromissoire, acte conclu pour la résolution de litiges à venir. Ainsi, la reddition de la sentence arbitrale, qui met fin à la mission du tribunal arbitral, éteint de ce fait les effets du compromis qui avait été spécialement conclu pour la résolution du litige tranché par la sentence. Le même événement laisse en principe subsister la clause compromissoire, qui pourra encore déployer ses effets postérieurement, notamment pour le règlement d'un nouveau litige entre les parties. De même, si l'expiration du délai convenu pour rendre la sentence arbitrale emporte, sauf prorogation de ce délai, cessation de la mission du tribunal arbitral, elle entraîne également extinction du compromis, mais non pas de la clause compromissoire.

SECTION 2 LE RAYONNEMENT DE LA CONVENTION D'ARBITRAGE À L'ÉGARD DES TIERS

199 **Données du problème.** En pratique, la question peut se poser de savoir si la convention d'arbitrage peut lier d'autres personnes que les deux parties au contrat pour lequel elle a été stipulée, alors même que ces personnes n'y ont pas formellement souscrit[184]. Les raisons de cette éventuelle extension du cercle des personnes

182. Sauf si la cause de nullité du contrat principal invoquée affecte également et directement la convention d'arbitrage elle-même ; on peut également s'interroger sur le sort de la convention d'arbitrage en cas de transaction ou de novation relative au contrat principal ; sur l'ensemble de ces questions relatives à l'indépendance de la clause d'arbitrage par rapport au contrat, v. *supra*, n° 74 et s.

183. Sur la renonciation à la convention d'arbitrage, v. *supra*, n° 179 et s.

184. Sur la question, v. *L'arbitrage et les tiers*, *Rev. arb.* 1988, n° spéc., p. 431 ; D. Cohen, « Arbitrage et groupes de contrats », *Rev. arb.* 1997, p. 471 ; É. Loquin, « Différences et convergences dans le régime de la transmission et de l'extension de la clause compromissoire devant les juridictions françaises », *Cah. arb.*, vol. III, *Gaz. Pal.* éd., 2004, p. 49 ; J.-F. Poudret, « L'extension de la clause d'arbitrage : approches française et suisse », *JDI* 1995, p. 893 ; F.-X. Train, *Les contrats liés devant l'arbitre du commerce international*, LGDJ, 2003 ; F.-X. Train, « L'extension de la clause compromissoire : chronique des années 2012-2017 », *Rev. arb.* 2017, p. 389.

liées par une convention d'arbitrage sont variables. Elles peuvent tenir au fait qu'une opération commerciale donne parfois lieu à la mise en place de schémas contractuels complexes (groupes de contrats et autres ensembles contractuels), impliquant divers contrats passés entre des personnes différentes qui sont appelées à intervenir, à un titre ou à un autre, à un certain stade de l'opération. Si l'un de ces contrats contient une clause compromissoire, celle-ci peut-elle s'appliquer à d'autres parties impliquées dans ce schéma contractuel mais qui n'ont pas signé ce contrat ? De façon plus traditionnelle, la question peut également se poser à l'égard des assureurs des parties au contrat qui ne sont pas encore subrogés, par l'effet du paiement, dans les droits de l'assuré signataire de la convention d'arbitrage. En ce cas, l'assureur peut-il néanmoins opposer, ou se voir opposer, la clause d'arbitrage présente dans le contrat de base litigieux conclu entre son assuré et un tiers contractant ? À l'inverse, peut-il opposer à un tiers, ou se voir opposer par ce tiers, la clause d'arbitrage figurant éventuellement au contrat d'assurance[185] ? La question peut encore résulter de diverses situations particulières impliquant des tiers au contrat qui comporte une clause compromissoire : stipulation pour autrui, cautionnement, groupe de sociétés, etc.

Cette question de l'extension éventuelle de la convention d'arbitrage à des personnes non-signataires ne doit pas être confondue avec celle de sa transmission d'une personne à une autre, notamment en raison de la transmission d'un droit substantiel auquel la convention d'arbitrage peut être considérée comme liée. L'éventuelle extension *ratione personae* de la convention d'arbitrage s'opérerait, quant à elle, en dehors de toute transmission des droits contractuels auxquels cette convention se rapporte.

200 **Opposabilité de la convention d'arbitrage aux tiers et effet relatif des conventions.** Se poser la question de l'éventuelle extension d'une convention d'arbitrage à un tiers qui n'y a pas souscrit pourrait *a priori* paraître surprenant. En effet, le principe de l'effet relatif des conventions, affirmé à l'article 1199 du Code civil[186], pourrait conduire à considérer d'emblée que la convention d'arbitrage stipulée dans un contrat ne saurait lier que les parties à ce contrat, et est inopposable aux tiers qui, ne l'ayant pas signée, y sont restés étrangers. Il convient toutefois de souligner le sens particulier donné à la notion « d'opposabilité » à propos de la convention d'arbitrage. Elle revêt alors un sens différent de celui qu'on lui donne généralement en droit commun des contrats. Dans son sens traditionnel, le terme « opposabilité » est relativement inoffensif à l'égard des tiers. Selon le *Vocabulaire juridique* Capitant[187], l'opposabilité est seulement l'aptitude d'un acte à faire sentir ses effets à l'égard des tiers, non en soumettant ces tiers aux obligations directement nées de cet acte, mais en les forçant à reconnaître et à respecter l'existence de l'acte, à le respecter en tant qu'élément de l'ordre juridique ; les tiers ne sont pas directement obligés par cet acte qui leur est néanmoins opposable. En ce sens, la convention d'arbitrage devrait être, comme tout acte, opposable aux tiers. Cependant, à son propos, lorsque l'on parle, en doctrine et dans la jurisprudence, d'opposabilité aux tiers, on envisage plutôt la possibilité pour la convention d'arbitrage de déployer ses effets à l'égard d'un tiers qui ne l'a pas signée mais qui

185. Sur cette question particulière de l'opposabilité de la convention d'arbitrage à l'assureur et par l'assureur, v. B. Beignier, « Assurance et arbitrage : la place de l'assureur dans l'instance arbitrale », *Rev. arb.* 2008, p. 227.

186. Depuis l'ordonnance n° 2016-131 du 10 février 2016 portant réforme du droit des contrats, du régime général et de la preuve des obligations. V. auparavant, art. 1165 C. civ.

187. *Vocabulaire juridique Capitant*, G. Cornu dir., PUF, coll. « Quadrige », 12e éd., 2018.

pourrait ainsi, soit l'invoquer, soit se la voir imposer. Autrement dit, le tiers pourrait aller, ou être contraint d'aller, à l'arbitrage prévu par la convention d'arbitrage. En quelque sorte, le tiers deviendrait ainsi une « partie » à la convention d'arbitrage. Il s'agit donc davantage d'un « effet obligatoire » que d'une « opposabilité » de la convention d'arbitrage à l'égard des tiers. Dans ce second sens du terme « opposabilité », un esprit non averti pourrait croire que, compte tenu de l'effet relatif des conventions, la convention d'arbitrage n'est pas opposable au tiers qui n'y a pas souscrit. Au demeurant, cette croyance ne pourrait-elle pas être renforcée par le nouvel article 2061 du Code civil, dans sa rédaction issue de la loi n° 2016-1547 du 18 novembre 2016 dite de modernisation de la justice du XXIe siècle[188], qui dispose, s'agissant de la clause compromissoire, que cette clause « doit avoir été acceptée par la partie à laquelle on l'oppose, à moins que celle-ci n'ait succédé aux droits et obligations de la partie qui l'a initialement acceptée » ?

Cependant, le principe de l'effet relatif des conventions est parfois, dans le cas de la convention d'arbitrage, quelque peu malmené, essentiellement pour des considérations pratiques. En effet, ce principe est susceptible d'affecter considérablement l'efficacité de la convention d'arbitrage dans l'hypothèse de schémas contractuels complexes. Ainsi, dans un contentieux relatif à un groupe de contrats ou un ensemble contractuel, l'effet relatif des conventions, appliqué à la convention d'arbitrage, serait susceptible de conduire à un éparpillement du contentieux, à la multiplication de procédures parallèles relativement à des litiges qui impliquent des parties différentes mais qui sont néanmoins connexes[189], voire quasi identiques. Or, cela peut conduire à des résultats contradictoires, pour des litiges pourtant liés entre eux. Pour éviter de telles conséquences fâcheuses, la justice étatique dispose d'un certain nombre d'instruments : appel en garantie, intervention forcée ou volontaire, jonction d'instances et autres mesures permettant de rationaliser le contentieux impliquant diverses parties et divers contrats. Compte tenu de sa dimension conventionnelle et volontaire, l'arbitrage ne peut, quant à lui, aisément mettre en œuvre de tels instruments de concentration des contentieux. Dès lors, l'extension de la convention d'arbitrage à des personnes qui ne l'ont pas formellement signée pourrait apparaître comme un palliatif permettant de résoudre ces difficultés, sans pour autant remettre en cause, au moins en apparence, la dimension conventionnelle et volontaire de l'arbitrage, ces personnes étant finalement considérées comme liées par la clause d'arbitrage. Aussi, on ne s'étonnera guère finalement que la jurisprudence, toujours soucieuse d'assurer l'efficacité maximum des conventions d'arbitrage, retienne cette extension dans certaines circonstances[190]. Toutefois, ne seront ici examinés que quelques cas d'extension de la convention d'arbitrage en matière d'arbitrage interne, où la jurisprudence semble dans l'ensemble, et pour le moment au moins, encore relativement attachée au principe de l'effet relatif des conventions. De plus, la nouvelle rédaction de l'article 2061 du Code civil, issue de la loi du 18 novembre 2016 dite de modernisation de la justice du XXIe siècle, devrait favoriser le maintien de solutions

188. Sur cette réforme de l'article 2061 du Code civil, v. *supra*, n° 129 et s. Et sur les conséquences de cette réforme quant à la question de l'éventuelle extension des conventions d'arbitrage aux tiers, v. Ph. STOFFEL-MUNCK, « La nouvelle clause compromissoire dans les groupes de contrats », *Cah. arb.* 2017, p. 47.

189. On peut, par exemple, songer à un litige opposant un maître d'ouvrage et un entrepreneur qui met en cause les défauts résultant du travail de l'un des sous-traitants.

190. Il convient toutefois de noter que cette extension, une fois admise, aura parfois pour conséquence de conduire à un arbitrage multipartite, lui-même source de problèmes, notamment quant à la constitution du tribunal arbitral.

relativement strictes puisque « la clause compromissoire doit avoir été acceptée par la partie à laquelle on l'oppose [...] ». En réalité, la question de l'extension de la convention d'arbitrage à un tiers s'est surtout posée dans le cas d'arbitrages internationaux, où l'article 2061 du Code civil, dans ses différentes rédactions successives antérieures à la loi du 18 novembre 2016[191], a été jugé inapplicable par la jurisprudence[192] et où les solutions retenues par la jurisprudence sont particulièrement libérales. Or, il n'est pas certain que ces solutions soient toutes transposables à l'arbitrage interne, surtout compte tenu de la nouvelle rédaction de l'article 2061 du Code civil. Aussi, certaines questions, comme l'extension de la convention d'arbitrage dans les groupes de sociétés, ou dans le cadre du transport maritime de marchandises, ou encore celle d'un éventuel principe général d'extension de la convention d'arbitrage dans les groupes de contrats ou les ensembles contractuels liant des parties différentes, seront essentiellement développées dans le cadre de l'étude de l'arbitrage international[193]. Ceci étant, il n'est pas exclu que les solutions libérales retenues par la jurisprudence dans l'arbitrage international soient dans un proche avenir étendues à l'arbitrage interne, même si la nouvelle rédaction de l'article 2061 du Code civil devrait quelque peu freiner toute velléité jurisprudentielle à cet égard ou à tout le moins obliger la jurisprudence à caractériser une acceptation, fût-elle tacite, de la clause par le tiers auquel elle entend l'étendre, ce dont elle n'hésite pas à se dispenser en matière internationale[194].

201 **Stipulation pour autrui.** Un contrat conclu entre deux parties peut contenir une stipulation pour autrui au profit d'un tiers et, par ailleurs, une clause compromissoire. La question est alors de savoir si ce tiers peut se voir opposer cette clause ou s'en prévaloir. Un exemple typique concerne le cas des garanties de passif stipulées au profit de la société cédée dans le cadre d'une cession de parts sociales : une clause d'arbitrage figure dans la convention de cession qui prévoit par ailleurs, en cas d'aggravation du passif, l'indemnisation de la société bénéficiaire par le cédant. Pendant longtemps, le droit positif a paru incertain à cet égard. Dans un arrêt de 1985[195], la Cour de cassation avait considéré que le bénéficiaire de la stipulation pour autrui ne pouvait se prévaloir de la clause compromissoire stipulée dans le contrat liant le promettant et le stipulant. La doctrine était divisée. Certains approuvaient la solution. D'autres distinguaient, en invoquant le fait que la stipulation pour autrui ne peut que créer des droits au profit du tiers sans pouvoir lui imposer d'obligations, pour en déduire qu'elle ne pouvait avoir pour effet d'imposer au tiers la clause compromissoire contenue dans le contrat entre le stipulant et le promettant, dans la mesure où cette clause est source d'obligations, mais que rien ne devrait s'opposer à ce que le tiers puisse se prévaloir de la clause compromissoire, puisqu'elle joue alors à son bénéfice et est créatrice de droits[196]. Cependant, le

191. Sur les changements successifs dans la rédaction de l'article 2061 du Code civil, v. *supra*, n° 117 et s.

192. La jurisprudence maintiendra probablement cette position avec la nouvelle rédaction de l'article 2061 issue de la loi du 18 novembre 2016, ne serait-ce justement que parce que cette rédaction paraît peu compatible avec les solutions développées par les juges en matière d'extension des clauses d'arbitrage internationales.

193. V. *infra*, n° 720 et s.

194. V. *infra*, n° 722.

195. Cass. com., 4 juin 1985, *Rev. arb.* 1987, p. 139, note J.-L. Goutal ; *RTD civ.* 1986, p. 593, obs. J. Mestre.

196. J.-L. Goutal, note préc.

débat a été clos par la Cour de cassation, dans un arrêt du 11 juillet 2006[197] qui a décidé : « La clause d'arbitrage contenue dans le contrat liant le stipulant au promettant peut être invoquée par et contre le tiers bénéficiaire d'une stipulation pour autrui, et donc contre la société bénéficiaire de la garantie de passif »[198].

La solution paraît finalement logique. En effet, l'acceptation du bénéficiaire n'est pas une condition de la naissance de son droit, qui résulte du contrat générateur de la stipulation faite à son profit. Aussi, lorsqu'il n'a pas encore accepté la stipulation pour autrui, la clause compromissoire devrait néanmoins lui être opposable puisque son droit est né d'un contrat et en dehors de son acceptation, par exception au principe de l'effet relatif des conventions. Certes, la loi du 18 novembre 2016, en posant, à l'article 2061 du Code civil, la nécessité d'une acceptation de la clause compromissoire par la partie à laquelle on l'oppose, pourrait sembler remettre en cause cette solution. Toutefois, les droits du bénéficiaire trouvent leur origine dans les volontés du stipulant et du promettant. Ils doivent donc être ce que ces derniers ont voulu qu'ils soient, notamment en ce qui concerne le droit d'action qui y est attaché. S'ils ont voulu une clause compromissoire pour la résolution des litiges pouvant naître en relation avec ces droits, le tiers bénéficiaire qui entend se prévaloir des droits ainsi configurés ne doit pas pouvoir l'écarter. Par conséquent, le bénéficiaire ne devrait pas pouvoir, logiquement, accepter les avantages de la stipulation faite en sa faveur tout en refusant la clause d'arbitrage qui semble bien former un tout avec le reste de l'accord conclu entre le promettant et le stipulant[199].

202 **Promesse de porte-fort.** Dans le cas d'une promesse de porte-fort (art. 1204 C. civ.)[200] contenant une clause d'arbitrage, la solution dépend de la ratification ou non de la promesse par le tiers : si le tiers pour lequel le porte-fort s'est engagé refuse de ratifier l'engagement du porte-fort envers le cocontractant, il est évident que la clause compromissoire ne lui sera pas étendue[201] ; en revanche, si le tiers reprend à son compte l'engagement, *a priori*, et bien que la question soit discutée et n'ait guère fait l'objet de jurisprudence significative, il ne pourrait accepter l'un sans l'autre[202].

203 **Cautionnement.** Un tiers peut se porter caution du paiement de la dette née du contrat liant le débiteur principal au créancier et comportant une clause d'arbitrage. En ce cas, la caution peut-elle opposer ou se voir opposer la clause d'arbitrage stipulée

197. Cass. 1re civ., 11 juill. 2006, *Rev. arb.* 2006, p. 969, note Ch. Larroumet ; *RTD com.* 2006, p. 773, obs. É. Loquin ; *JCP* G 2006, II, 10183, note C. Legros ; *D.* 2006, pan. 3028, obs. Th. Clay.

198. V. aussi, dans le cas d'un contrat d'assurance pour compte, Cass. 1re civ., 9 juill. 2014, *D.* 2014, p. 2092, note V. Mazeaud ; *ibid.*, p. 2546, obs. Th. Clay ; *Procédures* 2014, comm. 298, obs. L. Weiller ; *Rev. gén. dr. assur.* 2014, p. 543, note V. Heuzé ; *RTD civ.* 2014, p. 888, note H. Barbier.

199. V. toutefois, Ch. Larroumet, « Promesse pour autrui, stipulation pour autrui et arbitrage », *Rev. arb.* 2005, p. 903, qui distingue la clause compromissoire stipulée dans une promesse pour autrui, où l'acceptation nécessaire du tiers est un élément essentiel sur lequel il convient de se fonder pour lui appliquer cette clause, et celle figurant dans une stipulation pour autrui, où l'acceptation du tiers n'est pas nécessaire pour le rendre créancier du promettant ; dans ce dernier cas, l'auteur estime que « le tiers ne peut accepter en retranchant ce qui ne lui convient pas » (spéc. n° 4).

200. Depuis l'ordonnance n° 2016-131 du 10 février 2016 portant réforme du droit des contrats, du régime général et de la preuve des obligations. V. auparavant, art. 1120 C. civ.

201. Cass. 1re civ., 16 juill. 1992, *Rev. arb.* 1993, p. 611, note Ph. Delebecque ; *RTD com.* 1993, p. 295, obs. É. Loquin.

202. En ce sens, Ch. Larroumet, « Promesse pour autrui, stipulation pour autrui et arbitrage », *Rev. arb.* 2005, p. 903, spéc. n° 6 et s.

au contrat principal dans ses rapports avec le créancier qui agit en paiement contre elle, voire dans ses rapports avec le débiteur cautionné ? Sur cette question, la jurisprudence est incertaine et la doctrine divisée[203].

Selon la jurisprudence, la réponse paraît négative : la clause compromissoire ne lie pas la caution, même solidaire, qui n'est pas partie au contrat principal qu'elle n'a pas signé. Elle ne peut invoquer la clause compromissoire et ne peut être attraite à l'arbitrage, dès lors que son engagement résulte d'un contrat distinct de celui qui oblige le débiteur principal et qui seul contient la clause compromissoire[204] ; les sources des deux obligations, celle du débiteur principal et celle de la caution, sont donc distinctes. De même, la caution ne peut intervenir volontairement à l'instance arbitrale, à moins de recueillir l'accord de toutes les parties à l'instance[205]. Le principe de l'effet relatif des conventions paraît ici fonder ces solutions. La nouvelle rédaction de l'article 2061, alinéa 1er, du Code civil, issue de la loi du 18 novembre 2016, en ce qu'elle exige que la clause compromissoire ait été acceptée par la partie à laquelle on l'oppose, à moins que celle-ci n'ait succédé aux droits et obligations de la partie qui l'a initialement acceptée, devrait conforter ces solutions.

Ceci étant, ces solutions ont été discutées en doctrine. Ainsi, un auteur[206], se fondant sur le caractère accessoire du cautionnement, estime que si l'invocation de cette clause contre la caution est impossible, en vertu du principe de l'effet relatif des conventions, son invocation par la caution contre le créancier ou le débiteur principal devrait en revanche être possible, en vertu des règles mêmes du cautionnement énoncées dans le Code civil. La possibilité d'invoquer la clause contre le créancier résulterait de l'article 2313 (ancien 2036) qui dispose que la caution poursuivie par le créancier peut lui opposer toutes les exceptions qui appartiennent au débiteur principal et qui sont inhérentes à la dette. Selon l'auteur, la clause compromissoire étant une exception inhérente à la dette, la caution poursuivie par le créancier pourrait, dès lors, la lui opposer. Autrement dit, en cas de poursuite de la caution par le créancier, la clause pourrait être invoquée par la caution mais ne pourrait lui être imposée[207]. La question est donc finalement de savoir si la clause compromissoire peut être considérée comme une exception inhérente à la dette, auquel cas elle serait opposable par la caution au créancier. Or, sur ce point, les avis divergent en doctrine[208]. En revanche, une fois que la caution a payé le créancier, la question est différente et plus simple : la caution peut-elle alors se prévaloir de la clause compromissoire à l'encontre du débiteur principal, lorsqu'elle agit sur le fondement du recours subrogatoire de l'article 2306 (ancien art. 2029) du Code civil ? C'est sur le fondement de la subrogation dans les droits du créancier – et donc de la transmission et non plus de l'extension de la clause compromissoire – que la caution peut, en ce cas, opposer la clause compromissoire au débiteur principal. La clause compromissoire lui a été transmise par l'effet du paiement et de la subrogation consécutive[209]. La nouvelle rédaction de l'article 2061 du Code civil, en ce qu'elle retient que la clause

203. Sur le sujet, v. R. Chaaban, « Clause d'arbitrage et cautionnement », *Rev. arb.* 2007, p. 721 ; É. Loquin, « Arbitrage et cautionnement », *Rev. arb.* 1994, p. 235 ; J.-B. Racine, « Arbitrage et cautionnement en droit français », *Cah. arb.* 2010, p. 353.

204. En ce sens, Cass. com., 22 nov. 1977, *Rev. arb.* 1978, p. 461, note Ph. Fouchard.

205. Paris, 8 mars 2001, *Rev. arb.* 2001, p. 567, obs. C. Legros.

206. R. Chaaban, « Clause d'arbitrage et cautionnement », préc.

207. Dans le même sens, D. Cohen, *Arbitrage et société*, LGDJ, 1993, nº 519, p. 272.

208. V. É. Loquin, « Arbitrage et cautionnement », préc., spéc. nº 21 et s.

209. En ce sens, É. Loquin, « Arbitrage et cautionnement », préc., spéc. nº 24, et la jurisprudence citée par l'auteur en matière de clause attributive de juridiction. Sur la transmission de la convention d'arbitrage, v. *infra*, nº 207 et s.

compromissoire lie la partie qui a succédé aux droits et obligations de la partie qui l'a initialement acceptée, devrait conforter cette solution.

Par ailleurs, les solutions en la matière pourraient évoluer. En effet, la question est en réalité celle d'une éventuelle extension de la clause compromissoire contenue dans le contrat de base à un autre contrat, le contrat de cautionnement, qui entretient certains rapports avec le premier. Dans ces conditions, il faudra peut-être, à moyen terme et pour y répondre justement, tenir compte des solutions adoptées par la jurisprudence en matière internationale et relatives aux groupes de contrats et autres ensembles contractuels, retenant l'extension de la clause compromissoire aux personnes directement impliquées dans l'exécution du contrat la contenant[210]. Cette jurisprudence, si elle était déclarée applicable dans l'arbitrage interne, pourrait rapidement influencer les solutions en matière de cautionnement. En effet, la jurisprudence n'en viendra-t-elle pas alors à retenir que la caution est « directement impliquée » dans l'exécution du contrat de base comprenant la clause d'arbitrage ? Cependant, la nouvelle rédaction de l'article 2061 du Code civil devrait quelque peu contrarier l'application de cette jurisprudence à l'arbitrage interne.

Il convient enfin de noter que, comme tout jugement contre le débiteur principal, la sentence arbitrale rendue contre celui-ci sera opposable à la caution en ce qui concerne la chose jugée relativement à la dette cautionnée, en vertu du principe de la représentation des codébiteurs solidaires[211], sauf pour la caution à opposer au créancier des exceptions qui lui sont propres, ou encore la fraude du créancier ou la collusion entre celui-ci et le débiteur principal[212]. Récemment, la Cour de cassation a admis, après l'avoir longtemps refusé, que la caution pouvait également faire tierce-opposition à la sentence[213].

204 **Garantie à première demande.** La clause compromissoire figurant au contrat principal liant le débiteur et le créancier ne peut en principe être étendue au garant qui n'a pas signé le contrat principal, compte tenu de l'autonomie de l'engagement du garant[214]. Une fois encore, on peut s'interroger sur la pérennité de cette solution si la jurisprudence, développée dans l'arbitrage international à propos des groupes de contrats et autres ensembles contractuels liant des parties différentes, et étendant la clause d'arbitrage au tiers au motif de son implication directe dans l'exécution du contrat la comportant, était étendue à l'arbitrage interne. Mais la nouvelle rédaction de l'article 2061 du Code civil, en exigeant l'acceptation de celui auquel on prétend opposer la clause compromissoire, devrait, ici aussi, rendre cette extension délicate. En tout cas, la personne qui signe un contrat de cession en qualité de représentant d'une partie tout en y prenant également un engagement de garantie personnelle peut se voir opposer la clause compromissoire qui y figure ; en effet, cette personne est alors personnellement partie au contrat, peu important que ce fût à titre de garant et non de cédant[215]. On peut

210. Sur cette jurisprudence, v. *infra*, n° 206 et surtout *infra*, n° 722.

211. Paris, 4 janv. 1960, *Rev. arb.* 1960, p. 122 ; Paris, 21 mai 1964, *DP* 1964, p. 602.

212. Cass. 1re civ., 14 févr. 1990, *JCP* 1990, IV, 139, rendu à propos d'un jugement. Plus généralement, sur l'opposabilité de la sentence arbitrale aux tiers, v. *infra*, n° 476.

213. Cass. com., 5 mai 2015, *Rev. arb.* 2015, p. 1115, note. M. Mignot ; *JCP* G 2015, 877, n° 6, obs. J. Ortscheidt ; *Rapport annuel de la Cour de cassation*, 2015, p. 201 ; *Rev. soc.* 2016, p. 317, note B. Le Bars ; *RTD com.* 2016, p. 59, obs. É. Loquin.

214. Cass. com., 20 déc. 1982, *Rev. arb.* 1984, p. 477, note B. Moreau ; Paris, 14 déc. 1987, *Rev. arb.* 1989, p. 240, note M. Vasseur ; arrêts rendus en matière d'arbitrage international. V. aussi, B. Chambreuil, « Arbitrage international et garanties bancaires », *Rev. arb.* 1991, p. 33.

215. Paris, 21 janv. 2014, *Rev. arb.* 2014, p. 711, obs. C. Debourg (arrêt rendu en matière d'arbitrage international).

estimer, dans le prolongement de l'idée que la clause compromissoire est une convention autonome du contrat principal, que le garant a alors également accepté cette autre convention autonome figurant dans l'acte qu'il a signé.

205 **Groupes de sociétés et rapports entre la société et ses associés.** Les jurisprudences étatique et arbitrale admettent parfois l'extension de la convention d'arbitrage signée par une société membre d'un groupe de sociétés à une autre société du groupe, qu'il s'agisse de lui opposer ou pour elle de s'en prévaloir. Cette extension pourra être opérée sur le fondement de la théorie de la transparence, qui vise à sanctionner l'abus manifeste ou la fraude et qui conduit à « lever le voile social ». Elle pourra encore l'être sur le fondement de l'acceptation tacite, voire présumée, de la clause d'arbitrage par la partie non-signataire, déduite de sa participation plus ou moins active, à des titres divers, à la négociation, l'exécution, ou même la résiliation du contrat. Toutefois, la question se rencontre surtout dans l'arbitrage international et sera donc examinée dans ce cadre[216].

Une autre question est celle de l'éventuelle application de la clause compromissoire stipulée dans les statuts d'une société à la résolution des litiges entre la société et ses associés, ou entre associés mais ayant une incidence sur le pacte social. En principe, la clause d'arbitrage est alors applicable. La solution pourrait apparaître relativement classique et respectueuse de l'effet relatif des conventions, puisqu'elle se fonde sur le fait que les associés ont adhéré aux statuts et y sont donc, en quelque sorte, parties. Cependant, la jurisprudence est parfois allée plus loin et a étendu les effets de la clause à des personnes qui n'étaient pas, à proprement parler, les associés de la société en question. La Cour de cassation a en effet admis l'extension de la clause compromissoire figurant dans les statuts de la personne morale à un « associé de second rang »[217], soit un associé de la personne morale elle-même associée de la personne morale dont les statuts comportent une clause compromissoire. Aussi, elle a approuvé les arbitres et la cour d'appel qui avaient étendu la clause d'arbitrage figurant aux statuts d'une coopérative regroupant des commerçants indépendants, personnes physiques ou morales, à un associé de second rang, soit au principal actionnaire (et également dirigeant) d'une personne morale membre de la coopérative[218]. On peut donc à tout le moins noter ici un certain assouplissement des conditions du consentement à la clause compromissoire. Il n'est pas certain que la nouvelle rédaction de l'article 2061 du Code civil, qui exige, depuis la loi du 18 novembre 2016, que la clause compromissoire ait été acceptée par la partie à laquelle on l'oppose, modifie cette jurisprudence dès lors que celle-ci se fonde, au moins en apparence, sur un consentement, fût-il caractérisé selon des conditions relativement souples, et que l'article 2061, s'il impose aujourd'hui un consentement, ne pose

216. V. *infra*, n° 721.

217. Pour reprendre l'expression de M. F.-X. Train, note sous Cass. com., 8 nov. 2005, *M. Tinnes c/ sté Système U*, *Rev. arb.* 2006, p. 709.

218. Cass. com., 8 nov. 2005, *M. Tinnes c/ sté Système U*, *Rev. arb.* 2006, p. 709, note F.-X. Train. Dans le même sens, d'autres arrêts « Système U » : Cass. 1re civ., 20 sept. 2006, *Rev. arb.* 2006, p. 1078 ; Cass. 1re civ., 22 oct. 2008, *Rev. arb.* 2008, p. 846 ; *JCP* G 2008, I, 222, n° 2, obs. J. Ortscheidt, où la Cour de cassation se repose sur le règlement intérieur de la coopérative qui prévoit que la personnalité et l'activité d'une société, personne morale membre de la coopérative, se confondent avec la personnalité et l'activité de celui ou de ceux qui la contrôlent directement ou indirectement et la dirigent, si bien que, selon la Cour, l'associé de second rang avait nécessairement adhéré à titre personnel à ce règlement et accepté d'être lié par les clauses le concernant directement en tant que dirigeant social, particulièrement par la clause d'arbitrage.

toutefois aucune exigence particulière quant à la caractérisation de ce consentement. Une approche libérale de la question pourrait donc être maintenue en jurisprudence.

206 **Groupes de contrats.** En matière d'arbitrage international, la jurisprudence semble avoir posé un principe général d'extension de la convention d'arbitrage à des tiers non-signataires dans des hypothèses d'ensembles contractuels et de sous-contrats, en dehors de tout lien particulier entre ces non-signataires et les parties signataires de la convention d'arbitrage. Ce principe est fondé sur l'implication directe du tiers non-signataire dans l'exécution du contrat pour lequel la convention d'arbitrage a été stipulée, sans qu'il soit certain que les juges exigent un véritable consentement du tiers à la clause[219]. Il reste à savoir si cette solution, qui peut prêter à discussions compte tenu notamment du caractère un peu mystérieux et en tout cas fort malléable de la notion « d'implication »[220], sera ou non étendue à l'arbitrage interne. *A priori*, la jurisprudence, visant expressément « la convention d'arbitrage international », semble justifier la solution par les spécificités nées de l'internationalité[221]. Néanmoins, on pourrait craindre, compte tenu de la tendance actuelle de la jurisprudence à uniformiser les régimes de l'arbitrage international et de l'arbitrage interne, de voir cette solution effectivement étendue à ce dernier, dès lors notamment que rien ne justifiait réellement, en tout cas avant la réécriture de l'article 2061 du Code civil par la loi du 18 novembre 2016, et de façon convaincante, sur le plan théorique au moins, de la limiter à l'arbitrage international. Toutefois, la nouvelle rédaction de l'article 2061, exigeant que la clause compromissoire ait été acceptée par la partie à laquelle on l'oppose, ne devrait-elle pas contraindre la jurisprudence à au moins caractériser une acceptation, ne serait-ce qu'implicite, du tiers non signataire, sans pouvoir se contenter du simple constat de son « implication » dans l'exécution du contrat pour lequel la convention d'arbitrage a été stipulée ? On pourrait certes soutenir, comme certains, que la solution développée en matière internationale est déjà fondée sur une présomption (mais qui serait en fait irréfragable !) de connaissance de la convention d'arbitrage par le tiers, qui l'aurait donc tacitement acceptée en s'impliquant dans l'exécution du contrat. Cette présomption se justifierait par le fait que l'arbitrage étant le mode ordinaire de règlement des litiges du commerce international, le tiers doit être présumé savoir, ou aurait dû savoir, qu'une clause d'arbitrage figurait dans le contrat. Mais on pourrait alors avancer que la clause compromissoire étant moins courante en matière interne, où l'arbitrage ne peut être considéré comme le mode ordinaire de règlement des litiges, la même présomption ne peut y être posée. De plus, le raisonnement ne convainc guère. En effet, le fondement tiré d'une acceptation tacite de la clause d'arbitrage reposant elle-même sur une présomption irréfragable de connaissance de cette clause, donné par certains auteurs pour justifier la solution en matière internationale, apparaît douteux et artificiel[222]. En réalité, la jurisprudence semble davantage opérer une extension objective de la clause

219. Sur ce principe, v. *infra*, n° 722.

220. Sur ces discussions, v. *infra*, n° 722.

221. V. par exemple, Cass. 1re civ., 27 mars 2007, *ABS c/ sté Amkor Technology*, *JCP* G 2007, II, 10118, note C. Gohlen ; *ibid.*, I, 168, n° 11 et s., obs. Ch. Seraglini ; *D.* 2007, p. 2077, note S. Bollée, et pan. 180, spéc. 184, obs. Th. Clay ; *JDI* 2007, p. 968, note C. Legros ; *Rev. arb.* 2007, p. 785, note J. El Adhab ; *RCDIP* 2007, p. 798, note F. Jault-Seseke ; F.-X. Train, « Action directe et arbitrage – à propos de l'arrêt ABS du 27 mars 2007 », *Cah. arb.*, vol. IV, Pedone, 2008, p. 30 ; *RTD com.* 2007. 677, obs. É. Loquin ; et la jurisprudence citée *infra*, n° 722.

222. Sur ce point, v. *infra*, n° 722.

d'arbitrage international au tiers, sans véritable considération relative à son acceptation de cette clause, mais fondée sur sa seule implication directe et, on l'espère, volontaire et substantielle dans l'exécution du contrat. On peut même se demander s'il importe vraiment que le tiers puisse l'avoir connue ou ait dû la connaître. Dans ces conditions, on doit espérer que l'article 2061 du Code civil, dans sa nouvelle rédaction, freine « l'extension » de cette jurisprudence en matière interne. Si elle était néanmoins étendue à l'arbitrage interne, cette jurisprudence aurait probablement un impact sur les solutions précédemment exposées, et encore relativement restrictives, concernant la caution, le garant à première demande, ou encore l'assureur.

SECTION 3 LA CIRCULATION JURIDIQUE DE LA CONVENTION D'ARBITRAGE

207 **Données du problème.** La question de la circulation de la convention d'arbitrage est différente de celle, précédemment examinée, de son extension, en dehors de tout mécanisme de transmission des obligations, à des personnes qui n'y ont pas souscrit. Ici, il s'agit de s'interroger sur la possibilité et les modalités d'un transfert de la convention d'arbitrage à un tiers, autrement dit sur sa transmission juridique[223]. On peut notamment se demander si des mécanismes translatifs de droits, tels la cession d'une créance née du contrat, la cession de contrat, ou la subrogation, emportent ou non transmission de la convention d'arbitrage stipulée au contrat. La question concerne ainsi les diverses opérations translatives de droits (cession de contrat ou de créance, subrogation, succession universelle, ou encore fusion de sociétés), mais aussi, en droit français, les chaînes de contrats translatives de propriété, dès lors que la jurisprudence admet la transmission d'une action de nature contractuelle entre les différents intervenants à la chaîne.

208 **Solution de portée générale retenue par la jurisprudence quant à la transmission de la convention d'arbitrage.** Malgré la diversité des hypothèses possibles, la jurisprudence a adopté une solution de portée générale qui concerne tous les mécanismes de transmission des droits substantiels[224]. La Cour de cassation a posé, certes dans un arrêt rendu en matière d'arbitrage international, que « la clause d'arbitrage international s'impose à toute partie venant aux droits de l'un des contractants »[225]. La solution

223. Sur la question, v. Ph. Delebecque, « La transmission de la clause compromissoire », *Rev. arb.* 1991, p. 19 ; J.-P. Goutal, « L'arbitrage et les tiers : le droit des contrats », *Rev. arb.* 1988, p. 439 ; C. Legros, *L'arbitrage et les opérations juridiques à trois personnes*, thèse Paris II, 1999 ; É. Loquin, « Différences et convergences dans le régime de la transmission et de l'extension de la clause compromissoire devant les juridictions françaises », *Cah. arb.*, vol. II, *Gaz. Pal.* éd., 2004, p. 49 ; P. Mayer, « La « circulation » des conventions d'arbitrage », *JDI* 2005, p. 253.

224. Dès lors que ces opérations sont translatives de droits ; sur la question de l'extension *ratione personae* de la convention d'arbitrage dans le cadre d'opérations non-translatives, tels la stipulation pour autrui, le cautionnement ou la garantie autonome, v. *supra*, n° 199 et s.

225. Cass. 1re civ., 8 févr. 2000, *Taurus Films*, *Rev. arb.* 2000, p. 280, note P.-Y. Gautier ; *RCDIP* 2000, p. 763, note N. Coipel-Cordonnier ; *RTD com.* 2000, p. 596, obs. É. Loquin. Pour plus de détails sur la jurisprudence rendue en matière d'arbitrage international, v. *infra*, n° 724 et s.

doit probablement être étendue à l'arbitrage interne, même si les arrêts relatifs à la question y sont moins nombreux et moins significatifs. En premier lieu, il ne semble pas que la jurisprudence entende réellement limiter cette solution à l'arbitrage international. En second lieu, le fondement de la solution réside davantage dans le mécanisme propre de la transmission des droits et de leurs accessoires[226] que dans des considérations relatives à l'arbitrage international. En matière interne comme internationale, la convention d'arbitrage est une convention de procédure restreignant le droit d'action, lui-même attaché au droit substantiel transmis, et impliquant que ce droit d'action ne puisse être exercé que devant un tribunal arbitral. Cette modalité du droit d'action qu'est la convention d'arbitrage, qui l'a définitivement configuré sauf nouvel accord des parties, y reste attachée. Or, ce droit d'action, bien qu'autonome par rapport aux droits substantiels qu'il concerne, est transmis avec eux, ce qui explique que la modalité qui l'affecte le soit également. En effet, en application de la règle *nemo plus juris*, le cédant ne peut transmettre que le droit d'action dont il dispose lui-même, donc affecté des mêmes modalités. Autrement dit, la convention d'arbitrage est transmise avec le droit d'action qu'elle a configuré ; celui-ci étant transmis, elle l'est également. Cette logique vaut tant en droit interne qu'en droit international, et pour tout mécanisme translatif des droits : cession de contrat ou de créance, subrogation, voire transmission des actions dans les chaînes contractuelles translatives de propriété. Dès lors, la jurisprudence de portée générale selon laquelle « la clause d'arbitrage international s'impose à toute partie venant aux droits de l'un des contractants » devrait logiquement être étendue à l'arbitrage interne. Au demeurant, la nouvelle rédaction de l'article 2061 du Code civil, applicable en matière interne et posant que « la clause compromissoire doit avoir été acceptée par la partie à laquelle on l'oppose, *à moins que celle-ci n'ait succédé aux droits et obligations de la partie qui l'a initialement acceptée* »[227], paraît bien conforter ce point de vue.

En tout cas, la Cour de cassation a déjà décidé, en matière d'arbitrage interne, de la transmission de la clause d'arbitrage en cas de cession de créances nées du contrat la contenant[228]. Une cour d'appel a également retenu, dans le cadre d'une promesse unilatérale de cession de parts sociales prévoyant une faculté pour le bénéficiaire de la promesse de se substituer toute personne de son choix, la transmission de la clause compromissoire à la personne que le bénéficiaire de la promesse s'était substitué[229]. Si les décisions rendues concernent essentiellement la clause compromissoire, des

226. Sur ce fondement, v. *infra*, n° 211 et 212.

227. C'est nous qui soulignons.

228. Cass. 2e civ., 20 déc. 2001, *Rev. arb.* 2002, p. 379, note C. Legros ; *RTD com.* 2002. 279, obs. É. Loquin ; dans cette affaire, la cour d'appel avait cru pouvoir distinguer selon les types de transmission : en se fondant sur le principe d'autonomie de la clause compromissoire par rapport au contrat principal, elle estimait que la cession de créance, au contraire de la cession de contrat, n'emportait pas transmission de la clause compromissoire ; la Cour de cassation a été d'un avis différent et a refusé de distinguer selon le type de cessions. V., sur renvoi, Paris, 10 sept. 2003, *Rev. arb.* 2004, p. 623, note L. Aynès : « La clause compromissoire est transmise au cessionnaire avec la créance, telle que cette créance existe dans les rapports entre le cédant et le débiteur cédé ». V. aussi, Aix-en-Provence, 9 janv. 1997, *Rev. arb.* 1997, p. 76, note D. Cohen, pour la transmission d'une clause compromissoire dans le cadre d'une cession de créances loi Dailly (en l'espèce, l'arbitrage semble avoir été considéré comme interne par les juges alors que sa qualification d'arbitrage international pouvait se poser).

229. Lyon, 15 mai 1997, *Rev. arb.* 1997, p. 402, note P. Ancel ; la cour d'appel a analysé, à la suite des arbitres, la clause de substitution comme un mécanisme de transmission au tiers substitué des effets du contrat, ce qui peut être discuté ; sur cette discussion, v. P. Ancel, note préc. ; en toute hypothèse, si la clause de substitution ne pouvait être vue comme un mécanisme translatif de droit, la question relèverait

solutions identiques devraient s'appliquer au compromis, même si la question se pose rarement en pratique.

209 **Indifférence du consentement à la transmission de la convention d'arbitrage.** Pendant un temps, on estimait que la transmission conventionnelle de la convention d'arbitrage supposait le consentement du nouveau partenaire, même si ce consentement était présumé dès lors qu'il acceptait la transmission des droits substantiels[230]. Cependant, la jurisprudence actuelle semble se fonder sur un mécanisme purement objectif de transmission de la convention d'arbitrage, sans référence à l'acceptation, même tacite, de celle-ci par le bénéficiaire de la transmission des droits substantiels. Autrement dit, l'acceptation du bénéfice des droits substantiels transmis emporte automatiquement et inéluctablement transmission de la convention d'arbitrage, modalité incontournable du droit d'action attaché à ces droits substantiels, puisque la convention d'arbitrage est transmise en tant qu'accessoire du droit d'action, lui-même accessoire du droit substantiel transmis. Cette transmission objective de la convention d'arbitrage s'imposera également au cocontractant initial, non impliqué dans l'opération de transmission, de celui qui a vu quelqu'un lui succéder, sans qu'il ait à manifester son accord à cette transmission de la convention d'arbitrage. La jurisprudence paraît toutefois poser une limite à cette transmission automatique pour le cas où la convention d'arbitrage elle-même avait été conclue *intuitu personae* par les parties initiales[231]. Cependant, il sera généralement très difficile d'établir ce caractère *intuitu personae*, à tout le moins lorsqu'il n'aura pas été expressément stipulé, soit dans la très grande majorité des cas. Il faudrait alors en effet que la partie qui invoque le caractère *intuitu personae* démontre que la convention d'arbitrage avait été conclue en considération de la personne du partenaire initial.

210 **Cas particulier des chaînes de contrats.** L'application de la solution aux chaînes de contrats a été plus incertaine. On sait que, dans les chaînes translatives de propriété, le droit français reconnaît, à l'inverse de nombreux droits étrangers, la transmission aux sous-acquéreurs des actions nées du contrat initial. Pourtant, pendant un temps, la Cour de cassation avait considéré que la clause compromissoire n'était pas, quant à elle, transmise avec ces actions[232]. Toutefois, dans un arrêt *Peavey* rendu en 2001 et en matière d'arbitrage international, la Haute juridiction a retenu que « dans une chaîne homogène de contrats translatifs de marchandises, la clause d'arbitrage international se transmet avec l'action contractuelle, sauf preuve de l'ignorance raisonnable de l'existence de cette clause »[233]. La solution semblait s'inscrire dans la logique du droit français à l'égard des chaînes de contrats translatives[234]. Toutefois, la motivation retenue

---

alors de l'extension de la clause d'arbitrage à un tiers dans le cadre de mécanismes non translatifs de droits, comme la stipulation pour autrui ; sur cette question, v. *supra*, n° 201.

230. En ce sens, Ph. Fouchard, E. Gaillard, B. Goldman, *Traité de l'arbitrage commercial international*, Litec, 1996, n° 707, p. 441.

231. Cass. 1re civ., 28 mai 2002, *Cimat*, *Rev. arb.* 2003, p. 397, note D. Cohen ; *RCDIP* 2002, p. 758, note N. Coipel-Cordonnier ; *RTD com.* 2002, p. 667, obs. É. Loquin ; *D.* 2003, som., p. 2471, obs. Th. Clay ; *JCP* G 2003, I, 105, n° 10, obs. Ch. Seraglini (arrêt rendu en matière d'arbitrage international).

232. Cass. 1re civ., 6 nov. 1990, *Fraser*, *Rev. arb.* 1991, p. 73 (arrêt rendu en matière d'arbitrage international), et l'article de Ph. Delebecque, « La transmission de la clause compromissoire », p. 19.

233. Cass. 1re civ., 6 févr. 2001, *Peavey*, *Rev. arb.* 2001, p. 765, note D. Cohen ; *D.* 2001, som., p. 1135, obs. Ph. Delebecque ; *JCP* G 2001, II, 10567, note C. Legros ; *RCDIP* 2001, p. 522, note F. Jault-Seseke ; *RTD com.* 2001, p. 413, obs. É. Loquin ; Ch. Seraglini, « Le transfert de la clause compromissoire dans les chaînes de contrats après l'arrêt Peavey », *Cah. arb.*, vol. I, *Gaz. Pal.* éd., 2002, p. 87.

234. ass. plén., 7 févr. 1986, *D.* 1986, p. 293, note A. Bénabent.

suscitait encore quelques interrogations, notamment quant à la restriction du domaine de la solution aux « chaînes homogènes », ou quant à la réserve formulée en cas d'« ignorance raisonnable » de la clause compromissoire, alors qu'il semblait s'agir d'un mécanisme de transmission objective de la convention d'arbitrage[235]. Ceci étant, dans un arrêt *ABS* du 27 mars 2007[236], la Cour de cassation a dissipé la plupart de ces interrogations, en décidant que « dans une chaîne de contrats translatifs de propriété, la clause compromissoire est transmise de façon automatique en tant qu'accessoire du droit d'action, lui-même accessoire du droit substantiel transmis, sans incidence du caractère homogène ou hétérogène de cette chaîne ». La transmission est donc bien objective et « automatique », si bien que la connaissance ou l'ignorance raisonnable de l'existence de la clause par le destinataire final n'est plus évoquée. Par ailleurs, son fondement est expressément mentionné : la clause est transmise en tant qu'accessoire au second degré, accessoire du droit d'action, lui-même accessoire du droit substantiel transmis. Enfin, son domaine d'application concerne toute chaîne contractuelle translative de propriété, homogène ou non[237]. Cette solution, posée en matière d'arbitrage international, est très certainement applicable à l'arbitrage interne, et y a d'ailleurs été retenue de façon implicite[238]. Au demeurant, l'arrêt *ABS* lui-même a visé la clause compromissoire, sans mention de son caractère international. Et même, on peut se demander si, compte tenu des inconvénients de la solution en droit international[239], il ne faudrait pas la limiter à l'arbitrage interne.

211 **Fondement jurisprudentiel de la transmission.** La jurisprudence a connu quelques flottements quant au fondement donné à la transmission de la convention d'arbitrage dans les opérations translatives de droits : fondement volontariste lié à la volonté des parties, manifestée de façon expresse ou implicite, ou mécanisme purement objectif, conséquence automatique de la transmission des droits substantiels[240] ? Ainsi, en 2003, la cour d'appel de Paris la justifiait en énonçant : « Son caractère accessoire indissociable de sa qualité de clause contractuelle explique que la clause compromissoire ait la même faculté de circulation que les autres stipulations du contrat et qu'elle ne puisse être séparée des autres dispositions qui régissent la créance litigieuse en cas de cession de celle-ci »[241]. Pour réconcilier cette solution avec le principe d'autonomie de la clause compromissoire affirmé par ailleurs, la cour ajoutait : « Sa dimension juridictionnelle explique la séparabilité de la clause compromissoire du contrat qui la contient pour

235. Pour plus de détails sur les interrogations nées de l'arrêt *Peavey*, qui concernent surtout l'arbitrage international, v. *infra*, n° 727.

236. Cass. 1re civ., 27 mars 2007, *stés ABS et AGF Iart c/ sté Amkor Technology et a.*, *JCP* G 2007, II, 10118, note C. Gohlen ; *ibid.*, I, 168, n° 11 et s., obs. Ch. Seraglini ; *D.* 2007, p. 2077, note S. Bollée, et pan. 180, spéc. 184, obs. Th. Clay ; *JDI* 2007, p. 968, note C. Legros ; *Rev. arb.* 2007, p. 785, note J. El Adhab ; *RCDIP* 2007, p. 798, note F. Jault-Seseke ; F.-X. Train, « Action directe et arbitrage – à propos de l'arrêt ABS du 27 mars 2007 », *Cah. arb.*, vol. IV, Pedone, 2008, p. 30 ; *RTD com.* 2007, p. 677, obs. É. Loquin.

237. Pour plus de détails sur cette jurisprudence, v. *infra*, n° 727.

238. Cass. 1re civ., 6 mars 2007, *D.* 2007, AJ, p. 1024, obs. X. Delpech ; *D.* 2008. pan. 180, spéc. 184, obs. Th. Clay ; *Rev. arb.* 2007, p. 345 ; *JCP* G 2007, I, 168, n° 13, obs. Ch. Seraglini ; *ibid.*, I, 200, n° 11, obs. Y.-M. Serinet.

239. V. *infra*, n° 727.

240. Sur ces hésitations, v. É. Loquin, « Différences et convergences dans le régime de la transmission et de l'extension de la clause compromissoire devant les juridictions françaises », *Cah. arb.*, vol. II, *Gaz. Pal.* éd., 2004, p. 49, spéc. n° 10 et s.

241. Paris, 10 sept. 2003, *Rev. arb.* 2004, p. 623, note L. Aynès.

tout ce qui concerne son existence, sa validité et sa force obligatoire, c'est-à-dire son efficacité », et concluait ainsi : « Le principe de séparabilité conforme aux prévisions raisonnables des parties en obligeant celles-ci à déférer à l'arbitre tout litige susceptible de naître du contrat, y compris les demandes qui visent à remettre en cause son existence même, n'est pas contradictoire avec la dimension contractuelle de la clause compromissoire ». Ainsi, la nature contractuelle de la clause compromissoire fondait son caractère accessoire et donc sa transmission, alors que sa nature juridictionnelle justifiait sa séparabilité par rapport au contrat. L'argumentation pouvait ne pas convaincre totalement. D'ailleurs, la jurisprudence préfère aujourd'hui se fonder sur l'idée d'accessoire au second degré de la clause d'arbitrage. Ainsi, dans l'arrêt *ABS* de 2007, la Cour de cassation a indiqué que « [...] la clause compromissoire est transmise de façon automatique en tant qu'accessoire du droit d'action, lui-même accessoire du droit substantiel transmis [...] ». C'est en fait la reprise d'une analyse doctrinale.

212 **Justification doctrinale de la transmission de la convention d'arbitrage.** Très tôt, la doctrine a tenté de justifier la transmission de la clause d'arbitrage dans les opérations translatives de droits substantiels, et de la réconcilier avec le principe d'autonomie de la clause d'arbitrage par rapport au contrat principal, par l'idée d'accessoire. Pour se faire, elle s'est d'abord rattachée à l'idée, pourtant *a priori* difficilement conciliable avec celle d'autonomie de cette clause par rapport au contrat principal[242], que la clause d'arbitrage est indissociable de l'économie du contrat principal et est, à ce titre, un accessoire ou une modalité du droit substantiel transmis. Cependant, la justification de la transmission de la clause d'arbitrage aujourd'hui généralement admise en doctrine est plus subtile : cette clause est une modalité, un accessoire, du droit d'action, lui-même accessoire de la créance ou du droit réel que cette action protège et qui a été cédé. La clause d'arbitrage est donc un accessoire « au second degré ». Ainsi, M. Loquin expose : « La clause compromissoire est transmise en tant qu'accessoire du droit d'action, car lui-même est dans un rapport d'accessoire et de principal avec le droit substantiel qu'il sert. Il en résulte qu'il suit nécessairement le droit substantiel transmis. Ainsi, la transmission de la clause compromissoire est la conséquence d'un double rapport d'accessoire à principal. La clause compromissoire suit le droit d'action qui suit lui-même le droit substantiel [...]. Pour cette raison, le caractère autonome de la clause compromissoire n'est pas un obstacle à sa transmission. Si la clause compromissoire est autonome par rapport aux droits subjectifs substantiels créés par le contrat principal, elle est en situation d'accessoire à l'égard du droit d'agir en justice servant les droits substantiels »[243]. Autrement dit, celui qui reçoit un droit substantiel par une opération translative reçoit également, afin de faire valoir ce droit en justice, le droit d'action qui lui est attaché ; il le reçoit avec les modalités qui peuvent l'affecter, et en particulier avec la clause compromissoire éventuellement stipulée qui a configuré ce droit d'action. C'est, semble-t-il, la justification aujourd'hui adoptée par la jurisprudence.

Dans ces conditions, la notion de « transmission de la clause d'arbitrage » pourrait sembler impropre à décrire le phénomène, puisque la clause d'arbitrage sera parfois toujours opposable au cédant, lorsque celui-ci n'aura pas cédé la totalité de ses droits.

242. V., tentant de justifier la compatibilité des deux principes d'autonomie et d'accessoire, Paris, 10 sept. 2003, *Rev. arb.* 2004, p. 623, note L. Aynès.

243. É. Loquin, *J. Cl. Proc. civ.*, fasc. 1020, nº 145 ; v. également, du même auteur, « Différences et convergences dans le régime de la transmission et de l'extension de la clause compromissoire devant les juridictions françaises », *Cah. arb.*, vol. II, *Gaz. Pal.* éd., 2004, p. 49, spéc. nº 14 et s. ; C. Legros, *L'arbitrage et les opérations juridiques à trois personnes*, thèse Rouen, 1999.

Ainsi, M. Mayer[244] indique que, dans le cadre d'une chaîne de contrats translative, le vendeur intermédiaire a transmis, non pas la clause d'arbitrage par laquelle il reste lié pour les autres droits et actions nés du contrat avec son vendeur, mais seulement un droit d'action, accessoire du droit substantiel transmis, dont la clause est une modalité, un élément ayant définitivement configuré ce droit d'action et qui produira donc ses effets. Il conviendrait donc de parler de « transmission du droit d'action configuré par la clause d'arbitrage ». Dans le même ordre d'idées, d'autres auteurs[245] estiment que la clause d'arbitrage est un élément du cadre normatif donné par les parties à leur relation ; elle est donc transmise avec les créances nées du contrat ou avec celui-ci, non pas parce qu'elle en est un accessoire, mais parce que, comme les autres éléments du cadre contractuel, elle contribue à configurer les créances nées du contrat. Autrement dit, la créance née du contrat se trouve configurée par les clauses et conditions figurant dans le contrat originaire et est donc transmise dans cet état au cessionnaire.

En tout cas, compte tenu du fondement ainsi donné, la convention d'arbitrage ne devrait pas être à strictement parler « transmise » dans les opérations non translatives de droits, comme la délégation, la stipulation pour autrui, ou les sûretés personnelles, puisque le droit d'action du tiers est en ce cas un droit propre. Toutefois, il ne peut être totalement exclu que la jurisprudence s'oriente plutôt, dans ces hypothèses, vers une solution générale d'extension des conventions d'arbitrage au tiers, déjà retenue en matière internationale[246].

213 **Une transmission de la convention d'arbitrage détachée de celle des droits substantiels ?** Dans le cadre d'un arbitrage international, la Cour de cassation a décidé[247] « qu'en matière internationale, la clause d'arbitrage, juridiquement indépendante du contrat principal, est transmise avec lui, quelle que soit la validité de la transmission des droits substantiels ». En conséquence, la nullité alléguée de la transmission des droits substantiels ne pourrait pas faire échec à la transmission de la clause compromissoire[248]. Cette curieuse solution est probablement motivée par le souci de permettre au tribunal arbitral de juger lui-même de la validité de la transmission des droits substantiels. Mais elle conduit à admettre la cession de la convention d'arbitrage alors même que le tribunal arbitral pourra finalement décider que celle des droits substantiels n'a pas valablement eu lieu. Le supposé bénéficiaire de la totalité des droits substantiels devra donc aller devant le tribunal arbitral, pour se voir éventuellement dire par celui, et par une décision ayant autorité de la chose jugée, qu'il n'a aucunement succédé au titulaire initial des droits substantiels, alors même qu'il lui a succédé dans la titularité de la clause d'arbitrage et que la transmission des droits substantiels était supposée avoir justifié la transmission de la clause d'arbitrage ! On devra alors

244. P. Mayer, « La circulation des conventions d'arbitrage », *JDI* 2005, p. 251, spéc. n° 7 et s.

245. P. Ancel, « Arbitrage et novation », *Rev. arb.* 2002, p. 3, spéc. n° 20.

246. Sur ce point, v. *supra*, n° 206 et surtout *infra*, n° 722.

247. Cass. 1re civ., 28 mai 2002, *Cimat*, *Rev. arb.* 2003, p. 397, note D. Cohen ; *RCDIP* 2002, p. 758, note N. Coipel-Cordonnier ; *D.* 2003, som., p. 2471, obs. Th. Clay ; *JCP* G 2003, I, 105, n° 10, obs. Ch. Seraglini. Sur cet arrêt, v. également *infra*, n° 729.

248. Et déjà, l'arrêt d'appel, Paris, 17 nov. 1998, *RTD com.* 1999, p. 377, obs. É. Loquin ; la cour d'appel émettait toutefois une réserve, non expressément reprise par la Cour de cassation ; elle indiquait que si la clause d'arbitrage « se transmet accessoirement au contrat qui la contient ou aux droits nés de celui-ci, la validité de cette transmission n'est pas susceptible d'être affectée par les vices qui pourraient affecter la cession du droit substantiel, pourvu seulement que l'existence même de celle-ci soit constante », et avait relevé que « l'existence même de la cession n'est pas remise en cause [...] ».

s'interroger : le prétendu cédant, qui avait finalement conservé les droits substantiels, sera-t-il encore lié par la clause d'arbitrage qui, elle, a bien été transmise au prétendu cessionnaire ? On le voit, même si l'intention de la jurisprudence était louable, la solution n'est ni logique, ni satisfaisante. Au demeurant, elle n'était nullement nécessaire. Pour répondre au souci pratique de permettre au tribunal arbitral d'examiner la question de la validité de la transmission des droits substantiels, il suffisait de se fonder sur le principe de Compétence-Compétence[249]. En vertu de ce dernier, le tribunal arbitral pouvait examiner cette question, ce qui évitait les arguments présentés de façon dilatoire afin de bloquer l'instance arbitrale ; et s'il constatait effectivement l'absence de transmission des droits substantiels, il pouvait logiquement en tirer la conséquence que la clause d'arbitrage n'avait, dès lors, pas davantage été transmise et, en conséquence, se déclarer incompétent[250].

249. Sur lequel, v. *supra*, nº 165 et s.

250. V. d'ailleurs, semblant retenir une solution plus raisonnable, permettant au tribunal arbitral, pour se déclarer compétent ou incompétent, d'examiner à titre incident la validité de la cession dans la mesure où « pour apprécier sa compétence à l'égard du cessionnaire de l'une des parties à la convention d'arbitrage, le tribunal doit apprécier l'opposabilité de cette cession à l'autre partie, la compétence étant alors liée au fond », Paris, 24 juin 2014, *Rev. arb.* 2014, p. 800.

TITRE 2
L'INSTANCE ARBITRALE

214 L'instance arbitrale débute par la mise en place du tribunal arbitral (chapitre 1), qui fait ensuite place au déroulement de l'instance arbitrale proprement dite (chapitre 2).

CHAPITRE 1
LA CONSTITUTION DU TRIBUNAL ARBITRAL

215 **Plan.** À la différence du juge, l'arbitre n'est pas investi en permanence du pouvoir de juger. Son pouvoir juridictionnel est éphémère ; il ne dure que le temps de l'instance. De ce fait, il faudra constituer un tribunal arbitral chaque fois que les parties choisissent de soumettre leur litige à l'arbitrage. La désignation des arbitres (section 1) apparaît dès lors comme une opération essentielle, parfois difficile, dans le règlement du litige par voie d'arbitrage : essentielle parce que la qualité de la sentence, qui facilitera ensuite sa reconnaissance et son exécution, est directement fonction des capacités des arbitres ; difficile dès lors que, avec ou sans malice, les parties peuvent ralentir ou bloquer la procédure en s'abstenant de désigner un arbitre. Pour surmonter les difficultés rencontrées lors de la constitution du tribunal arbitral, il est d'ailleurs parfois indispensable de recourir au juge ou à un tiers (section 2), le tribunal arbitral n'étant valablement constitué que lorsque tous les arbitres ont accepté leur mission (section 3).

SECTION 1 LA DÉSIGNATION DES ARBITRES

216 Au moment de constituer un tribunal arbitral, les litigants se posent essentiellement trois questions. Quelles sont les qualités que les arbitres doivent réunir ? Quel doit être leur nombre ? Quelles sont les modalités de leur désignation ? Seront donc successivement envisagées les qualités requises de l'arbitre (§ 1), le nombre et les modalités de désignation des arbitres (§ 2).

§ 1. LES QUALITÉS REQUISES DE L'ARBITRE

217 L'évolution générale du droit de l'arbitrage, même interne, étant fortement marquée par sa libéralisation, le choix de l'arbitre aurait pu être laissé à l'entière discrétion des parties. Ce n'est toutefois pas la règle qui prévaut aujourd'hui,

même si, pour l'essentiel, la liberté des parties est respectée sous réserve de quelques corrections. En effet, compte tenu de la confiance placée en lui par les parties et de sa fonction, l'arbitre ne peut être n'importe qui[1]. Il remplit une mission juridictionnelle qui exige de lui certaines qualités attachées à sa personne (A) et à sa fonction (B).

A. LES QUALITÉS ATTACHÉES À LA PERSONNE DE L'ARBITRE

218 **Qualités indifférentes.** Les textes applicables à l'arbitrage interne laissent hors réglementation certains des aspects de la personne et de la personnalité de l'arbitre. Il s'agit, entre autres, des capacités physiques et psychiques de l'arbitre, de ses qualités humaines, de son sexe, de sa religion ou de sa nationalité[2]. Sa qualification professionnelle ou ses diplômes sont également indifférents pour le droit français. Sauf incapacité prévue par la loi[3], les parties sont donc libres de choisir une personne pourvue de connaissances juridiques ou techniques particulières, directement ou par référence à un règlement d'arbitrage[4]. Sur ce point, la volonté des parties n'est pas encadrée par la réglementation française. Elle l'est, en revanche, sur d'autres aspects. L'arbitre doit en effet être une personne physique disposant du plein exercice de ses droits, frappée d'aucune incompatibilité professionnelle.

219 **Une personne physique.** L'article 1451, alinéa 1er, ancien du Code de procédure civile prévoyait que « la mission d'arbitre ne peut être confiée qu'à une personne physique »[5]. La règle a été reprise par l'article 1450, issu de la réforme du 13 janvier 2011, sa formulation étant légèrement modifiée. Ce texte énonce notamment que « la mission d'arbitre ne peut être exercée que par une personne physique ». Jusqu'au décret du 14 mai 1980, la jurisprudence admettait la désignation d'une personne morale en qualité d'arbitre[6]. La règle a été renversée, sauf en matière internationale[7], de sorte qu'aujourd'hui, une institution d'arbitrage ne peut trancher elle-même le litige en qualité d'arbitre[8]. Si malgré cette interdiction, une convention d'arbitrage prévoit tout de même la désignation d'une personne morale pour arbitrer un litige, elle n'est pas nulle[9]. Il a en effet été prévu un mécanisme de sauvetage de la convention. En son alinéa second, l'article 1450 du Code de procédure civile, qui reproduit mot pour mot l'ancien article 1451, alinéa 2, du même code, énonce ainsi que « si la convention d'arbitrage désigne une personne morale, celle-ci ne dispose que du pouvoir d'organiser l'arbitrage ». L'arbitrage pourra donc être confié à une personne physique, malgré la pathologie qui affecte la convention d'arbitrage désignant une personne morale en

1. Sur le choix de l'arbitre, v. notamment, P. Lalive, « Le choix de l'arbitre », *Libertés, Mélanges Jacques Robert*, Montchrestien, 1998, p. 353, spéc. p. 354 ; P. Le Floch, « Comment choisir l'arbitre ? », *Cah. Dr. Ent.* 1999, n° 3, p. 13 ; E. Robine, « Le choix des arbitres », *Rev. arb.* 1990, p. 315.

2. Pour une analyse exhaustive de ces qualités, v. Th. Clay, *L'arbitre*, Nouvelle Bibliothèque de Thèses, Dalloz, 2001, spéc. n° 457 à 478, p. 383 à 400.

3. V. *infra*, n° 220 et s.

4. En ce sens, TGI Metz (ord. réf.), 5 août 1993, *Rev. arb.* 1996, p. 524, obs. Ph. Fouchard. V. aussi TGI Paris (ord. réf.), 15 janv. 1988, *Rev. arb.* 1988, p. 316, note J. Robert.

5. Pour un rappel de cette règle, v. Grenoble, 26 avr. 1995, *Rev. arb.* 1996, p. 452, note Ph. Fouchard.

6. Cass. 2e civ., 2 déc. 1964, *Rev. arb.* 1965, p. 13

7. V. *infra*, n° 737.

8. En ce sens : É. Loquin, « Arbitrage – Institutions d'arbitrage », *J. Cl. Proc. Civ.*, fasc. 1002, n° 22.

9. Ni manifestement nulle au sens des articles 1448 et 1455 CPC (1444 et 1458 ancien CPC).

qualité d'arbitre. On présume alors que la personne morale n'a été choisie que pour organiser l'instance arbitrale[10]. En revanche, si une sentence est rendue par une personne morale, ce que ne suffit pas à établir le mode de facturation des honoraires par la personne morale au sein de laquelle travaille l'arbitre[11], elle pourra être annulée par le juge du contrôle[12].

220 **Le plein exercice des droits.** L'article 1450 précité restreint aussi la liberté des parties dans le choix de l'arbitre à la personne « jouissant du plein exercice de ses droits », et non plus seulement, comme le prévoyait l'ancien article 1451 du Code de procédure civile, « de ses droits civils ». En revanche, il n'est plus prévu, comme le faisait l'ancien article 1464.1° du même code, que l'instance arbitrale prend fin lorsque l'arbitre perd le plein exercice de ses droits. Cette perte devra désormais être traitée comme une cause d'empêchement de l'exercice de sa mission par l'arbitre, qui entraîne la suspension de l'instance arbitrale jusqu'à l'acception de sa mission par l'arbitre désigné en remplacement, la difficulté pouvant, le cas échéant, être réglée par le juge d'appui[13].

221 **Majeur protégé et mineur émancipé.** En principe, ne peuvent donc être désignés en qualité d'arbitre, ni les personnes physiques placées sous le régime de tutelle, ni celles placées sous curatelle[14], ni les mineurs non émancipés. La question est controversée[15] pour le mineur émancipé, qui ne peut accomplir seul tous les actes de la vie. Il ne peut en effet se marier ou adopter librement[16], ou être commerçant que sur autorisation du juge[17]. Si l'on interprète l'article 1450 de manière littérale, ne peut exercer la mission d'arbitre que la personne physique qui dispose du plein exercice de ses droits. Le mineur émancipé étant soumis à des restrictions pour l'exercice de certains de ses droits, il ne peut dès lors exercer cette mission. La situation du majeur placé sous sauvegarde de justice présente aussi certaines particularités qui font obstacle à sa désignation en qualité d'arbitre. Certes, selon l'article 435 du Code civil, il conserve « l'exercice de ses droits ». Mais il ne s'agit pas du « plein exercice » des droits puisqu'à tout moment, le juge des tutelles peut désigner un mandataire pour gérer les biens de la personne protégée[18].

---

10. En application de l'article 1461 CPC (art. 1459 ancien CPC), il en résulte en outre que la stipulation est réputée non écrite.

11. Paris, 27 janv. 2015, *D.* 2015, p. 2588, obs. Th. Clay ; *Cah. arb.* 2016, p. 57, note J. Dalmaso et R. Kaminsky.

12. L'article 1492.2° CPC dispose en effet que la sentence peut être annulée « si le tribunal a été irrégulièrement constitué ». Auparavant, l'article 1484.2° CPC permettait aussi de sanctionner ce vice, puisqu'il énonçait que la sentence peut être annulée « si le tribunal a été irrégulièrement composé ou l'arbitre unique irrégulièrement désigné » (sur ce grief, v. *infra*, n° 544 et s.).

13. Art. 1457 et 1473 CPC (v. *infra*, n° 357).

14. M. de Boisséson, *Le droit français de l'arbitrage interne et international*, GLN Joly, 1990, n° 199, p. 154 ; Th. Clay, *L'arbitre*, Nouvelle Bibliothèque de Thèses, Dalloz, 2001, n° 452, p. 380.

15. En faveur de la possibilité pour le mineur émancipé d'être nommé arbitre : M. de Boisséson, *Le droit français de l'arbitrage interne et international*, préc., n° 199 ; B. Moreau, « Arbitrage en droit interne », *Rép. Dalloz Proc. Civ.*, oct. 2000, n° 181. *Contra* : Th. Clay, *L'arbitre*, préc., n° 456, p. 382 ; É. Loquin, « Arbitrage – L'arbitre – Conditions d'exercice – Statut », *J. Cl. Proc. Civ.*, fasc. 1015, n° 6 ; J. Robert, *L'arbitrage : droit interne, droit international privé*, avec la collaboration de B. Moreau, Dalloz, 6e éd., 1993, spéc. n° 115.

16. Art. 413-6 C. civ.

17. Art. 413-8 C. civ.

18. Art. 437 C. civ.

222 **Personnes frappées de certaines sanctions.** Les personnes frappées de sanctions les privant de certains de leurs droits civils, civiques et familiaux, quelle que soit l'importance de la déchéance prononcée, ne peuvent pas non plus être nommées en qualité d'arbitre. Il en est ainsi en cas de retrait d'une autorisation administrative d'exercer une activité sociale ou professionnelle[19], d'interdiction d'exercer cette activité elle-même[20] ou de participer à la vie publique ou familiale[21]. À ces restrictions à la liberté des parties dans le choix des arbitres, s'en ajoutent d'autres, tenant à l'existence d'incompatibilités liées à l'exercice de certaines professions ou fonctions.

223 **Les incompatibilités professionnelles.** L'exercice de certaines activités professionnelles est incompatible avec la fonction d'arbitre. La principale incompatibilité concerne les magistrats. Selon l'article 8 de l'ordonnance n° 58-1270 du 22 décembre 1958, portant loi organique relative au statut de la magistrature, tel qu'il est issu de la loi du 25 juin 2001, l'exercice des fonctions de magistrat « est incompatible avec l'exercice [...] de toute autre activité professionnelle ou salariée », aucune dérogation ne pouvant plus être donnée par les chefs de cour pour les « activités d'arbitrage ».

224 **Magistrats.** Si la désignation d'un magistrat en qualité d'arbitre présente l'avantage, pour les parties, de pouvoir bénéficier de l'expérience et du savoir-faire liés à cette fonction[22], les magistrats de l'ordre judiciaire ne peuvent être nommés en qualité d'arbitre, ce qui était auparavant admis[23]. Cette interdiction a été présentée comme étant la conséquence de la revalorisation de leur rémunération. Les travaux préparatoires révèlent aussi que l'incompatibilité, toujours discutée, a pour principale ambition de protéger l'indépendance des magistrats dans l'exercice de leurs fonctions judiciaires et d'empêcher qu'ils ne délaissent leurs juridictions au profit d'une activité mieux rémunérée. Au-delà de la question de l'indépendance, qui présente plusieurs facettes, puisqu'il peut aussi bien s'agir de celle du magistrat qui doit trancher un litige auquel est partie celui qui a déjà eu l'occasion de le nommer arbitre, que de celle des juges conduits à statuer sur la régularité de la sentence rendue par l'un de leurs collègues[24], il peut sembler paradoxal de critiquer une surcharge de travail résultant de l'encombrement des juridictions pour, dans le même temps, demander à être autorisé à pratiquer la même activité au profit d'un autre type de juridiction. Le magistrat peut au demeurant se mettre en disponibilité s'il souhaite participer à un arbitrage. L'arbitrage est donc aujourd'hui réservé aux magistrats ayant cessé leur activité ou en disponibilité. On peut toutefois regretter que, pour les mêmes raisons, l'incompatibilité ne concerne expressément ni les magistrats consulaires, ni les juges administratifs, ni les membres des autorités administratives indépendantes.

225 **Fonctionnaires.** En principe, sauf sur autorisation, les fonctionnaires qui ne sont pas en disponibilité ne peuvent pas non plus être désignés en qualité d'arbitres puisqu'ils doivent consacrer « l'intégralité de leur activité professionnelle aux tâches qui

19. V. art. 131-6 et 131-14 C. pén.

20. V. art. 131-28 C. pén. ; V. art. L. 653-2, L. 653-8, L. 654-5 C. com.. V. également l'art. L. 641-9 C. com. qui prévoit que le débiteur en liquidation judiciaire est dessaisi de l'administration de ses biens.

21. V. art. 131-26 C. pén.

22. J.-B. Racine, *Droit de l'arbitrage*, PUF, 2016, spéc. n° 523, p. 357.

23. V. art. 7 du décret n° 94-314 du 20 avr. 1994. V. aussi : Ph. Fouchard, « La compatibilité des fonctions de magistrat et d'arbitre ou la fin d'une mauvaise querelle », *Rev. arb.* 1994, p. 653.

24. V. Th. Clay, *L'arbitre*, Dalloz, Nouvelle Bibliothèque de Thèses, 2001, n° 505-506, p. 415-416.

leur sont confiées »[25]. Mais puisqu'il est admis que les « membres du personnel enseignant, technique ou scientifique des établissements d'enseignement » peuvent exercer des activités libérales découlant de leurs fonctions[26], les professeurs de droit, notamment, peuvent arbitrer des litiges commerciaux privés à titre onéreux, sous la réserve qu'ils n'agissent pas dans un sens défavorable à l'État[27].

226 **Élus et salariés.** Les parlementaires ne peuvent exercer la fonction d'arbitre depuis la loi n° 2013-906 du 11 octobre 2013[28]. En revanche, les élus locaux ne souffrent pas, semble-t-il, d'une incompatibilité leur interdisant d'intervenir en qualité d'arbitre dans un litige, sous la réserve que l'État ne soit pas en cause[29]. Quant aux fonctions privées, on peut notamment relever que les huissiers de justice ne peuvent être arbitres[30] et que la question peut éventuellement être posée pour les administrateurs judiciaires et mandataires judiciaires qui, avec la réforme de leur statut par la loi du 7 janvier 2003, ne peuvent plus exercer aucune activité « à caractère commercial »[31]. Pour le reste, l'obligation de loyauté à l'égard de l'employeur, sauf circonstances dans lesquelles la sentence pourrait porter préjudice à ce dernier, n'interdit pas à un salarié d'être arbitre. Le principe de liberté du travail prime l'exclusivité que l'employeur peut attendre de son salarié[32]. Au demeurant, à supposer qu'il puisse valablement être inséré au contrat de travail une clause interdisant à un salarié d'être arbitre, elle serait inopposable aux litigants et la sentence ne pourrait sans doute pas être annulée au seul motif qu'elle a été rendue par le salarié[33].

227 **Sanctions des qualités personnelles de l'arbitre.** L'exercice de la mission d'arbitre par une personne ne remplissant les conditions personnelles précédemment envisagées a des conséquences sur l'arbitrage. D'abord, sous réserve de ce qui a été dit pour la désignation d'une personne morale[34], la convention d'arbitrage désignant un arbitre privé de tout ou partie de ses droits est, sur ce seul point précis, réputée non écrite, en application de l'article 1461 du Code de procédure civile[35]. Et, faute d'accord entre les parties pour désigner un autre arbitre, ce différend, lié à la constitution du tribunal

25. V. art. 25-I de la loi n° 83-634 du 13 juillet 1983 qui, sauf dérogation, interdit aux fonctionnaires d'exercer « à titre professionnel une activité privée lucrative ». Plus généralement, sur ces incompatibilités, v. A. Plantey, *La fonction Publique. Traité général*, Litec, 2e éd., 2001, n° 199 et s., p. 115 et s.

26. V. art. 25-III de la loi du 13 juillet 1983.

27. V. art. 25-I.2° de la loi du 13 juillet 1983. Pour un rappel de cette règle, v. CE, 6 nov. 1992, *SCI les Hameaux de Perrin*, *Rec.* 395.

28. Art. 2 de la loi n° 2013-906 du 11 octobre 2013 relative à la transparence de la vie publique.

29. V. Th. Clay, *L'arbitre*, Dalloz, Nouvelle Bibliothèque de Thèses, 2001, n° 490 et s. p. 405 et s.

30. V. art. 20 du décret n° 56-222 du 29 février 1956 qui limite les activités accessoires que peuvent exercer les huissiers.

31. V. art. L. 811-10 et L. 812-8 C. com.

32. Il a ainsi été jugé que « la clause par laquelle un salarié s'engage à consacrer l'exclusivité de son activité à un employeur porte atteinte à la liberté du travail ; qu'elle n'est valable que si elle est indispensable à la protection des intérêts légitimes de l'entreprise et si elle est justifiée par la nature de la tâche à accomplir et proportionnée au but recherché » (Cass. soc., 11 mai 2005, *Bull. civ.* V, n° 161 ; Cass. soc., 11 juill. 2000, *Dr. soc.* 2000, p. 141, obs. J. Mouly).

33. En revanche, la partie ayant désigné le salarié en qualité d'arbitre au mépris d'une stipulation contractuelle valable pourrait voir sa responsabilité délictuelle engagée par l'employeur si ce dernier prouve, conformément au droit commun (Cass. 1re civ., 26 janv. 1999, *Bull. civ.* I, n° 32), qu'il a subi un préjudice résultant de l'inexécution du contrat de travail.

34. V. *supra*, n° 219.

35. Art. 1459 ancien CPC.

arbitral, sera réglé par la personne chargée d'organiser l'arbitrage ou tranché par le juge d'appui[36]. Ensuite, si une sentence est rendue par une personne ne remplissant pas les conditions personnelles requises pour exercer la mission d'arbitre, elle pourra être annulée ou infirmée par le juge puisque dans cette hypothèse, le tribunal a été « irrégulièrement constitué » au sens de l'article 1492.2° du Code de procédure civile[37]. Enfin, précisément pour éviter l'annulation de la sentence, l'incapacité de l'arbitre, survenue ou découverte pendant l'instance, constitue une cause d'empêchement de ce dernier, au sens de l'article 1457 du Code de procédure civile, faisant obstacle à la poursuite de sa mission. Sauf stipulation contraire, l'instance est alors suspendue, en application de l'article 1473 du même code, jusqu'à l'acceptation de sa mission par l'arbitre désigné en remplacement. Le litige portant sur la réalité du motif d'empêchement, ou sur la désignation d'un nouvel arbitre, est éventuellement réglé par la personne chargée d'organiser l'arbitrage ou tranché par le juge d'appui[38]. Bien plus, la découverte d'une incapacité de l'arbitre constitue également, pour les parties, une cause de révocation de l'arbitre, qui doit alors intervenir, selon ce que prévoit l'article 1458 du Code de procédure civile, avec leur « consentement unanime ». À défaut d'unanimité, il est prévu, par le même texte qui renvoie à l'article 1456, que la personne chargée d'organiser l'arbitrage règle la difficulté ou qu'elle est tranchée par le juge d'appui. Il faut rappeler que sous l'empire des textes antérieurs à la réforme du 13 janvier 2011, il avait été admis que le fait, pour l'arbitre, de ne pas remplir les qualités prévues par les parties, pouvait constituer une cause de récusation lorsqu'elle était révélée ou était survenue depuis sa désignation[39].

B. LES QUALITÉS ATTACHÉES À LA FONCTION JURIDICTIONNELLE DE L'ARBITRE

228 **Fondement.** L'arbitre remplit une mission juridictionnelle et doit dès lors réunir certaines qualités, communément exigées d'un juge. En soustrayant l'examen de leur litige aux juridictions étatiques pour le soumettre à l'arbitrage, les parties n'ont en effet pas renoncé aux exigences fondamentales inhérentes à l'acte de juger, celles « en l'absence desquelles on ne pourrait parler de justice » et qui « transcendent tous les particularismes techniques et nationaux »[40]. Parmi ces exigences, figurent l'indépendance et l'impartialité, qui sont « de l'essence de [la] fonction juridictionnelle exclusive par nature de tout lien de dépendance à l'égard notamment des parties, et de tout préjugé »[41]. C'est parce qu'il est un juge que l'arbitre doit être indépendant et impartial (1). Ces exigences, aujourd'hui inscrites dans l'article 1456, alinéa 2, du Code de procédure civile, sont à ce point fondamentales que leur contrôle est assuré par plusieurs mécanismes (2).

36. Art. 1454 CPC.

37. Art. 1484.2° ancien CPC.

38. Art. 1454 et 1457, al. 2, CPC.

39. Pour un exemple de cause de récusation dans cette hypothèse, v. TGI Metz (ord. réf.), 5 août 1993, *Rev. arb.* 1996, p. 524, obs. Ph. Fouchard.

40. B. Oppetit, *Théorie de l'arbitrage*, PUF, 1998, p. 29.

41. Paris, 28 nov. 2002, *JCP* G 2003, I, 164, n° 3, obs. Ch. Seraglini ; *Rev. arb.* 2003, p. 445, note Ch. Belloc. V. aussi, Cass. 1re civ., 16 mars 1999, *Bull. civ.* I, n° 88, qui relève que l'indépendance et l'impartialité de l'arbitre « sont de l'essence de la fonction arbitrale ».

1. L'indépendance et l'impartialité

229 **L'indépendance.** Il a beaucoup été écrit sur l'exigence d'indépendance de l'arbitre[42], parfois confondue avec son impartialité[43]. Théoriquement, les deux notions se distinguent toutefois : la première suppose l'inexistence de lien entre l'arbitre et les parties, ou tout autre pouvoir de fait[44] ; la seconde renvoie à l'absence de préjugé de l'arbitre. Si l'indépendance est un préalable à l'impartialité, l'arbitre peut devenir partial sans que n'existe aucun lien de dépendance. En pratique, le juge de la régularité de la sentence associe toutefois souvent l'indépendance et l'impartialité de l'arbitre, pour les apprécier globalement[45].

Traditionnellement, l'indépendance de l'arbitre est comprise comme supposant l'absence de lien matériel ou intellectuel caractérisant une situation de nature à affecter le jugement de l'arbitre et constituant un risque de prévention à l'égard de l'une des parties[46]. C'est à partir de ce critère que le juge recherche, au cas par cas, si l'arbitre présente des liens avec une partie ou avec un tiers, qui sont susceptibles d'affecter son indépendance aux yeux d'une partie. La preuve d'un lien existant ou ayant existé entre l'arbitre et une partie, ou le tiers, ne suffit donc pas à affecter la régularité de la composition du tribunal arbitral. Il faut, en plus, que ce lien provoque, fût-ce seulement dans l'esprit des parties, un doute raisonnable sur l'indépendance de l'arbitre[47]. L'indépendance de l'arbitre est donc appréciée de manière objective[48].

230 **Circonstances affectant l'indépendance objective de l'arbitre.** Cette exigence peut ainsi faire obstacle à la désignation, en qualité d'arbitre, de celui qui a préalablement été l'avocat d'une partie dans le même litige[49] ou l'administrateur d'un cabinet ayant exercé les fonctions de commissaire aux comptes pour plusieurs filiales d'une partie[50]. De même, l'indépendance de l'arbitre peut être raisonnablement suspectée lorsqu'il existe un rapport de subordination avec l'une des parties, même si le premier est le supérieur hiérarchique de la seconde[51], ou entre le Président du tribunal arbitral et l'un des autres arbitres[52]. De même encore, les parties peuvent raisonnablement douter de

42. V. notamment Th. Clay, *L'arbitre*, Dalloz, Nouvelle Bibliothèque de Thèses, 2001, n° 275 et s. p. 231 et s. et les nombreuses réf. citées ; D. Cohen, « Indépendance des arbitres et conflits d'intérêts », *Rev. arb.* 2011, p. 611 ; M. Henry, *Le devoir d'indépendance de l'arbitre*, LGDJ, 2001 ; « L'indépendance de l'arbitre au cœur du juste et de l'utile », *Cah. arb.* 2013, p. 873.

43. Th. Clay, *L'arbitre*, préc., n° 291 et s. p. 245 et s.

44. S. Guinchard, « Procès équitable », *Rép. Dalloz Proc. civ.*, mars 2017, n° 322.

45. V. notamment Paris, 9 sept. 2010, *Cah. arb.* 2010, p. 1169 ; *LPA* 2011, p. 17, note M. Henry ; *Rev. arb.* 2011, p. 686 ; Paris, 28 nov. 2002, *JCP* G 2003, I, 164, n° 3, obs. Ch. Seraglini ; *Rev. arb.* 2003, p. 445, note Ch. Belloc ; Paris, 27 juin 2002, *Rev. arb.* 2003, p. 427, note C. Legros.

46. Paris, 29 janv. 2004, *JCP* G 2004, I, 179, n° 5, obs. Ch. Seraglini ; *D.* 2004, somm., p. 3182, obs. Th. Clay ; *Rev. arb.* 2005, p. 709 (1re esp.), note M. Henry ; Paris, 28 nov. 2002, *JCP* G 2003, I, 164, n° 3, obs. Ch. Seraglini ; *Rev. arb.* 2003, p. 445, note Ch. Belloc ; Paris, 28 oct. et 30 nov. 1999, *Rev. arb.* 2000, p. 299, note Ph. Grandjean.

47. Cass. 1re civ., 16 mars 1999, *Bull. civ.* I, n° 88.

48. M. Henry, « Les obligations d'information de l'arbitre à la lumière de la jurisprudence récente », *Rev. arb.* 1999, p. 193, spéc. n° 10, p. 198.

49. Versailles, 14 nov. 1996, *Rev. arb.* 1997, p. 361, note A. Hory (le moyen d'annulation de la sentence a cependant été écarté, la partie y ayant renoncé).

50. Paris, 30 nov. 1999, *Rev. arb.* 2000, p. 299, note Ph. Grandjean.

51. Paris, 20 oct. 1994, *Rev. arb.* 1996, p. 442, note Ph. Fouchard

52. Paris, 28 nov. 2002, *JCP* G 2003, I, 164, n° 3, obs. Ch. Seraglini ; *Rev. arb.* 2003, p. 445, note Ch. Belloc, qui considère que l'appartenance commune de deux arbitres au même réseau d'avocats

l'indépendance d'un arbitre qui est le parent de l'un des conseils des parties[53] ou qui entretient des rapports d'amitié, suffisamment étroits, avec l'une d'elles[54]. Les parties peuvent aussi légitimement s'interroger sur l'indépendance d'un arbitre dont la fille exerce dans le cabinet qui conseille l'une des parties[55] ou qui a déjà été choisi par l'une des parties dans de nombreux litiges posant des questions de droit similaires[56]. La Cour de cassation a d'ailleurs jugé en ce sens que « le caractère systématique de la désignation d'une personne donnée par les sociétés d'un même groupe, sa fréquence et sa régularité sur une longue période, dans des contrats comparables, ont créé les conditions d'un courant d'affaires entre cette personne et les sociétés du groupe parties à la procédure de sorte que l'arbitre » devait révéler ces circonstances, pour permettre aux parties d'exercer leur droit de récusation[57]. En revanche, sauf si la preuve est faite de l'existence de véritables relations d'intérêts, actuelles, entre l'arbitre et le conseil d'une partie, les consultations et conseils juridiques qu'a pu délivrer ponctuellement le premier au second ne devraient pas être considérées comme pouvant faire naître, dans l'esprit d'une partie, un doute raisonnable sur l'indépendance de l'arbitre[58]. De la même façon, l'appartenance de plusieurs arbitres à un même cercle de réflexion sur des questions juridiques générales, et le fait qu'ils aient assisté à un débat à visée purement scientifique avec de nombreux participants, au cours duquel est intervenu en qualité d'expert un avocat du cabinet au sein duquel exerce le conseil d'une partie à l'arbitrage, ne peuvent être regardés comme des circonstances de nature à provoquer un doute raisonnable sur l'indépendance et l'impartialité de ces arbitres dans l'esprit des parties[59].

231 **Indépendance objective et « arbitrage corporatif ».** L'indépendance de l'arbitre n'est pas envisagée avec la même rigueur dans l'hypothèse des arbitrages dits « corporatifs », qui relèvent souvent de centres d'arbitrages spécialisés[60]. Compte tenu de la technicité des litiges, ceux-ci ne peuvent être tranchés que par un nombre relativement limité de personnes présentant les aptitudes requises. Ce sont donc très souvent les mêmes experts, avocats, techniciens ou ingénieurs qui sont désignés en qualité

---

n'établit pas une « perte de liberté d'esprit » ; Cass. 1re civ., 29 janv. 2002, *JCP* G 2003, I, 105, n° 7, obs. J. Béguin, qui rejette le pourvoi formé contre un arrêt ayant estimé que la preuve d'un lien de subordination n'était pas rapportée et que la participation commune des colloques sur l'arbitrage ne pouvait l'établir.

53. Paris, 12 janv. 1999, *Rev. arb.* 1999, p. 381.

54. Lyon, 6 mai 2002, *JCP* G 2003, I, 105, n° 7, obs. J. Béguin.

55. Paris, 18 déc. 2008, *Rev. arb.* 2011, p. 682.

56. Ch. Seraglini, obs. sous Paris, 28 nov. 2002, *JCP* G 2003, I, 164, n° 3. v. aussi, T. com. Paris, 6 juill. 2004, *D.* 2005, Pan., p. 3056, obs. Th. Clay ; *Rev. arb.* 2005, p. 709, note M. Henry, qui fait droit à la demande de récusation d'un arbitre qui avait été désigné par un franchiseur dans un litige sur trois l'opposant à ses franchisés ; Paris, 29 janv. 2004, *JCP* G 2004, I, 179, n° 5, obs. Ch. Seraglini ; *D.* 2004, somm., p. 3182, obs. Th. Clay ; *Rev. arb.* 2005, p. 709 (1re esp.), note M. Henry, qui annule une sentence rendue par un tribunal arbitral composé d'un arbitre systématiquement désigné par l'une des parties dans les clauses compromissoires qu'elle concluait sur une longue période de temps, en relevant que ceci avait créé les conditions d'un courant d'affaires entre l'arbitre et cette partie.

57. Cass. 1re civ., 20 oct. 2010 (2 arrêts), *JCP* G 2011, I, 1286, n° 1, obs. Ch. Seraglini ; *LPA* 2011, p. 17, note M. Henry, *D.* 2010, Pan., p. 2933, obs. Th. Clay.

58. V. Cass. 1re civ., 10 oct. 2012, *Bull. civ.* I, n° 193 ; *JCP* G 2012, Act, 1929, obs. M. Henry ; *JCP* G 2012, I, 1354, n° 1, obs. Ch. Seraglini ; *Rev. arb.* 2013, p. 129, note Ch. Jarrosson ; *D.* 2012, Pan., p. 2991, obs. Th. Clay ; *RTD com.* 2013, p. 481, obs. É. Loquin, qui casse Paris, 10 mars 2011, *Cah. arb.* 2011, p. 787, note M. Henry ; *Rev. arb.* 2011, p. 569.

59. Paris, 14 oct. 2014, *Rev. arb.* 2014, p. 1028.

60. Comme, par exemple, la chambre arbitrale de la Fédération du commerce du cacao, la Chambre arbitrale des cafés et poivres du Havre.

d'arbitre, ceux-ci ayant au demeurant pu intervenir comme conseils des parties dans d'autres litiges. Aussi, en apparence, les liens unissant les arbitres aux membres de la profession considérée peuvent presque systématiquement faire douter de leur indépendance. Pour éviter la paralysie de ce type d'arbitrages, il a alors été admis que compte tenu de leur spécificité, ils sont « confiés à des professionnels en tant qu'arbitres, lesquels sont nécessairement en relation d'affaires les uns avec les autres ou les uns contre les autres selon les circonstances sans que l'existence de telles relations d'affaires doive, par principe, mettre en doute et même en cause leur indépendance et leur impartialité »[61]. Au demeurant, dans ce type d'arbitrage, les parties ne peuvent ignorer que les arbitres peuvent avoir des liens professionnels[62].

232 **L'impartialité.** L'arbitre impartial étant celui dépourvu de préjugé, l'impartialité présente plusieurs facettes. Elle peut en effet être appréciée de manière subjective, en considération des convictions personnelles de l'arbitre, de ses traits propres. Selon cette première démarche, l'arbitre partial est, par exemple, celui qui a déjà fait preuve d'animosité à l'égard de l'une des parties ou, inversement, a manifesté un parti pris en sa faveur. L'impartialité peut ensuite être envisagée de façon objective, au regard de tout fait susceptible de faire légitimement douter les parties[63]. Dans une telle hypothèse, ce sont alors les apparences légitimes qui seront prises en considération, peu important que l'arbitre ait ou non été effectivement animé par un véritable préjugé. C'est cette analyse de l'impartialité qui est consacrée par la jurisprudence. L'impartialité de l'arbitre est en effet appréciée au regard de tous les éléments « de nature à faire naître dans l'esprit [d'une partie] un doute raisonnable sur l'objectivité [de] l'arbitre »[64]. Si la partialité subjective, aussi dite personnelle[65], est difficile à établir, puisqu'il s'agit essentiellement de sonder l'âme de l'arbitre pour s'assurer de sa neutralité à l'égard des parties, il est plus aisé d'envisager objectivement ce grief.

233 **Circonstances affectant l'impartialité objective de l'arbitre.** Selon une analyse objective, il est permis de douter de l'impartialité de l'arbitre qui, au cours d'un précédent arbitrage, a pris position ou émis une appréciation pouvant caractériser un préjugé sur le nouveau litige soumis à son examen[66]. Certes, un même arbitre peut statuer dans deux instances parallèles ou connexes, puisqu'il « n'y a ni prévention, ni préjugé lorsque l'arbitre est appelé à se prononcer sur une situation de fait proche de celle

61. Paris, 27 juin 2002, *Rev. arb.* 2003, p. 427, note C. Legros ; TGI Paris (ord. réf.), 28 oct. 1988, *Rev. arb.* 1990, p. 497, note M. de Boisséson. V. aussi Rouen, 28 oct. 1998, *Rev. arb.* 1999, p. 368.

62. Paris, 17 déc. 2013, *Rev. arb.* 2014, p. 219 ; Cass. 1re civ., 19 déc. 2012, *Procédures* 2013, p. 45, note L. Weiller ; *JDI* 2013, p. 946, note S. Sana-Chaillé de Néré ; *D.* 2013, Pan., p. 2936, obs. Th. Clay.

63. C'est le raisonnement suivi pour apprécier l'impartialité du juge (Cass. 2e civ., 16 sept. 2003, n° 02-15239). Il est directement emprunté à celui consacré par la CEDH (CEDH, 6 juin 2000, *Morel-France*, *Bull. inf. rap. C. cass*, 15 juill. 2000, p. 35).

64. T. com. Paris, 6 juill. 2004, *D.* 2005, Pan., p. 3056, obs. Th. Clay ; *Rev. arb.* 2005, p. 709, note M. Henry.

65. R. Koering-Joulin, « La notion européenne de Tribunal indépendant et impartial au sens de l'article 6, paragraphe 1, de la Convention européenne de sauvegarde des droits de l'homme », *Rev. sc. crim.* 1990, p. 765.

66. Paris, 12 janv. 1996, *Rev. arb.* 1996 p. 428, note Ph. Fouchard, qui rappelle qu'à moins que l'un des arbitres se trouve « en situation d'opposition avec l'une des parties », il n'existe pas d'obstacle à ce qu'il participe à des instances arbitrales connexes successives ; Paris, 14 oct. 1993, *JDI* 1994. 446, note É. Loquin ; *Rev. arb.* 1994, p. 381, note P. Bellet, qui énonce que la présence d'un arbitre dans deux arbitrages connexes successifs est dépourvue d'incidence pour autant que la première sentence ne contient aucune disposition entraînant « logiquement certaines conséquences pour les questions à trancher dans la seconde ».

examinée antérieurement, mais entre des parties différentes, et encore moins lorsqu'il doit trancher sur une question de droit sur laquelle il s'est précédemment prononcé »[67]. Le fait pour un arbitre d'avoir déjà été désigné en cette qualité par l'une des parties dans une instance opposant cette partie à l'un de ses sous-traitants ne mettait pas en cause son impartialité, dès lors que ce précédent litige ne concernait pas les relations entre cette partie et le maître de l'ouvrage, objet du second litige[68]. Mais l'impartialité de l'arbitre est sujette à question si, dans une précédente instance, il a pris une décision pouvant caractériser un préjugé à l'égard d'une instance ultérieure, en particulier lorsque la sentence rendue dans la première affaire entraîne logiquement certaines conséquences pour les questions à trancher par la seconde sentence, par exemple quant à l'appréciation de la responsabilité d'une partie qui ne figurait pas au premier arbitrage[69]. Ainsi, s'il n'y a pas d'opposition de principe à la participation du même arbitre à des arbitrages connexes successifs, c'est à la condition que la première sentence ne contienne aucune disposition entraînant logiquement certaines conséquences sur les questions à trancher dans la seconde[70], et que l'arbitre ne se trouve pas en « situation d'opposition » avec l'une des parties[71], pour avoir, par exemple, jugé dans un sens défavorable à cette partie dans la première instance sur une question intéressant la seconde instance.

Il serait également permis de s'interroger sur l'impartialité de l'arbitre qui, après avoir rendu une première sentence, serait désigné par le centre d'arbitrage pour composer le tribunal arbitral de second degré. Dans cette situation, en effet, l'arbitre n'aurait sans doute objectivement pas le recul suffisant, par rapport à sa première décision, pour la modifier[72]. De même, il existe un doute raisonnable sur l'objectivité de l'arbitre qui est désigné par un franchiseur dans un litige sur trois l'opposant à ses franchisés[73]. Les circonstances susceptibles de révéler le préjugé de l'arbitre sont infinies[74]. L'appréciation de l'impartialité, fût-elle objective, repose toujours sur des éléments factuels, propres à chaque espèce, de sorte qu'il est délicat de tenter d'en dresser une liste.

67. Paris, 14 oct. 1993, préc. ; v. aussi : Paris, 28 nov. 2002, *JCP* G 2003, I, 164, n° 3, obs. Ch. Seraglini ; *Rev. arb.* 2003, p. 445, note Ch. Belloc, qui écarte le grief d'impartialité dès lors qu'il n'était pas établi que l'arbitre avait « acquis une conviction dès la première sentence constituant un préjugé défavorable à l'encontre » d'une partie.

68. Cass. 1re civ., 16 mars 1999, *D.* 1999, Jur., p. 498, note P. Courbe ; *Rev. arb.* 1999, p. 308 ; *RTD com.* 1999, p. 850, obs. É. Loquin.

69. En ce sens, Paris, 12 janv. 1996, *Rev. arb.* 1996, p. 428 (2e esp.), note Ph. Fouchard ; TGI Paris, 13 janv. 1986, *Rev. arb.* 1987, p. 63, note P. Bellet.

70. Cass. 1re civ., 2 déc. 2015, *Rev. arb.* 2016, p. 525, note V. Chantebout, qui rejette le pourvoi formé contre Paris, 9 sept. 2014, *Rev. arb.* 2014, p. 805, note F. de Bérard et A. Pinna ; *D.* 2014, p. 2541, obs. Th. Clay ; Paris, 14 oct. 1993, préc.

71. Paris, 12 janv. 1996, préc.

72. Pour une telle analyse, s'agissant d'un jugement, v. J. Héron, « Convention européenne des droits de l'homme et théorie des voies de recours », *Le juge entre deux millénaires. Mélanges offerts à P. Drai*, Dalloz, 2000, p. 369 et s., n° 13, p. 383. Après avoir constaté que le recours normal conduit au remplacement de la décision attaquée après son annulation, l'auteur note justement que le juge n'est pas suffisamment tiers par rapport à son œuvre pour se voir confier le soin d'en examiner le bien-fondé, ce d'autant que le procès fait au jugement est souvent celui du juge qui l'a rendu.

73. T. com. Paris, 6 juill. 2004, *D.* 2005, Pan., p. 3056, obs. Th. Clay ; *Rev. arb.* 2005, p. 709, note M. Henry.

74. V., par ex., sur la question des « issues conflicts » des avocats spécialisés dans le contentieux arbitral et qui sont régulièrement désignés en qualité d'arbitre, J.-B. Racine, *Droit de l'arbitrage*, Puf, 2016, p. 356.

L'impartialité de l'arbitre étant envisagée de la même manière en matière interne ou internationale, il peut être renvoyé aux développements consacrés à l'arbitrage international pour cerner davantage cette notion[75].

2. Les mécanismes de contrôle de l'indépendance et de l'impartialité de l'arbitre

234 Deux types de mécanismes sont mis en œuvre pour s'assurer de l'indépendance et de l'impartialité de l'arbitre : les uns sont préventifs (a), les autres curatifs (b).

a) Les mécanismes préventifs : obligation de révélation et abstention

235 **L'obligation de révélation.** Pour permettre aux parties de s'assurer *a priori* de son indépendance et de son impartialité, et le cas échéant de le récuser[76], l'arbitre doit faire preuve de transparence[77] : il supporte une obligation de révélation[78]. D'abord dégagée par la jurisprudence[79] à partir de l'article 1452, alinéa 2, ancien du Code de procédure civile[80], elle est maintenant consacrée par l'article 1456, alinéa 2, du même code[81] qui dispose : « Il appartient à l'arbitre, avant d'accepter sa mission, de révéler toute circonstance susceptible d'affecter son indépendance ou son impartialité. Il lui est également fait obligation de révéler sans délai toute circonstance de même nature qui pourrait naître après l'acception de sa mission ». Pour être efficace, l'obligation de révélation persiste donc tout au long de l'instance arbitrale, ce qui avait auparavant été posé par la jurisprudence[82]. L'arbitre doit donc, en cours d'instance, révéler aux parties les faits qui, survenus après sa désignation, sont susceptibles de faire douter de son indépendance ou de son impartialité. Par ailleurs, l'efficacité de l'obligation de révélation est affermie par la sanction qui lui est attachée aujourd'hui : un manquement de l'arbitre peut conduire le juge à annuler la sentence[83].

236 **Révélation et nomination de l'arbitre.** Il faut noter que l'ancien article 1452, alinéa 2, du Code de procédure civile prévoyait que l'arbitre qui supposait en sa personne une cause de récusation et en avait informé les parties ne pouvait accepter sa mission

75. V. *infra*, n° 738 et s.

76. Paris, 12 janv. 1999, *Rev. arb.* 1999, p. 381.

77. É. Loquin, « Les garanties de l'arbitrage », in *L'arbitrage : une question d'actualité*, *LPA*, n° 197, n° 13, p. 14 ; J.-B. Racine, « Sur l'idéologie de la transparence en droit de l'arbitrage », *Mélanges en l'honneur du Professeur Pierre Mayer*, LGDJ, 2015, p. 727.

78. Th. Clay, *L'arbitre*, Dalloz, Nouvelle Bibliothèque de Thèses, 2001, n° 378 et s. p. 318 et s. ; J.-D. Bredin, « La révélation. Remarques sur l'indépendance de l'arbitre en droit interne français », *Études de procédure et d'arbitrage. Mélanges Jean-François Poudret*, Faculté de droit de Lausanne, 1999, p. 349 ; É. Loquin, « La dualité des fonctions de l'obligation de révélation », in *Liber amicorum Philippe Merle*, Dalloz, 2013, p. 487.

79. V. notamment, Cass. 2e civ., 6 déc. 2001, *Rev. arb.* 2003, p. 1231, note E. Gaillard ; *RTD com.* 2002, p. 657, obs. É. Loquin ; *D.* 2003, somm., p. 2473, obs. Th. Clay ; Paris, 2 avr. 2003, *D.* 2003, somm., p. 2473, obs. Th. Clay.

80. L'article 1452 du Code de procédure civile précisait que « l'arbitre qui suppose en sa personne une cause de récusation doit en informer les parties ».

81. Ce texte est applicable au tribunal arbitral constitué après le 1er mai 2011 (sur ce point, v. Cass. 1re civ., 16 déc. 2015, *Rev. arb.* 2016, p. 536, note M. Henry).

82. Paris, 12 févr. 2009, *Rev. arb.* 2009, p. 186, note Th. Clay ; *LPA* 2009, p. 4, note M. Henry ; *Cah. arb.* 2009, p. 6, obs. L. Degos ; Paris, 16 nov. 1999, *Rev. arb.* 2000, p. 299, note Ph. Grandjean ; Paris, 12 janv. 1999, *Rev. arb.* 1999, p. 381.

83. V. *infra*, n° 245.

qu'avec l'accord de toutes les parties. La constitution du tribunal arbitral était donc subordonnée à un nouvel accord des parties. Autrement dit, chaque partie bénéficiait d'un véritable droit de veto à cet égard, alors même que les circonstances révélées n'auraient pas été sérieusement susceptibles de faire douter de l'indépendance ou de l'impartialité de l'arbitre en question. La solution favorisait les tactiques dilatoires. Désormais, l'article 1456, alinéa 3, du Code de procédure civile ne permet plus à une partie d'opposer abusivement son veto à la nomination de l'arbitre dans une telle situation, puisqu'en cas de différend sur le maintien de l'arbitre, « la difficulté est réglée par la personne chargée d'organiser l'arbitrage ou, à défaut, tranchée par le juge d'appui, saisi dans le mois qui suit la révélation ou la découverte du fait litigieux »[84]. Cette disposition favorise sans doute la correcte exécution par l'arbitre de son obligation de révélation puisque les circonstances dévoilées ne pourront systématiquement être invoquées par une partie pour s'opposer à sa désignation.

L'obligation de révélation n'est pas limitée aux faits énumérés à l'article 341 du Code de procédure civile, qui constituent autant de causes de récusation du juge. Pour que le choix des parties soit suffisamment éclairé, comme le pose en principe la cour d'appel de Paris, « l'arbitre doit révéler aux parties toute circonstance de nature à affecter son jugement et à provoquer dans l'esprit des parties un doute raisonnable sur ses qualités d'impartialité et d'indépendance, qui sont l'essence même de la fonction arbitrale »[85]. Puisque l'indépendance et l'impartialité sont appréciées objectivement, ce sont tous les faits de nature à faire légitimement douter les parties de ces qualités – mais uniquement ceux-ci – qui doivent être révélés par l'arbitre avant qu'il accepte sa mission et tant que dure l'instance, au moyen de ce qu'il est convenu de qualifier de « déclaration d'indépendance ». Cette obligation de révélation qui pèse sur l'arbitre, pour permettre aux parties d'exercer leur droit de récusation, « doit s'apprécier au regard à la fois de la notoriété de la situation critiquée et de son incidence sur le jugement de l'arbitre »[86]. Elle doit également s'apprécier au regard du lien entre l'information en cause et le litige[87]. La notoriété du fait en question suffit donc à dispenser l'arbitre de son obligation de révélation[88]. Corrélativement le fait notoire au moment de la désignation de l'arbitre, même non révélé, ne peut justifier par la suite l'annulation de la sentence si la récusation de ce dernier n'a pas été sollicitée[89]. Au fait notoire, qui n'est pas forcément public mais qui est connu par un très grand nombre, est aussi assimilée

84. V. *infra*, n° 239.

85. Paris, 9 sept. 2010, *D.* 2010, Pan., p. 2934, obs. Th. Clay ; *Cah. arb.* 2010, p. 1169 ; *LPA* 2011, p. 17, note M. Henry ; *Bull. ASA* 2011, p. 187, note Ph. Pinsolle ; *Rev. arb.* 2011, p. 686. V. aussi Paris, 12 janv. 1999, *Rev. arb.* 1999, p. 381.

86. Paris, 10 mars 2011, *Cah. arb.* 2011, p. 787, note M. Henry ; *Rev. arb.* 2011, p. 569 ; Paris, 9 sept. 2010, préc. ; v. aussi Paris, 1er juill. 2011, *Rev. arb.* 2011, p. 761 ; Paris, 28 nov. 2002, *JCP* G 2003, I, 164, n° 3, obs. Ch. Seraglini ; *Rev. arb.* 2003, p. 445, note Ch. Belloc ; Cass. 2e civ., 25 mars 1999, *Bull. civ.* II, n° 56 ; *Rev. arb.* 1999, p. 319, note Ch. Jarrosson ; Paris, 12 janv. 1996, *Rev. arb.* 1996, p. 428, note Ph. Fouchard ; Paris, 9 avr. 1992, *Rev. arb.* 1996, p. 483.

87. Paris, 15 sept. 2015, *Rev. arb.* 2015, p. 1221 ; Cass. 1re civ., 25 juin 2014, *Rev. arb.* 2015, p. 75, note S. Bollée ; *D.* 2014, 1985, note Th. Le Bars ; *D.* 2014, Pan, p. 2550, obs. Th. Clay ; *Procédures* 2014, comm. 299, obs. L. Weiller ; Paris, 2 juill. 2013, *Rev. arb.* 2013, p. 1033, note M. Henry ; JCP G 2013, I, 1391, n° 5, obs. J. Ortscheidt.

88. Cass. 1re civ., 28 mai 2015, *Rev. arb.* 2015, p. 656 ; Paris, 28 nov. 2002, *JCP* G 2003, I, 164, n° 3, obs. Ch. Seraglini ; *Rev. arb.* 2003, p. 445, note Ch. Belloc.

89. Paris, 16 déc. 2010, *Rev. arb.* 2011, p. 710.

l'information qui est aisément accessible aux parties[90]. Certes, il a été jugé que celles-ci n'ont pas à se livrer « à un dépouillement systématique des sources susceptibles de mentionner le nom de l'arbitre et des personnes qui lui sont liées »[91]. Mais les parties supportent tout de même un devoir minimum d'investigation, « de curiosité », avant le début de l'arbitrage, pour s'assurer des qualités essentielles des arbitres nommés pour trancher leur litige, notamment au regard des circonstances révélées par eux[92]. Cela explique que l'information aisément accessible est présumée être connue d'elles. Ce devoir de curiosité ne devrait pas cesser au cours de l'instance, même si l'arbitre est tenu de révéler tout nouveau fait susceptible de faire douter de son indépendance ou de son impartialité. En effet, même s'il a été jugé que les parties « n'ont pas à poursuivre leurs recherches après le début de l'instance arbitrale »[93], elles doivent au moins faire preuve de curiosité puisque la circonstance notoire en cours d'instance, et celle aisément accessible, n'ont pas à être révélées par l'arbitre[94].

Sous le contrôle du juge[95], l'arbitre doit donc révéler les faits qui peuvent faire légitimement ou raisonnablement douter une partie, elle-même raisonnable, de son indépendance et de son impartialité. Cette révélation doit être suffisamment précise pour permettre aux parties de refuser sa nomination ou de le récuser[96]. En pratique, l'appréciation des éléments qu'il doit révéler peut s'avérer délicate, la déclaration d'indépendance de l'arbitre devant comporter « tout ce qui pourrait être interprété de près ou de loin comme une

90. V. par ex. Cass. 1re civ., 15 juin 2017, n° 16-17108 ; Paris, 14 mars 2017, *Rev. arb.* 2017, p. 339 ; Cass. 1re civ., 25 mai 2016, *Cah. arb.* 2016, p. 633, note V. Chantebout ; v. aussi M. Henry, note sous Cass. 1re civ., 16 déc. 2015, *Rev. arb.* 2016, p. 536, spéc. n° 9 et s., p. 542 et s. ; É. Loquin, note sous Paris, 12 avr. 2016, *Rev. arb.* 2017, p. 234, spéc. n° 32, p. 252.

91. Paris, 14 oct. 2014, *Rev. arb.* 2015, p. 151, note. M. Henry ; *Cah. arb.* 2014, p. 795, note D. Cohen ; *D.* 2014, Pan., p. 2549, obs. Th. Clay.

92. Cass. 1re civ., 16 déc. 2015, *Rev. arb.* 2016, p. 536, note M. Henry, qui rejette le pourvoi formé contre Paris, 14 oct. 2014, préc. ; Cass. 1re civ., 18 déc. 2014, *RTD com.* 2015, p. 53, obs. É. Loquin ; *Cah. arb.* 2015, p. 95, note M. Danis ; *D.* 2015, Pan, p. 2588, obs. Th. Clay.

93. Paris, 14 oct. 2014, préc.

94. V. par ex. Cass. 1re civ., 25 mai 2016, *Cah. arb.* 2016, p. 633, note V. Chantebout. En ce sens aussi, É. Loquin, note sous Paris, 12 avr. 2016, préc., spéc. n° 37, p. 253. V. aussi : Cass. 1re civ., 19 déc. 2018, *Dalloz Actualité*, 1er févr. 2019, obs. C. Debourg ; *JCP* E 2019, 1177, note A. Constant ; *Procédures* 2019, étude 8, note L. Weiller. V. cpdt, Cass. 1re civ., 3 oct. 2019, n° 18-15756, qui rejette le pourvoi formé contre Paris, 27 mars 2018, *Rev. arb.* 2019, p. 522 (1re esp.), note L.-Ch. Delanoy. Le pourvoi soutenait que l'arbitre n'a pas à révéler aux parties les faits notoires ou aisément accessibles, ni avant d'accepter sa mission, ni ensuite en cours d'arbitrage. Il reprochait dès lors à la cour d'appel d'avoir estimé qu'un arbitre avait manqué à son obligation de révélation en ne déclarant pas, pendant l'arbitrage, une mission confiée au cabinet d'avocats au sein duquel il était associé par une société du groupe auquel appartenait une partie, et ce alors que la cour avait constaté que l'information avait été publiée pendant l'arbitrage dans un annuaire professionnel et qu'elle avait en même temps jugé notoire, et estimé qu'elle n'avait pas à être révélée, une autre information publiée avant le début de l'arbitrage dans ce même annuaire, parce qu'il était connu « de tous les cabinets d'avocats d'affaires allemands ». La Cour de cassation a écarté cette critique, dans son arrêt précité, en relevant que la cour d'appel a « exactement décidé que si l'existence d'un contrat exécuté en 2010 » par le cabinet d'avocats pour l'une des parties à l'arbitrage « devait être regardée comme notoire du fait de sa publication avant le début de l'arbitrage dans un annuaire professionnel connu de tous les cabinets d'avocats d'affaires allemands, en revanche », la demanderesse au recours en annulation « n'était pas tenue de poursuivre ses recherches après le début des opérations d'arbitrage et il incombait à l'arbitre d'informer les parties de toute circonstance susceptible d'affecter son indépendance ou son impartialité survenant après l'acceptation de sa mission ».

95. V. *infra*, n° 245.

96. Pour des hypothèses de révélation imprécises, v. : Cass. 1re civ., 20 oct. 2010 (2 arrêts) JCP G 2011, 1286, n° 1, obs. Ch. Seraglini ; *LPA* 2011, p. 17, note M. Henry, *D.* 2010, Pan., p. 2933, obs. Th. Clay.

atteinte à son indépendance »[97]. Elle est bien évidemment fonction de chaque espèce, même si, progressivement, la jurisprudence dégage des lignes directrices permettant de déterminer ce qui doit nécessairement être révélé, en annulant des sentences dans des hypothèses où, soit l'obligation de révélation n'a pas été respectée[98], soit les exigences d'indépendance ou d'impartialité n'ont pas été satisfaites[99]. Ces décisions constituent un guide utile pour l'arbitre qui hésite à révéler telle ou telle circonstance particulière.

237 **Circonstances que doit révéler l'arbitre.** L'arbitre doit révéler tout courant d'affaires ou toute relation d'intérêts avec l'une des parties, ou même avec son conseil. Il est bien évident que la dépendance économique de l'arbitre pouvant en résulter, vis-à-vis d'une partie ou de son conseil, est incompatible avec sa fonction juridictionnelle. En ce sens, dans deux arrêts rendus le 20 octobre 2010, la première chambre civile de la Cour de cassation a relevé que « le caractère systématique de la désignation d'une personne donnée par les sociétés d'un même groupe, sa fréquence et sa régularité sur une longue période, dans des contrats comparables, ont créé les conditions d'un courant d'affaires entre cette personne et les sociétés du groupe parties à la procédure », ce qui devait conduire l'arbitre à révéler ces circonstances, pour permettre aux parties d'exercer leur droit de récusation[100]. Ainsi, l'arbitre qui a été le conseil de l'une des parties doit le révéler, afin que l'autre partie puisse exercer son droit de récusation[101]. De même, l'arbitre doit informer les parties de ses relations professionnelles avec le conseil d'une partie[102]. À cet égard, la cour d'appel de Paris a annulé des sentences, par arrêts des 9 septembre 2010[103] et 10 mars 2011[104], en reprochant à l'arbitre, de manière peut-être quelque peu excessive au regard des circonstances factuelles des espèces en cause, de n'avoir pas révélé des « relations d'intérêts » entretenus avec le conseil d'une partie. Il s'agissait en effet, dans le premier cas, de consultations établies par l'arbitre, professeur de droit, au profit du conseil de la partie qui l'avait désigné. Dans le second, la cour d'appel a retenu un manquement au devoir de révélation relativement à la position d'« *of counsel* » de l'arbitre, professeur de droit, au sein du cabinet dans lequel exerçait le conseil de la partie l'ayant désigné, position qui s'était pourtant achevée huit ans avant le début de l'instance arbitrale, et à deux ou trois consultations pour ce cabinet, dans les années précédant l'arbitrage. Cette dernière décision, trop sévère puisque les circonstances non révélées n'étaient aucunement susceptibles de faire raisonnablement douter de l'impartialité et de l'indépendance de l'arbitre, a été cassée par la Cour de cassation, par un arrêt du 10 octobre 2012, qui a sonné le glas de la théorie selon laquelle l'obligation de révélation aurait absorbé l'obligation d'indépendance et d'impartialité de l'arbitre. La Cour régulatrice a en effet estimé « qu'en se déterminant par ces seuls motifs sans expliquer en quoi ces éléments étaient de nature à provoquer dans l'esprit des parties un doute raisonnable quant à l'impartialité de

97. Th. Clay, *L'arbitre*, Dalloz, Nouvelle Bibliothèque de Thèses, 2001, n° 394, p. 335.
98. V. *infra*, n° 237.
99. V. *supra*, n° 230.
100. Cass. 1re civ., 20 oct. 2010 (2 arrêts) JCP G 2011, I, 1286, n° 1, obs. Ch. Seraglini ; *LPA* 2011, p. 17, note M. Henry, *D.* 2010, Pan., p. 2933, obs. Th. Clay.
101. Cass. 1re civ., 1er févr. 2012, *Bull. civ.* I, n° 14 ; *Rev. arb.* 2012, p. 91, note É. Loquin.
102. Cass. 1re civ., 18 déc. 2014, *RTD com.* 2015, p. 53, obs. É. Loquin ; *Cah. arb.* 2015, p. 95, note M. Danis ; *D.* 2015, Pan, p. 2588, obs. Th. Clay ; *Procédures* 2015, comm. 84, obs. L. Weiller.
103. Paris, 9 sept. 2010, *D.* 2010, Pan., p. 2934, obs. Th. Clay ; *Cah. arb.* 2010, p. 1169 ; *LPA* 2011, p. 17, note M. Henry ; *Bull. ASA* 2011, p. 187, note Ph. Pinsolle.
104. Paris, 10 mars 2011, *Cah. arb.* 2011, p. 787, note M. Henry ; *Rev. arb.* 2011, p. 569.

l'arbitre et à son indépendance, la cour d'appel n'a pas mis la Cour de cassation en mesure d'exercer son contrôle sur la décision »[105]. L'arbitre doit aussi divulguer les relations professionnelles existant entre le cabinet dans lequel il exerce et l'une des parties[106]. Il peut par ailleurs être tenu de dévoiler les liens personnels qu'il entretient avec une partie ou son conseil. Ainsi, il doit déclarer ses éventuels liens familiaux avec l'un ou l'autre, qui sont susceptibles d'avoir une incidence sur son jugement et de provoquer, dans l'esprit des parties, un doute raisonnable sur son impartialité. L'arbitre devrait aussi systématiquement dévoiler ses liens d'amitié avec une partie. En revanche, il ne devrait pas être obligé de faire état de ceux qu'il entretient avec son conseil, s'ils ne sont pas suffisamment étroits, notamment s'ils se sont développés dans le cadre professionnel. Ainsi, il a par exemple été jugé qu'il n'a pas à révéler les liens professionnels qu'il a entretenus pendant deux ans avec le conseil d'une partie, pour avoir travaillé au sein du même cabinet d'avocats près de vingt ans avant le début de l'arbitrage[107].

238 **L'abstention.** L'arbitre qui suppose en sa personne, en cours d'instance, des circonstances susceptibles d'affecter son indépendance ou son impartialité, peut s'abstenir. Cette éventualité est indirectement prévue par l'article 1457 du Code de procédure civile, qui dispose que l'arbitre doit poursuivre sa mission jusqu'au terme de celle-ci à moins qu'il justifie, notamment, « d'une cause légitime d'abstention »[108]. Cela consiste, pour l'arbitre, à renoncer à exécuter sa mission lorsque surviennent des circonstances prévues à l'article 1456, alinéa 2, du Code de procédure civile. On ne peut en effet véritablement parler d'abstention qu'une fois que l'arbitre a accepté sa mission puisque auparavant, le contrat d'arbitre n'étant pas formé, il peut toujours refuser sa désignation, pour quelque cause que ce soit[109]. L'abstention apparaît ainsi comme une exception à l'obligation de l'arbitre d'accomplir sa mission jusqu'à son terme[110] et entraîne la suspension de l'instance[111]. Elle ne doit pas être exercée avec une légèreté blâmable, parce qu'elle oblige les parties à remplacer l'arbitre. Il est d'ailleurs prévu qu'en cas de différend sur la réalité du motif invoqué, la difficulté est réglée par la personne

105. Cass. 1re civ., 10 oct. 2012, *Bull. civ.* I, n° 193 ; JCP G 2012, Act., p. 1929, note M. Henry ; JCP G 2012, 1354, n° 1, obs. Ch. Seraglini ; *Rev. arb.* 2013, p. 129, note Ch. Jarrosson ; *D.* 2012, Pan., p. 2991, obs. Th. Clay ; *RTD com.* 2013, p. 481, obs. É. Loquin ; v. aussi : Cass. 1re civ., 4 juill. 2012, *Bull. civ.* I, n° 149 ; JCP G 2012, 1354, n° 1, obs. Ch. Seraglini.

106. Cass. 1re civ., 16 déc. 2015, *Rev. arb.* 2016, p. 536, note M. Henry, qui rejette le pourvoi formé contre : Paris, 14 oct. 2014, *Rev. arb.* 2015, p. 151, note. M. Henry ; *Cah. arb.* 2014, p. 795, note D. Cohen ; *D.* 2014, Pan., p. 2549, obs. Th. Clay ; Paris, 12 févr. 2009, *Rev. arb.* 2009, p. 186, note Th. Clay ; *LPA* 2009, p. 4, note M. Henry ; *Cah. arb.* 2009, p. 6, obs. L. Degos ; Paris, 16 nov. 1999, *Rev. arb.* 2000, p. 299, note Ph. Grandjean ; Paris, 12 janv. 1999, *Rev. arb.* 1999, p. 381.

107. Cass. 1re civ., 28 mai 2015, *Rev. arb.*, p. 656 ; *D.* 2015, p. 2588, obs. Th. Clay.

108. Cette possibilité d'abstention était auparavant prévue par les articles 1463 et 1464.2° CPC. Le premier de ces textes énonçait qu'un « arbitre ne peut s'abstenir [...] que pour une cause de récusation qui se serait révélée ou serait survenue après sa désignation ». Et, le second précisait que l'instance arbitrale prend fin, sous réserve des conventions particulières des parties, « par l'abstention [...] d'un arbitre ».

109. Sur ce contrat, v. *infra*, n° 286 et s. Dans cette hypothèse, les parties devront s'adresser à quelqu'un d'autre pour trancher leur différend.

110. Sur cette obligation, v. *infra*, n° 295. Il est parfois soutenu que l'arbitre ne pourrait librement choisir de se déporter dans une telle situation, les parties restant maîtres de décider qu'il doit remplir sa mission (Th. Clay, *L'arbitre*, Dalloz, Nouvelle Bibliothèque de Thèses, 2001, n° 788, p. 609).

111. Art. 1473 CPC (v. *infra*, n° 357).

chargée d'organiser l'arbitrage ou par le juge d'appui[112]. Si l'arbitre s'abstient sans raison valable, il peut voir sa responsabilité engagée par les parties[113].

b) Les mécanismes curatifs : récusation, annulation et responsabilité de l'arbitre

239 **La récusation.** Pour prévenir tout risque de dépendance ou de partialité de l'arbitre avant que la sentence ne soit rendue, et éviter qu'elle ne soit ensuite annulée pour ce motif, les parties peuvent récuser l'arbitre, la procédure étant fixée par l'article 1456, alinéa 3, du Code de procédure civile[114]. Toute circonstance susceptible de faire douter de l'indépendance ou l'impartialité de l'arbitre n'autorise cependant pas sa récusation : elle doit s'être révélée aux parties depuis sa désignation[115]. Si elle était connue avant cette date, les parties devaient refuser de le nommer. À défaut de s'opposer à sa nomination, les parties sont réputées avoir renoncé à se prévaloir de leur droit de récuser l'arbitre[116].

240 **Délai pour récuser.** Avant la réforme du 13 janvier 2011, il était jugé que la récusation devait être demandée avant le prononcé de la sentence[117] puisqu'une fois celle-ci rendue, les arbitres sont dessaisis[118] et il n'existe plus non plus aucune difficulté de constitution du tribunal arbitral susceptible de justifier la compétence du juge d'appui[119]. Pour accroître l'efficacité de la procédure arbitrale, le décret du 13 janvier 2011 portant réforme de l'arbitrage a enfermé la demande de récusation dans un délai : selon l'article 1456, alinéa 3, la difficulté est réglée « par la personne chargée d'organiser l'arbitrage ou, à défaut, tranchée par le juge d'appui, saisi dans le mois qui suit la révélation ou la découverte du fait litigieux ». Si le texte ne précise pas la sanction attachée au non-respect de ce délai, qui ne court qu'à partir du moment où la partie a connaissance de la circonstance litigieuse, soit que l'arbitre la révèle[120], soit qu'elle l'apprenne fortuitement, il s'agit sans doute d'une forclusion, qui rend irrecevable la demande de récusation tardive[121]. Compte tenu de la rédaction du texte, il est permis de se demander si c'est uniquement la saisine du juge d'appui qui est enfermée dans le

112. V *infra*, n° 357.

113. V. notamment TGI Paris, 15 févr. 1995, *Rev. arb.* 1996. 503 et la note de Ph. Fouchard, « Le statut de l'arbitre dans la jurisprudence française », *Rev. arb.* 1996, p. 325, spéc. n° 80 et s., p. 364 et s. V. aussi : Th. Clay, *L'arbitre*, Dalloz, Nouvelle Bibliothèque de Thèses, 2001, n° 786 et s., p. 607 et s.

114. Elle était auparavant régie par l'article 1463, alinéa 2, CPC. Le texte issu de la réforme de 2011 s'applique au tribunal arbitral constitué après le 1er mai 2011.

115. Cass. com., 25 mars 1999, *Bull. civ.* II, n° 56 ; *Rev. arb.* 1999, p. 319, note Ch. Jarrosson. V. aussi Cass. 1re civ., 1er févr. 2012, n° 11-15346.

116. Cass. 2e civ., 28 sept. 2000, n° 97-20605.

117. TGI Paris (ord. réf.), 2 juill. 1990, *Rev. arb.* 1996, p. 483 (1re esp) ; TGI Paris (ord. réf.), 22 oct. 1984, *Rev. arb.* 1985, p. 167. Une décision a même considéré que la récusation ne pouvait plus être sollicitée après la clôture des débats (TGI Paris (ord. réf.), 27 sept. 1995, citée par Th. Clay, *L'arbitre*, *op. cit.*, n° 430, p. 361). La solution, calquée sur celle applicable au juge (art. 342 CPC), est difficilement conciliable avec les spécificités de l'arbitrage puisque les arbitres ne sont obligés ni de clôturer les débats, ni même d'écarter des écritures et pièces échangées en cours de délibéré, pour autant que le principe de la contradiction soit respecté.

118. V. *infra*, n° 459 et s.

119. TGI Paris, 2 juill. 1990, *Rev. arb.* 1996, p. 483 (1re esp.).

120. TGI Paris (ord. réf.), 2 mars 2012, *Rev. arb.* 2013, p. 183, note J. Ortscheidt.

121. Ch. Jarrosson et J. Pellerin, « Le droit français de l'arbitrage après le décret du 13 janvier 2011 », *Rev. arb.* 2011, p. 5, spéc. n° 28, p. 22. V. aussi TGI Paris (ord. réf.), 10 nov. 2011, *D.* 2011, Pan., p. 3023, obs. Th. Clay.

délai d'un mois, ou également celle de la personne chargée d'organiser l'arbitrage. On pourrait soutenir que ce délai ne vise que le juge et ne s'applique pas aux demandes de récusation présentées devant une institution d'arbitrage, ce qui permettrait de valider les dispositions d'un règlement d'arbitrage prévoyant un autre délai pour la saisine de l'institution, malgré les termes de l'article 1461 qui répute non écrite toute stipulation contraire aux règles édictées aux alinéas 2 et 3 de l'article 1456. Sur un plan pratique, il serait néanmoins utile d'appliquer ce délai légal à titre de principe lorsque rien n'est prévu par le règlement d'arbitrage. En tout cas, sous l'empire de la jurisprudence antérieure, il était jugé que pour être recevable, la requête en récusation devait être présentée dès qu'étaient connues les circonstances susceptibles d'affecter le jugement de l'arbitre[122] ou à « bref délai »[123]. Il faut par ailleurs noter qu'il n'est pas prévu de délai de forclusion en cas de saisine successive de la personne chargée d'organiser l'arbitrage et du juge d'appui, lorsque la première n'a pu résoudre la difficulté. Enfin, la récusation d'un arbitre peut aussi être sollicitée si, après le prononcé de la sentence, le tribunal arbitral est saisi d'une requête en interprétation[124].

241 **Autorité compétente pour récuser l'arbitre.** La réforme du 13 janvier 2011 a confirmé la dichotomie existant entre l'arbitrage institutionnel et l'arbitrage *ad hoc*, soit celui qui ne se déroule pas sous l'égide d'un centre d'arbitrage. En effet, selon l'article 1456, alinéa 3, du Code de procédure civile, l'autorité compétente pour prononcer la récusation d'un arbitre est la personne chargée d'organiser l'arbitrage et, à défaut, le juge d'appui. Dans un arbitrage institutionnel, dont le règlement d'arbitrage le prévoit, la procédure de récusation va donc se dérouler en priorité devant le centre d'arbitrage, ce qui était de longue date admis par la jurisprudence[125]. Dans cette hypothèse, le juge d'appui est alors incompétent pour se prononcer sur la demande[126], sauf carence de l'institution dans l'exercice de cette mission[127]. Dans cette dernière situation, comme dans un arbitrage *ad hoc* ou lorsque l'arbitrage institutionnel n'organise aucune procédure de récusation, le juge d'appui compétent est le président du tribunal de grande instance désigné par la convention d'arbitrage[128]. Lorsque la convention n'a pas désigné de juge d'appui, il s'agit du président du tribunal de grande instance dans le ressort duquel le siège de l'arbitrage a été fixé, et, en l'absence de stipulation sur ce point, de celui du tribunal de grande instance du lieu où demeure le ou l'un des défendeurs à l'incident, ou, lorsque le défendeur ne demeure pas en France, du lieu ou demeure le demandeur[129]. Sur cet aspect, la réforme du 13 janvier 2011, dont les dispositions idoines sont applicables au tribunal arbitral constitué après le 1er mai 2011, n'a pas bouleversé les règles antérieures. En revanche, le président du tribunal de commerce, que les

122. V. notamment Paris, 8 juill. 1994, *Rev. arb.* 1996, p. 429, obs. Ph. Fouchard ; Paris, 18 nov. 2004, *Rev. arb.* 2006, p. 192, note L. Perreau-Saussine ; TGI Paris (ord. réf.), 5 juill. 1995, *Rev. arb.* 1996, p. 530.

123. Cass. 1re civ., 1er févr. 2012, *Bull. civ.* I, n° 14 ; *Rev. arb.* 2012, p. 91 (2e esp.), note É. Loquin.

124. Paris, 19 nov. 1993, *Rev. arb.* 1996, p. 419, note Ph. Fouchard.

125. TGI Paris, 1er avr. 1993, *Rev. arb.* 1993, p. 455, note P. Bellet ; TGI Paris, 23 juin 1988, *Rev. arb.* 1988, p. 657, note Ph. Fouchard, qui relève « qu'il n'a pas été attribué aux juridictions étatiques une compétence exclusive et dérogatoire de la volonté des parties pour connaître de toute demande de récusation, même en matière d'arbitrage interne ». V. également, implicitement, Cass. 2e civ., 7 oct. 1987, *Rev. arb.* 1987, p. 479, note E. Mezger.

126. TGI Paris (ord. réf.), 23 juin 1988, *Rev. arb.* 1988, p. 657 (3e esp.).

127. TGI Paris (ord. réf.), 1er avr. 1993, *Rev. arb.* 1993, p. 455, note P. Bellet.

128. Art. 1459, al. 3, CPC.

129. Art. 1459, al. 3, CPC.

parties peuvent conventionnellement choisir en qualité de juge d'appui, notamment pour désigner les arbitres, ne peut plus, comme auparavant, connaître des demandes de récusation de ceux-ci.

242 **Infirmité de la récusation « institutionnelle ».** Il existe une différence de régime notable entre la décision rendue par la personne chargée d'organiser l'arbitrage et celle du juge d'appui. La décision sur la récusation rendue par la première n'est pas une sentence arbitrale et ne peut dès lors faire l'objet d'un recours devant le juge[130]. En cela, le régime juridique de la « récusation institutionnelle » diffère en pratique peu de celui applicable devant le juge d'appui puisque les décisions rendues par ce dernier ne peuvent en principe faire l'objet d'aucun recours. L'article 1460, alinéa 3, du Code de procédure civile, issu de la réforme du 13 janvier 2011, le précise, reprenant la règle antérieurement dégagée par la jurisprudence[131]. Comme toute décision judiciaire, celle du juge d'appui est seulement susceptible d'un appel-nullité en cas d'excès de pouvoir[132], l'existence de ce grief étant appréciée très strictement. Mais, et c'est là la principale infirmité de la « récusation institutionnelle », puisque la décision rendue par l'institution d'arbitrage ne constitue pas une sentence[133], elle n'est pas assortie de l'autorité de la chose jugée. Elle peut donc être remise en cause par le juge du contrôle, qui peut annuler la sentence pour manquement de l'arbitre à son obligation d'impartialité ou d'indépendance alors même que les circonstances en cause auront été considérées, par le centre d'arbitrage, comme ne pouvant justifier la récusation de l'arbitre. À l'inverse, la décision du juge d'appui s'impose au juge de la régularité de la sentence[134]. La « récusation institutionnelle » présente donc une infirmité par rapport à la récusation juridictionnelle : elle est beaucoup moins efficace.

243 **Procédure de récusation.** C'est la procédure fixée par l'article 1460 du Code de procédure civile qui est suivie devant le président du tribunal compétent[135]. Le juge d'appui est saisi « comme en matière de référé », soit par voie d'assignation ou de requête conjointe, la procédure étant contradictoire. Il peut, sans méconnaître l'étendue de ses pouvoirs, ordonner une mesure d'instruction pour déterminer si les circonstances permettent de douter de l'impartialité ou de l'indépendance d'un arbitre, en faisant par exemple injonction à une partie de révéler le nombre d'arbitrage ayant trait à un type de litige en particulier pour lesquels elle a désigné une personne en qualité d'arbitre[136]. Par ailleurs, puisque nulle personne ne doit être jugée sans avoir été entendue ou appelée, selon ce que prescrit l'article 14 du Code de procédure civile, et que sa décision pourrait ensuite avoir une incidence sur la responsabilité de l'arbitre, le juge d'appui devrait sans doute s'efforcer de solliciter les observations de celui dont la récusation est

130. Cass. 2e civ., 7 oct. 1987, *Rev. arb.* 1987, p. 479, note E. Mezger.

131. Cass. 2e civ., 7 nov. 2002, *Bull. civ.* II, no 241.

132. V. *infra*, no 278 et s. V. aussi : Cass. 2e civ., 18 déc. 1996, *Rev. arb.* 1997, p. 361, note A. Hory ; Cass. 2e civ., 22 nov. 1989, *Bull. civ.* II, no 209, qui déclare irrecevable le pourvoi formé contre l'ordonnance rendue par le juge d'appui.

133. Au demeurant, la décision de l'institution d'arbitrage, qui a pour objet d'organiser l'arbitrage, ne présente pas non plus une nature juridictionnelle (Cass. 1re civ., 20 févr. 2001, *Rev. arb.* 2001, p. 511, note Th. Clay).

134. V. *infra*, no 277.

135. Sur cette procédure, v. *infra*, no 274 et s.

136. Cass. 1re civ., 20 juin 2006, *Bull. civ.* I, no 311 ; *JCP* G 2006, I, 187, no 4, obs. J. Béguin ; Paris, 10 févr. 2005, *Rev. arb.* 2005, p. 713, note M. Henry, D. 2005, Pan., p. 3057, obs. Th. Clay.

demandée[137]. L'article 1460, alinéa 3, du Code de procédure civile prévoit que le juge statue par voie d'ordonnance « non susceptible de recours », étant précisé qu'elle demeure tout de même susceptible d'un appel-nullité en cas d'excès de pouvoir du juge[138]. Et cette ordonnance, exécutoire de plein droit sauf si le juge en décide autrement[139], s'impose ensuite à la cour d'appel saisie d'un recours en annulation. Le juge du contrôle ne pourra donc pas annuler la sentence en relevant que le tribunal était irrégulièrement constitué au motif que l'arbitre n'était pas impartial ou indépendant, si le juge d'appui a préalablement écarté une demande de récusation fondée sur les mêmes circonstances[140], à tout le moins en l'absence d'éléments nouveaux apparus postérieurement à la décision du juge d'appui.

244 **Effets de la récusation sur l'instance arbitrale.** En principe, l'instance arbitrale n'est pas interrompue ou suspendue par la requête en récusation et la procédure qui en découle. Jusqu'à la décision de l'institution d'arbitrage ou du juge qui récuse un arbitre, le tribunal arbitral, qui n'est pas dessaisi, peut donc poursuivre sa mission et les actes accomplis par lui sont tenus pour valables[141]. Toutefois, pour éviter le risque que la sentence ne soit annulée parce qu'elle a été rendue par un arbitre récusé, donc par un tribunal arbitral irrégulièrement constitué au sens de l'article 1492.2° du Code de procédure civile, les parties peuvent prévoir, directement ou par référence à un règlement d'arbitrage, que l'instance arbitrale, et corrélativement le délai de l'arbitrage, sont suspendus pendant l'incident de récusation. De plus, l'article 1472 du Code de procédure civile issu de la réforme du 13 janvier 2011 autorisant le tribunal arbitral à surseoir à statuer, ce qui suspend le cours de l'instance pour le temps ou jusqu'à la survenance de l'événement qu'il détermine, il est loisible au tribunal arbitral de décider un tel sursis jusqu'à la décision de l'autorité compétente pour statuer sur la demande de récusation. Avant la réforme de 2011, lorsque l'un des arbitres était récusé, à défaut d'accord contraire des parties[142], cela mettait fin à l'instance arbitrale, en application de l'article 1464.2° du Code de procédure civile. Les parties avaient donc intérêt à prévoir – dès la conclusion de la convention d'arbitrage parce qu'un accord sur ce point est alors plus aisé à trouver qu'une fois l'arbitre récusé – que la récusation n'entraînait pas la fin de l'instance. Le décret du 13 janvier 2011 a modifié cette règle : à compter du 1er mai 2011, la récusation de l'arbitre entraîne la suspension de l'instance arbitrale jusqu'à l'acceptation de sa mission par l'arbitre désigné en remplacement, selon les

137. Dans une ordonnance du 14 juin 1989 (*Rev. arb.* 1990, p. 497), le président du tribunal de grande instance de Paris a relevé en ce sens qu'on « ne saurait statuer sur une cause de récusation, fondée sur des motifs tenant à la personne même d'un arbitre, sans lui avoir au préalable fait connaître l'existence de la procédure et ses fondements et, surtout, sans lui avoir permis de présenter, le cas échéant, toutes observations utiles avant toute décision ».

138. V. *infra*, n° 278 et s.

139. Art. 492-1 CPC.

140. Cass. 1re civ., 4 nov. 2015, *Rev. arb.* 2015, p. 1230 ; Paris, 14 oct. 2014, *Rev. arb.* 2014, p. 1028 ; Cass. 1re civ., 13 mars 2013, *Bull. civ.* I, n° 40 ; *Rev. arb.* 2013, p. 735, note V. Chantebout ; JCP *G* 2013, I, 784, n° 1, obs. Ch. Seraglini ; JCP *G* 2013, 465, note D. Mouralis ; *RTD civ.* 2013, p. 631, obs. P.-Y. Gautier ; *D.* 2016, Pan, p. 2936, obs. Th. Clay ; Paris, 3 mars 2005, *Rev. arb.* 2006, p. 446, note P. Callé ; Paris, 6 avr. 1990, *Rev. arb.* 1990, p. 880, note M. de Boisséson. V. aussi *infra*, n° 277 ; Ch. Jarrosson, « L'autorité de la chose jugée des décisions relatives à l'indépendance des arbitres », *Rev. arb.* 2016, p. 165.

141. Paris, 12 nov. 1998, *Rev. arb.* 1999, p. 374, note Ch. Jarrosson.

142. TGI Paris (ord. réf.), 15 janv. 1988, *Rev. arb.* 1988, p. 316, note J. Robert.

modalités convenues par les parties ou, à défaut, suivant celles qui ont présidé à la désignation de l'arbitre qu'il remplace[143].

245 **Annulation de la sentence et recevabilité du grief.** Si, en toute connaissance des circonstances susceptibles d'affecter le jugement de l'arbitre, une partie s'abstient d'engager une procédure de récusation à son encontre[144], elle n'est plus recevable à invoquer ce grief devant le juge de l'annulation[145]. Elle doit au surplus agir dans le délai éventuellement prévu par le règlement d'arbitrage applicable. En effet, il a été très clairement jugé que « la partie qui, en connaissance de cause, s'abstient d'exercer, dans le délai prévu par le règlement d'arbitrage applicable, son droit de récusation en se fondant sur toute circonstance de nature à mettre en cause l'indépendance ou l'impartialité d'un arbitre, est réputée avoir renoncé à s'en prévaloir devant le juge de l'annulation »[146]. Mais la règle ne vaut, bien évidemment, que si les circonstances susceptibles d'affecter l'indépendance ou l'impartialité de l'arbitre sont notoires ou aisément accessibles[147], ou ont été révélées à la recourante avant l'expiration du délai prévu par le règlement d'arbitrage pour exercer le droit de récusation. Si ces circonstances étaient ignorées d'elle, et ont été découvertes après l'expiration de ce délai, la fin de non-recevoir de l'article 1466 du Code de procédure civile ne sera pas accueillie[148]. En revanche, une partie ne peut, pour échapper à la fin de non-recevoir, se prévaloir de circonstances, même découvertes après l'expiration du délai de récusation, qui « ne faisaient que compléter celles dont elle disposait avant le dépôt de sa requête » et qui « n'étaient pas de nature à aggraver de manière significative ses doutes sur l'indépendance et l'impartialité de l'arbitre »[149]. Des faits postérieurs à l'expiration du délai de récusation, mais qui participent de la même cause susceptible d'affecter l'indépendance ou l'impartialité de l'arbitre, ne peuvent donc être invoqués devant le juge pour soutenir qu'il n'a pas été renoncé au grief. Sous cette réserve, la dépendance et la partialité de l'arbitre sont sanctionnées par l'annulation de la sentence[150]. En cas de manquement de l'arbitre à son obligation d'indépendance ou d'impartialité, l'annulation de la sentence

143. Art. 1473 CPC.

144. Cass. com., 25 mars 1999, *Bull. civ.* II, n° 56 ; *Rev. arb.* 1999, p. 319, note Ch. Jarrosson ; Versailles, 14 nov. 1996, *Rev. arb.* 1997, p. 361, note A. Hory ; Paris, 8 juill. 1994, *Rev. arb.* 1996, p. 428 ; Paris, 10 mai 1994, *Rev. arb.* 1996, p. 66, note Ch. Jarrosson.

145. Paris, 7 févr. 2008, *Rev. arb.* 2008, p. 501, note J.-B. Racine ; *D.* 2008, Pan., p. 3111, obs. Th. Clay ; Paris, 22 juill. 2007, *Rev. arb.* 2007, p. 142 ; Paris, 28 nov. 2002, *JCP* G 2003, I, 164, n° 3, obs. Ch. Seraglini ; *Rev. arb.* 2003, p. 445, note Ch. Belloc ; Paris, 27 sept. 2001, *Rev. arb.* 2001, p. 916 ; Paris, 2 juin 1989, *Rev. arb.* 1991, p. 87.

146. Cass. 1re civ., 25 juin 2014, *Rev. arb.* 2015, p. 85, note J.-J. Arnaldez et A. Mezghani ; *D.* 2014, p. 1981, avis P. Chevalier ; *D.* 2014, p. 1986, note B. Le Bars, ; *Cah. arb.* 2014, p. 547, note Th. Clay ; JCP *G* 2014, 742, obs. Th. Clay ; JCP G 2014, I, 857, n° 4, obs. Ch. Seraglini ; *JCP G* 2014, 977, n° 9, obs. C. Nourissat ; *LPA* 2014, n° 215, p. 5, obs. M. Henry. V. aussi : Paris, 12 avr. 2016, *Rev. arb.* 2017, p. 234, note É. Loquin ; *Cah arb.* 2016, p. 447, note Th. Clay.

147. Sur l'assimilation du fait notoire au fait aisément accessible, v. *supra*, n° 236.

148. Cass. 1re civ., 31 mars 2016, *Rev. arb.* 2017, p. 165, note M. Henry ; JCP *G* 2016, I, 900, n° 4, obs. J. Ortscheidt.

149. Cass. 1re civ., 19 déc. 2018, *Dalloz Actualité*, 1er févr. 2019, obs. C. Debourg ; *JCP* E 2019, 1177, note A. Constant ; *Procédures* 2019, étude 8, note L. Weiller, qui rejette le pourvoi formé contre Paris, 12 avr. 2016, préc.

150. Paris, 9 sept. 2010, *D.* 2010, Pan., p. 2934, obs. Th. Clay ; *Cah. arb.* 2010, p. 1169 ; *LPA* 2011, p. 17, note M. Henry ; *Bull. ASA* 2011, p. 187, note Ph. Pinsolle ; Paris, 30 nov. 1999, *Rev. arb.* 2000, p. 299, note Ph. Grandjean ; Paris, 12 janv. 1999, *Rev. arb.* 1999, p. 381 ; Paris, 12 nov. 1998, *Rev. arb.* 1999, p. 374, note Ch. Jarrosson.

est encourue parce que le tribunal arbitral n'a pas été régulièrement constitué, sur le fondement de l'article 1492.2° du Code de procédure civile, soit l'ancien article 1484.2°[151]. Mais elle a aussi été prononcée au motif que la convention d'arbitrage était nulle, puisque le consentement de l'une des parties avait été vicié[152], ou pour contrariété de la sentence à l'ordre public[153]. En tout cas, le recours en annulation ne peut venir suppléer la carence d'une partie qui n'a pas fait état d'une circonstance qu'elle connaissait – ou devait connaître – pour exercer son droit de récusation[154].

Le manquement de l'arbitre à son obligation de révélation peut entraîner l'annulation de la sentence. Pendant longtemps, personne n'a songé à discuter que cette sanction n'est pas automatique et qu'il faut « mesurer les effets de cette réticence » et apprécier « si, à elle seule, ou rapprochée d'autres éléments de la cause, elle constitue une présomption suffisante du défaut d'indépendance » ou d'impartialité allégué[155]. Puis des décisions de la cour d'appel de Paris[156] et de la Cour de cassation[157], indifféremment rendues en matière d'arbitrage interne et international, sont venues semer le trouble, à tel point qu'il a pu être soutenu que l'annulation de la sentence devrait intervenir *ipso facto* si l'arbitre manquait à son obligation de révélation[158]. Il s'agit cependant de décisions d'espèce dans lesquelles l'imprécision des déclarations faites par les arbitres était telle qu'elle avait effectivement privé l'une des parties de la possibilité d'apprécier, en connaissance de cause, si elle devait ou non refuser sa nomination. Des arrêts postérieurs de la cour d'appel de Paris sont d'ailleurs venus confirmer que la sentence n'est annulée que lorsque les circonstances non révélées sont de nature à faire raisonnablement douter une partie de l'indépendance ou de l'impartialité de l'arbitre[159]. Et cette solution a été clairement confirmée par un arrêt de la Cour de cassation du 10 octobre 2012[160]. Tout oubli de révélation par l'arbitre n'est donc pas synonyme de défaut d'indépendance ou d'impartialité et ne conduira pas automatiquement à l'annulation de la sentence. La partie qui recherche cette annulation doit établir que les éléments non

151. Paris, 10 mars 2011, *Cah. arb.* 2011, p. 787, note M. Henry ; *Rev. arb.* 2011, p. 569 ; Cass. 1re civ., 20 oct. 2010 (2 arrêts), *JCP* G 2011, I, 1286, n° 1, obs. Ch. Seraglini ; *LPA* 2011, p. 17, note M. Henry ; *D.* 2010, 2933, obs. Th. Clay ; Paris, 9 sept. 2010, préc. ; Paris, 23 févr. 1999, *RTD com.* 1999, p. 371, note É. Loquin ; Paris, 12 janv. 1999, *Rev. arb.* 1999, p. 381 ; Paris, 2 juill. 1992, *Rev. arb.* 1996, p. 411 (1re esp.).

152. Paris, 9 avr. 1992, *Rev. arb.* 1996, p. 483.

153. Paris, 23 mars 1995, *Rev. arb.* 1996, p. 446.

154. Cass. com., 25 mars 1999, *Bull. civ.* II, n° 56 ; *Rev. arb.* 1999, p. 319, note Ch. Jarrosson.

155. Paris, 29 janv. 2004, *JCP* G 2004, I, 179, n° 5, obs. Ch. Seraglini ; *D.* 2004, somm., p. 3182, obs. Th. Clay ; *Rev. arb.* 2005, p. 709 (1re esp.), note M. Henry ; Paris, 12 janv. 1996, *Rev. arb.* 1996, p. 428 (2e esp.), note Ph. Fouchard.

156. Paris, 12 févr. 2009, *Rev. arb.* 2009, p. 186, note Th. Clay ; *LPA* 2009, p. 4, note M. Henry ; *Cah. arb.* 2009, p. 6, obs. L. Degos.

157. Cass. 1re civ., 20 oct. 2010 (2 arrêts), *JCP* G 2011, I, 1286, n° 1, obs. Ch. Seraglini ; *LPA* 2011, p. 17, note M. Henry, *D.* 2010, Pan., p. 2933, obs. Th. Clay.

158. Th. Clay, note sous Paris, 12 févr. 2009, *Rev. arb.* 2009, p. 186 ; note sous Cass. 1re civ., 4 nov. 2010, *Cah. arb.* 2010, p. 1147, qui souligne que l'obligation d'indépendance s'est « dissoute » dans l'obligation de révélation.

159. Paris, 10 mars 2011, *Cah. arb.* 2011, p. 787, note M. Henry ; *Rev. arb.* 2011, p. 569 ; Paris, 9 sept. 2010, *D.* 2010, Pan., p. 2934, obs. Th. Clay ; *Cah. arb.* 2010, p. 1169 ; *LPA* 2011, p. 17, note M. Henry ; *Bull. ASA* 2011, p. 187, note Ph. Pinsolle. V aussi, Cass. 1re civ., 1er févr. 2012, n° 11-11084, *Bull. civ.* I, n° 14 ; *Rev. arb.* 2012, p. 91 (2e esp.), note É. Loquin. Et aussi Reims, 2 nov. 2011, *JCP* G 2011, I, 1432 n° 5, obs. J. Béguin ; *Cah. arb.* 2011, p. 1109, note Th. Clay ; *Rev. arb.* 2012, p. 112, note M. Henry.

160. Cass. 1re civ., 10 oct. 2012, *Bull. civ.* I, n° 193 ; JCP G 2012, Act., p. 1929, obs. M. Henry ; *ibid.*, JCP G 2012, I, 1354, n° 1, obs. Ch. Seraglini ; *Rev. arb.* 2013, p. 129, note Ch. Jarrosson ; *D.* 2012, Pan., p. 2991, obs. Th. Clay ; *RTD com.* 2013, p. 481, obs. É. Loquin.

révélés en l'espèce, soit à eux seuls, soit rapprochés d'autres éléments de la cause, sont de nature à provoquer, dans l'esprit des parties, un doute raisonnable sur l'indépendance de l'arbitre, c'est-à-dire s'ils constituent une présomption suffisante de défaut d'indépendance ou d'impartialité. Une telle « présomption » devrait par exemple être retenue lorsque l'arbitre n'a pas révélé précisément la consistance du véritable « courant d'affaires » s'étant instauré entre lui et l'une des parties à l'arbitrage du fait de « nominations à répétition ». Elle a également été retenue en cas de refus, non motivé, de se soumettre à la demande d'une partie de souscrire une déclaration d'indépendance au cours de l'instance arbitrale[161].

246 **Responsabilité de l'arbitre.** Le manquement de l'arbitre à son obligation de révélation et, plus largement, à son devoir d'indépendance et d'impartialité, est aussi susceptible d'engager sa responsabilité civile[162]. Il a déjà été jugé que la responsabilité pour manquement à l'obligation de révélation est soit de nature contractuelle, en raison du lien contractuel unissant l'arbitre aux parties[163], soit de nature délictuelle lorsque le compromis d'arbitrage a été annulé pour dol[164]. Dans cette hypothèse, la responsabilité de l'arbitre ne suppose donc pas que soit démontrée « une faute personnelle équipollente au dol ou constitutive d'une fraude, d'une faute lourde ou d'un déni de justice », preuve exigée lorsqu'un manquement à la mission juridictionnelle de l'arbitre est invoqué[165]. Une simple négligence devrait suffire à engager sa responsabilité civile. Quant au dommage réparable, il est au moins constitué par tous les frais exposés par les parties au cours de l'instance arbitrale, notamment les honoraires versés aux arbitres, et par les frais d'annulation de la sentence ou de récusation de l'arbitre[166].

§ 2. LE NOMBRE ET LES MODALITÉS DE DÉSIGNATION DES ARBITRES

247 **Division.** Le droit français de l'arbitrage interne consacre la primauté de la volonté des parties dans la constitution du tribunal arbitral et ne règle pas en détail toutes les questions que pose cette opération. Seules quelques règles doivent être respectées, tenant au nombre des arbitres (A) et aux modalités de leur désignation (B).

161. Paris, 10 mars 2011, *Rev. arb.* 2011, p. 568.

162. Paris, 12 oct. 1995, *Rev. arb.* 1999, p. 324, note Ph. Fouchard ; TGI Paris, 12 mai 1993, *Rev. arb.* 1996, p. 411 (2e esp.), obs. Ph. Fouchard, p. 360 ; TGI Paris, 9 déc. 1992, *Rev. arb.* 1996, p. 483 (3e esp.), obs. Ph. Fouchard, p. 360. Sur cette responsabilité, v. aussi, Th. Clay, *L'arbitre*, Dalloz, Nouvelle Bibliothèque de Thèses, 2001, n° 398, p. 339 et n° 941, p. 711 ; É. Loquin, « Les garanties de l'arbitrage », *L'arbitrage : une question d'actualité*, *LPA*, n° 197, spéc. n° 36, p. 20.

163. Paris, 12 oct. 1995, *Rev. arb.* 1999, p. 324, note Ph. Fouchard ; TGI Paris, 12 mai 1993, *Rev. arb.* 1996, p. 411 (2e esp.), et obs. Ph. Fouchard, p. 360.

164. TGI Paris, 9 déc. 1992, *Rev. arb.* 1996, p. 483 (3e esp.), et obs. Ph. Fouchard, p. 360.

165. V. *infra*, n° 294.

166. Sur le dommage réparable en matière d'action en responsabilité contre l'arbitre, v. *infra*, n° 311.

A. LE NOMBRE DES ARBITRES

248 **L'imparité.** Le choix du nombre des arbitres n'est pas libre dans l'arbitrage interne. L'article 1451 du Code de procédure civile[167] prévoit en effet que le tribunal arbitral « est composé d'un ou de plusieurs arbitres en nombre impair ». Le décret du 14 mai 1980 avait consacré la règle de l'imparité dans la composition du tribunal arbitral, rompant ainsi avec le droit antérieur qui autorisait la constitution d'un tribunal arbitral composé d'arbitres en nombre pair[168]. Cette exigence d'imparité, que l'on ne retrouve pas en matière d'arbitrage international[169], repose essentiellement sur une considération pratique : elle permet de dégager facilement une majorité. Mais elle révèle aussi le pouvoir juridictionnel de l'arbitre, qui n'est pas le représentant de l'une ou l'autre des parties. La parité accréditerait au contraire l'idée inverse puisque chacune des parties désignerait « son arbitre »[170]. Les litigants peuvent soumettre leur litige à autant d'arbitres qu'ils le souhaitent pour autant qu'ils soient en nombre impair. Le plus souvent, chacune des parties, ou celles qui ont un intérêt commun au litige, désigne un arbitre. Et, les deux arbitres ainsi nommés choisissent ensuite un troisième arbitre pour présider le tribunal arbitral.

249 **Mise en œuvre de l'exigence d'imparité.** Si les parties ne peuvent déroger à la règle de l'imparité dans la composition du tribunal arbitral[171], la désignation d'arbitres en nombre pair dans la convention d'arbitrage n'entraîne pas sa nullité. L'article 1451, alinéa 2, du Code de procédure civile résultant du décret du 13 janvier 2011 prévoit que tribunal arbitral est « complété si la convention d'arbitrage prévoit la désignation d'arbitres en nombre pair ». Comme sous l'empire des textes issus du décret du 14 mai 1980, la convention d'arbitrage n'est donc pas nulle, ou manifestement nulle[172], lorsqu'elle méconnaît ouvertement la règle de l'imparité[173]. Les parties peuvent compléter le tribunal arbitral. Et, pour assurer l'efficacité de l'arbitrage, l'alinéa 3 du texte précité envisage l'hypothèse dans laquelle elles ne parviendraient pas à s'entendre. Il prévoit en effet que « si les parties ne s'accordent pas sur la désignation d'un arbitre complémentaire, le tribunal arbitral est complété dans un délai d'un mois à compter de l'acceptation de leur désignation par les arbitres choisis ou, à défaut, par le juge d'appui mentionné à l'article 1459 »[174]. En cas de désaccord des parties dans le choix d'un arbitre pour compléter le tribunal arbitral irrégulièrement composé d'arbitres en nombre pair, ces derniers disposent donc d'un délai d'un mois pour procéder à la désignation d'un arbitre supplémentaire ; passé ce délai, le juge d'appui peut être saisi par une partie, le tribunal arbitral ou l'un des arbitres pour régulariser la composition du tribunal arbitral. Le juge d'appui, qui est le président du tribunal de grande instance ou celui du tribunal

167. Art. 1453 anc. CPC.

168. Sur le droit antérieur, v. notamment É. Loquin, note sous Cass. 2e civ., 25 mars 1999, *RTD com.* 1999, p. 370.

169. V. *infra*, n° 761.

170. En ce sens, G. Cornu, « Présentation de la réforme », *Rev. arb.* 1980, p. 583, spéc. n° 13, p. 590, et « Débats », p. 627.

171. Art. 1461 CPC ; art. 1459 anc. CPC.

172. Cass. 1re civ., 8 avr. 2009, *Rev. arb.* 2009, p. 436.

173. Cass. 2e civ., 25 mars 1999, *Rev. arb.* 1999, p. 807, note P. Level.

174. L'article 1454 ancien CPC, applicable jusqu'au 1er mai 2011, prévoyait que « lorsque les parties désignent les arbitres en nombre pair, le tribunal arbitral est complété par un arbitre choisi, soit conformément aux prévisions des parties, soit, en l'absence de telles prévisions, par les arbitres désignés, soit à défaut d'accord entre ces derniers, par le président du tribunal de grande instance ».

de commerce si les parties l'ont prévu dans la convention d'arbitrage, est saisi comme en matière de référé et se prononce par une ordonnance exécutoire de plein droit et qui n'est pas susceptible de recours, sous réserve de l'excès de pouvoir[175].

250 **Sanction de l'exigence d'imparité.** Ce n'est qu'à défaut de régularisation de sa composition que la sentence rendue par un tribunal arbitral composé d'arbitres en nombre pair peut être annulée par le juge[176]. Mais encore faut-il que les parties n'aient pas renoncé à se prévaloir de cette irrégularité. Les conditions d'une telle renonciation ne vont cependant pas de soi. Il a en effet déjà été jugé que les parties ne peuvent renoncer à se prévaloir de l'irrégularité née de l'imparité du tribunal arbitral au cours de l'instance arbitrale[177]. Il est vrai qu'elles ne sont pas autorisées, à ce stade, à s'accorder pour que le tribunal arbitral soit composé d'arbitres en nombre pair[178]. De plus, la sanction affectant la sentence, et non la convention d'arbitrage, la renonciation ne peut de toute façon intervenir avant que la décision des arbitres ne soit rendue. Ce n'est donc qu'après le prononcé de la sentence que les parties peuvent efficacement renoncer à se prévaloir de la cause de nullité liée au nombre pair des arbitres, la règle méconnue intéressant au plus un ordre public de protection, non de direction[179].

On peut ajouter, de façon plus générale, que la sentence qui ne serait pas rendue par le nombre d'arbitres préalablement fixé par les parties, directement ou par référence à un règlement d'arbitrage, pourrait être annulée, à moins que celles-ci n'aient participé sans réserve et en connaissance de cause à l'instance arbitrale, ce qui révélerait leur renonciation à se prévaloir de cette irrégularité[180].

B. LES MODALITÉS DE DÉSIGNATION DES ARBITRES

251 **Plan.** Le choix de l'arbitre est une opération délicate, ne laissant en principe aucune place au hasard. Il n'est pas seulement exigé de lui qu'il présente les qualités traditionnelles d'indépendance et d'impartialité, indissociables de l'acte de juger. En plus, les parties exigent très souvent qu'il dispose d'aptitudes et connaissances particulières pour résoudre leur litige. La procédure de désignation de l'arbitre peut donc s'avérer relativement complexe. Paradoxalement, les règles posées en ce domaine par le Code de procédure civile sont relativement peu nombreuses, que les arbitres soient désignés par les parties (1) ou nommés par un tiers (2). La désignation des arbitres est en définitive presque entièrement dominée par un seul principe fondamental : le principe d'égalité des parties (3).

1. La désignation des arbitres par les parties

252 **La désignation procède de la volonté commune des parties.** L'arbitrage a un caractère consensuel. Sous réserve de l'intervention du juge d'appui[181], la désignation

175. Sur la procédure suivie devant le juge d'appui, v. *infra*, n° 273 et s.

176. Paris, 29 avr. 2003, *Gaz. Pal.*, 31 mai 2003, p. 24 ; Cass. 2e civ., 21 nov. 2002, *JCP* G 2003, I, 164, n° 4, obs. J. ORTSCHEIDT.

177. Cass. 2e civ., 21 nov. 2002, *JCP* G 2003, I, 164, n° 4, obs. J. ORTSCHEIDT.

178. Art. 1461 CPC.

179. Sur la renonciation des parties à se prévaloir des vices affectant la sentence, v. *infra*, n° 523 et s.

180. Paris, 10 févr. 1994, *Rev. arb.* 1996, p. 57.

181. V. *infra*, n° 265 et s.

des arbitres doit donc toujours résulter de la commune volonté des parties, de laquelle procède d'ailleurs leur pouvoir juridictionnel[182]. Autrement dit, si une partie peut proposer un arbitre, sa désignation n'est effective que si les autres acceptent ce choix[183]. Cet accord ne doit pas nécessairement être exprimé et formalisé au moment de la constitution du tribunal arbitral. Il peut sans doute être donné plusieurs années auparavant, lorsqu'est acceptée une clause compromissoire établissant une liste de personnes susceptibles d'être nommées en qualité d'arbitre si un litige venait à survenir. Mais la désignation d'un arbitre unique à partir de cette liste ne procédera de la volonté commune des parties que lorsque toutes les parties s'accordent ensuite sur ce choix au moment de la constitution du tribunal arbitral, ou s'il est désigné par le juge d'appui[184]. En pratique toutefois, si les arbitres peuvent être désignés par la convention d'arbitrage, le plus souvent, celle-ci prévoit uniquement les modalités de leur désignation.

253 **La convention d'arbitrage désigne l'arbitre.** Depuis le décret du 13 janvier 2011 portant réforme de l'arbitrage, la convention d'arbitrage, qu'il s'agisse du compromis ou de la clause compromissoire, ne doit plus, à peine de nullité, désigner le ou les arbitres ou prévoir les modalités de leur désignation. Ce texte ne s'applique cependant qu'aux conventions concluent après le 1er mai 2011. Pour celles conclues auparavant, elles doivent au moins, pour leur validité, prévoir les modalités de désignation du ou des arbitres[185]. Avant comme après la réforme, la désignation de l'arbitre peut toujours résulter de la convention d'arbitrage. Pour le compromis, le différend étant déjà né au moment où il est conclu, la désignation du ou des arbitres par l'acte emportant soumission du litige à l'arbitrage ne paraît poser aucune difficulté particulière, les parties étant en mesure d'apprécier les qualités requises pour trancher les questions litigieuses. D'ailleurs, auparavant, la Cour de cassation justifiait la règle obligeant les parties à désigner les arbitres dans le compromis par la raison qu'elle « a pour but d'éviter les incidents et les procès sur la composition d'un tribunal arbitral, et principalement de mettre les citoyens en garde contre leur propre irréflexion, qui les porterait à souscrire avec trop de légèreté et d'imprévoyance à des arbitrages futurs, sans être certains d'avoir pour juges volontaires des personnes capables et dignes de leur confiance »[186]. Sous l'empire des textes antérieurs à la réforme du 13 janvier 2011, c'est-à-dire pour les conventions d'arbitrage qui ont été conclues avant le 1er mai 2011, la désignation de l'arbitre dans le compromis présente cependant un inconvénient : si l'arbitre choisi n'accepte pas la mission qui lui est confiée, le compromis est caduc[187]. La sanction n'ayant pas été reprise par les nouveaux textes, dans la même situation, pour une convention d'arbitrage

182. Cass. 1re civ., 22 nov. 2005, *Bull. civ.* I, n° 421 ; Cass. 1re civ., 19 mars 2002, *JDI* 2003, p. 139, note É. Loquin ; Paris, 1er juin 1999, *JDI* 2000, p. 370, note É. Loquin ; TGI Paris (ord. réf.), 13 janv. 1986, *Rev. arb.* 1987, p. 63, note P. Bellet ; TGI Paris (ord. réf.), 22 mars 1983, *Rev. arb.* 1983, p. 479, note B. Moreau. V. aussi : Th. Clay, « Le coarbitre », *Mélanges en l'honneur du Professeur Pierre Mayer*, LGDJ, 2015, p. 133, spéc. n° 10, p. 137.

183. *Contra* : TGI Paris (ord. réf.), 4 mai 2012, *Rev. arb.* 2012, p. 478 ; *D.* 2012, p. 2991, obs. Th. Clay, qui relève qu'aucun texte n'impose que l'arbitre désigné par une partie soit accepté par l'autre partie.

184. Paris, 3 juill. 2012, *Rev. arb.* 2013, p. 160, note J. Barbet ; sur cette question, v. aussi, M. Danis, « Les listes d'arbitres en question », *Cah. arb.* 2014, p. 465. *Contra* : Paris, 16 nov. 1999, *Rev. arb.* 2000, p. 313 ; TGI Paris (ord. réf.), 7 déc. 1994, *Rev. arb.* 2000, p. 116, note É. Loquin.

185. V. *supra*, n° 154 et s.

186. Civ., 10 juill. 1843, *Rev. arb.* 1992, p. 399.

187. Art. 1448, al. 3, ancien CPC.

postérieure au 1er mai 2011, en l'absence d'accord des parties sur la désignation d'un autre arbitre, on devrait admettre que la difficulté peut être tranchée par la personne chargée d'organiser l'arbitrage ou, à défaut, par le juge d'appui[188]. Les parties peuvent également s'entendre sur le nom du ou des arbitres dès la signature du contrat renfermant la clause compromissoire. Cette faculté est cependant rarement utilisée, parce qu'elle présente de sérieux désavantages. D'une part, le délai qui sépare la signature de la clause compromissoire de l'engagement de la procédure arbitrale peut provoquer des difficultés de constitution du tribunal arbitral. Ainsi, la personne initialement désignée dans la convention peut ne plus présenter les qualités requises pour être arbitre, ou même être décédée, au moment où survient le litige. D'autre part, il est toujours délicat de choisir des arbitres présentant les aptitudes requises pour juger un différend sans préalablement connaître les questions litigieuses.

254 **La convention d'arbitrage prévoit les modalités de désignation de l'arbitre.** À défaut de désigner les arbitres, le compromis et la clause compromissoire peuvent, ou doivent s'ils ont été conclus avant le 1er mai 2011, prévoir les modalités de constitution du tribunal arbitral[189]. De fait, le plus souvent, la convention d'arbitrage fixe les modalités de désignation des arbitres par les parties dans l'arbitrage *ad hoc*. Il est ainsi couramment prévu que chacune des deux parties choisira un arbitre et que les deux arbitres désignés nommeront ensuite un troisième arbitre, généralement en qualité de président du tribunal arbitral. Dans cette hypothèse, les arbitres directement choisis par les parties peuvent solliciter formellement l'accord de celles-ci sur le choix de l'arbitre qui viendra compléter le tribunal arbitral. Mais ils n'y sont pas obligés[190]. L'accord des litigants sur ce choix a été donné en aval, lorsqu'ils ont accepté les modalités de désignation du troisième arbitre. Au lieu de préciser les modalités de désignation, la convention d'arbitrage peut aussi renvoyer à un autre document qui les prévoit de manière suffisamment précise. L'article 1444 du Code de procédure civile l'envisage d'ailleurs en indiquant que la désignation peut se faire « le cas échéant par référence à un règlement d'arbitrage ». Avant comme après la réforme résultant du décret du 13 janvier 2011, la clause compromissoire et le compromis peuvent donc se borner à confier l'arbitrage à un centre d'arbitrage dont le règlement précise les modalités de désignation des arbitres[191]. Les parties acceptent alors les stipulations du règlement, qui s'incorporent à la convention d'arbitrage[192].

255 **Clause blanche.** Pour les conventions d'arbitrage soumises aux textes antérieurs à la réforme du 13 janvier 2011, soit celles conclues avant le 1er mai 2011, en principe, la clause « blanche », c'est-à-dire celle qui se borne à prévoir la solution du litige par voie d'arbitrage sans préciser les modalités de désignation des arbitres, fût-ce par référence à un règlement d'arbitrage, est affectée de nullité manifeste dans l'arbitrage interne[193]. Ainsi, il a notamment été jugé qu'est manifestement nulle la clause compromissoire qui stipule uniquement que « le tribunal arbitral, siégeant à Paris, sera juge de sa propre

188. Art. 1454 CPC. Pour une discussion plus détaillée sur ce point, v. *supra*, n° 156.

189. V. *supra*, n° 155.

190. TGI Paris, 4 avr. 2003, *Rev. arb.* 2005, p. 162, note L. Jaeger.

191. V. sous l'empire du droit antérieur à la réforme du 13 janvier 2011, v. Paris, 14 févr. 1985, *Rev. arb.* 1987, p. 325, note P. Level.

192. É. Loquin, « Arbitrage – Institutions d'arbitrage », *J. Cl. Proc. Civ.*, fasc. 1002, n° 12.

193. Chambéry, 24 mai 2016, *Rev. arb.* 2017, p. 633, obs. J. Barbet ; Sur les conséquences de la nullité manifeste de la convention d'arbitrage, v. *supra*, n° 173 et s. ; sur la clause blanche, v. aussi *supra*, n° 154.

compétence et de la validité de la convention arbitrale »[194]. Les modalités de désignation de l'arbitre font en effet défaut. Il faut toutefois bien distinguer cette clause « blanche » de la clause compromissoire simplement pathologique, qui ne détermine pas avec suffisamment de précision les modalités de la désignation des arbitres. Celle-ci était jugée valable, la difficulté de constitution du tribunal arbitral pouvant être tranchée par le juge d'appui ou par le centre d'arbitrage, si son règlement le prévoyait[195].

Dans tous les cas, les modalités de désignation de l'arbitre devront être scrupuleusement respectées par les parties. À défaut, la sentence pourrait être annulée, faute pour le tribunal arbitral d'avoir été régulièrement composé[196].

256 **L'absence d'accord des parties sur les modalités de désignation des arbitres.** Le décret du 13 janvier 2011, portant réforme de l'arbitrage, est venu à la rescousse des parties qui ne se sont pas accordées sur les modalités de désignation du ou des arbitres et sur leur choix. En plus d'avoir écarté la nullité des clauses blanches[197], les articles 1452 et 1453 du Code de procédure civile, applicables dès le 1er mai 2011, prévoient en effet les modalités de constitution du tribunal arbitral dans cette hypothèse. Ils distinguent selon que le tribunal arbitral est composé d'un arbitre unique ou de trois arbitres, et le second texte traite de l'arbitrage multipartite.

257 **Arbitre unique ou pluralité d'arbitres.** L'article 1452.1° dispose d'abord : « En cas d'arbitrage par un arbitre unique, si les parties ne s'accordent pas sur le choix de l'arbitre, celui-ci est désigné par la personne chargée d'organiser l'arbitrage ou, à défaut, par le juge d'appui ». Le texte ajoute, en son 2° : « En cas d'arbitrage par trois arbitres, chaque partie en choisit un et les deux arbitres ainsi choisis désignent le troisième ; si une partie ne choisit pas d'arbitre dans un délai d'un mois à compter de la réception de la demande qui lui en est faite par l'autre partie ou si les deux arbitres ne s'accordent pas sur le choix du troisième dans un délai d'un mois à compter de l'acceptation de leur désignation, la personne chargée d'organiser l'arbitrage ou, à défaut, le juge d'appui procède à cette désignation ». En présence d'une situation de blocage, c'est donc d'abord l'institution éventuellement désignée pour organiser l'arbitrage qui, faute d'accord des parties sur les modalités de désignation et sur le choix du ou des arbitres, intervient pour procéder à cette désignation. En cas d'arbitrage *ad hoc* ou de carence de cette institution, c'est le juge d'appui qui intervient pour compléter le tribunal arbitral. Par souci de célérité de la procédure, le choix des parties ou des arbitres a été enfermé dans un délai d'un mois lorsque le tribunal arbitral est composé de trois arbitres. Avant l'expiration de ce délai, dont le point de départ est fixé à la date de réception de la demande de désignation d'un arbitre par une partie à une autre, ou à celle de l'acceptation de leur mission par les arbitres désignés par les parties, l'institution d'arbitrage et le juge d'appui ne pourront pas être saisis d'une demande de désignation d'un arbitre. De plus, parce qu'il ne s'agit pas

194. Cass. com., 18 janv. 1994, *Rev. arb.* 1994, p. 536, obs. Ph. Fouchard, rejetant le pourvoi formé contre Paris, 17 oct. 1991, *Rev. arb.* 1992, p. 673, obs. Ph. Fouchard.

195. V. *infra*, n° 260. Sur les clauses pathologiques, v. aussi *supra*, n° 193.

196. Art. 1492.2° CPC. V. notamment, rendu sous l'empire de l'ancien art. 1484.2° CPC : Paris, 7 déc. 2006, *JCP* G 2007, I, 168, n° 7, obs. J. Ortscheidt, qui a annulé une sentence faute pour un arbitre d'avoir été désigné par lettre recommandée, comme le prévoyait la clause compromissoire.

197. V. *supra*, n° 253.

d'un délai de forclusion[198], la saisine de l'institution ou du juge d'appui n'est elle-même enfermée dans aucun délai.

258 **Arbitrage multipartite.** En cas d'arbitrage multipartite, l'article 1453 du Code de procédure civile apporte une utile innovation en prévoyant des dispositions pour sortir de l'impasse lorsque les différents demandeurs ou défendeurs ne s'accordent pas pour la désignation d'un seul et même arbitre. Il dispose que « lorsque le litige oppose plus de deux parties et que celles-ci ne s'accordent pas sur les modalités de constitution du tribunal arbitral, la personne chargée d'organiser l'arbitrage ou, à défaut, le juge d'appui, désigne le ou les arbitres ». Faute d'accord, c'est donc l'institution d'arbitrage ou le juge qui désignera l'ensemble du tribunal arbitral. Cette solution permet de respecter à la fois le principe d'égalité des parties au moment de la désignation des arbitres[199] et l'efficacité de la convention d'arbitrage en présence d'une multiplicité de parties. Au passage, le décret de 2011 a abandonné la solution retenue par l'ancien article 1455, alinéa 1, du Code de procédure civile, qui disposait que « lorsqu'une personne physique ou morale est chargée d'organiser l'arbitrage, la mission d'arbitrage est confiée à un ou plusieurs arbitres acceptés par toutes les parties »[200]. Cette marque de défiance à l'égard de l'institution chargée d'organiser l'arbitrage, heureusement non reprise pour l'arbitrage international, posait problème en cas d'arbitrage multipartite en matière interne puisqu'elle ne semblait pas permettre à l'institution d'imposer des arbitres aux parties.

2. La désignation des arbitres par un tiers

259 **Le tiers désigne uniquement l'arbitre.** Les parties peuvent abdiquer leur liberté de choix au profit d'un tiers auquel elles confient le soin de constituer le tribunal arbitral. Ce tiers, qui peut être une personne physique ou morale, ne doit pas nécessairement être nominativement désigné, même si pour éviter la multiplication de conflits connexes à l'arbitrage, il faut s'attacher à prévenir toute ambiguïté sur ce point[201]. Il suffit que ce tiers soit suffisamment identifiable, par sa fonction notamment. Il peut ainsi s'agir du président d'une juridiction. Le plus souvent toutefois, en confiant l'organisation de l'arbitrage à une institution, les parties se réfèrent à un règlement d'arbitrage qui prévoit que l'institution interviendra dans la désignation des arbitres. Le tiers, fût-il un juge, s'il accepte la mission qui lui est confiée, intervient en qualité de mandataire des parties lorsqu'il désigne le ou les arbitres. Lorsqu'il n'assure que cette mission de nomination, sans ensuite être chargé de l'organisation de l'instance arbitrale, c'est en effet un contrat de mandat qui se forme entre lui et les parties. C'est au nom et pour le compte des parties qu'il effectue l'acte juridique consistant à désigner l'arbitre et participe ainsi à la formation du contrat d'arbitre[202]. La désignation n'étant pas un acte juridictionnel, aucun recours n'est ouvert contre la décision de l'autorité de nomination. Une fois l'arbitre désigné, c'est à lui de se prononcer sur sa compétence, au besoin en interprétant la convention d'arbitrage. Cela dit, compte tenu du très large domaine d'intervention

198. Ch. Jarrosson et J. Pellerin, « Le droit français de l'arbitrage après le décret du 13 janvier 2011 », *Rev. arb.* 2011, p. 5, spéc. n° 22, p. 19.

199. V. *infra*, n° 263.

200. V. *infra*, n° 261.

201. Sur les clauses pathologiques, v. *supra*, n° 193 et *infra*, n° 260.

202. Sur ce contrat, v. *infra*, n° 286 et s.

reconnu au juge d'appui[203], il pourrait être saisi d'une difficulté née de l'intervention de ce tiers dans la constitution du tribunal arbitral. De plus, la sentence peut être annulée, sur le fondement de l'article 1492.2° du Code de procédure civile, si la constitution du tribunal arbitral n'a pas été régulière, sous réserve que les parties n'aient pas renoncé à se prévaloir de cette irrégularité en s'abstenant de la soulever en temps utile[204]. Celles-ci pourront aussi rechercher la responsabilité contractuelle du tiers en cas d'inexécution ou de mauvaise exécution de son obligation. Il pourrait notamment être jugé responsable d'avoir désigné un arbitre ne présentant pas les aptitudes préalablement convenues par les parties, d'avoir dépassé les délais éventuellement fixés pour la désignation ou encore, de n'avoir pas pris les plus élémentaires précautions pour s'assurer que l'arbitre avait les qualités liées à l'exercice de sa mission (indépendance et impartialité)[205].

260 **Clauses pathologiques.** Il peut arriver qu'une convention d'arbitrage ne détermine pas avec suffisamment de précision l'autorité de nomination du ou des arbitres[206]. Lorsqu'elle a été conclue après le 1er mai 2011, sa validité n'en est pas affectée puisqu'il n'est plus exigé que soient nécessairement prévues les modalités de désignation des arbitres. Si les parties n'arrivent pas à s'entendre sur ces modalités, la difficulté sera tranchée par le juge d'appui. Pour les conventions conclues avant cette date, la jurisprudence s'est montrée bienveillante à leur égard, en appliquant notamment la règle de l'effet utile (article 1157 du Code civil), qui fait préférer l'interprétation donnant effet à la convention d'arbitrage. Ont ainsi été déclarées valables des clauses compromissoires confiant le soin de nommer les arbitres au « Tribunal de la Chambre de commerce de Paris » ou à la « Chambre de commerce de Paris », le juge estimant que les parties avaient respectivement voulu viser la Chambre arbitrale de Paris[207] et à la Cour internationale d'arbitrage de la Chambre de commerce internationale[208]. En présence d'une clause ambiguë, lorsqu'il ne fait aucun doute que les parties ont voulu confier le soin de désigner l'arbitre à un tiers, il faut simplement s'attacher à découvrir l'identité de celui-ci au regard de la commune intention des litigants. Il a ainsi été jugé qu'une convention d'arbitrage n'est pas manifestement nulle si elle stipule qu'à défaut d'accord des parties, l'arbitre unique sera désigné par un tiers, même si le juge d'appui rencontre ensuite des difficultés pour le déterminer[209]. De plus, une telle clause n'est pas nulle, au sens des articles 1443, alinéa 2, et 1448, alinéa 2, anciens du Code de procédure civile, puisque les modalités de désignation de l'arbitre sont effectivement prévues. L'ambiguïté de la convention d'arbitrage, en ce qu'elle rend possible son interprétation, apparaît d'ailleurs inconciliable avec la notion de convention d'arbitrage « manifestement nulle », visée par les articles 1444, alinéa 3, et 1458, alinéa 2, anciens du Code de procédure civile. La nullité n'est pas évidente quand il faut procéder à une interprétation de la clause pour la déceler. Simplement, si la recherche de l'autorité de nomination reste vaine, la convention d'arbitrage « est insuffisante pour permettre la constitution du tribunal

203. *V. infra*, n° 268.

204. Sur cette fin de non-recevoir, v. *infra*, n° 523 et s.

205. V. notamment Cass. 1re civ., 20 févr. 2001, *Rev. arb.* 2001, p. 511, note Th. Clay, qui relève que le centre d'arbitrage contracte une obligation de moyens quant à la garantie des qualités essentielles d'indépendance et d'impartialité des arbitres, « éventuellement sanctionnée par sa responsabilité ».

206. Sur ces clauses, v. aussi *supra*, n° 193.

207. Paris, 14 févr. 1985, *Rev. arb.* 1987, p. 325, note P. Level.

208. Paris, 24 mars 1994, *Rev. arb.* 1994, p. 515, note Ch. Jarrosson.

209. *Contra* Paris, 27 janv. 1993, *Rev. arb.* 1994, p. 560, obs. Ph. Fouchard.

arbitral », selon ce que prévoit l'article 1444, alinéa 3, ancien du même code, le juge d'appui pouvant dès lors décider n'y avoir lieu à désignation[210].

261 **Le tiers organise l'arbitrage.** Le décret du 13 janvier 2011 ne prévoit plus de règle particulière lorsque le tiers n'a pas pour unique mission de choisir le ou les arbitres, mais que la convention d'arbitrage lui confie, en plus, le soin d'organiser l'arbitrage. Celles applicables sous l'empire du décret du 14 mai 1980 n'ont pas été reconduites. Auparavant l'article 1455, alinéa 1er, du Code de procédure civile disposait en effet que « la mission d'arbitrage est confiée à un ou plusieurs arbitres acceptés par toutes les parties ». Et, pour pallier l'immobilisme éventuel de l'un ou l'autre des litigants, en son deuxième alinéa, la disposition précitée énonçait que, « à défaut d'acceptation, la personne chargée d'organiser l'arbitrage invite chaque partie à désigner un arbitre et procède, le cas échéant, à la désignation de l'arbitre nécessaire pour compléter le tribunal arbitral ». Il était aussi prévu que « faute pour les parties de désigner un arbitre, celui-ci est désigné par la personne chargée d'organiser l'arbitrage ». En son troisième alinéa, l'article 1455 du Code de procédure civile autorisait également les parties, directement dans la convention d'arbitrage ou indirectement en souscrivant à un règlement d'arbitrage, à prévoir que le tribunal arbitral serait immédiatement constitué selon les dispositions du deuxième alinéa du même texte. Ces règles, auxquelles il ne pouvait en principe être dérogé, en application de l'article 1459 ancien du même code, s'appliquaient aussi quand les parties avaient choisi une personne morale en qualité d'arbitre, puisque dans cette situation, il était présumé que celle-ci disposait uniquement du pouvoir d'organiser l'arbitrage[211]. Et, compte tenu de la rédaction de l'article 1455 ancien du Code de procédure civile, l'opinion la plus largement partagée était que celui auquel il était confié le soin d'organiser l'arbitrage ne pouvait jamais imposer son choix d'un arbitre unique[212].

Aujourd'hui, à l'exception des règles qui envisagent son intervention alternativement à celle du juge d'appui, aucun texte ne réglemente plus de manière détaillée la désignation des arbitres par une institution d'arbitrage chargée d'organiser l'arbitrage. Toutefois, cela ne signifie pas qu'elle bénéficie d'une liberté totale dans le choix des arbitres. Elle peut notamment être tenue de respecter la volonté exprimée par les parties quant aux aptitudes particulières exigées des arbitres, et est toujours soumise au principe d'égalité des parties dans la désignation des arbitres[213].

Certains se sont par ailleurs interrogés sur la validité du choix opéré par le tiers chargé d'organiser l'arbitrage à partir d'une « liste fermée » d'arbitres, au regard des exigences d'indépendance et d'impartialité inhérentes à la fonction d'arbitre[214]. Mais, sauf peut-être une hypothèse très particulière, le choix de l'arbitre à partir d'une telle liste ne constitue pas une circonstance de nature à affecter son jugement et à faire naître un risque de prévention à l'égard de l'une des parties. C'est seulement lorsque l'une d'elles est étrangère à la branche d'activité relevant de la fédération, du syndicat ou de l'association qui gère le centre d'arbitrage, ou n'en est pas membre, que selon

210. Cass. 2e civ., 23 nov. 1983, *Bull. civ.* II, n° 183.

211. V. *supra*, n° 219.

212. En ce sens, Y. Derains, *Rev. arb.* 1980, p. 630 ; É. Loquin, « Arbitrage – Compromis et clause compromissoire », *J. Cl. Proc. Civ.*, fasc. 1020, n° 56 ; E. Mezger, « Débats », *Rev. arb.* 1980, p. 631 ; J. Robert, « Débats », *Rev. arb.* 1980, p. 630.

213. V. *infra*, n° 263.

214. Th. Clay, *L'arbitre*, Dalloz, Nouvelle Bibliothèque de Thèses, 2001, n° 477, p. 399 ; É. Loquin, « Arbitrage – Institutions d'arbitrage », *J. Cl. Proc. Civ.*, fasc. 1002, n° 38 et s.

l'analyse objective consacrée par la jurisprudence[215], cette partie pourrait douter de l'indépendance des arbitres figurant sur la « liste fermée ». Dans cette situation, pour écarter tout doute à cet égard, la personne chargée d'organiser l'arbitrage pourrait désigner un ou plusieurs arbitres étrangers à l'activité concernée, l'exigence d'indépendance devant nécessairement prévaloir sur les stipulations du règlement d'arbitrage acceptées par les parties. Au reste, pour préserver toute appréhension sur ce point, ce type de règlement d'arbitrage devrait systématiquement prévoir que la partie qui n'est pas un professionnel dans le domaine considéré est autorisée à désigner un arbitre ne figurant pas sur la liste au cours de la phase qui précède la nomination effectuée par l'institution.

262 **Désignation de l'arbitre et arbitrage à deux degrés.** Avant la réforme résultant du décret du 13 janvier 2001, le Code de procédure civile comportait des dispositions particulières pour la désignation des arbitres dans l'arbitrage à deux degrés[216]. En effet, dans cette hypothèse, envisagée par l'ancien article 1455, alinéa 4, du Code de procédure civile, les arbitres étaient nommés par la personne organisant l'arbitrage, chacune d'elles ayant cependant « la faculté d'obtenir le remplacement d'un des arbitres ainsi désignés ». Le texte, qui évoquait « les membres du deuxième tribunal », semblait exclure qu'un seul arbitre puisse être nommé au deuxième degré. Le décret précité n'ayant pas reconduit cette règle, la désignation des arbitres en cas d'arbitrage à deux degrés se fera selon les règles précédemment décrites, sous réserve des stipulations éventuellement applicables d'un règlement d'arbitrage.

3. L'égalité des parties dans la désignation des arbitres

263 **Affirmation de l'égalité des parties dans la désignation des arbitres.** Le principe d'égalité des parties est un principe fondamental de l'arbitrage[217]. Il postule que tous les litigants doivent disposer d'un accès équivalent à l'arbitre et que chacun d'eux bénéficie d'un traitement qui ne le désavantage pas nettement par rapport aux autres. La portée de ce principe n'est pas limitée à la durée de l'instance arbitrale, qui débute avec l'acceptation par le dernier arbitre nommé de sa mission[218]. Le pouvoir juridictionnel des arbitres procédant de la volonté commune des parties[219], celles-ci doivent nécessairement être traitées de manière égalitaire dès le stade de la constitution du tribunal arbitral, lorsqu'elles choisissent les arbitres. D'abord expressément consacré dans l'arbitrage international[220], le principe d'égalité des parties dans la désignation des arbitres a ensuite été affirmé dans l'arbitrage interne[221]. Aujourd'hui, « le principe d'égalité des parties dans la désignation des arbitres doit être respecté dans l'arbitrage interne comme dans l'arbitrage international »[222] ; il est d'ordre public[223] et les parties ne

215. V. *supra*, n° 229 et s.
216. Sur l'arbitrage à deux degrés, v. *infra*, n° 503.
217. Sur ce principe, v. aussi *infra*, n° 394 et s.
218. V. *infra*, n° 315.
219. V. *supra*, n° 252.
220. Cass. 1re civ., 7 janv. 1992, *JDI* 1992, p. 707 (2e arrêt), concl. Flipo, av. gén., note Ch. Jarrosson ; *Rev. arb.* 1992, p. 470, note P. Bellet ; *RTD com.* 1992, p. 796, obs. É. Loquin.
221. Cass. 2e civ., 31 janv. 2002, *JCP* G 2003, I, 105, n° 5, obs. Ch. Seraglini.
222. Paris, 16 nov. 1999, *Rev. arb.* 2000, p. 313.
223. Paris, 3 juill. 2012, *Rev. arb.* 2013, p. 160, note J. Barbet ; Cass. 2e civ., 31 janv. 2002, préc. ; Cass. 1re civ., 7 janv. 1992, préc.

peuvent y renoncer qu'après la naissance du litige[224]. Si l'on peut sans difficulté admettre le caractère d'ordre public de la norme énoncée, dès lors qu'elle est consubstantielle à la nature consensuelle de l'arbitrage, il n'est pas certain qu'il s'agisse véritablement d'un « principe ». La généralité de la proposition – l'égalité des parties dans la désignation des arbitres – ne permet pas de « soutenir une large série de solutions positives »[225] présentant elles-mêmes tous les caractères de la règle de droit. L'égalité des parties dans la désignation des arbitres n'est que la traduction, au stade de la constitution du tribunal arbitral, d'un principe plus général : le principe d'égalité des parties dans l'arbitrage. Cette distinction explique que s'il est difficile d'admettre qu'il puisse être renoncé au principe général d'égalité, inhérent à l'idée même de justice et relevant dès lors de l'ordre public de direction, il est permis de renoncer à l'une des règles qui en est déduite, celle qui postule l'égalité des parties dans la désignation des arbitres. Cette règle particulière n'intéresse en effet que les seules parties à l'arbitrage. Elle se rattache à l'ordre public de protection, les parties pouvant disposer de leur droit une fois cette protection acquise[226], c'est-à-dire au moment de la constitution du tribunal arbitral, postérieurement à la naissance du litige.

264 **Portée et sanction de l'égalité des parties dans la désignation des arbitres.** La portée de la règle doit être bien comprise. Elle ne postule pas que chacune des parties peut désigner « son arbitre », l'arbitre n'étant pas la chose des parties. De cette règle, il résulte simplement que les parties à l'arbitrage *ad hoc* ou institutionnel disposent en principe des mêmes droits dans le processus de désignation des arbitres. Mais la règle ne devrait pas être appliquée mécaniquement. À défaut, l'égalité des parties dans la désignation des arbitres peut constituer un frein à l'effectivité et à l'efficacité de l'arbitrage. Il en est notamment ainsi en cas d'arbitrage multipartite, soit celui qui concerne plus de deux parties. En effet, en plus de l'hypothèse où dès l'entame, l'arbitrage met en cause plus de deux parties, cette situation peut notamment apparaître en cas d'intervention à l'arbitrage d'une partie à la convention d'arbitrage, qu'elle en soit signataire ou que cette convention puisse lui être étendue, qui n'a pas été initialement attraite à la procédure[227]. Cette situation n'est pas directement envisagée par l'article 1453 du Code de procédure civile, qui a vocation à s'appliquer au stade de la constitution initiale du tribunal arbitral[228]. Dans ce cas notamment, l'égalité des parties dans la désignation des arbitres ne devrait alors sans doute pas conduire à autoriser chaque partie à nécessairement désigner un arbitre, ou même à participer activement au processus de désignation des membres du tribunal arbitral, sauf à rendre l'arbitrage véritablement impraticable et à encourager un éclatement du contentieux. L'arbitre n'est pas le mandataire des parties[229], c'est un juge. Aussi, dans cette situation notamment, exiger que sous couvert d'égalité des parties dans la désignation des arbitres, chaque partie puisse participer au choix de « son » arbitre, c'est mettre excessivement l'accent sur l'aspect conventionnel de l'arbitrage et sur le lien entre la partie et l'arbitre, et perdre de vue son aspect juridictionnel. C'est aussi, en creux,

224. Paris, 3 juill. 2012, préc. ; Cass. 1re civ., 7 janv. 1992, préc.

225. Selon la définition du « principe » empruntée à D. Bureau, *Les sources informelles du droit dans les relations privées internationales*, Thèse dactylographiée Paris II, 1992, n° 71, p. 61.

226. É. Loquin, obs. sous Cass. 1re civ., 7 janv. 1992, *RTD com.* 1992, p. 796.

227. Sur l'intervention, v. *infra*, n° 351 et 352.

228. Sur ce texte, v. *supra*, n° 258.

229. Cass. 2e civ., 3 juill. 1996, *Rev. arb.* 1996, p. 405, note Ph. Fouchard ; Paris, 24 mars 1992, *Rev. arb.* 1993 (2e esp.), p. 277.

présupposer qu'à défaut de pouvoir choisir un arbitre, une partie serait fondée à douter de l'indépendance et de l'impartialité du tribunal arbitral à son égard, ou même de ses qualités pour trancher le litige. Dans cette situation, on peut certainement admettre qu'une convergence d'intérêts entre plusieurs parties à l'arbitrage peut conduire à considérer que l'égalité des parties n'est pas méconnue si l'une de ces parties n'a pas individuellement exprimé son choix d'un arbitre lors de la constitution du tribunal arbitral. Tout est question de circonstances. De la même façon, lorsque l'institution d'arbitrage ou le juge désigne le ou les arbitres en application de l'article 1453 du Code de procédure civile, une telle convergence peut expliquer qu'il ne soit désigné qu'un seul et même arbitre en présence de plusieurs demandeurs ou de plusieurs défendeurs. En ce sens d'ailleurs, dans un arrêt rendu par la cour d'appel de Paris le 10 octobre 2002, soit après l'arrêt *Dutco*, il a été jugé que la désignation par le juge d'appui d'un seul arbitre pour deux parties « dont le sort est lié, ayant signé la convention indivisément et solidairement et n'ayant pas d'intérêts divergents, ne constitue pas une rupture d'égalité entre les parties »[230]. Dès lors que le juge d'appui est tenu de mettre en œuvre l'égalité des parties lorsqu'il désigne un arbitre, le respect de cette exigence, dans cette affaire, ne résulte pas de ce que l'arbitre a été désigné par ce juge, mais plus directement de l'existence d'une communauté d'intérêts entre les défendeurs autorisant la désignation d'un arbitre commun[231]. À titre d'exemple, il a été observé qu'en cas de relation verticale unissant les demandeurs ou défendeurs à l'arbitrage, par exemple en présence d'une société-mère et de sa filiale formant une demande commune contre leur cocontractant, les intérêts de celles-ci convergent et la désignation d'un arbitre unique devient acceptable[232].

Lorsqu'en raison de son impéritie, une partie n'a pas participé à ce processus, elle ne peut donc ensuite valablement se prévaloir d'une méconnaissance de l'égalité des parties dans la désignation des arbitres. Selon la cour d'appel de Paris, quand les parties ont convenu que la demanderesse à l'arbitrage désignerait seule l'arbitre unique après la naissance du litige, à partir d'une liste de plusieurs noms acceptés par elles, l'égalité entre elles est rompue[233]. La désignation d'un arbitre unique à partir de cette liste ne procédera de la volonté commune des parties que lorsque toutes les parties s'accordent sur ce choix au moment de la constitution du tribunal arbitral, ou s'il est désigné par le juge d'appui. Il est vrai que la discussion sur le choix des arbitres est souvent bien illusoire puisque la liste résulte généralement d'un document établi par l'une des parties. Surtout, au moment de la naissance du litige, une seule partie est maîtresse de la désignation ; avancer que cette partie est susceptible de varier en fonction de celle qui prendra la position de demandeur revient à favoriser *a priori* le demandeur ; et si l'on voit dans la stipulation d'une telle clause une renonciation au principe d'égalité des parties dans la constitution du tribunal, cette renonciation est antérieure à la naissance du litige, ce que la jurisprudence condamne. On peut également douter que les arbitres ayant été préalablement choisis par les deux parties, peu importe, en définitive, celui qui

230. Paris, 10 oct. 2002, *Rev. arb.* 2003, p. 1277, obs. A. Lacabarats ; *RTD com.* 2004, p. 249, obs. É. Loquin.

231. V. aussi, Paris, 3 déc. 2013, *Rev. arb.* 2013, p. 216.

232. B. Le Bars et J. Dalmasso, *Arbitrage commercial international. Les Grands arrêts du droit français*, LexisNexis, 2016, spéc. p. 237.

233. Paris, 3 juill. 2012, préc. *Contra* : Paris, 16 nov. 1999, *Rev. arb.* 2000, p. 313 ; TGI Paris (ord. réf.), 7 déc. 1994, *Rev. arb.* 2000, p. 116, note É. Loquin. Sur cette question, v. aussi, M. Danis, « Les listes d'arbitres en question », *Cah. arb.* 2014, p. 465.

sera finalement désigné puisque tous ont été préalablement agréés par elles. Il y a en effet plus souvent adhésion de l'une des parties au choix de l'autre que véritable possibilité de discussion sur le nom des arbitres.

La règle de l'égalité des parties dans la désignation des arbitres étant d'ordre public, on aurait pu concevoir qu'en cas de méconnaissance flagrante de celle-ci par la clause compromissoire, cette dernière soit considérée comme étant affectée de nullité manifeste, ce qui ferait alors exception à l'effet négatif du principe Compétence-Compétence[234]. Cela dit, une telle solution a sans doute été condamnée par la réforme du 13 janvier 2011, puisqu'il n'est plus exigé, à peine de nullité de la convention d'arbitrage, qu'y soient prévues les modalités de désignation des arbitres[235]. La clause méconnaissant l'égalité des parties dans la désignation des arbitres devrait désormais être réputée non écrite. En tout cas, à moins que les parties n'aient renoncé à se prévaloir de ce grief en s'abstenant de formuler des réserves au cours de la procédure arbitrale, la sentence pourrait également être annulée, le tribunal ayant été irrégulièrement constitué[236]. Enfin, il faut encore relever que le champ d'application de la règle n'est pas restreint au cercle des parties, du tribunal arbitral et de l'institution éventuellement chargée d'organiser l'arbitrage. Elle s'impose aussi au juge d'appui saisi d'une difficulté de constitution du tribunal arbitral[237].

SECTION 2 L'INTERVENTION DU JUGE D'APPUI POUR RÉSOUDRE LES DIFFICULTÉS DE CONSTITUTION DU TRIBUNAL ARBITRAL

265 **Variété des difficultés et recours au juge.** La constitution du tribunal arbitral peut rencontrer plusieurs sortes de difficultés. D'abord, puisqu'elle repose sur la volonté des parties, l'une d'elles peut la freiner par son inertie. Des problèmes peuvent ensuite naître de l'intervention du tiers choisi pour nommer les arbitres ou pour administrer la procédure arbitrale, ou d'une rédaction maladroite de la convention d'arbitrage. Des difficultés relatives à la constitution du tribunal arbitral peuvent même surgir après la désignation des arbitres, lorsque l'un d'eux ne désire pas poursuivre sa mission ou lorsqu'une partie, pour diverses raisons, souhaite qu'il la cesse. Dans toutes ces situations, pour éviter la paralysie de l'instance arbitrale et assurer l'efficacité de la convention d'arbitrage, il est parfois indispensable de solliciter le concours d'un tiers désintéressé, le plus souvent un juge, que la pratique avait communément désigné sous le vocable de « juge d'appui », terme inscrit dans les textes depuis le

234. V. en matière d'arbitrage international, la solution étant transposable à l'arbitrage interne : Cass. 1re civ., 23 mai 2006, *Bull. civ.* 2006, I, n° 252 ; *Rev. arb.* 2008, p. 69, note É. Loquin ; JCP G 2006, I, 187, n° 9, obs. Ch. Seraglini, qui écarte la nullité manifeste dès lors qu'il n'était « pas évident » que les parties n'aient pas été mises sur un pied d'égalité pour la constitution du tribunal arbitral ; v. aussi TGI Paris (ord. réf.), 31 janv. 1986, *Rev. arb.* 1987, p. 179, obs. Ph. Fouchard.

235. V. aussi : Cass. 1re civ., 13 févr. 2019, *JCP* G 2019, 393, note J. Ortscheidt.

236. Art. 1492.2° CPC.

237. V. *infra*, n° 275.

décret du 13 janvier 2011 portant réforme de l'arbitrage. C'est ce que prévoit l'article 1454 du Code de procédure civile, qui dispose que « tout autre différend lié à la constitution du tribunal arbitral est réglé, faute d'accord des parties, par la personne chargée d'organiser l'arbitrage ou, à défaut, par le juge d'appui »[238]. D'autres textes énumèrent certaines compétences particulières du juge d'appui pour compléter un tribunal composé d'arbitres en nombre pair[239], lorsque les parties ou les arbitres ne s'entendent pas sur le choix du ou des arbitres[240], pour régler les difficultés relatives au maintien de l'arbitre récusé[241], à son empêchement, son abstention, sa démission[242], sa révocation[243] et pour proroger le délai de l'arbitrage[244]. Pour assurer l'efficacité du concours de ce juge, son intervention est soumise à des conditions de fond particulièrement souples (§ 1) et à des règles de procédure relativement simples (§ 2).

§ 1. LES CONDITIONS D'INTERVENTION DU JUGE D'APPUI

266 L'intervention du juge d'appui est soumise à deux séries de conditions : les unes sont extérieures à la convention d'arbitrage (A) ; les autres lui sont propres (B).

A. LES CONDITIONS EXTÉRIEURES À LA CONVENTION D'ARBITRAGE

267 **L'existence d'un litige qui n'a pas encore été tranché par l'arbitre.** L'article 1444, alinéa 1er, ancien du Code de procédure civile subordonnait expressément l'intervention du juge d'appui à l'existence d'un litige déjà « né ». Si cette exigence n'a pas été formellement reprise par les textes issus du décret du 13 janvier 2011 portant réforme de l'arbitrage, elle est d'évidence : il ne peut y avoir de différend lié à la constitution du tribunal arbitral, au sens de l'article 1454 du Code de procédure civile, s'il n'existe pas de litige entre les parties supposant qu'un tel tribunal soit institué. L'aide du juge ne peut donc en principe être sollicitée en dehors de tout litige, la demande étant privée d'intérêt[245]. Inversement, le juge ne peut non plus être saisi une fois le litige tranché par l'arbitre[246]. Là encore, même si cette condition n'est pas expressément posée par les articles 1454, 1459 et 1460 du Code de procédure civile, la solution relève du bon sens : une fois la sentence rendue, il n'existe plus aucune difficulté de constitution du tribunal arbitral empêchant le bon déroulement de l'arbitrage. Toutefois, si le

238. L'article 1444, al. 3, ancien CPC énonçait que « si le litige né, la constitution du tribunal arbitral se heurte à une difficulté du fait de l'une des parties ou dans la mise en œuvre des modalités de désignation, le président du tribunal de grande instance désigne le ou les arbitres ».

239. Art. 1451 CPC (v. *supra*, n° 249).

240. Art. 1452 et 1453 CPC (v. *supra*, n° 256 et s.).

241. Art. 1456, al. 3, CPC (v. *supra*, n° 236).

242. Art. 1457 CPC (v. *infra*, n° 357).

243. Art. 1458 CPC (v. *infra*, n° 310).

244. Art. 1463 CPC (v. *infra*, n° 331).

245. Paris, 9 juill. 1981, *Rev. arb.* 1983, p. 509, obs. Th. Bernard.

246. Cass. 2e civ., 16 mai 1994, *Rev. arb.* 1994, p. 715, note A. Hory ; Paris, 16 avr. 1992, *Rev. arb.* 1993, p. 431, note A. Hory.

juge d'appui doit vérifier qu'il existe un litige avant de prêter son concours, il n'entre pas dans ses pouvoirs de s'assurer que ce litige relève de la compétence de l'arbitre. La solution consistant, pour le juge d'appui, à refuser de prêter son concours à la constitution d'un tribunal arbitral au motif que le litige né entre les parties n'entre pas dans le champ d'application *ratione materiae* de la convention d'arbitrage est contestable[247]. Le juge d'appui ne doit pas empiéter sur la compétence de l'arbitre, auquel il appartient de statuer en priorité sur sa compétence[248]. Cette solution a d'ailleurs été fermement condamnée par la Cour de cassation[249]. De même, le juge d'appui ne peut refuser de désigner un arbitre pour un motif tiré de ce que le litige ne peut plus être tranché par l'arbitre parce que l'action au fond est prescrite[250]. C'est à l'arbitre de se prononcer sur le fond du litige, non au juge chargé de régler uniquement les difficultés de constitution du tribunal arbitral.

268 **L'existence d'un différend lié à la constitution du tribunal arbitral.** Le juge d'appui peut uniquement intervenir en matière d'arbitrage, sur le fondement des articles 1452, 1453 et 1454 du Code de procédure civile. Il ne peut se prononcer sur des difficultés de constitution d'un organisme qui n'est pas un tribunal arbitral[251], ni trancher des problèmes liés à la désignation d'un expert ou d'un conciliateur. De plus, indépendamment des textes prévoyant spécialement sa compétence pour résoudre telle ou telle difficulté, le domaine d'intervention du juge d'appui, tel qu'il est défini par l'article 1454 du Code de procédure civile, est limité à la résolution de « tout différend lié à la constitution du tribunal arbitral »[252]. Une fois les arbitres désignés selon les modalités prévues par la convention d'arbitrage, le juge d'appui ne peut donc, par exemple, se prononcer sur l'étendue et les limites de leur investiture[253]. La notion de « différend », au sens de l'article 1454 précité, est cependant suffisamment élastique pour que le juge puisse en pratique intervenir pour dénouer toutes sortes de difficultés de constitution du tribunal arbitral[254]. D'ailleurs, sous l'empire des textes antérieurs à la réforme du 13 janvier 2011, il était communément admis que son intervention devait permettre de résoudre « un défaut d'accord sur une question de personne, une situation de refus ou de

247. V. pourtant, TGI Paris (ord. réf.), 22 oct. 1990, *Rev. arb.* 1994, p. 556, obs. Ph. Fouchard.

248. Sur le principe Compétence-Compétence, v. *supra*, n° 165 et s.

249. Cass. 2e civ., 13 juin 2002, *Bull. civ.* II, n° 123 ; *Rev. arb.* 2002, p. 679 (2e esp), et les obs. de D. Foussard, « Le recours pour excès de pouvoir dans le domaine de l'arbitrage », *Rev. arb.* 2002, p. 579, spéc. n° 16, p. 611, qui censure un arrêt, au visa de l'article 1444 ancien du Code de procédure civile, ayant confirmé une ordonnance de refus de désignation d'un arbitre parce que la société en cause n'était pas partie au contrat auquel était insérée la clause compromissoire, relevant qu'en « refusant ainsi de prêter son concours à la constitution du tribunal arbitral, sans constater que la clause compromissoire était soit manifestement nulle, soit insuffisante pour permettre de constituer le tribunal arbitral, la cour d'appel a excédé ses pouvoirs ».

250. Cass. 2e civ., 31 mai 2001, *Rev. arb.* 2002, p. 691.

251. TGI Paris (ord. réf.), 5 mars 1984, *Rev. arb.* 1984, p. 379.

252. V. sous l'empire de l'art. 1444 ancien CPC : Cass. 2e civ., 3 nov. 1993, *Rev. arb.* 1994, p. 533, obs. Ph. Fouchard.

253. Cass. 2e civ., 10 mai 1995, *Bull. civ.* II, n° 135 ; TGI Paris (ord. réf.), 29 oct. 1997, *Rev. arb.* 1998, p. 383, note J.-L. Delvolvé (la décision a été rendue en matière d'arbitrage international mais la solution est transposable à l'arbitrage interne).

254. V. aussi, Th. Clay, « Liberté, égalité, efficacité : la devise du nouveau droit français de l'arbitrage. Commentaire article par article », *JDI* 2012, p. 443, spéc. p. 480.

blocage »[255]. Aussi largement entendu, le différend lié à la constitution du tribunal arbitral, dont le juge d'appui peut connaître, peut surgir à plusieurs stades. Il peut d'abord apparaître, et c'est le cas le plus fréquent, au moment de la désignation des arbitres. La jurisprudence a depuis longtemps consacré la compétence du juge d'appui pour nommer un arbitre en cas de refus d'y procéder par l'une des parties[256], quelles que soient les causes de ce refus, ou lorsque l'un des arbitres a été récusé[257]. Les textes ont maintenant expressément prévu son intervention dans ces hypothèses[258]. Le juge d'appui peut également choisir un arbitre pour compléter le tribunal arbitral lorsque les deux arbitres nommés par les parties ne parviennent pas à s'entendre sur la personne du troisième[259]. À ce stade, le juge d'appui peut aussi statuer sur des difficultés nées de clauses pathologiques, qui ne désignent pas de manière suffisamment claire l'institution à laquelle les parties ont confié le soin de nommer les arbitres ou d'organiser l'arbitrage[260]. Des difficultés peuvent ensuite surgir au cours de l'instance arbitrale, le Code de procédure civile prévoyant d'ailleurs expressément la compétence du juge d'appui en cas de différends relatifs au maintien de l'arbitre[261], à son empêchement, son abstention, sa démission[262] et à sa révocation[263]. Il dispose donc notamment du pouvoir de résoudre le conflit né de ce qu'une partie souhaite nommer un arbitre et que l'autre refuse sa désignation, au motif que les informations révélées par lui, en exécution de son obligation de révélation, lui paraissent susceptibles de faire douter de son indépendance ou de son impartialité[264]. Pour préserver l'efficacité de l'arbitrage en évitant qu'une partie ne fasse illégitimement obstacle au bon déroulement de la procédure, le refus d'accepter la désignation d'un arbitre n'étant légitime que si les éléments qu'il a révélés sont objectivement susceptibles de faire douter de son indépendance ou de son impartialité, le juge d'appui peut être conduit à trancher ce différend. Au-delà même de cette difficulté particulière, le juge d'appui peut intervenir pour résoudre toutes sortes de problèmes rencontrés dans la constitution du tribunal arbitral postérieurement à la désignation des arbitres[265]. Ainsi, sans excéder ses pouvoirs, il peut enjoindre à l'une des parties, parce qu'une autre soupçonne qu'elle entretient des liens avec l'arbitre qu'elle a nommé, de révéler le nombre d'arbitrages pour lesquels elle a effectivement

255. Ph. Fouchard, « La coopération du Président du tribunal de grande instance à l'arbitrage », *Rev. arb.* 1985, p. 5, spéc. p. 26.

256. TGI Paris (ord. réf.), 26 sept. 1984, *Rev. arb.* 1985, p. 96.

257. TGI Paris (ord. réf.), 22 mars 1983, *Rev. arb.* 1983, p. 479, note B. Moreau.

258. Art. 1452, 1453 et 1456 CPC.

259. Art. 1452.2° CPC. V. aussi, TGI Paris (ord. réf.), 22 févr. 1984, *Rev. arb.* 1985, p. 91.

260. Sur ces clauses pathologiques, v. *supra*, n° 193 et 260.

261. Art. 1456, al. 3 CPC (v. *supra*, n° 236).

262. Art. 1457 CPC (v. *infra*, n° 357).

263. Art. 1458 CPC (v. *infra*, n° 310).

264. Sur l'obligation de révélation, v. *supra*, n° 235 et s.

265. V. notamment, Cass. 2e civ., 25 mai 2000, *Rev. arb.* 2000, p. 640, note A. Lacabarats, qui approuve un arrêt rendu sur recours contre une ordonnance du juge d'appui, dont la compétence était contestée au motif qu'il était intervenu pour trancher une contestation affectant la constitution du tribunal arbitral après la désignation des arbitres. Si la Cour de cassation a certes pris le soin de rappeler que le juge s'était ainsi conformé à la volonté des parties, qui lui avaient expressément donné pouvoir de régler toute difficulté d'application de la clause compromissoire, les termes de l'arrêt n'excluent pas que la solution eût été la même en l'absence de toute extension de compétence conventionnelle. Ce d'autant que dans l'arbitrage international, il est bien admis que le juge d'appui peut intervenir pour régler toute sorte de difficultés, postérieures à la désignation des arbitres (v. *infra*, n° 782 et s.).

désigné cet arbitre[266]. Comme l'a souligné la Cour de cassation, le rôle du juge d'appui est « de résoudre les difficultés de constitution du tribunal arbitral de manière à ce que cette juridiction soit investie de la confiance des parties »[267]. Dans tous les cas, peu importe que la difficulté de constitution du tribunal arbitral soit sérieuse. Si le juge d'appui est saisi « comme en matière de référés »[268], cela ne signifie pas pour autant que son intervention est subordonnée à la constatation d'une condition d'urgence ou de l'absence de contestation sérieuse. Il commettrait d'ailleurs un excès de pouvoir négatif en refusant de « prêter son concours à la constitution du tribunal arbitral au motif de l'existence d'une difficulté sérieuse »[269].

269 **La compétence subsidiaire du juge d'appui.** La compétence du juge d'appui est subsidiaire[270]. D'une part, il n'intervient que si les parties n'ont pu résoudre le différend. D'autre part, il est admis, de longue date, que si dans la convention d'arbitrage ou le règlement d'arbitrage applicable, les parties ont confié à un tiers, le plus souvent une institution d'arbitrage, le soin de résoudre les éventuelles difficultés de constitution du tribunal arbitral, le juge d'appui ne peut immédiatement intervenir[271]. Les textes issus de la réforme du 13 janvier 2011 consacrent cette subsidiarité[272]. Les différends affectant la constitution du tribunal arbitral devront donc préalablement être tranchés par la personne chargée d'organiser l'arbitrage et ce n'est qu'en cas de défaillance de celle-ci que le juge pourra intervenir[273]. En pratique, si celui-ci constate qu'il n'est pas immédiatement compétent compte tenu de la convention des parties, il peut renvoyer celles-ci à faire trancher la difficulté dans un délai qu'il impartit, à charge pour elles de revenir ensuite vers lui[274].

270 **Incidence de l'ouverture d'une procédure de sauvegarde, de redressement ou de liquidation judiciaire.** Lorsque la partie défenderesse bénéficie d'une procédure de sauvegarde, ou se trouve en redressement ou en liquidation judiciaire avant que ne soit constitué le tribunal arbitral, le juge d'appui ne pourra intervenir pour trancher des différends liés à sa constitution qu'une fois que la partie demanderesse aura déclaré sa créance et se sera soumise à la procédure de vérification des créances[275]. Ce n'est qu'après la régularité de la déclaration de créance appréciée par le juge-commissaire et sa déclaration d'incompétence prononcée, à défaut de nullité ou d'inapplicabilité manifeste de la clause compromissoire, que le juge d'appui pourra notamment désigner un arbitre en cas de refus d'une partie d'y procéder[276].

266. Cass. 1re civ., 20 juin 2006, *JCP* G 2006, I, 187, n° 4, obs. J. Béguin ; Paris, 10 févr. 2005, *Rev. arb.* 2005, p. 713, note M. Henry, *D.* 2005, Pan., p. 3057, obs. Th. Clay.

267. Cass. 1re civ., 20 juin 2006, préc.

268. V. *infra*, n° 274.

269. Cass. 2e civ., 8 avr. 1998, *Bull. civ.* II, n° 121.

270. G. Pluyette, « La désignation d'un arbitre par le juge d'appui », *Mélanges en l'honneur du professeur Pierre Mayer*, LGDJ, 2015, p. 711, spéc. p. 712.

271. TGI Paris (ord. réf.), 26 nov. 1998, *Rev. arb.* 1999, p., 131, obs. A. Hory ; TGI Paris (ord. réf.), 21 mars 1984, *Rev. arb.* 1985, p. 94.

272. Art. 1451, 1452, 1453, 1454, 1456, al. 3, 1457, al. 2, 1458 CPC.

273. V. aussi, TGI Paris, 23 oct. 2013, *Rev. arb.* 2014, p. 214.

274. TGI Paris (ord. réf.), 21 mars 1984, préc.

275. Cass. com., 2 juin 2004, *Rev. arb.* 2004, p. 591 (2e et 3e esp.), note P. Ancel ; JCP G 2004 I. 179, n° 1, obs J. Béguin ; *D.* 2004, somm., p. 3184, obs. Th. Clay.

276. Sur ces questions, v. aussi *supra*, n° 147 et s. et *infra*, n° 361.

B. LES CONDITIONS TENANT À LA CONVENTION D'ARBITRAGE

271 **L'existence *prima facie* d'une convention d'arbitrage.** Le juge d'appui n'est pas compétent si les parties ne sont pas liées par une convention d'arbitrage. Sans pouvoir se prononcer sur le champ d'application de cette convention, ce qui relève de la juridiction de l'arbitre, il doit alors vérifier l'existence, en apparence, d'une telle convention, qu'il s'agisse d'une clause compromissoire ou d'un compromis d'arbitrage[277]. Ainsi, il a été jugé que le juge d'appui n'était pas compétent pour désigner un arbitre lorsque la résiliation judiciaire du contrat contenant la clause compromissoire avait été préalablement prononcée et que les parties avaient ensuite noué de nouvelles relations, sans les formaliser par un écrit[278].

272 **La convention d'arbitrage ne doit pas être « manifestement nulle ou manifestement inapplicable ».** Pour que le juge d'appui soit autorisé à désigner un arbitre, la convention doit non seulement exister en apparence mais, selon l'article 1455 du Code de procédure civile, elle ne doit pas être « manifestement nulle ou manifestement inapplicable »[279]. À défaut, le juge d'appui « déclare n'y avoir lieu à désignation ». Cette condition de nullité ou d'inapplicabilité manifeste n'est pas propre à l'intervention du juge d'appui. On la retrouve posée à l'article 1448, alinéa 1, du Code de procédure civile, lorsqu'il s'agit d'apprécier si la juridiction étatique peut se déclarer compétente en présence d'une convention d'arbitrage. Il convient donc, pour l'essentiel, de renvoyer aux développements qui y sont consacrés pour apprécier le raisonnement suivi par le juge en ce domaine[280]. Simplement, il ne faut pas perdre de vue que le juge d'appui, saisi comme en matière de référé, est le juge de l'évidence[281]. Il ne peut pas interpréter une convention d'arbitrage[282]. Ainsi, il ne peut refuser de désigner un arbitre au motif que la clause compromissoire invoquée figure dans un contrat qui n'a pas été conclu par la partie qui refuse l'arbitrage ; cette clause n'est pas manifestement nulle et, en statuant ainsi, le juge d'appui commet un excès de pouvoir[283]. Elle ne l'est pas non plus lorsqu'elle prévoit la désignation d'arbitre en nombre pair[284] ou parce qu'elle méconnaîtrait le principe d'égalité des parties dans la désignation de l'arbitre[285]. De même, la convention d'arbitrage n'est pas entachée de nullité manifeste simplement parce que l'une des parties a été placée en redressement ou en liquidation judiciaire avant l'introduction de l'instance arbitrale, « la règle d'ordre public de la suspension des poursuites individuelles et l'obligation pour le créancier de se soumettre à la procédure de vérification des créances ne s'opposant pas à la mise en œuvre de la clause d'arbitrage pour l'opération de constitution

277. TGI Paris (ord. réf.), 2 janv. 1984, *Rev. arb.* 1985, p. 88.

278. Cass. com., 10 mai 2000, n° 96-22247.

279. Avant la réforme du 13 janvier 2011, l'article 1444, al. 3, CPC, prévoyait que « si la clause compromissoire est soit manifestement nulle, soit insuffisante pour permettre de constituer le tribunal arbitral, le président le constate et déclare n'y avoir lieu à désignation ».

280. V. *supra*, n° 173 et s.

281. La règle n'a pas été modifiée, mais clarifiée, par le décret du 13 janvier 2011. V. auparavant, TGI Paris (ord. réf.), 30 juin 1988, *Rev. arb.* 1994, p. 542.

282. Cass. 1re civ., 6 juill. 2005, n° 04-10454.

283. Cass. 2e civ., 13 juin 2002, *Bull. civ.* II, n° 123 ; *Rev. arb.* 2002, p. 679 (2e esp.).

284. Cass. 2e civ., 25 mars 1999, *Rev. arb.* 1999, p. 807, note P. Level. Sur cette question, v. *supra* n° 249.

285. Cass. 1re civ., 13 févr. 2019, *JCP* G 2019, 393, note J. Ortscheidt.

du tribunal arbitral »[286]. La convention d'arbitrage pourrait en revanche être jugée manifestement inapplicable lorsqu'elle désigne une institution d'arbitrage inexistante[287].

§ 2. LA PROCÉDURE

A. LA SAISINE DU JUGE ET LE DÉROULEMENT DE L'INSTANCE

273 **Juge compétent.** Il résulte de l'article 1459 du Code de procédure civile que c'est le président du tribunal de grande instance désigné par la convention d'arbitrage, ou celui du tribunal de commerce quand la convention l'a expressément prévu, qui est, au premier chef, compétent pour trancher les difficultés nées de la constitution du tribunal arbitral[288]. Le juge d'appui est donc avant tout et en priorité le président du tribunal de grande instance, le président du tribunal de commerce ne bénéficiant plus, sous l'empire des nouveaux textes, que d'une compétence résiduelle : les parties doivent, comme par le passé, avoir expressément prévu la compétence de ce dernier, mais celle-ci se trouvera en toute hypothèse plus réduite qu'avant. Les parties peuvent encore lui confier la tâche de résoudre les difficultés de constitution du tribunal arbitral[289]. En revanche, s'agissant de la prorogation du délai d'arbitrage, contrairement à la solution ancienne qui offrait le même choix aux parties[290], l'article 1463, alinéa 2, du Code de procédure civile confère ce pouvoir au seul président du tribunal de grande instance. Il en est de même en matière de maintien[291], de révocation[292], d'empêchement, d'abstention ou de démission des arbitres[293]. Lorsque les parties ont donné compétence à un président de tribunal de grande instance ou à un président de tribunal de commerce en particulier, sauf, peut-être, l'existence de circonstances exceptionnelles[294], le président d'une autre juridiction ne peut être saisi[295]. Et, à défaut de choix opéré par les parties, l'article 1459, alinéa 3, du Code de procédure civile prévoit que le juge territorialement compétent est celui « dans le ressort duquel le siège du tribunal arbitral a été fixé » et qu'en l'absence de toute stipulation de la convention d'arbitrage, il s'agit de celui « du lieu où demeure le ou l'un des défendeurs à l'incident ou, si le défendeur ne demeure pas en France, du lieu où demeure le demandeur ». Si le texte ne précise pas, dans cette dernière hypothèse, qu'il s'agit du lieu ou demeure le demandeur « à l'incident », qui n'est pas le demandeur à l'instance arbitrale lorsqu'il s'agit du tribunal arbitral ou de l'un de ses membres, la solution résulte de ce que le juge d'appui est le juge naturel de l'arbitrage, dont la compétence territoriale ne dépend pas du domicile des parties mais de sa proximité avec le lieu de l'arbitrage. Par ailleurs, comme auparavant, le président

286. Paris, 13 févr. 2002, *Rev. arb.* 2003, p. 131, note Ph. Fouchard.

287. V. sous l'empire de l'ancien art. 1444 CPC, Cass. 2e civ., 23 nov. 1983, *Rev. arb.* 1985, p. 85 ; TGI Paris (ord. réf.), 8 sept. 1983, *Rev. arb.* 1984, p. 79, note B. Moreau.

288. TGI Paris (ord. réf.), 8 oct. 2002, *Rev. arb.* 2003, p. 199, note L. Jaeger.

289. Art. 1451 à 1454 CPC.

290. Art. 1456, al. 2, ancien CPC.

291. Art. 1456, al. 3, CPC.

292. Art. 1458 CPC.

293. Art 1457, al. 2, CPC.

294. Ces circonstances pourraient tenir à la suppression de la juridiction ou à l'existence d'une procédure de récusation engagée contre son président.

295. Cass. 2e civ., 29 mars 1995, *Bull. civ.* II, no 110 ; *Rev. arb.* 1995, p. 605, note A. Hory.

de la juridiction compétente peut choisir, conformément aux dispositions de l'article 487 du Code de procédure civile, de renvoyer l'affaire devant la formation collégiale de cette juridiction[296].

274 **Modalités de saisine du juge.** La saisine du juge d'appui obéit à des règles relativement simples. L'article 1460, alinéa 1, du Code de procédure civile précise en effet qu'il est « saisi soit par une partie, soit par le tribunal arbitral ou l'un de ses membres ». Les arbitres, collectivement ou individuellement, peuvent donc solliciter l'assistance du président de la juridiction compétente en cas de différend lié à la constitution du tribunal arbitral[297]. Le texte issu du décret du 13 janvier 2011 a en effet consacré la jurisprudence admettant que l'un des arbitres puisse saisir seul le juge d'appui[298]. L'instance ne peut en revanche être engagée par voie de requête[299]. Elle doit présenter un caractère contradictoire, puisque l'article 1460, alinéa 2, précise que « la demande est formée, instruite et jugée comme en matière de référé ». La procédure doit donc être engagée par voie d'assignation[300]. À défaut, la désignation de l'arbitre par le juge est entachée d'une irrégularité qui affecte la validité de la composition du tribunal arbitral[301]. Si en principe, parce qu'elle touche à l'organisation des juridictions[302], les parties ne devraient pas pouvoir déroger à cette règle de saisine, il a cependant déjà été jugé que le juge d'appui pouvait être saisi par voie de requête conjointe des parties[303]. Dans une telle hypothèse, la procédure conserve en effet un caractère contradictoire.

275 **Déroulement de l'instance.** Puisque l'instance doit présenter un caractère contradictoire, lorsque le juge d'appui est saisi par l'une des parties, la demande doit être dirigée contre les autres parties au litige relevant de l'arbitrage. Si un ou plusieurs arbitres ont déjà été désignés, il serait d'une bonne administration de la justice qu'ils soient mis en cause ou que le juge d'appui recueille leurs observations par voie d'enquête[304]. Lorsque c'est le tribunal arbitral ou l'un des arbitres qui engage la procédure, la demande doit être dirigée contre toutes les parties au litige. Si la procédure est orale, pour des raisons tenant à la preuve des prétentions et moyens éventuellement présentés, il est recommandé de déposer des écritures à l'audience. Le juge d'appui jouit d'une grande liberté dans la désignation du ou des arbitres, sous réserve toutefois de respecter la volonté des parties. Il ne peut donc nommer un arbitre unique en présence de plusieurs conventions d'arbitrage ne lui conférant pas cette faculté[305]. De même, il doit respecter la volonté des parties lorsqu'elles ont convenu que les arbitres devraient présenter certaines qualités ou être choisis sur une liste de noms préalablement établie[306]. Le juge d'appui doit également

296. Cass. 1re civ., 10 mai 1995, *Rev. arb.* 1995, p. 605, note A. Hory.

297. En pratique, le tribunal arbitral exercera le plus souvent cette faculté pour solliciter une prorogation du délai de l'arbitrage que les parties ne lui ont pas accordée. Sur cette faculté, v. *infra*, n° 332.

298. TGI Paris (ord. réf.), 29 nov. 1989, *Rev. arb.* 1990, p. 525.

299. Cass. 2e civ., 19 mai 1999, *Rev. arb.* 1999, p. 593, note A. Hory.

300. L'article 485 CPC, auquel renvoie l'article 492-1 relatif à la procédure devant le juge qui statue « comme en matière de référé », prévoit en effet que le juge des référés est saisi par assignation.

301. Cass. 2e civ., 19 mai 1999, *Rev. arb.* 1999, p. 593, note A. Hory.

302. Cass. 2e civ., 19 mai 1999, préc.

303. TGI Paris (ord. req.), 22 févr. 1984, *Rev. arb.* 1985, p. 91. En faveur de cet assouplissement, v. aussi, Ph. Fouchard, « La coopération du Président du tribunal de grande instance à l'arbitrage », *Rev. arb.* 1985, p. 5, spéc. p. 35 ; A. Hory, note sous Cass. 2e civ., 19 mai 1999, *Rev. arb.* 1999, p. 593.

304. En application des articles 204 et s. CPC.

305. Cass. 2e civ., 16 mars 2000, *Bull. civ.* II, n° 45.

306. G. Pluyette, « La désignation d'un arbitre par le juge d'appui », préc., spéc. p. 715.

veiller à respecter l'égalité des parties dans la désignation des arbitres[307]. Il ne dispose donc pas du pouvoir d'imposer à plusieurs parties, défenderesses ou demanderesses, la désignation d'un seul arbitre[308]. Bien plus, si en même temps qu'elle conteste devoir désigner un arbitre, l'une des parties prend le soin d'en choisir un pour le cas où le juge estimerait que la clause n'est pas manifestement nulle ou insuffisante, celui-ci ne peut passer outre ce choix et nommer une autre personne en qualité d'arbitre[309]. La pratique révèle que pour satisfaire aux exigences de la règle précitée, le magistrat enjoint à la partie défaillante de nommer un arbitre, renvoie l'affaire à une audience ultérieure, et ne procède lui-même à la désignation qu'en cas de nouvelle carence de cette partie[310].

B. LA DÉCISION DU JUGE D'APPUI ET LES VOIES DE RECOURS

276 **Sens de la décision du juge d'appui.** En principe, le juge d'appui apprécie si les conditions de son intervention sont réunies pour compléter le tribunal arbitral. Il lui appartient donc, lorsque ce point est contesté, de décider si la convention d'arbitrage est manifestement nulle ou manifestement inapplicable. Mais dans un cas au moins, il est privé de ce pouvoir : lorsque le juge du fond, préalablement saisi par l'une des parties de la connaissance du litige, s'est déclaré incompétent en raison de l'existence de la convention d'arbitrage. Dans cette hypothèse en effet, il a été jugé que « le président du tribunal [se doit] de procéder à la nomination sollicitée »[311]. La solution s'explique principalement par la considération que le litige devant être soumis à l'arbitrage, le juge d'appui doit tenir compte de la modification de l'ordonnancement juridique créée par la décision du juge du fond[312] : pour ne pas exposer les parties à un déni de justice, puisque la juridiction étatique ne peut plus être saisie, il ne peut refuser de désigner un arbitre au motif que la convention d'arbitrage lui paraît manifestement nulle ou manifestement inapplicable[313].

277 **Autorité attachée à la décision du juge.** La décision du juge d'appui ne présente pas un caractère provisoire, comme une ordonnance de référé classique[314]. La demande est certes formée, instruite et jugée « comme en matière de référé », mais là s'arrête l'analogie avec le référé des articles 484 et suivants du Code de procédure civile. Il s'agit d'un référé

307. Sur le principe de l'égalité des parties, v. aussi *supra*, n° 263.

308. TGI Paris (ord. réf.), 29 oct. 1997, *Rev. arb.* 1998, p. 383, note J.-L. Delvolvé (la règle, rappelée en matière d'arbitrage international, est directement transposable dans l'arbitrage interne).

309. Cass. 1re civ., 8 juin 1999, *Rev. arb.* 2000, p. 116, note É. Loquin.

310. TGI Paris (ord. réf.), 8 oct. 2002, *Rev. arb.* 2003, p. 199, note L. Jaeger.

311. Cass. 2e civ., 24 juin 2004, *Bull. civ.* II, n° 311.

312. D. Foussard, « Retour sur l'excès de pouvoir en matière d'arbitrage : vers une consolidation des règles ? », *Rev. arb.* 2004, p. 803, spéc. n° 7-9.

313. La solution paraît en effet difficile à justifier par l'autorité de la chose jugée attachée à la décision d'incompétence du juge du fond, en ce que celle-ci renvoie « la connaissance du litige au tribunal arbitral ». En effet, même si l'article 1458, alinéa 2, CPC prévoit que ce juge doit se déclarer incompétent lorsqu'il est saisi avant l'arbitre « à moins que la convention d'arbitrage ne soit manifestement nulle », la condition d'identité de « chose demandée », requise pour invoquer une telle exception, fait ici défaut.

314. En ce sens, Ph. Bertin, « L'intervention des juridictions au cours de la procédure arbitrale », *Rev. arb.* 1982, p. 331, spéc. p. 335 ; Ph. Fouchard, « La coopération du Président du tribunal de grande instance à l'arbitrage », *Rev. arb.* 1985, p. 5, spéc. p. 35.

« procédural »[315], qui bénéficie d'un régime qui lui est propre, fixé à l'article 492-1° du Code de procédure civile, et qui emprunte au référé sa procédure, particulièrement simple, afin que, pour éviter la paralysie de l'arbitrage, le juge d'appui puisse statuer rapidement. L'ordonnance qui désigne un arbitre est donc assortie de l'autorité de la chose jugée « relativement aux contestations qu'elle tranche » et elle est « exécutoire à titre provisoire, à moins que le juge en décide autrement »[316]. De même, lorsque le juge d'appui a refusé de nommer un arbitre, sa décision s'impose aux parties qui ne peuvent le saisir à nouveau d'une demande de désignation[317]. Par exception toutefois, une nouvelle demande sera recevable lorsque des événements postérieurs à l'ordonnance du juge d'appui sont venus modifier la situation antérieurement reconnue en justice[318]. Ainsi, si le président du tribunal a refusé de nommer un arbitre au prétexte qu'il n'existait pas de litige entre les parties, il pourra à nouveau être saisi si un différend survient postérieurement à sa décision.

En théorie, l'autorité de la chose jugée attachée à la décision du juge d'appui ne devrait pas interdire au juge du contrôle d'annuler par la suite la sentence en jugeant irrégulière la constitution du tribunal arbitral[319]. En effet, il n'y a pas une identité d'objet entre la demande de désignation d'un arbitre et celle tendant à obtenir l'annulation de la sentence. La cour d'appel de Paris considère cependant que l'intervention du juge d'appui a consacré la régularité du tribunal arbitral, de sorte que la question ne peut plus être rejugée par le moyen du recours en annulation[320], sauf si des éléments nouveaux se sont révélés après son ordonnance[321]. La solution a été confirmée par la Cour de cassation[322]. En principe également, en raison de la règle de la triple identité de parties, de cause et d'objet énoncée à l'article 1351 du Code civil, et parce que l'autorité de la chose jugée n'est pas attachée aux motifs de la décision du juge[323], l'ordonnance du juge d'appui qui refuse de désigner un arbitre parce que la convention d'arbitrage est manifestement nulle ou manifestement inapplicable ne devrait pas empêcher le juge du fond, saisi par l'une ou l'autre des parties, de se déclarer incompétent en constatant, à l'inverse, que cette

315. Sur cette notion, v. notamment, J. Héron et Th. Le Bars, *Droit judiciaire privé*, LGDJ, 6e éd., 2015, n° 412, p. 338.

316. Art. 492-1.2° CPC. V. aussi, Ch. Jarrosson et J. Pellerin, « Le droit français de l'arbitrage après le décret du 13 janvier 2011 », *Rev. arb.* 2011, p. 5, spéc. n° 31, p. 25.

317. Cass. 2e civ., 30 avr. 2002, *Rev. arb.* 2002, p. 719. Certes, c'est uniquement ce qui a été tranché dans le dispositif de la décision judiciaire qui est assorti de l'autorité de la chose jugée, de sorte que l'ordonnance qui refuse de désigner un arbitre au motif que la clause compromissoire est manifestement nulle ou insuffisante, sans le préciser dans son dispositif, n'est pas assortie de l'autorité de la chose jugée sur ce point. Mais on peut admettre que la question a été implicitement tranchée dans le dispositif et qu'ainsi, le président du tribunal ne pourra plus être saisi d'une demande de désignation entre les mêmes parties (sur cette notion de dispositif implicite, v. notamment Cass. 2e civ., 7 mars 2002, *Bull. civ.* II, n° 34).

318. Sur cette exception générale à l'autorité de la chose jugée, v. notamment Cass. 2e civ., 6 mai 2010, *Bull. civ.* II, n° 88 ; Cass. soc., 18 févr. 2003, *Bull. civ.* V, n° 59.

319. Art. 1492.1° et 1492.2° CPC (sur ces griefs, v. *infra*, n° 540 et s.).

320. V. notamment, Paris, 3 mars 2005, *Rev. arb.* 2006. 446, note P. Callé ; Paris, 6 avr. 1990, *Rev. arb.* 1990, p. 880, note M. de Boisséson (récusation de l'arbitre) ; Paris, 10 nov. 2005, *Rev. arb.* 2006, p. 469 ; Paris, 8 mars 2001, *Rev. arb.* 2001, p. 567, obs. C. Legros (délai de l'arbitrage) ; v. *infra*, n° 333.

321. Paris, 3 mars 2005, préc. ; Paris, 6 avr. 1990, préc.

322. Cass. 1re civ., 4 nov. 2015, *Rev. arb.* 2015, p. 1230 ; Cass. 1re civ., 13 mars 2013, n° 12-20573, *Bull. civ.* I, n° 40 ; *Rev. arb.* 2013, p. 735, note V. Chantebout ; JCP G 2013, I, 784, n° 1, obs. Ch. Seraglini ; JCP G 2013, 465, note D. Mouralis ; *RTD civ.* 2013, p. 631, obs. P.-Y. Gautier ; *D.* 2016, Pan., p. 2936, obs. Th. Clay ; v. aussi : B. Haftel, « L'autorité de la chose jugée par le juge d'appui », *D.* 2016, p. 138 ; Ch. Jarrosson, « L'autorité de la chose jugée des décisions relatives à l'indépendance des arbitres », *Rev. arb.* 2016, p. 165.

323. Cass. 1re civ., 20 févr. 2007, *Bull. civ.* I, n° 66.

convention n'est pas manifestement nulle[324]. Il a cependant été justement observé qu'une telle application des règles gouvernant l'autorité de la chose jugée pourrait conduire à un déni de justice, les parties ne pouvant recourir ni au juge, ni à l'arbitre, pour trancher leur différend[325]. Dans cette situation, le juge du fond devrait dès lors accepter sa compétence.

278 **Les voies de recours.** Le régime des recours ouverts contre l'ordonnance du juge d'appui est, en apparence au moins, relativement simple[326]. De l'article 1460, alinéa 3, du Code de procédure civile, il résulte en effet que cette ordonnance n'est susceptible d'un appel que lorsque le président a déclaré n'y avoir lieu à désignation pour l'une des causes prévues par l'article 1455 du même code. En principe, la voie de l'appel n'est donc ouverte que contre l'ordonnance qui refuse de désigner un arbitre parce que la convention d'arbitrage est manifestement nulle ou manifestement inapplicable. Avant la réforme résultant du décret du 13 janvier 2011, l'appel devait être formé, instruit et jugé « comme en matière de contredit de compétence »[327]. Depuis le 1er mai 2011, l'article 1460, alinéa 2, du Code de procédure civile précisant que, devant le juge d'appui, la « demande est formée, instruite et jugée comme en matière de référé », de la combinaison des articles 490 et 492-1 du même code, il résulte que l'appel doit être formé dans le délai 15 jours à compter de la signification à partie de l'ordonnance du juge d'appui.

279 **Appel-nullité.** Le refus du juge d'appui de désigner un arbitre peut cependant être prononcé pour un autre motif que l'un de ceux énumérés par l'article 1455 du Code de procédure civile. Celui-ci peut par exemple estimer que l'une des conditions de son intervention, extérieure à la convention d'arbitrage, n'est pas réunie[328]. Dans cette hypothèse, comme d'ailleurs lorsque le juge accueille la demande de désignation de l'arbitre, la jurisprudence a admis, ce qui est au demeurant conforme au droit commun de la procédure civile, que l'ordonnance du juge d'appui est toujours susceptible de faire l'objet d'un appel-nullité, celui-ci n'étant toutefois recevable qu'en cas d'excès de pouvoir du juge[329]. Ce recours demeure ouvert après la réforme du 13 janvier 2011[330]. L'excès de pouvoir est par exemple caractérisé si le juge d'appui se prononce sur le périmètre de l'arbitrage et met hors de cause une partie, ou s'il subordonne sa saisine à un désaccord des parties dans des formes que n'exige pas le Code de

324. Art. 1448, al. 1, CPC.

325. A. Hory, note sous Cass. 2e civ., 10 mars 1993 et Paris, 16 avr. et 26 mai 1992, *Rev. arb.* 1993, p. 431, spéc. p. 440.

326. Sur lequel, v. L. Weiller, « Les recours contre les décisions du juge d'appui », *Rev. arb.* 2018, p. 15.

327. Art. 1457, al. 2, ancien CPC.

328. Sur ces conditions, v. *supra*, no 267 et s.

329. Cass. 1re civ., 22 sept. 2010, *Bull. civ.* I, no 175 ; Cass. 2e civ., 8 avr. 1998, *Bull. civ.* II, no 121.

330. Cass. 1re civ., 9 nov. 2016, *Rev. arb.* 2016, p. 1216 ; *JCP* G 2017, 1018, no 9, obs. J. Ortscheidt ; v. aussi, pour des arrêts rendus en matière d'arbitrage international, mais dont la solution est transposable en matière d'arbitrage interne : Paris, 24 mai 2016, *Rev. arb.* 2016, p. 649 ; *Cah. arb.* 2016, p. 641, note M. de Fontmichel ; *JCP* G 2017, 1018, no 9, obs. J. Ortscheidt ; *D.* 2016, Pan., p. 2589, obs. Th. Clay ; Cass. 1re civ., 25 juin 2014, JCP G 2014, I, 857, no 5, obs. J. Ortscheidt ; *Procédures* 2014, comm. 236, obs. L. Weiller. V. aussi : P. Chevalier, « Le nouveau juge d'appui », in *Le nouveau droit français de l'arbitrage*, Lextenso, 2011, p. 143, spéc. p. 158 ; Th. Clay, « Liberté, égalité, efficacité : la devise du nouveau droit français de l'arbitrage. Commentaire article par article », *JDI* 2012, p. 443, spéc. p. 489 ; Ch. Jarrosson et J. Pellerin, « Le droit français de l'arbitrage après le décret du 13 janvier 2011 », *Rev. arb.* 2011, p. 5, spéc. no 31, p. 25 ; E. Gaillard et P. de Lapasse, « Commentaire analytique du décret portant réforme du droit français de l'arbitrage », *Cah. arb.* 2011, p. 263, spéc. no 32.

procédure civile[331]. Ce recours est aussi ouvert contre l'ordonnance par laquelle le président du tribunal désigne un arbitre et qui « procède d'un excès de pouvoir »[332]. L'appel-nullité est ainsi recevable lorsque le président du tribunal de commerce désigne un arbitre alors que les parties ont confié cette prérogative au président d'un autre tribunal[333], ou quand le tribunal statue en formation collégiale alors que c'est son président qui est compétent[334]. De même, excède ses pouvoirs, ce qui rend le recours contre son ordonnance recevable, le juge d'appui qui nomme un arbitre unique en méconnaissance de la convention d'arbitrage[335]. L'excès de pouvoir du juge d'appui, qui ne se confond pas avec une simple erreur d'appréciation du droit ou des faits, ne peut en revanche résulter de ce qu'il a décidé, dans une situation donnée, qu'une convention d'arbitrage n'était pas manifestement nulle ou inapplicable[336].

Avant la réforme du 13 janvier 2011, la Cour de cassation avait décidé qu'il convenait d'appliquer les règles relatives à l'ancien contredit à l'appel-nullité de l'ordonnance du juge d'appui. Le délai de recours était donc celui du contredit, soit de 15 jours à compter du prononcé de l'ordonnance, conformément aux dispositions de l'article 82 du Code de procédure civile[337], sous réserve toutefois que le juge ait informé les parties de la date du prononcé, le jour de la clôture des débats[338]. En outre, l'appel-nullité devait être motivé et déposé, non au greffe de la cour d'appel, mais au secrétariat de la juridiction ayant rendu la décision[339]. Cette solution, parfois discutée[340], présentait le mérite de la simplicité et de la clarté. Elle soumettait à un régime uniforme l'ensemble des recours ouverts contre les ordonnances du juge d'appui, quelle que soit la nature du vice invoqué. Elle était en outre techniquement justifiée puisque la sanction de l'excès de pouvoir consiste à« restaurer le recours qui aurait eu vocation à s'appliquer à défaut d'interdiction »[341]. Pour toutes ces raisons, l'appel-nullité des ordonnances du juge d'appui devrait être soumis au délai de 15 jours prévu par l'article 490 du Code de procédure civile, auquel renvoie l'article 492-1 du même code lorsque le juge statue « comme en matière de référé ».

280 **Pourvoi en cassation.** La Cour de cassation a calqué le régime du pourvoi en cassation contre la décision de la cour d'appel sur celui du recours ouvert contre la décision du président du tribunal intervenant en qualité de juge d'appui. Par arrêt du 13 février 2019, la première chambre civile de la Cour de cassation a en effet relevé

331. Paris, 11 oct. 2016, *Rev. arb.* 2017, p. 544, note V. Chantebout.

332. Cass. 2e civ., 30 avr. 2002, *Rev. arb.* 2002, p. 719. Plus généralement, sur cette notion, v. D. Foussard, « Le recours pour excès de pouvoir dans le domaine de l'arbitrage », *Rev. arb.* 2002, p. 578 ; « Retour sur l'excès de pouvoir en matière d'arbitrage : vers une consolidation des règles ? », *Rev. arb.* 2004, p. 803, spéc. no 10-14.

333. Cass. 2e civ., 29 mars 1995, *Rev. arb.* 1995, p. 605, note A. Hory.

334. Cass. 1re civ., 10 mai 1995, *Rev. arb.* 1995, p. 605, note A. Hory.

335. Cass. 2e civ., 16 mars 2000, *Bull. civ.* II, no 45.

336. Cass. 1re civ., 19 déc. 2012, *Rev. arb.* 2013, p. 721, note M. Boucaron-Nardetto ; Cass. 1re civ., 30 oct. 2006, *Bull. civ.* I, no 442 ; Cass. 1re civ., 20 sept. 2006, *Bull. civ.* I, no 403.

337. Cass. 1re civ., 9 févr. 2011, no 09-71416 ; Cass. 2e civ., 10 juill. 2003, *Bull. civ.* II, no 235 ; JCP G 2004, I, 119, no 2, obs. J. Ortscheidt ; Cass. 2e civ., 21 janv. 1998, *Rev. arb.* 1998, p. 113. note A. Hory ; *RTD com.* 1998, p. 573, obs. É. Loquin.

338. Cass. 2e civ., 31 mai 2001, *Rev. arb.* 2002, p. 691.

339. Cass. 2e civ., 18 oct. 2001, *Rev. arb.* 2002, p. 695.

340. A. Hory, note sous Cass. 2e civ., 21 janv. 1998, *Rev. arb.* 1998.113, spéc. p. 116.

341. D. Foussard, « Le recours pour excès de pouvoir dans le domaine de l'arbitrage », *Rev. arb.* 2002, p. 578, spéc. no 4, p. 587.

« que les décisions de la cour d'appel qui, saisie de l'appel des ordonnances rendues par le président du tribunal en application de l'article 1454 du Code de procédure civile, statue dans la limite des pouvoirs dont celui-ci est investi, ne sont susceptibles de recours en cassation que lorsqu'elles déclarent n'y avoir lieu à désignation d'arbitre pour une des causes prévues à l'article 1455 du même code »[342]. Ainsi, même si l'appel était ouvert contre l'ordonnance présidentielle, parce que le juge avait déclaré n'y avoir lieu à désignation pour l'une des causes prévues par l'article 1455 du Code de procédure civile, cette circonstance ne permet pas de former ensuite un pourvoi en cassation, selon les cas d'ouverture du droit commun, si la cour d'appel, statuant elle-même en qualité de juge d'appui, dans les limites des pouvoirs dont celui-ci est investi, ne confirme pas l'ordonnance refusant de désigner l'arbitre au motif que la convention d'arbitrage est manifestement nulle ou manifestement inapplicable et procède au contraire à la désignation. Dans cette situation, comme l'ordonnance du juge d'appui n'est susceptible que d'un appel-nullité pour excès de pouvoir, le pourvoi n'est recevable, et fondé, que si la cour d'appel, statuant en qualité de juge d'appui, a elle-même commis un excès de pouvoir. Le pourvoi n'est ouvert, sans qu'il soit besoin de caractériser un excès de pouvoir de la cour d'appel, que si celle-ci a déclaré n'y avoir lieu à désignation d'arbitre pour l'une des causes prévues à l'article 1455 du Code de procédure civile, soit au motif que la convention d'arbitrage est manifestement nulle ou manifestement inapplicable. Cette analogie entre le régime de l'appel et du pourvoi n'allait pas nécessairement de soi puisque, d'une part, l'article 1460, alinéa 3, ne vise que les ordonnances rendues par le juge d'appui et que la cour d'appel ne statue pas par « ordonnance », d'autre part, le pourvoi est en principe ouvert contre toute décision judiciaire définitive et rendue en dernier ressort, sauf disposition expresse[343] et, enfin, toute restriction à l'exercice de ce droit doit être rigoureusement limitée aux cas particuliers pour lesquels elle a été édictée[344]. Mais la solution se comprend puisqu'en cas d'appel contre l'ordonnance du juge d'appui, la cour d'appel, par l'effet dévolutif, se prononce elle-même en qualité de juge d'appui, dans la limite des pouvoirs investis à ce juge. Il est donc rationnel que sa décision soit soumise au même régime, s'agissant des voies de recours, que l'ordonnance initiale rendue par le juge d'appui.

Cette solution ne devrait sans doute pas être étendue au pourvoi reprochant à la cour d'appel, statuant sur la recevabilité d'un appel-nullité, d'avoir écarté ou retenu l'excès de pouvoir du juge d'appui. Un pourvoi peut en effet être formé dans cette hypothèse sans avoir à imputer à la cour un excès de pouvoir ; il suffit de lui reprocher d'avoir improprement apprécié l'existence de cet excès de pouvoir pour se prononcer sur la recevabilité de l'appel-nullité[345].

342. Cass. 1re civ., 13 févr. 2019, *JCP* G 2019, 393, note J. Ortscheidt.

343. Cass. 1re civ., 25 avr. 1984, *Bull. civ.* I, n° 137.

344. Cass. 1re civ., 4 mai 1971, *Bull. civ.* I, n° 146.

345. V. par ex. : Cass. 1re civ., 13 déc. 2017, n° 16-22131, *Cah. arb.* 2017, p. 701, note H. Barbier ; *Rev. arb.* 2018, p. 370, note V. Chantebout ; Cass. 1re civ., 25 juin 2014, *JCP* G 2014, I, 857, n° 5, obs. J. Ortscheidt ; *Procédures* 2014, comm. 236, obs. L. Weiller ; Cass. 1re civ., 19 déc. 2012, *Rev. arb.* 2013, p. 721, note M. Boucaron-Nardetto ; Cass. 1re civ., 1er févr. 2012, n° 11-15346 ; Cass. 1re civ., 20 sept. 2006, *Bull. civ.* I, n° 403.

SECTION 3 L'ACCEPTATION DE LEUR MISSION PAR LES ARBITRES

281 Le tribunal arbitral n'est constitué qu'une fois leur mission acceptée par les arbitres (§ 1). Ce consentement donné, le contrat liant les parties à chacun des arbitres fait naître toute une série des droits et obligations pour ces derniers (§ 2).

§ 1. L'EXIGENCE D'UNE ACCEPTATION DE LEUR MISSION PAR LES ARBITRES

282 Le décret nº 2011-48 du 13 janvier 2011 portant réforme de l'arbitrage a éclairci la question de la date à laquelle le tribunal arbitral est constitué. Avant la réforme, l'article 1452 du Code de procédure civile prévoyait que « la constitution du tribunal arbitral n'est parfaite que si le ou les arbitres acceptent la mission qui leur est confiée ». L'article 1456, alinéa 1, du Code de procédure civile dispose aujourd'hui plus clairement que « le tribunal arbitral est constitué lorsque le ou les arbitres ont accepté la mission qui leur est confiée » et ajoute que, « à cette date, il est saisi du litige ». La précision est importante, parce qu'en principe, la durée de la mission du tribunal arbitral est limitée à six mois à compter de sa saisine, et non plus de la constitution du tribunal arbitral, et qu'il est permis de déroger à la règle selon laquelle le tribunal arbitral est saisi du litige dès sa constitution[346]. Le consentement de l'arbitre était et demeure donc une condition de constitution du tribunal arbitral (A). Il marque aussi la conclusion d'un contrat entre les parties et l'arbitre : le contrat d'arbitre (B).

A. LA CONSTITUTION DÉFINITIVE DU TRIBUNAL ARBITRAL

283 **Nécessité du consentement de l'arbitre.** La nécessité d'obtenir le consentement des arbitres pour parfaire la constitution du tribunal arbitral, posée par l'article 1452 ancien du Code de procédure civile, qui demeure applicable aux tribunaux arbitraux constitués jusqu'au 1er mai 2011[347], et par l'article 1456, alinéa 1, du même code, issu de la réforme de 2011, est la conséquence du caractère conventionnel de l'arbitrage. L'arbitre n'exerce pas sa mission juridictionnelle par délégation de l'État ; il en est investi par la volonté des parties et parce qu'il l'accepte. Ce n'est d'ailleurs pas la convention d'arbitrage, dont l'objet est de soumettre le litige à l'arbitrage, qui investit l'arbitre de sa mission juridictionnelle. Celui-ci n'y est pas partie, même si son nom peut y figurer[348]. Le contrat qui unit les parties à l'arbitre est « différent de celui qui lie les parties et qui fixe l'objet du litige »[349]. La désignation de l'arbitre par les parties

346. V. *infra*, nº 323.

347. Art. 3.2º du décret nº 2011-48 du 13 janvier 2011 portant réforme de l'arbitrage.

348. La convention d'arbitrage formalise parfois l'acceptation de sa mission par l'arbitre. Il en serait notamment ainsi en cas de signature d'un acte de mission avant le début de l'instance (v. *infra*, nº 318) qui vaudrait compromis et se substituerait à la clause compromissoire, et constatant l'acception de leur mission par les arbitres.

349. Paris, 23 sept. 1994, *Rev. arb.* 1996, p. 393, obs. Ph. Fouchard.

n'est donc que la première étape de la constitution du tribunal arbitral. Il n'est définitivement constitué, et l'instance arbitrale peut débuter, qu'une fois recueilli le consentement de tous les arbitres[350].

Il faut aussi noter que la solution posée par l'ancien article 1452, alinéa 2, du Code de procédure civile, qui prévoyait que l'arbitre qui supposait en sa personne une cause de récusation et en avait informé les parties ne pouvait accepter sa mission qu'avec l'accord de toutes les parties, n'ayant pas été reprise par le décret du 13 janvier 2011, la constitution du tribunal arbitral n'est, dans cette hypothèse, pas subordonnée à un nouvel accord des parties. L'article 1456, alinéa 3, du Code de procédure, dans sa rédaction issue de la réforme de 2011, civile ne permet plus à une partie d'opposer son veto à la nomination de l'arbitre dans une telle situation. En cas de différend sur le maintien de l'arbitre, « la difficulté est réglée par la personne chargée d'organiser l'arbitrage ou, à défaut, tranchée par le juge d'appui, saisi dans le mois qui suit la révélation ou la découverte du fait litigieux »[351]. L'instance arbitrale n'est cependant pas suspendue par la saisine du juge d'appui et peut donc se poursuivre. Le tribunal arbitral peut toutefois, dans cette hypothèse, user des pouvoirs qu'il tient de l'article 1472 du Code de procédure civile, et décider de surseoir à statuer jusqu'à la décision du juge.

284 **Forme du consentement de l'arbitre.** L'acceptation de sa mission par l'arbitre n'est soumise à aucune condition de forme. Elle n'a même pas à être expresse. Elle peut être tacite et résulter, par exemple, de l'accomplissement par l'arbitre d'actes de procédure[352]. Il faut simplement que son consentement soit dépourvu d'équivoque ou d'ambiguïté et qu'il soit porté à la connaissance des parties[353]. L'arbitre peut par exemple accepter sa mission dans un acte de mission[354] ou par courrier adressé à chacune des parties.

285 **Conséquences d'un refus de sa mission par l'arbitre.** Le refus d'accepter sa mission par l'arbitre empêche la constitution du tribunal arbitral. Selon les cas, les parties, le tiers chargé d'organiser l'arbitrage, les arbitres ou le juge d'appui devront alors choisir un autre arbitre. Avant la réforme du 13 janvier 2011, lorsque c'était par voie de compromis que les parties avaient soumis leur litige à l'arbitrage et que celui-ci précisait le nom du ou des arbitres, la conséquence d'un refus d'acceptation de sa mission par l'un d'eux était rigoureuse. L'article 1448 ancien du Code de procédure civile prévoyait en effet que, dans cette hypothèse, « le compromis est caduc ». En droit commun, la caducité, qui vient sanctionner un acte qui, bien que régulièrement formé, a ensuite perdu un élément essentiel à sa validité indépendamment de la volonté des parties, peut jouer aussi bien pour l'avenir que pour le passé[355]. En l'absence de texte précisant que la caducité du compromis était dépourvue d'effet rétroactif, puisque la condition à laquelle étaient subordonnés les effets de cette convention se trouvait à manquer par la décision de l'arbitre, les actes accomplis auparavant ne pouvaient pas être

350. Cass. 1re civ., 25 avr. 2006, *JCP* G 2006, I, 187, nº 3, obs. J. Béguin ; *Bull. civ.* I, nº 197 ; Cass. 1re civ., 30 mars 2004, *JCP* G 2004, I, 179, nº 8, obs. J. Ortscheidt ; *D.* 2004, somm., p. 3183, obs. Th. Clay ; *Rev. arb.* 2005, p. 977, note J. Pellerin.

351. V. *supra*, nº 241 et s.

352. Cass. 1re civ., 22 sept. 2010, *Bull. civ.* I, nº 176 ; *Rev. arb.* 2011, p. 152 (2e esp.), note J.-G. Betto et A. Reynaud ; *D.* 2010, Pan., p. 2933, obs. Th. Clay ; *Cah. arb.* 2011, p. 453, note L. Jaeger.

353. TGI Paris (ord. réf.), 28 oct. 1983, *Rev. arb.* 1985, p. 151.

354. Sur cet acte, v. *infra*, nº 318.

355. J. Ghestin, *Le contrat : formation*, LGDJ, 2e éd., nº 725, p. 862.

maintenus[356]. Ainsi, même si plusieurs arbitres avaient déjà accepté leur mission, non seulement le tribunal arbitral n'était pas constitué, mais au surplus, les actes effectués par eux étaient en principe privés d'effet. Les parties étaient à nouveau libres de soumettre leur différend au juge étatique, à moins d'accepter un nouveau compromis. Cela dit, pour tempérer la rigueur des effets d'un refus de sa mission par un arbitre, les parties pouvaient valablement prévoir que cette décision n'entraînerait pas la caducité de la convention, à l'exemple de la clause qui prévoit que l'instance arbitrale ne prend pas fin après le décès de l'arbitre[357]. La règle posée par l'article 1448, alinéa 2, ancien du Code de procédure civile n'a pas été reprise par le décret du 13 janvier 2011. On peut dès lors douter qu'elle soit reconduite par la jurisprudence[358]. À défaut d'accord des parties sur le choix d'un autre arbitre, la personne éventuellement chargée d'organiser l'arbitrage, ou à défaut le juge d'appui, devrait désigner l'arbitre, en application de l'article 1454 du Code de procédure civile[359].

B. LA FORMATION DU CONTRAT D'ARBITRE

286 **Existence et qualification du contrat.** La nature contractuelle des relations entretenues entre les parties et l'arbitre est depuis longtemps admise en droit français[360]. Elle est consubstantielle à l'arbitrage, mode de règlement des litiges qui repose presque entièrement sur le consensualisme. Entre l'arbitre et les parties se nouent donc « des liens conventionnels »[361]. D'un côté, les parties désignent un ou plusieurs arbitres, d'un commun accord. De l'autre, le ou les arbitres choisis acceptent de trancher le litige. Il existe donc autant de liens contractuels entre les parties et les arbitres qu'il y a d'arbitres : chacun d'eux est lié aux parties par un contrat. Les relations conservent leur caractère contractuel lorsque l'arbitre est désigné par un tiers, un centre d'arbitrage par exemple. Dans cette situation, plusieurs conventions se superposent : le contrat d'organisation de l'arbitrage, conclu entre les parties et le centre[362], le contrat passé entre le centre et l'arbitre[363] et celui qui lie ce dernier aux parties. De même, lorsque c'est le juge d'appui qui désigne l'arbitre, se substituant à l'une ou l'autre des parties, il agit en quelque sorte comme leur mandataire[364]. Il ne joue qu'un rôle d'intermédiaire, l'investiture de l'arbitre demeurant la chose des parties. Ce sont elles, et non l'État, qui sont conventionnellement liées à l'arbitre. Quant à la qualification de la relation contractuelle unissant l'arbitre aux parties, il ne peut s'agir d'un mandat : l'arbitre ne

356. *Contra* : M. de Boisséson, *Le droit français de l'arbitrage interne et international*, GLN Joly, 1990, spéc. n° 309, p. 265.

357. Art. 1464 ancien CPC. Sur cette question, v. aussi *infra*, n° 357.

358. Cette solution est cependant discutée, v *supra*, n° 156. *Contra* : E. Gaillard et P. de Lapasse, « Commentaire analytique du décret portant réforme du droit français de l'arbitrage », *Cah. arb.* 2011, p. 263, spéc. n° 18.

359. Pour une discussion plus détaillée sur cette proposition, v. *supra*, n° 156.

360. Sur cette question, v. notamment, Th. Clay, *L'arbitre*, Dalloz, Nouvelle Bibliothèque de Thèses, 2001, spéc. n° 590 et s., p. 475 et s.

361. Paris, 19 déc. 1996, *Rev. arb.* 1998, p. 121, note Ch. Jarrosson ; Paris, 4 mai 1988, *Rev. arb.* 1988, p. 657, note Ph. Fouchard. Certains contestent toutefois l'existence d'un contrat : P. Mayer, « Le mythe du contrat d'arbitre », in *Mélanges en l'honneur du professeur Bertrand Ancel*, Iprolex-LGDJ, 2018, p. 1181.

362. Sur ce contrat, v. *infra*, n° 288.

363. Sur ce contrat, v. *infra*, n° 291.

364. H. Motulsky, *Écrits. Études et notes sur l'arbitrage*, préf. B. Goldman et Ph. Fouchard, Dalloz, t. 2, 1974, spéc. p. 227.

représente pas les parties[365]. Il n'a pas pour mission de défendre les intérêts de la partie qui l'a désigné[366]. La convention se rapproche plus du contrat d'entreprise, l'arbitre supportant une obligation de faire en toute indépendance. Mais elle ne se confond pas avec lui, puisqu'en raison de son objet juridictionnel, l'arbitre n'accomplit pas un travail pour les parties uniquement. En définitive, cette convention, traditionnellement nommée « contrat d'arbitre »[367], ne se laisse enfermer dans aucune figure juridique contractuelle connue. Il s'agit d'un contrat *sui generis*[368] dont le régime a progressivement été dégagé par la pratique.

287 **Forme du contrat d'arbitre et juge compétent pour statuer sur sa validité.** Le contrat d'arbitre est un contrat consensuel. À moins que les parties n'en aient décidé autrement, dans la convention d'arbitrage notamment, sa conclusion n'est subordonnée à aucune formalité particulière. Un écrit n'est donc pas indispensable, même si, pour des raisons évidentes de preuve des obligations particulières souscrites, il est recommandé. En principe, le contrat d'arbitre ne se confond ni avec l'acte de mission, ni avec la convention d'arbitrage, qui a uniquement pour objet de soustraire le litige à la juridiction étatique pour le soumettre à l'arbitrage. Dans la pratique toutefois, le premier, s'il vaut compromis, peut constituer l'*instrumentum* du contrat passé entre les parties et l'arbitre, lorsque ce dernier y accepte sa mission. De la même façon, le compromis peut formaliser le contrat d'arbitre lorsque ce dernier y exprime son consentement à sa mission. C'est la juridiction du lieu du domicile de l'arbitre qui est compétente pour statuer sur la validité du contrat d'arbitre[369]. Si cette solution présente sans doute moins d'inconvénients en matière d'arbitrage interne qu'en matière d'arbitrage international[370], on peut lui reprocher d'éclater le contentieux pré-arbitral, qui relève en principe de la compétence du juge d'appui[371].

288 **Distinction du contrat d'arbitre et du contrat d'organisation de l'arbitrage.** Dans l'arbitrage institutionnel, c'est-à-dire lorsque les parties choisissent de confier l'organisation de l'arbitrage à une institution, les rapports entretenus entre les litigants et cette institution sont de nature contractuels[372]. L'institution d'arbitrage, en publiant son règlement et en offrant ses services, formule une offre permanente et ferme de

365. Cass. 2e civ., 3 juill. 1996, *Rev. arb.* 1996, p. 405, note Ph. Fouchard ; Ch. réunies, 15 mars 1838, *S.* 1838, I, 398.

366. Cass. 1re civ., 7 juin 2006, no 04-20633.

367. Sur l'origine de cette désignation, Th. Clay, *L'arbitre*, Dalloz, Nouvelle Bibliothèque de Thèses, 2001, spéc. no 612, p. 491.

368. Paris, 13 déc. 2001, *Rev. arb.* 2003, p. 1312 (2e esp., 2e déc.), note H. Lécuyer.

369. Cass. 1re civ., 28 mars 2013, JCP G 2013, 558, note M. de Fontmichel ; JCP G 2013, I, 784, obs. J. Ortscheidt ; *Procédures* 2013, comm. 186, obs. L. Weiller ; *D.* 2013, p. 929, et 2293, obs. S. Bollée ; *Cah. arb.* 2013, p. 1049, note A. Mourre et Ph. Pinsolle et avis P. Chevalier ; *RJDA* 2013, p. 723, note G. Pluyette ; *D.* 2013, Pan., p. 2936, obs. Th. Clay.

370. Sur lesquels, v. *infra*, no 795.

371. Sur la compétence du juge d'appui, v. *supra*, no 265 et s.

372. Sur cette question et plus largement, sur l'arbitrage institutionnel, v. notamment, Th. Clay, *L'arbitre*, préc., no 697 et s., p. 551 et s. ; P. Fouchard, « Les rapports entre l'arbitre et les parties et l'institution arbitrale », *Écrits. Droit de l'arbitrage. Droit du commerce international*, Comité français de l'arbitrage, 2007, p. 429 ; « Les institutions permanentes d'arbitrage devant le juge étatique (à propos d'une jurisprudence récente) », *Rev. arb.* 1987, p. 225 ; Ch. Jarrosson, « Le statut juridique de l'arbitrage administré », *Rev. arb.* 2016, p. 443 ; « Le rôle respectif de l'institution, de l'arbitre et des parties dans l'instance arbitrale », *Rev. arb.* 1990, p. 381 ; É. Loquin, « Arbitrage. Institutions d'arbitrage », *J.-Cl. Proc. Civ.*, fasc. 1002 ; A. Plantey, « Quelques observations sur l'arbitrage administré », *JDI* 1999, p. 731.

contracter[373]. Les parties, en manifestant leur volonté de voir leur arbitrage organisé par l'institution en question, acceptent cette offre et le règlement d'arbitrage s'incorpore alors à la convention d'arbitrage. La relation contractuelle qui naît entre les parties et le centre, qui se distingue du contrat d'arbitre, est usuellement qualifiée de « contrat d'organisation de l'arbitrage »[374]. Ce contrat est soumis aux règles du droit commun des contrats quant à ses conditions de formation[375]. Il faut cependant noter, puisqu'il s'agit là d'une particularité propre à l'arbitrage, qu'en présence d'une clause pathologique ne désignant pas avec une précision suffisante l'institution arbitrale compétente pour organiser l'arbitrage, le juge d'appui peut être saisi pour trancher la difficulté[376]. Un règlement d'arbitrage peut aussi prévoir qu'après avoir estimé *prima facie* que la convention d'arbitrage le désigne pour organiser l'arbitrage, le centre nomme un arbitre qui devra se prononcer notamment sur la régularité de son investiture[377]. Et la décision de l'arbitre sur ce point sera contrôlée par le juge de la régularité de la sentence.

289 **Droits et obligations nées du contrat d'organisation de l'arbitrage.** Comme le contrat d'arbitre[378], le contrat d'organisation de l'arbitrage fait peser des droits et obligations spécifiques sur les cocontractants. Les parties doivent respecter les stipulations du règlement d'arbitrage et les décisions de l'institution, notamment quant au versement des frais et honoraires[379]. En contrepartie, en plus des pouvoirs qui lui sont confiés par le Code de procédure civile en cas de litige lié à la constitution du tribunal arbitral[380], l'institution s'engage à organiser efficacement l'arbitrage, conformément à son règlement[381]. Elle doit aussi garantir le respect des règles inhérentes à la justice arbitrale, notamment le principe de la contradiction[382] et le principe d'égalité des parties[383]. L'institution supporte ainsi une obligation de moyens s'agissant de l'indépendance et de l'impartialité des arbitres[384]. Elle doit par ailleurs garantir la célérité de

373. Paris, 22 janv. 2009, *D.* 2009, somm., p. 2959 obs. Th. Clay ; *JDI* 2009, p. 617, note Th. Clay ; *Cah. arb.* 2010, p. 219, note Y. Derains et C. Schroeder ; *Rev. arb.* 2010, p. 314, note Ch. Jarrosson ; *RTD com.* 2010, p. 542, obs. É. Loquin ; JCP G 2009, I, 148, n° 12, obs. J. Ortscheidt.

374. Cass. 1re civ., 20 févr. 2001, *Bull. civ.* I, n° 39 ; *RCDIP* 2002, p. 124, note Ch. Seraglini ; *Rev. arb.* 2001, p. 511, note Th. Clay.

375. L'action en nullité de ce contrat est ainsi soumise à la prescription quinquennale de l'art. 1304 C. civ. (Cass. 1re civ., 20 févr. 2001, préc.).

376. V. *supra*, n° 260 et 268.

377. V. notamment, pour le règlement CCI, Paris, 7 févr. 2002, *Rev. arb.* 2002, p. 423, note Ph. Fouchard ; JCP G 2003, I, 105, n° 11, obs. J. Ortscheidt.

378. V. *infra*, n° 297.

379. Le TGI de Paris (TGI Paris (ord. réf.), 23 juin 1988, *Rev. arb.* 1989, p. 657 (3e esp.), note Ph. Fouchard) a énoncé « qu'en désignant le centre organisateur de l'arbitrage, les parties ont fait de son règlement la charte convenue et acceptée de la procédure, et par là même, ont confié à cette institution permanente la charge d'organiser les opérations d'arbitrage, en conformité à ses statuts et à son règlement ».

380. Art. 1451, 1452, 1453, 1454, 1456, al. 3, 1457, al. 2, 1458 CPC.

381. Paris, 22 janv. 2009, *D.* 2009, somm., p. 2959 obs. Th. Clay ; *JDI* 2009, p. 617, note Th. Clay ; *Cah. arb.* 2010, p. 219, note Y. Derains et C. Schroeder ; *Rev. arb.* 2010, p. 314, note Ch. Jarrosson ; *RTD com.* 2010, p. 542, obs. É. Loquin ; JCP G 2009, I, 148, n° 12, obs. J. Ortscheidt.

382. TGI Nanterre, 1er juill. 2010, *Cah. arb.* 2011, p. 401, note Ph. Stoffel-Munck ; *Cah. arb.* 2010, p. 1167, obs. A. Mourre et P. Pedone ; JCP G 2010, I, 1286, n° 8, obs. J. Ortscheidt.

383. TGI Paris, 19 déc. 2012, *Rev. arb.* 2014, p. 212.

384. Cass. 1re civ., 20 févr. 2001, *RCDIP* 2002, p. 124, note Ch. Seraglini ; *Rev. arb.* 2001, p. 511, note Th. Clay.

l'arbitrage[385]. Le manquement à ses obligations est susceptible d'être sanctionné par la responsabilité de l'institution[386].

290 **Date de conclusion du contrat d'organisation de l'arbitrage.** La question de la date exacte de la conclusion du contrat d'organisation de l'arbitrage demeure controversée. Selon certains, il est formé dès le moment où les parties ont désigné l'institution[387]. À cette date, l'institution n'est cependant pas encore informée de l'acceptation de son offre de contracter et les parties au contrat principal peuvent encore se rétracter. Plus sûrement, il faut considérer que le contrat est formé au moment où la requête d'arbitrage parvient à l'institution qui reçoit ainsi l'acceptation de son offre[388]. Tel n'est pourtant pas le système retenu par la cour d'appel de Paris[389], dans une espèce où, sa responsabilité étant mise en jeu, la Chambre de commerce internationale (CCI) opposait la clause exclusive de responsabilité figurant à l'article 34 de son règlement de 1998. Or, c'est en 1993 que les parties avaient conclu la clause compromissoire désignant la CCI, à une époque où le règlement de l'institution était celui de 1988. La Cour de Paris en déduit qu'en principe, le règlement applicable était celui de 1988, en vigueur au moment où l'offre permanente de contracter émise par la CCI avait été acceptée. Toutefois, elle a reconnu aux parties le droit de prévoir, dans la convention d'arbitrage, que le règlement applicable sera celui en vigueur au moment de la mise en œuvre de l'arbitrage. De plus, même en l'absence d'une telle précision, les parties peuvent ultérieurement se soumettre au règlement en vigueur au moment du déclenchement de l'arbitrage. En l'espèce, une telle volonté des parties a été déduite des multiples références faites, dans l'acte de mission, au règlement de 1998. Ainsi, s'agissant d'un contrat entre absents, dans le silence des parties, la cour de Paris retient la théorie de l'émission –le contrat est formé à la date où l'offre est acceptée– et non celle de la réception –le

385. Paris, 15 sept. 1998, *Rev. arb.* 1999, p. 103, note P. Lalive ; *JDI* 1999, p. 162, note É. Loquin ; TGI Paris, 21 mai 1997, *Rev. arb.* 1997, p. 417.

386. Cass. 1re civ., 20 févr. 2001, préc. V. aussi, TGI Nanterre, 1er juill. 2010, préc. ; Paris, 22 janv. 2009, préc. ; TGI Paris, 10 oct. 2007, *Rev. arb.* 2007, p. 847, note Ch. Jarrosson ; *D.* 2007, somm., p. 2916, note Th. Clay ; *LPA* 24 mars 2008, p. 32, note É. Loquin ; Paris, 15 sept. 1998, préc. ; TGI Paris, 21 mai 1997, préc.

387. Ph. Fouchard, E. Gaillard, B. Goldman, *Traité de l'arbitrage commercial international*, Litec, 1996, n° 1110, p. 619.

388. En ce sens, Ch. Jarrosson, « Le statut juridique de l'arbitrage administré », *Rev. arb.* 2016, p. 443, spéc. n° 11, p. 450 ; « Le rôle respectif de l'institution, de l'arbitre et des parties dans l'instance arbitrale », *Rev. arb.* 1990, p. 381 ; Th. Clay, *L'arbitre*, Dalloz, Nouvelle Bibliothèque de Thèses, 2001, n° 730, p. 568. En conséquence, en cas de modification du règlement de l'institution, le règlement applicable devrait en principe être celui en vigueur au jour de la saisine de l'institution. Certains règlements prévoient d'ailleurs des stipulations en ce sens : art. 1.1 du règlement AAA ; art. 6.1 du règlement CCI (2017), qui énonce que « lorsque les parties conviennent d'avoir recours à l'arbitrage d'après le règlement, elles se soumettent au règlement en vigueur à la date d'introduction de la procédure d'arbitrage, à moins qu'elles se soient convenues de se soumettre au règlement en vigueur à la date de leur convention d'arbitrage ». En pratique, ce règlement s'applique pour les procédures introduites à partir du 1er mars 2017, à moins que la convention d'arbitrage ne se réfère expressément à une version antérieure (sur cette question, v. notamment, sous l'empire du règlement de 1998, A. Reiner, « Le règlement d'arbitrage de la CCI version 1998 », *Rev. arb.* 1998, p. 25, spéc. p. 77). Pour le cas de la disparition ou de la transformation du centre d'arbitrage entre le moment de la conclusion de la clause compromissoire et celui de la survenance du litige, v. Paris, 25 mars 1999, *RTD com.* 1999, p. 656, obs. É. Loquin.

389. Paris, 22 janv. 2009, *D.* 2009, somm., p. 2959 obs. Th. Clay ; *JDI* 2009, p. 617, note Th. Clay ; *Cah. arb.* 2010, p. 219, note Y. Derains et C. Schroeder ; *Rev. arb.* 2010, p. 314, note Ch. Jarrosson ; *RTD com.* 2010, p. 542, obs. É. Loquin ; JCP G 2009 I. 148, n° 12, obs. J. Ortscheidt.

contrat est formé lorsque le pollicitant est informé de l'acceptation[390]. Cette solution présente l'avantage de ne pas imposer aux parties le respect d'un règlement qui n'était pas celui de l'institution à l'époque où elles l'ont choisie.

291 **Distinction du contrat d'arbitre et du contrat de collaboration arbitrale.** Le contrat d'arbitre est la convention liant l'arbitre aux parties. Lorsque l'organisation de l'arbitrage a été confiée à une institution, un autre lien de nature contractuelle se noue entre l'institution d'arbitrage et l'arbitre. Par ce « contrat de collaboration arbitrale »[391], l'arbitre qui accepte sa mission s'engage notamment à respecter les dispositions du règlement d'arbitrage. L'institution s'oblige, de son côté, à permettre à l'arbitre de remplir la mission pour laquelle il a été désigné[392].

§ 2. LES CONSÉQUENCES DE L'ACCEPTATION SUR LES DROITS ET OBLIGATIONS DE L'ARBITRE

292 L'acceptation de sa mission par l'arbitre n'a pas seulement des effets sur le lien d'instance[393]. La nature juridictionnelle de la mission confiée à l'arbitre et le contrat qui le lie aux parties une fois son consentement donné, font naître certains droits à son profit (A), en contrepartie desquels il supporte toute une série d'obligations (B).

A. LES DROITS DE L'ARBITRE

293 À côté de ceux qu'il peut le cas échéant tirer des stipulations d'un règlement d'arbitrage, l'arbitre bénéfice toujours de droits inhérents, d'une part, à la nature juridictionnelle de sa mission (1) et, d'autre part, au caractère conventionnel de sa relation avec les parties (2).

1. Les droits inhérents à la mission juridictionnelle

294 **Immunité de l'arbitre.** Si l'on veut qu'un juge puisse exercer ses pouvoirs avec indépendance et impartialité, il faut le mettre à l'abri du ressentiment de parties insatisfaites par le sens de sa décision. Sa responsabilité personnelle, pour des faits tenant à l'exercice de sa mission juridictionnelle, ne doit pouvoir être engagée que de manière très exceptionnelle. L'arbitre étant un juge, pour qu'il puisse exercer ses fonctions en toute sérénité, il doit donc être protégé contre les actions intempestives de parties mécontentes. Il ne doit notamment pas pouvoir se voir reprocher d'avoir mal jugé une affaire[394]. Aussi, indépendamment des clauses limitatives de responsabilité pouvant figurer dans les règlements d'arbitrage, la jurisprudence française a-t-elle consacré une

390. V. obs. J. Ortscheidt, *ibid.*

391. Sur lequel, v. Th Clay, *L'arbitre*, Dalloz, Nouvelle Bibliothèque de Thèses, 2001, n° 741 et s., p. 575 et s.

392. Pour une analyse détaillée des droits et obligations de l'arbitre et de l'institution, v. Th Clay, *L'arbitre*, préc., n° 902 et s., p. 687 et s.

393. V. *infra*, n° 315.

394. Ph. Fouchard, « Le statut de l'arbitre dans la jurisprudence française », *Rev. arb.* 1996, p. 325, spéc. n° 66 et s., p. 358 et s.

immunité de principe au profit de l'arbitre : il est protégé du reproche qui pourrait lui être fait d'avoir mal jugé une affaire, d'avoir commis une simple erreur de raisonnement[395]. Mais cette immunité n'est pas totale. Dans un arrêt du 15 janvier 2014, la Cour de cassation, après avoir constaté que « la critique fondée sur la prétendue méconnaissance de l'autorité de la chose jugée, à laquelle se rattache celle concernant la poursuite de l'instance arbitrale, tendant à remettre directement en cause le contenu des sentences rendues, et partant l'exercice de la fonction juridictionnelle des arbitres », a relevé, notamment, que c'est à bon droit que la cour d'appel, qui a « exclu l'existence d'un manquement des arbitres à leur obligation d'impartialité et de bonne foi, a écarté leur responsabilité en l'absence de preuve de faits propres à caractériser une faute personnelle équipollente au dol ou constitutive d'une fraude, d'une faute lourde ou d'un déni de justice »[396]. L'immunité de l'arbitre dans l'exercice de ses pouvoirs juridictionnels connaît donc une limite : il peut être tenu pour responsable des conséquences dommageables de sa mission juridictionnelle qui résultent de sa fraude, de son dol, d'une faute intentionnelle ou d'une faute lourde, d'un déni de justice ou encore de sa faute pénale[397]. La faute lourde est notamment celle qui révèle un « manquement incompatible avec la fonction juridictionnelle »[398]. Bien plus, l'arbitre ne dispose pas d'une immunité de principe lorsque lui sont reprochées des fautes contractuelles, soit des fautes liées à l'exécution du contrat d'arbitre[399]. Il est par exemple responsable des conséquences de l'annulation de la sentence résultant de sa méconnaissance de l'obligation de révéler les faits susceptibles de faire douter de son indépendance ou de son impartialité[400].

295 **Empêchement, abstention et démission de l'arbitre.** L'arbitre n'est pas tenu de poursuivre sa mission jusqu'à son terme lorsqu'il en est empêché pour des raisons qui lui sont extérieures : maladie, incapacité juridique... À la condition de pouvoir se prévaloir d'une « cause légitime », comme le précise l'article 1457, alinéa 1er, du Code de procédure civile, l'arbitre dispose aussi du droit de démissionner et de s'abstenir en cours d'instance, c'est-à-dire, dans cette seconde hypothèse, de renoncer à exercer sa mission, par exemple parce qu'est survenue une circonstance susceptible d'affecter, aux yeux des parties, son indépendance ou son impartialité. Tous ces droits, évoqués par l'article 1457, alinéa 1er, précité, dans sa rédaction issue du décret du 13 janvier 2011, sont directement liés à la nature juridictionnelle de la mission de l'arbitre, qui exige

395. V. notamment, Paris, 1er mars 2011, *D.* 2011, Pan., p. 3023, obs. Th. Clay ; TGI Paris 13 juin 1990 et Paris, 22 mai 1991, *Rev. arb.* 1996, p. 476.

396. Cass. 1re civ., 15 janv. 2014, *Rev. arb.* 2016, p. 493, note J.-S. Borghetti ; *Cah. arb.* 2014, p. 299, note L. Aynès ; *Cah. arb.* 2015, p. 313, note M. Henry ; JCP G 2014, I, 231, avis P. Chevalier ; JCP G 2014, I, 255, note É. Loquin ; JCP *G* 2014, I, 857 no 2, obs. J. Ortscheidt ; *D.* 2014, Pan., p. 2541, obs. Th. Clay.

397. Sur cette question, v. aussi : Th. Clay, *L'arbitre*, Dalloz, Nouvelle Bibliothèque de Thèses, 2001, spéc. no 578, p. 465 ; Ph. Stoffel-Munck, « La responsabilité de l'arbitre », *Rev. arb.* 2017, p. 1123. Un arrêt rendu le 12 oct. 1995 par la cour d'appel de Paris (*Rev. arb.* 1999, p. 324, note Ph. Fouchard) avait auparavant été interprété comme ayant assoupli les conditions dans lesquelles la responsabilité de l'arbitre peut être retenue. La juridiction a en effet relevé que « l'arbitre ne peut se soustraire aux principes de responsabilité du droit commun en imposant [...] la preuve d'une faute lourde qu'il aurait commise ; que la responsabilité de l'arbitre à l'égard des parties peut donc être engagée pour tout manquement à ses obligations positives ».

398. Paris, 22 mai 1991, préc.

399. Sur le contrat d'arbitre, v : *supra*, no 286 et s.

400. V. *supra*, no 246.

certaines qualités qui peuvent disparaître au cours de l'instance arbitrale. L'arbitre doit donc pouvoir mettre un terme à sa mission lorsqu'il constate qu'il ne les réunit plus. Ainsi, il peut s'abstenir lorsqu'une cause de récusation se révèle pendant la procédure arbitrale. Il doit pareillement pouvoir être autorisé à renoncer à sa mission s'il apparaît qu'il se trouve dans l'impossibilité, pour une raison médicale notamment, de l'exercer correctement, puisqu'il s'agit là d'une « cause légitime », au sens du texte précité. Bien plus, il apparaît aussi légitime de lui offrir le droit de démissionner ou de s'abstenir en cas de comportement condamnable des autres arbitres auquel il ne voudrait pas être associé[401]. Bien entendu, ce droit de l'arbitre de démissionner ou de s'abstenir n'est pas discrétionnaire. En raison de la gravité des conséquences de ces deux actes, qui suspendent l'instance arbitrale[402], ce qui peut considérablement accroître le coût et la durée de la procédure, la responsabilité de l'arbitre peut être engagée si son abstention ou sa démission est abusive[403].

296 **Liberté de jugement de l'arbitre.** Le principe fondamental d'indépendance de l'arbitre n'est pas uniquement constitutif d'obligations pour lui ; il est également source de droits. Lorsque le tribunal arbitral est composé de plusieurs membres, l'arbitre peut en effet exprimer sa propre opinion sur le litige, en toute indépendance de celles des autres arbitres. Au moins deux voies s'offrent alors à lui pour faire part de son désaccord. L'arbitre peut d'abord refuser de signer la sentence[404]. Celle-ci doit alors mentionner ce refus, à peine de nullité[405]. Ce procédé devrait cependant être réservé aux situations dans lesquelles le désaccord de l'arbitre ne se limite pas à la solution sur le fond du litige. Puisqu'il est prévu que la sentence est rendue à la majorité des voix[406] et qu'elle doit être signée par tous les arbitres[407], la signature de l'arbitre ne vaut pas accord sur la solution qu'elle consacre[408]. L'arbitre ne devrait dès lors refuser de signer la sentence que dans des situations exceptionnelles : s'il veut signifier sa désapprobation sur la conduite de l'instance[409], si la solution retenue heurte la morale ou, comme pour l'abstention, si les autres arbitres ont adopté un comportement répréhensible. Au-delà du refus de signature, l'arbitre peut exprimer son désaccord en demandant que la sentence précise qu'elle n'a pas été rendue à l'unanimité, ce qui ne porte pas atteinte au secret du délibéré[410]. Dans cette hypothèse, il est en effet impossible de déterminer la position de chacun des arbitres. En revanche, même si aucun texte ne condamne directement cette pratique, compte tenu de cette obligation au secret du délibéré, posée par l'article 1479 du Code de procédure civile, qui a repris la règle qu'énonçait

401. *Contra*, Th. Clay, *L'arbitre*, Dalloz, Nouvelle Bibliothèque de Thèses, 2001, n° 788, p. 609.

402. Sur ces causes de suspension de l'instance, v. *infra*, n° 357.

403. Paris, 1er juill. 1997, *Rev. arb.* 1998, p. 131, note D. Hascher ; TGI Paris, 15 févr. 1995, *Rev. arb.* 1996, p. 503 et la note de Ph. Fouchard, « Le statut de l'arbitre dans la jurisprudence française », *Rev. arb.* 1996, p. 325, spéc. n° 80 et s., p. 364 et s. V. aussi : Th. Clay, *L'arbitre*, préc., n° 786 et s., p. 607 et s. ; E. Gaillard et P. de Lapasse, « Commentaire analytique du décret portant réforme du droit français de l'arbitrage », *Cah. arb.* 2011, p. 263, spéc. n° 43.

404. Art. 1480, al. 3 CPC (ancien art. 1473 CPC).

405. Art. 1483, al. 1, CPC. V. aussi, sous l'empire des textes antérieurs à la réforme de 2011, Paris, 28 mai 1998, *Rev. arb.* 1999, p. 858, obs. J. Pellerin. Sur l'exigence de signature de la sentence, v. *infra*, n° 446.

406. Art. 1480, al. 1 CPC (ancien art. 1470 CPC).

407. Art. 1480, al. 2 CPC (ancien art. 1473 CPC).

408. Ch. Jarrosson, note sous Paris, 15 oct. 1991, *Rev. arb.* 1991, p. 643, spéc. n° 7, p. 647.

409. Ch. Jarrosson, note préc.

410. Sur cette question, v. *infra*, n° 440.

l'article 1469 issu de la réforme de 1980, l'arbitre ne peut pas exiger que la sentence fasse état de son opinion dissidente[411]. Ce faisant, l'arbitre en viendrait en effet nécessairement à exposer l'opinion majoritaire et donc, corrélativement, la position prise par les autres arbitres[412].

2. Les droits conventionnels

297 **La rémunération de l'arbitre.** Si traditionnellement, il est admis que la rémunération de l'arbitre ne constitue pas une condition de validité du contrat d'arbitre, parce qu'il serait par nature gratuit[413], elle est le plus souvent prévue. En pratique, l'onérosité constitue même la règle. Les parties sont alors tenues de régler les honoraires qu'elles se sont engagées à verser à l'arbitre. Et il a été jugé que leur obligation à la dette est solidaire, indépendamment même de toute stipulation la prévoyant[414], la mission de l'arbitre étant exécutée dans l'intérêt commun des litigants, ce qui fait ainsi écho aux dispositions de l'article 2002 du Code civil. L'arbitre peut contraindre les parties à le payer en les poursuivant devant le juge[415]. La fixation du montant des honoraires de l'arbitre relevant du contrat d'arbitre[416], l'éventuel litige qui pourrait naître quant à leur paiement ou à leur montant doit être soumis à la juridiction de droit commun, le juge de l'annulation étant incompétent[417]. De la même façon, ce litige n'entre pas dans la sphère de compétence du juge d'appui. En outre, compte tenu du fondement contractuel de la rémunération de l'arbitre, celui-ci ne peut en fixer le montant seul dans la sentence arbitrale, pour se constituer un titre[418]. La sentence serait sur ce point précis dépourvue de l'autorité de la chose jugée[419]. L'arbitre peut uniquement y trancher la question de la répartition du montant des honoraires entre les parties[420]. Il n'existe aucune règle, aucun barème pour déterminer le montant de la rémunération de l'arbitre. La liberté des parties au contrat d'arbitre est

411. J.-D. Bredin, « Le secret du délibéré arbitral », in *Études offertes à P. Bellet*, Litec, 1991, p. 71, spéc. n° 12.

412. J.-F. Poudret, « Légitimité et opportunité de l'opinion dissidente dans le silence de la loi ? Poursuite d'un débat amical », in *Liber Amicorum Claude Reymond autour de l'arbitrage*, Litec, 2004, p. 243, spéc. p. 251. V. aussi *infra*, n° 441.

413. P. Level, « Brèves réflexions sur l'office de l'arbitre », in *Nouveaux juges, nouveaux pouvoirs ? Mélanges en l'honneur de R. Perrot*, Dalloz, 1996, p. 259, spéc. n° 11, p. 268. *Contra*, H. Lécuyer, note sous TGI Paris, 25 nov. 1999, TGI Sens 28 avr. 2000 et Paris, 13 déc. 2001, *Rev. arb.* 2003, p. 1312, spéc. p. 1327.

414. Paris, 13 déc. 2001, *Rev. arb.* 2003, p. 1312 (2e esp., 2e déc.), note H., Lécuyer. V. aussi, Th. Clay, *L'arbitre*, Dalloz, Nouvelle Bibliothèque de Thèses, 2001, n° 887 et s., p. 676 et s. ; Ch. Jarrosson, note sous Paris, 19 déc. 1996, *Rev. arb.* 1998, p. 121, spéc. n° 11, p. 128. V., en matière d'arbitrage international : Cass. 1re civ., 1er févr. 2017, *D.* 2017, p. 2054, obs. L. d'Avout ; *D.* 2017, Pan., p. 2559, obs. Th. Clay ; RTD civ. 2017, p. 394, obs. H. Barbier ; RTD civ. 2017, p. 421, obs. P.-Y. Gautier ; JCP G 2017, II, 339, note S. Bollée ; *Rev. arb.* 2017, p. 483, note Ch. Jarrosson ; *Cah. arb.* 2017, p. 709, note Ph. Stoffel-Munck.

415. Reims (ord. 1er prés.), 16 déc. 1999, *Rev. arb.* 2000, p. 316, note Th. Clay, qui précise que l'arbitre n'étant pas un auxiliaire de justice, la procédure de taxation de l'article 719 du CPC est inapplicable.

416. Paris 13 déc. 2001, préc.

417. Paris, 25 nov. 1997, *Rev. arb.* 1998, p. 684, note G. Bolard.

418. Paris, 19 déc. 1996, *Rev. arb.* 1998, p. 121, note Ch. Jarrosson ; Cass. 2e civ., 28 oct. 1987, *Rev. arb.* 1988, p. 149, note Ch. Jarrosson.

419. TGI Paris, 25 nov. 1999, *Rev. arb.* 2003, p. 1312 (1re esp.), note H. Lécuyer ; *D.* 2003, somm., p. 2475, obs. Th. Clay ; Cass. 2e civ., 28 oct. 1987, *Rev. arb.* 1988, p. 149, note Ch. Jarrosson.

420. Sur cette question, v. *infra*, n° 471.

entière. Simplement, si les honoraires sont excessifs, disproportionnés au regard de la prestation réalisée, ils pourront être révisés par le juge, selon les règles du droit commun[421]. De plus, l'arbitre qui n'a pas correctement exécuté ses obligations ne devrait pas pouvoir obtenir le paiement de la totalité de ses honoraires. En revanche, sa rémunération ne doit pas être liée au sort de la sentence[422]. Les honoraires convenus ne devraient donc pas être réduits simplement parce que la sentence a été annulée, sauf, bien entendu, faute personnelle de l'arbitre[423]. L'arbitre peut d'ailleurs prétendre au règlement de son travail même si aucune sentence n'a été rendue parce que l'instance arbitrale s'est éteinte avec la démission d'un autre arbitre[424]. Quant au régime fiscal de sa rémunération, il s'inscrit dans les règles du droit commun. En principe, pour déterminer si les honoraires de l'arbitre sont soumis à la taxe sur la valeur ajoutée, il faut vérifier si la partie qui les règle est ou non assujettie à cette taxe et si elle réside en France ou dans un autre pays de l'Union européenne[425]. La situation la plus simple est celle de l'arbitre et de la partie établis en France : les honoraires sont assujettis à la TVA française. En revanche, si l'arbitre est établi en France et la partie dans un autre État, il faut distinguer selon que celle-ci est ou non assujettie à la TVA et qu'elle réside dans un État de l'Union ou dans un État tiers. En premier lieu, lorsque la partie n'est pas assujettie à la TVA, les honoraires sont soumis à la TVA française. En deuxième lieu, lorsque la partie est assujettie à la TVA et qu'elle est établie dans un pays de l'Union européenne, les honoraires de l'arbitre sont soumis à la TVA de ce pays, par un mécanisme d'auto-liquidation de la taxe : la partie la calcule et l'acquitte sur la base d'une facture hors taxe de l'arbitre. En troisième lieu, si la partie est établie dans un pays extérieur à l'Union, la prestation est détaxée. La situation n'est pas la même lorsque l'arbitre est établi à l'étranger. Dans cette hypothèse, si la partie est établie en France et si elle est assujettie à la TVA, alors, les honoraires de l'arbitre supportent toujours la TVA française, selon le régime de l'auto-liquidation, soit sur la base d'une facturation hors taxe. Si la partie en France n'est pas assujettie à la TVA, la prestation est facturée avec la TVA française si l'arbitre réside dans un pays de l'Union européenne et est détaxée s'il est établi dans un pays extérieur à l'Union. En plus de la TVA, les honoraires de l'arbitre sont également soumis à l'impôt sur le revenu dans la catégorie des bénéfices non commerciaux si celui-ci est un résident fiscal français.

421. En ce sens, TGI Paris, 25 nov. 1999, préc. ; Paris, 19 déc. 1996, préc. Ces décisions s'inscrivent dans un courant jurisprudentiel plus large qui autorise le juge à réviser la rémunération de l'avocat (Cass. 1re civ., 3 mars 1998, *JCP* G 1998, II, 10115), celle de l'expert-comptable (Cass. 1re civ., 3 juin 1986, *JCP* G 1987, II, 20591), celle de l'entrepreneur (Cass. 1re civ., 18 nov. 1997, *RTD civ.* 1998, p. 402, note P.-Y. Gautier), celle d'une société de gestion (Cass. com., 2 mars 1993, *Bull. civ.* IV, n° 83) et celle du mandataire (Cass. 1re civ., 16 juin 1998, *Bull. civ.* I, n° 211).

422. Ph. Fouchard, « Le statut de l'arbitre dans la jurisprudence française », *Rev. arb.* 1996, p. 325, spéc. n° 92, p. 371.

423. Sur la nature de cette faute, v. *supra*, n° 294.

424. Paris, 13 déc. 2001, préc.

425. G. Blanluet, « Le nouveau régime de la TVA sur les honoraires d'arbitrage », *Rev. arb.* 2010, p. 682. Pour les règles applicables avant le 1er janvier 2010, v. G. Blanluet, « La fiscalité des rémunérations des arbitres », *Rev. arb.* 2001, p. 345, spéc. n° 14, p. 354 ; J.-P. Le Gall, « Les honoraires d'arbitrage au regard du droit fiscal communautaire (à propos de l'arrêt Von Hoffmann de la CJCE) », *Rev. arb.* 1998, p. 83, spéc. n° 12, p. 91.

298 **Les frais de l'arbitrage.** Les frais de l'arbitrage sont en principe supportés par les parties[426]. Outre les éventuels frais de location de locaux et les dépenses de secrétariat, ces frais sont parfois particulièrement élevés si l'arbitre doit se déplacer ou si des mesures d'instruction (expertise, auditions de témoins...) sont organisées. L'obligation de payer les frais de l'arbitrage n'étant pas inhérente à la mission juridictionnelle de l'arbitre, dès lors qu'il n'est pas le mandataire des parties[427], il est prudent de prévoir que ces frais seront supportés par celles-ci, en plus du versement des honoraires. À défaut, elles pourraient soutenir que la rémunération de l'arbitre, forfaitaire, est supposée couvrir tous les frais qu'il a exposés pour remplir sa mission.

299 **Les provisions sur frais et honoraires**. Il est de pratique courante que les parties versent une ou plusieurs provisions, en début puis au cours de l'instance arbitrale. Celles-ci permettent de couvrir tout ou partie des frais de l'arbitrage et de la rémunération des arbitres. Dans l'arbitrage institutionnel, le règlement d'arbitrage contient parfois des stipulations relatives à l'obligation des parties de verser des provisions, qui prévoient la sanction applicable en cas de refus de paiement. À titre d'exemple, le règlement d'arbitrage de l'Association française d'arbitrage prévoit, en son article 7, § 3, que « le versement de la provision, et éventuellement des compléments de provision, est effectué par les parties par parts égales » et qu'en « cas de défaillance ou de refus de l'une des parties de verser la part qui lui incombe, l'autre ou les autres parties peuvent se substituer à la partie défaillante ». Et il ajoute qu'à « défaut, la procédure arbitrale sera considérée comme abandonnée en ce qui concerne les demandes pour lesquelles la provision n'aura pas été versée ». On peut aussi trouver des stipulations en ce sens dans l'arbitrage *ad hoc*, notamment dans l'acte de mission[428]. Il peut ainsi être valablement prévu que le défaut de paiement de la provision produira les effets d'un désistement[429]. Mais, même lorsque rien n'a été arrêté sur ce point, les parties supportent une obligation conjointe de participer au paiement des provisions nécessaires au bon déroulement de l'instance. Celle-ci est directement liée à leur obligation, plus générale, de concourir avec loyauté à l'organisation et au bon déroulement de

426. Th. CLAY, *L'arbitre*, Dalloz, Nouvelle Bibliothèque de Thèses, 2001, spéc. n° 872, p. 664 et les références citées. V. aussi, J. ORTSCHEIDT, *La réparation du dommage dans l'arbitrage commercial international*, préf. E. GAILLARD, Dalloz, Nouvelle Bibliothèque de Thèses, 2001, spéc. n° 749 et s., p. 346 et s.

427. V. *supra*, n° 286.

428. Sur cet acte, v. *infra*, n° 318.

429. Cass. 2e civ., 26 janv. 1994, *Rev. arb.* 1995, p. 443. Il faut toutefois noter qu'en matière d'arbitrage international, la cour d'appel de Paris avait annulé une sentence arbitrale, sur le fondement des articles 1520.4° (principe de la contradiction) et 1520.5° (contrariété de la solution à l'ordre public international) du Code de procédure civile, qui, faisant application de la décision de la Cour internationale d'arbitrage de la CCI, qui avait mis en œuvre les pouvoirs qu'elle tire du règlement d'arbitrage CCI, n'avait pas examiné la demande reconventionnelle du défendeur, placé en liquidation judiciaire en Espagne, faute de paiement de sa part de provision de frais et honoraires d'arbitrage (Paris, 17 nov. 2011, *D.* 2011, p. 3023, obs. Th. CLAY ; *JDI* 2012, p. 2, note X. BOUCOBZA et Y.-M. SERINET ; *Cah. arb.* 2012, p. 159, note D. COHEN ; JCP G 2012, I, 843, n° 6, obs. Ch. SERAGLINI ; *Rev. arb.* 2012, p. 387, et l'article de F.-X. TRAIN, p. 267). Cet arrêt a été, fort heureusement, censuré par la Cour de cassation aux motifs « que, si le refus par le tribunal arbitral d'examiner les demandes reconventionnelles peut être de nature à porter atteinte au droit d'accès à la justice et au principe d'égalité entre les parties, c'est à la condition que celles-ci soient indissociables des demandes principales » et que la cour d'appel « n'a pas recherché, comme il le lui était demandé, si tel était le cas en l'espèce » (Cass. 1re civ., 28 mars 2013, *Rev. arb.* 2013, p. 746, note F.-X. TRAIN ; JCP G 2013, Act. 408, obs. J. BÉGUIN, et 559, note J. BÉGUIN et H. WANG ; *Cah arb.* 2013, p. 479, note A. PINNA, et 585, note d'audience av. gén. P. CHEVALIER ; *Procédures* 2013. 189, note L. WEILLER ; JCP G 2013, I, 784, n° 4, obs. Ch. SERAGLINI ; *D.* 2013, Pan., p. 2936, obs. Th. CLAY).

l'arbitrage[430], aujourd'hui consacrée par l'article 1464, alinéa 3, du Code de procédure civile. Indépendamment de toute stipulation conventionnelle, une partie peut donc être contrainte de payer sa part de provision des frais de l'arbitrage et honoraires des arbitres. Plusieurs autorités sont alors susceptibles de connaître d'une demande en ce sens. Il peut s'agir du tribunal arbitral, lorsqu'il est constitué[431]. Il peut aussi s'agir du juge des référés lorsque le tribunal arbitral n'est pas constitué et que la condition d'urgence se trouve remplie[432]. Enfin, une fois le tribunal arbitral constitué, le juge d'appui devrait également pouvoir être saisi par les arbitres d'une telle demande, puisqu'il est compétent pour trancher « tout différend lié à la constitution du tribunal arbitral », selon l'article 1454 du Code de procédure civile, même lorsqu'il intervient en cours d'instance[433].

300 **L'exception d'inexécution de ses obligations par l'arbitre.** Puisqu'il est contractuellement lié aux parties, il a été soutenu que l'arbitre pouvait refuser d'exécuter ses obligations en cas d'inexécution des leurs par les parties[434]. Plus précisément, il pourrait agir ainsi lorsque les parties refusent de lui rembourser les frais et de lui payer ses honoraires. Cette solution apparaît cependant inconciliable avec la nature juridictionnelle de la mission confiée à l'arbitre, qui doit prévaloir sur son aspect contractuel. L'arbitre n'est pas n'importe quel contractant : il dit le droit. Il participe ainsi à la régulation de rapports sociaux, ce qui dépasse le cadre limité de ses propres rapports avec les litigants. L'arbitre ne devrait donc pas se retrancher derrière le non-respect de leurs obligations par les parties qui l'ont désigné pour refuser de mener sa mission à son terme. L'article 1457 du Code de procédure civile pose d'ailleurs en principe qu'il « appartient à l'arbitre de poursuivre sa mission jusqu'au terme de celle-ci »[435]. Au demeurant, admettre que l'arbitre puisse se prévaloir de l'*exceptio non adimpleti contractus* en cas de non-paiement des frais et honoraires par une partie, c'est encourager l'attitude dilatoire consistant à refuser de payer pour provoquer un ralentissement de l'arbitrage et, à terme, l'extinction de l'instance. Il ne faut en effet pas perdre de vue que l'arbitre doit remplir sa mission dans un certain délai et que, passé celui-ci, l'instance s'éteint[436].

B. LES OBLIGATIONS DE L'ARBITRE

301 En contrepartie de ses droits, l'arbitre supporte toute une série d'obligations (1), qui, lorsqu'elles sont méconnues, peuvent entraîner sa révocation ou la mise en jeu de sa responsabilité (2).

430. Cl. Reymond, « Note sur l'avance des frais de l'arbitrage et sa répartition », in *Études de procédure et d'arbitrage. Mélanges Jean-François Poudret*, Faculté de droit de Lausanne, 1999, p. 495, spéc. n° 5, p. 498 ; I. Fadlallah, « Le recouvrement de la provision pour frais dans l'arbitrage CCI : de l'obligation des parties entre elles », *Bull. CCI*, vol. 14, n° 1, sept. 2003, p. 57, spéc. n° 7, p. 59 ; J. Rouche, « Le paiement par le défendeur de sa part de provision sur les frais d'arbitrage : simple faculté ou obligation contractuelle ? », *Rev. arb.* 2002, p. 841, spéc. n° 12, p. 848.

431. I. Fadlallah, « Le recouvrement de la provision pour frais dans l'arbitrage CCI : de l'obligation des parties entre elles », préc., spéc. n° 11 et s., p. 60 et s. ; J. Rouche, « Le paiement par le défendeur de sa part de provision sur les frais d'arbitrage : simple faculté ou obligation contractuelle ? », préc., spéc. n° 10, p. 846.

432. Sur les conditions de saisine du juge des référés en ce domaine, v. *infra*, n° 410.

433. Sur l'étendue de la compétence du juge d'appui, v. *supra*, n° 268.

434. Th. Clay, *L'arbitre*, Dalloz, Nouvelle Bibliothèque de Thèses, 2001, n° 843 et s., p. 645 et s.

435. Art. 1462 ancien CPC.

436. V. *infra*, n° 320 et s.

1. Les principales obligations

302 **L'indépendance, l'impartialité et l'obligation de révélation.** L'indépendance et l'impartialité sont des qualités fondamentales exigées de l'arbitre, indissociables de l'acte de juger[437]. L'arbitre choisi par les parties supporte l'obligation permanente de demeurer indépendant des parties ou de tout autre pouvoir de fait et de rester impartial. Ces deux exigences l'obligent aussi à révéler toute circonstance susceptible de faire douter les parties de ce qu'il possède ces qualités, avant et pendant le déroulement de l'instance[438]. En outre, le manquement de l'arbitre à l'une ou l'autre de ces obligations, qui peut être sanctionné par sa récusation ou l'annulation de la sentence arbitrale[439], peut également conduire à la mise en jeu de sa responsabilité civile[440].

303 **L'obligation de juger.** L'obligation principale de l'arbitre, de laquelle sont ensuite déduites toutes les autres, consiste à trancher le différend qui lui est soumis. C'est la raison d'être de sa désignation par les parties et l'objet même du contrat d'arbitre. Cette obligation de juger, indirectement énoncée par l'article 1457 du Code de procédure civile, qui prévoit qu'il « appartient à l'arbitre de poursuivre sa mission jusqu'au terme de celle-ci », comporte de multiples facettes. Elle implique d'abord que l'arbitre étudie les documents soumis par les parties, afin de bien cerner les termes du litige et les faits du débat, qu'il est tenu de respecter en application des articles 4 et 7 du Code de procédure civile, auquel renvoie l'article 1464, alinéa 2, du même code[441]. L'arbitre doit ensuite accomplir personnellement son office, sans déléguer sa mission juridictionnelle à un tiers[442] et ne peut démissionner ou s'abstenir, sauf cause légitime[443] ou accord des parties. À l'issue de la procédure, l'arbitre est tenu de délibérer[444] secrètement[445] sur toutes les questions soumises par les parties, après avoir préalablement fixé la date de ce délibéré[446], et ce, même s'il refuse ensuite de signer la sentence[447]. Il doit par ailleurs rendre une sentence motivée[448] et qui répond aux exigences de forme prévues par la loi[449]. L'obligation de juger comporte également celle de trancher le litige dans des conditions équitables. En ce sens, l'arbitre doit respecter le principe de la contradiction[450] et l'égalité des parties[451].

304 **L'obligation d'organiser efficacement l'arbitrage.** L'arbitre doit organiser efficacement et contrôler le déroulement de la procédure arbitrale, à moins que ce rôle ne soit

437. V. *supra*, n° 228.
438. V. *supra*, n° 235 et s.
439. V. *supra*, n° 239 et s.
440. V. *supra*, n° 246.
441. V. *infra*, n° 379.
442. Th. Clay, *L'arbitre*, Dalloz, Nouvelle Bibliothèque de Thèses, 2001, n° 785, p. 606 ; Ch. Jarrosson, « L'expertise juridique », in *Liber Amicorum Claude Reymond autour de l'arbitrage*, Litec, 2004, p. 127, spéc. n° 8, p. 130.
443. V. *supra*, n° 295 et *infra*, n° 357.
444. J.-D. Bredin, « Retour au délibéré arbitral », in *Liber Amicorum Claude Reymond autour de l'arbitrage*, Litec, 2004, p. 43, spéc. p. 44. V. aussi *infra*, n° 435 et s.
445. Art. 1479 CPC (ancien art. 1469 CPC).
446. Art. 1468 du CPC.
447. Sur l'incidence d'un refus de signature de la sentence, v. *infra*, n° 446.
448. V. *infra*, n° 453 et s.
449. Sur ces exigences, v. *infra*, n° 444 et s.
450. V. *infra*, n° 389.
451. V. *infra*, n° 394.

confié par les parties à un centre d'arbitrage, lorsqu'elles ont souscrit à un règlement qui le prévoit. Dans l'arbitrage *ad hoc*, ce rôle d'organisation est souvent assumé par le président du tribunal arbitral[452]. Pour remplir son obligation, l'arbitre dispose de toute une série de pouvoirs, dont il doit user, énoncés par les dispositions du Code de procédure civile relatives à l'arbitrage. Il peut, notamment, saisir le juge d'appui de tout différend lié à la constitution du tribunal arbitral[453] et procéder, collectivement ou non, aux actes d'instruction nécessaires[454]. Le tribunal arbitral peut aussi ordonner toute mesure conservatoire ou provisoire nécessaire[455].

305 **L'obligation de célérité.** Le tribunal arbitral, comme les parties, supporte une obligation de célérité dans la conduite de la procédure, aujourd'hui consacrée par l'article 1464, alinéa 3, du Code de procédure civile. Combinée avec son devoir de surveillance de l'instance, elle impose d'abord au tribunal arbitral de s'assurer que le délai de l'arbitrage est respecté pour éviter l'extinction de l'instance avant le prononcé de la sentence. Des articles 1460, alinéa 1er, et 1463, alinéa 2, du Code de procédure civile, il en résulte que, selon les circonstances, le tribunal arbitral, ou l'un de ses membres, peut être tenu de solliciter une prolongation du délai de l'arbitrage auprès des parties ou du juge d'appui, sous peine de risquer ensuite de voir sa responsabilité engagée si la sentence est annulée parce qu'elle a été rendue hors délai[456]. Dans un arrêt du 31 mars 2015, la cour d'appel de Paris a notamment jugé que « les arbitres sont tenus de préserver l'instance arbitrale en veillant à ce que le délai de reddition de la sentence ne soit pas expiré ; que sauf à engager leur responsabilité, il leur appartient, ce qu'ils n'ont pas fait, de prendre, à cet effet, toutes initiatives utiles afin d'obtenir, le cas échéant, sa prorogation conventionnelle ou judiciaire » et que « leur abstention ne ressortissant pas à l'exercice de leur mission juridictionnelle mais relevant de l'exécution du contrat d'arbitre, les arbitres ne peuvent exciper d'une immunité de principe qui ne pourrait être écartée qu'en présence d'une faute équipollente au dol, constitutive d'une fraude, d'une faute lourde ou d'un déni de justice »[457]. L'arbitre est tenu d'une obligation de résultat de saisir le juge d'appui en cas de carence des parties[458]. Plus généralement, cette obligation de célérité oblige l'arbitre à « mettre en œuvre [...] la procédure arbitrale avec diligence et sérieux »[459], afin qu'elle se

452. Cl. Reymond, « Le président du tribunal arbitral », in *Études offertes à P. Bellet*, Litec, 1991, p. 467, spéc. p. 473.

453. Art. 1454 et 1460 CPC.

454. Art. 1467 CPC.

455. Art. 1468 CPC.

456. Cass. 1re civ., 6 déc. 2005, *Bull. civ.* I, nº 462 ; JCP G 2006, I, 148, I, nº 2, obs. Ch. Seraglini ; *Rev. arb.* 2006, p. 126, note Ch. Jarrosson ; *JCP* G 2006, II, 10666, note Th. Clay ; *D.* 2006, Pan., p. 3031, obs. Th. Clay ; *D.* 2006, jurisp. 274, note P.-Y. Gautier ; *RTD com.* 2006, p. 299, note É. Loquin ; *RTD civ.* 2006, p. 144, obs. Ph. Théry ; *RLDC* 2006, p. 14, obs. F.-X. Train ; JCP E 2006, 1284, note G. Chabot ; JCP E 2006, 1395, obs. J. Paillusseau ; TGI Paris (ord. réf.), 29 nov. 1989, *Rev. arb.* 1990, p. 525, qui énonce, en matière d'arbitrage international, mais dont la solution peut être transposée à l'arbitrage interne, que chacun des arbitres est susceptible de solliciter la prorogation du délai de l'arbitrage et « que l'expiration d'un délai d'arbitrage est susceptible d'engager » leur responsabilité personnelle.

457. Paris, 31 mars 2015, *Rev. arb.* 2016, p. 493 (2e esp.), note J.-S. Borghetti ; *D.* 2015, Pan., p. 2588, obs. Th. Clay ; *RTD civ.* 2015, p. 612, note H. Barbier ; *Cah. arb.* 2015, p. 313, note M. Henry.

458. Cass. 1re civ., 6 déc. 2005, préc.

459. TGI Paris 13 juin 1990, *Rev. arb.* 1996, p. 476.

déroule dans un délai raisonnable. Il peut ainsi être conduit à prévoir un calendrier des productions, la tenue des audiences ou encore la date du délibéré[460].

306 **L'obligation de loyauté.** L'article 1464, alinéa 3, du Code de procédure civile, issu du décret du 13 janvier 2011, a codifié l'obligation de loyauté de l'arbitre dans la conduite de la procédure, dégagée par la jurisprudence[461]. Cette loyauté de l'arbitre s'entend non seulement vis-à-vis des parties, mais aussi des autres arbitres et, le cas échéant, de l'institution d'arbitrage et des conseils des parties[462]. Elle impose notamment à l'arbitre d'user équitablement de ses pouvoirs dans la conduite de la procédure, l'une des parties ne devant pas être désavantagée par rapport à l'autre. Elle l'oblige aussi, plus largement, à s'assurer que les décisions qu'il prend pour organiser la procédure ne surprennent pas les parties et à maintenir un dialogue avec elles pour dénouer toute situation de blocage.

307 **La confidentialité.** Sous réserve de dispositions spécialement arrêtées en ce sens par les parties, propres à chaque arbitrage, l'arbitre supporte une obligation de confidentialité[463]. Avant la réforme de 2011, elle était traditionnellement rattachée à la convention d'arbitrage[464] ; il était plus précisément présumé que les litigants souhaitaient que l'arbitrage demeure confidentiel[465]. Cette obligation a aujourd'hui une nature légale : elle a été inscrite dans les textes par le décret n° 2011-48 du 13 janvier 2011. L'article 1464, alinéa 4, du Code de procédure civile dispose que « sous réserve des obligations légales et à moins que les parties n'en disposent autrement, la procédure arbitrale est soumise au principe de confidentialité ». Au-delà du secret du délibéré[466], qui est, lui, directement lié à la nature juridictionnelle de l'arbitrage, l'obligation de confidentialité supportée par l'arbitre a une très large portée. Celui-ci doit respecter la confidentialité de l'existence de l'arbitrage[467], de la procédure arbitrale, des documents échangés et de la sentence[468]. Sauf autorisation des deux parties, ou obligation résultant de la loi, le tribunal arbitral ne peut donc notamment révéler l'existence du litige ou la teneur des pièces et débats. Il ne peut pas non plus évoquer la sentence en des termes permettant de distinguer les parties au litige. La confidentialité s'applique ainsi à chacune des étapes de l'instance arbitrale, de la nomination des arbitres à la signature de la

460. P. Level, « Brèves réflexions sur l'office de l'arbitre », in *Nouveaux juges, nouveaux pouvoirs ? Mélanges en l'honneur de R. Perrot*, Dalloz, 1996, p. 259, spéc. n° 7, p. 263.

461. Sur cette obligation, v. *infra*, n° 396 et s.

462. Sur ce point, v. M. Henry, « L'obligation de loyauté des arbitres envers les conseils », *Cah. arb.* 2014, p. 525.

463. Sur l'obligation de confidentialité supportée par les parties, v. *infra*, n° 399 et s.

464. V. notamment, Th. Clay, *L'arbitre*, Dalloz, Nouvelle Bibliothèque de Thèses, 2001, n° 771, p. 595 ; O. Caprasse et R. Ziadé, « La confidentialité dans la procédure arbitrale, *Rev. arb.* 2014, p. 593 ; J.-L. Delvolvé, « Vraies et fausses confidences, ou les petits et grands secrets de l'arbitrage », *Rev. arb.* 1996, p. 373 ; É. Loquin, « Les obligations de confidentialité dans l'arbitrage », *Rev. arb.* 2006, p. 323, spéc. n° 27 et s., p. 339 et s. ; « Existe-t-il un principe général de confidentialité de l'arbitrage en droit français ? », note sous Paris, 22 janv. 2004, *Rev. arb.* 2004, p. 647, spéc. p. 662 ; J.-B. Racine, *Droit de l'arbitrage*, Puf, 2016, spéc. n° 65 et s., p. 430 et s.

465. Th. Clay, *L'arbitre*, préc., n° 774, p. 599 ; J.-L. Delvolvé, « Vraies et fausses confidences, ou les petits et grands secrets de l'arbitrage », préc., p. 373, spéc. n° 7, p. 380 ; É. Loquin, « Les obligations de confidentialité dans l'arbitrage », préc., p. 323, spéc. n° 19, p. 335.

466. Sur lequel v. *infra*, n° 439 et s.

467. Trib. com. Paris (ord. réf.), 22 févr. 1999, *Rev. arb.* 2003, p. 189.

468. É. Loquin, « Les obligations de confidentialité dans l'arbitrage », préc., p. 323, spéc. n° 27-32, p. 339-344.

sentence, et perdure même après son prononcé[469]. L'arbitre est cependant libéré de son obligation si une disposition légale l'oblige à révéler des informations relatives à l'arbitrage ou pour les besoins de sa défense, en cas d'action en responsabilité engagée à son encontre[470].

308 **Constitution du tribunal arbitral.** La désignation des arbitres relevant de la volonté commune des parties, celles-ci peuvent entrer en conflit sur ce point au moment de la constitution du tribunal arbitral. Les textes issus de la réforme de 2011 donnent des pouvoirs importants aux arbitres déjà choisis par les parties pour débloquer cette situation : ils peuvent nommer un arbitre complémentaire si la convention d'arbitrage prévoit la désignation d'arbitres en nombre pair[471] et désigner un troisième arbitre en cas d'arbitrage par trois arbitres[472]. Bien plus, l'exécution loyale du contrat d'arbitre postule que le ou les arbitres déjà choisis tentent d'abord d'accorder les litigants, pour ensuite, si le désaccord persiste au-delà du raisonnable, saisir le juge d'appui afin qu'il exerce les pouvoirs qu'il tient de l'article 1454 du Code de procédure civile[473]. La constitution du tribunal arbitral constitue en effet la première étape conduisant vers la résolution du différend pour lequel l'arbitre a accepté son investiture[474].

309 **Efficacité de la sentence.** L'exécution du contrat d'arbitre suppose également que l'arbitre s'assure que la sentence qu'il rend ne s'expose pas trop facilement à la censure ou à un refus d'exequatur[475]. Ce contrôle répond sans aucun doute aux attentes légitimes des parties, leur préoccupation première étant d'obtenir une décision qui puisse ensuite être exécutée. Un auteur a justement relevé que le désintérêt concernant le sort de la sentence « procède d'une déontologie curieuse, et, à la limite, pourrait engager la responsabilité de l'arbitre »[476]. Pour s'assurer de l'efficacité de sa sentence, l'arbitre devrait donc veiller, d'une part, à ce qu'elle ne risque pas d'être annulée pour l'un des cas prévus à l'article 1492 du Code de procédure civile[477] et, d'autre part, à ce que la solution qu'il a retenue ne heurte pas manifestement l'ordre public interne, pour que l'exequatur ne lui soit pas refusé[478]. Bien entendu, comme les précédentes, l'obligation de l'arbitre, à cet égard, ne peut être que de moyens.

2. Les sanctions

310 **Révocation.** La méconnaissance par l'arbitre de ses obligations contractuelles ou juridictionnelles peut, au premier chef, être sanctionnée par sa révocation, qui doit

469. Th. Clay, *L'arbitre*, préc., nº 773, p. 597.
470. V. notamment, B. Fages, « La confidentialité de l'arbitrage à l'épreuve de la transparence financière », *Rev. arb.* 2003, p. 5.
471. Art. 1451, al. 3 CPC (v. *supra*, nº 249).
472. Art. 1452.2º CPC (v. *supra*, nº 257).
473. Sur cette procédure, v. *supra*, nº 273 et s.
474. V. également, Th. Clay, *L'arbitre*, Dalloz, Nouvelle Bibliothèque de Thèses, 2001, spéc. nº 784, p. 604.
475. V. également, P. Level, « Brèves réflexions sur l'office de l'arbitre », in *Nouveaux juges, nouveaux pouvoirs ? Mélanges en l'honneur de R. Perrot*, Dalloz, 1996, p. 259, spéc. nº 12, p. 268, qui estime que le souci d'efficacité de la décision est inhérent à la fonction juridictionnelle de l'arbitre.
476. Ph. Fouchard, « Les conflits de lois en matière d'arbitrabilité des litiges de propriété industrielle », *Rev. arb.* 1977, p. 63, spéc. p. 66.
477. Sur les cas d'ouverture à annulation de la sentence, v. *infra*, nº 536 et s.
478. Sur l'exequatur, v. *infra*, nº 482 et s.

résulter du consentement unanime des parties[479]. La condition est d'évidence : puisque la désignation de l'arbitre procède de la commune volonté des parties, sa révocation suppose également leur accord unanime. Faute d'un tel accord, l'article 1458 du Code de procédure civile prévoit que le litige né de cette question est soumis à la personne chargée d'organiser l'arbitrage ou, à défaut, tranché par le juge d'appui. Sous réserve de la convention contraire des parties, cette révocation emporte alors la suspension de l'instance arbitrale[480] et non plus, comme auparavant, son extinction[481]. Si la révocation peut constituer une sanction au comportement indélicat d'un arbitre, plus largement, elle peut aussi être prononcée pour quelque cause que ce soit, sans aucune faute de l'arbitre[482]. Simplement, dans cette hypothèse, l'arbitre devra nécessairement être rémunéré pour le travail accompli.

311 **Responsabilité.** En plus de la révocation, l'arbitre qui a manqué aux obligations inhérentes à sa mission juridictionnelle, ou découlant du contrat d'arbitre ou des textes, peut voir sa responsabilité engagée[483]. Les conditions de sa responsabilité ne sont pas les mêmes selon la nature des fautes reprochées à l'arbitre. Lorsqu'il lui est imputé un manquement à sa fonction juridictionnelle, l'arbitre bénéficie d'une immunité de principe et sa responsabilité ne peut être engagée qu'en cas de faute équipollente au dol ou constitutive d'une fraude, d'une faute lourde ou d'un déni de justice[484]. En revanche, tout manquement aux obligations découlant de la mission contractuelle de l'arbitre, soit aux obligations qui sont liées au contrat d'arbitre[485], engage sa responsabilité. Il ne dispose d'aucune immunité à ce titre[486]. Il faut donc faire le départ entre ce qui relève de la mission juridictionnelle de l'arbitre et de ses obligations contractuelles en matière de responsabilité, ce qui n'est pas forcément aisé puisqu'un grand nombre des obligations qu'il supporte peuvent, en première analyse en tout cas, être corrélées à cette mission dès lors qu'elles sont liées à la fonction de juger : indépendance et impartialité, collégialité, obligation de juger... L'arrêt *Azran*, rendu par la Cour de cassation le 15 janvier 2014, fournit cependant un bon indice pour distinguer ce qui peut être rattaché à l'un ou l'autre bloc lorsqu'il constate que « la critique fondée sur la prétendue méconnaissance de l'autorité de la chose jugée, à laquelle se rattache celle concernant la poursuite de l'instance arbitrale, tendant à remettre directement en cause le contenu des sentences rendues, et partant l'exercice de la fonction juridictionnelle des arbitres »[487]. Ainsi, tout ce qui peut être rattaché au fait de juger, et conduire à la remise en cause du

479. Art. 1458 CPC.

480. Art. 1473 CPC (v. *infra*, n° 357).

481. Art. 1464.1° CPC ancien.

482. Th. Clay, *L'arbitre*, Dalloz, Nouvelle Bibliothèque de Thèses, 2001, spéc. n° 893, p. 680.

483. Ph. Fouchard, « Le statut de l'arbitre dans la jurisprudence française », *Rev. arb.* 1996, p. 325, spéc. n° 64 et s., p. 357 et s. ; *La responsabilité de l'arbitre*, Le Club des juristes, juin 2017 ; Ph. Stoffel-Munck, « La responsabilité de l'arbitre », *Rev. arb.* 2017, p. 1123.

484. V. *supra*, n° 294.

485. Sur lequel, v. *supra*, n° 286 et s.

486. Paris, 31 mars 2015, *Rev. arb.* 2016, p. 493 (2e esp.), note J.-S. Borghetti ; *D.* 2015, Pan., p. 2588, obs. Th. Clay ; *RTD civ.* 2015, p. 612, note H. Barbier ; *Cah. arb.* 2015, p. 313, note M. Henry.

487. Cass. 1re civ., 15 janv. 2014, *Rev. arb.* 2016, p. 493, note J.-S. Borghetti ; *Cah. arb.* 2014, p. 299, note L. Aynès ; *Cah. arb.* 2015, p. 313, note M. Henry ; JCP G 2014, I, 231, avis P. Chevalier ; JCP G 2014, I, 255, note É. Loquin ; JCP G 2014, I, 857 n° 2, obs. J. Ortscheidt ; *D.* 2014, Pan., p. 2541, obs. Th. Clay.

contenu de la sentence rendue, relève de la mission juridictionnelle[488] ; en revanche, ce qui a trait à la conduite du processus d'arbitrage peut être rattaché aux obligations contractuelles de l'arbitre. Ainsi, la responsabilité de l'arbitre est engagée, pour simple négligence, s'il a manqué à son obligation d'indépendance ou d'impartialité[489] ou lorsqu'il a laissé expirer le délai de l'arbitrage sans solliciter de prorogation des parties ou du juge[490]. Sa responsabilité peut aussi être engagée quand il a usurpé les fonctions d'arbitre en sachant qu'il ne pouvait rendre de nouvelles sentences en cette qualité après l'annulation de ses précédentes sentences pour défaut de convention d'arbitrage[491]. L'arbitre peut alors être condamné à verser des dommages-intérêts aux parties, voire même à un tiers, si sa faute personnelle a causé un dommage. Ce dommage peut par exemple consister en la nécessité, pour les parties, d'engager une nouvelle instance arbitrale lorsque la sentence a été annulée, et donc d'exposer des frais supplémentaires, après l'annulation de la sentence parce que l'arbitre n'avait pas révélé une cause de récusation[492]. Il est également constitué, dans ces circonstances, par les frais et honoraires exposés en vain pour l'arbitrage, les arbitres pouvant être condamnés *in solidum* à les verser si leur faute commune a causé le dommage[493]. Il peut en être ainsi lorsque l'annulation résulte de l'expiration du délai de l'arbitrage sans que le tribunal arbitral en ait demandé la prorogation. Depuis la réforme du droit des contrats par l'ordonnance du 10 février 2016, le nouvel article 1223 du Code civil prévoit en outre, indépendamment d'une action en responsabilité, que « le créancier peut, après mise en demeure, accepter une exécution imparfaite du contrat et solliciter une réduction proportionnelle du prix ». La restitution d'une partie des honoraires de l'arbitre pourrait dès lors être fondée sur ce texte. Enfin, si, en théorie, la perte de chance d'obtenir les sommes accordées par la sentence annulée est également susceptible d'être indemnisée, elle ne le sera que si le demandeur ne peut plus agir par la faute de l'arbitre. Si l'action peut être engagée devant un autre juge, la chance d'obtenir ces sommes n'est pas perdue[494]. L'action en responsabilité relève du droit commun s'agissant de la prescription, des juridictions compétentes[495] et des éventuelles causes d'exonération ou d'atténuation de la responsabilité de l'arbitre[496].

488. Il a par exemple été jugé que la violation du principe de la contradiction constitue une « erreur qui porte sur la mise en œuvre d'un principe de procédure civile essentiel gouvernant l'élaboration de la décision juridictionnelle [...] doit être considérée comme commise dans l'exercice des fonctions juridictionnelles du tribunal arbitral et ne peut donc être source de responsabilité que si elle est constitutive d'une faute » équipollente au dol (Paris, 21 mai 2019, *D. Act.*, 7 juin 2019, obs. J. Jourdan-Marques).

489. V. *supra*, n° 246.

490. Paris, 31 mars 2015, préc. V. aussi *infra*, n° 326.

491. Cass. 1re civ., 28 mars 2018, *JCP G* 2018, II, 733, note Ph. Casson.

492. TGI Paris, 12 mai 1993, *Rev. arb.* 1996, p. 411 (2e esp). V. également, Ph. Fouchard, « L'étendue de la responsabilité contractuelle de l'arbitre », note sous Paris, 12 oct. 1995, *Rev. arb.* 1999, p. 324.

493. V. par ex., Paris, 31 mars 2015, préc., qui utilise cependant improprement, au regard des faits de l'espèce, le terme « solidairement », la jurisprudence estimant qu'en statuant ainsi, le juge a entendu prononcer une condamnation *in solidum* (Cass. com., 19 mai 2015, n° 13-28066). Le pourvoi formé contre cet arrêt, qui reprochait à la cour d'appel d'avoir présumé la solidarité entre les arbitres, a été déclaré non-admis le 8 juin 2016 (pourvoi n° 15-20545).

494. Ph. Stoffel-Munck, « La responsabilité de l'arbitre », *Rev. arb.* 2017, p. 1123, spéc. n° 45 et s.

495. Le tribunal d'instance ou de grande instance, selon le montant de la demande.

496. V. notamment, sur les clauses limitatives de responsabilité, Th. Clay, *L'arbitre*, Dalloz, Nouvelle Bibliothèque de Thèses, 2001, spéc. n° 948 et s., p. 715 et s.

CHAPITRE 2
LE DÉROULEMENT DE L'INSTANCE ARBITRALE

312 **Instance arbitrale et instance judiciaire.** L'instance arbitrale, comme l'instance judiciaire, ne se confond pas avec le litige qu'elle a pour objet de trancher[1]. Elle est constituée des actes de procédure accomplis par les parties et par l'arbitre de son introduction à son terme, soit en principe au moment du prononcé de la sentence arbitrale. Au même titre que l'instance judiciaire, l'instance arbitrale crée un rapport de droit autonome, un lien juridique processuel, qui vient se superposer aux rapports de droit substantiel unissant les parties. L'extinction accidentelle de l'instance arbitrale est, en conséquence, sans incidence sur ces droits substantiels ; les parties peuvent à nouveau soumettre leurs demandes respectives à un arbitre, sous réserve qu'elles soient toujours liées par une convention d'arbitrage. En cela, l'instance arbitrale se rapproche de l'instance judiciaire, cette proximité étant encore accentuée par un phénomène d'institutionnalisation de l'arbitrage[2] et par le renvoi à l'essentiel des « principes directeurs du procès » par l'article 1464, alinéa 2, du Code de procédure civile[3]. Mais les deux instances ne peuvent être assimilées complètement l'une à l'autre, compte tenu, notamment, de la source du pouvoir juridictionnel de l'arbitre[4]. Les instances arbitrale et judiciaire se distinguent en effet essentiellement par l'origine du lien juridique d'instance. Il est conventionnel dans l'arbitrage, puisqu'il résulte de la volonté commune des parties de soumettre le litige à un tribunal arbitral. Il est légal en matière judiciaire, le défendeur subissant le procès[5]. Ce caractère conventionnel de l'instance arbitrale a deux conséquences importantes. En premier lieu, à l'inverse du juge, l'arbitre est partie au lien d'instance. L'investiture de ce dernier peut donc être contestée, alors qu'en principe, seule la compétence du juge peut être remise en cause[6]. En second lieu, l'instance arbitrale se singularise, par rapport à l'instance judiciaire, par sa souplesse, son formalisme

1. Sur cette distinction en matière judiciaire, v. H. Solus et R. Perrot, *Droit judiciaire privé, t. 3, Procédure de première instance*, Sirey, 1991, n° 6, p. 7.
2. B. Oppetit, *Théorie de l'arbitrage*, PUF, 1998, spéc. p. 27 et s.
3. Et déjà, art. 1460, al. 2, ancien CPC.
4. Ph. Fouchard, obs. sous Paris, 15 mars 2001, *Rev. arb.* 2003, p. 215, spéc. p. 219 *in fine*.
5. J. Héron et Th. Le Bars, *Droit judiciaire privé*, LGDJ, 6e éd., 2015, n° 129, p. 117 ; H. Solus et R. Perrot, *Droit judiciaire privé*, préc., n° 8, p. 10.
6. B. Oppetit, *Théorie de l'arbitrage*, préc., spéc. p. 32.

limité[7], la mise en œuvre de règles de procédure originales[8] et, surtout, les pouvoirs moins importants dont dispose l'arbitre au regard de ceux du juge dans la conduite de la procédure[9].

La réforme du droit de l'arbitrage découlant du décret n° 2011-48 du 13 janvier 2011 a d'ailleurs contribué à renforcer cette singularité, en améliorant l'efficacité et la qualité des procédures arbitrales. Ce texte a notamment consacré le tribunal arbitral en tant qu'entité à part entière, de nombreuses dispositions y renvoyant aujourd'hui plutôt qu'à celle, auparavant très largement usitée, « d'arbitre »[10]. Il a accueilli plusieurs règles essentielles dégagées par la jurisprudence (principe de loyauté et de célérité[11] et confidentialité de l'arbitrage[12], notamment) et a renforcé les pouvoirs du tribunal arbitral, en matière de mesures d'instruction[13] et en cas de suspension et d'interruption de l'instance[14] par exemple. C'est sous le bénéfice de ces observations que seront successivement étudiées la progression de l'instance arbitrale (section 1), les règles de procédure qui lui sont applicables (section 2) et la compétence résiduelle du juge étatique pour accorder des mesures provisoires ou conservatoires (section 3).

SECTION 1 — LA PROGRESSION DE L'INSTANCE ARBITRALE

313 On examinera successivement l'introduction de l'instance arbitrale (§ 1), sa durée (§ 2) et les principaux incidents susceptibles de l'affecter (§ 3).

§ 1. L'INTRODUCTION DE L'INSTANCE

314 **La requête ou demande d'arbitrage.** La saisine des arbitres peut se faire en plusieurs étapes. La procédure débute le plus souvent par une requête ou demande d'arbitrage, avant que le tribunal ne soit constitué et qu'il soit effectivement saisi du litige. Il s'agit de l'acte par lequel l'un des cocontractants informe le ou les autres cocontractants de son intention de recourir à l'arbitrage en se prévalant de la convention d'arbitrage. Les modalités pratiques de cette requête, qui constitue un préalable à la constitution du tribunal arbitral et à sa saisine effective, sont parfois déterminées par le contrat dans lequel est logée la clause compromissoire ou, plus fréquemment, par le règlement d'arbitrage auquel les parties se sont référées. Il peut, en outre, valablement avoir été prévu que la demande est enfermée dans un certain délai que les

7. V. *infra*, n° 371.
8. V. *infra*, n° 393 et s.
9. V. *infra*, n° 373.
10. V. par ex. art. 1463 CPC et art. 1456 ancien, art. 1464 CPC et art. 1460 ancien, art. 1467 CPC et art. 1461 ancien.
11. Art. 1464, al. 2, CPC.
12. Art. 1464, al. 3, CPC.
13. Art. 1469 CPC.
14. Art. 1474 et 1475 CPC.

parties doivent respecter à peine de forclusion[15]. Comme la demande en justice, la requête d'arbitrage adressée à la partie adverse ou, le cas échéant, à un centre d'arbitrage, interrompt la prescription éventuellement applicable[16]. Elle n'est soumise à aucune condition de forme autre que celles fixées par les parties, le cas échéant par référence à un règlement d'arbitrage. Pour éviter tout problème de preuve, il est cependant préférable de l'adresser par la voie d'une lettre recommandée avec demande d'avis de réception ou de la faire notifier par acte d'huissier. Le droit français n'exige pas non plus que la demande soit motivée. Si elle l'est, sauf convention contraire des parties, il n'est pas interdit de modifier ensuite les prétentions et moyens qui y sont exposés[17]. En tout état de cause, si elle constitue une étape dans l'introduction de l'instance arbitrale, la requête d'arbitrage n'en constitue pas le point de départ.

315 **Le point de départ de l'instance.** L'instance arbitrale ne peut débuter, et le lien d'instance être créé entre les arbitres et les parties, qu'une fois acceptée leur mission par tous les arbitres désignés. La date de ce consentement correspond aussi, depuis la réforme de 2011 et sauf prévision contraire des parties, à la date à laquelle le tribunal arbitral est saisi du litige[18]. Sous l'empire des textes antérieurs à cette réforme, la Cour de cassation jugeait que « l'instance arbitrale n'est en cours qu'à partir du moment où le tribunal arbitral est définitivement constitué et peut donc être saisi du litige, c'est-à-dire à partir de l'acceptation par tous les arbitres de leur mission »[19]. La règle relève du bon sens puisque l'instance arbitrale ne peut débuter avant que le tribunal arbitral n'existe[20]. Selon les textes issus de la réforme résultant du décret du 13 janvier 2011, l'instance débute, non plus à compter de l'acceptation de leur mission par les arbitres, mais lorsqu'ils sont saisis du litige. Pratiquement toutefois, la solution antérieure a été reconduite puisque, sauf si les parties en décident autrement, ces deux événements coïncident. L'article 1456, alinéa 1er, du Code de procédure civile prévoit en effet que « le tribunal arbitral est constitué lorsque le ou les arbitres ont accepté la mission qui leur est confiée » et que, « à cette date, il est saisi du litige ». Et l'article 1463 du même texte dispose que « si la convention d'arbitrage ne fixe pas de délai, la durée de la mission du tribunal arbitral est limitée à six mois à compter de sa saisine »[21].

Cette corrélation, faite par le décret du 13 janvier 2011, entre le point de départ de l'instance et la saisine des arbitres est opportune, si l'on admet qu'il est nécessaire que les arbitres acceptent leur mission en pleine connaissance de cause pour que se noue le lien d'instance. Cela suppose que leur mission soit définie avec suffisamment de précision pour qu'ils puissent apprécier ce qui est attendu d'eux, pour qu'ils soient véritablement en mesure de déterminer l'étendue de leurs droits et obligations, et donc, qu'ils soient effectivement saisis du litige. Au demeurant, et la réforme consacre en partie

15. Paris, 24 janv. 1992, *Rev. arb.* 1992, p. 640, obs. J. Pellerin.
16. Cass. 2e civ., 11 déc. 1985, *Bull. civ.* II, n° 195.
17. V. *infra*, n° 380.
18. V. *infra*, n° 317.
19. Cass. 1re civ., 6 févr. 2007, *Rev. arb.* 2007, p. 138 ; Cass. 1re civ., 25 avr. 2006, *JCP* G 2006, I, 187, n° 3, obs. J. Béguin ; *Bull. civ.* I, n° 197. V. aussi, Cass. 1re civ., 30 mars 2004, *D.* 2004, somm, p. 3183, obs. Th. Clay ; JCP G 2004, I, 179, n° 8, obs. J. Ortscheidt ; *Rev. arb.* 2005, p. 977, note J. Pellerin ; Paris, 15 mars 2001, *Rev. arb.* 2003, p. 215, obs. Ph. Fouchard.
20. Ph. Fouchard, obs. sous Paris, 15 mars 2001, préc.
21. En ce sens, l'article 1475 CPC évoque également la possibilité de proroger le « délai de l'instance » par le tribunal arbitral lorsqu'elle est reprise après sa suspension ou son interruption (sur cette faculté, v. *infra*, n° 365).

cette jurisprudence, il a déjà été jugé, sous l'empire des textes antérieurs au décret de 2011, que le délai de l'arbitrage n'avait pas commencé à courir faute d'une définition suffisante de la mission des arbitres[22], ou parce que ceux-ci avaient sollicité des parties des éclaircissements sur leur mission[23]. Il a également été soutenu que l'instance ne peut débuter que si l'acceptation de sa mission par le dernier arbitre est certaine et définitive, si elle n'est soumise à aucune condition[24].

316 **Le report du point de départ de l'instance.** Sous l'empire des textes antérieurs à la réforme du 13 janvier 2011, les parties ne pouvaient pas reporter le point de départ de l'instance arbitrale une fois leur mission acceptée par les arbitres. La Cour de cassation avait en effet jugé en ce sens que les parties et les arbitres ne peuvent pas s'entendre, dans un acte de mission signé après l'acceptation par ces derniers de leur mission, pour « différer les effets » de cette acceptation sur l'instance arbitrale[25]. Une fois celle-ci engagée, son point de départ ne pouvait donc être reporté. En revanche, la Cour précisait que l'acte de mission n'était alors susceptible que « de reporter conventionnellement le point de départ du délai d'arbitrage »[26]. Cette solution, qui pouvait être discutée[27], n'interdisait donc pas aux litigants, avant l'acceptation de leur mission par tous les arbitres, de convenir que l'instance ne débuterait qu'après la réalisation d'un autre événement. Celles-ci pouvaient décider que l'instance ne serait engagée qu'une fois le tribunal arbitral effectivement saisi, c'est-à-dire après soumission au tribunal des demandes des parties. C'est d'ailleurs ce qui résulte, depuis la réforme du 13 janvier 2011, des dispositions combinées des articles 1456, alinéa 1er, et 1461 du Code de procédure civile[28]. En effet, si l'article 1456, alinéa 1er, retient la date de l'acceptation de leur mission par les arbitres comme date de saisine du tribunal arbitral, l'article 1461 permet aux parties de déroger à cette disposition. Et même, il semble résulter de la lecture combinée de ces deux textes que les parties peuvent dorénavant fixer la saisine du tribunal arbitral à une date autre que celle à laquelle les arbitres ont accepté leur mission, peu important que leur accord sur ce point intervienne avant ou après cette acception. En effet, aucune limite temporelle n'est expressément posée par l'article 1461 au droit de déroger au principe posé à l'article 1461, alinéa 1er. Cependant, on pourrait souhaiter que la jurisprudence maintienne néanmoins la limite temporelle qu'elle avait précédemment fixée.

22. TGI Paris (ord. réf.), 3 févr. 1999, *Rev. arb.* 1999, p. 139, obs. A. Hory (et sur recours, Paris, 8 mars 2001, *Rev. arb.* 2001, p. 567, note C. Legros ; Cass. 2e civ., 20 mars 2003, *Rev. arb.* 2003, p. 551).

23. Paris, 28 nov. 1991, *Rev. arb.* 1992, p. 625, obs. J. Pellerin.

24. En ce sens aussi, v. J. Pellerin, note sous Cass. 1re civ., 30 mars 2004, *Rev. arb.* 2005, p. 977, spéc. p. 985.

25. Cass. 1re civ., 30 mars 2004, *D.* 2004, somm., p. 3183, obs. Th. Clay ; JCP G 2004, I, 179, no 8, obs. J. Ortscheidt ; *Rev. arb.* 2005, p. 977, note J. Pellerin.

26. Cass. 1re civ., 30 mars 2004, préc.

27. J. Ortscheidt, obs. préc. *Contra* : J. Pellerin, note sous Cass. 1re civ., 30 mars 2004, *Rev. arb.* 2005, p. 977, spéc. p. 984, qui considère la nature contractuelle de l'instance arbitrale explique qu'après acceptation de sa mission par le dernier arbitre, le report du point de départ de l'instance n'est plus possible. L'auteur estime en revanche que les parties pourraient, dans la convention d'arbitrage, attribuer un effet rétroactif à la demande d'arbitrage, antérieure à l'acceptation de sa mission par l'arbitre, afin de faire débuter l'instance au jour de cette demande.

28. E. Gaillard et P. de Lapasse, « Commentaire analytique du décret portant réforme du droit français de l'arbitrage », *Cah. arb.* 2011, p. 263, spéc. no 36. *Contra* : Ch. Jarrosson et J. Pellerin, « Le droit français de l'arbitrage après le décret du 13 janvier 2011 », *Rev. arb.* 2011, p. 5, spéc. no 41, p. 30, pour lesquels c'est uniquement le point de départ du délai de l'arbitrage qui peut être modifié par les parties.

En tout cas, on peut se demander si les parties pourraient être autorisées, en différenciant date de constitution du tribunal arbitral et date de sa saisine, à indirectement influer sur la date à laquelle une instance arbitrale est supposée être « en cours » au sens du droit des procédures collectives. Avant le décret du 13 janvier 2011, la jurisprudence semblait avoir écarté une telle possibilité[29]. En autorisant dorénavant les parties à reporter la date de la « saisine » du tribunal arbitral, le décret de 2011 pourrait contredire cette jurisprudence. On devrait alors le regretter, compte tenu de l'impact important de la date à laquelle une procédure arbitrale doit être considérée comme « en cours » sur l'application de règles relatives aux procédures collectives, et notamment celles sur l'interruption des poursuites contre le débiteur, qui sont d'ordre public[30]. On doit donc espérer que la jurisprudence s'appuie sur ce caractère d'ordre public pour empêcher tout aménagement conventionnel du moment où l'instance est « en cours » dans le cadre des procédures collectives.

317 **La saisine du tribunal arbitral.** La saisine du tribunal arbitral se réalise en principe par la soumission du litige aux arbitres. Si les parties n'ont rien prévu, cette saisine coïncide, selon l'article 1456, alinéa 1, du Code de procédure civile, avec la constitution du tribunal arbitral, qui découle de l'acceptation de leur mission par les arbitres. Il résulte cependant de l'article 1461 du Code de procédure civile que les parties peuvent déroger à ce principe et convenir de la date à laquelle le tribunal arbitral est saisi du litige. En pratique d'ailleurs, la soumission du litige aux arbitres correspond rarement à la date de constitution du tribunal arbitral. L'article 1462 du Code de procédure civile, qui reprend mot pour mot la règle énoncée par l'ancien article 1445 du même code, et qui dispose que « le litige est soumis au tribunal arbitral soit conjointement par les parties, soit par la partie la plus diligente », confirme que la constitution du tribunal arbitral et la soumission du litige au tribunal constitué sont deux opérations successives. La saisine effective du tribunal arbitral ne peut en effet intervenir qu'à partir du moment où celui-ci est constitué et prend connaissance des données du litige. Ainsi, lorsque ces données ne sont connues qu'après l'acceptation par les arbitres de leur mission, la saisine peut être retardée à la date à laquelle elles leur sont communiquées, notamment par la remise du dossier[31]. Il faut aussi noter que la précision, par l'article 1462 précité, que le « litige » est soumis au tribunal « conjointement » fait obstacle à ce que les parties demandes aux arbitres, *ab initio*, de rendre une sentence d'accord-parties[32].

318 **L'acte de mission.** Sauf convention contraire des parties, la rédaction d'un acte de mission est facultative, puisqu'elle n'est prévue par aucun texte de droit français[33]. La

29. Cass. 1re civ., 30 mars 2004, préc.

30. Sur ces règles et leur impact sur la procédure arbitrale, v. *supra*, n° 147, et *infra*, n° 319 et 361.

31. V. notamment, sous l'empire des textes antérieurs, Cass. 1re civ., 11 oct. 1995, *Rev. arb.* 1996, p. 228 (2e esp.). Il était cependant délicat de tirer un principe général de saisine du tribunal arbitral au moment de la remise du dossier de cette seule décision de rejet. Certes, la Cour de cassation y a écarté la critique reprochant aux juges du fond d'avoir retenu leur compétence pour ordonner une mesure d'instruction *in futurum* alors que, selon la demanderesse au pourvoi, les arbitres étaient déjà désignés, au motif que « la remise du dossier à l'arbitre n'a pas eu lieu ». Mais la Cour régulatrice a aussi précisé que les juges d'appel avaient constaté, par des motifs non contestés, que la juridiction arbitrale n'était pas encore désignée.

32. Ch. Jarrosson et J. Pellerin, « Le droit français de l'arbitrage après le décret du 13 janvier 2011 », *Rev. arb.* 2011, p. 5, spéc. n° 32, p. 26. Sur la sentence d'accord-parties, v. *infra*, n° 432.

33. L'acte de mission trouve son origine dans l'obligation, aujourd'hui abandonnée par le droit français (Cass. 2e civ., 11 juill. 2002, *Bull. civ.* II, n° 161 ; JCP G 2003, I, 105, spéc. n° 8, obs. J. Ortscheidt, qui

sentence arbitrale n'encourt donc bien évidemment pas l'annulation simplement parce qu'un tel acte n'a pas été établi[34]. En pratique, un acte de mission est cependant souvent signé par les parties et les arbitres dans l'arbitrage *ad hoc*. Il est aussi parfois imposé par des règlements d'arbitrage. Cela tient principalement à ce qu'à l'inverse du compromis, la clause compromissoire ne déterminant pas l'objet du litige[35], il peut apparaître opportun de le préciser dès le début de l'instance, ce qui évite ensuite un allongement de la durée de l'arbitrage résultant de l'adjonction de demandes en cours de procédure[36]. Mais l'acte de mission n'a pas seulement pour objet de préciser l'objet du litige, étant observé que, sauf à ce que les parties le prévoient, cet acte ne cristallise pas l'objet du litige[37], qui peut encore évoluer par les demandes des parties en cours d'instance[38]. Le plus souvent, il comprend aussi des stipulations relatives à l'organisation de l'instance d'arbitrage[39], notamment le calendrier de la procédure et le délai de l'arbitrage[40], et constitue l'instrument par lequel les arbitres formalisent l'acceptation de leur mission. L'acte de mission a donc la nature d'une convention, passée après le début de l'instance arbitrale entre les parties et les arbitres, dont l'objet est strictement procédural. Il peut valoir compromis si les conditions posées par l'article 1443 et 1445 du Code de procédure civile sont respectées[41]. Toutefois, à moins qu'il ne soit rendu obligatoire par la convention d'arbitrage ou un règlement d'arbitrage, auquel cas il conserve son caractère conventionnel[42], si l'une des parties refuse de le signer, l'acte de mission ne constitue qu'un acte de procédure des arbitres parmi d'autres. Il ne peut alors enfermer les termes du débat et permet uniquement aux arbitres de fixer les modalités d'organisation de la procédure, à la condition, bien entendu, que ceux-ci disposent du pouvoir de l'organiser. Par ailleurs, il a été jugé que la clause de cet acte qui prévoit que les parties renoncent à se prévaloir de tout moyen relatif à l'irrégularité de la constitution du tribunal arbitral est réputée non écrite[43].

319 **L'incidence d'une procédure collective antérieure.** L'ouverture d'une procédure collective ne prive pas l'arbitre de sa compétence matérielle pour trancher le litige[44]. Toutefois, lorsqu'elle intervient avant le début de l'instance arbitrale, plus précisément

rappelle que la stipulation d'une clause compromissoire dispense de l'établissement d'un compromis), en présence d'une clause compromissoire, de réitérer le consentement à l'arbitrage une fois le litige né par la conclusion d'un compromis (sur cette question, v. aussi Ph. Fouchard, E. Gaillard, B. Goldman, *Traité de l'arbitrage commercial international*, Litec, 1996, n° 1128, p. 682).

34. Paris, 13 févr. 2003, *Rev. arb.* 2004, p. 311 (2e esp.), note J.-B. Racine.

35. Sur la fixation de l'objet du litige par la convention d'arbitrage, v. aussi *supra*, n° 157 et *infra*, n° 379.

36. Sur l'évolution des demandes en cours d'instance, v. *infra*, n° 380.

37. Cass. 1re civ., 13 mars 2013, *Bull. civ.* I, n° 40 ; *Rev. arb.* 2013, p. 735, note V. Chantebout ; JCP G 2013, I, 784, n° 1, obs. Ch. Seraglini ; JCP G 2013, 465, note D. Mouralis ; *RTD civ.* 2013, p. 631, obs. P.-Y. Gautier ; *D.* 2016, Pan, p. 2936, obs. Th. Clay.

38. Cass. 1re civ., 20 juin 2012, *Rev. arb.* 2012, p. 678.

39. Plus généralement, sur les fonctions de l'acte de mission, J.-J. Arnaldez, « L'acte déterminant la mission de l'arbitre », *Études offertes à P. Bellet*, Litec, 1991, p. 1 et s.

40. Paris, 7 oct. 1997, *Rev. arb.* 1998, p. 377, note Ph. Théry.

41. V. notamment, sous l'empire des textes antérieurs à la réforme de 2011, Paris, 12 janv. 1988, *Rev. arb.* 1988, p. 691, note L. Zollinger ; Paris, 19 mars 1987, *Rev. arb.* 1987, p. 498, note L. Zollinger.

42. Ch. Jarrosson, note sous Paris, 19 janv. 1999, 19 mai et 3 déc. 1998, *Rev. arb.* 1999, p. 601, spéc. n° 7.

43. Paris, 18 déc. 2008, *Rev. arb.* 2009, p. 232.

44. V. aussi *supra*, n° 147.

avant qu'elle ne soit « en cours » au sens des articles L. 622-22 et L. 624-2 du Code de commerce, c'est-à-dire, en principe, antérieurement à la saisine du tribunal arbitral[45], la procédure de sauvegarde, le redressement ou la liquidation judiciaire de la défenderesse à l'arbitrage complique l'engagement de la procédure. Certes, dans cette situation, selon le principe Compétence-Compétence, le juge-commissaire est incompétent pour trancher le litige. Ainsi, s'il est saisi d'une contestation et qu'est invoquée devant lui une convention d'arbitrage, il « doit, après avoir le cas échéant, vérifié la régularité de la déclaration de créance, se déclarer incompétent à moins que la convention d'arbitrage ne soit manifestement nulle ou inapplicable »[46]. Mais il faut alors attendre sa décision d'incompétence avant de pouvoir saisir effectivement les arbitres. Dans un arrêt du 2 juin 2004[47], la chambre commerciale de la Cour de cassation a décidé en ce sens que « le principe d'ordre public de l'arrêt des poursuites individuelles interdit, après l'ouverture de la procédure collective, la saisine du tribunal arbitral par un créancier dont la créance à son origine antérieurement au jugement d'ouverture, sans qu'il ne se soit soumis au préalable à la procédure de vérification des créances ». L'instance arbitrale ne pourra donc être engagée qu'après le prononcé de l'ordonnance d'incompétence du juge-commissaire, ce qui peut retarder considérablement l'issue du litige[48].

§ 2. LA DURÉE DE L'INSTANCE

320 **Plan.** À l'origine, c'est pour éviter que les parties puissent indéfiniment faire obstacle à la compétence des juridictions étatiques, alors que le litige n'était pas tranché, que l'instance arbitrale a été enfermée dans un délai[49]. On peut penser qu'aujourd'hui, compte tenu de la faveur accordée à l'arbitrage, le maintien de la règle posée par l'article 1463 du Code de procédure civile[50], depuis longtemps discutée[51], se justifie surtout pour préserver l'un des attraits de ce mode de règlement des différends : sa rapidité. La célérité de la procédure, qui est une exigence posée notamment par l'article 6, § 1 de la Convention européenne de sauvegarde des droits de l'homme et des libertés fondamentales[52] et reprise, depuis la réforme du 13 janvier 2011, par l'article 1464, alinéa 3, du Code de procédure civile, est consubstantielle à l'idée même de justice. L'arbitrage demeure donc enfermé dans un délai (A) qui peut toutefois être prorogé (B).

45. Pour une discussion plus détaillée sur ce point, v. *supra*, n° 147 et 316.

46. Cass. com., 2 juin 2004, *Rev. arb.* 2004, p. 591 (3e, esp.), note P. Ancel ; JCP G 2004, I, 179, n° 1, obs. J. Béguin ; *D.* 2004, somm., p. 3184, obs. Th. Clay. Pour un cas d'inapplicabilité manifeste dans une procédure collective, v. Cass. com., 13 juin 2006, *JCP* G 2006, I, 187, n° 10, obs. Ch. Seraglini.

47. Cass. com., 2 juin 2004, *Rev. arb.* 2004, p. 591 (2e esp.), note P. Ancel ; JCP G 2004, I, 179, n° 1, obs. J. Béguin ; *D.* 2004, somm., p. 3184, obs. Th. Clay.

48. P. Ancel, note sous Cass. com., 2 juin 2004, préc., spéc. n° 23, p. 610. Ce d'autant que la décision du juge-commissaire pouvant être frappée d'appel (art. R. 624-5 C. com.), l'instance ne devrait pouvoir être engagée qu'une fois que la cour d'appel aura statué sur ce recours (en ce sens, P. Ancel, note sous Cass. com., 22 janv. 2008, *Rev. arb.* 2009, p. 145, spéc. p. 154).

49. É. Loquin, « Arbitrage – Compétence arbitrale – Étendue », *J. Cl. Proc. Civ.*, fasc. 1032, spéc. n° 49.

50. Art. 1456 ancien CPC.

51. V. notamment, Ph. Fouchard, « Perspectives d'évolution du droit français de l'arbitrage : Vers une réforme du droit français de l'arbitrage ? », *Rev. arb.* 1992, p. 199, spéc. p. 201 et s. ; Ph. Grandjean, « La durée de la mission des arbitres », *Rev. arb.* 1995, p. 39, spéc. p. 54 et s.

52. Sur cette exigence, v. notamment, S. Guinchard, « Convention européenne des droits de l'homme et procédure civile », *Rép. Dalloz Proc. civ.*, mars 2003, spéc. n° 308 et s.

A. LE DÉLAI DE L'ARBITRAGE

321 **Division.** L'article 1463 du Code de procédure civile envisage les modalités de fixation du délai de l'arbitrage (1) lorsqu'il prévoit que « si la convention d'arbitrage ne fixe pas de délai, la durée de la mission du tribunal arbitral est limitée à six mois à compter de sa saisine ». La sanction (2) de cette règle résulte de la combinaison de l'article 1477 de ce code, qui dispose que « l'expiration du délai d'arbitrage entraîne la fin de l'instance arbitrale », et de l'article 1492.3° du même texte, qui prévoit que le recours en annulation de la sentence est ouvert « si le tribunal arbitral a statué sans se conformer à la mission qui lui avait été confiée ».

1. La fixation du délai initial de l'arbitrage

322 **Fixation conventionnelle du délai.** Le délai de l'arbitrage peut être fixé par les parties dans la convention d'arbitrage, qu'il s'agisse d'une clause compromissoire ou d'un compromis. Le délai légal ne s'applique en effet, selon l'article 1463 du Code de procédure civile, que si « la convention d'arbitrage ne fixe pas de délai »[53]. Formellement, il n'est pas exigé que cette convention précise le délai de l'arbitrage pour que soit écarté le délai légal. Il suffit qu'elle renvoie à un autre document, par exemple un règlement d'arbitrage, qui détermine un délai différent de celui de l'article 1463[54]. Si le délai de l'arbitrage peut ainsi être librement choisi par les parties, celles-ci doivent au moins prendre le soin de l'indiquer. Compte tenu de la rédaction de l'article 1463 précité, et parce que les parties sont obligées de préciser le nouveau délai lorsqu'elles consentent une prorogation du délai initial[55], la pratique consistant à écarter le délai légal sans fixer un autre délai ne devrait pas être tolérée[56]. Cette façon de procéder permettrait d'ailleurs à l'arbitre de déterminer lui-même la durée de sa mission, alors pourtant qu'il lui est en principe interdit – sauf l'hypothèse particulière de la reprise d'instance – de la proroger sans le consentement des parties ou le concours du juge[57].

323 **Le délai légal.** Si les parties n'ont pas prévu le délai de l'arbitrage, la mission des arbitres ne dure que six mois, comme le précise l'article 1463 du Code de procédure civile[58]. Ce délai, qui ne court plus, comme avant la réforme du 13 janvier 2011, à compter de l'acceptation par le dernier arbitre de sa mission[59], mais de la saisine du tribunal arbitral, est donc particulièrement bref. Trop sans doute, lorsque l'affaire est complexe[60]. Sous l'empire des textes antérieurs, il était admis que les parties pouvaient reporter le point de départ du délai de l'arbitrage à une date différente de celle à laquelle

53. Pour un rappel de cette règle, sous l'empire de l'ancien art. 1456 CPC, v. notamment Paris, 10 févr. 1984, *Rev. arb.* 1985, p. 176, obs. Th. Bernard.

54. Ch. Jarrosson, « Le rôle respectif de l'institution, de l'arbitre et des parties dans l'instance arbitrale », *Rev. arb.* 1990, p. 381, spéc. n° 39, p. 391.

55. V. *infra*, n° 328 et s.

56. V. cependant, sous l'empire des textes antérieurs à la réforme de 1980, Cass. 2e civ., 28 avr. 1986, *Bull. civ.* II, n° 65.

57. V. *infra*, n° 327.

58. Paris, 5 avr. 1994, *Rev. arb.* 1995, p. 85, note Ch. Jarrosson.

59. Cass. 2e civ., 14 mai 1997, *Bull. civ.* II, n° 142 ; *Rev. arb.* 1998, p. 703, obs. Y. Derains.

60. Ch. Jarrosson, « Le rôle respectif de l'institution, de l'arbitre et des parties dans l'instance arbitrale », *Rev. arb.* 1990, p. 381, spéc. n° 40, p. 391.

les arbitres avaient accepté leur mission[61]. Cette faculté de reporter le *dies a quo* de ce délai, directement dans la convention d'arbitrage ou indirectement, par référence à un règlement d'arbitrage, résulte aujourd'hui de la combinaison des articles 1456, alinéa 1er, et 1461 du Code de procédure civile ; elle permet de le fixer à une date à partir de laquelle les arbitres peuvent effectivement entreprendre leur mission, soit après la remise de leurs dossiers par les parties ou en suite de la signature d'un acte de mission. Le délai de l'arbitrage se calcule de quantième en quantième[62] et expire le dernier jour à vingt-quatre heures, reporté au premier jour ouvrable suivant s'il s'agit d'un samedi, d'un dimanche ou d'un jour férié ou chômé, en application de l'article 642 du Code de procédure civile. Le délai est respecté, qu'il soit légal ou conventionnel, si la sentence est signée avant qu'il ne soit expiré[63].

2. La sanction du dépassement du délai d'arbitrage

324 **L'extinction de l'instance et la disparition de la convention d'arbitrage.** L'article 1477 du Code de procédure civile prévoit que « l'expiration du délai d'arbitrage entraîne la fin de l'instance arbitrale »[64]. En principe donc, une fois expiré le délai dans lequel il doit exercer sa mission, le tribunal arbitral est privé du pouvoir de rendre une sentence[65]. Bien plus, l'expiration du délai d'arbitrage peut avoir des incidences sur la convention d'arbitrage, selon qu'il s'agit d'un compromis ou d'une clause compromissoire. Dans le premier cas en effet, puisque le compromis a été conclu pour trancher un litige né, ses effets sont épuisés une fois l'instance éteinte. La mission des arbitres étant expirée, les juridictions étatiques sont à nouveau compétentes. Ainsi, si le délai de l'arbitrage expire avant qu'une sentence ne soit rendue, les parties ne peuvent à nouveau soumettre le litige à l'arbitrage qu'en passant un nouveau compromis. En revanche, si l'arbitrage « a sa source dans une clause compromissoire, l'expiration du délai de mission des arbitres sans qu'une sentence ait été rendue ne prive pas nécessairement d'effet la clause compromissoire »[66]. Les parties demeurent en principe tenues de soumettre leur litige à l'arbitrage, la clause compromissoire n'étant pas limitée à la résolution d'un litige en particulier. La clause n'est privée d'effet que dans certaines circonstances particulières. Il en est notamment ainsi lorsque la volonté des parties de soumettre le litige à l'arbitrage était subordonnée à des conditions qui, pour une raison ou une autre, ne peuvent plus être remplies après l'extinction de l'instance arbitrale (décès d'un arbitre, délai préfix conventionnel pour saisir l'arbitre une fois le litige né...).

61. É. Loquin, « Arbitrage – Compétence arbitrale – Étendue », *J. Cl. Proc. Civ.*, fasc. 1032, spéc. n° 65 ; v. aussi, Nancy, 31 juill. 1980, *JCP* G 1981, II, 19616, note P. Level ; Cass. 1re civ., 30 mars 2004, *D.* 2004, somm., p. 3183, obs. Th. Clay ; JCP G 2004, I, 179, n° 8, obs. J. Ortscheidt ; *Rev. arb.* 2005, p. 977, note J. Pellerin, qui rappelle la possibilité pour les parties de reporter conventionnellement le point de départ du délai de l'arbitrage dans l'arbitrage international, la solution étant transposable dans l'arbitrage interne.

62. Paris, 4 févr. 1968, *Rev. arb.* 1968, p. 13.

63. Cass. 1re civ., 4 mai 2017, *Rev. arb.* 2017, p. 770 ; Paris, 22 mai 1980, *Rev. arb.* 1982, p. 264, note J.-B. Blaise. V. aussi : É. Loquin, note sous Cass. 1re civ., 15 juill. 1999, *RTD com.* 2000, p. 598.

64. Art. 1464.3° ancien CPC.

65. V. *infra*, n° 550.

66. Cass. 2e civ., 18 févr. 1999, *Rev. arb.* 1999, p. 299, note Ph. Pinsolle ; Colmar, 21 sept. 1993, *Rev. arb.* 1994, p. 348, note D. Cohen ; Paris, 7 juill. 1992, *Rev. arb.* 1994, p. 728, note Th. Bernard.

325 **L'annulation de la sentence rendue hors délai.** L'article 1484.1° ancien du Code de procédure civile prévoyait que la sentence pouvait être annulée lorsque « l'arbitre a statué [...] sur une convention [...] expirée ». Il envisageait donc expressément l'hypothèse de la sentence prononcée après l'expiration de la mission de l'arbitre. Si l'article 1492, issu de la réforme du 13 janvier 2011, ne contient plus cette précision, il recouvre cette hypothèse lorsqu'il précise que le recours en annulation est ouvert si le « tribunal arbitral a statué sans se conformer à la mission qui lui avait été confiée »[67]. Une telle sentence peut être anéantie par le juge de l'annulation à la demande des parties[68]. Ce cas d'ouverture particulier du recours en annulation appelle trois observations. D'abord, par faveur pour l'arbitrage, il est admis que la sentence est valable si elle a été rendue avant le *dies ad quem* du délai de l'arbitrage, même si elle n'a été notifiée qu'après[69]. Il suffit que la sentence ait été signée auparavant[70]. Ensuite, la portée de l'annulation est limitée à la sentence rendue postérieurement à la date d'expiration du délai d'arbitrage. Les actes accomplis antérieurement subsistent, en particulier les rapports d'expertise déposés avant cette date[71]. Enfin, la nullité n'est encourue que si la partie qui l'invoque n'a pas préalablement renoncé à s'en prévaloir. L'article 1466 du Code de procédure civile, issu du décret du 13 janvier 2011, qui consacre sur ce point la jurisprudence[72], précise en effet que « la partie qui, en connaissance de cause et sans motif légitime, s'abstient d'invoquer en temps utile une irrégularité devant le tribunal arbitral est réputée avoir renoncé à s'en prévaloir ». Ainsi, si la participation active d'une partie à l'instance est parfois l'indice de sa volonté tacite de proroger le délai de l'arbitrage[73], cette partie est de toute façon irrecevable à invoquer le moyen tiré de l'expiration de ce délai devant le juge de l'annulation lorsqu'elle n'a pas invoqué cette irrégularité devant les arbitres[74]. La partie qui sait que la mission des arbitres a pris fin par l'arrivée du terme conventionnel ou légal doit faire preuve de loyauté et s'en prévaloir devant l'arbitre. À défaut, elle ne pourra plus l'invoquer pour obtenir l'annulation de la sentence. Cela dit, la Cour de cassation a admis qu'une partie ayant contesté la compétence du tribunal arbitral et sa composition, sans précisément se prévaloir de l'expiration du délai de l'arbitrage, n'avait cependant pas renoncé à invoquer cette irrégularité[75].

---

67. Ch. Jarrosson et J. Pellerin, « Le droit français de l'arbitrage après le décret du 13 janvier 2011 », *Rev. arb.* 2011, p. 5, spéc. n° 71, p. 49.
L'expiration du délai de l'arbitrage peut sans doute également entraîner l'annulation de la sentence sur le fondement de l'article 1492.1° CPC, qui prévoit que le recours en annulation est ouvert si le « tribunal s'est déclaré à tort compétent ».

68. V. notamment, Cass. 2e civ., 5 avr. 1994, *Rev. arb.* 1995, p. 68 (3e esp.).

69. É. Loquin, « Arbitrage – Compétence arbitrale – Étendue », *J. Cl. Proc. Civ.*, fasc. 1032, spéc. n° 98. V. aussi, Paris, 30 mai 2006, *Rev. arb.* 2007, p. 837, note Ch. Jarrosson ; Paris, 22 mai 1980, *Rev. arb.* 1982, p. 264, note J.-B. Blaise.

70. V. *supra*, n° 323.

71. Cass. 2e civ., 18 mai 1989, *Bull. civ.* II, n° 111.

72. V. *infra*, n° 524

73. V. *infra*, n° 329.

74. Cass. 1re civ., 11 sept. 2013, *Bull. civ.* I, n° 160 ; JCP G 2013, I, 1391, obs. J. Ortscheidt ; JCP G 2013, 1098, note D. Mouralis ; *Rev. arb.* 2014, p. 704, obs. Cl. Debourg ; Paris, 24 juin 1997, *Rev. arb.* 1997, p. 588, obs. D. B. V. aussi, en matière d'arbitrage international, Paris, 9 mars 2006, *Rev. arb.* 2006, p. 481 ; Paris, 6 mars 2003, *JCP* G 2004, I, 119, n° 7, obs. J. Béguin.

75. Cass. 1re civ., 22 sept. 2010, *Bull. civ.* I, n° 176 ; *Rev. arb.* 2011, p. 152 (2e esp.), note J.-G. Betto et A. Reynaud ; *D.* 2010, Pan., p. 2933, obs. Th. Clay ; *Cah. arb.* 2011, p. 453, note L. Jaeger.

326 **La responsabilité de l'arbitre.** L'expiration du délai de l'arbitrage, sans que la sentence ne soit rendue, peut résulter en tout ou partie d'une faute de l'arbitre, qui est alors susceptible d'engager sa responsabilité[76]. Celui-ci supporte en effet une obligation de juger[77], dont le respect postule qu'il rende une décision avant l'expiration du délai qui lui est imparti pour accomplir sa mission. Ainsi, si c'est par la faute de l'arbitre qu'une sentence n'a pu être rendue dans le délai légal ou conventionnel, sa responsabilité civile peut être engagée. L'obligation supportée par l'arbitre est, à cet égard, nécessairement de moyens[78], puisque des aléas, liés notamment au comportement des parties, peuvent affecter le bon déroulement de l'instance arbitrale. L'arbitre supporte en revanche une obligation de résultat de solliciter du juge d'appui, en cas d'impéritie des litigants ou de l'institution, une prorogation du délai[79]. Le succès d'une action en responsabilité contre l'arbitre suppose, en outre, que soit démontrée l'existence d'un préjudice directement né de l'expiration de l'instance arbitrale.

B. LA PROROGATION DU DÉLAI DE L'ARBITRAGE

327 **Le tribunal arbitral ne peut proroger seul le délai.** L'article 1463, alinéa 2, du Code de procédure civile autorise une ou plusieurs prorogations du délai initial de l'arbitrage. La solution est opportune, d'une part, en raison de la brièveté du délai légal et, d'autre part, parce que les litigants ne sont pas toujours en mesure d'apprécier le temps nécessaire à l'accomplissement de tous les actes d'instruction et de jugement au moment où ils fixent le délai de l'arbitrage. Cette prorogation peut être conventionnelle (1) ou judiciaire (2). En revanche, il est depuis longtemps admis que le tribunal arbitral ne peut proroger seul le délai de l'arbitrage[80]. Pour la Cour de cassation, ce principe « traduit une exigence de l'ordre public aussi bien interne qu'international en ce qu'il est inhérent au caractère contractuel de l'arbitrage »[81]. C'est donc l'aspect conventionnel de l'arbitrage qui interdit à l'arbitre de prolonger sa mission. La règle, qui s'induit de l'article 1463, alinéa 2, précité, évite en plus une forme particulière de déni de justice, qui consisterait pour l'arbitre à proroger indéfiniment sa mission sans l'accord des parties[82]. Elle connaît toutefois une exception depuis la réforme du 13 janvier 2011[83]. Le tribunal peut en effet,

76. Paris, 31 mars 2015, *Rev. arb.* 2016, p. 493 (2e esp.), note J.-S. Borghetti ; *D.* 2015, Pan., p. 2588, obs. Th. Clay ; *RTD civ.* 2015, p. 612, note H. Barbier ; *Cah. arb.* 2015, p. 313, note M. Henry ; Cass. 1re civ., 6 déc. 2005, *Bull. civ.* I, n° 462 ; JCP G 2006, I, 148, I, n° 2, obs. Ch. Seraglini ; *Rev. arb.* 2006, p. 126, note Ch. Jarrosson ; *JCP* G 2006, II, 10666, note Th. Clay ; *D.* 2006, Pan., p. 3031, obs. Th. Clay ; *D.* 2006, jurisp. 274, note P.-Y. Gautier ; *RTD com.* 2006, p. 299, note É. Loquin ; *RTD civ.* 2006, p. 144, obs. Ph. Théry ; *RLDC* 2006, p. 14, obs. F.-X. Train ; JCP E 2006, 1284, note G. Chabot ; JCP E 2006, 1395, obs. J. Paillusseau ; TGI Paris (ord. réf.), 29 nov. 1989, *Rev. arb.* 1990, p. 525.

77. V. *supra*, n° 303.

78. Cass. 1re civ., 17 nov. 2010, *D.* 2010, Pan., p. 2933, obs. Th. Clay ; *Rev. arb.* 2011, p. 943, note Ch. Jarrosson.

79. Cass. 1re civ., 6 déc. 2005, préc. Sur les pouvoirs du juge d'appui en ce domaine, v. *infra*, n° 331 et s.

80. Paris, 18 juin 2013, *Rev. arb.* 2013, p. 1028, note Th. Bernard ; Cass. 2e civ., 13 janv. 1993, *Rev. arb.* 1995, p. 68 (1re esp.).

81. Cass. 1re civ., 15 juin 1994, *Rev. arb.* 1995, p. 88, note E. Gaillard.

82. Ph. Fouchard, « La coopération du Président du tribunal de grande instance à l'arbitrage », *Rev. arb.* 1985, p. 5, spéc. p. 43.

83. J. Béguin, J. Ortscheidt, Ch. Seraglini, « Un second souffle pour l'arbitrage », *JCP* G 2011, 322, spéc. n° 46 ; Ch. Jarrosson et J. Pellerin, « Le droit français de l'arbitrage après le décret du 13 janvier 2011 », *Rev. arb.* 2011, p. 5, spéc. n° 44, p. 42.

en application de l'article 1475, alinéa 2, du Code de procédure civile, proroger le délai de l'arbitrage « pour une durée qui n'excède pas six mois » au « moment de la reprise de l'instance », postérieurement à son interruption ou sa suspension[84]. Au passage, il faut aussi noter que, sauf à priver de portée les dispositions relatives à la suspension et à l'interruption de l'instance arbitrale, ces incidents emportent nécessairement suspension du délai de l'arbitrage. L'article 1475 précité précise d'ailleurs, en son alinéa 1er, que « l'instance reprend son cours en l'état où elle se trouvait au moment où elle a été interrompue ou suspendue lorsque les causes de son interruption ou de sa suspension cessent d'exister ». De plus, le second alinéa autorise le tribunal arbitral, au moment de la reprise de l'instance, à proroger le délai d'arbitrage, ce qui signifie, au moins implicitement, que l'interruption et la suspension de l'instance arbitrale emportent suspension du délai d'arbitrage jusqu'à la reprise de l'instance. Sinon, il continuerait de courir et, bien souvent, il expirerait avant la reprise de l'instance, de telle sorte que les arbitres seraient dessaisis et ne pourraient pas proroger le délai d'arbitrage.

1. La prorogation conventionnelle

328 **La prorogation expressément consentie par les parties.** L'article 1463, alinéa 2, du Code de procédure civile prévoyant, sans autre précision, que « le délai légal ou conventionnel peut être prorogé... par accord des parties », leur consentement n'est soumis à aucune condition de forme. Il peut être exprès ou tacite. Les parties peuvent expressément convenir de proroger le délai initial de l'arbitrage en cours d'instance[85]. De plus, même si cette hypothèse de prorogation du délai de l'arbitrage n'est pas expressément envisagée par l'article 1463 du Code de procédure civile, elles peuvent aussi confier à un tiers, le plus souvent un centre d'arbitrage, le soin de proroger le délai de l'arbitrage. Cette pratique est depuis longtemps admise[86]. En donnant à un centre le pouvoir de proroger le délai d'exécution de la mission des arbitres, les parties lui confient un mandat. C'est donc au nom de celles-ci qu'il proroge la mission des arbitres. Les modalités d'intervention du centre d'arbitrage sont en principe précisées par son règlement d'arbitrage (motivation ou non de la prorogation, notification ou non aux parties...) et si sa décision s'impose aux parties, elle n'a pas une nature juridictionnelle[87]. Elle n'a donc pas à être motivée, ne peut faire l'objet d'aucun recours devant le juge et est dépourvue de l'autorité de la chose jugée. Elle n'a pas non plus, sauf stipulation contraire du règlement d'arbitrage, à être notifiée aux parties pour produire des effets[88]. Pour suppléer l'éventuelle impéritie du centre à cet égard, les parties peuvent saisir le juge d'appui qui pourra

---

84. V. *infra*, n° 365.

85. Cass. 2e civ., 18 oct. 2001, *Rev. arb.* 2002, p. 899, note J.-G. Betto ; Cass. 2e civ., 3 mai 2001, n° 99-14325.

86. Cass. 1re civ., 16 juin 1976, *Bull. civ.* I, n° 217, qui constate que « les prorogations décidées par un tiers préconstitué par les parties s'imposent à celles-ci au même titre que si elles les avaient consenties elles-mêmes ».

87. Paris, 17 mai 1983, *Rev. arb.* 1987, p. 309.

88. Cass. 1re civ., 6 juill. 2005, *D.* 2005, Pan., p. 3061, obs. Th. Clay ; JCP G 2005, I, 179, n° 4, obs. J. Ortscheidt (solution consacrée dans l'arbitrage international et transposable à l'arbitrage interne). V. aussi Paris, 6 mars et 12 juin 2003, *JCP* G 2004, I, 119, n° 7, obs. J. Béguin ; *Rev. arb.* 2004, p. 887, note D. Bensaude ; *D.* 2003, somm., p. 2477, obs. Th. Clay ; *RTD com.* 2003, p. 479, obs. É. Loquin.

prolonger la mission de l'arbitre[89]. Et, cette inexécution de sa mission par le centre d'arbitrage pourrait constituer une cause de responsabilité civile[90].

En revanche, la solution consistant à prévoir, dans la convention d'arbitrage, que l'arbitre pourra proroger le délai de l'arbitrage pour une durée déterminée à l'avance, semble toujours proscrite. Certes, dans un arrêt du 20 juin 1996, la Cour de cassation avait admis que les parties pouvaient « décider par avance, dans la convention d'arbitrage, des prorogations de délai d'arbitrage d'une durée déterminée auxquelles l'arbitre pourra recourir, dès lors que le temps maximum imparti à ce dernier pour statuer est ainsi conventionnellement arrêté »[91]. Mais, dans un arrêt du 7 novembre 2002[92], cette même formation est revenue sur cette solution en censurant une décision ayant admis que les parties avaient valablement pu prévoir, dans le compromis, que le délai d'arbitrage initial de 90 jours pourrait être prorogé à l'initiative du tribunal arbitral, le délai maximum pour statuer étant par ailleurs fixé[93]. Pour la Haute juridiction, « en statuant ainsi, alors qu'il n'est pas au pouvoir des arbitres de proroger le délai dans lequel ils doivent rendre leur décision et qu'elle constatait que les arbitres devaient prononcer leur sentence dans le délai de 90 jours, sauf prorogation judiciaire qu'il leur appartenait de demander avant l'expiration de ce délai, la cour d'appel a violé » l'article 1456 du Code de procédure civile[94]. La solution, qui n'a pas été modifiée par le décret du 13 janvier 2011, est contestable[95]. La possibilité pour les parties d'accepter par avance et pour un temps limité la prorogation du délai de l'arbitrage, tout comme la mise en œuvre de cet accord par l'arbitre, ne trahissent pas le caractère contractuel de l'arbitrage. Bien au contraire, en faisant application de la clause figurant à la convention d'arbitrage, l'arbitre exécute purement et simplement la convention des parties et ne proroge pas seul le délai de l'arbitrage.

329 **La prorogation tacitement consentie par les parties.** Puisque le consentement des parties pour prolonger la durée de la mission des arbitres n'est soumis à aucune exigence de forme, il peut être tacite et s'évincer des circonstances de la cause. La jurisprudence est sur ce point particulièrement libérale. Les juges saisis d'une demande d'annulation d'une sentence pour dépassement du délai de l'arbitrage admettent en effet très largement la prorogation tacite du délai de l'arbitrage par les litigants. Il suffit que soit rapportée la preuve d'actes manifestant sans équivoque la volonté certaine des deux parties sur ce point. L'acceptation tacite peut notamment résulter de la participation active et sans réserve des parties à l'instance arbitrale ou à des mesures d'instruction, ou même de l'échange de correspondances avec l'arbitre, lorsque ces événements interviennent après l'expiration du délai initial[96]. Elle se déduit, aussi, de ce qu'après avoir d'abord consenti à

89. V. *infra*, n° 331 et s.

90. Ch. Jarrosson, « Le rôle respectif de l'institution, de l'arbitre et des parties dans l'instance arbitrale », *Rev. arb.* 1990, p. 381, spéc. n° 42 et 45, p. 392-393.

91. Cass. 2e civ., 20 juin 1996, *Bull. civ.* II, n° 167.

92. Cass. 2e civ., 7 nov. 2002, *Rev. arb.* 2003, p. 115, note É. Loquin ; JCP G 2003, I, 164, spéc. n° 5, obs. J. Ortscheidt.

93. *Contra* B. Moreau, *Gaz. Pal.* 4-5 juill. 2003, p. 19, qui estime que la clause laissant « l'initiative » aux arbitres de « prolonger » le délai de l'arbitrage, avec une date butoir, ne peut être assimilée à celle jusqu'alors déclarée régulière par la jurisprudence.

94. En ce sens, v. aussi, Paris, 29 juin 2006, *Rev. arb.* 2008 (2e esp.), p. 79, note Ch. Jarrosson.

95. V. aussi, Ch. Jarrosson, *Rev. arb.* 2008, p. 88 ; É. Loquin, *Rev. arb.* 2003, p. 115.

96. Paris, 15 oct. 2013, *Rev. arb.* 2013, p. 1077 ; Cass. 1re civ., 11 sept. 2013, *Bull. civ.* I, n° 160 ; JCP G 2013,1098, note D. Mouralis ; *Rev. arb.* 2014, p. 704, obs. C. Debourg ; JCP G 2013, I, 1391, obs. J. Ortscheidt ; Cass. 2e civ., 4 avr. 2002 et 8 mars 2001, *Rev. arb.* 2002, p. 899, note J.-G. Betto ;

une suspension de l'instance pendant une année, puis accepté de proroger le délai de l'arbitrage de près de six mois, les parties n'ont pas protesté à la réception d'une lettre des arbitres les informant d'une brève prorogation supplémentaire d'un mois, alors que la complexité de l'affaire imposait au tribunal arbitral de se réunir pour délibérer et que ces réunions étaient rendues délicates en raison de difficultés de transport[97]. La prorogation du délai de l'arbitrage peut également résulter d'actes de celui qui est investi d'un mandat de représentation en justice. Lorsqu'il s'agit d'un avocat, il a été jugé qu'il n'était pas exigé qu'il soit muni d'un pouvoir spécial pour accepter la prorogation du délai au nom des parties[98]. Il est vrai que le mandat de représentation en justice, dont jouirait l'avocat dans l'instance arbitrale, l'autorise à acquiescer et à donner un consentement.

330 **Point de départ et durée de la prorogation.** En principe, à défaut de précision par les parties, le nouveau délai accordé à l'arbitre pour remplir sa mission débute à la date d'expiration du délai initial[99]. Et il n'est pas à durée indéterminée. Sauf accord contraire des parties, c'est en effet le délai légal qui est applicable, soit celui de six mois[100].

2. La prorogation judiciaire

331 **Principe.** La durée de la mission des arbitres, et donc de l'instance arbitrale, peut être prorogée par le juge, même si les parties s'y opposent. Cela permet d'éviter un blocage de la procédure lorsque celles-ci ne parviennent pas à s'entendre sur le principe de la prorogation ou sur sa durée[101]. La solution, issue de la réforme du 14 mai 1980, a été reconduite sous l'empire du décret du 13 janvier 2011. Avant la réforme de 1980, le juge ne pouvait prolonger le délai de l'arbitrage que si les parties lui avaient conventionnellement confié cette mission[102]. L'article 1463, alinéa 2, du Code de procédure civile dispose aujourd'hui que le délai légal ou conventionnel peut être prorogé par accord des parties, ou « à défaut, par le juge d'appui ».

332 **Procédure.** Le juge d'appui peut être saisi uniquement « à défaut » d'accord des parties sur la prorogation du délai de l'arbitrage. Il ne peut donc en principe intervenir si cet accord n'a pas au préalable été recherché, sous réserve, sans doute, d'une situation d'urgence rendant cette démarche impossible. Le juge peut être saisi par l'une des parties, le tribunal arbitral ou l'un de ses membres[103], l'article 1463 du Code de procédure civile ne dérogeant pas, sur ce point, à la procédure de droit commun fixée par

Cass. 2e civ., 11 mai 2000, *Rev. arb.* 2000, p. 635, note E. Taÿ-Pamart ; Paris, 11 mars 1997, *Rev. arb.* 1997, p. 606, obs. Y. R.

97. Cass. 2e civ., 18 oct. 2001, *Rev. arb.* 2002, p. 899, note J.-G. Betto. Techniquement, on peut questionner le bien-fondé du raisonnement consistant à déduire l'acceptation par les parties d'une prorogation du délai de l'arbitrage de leur comportement postérieur à l'expiration de ce délai. Ne s'agit-il pas plutôt d'une renonciation à invoquer le grief tiré de l'expiration de la mission des arbitres, dès lors que le délai ne devrait pouvoir être « prorogé » qu'avant son terme ?

98. Cass. 2e civ., 21 nov. 2002, *JCP* G 2003, I, 164, spéc. nº 5, obs. J. Ortscheidt ; Lyon, 1er juill. 1993, *Rev. arb.* 1995, p. 102, note Ph. Fouchard.

99. Paris, 17 janv. 2002, *Rev. arb.* 2002, p. 899, note J.-G. Betto.

100. Paris, 17 janv. 2002, préc. ; Cass. 2e civ., 1er juin 1994, *D.* 1994, jurisp., p. 506, note Y. Chartier.

101. Le juge d'appui peut aussi intervenir en cas d'inaction du tiers ayant reçu pour mission de proroger la mission des arbitres.

102. É. Loquin, « Arbitrage – Compétence arbitrale – Étendue », *J. Cl. Proc. Civ.*, fasc. 1032, spéc. nº 80.

103. TGI Paris (ord. réf.), 29 nov. 1989, *Rev. arb.* 1990, p. 525.

l'article 1460 du même code. Tout comme en présence de difficultés de constitution du tribunal arbitral, la demande est formée, instruite et jugée « comme en matière de référé », ainsi que le précise l'article 1460, alinéa 2, du Code de procédure civile ; l'instance est orale et le juge doit être saisi par voie d'assignation ou de requête conjointe, la procédure étant contradictoire[104]. La saisine doit nécessairement intervenir avant l'expiration du délai initial de l'arbitrage[105], puisque le juge d'appui ne s'est pas vu attribuer le pouvoir de faire revivre une instance éteinte[106]. Le juge compétent pour proroger le délai de l'arbitrage ne peut plus être le président du tribunal de commerce, depuis la réforme du 13 janvier 2011 qui a limité ses pouvoirs. Il s'agit en effet nécessairement du président du tribunal de grande instance territorialement compétent, tel qu'il est déterminé par l'article 1459, alinéa 3, du Code de procédure civile[107]. C'est donc le président du tribunal de grande instance désigné par la convention d'arbitrage qui est, au premier chef, l'autorité compétente pour proroger le délai de l'arbitrage. À défaut de précision dans la convention d'arbitrage, c'est le président du tribunal dans le ressort duquel le siège du tribunal a été fixé qui est territorialement compétent. Et quand cette convention ne précise pas le siège de l'arbitrage, le juge compétent est celui du lieu où demeure le ou l'un des défendeurs à l'incident et, si aucun ne demeure en France, celui du tribunal du lieu où demeure le demandeur. Dans cette dernière situation, si la saisine est effectuée par le tribunal arbitral ou par l'un de ses membres, le juge d'appui compétent est, soit celui où l'arbitrage se déroule effectivement, soit celui ou demeure l'arbitre qui saisit le juge.

333 **Autorité de la décision.** Comme lorsqu'il règle une difficulté de constitution du tribunal arbitral[108], l'ordonnance du juge d'appui qui prolonge le délai de l'arbitrage n'a pas un caractère provisoire. Elle est au contraire véritablement assortie de l'autorité de la chose jugée s'agissant de la contestation qu'elle tranche[109]. Les parties et le tribunal arbitral ne peuvent en effet saisir le juge d'appui d'une demande de prorogation du délai de l'arbitrage lorsque, dans une précédente ordonnance, celui-ci a déjà constaté que le délai de l'arbitrage était expiré. Et, comme en matière de récusation[110], la décision du juge d'appui qui a irrévocablement statué sur la durée de la mission s'impose à la cour d'appel saisie d'un recours en annulation de la sentence, qui doit, soit écarter le moyen tiré de l'expiration du délai de l'arbitrage[111], soit annuler la sentence si ce juge a estimé que le délai était expiré[112]. La décision du juge est, sauf précision contraire, exécutoire de plein droit, puisqu'il n'est pas fait exception aux dispositions générales de l'article 492-1° du Code de procédure civile, applicables à tout juge statuant comme en matière de référé.

104. V. *supra*, n° 274.

105. TGI Paris (ord. réf.), 3 avr. 1985, *Rev. arb.* 1985, p. 170. v. aussi, É. Loquin, « Arbitrage – Compétence arbitrale – Étendue », *J. Cl. Proc. Civ.*, fasc. 1032, n° 87 et s. ; Ph. Bertin, « L'intervention des juridictions au cours de la procédure arbitrale », *Rev. arb.* 1982, p. 331, spéc. p. 335.

106. Ph. Fouchard, « La coopération du Président du tribunal de grande instance à l'arbitrage », *Rev. arb.* 1985, p. 5, spéc. p. 44.

107. V. *supra*, n° 273.

108. V. *supra*, n° 277.

109. Art. 492-1 CPC. V. aussi, Paris, 8 mars 2001, *Rev. arb.* 2001, p. 567, obs. C. Legros.

110. V. *supra*, n° 243.

111. Paris, 8 mars 2001, *Rev. arb.* 2001, p. 567, obs. C. Legros.

112. Paris, 10 nov. 2005, *Rev. arb.* 2006, p. 469. Plus généralement, sur cette question, v. *infra*, n° 550.

334 **Voies de recours**[113]. En application de l'article 1460, alinéa 3, du Code de procédure civile[114], l'ordonnance du juge d'appui est « non susceptible de recours ». Conformément au droit commun, sous l'empire de textes antérieurs à la réforme du 13 janvier 2011, la jurisprudence a cependant admis que cette ordonnance pouvait faire l'objet d'un appel-nullité, en cas d'excès de pouvoir du juge. Il devait alors être formé comme en matière de contredit de compétence[115]. Et le pourvoi en cassation contre la décision du juge d'appui était jugé irrecevable[116]. L'appel-nullité demeure ouvert après la réforme, mais son régime a été modifié s'agissant de ses modalités d'exercice[117]. Il est jugé par la cour d'appel territorialement compétente et n'est ouvert, comme auparavant, qu'en cas d'excès de pouvoir du juge d'appui. Ainsi, celui-ci excède sans doute ses pouvoirs lorsqu'il proroge la mission d'un arbitre qui est déjà expirée. Mais, comme en matière de difficulté de constitution du tribunal arbitral[118], depuis le 1er mai 2011, date d'entrée en vigueur de la réforme du 13 janvier 2011, le délai de recours contre l'ordonnance du juge d'appui n'est plus de quinze jours à compter du prononcé de l'ordonnance, si le juge avait informé les parties de la date du prononcé le jour de la clôture des débats[119]. En effet, puisque, devant le juge d'appui, la « demande est formée, instruite et jugée comme en matière de référé », il résulte de la combinaison des articles 490 et 492-1 du Code de procédure civile, que l'appel-nullité doit être formé dans le délai d'appel ouvert exceptionnellement contre ces ordonnances par l'article 1460, alinéa 3, du même code, soit dans le délai 15 jours à compter de la signification à partie de l'ordonnance du juge d'appui[120]. Et il n'est plus déposé au secrétariat de la juridiction qui a rendu la décision[121], mais formé devant la cour d'appel territorialement compétente. Pour le reste, comme avant la réforme de 2011, si la cour d'appel constate un excès de pouvoir, elle annule l'ordonnance du juge d'appui et doit se prononcer sur la question de la prorogation du délai. L'arrêt de la cour d'appel peut ensuite faire l'objet d'un pourvoi en cassation, instruit et jugé selon la procédure avec représentation obligatoire. Sur le fond, si la cour d'appel a annulé la décision du président du tribunal de grande instance et s'est ensuite prononcée en qualité de juge d'appui, son arrêt ne pourra être remis en cause, devant la Cour de cassation, que si le juge d'appel a lui-même commis un excès de pouvoir[122].

113. Sur cette question, v. : L. Weiller, « Les recours contre les décisions du juge d'appui », *Rev. arb.* 2018, p. 15.
114. Art. 1457, al. 1, ancien CPC.
115. Cass. 2e civ., 18 oct. 2001, *Rev. arb.* 2002, p. 695.
116. Cass. 2e civ., 7 nov. 2002, *JCP* G 2003, I, 164, spéc. no 5, obs. J. Ortscheidt.
117. V. *supra*, no 279.
118. V. *supra*, no 279.
119. Art. 82 CPC.
120. V. *supra*, no 279.
121. Cass. 2e civ., 18 oct. 2001, *Rev. arb.* 2002, p. 695.
122. V. *supra*, no 280 ; v. aussi : D. Foussard, « Le recours pour excès de pouvoir dans le domaine de l'arbitrage », *Rev. arb.* 2002, p. 578, spéc. no 20, p. 620.

§ 3. LES PRINCIPAUX INCIDENTS AFFECTANT L'INSTANCE ARBITRALE

335 **Notion d'incident d'instance.** L'instance arbitrale se déroule rarement sans que l'arbitre ou les parties ne rencontrent des difficultés procédurales. Celles-ci sont qualifiées d'incidents, par mimétisme avec la procédure judiciaire[123]. La notion embrasse donc de très nombreuses situations, pour partie déjà envisagées[124]. Certains incidents, comme l'expiration du délai de l'arbitrage, précédemment étudiée[125], sont particulièrement graves puisqu'ils mettent fin à l'instance arbitrale. D'autres ont simplement pour effet d'interrompre ou de suspendre l'instance. D'autres encore sont relatifs aux preuves soumises aux arbitres. Si l'on s'attache à leur objet, on peut regrouper les principaux incidents susceptibles d'affecter l'instance arbitrale en trois catégories : ceux relatifs à la compétence de l'arbitre[126] (A), ceux liés à la preuve (B) et, enfin, tous les autres incidents qui n'entrent pas dans l'un de ces deux groupes en particulier (C).

A. LES INCIDENTS RELATIFS À LA COMPÉTENCE DE L'ARBITRE

336 Il existe principalement deux types de difficultés procédurales liées à la compétence de l'arbitre : celles nées de la contestation de cette compétence par les parties et celles résultant de situations de litispendance et de connexité qui, à terme, peuvent provoquer des décisions inconciliables entre plusieurs tribunaux arbitraux, ou entre un tribunal arbitral et une juridiction étatique. Celles du premier ordre ont déjà été envisagées avec l'étude de la convention d'arbitrage[127]. À ce stade, on rappellera simplement que, puisqu'il appartient à l'arbitre de statuer en priorité sur l'existence, la validité et l'étendue de la convention d'arbitrage[128], la contestation d'une partie en cours d'instance, touchant à l'un ou l'autre de ces points, est tranchée par l'arbitre. L'article 1465 du Code de procédure civile dispose en ce sens que « le tribunal arbitral est seul compétent pour statuer sur les contestations relatives à son pouvoir juridictionnel »[129]. L'arbitre peut, par exemple, rendre une sentence portant sur cette question particulière ou décider de joindre l'incident et le fond et statuer par une même sentence sur son investiture, sa compétence et sur le fond du litige. Le second type de difficultés procédurales relatives à la compétence de l'arbitre tient à l'existence de demandes portées simultanément, soit devant l'arbitre et le juge, soit devant deux arbitres. Il s'agit des incidents de connexité (1) et de litispendance (2).

123. V. notamment art. 1459, al. 3, CPC.

124. V. notamment, s'agissant des incidents relatifs aux arbitres : les difficultés nées de l'imparité du tribunal arbitral (*supra*, n° 249), la récusation de l'arbitre (*supra*, n° 239), son abstention (*supra*, n° 238).

125. V. *supra*, n° 321 et s.

126. Sans qu'il soit besoin de distinguer la compétence de l'investiture, puisque les deux notions se confondent quand il s'agit de déterminer l'autorité chargée de résoudre l'incident.

127. V. *supra*, n° 165 et s.

128. V. notamment, Cass. 2e civ., 24 juin 2004, *Bull. civ.* II, n° 311.

129. L'art. 1466 ancien CPC précisait que « si devant l'arbitre, l'une des parties conteste dans son principe ou son étendue le pouvoir juridictionnel de l'arbitre, il appartient à celui-ci de statuer sur la validité ou les limites de son investiture ».

1. La connexité

337 **Notion.** Le tribunal arbitral et le juge, ou plusieurs tribunaux arbitraux, peuvent être saisis de demandes qui, sans être tout à fait identiques en leurs causes et objets respectifs, apparaissent susceptibles d'être jugées ensemble. La situation se rencontre, notamment, lorsque deux contrats similaires ont été signés entre les mêmes parties, que deux litiges portant sur la même question sont nés de l'exécution de ces conventions mais que, seule l'une d'elles comportant une clause compromissoire, le soin de trancher la question litigieuse a été confié en même temps à un tribunal arbitral et à une juridiction étatique. La connexité peut aussi apparaître, dans cette hypothèse, lorsque pour chacune des conventions en cause, le différend a été soumis à un tribunal arbitral différemment constitué. De même encore, des demandes dirigées contre des tiers, par l'une ou l'autre des parties à la convention d'arbitrage, peuvent apparaître connexes avec celles formées au cours de l'instance arbitrale. Dans toutes ces situations, le lien entre les affaires portées simultanément, soit devant plusieurs tribunaux arbitraux, soit devant l'arbitre et devant le juge, justifierait, dans l'intérêt d'une bonne administration de la justice, de les faire instruire et juger ensemble. Le caractère original de l'investiture du tribunal arbitral fait cependant obstacle à certaines initiatives de sa part.

338 **Traitement de l'incident par le tribunal arbitral.** Tout d'abord, le tribunal arbitral ne peut de son propre chef se dessaisir du litige. Il ne peut le renvoyer à un autre juge parce qu'il supporte une obligation de le trancher. Si le tribunal arbitral prenait l'initiative, à la demande de l'une des parties seulement, de renvoyer l'examen de l'affaire devant la juridiction saisie de la question connexe, qu'elle soit arbitrale ou judiciaire, sa sentence pourrait s'exposer à une annulation pour méconnaissance des termes de sa mission, puisque contrairement au juge, aucun texte ne l'autorise à se dessaisir du litige dans une telle hypothèse[130]. Au demeurant, cette autre juridiction n'ayant pas d'injonction à recevoir d'un tribunal arbitral constitué par les parties, elle pourrait de toute façon refuser de se prononcer sur la question litigieuse. Ensuite, pour des raisons tenant là encore à l'origine conventionnelle de son pouvoir, sauf accord de toutes les parties concernées, le tribunal arbitral ne peut pas non plus « consolider » deux instances arbitrales pour se prononcer sur les demandes connexes[131].

Le tribunal arbitral peut certes se dessaisir du litige si toutes les parties à la procédure acceptent de renoncer à la convention d'arbitrage[132]. Et, sous réserve également de l'accord de toutes les parties, il peut aussi se prononcer sur les demandes connexes dont l'autre juridiction a été saisie pour trancher globalement le litige[133]. Mais ces deux façons d'aborder la connexité dans l'arbitrage peuvent se heurter à des difficultés pratiques. Dans le premier cas, il n'est pas certain que l'autre juridiction, juge ou tribunal arbitral, et les autres litigants concernés, acceptent que le litige dont le tribunal arbitral s'est dessaisi soit tranché par cette juridiction. Dans le second, il existe un risque indéniable de contrariété de décisions, puisque la juridiction à laquelle a été initialement soumise la demande connexe n'est pas nécessairement dessaisie.

Au vrai, pour résoudre l'incident, la solution consistant pour l'arbitre à surseoir à statuer jusqu'à ce que l'autre juridiction saisie rende sa décision est sans doute la plus

130. Sur ce cas d'ouverture du recours en annulation, v. *infra*, n° 547 et s.

131. Paris, 7 mars 1990, *Rev. arb.* 1991, p. 326, note É. Loquin.

132. Sur la renonciation à la convention d'arbitrage, v. *supra*, n° 179 et s.

133. E. Gaillard, « L'affaire Sofidif ou les difficultés de l'arbitrage multipartite (à propos de l'arrêt rendu par la cour d'appel de Paris le 19 déc. 1986) », *Rev. arb.* 1987, p. 275, spéc. p. 286.

appropriée. Elle a été offerte au tribunal arbitral par la réforme résultant du décret du 13 janvier 2011. Depuis l'entrée en vigueur de ce texte, soit le 1er mai 2011, le tribunal arbitral peut, même sans l'accord de toutes les parties, prendre l'initiative de surseoir à statuer en attendant la décision du juge ou du tribunal arbitral saisi d'une demande connexe, et ce sans risquer de commettre un déni de justice. L'article 1472, alinéa 1er, du Code de procédure civile précise en effet que « le tribunal arbitral peut, s'il y a lieu, surseoir à statuer. Cette décision suspend le cours de l'instance pour le temps ou la survenance de l'événement qu'elle détermine ». L'alinéa 2 du même texte ajoute que « le tribunal arbitral peut, suivant les circonstances, révoquer le sursis ou en abréger le délai ». Et, l'instance et le délai de l'arbitrage étant suspendus par le sursis, l'instance ne s'éteint pas à l'expiration du délai légal ou conventionnel.

2. La litispendance

339 **Notion.** Cette situation procédurale est rarissime dans l'arbitrage, au moins en matière interne. Elle suppose en effet que deux juridictions, également compétentes, soient saisies du même litige. Or, en principe, si un litige relève de l'arbitrage, sa connaissance échappe au juge étatique, même si aucun tribunal arbitral n'en a déjà été saisi. C'est la conséquence de l'aspect négatif du principe Compétence-Compétence, puisque, sauf si la convention d'arbitrage est manifestement nulle ou manifestement inapplicable, le juge doit se déclarer incompétent[134]. Lorsque le litige a déjà été soumis à un tribunal arbitral, on ne voit pas très bien ce qui pourrait conduire les parties à constituer un nouveau tribunal arbitral pour le trancher. Il a cependant été observé que la situation de litispendance naît parfois de ce qu'au cours d'une procédure arbitrale, l'une des parties reprend des demandes déjà formulées au cours d'une précédente instance arbitrale dans laquelle aucune sentence sur le fond n'est encore intervenue[135]. Dans ce cas, le risque existe alors que soient prononcées des décisions radicalement inconciliables.

340 **Traitement de l'incident par le tribunal arbitral.** En première analyse, comme pour la connexité, le tribunal arbitral devant lequel est invoquée une exception de litispendance ne paraît pas pouvoir se dessaisir du litige au profit de l'autre juridiction sans l'accord de toutes les parties concernées. En effet, s'il agissait ainsi, il refuserait d'exercer la mission qui lui a été confiée et exposerait sa sentence à l'annulation. La solution doit cependant être nuancée selon que le tribunal arbitral a ou non été saisi en premier du litige soumis à un autre juge. Dans la seconde hypothèse en effet, le tribunal arbitral, compétent pour apprécier le champ d'application matériel de la clause compromissoire, pourrait rendre une sentence par laquelle il constate son incompétence dès lors que cette clause a épuisé ses effets[136]. La solution, identique à celle posée par l'article 100 du Code de procédure civile, résulte alors d'une interprétation de la convention d'arbitrage, qui doit être lue comme autorisant la soumission du litige à « un » tribunal arbitral

134. Sur l'effet négatif du principe Compétence-Compétence, v. *supra*, nº 172 et s.

135. P. Mayer, « Litispendance, connexité et chose jugée dans l'arbitrage international », in *Liber Amicorum Claude Reymond autour de l'arbitrage. Mélanges offerts à Cl. Reymond*, Litec, 2004, p. 185, spéc. p. 192.

136. P. Mayer, « Litispendance, connexité et chose jugée dans l'arbitrage international », préc., spéc. p. 193.

seulement[137]. Elle est cependant impraticable lorsque l'investiture du tribunal arbitral résulte d'un compromis d'arbitrage, ou quand l'exception de litispendance est soulevée devant le tribunal arbitral saisi en premier. Dans ces situations, si le tribunal arbitral veut éviter le risque de décisions inconciliables, il peut sans doute, comme lorsqu'il se trouve en présence d'une exception de connexité, surseoir à statuer, en faisant application des pouvoirs qu'il tient de l'article 1472 du Code de procédure civile, jusqu'à ce que l'autre juridiction saisie se prononce. Puis, une fois la décision rendue par l'autre juge, compte tenu de l'autorité de la chose jugée qui y est attachée, le tribunal arbitral peut reprendre la solution retenue ou déclarer irrecevable la demande dont il est saisi.

B. LES INCIDENTS RELATIFS À LA PREUVE

341 À côté de ceux qui peuvent affecter l'organisation et le déroulement des mesures d'instruction ordonnées par l'arbitre, trop nombreux pour être étudiés, les incidents relatifs à la preuve sont principalement de deux ordres : ceux qui touchent à la production forcée des éléments de preuve (1) ; ceux qui sont liés à la contestation de ces éléments (2).

1. La production forcée des éléments de preuve

342 Selon que l'élément de preuve est détenu par une partie (a) à l'instance ou un tiers (b), les modalités de production ne sont pas les mêmes.

a) La production forcée des éléments détenus par les parties

343 **Domaine.** Même si les parties à l'arbitrage sont en principe tenues d'apporter leur concours aux mesures d'instruction[138] et, plus largement, si elles doivent agir avec loyauté dans la conduite de la procédure[139] et donc loyalement collaborer à l'administration de la preuve[140], il arrive que l'une d'elles refuse de produire un document qui apparaît pourtant essentiel pour l'issue du litige. Pour vaincre l'inertie ou le refus délibéré de cette partie, l'arbitre dispose alors du pouvoir de la forcer à communiquer cette pièce. L'article 1467, alinéa 3, du Code de procédure civile prévoit en effet que « si une partie détient un élément de preuve, le tribunal arbitral peut lui enjoindre de le produire selon les modalités qu'il détermine et au besoin à peine d'astreinte »[141]. Une partie à l'arbitrage peut donc être tenue de produire une pièce contre son propre intérêt[142].

137. P. Mayer, « Litispendance, connexité et chose jugée dans l'arbitrage international », préc., spéc. p. 193.

138. V. *infra*, n° 382.

139. Art. 1463, al. 3, CPC (v. *infra*, n° 396).

140. Sur ce devoir de collaboration dans l'arbitrage, v. sentence CCI n° 1434 (1975), *JDI* 1976, p. 979 ; S. Jarvin, « L'obligation de coopérer de bonne foi. Exemple d'application au plan de l'arbitrage international », in *L'apport de la jurisprudence arbitrale*, *Pub. CCI* n° 440/1, 1986, p. 157, spéc. p. 175 ; F. Ruhlmann et O. Gutkes, « L'absence de règles de preuve spécifiques dans les arbitrages internationaux : remèdes souhaitables », *RDAI* 1995, p. 437, spéc. p. 454.

141. L'article 1460, al. 3, ancien CPC disposait uniquement que « si une partie détient un élément de preuve, l'arbitre peut lui enjoindre de le produire ».

142. En aval, l'article 8 CPC autorise aussi l'arbitre à inviter une partie « à fournir les explications de fait qu'il estime nécessaires à la solution du litige » (sur ce pouvoir de l'arbitre, v. *infra*, n° 382).

Ce pouvoir d'injonction de l'arbitre, lié à sa *jurisdictio*, a un domaine restreint au cercle des parties à l'arbitrage. Ni le texte précité, ni aucun autre, n'autorise un tribunal arbitral à enjoindre à un tiers d'apporter son concours à l'arbitrage en communiquant des documents en sa possession. Le caractère conventionnel de la compétence de l'arbitre, qui tire son pouvoir de juger de la convention d'arbitrage, exclut l'existence d'un tel pouvoir d'injonction. On comprend dès lors que l'article 1464, alinéa 2, du code précité, qui précise les « principes directeurs du procès » que l'arbitre est toujours tenu de respecter, ne renvoie pas aux dispositions de l'alinéa 2 de l'article 11 de ce code, qui autorisent le juge à ordonner à un tiers de produire un élément de preuve sous astreinte[143]. La réforme du 13 janvier 2001 a cependant institué une procédure permettant de demander à un juge, qui n'est pas le juge d'appui, d'ordonner la production d'un élément de preuve par un tiers[144].

344 **Régime.** Contrairement au juge[145], l'arbitre peut d'office ordonner la production forcée d'une pièce, l'article 1467, alinéa 3, du Code de procédure civile ne subordonnant pas son pouvoir d'injonction à la demande d'une partie. Dans tous les cas, il s'agit toujours pour lui d'un pouvoir et non d'un devoir. Ainsi, même si la mesure est sollicitée, l'arbitre ne supporte aucune obligation d'enjoindre à une partie de produire un élément de preuve[146]. Il est depuis longtemps admis que son injonction peut être assortie d'une astreinte[147], ce que précise aujourd'hui le Code de procédure civile. À défaut pour la partie de déférer à cette mesure, l'arbitre peut en tirer toutes conséquences sur le fond du litige, en application de l'article 11, alinéa 1er, du Code de procédure civile, auquel renvoie l'article 1464, alinéa 2, de ce texte[148]. De plus, si l'on admet que l'arbitre peut ordonner des mesures provisoires ou conservatoires par voie de sentence arbitrale, et pas simplement par des ordonnances de procédure[149], l'article 1468 du Code de procédure civile ne faisant aucune distinction à cet égard, la décision de l'arbitre d'enjoindre à une partie de produire un élément de preuve peut recevoir l'exequatur et est alors susceptible d'exécution forcée.

b) La production forcée d'éléments détenus par un tiers

345 **Domaine.** Le décret du 13 janvier 2011 a institué une procédure originale, qui permet aux parties de saisir un « juge de la preuve »[150] pour obtenir une pièce auprès d'un tiers. On l'a vu, une faiblesse naturelle de l'arbitrage, résultant de sa nature

143. C. Jarrosson, « Réflexions sur l'imperium », in *Études offertes à P. Bellet*, Litec, 1991, spéc. n° 61, p. 270 ; É. Loquin, « Arbitrage – Instance arbitrale – Procédure devant les arbitres », *J. Cl. Proc. Civ.*, fasc. 1036, spéc. n° 65.

144. V. *infra*, n° 345.

145. Art. 11, al. 2, 138, 139 et 142 CPC.

146. Cass. 2e civ., 23 oct. 1996, n° 95-17207 et les obs. de S. Guinchard, *in* « L'arbitrage et le respect du contradictoire (à propos de quelques décisions rendues en 1996) », *Rev. arb.* 1997, p. 185, spéc. p. 188.

147. Sur ce pouvoir de l'arbitre, v. *infra*, n° 373.

148. L'article 11, al. 1er, CPC dispose en effet que « les parties sont tenues d'apporter leur concours aux mesures d'instruction sauf au juge à tirer toute conséquence d'une abstention ou d'un refus », et la production forcée constitue une mesure d'instruction.

149. Paris, 7 oct. 2004, *Rev. arb.* 2004, p. 982 ; *D*, 2005, Pan., p. 3062, obs. Th. Clay ; *JDI* 2005, p. 341, note A. Mourre et P. Pédone ; JCP G 2005, I, 134, n° 5 et 7, obs. J. Ortscheidt (la solution, rendue en matière d'arbitrage international, peut être étendue à l'arbitrage interne). Sur cette question, v. aussi *infra*, n° 426.

150. Th. Clay, « L'appui du juge à l'arbitrage », *Cah. arb.* 2011, p. 331, spéc. n° 59.

contractuelle et susceptible d'affecter la qualité de cette forme de justice, tient en effet à l'absence de pouvoir de contrainte de l'arbitre à l'égard des tiers à la procédure arbitrale. Pourtant, dans certaines procédures arbitrales, la production de documents détenus par des tiers peut s'avérer fort utile. Aussi, dans le silence des textes antérieurs, on discutait le point de savoir si une partie ou le tribunal arbitral pouvait faire appel au juge étatique pour enjoindre à un tiers récalcitrant de témoigner devant le tribunal arbitral ou d'y produire des éléments de preuve. Dorénavant, l'article 1469, alinéa 1er, du Code de procédure civile, dont la rédaction est manifestement inspirée de l'article 138 du même code, prévoit que « si une partie à l'instance arbitrale entend faire état d'un acte authentique ou sous seing privé auquel elle n'a pas été partie ou d'une pièce détenue par un tiers, elle peut, sur invitation du tribunal arbitral, faire assigner ce tiers devant le président du tribunal de grande instance aux fins d'obtenir la délivrance d'une expédition ou la production de l'acte ou de la pièce ». Le président du tribunal de grande instance a été choisi par préférence au juge d'appui de droit commun parce que les tiers sont étrangers à la convention d'arbitrage et que le droit commun procédural est particulièrement protecteur à leur égard[151]. Même si on peut comprendre l'argument, il est permis de regretter ce possible dédoublement des compétences quant au juge susceptible d'aider au bon déroulement de la procédure arbitrale. Enfin, il faut également relever, pour le regretter aussi, qu'il ne soit pas prévu de pouvoir recourir au même mécanisme pour contraindre à l'audition de tiers par le tribunal arbitral.

346 **Régime.** Le président du tribunal de grande instance ne peut être saisi par une partie à un arbitrage d'une demande fondée sur l'article 1469 précité sans que celle-ci ait préalablement été invitée par le tribunal arbitral à le faire. C'est une condition de recevabilité de la demande devant le juge. Ainsi, si les litigants peuvent demander au tribunal arbitral à être invités à saisir le juge, la maîtrise de la procédure demeure entre les mains de ce dernier qui pourra ne pas délivrer cette invitation. Le texte ne précise pas la forme qu'elle doit prendre, mais elle peut sans aucun doute se loger dans une simple ordonnance de procédure. Et la décision du tribunal arbitral d'inviter ou non à saisir le juge n'apparaît pas comme étant susceptible de recours. De plus, cette procédure ne devant pas permettre d'autoriser une « *fishing expedition* » auprès de tiers, les parties devront préciser au tribunal arbitral, puis devant le juge, les actes ou pièces dont elles souhaitent obtenir la production. L'article 1469, alinéa 2, prévoit que « la compétence territoriale du président du tribunal de grande instance est déterminée conformément aux articles 42 à 48 » du Code de procédure civile, soit selon les règles applicables en droit commun. Pour assurer la célérité de la procédure, l'alinéa 3 du texte précité dispose que la « demande est formée, instruite et jugée comme en matière de référé », ce qui signifie qu'elle est instruite contradictoirement et que la décision du juge est assortie de l'autorité de la chose jugée sur la contestation qu'elle tranche[152]. Pour assurer son efficacité, il est aussi prévu, par l'alinéa 4 de l'article 1469, que lorsqu'il estime la demande fondée, le président « ordonne la délivrance ou la production de l'acte ou de la pièce, en original, en copie ou en extrait, selon le cas, dans les conditions et sous les garanties qu'il fixe, au besoin à peine d'astreinte ». La décision du président n'est cependant pas exécutoire de plein droit, par exception à ce que prévoit l'article 492-

151. Th. Clay, « Liberté, égalité, efficacité : la devise du nouveau droit français de l'arbitrage. Commentaire article par article », *JDI* 2012, p. 443, spéc. p. 497 ; E. Gaillard et P. de Lapasse, « Commentaire analytique du décret portant réforme du droit français de l'arbitrage », *Cah. arb.* 2011, p. 263, spéc. n° 56.
152. Art. 492-1 CPC.

1° du Code de procédure civile, de sorte que pour accélérer son exécution rapide, le demandeur devra solliciter l'exécution provisoire. Cette décision est susceptible d'appel dans un délai de 15 jours suivant sa signification[153].

2. La contestation des éléments de preuve

347 **Compétence de l'arbitre.** Certaines des règles issues du Code de procédure civile relatives à la contestation des éléments de preuve écrits sont transposées à l'instance arbitrale. L'article 1470, alinéa 1er, du Code de procédure civile prévoit en effet que « sauf convention contraire, l'arbitre a le pouvoir de trancher l'incident de vérification d'écriture ou de faux, conformément aux dispositions des articles 287 à 294 et de l'article 299 »[154]. À moins que les parties à la convention d'arbitrage ne se soient entendues pour exclure la compétence matérielle du tribunal arbitral, celui-ci peut donc trancher les incidents nés de ce que l'une des parties dénie sa signature ou son écriture sur un acte sous seing privé, déclare ne pas reconnaître celles de son auteur ou encore, prétend que l'acte a été frauduleusement altéré. En revanche, l'arbitre est incompétent pour statuer, à titre principal ou incident, sur l'inscription de faux contre les actes authentiques. Cette demande relève, lorsqu'elle est formée à titre principal, de la compétence exclusive du tribunal de grande instance. Si la demande est formée à titre incident, la cour d'appel peut également trancher la difficulté. L'arbitre est quant à lui dépourvu de ce pouvoir. L'article 1440, alinéa 2, du Code de procédure civile renvoie à l'article 313 du même code dans cette hypothèse, et c'est la procédure de droit commun qui doit donc être suivie.

348 **Régime.** En matière de vérification d'écriture, ou lorsqu'un acte sous seing privé est argué de faux, ce sont uniquement les règles du droit commun, énoncées aux articles 287 à 294 du Code de procédure civile, qui doivent être suivies par l'arbitre, selon ce que prévoit l'article 1470, alinéa 1er, de ce code[155]. En revanche, même s'il est aussi renvoyé à l'article 299 du Code de procédure civile, qui se réfère à l'article 295 qui la prévoit, l'arbitre, dépourvu du pouvoir de contrainte, ne peut prononcer une amende civile contre la personne qui a dénié sa signature ou son écriture. À supposer qu'il soit saisi d'une demande en ce sens, il peut uniquement condamner à des dommages-intérêts celui qui a élevé un incident à des fins purement dilatoires. En outre, compte tenu du caractère conventionnel de la compétence arbitrale, certaines des règles prévues par les textes précités du Code de procédure civile ne peuvent être appliquées. Pour des raisons déjà exposées[156], l'arbitre ne peut pas enjoindre à un tiers de produire des documents, de se présenter devant lui ou de témoigner pour procéder à la vérification d'écriture, comme le prévoient les articles 290, alinéa 1er, 291, alinéa 2 et 293. L'incident ne peut pas non plus être tranché par voie de mention au dossier ou au registre d'audience[157]. S'il estime ne pouvoir faire abstraction de la pièce contestée pour statuer[158], l'arbitre rend une décision sur celle-ci. Et même si l'incident n'est pas joint

153. Art. 1469, al. 5 et 6, CPC.
154. Art. 1467, al. 1, ancien CPC.
155. Sur ces règles, v. notamment, J. Héron et Th. Le Bars, *Droit judiciaire privé*, LGDJ, 6e éd., 2015, n° 1076 et s., p. 848 et s.
156. V. *supra*, n° 343.
157. Art. 294, al. 2, CPC.
158. Art. 287 du CPC.

au fond, sa décision pourra être qualifiée de sentence, si l'on admet que ses décisions provisoires ou conservatoires sont effectivement des sentences arbitrales[159]. Lorsqu'il se trouve confronté à un incident de faux contre un acte authentique, à moins d'écarter la pièce du débat s'il peut se prononcer sans en tenir compte, l'arbitre doit surseoir à statuer jusqu'au jugement sur le faux du tribunal de grande instance[160]. Mais, contrairement à l'article 1467, alinéa 3, ancien, l'article 1469 du Code de procédure civile, issu de la réforme du 13 janvier 2011, ne prévoit plus que cette décision de suspension de l'instance arbitrale entraîne, sans qu'il soit besoin que les parties le prévoient, la suspension du délai de l'arbitrage, qui ne recommence ensuite à courir qu'une fois l'incident tranché. Cette précision était en effet inutile, puisqu'il est prévu, par l'article 1472 du même code, que la décision de sursis à statuer prise par le tribunal arbitral suspend le cours de l'instance« pour le temps ou jusqu'à la survenance de l'événement qu'elle détermine ».

C. LES PRINCIPAUX AUTRES INCIDENTS

349 À côté des incidents qui touchent à la compétence du tribunal arbitral et à la preuve, d'autres difficultés procédurales sont susceptibles d'affecter le déroulement de l'instance arbitrale. Certaines de celles-ci, liées à la récusation des arbitres ou leur abstention, ont déjà été envisagées. Les autres incidents sont essentiellement de deux ordres. Les premiers ont trait aux parties concernées par la procédure arbitrale (1). Les seconds, plus nombreux, touchent au lien d'instance lui-même (2).

1. Les incidents affectant les parties à l'arbitrage

350 **Typologie des incidents.** Deux principaux types d'incidents affectent directement les parties à l'instance. Le premier résulte de la nécessité de respecter en toutes circonstances le principe de la contradiction. Une partie à la convention d'arbitrage peut en effet non seulement refuser de participer à la constitution du tribunal arbitral, ce qui peut conduire le juge d'appui à intervenir[161], mais aussi s'abstenir de comparaître devant les arbitres désignés et d'accomplir tout acte de procédure. Pour ne pas priver d'efficacité la convention d'arbitrage, il est alors admis que la procédure arbitrale peut se dérouler par défaut, c'est-à-dire en l'absence de l'une des parties au litige. Il suffit que soient respectées les dispositions de l'article 14 du Code de procédure civile : toutes les parties doivent au moins avoir été appelées à l'instance[162]. La qualification de la sentence arbitrale n'est pas affectée par le défaut de comparution ou d'accomplissement des actes de la procédure par l'une des parties au litige. La sentence est assortie de l'autorité de la chose jugée[163] et les voies de recours ouvertes à son encontre sont celles du droit commun de l'arbitrage. En effet, même si elle a été rendue par défaut, la sentence n'est pas susceptible d'opposition[164]. Le second type d'incidents lié aux parties naît de la question de l'intervention d'un tiers au cours de l'instance. Les parties

159. Sur la notion de sentence, v. *infra*, n° 422 et s.
160. Art. 313, al. 1, CPC
161. V. *supra*, n° 268.
162. V. *infra*, n° 387.
163. Sur l'autorité de la chose jugée attachée à la sentence, v. *infra*, n° 466 et s.
164. V. *infra*, n° 505.

initialement concernées par la procédure peuvent en effet vouloir y attraire un ou plusieurs tiers à la convention d'arbitrage, ou des contractants contre lesquels la demande d'arbitrage n'a pas été initialement dirigée. Cette demande peut avoir pour objet d'obtenir leur condamnation, principale ou en garantie, ou, plus simplement, que la sentence leur soit déclarée commune. Inversement, des tiers à la convention d'arbitrage, ou des contractants contre lesquels aucune demande n'a été formée lors de l'introduction de l'instance mais dont les droits et obligations sont susceptibles d'être affectés par la décision de l'arbitre, peuvent souhaiter participer à la procédure pour élever une prétention qui leur est propre, ou pour appuyer celles de l'un des litigants. Dans la première de ces deux situations, on parlera d'intervention forcée et, dans la seconde, qui n'est pas traitée de la même manière devant l'arbitre, d'intervention volontaire.

351 **L'intervention forcée.** Il est traditionnellement soutenu que l'intervention forcée est incompatible avec la nature contractuelle de l'arbitrage[165]. Ce mode de règlement repose sur le consentement des litigants, ce qui ne permet pas, en principe, d'appeler les tiers à la convention d'arbitrage à l'instance arbitrale[166].

Mais, même si ce ne semble pas être le droit positif[167], la solution devrait être différente lorsqu'il s'agit de l'intervention d'un signataire de la convention d'arbitrage, ou d'un tiers qui peut en revendiquer l'extension puisqu'il est alors considéré comme l'ayant acceptée[168]. Dans cette hypothèse en effet, la composante contractuelle de l'arbitrage ne constitue pas un obstacle à l'intervention forcée[169]. Deux raisons au moins, liées au droit au juge et au procès équitable, militent en faveur de l'intervention des tiers à l'instance, signataires de la convention d'arbitrage ou auxquels cette convention peut être opposée. D'une part, le droit français de l'arbitrage a une conception très particulière de l'opposabilité de la sentence aux tiers à l'instance arbitrale : ce qui est opposable aux tiers, et ce dont ils peuvent se prévaloir, c'est non seulement la situation juridique nouvelle qui a été créée par la sentence, mais aussi celle constatée par elle[170]. On

165. V. notamment, M. de Boisséson, *Le droit français de l'arbitrage interne et international*, GLN Joly, 1990, spéc. n° 289, p. 245 ; Y. Derains, « Les limites de la convention d'arbitrage dans les contrats impliquant plus de deux parties », Bull. CCI – Supplément spécial, *L'arbitrage complexe. Questions de procédure*, 2003, p. 27, spéc. n° 7, p. 29. Les auteurs reprenaient d'ailleurs cette thèse dans la précédente édition de cet ouvrage.

166. Paris, 19 déc. 1986, *Rev. arb.* 1987, p. 359.

167. Les décisions judiciaires publiées sur cette question sont peu nombreuses. Il semble cependant en ressortir que lorsque l'intervention volontaire ou forcée est jugée irrecevable dans une instance arbitrale, ou même ensuite, devant le juge de la sentence, c'est parce que la personne en cause est un véritable tiers à la convention d'arbitrage, qu'elle ne peut être considérée comme y étant partie parce qu'elle l'aurait signée ou qu'elle pourrait lui être étendue (v. notamment : Paris, 17 févr. 2015, JCP G 2015, 289, note S. Bollée ; *D.* 2015, p. 2312, note L. d'Avout ; *D.* 2015, p. 2588, obs. Th. Clay ; *Cah. arb.* 2015, p. 281, note A. de Fontmichel ; *Rev. arb.* 2015, p. 832, note P. Mayer, s'agissant de l'intervention à un recours en révision contre une sentence ; Paris, 27 févr. 1997, *Rev. arb.* 1998, p. 159, obs. Ch. Jarrosson ; Paris, 19 sept. 1996, *Rev. arb.* 1997, p. 279 (2e esp.), obs. C. Vergne ; Paris, 8 mars 2001, *Rev. arb.* 2001, p. 567, obs. C. Legros ; Paris, 5 avr. 1990, *Rev. arb.* 1990, note H. Synvet, qui décide que « le caractère contractuel de l'arbitrage fait en principe obstacle à l'intervention dans la procédure d'arbitrage d'un tiers à qui la clause compromissoire ne peut être opposée »).

168. V. *supra*, n° 199 et s.

169. V. aussi : J.-B. Racine, *Droit de l'arbitrage*, Puf, 2016, spéc. n° 316, p. 243 ; G. Bolard, note sous. Cass. 1re civ., 14 mars 2006, *Rev. arb.* 2006, p. 653, spéc. p. 658 ; P. Callé, « Demandes en intervention et justice arbitrale », *Mélanges J. Héron*, LGDJ, 2008, p. 155, spéc. n° 7 ; A. Mourre, « L'intervention des tiers à l'arbitrage », *Cah. arb.* vol. I, 2002, p. 100, spéc. n° 36 et 44.

170. V. *infra*, n° 476.

peut dès lors se demander si refuser qu'un tiers à l'instance arbitrale, signataire de la convention d'arbitrage ou auquel cette convention est opposable, puisse intervenir à l'arbitrage engagé entre d'autres parties à cette convention ne constitue pas une atteinte injustifiée, et en tout cas disproportionnée, au droit de ce tiers de veiller, devant l'arbitre, à la protection effective de ses intérêts susceptibles d'être affectés par la sentence à intervenir. N'est-ce pas son droit effectif au juge, à l'arbitre en l'occurrence puisqu'il est lié par une convention d'arbitrage, qui est directement affecté ? La sentence lui sera opposable en toutes ses constatations, qu'il ne pourra plus remettre en cause, même devant un autre tribunal arbitral. D'autre part, il ne faut pas perdre de vue que la tierce opposition, ouverte en matière d'arbitrage interne par l'article 1501 du Code de procédure civile, protège inefficacement le droit d'accès au juge du tiers[171]. La tierce opposition ne remet en question les points jugés, pour qu'il soit à nouveau statué en fait et en droit, que relativement à l'auteur de cette tierce opposition ; la décision qui fait droit à la tierce opposition ne rétracte la sentence attaquée que sur les chefs préjudiciables au tiers opposant, celle-ci conservant donc ses effets entre les parties, même sur les chefs éventuellement rétractés. La tierce opposition a un effet relatif, sauf indivisibilité du litige, et il existe alors un risque d'inconciliabilité entre la sentence et la décision du juge, en cas de tierce opposition, cette voie de recours étant formée devant la juridiction qui eût été compétente à défaut d'arbitrage. Et même en exerçant la tierce opposition, sauf indivisibilité, le tiers à l'instance arbitrale, partie à la convention d'arbitrage, ne peut remettre en cause ce qui a été jugé par cette sentence entre d'autres parties à cette convention. Bien plus, en principe, la tierce opposition n'affecte que le dispositif de la décision et non ses motifs. Autrement dit, alors même que le tiers peut se voir opposer les constatations du tribunal arbitral figurant dans les motifs de la sentence, en raison de l'effet attaché par la jurisprudence à l'opposabilité de celle-ci, même si la tierce opposition lui est ouverte, ce tiers à l'arbitrage, qui n'est pas un tiers à la convention d'arbitrage, ne pourra les remettre en cause. En outre, la partie « représentée » à l'instance arbitrale ne peut pas former tierce opposition et la jurisprudence a une conception extensive de la notion de représentation pour déterminer les personnes recevables ou non à former une tierce opposition. Le signataire de la convention d'arbitrage, ou celui auquel cette convention peut être opposée, pourrait donc se voir fermer la voie de la tierce opposition contre la sentence rendue à son insu parce qu'il pourrait être jugé qu'il était représenté à cette instance par l'une ou l'autre des parties, notamment parce qu'il partage avec elle une communauté d'intérêts. On peut certes se demander si l'égalité des parties dans la constitution du tribunal arbitral est, par principe et systématiquement, un obstacle à l'intervention forcée. Selon ce principe, d'ordre public, toutes les parties à l'arbitrage doivent disposer des mêmes droits dans le processus de désignation des arbitres[172]. Mais une analyse plus précise et surtout plus pragmatique peut conduire à conclure que la réponse doit être fonction des circonstances. Ainsi, si le tribunal arbitral a été entièrement désigné par une institution d'arbitrage ou par le juge d'appui, l'égalité n'est pas rompue parce que l'intervenant forcé n'a pas participé à la désignation du ou des arbitres[173] : aucun arbitre n'a été nommé par les parties originaires de sorte que l'intervenant n'a pas moins de droit que celles-ci. La question de l'égalité des parties dans la constitution du tribunal arbitral ne se pose pas non plus si l'intervenant forcé

171. V. *infra*, n° 567 et s.

172. Sur ce principe, v. *supra*, n° 263 et s.

173. P. Callé, « *Demande en intervention et justice arbitrale* », préc., spéc. n° 10 ; A. Mourre « *L'intervention des tiers à l'arbitrage* », préc., spéc. n° 47.

n'élève aucune contestation à ce sujet au moment de sa mise en cause : il accepte ainsi la composition du tribunal arbitral et renonce par là même à se prévaloir d'une méconnaissance de l'égalité des parties dans la désignation des arbitres. Surtout, puisque la question de l'égalité des parties dans la désignation des arbitres se pose essentiellement en cas d'arbitrage multipartite[174], on peut raisonnablement penser que l'atteinte à la règle est indépendante du nombre de personnes en demande et en défense et résulte uniquement des circonstances de chaque espèce. Ainsi, une convergence d'intérêts entre plusieurs parties à l'arbitrage peut conduire à considérer que l'égalité des parties n'est pas méconnue même si l'une des parties à l'arbitrage n'a pas individuellement exprimé son choix d'un arbitre lors de la constitution du tribunal arbitral[175]. Enfin, la question de l'acceptation par l'arbitre de l'intervention d'un tiers à l'instance se pose si l'on admet que l'arbitre est lié aux parties par un contrat d'arbitre[176] : l'intervention d'un tiers à l'arbitrage entraîne une modification de ce contrat par l'adjonction d'une nouvelle partie, ce qui peut ensuite avoir une incidence sur les droits et obligations de l'arbitre et, le cas échéant, *in fine*, sur son éventuelle responsabilité dans la conduite de l'arbitrage. L'intervention d'un tiers à l'arbitrage, même partie à la convention d'arbitrage, est donc subordonnée à l'accord de l'arbitre[177]. Mais il peut être considéré que cet accord est en réalité donné tacitement, dès la désignation de l'arbitre par les parties qui ont engagé l'arbitrage. On sait en effet que l'arbitre n'est pas n'importe quel prestataire de services, qu'il n'est pas le mandataire des parties[178]. Son obligation principale, de laquelle sont ensuite déduites toutes les autres, consiste à trancher le différend qui lui est soumis. Or, lorsque l'arbitrage est interne, l'arbitre doit toujours respecter les articles 4 et 5 du Code de procédure civile[179]. Le premier de ces textes, tel qu'il est interprété par la jurisprudence, doit notamment le conduire à trancher le litige né d'une demande incidente en présence d'une clause compromissoire « dès lors qu'entrant par son objet dans les prévisions de cette clause, cette demande se rattache par un lien suffisant aux prétentions originaires que les parties lui avaient soumises et que l'arbitre statue dans le délai qui lui a été imparti »[180]. C'est donc en considération de cet office, consubstantiel à sa fonction de juge, et des obligations qui en découlent pour lui, que l'arbitre accepte sa mission et le contrat d'arbitre lorsqu'il est désigné. Cela fait partie de son obligation de juger, qui ne peut être appréciée en faisant abstraction desdites obligations : lorsque l'arbitre accepte le contrat d'arbitre, il consent ainsi à remplir toutes les obligations découlant de son office, et donc, le cas échéant, à statuer sur les demandes incidentes qui pourraient être formées devant lui, y compris l'intervention puisqu'il s'agit d'une demande incidente. Ainsi, si elle est requise, l'acceptation par l'arbitre d'une modification du contrat d'arbitre par l'adjonction d'une nouvelle partie résultant de l'intervention d'un tiers à l'arbitrage, partie à la convention d'arbitrage, se produit en amont de cette intervention, au moment où l'arbitre donne son accord à sa désignation par les autres parties à la convention d'arbitrage. C'est lorsqu'il accepte sa

174. V. J.-B. Racine, *Droit de l'arbitrage*, *op. cit.*, n° 468 et s.

175. V. *supra*, n° 264.

176. Sur ce contrat, v. *supra*, n° 286 et s.

177. V. aussi : P. Callé, « Demande en intervention en justice arbitrale », préc., spéc. n° 4.

178. V. *supra*, n° 286.

179. V. *infra*, n° 376 et s.

180. Cass. 1re civ., 25 mars 2009, *Rev. arb.* 2010, p. 85, note. Ph. Théry ; Cass. 2e civ., 8 juill. 2004, *Bull. civ.* II, n° 349 ; JCP G 2004, I, n° 7, obs. J. Ortscheidt ; Cass. 2e civ., 8 avr. 1999, *Rev. arb.* 2000, p. 106, note J. Pellerin ; v. aussi, Cass. 2e civ., 28 oct. 1999, n° 96-10667.

désignation, et exprime ainsi son consentement au contrat d'arbitre, qu'il consent aussi, tacitement, à statuer sur toutes les demandes qui pourront être formées au cours de l'arbitrage, notamment les demandes incidentes, dont l'intervention constitue une forme particulière. On voit ainsi que, pas plus que les parties ne peuvent utilement s'opposer à l'intervention à l'instance d'une partie à la convention d'arbitrage, qui l'a formellement signée ou à laquelle elle peut être étendue, parce qu'elles ont par avance accepté que le litige qui pourrait naître avec cette partie soit tranché par le tribunal arbitral, les arbitres ne peuvent la refuser, au motif qu'ils ne consentent pas à l'adjonction d'une nouvelle partie au contrat d'arbitre. Il faut encore préciser que l'intervenant ne pourra former que des demandes qui entrent dans le champ d'application *rationae materiae* de la convention d'arbitrage et se rattachant aux demandes originaires par un lien suffisant[181].

352 **L'intervention volontaire.** L'intervention volontaire d'un tiers à l'instance, qui est aussi tiers à la convention d'arbitrage, est également inconciliable avec la nature contractuelle de l'arbitrage[182]. Certes, en intervenant volontairement à la procédure, le tiers consent à se soumettre à cette convention. Mais ce consentement est à lui seul insuffisant. Le tiers ne peut devenir partie à cette convention que si les autres parties l'acceptent. De plus, il ne peut volontairement se joindre à la procédure sans que l'arbitre ne l'y autorise. Celui-ci doit en effet consentir à l'adjonction d'une nouvelle partie au lien contractuel qui le lie déjà aux litigants. Et la nature des demandes présentées par le tiers est sans incidence sur la recevabilité de son intervention volontaire. En effet, le fait que l'intervention soit principale, c'est-à-dire lorsque le tiers émet des prétentions qui lui sont propres, ou qu'elle soit accessoire, quand il intervient uniquement pour soutenir les demandes d'une partie à l'instance, ne modifie pas les données du problème[183]. Dans tous les cas, les litigants et l'arbitre ne peuvent être obligés de supporter les effets d'une extension de la convention d'arbitrage et du contrat d'arbitre à un tiers.

L'intervention volontaire d'un tiers à la procédure arbitrale, qui est cependant partie à la convention d'arbitrage, ne provoque pas les mêmes difficultés. Comme pour l'intervenant forcé, il devrait pouvoir se prévaloir de la convention d'arbitrage, soit parce qu'il l'a signée, soit parce qu'elle peut lui être étendue[184]. En outre, le principe d'égalité des parties dans la désignation des arbitres ne constitue pas un obstacle à son intervention : le tiers à l'instance accepte nécessairement la composition du tribunal arbitral en intervenant volontairement à la procédure[185]. La bonne foi procédurale, qui domine la matière, lui interdit alors ensuite de se prévaloir d'une violation de ce principe devant le juge du contrôle de la sentence. Et comme pour l'intervention forcée, l'accord de l'arbitre pour que soit adjointe une partie au contrat d'arbitre est au moins tacite, donné lorsqu'il accepte sa désignation. Enfin, les demandes de l'intervenant doivent, là aussi, entrer dans le champ d'application matériel de cette convention et se rattacher aux prétentions originaires par un lien suffisant et les autres parties à l'instance

181. Sur ces conditions en présence de demandes incidentes, v. *supra*, n° 380.

182. Paris, 8 mars 2001, *Rev. arb.* 2001, p. 567, obs. C. Legros ; Paris, 19 sept. 1996, *Rev. arb.* 1997, p. 279, obs. C. Vergne.

183. *Contra*, A. Mourre, « L'intervention des tiers à l'arbitrage », préc., spéc. n° 38-41, p. 648.

184. Sur l'extension de la clause compromissoire aux tiers, v. *supra*, n° 199 et s.

185. V. aussi : P. Callé, « Demande en intervention et justice arbitrale », préc., spéc. n° 7 ; G. Bolard, note sous Cass. 1re civ., 14 mars 2006, préc., spéc. p. 658 ; A. Mourre, « L'intervention des tiers à l'arbitrage », préc., spéc. n° 34.

et à la convention d'arbitrage ne devraient pas pouvoir s'opposer à cette intervention, puisqu'elles ont par avance accepté que le litige qui pourrait naître avec ce contractant soit tranché par l'arbitre.

2. Les incidents affectant le lien d'instance

353 Ces incidents sont de deux sortes : les premiers affectent la poursuite de l'instance arbitrale (a) ; les seconds ont un effet plus radical, puisqu'ils entraînent son extinction (b).

a) Les incidents affectant la poursuite de l'instance

354 **Interruption et suspension de l'instance.** Bien qu'enfermée dans un délai légal ou conventionnel, l'instance arbitrale peut, comme une instance judiciaire, être troublée par des événements qui entraînent son arrêt provisoire. Dans cette hypothèse, la mission des arbitres se trouve alors temporairement suspendue, en même temps que le délai d'arbitrage[186]. Dans la procédure judiciaire, l'instance reprend ensuite son cours soit automatiquement, une fois disparue la cause qui en avait affecté la poursuite, soit en respectant une formalité particulière. Dans le premier cas, on parle alors de suspension de l'instance et, dans le second, d'interruption. Le décret n° 2011-48 du 13 janvier 2011 distingue bien les causes de suspension (α) des causes d'interruption (β) de l'instance arbitrale. Mais il prévoit, dans les deux cas, au moyen de dispositions communes aux deux incidents (γ), que l'instance reprend son cours « lorsque les causes de son interruption ou de sa suspension cessent d'exister », c'est-à-dire sans formalité particulière[187].

α) La suspension de l'instance

355 **Fondements.** Depuis la réforme résultant du décret du 13 janvier 2011, le Code de procédure civile contient des dispositions spécifiques à l'arbitrage traitant précisément des causes de suspension de l'instance arbitrale. Ce n'était pas le cas avant la réforme. Contrairement à ce qui est prévu pour l'interruption de l'instance[188], le Code ne procède pas par renvoi aux dispositions applicables devant les juridictions judiciaires, c'est-à-dire aux articles 377 à 383 du Code de procédure civile, qui prévoient que l'instance est suspendue en cas de sursis à statuer, de radiation de l'affaire ou de retrait du rôle et dans les cas, peu nombreux, « où la loi le prévoit »[189]. La réglementation propre à l'arbitrage envisage plusieurs causes de suspension de l'instance. En plus des événements qui y sont énoncés, c'est dans le Code de procédure pénale et, le cas échéant, dans la convention des parties, qu'il faut rechercher les autres causes de suspension de l'instance.

356 **Sursis à statuer.** En plus de l'hypothèse marginale d'une inscription de faux incident[190], la suspension de l'instance résulte d'abord de la décision du tribunal arbitral de surseoir à statuer[191]. L'article 1472, alinéa 1, du Code de procédure civile, issu du

186. Sur cette question, v. *supra*, n° 327.
187. Art. 1475, al. 1, CPC.
188. V. *infra*, n° 360.
189. J. HÉRON et Th. LE BARS, *Droit judiciaire privé*, LGDJ, 6e éd., 2015, n° 1190 et s., p. 935 et s.
190. Sur cet incident, v. *supra*, n° 347 et s.
191. Art. 1472 CPC.

décret du 13 janvier 2011, précise en effet que cette décision « suspend le cours de l'instance pour le temps ou jusqu'à la survenance de l'événement qu'elle détermine ». Ce texte augmente donc considérablement les pouvoirs du tribunal arbitral, qui ne pouvait auparavant suspendre seul l'instance arbitrale, dès lors qu'il est complété par l'article 1475, alinéa 2, qui prévoit qu'« au moment de la reprise de l'instance, par exception à l'article 1463, le tribunal arbitral peut décider que le délai de l'instance sera prorogé pour une durée qui n'excède pas six mois »[192]. Autrement dit, le tribunal arbitral peut choisir de surseoir à statuer et donc de suspendre l'instance, notamment pour le temps d'une mesure d'instruction, puis, ensuite exceptionnellement proroger le délai de l'arbitrage, pour une nouvelle durée de six mois. L'article 1472, alinéa 2, du Code de procédure civile lui donne aussi pouvoir de révoquer le sursis ou d'en abréger le délai.

357 **Décès, empêchement, abstention, démission, récusation et révocation d'un arbitre.** La suspension de l'instance résulte ensuite, sauf convention contraire, du décès, de l'empêchement, de l'abstention, de la démission, de la récusation ou de la révocation d'un arbitre, « jusqu'à l'acceptation de sa mission par l'arbitre désigné en remplacement »[193]. Ces causes de suspension correspondent à plusieurs hypothèses dans lesquelles le lien d'instance est affecté par la situation personnelle de l'arbitre. À côté du décès et de la démission, qui n'appellent aucune observation particulière, l'empêchement correspond à l'hypothèse dans laquelle l'arbitre ne peut poursuivre sa mission pour des raisons qui lui sont extérieures (maladie, incapacité juridique...) et qui doivent être réelles et sérieuses, puisque l'arbitre supporte l'obligation d'accomplir sa mission jusqu'à son terme[194]. À cet égard, il a déjà été observé que l'article 1450 du Code de procédure civile prévoit que la mission de l'arbitre ne peut être exercée que par une personne physique « jouissant du plein exercice de ses droits »[195]. La perte de ses droits par l'arbitre, en cours d'instance, constitue une cause d'empêchement. L'abstention est le mécanisme offert à l'arbitre pour renoncer à exercer sa mission lorsqu'il suppose en sa personne une cause de partialité[196] et, plus largement, recouvre toutes les situations dans lesquelles ce dernier renonce à accomplir sa mission[197]. Comme la démission, il faut cependant que cette renonciation repose sur une cause « légitime »[198]. La révocation de l'arbitre correspond à la situation dans laquelle il est mis fin à sa mission « du consentement unanime des parties »[199], étant alors observé qu'il devra être rémunéré pour le travail accompli[200]. Quant à la récusation, elle survient notamment lorsque l'une ou l'autre des parties découvre, après la désignation de l'arbitre, un élément susceptible de faire douter de son indépendance ou de son impartialité[201]. Mais il ne s'agit que d'un exemple parmi d'autres des hypothèses dans lesquelles l'arbitre peut être récusé. En effet, ce sont tous les faits qui, s'ils avaient été

192. V. *infra*, n° 365.

193. Art. 1473, al. 1, CPC.

194. Sur l'obligation de juger supportée par l'arbitre, v. *supra*, n° 303.

195. V. *supra*, n° 220.

196. V. *supra*, n° 238.

197. M. de Boisséson, *Le droit français de l'arbitrage interne et international*, préc., spéc. n° 275, p. 237 ; É. Loquin, « Arbitrage – Compétence arbitrale – Étendue », *J. Cl. Proc. Civ.*, fasc. 1032, spéc. n° 115.

198. Art. 1457, al. 1, CPC.

199. Art. 1458 CPC.

200. Th. Clay, *L'arbitre*, Dalloz, Nouvelle Bibliothèque de Thèses, 2001, spéc. n° 893, p. 680.

201. V. *supra*, n° 239 et s.

connus en temps utile par une partie, auraient été de nature à avoir une influence sur la volonté de celle-ci de désigner ou d'accepter l'arbitre en cause qui permettent ensuite à cette partie de le récuser. Il ne s'agit donc pas uniquement de ceux envisagés par l'article 341 du Code de procédure civile[202]. Dans un arrêt rendu le 8 avril 2014, la cour d'appel de Paris a fait une interprétation extensive de l'article 1473, en considérant que la procédure judiciaire, engagée aux fins de dessaisissement du tribunal arbitral constitué sous l'égide d'un centre d'arbitrage et de désignation d'un arbitre *ad hoc*, qui avait conduit le juge d'appui à remplacer un arbitre et à rejeter le surplus des demandes, avait suspendu l'instance arbitrale[203].

La suspension de l'instance résultant de la survenance de l'un ou l'autre de ces événements constitue, comme le sursis décidé par le tribunal arbitral, une innovation résultant de la réforme issue du décret du 13 janvier 2011. Auparavant, l'ancien article 1464 du Code de procédure civile prévoyait qu'en de telles circonstances, l'instance arbitrale prenait fin, sous réserve des conventions particulières des parties. Aussi, à défaut pour les parties d'avoir anticipé les conséquences de tels événements, souvent par adoption d'un règlement d'arbitrage prévoyant heureusement d'autres dispositions à cet égard, l'instance était éteinte, ce qui était particulièrement inapproprié puisque les parties étaient alors obligées de recommencer une procédure arbitrale, pour autant qu'elle ne résultait pas d'un compromis, et que le sort de l'instance – ou de l'arbitrage en présence d'un compromis – était entre les mains de l'arbitre indélicat, qui pouvait l'anéantir en alléguant un empêchement ou en démissionnant[204]. La difficulté concernait surtout les arbitrages *ad hoc*. Dorénavant, le principe est inversé : ces événements ne mettent plus fin à l'instance sauf convention contraire des parties, mais la suspendent. Cela devrait permettre un gain de temps et d'argent considérable en cas de survenance de tels événements. De plus, l'article 1473, alinéa 2, du Code de procédure civile précise que dans cette situation, le nouvel arbitre est désigné en remplacement du précédent suivant les modalités convenues ou celles qui ont présidé à la désignation de l'arbitre qu'il remplace. Et, en application de l'article 1454 du même code, tout différend né de ce remplacement est réglé par la personne chargée d'organiser l'arbitrage ou tranché par le juge d'appui – puisqu'il touche directement à la constitution du tribunal arbitral – selon la procédure prévue aux articles 1459 et 1460 du même code.

358 **Le criminel tient le civil en l'état.** Cette règle, qui figure à l'article 4 du Code de procédure pénale, est applicable dans l'arbitrage interne[205]. Ce texte, modifié par la loi n° 2007-291 du 5 mars 2007[206], prévoit qu'il est « sursis au jugement » de l'action civile en réparation du dommage causé par l'infraction « exercée devant la juridiction civile tant qu'il n'a pas été prononcé définitivement sur l'action publique lorsque celle-ci a été mise en mouvement ». Il impose ainsi au juge saisi de l'action civile en réparation du dommage causé par l'infraction de surseoir à statuer. Pour éviter des jugements contradictoires[207], l'instance engagée devant le juge civil doit en effet être suspendue lorsque l'action publique a été mise en mouvement devant le juge pénal avant le début ou au cours du procès et que la décision civile est susceptible d'être influencée

202. V. aussi *supra*, n° 230 et s. et Th. Clay, *L'arbitre*, préc., spéc. n° 432 et s., p. 363 et s.
203. Paris, 8 avr. 2014, *Rev. arb.* 2015, p. 118, note P. Pic.
204. Ph. Fouchard, note sous Cass. 2e civ., 17 nov. 1993, *Rev. arb.* 1995, p. 78, spéc. n° 4, p. 81.
205. Pour l'arbitrage international, v. *infra*, n° 658.
206. F.-X. Train, « Modification de l'article 4 du Code de procédure pénale », *Rev. arb.* 2007, p. 145.
207. R. Merle et A. Vitu, *Traité de droit criminel*, t. II, Cujas, 5e éd., 2001, n° 364, p. 430.

par la décision pénale. Le tribunal arbitral devra donc surseoir à statuer si les conditions de l'article 4 précité sont réunies devant lui[208]. Mais le sursis ne s'imposera à lui que s'il est saisi d'une action tendant à la réparation du dommage causé par l'infraction, que ce sursis est sollicité par une partie[209] et qu'elle démontre l'influence que la décision pénale est susceptible d'avoir sur l'issue du litige[210]. Et, en application de l'article 1472 du Code de procédure civile, cette décision suspendra alors le cours de l'instance. En revanche, si le tribunal arbitral est uniquement saisi de demandes qui ne tendent pas à la réparation du dommage causé par l'infraction, alors, selon ce que prévoit l'article 4, alinéa 3, du Code de procédure pénale, le sursis à statuer n'est pas obligatoire, et ce « même si la décision à intervenir au pénal est susceptible d'exercer, directement ou indirectement, une influence sur la solution du procès civil ».

359 **La convention des parties.** Puisque les parties peuvent organiser librement la procédure arbitrale, sous réserve de respecter certains principes et règles[211], elles sont autorisées à convenir de causes de suspension de l'instance, que ce soit directement dans la convention d'arbitrage ou, ce qui est plus fréquent, par référence à un règlement d'arbitrage. Ainsi, pour éviter la multiplication des ordonnances de procédure, il peut être prévu que l'instance arbitrale sera suspendue à chaque fois que le tribunal arbitral ordonne une mesure d'instruction[212], ce qui évitera au tribunal arbitral de rendre à chaque fois une décision de sursis à statuer. Il peut aussi être décidé que le recours formé à l'encontre d'une sentence intérimaire suspendra l'instance arbitrale. En effet, l'appel et le recours en annulation n'ont pas cet effet[213]. L'article 1496 du Code de procédure civile, qui dispose que « l'exécution de la sentence arbitrale » est suspendue pendant le délai ouvert pour exercer l'appel et le recours en annulation et par ces recours eux-mêmes, interdit uniquement l'exécution forcée des sentences arbitrales par les parties[214]. Fondée en droit et en pratique, afin d'éviter que le recours ne soit purement dilatoire, l'absence d'effet suspensif sur l'instance arbitrale de l'appel et du recours en annulation présente toutefois un inconvénient majeur : la procédure se poursuit avec le risque qu'elle soit ensuite réduite à néant en raison de l'infirmation ou de l'annulation d'une première sentence, à laquelle les suivantes étaient indivisiblement liées. Cela dit, à défaut de prévision en ce sens ou d'accord des parties au cours de la procédure, le tribunal arbitral peut aujourd'hui faire usage des pouvoirs qu'il tient de l'article 1472 du Code de procédure civile.

β) L'interruption de l'instance arbitrale

360 **Typologie des causes d'interruption.** Comme l'ancien article 1465 du Code de procédure civile, l'article 1471 du même code, issu de la réforme du 13 janvier 2011, procède par renvoi aux règles appliquées dans le procès civil pour l'interruption de l'instance arbitrale. Plus précisément, il est renvoyé aux articles 369 à 372 du Code de

208. TGI Paris, 12 févr. 1996, *Rev. arb.* 1996, p. 135, obs. J. Pellerin.
209. Paris, 23 févr. 1996, *Rev. arb.* 2000, p. 471, note J.-B. Racine.
210. Paris, 13 févr. 2003, *Rev. arb.* 2004, p. 311, note J.-B. Racine ; Paris, 23 févr. 1996, préc.
211. V. *infra*, n° 371 et s.
212. V. par ex., Cass. 2e civ., 5 avr. 1993, *Rev. arb.* 1995, p. 68.
213. Cass. 2e civ., 5 avr. 1994, *Bull. civ.* II, n° 115.
214. Art. 1486, al. 3, ancien CPC. Sur lequel, v. E. Mezger, note sous Paris, 7 juill. 1987, *Rev. arb.* 1988, p. 647, spéc. p. 655 ; J. Ortscheidt, obs. sous Cass. 1re civ., 19 mars 2002, *JCP* G 2003, I, 105, n° 13 ; H. Synvet, note sous Paris, 17 déc. 1991, *Rev. arb.* 1993, p. 281, spéc. n° 19.

procédure civile. Il n'est donc plus fait référence aux dispositions des articles 373 à 376 de ce code relatives aux modalités de reprise de l'instance et aux effets de l'interruption sur celle-ci. Ces questions sont aujourd'hui résolues par des dispositions communes aux causes de suspension et d'interruption de l'instance[215]. L'instance arbitrale peut donc être interrompue automatiquement, sans qu'aucune formalité ne soit nécessaire, lorsque survient l'une des causes prévues par l'article 369 du Code de procédure civile. Elle peut aussi être interrompue quand l'événement est notifié, selon les cas envisagés par l'article 370 de ce code. Dans tous les cas, cette interruption se justifie par le souci de protéger la partie affectée par l'événement qui est empêchée d'assurer correctement sa défense.

361 **Les causes d'interruption de plein droit.** Elles ne sont qu'au nombre de deux dans l'arbitrage : la majorité d'une partie et l'ouverture d'une procédure collective. L'article 369 en prévoit certes une troisième : la cessation des fonctions de l'avoué ou de l'avocat d'une partie lorsque la représentation est obligatoire. Mais cette cause d'interruption de l'instance est sans incidence dans l'arbitrage puisque la représentation n'y est pas obligatoire et, qu'en tout état de cause, si les parties préfèrent être représentées, elles peuvent l'être par n'importe quel mandataire de leur choix[216]. La majorité d'une partie ne pose pas de difficulté particulière et ne constituera une cause d'interruption de l'instance que lorsque l'arbitrage a été engagé par un représentant du mineur, ce qui constitue une situation exceptionnelle.

En revanche, le redressement ou la liquidation judiciaire de l'une des parties, une fois l'instance arbitrale engagée, est beaucoup plus fréquent. Dans ce cas, comme lorsqu'est ouverte une procédure de sauvegarde[217], l'instance arbitrale tendant au paiement d'une somme d'argent, ou à la résolution d'un contrat pour défaut de paiement d'une somme d'argent, n'est pas simplement suspendue[218]. Elle est interrompue, de plein droit, jusqu'à ce que le créancier, lorsqu'il ne s'agit pas de la personne soumise à la procédure collective, déclare sa créance entre les mains des organes de cette procédure[219]. Les règles de l'arrêt des poursuites individuelles et d'interruption de l'instance, qui sont d'ordre public interne et international[220], s'imposent au tribunal arbitral, comme celle de l'extinction – ou de l'inopposabilité à la procédure – de la créance non

215. V. *infra*, n° 364.

216. V. *infra*, n° 391.

217. Art. L. 622-21 C. com.

218. Les anciens articles L. 621-40 et L. 621-41 du Code de commerce évoquaient certes la suspension de l'instance en cours par l'ouverture de la procédure collective. Il avait cependant déjà été jugé qu'il s'agissait d'une véritable cause d'interruption de l'instance (en ce sens, v. notamment, Paris, 16 mars 1995, *Rev. arb.* 1998, p. 553). L'article L. 622-21 du Code de commerce, issu de loi de sauvegarde des entreprises du 26 juillet 2005, dispose maintenant que le jugement d'ouverture « interrompt » les actions tendant notamment à la condamnation du débiteur au paiement d'une somme d'argent. Pour le redressement et la liquidation judiciaire, il est renvoyé à ce texte par les articles L. 631-14 et L. 641-3 C. com.

219. Art. L. 622-22, L. 631-14 et L. 641-3 C. com.

220. Cass. 1re civ., 6 mai 2009, *Bull. civ.* I, n° 86 ; *JCP* G 2009, I, 462, n° 13, obs. J. Béguin ; *D.* 2009, Pan., p. 2959, obs. Th. Clay ; *Rev. arb.* 2009, p. 299, note D. Cohen ; *RTD com.* 2009, p. 546, obs É. Loquin ; Cass. com., 2 juin 2004, *Rev. arb.* 2004, p. 591 (2e esp.), note P. Ancel ; Cass. 1re civ., 8 mars 1988, *Rev. arb.* 1989, p. 473, note P. Ancel. Il a même été jugé en matière d'arbitrage international, mais la solution vaut *a fortiori* dans l'arbitrage interne, que les règles de suspension des poursuites individuelles et d'égalité des créanciers dans les procédures d'insolvabilité relèvent de l'ordre public de direction et que les parties ne peuvent donc y renoncer, même devant les arbitres (Paris, 27 févr. 2018, *Rev. arb.* 2018, p. 299 ; *JCP* G 2018, 1322, n° 4, obs. J. Ortscheidt).

déclarée[221]. De la même façon, le tribunal arbitral viole les règles d'ordre public régissant les recours en matière de procédure collective s'il se déclare compétent pour statuer sur l'existence et le montant d'une créance dont l'admission dans la procédure collective n'est plus susceptible d'être remise en cause par la débitrice[222]. Une fois la créance déclarée, ce qui sera établi par la production de la copie de la déclaration, l'instance est alors reprise de plein droit devant le tribunal arbitral, en présence du mandataire judiciaire, du liquidateur et, le cas échéant, de l'administrateur ou du commissaire à l'exécution du plan, qui doivent être appelés en la cause[223]. En pratique, le tribunal arbitral fixera un délai au créancier pour appeler en la cause les organes de la procédure collective[224]. Inversement, lorsque c'est le créancier qui est placé en redressement ou en liquidation judiciaire, il sera imparti un certain délai aux organes de la procédure collective pour qu'ils interviennent afin de reprendre l'instance. Quand le débiteur fait l'objet d'une procédure collective, l'instance peut être immédiatement reprise, sans attendre l'issue de la procédure de vérification des créances, c'est-à-dire la décision du juge-commissaire[225]. La solution relève du bon sens puisque de toute façon, le juge-commissaire se bornera, dans son ordonnance, à constater l'existence d'une instance en cours[226]. Dans cette hypothèse, il perd en effet le pouvoir de se prononcer sur l'admission ou le rejet de la créance[227]. De plus, à l'inverse de la solution qui prévaut lorsqu'il est saisi avant le début de l'instance arbitrale[228], il ne semble plus avoir compétence pour se prononcer sur la régularité de la déclaration de créance elle-même[229]. En revanche, le tribunal arbitral, qui est tenu de vérifier la régularité de la reprise d'instance, devra, à cette fin, apprécier la régularité de cette déclaration[230]. Une fois reprise, l'instance arbitrale tendra à la constatation de la créance et à la fixation de son montant par l'arbitre, celui-ci ne pouvant plus condamner le débiteur placé en redressement ou en liquidation judiciaire à payer une somme d'argent[231]. Pratiquement, le cas échéant, l'arbitre fixera la créance au passif de la procédure collective.

362 **Les causes d'interruption subordonnées à notification.** L'article 370 du Code de procédure civile envisage trois causes d'interruption de l'instance à compter de la notification qui en est faite à l'autre partie. Dans ces hypothèses, l'interruption de l'instance

221. Cass. 1re civ., 28 sept. 2011, *JCP* G 2011, I, 1082, obs. J. Béguin.

222. Cass. 1re civ.,11 sept. 2013, *Bull. civ.* I, n° 161 ; *Cah. arb.* 2014, p. 283, note L. d'Avout.

223. V. notamment, avant la réforme du 26 juill. 2005, Paris, 3 mars 1998 et 30 mars 1999, *Rev. arb.* 2003, p. 207, obs. Ph. Fouchard.

224. Ph. Fouchard, « Arbitrage et faillite », *Rev. arb.* 1998, p. 471, spéc. n° 41, p. 488.

225. C'est la solution inverse qui prévaut lorsque l'instance arbitrale n'a pas été engagée au jour de l'ouverture de la procédure collective (v. *supra*, n° 319).

226. Art. L. 624-2 C. com., anciennement l'art. L. 621-104 C. com.

227. V. notamment, Cass. com., 12 juill. 2004, n° 01-14802, qui rappelle que lorsqu'une instance est en cours, le juge-commissaire n'a « pas le pouvoir de décider de l'admission ou du rejet de la créance ».

228. V. *supra*, n° 319.

229. *Contra*, P. Ancel, note sous Cass. com., 14 janv. et 2 juin 2004, *Rev. arb.* 2004, p. 591, spéc. n° 17, p. 607 *in limine*.

230. V. notamment, Cass. com., 29 sept. 2015, n° 14-15448, qui relève que « tenue, en tant que juridiction saisie de l'instance en cours de vérifier, au besoin d'office, la régularité de la reprise de cette instance », c'est « à bon droit » que la cour d'appel « s'est prononcée sur la déclaration de créance » ; Cass. com., 25 févr. 2004, n° 02-17246, qui constate que si une instance est en cours, « il appartient à la juridiction saisie de vérifier la régularité de la reprise d'instance et, à cette fin, d'apprécier la régularité de la déclaration de créance ».

231. Cass. 1re civ., 6 mai 2009, préc.

n'intervient donc pas de plein droit. À défaut de notification, l'instance arbitrale se poursuit normalement sans que la sentence ne soit ensuite réputée non avenue[232]. S'agissant de la forme de la notification, il n'est pas exclu qu'elle puisse intervenir oralement, au cours d'une audience tenue devant le tribunal arbitral, les dispositions des articles 651 et suivants du Code de procédure civile étant inapplicables à l'instance arbitrale. Par précaution, pour des questions liées à la preuve, la notification de la cause d'interruption de l'instance devrait cependant être réalisée par écrit, par voie de mémoire ou de courrier simple ou recommandé adressé à l'autre partie et à l'arbitre, pour qu'il en ait connaissance. Les deux premières causes d'interruption de l'instance arbitrale soumises à notification, le décès d'une partie dans le cas où l'action est transmissible et la cessation des fonctions du représentant légal d'un incapable, se rencontreront peu en pratique, compte tenu de la nature des litiges tranchés par les juridictions arbitrales. La troisième cause d'interruption de l'instance, constituée par le recouvrement ou la perte par une partie de la capacité d'ester en justice, peut plus facilement survenir au cours d'un arbitrage. La perte de la capacité d'agir en justice peut en effet être la conséquence de la dissolution d'une société, sans liquidation, au cours de l'instance arbitrale (en cas de fusion ou de scission, par exemple)[233]. Il faut noter qu'il a déjà été jugé que lorsqu'une partie a participé activement à l'arbitrage et s'est abstenue d'invoquer une cause d'interruption de l'instance qu'elle connaissait, elle ne peut ensuite s'en prévaloir devant le juge de l'annulation[234]. La solution doit être approuvée, même si techniquement, l'interruption de l'instance ne constitue pas une irrégularité. Les parties doivent en effet faire preuve de loyauté dans la conduite de l'instance arbitrale, y compris vis-à-vis de l'arbitre[235]. Elles sont donc tenues de l'informer d'une éventuelle cause d'interruption de l'instance, afin que celui-ci puisse, le cas échéant, les inviter à lui faire part de leurs initiatives en vue de reprendre l'instance.

363 **Les effets propres à l'interruption de l'instance.** L'article 1471 du Code de procédure civile renvoyant notamment aux articles 371 et 372 du même code, en application du premier de ces deux textes, l'interruption n'a pas lieu « si l'événement survient ou est notifié après l'ouverture des débats ». Certes, au premier abord, cette disposition ne paraît pas pouvoir être mise en œuvre dans l'arbitrage puisqu'il n'existe d'obligation, ni pour les parties, ni pour l'arbitre, d'organiser une audience des débats. Mais, comme devant les juridictions judiciaires, lorsque l'instruction de l'affaire est achevée, la poursuite de l'instance ne présente aucun danger particulier pour les droits de la défense de la partie victime de l'événement interruptif. Partant, puisque le tribunal arbitral doit fixer la date à laquelle l'affaire sera mise en délibéré[236], et que celle-ci correspond en quelque sorte à la clôture de l'instruction[237], on peut penser qu'après cette date, la survenance ou la notification d'un des événements visés par les articles 369 et 370 n'interrompt pas l'instance. Si l'instance a été valablement interrompue, les actes de procédure et la sentence rendue après l'interruption sont réputés non avenus, en application de l'article 372, alinéa 1er, du Code de procédure civile. Il n'est donc pas indispensable de saisir le juge du contrôle d'une demande tendant à voir constater les effets de l'interruption de l'instance sur la

232. Cass. 2e civ., 23 mai 2003, *JCP* G 2004, I, 119, spéc. n° 3, obs. J. Ortscheidt.
233. Cass. 2e civ., 23 mai 2003, préc.
234. Cass. 2e civ., 23 mai 2003, préc.
235. Sur ce principe, v. *infra*, n° 396 et s.
236. Art. 1476 CPC.
237. V. *infra*, n° 436.

sentence arbitrale, puisque celle-ci est de plein droit réputée non avenue. Au demeurant, même si le juge procédait à ce constat, il ne pourrait pas se prononcer ensuite sur le fond du litige, malgré l'effet dévolutif attaché à l'appel annulation[238] et la règle posée par l'article 1493 du Code de procédure civile[239]. L'article 372, alinéa 2, du Code de procédure civile prévoit aussi que la partie au profit de laquelle l'interruption est prévue peut confirmer expressément ou tacitement les actes et décisions réputés non avenus, la protection instaurée par l'interruption de l'instance étant d'ordre privé. L'organe représentant les créanciers de la personne placée en redressement ou en liquidation judiciaire, dans l'intérêt desquels l'instance a été interrompue par l'ouverture de la procédure collective, peut par exemple la confirmer au cours de l'instance d'appel formé contre la sentence, en principe non avenue faute de reprise régulière[240].

γ) Les dispositions communes à la suspension et l'interruption de l'instance

364 **Reprise d'instance.** Le décret du 13 janvier 2011 a en partie unifié le régime de la reprise de l'instance arbitrale en suite de sa suspension et de son interruption, en instituant des dispositions propres au droit de l'arbitrage, dans un souci de le rendre autonome par rapport au droit judiciaire qui se réfère à des notions inexistantes dans le premier[241]. D'abord, l'article 1474 du Code de procédure civile prévoit que « l'interruption ou la suspension de l'instance ne dessaisit pas le tribunal arbitral », ce qui traduit la règle posée par l'article 376 du même code auquel il était auparavant renvoyé pour l'interruption de l'instance. Partant, comme le précise ce même texte, en son alinéa 2, « le tribunal arbitral peut inviter les parties à lui faire part de leurs initiatives en vue de reprendre l'instance ou de mettre un terme aux causes d'interruption ou de suspension. En cas de carence des parties, il peut mettre fin à l'instance ». Ces pouvoirs, calqués sur ceux du juge[242], permettent au tribunal arbitral d'enjoindre à toute partie d'agir pour que l'instance puisse reprendre son cours. Et la sanction les assortissant est radicale, puisqu'il peut être mis fin à l'instance, ou même à l'arbitrage lorsqu'il résulte d'un compromis, si les parties n'obtempèrent pas[243]. Il est aussi prévu, par l'article 1475, alinéa 1er, du Code de procédure civile, que « l'instance reprend son cours en l'état où elle se trouvait au moment où elle a été interrompue ou suspendue lorsque les causes de son interruption ou de sa suspension cessent d'exister ». La reprise d'instance n'est donc subordonnée à aucune formalité particulière, même lorsqu'elle a été interrompue, à l'exception de certaines règles spécifiques aux procédures collectives[244]. Il suffit que la cause de suspension ou d'interruption cesse d'exister. Pratiquement, la reprise peut notamment résulter d'une déclaration orale au cours d'une audience devant le tribunal arbitral. Elle sera ensuite constatée dans la sentence, dont les mentions feront foi jusqu'à inscription de faux sur ce point[245]. D'autre part, l'instance arbitrale est reprise en l'état où elle se trouvait lorsqu'elle a été interrompue, ce qui signifie que tous les actes accomplis auparavant demeurent valables. À ce stade, indépendamment

238. Sur l'effet dévolutif de l'appel, v. *infra*, n° 531 et s.

239. Sur celle-ci, v. *infra*, n° 561.

240. Cass. com., 23 juin 1981, *Bull. civ.* IV, n° 289.

241. E. Gaillard et P. de Lapasse, « Commentaire analytique du décret portant réforme du droit français de l'arbitrage », *Cah. arb.* 2011, p. 263, spéc. n° 54.

242. Art. 376, al. 2, CPC.

243. V. aussi *infra*, n° 368.

244. V. *supra*, n° 361.

245. Plus généralement, sur la valeur des mentions de la sentence, v. *infra*, n° 479 et s.

de la situation prévue par l'article 1473, alinéa 1er, du Code de procédure civile, les parties peuvent rencontrer des difficultés à reprendre l'instance devant le même tribunal arbitral, juridiction par nature éphémère, si l'un des arbitres ne peut plus, ou refuse de, trancher le litige. Dans cette situation, qui emporte elle-même une nouvelle suspension de l'instance[246], à défaut d'accord des parties pour désigner un nouvel arbitre en remplacement, suivant les modalités convenues ou celles qui ont présidé à la désignation de l'arbitre qu'il remplace[247], la difficulté pourra être réglée par la personne chargée d'organiser l'arbitrage ou tranchée par le juge d'appui, sur le fondement de l'article 1454 du Code de procédure civile, selon la procédure prévue 1459 et 1460 du même code.

365 **Prorogation du délai de l'arbitrage par le tribunal arbitral.** Le décret du 13 janvier 2011 a écorné la règle, d'ordre public interne et international[248], selon laquelle le délai de l'arbitrage ne peut être prorogé par le tribunal arbitral[249]. En application de l'article 1475, alinéa 2, du Code de procédure civile, par « exception à l'article 1463 », le tribunal arbitral peut en effet proroger l'instance arbitrale « pour une durée qui n'excède pas six mois » au « moment de la reprise de l'instance », après son interruption ou sa suspension. Il peut donc ainsi proroger le délai de l'arbitrage, pour une durée de six mois, en se passant de l'accord des parties ou de l'aide du juge d'appui. L'exercice de cette faculté permettra notamment à l'arbitre désigné en remplacement de celui décédé, empêché, récusé... de disposer du temps nécessaire pour prendre connaissance du dossier.

b) Les incidents entraînant l'extinction de l'instance arbitrale

366 **Incidence de la réforme de 2011.** Si tout se déroule normalement, c'est la sentence qui tranche sur le fond toutes les contestations soumises au tribunal arbitral qui met fin à l'instance arbitrale. Celle-ci peut cependant s'achever de façon prématurée, avant que le tribunal arbitral n'ait totalement rempli la mission qui lui a été confiée. Les incidents susceptibles d'avoir une telle conséquence sont cependant peu nombreux depuis la réforme résultant du décret n° 2011-48 du 13 janvier 2011. Auparavant, l'article 1464 du Code de procédure civile, directement inspiré de l'article 1012 du même code qui prévoyait les causes d'extinction du compromis, énumérait six cas d'extinction prématurée de l'instance : la révocation, le décès, l'empêchement, la perte des droits civils, l'abstention et la récusation de l'arbitre. Ces incidents emportaient donc extinction immédiate de l'instance arbitrale, sans formalité particulière[250] et sans remettre en cause le principe de la compétence arbitrale[251]. De plus, ils n'entraînaient pas la disparition des actes de la procédure antérieurement accomplis[252]. Enfin, l'article 1464 réservait les « conventions particulières des parties », de sorte que celles-ci pouvaient prévoir que l'instance se poursuivrait même en cas de révocation, de décès, d'empêchement de

246. Art. 1473, al. 1, CPC. V. *supra*, n° 357.
247. Art. 1473, al. 2, CPC.
248. Cass. 1re civ., 15 juin 1994, *Rev. arb.* 1995, p. 88, note E. Gaillard.
249. J. Béguin, J. Ortscheidt, Ch. Seraglini, « Un second souffle pour l'arbitrage », *JCP* G 2011, 322, spéc. n° 46 ; Ch. Jarrosson et J. Pellerin, « Le droit français de l'arbitrage après le décret du 13 janvier 2011 », *Rev. arb.* 2011, p. 5, spéc. n° 44, p. 42.
250. Cass. 2e civ., 17 nov. 1993, *Rev. arb.* 1995, p. 78, note Ph. Fouchard.
251. Paris, 7 juill. 1992, *Rev. arb.* 1994, p. 728, note Th. Bernard.
252. Paris, 19 déc. 1991, *Rev. arb.* 1992, p. 583, note Ph. Kahn.

l'arbitre[253], lorsque celui-ci perdait le plein exercice de ses droits civils, s'abstenait ou était récusé. Le décret nº 2011-48 du 13 janvier 2011 a supprimé ces causes pathologiques d'extinction de l'instance arbitrale, qui sont maintenant devenues des incidents qui entraînent uniquement sa suspension[254]. Les textes issus de la réforme n'évoquent plus que deux causes d'extinction, l'expiration de la durée d'arbitrage et la décision du tribunal arbitral, auxquelles s'ajoute celle résultant de la renonciation des parties à l'instance.

367 **Expiration du délai d'arbitrage.** L'article 1477 du Code de procédure civile prévoit que « l'expiration du délai d'arbitrage entraîne la fin de l'instance arbitrale »[255]. Comme cela a déjà été observé, lorsque le délai, légal ou conventionnel, à l'intérieur duquel le tribunal arbitral doit exercer sa mission est expiré, celui-ci est alors privé du pouvoir de rendre une sentence. En théorie, il dispose encore de ceux énoncés à l'article 1485, alinéa 2, du Code de procédure civile, pour interpréter une sentence déjà prononcée, rectifier une erreur ou omission matérielle ou compléter une précédente sentence en cas d'omission de statuer[256]. En pratique toutefois, l'expiration du délai d'arbitrage, cause d'extinction de l'instance arbitrale dans l'hypothèse ici envisagée, intervient avant que la sentence tranchant le litige ne soit rendue. Aussi, sauf le cas dans lequel le tribunal aurait auparavant tranché une partie de ce litige dans une sentence intermédiaire, il ne pourra être saisi sur le fondement de ce texte après l'expiration du délai d'arbitrage. Si malgré la fin de l'instance résultant de l'expiration du délai d'arbitrage, le tribunal arbitral rend une sentence, elle n'est pas nulle de plein droit. Elle pourra être infirmée, si l'appel est ouvert à son encontre, ou annulée sur le fondement de l'article 1492.1° du Code de procédure civile, pour autant que les parties n'ont pas renoncé à invoquer ce moyen ou consenti, ne serait-ce que tacitement, à une prorogation du délai d'arbitrage. Enfin, pour déterminer la date précise à laquelle l'instance prend fin, en application de l'article 1477 précité, il faut rappeler que le délai d'arbitrage se calcule de quantième en quantième[257] et expire le dernier jour à vingt-quatre heures, reporté au premier jour ouvrable suivant s'il s'agit d'un samedi, d'un dimanche ou d'un jour férié ou chômé, en application de l'article 642 du Code de procédure civile.

368 **Décision du tribunal arbitral de mettre fin à l'instance.** La fin de l'instance peut aussi résulter, depuis la réforme du 13 janvier 2011, d'une décision du tribunal arbitral prise pour sanctionner la « carence » des parties invitées à faire part de leurs initiatives pour reprendre l'instance ou mettre un terme aux causes d'interruption ou de suspension de l'instance, sur le fondement de l'article 1474, alinéa 2, du Code de procédure civile. Le texte ne précise pas si le tribunal arbitral doit nécessairement rendre une sentence dans cette situation. Il devrait être interprété en ce sens si l'on ne veut pas priver les parties de la possibilité de former un recours utile, c'est-à-dire qui ne soit pas limité à l'appel-nullité qui est toujours ouvert, contre ce type de décision du tribunal arbitral. Partant, la décision des arbitres, même prise sur le fondement du texte précité pour mettre fin à l'instance, doit alors répondre aux conditions posées pour la rédaction des

253. Cass. 2e civ., 17 nov. 1993, préc.
254. V. *supra*, nº 357.
255. Art. 1464.3° ancien CPC.
256. Sur ces pouvoirs, v. *infra*, nº 463 et s.
257. Paris, 4 févr. 1968, *Rev. arb.* 1968, p. 13.

sentences par les articles 1480 à 1482 du Code de procédure civile[258]. La sanction étant lourde de conséquences, spécialement lorsque l'arbitrage résulte d'un compromis, puisque la sentence met alors fin à l'arbitrage et non pas seulement à l'instance, elle doit être maniée avec prudence.

369 **La renonciation à l'instance.** Les parties peuvent, après la saisine du tribunal arbitral, renoncer à l'instance. Les causes de cette renonciation sont multiples. La plus courante résulte sans doute de la conclusion d'une transaction qui met fin au litige. La renonciation peut être expresse, les parties formalisant leur accord dans un acte. Elle peut également être tacite. Elle est en effet valable pour autant qu'elle résulte d'actes manifestant sans équivoque la volonté des parties de renoncer à l'instance[259]. Cette renonciation emporte bien extinction de l'instance arbitrale. Mais, sauf prévision contraire des parties, cet effet n'est pas automatiquement attaché à l'expression de volonté des parties. L'extinction de l'instance arbitrale demeure en effet subordonnée à la constatation par l'arbitre de son incompétence. Lorsque les litigants renoncent à l'instance, celle-ci ne prend donc véritablement fin qu'au moment de la sentence arbitrale par laquelle l'arbitre constate qu'il a perdu le pouvoir de se prononcer sur le litige, ce d'autant qu'il peut avoir conservé celui de statuer sur la répartition des frais de l'instance entre les parties.

SECTION 2 LES RÈGLES APPLICABLES À LA PROCÉDURE

370 **Plan.** La réforme de l'arbitrage résultant du décret n° 2011-48 du 13 janvier 2011, sans les bouleverser, a été l'occasion d'une clarification des règles qui régissent la procédure arbitrale et d'innovations remarquables. Les grandes lignes directrices de la réforme résultant du décret du 14 mai 1980 demeurent : les parties et l'arbitre jouissent d'une grande liberté pour organiser l'instance arbitrale et fixer les règles de procédure qui lui sont applicables (§ 1), sous des limites (§ 2) tenant au fait que l'arbitrage reste marqué par une certaine philosophie du procès.

§ 1. LA LIBRE FIXATION DES RÈGLES PROCÉDURALES PAR LES PARTIES ET L'ARBITRE

371 **Principe.** L'article 1464, alinéa 1er, du Code de procédure civile prévoit que, « à moins que les parties n'en soient convenues autrement, le tribunal arbitral détermine la procédure arbitrale sans être tenu de suivre les règles établies pour les

258. Sur lesquelles, v. *infra*, n° 443 et s.

259. Cass. 1re civ., 9 oct. 1990, *Bull. civ.* I, n° 205, qui approuve les juges du fond d'avoir rejeté une exception d'incompétence tirée de l'existence d'une clause compromissoire dès lors que la partie qui l'invoquait, après la saisine de la Chambre de commerce internationale et postérieurement au dépôt d'un rapport d'experts désignés par cette institution, avait ensuite saisi le juge des référés d'une demande de désignation d'un expert.

tribunaux étatiques ». La règle ainsi posée, reprise de celle issue du décret du 14 mai 1980[260], renverse celle antérieurement consacrée par l'article 1009 du Code de procédure civile, qui énonçait que « les parties et les arbitres suivront dans la procédure, les délais et formes établis pour les tribunaux, si les parties n'en sont autrement convenues ». La volonté des parties prévaut sur l'aspect juridictionnel de la mission de l'arbitre[261]. Sous réserve de respecter quelques dispositions spécifiquement prévues pour l'arbitrage, les principes directeurs du procès[262], et de ne pas adopter de règles qui, une fois appliquées par l'arbitre, le conduiraient à rendre une sentence heurtant l'ordre public[263], les litigants peuvent donc choisir des règles de procédure qu'ils ont imaginées ou celles qui ont été écrites, pour eux, par un centre d'arbitrage. Mais il leur est aussi loisible de suivre celles posées par le Code de procédure civile pour les tribunaux. Dans tous les cas, dans le silence des parties, c'est le tribunal arbitral qui dispose d'un large pouvoir d'initiative pour déterminer, au début ou au cours de l'instance, les règles applicables à la procédure, sous réserve, là encore, de respecter les dispositions pertinentes du Code de procédure civile, les principes directeurs du procès et de ne pas heurter l'ordre public. Le principe dominant la matière est donc celui de l'autonomie des règles de procédure arbitrale par rapport à celles prévues pour les tribunaux étatiques. En pratique, on s'aperçoit cependant qu'elles sont très souvent voisines dans l'esprit et dans la forme, compte tenu, d'une part, d'un phénomène d'institutionnalisation de l'arbitrage[264] et, d'autre part, de ce que les parties et les arbitres sont fortement imprégnés des règles gouvernant la procédure devant les juridictions françaises. Quoi qu'il en soit, l'autonomie des règles de procédure s'explique théoriquement par le souci des parties qui choisissent l'arbitrage d'alléger la procédure en l'adaptant aux données particulières du litige[265]. Elle pose cependant et principalement deux séries de questions : les premières tiennent au rôle exact de la volonté des parties dans la conduite de l'instance ; les secondes portent sur l'incidence du défaut d'*imperium merum* de l'arbitre sur l'instruction de l'arbitrage.

372 **Le rôle de la volonté des parties.** La procédure arbitrale étant la chose des parties et du tribunal arbitral, on peut se demander qui des premières, ou du second, tient réellement « les rênes de l'instance arbitrale »[266]. En d'autres termes, lorsqu'il survient, comment doit se résoudre un désaccord sur les règles relatives au déroulement de l'instance arbitrale entre les parties et le tribunal arbitral ? Traditionnellement, il est admis que la réponse diffère selon que l'on choisit de faire prévaloir la volonté des parties ou l'aspect juridictionnel de la mission du tribunal arbitral. Si c'est la volonté des parties qui doit toujours l'emporter, parce que le tribunal arbitral tient ses pouvoirs de la

260. L'article 1460, al. 1, ancien CPC disposait déjà que « les arbitres règlent la procédure arbitrale sans être tenus de suivre les règles établies pour les tribunaux, sauf si les parties en ont autrement décidé dans la convention d'arbitrage ».

261. R. Perrot, « L'application à l'arbitrage des règles du Code de procédure civile », *Rev. arb.* 1980, p. 642, spéc. p. 643. V. aussi : L. Weiller, « Retour sur la liberté de choix des parties à l'épreuve de l'office de l'arbitre », *Cah. arb.* 2018, p. 205.

262. V. *infra*, n° 375 et s.

263. V. *infra*, n° 552 et s.

264. B. Oppetit, *Théorie de l'arbitrage*, PUF, 1998, spéc. p. 106.

265. É. Loquin, « Arbitrage Instance arbitrale Procédure devant les arbitres », *J. Cl. Proc. Civ.*, fasc. 1036, spéc. n° 13 et s.

266. Ch. Jarrosson, note sous Paris, 19 mai 1998, 3 déc. 1998 et 19 janv. 1999, *Rev. arb.* 1999, p. 601, spéc. n° 1.

convention d'arbitrage, celui-ci ne dispose d'aucune marge de manœuvre quand les litigants s'accordent sur les règles relatives à la procédure arbitrale. Dans tous les cas, il devrait se plier à leur décision. Au contraire, lorsque c'est l'aspect juridictionnel de l'arbitrage qui prévaut, on enseigne alors que le tribunal arbitral conduit librement l'instance, quitte à méconnaître le désir commun des parties[267]. L'article 1464 du Code de procédure civile invite cependant à une analyse moins tranchée, qui peut conduire à distinguer selon le moment auquel les règles de procédure ont été choisies par les parties[268].

Si les parties ont, soit clairement choisi les règles procédurales dans la convention d'arbitrage, soit fixé celles-ci dans un acte de mission signé par elles et le tribunal arbitral, ces règles s'imposent à ce dernier. Dans le premier cas, la solution résulte directement de l'article 1464, alinéa 1er, du Code de procédure civile, qui prévoit que « le tribunal arbitral détermine la procédure arbitrale » « à moins que les parties n'en soient convenues autrement »[269]. Dans le second, elle est la conséquence de ce que l'acte de mission signé par les parties et par le tribunal arbitral a une nature conventionnelle. Sous peine d'engager sa responsabilité, le tribunal doit donc le respecter. Dans ces deux types de situation, il ne devrait donc pas pouvoir se départir du choix des règles arrêté par les parties, sous réserve, cependant, du respect des principes directeurs et de l'ordre public. On peut par exemple penser que puisqu'en application des dispositions combinées des articles 10 et 1467 du Code de procédure civile, l'arbitre peut ordonner d'office une mesure d'instruction, la décision des parties d'exclure toute expertise, même reproduite dans la convention d'arbitrage, ne devrait pas s'imposer au juge privé[270].

En revanche, si les parties n'ont pas déterminé les règles de la procédure dans la convention d'arbitrage et si elles ne sont pas ensuite entendues, avec le tribunal arbitral, pour les fixer dans un acte de mission, la rédaction de l'article 1464 précité encourage à conclure que ce dernier est alors libre de conduire l'instance comme il l'entend. La volonté des litigants d'imposer ou d'interdire telle ou telle règle procédurale, exprimée postérieurement à la convention d'arbitrage ou à l'acte de mission éventuellement signé, serait sans effet sur le pouvoir d'initiative du tribunal arbitral. Dans cette hypothèse, d'ailleurs, on peut douter que l'origine conventionnelle de son investiture entrave sa liberté. D'une part, le fait que le tribunal arbitral tienne sa mission des parties ne justifie pas qu'elles puissent revenir en cours d'instance sur la règle initialement choisie par elles, consistant à lui laisser toute liberté pour régler la procédure. Ce d'autant que le tribunal arbitral peut avoir accepté sa mission en considération de cette liberté. D'autre part, même si l'investiture est d'origine conventionnelle, le tribunal arbitral exerce une mission juridictionnelle. Celle-ci suppose nécessairement un degré d'indépendance suffisant vis-à-vis des parties pour conduire la procédure. L'arbitre n'est ni le mandataire des parties, ni un conciliateur. C'est un juge qui doit pouvoir bénéficier d'une autonomie suffisante pour, notamment, ordonner toute mesure qu'il estime indispensable à l'exercice de sa mission. En tout état de cause, même en souscrivant à l'analyse selon laquelle les litigants conservent toujours le dernier mot en matière de procédure

267. Th. Clay, *L'arbitre*, Dalloz, Nouvelle Bibliothèque de Thèses, 2001, spéc. n° 802 et s., p. 617 et s.

268. Ch. Jarrosson, note sous Paris, 19 mai 1998, 3 déc. 1998 et 19 janv. 1999, préc., spéc. n° 4-11.

269. V. notamment, Paris, 12 mars 1998, *Rev. arb.* 1999, p. 95, note G. Flécheux, qui énonce que les arbitres « disposaient du pouvoir de régler la procédure pour tout ce qui n'avait pas été prévu dans le compromis ».

270. *Contra*, Ch. Jarrosson, note sous Paris, 19 mai 1998, 3 déc. 1998 et 19 janv. 1999, préc., spéc. n° 10.

arbitrale, compte tenu de l'indépendance dont ils jouissent, les arbitres devraient pouvoir s'abstenir, sans qu'il puisse leur être reproché d'avoir manqué à leur obligation de mener leur mission à son terme[271], s'ils estiment que les règles procédurales imposées par les litigants dénaturent leur fonction juridictionnelle[272].

En outre, quelle que soit la conception du rôle de l'arbitre et des parties dans la conduite de l'instance, la sentence rendue au mépris flagrant de règles de procédure communément acceptées par les parties[273] ne pourra être annulée qu'à charge pour la partie qui sollicite cette annulation de prouver le grief que lui a causé l'irrégularité ou, plus précisément, que celle-ci a eu une incidence sur l'issue du litige[274]. Et, conformément au droit commun de l'arbitrage[275], l'annulation ne pourra de toute façon être encourue que si l'irrégularité tirée du non-respect de la procédure arbitrale convenue a été soulevée devant l'arbitre[276].

373 **L'incidence sur la procédure du défaut d'*imperium merum* de l'arbitre.** On distingue traditionnellement l'*imperium merum* et l'*imperium mixtum*. Le premier correspond au pouvoir de contrainte, de commander[277] ; le second tient à la capacité d'exercer certains pouvoirs qui sont indissociables de la *jurisdictio*, de la faculté de dire le droit. Il est aujourd'hui admis que le tribunal arbitral ne dispose pas de l'*imperium merum*. Il ne peut, par exemple, rendre sa sentence exécutoire[278]. Celle-ci n'est susceptible de mesures d'exécution forcée qu'une fois revêtue de l'exequatur. Il n'a pas non plus le pouvoir de contraindre une partie à exécuter une obligation de faire ou de forcer un tiers à témoigner[279]. En revanche, le tribunal arbitral est titulaire d'une partie[280], mais non de la totalité, de l'*imperium mixtum*, rattaché à la *jurisdictio* dont il est pourvu[281]. Il peut notamment enjoindre à une partie de produire des pièces[282] ou ordonner une mesure d'instruction[283], ce qui est étroitement rattaché à la faculté de dire le droit[284]. Le tribunal

271. Sur cette obligation, v. *supra*, n° 303.

272. V. notamment, Ch. Jarrosson, note sous Paris, 19 mai 1998, 3 déc. 1998 et 19 janv. 1999, préc., spéc. n° 11.

273. Cette situation devrait être distinguée de celle dans laquelle l'arbitre n'a pas correctement appliqué les règles procédurales choisies par les parties. Tout comme la mauvaise application du droit substantiel, il ne s'agit pas d'un grief susceptible de justifier, à lui seul, l'annulation de la sentence (sur la nature du contrôle exercé par le juge de l'annulation, v. *infra*, n° 536).

274. V. notamment, Paris, 28 avr. 1988, *Rev. arb.* 1989, p. 280, note L. Idot ; Cass. 2e civ., 17 juin 1981, *Rev. arb.* 1985, p. 458, obs. Th. Bernard.

275. Sur cette question, v. *infra*, n° 523 et s.

276. Cass. 2e civ., 11 juill. 2002, *Bull. civ.* II, n° 161 ; JCP G 2003, I, 105, spéc. n° 8, obs. J. Ortscheidt.

277. Ch. Jarrosson, « Réflexions sur l'imperium », in *Études offertes à P. Bellet*, Litec, 1991, p. 245, spéc. n° 39, p. 263.

278. Ch. Jarrosson, « Réflexions sur l'imperium », préc., spéc. n° 58, p. 269.

279. Th. Clay, *L'arbitre*, Dalloz, Nouvelle Bibliothèque de Thèses, 2001, spéc. n° 228-229, p. 188-189.

280. Ch. Jarrosson, « Réflexions sur l'imperium », préc., spéc. n° 62, p. 270.

281. *Ibid.*, spéc. n° 45 et 47, p. 264 et 265.

282. V. *supra*, n° 343 et s.

283. V. *infra*, n° 382.

284. Ch. Jarrosson, « Réflexions sur l'imperium », préc., spéc. n° 61, p. 269.

arbitral peut également prononcer une injonction de faire[285] et même une astreinte[286], qui constitue une peine privée[287] relevant de l'*imperium mixtum*[288].

Puisque le tribunal arbitral ne dispose pas de l'*imperium merum*, c'est-à-dire du pouvoir de contraindre les parties, l'efficacité de sa décision apparaît, *in fine*, subordonnée à la bonne volonté de celles-ci. Certes, lorsque l'une d'elles refuse ou s'abstient d'apporter son concours à une mesure d'instruction, le tribunal arbitral peut toujours en tirer « toute conséquence », conformément à l'article 11, alinéa 1er, du Code de procédure civile, applicable à l'arbitrage par renvoi de l'article 1464, alinéa 2, du même texte. Le tribunal arbitral est ainsi autorisé à rendre sur le fond une décision défavorable à la partie récalcitrante, qui échappera ensuite au contrôle du juge de l'annulation puisqu'il ne vérifie pas la correcte application du droit par l'arbitre[289]. L'effet dissuasif de cette sanction contribue sans doute à limiter les inconvénients nés de l'absence de pouvoir de contrainte du tribunal arbitral sur les parties au cours de la procédure arbitrale. Ce procédé apparaît cependant inefficace, à court terme, lorsqu'il s'agit d'empêcher la paralysie de l'arbitrage résultant du refus de l'un des litigants de se plier aux décisions touchant à la conduite de l'instance. En outre, la sanction n'est envisagée par les textes qu'en cas de refus d'une partie d'apporter son concours à une mesure d'instruction et non, plus largement, lorsqu'elle s'abstient, par exemple, de respecter le calendrier procédural. L'assistance du juge paraît alors constituer un moyen plus efficace pour pallier l'absence de pouvoir de commander du tribunal arbitral. La cour d'appel de Paris est en effet revenue sur la définition particulièrement restrictive de la sentence arbitrale qu'elle avait un temps adoptée[290]. Elle admet aujourd'hui que des décisions provisoires du tribunal arbitral peuvent être coulées dans une sentence[291], ce qu'a confirmé l'article 1468 du Code de procédure civile dans sa rédaction issue du décret du 13 janvier 2011. Ainsi, les décisions relatives à la conduite de la procédure, arrêtées dans des sentences pouvant recevoir l'exequatur, peuvent faire l'objet de mesures d'exécution forcée[292]. En revanche, le juge

285. Paris, 7 oct. 2004, *Rev. arb.* 2004, p. 982 ; *D.* 2005, Pan. 3062, obs. Th. Clay ; *JDI* 2005, p. 341, note A. Mourre et P. Pedone ; JCP G 2005, I, 134, n° 5 et 7, obs. J. Ortscheidt, qui relève que « le prononcé d'astreintes ou d'injonctions... constitue un prolongement inhérent et nécessaire à la fonction de juger pour assurer une meilleure efficacité au pouvoir juridictionnel et ne caractérise aucun dépassement de la mission de l'arbitre ».

286. Art. 1468 CPC. V. aussi, Paris, 19 janv. 2016, *Rev. arb.* 2016, p. 351 ; Paris, 7 oct. 2004, préc. ; Paris, 10 mars 1995, *Rev. arb.* 1996, p. 143, obs. Y. Derains.

287. S. Carval, *La responsabilité civile dans sa fonction de peine privée*, LGDJ, 1995, spéc. n° 11, p. 10.

288. Ch. Jarrosson, « Réflexions sur l'imperium », préc., spéc. n° 67, p. 272.

289. Sur la nature du contrôle exercé par le juge de l'annulation sur la sentence, v. *infra*, n° 536.

290. Il s'agissait, en effet, uniquement des décisions tranchant de manière définitive, en tout ou partie, une question litigieuse relative au fond, à la compétence ou à un moyen de procédure qui conduit à mettre fin à l'instance. Sur cette question, v. *infra*, n° 423 et s.

291. Paris, 7 oct. 2004, *Rev. arb.* 2004, p. 982 ; *D.* 2005, Pan. 3062, obs. Th. Clay ; *JDI* 2005, p. 341, note A. Mourre et P. Pédone ; JCP G 2005, I, 134, n° 5 et 7, obs. J. Ortscheidt, qui relève, dans un considérant qui révèle que la solution n'est pas limitée à l'arbitrage international, que « le tribunal arbitral s'est définitivement prononcé le 4 avril 2002 sur la demande de mesures conservatoires qui lui avait été présentée par les sociétés Carlyle, la limitation des mesures ordonnées à la durée de l'instance ne remettant pas en cause l'autorité de la chose jugée de sa décision, que les arbitres ont pu exprimer sous forme de sentence, choix de procédure auquel aucune des parties ne s'est opposée, leur pouvoir de juger d'une demande d'urgence qui participe à la résolution du litige ».

292. Dans son arrêt du 19 mai 1998 (*Rev. arb.* 1999, p. 601 (1re esp.), note Ch. Jarrosson), la cour d'appel de Paris avait d'ailleurs déjà relevé que « l'absence d'*imperium* de l'arbitre a... pour conséquence de le priver de tout pouvoir coercitif à l'égard des parties et des tiers en subordonnant notamment l'efficacité de sa décision à

d'appui ne peut venir au secours du tribunal arbitral lorsque l'une ou l'autre des parties refuse de se plier à une décision relative à la conduite de l'instance arbitrale.

§ 2. LES LIMITES À LA LIBERTÉ DES PARTIES ET DE L'ARBITRE

374 **Plan.** Après avoir posé le principe de l'autonomie des règles procédurales en son alinéa premier, l'article 1464 du Code de procédure civile l'encadre, en son deuxième alinéa, en précisant que « sont toujours applicables les principes directeurs du procès énoncés aux articles 4 à 10, au premier alinéa de l'article 11, aux deuxième et troisième alinéas de l'article 12 et aux articles 13 à 21, 23 et 23-1 ». Ce texte, issu de la réforme du 13 janvier 2011, a donc ajouté à la liste de l'article 1460, alinéa 2, ancien du même code, la référence à l'article 12, alinéas 2 et 3, dont il était cependant déjà admis qu'il était applicable à l'arbitrage[293], et aux articles 23 et 23-1. Le tribunal arbitral et le juge partagent donc la même obligation de respecter certaines règles processuelles : celles qui, selon la conception française, relèvent de l'essence de l'action de juger et qui, dès lors, « s'attachent à tout juge »[294]. Il s'agit de l'essentiel des « principes directeurs du procès », regroupés sous cet intitulé au Chapitre Premier du Titre Premier du Livre Premier du Code de procédure civile (A). Le Code de procédure civile et la jurisprudence obligent aussi l'arbitre à respecter certaines règles ponctuelles de procédure, propres à l'arbitrage (B).

A. LES PRINCIPES DIRECTEURS DU PROCÈS APPLICABLES À L'ARBITRAGE

375 **Fonction des principes.** D'emblée, il faut relever que la soumission de l'arbitre aux principes directeurs posés par les articles 4 à 10, 11, alinéa 1, 12, alinéa 2 et 3, 13 à 21 et 23 et 23-1 du Code de procédure civile, traduit une philosophie particulière de l'instance arbitrale. En eux-mêmes, les principes en cause tracent en effet les « contours de l'office du juge et de la répartition des fonctions processuelles entre celui-ci et les parties »[295]. C'est leur fonction principale[296]. Puisque ces principes sont applicables à

l'exequatur de l'autorité publique ; qu'elle ne lui interdit pas en revanche, lorsque telle est sa mission, de prescrire aux parties des obligations de faire sauf à faire dépendre l'exécution forcée de sa décision du contrôle préalable de l'autorité publique ». La décision soumise à son examen était cependant une sentence rendue sur le fond, ordonnant à l'une des parties de réaliser un transfert de parts sociales.

293. V. *infra*, n° 384.

294. G. Cornu, « Les principes directeurs du procès civil par eux-mêmes (fragments d'un état des questions) », in *Études offertes à P. Bellet*, Litec, 1991, p. 83, spéc. p. 84, note 7. V. aussi, L. Cadiet, « Et les principes directeurs des autres procès ? Jalons pour une théorie des principes directeurs du procès », in *Études offertes à J. Normand. Justice et droits fondamentaux*, Litec, 2003, p. 71, spéc. n° 16, p. 87.

295. H. Motulsky, « Prolégomènes pour un futur Code de procédure civile : la consécration des principes directeurs du procès civil par le décret du 9 sept. 1971 », *D.* 1972, chron., p. 91, spéc. n° 6 ; G. Cornu, « Les principes directeurs du procès civil par eux-mêmes (fragments d'un état des questions) », préc., spéc. p. 85.

296. L'autre finalité des principes directeurs applicables à l'arbitrage est d'énoncer le respect de certains droits de la défense (contradiction et assistance d'un défenseur).

l'instance arbitrale, sans que les parties ne puissent y déroger[297], ni que l'arbitre ne puisse s'en départir même lorsqu'il statue en qualité d'amiable compositeur[298], ils vont dès lors pareillement délimiter l'office de ce dernier et déterminer son rôle et celui des litigants. Or, il a été justement noté que les principes directeurs en cause traduisent un souci d'équilibre « entre une conception libérale et une conception autoritaire du procès »[299], les litigants et le juge étant conduits à collaborer pour parvenir à une décision et le second ne se bornant pas simplement à compter les points d'un combat entre les parties[300]. Aussi, même si l'instance arbitrale est fortement marquée par la volonté des parties, l'application systématique de l'essentiel des « principes directeurs du procès civil » confère au tribunal arbitral un pouvoir d'initiative important pour parvenir à la solution du litige. Autrement dit, la procédure arbitrale n'est pas uniquement la chose des parties malgré le caractère conventionnel de ce mode de règlement des différends.

376 **Principes non visés.** L'article 1464, alinéa 2, du Code de procédure civile n'oblige pas à respecter tous les « principes directeurs du procès ». Ne sont pas systématiquement applicables à l'instance arbitrale ceux énoncés aux articles 1 à 3, 11, alinéa 2, 12, alinéa 1er, et 22 et 24 de ce code. La réforme opérée par le décret du 13 janvier 2011 et les spécificités de l'arbitrage rendaient en effet soit inutile, soit impossible, le renvoi aux principes énoncés par ces textes. Ainsi, le caractère conventionnel de l'arbitrage et l'absence de pouvoir de contrainte du tribunal arbitral font obstacle à ce qu'il puisse user de la faculté offerte au juge, par l'alinéa 2 de l'article 11, d'ordonner à un tiers de produire sous astreinte un élément de preuve[301]. Le tiers n'étant pas lié par la convention d'arbitrage, le tribunal arbitral ne dispose d'aucun pouvoir juridictionnel à son égard. De plus, à défaut d'*imperium merum*, il ne peut contraindre un tiers à exécuter une obligation de faire. Au demeurant, le décret précité a institué une procédure originale qui permet d'obtenir l'aide du président du tribunal de grande instance pour l'obtention de pièces auprès de tiers[302]. Et, puisque l'article 1467, alinéa 3, prévoit que l'arbitre peut enjoindre à une partie de produire un élément de preuve, au besoin à peine d'astreinte, le renvoi à l'article 11, alinéa 2, en ce qu'il permet aussi au juge de prononcer une telle injonction, aurait

297. Dans un arrêt du 11 juillet 2002, la Deuxième chambre civile de la Cour de cassation a en effet relevé « que les règles sur l'exécution provisoire des jugements ne figurant pas parmi les principes directeurs du procès, elles sont, dans l'instance arbitrale, supplétives de la volonté des parties » (Cass. 2e civ., 11 juill. 2002, *Bull. civ.* II, n° 161 ; JCP G 2003, I, 105, spéc. n° 8, obs. J. Ortscheidt). *A contrario*, les parties ne peuvent donc déroger aux règles qui figurent parmi les principes directeurs du procès. V. aussi, Cass. 2e civ., 14 déc. 1992, *Rev. arb.* 1995, p. 441, qui énonce que « les arbitres règlent la procédure arbitrale sans être tenus de suivre les règles établies pour les tribunaux, sauf à respecter les principes directeurs du procès, dont celui de la contradiction ».

298. V. notamment, Cass. 2e civ., 28 févr. 1990, *Rev. arb.* 1991, p. 649, obs. J. Pellerin s'agissant de l'article 9 du CPC ; Paris, 11 juill. 1991, *Rev. arb.* 1991, p. 671, obs. É. Loquin, pour le principe de la contradiction.

299. L. Cadiet, « Et les principes directeurs des autres procès ? Jalons pour une théorie des principes directeurs du procès », in *Études offertes à J. Normand. Justice et droits fondamentaux*, Litec, 2003, p. 71, spéc. n° 18, p. 89.

300. En ce sens, H. Motulsky, in « Prolégomènes pour un futur Code de procédure civile : la consécration des principes directeurs du procès civil par le décret du 9 sept. 1971 », préc., spéc. n° 2.

301. Ch. Jarrosson, « Réflexions sur l'imperium », in *Études offertes à P. Bellet*, Litec, 1991, p. 245, spéc. n° 61, p. 270.

302. V. *supra*, n° 345 et s.

été inutile[303]. S'agissant de la publicité des débats, énoncée par l'article 22 du Code de procédure civile, elle n'est pas conciliable avec le principe de confidentialité de l'arbitrage, aujourd'hui codifié à l'article 1464, alinéa 4, du Code de procédure civile[304]. Pour la même raison, les mesures de publication prévues par l'article 24, alinéa 2, du même code, en cas de manquement à l'obligation de réserve des parties, sont inadaptées à l'arbitrage. De plus, puisqu'il ne dispose pas de l'*imperium merum*, le tribunal arbitral ne peut pas non plus faire la police des débats en supprimant des écrits ou en les déclarant calomnieux, comme le prévoit ce texte. Une référence à l'article 1er du Code de procédure civile, qui prévoit que les parties introduisent l'instance et disposent de la liberté d'y mettre fin avant le jugement aurait été inutile. L'article 1462 du même code dispose en effet que « le litige est soumis au tribunal arbitral soit conjointement par les parties, soit par la partie la plus diligente » et il est admis que l'instance arbitrale peut s'éteindre par l'effet du désistement des parties[305]. L'exclusion de la liste de l'article 1464, alinéa 2, des principes énoncés aux articles 2 et 3 du Code de procédure civile, qui prévoient, d'une part, que les parties conduisent l'instance et qu'il leur appartient d'accomplir les actes de procédure dans les formes et délais requis et, d'autre part, que le juge veille au bon déroulement de l'instance et peut impartir des délais et ordonner les mesures nécessaires, s'explique aussi par les particularités de l'arbitrage. L'article 1464, alinéa 1er, postule en effet la liberté des parties et de l'arbitre pour régler la procédure. Et puisqu'il n'existe aucune obligation pour l'arbitre d'être assisté d'un interprète, il aurait été superflu de renvoyer à l'article 23 du Code de procédure civile, qui prévoit que le juge n'est pas tenu d'y recourir lorsqu'il connaît la langue dans laquelle s'expriment les parties.

377 **Division.** En faisant abstraction de la division opérée par le chapitre du Code de procédure civile consacré aux « principes directeurs du procès », et des articles 23 et 23-1 de ce code, traitant de la possibilité pour le juge de se passer d'un interprète et fixant des dispositions en cas de surdité d'une partie, qui ont une incidence pratique très limitée dans l'arbitrage, il peut être distingué entre les principes régissant la matière litigieuse (1) et ceux qui traitent des droits de la défense (2)[306].

1. Les principes régissant la matière litigieuse

378 Pour l'essentiel, les « principes directeurs du procès » applicables à l'arbitrage sont ceux qui régissent la matière litigieuse. Certains ont trait à la détermination de l'objet du litige (a), d'autres aux rôles respectifs des parties et de l'arbitre dans l'apport des éléments de fait et de droit (b).

a) La détermination de l'objet du litige

379 **Fixation initiale de l'objet du litige.** L'article 4 du Code de procédure civile, auquel il est renvoyé par l'article 1464, alinéa 2, du même code, prévoit que « l'objet du litige est déterminé par les prétentions respectives des parties », elles-mêmes « fixées par l'acte introductif d'instance et par les conclusions en défense ». Selon ce texte, qui traduit un

303. Sur ce pouvoir d'injonction, v. *supra*, n° 343.

304. Sur la confidentialité de l'arbitrage, v. *infra*, n° 399 et s.

305. V. *supra*, n° 369.

306. Pour reprendre en partie la classification qu'en a faite l'un des pères de la réforme introduite par le décret du 9 sept. 1971, H. MOTULSKY, in « Prolégomènes pour un futur Code de procédure civile : la consécration des principes directeurs du procès civil par le décret du 9 sept. 1971 », *D.* 1972, chron., p. 91, spéc. n° 10.

aspect du principe dispositif[307], ce sont donc les litigants qui déterminent l'objet de la décision du tribunal arbitral, dans l'acte introductif d'instance et dans les écritures en défense. Et les arbitres ne peuvent ensuite sortir du cadre ainsi tracé. L'article 5 du Code de procédure civile impose en effet de « se prononcer sur tout ce qui est demandé et seulement sur ce qui est demandé ». L'objet du litige est donc indisponible à l'égard du tribunal arbitral, même lorsqu'il se prononce en qualité d'amiable compositeur[308]. Toutefois, sans sortir des limites du litige fixées par les parties, il peut toujours interpréter les demandes dont il est saisi pour leur restituer un sens lorsque celles-ci ne sont pas particulièrement claires. Il n'est pas surprenant que la maîtrise de l'objet du litige soit laissée aux parties dans l'arbitrage, puisque ce mode de règlement des différends repose principalement sur leur volonté. L'article 1492.3° du Code de procédure civile dispose d'ailleurs que la sentence peut être annulée lorsque le tribunal arbitral « a statué sans se conformer à la mission qui lui avait été confiée », ce qui recouvre théoriquement les hypothèses d'*infra* et d'*ultra petita* envisagées par l'article 5 précité, même si le recours en annulation n'est pas recevable quand l'arbitre a omis de statuer sur un chef de demande, puisqu'il peut alors être saisi d'une requête en omission de statuer[309]. Ainsi, à titre d'illustration, il a déjà été jugé qu'un arbitre ne peut indemniser un dommage dont les parties n'ont pas sollicité la réparation[310], ou qu'il ne peut accorder plus que ce qui a été demandé[311], même lorsqu'il se prononce en qualité d'amiable compositeur[312]. Il ne peut pas non plus assortir les condamnations prononcées de la solidarité lorsqu'elle n'a pas été sollicitée[313].

Les principes directeurs énoncés aux articles 4 et 5 précités n'épuisent toutefois pas les règles qui permettent de déterminer l'objet du litige dans l'arbitrage. Ces textes sont complétés par des dispositions propres à l'arbitrage, qui viennent notamment préciser les actes qui fixent les « prétentions des parties ». L'objet du litige est ainsi directement déterminé par la convention d'arbitrage lorsqu'il s'agit d'un compromis. L'article 1445 du Code de procédure civile prévoit en effet que, « à peine de nullité, le compromis détermine l'objet du litige ». Même s'il suffit que l'objet du litige y soit suffisamment déterminé pour qu'il soit valable[314], c'est donc en principe au regard de cette convention que le tribunal arbitral apprécie sa compétence matérielle et prend la mesure de l'objet de sa décision. Il peut cependant se référer à des documents antérieurs exposant les circonstances du litige et les prétentions des parties lorsque le compromis s'y réfère, même implicitement[315]. La solution est différente quand la compétence des arbitres résulte d'une clause compromissoire. Dans ce cas, l'objet du litige est déterminé par les prétentions respectives des parties. Celles-ci doivent cependant demeurer dans les limites de la convention d'arbitrage[316]. La clause

307. Le second sens de ce principe est lié à la charge de l'allégation et de la preuve des faits (J. Héron et Th. Le Bars, *Droit judiciaire privé*, LGDJ, 6e éd., 2015, n° 270, p. 219.

308. Paris, 11 juill. 1991, *Rev. arb.* 1991, p. 671, obs. É. Loquin.

309. Sur ce cas d'ouverture, v. *infra*, n° 547 et s.

310. Paris, 17 févr. 2000, *Rev. arb.* 2000, p. 518, obs. Ph. Pinsolle ; Cass. 2e civ., 11 juin 1997, *Bull. civ.* II, n° 169.

311. Cass. com., 9 juill. 2002, n° 01-01750.

312. Paris, 3 juill. 1996, *Rev. arb.* 2000, p. 518, obs. Ph. Pinsolle.

313. Paris, 14 févr. 2017, *Rev. arb.* 2017, p. 1059.

314. V. *supra*, n° 157.

315. Paris, 12 févr. 1985, *Rev. arb.* 1986, p. 459, note M.-C. Rondeau-Rivier.

316. Cass. 2e civ., 8 avr. 1999, *Rev. arb.* 2000, p. 106, note J. Pellerin ; TGI Paris (ord. réf.), 16 nov. 1994, *Rev. arb.* 1995, p. 657, note D. Cohen.

compromissoire encadre en effet la compétence matérielle du tribunal arbitral, même si elle ne fixe pas précisément les termes du litige, qui résultent des demandes formulées par les litigants devant lui.

380 **Évolution de l'objet du litige.** Après avoir énoncé que les termes du litige sont fixés par les prétentions respectives des parties, l'article 4 du Code de procédure civile ajoute que« l'objet du litige peut être modifié par des demandes incidentes lorsque celles-ci se rattachent aux prétentions originaires par un lien suffisant ». C'est le principe de « l'immutabilité tempérée »[317] qui est ainsi consacré : pour les parties, l'immutabilité du litige est tempérée par la possibilité qui leur est offerte de former des demandes incidentes en cours d'instance. S'il s'agit d'un principe directeur auquel les parties et l'arbitre ne peuvent déroger, sa portée suppose de distinguer selon que l'investiture de l'arbitre résulte d'un compromis ou d'une clause compromissoire. Dans le premier cas en effet, l'objet du litige étant déterminé par la commune volonté des parties au compromis, une seule d'entre elles ne peut le modifier en cours d'instance par voie de demandes incidentes. Une telle modification des termes du différend envisagé par le compromis suppose l'accord de toutes les parties à cette convention[318]. Ce consentement peut cependant être tacite et résulter des écritures échangées devant le tribunal arbitral[319]. À défaut d'un tel accord, ne sont donc recevables que les seules prétentions prévues par le compromis et, parce qu'elles ne modifient pas l'objet du litige, les demandes accessoires, qui sont la suite et la conséquence nécessaire des demandes principales, qui s'y rattachent par un lien suffisamment étroit[320].

En revanche, la clause compromissoire ne cristallise pas le litige. La solution contraire serait d'ailleurs impraticable puisque, par hypothèse, cette convention d'arbitrage est acceptée avant la naissance du litige. L'objet du litige est alors non seulement fixé par les demandes initialement présentées au tribunal arbitral, mais aussi par les demandes incidentes, additionnelles[321] ou reconventionnelles[322] qui sont formées par les parties en cours d'instance[323]. Mais, comme le prévoit l'article 4 du Code de procédure civile, toutes les demandes incidentes des parties ne peuvent altérer l'objet initial du litige. Il ne peut être modifié, devant le tribunal arbitral, que par des demandes incidentes qui se rattachent par un lien suffisant aux prétentions originaires que les parties

317. H. Motulsky, in « Prolégomènes pour un futur Code de procédure civile : la consécration des principes directeurs du procès civil par le décret du 9 sept. 1971 », *D.* 1972, chron., p. 91, spéc. n° 39.

318. Cass. 1re civ., 6 mars 2007, *Bull. civ.* I, n° 92 ; *D.* 2008, Pan., p. 180, obs. Th. Clay ; *Rép. Dalloz dr. com.*, Act. mai 2007, p. 9, obs. X. Delpech ; *JCP* G 2007, I, 168, n° 8, obs. J. Ortscheidt. V. aussi, J. Pellerin, note préc., spéc. p. 111.

319. V. notamment, Paris, 30 mars 1962, *JCP* 1962, II, 12843, note P. Level, qui relève que « si les arbitres ne peuvent statuer... que sur les demandes limitativement exprimées dans le compromis, il est loisible aux parties de saisir le tribunal arbitral de demandes additionnelles à condition qu'elles soient d'accord pour ce faire, cet accord (qui peut être implicite et, comme en l'occurrence, résulter sans équivoque des données de la cause) constituant un nouveau compromis d'arbitrage ».

320. V. notamment, Paris, 13 janv. 1984, *Rev. arb.* 1984, p. 530, obs. Th. Bernard ; Paris, 25 juin 1982, *Rev. arb.* 1983, p. 344, obs. Th. Bernard.

321. Par laquelle une partie modifie ses prétentions antérieures (art. 65 CPC).

322. Par laquelle le défendeur originaire demande autre chose que le simple rejet de la prétention adverse (art. 64 CPC).

323. L'article 63 CPC évoque une troisième sorte de demande incidente, l'intervention du tiers. Celle-ci posant des questions particulières dans l'arbitrage, elles font l'objet d'un traitement distinct (v. *supra*, n° 351 et s.).

lui avaient soumises[324]. En présence d'une clause compromissoire, l'objet du litige est donc d'abord encadré par les termes de la clause compromissoire, qui déterminent la compétence matérielle de l'arbitre[325], et par les demandes principales et incidentes des parties, pour autant que ces dernières soient liées aux premières par un lien de connexité[326].

381 **Limitations conventionnelles.** La faculté offerte aux parties liées par une clause compromissoire de former des demandes incidentes pendant toute la durée de l'instance peut n'apparaître pas pleinement satisfaisante. La multiplication des demandes successives peut en effet allonger la durée de la procédure puisque pour chacune d'elles, le tribunal arbitral devra laisser aux autres parties la possibilité de présenter leurs observations pour assurer le respect du principe de la contradiction. Le risque existe donc que la modification des demandes initiales, ou l'adjonction de demandes nouvelles, soit purement dilatoire ou résulte de ce que l'une des parties s'aperçoit pendant l'instance que ses chances de succès augmentent. De plus, les parties ont toujours intérêt à connaître rapidement l'objet du litige puisqu'elles ne se défendent pas de la même manière selon son enjeu[327]. Ces considérations peuvent donc les conduire à prévoir, directement dans la convention d'arbitrage ou indirectement en se référant à un règlement d'arbitrage qui le stipule, que l'objet du litige ne pourra être modifié en cours d'instance[328]. Les litigants peuvent aussi convenir, avec les arbitres, d'un calendrier procédural strict et fixer une date au-delà de laquelle aucune nouvelle prétention ne pourra plus être reçue, ou confier au tribunal arbitral le pouvoir de fixer ces délais. De même encore, si l'énoncé des questions litigieuses dans un acte de mission ne cristallise pas nécessairement les termes du débat[329], compte tenu du sens donné à cet énoncé par le règlement d'arbitrage en cause[330], les parties peuvent convenir que le tribunal arbitral n'examinera que les prétentions qui y figurent. Dans ces conditions, une demande postérieure sera déclarée irrecevable.

b) Le rôle des parties et de l'arbitre dans l'apport des éléments de fait et de droit

382 **L'allégation des faits.** Il résulte de la combinaison des articles 6 et 7 du Code de procédure civile, qui expriment ainsi un autre aspect du principe dispositif[331], qu'il incombe aux parties d'apporter au débat les éléments de fait. Le premier de ces textes précise en effet que « les parties ont la charge d'alléguer les faits propres » à fonder leurs prétentions et il résulte du second que le tribunal arbitral « ne peut fonder sa décision sur des faits qui ne sont pas dans le débat ». Les parties à l'arbitrage sont tenues, avant de les prouver, d'alléguer les faits de nature à justifier les demandes qu'elles

324. Cass. 1re civ., 25 mars 2009, *Rev. arb.* 2010, p. 85, note. Ph. Théry ; Cass. 2e civ., 8 juill. 2004, *Bull. civ.* II, n° 349 ; JCP G 2004, I, n° 7, obs. J. Ortscheidt ; Cass. 2e civ., 8 avr. 1999, *Rev. arb.* 2000, p. 106, note J. Pellerin ; v. aussi, Cass. 2e civ., 28 oct. 1999, n° 96-10667.

325. V. notamment, Cass. 2e civ., 15 janv. 2004, *Bull. civ.* II, n° 4 ; Paris, 25 juin 1972, *Rev. arb.* 1973, p. 158, note Ph. Fouchard.

326. Sur la notion de lien suffisant posée par l'article 4, al. 2, du CPC, v. J. Héron et Th. Le Bars, *Droit judiciaire privé*, LGDJ, 6e éd., 2015, n° 123 et s., p. 114 et s.

327. A. Reiner, « Le règlement d'arbitrage de la CCI, version 1998 », *Rev. arb.* 1998, p. 25, spéc. p. 53.

328. V. notamment le règlement CCI en matière d'arbitrage international, *infra*, n° 825.

329. Cass. 1re civ., 20 juin 2012, *Rev. arb.* 2012, p. 678.

330. V. notamment, pour le règlement CCI en matière d'arbitrage international, Cass. 1re civ., 6 mars 1996, *Rev. arb.* 1997, p. 69, note J.-J. Arnaldez.

331. Sur le sens premier de ce principe, v. *supra*, n° 379.

présentent[332] et le tribunal arbitral ne peut tenir compte que de ces seuls éléments factuels ; il n'est pas autorisé à se prononcer en considération de faits liés au litige dont il aurait personnellement connaissance, mais que les parties auraient choisi de ne pas invoquer. La portée de ce principe mérite cependant d'être doublement précisée.

D'abord, selon l'article 7, alinéa 2, du Code de procédure civile, le tribunal arbitral peut tout de même prendre en considération, « parmi les éléments du débat », « les faits que les parties n'auraient pas spécialement invoqués au soutien de leurs prétentions », c'est-à-dire les « faits adventices »[333]. Cette faculté offerte au tribunal arbitral lui permet de fonder sa décision sur des faits tirés du dossier que les parties n'auraient pas spécialement allégués[334]. Il peut donc puiser dans les pièces qui lui sont soumises par les parties des éléments de fait qu'elles ont oublié d'invoquer, ou qu'elles ont volontairement choisi de taire, sans être tenu d'inviter préalablement les parties à s'en expliquer[335].

Ensuite, le tribunal arbitral n'est pas totalement passif dans la recherche des faits. Il peut, comme l'y autorise l'article 8 du Code de procédure civile, inviter les parties « à fournir les explications de fait qu'il estime nécessaires à la solution du litige ». Par ce biais, le tribunal arbitral peut notamment encourager les litigants à lui soumettre des matériaux factuels dont il a eu personnellement connaissance, notamment parce qu'il a participé à un autre arbitrage, mais qu'il ne pouvait jusqu'alors appréhender puisqu'ils n'avaient pas été allégués par les parties et ne résultaient pas non plus du dossier. En application de l'article 10 du Code de procédure civile, le tribunal arbitral dispose aussi de la faculté « d'ordonner d'office toutes les mesures d'instruction légalement admissibles » et les parties sont tenues « d'apporter leur concours » à ces mesures, sauf à l'arbitre « à tirer toute conséquence d'une abstention ou d'un refus »[336]. L'article 1467 du Code de procédure civile prévoit aussi, en son alinéa 1er, la faculté pour le tribunal de procéder « aux actes d'instruction nécessaires ». Ce dernier dispose donc de la faculté de nommer un expert pour éclaircir certaines circonstances. Il peut aussi entendre un tiers, ce que prévoit d'ailleurs, en creux, l'article 1467, alinéa 2, du Code de procédure civile lorsqu'il précise que « le tribunal arbitral peut entendre toute personne »[337] et enjoindre à une partie de produire un élément de preuve[338]. Les règles de procédure choisies par les parties, qu'elles résultent ou non d'un règlement d'arbitrage, peuvent d'ailleurs étendre les pouvoirs du tribunal arbitral en ce domaine. Ainsi, si l'apport des faits au débat relève en principe des parties, le tribunal arbitral n'est pas un spectateur passif. Parce qu'il ne doit pas seulement trancher un différend, mais aussi faire œuvre

332. Il s'agit des éléments générateurs de la règle de droit qui composent la présupposition de la règle dont la mise en œuvre est sollicitée par une partie (H. MOTULSKY, « Prolégomènes pour un futur Code de procédure civile : la consécration des principes directeurs du procès civil par le décret du 9 sept. 1971 », *D.* 1972, chron., p. 91, spéc. n° 43).

333. H. MOTULSKY, « La cause de la demande dans la délimitation de l'office du juge », *D.* 1964, chron., p. 235.

334. V., pour la faculté offerte au juge, Cass. com., 16 juin 1998, n° 96-12363. Plus généralement, v. G. BOLARD, « Les faits tirés du dossier », in *Études offertes à J. Normand. Justice et droits fondamentaux*, Litec, 2003, p. 43.

335. V. *infra*, n° 389.

336. Art. 11, al. 1er, CPC. Sur les conséquences d'un refus ou d'une abstention d'une partie, v. *supra*, n° 373.

337. L'art. 1461, al. 2, ancien CPC précisait, plus explicitement, que « les tiers sont entendus sans prestation de serment ».

338. Sur ce pouvoir, v. *supra*, n° 343 et s.

de justice, il dispose de pouvoirs d'initiative qui lui permettent d'introduire dans le débat des faits que les parties n'auraient pas spécialement invoqués ou allégués.

383 **La preuve des faits.** L'article 9 du Code de procédure civile, auquel renvoie l'article 1464, alinéa 2, du même code, traite de la charge de la preuve des faits. Chacune des parties doit non seulement alléguer les faits propres à fonder ses demandes mais, en plus, comme le prévoit le texte précité, doit prouver « conformément à la loi » ceux qui sont nécessaires au succès de ces prétentions. La règle *actori incumbit probatio* s'applique donc à l'arbitrage[339]. La Deuxième chambre civile de la Cour de cassation l'a d'ailleurs rappelé dans un arrêt du 28 février 1990, lorsqu'elle a relevé que les dispositions précitées « en vertu desquelles il incombe à chaque partie de prouver les faits nécessaires au succès de sa prétention sont [...] toujours applicables à l'instance arbitrale même si l'arbitre statue comme amiable compositeur »[340]. Autrement dit, devant l'arbitre, il appartient toujours à celui qui avance un fait duquel il entend déduire des conséquences de droit d'en rapporter la preuve.

384 **L'application du droit.** L'office du tribunal arbitral est de trancher le litige qui lui est soumis par les parties. Il peut le faire en équité, lorsque les litigants ont choisi qu'il intervienne en qualité d'amiable compositeur. Dans ce cas, le tribunal peut s'affranchir ou modérer la règle de droit[341]. Mais à défaut de choix en ce sens, il tranche le litige « conformément aux règles de droit », comme le prévoit l'article 1478 du Code de procédure civile[342], ce qui rendait d'ailleurs redondant un renvoi à l'alinéa 1er de l'article 12 de ce code par l'article 1464, alinéa 2. En revanche, ce dernier texte précise que sont toujours applicables les alinéas 2 et 3 de l'article 12, auparavant déjà considérés comme applicables à l'arbitrage malgré l'absence de renvoi opéré par l'ancien article 1460, alinéa 2[343]. Cela appelle plusieurs observations.

Lorsqu'il n'est pas amiable compositeur, le tribunal arbitral doit parfois restituer aux faits et actes litigieux leur exacte qualification, sans s'arrêter à la dénomination que les parties en auraient proposée, comme le prévoit l'article 12, alinéa 2, du Code de procédure civile. Pour la cour d'appel de Paris, il s'agit d'ailleurs d'une véritable obligation supportée par le tribunal arbitral qui, lorsque les parties ne l'ont pas lié par un accord exprès sur la qualification du contrat, doit « rechercher, pour lui appliquer la règle de droit adéquate, la véritable nature juridique de la convention »[344]. L'application du droit peut aussi le conduire à relever des moyens de « pur droit », quel que soit le fondement des demandes dont il est saisi[345]. Ce pouvoir de l'arbitre de relever d'office des moyens de droit (ou de pur droit) est d'ailleurs confirmé par le renvoi opéré par l'article 1464, alinéa 2, du Code de procédure civile aux dispositions de l'article 16 du même code, qui, dans ses rédactions successives, a toujours admis que le juge pouvait fonder sa décision sur des moyens de droit relevés d'office. Sur ce point, il faut noter que lorsque le tribunal arbitral procède à une requalification de faits ou d'actes, ou relève d'office

339. Sur l'application de cette règle dans l'arbitrage international, v. *infra*, n° 861.
340. Cass. 2e civ., 28 févr. 1990, préc.
341. V. *infra*, n° 454.
342. Art. 1474 ancien CPC.
343. G. Bolard, « Les principes directeurs du procès arbitral », *Rev. arb.* 2004, p. 511, spéc. n° 13, p. 523 ; Ch. Jarrosson, *La notion d'arbitrage*, LGDJ, 1987, n° 591, p. 286.
344. Paris, 25 nov. 1997, *Rev. arb.* 1998, p. 684, note G. Bolard.
345. Paris, 10 mai 2016, *Rev. arb.* 2016, p. 647.

un moyen, il ne rompt pas l'égalité des parties[346]. Cette égalité suppose en effet que les litigants soient traités de la même manière lorsqu'ils sont placés dans une situation analogue[347]. Aussi, même si de peur de paraître partial aux yeux d'une partie, en pratique, l'arbitre hésite souvent à exercer ce pouvoir, lorsqu'il en use sans favoriser à dessein l'une des parties au détriment de l'autre, il ne méconnaît ni le principe d'égalité des parties, ni le principe d'égalité des armes, simplement parce qu'indirectement, la requalification ou le moyen soulevé d'office conduit à rendre une décision plus favorable à l'une d'entre elles[348]. Le tribunal arbitral peut aussi modifier le fondement juridique d'une demande[349], pour autant qu'il respecte le principe de la contradiction, à moins d'un accord exprès des parties sur un fondement particulier. En effet, compte tenu de l'origine conventionnelle de l'arbitrage, les parties peuvent lier l'arbitre par des « qualifications et points de droit auxquels elles entendent limiter le débat », comme le prévoit l'article 12, alinéa 3, du Code de procédure civile[350].

Toutefois, si le tribunal arbitral est parfois conduit à exercer les mêmes pouvoirs que ceux que le juge tient de l'article 12 du Code de procédure civile, l'office du premier face à la loi ne coïncide cependant pas exactement avec celui du second. Certes, en première analyse, puisque l'arbitre est un juge, il peut être pleinement « assimilé à une juridiction dans son assujettissement aux règles de fond, qu'elles soient impératives ou supplétives »[351]. Selon cette perspective, l'arbitre, comme le juge, supporte alors l'obligation d'appliquer la loi française parce qu'il exerce une mission juridictionnelle. Mais raisonner ainsi, c'est perdre de vue qu'au contraire du juge, l'arbitre n'est pas le serviteur de la loi parce qu'il est extérieur à l'ordre juridique auquel elle appartient[352]. Autrement dit, la loi n'a pas le même statut pour le juge et pour l'arbitre : si pour le premier, elle constitue le fondement obligatoire de sa décision[353], il ne s'agit en revanche que de ce qu'un auteur a qualifié de « modèle rationnel, pour rendre la justice » pour le second[354]. D'ailleurs, la mauvaise application de la loi ne constitue pas un cas d'ouverture du recours en annulation qui est, le cas échéant, ouvert contre la sentence arbitrale[355]. Le juge éventuellement saisi ne contrôle pas le bien-fondé du raisonnement suivi par l'arbitre. Il sanctionne seulement la sentence dont la solution heurte l'ordre public.

De plus, le tribunal arbitral n'a pas le monopole du droit puisqu'il dispose du pouvoir d'inviter les parties « à fournir des explications de droit qu'il estime nécessaires à la solution du litige »[356]. En pratique, il est d'ailleurs rare que les litigants ne lui soumettent pas les éléments de droit de nature à justifier leurs demandes. Au-delà même de cette faculté d'inviter les parties à fournir des explications de droit, le tribunal arbitral

346. *Contra*, P. Level, « Brèves réflexions sur l'office de l'arbitre », in *Nouveaux juges, nouveaux pouvoirs ? Mélanges en l'honneur de R. Perrot*, Dalloz, 1996, p. 259, spéc. n° 10, p. 267.

347. Sur ce principe d'égalité, v. *infra*, n° 394.

348. Paris, 10 mai 2016, préc.

349. Paris, 25 nov. 1997, préc.

350. Paris, 25 nov. 1997, préc. ; Ch. Jarrosson, *La notion d'arbitrage*, préc., n° 588, p. 285.

351. Paris, 21 mai 1996, *Rev. arb.* 1996, p. 625, note A. Viandier.

352. P. Mayer, « L'arbitre et la loi », in *Le droit privé français à la fin du XX*e *siècle. Études offertes à P. Catala*, Litec, 2001, p. 225, spéc. p. 228.

353. Sauf l'hypothèse, envisagée par l'article 12, al. 4, CPC, d'un choix des parties en faveur de l'amiable composition.

354. P. Mayer, « L'arbitre et la loi », préc., spéc. p. 228.

355. V. *infra*, n° 536.

356. Art. 13 CPC.

peut aussi recourir à une expertise juridique[357]. Il n'est en effet pas lié par les dispositions du Code de procédure civile, relatives à l'expertise, qui pourraient faire obstacle à une telle mesure d'instruction. Et en agissant ainsi, le tribunal arbitral n'abdique pas sa mission puisqu'il est toujours libre de faire siennes ou d'écarter les conclusions du technicien qu'il a désigné. Ainsi, dans une matière particulièrement technique, il peut confier à un tiers le soin de l'éclairer sur tel ou tel point de droit, un peu comme le juge lorsqu'il recourt aux consultations, attestations et certificats de coutume pour apprécier la teneur de la loi étrangère.

Enfin, qu'il statue en équité ou en droit, il entre toujours dans la mission du tribunal arbitral de concilier les parties, comme le prévoit l'article 21 du Code de procédure civile. Il peut donc recueillir l'accord des parties pour mettre fin au litige. Si cet accord est constaté par voie de sentence, celle-ci est assortie de l'autorité de la chose jugée et peut recevoir l'exequatur du juge[358]. En revanche, à moins de considérer que l'article 131 du Code de procédure civile est directement transposable à l'arbitrage, un procès-verbal de conciliation signé par les parties et l'arbitre ne vaudrait pas, à lui seul, titre exécutoire.

2. Les principes relatifs aux droits de la défense

385 **Notion de droits de la défense.** Les principes directeurs qui traitent des droits de la défense sont énoncés aux articles 14 à 19 du Code de procédure civile. Il s'agit du principe de la contradiction et de celui du libre choix de son défenseur. Ces principes ne rendent toutefois pas compte de toutes les exigences des droits de la défense, qui sont notamment énoncées à l'article 6-1 de la Convention européenne de sauvegarde des droits de l'homme et des libertés fondamentales : droit effectif et égalitaire à un juge, indépendance et impartialité de ce juge, célérité et équité de la procédure, motivation de la décision du juge, droit à l'exécution de la décision du juge. Certes, ce texte n'oblige pas directement l'arbitre, puisque ce sont les États qui en sont les destinataires[359]. Mais la Convention exerce une contrainte indirecte sur l'arbitre puisqu'une sentence méconnaissant ouvertement les exigences posées par la disposition précitée pourrait être annulée parce qu'elle heurte l'ordre public français, interne et international[360]. Ainsi, si certains des droits exprimés par l'article 6-1 précité, tel celui à des débats publics[361], ne sont pas adaptés à l'arbitrage, beaucoup d'autres le sont et doivent être respectés par l'arbitre qui rend sa sentence en France. Au demeurant d'ailleurs, les principes d'égalité des parties[362], d'indépendance et d'impartialité de l'arbitre[363], et de motivation de la sentence[364], s'imposent dans l'arbitrage indépendamment des dispositions de la Convention européenne.

357. Plus généralement, sur cette mesure, v. Ch. Jarrosson, « L'expertise juridique », in *Liber Amicorum Claude Reymond autour de l'arbitrage. Mélanges offerts à Cl. Reymond*, Litec, 2004, p. 127.

358. Ch. Jarrosson, *La notion d'arbitrage*, préc., spéc. n° 366, p. 183.

359. Ch. Seraglini, note sous Cass. 1re civ., 20 févr. 2001, *RCDIP* 2002, p. 124, spéc. n° 4-5, p. 126.

360. Ch. Seraglini, note préc., spéc. n° 8, p. 130.

361. Sur le principe de confidentialité de l'arbitrage en matière interne, v. *infra*, n° 399 et s.

362. V. *infra*, n° 394.

363. V. *supra*, n° 229 et s.

364. V. *infra*, n° 453 et s.

a) *Le principe de la contradiction*

386 **Fondement.** L'exigence de la contradiction, à ce point essentielle qu'elle est considérée comme de droit naturel[365], suppose que la procédure soit contradictoire à l'égard des parties, non seulement dans leurs rapports respectifs, mais également dans ceux qu'elles entretiennent avec l'arbitre. Ce principe s'adresse en effet autant aux premières qu'au second. Il s'impose à peine de nullité de la sentence arbitrale, selon l'article 1492.4° du Code de procédure civile[366]. Il suppose que les parties soient entendues, ou au moins appelées à l'instance, qu'elles se fassent connaître mutuellement, en temps utile, les moyens de fait et de droit et les éléments de preuve qu'elles invoquent, et que tout ce qui sert à fonder la décision de l'arbitre soit soumis au débat contradictoire, même lorsqu'il statue en qualité d'amiable compositeur[367].

387 **Les parties doivent être entendues ou appelées.** L'article 14 du Code de procédure civile dispose que « nulle partie ne peut être jugée sans avoir été entendue ou appelée ». Le respect du principe de la contradiction suppose donc, d'abord, que le défendeur à l'instance soit informé des demandes formées à son encontre afin qu'il puisse participer aux débats devant le tribunal arbitral pour présenter ses moyens de défense et, le cas échéant, ses demandes reconventionnelles. Si les parties ont soumis la procédure à un règlement d'arbitrage qui précise la procédure de notification des demandes aux parties et les modalités de leur convocation devant le tribunal, celles-ci doivent être respectées[368]. Mais à défaut, en l'absence de règle particulière figurant au Code de procédure civile, les modalités de convocation des parties sont libres. Il suffit donc qu'elles soient informées de l'instance arbitrale et appelées à y participer, par exemple par lettre recommandée avec demande d'avis de réception, pour que le respect du principe de la contradiction soit assuré malgré la défaillance d'une partie[369]. En revanche, s'il est établi que la sentence a été rendue sans que l'une des parties n'ait été appelée en la cause, elle doit être annulée[370]. Ainsi, un tribunal arbitral ne peut, par exemple, prononcer la dissolution d'une société sans la mettre en cause[371].

Le respect du principe énoncé par l'article 14 du Code de procédure civile suppose, ensuite, que toutes les parties puissent utilement faire valoir leurs prétentions et moyens et soumettre au tribunal arbitral leurs éléments de preuve. Celui-ci doit en effet veiller « à ce que chaque partie ait été en mesure de faire valoir ses prétentions de fait et de droit, de connaître celles de son adversaire et de les discuter »[372]. Les parties doivent notamment bénéficier de suffisamment de temps pour préparer leur défense. Ainsi, sauf circonstances exceptionnelles[373], l'arbitre ne peut statuer sur le fond à l'issue d'une audience sans préalablement inviter la partie qui a uniquement invoqué une

365. H. Motulsky, « Le droit naturel dans la pratique jurisprudentielle : le respect des droits de la défense en procédure civile », in *Mélanges en l'honneur de P. Roubier*, T. 2, Dalloz, 1961, p. 175.

366. V. *infra*, n° 551.

367. Paris, 11 juill. 1991, *Rev. arb.* 1991, p. 671, obs. É. Loquin.

368. Cass. 1re civ., 5 mars 2008, *JCP* G 2008, I, 164, n° 5, obs. J. Ortscheidt.

369. Paris, 14 févr. 1985, *Rev. arb.* 1987, p. 325, note P. Level. V. aussi, Paris, 7 févr. 1991, *Rev. arb.* 1992, p. 634, obs. J. Pellerin ; Paris, 25 mars 1983, *Rev. arb.* 1984, p. 363, note J. Robert.

370. Paris, 14 sept. 1994, *RTD com.* 1995, p. 753, obs. J.-C. Dubarry et É. Loquin.

371. Paris, 20 janv. 2015, *Rev. arb.* 2015, p. 797 (3e esp.), note D. Cohen, rendu en matière d'arbitrage international mais dont la solution est transposable à l'arbitrage interne.

372. Paris, 1er juill. 1999, *Rev. arb.* 1999, p. 834, note Ch. Jarrosson.

373. L'attitude dilatoire d'une partie, par exemple.

exception de procédure, ou une fin de non-recevoir, à conclure sur le fond[374]. Les modalités de mise en œuvre du principe de la contradiction sont indifférentes. Le caractère contradictoire de l'instance arbitrale n'implique pas nécessairement l'instauration d'un débat oral devant le tribunal arbitral ; des échanges écrits peuvent suffire[375]. Le respect du principe de la contradiction n'emporte pas non plus obligation pour le tribunal arbitral d'accepter les dossiers de plaidoiries éventuellement déposés par les parties ou leurs conseils à l'issue d'une audience[376].

388 **La communication des écritures et pièces.** L'article 15 du Code de procédure civile prévoit que « les parties doivent se faire connaître mutuellement en temps utile les moyens de fait sur lesquels elles fondent leurs prétentions, les éléments de preuve qu'elles produisent et les moyens de droit qu'elles invoquent, afin que chacune soit à même d'organiser sa défense ». Les litigants doivent donc se communiquer mutuellement, à un moment leur permettant encore d'organiser leur défense, les demandes présentées au tribunal arbitral et les moyens qui les fondent. Même lorsque la procédure est orale, la pratique consistant à soulever des moyens de fait ou de droit au moment de l'audience des débats, à l'issue de l'instance, doit donc être proscrite. Dans cette hypothèse en effet, la communication n'est pas faite « en temps utile », c'est-à-dire à un moment permettant encore à l'autre partie « d'organiser sa défense ». En pratique, la meilleure façon d'assurer le respect du principe de la contradiction est donc d'instaurer un calendrier de la procédure qui fixe précisément les dates auxquelles les parties doivent se faire connaître leurs demandes et moyens. Si les délais de communication des pièces, documents et mémoires, doivent permettre le respect des droits de la défense, il ne faut pas, cependant, qu'ils affectent l'efficacité de la procédure par leur caractère excessif[377]. La communication d'écritures ou de pièce peut exceptionnellement intervenir au cours du délibéré à la demande de l'arbitre, à la condition que le principe de la contradiction soit respecté[378]. L'article 1476, alinéa 2, du Code de procédure civile dispose en ce sens que « au cours du délibéré, aucune demande ne peut être formée, aucun moyen soulevé et aucune pièce produite, si ce n'est à la demande du tribunal arbitral »[379].

Les parties doivent aussi se communiquer mutuellement, là encore en temps utile, l'ensemble des pièces soumises au tribunal arbitral. Il ne suffit pas, en effet, de transmettre les éléments de preuve au tribunal. Les parties doivent, en plus, se les communiquer entre elles de manière spontanée[380], dans un délai permettant leur examen et, le cas échéant, de formuler des observations. C'est pourquoi le tribunal arbitral est fondé à faire application des dispositions précitées de l'article 1476, alinéa 2, et écarter des pièces produites après l'audience des débats, dont la date avait été préalablement communiquée aux parties[381], ou qui sont échangées après la date prévue par le calendrier de la procédure[382]. Le rejet des pièces communiquées après les débats n'est toutefois pas de

374. Paris, 3 mars et 6 nov. 1987, *Rev. arb.* 1991, p. 115, obs. J. Pellerin.

375. Paris, 12 juill. 1971, *Rev. arb.* 1973, p. 74, note Ph. Fouchard.

376. Paris, 12 mars 1998, *Rev. arb.* 1999, p. 95, note G. Flécheux.

377. Paris, 18 nov. 2004, *Rev. arb.* 2004, p. 989.

378. Paris, 5 juill. 1990, *Rev. arb.* 1991, p. 359, obs. J.-H. M. et C. V.

379. V. auparavant art. 1468, al. 2, ancien CPC.

380. Cass. 2e civ., 23 oct. 2003, *JCP* G 2004, I, 179, no 6, obs. J. Ortscheidt.

381. V. aussi, Cass. 2e civ., 29 janv. 2004, no 02-15774, qui rejette le pourvoi formé contre Paris, 21 févr. 2002, *Rev. arb.* 2002, p. 955, note F.-X. Train.

382. Paris, 16 janv. 2003, *D.* 2003, somm., p. 2479, obs. Th. Clay ; *JDI* 2004, p. 161, note K. Kessedjian.

droit puisque l'article 1476 précité autorise le tribunal arbitral à demander la communication de pièces aux parties même après la date à laquelle l'affaire a été mise en délibéré[383]. Ce qui importe, c'est que les parties aient effectivement été mises en mesure de présenter leurs éventuelles observations sur ces éléments de preuve. Le tribunal arbitral peut donc retenir des documents communiqués au cours du délibéré, sans rouvrir les débats puisqu'il n'est pas tenu par les règles de procédure édictées par le Code de procédure civile[384], pour autant qu'en pratique, un débat contradictoire ait été instauré[385]. Il ne peut donc lui être reproché d'avoir tenu compte d'une pièce communiquée après la clôture des débats s'il a permis que se déroule un débat contradictoire[386]. De même, plus généralement, le tribunal arbitral peut fonder sa sentence sur un rapport d'expertise non contradictoire, pourvu qu'il ait été soumis à la libre discussion des parties[387].

La procédure arbitrale n'étant soumise à aucun formalisme pour l'échange des pièces entre les parties, on rencontre dans l'arbitrage une difficulté commune à toutes les procédures orales : la preuve de ce qu'un document n'a pas été communiqué, qui pèse sur celui qui se plaint de la méconnaissance par le tribunal arbitral du principe de la contradiction[388], est difficile à établir. Ce d'autant que si le tribunal n'est pas obligé de mentionner dans sa sentence les pièces et mémoires échangés[389], lorsqu'il le fait, ceux-ci sont présumés avoir été régulièrement versés aux débats[390]. Sauf circonstances exceptionnelles, cette présomption est alors très difficile à renverser.

389 **Le respect du principe de la contradiction par l'arbitre.** L'arbitre, comme les parties, est soumis au respect du principe de la contradiction. Il doit, selon l'alinéa 1er de l'article 16 du Code de procédure civile, « en toutes circonstances, faire observer et observer lui-même le principe de la contradiction ». Ceci implique, notamment, que l'arbitre ne retienne dans sa sentence que les seuls « moyens, explications et les documents invoqués ou produits par les parties que si celles-ci ont été à même d'en débattre contradictoirement » et qu'il ne fonde pas sa décision sur « des moyens de droit qu'il a relevés d'office sans avoir au préalable invité les parties à présenter leurs observations », comme l'énonce aussi le texte précité. Dans une formule ramassée, employée indifféremment dans l'arbitrage international et dans l'arbitrage interne puisque les exigences de la contradiction y sont identiques, la cour d'appel de Paris synthétise parfaitement l'obligation des arbitres lorsqu'elle relève que rien de ce qui sert à fonder la décision des arbitres ne doit échapper au débat contradictoire[391].

Ainsi, le tribunal arbitral ne peut par exemple se prononcer sur un moyen de droit, ou de fait[392] qu'il a relevé d'office sans que les parties n'aient préalablement été mises

383. Paris, 10 nov. 1989, *RTD com.* 1992, p. 589, obs. J.-C. Dubarry et É. Loquin.

384. Cass. 2e civ., 14 déc. 1992, *Bull. civ.* II, no 308

385. Paris, 25 et 31 janv. 1991, *RTD com.* 1992, p. 589, obs. J.-C. Dubarry et É. Loquin ; Paris, 21 févr. 1984, *Rev. arb.* 1987, p. 395, obs J. Pellerin.

386. Paris, 30 juill. 1988, *Rev. arb.* 1991, p. 351, obs. J.-H. M et C. V.

387. Paris, 12 févr. 1993, *Rev. arb.* 1993, p. 255, note D. Hascher.

388. Paris, 13 janv. 1984, *Rev. arb.* 1984, p. 530, obs. Th. Bernard.

389. Paris, 5 juill. 1990, *Rev. arb.* 1991, p. 359, obs. B. Moreau.

390. Cass. 2e civ., 28 janv. 1970, *Bull. civ.* II, no 33 ; *Rev. arb.* 1973, p. 67.

391. V. notamment, Paris, 25 nov. 1999, *Rev. arb.* 2001, p. 165, note D. Cohen.

392. Paris, 16 janv. 2003, *D.* 2003, somm., p. 2479, obs. Th. Clay ; *JDI* 2004, p. 161, note K. Kessedjian.

en mesure de faire valoir leurs éventuelles observations[393]. Il ne peut notamment fonder sa décision sur une jurisprudence dont il est l'auteur sans la communiquer aux parties, ni leur permettre de la discuter contradictoirement[394]. Il ne peut pas non plus prendre sa décision en s'appuyant sur un acte de mission établi au cours d'un autre arbitrage si ce document n'a pas été soumis au débat contradictoire des parties[395]. Le tribunal arbitral ne peut pas plus modifier le fondement juridique d'une demande sans avoir préalablement inviter les litigants à s'expliquer sur ce nouveau fondement[396]. Il ne devrait pas non plus requalifier un acte ou un fait[397], ou fixer le point de départ des intérêts légaux à une date autre que celle de la sentence en application de l'article 1153-1 du Code civil[398], sans auparavant permettre aux parties de présenter leurs observations sur ces questions. De même, le tribunal arbitral ne peut poursuivre des investigations à l'insu des parties, les informations ainsi obtenues fussent-elles d'ordre général[399], celui-ci supportant « l'obligation de mettre les parties en mesure de débattre contradictoirement de toute information » qu'il a « recueillie et utilisée »[400]. Il lui est aussi interdit de déclarer un mémoire en réplique irrecevable au motif qu'il a été déposé un jour après la date limite prévue par le règlement d'arbitrage, alors qu'aucune demande en ce sens n'a été formulée par les parties et sans les inviter à présenter leurs observations[401].

Le principe de la contradiction ne doit cependant pas être entendu de manière excessivement large. Le bon déroulement de l'instance arbitrale impose parfois des échanges bilatéraux entre le tribunal arbitral et l'une ou l'autre des parties, notamment pour établir le calendrier de la procédure. Plutôt que de totalement les proscrire[402], ce qui peut entraîner des difficultés pratiques considérables puisqu'il est parfois impossible de réunir en même temps toutes les parties et leurs conseils, le tribunal arbitral devrait prendre soin d'informer systématiquement et immédiatement l'ensemble des litigants de la teneur de ces entretiens bilatéraux. Ce faisant, il ne méconnaîtrait ni le principe d'égalité des parties, puisque celles-ci seraient toutes traitées d'égale manière, ni le principe de la contradiction. Ce principe ne postule pas la simultanéité des échanges entre l'arbitre et les parties mais oblige simplement à ce que chacune d'elles ait été mise en mesure de discuter les informations recueillies par l'arbitre.

Le respect du principe de la contradiction par le tribunal arbitral ne l'oblige pas à recueillir les observations des parties sur des éléments de fait puisés dans des documents régulièrement fournis par elles et soumis à leur discussion, et sur lesquels il

393. Cass. 1re civ., 1er juill. 2009, *Rev. arb.* 2009, p. 655 ; Paris, 15 mai 2008, *Rev. arb.* 2010, p. 105 et l'article de C. Chainais, « L'arbitre, le droit et la contradiction : l'office du juge arbitral à la recherche de son point d'équilibre », p. 3 ; Cass. 1re civ., 14 mars 2006, *JCP* G 2006, I, 148, n° 8, obs. J. Ortscheidt.

394. Paris, 28 mars 1996, *Rev. arb.* 1997, p. 239 et la note de S. Guinchard, « L'arbitrage et le respect du principe du contradictoire (à propos de quelques décisions rendues en 1996) », *Rev. arb.* 1997, p. 185, spéc. p. 191.

395. Paris, 2 juin 1989 (2e esp.), *Rev. arb.* 1991, p. 87.

396. Paris, 25 nov. 1997, *Rev. arb.* 1998, p. 684, note G. Bolard. V. aussi, Cass. 1re civ., 1er juin 2017, *Rev. arb.* 2017, p. 1073, qui rejette le pourvoi formé contre Paris, 15 mars 2016, *Rev. arb.* 2017, p. 215, note J.-B. Racine, rendu en matière internationale, la solution étant identique.

397. *Contra*, Paris, 25 nov. 1997, préc. En ce sens, G. Bolard, note sous Paris, 25 nov. 1997, préc.

398. *Contra*, Paris, 25 mars 2004, *Rev. arb.* 2004, p. 671, note J. Ortscheidt.

399. Cass. 2e civ., 10 nov. 1998, *Bull. civ.* II, n° 266.

400. Cass. 2e civ., 21 juin 1995, *Bull. civ.* II, n° 189.

401. Paris, 16 oct. 2008, *Rev. arb.* 2008, p. 843.

402. En ce sens, C. Kessedjian, « Principe de la contradiction et arbitrage », *Rev. arb.* 1995, p. 380, spéc. p. 397-399.

envisage de fonder sa sentence[403]. Dans cette hypothèse en effet, il exerce les pouvoirs qu'il tient de l'article 7, alinéa 2, du Code de procédure civile, qui l'autorise à tenir compte des faits adventices[404]. Les parties ayant préalablement eu la possibilité de présenter leurs observations sur ces faits, puisqu'ils étaient dans les débats, le tribunal arbitral ne méconnaît pas le principe de la contradiction lorsqu'il en tient compte dans sa décision. Il n'est pas non plus tenu de soumettre la motivation de la sentence qu'il rend à la discussion contradictoire des parties[405]. De même, il apprécie librement la nécessité d'organiser une mesure d'instruction[406] et ne méconnaît pas le principe de la contradiction lorsqu'il refuse de faire droit à la demande d'expertise d'une partie[407].

b) Le libre choix d'un défenseur par les parties

390 **Le principe.** Il résulte de l'article 18 du Code de procédure civile, auquel renvoie l'article 1464, alinéa 2, que les parties à l'arbitrage « peuvent se défendre elles-mêmes ». Il n'existe en effet aucune disposition qui prévoit que la représentation est obligatoire pour ce mode de règlement des différends. La liberté des parties de se défendre elles-mêmes devant le tribunal arbitral est d'ailleurs confirmée par l'article 1481.2° du Code de procédure civile, qui précise que l'indication du nom des avocats ou de « toute personne ayant représenté ou assisté les parties » est, « le cas échéant », portée sur la sentence arbitrale. À cette liberté, s'en ajoute une autre : celle du choix de son défenseur. En plus des dispositions précitées, l'article 19 du Code de procédure civile, applicable à l'arbitrage, énonce en ce sens que « les parties choisissent librement leur défenseur soit pour se faire représenter soit pour se faire assister suivant ce que la loi permet ou ordonne ». Aucun texte ne limite cette faculté offerte aux parties. Ainsi, les avocats n'ont pas le monopole de la représentation devant la juridiction arbitrale et les parties peuvent décider de s'y faire représenter par toute personne de leur choix[408]. En pratique toutefois, pour des raisons évidentes, il est rare qu'un litigant ne fasse pas appel à un professionnel du droit, notamment à un avocat, pour le défendre. En outre, comme cela résulte des articles 18 et 1464 précités, les parties peuvent choisir soit de se faire représenter, soit d'être simplement assistées devant la juridiction arbitrale. De ce choix, entre d'un côté le mandat de représentation et, de l'autre, le contrat d'assistance, dépend le régime de la défense des parties devant l'arbitre.

391 **La représentation devant l'arbitre.** Le régime de la « représentation en justice » est fixé par les articles 411 à 420 du Code de procédure civile. Mais aucun texte ne transpose à l'arbitrage les règles qui y sont énoncées. Partant, il n'est pas interdit à une partie d'avoir plusieurs représentants devant le tribunal arbitral, contrairement à ce que prescrit l'article 416 du Code de procédure civile. En revanche, même si les dispositions du Code de procédure civile relatives à la représentation en justice ne

403. Cass. 2e civ., 3 oct. 2002, n° 00-21567, qui relève que « les arbitres n'avaient pas à recueillir les observations des parties sur des éléments, puisés dans les documents comptables régulièrement fournis par les parties et soumis à leur discussion, sur lesquels ils envisageaient de fonder leur décision ».

404. V. *supra*, n° 382.

405. Paris, 12 févr. 2004, *Rev. arb.* 2004, p. 448 ; Paris, 23 mai 2002, *Rev. arb.* 2002, p. 971, note J.-B. Racine.

406. Paris, 25 nov. 1999, *Rev. arb.* 2001, p. 165, note D. Cohen.

407. Paris, 16 janv. 2003, *D.* 2003, somm., p. 2479, obs. Th. Clay ; *JDI* 2004, p. 161, note K. Kessedjian.

408. Cass. 1re civ., 19 juin 1979, *Rev. arb.* 1979, p. 487, note G. Bolard ; Paris, 14 oct. 1977, *D.* 1978, jurisp., p. 298, note J. Robert.

sont pas directement applicables dans l'arbitrage, le mandat de représentation confié à un tiers y emporte, sans aucun doute, comme l'énonce l'article 411 précité, « pouvoir et devoir d'accomplir au nom du mandant les actes de la procédure ». En ce sens, la Cour de cassation a d'ailleurs déjà admis que le pouvoir de représentation confié à un avocat dans une instance arbitrale, qu'elle a d'ailleurs qualifié de « mandat de représentation en justice », « lui permet de consentir la prorogation du délai de l'arbitrage »[409]. Si l'on admet que le mandat de représentation confié à un tiers emporte pouvoir et devoir d'accomplir les actes de procédure devant l'arbitre, il ne doit alors exister aucune ambiguïté sur la volonté d'une partie de confier ce pouvoir. Le mandat devrait donc être spécial, c'est-à-dire donné pour représenter la partie considérée dans l'arbitrage en cause, un mandat général de représenter une partie pour tout litige étant insuffisant. Le pouvoir spécial ne devrait pas emporter celui d'exercer une voie de recours contre la sentence. En tout cas, il a déjà été jugé que le mandat donné uniquement en vue de compromettre ne comporte pas celui de représenter la partie au cours de la procédure arbitrale[410]. Quant à la preuve de l'existence de ce mandat, elle répond au droit commun de l'article 1985 du Code civil. Sont donc en principe appliquées les règles générales énoncées aux articles 1341 et suivants de ce code, sauf entre commerçants.

Il est également souhaitable que soit transposée à l'arbitrage la présomption instituée en faveur de l'avocat, et autrefois de l'avoué, par l'alinéa 2 de l'article 416 du Code de procédure civile. En application de ce texte, ces mandataires *ad litem* n'ont pas à justifier de leurs pouvoirs. Il existe en leur faveur une présomption d'existence d'un mandat de représentation en justice. Celle-ci n'est pas irréfragable ; elle peut être combattue par la preuve contraire[411]. Certes, devant la juridiction arbitrale, l'avocat ne dispose d'aucun monopole de représentation, ce qui pourrait inciter à refuser de distinguer entre ce professionnel et tout autre mandataire s'agissant de la preuve du pouvoir de représentation. Mais la nature de l'activité professionnelle de l'avocat, dont la fonction essentielle est la représentation de clients devant toutes sortes de juridictions, justifie de présumer qu'ils représentent effectivement les parties aux noms desquelles ils déclarent intervenir devant l'arbitre. En outre, la consécration d'une telle présomption répond à d'évidentes raisons pratiques : d'une part, elle évite d'alourdir la procédure arbitrale dont le principe central est, en ce domaine, celui de la liberté de choix des parties ; d'autre part, elle constitue un bon moyen d'éviter la procédure dilatoire consistant à remettre en cause l'arbitrage en niant le pouvoir du représentant de l'une des parties.

392 **L'assistance devant l'arbitre.** Plutôt que de se faire représenter, les parties à l'arbitrage peuvent préférer se faire uniquement assister devant le tribunal arbitral, la possibilité leur en étant offerte par l'article 19 du Code de procédure civile. Aucune disposition propre à l'arbitrage ne définit cependant ce qu'est l'assistance dans l'arbitrage. L'article 1481 de ce code oblige simplement le tribunal arbitral à indiquer dans sa sentence, le cas échéant, le nom des personnes ayant assisté les parties[412]. Il peut cependant être admis que, conformément au critère traditionnel, l'assistance se distingue de la représentation par l'absence de pouvoir de celui qui assiste pour engager la partie au

409. Cass. 2e civ., 21 nov. 2002, *RTD com.* 2003, p. 475, obs É. Loquin ; JCP G 2003, I, 164, spéc. n° 5, obs. J. Ortscheidt.

410. Cass. 2e civ., 29 mai 1991, *Rev. arb.* 1991, p. 633, note J.-L. Goutal ; Cass. 2e civ., 14 oct. 1987, *Rev. arb.* 1988, p. 288, note J.-L. Goutal.

411. Cass. com., 19 oct. 1993, *Bull. civ. IV*, n° 339.

412. V. *infra*, n° 451.

litige[413]. La représentation est un mandat, alors que l'assistance correspond à un contrat de louage d'ouvrage. Si l'on accepte la définition qu'en donne l'article 412 du Code de procédure civile, disposition qui n'est pas directement applicable à l'arbitrage, traditionnellement, celui qui assiste une partie a pour mission de la conseiller et de présenter sa défense « sans l'obliger ». Les litigants peuvent toutefois librement définir la mission du défenseur et l'alourdir ou, au contraire, l'alléger. Mais en principe, sauf à requalifier la convention en mandat de représentation, les déclarations du défenseur qui assiste une partie devant l'arbitre ne devraient pas engager celle-ci.

B. LES RÈGLES PROCÉDURALES PROPRES À L'ARBITRAGE

393 **Plan.** En plus des principes directeurs du procès précédemment envisagés, la procédure arbitrale est encadrée par plusieurs autres règles et principes fondamentaux, propres à l'arbitrage, énoncés par le Code de procédure civile ou dégagés par la jurisprudence. Certains, qui ont trait à la récusation de l'arbitre[414], à son pouvoir d'injonction en matière de preuve[415] et à son obligation de mener sa mission jusqu'à son terme[416], ont déjà été examinés[417]. D'autres principes et règles, qu'il convient maintenant d'envisager, sont relatifs à l'égalité des parties (1), à la loyauté (2), la célérité (3) et la confidentialité de la procédure (4), aux modalités d'instruction de l'instance par le tribunal arbitral (5), aux auditions (6) et aux mesures conservatoires ou provisoires (7). Quant à l'exigence d'un délibéré, posée à peine de nullité de la sentence[418], elle sera examinée en même temps que les règles relatives à la confection de la sentence arbitrale[419].

1. L'égalité des parties

394 **Fondement.** Même si le principe d'égalité des parties au cours du procès n'est formellement énoncé par aucune disposition du Code de procédure civile relative à l'arbitrage interne[420], il irrigue toute la procédure. On le trouve d'ailleurs en filigrane dans certains des principes directeurs du procès, tel le principe dispositif ou celui de la contradiction. Il s'agit d'un principe fondamental, consubstantiel à l'idéal de justice, récemment inscrit dans l'article préliminaire du Code de procédure pénale et consacré par l'article 6 § 1 de la Convention européenne de sauvegarde des droits de l'homme et des libertés fondamentales. En substance, il postule un accès égal au juge et un traitement des parties, au cours du procès, qui ne désavantage pas nettement l'une par rapport à l'autre[421]. Le principe d'égalité a vocation à s'appliquer à l'arbitrage, qui poursuit aussi un idéal de justice. Ce d'autant plus que les règles qui encadrent l'organisation et

413. L'article 412 CPC définit la mission d'assistance en justice comme étant celle qui emporte simplement « pouvoir et devoir de conseiller la partie et de présenter sa défense sans l'obliger ».
414. Art. 1456 CPC.
415. Art. 1467, al. 3, CPC.
416. Art. 1457 CPC.
417. V. respectivement *supra*, n° 235 et s., n° 336 et s. et *supra*, n° 303.
418. Paris, 5 avr. 1973, *Rev. arb.* 1974, p. 17, note G. Flécheux.
419. V. *infra*, n° 435.
420. En revanche, l'art. 1510 CPC précise notamment, en matière d'arbitrage international, que « quelle que soit la procédure choisie, le tribunal arbitral garantit l'égalité des parties ».
421. Sur l'égalité des armes, v. notamment, S. Guinchard, « Convention européenne des droits de l'homme et procédure civile », *Rép. Dalloz Proc. civ.*, mars 2003, spéc. n° 352 et s.

le déroulement de l'instance sont peu nombreuses et qu'ainsi, le danger d'un traitement inégalitaire des parties est plus grand devant un tribunal arbitral que devant le juge[422]. Les parties doivent donc être placées sur un pied d'égalité au cours de la procédure arbitrale, la Cour de cassation considérant que ce principe appartient à l'ordre public[423]. Et puisqu'il relève de l'essence du procès[424], les parties ne devraient pas pouvoir y déroger[425]. Elles peuvent uniquement renoncer à certaines règles particulières, issues de ce principe, qui ne protègent que leurs intérêts particuliers[426].

395 **Portée.** Le principe d'égalité des parties ne postule pas qu'elles soient traitées de manière parfaitement identique par le tribunal arbitral. Il faut et il suffit qu'elles soient mises en mesure d'exposer leurs causes dans des conditions qui ne les désavantagent pas d'une manière appréciable les unes par rapport aux autres[427]. C'est donc par une appréciation globale de l'instance, et non au regard de chacun des actes d'instruction pris isolément, qu'il est possible de déterminer si l'égalité des parties a été respectée par le tribunal arbitral. Ce principe s'applique à tous les stades de la procédure arbitrale, et même en aval de l'instance, dès la constitution du tribunal arbitral. Les parties doivent en effet disposer des mêmes droits dans le processus de désignation des arbitres[428]. Puis, une fois l'instance engagée, le tribunal arbitral doit veiller à placer les parties sur un pied d'égalité lors de l'instruction de l'affaire, notamment pour l'administration de la preuve[429]. Une différence de traitement dans l'audition de témoins, donc dans l'accueil des moyens de preuve des parties, peut porter atteinte au principe d'égalité[430]. De même, les parties doivent bénéficier de facilités équivalentes, notamment en matière de délais, pour préparer leur défense et communiquer leurs éléments de preuve[431]. De même également, le tribunal arbitral doit se garder de consacrer toute inégalité entre les parties au cours des éventuelles audiences qu'il organise. Mais encore une fois, ce principe n'oblige pas systématiquement l'arbitre à étendre à l'une la mesure prise à l'égard de l'autre[432]. L'égalité entre les parties, combinée avec le droit d'accès à la justice, suppose également, selon ce qui ressort d'un arrêt de la Cour de cassation du 28 mars 2013, que le tribunal arbitral examine les demandes reconventionnelles d'une partie impécunieuse, lorsque celle-ci n'a pas réglé l'avance des frais à

422. P. Bellet, note sous Cass. 1re civ., 7 janv. 1992, *Rev. arb.* 1992, p. 470, spéc. p. 474.

423. Cass. 1re civ., 7 janv. 1992, *Rev. arb.* 1992, p. 470, note P. Bellet.

424. En ce sens, v. notamment, L. Cadiet, « Et les principes directeurs des autres procès ? Jalons pour une théorie des principes directeurs du procès », in *Études offertes à J. Normand. Justice et droits fondamentaux*, Litec, 2003, p. 71, spéc. n° 39, p. 109.

425. En ce sens, v. notamment, P. Mayer, « Le pouvoir des arbitres de régler la procédure. Une analyse comparative des systèmes de Civil Law et de Common Law », *Rev. arb.* 1995, p. 163, spéc. p. 168.

426. V. notamment *supra*, n° 263, sur la possibilité de renoncer à l'égalité dans la désignation des arbitres.

427. Paris, 12 juin 2003, *Rev. arb.* 2004, p. 887 (2e esp.) note D. Bensaude. V. aussi, en matière judiciaire, CEDH, 23 oct. 1996, *Ankerl c/Suisse*, *JCP* G 1997, I, 4000, spéc. n° 1, obs. F. Sudre ; CEDH, 27 oct. 1993, *DombBeheer c/Pays-Bas*, Série A, n° 274. V. également, F. Quillere-Majzoub, *La défense du droit à un procès équitable*, Bruylant, 1999, spéc. p. 210.

428. V. *supra*, n° 263.

429. Paris, 6 mai 2003, *Rev. arb.* 2004, p. 720. V. aussi Paris, 8 nov. 2016, *Rev. arb.* 2016, p. 1213.

430. CEDH, 23 oct. 1996, *Ankerl c/ Suisse*, préc.

431. Paris, 22 janv. 2004, *Rev. arb.* 2004, p. 647, note É. Loquin, qui estime qu'un décalage de sept jours au profit d'une partie dans le calendrier de la procédure ne confère à celle-ci aucun avantage décisif.

432. Paris, 23 juin 2005, *Rev. arb.* 2005, p. 799.

laquelle elle devait procéder en application du règlement d'arbitrage, si ces demandes reconventionnelles sont « indissociables » des demandes principales[433].

2. La loyauté dans la conduite de la procédure

396 **Fondement.** Au-delà d'un devoir de coopération entre l'arbitre et les parties, qui s'évince des principes directeurs du procès[434], l'efficacité même de l'instance arbitrale est subordonnée à la loyauté des débats[435]. Comme l'arbitre[436], les parties supportent un devoir de loyauté dans la conduite de l'instance, que la réforme du 13 janvier 2011 a formellement consacré à l'article 1464, alinéa 3, du Code de procédure civile[437]. Cette loyauté est en effet indispensable pour assurer l'efficacité de l'arbitrage. Ainsi, le tribunal arbitral étant dépourvu du pouvoir de contrainte dont dispose le juge[438], il ne peut assurer efficacement la police des débats et certaines de ses décisions de procédure risquent de ne pas être appliquées, ou alors avec difficulté, si les parties n'acceptent pas spontanément de s'y soumettre. Le tribunal arbitral ne dispose pas d'un outil approprié lui permettant de contraindre un litigant récalcitrant à se conformer aux règles procédurales préalablement définies. L'efficacité de la procédure arbitrale, dont il peut raisonnablement être présumé qu'elle a déterminé les parties à choisir ce mode de règlement des litiges, est donc très largement subordonnée à la loyauté des parties. Autrement dit, l'objectif commun des parties à la convention d'arbitrage étant de résoudre efficacement leur litige né ou à naître, puisque ce but ne peut être atteint si elles ne se comportent pas avec loyauté au cours de l'instance, ce principe s'imposait naturellement dans l'arbitrage. De plus, même si les litigants et le tribunal jouissent d'une grande liberté dans l'organisation de la procédure, tous les coups ne sont pas permis. Comme le juge, l'arbitre fait en effet œuvre de justice. La procédure arbitrale ne doit dès lors pas être paralysée par la mauvaise volonté d'une partie et le meilleur moyen de prévenir des manœuvres dilatoires est de faire respecter la loyauté des débats.

397 **Portée.** Le « devoir procédural de loyauté » des parties à l'arbitrage, d'abord dégagé par la jurisprudence[439] avant d'être consacré par le décret du 13 janvier 2011, a une portée très large. Il impose en effet d'abord aux litigants de collaborer dans

433. Cass. 1re civ., 28 mars 2013, *Rev. arb.* 2013, p. 746, note F.-X. Train ; JCP G 2013. Act. 408, obs. J. Béguin, et 559, note J. Béguin et H. Wang ; *Cah. arb.* 2013, p. 479, note A. Pinna, et 585, note d'audience av. gén. P. Chevalier ; *Procédures* 2013, 189, note L. Weiller ; JCP G 2013, I, 784, n° 4, obs. Ch. Seraglini ; *D.* 2013, Pan., p. 2936, obs. Th. Clay (la solution, rendue en matière d'arbitrage international, peut être étendue à l'arbitrage interne en raison de son double fondement).

434. L. Cadiet, « Et les principes directeurs des autres procès ? Jalons pour une théorie des principes directeurs du procès », in *Études offertes à J. Normand. Justice et droits fondamentaux*, Litec, 2003, p. 71, spéc. n° 19, p. 90.

435. Sur l'émergence de ce principe en droit judiciaire français, v. notamment, S. Guinchard, « Les métamorphoses de la procédure à l'aube du troisième millénaire », in *Clés pour le siècle. Droit et science politique, information et communication, sciences économiques et de gestion*, Dalloz, 2000, p. 1135, spéc. n° 1287, p. 1184.

436. V. *supra*, n° 306.

437. Sur les nouveaux principes issus de la réforme de 2011, v. Y. Derains, « Les nouveaux principes de procédure : confidentialité, célérité, loyauté », in *Le nouveau droit français de l'arbitrage*, Lextenso éditions, 2011, p. 91.

438. V. *supra*, n° 373.

439. Paris, 12 sept. 2002, *Rev. arb.* 2003, p. 173, note M.-E. Boursier.

l'administration de la preuve. Concrètement, ceux-ci doivent apporter leur concours aux mesures d'instruction[440] et, à défaut de communiquer un élément de preuve sollicité par un adversaire, au moins déférer aux injonctions de les produire adressées en ce sens par l'arbitre[441]. La loyauté procédurale oblige également les parties à se faire connaître, en temps utile, tous les moyens susceptibles d'avoir une incidence sur l'issue du litige. Les exigences de la contradiction peuvent en effet également être rattachées à la loyauté de la procédure[442]. La cour d'appel de Paris a aussi jugé que l'obligation de loyauté oblige les parties à « faire connaître leurs demandes le plus tôt possible, et notamment au stade de l'acte de mission où sont récapitulées les prétentions sur lesquelles portera l'instruction de manière à éviter qu'une demande qui aurait pu et dû être soulevée ne le soit par la suite dans un but purement dilatoire ou par simple négligence »[443]. Mais, sauf à adopter une approche excessivement large du devoir de loyauté supporté par les parties, l'obligation de concentrer les demandes et moyens, récemment dégagée dans l'arbitrage, doit en revanche plutôt être rattachée à l'autorité de la chose jugée assortissant la sentence arbitrale[444]. En outre, la loyauté oblige une partie à se prévaloir, devant l'arbitre, de toutes les irrégularités affectant la procédure dont elle a connaissance. À défaut, elle est réputée y avoir renoncé et elle ne pourra plus les invoquer au soutien d'un recours formé contre la sentence arbitrale[445]. C'est ce que prévoit expressément l'article 1466 du Code de procédure civile, qui consacre ainsi la jurisprudence antérieure qui avait déjà dégagé cette fin de non-recevoir pour lutter contre les manœuvres dilatoires des parties. Ce texte dispose en ce sens que « la partie qui, en connaissance de cause et sans motif légitime, s'abstient d'invoquer en temps utile une irrégularité devant le tribunal arbitral est réputée avoir renoncé à s'en prévaloir ». Ainsi, à moins que le vice ne lui soit révélé trop tardivement pour qu'elle puisse le dénoncer pendant la procédure arbitrale, une partie ayant activement participé à cette procédure ne peut notamment conclure, devant le juge chargé du contrôle de la sentence, à la nullité de la convention d'arbitrage[446] ou à son absence[447], ni reprocher à un arbitre son défaut d'indépendance[448] ou d'impartialité[449]. Elle ne peut pas non plus imputer au tribunal arbitral une méconnaissance du principe de la contradiction[450] ou de ne pas s'être conformé à la mission qui lui avait été confiée[451], pas plus qu'elle ne peut lui faire

440. V. *supra*, n° 382.

441. Sur le pouvoir de l'arbitre, v. *supra*, n° 343 et s.

442. Sur les exigences du principe de la contradiction en matière de communication des pièces, v. *supra*, n° 388.

443. Paris, 18 nov. 2004, *D.* 2005, Pan., p. 3050, obs. Th. Clay ; *RCDIP* 2006, p. 104, note S. Bolée ; *JDI* 2005, p. 357, note A. Mourre ; L. G. Radicati di Brozolo, « L'illicéité "qui crève les yeux" : critère du contrôle des sentences au regard de l'ordre public international », *Rev arb.* 2005, p. 529 ; JCP G 2005, I, 134, n° 8, obs. Ch. Seraglini.

444. V. *infra*, n° 473. *Contra*, É. Loquin, « La réforme du droit français interne et international de l'arbitrage (commentaire du décret 2011-48 du 13 janvier 2011) », *RTD com.* 2011, p. 255, spéc. n° 79.

445. Cass. 2e civ., 11 juill. 2002, *JCP* G 2003, I, 105, spéc. n° 8, obs. J. Ortscheidt.

446. Cass. 2e civ., 21 nov. 2002, *Rev. arb.* 2003, p. 283, note M. Bandrac ; Paris, 14 déc. 1999, *Rev. arb.* 2000, p. 471.

447. Paris, 28 avr. 2011, *Rev. arb.* 2011, p. 579 ; Paris, 7 mars 2002, *Rev. arb.* 2002, p. 771.

448. Paris, 2 juin 1989, *Rev. arb.* 1991, p. 87.

449. Paris, 16 déc. 2010, *Rev. arb.* 2011, p. 279 ; Paris, 16 mai 2002, *Rev. arb.* 2003, p. 1231, note E. Gaillard ; Paris, 27 sept. 2001, *Rev. arb.* 2001, p. 916 ; Paris, 2 juin 1989, *Rev. arb.* 1991, p. 87.

450. Cass. 2e civ., 20 nov. 2003, *Bull. civ.* II, n° 342 ; *Rev. arb.* 2004, p. 283 (4e esp.), note M. Bandrac ; Paris, 17 janv. 2002, *JCP* G 2003, I, 105, n° 8, obs. J. Ortscheidt.

451. Cass. 1re civ., 20 sept. 2006, n° 04-10567.

grief d'avoir statué en qualité d'amiable compositeur alors qu'il ne disposait pas de ce pouvoir[452]. De même, le litigant qui a connaissance d'une cause d'interruption de l'instance arbitrale doit en faire état devant le tribunal arbitral[453]. En revanche, une partie pourra invoquer l'incompétence de l'arbitre dès lors qu'elle l'a soulevée dès l'origine et persisté dans sa contestation jusqu'à la décision de ce dernier sur ce point[454]. Il a également été jugé qu'une partie pouvait invoquer l'expiration du délai de l'arbitrage lorsqu'elle avait, plus globalement, contesté la compétence du tribunal arbitral et sa composition et refusé de participer à l'arbitrage[455].

Les parties à l'instance arbitrale doivent aussi faire preuve d'un comportement loyal après le prononcé de la sentence. La jurisprudence a en effet consacré le principe de l'*estoppel*, dont certains soutiennent même qu'il a été repris par l'article 1466 du Code de procédure civile[456]. Ce principe, dans son fondement comme dans ses applications, est pourtant distinct de la fin de non-recevoir tirée de la renonciation à se prévaloir des irrégularités, dégagée par la jurisprudence et consacrée par le texte précité[457]. Ainsi, une partie ne peut se contredire au détriment d'une autre en invoquant, devant le juge du contrôle de la sentence, un moyen inconciliable avec la position qu'elle a antérieurement adoptée devant l'arbitre[458]. Celui qui a saisi l'arbitre n'est donc pas recevable à soutenir qu'il a été statué sans convention d'arbitrage[459] ou sur une convention nulle[460]. Il ne peut pas non plus se prévaloir de l'absence ou de la nullité de la convention d'arbitrage lorsqu'il s'est préalablement fondé sur celle-ci pour conclure à l'incompétence du juge saisi par l'autre partie[461]. Bien plus, une attitude contradictoire, donc empreinte de déloyauté, consistant par exemple à contester la compétence arbitrale devant l'arbitre puis devant le juge de l'annulation, après avoir pourtant invoqué l'exception d'incompétence de la juridiction judiciaire saisie au fond au profit de la compétence arbitrale, peut être sanctionnée par une condamnation au paiement de dommages-intérêts lorsqu'elle a causé un préjudice à l'autre partie[462].

3. La célérité dans la conduite de la procédure

398 La célérité dans la conduite de la procédure est une exigence procédurale qui s'impose aussi bien au tribunal arbitral qu'aux parties[463]. Comme la loyauté, elle garantit en

452. Paris, 13 févr. 2003, *Rev. arb.* 2004, p. 311, note J.-B. Racine.

453. Cass. 2e civ., 23 mai 2003, *JCP* G 2004, I, 119, spéc. nº 3, obs. J. Ortscheidt.

454. Cass. 1re civ., 19 mars 2002, *Bull. civ.* I, nº 9.

455. Cass. 1re civ., 22 sept. 2010, *Bull. civ.* I, nº 176 ; *Rev. arb.* 2011, p. 152 (2e esp.), note J.-G. Betto et A. Reynaud ; *D.* 2010, Pan., 2933, obs. Th. Clay ; *Cah. arb.* 2011, p. 453, note L. Jaeger.

456. E. Gaillard et P. de Lapasse, « Commentaire analytique du décret portant réforme du droit français de l'arbitrage », *Cah. arb.* 2011, p. 263, spéc. nº 51.

457. Sur la distinction de ces deux fins de non-recevoir, cf. *infra*, nº 523 et s.

458. V. *infra*, nº 525.

459. Paris, 28 juin 2001, *Rev. arb.* 2002, p. 163, note J. Paulsson.

460. Cass. 2e civ., 26 janv. 1994, *Bull. civ.* II, nº 38.

461. Paris, 17 janv. 2002, *JCP* G 2003, I, 105, nº 8, obs. J. Ortscheidt.

462. Paris, 12 sept. 2002, préc.

463. Sur l'obligation du tribunal arbitral à cet égard, v. *supra*, nº 305. Sur ce principe, v. aussi, Y. Derains, « Les nouveaux principes de procédure : confidentialité, célérité, loyauté », in *Le nouveau droit français de l'arbitrage*, Lextenso éditions, 2011, p. 91, spéc. nº 18 et s., p. 98 ; O. Caprasse et R. Ziadé, « La confidentialité dans la procédure arbitrale, *Rev. arb.* 2014, p. 593 ; J.-B. Racine, *Droit de l'arbitrage*, Puf, 2016, spéc. nº 658 et s., p. 430 et s.

effet l'efficacité de l'arbitrage et c'est dans cette perspective que le décret du 13 janvier 2011 l'a expressément insérée à l'article 1464, alinéa 3, du Code de procédure civile. Les parties doivent donc être diligentes à chacune des étapes de l'instance arbitrale, pour ne pas ralentir inutilement la procédure. Elles doivent, notamment, ne pas ralentir la constitution du tribunal arbitral, scrupuleusement respecter le calendrier de la procédure, promptement répondre à toute demande du tribunal arbitral relative à l'instruction de l'affaire, tout faire pour ne pas ralentir les mesures d'instruction et saisir le plus rapidement possible le centre d'arbitrage et le juge d'appui lorsque leur intervention est nécessaire pour faire progresser l'instance. Elles sont aussi tenues de produire et communiquer leurs pièces en temps utile, pour permettre aux autres parties de les discuter.

4. La confidentialité de la procédure

399 **Fondement et personnes visées.** Ainsi qu'il a déjà été observé, avant la dernière réforme du droit de l'arbitrage, la confidentialité de la procédure trouvait sa source dans la volonté des litigants, réelle ou supposée[464]. Avec le décret n° 2011-48 du 13 janvier 2011, le législateur a choisi de rappeler formellement cette exigence et l'article 1464, alinéa 4, du Code de procédure civile dispose aujourd'hui que « sous réserve des obligations légales et à moins que les parties n'en disposent autrement, la procédure arbitrale est soumise au principe de confidentialité »[465]. Ce principe, qui a maintenant un fondement légal, s'impose donc au tribunal arbitral comme aux parties et sa violation est susceptible d'engager la responsabilité de tous les acteurs de l'arbitrage. Le texte évoque un principe, ce qui lui donne une portée très générale qui n'est pas limitée à l'instance elle-même[466], et, contrairement aux exigences de célérité et de loyauté, qui n'est pas formellement limitée aux arbitres et aux parties. La confidentialité de la procédure arbitrale s'impose donc également aux centres d'arbitrage, aux experts, aux témoins et, plus généralement, à tous les intervenants à la procédure. Elle n'oblige cependant ni le juge d'appui, ni le juge du contrôle de la sentence, puisqu'il n'a pas été dérogé aux règles relatives à la publicité des audiences. L'obligation perdure tout au long de l'arbitrage et après le prononcé de la sentence[467].

400 **Étendue et sanction.** Le principe de confidentialité interdit aux acteurs de l'arbitrage de révéler l'existence de la procédure arbitrale[468]. Il fait aussi obstacle à ce que les parties rendent publics les documents produits par l'adversaire au cours de l'instance et à la publication de la sentence[469]. Le principe de confidentialité est donc relativement

464. V. *supra*, n° 49.

465. Sur ce principe, v. aussi, Y. Derains, « Les nouveaux principes de procédure : confidentialité, célérité, loyauté », in *Le nouveau droit français de l'arbitrage*, Lextenso éditions, 2011, p. 91, spéc. n° 24 et s., p. 100 ; Th. Clay, « Liberté, égalité, efficacité : la devise du nouveau droit français de l'arbitrage. Commentaire article par article », *JDI* 2012, p. 443, spéc. p. 493.

466. V. également, Ch. Jarrosson et J. Pellerin, « Le droit français de l'arbitrage après le décret du 13 janvier 2011 », *Rev. arb.* 2011, p. 5, spéc. n° 34, p. 28.

467. En ce sens, v. aussi, Th. Clay, *L'arbitre*, Dalloz, Nouvelle Bibliothèque de Thèses, 2001, n° 773, p. 597 ; É. Loquin, « Les obligations de confidentialité dans l'arbitrage », *Rev. arb.* 2006, p. 323, spéc. n° 32, p. 343.

468. Trib. com. Paris (ord. réf.), 22 févr. 1999, *Rev. arb.* 2003, p. 189.

469. É. Loquin, « Les obligations de confidentialité dans l'arbitrage », *Rev. arb.* 2006, p. 323, spéc. n° 27-32, p. 339-344.

large et ses contours exacts restent à fixer par la jurisprudence[470]. L'article 1464, alinéa 3, du Code de procédure civile réserve toutefois les « obligations légales » et la convention des parties. La confidentialité de l'arbitrage ne permet donc pas d'échapper à toutes les obligations légales d'information, notamment comptables, fiscales et financières, que supportent les intervenants à l'arbitrage[471]. Le principe cède devant celles-ci, qui traduisent souvent des exigences de l'ordre public français. Il peut aussi être écarté par les parties, qui peuvent décider que l'arbitrage ne sera pas couvert par la confidentialité. Enfin, même si le texte ne le précise pas, le principe de la confidentialité ne devrait pas interdire à un participant à l'arbitrage de faire état d'éléments couverts par la confidentialité pour se défendre à une action en responsabilité engagée par un autre participant, pour des faits liés à l'arbitrage.

Le texte issu du décret de 2011 ne prévoit aucune sanction particulière en cas de méconnaissance de ce principe de confidentialité de la procédure arbitrale par les parties. De son côté, la jurisprudence rendue avant le décret de 2011 a sanctionné les atteintes injustifiées à la confidentialité de l'arbitrage. Ainsi, la cour d'appel de Paris a estimé, alors que l'exercice des voies de recours ouvertes par les textes contre une sentence arbitrale ne peut être considéré, en soi, comme une violation fautive de la confidentialité, que celui qui exerce un recours en annulation dénué de chances sérieuses de succès porte atteinte à la commune volonté des parties qui était de conserver un caractère confidentiel au litige et s'expose, pour cette raison, à une condamnation à des dommages et intérêts au profit de l'autre partie ; elle a affirmé à cet égard « qu'il était de la nature de l'arbitrage d'assurer la meilleure discrétion au règlement des différends »[472]. De façon plus générale, la jurisprudence a sanctionné les recours formés par une partie qui n'a « aucun moyen sérieux à faire valoir », ou reposant sur « des griefs superficiels et non établis »[473]. De même, le tribunal de commerce de Paris[474] a reconnu la confidentialité de l'existence même d'une procédure arbitrale et retenu la responsabilité de la partie qui l'avait révélée dans la presse, dans la mesure où cette violation de la confidentialité avait causé un préjudice à l'autre partie en entraînant la chute du cours de ses actions. Le tribunal a jugé, à cet égard, que « l'arbitrage étant une procédure privée à caractère confidentiel, la voie de l'arbitrage, acceptée par les parties, doit éviter toute publicité du litige qui les oppose et de ses éventuelles conséquences et que, sous réserve d'une obligation légale d'information, tout manquement à cette confidentialité par l'une des parties à la procédure d'arbitrage est fautif »[475]. La méconnaissance de la confidentialité de la procédure peut donc être sanctionnée par la responsabilité des parties.

470. Plus généralement, sur les difficiles contours de la confidentialité dans l'arbitrage, notamment en matière internationale, v. *supra*, n° 49.

471. V. notamment, B. Fages, « La confidentialité de l'arbitrage à l'épreuve de la transparence financière », *Rev. arb.* 2003, p. 5.

472. Paris, 18 févr. 1986, *Rev. arb.* 1986, p. 583, note G. Flécheux ; *D.* 1987, p. 339, note E. Gaillard.

473. V., pour une étude générale, H. Lécuyer, « Exercice abusif des voies de recours contre les sentences arbitrales : de quelques manifestations de l'ire du juge judiciaire », *Rev. arb.* 2006, p. 573, et les décisions citées.

474. Trib. com. Paris (ord. réf.), 22 févr. 1999, et Paris, 17 sept. 1999, *Rev. arb.* 2003, p. 189.

475. Le jugement a été infirmé en appel, mais sur un tout autre fondement, relatif au défaut de qualité à agir du demandeur.

5. L'instruction collégiale

401 **Principe.** L'article 1467, alinéa 1er, du Code de procédure civile reprend le principe de collégialité de l'instance et prévoit que « le tribunal procède aux actes d'instruction nécessaires à moins que les parties ne l'autorisent à commettre l'un de ses membres »[476]. Ce texte, qui pose le principe de l'instruction collégiale de l'affaire par tous les arbitres, à défaut de volonté contraire de l'ensemble des litigants, s'explique par le souci de ne pas voir la procédure dominée par l'un des arbitres. La mainmise d'un arbitre sur l'instance pourrait en effet faire naître un soupçon d'impartialité dans l'esprit de l'une ou l'autre des parties[477]. L'obligation d'une instruction collégiale par les arbitres résulte en outre directement de la volonté des parties lorsqu'elles ont choisi de confier la résolution du litige à plusieurs, et non à un seul, arbitres. Et si l'on se place du point de vue de l'arbitre, son obligation de juger[478] a nécessairement pour corollaire celle de participer à l'instruction de la cause. Ainsi, si la non-participation de l'un des arbitres à une mesure d'instruction ne constitue pas un cas d'annulation de la sentence[479], elle peut, le cas échéant, être sanctionnée par la mise en jeu de sa responsabilité si elle a causé un dommage à la partie qui s'en plaint. Enfin, la collégialité présente aussi l'avantage de nourrir la réflexion par la concertation et la confrontation de plusieurs opinions. Aussi bien, même si l'article 1467 précité réserve la volonté de toutes les parties de prévoir que certains actes d'instruction seront effectués par un seul des arbitres, ce qui permet notamment de confier des prérogatives particulières au président du tribunal arbitral[480], les décisions d'instruction du tribunal arbitral, emprunteraient-elles d'ailleurs la forme de simples ordonnances de procédure, doivent être prises par tous les arbitres[481]. Pour la Cour de cassation, le principe de la collégialité suppose d'ailleurs que chaque arbitre ait la faculté de débattre de toute décision avec les autres[482].

402 **Le rôle du président du tribunal arbitral.** Traditionnellement, le président du tribunal arbitral dirige les audiences et, plus largement, veille à l'organisation matérielle de l'arbitrage. Ce rôle lui est en effet couramment confié par les autres membres du tribunal

476. L'article 1461, al. 1er, ancien CPC disposait que les « actes d'instruction et les procès-verbaux sont faits par tous les arbitres si le compromis ne les autorise pas à commettre l'un d'eux ».

477. Paris, 16 janv. 2003, *D.* 2003, somm., p. 2479, obs. Th. Clay ; *JDI* 2004, p. 161, note K. Kessedjian, qui, en matière internationale, a relevé que « l'obligation d'instruire et de juger ensemble est reconnue de manière unanime, la force du principe de collégialité reposant à la fois sur la volonté des parties et sur la nécessité d'un tribunal impartial et indépendant ».

478. V. *supra*, nº 303.

479. Cass. 2e civ., 16 nov. 1988, *Rev. arb.* 1989, p. 491, note M. Rondeau-Rivier.

480. Et le fait qu'un seul des arbitres effectue des actes d'instruction n'est pas contraire au principe de la contradiction (Paris, 26 avr. 1985, *Rev. arb.* 1985, p. 311, note E. Mezger). Ce principe suppose seulement que toutes les parties puissent participer à la mesure, ou, à tout le moins, qu'elle puisse en discuter les résultats.

481. Paris, 16 janv. 2003, *D.* 2003, somm., p. 2479, obs. Th. Clay ; *JDI* 2004, p. 161, note K. Kessedjian. V. aussi, J. Béguin et J. Ortscheidt, « Les dix commandements d'un président du tribunal arbitral interne *ad hoc* », JCP G 2010, 646 ; Cl. Reymond, « Le président du tribunal arbitral », in *Études offertes à P. Bellet*, Litec, 1991, p. 467, spéc. p. 469 ; H. Barbier, « Faut-il un statut spécial pour le président du tribunal arbitral ? », *Cah. arb.* 2015, p. 459.

482. V. en matière internationale, la solution étant transposable à l'arbitrage interne, Cass. 1re civ., 29 juin 2011, *Rev arb.* 2011, p. 959, note V. Chantebout ; JCP G 2011, I, 1432, nº 7, obs. J. Ortscheidt ; Cass. 1re civ., 8 juill. 2009, *D.* 2009, Pan., 2959, obs. Th. Clay ; *Cah. arb.* 2010, p. 863, note L.-C. Delanoy.

arbitral ou par les parties. De même, il est aussi d'usage que le président organise le délibéré et rédige la sentence arrêtée d'un commun accord avec les autres arbitres, ou prépare un projet qui sera ensuite discuté entre eux. Et avant même le début de l'instruction, il est souvent « l'interlocuteur naturel » des parties[483] pour établir avec elles l'acte de mission et discuter du calendrier de la procédure. À côté de ce rôle administratif d'organisation de l'arbitrage, il est fréquent que le président du tribunal arbitral se voit aussi confier des pouvoirs de police de la procédure et des pouvoirs propres d'instruction. Les parties étant libres de fixer les règles gouvernant la procédure arbitrale et pouvant déroger au principe de l'instruction collégiale, elles peuvent, dans l'acte de mission ou en se référant à un règlement d'arbitrage, convenir que le président prendra seul des décisions de procédure, notamment celles relatives au calendrier de l'instance[484]. Le président fixera ainsi, par voie d'ordonnances de procédure, les délais d'échange des mémoires et de production des pièces. Si les parties peuvent également, comme elles y sont autorisées par l'article 1467, alinéa 1er, du Code de procédure civile, lui confier la mission d'organiser et de s'assurer du bon déroulement des mesures d'instruction, une telle délégation paraît inopportune. La mesure d'instruction ordonnée (audition d'un témoin, visite sur les lieux...) est le plus souvent indispensable à la bonne compréhension du litige. Il est donc préférable que tous les membres du tribunal arbitral y participent pour que chacun d'eux puisse ensuite exprimer un avis éclairé au moment des délibérations.

6. Les auditions

403 **Principe.** L'article 1467, alinéa 2, du Code de procédure civile envisage la possibilité pour le tribunal arbitral d'entendre « toute personne » et précise que cette audition « a lieu sans prestation de serment »[485]. Le tribunal arbitral peut donc entendre les parties comme les tiers à l'arbitrage. Il ne peut toutefois pas contraindre les tiers à témoigner, puisqu'il est dépourvu de l'*imperium merum*[486]. Il peut uniquement les inviter à le faire. Si une personne refuse de témoigner, elle n'encourt pas l'amende civile de l'article 207 du Code de procédure civile. Et si elle accepte d'être entendue, elle n'aura pas à prêter le serment de dire la vérité, prévu par l'article 211 du code précité[487]. En effet, un tel serment serait de toute façon privé de portée dès lors que si le tribunal arbitral peut certes le recevoir, contrairement au juge, il ne représente aucune institution à laquelle le tiers devrait un respect particulier. En outre, les dispositions relatives à l'enquête devant les juridictions judiciaires[488] étant inapplicables en matière d'arbitrage, il n'y a pas d'obstacle à ce que le tribunal arbitral entende des personnes frappées d'une incapacité de témoigner en justice. Peuvent ainsi être entendues les personnes à l'encontre desquelles a été prononcée une interdiction des droits civiques, civils et de famille ou les incapables. En revanche, les parties, ou leurs

483. Paris, 19 févr. 2004, inédit.

484. Cl. Reymond, « Le président du tribunal arbitral », in *Études offertes à P. Bellet*, Litec, 1991, p. 467, spéc. p. 469.

485. L'art. 1461, al. 2, ancien CPC se bornait à faire état de la possibilité d'entendre les « tiers » sans prestation de serment.

486. V. *supra*, nº 343 et 345.

487. Malgré l'absence de serment, l'audition de témoins devant les arbitres n'est pas un acte anodin. Il faut en effet garder à l'esprit que « la production de témoignages et écrits mensongers devant le tribunal arbitral en vue d'obtenir une décision favorable de sa part » peut notamment être qualifiée de tentative d'escroquerie (Crim., 12 mars 2002, nº 01-88608).

488. Art. 204 à 231 CPC.

représentants[489], ne peuvent être entendues en qualité de sachants, c'est-à-dire de tiers à la procédure susceptibles de fournir des informations objectives. À défaut, la sentence peut être annulée[490].

Sauf accord contraire des parties[491], qui devrait alors très certainement intervenir dès la conclusion de la convention d'arbitrage ou au tout début de l'instance, au moment par exemple de l'établissement d'un acte de mission[492], la décision d'entendre une personne est laissée à la libre appréciation du tribunal arbitral[493]. Il est seul maître de la pertinence de cette mesure d'enquête et peut dès lors refuser d'entendre les témoins présentés par les litigants si leur audition ne lui paraît pas nécessaire à la solution du litige. Il dispose aussi du pouvoir de solliciter d'office un témoignage[494].

404 **Modalités.** Les parties sont libres de prévoir les modalités des auditions, directement ou par référence à un règlement d'arbitrage. À défaut, le tribunal arbitral est dégagé de toute contrainte. En pratique toutefois, pour qu'il puisse organiser les audiences, il est opportun que les parties communiquent rapidement, si possible dès le début de l'instance, le nom et les coordonnées des tiers dont elles souhaitent l'audition. Lors de l'audience, le tribunal arbitral peut accepter que le témoin lise un document, il peut l'interroger et le laisser être interrogé par des parties. Rien n'interdit non plus aux parties, et à leurs conseils, de préparer l'audition avec « leurs » témoins. En outre, puisqu'il doit toujours informer les parties des investigations qu'il entreprend, le tribunal arbitral ne peut entendre un tiers à leur insu sans méconnaître le principe de la contradiction[495]. Partant, si comme le juge[496], il peut sans doute procéder à l'audition d'un témoin hors la présence des parties[497], il doit prévenir les litigants de cette mesure et rendre compte des résultats de son enquête[498]. La rédaction d'un procès-verbal d'audition, qui n'est pourtant pas exigée dans l'arbitrage[499], s'avère donc nécessaire dans cette dernière hypothèse. Plus largement d'ailleurs, un tel document, qu'il relate précisément les déclarations des tiers ou en constitue simplement un résumé, permet de garder trace de la mesure d'enquête, ce qui peut ensuite être utile en cas de contestation.

489. Cass. 1re civ., 3 déc. 2014, *Rev. arb.* 2015, p. 268.

490. Cass. 2e civ., 25 mars 1999, *Rev. arb.* 2000, p. 267, note J.-G. Betto.

491. V. implicitement, Cass. 2e civ., 30 sept. 1999, *Rev. arb.* 2000, p. 267, note J.-G. Betto, qui, pour écarter le moyen reprochant au tribunal arbitral d'avoir méconnu la mission qui lui avait été confiée pour n'avoir pas ordonné une mesure d'instruction, prend le soin de relever que « l'arrêt relève que les mesures d'instruction en cause n'avaient été demandées que » par l'une des parties.

492. Sur la question de l'incidence de la volonté des parties sur la liberté de l'arbitre d'organiser librement la procédure, v. *supra*, n° 372.

493. Paris, 15 mars 1984, *Rev. arb.* 1985, p. 285.

494. Lorsqu'il apprécie l'opportunité d'entendre des témoins proposés par les parties, l'arbitre doit cependant veiller à les placer sur un strict pied d'égalité. On a vu qu'une différence de traitement dans l'audition d'un tiers peut porter atteinte au principe d'égalité (v. *supra*, n° 395).

495. Cass. 2e civ., 10 nov. 1998, *Bull. civ.* II, n° 266.

496. Art. 208 du CPC.

497. Paris, 3 déc. 1965, *JCP* 1966, II, 14625, note R. Boulbès.

498. Le tribunal arbitral a en effet l'obligation de mettre les parties en mesure de débattre contradictoirement de toutes les informations qu'il a recueillies et utilisées (v. *supra*, n° 389).

499. V., en matière d'arbitrage international, la solution étant transposable, Paris, 14 déc. 1999, *Rev. arb.* 2000, p. 471, note J.-B. Racine.

7. Les mesures conservatoires ou provisoires

405 Au cours de l'instance arbitrale, des mesures provisoires et conservatoires peuvent apparaître nécessaires, dans l'attente de la solution du litige sur le fond, soit pour préserver une situation de fait ou stabiliser une relation juridique, soit pour obtenir ou préserver un élément de preuve, soit, encore, pour anticiper sur la solution au fond par l'octroi d'une provision[500]. La jurisprudence a depuis longtemps admis que le tribunal arbitral dispose de larges pouvoirs pour arrêter des mesures pour le temps de l'instance, le cas échéant assorties d'injonctions et d'astreintes[501]. Le décret du 13 janvier 2011 a confirmé ces pouvoirs et l'article 1468, alinéa 1er, du Code de procédure civile dispose en ce sens que « le tribunal arbitral peut ordonner aux parties, dans les conditions qu'il détermine et au besoin à peine d'astreinte, toute mesure conservatoire ou provisoire qu'il juge opportune. Toutefois, la juridiction de l'État est seule compétente pour ordonner des saisies conservatoires et sûretés judiciaires »[502]. Cette limite, qui existait déjà avant la réforme, tient à ce que les mesures conservatoires destinées à préparer l'exécution future de la sentence, en rendant un bien indisponible, ne relèvent pas de la *jurisdictio* du tribunal arbitral[503]. Le texte précité ne précise pas si une mesure conservatoire ou provisoire doit être coulée dans une sentence arbitrale. Elles peuvent dès lors être prises par voie d'ordonnances de procédure. Mais par souci d'efficacité, pour pouvoir éventuellement procéder à des mesures d'exécution forcée, seule une sentence pouvant recevoir l'exequatur, il est tout de même préférable que les mesures provisoires ou conservatoires soient arrêtées par des sentences partielles. L'article 1468, alinéa 2, précise aussi que « le tribunal arbitral peut modifier ou compléter la mesure provisoire ou conservatoire qu'il a ordonnée ». Il n'est donc pas exigé du tribunal arbitral, comme d'un juge des référés[504], l'existence de circonstances nouvelles pour qu'il puisse modifier ou compléter la mesure. Mais, parce qu'il ne dispose pas de tous les pouvoirs d'une juridiction étatique et parce que des mesures provisoires ou conservatoires sont parfois indispensables avant le début de l'instance arbitrale, il partage sa compétence avec le juge.

500. Sur cette distinction, v. M. A. Bahmaei, *L'intervention du juge étatique des mesures provisoires et conservatoires en présence d'une convention d'arbitrage. Droits français, anglais et suisse*, préf. J. Béguin, LGDJ, 2002, spéc. n° 26, p. 19.

501. V. notamment, Paris, 7 oct. 2004, *Rev. arb.* 2004, p. 982 ; *D.* 2005, Pan. 3062, obs. Th. Clay ; *JDI* 2005, p. 341, note A. Mourre et P. Pédone ; JCP G 2005, I, 134, n° 5 et 7, obs. J. Ortscheidt.

502. V. notamment, C. Chainais, « Les mesures provisoires dans le nouveau droit de l'arbitrage », in *L'arbitre et le juge étatique. Études de droit comparé à la mémoire de Giuseppe Tarzia*, Bruylant, 2014, p. 281 ; J.-B. Racine, *Droit de l'arbitrage*, Puf, 2016, n° 726 et s., p. 465 et s.

503. L. Cadiet, note sous Cass. 2e civ., 30 mars 2000, *Rev. arb.* 2000, p. 623, spéc. n° 11, p. 633 ; P. Mayer, « *Imperium* de l'arbitre et mesures provisoires », in *Études de procédure et d'arbitrage. Mélanges Jean-François Poudret*, Faculté de droit de Lausanne, 1999, p. 437, spéc. n° 14, p. 449.

504. Art. 488 CPC.

SECTION 3 LA COMPÉTENCE RÉSIDUELLE DU JUGE POUR ACCORDER DES MESURES PROVISOIRES ET CONSERVATOIRES

406 **Nécessité de l'intervention judiciaire.** Même une fois admis que le tribunal arbitral dispose de larges pouvoirs pour prendre les mesures provisoires et conservatoires demandées par les parties, il existe plusieurs situations dans lesquelles il se trouve totalement ou partiellement démuni. D'abord, la nécessité d'obtenir des mesures provisoires ou conservatoires peut se faire ressentir avant même la constitution du tribunal arbitral et le début de l'instance arbitrale. Ensuite, même une fois l'instance engagée, la juridiction arbitrale ne dispose pas de pouvoirs aussi étendus que le juge étatique. Ainsi, elle ne peut ordonner des mesures pour faire face à une situation urgente dans l'ignorance des droits des parties, puisqu'elle s'autoriserait alors, de façon temporaire, à éventuellement méconnaître le droit[505]. Un tribunal arbitral ne peut, par exemple, ordonner une mesure conservatoire destinée à préparer l'exécution future de sa sentence en rendant un bien indisponible[506]. Dans le même ordre d'idées, le tribunal arbitral ne peut assurer l'exécution de ses décisions puisqu'il n'a pas le pouvoir de contraindre les litigants ni, *a fortiori*, les tiers[507]. Il ne peut d'ailleurs adresser aucune injonction à ces derniers, qui ne sont pas parties à l'instance. Bien plus, même si une mesure provisoire ou conservatoire peut être rendue par voie de sentence arbitrale, l'obligation d'obtenir son exequatur, pour ensuite entreprendre des mesures d'exécution forcée, est souvent incompatible avec l'urgence justifiant de telles mesures. Pour toutes ces raisons, parmi d'autres[508], on admet que le juge étatique, en l'occurrence le juge des référés ou le juge des requêtes, demeure compétent pour ordonner des mesures provisoires et conservatoires alors même que le litige relève, sur le fond, de la compétence d'un tribunal arbitral. Le décret du 13 janvier 2011 est venu confirmer cette compétence tout en, semble-t-il, la restreignant sur le plan temporel. L'article 1449, alinéa 1, du Code de procédure civile prévoit que « l'existence d'une convention d'arbitrage ne fait pas obstacle, tant que le tribunal n'est pas constitué à ce qu'une partie saisisse une juridiction de l'État aux fins d'obtenir une mesure d'instruction ou une mesure provisoire ou conservatoire. Sous réserve des dispositions régissant les saisies conservatoires et les sûretés judiciaires, la demande est portée devant le président du tribunal de grande instance ou de commerce, qui statue sur les mesures d'instruction dans les conditions prévues à l'article 145 et, en cas d'urgence, sur les mesures provisoires ou conservatoires sollicitées par les parties à la convention d'arbitrage ». L'intervention du juge pour ordonner ces mesures est donc soumise à des conditions, rappelées par le texte précité et qui ont été, pour la plupart, progressivement dégagées par la jurisprudence, et dont l'une au moins est commune à l'ensemble des mesures susceptibles d'être ordonnées : les parties ne doivent pas avoir convenu d'exclure sa compétence.

505. P. Mayer, « *Imperium* de l'arbitre et mesures provisoires », in *Études de procédure et d'arbitrage, Mélanges Jean-François Poudret*, Faculté de droit de Lausanne, 1999, p. 437, spéc. n° 9, p. 444.

506. V. *infra*, n° 419.

507. V. *supra*, n° 343 et 345.

508. V. également celles développées par A. Hory, « Mesures d'instructions *in futurum* et arbitrage », *Rev. arb.* 1996, p. 191, spéc. n° 2, p. 191.

407 **Exclusion conventionnelle de l'intervention du juge.** Même si sa compétence est d'ordre public[509], les parties à la convention d'arbitrage peuvent par avance renoncer à saisir le juge des référés ou le juge des requêtes. Dans un arrêt du 18 novembre 1986, dont la solution n'a pas été renversée depuis, la Cour de cassation a énoncé en ce sens que « le pouvoir du juge étatique d'ordonner des mesures conservatoires ne peut être écarté que par une convention expresse des parties ou par une convention implicite résultant de l'adoption d'un règlement d'arbitrage qui comporterait une telle renonciation »[510]. La compétence du juge étatique pour statuer sur le fond du litige pouvant être écartée par les parties au profit de l'arbitrage, il aurait été difficile de justifier une interdiction de renoncer à la compétence de ce juge pour des mesures simplement conservatoires et provisoires[511]. Quant aux modalités selon lesquelles les parties peuvent renoncer à la compétence du juge, comme l'a retenu la Cour de cassation dans son arrêt précité, la renonciation peut être expresse ou résulter de l'adoption d'un règlement d'arbitrage qui la prévoit[512]. Certains auteurs doutent cependant de l'efficacité d'une renonciation à la compétence du juge lorsqu'il n'a été prévu, directement ou par référence à un règlement d'arbitrage, aucune autorité pour s'y substituer[513], ou lorsque l'arbitre n'a pas le pouvoir de prononcer la mesure conservatoire ou provisoire envisagée. Dans ces circonstances, ce n'est pas l'urgence qui pourrait, le cas échéant, justifier la compétence exceptionnelle du juge étatique pour prononcer des mesures provisoires ou conservatoires[514]. Celle-ci constitue en effet une condition du pouvoir juridictionnel du juge des référés, une fois sa compétence admise. C'est bien plus certainement le risque de déni de justice, qui résulte de l'impossibilité de faire prononcer des mesures conservatoires et provisoires, qui pourrait exceptionnellement permettre de saisir le juge des référés même en présence d'une convention contraire des parties[515]. Le déni de justice constitue en effet un chef de compétence du juge français[516], plus particulièrement dans le domaine de l'arbitrage[517]. On pourrait y ajouter que, dans ce cas, il n'y a pas à redouter un empiétement du juge étatique sur les pouvoirs de l'arbitre puisque ce dernier n'a, de toute façon, pas le pouvoir de prononcer la mesure en question. Cela étant, d'un autre côté, le droit en cause, soit le droit de solliciter une mesure provisoire ou conservatoire, est très largement disponible. Il est donc possible d'y renoncer par avance, dès lors que cette renonciation intervient en connaissance de cause. Pourquoi, dès lors, la priver de certains de ses effets ? Les parties ont pu souhaiter que le travail du tribunal arbitral et, plus généralement, l'instance arbitrale ne soient

509. Civ. 17 juill. 1957, *Bull. civ.* II, n° 546.

510. Cass. 1re civ., 18 nov. 1986, *JDI* 1987, p. 125, note E. GAILLARD. V. aussi, Cass. 2e civ., 20 mars 1989, *Rev. arb.* 1989, p. 494, note G. COUCHEZ.

511. É. LOQUIN, « Arbitrage. Compétence arbitrale – Conflits entre la compétence arbitrale et la compétence judiciaire », *J. Cl. Proc. Civ.*, fasc. n° 1034, spéc. n° 15.

512. A. HORY, « Mesures d'instructions *in futurum* et arbitrage », *Rev. arb.* 1996, p. 191, spéc. n° 14-15, p. 200.

513. A. HORY, « Mesures d'instructions *in futurum* et arbitrage », préc., spéc. n° 12, p. 199.

514. *Contra*, A. HORY, « Mesures d'instructions *in futurum* et arbitrage », préc., spéc. n° 12, p. 199.

515. E. GAILLARD et P. DE LAPASSE, « Commentaire analytique du décret portant réforme du droit français de l'arbitrage », *Cah. arb.* 2011, p. 263, spéc. n° 26 ; et aussi, pour l'arbitrage international, G. PLUYETTE, « Une vue française », in *Mesures provisoires et conservatoires en matière d'arbitrage international*, Publ. CCI n° 519, 1993, p. 74, spéc. p. 77.

516. P. MAYER et V. HEUZÉ, *Droit international privé*, Montchrestien, 10e éd., 2010, spéc. n° 288, p. 212.

517. Sur ce chef de compétence du juge d'appui en matière d'arbitrage international, v. *infra*, n° 779.

pas troublés par d'éventuelles instances annexes devant la juridiction étatique. Aussi, tout devrait dépendre de la rédaction de la disposition portant renonciation au recours au juge étatique et se résume donc à une question d'interprétation de la volonté des parties à cet égard : ont-elles ou non voulu exclure le recours au juge étatique pour toute mesure provisoire ou conservatoire ?

408 **Juge étatique compétent.** Le juge des référés et le juge des requêtes peuvent intervenir pour ordonner des mesures conservatoires et provisoires[518]. L'intervention de ce dernier est en effet parfois indispensable pour préserver l'effet de surprise, ce qui suppose que la mesure provisoire ou conservatoire ne soit pas prise contradictoirement. Mais, conformément au droit commun[519], la preuve de l'urgence et de ce que les circonstances exigent que la mesure soit prise sans débat contradictoire doit alors être rapportée[520]. L'article 1449, alinéa 2, du Code de procédure civile précise que la demande est portée, soit devant le président du tribunal de grande instance, soit devant le président du tribunal de commerce. En principe, la compétence du juge des référés, ou du juge des requêtes, reflète celle du juge qui doit trancher le litige sur le fond. S'agissant de la compétence matérielle, le demandeur doit donc s'adresser au juge des référés de la juridiction qui, en l'absence de convention d'arbitrage, aurait été compétente pour trancher le principal. Pour la compétence territoriale, il est fait application de l'article 42 du Code de procédure civile : c'est le président du tribunal de grande instance ou de commerce de la juridiction matériellement compétente située dans le ressort où demeure le défendeur qui doit être saisi. Il est cependant admis que le demandeur bénéficie d'une option de compétence puisqu'il peut aussi s'adresser au juge des référés du lieu où doit être exécutée la mesure d'instruction[521]. Il a également été jugé que si la convention d'arbitrage fixe le lieu de l'arbitrage, c'est le juge des référés situé en ce lieu qui est compétent pour ordonner une mesure d'instruction sur le fondement de l'article 145 du Code de procédure civile[522]. La solution ne devrait pas être différente lorsque c'est le juge des requêtes qui est saisi. Dans cette hypothèse en effet, il est admis que le juge territorialement compétent pour statuer sur une requête fondée sur le texte précité est « le président du tribunal susceptible de connaître de l'instance au fond ou celui du tribunal dans le ressort duquel les mesures d'instruction *in futurum* sollicitées doivent, même partiellement, être exécutées »[523]. Là encore, le juge des requêtes territorialement compétent devrait, au choix du demandeur, pouvoir être celui situé au siège de l'arbitrage fixé par la convention d'arbitrage[524].

518. Cass. com., 10 mars 1998, *Rev. arb.* 1999, p. 57, note A. Hory. V. aussi, É. Loquin, « Arbitrage – Compétence arbitrale – Conflits entre la compétence arbitrale et la compétence judiciaire », *J. Cl. Proc. Civ.*, fasc. 1034, spéc. nº 28 et s. Dans une hypothèse très particulière, c'est cependant le juge de l'exécution qui est compétent pour autoriser des mesures conservatoires (v. *infra*, nº 419).

519. J. Héron et Th. Le Bars, *Droit judiciaire privé*, LGDJ, 6e éd., 2015, nº 427 et s., p. 349 et s.

520. Cass. com., 10 mars 1998, *Rev. arb.* 1999, p. 57, note A. Hory.

521. Cass. 2e civ., 17 juin 1998, *Bull. civ.* II, nº 200.

522. Paris, 11 oct. 2006, *Rev. arb.* 2007, p. 341.

523. Cass. 2e civ., 15 oct. 2015, *JCP* G 2015, act. 123, obs. C. Lebel ; *JCP* G 2015, 1279, note L. Lauvergnat ; *JCP* G 2016, 414, nº 4, obs. Y.-M. Serinet ; v. aussi : Cass. 2e civ., 16 févr. 2016, *JCP* G 2016, 414, nº 4, obs. Y.-M. Serinet.

524. *Contra* : Paris, 10 janv. 2019, inédit, qui juge inopérante la circonstance que le siège du tribunal arbitral soit situé dans le ressort du juge des requêtes saisi au motif que ni ce juge, ni le juge d'appui « ne sont susceptibles de connaître l'instance au fond ».

409 **Plan.** Les conditions d'intervention du juge étatique n'étant pas les mêmes selon la mesure sollicitée, il faut distinguer selon qu'il est saisi pour ordonner le paiement d'une provision (§ 1), une mesure d'instruction *in futurum* (§ 2) ou des mesures conservatoires destinées à préserver une situation, sauvegarder les intérêts en présence ou préparer l'exécution future de la sentence (§ 3).

§ 1. LE RÉFÉRÉ-PROVISION

410 **Notion.** Le référé-provision, prévu notamment par l'article 809, alinéa 2, du Code de procédure civile lorsque la demande principale ressort de la compétence du tribunal de grande instance, et par l'article 873, alinéa 2, du même code quand elle relève de celle du tribunal de commerce, permet au créancier, dans « les cas où l'existence de l'obligation n'est pas sérieusement contestable », d'obtenir le paiement, à titre provisoire, de tout ou partie de sa créance. Il s'agit d'une mesure d'attente qui ne lie pas le juge au principal et dont la seule limite est constituée par le montant non sérieusement contestable de la créance alléguée[525]. Pratiquement, le montant de la provision peut donc être équivalent à l'intégralité de la créance. Compte tenu de cette éventualité, un auteur s'est inquiété du danger que présenterait le référé-provision pour l'arbitrage au motif que si le juge des référés accorde une provision à hauteur de la totalité de la demande, et si le débiteur considère ensuite qu'il ne dispose d'aucun moyen sur le fond pour s'opposer à cette prétention, les litigants en resteront là et la convention d'arbitrage sera vidée de sa substance[526]. Le litige relevant de la convention d'arbitrage serait alors ainsi tranché par le juge étatique. Mais, en réalité, ce n'est pas le référé-provision qui présente un risque pour l'arbitrage. C'est l'analyse particulière que font les litigants de la décision du juge : alors qu'elle est en principe provisoire, elle les satisfait ou les persuade et les parties décident d'en rester là. L'atteinte portée, en fait, à la compétence de l'arbitre est donc uniquement le résultat de la volonté concordante des parties qui, en ne soumettant pas leur litige à un tribunal arbitral après l'intervention du juge des référés, renoncent ainsi à l'arbitrage. Quoi qu'il en soit, la jurisprudence a très tôt admis que le juge des référés pouvait accorder une provision malgré l'existence d'une convention d'arbitrage[527]. Son intervention est cependant soumise à la réunion de trois conditions : l'urgence, le défaut de constitution du tribunal arbitral et l'absence de contestation sérieuse. Seules les deux premières conditions, propres à l'arbitrage, doivent ici retenir l'attention[528].

411 **L'urgence.** En droit commun, le référé-provision n'est pas subordonné à l'urgence. Il ne s'agit pas d'une condition de recevabilité de la demande[529]. Cependant, pour éviter de porter une atteinte trop importante à la compétence arbitrale, puisque le juge des référés porte une appréciation sur le fond du litige, fût-elle juridiquement provisoire, c'est la règle inverse qui a été consacrée par la jurisprudence en présence d'une

525. Cass. 2e civ., 10 nov. 1998, *Bull. civ.* II, n° 271.

526. H. Gaudemet-Tallon, note sous Cass. 1re civ., 29 nov. 1989 et 6 mars 1990, *Rev. arb.* 1990, p. 633, spéc. p. 640.

527. Cass. 3e civ., 9 juill. 1979, *JCP* G 1980, II, 19389, note G. Couchez.

528. Sur l'absence de contestation sérieuse, v. notamment, J. Héron et Th. Le Bars, *Droit judiciaire privé*, LGDJ, 6e éd., 2015, spéc. n° 407, p. 334.

529. J. Héron et Th. Le Bars, *Droit judiciaire privé*, préc., n° 419, p. 342.

convention d'arbitrage[530]. Dans ce cas, en effet, il a été jugé que « la compétence exceptionnelle reconnue au juge des référés [...] est soumise à la condition de l'urgence »[531]. Cette condition a été expressément reprise par l'article 1449, alinéa 2, du Code de procédure civile, issu de la réforme du 13 janvier 2011. La notion d'urgence, dont la preuve doit être rapportée par le demandeur[532], est malaisée à cerner parce qu'elle repose toujours sur une appréciation concrète. Il peut cependant être observé que d'un point de vue méthodologique, comme le juge administratif[533], le juge des référés procède en pratique à une comparaison des intérêts en présence : ceux du créancier et du débiteur supposés[534]. La menace pesant sur le recouvrement de la créance et le péril grave auquel serait exposé le créancier s'il se trouvait dans l'impossibilité de recouvrir immédiatement tout ou partie de sa créance, parfois mis en avant pour caractériser l'urgence[535], ne suffisent donc pas toujours à justifier l'intervention du juge des référés. Encore faut-il, même si son obligation n'apparaît pas sérieusement contestable, que la condamnation au paiement d'une provision n'expose pas le débiteur à un péril trop grave.

412 **L'absence de constitution du tribunal arbitral.** Avant la réforme du 13 janvier 2011, il était traditionnellement admis que le juge des référés n'était compétent pour accorder une provision que lorsque le tribunal arbitral n'avait pas déjà été constitué[536]. La Cour de cassation avait d'abord posé cette condition en matière d'arbitrage international, dans un arrêt du 14 mars 1984[537], avant de l'étendre à l'arbitrage interne[538]. Plus précisément, il était jugé que la compétence du juge des référés cessait une fois la procédure arbitrale en cours, c'est-à-dire, sous l'empire des textes antérieurs à la réforme de 2011, à partir du moment où le tribunal arbitral était définitivement constitué[539], puisque c'était à cette date que le tribunal arbitral pouvait être effectivement saisi du litige[540]. Comme l'urgence, cette condition a également été reprise par l'article 1449 du Code de procédure civile, alinéa 1er, qui dispose qu'il n'est pas fait obstacle à la saisine d'une juridiction de l'État « tant que le tribunal arbitral n'est pas encore constitué »[541]. Il est donc confirmé qu'une fois le tribunal arbitral constitué, seul celui-ci peut accorder une provision.

530. G. Couchez, « Référé et arbitrage (Essai d'un bilan... provisoire) », *Rev. arb.* 1995, p. 155.

531. Cass. 2e civ., 13 juin 2002, *Bull. civ.* II, no 130. V. aussi, Cass. com., 29 juin 1999, *Rev. arb.* 1999, p. 817, note A. Hory ; Cass. 2e civ., 2 avr. 1997, *Bull. civ.* II, no 108.

532. Paris, 12 avr. 2016, *Rev. arb.* 2016, p. 1205.

533. Pour une étude d'ensemble de la jurisprudence administrative en cette matière, v. notamment, P. Cassia, *Les référés administratifs d'urgence*, LGDJ, 2003, spéc. no 100, p. 83 et s. ; R. Chapus, *Droit du contentieux administratif*, Montchrestien, 10e éd., spéc. no 1568 et s., p. 1269 et s.

534. J. Héron et Th. Le Bars, *Droit judiciaire privé*, préc., no 406, p. 334.

535. X. Vuitton, note sous Cass. com., 29 juin 1999, *JCP* G 2000, II, 10228.

536. V. notamment, M. A. Bahmaei, *L'intervention du juge étatique des mesures provisoires et conservatoires en présence d'une convention d'arbitrage. Droits français, anglais et suisse*, préf. J. Béguin, LGDJ, 2002, spéc. no 105 et s., p. 69 et s. et la doctrine citée.

537. Cass. 1re civ., 14 mars 1984, *RTD civ.* 1985, p. 208, obs. J. Normand.

538. Cass. 2e civ., 18 juin 1986, *Rev. arb.* 1986, p. 565, note G. Couchez.

539. Cass. 2e civ., 7 mars 2002, *Bull. civ.* II, no 31. v. aussi, J. Normand, « De quelques limites du référé provision », *RTD civ.* 1999, p. 177, spéc. p. 179.

540. Cass. 1re civ., 6 mars 1990, *Rev. arb.* 1990, p. 633, note H. Gaudemet-Tallon.

541. Sur cette condition, v. aussi, Ch. Jarrosson et J. Pellerin, « Le droit français de l'arbitrage après le décret du 13 janvier 2011 », *Rev. arb.* 2011, p. 5, spéc. no 16, p. 15.

§ 2. LES MESURES D'INSTRUCTION *IN FUTURUM*

413 **Notion.** Selon l'article 145 du Code de procédure civile, « s'il existe un motif légitime de conserver ou d'établir avant tout procès la preuve de faits dont pourrait dépendre la solution du litige, les mesures d'instruction légalement admissibles peuvent être ordonnées à la demande de tout intéressé, sur requête ou en référé ». Sous certaines conditions, ce texte autorise donc le juge des référés, ou le juge des requêtes lorsque les circonstances exigent que la mesure ne soit pas prise contradictoirement[542], à ordonner toutes les mesures d'instruction qui ne sont pas contraires à la loi. Il peut aussi bien s'agir d'une expertise, d'un constat, d'une enquête et, plus généralement, de toutes les mesures d'instruction prévues par le Code de procédure civile. Le juge peut aussi ordonner la production d'une pièce sur le fondement de ce texte[543]. Quelle que soit la mesure d'instruction sollicitée, la demande n'est cependant pas recevable si le juge du principal a déjà été saisi du fond de l'affaire puisque cette mesure doit être ordonnée « avant tout procès »[544]. Le référé de l'article 145 ne peut donc créer aucun conflit de compétence entre le juge et le tribunal arbitral : le premier intervient toujours avant le second. Et la décision judiciaire ne prive pas le tribunal arbitral de son pouvoir de juger dès lors que, de toute façon, il n'est pas lié par les conclusions de la mesure d'instruction[545]. Ce double constat explique sans doute qu'il est depuis longtemps admis que « l'existence d'une convention d'arbitrage ne fait pas obstacle au pouvoir du juge des référés d'ordonner, sur le fondement de l'article 145 du [...] Code de procédure civile, toutes les mesures d'instruction légalement admissibles, qui ne se limitent pas aux constatations »[546]. La règle a été confirmée par le décret du 13 janvier 2011, puisque l'article 1449, alinéa 2, du Code de procédure civile précise que le président du tribunal de commerce ou de grande instance « statue sur les mesures d'instruction dans les conditions prévues à l'article 145 ». De plus, dès lors que les circonstances exigent que la mesure ne soit pas prise contradictoirement, le juge des requêtes peut aussi être saisi pour ordonner une mesure d'instruction *in futurum*. Dans tous les cas, l'intervention du juge étatique est subordonnée à plusieurs conditions : l'absence d'instance arbitrale en cours, l'existence d'un motif légitime et le prononcé d'une mesure d'instruction légalement admissible.

414 **L'absence d'instance en cours devant l'arbitre.** L'intervention du juge des référés, ou du juge des requêtes, n'est possible qu'avant le début de l'instance arbitrale. Cette condition résulte du texte même de l'article 145 du Code de procédure civile, qui autorise la saisine du juge « avant tout procès ». Une fois l'instance engagée, c'est-à-dire après la saisine du tribunal arbitral depuis la réforme du 13 janvier 2011,

542. J. Héron et Th. Le Bars, *Droit judiciaire privé*, LGDJ, 6e éd., 2015, n° 435, p. 354. Dans cette hypothèse, l'intervention du juge des requêtes n'est pas subordonnée à l'urgence.

543. Cass. com., 16 juin 1998, *Bull. civ.* IV, n° 192.

544. Cass. 2e civ., 3 oct. 2002, *Bull. civ.* II, n° 205 ; Cass. 2e civ., 8 juin 2000, *Bull. civ.* II, n° 97. Et c'est à la date où le juge des référés est saisi, et non à celle à laquelle la cour d'appel statue, le cas échéant, que cette condition doit être appréciée. L'absence d'instance au fond est en effet une condition de recevabilité de la saisine du juge des référés (Paris, 23 janv. 2008, *JCP* G 2008, I, 164, n° 2, obs. J. Ortscheidt ; v. aussi, en droit commun, Cass. 2e civ., 28 juin 2006, *Bull. civ.* II, n° 173).

545. Paris, 28 nov. 2002, *Rev. arb.* 2003, p. 445, note Ch. Belloc.

546. Cass. 2e civ., 11 oct. 1995, *Bull. civ.* II, n° 235. V. aussi, Cass. 3e civ., 20 déc. 1982, *Bull. civ.* III, n° 260.

qui ne coïncide plus nécessairement avec sa constitution[547], le juge étatique ne peut plus intervenir[548]. Il faut toutefois préciser que le juge étatique est privé de son pouvoir d'ordonner une mesure d'instruction, sur le fondement de l'article 145 du Code de procédure civile, que pour autant qu'a été engagée l'instance arbitrale en vue de laquelle la mesure est sollicitée[549]. Autrement dit, il peut toujours être saisi après la saisine du tribunal arbitral si la mesure réclamée n'est pas, directement ou indirectement, liée au litige soumis à ce dernier.

415 **Un motif légitime.** C'est la deuxième condition à laquelle est subordonnée l'intervention du juge : il ne peut ordonner une mesure d'instruction que si celle-ci est justifiée par un motif légitime de conserver ou d'établir la preuve avant le procès arbitral. Le requérant doit donc d'abord démontrer la légitimité de conserver ou d'établir la preuve, c'est-à-dire l'intérêt probatoire de la mesure sollicitée[550]. Il réside principalement dans le souci, d'une part, d'éviter un dépérissement des preuves et, d'autre part, de déterminer les chances de succès d'un éventuel procès[551]. Le requérant doit ensuite établir la plausibilité d'un différend entre les parties, sans toutefois avoir à justifier le fondement éventuel de l'action future, ni même sa recevabilité[552].

416 **Une mesure d'instruction légalement admissible.** Les mesures d'instruction susceptibles d'être ordonnées avant le début de l'instance arbitrale sont très diverses. Elles ne se limitent pas à des « constatations »[553]. Le juge peut donc parfaitement désigner un expert[554], procéder à des vérifications personnelles, ordonner la comparution des parties, recevoir des déclarations de tiers ou ordonner une consultation. Il peut aussi enjoindre la production d'une pièce sous astreinte[555]. Simplement, la mesure devant être légalement admissible, elle ne pourra porter atteinte au secret bancaire[556] ou au secret professionnel[557]. En revanche, le secret des affaires ne constitue pas en lui-même un obstacle à l'application des dispositions de l'article 145 du Code de procédure civile[558]. Le juge ne peut pas non plus ordonner « de façon générale et en dehors des cas prévus par la loi, l'appréhension de [...] documents par voie de confiscation ou de saisie »[559].

547. V. *supra*, n° 315 et s.
548. Cass. 1re civ., 25 avr. 2006, *Bull. civ.* I, n° 197 ; Cass. 2e civ., 7 mars 2002, *ibid.*, II, n° 31.
549. A. Hory, « Mesures d'instructions *in futurum* et arbitrage », *Rev. arb.* 1996, p. 191, spéc. n° 23 et s., p. 207 et s.
550. V. notamment, Cass. 2e civ., 11 oct. 1995, *Rev. arb.* 1996, p. 228 (3e esp.).
551. J. Héron et Th. Le Bars, *Droit judiciaire privé*, LGDJ, 6e éd., 2015, n° 423, p. 345 ; A. Hory, « Mesures d'instructions *in futurum* et arbitrage », *Rev. arb.* 1996, p. 191, spéc. n° 33 et s., p. 213 et s.
552. Cass. com., 2 juill. 2002, n° 99-10289.
553. Cass. 2e civ., 11 oct. 1995, *Bull. civ.* II, n° 235.
554. Cass. 2e civ., 11 oct. 1995, préc.
555. Cass. com., 16 juin 1998, préc. ; Cass. com., 11 avr. 1995, *Bull. civ.* IV, n° 121.
556. Cass. com., 16 janv. 2001, *Bull. civ.* IV, n° 12.
557. Cass. 1re civ., 18 mars 1997, *Bull. civ.* I, n° 99.
558. Cass. 2e civ., 7 janv. 1999, *Bull. civ.* II, n° 4.
559. Cass. com., 16 juin 1998, préc.

§ 3. LES MESURES CONSERVATOIRES DESTINÉES À PRÉSERVER UNE SITUATION, SAUVEGARDER LES INTÉRÊTS EN PRÉSENCE OU À PRÉPARER L'EXÉCUTION FUTURE DE LA SENTENCE

417 **Notion.** En plus du pouvoir d'accorder une provision ou d'ordonner, sur le fondement de l'article 145 du Code de procédure civile, des mesures d'instruction *in futurum*, le juge des référés peut aussi « dans tous les cas d'urgence », ordonner « toutes les mesures qui ne se heurtent à aucune contestation sérieuse ou que justifie l'existence d'un différend »[560]. Même en présence d'une contestation sérieuse, il peut encore prescrire « toutes les mesures conservatoires ou de remise en état qui s'imposent, soit pour prévenir un dommage imminent, soit pour faire cesser un trouble manifestement illicite »[561]. Compte tenu de ces pouvoirs, qui sont plus ou moins étendus selon les circonstances de sa saisine, et parce que le tribunal arbitral est très souvent désarmé pour faire face à des situations d'urgence[562], l'une ou l'autre des parties à l'arbitrage peut avoir tout intérêt à saisir le juge des référés d'une demande de mesures provisoires, en présence ou non d'une contestation sérieuse. Parfois aussi, avant le début de l'arbitrage ou en cours d'instance, l'une d'elles peut vouloir prendre des mesures conservatoires pour préparer l'exécution de la sentence à venir. Le concours du juge étatique est là aussi requis pour autoriser ces mesures. Mais les conditions de son intervention étant différentes dans une telle hypothèse, il convient de bien la distinguer des précédentes.

418 **Les mesures conservatoires destinées à préserver une situation ou à sauvegarder les intérêts en présence.** La convention d'arbitrage ne fait pas obstacle à ce que le juge des référés fasse usage des pouvoirs qu'il tient notamment des articles 808, 872 et 809, alinéa 1er, et 873, alinéa 1er, du Code de procédure civile avant la constitution du tribunal arbitral[563]. Avant le décret de 2011, il avait été jugé qu'il pouvait être saisi, pour exercer ces pouvoirs, même une fois la procédure arbitrale engagée. Plusieurs décisions l'avaient admis[564]. Bien entendu, les parties pouvaient en principe également s'adresser au tribunal arbitral une fois celui-ci saisi pour le prononcé des mêmes mesures. Les deux compétences coexistaient et il appartenait aux parties de choisir la voie qui leur paraissait la plus appropriée en l'espèce. Un doute avait toutefois pu naître de deux arrêts quelque peu ambigus. Un arrêt du 6 décembre 2005[565] semblait notamment indiquer qu'après constitution du tribunal arbitral, la saisine du juge des référés aux fins de mesures provisoires ou conservatoires n'était plus possible, puisqu'il énonçait que « la clause compromissoire n'exclut pas, tant que le tribunal arbitral n'est pas constitué, la faculté de saisir le juge des référés aux fins de mesures provisoires ou conservatoires »[566]. Une telle solution pouvait pourtant sembler inopportune, dès lors qu'un tribunal arbitral, même constitué, n'est pas toujours le mieux placé pour agir

560. Art. 808 (TGI) et 872 (T. com.) CPC.
561. Art. 809, al. 1 (TGI) et 873, al. 1 (T. com.) CPC.
562. V. *supra*, n° 406.
563. V. notamment, Cass. 1re civ., 12 juill. 1957, *Bull. civ.* I, n° 546.
564. Versailles, 8 oct. 1998, *Rev. arb.* 1999, p. 57, note A. Hory ; Rouen, 7 sept. 1995, *Rev. arb.* 1996, p. 275 ; Cass. 2e civ., 1er févr. 1989, *Rev. arb.* 1989, p. 494, note G. Couchez.
565. Cass. 1re civ., 6 déc. 2005, *Bull. civ.* I, n° 463, p. 391 ; *RTD com.* 2006, p. 297, obs. É. Loquin.
566. V. aussi, Cass. 2e civ., 7 mars 2002, *Bull. civ.* II, n° 31.

avec la célérité et l'efficacité que requièrent certaines mesures d'urgence. Ceci étant, dans cette affaire, le problème concernait en réalité des mesures sollicitées avant la constitution du tribunal arbitral et la question de la saisine du juge des référés postérieure à cette constitution n'était pas vraiment en cause. La Cour de cassation avait simplement et justement censuré une cour d'appel qui avait jugé, en contradiction totale avec la jurisprudence, qu'il ne pouvait pas être ordonné une expertise en référé sur le fondement de l'article 808 du Code de procédure civile, alors même que le tribunal arbitral n'était pas encore constitué, « dès lors que les parties avaient convenu de faire de l'arbitrage un préalable au règlement de tout litige pendant toute la durée du contrat »[567]. On pouvait donc espérer que la motivation de l'arrêt de 2005 souffrait simplement d'une maladresse rédactionnelle, et certaines décisions de juges du fond maintenaient la solution auparavant admise[568]. Pourtant, la réforme de 2011 pourrait bien avoir entériné cette jurisprudence. En effet, l'article 1449, alinéa 1er, du Code de procédure civile dispose que « l'existence d'une convention d'arbitrage ne fait pas obstacle, tant que le tribunal arbitral n'est pas constitué, à ce qu'une partie saisisse une juridiction de l'État aux fins d'obtenir une mesure d'instruction ou une mesure provisoire ou conservatoire », ce qui tend à indiquer qu'une fois le tribunal arbitral saisi, le recours au juge étatique n'est plus possible[569]. Cette lecture paraît être confortée par l'article 1468 qui énonce la compétence du tribunal arbitral pour ordonner des mesures provisoires ou conservatoires, sauf pour les saisies conservatoires et les sûretés judiciaires pour lesquelles le juge étatique est, et donc demeure, compétent ; on pourrait donc penser qu'il ne l'est que pour ces dernières, une fois le tribunal arbitral saisi. Toutefois, certains auteurs contestent une telle interprétation *a contrario* dans la mesure où le texte n'envisagerait que la période antérieure à la constitution du tribunal arbitral ; aussi, il serait difficile, selon eux, d'en tirer un précepte applicable à la période postérieure[570]. Cependant, on éprouve quelques difficultés à adhérer à ce dernier point de vue : pourquoi l'article 1449, alinéa 1er, apporte-t-il cette précision alors qu'il aurait très bien pu vivre sans si elle n'avait aucune incidence ? Elle serait alors redondante. En tout cas, cette nouvelle rédaction pourrait conforter la jurisprudence antérieure, précédemment évoquée. Il reste que l'on peut regretter une telle orientation, dès lors qu'elle prive les parties d'un choix selon la voie qui leur semble en l'espèce la plus

567. Quant à l'arrêt rendu par la Cour de cassation le 7 mars 2002 (préc.), la cour d'appel avait décidé qu'une partie avait renoncé à la clause compromissoire en saisissant le juge des référés d'une demande d'expertise avant la constitution du tribunal arbitral. La Cour de cassation avait donc fort logiquement censuré cette décision en relevant que « la clause compromissoire n'exclut pas, tant que le tribunal arbitral n'est pas constitué, la faculté de saisir le juge des référés aux fins de mesures provisoires ou conservatoires ».

568. V. TGI Paris (ord. réf.), 29 mars 2010, *Cah. arb.* 2010, p. 853, note L. Degos ; JCP G 2010, I, 644, n° 4, obs. J. Ortscheidt ; *Rev. arb.* 2011, p. 499, note D. Bensaude, qui énonce que l'article 809, al. 1, CPC peut fonder une demande présentée au juge des référés « y compris dans l'hypothèse où le tribunal arbitral étant saisi, la juridiction étatique ne serait plus compétente pour trancher le litige [...] » (rendu en matière internationale).

569. Th. Clay, « Liberté, égalité, efficacité : la devise du nouveau droit français de l'arbitrage. Commentaire article par article », *JDI* 2012, p. 443, spéc. p. 475 ; E. Gaillard et P. de Lapasse, « Commentaire analytique du décret portant réforme du droit français de l'arbitrage », *Cah. arb.* 2011, p. 263, spéc. n° 58 ; É. Loquin, « La réforme du droit français interne et international de l'arbitrage (commentaire du décret 2011-48 du 13 janvier 2011) », *RTD com.* 2011, p. 255, spéc. n° 55, qui regrette toutefois une atteinte portée à l'efficacité résultant de la concurrence des compétences.

570. V. en ce sens, Ch. Jarrosson, J. Pellerin, « Le droit français de l'arbitrage après le décret du 13 janvier 2011 », *Rev. arb.* 2011, p. 5, spéc. n° 17 et s., p. 15 et s.

appropriée[571]. À tout le moins, on aurait pu envisager que le juge puisse exercer ce pouvoir, même une fois le tribunal arbitral constitué, mais avec parcimonie, soit uniquement lorsque la saisine du tribunal arbitral pour solliciter la même mesure lui paraît inadéquate en l'espèce ; notamment, la constitution du tribunal arbitral aurait pu conduire le juge à apprécier plus sévèrement la condition d'urgence.

Avant la réforme de 2011, les mesures que le juge des référés était susceptible d'ordonner différaient selon que la condition d'urgence était ou non remplie. Les articles 809, alinéa 1er, et 873, alinéa 1er, du Code de procédure civile ne subordonnant pas l'intervention du juge à cette condition, il avait été admis que le juge des référés pouvait, même en présence d'une contestation sérieuse, prescrire des mesures conservatoires pour prévenir un dommage imminent ou ordonner des mesures de remise en état pour faire cesse un trouble manifestement illicite[572]. L'article 1449, alinéa 2, du Code de procédure civile soumet aujourd'hui, globalement, le pouvoir du juge étatique à cette condition, quelles que soient les mesures provisoires ou conservatoires sollicitées. Ainsi, lorsque l'urgence est établie, le juge peut ordonner toutes les mesures qui ne se heurtent à aucune contestation sérieuse, ce qui se ramène en définitive à l'évidence, ou que justifie l'existence d'un différend[573]. Et dans ce dernier cas, c'est-à-dire quand il existe une contestation sérieuse, il ne peut prendre que les seules mesures qui sont indispensables en raison du litige, sans pouvoir anticiper sur ce que décidera le tribunal arbitral. Pratiquement, l'urgence doit être appréciée au regard non seulement de la possibilité pour le tribunal arbitral d'ordonner lui-même, dans un délai raisonnable, la mesure sollicitée, mais également en considération de la possibilité d'obtenir ensuite l'exécution effective et sans délai de la décision rendue par ce dernier. De plus, l'intervention du juge des référés connaît tout de même des limites particulières en présence d'une convention d'arbitrage. D'abord, il est depuis longtemps jugé qu'il ne doit pas prescrire une mesure d'exécution de la sentence arbitrale à intervenir[574]. Ensuite, il ne peut pas demander à l'arbitre de surseoir à statuer[575] ou lui interdire de poursuivre sa mission[576].

419 **Les mesures conservatoires préparant l'exécution future de la sentence.** La Cour de cassation a jugé, à plusieurs reprises[577], qu'il résulte de l'article 1458 ancien du Code de procédure civile « que si les parties à un arbitrage peuvent, malgré l'incompétence qu'il édicte, s'adresser au juge étatique pour demander des mesures conservatoires destinées à garantir l'exécution de la sentence à venir ». La solution a été confirmée avec le décret du 13 janvier 2011, l'article 1449, alinéa 2, du Code de procédure

571. Sur l'impact de cette orientation dans l'arbitrage international, v. *infra*, n° 701 et 866.

572. V. notamment, TC Paris, 22 févr. 1999 (ord. réf.) et Paris, 17 sept. 1999, *Rev. arb.* 2003, p. 189 ; Cass. 2e civ., 1er févr. 1989, préc.

573. Dans un arrêt du 16 avril 2013 (n° 12-17164), la chambre commerciale de la Cour de cassation a relevé que le juge doit « apprécier le bien-fondé des mesures conservatoires sollicitées » par une partie « non en fonction de sa diligence à constituer le tribunal arbitral, mais au regard de la réalité du trouble et de l'imminence du dommage allégué ».

574. Cass. com., 20 mai 1997, *Bull. civ.* IV, n° 153.

575. TGI Paris, 29 mars 2010, *Rev. arb.* 2011, p. 499, note D. Bensaude ; *Cah. arb.* 2010, p. 853, note L. Degos ; JCP G 2010, I, 644, n° 8, obs. J. Ortscheidt ; TGI Paris, 24 juin 2004, *Rev. arb.* 2004, p. 982 ; Cass. 2e civ., 28 oct. 1999, n° 97-17245.

576. TGI Paris, 6 janv. 2010, *JCP* G 2010, I, 644, n° 7, obs. J. Ortscheidt. V. aussi, Cass. 1re civ., 12 oct. 2011, *JCP* G 2011, I, 1432, n° 6, obs. Ch. Seraglini.

577. Cass. com., 20 mai 1997, préc. ; Cass. 1re civ., 28 juin 1989, *Bull. civ.* I, n° 255.

civile réservant les « saisies conservatoires et les sûretés judiciaires » lorsqu'il renvoie à la compétence du président du tribunal de grande instance ou de commerce pour ordonner des mesures d'instruction, provisoires et conservatoires. Même lorsque l'arbitrage est en déjà cours, c'est-à-dire après la constitution et la saisine du tribunal arbitral, le juge étatique demeure compétent pour autoriser une saisie conservatoire[578]. La solution s'explique aisément. D'une part, le tribunal arbitral est dépourvu d'un tel pouvoir. C'est le juge de l'exécution, ou le cas échéant le président du tribunal de commerce[579], situé au lieu où demeure le débiteur qui dispose du pouvoir exclusif de donner l'autorisation de pratiquer une mesure conservatoire sur les biens du débiteur[580], la compétence de ce juge étant d'ordre public[581]. D'autre part, l'intervention du juge n'empiète pas sur la compétence de l'arbitre. Pour autoriser la mesure conservatoire, le juge vérifie en effet uniquement que la créance invoquée apparaît fondée en son principe et que son recouvrement est menacé[582]. Il peut seulement autoriser une mesure conservatoire, une mesure d'exécution forcée avant la sentence étant proscrite. De même, une partie ne peut obtenir du juge des référés l'exécution de la sentence arbitrale, non revêtue de l'exequatur, et qui fait l'objet d'un recours en annulation ; ce juge est dépourvu de tout pouvoir pour décider des mesures d'interdiction assorties d'une astreinte destinées à assurer l'exécution d'une sentence arbitrale[583].

578. Cass. 2e civ., 8 juin 1995, *Bull. civ.* II, n° 170 ; Cass. 1re civ., 20 mars 1989, *Rev. arb.* 1989, p. 653, note Ph. Fouchard.

579. Art. L. 511-3 du Code des procédures civiles d'exécution.

580. Art. L. 511-1 et L. 511-3 du Code des procédures civiles d'exécution et art. L. 311-12-1 COJ.

581. R. Perrot et Ph. Théry, *Procédures civiles d'exécution*, Dalloz, 2000, spéc. n° 238, p. 255.

582. Sur les conditions de validité des mesures conservatoires, v. notamment, R. Perrot et Ph. Théry, *Procédures civiles d'exécution*, préc., spéc. n° 757 et s., p. 679 et s.

583. Cass. com., 18 mai 2005, *Bull. civ.* I, n° 103.

TITRE 3

LA SENTENCE ARBITRALE ET LES VOIES DE RECOURS OUVERTES À SON ENCONTRE

420 Sauf extinction de l'instance résultant de l'un des incidents précédemment décrits[1], celle-ci s'achève par une sentence arbitrale (chapitre 1), à l'encontre de laquelle sont ouvertes des voies de recours (chapitre 2).

1. V. *supra*, n° 366 et s.

CHAPITRE 1
LA SENTENCE ARBITRALE

421 **Plan.** La sentence arbitrale, dont il faudra cerner la notion (section 1), marque l'aboutissement de la procédure arbitrale, comme le jugement met fin à l'instance judiciaire. Sans doute parce que, comme lui, elle constitue un acte juridictionnel, « une décision de justice » au sens de l'article L. 511-2 du Code des procédures civiles d'exécution[1], son régime juridique est pour partie calqué sur celui du jugement s'agissant de ses conditions de confection (section 2) et de ses attributs (section 3), qui n'ont pas été bouleversés par la réforme du 13 janvier 2011. En revanche, il s'en distingue au stade de l'exécution (section 4).

SECTION 1 LA NOTION DE SENTENCE

422 **Enjeux.** Comme la notion d'arbitrage, celle de sentence arbitrale est encore débattue[2] parce qu'à cette qualification, sont attachées des conséquences juridiques importantes : seule la sentence est revêtue de l'autorité de la chose jugée, peut obtenir l'exequatur et faire l'objet d'un recours devant le juge[3]. Aussi, même si théoriquement, la qualification commande le régime, les discussions sur la nature de la décision du tribunal arbitral sont principalement liées aux conséquences juridiques que l'on souhaite lui attacher. Pour accentuer l'efficacité de l'arbitrage, il pourrait adopter une définition large de la sentence afin de permettre au plus grand nombre de décisions d'être revêtues

1. Cass. 2e civ., 12 oct. 2006, *Bull. civ.* II, n° 270 ; *D.* 2006, Pan. 3028, obs. Th. Clay ; JCP G 2007, I, 139, n° 22, obs. L. Cadiet ; *RTD civ.* 2007, p. 183, obs. R. Perrot ; TGI Chaumont (JEX), 31 janv. 2002 et Lyon, 23 avr. 2002, *Rev. arb.* 2002, p. 743, note M.-C. Rivier ; *JDI* 2003, p. 459, note G. Cuniberti.

2. V, par ex., J. Pellerin, « La sentence arbitrale, incertitudes et propositions », *Mélanges en l'honneur du professeur Pierre Mayer*, LGDJ, 2015, p. 676.

3. V. cpdt Cass. 1re civ., 17 juin 2009, *Bull. civ.* I, n° 129 ; *Rev. arb.* 2009, p. 741 (2e esp.), note C. Chainais ; JCP G 2009, I, 462 n° 3, obs. J. Ortscheidt, qui semble réserver un recours pour excès de pouvoir contre une décision arbitrale qui ne constitue pas une sentence.

de l'exequatur et, par voie de conséquence, de pouvoir faire l'objet de mesures d'exécution forcée. D'un autre côté, si l'on souhaite éviter une multiplication des recours dilatoires, l'un des moyens d'y parvenir est au contraire de consacrer une définition restrictive de la sentence. L'examen des critères d'identification de la sentence (§ 1) dégagés par la jurisprudence montre que le système juridique français a opté pour la première de ces deux approches et qu'il existe plusieurs catégories de sentence (§ 2).

§ 1. LES CRITÈRES D'IDENTIFICATION DE LA SENTENCE

423 **Silence des textes.** La sentence arbitrale n'est pas définie par le Code de procédure civile et le législateur n'a pas profité de la réforme de 2011 pour encadrer cette notion, laissant à la jurisprudence le soin d'en préciser les contours. Cet effort de qualification est pourtant nécessaire puisque de celle-ci dépend, notamment, le régime des recours éventuellement ouverts contre la décision du tribunal arbitral, qui est lui-même indisponible[4]. Cela explique que « la qualification de sentence ne dépend pas des termes retenus par les arbitres ou par les parties »[5]. Autrement dit, la volonté des litigants, ou du tribunal arbitral, est indifférente lorsqu'il s'agit de déterminer si telle ou telle décision rendue est une sentence[6]. Quelle que soit la qualification retenue, c'est le juge étatique, au moment où il assure son contrôle, qui exerçant les pouvoirs qu'il tient de l'article 12 du Code de procédure civile, va s'assurer, au besoin même d'office, qu'elle constitue une sentence au sens du droit français[7]. C'est d'ailleurs à l'occasion de ce contrôle que la jurisprudence a précisé les critères permettant de distinguer la sentence des autres décisions du tribunal arbitral, notamment de celles que l'on qualifie d'ordonnances de procédure en raison de leur objet[8]. La définition de la sentence a cependant évolué, en même temps que se sont affinés les critères utilisés pour l'identifier. Le juge français a ainsi d'abord parfois mis l'accent sur le caractère juridictionnel de l'organe ayant rendu la décision[9]. Il a ensuite recherché si le tribunal arbitral avait exercé un pouvoir juridictionnel[10], avant de s'attacher à ce critère combiné avec celui de l'existence d'un litige[11]. Enfin, au dernier état de la jurisprudence, la notion de sentence arbitrale dépend à la fois de l'autorité qui l'a rendue, de l'existence d'un litige, de l'objet du différend tranché, du caractère définitif de la décision et, quand l'arbitre s'est prononcé sur un moyen de procédure, du sens de sa

4. V. notamment, Cass. 1re civ., 20 nov. 2013, *Rev. arb.* 2014, p. 383, note D. Bureau ; JCP *G* 2013, I, 1391, spéc. n° 2, obs. Ch. Seraglini ; Paris, 29 mars 2001, *Rev. arb.* 2001, p. 543, note D. Bureau ; Cass. 1re civ., 6 avr. 1994 et Paris, 27 oct. 1994, *Rev. arb.* 1995, p. 263, note P. Level.

5. Paris, 2 avr. 2009, *Rev. arb.* 2009, p. 787, note J. Billemont ; Paris, 29 nov. 2007 et 3 juill. 2008, *Rev. arb.* 2009, p. 741 (1re et 2e esp.), note C. Chainais ; Paris, 3 juin 2004, *Rev. arb.* 2004, p. 733 ; Paris, 4 et 11 avr. 2002, *JCP* G 2003, I, 105, n° 12, obs. J. Ortscheidt ; Paris, 1er juill. 1999, *Rev. arb.* 1999, p. 834, note Ch. Jarrosson.

6. V. cependant, pour les mesures conservatoires, *infra*, n° 426.

7. Paris, 28 mars 2002, *Rev. arb.* 2002, p. 774.

8. Sur ce type de décisions, v. *infra*, n° 426.

9. Paris, 15 janv. 1985, *Rev. arb.* 1986, p. 87, note E. Mezger.

10. Paris, 17 mars 1989, *Rev. arb.* 1990, p. 727 ; Cass. 2e civ., 7 oct. 1987, *Rev. arb.* 1987, p. 479, note E. Mezger ; Paris, 7 juill. 1987, *Rev. arb.* 1988, p. 649, note E. Mezger.

11. Paris, 9 juill. 1992, *Rev. arb.* 1993, p. 303, note Ch. Jarrosson.

décision[12]. Malgré quelques soubresauts[13], ce sont en effet ces critères, cumulatifs, qui sont aujourd'hui privilégiés par le juge pour qualifier la sentence arbitrale[14].

424 **Une décision du tribunal arbitral.** La sentence arbitrale est, par hypothèse, une décision rendue par un tribunal arbitral[15]. Celles prises par les centres chargés d'organiser des arbitrages, quelle que soit la dénomination qui leur est donnée, ne sont pas des sentences arbitrales. Elles n'ont pas un caractère juridictionnel[16]. Il en est notamment ainsi des décisions de centres d'arbitrage qui se prononcent sur une demande de récusation d'un arbitre[17].

425 **Une décision qui tranche définitivement un litige.** Pour être qualifiée de sentence, la décision arbitrale doit trancher définitivement un litige[18]. Un simple avis ne constitue pas une sentence[19]. De même, l'acte qui ne contient pas de décision, mais des propositions, n'est pas une sentence[20]. Une note adressée par le président du tribunal arbitral, qui se limite à soumettre aux parties des constatations exprimées avec prudence, sollicite la communication de nouvelles pièces, envisage la nécessité de proroger le délai de l'arbitrage et réclame de nouvelles provisions, qui ne tranche aucun litige, n'est pas non plus une sentence arbitrale[21]. Pour que sa décision soit qualifiée de sentence, le tribunal arbitral doit y trancher de manière définitive, en tout ou partie, le litige[22], ce qui signifie qu'il doit trancher entre deux prétentions juridiques antagonistes et que sa décision doit être définitive sur ce point. En lui-même, ce critère ne permet d'écarter la qualification de sentence que pour certaines des décisions procédurales de l'arbitre : les mesures d'instruction qu'il ordonne et, plus largement, celles qui tendent à l'organisation et au déroulement de l'instance, dès lors qu'elles sont prises sans que ne s'élève un litige entre les parties[23]. Mais dès que le tribunal arbitral se prononce sur des prétentions juridiques contradictoires des parties, il tranche un litige. Et sa décision peut être considérée comme étant définitive s'il a véritablement statué sur tout ou partie des points litigieux soumis à son examen, s'il n'existe aucun doute qu'il a exercé son pouvoir juridictionnel[24].

12. Paris, 25 mars 1994, *Rev. arb.* 1994, p. 391, note Ch. JARROSSON.

13. V. notamment, Paris, 15 mars 2001, *Rev. arb.* 2003, p. 215, obs. Ph. FOUCHARD, et Paris, 1er juill. 1999, *Rev. arb.* 1999, p. 834, note Ch. JARROSSON, qui considèrent qu'une décision de l'arbitre qui se prononce sur un moyen de procédure sans mettre fin à l'instance est une sentence arbitrale.

14. Paris, 3 juin 2004, *Rev. arb.* 2004, p. 733 ; Paris, 4 et 11 avr. 2002, *JCP* G 2003, I, 105, nº 12, obs. J. ORTSCHEIDT.

15. V. notamment, Paris, 4 et 11 avr. 2002, préc.

16. Cass. 1re civ., 20 févr. 2001, *Rev. arb.* 2001, p. 511, note Th. CLAY ; *RCDIP* 2002, p. 124, note Ch. SERAGLINI.

17. Cass. 2e civ., 7 oct. 1987, *Rev. arb.* 1987, p. 479, note E. MEZGER, rejetant le pourvoi formé contre Paris, 15 janv. 1985, *Rev. arb.* 1986, p. 87, note E. MEZGER.

18. Ce qui suppose déjà l'existence d'un litige. V. Paris, 2 avr. 2009, *Rev. arb.* 2009, p. 787, note J. BILLEMONT.

19. Paris, 2 juill. 2013, *Rev. arb.* 2014, p. 130, note É. LOQUIN ; Paris, 21 juin 1994, *Rev. arb.* 1995, p. 290, note B. MOREAU.

20. Paris, 24 févr. 2015, *Rev. arb.* 2015, p. 1149, note P. GIRAUD.

21. Paris, 25 mai 2000, *Rev. arb.* 2001, p. 199, obs. Ph. PINSOLLE.

22. Paris, 3 juin 2004, *Rev. arb.* 2004, p. 733 ; Paris, 4 et 11 avr. 2002, *JCP* G 2003, I, 105, nº 12, obs. J. ORTSCHEIDT.

23. Par exemple celles qu'il adopte d'office.

24. Le caractère définitif de la décision rendue n'est pas lié au fait que le tribunal arbitral est dessaisi du litige qu'il a tranché. Il s'agit en effet de l'un des attributs résultant de la qualification retenue : c'est parce

426 **L'objet du litige tranché.** Pour le juge français, il ne suffit pas que la décision du tribunal arbitral tranche de manière définitive un litige pour qu'elle constitue nécessairement une sentence. La qualification dépend également de l'objet du litige sur lequel il s'est prononcé. Ainsi, il ne s'agit d'une sentence que si la question litigieuse tranchée était relative au fond, à la compétence ou à un moyen de procédure conduisant à mettre fin à l'instance[25]. Selon cette définition, la décision d'un tribunal arbitral qui se borne à prendre parti sur la recevabilité de pièces produites et sur la poursuite de l'instance n'est donc pas une sentence[26]. Plus généralement, toutes celles qui ont uniquement pour objet le déroulement de l'instance arbitrale, à moins de se prononcer sur la compétence du tribunal arbitral ou sur un moyen de procédure qui conduit à mettre fin à cette instance, ne peuvent être qualifiées de sentence[27]. Pour les distinguer de la sentence, elles sont d'ailleurs communément désignées sous le vocable d'« ordonnances de procédure »[28]. Il paraît cependant préférable de les qualifier de *mesures d'administration de l'arbitrage*, ce qui présente l'avantage de cerner plus précisément leur objet par rapport aux véritables sentences statuant sur des questions de procédure. Cette définition de la sentence arbitrale, louable en ce qu'elle évite la multiplication des recours, peut être critiquée parce qu'elle laisse hors de son champ certaines décisions méritant pourtant cette qualification[29]. Selon cette analyse, en effet, la décision arbitrale arrêtant des mesures provisoires ou conservatoires, pour la durée de l'instance, ne constitue pas une sentence, ce qui interdit d'en obtenir l'exécution forcée puisqu'elle ne peut être revêtue de l'exequatur[30]. Pour remédier à cet inconvénient, la cour d'appel de Paris a admis que des mesures conservatoires, dont les effets sont limités au cours de l'instance arbitrale, peuvent être ordonnées par voie de sentence[31]. Dans un arrêt du 7 octobre 2004, rendu en matière internationale mais dont la solution a vocation à être étendue à l'arbitrage interne compte tenu de la généralité de la formule employée par la cour d'appel, celle-ci a précisé que la mesure conservatoire ne prend pas nécessairement la forme d'une ordonnance. Il s'agit, selon la juridiction parisienne, d'un « choix de procédure » du tribunal arbitral. Se trouve ainsi consacrée l'idée, au demeurant soutenue par l'un des juges qui composaient la formation de jugement dans cette affaire, selon laquelle le tribunal arbitral peut toujours « couler » sa décision dans une sentence après avoir d'abord ordonné

que l'on se trouve en présence d'une véritable sentence qu'elle dessaisit le tribunal arbitral du litige et qu'en conséquence, celui-ci ne peut ensuite modifier sa décision.

25. Paris, 24 févr. 2015, *Rev. arb.* 2015, p. 1149, note P. Giraud ; Paris, 4 et 11 avr. 2002, préc. V. aussi, Paris, 29 nov. 2007 et Cass. 1re civ., 17 juin 2009, *Rev. arb.* 2009, p. 741 (1re esp.), note C. Chainais.

26. Paris, 3 juin 2004, préc.

27. V. notamment, Paris, 10 nov. 2005, *Rev. arb.* 2006, p. 280 (ordonnance fixant le calendrier de la procédure) ; Paris, 7 juill. 1987, préc. Paris, 29 nov. 2007 et Cass. 1re civ., 17 juin 2009, préc. (décision de l'arbitre qui se prononce sur le montant et la répartition d'honoraires d'un expert).

28. Sur ces ordonnances, v. notamment, S. Jarvin, « Les décisions de procédure des arbitres peuvent-elles faire l'objet d'un recours juridictionnel ? », *Rev. arb.* 1998, p. 611.

29. V. notamment, P. Mayer, note sous Paris, 29 avr. 2003, *JDI* 2004, p. 511, spéc. p. 518.

30. Sur les conditions de l'exequatur, v. *infra*, n° 482 et s.

31. Paris, 7 oct. 2004, *Rev. arb.* 2004, p. 982 ; *D.* 2005, Pan. 3062, obs. Th. Clay ; *JDI* 2005, p. 341, note A. Mourre et P. Pedone ; JCP G 2005, I, 134, n° 5 et 7, obs. J. Ortscheidt. Il s'agissait d'injonctions de faire assorties d'une astreinte et la cour d'appel a relevé que « le tribunal arbitral s'est définitivement prononcé le 4 avril 2002 sur la demande de mesures conservatoires qui lui avait été présentée par les sociétés Carlyle, la limitation des mesures ordonnées à la durée de l'instance ne remettant pas en cause l'autorité de la chose jugée de sa décision, que les arbitres ont pu exprimer sous forme de sentence, choix de procédure auquel aucune des parties ne s'est opposée, leur pouvoir de juger d'une demande d'urgence qui participe à la résolution du litige ».

les mesures conservatoires par ordonnance, afin de pallier l'éventuel refus d'exécution de ces mesures par l'une des parties[32]. Le procédé présente certes l'avantage de la souplesse. Mais il apparaît délicat à concilier avec l'indisponibilité des voies de recours[33]. Laisser au tribunal arbitral le choix de prononcer des mesures conservatoires sous forme d'ordonnance ou de sentence, c'est en effet abandonner à sa discrétion l'existence d'un recours en annulation à l'encontre de celle-ci. En outre, la solution retenue paraît en contradiction avec la règle, précédemment rappelée, selon laquelle la qualification de sentence ne dépend pas des termes retenus par les arbitres ou par les parties[34]. Il paraît dès lors préférable de systématiquement qualifier la décision du tribunal arbitral arrêtant des mesures conservatoires de sentence quitte, pour éviter de morceler la procédure et réduire le risque de recours dilatoire, à différer le recours jusqu'au moment de la sentence qui tranche le principal[35]. L'article 1468 du Code de procédure civile, issu de la réforme du 13 janvier 2011, incite d'ailleurs à penser qu'aujourd'hui, les mesures provisoires ou conservatoires ordonnées par le tribunal arbitral, parce qu'elles peuvent être assorties d'astreintes, le sont par voie de sentences arbitrales.

La définition consacrée par la juridiction parisienne et la Cour de cassation présente également l'inconvénient de distinguer, s'agissant des moyens de procédure sur lesquels se prononce le tribunal arbitral, selon le sens de sa décision. En effet, s'il accueille le moyen et met fin à l'instance, sa décision constitue une sentence. Au contraire, s'il écarte le moyen et que la procédure se poursuit, sa décision n'est pas qualifiée de sentence. Une telle distinction est discutable. Le sens de la décision du tribunal arbitral n'en modifie pas sa nature profonde. Lorsqu'il statue sur un moyen de procédure litigieux, il exerce un pouvoir juridictionnel, que l'instance se poursuive ou qu'elle s'arrête. Au passage, il faut noter qu'il n'est pas nécessaire, pour éviter la multiplication des recours contre les décisions statuant sur des moyens de procédure sans mettre fin à l'instance, d'écarter la qualification de sentence arbitrale. Il suffirait d'admettre qu'elles ne peuvent être frappées de recours indépendamment de la sentence qui se prononce, en tout ou partie, sur le fond du litige. Au vrai, pour faire le départ entre la sentence et la mesure d'administration de l'arbitrage, qui n'en constitue pas une, lorsque le tribunal arbitral se prononce sur des questions de procédure, il paraît préférable d'adopter le critère retenu par la cour d'appel de Paris dans un arrêt du 10 novembre 1995[36] : on se trouve en présence d'une sentence chaque fois que l'arbitre a tranché un litige sur une question de procédure « tendant à mettre fin à l'instance ».

§ 2. LES DIFFÉRENTES CATÉGORIES DE SENTENCES

427 **Présentation.** En pratique, toutes les décisions du tribunal arbitral répondant à la définition de la sentence, précédemment exposée, n'ont pas le même

32. D. Hascher, note sous sentence CCI n° 7388 du 10 févr. 1993, *JDI* 2000, p. 1107, spéc. p. 1118.
33. V. *infra*, n° 373.
34. V. *supra*, n° 423.
35. V. *infra*, n° 513. V. aussi, C. Chainais, « Les mesures provisoires dans le nouveau droit de l'arbitrage », in *L'arbitre et le juge étatique. Études de droit comparé à la mémoire de Giuseppe Tarzia*, Bruylant, 2014, spéc. n° 66, p. 313 et s., qui propose, *a minima*, de permettre à l'arbitre et aux parties de déterminer en amont la qualification juridique des décisions provisoires prises par l'arbitre en s'appuyant sur l'arrêt précité de la cour d'appel de Paris du 7 octobre 2004.
36. Paris, 10 nov. 1995, *Rev. arb.* 1997, p. 596, obs. J. Pellerin.

objet. Il est ainsi traditionnellement distingué entre les sentences finales ou définitives, les sentences partielles, les sentences mixtes, les sentences avant-dire droit, celles rendues par défaut et les sentences d'accord-parties.

428 **Sentence finale ou définitive.** Il existe deux acceptions de la sentence finale, ou définitive. Selon la première, la sentence est finale parce qu'elle tranche tout ou partie d'une question litigieuse soumise au tribunal arbitral. Peuvent alors être qualifiées de finales des sentences partielles[37] ou des sentences mixtes. En revanche, ne relèvent pas de cette catégorie celles qui se prononcent sur des questions relatives au déroulement de la procédure arbitrale[38]. Cette acception de la sentence finale apparaît trop large puisqu'elle recouvre toutes les décisions qui dessaisissent le tribunal arbitral d'une partie de la contestation, ce qui correspond en réalité à la notion même de sentence arbitrale[39]. On peut alors lui préférer une définition plus étroite : la sentence est finale lorsqu'elle constitue l'aboutissement la procédure arbitrale. Elle met fin à l'instance arbitrale, en même temps que s'achève le contrat d'arbitre. La sentence finale s'oppose alors à la sentence partielle et à la sentence mixte.

429 **Sentence partielle.** La sentence est dite partielle si elle ne se prononce que sur l'un des aspects du litige, sans dessaisir totalement le tribunal arbitral. Celui-ci demeure tenu de trancher les autres questions litigieuses. Sauf volonté contraire des parties, qui devrait alors être exprimée avant le début de l'instance[40], le tribunal arbitral peut en effet choisir de statuer sur une partie seulement des questions litigieuses par une première sentence. Il peut notamment statuer sur sa compétence, puis, ensuite, se prononcer sur le fond dans une seconde sentence. Mais, inversement, il est libre de joindre l'incident sur la compétence et le fond[41]. Le tribunal arbitral peut aussi rendre une sentence partielle sur le principe de la responsabilité, puis une autre sur le *quantum* des dommages-intérêts. Il peut, par exemple, ordonner des mesures provisoires ou conservatoires par une sentence partielle. En définitive, tout est question d'opportunité, sachant que le choix de découper l'instance par plusieurs sentences dépend aussi du délai dont dispose le tribunal arbitral pour statuer. La sentence partielle recouvre deux autres catégories de sentences : les sentences mixtes et les sentences avant-dire droit.

430 **Sentence mixte et sentence avant-dire droit.** La sentence mixte est celle qui tranche une partie du litige et, dans le même temps, ordonne une mesure provisoire ou une mesure d'instruction. Cette expression, peu employée dans l'arbitrage, est empruntée à la pratique judiciaire française. La sentence mixte s'oppose à la sentence finale, en son acception étroite, en ce qu'elle ne met pas fin à l'instance arbitrale. La sentence avant-dire droit se distingue de la précédente en ce qu'elle ne dessaisit le tribunal arbitral d'aucun aspect du litige. Elle prépare uniquement la décision à venir sur le fond, en ordonnant par exemple des mesures conservatoires ou provisoires[42]. Cette distinction entre, d'un côté, la sentence mixte et, de l'autre, la sentence avant-dire droit, permet

37. V. *infra*, n° 429.

38. On peut au demeurant douter que des décisions ayant cet objet soient de véritables sentences arbitrales compte tenu de la définition consacrée par le juge français (v. *supra*, n° 426).

39. V. *supra*, n° 423 et s.

40. Sur le rôle de la volonté des parties et de l'arbitre dans la conduite de la procédure, v. *supra*, n° 371 et s.

41. Paris, 10 mars 1995, *Rev. arb.* 1996, p. 143, obs. Y. Derains.

42. En revanche, compte tenu de la définition actuelle de la sentence, le tribunal arbitral ne devrait pas pouvoir ordonner des mesures d'instruction par une sentence avant-dire droit.

de faire le départ entre les sentences susceptibles d'un recours immédiat devant le juge du contrôle et celles qui ne le sont pas[43]. Le recours ouvert contre les secondes est en principe différé ; il doit être formé en même temps que la sentence qui tranche le litige sur le fond.

431 **Sentence par défaut.** Ce type de sentences ne se distingue des précédents que parce que la sentence a été rendue en l'absence de l'une des parties à la convention d'arbitrage, pourtant régulièrement appelée à participer à l'instance. La partie ne se présente pas devant le tribunal arbitral. Dès lors que celle-ci a été appelée en la cause, il peut statuer sans méconnaître le principe de la contradiction[44]. Toutes les catégories de sentences précédemment décrites sont susceptibles d'être rendues par défaut. En elle-même, une sentence ainsi qualifiée ne présente pas de spécificité particulière. Elle demeure notamment soumise aux mêmes recours que les autres sentences.

432 **Sentence d'accord-parties.** La sentence d'accord-parties est celle qui constate l'accord des litigants sur la question litigieuse en cours d'instance, le tribunal arbitral ne pouvant être, dès l'origine, saisi d'une demande, conjointe ou non, tendant uniquement à voir constater l'accord de parties[45]. L'arbitrage suppose en effet un litige ; lorsqu'il fait défaut, il ne saurait y avoir d'arbitrage. Lorsque pendant le cours de l'instance, les parties transigent et mettent fin au litige, même si la transaction a, en elle-même, l'autorité de la chose jugée en droit français, celles-ci peuvent souhaiter que leur accord soit constaté de manière plus solennelle, par une sentence arbitrale, elle-même assortie de l'autorité de la chose jugée. Cela facilite l'exécution de l'accord et permet d'éviter de respecter le formalisme de la transaction et, plus généralement, de l'acte sous seing privé.

SECTION 2 LA CONFECTION DE LA SENTENCE

433 **Plan.** Schématiquement, parce qu'en pratique elles sont souvent confondues, l'élaboration de la sentence arbitrale est marquée par deux étapes principales. La première est presque exclusivement intellectuelle : il s'agit du délibéré (§ 1). La seconde, plus matérielle, consiste à rédiger la sentence (§ 2).

§ 1. LE DÉLIBÉRÉ

434 **Division.** Le tribunal arbitral supporte une obligation de délibérer (A) et les délibérations doivent demeurer secrètes (B).

43. V. *infra*, n° 513.
44. V. *supra*, n° 387.
45. V. *supra*, n° 317. La décision des arbitres, pour recevoir la qualification de sentence arbitrale, doit être motivée ; elle ne peut se contenter de constater l'accord des parties en son dispositif (Cass. 1re civ., 14 nov. 2012, *JCP* G 2012, I, 1354, n° 2, obs. J. Ortscheidt ; *Rev. arb.* 2013, p. 138, note J. Billemont).

A. L'OBLIGATION DE DÉLIBÉRER

435 **Principe.** L'exigence d'un délibéré résulte de l'article 1476, alinéa 1er, du Code de procédure civile, qui prévoit que « le tribunal arbitral fixe la date à laquelle le délibéré sera prononcé »[46]. Elle ressort aussi de l'article 1479 du même code, qui dispose que « les délibérations du tribunal arbitral sont secrètes »[47]. Cette exigence est d'ordre public, « car elle est de nature à garantir les droits des plaideurs »[48] et la nature juridictionnelle de la décision rendue[49]. Elle permet en effet d'assurer l'effectivité de la collégialité qui, autrement, perdrait tout sens[50] : si les parties ont confié à plusieurs arbitres le soin de trancher leur litige, c'est bien pour que la sentence soit le fruit d'une discussion entre eux[51]. Et, lorsque c'est un arbitre unique qui doit se prononcer, il est légitime d'attendre de lui qu'il se donne le temps de la réflexion pour rendre la meilleure sentence possible. Délibérer, c'est en effet essentiellement réfléchir, seul ou à plusieurs, pour parvenir à une décision[52].

436 **Portée de l'obligation.** Elle est double. En premier lieu, le tribunal arbitral doit fixer la date du délibéré. Cette formalité est essentielle puisqu'en l'absence d'un calendrier plus rigoureux, « au cours du délibéré, aucune demande ne peut être formée, aucun moyen soulevé et aucune pièce produite, si ce n'est à la demande du tribunal arbitral »[53]. Ainsi, même si les observations ou productions ne sont pas systématiquement irrecevables après que l'affaire a été mise en délibéré[54], la fixation de la date du délibéré correspond, en quelque sorte, à celle de la clôture de l'instruction devant le juge étatique. À ceci près qu'elle peut ici intervenir après l'audience des débats. La procédure arbitrale n'étant pas nécessairement écrite, à défaut de règle contraire adoptée par elles ou par le tribunal arbitral[55], les parties peuvent en effet soulever de nouvelles demandes ou de nouveaux moyens au cours de cette audience. En outre, même si elle est en pratique très utile pour éviter les demandes et productions tardives, la fixation de la date du délibéré « ne constitue pas une formalité d'ordre public » et « n'ouvre pas le recours en annulation de la sentence »[56]. Elle n'est, de plus, soumise à aucun

46. L'art. 1468, al. 1, ancien CPC précisait que « l'arbitre fixe la date à laquelle l'affaire sera mise en délibéré ».

47. Art. 1469 ancien CPC.

48. Paris, 5 avr. 1973, *Rev. arb.* 1974, p. 17, note G. Flécheux.

49. L.-C. Delanoy, « La Cour de cassation et le principe de collégialité en droit français de l'arbitrage », *Cah. arb.* 2010, p. 863, spéc. p. 867.

50. J.-D. Bredin, « Le secret du délibéré arbitral », in *Études offertes à P. Bellet*, Litec, 1991, p. 71, spéc. n° 3, p. 72. V. aussi, Paris, 16 janv. 2003, *D.* 2003, somm., p. 2479, obs. Th. Clay ; *JDI* 2004, p. 161, note K. Kessedjian, qui relève que« l'exigence du délibéré représente une règle fondamentale de la procédure qui garantit la nature juridictionnelle de la décision à laquelle parvient le tribunal arbitral ; que le principe de collégialité suppose [...] que chaque arbitre ait la faculté de débattre de toute décision avec ses collègues ».

51. M.-C. Rondeau-Rivier, « Arbitrage – La sentence arbitrale », refondu par É. Loquin, *J. Cl. Proc. Civ.*, fasc. 1042, n° 16.

52. J.-P. Dumas, « Secret de juges », in *Le droit privé français à la fin du XXe siècle. Études offertes à P. Catala*, Litec, 2001, p. 179.

53. Art. 1476, al. 2, CPC. Art. 1468, al. 2, ancien CPC.

54. Elles sont recevables si elles ont été contradictoirement débattues (v. *supra*, n° 388).

55. V. *supra*, n° 380 et 381.

56. Paris, 6 nov. 1997, *Rev. arb.* 1998, p. 706, obs. Y. Derains ; Cass. 2e civ., 12 déc. 1990, *Rev. arb.* 1991, p. 317, note Ph. Théry.

formalisme. Le tribunal arbitral peut par exemple informer les parties de la date du délibéré par lettre simple.

Une fois la date du délibéré fixée, le tribunal arbitral doit, en second lieu, véritablement délibérer sur le litige qui lui est soumis. À défaut, même si l'article 1483 du Code de procédure civile ne renvoie pas à l'article 1479 précité, la sentence pourrait ensuite être annulée, sur le fondement de l'article 1492.5° du même code, car alors, la solution qu'elle consacrerait heurterait l'ordre public[57]. Il faut cependant bien comprendre la portée de la règle et de sa sanction. Sa mise en œuvre ne doit pas permettre à un arbitre inféodé à la partie qui l'a désigné, lorsqu'il devine que la sentence ne sera pas favorable à cette dernière, de volontairement s'abstenir de participer au délibéré pour ouvrir grande la porte du recours en annulation. Si l'absence de délibération d'un arbitre est la conséquence de ses manœuvres dilatoires, la sentence ne doit pas être annulée. Il suffit en effet que tous les membres du tribunal arbitral aient été mis en mesure de participer effectivement au délibéré pour que l'exigence découlant des articles 1476 et 1479 du Code de procédure civile soit satisfaite. En revanche, la responsabilité de l'arbitre qui, sans motif légitime, a volontairement refusé de participer au délibéré, pourra sans doute être engagée[58]. La preuve de l'absence de délibéré, qui pèse sur celui qui s'en prévaut[59], est difficile à rapporter. La mention de l'existence d'une délibération dans la sentence, par quelque formule que ce soit[60], fait en effet foi jusqu'à inscription de faux, compte tenu de la force probante reconnue à la sentence[61]. Il a aussi été jugé que la signature de la sentence, aujourd'hui exigée par l'article 1480 du Code de procédure civile[62], fait présumer de ce que les arbitres ont délibéré[63]. Et l'on peut admettre que la mention de ce qu'un arbitre a refusé de signer la sentence, par exemple parce qu'il a émis une opinion dissidente, fait aussi présumer de l'existence du délibéré[64]. En tout cas, le refus de signer la sentence ne prouve pas que l'arbitre a refusé de participer au délibéré[65].

437 **Forme du délibéré.** Le délibéré, qui peut être très bref puisqu'il n'existe pas de règle relative à sa durée[66], n'est soumis à aucune exigence de forme[67]. Sauf convention des parties, ou exigence particulière résultant d'un règlement d'arbitrage applicable, le tribunal arbitral dispose de « toute liberté pour organiser son délibéré »[68]. Il faut simplement qu'une véritable discussion s'instaure entre les arbitres. Le délibéré peut donc prendre la forme d'un débat oral, ce qui constitue sans doute la meilleure façon pour

57. V. *supra*, n° 435.
58. V. *supra*, n° 303.
59. Paris, 3 oct. 2002, *Rev. arb.* 2002, p. 1052.
60. Notamment par celle consistant à faire précéder les motifs par la formule « après en avoir délibéré ».
61. V. *infra*, n° 479 et s.
62. Art. 1473 ancien CPC.
63. Cass. 1re civ., 1er avr. 2015, *JCP* G 2015, I, 877, n° 2, obs. J. Ortscheidt ; *Rev. arb.* 2015, p. 1177, obs. L. Weiller ; Paris, 5 avr. 1973, *Rev. arb.* 1974, p. 17, note G. Flécheux. V. aussi, Ph. Fouchard, note sous Cass. 2e civ., 2 janv. 1981, *Rev. arb.* 1982, p. 425.
64. Comp. Paris, 16 janv. 2003, *D.* 2003., somm., p. 2479, obs. Th. Clay ; *JDI* 2004, p. 161, note K. Kessedjian, qui a déduit l'existence du délibéré, en matière internationale, du texte de l'opinion dissidente d'un arbitre qui se référait à des passages de la sentence.
65. Paris, 14 févr. 2017, *Cah. arb.* 2017, p. 110.
66. Paris, 3 oct. 2002, *Rev. arb.* 2002, p. 1052.
67. Cass. 2e civ., 2 janv. 1981, *Rev. arb.* 1982, p. 425, note Ph. Fouchard.
68. Paris, 10 févr. 1984, *Rev. arb.* 1985, p. 176, obs. Th. Bernard.

les membres du tribunal arbitral de confronter leurs opinions[69]. Mais pour des raisons pratiques, liées à l'éloignement des membres du tribunal arbitral, ceux-ci peuvent très bien se concerter par correspondance. Toutes les formules sont donc envisageables. Les arbitres peuvent ainsi s'échanger des projets de sentences ou des questionnaires avant d'arriver à s'accorder sur le texte définitif de la sentence, et ce par courrier, courriel ou télécopie. Ils peuvent même délibérer par vidéoconférence. En pratique, il a pu être observé que la méthode du délibéré variait selon la personnalité du président du tribunal[70], qui, le plus souvent, l'organise matériellement[71]. La seule exigence véritable, quant au déroulement du délibéré, tient à ce que les arbitres expriment leurs opinions puisque la sentence doit être rendue à la majorité des voix.

438 **Majorité requise.** L'article 1480, alinéa 1er, du Code de procédure civile dispose que « la sentence arbitrale est rendue à la majorité des voix »[72]. Cette règle est la conséquence de la collégialité du tribunal arbitral : c'est parce que les décisions sont prises collégialement que la sentence doit refléter l'opinion majoritaire. En pratique, la majorité devrait se dégager relativement aisément dès lors que le droit de l'arbitrage interne consacre par ailleurs la règle de l'imparité des membres du tribunal arbitral[73]. Chacun des arbitres peut cependant avoir une opinion qu'il ne partage pas avec les autres sur un point litigieux précis. Dans cette situation, à défaut de convention des parties réglant la question, et puisque le droit français de l'arbitrage interne ne donne pas voix prépondérante au président du tribunal arbitral[74], la sentence peut alors s'avérer impossible à rendre si les arbitres n'arrivent pas à concilier leurs positions. Il faut également noter que si la sentence doit être rendue à la majorité, le Code de procédure civile ne prévoit pas qu'elle doit le mentionner. Cela dit, la règle de la majorité est aujourd'hui prévue à peine de nullité de la sentence. En effet, contrairement aux dispositions antérieures à la réforme du 13 janvier 2011[75], l'article 1483 du Code de procédure civile renvoie à l'article 1480, en son entier, lorsqu'il énonce les dispositions prescrites à peine de nullité de la sentence[76]. L'article 1492.6° du Code de procédure civile précise d'ailleurs que le recours en annulation est ouvert si la sentence « n'a pas été rendue à la majorité des voix ». Pour éviter toute contestation, même si la régularité de la sentence peut être établie par d'autres pièces de la procédure[77], et si sa signature par tous les arbitres fait présumer qu'elle a été rendue à la majorité[78], il peut être prudent que la sentence mentionne qu'elle a bien été rendue à la majorité des voix.

---

69. J.-D. Bredin, « Retour au délibéré arbitral », in *Liber Amicorum Claude Reymond autour de l'arbitrage. Mélanges offerts à Cl. Reymond*, Litec, 2004, p. 43, spéc. p. 46 ; Cl. Reymond, « Le président du tribunal arbitral », in *Études offertes à P. Bellet*, Litec, 1991, p. 467, spéc. p. 478.

70. J.-D. Bredin, « Retour au délibéré arbitral », préc., spéc. p. 47.

71. Sur le rôle du président du tribunal arbitral, v. *supra*, n° 402.

72. Art. 1470 ancien CPC.

73. V. *supra*, n° 248 et s.

74. Contrairement au droit de l'arbitrage international, puisque l'art. 1513, al. 3, CPC prévoit que « à défaut de majorité, le président du tribunal arbitral statue seul » (v. *infra*, n° 878).

75. Art. 1470 et 1480 anciens CPC.

76. Ch. Jarrosson et J. Pellerin, « Le droit français de l'arbitrage après le décret du 13 janvier 2011 », *Rev. arb.* 2011, p. 5, spéc. n° 53, p. 37.

77. Art. 1483, al. 2, CPC.

78. Paris, 23 févr. 2016, *Rev. arb.* 2016, p. 352 ; Cass. 1re civ., 1er avr. 2015, JCP *G* 2015, I, 877, n° 2, obs. J. Ortscheidt ; *Rev. arb.* 2015, p. 1177, obs. L. Weiller ; Paris, 29 oct. 2013, *Rev. arb.* 2013, p. 1079.

B. LE SECRET DU DÉLIBÉRÉ

439 **Principe.** Les délibérations du tribunal arbitral « sont secrètes », comme le prévoit l'article 1479 du Code de procédure civile[79]. Il s'agit de l'une des facettes de la confidentialité de la procédure arbitrale[80]. Le secret du délibéré emporte l'interdiction pour tout tiers d'y assister, et *a fortiori*, d'y participer. Il oblige aussi les arbitres à ne pas révéler le contenu de leurs délibérations[81]. Plusieurs raisons justifient que le délibéré demeure secret. D'abord, cela préserve l'indépendance d'esprit et la liberté de décision des arbitres en les mettant à l'abri d'éventuels reproches des parties qui les ont désignés : en cachant le sens de l'opinion de chacun, on protège les arbitres d'éventuelles pressions ou mesures de rétorsion. Ensuite, le secret du délibéré renforce l'égalité des parties en évitant que l'une d'elles accède à des informations privilégiées lui permettant de se préparer au résultat, au détriment de l'autre[82]. Enfin, l'autorité morale de la sentence est affaiblie lorsque l'on sait qu'elle n'a pas été rendue à l'unanimité des arbitres. La violation du secret du délibéré ne constitue, cependant, pas une cause de nullité de la sentence[83], ce qui permet d'éviter les indiscrétions dont le seul objet serait précisément de provoquer cette nullité[84].

440 **Exceptions.** Le secret du délibéré connaît des exceptions dans l'arbitrage. La plus importante est liée à la structure du tribunal arbitral. En effet, s'il n'y a pas de décision collégiale, il ne peut y avoir de délibéré qui soit secret. L'opinion de l'arbitre unique est nécessairement connue de tous. Mais le droit français de l'arbitrage consacre une autre atteinte au secret du délibéré, lorsqu'il admet qu'un arbitre peut refuser de signer la sentence[85]. Dans cette situation en effet, « l'arbitre minoritaire viole, avec le consentement de la loi, le secret du délibéré », puisqu'il « exprime son opinion, qu'il en donne ou non les motifs »[86]. En revanche, la précision que la sentence a été rendue à l'unanimité ne méconnaît pas les dispositions de l'article 1479 précité[87], puisque ni l'opinion individuelle de chacun des arbitres, ni la façon dont s'est déroulé le délibéré ne sont révélés par cette mention. De la même façon, l'indication que la sentence a été rendue à la majorité des voix, puisqu'elle ne constitue qu'un rappel de la règle énoncée par l'article 1480, alinéa 1er, du Code de procédure civile, n'est pas non plus attentatoire du secret du délibéré.

441 **Opinion minoritaire.** La question de savoir si, à ces deux entorses au secret du délibéré, peut s'en ajouter une autre, liée la publication de l'opinion dissidente de l'un

79. Art. 1469 ancien CPC.

80. Sur laquelle, v. *supra*, n° 399 et s.

81. Bordeaux, 14 janv. 1993, *Rev. arb.* 1993, p. 682, note D. Cohen.

82. J.-L. Delvolvé, « Vraies et fausses confidences, ou les petits et grands secrets de l'arbitrage », *Rev. arb.* 1996, p. 373, spéc. n° 14, p. 380.

83. Paris, 9 oct. 2008, *Rev. arb.* 2009, p. 352, note J.-B. Betto et A. Canivet, qui rappelle que « le secret du délibéré n'est pas plus une cause d'annulation de la sentence en droit international qu'en droit interne » ; Paris, 19 mars 1981, *Rev. arb.* 1982, p. 84, note J. Viatte.

84. J.-D. Bredin, « Le secret du délibéré arbitral », in *Études offertes à P. Bellet*, Litec, 1991, p. 71, spéc. n° 9, p. 76.

85. Sur cette faculté, v. *supra*, n° 296 et *infra*, n° 446.

86. J.-D. Bredin, « Le secret du délibéré arbitral », préc., spéc. n° 9, p. 76.

87. Bordeaux, 14 janv. 1993, *Rev. arb.* 1993, p. 682, note D. Cohen. *Contra*, Rouen, 16 avr. 1986, *Rev. arb.* 1988, p. 327, obs. Th. Bernard.

des arbitres, est largement débattue[88]. Pratiquement, il apparaît en effet délicat de soutenir que le secret des délibérations n'est pas violé dans une telle hypothèse, au motif que l'arbitre minoritaire ne révèle pas l'opinion des autres arbitres en communiquant les raisons de son désaccord[89]. De quelque manière qu'elle soit rédigée, l'opinion dissidente permet en effet toujours d'éclairer l'avis des autres arbitres[90]. En cela, tout comme le refus de signer la sentence, la révélation de l'opinion divergente de l'un des arbitres porte nécessairement atteinte au secret du délibéré. Une telle entorse au secret du délibéré paraît inopportune[91]. D'une part, parce qu'elle offre l'occasion à l'arbitre partisan de montrer qu'il a « fait le travail » pour lequel il pense avoir été choisi, ce qui porte atteinte à la crédibilité de l'arbitrage. D'autre part, parce qu'elle affaiblit l'autorité de la décision du tribunal arbitral en révélant l'existence d'une fracture entre ses membres. Enfin, parce qu'elle encourage la partie qui a succombé à engager des recours, en se prévalant notamment de cette opinion et du poids de son auteur.

§ 2. LA RÉDACTION DE LA SENTENCE

442 **Écrit.** La sentence arbitrale est nécessairement écrite. Si aucun texte ne l'exige directement, la nécessité de rendre la sentence par écrit se déduit des articles 1480, 1481 et 1472 du Code de procédure civile, qui prévoient qu'elle doit être motivée, signée par tous les arbitres et que doivent y figurer certaines mentions à peine de nullité. La règle s'infère également de l'article 1487 du même code, qui précise que pour obtenir l'exequatur, « l'original » de la sentence doit être déposé au greffe de la juridiction compétente. Faute d'écrit, la sentence ne pourra donc recevoir l'exequatur et faire l'objet de mesures d'exécution forcée. Bien plus, le non-respect de certaines des règles de forme énoncées aux textes précités étant sanctionné par la nullité de la sentence, la nécessité d'un écrit constitue une condition de validité, et non une simple règle de preuve de la sentence. La sentence, comme le jugement, étant un acte juridictionnel, le décret du 14 mai 1980, dont les règles ont été reprises par le décret du 13 janvier 2011, a soumis sa rédaction à des exigences pour partie calquées sur celles applicables au jugement. Elle doit en effet comporter certaines des mentions imposées pour les jugements (A), et être motivée (B).

88. V. notamment, J.-D. Bredin, « Le secret du délibéré arbitral », préc., spéc. nº 12, p. 79 ; Th. Clay, *L'arbitre*, Dalloz, Nouvelle Bibliothèque de Thèses, 2001, spéc. nº 854 et s., p. 651 et s. ; A. de Fontmichel, M. Donato et A. Meyniel, « Vue d'ensemble du régime juridique du délibéré arbitral en droit français de l'arbitrage », *Cah. arb.* 2014, p. 207, spéc. p. 213 ; Ch. Jarrosson, note sous Paris, 15 oct. 1991, *Rev. arb.* 1991, p. 643 ; J.-F. Poudret, « Légitimité de l'opinion dissidente dans le silence de la loi ? Poursuite d'un débat amical », in *Liber Amicorum Claude Reymond autour de l'arbitrage. Mélanges offerts à Cl. Reymond*, Litec, 2004, p. 243 ; M.-C. Rondeau-Rivier, « Arbitrage – La sentence arbitrale », refondu par É. Loquin, *J. Cl. Proc. Civ.*, fasc. 1042, spéc. nº 28.

89. Cl. Reymond, *in* P. Lalive, J.-F. Poudret et Cl. Reymond, *Le droit de l'arbitrage interne et international en suisse*, Payot, Lausanne, 1989, spéc. p. 417.

90. J.-F. Poudret, « Légitimité de l'opinion dissidente dans le silence de la loi ? Poursuite d'un débat amical », préc., spéc. p. 251.

91. Pour un exposé complet des obstacles à la publication de l'opinion dissidente, v. notamment, J.-F. Poudret, « Légitimité de l'opinion dissidente dans le silence de la loi ? Poursuite d'un débat amical », préc.

A. LES MENTIONS OBLIGATOIRES

443 **Division.** Afin de contrôler le respect par l'arbitre d'une partie de ses obligations fondamentales, certaines mentions de la sentence sont exigées à peine de nullité par les articles 1483 et 1492.6° du Code de procédure civile (1). D'autres, moins importantes, ne sont pas assorties d'une telle sanction (2).

1. Les mentions prévues à peine de nullité de la sentence

444 **Nom des arbitres.** L'article 1481.3° du Code de procédure civile dispose que la sentence contient l'indication « du nom des arbitres qui l'ont rendue »[92]. Cette règle est prescrite à peine de nullité de la sentence, selon l'article 1483 du même code[93]. Elle permet de s'assurer que la sentence a été rendue par les arbitres nommés par les parties et par des personnes qui présentaient toutes les qualités requises pour être arbitre[94].

445 **Date de la sentence.** Pour contrôler qu'elle n'a pas été rendue hors délai[95], et parce que c'est à ce moment qu'elle acquiert l'autorité de la chose jugée[96], il résulte de la combinaison des articles 1481.4° et 1483 du Code de procédure civile que la sentence doit, à peine de nullité, comporter l'indication de sa date[97]. Elle peut figurer à quelque endroit que ce soit dans la sentence[98] et y être apposée concomitamment ou immédiatement après son dépôt au greffe du tribunal de grande instance[99]. Si l'absence de date est sanctionnée par la nullité de la sentence, en revanche, la simple erreur quant à cette date ne l'est pas et peut faire l'objet d'une rectification d'erreur matérielle[100]. Il a aussi été jugé que l'observation de la prescription légale « devant résulter de la sentence elle-même, l'omission de l'indication de sa date ne peut être réparée ou suppléée par des documents extrinsèques »[101]. En outre, en cas de contradiction entre les mentions relatives, d'une part, à la date de la sentence et, d'autre part, à celle à laquelle elle a été signée par les arbitres, c'est cette dernière mention qui prévaut[102]. La sentence est d'ailleurs présumée rendue à la date à laquelle elle a été signée[103].

446 **Signature de la sentence.** Les articles 1480, alinéa 1er, et 1483 du Code de procédure civile imposent aussi la signature de tous les arbitres à peine de nullité de la sentence[104]. Cette exigence permet de s'assurer que la sentence est le fruit de la collégialité. Le texte impose uniquement que la sentence comporte au moins la signature de

92. Art. 1472 ancien CPC.
93. Paris, 18 nov. 1993, *Rev. arb.* 1994, p. 505, note É. Loquin.
94. Sur ces qualités, v. *supra*, n° 217 et s.
95. Sur le délai de l'arbitrage, v. *supra*, n° 321 et s.
96. V. *infra*, n° 457.
97. Paris, 20 juin 1989, *Rev. arb.* 1992, p. 85, note J.-J. Arnaldez.
98. Paris, 12 sept. 2002, *Rev. arb.* 2002, p. 1045.
99. Paris, 6 mai 1993, *Rev. arb.* 1997, p. 274, obs. C. Vergne.
100. Paris, 12 sept. 2002, *Rev. arb.* 2003, p. 173, note M.-A. Boursier ; Cass. 2e civ., 30 sept. 1999, *Rev. arb.* 2000, p. 267, note J.-G. Betto.
101. Cass. 2e civ., 9 nov. 2000, n° 98-21476.
102. Cass. 1re civ., 4 mai 2017, *Rev. arb.* 2017, p. 770 ; Paris, 15 mars 2016, *Rev. arb.* 2016, p. 356.
103. Paris, 22 mai 1980, *Rev. arb.* 1982, p. 264 (1re esp.), note J.-B. Blaise.
104. Cass. 1re civ., 3 oct. 2006, *Rev. arb.* 2008 (1re esp.), p. 79, note Ch. Jarrosson ; *D.* 2006, Pan., p. 3033, obs. Th. Clay.

chacun des arbitres mais pas que ceux-ci en paraphent toutes les pages[105]. Matériellement, il n'est pas non plus exigé que la sentence soit signée par les arbitres au siège de l'arbitrage. Elle peut être signée par un échange de correspondances entre les arbitres[106]. Un arbitre peut, par exemple, signer à distance la dernière page de la sentence et l'adresser ensuite par télécopie[107]. De plus, afin d'éviter que la nullité de la sentence ne soit laissée à la volonté de l'un des arbitres, l'alinéa 3 de l'article 1480 prévoit que cette sanction n'est pas encourue en cas de refus d'une minorité des arbitres de signer la sentence et s'il y est fait mention de ce refus pas les autres arbitres[108]. La sentence qui n'est pas signée par une minorité d'arbitres est donc valable lorsqu'elle précise qu'ils ont refusé de la signer. Inversement, elle doit être annulée si elle n'est signée que par deux des trois arbitres, sans que ne soit mentionné le refus de signer du troisième[109]. L'indication du refus d'un arbitre de signer ne requiert aucune formule sacramentelle. Elle peut résulter, par exemple, de la mention de ce que la sentence est signée « conformément à l'article 1480 » précité[110]. De plus, le motif du refus de signer de l'arbitre minoritaire n'a pas à figurer dans la sentence[111].

447 **Régime de la nullité.** Le régime de la nullité de la sentence ne comportant pas l'une des mentions des articles 1480 et 1481 du Code de procédure civile n'est pas celui traditionnellement prévu pour les vices de forme. Pour la Cour de cassation, « la sentence arbitrale ayant le caractère d'une décision juridictionnelle, la nullité résultant du défaut d'indication de sa date n'est pas soumise aux dispositions applicables à la nullité des actes de procédure »[112]. L'annulation est donc encourue même si l'irrégularité ne cause aucun grief à celui qui l'invoque[113]. L'article 1492.6° du Code de procédure civile ne subordonne d'ailleurs pas le bien-fondé du grief d'annulation de la sentence, tiré de ce qu'elle est affectée d'une cause de nullité prévue par les articles 1480 et 1481, à la preuve d'un préjudice.

En revanche, la nullité ne peut être prononcée si la preuve du respect des prescriptions légales peut être rapportée indépendamment des mentions de la sentence. En effet, calquant la solution sur celle consacrée par l'article 459 du Code de procédure civile pour les jugements, le décret du 13 janvier 2011 a innové sur ce point et l'article 1483, alinéa 2, du même code dispose : « Toutefois, l'omission ou l'inexactitude d'une mention destinée à établir la régularité de la sentence ne peut entraîner la nullité de celle-ci s'il est établi, par les pièces de la procédure ou par tout autre moyen, que les prescriptions légales ont été, en fait, observées ». Ainsi, comme deux auteurs avertis l'ont justement observé, lorsque la date de la sentence a été omise, celle de son envoi aux parties ou à leurs représentants peut suppléer cet oubli, et si la sentence ne mentionne pas le nom des arbitres, cette omission peut être corrigée en rapprochant leurs signatures,

105. Paris, 26 juin 1987, *Rev. arb.* 1990, p. 905, obs. B. Moreau.

106. Paris, 22 sept. 1995, *Rev. arb.* 1996 (1re esp.), p. 100, note E. Gaillard.

107. Paris, 30 mai 2006, *Rev. arb.* 2007, p. 837, note Ch. Jarrosson.

108. Art. 1473, al. 2, ancien CPC.

109. Paris, 28 mai 1998, *Rev. arb.* 1999, p. 858, obs. J. Pellerin ; Paris, 27 oct. 1988, *Rev. arb.* 1990, p. 908, obs. B Moreau.

110. V. sous l'empire de l'art. 1473 ancien CPC, Paris, 5 juill. 1990, *Rev. arb.* 1991, p. 359, obs. B. Moreau.

111. Paris, 15 oct. 1991, *Rev. arb.* 1991, p. 643, note Ch. Jarrosson.

112. Cass. 2e civ., 9 nov. 2000, n° 98-21399.

113. Paris, 8 sept. 2015, *Rev. arb.* 2015, p. 1219 ; Cass. 1re civ., 3 oct. 2006, *Rev. arb.* 2008 (1re esp.), p. 79, note Ch. Jarrosson ; *D.* 2006, Pan., p. 3033, obs. Th. Clay.

telles qu'elles figurent sur la sentence, avec celles résultant d'autres documents portant leurs noms, notamment un acte de mission[114].

2. Les autres mentions

448 **Prétentions et moyens des parties.** L'article 1482, alinéa 1er, du Code de procédure civile, qui reprend la règle posée pour les jugements par l'article 455, alinéa 1er, du même code, prévoit que « la sentence arbitrale expose succinctement les prétentions respectives des parties et leurs moyens »[115]. Puisque l'exposé peut être succinct, l'arbitre n'est pas tenu de rappeler tous les échanges de mémoires et de pièces[116]. Il suffit d'un bref rappel des demandes et des moyens de fait et de droit qui les justifient. De plus, à l'inverse de la solution consacrée pour les jugements, la règle n'est pas prévue à peine de nullité de la sentence[117]. Pour autant, ce rappel, parfois fastidieux, ne doit pas être négligé par le tribunal arbitral : il l'oblige, en toute fin d'instance, à revoir à nouveau les prétentions et moyens des parties et à les synthétiser, ce qui réduit le risque de statuer *infra* ou *ultra petita*.

449 **Lieu où la sentence est rendue.** Aucune disposition légale ne détermine ou ne limite la compétence territoriale du tribunal arbitral[118]. Aucun texte ne l'oblige à effectuer au même lieu tous les actes nécessaires à l'exécution de sa mission, dont les débats et le prononcé de la sentence[119]. L'article 1481.5° du Code de procédure civile prévoit seulement que la sentence doit indiquer le lieu où elle « a été rendue »[120]. Cette précision est importante, puisque c'est auprès du tribunal de grande instance dans le ressort duquel la sentence a été rendue que l'exequatur peut être sollicité[121]. De même, les recours ouverts contre la sentence sont portés devant la cour d'appel située dans ce ressort. En pratique, le lieu où la sentence a été rendue ne coïncide pas nécessairement avec le siège matériel de l'arbitrage. Il ne correspond pas forcément non plus au lieu où la sentence a été effectivement signée par les arbitres. Pratiquement, ceux-ci ne se sont d'ailleurs peut-être pas réunis au même endroit pour remplir cette formalité. Puisqu'il n'existe pas de disposition obligeant le tribunal arbitral à prononcer la sentence lors d'une audience et que le délibéré n'est soumis à aucun formalisme[122], le lieu où la sentence a été rendue devrait, en principe, être celui où, matériellement au moins, elle a été élaborée. Il ressort toutefois d'un arrêt rendu par la deuxième chambre civile de la Cour de cassation le 9 février 1994 que lorsque la convention d'arbitrage fixe le siège de l'arbitrage, cela « ne signifie pas que toute la procédure arbitrale » doit s'y dérouler obligatoirement, mais seulement que la sentence doit y être prononcée[123]. Et, selon la

114. Ch. Jarrosson et J. Pellerin, « Le droit français de l'arbitrage après le décret du 13 janvier 2011 », *Rev. arb.* 2011, p. 5, spéc. n° 53, p. 38.
115. Art. 1471, al. 1, ancien CPC.
116. Paris, 5 juill. 1990, *Rev. arb.* 1991, p. 359, obs. B. Moreau.
117. Paris, 6 nov. 1997, *Rev. arb.* 1998, p. 706, obs. Y. Derains.
118. Cass. 2e civ., 9 févr. 1994, *Bull. civ.* II, n° 49 ; *Rev. arb.* 1995, p. 127, note P. Veron ; *RTD com.* 1994, p. 477, obs. J.-Cl. Dubarry et É. Loquin.
119. Cass. 2e civ., 9 févr. 1994, préc.
120. Art. 1472 ancien CPC.
121. V. *infra*, n° 483.
122. V. *supra*, n° 437.
123. Cass. 2e civ., 9 févr. 1994, préc.

Cour régulatrice, ceci « a des conséquences quant à l'exercice des voies de recours ». Autrement dit, en présence d'une clause qui fixe le siège de l'arbitrage, la sentence est réputée rendue en ce lieu, qui constitue le siège légal plus que matériel de l'arbitrage ; elle y est juridiquement localisée. Sauf à risquer son annulation pour méconnaissance de la mission confiée à l'arbitre, elle ne pourra donc pas préciser qu'elle a été rendue en un autre endroit.

450 **Identification des parties.** L'article 1481.2° du Code de procédure civile exige que la sentence contienne l'indication « des noms, prénoms ou dénomination des parties ainsi que de leur domicile ou siège social »[124]. Une erreur ou omission s'agissant de l'une ou l'autre de ces mentions, qui peut être source de difficultés d'exécution de la sentence, n'entraîne pas la nullité de celle-ci[125].

451 **Identification des représentants et conseils des parties.** L'article 1481.2° prévoit aussi, reproduisant à l'identique la formule de l'article 454 du Code de procédure civile, applicable aux jugements, que la sentence mentionne, le cas échéant, le « nom des avocats ou de toute personne ayant représenté ou assisté les parties »[126]. Les parties peuvent en effet se faire représenter ou assister devant l'arbitre, par toute personne de leur choix[127].

452 **Dispositif.** Le tribunal arbitral n'est pas obligé d'énoncer sa décision sous forme de dispositif[128]. Cette exigence, posée par l'article 455, alinéa 2, du Code de procédure civile pour les jugements, n'a pas été transposée dans l'arbitrage. D'ailleurs, contrairement à l'article 480 du même code qui limite la chose jugée au dispositif du jugement, l'article 1484 prévoit que c'est « la sentence » qui a l'autorité de la chose jugée, et non pas l'une ou l'autre de ses énonciations[129]. La formalité du dispositif est cependant très utile et, en pratique, souvent adoptée. Elle permet en effet d'énoncer sous une forme ramassée la décision retenue par le tribunal arbitral pour chacun des chefs de demandes des parties. Ce procédé rédactionnel facilite la lecture de la sentence et permet aux parties d'en saisir très rapidement le sens, puisque celles-ci n'ont pas à rechercher, au détour de chacun des motifs, les décisions du tribunal arbitral. Le contrôle du juge étatique sur la recevabilité du recours est également simplifié en présence d'un dispositif : le juge peut immédiatement s'apercevoir si la sentence tranche ou non une partie du litige.

124. Art. 1472 ancien CPC.

125. Paris, 10 déc. 2009, *Rev. arb.* 2010, p. 329, note P. Duprey ; Paris, 6 nov. 1997, *Rev. arb.* 1998, p. 706, obs. Y. Derains, pour l'absence de mention dans la sentence des noms, prénoms des parties et de leurs domiciles ; Paris, 28 juin 1991, *Rev. arb.* 1992, p. 633, obs. J. Pellerin, pour le défaut d'indication du prénom d'une partie ; Paris, 22 mars 1985, *Rev. arb.* 1987, p. 78, obs. B. Moreau, pour la dénomination inexacte d'une partie.

126. Art. 1472 ancien CPC.

127. V. *supra*, n° 390 et s.

128. Paris, 1er févr. 2018, *Cah. arb.* 2018, p. 129 ; Pau, 22 févr. 2011, *Rev. arb.* 2011, p. 287 ; Cass. 2e civ., 25 mars 1999, *Rev. arb.* 1999, p. 311, note J.-B. Racine. V. aussi, Ch. Jarrosson et J. Pellerin, « Le droit français de l'arbitrage après le décret du 13 janvier 2011 », *Rev. arb.* 2011, p. 5, spéc. n° 52, p. 36.

129. Sur l'étendue de l'autorité de la chose jugée attachée à la sentence, v. *infra*, n° 468 et s.

B. LA MOTIVATION

1. Principe

453 **Exigence d'ordre public.** L'article 1482, alinéa 2, du Code de procédure civile dispose que la sentence arbitrale « est motivée »[130]. La règle, prévue à peine de nullité de la sentence[131], relève de l'ordre public interne[132]. C'est sans doute l'ordre public de direction qui est en cause, la motivation de la sentence constituant une garantie essentielle de bonne justice. Elle assure la transparence de l'arbitrage, renforce sa qualité et, surtout, permet de vérifier que les droits de la défense ont été respectés. La motivation de la sentence permet en effet d'abord aux parties de vérifier qu'il ne s'agit pas d'une décision purement arbitraire ou inspirée par la partialité[133]. Ses motifs révèlent qu'elle est le fruit d'un raisonnement fondé sur des considérations juridiques, ou équitables lorsque le tribunal arbitral statue en qualité d'amiable compositeur. Dans le même ordre d'idées, la motivation permet aussi aux parties de se rendre compte de la manière dont leur litige a été tranché par la juridiction dans laquelle elles ont placé leur confiance. Cet aspect pédagogique de la sentence n'est pas négligeable. Certes, énoncer les motifs d'une décision, c'est inévitablement prendre le risque de l'exposer à la critique, à l'esprit de chicane. Mais globalement, la partie qui a succombé est plus naturellement portée à exécuter spontanément la sentence, ou en tout cas à s'abstenir d'exercer des recours inutiles, si elle connaît les raisons de sa défaite. L'exigence de motivation a sans doute aussi pour conséquence d'améliorer la qualité de la sentence. Les parties sont mieux jugées quand le tribunal arbitral est tenu de motiver sa sentence que lorsqu'il peut taire les raisons qui le conduisent à se déterminer dans un sens plutôt que dans un autre. Surtout, et c'est là l'intérêt essentiel de l'obligation posée par l'article 1482, alinéa 2, du Code de procédure civile, si le défaut de motif ne peut être considéré, en lui-même, comme portant atteinte aux droits de la défense, la motivation aide à s'assurer que ces droits n'ont pas été méconnus. L'expression des motifs de sa décision, par le tribunal arbitral, permet ainsi de vérifier, en premier lieu, qu'il a été « fait écho à chaque charnière de l'argumentation » des parties[134]. En d'autres termes, même si aujourd'hui, la sentence ne peut être annulée pour défaut de réponse à conclusions[135], la motivation révèle aux parties qu'il a bien été répondu à leurs moyens, ce qui, par voie de conséquence, facilite aussi la réception par elles de la décision. Toujours dans un même souci de s'assurer du respect des droits de la défense, la motivation permet de contrôler que le principe de la contradiction a été respecté et, notamment, que le tribunal arbitral n'a pas statué sur un moyen qu'il a soulevé d'office sans inviter préalablement les parties à s'en expliquer. D'ailleurs, sans motif, il est également difficile de vérifier que le tribunal

130. Art. 1471, al. 2, ancien CPC.

131. Art. 1483, al. 1er, et 1492.5° CPC.

132. Paris, 15 déc. 1972, *Rev. arb.* 1973, p. 98, note E. Mezger ; Paris, 20 avr. 1972, *Rev. arb.* 1973, p. 84, note É. Loquin.

133. J.-L. Delvolvé, « Essai sur la motivation des sentences arbitrales », *Rev. arb.* 1989, p. 149, spéc. p. 165 ; plus généralement, v. aussi, E. Garçonnet et Ch. Cézar-Bru, *Traité théorique et pratique de procédure civile et commerciale*, 3e éd., 1913, Tome III, n° 656, p. 327 *in limine* ; E. Glasson, A. Tissier et R. Morel, *Traité théorique et pratique d'organisation judiciaire, de compétence et de procédure civile*, 3e éd., 1929, tome III, n° 744, p. 39.

134. H. Motulsky, *Études et notes de procédure civile*, préface de G. Cornu et J. Foyer, Dalloz, T.1, 1973, n° 29, p. 80.

135. V. *infra*, n° 536.

arbitral a respecté les termes de sa mission et, notamment, qu'il a répondu à toutes les questions qui lui ont été posées par les parties. Enfin, la motivation facilite le contrôle de la conformité de la sentence à l'ordre public.

2. Étendue de l'obligation

454 **Amiable composition et arbitrage « de qualité ».** Que le tribunal arbitral statue en droit ou en équité, il reste soumis à l'obligation de motiver sa sentence.

Selon l'article 1478 du Code de procédure civile, « l'arbitre tranche le litige conformément aux règles de droit, à moins que, dans la convention d'arbitrage, les parties ne lui aient conféré mission de statuer comme amiable compositeur »[136]. Dès lors, s'il est de principe que l'arbitre tranche le litige en application de règles de droit, comme le ferait un juge[137], il peut également, si les parties en conviennent, le trancher en équité, en tant qu'amiable compositeur. Toutefois, l'arbitre ne peut s'octroyer lui-même le pouvoir d'amiable compositeur, sous peine d'exposer sa sentence à la censure pour non-respect de sa mission[138]. L'arbitrage « en équité » suppose que les parties l'aient spécialement prévu. Elles peuvent cependant le faire de façon indirecte, en plaçant leur arbitrage sous l'égide d'une institution dont le règlement d'arbitrage prévoit que le tribunal arbitral statuera en qualité d'amiable compositeur[139]. Par ailleurs, la Cour de cassation a déjà admis que les arbitres « en droit » qui ont évalué une indemnité *ex aequo et bono* sont néanmoins restés dans le cadre de leur mission, dès lors qu'il pouvait être déduit du raisonnement qu'ils avaient suivi que, « malgré les termes qu'ils ont employés, les arbitres n'avaient pas entendu s'affranchir des règles de droit »[140]. Aussi, la sentence ne sera annulée que « s'il est établi que les arbitres ont à l'évidence usé de pouvoirs qui ne leur étaient pas conférés »[141].

L'arbitrage « en équité » met au premier plan le souci de rendre une décision juste, ne résultant pas forcément d'une stricte application de la loi[142]. La cour d'appel de Paris a ainsi résumé les conséquences d'une clause d'amiable composition : « La clause d'amiable composition est une renonciation conventionnelle aux effets et au bénéfice de la règle de droit, les parties perdant la prérogative d'en exiger la stricte application et les arbitres recevant corrélativement le pouvoir de modifier ou de modérer les conséquences des stipulations contractuelles dès lors que l'équité ou l'intérêt commun bien

136. V. auparavant, ancien art. 1474 CPC.

137. Non pas tellement parce que la loi le lui commande, mais plutôt parce qu'il est présumé que les parties ont entendu lui confier la mission de trancher selon les règles de droit. Cela explique que la méconnaissance de cette règle par l'arbitre soit sanctionnée au titre de la méconnaissance de la mission qui lui avait été confiée par les parties (art. 1492.3° CPC ; et auparavant, ancien art. 1484.3° CPC).

138. V. récemment, Cass. 1re civ., 12 oct. 2011, *sté Groupe Antoine Tabet c/République du Congo*, *Rev. arb.* 2012 (1re esp.), p. 91, note É. Loquin (arrêt rendu en matière internationale).

139. Paris, 7 mai 2009, *Rev. arb.* 2009, p. 648.

140. Cass. 2e civ., 30 sept. 1981, *Rev. arb.* 1982, p. 431, note É. Loquin ; JCP 1982, II, 19752, note P. Level ; et plus récemment, rendu en matière d'arbitrage international, pour l'évaluation du quantum d'un préjudice, Paris, 17 janv. 2008, *Rev. arb.* 2008, p. 333, note N. Mélin ; JCP G 2008, I, 164, n° 7, obs. J. Béguin.

141. Paris, 28 févr. 1980, *Rev. arb.* 1980, p. 538, note É. Loquin.

142. Sur le sujet, v. É. Loquin, *L'amiable composition en droit comparé et international*, Litec, 1980 ; « Pouvoirs et devoirs des amiables compositeurs », *Rev. arb.* 1985, p. 199.

compris des parties l'exige »[143]. L'arbitre amiable compositeur peut ainsi écarter les conséquences que commanderait l'application rigoureuse des règles de droit si elles lui apparaissent inéquitables en l'espèce. Il peut également exercer son pouvoir modérateur à l'égard des dispositions contractuelles et en modifier les conséquences en fonction des circonstances. Selon la jurisprudence, ce pouvoir modérateur ne peut toutefois aller jusqu'à modifier l'économie du contrat en substituant aux obligations contractuelles des obligations nouvelles ne répondant pas à l'intention commune des parties[144].

Lorsqu'il dispose effectivement des pouvoirs d'amiable compositeur, l'arbitre doit rendre une décision motivée[145]. L'étendue de cette obligation a d'ailleurs été renforcée par la Cour de cassation. Partant de l'idée que l'équité doit toujours gouverner l'amiable compositeur, même s'il estime préférable d'appliquer une règle de droit[146] et qu'ainsi, l'amiable compositeur qui se limite à l'application stricte du droit viole ou trahit sa mission[147], la Cour régulatrice était un temps revenue sur la règle selon laquelle « le défaut de référence à l'équité ne peut à lui seul ouvrir le droit à l'annulation de la sentence, dès qu'il ressort des motifs retenus par l'arbitre que la sentence est également fondée sur l'équité »[148]. Accentuant ainsi la distinction entre l'arbitrage en droit strict et l'arbitrage en amiable composition, il a été exigé de l'arbitre amiable compositeur, qui choisit d'appliquer la règle de droit, qu'il s'explique expressément sur la conformité de cette règle à l'équité et, plus largement même, sur les considérations d'équité l'ayant conduit à se prononcer[149]. Ainsi, l'application du droit devait être conforme à l'équité[150] et l'arbitre devait s'en expliquer. La solution, très rigoureuse et très formaliste[151], a par la suite semblé être assouplie par la Cour de cassation[152] qui est toutefois ultérieurement revenue à une exigence de référence à l'équité par le tribunal arbitral qui a reçu les pouvoirs d'amiable compositeur[153]. Cette solution dispensait certes le juge d'un

143. Paris, 28 nov. 1996, *Rev. arb.* 1997, p. 381, note É. Loquin ; v. également Paris, 4 nov. 1997, *Rev. arb.* 1998, p. 704, obs. Y. D.

144. Paris, 4 nov. 1997, préc. V. également : Cass. 1re civ., 12 juill. 2017, n° 16-18328 ; Paris, 8 mars 2016, *Rev. arb.* 2016, p. 883, obs. P. Giraud ; *JCP* G 2016, I, 900, n° 1, obs. J. Ortscheidt.

145. V. notamment, Paris, 28 nov. 1996, préc. ; Cass. 2e civ., 25 oct. 1995, *Bull.* civ. II, n° 251 ; Paris, 26 janv. 1988, *Rev. arb.* 1988, p. 307, note Ch. Jarrosson.

146. En ce sens, v. notamment, G. Chabot, note sous Cass. 2e civ., 15 févr. 2001, *JCP* G 2002, II, 10038, spéc. p. 450 ; R. Perrot, obs. sous Cass. 2e civ., 15 févr. 2001, *Procédures* 2001, comm. 78.

147. É. Loquin, *L'amiable composition en droit comparé et international*, préc., n° 467 et s. ; « Pouvoirs et devoirs de l'amiable compositeur », préc. V. aussi, G. Cornu, « Présentation de la réforme », *Rev. arb.* 1980, p. 583, spéc. n° 15.

148. Paris, 20 mai 1982, *Rev. arb.* 1989, p. 280, note L. Idot ; v. aussi, Paris, 18 déc. 1992, *Rev. arb.* 2001, p. 147.

149. Cass. 2e civ., 10 juill. 2003, *JCP* G 2004, I, 119, n° 4, obs. Ch. Seraglini ; *Rev. arb.* 2003, p. 1361, obs. J.-G. Betto ; *D.* 2003, som., p. 2474, obs. Th. Clay ; *RTD com.* 2004, p. 252, obs. É. Loquin ; v. aussi, Cass. 2e civ., 15 févr. 2001, *Rev. arb.* 2001, p. 135 (1re esp.), note É. Loquin ; Cass. 2e civ., 18 oct. 2001, *Rev. arb.* 2002, p. 359, note Ch. Jarrosson.

150. Telle qu'entendue par l'arbitre lui-même puisque le juge ne peut, du fait du principe de non-révision au fond de la sentence arbitrale (v. *infra*, n° 536), contrôler la pertinence des appréciations de l'arbitre à cet égard.

151. Ch. Seraglini, obs. sous Cass. 2e civ., 10 juill. 2003, préc.

152. Cass. 2e civ., 8 juill. 2004, *JCP* G 2004, I, 179, n° 4, obs. Ch. Seraglini. V. aussi, Cass. 1re civ., 28 nov. 2007, *D.* 2008, AJ, p. 26, obs. X. Delpech ; *ibid*, Pan., p. 187, obs. Th. Clay ; JCP G 2008, I, 164, n° 1, obs. J. Béguin ; *Rev. arb.* 2008, p. 99, note V. Chantebout ; *RTD com.* 2008, p. 521, obs. É. Loquin.

153. Cass. 1re civ., 17 déc. 2008, *Bull. civ.* I, n° 284 ; JCP G 2009, II, 10013, note J. Béguin ; *D.* 2009, p. 2967, obs. Th. Clay ; *D.* 2009, p. 557, obs. X. Delpech ; *RTD com.* 2009, p. 550, obs. É. Loquin, qui censure un arrêt d'appel faute pour la cour, qui avait infirmé la sentence et devait statuer en qualité

contrôle du bien-jugé de la décision[154]. Toutefois, l'obligation ainsi imposée à l'arbitre amiable compositeur pouvait sembler quelque peu formelle, puisque, compte tenu de l'interdiction faite au juge de l'annulation de réviser au fond la sentence arbitrale[155], il ne s'agissait pas pour ce dernier d'apprécier le bien-fondé des motifs et appréciations de l'arbitre dans la résolution du litige. Le juge devait seulement vérifier que l'arbitre avait fait usage de son pouvoir d'amiable compositeur, et non l'équité de la solution adoptée par lui, l'existence de motifs d'équité et non leur pertinence. Autrement dit, si le juge devait s'en tenir aux apparences, cela risquait, d'une part, de faire de la référence à l'équité une clause de style aux vertus salvatrices rendant l'obligation imposée à l'arbitre bien artificielle et, d'autre part, de conduire à l'inverse le juge à sanctionner le simple oubli par l'amiable compositeur de la mention « équitable » dans sa sentence[156]. Cette dernière solution apparaîtrait alors excessivement rigoureuse : ne rien dire sur l'équité n'exclut pas de rendre une décision équitable ; à l'inverse, une référence expresse à l'équité ne garantit pas qu'elle a été effectivement prise en compte par l'arbitre. Au surplus, l'arbitre « en droit » qui prendrait en compte l'équité sans le dire, aurait, quant à lui, de fortes chances de ne pas être sanctionné, à tout le moins lorsque les parties n'auront pas expressément prévu la possibilité d'un appel de la sentence, compte tenu de l'interdiction faite au juge de l'annulation de contrôler le bien-fondé de la motivation retenue par l'arbitre, alors que l'arbitre amiable compositeur qui ferait de même, le serait. Par ailleurs, imposer, à l'inverse, à l'amiable compositeur, et afin d'éviter les simples clauses de style dans les sentences se référant de façon générale à l'équité, de s'expliquer sur la conformité à l'équité de chacune des règles de droit qu'il applique, serait une obligation bien lourde, pouvant ouvrir la voie à une multiplication des recours en annulation[157].

La Cour de cassation est par la suite revenue à une solution plus mesurée. Il est certes toujours exigé de l'arbitre amiable compositeur qu'il use de ses pouvoirs d'équité et qu'il confronte à l'équité les solutions du litige qui se déduisent de la seule application de la loi ou du contrat[158]. Mais il est admis que la simple absence de référence expresse à l'équité dans sa sentence n'établit pas qu'il ne s'est pas conformé à cette mission. Le juge peut rechercher des motifs implicites de référence à l'équité et estimer, dans ce cadre, qu'un arbitre qui a retenu une décision qui ne s'imposait pas juridiquement, a ainsi tranché en amiable compositeur. Ainsi, pour reprendre les termes d'un arrêt de la cour d'appel de Paris, « si la prise en considération de l'équité peut ne pas

d'amiable compositeur, de « faire aucune référence à l'équité ou à la mission d'amiable compositeur qui lui avait été conférée ». v. aussi, J. Béguin, « Arbitrage en amiable composition : contrôle de l'appréciation en équité », *JCP* G 2009, II, 10013.

154. J. Béguin, « L'étonnante liberté de l'arbitre amiable compositeur », in *De code en code, Mélanges en l'honneur du Doyen Georges Wiederkehr*, Dalloz, 2009, p. 1.

155. À tout le moins lorsque les parties n'ont pas stipulé la possibilité d'un appel de la sentence, le recours en annulation étant devenu le recours de droit commun, et l'appel l'exception, depuis le décret du 13 janvier 2011 ; v. *infra*, n° 504 et 530. Sur l'interdiction de la révision au fond faite au juge de l'annulation, v. *infra*, n° 536.

156. V. Ch. Seraglini, obs. préc., *JCP* G 2004, I, 119, n° 4.

157. L'application de cette jurisprudence à l'arbitrage international serait particulièrement problématique, puisque les arbitres internationaux, de traditions juridiques différentes, n'ont pas tous la même conception des exigences liées à l'exercice du pouvoir d'amiable composition : v. *infra*, n° 883 et s.

158. Cette obligation s'impose également à la cour d'appel dans le cadre d'un appel (et non d'un simple recours en annulation) contre la sentence arbitrale : Cass. 1re civ., 17 déc. 2008, *JCP* G 2009, I, 148, n° 1, obs. J. Béguin ; *D.* 2009, p. 173, obs. X. Delpech ; *RTD com.* 2009, p. 550, obs. É. Loquin.

être explicite, elle d[evrait] cependant résulter d'une façon certaine de la motivation de la sentence »[159]. La motivation d'arrêts plus récents de la Cour de cassation, selon laquelle « le tribunal arbitral, auquel les parties ont conféré mission de statuer comme amiable compositeur, doit faire ressortir dans sa sentence qu'il a pris en compte l'équité »[160] et exigeant que le juge vérifie que l'arbitre a « pris en compte des considérations d'équité »[161], traduit cette idée et marque un assouplissement de la Haute juridiction sur ce point.

L'obligation de motiver la sentence s'impose aussi lorsque l'arbitrage est dit « de qualité ». Le tribunal arbitral qui apprécie la qualité d'une denrée, au regard des stipulations contractuelles et des normes en vigueur dans la profession considérée, doit énoncer les motifs de sa décision. Mais l'exigence est ici réduite à sa plus simple expression : il suffit que le tribunal arbitral constate la conformité ou la non-conformité du produit aux conditions contractuelles pour que sa décision respecte l'article 1482, alinéa 2, du Code de procédure civile[162].

455 **Motifs implicites.** Si la sentence doit être motivée, cette motivation peut demeurer implicite. En principe, motiver la sentence c'est, pour le tribunal arbitral, expliquer, dans le corps de sa décision, les raisons de « son choix entre les thèses opposées » des parties[163]. Mais il est admis que la justification de ce choix peut résulter implicitement de l'ensemble de la sentence[164]. Le tribunal arbitral n'est en effet pas tenu de suivre les parties dans le détail de leurs argumentations respectives[165], ni de consacrer un motif particulier à chacun des points litigieux ou ayant pu l'être ou à chaque chef de demande[166]. Au demeurant, le « grief tiré du défaut de réponse à des chefs de conclusions n'entre dans aucun des cas d'ouverture du recours en annulation » de la sentence[167]. La motivation sur tel ou tel point litigieux peut donc se déduire du raisonnement logique de l'arbitre sur d'autres points litigieux.

456 **Motivation adéquate et exempte de contradiction.** Le tribunal arbitral doit motiver la sentence « au regard des points litigieux soulevés par les parties »[168]. Pour ne pas apparaître comme un acte arbitraire, il ne suffit pas, en effet, que la sentence comporte un motif. Sans doute, le bien-fondé de la décision du tribunal arbitral échappant au contrôle du juge étatique, celui-ci n'exige pas que la motivation de la sentence soit

159. Paris, 6 oct. 2011, *Rev. arb.* 2011, p. 1094. V. aussi, Cass. 1re civ., 24 mai 2018, n° 17-18796, *JCP* G 2018, 1322, n° 2, obs. Ch. Seraglini.

160. Cass. 1re civ., 1er févr. 2012, *Bull. civ.* I, n° 14 ; *Rev. arb.* 2012, p. 91 (2e esp.), note É. Loquin.

161. Cass. 1re civ., 12 juin 2014, n° 13-18596 ; Cass. 1re civ., 21 nov. 2012, n° 11-12145 et 11-12197. V. aussi, Cass. 1re civ., 24 mai 2018, n° 17-18796.

162. Paris, 30 janv. 1992, *Rev. arb.* 1993, p. 111, obs. Ch. Jarrosson, pour un arbitrage international, la solution retenue étant transposable dans l'arbitrage interne.

163. Paris, 28 juin 1988, *Rev. arb.* 1989, p. 328, obs. J. Pellerin.

164. Paris, 17 janv. 2002, *Rev. arb.* 2002, p. 202.

165. Paris, 1er déc. 2010, *Rev. arb.* 2011, p. 277 ; Paris, 30 mars 2006, *Rev. arb.* 2006, p. 484 ; Paris, 7 avr. 1994, *Rev. arb.* 1996, p. 57.

166. Paris, 12 sept. 2002, *Gaz. Pal.*, 20-21 déc. 2002, p. 14.

167. Cass. 2e civ., 31 janv. 2002, *Bull. civ.* II, n° 9.

168. Cass. 2e civ., 31 janv. 2002, préc. V. aussi, Paris, 25 mars 2004, *Rev. arb.* 2004, p. 671, note J. Ortscheidt.

pertinente[169] ou convaincante[170], c'est-à-dire qu'elle révèle qu'il a été correctement statué sur les prétentions respectives des parties en application de la règle de droit appropriée. Mais, indépendamment même de l'étendue du contrôle exercé, l'obligation de motiver ne pouvant se réduire à ce qui permet d'éviter la censure du juge une fois la sentence rendue, le motif formulé devrait toujours être adéquat, en rapport avec l'objet du litige. Le tribunal arbitral ne peut pas dire n'importe quoi pour justifier formellement sa décision. Autrement, on peut douter que celle-ci mérite la qualification de sentence arbitrale tant la motivation est consubstantielle à l'acte de juger. La motivation doit aussi être intelligible. Techniquement en effet, un motif inintelligible ne permet pas de saisir le raisonnement du tribunal arbitral. Il ne s'agit donc pas d'un motif adéquat puisque si la motivation existe, elle est incompréhensible. Elle n'est pas, matériellement au moins, en rapport avec les termes du débat fixés par les prétentions respectives des parties. La motivation doit encore être exempte de contradiction. Là encore, peu importe la nature du contrôle exercé par le juge étatique. Même si celui-ci ne censure plus la contradiction de motifs[171], le tribunal arbitral ne doit pas entacher sa sentence d'un tel vice. Le motif contradictoire est en effet un motif inintelligible. La sentence est hermétique parce que les raisons exprimées sont contradictoires. Et, en définitive, elle n'est pas véritablement motivée puisqu'il est impossible de saisir ce qui a conduit le tribunal arbitral à statuer dans un sens ou dans un autre.

457 **Motivation et pouvoir discrétionnaire du tribunal arbitral.** Il a été jugé que le tribunal arbitral n'avait pas à motiver sa sentence lorsqu'il fait usage d'un pouvoir discrétionnaire que lui confère une règle du droit interne. Un tel pouvoir discrétionnaire existe lorsque la loi, au sens large, confie un pouvoir de juger sans donner aucune directive sur la manière dont il convient d'en faire usage[172]. Ainsi, le tribunal arbitral n'a pas à « spécialement motiver » sa décision de fixer à une date autre que la sentence le point de départ des intérêts moratoires de l'article 1153-1 du Code civil, qui prévoit qu'en « toute matière, la condamnation à une indemnité emporte intérêts au taux légal même en l'absence de demande ou de disposition spéciale du jugement » et que, « sauf disposition contraire de la loi, ces intérêts courent à compter du prononcé du jugement à moins que le juge n'en décide autrement »[173]. Cette solution est critiquable. D'abord, il n'existe aucune raison valable de décharger le tribunal arbitral de son obligation de motiver la sentence sur le *dies a quo* des intérêts légaux. Certes, le juge n'a pas à expliquer sa décision lorsqu'il fixe le point de départ des intérêts à une date différente de celle du prononcé du jugement[174]. Mais cette solution, contestée en droit judiciaire privé[175], n'est pas transposable dans l'arbitrage. Elle y est dénuée de fondement puisqu'à l'inverse de la Cour de cassation, le juge de l'annulation ne contrôle pas l'application correcte, au fond, de la

169. Paris, 27 juin 2002, *Rev. arb.* 2003, p. 428, note C. LEGROS. Sur le contrôle de la motivation, v. *infra*, n° 555.
170. Paris, 8 nov. 2001, *Rev. arb.* 2001, p. 925.
171. V. *infra*, n° 536.
172. Sur la définition du pouvoir discrétionnaire, v. G. MARTY, *La distinction du fait et du droit*, Thèse Toulouse, 1929, Sirey, spéc. p. 271 ; J. BORÉ et L. BORÉ, *La cassation en matière civile*, Dalloz Action, 2009/2010, n° 66.31 et s.
173. Paris, 25 mars 2004, *Rev. arb.* 2004, p. 671, note J. ORTSCHEIDT.
174. ass. plén., 3 juill. 1992, *JCP* G 1992, II, 21898, concl. D. H. DONTENWILLE et note A. PERDRIAU.
175. A. BÉNABENT, « Le désintérêt des intérêts ? », in *Études offertes à Jacques Ghestin. Le contrat au début du XXI*e *siècle*, LGDJ, 2001, p. 113, spéc. p. 114.

règle de droit[176]. Quels que soient le point de départ des intérêts retenu par le tribunal arbitral et le motif justifiant son choix, la sentence ne peut être annulée pour violation de l'article 1153-1 du Code civil. Le juge de l'annulation ne risque donc pas de « se perdre dans l'exégèse artificielle de l'œuvre de ceux qui ont charge de statuer au quotidien »[177]. Or, c'est très précisément ce risque qui explique que la Cour de cassation dispense le juge de motiver sa décision de déplacer le point de départ des intérêts. Ensuite, l'obligation de motiver la sentence relevant de l'ordre public interne[178], celle-ci doit toujours être respectée par le tribunal arbitral. Il n'existe aucune raison valable justifiant qu'il en soit dispensé sur une question aussi lourde d'incidence sur les droits et obligations des parties que celle du point de départ des intérêts moratoires. Plus largement, quelle que soit la liberté du tribunal arbitral dans la mise en œuvre d'une règle de droit, il doit motiver sa sentence. Il serait en effet incompréhensible d'exiger de l'amiable compositeur, qui statue en équité, qu'il justifie sa décision et, dans le même temps, de libérer l'arbitre en droit de cette obligation simplement parce que la loi lui laisse toute liberté pour fixer le point de départ des intérêts moratoires.

SECTION 3 LES ATTRIBUTS DE LA SENTENCE

458 **Plan.** On distingue traditionnellement les effets des attributs d'un jugement[179]. Les premiers résultent de la volonté du juge qui, lorsqu'il dit le droit, modifie l'ordonnancement juridique. Les seconds présentent un caractère extrinsèque par rapport à la décision du juge et y sont automatiquement attachés. Si l'on discute encore le point de savoir si la sentence est une décision et produit des effets au sens précédemment évoqué, si c'est la sentence ou la règle qu'elle consacre qui, en définitive, influe sur la situation des parties[180], il est en revanche bien établi, parce que le droit français de l'arbitrage le prévoit, que comme le jugement, la sentence est dotée de plusieurs attributs. Dès qu'elle est rendue, la sentence arbitrale emporte en effet certaines conséquences, indépendamment de ce qu'a jugé le tribunal arbitral. D'abord, même si elle ne comporte aucune précision sur ce point, la condamnation prononcée emporte intérêts au taux légal à compter de sa date, lorsque le tribunal arbitral ne peut plus être saisi[181]. Surtout, le tribunal arbitral est dessaisi une fois la sentence rendue (§ 1),

176. V. *infra*, n° 536.
177. D. H. Dontenwille, concl. préc.
178. V. *supra*, n° 453.
179. V. notamment, J. Héron et Th. Le Bars, *Droit judiciaire privé*, LGDJ, 6e éd., 2015, n° 347 et s., p. 281 et s.
180. V. notamment, S. Bollée, *Les méthodes du droit international privé à l'épreuve des sentences arbitrales*, préf. P. Mayer, Economica, 2004, spéc. n° 264 et s., p. 185 et s.
181. Cass. 1re civ., 30 juin 2004, *Bull. civ.* I, n° 189 ; JCP G 2005, I, 134, n° 6, obs. J. Béguin ; *D.* 2004, somm., p. 3185, obs. Th. Clay ; *Rev. arb.* 2005, p. 645, note R. Libchaber ; *RTD com.* 2005, p. 267, obs. É. Loquin ; *JDI* 2005, p. 785 note M. Raimon. V. aussi, Civ., 1re, 9 janv. 2007, *JCP* G 2007, I, 168, n° 10, obs. J. Ortscheidt. Il n'en est pas de même lorsque le tribunal a fixé des intérêts, même lorsque leurs modalités de calcul ne peuvent être déterminées ; le juge de l'exécution ne peut alors « substituer un taux

celle-ci est assortie de l'autorité de la chose jugée (§ 2), et certaines de ses mentions ont force probante jusqu'à inscription de faux (§ 3).

§ 1. LE DESSAISISSEMENT DU TRIBUNAL ARBITRAL

459 **Présentation.** Le tribunal arbitral se trouve dans la même position que le juge étatique une fois la contestation tranchée : il est dessaisi du litige. La sentence finale rendue, il ne peut plus se prononcer sur une question qu'il a déjà tranchée ou qui ne lui a pas été soumise en temps utile[182]. L'article 1485, alinéa 1er, du Code de procédure civile dispose en ce sens que « la sentence dessaisit le tribunal arbitral de la contestation qu'elle tranche »[183]. L'alinéa second de ce texte prévoit cependant des aménagements (B) à ce principe (A), puisqu'il énonce que « toutefois, à la demande d'une partie, le tribunal arbitral peut interpréter la sentence, réparer les erreurs et omissions matérielles qui l'affectent ou la compléter lorsqu'il a omis de statuer sur un chef de demande. Il statue après avoir entendu les parties ou celles-ci appelées »[184].

A. LE PRINCIPE

460 **Fondement.** Le fondement du principe du dessaisissement du tribunal arbitral est double : contractuel et juridictionnel[185]. D'un point de vue contractuel, le tribunal a épuisé ses pouvoirs au regard du contrat qui l'a institué une fois qu'il a rendu sa sentence ; il a « exécuté la part d'obligations qui avait été mise » à sa charge par la convention d'arbitrage[186]. Puisqu'il tire ses pouvoirs de la convention d'arbitrage, le tribunal arbitral ne peut se prononcer à nouveau sur la contestation déjà tranchée. La sentence rendue, il ne peut donc en principe la modifier. À défaut, il se prononcerait sans convention d'arbitrage et, pour cette raison[187], sa seconde sentence pourrait alors être annulée par le juge du contrôle[188]. De plus, lorsqu'il rend sa sentence, le contrat d'arbitre prend fin si le tribunal arbitral a achevé la mission qui lui avait été confiée[189]. Lorsque l'on envisage, ensuite, l'aspect juridictionnel de sa fonction, le dessaisissement apparaît comme le corollaire indispensable de l'autorité de la chose jugée attachée à la sentence[190] : pour préserver l'immutabilité de ce qui a été jugé, le tribunal arbitral ne doit pas disposer du pouvoir de modifier sa sentence.

d'intérêts à un autre sans modifier la sentence » (Cass. 1re civ., 13 sept. 2017, *Rev. arb.* 2018, p. 221, note R. Libchaber ; *JCP* G 2017, I, 1326, n° 3, obs. J. Ortscheidt).

182. Paris, 30 juin 1995, *Rev. arb.* 1996, p. 533, obs. L. Kiffer.

183. Art. 1475, al. 1 ancien CPC.

184. Art. 1475, al. 2 ancien CPC.

185. B. Moreau, « Le prononcé de la sentence entraîne-t-il le dessaisissement de l'arbitre ? », in *Études de procédure et d'arbitrage. Mélanges Jean-François Poudret*, Faculté de droit de Lausanne, 1999, p. 453, spéc. p. 472.

186. B. Moreau, « Le prononcé de la sentence entraîne-t-il le dessaisissement de l'arbitre ? », préc., spéc. p. 473.

187. Sur ce cas d'ouverture à annulation de la sentence, v. *infra*, n° 540 et s.

188. Cass. 2e civ., 5 avr. 1994, *Rev. arb.* 1995, p. 68 (3e esp.).

189. Th. Clay, *L'arbitre*, Dalloz, Nouvelle Bibliothèque de Thèses, 2001, spéc. n° 973, p. 731.

190. Sur cette autorité, v. *infra*, n° 467 et s.

461 **Étendue.** Une fois la sentence rendue, le tribunal arbitral n'est dessaisi que de la seule contestation tranchée. Son dessaisissement ne coïncide donc pas nécessairement avec la fin de l'instance arbitrale. Ainsi lorsqu'il rend une sentence partielle, qui ne statue que sur une partie seulement du litige[191], le tribunal arbitral n'est dessaisi que de cet aspect du litige et doit encore se prononcer sur les autres points litigieux. De même, la sentence avant-dire droit, qui ne tranche pas le fond du litige[192], ne dessaisit le tribunal arbitral que relativement à la contestation qu'elle tranche[193]. Dans cette hypothèse, il est privé du pouvoir de rejuger la demande de provision ou d'expertise sur laquelle il s'est déjà prononcé. Il ne lui est cependant pas interdit, si les circonstances ont changé, d'ordonner une mesure conservatoire ou provisoire qui serait directement contraire à la précédente. Pour certains, il serait fait exception au principe du dessaisissement du tribunal arbitral lorsqu'il décide d'assortir sa sentence de l'exécution provisoire et de la subordonner à la constitution d'une garantie[194]. Certes, en application de l'article 520 du Code de procédure civile, si le tribunal subordonne l'exécution provisoire de la sentence à la constitution d'une garantie, et si la valeur de celle-ci ne peut être immédiatement appréciée, il est alors autorisé à inviter les parties à se présenter devant lui à la date qu'il fixe, avec leurs justifications, pour statuer « sans recours », la décision devant ensuite être mentionnée sur la sentence. Et, sur le fondement de l'article 522 du même code, sous réserve que la sentence ne fasse pas l'objet d'un recours devant la cour d'appel, le tribunal arbitral peut « à tout moment autoriser la substitution à la garantie primaire d'une garantie équivalente ». Mais, si dans ces deux hypothèses, le tribunal arbitral peut certes trancher une contestation alors que la sentence définitive a déjà été rendue, il n'est pas véritablement porté atteinte à la règle énoncée par l'article 1485, alinéa 1er, du Code de procédure civile. En effet, lorsque les parties reviennent vers lui, il ne s'est encore jamais prononcé sur la question alors soumise à son examen : dans le premier cas, le tribunal arbitral n'a pas apprécié la valeur de la garantie ; dans le second, il n'a pas déjà tranché la question de la substitution d'une garantie à une autre.

B. LES AMÉNAGEMENTS

462 **Réforme du 13 janvier 2011.** Le décret n° 2011-48 du 13 janvier 2011 a confirmé le pouvoir du tribunal arbitral, qui lui était déjà reconnu par l'article 1475, alinéa 2, ancien du Code de procédure civile, pour interpréter sa sentence, réparer les erreurs et omissions matérielles qui l'affectent ou la compléter lorsqu'il a omis de statuer sur un chef de demande (1). Il a cependant modifié le régime de ces demandes en les enfermant, notamment, dans un délai relativement bref (2).

191. Sur la définition de la sentence partielle, v. *supra*, n° 429.

192. Sur la définition de la sentence avant dire droit, v. *supra*, n° 430.

193. Paris, 3 juill. 1997, *Rev. arb.* 1997, p. 608, obs. L. D.

194. B. Moreau, « Le prononcé de la sentence entraîne-t-il le dessaisissement de l'arbitre ? », préc., spéc. p. 463 et s. ; J. Robert, *L'arbitrage. Droit interne. Droit international privé*, Dalloz, 5e éd., 1983, spéc. n° 219, p. 192.

1. *L'interprétation, la rectification et la complétion de la sentence par le tribunal arbitral*

463 **Interprétation de la sentence.** L'article 1485, alinéa 2, du Code de procédure civile autorise le tribunal arbitral à interpréter sa sentence à la demande d'une partie. Il peut donc être saisi d'un recours en interprétation, par l'une des parties à l'arbitrage, même après l'expiration du délai d'arbitrage. Les textes issus de la réforme du 13 janvier 2011 ne renvoyant plus à l'article 461 du Code de procédure civile, le tribunal arbitral peut interpréter sa sentence même si elle a été frappée d'appel ou fait l'objet d'un recours en annulation. Auparavant, le renvoi au texte précité emportait compétence de la cour d'appel saisie de l'appel ou du recours en annulation pour interpréter la sentence[195]. Pour le tribunal arbitral, comme le cas échéant pour le juge qui le supplée lorsqu'il ne peut à nouveau être réuni[196], « la faculté d'interprétation est limitée par l'interdiction absolue de restreindre, d'étendre ou de modifier les droits résultant pour les parties, de cette décision »[197]. Autrement dit, ni le tribunal arbitral, qui exerce à nouveau un pouvoir juridictionnel lorsqu'il statue sur un recours en interprétation[198], ni la juridiction éventuellement compétente, ne peuvent modifier les droits et obligations des parties nés de la sentence sous couvert de l'interpréter[199]. De même, la « demande en interprétation ne peut porter sur une partie du litige qui n'a pas été soumise au débat antérieur »[200]. L'interprétation permet seulement de remédier à l'obscurité ou l'ambiguïté de la sentence.

Le tribunal arbitral saisi d'une demande d'interprétation de sa sentence, ou le juge étatique, lorsque le tribunal ne peut plus être réuni, est tenu de respecter la convention d'arbitrage dans laquelle il puise ses pouvoirs. Ainsi, s'il y est prévu qu'il doit statuer comme amiable compositeur, c'est en cette qualité qu'il doit interpréter la sentence[201]. Par ailleurs, la sentence interprétative s'incorporant à la sentence interprétée[202], lorsqu'un appel ou un recours en annulation est exercé contre la seconde, il porte sur la sentence telle qu'elle a été interprétée[203]. La sentence interprétative peut cependant faire l'objet d'un recours propre. Il s'agit alors de celui normalement ouvert à l'encontre de la sentence interprétée : soit l'appel, soit le recours en annulation[204]. Ce recours contre la sentence interprétative peut être exercé même après l'expiration du délai de recours contre la sentence interprétée[205]. Lorsque la sentence interprétative est annulée,

195. M.-C. Rondeau-Rivier, « Arbitrage – La sentence arbitrale », refondu par É. Loquin, *J. Cl. Proc. Civ.*, fasc. 1042, n° 74.

196. V. *infra*, n° 466.

197. Paris, 28 mai 1998, *Rev. arb.* 1999, p. 858, obs. J. Pellerin.

198. Ch. Jarrosson, note sous Cass. 2e civ., 16 mai 1988, *Rev. arb.* 1989, p. 59.

199. Cass. 1re civ., 8 juill. 2009, *Cah. arb.* 2010, p. 213, note J. Ortscheidt ; JCP G 2009, I, 462, n° 6, obs. J. Ortscheidt. Il est cependant admis que l'arbitre peut, dans sa sentence interprétative, tirer les conséquences du caractère indemnitaire de la condamnation prononcée par la sentence interprétée et préciser que cette condamnation entre dans les champs d'application de l'article 1153-1 du Code civil (Cass. 1re civ., 9 janv. 2007, *JCP* G 2007, I, 168, n° 10, obs. J. Ortscheidt).

200. Paris, 28 mai 1998, *Rev. arb.* 1999, p. 858, obs. J. Pellerin.

201. Paris, 6 nov. 2003, *Rev. arb.* 2004, p. 631, note D. Bensaude.

202. Paris, 28 mai 1998, préc.

203. Y. Derains, obs. sous Paris, 24 févr. 1995, *Rev. arb.* 1996, p. 141.

204. Paris, 28 mai 1998, préc.

205. Paris, 28 mai 1998, préc.

« sauf volonté contraire des parties »[206], le juge va ensuite se prononcer sur la demande d'interprétation soumise à l'arbitre.

464 **Réparation des erreurs et omissions matérielles.** Comme le juge, le tribunal arbitral peut réparer les erreurs ou omissions matérielles qui affectent sa sentence[207]. Il s'agit pour lui de rectifier les erreurs et omissions qui ne sont pas intellectuelles, qui ne résultent pas d'un vice du raisonnement. Si les dispositions du Code de procédure civile issues de la réforme de 2011 ne renvoient plus à l'article 462 du Code de procédure civile, comme le faisait l'article 1475, alinéa 2, ancien du même code, précisant que l'erreur ne peut être réparée que « selon ce que le dossier révèle ou, à défaut, ce que la raison commande », il n'en demeure pas moins que sous couvert de réparation d'une erreur ou omission, le tribunal arbitral, ou le juge, ne peut modifier le sens de la sentence[208]. Ainsi, la sentence ne peut être rectifiée en ce qu'elle s'est prononcée sur une chose non demandée ou qu'elle a accordé à l'une des parties plus que ce qui était demandé[209]. En revanche, le tribunal arbitral peut réparer l'erreur tenant à la désignation d'une personne à la procédure arbitrale alors que celle-ci n'y était pas partie[210] ou affectant la date de la sentence[211]. Il peut aussi réparer une simple erreur de calcul[212]. Comme pour la demande d'interprétation de sa sentence, le tribunal arbitral demeure tenu de respecter les termes de la convention d'arbitrage. De plus, il ne peut être saisi d'une demande de réparation d'une erreur ou omission matérielle que par une partie, ce que précise d'ailleurs l'article 1458, alinéa 2, du Code de procédure civile. Le tribunal arbitral, ou le juge, ne peut plus, comme avant la réforme de 2011, se saisir d'office en invitant les parties à présenter leurs observations[213], puisqu'il ne bénéficie plus du renvoi de l'ancien article 1475, alinéa 2, à l'article 462, alinéa 2. Enfin, l'éventuel recours formé contre la sentence rectifiée s'entend de la sentence dans sa rédaction résultant de la rectification opérée[214] et, selon que la sentence rectifiée était ou non susceptible de l'un ou l'autre de ces recours, la sentence rectificative peut elle-même être frappée d'appel ou faire l'objet d'un recours en annulation[215], même si la sentence rectifiée n'est plus susceptible d'un tel recours, puisque le pourvoi en cassation n'est pas ouvert contre une sentence arbitrale[216].

465 **Omission de statuer.** L'omission de statuer ne constitue pas un cas d'ouverture à annulation de la sentence[217]. Au-delà de son pouvoir d'interprétation et de rectification des erreurs matérielles, sous réserve qu'il puisse encore être réuni[218], le tribunal arbitral est en effet autorisé à compléter sa décision « lorsqu'il a omis de statuer sur un chef de demande »[219]. Il s'agit là d'une véritable exception à la règle de son dessaisissement,

206. Sur le sens de cette formule, v. *infra*, n° 466.
207. Art. 1485, al. 2 CPC ; 1475, al. 2 ancien CPC.
208. Cass. 2e civ., 16 juin 1976, *Rev. arb.* 1977, p. 269 (2e esp.), note E. Mezger.
209. Cass. 2e civ., 14 juin 1984, *Rev. arb.* 1985, p. 427, note B. Moreau.
210. Cass. 2e civ., 18 janv. 2001, n° 99-11163.
211. Cass. 2e civ., 30 sept. 1999, *Rev. arb.* 2000, p. 267, note J.-G. Betto.
212. Cass. 2e civ., 4 janv. 1978, *Bull. civ.* II, n° 3.
213. Paris, 28 avr. 1988, *Rev. arb.* 1989, p. 280, note L. Idot.
214. Paris, 24 févr. 1995, *Rev. arb.* 1996, p. 141, obs. Y. Derains.
215. Sur la distinction entre l'appel et le recours en annulation, v. *infra*, n° 528 et s.
216. Art. 1503 CPC. La règle était la même avant la réforme, malgré le renvoi opéré à l'article 462 CPC (Ch. Jarrosson, note sous Cass. 2e civ., 16 mai 1988, *Rev. arb.* 1989, p. 59).
217. Paris, 20 avr. 2000, *Rev. arb.* 2001, p. 805, obs. Y. Derains.
218. Sur cette réserve, v. *infra*, n° 466.
219. Art. 1485 al. 2 CPC ; 1475, al. 2 ancien CPC.

puisqu'il va se prononcer sur une demande qu'il n'a pas examinée auparavant. Afin de déterminer si la sentence est susceptible d'être complétée, il convient de bien distinguer l'omission de statuer du défaut de motif, qui constitue un cas d'ouverture du recours en annulation[220]. Le plus souvent, il suffit de rapprocher la sentence des demandes formées par les litigants, qui doivent au demeurant être exposées sommairement par la sentence[221]. Mais celle-ci contient aussi parfois une formule par laquelle le tribunal arbitral rejette « toutes les autres demandes » ou « déboute » les parties de leurs demandes « plus amples ou contraires ». Dans ce cas, il est possible de raisonner comme en matière de jugement[222] : s'il ne résulte pas d'autres motifs de la sentence que le tribunal arbitral a effectivement examiné la demande, c'est qu'il a omis de statuer sur celle-ci ; il peut à nouveau être saisi et le recours en annulation est alors irrecevable[223]. La sentence réparant une omission de statuer ne doit pas porter atteinte à l'autorité de la chose jugée des autres chefs de la précédente sentence, même si, pour apprécier l'existence d'une omission de statuer, le tribunal arbitral examine à nouveau les demandes des litigants qui lui avaient été précédemment soumises. Le régime des recours ouverts contre une sentence réparant une omission de statuer diffère sensiblement de celui applicable aux sentences interprétatives et rectificatives. Certes, la voie de recours contre la sentence demeure la même que celle ouverte contre la sentence incomplète. Mais, parce que la sentence se prononçant sur une omission de statuer ne s'intègre pas à la précédente décision du tribunal arbitral, puisqu'il se prononce sur une demande sur laquelle il n'avait pas encore statué, le recours formé contre la sentence initiale n'emporte pas recours contre la sentence qui la complète[224].

2. La procédure d'interprétation, de réparation et de complétion de la sentence

466 **Procédure.** Tout d'abord, l'article 1485, alinéa 3, du Code de procédure civile prévoit, comme l'article 1475, alinéa 2 ancien, que lorsque le tribunal arbitral « ne peut être à nouveau réuni et si les parties ne peuvent s'accorder pour le reconstituer », le pouvoir d'interpréter la sentence « appartient à la juridiction qui eût été compétente à défaut d'arbitrage ». Ainsi, c'est le juge qui, sans convention d'arbitrage, eût été territorialement et matériellement compétent pour connaître du litige qui dispose du pouvoir d'interpréter la sentence si, par exemple, l'arbitre est décédé ou a été récusé après son prononcé[225], faute pour les litigants de trouver un accord pour reconstituer le tribunal amputé. L'intervention du juge d'appui n'a pas été prévue pour compléter le tribunal arbitral dans cette hypothèse. Ensuite, la procédure, commune aux trois types de demandes dont le tribunal arbitral est susceptible d'être saisi, n'est plus réglée par renvoi aux textes applicables aux jugements. L'article 1486 du Code de procédure civile, applicable lorsque le tribunal arbitral a été constitué après le 1er mai 2011[226], organise une procédure qui est spécifique aux sentences arbitrales. Il précise ainsi, que les demandes « sont présentées dans un délai de trois mois à compter de la notification de la sentence » et que « sauf convention contraire, la sentence

220. Sur ce cas d'annulation, v. *infra*, n° 555.
221. V. *supra*, n° 448.
222. ass. plén., 2 nov. 1999, *Bull. civ.*, n° 8.
223. Cass. 2e civ., 7 janv. 1999, *Rev. arb.* 1999, p. 272, note D. Foussard.
224. Paris, 24 févr. 1995, *Rev. arb.* 1996, p. 141, obs. Y. Derains.
225. Paris, 19 nov. 1993, *Rev. arb.* 1996, p. 419, note Ph. Fouchard.
226. Art. 3.2° du décret n° 2011-48 du 13 janvier 2011.

rectificative ou complétée est rendue dans un délai de trois mois à compter de la saisine du tribunal arbitral », qui peut « être prorogé conformément au second alinéa de l'article 1463 ». La demande des parties et la réponse du tribunal arbitral, lorsqu'il a été constitué après le 1er mai 2011, sont donc dorénavant enfermées dans un délai relativement court, même si le second peut être prorogé par les parties ou par le juge d'appui[227], cela en vue de renforcer la sécurité juridique et l'autorité reconnue à la sentence arbitrale. À défaut de précision contraire, le juge étatique éventuellement saisi semble d'ailleurs également tenu de respecter le délai de trois mois pour statuer[228]. Il faut toutefois relever que le texte précité n'exige pas expressément que le tribunal, ou le juge – ce qui serait au demeurant très difficile, sinon pratiquement impossible, puisqu'il n'intervient qu'en deuxième ligne, si les parties n'ont pu s'accorder pour reconstituer le tribunal arbitral –, soit « saisi » ou que la demande lui soit « soumise » dans le délai de trois mois après la notification de la sentence. Il est uniquement exigé que cette demande soit « présentée » dans ce délai, ce qui peut laisser la place à une interprétation consistant à juger recevable celle « présentée » dans les trois mois de la notification de la sentence par une partie à une autre, sans que le tribunal n'en soit lui-même encore formellement saisi. En tout cas, les parties ne disposent plus, comme avant la réforme du 13 janvier 2011, d'un délai d'un an et un mois après la signification de la sentence revêtue de l'exequatur pour former une demande en réparation d'une omission de statuer. L'article 1486, alinéa 3, du Code de procédure civile dispose encore que « la sentence rectificative ou complétée est notifiée dans les mêmes formes que la sentence initiale », ce qui peut conduire à déroger à l'exigence d'une signification par acte d'huissier si les parties sont convenues d'un mode de notification différent pour la sentence initiale[229]. Toutefois, on l'a vu, l'article 1486 n'est applicable que si le tribunal arbitral a été constitué le 2 mai 2011 ou postérieurement à cette date[230]. Lorsque la sentence est rendue par un tribunal arbitral constitué auparavant, il faut certainement suivre la procédure prévue aux articles 461 à 463 du Code de procédure civile, en raison du renvoi opéré par l'ancien article 1475, alinéa 3.

§ 2. L'AUTORITÉ DE LA CHOSE JUGÉE

467 **Présentation.** L'autorité de la chose jugée est une notion encore controversée et dont la définition demeure discutée[231]. Sans entrer dans ce débat, même si cette définition présente l'inconvénient de s'attacher à l'un de ses effets, l'autorité de la chose jugée se présente, *a minima*, comme l'immutabilité « que le législateur confère à ce que le juge a tranché dans son jugement »[232]. L'existence de voies de recours

227. V. *supra*, n° 331 et s.

228. Ch. Jarrosson et J. Pellerin, « Le droit français de l'arbitrage après le décret du 13 janvier 2011 », *Rev. arb.* 2011, p. 5, spéc. n° 59, p. 42.

229. Sur cette possibilité, v. *infra*, n° 520.

230. Art. 3.2° du décret du 13 janvier 2011.

231. V. notamment, G. Wiederkehr, « Sens, signifiance et signification de l'autorité de la chose jugée », in *Études offertes à J. Normand. Justice et droits fondamentaux*, Litec, 2003, p. 507 ; Ch. Seraglini, « Le droit applicable à l'autorité de la chose jugée dans l'arbitrage », *Rev. arb.* 2016, p. 51 ; P. Mayer, « L'autorité de la chose jugée des sentences entre les parties », *Rev. arb.* 2016, p. 91 ; C. Debourg, « L'autorité de la chose jugée des décisions relatives à la compétence arbitrale », *Rev. arb.* 2016, p. 127 ; Ch. Jarrosson, « L'autorité de la chose jugée des décisions relatives à l'indépendance des arbitres », *Rev. arb.* 2016, p. 165 ; É. Loquin, « Autorité de la chose jugée et concentration des moyens », *Rev. arb.* 2016, p. 107.

232. J. Héron et Th. Le Bars, *Droit judiciaire privé*, LGDJ, 6e éd., 2015, n° 351, p. 286.

permettant de corriger les éventuelles erreurs du juge, et la sécurité juridique imposant de ne pouvoir contester à l'infini ce qui a été jugé, l'objet de l'autorité de la chose juge est donc, principalement, de concourir à la stabilité des situations juridiques. Cette définition peut sans doute être transposée à l'arbitrage. Si l'article 1484, alinéa 1, du Code de procédure civile énonce que « la sentence arbitrale a, dès qu'elle est rendue, l'autorité de la chose jugée relativement à la contestation qu'elle tranche »[233], c'est bien par souci d'assurer l'immutabilité de la chose jugée par le tribunal arbitral. Des voies de recours sont certes ouvertes aux parties contre la sentence, afin d'assurer la meilleure justice possible. Mais, en dehors de celles-ci, pour éviter que les litigants ne contestent indéfiniment ce qui a été décidé par le tribunal arbitral, il leur est interdit de faire trancher une nouvelle fois le litige par ce dernier ou par une autre juridiction. On peut ajouter que l'autorité de la chose jugée tenant « à la fonction de jugement »[234], la sentence arbitrale, qui doit dire le droit, au sens où elle doit donner une solution au litige, doit alors nécessairement être pourvue de cette autorité. Aussi, indépendamment des dispositions précitées, l'autorité de la chose jugée apparaît comme étant attachée à la sentence arbitrale parce qu'elle constitue un acte juridictionnel[235].

A. L'ÉTENDUE L'AUTORITÉ DE LA CHOSE JUGÉE

468 **Sentence arbitrale.** L'autorité de la chose jugée n'est pas attachée à toutes les décisions que le tribunal arbitral est susceptible de rendre au cours de la procédure arbitrale. L'article 1484, alinéa 1, précité en limite en effet le domaine à la « sentence arbitrale ». Les décisions arbitrales qui ne peuvent être qualifiées de sentence ne sont en revanche pas assorties de cette autorité[236]. Il en est notamment ainsi de l'acte par lequel le tribunal arbitral soumet l'exécution de sa décision au bon vouloir des parties[237]. De même, le simple projet de sentence signé par un seul arbitre n'a pas l'autorité de la chose jugée[238].

469 **Sentence définitive, mixte ou avant-dire droit.** L'étendue de la chose jugée ne peut être appréciée de la même façon pour le jugement et la sentence. Pour le premier, les articles 480 et 482 du Code de procédure civile distinguent le jugement tranchant dans son dispositif tout ou partie du principal, statuant sur une exception de procédure, une fin de non-recevoir ou tout autre incident, du jugement avant-dire droit. Seul le premier est assorti de l'autorité de la chose jugée. Ces textes ne sont pas applicables à l'arbitrage[239] et l'article 1484, alinéa 1 du Code de procédure civile précise simplement que la sentence a l'autorité de la chose jugée relativement à la contestation qu'elle tranche. Le critère posé est donc celui, particulièrement large, de la « contestation tranchée ». Toute sentence qui tranche une contestation est donc, sur ce point, assortie de l'autorité de la chose jugée[240]. Mais doit-il s'agir, uniquement, d'une contestation sur le

233. Art. 1476 ancien CPC.

234. G. Wiederkehr, « Sens, signifiance et signification de l'autorité de la chose jugée », préc., spéc. p. 512.

235. Paris, 24 oct. 1991, *Rev. arb.* 1992, p. 494, note M.-C. Rondeau-Rivier.

236. Sur la notion de sentence, v. *supra*, n° 422 et s.

237. Paris, 24 oct. 1991, *Rev. arb.* 1992, p. 494 (1re esp.), note M.-C. Rondeau-Rivier.

238. Cass. 2e civ., 1er avr. 1987, n° 86-10539.

239. Cass. 2e civ., 25 mars 1999, *Rev. arb.* 1999, p. 311, note J.-B. Racine, qui écarte l'application de l'article 480 CPC.

240. Paris, 3 juill. 1997, *Rev. arb.* 1997, p. 608, obs. L. Degos.

fond, ou l'autorité de la chose jugée peut-elle être attachée à une sentence qui tranche toute sorte de contestation soumise au tribunal arbitral, quelle que soit sa nature ? Puisque le texte ne le dit pas, il n'existe pas de raison de limiter l'autorité de la chose jugée à la première catégorie de sentence. Ainsi, la sentence avant-dire droit, qui ordonne par exemple des mesures provisoires ou conservatoires, même si elle ne tranche pas un point du litige principal soumis au tribunal arbitral, est assortie de l'autorité de la chose jugée relativement à la contestation tranchée[241]. Simplement, puisque par nature, la mesure ordonnée a un caractère provisoire, limité à la durée de l'instance, l'autorité de la chose jugée assortissant la sentence est également provisoire : le tribunal arbitral n'est pas lié par cette sentence au moment de trancher le fond du litige. Ce sont donc toutes les sentences, qu'elles soient définitives, mixtes ou avant-dire droit[242], qui ont l'autorité de la chose jugée s'agissant de la contestation tranchée.

470 **Motifs de la sentence.** Parce que ni l'article 455 du Code de procédure civile, ni l'article 480 de ce code n'ont vocation à être appliqués à la sentence arbitrale, l'autorité de la chose jugée de celle-ci est, d'un point de vue formel, plus étendue que celle du jugement. On l'a vu, il n'est pas exigé que la sentence contienne un dispositif[243]. Pour apprécier l'étendue de la chose jugée, il faut donc appréhender la sentence en son entier[244]. Autrement dit, certains de ses motifs, mais pas tous, ont l'autorité de la chose jugée : il s'agit de ceux qui se rapportent à la contestation tranchée, c'est-à-dire les motifs décisoires, desquels, en pratique, les parties tirent des droits et obligations[245]. Cependant, cela ne veut pas dire que tous les éléments du raisonnement suivi par le tribunal arbitral sont assortis de l'autorité de la chose jugée[246]. Ainsi, par exemple, lorsque celui-ci se déclare incompétent et que l'unique objet de sa sentence est sa compétence, celle-ci est dépourvue d'autorité de la chose jugée sur la qualification qui, le cas échéant, a pu être donnée par le tribunal arbitral à un engagement des parties[247]. En outre, même si la chose jugée est liée à la mission juridictionnelle du tribunal arbitral, elle trouve d'abord sa source dans la convention d'arbitrage, c'est-à-dire dans la volonté des parties. Partant, on peut se demander si la sentence est assortie de l'autorité de la chose jugée en ce qu'elle se prononce, sans l'accord des parties, sur un point qui n'entre pas dans le périmètre de la convention d'arbitrage et sur lequel celles-ci n'ont pas

241. Paris, 7 oct. 2004, *Rev. arb.* 2004, p. 982 ; *D.* 2005, Pan., p. 3062, obs. Th. Clay ; *JDI* 2005, p. 341, note A. Mourre et P. Pedone ; JCP G 2005, I, 134, n° 5 et 7, obs. J. Ortscheidt, pour une sentence prononçant des injonctions de faire assorties d'une astreinte, la cour d'appel ayant relevé que « le tribunal arbitral s'est définitivement prononcé le 4 avril 2002 sur la demande de mesures conservatoires qui lui avait été présentée par les sociétés Carlyle, la limitation des mesures ordonnées à la durée de l'instance ne remettant pas en cause l'autorité de la chose jugée de sa décision... ».

242. Sur les différentes catégories de sentences, v. *supra*, n° 427 et s.

243. V. *supra*, n° 452.

244. Paris, 1er févr. 2018, *Cah. arb.* 2018, p. 129 ; Pau, 22 févr. 2011, *Rev. arb.* 2011, p. 287 ; Cass. 2e civ., 25 mars 1999, *Rev. arb.* 1999, p. 311, note J.-B. Racine. V. aussi, Ch. Jarrosson, « L'autorité de chose jugée des sentences arbitrales », *Procédures* août 2007, p. 27, spéc. n° 12-13, p. 30-31 ; P. Mayer, « L'autorité de la chose jugée des sentences entre les parties », *Rev. arb.* 2016, p. 91, spéc. p. 96.

245. Sur la notion de motifs décisoires, v. notamment J. Héron et Th. Le Bars, *Droit judiciaire privé*, LGDJ, 6e éd., 2015, n° 376, p. 306.

246. V. notamment, P. Mayer, « Litispendance, connexité et chose jugée dans l'arbitrage international », in *Liber Amicorum Claude Reymond autour de l'arbitrage. Mélanges offerts à Cl. Reymond*, Litec, 2004, p. 185, spéc. p. 198.

247. Cass. com., 1er juin 1993, n° 91-17392. *Contra*, Ch. Jarrosson, « L'autorité de chose jugée des sentences arbitrales », préc., spéc. n° 10, p. 29.

débattu. Dans une telle hypothèse d'ailleurs, le tribunal arbitral ne tranche à proprement parler aucune « contestation » au sens de l'article 1484 du Code de procédure civile. C'est pour cette raison, aussi, que la sentence n'a pas l'autorité de la chose jugée relativement au montant des honoraires des arbitres.

471 **Frais de l'arbitrage et honoraires de l'arbitre.** L'autorité de la chose jugée n'est en effet attachée qu'à la contestation tranchée. Ainsi, l'objet du litige pouvant notamment porter sur le partage des frais de l'arbitrage, leur répartition peut être déterminée dans la sentence[248]. Elle aura, sur ce point, l'autorité de la chose jugée. En revanche, la fixation du montant des honoraires relevant du contrat d'arbitre[249], la sentence sera dépourvue de l'autorité de la chose jugée en ce qu'elle précise ce montant[250]. L'arbitre ne pourra donc tenter d'obtenir l'exequatur de sa sentence en ce qu'elle a fixé le montant de ses honoraires, pour ensuite entreprendre des mesures d'exécution forcée.

B. LES CONSÉQUENCES DE L'AUTORITÉ DE LA CHOSE JUGÉE

472 **Autorité négative et autorité positive de la chose jugée.** L'autorité de la chose jugée attachée à la sentence arbitrale interdit en principe à un tribunal arbitral, ou à une juridiction[251], en dehors d'une voie de recours, de statuer à nouveau sur la contestation tranchée[252]. C'est l'effet négatif de l'autorité de la chose jugée, qui doit être distingué de son effet positif[253]. Celui-ci, encore très discuté, fait obstacle à ce que la juridiction saisie en second d'une demande différente puisse même remettre en question la vérification juridictionnelle opérée par une autre juridiction, entre les mêmes parties. Dans cette vue, la force probante d'un fait et d'une qualification retenus dans une première instance s'impose au cours des instances suivantes. Compte tenu de la généralité de la règle posée par l'article 1484, alinéa 1, du Code de procédure civile, il est permis de penser que la sentence est non seulement pourvue de l'autorité négative de la chose jugée, mais également de l'autorité positive. Théoriquement d'ailleurs, rien ne s'y oppose[254]. Partant, les faits et qualifications retenus par une sentence devraient être considérés comme étant assortis de l'autorité de la chose jugée, pour autant, toutefois, qu'ils soient indissociables de la contestation tranchée.

248. Paris, 19 déc. 1996, *Rev. arb.* 1998, p. 121, note Ch. Jarrosson.

249. V. *supra*, n° 297 et s.

250. TGI Paris, 25 nov. 1999, *Rev. arb.* 2003, p. 1312, note H. Lécuyer ; Paris, 23 sept. 1994, *Rev. arb.* 1996, p. 393, obs. Ph. Fouchard, p. 325, n° 89 ; Cass. 2e civ., 28 oct. 1987, *Rev. arb.* 1988, p. 149, note Ch. Jarrosson.

251. Civ 2e, 5 mars 2009, *Rev. arb.* 2009, p. 239.

252. V. notamment, S. Bollée, *Les méthodes du droit international privé à l'épreuve des sentences arbitrales*, préf. P. Mayer, Economica, 2004, spéc. n° 272, p. 191 ; Th. Clay, *L'arbitre*, Dalloz, Nouvelle Bibliothèque de Thèses, 2001, spéc. n° 102, p. 90 ; M.-C. Rondeau-Rivier, « Arbitrage – La sentence arbitrale », refondu par É. Loquin, *J. Cl. Proc. Civ.*, fasc. 1042, n° 82.

253. V. notamment, J. Héron et Th. Le Bars, *Droit judiciaire privé*, LGDJ, 6e éd., 2015, n° 352, p. 286.

254. S. Bollée, *Les méthodes du droit international privé à l'épreuve des sentences arbitrales*, préc., spéc. n° 272, p. 191.

473 **Concentration des moyens**[255]**.** Par un arrêt du 28 mai 2008[256], la première chambre civile de la Cour de cassation a étendu à l'arbitrage la règle dite de « concentration des moyens » ou de « concentration des fondements », préalablement posée en droit judiciaire par un arrêt d'Assemblée plénière du 7 juillet 2006[257], mais en l'élargissant toutefois considérablement. Dans cette décision, la première chambre civile a en effet jugé qu'« il incombe au demandeur de présenter dans la même instance toutes les demandes fondées sur la même cause et qu'il ne peut invoquer dans une instance postérieure un fondement juridique qu'il s'était abstenu de soulever en temps utile ». Autrement dit, selon cette décision, une partie ne peut pas, ce qui est discutable[258], au cours d'une instance arbitrale, présenter une demande qu'elle n'a pas formée au cours d'une précédente instance arbitrale, fût-ce en invoquant un fondement juridique différent de celui débattu au cours de la première procédure[259]. La Cour de cassation semble avoir aujourd'hui abandonné cette solution pour limiter le principe de concentration aux seuls moyens, ce qui correspond au demeurant à la règle applicable en droit judiciaire privé. Elle a ainsi jugé qu'il incombe au demandeur de présenter dès l'instance relative à la première demande l'ensemble des moyens qu'il estime de nature à fonder celle-ci, pour en déduire qu'il ne peut pas saisir le juge étatique d'une demande ayant un objet identique à celle rejetée par le tribunal arbitral, en agissant sur un fondement juridique distinct[260]. Ainsi, les parties ne sont-elles pas tenues de présenter dans la même instance arbitrale toutes les demandes fondées sur les mêmes faits.

474 **Règle de la triple identité.** La règle de la triple identité, posée par l'article 1351 du Code civil, est appliquée à la sentence arbitrale[261]. Ce texte dispose que « l'autorité de la chose jugée n'a lieu qu'à l'égard de ce qui a fait l'objet du jugement. Il faut que la chose demandée soit la même ; que la demande soit fondée sur la même cause ; que la demande soit entre les mêmes parties, et formée par elles et contre elles en la même qualité ». L'autorité négative de la chose jugée de la sentence est donc triplement limitée : elle ne

255. V. aussi, sur cette question, É. Loquin, « Autorité de la chose jugée et concentration des moyens », *Rev. arb.* 2016, p. 107.

256. Cass. 1re civ., 28 mai 2008, *JCP* G 2008, Actu 411, obs. J. Béguin ; JCP G 2008, I, 164, n° 3, obs. J. Béguin ; JCP G 2008, II, 10170, note G. Bolard ; *D.* 2008, Pan., p. 3111, obs. Th. Clay ; *D.* 2008, AJ, p. 1629, obs. X. Delpech ; *RTD civ.* 2008, p. 551, obs. R. Perrot ; *Rev. arb.* 2008, p. 461, note L. Weiller ; v. aussi, É. Loquin, « De l'obligation de concentrer les moyens à l'obligation de concentrer les demandes dans l'arbitrage », *Rev. arb.* 2010, p. 201.

257. ass. plén., 7 juill. 2006, *Bull. civ.*, n° 6 ; *D.* 2006, p. 2135, note L. Weiller ; *Procédures*, 2006, comm. 201, obs. R. Perrot ; *RTD civ.* 2006, p. 825, obs. R. Perrot ; JCP G 2007, II, 10070, note G. Wiederkehr. Cette décision pose en principe « qu'il incombe au demandeur de présenter dès l'instance relative à la première demande l'ensemble des moyens qu'il estime de nature à fonder celle-ci », pour en déduire qu'il ne peut, au cours d'un autre procès, « contester l'identité de cause des deux demandes en invoquant un fondement juridique qu'il s'était abstenu de soulever en temps utile, de sorte que la demande se heurtait à la chose précédemment jugée relativement à la même contestation ».

258. V. notamment, G. Bolard, note sous Cass. 1re civ., 28 mai 2008, préc.

259. V. aussi, Paris, 18 mars 2010, *Rev. arb.* 2010, p. 347, note É. Loquin, « De l'obligation de concentrer les moyens à l'obligation de concentrer les demandes dans l'arbitrage », *Rev. arb.* 2010, p. 201.

260. Cass. 1re civ., 12 avr. 2012, *Rev. arb.* 2013, p. 121, note Y. Strickler ; *Procédures* 2012, comm. 180, obs. L. Weiller.

261. V. notamment, Cass. soc., 8 juill. 1992, *Bull. civ.* V, n° 456 ; Cass. 2e civ., 28 oct. 1987, *Rev. arb.* 1988, p. 149, note Ch. Jarrosson ; Cass. 2e civ., 14 oct. 1987, *Rev. arb.* 1988, p. 288, note J.-L. Goutal ; Cass. com., 9 janv. 1978, *Rev. arb.* 1979, p. 478 (2e esp.), note Ph. Fouchard.

joue que si les parties sont les mêmes[262], si la demande a le même objet[263] et si la cause est identique. Sous réserve du respect de ces conditions, dont l'étude peut, pour l'essentiel, être renvoyée à un ouvrage de procédure civile[264], ni le juge, ni un autre tribunal arbitral ne peuvent remettre en cause ce qui a été décidé par un précédent tribunal arbitral. La condition d'identité de parties appelle cependant quelques observations puisqu'elle invite à s'interroger sur la notion de partie et sur la situation des tiers.

475 **Notion de partie.** L'autorité de la chose jugée attachée à la sentence s'impose d'abord aux parties à l'instance arbitrale. Il s'agit, en principe, des personnes liées par la convention d'arbitrage[265]. Elle s'impose ensuite aux parties à cette convention qui ont été représentées à l'instance par un mandataire[266] ou qui y ont été régulièrement appelées. Et, au-delà même de l'existence d'un mandat, l'autorité de la chose jugée doit également être étendue à d'autres personnes qui ne sont pourtant parties ni à la convention d'arbitrage, ni à l'instance et qui n'y ont pas été appelées : il s'agit de toutes celles qui sont considérées comme étant représentées à cette instance. Il en est notamment ainsi des cautions solidaires, ce qui constitue une application de l'idée de représentation mutuelle des coobligés solidaires[267].

476 **Situation des tiers[268].** L'autorité de la chose jugée attachée à la sentence est relative[269] : elle ne joue pas à l'égard des véritables tiers à l'instance arbitrale, c'est-à-dire de toutes les personnes qui n'y sont pas représentées. En revanche, la sentence leur est opposable en ce qu'elle a bouleversé l'ordonnancement juridique[270]. Ce qui est opposable aux tiers, et ce dont ils peuvent se prévaloir, c'est la situation juridique nouvelle qui a été créée ou simplement celle qui a été constatée par la sentence[271]. Il a ainsi déjà été jugé que l'actionnaire d'une société ne peut invoquer devant le juge l'existence d'un préjudice par ricochet que lui aurait causé l'abus de dépendance économique dans laquelle se serait trouvée cette société vis-à-vis de l'un de ses fournisseurs lorsqu'une sentence arbitrale a déjà écarté cet abus dans une procédure opposant ce dernier à la

262. Cass. com., 7 janv. 2004, *Bull. civ.* IV, n° 4.

263. Cass. com., 1er juin 1993, n° 91-17392.

264. V. notamment, J. Héron et Th. Le Bars, *Droit judiciaire privé*, LGDJ, 6e éd., 2015, n° 353 et s., p. 287 et s.

265. V. cpdt, *supra*, n° 351 et s. pour l'hypothèse d'intervention à la procédure d'un tiers à la convention d'arbitrage.

266. Cass. 2e civ., 14 oct. 1987, *Rev. arb.* 1988, p. 288, note J.-L. Goutal.

267. V. notamment, Ph. Simler, *Cautionnement et garanties autonomes*, Litec, 3e éd., 2000, spéc. n° 541, p. 496. V. aussi, sur l'étendue de la chose jugée d'une sentence et les codébiteurs solidaires, M. Mignot, note sous Paris, 10 mars 2005, *Rev. arb.* 2006, p. 456.

268. V aussi, sur cette question, P. Callé, « L'autorité de la chose jugée et les tiers », *Rev. arb.* 2016, p. 77 ; S. Lemaire, « L'opposabilité de la sentence arbitrale aux tiers. Approche critique du droit français », *Mélanges en l'honneur de Pierre Mayer*, LGDJ, 2015, p. 463 ; S. Bollée, « Les effets des sentences arbitrales à l'égard des tiers », *Rev. arb.* 2015, p. 695.

269. Cass. com., 7 janv. 2004, *Bull. civ.* IV, n° 4.

270. Cass. com., 26 mai 2009, *JCP* G 2009, I, 462, n° 1, obs. J. Béguin ; Cass. com., 2 déc. 2008, *Rev. arb.* 2009, p. 327, note P. Mayer ; Cass. com., 23 janv. 2007, *Rev. arb.* 2007, p. 769, note P. Mayer ; JCP G 2007, I, 168, n° 9, note J. Béguin ; *RTD civ.* 2007, p. 383, obs. R. Perrot ; Cass. com., 7 janv. 2004, *Bull. civ.* IV, n° 4.

271. P. Mayer, note préc., spéc. n° 3, p. 772.

société[272]. De même, la sentence est opposable à la caution[273]. Celle-ci peut donc se prévaloir de la sentence rendue dans le litige opposant le débiteur principal au créancier, notamment sur ce qui a été décidé quant à l'existence ou l'étendue de la créance, puisqu'il s'agit d'une conséquence du caractère accessoire du cautionnement « qui ne peut excéder ce qui est dû par le débiteur principal »[274]. Mais la caution simple peut aussi se voir opposer ce qui a été décidé par cette sentence[275].

477 **Fin de non-recevoir.** L'autorité de la chose jugée de la sentence constitue une fin de non-recevoir devant le juge étatique[276]. Elle peut donc être invoquée en tout état de cause, sans avoir à justifier d'un grief. Si elle est accueillie, le juge doit déclarer la demande irrecevable[277]. En revanche, lorsqu'elle est invoquée devant le tribunal arbitral, l'autorité de la chose jugée d'une précédente sentence ne suit pas le régime des articles 122 et suivants du Code de procédure civile, ces textes n'étant pas applicables à l'instance arbitrale. Comme devant le juge, elle constitue toutefois une fin de non-recevoir et non une défense au fond qui affecte la recevabilité de la demande[278]. En effet, lorsqu'elle est invoquée et accueillie, le tribunal arbitral n'examine pas le fond du litige : il constate que la partie qui le saisit est privée du droit d'agir parce qu'elle a déjà fait trancher la contestation par un autre tribunal arbitral. Et, même si implicitement, la question de l'autorité de la chose jugée par une première sentence affecte sa compétence, la convention d'arbitrage ayant épuisé ses effets, le tribunal arbitral saisi en second doit alors apprécier si les conditions de l'autorité de la chose jugée sont réunies. La convention d'arbitrage ayant épuisé ses effets, la demande n'est pas recevable. La fin de non-recevoir tirée de l'autorité de la chose jugée est d'ordre public lorsque la sentence dont l'autorité est invoquée a été rendue dans la même instance arbitrale[279]. Plus largement d'ailleurs, après la modification de l'article 125, alinéa 2, du Code de procédure civile intervenue par décret n° 2004-836 du 20 août 2004, qui autorise le juge à relever d'office la fin de non-recevoir tirée de la chose jugée, on peut se demander si la chose jugée demeure véritablement d'intérêt privé en droit français[280].

478 **Mesures conservatoires sans autorisation judiciaire préalable.** Depuis la réforme des procédures civiles d'exécution intervenue en 1991, le créancier muni de l'un des titres énoncés à l'article L. 511-2 du Code des procédures civiles d'exécution,

272. Cass. com., 7 janv. 2004, *Bull. civ.* IV, n° 4.

273. Cass. 1re civ., 5 mars 2014, *Rev. arb.* 2014, p. 404, note M. Mignot ; Paris, 21 mai 1964, *D.* 1964, jurisp., p. 602. V. aussi : É. Loquin, « Arbitrage et cautionnement », *Rev. arb.* 1994, p. 235, spéc. n° 26 et s., p. 247 et s.

274. Art. 2290 C. civ..

275. Paris, 4 janv. 1960, *Rev. arb.* 1960, p. 122. V. aussi, implicitement, Cass. 2e civ., 23 nov. 2000, n° 98-13394.

276. Art. 122 et s. CPC.

277. Paris, 2 juin 2015, *Rev. arb.* 2015, p. 955 ; Reims, 10 janv. 2001, *Gaz. Pal.* 2002, somm., p. 759.

278. V. notamment, Paris, 9 sept. 2010, *Rev. arb.* 2011, p. 970, note C. Debourg ; *Cah. arb.* 2011, p. 413, note P. Mayer, rendu en matière international, mais dont la solution a vocation à s'appliquer dans l'arbitrage interne.

279. Cass. soc., 11 janv. 2000, n° 98-42489 ; Paris, 3 juill. 1997, *Rev. arb.* 1997, p. 608, obs. L. Degos ; Paris, 21 mars 1991, *Rev. arb.* 1993, p. 94, note C. Vergne. V. aussi, Paris, 14 mars 2017, *Rev. arb.* 2017, p. 1213, note B. Zajdela, qui relève que l'autorité de la chose jugée n'est pas d'ordre public sauf au cours d'une même instance quand il est statué sur les suites d'une précédente décision irrévocable.

280. R. Perrot et H. Croze, « Commentaire du décret n° 2004-836 du 20 août 2004 portant modification de la procédure civile », *Procédures* 2004, p. 6, spéc. n° 7, p. 7.

anciennement l'article 68 de la loi du 9 juillet 1991, peut en principe, sans l'autorisation préalable du juge, faire procéder à une saisie conservatoire si les conditions posées par l'article L. 511-1 du même code, anciennement l'article 67 de la loi précitée, sont réunies. Il faut, à défaut de quoi la mainlevée de la mesure pourra ensuite être ordonnée[281], que la créance apparaisse fondée en son principe et qu'il existe des circonstances susceptibles de menacer son recouvrement[282]. L'article L. 511-2 précité énonce, parmi les titres qui dispensent d'une autorisation préalable du juge, la « décision de justice qui n'a pas encore force exécutoire ». Et il a été jugé que puisque la sentence avait l'autorité de la chose jugée dès qu'elle est rendue, elle constitue une décision de justice au sens du texte précité, ce qui autorise une mesure conservatoire sans autorisation préalable du juge[283]. La solution est cependant différente lorsque le débiteur est un État étranger depuis la loi n° 2016-1691 du 9 décembre 2016, dite « Sapin II »[284].

§ 3. LA FORCE PROBANTE DES MENTIONS DE LA SENTENCE

479 **Principe.** Il est depuis longtemps admis que certaines énonciations de la sentence ont la force probante d'un acte authentique[285]. Textuellement, la solution s'appuyait avant la réforme du 13 janvier 2011, sur l'article 1477, alinéa 2, ancien du Code de procédure civile, qui faisait état de la nécessité de déposer, au greffe de la juridiction qui devait accorder l'exequatur, « la minute de la sentence », ce qui correspond en principe à l'original d'un acte authentique[286]. Ce fondement textuel a disparu avec la réforme, puisque le texte n'évoque plus la minute, mais « l'original » de la sentence[287]. Cela n'affecte toutefois pas la pérennité des solutions précédemment dégagées par la jurisprudence quant à la force probante de certaines mentions de la sentence, puisqu'elles se justifient, fondamentalement, par la mission juridictionnelle confiée au tribunal arbitral : c'est pour consolider l'autorité de la chose jugée de la sentence que certaines de ses mentions font foi jusqu'à inscription de faux[288].

480 **Applications.** Ce sont uniquement les constatations personnelles de l'arbitre qui ont la force probante d'un acte authentique. Il en est notamment ainsi de celles tenant à

281. Art. L. 512-2 du Code des procédures civiles d'exécution.

282. R. PERROT et Ph. THÉRY, *Procédures civile d'exécution*, Dalloz, 2e éd., 2005, n° 765 et s., p. 683 et s. M. DONNIER et J.-B. DONNIER, *Voies d'exécution et procédures de distribution*, Litec, 2008, n° 464, p. 162.

283. Cass. 2e civ., 12 oct. 2006, *Bull. civ.* II, n° 270 ; *D.* 2006, Pan., p. 3028, obs. Th. CLAY ; JCP G 2007, I, 139, n° 22, obs. L. CADIET ; *RTD civ.* 2007, p 183, obs. R. PERROT ; Dijon, 23 avr. 2002 et TGI Chaumont, 31 janv. 2001, *Rev. arb.* 2002, p. 743, note M.-C. RIVIER ; *JDI* 2003, p. 459, note G. CUNIBERTI ; Paris, 9 juill. 1992, *Rev. arb.* 1994, p. 133, note Ph. THÉRY. *Contra*, TGI Lyon, 25 janv. 1994, *Rev. arb.* 1994, p. 525, note M.-C. RONDEAU-RIVIER. Comme un auteur l'a justement noté (G. CUNIBERTI, préc.), c'est moins l'autorité de la chose jugée attachée à la sentence qui confère à celle-ci sa nature juridictionnelle que la fonction de l'arbitre, qui est de dire le droit.

284. V. *infra*, n° 916.

285. Paris, 30 mars 1962, *JCP* 1962, II, 12843 ; 10 mars 1995, *Rev. arb.* 1996, p. 143, obs. Y. DERAINS ; Cass. 2e civ., 12 déc. 1990, *Rev. arb.* 1991, p. 317, note Ph. THÉRY.

286. Ph. THÉRY, note sous Cass. 2e civ., 12 déc. 1990, *Rev. arb.* 1991, p. 317, spéc. n° 4, p. 320.

287. Art. 1487 CPC.

288. Ph. THÉRY, note sous Cass. 2e civ., 12 déc. 1990, *Rev. arb.* 1991, p. 317, spéc. n° 11-12, p. 324-325.

l'audition des parties[289] et de tiers[290], ou de celles relatives à la communication d'une pièce entre les parties[291]. De même, la constatation par l'arbitre de l'accord des litigants pour proroger le délai de l'arbitrage[292], ou de l'existence d'un délibéré[293], fait foi jusqu'à inscription de faux. De même encore, les énonciations de la sentence relatives aux prétentions et moyens des parties sont assorties de la même force probante[294], ce qui se comprend dès lors que la procédure n'est pas nécessairement écrite dans l'arbitrage.

SECTION 4 L'EXÉCUTION DE LA SENTENCE

481 **Présentation.** La sentence arbitrale n'a pas tous les attributs du jugement. Elle est privée de la force exécutoire, c'est-à-dire de la qualité qui permet l'exécution forcée de la décision lorsque la partie condamnée ne l'exécute pas spontanément. Certes, en théorie rien ne s'oppose à ce que la sentence en soit immédiatement dotée[295]. Peu importe, notamment, que le tribunal arbitral ne dispose pas de l'*imperium* du juge. De toute façon, ce n'est pas lui qui, par l'effet de sa seule volonté, autoriserait la mise en œuvre de mesures d'exécution forcée. Comme pour le jugement, c'est la norme étatique qui commanderait aux organes de la force publique de prêter leur concours à l'exécution de la sentence. Sans doute par méfiance vis-à-vis de l'arbitrage, le législateur subordonne toutefois la possibilité d'obtenir l'exécution de la sentence avec le concours des organes disposant d'un pouvoir de contrainte à une condition particulière : l'exequatur (§ 1). L'article 1487 du Code de procédure civile dispose en ce sens que « la sentence arbitrale n'est susceptible d'exécution forcée qu'en vertu d'une décision d'exequatur émanant du tribunal de grande instance dans le ressort duquel la sentence a été rendue »[296]. Il s'agit alors, pour le juge, de vérifier en apparence la conformité de la sentence à certaines conditions avant d'en autoriser l'exécution forcée. L'absence de force exécutoire de la sentence ne prive cependant pas l'arbitre d'un certain pouvoir en matière d'exécution. Comme le juge, il peut assortir sa décision de l'exécution provisoire, pour faire échec au caractère suspensif des voies de recours (§ 2). Il faut noter, à cet égard, que si sur ces deux aspects, la réforme intervenue le 13 janvier 2011 n'a pas bouleversé les règles antérieures, elle a tout de même simplifié les démarches postérieures à la sentence visant à assurer son exécution.

289. Cass. 2e civ., 12 déc. 1990, préc.

290. Paris, 28 nov. 2002, *Rev. arb.* 2003, p. 445, note Ch. Belloc.

291. Paris, 25 févr. 1994, *Rev. arb.* 1995, p. 129, obs. P. Véron.

292. Paris, 26 oct. 2000, *Gaz. Pal.* 2001, somm. p. 1911 ; *RTD com.* 2001, p. 53, obs. É. Loquin ; Cass. 2e civ., 16 févr. 1972, *Rev. arb.* 1972, p. 125, note J. Rubellin-Devichi.

293. Paris, 19 janv. 1967, *Rev. arb.* 1967, p. 72.

294. Paris, 30 mai 1995, *Rev. arb.* 1996, p. 533, obs. L. Kiffer.

295. S. Bollée, *Les méthodes du droit international privé à l'épreuve des sentences arbitrales*, préf. P. Mayer, Economica, 2004, spéc. n° 275, p. 192.

296. Art. 1477 ancien CPC.

§ 1. L'EXEQUATUR DE LA SENTENCE

482 **Plan.** Après la réforme du droit de l'arbitrage intervenue au début des années 1980, les règles posées par le législateur pour la procédure d'exequatur de la sentence arbitrale restaient encore imprécises. Cela provoquait parfois des difficultés pratiques pour déterminer la procédure applicable devant le juge français, celle-ci étant essentiellement d'origine jurisprudentielle. Avec le décret n° 2011-48 du 13 janvier 2011, la procédure d'exequatur fait désormais l'objet de dispositions spécifiques et claires[297]. Les articles 1487 et 1488 du Code de procédure civile, qui constituent un chapitre V du titre consacré à l'arbitrage interne, en précisent le régime. Pour l'essentiel, ces dispositions consacrent les principales règles qu'avait dégagées la jurisprudence dans le silence des textes antérieurs, tant s'agissant du juge compétent pour accorder l'exequatur (A), des règles de procédures applicables (B), de l'étendue du contrôle exercé par le juge (C), que des voies de recours ouvertes contre sa décision (D).

A. LE JUGE COMPÉTENT

483 **Principe.** Il est fixé par l'article 1487 du Code de procédure civile. Il s'agit du tribunal de grande instance dans le ressort duquel la sentence a été rendue. Dans sa rédaction issue du décret du 14 mai 1980, l'article 1477 ancien prévoyait que la demande d'exequatur devait être portée devant « le juge de l'exécution du tribunal » de grande instance. Toutefois, en l'absence de texte réglementaire définissant précisément les cas et conditions dans lesquels ce juge spécialisé devait intervenir, la règle de compétence prévue par le texte précité ne pouvait être effectivement appliquée[298]. Les décisions rendues en ce domaine traduisaient d'ailleurs l'embarras du juge saisi[299], la Cour de cassation ayant estimé qu'il s'agissait du président du tribunal de grande instance, statuant à juge unique[300]. La loi du 9 juillet 1991 a mis fin à cette difficulté en modifiant l'article L. 311-11 du Code de l'organisation judiciaire, la règle se trouvant aujourd'hui codifiée à l'article R 212-8.2° du même code. Dorénavant, ce texte prévoit que le tribunal de grande instance connaît, à juge unique, « des demandes en reconnaissance et en exequatur[...] des sentences arbitrales françaises ou étrangères ». Le juge territorialement compétent étant celui du tribunal de grande instance situé dans le ressort duquel la sentence a été rendue, cela peut faire difficulté lorsque celle-ci ne précise pas le lieu où elle a été rendue, cette mention n'étant pas prescrite à peine de nullité[301]. Dans cette hypothèse, si la convention d'arbitrage fixe le siège de l'arbitrage, c'est le juge de l'exequatur situé dans le ressort considéré qui devrait être saisi. On peut en effet présumer

297. V. notamment, Ch. Seraglini, « L'efficacité et l'autorité renforcée des sentences arbitrales en France après le décret n° 2011-48 du 13 janvier 2011 », *Cah. arb.* 2011, p. 375, spéc. n° 2 et s.

298. V. notamment, Ph. Bertin, « Le rôle du juge dans l'exécution de la sentence arbitrale », *Rev. arb.* 1983, p. 281, spéc. n° 3, p. 282. Pour une synthèse de cette discussion, v. J. Normand, *RTD Civ.* 1988, p. 170 et s.

299. V. notamment, Lyon, 7 janv. 1988, *Rev. arb.* 1988, p. 685, note M.-C. Rondeau-Rivier (en faveur de la compétence du juge de l'exécution) ; TGI Lyon (ord. psdt), 12 févr. 1987, *RTD civ.* 1988, p. 176, obs. J. Normand (en faveur de la compétence du tribunal de grande instance) ; TGI Paris (ord. psdt), 23 déc. 1980, *Rev. arb.* 1982, p. 204 (en faveur de la compétence du président du tribunal de grande instance).

300. Cass. 1re civ., 9 déc. 2003, *JCP* G 2004, I, 119, n° 8, obs. J. Béguin ; *Rev. arb.* 2004, p. 337, note S. Bollée ; *DMF* 2004, p. 260, obs. J.-P. Remery ; *RTD civ.* 2004, p. 547, obs. Ph. Théry.

301. V. *supra*, n° 449.

que la sentence y a été rendue[302]. En cas de silence de la convention, il pourrait ensuite être tenu compte du lieu où l'essentiel des actes de la procédure arbitrale ont été effectués. Là encore, à défaut d'un meilleur critère, on peut penser que c'est en cet endroit que la sentence a été rendue[303].

484 **Exception : le rejet du recours en annulation confère l'exequatur à la sentence.** L'exequatur de la sentence ne relève pas toujours de la compétence du tribunal de grande instance. L'appel ou le recours en annulation formé contre la sentence emporte, « de plein droit », selon l'article 1499, alinéa 2, du Code de procédure civile, « recours contre l'ordonnance du juge ayant statué sur l'exequatur ou dessaisissement de ce juge »[304]. Le juge de l'exequatur étant alors automatiquement dessaisi, s'il rend une ordonnance, elle doit être annulée par la cour d'appel saisie du recours contre la sentence[305]. Dans cette situation également, « le rejet de l'appel ou du recours en annulation confère l'exequatur à la sentence arbitrale ou à celles de ses dispositions qui ne sont pas atteintes par la censure de la cour »[306]. L'arrêt de rejet de la cour d'appel territorialement compétente pour statuer sur le recours se voit ainsi pourvu d'un attribut particulier : il confère l'exequatur à la sentence. La cour d'appel n'a pas à se prononcer sur cette question particulière, l'exequatur étant automatiquement attaché à sa décision de rejet[307]. Tout comme le juge de l'exequatur, la cour d'appel qui rejette le recours en annulation contre la sentence, et lui confère ainsi l'exequatur, ne peut modifier la décision du tribunal arbitral[308].

485 **Exception : l'exequatur conféré par le premier président de la cour d'appel ou le conseiller de la mise en état.** L'appel ou le recours en annulation emportant dessaisissement du juge normalement compétent pour accorder l'exequatur, si la sentence est assortie de l'exécution provisoire, ce qui permet de faire échec au caractère suspensif du recours en droit de l'arbitrage interne, c'est alors « le premier président ou, dès qu'il est saisi, le conseiller de la mise » qui « peut conférer l'exequatur à la sentence arbitrale »[309]. Le premier président peut conférer l'exequatur à la sentence jusqu'à la saisine du conseiller de la mise en état[310]. L'exequatur accordé, des mesures d'exécution forcée de la sentence pourront être entreprises avant la décision de la cour d'appel. De même, lorsque la sentence n'est pas assortie de l'exécution provisoire et fait l'objet d'un appel ou d'un recours en annulation, l'exécution provisoire peut être ordonnée

302. V. notamment, Cass. 2e civ., 9 févr. 1994, *Bull. civ.* II, n° 49 ; *Rev. arb.* 1995, p. 127, note P. Veron ; *RTD com.* 1994, p. 477, obs. J.-Cl. Dubarry et É. Loquin.

303. V. aussi, M. de Boisséson, *Le droit français de l'arbitrage interne et international*, GLN Joly, 1990, spéc. n° 403, p. 339, qui retient, dans une telle hypothèse, la compétence du juge de l'exequatur du ressort où la sentence a été portée à la connaissance des parties. Ce critère présente cependant l'inconvénient de permettre la saisine de juges différents lorsque la sentence, que l'arbitre n'est de toute façon pas obligé de prononcer formellement, n'a pas été portée à la connaissance des parties en un lieu unique.

304. Art. 1488, al. 2, ancien CPC.

305. Paris, 28 juin 2001, *Rev. arb.* 2001, p. 729, note H. Lécuyer.

306. Art. 1498, al. 2, CPC ; art 1490 ancien CPC.

307. Angers, 28 sept. 1987, *Rev. arb.* 1988, p. 162, note M.-C. Rondeau-Rivier. V. aussi, Paris, 28 juin 2001, *Rev. arb.* 2001, p. 729, note H. Lécuyer.

308. Cass. 1re civ., 11 sept. 2013, *Bull. civ.* I, n° 160 ; *JCP* G 2013, 1098, note D. Mouralis ; *Rev. arb.* 2014, p. 704, obs. C. Debourg ; *JCP* G 2013, I, 1391, obs. J. Ortscheidt.

309. Art 1498, al. 1, CPC ; art. 1479, al. 2, ancien CPC.

310. Il a été admis qu'il pouvait être saisi après la désignation du conseiller de la mise en état si la partie requérante n'en avait pas été informée (Paris (ord. prem. psdt), 10 mars 1986, *Rev. arb.* 1988, p. 325, obs. Th. Bernard).

par le premier président ou le conseiller de la mise en état, selon que ce dernier a ou non été saisi[311]. Et dans ce cas aussi, il peut conférer l'exequatur à la sentence arbitrale[312], ce qui permet également d'entreprendre des mesures d'exécution forcée avant l'issue du recours formé contre la sentence.

B. LA PROCÉDURE

486 **Saisine du juge.** La réforme du 13 janvier 2011 a clarifié les règles de procédure applicables devant le juge de l'exequatur. Auparavant, faute de texte suffisamment précis, elles étaient en effet assez floues. Certes, il résultait déjà des articles 1478, 1488 et 1489 ancien du Code de procédure civile que l'exequatur était accordé ou refusé par voie d'ordonnance par le tribunal de grande instance. Sur ce point, les articles 1487, 1499 et 1500 du Code de procédure civile, issus de la réforme, ont confirmé la solution. De même, il s'inférait de l'article 1479, alinéa 2, ancien que le premier président de la cour d'appel, ou le conseiller de la mise en état, se prononçait aussi par voie d'ordonnances. Cette règle se déduit maintenant de l'article 1498, alinéa 1. Mais les textes antérieurs à la réforme de 2011 étaient silencieux sur les modalités de saisine de ces magistrats. Avant la réforme intervenue en 1980 et 1981, la pratique était bien fixée et conforme aux dispositions de l'article 1020 de l'ancien Code de procédure civile : le juge de l'exequatur du tribunal de grande instance était saisi par requête[313]. Après 1981, la question a été débattue, les textes n'ayant pas précisé la procédure applicable. Certaines juridictions du fond ont estimé que le juge de l'exequatur devait être saisi par assignation[314], alors que d'autres, épousant la thèse défendue par la majorité de la doctrine[315], ont retenu que c'est la procédure sur requête qui devait être suivie[316]. La question n'a été tranchée que tardivement par la Cour de cassation. Ce n'est que dans un arrêt rendu le 9 décembre 2003 qu'elle a en effet précisé, la solution valant aussi bien pour l'arbitrage interne que pour l'arbitrage international, qu'en application notamment des dispositions des articles 1477 et 1478 (ancien) du Code de procédure civile, le tribunal de grande instance statue « à juge unique, par ordonnance sur requête non contradictoire »[317]. Cette solution était en effet conforme à l'intention du législateur qui, au moment de la réforme, avait cherché à éviter une discussion contradictoire devant le juge de l'exequatur, celui-ci ne procédant qu'à un examen *prima facie* de la sentence. Le contrôle plus approfondi de la décision de l'arbitre est réservé à la cour d'appel, devant laquelle sont ainsi concentrés les recours ouverts contre la sentence[318]. L'article 1487 du Code de procédure civile a clarifié ce point en précisant, en son

311. V. *infra*, n° 499.
312. Art 1498, al. 1 CPC ; art. 1479, al. 2 ancien CPC.
313. *Rapport de la Cour de cassation*, 2003, La Documentation française, spéc. p. 578 et s.
314. V. notamment, Lyon, 7 janv. 1988, *Rev. arb.* 1988, p. 685, note M.-C. Rondeau-Rivier ; TGI Lyon, 12 févr. 1987, *RTD civ.* 1988, p. 170, obs. J. Normand.
315. V. notamment, Ph. Bertin, « Le rôle du juge dans l'exécution de la sentence arbitrale », *Rev. arb.* 1983, p. 281, spéc. n° 7, p. 286 ; J. Normand, obs. sous TGI Lyon, 12 févr. 1987, préc. ; M.-C. Rondeau-Rivier, note sous Lyon, 7 janv. 1988, préc.
316. V. notamment, Orléans, 5 oct. 2000, *RCDIP* 2001, p. 354, note H. Muir Watt ; TGI Paris, 22 nov. 1989, *Rev. arb.* 1990, p. 693, note B. Moreau.
317. Cass. 1re civ., 9 déc. 2003, *JCP* G 2004, I, 119, n° 8, obs. J. Béguin ; *Rev. arb.* 2004, p. 337, note S. Bollée ; *DMF* 2004, p. 260, obs. J.-P. Remery ; *RTD civ.* 2004, p. 547, obs. Ph. Théry.
318. *Rapport de la Cour de cassation*, 2003, préc., spéc. p. 580 *in fine*.

alinéa 2, que « la procédure relative à la demande d'exequatur n'est pas contradictoire » et, en son alinéa 3, que « la requête est déposée par la partie par la plus diligente au greffe de la juridiction ». Le juge est donc en principe saisi par la partie à l'instance arbitrale qui a intérêt à obtenir l'exécution de la sentence. Il a cependant été admis que la demande d'exequatur pouvait être faite par une partie à l'instance ayant ensuite cédé la créance née de la sentence, parce que le cessionnaire avait accepté qu'elle poursuive en son nom, tant pour elle que pour leur compte respectif, toute démarche en vue d'obtenir le paiement de la sentence ; en qualité de bénéficiaire de la sentence, celle-ci justifiait encore d'un intérêt à agir en exécution forcée[319].

Le formalisme a par ailleurs été allégé en la matière, puisque le demandeur n'est plus contraint de présenter à l'exequatur la minute de la sentence accompagnée d'un exemplaire de la convention d'arbitrage. Conformément à l'article 1487, alinéa 3, du Code de procédure civile, la requête doit en effet être accompagnée de l'original de la sentence et d'un exemplaire de la convention d'arbitrage ou « de leurs copies réunissant les conditions requises pour leur authenticité ». Ce texte s'inspire ainsi de la solution qui prévalait déjà depuis le décret du 12 mai 1981 pour l'arbitrage international et le juge, qu'il soit en présence de l'original ou de la copie, devra toujours s'assurer que le document présente l'apparence d'une sentence arbitrale rendue par un tribunal arbitral[320].

Comme le décret du 14 mai 1980, celui du 13 janvier 2011 est resté muet sur la procédure suivie devant le premier président de la cour d'appel, ou le conseiller de la mise en état, lorsque l'exequatur est sollicité au cours d'une instance en appel de la sentence, ou au moment d'un recours en annulation[321]. À défaut d'autre précision, en principe, ce sont les règles propres à chacune de ces juridictions qui devraient prévaloir. Partant, le conseiller de la mise en état ne pouvant rendre une ordonnance sur requête[322], la procédure contradictoire, traditionnellement suivie devant ce magistrat et peu contraignante, devrait donc être respectée. Il ne pourrait en être autrement que si la jurisprudence décidait de faire application de l'article 1487, alinéa 2, du Code de procédure civile, motif pris que « la procédure relative à la demande d'exequatur », visée par ce texte, est celle suivie devant tous les juges susceptibles d'accorder l'exequatur à la sentence, donc aussi devant le conseiller de la mise en état. Le premier président de la cour d'appel peut, lui, statuer par voie d'ordonnance sur requête, selon l'article 958 du Code de procédure civile, pour arrêter « des mesures urgentes relatives à la sauvegarde des droits d'une partie ou d'un tiers » lorsque les « circonstances exigent » que la mesure ne soit pas prise contradictoirement. Sauf à interpréter l'article 1487, alinéa 2, précité en ce sens qu'il a aussi vocation à s'appliquer devant ce juge, le premier président peut donc accorder l'exequatur à la sentence déjà assortie de l'exécution provisoire par ordonnance sur requête s'il est démontré l'urgence, la nécessité de sauvegarder les droits de la partie qui le sollicite et

319. Cass. 1re civ., 14 nov. 2007, *JCP* G 2008, I, 164, n° 9, obs. J. Ortscheidt (la solution, rendue dans un arbitrage international, est transposable dans l'arbitrage interne).

320. E. Gaillard et P. de Lapasse, « Commentaire analytique du décret portant réforme du droit français de l'arbitrage », *Cah. arb.* 2011, p. 263, spéc. n° 66.

321. Art. 1498 CPC.

322. J. Héron et Th. Le Bars, *Droit judiciaire privé*, LGDJ, 6e éd., 2015, n° 430, p. 350 ; Cass. 3e civ., 17 nov. 1981, *Bull. civ.* III, n° 191. V. cpdt, Paris, 5 mars 1982 (ord. CME), *Rev. arb.* 1982, p. 459 (1re esp.), obs. Th. Bernard, par laquelle le conseiller de la mise en état a accepté de rétracter une précédente ordonnance, qu'il avait rendue sur requête pour accorder l'exequatur à une sentence sur le fondement de l'article 1479, al. 2 ancien CPC.

d'éviter un débat contradictoire[323]. À défaut, l'exequatur devra être conféré par ordonnance[324], donc selon une procédure contradictoire, faute de texte faisant exception à ce principe directeur du procès lorsqu'il est fait application de l'article 1498, alinéa 1, du Code de procédure civile.

487 **Ordonnance.** L'ordonnance sur requête rendue par le juge de l'exequatur n'obéit pas au régime de droit commun des articles 493 et suivants du Code de procédure civile[325]. D'une part, il n'est pas renvoyé à ces textes par les dispositions propres à l'arbitrage. D'autre part, la nature spécifique de l'ordonnance d'exequatur justifie l'inapplicabilité de certains textes relatifs aux ordonnances sur requête. En effet, il ne s'agit pas d'une décision provisoire du juge, comme l'ordonnance sur requête envisagée par les textes précités. Il s'agit d'une décision qui, comme d'autres ordonnances rendues sur requête d'ailleurs[326], présente un caractère définitif. On comprend alors que, contrairement à ce que prévoit l'article 495 du Code de procédure civile pour les ordonnances sur requête de droit commun, l'ordonnance d'exequatur du juge n'a pas à être motivée. L'exequatur est en effet directement apposé sur l'original ou la copie de la sentence arbitrale[327]. La motivation de l'ordonnance n'est exigée que si l'exequatur est refusé[328]. Sous réserve que la sentence soit exécutoire par provision[329], ou qu'elle ne soit plus susceptible de recours, il semble admis, la solution demeurant cependant discutée[330], que des mesures d'exécution peuvent être immédiatement engagées si l'ordonnance est également assortie de l'exécution provisoire[331].

C. L'ÉTENDUE DU CONTRÔLE EXERCÉ PAR LE JUGE

488 **Contrôle *prima facie*.** Les textes issus du décret du 12 mai 1980 ne précisaient pas la nature et l'étendue du contrôle exercé par le juge de l'exequatur. Il n'y était notamment pas indiqué ce qui pouvait faire obstacle à l'exequatur. En raison toutefois du caractère non contradictoire de la procédure, de ce que l'exequatur était apposé sur la sentence arbitrale et n'était pas motivé, il a rapidement été admis que le juge, ne statuant qu'au vu de la sentence et de la convention d'arbitrage, ne pouvait de toute façon

323. On peut penser les conditions remplies s'il peut être démontré que le recours contre la sentence va permettre à celui qui l'a formé de soustraire les biens dont il dispose sur le territoire français aux mesures d'exécution forcée susceptibles d'être engagées après le rejet de l'appel ou du recours en annulation.

324. Art. L. 311-7-1 COJ.

325. D. Foussard, « Le recours pour excès de pouvoir dans le domaine de l'arbitrage », *Rev. arb.* 2002. 579, spéc. n° 28, p. 626 ; A. Hory, note sous Cass. 1re civ., 29 juin 1994, *Rev. arb.* 1996, p. 400, spéc. p. 402 ; M.-C. Rivier, note sous TGI Paris, 22 janv. 1997, *Rev. arb.* 1997, p. 569, spéc. p. 573. ; Ph. Théry, *RTD civ.* 2004, p. 547.

326. V. notamment, J. Héron et Th. Le Bars, *Droit judiciaire privé*, LGDJ, 6e éd., 2015, n° 441, p. 358.

327. Art. 1487 al. 4 CPC.

328. Art. 1458, al. 2 CPC ; art. 1478, al. 2 ancien CPC.

329. V. *infra*, n° 495 et s.

330. V. notamment, P. Callé, note sous Paris, 2 juin 2005, *Rev. arb.* 2005, p. 1015 ; D. Hascher, « L'exécution provisoire en arbitrage international », in *Études de procédure et d'arbitrage en l'honneur de J.-F. Poudret*, Lausanne, 1999, p. 403, spéc. p. 413 ; J. Ortscheidt, « L'exécution provisoire des sentences arbitrales », *Rev. arb.* 2004, p. 5., spéc. n° 18, p. 28.

331. Paris, 22 sept. 2005, 13 déc. 2005 et 27 juin 2006 (ord. CME), *Rev. arb.* 2007, p. 523, note J. Pellerin. V. cpdt, Paris, 2 juin 2005, *Rev. arb.* 2005, p. 1015, note P. Callé, qui écarte toute nécessité d'exécution provisoire de l'ordonnance d'exequatur.

qu'exercer un contrôle sommaire[332]. La réforme du 13 janvier 2011 a confirmé cette analyse, l'article 1488 du Code de procédure civile précisant que « l'exequatur ne peut être accordé si la sentence est manifestement contraire à l'ordre public ». Le juge ne procède donc qu'à un contrôle *prima facie* de la sentence[333]. Il se contente de vérifier sa « conformité apparente »[334] à l'ordre public et c'est la cour d'appel, éventuellement saisie d'un recours contre la sentence, qui procédera à un contrôle plus approfondi. En principe, le juge de l'exequatur, comme le juge de la régularité de la sentence d'ailleurs, ne contrôle pas le bien-fondé de la décision rendue par l'arbitre, ni sa régularité[335]. *A fortiori*, il ne peut pas la modifier en y ajoutant, par exemple, une condamnation au paiement de dommages-intérêts[336].

Mais parce que l'exequatur n'est pas anodin, puisqu'il permet ensuite de recourir à des mesures d'exécution forcée pour exécuter la sentence, il est tout de même exigé un contrôle du juge, dont les grandes lignes ont été dégagées par la jurisprudence et qui a été consacré par le texte précité. Ainsi, avant d'apposer l'exequatur, le juge doit vérifier que la décision qui lui a été soumise est une sentence arbitrale et que la solution qui s'en dégage n'est pas manifestement contraire à l'ordre public. En ce sens, dans un arrêt rendu avant la réforme de 1981, dont la solution n'a pas été démentie depuis, la Cour de cassation a retenu que le « rôle du juge investi du pouvoir de rendre exécutoire une sentence arbitrale est strictement limité, qu'il n'a pas à vérifier si la sentence a ou non été exécutée, et qu'il ne peut refuser l'exequatur que si l'acte qui lui est soumis n'a pas un caractère contentieux et ne constitue pas une sentence arbitrale, ou si son inexistence est flagrante, ou enfin si ses dispositions sont contraires à l'ordre public »[337]. L'exequatur devant être apposé sur l'original ou la copie de la sentence arbitrale, selon l'article 1487, alinéa 4, du Code de procédure civile, le juge doit en effet toujours vérifier que la décision qui lui est soumise présente, en apparence au moins, les caractéristiques d'une sentence[338]. Ce contrôle ne pouvant s'exercer que *prima facie*, il n'a pas à rechercher si la sentence n'est pas privée d'existence en raison de vices affectant la convention d'arbitrage ou la composition du tribunal arbitral[339]. Même dans ces hypothèses, d'une part, la sentence n'est pas inexistante, mais simplement affectée de nullité et le vice n'est pas flagrant et, d'autre part, c'est à la cour d'appel éventuellement saisie de trancher ces questions. Au demeurant, l'objet du contrôle exercé par le juge de l'exequatur, fixé par l'article 1488 précité, n'est pas de s'assurer que la sentence ne risque pas d'être annulée[340].

C'est ce qui explique aussi que, comme le précise ce texte, le juge de l'exequatur ne contrôle que la conformité apparente à l'ordre public de la solution consacrée par la

332. Ph. Fouchard, *JDI* 1982, p. 374, spéc. n° 65.

333. Orléans, 5 oct. 2000, *RCDIP* 2001, p. 354, note H. Muir Watt. V. aussi, *Rapport de la Cour de cassation*, 2003, La Documentation française, spéc. p. 580.

334. Paris, 11 juill. 1978, *Rev. arb.* 1978, p. 538, note J. Viatte.

335. *Rapport de la Cour de cassation*, 2003, préc., spéc. p. 581.

336. Cass. 1re civ., 14 déc. 1983, *Rev. arb.* 1984, p. 483, note M.-C. Rondeau-Rivier.

337. Cass. 2e civ., 17 juin 1971, *Bull. civ.* II, n° 222.

338. Sur ces caractéristiques-ci, v. *supra*, n° 423 et s.

339. *Contra*, Ph. Bertin, « Le rôle du juge dans l'exécution de la sentence arbitrale », *Rev. arb.* 1983, p. 281, spéc. n° 4, p. 284 ; J.-C. Peyre, « Le juge de l'exequatur : fantôme ou réalité ? », *Rev. arb.* 1985, p. 231, spéc. n° 8, p. 234.

340. *Contra*, Ph. Bertin, « Le rôle du juge dans l'exécution de la sentence arbitrale », préc., spéc. n° 5, p. 2845

sentence[341]. Pour autant qu'il serait autorisé – ce qui est actuellement loin d'être le cas –, l'examen plus approfondi de la solution au regard des exigences de l'ordre public est réservé à la cour d'appel[342]. Le juge étatique ne peut donc refuser d'accorder l'exequatur que si la décision rendue par le tribunal arbitral heurte manifestement l'ordre public interne. Le contrôle n'a pas à porter sur la régularité de la sentence au regard des cas d'ouverture du recours en annulation prévus par l'article 1492 du Code de procédure civile[343]. Il faut aussi noter que la nature et l'étendue du contrôle devraient être identiques quel que soit le juge de l'exequatur[344], qu'il s'agisse du tribunal de grande instance, ou du premier président ou du conseiller de la mise en état, lorsqu'ils se voient exceptionnellement conférer le pouvoir d'accorder l'exequatur à la sentence[345].

489 **Exequatur partiel.** Il est admis que le juge peut limiter l'exequatur à une partie de la sentence seulement[346], ce que confirment d'ailleurs les dispositions de l'article 1498, alinéa 2, du Code de procédure civile, en précisant que le rejet de l'appel ou du recours confère l'exequatur à la sentence « ou à celles de ses dispositions qui ne sont pas atteintes par la censure de la cour ». L'exequatur peut donc être conféré aux seules dispositions de la sentence qui ne heurtent pas manifestement l'ordre public à la condition qu'elles ne soient pas indivisiblement liées ou dépendantes de celles qui ne peuvent recevoir l'exequatur[347].

D. LES VOIES DE RECOURS

490 **Présentation.** Les textes distinguent toujours, après la réforme du 13 janvier 2011, selon le sens de la décision rendue par le juge de l'exequatur. L'ordonnance refusant l'exequatur est en effet susceptible de recours alors qu'en principe, celle qui l'accorde ne l'est pas. Il faut également réserver l'hypothèse de l'exequatur donné par le premier président ou le conseiller de la mise en état.

491 **L'ordonnance qui refuse l'exequatur.** L'article 1500 du Code de procédure civile a repris la règle auparavant énoncée par l'article 1489. Il prévoit que « l'ordonnance qui refuse l'exequatur peut être frappée d'appel dans le délai d'un mois à compter de sa signification ». Ce texte ajoute, répondant au souci déjà exprimé en 1980 de concentrer les recours devant cette juridiction[348] et d'assurer l'homogénéité de son contrôle[349], que dans ce cas, « la cour d'appel connaît, à la demande d'une partie, de l'appel ou du recours en annulation formé à l'encontre de la sentence arbitrale, si le délai pour l'exercer n'est pas expiré ». Le texte n'a donc pas exactement repris la formule de l'ancien

341. Paris, 11 juill. 1978, préc.

342. Sur ce contrôle, v. *infra*, n° 552 et s.

343. Sur ces cas d'annulation, v. *infra*, n° 536 et s.

344. V. aussi, Th. Clay, « Liberté, égalité, efficacité : la devise du nouveau droit français de l'arbitrage. Commentaire article par article », *JDI* 2012, p. 443, spéc. p. 524.

345. V. *supra*, n° 485.

346. Ph. Bertin, « Le rôle du juge dans l'exécution de la sentence arbitrale », *Rev. arb.* 1983, p. 281, spéc. n° 6, p. 286 ; J.-C. Peyre, « Le juge de l'exequatur : fantôme ou réalité ? », *Rev. arb.* 1985, p. 231, spéc. n° 13, p. 235.

347. Cass. 1re civ., 28 avr. 1987, *Rev. arb.* 1991, p. 345, obs. J.-H. Moitry et C. Vergne.

348. G. Cornu, « Présentation de la réforme », *Rev. arb.* 1980, p. 583, spéc. n° 21, p. 595.

349. Y. Loussouarn, « Les voies de recours dans le décret du 14 mai 1980 relatif à l'arbitrage », *Rev. arb.* 1980, p. 671, spéc. p. 674.

article 1489, qui prévoyait que « la cour d'appel connaît, à la demande des parties, des moyens que celles-ci auraient pu faire valoir contre la sentence arbitrale, par la voie de l'appel ou du recours en annulation selon le cas ». Il a en en effet pris acte de ce que la sentence pouvant maintenant être notifiée avant l'exequatur, cette notification faisant courir le délai pour interjeter appel ou former le recours en annulation[350], il peut être expiré au moment où la cour d'appel est saisie du recours contre l'ordonnance refusant l'exequatur. De plus, il est maintenant prévu que la cour « connaît » de l'appel ou du recours en annulation, et non pas seulement des moyens qui peuvent être articulés contre la sentence au soutien de ces deux recours[351]. Si les mots ont un sens, deux hypothèses doivent alors être distinguées.

Si le délai d'appel ou du recours en annulation n'est pas expiré au moment de « la demande » de la partie qui souhaite que l'exequatur ne soit pas accordé, alors, la cour saisie initialement de l'appel formé contre l'ordonnance de refus d'exequatur pourra *in fine* infirmer la sentence si elle était susceptible d'appel. Elle ne se bornera donc pas à refuser l'exequatur et la sentence disparaîtra de l'ordre juridique. La cour d'appel pourra le faire pour quelque cause que ce soit, y compris les cas d'annulation de l'article 1492 du Code de procédure civile. En revanche, si la voie de recours ouverte contre la sentence était le recours en annulation, la cour d'appel, qui connaîtra donc de ce recours à la demande d'une partie, pourra annuler la sentence pour l'un des cas prévus à l'article 1492. Là encore, ce n'est pas uniquement l'ordonnance de refus d'exequatur, mais la sentence elle-même qui est alors directement affectée par la décision de la cour d'appel. Les conséquences du contrôle de la cour d'appel sont différentes si le délai pour recourir contre la sentence est expiré. Dans cette hypothèse, elle ne pourra refuser l'exequatur que pour l'un des cas qui autorisaient déjà le tribunal de grande instance à statuer en ce sens. À ce stade toutefois, un débat contradictoire s'instaurant et celle-ci ne statuant plus uniquement au vu de la sentence et de la convention d'arbitrage, la cour d'appel devrait pouvoir procéder à un contrôle plus approfondi de la solution rendue au regard de l'ordre public interne français[352]. Il faut néanmoins souligner qu'en tout état de cause, ni l'appelant, ni l'intimé, ne peuvent invoquer, dans l'instance engagée sur le recours contre la décision refusant l'exequatur, qu'il soit ou non accompagné d'un appel ou d'un recours en annulation formé à titre incident, de moyens qui seraient incompatibles avec ceux qu'ils ont présentés devant le tribunal arbitral. En application de la règle de l'*estoppel*, de tels moyens sont irrecevables. Les parties ne peuvent pas non plus se prévaloir de moyens qu'en connaissance de cause, elles se sont abstenues de soulever en temps utile devant le tribunal arbitral, selon ce que prévoit l'article 1466 du Code de procédure civile[353].

Le délai pour former l'appel contre l'ordonnance d'exequatur, d'un mois, court à compter de la signification de cette ordonnance. Cette signification doit, bien évidemment, respecter les dispositions relatives aux significations des jugements pour faire

---

350. Art. 1494, al. 2 CPC. V. *infra*, n° 520.

351. V. sur ce point, le Rapport au Premier ministre relatif au décret n° 2011-48 du 13 janvier 2011.

352. V. cpdt., E. Gaillard et P. de Lapasse, « Commentaire analytique du décret portant réforme du droit français de l'arbitrage », *Cah. arb.* 2011, p. 263, spéc. n° 73, qui indiquent que plus largement, une partie pourrait « toujours solliciter la confirmation du refus de délivrer l'ordonnance d'exequatur sur l'un des motifs du recours en annulation ».

353. Sur ces règles et leurs fondements, v. *infra*, n° 523 et s.

courir le délai d'appel[354]. Faute de précision[355], l'appel est formé, instruit et jugé selon les règles relatives à la procédure ordinaire devant la cour d'appel[356]. Les voies de recours ouvertes contre l'arrêt de la cour d'appel seront celles du droit commun, notamment le pourvoi en cassation. Il a un temps été proposé d'autoriser le juge qui l'a rendue à modifier ou rétracter son ordonnance de refus d'exequatur, sur le fondement de l'article 497 du Code de procédure civile[357]. Cette ordonnance n'obéit cependant pas au régime de l'article 495 du Code de procédure civile[358]. En outre, la nature du contrôle exercé par le juge, qui vérifie que lui est bien présentée une sentence arbitrale et qui s'en tient à l'apparence de conformité à l'ordre public, exclut, *a priori,* qu'il puisse revoir son jugement initial. Enfin, la solution serait contraire à l'objectif de toutes les réformes récentes de l'arbitrage, qui ont concentré les recours devant la cour d'appel.

492 **L'ordonnance qui accorde l'exequatur.** Cette ordonnance « n'est susceptible d'aucun recours », énonce l'article 1499, alinéa 1, du Code de procédure civile[359]. Le même texte précise, en son alinéa 2, « toutefois l'appel ou le recours en annulation de la sentence emporte de plein droit, dans les limites de la saisine de la cour, recours contre l'ordonnance du juge ayant statué sur l'exequatur ou dessaisissement de ce juge »[360]. Ainsi, la partie qui souhaite contester l'ordonnance accordant l'exequatur à une sentence ne peut le faire directement. Elle doit, selon les cas[361], interjeter appel de la sentence ou former un recours en annulation à son encontre.

La décision accordant l'exequatur ne peut pas non plus être rétractée par le juge qui l'a rendue[362]. Elle ne peut pas plus faire l'objet d'un recours en annulation[363]. En revanche, par exception au texte précité et parce que ce recours existe toujours, elle peut faire l'objet d'un recours pour excès de pouvoir devant la cour d'appel[364]. Il a ainsi été jugé, avant le décret de 2011, qu'excède ses pouvoirs le juge qui accorde l'exequatur à une sentence alors qu'elle fait l'objet d'un recours en annulation devant la cour d'appel[365] ; il est en effet dessaisi par l'appel ou le recours en annulation et c'est alors au premier président de la cour d'appel, ou au conseiller de la mise en état, qu'est confié le soin de statuer sur la demande d'exequatur[366]. De même, le juge des référés ne peut, sans

354. Art. 651 et s. CPC.

355. À moins de considérer que l'art. 1495 CPC (inséré à la Section 3, portant « Dispositions communes à l'appel et au recours en annulation » du Chapitre VI relatif aux voies de recours, soit juste avant la Section 4 du même chapitre, relative aux « Recours contre l'ordonnance statuant sur la demande d'exequatur ») est applicable, en ce qu'il prévoit que « l'appel et le recours en annulation sont formés, instruits et jugés selon les règles relatives à la procédure en matière contentieuse prévue aux articles 900 à 930-1 ».

356. Art. 901 et s. CPC.

357. Ph. Bertin, « Le rôle du juge dans l'exécution de la sentence arbitrale », *Rev. arb.* 1983, p 281, spéc. nº 9, p. 288 ; J.-C. Peyre, « Le juge de l'exequatur : fantôme ou réalité ? », *Rev. arb.* 1985, p. 231, spéc. nº 19, p. 238.

358. V. *supra*, nº 487.

359. Art. 1488, al. 1 ancien CPC.

360. Art. 1488, al. 2 ancien CPC.

361. Sur la distinction de l'appel et du recours en annulation, v. *infra*, nº 528 et s.

362. TGI Paris (ord. réf.), 22 janv. 1997, *Rev. arb.* 1997, p. 569, note M.-C. Rivier ; TGI Paris (ord. réf.), 13 sept. 1984, *Rev. arb.* 1985, p. 327, obs. Th. Bernard.

363. Paris, 10 nov. 2005, *Rev. arb.* 2006, p. 280.

364. Sur ce recours, v. notamment, D. Foussard, « Le recours pour excès de pouvoir dans le domaine de l'arbitrage », *Rev. arb.* 2002, p. 579, spéc. nº 26 et s., p. 623 et s.

365. Paris, 28 juin 2001, préc. ; Paris, 14 déc. 1999, préc.

366. V. *supra*, nº 485.

excéder ses pouvoirs, conférer l'exequatur à une sentence en lieu et place du tribunal de grande instance[367]. La solution est la même si c'est le tribunal de grande instance et non un juge unique qui se prononce[368]. En revanche, la méconnaissance de sa compétence territoriale par le juge de l'exequatur ne caractérise pas un excès de pouvoir[369]. La décision rendue par la cour d'appel, qui statue sur l'appel-nullité, est notamment susceptible de pourvoi.

493 **L'ordonnance du premier président ou du conseiller de la mise en état.** Il paraît acquis que l'ordonnance du premier président de la cour d'appel ne peut être rétractée[370]. Mais aucun texte spécifique à l'arbitrage ne traite précisément des recours contre l'ordonnance du premier président de la cour d'appel ou du conseiller de la mise en état qui refuse ou accorde l'exequatur à une sentence revêtue de l'exécution provisoire. Deux solutions sont envisageables[371] : soit ces ordonnances sont soumises au régime du droit commun, et ce sont alors les recours traditionnellement ouverts contre les ordonnances du premier président et du conseiller de la mise en état qui doivent être exercés ; soit elles sont régies par les textes appliqués pour les ordonnances du juge de l'exequatur, et ce sont les règles précédemment exposées qui doivent être respectées. La jurisprudence n'a pas encore tranché la question et le législateur n'a pas profité de la réforme du 13 janvier 2011 pour résoudre cette difficulté, sans doute parce qu'elle est rarement posée en pratique. La seconde solution, parce qu'elle présente l'avantage de la simplicité et de la cohérence[372], devrait être préférée à la première. En effet, en droit commun, les ordonnances du premier président et du conseiller de la mise en état ne sont pas susceptibles des mêmes recours. Lorsqu'elles mettent fin à l'instance introduite devant lui, les ordonnances du premier président peuvent faire l'objet d'un pourvoi en cassation indépendamment de la décision sur le fond. L'ordonnance d'exequatur, qui met fin à l'instance autonome engagée devant le premier président, pourrait donc sans doute être frappée de pourvoi. En revanche, les ordonnances du conseiller de la mise en état ne sont pas susceptibles de recours indépendamment de l'arrêt sur le fond[373]. Elles peuvent toutefois être déférées à la cour d'appel, dans les quinze jours de leur date, dans certains cas limitativement énumérés par l'article 916, alinéa 2, du Code de procédure civile et l'arrêt rendu par la cour sur déféré est ensuite susceptible de pourvoi, selon les règles du droit commun. L'application des règles de droit commun relatives aux recours contre les ordonnances d'exequatur du premier président et du conseiller de la mise en état est donc relativement complexe et les recours ne sont pas les mêmes selon que la décision a été rendue par l'un ou l'autre de ces magistrats. À l'inverse, les règles spéciales posées par les articles 1499 et 1500 du Code de procédure civile sont beaucoup plus aisées à mettre en œuvre, puisqu'elles distinguent les recours selon le sens de la

367. Cass. 1re civ., 29 juin 1994, *Rev. arb.* 1996, p 400, note A. Hory.

368. Cass. 1re civ., 9 déc. 2003, *JCP* G 2004, I, 119, n° 8, obs. J. Béguin ; *Rev. arb.* 2004, p. 337, note S. Bollée ; *DMF* 2004, p. 260, obs. J.-P. Remery ; *RTD civ.* 2004, p. 547, obs. Ph. Théry.

369. Paris, 22 sept. 1995, *Rev. arb.* 1996, p. 100, note E. Gaillard ; Paris, 10 juill. 1992, *Rev. arb.* 1994, p. 142, note P. Level.

370. Paris (ord. prem. psdt), 10 mars 1986, *Rev. arb.* 1988, p. 325, obs. Th. Bernard.

371. V. notamment, D. Foussard, « Le recours pour excès de pouvoir dans le domaine de l'arbitrage », préc., spéc. n° 31, p. 630 et s.

372. D. Foussard, « Le recours pour excès de pouvoir dans le domaine de l'arbitrage », préc., spéc. n° 31, p. 631.

373. Art. 916, al. 1, CPC.

décision. En outre, elles ont été élaborées en considération de l'objet de la décision du juge et paraissent ainsi adaptées, quel que soit l'auteur de l'ordonnance d'exequatur[374].

494 **Retrait litigieux.** Par le retrait litigieux, prévu par les articles 1699 et 1700 du Code civil, le débiteur cédé se substitue au cessionnaire en lui remboursant le prix effectif de la cession avec les frais du contrat et les intérêts au taux légal, et éteint ainsi sa dette[375]. Il a été jugé, sous l'empire de l'ancien droit de l'arbitrage et à propos d'une sentence française, que l'opposition formée par une partie à une ordonnance d'exequatur d'une sentence arbitrale qui a condamné l'opposant à payer une certaine somme étant susceptible d'aboutir au prononcé de la nullité de la sentence, cela imprime à la créance un caractère litigieux, pour rejeter le pourvoi contre la décision qui a déclaré régulier le retrait litigieux exercé par le débiteur à la suite de la cession de la créance au cours de l'instance en opposition[376]. Plus récemment, la Cour de cassation a confirmé, en matière d'arbitrage international, que le retrait litigieux peut être exercé devant le juge du contrôle de la sentence, qu'il statue sur un recours en annulation ou sur appel d'une ordonnance d'exequatur, au motif que « l'exercice du retrait litigieux affecte l'exécution de la sentence »[377]. La solution devrait donc être identique dans l'arbitrage interne, de sorte que lorsqu'il est saisi d'une demande en ce sens, le juge statuant sur recours de l'ordonnance d'exequatur peut avoir à s'assurer que les conditions du retrait litigieux sont réunies ; si elles le sont, la sentence ne pourra plus être exécutée, au moins en France, puisque la créance née de cette sentence est considérée par l'ordre juridique français comme étant éteinte. Cela dit, puisque le retrait litigieux n'a pas pour effet de faire disparaître la sentence, on peut se demander si l'exequatur de la sentence peut être refusé au cessionnaire (le retrayé). Il a en effet déjà été jugé que les parties ont « le droit de demander à titre principal la reconnaissance d'une sentence, c'est-à-dire son insertion dans l'ordre juridique français, peu important qu'elle soit, en raison du sens de la décision ou du fait de l'absence d'actifs du débiteur, insusceptible d'exécution forcée sur le territoire national »[378]. L'exequatur peut dès lors conserver un intérêt pour le cessionnaire de la créance éteinte par l'effet du retrait litigieux.

§ 2. L'EXÉCUTION PROVISOIRE DE LA SENTENCE

495 **Présentation.** La préoccupation première des parties est d'obtenir une sentence qui puisse être rapidement exécutée. Or, contrairement à la règle qui prévaut aujourd'hui dans l'arbitrage international[379], les délais de recours et les recours ont un effet suspensif sur l'exécution de la sentence dans l'arbitrage interne[380]. L'exécution provisoire permet précisément d'y faire échec : si la sentence est exécutoire par provision, des mesures d'exécution forcée pourront être immédiatement entreprises, sous

374. D. Foussard, « Le recours pour excès de pouvoir dans le domaine de l'arbitrage », préc., spéc. n° 31., p. 631.

375. V. É. Savaux, « Cessions de droits litigieux », *Rép. Civ. Dalloz*, spéc. n° 66 et s.

376. Cass. 1re civ., 9 janv. 1974, *Bull. civ.* I, n° 12 ; *RTD civ.* 1974, p. 808, note Y. Loussouarn.

377. Cass. 1re civ., 28 févr. 2018, *JCP* G 2018, 1322, n° 5, obs. Ch. Seraglini ; *JCP* G 2018, II, 640, note Ph. Casson ; *Procédures*, 2018, comm. 148, obs. L. Weiller ; *AJ Contrats* 2018, p. 187, obs. J. Joussan-Marques ; *Rev. arb.* 2018, p. 389, note M. Laazouzi ; v. aussi *infra*, n° 990.

378. Paris, 15 janv. 2013, *Rev. arb.* 2013, p. 779, note S. Bollée.

379. V. *infra*, n° 981 et s.

380. Art. 1496 CPC. V. *infra*, n° 521.

réserve, toutefois, que la sentence soit également revêtue de l'exequatur. Avant la réforme du 13 janvier 2011, l'article 1479, alinéa 1er, du Code de procédure civile renvoyait aux « règles sur l'exécution provisoire des jugements » pour l'exécution provisoire des sentences arbitrales[381]. Les articles 514 à 526 de ce code, dont il avait été jugé que les dispositions étaient supplétives de la volonté des parties[382], constituaient donc le siège de la matière. Mais le procédé du renvoi affectait la lisibilité des textes et avait pu susciter diverses interrogations quant au régime exact de l'exécution provisoire des sentences arbitrales[383]. Or, une bonne lisibilité des solutions applicables favorise l'exécution rapide des sentences arbitrales, puisque le créancier pourra d'autant mieux utiliser les moyens susceptibles d'assurer une satisfaction rapide que ceux-ci sont facilement identifiables. Le décret s'est donc employé à clarifier le régime de l'exécution provisoire des sentences arbitrales en matière interne en y consacrant des dispositions particulières[384]. Cela a d'ailleurs rendu sans objet tout débat relatif à l'applicabilité éventuelle de la mesure de radiation du rôle, prévue par l'article 526 du Code de procédure civile, dont il avait d'ailleurs été jugé qu'elle ne pouvait être ordonnée en cas d'inexécution d'une sentence arbitrale exécutoire par provision faisant l'objet d'un recours en annulation[385]. Ces précisions faites, il faut envisager les principales règles gouvernant l'octroi (A) et l'arrêt (B) de l'exécution provisoire des sentences arbitrales[386].

A. L'OCTROI DE L'EXÉCUTION PROVISOIRE

496 **L'exécution provisoire conférée par le tribunal arbitral.** L'exécution provisoire peut d'abord être accordée par le tribunal arbitral, ce qu'énoncent aujourd'hui très clairement l'article 1484 du Code de procédure civile, qui précise que la sentence « peut être assortie de l'exécution provisoire », et l'article 1496 du même code, qui après avoir posé l'effet suspensif des recours sur la sentence, ajoute « à moins qu'elle ne soit assortie de l'exécution provisoire ». Certes, la solution s'imposait déjà auparavant, par renvoi de l'article 1479 ancien du Code de procédure civile aux articles 515 à 521. Néanmoins, ces ajouts sont les bienvenus dans la mesure où ils rendent plus lisibles la faculté de solliciter du tribunal arbitral l'exécution provisoire et ses conséquences. Il

381. Il a été jugé que les anciens textes relatifs à l'exécution provisoire demeurent applicables en cas de recours contre une sentence rendue avant le 1er mai 2011, date d'entrée en vigueur du décret nº 2011-48 du 13 janvier 2011 (Paris (ord. CME), 3 mai 2012, *Rev. arb.* 2012, p. 393 (3e esp.), note Ch. Jarrosson et J. Pellerin).

382. Cass. 2e civ., 11 juill. 2002, *Bull. civ.* II, nº 161. Cette faculté ne concernait cependant pas tous les textes du Code de procédure civile. Il s'agissait uniquement des articles 515 à 520 relatifs aux conditions et modalités de l'octroi de l'exécution provisoire, et non des articles 521 à 526 du Code de procédure civile puisque ceux-ci sont relatifs aux pouvoirs du juge en matière d'octroi et d'arrêt de l'exécution provisoire et que le régime des voies de recours à l'égard des sentences est lui-même indisponible.

383. Sur ces interrogations, v. J. Ortscheidt, « L'exécution provisoire des sentences arbitrales en France », *Rev. arb.* 2004, p. 5.

384. Ch. Seraglini, « L'efficacité et l'autorité renforcée des sentences arbitrales en France après le décret nº 2011-48 du 13 janvier 2011 », *Cah. arb.* 2011, p. 375, spéc. nº 11 et s.

385. Paris, 23 mai 2006, *Rev. arb.* 2006, p. 737, note J. Ortscheidt. V. aussi, J. Pellerin, « Le décret de procédure du 28 décembre 2005 et le droit de l'arbitrage », *Rev. arb.* 2006, p. 287, spéc. nº 5 et s., p. 289 et s.

386. Pour une présentation plus complète, v. notamment, J. Ortscheidt, « L'exécution provisoire des sentences arbitrales », *Rev. arb.* 2004, p. 5.

faut également observer que même s'il n'est plus renvoyé à l'article 515 précité, qui prévoyait que l'exécution provisoire pouvait être ordonnée d'office, ce dont il avait été déduit que le tribunal arbitral pouvait le faire sans statuer *ultra petita*[387], la formule de l'article 1484 laisse penser que cette faculté demeure après la réforme du 13 janvier 2011. Dans cette hypothèse, le tribunal arbitral devrait veiller à respecter le principe de la contradiction en invitant préalablement les parties à présenter leurs observations sur cette question[388]. L'exécution provisoire peut concerner toutes les dispositions de la sentence, y compris les frais de l'instance[389]. La prohibition de l'exécution provisoire des jugements concernant les dépens, qui résultait de l'article 515, alinéa 2, du Code de procédure civile, a été abrogée par le décret n° 2005-1678 du 28 décembre 2005. De plus, il a depuis longtemps déjà été admis que la condamnation au paiement des frais irrépétibles pouvait être assortie de l'exécution provisoire[390].

Pas plus qu'auparavant, le texte ne précise les motifs justifiant que le tribunal arbitral confère l'exécution provisoire à sa sentence. Tout est en effet question de circonstances. Il a par exemple été jugé que « l'urgence » et le « péril en la demeure » pouvaient la rendre nécessaire[391]. En tout cas, pour éviter que le juge de l'exécution, éventuellement saisi des difficultés touchant aux mesures engagées, ou que le juge étatique compétent en matière d'octroi et d'arrêt de l'exécution provisoire[392], ne considère que la sentence n'est pas assortie de l'exécution provisoire[393], le tribunal arbitral devrait toujours s'attacher à clairement le préciser.

497 **L'exécution provisoire convenue par les parties.** Les règles relatives à l'exécution provisoire étant supplétives de la volonté dans l'instance arbitrale, les parties peuvent encadrer les pouvoirs du tribunal arbitral, et notamment le priver de tout pouvoir d'appréciation sur ce point. Ainsi, elles peuvent, directement dans la convention d'arbitrage[394] ou indirectement, par renvoi à un règlement d'arbitrage qui le prévoit[395], convenir que la sentence sera toujours exécutoire par provision. Dans cette hypothèse, il ne devrait pas être indispensable que la sentence précise qu'elle est effectivement exécutoire par provision ; elle l'est par la volonté des parties[396].

498 **L'exécution provisoire de droit.** Les textes issus de la réforme ne renvoyant plus à ceux applicables aux jugements, et l'article 1484, alinéa 2, du Code de procédure civile

387. Paris, 23 juin 1983, *Rev. arb.* 1984, p. 527, obs. Th. BERNARD.

388. La solution n'est pas celle consacrée par la Cour de cassation pour l'exécution provisoire des jugements, qui considère « qu'en ordonnant l'exécution provisoire [...], la cour d'appel a assorti sa décision d'une modalité qui ne constitue pas un moyen », pour en déduire ensuite que les juges du fond n'avaient pas à inviter les parties à conclure sur ce point (Cass. 2e civ., 13 avr. 1976, *Bull. civ.* II, n° 120).

389. *Contra*, sous l'empire du droit antérieur, Paris (ord. CME), 5 mars 1982 et Paris (ord. prem. psdt.), 5 mars 1982, *Rev. arb.* 1982, p. 459, note Th. BERNARD.

390. Cass. 2e civ., 31 mai 2001, *Bull. civ.* II, n° 107.

391. Paris, 14 févr. 1985, *Rev. arb.* 1987, p. 325, note P. LEVEL.

392. V. *infra*, n° 499.

393. Il a par exemple déjà été jugé que la seule précision que les sommes dues en exécution de la sentence sont « *exigibles et payables au jour de la présente sentence* » était insuffisante (Paris (ord. réf.), 27 juill. 2000, *Rev. arb.* 2004, p. 91).

394. V. notamment, Cass. 2e civ., 11 juill. 2002, *Bull. civ.* II, n° 161.

395. TGI Paris (JEX), 11 déc. 2002, *Rev. arb.* 2004, p. 94.

396. J. ORTSCHEIDT, « L'exécution provisoire des sentences arbitrales », *Rev. arb.* 2004, p. 5, spéc. n° 10 et s., p. 20 et s.

précisant seulement la sentence « peut être assortie de l'exécution provisoire », il ne paraît plus que certaines sentences arbitrales bénéficient de l'exécution provisoire de droit[397]. Il avait auparavant été jugé que la mesure d'expertise ordonnée par un tribunal arbitral était exécutoire de droit[398].

499 **L'exécution provisoire ordonnée par le juge.** Le juge étatique peut aussi, à certaines conditions, accorder l'exécution provisoire à une sentence qui n'en est pas assortie. Mais ce n'est pas au juge d'appui qu'a été dévolue cette faculté. L'article 1497.2° du Code de procédure civile précise en effet que « le premier président statuant en référé ou, dès qu'il est saisi, le conseiller de la mise en état peut », « lorsque la sentence n'est pas assortie de l'exécution provisoire, ordonner l'exécution provisoire de tout ou partie de cette sentence »[399].

La décision du juge est subordonnée à plusieurs conditions. La première tient à l'existence d'un recours préalable : le premier président, ou le conseiller de la mise en état, n'est compétent pour ordonner l'exécution provisoire que si la sentence fait l'objet d'un recours. La solution se comprend assez aisément : à l'expiration du délai de recours, la sentence revêtue de l'exequatur peut de toute façon faire l'objet de mesures d'exécution forcée, même si elle n'est pas assortie de l'exécution provisoire. La deuxième a trait à la nature des recours autorisant à saisir le juge. Il s'agit de l'appel et du recours en annulation, l'article 1497 figurant parmi les dispositions de la Section 3 du Chapitre consacré aux voies de recours, intitulée « dispositions communes à l'appel et au recours en annulation ». La troisième condition d'octroi de l'exécution provisoire par le juge est commandée par le bon sens. Elle est liée à la nature de la mesure sollicitée. En effet, pour que le juge exerce les pouvoirs qui lui sont dévolus, encore faut-il que le recours formé contre la sentence arbitrale suspende véritablement son exécution. Le recours en annulation et l'appel n'étant pas suspensifs de l'instance arbitrale[400], celle-ci se poursuit lorsque l'arbitre a rendu une sentence mixte, c'est-à-dire une sentence qui a tranché une partie du principal et ordonné une mesure provisoire ou d'instruction[401]. Partant, la saisine du juge pour solliciter l'octroi de l'exécution provisoire de la sentence, en ce qu'elle a organisé une telle mesure, est dépourvue d'objet[402].

Les textes sur l'exécution provisoire des sentences ne renvoyant plus à ceux relatifs aux jugements, la condition d'urgence, posée par l'article 525 du Code de procédure civile, à laquelle était auparavant subordonné l'octroi de l'exécution provisoire par le juge lorsque le tribunal arbitral avait refusé d'assortir sa sentence de cette modalité, n'est plus exigée[403]. En revanche, la solution dégagée avant la réforme du 13 janvier 2011, dans l'hypothèse particulière d'une exécution provisoire qui n'avait pas été sollicitée devant le tribunal arbitral, ou sur laquelle celui-ci avait omis de se prononcer,

397. E. Gaillard et P. de Lapasse, « Commentaire analytique du décret portant réforme du droit français de l'arbitrage », *Cah. arb.* 2011, p. 263, spéc. n° 72. Sur cette question, avant la réforme, v. J. Ortscheidt, « L'exécution provisoire des sentences arbitrales », préc., spéc. n° 13, p. 23.

398. Montpellier (ord. CME), 25 févr. 1991, *Rev. arb.* 1991, p. 655, obs. J. Pellerin.

399. L'art. 1479, al. 2, ancien CPC précisait qu'« en cas d'appel ou de recours en annulation, le premier président ou le magistrat chargé de la mise en état dès lors qu'il est saisi, peut accorder l'exequatur à la sentence arbitrale assortie de l'exécution provisoire. Il peut aussi ordonner l'exécution provisoire dans les conditions prévues aux articles 525 et 526 ; sa décision vaut exequatur ».

400. V. *infra*, n° 521.

401. Sur la notion de sentence mixte, v. *supra*, n° 430.

402. Paris (ord. CME), 24 juin 1999, *Rev. arb.* 2004, p. 86.

403. Sur la notion d'urgence en ce domaine, v. J. Ortscheidt, « L'exécution provisoire des sentences arbitrales », *Rev. arb.* 2004, p. 5, spéc. n° 22, p. 33.

devrait être reconduite. Les dispositions de l'article 525-1 du Code de procédure civile, alors applicables, ne posaient aucune condition particulière et il avait alors été opportunément jugé que l'exécution provisoire pouvait « être accordée par le magistrat de la mise en état si elle est nécessaire et si elle est compatible avec la nature de l'affaire »[404]. Ces critères de nécessité et de compatibilité avec la nature de l'affaire, très souples, sont en effet adaptés à la situation du juge qui doit apprécier la nécessité d'assortir la sentence de l'exécution provisoire alors qu'elle fait l'objet d'un recours suspensif d'exécution. En toute hypothèse, puisque l'objet de la saisine du juge est strictement limité à la question de l'opportunité d'assortir la sentence de l'exécution provisoire, il ne devrait tenir compte, pour se prononcer, ni de l'éventuelle irrecevabilité du recours principal formé contre la sentence, ni du vice affectant le cas échéant la sentence, ni même, plus largement, des chances de succès du recours principal. Le magistrat statuant seul et dans des conditions de relative urgence, ne peut pas préjuger du recours exercé sur le fond contre la sentence. C'est uniquement la situation des parties, à la date à laquelle il se prononce, qui doit être envisagée par le premier président de la cour d'appel ou par le conseiller de la mise en état[405].

Pour les voies de recours ouvertes contre la décision du juge, les dispositions propres à l'arbitrage ne prévoient rien et, à suivre le droit commun, il existe une regrettable disparité. En effet, lorsque c'est le premier président de la cour d'appel qui a exercé en référé les pouvoirs qui lui sont dévolus par l'article 1497 du Code de procédure civile, un pourvoi peut en principe être formé contre son ordonnance, parce qu'elle met fin à l'instance autonome introduite devant lui[406]. En effet, faute de référence à l'article 1497 du Code de procédure civile par l'article 525-2 du même code[407], le pourvoi demeure ouvert contre la décision du premier président qui octroie l'exécution provisoire à une sentence, ou arrête celle qui y est attachée[408]. En revanche, si c'est le conseiller de la mise en état qui s'est prononcé, il a déjà été jugé que le pourvoi n'est pas recevable[409]. Les ordonnances du conseiller de la mise en état ne sont pas susceptibles de recours indépendamment de l'arrêt sur le fond[410]. Certaines peuvent être déférées à la cour d'appel, dans les quinze jours de leur date, dans certains cas limitativement énumérés par l'article 916, alinéa 2, du Code de procédure civile et l'arrêt rendu par la cour sur déféré est ensuite susceptible de pourvoi, selon les règles du droit commun. Et, en matière judiciaire, il a déjà été jugé que l'ordonnance du conseiller de la mise en état ne peut « être qu'éventuellement déférée à la cour d'appel » dans les conditions qui étaient alors prévues par l'article 914, alinéa 2, du Code de procédure civile[411].

404. Paris (ord. CME), 4 juill. 1997, *Rev. arb.* 2004, p. 86. V. aussi, Paris (ord. CME), 24 juin 1999, préc. ; Paris (ord.), 20 mai 1988, *Rev. arb.* 1990, p. 907, obs. B. Moreau.

405. *Contra*, Paris (ord. CME), 4 juill. 1997, préc.

406. V. en matière judiciaire, Cass. 2e civ., 30 mai 2002, n° 00-20638.

407. Ce texte dispose : « Lorsqu'il est saisi en application des articles 524,525 et 525-1, le premier président statue en référé, par une décision non susceptible de pourvoi ».

408. Cass. 2e civ., 28 mai 2015, *JCP* G 2015, I, 877, n° 3, obs. J. Ortscheidt.

409. Cass. 2e civ., 7 mai 1980, *Gaz. Pal.*, 1980, 2, p 669, note J. Viatte.

410. Art. 916, al. 1, CPC.

411. Cass. 2e civ., 9 oct. 1991, *Bull. civ.* II, n° 247.

B. L'ARRÊT DE L'EXÉCUTION PROVISOIRE

500 **Faculté offerte au juge.** La sentence dessaisit le tribunal arbitral de la contestation qu'il a tranchée[412]. Aussi, une fois qu'il s'est prononcé sur la question de l'exécution provisoire de la sentence, il ne peut pas revenir sur sa décision pour statuer à nouveau et décider d'arrêter cette mesure. Ce pouvoir doit donc être confié à un autre juge. En ce sens, l'article 1497.1° du Code de procédure civile dispose que « le premier président statuant en référé ou, dès qu'il est saisi, le conseiller de la mise en état peut », « lorsque la sentence est assortie de l'exécution provisoire, arrêter ou aménager son exécution lorsqu'elle risque d'entraîner des conséquences manifestement excessives ». Avant la réforme du 13 janvier 2011, en raison du renvoi opéré à l'article 524 du Code de procédure civile, le conseiller de la mise en état ne pouvait pas intervenir. Le décret a donc instauré un partage de compétence qui n'existe pas en droit judiciaire[413]. De plus, le texte a clarifié la situation s'agissant du recours en annulation, qui est clairement visé, la disposition étant insérée dans une Section qui est commune à ce recours et à l'appel. Il consacre sur ce point la jurisprudence antérieure, qui avait interprété l'article 524 du Code de procédure civile, qui n'évoque pourtant que l'appel, comme autorisant également l'arrêt de l'exécution provisoire en cas de recours en annulation contre la sentence arbitrale[414]. Il faut cependant ajouter qu'en cas de tierce-opposition formée contre la sentence, il a été jugé que c'est le juge saisi de ce recours qui est compétent pour arrêter l'exécution provisoire[415]. L'article 590 du Code de procédure civile précise d'ailleurs en ce sens que « le juge saisi de la tierce-opposition à titre principal ou incident peut suspendre l'exécution du jugement attaqué » et aucun texte relatif à l'arbitrage ne prévoit la compétence d'un autre juge. C'est donc le juge qui « eût été compétent à défaut d'arbitrage » qui est celui qui connaît de la tierce-opposition contre la sentence en application de l'article 1501 du Code de procédure civile, qui a compétence pour arrêter l'exécution provisoire de la sentence dans cette hypothèse précise.

Comme pour l'octroi de l'exécution provisoire[416], la compétence du premier président ou du conseiller de la mise en état pour arrêter l'exécution provisoire de la sentence est subordonnée à l'introduction préalable d'un recours suspensif et il faut que la cour en soit encore saisie au moment où le juge se prononce[417]. Pratiquement, il suffit, pour que la saisine du premier président ou du conseiller de la mise en état soit recevable, qu'un appel ou un recours en annulation ait été matériellement formé contre une sentence arbitrale. Le juge, uniquement chargé d'arrêter l'exécution provisoire, ne peut en effet vérifier la recevabilité du recours dont la cour est par ailleurs saisie[418]. Il doit en revanche tout de même s'assurer que la décision arbitrale est véritablement une sentence. À défaut, il pourrait déclarer la demande irrecevable, non pas au motif que le recours principal est également irrecevable, mais parce que l'article 1497 du Code de

412. V. *supra*, n° 459 et s.

413. Ch. JARROSSON et J. PELLERIN, « Le droit français de l'arbitrage après le décret du 13 janvier 2011 », *Rev. arb.* 2011, p. 5, spéc. n° 76, p. 52.

414. Paris (ord. réf.), 5 févr. 2003, *Rev. arb.* 2004, p. 94. V. également, Paris (ord. prem. psdt), 5 mars 1982, *Rev. arb.* 1982, p. 459, note Th. BERNARD.

415. Cass. 2e civ., 28 mai 2015, *JCP* G 2015, I, 877, n° 3, obs. J. ORTSCHEIDT.

416. V. *supra*, n° 499.

417. Cass. 2e civ., 28 mai 2015, préc., le juge ne peut arrêter l'exécution provisoire lorsque le recours contre la sentence a été déclaré caduc.

418. Cass. 3e civ., 4 nov. 1987, *Bull. civ.* III, n° 179.

procédure civile ne parle que de la « sentence ». Ainsi, le juge ne peut arrêter l'exécution d'une ordonnance de procédure du tribunal arbitral.

501 **Conditions.** L'arrêt de l'exécution provisoire par le juge est soumis à plusieurs conditions. La première est d'évidence, bien qu'elle ne soit pas expressément énoncée par l'article 1497.2° : la sentence ne doit pas avoir été exécutée. Le premier président de la cour d'appel ne peut en effet remettre en cause les effets des actes d'exécution accomplis, ou les paiements effectués, antérieurement à sa décision[419]. Accueillir une demande relative à des mesures d'exécution déjà consommées reviendrait à se prononcer sur des restitutions, et non sur l'arrêt de l'exécution provisoire. Aussi, pratiquement, si une partie veut éviter que des mesures d'exécution forcée soient engagées sur ses biens après le prononcé d'une sentence arbitrale assortie de l'exécution provisoire la condamnant, elle doit très rapidement former le recours qui lui est ouvert contre la sentence pour immédiatement saisir le premier président de la cour d'appel, en référé, d'une demande tendant au prononcé des mesures prévues par le texte précité. La seconde condition pour l'arrêt ou l'aménagement de l'exécution provisoire assortissant la sentence est posée par l'article 1497.2° : il faut un « risque d'entraîner des conséquences manifestement excessives », ce qui constitue, très exactement, le critère posé par l'article 524.2° du Code de procédure civile, applicable avant la réforme du 13 janvier 2011 par renvoi de l'article 1479 ancien. Les solutions rendues sous l'empire des anciens textes peuvent donc être reconduites. Ainsi, le juge ne devrait pas pouvoir arrêter l'exécution provisoire parce que la sentence arbitrale est affectée d'une irrégularité[420]. En effet, même si cela conduit à refuser d'empêcher l'exécution par provision d'une sentence manifestement vouée à l'infirmation ou à l'annulation, le magistrat, qui statue seul et dans l'urgence, ne dispose pas du pouvoir d'apprécier au fond la décision du tribunal arbitral[421]. Il ne lui appartient pas de préjuger du fond de l'affaire pour vérifier, par exemple, « si la sentence a été ou non rendue sur un compromis nul »[422]. Le caractère manifestement excessif des conséquences de l'exécution provisoire ordonnée ne doit être apprécié, comme pour l'article 524.2°, « qu'au regard de la situation du débiteur, compte tenu de ses facultés et des facultés de remboursement de la partie adverse, et non au regard de la régularité ou du bien-fondé du jugement frappé d'appel »[423]. Le premier président ou le conseiller de la mise en état ne doit donc tenir compte que de la situation économique des parties[424]. Et, en cas de doute sur cette situation réelle, plutôt que d'arrêter l'exécution provisoire, c'est son aménagement qui devrait être favorisé. À cet égard, à défaut de précision par l'article 1497.2°, il peut subordonner l'exécution provisoire à la constitution d'une garantie réelle ou personnelle, obliger le débiteur à consigner la somme qu'il a été condamné à payer... Il peut aussi autoriser un paiement échelonné de la condamnation prononcée. Les voies de recours contre la décision qui arrête l'exécution provisoire sont identiques à celles ouvertes contre la décision qui l'ordonne[425].

419. V. notamment, Cass. 2e civ., 24 sept. 1997, *Bull. civ.* II, n° 238.
420. En ce sens, Paris (ord. réf.), 5 févr. 2003, *Rev. arb.* 2004, p. 94.
421. Paris, 31 mai 2011, *D.* 2011, Pan., p. 3023, obs. Th. Clay.
422. Paris (ord. prem. psdt), 5 mars 1982, préc.
423. Cass. 2e civ., 5 juin 1996, *Bull. civ.* II, n° 139.
424. Paris (ord. réf.), 5 févr. 2003, préc.
425. V. *supra*, n° 499.

CHAPITRE 2
LES VOIES DE RECOURS

502 **Intérêts des voies de recours.** L'existence d'un recours ouvert contre la sentence ne va pas nécessairement de soi. L'arbitrage est un mode de règlement des différends autonome par rapport à la justice étatique ; il ne s'agit pas d'un premier degré de juridiction. On aurait donc pu concevoir qu'une fois la sentence rendue, elle ne puisse pas être remise en cause devant une juridiction étatique[1]. Le droit au recours contre un jugement n'est d'ailleurs lui-même pas absolu. En matière civile, l'équité de la procédure, au sens de la Convention européenne de sauvegarde des droits de l'homme et des libertés fondamentales, n'exige pas un double degré de juridiction[2]. Tant par souci d'efficacité et de célérité, que pour éviter les contentieux dilatoires, la sentence pourrait donc être définitive dès son prononcé, ou à tout le moins une fois l'exequatur accordé, sans possibilité d'aucun recours. Mais la solution serait sans doute trop radicale. Parce que l'arbitre est un juge, les considérations d'autonomie et de célérité de l'arbitrage doivent être conciliées avec l'impératif plus général de bonne justice, qui postule l'existence d'un recours, au moins pour effacer – à défaut de la remplacer ensuite – la sentence affectée de vices particulièrement graves. Ce n'est, bien entendu, ni une plus grande expérience du juge étatique, ni une quelconque hiérarchie entre lui et l'arbitre, qui expliquent l'existence d'un recours contre la sentence arbitrale, sauf à totalement priver d'autonomie ce mode de règlement des litiges. C'est la garantie d'une bonne justice qui le justifie. La vérité arbitrale est toujours contingente, le tribunal arbitral est faillible et les erreurs et injustices, en tout cas les plus grossières, doivent pouvoir être redressées. Plus précisément, il convient au moins de s'assurer du respect par le tribunal arbitral des deux composantes fondamentales de l'arbitrage : sa composante juridictionnelle, de laquelle résultent certains principes fondamentaux de procédure ; sa composante contractuelle, qui fait reposer l'arbitrage sur la volonté réelle et valable des parties. À cette exigence d'un contrôle minimum, afin de garantir une bonne justice, s'ajoute aussi un élément psychologique : la conscience d'un contrôle *a posteriori* de sa sentence constitue, *a priori*, une donnée de nature à accroître la vigilance

1. Pour une réflexion globale et renouvelée sur les sanctions contre la sentence, v. Ch. Jarrosson, « Réflexions sur les sanctions applicables à la sentence arbitrale », in *Mélanges en l'honneur du Professeur Pierre Mayer*, LGDJ, 2015, p. 331.

2. S. Guinchard, « Convention européenne des droits de l'homme et procédure civile », *Rép. Dalloz Proc. civ.* mars 2003, spéc. nº 156 et s.

du tribunal arbitral s'agissant du respect des principes essentiels attachés à la fonction de juger et de ceux découlant directement de l'origine conventionnelle de son investiture[3].

503 **Voies de recours et réexamen de l'affaire par un second tribunal arbitral.** L'article 1455 ancien du Code de procédure civile, qui envisageait l'hypothèse dans laquelle les parties ont chargé un tiers d'organiser l'arbitrage, énonçait, en son alinéa 4, que celui-ci « peut prévoir que le tribunal arbitral ne rende qu'un projet de sentence et que si ce projet est contesté par l'une des parties, l'affaire sera soumise à un deuxième tribunal arbitral ». Ce texte autorisait donc un règlement d'arbitrage à prévoir le réexamen du litige par un second tribunal arbitral[4]. Si, à l'occasion de la réforme du 13 janvier 2011, cette disposition n'a pas été reprise, c'est simplement parce qu'elle ne posait aucune difficulté[5] et qu'il n'est pas apparu nécessaire d'encadrer sur ce point la liberté des parties. Elles peuvent donc toujours, par référence à un règlement d'arbitrage ou en instituant des règles *ad hoc*, choisir de faire trancher le litige par deux tribunaux arbitraux successifs. Dans ce cas, la décision du premier tribunal arbitral n'est véritablement une sentence qu'à partir du moment où elle n'a pas été soumise, dans les conditions prévues par le règlement ou la convention des parties, à l'examen d'un second tribunal arbitral[6]. Auparavant, il ne s'agit que d'un « projet de sentence » qui se rapproche, en droit, du mécanisme de la conciliation[7]. Le réexamen du litige par un second tribunal arbitral ne constitue donc pas une voie de recours[8]. La décision de celui-ci se substitue à celle du premier qui, compte tenu de ce qu'elle a été contestée, n'a d'ailleurs pu modifier l'ordonnancement juridique. En théorie, le second tribunal arbitral qui réexamine l'affaire n'a pas à tenir compte de la décision déjà rendue. Et, techniquement, la demande tendant à soumettre l'affaire à un second tribunal arbitral n'est pas une action intentée contre le projet de sentence ; elle tend uniquement à remettre en cause la solution rendue, non pas le projet de sentence lui-même. C'est ce qui explique que c'est la sentence rendue par le tribunal arbitral saisi en second qui peut faire l'objet d'un recours devant la cour d'appel[9] et que l'exequatur ne peut être accordé qu'à cette sentence[10]. Le « projet de sentence » ne peut être frappé d'appel ou de recours en annulation dès qu'une demande d'examen de l'affaire par un second tribunal arbitral a été formée[11]. Il a cependant été jugé que les dispositions du projet de sentence qui n'ont pas

---

3. La « peur du gendarme », en quelque sorte.

4. V. notamment, art. 43 et s. du règlement d'arbitrage de la Chambre arbitrale de Paris ; art. XVII du règlement de la Chambre arbitrale maritime de Paris. V. aussi, art. 39-40 du règlement de la Chambre de la Fédération du commerce de cacao (Paris, 12 juin 2008, *JCP* G 2008, I, 222, n° 4, obs. J. Ortscheidt).

5. Ch. Jarrosson et J. Pellerin, « Le droit français de l'arbitrage après le décret du 13 janvier 2011 », *Rev. arb.* 2011, p. 5, spéc. n° 22, p. 19.

6. En ce sens, v. aussi, É. Loquin, note sous Paris, 8 oct. 1998, *Rev. arb.* 2000, p. 128, spéc. p. 132.

7. É. Loquin, « L'examen du projet de sentence par l'institution et la sentence au deuxième degré. Réflexions sur la nature et la validité de l'intervention de l'institution arbitrale sur la sentence », *Rev. arb.* 1990, p. 427, spéc. n° 46 et s., p. 448 et s.

8. Paris, 8 oct. 1998, *Rev. arb.* 2000, p. 128, note É. Loquin ; Paris, 6 mars 1997, *Gaz. Pal.*, 11 janv. 2000, p. 42.

9. Paris, 8 oct. 1998, préc.

10. Cass. 1re civ., 5 mars 2014, *Bull. civ.* I, n° 27 ; *Rev. arb.* 2014, p. 718, obs. C. Debourg ; *Procédures* 2014, comm. 147, obs. L. Weiller ; *RTD com.* 2014, p. 323, obs. É. Loquin ; *JCP* G 2014, I, 857, n° 6, obs. J. Ortscheidt.

11. Paris, 7 juill. 1995, *Rev. arb.* 1996, p. 270, note É. Loquin.

été déférées à l'examen du deuxième tribunal arbitral peuvent faire l'objet d'un recours[12].

504 **Réformes successives.** Sous l'empire des dispositions de l'ancien Code de procédure civile, le régime des voies de recours était particulièrement complexe[13]. Même si des aménagements étaient encore souhaitables[14], la réforme du droit français de l'arbitrage, par le décret du 14 mai 1980, avait très largement clarifié ce régime en le simplifiant[15]. Celle résultant du décret n° 2011-48 du 13 janvier 2011 a été l'occasion d'innovations qui ont accru l'efficacité de l'arbitrage en encourageant une exécution rapide des sentences arbitrales[16]. Certaines modifications ont en effet été apportées aux textes antérieurs, qui contribuent à limiter les possibilités de contestation de la sentence arbitrale. Certes, dans ses grands traits, le régime des recours n'est pas modifié. Comme auparavant, la sentence arbitrale ne peut faire l'objet que d'une seule voie de recours en fonction de la volonté des parties : l'appel ou le recours en annulation. L'article 1491 du Code de procédure civile dispose en ce sens que « la sentence peut toujours faire l'objet d'un recours en annulation à moins que la voie de l'appel soit ouverte conformément à l'accord des parties »[17]. Le système institué est donc toujours de type « alternatif »[18] ; si l'appel est ouvert, le recours en annulation est irrecevable[19]. La réforme de 2011 a toutefois apporté un changement notable, qui traduit bien la philosophie du décret de renforcement de l'autorité de la sentence arbitrale, en renversant la hiérarchie des recours. Auparavant, le principe était l'appel de la sentence, sauf renonciation par les parties dans la convention d'arbitrage ; l'appel n'était toutefois pas ouvert pour l'arbitrage en amiable composition, à moins que les parties n'aient expressément réservé cette faculté dans la convention d'arbitrage[20]. Cette solution avait été

12. Rouen, 16 avr. 1986, *Rev. arb.* 1988, p. 327, obs. Th. Bernard.

13. Pour une synthèse de ce régime, v. notamment, É. Loquin, « La décision arbitrale. Voies de recours », *J. Cl. Proc. Civ.*, fasc. 1046, spéc. n° 1 et s.

14. V. notamment, É. Loquin, « Perspectives pour une réforme des voies de recours », *Rev. arb.* 1992, p. 321. V. aussi les art. 1477 à 1489 et 1517 à 1523 du texte proposé par le Comité français de l'arbitrage pour une réforme du livre IV du CPC, *Rev. arb.* 2006, p. 499, et la présentation du texte par J.-L. Delvolvé, spéc. p. 497 ; J. Ortscheidt, « Supprimer l'appel de la sentence en matière d'arbitrage interne », *JCP* G, numéro historique hors série, cahier 2, « Quatre-vingts propositions de La Semaine Juridique », p. 65.

15. Sur cette réforme, v. notamment, Y. Loussouarn, « Les voies de recours dans le décret du 14 mai 1980 relatif à l'arbitrage », *Rev. arb.* 1980, p. 671.

16. Sur l'impact de cette réforme sur les voies de recours, v. notamment, J. Béguin, J. Ortscheidt, Ch. Seraglini, « Un second souffle pour l'arbitrage. – Arbitrage interne –À propos du décret du 13 janvier 2011 », *JCP* G 2011, 322 ; Th. Clay, « Liberté, égalité, efficacité : la devise du nouveau droit français de l'arbitrage. Commentaire article par article », *JDI* 2012, p. 443, spéc. p. 511 et s. ; E. Gaillard et P. de Lapasse, « Commentaire analytique du décret portant réforme du droit français de l'arbitrage », *Cah. arb.* 2011, p. 263, spéc. n° 62 et s. ; Ch. Jarrosson et J. Pellerin, « Le droit français de l'arbitrage après le décret du 13 janvier 2011 », *Rev. arb.* 2011, p. 5, spéc. n° 66 et s., p. 43 et s. ; É. Loquin, « La réforme du droit français interne et international de l'arbitrage (commentaire du décret 2011-48 du 13 janvier 2011) », *RTD com.* 2011, p. 255, spéc. n° 125 et s. ; Ch. Seraglini, « L'efficacité et l'autorité renforcée des sentences arbitrales en France après le décret n° 2011-48 du 13 janvier 2011 », *Cah. arb.* 2011, p. 375, spéc. n° 26 et s.

17. L'art. 1483 ancien CPC précisait que « lorsque suivant les distinctions faites à l'article 1482, les parties n'ont pas renoncé à l'appel, ou qu'elles se sont réservé expressément cette faculté dans la convention d'arbitrage, la voie de l'appel est seule ouverte, qu'elle tende à la réformation de la sentence ou à son annulation ».

18. G. Cornu, « Présentation de la réforme », *Rev. arb.* 1980, p. 583, spéc. n° 20, p. 594.

19. Paris, 13 juill. 1990, *Rev. arb.* 1991, p. 362, obs. B. Moreau.

20. Art. 1482 ancien CPC.

critiquée dès l'adoption du décret du 14 mai 1980 comme largement contraire à l'esprit de l'arbitrage, puisque l'appel instituait un double degré de juridiction devant le juge étatique, alors que les parties avaient précisément souhaité soustraire l'examen de leur litige à la justice étatique. L'article 1489 du Code de procédure civile, applicable lorsque la convention d'arbitrage a été conclue après le 1er mai 2011[21], prévoit aujourd'hui que « la sentence n'est pas susceptible d'appel sauf volonté contraire des parties », faisant dorénavant du recours en annulation le principe.

Comme auparavant, l'appel permet, *in fine* et sauf exception tirée de la nature du vice affectant la sentence[22], d'obtenir le remplacement de la décision des arbitres par celle du juge. Le recours en annulation lorsqu'il est accueilli, produit également ce résultat, à moins que les parties ne s'y opposent[23] et sous réserve de certaines causes d'annulation[24]. Mais ce n'est pas son objet essentiel. Enfermé dans des cas d'ouverture strictement énumérés par l'article 1492 du Code de procédure civile, qui ont été légèrement reformulés par le décret du 13 janvier 2011, il permet principalement de s'assurer du respect par le tribunal arbitral de certaines règles fondamentales, liées pour les unes à la nature contractuelle de l'arbitrage et, pour les autres, à la fonction juridictionnelle du tribunal arbitral[25]. De plus, sans apporter de réels bouleversements à cet égard, le décret de 2011 a aussi clarifié les règles selon lesquelles l'appel et le recours en annulation sont formés, instruits et jugés, en renvoyant aux « règles relatives à la procédure en matière contentieuse prévues aux articles 900 à 930-1 »[26]. Pour le reste, la précédente réforme avait déjà unifié leurs procédures et l'appel et le recours en annulation demeurent aujourd'hui toujours formés devant la même juridiction, restent recevables dès le prononcé de la sentence et ont tous deux un effet suspensif[27] ; ils emportent toujours recours contre l'ordonnance du juge l'exequatur ou son dessaisissement[28] et le rejet de l'appel et du recours confèrent l'exequatur à la sentence[29]. En revanche, pour limiter davantage les possibilités de contestation d'une sentence arbitrale, le délai des recours a été réduit par la réforme du 13 janvier 2011. S'il est toujours d'un mois pour les deux types de recours, il n'expire plus dans le mois qui suit la signification de la sentence revêtue de l'exequatur[30] mais dans le mois suivant la notification de la sentence[31]. Autrement dit, il n'est plus nécessaire d'attendre l'éventuel exequatur de la sentence et sa signification pour faire courir le délai d'un mois, la seule notification de la sentence suffisant à cet égard. À cela s'ajoute que la sentence arbitrale peut désormais être notifiée autrement que par voie de signification, ce qui peut aussi avoir un impact indirect sur le délai de recours.

21. Art. 3.1° du décret du 13 janvier 2011.
22. V. *infra*, n° 531 et s.
23. Art. 1493 CPC.
24. V. *infra*, n° 562.
25. On peut cependant légitimement s'interroger sur la pertinence d'une telle sanction pour certains vices affectant la sentence, tel le dépassement de sa mission par le tribunal arbitral ou le défaut de confrontation de la solution en droit à l'équité lorsque l'arbitre statue en qualité d'amiable compositeur ; un auteur a ainsi noté que l'annulation semble alors un remède « pire que le mal » (Ch. Jarrosson, « Réflexions sur les sanctions applicables à la sentence arbitrale », *Mélanges en l'honneur du Professeur Pierre May*er, LGDJ, 2015, spéc. p. 332 et s.).
26. Art. 1495 CPC.
27. V. *infra*, n° 521.
28. V. *supra*, n° 484 et s.
29. V. *supra*, n° 484.
30. Art. 1486, al. 2, ancien CPC.
31. Art. 1494, al. 2, CPC.

505 **Voies de recours extraordinaires.** Enfin, il faut encore brièvement noter qu'à côté des voies de recours ordinaires, le décret du 14 mai 1980 avait prévu la possibilité d'une tierce opposition et d'un recours en révision contre la sentence arbitrale. Le décret du 13 janvier 2011 a maintenu ces voies de recours extraordinaires. Mais le recours en révision est aujourd'hui porté, non plus devant la cour d'appel qui eût été compétente pour connaître des autres recours contre la sentence[32], mais devant le tribunal arbitral lui-même[33]. Comme auparavant, l'opposition et le pourvoi en cassation ne sont pas ouverts contre la sentence[34], ce qui constituait déjà la règle sous l'empire de l'ancien Code de procédure civile. Il est vrai que reposant sur la volonté des parties, la sentence arbitrale est toujours réputée contradictoire et ne peut dès lors être rendue par défaut[35]. L'opposition n'est donc pas possible. En outre, la rétractation de la sentence se heurte à un autre obstacle : les arbitres sont des juges éphémères, dont les pouvoirs disparaissent avec le prononcé de la sentence. Quant au pourvoi en cassation, il est logiquement exclu contre la sentence susceptible d'appel et il ne peut être formé contre celle qui peut être frappée d'un recours en annulation puisque, dans cette hypothèse, les parties ont renoncé à l'appel. Le pourvoi n'est en effet ouvert que « lorsque les autres voies de droit sont fermées »[36]. Or, des voies de recours sont ouvertes en France contre la sentence qui y est rendue ou l'ordonnance qui lui confère l'exequatur. Bien plus, soumettre directement l'examen de la régularité d'une sentence à la Cour de cassation ne cadre pas avec son rôle : le tribunal arbitral n'est pas une juridiction étatique et la Cour de cassation n'a pas reçu pour fonction d'assurer l'unité de la jurisprudence arbitrale.

506 **Amenuisement du contrôle.** Même si en droit, un recours existe contre la sentence arbitrale, en fait, l'amenuisement progressif du contrôle opéré par le juge étatique en affecte sérieusement l'effectivité. Certes, lorsque l'appel est prévu, l'effet dévolutif autorise le juge à revoir entièrement la solution donnée au litige par le tribunal arbitral. Mais en pratique, ce recours est de plus en plus rarement exercé, et il le sera encore davantage avec la réforme de 2011. Reste alors, principalement, le recours en annulation. Or, ces dernières années, le contrôle opéré par le juge étatique s'est considérablement amenuisé, sous l'effet de plusieurs facteurs. Le premier tient à l'abandon par la jurisprudence du contrôle de l'intelligibilité de la motivation de la sentence puisque la contradiction de motifs ne constitue plus un cas d'ouverture au recours en annulation[37]. Le deuxième est lié à l'appréciation par le juge français de l'intensité du contrôle qu'il estime pouvoir opérer sur une sentence arbitrale, au motif que ce mode de règlement des différends est véritablement autonome de la justice étatique. L'impression dominante est en effet celle d'un contrôle minimum, réduit au plus strict nécessaire. Il en est notamment ainsi de l'examen de la conformité de la sentence à l'ordre public. Dans un arrêt rendu en matière d'arbitrage international, mais dont la solution de principe a vocation à s'appliquer à l'arbitrage interne, la Cour de cassation a en effet jugé que « s'agissant de la violation de l'ordre public international, seule la reconnaissance ou l'exécution de la sentence est examinée par le juge de l'annulation au regard de la

32. Art. 1491, al 2, ancien CPC.
33. Art. 1502, al. 2, CPC.
34. Art. 1503 CPC ; art 1481, al. 1, ancien CPC.
35. En ce sens, v. notamment, Y. Loussouarn, « Les voies de recours dans le décret du 14 mai 1980 relatif à l'arbitrage », *Rev. arb.* 1980, p. 671, spéc. p. 685.
36. Cass. com., 26 juin 2012, *Bull. civ.* IV, n° 138 ; Cass. 2e civ., 17 nov. 2011, *Bull. civ.* II, n° 214 ; Cass. 1re civ., 15 mai 2008, *Bull. civ.* I, n° 129.
37. V. *infra*, n° 536 et 555.

compatibilité de sa solution avec cet ordre public, dont le contrôle se limite au caractère flagrant, effectif et concret de la violation alléguée »[38]. Le troisième facteur d'amenuisement du contrôle résulte de ce que les parties ne peuvent plus invoquer, devant le juge, des irrégularités dont elles avaient connaissance et dont elles ne se sont pas prévalues devant le tribunal arbitral[39]. C'est sous le bénéfice de ces observations qu'il faut envisager successivement les voies de recours ordinaires (section 1) et les voies de recours extraordinaires (section 2) ouvertes contre les sentences arbitrales.

507 **Retrait litigieux.** Il a déjà été observé que le retrait litigieux, prévu par les articles 1699 et 1700 du Code civil, qui permet au débiteur cédé (le retrayant) de se substituer au cessionnaire (le retrayé) en lui remboursant le prix effectif de la cession avec les frais du contrat, outre les intérêts au taux légal, et éteint la dette du premier par confusion, peut être exercé devant le juge qui statue sur appel d'une ordonnance d'exequatur[40]. Il peut de la même façon être mis en œuvre au moment du recours en annulation contre la sentence, la solution consacrée pour l'arbitrage international par deux arrêts de la première chambre civile de la Cour de cassation du 28 février 2018[41] étant transposable à l'arbitrage interne. Le retrait litigieux peut d'ailleurs être exercé qu'il s'agisse d'une voie de recours ordinaire ou extraordinaire[42]. Le retrait litigieux n'a pas pour objet d'obtenir, devant le juge du contrôle de la sentence, que celle-ci soit effacée de l'ordre juridique. En effet, si ses conditions sont réunies, la sentence ne peut simplement plus être exécutée, au moins en France, puisque la créance née de celle-ci est considérée comme étant éteinte. Quelle que soit la voie de recours exercée, il n'est dès lors pas certain que l'exercice du retrait litigieux fasse perdre au recourant son intérêt à agir, puisque la sentence interne peut toujours être exécutée dans un autre ordre juridique, qui ne reconnaîtra pas nécessairement ce mécanisme d'extinction de la créance.

SECTION 1 — LES VOIES DE RECOURS ORDINAIRES

508 **Division.** La réforme de 1980, puis celle de 2011, a ouvert un choix aux parties à l'arbitrage en matière de recours : soit elles optent pour l'appel et c'est ce recours qui doit nécessairement être formé contre la sentence ; soit elles ne disent rien et c'est uniquement un recours en annulation qui peut être exercé[43]. L'article 1491 du Code de procédure civile prévoit en ce sens que « la sentence peut toujours

38. Cass. 1re civ., 4 juin 2008, *JCP* G 2008, I, 164, n° 8, obs. Ch. Seraglini ; *Rev. arb.* 2008, p. 473, note I. Fadlallah ; *RTD com.* 2008, p. 518, obs. É. Loquin ; *JDI* 2008, p. 1107, note A. Mourre ; *D.* 2008, p. 3118, obs. Th. Clay (solution rendue en matière internationale qui peut être étendue à l'arbitrage interne). V. aussi *infra*, n° 552 et s.

39. V. *infra*, n° 524.

40. V. *supra*, n° 494.

41. Cass. 1re civ., 28 févr. 2018, *JCP* G 2018, 1322, n° 5, obs. Ch. Seraglini ; *JCP* G 2018, II, 640, note Ph. Casson ; *Procédures*, 2018, comm. 148, obs. L. Weiller ; *AJ Contrats* 2018, p. 187, obs. J. Joussan-Marques ; *Rev. arb.* 2018, p. 389, note M. Laazouzi. V. aussi *infra*, n° 990.

42. É. Savaux, « Cessions des droits litigieux », *Rép. civ. Dalloz*, spéc. n° 20.

43. Art. 1483 ancien CPC.

faire l'objet d'un recours en annulation à moins que la voie de l'appel soit ouverte conformément à l'accord des parties ». Cela précisé, les règles procédurales applicables devant le juge étatique sont très largement unifiées, quel que soit le recours ouvert contre la sentence. Ce sont ces règles communes qu'il faut d'abord étudier (§ 1) avant d'examiner celles propres à chacun des recours (§ 2).

§ 1. LES RÈGLES COMMUNES À L'APPEL ET AU RECOURS EN ANNULATION

509 **Plan.** Pour l'essentiel, les règles de procédure applicables à l'appel et au recours en annulation contre la sentence arbitrale sont empruntées au droit judiciaire privé (A) et seules certaines sont spécifiques à l'arbitrage (B).

A. LES RÈGLES EMPRUNTÉES AU DROIT JUDICIAIRE PRIVÉ

1. Renvoi aux dispositions de la procédure d'appel avec représentation obligatoire

510 **Débat.** L'article 1487 ancien du Code de procédure civile énonçait, de manière insuffisamment précise, que « l'appel et le recours en annulation sont formés, instruits et jugés selon les règles relatives à la procédure en matière contentieuse devant la cour d'appel », ce qui a provoqué un débat sur les règles applicables. Trois analyses ont été proposées. Selon la première, l'article 1487, alinéa 1 ancien ne se référerait qu'aux dispositions du Chapitre I du Sous-Titre Premier du Titre VI du Livre Deuxième du Code de procédure civile, relatives à « la procédure en matière contentieuse » devant la formation collégiale de la cour d'appel. Plus précisément, le renvoi était limité aux articles 901 à 925, qui traitent des procédures ordinaires et à jour fixe dans les matières avec représentation obligatoire[44]. Ainsi, en cas d'urgence, le juge de l'annulation pouvait être saisi à jour fixe[45]. Dans une deuxième acception, le renvoi effectué par l'article 1487, alinéa 1 était général pour l'appel des sentences, le recours en annulation demeurant quant à lui soumis à des conditions d'exercice spécifiques[46]. Enfin, selon une troisième analyse, sous la double réserve d'une disposition expresse contraire ou d'une exigence ponctuelle tenant à la spécificité de l'arbitrage, l'appel et le recours en annulation contre la sentence devaient être soumis à toutes les règles relatives à l'appel des jugements[47]. Le premier de ces trois courants doctrinaux pouvait se prévaloir de la

44. V. notamment, M. de Boisséson, *Le droit français de l'arbitrage interne et international*, GLN Joly, 1990, n° 431, p. 358 ; J.-J. Jacquet, note sous Paris, 7 oct. 2004, *JCP* G 2005, II, 10071 ; Ph. Fouchard, note sous Paris, 23 mars 1993, *Rev. arb.* 1998, p. 541, spéc. p. 547 ; E. Mezger, note sous Paris, 7 juin 1984, *Rev. arb.* 1984, p. 504, spéc. p. 512.

45. Paris, 27 févr. 1997, *Rev. arb.* 1998, p. 159, obs. Ch. Jarrosson.

46. V. notamment, J. Pellerin, note sous Cass. 2e civ., 7 janv. 1998, *Rev. arb.* 1999, p. 801, spéc. p. 804 ; note sous Paris, 30 nov. 1995, *Rev. arb.* 1997, p. 596, spéc. p. 598 ; note sous Paris, 30 mars 1995, *Rev. arb.* 1996, p. 131, spéc. p. 134.

47. J. Ortscheidt, note sous Cass. 2e civ., 6 déc. 2001, *Rev. arb.* 2002, p. 97. V. aussi le texte proposé par le Comité français de l'arbitrage, *Rev. arb.* 2006, p. 499, spéc. art. 1484, qui renvoie aux « règles relatives à la procédure en matière contentieuse, devant la cour d'appel, prévues aux articles 899 et suivants ».

position adoptée par la cour d'appel de Paris, dont on connaît le rôle prépondérant en matière d'arbitrage. Celle-ci a en effet décidé, interprétant ainsi restrictivement l'article 1487, alinéa 1, que « les règles de procédures mentionnées visent uniquement celles relatives à la procédure d'appel ordinaire (articles 901 à 915 CPC) et à jour fixe (articles 917 à 925), à l'exclusion des règles concernant les conditions de fond du droit d'appel relatives aux jugements susceptibles d'appel (articles 543 à 545) et aux parties (articles 546 à 558)... »[48]. Un arrêt plus récent avait cependant estimé qu'il convenait d'appliquer aussi l'article 545 du Code de procédure civile pour apprécier la recevabilité de l'appel d'une sentence[49]. La Cour de cassation, sous réserve de textes spéciaux et d'exigences tenant à la nature particulière de l'arbitrage, notamment en matière de délais de recours[50] semblait, quant à elle, plutôt avoir tranché en faveur de la dernière thèse, selon laquelle le renvoi de l'article 1487, alinéa 1, du Code de procédure civile aux règles applicables à l'appel des jugements était général[51], les arguments en faveur de cette interprétation extensive de l'article 1487 étant nombreux[52]. Le décret du 3 janvier 2011 a, au moins en partie, clos ce débat. L'article 1495 du Code de procédure civile dispose en effet, très clairement, que « l'appel et le recours en annulation sont formés, instruits et jugés selon les règles relatives à la procédure en matière contentieuse prévues aux articles 900 à 930-1 ». Il s'agit donc de la procédure avec représentation obligatoire, à laquelle il convient pour l'essentiel de renvoyer[53].

511 **Précisions sur la portée du renvoi.** Compte tenu du renvoi opéré par l'article 1495 précité, l'article 914 du Code de procédure civile prévoyant la compétence exclusive du conseiller de la mise en état, lorsqu'il est désigné et jusqu'à son dessaisissement, pour notamment déclarer l'appel irrecevable ou trancher toute question relative à la recevabilité de l'appel, est applicable au recours en annulation contre la sentence[54]. Il a

48. Paris, 23 mars 1993, *Rev. arb.* 1998, p. 541, note Ph. Fouchard. En ce sens, v. aussi, Paris, 7 oct. 2004, *Rev. arb.* 2004, p. 982 ; *D.* 2005, Pan., p. 3062, obs. Th. Clay ; *JDI* 2005, p. 341, note A. Mourre et P. Pedone ; JCP G 2005, I, 134, n° 5 et 7, obs. J. Ortscheidt ; Paris, 30 mars 1995, *Rev. arb.* 1996, p. 131, note J. Pellerin ; Paris, 7 juin 1984, *Rev. arb.* 1984, p. 504, note E. Mezger.

49. Paris, 11 janv. 2005, *Gaz. Pal.*, 27 et 28 avr. 2005, p. 33.

50. V. notamment, Cass. 2e civ., 15 févr. 1995, *Rev. arb.* 1996, p. 43, note B. Moreau, qui décide que l'article 528 CPC est inapplicable à l'arbitrage interne ; Cass. 2e civ., 18 oct. 2001, *Rev. arb.* 2002, p. 157, note Ph. Pinsolle, qui censure une décision ayant déclaré un recours en annulation irrecevable sur le fondement de l'article 528-1 CPC.

51. V. notamment, Cass. 2e civ., 6 déc. 2001, *Rev. arb.* 2002, p. 97, note J. Ortscheidt, qui rejette le pourvoi formé contre un arrêt ayant mis en œuvre les articles 544 et 545 CPC pour déclarer irrecevables des appels contre des sentences ; Cass. 1re civ., 23 févr. 1994, *Bull. civ.* I, n° 75, rendu en matière d'arbitrage international, qui fait application de l'article 559 CPC au recours en annulation, au visa notamment de l'article 1487, al. 1, ancien ; Cass. 2e civ., 4 févr. 1999, *Bull. civ.* II, n° 22, qui, visant l'article 1487, al. 1, ancien, applique l'article 680 CPC à la notification de la sentence arbitrale pour censurer une décision qui avait déclaré irrecevable le recours en annulation exercé hors délai malgré l'absence d'indication des délais et modalités de ce recours dans l'acte de signification de la sentence ; Cass. 2e civ., 20 mars 2003, *Rev. arb.* 2003, p. 1248, note J. Ortscheidt, qui applique l'article 562, al. 1, CPC à l'appel d'une sentence arbitrale.

52. Pour une analyse détaillée, v. J. Ortscheidt, note sous Cass. 2e civ., 6 déc. 2001, *préc.* ; obs. sous Paris, 7 oct. 2004, préc.

53. Sur cette procédure, v. notamment J. Héron et Th. Le Bars, *Droit judiciaire privé*, LGDJ, 6e éd., 2015, spéc. n° 772 et s., p. 615 et s.

54. Paris, 24 févr. 2015, *Rev. arb.* 2015, p. 1149, note P. Giraud, qui déclare irrecevable la fin de non-recevoir tirée de l'expiration du délai du recours en annulation qui n'a pas été soulevée devant le conseiller de la mise en état ; Paris, 25 nov. 2014, *Rev. arb.* 2015, p. 555, note C. Fouchard, rendu en matière internationale, mais dont la solution est transposable à l'arbitrage interne, qui déclare irrecevable la fin de non-

également été jugé qu'en application de l'article 916 du Code de procédure civile, l'ordonnance du conseiller de la mise en état qui écarte la fin de non-recevoir tirée de l'irrecevabilité d'un recours en annulation doit être remise en cause par la voie du déféré, ouvert dans les 15 jours du prononcé de cette ordonnance[55]. Les articles 900 à 930-1 du Code de procédure civile n'envisagent toutefois pas précisément la manière dont les recours sont « jugés » et les rédacteurs du décret n'ayant assurément pas entendu déroger aux exigences fondamentales posées, notamment, par les articles 430 à 460, pour les recours formés contre les sentences arbitrales, une interprétation littérale de l'article 1495 paraît exclue. Autrement dit, le renvoi aux articles 900 à 930-1 n'est pas exhaustif et d'autres dispositions gouvernant la procédure devant la cour d'appel doivent nécessairement être mises en œuvre en cas d'appel ou de recours en annulation contre une sentence arbitrale. Mais, parmi toutes celles du Code de procédure civile, il faut déterminer lesquelles. À cet égard, la méthode consistant à soumettre *a priori* l'appel et le recours en annulation de la sentence à tous les textes applicables à l'appel des jugements, pour n'écarter ensuite que ceux qui se heurtent à des dispositions contraires propres à l'arbitrage ou qui sont inconciliables avec les spécificités de ce mode de règlement des différends, présente l'attrait de la facilité et de la souplesse. Facilité d'abord, puisque les règles applicables devant la cour d'appel sont aisément accessibles : elles figurent dans le Code de procédure civile et forment un ensemble cohérent, qui offre aujourd'hui, et chaque jour davantage sous les coups de boutoir de la Convention européenne de sauvegarde des droits de l'homme et des libertés fondamentales, les garanties d'une procédure équitable. Souplesse ensuite, dès lors qu'à côté des règles spécifiques à l'arbitrage, l'exclusion au cas par cas de certaines dispositions applicables aux jugements, mais incompatibles avec les besoins de la justice arbitrale, permet de s'adapter aux grandes évolutions de la matière et, en même temps, de corriger les éventuels excès constatés dans la mise en œuvre d'un texte en particulier. Au reste, la spécificité de l'arbitrage ne justifie pas une éviction en bloc de l'ensemble des règles régissant les voies de recours devant la cour d'appel. À ce stade, en effet, ce n'est pas tant la procédure arbitrale en elle-même qui est en cause, mais la façon dont sont instruits et jugés les recours formés contre les sentences, ce qui relève directement des modalités du contrôle de l'État sur ces décisions. Au demeurant, certaines règles particulières de procédure applicables en matière contentieuse devant la cour d'appel, qui ne sont pas visées par les articles 900 à 930-1 du Code de procédure civile, sont aujourd'hui couramment mises en œuvre lorsque celle-ci est saisie d'un recours contre une sentence arbitrale.

En outre, le juge du contrôle de la sentence peut user de la faculté qui lui est offerte par l'article 267 du Traité sur le fonctionnement de l'Union européenne pour poser une question préjudicielle à la Cour de justice de l'Union européenne quand il se trouve en présence d'une incertitude relative au contenu de cet ordre public, pour, ensuite, s'assurer que la sentence ne heurte pas lesdites exigences. Cette faculté s'exerce en aval du

recevoir tirée de l'absence d'intérêt à agir qui n'a pas été soulevée devant le conseiller de la mise en état ; Paris (ord. CME), 3 avr. 2014, *Rev. arb.* 2015, p. 110, note Ph. Leboulanger, rendue en matière internationale, mais dont la solution est transposable à l'arbitrage interne, qui se prononce sur la fin de non-recevoir tirée de l'irrecevabilité du recours en annulation en raison de la renonciation à exercer ce recours.

55. Cass. 1re civ., 4 nov. 2015, n° 14-22630.

contrôle proprement dit de la sentence[56] et elle est d'autant plus essentielle qu'un tribunal arbitral ne peut saisir la CJUE d'une question préjudicielle[57].

2. Les autres règles contentieuses couramment appliquées

a) La recevabilité des recours

512 **Acquiescement à la sentence.** Même si elles ne sont pas visées par l'article 1495 du Code de procédure civile, les dispositions relatives à l'acquiescement, prévues par ce code, sont applicables aux recours formés contre les sentences. Les articles 409 et 410 sont en effet mis en œuvre pour apprécier la recevabilité de l'appel et du recours en annulation contre la sentence[58]. Ils ne sont pas recevables si l'appelant ou le requérant a acquiescé à la sentence arbitrale. Selon les distinctions du second des textes précités, l'acquiescement peut d'abord être exprès, lorsqu'une partie exprime clairement la volonté d'accepter et d'exécuter la sentence[59]. Il peut aussi être implicite[60]. Dans cette hypothèse, l'acquiescement doit être certain, c'est-à-dire résulter d'actes ou de faits incompatibles avec la volonté d'exercer un recours contre la sentence et démontrant, à l'évidence, l'intention de la partie à laquelle on l'oppose d'accepter la décision du tribunal arbitral[61]. Pour caractériser l'acquiescement, le juge du contrôle ne peut donc se fonder, ni sur des déclarations relatives au calendrier de la procédure antérieures à la sentence objet du recours, ni sur des documents ne comportant aucune information incompatible avec l'exercice d'une voie de recours[62]. Il ne peut pas non plus s'appuyer sur un courrier adressé à son conseil par la partie à laquelle on oppose l'acquiescement[63]. L'acquiescement à la sentence ne résulte pas plus de la consignation des frais de la mesure d'instruction qu'elle ordonne, ou de l'exécution de cette mesure[64]. De même encore, le fait de défendre au fond au cours de l'instance arbitrale qui se poursuit après une sentence partielle sur la compétence n'emporte pas acquiescement à cette sentence, puisque ce recours ne suspend pas l'instance arbitrale[65]. Et, de manière générale, le doute sur la portée de l'acte ou du fait invoqué doit conduire à exclure l'acquiescement. En revanche, le fait de solliciter

56. Cass. 1re civ., 18 nov. 2015, *Rev. arb.* 2015, p. 1231, qui déclare irrecevable, les griefs invoqués ne caractérisant pas un excès de pouvoir, le pourvoi formé contre Paris, 23 sept. 2014, *JCP* G 2015, I, 877, n° 8, obs. Ch. Seraglini.

57. CJCE, 23 mars 1982, aff. 102/81, *Rec.* p. 1095 ; *Rev. arb.* 1982, p. 473 ; v. aussi, CJCE, 1er juin 1999, *Eco Swiss c/ Benetton*, aff. C-126-97, *Rec.* I, p. 3055 ; *Rev. arb.* 1999, p. 631 (att. 34), note L. Idot ; CJCE, 27 janv. 2005, *Denuit*, *Rev. arb.* 2005, p. 765, note L. Idot ; *RTD com.* 2005, p. 488, obs. É. Loquin.

58. V. notamment, Paris, 28 oct. 2014, *Rev. arb.* 2014, p. 1033 ; Paris, 14 mai 2009, *Rev. arb.* 2009, p. 651 ; Paris, 11 sept. 2003, *Rev. arb.* 2004, p. 140 ; Cass. 2e civ., 20 juin 1996, *Bull. civ.* II, n° 162 ; *Rev. arb.* 1997, p. 437 (1re esp.), obs. Th. Bernard, pour le recours en annulation ; Cass. 2e civ., 9 oct. 1985, *Rev. arb.* 1987, p. 75, obs. Th. Bernard.

59. Cass. 1re civ., 11 janv. 2000, n° 97-15172.

60. Cass. 2e civ., 9 oct. 1985, préc.

61. Cass. 2e civ., 7 janv. 1998, *Rev. arb.* 1999, p. 801, note J. Pellerin.

62. Cass. 2e civ., 7 janv. 1998, préc.

63. Cass. 2e civ., 23 sept. 1998, n° 96-22256.

64. Cass. 2e civ., 20 juin 1996, *Rev. arb.* 1997, p. 437 (1re esp.), obs. Th. Bernard.

65. Paris, 4 mars 2004, *Rev. arb.* 2005, p. 143, note F.-X. Train ; Cass. 1re civ., 19 mars 2002, *JDI* 2003, p. 139, note É. Loquin.

l'exequatur de la sentence, et de la faire ensuite signifier assortie de l'exequatur en même temps qu'un commandement de payer, manifeste la volonté sans équivoque d'accepter la sentence et rend irrecevable le recours en annulation[66]. De même, l'exécution sans réserve d'une sentence qui n'est pas exécutoire par provision vaut acquiescement, en application de l'article 410, alinéa 2, du Code de procédure civile[67]. Dans cette hypothèse d'acquiescement dit « légal »[68], il n'est pas nécessaire d'établir la volonté de la partie auquel on l'oppose : l'exécution de la sentence, alors qu'elle n'était pas exécutoire par provision, fait présumer la volonté de l'accepter. Bien entendu, pour produire cet effet, l'exécution ne doit pas avoir été faite sous la contrainte, notamment pour obtenir la mainlevée d'une saisie[69].

513 **Recours immédiat ou différé contre la sentence ?** La question de l'application des articles 544 et 545 du Code de procédure civile pour apprécier la recevabilité des recours ouverts contre la sentence arbitrale demeure discutée[70]. Elle dépend principalement de la portée que l'on attribue au renvoi opéré par l'article 1495 du Code de procédure civile[71]. De manière synthétique, si l'on suit le régime instauré par ces dispositions, qui déterminent le moment auquel l'appel contre un jugement peut être formé, tant les sentences mixtes, celles qui tranchent une partie du principal et ordonnent une mesure provisoire ou une mesure d'instruction, que celles qui mettent fin à l'instance en accueillant une exception de procédure, une fin de non-recevoir ou tout autre incident, doivent faire l'objet d'un recours immédiat. Celui formé à l'issue de l'instance arbitrale, en même temps que la sentence mettant fin au litige, est alors irrecevable si le délai de recours ouvert contre la première sentence est expiré. En revanche, les sentences strictement avant-dire droit, ou qui se prononcent sur une exception de procédure, une fin de non-recevoir ou tout autre incident mais sans mettre fin à l'instance, ne peuvent faire l'objet d'un recours qu'avec les sentences sur le fond, sauf disposition contraire. La cour d'appel de Paris a déjà eu l'occasion de faire application de ces règles, puisqu'elle a par exemple jugé que la sentence rendue à titre provisionnel, qui ne tranche aucune contestation au principal, ne peut faire l'objet d'un appel immédiat[72]. De la même façon, la Cour de cassation a admis qu'une sentence qui ne tranche pas tout ou partie du principal, mais se borne à ordonner une expertise ou des mesures urgentes et provisoires participant à l'instruction du litige et ne préjugeant pas de son règlement, ne peut faire l'objet d'un recours indépendamment de la sentence sur le fond[73].

Il est vrai que l'application des articles 544 et 545 aux recours ouverts contre les sentences arbitrales apparaît souhaitable, dès lors qu'elle renforce l'efficacité de

66. Paris, 28 oct. 2014, préc.

67. Paris, 11 sept. 2003, *Gaz. Pal.* 7 et 8 nov. 2003, p. 48.

68. J. Héron et Th. Le Bars, *Droit judiciaire privé*, LGDJ, 6e éd., 2015, spéc. no 1220, p. 957.

69. Paris, 4 avr. 1996, *Rev. arb.* 1997, p. 437 (3e esp.), obs. Th. Bernard.

70. V. par ex., C. Chainais, note sous Paris, 29 nov. 2007, 3 juill. 2008, 25 sept. 2008, et Cass. 1re civ. 7 juin 2009, *Rev. arb.* 2009, p. 741 spéc. p. 755 et 758.

71. V. *supra*, no 511.

72. Paris, 11 janv. 2005, *Cah. arb.*, vol. III, *Gaz. Pal.* éd., 2006, p. 388.

73. Cass. 2e civ., 6 déc. 2001, *Rev. arb.* 2002, p. 97, note J. Ortscheidt, qui constate « qu'après avoir relevé que la décision du 10 octobre 1997 avait ordonné une expertise et des mesures urgentes et provisoires, sans trancher tout ou partie du principal, l'arrêt décide à bon droit que cette décision, qui participait de l'instruction du litige et ne préjugeait pas de son règlement, ne pouvait faire l'objet d'un recours indépendamment de la sentence sur le fond ».

l'arbitrage, pour plusieurs raisons[74] : retarder l'appel ou le recours en annulation contre la sentence purement avant-dire droit ou qui statue sur une exception de procédure, une fin de non-recevoir ou tout autre incident sans mettre fin à l'instance, accélère la procédure et donc le dénouement de l'instance arbitrale ; le regroupement des recours réduit le risque de les voir intentés dans un esprit purement dilatoire, pour retarder l'issue du procès arbitral ; l'efficacité économique commande une solution rapide du litige ; la concentration des recours sert le développement d'une justice arbitrale véritablement autonome, en détachant un peu plus ce mode de règlement des litiges de l'État. La mise en œuvre des articles 544 et 545 du Code de procédure civile a certes, en principe, pour conséquence d'interdire le recours immédiat contre la sentence qui se borne à déclarer l'arbitre compétent. Or, il peut paraître économiquement irrationnel de laisser la procédure se poursuivre avec ce risque qu'elle soit ensuite réduite à néant parce que l'arbitre n'était pas compétent *ratione materiae* ou *ratione personae*. Cet écueil n'est pas insurmontable. D'abord, la recevabilité du recours peut être admise contre une telle sentence, les nécessités de l'arbitrage le justifiant. C'est la position déjà adoptée par la cour d'appel de Paris, au moins en matière d'arbitrage international[75]. Ensuite, le recours demeure de toute façon toujours ouvert en cas d'excès de pouvoir de l'arbitre et, malgré les critiques doctrinales formulées à l'encontre de cette solution, la Cour de cassation considère que la méconnaissance d'une compétence exclusive peut être le siège d'un excès de pouvoir[76]. La sentence par laquelle l'arbitre se prononce sur sa compétence peut donc ainsi faire l'objet d'un recours immédiat, au moins en cas d'excès de pouvoir du tribunal arbitral. Il faut encore noter que s'il est fait application du régime du recours différé contre certaines sentences arbitrales, par transposition des règles applicables aux jugements, le recours différé et celui contre la sentence sur le fond doivent en principe être formés dans le « même acte ou dans deux actes du même jour »[77].

b) Les incidents affectant la poursuite de l'instance

514 **La règle « Le criminel tient le civil en l'état ».** La position du juge du contrôle de la sentence est, sur ce point, différente de celle du tribunal arbitral[78]. Avant la réforme de l'article 4 du Code de procédure pénale par la loi n° 2007-291 du 5 mars 2007[79], le juge qui statuait sur un appel ou un recours en annulation devait surseoir à statuer quand les conditions d'application du texte étaient réunies[80]. Le sursis était prononcé si l'action publique avait été engagée avant la saisine du juge ou au cours de l'instance,

74. V. notamment, J. Ortscheidt, note sous Cass. 2e civ., 6 déc. 2001, préc., spéc. n° 15 et s., p. 710 et s.

75. Paris, 22 mai 2003, *JCP* G 2004, I, 119, n° 6, obs. Ch. Seraglini ; *Rev. arb.* 2003, p. 1252 (2e esp.), note F.-X. Train.

76. Cass. 1re civ., 8 juin 2004, *Bull. civ.* I, n° 161 ; Cass. 1re civ., 9 déc. 2003, *Rev. arb.* 2004, p. 337, note S. Bollée. V. aussi, D. Foussard, « Retour sur l'excès de pouvoir en matière d'arbitrage : vers une consolidation des règles ? », *Rev. arb.* 2004, p. 803, spéc. n° 15 et s., p. 825 et s. Plus généralement, sur la notion d'excès de pouvoir dans l'arbitrage, v. notamment, D. Foussard, « Le recours pour excès de pouvoir dans le domaine de l'arbitrage », *Rev. arb.* 2002, p. 579.

77. Cass. 2e civ., 5 avr. 2001, *RTD civ.* 2001, p. 665, obs. R. Perrot.

78. V. *supra*, n° 358.

79. F.-X. Train, « Modification de l'article 4 du Code de procédure pénale », *Rev. arb.* 2007, p. 145. Ce texte, de procédure, s'applique aux instances en cours (Cass. 1re civ., 8 juill. 2009, n° 08-16025).

80. V. notamment, Paris, 13 févr. 2003, *Rev. arb.* 2004, p. 311, note J.-B. Racine, pour un recours en annulation ; Paris, 16 juin 1998, *Rev. arb.* 1999, p. 333, note L. Idot, pour un appel.

si elle n'avait pas été définitivement tranchée et si elle était susceptible d'influencer la décision judiciaire. Pour le juge de l'annulation, la circonstance qu'il n'était pas saisi du fond de l'affaire avait des conséquences quant à l'application du dernier de ces critères. Celui qui sollicitait le sursis devait en effet démontrer que les faits constitutifs de l'infraction pénale avaient une « incidence directe sur l'un des quelconques griefs d'annulation des sentences énumérés à l'article 1484 du Code de procédure civile »[81]. Depuis la modification de l'article 4 du Code de procédure pénale, le sursis à statuer n'est plus obligatoire pour le juge qui n'est pas saisi de l'action civile au sens de l'article 2 du même code. L'article 4, alinéa 3, dispose en effet que « la mise en mouvement de l'action publique n'impose pas la suspension des autres actions exercées devant la juridiction civile, de quelque nature qu'elles soient, même si la décision à intervenir au pénal est susceptible d'exercer, directement ou indirectement, une influence sur la solution du procès civil ». Pour le juge du contrôle de la sentence rendue en matière d'arbitrage interne, le sursis est donc aujourd'hui facultatif, ce qui uniformise la solution avec celle depuis longtemps consacrée dans l'arbitrage international[82].

515 **L'ouverture d'une procédure collective.** Les règles de la loi du 25 janvier 1985, aujourd'hui codifiées, et du décret du 27 décembre 1985 relatives à l'interruption de l'instance engagée devant le juge, à la mise en cause des organes de la procédure et à l'objet alors limité de cette instance, sont applicables devant la cour d'appel saisie d'un recours contre une sentence arbitrale. L'ouverture d'une procédure de sauvegarde, de redressement ou de liquidation judiciaire à l'encontre d'une partie, alors que le juge est déjà saisi d'un recours en annulation ou d'un appel[83], entraîne une interruption de l'instance en application des articles L. 622-21, L. 631-14 et L. 641-3 du Code de commerce[84]. Il s'agit d'un principe d'ordre public interne et international[85]. Avant la réforme du 26 juillet 2005, la loi précisait simplement que l'instance était suspendue. Mais il avait été jugé que cette suspension devait être regardée comme une interruption[86]. L'instance est interrompue jusqu'à ce que les créances soient déclarées, en application de l'article 48 de la loi précitée, devenu l'article L. 622-22 du Code de commerce[87]. Il n'est en effet pas nécessaire que la cour d'appel sursoit à statuer jusqu'à la décision du juge-commissaire[88], puisque lorsqu'une instance est en cours au moment de l'ouverture de la procédure collective, ce dernier doit se borner à le constater[89]. Il perd le pouvoir de se prononcer sur

81. Cass. 1re civ., 4 juin 2008, *JCP* G 2008, I, 164, n° 8, obs. Ch. Seraglini ; *Rev. arb.* 2008, p. 473, note I. Fadlallah ; *RTD com.* 2008, p. 518, obs. É. Loquin ; *JDI* 2008, p. 1107, note A. Mourre ; *D.* 2008, p. 3118, obs. Th. Clay (solution rendue en matière internationale et applicable en matière interne) ; Paris, 13 févr. 2003, préc.

82. V. *infra*, n° 973.

83. Paris, 16 déc. 2004, *Cah. arb.*, vol. III, *Gaz. Pal.* éd., 2006, p. 387.

84. Art. L. 621-40 et L. 622-3 C. com., avant la réforme du 26 juillet 2005.

85. Cass. 1re civ., 6 mai 2009, *Bull. civ.* I, n° 86 ; *JCP* G 2009, I, 462, n° 6, obs. J. Béguin ; *D.* 2009, p. 2959, obs. Th. Clay ; *Rev. arb.* 2009, p. 299, note D. Cohen ; *RTD com.* 2009, p. 546, obs É. Loquin.

86. Paris, 21 janv. 1999, *Rev. arb.* 2003, p. 211, obs. Ph. Fouchard ; Paris, 16 mars 1995, *Rev. arb.* 1998, p. 553, note Ph. Fouchard.

87. Art. L. 620-41 C. com., avant la réforme du 26 juillet 2005.

88. V. cpdt, Paris, 16 déc. 2004, préc., qui saisi d'un appel contre une sentence, a prononcé un sursis à statuer jusqu'à la décision de juge-commissaire statuant sur l'admission de la créance.

89. Art. L. 624-2 du C. com., anciennement l'art. L. 621-104.

l'admission ou le rejet de la créance[90] et n'a plus compétence que pour se prononcer sur la régularité de la déclaration de créance. L'instance est reprise de plein droit, sur justification de la déclaration[91], le mandataire judiciaire et, le cas échéant, l'administrateur s'il a pour mission d'assister le débiteur ou le commissaire à l'exécution du plan dûment appelés. En pratique, le juge fixe un délai au créancier pour justifier de la déclaration et, s'il n'est pas respecté, prononce la radiation en application de l'article 376 du Code de procédure civile[92]. Une fois l'instance reprise, si la cour d'appel peut certes annuler une sentence ou l'infirmer en cas d'appel, elle ne peut en revanche prononcer aucune condamnation au paiement d'une somme d'argent à l'encontre du débiteur. Conformément à l'article L. 622-22 précité, elle peut simplement fixer le montant de la créance au passif.

c) *Les voies de recours contre les arrêts et la sanction de l'abus*

516 **Les voies de recours ouvertes contre la décision du juge : pourvoi, révision, opposition et tierce opposition.** Ce sont également les règles du droit commun qui sont applicables aux recours ouverts contre l'arrêt de la cour d'appel statuant sur un appel ou un recours en annulation. Cet arrêt peut en effet être frappé d'un pourvoi en cassation si les conditions de recevabilité de ce recours sont réunies[93]. Le pourvoi est immédiatement recevable contre l'arrêt qui, statuant sur un recours en annulation, annule la sentence et renvoie les parties à conclure sur le fond[94], sans que l'on doive distinguer selon que l'annulation de la sentence est totale ou partielle[95]. En revanche, lorsque le pourvoi est dirigé contre l'arrêt statuant sur l'appel d'une sentence arbitrale, si la cour d'appel a renvoyé les parties à conclure sur le fond, parce qu'elles n'ont conclu que sur la nullité de la sentence, il doit être différé ; il doit être formé en même temps que le pourvoi contre l'arrêt statuant sur le fond du litige. Au soutien du pourvoi dirigé contre un arrêt statuant sur un recours en annulation, il faut préciser le cas d'ouverture de ce recours, prévu par l'article 1492 du Code de procédure civile, que la cour d'appel n'a pas correctement apprécié. En effet, s'il est seulement fait grief au juge d'avoir privé sa décision de base ou violé « l'article 1492 du Code de procédure civile », la critique ne permettant pas de déterminer exactement le cas d'ouverture du recours en annulation injustement écarté par la cour d'appel, celle-ci est irrecevable, faute de précision[96]. L'arrêt rendu par la cour d'appel peut également faire l'objet d'un recours en révision, notamment s'il se révèle, après son prononcé, qu'il a été obtenu par fraude[97]. Il peut aussi, selon les conditions du droit commun, être frappé

90. V. notamment, Cass. com., 12 juill. 2004, n° 01-14802, qui rappelle que lorsqu'une instance est en cours, le juge-commissaire n'a « pas le pouvoir de décider de l'admission ou du rejet de la créance ».
91. Art. 95 du décret n° 2005-1677 du 28 décembre 2005. La règle était anciennement énoncée à l'art. 65 du décret n° 85-1388 du 27 décembre 1985.
92. Paris, 16 mars 1995, préc.
93. Sur celles-ci, v. notamment, J. Boré et L. Boré, *La cassation en matière civile*, Dalloz Action 2009/2010 ; *Droit et pratique de la cassation en matière civile*, LexisNexis, 3e éd., 2012.
94. Cass. 2e civ., 7 janv. 1999, *Rev. arb.* 1999, p. 272, note D. Foussard ; Cass. 2e civ., 27 mai 1998, *Rev. arb.* 1999, p. 856, obs. J. Pellerin.
95. Cass. 2e civ., 25 oct. 1995, *Bull. civ.* II, n° 251, qui déclare recevable le pourvoi incident formé contre un arrêt ayant annulé partiellement une sentence arbitrale.
96. Cass. 2e civ., 25 mars 1999, *Rev. arb.* 1999, p. 319, note Ch. Jarrosson.
97. Cass. 2e civ., 12 févr. 2004, *JCP* G 2004, I, 179, n° 5, obs. Ch. Seraglini.

d'opposition ou de tierce opposition[98]. Ni le tribunal arbitral, ni l'un de ses membres, ne peuvent former tierce opposition contre l'arrêt annulant la sentence ; ils ne peuvent pas non plus demander que la décision dont l'objet était de censurer la sentence à laquelle ils avaient participé leur soit déclarée inopposable, nul ne pouvant à la fois être juge et partie[99].

517 **Recours abusif contre la sentence.** Les dispositions du Code de procédure civile prévoyant la condamnation au paiement d'une amende civile en cas de recours dilatoire ou abusif sont également applicables devant la cour d'appel qui contrôle la sentence[100]. Celle-ci peut donc s'appuyer sur l'article 559 du Code de procédure civile pour condamner l'auteur d'un recours en annulation abusif au paiement d'une amende. L'abus est notamment caractérisé lorsque les moyens invoqués ne se rattachent à aucun des cas d'ouverture de ce recours, limitativement énumérés par ce code, ou parce qu'il est dépourvu de sérieux[101]. L'amende peut aussi être prononcée par le juge sur le fondement de l'article 32-1 du Code de procédure civile, lorsque l'appel ou le recours en annulation est irrecevable[102] et, plus largement, si l'attitude de l'une des parties est dilatoire ou abusive devant la cour d'appel. Cette amende est prononcée sans préjudice des dommages-intérêts que peut réclamer une partie lorsque l'abus lui a causé un dommage[103]. En revanche, on peut questionner la pratique consistant, pour le juge de l'annulation, à prendre en considération la déloyauté de l'une des parties pendant l'instance arbitrale pour la condamner à payer des dommages-intérêts[104]. En effet, lorsqu'il n'accueille pas le recours, le juge ne peut en principe ajouter à la sentence une condamnation qu'elle ne contient pas. C'est au tribunal arbitral, non au juge, de sanctionner l'attitude dilatoire des litigants au cours de l'instance arbitrale.

B. LES RÈGLES SPÉCIFIQUES À L'ARBITRAGE

1. L'introduction des recours

518 **Choix de la voie de recours. Impossibilité de requalifier le recours improprement formé.** Le système des voies de recours étant alternatif dans l'arbitrage interne[105], il est tout d'abord important de bien choisir entre l'appel et le recours en annulation avant de saisir la cour d'appel. Ce d'autant qu'il n'appartient pas à cette juridiction de

98. V. notamment, Cass. 2e civ., 27 sept. 2005, n° 03-17838, qui casse un arrêt ayant rejeté la tierce opposition formée contre un arrêt ayant partiellement annulé une sentence arbitrale.

99. Cass. 1re civ., 16 déc. 1997, n° 95-15921.

100. Sur cette question, v. H. Lécuyer, « L'exercice abusif des voies de recours contre les sentences arbitrales : de quelques manifestations de l'ire du juge judiciaire », *Rev. arb.* 2006, p. 573. Sur l'amende civile, v. M. Behar-Touchais, « L'amende civile est-elle un substitut satisfaisant à l'absence de dommage et intérêts punitifs », in « Faut-il moraliser le droit français de la réparation du dommage ? », *LPA*, 20 nov. 2002, spéc. p. 36.

101. Cass. 1re civ., 23 févr. 1994, *Bull. civ.* II, n° 75.

102. Paris, 6 mai 2004, *Gaz. Pal.*, 3 et 4 déc. 2004, p. 49 ; *Rev. arb.* 2006, p. 661.

103. V. notamment, Cass. 1re civ., 9 janv. 2007, *Bull. civ.* I, n° 10 ; *D.* 2008, Pan., p. 180, obs. Th. Clay ; Paris, 6 mai 2004, *Gaz. Pal.*, 3 et 4 déc. 2004, p. 49 ; *Rev. arb.* 2006, p. 661 ; Paris, 16 janv. 2003, *D.* 2003, somm., p. 2479, obs. Th. Clay ; *JDI* 2004, p. 161, note C. Kessedjian ; Paris, 12 sept. 2002, *Rev. arb.* 2003, p. 172, note M.-E. Boursier.

104. V. notamment, Paris, 16 janv. 2003, préc.

105. V. *supra*, n° 504.

substituer d'office à la voie de recours dont elle est saisie une autre voie de recours[106]. Ainsi, la cour d'appel n'est pas tenue de substituer d'office à la voie de l'appel, tendant à la réformation de la sentence, celle du recours en annulation[107]. Et il a été jugé que ce « refus de requalification ne constitue pas une atteinte disproportionnée au droit d'accès au juge, au regard de l'objectif poursuivi, en matière d'arbitrage interne, d'assurer l'effectivité de la sentence en imposant aux parties de n'exercer que la voie de recours qu'elles ont prévue »[108]. Auparavant, les parties bénéficiaient d'une faculté de repentir leur permettant de modifier la qualification du recours improprement formé. L'article 1487, alinéa 2, ancien du Code de procédure civile prévoyait en effet que « la qualification donnée par les parties à la voie de recours au moment où la déclaration est faite peut être modifiée ou précisée jusqu'à ce que la cour d'appel soit saisie ». La cour d'appel étant alors saisie par la demande d'inscription au rôle, la requérante pouvait modifier ou préciser le recours formé jusqu'à cette formalité, qui devait en principe intervenir dans un délai de deux mois de la déclaration de recours. Après la saisine de la cour, toute requalification du recours était impossible[109]. Mais les articles 905 et 906 du Code de procédure civile, qui fixaient la saisine de la cour à la date de la demande d'inscription au rôle, ont été abrogés par décret n° 2004-836 du 20 août 2004, et l'article 901 du même code a alors été modifié en ce sens qu'à compter du 1er janvier 2005, c'est la déclaration d'appel remise au greffe de la Cour, avec une copie de la décision entreprise, qui vaut « demande d'inscription au rôle ». Cette modification intervenue, les dispositions précitées de l'article 1487, alinéa 2, étaient devenues inapplicables puisque la cour d'appel était saisie dès la remise au greffe de la déclaration de recours. Ce texte a ensuite été abrogé par un décret n° 2004-1420 du 23 décembre 2004. Aujourd'hui, la requalification du recours improprement formé s'avère donc impossible pour une partie. En cas d'erreur, cela n'interdit toutefois pas de saisir à nouveau la cour d'appel d'un nouveau recours si ses conditions de recevabilité sont encore réunies[110], notamment celle tenant au délai.

519 **Cour d'appel compétente.** L'article 1494, alinéa 1, du Code de procédure civile dispose que « l'appel et le recours en annulation sont portés devant la cour d'appel dans le ressort de laquelle la sentence arbitrale a été rendue »[111]. La mise en œuvre de ce texte ne pose donc aucune difficulté lorsque la sentence précise ce lieu, conformément aux dispositions de l'article 1481.5° du Code de procédure civile[112], et que la convention d'arbitrage n'a pas prévu qu'elle devrait être rendue ailleurs. La cour d'appel territorialement compétente est bien celle située dans le ressort du lieu où la sentence indique avoir été rendue. En revanche, la détermination de la juridiction compétente est plus délicate quand la convention d'arbitrage a prévu, soit que la sentence

106. Cass. 2e civ., 26 juin 1985, *Bull. civ.* II, n° 128.

107. Cass. 1re civ., 11 mai 2016, *JCP* G 2016, I, 900, n° 2, obs. J. Ortscheidt, qui rejette le pourvoi formé contre Paris, 28 oct. 2014, *Rev. arb.* 2015, p. 821, note L. Weiller. La solution n'allait pas de soi dans cette affaire puisque c'est l'acte de saisine de la cour qui avait été improprement dénommé, et que la partie avait ensuite sollicité l'annulation de la sentence, et non sa réformation, en visant le texte idoine dans ses écritures.

108. Cass. 1re civ., 11 mai 2016, préc.

109. Paris, 21 févr. 2002, *Rev. arb.* 2002, p. 955, note F.-X. Train ; Paris, 7 oct. 1997, *Rev. arb.* 1998, p. 377, note Ph. Théry.

110. Paris, 21 févr. 2002, préc. ; Paris, 7 oct. 1997, préc.

111. Art. 1486, al. 1, ancien CPC.

112. V. *supra*, n° 449.

serait rendue en un lieu précis, soit que l'arbitrage devrait s'y dérouler, ce qui signifie que la sentence doit y être prononcée[113], mais que celle-ci mentionne avoir été rendue en un autre endroit. En effet, la cour d'appel devant laquelle le recours doit être porté n'est pas nécessairement la même selon que c'est la volonté des parties ou le lieu où la sentence a été matériellement rendue qui est privilégié. La jurisprudence[114], approuvée par la doctrine[115], paraît favoriser l'aspect contractuel de l'arbitrage et retenir la compétence territoriale de la juridiction dans le ressort de laquelle la sentence devait être rendue. Cette solution est justifiée dès lors que de toute façon, puisque les recours sont portés devant la cour d'appel dans le ressort de laquelle la sentence arbitrale a été rendue et que les parties sont maîtres du choix de ce lieu, qu'elles peuvent imposer aux arbitres, elles sont par là même autorisées à choisir la juridiction qui pourra connaître des recours ouverts contre la sentence. Partant, par souci de cohérence, c'est bien la volonté des parties qui doit être respectée lorsque le tribunal arbitral a rendu la sentence en un lieu différent de celui prévu.

520 **Délai des recours.** Le délai pour saisir la cour d'appel est le même pour l'appel et le recours en annulation et il n'a pas été modifié par la réforme du 13 janvier 2011 : les recours sont recevables dès le prononcé de la sentence et le délai de l'appel ou du recours en annulation est toujours d'un mois, comme le prévoit l'article 1494, alinéa 2, du Code de procédure civile[116]. Mais le décret n° 2011-48 a apporté une innovation importante : le délai pour exercer ces recours n'expire plus dans le mois qui suit la signification de la sentence revêtue de l'exequatur, mais dans le mois qui suit la notification de la sentence. L'article 1494, alinéa 2, du Code de procédure civile prévoit en effet : « Ces recours sont recevables dès le prononcé de la sentence. Ils cessent de l'être s'ils n'ont pas été exercés dans le mois de la notification de la sentence ». Le texte ne déroge donc plus, comme celui antérieur à la réforme de 2011, aux dispositions de l'article 528 de ce code, selon lesquelles le délai à l'expiration duquel un recours ne peut plus être exercé court à compter de la notification du jugement à moins que la loi ne prévoie qu'il court à compter de sa date[117]. Auparavant, la notification de la sentence non revêtue de l'exequatur ne faisait courir ni le délai d'appel, ni celui du recours en annulation. Il n'est plus nécessaire d'attendre l'éventuel exequatur de la sentence – et sa signification – pour faire courir le délai d'un mois, la seule notification de la sentence suffisant à cet égard. Assurément, cela permet d'obtenir plus rapidement une sentence définitive. Ainsi, avant la réforme, lorsque la sentence ne nécessitait pas de mesures d'exécution forcée, par exemple une sentence de débouté, l'exequatur n'était souvent pas demandé... et le délai pour exercer un recours à son encontre ne pouvait en conséquence trouver de terme ! Il n'en est plus de même aujourd'hui et il existe un terme au délai de recours contre une telle sentence dès lors qu'elle a été notifiée. Au surplus, la sentence arbitrale peut désormais être notifiée autrement que par voie de signification, ce qui a un impact indirect sur le délai de recours, puisqu'il court dorénavant à compter de la notification de la sentence. L'article 1484, alinéa 3, du Code de procédure civile prévoit en effet que la sentence « est notifiée par voie de signification à moins que les

113. V. *supra*, n° 449.

114. Paris, 11 janv. 1996, *Rev. arb.* 1996, p. 100, note E. GAILLARD ; Cass. 2e civ., 9 févr. 1994, *Bull. civ.* II, n° 49.

115. V. notamment, E. GAILLARD, note sous Paris, 11 janv. 1996, *Rev. arb.* 1996, p. 100, spéc. p. 108 ; É. LOQUIN, note sous Paris, 11 janv. 1996, *D.* 1996, p. 351, spéc. p. 353.

116. Art. 1486, al. 2, ancien CPC.

117. Cass. 2e civ., 15 févr. 1995, *Rev. arb.* 1996, p. 223, note B. MOREAU.

parties en conviennent autrement ». Le point de départ du délai d'un mois pour former le recours ne correspond donc plus nécessairement à la date de la signification, c'est-à-dire de la notification par acte d'huissier de justice[118], de la sentence. Cette liberté offerte aux parties a rapidement suscité diverses questions, notamment quant à la forme de la notification[119]. S'agissant des modalités selon lesquelles les parties peuvent convenir de déroger à l'exigence de signification de la sentence par acte d'huissier de justice, cet accord peut sans doute intervenir à tout moment : dans la convention d'arbitrage, au cours de la procédure arbitrale, par exemple dans l'acte de mission, ou même après reddition de la sentence. Il peut également figurer dans un document auquel la convention d'arbitrage renvoie, notamment dans un règlement d'arbitrage. Mais les stipulations de ce règlement doivent être suffisamment claires et précises pour éclairer la volonté des parties de renoncer à la garantie que constitue la signification de la sentence par acte d'huissier[120]. Il a par exemple été jugé que ne vaut pas renonciation à la signification la stipulation suivant laquelle « le secrétariat transmet aux parties la décision pour exécution », insérée dans une convention d'arbitrage entrée en vigueur à une date où l'article 1486 du Code de procédure civile, dans sa rédaction antérieure au décret du 13 janvier 2011, ne permettait pas de renoncer à la signification[121].

Ainsi, si rien n'interdit aux parties de prévoir que la notification de la sentence est faite par un centre d'arbitrage[122], il faut que leur volonté soit claire et non équivoque. La notification devrait alors pouvoir être réalisée non seulement par lettre recommandée avec demande d'avis de réception ou par télécopie, afin de se constituer la preuve de son envoi et de sa réception, mais aussi par lettre simple ou par courriel. Cela dit, quelle que soit sa forme, cette notification devra respecter certaines formalités pour que le juge consente à y voir le point de départ des délais de recours. En effet, les parties ne devraient pas pouvoir déroger à la nécessité d'indiquer les modalités et voies de recours dans l'acte de notification. Il s'agit là d'une garantie fondamentale, intrinsèquement liée au recours lui-même, et l'on sait que les dispositions de l'article 680 du Code de procédure civile, qui prévoient que « l'acte de notification » – et non pas seulement de signification – d'un jugement doit préciser les modalités et délais de recours, sont jugées applicables à la notification d'une sentence arbitrale[123]. L'acte de notification devrait donc toujours faire mention, de manière « très apparente », du délai d'appel ou de recours en annulation et des modalités selon lesquelles ce recours doit être formé[124]. Il devrait aussi préciser que l'auteur d'un recours abusif ou dilatoire peut être condamné au paiement d'une amende et à des dommages-intérêts à l'autre partie[125]. Et, comme auparavant, si l'acte de signification comporte une mention erronée, notamment quant

118. Art. 651, al. 2, CPC.

119. Sur celles-ci, v. Ch. Jarrosson et J. Pellerin, « Le droit français de l'arbitrage après le décret du 13 janvier 2011 », *Rev. arb.* 2011, p. 5, spéc. n° 56 et s., p. 40 et s. ; Ch. Seraglini, « L'efficacité et l'autorité renforcée des sentences arbitrales en France après le décret n° 2011-48 du 13 janvier 2011 », *Cah. arb.* 2011, p. 375, spéc. n° 27 et 29.

120. Paris, 26 mai 2015, JCP G 2015, I, n° 4, obs. J. Ortscheidt.

121. Paris, 28 févr. 2017, *Rev. arb.* 2017, p. 338.

122. Auparavant, cette notification n'avait pas d'effet sur le délai des recours (Paris (ord. CME), 8 mars 2012, *Rev. arb.* 2012, p. 393 (2e esp.), note Ch. Jarrosson et J. Pellerin).

123. Cass. 2e civ., 4 févr. 1999, *Bull. civ.* II, n° 22 ; Cass. 2e civ., 28 avr. 1986, *Rev. arb.* 1986, p. 329, obs. Th. Bernard.

124. Pour un rappel de cette exigence de précision des modalités et délais des recours : Paris, 26 mai 2015, préc.

125. Sur cette sanction, v. *supra*, n° 517.

à la voie de recours ouverte, il ne fait pas courir le délai d'un mois prévu à l'article 1494, alinéa 2, du Code de procédure civile[126].

Les dispositions de l'article 528-1 du Code de procédure civile ne s'appliquent pas aux sentences arbitrales[127], compte tenu de la nature hybride de la sentence, qui présente les principaux attributs du jugement mais qui a une origine conventionnelle[128]. La sentence non notifiée peut donc être frappée d'appel ou de recours en annulation au-delà du délai de deux années de son prononcé. Les dispositions du Code de procédure civile relatives à la computation des délais devraient par ailleurs être respectées. Le délai d'un mois de l'article 1494, alinéa 2, expire donc le dernier jour, à vingt-quatre heures, et est prorogé jusqu'au premier jour ouvrable suivant s'il expire un samedi, un dimanche ou un jour férié ou chômé. La partie domiciliée à l'étranger, ou dans un département ou territoire d'outre-mer, doit pouvoir bénéficier du délai de distance prévu par l'article 643 pour interjeter appel de la sentence ou former un recours en annulation à son encontre. De même, si la cour d'appel territorialement compétente se trouve dans un département d'outre-mer, le délai de recours est augmenté d'un ou deux mois, selon les distinctions prévues par l'article 644 du Code de procédure civile.

521 **Effet suspensif des recours.** Il n'est pas renvoyé aux dispositions applicables aux jugements pour déterminer si l'appel et le recours en annulation ont un effet suspensif. Le Code de procédure civile contient en effet une disposition spécifique à l'arbitrage, l'article 1496, alinéa 1, qui précise que « le délai pour exercer l'appel et le recours en annulation ainsi que l'appel ou le recours en annulation exercé dans ce délai suspendent l'exécution de la sentence arbitrale à moins qu'elle soit assortie de l'exécution provisoire »[129]. À moins que la sentence ne soit aussi assortie de l'exécution provisoire[130] et revêtue de l'exequatur, elle ne peut donc faire l'objet d'aucune mesure d'exécution forcée pendant le délai d'un mois suivant sa notification. Sous les mêmes réserves, si un appel ou un recours en annulation est formé à son encontre, son exécution est également suspendue pendant le cours de cette instance. L'effet suspensif attaché au délai ouvert pour exercer les recours et par les recours eux-mêmes affecte donc uniquement l'exécution des sentences arbitrales par les parties[131]. En revanche, l'appel ou le recours en annulation contre la sentence n'a pas pour effet de suspendre l'instance arbitrale[132]. La procédure arbitrale se poursuit donc devant le tribunal arbitral lorsqu'un recours en annulation, ou un appel, est formé contre une sentence qui ne met pas définitivement fin à l'instance. L'absence d'effet suspensif du recours sur l'instance arbitrale, qui réduit le risque de recours dilatoires, formés uniquement pour affecter le bon déroulement de l'arbitrage, présente un inconvénient : celui de laisser la procédure se poursuivre avec le risque qu'elle soit ensuite réduite à néant en raison de l'annulation d'une première sentence à laquelle les suivantes étaient indivisiblement liées. Cela dit, dans

126. Paris, 23 avr. 1985, *Rev. arb.* 1987, p. 80, obs. B. Moreau. V. aussi, Paris, 4 juill. 1996, *Rev. arb.* 1996, p. 653, note Ph. Théry, qui annule l'acte de signification d'une sentence portant une mention erronée quant à la voie de recours ouverte.

127. Cass. 2e civ., 18 oct. 2001, *Rev. arb.* 2002, p. 157, note Ph. Pinsolle.

128. *Rapport de la Cour de cassation 2001*, La Documentation française, 2002, spéc. p. 469.

129. Art. 1486, al. 3, ancien CPC.

130. Sur cette mesure, v. *supra*, no 495 et s.

131. En ce sens, E. Mezger, note sous Paris, 7 juill. 1987, *Rev. arb.* 1988, p. 649, spéc. p. 655 ; J. Ortscheidt, obs. sous Cass. 1re civ., 19 mars 2002, *JCP* G 2003, I, 105, no 13 ; H. Synvet, note sous Paris, 17 déc. 1991, *Rev. arb.* 1993, p. 281, spéc. no 19.

132. Cass. 2e civ., 5 avr. 1994, *Bull. civ.* II, no 115.

cette hypothèse particulière, informé d'un recours contre sa sentence partielle, le tribunal arbitral pourra toujours songer à faire usage des pouvoirs qu'il tire de l'article 1472 du Code de procédure civile pour surseoir à statuer, ce qui suspendra le cours de l'instance arbitrale[133].

522 **Incidences des recours sur l'exequatur.** L'appel et le recours en annulation ont un effet commun sur l'exequatur : d'une part, ils emportent, de plein droit, recours contre l'ordonnance d'exequatur ou dessaisissement du juge de l'exequatur ; d'autre part, le rejet de l'un ou l'autre de ces recours par le juge confère automatiquement l'exequatur à la sentence arbitrale, ou à celles de ses dispositions qui ne sont pas atteintes par la censure partielle de la cour d'appel[134].

2. L'instruction des recours

a) La recevabilité des moyens

523 Tous les moyens d'annulation de la sentence arbitrale ne sont pas recevables devant le juge du contrôle[135]. Si l'amenuisement du contrôle étatique[136] et la restriction des voies de recours contribuent sans doute à l'assainissement de la pratique arbitrale, dont la dérive procédurière est couramment dénoncée[137], pour lutter encore plus efficacement contre les manœuvres dilatoires des parties, la jurisprudence a institué deux fins de non-recevoir, applicables aussi bien aux recours ouverts dans l'arbitrage interne que dans l'arbitrage international, et qui sont fondées sur le principe de bonne foi ou de loyauté procédurale[138] et celui de l'estoppel[139]. En effet, même si, comme l'a jugé la Cour de cassation, le domaine d'application respectif de ces deux fins de non-recevoir peut, *« dans certains cas, être identique »*[140], elles ne sont pas exactement fondées sur les mêmes principes et la première est aujourd'hui consacrée par le Code de procédure civile.

524 **Loyauté procédurale.** L'article 1466 du Code de procédure civile dispose que « la partie qui, en connaissance de cause et sans motif légitime, s'abstient d'invoquer en temps utile une irrégularité devant le tribunal arbitral est réputée avoir renoncé à s'en prévaloir ». Cette fin de non-recevoir est donc déduite du comportement de la partie lors de l'instance arbitrale. Comme la jurisprudence l'a depuis longtemps admis, lorsqu'elle y participe activement, une partie est en effet réputée avoir renoncé à se prévaloir ultérieurement des irrégularités qu'elle s'est, en connaissance de cause, abstenue

133. Sur cette faculté, v. *supra*, n° 356.

134. V. *supra*, n° 484 et 489.

135. Sur cette question, v. L. Cadiet, « La renonciation à se prévaloir des irrégularités de la procédure arbitrale », *Rev. arb.* 1996, p. 3.

136. Sur ce phénomène, v. *supra*, n° 506.

137. B. Oppetit, *Théorie de l'arbitrage*, PUF, 1998, spéc. p. 25.

138. Paris, 5 juill. 2001, *Rev. arb.* 2001, p. 913.

139. Cass. 1re civ., 6 juill. 2005, *D.* 2005, Pan., p. 3060, obs. Th. Clay ; *JCP* G 2005, I, 179, n° 6, obs. J. Ortscheidt ; *Rev. arb.* 2005, p. 993, note Ph. Pinsolle ; *JDI* 2006, p. 608, note M. Behar-Touchais.

140. Cass. 1re civ. 6 mai 2009, *Bull. civ.* I, n° 86 ; *JCP* G 2009. Act. 255, obs. J. Béguin ; JCP G 2009, I, 462, n° 7, obs. J. Béguin ; *JCP* G 2009, II, 534, note. G. Bolard ; *D.* 2009, p. 2959, obs. Th. Clay ; *RTD com.* 2009, p. 546, obs. É. Loquin.

d'invoquer devant le tribunal arbitral[141], sous réserve des dispositions d'ordre public auxquelles les parties ne peuvent pas renoncer[142]. Ainsi, à moins que le vice ne lui soit caché ou révélé trop tardivement pour qu'elle puisse le dénoncer pendant l'instance arbitrale, une partie ayant activement participé à la procédure ne peut, par exemple, invoquer devant le juge chargé du contrôle de la sentence : la nullité de la convention d'arbitrage[143] ou à son absence[144], le défaut d'indépendance[145] ou d'impartialité[146] du tribunal arbitral, une méconnaissance du principe de la contradiction[147]. Faute de l'avoir soulevé en temps utile devant le tribunal arbitral, un litigant ne peut pas non plus conclure à l'annulation ou à l'infirmation d'une sentence arbitrale en reprochant aux arbitres de ne pas s'être conformé à la mission qui leur avait été confiée[148] ou d'avoir statué en qualité d'amiable compositeur alors qu'ils ne disposaient pas de ce pouvoir[149]. Il n'est pas non plus recevable à se prévaloir d'une interruption de l'instance qu'il s'est, en connaissance de cause, abstenu d'invoquer devant le tribunal arbitral[150]. En outre, la règle déjà évoquée pour le grief tiré d'un défaut d'indépendance ou d'impartialité de l'arbitre[151] est applicable pour toutes les irrégularités susceptibles d'être invoquées. Ainsi, les parties doivent veiller à respecter le délai qui peut avoir été prévu par le règlement d'arbitrage applicable pour soulever une contestation sur la régularité de la procédure, ce à quoi renvoie d'ailleurs indirectement l'article 1466 lorsqu'il précise que l'irrégularité doit être invoquée « en temps utile ». En effet, il a été jugé par la Cour de cassation que « la partie qui, en connaissance de cause, s'abstient d'exercer, dans le délai prévu par le règlement d'arbitrage applicable, son droit de récusation en se fondant sur toute circonstance de nature à mettre en cause l'indépendance ou l'impartialité d'un arbitre, est réputée avoir renoncé à s'en prévaloir devant le juge de l'annulation »[152]. Cette règle, si elle ne fait pas obstacle à la possibilité d'invoquer une irrégularité découverte après l'expiration du délai prévu par le règlement

141. Cass. 2ᵉ civ., 11 juill. 2002, *JCP* G 2003, I, 105, n° 8, obs. J. Ortscheidt. V. aussi, Cass. 2ᵉ civ., 20 nov. 2003, *Bull. civ.* II, n° 342 ; *Rev. arb.* 2004, p. 283 (4ᵉ esp.), note M. Bandrac.

142. Il a ainsi été jugé en matière d'arbitrage international, mais la solution vaut *a fortiori* dans l'arbitrage interne, que les règles de suspension des poursuites individuelles et d'égalité des créanciers dans les procédures d'insolvabilité relèvent de l'ordre public de direction et que les parties ne peuvent y renoncer, même devant les arbitres ; ni les dispositions de l'article 1466 du Code de procédure civile, ni l'*estoppel*, ne peuvent donc être opposés à la partie qui s'en prévaut devant la juge de l'annulation (Paris, 27 févr. 2018, *Rev. arb.* 2018, p. 299 ; *JCP* G 2018, 1322, n° 4, obs. J. Ortscheidt).

143. Cass. 2ᵉ civ., 21 nov. 2002, *Rev. arb.* 2004, p. 283 (2ᵉ esp.), note M. Bandrac ; Paris, 14 déc. 1999, *Rev. arb.* 2000, p. 471.

144. Cass. 1ʳᵉ civ., 21 sept. 2016, *Rev. arb.* 2016, p. 1208 ; Paris, 28 avr. 2011, *Rev. arb.* 2011, p. 579 ; Paris, 7 mars 2002, *Rev. arb.* 2002, p. 771.

145. Paris, 14 mars 2017, *Rev. arb.* 2017, p. 339 ; Paris, 16 déc. 2010, *Rev. arb.* 2011, p. 279 ; Paris, 16 mai 2002, *Rev. arb.* 2003, p. 1231, note E. Gaillard ; Paris, 2 juin 1989, *Rev. arb.* 1991, p. 87.

146. Paris, 27 sept. 2001, *Rev. arb.* 2001, p. 916.

147. Cass. 2ᵉ civ., 20 nov. 2003, *Bull. civ.* II, n° 342 ; *Rev. arb.* 2004, p. 283 (4ᵉ esp.), note M. Bandrac ; Paris, 17 janv. 2002, *JCP* G 2003, I, 105, n° 8, obs. J. Ortscheidt.

148. Cass. 1ʳᵉ civ., 20 sept. 2006, n° 04-10567.

149. Paris, 13 févr. 2003, *Rev. arb.* 2004, p. 311, note J.-B. Racine.

150. Cass. 2ᵉ civ., 28 mai 2003, *JCP* G 2004, I, 119, n° 3, obs. J. Ortscheidt.

151. V. *supra*, n° 245.

152. Cass. 1ʳᵉ civ., 25 juin 2014, *Rev. arb.* 2015, p. 85, note J.-J. Arnaldez et A. Mezghani ; *D.* 2014, p. 1981, avis P. Chevalier ; *D.* 2014, p. 1986, note B. Le Bars ; *Cah. arb.* 2014, p. 547, note Th. Clay ; JCP G 2014, 742, obs. Th. Clay ; JCP G 2014, I, 857, n° 4, obs. Ch. Seraglini ; *JCP* G 2014, 977, n° 9, obs. C. Nourissat ; *LPA* 2014, n° 215, p. 5, obs. M. Henry ; v. aussi : Paris, 12 avr. 2016, *Rev. arb.* 2017, p. 234, note É. Loquin ; *Cah arb.* 2016, p. 447, note Th. Clay.

d'arbitrage[153], interdit en revanche à une partie de se prévaloir de faits découverts après l'expiration du délai imparti pour agir qui « ne faisaient que compléter » les informations dont elle disposait déjà et qui « n'étaient pas de nature à aggraver de manière significative ses doutes sur l'indépendance et l'impartialité de l'arbitre »[154]. Autrement dit, des faits postérieurs à l'expiration du délai de récusation, mais qui participent de la même cause susceptible d'affecter l'indépendance ou l'impartialité de l'arbitre, ne peuvent être invoqués devant le juge pour contourner la fin de non-recevoir. La preuve qu'une partie avait connaissance de l'irrégularité qu'elle invoque pèse sur celui qui se prévaut de la fin de non-recevoir[155]. L'irrecevabilité du moyen qui n'a pas été soulevé en temps utile devant le tribunal arbitral est aussi parfois retenue au stade du pourvoi en cassation formé contre l'arrêt de la cour d'appel. En effet, alors même qu'il avait été présenté devant la cour d'appel et qu'il n'était donc pas nouveau au sens de l'article 619 du Code de procédure civile, la Cour de cassation l'a à plusieurs reprises déclaré irrecevable[156].

525 ***Estoppel.*** La seconde fin de non-recevoir, directement liée à la règle de l'*estoppel* et qui est là encore indifféremment appliquée dans l'arbitrage interne et dans l'arbitrage international, tient à ce qu'une partie ne peut se contredire au détriment d'une autre en invoquant, devant le juge, un moyen inconciliable avec sa position antérieure. Ainsi, celui qui a saisi le tribunal arbitral n'est pas recevable à soutenir qu'il a été statué sans convention d'arbitrage[157] ou sur une convention nulle[158]. Il ne peut pas non plus se prévaloir de l'absence ou de la nullité de la convention d'arbitrage lorsqu'il s'est préalablement fondé sur celle-ci pour conclure à l'incompétence du juge saisi par l'autre partie[159]. L'expiration du délai de l'arbitrage ne peut pas non plus être invoquée par une partie si, une fois informée par le président du tribunal arbitral de la nécessité de différer d'un mois le délai pour prononcer la sentence, comme prévu à l'acte de mission, elle n'a formulé aucune critique[160]. Une société est également irrecevable à se plaindre de la violation de l'ordre public international par une sentence, pour défaut de mise en cause d'une partie au contrat dont elle a pourtant prononcé la résiliation, en l'occurrence le président de cette société, signataire à titre personnel dudit contrat, dès lors qu'elle a engagé l'arbitrage par l'intermédiaire de son président qui n'a pas jugé utile d'intervenir à la procédure à titre personnel[161]. En droit comparé, l'*estoppel* est toujours une notion délicate à cerner, puisqu'il n'y a pas un seul mais plusieurs

153. Cass. 1re civ., 31 mars 2016, *Rev. arb.* 2017, p. 165, note M. Henry ; JCP G 2016, I, 900, n° 4, obs. J. Ortscheidt.

154. Cass. 1re civ., 19 déc. 2018, *Dalloz Actualité*, 1er févr. 2019, obs. C. Debourg ; *JCP* E 2019, 1177, note A. Constant ; *Procédures* 2019, étude 8, note L. Weiller, qui rejette le pourvoi formé contre Paris, 12 avr. 2016, préc.

155. Paris, 16 mai 2002, *Rev. arb.* 2003, p. 1231, note E. Gaillard.

156. Cass. 2e civ., 21 nov. 2002, préc. ; Cass. 2e civ., 11 juill. 2002, préc.

157. Paris, 25 févr. 2010, *Rev. arb.* 2010, p 384 ; Cass. 1re civ., 6 juill. 2005, *D.* 2005, Pan., p. 3060, obs. Th. Clay ; JCP G 2005, I, 179, n° 6, obs. J. Ortscheidt ; *Rev. arb.* 2005, p. 993, note Ph. Pinsolle ; *JDI* 2006, p. 608, note M. Behar-Touchais ; Paris, 28 juin 2001, *Rev. arb.* 2002, p. 163, note J. Paulsson.

158. Cass. 2e civ., 26 janv. 1994, *Bull. civ.* II, n° 38.

159. Paris, 20 sept. 2007, *JCP* G 2007, I, 216 n° 4, obs. J. Béguin ; *LPA* 2008, n° 60-61, p. 25, note S. Clavel ; *D.* 2008, Pan., p. 188, obs. Th. Clay ; *Rev. arb.* 2008, p. 325, note M. Danis et B. Sino ; Paris, 8 nov. 2007, *D.* 2008, Pan., p. 188, obs. Th. Clay ; *LPA* 2008, n° 60-61, p. 25, note S. Clavel ; Paris, 17 janv. 2002, *JCP* G 2003, I, 105, n° 8, obs. J. Ortscheidt.

160. Paris, 25 sept. 2008, *Rev. arb.* 2008, p. 838.

161. Cass. 1re civ., 8 juill. 2010, *Bull. civ.* I, n° 157 ; *Rev. arb.* 2010, p. 681.

estoppels[162]. La règle mise en œuvre dans l'arbitrage, consacrée en droit judiciaire privé français[163], postule un devoir de cohérence des parties à l'arbitrage : tous les moyens ne sont pas bons pour faire annuler ou obtenir l'infirmation d'une sentence arbitrale, et ne sont dès lors pas recevables ceux qui procèdent d'un comportement procédural contradictoire. Plus précisément, dans un arrêt du 3 février 2010, la Cour de cassation a défini l'*estoppel* comme le comportement procédural constitutif « d'un changement de position, en droit, de nature à induire la (partie adverse) en erreur sur ses intentions »[164]. Il est vrai que l'exercice du recours ne doit pas uniquement être le moyen de retarder l'issue du litige. Or, quel peut être, sinon celui-ci, l'objet d'un tel recours lorsqu'il est formé par une partie qui, devant les arbitres, est à l'origine de l'irrégularité dont elle se prévaut ou qui a laissé croire à l'autre partie qu'elle ne s'en prévaudrait pas ?

b) L'intervention des tiers

526 **Principe.** Après avoir d'abord estimé qu'était recevable l'intervention volontaire d'un tiers à l'arbitrage au cours de l'instance en annulation de la sentence, à partir du moment où il justifiait d'un intérêt propre à agir[165], se fondant ainsi au moins implicitement sur les dispositions de l'article 554 du Code de procédure civile, la juridiction d'appel parisienne a revu sa position. Elle juge aujourd'hui qu'à moins d'un accord de toutes les parties à l'arbitrage, cette intervention volontaire, par exemple de la caution, est irrecevable, motif pris, d'une part, que les articles 328 et 554 du Code de procédure civile seraient inapplicables à ce recours et, d'autre part, que l'intervention est incompatible avec la nature contractuelle de l'arbitrage[166]. *A fortiori*, l'intervention forcée, à la demande d'une partie à l'arbitrage, n'est pas non plus recevable[167]. Compte tenu des

162. V. notamment, « L'interdiction de se contredire au détriment d'autrui », sous la direction de M. Behar-Touchais, Economica, 2000.

163. ass. plén., 27 févr. 2009, *D.* 2009, p. 1245, note D. Houtcieff ; JCP G 2009, II, 10073, note P. Callé ; JCP G 2009, I, 142, obs. Y.-M. Serinet ; *Gaz. Pal.* 18-19 mars 2009, p. 10, note Th. Janville ; *Procédures* 2009, comm. 4, obs. H. Croze.

164. Cass. 1re civ., 3 févr. 2010, *Bull. civ.* I, n° 25 ; JCP G 2010, I, 644, n° 7, obs. J. Béguin ; JCP G 2010, I, 546, n° 10, obs. Th. Clay ; *D.* 2010, p. 2933, obs. Th. Clay ; *D.* 2010, p. 265, obs. N. Fricero ; JCP G 2010, II, 626, note D. Houtcieff ; JCP G 2010, Actu., 303, obs. E. Kleiman ; JCP G 2010, Actu., 178, obs. J. Ortscheidt ; *Gaz. Pal.* 28-29 mai 2010, p. 39, note F.-X. Train ; *Rev. arb.* 2010, p. 93, note L. Weiller. Sur les conditions de l'*estoppel*, v. aussi, Cass. 1re civ., 28 févr. 2018, n° 16-27823 ; Cass. 1re civ., 24 sept. 2014, *Bull. civ.* I, n° 154.

165. Paris, 5 avr. 1990, *Rev. arb.* 1992, p. 110, note H. Synvet.

166. Paris, 15 mars 2016, *Rev. arb.* 2017, p. 215, note J.-B. Racine ; Paris, 8 mars 2001, *Rev. arb.* 2001, p. 567, note C. Legros. V. aussi, Paris, 18 sept. 2003, *Rev. arb.* 2004, p. 311 (3e esp.), note J.-B. Racine, qui déclare irrecevable l'intervention forcée d'un tiers à l'arbitrage pendant l'instance en annulation d'une sentence internationale engagée devant la cour d'appel.

167. Paris, 23 janv. 2018, *Cah. arb.* 2018, p. 120 ; Paris, 27 févr. 1997, *Rev. arb.* 1998, p. 159, obs. Ch. Jarrosson ; Cass. com., 11 mai 1993, *Bull. civ.* IV, n° 176 ; *Rev. arb.* 1997, p. 599, obs. J. Pellerin, qui rejette le pourvoi reprochant à la cour d'appel de Toulouse, qui avait annulé une sentence par un premier arrêt, d'avoir ensuite déclaré irrecevable une demande d'intervention forcée, aux motifs que « lorsque la cour d'appel saisie d'un recours en annulation annule la sentence arbitrale, elle statue sur le fond dans les limites de la mission de l'arbitre ; qu'ayant relevé qu'aux termes de la convention d'arbitrage les arbitres avaient reçu mission de se prononcer sur les contestations survenues entre les parties signataires de cette convention, c'est-à-dire la CCIC et la société Answare, la cour d'appel en a déduit à bon droit que la mise en cause de la société Thom'6 était irrecevable ».

justifications avancées, la solution a vocation à être appliquée à l'instance d'appel d'une sentence arbitrale.

527 **Analyse critique de la jurisprudence.** Cette jurisprudence paraît trop rigoureuse. D'une part, les dispositions du Code de procédure civile relatives à l'intervention peuvent être déclarées applicables devant le juge du contrôle de la sentence, malgré l'absence de renvoi formel opéré par l'article 1495 de ce code. Nombreuses sont en effet les règles mises en œuvre devant ce juge alors pourtant que les textes relatifs à l'arbitrage n'y renvoient pas[168]. D'autre part, cette jurisprudence semble difficilement conciliable, au moins sous l'angle du droit au juge, avec l'analyse que fait le droit français de l'arbitrage de l'opposabilité de la sentence aux tiers à l'instance arbitrale[169]. Enfin, la composante contractuelle de l'arbitrage n'a de véritable incidence sur l'office du juge qu'au moment où il statue sur le fond[170] : il est alors tenu par les limites de la convention d'arbitrage et ne peut connaître de demandes qui n'auraient pas été formées devant le tribunal arbitral[171]. Il ne pourra donc se prononcer sur des demandes qui n'entrent pas dans le champ d'application matériel de cette convention, notamment parce qu'elles sont formées par un tiers. Mais le juge ne puisant pas directement son pouvoir juridictionnel de la convention des parties, l'intervention volontaire d'un tiers à l'instance ne paraît pas incompatible avec la nature contractuelle de l'arbitrage au stade du contrôle de la validité de la sentence proprement dit par le juge de l'annulation. Il pourrait donc être distingué, s'agissant de la recevabilité de l'intervention, entre d'un côté l'instance en appel de la sentence, où elle n'est jamais recevable dès lors que la cour d'appel se trouve directement saisie de la connaissance du fond du litige en raison de l'effet dévolutif de ce recours[172] et, de l'autre, le recours en annulation, où elle demeure possible mais seulement pour demander l'annulation de la sentence ou le rejet du recours. Toute autre demande de l'intervenant serait irrecevable et, une fois la sentence annulée par le juge, l'intervention serait à nouveau proscrite.

§ 2. LES RÈGLES PARTICULIÈRES À CHACUN DES RECOURS

528 **Division.** L'appel et le recours en annulation n'ont, en première analyse, pas le même effet. Au second n'est pas attaché un effet dévolutif. En se réservant la faculté de faire appel, les parties optent pour un double degré de juridiction, alors que dans l'hypothèse inverse, elles consentent uniquement à un contrôle restreint de légalité de la sentence. Ceci explique que même si le régime de l'appel et du recours en annulation a été très largement unifié, ils demeurent chacun soumis à des règles particulières.

168. V. *supra*, n° 510 et s.
169. V. *supra*, n° 351.
170. Sur ce point, v. *infra*, n° 532 et 561 et s.
171. Paris, 27 sept. 2005, *JCP* G 2006, I, 148, n° 3, obs. J. Ortscheidt.
172. V. *infra*, n° 532.

A. L'APPEL

529 **Conventions d'arbitrage antérieures au 2 mai 2011 : distinction entre l'arbitrage en droit et en équité.** Le maintien de l'appel par le décret du 14 mai 1980 a reçu un accueil défavorable de la doctrine, puisque l'appel autorise le juge à réexaminer entièrement le travail du tribunal arbitral[173]. Jusqu'à l'entrée en vigueur du décret du 13 janvier 2011 sur ce point précis, soit pour les conventions d'arbitrage conclues jusqu'au 1er mai 2011[174], il constitue pourtant la voie de recours de droit commun ouverte contre la sentence lorsque le tribunal arbitral statue en droit. L'article 1482 ancien du Code de procédure civile – qui continue donc à régir les clauses compromissoires et les compromis signés jusqu'au 1er mai 2011 – disposait en effet que « la sentence arbitrale est susceptible d'appel à moins que les parties n'aient renoncé à l'appel dans la convention d'arbitrage ». Et l'article 1483 ancien du même code ajoutait que « lorsque, suivant les distinctions faites à l'article 1482, les parties n'ont pas renoncé à l'appel ou qu'elles se sont réservées expressément cette faculté dans la convention d'arbitrage, la voie de l'appel est seule ouverte, qu'elle tende à la réformation de la sentence arbitrale ou à son annulation ». Pour les conventions d'arbitrage antérieures au 2 mai 2011, si les parties n'ont pas renoncé à l'appel ou se sont réservé cette faculté, le recours en annulation est donc irrecevable[175]. En revanche, quand le tribunal arbitral doit se prononcer en qualité d'amiable compositeur, l'appel ne constitue pas la voie de recours de droit commun. L'article 1482 ancien prévoyait en ce sens que la sentence « n'est pas susceptible d'appel lorsque l'arbitre a reçu mission de statuer comme amiable compositeur, à moins que les parties n'aient expressément réservé cette faculté dans la convention d'arbitrage ». Plus qu'une présomption de renonciation à l'appel, en présence d'une clause d'amiable composition, l'appel n'est pas la voie de recours de droit commun sauf s'il a été expressément réservé par les parties, pour les conventions d'arbitrage qui ont été conclues jusqu'au 1er mai 2011. Ainsi, lorsque le tribunal arbitral a véritablement été dispensé d'appliquer les règles de droit[176], à défaut pour les parties de prouver qu'elles ont réservé cette faculté, l'appel est irrecevable[177]. La volonté des parties de se réserver la faculté d'un appel peut notamment résulter de ce que la clause compromissoire prévoit que la sentence est rendue en « premier ressort » et que cette précision a été reprise par les arbitres et les parties dans le procès-verbal d'une réunion d'arbitrage[178]. En revanche, elle ne résulte pas du renvoi, par le règlement d'arbitrage, aux voies de recours des articles 1481 ancien et suivants du Code de procédure civile et de ce qu'il précise que les sentences sont exécutoires, sauf appel devant les juridictions compétentes[179]. Il a aussi été jugé que puisque le régime des voies de recours contre les sentences est d'ordre public, une institution d'arbitrage ne peut

173. V. notamment, Ph. Fouchard, « Le nouveau droit français de l'arbitrage », *RID comp.* 1982, p. 29 ; É. Loquin, « Perspectives pour une réforme des voies de recours », *Rev. arb.* 1992, p. 321 ; Y. Loussouarn, « Les voies de recours dans le décret du 14 mai 1980 relatif à l'arbitrage », *Rev. arb.* 1980, p. 671 ; J. Robert et B. Moreau, *L'arbitrage*, Dalloz, 5e éd., n° 231, p. 201.

174. Art. 3.1° du décret n° 2011-48 du 13 janvier 2011.

175. Paris, 26 mai 1987, *Rev. arb.* 1987, p. 509, note Ch. Jarrosson.

176. Cass. 2e civ., 13 mai 1991, *Rev. arb.* 1994, p. 728, obs. Th. Bernard.

177. Paris, 2 oct. 2008, *JCP* G 2008, I, 222, n° 5, obs. J. Ortscheidt ; Paris, 11 sept. 2003, *Gaz. Pal.*, 7 et 8 nov. 2003, p. 48 ; Paris, 18 avr. 1989, *Rev. arb.* 1990, p. 915, obs. J.-H. Moitry et C. Vergne ; Paris, 10 janv. 1983, *Rev. arb.* 1983, p. 335, obs. P. Courteault.

178. Paris, 18 oct. 2001, *Rev. arb.* 2001, p. 923.

179. Paris, 2 oct. 2008, préc.

ouvrir la voie de l'appel lorsqu'elle notifie la sentence rendue par des arbitres ayant reçu le pouvoir de statuer en qualité d'amiables compositeurs[180].

L'appel étant ouvert quand le tribunal arbitral statue en droit, à moins que les parties n'y aient renoncé dans la convention d'arbitrage conclue jusqu'au 1er mai 2011[181], c'est en principe le compromis ou la clause compromissoire qui stipule que les parties renoncent à l'appel. L'article 1482 ancien du Code de procédure civile n'exigeant pas que la renonciation à l'appel soit expresse, pour apprécier la recevabilité d'un tel recours, lorsqu'elle est contestée, le juge est parfois conduit à rechercher la volonté des parties afin de déterminer si elles y ont ou non renoncé. Il est ainsi admis que la clause qui prévoit que la sentence est rendue « en dernier ressort » exprime une telle intention[182]. *A fortiori*, la clause du règlement d'arbitrage auquel ont adhéré les parties qui énonce que la sentence est rendue « sans autre recours que celui en annulation » vaut aussi renonciation à l'appel[183]. En revanche, la précision dans la convention d'arbitrage, ou dans un règlement auquel elle se réfère, de ce que la sentence est obligatoire pour les parties[184] ou qu'elle s'imposera à elles[185], ou encore, qu'elle est définitive[186], n'éclaire pas la volonté non équivoque des litigants de renoncer à l'appel. Quant au moment auquel la renonciation doit intervenir, même si l'article 1482 ancien ne fait état que de « la convention d'arbitrage », un accord postérieur des parties devrait cependant être respecté, soit qu'elles décident de revenir sur leur engagement de renoncer à l'appel[187], soit, au contraire, qu'elles conviennent, après le début de l'instance ou une fois la sentence rendue, de renoncer à cette voie de recours[188].

530 **Conventions d'arbitrage postérieures au 1er mai 2011 : l'appel, voie de recours exceptionnelle.** L'une des innovations majeure résultant de la réforme opérée par le décret nº 2011-48 du 13 janvier 2011, qui traduit bien la philosophie du décret de renforcement de l'autorité de la sentence arbitrale, est le renversement opéré dans la hiérarchie des recours. La renonciation à l'appel était devenue une clause de style dans la plupart des conventions d'arbitrage. Tirant les enseignements de cette pratique et afin d'épargner de mauvaises surprises aux parties peu aguerries à l'arbitrage, l'article 1489 du Code de procédure civile dispose que « la sentence n'est pas susceptible d'appel sauf volonté contraire des parties ». Le recours en annulation est désormais le principe et l'appel constitue l'exception. Le texte ne distingue plus entre l'arbitrage en droit et en équité, unifiant ainsi le régime de l'appel dans l'arbitrage interne.

531 **Effet dévolutif.** En principe, comme pour le jugement, l'appel de la sentence remet la chose jugée en question pour qu'il soit à nouveau statué en fait comme en droit[189]. L'article 561 du Code de procédure civile, qui formule cette règle pour les jugements, a

180. Paris, 2 oct. 2008, préc. ; Paris, 11 sept. 2003, préc.

181. Paris, 14 mars 2006, *JCP* G 2006, I, 148, nº 3, obs. J. Ortscheidt ; *Rev. arb.* 2007, p. 71, note J.-Y. Garaud.

182. Paris, 17 janv. 2002, *Rev. arb.* 2002, p. 899, note J.-G. Betto ; Cass. com., 19 mai 1987, *Rev. arb.* 1988, p. 142, note P. Ancel ; Cass. 2e civ., 19 juin 1980, *Rev. arb.* 1983, p. 341, obs. Th. Bernard. V. aussi, Cass. 1re civ., 26 oct. 2011, nº 10-26815.

183. Paris, 26 mai 2005, *Rev. arb.* 2005, p. 796. V. aussi, Paris, 12 mars 2009, *Rev. arb.* 2009, p. 433.

184. Paris, 26 mai 1987, préc.

185. Cass. 2e civ., 15 juin 1988, *Bull. civ.* II, nº 145.

186. Cass. 2e civ., 1er juill. 1992, *Rev. arb.* 1995, p. 63, note Ch. Jarrosson.

187. V. notamment, Cass. 2e civ., 7 déc. 2000, nº 99-10728.

188. É. Loquin, note sous Versailles, 16 oct. 1997, *Rev. arb.* 1998, p. 572, spéc. p. 576.

189. Cass. 2e civ., 27 mai 2004, *Rev. arb.* 2004, p. 611, note M.-C. Rivier.

d'ailleurs été jugé applicable à l'arbitrage[190]. De même, selon ce que prévoit l'article 562 du Code de procédure civile, qui peut également être transposé à l'arbitrage, la dévolution s'opère pour le tout, même lorsque l'appel ne tend qu'à l'annulation de la sentence[191] et malgré les termes de l'article 1490, alinéa 1, du Code de procédure civile qui précise que « l'appel tend à la réformation ou à l'annulation de la sentence ». Ainsi, dans l'hypothèse particulière où l'appelant a conclu à la nullité de la sentence, sans être d'ailleurs tenu par les cas d'ouverture du recours en annulation[192], quelle que soit la décision de la cour d'appel sur ce moyen d'annulation, elle doit de toute façon statuer sur le fond du litige[193]. C'est ce qui explique qu'elle ne soit même pas obligée de se prononcer sur les moyens d'annulation de la sentence si les parties ont conclu sur le fond[194]. Il n'y a en effet pas d'intérêt à les examiner puisque, de toute façon, la cour d'appel devra réexaminer le litige en fait et en droit[195]. Simplement, celle-ci doit prendre garde, lorsqu'elle n'examine pas un moyen d'annulation, qu'elle ne commet pas, ensuite, la même erreur que le tribunal arbitral, en statuant par exemple sans se conformer à la mission confiée, parce que le litige n'entrait pas dans le champ de la convention d'arbitrage[196].

532 **Portée de l'effet dévolutif.** L'effet dévolutif de l'appel de la sentence arbitrale demeure toujours dans la dépendance de la convention d'arbitrage[197]. Ainsi, lorsque la cour d'appel se prononce sur le fond du litige, elle ne peut statuer que dans les limites du compromis, qui fixe l'objet du litige[198]. La solution est différente lorsque les litigants sont liés par une clause compromissoire puisque celle-ci ne détermine pas les questions litigieuses. Comme le tribunal arbitral[199], la cour d'appel peut alors connaître de toutes les demandes des parties, pour autant toutefois qu'elles entrent dans le périmètre de la clause compromissoire et, s'agissant de demandes incidentes, qu'elles se rattachent à la demande initiale par un lien suffisant de dépendance[200]. Mais, comme l'a jugé la cour d'appel de Paris, le juge d'appel de la sentence ne peut pas connaître de demandes qui n'ont pas été préalablement formées devant le tribunal arbitral[201]. L'article 1490,

190. Cass. 2e civ., 27 mai 2004, préc.

191. Sur cet effet en cas d'appel d'un jugement, Cass. com., 6 juin 2000, *Bull. civ.* IV, n° 119 ; Cass. 1re civ., 13 oct. 1999, *Bull. civ.* I, n° 270.

192. Cass. 1re civ., 14 mars 2006, *JCP* G 2006, I, 148, n° 3, obs ; J. Ortscheidt ; Paris, 28 nov. 2002, *Gaz. Pal.*, 30-31 mai 2003, p. 14 ; Paris, 18 oct. 2001, *Rev. arb.* 2001, p. 923.

193. Cass. 1re civ., 28 nov. 2007, *Bull. civ.* I, n° 370 ; Cass. 2e civ., 20 mars 2003, *Rev. arb.* 2003, p. 1248, note J. Ortscheidt.

194. Paris, 28 nov. 2002, préc. ; Paris, 18 oct. 2001, préc.

195. Cass. 2e civ., 26 mars 1996, *Rev. arb.* 1996, p. 242, rapp. G. Canivet.

196. Cass. 1re civ., 18 mai 2005, *Bull. civ.* I, n° 208, qui casse Paris, 28 nov. 2002, préc., au visa de l'article 1483 ancien CPC, la cour d'appel ayant confirmé au fond la sentence qui avait retenu la responsabilité quasi délictuelle d'une partie sans, au préalable, statuer sur le moyen d'annulation de cette sentence tiré de l'absence de convention d'arbitrage pour statuer sur la responsabilité quasi délictuelle.

197. Cass. 1re civ., 18 mai 2005, préc.

198. Cass. 2e civ., 27 janv. 1998, *Bull. civ.* II, n° 26 ; Cass. 2e civ., 23 févr. 1994, *Rev. arb.* 1994, p. 715, note A. Hory.

199. V. *supra*, n° 379 et s.

200. Cass. 1re civ., 13 mai 2015, *Rev. arb.* 2015, p. 1179, obs. L. Weiller ; Cass. 2e civ., 8 juill. 2004, *JCP* G 2004, I, 179, n° 7, obs. J. Ortscheidt.

201. Paris, 27 sept. 2005, *D.* 2006, p. 187, obs. Th. Clay ; JCP G 2006, I, 148, n° 3, obs. J. Ortscheidt.

alinéa 2, du Code de procédure civile confirme cette analyse lorsqu'il prévoit que la cour statue « dans les limites de la mission du tribunal arbitral »[202].

533 **Exception à l'effet dévolutif.** Par exception, conformément au droit commun, l'appel de la sentence est en principe dépourvu d'effet dévolutif quand la nullité de celle-ci résulte de l'irrégularité de la saisine du tribunal arbitral, même si l'appelant a comparu ou conclu au fond devant les arbitres[203]. Pour que l'appel-annulation de la sentence ne produise pas d'effet dévolutif, ce qui sera très rare puisque l'appel n'est plus la voie de recours de droit commun, il faut que deux conditions soient réunies : d'une part, l'appelant ne doit pas avoir conclu au fond, à titre principal, devant la cour d'appel[204] ; d'autre part, la nullité de la sentence doit être prononcée. Si les juges d'appel n'annulent pas la sentence, la dévolution s'opère en effet pour le tout[205]. Partant, comme l'a jugé la cour d'appel de Paris, il n'est pas dérogé à l'effet dévolutif de l'appel, en matière d'arbitrage, lorsque les parties ont conclu au fond, à titre principal, devant la cour d'appel, qui est alors « saisie de l'entier litige par l'effet dévolutif de l'appel formé contre la sentence arbitrale » et doit statuer sur le fond même si elle l'annule« en conséquence de l'irrégularité de la saisine » du tribunal arbitral[206]. Il est vrai que si les parties se sont réservé la faculté de faire appel de la sentence, c'est qu'elles désiraient bénéficier d'un véritable double degré de juridiction. Dès lors, il n'existe pas de raison valable de les en priver simplement parce que les moyens d'annulation dirigés contre la sentence sont dépourvus de fondement. La principale conséquence de l'effet dévolutif de l'appel est la soumission du litige à l'examen d'une autre juridiction. Peu importe, dans ces conditions, que la sentence soit entachée de nullité. Dans tous les cas, la cour d'appel doit statuer sur le fond, sans même être tenue de se prononcer sur les moyens d'annulation soulevés. Ceci distingue d'ailleurs nettement l'appel du recours en annulation, puisque dans cette dernière hypothèse, la cour devra d'abord accueillir le moyen d'annulation de la sentence avant de trancher éventuellement le litige initialement soumis au tribunal arbitral. Ce n'est que lorsque la nullité de la sentence est la conséquence de l'irrégularité de la saisine du tribunal arbitral que, pour respecter le souhait des parties de conserver un double degré de juridiction, l'appel est dépourvu d'effet dévolutif. Mais c'est à la condition que l'appelant n'ait pas implicitement renoncé à se prévaloir de son droit au double degré de juridiction en concluant au fond, à titre principal, devant la cour d'appel. Sur ces points précis, les spécificités de l'arbitrage ne paraissent pas commander de modifier le droit commun de l'appel-annulation[207].

534 **Appel et amiable composition.** Lorsque le tribunal arbitral devait statuer en qualité d'amiable compositeur, la cour d'appel doit elle aussi confronter la solution qu'elle

202. V. aussi, Ch. Jarrosson et J. Pellerin, « Le droit français de l'arbitrage après le décret du 13 janvier 2011 », *Rev. arb.* 2011, p. 5, spéc. n° 69, p. 47.

203. Cass. 2e civ., 13 juill. 2000, *D.* 2001, p. 499, note G. Bolard, en cas d'appel-annulation d'un jugement. V. aussi, Ch. Jarrosson et J. Pellerin, « Le droit français de l'arbitrage après le décret du 13 janvier 2011 », préc., spéc. note 84, p. 47, qui critiquent cette analyse.

204. En cas d'appel-annulation d'un jugement, v. notamment, Cass. 2e civ., 3 oct. 2002, *Bull. civ.* II, n° 200 ; Cass. 2e civ., 12 juin 2001, *D.* 2001, p. 2715, obs. P. Julien ; Cass. 2e civ., 25 mai 2000, *D.* 2000, p. 819, note G. Bolard.

205. V., pour un jugement, Cass. 2e civ., 26 nov. 1997, *Bull. civ.* II, n° 282.

206. Com, 26 mars 1996, *Rev. arb.* 1996, p. 242, rapp. G. Canivet.

207. Sur l'appel-annulation, v. Ph. Gerbay, « Nouvelles réflexions sur les effets de l'appel voie d'annulation », *Gaz. Pal.* 24-25 janv. 2003, p. 72, spéc. n° 5 à 41.

retient à l'équité[208]. L'article 1490, alinéa 2, ancien du Code de procédure civile énonce en ce sens que « la cour statue en droit ou en amiable composition dans les limites de la mission du tribunal arbitral »[209].

B. LE RECOURS EN ANNULATION

535 **Voie de recours de droit commun et d'ordre public.** Le recours en annulation a été institué par le décret du 14 mai 1980 pour remplacer l'appel-nullité, création prétorienne qui permettait aux parties d'exercer un recours contre la sentence lorsqu'elles avaient renoncé à l'appel, mais dont le champ d'application était parfois délicat à déterminer[210]. Au fil du temps, le recours en annulation est devenu le recours de droit commun dans l'arbitrage interne, les parties renonçant très souvent à l'appel. La réforme du 13 janvier 2011 a pris acte de cette mutation et l'article 1491, alinéa 1, du Code de procédure prévoit que « la sentence peut toujours faire l'objet d'un recours en annulation à moins que la voie de l'appel soit ouverte conformément à l'accord des parties ». Et ce recours présente un caractère d'ordre public, le texte précité ajoutant, en son alinéa 2, que « toute stipulation contraire est réputée non écrite »[211]. Contrairement à la solution aujourd'hui consacrée dans l'arbitrage international[212], les parties ne peuvent donc renoncer par avance à exercer un recours en annulation contre une sentence. Serait dépourvue d'effet la convention des parties[213] ou la clause d'un règlement arbitral[214] en ce sens. Cela ne veut pas dire que toute renonciation à exercer ce recours est prohibée. Elle est autorisée, mais uniquement après la sentence[215]. De même, il est loisible aux parties à l'arbitrage de renoncer à invoquer un vice constitutif d'un cas d'ouverture du recours en annulation[216]. Ces précisions faites, le recours en annulation se distingue de l'appel parce qu'il est enfermé dans des cas d'ouverture limitativement énumérés (1) et que les pouvoirs de la cour d'appel ne sont pas identiques dans le cadre de ces deux recours (2).

1. Les cas d'ouverture du recours

536 **Caractère limitatif des cas d'ouverture énumérés.** Comme le prévoit l'article 1492 du Code de procédure civile, le recours en annulation contre la sentence « n'est ouvert que » dans les cas énumérés par ce texte[217]. Ils sont au nombre de six et l'office du juge du contrôle de la sentence est limité à l'examen de ces griefs. Le recours formé par une partie qui n'invoque aucun moyen d'annulation prévu par le

208. Cass. 1re civ., 17 déc. 2008, *D.* 2009, p. 173, obs. X. Delpech ; JCP G 2009, II, 10013, note J. Béguin ; Cass. 2e civ., 26 juin 2003, *Bull. civ.* II, n° 208.

209. Art. 1483 ancien CPC.

210. Sur ces difficultés, v. notamment, Y. Loussouarn, « Les voies de recours dans le décret du 14 mai 1980 relatif à l'arbitrage », *Rev. arb.* 1980, p. 671, spéc. p. 679 et s.

211. L'art. 1484 ancien CPC disposait qu'il peut « être formé malgré toute stipulation contraire ».

212. V. *infra*, n° 959 et s.

213. Paris, 4 oct. 2001, *Rev. arb.* 2001, p. 918.

214. Paris, 3 mai 1988, *Rev. arb.* 1989, p. 75, note P. Ancel.

215. Sur l'acquiescement, v. *supra*, n° 512.

216. V. *supra*, n° 524.

217. Art. 1482 ancien CPC.

texte précité a même été jugé irrecevable[218]. En tout cas, une partie ne peut par exemple utilement invoquer au soutien de son recours en annulation : la dénomination inexacte ou incomplète de l'un des litigants dans la sentence[219], la violation de la règle « nul ne plaide par procureur »[220] ou de l'autorité de la chose jugée[221], l'omission de la date à laquelle l'affaire sera mise en délibéré[222], une omission de statuer[223] ou le fait que l'administrateur *ad hoc* d'une société n'a pas été appelé à l'arbitrage[224]. De même, ne constitue pas un cas d'annulation de la sentence, la dénaturation[225] ou l'erreur de qualification d'une convention[226]. Surtout, plus largement, la cour d'appel ne peut pas contrôler au fond la solution rendue par le tribunal arbitral[227] ; comme le rappelle avec constance la Cour de cassation, le juge de l'annulation ne peut réviser au fond la sentence[228]. L'erreur de droit n'est donc pas un cas d'ouverture du recours en annulation de la sentence arbitrale[229] et le juge ne peut contrôler la pertinence du raisonnement juridique du tribunal arbitral[230]. Le juge du contrôle n'est dès lors même pas tenu de répondre à un moyen, inopérant, relatif au fond du litige[231]. Il est même arrivé qu'il condamne le requérant à payer des dommages-intérêts pour procédure abusive au motif qu'il poursuivait la révision au fond d'une sentence arbitrale[232]. N'entrent pas non plus dans un des cas d'ouverture du recours en annulation le défaut de réponse à des chefs de conclusions[233] et, ce qui est plus discutable, la contradiction entre des motifs de la sentence[234].

537 **Annulation par voie de conséquence.** La règle selon laquelle le recours en annulation n'est ouvert que dans les cas énoncés par l'article 1492 semble cependant connaître une exception notable. Il a en effet été admis que l'annulation définitive d'une sentence partielle qui déclare l'arbitre compétent, au motif qu'il a statué sans convention d'arbitrage, « prive nécessairement celui-ci de tout pouvoir pour statuer sur le fond »[235]. De même, si une sentence partielle est annulée parce que le tribunal arbitral était

218. Paris, 22 mars 1985, *Rev. arb.* 1987, p. 78, obs. B. Moreau.
219. Paris, 22 mars 1985, préc.
220. Paris, 30 juin 1988, *Rev. arb.* 1991, p. 351, obs. obs. J.-H. Moitry et C. Vergne.
221. Cass. 2e civ., 18 janv. 2001, n° 99-11163. Une méconnaissance de l'autorité de la chose jugée par un autre juge peut cependant être indirectement invoquée sous l'angle de la contrariété à l'ordre public (v. *infra*, n° 552).
222. Cass. 2e civ., 12 déc. 1990, *Rev. arb.* 1991, p. 317, note Ph. Théry.
223. Paris, 19 juin 2008, *Rev. arb.* 2008, p. 835. Sur l'omission de statuer, v. aussi *supra*, n° 465.
224. Paris, 6 nov. 2008, *Rev. arb.* 2008, p. 847.
225. Paris, 1er déc. 1995, *Rev. arb.* 1996, p. 529, obs. Ph. Fouchard ; Paris, 20 mai 1994, *Rev. arb.* 1994, p. 397.
226. Paris, 20 mai 1994, préc. ; Cass. 2e civ., 20 févr. 1991, *Rev. arb.* 1991, p. 447, note L. Idot.
227. Cass. 1re civ., 3 oct. 2006, *Bull. civ.* I, n° 422 ; Cass. 1re civ., 3 juin 1998, *ibid.* I, n° 188.
228. Cass. 1re civ., 22 févr. 2017, *Rev. arb.* 2017, p. 338 ; Com, 30 juin 2015, *Rev. arb.* 2015, p. 965.
229. Paris, 25 mai 1985, *Rev. arb.* 1989, p. 228.
230. Com, 30 juin 2015, préc.
231. Cass. 1re civ., 13 janvier 1998, *Bull. civ.* I, n° 8 ; Cass. 2e civ., 28 avr. 1986, *Rev. arb.* 1989, p. 219, note Ph. Fouchard.
232. Paris, 27 févr. 2003. *Rev. arb.* 2003, p. 547.
233. Cass. 2e civ., 31 janv. 2002, *Bull. civ.* II, n° 9.
234. V. *infra*, n° 555.
235. Pour des arrêts rendus en matière d'arbitrage international, la solution pouvant être étendue à l'arbitrage interne, v. Paris, 18 nov. 2004, *Rev. arb.* 2006, p. 755, obs. P. Duprey ; Paris, 21 nov. 2002, *Rev. arb.* 2003, p. 240.

irrégulièrement composé, alors, la sentence finale mérite l'annulation[236]. Au-delà des griefs énumérés par le Code de procédure civile, l'annulation d'une sentence est donc admise lorsqu'elle est privée de fondement juridique en raison de l'annulation définitive d'une précédente sentence dont elle est la conséquence[237], l'application ou s'y rattache par un lien de dépendance nécessaire. Mais encore faut-il que la nullité de la sentence rendue en second soit demandée[238].

538 **Nécessité de préciser le cas d'ouverture.** Le recours doit présenter un caractère exceptionnel et est enfermé dans des cas limitativement énumérés. Il peut donc être exigé de celui qui l'exerce qu'il précise le ou les cas d'annulation qu'il invoque ou, à tout le moins, les éléments de nature à caractériser l'un d'eux[239]. À défaut, le recours peut être écarté, le juge n'étant pas tenu de rechercher d'office le cas d'ouverture applicable[240]. Sous la réserve d'éventuelles évolutions futures compte tenu de la solution rendue par la Cour de justice dans l'affaire *Claro*[241], il n'est par exemple pas obligé de rechercher si la solution heurte l'ordre public[242] ou si le tribunal arbitral était irrégulièrement composé[243]. Il peut le faire[244], mais ne supporte aucune obligation à cet égard, ce qui correspond d'ailleurs à l'office du juge au regard des dispositions de l'article 12 du Code de procédure civile[245]. De plus, il appartient à celui qui soulève un moyen d'annulation d'en démontrer la pertinence[246].

539 **Requalification du cas d'ouverture invoqué.** L'erreur concernant le grief invoqué contre la sentence ne rend pas le recours irrecevable. Le juge dispose du pouvoir de requalifier le cas d'ouverture. Ainsi, lorsque sous couvert de la violation de règles d'ordre public, le demandeur reproche au tribunal arbitral d'avoir méconnu le principe de la contradiction et privé sa sentence de motif, la cour d'appel requalifie les moyens soulevés[247]. Elle n'est pas liée par les qualifications données par le requérant au grief articulé au soutien du recours en annulation et peut substituer sa propre qualification à celle du demandeur, comme le prévoit d'ailleurs l'article 12 précité.

236. Paris, 22 mars 2007, *Rev. arb.* 2008, p. 704. V. aussi, A. Pinna, « L'annulation d'une sentence arbitrale partielle », *Rev. arb.* 2008, p. 615.

237. Paris, 14 sept. 1994, *Rev. arb.* 1995, p. 448, qui relève que la nullité de la sentence interprétative est la conséquence de celle de la sentence interprétée.

238. V. *infra*, n° 560.

239. Paris, 6 janv. 1989, *Rev. arb.* 1991, p. 121, obs. J. Pellerin.

240. Cass. 2e civ., 9 juill. 1997, *Rev. arb.* 1998, p. 105, note P. Level.

241. Sur laquelle, v. *supra*, n° 170 et s.

242. Civ. 2, 14 déc. 1992, *Rev. arb.* 1995, p. 441.

243. Cass. 2e civ., 7 déc. 1988, *Rev. arb.* 1989, p. 110. obs. J. Pellerin.

244. V. notamment, Paris, 30 mai 1995, *Rev. arb.* 1996, p. 533, obs. L. Kieffer, qui décide qu'en formant, contre le tribunal arbitral, le grief de déni de justice, qui n'entre pas dans les cas d'annulation prévus par l'article 1484 du CPC, le demandeur reproche en réalité aux arbitres d'avoir statué sans se conformer à leur mission.

245. ass. plén., 21 déc. 2007, *Bull. civ.* AP, n° 10, qui précise que « si, parmi les principes directeurs du procès, l'article 12 du (nouveau) Code de procédure civile oblige le juge à donner ou restituer leur exacte qualification aux faits et actes litigieux invoqués par les parties au soutien de leurs prétentions, il ne lui fait pas obligation, sauf règles particulières, de changer la dénomination ou le fondement juridique de leurs demandes ».

246. Paris, 30 mars 2006, *Rev. arb.* 2006, p. 484.

247. Paris, 25 nov. 2010, *Rev. arb.* 2010, p. 987 ; Paris, 27 juin 1996, *Rev. arb.* 1997, p. 601, obs. J. Pellerin. V. aussi, Paris, 17 janv. 2002, *Rev. arb.* 2002, p. 202.

a) *Déclaration erronée du tribunal arbitral sur sa compétence*

540 **Griefs visés par l'article 1492.1° du Code de procédure civile et distinction entre compétence et recevabilité.** Le décret du 13 janvier 2011 a retouché le cas d'ouverture anciennement prévu par l'article 1484.1° du Code de procédure civile, qui autorisait l'annulation de la sentence « si l'arbitre a statué sans convention d'arbitrage ou sur une convention nulle ou expirée ». Le premier cas d'ouverture vise aujourd'hui, de manière plus claire, toutes les hypothèses dans lesquelles « le tribunal arbitral s'est déclaré à tort compétent ou incompétent ». Le texte présente le mérite de préciser que le juge de l'annulation contrôle aussi bien la déclaration de compétence que d'incompétence du tribunal arbitral, ce qui consacre la jurisprudence sur ce point[248]. Ce cas d'ouverture recouvre donc, comme auparavant, toutes les causes d'absence et de nullité de la convention d'arbitrage, qui ont, pour l'essentiel, déjà été envisagées lors de l'étude de la convention d'arbitrage et de l'instance arbitrale. Il faut ici rappeler que la compétence s'apprécie au regard de la convention d'arbitrage : son existence et sa portée. Ainsi, lorsqu'il est soutenu que la convention d'arbitrage avait été transmise à un tiers par l'effet de la transmission du contrat principal, avant le début du litige et de l'arbitrage, pour en déduire que le tribunal arbitral était incompétent, il ne s'agit pas d'une question de qualité à défendre à l'arbitrage, mais bien de compétence, qu'il appartient au juge d'apprécier en fait et en droit[249]. La compétence ne se confond en revanche pas avec la recevabilité des demandes formées devant le tribunal arbitral, au regard, par exemple, des pouvoirs d'une partie d'engager l'arbitrage, de l'autorité de la chose jugée attachée à une précédente sentence[250] ou de la qualité à agir d'une partie[251]. Ces questions ne sont pas contrôlées par le juge, parce qu'il ne peut réviser au fond la sentence[252]. Le juge ne peut pas plus contrôler l'intérêt à agir des parties devant les arbitres[253]. Cette précision apportée, ne seront examinées ici que les principales hypothèses d'annulation de la sentence arbitrale en application du texte précité, étant observé qu'il apparaît aujourd'hui plus logique de fonder l'annulation de la sentence pour dépassement du délai conventionnel d'arbitrage sur l'article 1492.3°, qui vise le non-respect de sa mission par le tribunal arbitral, alors qu'avant la réforme de 2011, ce cas d'annulation était rattaché à l'article 1484.1°, qui, on l'a vu, visait l'absence de convention d'arbitrage, la convention nulle ou expirée. En effet, l'expiration de la convention d'arbitrage correspond précisément à l'hypothèse d'une sentence rendue après expiration du délai dans lequel les arbitres devaient exercer leur mission. Le tribunal arbitral

248. Cass. 1re civ., 6 oct. 2010, *Bull. civ.* I, n° 185 ; JCP G 2010, II, 1028, note P. Chevalier ; *D.* 2010, p. 2933 obs. Th. Clay ; *RCDIP* 2011, p. 85, note F. Jault-Seseke ; JCP G 2010, I, 1286, n° 6, obs. J. Ortscheidt ; *Rev. arb.* 2010, p. 813, note F.-X. Train. V. aussi, J.-B. Racine, « La sentence d'incompétence », *Rev. arb.* 2010, p. 729. V. cpdt, Th. Clay, « Liberté, égalité, efficacité : la devise du nouveau droit français de l'arbitrage. Commentaire article par article », *JDI* 2012, p. 443, spéc. p. 516, qui propose une autre formulation pour le grief visé par l'article 1492.1°.

249. Cass. 1re civ., 1er juin 2017, n° 16-13729, *Rev. arb.* 2017, p. 1197 (1re esp.), note L. Mayer.

250. Cass. 1re civ., 9 sept. 2010, *Rev. arb.* 2011, p. 970 note C. Debourg.

251. Cass. 1re civ., 22 févr. 2017, *Rev. arb.* 2017, p. 338.

252. Cass. 1re civ., 18 mars 2015, *Rev. arb.* 2015, p. 1110, note D. Cohen ; *JCP* G 2015, I, 877, obs. Ch. Seraglini ; *Procédures* 2015, comm. 6, note L. Weiller ; *Cah. arb.* 2015, p. 803, note S. Bollée.

253. Paris, 2 déc. 2014, *Rev. arb.* 2014, p. 1042 ; Paris, 26 févr. 2013, *Rev. arb.* 2014, p. 82, note P. Duprey et Cl. Fouchard ; Paris, 24 juin 1997, *Rev. arb.* 1997, p. 588, obs. D. Bureau.

qui statue hors délai ne se déclare pas à tort compétent, puisqu'il y a bien une convention d'arbitrage[254].

541 **Absence de convention d'arbitrage.** La nullité de la sentence peut d'abord être sollicitée pour absence de toute convention d'arbitrage. C'est le cas lorsqu'une partie n'a pas consenti à cette convention[255], qu'elle ne lui est pas opposable ou lorsque son consentement a été vicié. Le grief est cependant difficile à établir dès lors que la volonté des parties de recourir à l'arbitrage est interprétée en faveur de ce mode de règlement des différends[256]. La nullité de la sentence pour absence de convention d'arbitrage vise ensuite l'hypothèse dans laquelle la convention existe mais ne couvre pas le litige tranché par la sentence[257] ou lorsque la convention d'arbitrage a été transmise à un tiers avant le litige et le début de l'arbitrage[258].

542 **Nullité de la convention d'arbitrage.** La nullité de la sentence résultant de la nullité de la convention d'arbitrage peut être encourue pour diverses causes. Elle peut résulter de l'inefficacité de la convention principale, à condition que les parties l'aient expressément prévu[259]. À défaut d'une stipulation en ce sens, qui lie expressément la validité de la clause compromissoire à celle du contrat dans laquelle elle s'insère, l'autonomie juridique de cette clause interdit que la première puisse être affectée par l'inefficacité du second[260].

La nullité de la convention d'arbitrage peut aussi être la conséquence de l'inarbitrabilité du litige. Ainsi, la nullité de la sentence peut être sollicitée sur le fondement de l'article 1492.1° du Code de procédure civile lorsque le tribunal arbitral s'est prononcé sur l'une des matières sur lesquelles « on ne peut compromettre » en application de l'article 2060 du Code civil (divorces, séparation de corps, contestations intéressant les collectivités publiques, certaines matières qui intéressent au plus près l'ordre public)[261]. La sentence peut aussi être annulée parce que le litige relève de la compétence exclusive d'une juridiction étatique[262]. Par exemple, le tribunal arbitral ne peut statuer sur les contestations nées d'une procédure collective ou sur lesquelles cette procédure exerce une influence, qui relève de la compétence exclusive du tribunal de cette procédure. N'est ainsi pas arbitrable un litige qui serait relatif à l'ouverture de la procédure collective, à l'une ou l'autre des nullités de la période suspecte ou encore aux sanctions légales encourues par les dirigeants sociaux[263]. Dans ces hypothèses, la convention d'arbitrage est d'ailleurs manifestement inapplicable, au sens de

254. V., cependant, Paris, 28 févr. 2017, *Rev. arb.* 2017, p. 338, qui annule une sentence rendue après l'expiration du délai légal d'arbitrage pour incompétence du tribunal arbitral.

255. Cass. 1re civ., 11 juill. 2006, *JCP* G 2006, I, 187, n° 1, obs. J. Ortscheidt, qui confirme Paris, 20 nov. 2003, *Rev. arb.* 2005, p. 1054, obs. Ch. Jarrosson ; *D.* 2004, somm., p. 3179, obs. Th. Clay.

256. V. *supra*, n° 188 et s.

257. Sur la portée matérielle de la convention d'arbitrage, v. *supra*, n° 188 et s.

258. Cass. 1re civ., 1er juin 2017, *Rev. arb.* 2017, p. 1197 (1re esp.), note L. Mayer.

259. Cass. 2e civ., 20 mars 2003, *Rev. arb.* 2007, p. 545 (1re esp.), obs. J. Rouche ; Cass. com., 9 avr. 2002, *Rev. arb.* 2003. 103, note P. Didier ; JCP G 2003, I, 105, n° 2, obs. Ch. Seraglini.

260. Cass. 2e civ., 4 avr. 2002, *JCP* G 2003, I, 105, n° 2, obs. Ch. Seraglini. Pour une analyse détaillée de cette question, v. *supra*, n° 75 et s.

261. Sur la portée de ce texte, v. *supra*, n° 99 et s.

262. Sur la notion de compétence exclusive d'une juridiction étatique et sa pertinence en matière d'arbitrabilité, v. *supra*, n° 114 et s.

263. Ph. Fouchard, « Arbitrage et faillite », *Rev. arb.* 1998, p. 471, spéc. n° 16.

l'article 1448 du Code de procédure civile[264]. Sous peine d'exposer sa sentence à l'annulation, le tribunal arbitral ne peut pas non plus connaître des litiges qui relèvent de la compétence exclusive du conseil de prud'hommes. Ainsi, la clause compromissoire conclue avant la rupture du contrat de travail a été jugée nulle, les parties au contrat conservant tout de même la possibilité de compromettre après cette rupture[265]. Il a aussi été décidé par la Cour de cassation que lorsqu'elle est insérée dans un contrat de travail international, la clause compromissoire est inopposable au salarié[266]. En matière interne, la sentence rendue sur le fondement d'une telle clause, si le salarié n'a pas accepté de participer à l'arbitrage, peut donc être déclarée nulle en application de l'article 1492.1° du Code de procédure civile[267].

La convention d'arbitrage n'est pas valable lorsqu'elle ne respecte pas les conditions de forme posées par les articles 1443 du Code de procédure civile, s'agissant de la clause compromissoire, et 1445 du même code pour le compromis[268]. La sentence peut donc être annulée quand la clause compromissoire n'a pas de support écrit au sens de l'article 1443 précité, étant observé qu'il avait déjà été jugé, avant la réforme du 13 janvier 2011, que ce texte « ne régit ni la forme ni l'existence des stipulations qui, se référant à ce » document écrit « font la convention des parties »[269]. Elle peut aussi être annulée lorsque le compromis ne précise pas suffisamment l'objet du litige et que la sentence n'expose pas les prétentions respectives des parties[270].

543 **Appréciation de la compétence ou de l'incompétence du tribunal arbitral par le juge.** La cour d'appel saisie d'un recours en annulation dispose d'un très large pouvoir pour contrôler, en fait comme en droit, si le tribunal arbitral a commis une erreur d'appréciation relativement à sa compétence. Comme l'a jugé la Cour de cassation dans un arrêt remarqué, « le juge de l'annulation contrôle la décision du tribunal arbitral sur sa compétence, qu'il se soit déclaré compétent ou incompétent, en recherchant tous les éléments de droit ou de fait permettant d'apprécier la portée de la convention d'arbitrage et d'en déduire les conséquences sur le respect de la mission confiée aux

264. V. notamment, Cass. 1re civ. 1er juill. 2009, *Cah. arb.* 2010, p. 453, note J. Ortscheidt ; Cass. com., 13 juin 2006, *JCP* G 2006, I, 187, n° 10, obs. Ch. Seraglini ; Cass. com., 14 janv. 2004, *Bull. civ.* IV, n° 10 ; *Rev. arb.* 2004, p. 591, note P. Ancel.

265. Cass. soc., 5 nov. 1984, *Rev. arb.* 1986, p. 47, note M.-A. Moreau-Bourlès. V. aussi *supra*, n° 126 et 141.

266. Cass. soc., 13 mars 2008, Cass. soc., 28 juin 2005, *JCP* G 2005, I, 179, § 2, obs. J. Béguin ; *D.* 2005, p. 3050, obs. Th. Clay ; *RCDIP* 2006, p. 159, note F. Jault-Seseke ; Cass. soc., 9 oct. 2001, *Rev. arb.* 2002, p. 347, note Th. Clay ; Cass. soc., 16 févr. et 4 mai 1999, *Rev. arb.* 1999, p. 290, note M.-A. Moreau ; *RCDIP* 1999, p. 745 note F. Jault-Seseke.

267. Cass. 1re civ., 6 mars 2013, *Bull. civ.* I, n° 31 ; *Rev. arb.* 2013, p. 404, note J. Pellerin ; JCP G 2013, I, 784, obs. J. Ortscheidt ; *Procédures* 2013, comm. 151, obs. L. Weiller.

268. Sur ces conditions, v. *supra*, n° 149 et s.

269. Cass. 2e civ., 21 janv. 1999, *RTD com.* 1999, p. 847, obs. É. Loquin ; *Bull. civ.* II, n° 16.

270. Paris, 6 nov. 1997, *Rev. arb.* 1998, p. 706, obs. Y. Derains. V. aussi, *supra*, n° 152 et s.

arbitres »[271]. Cette solution, réaffirmée depuis[272], doit être approuvée parce qu'elle est la juste contrepartie de la politique de faveur faite à l'arbitrage par l'application du principe de Compétence-Compétence : sauf nullité ou inapplicabilité manifeste de la convention d'arbitrage, le tribunal arbitral statue en priorité sur sa compétence ; il est normal qu'ensuite, le juge contrôle sa décision de manière approfondie. Le juge de l'annulation doit donc vérifier concrètement l'existence, la validité et même l'étendue de la convention d'arbitrage[273], et ce même lorsqu'une précédente décision judiciaire a jugé qu'elle n'était pas manifestement nulle ou manifestement inapplicable. Là encore, c'est simplement la logique du contrôle résultant de l'effet négatif du principe « Compétence-Compétence », qui postule que c'est au tribunal arbitral de statuer en priorité sur sa compétence, le juge ne pouvant se substituer à lui. On sait que par exception, la juridiction étatique saisie peut trancher le litige lorsque la convention d'arbitrage est manifestement nulle ou manifestement inapplicable[274]. Mais si elle se déclare incompétente au motif que la convention n'est pas manifestement nulle ou manifestement inapplicable, l'autorité de la chose jugée attachée à cette décision n'interdit pas, ensuite, au juge chargé du contrôle *a posteriori* de la sentence, de l'annuler parce que la convention d'arbitrage est effectivement nulle ou que le litige tranché par le tribunal arbitral n'entre pas dans son périmètre. Les deux instances n'ont de toute façon pas le même objet, ce qui interdit d'invoquer l'autorité de la chose jugée de la première décision : celle engagée initialement devant le juge visait à faire statuer sur les mérites de la demande alors que celle qui se déroule devant le juge du contrôle tend à obtenir l'annulation de la sentence. De plus, l'absence de nullité ou d'inapplicabilité « manifeste » de la convention d'arbitrage, compte tenu de la façon dont celle-ci est appréciée par le juge, n'implique pas sa validité[275].

b) Irrégularité de constitution du tribunal arbitral

544 **Griefs visés par l'article 1490.2° du Code de procédure civile.** L'article 1484.2° ancien du Code de procédure civile précisait que le recours en annulation était ouvert « si le tribunal arbitral a été irrégulièrement composé ou l'arbitre unique irrégulièrement désigné », ce qui recouvrait les cas d'irrégularité de constitution du tribunal arbitral. L'article 1492.2° du Code de procédure civile, dans sa rédaction issue de la réforme de 2011, est plus précis, puisqu'il prévoit que le recours est ouvert si « le tribunal arbitral a été irrégulièrement constitué ». Ce cas d'annulation permet de sanctionner toutes les irrégularités survenues dans la constitution du tribunal arbitral, qui peuvent être

271. Cass. 1re civ., 6 oct. 2010, *Bull. civ.* I, n° 185 ; JCP G 2010, II, 1028, note P. Chevalier ; *D.* 2010, p. 2933 obs. Th. Clay ; *RCDIP* 2011, p. 85, note F. Jault-Seseke ; JCP G 2010, I, 1286, n° 6, obs. J. Ortscheidt ; *Rev. arb.* 2010, p. 813, note F.-X. Train. V. aussi, Paris, 22 mai 2008, *D.* 2008, p. 3117, obs. Th. Clay ; *JCP* G, I, 2008, 222, n° 7, obs. Ch. Seraglini ; J.-B. Racine, *« L'affaire Abela ou les vicissitudes du contrôle de la compétence arbitrale »*, *Gaz. Pal.* 17-18 juill. 2009, p. 13 ; *Rev. arb.* 2008, p. 730, note F.-X. Train ; Cass. 1re civ., 6 janv. 1987, *Rev. arb.* 1987, p. 469, note Ph. Leboulanger ; *JDI* 1987, p. 638, note B. Goldman. V. aussi, D. Mouralis, « Examen approfondi de la compétence de l'arbitre par le juge contrôlant la sentence : quelques précisions et illustrations », *Cah. arb.* 2012, p. 167 ; J.-B. Racine, « La sentence d'incompétence », *Rev. arb.* 2010, p. 729.

272. Cass. 1re civ., 1er juin 2017, *Rev. arb.* 2017, p. 1197 (1re esp.), note L. Mayer ; Paris, 24 mai 2016, *Rev. arb.* 2017, p. 617, obs. J. Barbet.

273. Paris, 24 mai 2016, préc.

274. V. *supra*, n° 174 et s.

275. V. *supra*, n° 175.

divisées en deux catégories principales : les irrégularités affectant la personne de l'arbitre et celles relatives aux modalités de sa désignation.

545 **Irrégularités affectant la personne de l'arbitre.** À côté de l'hypothèse, marginale, dans laquelle la sentence pourrait être annulée parce que l'arbitre finalement désigné par un tiers n'est pas celui nommément choisi par les parties, elle encourt principalement l'annulation si ne sont pas respectées les règles prescrites par le Code de procédure civile pour la constitution du tribunal arbitral. Ainsi, la sentence ne doit pas être rendue par un tribunal composé d'arbitres en nombre pair[276]. À défaut, puisque l'article 1451, alinéa 1, du Code de procédure civile prévoit que le tribunal arbitral « est constitué d'un ou plusieurs arbitres en nombre impair », elle peut être annulée[277]. La sentence encourt aussi l'annulation si elle a été rendue par un tribunal arbitral composé d'une personne morale, puisque l'article 1450, alinéa 1, du Code de procédure civile dispose que « la mission d'arbitre ne peut être exercée que par une personne physique »[278]. Elle peut également être annulée lorsque l'un des arbitres n'avait pas le plein exercice de ses droits ou lorsqu'il ne pouvait exercer la fonction d'arbitre en raison d'une incompatibilité professionnelle[279]. De même encore, sous réserve que soient respectées certaines conditions déjà étudiées, une partie à l'arbitrage peut obtenir l'annulation de la sentence lorsqu'elle prouve l'absence d'indépendance ou d'impartialité de l'un des arbitres[280]. Et pour établir la dépendance dans laquelle se trouve un arbitre par rapport à l'une des parties au litige, une mesure d'expertise peut être sollicitée du juge de l'annulation. Celui-ci peut notamment désigner un expert avec pour mission de se faire communiquer le nombre de procédures arbitrales dans lesquelles une partie a désigné la personne en cause en qualité d'arbitre ou le nombre de contrats signés par elle dans lesquels elle a proposé cette personne en qualité d'arbitre[281].

546 **Irrégularités relatives aux modalités de désignation du tribunal arbitral.** La sentence encourt aussi l'annulation si la volonté des parties n'a pas été respectée dans les modalités de désignation du tribunal arbitral. Elle peut notamment être annulée lorsque la convention d'arbitrage prévoit que le dépassement du délai fixé pour la désignation des arbitres entraîne, soit la caducité de la convention, soit la forclusion[282]. Elle est également susceptible d'être annulée si l'institution chargée d'organiser l'arbitrage n'a pas respecté son propre règlement au moment de la constitution du tribunal arbitral. De même encore, la sentence peut être mise à néant par la cour d'appel si le juge d'appui qui a désigné l'un des arbitres n'a pas été régulièrement saisi en la forme des référés, mais par voie de requête[283], ou si l'arbitre a été désigné par lettre simple alors que la convention d'arbitrage prévoyait une désignation par voie de lettre

276. V. *supra*, n° 248.

277. Cass. 2e civ., 21 nov. 2002, *JCP* G 2003, I, 164, n° 4, obs. J. Ortscheidt. Pour une étude plus détaillée, v. *supra*, n° 250.

278. Sur cette interdiction, v. *supra*, n° 219.

279. V. *supra*, n° 227.

280. Paris, 9 sept. 2010, *D.* 2010, Pan., p. 2934, obs. Th. Clay ; *Cah. arb.* 2010, p. 1169 ; *LPA* 2011, p. 17, note M. Henry ; *Bull. ASA* 2011, p. 187, note Ph. Pinsolle ; Paris, 18 déc. 2008, *Rev. arb.* 2009, p. 232. Pour une étude plus détaillée, v. *supra*, n° 229 et s.

281. Paris, 16 mai 2002 et 2 avr. 2003, *Rev. arb.* 2003, p. 1261, note E. Gaillard.

282. V. notamment, *a contrario*, Versailles, 14 nov. 1996, *Rev. arb.* 1997, p. 361, note A. Hory ; Paris, 17 nov. 1994, *Rev. arb.* 1996, p. 137, obs. J. Pellerin.

283. Cass. 2e civ., 19 mai 1999, *Rev. arb.* 1999, p. 593, note A. Hory.

recommandée[284]. La sentence est également annulée si l'ordonnance du juge d'appui ayant désigné l'arbitre, qui a statué, a été ensuite annulée par une cour d'appel[285]. La méconnaissance du principe d'égalité des parties dans la désignation des arbitres expose aussi la sentence à l'annulation[286].

c) Non-respect par le tribunal arbitral de la mission qui lui avait été confiée

547 **Griefs visés par l'article 1492.3° du Code de procédure civile.** Selon ce texte, le recours en annulation est ouvert « si le tribunal arbitral a statué sans se conformer à la mission qui lui avait été confiée »[287]. La sanction est d'évidence : puisque le pouvoir juridictionnel du tribunal arbitral résulte, en partie au moins, de la volonté des parties, il est tenu de respecter la mission qu'elles lui ont confiée, dans son étendue comme dans ses modalités. Cette exigence s'impose d'autant plus que l'arbitrage est soumis aux principes directeurs des articles 4 et 5 du Code de procédure civile. En application de ces textes, ce sont les litigants qui déterminent l'objet de la décision du tribunal arbitral, celui-ci ne pouvant sortir du cadre ainsi tracé[288]. Compte tenu de la formulation très large du grief de l'article 1492.3° du Code de procédure civile, on a pu craindre que son utilisation conduise parfois à une révision au fond de la sentence[289]. Il a cependant été constaté que le juge n'avait pas succombé à cette tentation et que le recours en annulation était souvent écarté au motif que sous couvert d'une méconnaissance de sa mission par l'arbitre, il était en réalité reproché à celui-ci d'avoir commis une erreur de droit ou dénaturé les faits[290]. En définitive, correctement appréhendé, le non-respect par le tribunal arbitral de la mission qui lui avait été confiée recouvre principalement trois situations : lorsqu'il a excédé les pouvoirs qui lui ont été confiés par les parties, quand il a méconnu l'étendue des demandes qui lui ont été soumises[291] et quand il a statué après l'expiration du délai d'arbitrage.

548 **La méconnaissance des pouvoirs conférés au tribunal arbitral par les parties.** Une telle méconnaissance peut se traduire au regard du fond du litige et de la procédure arbitrale. Ainsi, pour autant que le grief ait été soulevé en temps utile[292], le tribunal arbitral peut notamment se voir reprocher de n'avoir pas respecté la mission qui lui avait été confiée lorsqu'il a rendu sa sentence en équité, alors qu'il ne s'était pas vu conférer le pouvoir de statuer comme amiable compositeur. Le juge peut en effet contrôler, au titre de la mission du tribunal arbitral, l'étendue de ses pouvoirs de statuer en droit ou comme amiable compositeur[293]. Pour que la sentence soit annulée, le requérant doit cependant prouver que le tribunal arbitral s'est effectivement prononcé en

284. Paris, 7 déc. 2006, *Rev. arb.* 2008, p. 79 (3e esp.), note Ch. Jarrosson ; JCP G 2007, 168, n° 7, obs. J. Ortscheidt.
285. Paris, 18 mars 2010, *Rev. arb.* 2010, p. 347.
286. Sur ce principe, v. *supra*, n° 263 et s.
287. L'art. 1484.3° ancien CPC ouvrait le recours en annulation lorsque « l'arbitre a statué sans se conformer à la mission qui lui avait été conférée ». Pour une étude détaillée de ce cas d'ouverture, v. P. Giraud, *Le devoir de l'arbitre de se conformer à sa mission*, Bruylant, 2017.
288. V. *supra*, n° 379 et s.
289. Sur cette discussion, v. É. Loquin, « Perspectives pour une réforme des voies de recours », *Rev. arb.* 1992, p. 321, spéc. n° 30-34, p. 334-338.
290. É. Loquin, « Perspectives pour une réforme des voies de recours », préc., spéc. n° 34, p. 338.
291. Sur ce grief, v. aussi, D. Martel, « Le contrôle de la mission de l'arbitre », *RTD com.* 2007, p. 1.
292. Paris, 13 févr. 2003, *Rev. arb.* 2003, p. 543.
293. Paris, 23 mai 2003, *Rev. arb.* 2003, p. 252 ; Paris, 13 févr. 2003, préc.

fonction de considérations d'équité. Il n'en est pas ainsi lorsque la référence à l'équité conforte simplement la solution résultant de l'application de la règle de droit[294]. L'annulation n'est donc encourue que si la solution retenue pas la sentence n'est « pas équivalente à celle qui résulterait d'une application de la loi »[295]. Les expressions employées par l'arbitre, telles que « équité », « équitable » ou « juste », ne constituent alors que des indices de ce qu'il a statué en équité. Le seul fait, par exemple, que le tribunal arbitral considère comme « judicieux et équitable » d'accueillir une demande de condamnation n'établit pas que les arbitres se sont comportés comme des amiables compositeurs[296]. À l'inverse, la sentence peut aussi être annulée si le tribunal arbitral qui a reçu la mission de statuer en qualité d'amiable compositeur ne recherche pas une solution conforme à l'équité[297].

Le grief visé par l'article 1492.3° du Code de procédure civile peut également être accueilli lorsque le tribunal arbitral refuse ouvertement d'appliquer les règles de procédure arrêtées par les parties. Sous réserve du respect des principes directeurs du procès visés par l'article 1464, alinéa 2, du Code de procédure civile, et de quelques règles éparses figurant également parmi les dispositions de ce code qui sont propres à l'arbitrage, celles-ci sont en effet libres de fixer les règles de la procédure arbitrale[298]. Le tribunal arbitral doit alors les respecter, au moins lorsqu'elles ont été déterminées dans la convention d'arbitrage, celui-ci conservant éventuellement le pouvoir de s'en écarter quand elles ont été définies par lui avec les parties une fois l'instance engagée[299]. De toute façon, quelle que soit la conception que l'on se fait du rôle du tribunal arbitral et des parties dans la conduite de l'instance, la sentence qui traduit un refus d'appliquer une règle de procédure[300] ne peut être annulée qu'à charge pour la partie qui sollicite cette annulation de prouver le grief que lui a causé l'irrégularité ou, plus précisément, que celle-ci a eu une incidence sur l'issue du litige[301].

549 **La méconnaissance de l'étendue des demandes des parties.** L'*infra petita*, qu'il convient de bien distinguer du défaut de motif[302], ne constitue pas un cas d'ouverture du recours en annulation d'une sentence arbitrale interne. Le tribunal arbitral, sous réserve de pouvoir encore être réuni, dispose en effet du pouvoir de réparer son omission de statuer sur un chef de demande[303]. En revanche, la sentence peut être annulée si le tribunal arbitral a statué *ultra petita*, c'est-à-dire sur une chose non demandée. Il ne peut en effet accorder plus que ce qui a été demandé[304], même lorsqu'il se prononce en

294. Versailles, 13 juill. 1994, *Rev. arb.* 1995. 495, note Ch. Jarrosson.

295. É. Loquin, « La décision arbitrale. Voies de recours », *J. Cl. Proc. Civ.*, fasc. 1046, spéc. n° 76.

296. Paris, 23 mai 2003, préc. V. aussi, Paris, 17 janv. 2008, *Rev. arb.* 2008, p. 333, note N. Mélin, dont la solution, rendue en matière d'arbitrage international, peut être étendue à l'arbitrage interne.

297. Pour plus de détails sur ce point, v. *supra*, n° 454.

298. V. *supra*, n° 371 et s.

299. Sur cette distinction, v. *supra*, n° 372.

300. La mauvaise application d'une règle de procédure par le tribunal arbitral, tout comme la mauvaise application du droit substantiel, ne devrait pas constituer un grief susceptible de justifier, à lui seul, l'annulation de la sentence.

301. V. notamment, Paris, 28 avr. 1988, *Rev. arb.* 1989, p. 280, note L. Idot ; Cass. 2e civ., 17 juin 1981, *Rev. arb.* 1985, p. 458, obs. Th. Bernard.

302. V. *supra*, n° 465.

303. V. *supra*, n° 465.

304. Cass. com., 9 juill. 2002, n° 01-01750 ; Paris, 14 déc. 2000, *Rev. arb.* 2001, p. 806, obs. Y. Derains ; Cass. 2e civ., 25 mars 1992, *Rev. arb.* 1992, p. 671, obs. L. Zollinger.

qualité d'amiable compositeur[305]. Pour apprécier l'existence de ce vice, le juge doit donc se pencher sur les demandes des parties et non sur les pièces de la procédure, qui ne fixent pas l'étendue du litige[306]. La sentence pourra par exemple être annulée lorsque le tribunal arbitral a indemnisé un dommage dont aucune des parties n'avait sollicité la réparation[307], lorsqu'il a prononcé, sans en être requis, une condamnation au profit d'une partie étrangère à l'arbitrage[308], lorsqu'il a assorti une condamnation à une obligation de faire d'une astreinte, sans demande en ce sens[309] ou quand il assortit les condamnations prononcées de la solidarité lorsqu'elle n'a pas été sollicitée[310]. Il méconnaît également l'étendue des demandes des parties s'il sanctionne l'attitude dilatoire de l'une d'elles alors que le compromis d'arbitrage limitait sa mission au règlement de sommes dues entre les litigants au vu de comptes de liquidation[311].

En revanche, puisque la fixation du montant des honoraires ne fait pas partie de l'objet du litige mais relève du contrat d'arbitre[312], la sentence n'encourt pas l'annulation pour violation de l'article 1492.3° du Code de procédure civile simplement parce que le tribunal arbitral a fixé les honoraires en méconnaissance d'un barème prévu par le règlement d'arbitrage applicable[313]. Il a aussi, un temps, été jugé que, sur le fondement de l'article 1153-1 du Code civil, le tribunal arbitral peut accorder des intérêts légaux sur les créances qu'il liquide même lorsqu'il n'a été saisi d'aucune demande en ce sens[314], et que, ce faisant, il ne statuait pas *ultra petita*. Mais plus récemment, la cour d'appel de Paris paraît être revenue sur cette solution, au motif qu'en raison de l'origine conventionnelle de la mission du tribunal arbitral, celui-ci « doit s'efforcer de conserver à la procédure son caractère consensuel en s'informant auprès des parties sur les contours de sa mission qui résultent de leur volonté »[315].

550 **Expiration du délai d'arbitrage.** Le cas envisagé est celui dans lequel le tribunal arbitral était dépourvu du pouvoir de trancher le litige au moment où il a rendu la sentence, parce que le délai d'arbitrage était expiré[316]. Auparavant, dans une telle hypothèse, la sentence était annulée sur le fondement de l'article 1484.1° du Code de procédure civile, qui envisageait précisément l'hypothèse d'une convention « expirée ». Depuis la réforme du 13 janvier 2011, pour autant que les parties n'aient pas renoncé à invoquer ce moyen ou consenti, ne serait-ce que tacitement, à une prorogation du délai d'arbitrage[317], la sentence rendue après l'expiration du délai légal ou

305. Paris, 3 juill. 1996, *Rev. arb.* 2000, p. 518, obs. Ph. PINSOLLE.

306. Paris, 17 oct. 1991, *Rev. arb.* 1992, p. 672, obs. L. ZOLLINGER.

307. Paris, 17 févr. 2000, *Rev. arb.* 2000, p. 518, obs. Ph. PINSOLLE ; Cass. 2e civ., 9 déc. 1997, *Rev. arb.* 1998, p 417, obs. L. KIFFER ; Cass. 2e civ., 11 juin 1997, *Bull. civ.* II, n° 169.

308. Rennes, 26 sept. 2001, *Rev. arb.* 2001, p. 915.

309. Paris, 15 mai 2008, *Rev. arb.* 2008, p. 830.

310. Paris, 14 févr. 2017, *Rev. arb.* 2017, p. 1059.

311. Paris, 17 sept. 1996, *Rev. arb.* 2000, p. 518, obs. Ph. PINSOLLE.

312. V. *supra*, n° 297 et s.

313. Paris, 19 déc. 1996, *Rev. arb.* 1998, p. 121, note Ch. JARROSSON.

314. Paris, 6 nov. 2003, *Rev. arb.* 2004, p. 631, note D. BENSAUDE ; Paris, 19 avr. 1991, *Rev. arb.* 1991, p 673, obs. É. LOQUIN.

315. Paris, 30 juin 2005, *Rev. arb.* 2006, p. 687, note R. LIBCHABER ; P. RAOUL-DUVAL, « Intérêts moratoires : vers une remise en cause du pouvoir des arbitres ? (à propos d'un arrêt de la cour d'appel de Paris du 30 juin 2005) », *Gaz. Pal.*, 15 déc. 2005, p. 11.

316. Paris, 19 nov. 2009, *Rev. arb.* 2009, p. 930 ; Paris, 29 juin 2006, *Rev. arb.* 2008, p. 79 (2e esp.), note Ch. JARROSSON.

317. Sur la prorogation tacite du délai, v. *supra*, n° 329.

conventionnel peut être annulée sur le fondement de l'article 1492.3° du même code, pour non-respect de sa mission par le tribunal arbitral[318]. Et pour déterminer si la sentence a été rendue sur une convention expirée, le juge devra prendre en considération les éventuelles causes de suspension et d'interruption de l'instance arbitrale[319].

d) Non-respect du principe de la contradiction

551 **Griefs visés par l'article 1492.4° du Code de procédure civile.** Le non-respect du principe de la contradiction par le tribunal arbitral constitue un cas d'ouverture du recours en annulation. Il est directement lié à l'aspect juridictionnel de la mission confiée à ce dernier par les parties parce qu'il est inhérent à la fonction de juger[320]. Ceci explique d'ailleurs qu'il figure au rang des principes directeurs du procès que le tribunal arbitral doit toujours respecter en application de l'article 1464, alinéa 2, du Code de procédure civile, même lorsqu'il statue en qualité d'amiable compositeur[321]. Il a toutefois été admis que les parties puissent renoncer à se prévaloir de ce vice[322]. Et l'annulation n'est encourue que si l'élément de droit ou de fait relevé d'office et non soumis au débat contradictoire fonde la décision du tribunal arbitral[323]. L'étude des différentes incidences de ce principe sur l'arbitrage ayant déjà été conduite au moment de celle des principes directeurs du procès applicables à l'instance arbitrale[324], il convient, pour l'essentiel, d'y renvoyer. La méconnaissance du principe justifie l'annulation de la sentence sur le fondement de l'article 1492.4° du Code de procédure civile, qui prévoit en ce sens que le recours en annulation est ouvert si « le principe de la contradiction n'a pas été respecté »[325]. Il faut simplement rappeler, à ce stade, qu'en substance, le principe de la contradiction oblige le tribunal arbitral à : informer le défendeur des demandes formées à son encontre pour qu'il puisse participer aux débats, présenter ses moyens de défense et, le cas échéant, ses demandes reconventionnelles ; veiller à ce que toutes les parties puissent utilement faire valoir leurs prétentions et moyens et puissent soumettre leurs éléments de preuve, celles-ci devant notamment pouvoir bénéficier de suffisamment de temps pour préparer leur défense avant que le tribunal arbitral ne statue ; veiller à ce que les parties se communiquent mutuellement, à un moment leur permettant encore d'organiser leur défense, leurs demandes, les moyens qui les fondent et les pièces sur lesquelles elles s'appuient ; ne retenir, dans la sentence, que les moyens, explications et les documents invoqués ou produits par les parties que si celles-ci ont été à même d'en débattre contradictoirement ; ne pas poursuivre des investigations à l'insu des parties ; ne pas se fonder sur un moyen soulevé d'office sans avoir au préalable recueilli les observations des parties.

e) Sentence contraire à l'ordre public

552 **Contenu de l'ordre public visé à l'article 1492.5° CPC.** L'article 1492.5° du Code de procédure civile prévoit l'annulation de la sentence arbitrale lorsqu'elle « est

318. Paris, 19 juin 2013, *Rev. arb.* 2013, p. 1028, note Th. Bernard.
319. Sur lesquelles, v. *supra*, n° 354 et s.
320. V. *supra*, n° 386.
321. Paris, 11 juill. 1991, *Rev. arb.* 1991, p. 671, obs. É. Loquin.
322. V. *supra*, n° 524.
323. Cass. 1re civ., 1er juill. 2009, *Rev. arb.* 2009, p. 655.
324. V. *supra*, n° 387 et s.
325. Art. 1484.4° ancien CPC.

contraire à l'ordre public ». Une sentence arbitrale doit donc être conforme à l'ordre public. La jurisprudence semble opérer, en matière interne, un contrôle de cette conformité très similaire à celui qu'elle exerce en matière d'arbitrage international, malgré la formulation différente des articles 1492.5° et 1520.5° du Code de procédure civile[326]. Bien entendu, le contenu de l'ordre public interne ne correspond pas à celui de l'ordre public international. De nombreuses règles qui relèvent de l'ordre public interne, ne sont, en revanche, pas d'ordre public international. Cependant, s'agissant de l'étendue du contrôle opéré par le juge à cet égard, les solutions semblent relativement identiques. Les décisions relatives au contrôle du respect par la sentence de l'ordre public étant principalement rendues en matière internationale, la question sera essentiellement étudiée dans ce cadre[327]. On se bornera ici à évoquer quelques points.

L'ordre public visé par l'article 1492.5° du Code de procédure civile a, d'une part, une dimension procédurale et, d'autre part, une dimension substantielle. Aussi, la contrariété d'une sentence à l'ordre public pourra tenir aux conditions dans lesquelles elle a été élaborée, par exemple en cas de méconnaissance du principe d'égalité des parties ou du principe de la contradiction, ou de sentence obtenue par fraude. À cet égard, le grief visé à l'article 1492.5° se confond parfois avec celui visé par d'autres dispositions, et notamment l'article 1492.4°. La contrariété à l'ordre public pourra également relever du fond du litige[328] et être constituée par la violation d'une règle d'ordre public, comme celles régissant les recours en matière de procédures collectives[329]. Ceci étant, pour que le respect de l'ordre public par la sentence soit garanti, encore faut-il que le juge se donne les moyens d'opérer un contrôle réel en la matière. Or, sur ce point, l'ordre public procédural a longtemps fait l'objet de plus d'attention que l'ordre public de fond de la part de la jurisprudence.

553 **Portée du contrôle du respect de l'ordre public.** S'agissant de l'ordre public de fond, à compter des années 2000, la jurisprudence a décidé, en matière internationale, que « s'agissant de la violation de l'ordre public international, seule la reconnaissance ou l'exécution de la sentence est examinée par le juge de l'annulation au regard de la compatibilité de sa solution avec cet ordre public, dont le contrôle se limite au caractère flagrant, effectif et concret de la violation alléguée »[330]. Ce faisant, la jurisprudence, au nom de l'interdiction de révision au fond de la sentence par le juge de l'annulation, était conduite à n'opérer qu'un contrôle illusoire, limité aux seules apparences de conformité, ou aux seules évidences de contrariété, de la sentence arbitrale à l'ordre public international[331]. Cette solution était très certainement également valable en matière interne. Certes, il existe une différence de vocabulaire entre l'article 1492.5° du Code de procédure civile, applicable au contrôle des sentences en

326. Et déjà, avant le décret du 13 janvier 2011, des articles 1484.6° et 1502.5° CPC. Sur ce rapprochement, v. P. Mayer, « La sentence contraire à l'ordre public de fond », *Rev. arb.* 1994, p. 615.

327. V. *infra*, n° 1000 et s.

328. Sur le sujet, v. P. Mayer, « La sentence contraire à l'ordre public de fond », préc.

329. Paris, 13 janv. 2011, *Rev. arb.* 2011, p. 714, note D. Mouralis ; v. aussi, Paris, 11 févr. 2010 (2 arrêts), *Rev. arb.* 2010, p. 827, note D. Mouralis.

330. Cass. 1re civ., 4 juin 2008, *SNF c/ Cytec*, *Bull. civ.* I, n° 162 ; *D.* 2008, p. 2560, obs. S. Bollée ; *ibid.*, p. 3111, obs. Th. Clay ; *JCP* G 2008, I, 164, obs. Ch. Seraglini ; *ibid.*, act. 430, J. Ortscheidt ; *RTD com.* 2008, p. 518, obs. É. Loquin ; *Rev. arb.* 2008, p. 473, note I. Fadlallah ; *JDI* 2008, p. 1107, note A. Mourre ; et aussi, Ch. Seraglini, « Le contrôle de la sentence au regard de l'ordre public international par le juge étatique : mythes et réalités », *Cah. arb.*, vol. V, 2011, Pedone, p. 198.

331. Sur ce point, v. *infra*, n° 1002 et s.

matière d'arbitrage interne, et l'article 1520.5° du même code, applicable aux sentences étrangères et à celles rendues en matière internationale, comme déjà auparavant entre les articles 1484.6° et 1502.5°, qui pourrait justifier une différence de traitement. En effet, l'article 1492.5° prévoit l'annulation de la sentence lorsque « la sentence est contraire à l'ordre public »[332], alors que l'article 1520.5° n'envisage l'annulation ou le refus de reconnaissance de la sentence que si « la reconnaissance ou l'exécution de la sentence est contraire à l'ordre public international »[333]. Le premier texte pourrait ainsi inviter à un contrôle différent de celui envisagé par le second. Il pourrait sembler impliquer un contrôle de la sentence elle-même, et donc de la bonne application par l'arbitre de la règle d'ordre public[334], là où le second ne paraît s'attacher qu'à la situation résultant de la reconnaissance ou de l'exécution de la sentence. Aussi, un argument textuel pouvait militer pour le maintien d'un contrôle plus approfondi en matière d'arbitrage interne[335]. Toutefois, comme certains auteurs l'ont parfaitement démontré[336], la jurisprudence avait, déjà sous l'empire des textes antérieurs, fondu les deux textes pour n'en retenir qu'une seule et même interprétation. Par ailleurs, l'orientation jurisprudentielle vers un contrôle restreint semblait tellement influencée par une certaine philosophie de l'arbitrage et, plus généralement, par des raisons valant tant pour l'arbitrage international que pour l'arbitrage interne, qu'il y avait fort à parier que la Cour de cassation applique sa solution libérale à ce dernier. De fait, comme en matière internationale, la jurisprudence a décidé que le contrôle opéré sur le fondement de l'article 1492.5° du Code de procédure civile[337] est « exclusif de tout pouvoir de révision au fond »[338] et n'est pas destiné à réparer un « mal-jugé de l'arbitre, dont les parties ont pris le risque »[339]. De même, la Cour de cassation a précisé que « le contrôle de la cour d'appel doit porter non sur la qualification que les arbitres ont donnée de la convention liant les parties, même s'il est prétendu que celle-ci est régie par des dispositions d'ordre public, mais sur la solution donnée au litige, l'annulation n'étant encourue que dans la mesure où cette solution heurte l'ordre public »[340]. Comme en matière internationale, c'est donc l'interdiction de la révision au fond des sentences arbitrales qui aurait justifié, aux yeux de la jurisprudence, un contrôle extrêmement allégé de la conformité de la sentence à l'ordre public. Aussi, les critiques qui peuvent être adressées à cette justification seront exposées dans le cadre de l'étude de l'arbitrage international, tout comme l'évolution plus récente de la jurisprudence, au moins de la cour d'appel de Paris, vers un retour à un contrôle plus réel de la conformité de la sentence à l'ordre public dont on ne peut que se féliciter[341].

332. L'article 1484.6° CPC prévoyait, avant le décret du 13 janvier 2011, l'annulation lorsque « l'arbitre a violé une règle d'ordre public ».

333. Et, avant le décret du 13 janvier 2011, art. 1502.5° CPC.

334. Il est vrai que cette différence était plus flagrante sous l'empire des textes antérieurs, puisque l'ancien article 1484.6° CPC prévoyait l'annulation lorsque « l'arbitre a violé une règle d'ordre public ».

335. V., pouvant être interprété en ce sens sous l'empire de l'ancien article 1484.6° CPC, Cass. com., 17 janv. 2006, *Bull. civ.* IV, n° 9, p. 8.

336. P. Mayer, « La sentence contraire à l'ordre public de fond », *Rev. arb.* 1994, p. 615.

337. Et auparavant, art. 1484.6° CPC.

338. Paris 7 juill. 1989, *Rev. arb.* 1990, p. 115, note L. Idot ; v. aussi, Paris, 14 déc. 2000, *Rev. arb.* 2001, p. 805.

339. Paris, 20 mars 2008, *Rev. arb.* 2008, p. 341.

340. Cass. 2e civ., 15 janv. 2004, *Bull. civ.* II, n° 4 ; *D.* 2004, somm., p. 3181, obs. Th. Clay.

341. Sur ces critiques, v. *infra*, n° 1003 et s.

S'agissant de l'absence de contrariété à l'ordre public procédural, la jurisprudence a semblé au contraire de plus en plus exigeante, ce qui marquait un contraste certain avec son attitude libérale, au moins jusqu'aux arrêts les plus récents de la cour d'appel de Paris, quant au contrôle de la conformité de la sentence à l'ordre public de fond. Ainsi, elle a annulé, pour violation du principe du contradictoire et de l'ordre public procédural, la sentence par laquelle le tribunal arbitral avait fondé l'indemnisation d'un préjudice sur la perte de chance, et non sur le gain manqué invoqué par les parties, sans interroger au préalable celles-ci sur ce changement de fondement juridique conduisant à une modification de l'indemnisation réclamée[342]. De manière plus frappante encore, la jurisprudence s'est montrée stricte quant à la sanction de la fraude procédurale. Elle a considéré que lorsqu'est alléguée une fraude procédurale, constituée notamment de manœuvres de l'une des parties ayant surpris la religion du tribunal arbitral, le contrôle du juge sur la sentence ne se limite pas au caractère flagrant, effectif et concret de la violation de l'ordre public, mais doit porter sur « l'ensemble des circonstances susceptibles de caractériser la fraude alléguée, sans que puisse être utilement opposé le moyen tiré de la prohibition de la révision au fond des sentences, dès lors que la contestation porte précisément sur l'altération, par les manœuvres d'une partie, de l'appréciation des faits à laquelle se sont livrés les arbitres »[343]. De même, la jurisprudence n'a pas hésité, au nom de l'ordre public procédural, à remettre en cause les dispositions d'un règlement d'arbitrage accepté par les parties. Dans un arrêt du 17 novembre 2011[344], la cour d'appel de Paris a en effet sanctionné une règle qui se trouve dans de nombreux règlements d'arbitrage[345] et qui permet au centre d'arbitrage d'écarter l'examen des demandes principales ou reconventionnelles si celles-ci ne sont pas accompagnées du versement des provisions d'arbitrage correspondantes. La cour a annulé la sentence arbitrale rendue après application de cette règle ayant conduit le tribunal arbitral à ne pas examiner les demandes reconventionnelles non provisionnées formulées par une partie tombée en redressement puis en liquidation judiciaire. Pour la cour, en faisant application de cette règle, le tribunal arbitral a violé le principe du droit d'accès à la justice, qui « implique qu'une personne ne puisse être privée de la faculté concrète de faire trancher ses prétentions par un juge » sauf restrictions proportionnées aux nécessités d'une bonne administration de la justice, et celui d'égalité entre les parties, qui serait rompu « si le défendeur, autorisé seulement à répliquer aux prétentions adverses, se trouvait privé de la faculté de soumettre au tribunal des demandes reconventionnelles liées par un lien suffisant de connexité aux demandes principales et de nature à lui

342. Cass. 1re civ., 29 juin 2011, *Caribbean Niquel*, *D.* 2011, p. 1911, obs. X. Delpech ; *Rev. arb.* 2011, p. 678, note C. Chainais ; rendu sur pourvoi contre Paris, 25 mars 2010, *D.* 2010, p. 2933, spéc. 2941 et 2945, obs. Th. Clay ; *RTD com.* 2010, p. 545, obs. É. Loquin ; *Rev. arb.* 2011, p. 442, note C. Chainais ; *JCP* G 2010, I, 644, n° 2, obs. Ch. Seraglini (rendus en matière d'arbitrage international).

343. Paris, 1er juill. 2010, *JCP* G 2010, 1286, n° 5, obs. J. Ortscheidt ; *Rev. arb.* 2010, p. 856, note B. Audit ; *LPA* 23 févr. 2011, n° 38, p. 9, note M. de Boisséson (rendu en matière internationale).

344. Paris, 17 nov. 2011, *Sté Licensing Projects*, *D.* 2011, p. 3023, obs. Th. Clay ; *Cah. arb.* 2012, p. 159, note D. Cohen ; *JDI* 2012, doctr. 2, p. 41, note X. Boucobza et Y.-M. Serinet ; *JCP* G 2012, 843, n° 6, obs. Ch. Seraglini ; *RTD com.* 2012, p. 530, obs. É. Loquin ; F.-X. Train, « Impécuniosité et accès à la justice dans l'arbitrage international (à propos de l'arrêt de la cour d'appel de Paris du 17 novembre 2011 dans l'affaire *LP c/ Pirelli*) », *Rev. arb.* 2012, p. 267 (arrêt rendu en matière d'arbitrage international mais dont la solution devrait être applicable également à l'arbitrage interne). Sur cet arrêt, v. aussi, *supra*, n° 299.

345. V. notamment règlement CCI applicable à compter du 1er janvier 2017 (art. 37, § 3 et 6).

permettre, le cas échéant, sa libération par la compensation entre créances réciproques »[346].

f) Défaut de motif, de date, du nom des arbitres et de signature de la sentence et sentence non rendue à la majoriténon rendue à la majorité

554 **Griefs visés par l'article 1492.6° du Code de procédure civile.** Avant la réforme du 13 janvier 2011, l'article 1484.5° du Code de procédure civile ouvrait le recours en annulation « dans tous les cas de nullité prévus à l'article 1480 ». Il était donc procédé par renvoi à l'article 1480, qui renvoyait lui-même à plusieurs textes, puisqu'il précisait que « les dispositions des articles 1471 (alinéa 2), 1472, en ce qui concerne le nom des arbitres et la date de la sentence, et 1473 sont prescrites à peine de nullité ». La sentence pouvait donc être annulée quand elle n'était pas motivée, lorsqu'elle ne mentionnait pas le nom des arbitres et sa date et quand elle n'était pas signée par tous les arbitres. Si le décret n° 2011-48 du 13 janvier 2011 n'a pas modifié ces cas de nullité de la sentence arbitrale, il a très largement amélioré la lisibilité du texte, puisqu'il n'est plus procédé par renvois successifs à des textes pour déterminer quelles sont les causes d'annulation de la sentence. L'article 1492.5° du Code de procédure civile précise en effet que le recours en annulation est ouvert si « la sentence n'est pas motivée ou n'indique pas la date à laquelle elle a été rendue ou le nom du ou des arbitres qui l'ont rendue ou ne comporte pas la ou les signatures requises ou n'a pas été rendue à la majorité des voix ». Il faut aussi rappeler qu'il est aujourd'hui possible de sauver une sentence affectée de ces irrégularités formelles, puisque l'article 1483 du Code de procédure civile précise que « l'omission ou l'inexactitude d'une mention destinée à établir la régularité de la sentence ne peut entraîner la nullité de celle-ci s'il est établi, par les pièces de la procédure ou par tout autre moyen, que les prescriptions légales ont été, en fait observées »[347].

555 **Le défaut de motif.** Sauf le cas, au demeurant discutable, où il dispose d'un pouvoir discrétionnaire[348], le tribunal arbitral doit motiver sa sentence, qu'il statue en droit ou en équité, même si la motivation est parfois réduite à sa plus simple expression dans l'arbitrage de qualité[349]. À moins de totalement vider cette obligation de son contenu, si elle peut être implicite[350], la motivation de sa décision par le tribunal arbitral devrait toujours être adéquate, intelligible et exempte de contradiction[351]. L'étendue du contrôle exercé par le juge français, dans son acception actuelle, ne permet cependant pas de s'assurer que le tribunal arbitral a correctement rempli son office à cet égard. Certes, la cour d'appel saisie s'assure parfois que la motivation de la sentence est adéquate, c'est-à-dire en rapport avec l'objet du litige tel qu'il résulte des demandes respectives

346. La Cour de cassation a censuré cet arrêt dans la mesure où la cour d'appel n'avait pas limité sa solution au cas où les demandes reconventionnelles sont « indissociables des demandes principales » : Cass. 1re civ., 28 mars 2013, *Rev. arb.* 2013, p. 746 (1re esp.), note F.-X. Train ; *Cah. arb.* 2013, p. 479 (1re esp.), note A. Pinna, et p. 585, « Propos d'audience de M. l'avocat général Pierre Chevalier » ; *JCP* G 2013, 784, n° 4, obs. Ch. Seraglini. Sur cette jurisprudence relative à l'impécuniosité, v. *supra*, n° 47.

347. V. *supra*, n° 447.

348. V. *supra*, n° 457.

349. V. *supra*, n° 454.

350. V. *supra*, n° 455.

351. V. *supra*, n° 456.

des parties[352], ou intelligible[353]. Mais ce contrôle est très rare et, le plus souvent, la cour refuse de vérifier la cohérence du raisonnement suivi par le tribunal arbitral[354], sa pertinence[355] ou son caractère convaincant[356], au motif que le contenu de la sentence échappe à son contrôle. C'est cette raison également qui est aujourd'hui invoquée pour refuser de sanctionner une sentence affectée d'une contradiction de motifs[357], alors qu'auparavant, ce vice permettait d'obtenir son annulation[358], même lorsque l'incohérence naissait du rapprochement de motifs de droit[359]. Malgré les arguments sérieux avancés en faveur de l'abandon de la sanction de la contradiction des motifs qui affecte une sentence arbitrale, dont le principal est tiré de ce qu'elle ne constitue pas un défaut de motifs mais caractérise une erreur de droit du tribunal arbitral[360], il n'en demeure pas moins qu'une telle contradiction, si elle traduit peut-être une erreur de raisonnement sous-jacente, révèle au premier chef un vice de motivation tenant à l'inintelligibilité de la sentence. La sentence est hermétique, incompréhensible, parce que les raisons exprimées sont contradictoires. Elle devrait donc pouvoir être annulée. Il faut encore ajouter qu'en l'état de la jurisprudence, le juge, prétextant de ce que le contenu de la sentence échappe à son contrôle, puisqu'il ne peut la réviser au fond, repousse souvent le grief tiré d'un défaut de motif dès lors qu'il existe matériellement une motivation[361]. Et s'il annule une sentence pour insuffisance de motif dans une telle hypothèse, sa décision s'expose à la censure de la Cour de cassation pour méconnaissance de ses pouvoirs[362].

556 **Le défaut de mention du nom des arbitres, de leur signature, de la date de la sentence et l'absence de majorité.** Le nom des arbitres, leur signature et la date de la sentence sont des mentions imposées par les articles 1480 et 1481 du Code de procédure civile[363]. La sentence peut dès lors être annulée lorsque n'y figurent pas le nom de l'un des arbitres[364], la signature de l'un d'entre eux alors qu'il n'est pas précisé qu'il a refusé de signer[365] ou la date à laquelle elle a été rendue[366]. Et il a été jugé que le requérant n'a pas à démontrer que le vice affectant la sentence lui cause un grief au motif que

352. Paris, 25 mars 2004, *Rev. arb.* 2004, p. 671, note J. Ortscheidt.

353. Paris, 8 sept. 2015, *Rev. arb.* 2015, p. 1219 ; Paris, 3 déc. 2013, *Rev. arb.* 2014, p. 214.

354. Paris, 7 mai 2002, *Rev. arb.* 2002, p. 783.

355. Paris, 30 mars 2006, *Rev. arb.* 2006, p. 484 ; Paris, 27 juin 2002, *Rev. arb.* 2003, p. 428, note C. Legros.

356. Paris, 8 nov. 2001, *Rev. arb.* 2001, p. 925.

357. Cass. 1re civ., 4 déc. 2013, *Rev. arb.* 2014, p. 217 ; Paris, 2 juill. 2009, *Rev. arb.* 2009, p. 765 (3e esp.), note L. Gouiffès et L.-A. Bret ; Paris, 30 mai 2006, *Rev. arb.* 2007, p. 837, note Ch. Jarrosson ; Paris, 17 mars 2005, *Rev. arb.* 2005, p. 790 ; Cass. 2e civ., 6 déc. 2001, *Bull. civ.* II, n° 183 ; Paris, 28 juin 2001, *Rev. arb.* 2001, p. 729 (3e esp.), note H. Lécuyer ; Paris, 26 oct. 1999, *Rev. arb.* 1999, p. 811 (2e esp.), note E. Gaillard.

358. Cass. 2e civ., 7 janv. 1999, *Rev. arb.* 1999, p. 272, note D. Foussard.

359. Cass. 2e civ., 25 oct. 1995, *Bull. civ.* II, n° 251.

360. V. notamment, E. Gaillard, note sous Cass. 1re civ., 11 mai 1999 et Paris, 26 oct. 1999, préc. ; H. Lécuyer, notre sous Cass. 1re civ., 14 juin 2000 et Paris, 28 juin 2001 et 16 nov. 2000, préc.

361. V. notamment, Paris, 11 mars 2004, *Rev. arb.* 2004, p. 453.

362. Cass. 1re civ., 3 déc. 2014, *JCP* G 2015, I, 877, n° 1, obs. Ch. Seraglini.

363. V. *supra*, n° 443 et s.

364. Paris, 18 nov. 1993, *Rev. arb.* 1994, p. 505, note É. Loquin.

365. Cass. 1re civ., 3 oct. 2006, *Rev. arb.* 2008, p. 79 (1re esp.), note Ch. Jarrosson ; Paris, 28 mai 1998, *Rev. arb.* 1999, p. 858, obs. J. Pellerin ; Paris, 27 oct. 1988, *Rev. arb.* 1990, p. 908, obs. B. Moreau.

366. Cass. 2e civ., 9 nov. 2000, n° 98-21476.

« la sentence arbitrale ayant le caractère d'une décision juridictionnelle, la nullité résultant du défaut d'indication de sa date n'est pas soumise aux dispositions applicables à la nullité des actes de procédure »[367]. Si la mention de ce qu'elle a été rendue à la majorité des voix n'est pas formellement exigée par le Code de procédure civile[368], la sentence peut être annulée s'il apparaît qu'elle n'est pas le fruit de la décision de la majorité des arbitres. La signature de la sentence par tous les arbitres fait présumer qu'elle a été rendue à la majorité[369].

2. Les pouvoirs de la cour d'appel

557 **Sens de la décision.** La cour d'appel peut déclarer le recours irrecevable, le rejeter au fond ou annuler la sentence soumise à son examen. Statistiquement, l'annulation est rare puisque contrairement au juge d'appel, le juge de la régularité ne contrôle pas le bien-fondé de la solution rendue. Cette tendance au rejet s'explique aussi par la réduction progressive du contrôle exercé. Lorsque le recours est rejeté, la sentence se voit conférer l'exequatur[370] et un nouveau recours en annulation ne peut plus être formé à son encontre. Ainsi, lorsque la cour d'appel a rejeté le recours formé contre une sentence partielle, l'auteur de ce recours est irrecevable à remettre en cause cette sentence au moment du recours en annulation dirigé contre la sentence définitive[371]. Quand le juge du contrôle envisage d'accueillir le grief d'annulation qui lui est présenté, trois questions principales peuvent se poser quant à ses pouvoirs. La première tient à l'éventuelle incidence d'une décision définitive du juge d'appui qui a précédemment écarté le grief avancé au soutien du recours en annulation (a). Les deux autres sont relatives, respectivement, au pouvoir de la cour de moduler l'étendue de la nullité de la sentence (b) et à celui de statuer sur le fond du litige (c).

a) L'incidence d'une décision définitive antérieure du juge d'appui

558 **Autorité de la décision définitive du juge d'appui.** Le juge d'appui peut être saisi au début de l'instance pour trancher une difficulté de constitution du tribunal arbitral[372] ou, en cours de procédure, pour proroger la durée de la mission de l'arbitre[373]. Il se prononce alors par voie d'ordonnance assortie de l'autorité de la chose jugée[374]. Mais en principe, cette autorité, attachée à la décision du juge d'appui de confirmer la désignation d'un arbitre, de rejeter une demande de récusation ou de prolonger le délai de l'arbitrage, ne devrait pas interdire au juge de l'annulation d'annuler par la suite la sentence, motif pris que l'arbitre était partial ou que le délai de l'arbitrage était déjà expiré lorsqu'il a été prorogé. Techniquement en effet, la demande formée devant la cour d'appel n'a pas le même objet que celle dont a été préalablement saisi le juge d'appui : la première tend à l'annulation de la sentence alors que l'objet de la seconde est la

367. Cass. 2e civ., 9 nov. 2000, no 98-21399.
368. Paris, 29 oct. 2013, *Rev. arb.* 2013, p. 1079.
369. Paris, 23 févr. 2016, *Rev. arb.* 2016, p. 352 ; Cass. 1re civ., 1er avr. 2015, *JCP* G 2015, I, 877, no 2, obs. J. Ortscheidt ; *Rev. arb.* 2015, p. 1177, obs. L. Weiller ; Paris, 29 oct. 2013, préc.
370. V. *supra*, no 484.
371. Paris, 13 juin 1996, *Rev. arb.* 1997, p. 251, note E. Gaillard.
372. V. *supra*, no 265 et s.
373. V. *supra*, no 331 et s.
374. V. *supra*, no 277.

constitution du tribunal arbitral, la récusation d'un arbitre ou la prolongation du délai de l'arbitrage. Or il ne peut y avoir d'autorité de la chose jugée lorsque les demandes ont des objets différents[375]. La cour d'appel de Paris a cependant une analyse différente. Elle considère en effet que la décision du juge d'appui qui a irrévocablement statué sur une demande de récusation[376], constaté que le délai de l'arbitrage n'est pas expiré[377] et, plus largement, s'est prononcé sur la durée de la mission des arbitres[378] s'impose à la cour d'appel saisie d'un recours en annulation de la sentence. Pour cette juridiction, l'intervention du juge étatique a réglé ces contestations et consacré la régularité du tribunal arbitral[379]. À l'inverse, si le juge d'appui a rejeté la demande de prorogation du délai de l'arbitrage, au motif qu'elle avait été faite hors délai, il a été jugé que puisqu'il a été irrévocablement statué sur l'expiration du délai, la question ne peut plus être discutée devant le juge de la régularité de la sentence, qui doit annuler la sentence[380]. Si cette solution apparaît juridiquement fragile, elle se conçoit en opportunité puisqu'elle évite que la sentence ne soit annulée alors même que le juge d'appui a préalablement désigné un arbitre, décidé qu'il n'était pas dépendant ou impartial, constaté que le délai de l'arbitrage n'était pas expiré ou prorogé ce délai. La justification de la solution, délicate au regard des principes gouvernant la chose jugée, peut sans doute être puisée dans l'effet attaché à la décision du juge d'appui. Celle-ci a modifié l'ordonnancement juridique et le juge saisi en second doit tenir compte de cette modification. Il faut aussi noter que la cour d'appel de Paris réserve tout de même l'hypothèse de la révélation d'éléments nouveaux postérieurement à l'ordonnance du juge d'appui, permettant de solliciter l'annulation de la sentence malgré l'ordonnance rendue[381].

b) L'étendue de la nullité

559 **Nullité totale ou partielle de la sentence.** Par nature, certaines irrégularités affectent la sentence en son entier. L'annulation prononcée par le juge ne peut alors qu'être totale, ne laissant rien subsister de la décision de l'arbitre. Il en est ainsi quand le tribunal arbitral s'est déclaré à tort compétent ou incompétent, s'il a été irrégulièrement constitué ou lorsque la sentence n'indique pas sa date, le nom des arbitres ou n'est pas signée par eux. Mais hors ces hypothèses, le juge n'est pas toujours contraint d'annuler totalement la sentence entachée de l'un des vices énoncés à l'article 1492 du Code de procédure civile. L'annulation peut être partielle en cas de défaut de motif, de méconnaissance par l'arbitre de la mission qui lui avait été conférée, de violation du principe de la contradiction ou d'une règle d'ordre public, puisque ces irrégularités peuvent ne concerner que l'un des points litigieux tranchés par l'arbitre. Il est ainsi admis que le juge peut annuler un chef de la sentence lorsqu'il est divisible des autres chefs[382].

375. Art. 1351 du Code civil.

376. Paris, 3 mars 2005, *Rev. arb.* 2006, p. 446, note P. Callé ; Paris, 6 avr. 1990, *Rev. arb.* 1990, p. 880, note M. de Boisséson. V. aussi *supra*, n° 243.

377. Paris, 8 mars 2001, *Rev. arb.* 2001, p. 567, obs. C. Legros.

378. Paris, 10 nov. 2005, *Rev. arb.* 2006, p. 279 ; Paris, 3 mars 2005, préc.

379. Paris, 3 mars 2005, préc.

380. Paris, 10 nov. 2005, *Rev. arb.* 2006, p. 469.

381. Paris, 3 mars 2005, *Rev. arb.* 2006, p. 446, note P. Callé ; Paris, 6 avr. 1990, *Rev. arb.* 1990, p. 880, note M. de Boisséson.

382. Cass. 1re civ., 18 mars 2015, *Rev. arb.* 2015, p. 632, qui rejette le pourvoi formé contre Paris, 2 avr. 2013, *Rev. arb.* 2014, p. 106, note L. Jaeger ; *JCP* G 2013, II, 800, note C. Duclercq ; *D.* 2013, Pan., p. 2936, obs. Th. Clay ; Paris, 13 nov. 1997, *Rev. arb.* 1998, p. 709, obs. Y. Derains ; Cass. 2e civ.,

L'article 1498, alinéa 2, du Code de procédure civile envisage d'ailleurs indirectement cette faculté, lorsqu'il énonce que le rejet du recours en annulation confère l'exequatur « à celles » des dispositions de la sentence « qui ne sont pas atteintes par la censure de la cour ». Le juge peut, par exemple, annuler la sentence uniquement en ce qu'elle a fixé à une certaine date le point de départ des intérêts[383], accordé des sommes supérieures à celles réclamées[384] ou prononcé une astreinte[385].

560 **Annulation par voie de conséquence.** Parmi les règles propres à l'arbitrage, ne figure aucune disposition identique à celle de l'article 625, alinéa 2, du Code de procédure civile, qui prévoit que la cassation « entraîne, sans qu'il y ait lieu à une nouvelle décision, l'annulation par voie de conséquence de toute décision qui est la suite, l'application ou l'exécution du jugement cassé ou qui s'y rattache par un lien de dépendance nécessaire ». Le recours en annulation formé contre une première sentence n'emporte donc pas recours en annulation contre une sentence ultérieure[386]. Ainsi, même si une sentence partielle statuant sur la compétence ou sur le principe de la responsabilité a été annulée pour l'un des griefs énoncés à l'article 1492 du Code de procédure civile, l'annulation de la sentence définitive n'en découle pas automatiquement. Il est nécessaire de saisir à nouveau le juge de l'annulation pour qu'il la prononce[387]. L'annulation d'une sentence partielle, rendue par exemple sur la compétence du tribunal arbitral, a aussi des effets sur l'arbitrage[388]. Il existe des hypothèses dans lesquelles l'annulation d'une sentence entraîne la nullité d'une autre sentence. D'abord, si le recours contre une sentence rectifiée est accueilli, il prive d'objet la sentence rectificative[389]. Ensuite, de la même manière, puisque la sentence interprétative s'incorpore à la sentence interprétée[390], l'annulation de la seconde prive la première de son existence.

c) Le fond du litige

561 **Arbitrage judiciaire.** Avant la réforme intervenue par le décret du 12 mai 1980, lorsque la cour d'appel accueillait un appel-nullité, création prétorienne, elle se bornait à annuler la sentence sans trancher le litige sur le fond. Pour accélérer la procédure, dissuader les éventuels recours dilatoires et afin d'offrir une issue raisonnable en cas d'échec de la procédure arbitrale[391], au moment de créer le recours en annulation, le décret précité a complété son dispositif par l'article 1485 du Code de procédure civile, qui disposait que « lorsque la juridiction saisie d'un recours en annulation annule la sentence arbitrale, elle

---

28 févr. 1990, *Rev. arb.* 1991, p. 654, obs. J. Pellerin. V. aussi : J.-B. Racine, *Droit de l'arbitrage*, PUF, 2016, spéc. n° 975, p. 605.

383. Paris, 17 oct. 1991, *Rev. arb.* 1992, p. 672, obs. L. Zollinger.

384. Cass. com., 9 juill. 2002, n° 01-01750.

385. Paris, 15 mai 2008, *Rev. arb.* 2008, p. 830.

386. Paris, 24 févr. 1995, *Rev. arb.* 1996, p. 141, obs. Y. Derains.

387. V. notamment, Paris, 18 nov. 2004, *Rev. arb.* 2006. 755, obs. P. Duprey, qui, dans un arbitrage international, annule une sentence rendue sur le fond du litige, après avoir annulé une sentence partielle sur la compétence, au motif que « l'annulation définitive de la sentence initiale statuant sur la compétence de l'arbitre a privé nécessairement celui-ci de tout pouvoir pour statuer sur le fond ».

388. V. *supra*, n° 537.

389. Paris, 24 févr. 1995, préc.

390. Paris, 28 mai 1998, *Rev. arb.* 1999, p. 858, obs. J. Pellerin.

391. É. Loquin, note sous Paris, 7 juill. 1987, *Rev. arb.* 1988, p. 297, spéc. p. 302 ; J. Pellerin, « L'instance au fond devant la cour d'appel après annulation de la sentence », *Rev. arb.* 1993, p. 199, spéc. n° 4, p. 202.

statue sur le fond dans les limites de la mission de l'arbitre sauf volonté contraire de toutes les parties ». La règle a été reprise, presque mot pour mot, par le décret n° 2011-48 du 13 janvier 2011. L'article 1493 du Code de procédure civile dispose en effet « lorsque la juridiction annule la sentence arbitrale, elle statue sur le fond dans les limites de la mission de l'arbitre sauf volonté contraire de toutes les parties ». Sous certaines conditions, tenant au sens de sa décision et à la volonté des parties, le juge de la régularité de la sentence se voit confier le soin de trancher le fond du litige alors même que la voie de l'appel a été préalablement exclue. Il ne s'agit pas d'une évocation du litige par la cour d'appel qui a annulé la sentence puisque, précisément, ce litige a déjà été tranché par un juge[392]. Une fois la sentence annulée, le litige est dévolu à la cour, en droit comme en fait, quelle que soit la convention d'arbitrage, l'article 1493 précité n'opérant aucune distinction entre la clause compromissoire et le compromis[393]. La juridiction étatique se substituant au tribunal arbitral[394], on peut qualifier la procédure instituée devant elle de véritable « arbitrage judiciaire »[395].

562 **Dévolution du litige et causes d'annulation de la sentence.** La connaissance du fond du litige suppose l'annulation préalable de la sentence par la cour d'appel. Logiquement, la dévolution est partielle lorsque la sentence est annulée partiellement. Quand elle n'annule que certains chefs de la sentence, la cour d'appel ne peut donc statuer sur l'ensemble des contestations tranchées par le tribunal arbitral[396]. On s'est aussi interrogé sur la compétence de la cour d'appel, pour statuer sur le fond du litige, lorsque l'annulation de la sentence est la conséquence de l'absence, de la nullité ou de l'expiration de la convention d'arbitrage[397], soit, sous l'empire des textes issus de la réforme de 2011, lorsque le tribunal arbitral s'est déclaré à tort compétent ou incompétent. Dans cette hypothèse, en effet, la cour d'appel de Paris a déjà jugé que l'annulation de la sentence privait la saisine de la cour de tout fondement légal et n'avait pas pour effet de priver les parties du droit de soumettre leur litige au juge étatique[398]. Cette solution n'était pas celle consacrée par la Cour de cassation qui, dans un arrêt rendu le 1er décembre 1993, avait relevé, sous l'empire de l'ancien article 1485 du Code de procédure civile, « que la cour d'appel qui annule la sentence arbitrale statue sur le fond dans les limites de la mission de l'arbitre, sauf volonté contraire de toutes les parties, en cas d'annulation de la sentence pour absence de convention d'arbitrage, la cour d'appel, lorsqu'elle est saisie de conclusions des parties, statue sur le fond »[399]. Selon cette décision, sous réserve que les parties ne s'y opposent pas, la cour d'appel était

392. J. Pellerin, « L'instance au fond devant la cour d'appel après annulation de la sentence », préc., spéc. n° 34, p. 220.

393. Paris, 10 nov. 1995, *Rev. arb.* 1997, p. 596, obs. J. Pellerin.

394. Ph. Fouchard, « L'arbitrage judiciaire », in *Études offertes à P. Bellet*, Litec, 1991, p. 167, spéc. n° 12, p. 172.

395. É. Loquin, note sous Paris, 7 juill. 1987, préc., spéc. p. 305.

396. Cass. 2e civ., 16 mai 1988, *Rev. arb.* 1988, p. 645, note M.-C. Rondeau-Rivier.

397. J. Pellerin, « L'instance au fond devant la cour d'appel après annulation de la sentence », *Rev. arb.* 1993, p. 199, spéc. n° 10 et s., p. 205 et s.

398. Paris, 10 déc. 1985, *Rev. arb.* 1987, p. 157, note M.-C. Rondeau-Rivier. V. aussi, Paris, 4 déc. 2012 et 19 mars 2013, *Rev. arb.* 2013, p. 449, note D. Vidal ; Paris, 10 janv. 2012, *Rev. arb.* 2012, p. 340 (2e esp.), note N. Boucaron-Nardetto, dans une hypothèse d'inopposabilité de la convention d'arbitrage ; Paris, 23 mars 2010, *Rev. arb.* 2010, p. 389, qui décide que l'absence de convention d'arbitrage prive la cour d'appel de tout pouvoir de juger.

399. Cass. 2e civ., 1er déc. 1993, *Rev. arb.* 1997, p. 600, obs. J. Pellerin. V. aussi, Paris, 24 mars 1992, *Rev. arb.* 1993, p. 277.

tenue de statuer sur le fond dès qu'elle annulait la sentence arbitrale, quel que soit le motif de cette annulation[400]. Mais par un arrêt du 6 mars 2013, la Cour de cassation a procédé à un revirement de jurisprudence, pour épouser la thèse de la cour d'appel de Paris, en relevant que, la convention d'arbitrage étant inopposable à l'égard de certaines parties, « la cour d'appel a décidé, à bon droit, après avoir annulé la sentence arbitrale, qu'elle devait s'abstenir de statuer au fond et, qu'étant dépourvue de tout pouvoir, les parties devaient être renvoyées à mieux se pourvoir sans qu'il y ait lieu à désigner la juridiction devant être saisie »[401]. La cour d'appel ne peut donc statuer sur le fond du litige lorsqu'elle annule la sentence pour incompétence du tribunal arbitral, quelle qu'en soit la cause (absence, nullité, inopposabilité de la convention d'arbitrage)[402].

563 **Volonté contraire des parties.** Le pouvoir de statuer sur le fond du juge de la régularité reste en tout état de cause dans la dépendance de la volonté des parties, qui peuvent préférer recourir à nouveau à l'arbitrage pour résoudre leur litige, ou saisir la juridiction du premier degré qui eût été compétente à défaut de convention d'arbitrage. Ce choix procédural doit cependant être unanime. Selon l'article 1493 du Code de procédure civile, la cour d'appel statue sur le fond sauf si toutes les parties ont exprimé la volonté contraire. Le refus d'une seule d'entre elles est dès lors insuffisant[403]. Cette décision des litigants d'interdire au juge de statuer sur le fond, en cas d'annulation de la sentence, peut intervenir, indifféremment, au moment de la conclusion de la convention d'arbitrage, pendant l'instance arbitrale, après le prononcé de la sentence ou même au cours de l'instance engagée devant la cour d'appel[404]. Dans le silence des parties, lorsque le requérant n'a pas conclu au fond, le juge invite d'ailleurs parfois les parties à s'exprimer sur cette question[405].

564 **Procédure.** Devant la cour d'appel, une fois la sentence annulée et que la cour doit se prononcer sur le fond du litige, ce sont les règles de procédure en matière contentieuse qui sont applicables[406]. L'article 1495 du Code de procédure civile y renvoie d'ailleurs. Aussi, au-delà de la double limite à son office constituée par la convention d'arbitrage et par les demandes portées devant le tribunal arbitral[407], la cour d'appel ne peut, en plus, que statuer sur celles de ces demandes qui lui sont à nouveau soumises. À défaut, elle exposerait son arrêt à la cassation au visa des articles 4 et 5 du Code de procédure civile. La cour instruit et statue sur le fond du litige en fonction de ses propres règles de procédure, même si des éléments de la procédure arbitrale peuvent être utilement invoqués. En principe en effet, l'annulation est limitée à la sentence. Elle

400. V. aussi, Cass. 2e civ., 8 juill. 2004, *Bull. civ.* II, nº 350, pour l'annulation résultant de la rétractation de l'ordonnance du juge d'appui qui avait désigné un arbitre.

401. Cass. 1re civ., 6 mars 2013, *Bull. civ.* I, nº 31 ; *Rev. arb.* 2013, p. 404, note J. PELLERIN ; JCP G 2013, I, 784, obs. J. ORTSCHEIDT ; *Procédures* 2013, comm. 151, obs. L. WEILLER.

402. V. aussi : Paris, 8 avr. 2014, *Rev. arb.* 2014, p. 514.

403. Paris, 23 mars 1995, *Rev. arb.* 1996, p. 446.

404. V. aussi, Th. CLAY, « Liberté, égalité, efficacité : la devise du nouveau droit français de l'arbitrage. Commentaire article par article », *JDI* 2012, p. 443, spéc. p. 519, pour lequel la renonciation pourrait résulter de la référence à un règlement d'arbitrage prévoyant que les parties renoncent à tous les recours auxquels elles peuvent valablement renoncer. Cette analyse est cependant discutable, puisqu'elle assimile la dévolution du litige à la cour d'appel, résultant de l'annulation de la sentence, à une voie de recours.

405. Paris, 9 sept. 2004, *Rev. arb.* 2005, p. 215.

406. Cass. 2e civ., 16 mai 1988, préc. ; Cass. 1re civ., 19 nov. 1985, *Rev. arb.* 1987, p. 76, obs. Th. BERNARD.

407. V. *infra*, nº 565.

n'affecte pas les actes accomplis antérieurement par le tribunal arbitral, qui subsistent. Ainsi, le rapport d'expertise déposé avant la sentence annulée, en exécution d'une sentence intérimaire définitive, demeure valable[408]. La cour d'appel pourra donc le prendre en considération. Le juge étant tenu par ses propres règles de procédure, il peut, dans un même arrêt, annuler la sentence et statuer sur le fond[409]. Mais si l'une des parties n'a pas conclu sur le fond, il doit l'inviter à la faire afin que soit respecté le principe de la contradiction[410]. En conséquence, le plus souvent, la cour d'appel annule la sentence et statue sur le fond par deux arrêts distincts, renvoyant l'affaire à la mise en état dans la première de ses décisions pour que les parties concluent sur le fond[411].

Il faut noter que si, après avoir annulé une sentence, malgré l'absence de volonté commune contraire des parties pour qu'elle statue sur le fond, la cour d'appel ne tranche pas le litige, son arrêt n'est pas nécessairement entaché d'une omission de statuer. Tout dépend des demandes qui lui avaient été soumises par les parties puisque c'est au regard de celles-ci qu'il convient d'apprécier si le juge a statué *infra petita*. Ainsi, lorsqu'après l'annulation de la sentence, les parties n'ont formulé aucune demande sur le fond devant la cour d'appel, la requête en omission de statuer présentée devant elle pour qu'elle se prononce sur le fond ne peut être accueillie[412]. Dans cette hypothèse, si la dévolution est certes automatique en l'absence de volonté contraire de toutes les parties, en s'abstenant de statuer sur le fond, la cour d'appel a commis une erreur de droit, qui peut le cas échéant être sanctionnée par la Cour de cassation. En revanche, si les parties ont formulé devant elle des demandes sur le fond, la cour d'appel, qui n'a pas statué sur le fond, peut valablement être saisie d'une requête de l'article 463 du Code de procédure civile.

565 **Étendue de la mission de la cour d'appel.** La mission de la cour d'appel, une fois la sentence annulée, est identique celle confiée par les parties au tribunal arbitral. Le recours en annulation n'est pas, comme pour l'appel de droit commun, une voie d'achèvement. La mission de la cour d'appel est dès lors d'abord délimitée, matériellement, par la convention d'arbitrage[413]. Pour apprécier précisément l'étendue de sa mission, elle doit donc se pencher sur cette convention. Et, quand les parties sont liées par une clause compromissoire, la mission du juge l'annulation, comme avant lui celle du tribunal arbitral[414], est fixée par les prétentions respectives des parties formulées au cours de l'instance. Les termes du débat ne résultent pas directement de la convention d'arbitrage, même si les demandes formées pendant l'instance doivent, quant à leur objet, demeurer dans les limites de la clause compromissoire. La mission du juge de l'annulation est donc également fonction des demandes incidentes, additionnelles ou reconventionnelles, formées par les parties en cours de l'instance. Comme le prévoit l'article 4 du Code de procédure civile, toutes les demandes incidentes des parties ne peuvent cependant altérer l'objet initial du litige et faire évoluer la mission du juge. Celle-ci ne peut être modifiée que par des demandes incidentes qui se rattachent « aux prétentions originaires par un lien suffisant de dépendance »[415]. En revanche, en présence d'un compromis, les demandes incidentes

408. Cass. 2e civ., 18 mai 1989, *Bull. civ.* II, n° 111.
409. Cass. 2e civ., 8 juill. 1987, *Rev. arb.* 1989, p. 107, obs. J. Pellerin.
410. Cass. 2e civ., 3 juill. 1996, *Rev. arb.* 1996, p. 405, note Ph. Fouchard ; Cass. 2e civ., 8 juill. 1987, préc.
411. Paris, 9 sept. 2004, préc.
412. Paris, 21 avr. 2005, *Rev. arb.* 2005, p. 761, note J. Pellerin.
413. Paris, 7 juill. 1987, *Rev. arb.* 1988, p. 297, note É. Loquin.
414. V. *supra*, n° 380.
415. Cass. 2e civ., 8 juill. 2004, *Bull. civ.* II, n° 349 ; JCP G 2004, I, 179, n° 7, obs. J. Ortscheidt.

ne sont recevables qu'avec l'accord de toutes les parties[416]. Cela dit, la mission de la cour d'appel est aussi encadrée par les demandes formées devant le tribunal arbitral. Il a en effet été jugé que celles qui n'ont pas été présentées au tribunal arbitral sont irrecevables devant la cour d'appel[417]. Autrement dit, la cour ne peut connaître aucune demande qui n'a pas d'abord été soumise au tribunal arbitral, alors même qu'elle entrerait dans le champ de la convention d'arbitrage. Enfin, la mission de la cour est également fonction de l'objet du recours en annulation. Ainsi, si c'est une sentence interprétative qui a été annulée, sa mission consistera à interpréter la première sentence si celle-ci est ambiguë[418]. De plus, la cour ne peut pas se prononcer sur des demandes ayant fait l'objet d'une sentence arbitrale dont la validité n'était pas soumise à son appréciation[419]. Et si le tribunal arbitral devait statuer en qualité d'amiable compositeur, le juge est également tenu de se prononcer en cette qualité[420].

SECTION 2 LES VOIES DE RECOURS EXTRAORDINAIRES

566 **Division.** Deux voies de recours extraordinaires, dépourvues d'effet suspensif sur son exécution, sont ouvertes contre la sentence arbitrale. D'abord, si la sentence n'est pas susceptible de pourvoi en cassation ou d'opposition[421], selon l'article 1501 du Code de procédure civile, elle peut toujours « être frappée de tierce opposition » (§ 1). Cette voie de recours est très rarement utilisée puisqu'en raison de l'effet relatif de la chose jugée, la sentence ne préjudicie pas aux tiers. Beaucoup plus nombreux sont les recours en révision exercés contre les sentences arbitrales, ouverts par l'article 1502 du Code de procédure civile (§ 2).

§ 1. LA TIERCE OPPOSITION CONTRE LA SENTENCE

567 **Conditions.** L'article 1501 du Code de procédure civile ne dit rien des conditions d'ouverture de la tierce opposition contre la sentence[422]. Il énonce seulement que « la sentence arbitrale peut être frappée de tierce opposition devant la juridiction qui eût été compétente à défaut d'arbitrage, sous réserve des dispositions du premier alinéa de l'article 588 ». Il est cependant admis que ce recours est soumis

---

416. V. *supra*, n° 380.

417. Paris, 6 avr. 2006, *Rev. arb.* 2006, p. 925, (2e esp.), obs. D. Bensaude. V. aussi, pour l'appel de la sentence, Paris, 27 sept. 2005, *JCP* G 2006, I, 148, n° 4, obs. J. Ortscheidt.

418. Cass. 2e civ., 28 sept. 2000, n° 98-18564.

419. Cass. 1re civ., 19 nov. 1985, préc.

420. Paris, 22 mai 2001, *Rev. arb.* 2002, p. 614 ; Paris, 29 mars 2001, *Rev. arb.* 2001, p. 611 ; Paris 7 juill. 1987, *Rev. arb.* 1988, p. 297, note É. Loquin. V. aussi, Cass. 1re civ., 18 mars 2015, n° 14-16697.

421. V. *supra*, n° 505.

422. Art. 1481, al. 1, ancien CPC. Sur cette voie de recours, v. S. Bollée, « Les recours et les tiers en matière d'arbitrage », *Rev. arb.* 2018, p. 139.

aux conditions énoncées par l'article 583 de ce code[423], ce qui peut au demeurant s'induire de la réserve que fait l'article 1501 aux dispositions de l'article 588, alinéa 1er, du même code s'agissant de la compétence du juge. La tierce opposition est donc ouverte à toute personne qui y a un intérêt et qui n'a été ni partie, ni représentée à la sentence. Les créanciers et ayants cause d'une partie peuvent cependant former tierce opposition à la sentence rendue en fraude de leurs droits ou s'ils invoquent des moyens qui leur sont propres. En principe donc, seul un véritable tiers à l'arbitrage peut exercer une tierce opposition. La partie défaillante, c'est-à-dire celle qui a régulièrement été appelée à l'instance parce qu'elle était liée par la convention d'arbitrage, mais qui a refusé d'y participer, ne doit pas être autorisée à former tierce opposition contre la sentence rendue à son détriment. Seules les voies de recours ordinaires lui sont ouvertes. De même, traditionnellement, il était considéré que la tierce opposition n'était pas ouverte à toutes les parties représentées, au sens du droit commun, que la représentation soit d'origine légale ou conventionnelle. Ainsi, sauf les exceptions tirées de la fraude et du moyen personnel, prévues par l'article 583 précité, en application de la théorie de la représentation mutuelle des coobligés solidaires, il était dès lors considéré qu'ils ne pouvaient former tierce opposition contre une sentence arbitrale. Par un arrêt du 5 mai 2015, la chambre commerciale de la Cour de cassation a cependant jugé « que le droit effectif au juge implique que la caution solidaire, qui n'a pas été partie à l'instance arbitrale, soit recevable à former tierce opposition à l'encontre de la sentence arbitrale déterminant le montant de la dette du débiteur principal à l'égard du créancier »[424]. Cette solution a certainement vocation à s'appliquer à tous les coobligés.

568 **Procédure.** L'article 1501 du Code de procédure civile prévoit que la juridiction compétente pour statuer sur la tierce opposition est celle « qui eût été compétente à défaut d'arbitrage », en réservant les dispositions de l'article 588, alinéa 1, soit le cas de la tierce opposition incidente. Dans cette hypothèse, en application de ce dernier texte, le juge compétent est en effet celui saisi de la contestation principale[425]. La tierce opposition à titre principal peut être exercée dans le délai de trente ans à compter de la sentence, alors que la tierce opposition incidente peut être formée sans limitation de temps[426]. Par exception, la tierce opposition n'est recevable que dans un délai de deux mois pour tous ceux qui ont reçu notification de la sentence, sous réserve que celle-ci précise, de manière très apparente, ce délai et les modalités de ce recours[427]. Par dérogation aux dispositions relatives à la suspension de l'exécution provisoire de la sentence[428], le juge saisi de la tierce opposition dispose aussi du pouvoir de suspendre l'exécution de la sentence frappée de tierce opposition[429]. En outre, en cas

423. M. de Boisséson, *Le droit français de l'arbitrage interne et international*, GLN Joly, 1990, spéc. n° 470, p. 385 ; É. Loquin, « La décision arbitrale. Voies de recours », *J. Cl. Proc. Civ.*, fasc. 1046, spéc. n° 98.

424. Cass. com., 5 mai 2015, *Rev. arb.* 2015, p. 1115, note. M. Mignot ; *JCP* G 2015, I, 877, obs. J. Ortscheidt ; *Rapport annuel de la Cour de cassation*, 2015, p. 201 ; *Rev. soc.* 2016, p. 317, note B. Le Bars ; *RTD com.* 2016, p. 59, obs. É. Loquin.

425. Pour un exemple de tierce opposition incidente, v. Paris, 23 sept. 2014, *Rev. arb.* 2014, p. 1023 ; Cass. 2e civ., 28 juin 2007, *Bull. civ.* II, n° 173.

426. Art. 586, al. 1 et 2, CPC.

427. Art. 586, al. 3, CPC.

428. V. *supra*, n° 500 et s.

429. Art. 590 CPC. V. notamment : Cass. 2e civ., 28 mai 2015, JCP G 2015, I, 877, n° 3, obs. J. Ortscheidt.

d'indivisibilité à l'égard de plusieurs parties à la sentence attaquée, il faut qu'elles soient toutes appelées à l'instance. À défaut, la tierce opposition est irrecevable[430].

569 **Effets.** La tierce opposition « remet en question relativement à son auteur les points jugés qu'elle critique pour qu'il soit à nouveau statué en fait et en droit »[431]. Mais « la décision qui fait droit à la tierce opposition ne rétracte ou ne réforme » la sentence attaquée « que sur les chefs préjudiciables au tiers opposant »[432]. La dévolution s'opère donc en fait et en droit sur la seule partie du litige intéressant le tiers opposant. C'est pourquoi, en principe, la sentence « conserve ses effets entre les parties, même sur les chefs annulés »[433]. Par exception toutefois, « la chose jugée sur tierce opposition l'est à l'égard de toutes les parties appelées à l'instance en application de l'article 584 ».

§ 2. LA RÉVISION DE LA SENTENCE

570 **Réforme.** Le décret n° 2011-48 du 13 janvier 2011 a modifié le recours en révision en matière d'arbitrage interne, pour accroître l'autorité du tribunal arbitral[434]. Dans son principe même, la possibilité d'un tel recours en révision renforce d'ailleurs déjà l'autorité du tribunal arbitral, puisqu'il est intolérable qu'une partie puisse impunément tromper sa religion par des manœuvres. Mais cette autorité sera d'autant plus renforcée si c'est le tribunal arbitral lui-même qui connaît de ce recours. En effet, qui mieux que les arbitres, parfaitement au fait de l'affaire, peuvent pleinement apprécier si leur religion a été véritablement trompée ? De plus, une partie pourrait hésiter à user de telles manœuvres si elle sait s'exposer à un retour, qui serait alors pour le moins délicat, devant le tribunal arbitral qu'elle aura trompé. Dorénavant, en matière interne, lorsque le tribunal a été constitué après le 1er mai 2011, la solution étant déjà connue en matière internationale avant le décret, ce n'est plus « la cour d'appel qui eût été compétente pour connaître des autres recours contre la sentence » qui connaît du recours en révision[435], mais le tribunal arbitral. C'est sous le bénéfice de ces observations qu'il convient d'envisager les conditions d'ouverture du recours en révision (A) et l'instance en révision de la sentence (B).

A. LES CONDITIONS D'OUVERTURE DU RECOURS EN RÉVISION

571 **Renvoi aux règles du droit commun.** L'article 1502, alinéa 1, du Code de procédure civile, plus précis sur ce point que l'ancien article 1491, alinéa 1, prévoit que « le recours en révision est ouvert contre la sentence dans les cas prévus pour les jugements à l'article 595 et sous les conditions prévues aux articles 594, 596, 597 et 601 à 603 ». Le recours est donc recevable dès le prononcé de la sentence ; il ne peut être demandé

430. Art. 584 CPC
431. Art. 582 CPC.
432. Art. 591, al. 1, CPC.
433. Art. 591, al. 1, CPC.
434. V. notamment, Ch. Seraglini, « L'efficacité et l'autorité renforcée des sentences arbitrales en France après le décret n° 2011-48 du 13 janvier 2011 », *Cah. arb.* 2011, p. 375, spéc. n° 35 et s.
435. Art. 1491, al. 2, ancien CPC.

que par les parties à la sentence ou les personnes qui y étaient représentées ; il n'est ouvert que selon des cas limitativement énumérés.

572 **Recours ouvert dès le prononcé de la sentence et délai.** Sous l'empire des dispositions antérieures au décret du 13 janvier 2011, par renvoi de l'article 1491, alinéa 1, ancien du Code de procédure civile à l'article 593 du même code, le recours en révision n'était ouvert que lorsque la sentence était « passée en force de chose jugée »[436]. Le recours en révision présentant un caractère subsidiaire, la sentence ne pouvait être révisée que lorsqu'elle n'était pas ou plus susceptible d'un recours suspensif. C'était au demandeur d'établir que la condition était respectée[437] et il avait par exemple été jugé que le recours en révision n'était pas recevable si le délai du recours en annulation n'était pas expiré[438], ce délai étant suspensif de l'exécution de la sentence[439]. Pour la même raison, le recours était irrecevable avant l'expiration du délai d'appel. La condition pouvait donc poser des difficultés pratiques puisque le recours en révision ne pouvait être formé avant l'exequatur de la sentence[440], le délai de recours expirant un mois après la signification de la sentence revêtue de l'exequatur[441]. Ainsi, une partie pouvait être contrainte de solliciter l'exequatur de la sentence pour, ensuite, s'ouvrir la voie du recours en révision contre celle-ci[442]. Cette condition n'a pas été reprise par l'article 1502 du Code de procédure civile issu de la réforme de 2011. Le recours en révision est donc recevable, lorsque le tribunal arbitral a été constitué après le 1er mai 2011, dès que la sentence arbitrale a été rendue. Il n'est même pas nécessaire d'attendre qu'elle soit notifiée. Selon ce que prévoit l'article 596 du Code de procédure civile, le délai du recours en révision est de deux mois à compter de la connaissance, par la partie qui l'invoque, de la cause de révision[443], et c'est à celle-ci de prouver le respect de ce délai lorsqu'il est contesté[444]. Ainsi, lorsque c'est la réception d'une pièce déterminante qui révèle la fraude, c'est à cette date qu'est fixé le point de départ du délai de deux mois pour former le recours en révision contre la sentence[445].

573 **Recours ouvert aux parties ou représentées à la sentence.** L'article 594 du Code de procédure civile, auquel renvoie l'article 1502, alinéa 2, dispose que la révision ne peut « être demandée que par les personnes qui ont été parties ou représentées au jugement ». Le recours est donc ouvert à ceux qui ne peuvent former de tierce opposition contre la sentence[446]. Et il demeure recevable même s'il a été renoncé à ce recours dans

436. Sur le régime avant la réforme, v. Th. CLAY, « Le fabuleux régime du recours en révision contre les sentences arbitrales », in *Justice et droit du procès. Du légalisme procédural à l'humanisme processuel, Mélanges en l'honneur de S. Guinchard*, Dalloz, 2010, p. 651.

437. Paris, 7 déc. 2000, *Rev. arb.* 2003, p. 1353, obs. L. JAEGER.

438. Paris, 27 mars 2008, *Rev. arb.* 2009, p. 158 (2e esp.), note P. CALLÉ ; Paris, 25 oct. 2001, *Rev. arb.* 2003, p. 1353 (2e esp.), obs. L. JAEGER ; *RTD com.* 2002, p. 41, obs. É. LOQUIN.

439. V. *supra*, no 521.

440. Paris, 25 oct. 2001, préc.

441. Art. 1486, al. 2, ancien CPC.

442. Th. CLAY, « Le fabuleux régime du recours en révision contre les sentences arbitrales », préc., spéc. no 29.

443. Sur cette condition, v. Paris, 6 avr. 2006, *Rev. arb.* 2006, p. 485.

444. Paris, 17 févr. 2015, *JCP* G 2015, 289, note S. BOLLÉE ; *D.* 2015, p. 20312, note L. D'AVOUT ; *D.* 2015, p. 2588, obs. Th. CLAY ; *Cah. arb.* 2015, p. 281, note A. DE FONTMICHEL ; *Rev. arb.* 2015, p. 832, note P. MAYER.

445. Paris, 28 oct. 2004, *Rev. arb.* 2004, p. 983.

446. V. *supra*, no 567.

la convention d'arbitrage. À l'inverse de ce qui était auparavant expressément prévu pour l'appel, lorsqu'il était le principe[447], il a été jugé qu'une telle renonciation n'est pas valable[448]. La solution est rationnelle : les parties ne peuvent pas, plus généralement, modifier le régime des voies de recours ouvertes contre la sentence[449], qui constitue une matière indisponible[450].

574 **Cas d'ouverture.** L'article 1502, alinéa 2, se réfère à l'article 595 du Code de procédure civile pour les cas d'ouverture du recours en révision. Il n'est donc ouvert que pour l'un des quatre cas qu'énumère ce texte. La révision est d'abord possible si, après la sentence, soit il se révèle qu'elle a « été surprise par la fraude de la partie au profit de laquelle elle a été rendue », soit « il a été recouvré des pièces décisives qui avaient été retenues par le fait d'une autre partie ». Ces deux premières causes de révision sont fondées sur la fraude d'une partie à l'instance arbitrale, puisque la rétention d'une pièce ne constitue un cas de révision, en droit commun, que lorsqu'elle a été volontaire[451]. Dans un arrêt du 30 juin 2016, la Cour de cassation a aussi admis que le recours en révision est ouvert dans une hypothèse dans laquelle c'est le concert frauduleux entre un arbitre et une partie, ou son conseil, qui est dénoncé[452]. Elle a ainsi posé en principe que « l'occultation par un arbitre des circonstances susceptibles de provoquer, dans l'esprit des parties, un doute raisonnable quant à son impartialité et à son indépendance, dans le but de favoriser l'une des parties, constitue une fraude rendant possible la rétractation de la sentence arbitrale dès lors que cette décision a été surprise par le concert frauduleux existant entre l'arbitre et cette partie ou les conseils de celle-ci ». En principe, le recours n'est accueilli que si la fraude a eu une incidence sur la solution donnée au litige par le tribunal arbitral, celle-ci s'appréciant tant au regard des moyens qui ont pu être invoqués que de ceux dont elle a privé la partie qui en a été victime[453]. Le recours en révision est ensuite ouvert « s'il a été jugé sur des pièces reconnues ou judiciairement déclarées fausses depuis » la sentence ou « s'il a été jugé sur des attestations, témoignages ou serments judiciairement déclarés faux depuis » la sentence. C'est ici la fausseté d'un élément de preuve soumis au tribunal arbitral qui permet la révision de la sentence[454]. Dans tous les cas, le recours n'est recevable que si son auteur n'a pu, « sans faute de sa part, faire valoir la cause qu'il invoque avant que la décision ne soit passée en force de chose jugée »[455].

447. V. *supra*, n° 529.

448. Paris, 14 mars 1991, *Rev. arb.* 1991, p. 657, obs. J. Pellerin.

449. Cass. 1re civ., 20 nov. 2013, *Rev. arb.* 2014, p. 383, note D. Bureau ; *JCP* G 2013, I, 1391, spéc. n° 2, obs. Ch. Seraglini ; Paris, 29 mars 2001, *Rev. arb.* 2001, p. 543, note D. Bureau ; Paris, 27 oct. 1994, *Rev. arb.* 1995, p. 263, note P. Level ; Cass. 1re civ., 6 avr. 1994, *Rev. arb.* 1995, p. 263, note P. Level ; Paris, 12 déc. 1989, *Rev. arb.* 1990, p. 863, note P. Level.

450. Ch. Seraglini, *Lois de police et justice arbitrale internationale*, préf. P. Mayer, Dalloz, 2001, spéc. n° 375, p. 181.

451. Cass. 1re civ., 12 juill. 1994, *Bull. civ.* I, n° 254.

452. Cass. 1re civ., 30 juin 2016, JCP G 2016, 954, note S. Bollée ; *D.* 2016, p. 2589, obs. Th. Clay ; *D.* 2016, p. 2025, obs. L. d'Avout ; *Rev. arb.* 2016, p. 1123, note P. Mayer ; *Cah. arb.* 2017, p. 339, note M. Henry, qui rejette le pourvoi formé contre Paris, 17 févr. 2015, préc.

453. Paris, 28 oct. 2004, *Rev. arb.* 2004, p. 983. V. aussi, en matière d'arbitrage international, Cass. 1re civ., 16 janv. 2018, n° 16-21391.

454. V. par ex., Paris, 16 oct. 2008, *Rev. arb.* 2008, p. 844.

455. Art. 595 CPC.

B. L'INSTRUCTION DU RECOURS EN RÉVISION

575 **Procédure.** On l'a vu, le décret du 13 janvier 2011, applicable pour les tribunaux arbitraux constitués après le 1er mai 2011, a modifié l'instruction du recours en révision, qui ne relève plus de la compétence du juge étatique, mais de celle du tribunal arbitral qui a rendu la sentence. Auparavant, le recours était porté devant « la cour d'appel qui eût été compétente pour connaître des autres recours contre la sentence »[456], soit celle « dans le ressort de laquelle la sentence arbitrale a été rendue », en application de l'article 1486, alinéa 1, ancien du Code de procédure civile. Il était formé par citation[457] et devait être communiqué au ministère public à la diligence du juge[458]. Ces exigences ne sont plus applicables lorsque le tribunal arbitral a été constitué après le 1er mai 2011, date d'entrée en vigueur du décret nº 2011-48 sur ce point. De plus, toutes les parties à la sentence doivent être appelées à l'instance à peine d'irrecevabilité du recours[459]. Ce n'est que si le tribunal arbitral ne peut plus être réuni qu'alors, comme le prévoit l'article 1502, alinéa 3, du Code de procédure civile, « le recours est porté devant la cour d'appel qui eût été compétente pour connaître des autres recours contre la sentence », soit la cour d'appel située dans le ressort de laquelle la sentence a été rendue[460]. La solution peut être discutée, puisque la volonté des parties était de soustraire la connaissance du fond du litige au juge et que l'appréciation de la recevabilité et de la pertinence du recours pour fraude a souvent trait au fond du litige[461].

576 **Effets du recours en révision.** Le recours en révision a un effet dévolutif. Si la sentence est rétractée, le tribunal arbitral, ou la cour d'appel, doit ensuite statuer sur le fond du litige. Le tribunal arbitral statue d'ailleurs, par la même sentence, sur la recevabilité et sur le fond, sauf s'il y a lieu à complément d'instruction[462]. La dévolution est cependant limitée aux seuls chefs de la sentence contre lesquels la révision est justifiée[463], soit ceux sur lesquels la fraude ou le faux a eu une incidence. Lorsqu'il statue à nouveau sur le fond, le tribunal arbitral, comme la cour d'appel, sont tenus de respecter la mission précédemment confiée aux arbitres, telle qu'elle résultait de la convention d'arbitrage. Il faut aussi noter que, si un pourvoi est ouvert contre l'arrêt de la cour d'appel qui accueille un recours en révision, en revanche, l'arbitre ne peut pas former une tierce opposition contre cet arrêt[464]. Le visa du principe selon lequel « nul ne peut être juge et partie » pour justifier la solution peut sans doute être discuté, l'instance arbitrale et l'instance en révision de la sentence ayant deux objets différents et l'arbitre n'étant pas simultanément juge et partie[465]. Mais la maxime précitée interdit au juge, ou à l'arbitre, de prendre la qualité de partie dans le litige qui lui est soumis : une fois qu'il a rendu sa décision, il ne peut pas en assurer la défense dans le cadre

456. Art. 1491, al. 2, ancien CPC.
457. Art. 598, al. 1, CPC.
458. Art. 600 du CPC.
459. Art. 597 CPC.
460. Art. 1494 al. 1, CPC. V. *supra*, nº 519.
461. Ch. Seraglini, « Les recours en cas de fraude », *Rev. arb.* 2018, p. 121, spéc. nº 35, p. 134.
462. Art. 601 CPC.
463. Art. 602 CPC.
464. Cass. 2e civ., 11 janv. 2018, *Procédures* 2018, nº 82, obs. L. Weiller ; *JCP* G 2018, 346, note D. Mouralis ; *JCP* G 2018, 1322, nº 3, obs. J. Ortscheidt ; Paris, 27 sept. 2016, *D.* 2016, 2589, obs. Th. Clay.
465. S. Bollée, « Les recours et les tiers en matière d'arbitrage », *Rev. arb.* 2018, p. 139, spéc. p. 157.

d'une autre voie de recours[466]. En outre, la tierce opposition de l'arbitre était sans doute aussi irrecevable pour défaut d'intérêt à agir, puisque le préjudice donnant intérêt à agir, pour le tiers opposant, doit trouver sa source, non dans les motifs de la décision en cause, mais dans son dispositif. C'est uniquement ce dispositif qui fait l'objet de la tierce-opposition et qui peut être rapporté sur le fondement de l'article 582 du Code de procédure civile ; l'article 583 du même code, qui subordonne la recevabilité de la tierce opposition à l'existence d'un intérêt, doit être lu en ce sens que l'intérêt à agir du tiers opposant suppose que le dispositif de la décision frappée de tierce opposition lui fasse directement et personnellement grief. La règle est essentielle, puisque la tierce opposition autorise le tiers à s'immiscer dans un litige qui s'élevait entre d'autres parties et qu'il ne doit pas être autorisé à solliciter, par cette voie, la rétractation d'une décision au seul prétexte qu'il serait mécontent ou heurté par ses motifs[467]. Or, dans cette affaire en particulier, l'arrêt rendu par la cour d'appel ayant accueilli le recours en révision contre la sentence[468] n'avait pas stigmatisé le comportement de l'arbitre dans son dispositif. C'est uniquement dans ses motifs qu'elle avait considéré qu'il avait, par fraude, surpris la décision du tribunal arbitral. Puisque l'autorité de la chose jugée n'est attachée qu'au dispositif d'une décision du juge, et que ce qui était en cause lors de l'instance en révision, c'était le sort de la sentence, soit la solution donnée par le tribunal au litige tranché, le résultat de cette instance était sans incidence sur la situation juridique de l'arbitre, même si l'arrêt rendu, objet de la tierce opposition, qui stigmatisait son comportement, pouvait ensuite être utilisé dans le cadre d'une action en responsabilité.

466. F. Bussy, « Nul ne peut être juge et partie », *D.* 2004, p. 1745.

467. La jurisprudence est fixée en ce sens : Cass. 3e civ., 5 mars 2014, no 13-11415 ; Cass. 2e civ., 23 sept. 2010, no 09-16135 ; Cass. 2e civ., 21 oct. 2010, no 09-67177 ; Cass. 1re civ., 6 févr. 2001, no 99-14084.

468. Paris, 17 févr. 2015, JCP G 2015, 289, note S. Bollée ; *D.* 2015, p. 20312, note L. d'Avout ; *D.* 2015, p. 2588, obs. Th. Clay ; *Cah. arb.* 2015, p. 281, note A. de Fontmichel ; *Rev. arb.* 2015, p. 832, note P. Mayer.

DEUXIÈME PARTIE
L'ARBITRAGE INTERNATIONAL

577 **La « délocalisation » de l'arbitrage international.** Le présent ouvrage a essentiellement pour objet l'étude du droit français de l'arbitrage international. Ceci étant, dans la pratique de l'arbitrage international, le point de vue des autres droits ne peut être ignoré[1]. Cela d'autant moins que l'arbitre international, compte tenu de sa position particulière, est conduit, au gré des procédures dont il a à connaître, à s'intéresser à divers droits, que ce soit à propos du droit applicable au fond du litige, ou s'agissant du droit régissant la procédure arbitrale ou encore l'exécution future de sa sentence. Il en sera donc de même des conseils des parties à l'instance arbitrale. En effet, à l'échelon international, l'arbitre est dans une position très différente de celle du juge étatique. Le juge étatique, confronté à un litige international, puise dans son ordre juridique les règles qui serviront à le trancher et qui tiennent elles-mêmes généralement compte de la dimension internationale du litige : règles de compétence internationale qui vont déterminer sa compétence, règles de conflit de lois qui vont lui permettre de désigner la loi applicable au litige, ou encore règles de procédure à suivre dans un litige international. Sur ces différents points, tout juge suivra les indications de son ordre juridique, de son for. À l'opposé, l'arbitre international, personne privée qui ne rend la justice au nom d'aucun État déterminé, n'a, de ce fait, pas de for, au sens où, contrairement au juge étatique, il n'est soumis *a priori* à aucun ordre juridique qui lui commanderait le respect de ses normes pour trancher le litige international qui lui est confié[2]. Il peut donc être conduit à appliquer des normes de sources diverses. Pour décrire ce phénomène, on dit généralement que l'arbitre international est « délocalisé ». De ce phénomène découlent de nombreuses conséquences juridiques et pratiques, qui seront exposées lors des développements qui suivent consacrés à l'arbitrage international. Toutefois, l'idée même d'une véritable « délocalisation » de l'arbitre international étant source de controverses, cette notion mérite dès à présent d'être précisée[3].

1. Sur l'importance du droit comparé en la matière, v. *supra*, n° 54.
2. Sur ce point, v. P. Mayer, « La liberté de l'arbitre », *Rev. arb.* 2013, p. 339 ; et aussi J.-M. Jacquet, « Les libertés de l'arbitre international », in *Mélanges en l'honneur du professeur Pierre Mayer*, LGDJ, 2015, p. 311.
3. Sur la question, v. notamment P. Mayer, « The Trend towards Delocalisation in the last 100 Years », in *The Internationalization of International Arbitration, The LCIA Centenary Conference*, Londres, 1995,

De fait, on peut répertorier divers symptômes d'une certaine « délocalisation » de l'arbitrage international. Tout d'abord, la procédure suivie dans un arbitrage international est très largement dénationalisée, en ce qu'elle emprunte, selon les souhaits des parties et des arbitres, à divers systèmes juridiques[4]. Ensuite, s'agissant du droit applicable au fond du litige, la plus grande liberté est reconnue aux parties dans le choix de ce droit, et la même liberté est reconnue aux arbitres en l'absence de choix exprimé par les parties[5]. Certaines législations, dont la législation française depuis le décret n° 2011-48 du 13 janvier 2011, semblent vouloir accentuer cette délocalisation de l'arbitrage international en autorisant, selon des conditions variables, les parties à renoncer par avance aux voies de recours normalement ouvertes contre les sentences arbitrales rendues sur leur territoire[6]. Certains auteurs évoquent même alors l'idée d'une véritable « autonomie » de l'arbitrage international par rapport aux ordres juridiques étatiques. En France, cette idée pourrait être encore confortée par l'attitude de la Cour de cassation, qui, dans l'arrêt *Putrabali*, a estimé que l'annulation d'une sentence arbitrale dans le pays où elle a été rendue n'interdit pas sa reconnaissance et son exécution sur le territoire français, dans la mesure où « la sentence internationale, qui n'est rattachée à aucun ordre juridique étatique, est une décision de justice internationale », qui ne saurait par conséquent être affectée par une décision d'annulation rendue par le juge de l'État du siège de l'arbitrage. Selon la Haute juridiction, sa « régularité est examinée au [seul] regard des règles applicables dans le pays où sa reconnaissance et son exécution sont demandées »[7].

p. 37 ; « La liberté de l'arbitre », préc. ; et aussi, J.-M. Jacquet, « Les libertés de l'arbitre international », préc. ; R. Goode, « The Role of the Lex Loci Arbitri in International Commercial Arbitration », *Arb. int.*, vol. 17, 2001, p. 19 ; W. W. Park, « The Lex Loci Arbitri and International Commercial Arbitration », *ICLQ* 1983, p. 21 ; J. Paulsson, « Delocalisation of International Commercial Arbitration: When and Why it Matters », *ICLQ* 1983, p. 53 ; v. également, E. Gaillard, « Souveraineté et autonomie : réflexions sur les représentations de l'arbitrage international », *JDI* 2007, var. 8, p. 1163.

4. V. *infra*, n° 801 et s.

5. V. *infra*, n° 883 et s.

6. Art. 192 LDIP suisse : si les parties n'ont ni domicile, ni résidence habituelle, ni établissement en Suisse, elles peuvent, par une déclaration expresse dans la convention d'arbitrage ou un accord écrit ultérieur, exclure tout recours contre la sentence arbitrale. Art. 1718 Code judiciaire belge issu de la loi du 24 juin 2013 : si aucune des parties n'a, pour une personne physique, ni la nationalité belge, ni son domicile ou sa résidence habituelle en Belgique, pour une personne morale, ni son siège statutaire, ni son principal établissement ou une succursale en Belgique, elles peuvent, par une déclaration expresse dans la convention d'arbitrage ou par une convention ultérieure, exclure tout recours en annulation d'une sentence arbitrale. V. aussi, art. 51 loi suédoise sur l'arbitrage (les parties ne doivent avoir ni domicile, ni établissement sur le territoire suédois). Depuis le décret du 13 janvier 2011, la possibilité de renoncer par avance au recours en annulation contre une sentence rendue en France en matière internationale est offerte, sans condition liée au domicile ou à l'établissement des parties, par l'article 1522 CPC ; sur cette disposition, v. *infra*, n° 959 et s.

7. Cass. 1re civ., 29 juin 2007, *sté PT Putrabali Adyamulia c/ sté Rena Holding et a.* (2 arrêts), *Rev. arb.* 2007, p. 507, rapport J.-P. Ancel, note E. Gaillard ; *JDI* 2007, p. 1236, note Th. Clay ; *JCP* G 2007, I, 216, n° 7 et s., obs. Ch. Seraglini ; *RTD com.* 2007, p. 682, obs. É. Loquin ; *D.* 2008, p. 1429, note L. Degos ; *RCDIP* 2008, p. 109, note S. Bollée ; Ph. Pinsolle, « L'ordre juridique arbitral et la qualification de la sentence arbitrale de décision de justice internationale (à propos de l'arrêt Putrabali du 29 juin 2007) », *Cah. arb.*, vol. IV, Pedone, 2008, p. 110 ; *adde* A. Mourre, « À propos des articles V et VII de la Convention de New York et de la reconnaissance des sentences annulées dans leurs pays d'origine : où va-t-on après les arrêts *Termo Rio* et *Putrabali* ? », *Rev. arb.* 2008, p. 263. V. déjà, dans le même sens, Paris, 29 sept. 2005, *Bechtel*, *Rev. arb.* 2006, p. 695, note H. Muir Watt ; *JCP* G 2006, I, 148, n° 7, obs. Ch. Seraglini ; *D.* 2005, pan., p. 3063, obs. Th. Clay ; *RCDIP* 2006, p. 387, note A. Szekely, qui déclarait que « les décisions rendues à la suite d'une procédure d'annulation, à l'instar des décisions d'exequatur, ne produisent pas d'effets internationaux car elles ne concernent qu'une souveraineté déterminée sur le territoire où elle s'exerce, aucune appréciation ne pouvant être portée

578 **La vision française de la délocalisation ou « l'autonomie » de l'arbitrage international.** L'arrêt *Putrabali* illustre de façon plus générale la vision extrême que semble adopter le droit français de « l'autonomie » de l'arbitrage international[8]. Selon celle-ci, l'arbitrage international, délocalisé et dénationalisé, serait en conséquence détaché des ordres juridiques étatiques et insusceptible de subir les contraintes et décisions de l'un d'eux. Certains auteurs se félicitent d'une telle vision de l'autonomie de l'arbitrage international, et souhaiteraient même sa consécration en tant que principe général du droit de l'arbitrage international[9]. D'autres la jugent excessive[10].

Il convient toutefois d'apprécier ce phénomène d'autonomisation de l'arbitrage international à sa juste mesure. La notion « d'autonomie de l'arbitrage international » semble un peu mystérieuse et, en tout cas, protéiforme[11]. Elle est notamment affirmée par la jurisprudence française à propos de la convention d'arbitrage au regard, tant du contrat principal que de toute loi étatique[12], en faveur des parties et de l'arbitre dans la détermination et la mise en œuvre du droit applicable, tant au fond du litige[13] qu'à la procédure arbitrale[14], et donc au profit de la sentence arbitrale elle-même au regard des ordres juridiques nationaux[15]. Or, elle recouvre des réalités quelque peu différentes d'une hypothèse à une autre. Par ailleurs, selon certains, cette affirmation de l'autonomie de l'arbitrage international se justifierait par l'existence d'un ordre juridique arbitral[16]. Plus précisément, selon eux, la solution *Putrabali* s'expliquerait par

sur ces décisions émises par un juge étranger à l'occasion d'un procès indirect »... ou comment justifier le désintérêt pour la décision d'annulation étrangère par le nécessaire respect des souverainetés étrangères ! V. aussi, de façon moins jusqu'au-boutiste : Cass. 1re civ., 23 mars 1994, *Hilmarton*, *Rev. arb.* 1994, p. 327, note Ch. Jarrosson ; *JDI* 1994, p. 701, note E. Gaillard, *RCDIP* 1995, p. 356, note B. Oppetit ; *RTD com.* 1994, p. 702, obs. É. Loquin ; Cass. 1re civ., 17 oct. 2000, *RTD com.* 2000, p. 63, obs. É. Loquin ; *Rev. arb.* 2000, p. 648, rapport J.-P. Ancel, note P. Mayer. Et déjà, Cass. 1re civ., 9 oct. 1984, *Rev. arb.* 1985, p. 931, note B. Goldman. Et plus récemment, Paris, 4 déc. 2012, *Planor Afrique*, *Rev. arb.* 2013, p. 411 (2e esp.), note C. Debourg (dans le cas particulier d'une annulation de la sentence arbitrale par la Cour commune de justice et d'arbitrage (CCJA) dans le cadre du Traité OHADA) ; Paris, 15 janv. 2013, *Rev. arb.* 2013, p. 779, note S. Bollée ; Paris, 27 juin 2017, *Fédération de Russie c/ Société Yukos*, *Rev. arb.* 2017, p. 1075. Sur cette jurisprudence, v. aussi, *infra*, n° 924.

8. Sur le sujet, v. Ph. Fouchard, « L'autonomie de l'arbitrage commercial international », *Rev. arb.* 1965, p. 99 ; E. Gaillard, « Souveraineté et autonomie : réflexions sur les représentations de l'arbitrage international », préc. ; *Aspects philosophiques du droit de l'arbitrage international*, Adi-Poche, 2008, spéc. n° 59 et s. ; J.-B. Racine, « Réflexions sur l'autonomie de l'arbitrage commercial international », *Rev. arb.* 2005, p. 305 ; et aussi, Th. Clay et Ph. Pinsolle, « De l'autonomie de la convention d'arbitrage à l'autonomie de la sentence arbitrale », *JDI* 2015, doctr. 2, p. 13.

9. J.-B. Racine, « Réflexions sur l'autonomie de l'arbitrage commercial international », préc.

10. R. Goode, « The role of the *lex loci arbitri* in international commercial arbitration », *Arb. Int.* 2001, p. 19 ; O. Sandrock, « To continue nationalizing or to de-nationalize ? That is now the question in international arbitration », *Am. Rev. Int. Arb.* 2001, p. 301. Plus généralement, J.-F. Poudret, S. Besson, *Droit comparé de l'arbitrage international*, Bruylant, 2002 (et la version anglaise de l'ouvrage : *Comparative law of international arbitration*, Thomson-Sweet & Maxwell, 2007).

11. Sur les différents aspects de cette autonomie dans l'arbitrage international, v. J.-B. Racine, « Réflexions sur l'autonomie de l'arbitrage commercial international », préc.

12. V. *infra*, n° 594 et s.

13. V. *infra*, n° 883 et s.

14. V. *infra*, n° 801 et s.

15. V. également *infra*, n° 924.

16. Ph. Pinsolle, « L'ordre juridique arbitral et la qualification de la sentence arbitrale de décision de justice internationale (à propos de l'arrêt Putrabali du 29 juin 2007) », *Cah. arb.*, vol. IV, Pedone, 2008, p. 110, spéc. p. 117 ; L. Degos, note sous Cass. 1re civ., 29 juin 2007, *sté PT Putrabali Adyamulia c/ sté Rena Holding et a.* (2 arrêts), *D.* 2008, p. 1429, spéc. n° 20-21 ; E. Gaillard, note sous Cass. 1re civ., 29 juin 2007 (2 arrêts), *Rev. arb.* 2007, p. 507, spéc. p. 519 et s. ; et aussi, *Aspects philosophiques du*

l'intégration de la sentence internationale dans un ordre juridique arbitral. Pourtant, on peut questionner la réalité d'un tel ordre juridique[17], qui recouvre au demeurant des significations différentes d'un auteur à un autre[18]. La possible reconnaissance d'une sentence annulée dans son pays d'origine peut tout aussi bien s'expliquer par le caractère privé de cet acte[19]. Au surplus, s'agissant du droit français, on pourrait plutôt penser qu'au-delà des mots et sous couvert d'autonomie, il tend surtout à imposer ses propres vues afin de « protéger » l'arbitrage international de solutions, éventuellement plus défavorables, retenues à l'étranger sur des questions relatives au régime de la convention d'arbitrage internationale, au droit applicable à la procédure ou au fond du litige, au encore au sort de la sentence arbitrale, pour leur substituer des règles « favorables », spécialement élaborées par la jurisprudence française pour le bénéfice de l'arbitrage international. Autrement dit, il s'agit pour le droit français d'accorder à l'arbitrage international un régime de faveur, impliquant d'ignorer les solutions retenues ailleurs et d'abandonner les méthodes et solutions traditionnelles du droit international privé, tant sur le terrain du conflit de lois que sur celui du conflit de juridictions. Le but est donc d'« établir une protection juridique particulière pour ce mode de règlement des litiges particulier », pour rependre, en les adaptant et généralisant, les propos tenus par un haut magistrat de la Cour de cassation à l'égard de la seule convention d'arbitrage internationale[20]. Néanmoins, d'un point de vue plus général, en droit comparé, l'idée, tant d'une délocalisation véritable de l'arbitrage international que d'une complète autonomie de celui-ci, ne fait pas l'unanimité, notamment s'agissant du contrôle étatique de la sentence arbitrale et du rôle reconnu au juge du siège de l'arbitrage à cet égard, ou encore du régime de la convention d'arbitrage au regard des droits étatiques, ou de l'arbitrage au regard des ordres publics étatiques. Ainsi, sur le premier point, la plupart des États reconnaissent encore que la décision d'annulation d'une sentence rendue par le juge étranger du siège, soit doit nécessairement conduire au refus d'exécution de la sentence sur leur territoire, ce qui peut paraître excessif dans la mesure où certaines décisions d'annulation peuvent effectivement être abusives, soit peut, le cas échéant,

droit de l'arbitrage international, préc., n° 59 et s. ; « L'ordre juridique arbitral : réalité, utilité et spécificité », *Revue de droit de McGill*, vol. 55, 2010, p. 891 ; J.-B. Racine, « Réflexions sur l'autonomie de l'arbitrage commercial international », préc., n° 40 et s. Et, pour une apparente consécration jurisprudentielle : Cass. 1re civ., 8 juill. 2015, *Syndicat mixte des aéroports de Charente c/ Société Ryanair*, *D.* 2015, p. 2031, obs. S. Bollée ; *ibid.*, p. 2241, édito P. Cassia ; *ibid.*, p. 2588, obs. Th. Clay ; *JCP* G 2015, 1004, n° 9, obs. C. Nourissat ; *ibid.*, 1164, note T. A. Brabant et N. Desplats ; *ibid.*, 1370, n° 5, obs. Ch. Seraglini ; *Rev. arb.* 2015, p. 1131, note M. Laazouzi ; *RTD com.* 2016, p. 71, obs. É. Loquin ; *JDI* 2016, comm. 8, p. 568, note P. de Vareilles-Sommières ; *Cah. arb.* 2016, p. 661, note E. Coënt et Fl. Grisel.

17. D'ailleurs, dans son rapport dans l'affaire *Putrabali* (*Rev. arb.* 2007, p. 508 ; spéc. p. 509), M. Ancel, qui présidait au surplus la formation qui a rendu la décision, affirmait que la sentence « n'est pas le produit d'un ordre juridique », ce qui affaiblit quelque peu l'idée d'une volonté de la Cour de cassation de consacrer un « ordre juridique arbitral ». Au surplus, les justifications avancées par certains pour convaincre de l'existence d'un ordre juridique arbitral pourraient pour la plupart valoir pour l'arbitrage interne... dont on ne prétend pourtant jamais qu'il constituerait un ordre juridique autonome.

18. Sur ce point, v. S. Bollée, note sous Cass. 1re civ., 29 juin 2007 (2 arrêts), *RCDIP* 2008, p. 109, spéc. n° 5.

19. En ce sens, A. Mourre, « À propos des articles V et VII de la Convention de New York et de la reconnaissance des sentences annulées dans leurs pays d'origine : où va-t-on après les arrêts *Termo Rio* et *Putrabali* ? », *Rev. arb.* 2008, p. 263, spéc. n° 25 et s. ; S. Bollée, « L'extension du domaine de la méthode de reconnaissance unilatérale », *RCDIP* 2007, p. 307, spéc. n° 5. Pour une discussion plus détaillée sur les mérites et défauts de la jurisprudence *Putrabali-Hilmarton*, v. *infra*, n° 924.

20. J.-P. Ancel, « L'actualité de l'autonomie de la clause compromissoire », in *Travaux Com. Fr. DIP* 1991-1992, p. 81.

s'opposer à cette exécution, dès lors que la décision d'annulation peut être reconnue sur leur territoire en vertu des règles de leur droit international privé[21]. Cette dernière solution peut sembler préférable[22]. Plus généralement, certains auteurs contestent l'idée d'une complète autonomie de l'arbitre international et l'existence d'un ordre juridique arbitral, et soulignent que l'arbitrage ne serait pas une justice efficace sans le concours des États qui assurent son efficacité[23]. De fait, si une certaine « autonomie » de l'arbitrage international se constate effectivement en pratique, elle reste très dépendante du traitement que les États décident d'accorder à celui-ci.

579 **Le caractère « multilocalisé » de l'arbitrage international.** Si l'État dans lequel siège le tribunal arbitral ne peut être considéré comme le for de l'arbitre international, certains auteurs estiment que l'empreinte du droit du siège dans un arbitrage

21. Plus précisément, certains États estiment que la décision étrangère d'annulation s'oppose en principe à la reconnaissance ou l'exécution de la sentence sur leur territoire, sauf si cette décision d'annulation leur apparaît comme heurtant leur ordre public compte tenu des conditions dans lesquelles elle a été rendue ; par exemple, aux États-Unis, lorsque la décision d'annulation viole les « basic notions of justice », est « repugnant to fundamental notions of what is decent and just in the United States » : US District Court, District of Columbia, 17 mars 2006, *Termo Rio c/ Electrificadoria Dela Atlantico*, *Rev. arb.* 2006, p. 786, note J. Paulsson, et US Court of Appeal, District of Columbia, 25 mai 2007, *Rev. arb.* 2007, p. 552, note J. Paulsson, qui décide, à propos d'une sentence rendue en Colombie et annulée au siège, que « dans un litige entre des parties colombiennes, sur un contrat de services devant être fournis en Colombie, qui a conduit à une décision arbitrale colombienne et à une procédure judiciaire colombienne, les demandeurs ne peuvent valablement demander l'exécution de leur sentence arbitrale ici, sauf dans l'hypothèse où les décisions des juridictions colombiennes violeraient l'ordre public américain » ; v. aussi, US Court of Appeal, 2nd Cir., 2 août 2016, *Corporacion Mexicana De Mantenimiento Integral v. Pemex-Exploracion y produccion*, 832 F. 3d 92, *Cah. arb.* 2016, p. 969, note E. Silva-Romero (refusant de reconnaître la décision d'annulation jugée contraire à l'ordre public américain ; et déjà, dans la même affaire, US District Court, Southern District of New-York, 27 août 2013, *Rev. arb.* 2015, p. 183, note C. Darrigade ; *Cah. arb.* 2013, p. 1027, note L. G. Radicati di Brozolo) ; US Court of Appeal, 2nd Cir., 20 juill. 2017, *Thai-Lao Lignite Co. Ltd. et al. v. Government of the Lao People's Democratic Republic*, 864 F. 3d. 172 (acceptant de reconnaître le jugement d'annulation, ce qui s'oppose à la reconnaissance et l'exécution de la sentence aux États-Unis) ; sur ces deux derniers arrêts, v. E. Gaillard, « La vision américaine des sentences annulées au siège (Observations sur les arrêts *Pemex* et *Thai-Lao Lignite* de la Cour d'appel fédérale du 2e circuit des 2 août 2016 et 20 juillet 2017) », *Rev. arb.* 2017, p. 1147 ; A. G. Leventhal, « Le juge de l'exequatur devant la sentence internationale et la décision d'annulation : une lecture de la jurisprudence récente aux États-Unis », *Cah. arb.* 2018, p. 273. D'autres États considèrent que la décision étrangère d'annulation, pour pouvoir s'opposer à la reconnaissance ou l'exécution de la sentence arbitrale sur leur territoire, doit pouvoir y être reconnue en vertu de leurs régles de droit international privé : ainsi, aux Pays-Bas, la cour d'appel d'Amsterdam (cour d'appel d'Amsterdam, 28 avr. 2009, *Yukos Capital SARL c/ OAO Rosneft*, *Rev. arb.* 2009, p. 557, note S. Bollée) a décidé que la question de savoir si l'annulation d'une sentence arbitrale par la juridiction du siège du tribunal arbitral faisait ou non obstacle à la reconnaissance et l'exécution de celle-ci aux Pays-Bas devait être jugée au cas par cas, et dépendait de la possible reconnaissance ou non du jugement étranger aux Pays-Bas en application des règles de droit international privé commun. Aussi, ce n'est que si ce jugement ne peut, au cas d'espèce, être reconnu aux Pays-Bas, notamment parce qu'il a été rendu dans des conditions choquant l'ordre public international néerlandais, que la sentence arbitrale annulée sera susceptible d'y être accueillie. Sur le droit comparé, v. S. Bollée, L. Radicati di Brozolo, M. Scherer et B. Zajdela, « Table-ronde : l'autorité de chose jugée des décisions relatives au contrôle des sentences », *Rev. arb.* 2016, p. 183 ; sur la situation en Grande-Bretagne, v. aussi B. Rix et J. Huard-Bourgois, « Revelations on the English Approach to Enforcement of International Awards : a Dialogue with Professor Sir Bernard Rix », *Cah. arb.* 2016, p. 387 ; et S. Manciaux, « Le sort des sentences arbitrales annulées dans l'état du siège : proposition pour sortir du désordre actuel », in *Droit sans frontières, Mélanges en l'honneur d'Éric Loquin*, LexisNexis, 2018, p. 215.

22. Sur ce point, v. aussi, *infra*, n° 924.

23. V. notamment, J.-F. Poudret, S. Besson, *Droit comparé de l'arbitrage international*, Bruylant, 2002, n° 125 et s., et les références citées.

international ne peut néanmoins être négligée[24]. Ils peuvent se prévaloir de solides arguments. Tout d'abord, le droit de l'État du siège, même s'il est très favorable à l'arbitrage et laisse dans une très large mesure les parties et les arbitres libres de déterminer les règles applicables à la procédure arbitrale, impose généralement néanmoins à tout arbitrage se déroulant sur son territoire le respect de certaines normes ou principes qu'il juge fondamentaux, notamment en matière de procédure[25]. Ensuite, le droit de cet État organise le plus souvent un recours en annulation contre la sentence rendue sur son territoire, dont l'éventuel succès risque de gravement compromettre l'efficacité internationale de la sentence[26]. Aussi, des auteurs en concluent que le tribunal arbitral est tenu de respecter les prescriptions impératives formulées par le droit du siège[27]. Par ailleurs, la délocalisation de l'arbitrage international achoppe nécessairement sur le monopole étatique de la contrainte. Juge privé, l'arbitre souffre d'une faiblesse naturelle : son absence de pouvoir de contrainte propre sur un territoire. Or, l'exercice de la contrainte est parfois nécessaire à l'efficacité d'une procédure arbitrale et ce, à divers stades de l'instance, mais particulièrement lorsqu'il apparaît nécessaire d'obtenir l'exécution forcée de la sentence. En ce cas, le poids des droits étatiques se fait à nouveau immédiatement sentir : chaque État, disposant du monopole de la contrainte sur son territoire, y détermine les conditions de reconnaissance et d'exequatur des sentences arbitrales et, plus généralement, l'ampleur et les modalités du concours qu'il accorde aux arbitrages internationaux se déroulant sur son territoire ou dont on souhaite qu'ils y produisent des effets contraignants. L'arbitrage a donc besoin de l'attitude bienveillante des États pour être une justice efficace du commerce international.

Dans ces conditions, il semble préférable de parler, plutôt que d'un arbitrage international « délocalisé », d'un arbitrage international « multilocalisé » en autant d'États qui pourront en connaître, aux différents stades du processus arbitral, pour pallier son caractère privé et l'absence de pouvoir de contrainte de l'arbitre. Les États concernés sont bien entendu celui du siège de l'arbitrage, mais également tous ceux qui peuvent être requis en vue d'aider au bon fonctionnement de l'instance arbitrale, et notamment en vue d'assurer l'exécution forcée de la sentence arbitrale. Ceci étant, compte tenu de l'attitude bienveillante de la plupart des États à l'égard de l'arbitrage international et de l'absence de for de l'arbitre international, qui n'est à proprement parler rattaché à aucun ordre juridique en particulier, il est indéniable que les procédures arbitrales internationales jouissent d'une grande autonomie dans leurs modalités de fonctionnement.

580 **Sobriété relative des textes français relatifs à l'arbitrage international.** On sait que les auteurs du décret n° 2011-48 du 13 janvier 2011 ont décidé de maintenir deux régimes distincts, respectivement pour l'arbitrage interne et l'arbitrage international, malgré les débats entourant l'intérêt du maintien d'un régime dualiste et les opinions en faveur d'un régime moniste[28]. De même, et de façon moins surprenante, ils ont maintenu le grand libéralisme qui caractérisait déjà auparavant le droit français de l'arbitrage

24. Pour une vision opposée, minimisant, probablement excessivement, le rôle du siège, Th. Clay, « Le siège de l'arbitrage international entre "*ordem*" et "*progressio*" », *Cah. arb.*, vol. V, Pedone, 2011, p. 21.

25. V. pour le droit français, *infra*, n° 808 et s.

26. Plus généralement, sur le rôle du siège dans l'instance arbitrale internationale, v. *infra*, n° 851.

27. En ce sens, J.-F. Poudret, S. Besson, *Droit comparé de l'arbitrage international*, Bruylant, 2002, n° 146, p. 116, et, plus généralement sur le rôle du siège dans l'arbitrage international, n°s 115 et s., p. 86, et les références citées.

28. V. *supra*, n° 31 et *supra*, n° 43.

international[29]. Ce libéralisme s'illustrait, et s'illustre encore, notamment, par la grande sobriété des textes en la matière : afin de marquer le souci du droit français de laisser aux parties et aux arbitres la plus grande liberté en matière d'arbitrage international, les dispositions légales applicables doivent se faire discrètes. À l'inverse de la réglementation de l'arbitrage interne, les dispositions du Code de procédure civile relatives aux règles applicables à une procédure arbitrale internationale sont relativement succinctes, même si le décret du 13 janvier 2011 en a quelque peu augmenté le volume.

Les rédacteurs du décret n° 81-500 du 12 mai 1981 avaient voulu démontrer qu'une réglementation pouvait être concise et néanmoins efficace. On pouvait toutefois se demander si, sur certains points, elle n'était pas trop concise. En effet, si l'on met de côté les articles relatifs à la reconnaissance et à l'exécution et aux voies de recours à l'égard des sentences arbitrales rendues à l'étranger ou en matière d'arbitrage international (art. 1498 à 1507 anciens CPC), les quelques règles relatives à la réglementation de l'arbitrage international étaient énoncées aux articles 1492 à 1497 du Code de procédure civile, soit seulement six articles. De plus, hormis l'article 1492 qui donnait la définition d'un arbitrage « international », ces dispositions faisaient essentiellement référence à la volonté des parties et, subsidiairement, à celle des arbitres, pour l'organisation de l'instance arbitrale. Ce faisant, elles avaient le mérite de traduire un constat de fait, qui demeure d'ailleurs, même après la réforme opérée par le décret du 13 janvier 2011 : les textes, par leur extrême sobriété, consacraient de façon éclatante l'autonomie de la volonté des parties et, de façon subsidiaire, des arbitres, dans l'organisation d'une instance arbitrale internationale. Au demeurant, la solution s'impose très largement dans la plupart des législations étatiques. Il est généralement reconnu que les parties sont libres de choisir le droit applicable à la procédure arbitrale ou au fond du litige, et même de créer les règles qui y seront applicables. Lorsque les parties n'exercent pas un tel pouvoir, les arbitres se voient à leur tour reconnaître un très grand pouvoir d'initiative pour l'organisation de l'instance arbitrale ou dans la détermination des règles applicables au fond du litige. Cette liberté des parties et des arbitres n'est toutefois pas sans limites. Certains principes fondamentaux de la procédure s'imposent à tout arbitrage, ainsi que certains principes et règles régissant le fond du litige et considérés par les États comme étant d'ordre public international[30].

Ceci étant, le parti pris de sobriété du décret de 1981, en vue de laisser la liberté des parties s'exprimer, n'était pas sans inconvénients, notamment en ce qui concerne les règles régissant la procédure arbitrale. En effet, il y a des questions relatives à l'instance arbitrale qui ne peuvent être totalement laissées à la liberté des parties, et d'autres que les parties ne songent pas à résoudre elles-mêmes et pour lesquelles les textes demeuraient silencieux. Des utilisateurs de l'arbitrage international soucieux de prévisibilité quant aux règles applicables pouvaient donc reprocher au droit français sa trop grande concision. De plus, la jurisprudence ayant heureusement œuvré pour combler le silence des textes, dans un sens généralement favorable à l'arbitrage international, le droit français de l'arbitrage international restait, en réalité, essentiellement jurisprudentiel. Certes, le système avait pour lui l'avantage de la souplesse. Mais la lisibilité du droit français pouvait sembler difficile pour un regard extérieur. Cette lisibilité n'était en outre guère améliorée par l'effet de l'ancien article 1495 du Code de procédure civile. En

29. Sur le champ d'application dans l'espace, relativement indéfini, du droit français de l'arbitrage international, v. *supra*, n° 43.

30. Sur la portée de cette affirmation, v. *infra*, n° 808 et s. (procédure) et *infra*, n° 903 et s. (fond du litige).

effet, d'un point de vue étranger, une référence à la loi française de procédure pour régir l'instance arbitrale pouvait être considérée comme un moyen d'obtenir l'application des solutions libérales retenues par le droit français de l'arbitrage international. Or, en vertu de l'ancien article 1495, une telle référence, sans autre précision de la part des parties, pouvait plutôt conduire à l'application des dispositions, beaucoup plus contraignantes, du droit français de l'arbitrage interne. En effet, cet article énonçait : « Lorsque l'arbitrage international est soumis à la loi française, les dispositions des titres I, II et III du présent livre ne s'appliquent qu'à défaut de convention particulière et sous réserve des articles 1493 et 1494 ». Or, les titres I, II et III ainsi visés étaient relatifs à l'arbitrage interne. Face à cette disposition qui ne brillait guère par sa clarté, on pouvait s'interroger sur le sens et la portée exacts de la référence à la « soumission » à la loi française. En fait, les parties qui souhaitaient voir appliquer à leur arbitrage les solutions libérales du droit français de l'arbitrage international devaient, soit l'exprimer clairement, soit se borner à fixer le siège de l'arbitrage en France sans désigner le droit français comme applicable à la procédure arbitrale[31].

Sur ce point, le décret du 13 janvier 2011 a largement amélioré la lisibilité du droit français. Il l'a fait de deux manières. En premier lieu, il a augmenté le nombre de règles écrites spécifiques à l'arbitrage international, qui est passé, règles relatives aux voies de recours et à la reconnaissance et l'exécution des sentences mises à part, de six à dix (art. 1504 à 1513), et clarifié certaines d'entre elles. Notamment, le nouvel article 1506 du Code de procédure civile, qui peut être considéré comme remplaçant l'ancien article 1495, ne distingue plus selon que les parties ont choisi ou non la loi française de procédure pour régir l'instance arbitrale et n'opère plus un renvoi « en bloc » aux dispositions de l'arbitrage interne. Il dresse une liste des règles relatives à l'arbitrage interne qui, « à moins que les parties en soient convenues autrement », s'appliquent aussi à l'arbitrage international. Ainsi, les quelques dispositions de l'arbitrage interne dont l'application à l'arbitrage international apparaît véritablement utile, ainsi que les conditions de cette application, sont dorénavant clairement énoncées. En second lieu, en procédant à un tel renvoi, l'article 1506 augmente au surplus de façon significative le nombre de dispositions applicables à une procédure arbitrale internationale[32].

Ces précisions étant faites, l'étude de l'arbitrage international se fera selon le même schéma que celle de l'arbitrage interne[33], en distinguant la convention d'arbitrage internationale, acte fondateur de tout arbitrage (titre 1), l'instance arbitrale (titre 2), qui doit en principe conduire à la sentence arbitrale, acte ultime tranchant le litige entre les parties mais qui pourra parfois être contesté devant un juge ou faire l'objet de difficultés d'exécution (titre 3).

31. Sur les interrogations suscitées par l'ancien article 1495 CPC, v. D. Cohen, « La soumission de l'arbitrage international à la loi française (commentaire de l'article 1495 du CPC) », *Rev. arb.* 1991, p. 155.

32. Sur la portée exacte de l'article 1506 CPC et les discussions qu'il peut susciter, v. Ch. Jarrosson et J. Pellerin, « Le droit français de l'arbitrage après le décret du 13 janvier 2011 », *Rev. arb.* 2011, p. 5, spéc. n° 85 et s.

33. V. *supra*, n° 69.

TITRE 1
LA CONVENTION D'ARBITRAGE INTERNATIONALE

581 **Définition générale et distinction de la clause compromissoire et du compromis.** La convention d'arbitrage constitue l'élément fondateur du processus arbitral en ce qu'elle manifeste la volonté des parties de se soumettre à ce mode particulier de règlement de leur litige et fonde ainsi la compétence de l'arbitre. De façon générale, elle peut être définie comme la convention par laquelle deux ou plusieurs parties s'engagent à faire trancher par un ou plusieurs arbitres les litiges nés ou à naître entre elles. L'article 7 de la loi-type CNUDCI la définit comme « une convention par laquelle les parties décident de soumettre à l'arbitrage tous les différends ou certains des différends qui se sont élevés ou pourraient s'élever entre elles au sujet d'un rapport de droit déterminé, contractuel ou non contractuel ».

Les textes français relatifs à l'arbitrage interne distinguent encore, même après la réforme opérée par le décret du 13 janvier 2011, deux catégories de conventions d'arbitrage : la clause compromissoire et le compromis. Selon l'article 1442 du Code de procédure civile, la clause compromissoire est la « convention par laquelle les parties à un ou plusieurs contrats s'engagent à soumettre à l'arbitrage les litiges qui pourraient naître relativement à ce ou à ces contrats ». Elle est donc conclue par des parties engagées dans une relation contractuelle avant la naissance de tout litige et envisage les litiges futurs qui pourraient naître de cette relation. Elle se suffit à elle-même pour fonder un arbitrage futur et rend inutile l'établissement ultérieur d'un compromis au moment de la naissance du litige. Elle est généralement contenue dans le contrat ou l'un des contrats conclus entre les parties qui pourront, par la suite, être à l'origine de ces litiges. Toutefois, étant une convention indépendante du contrat principal[1], elle peut également être conclue par un acte séparé et ultérieur, dès lors qu'il intervient avant la naissance du litige. En effet, une fois le litige né, la convention d'arbitrage revêt alors la forme d'un compromis, défini par l'article 1442 comme « la convention par laquelle les parties à un litige né soumettent celui-ci à l'arbitrage ». Le compromis intervient donc à un moment où un litige oppose effectivement les parties, ce qui explique que sa stipulation soit moins fréquente que celle d'une clause compromissoire. Ceci étant, même des parties en situation d'opposition peuvent préférer voir leur contentieux réglé par arbitrage

1. Sur cette indépendance, v. *infra*, n° 610 et s.

plutôt que par la justice étatique. D'ailleurs, l'article 1446 du Code de procédure civile, applicable à l'arbitrage international par renvoi de l'article 1506, prévoit que « les parties peuvent compromettre même au cours d'une instance déjà engagée devant une juridiction ». Le compromis peut être conclu de deux manières. Les parties peuvent, dans un seul et même acte, constater par écrit leur compromis et l'acceptation par le ou les arbitres désignés de leur mission. Cet acte renferme alors deux accords, le compromis lui-même et le contrat d'arbitre liant les parties et le ou les arbitres qui acceptent leur mission[2]. Dans cette hypothèse, les parties auront donc au préalable invité le ou les arbitres pressentis à la signature de cet acte, qui précisera souvent par ailleurs les divers aspects de l'arbitrage à venir (mission du tribunal arbitral, objet du litige, etc.). Toutefois, les parties procèdent plus souvent d'une autre manière : à la signature d'un compromis entre elles seules, avant de demander à l'arbitre ou aux arbitres pressentis s'ils acceptent leur mission ; un acte séparé constatera alors le contrat d'arbitre.

Ceci étant, le décret du 13 janvier 2011 a très largement atténué, dans l'arbitrage interne, la distinction entre ces deux catégories de conventions d'arbitrage, puisque les textes ne prévoient plus, désormais, qu'une règle spécifique à chacune[3]. Cet effacement de la distinction entre clause compromissoire et compromis a été beaucoup plus précoce dans l'arbitrage international.

582 **Effacement « précoce » de la distinction dans l'arbitrage international.** En matière internationale, la distinction entre clause compromissoire et compromis s'est depuis longtemps très largement estompée, au moins quant aux règles juridiques applicables[4]. Tant les anciens articles 1493 et 1494 que les nouveaux articles 1507 et 1508 du Code de procédure civile issus du décret du 13 janvier 2011, relatifs à l'arbitrage international, ne font référence qu'à la « convention d'arbitrage ». Par ailleurs, le nouvel article 1506 du Code de procédure civile ne renvoie pas à l'article 1442 du même code qui donne la définition de la clause compromissoire et du compromis en matière interne. De ce fait, le décret de 2011 ne définit pas davantage la convention d'arbitrage en matière internationale. Cela ne signifie pas que clause compromissoire et compromis ne s'y rencontrent pas, mais simplement que les auteurs du décret n'ont pas voulu enfermer la convention d'arbitrage internationale dans ces deux catégories, afin de prendre en compte d'autres formes de consentement à l'arbitrage qui peuvent se rencontrer en matière internationale, comme en matière de protection des investissements[5]. De son côté, la jurisprudence avait très tôt choisi d'employer le terme générique de « convention d'arbitrage » dans l'arbitrage international[6]. La cour d'appel de Paris avait même affirmé, avant la réforme de 2011, que « la distinction entre la clause compromissoire et le compromis s'abolit en matière internationale,

2. Sur le contrat d'arbitre, v. *infra*, n° 795 et s., et *supra*, n° 286 et s.

3. Essentiellement, le nouvel article 1445 CPC dispose que le compromis doit, à peine de nullité, déterminer l'objet du litige, et le nouvel article 1447, al. 2, précise que la clause compromissoire, lorsqu'elle est nulle, est réputée non écrite. Au contraire, sous l'empire du décret de 1980, les règles spécifiques à chaque type de convention d'arbitrage étaient plus nombreuses et expressément prévues dans les anciens Chapitres 1 et 2 du Titre I du Livre IV CPC. Sur tous ces points, v. *supra*, n° 70 et s.

4. À vrai dire, certains auteurs avaient cru pouvoir identifier une même tendance au rapprochement des régimes en droit interne dès avant le décret du 13 janvier 2011 : J. Robert, *L'arbitrage*, Dalloz, 6e éd., 1993, n° 57, p. 46.

5. V. notamment les différents cas particuliers de consentement examinés *supra*, n° 11, 12.

6. Avant même la consécration de ce terme par les décrets de 1980 et 1981 : Cass. 1re civ., 6 juin 1978, *Rev. arb.* 1979, p. 230, note P. Level.

pour se voir substituer la seule catégorie de convention d'arbitrage laquelle intervient indifféremment à l'égard d'un litige né ou éventuel »[7]. Cette affirmation, qui ne peut qu'être confortée par le décret du 13 janvier 2011, peut néanmoins apparaître quelque peu excessive. Tout d'abord, en pratique, les deux types de conventions, qui interviennent à des moments distincts, posent des problèmes de rédaction différents. Ensuite, même dans l'arbitrage international, la distinction pourrait parfois conserver un intérêt, notamment lorsqu'il s'agit de s'interroger sur la possibilité pour une partie présumée faible (consommateur, salarié) de conclure une convention d'arbitrage. À cet égard, le compromis peut apparaître moins dangereux que la clause compromissoire, dès lors qu'il est conclu une fois le litige né, donc généralement en connaissance de cause et à un moment où une partie ne peut plus se voir imposer le recours à l'arbitrage par son cocontractant. À l'inverse, une clause compromissoire pourrait être imposée par le partenaire contractuel en position de force dans le cadre d'un contrat non négocié, ou conclue par une partie présumée faible qui n'aura pas véritablement conscience de la portée réelle de son engagement, les litiges visés par la clause étant encore hypothétiques. Aussi, afin de protéger la partie réputée faible, on pourrait songer à lui interdire de conclure une clause compromissoire ou à en limiter les effets à son égard, tout en l'autorisant à conclure un compromis[8]. Enfin, le compromis peut présenter un intérêt particulier pour des parties qui ne sont pas liées par une relation contractuelle mais qui souhaitent néanmoins régler par voie d'arbitrage un litige d'ordre extracontractuel ou délictuel les opposant.

En tout cas, l'indéniable rapprochement des régimes juridiques des deux conventions en matière internationale autorise, dans le cadre du présent ouvrage, à présenter le régime de la « convention d'arbitrage » en général, et à ne distinguer la clause compromissoire et le compromis que de façon très ponctuelle.

583 **La convention d'arbitrage internationale, contrat international.** Comme toute convention, la convention d'arbitrage est soumise à un certain nombre de conditions de validité, produit certains effets juridiques, et peut faire l'objet de diverses opérations juridiques. Cependant, s'agissant d'une convention internationale, il convient, selon la logique du droit international privé, de déterminer au préalable le droit qui lui est applicable et qui en précisera justement le régime. La question de la détermination du droit applicable à la convention d'arbitrage (chapitre 1) précédera donc l'étude du régime de cette convention (chapitre 2).

7. Paris, 17 janv. 2002, *Rev. arb.* 2002, p. 391, note J.-B. Racine.

8. Sur cette question, v. *infra*, n° 660 et s.

CHAPITRE 1
LE DROIT APPLICABLE À LA CONVENTION D'ARBITRAGE INTERNATIONALE

584 **Dualité du concept « d'autonomie de la convention d'arbitrage » en droit français.** Le droit français reconnaît un « principe d'autonomie » de la convention d'arbitrage internationale qui gouverne tout le régime juridique de celle-ci. Cette expression est toutefois chargée d'une certaine ambiguïté, dès lors qu'elle peut revêtir deux sens différents. Dans un sens « classique », elle vise une autonomie de la convention d'arbitrage par rapport au contrat principal qui fait l'objet du litige entre les parties, et dans lequel elle peut être stipulée lorsqu'elle prend la forme d'une clause compromissoire. En ce sens, l'autonomie de la convention d'arbitrage est un principe aujourd'hui très largement reconnu en droit comparé et dans la pratique arbitrale, qui fonde l'indépendance du sort de la convention d'arbitrage par rapport à celui du contrat principal[1]. Toutefois, la jurisprudence française retient au surplus une autre conception, plus étendue, de l'autonomie de la convention d'arbitrage internationale, qui n'est guère répandue en droit comparé et dont les conséquences sont beaucoup plus radicales : son autonomie par rapport à toute loi étatique. À l'évidence, cette autre conception de l'autonomie a un impact direct sur la question du droit applicable à une convention d'arbitrage internationale. Dès lors, il convient d'en préciser le sens et les conséquences[2].

585 **Droit applicable à la convention d'arbitrage internationale et méthodes du droit international privé.** *A priori*, si l'on adopte une démarche conflictualiste classique, une distinction devrait être logiquement opérée entre, d'une part, le droit substantiel français relatif à la validité et aux effets de la convention d'arbitrage internationale et, d'autre part, la question, en principe préalable et régie par les règles de conflit de lois françaises, de la détermination de la loi applicable à cette convention. À suivre cette logique, les solutions du droit français relatives au régime de la convention d'arbitrage ne devraient trouver application qu'en cas de désignation de la loi française par la

1. Sur cet aspect de l'autonomie (ou encore de « l'indépendance » ou de « la séparabilité ») de la convention d'arbitrage internationale, v. *infra*, n° 610 et s.

2. Pour une étude de ces deux aspects de l'autonomie de la convention d'arbitrage internationale, v. notamment, J.-P. Ancel, « L'actualité de l'autonomie de la clause compromissoire », *Travaux Com. Fr. DIP* 1991-1992, p. 75 ; A. Dimolitsa, « Autonomie et « Kompetenz-Kompetenz » », *Rev. arb.* 1998, p. 305 ; P. Mayer, « Les limites à la séparabilité de la clause compromissoire », *Rev. arb.* 1998, p. 359.

règle de conflit de lois appropriée. Cependant, plusieurs méthodes sont en réalité envisageables pour déterminer les règles substantielles applicables à une convention d'arbitrage internationale : méthode classique utilisant des règles de conflit de lois, ou méthode moins traditionnelle ayant recours à des règles matérielles (section 1). Le droit français a nettement choisi la seconde voie et progressivement consacré une véritable mainmise des règles matérielles françaises pour la réglementation des conventions d'arbitrage internationales (section 2). La pratique des arbitres internationaux paraît plus nuancée (section 3).

SECTION 1 LA PLURALITÉ DES MÉTHODES ENVISAGEABLES POUR DÉTERMINER LE DROIT APPLICABLE À UNE CONVENTION D'ARBITRAGE INTERNATIONALE

586 **Méthode conflictuelle et méthode des règles matérielles.** La spécificité d'une situation internationale peut être traitée de façon indirecte, par le recours à la méthode conflictuelle afin de déterminer la loi applicable à la question posée (§ 1), ou de façon directe, par application de règles matérielles spécialement élaborées pour fournir une réponse appropriée à la situation internationale considérée (§ 2). Ces principes peuvent être appliqués à la convention d'arbitrage internationale[3].

§ 1. LA MÉTHODE CONFLICTUELLE

587 **Prééminence de la méthode conflictuelle en droit comparé.** La méthode conflictuelle consiste à rechercher la loi qui présente les liens les plus significatifs avec la question de droit posée. Elle poursuit le double objectif d'assurer, d'une part, une certaine prévisibilité quant à la loi applicable et, d'autre part, l'harmonie internationale des solutions. S'agissant d'une convention d'arbitrage internationale, elle conduirait à rechercher la loi applicable, selon le cas, aux conditions de validité au fond ou en la forme de la convention, aux effets de celle-ci, ou à des questions plus marginales comme la capacité de compromettre. L'article V (1) de la Convention de New York de 1958 sur la reconnaissance et l'exécution des sentences arbitrales étrangères y fait notamment référence en prévoyant que la reconnaissance ou l'exécution peut être refusée lorsque la convention d'arbitrage « n'est pas valable en vertu de la

3. Sur la question du ou des droit(s) applicable(s) à la convention d'arbitrage et des différentes méthodes de détermination de celui-ci ou de ceux-ci, v. notamment B. Audit, « L'accord d'arbitrage international : conflits de lois et règles matérielles », in *Le droit à l'épreuve des siècles et des frontières, Mélanges en l'honneur du Professeur Bertrand Ancel*, LGDJ, 2018, p. 133 ; K. Peter Berger, « Re-examining the Arbitration Agreement : Applicable Law – Consensus or Confusion ? », *in* A. J. van den Berg (ed.), *International Arbitration 2006 : Back to Basics ?*, ICCA Congress Series, vol. 13, Kluwer Law International, 2008, p. 301.

loi à laquelle les parties l'ont subordonnée ou, à défaut d'une indication à cet égard, en vertu de la loi du pays où la sentence a été rendue ». Par cette formule, l'article V (1) paraît retenir, à propos de la validité de la convention d'arbitrage, la compétence de la loi choisie par les parties et, à défaut, un critère objectif de localisation désignant la loi du siège de l'arbitrage[4]. Le succès de la Convention de New York explique sûrement que cette méthode de « réglementation indirecte » de la convention d'arbitrage internationale demeure largement répandue en droit comparé. Pourtant, elle n'est pas sans poser quelques difficultés.

588 **Difficultés d'application de la méthode conflictuelle à la convention d'arbitrage internationale.** L'application de la méthode conflictuelle à la convention d'arbitrage internationale se heurte à la difficulté particulière de déterminer la loi applicable à une telle convention. En effet, cette détermination n'est pas évidente[5]. Tout d'abord, le principe d'indépendance de la convention d'arbitrage par rapport au contrat principal[6] conduit à considérer que la première peut être soumise à une loi différente de celle qui régit le second. Ensuite, il convient alors de déterminer cette loi propre à la convention d'arbitrage, sans trop espérer que la solution soit donnée par des parties qui auraient spécialement désigné la loi applicable à leur convention d'arbitrage. La détermination de la loi applicable à la convention d'arbitrage internationale pose, pour reprendre un vocabulaire familier aux internationalistes, des problèmes de choix de la catégorie et du critère de rattachement[7].

589 **Choix de la catégorie de rattachement et pluralité des règles de conflits de lois applicables à une convention d'arbitrage internationale.** Malgré ses incidences procédurales, la convention d'arbitrage doit certainement être rangée dans la catégorie « contrat », plutôt que dans la catégorie « procédure », parmi les catégories du droit international privé. Certes, elle vise à la mise en place d'une procédure arbitrale en cas de litige, mais elle lui est préalable et ne se confond pas avec cette procédure. La convention d'arbitrage est avant tout une convention, un accord de volontés entre les parties. La qualification contractuelle est au demeurant très largement admise en droit comparé.

Ceci étant, le choix de la catégorie « contrat » implique de rechercher, non pas la, mais les lois applicables à une convention d'arbitrage. En effet, selon que la question posée concerne la capacité des parties à contracter, la validité au fond ou en la forme, ou encore les effets de la convention, la loi applicable ne sera pas nécessairement la même. La capacité devrait relever du statut personnel, la forme de la loi applicable à la forme des actes, et les questions de fond (consentement, interprétation, portée, causes d'extinction, ou encore circulation de la convention d'arbitrage) de la loi d'autonomie. Par ailleurs, la convention d'arbitrage étant une convention d'une nature particulière qui a pour objet la mise en place d'un mode particulier de règlement des litiges, elle produit, de ce fait, des effets qui lui sont propres. Ceux-ci peuvent poser des questions particulières, justifiant l'élaboration de règles de conflit de lois spécifiques. Il en est

4. V. également, art. IX (1) Convention de Genève de 1961 sur l'arbitrage commercial international.

5. Pour une étude de droit comparé sur la question, v. J.-F. Poudret et S. Besson, *Droit comparé de l'arbitrage international*, Bruylant, 2002, n°s 291 et s.

6. Sur ce principe, v. *infra*, n° 610 et s.

7. Il convient de souligner que la Convention de Rome du 19 mai 1980 sur la loi applicable aux obligations contractuelles, et le Règlement n° 593/2008 du 17 juin 2008 (dit Règlement Rome I) qui l'a remplacée, excluent de leur champ d'application la convention d'arbitrage (art. 1er).

notamment ainsi de l'arbitrabilité du litige, qui définit les domaines où l'arbitrage est autorisé. Cette question met en cause la validité de la convention d'arbitrage. Cependant, compte tenu de sa spécificité, elle échappe largement, en droit comparé, à la compétence de la loi d'autonomie, au profit d'une tendance *lex foriste* très marquée[8]. De même, il n'est pas certain que certains effets, propres à la convention d'arbitrage, puissent être, de façon appropriée, soumis à la *lex contractus*. On peut notamment songer à l'effet positif de la convention d'arbitrage, entendu comme l'obligation faite aux parties de se soumettre à la juridiction arbitrale, ou à son effet négatif, soit l'interdiction corrélative de porter le litige devant les tribunaux étatiques, ou encore au principe de Compétence-Compétence, autorisant l'arbitre à examiner lui-même les contestations relatives à sa compétence[9].

590 **Difficultés de choix du critère de rattachement approprié.** Même à s'en tenir à la détermination de la loi applicable aux conditions de validité au fond et aux effets contractuels classiques d'une convention d'arbitrage, la question demeure délicate dans la mesure où le choix du critère de rattachement adéquat peut se révéler problématique. Certes, aucune difficulté particulière ne devrait apparaître lorsque les parties auront expressément précisé la loi applicable à la convention d'arbitrage elle-même. Cette expression de l'autonomie de la volonté des parties devrait alors logiquement être respectée[10]. Toutefois, l'hypothèse d'un tel choix exprès par les parties de la loi applicable à la convention d'arbitrage se vérifie rarement. Le plus souvent, elles seront restées silencieuses sur ce point. On pourrait alors songer à distinguer deux hypothèses, selon que les parties ont, ou n'ont pas, par ailleurs choisi la loi applicable au contrat principal.

Lorsque les parties ont, de façon générale, choisi une loi applicable au contrat principal, on pourrait considérer que ce choix doit être présumé valoir pour l'ensemble des stipulations contractuelles, clause compromissoire comprise[11]. En effet, bien qu'autonome[12], la clause compromissoire entretient un lien évident avec le contrat principal, puisqu'elle vise à organiser la résolution des litiges nés de ce contrat et est généralement stipulée dans ce contrat. Toutefois, une telle solution, fondée sur la volonté présumée des parties, peut être discutée, compte tenu de la spécificité de la clause compromissoire par rapport aux autres clauses contractuelles. En effet, son objet est processuel, alors que les autres stipulations sont relatives à la matière même du contrat. Néanmoins, les juridictions de plusieurs États tendent à retenir une telle présomption[13]. En tout cas, cette même présomption pourrait être encore davantage contestée dans le cas d'un compromis, dont l'autonomie par rapport au contrat principal apparaît plus évidente encore.

8. V. *infra*, n° 637 et s.

9. En effet, sur ces questions, la loi du siège, notamment, risque de vouloir imposer ses solutions à tout arbitrage se déroulant sur son territoire.

10. L'article V (1) (a) Convention de New York de 1958 milite en ce sens.

11. En ce sens, P. Mayer, « Les limites à la séparabilité de la clause compromissoire », *Rev. arb.* 1998, p. 359, spéc. n° 13.

12. V. *infra*, n° 610 et s.

13. V. les références citées par J.-F. Poudret, S. Besson, *Droit comparé de l'arbitrage international*, Bruylant, 2002, n°s 300 et s. V. aussi J.-D. M. Lew, L. Mistelis, S. Kröll, *Comparative International Commercial Arbitration*, Kluwer Law International, 2003, n° 6-24 ; N. Blackaby, C. Partasides, A. Redfern, M. Hunter, *Redfern and Hunter on International Arbitration*, Oxford University Press, 6th ed., 2015, n° 3.12. Pour des développements sur les conséquences, en termes de conflits de lois, de l'indépendance de la clause compromissoire par rapport au contrat principal, v. aussi G. Born, *International Commercial Arbitration*, Kluwer Law International, 2nd ed., 2014, n° 4.02 et s.

Lorsque les parties n'ont pas désigné le droit applicable au contrat principal, il n'y a pas d'autre alternative que de localiser la convention d'arbitrage dans l'ordre juridique avec lequel elle présente les liens les plus étroits. Cette localisation peut être tentée à partir d'un certain nombre d'indices. Toutefois, on peut légitimement hésiter quant aux indices à prendre en compte et à leur poids respectif[14]. On pourrait envisager de traiter la loi applicable au contrat principal, par hypothèse elle-même objectivement déterminée puisque non choisie par les parties, comme un indice de localisation de la convention d'arbitrage[15]. Cependant, on pourrait plutôt estimer que, compte tenu du principe d'autonomie de la convention d'arbitrage par rapport au contrat principal, il convient de localiser la convention d'arbitrage elle-même, et non le contrat, et privilégier des éléments de localisation propres à cette convention. Au titre de ces derniers, on pourrait notamment songer au siège de l'arbitrage, à tout le moins lorsqu'il est choisi par les parties. En effet, le siège de l'arbitrage peut apparaître comme un indice significatif de localisation objective de la convention d'arbitrage puisque c'est en ce lieu que cette convention, dont l'objet est la mise en place d'une procédure arbitrale, a vocation à s'exécuter. Au surplus, si l'on adopte une approche subjectiviste, on pourrait voir dans la fixation du siège par les parties une manifestation de leur volonté implicite de soumettre la convention d'arbitrage à la loi du siège. En tout cas, ce critère de localisation de la convention d'arbitrage est retenu par de nombreuses conventions internationales[16], par plusieurs droits étrangers[17], et dans certaines sentences arbitrales[18]. La pertinence de ce critère de localisation peut toutefois sembler plus discutable lorsque le siège n'a pas été préalablement fixé par les parties et résulte d'un choix opéré, au moment du litige, par un centre d'arbitrage ou par le tribunal arbitral lui-même. En effet, le siège est alors fixé une fois le litige né, à un moment où certaines questions relatives au régime de la convention d'arbitrage peuvent déjà être posées, par exemple une contestation quant à la validité de celle-ci. Il paraît alors curieux, et inopportun, de faire indirectement dépendre la réponse à ces questions du choix du siège par le tribunal arbitral ou l'institution d'arbitrage. Par ailleurs et en toute hypothèse, même

14. Pour une étude détaillée de cette question, v. Ph. Fouchard, E. Gaillard, B. Goldman, *Traité de l'arbitrage commercial international*, Litec, 1996, n°s 426 et s., p. 241.

15. En ce sens, v. Sent. CCI n° 6840 (1991), *JDI* 1992, p. 1030, obs. Y. Derains, dans laquelle l'arbitre a estimé « raisonnable et naturel », à défaut d'indication des parties sur la loi applicable tant au contrat principal qu'à la convention d'arbitrage, de soumettre la clause d'arbitrage à la même loi que le contrat principal.

16. À titre d'exemple, art. V (1) (a) Convention de New York de 1958, qui prévoit la possibilité de refuser la reconnaissance et l'exécution d'une sentence arbitrale si la convention d'arbitrage en application de laquelle la sentence est intervenue n'était pas valable en vertu de la loi à laquelle les parties l'ont subordonnée ou, à défaut d'indication à cet égard, « en vertu de la loi du pays où la sentence a été rendue », soit celle du siège. V. également, art. VI (2) Convention de Genève de 1961, qui prévoit que, lorsqu'ils auront à se prononcer sur l'existence ou la validité de la convention d'arbitrage, les tribunaux des États contractants statueront selon la loi à laquelle les parties ont soumis la convention d'arbitrage ou, à défaut d'indication à cet égard, selon la loi du pays où la sentence doit être rendue ; ceci dit, lorsqu'il est impossible de prévoir quel sera le pays où la sentence sera rendue au moment où la question est soumise au juge, la Convention prévoit alors l'application de la loi compétente en vertu des règles de conflit du tribunal saisi... ce qui est un moyen de reporter la difficulté sur un autre ; v. également, art. IX (1) (a) Convention de Genève.

17. V. les références citées par J.-F. Poudret, S. Besson, *Droit comparé de l'arbitrage international*, Bruylant, 2002, n°s 300 et s., p. 274 ; et par G. Born, *International Commercial Arbitration*, Kluwer Law International, 2nd ed., 2014, p. 509 et s.

18. V. par exemple, Sent. CCI n° 5832 (1988), *JDI* 1988, p. 1198, obs. G. A. A. ; Sent. CCI n° 5730 (1988), *JDI* 1990, p. 1029, obs. Y. Derains.

lorsqu'il est opéré dès l'origine par les parties, le choix du siège peut répondre à des soucis d'organisation pratique et de neutralité, sans réelle considération relative au régime de la convention d'arbitrage. Enfin, la convention d'arbitrage déploie ses effets juridiques au-delà du seul territoire du siège, et le rattachement objectif à celui-ci pourrait, en conséquence, sembler réducteur[19].

Face à ces interrogations et difficultés, certains législateurs étrangers ont choisi d'appliquer à la convention d'arbitrage une règle de conflit alternative et ce, dans un esprit de faveur à la validité de la convention. Ainsi, l'article 178, alinéa 2, de la loi de droit international privé (LDIP) suisse dispose que la convention d'arbitrage est valable au fond « si elle répond aux conditions que pose soit le droit choisi par les parties, soit le droit régissant l'objet du litige et notamment le droit applicable au contrat principal, soit encore le droit suisse ». Surtout, un courant doctrinal, majoritaire en France et qui y est relayé par la jurisprudence, estime que la méthode conflictuelle conduit ici à une impasse, dès lors qu'aucun élément de rattachement susceptible de désigner la loi applicable à une convention d'arbitrage ne s'impose avec la force de l'évidence[20]. Aussi, il préconise une autre méthode pour déterminer le droit applicable à une convention d'arbitrage internationale, celles des règles matérielles.

§ 2. LA MÉTHODE DES RÈGLES MATÉRIELLES

591 **Exposé de la méthode.** La méthode des règles matérielles consiste, pour un État ou ses juges, à élaborer des règles substantielles spéciales destinées à régir une situation internationale. Le juge de l'ordre juridique dont une telle règle émane l'appliquera alors directement à la question qu'elle vise, sans rechercher la loi applicable à cette question en vertu des règles de conflits de lois. Un fort courant doctrinal, notamment en France, estime que cette méthode devrait, de façon générale, se substituer à la méthode conflictuelle pour déterminer le régime juridique d'une convention d'arbitrage internationale. Cela permettrait de soustraire ce régime juridique aux aléas du conflit de lois, pour le soumettre à des règles spécialement élaborées, selon le cas, par les arbitres ou par le droit du juge saisi de la question, et qui sont destinées à assurer l'efficacité de cette convention. L'autorité saisie – juge ou arbitre selon le cas –, appliquant ces règles matérielles spécialement « pensées » pour la convention d'arbitrage internationale, neutraliserait de ce fait les éventuels obstacles à la validité et à l'efficacité de la convention d'arbitrage posés par les droits étatiques qui seraient désignés par des règles de conflit de lois[21].

592 **Règle matérielle et arbitre.** L'utilisation par l'arbitre international d'une telle méthode pour déterminer le régime juridique d'une convention d'arbitrage pourrait être justifiée par le caractère délocalisé de celui-ci. Toutefois, les règles matérielles en question seraient alors élaborées par les arbitres eux-mêmes, ce qui peut susciter quelques réserves, notamment en termes de prévisibilité, un arbitre n'étant aucunement tenu

19. On pourrait évoquer notamment, à titre d'exemple, le fait que la sentence arbitrale rendue sur le fondement de la clause d'arbitrage a vocation à une efficacité internationale.

20. Ph. Fouchard, E. Gaillard, B. Goldman, *Traité de l'arbitrage commercial international*, préc., n° 426, p. 241, et n° 434, p. 245.

21. Sur la question, v. Ph. Fouchard, E. Gaillard, B. Goldman, *Traité de l'arbitrage commercial international*, Litec, 1996, n° 426, p. 241, et n°s 463 et s., p. 268.

de suivre ce qui a été précédemment décidé par un autre. En fait, l'abandon de tout raisonnement conflictuel par l'arbitre en ce qui concerne le régime juridique de la convention d'arbitrage ne semble pas toujours opportun[22].

593 **Règle matérielle et juge étatique.** Le juge étatique peut, quant à lui, être conduit à appliquer des règles matérielles sur la validité et les effets d'une convention d'arbitrage issues de conventions internationales[23]. L'application de telles règles matérielles, édictées par un texte international en vue d'assurer l'uniformité des solutions parmi les États contractants, ne saurait ni surprendre, ni choquer. Mais les règles matérielles peuvent également être d'origine nationale. On peut alors demeurer plus circonspect à l'égard d'une utilisation par le juge étatique de la méthode des règles matérielles, à tout le moins dès lors qu'elle revêtirait un caractère systématique et s'appliquerait donc à l'ensemble du régime de la convention d'arbitrage internationale. En effet, une telle démarche conduit à une application systématique de la *lex fori*, ce qui peut être vu comme une régression du droit international privé, à peine compensée par la modernité supposée des solutions retenues par les règles matérielles en question. Pourtant, la jurisprudence française s'est très clairement orientée vers cette solution.

SECTION 2 LA MAINMISE DES RÈGLES MATÉRIELLES FRANÇAISES POUR LA RÉGLEMENTATION DES CONVENTIONS D'ARBITRAGE INTERNATIONALES

594 **Les choix de la jurisprudence française.** La jurisprudence française a progressivement fait le choix de privilégier l'utilisation de la méthode des règles matérielles pour déterminer le régime juridique d'une convention d'arbitrage internationale. La mainmise de celles-ci est aujourd'hui telle en droit français de l'arbitrage international que l'on peut y pronostiquer la quasi-disparition de la méthode conflictuelle pour déterminer les règles juridiques applicables à une convention d'arbitrage internationale, sauf une exception de portée pratique très limitée. La présentation de cette évolution du droit français (§ 1) n'interdit pas d'y porter une appréciation critique (§ 2).

§ 1. L'ÉVOLUTION DU DROIT FRANÇAIS

595 **Logique de la jurisprudence française.** La jurisprudence française a clairement choisi la voie de la simplicité. Face aux difficultés liées à la détermination de la loi applicable à la convention d'arbitrage internationale par l'usage de la méthode conflictuelle, elle a progressivement décidé d'y substituer une application

22. Sur ce point, v. *infra*, n° 607 et s.

23. V., par exemple, art. II (3) Convention de New York de 1958.

systématique de règles matérielles françaises pour régir l'ensemble du régime juridique de cette convention.

596 **Les prémices.** Cette voie a été amorcée par un arrêt *Hecht* de 1972[24], dans lequel la Cour de cassation a décidé de faire échapper la convention d'arbitrage internationale au principe, alors posé par le droit français interne, d'illicéité de la clause compromissoire stipulée dans un contrat mixte, commercial pour l'une des parties et civil pour l'autre[25]. La validité de la clause compromissoire était contestée sur le fondement de ce principe qui appartenait au droit français choisi par les parties pour régir leur contrat. La Cour de cassation a retenu qu'« ayant rappelé le caractère international du contrat liant les parties et rappelé qu'en matière d'arbitrage international, l'accord compromissoire présente une complète autonomie, l'arrêt attaqué en a justement déduit que la clause litigieuse devait en l'espèce recevoir application ». Les enseignements qu'il convenait de tirer de cet attendu quelque peu énigmatique n'étaient pas parfaitement évidents. Néanmoins, la Haute juridiction semblait bien déduire la validité de la convention d'arbitrage internationale d'un principe d'autonomie, sans aucune référence à la loi supposée la régir et en dehors de tout raisonnement conflictuel[26].

Quelques années plus tard, la cour d'appel de Paris a été beaucoup plus explicite. Dans un arrêt *Menicucci*[27], elle a affirmé que « compte tenu de l'autonomie de la clause compromissoire, instituant un arbitrage dans un contrat international, celle-ci est valable indépendamment de la référence à toute loi étatique ». De façon plus radicale encore, elle a par la suite énoncé, dans plusieurs arrêts, que « la clause compromissoire a une validité et une efficacité propres »[28], semblant ainsi avaliser l'idée que la convention d'arbitrage ne serait soumise à aucune règle et serait, par conséquent, un contrat sans loi. Cependant, la cour a finalement explicité sa position, qui se révélait être moins dogmatique, par une motivation selon laquelle « en matière d'arbitrage international, le principe de l'autonomie de la clause compromissoire est d'application générale, en tant que règle matérielle internationale consacrant la licéité de la convention d'arbitrage, hors de toute référence à un système de conflits de lois, la validité de la convention devant être contrôlée au regard des seules exigences de l'ordre public international »[29]. Néanmoins, elle consacrait bien ainsi la compétence systématique de règles matérielles d'origine française pour définir le régime de la convention d'arbitrage internationale.

---

24. Cass. 1re civ., 4 juill. 1972, *Hecht*, *RCDIP* 1974, p. 82, note P. Level ; *JDI* 1972, p. 843, note B. Oppetit ; et déjà, Paris, 19 juin 1970, *JCP* 1971, II, 16927, note B. Goldman ; *JDI* 1971, p. 833, note B. Oppetit ; *RCDIP* 1971, p. 692, note P. Level ; *Rev. arb.* 1972, p. 62, note Ph. Fouchard.

25. Sur l'évolution du droit interne français quant au domaine de licéité de la clause compromissoire, v. *supra*, n° 117 et s.

26. Pour une analyse plus détaillée de cette évolution jurisprudentielle, v. Ph. Fouchard, E. Gaillard, B. Goldman, *Traité de l'arbitrage commercial international*, Litec, 1996, nos 418 et s., p. 230.

27. Paris, 13 déc. 1975, *Menicucci*, *JDI* 1977, p. 107, note É. Loquin ; *Rev. arb.* 1977, p. 147, note Ph. Fouchard ; *RCDIP* 1976, p. 506, note B. Oppetit.

28. Paris, 20 avr. 1988, *Rev. arb.* 1988, p. 570 ; Paris, 30 nov. 1988 et 14 févr. 1989, *Rev. arb.* 1989, p. 691, note P.-Y. Tschanz ; Paris, 28 nov. 1989, *Rev. arb.* 1990, p. 675 (1re esp.), note P. Mayer ; Paris, 11 janv. 1990, *Rev. arb.* 1990, p. 95, note D. Cohen ; *JDI* 1991, p. 141, note B. Audit ; *RTD com.* 1992, p. 586, obs. J.-C. Dubarry et É. Loquin.

29. Paris, 17 déc. 1991, *Gatoil*, *Rev. arb.* 1993, p. 281, note H. Synvet ; Paris, 7 déc. 1994, *Jaguar*, *RTD com.* 1995, p. 401, obs. J.-C. Dubarry et É. Loquin.

597 **La consécration de la méthode des règles matérielles par la Cour de cassation.** La Cour de cassation s'est expressément ralliée à la solution initiée par la cour d'appel de Paris dans l'arrêt *Dalico*[30]. Dans un litige relatif à la validité en la forme d'une clause compromissoire par référence à propos d'un contrat soumis à la loi libyenne, elle a retenu « qu'en vertu d'une règle matérielle du droit international de l'arbitrage, la clause compromissoire est indépendante juridiquement du contrat principal qui la contient directement ou par référence et que son existence et son efficacité s'apprécient, sous réserve des règles impératives du droit français et de l'ordre public international, d'après la commune volonté des parties, sans qu'il soit nécessaire de se référer à une loi étatique ». La Cour régulatrice en a déduit qu'en l'espèce, les juges du fond avaient souverainement interprété les documents et retenu la commune volonté des parties de se soumettre à la clause litigieuse. Hormis quelques voix discordantes[31], la doctrine a très généralement approuvé la solution[32]. Cette dernière mérite toutefois d'être explicitée.

598 **Sens de l'arrêt *Dalico*.** L'objectif de la jurisprudence est clair, et avait d'ailleurs été clairement affiché par les magistrats : il s'agit d'assurer au maximum l'efficacité des conventions d'arbitrage internationales, d'« établir une protection juridique particulière pour cette convention particulière »[33]. La formule retenue par l'arrêt *Dalico* n'en appelle pas moins quelques observations.

Tout d'abord, sur un plan purement terminologique, la Haute juridiction visait à tort un « droit international de l'arbitrage » en tant que source supposée du principe qu'elle énonçait. En effet, un tel principe ne fait l'objet d'aucun consensus entre États ; la solution française, en ce qu'elle a de systématique, est même assez peu répandue en droit comparé. Aussi, la « règle d'efficacité » de la convention d'arbitrage internationale ainsi posée fait moins partie du « droit international de l'arbitrage », entendu comme un droit supra ou extra-étatique[34], que du « droit français de l'arbitrage international ». D'ailleurs, la Cour de cassation a par la suite corrigé sa formule. Dans un arrêt *Unikod*[35], elle a fondé sa solution sur un « droit de l'arbitrage international », droit qui doit être entendu comme étant français, et non plus sur un prétendu « droit international de l'arbitrage ». Ainsi, les règles matérielles dégagées par la jurisprudence française pour définir le régime de la convention d'arbitrage internationale sont bien de source française et ne sauraient appartenir à un prétendu « droit international de l'arbitrage » d'origine supra-étatique. Au demeurant, il aurait été délicat de soutenir que les solutions particulières dérivant de la règle matérielle

30. Cass. 1re civ., 20 déc. 1993, *Dalico*, *JDI* 1994, p. 432, note E. Gaillard, et p. 690, note É. Loquin ; *RCDIP* 1994, p. 663, note P. Mayer ; *Rev. arb.* 1994, p. 116, note H. Gaudemet-Tallon.

31. V. notamment les notes critiques de P. Mayer et H. Gaudemet-Tallon sous Cass. 1re civ., 20 déc. 1993, préc.

32. V. notamment les notes approbatives d'E. Gaillard et É. Loquin sous Cass. 1re civ., 20 déc. 1993, préc.

33. Propos très évocateurs d'un haut magistrat de la Cour de cassation : J.-P. Ancel, « L'actualité de l'autonomie de la clause compromissoire », in *Travaux Com. Fr. DIP* 1991-1992, p. 81.

34. Semblant pourtant adopter une telle interprétation de l'arrêt, É. Loquin, note sous Cass. 1re civ., 20 déc. 1993, préc., spéc. p. 700, qui expliquait cette référence à un « droit international de l'arbitrage » par le fait que la règle énoncée par l'arrêt *Dalico* appartiendrait au droit transnational de la *lex mercatoria*.

35. Cass. 1re civ., 30 mars 2004, *Unikod*, *RTD com.* 2004, p. 443, obs. É. Loquin ; *Rev. arb.* 2005, p. 961, note Ch. Seraglini ; *JDI* 2006, p. 127, note S. Bollée.

énoncée dans l'arrêt *Dalico*, et précisées au fil du temps par la jurisprudence, se font toujours l'écho de tendances lourdes en droit comparé.

Ensuite, « l'indépendance juridique » de la clause d'arbitrage visée par l'arrêt *Dalico* ne concerne pas seulement une autonomie par rapport au contrat principal[36] ; est également ici posée une autonomie par rapport à tout droit étatique. Toutefois, il ne s'agit pas pour autant de consacrer une hypothèse de contrat sans loi. Certes, l'arrêt semble affirmer que la seule volonté des parties gouverne tant « l'existence » que « l'efficacité », soit l'ensemble du régime de la convention d'arbitrage internationale. Toutefois, la réserve formulée « des règles impératives du droit français et de l'ordre public international » renseigne immédiatement sur la véritable portée de cette affirmation[37]. Il s'agit de soumettre impérativement le régime de toute convention d'arbitrage internationale qui viendrait à la connaissance d'un juge français, quelles que soient les circonstances de la saisine de celui-ci[38], à des règles matérielles de source française. Simplement, ces règles, qui concernent effectivement tant les conditions de validité que les effets d'une convention d'arbitrage internationale, retiennent pour principe la validité de celle-ci et tendent à lui assurer les effets les plus forts, dès lors que telle a été la volonté des parties et dans la mesure où la solution ne heurte pas l'ordre public international. C'est un droit français spécial, d'un contenu relativement flou, mais qui se veut minimal quant aux conditions de validité de la convention d'arbitrage et particulièrement énergique quant à ses effets, qui régit cette convention. Ce droit invite notamment à une appréciation *in concreto* de la volonté des parties. Comme l'ont parfaitement exprimé des auteurs, « il n'est donc pas question de contrat sans loi mais de contrat sans conflit de lois »[39].

599 **Suites de l'arrêt *Dalico*.** Probablement sans vouloir modifier de ce fait la solution énoncée par l'arrêt *Dalico*, la Cour de cassation avait, par la suite, néanmoins paru vouloir alléger sa formulation. Notamment, l'utilité de la réserve des « règles impératives du droit français », faite par l'arrêt *Dalico*, ayant été contestée par une partie de la doctrine, des arrêts ultérieurs l'avaient passée sous silence. Ainsi, dans un arrêt *V 2000*[40], elle avait disparu, seul l'ordre public international étant mentionné comme réserve à la validité de la convention d'arbitrage. Par la suite, et plus curieusement, la réserve « de l'ordre public international », supposée être la pierre angulaire du système

36. Sur cette forme d'autonomie, v. *infra*, n° 610 et s.

37. En revanche, la distinction entre les règles impératives du droit français et l'ordre public international n'est pas évidente ; sur ce point, v. H. Gaudemet-Tallon et E. Gaillard, notes sous Cass. 1re civ., 20 déc. 1993, préc. La jurisprudence ultérieure avait d'ailleurs supprimé la référence aux règles impératives du droit français, pour ensuite la réintroduire : Cass. 1re civ., 30 mars 2004, *Unikod*, préc., qui revient presque mot pour mot à la formule de l'arrêt *Dalico*.

38. V. cependant la formulation ambiguë de Paris, 7 avr. 2011 (*Rev. arb.* 2011, p. 747, note S. Bollée et B. Haftel), qui énonce : « En vertu d'une règle matérielle du droit de l'arbitrage international, applicable à un arbitrage dont le siège est fixé en France [...] ». Cet arrêt pourrait ainsi laisser croire que ce traitement de la convention d'arbitrage internationale est réservé aux arbitrages dont le siège est fixé en France, et ne s'applique donc pas dans le cadre de la reconnaissance de sentences arbitrales rendues à l'étranger. Cette limitation du domaine de la solution, si elle rendrait la démarche française moins impérialiste (v. *infra*, n° 603), reste toutefois peu probable au regard de la philosophie qui anime la jurisprudence française.

39. Ph. Fouchard, E. Gaillard, B. Goldman, *Traité de l'arbitrage commercial international*, Litec, 1996, n° 442, p. 251.

40. Cass. 1re civ., 21 mai 1997, *Rev. arb.* 1997, p. 537, note E. Gaillard ; *RCDIP* 1998, p. 87, note V. Heuzé ; *JDI* 1998, p. 969, note S. Poillot-Peruzzetto.

et la seule référence utile en tant que limite à la volonté des parties[41], avait également disparu, la Cour de cassation se contentant de proclamer, dans un arrêt *Zanzi*[42], un « principe de validité de la clause d'arbitrage internationale », donnant de plus en plus l'impression d'une convention d'arbitrage soumise à aucune contrainte, ni limite autre que celles pouvant résulter de la volonté des parties. Le même jour, la Haute juridiction avait d'ailleurs, dans un autre arrêt, affirmé « la clause d'arbitrage international valable par le seul effet de la volonté des contractants »[43]. Ces affirmations pouvaient surprendre, dans la mesure où une clause ne peut être déclarée par principe valable, ou valable par la seule volonté des parties sans autre condition ; elle doit satisfaire à des conditions de fond et de forme posées par une norme qui lui est préexistante ; ces conditions, même si elles sont très libérales, ne peuvent toutefois être inexistantes[44]. Aussi, on aurait pu préférer évoquer un « principe d'efficacité », ou encore « de licéité », de la convention d'arbitrage en matière internationale[45].

Ceci étant, dans des arrêts plus récents, la Cour de cassation a semblé choisir d'en revenir à la formulation moins dogmatique et plus évocatrice de l'arrêt *Dalico*. Ainsi, dans l'arrêt *Unikod* de 2004[46], elle a énoncé « qu'en vertu d'une règle matérielle du droit de l'arbitrage international, la clause compromissoire est indépendante juridiquement du contrat principal qui la contient directement ou par référence et que son existence et son efficacité s'apprécient, sous réserve des règles impératives du droit français et de l'ordre public international, d'après la commune volonté des parties, sans qu'il soit nécessaire de se référer à une loi étatique »[47]. Elle en a déduit « qu'en l'espèce, la cour d'appel n'avait pas à rechercher les conséquences d'une application de la loi russe au litige, dès lors que les parties n'avaient pas soumis la validité et les effets de leur convention d'arbitrage à cette loi ni même à aucune loi déterminée ». On ne peut que se féliciter de ce retour à une formule moins dogmatique et qui traduit mieux la réalité du régime juridique d'une convention d'arbitrage internationale selon la jurisprudence française : la convention d'arbitrage internationale ne tire pas sa validité d'elle-même ou d'une volonté des parties érigée en force autonome et absolue ; elle est soumise à un droit français spécifique, applicable en vertu d'une règle matérielle du droit français de l'arbitrage international[48] et dont le contenu a été, et est encore, progressivement précisé par la jurisprudence. Les exigences du droit français pour la validité d'une convention d'arbitrage seront certes, dans un esprit libéral, minimales, mais non pas inexistantes. Par ailleurs, le droit français entend au contraire accorder des effets

41. V. E. Gaillard, note sous Cass. 1re civ., 20 déc. 1993, *Dalico*, *JDI* 1994, p. 432.

42. Cass. 1re civ., 5 janv. 1999, *Rev. arb.* 1999, p. 260, note Ph. Fouchard ; *RCDIP* 1999, p. 546, note D. Bureau ; *RTD com.* 1999, p. 380, obs. É. Loquin ; *JDI* 1999, p. 784, note S. Poillot-Peruzzetto.

43. Cass. 1re civ., 5 janv. 1999, *Banque Worms*, et aussi, Cass. 1re civ., 19 oct. 1999, *Banque générale du commerce*, *Rev. arb.* 2000, p. 85, note D. Cohen.

44. En ce sens, H. Gaudemet-Tallon, note sous Paris, 26 mars 1991, *Dalico*, *Rev. arb.* 1991, p. 456, spéc. p. 469.

45. En ce sens, D. Bureau, note sous Cass. 1re civ., 5 janv. 1999, préc., spéc. n° 18, p. 556.

46. Cass. 1re civ., 30 mars 2004, *Unikod*, *RTD com.* 2004, p. 443, obs. É. Loquin ; *Rev. arb.* 2005, p. 961, note Ch. Seraglini ; *JDI* 2006, p. 127, note S. Bollée. V. également, Cass. 1re civ., 8 juill. 2009, *Cah. arb.* 2010, p. 97, note F.-X. Train ; *JCP* G 2009, I, 462, n° 10, obs. J. Ortscheidt ; *D.* 2009, p. 2384, n° I-B, obs. L. d'Avout ; *D.* 2009, p. 2959, n° I-A, obs. Th. Clay ; *RCDIP* 2009, p. 779, note F. Jault-Seseke.

47. V. aussi, Paris, 14 avr. 2015, *Rev. arb.* 2016, p. 556, note L. Idot, précisant que la solution est applicable sans égard au caractère administratif du contrat contenant la clause d'arbitrage, qui impliquait ici un État étranger.

48. Sous réserve, selon l'arrêt *Unikod*, d'une volonté contraire des parties : v. *infra*, n° 600.

particulièrement énergiques à la convention d'arbitrage internationale. En fait, la Cour de cassation semble aujourd'hui osciller entre la formule très sobre de l'arrêt *Zanzi* et celle plus évocatrice de l'arrêt *Unikod*, selon les besoins propres à chaque espèce. Il est donc probable que, dans son esprit, les deux recouvrent la même réalité. Cette réalité est parfaitement illustrée par un arrêt *Jules Verne* du 7 juin 2006[49], dans lequel la Cour mêle les deux formules en énonçant : « Le principe de validité de la convention d'arbitrage international et celui selon lequel il appartient à l'arbitre de statuer sur sa propre compétence sont des règles matérielles du droit français de l'arbitrage international, qui consacrent, d'une part, la licéité de la clause d'arbitrage indépendamment de toute référence à une loi étatique et, d'autre part, l'efficacité de l'arbitrage en permettant à l'arbitre, saisi d'une contestation de son pouvoir juridictionnel, de la trancher par priorité ». Ainsi, le principe de validité n'est qu'un principe de « licéité de la clause d'arbitrage indépendamment de toute loi étatique », qui s'apprécie au seul regard des règles matérielles françaises. En revanche, en paraissant formuler une réserve à la solution de principe, tirée d'une éventuelle volonté contraire des parties qui auraient souhaité soumettre leur convention d'arbitrage à une loi étatique, l'arrêt *Unikod* suscite effectivement quelques interrogations.

600 **La question d'un éventuel choix d'une loi étatique par les parties ou le timide et hypothétique retour à la méthode conflictuelle.** L'arrêt *Unikod*[50] a semblé réintroduire, très partiellement toutefois, la méthode conflictuelle en offrant la possibilité aux parties de soumettre la convention d'arbitrage à une loi déterminée. En effet, la Cour de cassation y a énoncé « qu'en l'espèce, la cour d'appel n'avait pas à rechercher les conséquences d'une application de la loi russe au litige, dès lors que les parties n'avaient pas soumis la validité et les effets de leur convention d'arbitrage à cette loi ni même à aucune loi déterminée ». On peut y voir une dérogation à l'hégémonie des règles matérielles françaises, ouvrant une option aux parties qui pourront leur préférer une loi étatique qu'elles devront alors choisir. Toutefois, il s'agira alors d'un conflit de lois qui ne laisse aucune place au doute quant à la détermination de la loi compétente, dans la mesure où ce sera celle expressément et précisément désignée par les parties pour régir leur convention d'arbitrage. Cette solution, coordonnant règles matérielles et règle de conflit, suscite diverses interrogations d'importance variable, tant sur le plan de la méthode, que quant à sa mise en œuvre en pratique[51].

Sur le plan méthodologique, certains ont contesté la compatibilité d'une telle coordination des règles matérielles et du conflit de lois avec la logique même des règles matérielles. Selon M. Loquin, l'existence de règles matérielles françaises, s'imposant devant tout juge français sur commandement de l'ordre juridique français et dont l'application ne pourrait être contrecarrée, fût-ce par la volonté des parties, devrait exclure tout usage de la méthode conflictuelle[52]. Cette position paraît toutefois quelque peu excessive. La solution, qui peut à première vue sembler curieuse sur le plan méthodologique, peut cependant parfaitement s'accorder avec le fondement généralement donné

49. Cass. 1re civ., 7 juin 2006, *Copropriété maritime Jules Verne et a.*, *Rev. arb.* 2006, p. 945, note E. Gaillard ; *JDI* 2006, p. 1384, note A. Mourre ; *JCP* G 2006, I, 187, n° 7, obs. Ch. Seraglini.

50. Cass. 1re civ., 30 mars 2004, *Unikod*, *RTD com.* 2004, p. 443, obs. É. Loquin ; *Rev. arb.* 2005, p. 961, note Ch. Seraglini ; *JDI* 2006, p. 127, note S. Bollée.

51. Pour plus de détails sur ces interrogations, v. Ch. Seraglini, note préc. sous Cass. 1re civ., 30 mars 2004.

52. É. Loquin, obs. préc. sous Cass. 1re civ., 30 mars 2004.

par la jurisprudence française à la démarche en termes de règles matérielles qu'elle a choisie. En effet, les juges s'évertuent à invoquer la satisfaction de la volonté des parties pour justifier l'application systématique des règles matérielles françaises. Ainsi, M. le Président Ancel, exposant la fonction de ces règles matérielles, écrivait : « La clause compromissoire internationale traduit une certaine fuite des contractants devant les incertitudes des lois de procédure parfois trop restrictives et une recherche de sécurité. Pour assurer cette sécurité et cette sérénité, il fallait que la clause compromissoire ne puisse pas être remise en cause à tout propos [...]. Le principe d'efficacité de la clause compromissoire est ainsi fondé sur l'autonomie de cette clause par rapport aux lois susceptibles de fonder la nullité de la clause et sur sa soumission aux règles françaises qui en assurent la validité [...] »[53]. Dans cette perspective, dès lors que la règle matérielle est élaborée au service de la volonté des parties, ces dernières doivent pouvoir refuser le service qui leur est offert. Par ailleurs, la coexistence de règles matérielles et du conflit de lois ne semble pas impossible sur un plan méthodologique. En théorie au moins, l'application d'une règle matérielle est au demeurant précédée par l'application d'une règle de désignation attribuant compétence à cette règle matérielle et appartenant au système de conflit de lois du for. Certes, cette règle de désignation est généralement rudimentaire et brusque, posant la compétence obligatoire de la règle matérielle française dès lors qu'une question couverte par cette règle est soumise à un juge français. Toutefois, rien n'interdit à l'ordre juridique français de rendre cette règle de désignation moins rudimentaire, en soumettant la compétence de la règle matérielle française à l'absence de désignation d'une autre loi par les parties. Ceci étant, l'arrêt *Unikod* conduit effectivement à des règles matérielles d'une nature particulière, pas aussi systématiques que les autres. La solution retenue par l'arrêt aboutit à la conjonction d'une règle matérielle et d'une règle conflictuelle amputée, mise en œuvre sous une condition dépendante des parties. Autrement posé, une volonté « conflictuelle » des parties peut s'exprimer, faute de quoi c'est la volonté « substantielle » – quant à elle supposée, et non plus avérée – des parties qui prévaut et qui justifie une approche déconnectée de toute loi étatique.

Sur le plan de sa mise en œuvre pratique, ce possible retour à une loi étatique par le truchement de la volonté des parties suscite des interrogations plus sérieuses. En fait, l'arrêt *Unikod* n'accepte de prendre en compte l'intention des parties que dans des conditions qui rendent une telle hypothèse quelque peu irréaliste. La formule retenue par la Cour de cassation paraît en effet exclure l'hypothèse d'un choix implicite des parties, puisque, malgré la désignation de la loi russe pour régir leurs relations, elle estime que « les parties n'avaient pas soumis la validité et les effets de leur convention d'arbitrage à cette loi ni même à aucune loi déterminée ». En tout cas, au nom du principe d'indépendance de la convention d'arbitrage par rapport au contrat qui la contient, la Cour régulatrice refuse de voir dans le choix d'une loi étatique pour régir le contrat principal une indication d'une volonté des parties quant à la loi étatique applicable à la clause d'arbitrage. Or, la fréquence d'un choix distinct risque d'être plus que faible. Les parties prendront rarement la peine de stipuler expressément un choix en ce qui concerne spécifiquement la clause d'arbitrage. Aussi, certains auteurs estiment, non sans raison, que l'ouverture offerte par l'arrêt *Unikod* « relève de l'hypothèse

53. J.-P. Ancel, « L'actualité de l'autonomie de la clause compromissoire », *Travaux Com. Fr. DIP* 1991-1992, éd. Pedone, 1994, p. 75, spéc. p. 81.

d'école »[54], ou constitue une proposition irréaliste[55]. Pour donner quelque consistance à la possibilité ainsi offerte aux parties, il faudrait au contraire admettre le choix implicite. Certes, le principe d'indépendance de la clause d'arbitrage par rapport au contrat principal suppose de retenir que la première peut être soumise à une loi différente de celle gouvernant le second[56]. Cependant, cela ne paraît pas devoir exclure toute possibilité d'inférer du choix par les parties d'une loi gouvernant leurs relations, une présomption de soumission de la clause d'arbitrage à cette même loi. Comme M. Gaillard, annotant l'arrêt *Dalico*, l'écrivait : « L'autonomie, au sens classique de "séparabilité", s'accommoderait de l'application à la convention d'arbitrage d'une loi étatique désignée par la méthode conflictuelle et justifie seulement que cette loi puisse être différente de celle qui régit le contrat principal »[57]. Par ailleurs, ne devrait-on pas plutôt estimer qu'au moment de la conclusion du contrat, si les parties qui ont pris la peine de désigner une loi étatique ont eu une intention, c'est *a priori* celle de soumettre l'ensemble du contrat à cette loi, clause d'arbitrage comprise ? Dans son état actuel, la jurisprudence française risque de contrecarrer cette intention initiale des parties. Aussi, afin de ne pas réduire à néant l'ouverture opérée par l'arrêt *Unikod* en faveur de l'application d'une loi étatique choisie par les parties, il pourrait être raisonnablement considéré qu'à défaut de dispositions manifestant une intention contraire des parties, le choix de la loi exprimé par les parties de façon générale doit être présumé valoir pour l'ensemble des stipulations contractuelles, clause compromissoire comprise ; présomption qui pourrait bien entendu supporter la preuve contraire au regard des circonstances de l'espèce. La proposition n'entre pas en contradiction avec l'autonomie reconnue à la clause d'arbitrage par rapport au contrat principal. En effet, bien qu'autonome, elle entretient un lien évident avec le contrat principal, puisqu'elle vise à organiser la résolution des litiges nés de ce contrat et y est le plus souvent stipulée. Au demeurant, de nombreux droits étatiques retiennent cette solution[58]. Cela étant, malgré la compétence de la loi étatique désignée, expressément ou implicitement, par les parties, certaines questions spécifiques à la clause d'arbitrage, comme sa licéité de principe, son indépendance par rapport au contrat principal, ou encore l'arbitrabilité du litige, pourraient utilement demeurer régies par des règles matérielles françaises.

§ 2. L'APPRÉCIATION CRITIQUE DU DROIT FRANÇAIS

601 **Une démarche générale en faveur de la méthode des règles matérielles.** La jurisprudence française a en fait décidé d'appliquer, non pas une règle matérielle, mais la méthode même des règles matérielles pour définir le régime juridique de la convention d'arbitrage internationale, sans considération relative à la loi en principe applicable en vertu des règles de conflit de lois bilatérales, sauf réserve

54. É. Loquin, obs. préc. sous Cass. 1re civ., 30 mars 2004, spéc. p. 445.

55. S. Bollée, note préc. sous Cass. 1re civ., 30 mars 2004, spéc. nº 7.

56. Sur ce point, v. Ph. Fouchard, E. Gaillard, B. Goldman, *Traité de l'arbitrage commercial international*, Litec, 1996, nº 412 et s., p. 227.

57. E. Gaillard, note sous Cass. 1re civ., 20 déc. 1993, *JDI* 1994, p. 432, spéc. p. 436-437.

58. V. les références citées par J.-F. Poudret, S. Besson, *Droit comparé de l'arbitrage international*, Bruylant, 2002, nº 300 et s., p. 274. Pour une sentence arbitrale allant en ce sens, v. Sent. CCI nº 13921 (2006), *JDI* 2009, p. 1407, obs. B. D.

d'une volonté expresse des parties[59]. Progressivement, elle a précisé, et précise encore, le contenu de ces règles matérielles, d'origine française, applicables à toute convention d'arbitrage dont un juge français est amené à connaître[60], soit directement en tant que juge d'appui ou juge saisi du fond du litige au mépris d'une convention d'arbitrage[61], soit indirectement comme juge du recours en annulation ou de la reconnaissance et de l'exécution de la sentence arbitrale[62]. Par ailleurs, certaines de ces règles sont aujourd'hui issues du décret du 13 janvier 2011[63]. S'il n'est peut-être pas encore totalement certain que la méthode des règles matérielles s'applique à toutes les questions que peut susciter une convention d'arbitrage internationale, l'étude du régime juridique de la convention d'arbitrage internationale en droit français[64] permettra de constater que son champ d'application s'est progressivement étendu et que peu de questions paraissent aujourd'hui pouvoir lui échapper. Or, un tel usage général et systématique de la méthode des règles matérielles pour l'ensemble du régime de la convention d'arbitrage internationale peut susciter quelques réserves[65].

602 **Relativité des arguments avancés en faveur de la solution française.** Divers arguments sont généralement avancés, avec une assurance impressionnante[66], pour justifier la démarche de la jurisprudence française. C'est tout d'abord la méthode conflictuelle qui est décriée. Elle est en effet jugée particulièrement inappropriée en la matière et ce, pour deux raisons au moins : rendant incertaine la détermination de la loi applicable, elle conduirait au surplus à la désignation d'une loi substantielle inadaptée. Pourtant, ces arguments ne sont pas indiscutables[67].

On dénonce en premier lieu les incertitudes nées de la méthode conflictuelle quant à la détermination de la loi applicable à la convention d'arbitrage. Selon M. Gaillard,

59. Sur cette réserve, v. *supra*, n° 600.

60. V. cependant la formulation ambiguë de Paris, 7 avr. 2011, *Rev. arb.* 2011, p. 747, note S. Bollée et B. Haftel, qui semble limiter la démarche aux arbitrages dont le siège est fixé en France.

61. Il convient de souligner que le contrôle de la validité de la convention d'arbitrage par le juge français est alors sommaire, par l'effet du principe de Compétence-Compétence tel qu'il est retenu en droit français, qui conduit à limiter ce contrôle à celui de la nullité ou de l'inapplicabilité manifeste de la convention d'arbitrage : v. *infra*, n° 687 et s.

62. Dans le cadre d'un recours en annulation contre une sentence rendue en France, ou d'une demande de reconnaissance ou d'exécution en France d'une sentence rendue à l'étranger ou en matière internationale ; le juge pourrait alors, selon le cas, annuler la sentence ou en refuser l'exécution si le tribunal arbitral « s'est déclaré à tort compétent ou incompétent » (art. 1520.1° CPC). Sur ce contrôle, v. *infra*, n° 991 et s.

63. V. art. 1507 et 1508 et, sur renvoi de l'art. 1506, art. 1446, 1447, 1448 (al. 1 et 2) et 1449 CPC.

64. V. *infra*, n° 609 et s.

65. Au demeurant, cette logique des règles matérielles tend en réalité à s'imposer à propos de l'ensemble du droit français de l'arbitrage international et concerner tant la convention d'arbitrage que la procédure arbitrale, le traitement des sentences arbitrales, et même le contrat d'arbitre : en ce sens, Cass. 1re civ., 1er févr. 2017, *JCP* G 2017, 339, obs. S. Bollée ; *Rev. arb.* 2017, p. 483, note Ch. Jarrosson ; *JDI* 2017, comm. 19, p. 1348, note J.-B. Racine ; *RDC* 2017, p. 299, obs. M. Laazouzi ; *RTD civ.* 2017, p. 394, obs. H. Barbier ; *ibid.*, p. 421, obs. P.-Y. Gautier.

66. Pour une présentation de l'inadéquation supposée de la méthode conflictuelle en matière de convention d'arbitrage, v. Ph. Fouchard, E. Gaillard, B. Goldman, *Traité de l'arbitrage commercial international*, Litec, 1996, n° 422 et s., p. 235 ; et pour un vigoureux plaidoyer en faveur de la solution française, nos 439 et s., p. 248.

67. Pour une remise en cause plus détaillée de la pertinence des griefs adressés à la méthode des conflits de lois, v. notamment Ch. Seraglini, note sous Cass. 1re civ., 30 mars 2004, *Unikod*, *Rev. arb.* 2005, p. 961 ; S. Bollée, *Les méthodes du droit international privé à l'épreuve des sentences arbitrales*, Economica, 2004, n° 290 et s., p. 204.

« appliquée à la convention d'arbitrage, la méthode conflictuelle ne présente pas les avantages de sécurité et de prévisibilité que les parties seraient en droit d'en attendre »[68]. S'il est exact que la détermination de la loi applicable à une convention d'arbitrage peut sembler délicate dès lors que l'on part du postulat que cette convention est indépendante du contrat principal et, par conséquent, n'est pas nécessairement soumise à la même loi, l'affirmation devrait à tout le moins trouver sa limite lorsque la volonté des parties s'est exprimée à propos de la loi applicable. Certes, cette expression de volonté est le plus souvent générale et vise simplement le contrat contenant la clause d'arbitrage. Cependant, elle devrait être analysée, avant d'être jetée avec l'eau du bain, et il ne paraît pas illégitime de considérer qu'un choix de la loi exprimé par les parties de façon générale peut être présumé valoir pour l'ensemble des stipulations contractuelles, clause compromissoire comprise[69]. Par ailleurs, il n'est pas certain que la démarche française, imposant l'application de règles matérielles à l'ensemble du régime de toute convention d'arbitrage venant, parfois au hasard des contentieux, à la connaissance d'un juge français, présente davantage de sécurité et de prévisibilité pour les parties. À cet égard, on pourrait penser qu'en l'absence de choix de loi par les parties pour régir leur convention d'arbitrage, le siège du tribunal arbitral est un critère de localisation plus fort et plus pertinent de cette convention.

On stigmatise en second lieu la méthode conflictuelle quant au résultat auquel elle conduit, soit la désignation d'une loi étatique. Sur ce point, les règles d'origine étatique ainsi désignées sont accusées, *a priori*, d'être généralement inadaptées et impropres à régir les conventions d'arbitrage internationales. Toutefois, on peut discuter de cet argument lorsque l'on constate que de nombreux États ont décidé, dans les trente dernières années, de se doter d'une loi moderne sur l'arbitrage international. Aussi, l'argument se résume plutôt à une négation du droit international privé, lequel repose sur un principe d'acceptation des différences, au motif d'une prétendue inadéquation des droits étrangers. Une telle régression du droit international privé n'est jamais prônée dans d'autres domaines et on peut se demander si elle est aujourd'hui véritablement justifiée dans le domaine de l'arbitrage.

Au regard de la relativité de ces justifications, on peut dès lors s'interroger sur les mérites de la démarche française.

603 **Impérialisme de la solution française.** La démarche de la jurisprudence française peut tout d'abord, du fait de son caractère général et systématique, paraître relativement impérialiste. En effet, les règles matérielles en question restent de source française et, pour certaines, posent des solutions peu répandues en droit comparé. Or, elles s'appliqueront même pour un litige relatif à un contrat s'exécutant à l'étranger entre parties étrangères, pour la seule raison que le juge français est saisi, quel que soit le fondement de sa saisine. Certes, une telle application pourrait ne pas sembler illégitime lorsque le juge français est saisi d'un recours en annulation de la sentence arbitrale internationale, ou est saisi au fond du litige au mépris d'une convention d'arbitrage et doit apprécier la validité de l'exclusion de sa propre compétence. En effet, l'ordre juridique français pourrait alors paraître suffisamment concerné pour imposer ses propres vues. En revanche, cette application pourrait être davantage discutée dans d'autres hypothèses, notamment lorsqu'une sentence a été rendue à l'étranger, que l'ordre juridique français est moins concerné que d'autres par le litige, et que le juge français de l'exequatur apprécie

68. E. Gaillard, note sous Cass. 1re civ., 20 déc. 1993, *Dalico*, *JDI* 1994, p. 432, spéc. p. 441 et s.

69. Sur ce point, v. *supra*, n° 600.

néanmoins la validité et l'efficacité d'une clause d'arbitrage au regard des seules règles matérielles françaises[70]. L'application systématique des règles matérielles françaises pour apprécier la validité et les effets d'une convention d'arbitrage devient particulièrement discutable lorsque le juge d'appui français est compétent parce que les parties sont exposées à un risque de déni de justice, alors même que l'arbitrage n'a aucun lien avec le for français et que la France n'avait pas été choisie par les parties comme siège de l'arbitrage[71], ou encore dans le cadre d'une demande d'exequatur en France d'une sentence arbitrale rendue à l'étranger dans un litige purement interne[72]. Certains estimeront toutefois que ce *lex forisme* avéré n'est qu'un moindre mal en comparaison des incertitudes engendrées par la méthode conflictuelle.

604 **Isolement de la solution française.** La démarche française, consistant à appliquer des règles matérielles françaises à l'ensemble du régime de la convention d'arbitrage internationale, demeure relativement isolée en droit comparé[73]. Dès lors, l'argument avancé par certains pour justifier la démarche, selon lequel elle permettrait de faire échapper les conventions d'arbitrage internationales aux particularismes locaux[74], ne convainc pas. En effet, si cette démarche était adoptée par tous les États, une forme de particularisme local se substituerait alors tout simplement à une autre : le régime de la convention d'arbitrage internationale varierait, non plus en fonction des aléas de la détermination de la loi applicable par le jeu des règles de conflit, mais en fonction de la juridiction saisie, qui appliquerait systématiquement ses propres règles matérielles[75]. Ce *lex forisme* systématique, s'il était généralisé, aurait donc pour inconvénient d'exclure une harmonie des solutions que l'application de la méthode conflictuelle pouvait au moins laisser espérer.

605 **Contenu discutable ou incertain de certaines règles matérielles françaises.** La démarche de la jurisprudence française pourrait à tout le moins se justifier si les parties tiraient effectivement un avantage de cette mise sous silence du droit international privé en termes de prévisibilité et de sécurité juridique. Or, on peut en douter.

En premier lieu, les solutions retenues par certaines règles matérielles françaises ne sont pas incontestables. Aussi, la sécurité juridique et la prévisibilité des parties ne sortent pas nécessairement renforcées de leur application à toute convention d'arbitrage

70. Notamment au regard de l'article 1520-1° CPC et de la vérification de la compétence de l'arbitre. V. cependant les doutes nés de l'arrêt Paris, 7 avr. 2011, *Rev. arb.* 2011, p. 747, note S. Bollée et B. Haftel, qui pourrait être interprété comme limitant l'application des règles matérielles françaises aux seules sentences rendues en France.

71. Art. 1505.4° CPC. Ce chef de compétence, issu du décret du 13 janvier 2011, avait été auparavant retenu par la Cour de cassation : Cass. 1re civ., 1er févr. 2005, *État d'Israël c/ NIOC*, *Rev. arb.* 2005, p. 693, note H. Muir Watt ; *JCP* G 2005, I, 134, n° 4, obs. J. Béguin ; *JCP* E 2005, II, 447, note G. Kessler ; *D.* 2005, p. 3050, n° II-A-1, obs. Th. Clay ; *RTD com.* 2005, p. 266, obs. É. Loquin.

72. Cf. Paris, 24 nov. 2011, *Rev. arb.* 2012, p. 134, note M. Laazouzi.

73. De nombreuses législations étrangères se contentent de poser des règles matérielles sur des questions particulières relatives à la convention d'arbitrage, ce qui traduit une philosophie toute différente. V. notamment, la LDIP suisse, art. 177, al. 1er (arbitrabilité), art. 177, al. 2 (capacité de l'État à compromettre), art. 178, al. 1er (forme).

74. Notamment par Ph. Fouchard, E. Gaillard, B. Goldman, *Traité de l'arbitrage commercial international*, Litec, 1996, n° 441, p. 249.

75. Sauf à retenir que les solutions de fond françaises, progressivement élaborées par les juges pour définir plus précisément le régime de la convention d'arbitrage internationale, sont les seules dignes d'intérêt !

venant à la connaissance d'un juge français. Ainsi, à titre d'exemple, est-il vraiment opportun d'imposer à tous la solution retenue par la jurisprudence selon laquelle la convention d'arbitrage internationale doit être étendue à toute partie directement impliquée dans l'exécution du contrat pour lequel elle a été stipulée, bien que cette partie n'ait pas été signataire de ce contrat[76] ?

Par ailleurs, il ne faut pas perdre de vue que les questions relatives à la validité ou aux effets d'une convention d'arbitrage internationale seront le plus souvent examinées en premier lieu par les arbitres, notamment par l'effet du principe de Compétence-Compétence[77]. Or, ceux-ci risquent de ne pas suivre aveuglément les solutions du droit français et de raisonner plus classiquement selon une démarche conflictuelle, et notamment d'attacher une grande importance au droit du siège pour le régime de la convention d'arbitrage. Une même convention d'arbitrage pourrait ainsi être soumise à deux régimes légaux différents, à deux stades différents de la procédure arbitrale.

Au surplus, la démarche française peut conduire à certaines situations paradoxales : un même grief, par exemple relatif à un vice du consentement, qui serait invoqué pour l'ensemble des accords entre les parties, contrat principal et convention d'arbitrage, devrait néanmoins être apprécié différemment pour la convention d'arbitrage – en vertu des règles matérielles françaises qui la considèrent *a priori* valable – et pour le contrat – en vertu de la *lex contractus* déterminée par le jeu des règles de conflit de lois, et notamment en application de la loi éventuellement choisie par les parties pour régir ce contrat.

En second lieu, si le contenu des règles matérielles françaises qui régissent la convention d'arbitrage internationale a été progressivement précisé par la jurisprudence, complétée par le décret du 13 janvier 2011 sur certains points, le régime juridique de la convention d'arbitrage internationale en droit français reste encore relativement incertain. Déjà, la simple référence, faite par les arrêts *Dalico* et *Unikod*, à la volonté des parties limitée par l'ordre public international, ne saurait fournir à la convention d'arbitrage un régime juridique complet et, surtout, prévisible. Selon les laudateurs de la jurisprudence *Dalico*, la réserve de « l'ordre public international » suffit à déterminer les exigences françaises relatives à la validité de la convention d'arbitrage internationale. Et, dans un esprit libéral bienvenu, ces exigences seront limitées « à une confrontation de la convention d'arbitrage aux conceptions fondamentales retenues par le droit français en matière internationale », l'ordre public n'étant ici « que l'expression des règles matérielles minimales qui, dans la conception française de l'arbitrage international, doivent être respectées pour que l'on puisse accepter de donner effet à une convention d'arbitrage »[78]. Un exemple pouvait être tiré de l'arrêt *Dalico* lui-même : l'écrit n'est pas une exigence d'ordre public international. En revanche, l'absence de dol serait, selon M. Gaillard, une exigence d'ordre public international qui s'opposerait à l'efficacité de la convention d'arbitrage atteinte d'un tel vice[79]. Pourtant, il est peu probable que des concepts aussi malléables que la « volonté des parties », « l'efficacité » de la clause, ou « l'ordre public international », énoncés par l'arrêt *Dalico*, suffisent à établir un régime détaillé, clair et prévisible de la convention d'arbitrage

76. Sur cette solution, v. *infra*, n° 720 et s.

77. Sur ce principe et son sens particulièrement fort en droit français, v. *infra*, n° 674 et s.

78. Ph. Fouchard, E. Gaillard, B. Goldman, *Traité de l'arbitrage commercial international*, Litec, 1996, n° 442, p. 250.

79. E. Gaillard, note sous Cass. 1re civ., 20 déc. 1993, *Dalico*, *JDI* 1994, p. 432, spéc. p. 444.

internationale. Certes, la jurisprudence a œuvré pour préciser certaines solutions. Mais il reste de nombreux vides ; par exemple, quelles sont les « conceptions fondamentales » du droit français en matière de vices du consentement ou de délai pour invoquer une éventuelle nullité de la convention d'arbitrage ? Le système français actuel a certes l'avantage de la souplesse, mais l'inconvénient, non négligeable, d'une relative imprévisibilité. Il est vrai que l'imprévisibilité peut également affecter, en la matière, la méthode des conflits de lois. Toutefois, elle prend ici une autre dimension : comme avec la méthode conflictuelle, les parties peuvent ne pas connaître à l'avance la loi qui sera appliquée, dans la mesure où elles n'envisageront peut-être pas la saisine du juge français au moment de la stipulation de leur convention d'arbitrage[80] ; mais, même lorsqu'elles pouvaient savoir qu'il s'agirait des règles matérielles françaises, elles auront au surplus parfois des difficultés à connaître le contenu précis de celles-ci.

Plus généralement, on peut se demander si, compte tenu des exigences minimales posées par la jurisprudence française à la validité d'une convention d'arbitrage internationale, et les effets particulièrement énergiques qu'elle lui accorde, la démarche française ne vise pas à consacrer, plus que le culte de la volonté des parties, celui de la validité et de l'efficacité nécessaires de toute convention d'arbitrage internationale.

606 **Un possible retour à une attitude plus mesurée ?** Dans ces conditions, on peut s'interroger sur l'opportunité de soumettre l'ensemble du régime de la convention d'arbitrage internationale, tant « son existence que son efficacité », aux seules règles matérielles françaises. Si la solution a pu se justifier un temps, lorsque les législations de nombreux États étaient peu adaptées à l'arbitrage international, la maintenir aujourd'hui pourrait sembler peu respectueux des efforts déployés depuis près de trente ans par les législateurs étrangers pour réformer leur droit de l'arbitrage dans un sens favorable à cette institution. Aussi, une application plus mesurée de la méthode des règles matérielles, à l'égard de questions particulières seulement, pourrait sembler plus judicieuse. L'application systématique d'une règle matérielle française consacrant l'indépendance de la clause d'arbitrage par rapport au contrat principal serait par exemple justifiée, tant un tel principe s'impose aujourd'hui en droit comparé et est nécessaire au bon fonctionnement de la justice arbitrale[81]. De même, une règle matérielle française pourrait utilement imposer un « principe de licéité » de la convention d'arbitrage internationale. Cette règle devrait notamment régir la question de l'arbitrabilité du litige, et y poser la réserve des règles internationalement impératives du droit français et de l'ordre public international, ce dernier concept permettant notamment de prendre en compte, le cas échéant, les restrictions à l'arbitrabilité posées par des lois étrangères ayant un titre légitime à s'appliquer au cas d'espèce[82]. D'autres règles matérielles, régissant certains aspects du régime de la convention d'arbitrage internationale, pourraient encore être ponctuellement posées. On peut par exemple songer à celles consacrant l'aptitude des États à compromettre dans l'arbitrage international[83], ou l'effet positif du principe de Compétence-Compétence[84].

Dans cette perspective, la règle posée par l'arrêt *Dalico* pourrait finalement être cantonnée de la manière suivante : « En vertu d'une règle matérielle du droit de

80. Inconvénient partagé par la méthode conflictuelle.
81. Sur ce principe, v. *infra*, n° 610 et s.
82. Sur ces points, v. *infra*, n° 636 et s.
83. Sur cette règle, v. *infra*, n° 631 et s.
84. Sur ce principe, v. *infra*, n° 679 et s.

l'arbitrage international, la clause compromissoire est indépendante juridiquement du contrat principal qui la contient directement ou par référence et est en principe licite, sous réserve des règles impératives du droit français et de l'ordre public international ». En revanche, une démarche conflictuelle classique pourrait être maintenue sans dommage pour le reste du régime de la convention d'arbitrage internationale, particulièrement s'agissant des conditions « ordinaires » de validité au fond exigées de toute convention. L'ordre public français pourra toujours intervenir à titre exceptionnel, pour s'opposer à l'application de solutions étrangères qui paraîtraient choquantes au regard de la conception française des exigences fondamentales de l'arbitrage international. Les conditions « ordinaires » de validité de la convention d'arbitrage pourraient ainsi être en principe régies par la loi du contrat, à tout le moins lorsque celle-ci a été choisie par les parties. On pourrait en effet retenir à titre de présomption qu'un tel choix s'étend à la clause d'arbitrage, présomption qui pourrait bien entendu être renversée au regard des circonstances de l'espèce[85]. À défaut d'un tel choix ou lorsqu'il ressort des circonstances de l'espèce que les parties n'ont pas entendu étendre ce choix à la convention d'arbitrage, il est vrai que la détermination de la loi applicable à cette convention est plus problématique[86]. Néanmoins, et quelle que soit la pertinence des débats qui entourent cette détermination, le siège du tribunal arbitral est, de fait, le critère de localisation de la convention d'arbitrage retenu par de nombreuses conventions internationales, droits étrangers, et par certaines sentences arbitrales[87]. L'application du droit du siège en ce cas ne semble donc pas illégitime.

Ce « retour en arrière », ici préconisé, par rapport à la jurisprudence française actuelle permettrait de réaliser un certain équilibre entre la faveur légitime qui doit être accordée à l'arbitrage d'une part, et l'harmonie internationale des solutions et le respect des droits étrangers d'autre part. Ceci étant, il est plus que probable qu'il soit jugé peu compatible avec l'orientation prise, depuis un moment déjà, par la jurisprudence française.

SECTION 3 LA PRATIQUE DES ARBITRES INTERNATIONAUX

607 **Liberté relative des arbitres internationaux.** Pour certains, l'arbitre international devrait, compte tenu de sa position particulière, privilégier l'application de règles matérielles au régime de la convention d'arbitrage internationale. Ces règles seraient alors véritablement internationales, ou transnationales, dès lors qu'elles seraient dégagées par les arbitres eux-mêmes[88]. En cela, elles apparaissent moins « particularistes » que celles dégagées par la jurisprudence française.

85. Sur ce point, v. *supra*, n° 600. Pour une sentence arbitrale allant en ce sens, v. Sent. CCI n° 13921 (2006), *JDI* 2009, p. 1407, obs. B. D.

86. V. *supra*, n° 588 et s.

87. Sur ce point, v. *supra*, n° 590.

88. Ph. Fouchard, E. Gaillard, B. Goldman, *Traité de l'arbitrage commercial international*, Litec, 1996, n° 443, p. 252.

Par ailleurs, il est vrai que l'arbitre international dispose d'une grande liberté d'action. N'étant le juge d'aucun État en particulier, il est « délocalisé » et aucun système de conflit de lois d'origine étatique ne s'impose à lui[89]. Certes, il doit en principe veiller à l'efficacité de sa sentence. Dans cette perspective, on pourrait donc l'inviter à porter une attention particulière aux dispositions du droit du siège relatives à la désignation et l'application de la loi régissant la convention d'arbitrage, afin d'éviter toute annulation de sa sentence qui pourrait en compromettre l'efficacité internationale[90], ou à celles du droit du pays dans lequel l'exécution de sa décision est susceptible d'être recherchée. De façon plus générale, l'arbitre pourrait également s'intéresser aux dispositions de la Convention de New York de 1958, dans la mesure où se conformer à ces dispositions qui lient un grand nombre d'États peut apparaître comme un bon moyen de s'assurer de l'efficacité internationale de sa décision. Or, la Convention donne une indication sur la loi applicable à la convention d'arbitrage en disposant, en son article V (1) (a), que la reconnaissance ou l'exécution de la sentence peut être refusée lorsque la convention d'arbitrage « n'est pas valable en vertu de la loi à laquelle les parties l'ont subordonnée ou, à défaut d'une indication à cet égard, en vertu de la loi du pays où la sentence a été rendue ». Toutefois, la mise en œuvre de telles recommandations peut s'avérer délicate. Ainsi, il peut être difficile, dans certains cas, de respecter à la fois les exigences du droit du siège et celles du pays d'exécution de la sentence. En toute hypothèse, les contraintes qui pèsent ici sur l'arbitre restent relatives. En effet, le ou les lieux d'exécution prévisibles de la sentence peuvent être difficiles à déterminer *a priori*. Par ailleurs et surtout, le contrôle exercé par les juges étatiques sur la sentence reste, tant dans son contenu que dans sa portée, relativement limité. Certes, la question de la validité de la convention d'arbitrage, dans la mesure où elle met en cause la compétence même de l'arbitre pour trancher le litige, est l'un des rares points sur lesquels le juge français exerce un contrôle approfondi de la sentence arbitrale. Néanmoins, l'arbitre qui siège en France ou sait que sa sentence a vocation à y être exécutée, devrait simplement, en vertu de la jurisprudence *Dalico*, se soucier des conceptions fondamentales du droit français en la matière, et non de la loi applicable à la convention d'arbitrage en vertu des règles de conflit de lois[91]. De plus, le contrôle exercé par un juge étatique sur la sentence a une portée territorialement limitée : chaque État exerce son contrôle selon ses propres vues et sans guère prêter attention au contrôle qu'aura pu exercer au préalable un juge étranger ; même le point de vue du juge du siège sur la sentence arbitrale, notamment au regard de la validité ou de l'invalidité de la convention d'arbitrage, n'est pas toujours suivi par les juges des autres États dans lesquels l'exécution de la sentence est recherchée. Dans ces conditions, l'arbitre reste donc relativement libre de ces choix quant au droit applicable à une convention d'arbitrage internationale.

608 **Attitude nuancée des arbitres internationaux.** Selon certains, fort de cette liberté, l'arbitre international devrait, à défaut de choix exprimé par les parties quant à la loi applicable à la convention d'arbitrage, faire prévaloir ce qu'il estime être les exigences essentielles de la société internationale, dégagées à partir d'un examen de droit comparé

89. Sur le sujet, P. Mayer, « La liberté de l'arbitre », *Rev. arb.* 2013, p. 339 ; J.-M. Jacquet, « Les libertés de l'arbitre international », in *Mélanges en l'honneur du professeur Pierre Mayer*, LGDJ, 2015, p. 311.

90. Sur l'impact de l'annulation de la sentence au siège sur son efficacité internationale, v. *supra*, n° 578 et *infra*, n° 924.

91. V. *supra*, n° 594 et s.

et de la jurisprudence arbitrale internationale, sur les particularismes locaux véhiculés par les règles d'origine nationale[92]. Autrement dit, il devrait privilégier l'application de règles matérielles transnationales au régime juridique de la convention d'arbitrage internationale.

En pratique, les arbitres internationaux semblent toutefois se montrer relativement réservés quant à l'adoption d'une telle démarche[93]. Selon les espèces et la nature de la question posée (relative à la validité au fond ou en la forme de la convention, à l'arbitrabilité du litige, à la capacité des parties à compromettre, ou encore aux effets de la convention), ils utilisent, pour définir les règles applicables à la convention d'arbitrage, tantôt des règles matérielles, tantôt une loi nationale désignée par une ou plusieurs règles de conflit de lois[94], avec une certaine inclination pour l'application de la loi du siège du tribunal arbitral. Ceci étant, il est indéniable que, sur certaines questions relatives à la convention d'arbitrage, des arbitres retiennent des solutions sans les justifier par l'application d'une législation nationale particulière. Ils semblent bien ainsi soumettre certains aspects du régime de la convention d'arbitrage internationale à des règles matérielles, que l'on pourrait qualifier de véritablement internationales ou transnationales, puisque forgées par eux et détachées des ordres juridiques nationaux. On peut notamment songer au principe d'autonomie de la clause d'arbitrage par rapport au contrat principal, souvent consacré par les arbitres sans se fonder sur une loi étatique particulière. D'autres exemples seront évoqués dans la suite de cet ouvrage. Toutefois, de nombreuses sentences qui adoptent cette démarche « anationale » multiplient néanmoins les références à plusieurs droits nationaux ou conventions internationales pour conforter la solution retenue au fond. Ces références peuvent révéler un souci de justifier la solution retenue auprès des parties ; la convergence des droits étatiques sur la solution devrait en effet convaincre les parties de son bien-fondé. Mais on peut également en déduire que, la solution étant admise par la plupart des lois étatiques concernées, l'arbitre prend peu de risques à affirmer l'existence d'une règle matérielle, et que l'application d'une loi étatique aurait abouti à la même solution. En tout cas, l'utilisation par les arbitres de règles matérielles dont le contenu est déterminé à partir d'une analyse de droit comparé, reste une démarche moins particulariste que celle adoptée par la jurisprudence française, où les solutions substantielles applicables à la convention d'arbitrage internationale sont fixées par le seul droit français et ne correspondent pas toujours à des solutions largement admises en droit comparé.

92. Ph. Fouchard, E. Gaillard, B. Goldman, *Traité de l'arbitrage commercial international*, Litec, 1996, n° 443, p. 252.

93. Sur l'attitude contrastée des arbitres internationaux face au problème de la loi applicable à la convention d'arbitrage, v. A. Dimolitsa, « Autonomie et "Kompetenz-Kompetenz" », *Rev. arb.* 1998, p. 305, n°s 45 et s., p. 343, et les sentences citées.

94. Sur les règles de conflit de lois utilisées par les arbitres pour déterminer le droit applicable au fond du litige, v. *infra*, n° 894 et s.

CHAPITRE 2
LE RÉGIME JURIDIQUE DE LA CONVENTION D'ARBITRAGE INTERNATIONALE

609 **Plan.** Le régime juridique de la convention d'arbitrage étant dominé par un principe d'indépendance (ou d'autonomie, ou encore de séparabilité) de cette convention par rapport au contrat principal liant les parties, il convient d'étudier ce principe en premier lieu (section 1). Ensuite, comme toute convention, la convention d'arbitrage doit, pour être valablement formée, satisfaire à certaines conditions de validité (section 2). Valable, elle produira divers effets (section 3). En droit français, toutes ces questions devront être envisagées à l'aune de la jurisprudence *Dalico*[1], dont la logique conduit à les soumettre essentiellement à des règles matérielles françaises. À ce titre, le décret du 13 janvier 2011, s'il consacre un chapitre à « la convention d'arbitrage international », n'y prévoit en réalité que peu de règles spécifiques, puisqu'il ne comporte que deux articles. Toutefois, il convient d'y ajouter les dispositions de l'arbitrage interne qui sont applicables à la convention d'arbitrage internationale par l'effet de l'article 1506 du Code de procédure civile et, peut-être surtout, toutes les solutions dégagées par la jurisprudence qui n'ont pas été inscrites dans le décret sans pour autant être remises en cause par celui-ci.

SECTION 1 LE PRINCIPE D'INDÉPENDANCE DE LA CONVENTION D'ARBITRAGE INTERNATIONALE PAR RAPPORT AU CONTRAT PRINCIPAL

610 **Sens du principe d'indépendance.** Dans son sens originaire[2], qui est également le seul largement admis en droit comparé, le principe « d'indépendance »,

1. V. *supra*, n° 594 et s.
2. Sur l'autre sens attribué par la jurisprudence française à l'autonomie de la convention d'arbitrage internationale, visant une autonomie par rapport à toute loi étatique, v. *supra*, n° 594 et s.

ou encore « d'autonomie » ou « de séparabilité », de la convention d'arbitrage s'exprime à l'égard du contrat principal liant les parties. Il concerne essentiellement la clause compromissoire, dans la mesure où l'indépendance du compromis, signé postérieurement au contrat et même après naissance du litige relatif à ce contrat, apparaît relativement évidente. Au contraire, la clause compromissoire est, par nature, liée au contrat principal, dans la mesure où elle vise à résoudre les litiges nés de ce contrat et n'aurait donc guère de raison d'être sans lui. Néanmoins, elle conserve une certaine autonomie par rapport à ce contrat, si bien que son sort ne dépend pas des tourments pouvant affecter celui-ci[3]. Aussi, pour décrire ce phénomène, certains préfèrent parler, plutôt que « d'autonomie », de « séparabilité » ou « d'indépendance », dans la mesure où ces deux derniers termes, en évoquant une indépendance fonctionnelle, rendraient mieux compte de la réalité des rapports entre la clause compromissoire et le reste du contrat[4]. Le décret du 13 janvier 2011 ayant retenu le terme « d'indépendance »[5], il sera également celui essentiellement utilisé dans le présent ouvrage.

Ceci étant, si ce principe est très largement affirmé dans le droit de l'arbitrage international (§ 1), il doit néanmoins être justifié (§ 2).

§ 1. L'AFFIRMATION DU PRINCIPE D'INDÉPENDANCE DANS L'ARBITRAGE INTERNATIONAL

611 **Division.** Le principe d'indépendance de la clause d'arbitrage par rapport au contrat liant les parties s'impose tant en droit français (A), qu'en droit comparé et dans la pratique arbitrale internationale (B).

A. L'AFFIRMATION DU PRINCIPE D'INDÉPENDANCE EN DROIT FRANÇAIS

612 **L'arrêt *Gosset*.** Le droit français a longtemps été réticent à reconnaître un principe d'autonomie de la clause par rapport au contrat principal[6]. Il a fallu attendre l'arrêt *Gosset* du 7 mai 1963[7] pour voir la Cour de cassation décider qu'un arbitre avait pu rendre une sentence sur la base d'une clause compromissoire figurant dans un contrat dont la nullité était alléguée, dès lors qu'« en matière d'arbitrage international, l'accord compromissoire, qu'il soit conclu séparément ou inclus dans l'acte juridique auquel il a trait, présente toujours, sauf circonstances exceptionnelles [...], une complète autonomie juridique, excluant qu'il puisse être affecté par une éventuelle invalidité de cet acte ». Par la suite, la formule a été

3. Pour de plus amples développements sur l'utilité du principe d'indépendance de la clause compromissoire pour le bon fonctionnement de l'arbitrage, v. ceux qui y sont consacrés dans la partie de l'ouvrage relative à l'arbitrage interne, *supra*, n° 74 et s.

4. P. Mayer, « Les limites à la séparabilité de la clause compromissoire », *Rev. arb.* 1998, p. 359, qui souligne notamment les conséquences juridiques de cette analyse plus nuancée. L'expression utilisée par l'auteur fait référence à celle retenue en droit anglais de « *severability* » ou « *separability* ».

5. Art. 1447, al. 1er, CPC, applicable à l'arbitrage international par renvoi de l'art. 1506.

6. Sur la question, v. notamment J.-P. Ancel, « L'actualité de l'autonomie de la clause compromissoire », in *Travaux Com. Fr. DIP* 1991-92, p. 75 ; Ph. Francescakis, « Le principe jurisprudentiel de l'autonomie de l'accord compromissoire », *Rev. arb.* 1974, p. 67.

7. Cass. 1re civ., 7 mai 1963, *Gosset*, *JCP* 1963, II, 13405, note B. Goldman ; *JDI* 1964, p. 82 (1re esp.), note J.-D. Bredin ; *RCDIP* 1963, p. 615, note H. Motulsky ; *D.* 1963, p. 545, note J. Robert.

maintes fois répétée, tout en étant allégée de la réserve des « circonstances exceptionnelles » dont on discernait, au demeurant, assez mal le sens exact[8]. Puis le principe a été admis par la jurisprudence dans l'arbitrage interne[9]. Et, depuis la réforme du 13 janvier 2011, c'est le Code de procédure civile lui-même qui affirme le même principe en son article 1447, applicable à l'arbitrage international en vertu de l'article 1506, en préférant toutefois retenir le terme « d'indépendance » : « La convention d'arbitrage est indépendante du contrat auquel elle se rapporte. Elle n'est pas affectée par l'inefficacité de celui-ci ».

613 **Sens et portée du principe d'indépendance.** Le sens, la portée et les limites du principe d'indépendance de la convention d'arbitrage ayant déjà été discutés dans la partie relative à l'arbitrage interne, il pourra y être, pour l'essentiel, renvoyé[10]. Néanmoins, ces divers points seront ici résumés[11].

Le principe d'indépendance n'implique nullement que la convention d'arbitrage doive faire l'objet d'un consentement des parties distinct de celui qu'elles ont exprimé pour le contrat principal. La principale conséquence du principe est qu'une clause d'arbitrage internationale ne peut être affectée par l'invalidité, alléguée ou avérée, du contrat principal, quand bien même elle a été stipulée dans ce contrat. De façon plus générale, la clause verra ses effets maintenus bien que le contrat principal soit nul, ait été résilié ou résolu, ait pris fin, ou même ait fait l'objet d'une novation[12], même si ce dernier cas de figure est plus discuté[13]. L'arbitre pourra donc notamment lui-même constater la nullité du contrat principal, ou tout autre événement en affectant la pérennité, et en tirer toute conséquence, sans pour autant remettre en cause l'acte juridique qui fonde sa compétence. Inversement, et comme l'exprime l'article 1447, alinéa 2, du Code de procédure civile, applicable à l'arbitrage international par renvoi de l'article 1506, si une clause compromissoire est nulle, elle est réputée non écrite, ce qui signifie que sa nullité n'emporte pas celle du contrat dans son ensemble[14]. Autrement dit, la clause d'arbitrage est en principe détachable du contrat auquel elle se rapporte et chacun est indifférent au sort de l'autre.

Certains auteurs avaient soutenu que le principe d'indépendance était inapplicable en cas d'inexistence *ab initio* du contrat principal[15]. Poser une telle limite au principe

---

8. V. par exemple, Cass. 1re civ., 18 mai 1971, *Impex*, *JDI* 1972, p. 62 (3 arrêts), note B. Oppetit ; *RCDIP* 1972, p. 124 (2 arrêts), note E. Mezger ; *Rev. arb.* 1972, p. 2 (2 arrêts), note Ph. Kahn ; *D.* 1972, p. 37 (2 arrêts), note D. Alexandre ; Cass. 1re civ., 4 juill. 1972, *Hecht*, *JDI* 1972, p. 843, note B. Oppetit ; *RCDIP* 1974, p. 82, note P. Level. Les circonstances exceptionnelles auraient pu viser le cas d'un accord contraire des parties, liant expressément le sort de la clause à celui du contrat, même si cela reste probablement une hypothèse d'école.

9. Sur cette reconnaissance, v. *supra*, n° 75.

10. V. *supra*, n° 76 et s.

11. Plus généralement, sur les limites qu'il convient d'assigner au principe d'indépendance de la clause d'arbitrage par rapport au contrat auquel elle se rapporte, v. aussi P. Mayer, « Les limites à la séparabilité de la clause compromissoire », *Rev. arb.* 1998, p. 359.

12. Paris, 4 mars 1986, *Cosiac*, *Rev. arb.* 1987, p. 167, note Ch. Jarrosson ; pourvoi rejeté par Cass. 1re civ., 10 mai 1988, *Rev. arb.* 1988, p. 639, note Ch. Jarrosson.

13. Sur cette discussion, qui concerne la novation et la transaction, v. l'étude qui y est consacrée dans les développements relatifs à l'arbitrage interne, *supra*, n° 78, et les auteurs cités.

14. Pour un exemple, v. Cass. 1re civ., 15 mai 2008, n° 06-20806, *JCP* G 2008, I, 222, n° 1, obs. J. Béguin ; *RDC* 2008, p. 1122, note Th. Génicon (arrêt rendu en matière d'arbitrage interne). Sur cet arrêt, v. *supra*, n° 74, note.

15. P. Sanders, « L'autonomie de la clause compromissoire », in *Hommage à Frédéric Eisemann*, Paris, 1978, p. 31. Sur cette controverse, v. Ph. Fouchard, E. Gaillard, B. Goldman, *Traité de l'arbitrage*

d'indépendance de la clause d'arbitrage serait certainement inopportun, particulièrement dans un contexte international, compte tenu des incertitudes qui entourent la notion d'inexistence du contrat. D'ailleurs, une telle proposition semble rejetée par de nombreux droits étrangers, textes internationaux et règlements d'arbitrage[16], qui retiennent le principe d'indépendance de la clause d'arbitrage aussi bien en cas de nullité que d'inexistence, alléguée ou avérée, du contrat principal. Elle ne semble guère davantage séduire la jurisprudence française, qui a notamment admis la mise en œuvre d'une clause compromissoire à propos d'un contrat signé par les parties mais non entré en vigueur du fait de la carence de l'une d'elles à fournir les garanties convenues, dès lors que le différend était lié à la conclusion de ce contrat[17]. Certes, dans un arrêt *Cassia* de 1990, la Cour de cassation avait indiqué que le principe d'autonomie de la clause d'arbitrage « trouve sa limite dans l'existence en la forme de la convention principale qui contiendrait la clause invoquée »[18]. Toutefois, la doctrine avait émis de fortes réserves à l'égard de cet arrêt. La Cour de cassation les a entendues et a finalement décidé, dans un arrêt du 25 octobre 2005, qu'« en application du principe de validité de la convention d'arbitrage et de son autonomie en matière internationale, la nullité non plus que l'inexistence du contrat qui la contient ne l'affectent »[19]. Le nouvel article 1447, alinéa 1, du Code de procédure civile, issu du décret du 13 janvier 2011 et applicable à l'arbitrage international par renvoi de l'article 1506 du même code, devrait conforter cette dernière solution. En effet, en prévoyant que la clause compromissoire n'est pas affectée par « l'inefficacité » du contrat auquel elle se rapporte, le décret utilise un terme qui devrait permettre de couvrir l'ensemble des vicissitudes que pourrait connaître ce contrat.

Une réserve au principe d'indépendance de la convention d'arbitrage par rapport au contrat auquel elle se rapporte devrait en revanche être formulée lorsque les deux instruments sont affectés d'une cause de nullité commune. En effet, la survie de la clause d'arbitrage ne s'impose qu'en cas de nullité du contrat principal pour une cause qui ne la touche pas également de façon directe. En revanche, si une cause de nullité est de telle nature qu'elle affecte, à la fois et de façon distincte, le contrat principal et la clause d'arbitrage, la nullité de celle-ci devrait également être constatée par l'arbitre, qui n'aurait alors d'autre choix que de se déclarer incompétent[20]. On pourrait songer à un même vice affectant les deux actes, comme un vice du consentement. Toutefois, cette proposition, apparemment logique, doit être doublement nuancée. Tout d'abord, les deux

---

commercial international, Litec, 1996, n° 411, p. 226 ; J.-F. Poudret, S. Besson, *Droit comparé de l'arbitrage international*, Bruylant, 2002, n° 167, p. 136.

16. V. notamment, art. 6.9 Règlement CCI de 2017 ; art. 23.1 Règlement LCIA de 2014.

17. Cass. 1re civ., 6 déc. 1988, *Navimpex*, *Rev. arb.* 1989, p. 641, note B. Goldman ; *JDI* 1990, p. 134, note M.-L. Niboyet-Hoegy. V., plus tranché encore, Paris, 8 mars 1990, *Rev. arb.* 1990, p. 675 (2e esp.), note P. Mayer, qui affirme que « la clause compromissoire possède une complète autonomie juridique à l'égard [...] de la convention principale, dont l'inexistence ou la nullité n'ont aucun effet sur elle [...] ».

18. Cass. 1re civ., 10 juill. 1990, *Cassia*, *Rev. arb.* 1990, p. 851, note J.-H. Moitry et C. Vergne ; *JDI* 1992, p. 168, note crit. É. Loquin ; dans le même sens, Paris, 10 mai 1994, *Rev. arb.* 1996, p. 66, note Ch. Jarrosson ; Paris, 19 janv. 1999, *Rev. arb.* 1999, p. 601 (3e esp.), note Ch. Jarrosson.

19. Cass. 1re civ., 25 oct. 2005, *sté Omenex c/ M. Hugon*, *Rev. arb.* 2006, p. 103, note J.-B. Racine ; *D.* 2005, p. 3052 et 3060, obs. Th. Clay ; *D.* 2006, p. 199, avis J. Sainte-Rose ; *JDI* 2006, p. 996, note F.-X. Train ; *JCP* G 2006, I, 148, n° 6, obs. J. Béguin ; et aussi, Cass. 1re civ., 11 juill. 2006, *JCP* G 2006, I, 187, n° 9, obs. Ch. Seraglini ; *ibid.*, II, 10182, note P. Callé ; *D.* 2006, p. 3026, n° I-A, obs. Th. Clay.

20. En ce sens, P. Mayer, « Les limites à la séparabilité de la clause compromissoire », préc., spéc. nos 7 et s., p. 363. Sur la compétence de l'arbitre pour statuer sur les contestations relatives à son pouvoir juridictionnel, v. *infra*, n° 679 et s.

actes n'ayant ni le même objet ni la même nature, le vice en question devra souvent être apprécié de façon distincte pour l'un et pour l'autre. Ainsi, un dol portant sur la substance du contrat principal pourra ne pas nécessairement affecter la clause d'arbitrage, qui est une convention de nature processuelle. Ensuite, le droit français estimant que la convention d'arbitrage internationale n'est soumise à aucune loi étatique et est régie par des règles matérielles françaises dominées par un principe de validité de cette convention[21], il n'est pas impossible qu'un même vice du consentement allégué conduise à la nullité du contrat principal, en application de la *lex contractus*, mais ne soit pas retenu comme altérant le consentement à la convention d'arbitrage en vertu de la règle matérielle française applicable.

Une autre limite, en sens inverse, au principe d'indépendance de la clause d'arbitrage par rapport au contrat auquel elle se rapporte, pourrait être retenue lorsque la clause est nulle pour une cause qui lui est propre et que, selon la volonté des parties, cette clause était indivisible du reste du contrat. Toutefois, au vu de la jurisprudence française, une telle indivisibilité ne pourrait être admise que si les parties avaient expressément et précisément indiqué que la nullité de la clause d'arbitrage entraînerait la nullité du contrat tout entier et ce, malgré les termes de l'article 1447, alinéa 2, du Code de procédure civile, applicable à l'arbitrage international par renvoi de l'article 1506 du même code[22], qui dispose que lorsqu'elle est nulle, la clause compromissoire est réputée non écrite. En effet, la Cour de cassation a refusé de considérer comme nul dans sa totalité un contrat dont la clause compromissoire était nulle, alors même que les parties avaient prévu que la nullité d'une clause emporterait nullité de l'ensemble du contrat, mais sans viser spécialement la clause compromissoire[23].

614 **Principe d'indépendance et principe de Compétence-Compétence.** Le principe de « Compétence-Compétence », selon lequel l'arbitre peut apprécier lui-même sa propre compétence lorsqu'elle est contestée devant lui sans avoir à surseoir à statuer jusqu'à ce qu'un juge étatique se soit prononcé sur ce point, est parfois rattaché au principe d'indépendance de la convention d'arbitrage par rapport au contrat principal[24]. Pourtant, si les deux principes entretiennent des relations étroites, en ce qu'ils participent du même souci d'efficacité de la convention d'arbitrage, ils ont chacun leur raison d'être propre[25]. D'ailleurs, théoriquement, l'un peut « vivre » sans l'autre. Ainsi, reconnaître le principe de Compétence-Compétence n'implique pas de reconnaître au préalable celui de l'indépendance de la convention d'arbitrage. En effet, sans cette indépendance, le principe de Compétence-Compétence permettrait néanmoins à l'arbitre de statuer sur sa propre compétence tant que la nullité du contrat principal n'est pas établie. En revanche, si l'arbitre était conduit à constater lui-même cette nullité, il serait alors contraint de se déclarer incompétent, la nullité du contrat rejaillissant sur la clause. Il est vrai que le principe de Compétence-Compétence serait alors d'un intérêt relativement limité, la compétence de l'arbitre pour trancher le fond du litige demeurant, au final, très fragile ;

21. V. *supra*, n° 594 et s.

22. Mais « à moins que les parties en soient convenues autrement » (art. 1506 CPC).

23. Cass. 1re civ., 15 mai 2008, préc. Sur la question de savoir si la nullité de la convention d'arbitrage peut entraîner celle du contrat principal, v. aussi J.-F. Poudret, S. Besson, *Droit comparé de l'arbitrage international*, préc., n° 165, p. 135.

24. V., par exemple, J.-F. Poudret, S. Besson, *Droit comparé de l'arbitrage international*, Bruylant, 2002, n° 166, p. 135. Sur le principe de Compétence-Compétence, v. *infra*, n° 679 et s.

25. Sur ce point, v. A. Dimolitsa, « Autonomie et "Kompetenz-Kompetenz" », *Rev. arb.* 1998, p. 305, spéc. n° 2, p. 6.

le principe d'indépendance viendrait ici opportunément renforcer cette compétence. À l'inverse, le principe d'indépendance de la convention d'arbitrage par rapport au contrat principal pourrait très bien être reconnu sans celui de Compétence-Compétence. Il impliquerait alors qu'une contestation relative à la validité ou à la pérennité du contrat principal, voire la nullité avérée de ce contrat, ne suffise pas à remettre en cause la validité de la convention d'arbitrage, et donc la compétence de l'arbitre. Mais reconnaître ce principe d'indépendance ne permet pas de justifier que l'arbitre puisse statuer sur la validité de son investiture lorsque celle-ci est contestée devant lui. Lorsque la contestation porte sur la validité ou la portée de la convention fondant la compétence de l'arbitre, l'indépendance de cette convention par rapport au contrat principal n'est d'aucun secours, puisque c'est la convention d'arbitrage elle-même et la qualité même d'arbitre qui sont alors mises en cause. C'est le principe de Compétence-Compétence qui pourrait ici venir justifier cette compétence, préalable à l'exercice de la compétence sur le fond. En résumé, chacun des deux principes a une action complémentaire et nécessaire à l'efficacité de l'arbitrage international : le principe de Compétence-Compétence permet à l'arbitre d'examiner les contestations relatives à sa compétence ; le principe d'indépendance de la clause d'arbitrage par rapport au contrat lui permet en outre d'aller au bout de son raisonnement sans contradiction, et de prononcer éventuellement la nullité du contrat principal sans « scier la branche sur laquelle il est assis ».

B. L'AFFIRMATION DU PRINCIPE EN DROIT COMPARÉ ET DANS LA PRATIQUE ARBITRALE

615 **Droit comparé.** Le principe d'indépendance de la convention d'arbitrage par rapport au contrat auquel elle se rapporte est aujourd'hui consacré par la plupart des législations étatiques, souvent de façon explicite. À titre d'exemple, l'article 178, alinéa 3, de la LDIP suisse énonce que « la validité d'une convention d'arbitrage ne peut pas être contestée pour le motif que le contrat principal ne serait pas valable »[26]. De même, la loi-type CNUDCI, qui a inspiré de nombreuses législations modernes sur l'arbitrage, retient : « Une clause compromissoire faisant partie d'un contrat est considérée comme une convention distincte des autres clauses du contrat. La constatation de la nullité du contrat par le tribunal arbitral n'entraîne pas de plein droit la nullité de la clause compromissoire »[27]. Faute de consécration législative, dans certains États, c'est la jurisprudence qui a affirmé la solution[28]. Dans d'autres États encore, comme l'Allemagne ou l'Italie, la jurisprudence l'a posée avant que le législateur ne la confirme[29]. Le droit anglais a longtemps paru en retrait par rapport à ce mouvement général. Toutefois,

26. Pour un panorama de droit comparé, v. A. Dimolitsa, « Autonomie et "Kompetenz-Kompetenz" », *Rev. arb.* 1998, p. 305, spéc. n° 7, p. 311 ; N. Blackaby, C. Partasides, A. Redfern, M. Hunter, *Redfern and Hunter on International Arbitration*, Oxford University Press, 6th ed., 2015, n° 2.101 et s. ; G. Born, *International Commercial Arbitration*, Kluwer Law International, 2nd ed., 2014, n° 3.01 et s. ; J.-F. Poudret, S. Besson, *Droit comparé de l'arbitrage international*, Bruylant, 2002, nos 168 et s., p. 137.

27. Art. 16.1. V. aussi art. 23.1 Règlement d'arbitrage de la CNUDCI (version révisée en 2010).

28. V. aux États-Unis, Cour suprême, *Prima Paint* v. *Flood and Conklin*, 388 US 395 (1967) ; *RCDIP* 1968, p. 91, et le commentaire de E. Mezger, p. 25 ; et plus récemment, Cour suprême, *Buckeye Check Cashing, Inc. v. Cardegna*, 546 U.S. 440 (2006).

29. V. les références citées par Ph. Fouchard, E. Gaillard, B. Goldman, *Traité de l'arbitrage commercial international*, Litec, 1996, n° 402, p. 220.

une décision *Harbour Assurance v. Kansa*[30], puis l'*Arbitration Act* de 1996 ont définitivement mis un terme à cet isolement, en admettant explicitement le principe d'autonomie de la clause d'arbitrage[31]. Forts de ce consensus, certains auteurs concluent à l'existence d'une véritable « règle transnationale de l'arbitrage commercial international »[32], ou d'un « principe général de l'arbitrage international »[33], consacrant l'autonomie de la convention d'arbitrage par rapport au contrat auquel elle se rapporte. Dans ces conditions, sa consécration également par les arbitres internationaux n'étonnera guère.

616 **Pratique arbitrale internationale.** Le principe d'autonomie, ou d'indépendance, de la convention d'arbitrage par rapport au contrat principal semble effectivement être envisagé par les arbitres comme un principe général de l'arbitrage international. En effet, ils l'appliquent souvent sans éprouver le besoin de se référer à un droit national particulier pour le justifier[34], ce qui paraît attester l'idée d'une règle matérielle de l'arbitrage commercial international détachée de tout droit étatique particulier. Cependant, on pourrait également considérer que la recherche de la loi applicable est de toute façon inutile sur ce point, compte tenu du consensus existant entre les droits étatiques. Dans le droit fil de la jurisprudence arbitrale, les règlements d'arbitrage sont également unanimes pour consacrer ce principe d'autonomie[35]. Toutefois, leurs dispositions n'ont aucune portée normative, et leur utilité apparaît donc toute relative pour justifier l'existence d'un principe général de l'arbitrage international, qui paraît bien plutôt résulter de la convergence des droits étatiques à ce sujet.

§ 2. LA JUSTIFICATION DU PRINCIPE D'INDÉPENDANCE DANS L'ARBITRAGE INTERNATIONAL

617 **Une justification théorique débattue.** Comme il a déjà été exposé dans l'étude de l'arbitrage interne[36], la justification du principe d'indépendance de la clause d'arbitrage par rapport au contrat auquel elle se rapporte peut sembler délicate sur un plan théorique, notamment au regard d'un autre principe, celui de sa

30. High Court [1992] 1 *Lloyd's Rep.* 81 ; Court of Appeal [1993] *QB* 701 ; *Yearbook* 1995, p. 771.

31. Section 7 de l'*Arbitration Act*, sur lequel v. Lord Mustill, « La nouvelle loi anglaise sur l'arbitrage de 1996 : philosophie, inspiration, aspiration », *Rev. arb.* 1997, p. 29 ; Cl. Reymond, « La nouvelle loi anglaise sur l'arbitrage de 1996 : Convergence et originalité », *Rev. arb.* 1997, p. 45 ; v. V. Veeder, « La nouvelle loi anglaise sur l'arbitrage de 1996 : la naissance d'un magnifique éléphant », *Rev. arb.* 1997, p. 3. V. également, sur l'application et la portée de cette disposition, House of Lords, 17 oct. 2007, *Fiona Trust*, *Rev. arb.* 2008, p. 117, note T. Portwood.

32. Ph. Fouchard, E. Gaillard, B. Goldman, *Traité de l'arbitrage commercial international*, préc., n° 398, p. 218.

33. A. Dimolitsa, « Autonomie et "Kompetenz-Kompetenz" », préc., spéc. n° 7, p. 311.

34. V. notamment la sentence rendue à Copenhague en 1982 dans l'affaire *Elf c/ NIOC*, *Rev. arb.* 1984, p. 401, et le commentaire de Ph. Fouchard, p. 333 ; et aussi, Sent. CCI n° 1507 (1970), *JDI* 1974, p. 913 ; Sent. CCI n° 1526 (1968), *JDI* 1974, p. 915 ; Sent. CCI n° 2694 (1977), *JDI* 1978, p. 985. Pour d'autres références, v. Ph. Fouchard, E. Gaillard, B. Goldman, *Traité de l'arbitrage commercial international*, Litec, 1996, n°s 406 et s., p. 222.

35. V. ainsi, art. 6.9 Règlement CCI 2017 ; art. 23.1 Règlement CNUDCI ; art. 23.1 Règlement LCIA ; art. 15.2 Règlement AAA.

36. Pour plus de détails sur les justifications théorique et pratique du principe, v. *supra*, n° 80 et s.

transmission avec ce contrat[37]. À cet égard, on avance généralement que la convention d'arbitrage a un objet particulier, d'ordre processuel et donc distinct de celui du contrat principal : elle est une convention de procédure qui vise à l'organisation du procès entre les parties au contrat principal et apporte une restriction à leur droit d'action, ce dernier ne pouvant plus être exercé que devant une juridiction arbitrale. De son côté, le contrat principal concerne les droits substantiels qui seront l'objet du procès. La convention d'arbitrage est donc une convention accessoire du droit d'action qui accompagne les droits substantiels nés du contrat principal, et non de ces droits eux-mêmes, ce qui explique qu'elle existe tant que le droit d'action existe, peu importante le sort du contrat principal, puisque le droit d'action est lui-même autonome par rapport aux droits substantiels[38]. Si cette analyse semble reprise par la jurisprudence[39], certains auteurs relativisent néanmoins l'indépendance des deux actes. Ainsi, M. Mayer estime que la clause d'arbitrage ne peut être vue comme une convention réellement autonome, dès lors qu'« elle serait inconcevable en l'absence du reste du contrat » puisque son objet même, l'organisation du règlement des litiges auxquels sont susceptibles de donner naissance les autres clauses contractuelles, est constitué par le reste du contrat. L'auteur en conclut qu'elle est bel et bien une clause, parmi d'autres, dans un contrat unique, et constitue même un élément du régime contractuel voulu par les parties ; elle « est l'accessoire du reste du contrat dont elle contribue à préciser sur un certain plan le régime juridique ». Aussi, l'auteur préfère parler d'un principe de séparabilité de la clause d'arbitrage[40]. Malgré tout, et sans trancher ce débat, les natures différentes de la clause d'arbitrage et du contrat auquel elle se rapporte justifient que l'on retienne une certaine dose d'autonomie de celle-là par rapport à celui-ci.

618 **Une justification pratique indiscutable.** Le principe d'indépendance de la convention d'arbitrage par rapport au contrat principal est beaucoup plus aisé à justifier sur le terrain pratique : il est indispensable à l'efficacité de l'arbitrage. En son absence, les vicissitudes affectant la validité ou la pérennité du contrat principal auraient affecté de la même manière la clause d'arbitrage qui, le plus souvent, se trouve matériellement dans ce contrat. À l'extrême, il aurait suffi à l'une des parties de résilier le contrat pour prétendre priver d'effet la clause d'arbitrage. Plus généralement, la nullité du contrat aurait privé l'arbitre de sa compétence pour trancher le litige au fond, ce qui aurait constitué un sérieux frein au développement de la justice arbitrale.

37. Sur cet autre principe, v. *infra*, n° 724 et s.

38. C. Legros, *L'arbitrage et les opérations juridiques à trois personnes*, thèse Rouen, 1999, n°s 152 et s. ; É. Loquin, « Différences et convergences dans le régime de la transmission et de l'extension de la clause compromissoire devant les juridictions françaises », *Cah. arb.*, vol. II, *Gaz. Pal.* éd., 2004, p. 49, spéc. n° 19 et s., p. 53 ; *L'arbitrage du commerce international*, Lamy Pratique des contrats internationaux, Livre X, 2001, n° 102, p. 50.

39. Cass. 1re civ., 27 mars 2007, *stés ABS et AGF Iart c/ sté Amkor Technology et a.*, *JCP* G 2007, II, 10118, note C. Gohlen ; *ibid.*, I, 168, n° 11 et s., obs. Ch. Seraglini ; *D.* 2007, p. 2077, note S. Bollée, et pan. 180, spéc. 184, obs. Th. Clay ; *JDI* 2007, p. 968, note C. Legros ; *Rev. arb.* 2007, p. 785, note J. El Adhab ; *RCDIP* 2007, p. 798, note F. Jault-Seseke ; *RTD com.* 2007, p. 677, obs. É. Loquin ; F.-X. Train, « Action directe et arbitrage – à propos de l'arrêt ABS du 27 mars 2007 », *Cah. arb.*, vol. IV, Pedone, 2008, p. 30.

40. P. Mayer, « Les limites de la séparabilité de la clause compromissoire », *Rev. arb.* 1998, p. 359, spéc. nos 3 et s., p. 361. Selon l'auteur, « la clause compromissoire est séparable, et doit être séparée dans la mesure précisément où elle contribue à définir le processus à l'issue duquel le sort du contrat sera réglé, autrement dit dans la mesure où elle est un accessoire des clauses substantielles du contrat » (n° 4, p. 362).

Dans ces conditions, on peut voir le principe d'indépendance comme une fiction juridique posée par les droits étatiques en raison de son caractère nécessaire au bon fonctionnement de l'arbitrage international ; et l'on peut comprendre que la plupart des droits étatiques, et notamment la jurisprudence française, l'appliquent en tant que règle matérielle, sans s'interroger sur la loi applicable à la convention d'arbitrage en vertu des règles de conflit de lois. Ici, compte tenu de l'opportunité du principe et de sa reconnaissance très générale en droit comparé, le recours au mécanisme de la règle matérielle peut se justifier. Au demeurant, le large consensus dont bénéficie le principe en droit comparé rend l'impérialisme de la méthode quelque peu indolore et, en tout cas, la recherche de la loi applicable quelque peu superfétatoire. En revanche, le principe d'indépendance ou d'autonomie de la convention d'arbitrage internationale par rapport au contrat auquel elle se rapporte n'impliquait probablement pas l'extension, opérée par la jurisprudence française, de la méthode des règles matérielles à l'ensemble de son régime juridique[41].

SECTION 2 LES CONDITIONS DE VALIDITÉ DE LA CONVENTION D'ARBITRAGE INTERNATIONALE

619 **Plan.** Si la jurisprudence, rejetant l'application de l'article 2061 du Code civil en matière internationale[42], y a au contraire posé un principe de licéité de la clause d'arbitrage internationale, sans condition de commercialité[43], qu'elle désigne parfois comme un « principe de validité », la convention d'arbitrage internationale n'en est pas moins soumise, quant à sa validité, à des conditions posées à l'égard de toute convention. Ainsi, en tant que convention, sa validité est logiquement soumise à des conditions de capacité et de pouvoir de compromettre (§ 1), d'existence et de qualité du consentement donné à l'arbitrage (§ 2), de licéité du recours à l'arbitrage, ce qui met en cause l'arbitrabilité du litige (§ 3), ou encore de forme et de preuve (§ 4). Cependant, dans un contexte international[44], chacune de ces conditions de validité revêt une spécificité plus ou moins marquée selon le cas.

§ 1. LA CAPACITÉ ET LE POUVOIR DE COMPROMETTRE

620 La convention d'arbitrage étant un acte juridique, la personne qui conclut une convention d'arbitrage en son nom et pour son compte doit être capable (A). De plus, lorsqu'une personne entend conclure un tel acte pour le compte d'autrui, elle

41. Sur cet autre aspect de l'autonomie, v. *supra*, n° 594 et s.

42. Sur cette disposition, v. *supra*, n° 117 et s. Sur son exclusion en matière internationale, v. *infra*, n° 651.

43. Ou plutôt aujourd'hui, compte tenu de la rédaction actuelle de l'article 2061 du Code civil, sans condition d'« activité professionnelle ». Sur ce point, v. *supra*, n° 121 et s.

44. Sur le caractère relativement classique de certaines conditions de validité, et la spécificité d'autres conditions, dans le cas d'une convention d'arbitrage interne, v. *supra*, n° 83 et s.

doit avoir reçu un pouvoir à cet effet (B). Cependant, les personnes morales de droit public sont, sur ces questions, soumises à un régime particulier (C).

A. LA CAPACITÉ DE COMPROMETTRE

621 **La convention d'arbitrage, acte grave en droit français interne mais « courant » en matière internationale ?** Le droit français de l'arbitrage international, comme la plupart des droits étrangers, ne contient aucune disposition spécifique sur la capacité de compromettre. La question devrait donc relever de la capacité à contracter en général. En France, des règles existent à cet égard, qui ont été exposées dans le cadre de l'étude de l'arbitrage interne, à laquelle il peut donc être, pour l'essentiel, renvoyé[45]. À leur propos, il sera ici simplement observé que si, en droit français de l'arbitrage interne, la convention d'arbitrage a longtemps été considérée comme un acte grave, emportant renonciation à certaines garanties offertes par la justice étatique et, de ce fait, devant être rangé dans la catégorie des actes de disposition, cette qualification tend aujourd'hui à être discutée ; et si le législateur semble toujours traiter la convention d'arbitrage comme un acte grave au regard des règles de capacité, la jurisprudence paraît, en revanche, en cas de silence du législateur, progressivement s'orienter vers des solutions plus souples, qui varient selon la règle de capacité qu'il s'agit d'appliquer[46]. Ceci étant, il n'est de toute façon pas certain qu'aux yeux de la jurisprudence française, les dispositions du droit français interne relatives à la capacité soient applicables à une convention d'arbitrage internationale. Suivant la logique de l'arrêt *Dalico*, la jurisprudence pourrait plutôt s'orienter vers la reconnaissance, en vertu d'une règle matérielle du droit français de l'arbitrage international, du statut « d'acte de gestion courante » à la convention d'arbitrage.

622 **Capacité de compromettre et règles de conflit de lois.** S'agissant de la question de la loi applicable à la capacité de conclure une convention d'arbitrage, l'application de la méthode conflictuelle pourrait sembler naturelle. De fait, cette méthode est adoptée par de nombreux droits de l'arbitrage. Cependant, s'agissant du droit français, si la capacité des personnes physiques semble, pour le moment à tout le moins, encore échapper à l'emprise des règles matérielles et donc relever du conflit de lois, il paraît bien en être autrement de la capacité des personnes morales[47].

L'application de la méthode conflictuelle pourrait se recommander de l'article V (1) (a) de la Convention de New York de 1958 qui permet de refuser la reconnaissance ou l'exécution d'une sentence arbitrale lorsque les parties à la convention d'arbitrage étaient « en vertu de la loi à elles applicable, frappées d'une incapacité »[48]. De même, l'article VI (2) de la Convention de Genève de 1961 énonce que « lorsqu'ils auront à se prononcer sur [...] la validité d'une convention d'arbitrage, les tribunaux des États contractants statueront en ce qui concerne la capacité des parties, selon la loi qui leur est applicable ». Bien que ces dispositions ne précisent pas expressément comment la loi ainsi « applicable aux parties »

45. V. *supra*, n° 85 et s.

46. Sur ces questions, v. *supra*, n° 86 et s.

47. Pour les personnes morales, la question se pose en réalité essentiellement en termes de pouvoir du prétendu représentant d'engager la personne morale ; or, sur ce point, la jurisprudence semble bien adopter une démarche en termes de règles matérielles : v. *infra*, n° 630.

48. Le texte, rédigé de façon quelque peu maladroite, vise probablement le cas où l'une des parties est incapable, sans exiger que les deux parties le soient ; en ce sens, Ph. Fouchard, E. Gaillard, B. Goldman, *Traité de l'arbitrage commercial international*, Litec, 1996, n° 454, p. 262.

doit être déterminée, elles sont généralement interprétées comme imposant une démarche conflictuelle sur la question de la capacité[49].

Une démarche conflictuelle conduit à retenir la compétence de la « loi personnelle » de la personne physique ou morale concernée pour régir sa capacité de compromettre. Toutefois, l'expression « loi personnelle » recouvre des réalités différentes d'un droit étatique à un autre. Ainsi, pour les personnes physiques, le droit international privé français retient, comme beaucoup d'autres pays de droit écrit, la compétence de la loi nationale, alors que les pays de *Common Law* sont plutôt favorables à l'application de la loi du domicile ou de la résidence habituelle. S'agissant des personnes morales, on retrouve une séparation analogue en droit comparé : certains États, comme la France, retiennent le rattachement à la loi du siège social réel, alors que les droits de *Common Law* suivent plutôt le système dit de l'incorporation, conduisant à la compétence de la loi de l'État où la personne morale a été constituée.

623 **Délicate détermination par l'arbitre du droit applicable à la capacité.** Ces dissensions en droit international privé comparé sur le critère de rattachement adéquat peuvent placer le tribunal arbitral saisi d'une question relative à la capacité de compromettre de l'une des parties dans une situation délicate. À défaut d'un réel consensus international quant à la loi applicable à la capacité, le recours à une règle de conflit universelle paraît exclu. Aussi, certains auteurs préconisent à l'arbitre de suivre les solutions du droit international privé du siège, afin d'éviter une éventuelle annulation de sa sentence[50]. Mais d'autres font valoir que cette solution a pour inconvénient de permettre aux parties de fixer le siège dans un pays dont les règles de conflit de lois désignent un droit, par exemple celui de leur domicile, reconnaissant leur capacité, alors que la loi de leur nationalité la nie ; or, la question de l'aptitude à conclure une convention d'arbitrage ne devrait pas pouvoir être laissée aux mains des parties. L'arbitre pourrait encore songer à appliquer les règles de conflit de lois du lieu d'exécution prévisible de la sentence. Une telle solution n'est toutefois pas plus satisfaisante. Les lieux d'exécution prévisibles d'une sentence qui n'est pas encore intervenue peuvent être difficiles à déterminer *a priori*, être multiples, et n'avoir aucun lien réel avec le litige. Surtout, la solution condamne tout traitement uniforme de la capacité d'une personne à conclure une convention d'arbitrage : une même personne sera ou non capable selon le droit international privé qui aura été mis en œuvre, lui-même uniquement fonction du lieu d'exécution possible de la sentence. Dans ces conditions, certains auteurs, concluant à l'échec de la méthode conflictuelle en la

---

49. En ce sens, J.-F. Poudret, S. Besson, *Droit comparé de l'arbitrage international*, Bruylant, 2002, n° 270, p. 245 ; M. de Boisséson, *Le droit français de l'arbitrage interne et international*, GLN Joly, 2e éd., 1990, n° 583, p. 498 ; A. Redfern, M. Hunter, *Droit et pratique de l'arbitrage commercial international*, trad. E. Robine, LGDJ, 1994, p. 121 ; N. Blackaby, C. Partasides, A. Redfern, M. Hunter, *Redfern and Hunter on International Arbitration*, Oxford University Press, 6th ed., 2015, n° 2.34. Cette interprétation est toutefois contestée par d'autres auteurs : Ph. Fouchard, E. Gaillard, B. Goldman, *Traité de l'arbitrage commercial international*, préc., n° 454, p. 263, qui estiment que rien n'empêche le juge requis de considérer que « la loi à elles applicable », visée par ces textes, est la loi du for, dans la mesure où il s'agit d'apprécier la capacité requise pour passer une convention d'arbitrage susceptible de produire des effets dans l'État du for ; pour une contestation de cette interprétation, v. J.-F. Poudret, S. Besson, *Droit comparé de l'arbitrage international*, préc., n° 272, p. 247.

50. V. en ce sens, art. 5 de la résolution de 1959 de l'Institut de droit international, *Annuaire*, 1959, II, p. 374 ; J.-F. Poudret, S. Besson, *Droit comparé de l'arbitrage international*, Bruylant, 2002, n° 270, p. 246.

matière, conseillent à l'arbitre de recourir à la méthode des règles matérielles pour régler les questions de capacité à compromettre[51].

624 **Contestation générale de la méthode conflictuelle pour déterminer le droit applicable à la capacité de compromettre.** À vrai dire, les auteurs favorables au recours à la méthode des règles matérielles pour régler les questions de capacité à compromettre avancent également un autre argument pour contester l'application de la méthode conflictuelle en la matière, qui concerne aussi bien le cas où la question est posée à un juge étatique que celui où elle est soumise à un tribunal arbitral : l'application de la méthode conflictuelle conduit à faire dépendre la capacité de la personne en cause du contenu de sa loi personnelle. Or, les règles de capacité, notamment d'exercice, varient d'un droit étatique à un autre, ce qui est source d'incertitudes dans l'arbitrage international. En toute hypothèse, ces règles apparaîtront à certains comme trop rigides, et donc inadaptées aux nécessités du commerce international[52]. En résumé, l'application de la loi étatique désignée par la règle de conflit bilatérale serait une solution incompatible avec les nécessités du commerce international. En conséquence, ces auteurs proposent, tant au juge qu'à l'arbitre, de lui substituer l'application de règles matérielles résolvant directement les problèmes relatifs à la capacité de compromettre[53].

625 **Vers l'utilisation de règles matérielles par la jurisprudence française pour régir la capacité à compromettre ?** Même si le sujet donne peu matière à contentieux, il est probable que le juge français choisisse d'appliquer des règles matérielles pour apprécier la capacité de contracter, des personnes morales comme physiques, sans consultation d'un quelconque droit étatique désigné par une règle de conflit de lois, tant cette solution correspond à l'esprit de l'arrêt *Dalico*[54]. D'ailleurs, la solution est déjà acquise dans le cas particulier de l'aptitude à compromettre des personnes morales de droit public[55]. Elle a également semblé être adoptée de façon plus générale par la cour d'appel de Paris dans un arrêt *Sidermétal* du 24 février 2005, même si cette affaire concernait en réalité la question, différente, du pouvoir du représentant d'une personne morale d'engager celle-ci dans une convention d'arbitrage internationale[56]. En effet, selon la cour d'appel, « un principe de capacité fondé sur la croyance légitime dans les pouvoirs des représentants se déduit du principe de validité de la convention d'arbitrage pour mettre un terme aux comportements contraires à la bonne foi [...] ». Si ce « principe de capacité »[57] devait s'imposer et être

51. Ph. Fouchard, E. Gaillard, B. Goldman, *Traité de l'arbitrage commercial international*, Litec, 1996, n° 460, p. 266.

52. Ce qui supposerait que, dans la loi désignée, les solutions posées en droit interne soient appliquées telles quelles à l'arbitrage international, sans prise en compte des besoins du commerce international, notamment par le jeu de l'exception fondée sur l'apparence ; or, une telle supposition peut être discutée.

53. S'agissant du juge étatique, ce courant doctrinal estime que l'utilisation des règles matérielles pourrait se faire, selon les cas, à titre exclusif ou en tant que correctif à l'application de la méthode conflictuelle ; en ce sens et sur le contenu de ces règles matérielles, Ph. Fouchard, E. Gaillard, B. Goldman, *Traité de l'arbitrage commercial international*, Litec, 1996, n°s 463 et s., p. 268.

54. Sur cet arrêt, v. *supra*, n° 594 et s.

55. Sur ce point, v. *infra*, n° 631 et s.

56. Paris, 24 févr. 2005, *Sidermétal*, *Rev. arb.* 2006, p. 210 ; *JCP* G 2005, I, 179, n° 1, obs. Ch. Seraglini.

57. V., dans le même sens, Paris, 15 mai 2008, *Rev. arb.* 2008, p. 829 : « Le principe de capacité, selon lequel il est impossible de refuser l'accord d'arbitrer auquel on a consenti, repose sur la bonne foi et s'inscrit dans le contexte du principe de validité de la clause d'arbitrage qui a pour fondement la commune volonté des parties ».

d'application générale, pour tout problème relatif à la capacité de conclure une convention d'arbitrage, et à toute personne, physique comme morale, l'application des règles de conflit de lois, soumettant la capacité à la loi personnelle, risquerait d'être le plus souvent contrariée par cette règle matérielle qui semble interdire à une partie de se prévaloir des dispositions de sa loi personnelle qui restreindraient cette capacité. La solution serait en cela conforme aux vœux de ceux qui estiment que l'application de la méthode conflictuelle est inadaptée aux nécessités du commerce international, le cocontractant pouvant notamment légitimement ignorer les restrictions posées par la loi désignée par la règle de conflit[58]. Pourtant, il pourrait paraître particulièrement impérialiste d'imposer « un principe de capacité » en matière internationale, sans égard pour la loi personnelle, fût-elle au demeurant la loi française, surtout lorsque les limites qu'il convient d'assigner à un tel « principe » ne sont pas clairement définies. Aussi, on préférerait que la solution énoncée par la cour d'appel de Paris ait, en réalité, une portée plus limitée que ce que la motivation de l'arrêt *Sidermétal* pourrait laisser croire, et ne soit applicable qu'à la question du pouvoir de représenter une personne morale. Sur la capacité *stricto sensu*, il serait préférable que le juge français maintienne à titre de principe l'application de la loi désignée par la méthode conflictuelle, en y associant au besoin le correctif de l'apparence, connu du droit international privé français comme de nombreux droits étrangers, qui lui permet de ne pas tenir compte de l'incapacité d'une partie si, au cas d'espèce, elle était légitimement ignorée par le cocontractant[59]. Aussi, on ne peut que se féliciter que la Cour de cassation, de son côté, ne se soit prononcée dans un sens favorable à l'utilisation de règles matérielles que sur la question du pouvoir d'engager autrui dans une convention d'arbitrage, sans reprendre la formule plus générale de la cour d'appel de Paris[60].

B. LE POUVOIR DE COMPROMETTRE POUR AUTRUI

626 **Droit comparé.** Les solutions substantielles relatives au pouvoir, d'origine légale[61] ou conventionnelle[62], nécessaire pour valablement conclure une convention d'arbitrage pour le compte d'autrui varient fortement d'une législation à une autre[63]. La détermination de la loi applicable à cette question semble donc revêtir une grande importance. Ceci étant, s'agissant du droit français, si les règles relatives au pouvoir de compromettre pour autrui applicables dans l'arbitrage interne ont été précédemment exposées et que l'on pourrait donc y renvoyer[64], il n'est pas certain qu'elles soient pertinentes dans l'arbitrage international, le droit français fût-il applicable en vertu des règles de

58. Ph. Fouchard, E. Gaillard, B. Goldman, *Traité de l'arbitrage commercial international*, Litec, 1996, nos 463 et s., p. 268.

59. En France, v. l'arrêt *Lizardi*, Req. 16 janv. 1861, *DP* 1861, 1, 193 ; *S.* 1861, 1, 305 ; B. Ancel, Y. Lequette, *Grands arrêts de la jurisprudence française de droit international privé*, Dalloz, 5e éd., 2006, no 5. V. également la solution retenue par la Convention de Rome du 19 juin 1980 sur la loi applicable aux obligations contractuelles (art. 11), et le Règlement CE no 593/2008 du 17 juin 2008 sur la loi applicable aux obligations contractuelles (Rome I) qui l'a remplacée (art. 13).

60. V. *infra*, no 630.

61. Par exemple, le cas des représentants légaux des personnes morales.

62. Par exemple, le cas du mandat conventionnel.

63. Sur le droit comparé, v. J.-F. Poudret, S. Besson, *Droit comparé de l'arbitrage international*, Bruylant, 2002, no 274, p. 249.

64. V. *supra*, no 94 et s.

conflits de lois, dans la mesure où la jurisprudence paraît bien leur préférer des règles matérielles spécialement élaborées pour la convention d'arbitrage internationale.

627 **Pouvoir de compromettre pour autrui et conflit de lois.** Une fois encore, pour déterminer la loi applicable au pouvoir de compromettre, un réflexe naturel pourrait être de recourir à la méthode conflictuelle. Dans ce cadre, en droit international privé français, le pouvoir de représentation est en principe régi par la loi de sa source. Aussi, le pouvoir de compromettre pour autrui devrait être régi par la loi qui gouverne l'acte juridique ou l'institution, légale ou contractuelle, dont le pouvoir en cause découle, sous réserve de l'éventuel correctif de l'apparence qui protège le cocontractant ignorant légitimement une restriction posée par la loi étrangère applicable[65]. Il conviendrait donc de distinguer selon le type de pouvoir en cause : le pouvoir d'un organe social d'agir au nom de la personne morale est normalement soumis à la loi qui gouverne le fonctionnement de la personne morale, soit la *lex societatis* dans le cas des sociétés ; le pouvoir du représentant d'un incapable est, quant à lui, soumis à la loi qui régit l'incapacité ; les pouvoirs respectifs du débiteur en faillite et des organes de la procédure collective sont régis par la loi qui gouverne cette procédure[66] ; enfin, le pouvoir du mandataire conventionnel est, en principe, soumis à la loi qui régit le mandat[67]. Le pouvoir de compromettre devrait donc être soumis aux mêmes lois.

628 **Pouvoir de compromettre pour autrui et règles matérielles.** Toutefois, les solutions de droit international privé varient d'un État à un autre, notamment sur la loi applicable au pouvoir d'un organe social ou à celui d'un mandataire conventionnel[68], ou encore, en matière de sociétés, sur le choix du critère de rattachement approprié pour déterminer la *lex societatis*[69]. Dans ces conditions, l'arbitre international se trouve à nouveau confronté à l'impossibilité de dégager une règle de conflit universelle et à la difficulté de déterminer la règle de conflit de lois étatique qu'il convient d'appliquer au cas d'espèce. Par ailleurs, certains auteurs soulignent que soumettre la question du pouvoir du signataire pour engager autrui dans une convention d'arbitrage au conflit de lois, et aux lois étatiques ainsi désignées, est source d'insécurité dans le commerce international, dans la mesure où le cocontractant peut légitimement ignorer les restrictions à ce pouvoir posées par la loi étatique désignée. En conséquence, ils prônent, comme en matière de capacité à compromettre, l'utilisation, tant par l'arbitre que par le juge étatique qui aurait à connaître de la question, de règles matérielles adaptées au commerce international[70], dont le principal objectif serait de restreindre

65. Sur le sujet, v. M.-N. Jobard-Bachellier, *L'apparence en droit international privé. Essai sur le rôle des représentations individuelles en droit international privé*, Bibliothèque de droit privé, t. 178, LGDJ, 1983.

66. Cass. com., 23 juin 1981, *Rev. arb.* 1982, p. 180.

67. En droit international privé français, il convient de faire application des règles édictées par la Convention de La Haye du 14 mars 1978 sur la loi applicable aux contrats d'intermédiaires et à la représentation, en vigueur depuis le 1er mai 1992.

68. Pour un aperçu de droit international privé comparé sur le sujet, v. J.-F. Poudret, S. Besson, *Droit comparé de l'arbitrage international*, Bruylant, 2002, nos 274 et s., p. 249.

69. Les solutions se partagent essentiellement entre le choix du critère de l'incorporation (par exemple, aux États-Unis, en Grande-Bretagne, en Suisse) et celui du critère du siège social (par exemple, en Italie ou en France) ; sur ce point, v. D. Cohen, « L'engagement des sociétés à l'arbitrage », *Rev. arb.* 2006, p. 35, spéc. no 35 et s.

70. Ph. Fouchard, E. Gaillard, B. Goldman, *Traité de l'arbitrage commercial international*, Litec, 1996, nos 468 et s., p. 271.

les possibilités d'opposer au cocontractant le défaut de pouvoir du signataire de la convention d'arbitrage[71]. Cette proposition tend, dans les années récentes, à recevoir un écho favorable, aussi bien auprès des arbitres que dans la jurisprudence française.

629 **Pratique arbitrale.** Malgré les difficultés qu'elle peut engendrer, certains arbitres suivent la voie classique de la méthode conflictuelle pour déterminer les règles applicables au pouvoir d'engager une société[72]. Cependant, plusieurs sentences arbitrales ont retenu l'engagement d'une société à l'arbitrage en se fondant sur la bonne foi ou l'apparence de pouvoir du signataire, appliquée au titre d'une règle matérielle du droit de l'arbitrage international[73].

630 **Jurisprudence française.** En France, la jurisprudence tend à « banaliser » la conclusion d'une convention d'arbitrage internationale par les personnes morales, en la considérant comme un acte de gestion courante dans la vie de celles-ci et en appliquant une règle matérielle du droit français de l'arbitrage international relative au pouvoir de conclure une convention d'arbitrage au nom de la personne morale, excluant tout examen de la loi étrangère, et notamment de la *lex societatis*[74]. Ainsi, la cour d'appel de Paris, faisant référence à la complète autonomie et au principe de validité de la convention d'arbitrage internationale, a déclaré que « le défaut de pouvoir du représentant d'une société pour conclure une convention d'arbitrage n'est pas apprécié par rapport à une quelconque loi nationale, mais directement par le juge à l'occasion de l'examen des faits de la cause si le cocontractant a pu, sans faute, légitimement croire à l'absence de ce défaut de pouvoir », et ajouté que « l'arbitrage étant le mode usuel de règlement des litiges du commerce international, la souscription d'une clause d'arbitrage [...] constitue un acte de gestion courante qui lie la société, laquelle ne peut donc invoquer le défaut de pouvoir de son responsable des ventes pour contester la validité de la clause d'arbitrage »[75]. Elle a même ensuite plus radicalement et de façon plus générale retenu qu'« un principe de capacité fondé sur la croyance légitime dans les pouvoirs des représentants se déduit du principe de validité de la convention d'arbitrage afin de mettre un terme aux comportements contraires à la bonne foi »[76]. De son côté, la Cour de cassation a avalisé cette démarche, tout en paraissant limiter le domaine d'application et se montrer plus exigeante quant aux conditions d'application de la règle matérielle relative au pouvoir de compromettre pour autrui. En effet, elle a décidé que « l'engagement d'une société à l'arbitrage ne s'apprécie pas par référence à une quelconque loi nationale mais par la mise en œuvre d'une règle matérielle déduite du principe de validité de la convention d'arbitrage fondée sur la volonté commune des parties, de l'exigence de bonne foi et de la croyance légitime dans les pouvoirs du signataire de la clause pour conclure un acte de gestion courante qui lie la

71. V., suivant cette démarche, Sent. CCI n° 5065 (1986), *JDI* 1987, p. 1039, spéc. p. 1043, obs. Y. Derains.

72. Par exemple, Sent. CCI n° 2694 (1977), *JDI* 1978, p. 985, obs. Y. Derains.

73. V. Sent. CCI n° 4667 (1984), citée par Y. Derains, in *JDI* 1987, p. 1047. V. aussi, Sent. CCI n° 5080 (1985), *Recueil des sentences arbitrales de la CCI*, vol. II, ICC Publishing, p. 80 ; Sent. CCI n° 4381 (1986), *JDI* 1986, p. 1103, obs. Y. Derains ; Sent. CCI n° 10982 (2001), *JDI* 2005, p. 1256, obs. B. et Y. Derains. V. aussi, Sent. CCI n° 14861 (2008), *JDI* 2014, chron. 1, p. 201, obs. A. C.

74. Sur le sujet, v. X. Boucobza, « Le pouvoir d'engager les sociétés à l'arbitrage », *Rev. arb.* 2013, p. 633.

75. Paris, 10 juin 2004, *Rev. arb.* 2006, p. 154 ; et aussi Paris, 28 oct. 2004, *Rev. arb.* 2006, p. 189.

76. Paris, 24 févr. 2005, *Sidermétal*, *Rev. arb.* 2006, p. 210 ; *JCP* G 2005, I, 179, n° 1, obs. Ch. Seraglini.

société »[77]. Dans cette affaire, où était contesté l'engagement à l'arbitrage d'une société française, ce sont ainsi les dispositions de la loi interne française sur les sociétés qui se trouvent écartées, la Cour de cassation admettant que la société puisse être engagée dans une clause d'arbitrage signée, non par un dirigeant social, mais par un simple salarié de la société qui avait été le seul interlocuteur direct du cocontractant pendant les négociations. Si le pouvoir du signataire d'engager une société à l'arbitrage est bien ainsi apprécié en vertu d'une règle matérielle, au contenu relativement libéral, la Haute juridiction ne reprend nullement l'idée d'un « principe de capacité » énoncé par la cour d'appel de Paris, limitant ainsi sa solution à la seule question du pouvoir. De plus, la Cour de cassation ne pose pas de façon péremptoire qu'un « principe » commande que la société soit toujours engagée par le signataire, mais paraît plutôt indiquer que l'engagement (ou donc l'absence d'engagement) de la personne morale sera apprécié au cas par cas, en fonction du comportement de chacune des parties en l'espèce et notamment de la bonne foi du prétendu représenté et de la croyance légitime qu'aura pu (ou non) avoir le cocontractant. Cela dit, cette appréciation semble particulièrement libérale. Elle a ensuite appliqué une règle matérielle analogue à propos du pouvoir de l'avocat d'engager son client personne physique dans une convention d'arbitrage en vertu d'un mandat conventionnel général (c'est-à-dire ne donnant pas spécialement le pouvoir de conclure une convention d'arbitrage), qui repose également sur la caractérisation, au regard des données de l'espèce, d'un mandat apparent de l'avocat pour engager son client dans une convention d'arbitrage, d'une croyance légitime du cocontractant et d'un comportement contraire à la bonne foi du client[78]. De son côté, la cour d'appel de Paris a appliqué la même démarche à propos de l'engagement d'un État à l'arbitrage[79]. On paraît bien s'approcher ainsi, doucement mais sûrement, d'une règle matérielle d'application générale, visant toute forme de représentation, légale ou conventionnelle, et permettant d'apprécier, selon des conditions semble-t-il très libérales, le pouvoir d'un tiers d'engager dans un arbitrage international toute personne, morale ou physique, rompue ou non à l'arbitrage.

Reste toutefois à savoir si, même limitée au cas du pouvoir de compromettre pour autrui, sans s'étendre à la question de la capacité, une telle démarche est justifiée. On pourra préférer l'utilisation de la méthode conflictuelle par le juge français, éventuellement corrigée par une règle matérielle de portée plus limitée. En effet, elle seule permet de désigner un droit fournissant des solutions précises aux diverses questions de pouvoir qui peuvent se poser, et d'espérer aboutir à une certaine harmonie des solutions. Tout au plus, elle devrait, le cas échéant, être « adoucie » par une règle matérielle limitée au jeu de l'apparence et de la ratification, afin de garantir les droits des tiers de bonne foi[80]. Au demeurant, plusieurs droits étrangers connaissent de concepts tels que l'apparence, la bonne foi ou la croyance légitime du tiers dans les pouvoirs du signataire[81] ; ainsi, la loi désignée par la règle de conflits de lois pourra prendre elle-

77. Cass. 1re civ., 8 juill. 2009, *Soerni*, *Rev. arb.* 2009, p. 529, note D. Cohen ; *JCP* G 2009, I, 462, n° 5, obs. J. Ortscheidt ; *Cah. arb.* 2010, p. 97, note F.-X. Train ; *D.* 2009, p. 2959, n° I-A, obs. Th. Clay ; *D.* 2009, p. 2384, n° I-B, obs. L. d'Avout ; *RCDIP* 2009, p. 779, note F. Jault-Seseke.

78. Cass. 1re civ., 16 mars 2016, *JCP* G 2016, 900, n° 3, obs. Ch. Seraglini ; *Rev. arb.* 2016, p. 816, note L. d'Avout ; *Cah. arb.* 2016, p. 441, note H. Barbier ; et déjà dans la même affaire, Paris, 24 juin 2014, *Rev. arb.* 2015, p. 515, note S. Akhouad.

79. Paris, 30 mai 2017, *Rev. arb.* 2018, p. 765 (2e esp.), note D. Cohen.

80. V. à cet égard, Paris, 4 janv. 1980, *Rev. arb.* 1981, p. 160, note P. Level.

81. V. D. Cohen, « L'engagement des sociétés à l'arbitrage », *Rev. arb.* 2006, p. 35, spéc. n° 42 et s. ; J.-F. Poudret, S. Besson, *Droit comparé de l'arbitrage international*, Bruylant, 2002, nos 274 et s., p. 249.

même en compte de tels concepts pour retenir l'engagement de la société ou, plus généralement, du prétendu mandant dans la convention d'arbitrage malgré l'absence de pouvoir réel ou le dépassement de pouvoir ; à défaut, la règle matérielle correctrice et limitée ici envisagée y pourvoira. La règle matérielle actuellement retenue par la jurisprudence française est, quant à elle, beaucoup plus radicale, puisqu'elle semble poser une présomption de croyance légitime dans les pouvoirs du signataire, qu'il sera difficile de renverser, et semble dispenser le cocontractant de toute vérification des pouvoirs de celui qui prétend engager l'autre partie. D'ailleurs, un auteur estime, sur la base des solutions dégagées par la jurisprudence, que « la société est engagée à l'arbitrage par son représentant, même dépourvu de pouvoir légal »[82]. Cela étant, si la formulation de cette règle matérielle du droit français de l'arbitrage international n'apparaît pas encore très bien assise ni très rigoureuse au regard des règles classiques du droit civil français relatives à la représentation, il n'est pas certain qu'au-delà des mots, cette règle matérielle soit en réalité autre chose que la mise en œuvre de la théorie de l'apparence. En tout cas, une telle règle matérielle ne devrait pas être étendue aux questions de capacité *stricto sensu*, la dimension protectrice des règles gouvernant la capacité justifiant une approche beaucoup plus respectueuse des dispositions de la loi personnelle de l'incapable.

C. LE CAS PARTICULIER DES PERSONNES MORALES DE DROIT PUBLIC

631 **Position du problème.** Une exception notable au jeu des conflits de lois s'est rapidement imposée à propos de la capacité de compromettre des personnes morales de droit public[83].

Certains droits nationaux interdisent à l'État et aux autres personnes morales de droit public de compromettre, ou prévoient qu'ils ne peuvent le faire que dans le respect de procédures particulières, nécessitant par exemple une autorisation préalable et spéciale délivrée par une autorité législative ou gouvernementale[84]. Comme il a été exposé dans le cadre de l'étude de l'arbitrage interne, en droit français, ces restrictions résultent essentiellement de l'article 2060 du Code civil qui énonce que l'« on ne peut compromettre [...] sur les contestations intéressant les collectivités publiques et les

82. D. Cohen, « L'engagement des sociétés à l'arbitrage », préc., spéc. n° 10, et pour une démonstration en matière d'arbitrage international, n° 32 et s.

83. Comme il a été exposé dans le cadre de l'étude de l'arbitrage interne (v. *supra*, n° 90 et les réf. citées), si certains auteurs abordent cette question sous l'angle de l'arbitrabilité dite « subjective », au motif qu'elle ne saurait relever de la capacité dans la mesure où l'État a, par nature, une pleine capacité juridique (Ph. Fouchard, E. Gaillard, B. Goldman, *Traité de l'arbitrage commercial international*, Litec, 1996, n°s 533, p. 329, et n° 539, p. 332), nous nous rallions toutefois, pour la présentation du présent ouvrage, à un autre courant doctrinal (J.-F. Poudret, S. Besson, *Droit comparé de l'arbitrage international*, Bruylant, 2002, n° 228, p. 190) qui conteste la notion d'arbitrabilité « subjective » et retient qu'est bien ici en cause une limitation de la capacité de l'État et des autres personnes morales de droit public de compromettre.

84. Sur la question, v. Ph. Leboulanger, « Groupe d'États et arbitrage », *Rev. arb.* 1989, p. 415 ; P. Mayer, « La neutralisation du pouvoir normatif de l'État en matière de contrats d'État », *JDI* 1986, p. 5 ; Cl. Reymond, « Souveraineté de l'État et participation à l'arbitrage », *Rev. arb.* 1985, p. 517 ; Ph. Fouchard, E. Gaillard, B. Goldman, *Traité de l'arbitrage commercial international*, préc., n°s 534 et s., p. 330. Plus généralement, sur les rapports entre les contrats publics et l'arbitrage international, v. M. Audit, dir., *Contrats publics et arbitrage international*, Bruylant, 2011.

établissements publics [...] », tout en prévoyant que « des catégories d'établissements publics à caractère industriel et commercial peuvent être autorisées par décret à compromettre »[85]. On déduit de la formulation de cet article qu'à défaut de telles autorisations spéciales, l'État, les collectivités locales et les établissements publics ne peuvent pas compromettre. L'article 2060, comme beaucoup de dispositions équivalentes à l'étranger, ne restreint pas *a priori* son champ d'application au seul droit interne. Or, lorsque l'on s'interroge sur la capacité à contracter d'une entité étatique en droit international privé, la compétence de la loi de l'État concerné ne fait guère de doute. Selon cette logique, il faudrait donc, le cas échéant, donner effet à la prohibition énoncée par la loi de cet État. Cependant, une telle solution présente des inconvénients évidents en matière de commerce international. Cette prohibition de compromettre freine la participation active des personnes publiques au commerce international, l'insertion d'une clause compromissoire dans le contrat étant très souvent exigée par le cocontractant privé étranger. Aussi, la personne publique pourrait être incitée à ne pas respecter la prohibition posée par son propre droit. Mais c'est alors la mauvaise foi de l'entité publique qu'il convient de ne pas encourager : il ne faudrait pas qu'elle puisse signer une convention d'arbitrage en connaissance de cause, pour se prévaloir ensuite de l'interdiction édictée par son droit afin de se délier de son engagement. Dans ces conditions, on peut comprendre que la prohibition de compromettre des personnes morales de droit public édictée par certaines lois nationales ait été largement neutralisée, en matière internationale, tant par le droit français de l'arbitrage international, que par de nombreux droits étrangers et la pratique arbitrale. Les voies utilisées pour procéder à cette « neutralisation » ne sont toutefois pas toujours identiques.

632 **Solution(s) du problème en droit français.** Le droit français est aujourd'hui marqué par une dissension entre la jurisprudence judiciaire et la jurisprudence administrative sur cette question. La jurisprudence judiciaire a de son côté progressivement dégagé une règle matérielle, propre à l'arbitrage international, selon laquelle un État ou une personne morale de droit public ne peut utilement se prévaloir des dispositions de sa loi prohibant ou restreignant son adhésion à une convention d'arbitrage, dès lors que l'entité publique a par principe, dans l'arbitrage international, une parfaite capacité de compromettre. Lors de l'adoption du décret du 13 janvier 2011 portant réforme du droit français de l'arbitrage, le Rapport au Premier ministre a clairement indiqué que le décret n'avait aucunement l'intention de revenir sur cette jurisprudence, même si elle n'y était pas expressément reprise. La jurisprudence administrative est, quant à elle, beaucoup moins libérale s'agissant de la capacité de compromettre des personnes morales de droit public françaises.

La solution émanant des juges judiciaires a d'abord été dégagée à l'égard des organismes publics français[86]. Dans un premier temps, la jurisprudence, tout en raisonnant

85. Pour une étude détaillée de cette prohibition, de ses exceptions et limites, v. *supra*, n° 90 et s.

86. Des réserves avaient déjà été apportées au jeu de l'article 2060 du Code civil par des conventions internationales liant la France et prévoyant une solution contraire. Il en était ainsi de la Convention de Genève de 1961 sur l'arbitrage commercial international, dont l'article II (1) reconnaît la faculté de compromettre des personnes morales de droit public. Sa portée demeurait toutefois limitée, compte tenu de ses conditions d'application relativement restrictives. La doctrine estime également que l'adhésion de la France à la Convention de Washington du 18 mars 1965 créant le CIRDI impliquait la reconnaissance par l'État de sa pleine capacité à participer à un arbitrage en matière d'investissement : Ph. Fouchard, E. Gaillard, B. Goldman, *Traité de l'arbitrage commercial international*, Litec, 1996, n° 548, p. 338. Par ailleurs, des conventions bilatérales prévoyant le recours à l'arbitrage ont été adoptées dans le cadre de la réalisation

en termes conflictuels, a contourné la prohibition édictée par la loi de l'organisme en cause, en soumettant la question à la loi applicable à la convention d'arbitrage, et non à la loi personnelle[87]. La solution était toutefois contestable, la question de l'aptitude d'un État à compromettre ne pouvant relever, en matière conflictuelle, que de la loi de cet État. Dans un arrêt *Galakis*[88], la Cour de cassation a abandonné le terrain conflictuel pour s'engager sur celui des règles matérielles, afin de reconnaître la pleine capacité des personnes morales de droit public françaises à compromettre dans le commerce international. Elle y a retenu que la prohibition de compromettre les frappant, édictée pour les contrats internes, était inapplicable « à un contrat international passé pour les besoins et dans les conditions conformes aux usages du commerce maritime »[89]. La doctrine y a vu l'avènement d'une règle matérielle autorisant l'État français et les personnes morales de droit public françaises à compromettre dans le commerce international. La jurisprudence ultérieure l'a confirmé et a procédé à une double généralisation de la solution : d'une part, quant aux contrats concernés, même si la jurisprudence administrative est venue quelque peu restreindre cette généralisation ; d'autre part, quant aux personnes visées.

En premier lieu, s'agissant des contrats couverts par la règle matérielle, si l'arrêt *Galakis* ne visait que les contrats conclus « pour les besoins et dans des conditions conformes aux usages du commerce maritime », une formule plus générale a rapidement été adoptée. À l'heure actuelle, la règle matérielle couvre probablement la plupart des contrats qu'une personne morale de droit public peut être amenée à conclure dans le commerce international. Toutefois, une interrogation subsistait à propos des contrats administratifs. En effet, en 1986, le Conseil d'État, consulté sur la licéité d'une clause compromissoire dans les contrats conclus entre la société américaine *Walt Disney Productions* et diverses personnes morales de droit public françaises dans le cadre de l'aménagement en France du parc de loisirs *Eurodisney*, a rendu un avis négatif à cet égard[90]. Il a considéré que ces contrats relevaient de l'ordre juridique interne français, et non « des principes applicables en matière de commerce international », et que, dès lors, la prohibition de compromettre affectant les personnes morales de droit public leur était applicable. Ainsi, pour le Conseil d'État, le caractère administratif du contrat l'emportait sur son caractère international. Le législateur a alors, mais très partiellement, résolu la difficulté par l'article 9 de la loi du 19 septembre 1986 qui dispose que, « par dérogation à l'article 2060 du Code civil, l'État, les collectivités territoriales et les établissements publics sont autorisés, dans les contrats qu'ils concluent conjointement avec les sociétés étrangères pour la réalisation d'opérations d'intérêt national, à souscrire des

d'ouvrages transfrontaliers précis, comme le tunnel du Mont-Blanc (Convention franco-italienne du 14 mars 1953, D. n° 60-203 du 20 février 1960), le tunnel sous la Manche (Traité de Cantorbéry du 12 février 1986, D. n° 87-757 du 9 sept. 1987, art. 19.1.b ; et concession quadripartite du 14 mars 1986, art. 40, approuvée par L. n° 87.384 du 15 juin 1987 : *JO* 16 juin 1987 ; et v. aussi la sentence rendue le 30 janvier 2007 dans le litige opposant Eurotunnel au Royaume-Uni et à la France, *Rev. arb.* 2007, p. 609, et le commentaire de M. Audit, p. 445), et la ligne ferroviaire à grande vitesse entre la France et l'Espagne (Accord de Madrid du 10 octobre 1995, D. n° 98-98 du 16 février 1998).

87. Cass. 1re civ., 14 avr. 1964, *San Carlo*, *RCDIP* 1966, p. 68, note H. Batiffol ; *JDI* 1965, p. 645, note B. Goldman ; *D.* 1964, p. 637, note J. Robert ; *JCP* 1965, II, 14406, obs. R. L.

88. Cass. 1re civ., 2 mai 1966, *Galakis*, *JDI* 1966, p. 648, note P. Level ; *RCDIP* 1967, p. 553, note B. Goldman ; *D.* 1966, p. 575, note J. Robert.

89. Et v. déjà, Paris, 10 avr. 1957, *Myrtoon Steamship*, *Rev. arb.* 1957, p. 16 ; *JCP* 1957, II, 10078, note H. Motulsky ; *JDI* 1958, p. 1002, note B. Goldman ; *RCDIP* 1958, p. 120, note Y. L.

90. CE, avis, 6 mars 1986, *Rev. arb.* 1992, p. 397.

clauses compromissoires en vue du règlement [...] de litiges liés à l'application et à l'interprétation de ces contrats »[91]. Si cette disposition est susceptible de s'appliquer à d'autres cas que celui d'*Eurodisney*, sa formulation restrictive, notamment quant à l'obligation de caractériser une « opération d'intérêt national », interdit de lui donner une portée générale[92]. Par ailleurs, les juridictions judiciaires ont, de leur côté, semblé très peu réceptives au point de vue du Conseil d'État et ont plutôt retenu que la nature éventuellement administrative du contrat principal n'a aucune incidence. Ainsi, la cour d'appel de Paris a décidé qu'il importait peu, au regard de la qualification de l'arbitrage international, « qu'il oppose un État ou une de ses émanations à une entreprise privée étrangère à l'occasion de l'exécution d'un ouvrage destiné à terme à devenir public »[93], pour ensuite énoncer encore plus clairement que le « principe de validité de la convention d'arbitrage internationale » s'appliquait « sans condition de la nature administrative ou autre du contrat litigieux »[94]. Dès lors, en droit français, la solution semblait finalement dépendre de l'ordre de juridiction qui serait saisi de la question, ce qui constitue une source évidente d'incertitudes. En effet, une sentence arbitrale pourrait par exemple être opposée à la personne morale de droit public devant le juge judiciaire de l'exequatur ou de l'annulation, malgré le caractère administratif du contrat liant les parties, qui fera prévaloir la capacité de l'entité publique à compromettre en matière internationale ; en revanche, la convention d'arbitrage sur la base de laquelle cette sentence a été rendue serait inopposable à la personne publique française qui saisirait le juge administratif, et ce dernier pourrait donc retenir sa compétence au fond. Le droit français paraîtrait ainsi à tout le moins peu lisible pour un regard étranger. Des affaires récentes n'ont pu que conforter cette impression[95]. C'est d'abord un litige opposant l'Inserm, institut

91. L. nº 86-972, 19 août 1986, *D.* 1986, p. 443.

92. Sur les incertitudes relatives au champ d'application de cette loi, v. M. de Boisséson, « Interrogations et doutes sur une évolution législative (l'article 9 de la loi du 19 août 1986) », *Rev. arb.* 1987, p. 3.

93. Paris, 13 juin 1996, *KFTCIC*, *JDI* 1997, p. 151, note É. Loquin ; *Rev. arb.* 1997, p. 251, note E. Gaillard.

94. Paris, 15 juin 2006, *Gouvernement de la République de Djibouti*, *Rev. arb.* 2006, p. 864 ; v. aussi Paris, 14 avr. 2015, *Rev. arb.* 2016, p. 556, note L. Idot, qui énonce que la règle matérielle française selon laquelle l'existence et l'efficacité de la convention d'arbitrage international s'apprécient, sous réserve des règles impératives du droit français et de l'ordre public international, d'après la commune volonté des parties, sans qu'il soit nécessaire de se référer à une loi étatique (sur cette règle matérielle, v. *supra*, nº 594 et s.), « s'applique sans égard au caractère administratif du contrat qui contient une telle stipulation » ; aussi, « un État ne saurait se soustraire aux termes clairs et précis de l'engagement qu'il a souscrit en soutenant qu'il n'a pu vouloir ce que son droit interne ne permettait pas ».

95. La réforme de l'arbitrage en matière administrative, envisagée en 2007 (sur laquelle, v. *supra*, nº 93), aurait pu aggraver la situation et engendrer de nombreux problèmes dans l'arbitrage international, dès lors qu'elle alignait le régime de l'arbitrage « administratif » international sur celui envisagé pour l'arbitrage « administratif » interne, sans tenir compte des spécificités du premier. Elle prévoyait ainsi la compétence du juge administratif en tant que juge d'appui et juge du contrôle et de l'exequatur des sentences arbitrales lorsque le contrat était soumis au droit administratif français. Cela aurait conduit à un système très complexe de répartition des compétences entre le juge judiciaire (pour les contrats soumis à un droit étranger et pour les contrats soumis au droit français mais non régis par le droit administratif) et le juge administratif (pour les contrats relevant du droit administratif français). Un tel critère de répartition paraît bien incertain, fragile, et même inadapté car particulièrement problématique à mettre en œuvre et peu attirant pour les opérateurs étrangers (sur l'impact du projet en matière d'arbitrage international, v. aussi S. Lemaire, « La libéralisation de l'arbitrage international en droit administratif (approche critique du projet de réforme du 13 mars 2007) », *Rev. arb.* 2007, p. 407). On sait que ce projet de réforme a été, pour le moment au moins, abandonné. Néanmoins, le système mis en place par le Tribunal des conflits et le Conseil d'État à l'issue des affaires *Inserm*, *Fosmax* et *Ryanair* n'est guère plus lisible pour un œil étranger.

scientifique français, à une fondation de droit privé norvégienne à propos d'un protocole d'accord pour favoriser la réalisation d'un projet de construction d'un pôle de recherche en neurobiologie, qui a donné l'occasion de mesurer ces difficultés. Dans le cadre de ce litige, une sentence avait été rendue en France et reçu l'exequatur du juge judiciaire français. L'Inserm a alors formé, devant la cour d'appel de Paris, un recours en annulation contre cette sentence, tout en invoquant le caractère administratif du contrat pour demander à la cour de surseoir à statuer dans l'attente de l'arrêt à rendre par le Conseil d'État, également saisi par l'Inserm d'un recours en annulation contre la sentence et qui devait se prononcer sur la question de la qualification administrative du contrat et, par conséquent, sur la validité de la convention d'arbitrage. La cour d'appel[96] a rejeté la demande de sursis à statuer en ignorant le caractère éventuellement administratif du contrat et en retenant seulement que les dispositions du Code de procédure civile prévoyaient que le recours en annulation de la sentence arbitrale rendue en France en matière d'arbitrage international était porté devant la cour d'appel dans le ressort de laquelle la sentence a été rendue et qu'en conséquence, la procédure pendante devant les juridictions administratives était sans incidence sur ce recours en annulation. Elle a par ailleurs rappelé sa jurisprudence antérieure, selon laquelle « la prohibition pour un État de compromettre est limitée aux contrats d'ordre interne sous réserve de disposition législative contraire, mais qu'au vu du principe de validité de la clause d'arbitrage international, cette prohibition n'est pas d'ordre public international », rejetant ainsi le moyen d'annulation de la sentence pris de la nullité de la convention d'arbitrage. De son côté, le Conseil d'État, constatant la position déjà prise par la cour d'appel de Paris, a décidé de renvoyer au Tribunal des conflits la question de la compétence entre ordres de juridiction pour se prononcer sur un recours contre une sentence rendue en matière internationale et impliquant un établissement public français, en indiquant en substance que « ces questions soulèvent des difficultés sérieuses de nature à justifier le recours au Tribunal des conflits »[97]. Or, il n'est pas certain que la décision rendue le 17 mai 2010 par le Tribunal des conflits dans cette affaire, qui a suscité des réactions pour le moins passionnées, ait clarifié la situation[98]. Le Tribunal y a énoncé : « Le recours formé contre une sentence arbitrale rendue en France, sur le fondement d'une convention d'arbitrage, dans un litige né de l'exécution ou de la rupture d'un contrat conclu entre une personne morale de droit public française et une personne de droit étranger, exécuté sur le territoire français, mettant en jeu les intérêts du commerce international, fût-il administratif selon les critères du droit interne français, est porté devant la cour d'appel dans le ressort de laquelle la sentence a été rendue, conformément à l'article 1505

96. Paris, 13 nov. 2008, *Inserm c/ Fondation Letten*, *Rev. arb.* 2009, p. 389, note M. Audit.

97. CE, 31 juill. 2009, n° 309277, 7e et 2e sous-sections réunies, *Rev. arb.* 2009, p. 539, note M. Audit.

98. T. confl., 17 mai 2010, *Inserm c/ Fondation Letten*, *JCP* G 2010, I, 644, n° 5, obs. J. Ortscheidt ; *RTD com.* 2010, p. 525, obs. É. Loquin ; *Rev. arb.* 2010, p. 275, concl. M. Guyomar, l'article de M. Audit, p. 253, et « L'avis du Comité français de l'arbitrage dans l'affaire Inserm c/Fondation Letten F. Saugstad », p. 401 ; *D.* 2010, p. 2633, note S. Lemaire ; et aussi, E. Gaillard, « Le Tribunal des conflits torpille le droit français de l'arbitrage », *JCP* G 2010, n° 21, 24 mai 2010, 585, p. 1096 ; Th. Clay, « Les contorsions byzantines du Tribunal des conflits en matière d'arbitrage », *ibid.*, p. 1045 ; D. Foussard, « L'arbitrage en matière administrative. Le point après l'arrêt du 17 mai 2010 », *Cah. arb.* 2010, p. 717 ; J. Ortscheidt, « "Psychose" à la française : quelques réponses pratiques aux critiques essuyées par l'arrêt *Inserm* du Tribunal des conflits », *ibid.*, p. 877 ; M. Laazouzi, « L'impérativité, l'arbitrage international des contrats administratifs et le conflit de lois. À propos de l'arrêt du Tribunal des conflits du 17 mai 2010, *Inserm c/ Fondation Saugstad* », *RCDIP* 2010, p. 653 ; É. Loquin, « Retour dépassionné sur l'arrêt Inserm c/Fondation Letten F. Saugstad », *JDI* 2011, p. 841.

[aujourd'hui art. 1519] du Code de procédure civile, ce recours ne portant pas atteinte au principe de la séparation des autorités administratives et judiciaires. Il en va cependant autrement lorsque le recours, dirigé contre une telle sentence intervenue dans les mêmes conditions, implique le contrôle de la conformité de la sentence aux règles impératives du droit public français relatives à l'occupation du domaine public ou à celles qui régissent la commande publique et applicables aux marchés publics, aux contrats de partenariat et aux contrats de délégation de service public. Ces contrats relevant d'un régime administratif d'ordre public, le recours contre une sentence arbitrale rendue dans un litige né de l'exécution ou de la rupture d'un tel contrat relève de la compétence du juge administratif ». À supposer résolues toutes les légitimes questions qu'une telle motivation pouvait susciter quant à la portée exacte de cette décision[99], cette dernière entérinait un partage des compétences entre juges judiciaire et administratif dont la clé de répartition proposée ne paraissait guère facile à mettre en œuvre[100]. En tout cas, si le Tribunal des conflits ne s'est prononcé que sur la répartition des compétences en matière de recours en annulation contre les sentences, seule question dont il était saisi, il pouvait sembler admettre, en creux, la validité d'au moins certaines conventions d'arbitrage conclues dans le cadre de contrats administratifs internationaux, sans toutefois apporter une quelconque précision à cet égard.

Par la suite, ce même Tribunal des conflits, en accord avec le Conseil d'État[101] et face à la résistance de la Cour de cassation[102], a précisé que le système qu'il avait mis en place valait également pour la compétence en matière d'exequatur des sentences rendues à l'étranger[103]. Il a également allégé et simplifié quelque peu sa formule justifiant la compétence du juge administratif, en visant les cas où « le contrat à l'origine du litige

99. La lecture des conclusions du commissaire du gouvernement M. Guyomar (*Rev. arb.* 2010, p. 276 et s.) peut y contribuer.

100. L'identification des contrats exactement visés reste notamment délicate : sur ce point, v. Y. Gaudemet, note sous T. confl., 24 avr. 2017, *Rev. arb.* 2017, p. 883, spéc. n° 15 et s. Sur les fondements de cette jurisprudence, v. notamment F. Lombard, « Arbitrage et droit administratif : une incompatibilité de principe ? », *Cah. arb.* 2015, p. 209. Plus généralement, sur ce régime dérogatoire des recours contre les sentences arbitrales internationales relatives à des contrats administratifs internationaux impliquant une entité publique française, v. *infra*, n° 927 et s.

101. CE, 19 avr. 2013 (affirmant assez logiquement que le juge administratif n'est en revanche pas compétent pour connaître du recours en annulation de sentences rendues à l'étranger à propos d'un litige né d'un contrat relevant d'un régime administratif d'ordre public), *Rev. arb.* 2013, p. 761, note M. Laazouzi ; *JCP* G 2013, 748, note S. Lemaire ; *ibid.*, 784, n° 5, obs. J. Ortscheidt ; *ibid.*, 1117, note G. Eveillard ; *D.* 2013, p. 1445, obs. M.-C. de Montecler, note P. Cassia, *ibid.*, p. 2293, obs. S. Bollée ; *ibid.*, p. 2936, obs. Th. Clay ; *Cah. arb.* 2013, p. 1083, note L. Jaeger et N. Chahid Nourai ; *RTD com.* 2014, p. 326, obs. É. Loquin.

102. Cass. 1re civ., 8 juill. 2015, *Syndicat mixte des aéroports de Charente c/ Société Ryanair*, *D.* 2015, p. 2031, obs. S. Bollée ; *ibid.*, p. 2241, édito P. Cassia ; *ibid.*, p. 2588, obs. Th. Clay ; *JCP* G 2015, 1004, n° 9, obs. C. Nourissat ; *ibid.*, 1164, note T. A. Brabant et N. Desplats ; *ibid.*, 1370, n° 5, obs. Ch. Seraglini ; *Rev. arb.* 2015, p. 1131, note M. Laazouzi ; *RTD com.* 2016, p. 71, obs. É. Loquin ; *JDI* 2016, comm. 8, p. 568, note P. de Vareilles-Sommières ; *Cah. arb.* 2016, p. 661, note E. Coënt et Fl. Grisel (estimant que pour ce type de contrats, et malgré la compétence du juge administratif pour le recours en annulation, « l'exequatur des sentences arbitrales rendues à l'étranger [...] relève de la compétence des juridictions judiciaires », et cassant ce faisant, Paris, 10 sept. 2013, *Rev. arb.* 2014, p. 153, note M. Laazouzi).

103. T. confl., 24 avr. 2017, *Syndicat mixte des aéroports de Charente c/ Société Ryanair*, *JCP* G 2017, 1326, n° 4, obs. Ch. Seraglini ; *Rev. arb.* 2017, p. 883, note Y. Gaudemet ; *D.* 2017, p. 2054, obs. S. Bollée ; *ibid.*, p. 2570, obs. Th. Clay ; sur cet arrêt, v. aussi, P. de Vareilles-Sommières, « Sur l'ordre public comme standard de contrôle d'une sentence arbitrale étrangère tranchant un contentieux entre une

sur lequel l'arbitre s'est prononcé est soumis aux règles impératives du droit public français relatives à l'occupation du domaine public ou à celles qui régissent la commande publique », « contrats relevant d'un régime administratif d'ordre public », sans plus faire référence aux marchés publics, aux contrats de partenariat et aux contrats de délégation de service public[104]. C'est ainsi le contrat en cause, et non la nature du grief fait à la sentence, qui fonde la compétence du juge administratif. Cependant, on peut se demander si, en visant l'ensemble des contrats « soumis aux règles impératives du droit public français relatives à l'occupation du domaine public ou à celles qui régissent la commande publique », le Tribunal de conflit ne donne pas en réalité compétence au juge administratif pour la plupart des contrats administratifs internationaux passés par les personnes publiques françaises. De son côté, le Conseil d'État a tenté une ébauche du régime juridique spécifique des recours contre les sentences arbitrales relevant du juge administratif[105], qui s'inspire néanmoins grandement de celui applicable devant le juge judiciaire, même s'il s'en démarque sur certains points et s'il conduit probablement à un contrôle plus poussé du juge sur la sentence, notamment au regard de la conformité de celle-ci à l'ordre public[106]. En tout cas, s'agissant de la capacité d'une personne publique française de compromettre dans le cadre d'un contrat international, le Conseil d'État semble rester sur la ligne qu'il avait tracée en 1986 en retenant « un principe d'interdiction pour les personnes publiques de recourir à l'arbitrage sauf dérogation prévue par des dispositions législatives expresses ou, le cas échéant, des stipulations de conventions internationales régulièrement incorporées dans l'ordre juridique interne »[107]. Certains jugeront cette position excessive dans un contexte international et quelque peu en décalage avec le sort réservé par le juge judiciaire français aux États étrangers sur la même question. En tout cas, l'aptitude de l'État français à compromettre serait donc effectivement jugée différemment selon que la question sera posée au juge administratif ou au juge judiciaire, en vertu de la clé de répartition établie par le Tribunal des conflits. Cela crée une différence de régime regrettable et, en outre,

personne publique française et un cocontractant privé étranger », *JDI* 2019, var. 2, p. 87. Dans la même affaire, v. aussi, Paris, 8 nov. 2016, *Rev. arb.* 2017, p. 257, note M. Audit et C. Broyelle.

104. Même arrêt. V. déjà, T. confl., 11 avr. 2016, *Fosmax*, *Rev. arb.* 2016, p. 1140, note J. Billemont ; *D.* 2016, p. 2025, obs. S. Bollée ; *JCP* G 2016, 900, n° 5, obs. Ch. Seraglini ; *Cah. arb.* 2016, p. 977, note M. Laazouzi et S. Lemaire ; et aussi CE, 9 nov. 2016, *Société Fosmax LNG c/ société TMC FR*, *JCP* G 2016, 1430, n° 4, obs. Ch. Seraglini ; *JCP* G 2017, 29, note S. Bollée ; *D.* 2016, p. 2589, obs. Th. Clay ; *Cah. arb.* 2016, p. 977, note M. Laazouzi et S. Lemaire ; *Rev. arb.* 2017, p. 179, concl. G. Pellissier, note J. Billemont, et p. 254, note M. Audit et C. Broyelle ; *JDI* 2017, comm. 4, p. 173, note S. Manciaux, qui retient la compétence du juge administratif lorsque « le contrat relève d'un régime administratif d'ordre public et que le recours implique, par suite, un contrôle de la conformité de la sentence arbitrale aux règles impératives du droit public français relatives à l'occupation du domaine public ou à celles qui régissent la commande publique ». Sur les conséquences de ce changement quant au périmètre de la compétence administrative, v. M. Laazouzi et S. Lemaire, note préc., spéc. n° 17 et s., p. 982.

105. Plus généralement, sur les procédures devant le juge administratif en matière d'arbitrage dans le cadre du régime instauré par les arrêts *Inserm*, *Ryanair* et *Fosmax*, v. O. Le Bot, « La procédure devant le juge administratif en matière d'arbitrage : quel contrôle ? quelle procédure ? », *Cah. arb.* 2015, p. 243. V. aussi, L. Jaeger, « Les conséquences de la jurisprudence *INSERM/SMAC* sur la pratique de l'arbitrage », *Cah. arb.* 2015, p. 253 ; et *infra*, n° 927 et s.

106. CE, 9 nov. 2016, préc. Sur ce contrôle, v. *infra*, n° 936 et n° 982.

107. Même arrêt. Sur la question, v. M. Audit, « L'arbitrabilité des litiges impliquant une personne publique française dans le nouveau contexte des affaires INSERM et Ryanair (SMAC) », *Cah. arb.* 2015, p. 235.

peu lisible, à propos du sort de la convention d'arbitrage internationale signée par les personnes publiques françaises.

Afin de clarifier quelque peu l'état du droit positif, un rapport, commandé conjointement par les ministères de la justice et de l'économie et rendu en 2011, avait proposé d'autoriser par la loi le recours à l'arbitrage international aux personnes publiques, de maintenir la compétence du seul juge judiciaire pour connaître de l'ensemble du contentieux relatif à ces arbitrages, tout en ajoutant à l'article 1520 du Code de procédure civile un chef de contrôle spécifique des sentences rendues, afin de s'assurer qu'elles respectent, conformément aux souhaits du Tribunal des conflits, « les principes fondamentaux du droit public français relatifs à la commande publique, à la délégation de service public, à la domanialité publique ou à la continuité du service public »[108]. Pour le moment, cette proposition n'a pas été suivie par le législateur.

En second lieu, s'agissant des personnes concernées par la règle matérielle énoncée par la jurisprudence judiciaire et retenant un principe de capacité de compromettre des entités publiques en matière internationale, la règle dégagée par l'arrêt *Galakis* a été étendue aux personnes morales de droit public étrangères. Pourtant, la proposition pouvait paraître audacieuse. L'application de la solution à un État étranger, sans consultation de la loi de cet État pour savoir si elle entendait effectivement limiter la prohibition de compromettre de ses personnes morales de droit public au seul droit interne, aurait pu être vue comme une atteinte excessive à la souveraineté étrangère. Malgré tout, la cour d'appel de Paris n'a pas hésité. Dans une affaire impliquant une personne morale de droit public koweïtienne, elle a énoncé : « Quel qu'en soit le fondement, la prohibition pour un État de compromettre est limitée aux contrats d'ordre interne et n'est pas d'ordre public international, lequel interdirait au contraire à un opérateur public de se prévaloir des dispositions restrictives de son droit national ou de la loi du contrat pour se soustraire *a posteriori* à l'arbitrage convenu »[109]. Sur le plan pratique, la solution doit être approuvée : il serait choquant qu'un établissement public étranger puisse, après avoir souscrit une convention d'arbitrage en connaissance de cause, invoquer ensuite la nullité de cette convention en raison de son incapacité à compromettre. En revanche, sa formulation semble plus discutable. On ne peut en effet exclure qu'une loi étrangère pose clairement une interdiction de compromettre applicable même pour l'arbitrage

108. M. Prada et al., « Certains facteurs de renforcement de la compétitivité juridique de la place de Paris », mars 2011, p. 17. Le rapport suggère d'ajouter deux alinéas à l'article 2060 C. civ., ainsi rédigés : « Outre les cas prévus à l'alinéa précédent, les personnes publiques sont autorisées à compromettre dans le cadre de contrats de droit privé ou de droit public, impliquant un mouvement international de biens, de services, de personnes ou de capitaux. Les sentences arbitrales rendues dans le cadre de litiges nés de ces contrats, ne peuvent contrevenir aux principes fondamentaux du droit public français relatifs à la commande publique, à la délégation de service public, à la domanialité publique ou à la continuité du service public ».
« Les juridictions de l'ordre judiciaire connaissent de l'ensemble des litiges relatifs à la procédure arbitrale, ainsi que de toutes les contestations relatives aux sentences mentionnées à l'alinéa précédent. Elles sont compétentes pour délivrer l'exequatur à ces sentences ».
Le rapport propose également d'ajouter un nouvel alinéa à l'actuel article 1520 CPC disposant : « En outre, s'agissant des sentences arbitrales relatives à des litiges nés de contrats internationaux dont une des parties est une personne publique française, le recours en annulation est ouvert si la reconnaissance ou l'exécution de la sentence est contraire aux principes fondamentaux du droit public français mentionnés au troisième alinéa de l'article 2060 du Code civil ».

109. Paris, 13 juin 1996, *KFTCIC*, *JDI* 1997, p. 151, note É. Loquin ; *Rev. arb.* 1997, p. 251, note E. Gaillard. Et déjà, Paris, 17 déc. 1991, *Gatoil*, *Rev. arb.* 1993, p. 281, note H. Synvet ; Paris, 24 févr. 1994, *Beck Frères*, *Rev. arb.* 1995, p. 275, note Y. Gaudemet ; *RTD com.* 1994, p. 254, obs. É. Loquin. *Adde* Paris, 15 juin 2006, *Rev. arb.* 2006, p. 684.

international ; il serait alors difficile de nier cette qualification « internationale » de la prohibition, qui ne peut relever que du droit qui l'édicte. Aussi, il semblerait plus juste de nier tout droit de cité à la disposition étrangère, plutôt que de la dénaturer. Dès lors, le second membre de phrase dans la motivation de l'arrêt de la cour d'appel constitue probablement une justification plus appropriée de la solution retenue : le droit français de l'arbitrage international interdit à toute entité publique étrangère de se prévaloir d'une quelconque prohibition ou restriction à sa capacité de compromettre tirée en particulier de sa propre loi. La règle ne se borne donc pas à autoriser l'entité publique à compromettre, elle lui interdit également, au nom de l'ordre public international français, de remettre en cause son engagement à cet égard[110]. Si la solution est justifiée dans un contexte international, elle devient plus contestable lorsqu'elle est imposée dans le cadre de la reconnaissance en France d'une sentence rendue à l'étranger mais dans un arbitrage purement interne. Pourtant, la cour d'appel de Paris l'a appliquée dans une telle hypothèse, en se fondant sur le fait que le droit français ne distingue pas, s'agissant de la reconnaissance des sentences arbitrales étrangères, entre celles rendues en matière interne et celles rendues en matière internationale[111].

633 **Solution du problème en droit comparé et dans la pratique arbitrale internationale.** De nombreux droits étrangers consacrent une solution analogue à celle du droit français, en empruntant toutefois des voies méthodologiques diverses. Certains ont également choisi de régler le problème par le biais d'une règle matérielle, applicable à toute entité étatique, même étrangère. Ainsi, l'article 177, alinéa 2, de la LDIP suisse retient que « si une partie à la convention d'arbitrage est un État, une entreprise dominée ou une organisation contrôlée par lui, cette partie ne peut pas invoquer son propre droit pour contester l'arbitrabilité du litige ou sa capacité d'être partie à l'arbitrage ». Toutefois, la voie de la règle matérielle ne s'est pas encore partout imposée. Ainsi, il semble que les jurisprudences italienne et anglaise abordent toujours la question par le biais de la méthode conflictuelle[112].

De leur côté, les arbitres préfèrent généralement se référer à une règle matérielle propre à l'arbitrage international, consacrant un principe d'inopposabilité dans le commerce international des règles nationales restrictives quant à l'aptitude d'un État à compromettre. Ils fondent le plus souvent ce principe « transnational » sur l'ordre public véritablement international[113].

Certains auteurs estiment que la règle interdisant à l'État de se prévaloir des dispositions de son droit pour contester la validité d'une convention d'arbitrage librement acceptée est aujourd'hui si généralement consacrée par les textes internationaux, les droits nationaux et la pratique arbitrale, qu'elle constitue indubitablement « un principe général de l'arbitrage international »[114]. D'autres sont toutefois plus mesurés et

110. La jurisprudence française a tiré une autre conséquence de cette règle matérielle : la stipulation d'une convention d'arbitrage entraîne renonciation de l'État à l'immunité de juridiction et, dans certains cas, à l'immunité d'exécution : v. *infra*, n° 678.

111. Paris, 24 nov. 2011, *Rev. arb.* 2012, p. 134, note M. Laazouzi.

112. Pour un aperçu du droit comparé, v. J.-F. Poudret, S. Besson, *Droit comparé de l'arbitrage international*, Bruylant, 2002, n°s 234 et s., p. 197 ; Ph. Fouchard, E. Gaillard, B. Goldman, *Traité de l'arbitrage commercial international*, Litec, 1996, n°s 547 et s., p. 338.

113. Par exemple, Sent. *ad hoc* rendue le 30 avr. 1982 dans l'affaire *Framatome*, *JDI* 1984, p. 58 ; Sent. CCI n° 4381 (1986), *JDI* 1986, p. 1102 ; Sent. CCI n° 5103 (1988), *JDI* 1988, p. 1206. V. aussi, Sent. CCI n° 14470 (2008), *JDI* 2011, p. 1229, obs. E. Silva-Romero.

114. Ph. Fouchard, E. Gaillard, B. Goldman, *Traité de l'arbitrage commercial international*, préc., n°s 546 et s., p. 338. À cet égard, une résolution de l'Institut de droit international, adoptée en 1988, retenait déjà qu'« un État, une entreprise d'État ou une entité étatique ne peut pas invoquer son incapacité de conclure

constatent que plusieurs juridictions étatiques traitent encore de la question en recourant à la méthode conflictuelle[115]. Quoi qu'il en soit, on constate que de nombreux États ont récemment abandonné la prohibition de compromettre pour leurs organismes publics, à tout le moins dans les relations commerciales internationales[116], ce qui n'étonnera guère compte tenu du peu de poids aujourd'hui accordé à une telle prohibition par les arbitres et de nombreuses juridictions judiciaires.

§ 2. L'EXISTENCE ET LA QUALITÉ DU CONSENTEMENT À L'ARBITRAGE

634 **Nécessité du consentement à l'arbitrage.** Parmi les conditions de validité au fond que doit satisfaire une convention d'arbitrage internationale, figurent bien entendu celles relatives à l'existence et à la qualité du consentement donné. Ces conditions devraient même être vues comme une exigence fondamentale, dans la mesure où le consentement des parties à la convention d'arbitrage fonde la compétence du tribunal arbitral et la renonciation des parties à la compétence des tribunaux étatiques pour trancher le litige[117]. Le consentement doit exister, mais encore être exempt de vices. Or, une partie peut prétendre que son consentement à la convention d'arbitrage est absent, ou résulte d'une erreur, a été surpris par dol ou extorqué par violence. Si ces questions peuvent paraître relativement traditionnelles, il convient toutefois d'apporter deux précisions, liées aux particularités de la matière arbitrale. Tout d'abord, il appartiendra généralement au tribunal arbitral, en vertu du principe de Compétence-Compétence tel que reconnu en droit français[118], de se prononcer lui-même et en premier lieu sur ces prétentions lorsqu'elles sont présentées devant lui. Le juge étatique, et notamment le juge français, sera quant à lui conduit à en connaître principalement lors de recours en annulation ou de procédures de reconnaissance et d'exécution de sentences arbitrales. Ensuite, compte tenu du principe d'indépendance de la convention d'arbitrage, et plus particulièrement de la clause compromissoire, par rapport au contrat

---

une convention d'arbitrage pour refuser de participer à l'arbitrage auquel il a consenti » : Résolution IDI 5/13 sept. 1988, art. 5, *Saint-Jacques-de-Compostelle, Rev. arb.* 1990, p. 931, obs. Ph. Fouchard.

115. J.-F. Poudret, S. Besson, *Droit comparé de l'arbitrage international*, préc., n°s 235 et s., p. 202.

116. Par exemple, art. 75 du Code de l'arbitrage tunisien du 26 avr. 1993, *Rev. arb.* 1993, p. 721 ; art. 442 CPC, issu du décret législatif algérien du 25 avr. 1993, et le commentaire in *Rev. arb.* 1993, p. 377 ; puis art. 1006, al. 3, du Code algérien de procédure civile et administrative, institué par la loi n° 08/09 du 25 févr. 2008, *Rev. arb.* 2008, p. 575, et le commentaire de M. Issad, p. 419 ; art. 809, al. 2, du Nouveau Code de procédure civile libanais issu du décret-loi du 16 sept. 1983, *Rev. arb.* 1993, p. 750, et le commentaire de M. Sfeir-Slim, p. 543 ; art. 3 de la loi bulgare sur l'arbitrage international du 5 août 1988 ; art. 2, al. 2, Acte uniforme relatif au droit de l'arbitrage pris dans le cadre de l'OHADA le 11 mars 1999. Le droit belge a longtemps maintenu l'interdiction ; ce n'est que lors de la réforme du droit de l'arbitrage intervenue en 1998 que le législateur a modifié l'article 1676, al. 2, du Code judiciaire, pour autoriser, mais toujours dans des conditions plus ou moins restrictives, les personnes morales de droit public à compromettre (v. aujourd'hui, art. 1676, al. 3, du Code judiciaire après la loi du 24 juin 2013 réformant le droit belge de l'arbitrage).

117. Pour un rappel solennel de la nécessité d'un consentement à l'arbitrage, v. Cass. 1re civ., 19 mars 2002, *RTD com.* 2002, p. 664, obs. É. Loquin, qui énonce que « seule la volonté commune des contractants a le pouvoir d'investir l'arbitre de son pouvoir juridictionnel ». La Haute juridiction approuve de ce fait Paris, 1er juin 1999, *Rev. arb.* 2000, p. 493, et l'article de B. Stern, p. 403 ; *JDI* 2000, p. 370, note É. Loquin.

118. En droit français, le tribunal arbitral bénéficiant d'une compétence prioritaire pour trancher ces questions qui mettent en cause son pouvoir juridictionnel ; sur ce principe, v. *infra*, n° 679 et s.

auquel elle se rapporte[119], la défaillance ou le vice du consentement devra être caractérisé à l'égard de la convention d'arbitrage elle-même, et non simplement à l'égard du contrat principal[120]. Mais c'est surtout la question de la loi applicable à l'existence et à la qualité du consentement à une convention d'arbitrage internationale qui pose difficulté.

635 **Difficulté de détermination de la loi applicable au consentement.** En France, il a longtemps été considéré que les questions relatives à l'existence et à la qualité du consentement des parties à la convention d'arbitrage étaient régies par la loi désignée en vertu de la méthode conflictuelle. Cependant, on l'a vu, la détermination de cette loi n'est pas chose aisée[121]. En effet, le principe d'indépendance de la convention d'arbitrage par rapport au contrat auquel elle se rapporte permet d'envisager, en théorie du moins, l'application d'une loi différente de celle applicable à ce contrat. Néanmoins, la tendance qui paraissait l'emporter en jurisprudence était de considérer, à tout le moins s'agissant de la clause compromissoire[122], que la désignation par les parties d'une loi applicable à leur contrat valait, à défaut de stipulation contraire, également pour cette clause. Appliquée aux questions relatives à l'existence et à la qualité du consentement, la solution avait un avantage pratique évident. Elle permettait de soumettre à la même loi un vice du consentement, tel un vice de violence, qui serait invoqué tant pour la clause compromissoire que pour le contrat. Et il est vrai qu'un tel vice, lorsqu'il est avéré, pourra affecter tant le contrat principal que la clause et conduire à la nullité des deux actes. Dans ce cas, il ne paraît pas de bonne méthode de soumettre la question de la qualité du consentement à deux lois différentes. Ceci étant, même dans le cas d'une clause compromissoire, un éventuel vice du consentement doit, en principe, être envisagé de façon autonome pour elle et pour le contrat principal, dès lors qu'il peut affecter l'un de ces actes sans affecter l'autre. Ainsi, une erreur sur la substance de la chose vendue, si elle vicie le consentement au contrat de vente, n'implique aucunement que le consentement à la clause compromissoire qui y est stipulée soit lui-même vicié. Aussi, certains pourraient préférer étendre ce « traitement autonome » à la question de la loi applicable. Par ailleurs, et en tout état de cause, on sait que, lorsque les parties n'ont pas désigné la loi applicable au contrat principal, l'hésitation est permise, pour régir la convention d'arbitrage, entre la loi régissant le contrat, objectivement désignée, et la loi du siège du tribunal arbitral, et qu'aucune solution ne paraît, alors, s'imposer avec la force de l'évidence[123].

Face aux difficultés de détermination de la loi applicable à une convention d'arbitrage internationale, la jurisprudence française tend, depuis l'arrêt *Dalico*, à très largement abandonner la méthode conflictuelle en la matière, au profit de l'application de règles matérielles de source française[124]. Elle paraît suivre cette démarche à propos du consentement des parties. Elle l'a en tout cas adoptée pour le consentement d'une société à l'arbitrage, il est vrai à propos de la question plus spécifique du pouvoir du signataire d'engager la société, en énonçant que « l'engagement d'une société à l'arbitrage ne s'apprécie pas par référence à une quelconque loi nationale mais par la mise en

119. Sur ce principe, v. *supra*, n° 610 et s.

120. Pour plus de détails sur ce point, v. les développements qui lui sont consacrés en matière d'arbitrage interne, *supra*, n° 83.

121. V. *supra*, n° 586 et s.

122. Le consentement au compromis étant donné à un moment différent du consentement au contrat principal, un traitement « séparé » de la question du droit qui lui est applicable se justifie davantage.

123. Sur l'ensemble de ces points, v. *supra*, n° 586 et s.

124. V. *supra*, n° 594 et s.

œuvre d'une règle matérielle déduite du principe de validité de la convention d'arbitrage fondée sur la volonté commune des parties, de l'exigence de bonne foi et de la croyance légitime dans les pouvoirs du signataire de la clause pour conclure un acte de gestion courante qui lie la société »[125]. Il est probable que la démarche s'étende progressivement à toute question relative au consentement des parties à l'arbitrage.

On sait toutefois que cette démarche n'est pas nécessairement partagée par d'autres droits nationaux ou par les arbitres internationaux, qui paraissent davantage, encore à l'heure actuelle, soumettre à la méthode conflictuelle les questions relatives à l'existence et à la qualité du consentement des parties à la convention d'arbitrage, et se divisent alors entre l'application la *lex contractus* et celle de la loi du siège du tribunal arbitral.

§ 3. L'ARBITRABILITÉ DES LITIGES

636 **Définitions de l'arbitrabilité.** Comme toute convention, pour être valable, la convention d'arbitrage doit être licite quant à son contenu et conforme à l'ordre public quant à son but[126]. L'objectif d'une convention d'arbitrage étant de soumettre la résolution des litiges qu'elle vise à l'arbitrage, ces litiges doivent donc être susceptibles d'être réglés par voie d'arbitrage. Or, la plupart des droits étatiques posent des restrictions à l'accès à la justice arbitrale, soit à l'égard de certaines personnes, soit pour certains types de litiges. Ils estiment, dans certains cas, que le recours à l'arbitrage est exclu et, dans d'autres, qu'il ne peut être envisagé qu'une fois le litige né, ce qui conduira à autoriser le compromis et à prohiber la seule clause compromissoire ou à en limiter l'efficacité. Ces restrictions posent la question de l'arbitrabilité des litiges. La possibilité de recourir à l'arbitrage est en effet généralement désignée par le terme « arbitrabilité »[127]. Au sens large, l'arbitrabilité d'un litige peut être contestée dans deux cas : soit à l'égard de l'une des parties qui, en raison de sa qualité ou de sa mission particulière, ne pourrait valablement se soumettre à la justice arbitrale ; soit à l'égard de la matière ou des droits litigieux qui, pour des considérations d'intérêt général ou même relatives aux intérêts privés de personnes que le législateur estime dignes d'une protection particulière, ne pourraient être soumis à des arbitres et devraient être réservés à la connaissance du juge étatique. On parle, dans le premier cas, qui concerne essentiellement l'État et les autres organismes publics, d'arbitrabilité[128] « subjective » ou *ratione personae* et, dans le second, qui concerne l'objet du litige, d'arbitrabilité « objective » ou *ratione materiae*. Toutefois, la notion d'arbitrabilité « subjective » fait l'objet de controverses[129], certains auteurs estimant qu'elle constitue un abus de langage

125. Cass. 1re civ., 8 juill. 2009, *Soerni, Rev. arb.* 2009, p. 529, note D. Cohen ; *Cah. arb.* 2010, p. 97, note F.-X. Train ; *JCP* G 2009, I, 462, n° 10, obs. J. Ortscheidt ; *D.* 2009, p. 2959, n° I-A, obs. Th. Clay ; *ibid.*, p. 2384, n° I-B, obs. L. d'Avout ; *RCDIP* 2009, p. 779, note F. Jault-Seseke.

126. Art. 1128 et 1162 C. civ. dans leur rédaction issue de l'ordonnance n° 2016-131 du 10 février 2016 portant réforme du droit des contrats, du régime général et de la preuve des obligations.

127. Sur le sujet, v. notamment, P. Level, « L'arbitrabilité », *Rev. arb.* 1992, p. 213 ; J.-B. Racine, *L'arbitrage commercial international et l'ordre public*, LGDJ, 1999, spéc. nos 35 et s., p. 25, et les nombreuses références citées.

128. Ou plutôt d'inarbitrabilité, les critères de l'arbitrabilité se définissant, en règle générale, négativement, c'est-à-dire en identifiant les cas d'inarbitrabilité.

129. Sur ces controverses, v. Ph. Fouchard, E. Gaillard, B. Goldman, *Traité de l'arbitrage commercial international*, Litec, 1996, n° 533, p. 329, et nos 537 et s., p. 331, et les réf. citées ; J.-F. Poudret,

puisqu'elle vise en réalité un problème spécifique de capacité de la personne à compromettre, et que l'arbitrabilité devrait être exclusivement définie comme l'aptitude d'un litige à faire l'objet d'un arbitrage[130]. Sans trancher la controverse, le présent ouvrage se rallie, dans sa présentation, à cette opinion[131].

L'arbitrabilité objective, seule ici étudiée, désigne l'aptitude d'une cause à être soumise à l'arbitrage. Elle conduit donc à distinguer des matières, ou plus précisément des droits, arbitrables et non arbitrables. Elle peut être considérée comme une condition de validité de la convention d'arbitrage, dans la mesure où cette convention doit porter sur un litige pouvant être réglé par voie d'arbitrage. Toutefois, compte tenu de sa spécificité, l'arbitrabilité objective est généralement soumise, dans les droits étatiques, à un régime particulier, distinct de celui appliqué de façon générale à la validité matérielle de la convention d'arbitrage. Dans le cadre de l'étude du droit français de l'arbitrage interne[132], il a été vu que ce régime particulier est difficile à cerner, l'arbitrabilité étant « une question abstraite, délicate, mal cernée, fuyante, et qui suscite un certain nombre de malentendus, voire de contresens »[133]. Il l'est au moins tout autant en matière internationale. En effet, les contours de l'arbitrabilité objective varient d'une législation à une autre. Les droits étatiques se divisent, tant sur le choix du critère permettant de définir le domaine de l'arbitrabilité, que sur le sens donné à un même critère. Par ailleurs, un même droit étatique peut accorder un régime quelque peu différent à l'arbitrabilité en matière interne et en matière internationale, et c'est probablement le cas du droit français. En conséquence, la question de la loi applicable à l'arbitrabilité d'un litige international est primordiale (A). Et, compte tenu de la tendance *lex foriste* très marquée des juges étatiques à cet égard, dans le cadre d'un ouvrage sur le droit français de l'arbitrage, la détermination des contours exacts de l'arbitrabilité en droit français de l'arbitrage international est tout aussi essentielle, dès lors qu'ils ne sont probablement pas exactement les mêmes que ceux qui délimitent l'arbitrabilité des litiges dans l'arbitrage interne (B).

A. LE DROIT APPLICABLE À L'ARBITRABILITÉ

637 **Division.** Les conventions internationales relatives à l'arbitrage ne contiennent aucune disposition substantielle pour définir les contours de l'arbitrabilité des litiges. L'article II de la Convention de New York du 10 juin 1958 se borne à énoncer à cet égard que les États contractants s'engagent à reconnaître les conventions d'arbitrage « portant sur une question susceptible d'être réglée par voie d'arbitrage », sans préciser le critère, ou même la règle de conflit de lois, susceptible de régler la question de l'arbitrabilité. Il renvoie aux droits nationaux, dont la place est donc prépondérante sur ce point. Or, les solutions apportées à la question de la loi applicable à l'arbitrabilité restent

---

S. Besson, *Droit comparé de l'arbitrage international*, Bruylant, 2002, n° 228, p. 190. V. aussi, dans le cadre de l'étude de l'arbitrage interne, *supra*, n° 90.

130. En ce sens, Ch. Jarrosson, « L'arbitrabilité, présentation méthodologique », *RJ com.* 1996, p. 1, spéc. n°s 2 et s. ; J.-F. Poudret, S. Besson, *Droit comparé de l'arbitrage international*, préc., n° 228, p. 190. *Contra*, Ph. Fouchard, E. Gaillard, B. Goldman, *Traité de l'arbitrage commercial international*, préc., n°s 536 et s., p. 331.

131. V. *supra*, n° 90.

132. Sur l'arbitrabilité en droit français de l'arbitrage interne, v. *supra*, n° 99 et s.

133. Ch. Jarrosson, « L'arbitrabilité, présentation méthodologique », préc., p. 1 ; l'auteur tente en conséquence de faire une présentation pédagogique de la matière.

très incertaines en droit international privé comparé[134]. Ceci étant, cette question ne se pose pas de la même manière devant le juge étatique (1) et devant le tribunal arbitral (2).

1. Le droit applicable à l'arbitrabilité devant le juge étatique

638 **Arbitrabilité et objet de la saisine du juge.** En matière internationale, le juge étatique peut être conduit à examiner la question de l'arbitrabilité d'un litige dans des circonstances diverses, et l'objet de sa saisine peut influer sur la démarche qu'il adoptera alors. Trois situations peuvent être essentiellement envisagées : le juge peut être conduit à s'interroger sur l'arbitrabilité du litige en tant que juge saisi du fond du litige malgré l'existence d'une convention d'arbitrage, ou en tant que juge requis d'accorder l'exequatur à une sentence arbitrale, ou encore en tant que juge saisi d'un recours en annulation contre cette sentence[135]. Dans tous les cas, le juge semble confronté à un choix de méthode pour déterminer le droit applicable à l'arbitrabilité : application des règles de conflit de lois ou usage de règles matérielles. Cependant, un examen de droit comparé permet de constater qu'en réalité, quels que soient l'objet de sa saisine et la méthode retenue, le juge privilégie considérablement la compétence de la loi du for pour trancher la question de l'arbitrabilité du litige.

639 **Juge saisi du fond du litige et droit applicable à l'arbitrabilité.** Un juge étatique peut être saisi du fond du litige malgré l'existence d'une convention d'arbitrage. Si une exception d'arbitrage est alors soulevée par le défendeur, le juge doit, en principe, renvoyer les parties à l'arbitrage. Cependant, si le demandeur conteste l'exception d'arbitrage en arguant de l'inarbitrabilité du litige, le juge pourrait être conduit à examiner cet argument avant de se déclarer, le cas échéant, incompétent. Cependant, l'intensité de la vérification de l'arbitrabilité du litige variera ici d'un État à un autre, en fonction de l'étendue reconnue par chacun à l'effet négatif du principe de Compétence-Compétence[136]. En France, ce principe a une grande portée : le juge saisi au mépris d'une convention d'arbitrage doit se déclarer incompétent à moins que, et dans la seule hypothèse où le tribunal arbitral n'est pas encore saisi, la convention ne lui apparaisse frappée d'une nullité ou d'une inapplicabilité manifeste. Dans

134. Sur le sujet, v. notamment K.-H. Böckstiegel, « Public policy and arbitrability », in *Comparative arbitration practice and public policy in arbitration*, ICCA Congress series n° 3, NY 1986, p. 177, spéc. p. 184 et s. ; B. Goldman, « L'arbitrage international et le droit de la concurrence », *Bull. ASA* 1989 (3), p. 260, spéc. p. 280 et s. ; « La situation en France », in *Competition and arbitration law*, Publ. CCI n° 480/3, 1993, p. 109, spéc. p. 113 et s. ; B. Hanotiau, « What Law Governs the Issues of Arbitrability », *Arb. Int.* 1996, vol. 12, n° 4, p. 391 ; A. Kirry, « Arbitrability : Current Trends in Europe », *Arb. Int.* 1996, vol. 12, n° 4, p. 373, spéc. p. 379 et s. ; E. A. Schwartz, « The domain of arbitration and issues of arbitrability : the view from the ICC », *Foreign Investment Law Journal* 1994, vol. 9, n° 1, p. 17, spéc. p. 24 et s. Et aussi, J.-B. Racine, *L'arbitrage commercial international et l'ordre public*, LGDJ, 1999, spéc. n°s 254 et s., p. 151, et les références citées ; L. Mistelis, « Is Arbitrability a National or an International Law Issue ? », in L. Mistelis, S. Brekoulakis, dir., *Arbitrability : International and Comparative Perspectives*, Kluwer Law International, 2009, p. 1, spéc. n° 1.25 et s. ; S. Brekoulakis, « Law Applicable to Arbitrability : Revisiting the Revisited Lex Fori », *ibid.*, p. 99, n° 6-1 et s. V. aussi, G. Born, *International Commercial Arbitration*, 2nd ed., Kluwer Law International, 2014, n° 4.05.

135. On pourrait encore envisager que le juge puisse s'interroger sur l'arbitrabilité du litige lorsqu'il est saisi en tant que juge d'appui, notamment pour aider à la constitution du tribunal arbitral, et que l'une des parties invoque l'inarbitrabilité du litige pour soutenir que le juge ne devrait pas, pour cette raison, aider à cette constitution.

136. Sur ce principe et son effet négatif, v. *infra*, n° 688 et s.

ces conditions, le contrôle du juge sur l'arbitrabilité du litige ne peut, à ce stade, qu'être très limité : l'idée est que cette arbitrabilité doit être appréciée en premier lieu par le tribunal arbitral lui-même, le juge ne pouvant sanctionner qu'une inarbitrabilité manifeste[137], et encore, uniquement s'il est saisi avant le tribunal arbitral. Au contraire, dans d'autres États, le juge saisi du fond du litige peut, avant, le cas échéant, de renvoyer les parties à l'arbitrage, vérifier si la convention d'arbitrage n'est pas « caduque, inopérante, ou non susceptible d'être appliquée »[138], ce qui l'autorise à effectuer un contrôle plein de l'arbitrabilité.

En revanche, les droits étatiques semblent s'accorder pour considérer que, saisi dans de telles circonstances, le juge doit alors contrôler l'arbitrabilité du litige en application de la loi du for. La Convention de Genève de 1961 énonce expressément cette solution en attribuant compétence à la loi du juge saisi pour trancher la question de l'arbitrabilité[139]. Surtout, la solution est retenue par la plupart des jurisprudences nationales : au stade du déclinatoire de compétence, l'application de la *lex fori* s'impose[140]. Ainsi, en France, c'est sur la base du seul droit français que la chambre sociale de la Cour de cassation décide de l'inopposabilité de la clause compromissoire au salarié qui saisit valablement la juridiction française exclusivement compétente en vertu des règles applicables, peu important la loi régissant le contrat de travail[141]. De même, aux États-Unis, la Cour suprême applique le droit américain pour décider de l'arbitrabilité des litiges impliquant le droit *antitrust*[142]. Au demeurant, la solution paraît logique, puisque, dans l'hypothèse envisagée, le juge est conduit à vérifier que le litige dont il est saisi, et pour lequel il serait compétent en l'absence de convention d'arbitrage, peut valablement échapper à sa compétence du fait de cette convention entre les parties.

640 **Juge de l'annulation ou de l'exequatur de la sentence et droit applicable à l'arbitrabilité.** La question de l'arbitrabilité du litige peut également être soumise à un juge saisi d'un recours en annulation contre une sentence arbitrale rendue sur son territoire, ou d'une demande d'exécution sur son territoire d'une sentence. En France, compte tenu de l'effet négatif du principe de Compétence-Compétence, c'est même uniquement dans ces situations que la question de l'arbitrabilité du litige pourra être pleinement examinée par le juge. Elle pourrait alors être résolue par application de la loi désignée au moyen des règles de conflits de lois ou, de façon directe, par le biais de règles

137. Ce pourrait, par exemple, être le cas si la matière litigieuse relève de celles qualifiées, par la jurisprudence, d'« inarbitrables par nature » et, par certains auteurs, de cas « d'inarbitrabilité *per se* ». Toutefois, sur la pertinence relative de tels qualificatifs, surtout dans un contexte international, v. *infra*, n° 655 et s.

138. V. art. II (3) Convention de New York ; art. 8.1 loi-type CNUDCI.

139. Art. VI (2) *in fine*, qui énonce que ce juge « pourra ne pas reconnaître la convention d'arbitrage si, selon la loi du for, le litige n'est pas susceptible d'arbitrage ».

140. Pour une étude plus détaillée de cette tendance et de ses limites, notamment dans la jurisprudence belge, et l'expression d'une opinion contraire invitant le juge saisi d'une exception d'arbitrage à appliquer la loi du siège du tribunal arbitral à l'arbitrabilité du litige, v. J.-F. Poudret, S. Besson, *Droit comparé de l'arbitrage international*, Bruylant, 2002, n°s 335 et s., p. 303. Ces auteurs justifient leur proposition par le risque de conflit négatif engendré par la solution majoritaire *lex foriste*.

141. Cass. soc., 16 févr. 1999 et 4 mai 1999, *Rev. arb.* 1999, p. 290, note M.-A. Moreau ; *RCDIP* 1999, p. 745, note F. Jault-Seseke ; Cass. soc., 9 oct. 2001, *Rev. arb.* 2002, p. 347, note Th. Clay ; *LPA* 2002, n° 242, p. 18, note F. Jault-Seseke ; Cass. soc., 28 juin 2005, *JCP* G 2005, I, 179, n° 2, obs. J. Béguin ; *D.* 2005, p. 3050, n° I-C-1, obs. Th. Clay ; *D.* 2007, p. 111, n° III-A, obs. H. Kenfack ; *JDI* 2006, p. 616, note S. Sana-Chaillé de Néré ; *RCDIP* 2006, p. 159, note F. Jault-Seseke ; Cass. soc., 12 mars 2008, n° 01-44654. Sur cette jurisprudence, v. *infra*, n° 661.

142. Cour suprême, 2 juill. 1985, *Mitsubishi*, *Rev. arb.* 1986, p. 173 ; v. aussi, Cour cass. italienne, 27 avr. 1979, *Yearbook* 1981, p. 229.

matérielles définissant les contours exacts de l'arbitrabilité en matière internationale. En droit comparé, les deux approches se rencontrent. Ceci étant, quelle que soit l'approche retenue, la compétence au fond de la loi du for prédomine[143].

Le juge du siège du tribunal arbitral, saisi notamment d'un recours en annulation contre la sentence rendue sur son territoire, a ainsi tendance à retenir l'application de sa loi sur la question de l'arbitrabilité du litige. On pourrait reprocher à cette solution de laisser une trop grande liberté aux parties : en fixant le siège dans un pays autorisant l'arbitrage dans un domaine où des lois plus proches de la situation litigieuse, et notamment leurs lois respectives, l'interdiraient, les parties pourront contourner une interdiction pourtant peut-être légitime. Néanmoins, cette attitude *lex foriste* du juge du siège peut s'expliquer : il appartient à l'État du siège de dire ce qu'il autorise ou non à faire sur son territoire, notamment lorsque l'on songe au fait qu'il pourra apporter le concours de son « juge d'appui » au bon déroulement des arbitrages ayant cours sur son territoire. En revanche, l'application de la loi du siège pour régir la question de l'arbitrabilité du litige est une solution difficilement généralisable lorsqu'on envisage d'autres juges que celui du siège. Il est notamment peu probable qu'elle puisse être utilement recommandée au juge du lieu d'exécution de la sentence. En effet, elle constituerait pour ce dernier un abandon de la question de l'arbitrabilité au point de vue du juge étranger du siège, dont l'État n'a peut-être aucun lien avec la situation litigieuse[144].

D'ailleurs, s'agissant du juge de l'exequatur, l'article V (2) de la Convention de New York du 10 juin 1958 dispose que « la reconnaissance et l'exécution d'une sentence arbitrale pourront être refusées si l'autorité compétente du pays où la reconnaissance et l'exécution sont requises constate : (a) que, d'après la loi de ce pays, l'objet du différend n'est pas susceptible d'être réglé par voie d'arbitrage »[145]. Le texte, qui reste dans une logique de conflit de lois, n'en invite pas moins le juge de l'exequatur à apprécier l'arbitrabilité du litige en fonction de la *lex fori*. Et les droits étatiques adoptent en effet majoritairement cette solution. Certes, une fois encore, la solution *lex foriste* pourrait paraître regrettable dans la mesure où l'exequatur peut être recherché dans un pays qui n'entretient aucun lien substantiel avec la situation litigieuse. De plus, elle semble condamner toute recherche d'harmonie des solutions, chaque juge étant conduit à décider de l'arbitrabilité ou non du litige selon son propre point de vue. Toutefois, une fois encore, elle peut paraître inévitable dès lors qu'il s'agit, pour l'État requis, de définir sous quelles conditions une sentence peut produire des effets sur son territoire et peut notamment y bénéficier du concours de sa force publique.

De son côté, la jurisprudence française a clairement choisi d'appliquer la loi du for à l'arbitrabilité du litige. Mais, et ce quel que soit l'objet de la saisine du juge, la compétence de la loi française résulte, dans la logique de l'arrêt *Dalico*, d'une règle matérielle, et non de l'application de la méthode conflictuelle. De plus, la jurisprudence donne à cette règle matérielle un contenu spécifique : les solutions relatives à

143. En tout cas, il est certain que l'application par le juge de la loi applicable au contrat principal, possiblement choisie par les parties, pour décider de l'arbitrabilité du litige serait particulièrement inopportune. En effet, la réponse quant à l'arbitrabilité du litige dépendrait alors de la loi choisie, et donc de la volonté des parties, alors qu'il s'agit justement d'examiner des restrictions à leur liberté de recourir à l'arbitrage.

144. En France, cela paraîtrait au surplus en contradiction avec la jurisprudence *Putrabali-Hilmarton*, selon laquelle il n'est tenu aucun compte d'une éventuelle annulation par le juge étranger du siège de la sentence dont l'exécution est demandée en France. Sur cette jurisprudence, v. *supra*, n° 577 et s., et *infra*, n° 924.

145. V. également, art. 36 (1) (b) (i) loi-type CNUDCI.

l'arbitrabilité en matière internationale paraissent quelque peu différentes, et plus libérales encore, que celles régissant l'arbitrabilité en droit interne[146]. Par ailleurs, on peut relever que le recours à la méthode des règles matérielles en matière d'arbitrabilité des litiges est de plus en plus fréquent en droit comparé[147].

641 **Minoration possible des effets malheureux de la solution *lex foriste*.** Quelles que soient la méthode employée par le juge et les circonstances de sa saisine, le *lex forisme* domine donc largement en droit comparé sur la question de l'arbitrabilité. D'ailleurs, le Tribunal fédéral suisse a été parfaitement clair sur ce « chacun chez soi », en énonçant que le critère de la nature patrimoniale de la cause, retenu par l'article 177 LDIP, est une « règle matérielle de droit international privé régie par la *lex arbitrii* sans égard aux dispositions peut-être plus strictes de la *lex causae* ou de la loi nationale des parties »[148]. Certes, cet état de fait peut s'expliquer. Un État entend logiquement déterminer ce qu'il autorise ou n'autorise pas sur son territoire : le déroulement d'un arbitrage, l'exécution d'une sentence, ou l'exclusion de la compétence de ses tribunaux par la convention des parties. Cependant, cela n'implique pas qu'un État ne puisse tenir aucun compte du point de vue d'autres États, éventuellement plus concernés que lui par le litige en cause. Un juge, appliquant sa loi, pourrait donc néanmoins donner effet à des restrictions à l'arbitrabilité du litige posées par un droit étranger, celles-ci étant alors considérées comme des lois de police. Ainsi, après avoir, par application de sa propre loi, posé un critère général afin de définir l'arbitrabilité des litiges, le juge pourrait ensuite tenir compte d'une loi de police, du for mais aussi éventuellement étrangère, posant une restriction particulière à l'arbitrabilité.

Pratiquement, le contrôle de l'arbitrabilité opéré par le juge peut avoir plusieurs finalités. Il peut tout d'abord tendre à éviter qu'une sentence ne soit rendue dans un domaine que l'ordre juridique du for ne peut concevoir comme arbitrable ; l'exception d'ordre public international interviendra alors pour repousser l'exécution, ou fonder l'annulation, d'une sentence qui heurte les principes fondamentaux du for, que le juge du for ait été ou non compétent pour connaître du litige au fond. Le contrôle de l'arbitrabilité peut ensuite viser à protéger une compétence des juridictions du for qui serait internationalement impérative. Une fois encore, l'exception d'ordre public international permettra d'écarter la reconnaissance ou de fonder l'annulation de la sentence rendue. Mais la reconnaissance d'une sentence pourrait encore être refusée, ou son annulation prononcée, lorsque le litige était inarbitrable selon une loi étrangère internationalement impérative. Ici également, l'exception d'ordre public international constituerait la sanction appropriée. Le juge, du siège ou de l'exequatur, s'ouvrirait ainsi à l'ordre public étranger, tout en restant bien entendu maître des conditions de cette prise en compte des lois de police étrangères relatives à l'arbitrabilité des litiges[149]. Le Tribunal fédéral

146. Sur ce point, v. *infra*, n° 649 et s. Sur l'arbitrabilité en matière interne, v. *supra*, n° 99 et s.

147. Sur cette tendance, v. A. Kirry, « Arbitrability : Current Trends in Europe », *Arb. Int.* 1996, vol. 12, n° 4, p. 373, spéc. p. 379 et s. ; L. Mistelis, « Is Arbitrability a National or an International Law Issue ? », in L. Mistelis, S. Brekoulakis, dir., *Arbitrability : International and Comparative Perspectives*, Kluwer Law International, 2009, p. 1, spéc. n° 1.27.

148. Tribunal fédéral, 23 juin 1992, *Fincantieri-Cantieri Navali*, *Bull. ASA* 1993, p. 58 ; *Rev. arb.* 1993, p. 691, note F. Knoepfler.

149. Sur l'ouverture du juge étatique à la prise en compte des lois de police étrangères dans l'arbitrage international, v. Ch. Seraglini, *Lois de police et justice arbitrale internationale*, Dalloz, 2001, n°s 190 et s., p. 91.

suisse a admis une telle prise en compte, au moins en théorie[150]. Cette prise en compte serait en tout cas bienvenue, afin d'éviter qu'un État, peut-être peu concerné par le litige, ne vienne prêter son concours à un arbitrage qu'un autre État, plus concerné, n'autorise pas pour une raison qui peut paraître légitime. Elle permettrait d'aboutir finalement à un *lex forisme* tempéré.

2. Le droit applicable à l'arbitrabilité devant le tribunal arbitral

642 **Diversité des solutions envisageables pour le tribunal arbitral.** Le tribunal arbitral peut être conduit à examiner la question de l'arbitrabilité du litige qui lui est soumis dès lors que la plupart des droits étatiques lui reconnaissent aujourd'hui compétence pour se prononcer lui-même sur sa propre compétence – et donc sur la validité de la convention d'arbitrage – lorsqu'elle est contestée devant lui[151]. Il est alors confronté au choix, difficile, du droit auquel il convient de se référer pour trancher cette question. Le tribunal arbitral n'ayant pas de for, aucun droit national particulier ne s'impose *a priori* à lui, que ce soit dans ses règles de conflit de lois ou dans ses solutions de droit substantiel relatives à l'arbitrabilité du litige. Dans ce contexte, le tribunal arbitral peut envisager plusieurs solutions. S'il est relativement libre de son choix, certaines des solutions envisageables sont toutefois plus contestables que d'autres.

643 **Rejet de l'application de la loi choisie par les parties pour juger de l'arbitrabilité.** Le tribunal arbitral pourrait tout d'abord envisager de consulter la loi du contrat, en estimant que la question de l'arbitrabilité du litige constitue un problème de fond[152]. Cependant, l'application de la loi d'autonomie serait ici particulièrement malvenue. En effet, en choisissant un droit adéquat, excessivement libéral quant à l'arbitrabilité des litiges, les parties garderaient ainsi la maîtrise indirecte d'une question qui concerne pourtant les limites à apporter à leur liberté. De plus, une telle solution conduirait à un traitement non homogène de l'arbitrabilité : d'une espèce à une autre, une même question serait ou non arbitrable en fonction du choix opéré par les parties ! La solution doit donc être écartée. Pour les mêmes raisons, il conviendrait d'écarter la compétence de la loi éventuellement choisie par les parties pour régir spécifiquement la convention d'arbitrage elle-même : si l'arbitrabilité du litige pose une question de validité de la convention d'arbitrage, sa spécificité justifie qu'elle ne soit pas soumise à la loi choisie par les parties pour régir cette convention.

644 **Inconvénient de l'application de la loi du lieu d'exécution prévisible de la sentence pour juger de l'arbitrabilité.** L'arbitre pourrait également songer à suivre les indications relatives à l'arbitrabilité du litige données par la loi du lieu d'exécution probable de sa sentence, afin de répondre à l'obligation générale pesant sur tout arbitre de veiller à l'efficacité de sa sentence[153]. En effet, on l'a vu, le juge de l'exequatur examine

150. Tribunal fédéral, 23 juin 1992, *Fincantieri-Cantieri Navali*, préc.

151. Sur le principe de Compétence-Compétence, v. *infra*, n° 679 et s.

152. Favorable à cette solution, B. Hanotiau, « L'arbitrabilité et la favor arbitrandum : un réexamen », *JDI* 1994, p. 899, spéc. p. 909.

153. Obligation souvent exprimée par les règlements d'arbitrage, mais qui résulte plus généralement de la nature même de l'arbitrage. Comme le souligne Pierre Mayer, « cette obligation, qu'elle soit ou non rappelée dans le règlement d'arbitrage applicable, a sa source juridique dans la convention qui lie les parties

généralement la question de l'arbitrabilité du litige selon sa propre loi[154]. D'ailleurs, certains arbitres ont effectivement adopté cette démarche[155]. Cependant, compréhensible en ce qui concerne le juge de l'exequatur, une telle démarche apparaît plus contestable dans le cas de l'arbitre, qui n'a pas à calquer son raisonnement sur celui du juge du pays qui pourrait être amené à accueillir sa sentence. Le lieu d'exécution de la sentence peut n'avoir d'autre lien avec la situation litigieuse que le hasard de la localisation de certains actifs de la partie condamnée à l'issue de l'instance arbitrale. Il paraît donc excessif que l'arbitre lui accorde une telle importance sur la question de l'arbitrabilité du litige. Par ailleurs, la démarche exclut tout traitement homogène de l'arbitrabilité de litiges de même nature : la solution variera, dans des espèces semblables, selon le lieu d'exécution prévisible de la sentence à venir. De plus, si plusieurs lieux d'exécution de la sentence à venir sont envisageables, la situation paraît inextricable. L'arbitre ne peut appliquer cumulativement les diverses lois en présence, car cela le conduirait à retenir la solution posée par la loi la plus restrictive, et donc parfois à se déclarer incompétent alors même que toutes les autres lois se prononceraient en faveur de l'arbitrabilité. Admettre au contraire l'arbitrabilité dès l'instant où une seule des lois en présence l'admet, serait à l'inverse une solution excessivement libérale et pragmatique. Au surplus, la démarche peut se heurter à la difficulté de déterminer à l'avance le lieu d'exécution prévisible de la sentence, compte tenu de la dispersion géographique des actifs des opérateurs du commerce international. Au demeurant, même lorsqu'un lieu d'exécution prévisible peut être envisagé, il n'est pas toujours aisé d'anticiper la réaction du juge de ce pays, notamment en ce qui concerne la prise en compte d'une inarbitrabilité qui serait édictée par le droit d'un autre État. Enfin et surtout, la démarche participe d'une vue à court terme de l'efficacité des sentences arbitrales internationales. L'arbitre doit être davantage guidé par le souci de rechercher l'efficacité universelle de la sentence et, à plus long terme, de préserver la crédibilité, et donc l'avenir, de la justice arbitrale internationale[156].

645 **Limites de l'application de la loi du siège de l'arbitrage pour juger de l'arbitrabilité.** Une doctrine majoritaire considère que l'arbitre devrait surtout tenir compte des prescriptions en matière d'arbitrabilité de la loi du siège de l'arbitrage, afin d'éviter une annulation de sa sentence qui pourrait en compromettre définitivement l'efficacité[157]. On pourrait encore ajouter que, selon une opinion majoritaire, à défaut de choix par les parties d'une loi applicable, la loi du siège doit en principe régir la convention d'arbitrage. D'ailleurs, c'est effectivement la solution suivie dans un grand

à l'arbitre » : in *L'autonomie de l'arbitre international dans l'appréciation de sa propre compétence*, *RCADI* 1989-V, p. 325, spéc. n° 36, p. 366.

154. V. *supra*, n° 640.

155. Sent. CCI n° 4415 (1984), *JDI* 1984, p. 952, obs. S. J. ; Sent. CCI n° 6697 (1990), *Rev. arb.* 1992, p. 135, note P. Ancel.

156. Pour un exposé plus détaillé des critiques pouvant être adressées à un raisonnement de l'arbitre fondé sur la seule considération de l'efficacité de sa sentence au lieu de son exécution probable, v. Ch. Seraglini, *Lois de police et justice arbitrale internationale*, Dalloz, 2001, n°s 534 et s., p. 255 et, spécialement en matière d'arbitrabilité, n°s 1049 et s., p. 495.

157. En ce sens, v. particulièrement, J.-F. Poudret, S. Besson, *Droit comparé de l'arbitrage international*, Bruylant, 2002, n° 332, p. 301 ; et aussi S. Brekoulakis, « Law Applicable to Arbitrability : Revisiting the Revisited Lex Fori », in L. Mistelis, S. Brekoulakis, dir., *Arbitrability : International and Comparative Perspectives*, Kluwer Law International, 2009, p. 99, n° 6.37 et s.

nombre de sentences[158]. Toutefois, la démarche a, elle aussi, ses limites. On peut notamment douter de l'opportunité pour l'arbitre d'appliquer à l'arbitrabilité le droit de l'État du siège lorsque cet État est peu concerné par le fond du litige et que son droit permet ce qui apparaît choquant à d'autres lois, davantage concernées par la situation litigieuse. On pourra en outre reprocher à cette démarche de laisser une trop grande liberté aux parties : en fixant le siège dans un pays autorisant l'arbitrage dans un domaine où des lois plus proches de la situation litigieuse, notamment leurs lois respectives, ne l'autorisent pas, les parties pourraient ainsi contourner des restrictions à l'arbitrage qui peuvent être légitimes. Par ailleurs, la démarche exclut, elle aussi, tout traitement homogène de l'arbitrabilité dans des espèces pourtant analogues, puisque la solution variera d'une espèce à une autre en fonction du siège choisi. Surtout, cette démarche ne présage en rien du sort qui sera réservé à la sentence par le juge du ou des lieux où son exécution sera recherchée. En effet, la décision du juge du siège, qui refuserait d'annuler la sentence parce qu'il estime le litige arbitrable, n'aura aucune portée en dehors de son territoire et ne garantira pas l'efficacité de la sentence dans les autres pays[159]. À l'inverse d'ailleurs, une sentence annulée au siège au motif de l'inarbitrabilité du litige ne verra pas obligatoirement son efficacité internationale définitivement compromise[160].

646 **Relative liberté et démarche envisageable pour le tribunal arbitral.** En réalité, il faut constater une relative liberté du tribunal arbitral dans sa décision de retenir ou non l'arbitrabilité du litige[161]. Cela ne signifie pas qu'il peut se désintéresser totalement de l'opinion des droits étatiques à cet égard. En fait, deux considérations devraient dicter

158. V., par exemple, Sent. CCI nº 4604 (1984), *Bull. ASA* 1985 (3), p. 114 ; *JDI* 1985, p. 973, obs. Y. D. ; Sent. CCI nº 6162 (1990), *Yearbook* 1992, p. 153 ; Sent. CCI nº 7673 (1993), *Bull. CCI*, mai 1996, p. 93.

159. Ph. Fouchard, « La portée internationale de l'annulation de la sentence arbitrale dans son pays d'origine », *Rev. arb.* 1997, p. 328, spéc. p. 345 et s.

160. En tout cas pas en France, où la jurisprudence décide que l'exequatur d'une sentence annulée à l'étranger reste possible : Cass. 1re civ., 29 juin 2007, *sté PT Putrabali Adyamulia c/ sté Rena Holding et a.* (2 arrêts), *Rev. arb.* 2007, p. 507, rapport J.-P. Ancel, note E. Gaillard ; *JDI* 2007, p. 1236, note Th. Clay ; *JCP* G 2007, I, 216, nº 7 et s., obs. Ch. Seraglini ; *RTD com.* 2007, p. 682, obs. É. Loquin ; *D.* 2008, p. 1429, note L. Degos ; *RCDIP* 2008, p. 109, note S. Bollée ; Ph. Pinsolle, « L'ordre juridique arbitral et la qualification de la sentence arbitrale de décision de justice internationale (à propos de l'arrêt Putrabali du 29 juin 2007) », *Cah. arb.*, vol. IV, Pedone, 2008, p. 110 ; *adde* A. Mourre, « À propos des articles V et VII de la Convention de New York et de la reconnaissance des sentences annulées dans leurs pays d'origine : où va-t-on après les arrêts *Termo Rio* et *Putrabali* ? », *Rev. arb.* 2008, p. 263. Sur cette jurisprudence, v. *supra*, nº 578, et *infra*, nº 924 et s. Par ailleurs, pour un examen plus détaillé des critiques pouvant être adressées à un raisonnement de l'arbitre fondé sur la seule considération de l'efficacité de sa sentence au siège, v. Ch. Seraglini, *Lois de police et justice arbitrale internationale*, Dalloz, 2001, nºs 377 et s., p. 182, et nºs 518 et s., p. 248 et, spécialement en matière d'arbitrabilité, nºs 1055 et s., p. 497.

161. Certains l'ont énoncé de façon peut-être un peu trop vigoureuse, en affirmant que « l'existence d'une règle étatique d'inarbitrabilité est indifférente pour la compétence de l'arbitre ; elle ne l'empêche nullement de se déclarer compétent et d'énoncer une sentence » : N. Coipel-Cordonnier, *Les conventions d'arbitrage et d'élection de for*, LGDJ, 1999, nº 265, p. 267. Le propos doit sûrement être nuancé, car si l'arbitre peut toujours « énoncer une sentence », encore doit-il veiller à ce que celle-ci ne soit pas dépourvue de toute efficacité, cette dernière dépendant très largement du point de vue des droits étatiques.

sa démarche : d'une part, l'efficacité de sa sentence et, d'autre part et surtout, l'avenir de l'institution arbitrale[162].

Des auteurs ont justement relevé : « Parce que sa mission est celle de juger, l'arbitre ne peut se désintéresser des exigences de justice. Parce que le fondement de son pouvoir de juger ne résulte pas du droit d'un seul État mais de tous ceux qui se déclarent prêts à reconnaître une sentence à certaines conditions, l'arbitre statuant dans une affaire à caractère international ne peut se contenter de se faire l'écho d'une conception particulière de l'ordre public »[163]. Aussi, une vision particulière de l'efficacité devrait guider le tribunal arbitral. Lorsqu'il exerce sa mission, et afin d'assurer l'efficacité de sa décision, le tribunal arbitral ne devrait pas se limiter à considérer un lieu d'exécution de sa sentence en particulier. Au contraire, puisque le lieu d'exécution de sa sentence n'est pas toujours déterminable par avance, ni unique, il devrait veiller à rendre une sentence susceptible d'être acceptée dans une majorité d'États, en vue d'en assurer l'efficacité maximale sur le plan international. Par ailleurs, et au-delà du sort de la seule sentence qu'il doit rendre dans un litige particulier, le tribunal arbitral devrait également veiller à préserver le crédit dont bénéficie aujourd'hui l'institution arbitrale auprès des États en tant que justice appropriée des litiges du commerce international. Or, cet impératif ne serait pas satisfait si le tribunal arbitral était guidé, dans l'exercice de sa mission, par la seule considération de l'efficacité de la sentence qu'il doit rendre dans l'espèce dont il est saisi. En effet, le tribunal arbitral, qui ne respecte pas l'inarbitrabilité du litige posée par un État autre que celui du lieu d'exécution de sa sentence, assurera peut-être ponctuellement l'efficacité de celle-ci si la loi du lieu d'exécution n'y trouve rien à redire. Mais c'est la politique de faveur de cet autre État à l'égard de l'arbitrage international qui risque d'être, à terme, remise en cause face à de telles pratiques[164]. Dans ces conditions, la meilleure solution paraît être, pour le tribunal arbitral, de prendre de la hauteur et d'adopter une démarche qui lui permette, selon des prévisions raisonnables, de rendre une sentence acceptable dans une majorité d'États.

647 **L'avènement d'une règle matérielle transnationale propre aux arbitres pour juger de l'arbitrabilité ?** Dans cette perspective, certains auteurs estiment que l'arbitre, qui peut voir sa sentence reconnue dans une pluralité d'ordres juridiques, ne peut en conséquence s'attacher à une conception étatique particulière de l'arbitrabilité et doit tenir compte des seules exigences d'un ordre public réellement international[165]. La résolution des questions d'arbitrabilité devant le tribunal arbitral passerait ainsi par l'application de règles matérielles « transnationales » qui fixeraient, pour chaque matière, le principe de l'arbitrabilité des litiges, ainsi que ses limites par le biais de l'exception d'ordre public véritablement international. Dans cette optique, les arbitres seraient dispensés d'examiner des lois étatiques particulières. Ils devraient plutôt élaborer eux-mêmes, pour chaque matière et à partir d'une étude de droit comparé, une règle

162. Sur l'impact de ces considérations quant au raisonnement que l'arbitre devrait adopter face à des lois de police étatiques, les règles étatiques d'inarbitrabilité étant une figure particulière de telles lois, v. Ch. Seraglini, *Lois de police et justice arbitrale internationale*, Dalloz, 2001, n°s 370 et s., p. 179.

163. Ph. Fouchard, E. Gaillard, B. Goldman, *Traité de l'arbitrage commercial international*, Litec, 1996, n° 1534, p. 875.

164. Pour une discussion plus détaillée sur ces considérations relatives à la pérennité de la justice arbitrale, v. Ch. Seraglini, *Lois de police et justice arbitrale internationale*, préc., n°s 392 et s., p. 188.

165. Même si ces auteurs réservent le plus souvent les « considérations d'efficacité de la sentence » : Ph. Fouchard, E. Gaillard, B. Goldman, *Traité de l'arbitrage commercial international*, Litec, 1996, n° 559, p. 345.

matérielle définissant les contours exacts de l'arbitrabilité des litiges. À titre d'exemple, en droit de la concurrence, la règle reconnaîtrait l'arbitrabilité des litiges, sous réserve de la compétence exclusive des autorités spécialisées[166].

Une telle approche laisse perplexe. Les intérêts qui peuvent justifier l'inarbitrabilité d'un litige sont trop divers et varient trop d'un droit à un autre pour être traités par des règles aussi générales. La grande disparité constatée en droit comparé quant aux frontières exactes de l'arbitrabilité des litiges ne facilite pas la tâche des arbitres qui entendraient élaborer de telles règles matérielles. Elle rend de toute façon la démarche contestable. Cette démarche risque au final de conduire à favoriser un certain impérialisme juridique occidental. Les limites posées à l'arbitrabilité des litiges, qui visent à protéger certains intérêts que chaque État juge supérieurs à la volonté des parties et qui peuvent varier d'un État à un autre, doivent résulter de règles précises, dont l'édiction doit être laissée aux droits étatiques.

648 **Démarche préconisée aux arbitres.** Une autre démarche, un peu différente de celle précédemment évoquée, pourrait être suivie par les tribunaux arbitraux[167]. Le point de départ de leur raisonnement pourrait être un principe général d'arbitrabilité des litiges du commerce international, qu'il n'est pas nécessaire de rattacher à une loi étatique particulière dans la mesure où il tend à s'imposer dans la plupart des droits étatiques. Ce principe serait toutefois soumis à des restrictions, qu'il paraît plus adéquat d'envisager, non de façon générale et dogmatique sous l'angle d'un ordre public véritablement international, mais restriction par restriction et espèce par espèce. Dans cette perspective, pour apprécier les contours exacts de ces limites à l'arbitrabilité des litiges, la détermination de la loi applicable apparaît nécessaire. Mais la loi applicable à la restriction, et donc à l'inarbitrabilité, est en réalité toute trouvée : c'est la loi de l'État posant, dans l'espèce considérée, cette restriction qui a une vocation naturelle à s'appliquer, ce qui ne signifie pas qu'elle s'appliquera automatiquement. Cette loi est en réalité une loi de police restreignant l'arbitrabilité du litige pour un motif que l'État en cause juge essentiel ; il appartiendra au tribunal arbitral d'apprécier la légitimité de son application à l'espèce dont il est saisi.

En effet, une restriction à l'arbitrabilité d'un litige émanant d'un État est toujours posée par une norme juridique, que cette norme revête le caractère formel d'une loi ou résulte d'un principe non écrit du droit étatique en cause. Cette restriction ne se retrouve pas nécessairement, ou pas avec la même étendue, dans les autres États. Elle peut donc être considérée comme une loi de police ; elle est d'ailleurs souvent motivée par l'importance attachée par l'État en question aux dispositions applicables au fond du litige. Or, un tribunal arbitral devrait tenir compte des restrictions à l'arbitrabilité posées par un État qui lui paraissent légitimes. Si l'examen détaillé de la démarche qu'il devrait suivre pour en juger ne peut être ici entrepris, elle peut être ainsi résumée. Le tribunal arbitral devrait tout d'abord vérifier la réelle volonté d'application à l'espèce qui lui est soumise de la loi posant la restriction ; pour ce faire, il se référera au droit de l'État en question. Il devrait ensuite, le cas échéant, apprécier la légitimité de cette loi par rapport à son but, au champ d'application spatial qu'elle revendique, et à ses effets. Fort de sa relative liberté d'action, le tribunal arbitral devrait apprécier cette légitimité à partir

166. En ce sens, J.-B. Racine, *L'arbitrage commercial international et l'ordre public*, LGDJ, 1999, n° 285, p. 164.

167. Pour une étude plus détaillée de cette proposition, v. Ch. Seraglini, *Lois de police et justice arbitrale internationale*, Dalloz, 2001, n°s 1064 et s., p. 502.

d'une étude de droit comparé. La restriction à l'arbitrabilité posée par la loi considérée pourrait lui paraître légitime lorsqu'elle est une solution particulièrement répandue dans les droits étatiques, ou même plus isolée mais justifiée en l'espèce notamment par les liens entretenus par l'État en question avec le litige. À titre d'exemple, en l'état actuel de la pensée dans la communauté juridique internationale, une loi qui restreint fortement l'arbitrage international en droit du travail devrait bénéficier d'un *a priori* favorable, sans que cela implique de la reconnaître comme légitimement applicable en l'espèce. En effet, la légitimité du champ d'application spatial revendiqué par la loi considérée devra encore être examinée ; or, ce champ d'application peut paraître excessif s'agissant de l'espèce dont le tribunal arbitral est saisi. Enfin, le tribunal arbitral devra, le cas échéant, encore déterminer les effets exacts de la restriction en cause sur l'arbitrabilité du litige dont il est saisi. Ces effets peuvent en effet varier en fonction de ce qu'impose le droit considéré, allant d'une restriction totale à une restriction très limitée des pouvoirs du tribunal arbitral pour trancher le litige. Une fois encore, le tribunal arbitral pourra apprécier la légitimité de l'ampleur de la restriction posée par la loi considérée[168].

Quant aux résultats concrets auxquels la démarche ici préconisée peut aboutir, on ne peut procéder, dans le cadre limité du présent ouvrage, à l'étude des différents domaines où la question se pose principalement, comme les droits extrapatrimoniaux, le droit pénal, le droit de la concurrence, les réglementations relatives aux parties dites faibles, le droit des procédures collectives, le droit des sociétés, ou encore en matière de propriété intellectuelle[169]. En tout cas, la diversité des solutions retenues par les droits étatiques quant à l'arbitrabilité de ces différents domaines justifie d'autant plus la démarche ici préconisée aux arbitres. En effet, cette démarche autorisera un traitement au cas par cas des inarbitrabilités posées par des droits étatiques concernés par le litige, prenant en compte la relativité dans l'espace du domaine de l'arbitrabilité des litiges en matière internationale.

B. L'ÉTENDUE DE L'ARBITRABILITÉ EN DROIT FRANÇAIS DE L'ARBITRAGE INTERNATIONAL

649 **Arbitrabilité en droit interne et en droit international.** On a pu observer, dans le cadre de l'étude de l'arbitrage interne, que le droit français y a longtemps été relativement restrictif à l'égard de l'arbitrabilité des litiges[170]. Si l'article 2059 du Code civil, qui énonce que « toutes personnes peuvent compromettre sur les droits dont elles ont la libre disposition » et définit ainsi l'arbitrabilité à partir de la libre disposition des droits litigieux, paraît relativement favorable à l'arbitrage, les deux articles qui le suivent viennent quelque peu ruiner cette première impression. En effet, en énonçant que l'« on ne peut compromettre sur les questions d'état et de capacité des personnes, sur celles relatives au divorce et à la séparation de corps ou sur les contestations intéressant les

168. Pour une sentence se rapprochant de la démarche préconisée, v. Sent. CCI n° 12193 (2004), *JDI* 2007, p. 1276, obs. E. S.-R. ; et aussi, adoptant cette démarche au regard des restrictions à l'arbitrabilité éventuellement apportées par la loi française sur les procédures collectives, v. Sent. CCI n° 9163 (2001), *JDI* 2005, p. 1283, obs. B. D. et Y. D.

169. Pour un exposé de quelques illustrations concrètes de la méthode proposée, permettant d'en souligner les avantages, v. Ch. Seraglini, *Lois de police et justice arbitrale internationale*, préc., n°s 1088 et s., p. 511.

170. V. *supra*, n° 102 et s.

collectivités publiques et les établissements publics et plus généralement dans toutes les matières qui intéressent l'ordre public », l'article 2060 paraît fermer un certain nombre de domaines à l'arbitrage. De son côté, l'article 2061 a longtemps illustré une attitude hostile du législateur à l'égard de la clause compromissoire, dès lors qu'il retenait que « la clause compromissoire est nulle s'il n'est disposé autrement par la loi », ce qui conduisait à la prohiber dans les actes civils et dans les actes mixtes. Cependant, on sait que la jurisprudence a œuvré pour réduire au maximum la portée de l'article 2060 en droit de l'arbitrage interne et que, plus tardivement et par deux fois, le législateur a décidé de modifier l'article 2061 dans un sens beaucoup plus favorable à la clause compromissoire. Mais surtout, la jurisprudence a très tôt et très largement écarté l'application de ces dispositions à l'arbitrage international. En conséquence, pour déterminer l'arbitrabilité des litiges internationaux en droit français, les critères posés par le Code civil sont relativement inopérants (1). Les solutions du droit français relatives à l'arbitrabilité des litiges internationaux sont en fait progressivement élaborées par la jurisprudence française, selon la logique de la règle matérielle devant seule régir la validité d'une convention d'arbitrage internationale (2).

1. Les critères inopérants

650 **Sort des articles 2059 à 2061 du Code civil dans l'arbitrage international.** Les articles 2060 et 2061 du Code civil ont été, sans conteste, neutralisés par la jurisprudence en matière internationale. Le sort du critère tiré de « la libre disponibilité des droits », posé par l'article 2059 du Code civil, y est plus incertain.

651 **Exclusion jurisprudentielle de l'article 2061 du Code civil.** La jurisprudence avait rapidement écarté, dans l'arbitrage international, l'application de l'article 2061 du Code civil dans son ancienne formulation, qui posait un principe de prohibition de la clause compromissoire sauf exceptions légales[171], pour finalement imposer un principe exactement inverse de « validité » de la clause d'arbitrage internationale. Un arrêt *Hecht* avait déjà retenu que la prohibition de la clause compromissoire dans un acte mixte était inapplicable en matière internationale[172]. Plus clairement, dans un arrêt *Zanzi*, la Cour de cassation a déclaré « qu'il résulte du principe de validité de la clause d'arbitrage internationale, sans condition de commercialité [...] que l'article 2061 du Code civil est sans application dans l'ordre international »[173]. À la suite de la réforme de l'article 2061 opérée par la loi du 15 mai 2001, dite loi NRE, le régime de la clause compromissoire en droit interne a été modifié en profondeur, puisque la clause y était désormais valable, « sous réserve des dispositions législatives particulières », « dans les contrats conclus à raison d'une activité professionnelle ». Un principe de licéité, soumis à une condition d'activité professionnelle, succédait donc à une prohibition de principe[174].

171. Sur l'évolution de l'article 2061 du Code civil en matière interne, v. *supra*, n° 117 et s.

172. Cass. 1re civ., 4 juill. 1972, *Hecht*, *RCDIP* 1974, p. 82, note P. Level ; *JDI* 1972, p. 843, note B. Oppetit. Au demeurant, la France avait auparavant signé le protocole de Genève du 24 septembre 1923 qui visait à reconnaître la validité de la clause compromissoire en matière internationale, mais uniquement dans les rapports entre parties situées dans des États signataires.

173. Cass. 1re civ., 5 janv. 1999, *Zanzi*, *Rev. arb.* 1999, p. 260, note Ph. Fouchard ; *RTD com.* 1999, p. 380, obs. É. Loquin.

174. Sur la portée exacte de cette modification, v. *supra*, n° 121 et s.

Après la loi du 15 mai 2001, la question de l'éventuelle application du nouvel article 2061 du Code civil à l'arbitrage international a été posée. Le législateur de 2001 ne l'avait pas abordée. On pouvait toutefois penser que la jurisprudence déciderait également d'écarter le texte nouveau dans l'arbitrage international, tant elle tend à y refuser l'application des dispositions du droit interne au profit de règles matérielles spécialement élaborées pour les besoins de l'arbitrage international. Néanmoins, une réponse ministérielle du 31 janvier 2002 à une question écrite d'un sénateur sur l'application du nouvel article 2061 à l'arbitrage international avait pu semer le trouble[175]. Selon la garde des Sceaux, qui avait cependant rappelé l'exclusion jurisprudentielle antérieure et réservé l'interprétation souveraine des tribunaux, la limitation découlant de l'article 2061 et tenant à l'activité professionnelle « semble devoir être étendue aux contrats internationaux conclus par de consommateurs domiciliés en France avec des professionnels établis à l'étranger, dans la mesure où la stipulation d'une clause compromissoire dans ce type de contrats expose le consommateur à des risques équivalents, sinon supérieurs, à ceux résultant de l'insertion d'une telle clause dans l'ordre interne ». La justification de cette application était donc, selon la ministre, la nécessité accrue de protéger un non-professionnel dans l'ordre international. Cette réponse avait suscité des réactions doctrinales hostiles, et il est vrai que si l'on peut être sensible au souci exprimé par la ministre, on reste toutefois plus réservé sur l'outil de protection proposé[176]. Les problèmes suscités par la clause compromissoire dans un contrat international de consommation sont trop complexes pour être résolus de façon satisfaisante par l'application systématique de l'article 2061 du Code civil. Cela poserait notamment de délicates questions relatives à la définition de l'activité professionnelle et, plus généralement, aux conditions d'application matérielles et spatiales de ce texte dans un contexte international. L'élaboration d'une solution spécifique à l'arbitrage international, en vue de protéger la partie faible, semble une voie préférable[177]. En toute hypothèse, il était fort peu probable que la jurisprudence suive l'avis de la ministre. Et elle a, depuis lors, confirmé sa solution antérieure[178].

Il est vraisemblable que la jurisprudence maintienne cette solution malgré la dernière modification de l'article 2061 du Code civil issue de la loi du 18 novembre 2016 de modernisation de la justice du XXIe siècle, selon laquelle la clause compromissoire ne peut être opposée à la partie qui n'a pas contracté dans le cadre de son activité professionnelle[179]. En effet, cet article pose désormais par ailleurs des exigences en matière de consentement à la clause compromissoire[180] qui semblent peu compatibles avec la jurisprudence développée, essentiellement en matière internationale, à propos de

175. Rép. Min. n° 35415, *JO Sénat* Q, 31 janv. 2002, p. 314 ; *Rev. arb.* 2002, p. 241, obs. Ph. FOUCHARD.

176. Sur la nécessité d'une telle protection du consommateur face à l'arbitrage international et le caractère insatisfaisant du droit positif français actuel à cet égard, v. *infra*, n° 662.

177. Sur laquelle, v. les propositions *infra*, n° 662.

178. V., semble-t-il, implicitement, Cass. 1re civ., 28 janv. 2003, *RCDIP* 2003, p. 641, note F. JAULT-SESEKE ; *Rev. arb.* 2003, p. 1337, obs. C. LEGROS ; *JDI* 2003, p. 473, note Ph. KAHN. Et, plus clairement, Paris, 21 janv. 2009, *Rev. arb.* 2009, p. 430 ; Paris, 27 janv. 2015, *Rev. arb.* 2015, p. 276.

179. Sur le nouvel article 2061 C. civ. issu de la loi du 18 novembre 2016, v. *supra*, n° 129 et s. ; sur la question de son applicabilité en matière internationale, v. *supra*, n° 134, et Ph. PINSOLLE, « Does the new version of the Article 2061 of the French Civil Code apply to International Arbitration? », *Cah. arb.* 2017, p. 39.

180. Selon le nouvel alinéa 1er de l'article 2061 du Code civil, la clause doit avoir été acceptée par la partie à laquelle on l'oppose.

l'extension des clauses d'arbitrage à des tiers[181]. De plus, les raisons qui viennent d'être évoquées pour justifier l'inapplicabilité à l'arbitrage international de l'article 2061 du Code civil dans sa version issue de la loi NRE de 2001 valent toujours pour la dernière version du texte.

Au demeurant, la solution retenue par la jurisprudence a en réalité une portée beaucoup plus large que la seule exclusion de l'article 2061 du Code civil : elle résulte d'une règle matérielle française propre à l'arbitrage international et s'impose, en conséquence, à chaque fois qu'un juge français a à connaître d'une convention d'arbitrage internationale ; sera donc écartée toute prohibition ou restriction analogue à l'article 2061 qui serait posée par un droit étranger.

652 **Neutralisation jurisprudentielle progressive de l'article 2060 du Code civil.** La jurisprudence a été plus chaotique s'agissant de l'article 2060 du Code civil. Cette disposition, et l'évolution jurisprudentielle qui l'a affectée, ayant été largement exposées dans le cadre de l'étude de l'arbitrage interne, il y sera pour l'essentiel renvoyé[182]. On se bornera ici à rappeler les grandes lignes de cette évolution, s'agissant plus spécifiquement de l'arbitrage international.

Le sens exact de l'article 2060, en ce qu'il énonce que l'« on ne peut compromettre sur les questions d'état et de capacité des personnes, sur celles relatives au divorce et à la séparation de corps [...] et plus généralement dans toutes les matières qui intéressent l'ordre public », n'était pas facile à dégager. Cette disposition, qui vient à la suite de l'article 2059, est-elle, de ce fait, un simple texte d'illustration de droits indisponibles, la libre disponibilité étant le critère retenu à l'article 2059 pour définir l'arbitrabilité, ou énonce-t-elle d'autres domaines fermés à l'arbitrage au-delà du critère tiré de la libre disponibilité ? Mais la principale difficulté vient de la référence faite, *in fine*, par cette disposition à « l'ordre public ». Cette référence a longtemps compliqué les rapports entre l'arbitrage et l'ordre public. Dans un premier temps, elle a été comprise comme excluant l'arbitrage lorsque l'ordre public était concerné, notamment lorsqu'une législation d'ordre public s'appliquait au litige ; ainsi, un litige ne pouvait être soumis à l'arbitrage dès lors que sa résolution impliquait d'interpréter ou d'appliquer des règles d'ordre public[183]. Une telle interprétation manifestait une méfiance évidente à l'égard de l'arbitre pour assurer la défense de l'ordre public. Cependant, sur un plan pratique, elle était particulièrement défavorable au développement de l'arbitrage. Tout d'abord, elle en restreignait considérablement le domaine d'application, compte tenu du nombre important de dispositions d'ordre public applicables aux activités économiques. Ensuite, elle favorisait les manœuvres dilatoires au cours des instances arbitrales : il suffisait à un défendeur, poursuivi en exécution d'un contrat devant un tribunal arbitral, d'invoquer la prétendue nullité de ce contrat en vertu d'une règle d'ordre public, pour échapper, au moins temporairement, à l'arbitrage ; en effet, à suivre une telle interprétation de l'article 2060 du Code civil, l'arbitre, incompétent pour trancher cette question, devait alors surseoir à statuer dans l'attente de la décision du juge étatique sur cette exception de nullité, sous peine d'exposer sa sentence à la censure. Aussi, la doctrine a

181. Sur cette jurisprudence, v. *infra*, n° 722.

182. V. *supra*, n° 107 et s.

183. Interprétation donnée par la jurisprudence du XIXe siècle de l'article 1004 CPC, qui avait précédé l'article 2060 du Code civil avant la loi du 5 juillet 1972 : Civ., 9 janv. 1854, *DP* 1854, 1, p. 69 ; Req. 7 nov. 1865, *D.* 1866, 1, 204 ; Req. 6 juill. 1899, *S.* 1901, 1, 357 ; *D.* 1899, 1, 50. Cette interprétation se retrouvait semble-t-il encore dans certaines décisions du milieu du XXe siècle : Paris, 9 févr. 1954, *D.* 1954, p. 192 ; *JCP* 1955, II, 8483, note H. MOTULSKY ; *Rev. arb.* 1955, p. 21.

rapidement contesté cette interprétation. Heureusement, la jurisprudence l'a entendue et a finalement très largement neutralisé l'article 2060, aussi bien dans l'arbitrage interne que dans l'arbitrage international. Et c'est l'arbitrage international, dans lequel on aurait tout simplement pu penser que le texte était inapplicable, qui a ouvert la voie. Mais si la jurisprudence a considérablement réduit la portée de ce texte, elle ne l'a fait que progressivement, parfois au prix de distinctions peu convaincantes[184].

Dans une première étape de son évolution, et à la suite d'un arrêt *Tissot* de 1950[185], la jurisprudence dominante a retenu que « la nullité du compromis ne découle pas de ce que le litige touche à des questions d'ordre public, mais uniquement du fait que l'ordre public a été violé »[186]. Ainsi, l'inarbitrabilité du litige ne résultait plus du seul fait que le contrat auquel il avait trait était soumis, à certains égards, à une réglementation d'ordre public ; le litige n'était inarbitrable que si l'opération litigieuse était frappée d'illicéité comme ayant effectivement contrevenu à une règle d'ordre public. Cette position a longtemps perduré dans la jurisprudence[187]. Dans ce cadre, lorsque la violation de règles d'ordre public était invoquée devant un tribunal arbitral, celui-ci pouvait, afin de vérifier la validité de son investiture, déterminer s'il y avait eu ou non violation de l'ordre public : s'il retenait que la situation litigieuse n'était pas illicite, il pouvait poursuivre sa mission et statuer sur la demande principale ; s'il constatait au contraire une violation de l'ordre public, il devait se déclarer incompétent. L'arbitre pouvait donc constater une violation de règles d'ordre public, mais non en tirer d'autre conséquence que son incompétence, puisque le pouvoir de sanctionner lui-même cette violation ne lui était pas reconnu. En effet, la jurisprudence estimait que « le caractère contractuel et privé de l'arbitrage interdit à la juridiction arbitrale, [...] dans les matières régies par des dispositions impératives, de sanctionner une violation de l'ordre public, une telle prérogative appartenant aux seuls tribunaux de l'État »[188]. Cette solution « intermédiaire » avait certes le mérite de réduire considérablement les risques de manœuvres dilatoires, l'invocation d'une prétendue violation de règles d'ordre public ne suffisant plus à stopper ou suspendre un arbitrage. Néanmoins, elle restait insatisfaisante. L'arbitre ne pouvait toujours pas sanctionner lui-même la violation d'une règle d'ordre public : on ne pouvait donc toujours pas le saisir à titre principal d'une demande de nullité d'un contrat pour violation de l'ordre public et, si une exception de nullité invoquée en défense à une action en exécution d'un contrat était avérée, il n'était plus compétent. De plus, la solution compliquait passablement la tâche de l'arbitre pour un gain tout relatif : en effet, elle lui imposait, pour vérifier l'arbitrabilité du litige, d'entrer éventuellement dans un examen détaillé du fond du litige afin d'apprécier la pertinence de

184. Sur l'évolution du droit français en la matière, v. notamment L. Idot, « Rapport introductif », in *Competition and arbitration law*, Publ. CCI n° 480/3, 1993, p. 11, spéc. n° 38, p. 22 ; « L'arbitrabilité des litiges, l'exemple français », *RJ com.* 1996, p. 6. ; Ph. Fouchard, E. Gaillard, B. Goldman, *Traité de l'arbitrage commercial international*, Litec, 1996, n°s 560 et s., p. 345 ; J.-B. Racine, *L'arbitrage commercial international et l'ordre public*, LGDJ, 1999, n°s 202 et s., p. 121.

185. Cass. com., 29 nov. 1950, *Tissot*, *JCP* 1951, IV, 5 ; *D.* 1951, p. 170 ; *RTD civ.* 1951, p. 106, obs. Hébraud ; *RTD com.* 1951, p. 275, obs. Boitard ; *S.* 1951, I, 120, note J. Robert.

186. Paris, 15 juin 1956, *Rev. arb.* 1956, p. 97 ; *JCP* 1956, II, 9419, note H. Motulsky ; *D.* 1957, p. 587, note J. Robert.

187. V. notamment, Paris, 22 mai 1980, et Cass. com., 21 oct. 1981, *Dauphin c/ Decaux*, *Rev. arb.* 1982, p. 264, note J.-B. Blaise ; Cass. com., 26 sept. 1984, *Rev. arb.* 1986, p. 442, note P. Ancel.

188. Paris, 20 janv. 1989, *SPD c/ DPF*, *Rev. arb.* 1989, p. 280 (2e esp.), obs. L. Idot. Mme Idot estimait que la solution, posée à propos d'un arbitrage interne, était, dans l'esprit des juges, identique en matière d'arbitrage international (n° 17, p. 302).

l'argument tiré de la prétendue illicéité du contrat au regard de l'ordre public, pour lui enjoindre de s'arrêter là s'il constatait effectivement une illicéité. Bref, elle lui imposait un bond en avant dans le fond du litige, puis un retour en arrière sur sa seule compétence. Ce faisant, la solution pouvait sembler quelque peu absurde, incitant l'arbitre à faire ce qui peut constituer un danger pour la sauvegarde de l'ordre public, soit dire, peut-être à tort, qu'il n'y a pas violation et ordonner l'exécution du contrat, mais lui interdisant en revanche ce qui ne présente généralement aucun danger pour la protection de l'ordre public, soit prononcer l'annulation du contrat en application des règles d'ordre public. Aussi, certains soulignaient justement qu'« il est franchement curieux qu'ayant fait ce qui est le plus difficile, constater l'illicéité, l'arbitre ne puisse aller jusqu'au bout et prononcer la nullité »[189]. Sûrement sensible à ces critiques, la jurisprudence s'est montrée plus audacieuse.

À l'issue d'un long cheminement, la jurisprudence a finalement retenu qu'en matière internationale, « l'arbitrabilité d'un litige n'est pas exclue du seul fait qu'une réglementation d'ordre public est applicable au rapport de droit litigieux », et que « l'arbitre a compétence pour apprécier sa propre compétence quant à l'arbitrabilité du litige au regard de l'ordre public international et dispose du pouvoir d'appliquer les principes et règles relevant de cet ordre public, ainsi que de sanctionner leur méconnaissance éventuelle, sous le contrôle du juge de l'annulation »[190]. La solution a été étendue à l'arbitrage interne et a reçu le sceau de la Cour de cassation. La Haute juridiction a en effet affirmé, à l'occasion d'un arbitrage interne[191], qu'« il appartient à l'arbitre, hors les cas où la non-arbitrabilité relève de la matière, de mettre en œuvre les règles impératives du droit, sous le contrôle du juge de l'annulation »[192]. Désormais, l'implication de règles d'ordre public au fond du litige ne constitue donc plus, en elle-même, un obstacle à l'arbitrage et, par conséquent, un critère d'inarbitrabilité. Le tribunal arbitral, qui constate une contrariété à l'ordre public, a le pouvoir de la sanctionner lui-même, par exemple en prononçant la nullité du contrat ; plus généralement, il est compétent pour appliquer les règles d'ordre public. Aux yeux du juge français, il a même le devoir de les appliquer, puisque sa compétence s'exerce sous le contrôle du juge de l'annulation. Est réservé le cas « où la non-arbitrabilité relève de la matière »[193], en ce qu'elle « intéresse au plus près l'ordre public international et exclut de manière absolue la compétence arbitrale du fait de la nullité de la convention d'arbitrage »[194]. Même si la notion de non-arbitrabilité relevant de la matière, ou « par nature », est toute relative,

189. P. Mayer, « Le contrat illicite », *Rev. arb.* 1984, p. 205, spéc. p. 212.

190. Paris, 19 mai 1993, *Labinal*, *Rev. arb.* 1993, p. 645, note Ch. Jarrosson ; *JDI* 1993, p. 957, note L. Idot ; *RTD com.* 1993, p. 492, obs. J.-C. Dubarry et É. Loquin. Déjà, s'orientant vers cette solution : Paris, 12 janv. 1993, *Norbert Beyrard*, *Rev. arb.* 1994, p. 685 ; Paris, 29 mars 1991, *Ganz*, *Rev. arb.* 1991, p. 478, note L. Idot ; Paris, 16 févr. 1989, *Almira Films*, *Rev. arb.* 1989, p. 711, note L. Idot. Adde : pour le droit des faillites, Paris, 20 sept. 1995, *Matra Hachette*, *Rev. arb.* 1996, p. 87, note D. Cohen ; à propos de la loi du 31 décembre 1975 relative à la sous-traitance, Paris, 10 sept. 1997, *Chambon*, *Rev. arb.* 1999, p. 121, obs. D. B.

191. Mais la formule vaut certainement en matière internationale.

192. Cass. com., 9 avr. 2002, *Toulousy*, *Rev. arb.* 2003, p. 103 (2e esp.), note P. Didier ; *D.* 2003, p. 1117, note L. Degos ; *ibid.* 2003, somm., p. 2470, obs. Th. Clay ; *JCP* G 2003, I, 2003, nº 2, obs. Ch. Seraglini ; *RTD com.* 2003, p. 62, obs. É. Loquin ; v. encore, Cass. 2e civ., 20 mars 2003, *D.* 2003, somm., p. 2470, obs. Th. Clay.

193. Cass. com., 9 avr. 2002, préc. ; et déjà, Paris, 29 mars 1991, préc.

194. Paris, 29 mars 1991, préc.

particulièrement dans l'arbitrage international[195], cela pourrait notamment viser, au moins au regard du droit français, les litiges d'ordre extrapatrimonial. Cela pourrait encore concerner le cas des règles dont l'application relève de la compétence exclusive d'une autre autorité que l'arbitre[196], même si l'on a vu, dans le cadre de l'étude de l'arbitrage interne, que la pertinence de ce dernier critère d'inarbitrabilité peut être discutée[197].

Cette marque de confiance à l'égard des arbitres, qui avait été inaugurée par la Cour suprême des États-Unis[198] reconnaissant l'arbitrabilité des litiges relatifs au *Securities Act*[199], puis au droit antitrust[200], s'est rapidement propagée à travers le monde[201]. Les arbitres internationaux l'ont parfaitement assimilée et se reconnaissent aujourd'hui sans aucun problème compétents pour connaître de litiges qui mettent en cause des règles d'ordre public d'origine nationale mais s'imposant dans un litige international,

195. Sur cette relativité en matière internationale, v. *infra*, n° 655 ; et déjà en matière interne, v. *supra*, n° 115.

196. V. Paris, 16 févr. 1989, préc.

197. V. *supra*, n° 114. Pour résumer cette discussion, on peut dire que la compétence exclusive que le législateur accorde parfois à une juridiction étatique, ou à un organe spécialisé, pour trancher un certain type de litiges ou prononcer certaines mesures, pourra dans certains cas constituer un obstacle à l'arbitrabilité. Toutefois, cela n'a rien de systématique. Tout dépend de la raison pour laquelle le législateur a prévu une compétence exclusive. Souvent, l'attribution d'une compétence exclusive s'inscrit seulement dans le cadre de la répartition des compétences matérielles entre les différentes juridictions judiciaires ou administratives ; l'État peut, dans ce cadre, prévoir qu'une juridiction est seule compétente pour connaître de tel type de litiges. Dans ce cas, rien ne s'oppose à ce que le litige soit soumis à l'arbitrage, qui n'est pas concerné par ces règles d'organisation des juridictions étatiques. Dans d'autres cas, la compétence exclusive donnée à une juridiction est motivée par des considérations d'ordre public : le législateur a voulu que tous les aspects d'une question, ou certains d'entre eux, soient concentrés devant une même juridiction, car cela lui apparaît comme le seul moyen de mener à bien le but poursuivi par la loi. Ces questions sont alors effectivement inarbitrables. Il faut donc analyser les raisons qui ont motivé l'attribution de la compétence exclusive. Mais c'est la *ratio legis* de l'exclusivité, la raison profonde de son existence, généralement une considération d'ordre public commandant de donner compétence exclusive à une juridiction pour satisfaire certains objectifs, et non la compétence exclusive elle-même, qui fonde l'inarbitrabilité. La compétence exclusive n'est qu'une conséquence de cette *ratio legis*. Aussi, elle pourrait être négligée en tant que critère autonome d'inarbitrabilité.

198. Et même plutôt par le tribunal cantonal vaudois dès 1975, qui invitait à distinguer, dans un litige impliquant le droit communautaire de la concurrence, « entre l'objet de l'arbitrage, qui est un litige portant sur un droit relevant de la libre disposition des parties, et les règles légales qui sont applicables à la solution du litige » : Tribunal du Canton de Vaud, 28 oct. 1975, *Ampaglas*, *JT* 1981, III, 71.

199. Cour suprême des États-Unis, 17 juin 1974, *Rev. arb.* 1975, p. 213, note H. Gaudemet-Tallon et D. Tallon.

200. Cour suprême des États-Unis, 2 juill. 1985, *Mitsubishi c/ Soler*, *Rev. arb.* 1986, p. 273, et le commentaire de J. Robert, p. 173.

201. Sur cette évolution en droit comparé, v. notamment B. Hanotiau, « L'arbitrabilité et la favor arbitrandum : un réexamen », *JDI* 1994, p. 899 ; D. Hascher, « Rapport introductif », in *Competition and arbitration law*, Publ. CCI n° 480/3, 1993, p. 153 ; A. Kirry, « Arbitrability : Current Trends in Europe », *Arb. Int.* 1996, vol. 12, n° 4, p. 373 ; A. Rogers, « *Arbitrability* », *Arb. Int.* 1994, vol. 10, n° 3, p. 263 ; E. A. Schwartz, « The domain of arbitration and issues of arbitrability : the view from the ICC », *Foreign Investment Law Journal* 1994, vol. 9, n° 1, p. 17, spéc. p. 18 ; Ph. Fouchard, E. Gaillard, B. Goldman, *Traité de l'arbitrage commercial international*, préc., n°s 559 et s., p. 345. Pour une étude détaillée et relativement récente sur la question de l'arbitrabilité des litiges, v. J.-B. Racine, *L'arbitrage commercial international et l'ordre public*, préc., n°s 35 et s., p. 25 ; et aussi, S. Brekoulakis, « On Arbitrability : Persisting Misconceptions and New Areas of Concern », in L. Mistelis, S. Brekoulakis, dir., *Arbitrability : International and Comparative Perspectives*, *Kluwer Law International*, 2009, p. 19, n° 2-5 et s.

autrement dit des lois de police[202]. Un tel consensus renforce la compétence de principe des arbitres pour la résolution des litiges du commerce international et contribue ainsi à l'efficacité du système arbitral. En effet, priver les arbitres de compétence dès lors que des règles d'ordre public sont en cause conduirait, d'une part, à créer une incertitude quant à l'efficacité de la stipulation d'une clause d'arbitrage et à favoriser les manœuvres dilatoires, d'autre part, à retirer aux arbitres une grande partie du contentieux du commerce international et à provoquer un morcellement du règlement de celui-ci.

Toutefois, la confiance manifestée à l'égard des tribunaux arbitraux ne peut être aveugle[203]. D'ailleurs, la plupart des États ne leur ont pas donné un blanc-seing à cet égard. Simplement, ils ont considéré que les arbitres pouvaient assurer l'application des lois de police et que leur contrôle de l'activité arbitrale sur ce point pouvait être repoussé au stade de l'examen de la sentence arbitrale. En effet, « la mission de l'arbitre international consiste aussi à assurer le respect de l'ordre public international »[204], et son pouvoir d'appliquer les lois de police s'exerce « sous le contrôle du juge de l'annulation »[205]. Autrement dit, le respect des dispositions d'ordre public international applicables au fond du litige serait suffisamment garanti par un contrôle *a posteriori* sur la sentence, plutôt que par une interdiction *a priori* de l'arbitrage. Encore faut-il toutefois que ce contrôle du juge soit réel et efficace. Or, on peut s'interroger sur la réalité d'un tel contrôle, tant en ce qui concerne son existence, dès lors qu'il peut ne pas avoir l'opportunité de s'exercer compte tenu du caractère délocalisé de l'arbitre international[206], qu'à propos de sa consistance lorsqu'il a l'occasion de s'exercer, au moins s'agissant du juge français, compte tenu de la jurisprudence développée depuis le début des années 2000 en matière de contrôle du respect de l'ordre public par la sentence arbitrale, jurisprudence qui a récemment heureusement tendu à évoluer dans un sens plus favorable à un contrôle réel à cet égard[207].

653 **Incertitude sur l'applicabilité de l'article 2059 du Code civil.** Compte tenu de l'inapplicabilité de l'article 2061 et de la « neutralisation » de l'article 2060 dans l'arbitrage international, et puisque l'arbitrage n'est pas possible en toute matière, on pourrait penser que l'arbitrabilité d'un litige international doit être définie, en droit français, à

202. V., par exemple, Sent. CCI n° 8626 (1996), *JDI* 1999, p. 1073, obs. J.-J. A., qui reprend la formule de l'arrêt *Labinal* selon laquelle « l'arbitrabilité d'un litige n'est pas exclue du seul fait qu'une réglementation d'ordre public est applicable au rapport de droit litigieux ». V. aussi, Sent. CCI n° 12193 (2004), *JDI* 2007, p. 1276, obs. E. S.-R. V. également les nombreux exemples cités en matière de droit de la concurrence, de droit de la propriété industrielle, de droit des procédures collectives, d'embargo ou de corruption, ou encore de concessions exclusives de vente, par Ph. Fouchard, E. Gaillard, B. Goldman, *Traité de l'arbitrage commercial international*, préc., n°s 580 et s., p. 363.

203. Sur les raisons qui pourraient faire douter des mérites d'une confiance aveugle donnée aux arbitres, v. *supra*, n° 112.

204. Par exemple, Paris, 29 mars 1991, préc. La solution, exprimée dans un litige relatif au droit de la concurrence, a été réaffirmée, dans les mêmes termes, dans divers domaines : pour la corruption, Paris, 30 sept. 1993, *Westman*, *Rev. arb.* 1994, p. 359, note D. Bureau ; *RCDIP* 1994, p. 349, note V. Heuzé ; pour la protection du consommateur, Paris, 7 déc. 1994, *V2000*, *Rev. arb.* 1996, p. 245, note Ch. Jarrosson. Sur l'office de l'arbitre à l'égard des règles d'ordre public, qu'elles soient relatives à l'arbitrabilité ou au fond du litige, et notamment sur la question de savoir s'il peut ou doit soulever d'office leur application au litige en cas de silence des parties, v. *supra*, n° 113 et *infra*, n° 909.

205. Par exemple, Paris, 19 mai 1993, préc.

206. Sur ce point, v. *supra*, n° 578 et *infra*, n° 924 et s.

207. Sur cette jurisprudence excessivement libérale et son évolution récente, v. *infra*, n° 1000 et s.

partir de l'article 2059 du Code civil, seul « rescapé », et qui énonce que « toutes personnes peuvent compromettre sur les droits dont elles ont la libre disposition ». Ainsi, pour juger de l'arbitrabilité d'un litige, il faudrait vérifier la libre disponibilité des droits litigieux. Toutefois, comme on l'a vu dans le cadre de l'étude de l'arbitrage interne, ce critère est d'un usage délicat[208]. La notion même de « libre disponibilité » se laisse difficilement saisir[209]. De façon générale, elle peut être définie comme la faculté appartenant au titulaire d'un droit d'en disposer. Au-delà, il reste bien difficile de cerner précisément les droits disponibles et les droits indisponibles. Une présentation traditionnelle, selon laquelle les droits patrimoniaux sont disponibles et les droits extrapatrimoniaux indisponibles, reste approximative. En réalité, il est impossible de raisonner par blocs de matière et plus pertinent de raisonner droit par droit. En conséquence, dans le cadre d'un même litige, il serait parfois nécessaire de distinguer entre les droits disponibles, donc arbitrables, et les droits indisponibles, donc inarbitrables, tâche qui peut se révéler délicate. Par ailleurs, l'indisponibilité d'un droit est une notion toute relative : elle peut être temporaire ou définitive, totale ou partielle[210]. Au surplus, les solutions en matière de droits disponibles ou indisponibles varient d'un État à un autre, ce qui donne une certaine importance, en matière internationale, à la détermination de la loi applicable à la libre disponibilité des droits en cause. Or, cette détermination est elle-même compliquée. Toutes ces difficultés expliquent peut-être que la jurisprudence française semble en réalité également négliger, en matière internationale, le critère de la libre disponibilité des droits, au moins tel qu'il est retenu à l'article 2059 du Code civil pour l'arbitrage interne, et lui préférer une approche plus globale de l'arbitrabilité.

2. La règle matérielle relative à l'arbitrabilité des litiges en droit français de l'arbitrage international

654 **Une règle matérielle du droit français de l'arbitrage international pour définir l'arbitrabilité des litiges.** Selon la logique de l'arrêt *Dalico*, le juge français applique des règles de source française pour apprécier la validité d'une convention d'arbitrage internationale[211]. Conformément à cette logique, il semble que le juge français impose sa conception de l'arbitrabilité des litiges du commerce international dès lors qu'il est saisi, à un titre ou un autre, de la question. Cependant, cette conception, si elle est proche de celle qui s'impose en droit français de l'arbitrage interne, est probablement plus libérale encore. Ainsi, il ne semble pas que le critère tiré de la libre disponibilité des droits, visé à l'article 2059 du Code civil et applicable en matière interne, soit applicable tel quel en matière d'arbitrage international. Même si elle ne l'a, pour le moment, semble-t-il jamais formulé explicitement, la jurisprudence paraît davantage y retenir, dans l'arbitrage international, l'application d'une règle matérielle posant un principe d'arbitrabilité des litiges du commerce international[212], soumis à des exceptions réunies

208. Sur le sens de ce critère et les difficultés engendrées par son utilisation pour définir l'arbitrabilité en matière interne, v. *supra*, n° 103 et s., et n° 115 et s.

209. Sur cette notion, v. B. FAUVARQUE-COSSON, *Libre disponibilité des droits et conflits de lois*, LGDJ, Paris, 1996.

210. Sur cette relativité, v. *supra*, n° 105, et P. LEVEL, « L'arbitrabilité », *Rev. arb.* 1992, p. 213, spéc. n° 11, p. 222.

211. Sur ce point, v. *supra*, n° 594 et s.

212. Ou une « arbitrabilité de principe » de tels litiges.

sous le vocable général et au contenu un peu mystérieux « d'ordre public international »[213]. Cette règle s'appliquerait dès lors que l'arbitrage en cause répond à la définition d'un arbitrage international au sens de l'article 1504 du Code de procédure civile. Autrement dit, tout litige donnant lieu à un arbitrage qui « met en cause des intérêts du commerce international »[214], serait en principe arbitrable, sous réserve des exigences de l'ordre public international.

655 **Des lois de police fixant les limites à l'arbitrabilité des litiges en droit français de l'arbitrage international.** La réserve « des règles impératives du droit français et de l'ordre public international », évoquée par l'arrêt *Dalico* comme limite à la validité de principe de la convention d'arbitrage internationale, devrait permettre à la jurisprudence française de poser les limites de l'arbitrabilité des litiges internationaux et de fixer, en quelque sorte, des cas d'indisponibilité propres à la matière internationale. Comme le dit M. Jarrosson[215], l'ordre public serait donc bien la « notion clé » en matière d'arbitrabilité des litiges internationaux. Plus précisément, l'inarbitrabilité d'un litige international sera édictée, expressément ou implicitement, par une règle d'ordre public international, autrement dit par une loi de police. La réserve « des règles impératives du droit français » visera ainsi les lois de police françaises, tandis que celle de « l'ordre public international » pourrait permettre plus largement d'écarter l'arbitrabilité lorsqu'elle choquerait notre ordre public international, et notamment lorsqu'une loi de police étrangère, dont la compétence en l'espèce apparaît légitime aux yeux du juge français, interdit de soumettre le droit litigieux à l'arbitrage.

Selon les termes de la jurisprudence, la principale exception au principe d'arbitrabilité des litiges du commerce international concerne le cas où « la non-arbitrabilité relève de la matière, en ce qu'elle intéresse au plus près l'ordre public international et exclut de manière absolue la compétence arbitrale du fait de la nullité de la convention d'arbitrage »[216]. Ainsi, certaines matières seraient, dans leur ensemble, inarbitrables par nature[217]. Cette situation, parfois désignée sous l'appellation d'inarbitrabilité *per se*[218], concernerait des matières qui intéressent de trop près les intérêts fondamentaux

213. La Cour de cassation impose au juge du contrôle de la sentence arbitrale d'exercer un contrôle réel sur l'appréciation faite par l'arbitre de l'arbitrabilité du litige. En effet, elle a censuré l'arrêt d'une cour d'appel qui avait écarté un moyen d'annulation de la sentence tiré de l'inarbitrabilité du litige comme étant couvert par le secret défense, en se bornant à affirmer que « c'est à bon droit que le tribunal arbitral a estimé que les demandes dans leur objet étaient arbitrables et susceptibles d'être tranchées au terme d'un procès équitable » (Paris, 29 juin 2006, *Thalès*, *D.* 2006, p. 3031, obs. Th. Clay). Cassant cette décision au visa de l'article 455 CPC, soit pour défaut de motivation, la Haute juridiction a énoncé qu'« en se prononçant ainsi, par une clause de style, dépourvue de toute motivation précise et de toute référence explicite aux motifs des arbitres dont elle a estimé le raisonnement pertinent, la cour d'appel n'a pas mis la Cour de cassation en mesure d'exercer son contrôle » (Cass. 1re civ., 11 févr. 2009, *JCP* G 2009, I, 148, n° 11, obs. J. Ortscheidt ; *JDI* 2009, p. 1274, note J.-B. Racine).

214. Sur le sens de cette formule, v. *supra*, n° 34 et s.

215. Ch. Jarrosson, « L'arbitrabilité, présentation méthodologique », *RJ com.* 1996, p. 1, spéc. n° 15.

216. V. *supra*, n° 652.

217. En ce sens, J.-P. Ancel, « L'actualité de l'autonomie de la clause compromissoire », in *Travaux Com. Fr. DIP* 1991-1992, Pedone, 1994, p. 75, spéc. p. 110, qui explique la notion de matières qui touchent au plus près l'ordre public par le fait qu'il s'agit de matières qui ne peuvent, par nature, échapper à la juridiction de l'État.

218. L. Idot, note sous Paris, 20 janv. 1989, *SPD c/ SDPF*, *Rev. arb.* 1989, p. 280, spéc. n° 10, p. 299.

de la société pour être confiées à l'arbitrage[219], comme la matière pénale ou le droit de la famille. Cependant, cette proposition, déjà sujette à discussion en matière interne[220], peut, dans un contexte international, faire l'objet de deux objections. Tout d'abord, comme dans l'arbitrage interne, on peut contester l'idée même de « matière inarbitrable dans son ensemble » ou « par nature ». Ainsi, en droit français, l'état des personnes et le droit de la famille sont souvent rangés dans les matières inarbitrables par nature. Pourtant, si les actions d'état sont effectivement inarbitrables, l'affirmation ne peut être étendue à l'ensemble du droit des successions ou aux régimes matrimoniaux, et plus généralement aux litiges familiaux de nature patrimoniale[221]. L'autre objection rejoint la première mais est, cette fois, spécifique à l'arbitrage international : on peut constater une grande relativité des solutions retenues en droit comparé à propos d'une même « matière », qui peut être très largement inarbitrable dans certains droits et beaucoup plus ouverte à l'arbitrage dans d'autres. Aussi, certaines matières considérées comme fermées à l'arbitrage par le droit français, au moins dans les relations internes, ne le sont pas, ou ne le sont que dans une moindre mesure, pour d'autres droits. Et la proposition inverse est également vraie. Le caractère « absolu » de l'inarbitrabilité est donc, en réalité, relatif dans l'espace. Or, dans un contexte international, cela n'est pas sans incidence sur le traitement de la question de l'arbitrabilité, dans la mesure où il n'est pas forcément judicieux, lorsque l'ordre juridique français n'entretient pas de rapports avec la situation litigieuse, pour le juge français d'imposer une inarbitrabilité *per se*, sans consulter le droit étranger plus concerné par la question. Plus généralement, il semble préférable de retenir que les restrictions à l'arbitrabilité sont posées par des normes, françaises ou étrangères, qui peuvent être qualifiées de lois de police et qui rendent un droit ou un litige inarbitrable. Il paraît plus adéquat de raisonner à partir de ces normes, et de vérifier leur volonté d'application au litige et l'étendue exacte de la restriction à l'arbitrabilité qu'elles posent, plutôt que de raisonner par blocs de matières et de recourir à la notion, toute relative, d'inarbitrabilité absolue.

En résumé, et même si la jurisprudence française ne l'a pas encore clairement formulé, on peut penser qu'elle retient un principe d'arbitrabilité des litiges mettant en cause les intérêts du commerce international au sens de l'article 1504 du Code de procédure civile[222], soumis à quelques exceptions qui sont autant de lois de police, françaises ou éventuellement étrangères, susceptibles de déclencher la réserve de l'ordre public international évoquée par l'arrêt *Dalico*. Cette proposition peut se vérifier à travers l'examen de quelques domaines où l'arbitrabilité a été ou est encore, en droit français, discutée.

656 **Corruption et embargos.** L'arbitrabilité des litiges dans lesquels des actes de corruption sont en cause n'est, de nos jours, plus guère discutée. La cour d'appel de Paris a clairement reconnu le pouvoir de l'arbitre de refuser de prononcer l'exécution de contrats de commissions illicites, voire de les déclarer nuls[223]. L'arbitre doit donc mettre

219. B. Hanotiau, « L'arbitrabilité et la *favor arbitrandum* : un réexamen », *JDI* 1994, p. 899, spéc. n° 56, p. 944 ; D. Hascher, « Rapport introductif », in *Competition and arbitration law*, Publ. CCI n° 480/3, 1993, p. 153, spéc. p. 163.

220. V. *supra*, n° 115.

221. V. *supra*, n° 136.

222. Sur le sens de la formule de l'article 1504 CPC, v. *supra*, n° 34 et s.

223. Paris, 10 sept. 1993, *RCDIP* 1994, p. 349, note V. Heuzé ; *Rev. arb.* 1994, p. 359, note D. Bureau. Certains auteurs réservent le cas où l'objet même de la convention d'arbitrage serait de permettre l'activité

en œuvre les dispositions d'ordre public concernées, au moins dans leurs aspects civils[224]. De la même manière, il est admis qu'un arbitre peut juger des effets d'une mesure d'embargo sur les obligations litigieuses des parties, alors même qu'une telle mesure concerne au plus près l'ordre public interétatique et le droit international public[225].

657 **Droits extrapatrimoniaux.** En droit français, les droits extrapatrimoniaux sont généralement considérés comme inarbitrables[226]. Dans l'arbitrage international, ils pourraient être vus comme relevant des matières qui, selon la jurisprudence, « intéressent au plus près l'ordre public international » et « excluent de manière absolue la compétence arbitrale ». Ainsi, en France, l'état des personnes et les droits de la personnalité, exclus du commerce juridique, semblent très largement fermés à l'arbitrage, même international. Toutefois, comme on l'a vu dans le cadre de l'étude de l'arbitrage interne, cette exclusion de l'arbitrage en matière de droits extrapatrimoniaux n'est, en réalité, pas absolue, et le juge français devra donc en définir les contours exacts[227]. Par ailleurs, il ne devrait retenir de façon certaine cette exclusion que lorsque l'ordre juridique français est concerné par le fond du litige. Dans les autres cas, la situation est plus problématique. D'un côté, l'ordre juridique français, même non directement concerné par le litige en cause, peut trouver choquant d'admettre l'arbitrage pour un litige de ce type et, par exemple, refuser pour cette raison de donner effet à une sentence rendue à l'étranger sur le litige en question. Il devrait particulièrement en être ainsi lorsqu'un droit étranger, concerné par le litige, partage le point de vue du droit français et pose une exclusion analogue ; le juge français devrait alors prendre en compte cette loi de police étrangère et décider qu'un arbitrage sur un tel litige viole l'ordre public international français. D'un autre côté, le juge français pourrait trouver approprié de respecter le ou les droits

illicite envisagée par les parties ; l'illégalité de l'activité litigieuse s'étendrait alors à la mission de l'arbitre et affecterait la convention d'arbitrage elle-même : P. Mayer, « Les limites de la séparabilité de la clause compromissoire », *Rev. arb.* 1998, p. 359, spéc. nº 11, p. 366. Toutefois, l'hypothèse concerne, non pas un problème d'arbitrabilité au sens strict, mais une restriction apportée par les parties au pouvoir de l'arbitre d'appliquer les règles d'ordre public et la réaction qui doit alors être celle de l'arbitre : il appartient alors à l'arbitre, appréciant sa compétence, de tirer toute conséquence de l'illégalité, le cas échéant en se déclarant incompétent.

224. Sur l'arbitrage et la corruption, v. A. El-Kosheri et Ph. Leboulanger, « L'arbitrage face à la corruption et aux trafics d'influence », *Rev. arb.* 1984, p. 3 ; E. Gaillard, « La corruption saisie par les arbitres du commerce international », *Rev. arb.* 2017, p. 805 ; J.-Y. Garaud, « L'office de l'arbitre en arbitrage commercial : caractérisation de l'illicéité et mise en œuvre des sanctions », *Rev. arb.* 2019, p. 173 ; V. Heuzé, « La morale, l'arbitre et le juge », *Rev. arb.* 1993, p. 179 ; D. Hiber et V. Pavic, « Arbitration and crime », *Journ. Int. Arb.* 2008, p. 461 ; K. Karsten, A. Berkeley ed., *Arbitration : Money laundering, Corruption and Fraud*, Dossiers ICC, 2005 ; M. S. Kurkela, « Criminal laws in international arbitration – the May, the Must, the Should and the Should not », *Bull. ASA* 2008, p. 280 ; É. Loquin, « Les manifestations de l'illicite », in *L'illicite dans le commerce international*, Litec, 1996, spéc. p. 274 et s. ; P. Mayer, « Le contrat illicite », *Rev. arb.* 1984, p. 205 ; B. Oppetit, « Le paradoxe de la corruption à l'épreuve du droit du commerce international », *JDI* 1987, p. 5 ; A. Sayed, *Corruption in International Trade and Commercial Arbitration*, Kluwer Law International, 2004. V. aussi, notamment pour la jurisprudence arbitrale, *Tackling Corruption in Arbitration*, suppl. spéc. Bull. CCI, 2013.

225. Cour supérieure de Montréal, 15 févr. 2000, *RTD com.* 2001, p. 66, obs. É. Loquin ; et cour d'appel du Québec, 31 mars 2003, *Rev. arb.* 2003, p. 1365, note A. Pujiner ; *Bull. ASA* 2003, p. 630, note Ph. Pinsolle ; et aussi, J.-B. Racine, « L'arbitrage commercial international et les mesures d'embargo (À propos de l'arrêt de la Cour d'appel du Québec du 31 mars 2003) », *JDI* 2004, p. 89.

226. Sur ce point, dans le cadre de l'étude de l'arbitrage interne, v. *supra*, nº 136.

227. V. *supra*, nº 136.

étrangers principalement concernés par le litige en cause et qui en autorisaient l'arbitrage, et ne pas s'opposer aux effets de la sentence, voire au développement de cet arbitrage, sur son territoire. Tout dépendra probablement de la force attachée par le droit français à la prohibition de l'arbitrage dans la matière considérée, certaines « autorisations d'arbitrage étrangères » pouvant demeurer contraires à nos valeurs et donc à notre ordre public international.

658 **Droit pénal.** Le droit pénal est *a priori* une illustration parfaite d'une matière qui semble totalement inarbitrable[228]. En effet, cette matière semble toucher de trop près aux prérogatives souveraines de l'État pour qu'elle soit susceptible d'arbitrage. L'intervention de la puissance publique dans la matière litigieuse peut donc constituer un obstacle à l'arbitrabilité. Il est vrai que le monopole étatique de la justice pénale se concilie mal avec l'idée d'une soumission à un juge privé d'un litige de cet ordre. En droit français, l'action publique résultant d'une infraction pénale ne saurait faire l'objet d'un arbitrage. De même, un arbitre ne peut prononcer de sanctions pénales, ni assurer leur mise en œuvre. Ceci étant, on a vu que l'inarbitrabilité « par nature » et absolue d'une matière est une donnée toute relative, tant dans le droit français lui-même qu'au regard du droit comparé[229]. Cela vaut même pour la matière pénale. Dès lors, et même si l'inarbitrabilité de la matière pénale est une solution qui s'impose largement en droit comparé, il convient, ici encore, de nuancer le propos.

Tout d'abord, comme il a été exposé dans le cadre de l'étude de l'arbitrage interne, le droit français admet qu'un arbitre statue sur les conséquences civiles d'une infraction. On peut notamment songer au cas d'un litige dans lequel est alléguée l'existence d'une infraction pénale affectant la nullité de ce contrat, comme une corruption ou un trafic d'influence réalisée par ou dans le cadre de ce contrat. Dans l'arbitrage interne, l'arbitre doit néanmoins respecter, le cas échéant, la règle selon laquelle « le criminel tient le civil en l'état » et surseoir à statuer dans l'attente de la décision à intervenir sur l'action publique, même si la portée de cette règle a été considérablement réduite par la loi du 5 mars 2007[230] qui a modifié l'article 4 du Code de procédure pénale[231]. En revanche, dans l'arbitrage international, la mise en œuvre de la règle du sursis à statuer est beaucoup plus incertaine : l'arbitre international doit-il surseoir à statuer si le juge pénal d'un État est saisi d'une action de nature à influer sur la solution du litige ? En tout cas, si un juge français vient à connaître de cette question, notamment en tant que juge de l'exequatur ou de l'annulation d'une sentence arbitrale, il répondra par la négative. En effet, la cour d'appel de Paris a, à plusieurs reprises, affirmé que la règle « le criminel tient le civil en l'état » ne s'imposait pas à l'arbitre international, en raison de l'autonomie de la procédure arbitrale qui obéit à des règles propres, rien n'interdisant cependant à l'arbitre d'estimer qu'une procédure pénale est de nature à influer sur la

228. Sur les rapports entre arbitrage et droit pénal, v. D. Chilstein, « Droit pénal et arbitrage », *Rev. arb.* 2009, p. 1 ; A. Mourre, « Arbitration and Criminal Law : Reflections on the Duties of the Arbitrator », *Arb. Int.* 2006, vol. 22, p. 95. V. aussi les actes du colloque organisé par le Comité français de l'arbitrage sur « l'arbitrage à l'épreuve des procédures pénales », publiés in *Rev. arb.* 2019, p. 3 et s., et notamment : F.-X. Train, « Introduction », p. 3 ; D. Chilstein, « Les infractions ayant une incidence sur le fond du litige », p. 31 ; P. Mayer, « L'influence d'une procédure pénale sur le déroulement de l'instance arbitrale », p. 105 ; J.-B. Racine, « L'office du juge du contrôle de la sentence », p. 209 ; É. Loquin, « Propos conclusifs », p. 231.

229. V. *supra*, n° 655.

230. Loi n° 2007-291 du 5 mars 2007 tendant à renforcer l'équilibre de la procédure pénale.

231. Sur tous ces points, v. *supra*, n° 137.

solution du litige dont il est saisi et d'ordonner, pour ce motif, un sursis à statuer dont il lui appartient d'apprécier l'opportunité[232]. La Cour de cassation a confirmé la solution[233]. Il semble donc qu'aux yeux du juge français, la règle « le criminel tient le civil en l'état » n'appartient pas à l'ordre public international français et que, par ailleurs, une loi de police étrangère qui prétendrait imposer à l'arbitre international le sursis à statuer en cas de procédure pénale engagée sur le territoire étranger en question, ne s'impose pas davantage à l'arbitre siégeant en France ou dont la sentence viendrait à la connaissance d'un juge français. Autrement dit, le droit français fait peu de cas des lois étrangères qui imposeraient un sursis, la loi française elle-même n'imposant pas une telle obligation à l'arbitre international pour les procédures pénales françaises. Il laisse l'arbitre international apprécier librement l'opportunité de surseoir, que l'instance pénale se déroule en France ou à l'étranger. Toutefois, compte tenu du caractère « sensible » de la matière et des divergences possibles en droit comparé sur le caractère obligatoire ou non du sursis à statuer, on ne saurait trop conseiller à l'arbitre international, même siégeant en France, de faire ici preuve d'une certaine prudence afin de ne pas compromettre l'efficacité internationale de sa sentence, et éventuellement de prendre en compte les solutions retenues dans d'autres États plus concernés par le litige, et notamment celui où une procédure pénale est en cours[234]. Au surplus, le caractère facultatif du sursis n'exclut pas, bien entendu, que la sentence qui serait rendue par un arbitre ayant décidé de ne pas surseoir à statuer puisse, par la suite, être jugée contraire à l'ordre public international. Serait alors en cause l'ordre public international de fond, et non plus l'ordre public international procédural[235], si la solution consacrée par cette sentence heurtait de manière effective et concrète[236] cet ordre public de fond. Il en serait par exemple ainsi si la sentence consacrait une solution gravement contraire à la règle pénale en cause, en considérant comme valable et en assurant l'exécution d'un contrat dont il aura été parallèlement reconnu par un juge pénal qu'il « matérialisait » une infraction pénale. Dans ces conditions, que ce soit pour des procédures pénales en cours à l'étranger ou même en France, un arbitre, même libre de sa décision, pourrait avoir néanmoins intérêt à surseoir à statuer lorsque l'influence du jugement pénal à venir sur l'issue du litige dont il est saisi lui paraît sérieuse, afin d'éviter de rendre une décision qui serait en contradiction avec ce jugement futur.

232. Paris, 1er mars 2001, *Rev. arb.* 2001, p. 583 (4e esp.), note J.-B. Racine ; *RTD com.* 2003, p. 63, obs. É. Loquin ; 17 janv. 2002, *Rev. arb.* 2002, p. 391, note J.-B. Racine ; *RTD com.* 2003, p. 63, obs. É. Loquin ; 23 mai 2002 et 20 juin 2002, *Rev. arb.* 2002, p. 971, note J.-B. Racine ; *RTD com.* 2003, p. 63, obs. É. Loquin.

233. Cass. 1re civ., 25 oct. 2005, *Rev. arb.* 2006, p. 103, note J.-B. Racine ; *D.* 2005, p. 3052 et 3060, obs. Th. Clay ; *D.* 2006, p. 199, avis J. Sainte-Rose ; *JDI* 2006, p. 996, note F.-X. Train ; *JCP* G 2006, I, 148, n° 6, obs. J. Béguin.

234. Sur la pratique arbitrale du sursis à statuer, notamment en cas de procédure pénale pendante, v. les sentences présentées par E. Jolivet, « Chronique de jurisprudence arbitrale de la Chambre de commerce internationale (CCI) : Le sursis à statuer », *Cah. arb.*, vol. V, éd. Pedone, 2011, p. 526. Sur l'opportunité, pour un arbitre international confronté à une procédure pénale, de surseoir à statuer, v. D. Mouralis, *L'arbitrage face aux procédures conduites en parallèle*, thèse Aix-Marseille, 2008, n° 547 et s. V. aussi, A. de Fontmichel, « Procédure pénale et arbitrage commercial international : quelques points d'impact », *Cah. arb.* 2012, p. 309 ; P. Mayer, « L'influence d'une procédure pénale sur le déroulement de l'instance arbitrale », *Rev. arb.* 2019, p. 105.

235. Sur ces deux composantes de l'ordre public international, v. *infra*, n° 1001.

236. Sur ces exigences pour caractériser une contrariété de la sentence à l'ordre public international, v. *infra*, n° 1002 et s.

Par ailleurs, jusqu'en 2007, la solution était en tout cas différente s'agissant du juge français saisi d'un recours en annulation (ou de l'appel d'une ordonnance d'exequatur) de la sentence, pour lequel le sursis à statuer s'imposait si une instance pénale était en cours en France, ou dans un pays lié à la France par un traité sur le sujet, lorsqu'il s'agissait pour lui d'apprécier si cette sentence heurtait l'ordre public international en ce qu'elle aurait été en contradiction avec la décision pénale à intervenir. En effet, dans un arrêt *Omenex*[237], la Cour de cassation avait énoncé que « [...] l'article 4 du Code de procédure pénale est applicable, même en matière internationale, au recours en annulation d'une sentence arbitrale si la procédure pénale se déroule en France » ; elle avait toutefois précisé que « la demande de sursis à statuer ne peut être accueillie que si les faits énoncés comme constituant l'infraction ont une incidence directe sur la cause d'annulation de la sentence »[238]. Autrement dit, la demande de sursis devait être envisagée par le juge dans le cadre limité des causes recevables d'annulation de la sentence visées à l'article 1520 du Code de procédure civile[239]. Toutefois, la modification de l'article 4 du Code de procédure pénale par l'article 20 de la loi nº 2007-291 du 5 mars 2007 tendant à renforcer l'équilibre de la procédure pénale devrait avoir modifié la solution en la matière[240]. En effet, désormais, le sursis obligatoire ne vaut plus que pour l'action civile proprement dite ; aussi, l'obligation auparavant imposée à la cour d'appel saisie du recours contre la sentence ne vaut plus que dans ce cadre[241].

Une autre nuance qui peut encore être apportée à l'inarbitrabilité de principe de la matière pénale concerne les sanctions dites « quasi pénales ». Cette expression vise notamment le mécanisme des dommages et intérêts punitifs, connu d'un certain nombre de droits et qui permet à une partie d'obtenir une compensation bien supérieure au préjudice réellement subi en raison de la mauvaise foi de l'autre partie. En doctrine, l'arbitrabilité des demandes de dommages et intérêts punitifs est discutée[242]. Le droit américain l'admet[243]. La jurisprudence française ne semble pas s'être prononcée sur le sujet. Mais, s'agissant de l'arbitrabilité, et compte tenu de l'ignorance de ce mécanisme par le droit français, il appartient davantage au droit prévoyant la sanction en question de décider si un arbitre peut ou non en connaître. En droit français de l'arbitrage international, on doit surtout s'interroger sur la possibilité pour une sentence prononçant de

237. Cass. 1re civ., 25 oct. 2005, préc.

238. V. aussi Cass. 1re civ., 4 juin 2008, *D.* 2008, Act., p. 1684, obs. X. Delpech.

239. Art. 1502 CPC avant le décret du 13 janvier 2011. Pour un exemple de sursis, prononcé dans le cadre d'un appel d'une ordonnance d'exequatur dans l'attente de l'issue d'une information pénale susceptible de révéler un trafic d'influence, alors que ce dernier était invoqué pour établir la contrariété de la sentence à l'ordre public international : Paris, 7 sept. 1999, *Rev. arb.* 2001, p. 583 (2e esp.), obs. J.-B. Racine.

240. V. *supra*, nº 137 et *infra*, nº 973.

241. V. ainsi, Paris, 2 avr. 2013, *Rev. arb.* 2014, p. 106, note L. Jaeger.

242. Sur la question, v. Y. Derains, « Intérêts moratoires, dommages-intérêts compensatoires et dommages punitifs devant l'arbitre international », in *Études offertes à P. Bellet*, Paris, 1991, p. 101, spéc. nos 28 et s. ; S. Donahey, « Punitive Damages in International Commercial Arbitration », *Journ. Int. Arb.* 1993, p. 67 ; J. Ortscheidt, *La réparation du dommage dans l'arbitrage commercial international*, Dalloz, 2001, p. 281 et s. ; J.-B. Racine, *L'arbitrage commercial international et l'ordre public*, LGDJ, 1999, nº 156, p. 92 ; Ch. Seraglini, *Lois de police et justice arbitrale internationale*, Dalloz, 2001, nº 1095, p. 513.

243. Cour suprême des États-Unis, 3 mars 1987, *Shearson / American Express Inc.*, *Yearbook* 1987, p. 165 (dommages et intérêts multiples [treble damages] prévus par la loi *Rico* contre le crime organisé) ; 6 mars 1995, *Mastruobuono*, *Rev. arb.* 1995, p. 295, note L. Niddam (dommages et intérêts punitifs). Pour la pratique arbitrale, v. Sent. CCI nº 6320 (1992), *JDI* 1995, p. 986 ; et aussi J. Ortscheidt, *La réparation du dommage dans l'arbitrage commercial international*, préc., p. 289 et les références citées.

telles sanctions d'être reconnue en France, compte tenu de la réticence du droit français à l'égard de telles sanctions privées[244]. Aussi, au-delà de la question de l'arbitrabilité, il s'agit de savoir si l'ordre public international français est ou non choqué par de telles peines privées au point de refuser toute efficacité en France à une décision qui les prononcerait, que ce soit d'ailleurs une sentence arbitrale ou un jugement étranger. Or, sur ce point, la jurisprudence a précisé « que le principe d'une condamnation à des dommages-intérêts punitifs, n'est pas, en soi, contraire à l'ordre public », à condition que le montant alloué ne soit pas « disproportionné au regard du préjudice subi et des manquements aux obligations contractuelles du débiteur »[245].

659 **Droit fiscal.** La fiscalité relevant du pouvoir exclusif de l'État, elle pourrait apparaître comme une matière « par nature » fermée à l'arbitrage. Toutefois, une fois encore, cette « fermeture » n'a rien d'absolue[246].

Déjà, comme on l'a vu, même dans le droit français de l'arbitrage interne, l'inarbitrabilité supposée de la matière fiscale doit être nuancée[247]. En effet, si les litiges entre l'État et les contribuables ne sont pas arbitrables, il convient de retenir aujourd'hui, compte tenu de l'interprétation jurisprudentielle de l'article 2060 du Code civil, qu'il n'y a pas d'inarbitrabilité absolue de la matière fiscale, puisque le seul fait que des règles d'ordre public soient applicables au fond du litige soumis à l'arbitre n'exclut pas, en soi, l'arbitrage. Aussi, un tribunal arbitral devrait pouvoir connaître de l'incidence de règles fiscales sur la solution d'un litige de nature privée, entre personnes privées, dont il serait saisi, par exemple apprécier l'incidence sur le litige ou le contrat d'une violation alléguée ou avérée de règles fiscales[248]. Toutefois, si l'assiette, le quantum ou l'exigibilité d'un impôt sont contestés et que ces questions conditionnent la solution du litige, le tribunal arbitral ne devrait pas pouvoir se prononcer directement sur ces questions et devrait, s'il estime la « contestation fiscale » sérieuse et effectivement susceptible d'avoir une influence sur la solution du litige, surseoir à statuer dans l'attente de la décision de l'autorité étatique à ce sujet. Selon la même logique, il ne devrait pouvoir se prononcer que sur les aspects contractuels et civils de l'application des règles fiscales (nullité du contrat, etc.), et non prononcer des sanctions proprement fiscales ou pénales liées à la violation du droit fiscal.

244. À cet égard, v. en Allemagne, Cour suprême, 4 juin 1992, *RTD civ.* 1994, p. 457.

245. Cass. 1re civ., 1er déc. 2010, *JCP* G 2011, doctr. 158, n° 12, obs. C. Nourissat ; *JCP* G 2011, doctr. 435, n° 11, obs. Ph. Stoffel-Munck ; *D.* 2011, p. 423, obs. I. Gallmeister, note F.-X. Licari ; *D.* 2011, p. 1374, n° II-B-1, obs. F. Jault-Seseke ; *RTD civ.* 2011, p. 122, obs. B. Fages. Sur ce critère de proportionnalité en matière d'arbitrage, v. aussi, J. Ortscheidt, *La réparation du dommage dans l'arbitrage commercial international*, préc., n° 680, p. 315.

246. Sur le sujet dans un contexte international, v. notamment L. Brazier, « The Arbitrability of Investor-State Taxation Disputes in International Commercial Arbitration », *Journ. int. arb.* 2015, vol. 32, p. 1.

247. V. pour plus de détails, *supra*, n° 138. Pour une étude de la question en matière d'arbitrage international, v. I. Fadlallah, « Arbitrage international et litiges fiscaux », *Rev. arb.* 2001, p. 299 ; J.-P. Le Gall, « Arbitrage et fiscalité », *Rev. arb.* 1994, p. 3 ; et aussi, mais davantage concentrée sur l'arbitrage interne, P. Ancel, « Arbitrage et ordre public fiscal », *Rev. arb.* 2001, p. 269.

248. Sur le principe et les limites du pouvoir de l'arbitre dans ce type de litige impliquant la réglementation fiscale, v. les développements relatifs à l'arbitrage interne, *supra*, n° 138. V. aussi, Paris, 23 mai 2017, *Rev. arb.* 2017, p. 1069 ; *D.* 2017, p. 2562, obs. Th. Clay ; *Cah. arb.* 2018, p. 296, obs. R. Wheeler : « Si les conséquences relatives à l'assiette, au quantum ou à l'exigibilité de l'impôt échappent par nature à l'arbitrage, il n'en va pas de même des litiges portant sur la mise en œuvre d'une convention par laquelle les parties répartissent entre elles la charge des taxes engendrées par leurs rapports de droit ».

Par ailleurs, s'agissant plus particulièrement de l'arbitrage international, la supposée inarbitrabilité de la matière fiscale est encore à relativiser du fait de la prolifération des traités de protection des investissements comportant engagement de l'État de se soumettre à l'arbitrage en cas de litige avec un investisseur ; en effet, ce litige pourrait être lié à la modification de la législation fiscale de l'État[249]. De même, en cas de contrat liant l'État à un partenaire étranger et comportant une clause de stabilisation fiscale au profit de ce dernier ainsi qu'une clause d'arbitrage, le litige relatif au non-respect de la clause de stabilisation pourra être porté devant un tribunal arbitral, dès lors qu'il s'agira de l'inexécution d'un engagement contractuel[250]. Enfin et de façon plus générale, comme pour les droits extrapatrimoniaux ou le droit pénal, plutôt que de raisonner en fonction du seul point de vue du droit français, il conviendrait davantage, tant pour le tribunal arbitral saisi d'un litige, que pour le juge français saisi du contrôle de la sentence, d'interroger et d'apprécier les droits concernés par le litige, pour voir quelles limites précises ils posent à l'arbitrabilité des litiges en matière fiscale.

660 **Parties faibles.** En matière interne, les contractants réputés faibles, comme les salariés ou les consommateurs, bénéficient d'une protection particulière contre l'arbitrage, notamment par le biais des articles 2059 et 2061 du Code civil[251]. C'est particulièrement la clause compromissoire qui est visée, du fait de la crainte qu'une telle clause ne soit imposée à la partie faible par son cocontractant en position de force dans le rapport contractuel. En revanche, le compromis, conclu alors que le litige est déjà né et que le cocontractant ne peut donc plus guère imposer le recours à l'arbitrage à la partie faible, fait naître moins de craintes : une fois le litige né, la partie faible n'a plus besoin d'être aussi strictement protégée et peut valablement passer un compromis pour ses droits devenus disponibles. Toutefois, on sait que l'article 2061 du Code civil, qui pose une condition « d'activité professionnelle » à la pleine efficacité d'une clause compromissoire[252], n'est pas, selon la jurisprudence, applicable en matière d'arbitrage international[253]. De même, il n'est pas certain que l'article 2059 du Code civil, qui définit l'arbitrabilité par la disponibilité des droits litigieux, soit applicable tel quel dans l'arbitrage international[254]. De façon générale, ces solutions, et notamment l'inapplicabilité de l'article 2061 en matière internationale, peuvent être approuvées. Elles posent néanmoins un problème pour la protection des parties dites faibles dans l'arbitrage international.

On pourrait *a priori* considérer qu'il y a une certaine antinomie entre l'arbitrage, justice privée faite pour et, dans une très large mesure aujourd'hui, par les intervenants professionnels du commerce international, et les parties faibles, qui ne font pas partie de ce Landernau. Cependant, l'accélération et l'internationalisation des échanges de biens, de services, ou même de salariés, aidées par les nouveaux moyens de communication et

249. Sur ce type d'arbitrage, v. *supra*, n° 11 et *supra*, n° 61, et les références citées.

250. Sur cette question, v. S. Manciaux, « Changement de législation fiscale et arbitrages internationaux », *Rev. arb.* 2001, p. 311. V. aussi, pour le cas particulier des litiges fiscaux transfrontaliers dans le cadre de la Convention OCDE sur les doubles impositions, la promotion nouvelle de l'arbitrage comme mode de règlement des litiges : M. Audit, « L'introduction de l'arbitrage en matière de règlement des litiges fiscaux transfrontaliers », *Rev. arb.* 2008, p. 589 ; cette procédure oppose cependant deux administrations fiscales, mais le contribuable y participe.

251. Sur l'impact de ces dispositions quant à la protection de la partie faible dans l'arbitrage interne, v. *supra*, n° 139 et s.

252. De façon générale sur l'article 2061 du Code civil en matière interne, v. *supra*, n° 117 et s.

253. Sur cette exclusion, *supra*, n° 651.

254. Sur ce point, v. *supra*, n° 653.

de commercialisation, favorisent le développement de contrats internationaux de consommation, de travail, ou encore d'assurance. Malgré cette internationalisation des échanges, et peut-être même à cause d'elle, les parties faibles doivent demeurer protégées. Or, compte tenu des spécificités de l'arbitrage international, et notamment de son caractère délocalisé[255] et du traitement juridique toujours plus favorable, libéré de toute contrainte, que lui accordent les droits étatiques afin de favoriser son développement, on peut légitimement s'inquiéter de sa rencontre avec les parties faibles au regard de l'efficacité de la protection de celles-ci[256]. On pourrait notamment craindre la stipulation systématique de clauses compromissoires dans les contrats d'adhésion conclus par les parties faibles, à laquelle celles-ci ne pourraient guère s'opposer. L'absence de négociation des termes de tels contrats pourrait même conduire une partie faible, qui ne prend souvent pas la peine de lire les dispositions d'un contrat qu'elle sait ne pas pouvoir négocier, à adhérer à une clause d'arbitrage sans le savoir. Son cocontractant pourrait au surplus soumettre le contrat à un droit peu favorable à la partie faible ; et même si un tribunal arbitral pourra écarter cette loi au profit des dispositions impératives protectrices de la partie faible, rien ne garantit qu'il le fera certainement, tiraillé qu'il sera entre le respect du droit choisi par les parties et celui de lois de police qui lui sont étrangères[257]. La partie en position de force pourrait encore songer à inclure dans la clause compromissoire des modalités particulières, comme un siège éloigné du centre des intérêts de la partie faible ou un tribunal arbitral de trois membres, dans le but de décourager celle-ci de toute action pour faire valoir ses droits, compte tenu du coût financier d'une telle action. En bref, la partie en position de force pourrait, par des stipulations non négociées, tenter « d'obscurcir » l'accès de la partie faible à un tribunal. De façon plus générale, une procédurale arbitrale internationale a un coût certain dont la partie faible, peu informée sur cette forme particulière de justice, risque de ne pas être consciente lors de la conclusion du contrat, et qui pourrait ensuite la décourager d'agir au moment de la survenance du litige. Ce découragement risque d'être renforcé par l'éloignement de son « juge naturel » pour la partie faible que peut impliquer un arbitrage international, le siège du tribunal arbitral pouvant être fixé très loin du centre de ses intérêts. À supposer même que le coût et l'éloignement ne soient pas des contraintes insurmontables pour la partie faible, l'arbitrage comporte le risque de lui faire perdre le bénéfice des lois de police de fond assurant sa protection. Faute d'un arbitrage véritablement adapté aux parties faibles et conçu pour elles[258], la clause compromissoire

255. Sur cette notion, v. *supra*, n° 667 et s.

256. Pour une étude plus approfondie sur le sujet, v. Ch. Seraglini, « Les parties faibles face à l'arbitrage international : à la recherche de l'équilibre », *Cah. arb.*, vol. IV, Pedone 2008, p. 49, et les références citées ; et aussi, M. de Fontmichel, *Le faible et l'arbitrage*, Economica, 2013, et la bibliographie de l'auteur ; É. Loquin, « Arbitrabilité et protection des parties faibles », in *Trav. Com. Fr. DIP* 2004-2006, Pedone, 2008, p. 135 ; F. Valencia, « Parties faibles et accès à la justice en matière d'arbitrage », *Rev. arb.* 2007, p. 45. V. également, « Arbitrage et partie faible », actes du colloque du 9 mai 2016, *JDI* 2017, doctr. 1, p. 1.

257. Sur la question du respect par l'arbitre des lois de police, v. *infra*, n° 906 et s.

258. On doit donc réserver le cas d'arbitrages particuliers qui seraient mis en place spécialement pour les litiges impliquant des parties faibles et adaptés à la situation spécifique de celles-ci. Il ne fait pas de doute que certains litiges impliquant des parties faibles, comme les petits litiges de consommation, pourraient gagner à être réglés par le biais d'un arbitrage adapté et encadré, notamment en ligne. La mise en place de tels arbitrages particuliers à l'échelon international risque toutefois d'être problématique. Surtout, ces arbitrages revêtiraient certaines caractéristiques, comme la gratuité ou la proximité géographique nécessaire de l'arbitrage pour la partie faible, les éloignant de l'arbitrage « classique », seul étudié dans le présent ouvrage.

pourrait donc s'avérer être une arme, plus dangereuse encore dans l'arbitrage international que dans l'arbitrage interne, pour priver la partie faible de la protection que le législateur entend lui accorder. Elle pourrait la priver de garanties que lui offre la justice étatique, et que peut difficilement lui offrir l'arbitrage international, en termes d'accessibilité, de faible coût, de proximité, ou de bénéfice de dispositions impératives protectrices. Pourtant, la jurisprudence française ne semble pas toujours sensible à cet état de fait. Au vrai, il faut ici distinguer la solution retenue pour les contrats individuels de travail de celle adoptée pour les contrats de consommation.

661 **Cas du salarié.** En matière de contrats de travail internationaux, la chambre sociale de la Cour de cassation adopte une solution relativement défavorable à l'efficacité de la clause compromissoire[259]. Après avoir décidé, dans l'arrêt *Chauzy*, qu'une telle clause était nulle[260], elle a quelque peu nuancé sa position, mais dans un sens toujours favorable à la protection du salarié. En effet, elle a retenu que « la clause insérée dans un contrat de travail international n'est pas opposable au salarié qui a saisi régulièrement la juridiction française compétente en vertu des règles applicables, peu important la loi régissant le contrat de travail »[261]. La clause compromissoire est donc inopposable au salarié qui saisit les tribunaux français sur la base des compétences exclusives des conseils de prud'hommes, résultant des articles R. 1412-1 et R. 1412-4-1 du Code du travail. La solution revêt la nature d'une loi de police française, applicable quelle que soit la loi régissant le contrat de travail. Son contenu est subtil, puisque la clause n'est pas systématiquement privée de tout effet, le salarié pouvant décider de la laisser jouer : l'inarbitrabilité ne joue qu'en faveur du salarié. Autrement dit, lorsque le juge français est en principe compétent au fond, le litige relatif à un contrat de travail international est néanmoins arbitrable, mais cette arbitrabilité peut être limitée par le jeu d'une loi de police française déclarant la clause compromissoire inopposable au salarié qui décide de saisir le juge français. On pourrait souhaiter que la solution ne soit pas limitée au cas où le salarié saisit en premier la juridiction française, et que « l'inopposabilité au salarié » ait une portée plus générale et s'applique au cas où le salarié, défendeur, n'a pas pris l'initiative du contentieux et a, par ailleurs, refusé d'aller à l'arbitrage ou contesté en vain, devant le tribunal arbitral, la compétence de celui-ci ; elle permettrait ainsi de justifier l'annulation ou le refus d'exequatur de la sentence arbitrale rendue[262]. Par ailleurs, la jurisprudence de la chambre sociale de la Cour de cassation, rendue en matière d'arbitrage interne, selon laquelle « il résulte de l'article L. 1411-4 du Code du travail

259. Sur la protection du salarié en matière interne, v. *supra*, n° 141.

260. Cass. soc., 12 févr. 1985, *RCDIP* 1986, p. 469, note M.-L. Niboyet-Hoegy.

261. Cass. soc., 16 févr. 1999 et 4 mai 1999, *Rev. arb.* 1999, p. 290, note M.-A. Moreau ; *RCDIP* 1999, p. 745, note F. Jault-Seseke ; Cass. soc., 9 oct. 2001, *Rev. arb.* 2002, p. 347, note Th. Clay ; Cass. soc., 28 juin 2005, *JCP* G 2005, I, 179, n° 2, obs. J. Béguin ; *D.* 2005, p. 3052, obs. Th. Clay ; *D.* 2007, p. 111, n° III-A, obs. H. Kenfack ; *JDI* 2006, p. 616, note S. Sana-Chaillé de Néré ; *RCDIP* 2006, p. 159, note F. Jault-Seseke ; Cass. soc., 12 mars 2008, n° 01-44654.

262. En revanche, la protection accordée au salarié peut sembler excessive en ce qui concerne ses critères territoriaux d'application retenus par la Chambre sociale. En effet, la Cour évoque tous les cas visés à l'article R. 517-1 du Code du travail, et semble donc faire de chacun un critère de déclenchement de la protection accordée par le droit français au salarié face à une clause compromissoire internationale. Elle semble ainsi offrir, par exemple, au salarié qui travaille hors établissement la possibilité de saisir le tribunal de son propre domicile en France, même si ce salarié a été embauché à l'étranger par un employeur étranger pour travailler à l'étranger et est venu s'installer en France après rupture du contrat de travail ; pour plus de détails sur ce point, v. Ch. Seraglini, « Les parties faibles face à l'arbitrage international : à la recherche de l'équilibre », *Cah. arb.*, vol. IV, Pedone, 2008, p. 49, spéc. n° 30, p. 66.

que le principe Compétence-Compétence selon lequel il appartient à l'arbitre de statuer par priorité sur sa propre compétence n'est pas applicable en matière prud'homale »[263], est probablement, dans l'esprit de la Cour, également applicable dans l'arbitrage international et devrait donc y permettre de protéger le salarié contre les effets néfastes à sa protection du principe de Compétence-Compétence tel qu'entendu en droit français[264].

En revanche, la solution est plus incertaine lorsque le juge français n'est pas internationalement compétent au fond en vertu des articles R. 1412-1 et R. 1412-4 du Code du travail, la règle posée par la Cour de cassation ne disant rien à cet égard. Pourtant, un droit étranger intéressé au litige peut poser une restriction à l'arbitrabilité du litige analogue à celle prévue par le droit français. En ce cas, la clause compromissoire sera-t-elle néanmoins toujours valable, et un arbitrage international relatif à un contrat de travail pourra-t-il se dérouler en France à l'initiative de l'employeur, ou une sentence rendue dans ces circonstances être exécutée en France, malgré l'existence d'une loi étrangère impérative intéressée par le litige et interdisant un tel arbitrage ? Seule la prise en compte par le juge français de ces lois de police étrangères intéressées au litige pourrait ici fournir une solution équilibrée.

662 **Cas du consommateur.** Le consommateur semble, quant à lui, beaucoup moins à l'abri d'un arbitrage international, à tout le moins au regard du droit français. En premier lieu, compte tenu de la définition compréhensive de l'arbitrage commercial international retenue par la jurisprudence en application de l'article 1504 du Code de procédure civile[265], les contrats de consommation ne sont pas exclus de la notion de commerce au sens de cette disposition, puisqu'ils concernent des opérations économiques[266]. En deuxième lieu, on sait que la jurisprudence française a de longue date décidé d'exclure, en matière d'arbitrage international, l'application de l'article 2061 du Code civil, pour y imposer une règle matérielle posant un principe de « validité » de la clause d'arbitrage[267]. La nouvelle formulation de cet article résultant de la loi du 18 novembre 2016 de modernisation de la justice du XXIe siècle[268] ne modifiera probablement pas la position jursiprudentielle à cet égard[269]. De plus, l'application de l'article 2059 du même code en matière internationale est également incertaine[270]. En troisième lieu, le consommateur semble subir, en matière internationale, la toute-puissance de l'effet négatif du principe de Compétence-Compétence tel qu'il est entendu par le droit français, qui donne une priorité quasi absolue au tribunal arbitral pour se prononcer sur les contestations relatives à sa compétence, et donc à la validité de la convention d'arbitrage[271]. Certes, l'article 1448 du Code de procédure civile[272] prévoit,

263. Cass. soc., 30 nov. 2011, n° 11-12905 et 11-12906, *JCP* G 2012, 843, n° 2, obs. Ch. Seraglini ; *D.* 2012, p. 2997, obs. Th. Clay ; *RTD com.* 2012, p. 351, obs. A. Constantin, et p. 528, obs. É. Loquin ; *Rev. arb.* 2012 (1re décis.), p. 333, note M. Boucaron-Nardetto.

264. Sur la protection nécessaire de la partie faible contre le jeu de l'effet négatif du principe de Compétence-Compétence, v. *supra*, n° 142. Sur le principe de Compétence-Compétence en matière internationale, v. *infra*, n° 679 et s.

265. Art. 1492 CPC avant le décret du 13 janvier 2011.

266. Sur ce point, v. *supra*, n° 30. Et sur la définition retenue à l'article 1504 CPC, v. aussi, *supra*, n° 34 et s.

267. V. *supra*, n° 651.

268. Sur cette réforme, v. *supra*, n° 129 et s.

269. Sur ce point, v. *supra*, n° 651.

270. V. *supra*, n° 653.

271. Sur ce principe, v. *infra*, n° 689 et s.

272. Art. 1458 CPC avant le décret du 13 janvier 2011.

lorsque le tribunal arbitral n'est pas encore saisi, une limite à cette priorité en permettant au juge, saisi au fond du litige malgré l'existence d'une convention d'arbitrage, de refuser de renvoyer les parties à l'arbitrage s'il estime que la clause d'arbitrage est manifestement nulle ou manifestement inapplicable. Cependant, cette limite, telle qu'elle est entendue par la jurisprudence, ne sera pas d'un grand secours pour le consommateur en matière internationale. Tout d'abord, elle ne joue que si le tribunal arbitral n'est pas encore saisi. Ensuite, l'article 2061 du Code civil étant inapplicable en matière internationale, il ne peut y fonder une nullité ou une inapplicabilité manifeste de la clause d'arbitrage. Enfin et plus généralement, la clause d'arbitrage internationale étant régie, dans la jurisprudence française, par un principe de validité, la caractérisation de sa nullité ou de son inapplicabilité « manifeste » risque d'être problématique. En tout cas, dans les affaires *Jaguar*[273] et *Rado*[274], la Cour de cassation a admis le renvoi devant les arbitres du consommateur qui avait saisi les juridictions françaises du fond du litige en invoquant la nullité manifeste de la clause d'arbitrage insérée au contrat aux motifs que « la clause devait recevoir application en vertu de l'indépendance d'une telle clause en droit international, sous la seule réserve des règles d'ordre public international qu'il appartiendra à l'arbitre de mettre en œuvre, sous le contrôle du juge de l'annulation, pour vérifier sa propre compétence, spécialement en ce qui concerne l'arbitrabilité du litige ». C'est donc le principe de Compétence-Compétence qui fonde essentiellement la décision de la Cour de cassation : en matière de consommation, et contrairement au cas du salarié, ce principe ne semble souffrir d'aucune limite particulière, qui serait tirée de la nécessaire protection du consommateur[275]. Ce faisant, la position de la Haute juridiction quant à l'arbitrabilité des litiges de consommation n'apparaît pas clairement. Certes, la Cour de cassation ne semble pas considérer l'arbitrabilité de ce type de litiges comme un principe acquis, puisqu'elle invite l'arbitre à contrôler cette arbitrabilité afin de vérifier sa compétence. Cependant, si ces litiges ne sont pas arbitrables par nature, ils ne sont pas davantage inarbitrables par nature, puisque la clause d'arbitrage n'est pas ici considérée comme « manifestement nulle », au sens de l'article 1448 du Code de procédure civile, au seul motif qu'elle était insérée dans un contrat de consommation. La Cour de cassation semble en fait inviter à distinguer les cas où le litige est arbitrable et ceux où il ne l'est pas, sans toutefois fournir la clé de cette répartition. Elle renvoie cette question en premier lieu à l'arbitre, qui devra apprécier l'arbitrabilité au regard de la « seule réserve des règles de l'ordre public international » et ce, sous le contrôle du juge de l'annulation ou de l'exequatur. En réalité, ce sont probablement des règles revêtant la nature de lois de police, françaises ou éventuellement étrangères, qui permettront de déterminer quels litiges sont arbitrables et lesquels ne le sont pas. En France, et même si la jurisprudence n'a pas, pour le moment, apporté de précisions à cet égard, la réglementation relative aux clauses abusives, et notamment les articles L. 212-1 et R. 212-2, 10°, du Code de la

273. Cass. 1re civ., 21 mai 1997, *Jaguar, Rev. arb.* 1997, p. 537, note E. Gaillard ; *RCDIP* 1998, p. 87, note V. Heuzé ; *RTD com.* 1998, p. 330, obs. É. Loquin ; rendu sur pourvoi contre Paris, 7 déc. 1994, *RTD com.* 1995, p. 401, obs. É. Loquin ; *Rev. arb.* 1996, p. 245, note Ch. Jarrosson.

274. Cass. 1re civ., 30 mars 2004, *Rado, RTD com.* 2004, p. 447, obs. É. Loquin ; *JCP* G 2004, I, 134, n° 3, obs. Ch. Seraglini ; *Rev. arb.* 2005, p. 125 (1re esp.), note X. Boucobza ; *D.* 2004, p. 2458, note I. Najjar ; *D.* 2005, p. 3050, II-C-1, obs. Th. Clay.

275. Dans le même sens, v. également les arrêts *Merril Lynch* : Paris, 2 avr. 2003, 28 janv. 2004 et 28 avr. 2004, *Rev. arb.* 2005 (2e, 3e et 4e esp.), p. 115, note X. Boucobza.

consommation, pourraient ici jouer un certain rôle[276], dans la mesure où, contrairement à l'article 2061 du Code civil dont la jurisprudence a toujours restreint l'application à l'arbitrage interne, ces dispositions ne sauraient subir la même restriction, puisque les articles L. 231-1 et suivants du même code en définissent justement le champ d'application dans un contexte international[277]. Ainsi, le consommateur pourrait invoquer la présomption de caractère abusif de la clause compromissoire posée par les articles L. 212-1 et R. 212-2,10°, et mettre à la charge du professionnel le soin d'apporter la preuve contraire. Néanmoins, cette protection paraît moins efficace que celle qui aurait pu résulter des articles 2059 et 2061 du Code civil. De plus, elle ne paraît pas pouvoir neutraliser le jeu de l'effet négatif du principe de compétence-compétence à l'égard du consommateur[278]. En tout cas, s'agissant du juge du contrôle de la sentence, le droit communautaire, et plus précisément la Cour de justice de l'Union européenne, paraît lui imposer certaines obligations procédurales sur ce point. Selon la Cour de justice, si le consommateur n'a pas comparu devant le tribunal arbitral, le juge est tenu, dans le cadre du contrôle du respect de l'ordre public par la sentence, de relever d'office le moyen tiré du caractère abusif de la clause compromissoire[279] ; et même si le consommateur a participé à l'arbitrage sans contester la validité de la clause, il doit pouvoir soulever son caractère abusif devant le juge de l'annulation ou de l'exequatur[280]. Encore faut-il néanmoins, pour que le consommateur bénéficie de telles protections, que la clause d'arbitrage soit effectivement abusive, ce qui n'est pas systématiquement le cas au regard des dispositions de l'article L. 212-1 du Code de la consommation[281]. De plus et en toute hypothèse, à suivre la jurisprudence française, la partie faible devra donc saisir un tribunal arbitral, peut-être situé à l'étranger et loin de son domicile[282], pour savoir si la clause d'arbitrage peut ou non lui être finalement imposée. Or, on ne peut se satisfaire d'une telle solution[283].

L'affaire *Rado* mettait ainsi en présence un particulier, démarché à domicile, un contrat rédigé en anglais, et une clause d'arbitrage qui était, selon les juges du fond

276. En ce sens, J.-B. Racine, *L'arbitrage commercial international et l'ordre public*, LGDJ, 1999, n° 113, p. 63.

277. Notamment, l'article L. 232-1 (depuis l'ordonnance n° 2016-301 du 14 mars 2016 ; v. auparavant L. 135-1) du Code de la consommation dispose : « Nonobstant toute stipulation contraire, le consommateur ne peut être privé de la protection que lui assurent les dispositions prises par un État membre de l'Union européenne en application de la directive 93/13/CEE du Conseil, du 5 avril 1993 concernant les clauses abusives dans les contrats conclus avec les consommateurs lorsque le contrat présente un lien étroit avec le territoire d'un État membre » ; sur la notion de « lien étroit » dans ce contexte, v. art. L. 231-1 du même code.

278. Sur ces points, v. *supra*, n° 126 et 132.

279. CJUE, 6 oct. 2009, aff. C-40/08, *Asturcom Telecomunicaciones*, *Rev. arb.* 2009, p. 813, note Ch. Jarrosson ; *Cah. arb.* 2010, p. 471, note A. Musella et P. Pedone ; *JCP* G 2010, doctr. 644, n° 3, obs. Ch. Seraglini ; *D.* 2009, p. 2959, obs. Th. Clay.

280. CJCE, 26 oct. 2006, aff. C-168/05, *Elisa Maria Mostaza Claro*, *Rev. arb.* 2007, p. 109, note L. Idot ; *JDI* 2007, p. 581, note A. Mourre ; *JCP* G 2007, I, 168, n° 1, obs. Ch. Seraglini ; *D.* 2006, p. 3027, obs. Th. Clay ; *D.* 2006, p. 2562, obs. S. Bollée ; *RTD civ.* 2007, p. 113, obs. J. Mestre et B. Fages ; *RTD civ.* 2007, p. 633, obs. Ph. Théry. Pour une appréciation critique de cet arrêt, v. *supra*, n° 127.

281. Pour une discussion sur le caractère éventuellement abusif d'une clause compromissoire au regard de l'article L. 212-1 du Code de la consommation, v., dans l'étude de l'arbitrage interne, *supra*, n° 126.

282. Dans l'affaire *Rado*, aux États-Unis, pour un consommateur français domicilié en France !

283. Pour une critique plus détaillée de cette jurisprudence, v. Ch. Seraglini, « Les parties faibles face à l'arbitrage international : à la recherche de l'équilibre », *Cah. arb.*, vol. IV, Pedone, 2008, p. 49.

eux-mêmes, ambiguë dans ses termes et qui imposait un arbitrage aux États-Unis... autant d'éléments pouvant inciter à ne pas contraindre le consommateur d'aller plaider sa cause devant un tribunal arbitral. Tel n'a pas été le point de vue de la Cour de cassation. Certes, dans l'esprit des juges, les intérêts du consommateur sont préservés puisque, en premier lieu, l'arbitre devra respecter les règles d'ordre public international applicables, y compris celles relatives à l'arbitrabilité du litige, s'il veut voir sa sentence susceptible d'être exécutée en France. Cependant, cette proposition repose sur des présupposés bien fragiles. Tout d'abord, rien n'indique que le consommateur, surtout pour un litige d'un faible montant financier, ne se découragera pas d'agir avant de saisir un arbitre peut-être éloigné géographiquement. Ensuite, si la question de l'arbitrabilité des litiges de consommation est déléguée, dans un premier temps, à l'arbitre, qui devra, selon la Cour de cassation, « mettre en œuvre [les règles d'ordre public internationales], sous le contrôle du juge de l'annulation, pour vérifier sa propre compétence, spécialement en ce qui concerne l'arbitrabilité du litige », on peut s'interroger sur le contenu et la portée de cette prétendue injonction faite à l'arbitre. Même disposé à appliquer ces règles, l'arbitre pourra éprouver quelques difficultés à les identifier. Surtout, cette prétendue injonction sera le plus souvent sans portée contraignante et, en réalité, l'arbitre jouit d'une très grande liberté d'action. De fait, peu de contraintes pèsent sur lui. Pour s'en convaincre, il suffit de constater que s'il passe outre une inarbitrabilité qui serait édictée au profit du consommateur français et rend une sentence contre celui-ci en méconnaissant les dispositions au fond protectrices du consommateur résultant de la loi française, il y a peu de chances que cette sentence soit sanctionnée, notamment si elle n'a pas vocation à être exécutée en France. Or, tel sera le plus souvent le cas d'une sentence déboutant le consommateur de ses demandes contre le professionnel. Dans cette situation, la protection du consommateur français ne sera pas davantage assurée par le juge saisi du recours en annulation contre la sentence. En effet, comme dans l'affaire *Rado*, le seul juge compétent pour connaître du recours en annulation, soit le juge du siège du tribunal arbitral, pourra être un juge étranger, qui ne sera pas nécessairement enclin à veiller au respect par l'arbitre de la législation française protectrice du consommateur, compte tenu notamment de la grande disparité des solutions retenues par les diverses législations étatiques en matière d'arbitrabilité des litiges impliquant des parties faibles et plus généralement quant à la protection de celles-ci. En tout cas, la solution retenue par la jurisprudence française est déjà une porte ouverte au choix, par le co-contractant professionnel en position de force, d'un siège peu regardant en matière de protection du consommateur face à l'arbitrage. En toute hypothèse, même si le juge du siège, lui aussi bien disposé, décidait d'annuler la sentence n'ayant pas respecté une inarbitrabilité posée par le droit français, le consommateur ne serait pas au bout de ses peines, puisqu'il ne pourra peut-être toujours pas entamer une procédure judiciaire en France. En effet, une telle procédure impliquerait qu'il puisse faire reconnaître en France la décision d'annulation du juge du siège, seul moyen de ne pas se heurter à nouveau à l'effet négatif du principe de Compétence-Compétence devant le juge français. Or, il risque alors d'être victime d'un curieux effet, probablement non perçu par les magistrats français, de la jurisprudence relative à la reconnaissance en France de la sentence annulée au siège. En effet, même si le juge étranger sanctionnait l'arbitre ayant retenu à tort l'arbitrabilité du litige à l'égard d'un consommateur français, sa décision serait probablement inefficace en France, à en croire les affirmations de la jurisprudence française. La cour d'appel de Paris estime en effet que « les décisions rendues à la suite d'une procédure d'annulation, à l'instar des décisions d'exequatur, ne produisent pas d'effets internationaux car elles ne concernent qu'une souveraineté déterminée sur le territoire où elle s'exerce, aucune appréciation ne pouvant être portée sur ces décisions émises par un juge étranger à l'occasion d'un procès indirect »[284]. Ainsi, une décision étrangère d'annulation d'une sentence arbitrale serait par nature insusceptible de reconnaissance en France. La Cour de cassation, si elle n'a jamais repris une formule aussi radicale, paraît néanmoins aller dans le même sens et exclure toute possibilité de reconnaissance en France de la décision étrangère d'annulation d'une sentence arbitrale internationale[285]. Dans ces conditions, le consommateur pourra-t-il un jour saisir une juridiction française pour faire valoir ses droits[286] ? À tout cela, on pourrait ajouter que si le juge français venait à connaître de la sentence arbitrale qui serait rendue à l'encontre du consommateur dans le cadre d'un exequatur en France sollicité par le co-contractant professionnel, la protection du consommateur ne pourrait être assurée que si le juge était alors disposé à opérer un véritable contrôle de la sentence, au regard de l'ordre public international au sens de l'article 1520.5° du Code de procédure civile, ce qui n'était absolument pas garanti compte tenu de la jurisprudence longtemps développée en matière de respect par la sentence de l'ordre public international, même si certains arrêts récents invitent à plus d'optimisme à cet égard[287].

Le consommateur pourra peut-être espérer voir sa situation face à l'arbitrage international s'améliorer au regard de la jurisprudence de la Cour de justice de l'Union européenne dans l'affaire *Claro*[288]. La question posée à la Cour était de savoir si, au regard de la Directive 93/13/CEE du 5 avril 1993 sur les clauses abusives, un consommateur espagnol qui, assigné en arbitrage sur la base de la clause compromissoire stipulée dans un contrat d'abonnement téléphonique, avait choisi de participer à l'instance arbitrale sans invoquer le caractère abusif de la clause, pouvait néanmoins l'invoquer au stade du recours contre la sentence. La Cour de justice a estimé que la directive devait « être interprétée en ce sens qu'elle implique qu'une juridiction nationale saisie d'un recours en annulation d'une sentence arbitrale apprécie la nullité de la convention d'arbitrage et annule cette sentence au motif que ladite convention contient une clause abusive, alors même que le consommateur a invoqué cette nullité non pas dans le cadre de la procédure arbitrale, mais uniquement dans celui du recours en annulation »[289]. Si cette décision peut, compte tenu des données de l'espèce en cause, apparaître excessivement

284. Paris, 29 sept. 2005, *Bechtel*, *Rev. arb.* 2006, p. 695, note H. Muir Watt ; *JCP* G 2006, I, 148, n° 7, obs. Ch. Seraglini ; *D.* 2005, pan., p. 3063, obs. Th. Clay ; *RCDIP* 2006, p. 387, note A. Szekely.

285. V. Cass. 1re civ., 29 juin 2007, *sté PT Putrabali Adyamulia c/ sté Rena Holding et a.* (2 arrêts), *Rev. arb.* 2007, p. 507, rapport J.-P. Ancel, note E. Gaillard ; *JDI* 2007, p. 1236, note Th. Clay ; *JCP* G 2007, I, 216, n° 7 et s., obs. Ch. Seraglini ; *RTD com.* 2007, p. 682, obs. É. Loquin ; *D.* 2008, p. 1429, note L. Degos ; *RCDIP* 2008, p. 109, note S. Bollée ; Ph. Pinsolle, « L'ordre juridique arbitral et la qualification de la sentence arbitrale de décision de justice internationale (à propos de l'arrêt Putrabali du 29 juin 2007) », *Cah. arb.*, vol. IV, Pedone, 2008, p. 110 ; *adde* A. Mourre, « À propos des articles V et VII de la Convention de New York et de la reconnaissance des sentences annulées dans leurs pays d'origine : où va-t-on après les arrêts *Termo Rio* et *Putrabali* ? », *Rev. arb.* 2008, p. 263 ; v. aussi, *supra*, n° 577 et s., et *infra*, n° 924.

286. Pour ce faire, devra-t-il entamer, après le jugement d'annulation de la sentence éventuellement rendu à l'étranger, un second arbitrage en espérant que le nouvel arbitre se déclare incompétent en suivant les indications du juge étranger, et à rechercher ensuite la reconnaissance de cette seconde sentence en France ?

287. Sur ce contrôle, longtemps très insatisfaisant, et sur l'espoir de voir actuellement la jurisprudence revenir à plus de raison, v. *infra*, n° 1000 et s.

288. Sur cette affaire, v. aussi, *supra*, n° 127 et *supra*, n° 140.

289. CJCE, 26 oct. 2006, aff. C-168/05, *Elisa Maria Mostaza Claro*, *Rev. arb.* 2007, p. 109, note L. Idot ; *JDI* 2007, p. 581, note A. Mourre ; *JCP* G 2007, I, 168, n° 1, obs. Ch. Seraglini ; *D.* 2006,

protectrice du consommateur sur certains points[290], elle a le mérite de conduire, en amont de l'instance arbitrale, à s'interroger sur la pérennité de la jurisprudence française qui, au nom de l'effet négatif du principe de Compétence-Compétence, renvoie le consommateur à l'arbitrage pour contester la validité ou l'opposabilité à son égard de la clause d'arbitrage ou l'arbitrabilité du litige au regard des règles protectrices du consommateur. En effet, il n'est pas certain que, dans l'esprit de la Cour de justice, une telle solution puisse être maintenue[291]. Contraindre ainsi le consommateur à aller à l'arbitrage pour espérer s'entendre dire que la clause est effectivement abusive ou lui est inopposable ne constitue-t-il pas une modalité procédurale excessive au regard de l'effectivité du droit communautaire relatif à la protection du consommateur contre les clauses abusives ? Surtout que cela rend, comme on l'a vu, particulièrement aléatoire la protection effective de la partie faible en matière internationale. Aussi, ne conviendrait-il pas d'apporter, au bénéfice du consommateur, une dérogation au jeu de l'effet négatif du principe de Compétence-Compétence au nom d'une loi de police française restreignant l'efficacité des clauses d'arbitrage à l'égard du consommateur ? Cette dérogation a récemment été clairement retenue au bénéfice du salarié. Pourquoi le consommateur mériterait-il un traitement moins favorable ? Cette « neutralisation » de l'effet négatif du principe de Compétence-Compétence devrait être doublée de l'élaboration de la loi de police en question permettant, à certaines conditions qu'il conviendrait de préciser, de retenir la nullité ou l'inopposabilité d'une clause d'arbitrage internationale conclue par un consommateur résidant en France, à l'instar de celle élaborée par la Chambre sociale de la Cour de cassation au profit des salariés[292]. À cet égard, la réglementation relative aux clauses abusives pourrait, au regard des arrêts rendus par la Cour de justice, jouer un certain rôle[293]. Cependant, la définition même de la clause abusive et le système mis en place par les articles L. 212-1 et R. 212-2, 10°, du Code de la consommation conduisent plutôt à écarter une telle solution. En effet, la clause compromissoire n'est, en vertu de cet article, que potentiellement abusive. Un tel mécanisme apparaît donc insuffisamment protecteur des intérêts du consommateur s'agissant des clauses d'arbitrage internationales. La question de savoir si une clause contractuelle réunit les critères requis pour être qualifiée d'abusive doit souvent être appréciée au cas par cas par le juge national ; le mécanisme est ainsi frappé d'un grand relativisme, le rendant trop imprévisible, ce qui ne paraît bénéfique, ni à la protection du consommateur, ni à la sécurité du commerce international. Il conviendrait plutôt de privilégier l'élaboration d'une loi de police spécifique, sur le modèle de celle dégagée par la Chambre sociale de la Cour de cassation à propos des salariés. Cette loi pourrait par exemple retenir que « la clause compromissoire insérée dans un contrat conclu par une personne résidant en France qui se procure ou utilise un bien ou un service pour un usage pouvant être considéré comme étranger à son activité professionnelle, est inopposable à celle-ci »[294].

---

p. 3027, obs. Th. Clay ; *D.* 2006, p. 2562, obs. S. Bollée ; *RTD civ.* 2007, p. 113, obs. J. Mestre et B. Fages ; *RTD civ.* 2007, p. 633, obs. Ph. Théry.

290. Sur les critiques pouvant être adressées à l'arrêt, v. *supra*, n° 127.

291. Dans le même sens, A. Mourre, note préc. sous CJCE, 26 oct. 2006, spéc. p. 585.

292. V. *supra*, n° 661.

293. V. J.-B. Racine, *L'arbitrage commercial international et l'ordre public*, LGDJ, 1999, n° 113, p. 63.

294. S'agissant du champ d'application spatial de la règle proposée, le critère de la résidence habituelle en France du consommateur constitue un point de départ digne d'intérêt, mais qui doit probablement être complété. En effet, il apparaîtrait excessif que la loi française assure la protection de consommateur résidant habituellement en France mais en vacances à l'étranger et qui y conclut un contrat de consommation. Les

Autrement dit, une transposition à l'échelon international, avec quelques précisions quant à son champ d'application spatial, de la règle figurant désormais à l'article 2061, alinéa 1er, du Code civil en matière interne.

Certes, il serait inadéquat d'interdire au consommateur tout recours à l'arbitrage, dans la mesure où il peut, dans certains cas, y trouver un intérêt. Il importe toutefois que l'arbitrage ne puisse pas lui être imposé, à tout le moins lorsqu'un droit étatique ayant un lien significatif avec le consommateur a manifesté le souci d'assurer sa protection. Dans cette perspective, il conviendrait en principe d'admettre la validité du compromis[295], seule la clause compromissoire présentant ici un danger spécifique pour le consommateur et méritant une attention particulière. Par ailleurs, la « neutralisation » de l'effet négatif du principe de Compétence-Compétence, lorsque le consommateur décide de saisir une juridiction étatique en invoquant la nullité ou l'inopposabilité de la convention d'arbitrage en application des dispositions protectrices applicables, apparaît comme une solution souhaitable. En revanche, s'agissant d'un ordre public de protection, si le consommateur décide, librement et en connaissance de cause, de couvrir la nullité ou l'inopposabilité éventuelle de la convention d'arbitrage en allant volontairement à l'arbitrage, il devrait en assumer les conséquences. Dans cette perspective, la position prise par la Cour de justice dans l'arrêt *Claro* paraît excessive, en ce qu'elle autorise le consommateur à invoquer le caractère abusif de la clause d'arbitrage pour la première fois devant le juge saisi d'un recours en annulation contre la sentence arbitrale, sans vouloir, semble-t-il, prendre en compte l'éventuelle renonciation en connaissance de cause du consommateur au bénéfice de la protection. Or, dans cette espèce, le consommateur avait été informé par l'institution en charge de l'arbitrage, avant le début de l'instance arbitrale, qu'il pouvait, dans un délai de dix jours, refuser l'arbitrage au profit de la juridiction étatique, droit qu'il n'avait pas exercé[296]. Une distinction aurait au contraire pu être suggérée par la Cour, entre le fait, au moment de la survenance du litige, de ne pas invoquer le caractère abusif de la clause d'arbitrage par ignorance de ses droits, auquel cas le consommateur pourrait encore invoquer la nullité au stade du recours contre la sentence, et le fait de choisir de ne pas l'invoquer, auquel cas la protection « procédurale » du consommateur, assurée par le caractère abusif de la clause d'arbitrage, n'a plus lieu d'être, sauf à démontrer un dol du cocontractant ou une renonciation qui ne serait pas intervenue en connaissance de cause. En effet, l'ordre public de protection, ici *a priori* en cause, n'implique probablement pas que le consommateur puisse, à son gré, jouer sur plusieurs tableaux et accepter ou refuser l'arbitrage *in fine*, selon que le résultat obtenu devant l'arbitre lui convient ou non[297].

critères spatiaux retenus par l'article 15.1 du Règlement de Bruxelles I (n° 44/2001 du 22 décembre 2000 ; v. art. 17.1. règlement UE n° 1215/2012 du 12 décembre 2012 qui a remplacé le premier à compter du 10 janvier 2015) ou par l'article L. 231-1 du Code de la consommation pour assurer la protection internationale du consommateur pourraient ici constituer des sources d'inspiration intéressantes.

295. Dès lors, bien entendu, que le consommateur ne peut pas, par ailleurs, faire valoir un dol ou une erreur s'agissant de son consentement au compromis.

296. V., beaucoup moins contestable, CJUE, 6 oct. 2009, aff. C-40/08, *Asturcom Telecomunicaciones*, préc., qui impose au juge, si le consommateur n'a pas comparu devant le tribunal arbitral, de relever d'office le moyen tiré du caractère abusif de la clause compromissoire dans le cadre du contrôle du respect, par la sentence, de l'ordre public.

297. Pour plus de détails sur ce point, v. Ch. Seraglini, « Les parties faibles face à l'arbitrage international : à la recherche de l'équilibre », préc., spéc. n° 22, p. 62. Il convient de préciser qu'en revanche, la protection « substantielle » du consommateur devrait encore être assurée au stade du recours contre la sentence, et justifier une intervention positive du juge pour veiller à la conformité de la sentence aux

Afin de parfaire la protection procédurale du consommateur contre des clauses d'arbitrage internationales qui lui seraient imposées, il faudrait que le juge français soit également enclin à donner effet aux lois de police étrangères assurant une telle protection. Le consommateur français n'est pas le seul à mériter protection. Le juge français pourrait notamment, en tant que juge d'appui, refuser de prêter son concours à la constitution d'un tribunal arbitral devant siéger en France, si une loi de police étrangère, qui lui paraît légitime, s'oppose à ce qu'en l'espèce, le consommateur se voit contraint d'aller à l'arbitrage. Cependant, s'agissant des restrictions étrangères, la question est quelque peu différente. En effet, il appartient alors au droit étranger concerné de fixer les conditions de la protection (possibilité ou non pour le consommateur d'y renoncer, modalités afférentes à l'éventuelle renonciation, champ d'application spatial, etc.). Il suffira au juge français d'en apprécier la légitimité au cas d'espèce pour, le cas échéant, leur donner effet. Cette démarche permettrait au juge français de ne pas se soucier des seuls consommateurs résidant en France, tout en n'accordant aucune protection excessive, c'est-à-dire qui ne serait voulue par aucun droit étatique concerné par le litige. À titre d'exemple, il n'y aurait pas lieu d'assurer une protection particulière dans le cas d'un contrat conclu entre un consommateur et un professionnel ressortissants d'États qui ne voient aucun inconvénient à l'arbitrage ; il ne faut pas se montrer plus royaliste que deux rois[298] !

663 **Propriété industrielle.** En France, comme dans de nombreux autres pays, l'arbitrabilité des litiges de propriété industrielle fait encore l'objet de restrictions. Toutefois, les solutions à cet égard varient fortement en droit comparé[299]. Aussi, pour apprécier la portée exacte de ces restrictions dans un contexte international, un raisonnement en termes de lois de police, françaises ou étrangères, apparaît, une fois encore, comme le plus approprié.

Les contours de l'arbitrabilité des litiges de propriété industrielle en droit français ont déjà été examinés dans le cadre de l'étude de l'arbitrage interne[300]. Il y sera donc renvoyé pour un exposé plus détaillé de la matière, dans la mesure où les solutions du droit français ne sont probablement pas très différentes sur ce point précis en matière interne et en matière internationale[301]. On en rappellera ici simplement les grands traits,

dispositions relatives au fond du litige protectrices du consommateur. En effet, l'acceptation par le consommateur de recourir à l'arbitrage n'implique en rien renonciation de sa part au bénéfice des dispositions protectrices de ses droits au fond ; sur ce point, v. Ch. Seraglini, « Les parties faibles face à l'arbitrage international : à la recherche de l'équilibre », préc., spéc. n° 35 et s., p. 70.

298. Pour une étude plus complète, v. Ch. Seraglini, « Les parties faibles face à l'arbitrage international : à la recherche de l'équilibre », préc., spéc. n° 23 et s., p. 63.

299. V., sur le sujet et le droit comparé, *Arbitrage et propriété intellectuelle*, Litec, 1994, Actes du colloque organisé par l'IRPI (Paris, 26 janv. 1994) ; A. Mantakou, « Arbitrability and Intellectual Property Disputes », in L. Mistelis et S. Brekoulakis, dir., *Arbitrability : International and Comparative Perspectives*, Kluwer Law International, 2009, p. 263 ; F. Perret, « L'arbitrabilité des contentieux en matière de brevets d'invention », in *Liber Amicorum Claude Reymond*, Litec, 2004, p. 229 ; J.-B. Racine, *L'arbitrage commercial international et l'ordre public*, LGDJ, 1999, n°s 135 et s., p. 78 ; et aussi, sur le droit comparé, J.-F. Poudret, S. Besson, *Droit comparé de l'arbitrage international*, Bruylant, 2002, n° 354 et s. De façon plus générale sur le sujet, v. aussi les références citées *supra*, n° 144. V. également les actes du colloque sur « Arbitrage et propriété intellectuelle » organisé par le Comité français de l'arbitrage le 18 octobre 2013, publiés in *Rev. arb.* 2014, p. 267 et s., et plus spécialement, F. Perret, « Arbitrage et propriété intellectuelle : le contentieux de l'annulation du titre », p. 303 ; et aussi D.-M. Vincente, « Arbitrability of intellectual property disputes: a comparative survey », *Arb. int.* 2015, vol. 31, p. 151.

300. V. *supra*, n° 144.

301. En précisant que, bien entendu, l'article 2061 du Code civil relatif à la clause compromissoire n'est pas applicable en matière internationale. Mais on sait (*supra*, n° 144) que c'est en réalité l'article 2060 du

avec les adaptations nécessaires à la matière internationale. Rompant avec une jurisprudence antérieure relativement restrictive, les lois nº 78-742 du 13 juillet 1978 pour les brevets et nº 91-7 du 4 janvier 1991 pour les marques ont été relativement favorables à l'arbitrabilité de ces matières[302]. Puis une loi nº 2011-525 du 17 mai 2011 de simplification et d'amélioration de la qualité du droit a, par souci d'harmonie, étendu la possibilité du recours à l'arbitrage, auparavant expressément prévue qu'en matière de marques et de brevets, aux autres droits de propriété intellectuelle[303]. Cependant, des limites à l'arbitrabilité des litiges de propriété industrielle demeurent. Ces limites s'expliquent surtout par la nature de l'autorité qui délivre le titre et par le caractère absolu de la protection que ce titre confère. Le titre est délivré par une autorité publique et constaté par un dépôt auprès d'un service public ; l'État semble ainsi disposer d'un monopole dans l'attribution, et donc logiquement dans le retrait, du titre. Par la suite, le titre sera opposable à tous et créera un véritable monopole au profit de son titulaire. Il intéresse donc également les droits des tiers. Par conséquent, une décision d'annulation d'un brevet ou d'une marque devrait logiquement avoir un effet absolu, *erga omnes*, ce qui paraît peu compatible avec l'idée qu'elle puisse être prise par un juge privé, désigné en tant que tel par la seule volonté des parties au litige dont il est saisi. Ces considérations peuvent expliquer la ligne de partage traditionnellement posée entre ce qui est arbitrable et ce qui ne l'est pas en matière de droits de propriété industrielle. Ainsi, le contentieux de l'exploitation des droits de propriété industrielle est considéré comme arbitrable, la cour d'appel de Paris ayant affirmé que « les litiges portant sur les contrats relatifs à l'exploitation des brevets, qu'il s'agisse d'interprétation ou d'exécution du contrat, sont arbitrables »[304] ; il en est de même du contentieux de la titularité des droits qui, de la même manière, n'intéresse que les intérêts privés des parties au litige[305], ou encore du contentieux civil de la contrefaçon[306]. En revanche, pendant longtemps, il a été considéré que lorsque le litige ne portait pas uniquement sur les droits et devoirs respectifs des parties liées par un contrat de licence, mais également sur la validité du titre, il était inarbitrable, la jurisprudence déclarant que le litige est arbitrable « dès lors que la validité du brevet n'est pas en cause »[307]. Bref, le contentieux de la validité des titres de propriété industrielle ayant fait l'objet d'un dépôt restait inarbitrable dans la mesure où l'intervention de l'autorité publique ayant délivré le titre et les droits des tiers sont alors en cause. En conséquence, confronté à un argument relatif à l'invalidité du titre,

Code civil et sa référence à l'ordre public, telle qu'interprétée par la jurisprudence (sur cette interprétation, v. *supra*, nº 110 et s., et *supra*, nº 652), qui constituent le cœur du débat quant à l'arbitrabilité des droits de propriété industrielle.

302. V. art. L. 615-17 CPI (brevets) et art. L. 716-4 CPI (marques).

303. L. nº 2011-525, 17 mai 2011 de simplification et d'amélioration de la qualité du droit, *JO* 18 mai, p. 8537 ; *JCP* E 2011, 1663, obs. J.-M. Bruguière et E. Gillet.

304. Paris, 24 mars 1994, *Deko*, *Rev. arb.* 1994, p. 515, note Ch. Jarrosson ; *D.* 1996, som., p. 21, obs. J. M. Mousseron et J. Schmidt-Szalewski. La solution, posée pour les brevets, doit probablement être étendue au cas des marques et, aujourd'hui, aux autres droits de propriété industrielle touchés par la réforme opérée par la loi nº 2011-525 du 17 mai 2011 de simplification et d'amélioration de la qualité du droit.

305. Paris, 31 oct. 2001, *Propr. Ind.* 2002, nº 8, comm. 76, note J. Raynard : « Le litige qui concerne, non pas la validité du brevet, mais la paternité de l'invention, est arbitrable ».

306. Sur les discussions possibles à cet égard, v. É. Loquin, « Arbitrage – Conventions d'arbitrage – Conditions de fond – Litige arbitrable », *J. Cl. Proc. Civ.*, Fasc. 1024, nº 70.

307. Paris, 3 févr. 1992, *RTD com.* 1993, p. 293, obs. É. Loquin ; Cass. 2e civ., 1er févr. 2001, *Rev. arb.* 2001, p. 232.

l'arbitre devait probablement surseoir à statuer dans l'attente de la décision d'un juge étatique sur cette question, sous peine d'exposer sa sentence à la censure du juge français.

Une telle solution pouvait ne pas apparaître pleinement satisfaisante pour l'efficacité de l'arbitrage international. En effet, dans un contentieux relatif à l'exploitation du droit de propriété industrielle, ou dans un contentieux civil de la contrefaçon, une partie pouvait être tentée de soulever, de façon dilatoire, un argument de nullité du titre pour gagner du temps, en obligeant le tribunal arbitral à surseoir à statuer dans l'attente d'une décision du juge étatique sur cet argument. Dans ces conditions, et dans un contexte international, un arbitre aurait pu préférer profiter de sa situation « délocalisée »[308] pour ne pas respecter la restriction ainsi posée par le droit français, à tout le moins lorsqu'il ne siégeait pas en France et que sa sentence n'avait pas vocation à y être exécutée. En tout cas, en doctrine, diverses propositions d'évolution du droit français ont été proposées, dans l'objectif évident de contrecarrer les éventuelles manœuvres dilatoires. Certains auteurs ont avancé que, lorsque la question de la validité du titre est soulevée à titre incident, comme moyen de défense, le tribunal arbitral devrait pouvoir, en vertu du principe de Compétence-Compétence[309], se prononcer sur cette question afin de vérifier sa compétence : s'il considérait le titre nul, ne pouvant prononcer lui-même cette nullité, il devrait renvoyer la question au juge ; en revanche, s'il estimait le titre valable, il pourrait retenir sa compétence et trancher le litige[310]. D'autres auteurs allaient plus loin, en soutenant que le tribunal arbitral pourrait constater lui-même la nullité du titre, constatation qui n'aurait toutefois d'effet qu'entre les parties, et trancher au fond le litige, sans avoir à se déclarer incompétent[311]. Quoi qu'il en soit, la jurisprudence française a évolué sur le sujet. La cour d'appel de Paris a en effet décidé, dans un arrêt du 28 février 2008 rendu dans le cadre d'un arbitrage international et à propos d'un litige relatif à un contrat portant sur un brevet, que l'arbitre peut trancher, de manière incidente, une question touchant à la validité du brevet. La raison en est que « l'invalidité éventuellement constatée n'a, pas plus que s'il s'agissait de la décision d'un juge, d'autorité de chose jugée, car elle ne figure notamment pas au dispositif et n'a d'effet qu'à l'égard des parties, de même d'ailleurs qu'une décision en faveur de la validité, les tiers pouvant toujours demander la nullité du brevet pour les mêmes causes »[312]. Rendue en droit des brevets, la solution devrait logiquement également valoir en droit des marques[313]. De plus, elle semble avoir été implicitement avalisée par la

308. Sur ce concept, v. *supra*, n° 667 et s.

309. Sur ce principe, v. *infra*, n° 679 et s.

310. É. Loquin, note sous Paris, 3 févr. 1992, *RTD com.* 1993, p. 293, spéc. p. 294. De leur côté, MM. Bonnet et Jarrosson (« L'arbitrabilité des litiges de propriété industrielle en droit français », in *Arbitrage et propriété intellectuelle*, préc., p. 61, spéc. p. 70) estiment, en se fondant sur l'idée que la délivrance du titre justifierait une présomption de validité de celui-ci, que l'arbitre doit poursuivre sa mission si la nullité invoquée ne lui apparaît pas absolument manifeste.

311. X.-A. de Mello, « L'expérience des arbitres (ou l'espérance des arbitres) », in *Arbitrage et propriété intellectuelle*, préc., p. 93 ; Ph. Fouchard, « Synthèse », in *Arbitrage et propriété intellectuelle*, préc., p. 139, spéc. n° 12, p. 142-143 ; M. Josselin-Gall, « Arbitrage et propriétés intellectuelles », *Dr. et patr.* juin 2002, n° 105, p. 63, spéc. p. 66-67.

312. Paris, 28 févr. 2008, *Rev. arb.* 2009, p. 168, note T. Azzi ; *JCP* G 2008, I, 164, n° 6, obs. J. Béguin ; *D.* 2008, p. 3111, n° I-E, obs. Th. Clay ; *D.* 2008, p. 1325, note R. Meese ; *RTD com.* 2008, p. 516, obs. É. Loquin.

313. En ce sens, T. Azzi, note préc., n° 9.

Cour de cassation[314]. On peut comprendre le souci qui sous-tend la décision, soit la volonté de lutter contre les arguments dilatoires et de renforcer l'arbitrabilité des litiges portant sur l'exploitation des droits de propriété industrielle. Néanmoins, comme on l'a vu dans le cadre de l'étude de l'arbitrage interne, où elle est probablement également applicable et à laquelle il sera renvoyé pour un exposé plus détaillé[315], la solution, et sa justification, peuvent néanmoins laisser perplexe. Elles suscitent en effet beaucoup d'interrogations que l'on rappellera ici seulement brièvement.

En premier lieu, quant aux conditions d'application de la solution retenue par la cour d'appel, il semble que l'argument relatif à la nullité du titre ne puisse être abordé par l'arbitre que de façon incidente, par exemple dans le cadre d'une défense à une demande principale en exécution des obligations nées du contrat. En revanche, l'arbitre ne pourrait pas être saisi à titre principal d'une demande de nullité du titre. Or, la proposition peut sembler curieuse en ce qu'elle rappelle une distinction un temps retenue par la jurisprudence relative à l'inarbitrabilité des matières intéressant l'ordre public au sens de l'article 2060 du Code civil, qui avait alors, à raison, été dénoncée par la doctrine[316]. Par ailleurs, selon les termes de l'arrêt, la question incidente de la validité du titre « peut » être soumise au tribunal arbitral, ce qui semble indiquer qu'une partie pourrait choisir de plutôt la porter devant un juge, sans pour autant violer son engagement à soumettre les litiges nés du contrat à l'arbitrage[317]. Une telle solution poserait toutefois des questions de répartition des compétences particulièrement épineuses entre arbitre et juge. Ainsi, les deux entités, respectivement saisies, pour la première, par l'une des parties d'une demande d'exécution du contrat et, pour la seconde, par l'autre partie d'une demande de nullité du titre, demeurent-elles toutes deux compétentes pour examiner la question de validité du titre, avec les risques de décisions contradictoires que cela engendrerait ? Ou le juge bénéficie-t-il alors d'une priorité sur cette question dès qu'il est saisi, obligeant l'arbitre à surseoir à statuer ? Mais alors, il serait aisé pour le défendeur de saisir le juge afin de stopper l'arbitrage, au moins provisoirement, et l'utilité de la décision de la cour d'appel de Paris apparaîtrait bien faible au regard de l'objectif de lutte contre les arguments dilatoires qu'elle semblait poursuivre. Au demeurant, comment concilier cette proposition avec l'effet négatif du principe de Compétence-Compétence retenu par le droit français, qui donne une compétence prioritaire, sur le plan chronologique, à l'arbitre pour trancher les contestations relatives à sa compétence[318] ?

En second lieu, quant aux effets de la décision rendue par le tribunal arbitral, la solution retenue par la cour d'appel de Paris interroge également. Selon la cour, la décision du tribunal arbitral serait à la fois privée d'autorité de chose jugée sur la question de la validité du titre, quel que soit le sens de cette décision, et n'aurait d'effet qu'entre les parties. Mais quel sera alors l'effet exact de la décision du tribunal arbitral ? Pour

314. Cass. 1re civ., 12 juin 2013, *JCP* G 2013, doctr. 784, n° 3, obs. Ch. Seraglini ; *D.* 2013, p. 2936, obs. Th. Clay ; *Cah. arb.* 2014, p. 73, note I. Léger ; et aussi, T. Azzi, « Arbitrabilité et validité du titre en droit français », *Rev. arb.* 2014, p. 319.

315. V. *supra*, n° 144.

316. V. *supra*, n° 109 et 652. Au surplus, cette distinction apparaît quelque peu en décalage avec la solution posée à l'article 24-4 du Règlement Bruxelles I bis du 12 décembre 2012 concernant la compétence judiciaire, la reconnaissance et l'exécution des décisions en matière civile et commerciale, qui prévoit qu'en matière de validité des titres de propriété industrielle donnant lieu à dépôt ou à enregistrement, les juridictions de l'État membre du lieu du dépôt ou de l'enregistrement ont compétence exclusive et ce, que « la question soit soulevée par voie d'action ou d'exception ».

317. En ce sens, T. Azzi, note préc., n° 9.

318. V. *infra*, n° 689 et s.

certains[319], il concernera uniquement le contrat liant les parties et l'objet du litige tranché par le tribunal arbitral. Mais de quel effet précis s'agira-t-il si la décision sur la validité n'a pas d'autorité de chose jugée ? À défaut d'une telle autorité, tout intéressé, et donc peut-être même l'une des parties au litige, devrait pouvoir saisir ultérieurement le juge étatique de la question de la validité du titre. En cas d'action ultérieure par l'une des parties, quel serait l'impact sur le contrat à propos duquel l'arbitre s'est prononcé, d'une décision du juge allant dans un sens contraire à la position adoptée par l'arbitre quant à la validité du titre ? Sur ce point, le parallèle, évoqué par la cour d'appel de Paris, entre le défaut d'autorité de la chose jugée de la décision de l'arbitre et celui d'une décision du juge étatique, est partiellement inexact. Tout d'abord, la décision du juge qui annule un titre de propriété industrielle a bien, contrairement à la décision de l'arbitre, un effet absolu, *erga omnes*. Ensuite, une décision du juge refusant d'annuler un brevet n'a, en effet, qu'un effet relatif, ce qui autorise un tiers à agir ultérieurement en nullité du même titre. Mais elle a bien une autorité de chose jugée entre les parties, leur interdisant de formuler une nouvelle demande d'annulation. Au contraire, la cour d'appel de Paris a affirmé que la décision de l'arbitre n'avait, en toute hypothèse, aucune autorité de chose jugée quant à la validité du titre. Plus généralement, la portée de la décision du tribunal arbitral pose question. Une décision tenant le titre de propriété industrielle pour valable, et ordonnant en conséquence l'exécution du contrat, peut ne pas apparaître trop problématique, même si un juge étatique, saisi ultérieurement pourrait, semble-t-il, se prononcer en sens contraire, ce qui conduit à une possible contrariété de décisions, peut-être rendues entre les mêmes parties ! En tout cas, la décision par laquelle l'arbitre estime que le titre est nul poserait davantage de difficultés. Cette décision n'aurait alors, à en croire la cour d'appel de Paris, aucun effet *erga omnes*, mais seulement un effet *inter partes*. À supposer même que le titre soit alors définitivement nul entre les parties, au moins à propos du contrat qui les lie, ce qui n'a rien de certain au regard des motifs de l'arrêt de la cour d'appel, le titre restera en tout cas valable à l'égard des tiers tant qu'un juge étatique n'aura pas été saisi de la question. Il est alors curieux que le titulaire ne puisse plus se prévaloir de son droit contre son cocontractant, qui pourrait contrefaire en toute impunité, alors que les tiers seront, quant à eux, toujours soumis au risque d'une action en contrefaçon, puisque le titre demeure valable à leur égard !

En résumé, la solution actuellement proposée par la cour d'appel de Paris apparaît problématique, en ce qu'elle pose des difficultés de mise en œuvre pour le moins délicates. Quitte à reconnaître une compétence de l'arbitre en la matière, ne conviendrait-il pas d'aller jusqu'au bout, et d'accorder à sa décision autorité de chose jugée et effet absolu, solution adoptée dans certains droits étrangers[320] ? À défaut, il paraît préférable de revenir à la seule compétence du juge pour connaître des questions relatives à la validité du titre, malgré les inconvénients de cette solution pour l'arbitrage.

Quoi qu'il en soit, les solutions qui viennent d'être exposées résultent de normes pouvant être qualifiées de lois de police françaises et fixant les contours exacts de l'inarbitrabilité des litiges de propriété industrielle en droit français. Aussi, elles ne

319. T. Azzi, note préc., nº 10.

320. Notamment en Belgique et en Suisse où la décision de l'arbitre constatant la nullité du brevet peut conduire à la radiation du titre sur le registre des brevets. Sur ce point, v. F. Perret, « L'arbitrabilité des contentieux en matière de brevets d'invention », préc., spéc. nº 4, p. 232 ; et aussi, « L'arbitrabilité des litiges de propriété industrielle en droit comparé : Suisse/Allemagne/Italie », in *Arbitrage et propriété intellectuelle*, préc., p. 73 ; « Le contentieux de l'annulation du titre », *Rev. arb.* 2014, p. 303.

s'imposent avec certitude que lorsque ces lois se veulent applicables à la situation litigieuse, ce qui est le cas lorsque le titre a été délivré par une autorité française. En revanche, l'application systématique de ces solutions par le juge français serait plus discutable lorsque le titre délivré est étranger. Certes, de nombreux droits étrangers posent des restrictions à l'arbitrabilité des litiges de propriété industrielle relativement analogues à celles du droit français. Le juge français devrait en tenir compte, dès lors qu'elles lui paraissent légitimement applicables, notamment parce qu'elles émanent de l'État qui a délivré le titre en cause. Il pourrait alors être conduit à juger, notamment en tant que juge du siège de l'arbitrage ou de l'exequatur de la sentence, que le litige n'est pas arbitrable. Cependant, d'autres droits se montrent plus ouverts à l'arbitrabilité. Ainsi, en droit suisse, une sentence peut annuler un droit de propriété intellectuelle et sera susceptible d'avoir un effet absolu, pouvant justifier la radiation du titre auprès de l'Office fédéral de la propriété intellectuelle, dès lors qu'elle a obtenu l'exequatur d'un juge suisse[321]. Lorsque le titre a été délivré par un État qui admet ainsi pleinement l'arbitrabilité du litige relatif à la validité du brevet ou de la marque, le juge français devrait ne pas s'opposer à l'arbitrage[322].

664 **Droit de la concurrence.** L'arbitrabilité des litiges impliquant des règles relatives au droit de la concurrence est aujourd'hui très largement reconnue, tant en France qu'en droit comparé[323]. En France, c'est même à propos du droit de la concurrence qu'ont été rendus la plupart des arrêts qui ont marqué l'évolution favorable à l'arbitrabilité dans l'interprétation de l'article 2060 du Code civil et sa référence aux « matières qui intéressent l'ordre public »[324]. Il n'y est plus guère discuté que l'arbitre peut appliquer au litige les dispositions du droit de la concurrence et connaître des conséquences civiles des pratiques anticoncurrentielles, et notamment prononcer la nullité du contrat[325], ou encore accorder des dommages et intérêts à la victime de telles pratiques. Bien entendu, dans l'esprit de la jurisprudence, l'arbitre international devra le faire dans le respect des règles de concurrence applicables[326]. Toutefois, le droit français, essentiellement de source

321. V. F. Perret, « L'arbitrabilité des litiges de propriété industrielle en droit comparé : Suisse/Allemagne/Italie », in *Arbitrage et propriété intellectuelle*, préc., p. 82. V. aussi, pour le droit américain, C. Lécuyer-Thieffry, « L'arbitrabilité des litiges de propriété industrielle en droit comparé : États-Unis », in *Arbitrage et propriété intellectuelle*, préc., p. 83.

322. Devraient être ainsi évitées les hypothèses de conflits négatifs dénoncées par J.-F. Poudret, S. Besson, *Droit comparé de l'arbitrage international*, préc., n° 336, p. 305. Selon ces auteurs, l'arbitre siégeant en France, et qui ne souhaite pas compromettre l'avenir de sa sentence, devrait suivre les prescriptions du droit français et se déclarer incompétent pour juger de la validité d'un brevet enregistré en Suisse, l'arbitrabilité n'étant pas admise par le juge français du siège (au moins avant l'arrêt de la cour d'appel de Paris du 28 février 2008, préc., note 291) ; mais le juge suisse, saisi au fond d'une exception d'arbitrage, devrait également se déclarer incompétent, le droit suisse admettant l'arbitrabilité de la question ; ainsi, le conflit négatif serait réalisé, aucune autorité ne se reconnaissant compétente. Toutefois, cette présentation n'est exacte que si le droit français impose sa solution en matière d'inarbitrabilité, alors qu'il n'est pas concerné par la délivrance du titre, et malgré la position du droit suisse, État de délivrance du titre. Or, la démarche que nous avons ici proposée milite en sens contraire.

323. Sur le sujet, v. notamment *Competition and Arbitration Law*, Publ. CCI 480/3, Paris 1993 ; W. Abdelgawad, *Arbitrage et droit de la concurrence*, LGDJ, 2001 ; J. Lew, « Competition Laws : Limits to Arbitrators' Authority », in L. Mistelis et S. Brekoulakis, dir., *Arbitrability : International and Comparative Perspectives*, Kluwer Law International, 2009, p. 241.

324. V. *supra*, n° 107 et s., et *supra*, n° 652.

325. Paris, 30 mars 1995, *Rev. arb.* 1996, p. 131, obs. J. Pellerin.

326. Sur ce point, v. *infra*, n° 907.

communautaire en matière de concurrence[327], pose certaines limites à la compétence arbitrale, qui revêtent la nature de lois de police. Tout d'abord, l'arbitre ne peut que tirer des conséquences civiles d'un comportement contraire au droit de la concurrence, « le caractère de loi de police économique de la règle communautaire du droit de la concurrence interdi[san]t aux arbitres de prononcer des injonctions ou des amendes »[328]. Ensuite, il a pendant longtemps semblé acquis que l'arbitre ne pouvait, tout comme le juge étatique, appliquer que les règles communautaires bénéficiant d'un effet direct plein, vertical et horizontal. S'il pouvait donc appliquer les articles 81 (1) et 82 CE, ainsi que des règlements d'exemption par catégorie, la compétence exclusive reconnue sur certaines questions aux autorités communautaires chargées de contrôler le libre jeu de la concurrence s'opposait en revanche à sa compétence sur ces mêmes questions : la compétence du juge étant ici exclue, celle de l'arbitre l'était *a fortiori*[329]. À titre d'exemple, une règle de compétence exclusive, figurant à l'article 9 (1) du règlement 17/62 du 6 février 1962, donnait à la seule Commission le pouvoir d'accorder une exemption individuelle au sens de l'actuel article 101 (3) du Traité sur le fonctionnement de l'Union européenne[330] ; l'arbitre, ici placé dans une situation analogue à celle du juge étatique, ne pouvait donc accorder une telle exemption individuelle. Toutefois, la réforme du droit communautaire de la concurrence opérée par le règlement CE nº 1/2003 du Conseil du 16 décembre 2002, qui a modifié les rapports entre la Commission et les juridictions nationales dans la mise en œuvre des actuels articles 101 et 102 du Traité sur le fonctionnement de l'Union européenne[331], devrait, selon certains, quelque peu bouleverser ces solutions. En effet, le règlement a supprimé l'obligation de notification préalable des ententes prohibées par l'article 101 (1) et donné compétence aux juridictions nationales pour appliquer l'article 101 (3) qui permet des exemptions individuelles dans le cas où l'entente peut être considérée comme une bonne entente[332]. Certes, le règlement ne fait aucune allusion à l'arbitrage. Mais la doctrine majoritaire

327. Mais pas uniquement : v. notamment les dispositions de l'article L. 442-6 du Code de commerce en matière de pratiques restrictives de concurrence. Sur l'arbitrabilité des litiges relatifs à cette disposition, la jurisprudence a décidé que la circonstance que l'article L. 442-6 du Code de commerce confie au ministre de l'Économie et au ministère public une action autonome aux fins de protection du marché et de la concurrence n'a pas pour effet d'exclure le recours à l'arbitrage pour trancher les litiges nés, entre les opérateurs économiques, de l'application de ce texte (Cass. 1re civ., 21 oct. 2015, *Rev. arb.* 2015, p. 1229 ; *JCP* G 2015, p. 1228, obs. L. Weiller ; *D.* 2015, p. 2537, note N. Dissaux ; *ibid.*, p. 2590, obs. Th. Clay ; *RTD com.* 2016, p. 693, obs. É. Loquin, rejetant le pourvoi contre Paris, 1er juill. 2014, *D.* 2014, p. 2544, obs. Th. Clay ; *Rev. arb.* 2015, p. 134, note R. Dupeyré (rendu en matière d'arbitrage interne) ; v. déjà, Cass. 1re civ., 8 juill. 2010, *Rev. arb.* 2010, p. 513, note R. Dupeyré ; *D.* 2010, p. 2884, note M. Audit et O. Cuperlier ; *ibid.*, p. 2933, obs. Th. Clay ; *RCDIP* 2010, p. 743, note D. Bureau et H. Muir Watt ; *JCP* G 2010, 1286, nº 3, obs. J. Béguin) ; en revanche, l'action autonome prévue par ce même texte au profit du ministère public et du ministre chargé de l'économie aux fins de protection du fonctionnement du marché et de la concurrence par la cessation des pratiques illicites et l'application d'amendes civiles n'est pas de la compétence de l'arbitre (Cass. 1re civ., 6 juill. 2016, *Rev. arb.* 2016, p. 857, obs. M. Boucaron-Nardetto). V. aussi, *supra*, nº 145.

328. Paris, 19 mai 1993, *Labinal*, *RTD com.* 1993, p. 492, obs. É. Loquin ; *Rev. arb.* 1993, p. 645, note Ch. Jarrosson ; *JDI* 1993, p. 957, note L. Idot.

329. Paris, 14 oct. 1993, *Aplix*, *Rev. arb.* 1994, p. 164, note Ch. Jarrosson.

330. Auparavant, art. 81 (3) TCE.

331. Anciennement art. 81 et 82 TCE.

332. Autrement dit, le système antérieur de notification préalable et d'exemption individuelle est remplacé par un système d'exemption légale.

estime qu'il aura très certainement une influence sur les pouvoirs de l'arbitre[333]. Selon elle, l'arbitre devrait pouvoir prendre part à la mise en œuvre de ce nouveau système décentralisé et, comme un juge, exempter une entente prohibée par l'article 101 (1) dès lors qu'elle satisfait, selon lui, aux conditions de l'article 101 (3)[334]. Une difficulté réside néanmoins dans le fait que l'article 101 (3) s'adresse désormais aux juridictions des États membres[335], et non au juge de façon générale. Or, on sait que, selon la Cour de justice de l'Union européenne, l'arbitre n'est pas une juridiction d'un État membre[336]. On pourrait en conséquence estimer que le règlement CE n° 1/2003 donne aux seuls juges des États membres le pouvoir d'accorder des exemptions individuelles, et le refuse aux juges privés que sont les arbitres. Ceci étant, selon une autre interprétation, dépassant ce problème de vocabulaire, on pourrait considérer que le texte vise les juridictions nationales des États membres car le droit communautaire ne peut directement s'adresser qu'à celles-ci, sans que cela exclue qu'un autre juge, d'un État tiers ou privé, puisse se saisir de la question ; en effet, les dispositions en cause sont des lois de police dont un arbitre devrait tenir compte, pour éventuellement accorder une exemption individuelle. Une autre difficulté, plus grande, tient au fait que le nouveau pouvoir accordé aux juridictions des États membres repose sur une coopération, instaurée par le règlement, entre les juridictions nationales chargées d'examiner les questions de concurrence et la Commission : fourniture à la Commission d'une copie de toutes les décisions des juridictions des États membres relatives à l'application des articles 101 et 102, possibilité pour la Commission et les autorités nationales de concurrence de soumettre, de leur propre initiative, des observations écrites aux juridictions nationales sur tout point intéressant l'application de ces articles et, dans ce cadre, de demander à ces juridictions de leur transmettre tout document nécessaire à leur appréciation. Or, ces éléments (information d'un tiers au litige, intervention possible de ce tiers à la procédure pour formuler des observations) semblent peu compatibles avec la nature privée, voire confidentielle[337], de l'arbitrage[338]. Certains auteurs estiment toutefois que ce dispositif de coopération pourrait être adapté à l'arbitrage. Ainsi, le tribunal arbitral pourrait informer la Commission et accepter toute demande d'intervention par voie d'observations. Mais le pourrait-il même sans l'accord des parties, notamment au nom du respect de l'ordre public ? On le voit, malgré la réforme opérée par le règlement CE n° 1/2003, la question de l'application par l'arbitre de l'article 101 (3) demeure, en pratique au moins, délicate. Aussi, l'arbitre qui entend examiner la question d'une éventuelle exemption individuelle sur le fondement de

333. V. cependant, pour l'expression de quelques doutes à cet égard, M. Blessing, *Arbitrating Antitrust and Merger Control Issues : Swiss Commercial Law Series* vol. 14, Zürich, Helbing & Lichtenhahn, 2003, p. 24 ; É. Loquin, *L'arbitrage du commerce international*, Joly éditions, 2015, n° 100, p. 101.

334. En ce sens, et sur les difficultés engendrées par cette nouvelle attribution de compétence à l'arbitre, v. W. Abdelgawad, « L'arbitrage international et le nouveau règlement d'application des articles 81 et 82 CE », *Rev. arb.* 2004, p. 253 ; L. Idot, « La place de l'arbitrage dans la résolution des litiges en droit de la concurrence », *D.* 2007, p. 2681. Pour un point de vue étranger sur les nouveaux rapports entre le droit communautaire de la concurrence et l'arbitrage international, v. P. Schlosser, « Articles 81 and 82 EC Treaty and Arbitration : a german perspective », *Cah. arb.*, vol. V, Pedone, 2011, p. 248.

335. V. art. 6 du règlement qui vise les « juridictions nationales ».

336. CJCE, 23 mars 1982, *Nordsee*, *Rev. arb.* 1982, p. 473 ; CJCE, 27 janv. 2005, *Denuit*, *Rev. arb.* 2005, p. 765, note L. Idot ; *RTD com.* 2005, p. 488, obs. É. Loquin. Et v. *supra*, n° 13.

337. Sur les incertitudes entourant la « confidentialité » de l'arbitrage, v. *supra*, n° 49 et *supra*, n° 399 et s.

338. Sur cette question, v. notamment Y. Derains, « L'arbitre, la Commission et la Cour, question de procédure », *Cah. arb.*, vol. II, *Gaz. Pal.* éd. 2004, p. 167.

cette disposition devra en tout cas être prudent dans sa mise en œuvre, s'il ne veut pas exposer sa sentence à une annulation ou à un refus d'exequatur dans un État membre[339].

Hors du cadre du droit européen, et s'agissant de restrictions à l'arbitrabilité provenant d'États tiers, celles-ci devraient, une fois encore, être traitées par le juge français, saisi par exemple d'un recours en annulation ou d'une demande d'exequatur de la sentence arbitrale, en tant que lois de police étrangères qu'il pourrait prendre en compte dès lors que leur application lui paraît légitime.

665 **Procédures collectives**[340]. L'ouverture d'une procédure collective à l'encontre de l'une des parties à une convention d'arbitrage est susceptible de restreindre la compétence arbitrale[341]. Cependant, sur cette question, les solutions varient fortement d'une législation nationale à une autre : validité ou annulation, au prétexte de l'ouverture d'une procédure collective, des clauses d'arbitrage déjà stipulées, possibilité ou non pour les organes de représentation du débiteur failli de conclure ultérieurement des conventions d'arbitrage et conditions d'un éventuel pouvoir à cet égard, impact variable de l'ouverture d'une procédure collective sur une instance arbitrale déjà en cours, etc. En France, les restrictions à l'arbitrabilité des litiges résultant d'une procédure collective sont fondées sur des considérations d'ordre public. En effet, dans la conception française, la satisfaction des objectifs poursuivis dans le cadre d'une procédure collective, soit la poursuite de l'activité de l'entreprise, la sauvegarde de l'emploi et l'apurement du passif, implique une concentration du contentieux lié à la procédure collective entre les mains d'un seul juge, le juge de la procédure. Et il est exclu que celui-ci soit une juridiction arbitrale, compte tenu de la base conventionnelle de l'arbitrage qui ne peut conduire qu'à un règlement décentralisé et éparpillé. Aussi, les décisions relatives à l'ouverture de la procédure collective, à la portée du dessaisissement du débiteur, à la nullité des actes conclus pendant la période suspecte, ou encore aux sanctions spécifiques pouvant être prononcées à l'encontre des

339. Sur le partage des compétences entre un tribunal arbitral et la Commission s'agissant du droit européen de la concurrence relatif au contrôle des concentrations d'entreprises, v. Sent. CCI n° 16974 (2012), *JDI* 2018, chron. 1, p. 170, obs. A. Carlevaris.

340. Sur la question plus générale de l'arbitrabilité du droit des sociétés, v. les développements qui y sont consacrés dans l'étude de l'arbitrage interne, *supra*, n° 146.

341. Sur la question, v. notamment P. Ancel, « Arbitrage et procédures collectives après la loi du 25 janvier 1985 », *Rev. arb.* 1987, p. 127 ; « Arbitrage et procédures collectives », *Rev. arb.* 1983, p. 255 ; Ph. Fouchard, « Arbitrage et faillite », *Rev. arb.* 1998, p. 471 ; Chron., *Rev. arb.* 2003, p. 207 ; et aussi, D. Brown-Berset et L. Lévy, « Faillite et arbitrage », *Bull. ASA* 1998, p. 664 (droit suisse) ; G. Kaufmann-Kohler et L. Lévy, « Insolvency and international arbitration », *in* H. Peter, N. Jeandin et J. Kilborn, éd., *The Challenges of Insolvency Law Reform in the 21st Century*, actes du colloque sur la faillite tenu à Genève en septembre 2004, Zürich, Schulthess, 2006, p. 257 ; G. Kaufmann-Kohler, L. Lévy et S. Sacco, « The survival of the arbitration agreement and arbitration proceedings in cases of cross-border insolvency : an analysis from the Swiss perspective », *Cah. arb.* 2010, p. 371 (droit suisse) ; V. Lazić, *Insolvency proceedings and commercial arbitration*, La Haye, Kluwer Law International, 1998 ; F. Mantilla-Serrano, « International Arbitration and Insolvency Proceedings », *Arb. Int.* 1995, p. 51 ; D. Mouralis, *L'arbitrage face aux procédures conduites en parallèle*, thèse Aix-Marseille, 2008, n° 471 ; J. Rosell, H. Prager, « International Arbitration and Bankruptcy : United States, France and the ICC », *Journ. Intern. Arb.* 2001, p. 417 ; D. Vidal, « Arbitrage et procédure d'insolvabilité : observations à propos de quelques sentences CCI et autres décisions récentes », *Bull. CCI* 2009, n° 20-1, p. 55 ; A. Wald, « Arbitrage et insolvabilité : les questions controversées au Brésil et en Amérique latine », *Cah. arb.* 2010, p. 391. Sur le traitement des situations impliquant une procédure collective dans la pratique arbitrale internationale, v. E. Jolivet, « Quelques exemples de traitement du droit des procédures collectives dans l'arbitrage », Chronique de jurisprudence arbitrale CCI, *Cah. arb.*, vol. IV, Pedone 2008, p. 351.

dirigeants, ne sauraient être prises par un tribunal arbitral. Plus généralement, un tribunal arbitral ne peut connaître des contestations qui n'auraient pas pu prendre naissance si le débiteur n'était pas tombé en état de sauvegarde, de redressement ou de liquidation judiciaires[342]. Mais ici encore, il faut prendre la mesure des restrictions à l'arbitrage qu'impose le droit français, une procédure collective frappant une partie signataire d'une convention d'arbitrage n'interdisant pas toute possibilité d'arbitrage.

Tout d'abord, ces restrictions, qui revêtent la nature de lois de police françaises, ne s'imposent en conséquence que pour une procédure ouverte en France[343]. Pour les procédures ouvertes à l'étranger, le juge français, saisi comme juge du siège de l'arbitrage ou de l'exequatur de la sentence arbitrale, devrait en revanche tenir compte des éventuelles restrictions étrangères analogues, posées par l'État concerné, dès lors qu'elles lui paraissent légitimes. Le juge français semble d'ailleurs prêt à le faire[344]. Au demeurant, si la procédure collective est ouverte dans un État membre de l'Union européenne, le Règlement du 20 mai 2015 relatif aux procédures d'insolvabilité[345] lui impose certainement d'en tenir compte dans les conditions posées par le Règlement[346].

Ensuite, s'agissant des restrictions posées par le droit français lui-même, elles ont déjà été présentées dans le cadre de l'étude de l'arbitrage interne. Il pourra donc y être, pour l'essentiel, renvoyé[347], et l'on se bornera ici à en rappeler les grands traits, dans la mesure où les solutions à cet égard ne devraient pas être très différentes malgré le caractère international d'un arbitrage. En effet, il reste qu'une procédure collective française est en jeu et que les considérations qui justifient alors des restrictions à l'arbitrage valent tout autant en matière internationale qu'en matière interne. Ceci étant, la procédure collective atteignant l'une des parties au litige ne restreint finalement qu'assez faiblement la compétence arbitrale. Certes, il est évident qu'un tribunal arbitral ne peut pas prononcer la sauvegarde, la mise en redressement ou en liquidation judiciaire d'une personne. De façon plus générale, il n'est pas compétent pour connaître des litiges, visés à l'article R. 662-3 du Code de commerce, qui ont pour objet la procédure collective, qui y sont tellement liés qu'ils n'auraient pu naître sans elle et qui sont, pour cette raison, réservés au tribunal de la procédure. Ces litiges intéressent significativement les

342. Cass. com., 19 mai 1987, *Rev. arb.* 1988, p. 144, note P. Ancel.

343. V. en ce sens, Cass. 1re civ., 3 avr. 2001, *Rev. arb.* 2003, p. 220, obs. Ph. Fouchard : « Lorsqu'une sentence arbitrale rendue à l'étranger ne tranche qu'un litige entre un vendeur en faillite dans son pays et un acheteur français, les dispositions du droit français de la liquidation judiciaire qui sous-tendent l'ordre public international dont la violation est invoquée ne sont pas applicables ». V. aussi, dans la jurisprudence arbitrale, Sent. CCI n° 9163 (2001), *JDI* 2005, p. 1283, obs. Y. D. et B. D., qui estime que les dispositions du droit français imposant un sursis des demandes individuelles sont des lois de police.

344. Paris, 7 avr. 2011, *Rev. arb.* 2011, p. 747, note S. Bollée et B. Haftel.

345. Règl. (UE) 2015/848 du Parlement européen et du Conseil du 20 mai 2015 relatif aux procédures d'insolvabilité, remplaçant le Règl. (CE) n° 1346/2000 du Conseil du 29 mai 2000. Le règlement ne lie pas le Danemark et n'y est pas applicable (Préambule, § 88).

346. À lire les articles 7 (2) (f) et 18 du Règlement de 2015, si l'arbitrage est en cours au moment où la procédure collective est ouverte dans l'autre État membre, les effets de cette procédure sur l'instance arbitrale devraient être déterminés par la loi du siège du tribunal arbitral (v. CA Angleterre, 9 juill. 2009, *Syska c/ Vivendi Universal*, [2009] EWCA Civ 677 ; [2009] 2 C.L.C. 10). Si l'arbitrage n'est pas en cours au moment où la procédure collective est ouverte, ses effets sur la convention d'arbitrage devraient être déterminés par la loi du pays d'ouverture de la procédure collective. Ainsi, le juge français pourrait être amené à donner effet à des dispositions étrangères beaucoup moins libérales que le droit français, par exemple si la loi du pays d'ouverture dispose que toute convention d'arbitrage est caduque en cas de procédure collective.

347. V. *supra*, n° 147, et aussi *supra*, n° 319, 361.

tiers, et particulièrement les salariés et les créanciers du débiteur concerné par la procédure, ainsi que l'État. De plus, le règlement général de la procédure collective implique une concentration des décisions entre les mains du tribunal de la procédure. En revanche, l'arbitrage n'est pas exclu pour tous les litiges contractuels « ordinaires », entre le débiteur faisant l'objet de la procédure collective et un tiers, et portant sur des faits antérieurs à l'ouverture de la procédure collective qui se seraient présentés de la même manière sans cette procédure. Restent ainsi arbitrables tous ces litiges purement contractuels qui sont en dehors de la compétence exclusive du juge de la procédure collective, même s'ils peuvent avoir une influence sur le bien-fondé de la créance produite par l'un des créanciers du failli à la procédure collective[348]. Dans la conduite de l'instance arbitrale et la résolution de ces litiges, l'arbitre devra cependant respecter, sous peine de voir sa sentence sanctionnée par le juge français, un certain nombre de règles et principes, essentiellement d'ordre procédural, du droit des procédures collectives, qui sont, selon la jurisprudence, à la fois d'ordre public interne et d'ordre public international. Il en est notamment ainsi du principe d'interruption ou d'interdiction des poursuites individuelles[349] et de l'obligation de déclaration des créances, du principe d'égalité des créanciers, de l'extinction des créances non déclarées à la procédure[350], ou encore des règles régissant les recours en matière de procédure collective[351]. De même, si l'arbitre peut fixer le montant des sommes dues par le débiteur en faillite, à condition que la créance ait été préalablement déclarée[352], il ne peut condamner ce débiteur au paiement de ces sommes[353]. L'impact exact de ces différents principes et règles

348. Néanmoins, selon la Cour de cassation, si le juge-commissaire s'est prononcé sur l'admission ou le rejet d'une créance à l'issue de la procédure de déclaration de créances, par une ordonnance devenue définitive faute de recours, une partie n'est plus recevable à saisir un tribunal arbitral pour remettre en cause cette créance, l'autorité de chose jugée de l'ordonnance du juge-commissaire étant, en ce cas, d'ordre public : Cass. 1re civ., 11 sept. 2013, *JCP* E 2013, 1692, note D. Mouralis ; *D.* 2013, p. 2891, note crit. N. Borga et J. Daniel ; *Cah. arb.* 2014, p. 283, note L. d'Avout. L'arrêt a été rendu en matière d'arbitrage interne mais la solution est probablement applicable en matière internationale dès lors que la Haute juridiction qualifie « d'ordre public » l'autorité de chose jugée de l'ordonnance du juge-commissaire à cet égard. Il reste qu'un tribunal arbitral siégeant hors de France pourra ne pas être convaincu par la position adoptée par la Cour de cassation, accepter sa compétence et considérer la demande comme recevable.

349. V. par exemple, Cass. 1re civ., 8 mars 1988, *Thinet*, *Rev. arb.* 1989, p. 473, note P. Ancel ; *D.* 1989, jurisp., p. 577, note J. Robert, qui annule une sentence pour violation du principe d'interruption des poursuites ; les arbitres auraient dû constater l'interruption de l'instance arbitrale ; et Cass. 1re civ., 5 févr. 1991, *Almira*, *Rev. arb.* 1991, p. 625, note L. Idot, qui pose la même solution pour le principe du dessaisissement du débiteur et celui de l'interruption de l'instance en cas de faillite, et qui qualifie ces principes comme étant à la fois d'ordre public interne et international.

350. Paris, 11 févr. 2010, *Rev. arb.* 2010, p. 827 (2 arrêts), note D. Mouralis ; et dans la même affaire, Cass. 1re civ., 28 sept. 2011, n° 10-18320 et 10-18321, *Cah. arb.* 2011, p. 1140-1141 (rendus en matière interne).

351. Paris, 13 janv. 2011, *Rev. arb.* 2011, p. 714, note D. Mouralis, qui annule les dispositions d'une sentence par lesquelles les arbitres s'étaient reconnus compétents pour statuer sur une demande portant sur l'existence et le montant d'une créance dont l'admission à la procédure collective n'était plus susceptible d'être contestée par la débitrice qui avait laissé expirer le délai d'appel contre l'ordonnance d'admission des créances rendue par le juge-commissaire (rendu en matière interne).

352. Cass. com., 2 juin 2004, *Rev. arb.* 2004, p. 591, note P. Ancel ; *D.* 2004, p. 1732, obs. A. Lienhard ; *D.* 2004, p. 3184, obs. Th. Clay ; *RTD com.* 2004, p. 439, obs. É. Loquin ; *RTD com.* 2004, p. 808, obs. A. Martin-Serf.

353. Cass. 1re civ., 6 mai 2009, *Rev. arb.* 2010, p. 299, note D. Cohen ; *D.* 2009, p. 2959, obs. Th. Clay ; *JCP* G 2009, II, 534, note G. Bolard ; *JCP* G 2009, I, 462, n° 7, obs. J. Béguin ; *RTD com.* 2009, p. 546, obs. É. Loquin ; Cass. 1re civ., 8 mars 1988, *Thinet*, *Rev. arb.* 1989, p. 473, note P. Ancel.

sur une instance arbitrale, qui a été progressivement dégagé par la jurisprudence, a déjà été exposé dans le cadre de l'étude de l'arbitrage interne et il y sera donc renvoyé[354].

En conclusion, on constate aisément que, du point de vue de l'arbitre international, la prise en compte des dispositions de la *lex concursus*, dans le cadre d'une démarche en termes d'application de lois de police[355], est essentielle pour connaître les limites exactes de sa compétence lorsque l'une des parties au litige fait l'objet d'une procédure collective[356].

§ 4. LA FORME ET LA PREUVE DE LA CONVENTION D'ARBITRAGE INTERNATIONALE

666 **Sobriété et libéralisme du droit français quant à la forme de la convention d'arbitrage internationale.** Les questions relatives à la forme de la convention d'arbitrage (exigence ou non d'un écrit, énonciations minimales requises pour sa validité, conditions de validité d'une clause figurant dans un document auquel le contrat liant les parties fait référence) trouvent des réponses dans les textes français relatifs à l'arbitrage interne. Ainsi, l'article 1443 du Code de procédure civile exige, à peine de nullité, que la convention d'arbitrage soit stipulée par écrit, tout en validant la convention d'arbitrage « par référence ». Par ailleurs, selon l'article 1444, la clause compromissoire comme le compromis doivent, soit désigner les arbitres, soit prévoir les modalités de leur désignation, même si le non-respect de cette exigence n'est plus, depuis la réforme du 13 janvier 2011, sanctionné par la nullité, compétence étant en ce cas donnée à la personne chargée d'organiser l'arbitrage (dans le cas d'un arbitrage institutionnel) ou au juge d'appui pour nommer les arbitres[357].

En revanche, les textes français relatifs à l'arbitrage international ont longtemps été silencieux sur ces questions de forme de la convention d'arbitrage[358]. Depuis le décret du 13 janvier 2011, le droit français écrit y consacre une disposition, très libérale. En effet, le nouvel article 1507 du Code de procédure civile proclame désormais que la convention d'arbitrage internationale « n'est soumise à aucune condition de forme ». En fait, cette disposition est directement inspirée d'un arrêt de la cour d'appel de Paris, rendu en 2005, qui avait affirmé que « la convention d'arbitrage international n'obéit à aucune règle de forme, mais à un principe de validité qui repose sur le seul accord de volonté des parties »[359]. La convention d'arbitrage internationale est donc, en droit français, un contrat purement consensuel, ce qui valide, sans qu'il soit nécessaire d'y

354. V. *supra*, n° 147, et aussi *supra*, n° 319 et 361.

355. Sur cette démarche proposée pour le traitement par l'arbitre international des restrictions à l'arbitrabilité, v. *supra*, n° 648.

356. Sur la pratique des tribunaux arbitraux CCI en matière de procédures collectives, v. E. Jolivet, « Chronique de jurisprudence arbitrale de la Chambre de commerce internationale : quelques exemples de traitement du droit des procédures collectives dans l'arbitrage », préc., et les sentences citées.

357. Pour plus de détails sur tous ces points, v. *supra*, n° 148 et s.

358. Au surplus, avant la réforme opérée par le décret du 13 janvier 2011, la jurisprudence estimait que, même lorsque les parties avaient soumis l'arbitrage à la loi de procédure française, les anciens articles 1443 et 1449 CPC restaient sans application. En effet, l'ancien article 1495 précisant que, dans cette hypothèse, les dispositions du droit interne relatives à la convention d'arbitrage ne s'appliquaient « qu'à défaut de convention particulière », le non-respect des formes prescrites par ces dispositions était considéré comme manifestant justement la volonté des parties d'y déroger : Paris, 19 févr. 1988, *Rev. arb.* 1990, p. 657, et le commentaire de B. Oppetit, p. 551.

359. Paris, 24 févr. 2005, *Sidermétal*, *JCP* G 2005, I, 179, n° 1, obs. Ch. Seraglini.

consacrer une disposition spécifique comme l'article 1443 du Code de procédure civile en matière interne, la clause compromissoire par référence. Tout au plus, s'agissant d'une éventuelle exigence d'écrit, l'actuel article 1515, alinéa 1er, du Code de procédure civile, issu du décret du 13 janvier 2011, tout comme l'ancien article 1499, requièrent la production de la convention d'arbitrage ou d'une copie de celle-ci lors d'une demande de reconnaissance ou d'exécution des sentences arbitrales rendues à l'étranger ou en matière internationale. Cependant, ces dispositions, semble-t-il d'ordre purement procédural, n'imposeraient en toute hypothèse que de matérialiser la convention d'arbitrage dans un document, sans spécifier la nature de celui-ci. Quant aux énonciations minimales éventuellement exigées d'une convention d'arbitrage internationale, l'article 1508 du Code de procédure civile dispose que « la convention d'arbitrage peut, directement ou par référence à un règlement d'arbitrage ou à des règles de procédure, désigner le ou les arbitres ou prévoir les modalités de leur désignation ». Il s'agit donc d'une simple faculté pour les parties et l'article 1506.2°, en renvoyant aux articles 1452 à 1458 et 1460, fournit un mécanisme de désignation des arbitres par l'institution chargée d'organiser l'arbitrage ou par le juge d'appui, en cas de silence des parties[360]. Toutefois, le juge d'appui français ne pourra intervenir, en application de l'article 1505, que si l'arbitrage se déroule en France, si les parties sont convenues de soumettre l'arbitrage à la loi de procédure française, si les parties ont expressément donné compétence aux juridictions étatiques françaises pour connaître des différends relatifs à la procédure arbitrale, ou si l'une des parties est exposée à un risque de déni de justice[361].

667 **Faible influence des instruments internationaux sur le droit français.** Certains instruments internationaux liant la France semblent *a priori* fournir quelques indications quant à la forme que devrait revêtir une convention d'arbitrage internationale. Ainsi, l'article II (2) de la Convention de New York de 1958 énonce une règle matérielle uniforme, selon laquelle chaque État signataire est tenu de reconnaître « la convention écrite » par laquelle les parties s'obligent à soumettre leurs différends à l'arbitrage. Il précise qu'il faut entendre par convention écrite « une clause compromissoire insérée dans un contrat, ou un compromis, signés par les parties ou contenus dans un échange de lettres ou de télégrammes »[362]. La Convention de New York paraît ainsi imposer un formalisme minimum de la convention d'arbitrage. En droit comparé, de nombreux autres textes semblent aller dans le même sens, même s'ils allègent les exigences liées à cet écrit requis, et notamment les adaptent aux moyens de communication modernes[363]. Ceci étant, la CNUDCI a, le 7 juillet 2006, révisé l'article 7 de sa loi-type relatif à la forme de la convention d'arbitrage, en proposant deux options de nouvelle rédaction de cet article, pour l'une imposant des exigences d'écrit « allégées »,

360. Sur ce mécanisme, v. *supra*, n° 256 et s. (arbitrage interne) et *infra*, n° 764 et s. (arbitrage international).

361. Sur la compétence du juge d'appui en matière internationale, v. *infra*, n° 773 et s.

362. Cette formulation quelque peu datée a suscité diverses interrogations quant aux conditions de validité d'une clause d'arbitrage par référence, notamment savoir si les lettres, télégrammes, ou documents équivalents, devaient être signés par les parties, alors que le texte ne pose expressément cette exigence que pour la clause insérée dans le contrat lui-même et pour le compromis. Sur ces questions d'interprétation des exigences posées par l'article II, v. J.-F. Poudret, S. Besson, *Droit comparé de l'arbitrage international*, Bruylant, 2002, nos 188 et s., p. 156. Par ailleurs, la Convention impose à la partie qui se prévaut d'une sentence arbitrale de produire « l'original de la convention visée à l'article II ou une copie réunissant les conditions requises pour son authenticité » [art. IV (1) (a)].

363. V. notamment, art. 1 (2) (a) Convention de Genève de 1961 ; art. 7 (2) Loi-type CNUDCI avant la révision opérée en 2006 ; v. aussi, art. 178 (1) LDIP Suisse.

pour l'autre n'imposant aucune forme écrite[364]. Les droits nationaux sont, quant à eux, divisés sur le sujet[365]. Quoi qu'il en soit, la jurisprudence française, avant même le décret du 13 janvier 2011 et le nouvel article 1507 du Code de procédure civile, ne semblait guère s'intéresser aux dispositions de la Convention de New York et se montrait plus libérale, en ne soumettant la clause d'arbitrage internationale à aucun formalisme particulier ; elle imposait ce libéralisme par le biais d'une règle matérielle primant les dispositions moins favorables de la Convention[366]. Cette position a été confirmée par le décret du 13 janvier 2011 au travers de l'article 1507 du Code de procédure civile. Les dispositions de la Convention de New York n'ont donc que peu d'influence en droit français[367].

668 **Forme de la convention d'arbitrage internationale et règles de conflit de lois.** Les exigences de forme d'une convention d'arbitrage demeurent relativement variables d'une législation à une autre. Si la plupart des droits étatiques exigent un écrit, ils divergent sur la portée de cette exigence, condition de validité ou simple règle de preuve, et sur ce qu'il faut entendre par « un écrit ». Il en est de même pour le contenu minimum exigé d'une convention d'arbitrage, ou encore pour les conditions posées à la validité d'une clause d'arbitrage par référence[368].

Compte tenu de ces divergences en droit comparé, la question de la loi applicable à la forme de la convention d'arbitrage internationale semble revêtir une importance non négligeable. Notamment, on aurait pu penser que l'application des solutions libérales retenues, d'abord par la jurisprudence française dans le silence des textes, puis par le décret du 13 janvier 2011, nécessitait de vérifier au préalable la compétence de la loi française, en vertu de sa désignation par la règle de conflit de lois. À cet égard, l'application de la méthode conflictuelle à la forme d'un acte juridique a traditionnellement été marquée par une grande souplesse. En effet, la règle de conflit de lois est

364. V. L. Degos, « La CNUDCI abandonne l'exigence d'écrit pour la convention d'arbitrage », *Cah. arb.*, vol. IV, Pedone, 2008, p. 21.

365. V. L. Degos, « La CNUDCI abandonne l'exigence d'écrit pour la convention d'arbitrage », préc.

366. La solution résulte de l'arrêt *Bomar Oil II* (sur lequel, v. *infra*, n° 669). Elle peut se prévaloir de l'article VII de la Convention de New York, selon lequel la Convention ne prive « aucune partie intéressée du droit qu'elle pourrait avoir de se prévaloir d'une sentence arbitrale de la manière et dans la mesure admise par la législation ou les traités du pays où la sentence est invoquée ». En vertu de l'interprétation dominante de cette disposition, la Convention n'imposerait qu'un libéralisme minimum en matière de reconnaissance et d'exécution des sentences, chaque État partie étant libre de se montrer plus libéral, et cette solution serait également applicable à la forme de la clause d'arbitrage. Sur ce point, v. *infra*, n° 1009, et aussi les explications de Ph. Fouchard, E. Gaillard, B. Goldman, *Traité de l'arbitrage commercial international*, Litec, 1996, n°s 613 et s., p. 388. Pour une position plus mitigée, v. J.-F. Poudret, S. Besson, *Droit comparé de l'arbitrage international*, préc., n° 187, p. 155. Plus généralement, sur l'influence possible de l'article II de la Convention de New York quant à la forme de la convention d'arbitrage, v. G. A. Alvarez, « Article II (2) of the New York Convention and the Courts », *ICCA Congress Series* n° 9, 1999, p. 67 ; N. Kaplan, « Is the Need for Writing as Expressed in the New York Convention and the Model Law Out of Step with Commercial Practice ? », *Arb. int.* 1996, p. 27 ; J.-F. Poudret et G. Cottier, « Remarques sur l'application de l'art. II de la convention de New York », *Bull. ASA* 1995, p. 383.

367. La Convention de Genève de 1961 est encore moins contraignante, puisqu'elle énonce [art. I (2) (a)] qu'« on entend par convention d'arbitrage, soit une clause compromissoire insérée dans un contrat, soit un compromis, contrat ou compromis signés par les parties ou contenus dans un échange de lettres, de télégrammes ou de communications par téléscripteur, et, dans les rapports entre pays dont les lois n'imposent pas la forme écrite à la convention d'arbitrage, toute convention conclue dans les formes permises par ces lois ».

368. Sur le droit comparé, v. J.-F. Poudret, S. Besson, *Droit comparé de l'arbitrage international*, Bruylant, 2002, n°s 191 et s., p. 159.

ici alternative : pour qu'un acte juridique soit valable en la forme, il suffit que les formes requises par la loi applicable au fond ou par la loi du lieu de conclusion de l'acte aient été respectées. C'est la solution retenue en France en vertu du Règlement dit Rome I sur la loi applicable aux obligations contractuelles[369], qui exclut toutefois de son champ d'application les conventions d'arbitrage. Les textes internationaux relatifs à l'arbitrage international semblent, quant à eux, plutôt retenir la compétence de la loi régissant le fond. Pendant longtemps, la jurisprudence française a paru adopter cette dernière solution, même si ses décisions n'étaient pas, en la matière, dénuées d'ambiguïtés, d'autant plus que, s'agissant d'une convention d'arbitrage, s'y ajoutait la difficulté de savoir si l'on s'attachait à déterminer la loi applicable à la convention elle-même, ou si un réflexe naturel devait conduire à appliquer la loi régissant le contrat principal[370].

669 **Forme de la convention d'arbitrage internationale et règles matérielles françaises.** Cependant, une fois encore et conformément à la logique de l'arrêt *Dalico*[371], la jurisprudence française a finalement choisi de soumettre les questions de forme d'une convention d'arbitrage internationale uniquement à des règles matérielles, sans s'embarrasser du raisonnement conflictuel. L'article 1507 du Code de procédure civile issu du décret du 13 janvier 2011, en retenant expressément le caractère purement consensuel de la convention d'arbitrage internationale, ne peut que conforter cette démarche. Dès lors, les lois étrangères posant des exigences de forme différentes ne seront probablement pas prises en compte par le juge français. Ceci étant, la jurisprudence s'est principalement exprimée à propos des clauses d'arbitrage par référence[372].

369. Règlement CE n° 593/2008 du Parlement européen et du Conseil du 17 juin 2008, art. 11 (et auparavant, Convention de Rome du 19 juin 1980, art. 9). V. déjà, dans la jurisprudence française antérieure, Cass. 1re civ., 28 mai 1963, *Chaplin, D.* 1963, p. 677 ; *JCP* 1963, II, 13347, note Ph. Malaurie ; *RCDIP* 1964, p. 513, note Y. Loussouarn ; *JDI* 1963, p. 1004, note B. Goldman ; cette jurisprudence permettait également aux parties de se conformer aux exigences de forme de leur loi nationale commune, possibilité non reprise par la Convention ou le Règlement Rome I : Cass. 1re civ., 10 déc. 1974, *JDI* 1975, p. 542, note Ph. Kahn ; *RCDIP* 1975, p. 474, note A. P.

370. V. Paris, 25 mars 1983, *Rev. arb.* 1984, p. 363, note J. Robert ; Paris, 20 janv. 1987, *Rev. arb.* 1987, p. 482, note Ch. Kessedjian ; *JDI* 1987, p. 934, note É. Loquin. La Cour de cassation avait notamment retenu qu'« en matière d'arbitrage international, l'autonomie de la clause compromissoire trouve sa limite dans l'existence, en la forme, de la convention principale qui contiendrait la clause invoquée ; que cette existence doit nécessairement s'apprécier d'après la loi qui, selon les principes du droit international privé, régit la forme de la convention » : Cass. 1re civ., 10 juill. 1990, *Rev. arb.* 1990, p. 859, note J.-H. Moitry et C. Vergne ; *JDI* 1992, p. 170, note É. Loquin. La portée de cet arrêt quant à la règle permettant de déterminer la loi applicable à la forme de la convention d'arbitrage demeurait incertaine. En effet, la Haute juridiction y écartait le principe d'autonomie de la clause d'arbitrage par rapport au contrat principal en cas d'inexistence en la forme de ce contrat lui-même, ce qui la conduisait à s'intéresser davantage à la loi applicable à la forme du contrat principal qu'à celle applicable à la convention d'arbitrage, le sort de la seconde étant lié à celui du premier. Cependant, la Cour de cassation a, depuis lors, précisé que même l'inexistence du contrat principal ne saurait entraver l'application du principe d'autonomie (v. *supra*, n° 613). Aussi, les enseignements à tirer de cet arrêt ne pouvaient être que très limités.

371. Sur laquelle, v. *supra*, n° 595 et s.

372. Sur ces clauses, v. notamment, X. Boucobza, « La clause compromissoire par référence en matière d'arbitrage international », *Rev. arb.* 1998, p. 495 ; B. Oppetit, « La clause d'arbitrage par référence », *Rev. arb.* 1990, p. 551. Pour l'application de règles matérielles relatives à la forme de la convention d'arbitrage en dehors du cas des clauses par référence, v. par exemple, Cass. 1re civ., 3 mars 1992, *Sonetex, Rev. arb.* 1993, p. 273, note P. Mayer ; *JDI* 1993, p. 140, note B. Audit.

Ces clauses, stipulées dans un document non nécessairement signé par les parties et émanant parfois de l'une d'elles[373], et auquel le contrat principal fait référence, posent des problèmes de validité évidents : ce renvoi opéré par le contrat principal au document contenant la clause d'arbitrage suffit-il à la faire valablement entrer dans le champ contractuel ? Certaines exigences de forme doivent-elles être impérativement respectées, afin de garantir un consentement réel à la clause, ou la question relève-t-elle uniquement, dans une approche consensualiste, de la recherche de la réalité du consentement des parties à la clause[374] ? Dans un contexte international, on pourra préférer la seconde solution, afin d'éviter des contestations formulées de mauvaise foi au prétexte du non-respect de règles de forme trop strictes et donc peu compatibles avec les nécessités du commerce international. Sur le principe même de validité des clauses d'arbitrage par référence, il a été retenu en matière interne par l'article 1443 du Code de procédure civile dans sa rédaction antérieure au décret du 13 janvier 2011, et confirmé par ce dernier[375]. En revanche, nulle mention n'en était faite dans les dispositions relatives à l'arbitrage international avant la réforme de 2011, et on avait donc pu s'interroger sur leur validité, et surtout leur régime, en droit français de l'arbitrage international. Cependant, après avoir quelque peu hésité, la Cour de cassation avait clairement choisi d'imposer l'approche consensualiste, par le biais d'une règle matérielle française. Et si le décret du 13 janvier 2011 demeure silencieux sur la question des clauses d'arbitrage international par référence, cela s'explique aujourd'hui par le caractère purement consensuel de la convention d'arbitrage internationale, consacré par l'article 1507 du Code de procédure civile. Cette consécration valide par elle-même l'approche consensualiste auparavant adoptée par la jurisprudence, sans qu'il soit nécessaire de consacrer une disposition particulière aux clauses d'arbitrage par référence.

L'affaire *Bomar Oil* a marqué l'évolution de la position de la Haute juridiction sur le sujet. Par arrêt du 11 octobre 1989, la Cour de cassation, en se référant encore à l'époque à l'article II de la Convention de New York du 10 juin 1958, avait estimé que « si [cette disposition] n'exclut pas l'adoption d'une clause compromissoire par référence à un document qui la contient, encore faut-il, comme l'exigerait d'ailleurs la loi française, que l'existence de cette clause soit mentionnée dans la convention principale, sauf s'il existe entre les parties des relations habituelles d'affaires qui leur assurent une parfaite connaissance des stipulations écrites régissant couramment leurs rapports commerciaux »[376]. La solution était relativement restrictive : sauf cas particulier de relations habituelles entre les parties, le contrat principal devait non seulement renvoyer à un document, mais encore indiquer que ce document contenait une clause d'arbitrage. Deux ans plus tard, la Cour a toutefois assoupli sa position. Ne faisant plus aucune référence à la Convention de New York et se plaçant sur le seul terrain du droit français, elle a énoncé qu'« en matière d'arbitrage international, la clause compromissoire par

373. Notamment dans les conditions générales (de vente ou d'achat) de l'une des parties, dans un contrat-type auquel le contrat principal liant les parties renvoie, ou dans un contrat-cadre auquel renvoie un contrat d'exécution.

374. Pour une étude de droit comparé, dans le cadre européen, v. L. D. Graffi, « International Arbitration Agreements "by reference" : a European Perspective », *Cah. arb.*, vol. III, *Gaz. Pal.* éd. 2006, p. 19 ; l'auteur, après analyse des jurisprudences française, italienne, suisse et allemande sur le sujet, conclut à l'absence d'uniformité quant aux solutions appliquées, ce qui est source d'incertitude pour les opérateurs du commerce international.

375. Sur le régime de la clause d'arbitrage par référence en matière interne, v. *supra*, nº 153.

376. Cass. 1re civ., 11 oct. 1989, *Bomar Oil I*, *JDI* 1990, p. 663, note É. Loquin ; *Rev. arb.* 1990, p. 134, note C. Kessedjian.

référence écrite à un document qui la contient, par exemple des conditions générales ou un contrat-type, est valable, à défaut de mention dans la convention principale, lorsque la partie à laquelle la clause est opposée a eu connaissance de la teneur du document au moment de la conclusion du contrat et qu'elle a, fût-ce par son silence, accepté l'incorporation du document au contrat »[377]. Puis, dans l'arrêt *Dalico*, la Cour a consacré le caractère de règle matérielle française de la solution ainsi posée[378]. Enfin, dans un arrêt *Prodexport*, elle a accentué le libéralisme de la solution, en abandonnant l'exigence de la « référence écrite ». Elle y a en effet retenu « qu'en matière d'arbitrage international, la clause compromissoire par référence à un document qui la stipule est valable lorsque la partie à laquelle on l'oppose en a eu connaissance au moment de la conclusion du contrat et qu'elle a, fût-ce par son silence, accepté cette référence »[379]. En vertu de cette jurisprudence, le principe du consensualisme domine donc : l'essentiel est de pouvoir déceler un consentement des parties à la clause. Ce consensualisme est atténué par une exigence de forme très limitée : la convention d'arbitrage doit figurer dans un document, et donc dans un écrit, auquel le contrat principal doit faire référence. Mais ce document peut revêtir des formes diverses et n'a pas besoin d'être signé par la partie à laquelle on l'oppose. De plus, la référence faite par le contrat principal à ce document n'a pas à être elle-même écrite ; pour caractériser le consentement des parties à ce document, il suffit d'établir que son contenu a été porté à leur connaissance au moment de la conclusion du contrat, ou qu'elles en avaient alors nécessairement connaissance, notamment en raison de son caractère usuel dans le secteur d'activité où elles interviennent, ou du fait qu'elles avaient pris l'habitude d'y soumettre leurs relations d'affaires. Si la clause doit néanmoins, en principe, être acceptée par la partie à laquelle on l'oppose, cette acceptation pourra être présumée dès que cette partie a eu connaissance du document contenant la clause et n'a pas protesté. Son silence fait présumer son acceptation. Dans ces conditions, la jurisprudence a finalement fait très largement échapper la clause d'arbitrage internationale par référence à tout formalisme. Elle a même estimé qu'une clause d'arbitrage contenue dans une lettre de confirmation, adressée à l'une des parties postérieurement au contrat verbal intervenu entre elles et non contestée par son destinataire, était opposable à ce dernier[380]. Le document était cette fois postérieur à la conclusion du contrat, mais le silence gardé après sa réception fait présumer un accord verbal antérieur sur la clause ! Le nouvel article 1507 du Code de procédure civile, qui, consacrant une jurisprudence de la cour d'appel de Paris[381], dispense la convention d'arbitrage internationale de toute condition de forme, ne rend probablement pas pour autant cette jurisprudence totalement obsolète, dans la mesure où il reste nécessaire de

377. Cass. 1re civ., 9 nov. 1993, *Bomar Oil II*, *JDI* 1994, p. 690, note É. Loquin ; *Rev. arb.* 1994, p. 108, note Ch. Kessedjian.

378. Cass. 1re civ., 20 déc. 1993, *Dalico*, *JDI* 1994, p. 432, note E. Gaillard, et p. 690, note É. Loquin ; *Rev. arb.* 1994, p. 116, note H. Gaudemet-Tallon ; *RCDIP* 1994, p. 663, note P. Mayer.

379. Cass. 1re civ., 3 juin 1997, *Prodexport I*, *Rev. arb.* 1998. 537 ; *RCDIP* 1999, p. 92, note P. Mayer ; et aussi, Cass. 1re civ., 20 déc. 2000, *Rev. arb.* 2003, p. 1341 (1re esp.), obs. C. Legros. V. plus récemment, dans le même sens, Paris, 13 sept. 2007, *Rev. arb.* 2008, p. 313, note F.-X. Train ; Cass. 1re civ., 11 mai 2012, *JCP* G 2012, doctr. 1354, n° 4, obs. Ch. Seraglini ; *Rev. arb.* 2012, p. 561, note L. Bernhreim-Van de Casteele ; *Cah. arb.* 2013, p. 77, note P. Rosher.

380. Cass. 2e civ., 21 janv. 1999, *RTD com.* 1999, p. 847, obs. É. Loquin ; *Rev. arb.* 2003, p. 1341 (3e esp.), obs. C. Legros ; la solution, rendue en matière interne, aurait très certainement été la même à propos d'un arbitrage international. Dans le même sens, Paris, 7 mai 2009, *Rev. arb.* 2009, p. 648 ; Cass. 1re civ., 20 oct. 2010, *Rev. arb.* 2010, p. 976.

381. Paris, 24 févr. 2005, *Sidermétal*, *JCP* G 2005, I, 179, n° 1, obs. Ch. Seraglini ; et v. *supra*, n° 666.

vérifier, au minimum, l'existence d'une clause d'arbitrage et le consentement des parties à celle-ci[382]. Ceci étant, en dispensant la convention d'arbitrage de tout formalisme, il pourrait accentuer encore davantage le libéralisme de cette approche purement consensualiste[383].

Dès lors, en droit français de l'arbitrage international, la question de la validité d'une clause d'arbitrage par référence, régie par une règle matérielle applicable par tout juge français conduit à s'interroger sur la validité d'une telle clause, relève davantage de l'existence du consentement, appréciée en fait, que de la forme de la convention d'arbitrage proprement dite. Il suffira de rechercher, par tous moyens, un accord des parties sur la clause. Par ailleurs, selon la logique purement consensualiste consacrée par l'article 1507 du Code de procédure civile, il conviendrait d'admettre, en droit français de l'arbitrage international, la validité de la convention d'arbitrage purement verbale. Au demeurant, dès avant le décret du 13 janvier 2011, au vu de la jurisprudence rendue notamment en matière de clauses d'arbitrage par référence, une réponse positive était déjà probablement envisageable. Néanmoins, une telle clause pose des problèmes de preuve et de mise en œuvre évidents, si bien que l'on peut souhaiter qu'elle reste une hypothèse d'école.

670 **Règles matérielles relatives à la forme de la convention d'arbitrage internationale en droit comparé et pratique arbitrale.** La plupart des lois récentes sur l'arbitrage semblent choisir la voie des règles matérielles pour régir la forme de la convention d'arbitrage. Cependant, les droits étrangers limitent généralement la compétence de leur propre règle matérielle au cas où le siège du tribunal arbitral se situe sur leur territoire. Dans les autres cas, ils appliquent plutôt les règles matérielles issues des conventions internationales, et notamment de la Convention de New York de 1958[384].

Quant aux arbitres, les pratiques sont variables. Les sentences qui ont recours à la méthode conflictuelle se séparent entre l'application de la loi du siège de l'arbitrage[385], celle de la règle *locus regit actum* dans son acception alternative[386], et celle de la loi régissant au fond la convention. D'autres sentences appliquent des règles matérielles « anationales », non rattachées à un ordre juridique en particulier.

382. Aussi, est manifestement inapplicable au sens de l'ancien article 1458 CPC (art. 1448 CPC depuis le décret du 13 janvier 2011), ce qui justifie d'écarter le jeu de l'effet négatif du principe de compétence-compétence et permet au juge de ne pas se déclarer incompétent (sur cet effet négatif, v. *infra*, n° 687 et s.), la clause d'arbitrage par référence dont ni l'existence, ni la référence ne sont, au vu des documents produits, établies : Cass. 1re civ., 6 nov. 2013, *JCP* G 2014, 1391, n° 3, obs. Ch. Seraglini ; *LPA* 20 févr. 2014, n° 37, p. 8, note A.-S. Courdier-Cuisinier ; *Procédures*, janv. 2014, comm. 10, obs. L. Weiller ; *D.* 2014, p. 2546, obs. Th. Clay.

383. Pour une appréciation plus détaillée de cette jurisprudence très libérale, v. *supra*, n° 153. Pour une illustration récente de l'admission d'une clause compromissoire par référence en matière d'arbitrage international, v. Cass. 1re civ., 9 nov. 2016, *Rev. arb.* 2016, p. 1216 ; *JCP* G 2016, 1430, n° 2, obs. J. Ortscheidt.

384. Sur le sujet, v. Ph. Fouchard, E. Gaillard, B. Goldman, *Traité de l'arbitrage commercial international*, Litec, 1996, n° 606, p. 383 ; et aussi, N. Blackaby, C. Partasides, A. Redfern et M. Hunter, *Redfern and Hunter on International Arbitration*, Oxford University Press, 5th ed., 2009, n° 2.13 et s. ; G. Born, *International Commercial Arbitration*, Kluwer Law International, 2nd ed., 2014, n° 4.06.

385. V. par exemple, sent. CCI n° 4392 (1983), *JDI* 1983, p. 907, obs. Y. Derains.

386. Sent. CCI n° 5832 (1988), *JDI* 1988, p. 1198, obs. G. Aguilard-Alvarez.

SECTION 3 LES EFFETS DE LA CONVENTION D'ARBITRAGE INTERNATIONALE

671 **Les effets « énergiques » de la convention d'arbitrage internationale.** Une convention d'arbitrage valable produit logiquement un certain nombre d'effets. Beaucoup concernent l'instance arbitrale, puisque l'objet même d'une convention d'arbitrage est de permettre la mise en place d'une instance arbitrale pour résoudre un litige entre les parties ; ils seront donc examinés dans le titre relatif à l'instance arbitrale. Ceci étant, une convention d'arbitrage valable a bien entendu force obligatoire à l'égard des parties. Cette affirmation, d'apparence classique s'agissant d'une convention, prend toutefois une dimension particulière dans le cas de la convention d'arbitrage qui justifie quelques développements. En effet, la convention d'arbitrage vise à l'organisation d'un mode particulier de règlement des litiges dont l'efficacité implique qu'une partie ne puisse se soustraire trop facilement à son engagement, cristallisé par cette convention, de faire trancher par un tribunal arbitral les litiges l'opposant, ou pouvant l'opposer, à l'autre partie. Autrement dit, le développement de l'arbitrage comme mode de règlement des litiges du commerce international nécessite de conférer une efficacité particulière à la convention d'arbitrage. Aussi, conformément à leur esprit de faveur à l'égard de l'arbitrage international, la plupart des droits étatiques, et particulièrement le droit français, font produire des effets particulièrement énergiques à une convention d'arbitrage, visant à en assurer la force obligatoire. Ces effets concernent bien entendu les parties. Mais le même souci d'efficacité de l'arbitrage international conduit certains droits, et notamment le droit français, à étendre ces effets à certains tiers. On a évoqué, à cet égard, lors de l'étude de l'arbitrage interne, le « rayonnement particulier » de la convention d'arbitrage[387], expression qui se révèle peut-être plus juste encore en matière internationale et qui sera donc ici reprise. Ce rayonnement particulier concerne donc aussi bien les parties (§ 1) que les tiers (§ 2), et se vérifie encore en ce qui concerne la circulation juridique de la convention d'arbitrage internationale (§ 3).

§ 1. LE RAYONNEMENT DE LA CONVENTION D'ARBITRAGE INTERNATIONALE ENTRE LES PARTIES

672 **Particularité des effets de la convention d'arbitrage internationale.** La conclusion d'une convention d'arbitrage engendre, positivement, un engagement des parties de saisir un tribunal arbitral pour résoudre leur litige, éventuel ou actuel, et, négativement, une interdiction de saisir un tribunal étatique. On parle classiquement d'obligations positive et négative ainsi mises à la charge des parties, même si certains auteurs contestent cette présentation des choses en termes d'obligations[388]. La convention d'arbitrage déploie donc un effet positif, en ce qu'elle oblige les parties à soumettre les litiges qu'elle vise à un tribunal arbitral en lieu et place des tribunaux ordinaires et fonde la compétence du tribunal arbitral pour trancher ces litiges. Corrélativement, elle déploie un effet négatif, dans la mesure où elle conduit à l'incompétence des tribunaux étatiques

387. V. *supra*, n° 158 et s.

388. Sur ce point, v. les développements qui y sont consacrés dans le cadre de l'étude de l'arbitrage interne, *supra*, n° 159.

pour connaître des mêmes litiges et interdit à l'une des parties de porter ces litiges devant eux. Autrement dit, la convention d'arbitrage opère un transfert de compétence des tribunaux étatiques au tribunal arbitral pour la résolution des litiges qu'elle couvre. Le souci des droits étatiques d'assurer l'efficacité de la justice arbitrale les conduit à donner une dimension toute particulière à ce transfert de compétence, qu'il convient de préciser (A). Par ailleurs, il sera parfois nécessaire d'interpréter la convention d'arbitrage afin de déterminer la portée exacte du consentement des parties à l'arbitrage qui y est exprimé ; sur ce point encore, les droits étatiques manifestent généralement un esprit de faveur à l'arbitrage (B). Ceci étant, la convention d'arbitrage pourra, comme toute convention, voir ses effets s'éteindre pour diverses causes (C).

A. LE TRANSFERT DE COMPÉTENCE DES JURIDICTIONS ÉTATIQUES AU TRIBUNAL ARBITRAL

673 **Division.** Les droits étatiques, et particulièrement le droit français, veillent à assurer pleinement l'effectivité du principe du transfert de compétence des juridictions étatiques au profit du tribunal arbitral (1). Ils posent néanmoins tous des limites à ce principe (2).

1. Le principe du transfert de compétence

674 **Effets positif et négatif du principe.** Rendant les juridictions étatiques incompétentes pour trancher les litiges qu'elle vise, la convention d'arbitrage déploie, en premier lieu, un « effet négatif ». Afin de garantir l'effectivité de cet effet, les droits étatiques font obligation à leurs juges de décliner leur compétence dans l'hypothèse où ils seraient saisis d'un litige entrant dans le champ d'application d'une convention d'arbitrage. En France, ce principe d'incompétence est expressément posé à l'article 1448 du Code de procédure civile, applicable à l'arbitrage international par renvoi de l'article 1506.1°, qui énonce qu'en principe, « lorsqu'un litige relevant d'une convention d'arbitrage est porté devant une juridiction de l'État, celle-ci se déclare incompétente [...] »[389]. Fondant la compétence d'un tribunal arbitral pour trancher les litiges qu'elle vise, et obligeant de ce fait les parties à saisir ce juge privé, la convention d'arbitrage a, en second lieu et surtout, un « effet positif ». Par ailleurs, afin d'assurer plus encore l'efficacité des conventions d'arbitrage, la plupart des droits étatiques, et significativement le droit français, confèrent une dimension particulière à ces effets positif et négatif qui se manifeste dans le règlement des contestations relatives à la compétence du tribunal arbitral. Ils reconnaissent ainsi, positivement, la compétence du tribunal arbitral pour apprécier lui-même sa propre compétence lorsqu'elle est contestée devant lui, soit ce que l'on désigne généralement comme l'effet positif du principe de Compétence-Compétence (a). Allant plus loin, le droit français retient au surplus que le juge étatique est, dans un premier temps au moins, en principe incompétent pour apprécier la compétence arbitrale, soit un effet négatif du principe de Compétence-Compétence (b)[390].

389. Avant le décret nº 2011-48 du 13 janvier 2011, ce principe figurait, sous une formulation quelque peu différente, à l'article 1458 CPC. La jurisprudence avait étendu la solution à l'arbitrage international sous la forme d'une règle matérielle du droit français reprenant en substance les dispositions de cet article.

390. Sur le principe de Compétence-Compétence, v. M. Boucaron-Nardetto, *Le principe de Compétence-Compétence en droit de l'arbitrage*, PUAM, 2013.

a) L'effet positif de la convention d'arbitrage : compétence du tribunal arbitral et effet positif du principe de Compétence-Compétence

675 **Double aspect de l'effet positif de la convention d'arbitrage.** L'effet principal de la convention d'arbitrage est de fonder la compétence d'un tribunal arbitral pour trancher les litiges qu'elle couvre, et donc d'obliger les parties à le saisir en cas de litige. Cet effet positif de la convention d'arbitrage s'impose donc, à l'évidence, aux parties (α). Cependant, il concerne également le tribunal arbitral lui-même, puisqu'il va justifier que celui-ci ait le pouvoir d'examiner les contestations relatives à son pouvoir de juger invoquées devant lui (β). En droit français, cet effet positif de la convention d'arbitrage s'impose, avec les diverses conséquences juridiques qui en découlent, en tant que règle matérielle de l'arbitrage international, sans que les juges s'interrogent sur la loi applicable. Au demeurant, même si une démarche conflictuelle avait été suivie, cet effet positif est si largement reçu en droit comparé et si nécessaire au fonctionnement de la justice arbitrale, qu'une loi étrangère posant une solution contraire aurait certainement été écartée au nom de l'ordre public international français.

α) La force obligatoire de la convention d'arbitrage et les parties

676 **Force obligatoire et exécution forcée de la convention d'arbitrage.** L'efficacité réelle d'une convention d'arbitrage implique que l'obligation qu'elle fait naître à la charge des parties de recourir à l'arbitrage en cas de litige puisse faire l'objet d'une exécution en nature[391], l'allocation de dommages et intérêts en cas de méconnaissance par une partie de l'obligation « d'aller à l'arbitrage » étant une sanction bien inadéquate compte tenu de la difficulté à évaluer, et à faire valoir devant un juge étatique, le préjudice en résultant pour l'autre partie[392]. Aussi, tous les droits étatiques fournissent des mécanismes permettant de lutter contre le refus d'une partie d'honorer son engagement d'aller à l'arbitrage, voire contre son éventuelle obstruction au bon déroulement de l'instance arbitrale[393], notamment en assurant la constitution du tribunal arbitral malgré l'inertie du défendeur[394]. Dans certains États, les juges vont même jusqu'à utiliser la technique des « *anti-suit injunctions* » au soutien de l'arbitrage, pour interdire à une partie signataire d'une convention d'arbitrage de soumettre à un juge d'un autre État un litige visé par cette convention[395]. Au cas où le destinataire de l'injonction n'obtempère pas, il s'expose généralement à des poursuites pour outrage au tribunal et à des peines allant jusqu'à la contrainte par corps ou la mise sous séquestre de ses biens. Ce faisant, les juges garantissent, d'une certaine manière, l'exécution en nature de l'obligation qu'ont souscrite les parties de recourir à l'arbitrage en cas de

391. Sur la reconnaissance progressive de cette solution, v. Ph. Fouchard, E. Gaillard, B. Goldman, *Traité de l'arbitrage commercial international*, Litec, 1996, n°s 631 et s., p. 398.

392. Sur ce point, v. la discussion menée dans l'étude de l'arbitrage interne, *supra*, n° 163.

393. Sur cette question des manœuvres dilatoires et des ripostes à celles-ci, v. *Preventing delay and disruption of arbitration, ICCA Congress Series* n° 5, Kluwer, 1991, et spéc. les articles d'E. Gaillard, p. 65 (États continentaux), et de V. V. Veeder (États de *Common Law*), p. 169.

394. Sur ce point, v. *infra*, n° 783.

395. Cependant, d'autres juges n'hésitent pas, à l'inverse, à utiliser la technique des « anti-suit injunctions » pour faire obstacle au déroulement d'une instance arbitrale, en interdisant à une partie de saisir le tribunal arbitral ou de poursuivre cette instance dès lors que la convention d'arbitrage leur paraît « caduque, inopérante ou non susceptible d'être appliquée » (pour reprendre le vocabulaire utilisé par l'article II (3) de la Convention de New York de 1958).

litige et de ne pas saisir le juge étatique du même litige[396]. Toutefois, dans le cadre de l'Union européenne, ce mécanisme a été condamné par la Cour de justice qui a décidé, dans l'arrêt *West Tankers* du 10 février 2009, que « l'adoption, par une juridiction d'un État membre, d'une injonction visant à interdire à une personne d'engager ou de poursuivre une procédure devant les juridictions d'un autre État membre, au motif qu'une telle procédure serait contraire à une convention d'arbitrage, est incompatible avec le Règlement (CE) nº 44/2001 du Conseil, du 22 décembre 2000, concernant la compétence judiciaire, la reconnaissance et l'exécution des décisions en matière civile et commerciale »[397]. De plus, un tel mécanisme est inconnu du droit français, qui comporte néanmoins d'autres mécanismes, peut-être tout aussi efficaces, pour assurer la force obligatoire des conventions d'arbitrage[398].

Si la partie récalcitrante va jusqu'à refuser de participer à la procédure arbitrale, l'efficacité de la convention d'arbitrage sera encore assurée : sa défaillance ne paralyse pas l'arbitrage et le tribunal arbitral peut rendre une sentence par défaut ou réputée contradictoire. La loi-type CNUDCI[399] et certaines législations nationales, comme le droit allemand[400], le prévoient expressément. Toutefois, la plupart des législations étatiques,

396. Sur le sujet, v. notamment *Anti-suit Injunctions in International Arbitration*, éd. E. Gaillard, *IAI Series on International Arbitration Nº 2*, JurisNet, 2005 ; S. Bollée, « Quelques remarques sur les injonctions *anti-suit* visant à protéger la compétence arbitrale (à l'occasion de l'arrêt *The Front Comor* de la Chambre des Lords) », *Rev. arb.* 2007, p. 223 ; S. Clavel, « *Anti-suit injunctions* et arbitrage », *Rev. arb.* 2001, p. 669 ; E. Gaillard, « Il est interdit d'interdire : réflexions sur l'utilisation des *anti-suit injunctions* dans l'arbitrage commercial international », *Rev. arb.* 2004, p. 47 ; A. Seriki, « Anti-Suit Injunctions and Arbitration : A Final Nail in the Coffin », *Journ. Int. Arb.* 2006, p. 23.

397. CJCE, 10 févr. 2009, aff. C-185/07, *Allianz SpA et a. c/ West Tankers Inc.*, *Rev. arb.* 2009, p. 407, note S. Bollée ; *D.* 2009, p. 981, note C. Kessedjian ; *RCDIP* 2009, p. 373, note H. Muir Watt ; *JCP* G 2009, I, 462, nº 4, obs. J. Béguin ; *JDI* 2010, 1281, note B. Audit ; et aussi, A. Mourre et A. Vagenheim, « À propos de la portée de l'exclusion de l'arbitrage dans le règlement nº 44/2001, notamment après l'arrêt *West Tankers* de la Cour de justice des Communautés européennes », *Cah. arb.*, vol. V, Pedone, 2011, p. 313. Il n'est pas certain que la refonte opérée par le règlement nº 1215/2012 du 12 décembre 2012 remette en cause cette solution, même si le considérant 12 du nouveau règlement affirme clairement l'exclusion de l'arbitrage et semble y inclure les questions relatives à la validité et aux effets de la convention d'arbitrage, fussent-elles soulevées à titre incident. En revanche, le règlement n'étant pas applicable aux décisions de reconnaissance et d'exequatur de sentences arbitrales, il ne s'oppose pas à ce qu'une juridiction d'un État membre reconnaisse et exécute, ni à ce qu'elle refuse de reconnaître et d'exécuter, une sentence arbitrale rendue par un tribunal siégeant dans un autre État membre et interdisant à une partie de présenter certaines demandes devant une juridiction de l'État membre requis : CJUE, 13 mai 2015, aff. C-536/13, *Gazprom*, *Rev. arb.* 2015, p. 871, note S. Bollée ; *JCP* G 2015, 804, note C. Nourissat ; *ibid.*, 1370, nº 6, obs. Ch. Seraglini ; *D.* 2015, p. 2031, obs. S. Bollée ; *ibid.*, p. 2588, obs. Th. Clay ; *Europe* 2015, comm. 286, obs. L. Idot ; *Cah. arb.* 2016, p. 63, note S. Clavel. Autrement dit, l'*anti-suit injunction* émanant des arbitres n'est, elle, *a priori* pas incompatible avec le règlement, à tout le moins lorsque la reconnaissance et l'exécution de la sentence sont demandées dans l'État dont un juge avait été la « cible » de l'*injunction*. Sur l'ensemble de ces questions, v. aussi, *supra*, nº 62.

398. Ainsi, la jurisprudence française protège une instance arbitrale contre une procédure étatique qui serait introduite par l'un des signataires de la convention d'arbitrage au mépris de celle-ci, en imposant l'effet négatif du principe de Compétence-Compétence en tant que règle matérielle du droit français de l'arbitrage international, par conséquent opposable au juge étranger qui entendrait vérifier la compétence de l'arbitre sans laisser une priorité chronologique à ce dernier ; sur ce point, v. *infra*, nº 689 et s. Par ailleurs, en France, une partie ne peut se prévaloir d'une *anti-suit injunction* étrangère pour justifier sa défaillance dans la procédure d'arbitrage dès lors que, d'une part, elle ne peut se créer à elle-même un obstacle à sa participation et, d'autre part, cette injonction est contraire à l'ordre public international français comme visant à faire échec à la mise en œuvre d'une clause compromissoire : Paris, 4 oct. 2016, *Rev. arb.* 2016, p. 1210.

399. Art. 25 (b).

400. Art. 1048 ZPO.

et notamment la législation française, sont muettes sur le sujet. Face au silence du législateur, la jurisprudence française a affirmé que « la sentence rendue par défaut n'est pas contraire à l'ordre public international si le défendeur a été dûment informé du déroulement de la procédure et n'a pas été dans l'impossibilité matérielle de se faire représenter devant le tribunal arbitral siégeant à l'étranger »[401]. Néanmoins, le tribunal arbitral devra vérifier le bien-fondé des prétentions du demandeur, sans pouvoir le déduire de la seule abstention du défendeur, et ne faire droit à la demande que s'il l'estime régulière, recevable et bien fondée. Il devra également assurer le respect du principe de la contradiction, en invitant le défendeur défaillant à participer à chaque étape de la procédure[402]. Des solutions analogues tendent à s'imposer en droit comparé et dans la pratique arbitrale[403], si bien que des auteurs concluent à l'existence d'un principe général du droit de l'arbitrage international autorisant les procédures d'arbitrage par défaut[404].

677 **Convention d'arbitrage et indivisibilité du litige.** En cas de litige impliquant plusieurs parties dont certaines seulement sont liées par une convention d'arbitrage[405], l'une d'elles, signataire de la convention d'arbitrage, ne pourra pas se prévaloir de l'indivisibilité du litige pour échapper à la compétence arbitrale et prétendre, par exemple, attraire l'ensemble des défendeurs, un autre signataire de la convention d'arbitrage compris, devant le juge étatique[406]. En effet, la Cour de cassation retient la primauté de la compétence arbitrale dans de telles situations en jugeant que « si, en cas de pluralité de défendeurs, le demandeur peut à son choix assigner toutes les parties devant le tribunal de l'une d'elles, cette faculté n'existe qu'à la condition qu'il y ait indivisibilité de toutes les actions et que les parties n'aient pas, par une clause de leur marché, entendu soustraire aux tribunaux, pour les soumettre à l'arbitrage, les contestations susceptibles de s'élever entre elles »[407]. De même, en cas d'appel en garantie, l'appelé en garantie devant une juridiction étatique peut efficacement opposer la convention d'arbitrage le liant à l'appelant[408].

678 **Immunités et convention d'arbitrage.** La convention d'arbitrage s'impose également à une partie qui bénéficierait d'un privilège ou d'une immunité de juridiction. Le

401. Paris, 7 févr. 1991, *Rev. arb.* 1992, p. 630, obs. J. Pellerin ; Paris, 13 set. 2007, *Rev. arb.* 2007, p. 313, note F.-X. Train. Sur la sentence par défaut, v. aussi, *infra*, n° 872.

402. Pour une illustration de non-respect par l'arbitre de ces exigences, v. Paris, 15 janv. 2013, *Rev. arb.* 2013, p. 295. Pour quelques conseils à destination des arbitres dans les procédures arbitrales par défaut, v. A. Dimolitsa, « L'office de l'arbitre dans les procédures par défaut », *Cah. arb.*, vol. V, Pedone, 2011, p. 68.

403. Par exemple, Sent. CCI n° 6670 (1992), *JDI* 1992, p. 1010 ; Sent. CCI n° 7153 (1992), *JDI* 1992, p. 1005.

404. Ph. Fouchard, E. Gaillard, B. Goldman, *Traité de l'arbitrage commercial international*, Litec, 1996, n° 1224, p. 678.

405. Par exemple, un litige impliquant plusieurs défendeurs, ou dans le cadre duquel intervient un appel en garantie.

406. Sur la question, v. J. Rubellin-Devichi, « De l'effectivité de la clause compromissoire en cas de pluralité de défendeurs ou d'appel en garantie dans la jurisprudence récente », *Rev. arb.* 1981, p. 29.

407. Cass. 2e civ., 3 mai 1957, *Rev. arb.* 1957, p. 132 ; *RCDIP* 1957, p. 495, note E. Mezger ; Cass. 1re civ., 6 févr. 2001, *Peavey Company*, *Rev. arb.* 2001, p. 765, note D. Cohen ; *JCP* G 2001, II, 10567, note C. Legros ; *RCDIP* 2001, p. 522, note F. Jault-Seseke ; Cass. 1re civ., 16 oct. 2001, *Sté Quarto Children's books*, *Rev. arb.* 2002, p. 919, note D. Cohen ; Cass. 1re civ., 23 janv. 2007, *Rev. arb.* 2007, p. 279, obs. P. Pic.

408. Cass. com., 8 nov. 1982, *Rev. arb.* 1983, p. 177, note J. Rubellin-Devichi ; *JDI* 1984, p. 151, note J. Buhart. V. aussi, à propos d'une clause attributive de juridiction, Cass. com., 30 mars 1993, *RCDIP* 1993, p. 680, note H. Gaudemet-Tallon.

droit français, comme de nombreux droits étrangers et la plupart des sentences arbitrales, considère en effet que la conclusion d'une convention d'arbitrage emporte renonciation à se prévaloir de ces privilèges et immunités. Ainsi, la partie privée qui a conclu une convention d'arbitrage ne peut plus se prévaloir d'un privilège fondé sur sa nationalité[409] et ce, tant dans l'instance arbitrale elle-même, que dans le cadre des actions devant les tribunaux judiciaires qui sont accessoires à cette instance, notamment lors des recours contre la sentence arbitrale ou des procédures d'assistance à la mise en place et au déroulement de l'arbitrage. Selon la même logique, les privilèges de juridiction ne pourront jouer aucun rôle dans la détermination de la juridiction compétente pour aider à la constitution du tribunal arbitral ou contrôler la sentence ; seuls les critères propres à la matière arbitrale pourront fonder ces compétences[410]. De même, l'engagement pris de soumettre le litige à l'arbitrage interdit aux bénéficiaires d'immunités de juridiction, tels les États, organisations internationales, ou autres organismes publics, de se prévaloir de cette immunité pour échapper à l'arbitrage[411]. La jurisprudence française considère qu'en souscrivant la convention d'arbitrage, l'État a accepté de renoncer à son immunité de juridiction tant pour l'instance arbitrale elle-même, que pour les procédures judiciaires s'y greffant, que ce soit dans le cadre de la mise en place du tribunal arbitral[412], ou lors de la procédure d'exequatur[413]. Sur ce dernier point, la Cour de cassation a ainsi clairement énoncé que, par la clause compromissoire, « l'État étranger qui s'est soumis à la juridiction arbitrale a, par là même, accepté que la sentence puisse être revêtue de l'exequatur lequel ne constitue pas, en lui-même, un acte d'exécution de nature à provoquer l'immunité d'exécution de l'État considéré »[414]. Ceci étant, les solutions ne sont pas toujours aussi catégoriques en droit comparé[415].

409. En toute hypothèse, en France, la compétence du juge français découlant des articles 14 et 15 du Code civil n'est plus considérée comme exclusive : Cass. 1re civ., 23 mai 2006, *Prieur*, *JCP* G 2006, II, 10134, note P. Callé ; *JDI* 2006, p. 1377, note C. Chalas ; *RCDIP* 2006, p. 870, note H. Gaudemet-Tallon ; *D.* 2006, p. 1880, chron. B. Audit ; *D.* 2007, p. 1758, obs. F. Jault-Seseke.

410. V. le rejet du privilège fondé sur la nationalité française des articles 14 et 15 du Code civil pour justifier l'intervention du juge français dans la constitution du tribunal arbitral, la compétence du juge ne pouvant résulter que de l'article 1493, al. 2, CPC (dans sa rédaction antérieure au décret du 13 janvier 2011) : TGI Paris, Ord. réf., 11 mai 1987, *Rev. arb.* 1988, p. 699, note Ph. Fouchard. V. aujourd'hui, art. 1505 CPC, qui définit la compétence internationale du juge d'appui français et ne prend pas en compte la nationalité des parties.

411. Par exemple, TGI Paris, Ord. réf., 8 juill. 1970, *JDI* 1971, p. 131, note Ph. Kahn ; *Rev. arb.* 1975, p. 328, note J.-L. Delvolvé ; TGI Paris, Ord. réf., 3 mai 1991, *JCP* 1991, II, 16811, obs. D. R. La jurisprudence arbitrale est dans le même sens : v. par exemple, Sent. CCI n° 3879 (1984), *JDI* 1985, p. 232. Sur la question, v. P. Bourrel, « Arbitrage international et immunité des États étrangers. À propos d'une jurisprudence récente », *Rev. arb.* 1982, p. 119 ; E. Gaillard, « Convention d'arbitrage et immunités de juridiction et d'exécution des États et des organisations internationales », *Bull. ASA* 2000, p. 471 ; I. Pingel, *Les immunités des États en droit international*, Bruxelles, Bruylant, 1998 ; Cl. Reymond, « Souveraineté de l'État et participation à l'arbitrage », *Rev. arb.* 1985, p. 517.

412. V., dans le cas d'une organisation internationale se prévalant de son immunité pour refuser de désigner son arbitre, TGI Paris, 20 oct. 1997, *Rev. arb.* 1997, p. 575, note Ch. Jarrosson ; Paris, 19 juin 1998, *Rev. arb.* 1999, p. 343, note Ch. Jarrosson.

413. TGI Paris, Ord. réf., 8 juill. 1970, préc.

414. Cass. 1re civ., 11 juin 1991, *JDI* 1991, p. 1005, note E. Gaillard ; *Rev. arb.* 1991, p. 637, note A. Broches ; *RCDIP* 1992, p. 331, note P. Lagarde ; et déjà, Cass. 1re civ., 18 nov. 1986, *RCDIP* 1987, p. 786, note P. Mayer ; *JDI* 1987, p. 120, note B. Oppetit ; *Rev. arb.* 1987, p. 149, note J.-L. Delvolvé.

415. V., pour le droit suisse, Trib. féd., 21 déc. 1992, *Rev. arb.* 1994, p. 175, note P. Glavinis, estimant que l'État n'avait pas accepté, par la seule souscription d'une convention d'arbitrage, l'intervention du juge suisse dans la constitution du tribunal arbitral.

En revanche, il a longtemps été considéré que l'acceptation d'une convention d'arbitrage n'emportait pas renonciation par l'État à son immunité d'exécution[416]. Toutefois, cette solution doit aujourd'hui être fortement nuancée, au moins en droit français de l'arbitrage international. En effet, par arrêt du 6 juillet 2000, la Cour de cassation a retenu qu'un État, en acceptant une convention d'arbitrage prévoyant un arbitrage sous l'égide de la CCI, avait accepté de renoncer à son immunité d'exécution[417]. La Haute juridiction a fondé la solution sur le fait que l'État était ainsi censé avoir accepté l'article 24-6 du règlement CCI de 1988, alors applicable[418], et qui prévoyait que les parties s'engagent à exécuter sans délai la sentence à venir. L'argument peut laisser perplexe, dans la mesure où il pourrait alors justifier l'extension de la solution à toute convention d'arbitrage, puisque l'article 24-6 du règlement CCI ne faisait qu'affirmer une règle implicite et générale dans l'arbitrage, voulant que toute personne qui souscrit une convention d'arbitrage s'engage à exécuter la sentence à venir[419]. D'ailleurs, la cour d'appel de Paris semble, quant à elle, vouloir retenir une règle matérielle de portée plus générale, sans référence à un quelconque règlement d'arbitrage, selon laquelle l'État renonce à l'immunité d'exécution en concluant une clause compromissoire, l'acceptation du caractère obligatoire de la sentence qui résulte de la convention d'arbitrage opérant, au vu du principe de bonne foi et sauf clause contraire, une telle renonciation[420]. Si cette règle générale était définitivement adoptée, c'est davantage en termes d'insaisissabilité des biens, et non plus tellement en termes d'immunité de l'État en général, que la question du statut de l'État lié par une convention d'arbitrage devrait désormais être abordée, certains biens de l'État demeurant en principe insaisissables en raison de leur nature, dès lors qu'ils sont utilisés ou doivent être utilisés à des fins publiques[421].

En effet, selon la cour d'appel de Paris, tout autre est la question de savoir si un État a renoncé à se prévaloir de l'immunité diplomatique d'exécution pour accepter qu'un cocontractant privé « puisse, le cas échéant, entraver le fonctionnement et l'action de ses ambassades et représentations à l'étranger »[422]. À cet égard, la jurisprudence a effectivement tendu à dégager une immunité autonome d'exécution au profit des États s'agissant de leurs biens affectés à des fins publiques[423], la renonciation générale à

416. Paris, 21 avr. 1982, *RCDIP* 1982, p. 101, note P. Mayer.

417. Cass. 1re civ., 6 juill. 2000, *Creighton Ltd*, *RTD com.* 2001, p. 410, obs. É. Loquin ; *JDI* 2000, p. 1054, note I. Pingel-Lenuzza ; *JCP* G 2001, II, 10512, note Ch. Kaplan et G. Cuniberti ; *Rev. arb.* 2001, p. 114, note Ph. Leboulanger.

418. Aujourd'hui art. 35-6 Règl. CCI 2017.

419. Pour une critique de la solution, v. Ph. Théry, « Feu l'immunité d'exécution ? », *Gaz. Pal.* 2001, nos 161 à 163, p. 18.

420. Paris, 12 déc. 2001, *Rev. arb.* 2003, p. 417, note Ph. Leboulanger. V. encore, plus récemment, Paris, 31 janv. 2013, *Rev. arb.* 2013, p. 460, note N. Meyer-Fabre.

421. En ce sens, Ph. Leboulanger, note préc. sous Cass. 1re civ., 6 juill. 2000, *Rev. arb.* 2001, p. 114, spéc. p. 131 ; et Paris, 10 août 2000, *RTD com.* 2001, p. 410, obs. É. Loquin ; *JDI* 2000, p. 1054, note I. Pingel-Lenuzza ; *JCP* G 2001, II, 10512, note Ch. Kaplan et G. Cuniberti ; *Rev. arb.* 2001, p. 114 (2e esp.), note Ph. Leboulanger.

422. Paris, 10 août 2000, préc. V. également, Cass. 1re civ., 28 sept. 2011, n° 09-72057, *RCDIP* 2012, p. 124, note H. Gaudemet-Tallon.

423. La jurisprudence a d'abord visé les biens affectés à une mission diplomatique (Cass. 1re civ., 28 sept. 2011, *RCDIP* 2012, p. 124, note H. Gaudemet-Tallon ; *JDI* 2012, comm. 9, p. 668, obs. I. Barrière Brousse ; *Rev. arb.* 2013, p. 460, note N. Mayer-Fabre), puis plus généralement les biens utilisés ou devant être utilisés à des fins publiques (Cass. 1re civ., 28 mars 2013, *JDI* 2013, comm. 10, p. 899, rapport A. Maitrepierre, note G. Cuniberti ; *RCDIP* 2013, p. 671, note H. Muir Watt ; *Rev. arb.* 2013, p. 989,

l'immunité d'exécution n'emportant pas nécessairement renonciation à cette immunité autonome. Dans un premier temps, la Cour de cassation a au contraire exigé que cette renonciation « autonome » à l'immunité d'exécution sur les biens affectés à des fins publiques soit non seulement expresse, mais aussi spéciale, l'État devant mentionner par écrit les biens ou la catégorie de biens pour lesquels cette renonciation était consentie. Dans un deuxième temps, elle n'a plus exigé qu'une renonciation expresse[424]. Cependant, la loi nº 2016-1691 du 9 décembre 2016, dite loi Sapin II, en posant l'exigence d'une renonciation expresse et spéciale à l'immunité d'exécution pour les biens utilisés ou destinés à être utilisés dans l'exercice des fonctions de la mission diplomatique des États étrangers ou de leurs postes consulaires[425], a conduit la jurisprudence à modifier à nouveau sa position. Dans une espèce où la loi Sapin II n'était pas temporellement applicable, la Cour de cassation est en effet revenue à son ancienne exigence de renonciation expresse et spéciale, appliquant en quelque sorte de façon anticipée la loi nouvelle[426].

β) La force obligatoire de la convention d'arbitrage et le tribunal arbitral : l'effet positif du principe de Compétence-Compétence

679 **Double dimension de l'effet positif de la convention d'arbitrage à l'égard du tribunal arbitral.** L'effet positif de la convention d'arbitrage se manifeste également à l'égard de la compétence du tribunal arbitral et ce, doublement. Tout d'abord, la convention d'arbitrage fonde la compétence de l'arbitre pour trancher les litiges qu'elle vise. Comme un véritable juge, l'arbitre dispose, en vertu de la convention d'arbitrage, d'une compétence pleine qui lui permet, non seulement de trancher le fond du litige, mais encore de prononcer les mesures d'instruction utiles, ainsi que les mesures provisoires ou conservatoires qui entrent dans l'objet du litige[427]. Ensuite, l'effet positif de la convention d'arbitrage conduit à reconnaître la compétence de l'arbitre pour connaître des contestations relatives à sa propre compétence.

C'est sur ce second point, dans le règlement des contestations relatives à la compétence même du tribunal arbitral, que l'effet positif de la convention d'arbitrage revêt une dimension toute particulière. En effet, il n'est pas rare qu'au moment de la

---

note L. Franc-Menget ; *D.* 2013, p. 1574, obs. A. Leborgne ; *ibid.*, p. 1728, note D. Martel ; *ibid.*, p. 2293, obs. S. Bollée ; *JCP* G 2013, p. 406, note J.-B. Donnier) ; sur cette jurisprudence, v. aussi, D. Cohen, « Immunités d'exécution des États et arbitrage international », in *Mélanges en l'honneur du professeur Pierre Mayer*, LGDJ, Lextenso éditions, 2015, p. 159 ; et Ph. Leboulanger, « La renonciation à l'immunité d'exécution : désordre ou pragmatisme », in *Mélanges en l'honneur du professeur Pierre Mayer*, préc., p. 455.

424. Cass. 1re civ., 13 mai 2015, *Rev. arb.* 2016, p. 791, note D. Cohen ; *RCDIP* 2015, p. 653, note H. Muir Watt ; *Cah. arb.* 2015, p. 505, note L. Franc-Menget ; *JCP* G 2015, 759, note M. Laazouzi ; *ibid.* 1004, nº 8, obs. C. Nourissat ; *D.* 2015, p. 1108, obs. I. Gallmeister ; *ibid.*, p. 1936, note S. Bollée ; *ibid.*, p. 2031, obs. L. d'Avout ; *ibid.*, p. 2600, obs. Th. Clay ; *JDI* 2016, comm. 4, p. 141, note S. El Sawah et Ph. Leboulanger.

425. V. art. L. 111-1-2 et L. 111-1-3 du Code des procédures civiles d'exécution. Sur cette loi, v. notamment, R. Bismuth, « L'immunité d'exécution après la loi Sapin 2 », *JDI* 2018, doctr. 4, p. 445.

426. Cass. 1re civ., 10 janv. 2018, *Rev. arb.* 2018, p. 382, note crit. D. Cohen ; *Cah. arb.* 2018, p. 65, note B. Siino et A. Kirillov ; *RCDIP* 2018, p. 315, note D. Alland ; *JDI* 2018, comm. 8, p. 570, note J.-S. Bazille et R. Bismuth ; *D.* 2018, p. 541, note B. Haftel ; *ibid.*, p. 982, obs. F. Jault-Seseke ; *ibid.*, p. 1223, obs. A. Leborgne ; *ibid.*, p. 1934, obs. L. d'Avout ; *ibid.*, p. 2448, obs. Th. Clay ; *JCP* G 2018, 157, nº 9, obs. C. Nourissat ; *ibid.*, 294 et 295, concl. N. Ancel et note M. Laazouzi ; *ibid.*, 687, nº 5, obs. J. Morel-Maroger.

427. Sur ces pouvoirs, v. *infra*, nº 862 et 864.

survenance d'un litige, l'une des parties conteste, de façon plus ou moins légitime, la compétence du tribunal arbitral. Elle prétendra qu'il n'y a pas lieu à arbitrage parce que la convention d'arbitrage n'est pas valable, ou qu'elle n'est pas liée par cette convention, ou encore que le litige est inarbitrable ou non couvert par la convention d'arbitrage qu'elle a conclue. Ainsi, les contestations pourront porter sur la compétence du tribunal arbitral, soit dans son existence même, soit simplement dans son étendue. Elles pourront être formulées devant le tribunal arbitral déjà constitué, ou devant un juge étatique que la partie récalcitrante à l'idée d'un arbitrage saisirait du fond du litige au mépris de la convention d'arbitrage. Elles pourront encore l'être ultérieurement, dans le cadre du contrôle de la sentence arbitrale qui serait néanmoins rendue, la même partie pouvant alors prétendre que le tribunal arbitral s'est déclaré à tort compétent pour connaître du litige, afin d'obtenir l'annulation ou un refus d'exequatur de la sentence[428]. Lorsque ces contestations sont soulevées devant le tribunal arbitral lui-même, une question se pose : celui-ci peut-il se prononcer à leur sujet, alors qu'elles semblent préalables à la possibilité même de l'exercice d'une mission arbitrale ? Autrement posé, un arbitre peut-il juger de sa propre compétence dès lors qu'elle est contestée, alors même qu'une telle contestation paraît remettre en cause son pouvoir de juger ? C'est ici qu'un prolongement de l'effet positif de la convention d'arbitrage dans le règlement des contestations relatives à la compétence arbitrale va se manifester, pour fonder la compétence de l'arbitre pour se prononcer lui-même sur ces contestations. Ce prolongement de l'effet positif de la convention d'arbitrage, autrement appelé « effet positif du principe de Compétence-Compétence », a déjà été largement exposé dans le cadre de l'étude de l'arbitrage interne, et il pourra donc y être renvoyé pour un examen plus détaillé de la question[429]. Néanmoins, il fera également ici l'objet d'une présentation, plus brève, qui tiendra notamment compte des éventuelles spécificités de la matière internationale à son égard.

L'effet positif du principe de Compétence-Compétence est expressément consacré en droit français par l'article 1465 du Code de procédure civile, applicable à l'arbitrage international par renvoi de l'article 1506.3°, et qui reconnaît au tribunal arbitral compétence pour statuer sur sa propre compétence lorsqu'elle est contestée devant lui. Plus généralement, il est aujourd'hui reconnu par la plupart des sources du droit de l'arbitrage[430]. Pourtant, la solution a été longtemps contestée, compte tenu des objections théoriques qu'elle pouvait soulever.

680 **Contestations antérieures du principe de Compétence-Compétence.** Dans un arrêt ancien, rendu à propos d'un arbitrage interne, la Cour de cassation avait décidé que « le litige mettant en cause la validité de la clause compromissoire doit être soumis

428. V. art. 1520.1° CPC (et, avant le décret du 13 janvier 2011, art. 1502.1° et 1502.3° CPC).

429. V. *supra*, n° 165 et s.

430. L'ambiguïté de l'expression allemande de *Kompetenz-Kompetenz*, souvent utilisée pour décrire le phénomène, a été justement soulignée. En effet, cette expression recouvre, en droit allemand, une signification différente de celle ici en cause et qui, transposée à l'arbitrage, conduirait à reconnaître à l'arbitre le pouvoir de juger en dernier ressort, sans contrôle judiciaire, de sa compétence. Or, tel n'est pas le sens du principe en droit de l'arbitrage, où la décision de l'arbitre sur sa compétence est soumise à un contrôle ultérieur total du juge étatique. Sur cette ambiguïté du vocabulaire, v. Ph. Fouchard, E. Gaillard, B. Goldman, *Traité de l'arbitrage commercial international*, Litec, 1996, n° 651, p. 409. Plus généralement, sur le principe de Compétence-Compétence, v. M. Boucaron-Nardetto, *Le principe de Compétence-Compétence en droit de l'arbitrage*, PUAM, 2013.

aux juridictions de droit commun, seules compétentes pour en connaître »[431]. Le droit français n'admettait donc pas qu'un arbitre puisse se prononcer sur la validité de la convention d'arbitrage, dès lors que cette question met en cause son investiture même. Sur un plan théorique, l'interdiction pouvait se justifier. Plus précisément, certains auteurs et juridictions avaient prétendu distinguer deux situations, selon la nature de la contestation relative à la compétence de l'arbitre. S'ils admettaient qu'un arbitre puisse se prononcer sur l'étendue de sa compétence, *ratione materiae* ou *ratione personae*, dans la mesure où cette question ne remet pas en cause l'existence même de sa qualité d'arbitre et donc son pouvoir de juger, ils jugeaient inconcevable de l'autoriser à se prononcer sur l'existence ou la validité de la convention d'arbitrage, car ce sont bien alors son pouvoir de juger et sa qualité même d'arbitre qui sont questionnés. De fait, la convention d'arbitrage, dans le même temps, fonde le pouvoir de juger de l'arbitre et définit l'étendue de ce pouvoir en visant, de façon plus ou moins générale, les litiges pour lequel il est donné. Et, si la contestation relative à l'étendue de la convention d'arbitrage concerne seulement l'étendue de son pouvoir de juger, sans remettre en cause son investiture, celle relative à l'existence ou à la validité de cette convention met, quant à elle, bien en cause l'investiture même de l'arbitre. Or, comment concevoir que l'arbitre puisse juger de la validité de sa propre investiture, alors qu'il s'agit justement de savoir s'il a été ou non régulièrement institué ? L'arbitre ne semble avoir aucune compétence tant que sa qualité d'arbitre n'est pas établie ; par conséquent, il ne saurait en avoir pour se prononcer sur cette qualité, puisque l'on ne sait pas encore s'il a le moindre pouvoir ! De plus, sur un plan pratique, on pourrait estimer dangereux de confier une telle question à l'arbitre, naturellement peu enclin à signer son arrêt de « mort arbitrale ». Dès lors, selon cette logique, en cas de contestation sur la validité de l'acte qui l'a prétendument institué, l'arbitre devrait surseoir à statuer dans l'attente de la réponse d'un juge étatique sur ce point.

Malgré sa logique, au moins apparente, cette solution était particulièrement malvenue pour le développement de l'arbitrage. Aussi, elle a été vivement contestée, notamment par Motulsky, dont le point de vue l'a finalement emporté[432].

681 **Consécration du principe de Compétence-Compétence depuis le décret du 14 mai 1980.** En France, certains juges du fond avaient résisté à la position prise par la Cour de cassation, à tout le moins pour l'arbitrage international, convaincant la Haute juridiction qui avait finalement admis la compétence de l'arbitre pour statuer sur sa propre compétence[433]. Surtout, le décret du 14 mai 1980 a mis fin au débat en consacrant l'effet positif du principe de Compétence-Compétence, ce que la réforme opérée par le décret du 13 janvier 2011 a confirmé. À l'heure actuelle, selon l'article 1465 du Code de procédure civile, « le tribunal arbitral est seul compétent pour statuer sur les contestations relatives à son pouvoir juridictionnel »[434]. L'article autorise ainsi le tribunal arbitral à examiner deux types de questions touchant à son pouvoir de juger : la contestation de son existence

431. Cass. com., 6 oct. 1953, *Courtieu*, *D.* 1954, jurispr., p. 25 ; *JCP* 1954, II, 8293 ; et le commentaire de H. Motulsky, « Menace sur l'arbitrage : la prétendue incompétence des arbitres en cas de contestation de l'existence ou de la validité d'une clause compromissoire », in *Études et notes sur l'arbitrage, Écrits*, t. II, Dalloz, 1974, p. 189.

432. Pour plus de détails sur ce débat, v. *supra*, n° 166, et les références citées.

433. Cass. 1re civ., 18 mai 1971, *Impex*, *JDI* 1972, p. 62, note B. Oppetit ; *Rev. arb.* 1972, p. 2, note Ph. Kahn.

434. Sous l'empire du décret du 14 mai 1980, la solution était inscrite à l'ancien article 1466 du Code de procédure civile qui retenait une formulation quelque peu différente, plus lourde mais peut-être plus

même, au prétexte de la nullité de la convention d'arbitrage, et celle de son étendue, au prétexte que le litige n'entrerait pas dans le champ d'application de la convention d'arbitrage (*ratione materiae*)[435] ou que l'une des parties ne serait pas liée par cette convention (*ratione personae*). Comme l'a précisé la cour d'appel de Paris, ces dispositions « donnent pouvoir aux arbitres, non seulement de se prononcer sur un vice affectant directement la convention d'arbitrage, mais aussi d'apprécier l'existence même de cette convention ou de déterminer les parties auxquelles elle est applicable »[436]. Autrement dit, l'arbitre est désormais, comme le juge, « juge de sa compétence ». L'article 1465 du Code de procédure civile, disposition de l'arbitrage interne applicable à l'arbitrage international par renvoi de l'article 1506.3°, s'y impose en réalité, et de façon plus générale, en tant que règle matérielle du droit français de l'arbitrage international, applicable dès lors que la question vient à la connaissance d'un juge français et quelle que soit la loi régissant la procédure arbitrale. Ici, l'application d'une règle matérielle est peu contestable, dans la mesure où le principe de Compétence-Compétence, au moins dans son versant positif[437], est à l'heure actuelle unanimement reconnu en droit comparé et constitue certainement une conquête majeure de l'arbitrage[438].

682 **Justification pratique et fondement légal du principe de Compétence-Compétence.** Pour justifier la solution sur le plan théorique, certains auteurs mettent en avant la nature juridictionnelle de la mission de l'arbitre : véritable juge, l'arbitre doit, comme tout juge, être celui de sa compétence[439]. La proposition peut toutefois ne pas convaincre et sembler relever de la pétition de principe, la question étant justement celle de savoir si le prétendu arbitre a bien cette qualité et donc un pouvoir de juger. La justification de la consécration quasi unanime en droit comparé de l'effet positif du principe de Compétence-Compétence paraît, en réalité, être essentiellement d'ordre pratique : la solution est indispensable au bon fonctionnement de l'arbitrage, et donc au développement de ce mode de règlement des litiges. La refuser présente en effet l'inconvénient évident de favoriser les exceptions d'incompétence présentées devant le tribunal arbitral de façon dilatoire, puisque celui-ci serait alors contraint, en cas de contestation quant à l'existence ou la validité de la convention d'arbitrage, et quels que soient les mérites de la contestation, de surseoir à statuer et d'attendre la décision définitive d'une juridiction étatique sur celle-ci. De fait, refuser de reconnaître la compétence du tribunal arbitral pour statuer sur sa propre compétence risque de constituer une arme d'obstruction à l'instance arbitrale particulièrement efficace pour des plaideurs de mauvaise foi. C'est

---

évocatrice : « Si, devant l'arbitre, l'une des parties conteste dans son principe ou son étendue le pouvoir juridictionnel de l'arbitre, il appartient à celui-ci de statuer sur la validité ou les limites de son investiture ».

435. Il s'agit alors d'une question d'interprétation des termes de la convention d'arbitrage par rapport à l'objet du litige, sur laquelle, v. *infra*, n° 707 et s.

436. Paris, 28 févr. 2001, *Rev. arb.* 2001, p. 236.

437. Sur son « versant » négatif, plus contesté, v. *infra*, n° 688 et s.

438. V., pour les conventions internationales, art. V (3) Convention de Genève de 1961 qui l'énonce expressément ; v. également, art. 16 loi-type CNUDCI et art. 41.1 Convention de Washington de 1965. Pour les législations nationales, v. par exemple, art. 186 LDIP suisse, art. 30 *Arbitration Act* anglais de 1996, art. 1690 Code judiciaire belge (depuis la loi du 24 juin 2013 réformant le droit belge de l'arbitrage), art. 1052 CPC néerlandais, art. 1040 ZPO allemand, art. 61 Code de l'arbitrage tunisien de 1993, art. 1044 Code algérien de procédure civile et administrative. Le principe est également affirmé dans les sentences arbitrales (Sent. CCI n° 6719 (1994), *JDI* 1994, p. 1071, obs. J.-J. A.) et dans de nombreux règlements d'arbitrage (art. 23 règlement CNUDCI (version révisée en 2010), art. 6.3 règlement CCI 2017, art. 23.1 règlement LCIA, art. 15 règlement AAA).

439. É. Loquin, *J.-Cl. Proc. civ.*, V° Compétence arbitrale, Fasc. 1030.

l'efficacité même du transfert de compétence des tribunaux étatiques au tribunal arbitral censé résulter de la stipulation d'une convention d'arbitrage, et donc de l'arbitrage, qui risquerait finalement d'être mise à mal[440]. Dans ces conditions, on comprend aisément que les droits étatiques, soucieux de favoriser le développement de l'arbitrage, aient dépassé les éventuelles objections théoriques pour consacrer la compétence du tribunal arbitral pour juger de sa propre compétence. De ce fait, dans l'arbitrage international, le pouvoir du tribunal arbitral pour statuer sur sa propre compétence, lorsqu'elle est contestée devant lui, trouve donc aujourd'hui un fondement légal dans les droits de l'ensemble des États susceptibles de reconnaître la sentence rendue par le tribunal arbitral sur sa propre compétence[441].

683 **Portée limitée du principe de Compétence-Compétence : le contrôle ultérieur (supposé ?) du juge sur l'appréciation faite par l'arbitre international de sa compétence.** Il ne faut pas se méprendre sur le sens du principe de Compétence-Compétence tel qu'il est reconnu par les droits étatiques. Ces derniers n'entendent pas conférer une valeur définitive ou même souveraine à la décision de l'arbitre quant à sa compétence. Dès lors, cette décision constitue en principe un pari sur l'avenir. En effet, s'il s'estime compétent, l'arbitre poursuivra sa mission et statuera au fond. Cependant, lors des éventuels recours exercés contre la sentence rendue, ou contre l'ordonnance accordant à celle-ci l'exequatur, les tribunaux étatiques seront susceptibles de contrôler l'appréciation portée par l'arbitre sur sa propre compétence. Il en sera de même si l'arbitre rend au contraire une sentence par laquelle il se déclare incompétent[442], celle-ci pouvant généralement faire l'objet d'un recours devant les juridictions étatiques. Dans chaque cas, le juge étatique pourra estimer que l'arbitre « s'est déclaré à tort compétent ou incompétent », pour reprendre le vocabulaire de l'article 1520.1° du Code de procédure civile français[443]. Lors de son contrôle, le juge français ne sera aucunement lié par les énonciations et constatations de la sentence et pourra réexaminer, tant en fait qu'en droit, la question de la compétence arbitrale. La Cour de cassation a, à cet égard, clairement énoncé, sous l'empire des textes antérieurs à la réforme opérée par le décret du 13 janvier 2011, que « si la mission de la cour d'appel saisie en vertu des articles 1502 et 1504 du Nouveau Code de procédure civile est limitée à l'examen des vices énumérés par ces textes, aucune limitation n'est apportée aux pouvoirs de cette juridiction de rechercher en droit et en fait tous les éléments constituant les vices en cause, et

440. En ce sens, H. Motulsky, « Menace sur l'arbitrage ; la prétendue incompétence des arbitres en cas de contestation de l'existence ou de la validité de la clause compromissoire », in *Études et notes sur l'arbitrage, Écrits*, t. II, Dalloz, 1974, p. 189.

441. En ce sens, Ph. Fouchard, E. Gaillard, B. Goldman, *Traité de l'arbitrage commercial international*, Litec, 1996, n° 658, p. 414.

442. Pour une étude de la jurisprudence des tribunaux arbitraux CCI retenant l'incompétence du tribunal arbitral, v. E. Jolivet, « Chronique de jurisprudence arbitrale de la Chambre de commerce internationale : l'incompétence de l'arbitre », *Cah. arb.*, vol. IV, Pedone, 2008, p. 345, et les sentences citées ; l'auteur peut relever que les décisions d'incompétence sont rares, ce qui illustrerait le fait que les arbitres ont un penchant pour se reconnaître compétents.

443. Avant le décret du 13 janvier 2011, le juge était susceptible d'opérer son contrôle de la compétence arbitrale, soit sur le fondement de l'article 1502.1° CPC (l'arbitre a statué « sans convention d'arbitrage ou sur convention nulle ou expirée », pour le cas où la convention n'était pas valable), soit sur celui de l'article 1502.3° CPC (l'arbitre a statué « sans se conformer à la mission qui lui avait été conférée », s'il a statué au-delà des limites des pouvoirs qui lui étaient conférés par la convention d'arbitrage).

notamment pour apprécier lui-même si l'arbitre a statué sans convention d'arbitrage »[444]. Plus récemment, elle a confirmé que le contrôle plein du juge s'applique « que l'arbitre se soit déclaré compétent ou incompétent, en recherchant tous les éléments de droit ou de fait permettant d'apprécier la portée de la convention d'arbitrage et d'en déduire les conséquences sur le respect de la mission confiée aux arbitres »[445]. Le contrôle de la compétence arbitrale par le juge étatique apparaît donc bien réel lorsqu'il a l'occasion de s'exercer[446]. Toutefois, dans un contexte international, et compte tenu de la délocalisation de l'arbitre international[447], il n'est justement pas certain que ce contrôle ait l'opportunité de s'exercer[448].

444. Cass. 1re civ., 6 janv. 1987, *JDI* 1987, p. 638, note B. Goldman ; *Rev. arb.* 1987, p. 469, note Ph. Leboulanger (affaire du *Plateau des Pyramides*). Les articles visés dans la décision correspondent aux art. 1520 et 1518 CPC issus du décret du 13 janvier 2011. Il convient de noter que la jurisprudence a décidé d'opérer le même contrôle lorsque la compétence arbitrale est fondée, non pas sur une clause d'arbitrage figurant dans un contrat, mais sur un traité d'investissement : v. Paris, 18 nov. 2010, *Rev. arb.* 2011, p. 695, note S. Lemaire ; Paris, 12 avr. 2016, *Rev. arb.* 2016, p. 833, note C. Fouchard (cassé par Cass. 1re civ., 28 mars 2018, *Rev. arb.* 2018, p. 561, note C. Fouchard ; *JDI* 2019, comm. 6, p. 160, note E. Gaillard) ; Paris, 29 nov. 2016, *Rev. arb.* 2017, p. 500, note L. Franc-Menget ; *Cah. arb.* 2017, p. 674, obs. W. Ben Hamida ; Paris, 7 févr. 2017, *Rev. arb.* 2017, p. 566, note J. Fouret et A. Reynaud ; *ibid.*, p. 648, obs. M. Laazouzi ; *D.* 2017, p. 2563, obs. Th. Clay ; Paris, 25 avr. 2017, *Rev. arb.* 2017, p. 648, obs. M. Laazouzi ; *Cah. arb.* 2017, p. 674, obs. W. Ben Hamida ; *D.* 2017, p. 2563, obs. Th. Clay (cassé par Cass. 1re civ., 13 févr. 2019, pourvoi n° A 17-25.851) ; Paris, 27 juin 2017, *Rev. arb.* 2017, p. 1075 ; Paris, 29 janv. 2019, *Rev. arb.* 2019, p. 250, note M. Audit. Sur cette question, v. L. Gouiffès et L. Chatelain, « L'annulation en France des sentences arbitrales rendues sur le fondement de traités d'investissement », *Rev. arb.* 2017, p. 839.

445. Les juges n'hésitant pas, dans cette affaire, à annuler la sentence aux motifs que le tribunal arbitral s'était à tort déclaré incompétent à l'égard de certaines parties auxquelles la clause d'arbitrage devait, selon eux, être étendue (sur l'extension de la convention d'arbitrage aux tiers, v. *infra*, n° 720 et s.) : Cass. 1re civ., 6 oct. 2010, *Abela Foundation*, *Rev. arb.* 2010, p. 813, note F.-X. Train ; *D.* 2010, p. 2943, obs. Th. Clay ; *JCP* G 2010, p. 1028, note P. Chevalier, et p. 1286, n° 6, obs. J. Ortscheidt ; *Cah. arb.* 2011, p. 443, note J.-B. Racine ; *RCDIP* 2011, p. 85, note F. Jault-Seseke ; maintenant Paris, 22 mai 2008, *Rev. arb.* 2008, p. 730, note F.-X. Train ; *JCP* G 2008, I, 222, n° 7 et s., obs. Ch. Seraglini ; *D.* 2008, p. 3117, obs. Th. Clay ; et J.-B. Racine, « L'affaire Abela ou les vicissitudes du contrôle de la compétence arbitrale », *Cah. arb.*, vol. V, Pedone, 2011, p. 187. V. aussi, Paris, 26 mars 2009, *Rev. arb.* 2010, p. 525, note V. Chantebout. V. encore, plus récemment, Cass. 1re civ., 1er juin 2017, *Rev. arb.* 2017, p. 1197 (1re esp.), note L. Mayer. Sur le contrôle du juge sur la compétence arbitrale, v. aussi, D. Mouralis, « Examen approfondi de la compétence de l'arbitre par le juge contrôlant la sentence : quelques précisions et illustrations », *Cah. arb.* 2012, p. 167.

446. Encore faut-il que le tribunal arbitral se soit effectivement prononcé sur sa compétence, et non sur une question de recevabilité de la demande, auquel cas, et peu important le vocabulaire utilisé par les arbitres dans leur sentence, le juge ne saurait procéder à un contrôle total de la décision du tribunal, la recevabilité relevant du fond du litige et donc du principe de non-révision au fond de la sentence (sur lequel, v. *infra*, n° 989) : Cass. 1re civ., 18 mars 2015, *Rev. arb.* 2015, p. 1110, note D. Cohen ; *Cah. arb.* 2015, p. 343, note I. Fadlallah ; *ibid.*, p. 803, note S. Bollée ; *JCP* G 2015, 877, n° 7, obs. Ch. Seraglini ; *RDC* 2015, p. 555, obs. X. Boucobza et Y.-M. Serinet ; *D.* 2015, p. 2591, obs. Th. Clay ; *RTD com.* 2016, p. 708, obs. É. Loquin ; et aussi, Paris, 28 juin 2016, *Rev. arb.* 2016, p. 1101, note N. Dissaux ; *ibid.*, p. 1153, note J. Barbet ; Paris, 25 avr. 2017, *Rev. arb.* 2017, p. 1197 (2e esp.), note L. Mayer ; Paris, 16 janv. 2018, *Rev. arb.* 2018, p. 297 ; *D.* 2018, p. 2460, obs. Th. Clay. Sur la distinction entre compétence de l'arbitre et recevabilité de la demande, v. aussi J. Paulsson, « Jurisdiction and Admissibility », in *Liber amicorum in honour of Robert Briner*, ICC Publishing, 2005, p. 601 ; A.-V. Schlaepfer, « Jurisdiction and admissibility: a subtle distinction, not always easy to make in international arbitration », *Cah. arb.* 2013, p. 327.

447. Sur ce concept, v. *supra*, n° 577 et s.

448. Sur ce point, v. *infra*, n° 692.

684 **Mise en œuvre du principe de Compétence-Compétence.** Sur un plan pratique, « l'avis » donné par l'arbitre sur sa compétence, qu'il soit positif ou négatif, peut matériellement prendre deux formes.

L'arbitre peut tout d'abord choisir de se prononcer sur sa compétence dans une sentence « partielle », intérimaire ou « préliminaire », avant de procéder, le cas échéant, à l'examen du fond du litige. En France, la jurisprudence considère qu'un recours immédiat contre la sentence par laquelle l'arbitre s'est déclaré compétent est recevable[449]. Cependant, la partie qui obtient satisfaction sur la compétence du tribunal arbitral néglige parfois de signifier cette sentence à l'autre partie ; il semble alors que la partie mécontente de la décision de l'arbitre ne soit pas contrainte d'agir immédiatement et puisse, au contraire, choisir d'exercer son recours contre la sentence intérimaire en même temps que son recours contre la sentence finale, dès lors qu'elle avait contesté cette compétence devant le tribunal arbitral[450]. En revanche, lorsque la sentence intérimaire a bien été signifiée à la partie qui contestait la compétence arbitrale, cette dernière paraît bien devoir agir dans le délai du recours contre cette sentence, sans attendre la sentence sur le fond, sous peine de ne plus pouvoir contester la compétence du tribunal arbitral dans le cadre du recours contre la sentence sur le fond[451]. Pourtant, la solution contraire aurait pu se comprendre d'autant mieux que le recours exercé immédiatement contre la sentence partielle n'est, de toute façon, pas suspensif de l'instance arbitrale[452], ce qui est conforme à l'objectif qui sous-tend le principe de Compétence-Compétence : éviter que la contestation de la compétence arbitrale n'empêche l'avancement de l'instance arbitrale. Dans ces conditions, la partie contestant la compétence arbitrale aurait pu préférer, par économie de moyens, attendre la sentence finale pour exercer son recours devant le juge étatique. D'un autre côté toutefois, il peut paraître choquant qu'une partie puisse jouer sur deux tableaux et ne contester la décision des arbitres sur leur compétence que si la sentence sur le fond ne la satisfait finalement pas. Par ailleurs, la jurisprudence avait logiquement considéré, avant le décret du 13 janvier 2011, que le recours était également possible contre la sentence, rare en pratique, par laquelle l'arbitre s'était estimé incompétent[453], dans la mesure où, s'il s'était trompé, l'arbitre avait ainsi méconnu les termes de sa mission au sens de l'article 1502.3° du Code de procédure civile dans sa rédaction alors applicable[454]. Le nouvel article 1520.1°, qui vise désormais le cas où « le tribunal arbitral s'est déclaré à tort

449. Paris, 22 mai 2003, *JCP* G 2004, I, 119, n° 6, obs. Ch. Seraglini ; *Rev. arb.* 2003, p. 1252 (2e esp.), note F.-X. Train. V. aussi, *infra*, n° 970.

450. Paris, 4 mars 2004, *Rev. arb.* 2005, p. 143, note F.-X. Train (même si, en l'espèce, la cour d'appel constate par ailleurs que la sentence intérimaire n'avait pas été notifiée, ce qui peut laisser planer un doute sur la solution en cas de notification de la sentence intérimaire).

451. Paris, 2 juin 2015, *Rev. arb.* 2015, p. 955 (arrêt rendu en matière d'arbitrage interne).

452. Paris, 7 juill. 1987, *Rev. arb.* 1988, p. 649, note E. Mezger ; Paris, 17 déc. 1991, *sté Gatoil*, *Rev. arb.* 1993, p. 281, note H. Synvet ; Paris, 9 juill. 1992, *Rev. arb.* 1993, p. 303, note Ch. Jarrosson ; Paris, 4 mars 2004, préc.

453. Sur les débats entourant la qualification et le régime juridique de la décision d'incompétence de l'arbitre, v. J.-B. Racine, « La sentence d'incompétence », *Rev. arb.* 2010, p. 729 ; l'auteur y étudie également un certain nombre de sentences d'incompétence.

454. Paris, 16 juin 1988, *Rev. arb.* 1989, p. 309, note Ch. Jarrosson ; Paris, 21 juin 1990, *Rev. arb.* 1991, p. 96, note J.-L. Delvolvé ; Paris, 7 juill. 1994, *Rev. arb.* 1995, p. 107, note S. Jarvin ; Paris, 22 mai 2008, *Abela Foundation*, *Rev. arb.* 2008, p. 730, note F.-X. Train ; *JCP* G 2008, I, 222, n° 7 et s., obs. Ch. Seraglini ; *D.* 2008, p. 3117, obs. Th. Clay ; et J.-B. Racine, « L'affaire Abela ou les vicissitudes du contrôle de la compétence arbitrale », *Cah. arb.*, vol. V, Pedone, 2011, p. 187 ; maintenu par Cass. 1re civ., 6 oct. 2010, *Rev. arb.* 2010, p. 813, note F.-X. Train ; *D.* 2010, p. 2943, obs. Th. Clay ;

compétent ou incompétent », conforte cette solution, qui est aujourd'hui assez majoritairement admise en droit comparé[455].

L'arbitre peut également décider de se prononcer sur sa compétence en même temps que sur le fond du litige, dans le cadre d'une sentence finale. En ce cas, le juge étatique pourra être conduit à opérer son propre contrôle de la compétence arbitrale dans le cadre des recours exercés contre cette sentence ou l'ordonnance d'exequatur.

685 **Moment où l'exception d'incompétence de l'arbitre doit être soulevée.** En droit français de l'arbitrage, aucun texte n'indique à quel moment la partie qui entend contester la compétence arbitrale devant l'arbitre doit soulever l'exception d'incompétence. Tout au plus, depuis le décret du 13 janvier 2011, l'article 1466 du Code de procédure civile, applicable à l'arbitrage international par renvoi de l'article 1506.3°, prévoit que « la partie qui, en connaissance de cause et sans motif légitime, s'abstient d'invoquer en temps utile une irrégularité devant le tribunal arbitral est réputée avoir renoncé à s'en prévaloir »[456]. On pourrait donc en déduire que l'exception d'incompétence doit être soulevée devant l'arbitre, sous peine de ne plus pouvoir contester la compétence arbitrale ultérieurement, devant le juge étatique. Cependant, hormis le fait qu'il serait peut-être hâtif de considérer, dans tous les cas, l'incompétence de l'arbitre comme une irrégularité au sens de cette disposition, cette dernière ne précise surtout pas à quel moment précis l'irrégularité doit être invoquée devant le tribunal arbitral. Néanmoins, la doctrine majoritaire est favorable à une solution relativement rigoureuse, selon laquelle la partie qui entend contester la compétence arbitrale doit le faire devant l'arbitre *in limine litis*, préalablement à toute défense sur le fond, dans la mesure où l'abstention d'une partie à invoquer une cause d'incompétence arbitrale au moment où celle-ci est acquise doit être vue comme une renonciation à s'en prévaloir[457]. Autrement dit, en acceptant de défendre au fond, le défendeur a accepté la compétence de l'arbitre[458]. Et certains textes étrangers sont en ce sens[459].

Néanmoins, la solution, si elle peut certainement être approuvée dans son principe, pourrait être quelque peu nuancée. Deux hypothèses devraient probablement être distinguées. Si l'incompétence de l'arbitre est fondée, au cas d'espèce, sur une cause d'ordre public international ou, plus exactement, sur une cause à laquelle les parties à un litige international ne peuvent pas valablement renoncer, telle une inarbitrabilité du litige insusceptible de renonciation, la sentence que rendrait l'arbitre pourra être annulée par le juge étatique même si aucune des parties n'a invoqué la nullité de la

---

JCP G 2010, p. 1028, note P. Chevalier, et p. 1286, n° 6, obs. J. Ortscheidt ; *Cah. arb.* 2011, p. 443, note J.-B. Racine ; *RCDIP* 2011, p. 85, note F. Jault-Seseke.

455. Mais pas partout : v. sur ce point, J.-B. Racine, « La sentence d'incompétence », préc., spéc. n° 10 et s.

456. Sur cette fin de non-recevoir, v. *infra*, n° 977.

457. Sur ce point, v. L. Cadiet, « La renonciation à se prévaloir des irrégularités de la procédure arbitrale », *Rev. arb.* 1996, p. 3, spéc. n°s 10 et s., p. 14, et les arrêts cités.

458. É. Loquin, *L'arbitrage du commerce international*, in *Lamy Pratique des contrats internationaux*, Livre X, 2001, n° 118, p. 57.

459. V. art. 186 (2) LDIP suisse. Plus précise, la Convention de Genève de 1961 distingue selon que les exceptions invoquées sont fondées, soit sur l'inexistence, la nullité ou la caducité de la convention d'arbitrage, soit sur le fait que la question litigieuse excéderait les pouvoirs des arbitres : dans le premier cas, l'exception doit être soulevée avant toute défense au fond ; dans le second, elle doit l'être aussitôt que sera soulevée dans la procédure arbitrale la question qui excéderait les pouvoirs du tribunal arbitral. De plus, la Convention prévoit que « lorsque le retard des parties à soulever l'exception est dû à une cause jugée valable par l'arbitre, celui-ci déclare l'exception recevable » (art. 5-1).

convention d'arbitrage au cours de l'instance arbitrale. Aussi, il serait quelque peu vain d'imposer à une partie de soulever ce type d'exceptions *in limine litis* devant l'arbitre, et de le lui interdire par la suite, puisqu'elle pourra, de toute façon, les faire valoir devant le juge étatique dans le cadre des recours contre la sentence. Mieux vaudrait donc permettre aux parties d'invoquer ces exceptions en tout état de cause devant l'arbitre[460]. En revanche, si l'incompétence de l'arbitre résulte d'une cause à laquelle les parties peuvent valablement renoncer, par exemple l'absence de consentement, le fait de défendre au fond devant l'arbitre sans protester et en connaissance de cette cause de nullité peut être vu comme une renonciation à l'invoquer[461] ; il faudrait donc la faire valoir *in limine litis*. Autrement dit, tout dépendrait de la question de savoir si la partie qui invoque l'incompétence de l'arbitre pouvait renoncer, et a renoncé en connaissance de cause, à invoquer la cause d'incompétence arbitrale en question. Aussi, la renonciation ne devrait pas être retenue à l'encontre de la partie défaillante à l'arbitrage[462], cette défaillance pouvant être vue comme une forme de protestation quant à la compétence arbitrale ; cette partie pourra donc toujours présenter le grief dans le cadre des recours contre la sentence arbitrale.

Par ailleurs, comme il a été vu dans le cadre de l'étude de l'arbitrage interne, à laquelle il sera renvoyé sur ce point[463], les solutions en la matière pourraient être, au moins partiellement, remises en cause par l'arrêt *Claro* de la Cour de justice de l'Union européenne rendu en 2006[464], dans lequel la Cour a indiqué qu'une juridiction nationale, saisie d'un recours en annulation d'une sentence arbitrale, doit apprécier la nullité d'une clause d'arbitrage et annuler la sentence si cette clause lui apparaît abusive au sens de la directive 93/13/CEE du 5 avril 1993, quand bien même le consommateur aurait invoqué cette nullité, non pas dans le cadre de la procédure arbitrale, mais uniquement dans celui du recours en annulation. Aussi, dans le cadre européen, un consommateur ne serait pas tenu d'invoquer le caractère abusif d'une convention d'arbitrage devant le tribunal arbitral, et donc d'autant moins *in limine litis*. Toutefois, on peut formuler quelques réserves à l'égard de la solution retenue par la Cour de justice[465] et espérer en conséquence, si elle devait être reprise par le juge français, qu'elle soit alors circonscrite à la seule question de la mise en œuvre de la directive sur les clauses abusives et du caractère abusif de la convention d'arbitrage, et non étendue au-delà de ce cercle restreint.

686 **Invocation d'office par l'arbitre de son incompétence.** On peut également s'interroger sur la possibilité, voire l'obligation, pour l'arbitre de soulever d'office son incompétence lorsqu'aucune des parties ne la conteste. *A priori*, on pourrait considérer qu'il convient de présumer qu'en demeurant silencieuses sur la question de la compétence arbitrale, les parties ont entendu couvrir les éventuelles causes d'incompétence et qu'en conséquence, quand bien même l'arbitre identifierait de lui-même une difficulté éventuelle à cet égard, il n'aurait pas à l'invoquer de son propre fait. Toutefois, encore faut-il que les parties puissent valablement couvrir la cause d'incompétence en question. Aussi, une fois encore, il serait plus judicieux d'établir une distinction analogue

460. En ce sens, art. 1052, al. 2, CPC néerlandais pour le cas de l'inarbitrabilité.
461. Le juge étatique le considérera d'ailleurs comme tel, v. *infra*, n° 977.
462. Paris, 23 juin 2011, *Rev. arb.* 2011, p. 835.
463. V. *supra*, n° 170.
464. CJCE, 26 oct. 2006, *Elisa Maria Mostaza Claro*, aff. C-168/05, *Rev. arb.* 2007, p. 109, note L. Idot ; *JCP* G 2007, I, 168, n° 1, obs. Ch. Seraglini ; *JDI* 2007, p. 581, note A. Mourre ; *D.* 2008. pan. 3027, obs. Th. Clay.
465. Sur ces réserves, v. *supra*, n° 127.

à celle précédemment évoquée. Si l'incompétence de l'arbitre résulte d'une cause à laquelle la partie concernée ne peut valablement renoncer, comme, à en croire la Cour de justice de l'Union européenne, le caractère abusif de la clause d'arbitrage à l'égard du consommateur, l'arbitre devrait la soulever d'office, afin d'éviter une annulation ou un refus d'exequatur de sa sentence par le juge étatique. En revanche, lorsque la cause d'incompétence peut être couverte par la ou les parties concernées[466], l'arbitre ne devrait pas, en règle générale, soulever l'exception d'incompétence de sa propre initiative ; le silence des parties semble en effet signifier qu'elles entendent couvrir cette éventuelle cause initiale d'incompétence. Toutefois, on pourrait encore conseiller à l'arbitre de soulever d'office la question de son incompétence lorsqu'elle résulte d'une règle protectrice de l'une des parties, à laquelle celle-ci peut certes renoncer, mais dont il n'est pas certain qu'elle ait connaissance. À défaut, il y a en effet alors un risque que, dans le cadre d'un recours en annulation devant le juge, ce dernier considère que cette partie n'a pas renoncé « en connaissance de cause », pour reprendre les termes de l'article 1466 du Code de procédure civile, et annule en conséquence la sentence. Par ailleurs, lorsque le défendeur décide de ne pas participer à la procédure arbitrale, il est difficile de considérer qu'une telle abstention vaut renonciation à contester la compétence arbitrale. Au contraire, elle peut être vue comme une forme de contestation, et la partie en question pourrait donc toujours contester la compétence arbitrale devant le juge saisi du contrôle de la sentence arbitrale. La Cour de justice s'est d'ailleurs prononcée en ce sens dans le cadre de la directive sur les clauses abusives[467]. Aussi, l'arbitre serait avisé, en ce cas encore, de vérifier de sa propre initiative si sa compétence ne peut être ultérieurement remise en question.

b) L'effet négatif de la convention d'arbitrage : incompétence des tribunaux étatiques et effet négatif du principe de Compétence-Compétence

687 **Incompétence des tribunaux étatiques en présence d'une convention d'arbitrage.** La convention d'arbitrage a également un effet négatif, corollaire direct de son effet positif : elle rend incompétents les tribunaux étatiques pour connaître des litiges qu'elle couvre. Cet effet négatif, qui oblige les tribunaux étatiques à décliner leur compétence et à renvoyer à l'arbitrage les parties liées par une convention d'arbitrage, assure par là même l'efficacité de cette convention. Cette considération conduit certains droits, et singulièrement le droit français, à donner une portée toute particulière à cet effet négatif. Si ces points ont déjà été largement exposés dans le cadre de l'étude de l'arbitrage interne[468], ils seront néanmoins rappelés ici, certes un peu plus brièvement, en tenant compte des éventuelles spécificités de la matière internationale à leur égard. Dans ce cadre, on précisera le sens et la portée exacte du principe d'incompétence des tribunaux étatiques en présence d'une convention d'arbitrage, dans la mesure où le droit français en retient une conception toute particulière (α), avant de porter une appréciation sur la conception française de ce principe (β).

466. Par exemple, le litige ne semble pas couvert par les termes de la convention d'arbitrage mais les parties saisissent l'arbitre et ne formulent aucune contestation à cet égard.

467. CJUE, 6 oct. 2009, aff. C-40/08, *Asturcom Telecomunicaciones*, *Rev. arb.* 2009, p. 813, note Ch. Jarrosson ; *Cah. arb.* 2010, p. 471, note A. Musella et P. Pedone ; *JCP* G 2010, I, 644, n° 3, obs. Ch. Seraglini ; *D.* 2009, p. 2959, obs. Th. Clay.

468. V. *supra*, n° 172 et s.

α) Sens et portée de l'effet négatif de la convention d'arbitrage

688 **Le consensus apparent en droit comparé sur l'effet négatif.** L'obligation faite aux tribunaux étatiques de se déclarer incompétents pour connaître des litiges visés par une convention d'arbitrage est essentielle au fonctionnement de l'arbitrage. En effet, permettre à une partie de saisir un tribunal étatique, et à celui-ci de connaître du litige, malgré l'existence d'une convention d'arbitrage, aurait gravement atteint le caractère contraignant de l'engagement des parties, exprimé dans cette convention, d'aller à l'arbitrage en cas de litige. Aussi, compte tenu de la faveur manifestée par la plupart des États à l'égard de l'arbitrage international, on ne s'étonnera guère de voir l'effet négatif de la convention d'arbitrage reconnu par la plupart des textes internationaux[469] et nationaux[470] relatifs à l'arbitrage. Le droit français l'affirme clairement à l'article 1448, alinéa 1, du Code de procédure civile, disposition relative à l'arbitrage interne applicable à l'arbitrage international en vertu de l'article 1506, 1°[471], et qui dispose que « lorsqu'un litige relevant d'une convention d'arbitrage est porté devant une juridiction de l'État, celle-ci se déclare incompétente sauf si le tribunal arbitral n'est pas encore saisi et si la convention d'arbitrage est manifestement nulle ou manifestement inapplicable ». L'alinéa 2 de l'article 1448, également applicable en matière internationale par renvoi de l'article 1506, 1°[472], précise toutefois que l'exception d'incompétence doit être invoquée par le défendeur devant le juge étatique qui ne peut relever d'office son incompétence[473]. À ce propos, la jurisprudence a précisé que « l'exception tirée de l'existence d'une clause compromissoire est régie par les dispositions qui gouvernent les exceptions de procédure, de sorte qu'elle ne peut être soulevée par une partie qui avait préalablement conclu au fond »[474]. Cette exception doit donc être soulevée

469. Par exemple, art. II (3) Convention de New York de 1958 : « Le tribunal d'un État contractant, saisi d'un litige sur une question au sujet de laquelle les parties ont conclu une convention au sens du présent article, renverra les parties à l'arbitrage [...]. » V. aussi, art. VI (3) Convention de Genève de 1961.

470. Par exemple, art. 8 loi-type CNUDCI : « Le tribunal saisi d'un différend sur une question faisant l'objet d'une convention d'arbitrage renverra les parties à l'arbitrage si l'une d'entre elles le demande au plus tard lorsqu'elle soumet ses premières conclusions quant au fond du différend [...]. » V. aussi, art. 7 LDIP suisse, art. 1022 CPC néerlandais, art. 1682 CJ belge (depuis la loi du 24 juin 2013 réformant le droit belge de l'arbitrage), art. 52 Code tunisien de l'arbitrage de 1993.

471. Avant la réforme opérée par le décret du 13 janvier 2011, le Code de procédure civile ne prévoyait pas l'application, à l'arbitrage international, de l'ancien article 1458, qui énonçait l'incompétence du juge étatique en présence d'une convention d'arbitrage interne. Toutefois, la jurisprudence avait étendu les solutions prévues par ce texte à l'arbitrage international, en tant que règle du droit français de l'arbitrage international applicable sans qu'il fût nécessaire de vérifier que l'arbitrage avait été ou non soumis par les parties à la loi de procédure française : Cass. 1re civ., 7 juin 1989, *Rev. arb.* 1992, p. 61, note Y. Derains ; Cass. 1re civ., 28 juin 1989, *Rev. arb.* 1989, p. 653 (2e arrêt), note Ph. Fouchard ; *JDI* 1990, p. 1004 (2e esp.), note Ph. Ouakrat.

472. En revanche, l'article 1506.1° du Code de procédure civile ne renvoie pas à l'alinéa 3 de l'article 1448 qui énonce que « toute stipulation contraire au présent article est réputée non écrite ». Ainsi, les parties à un arbitrage international semblent curieusement autorisées à remettre en cause ou à aménager une disposition qui est pourtant vue par beaucoup comme un atout majeur du droit français de l'arbitrage international, surtout en ce qu'elle renferme l'effet négatif du principe de Compétence-Compétence tel qu'il est retenu par le droit français ; sur ce point, v. *infra*, n° 689.

473. L'absence de contestation de la compétence du juge est donc vue comme une renonciation tacite du défendeur à la convention d'arbitrage. La solution est très largement retenue en droit comparé : v. notamment, art. II (3) Convention de New York, art. VI (6) Convention de Genève, art. 8 loi-type CNUDCI. Sur la renonciation à la convention d'arbitrage, v. *infra*, n° 696 et s.

474. Cass. 2e civ., 22 nov. 2001, *Rev. arb.* 2002, p. 371, note Ph. Théry ; Cass. 2e civ., 21 déc. 2006, *Rev. arb.* 2007, p. 132 ; Cass. 1re civ., 23 janv. 2007, *Rev. arb.* 2007, p. 290, obs. E. Teynier et P. Pic ; Cass. 1re civ., 3 févr. 2010, et 14 avr. 2010, *Rev. arb.* 2010, p. 495, note P. Callé. Ces arrêts ont été rendus

devant le juge français avant toute défense au fond, dans les conditions de l'article 74 du Code de procédure civile. En revanche, pour autant qu'elle le soit dans le même acte, elle peut être soulevée postérieurement à une fin de non-recevoir, peu important l'ordre dans lequel les deux moyens ont été soulevés[475].

Ceci étant, malgré cette unité de façade en droit comparé, les droits étatiques divergent en réalité considérablement quant à la portée exacte qu'ils donnent à l'effet négatif de la convention d'arbitrage. Ces divergences apparaissent sur la question du règlement des contestations relatives à la validité de la convention d'arbitrage et, plus généralement, à la compétence arbitrale. La question est alors la suivante : le juge étatique peut-il, avant de renvoyer le cas échéant les parties à l'arbitrage, vérifier la compétence arbitrale lorsqu'elle est contestée devant lui, ou convient-il au contraire de reconnaître un effet négatif au principe de Compétence-Compétence qui réserverait, dans un premier temps au moins, au tribunal arbitral la compétence pour apprécier sa propre compétence ? Un tel « effet négatif du principe de Compétence-Compétence » imposerait alors au juge étatique, saisi du fond du litige malgré l'apparence d'une convention d'arbitrage, de renvoyer au tribunal arbitral les contestations sur la compétence arbitrale. Autrement dit, il instituerait une règle de priorité chronologique en faveur de l'arbitre sur l'appréciation de sa compétence[476]. Sur ce point, le droit français a fait un choix clair, mais qui reste relativement isolé en droit comparé. Estimant probablement que l'efficacité de la convention d'arbitrage se trouverait amoindrie si l'on autorisait la partie ayant saisi le juge à contester la compétence arbitrale devant celui-ci, et ce juge à trancher cette contestation avant, le cas échéant, de renvoyer les parties à l'arbitrage, il retient que l'existence d'une convention d'arbitrage prive le juge, non seulement de compétence sur le fond du litige, mais également, au moins temporairement, de compétence sur les contestations relatives à la compétence arbitrale.

689 **L'effet négatif du principe de Compétence-Compétence en droit français : priorité quasi absolue au tribunal arbitral pour statuer sur sa compétence.** En droit français, l'effet négatif du principe de Compétence-Compétence, pendant de son effet positif qui permet au tribunal arbitral de statuer sur sa compétence lorsqu'elle est contestée devant lui, revêt deux aspects. D'une part, il interdit à une partie d'introduire devant le juge étatique une action principale pour faire constater, à titre préventif, la nullité de la convention d'arbitrage ; aucune action n'est ouverte devant les tribunaux directement contre cette convention[477]. Cette solution est très largement répandue en droit comparé. D'autre part, il s'adresse au juge étatique qui serait saisi d'une demande au fond en dépit de l'existence d'une convention d'arbitrage et lui interdit de se

en matière d'arbitrage interne mais la solution est certainement valable pour l'arbitrage international. V. plus récemment, Cass. 2e civ., 4 juill. 2018, *Rev. arb.* 2018, p. 691 (irrecevabilité de l'exception soulevée pour la première fois en cause d'appel).

475. Cass. 1re civ., 18 nov. 1986, *Rev. arb.* 1987, p. 315, note G. Flécheux.

476. Sur la question, v. notamment E. Gaillard, « L'effet négatif de la compétence-compétence », in *Mélanges J.-F. Poudret*, Lausanne, 1999, p. 387 ; E. Gaillard et Y. Banifatemi, « Negative Effect of Competence-Competence: The Rule of Priority in Favour of the Arbitrators », in *Enforcement of Arbitration Agreements and International Arbitral Awards, The New York Convention in Practice*, E. Gaillard & D. Di Pietro (eds), Cameron May, 2008, p. 257 ; L. Lévy et A. V. Schlaepfer, « La suspension d'instance dans l'arbitrage international », in *Cah. arb.*, vol. I, *Gaz. Pal.* éd. 2002, p. 132 ; G. Born, *International Commercial Arbitration*, Kluwer Law International, 2nd ed., 2014, n° 7.03 ; et aussi, M. Boucaron-Nardetto, « La compétence-compétence : le point de vue français – Plaidoyer pour la compétence-compétence à la française », *Cah. arb.* 2013, p. 37.

477. Cass. 1re civ., 5 janv. 1999, *Zanzi*, *Rev. arb.* 1999, p. 260, note Ph. Fouchard.

prononcer sur la compétence du tribunal arbitral avant ce dernier ; il lui commande au contraire de se déclarer incompétent, dès lors que le défendeur invoque la convention d'arbitrage, même si la validité ou l'étendue, *ratione materiae* ou *ratione personae*, de celle-ci est contestée par le demandeur. Il interdit donc au juge de se prononcer sur la compétence du tribunal arbitral avant que ce dernier ait eu l'opportunité de le faire. En droit français de l'arbitrage international, cette solution, qui peut être déduite en matière interne des termes de l'article 1448 du Code de procédure civile[478], s'impose aujourd'hui en vertu du renvoi opéré à cet article par l'article 1506, 1°, du même code. Auparavant, elle y était retenue par la jurisprudence en vertu d'une règle matérielle du droit français de l'arbitrage international, inspirée de l'ancien article 1458 posant la solution en matière interne[479], qui s'imposait donc au juge français « quel que soit le lieu où siège le tribunal arbitral », en France ou à l'étranger[480]. La jurisprudence maintiendra logiquement ce caractère de règle matérielle à propos de l'actuel article 1448 du Code de procédure civile.

Étant une règle matérielle, l'effet négatif du principe de Compétence-Compétence pourrait être indirectement imposé aux juridictions étrangères. Plus précisément, la cour d'appel de Paris a, en 2006 et pour refuser la reconnaissance d'une décision italienne ayant invalidé une clause compromissoire, retenu qu'« en présence d'une convention d'arbitrage et alors même que le tribunal arbitral n'est pas saisi, le juge étatique doit se déclarer incompétent à moins qu'un examen sommaire ne lui permette de constater la nullité ou l'inapplicabilité manifeste de la clause, priorité étant réservée à l'arbitre auquel il appartient de statuer sur sa propre compétence pour juger de la validité et de l'efficacité de la clause d'arbitrage » ; selon elle, cette décision avait « été rendue par une juridiction incompétente dont l'arrêt ne peut être accueilli en France »[481]. D'autres arrêts plus récents de la cour d'appel de Paris ont été dans le même sens[482]. Ainsi, la décision étrangère qui « méconnaît » l'effet négatif du principe de Compétence-Compétence tel qu'il est retenu par le droit français se verrait refuser l'exequatur en France pour défaut de compétence du juge étranger, ou même peut-être plus pertinemment pour contrariété à l'ordre public international français[483] qui protégerait ainsi l'effet négatif du principe de Compétence-Compétence contre les « atteintes étrangères ». Cependant, la Cour de cassation a, de son côté, récemment décidé que, « saisi d'une demande de reconnaissance ou d'exequatur d'une décision étrangère [...], le juge requis doit procéder [...] à la vérification de la compétence indirecte du juge

478. Sur le principe en matière interne, v. *supra*, n° 172 et s.

479. Cass. 1re civ., 26 juin 2001, *American Bureau of Shipping*, *Rev. arb.* 2001, p. 529, note E. GAILLARD ; Cass. 1re civ., 16 oct. 2001, *Rev. arb.* 2002, p. 919, note D. COHEN.

480. Cass. 1re civ., 7 juin 2006, *Copropriété maritime Jules Verne*, *Rev. arb.* 2006, p. 945, note E. GAILLARD ; *JDI* 2006, p. 1384, note A. MOURRE ; *JCP* G 2006, I, 187, n° 8, obs. Ch. SERAGLINI. De même, la solution paraît s'imposer au juge français même en présence d'un arbitrage interne étranger : Cass. 1re civ., 26 oct. 2011, *D.* 2012, p. 2991, obs. Th. CLAY ; *RCDIP* 2012, p. 879, note G. KHAIRALLAH ; *JDI* 2012, p. 1408, note S. HOTTE.

481. Paris, 15 juin 2006, *Fincantieri*, *Rev. arb.* 2007, p. 87, note S. BOLLÉE ; *D.* 2006, p. 3035, obs. Th. CLAY.

482. Paris, 15 janv. 2013, *Rev. arb.* 2013, p. 779, note S. BOLLÉE ; Paris, 8 oct. 2013, *Rev. arb.* 2015, p. 1215.

483. En ce sens, Paris, 8 oct. 2013, préc., qui retient « qu'est contraire à l'ordre public international et ne peut être accueillie en France la décision libanaise qui, après un examen substantiel, a conclu à l'inefficacité de la clause compromissoire stipulée dans un contrat d'agent liant les parties », au mépris de l'effet négatif du principe de compétence-compétence.

étranger [...], sans égard à la clause d'arbitrage qui lui était opposée »[484]. Aussi, un mois après avoir semblé adopter la position contraire[485], la cour d'appel de Paris a décidé que, même en présence d'une clause d'arbitrage, l'exequatur devait être accordé à un jugement étranger dès lors que l'accord de coopération judiciaire applicable ne contenait aucune disposition sur le refus de reconnaissance en présence d'une clause d'arbitrage invoquée devant le juge de l'exequatur et qu'il n'appartenait pas à ce dernier de se substituer au juge étranger pour apprécier l'application de la clause d'arbitrage, sauf à se livrer à une révision au fond de la décision étrangère interdite au juge de l'exequatur[486]. Dans ces conditions, la position de la jurisprudence française quant à la possibilité de reconnaître ou non une décision étrangère rendue en méconnaissance de l'effet négatif du principe de Compétence-Compétence « à la française » apparaît quelque peu incertaine[487]. En tout cas, si ce principe était, en tant que règle matérielle du droit de l'arbitrage international, indirectement imposé aux juridictions étrangères, une telle règle matérielle serait souvent « complétée » par celle retenant un « principe de validité » de la convention d'arbitrage internationale et excluant la compétence des lois étrangères pour gouverner le régime de cette convention[488].

À condition que le défendeur conteste la compétence du juge étatique en se prévalant d'une convention d'arbitrage *in limine litis*, l'article 1448 du Code de procédure civile, qui constitue ainsi, selon l'interprétation qu'en fait la jurisprudence, le versant « négatif » de l'article 1465 du même code[489], dicte la conduite du juge en conduisant à distinguer deux hypothèses. Lorsqu'un tribunal arbitral est déjà saisi du même litige, le juge doit se déclarer incompétent et ne s'autoriser aucun examen relatif à la validité ou à la portée de la convention d'arbitrage, un tel examen étant réservé au tribunal arbitral. Lorsqu'aucun tribunal arbitral n'est encore saisi, le juge doit encore se déclarer incompétent, à moins que la convention d'arbitrage ne soit « manifestement nulle ou manifestement inapplicable ». Dans cette seconde hypothèse, le juge peut donc procéder à un examen de la convention d'arbitrage, qui reste toutefois très limité. Le juge doit s'en tenir aux évidences. Selon Fouchard, la notion de « nullité manifeste » vise la « nullité évidente, incontestable, qu'aucune argumentation sérieuse n'est en mesure de mettre en doute »[490] ; la même logique peut être appliquée à « l'inapplicabilité manifeste », qui devrait viser le cas où le litige dont le juge est saisi se situe manifestement en dehors des prévisions de la convention d'arbitrage, ou l'hypothèse d'une partie manifestement non liée par la convention qu'on prétend lui opposer. D'ailleurs, la jurisprudence retient effectivement une interprétation très restrictive de « la nullité ou de l'inapplicabilité manifeste » : elle est celle qui s'impose avec la force de l'évidence, par un simple examen *prima facie*. Aussi, l'apparence d'une

484. Cass. 1re civ., 28 mars 2013, *Rev. arb.* 2013, p. 411 (1re esp.), note C. Debourg, rendu en application de l'Accord franco-burkinabé de coopération en matière de justice du 24 avril 1961.

485. Paris, 8 oct. 2013, préc.

486. Paris, 19 nov. 2013, *Gaz. Pal.* 8 mars 2014, n° 67, p. 17, obs. D. Bensaude.

487. Sur la question de l'éventuelle autorité de chose jugée d'une décision étatique ou arbitrale relative à la compétence arbitrale à l'égard d'autres autorités, juges d'autres États ou tribunaux arbitraux, v. C. Debourg, « L'autorité de chose jugée des décisions relatives à la compétence arbitrale », *Rev. arb.* 2016, p. 127.

488. Sur ce principe, qui serait mieux dénommé « principe de licéité », et cette règle matérielle, v. *supra*, n° 599.

489. Qui énonce que « le tribunal arbitral est seul compétent pour statuer sur les contestations relatives à son pouvoir juridictionnel » ; v. *supra*, n° 681.

490. Ph. Fouchard, « La coopération du président du tribunal de grande instance à l'arbitrage », *Rev. arb.* 1985, p. 5, spéc. p. 27.

convention d'arbitrage exclut son caractère manifestement nul. Plus généralement, en cas d'hésitation possible sur l'existence, la validité ou l'étendue, tant *ratione materiae* que *ratione personae*, de la convention d'arbitrage, le caractère manifeste fait défaut et la question relève en premier lieu du tribunal arbitral[491]. Compte tenu du « principe de validité » de la convention d'arbitrage internationale par ailleurs retenu par la jurisprudence française[492], et des conséquences que la jurisprudence croit devoir en tirer, notamment quant à la portée pour le moins extensive de cette convention, tant *ratione materiae* que *ratione personae*, aussi bien la nullité que l'inapplicabilité manifestes ne devraient pouvoir être caractérisées que dans des situations exceptionnelles, telle une inarbitrabilité manifeste[493]. La jurisprudence adopte une conception si restrictive de cette exception à l'effet négatif du principe de Compétence-Compétence qu'elle avait, un temps, hésité à admettre la limite de « l'inapplicabilité manifeste »[494], qui n'était pas expressément mentionnée par les textes antérieurs au décret du 13 janvier 2011 mais que la doctrine majoritaire considérait comme y étant implicitement visée. L'interdiction, ainsi faite au juge, de constater l'inapplicabilité manifeste de la convention d'arbitrage au différend qui lui était soumis, même lorsque le tribunal arbitral n'était pas saisi, n'était pas sans inconvénient : à quoi bon contraindre une partie à aller à l'arbitrage si la convention d'arbitrage, sans être manifestement nulle, est manifestement inapplicable au litige ? Judicieusement, la Cour de cassation avait ultérieurement admis d'ajouter, à côté de la nullité manifeste, cette autre exception au jeu de l'effet négatif du principe de Compétence-Compétence tirée de « l'inapplicabilité manifeste » de la convention d'arbitrage[495] et qui est désormais inscrite à l'article 1448 du Code de procédure civile. Toutefois, la nullité ou l'inapplicabilité manifeste n'a été, depuis lors, retenue qu'exceptionnellement en matière d'arbitrage international[496] : notamment pour la clause d'arbitrage prévue dans une version des conditions générales d'une partie non encore en vigueur au moment de la conclusion du contrat soumis à des conditions générales ne prévoyant pas le recours à l'arbitrage[497] ; pour une prétendue clause d'arbitrage par référence dont ni la référence, ni l'existence même n'étaient, au vu des documents produits devant le juge, ne serait-ce qu'en apparence établies[498] ; ou pour celle, insérée dans des accords de réservations de fret qui étaient destinés, selon la volonté expresse des parties, à être annulés et remplacés par les stipulations du connaissement contenant une clause attributive de juridiction[499] ; et également pour la

491. Par exemple, Cass. 1re civ., 1er déc. 1999, *Rev. arb.* 2000, p. 96, note Ph. Fouchard.

492. V. *supra*, n° 599.

493. Notamment les cas d'inarbitrabilité *per se* évoqués par la jurisprudence française. Toutefois, sur la pertinence toute relative de ce concept d'inarbitrabilité *per se*, particulièrement en matière d'arbitrage international, v. *supra*, n° 655.

494. V., reprochant au juge d'avoir retenu sa compétence au motif que la clause d'arbitrage était manifestement inapplicable, sans avoir relevé « la nullité manifeste de la convention d'arbitrage, seule de nature à faire obstacle au principe » de Compétence-Compétence : Cass. 1re civ., 26 juin 2001, *American Bureau of Shipping*, préc.

495. Cass. 1re civ., 16 oct. 2001, *Société Quarto Children's books Ltd*, *Rev. arb.* 2002, p. 919, note D. Cohen. Encore récemment, Cass. 1re civ., 23 févr. 2011, n° 10-16120.

496. Pour l'arbitrage interne, v. *supra*, n° 175.

497. Cass. 1re civ., 27 avr. 2004, *Rev. arb.* 2004, p. 851 ; *RTD com.* 2005, p. 486, obs. É. Loquin ; *JDI* 2005, p. 349, note O. Cachard.

498. Cass. 1re civ., 6 nov. 2013, *JCP* G 2013, 1391, n° 3, obs. Ch. Seraglini ; *LPA* 20 févr. 2014, n° 37, p. 8, note A.-S. Courdier-Cuisinier ; *Procédures*, janv. 2014, comm. 10, obs. L. Weiller ; *D.* 2014, p. 2546, obs. Th. Clay.

499. Cass. 1re civ., 11 juill. 2006, *JCP* G 2006, I, 187, n° 10, obs. Ch. Seraglini ; *Rev. arb.* 2006, p. 979 ; *JDI* 2007, p. 146, note S. Sana-Chaillé de Néré ; *RCDIP* 2007, p. 128 (3e esp.), note F. Jault-Seseke.

clause d'arbitrage présentant un caractère purement optionnel, dès lors qu'une partie bénéficiaire de l'option a choisi de saisir le juge étatique[500] ; ou encore à propos de l'action en responsabilité pour soutien abusif et en comblement de passif engagée, dans l'intérêt des créanciers et en vertu de ses pouvoirs propres, par le liquidateur qui n'est pas partie à la clause compromissoire liant la société en liquidation et la société défenderesse, autre partie au contrat[501] ; dans le même ordre d'idées, la convention d'arbitrage d'un contrat de distribution est manifestement inapplicable au litige réservé par l'article L. 442-6, III, du Code de commerce au ministre chargé de l'économie pour faire cesser des pratiques illicites et prononcer des amendes civiles, le ministre n'agissant, dans ce cadre, ni comme partie au contrat ni sur le fondement de celui-ci, et cette action, ainsi attribuée au titre d'une mission de gardien de l'ordre public économique pour protéger le fonctionnement du marché et de la concurrence, étant une action autonome dont la connaissance est réservée aux juridictions étatiques au regard de sa nature et de son objet[502].

Ceci étant, l'interprétation jurisprudentielle de la notion de nullité ou d'inapplicabilité manifeste demeure très restrictive. Au demeurant, cela n'étonnera guère compte tenu, d'une part, de l'objectif qui sous-tend l'effet négatif du principe de Compétence-Compétence, à savoir éviter toute obstruction à l'avancement de l'instance arbitrale, et, d'autre part, du « principe de validité » régissant, selon la jurisprudence, la convention d'arbitrage internationale[503] et des règles matérielles, particulièrement favorables, retenues en application de ce principe, tant à propos de la validité qu'en ce qui concerne la portée, *ratione materiae* ou *ratione personae*, de la convention d'arbitrage[504]. En raison, au surplus, du cadre très limité de l'examen autorisé aux juges du fond par la Cour de cassation au titre de la nullité ou de l'inapplicabilité manifeste, celle-ci sera très difficile à caractériser. La nullité manifeste est uniquement celle qui s'impose avec la force de l'évidence. De même, l'inapplicabilité manifeste ne peut résulter que du constat, exclusif de toute interprétation ou de toute analyse substantielle des faits, que le litige ne peut, à l'évidence, entrer dans le champ d'application de la convention d'arbitrage en cause, ou que la partie à laquelle on prétend l'opposer n'a, à l'évidence, aucun lien avec elle. Dans ces conditions, il n'est guère surprenant de constater que l'argument tiré de la nullité ou de l'inapplicabilité manifeste est, le plus souvent, écarté[505]. Il le sera notamment en raison du principe d'autonomie de la clause d'arbitrage par rapport au contrat principal, qui conduit à retenir que la nullité ou la caducité alléguée de celui-ci ne saurait conduire à caractériser une nullité manifeste de celle-là[506]. De même, la clause compromissoire visant tout litige ou différend né du contrat ou en relation avec celui-ci n'est pas manifestement inapplicable au litige qui se rapporte à la rupture du contrat

500. Cass. 1re civ., 12 juin 2013, *Rev. arb.* 2013, p. 1012, note J. Barbet ; *RTD com.* 2013, p. 478, note É. Loquin ; *D.* 2013, p. 2936, obs. Th. Clay ; *RTD civ.* 2013, p. 838, note B. Fages ; *RDC* 2013, p. 1376, note R. Libchaber, et p. 1470, note Y.-M. Serinet et X. Boucobza. Sur les clauses d'arbitrage optionnelles et les conditions de leur validité, v. *supra*, n° 11.

501. Cass. 1re civ., 1er juill. 2009, *Cah. arb.* 2010, p. 453, note J. Ortscheidt ; *Rev. arb.* 2011, p. 192, n° 5, obs. Y. Strickler.

502. Cass. 1re civ., 6 juill. 2016, *Rev. arb.* 2016, p. 857, obs. M. Boucaron-Nardetto.

503. Sur ce principe de validité ou de « licéité », v. *supra*, n° 599.

504. Sur ces solutions, v. notamment *infra*, n° 711 et s. (portée *ratione materiae*) et *infra*, n° 720 et s. (portée *ratione personae*).

505. Pour le même constat en matière d'arbitrage interne, v. *supra*, n° 175.

506. Cass. 1re civ., 11 juill. 2006, *JCP* G 2006, I, 187, n° 9, obs. Ch. Seraglini ; *ibid.*, II, 10182, note P. Callé. V. aussi, pour une substitution alléguée de contrats et de parties, Cass. com., 25 nov. 2008, *JCP* G 2009, I, 148, n° 5, obs. Ch. Seraglini ; *Rev. arb.* 2008, p. 677 (3e esp.), note O. Cachard.

et à ses conséquences au regard des dispositions de l'article L. 442-6-I-5° du Code de commerce sur la rupture brutale des relations commerciales établies, quand bien même la nature délictuelle des demandes fondées sur cette disposition serait admise, et peu important que des dispositions d'ordre public régissent le fond du litige puisque le recours à l'arbitrage n'est pas exclu du seul fait que des dispositions impératives, fussent-elles constitutives d'une loi de police, sont applicables[507]. De même encore, n'est pas manifestement inapplicable la convention d'arbitrage qui désigne de façon impérative deux institutions arbitrales, dès lors que n'est pas constatée une absence de volonté des parties de recourir à l'arbitrage[508]. Cette contradiction apparente dans les termes de la convention devra simplement faire l'objet d'une interprétation, qui relèvera en premier lieu des arbitres ; quant aux difficultés de constitution du tribunal arbitral qu'elle peut générer, elles pourront être réglées par la saisine du juge d'appui[509]. S'agissant de la portée *ratione personae* de la convention d'arbitrage, ne caractérise pas davantage une nullité ou une inapplicabilité manifeste une cour d'appel qui retient que la clause compromissoire ne concerne que l'hypothèse d'un conflit entre les parties à l'acte de garantie, alors que le litige met en cause d'autres défendeurs qui ne sont pas liés par une clause compromissoire[510]. En fait, les exemples de rejet de l'argument tiré de la nullité ou de l'inapplicabilité manifeste sont légion en matière internationale[511].

En résumé, on constate que le juge ne procède qu'à un contrôle *prima facie* de la nullité comme de l'inapplicabilité manifestes, qui doivent lui apparaître évidentes, bannissant tout examen substantiel et approfondi. La complexité de la relation contractuelle en cause, l'éventualité d'une convention d'arbitrage valable et applicable, excluent le

507. Cass. 1re civ., 8 juill. 2010, *Rev. arb.* 2010, p. 513, note R. Dupeyré ; *D.* 2010, p. 2884, note M. Audit et O. Cuperlier ; *ibid.*, p. 2933, obs. Th. Clay ; *RCDIP* 2010, p. 743, note D. Bureau et H. Muir Watt ; *JCP* G 2010, 1286, n° 3, obs. J. Béguin ; et aussi, Paris, 15 févr. 2012, *Cah. arb.* 2012, p. 419 ; Cass. com., 1er mars 2017, *JCP* G 2017, 406, note D. Mouralis ; *D.* 2017, p. 2561, obs. Th. Clay ; *Cah. arb.* 2018, p. 297, obs. A. Meyniel. V. aussi, pour des demandes délictuelles fondées sur la rupture brutale de pourparlers relatives à un nouveau contrat entre des parties auparavant liées par un contrat de distribution contenant une clause compromissoire, Cass. 1re civ., 25 avr. 2006, *JCP* G 2006, I, 187, n° 9, obs. Ch. Seraglini ; *Rev. arb.* 2008, p. 299, note L. Kiffer ; *RCDIP* 2007, p. 128 (1re esp.), note F. Jault-Seseke. V. encore, sur l'absence d'inapplicabilité manifeste de la clause d'arbitrage à propos de demandes de nature délictuelle, Cass. 1re civ., 6 nov. 2013, *Rev. arb.* 2013, p. 1084 ; *D.* 2013, p. 2936, obs. Th. Clay.

508. Cass. 1re civ., 20 févr. 2007, *sté UOP NV c/ sté BP France et a.*, *Bull. civ.* I, n° 62 ; *JCP* G 2007, I, 168, n° 15, obs. J. Béguin ; *Rev. arb.* 2007, p. 775, note F.-X. Train ; *D.* 2008, pan. 180, spéc. 183, obs. Th. Clay.

509. V. *infra*, n° 773 et s. Pour une illustration de l'absence d'inapplicabilité manifeste liée à une possible difficulté dans la désignation des arbitres, v. Cass. 1re civ., 21 oct. 2015, *Rev. arb.* 2016, p. 854, obs. M. Boucaron-Nardetto.

510. Cass. 1re civ., 23 janv. 2007, *Rev. arb.* 2007, p. 279, obs. E. Teynier et P. Pic.

511. V. encore, pour d'autres exemples : Cass. 1re civ., 23 mai 2006, *JCP* G 2006, I, 187, n° 9, obs. Ch. Seraglini ; *Rev. arb.* 2008, p. 69, note É. Loquin ; *RCDIP* 2007, p. 128 (2e esp.), note F. Jault-Seseke ; Cass. 1re civ., 11 févr. 2009, *JCP* G 2009, I, 148, n° 6, obs. Ch. Seraglini ; *Rev. arb.* 2009, p. 155, note F.-X. Train ; Cass. 1re civ., 8 avr. 2009, *RCDIP* 2009, p. 771, note M. Laazouzi. V. également, pour un bilan de l'application jurisprudentielle de ces limites, M. Boucaron-Nardetto, « Retour sur les critères de contrôle de la nullité et de l'inapplicabilité de la clause compromissoire », *Rev. arb.* 2016, p. 853, et la jurisprudence citée ; O. Cachard, « Le contrôle de la nullité ou de l'inapplicabilité manifeste de la clause compromissoire », *Rev. arb.* 2006, p. 893 ; Ch. Seraglini, *JCP* G 2003, I, 164, n° 6, *JCP* G 2006, I, 187, n° 7 et s., et *JCP* G 2009, I, 148, n° 4 et s. ; Y. Strickler, « La jurisprudence de la Cour de cassation en matière d'effet négatif de la compétence-compétence (janvier 2009-décembre 2010) », *Rev. arb.* 2011, p. 191.

caractère manifestement nul ou inapplicable de celle-ci. Le doute joue ici en faveur de la compétence prioritaire du tribunal arbitral pour trancher la contestation relative à sa compétence et la Cour de cassation n'hésite pas à rappeler à l'ordre les juridictions du fond qui ne suivent pas ces principes de solution[512]. En pratique, la nullité ou l'inapplicabilité manifeste sera particulièrement difficile à caractériser en droit français de l'arbitrage international, dans la mesure où la convention d'arbitrage y est régie par un principe de validité[513] et, plus généralement, par des règles matérielles françaises très favorables relatives, tant à sa validité, qu'à son interprétation *rationae materiae* ou ses effets *ratione personae*[514]. Cependant, il convient de relever que l'alinéa 3 de l'article 1448 du Code de procédure civile qui, réputant « non écrite » toute stipulation contraire à cet article, interdit aux parties, dans l'arbitrage interne, de déroger à l'effet négatif du principe de Compétence-Compétence et à ses conditions d'application, n'est pas applicable à l'arbitrage international, puisque l'article 1506.1° ne renvoie qu'aux deux premiers alinéas de l'article 1448. Ainsi, les parties semblent curieusement autorisées à remettre en cause toute cette construction jurisprudentielle, qui est pourtant considérée par beaucoup comme l'un des points forts du droit français de l'arbitrage international. Enfin, on rappellera que l'article 1448 du Code de procédure civile, en distinguant selon que le tribunal arbitral est ou non saisi pour la mise en œuvre de l'effet négatif du principe de Compétence-Compétence, rend fondamentale la détermination de la date à laquelle le tribunal arbitral est réputé saisi. Sur cette question, épineuse, on se bornera à renvoyer aux développements qui y ont été consacrés dans le cadre de l'étude de l'arbitrage interne et qui valent pour l'arbitrage international[515].

690 **Le contrôle ultérieur aléatoire du juge sur l'appréciation faite par le tribunal arbitral de sa compétence.** Il ne faut pas se méprendre sur le sens de l'effet négatif du principe de Compétence-Compétence tel qu'entendu par le droit français. S'il entend donner à l'arbitre une priorité chronologique pour statuer sur sa compétence, le droit français n'entend aucunement lui donner un pouvoir souverain d'appréciation en la matière. Au contraire, un recours est ouvert contre la sentence par laquelle l'arbitre a statué sur les contestations relatives à sa compétence, et le juge étatique opérera alors un contrôle total en la matière[516]. La Cour de cassation a clairement indiqué que, dans le cadre de ce contrôle, le juge n'est aucunement lié par les constatations de fait ou de droit du tribunal arbitral[517]. Au contraire, « le juge de l'annulation contrôle la décision

512. Au surplus, la Cour de cassation sanctionne également les juges du fond qui, tout en mettant en œuvre l'effet négatif du principe de compétence-compétence et en renvoyant les parties à l'arbitrage, prétendraient déjà, dans leur décision, trancher la question de la compétence arbitrale, alors que la logique de l'effet négatif implique qu'il incombe en premier au tribunal arbitral de la trancher : v. Cass. 1re civ., 12 févr. 2014, *JCP* G 2014, act. 226, obs. D. Mouralis ; *ibid.*, 857, n° 3 (2e arrêt), obs. Ch. Seraglini.

513. Sur lequel, v. *supra*, n° 599.

514. Sur les conséquences inopportunes de ces solutions à l'égard des parties faibles, et notamment dans le cadre des contrats internationaux de consommation, v. *supra*, n° 660 et s.

515. V. *supra*, n° 176.

516. Sur ce contrôle, v. aussi *supra*, n° 683. Par ailleurs, il semble que la partie qui souhaite contester la décision de l'arbitre à cet égard doive, en France, le faire sans attendre la sentence sur le fond, à tout le moins lorsque la sentence sur la compétence lui a bien été signifiée : Paris, 2 juin 2015, *Rev. arb.* 2015, p. 955 (arrêt rendu en matière d'arbitrage interne).

517. Cass. 1re civ., 6 janv. 1987, *SPP*, *JDI* 1987, p. 638, note B. Goldman ; *Rev. arb.* 1987, p. 469, note Ph. Leboulanger. V., sanctionnant un juge du fond pour avoir refusé d'opérer ce contrôle, Cass. 1re civ., 1er juin 2017, *Rev. arb.* 2017, p. 1197 (1re esp.), note L. Mayer. Et v. *supra*, n° 683.

du tribunal arbitral sur sa compétence, qu'il se soit déclaré compétent ou incompétent, en recherchant tous les éléments de droit ou de fait permettant d'apprécier la portée de la convention d'arbitrage et d'en déduire les conséquences sur le respect de la mission confiée aux arbitres »[518]. Le juge prononcera l'annulation de la sentence, ou en refusera l'exequatur, s'il estime que « le tribunal arbitral s'est déclaré à tort compétent ou incompétent »[519]. Dans les deux cas, le contrôle sera donc identique et total[520]. Dès lors, le juge semble toujours avoir le dernier mot. Toutefois, si cette proposition est probablement juste s'agissant de l'arbitrage interne, elle doit être reçue avec beaucoup plus de circonspection dans l'arbitrage international, compte tenu de la délocalisation de l'arbitre international[521] qui rend le contrôle du juge plus aléatoire. Cela conduit à s'interroger sur les mérites, en matière internationale, de cette conception toute particulière du principe de Compétence-Compétence retenue par le droit français, conférant une priorité quasi absolue à l'arbitre pour statuer sur les contestations relatives à sa compétence.

518. Cass. 1re civ., 6 oct. 2010, *Abela*, *Rev. arb.* 2010, p. 813, note F.-X. Train ; *D.* 2010, p. 2943, obs. Th. Clay ; *JCP* G 2010, 1028, note P. Chevalier, et 1286, nº 6, obs. J. Ortscheidt ; *Cah. arb.* 2011, p. 443, note J. B. Racine ; *RCDIP* 2011, p. 85, note F. Jault-Seseke. La jurisprudence a précisé qu'elle opérait le même contrôle lorsque la compétence arbitrale est fondée, non pas sur une clause d'arbitrage figurant dans un contrat, mais sur un traité d'investissement : v. Paris, 18 nov. 2010, *Rev. arb.* 2011, p. 695, note S. Lemaire ; Paris, 12 avr. 2016, *Rev. arb.* 2016, p. 833, note C. Fouchard (cassé, mais sans remise en cause de cette solution, par Cass. 1re civ., 28 mars 2018, *Rev. arb.* 2018, p. 561, note C. Fouchard ; *JDI* 2019, comm. 6, p. 160, note E. Gaillard) ; Paris, 29 nov. 2016, *Rev. arb.* 2017, p. 500, note L. Franc-Menget ; *Cah. arb.* 2017, p. 674, obs. W. Ben Hamida ; Paris, 7 févr. 2017, *Rev. arb.* 2017, p. 566, note J. Fouret et A. Reynaud ; *ibid.*, p. 648, obs. M. Laazouzi ; *D.* 2017, p. 2563, obs. Th. Clay ; Paris, 25 avr. 2017, *Rev. arb.* 2017, p. 767 ; *Rev. arb.* 2017, p. 648, obs. M. Laazouzi ; *Cah. arb.* 2017, p. 674, obs. W. Ben Hamida ; *D.* 2017, p. 2563, obs. Th. Clay (cassé par Cass. 1re civ., 13 févr. 2019, pourvoi nº A 17-25.851) ; Paris, 27 juin 2017, *Rev. arb.* 2017, p. 1075 ; Paris, 29 janv. 2019, *Rev. arb.* 2019, p. 250, note M. Audit. Sur cette question, v. L. Gouiffès et L. Chatelain, « L'annulation en France des sentences arbitrales rendues sur le fondement de traités d'investissement », *Rev. arb.* 2017, p. 839.

519. Art. 1520.1º CPC. La solution s'applique donc aussi bien quand l'arbitre s'est estimé à tort compétent que lorsqu'il a, à tort, écarté sa compétence. Avant le décret du 13 janvier 2011, l'ancien article 1502 CPC, qui énumérait les cas d'ouverture de l'appel contre l'ordonnance d'exequatur ou du recours en annulation contre la sentence, ne visait pas le cas où l'arbitre se serait déclaré à tort incompétent. Toutefois, la jurisprudence considérait que, dans ce cas de figure, l'arbitre « avait statué sans se conformer à la mission qui lui avait été conférée », hypothèse visée par le 3º de l'article 1502 (Paris, 16 juin 1988, *Rev. arb.* 1989, p. 309, note Ch. Jarrosson ; Paris, 21 juin 1990, *Rev. arb.* 1991, p. 96, note J.-L. Delvolvé ; Paris, 7 juin 1994, *Rev. arb.* 1995, p. 107, note S. Jarvin). V. aussi, *infra*, nº 991.

520. En revanche, ce contrôle total ne s'exerce que si le tribunal arbitral s'est effectivement prononcé sur sa compétence, et non sur une question de recevabilité de la demande, auquel cas, et peu important le vocabulaire utilisé par le tribunal dans sa sentence, le juge ne saurait procéder à un contrôle total de sa décision, la recevabilité relevant du fond du litige et donc du principe de non-révision au fond de la sentence (sur lequel, v. *infra*, nº 989) : Cass. 1re civ., 18 mars 2015, *Rev. arb.* 2015, p. 1110, note D. Cohen ; *Cah. arb.* 2015, p. 343, note I. Fadlallah ; *ibid.*, p. 803, note S. Bollée ; *JCP* G 2015, 877, nº 7, obs. Ch. Seraglini ; *RDC* 2015, p. 555, obs. X. Boucobza et Y.-M. Serinet ; *D.* 2015, p. 2591, obs. Th. Clay ; *RTD com.* 2016, p. 708, obs. É. Loquin ; v. aussi, Paris, 28 juin 2016, *Rev. arb.* 2016, p. 1101, note N. Dissaux ; *ibid.*, p. 1153, note J. Barbet ; Paris, 25 avr. 2017, *Rev. arb.* 2017, p. 1197 (2e esp.), note L. Mayer ; Paris, 16 janv. 2018, *Rev. arb.* 2018, p. 297 ; *D.* 2018, p. 2460, obs. Th. Clay. Sur la distinction entre compétence de l'arbitre et recevabilité de la demande, v. aussi J. Paulsson, « Jurisdiction and Admissibility », in *Liber amicorum in honour of Robert Briner*, ICC Publishing, 2005, p. 601 ; A.-V. Schlaepfer, « Jurisdiction and admissibility: a subtle distinction, not always easy to make in international arbitration », *Cah. arb.* 2013, p. 327.

521. Sur ce concept, v. *supra*, nº 577 et s.

β) Appréciation de la conception française de l'effet négatif de la convention d'arbitrage

691 **Relatif isolement du droit français dans la reconnaissance de l'effet négatif du principe de Compétence-Compétence.** Le droit français estime néfaste à l'efficacité réelle du principe de Compétence-Compétence d'admettre des compétences concurrentes du juge et du tribunal arbitral sur les contestations relatives à la compétence arbitrale. Ce point de vue reste relativement minoritaire en droit comparé[522]. Certes, certains États ont récemment adopté l'effet négatif du principe de Compétence-Compétence, mais ne l'ont généralement retenu que de façon limitée[523], et rares sont ceux lui donnant la même ampleur que le droit français[524]. Notamment, selon la plupart des droits étrangers qui admettent que leur juge saisi d'une exception d'incompétence fondée sur une convention d'arbitrage n'opère qu'un examen *prima facie* de l'existence, la validité et l'applicabilité de la convention d'arbitrage et reconnaissent un principe de priorité à l'arbitre pour examiner plus profondément ces questions, cela ne conduira qu'à un simple sursis à statuer du juge dans l'attente de la décision des arbitres, et non à une déclaration d'incompétence du juge comme dans le système français[525] ; or, un sursis à statuer et une déclaration d'incompétence n'ont pas les mêmes conséquences. De plus, au contraire du droit français, ces droits étrangers admettent généralement que le juge puisse opérer ce contrôle *prima facie* même lorsque le tribunal arbitral est déjà constitué. En tout état de cause, nombreuses sont encore les législations qui, tout en reconnaissant au tribunal arbitral compétence pour statuer sur sa propre compétence, ne lui accordent aucune priorité à cet égard[526]. Ainsi, l'article II(3) de la Convention de New York du 10 juin 1958 retient que le juge saisi d'un litige malgré l'existence d'une convention d'arbitrage peut ne pas renvoyer les parties à l'arbitrage, s'il constate que

522. Pour une défense de la solution française, v. notamment M. Boucaron-Nardetto, « La compétence-compétence : le point de vue français – Plaidoyer pour la compétence-compétence à la française », *Cah. arb.* 2013, p. 37.

523. Pour un panorama récent des avancées de l'effet négatif du principe de compétence-compétence en droit comparé, v. E. Gaillard, « Actualité de l'effet négatif de la compétence-compétence », in *Le droit à l'épreuve des siècles et des frontières, Mélanges en l'honneur du Professeur Bertrand Ancel*, LGDJ, 2018, p. 679. L'auteur évoque l'Asie (Hong-Kong, Singapour, Philippines), l'Amérique latine (Vénézuéla, Argentine, Colombie), et l'Afrique (Tunisie, Maroc, Algérie, pays OHADA).

524. V. cependant le droit argentin (art. 1656 du Code civil et commercial), qui semble lui donner une portée identique à celle du droit français, et le droit colombien (art. 67, 70 et 79 de la loi nº 1563 de 2012 portant « statut de l'arbitrage interne et international »), qui paraît même lui donner une portée encore plus absolue puisque soumise à aucune exception permettant au juge de vérifier, ne serait-ce que *prima facie*, la validité et l'applicabilité d'une convention d'arbitrage.

525. Cela semble bien être, parmi les pays reconnaissant assez « généreusement » l'effet négatif du principe de Compétence-Compétence, la solution du droit de Hong-Kong, de Singapour, des Philippines : v. E. Gaillard, « Actualité de l'effet négatif de la compétence-compétence », préc.

526. Sur l'état, évolutif, de la question en droit comparé, v. G. Born, *International Commercial Arbitration*, Kluwer Law International, 2nd ed., 2014, nº 7.03 ; A. Dimolitsa, « Autonomie et "Kompetenz-Kompetenz" », *Rev. arb.* 1998, p. 305 ; E. Gaillard, « Actualité de l'effet négatif de la compétence-compétence », préc. ; H. A. Grigera Naon, « "*Misères et Splendeurs*" of the *Kompetenz-Kompetenz* Principle in International Arbitration (a Transatlantic Comparison) », in *Mélanges en l'honneur du Professeur Pierre Mayer*, LGDJ, 2015, p. 273 (droit américain) ; J.-F. Poudret, S. Besson, *Comparative Law of International Arbitration*, Thomson, Sweet & Maxwell, 2nd ed., 2007, nº 488 et s., p. 416. Pour la solution originale, de compromis, mais peu praticable, retenue par la Cour suprême du Canada, v. Cour suprême du Canada, 13 juill. 2007, *Rev. arb.* 2007, p. 567, note A. Prujiner ; et F. Bachand, « Kompetenz-Kompetenz, Canadian-Style », *Arb. int.* 2009, p. 431.

la convention est « caduque, inopérante, ou non susceptible d'être appliquée ». Cette disposition ne semble aucunement limiter le pouvoir d'examen du juge placé dans ces circonstances à un contrôle *prima facie* et donc accorder aucune priorité à l'arbitre ; il paraît au contraire permettre au juge d'apprécier la réalité de la compétence arbitrale avant de renvoyer, le cas échéant, les parties à l'arbitrage. Une majorité de législations nationales adopte des dispositions similaires[527], avec toutefois quelques variations et particularités[528]. De son côté, le projet de révision, en date du 14 décembre 2010[529], du règlement européen, dit Bruxelles I, du 22 décembre 2000 relatif à la compétence judiciaire, la reconnaissance et l'exécution des décisions en matière civile et commerciale[530], ne paraissait guère favorable à la reconnaissance de l'effet négatif du principe de Compétence-Compétence. Il comportait en effet un article 29 (4), qui disposait : « Lorsque le siège convenu ou désigné d'un arbitrage se situe dans un État membre, les juridictions d'un autre État membre dont la compétence est contestée en vertu d'une convention d'arbitrage sursoient à statuer dès que les juridictions de l'État membre où se trouve le siège d'arbitrage ou le tribunal arbitral ont été saisis d'un recours ayant pour objet de déterminer, à titre principal ou incident, l'existence, la validité ou les effets de ladite convention d'arbitrage ». Selon cette proposition, le juge de l'État membre choisi comme siège de l'arbitrage bénéficiait d'une priorité sur le juge d'un autre État membre pour se prononcer sur la compétence de l'arbitre. Certes, l'article 29 (4) précisait qu'il « ne fait pas obstacle à ce que la juridiction dont la compétence est contestée se dessaisisse dans le cas visé ci-dessus si sa législation nationale l'exige ». Autrement dit, si la loi du juge saisi en dehors de l'État du siège reconnaissait l'effet négatif du principe de Compétence-Compétence, ce juge pouvait se dessaisir sans attendre la saisine du juge du siège. Toutefois, cette concession faite aux droits des États membres reconnaissant l'effet négatif du principe de Compétence-Compétence, et donc essentiellement à la France, ne remettait pas en cause le principe selon lequel, en vertu de l'article 29 (4), le juge du siège pouvait apprécier la compétence de l'arbitre avant celui-ci, au moins si son droit l'y autorisait, ce qui n'était pas le cas en France. Cela étant, ce projet de révision du Règlement de Bruxelles I, qui avait fait l'objet de

527. V. par exemple, art. 8 de la loi-type CNUDCI, art. 7 LDIP suisse, art. 1032 ZPO allemand, art. 1682 du Code judiciaire belge (depuis la loi du 24 juin 2013 réformant le droit belge de l'arbitrage), art. 1022 CPC néerlandais. Le droit anglais adopte un système plus complexe. L'article 9 *Arbitration Act*, qui vise l'hypothèse où le juge anglais est saisi du fond du litige, retient une solution similaire à celle de la Convention de New York. En revanche, l'article 32 autorise la saisine du juge étatique à titre principal en vue d'obtenir, non une décision sur le fond du litige, mais une décision relative à la compétence même de l'arbitre. Cette saisine n'est admise que dans deux cas : tout d'abord, en cas d'accord des parties ; ensuite, lorsque la demande émane d'une seule partie, à condition d'obtenir une autorisation du tribunal arbitral ; le juge devra au surplus constater que sa décision est susceptible d'économiser des frais de façon substantielle, que la demande a été introduite sans délai, et qu'il existe un motif valable pour que la contestation soit tranchée judiciairement ; enfin, la procédure devant le juge n'est pas suspensive de l'arbitrage.

528. Ainsi, les droits allemand et italien admettent les actions déclaratoires relatives à la validité ou la nullité de la convention d'arbitrage initiées devant le juge avant le début de l'arbitrage : v. J.-F. Poudret, S. Besson, *Comparative Law of International Arbitration*, préc., n° 484, p. 410.

529. Proposition de règlement du Parlement européen et du Conseil concernant la compétence judiciaire, la reconnaissance et l'exécution des décisions en matière civile et commerciale (Refonte), COM (2010) 748 final, 2010/0383 (COD), 14 décembre 2010.

530. Règlement (CE) n° 44/2001 du Conseil du 22 décembre 2000 concernant la compétence judiciaire, la reconnaissance et l'exécution des décisions en matière civile et commerciale.

nombreuses critiques[531], n'a pas été adopté en l'état. Le Règlement finalement adopté (Règlement (UE) n° 1215/2012) le 12 décembre 2012 a confirmé l'exclusion de l'arbitrage de son champ d'application.

En apparence, la Convention de Genève du 21 avril 1961 retient une solution proche de celle du droit français. Son article VI (3) dispose en effet que si le tribunal arbitral est déjà saisi, les juges « saisis ultérieurement d'une demande portant sur le même différend entre les mêmes parties ou d'une demande en constatation de l'inexistence, de la nullité ou de la caducité de la convention d'arbitrage, surseoiront, sauf motifs graves, à statuer sur la compétence de l'arbitre jusqu'au prononcé de la sentence finale ». Toutefois, la solution est en réalité assez éloignée de celle du droit français. Tout d'abord, la notion de « motifs graves » pourrait être entendue moins restrictivement que celle de « nullité ou d'inapplicabilité manifeste » retenue par le droit français. Ensuite, la Convention impose au juge de surseoir, et non de se « déclarer incompétent » comme le mentionne l'article 1448 du Code de procédure civile français ; or, un sursis, contrairement à une déclaration d'incompétence, ne dessaisit pas définitivement le juge. Enfin et surtout, priorité n'est donnée qu'à l'arbitre saisi en premier ; lorsqu'au contraire, le juge étatique est le premier saisi, priorité lui est donnée[532]. L'article VI de la Convention de Genève illustre donc plutôt un emprunt aux règles de la litispendance qui donnent priorité à l'autorité saisie en premier, alors que le droit français entend dans tous les cas donner priorité à l'arbitre pour statuer sur sa compétence et reporter le contrôle étatique de la compétence arbitrale au seul stade des recours contre la sentence arbitrale. En réalité, la solution retenue par la Convention de Genève est donc largement contraire, même dans son esprit, à celle du droit français[533].

Face à ces oppositions entre différentes positions en droit comparé, on peut s'interroger sur les mérites respectifs de chacune. Ceci étant, il n'y a probablement pas de solution idéale, à tout le moins dans l'arbitrage international, tant le problème est rendu épineux par la multiplicité des fors pouvant être concernés. Si l'on examine la question de la reconnaissance ou non de l'effet négatif du principe de Compétence-Compétence avec le souci d'assurer un équilibre entre les intérêts en présence, on constate que les deux positions « extrêmes », soit celle rejetant totalement l'effet négatif du

531. V. en particulier le rapport de Monsieur T. Zwiefka au Parlement européen (2010/0383 (COD)), qui recommande de supprimer, purement et simplement, l'article 29 (4). Plus généralement, sur ce projet de réforme et les réactions qu'il a suscitées, v. *supra*, n° 62, et les références citées.

532. V. art VI (1) et (2) Convention de Genève.

533. Certains croient également percevoir une évolution favorable à la reconnaissance de l'effet négatif du principe de Compétence-Compétence en droit suisse : E. Gaillard, « La reconnaissance, en droit suisse, de la seconde moitié du principe d'effet négatif de la compétence-compétence », in *Global Reflections on International Law, Commerce and Dispute Resolution, Liber Amicorum in honour of Robert Briner*, ICC Publishing, 2005, p. 311. Toutefois, à la supposer avérée, cette reconnaissance semble limitée au cas où le siège du tribunal arbitral est en Suisse ; dans ce cas, le juge suisse, saisi du fond du litige et qui décline provisoirement sa compétence, peut espérer qu'un autre juge suisse, et en dernier lieu le Tribunal fédéral, auront par la suite l'opportunité de contrôler la sentence en tant que juges du siège. Il n'est pas certain que le droit suisse retienne la même solution lorsque le siège du tribunal arbitral est à l'étranger, car le juge suisse n'a alors aucune garantie de pouvoir, à l'avenir, contrôler l'appréciation faite par l'arbitre de sa compétence. D'ailleurs, pour une présentation différente du droit suisse, beaucoup moins favorable à la reconnaissance, même partielle, de l'effet négatif du principe de Compétence-Compétence, v. J.-F. Poudret, S. Besson, *Comparative Law of International Arbitration*, préc., n° 499 et s., p. 427 ; et aussi, S. Besson, obs. sous Trib. féd. Suisse, 13 sept. 2004, *Rev. arb.* 2005, p. 1073 (1re esp.) ; J.-F. Poudret, « Le pouvoir d'examen du juge saisi d'une exception d'arbitrage », *Bull. ASA* 2005, p. 401 ; et plus récemment, Ch. Poncet, « La perception suisse de la Kompetenz-Kompetenz », *Cah. arb.* 2013, p. 27.

principe de Compétence-Compétence et celle, française, le consacrant totalement, ont chacune leurs avantages et leurs inconvénients[534].

692 **Mérites de la position rejetant l'effet négatif du principe de Compétence-Compétence.** La position, majoritairement adoptée en droit comparé, qui consiste à n'accorder aucune priorité à l'arbitre et à permettre au juge étatique de se prononcer immédiatement sur la validité ou la portée de la convention d'arbitrage, a pour principal avantage de favoriser une économie de moyens judiciaires. Elle évite en effet à la partie qui entend contester la validité ou l'applicabilité de la convention d'arbitrage d'aller au terme de l'instance arbitrale pour voir reconnaître son droit, dans le cadre d'un recours en annulation contre la sentence. La solution retenue par le droit français peut, au contraire, dans certains cas, placer le demandeur à l'action au fond dans une situation quelque peu curieuse. En effet, en vertu du droit français, le demandeur qui n'admet pas la compétence de l'arbitre sera néanmoins contraint de débuter une instance arbitrale, de soulever à titre principal l'incompétence de l'arbitre[535], et d'argumenter au fond à titre subsidiaire. Il devra attendre la décision de l'arbitre sur la compétence arbitrale, qui pourra prendre la forme d'une sentence partielle ou être prise dans la sentence finale, pour ensuite la contester..., sauf si la sentence finale au fond le satisfait. Il bénéficie ainsi de la possibilité de jouer sur deux tableaux[536] ! De plus, dans l'arbitrage international, la solution française, qui reporte le contrôle réel du juge sur la compétence de l'arbitre au stade du recours contre la sentence, ou à l'occasion de la procédure d'exequatur, a pour inconvénient de rendre la réalité de ce contrôle aléatoire. À tout le moins, le juge qui se déclare « provisoirement » incompétent, et donc qui ne se borne pas à prononcer un simple sursis à statuer, et le juge qui, selon la présentation classique, aura le « dernier mot » sur la compétence de l'arbitre, risquent fort de ne pas appartenir au même ordre juridique. En effet, c'est le juge qui aurait été compétent au fond du litige en l'absence de convention d'arbitrage, qui est conduit, dans le système français, à se déclarer incompétent et à renvoyer les parties à l'arbitrage. Or, rien ne garantit qu'il soit ultérieurement saisi du contrôle de la sentence et qu'il puisse effectivement contrôler l'appréciation faite par l'arbitre de sa compétence. Il n'est pas nécessairement un juge de l'État du siège du tribunal arbitral, seul compétent pour connaître du recours en annulation contre la sentence, ni un juge du ou des États dans lesquels l'exécution de la sentence sera recherchée, cette dernière considération étant fonction de la localisation des actifs saisissables de la partie débitrice en vertu de la sentence. Or, les juges de ces autres États reconnaîtront peut-être la validité ou l'applicabilité à l'espèce de la convention d'arbitrage, là où le juge qui a renvoyé les parties à l'arbitrage au nom de l'effet négatif du principe de Compétence-Compétence l'aurait niée. Autrement dit, le juge qui s'était déclaré « provisoirement » incompétent n'aura peut-être jamais l'opportunité de porter une appréciation sur la compétence de l'arbitre[537]. Par ailleurs, à supposer que la partie qui conteste la validité

534. V. aussi, sur le sujet, J.-F. Poudret, S. Besson, *Comparative Law of International Arbitration*, préc., n° 488 et s., p. 416.

535. S'il veut pouvoir l'invoquer au moment du recours en annulation ; à défaut en effet, il sera réputé avoir renoncé à l'invoquer : v. *infra*, n° 977.

536. Sur la question de savoir si la partie qui conteste la compétence arbitrale est ou non contrainte d'exercer immédiatement un recours contre la sentence partielle par laquelle le tribunal arbitral a retenu sa compétence, sous peine de ne plus pouvoir contester cette compétence dans le cadre du recours contre la sentence finale, v. *supra*, n° 684.

537. V. à cet égard, la solution suisse qui distingue selon que l'arbitrage a lieu en Suisse (où un recours en annulation contre la sentence pourra donc avoir lieu) ou à l'étranger (où un tel recours aurait alors lieu

de la convention d'arbitrage obtienne satisfaction devant le juge de l'annulation de la sentence[538], une question se pose à elle : peut-elle alors saisir le juge d'un autre État, compétent en l'absence de convention d'arbitrage ? Pour cela, elle pourrait envisager de faire reconnaître la décision d'annulation dans cet État ; cela lui ouvrira peut-être le chemin du juge, même si l'autorité de chose jugée de la décision d'annulation porte en principe sur la sentence, et non sur la convention d'arbitrage[539]. Cependant, s'agissant de la France, cette partie risque de se heurter à la jurisprudence selon laquelle aucun effet ne peut être accordé en France à la décision d'annulation d'une sentence rendue par le juge du siège du tribunal arbitral[540]. La position française n'est donc pas sans défaut. D'ailleurs, on a vu qu'elle est notamment particulièrement défavorable à la protection des parties présumées faibles face à l'arbitrage international[541].

693 **Mérites de la position française retenant l'effet négatif du principe de Compétence-Compétence.** Refuser de donner une priorité à l'arbitre pour juger des contestations relatives à sa compétence présente également quelques inconvénients. Principalement, une telle solution peut favoriser les manœuvres dilatoires. En effet, le premier objectif du principe de Compétence-Compétence, pris dans son versant « positif », est d'éviter de retarder le déroulement d'une instance arbitrale pour de mauvaises raisons. Or, admettre une compétence prioritaire, ou même simplement concurrente du juge étatique pour trancher la question de la compétence de l'arbitre, risque, dans les faits, d'entraver le bon déroulement de l'instance arbitrale. Tout d'abord, l'entrave serait constituée si la compétence de l'arbitre était niée dès l'instant où un juge est saisi. Évidente dans le cas où l'arbitre était déjà saisi, l'entrave serait, selon certains, toujours réelle dans le cas où le juge est saisi en premier, dans la mesure où la solution dépendrait alors du prix de la course ; or, la saisine d'un tribunal arbitral prend du temps, et la détermination exacte de sa date reste au surplus une question incertaine[542] ; le défendeur pourrait en tirer profit pour saisir le juge étatique et paralyser ainsi l'arbitrage. D'ailleurs, la solution consistant à refuser à l'arbitre toute compétence pour examiner les contestations relatives à sa propre compétence dès qu'un juge est saisi est rarement préconisée. Ensuite, retenir des compétences concurrentes entre le juge et l'arbitre pour régler les contestations relatives à la validité ou à l'étendue de la convention

---

devant un juge étranger, qui ne partage pas nécessairement les mêmes vues que le juge suisse sur la compétence de l'arbitre). Dans le premier cas, le juge suisse saisi au fond du litige en présence d'une clause d'arbitrage doit, en application de l'article 7(b) de la LDIP, décliner sa compétence au profit du tribunal arbitral, à moins qu'à l'issue d'un examen sommaire, il « ne constate que la convention d'arbitrage est caduque, inopérante ou non susceptible d'être appliquée » ; au contraire, dans le second cas, il peut procéder à un examen complet de la convention d'arbitrage avant de renvoyer, le cas échéant, les parties à l'arbitrage (v. J.-F. Poudret et S. Besson, *Droit comparé de l'arbitrage international*, Bruylant, 2002, n° 502 et s., p. 431, et la jurisprudence citée) ; ainsi, et quelles que soient les critiques qui peuvent être adressées à cette solution distinguant deux hypothèses (sur lesquelles, v. J.-F. Poudret et S. Besson, *Droit comparé de l'arbitrage international*, préc.), le juge suisse se réserve toujours une possibilité d'un contrôle réel de la compétence arbitrale.

538. Pour s'en tenir à cette hypothèse, car la portée d'une décision de refus d'exequatur est encore plus limitée.

539. De manière plus générale, sur la question de l'éventuelle autorité de chose jugée d'une décision, étatique ou arbitrale, relative à la compétence arbitrale devant d'autres juridictions, v. C. Debourg, « L'autorité de chose jugée des décisions relatives à la compétence arbitrale », *Rev. arb.* 2016, p. 127.

540. Sur cette jurisprudence, v. *supra*, n° 577 et s., et *infra*, n° 924.

541. Sur ce point, v. *supra*, n° 662.

542. Sur les difficultés relatives à la détermination exacte de la date de la saisine du tribunal arbitral, v. *infra*, n° 818 et s. ; et v. aussi les développements qui y sont consacrés dans l'étude de l'arbitrage interne, à propos de l'article 1448 CPC (*supra*, n° 176), et de façon plus générale (*supra*, n° 315 et s.).

d'arbitrage, quelle que soit l'autorité saisie en premier, n'est pas une solution plus satisfaisante. En effet, elle autorise le développement de procédures parallèles : l'arbitre pourra examiner ces questions de compétence en parallèle à un juge déjà saisi, ou continuer à en connaître malgré la saisine ultérieure d'un juge, également compétent pour en connaître. Certes, pour beaucoup, cette solution suffit à éviter les manœuvres dilatoires, dès lors que la saisine du juge n'est pas suspensive de l'instance arbitrale. Cependant, le développement même de procédures parallèles engendre un risque de décisions contradictoires entre le juge et l'arbitre, ce qui, de façon générale, n'est jamais très heureux et peut, dans l'arbitrage international, compliquer grandement les choses. On pourrait déjà regretter, en termes de dépense d'énergie et de moyens financiers, que deux instances se développent parallèlement sur les mêmes questions. Surtout, la situation de l'arbitre international sera particulièrement délicate si le juge saisi parallèlement rend le premier une décision niant la compétence de l'arbitre, voire une décision sur le fond : l'arbitre devra-t-il alors attacher automatiquement une autorité de chose jugée à cette décision qui a nié sa compétence, attendre l'issue des recours dont elle peut faire l'objet dans son ordre juridique, ou poursuivre son travail ? Délocalisé[543], et donc relativement libre de ses choix, l'arbitre international risque surtout, ici, de se sentir quelque peu perdu. En effet, les divers États susceptibles d'être concernés par l'arbitrage en question, qui sont, outre celui du juge saisi parallèlement, celui du siège du tribunal arbitral et ceux des lieux d'exécution possibles de la sentence, n'ont pas forcément le même avis. Chacun a sa propre opinion, tant sur la consistance exacte du principe de Compétence-Compétence, que sur la validité ou l'étendue de la convention d'arbitrage, voire sur la compétence internationale du juge qui s'est saisi du litige au motif que la convention d'arbitrage lui apparaissait nulle ou inapplicable. Ainsi, par exemple, le juge du siège du tribunal arbitral peut n'accorder aucun crédit à la décision du juge qui s'est saisi du fond du litige en écartant la compétence arbitrale. Face à ces incertitudes, l'arbitre pourrait être tenté de poursuivre son travail malgré la procédure parallèle devant le juge étatique[544], ce qui pourra le conduire à se reconnaître compétent et à rendre une décision au fond... alors qu'un juge étatique aura peut-être fait de même ! On risque donc d'aboutir à une « concurrence internationale » entre la sentence arbitrale et la décision étatique devant le juge du siège du tribunal arbitral, ou le juge du lieu d'exécution de l'une et/ou de l'autre de ces deux décisions. Or, l'issue de cette confrontation est difficilement prévisible. Que fera notamment le juge du siège, saisi d'un recours contre la sentence et devant lequel serait également invoquée la décision du juge étatique, face à deux points de vue opposés sur la compétence arbitrale ? Si les deux décisions ne sont pas rendues dans un même laps de temps, la reconnaissance par le juge d'un État tiers (juge du siège ou juge d'un lieu où l'exequatur est demandé) de la sentence ou de la décision étatique sera-t-elle le prix de la course, selon celle qui sera rendue, et dont la reconnaissance sera demandée, en premier ? À l'échelon international, on risque même d'aboutir à des décisions judiciaires contradictoires dans ces situations. Pour éviter ces difficultés, l'arbitre « raisonnable » pourrait, par conséquent, vouloir attendre la décision du juge parallèlement saisi sur la question de la compétence arbitrale, et sa reconnaissance ou son rejet, au moins par le juge du siège du tribunal arbitral. Ce faisant, il éviterait toute concurrence de décisions devant ce dernier juge. Cependant, si cette voie était suivie, alors, la saisine au fond d'un juge qui serait autorisé, avant éventuellement de renvoyer les parties à l'arbitrage, à trancher la question de la compétence arbitrale, risquerait bien, dans les faits, d'avoir un effet suspensif sur l'instance arbitrale.

543. Sur la délocalisation de l'arbitre international, v. *supra*, n° 577 et s.

544. Il pourrait d'ailleurs y être incité par les Recommandations de l'Association de droit international « sur la litispendance et l'autorité de la chose jugée en arbitrage » ; sur lesquelles, v. *infra*, n° 694.

Finalement, permettre les procédures parallèles encouragerait donc, soit la confusion, soit la suspension de fait de l'instance arbitrale et, par conséquent et très certainement, le développement de manœuvres dilatoires.

Probablement imprégné par l'idée que toute contestation relative à la compétence de l'arbitre est *a priori* formulée de mauvaise foi, le droit français a préféré reconnaître à l'arbitre une compétence prioritaire pour le règlement des contestations relatives à sa compétence, et ainsi « tuer dans l'œuf » toute velléité de manœuvre dilatoire, en imposant que ces contestations soient présentées, dans un premier temps au moins, uniquement devant l'arbitre. La solution pourrait également permettre d'éviter le développement d'instances parallèles, source de complications dans l'arbitrage international. Toutefois, cette dernière proposition ne serait vérifiée que si la solution française était largement adoptée en droit comparé. Au contraire, tant que le droit français demeurera isolé sur le sujet, le développement de procédures parallèles ne sera pas empêché dans l'arbitrage international : une procédure devant un juge étranger, saisi du fond du litige et d'une contestation relative à la compétence de l'arbitre, pourra notamment se développer en même temps qu'une instance arbitrale devant un tribunal arbitral dont le siège est en France. D'une certaine manière, en imposant l'effet négatif du principe de Compétence-Compétence en tant que règle matérielle du droit français de l'arbitrage international, en conséquence applicable par le juge français sans considération du point de vue d'États étrangers peut-être plus intéressés par le litige[545], le droit français contribue même à augmenter le risque de procédures parallèles. En effet, ce faisant, il n'incite guère l'arbitre siégeant en France à surseoir à statuer dans l'attente de la décision d'un juge étranger saisi du fond du litige et de la question de la compétence arbitrale, mais lui commande plutôt d'ignorer cette procédure parallèle ; et il ne saurait convaincre le juge de cet autre État, par hypothèse intéressé au litige, de donner priorité à l'arbitre siégeant en France et, en conséquence, de surseoir à statuer dans l'attente de la décision de l'arbitre sur sa compétence. En fait, en l'état actuel du droit positif, le droit français évite seulement le développement de procédures parallèles entre un arbitre, où qu'il siège, et un juge français que l'on prétendrait saisir du fond du litige malgré l'existence apparente d'une convention d'arbitrage. Ceci étant, un tel constat pourrait être utilisé par les laudateurs de la solution française pour prôner son adoption par les autres pays. Généralisé à l'échelon international, l'effet négatif du principe de Compétence-Compétence contribuerait en effet grandement à éviter les procédures parallèles.

On estime souvent que la solution française préserve au surplus les intérêts des deux parties : elle met le demandeur à l'arbitrage à l'abri des saisines dilatoires du juge étatique, ayant pour seul but de freiner l'instance arbitrale ; elle ne sacrifie pas pour autant les intérêts du défendeur à l'arbitrage, puisque le contrôle de la compétence arbitrale, exercé à terme par le juge qui examinera la sentence, sera total ; aussi, quel serait l'intérêt pour le demandeur de soumettre l'autre partie à une procédure arbitrale qui sera vaine, et quel serait l'intérêt pour l'arbitre, qui sera finalement contrôlé, de faire n'importe quoi ? Au demeurant, la limite à l'incompétence du juge, tirée de la « nullité ou de l'inapplicabilité manifeste » de la convention d'arbitrage, prévue à l'article 1448 du Code de procédure civile, devrait permettre d'appréhender les cas d'incompétence arbitrale les plus criants et d'éviter d'aller « pour rien » à l'arbitrage. Toutefois, on l'a vu[546], l'argument n'est pas sans réplique : encore faut-il que le juge ait l'opportunité d'exercer ce contrôle, et il est de toute façon probable, dans l'arbitrage international, qu'il ne

545. Sur ce point, v. *supra*, n° 689.

546. V. *supra*, n° 692.

s'agira pas du juge qui s'était « provisoirement » déclaré incompétent ; ce dernier risque au contraire de ne plus jamais avoir l'opportunité de donner son point de vue sur la compétence de l'arbitre.

Plus généralement, on peut se demander si le système français, malgré ses mérites, n'est pas excessif et ne risque pas d'avoir des effets pervers. Le principal intérêt de l'effet négatif du principe de Compétence-Compétence est d'éviter le développement de procédures parallèles. Cependant, dans l'arbitrage international, comme on vient de le souligner, cet intérêt reste relatif tant que les juges étrangers ne suivront pas la solution française[547]. Par ailleurs, cette dernière procède peut-être d'un *a priori* excessivement défavorable à l'encontre de la partie qui conteste la validité ou l'étendue de la convention d'arbitrage. Elle conduit cette partie, lorsqu'elle est demanderesse au fond, à porter sa demande devant le tribunal arbitral, tout en contestant sa compétence, et à attendre la décision de celui-ci sur sa compétence, qui peut figurer dans la sentence finale, pour ensuite saisir un juge afin de faire constater que la convention d'arbitrage était nulle, ou ne couvrait pas le litige. Tout cela conduit au moins à une perte de temps considérable et, dans l'arbitrage international, probablement à d'autres difficultés. Dès lors, une solution plus nuancée ne serait-elle pas, finalement, préférable ?

694 **Conclusion et suggestions sur les effets positif et négatif du principe de Compétence-Compétence.** Il est très certainement présomptueux de rechercher la solution idéale au problème. Ceci étant, le premier impératif en la matière paraît bien être d'éviter le développement de procédures parallèles[548]. Certes, le droit français tente d'y remédier, mais par un mécanisme qui, entre autres inconvénients, ne garantit pas suffisamment au juge étatique, qui se déclarerait incompétent au profit de l'arbitre international sur la question de la compétence arbitrale, de pouvoir effectivement se prononcer un jour sur cette question, pour être accepté par l'ensemble des États. À cet égard, le système français pourrait être plus « convaincant » si le juge se bornait à surseoir à statuer en l'attente de la décision du tribunal arbitral sur la compétence, ce qui lui permettrait de pouvoir contrôler *a posteriori* cette décision. En tout cas, en l'état, compte tenu du succès limité qu'il rencontre, le système français ne fait qu'accentuer, à l'échelon international, les risques de procédures parallèles. Aussi, la solution la plus satisfaisante se trouverait peut-être dans l'organisation d'un système de « litispendance » selon lequel l'autorité, juge ou arbitre, saisie en second pourrait être conduite, à certaines conditions, à surseoir à statuer dans l'attente de la décision sur la compétence de l'autorité saisie en premier[549]. Ceci étant, la mise en œuvre d'un tel système ne serait pas tâche aisée, ni nécessairement conforme aux textes existants et exigerait donc probablement une

547. Même si l'on pourrait soutenir que la solution française étant bonne, elle devrait être adoptée par tous !

548. Sur la question, v. D. Mouralis, *L'arbitrage face aux procédures conduites en parallèle*, thèse Aix-Marseille, 2008.

549. Comme l'a souligné Pierre Mayer (« Litispendance, connexité et chose jugée dans l'arbitrage international », in *Mélanges offerts à Claude Reymond*, Litec, 2004, p. 185, spéc. p. 191), plus que d'un problème de litispendance au sens strict entre un tribunal arbitral et un juge étatique, il s'agit d'un problème de compétence et de mise en œuvre du principe de Compétence-Compétence, et d'éviter le développement de procédures parallèles dans ce cadre, en décidant quelle autorité est, selon les circonstances, prioritaire pour se prononcer en premier sur la question de la compétence. En effet, la question de la litispendance au sens strict ne semble pouvoir se poser qu'entre deux juridictions également compétentes (v. art. 100 CPC). Or, comme le souligne Pierre Mayer, « la question de la compétence de l'arbitre prive d'intérêt celle de la litispendance » dans la mesure où, soit le tribunal arbitral est incompétent, et il lui suffit de le dire pour supprimer la situation de litispendance, soit il est compétent, et le tribunal étatique ne l'est pas. Néanmoins, le terme, relativement parlant, de « litispendance » sera ici utilisé.

modification de ceux-ci. Elle ne semble donc réalisable que par la voie de l'adoption d'un texte à l'échelon international liant un maximum d'États. On ne pourra ici que formuler quelques pistes de réflexions quant à cet éventuel système de « litispendance ».

Adressée au juge étatique saisi en second, l'obligation de surseoir paraît être une bonne solution, qui gagnerait donc à pouvoir être généralisée dans l'arbitrage international. Elle permettrait alors de ne pas gêner le déroulement de l'instance arbitrale. Elle est d'ailleurs en accord avec l'article VI (3) de la Convention de Genève de 1961 qui prévoit un sursis à statuer du juge, sauf « motifs graves », si le tribunal arbitral est déjà saisi[550]. Il s'agirait ensuite de faire reconnaître la décision de l'arbitre sur sa compétence dans l'ordre juridique du juge qui avait prononcé le sursis, soit à titre principal devant le juge normalement chargé de cette reconnaissance, soit au moins à titre incident devant le juge ayant prononcé le sursis, afin qu'un juge de cet ordre juridique puisse finalement donner son avis sur la compétence arbitrale. Le juge saisi au fond ne prononcerait donc, dans un premier temps, qu'un sursis, et non une déclaration d'incompétence, et pourrait attendre la décision du juge chargé de la reconnaissance des sentences dans son ordre juridique ou examiner lui-même la question de la compétence arbitrale après la reddition de la sentence. Ce faisant, les manœuvres dilatoires devraient être, dans une large mesure, évitées, puisqu'elles ne pourraient pas contribuer à paralyser l'instance arbitrale. Afin que la question de la compétence soit rapidement réglée de façon définitive, cette obligation de surseoir à statuer pour le juge saisi en second devrait être doublée, dans les législations, d'une recommandation faite à l'arbitre de se prononcer sur sa compétence dans une sentence préliminaire, comme certains droits le suggèrent, sans toutefois l'imposer[551] ; et cette sentence préliminaire pourrait faire immédiatement l'objet d'un recours devant le juge du siège du tribunal arbitral[552], ou d'une demande de reconnaissance, principale ou incidente, dans l'État du juge qui a prononcé le sursis. Une limite à l'obligation du juge saisi en second de surseoir pourrait enfin être posée en cas de « nullité ou d'inapplicabilité manifeste » de la convention d'arbitrage. Par ailleurs, il devrait exister de véritables exceptions à l'effet négatif du principe de Compétence-Compétence dans certains domaines, comme dans le cas des parties présumées faibles, et ce, quel que soit l'ordre des saisines[553].

En revanche, lorsqu'un juge étatique est saisi en premier, on peut davantage hésiter à obliger l'arbitre saisi en second à surseoir à statuer. En effet, dans l'arbitrage international, le juge de n'importe quel État peut être saisi au fond et examiner de façon incidente une exception d'arbitrage ; ce juge peut avoir une vue peu progressiste en matière d'arbitrage, et retenir de façon abusive sa compétence. Lorsque ce juge est un juge de l'État dans lequel, par ailleurs, le tribunal arbitral siège, on pourrait néanmoins admettre relativement aisément l'obligation pour l'arbitre saisi en second de surseoir, à tout le moins si cet État n'accorde aucune priorité à l'arbitre pour juger de sa compétence. En effet, la validité de sa sentence sera examinée par un juge de cet État ; il a donc tout intérêt à être attentif au point de vue de ce juge. Et si, dans certains cas extrêmes, la décision rendue par le juge quant à la compétence arbitrale lui semble inacceptable, parce que par exemple trop fortement marquée par un esprit nationaliste, l'arbitre

550. Sur cette disposition, v. *supra*, n° 691.

551. Art. 186, al. 3, LDIP suisse ; art. 16.3 loi-type CNUDCI.

552. En ce sens, Paris, 22 mai 2003, *JCP* G 2004, I, 119, n° 6, obs. Ch. Seraglini ; *Rev. arb.* 2003, p. 1252 (2ᵉ esp.), note F.-X. Train ; et plus généralement la solution posée par le droit français, *supra*, n° 684 et *infra*, n° 970. Mais ce recours ne serait pas suspensif et l'arbitre pourrait poursuivre la procédure.

553. Sur ce point, v. *supra*, n° 660 et s.

pourrait faire le choix de finalement l'ignorer, de se reconnaître compétent et de poursuivre sa mission. Il pourra en effet encore espérer bénéficier, dans l'éventuel pays d'exécution de sa sentence à venir, d'une jurisprudence analogue à la jurisprudence française qui reconnaît la possibilité d'exequatur d'une sentence annulée dans son pays d'origine. Mais, lorsque le juge saisi en premier n'est pas un juge de l'État dans lequel siège le tribunal arbitral, la situation apparaît beaucoup plus problématique. L'arbitre n'a alors aucun intérêt à se plier à une décision éventuellement injustifiée, ni même à favoriser la partie qui a introduit, certes en premier mais uniquement pour gagner du temps, une procédure parallèle devant un juge étatique. On pourrait dès lors préférer, dans ce cas de figure, favoriser systématiquement la compétence de l'arbitre et rejeter toute idée de sursis à statuer de celui-ci. C'est, semble-t-il, la voie suivie par les « Recommandations de l'Association de droit international sur la litispendance et l'autorité de chose jugée en arbitrage » adoptées en 2006[554]. Selon ces Recommandations, qui s'adressent essentiellement aux arbitres, ceux-ci doivent en principe rester maîtres du jeu sur la question de leur compétence, et donc poursuivre l'instance et trancher cette question, peu important qu'une juridiction étatique puisse l'examiner parallèlement[555]. Certes, les Recommandations tempèrent cette solution de principe afin de satisfaire certains objectifs, à savoir éviter les décisions contradictoires, prévenir la multiplication coûteuse des procédures, et protéger les parties contre les tactiques oppressives[556]. Afin d'éviter de tels désagréments, les Recommandations opèrent une distinction entre deux hypothèses, semble-t-il motivée par un certain pragmatisme. Lorsqu'une procédure parallèle est initiée devant le juge de l'État où siège le tribunal arbitral, un poids certain lui est accordé, puisque le tribunal arbitral devrait alors, « pour décider de poursuivre ou non l'Arbitrage En Cours, tenir compte du droit applicable devant cette juridiction et considérer en particulier la possibilité d'annulation de la sentence au cas de contradiction entre cette sentence et la décision de la juridiction étatique »[557]. C'est donc essentiellement le risque d'annulation de sa sentence qui semble devoir guider la démarche du tribunal arbitral. À l'inverse, lorsque la procédure parallèle est pendante devant une juridiction étatique autre que celle du lieu de l'arbitrage, il est recommandé au tribunal, « suivant le principe de compétence-compétence, [de] poursuivre l'Arbitrage En Cours et statuer sur sa compétence, sauf à ce que la partie ayant introduit l'arbitrage ait effectivement renoncé à ses droits découlant de la convention d'arbitrage ou sous réserve d'autres circonstances exceptionnelles »[558]. Dans ce dernier cas, il est donc recommandé au tribunal arbitral d'ignorer la procédure

554. Pour le texte en français de ces Recommandations, v. *Rev. arb.* 2006, p. 1119, et le commentaire, Ch. Seraglini, « Brèves remarques sur les Recommandations de l'Association de droit international sur la litispendance et l'autorité de la chose jugée en arbitrage », p. 909. V. aussi le Rapport sur la litispendance en arbitrage du Comité de l'arbitrage commercial international de l'Association, publié et disponible en version anglaise sur le site internet de l'Association : http://www.ila-hq.org.

555. V. ainsi, Recommandation n° 1 : « Un tribunal arbitral qui se considère *prima facie* compétent en application de la convention d'arbitrage concernée devrait, suivant le principe de compétence-compétence, poursuivre la procédure arbitrale (l'"Arbitrage En Cours") et statuer sur sa compétence, sans tenir compte de toute autre procédure pendante entre les mêmes parties devant une juridiction étatique ou un autre tribunal arbitral, qui concerne une ou plusieurs questions litigieuses identiques, ou substantiellement identiques à celles soumises au tribunal arbitral dans l'Arbitrage En Cours (la "Procédure Parallèle"). Une fois qu'il s'est considéré compétent, le tribunal arbitral devrait poursuivre l'arbitrage, sous réserve du succès d'une quelconque demande d'annulation ».

556. V. Recommandation n° 2.

557. V. Recommandation n° 3.

558. V. Recommandation n° 4.

parallèle en cours, même si deux limites sont formulées. Mais la première, tirée de la renonciation au bénéfice de la convention d'arbitrage par le demandeur à l'arbitrage, suppose que l'arbitre tranche lui-même la question de cette renonciation, et donc résolve celle de sa compétence, avant de renvoyer, le cas échéant, les parties devant le juge étatique également saisi. Et la seconde, visant « des circonstances exceptionnelles », reste pour le moins floue. La prise de position manifestée dans ces Recommandations est essentiellement justifiée par la reconnaissance quasi universelle de l'effet positif du principe de Compétence-Compétence en droit comparé[559]. On peut toutefois se demander si une telle philosophie satisfait pleinement les objectifs, affichés par les Recommandations, de prévention contre les décisions contradictoires, la multiplication coûteuse des procédures, et les tactiques oppressives.

En vue de satisfaire ces objectifs, une attitude d'hostilité systématique à l'encontre de la procédure se développant à l'étranger n'est pas nécessairement appropriée. Les situations en cause ne concernent pas toujours l'hypothèse caricaturale d'un tribunal arbitral qui a évidemment compétence et d'un juge étranger qui méconnaît ouvertement les intérêts et les préceptes de l'arbitrage international. Ainsi, la renonciation par une partie au bénéfice de la clause compromissoire, évoquée par la Recommandation n° 4 de l'Association de droit international, peut être une question essentiellement factuelle et délicate à résoudre ; la Recommandation invite le tribunal arbitral à la trancher, même si un juge étatique en est déjà saisi, et alors même que la renonciation invoquée résulte peut-être de l'attitude adoptée dans un premier temps par cette partie devant ce juge. Or, le tribunal arbitral doit-il toujours en décider selon ses propres vues, et ignorer le fait qu'un juge en est également saisi, et s'est peut-être déjà prononcé, ou est sur le point de se prononcer, sur la question ? Ici, on pourrait regretter que le facteur chronologique ne soit jamais pris en compte. Ne serait-il pas plus pertinent pour l'arbitre, en vue de satisfaire aux objectifs affichés par les Recommandations de l'Association de droit international, de parfois s'interroger sur l'opportunité de tenir compte de l'ordre des saisines ? Bien entendu, il ne s'agit pas pour lui de se plier aveuglément à la décision du juge sur la compétence arbitrale, ni même de systématiquement surseoir à statuer sous le seul prétexte qu'il a été saisi en second. Néanmoins, il pourrait décider de surseoir à statuer dans l'attente de cette décision lorsque le juge étranger a été saisi en premier et bien avant lui, est susceptible de se prononcer rapidement, et si l'incompétence de ce juge ne paraît pas évidente. Il pourra ensuite apprécier si la décision du juge étatique, une fois celle-ci rendue, lui paraît raisonnable ; dans cette appréciation, il pourrait également tenir compte de l'éventuelle reconnaissance, ou chance de reconnaissance, de cette décision dans l'État du siège du tribunal arbitral, dans la mesure où méconnaître une telle reconnaissance pourrait compromettre l'avenir d'une sentence contraire dans cet État. À cet égard, on peut regretter qu'une disposition analogue à la Recommandation n° 5 de l'Association de droit international, qui vise le cas où la procédure parallèle a été introduite préalablement devant un autre tribunal arbitral, n'ait pas été adoptée en cas de procédure parallèle introduite préalablement devant une juridiction étatique autre que celle du lieu de l'arbitrage. Cette Recommandation dispose en effet que le tribunal arbitral saisi en second « devrait se déclarer incompétent ou suspendre en tout ou partie l'Arbitrage En Cours selon les modalités et pour la période qu'il considère appropriées (comme par exemple, jusqu'au prononcé de la décision concernée dans la Procédure Parallèle), à condition que le droit applicable ne le lui interdise pas et de ce qu'il

559. V. le commentaire de la Recommandation n° 4, Rapport, § 5.9, et la formule de la Recommandation n° 4 elle-même.

apparaît que : 5.1. le tribunal arbitral agissant dans la Procédure Parallèle a compétence pour trancher les questions litigieuses soumises dans l'Arbitrage En Cours ; et 5.2. la partie s'opposant à une telle demande ne sera pas substantiellement lésée par (i) l'insuffisance des mesures susceptibles d'être ordonnées dans le cadre la Procédure Parallèle, (ii) l'absence de garanties procédurales offertes par la Procédure Parallèle, (iii) un risque d'annulation, de non-reconnaissance ou de refus d'exécution de la sentence rendue ou qui pourrait être rendue dans le cadre de la Procédure Parallèle, ou (iv) de tout autre motif persuasif ». L'arbitre, confronté à une procédure parallèle précédemment introduite devant un juge étatique, pourrait mener une analyse du même ordre qui, au demeurant, le laisse relativement libre de son appréciation quant à l'opportunité du sursis[560].

Une autre solution, plus contraignante, avait été proposée par un arrêt *Fomento* du Tribunal fédéral suisse[561]. Si elle n'était probablement pas totalement satisfaisante, elle offrait néanmoins une autre piste de réflexion intéressante. Le Tribunal fédéral invitait l'arbitre siégeant en Suisse à prendre en compte le point de vue du droit du siège et du juge susceptible de connaître du recours en annulation contre la sentence arbitrale, sur la question des procédures parallèles entre un juge d'un État tiers et un arbitre. Plus précisément, il imposait à l'arbitre siégeant en Suisse de surseoir à statuer dans l'attente de la décision du juge étranger saisi en premier, dans la mesure où cette décision était susceptible d'être reconnue en Suisse. L'obligation de surseoir était toutefois subordonnée à deux conditions : que la juridiction étrangère soit susceptible de rendre dans un délai raisonnable sa décision, et que celle-ci soit susceptible de reconnaissance en Suisse. Ces appréciations devaient être opérées par l'arbitre lui-même, qui devrait donc porter, par anticipation, un « jugement de valeur » sur la décision à intervenir du juge d'un autre État que celui du siège, saisi en premier. Appréciations bien délicates il est vrai pour l'arbitre. Quoi qu'il en soit, les réactions hostiles à cette jurisprudence furent vives en Suisse, et le législateur suisse y a mis fin en adoptant une loi « anti-*Fomento* ». Ainsi, le nouvel article 186 (1) (a) LDIP, issu de la loi du 6 octobre 2006, dispose désormais : « [Le Tribunal arbitral] statue sur sa compétence sans égard à une action ayant le même objet déjà pendante entre les mêmes parties devant un autre

560. L'arbitre pourrait être tenté d'utiliser, dans la même perspective, la « voiture-balai » que constitue la Recommandation n° 6. En effet, toujours dans la perspective d'éviter les décisions contradictoires, de prévenir la multiplication coûteuse des procédures, et de protéger les parties contre les tactiques oppressives, auxquels s'ajoute le souci plus général de bonne gestion de la procédure, l'Association de droit international recommande : « [...], le tribunal arbitral peut faire droit à la demande d'une partie de suspendre temporairement l'Arbitrage En Cours aux conditions qu'il juge appropriées, jusqu'à l'issue totale, partielle ou provisoire de toute autre procédure (qu'elle soit étatique, arbitrale ou supranationale) ou de tout mode de résolution des conflits en cours, et ce, que l'autre procédure ou mode de résolution des conflits soient ou non entre les mêmes parties, qu'ils aient ou non la même cause ou le même objet, ou qu'ils soulèvent ou non une ou plusieurs questions litigieuses soumises dans l'Arbitrage En Cours, à condition que le tribunal agissant dans l'Arbitrage En Cours : n'ait pas interdiction de le faire en vertu du droit applicable ; estime que l'issue de l'autre procédure ou mode de résolution des conflits est importante pour l'issue de l'Arbitrage En Cours ; et estime qu'il ne sera pas porté d'atteinte importante aux intérêts de la partie qui s'oppose à cette suspension ». Cette disposition, très ouverte, laisse un pouvoir d'appréciation quasi-discrétionnaire à l'arbitre. Cependant, il n'était probablement pas dans l'intention de l'Association d'y inclure les situations visées à la Recommandation n° 4 ; v. les exemples donnés dans le Rapport (§ 5.11), qui conseille par ailleurs d'user de cette disposition « *very sparingly* ».

561. Trib. féd., 14 mai 2001, *Fomento*, *Rev. arb.* 2001, p. 835, note J.-F. Poudret. Sur cet arrêt, v. également, J.-F. Poudret, S. Besson, *Droit comparé de l'arbitrage international*, Bruylant, 2002, n° 512, p. 466.

tribunal étatique ou arbitral, sauf si des motifs sérieux commandent de suspendre la procédure »[562]. Cette disposition conforte par là même le risque de développement de procédures parallèles que l'arrêt *Fomento* avait cherché à éviter, ce que l'on pourra regretter. Quoi qu'il en soit, si l'idée du Tribunal fédéral était suivie, une fois encore, le juge saisi en premier devrait, comme l'arbitre saisi en premier, être incité à prendre une décision rapide sur la compétence elle-même, par le biais d'un jugement avant dire droit, afin de vider définitivement ce contentieux. L'arbitre pourrait alors apprécier les perspectives de reconnaissance de cette décision dans l'État du siège de l'arbitrage.

En conclusion, un système de « litispendance », qui donnerait priorité au premier saisi et qui, sous certaines conditions qui restent à préciser, jouerait dans les deux sens, serait peut-être une solution satisfaisante. Il relève toutefois du droit prospectif et ne serait réellement satisfaisant et efficace que si tous les États l'adoptaient : l'arbitre saisi en second serait notamment alors incité, où qu'il siège, à le suivre pour ne pas compromettre l'avenir de sa sentence. Autrement dit, dans l'arbitrage international, une telle solution ne peut passer que par la voie d'une convention internationale.

2. Les limites au transfert de compétence

695 **Division.** Le transfert de compétence des juridictions étatiques au tribunal arbitral, réalisé par la stipulation d'une convention d'arbitrage valable, comporte quelques limites. L'une d'elles résulte de la volonté des parties qui peuvent, d'un commun accord, toujours renoncer au bénéfice de la convention d'arbitrage qu'elles avaient conclue et finalement préférer de recourir à la justice étatique pour régler leur différend lorsqu'il survient (a). Une autre limite, moins radicale puisqu'elle permettra seulement au juge, non pas de connaître au fond du litige couvert par la convention d'arbitrage, mais seulement d'intervenir de façon accessoire, résulte de la loi qui prévoit des cas de compétence résiduelle des tribunaux étatiques malgré l'existence d'une convention d'arbitrage. D'ailleurs, ces compétences résiduelles ont généralement pour objectif de venir en support des arbitres pour leur permettre d'exercer au mieux leur mission, et non de gêner l'exercice de celle-ci (b).

a) La renonciation par les parties à la convention d'arbitrage

696 **Exigence d'une renonciation commune.** Les parties ont toujours la possibilité de renoncer au bénéfice de la convention d'arbitrage qu'elles avaient stipulée entre elles. Toutefois, en toute logique, cette renonciation doit être commune aux parties, et une renonciation unilatérale ne serait pas efficace. Ceci dit, la renonciation peut découler de l'addition de deux démarches unilatérales. Ainsi, il y aura bien renonciation commune lorsqu'un défendeur, assigné au fond du litige devant un juge étatique, ne soulève pas l'exception d'incompétence du juge. En effet, son silence sera interprété comme une renonciation au bénéfice de la convention d'arbitrage ; quant au demandeur, en saisissant le juge étatique, il a lui aussi renoncé au bénéfice de cette convention. Deux questions peuvent en réalité poser difficulté s'agissant de la renonciation à une convention d'arbitrage : celle de sa forme et celle de sa portée.

562. Pour un commentaire de cette disposition, v. D. Baizeau, « Modifications de l'article 186 de la LDIP suisse : procédures parallèles et litispendance, clarification du législateur après la jurisprudence *Fomento* », *Cah. arb.*, vol. IV, Pedone, 2008, p. 226.

697 **Forme de la renonciation.** La renonciation peut, à l'évidence, être expresse. Elle pourra en ce cas notamment résulter, dans le cadre d'un ensemble contractuel constitué d'une succession de contrats indissociables entre les parties, de la stipulation d'une clause attributive de juridiction dans un contrat postérieur à celui qui contenait la clause d'arbitrage[563]. La renonciation peut aussi être tacite, et devra alors résulter d'une manifestation de volonté dépourvue de toute équivoque[564]. À cet égard, semble évidente la renonciation tacite de celui qui saisit une juridiction étatique d'une demande au fond qui aurait dû être soumise à l'arbitrage[565], tout comme celle du défendeur qui argumente alors au fond sans invoquer l'incompétence du juge[566]. Retenir une renonciation tacite paraît plus délicat à propos d'une partie qui refuse de participer à la constitution du tribunal arbitral[567]. Ici, la solution devrait dépendre des circonstances : si, malgré ce refus, le tribunal a pu être mis en place, il n'y a pas eu de renonciation, et cette partie peut encore bénéficier de la convention d'arbitrage et participer à l'instance arbitrale ; en revanche, la renonciation devrait être retenue lorsque ce refus a empêché la mise en place du tribunal arbitral, afin d'éviter que cette partie ne joue sur les deux tableaux pour se soustraire à toute procédure, qu'elle soit arbitrale ou étatique[568]. Cela étant, ce dernier cas de figure devrait être assez rare, dès lors que l'institution d'arbitrage ou le juge étatique peuvent généralement intervenir pour résoudre les éventuelles difficultés de constitution du tribunal arbitral, et notamment celles qui résulteraient de la carence d'une partie[569].

En revanche, la jurisprudence avait depuis longtemps posé que la saisine du juge des référés en vue d'obtenir le prononcé de mesures provisoires ou conservatoires n'emporte pas renonciation au bénéfice de la convention d'arbitrage[570]. En effet, la compétence du juge des référés pour prononcer ce type de mesures est considérée comme compatible avec la compétence du tribunal arbitral pour trancher le fond du litige. Et l'article 1449, alinéa 1, du Code de procédure civile, issu du décret du 13 janvier 2011 et applicable à l'arbitrage international par renvoi de l'article 1506.1°, a confirmé la solution en disposant : « L'existence d'une convention d'arbitrage ne fait pas obstacle, tant que le tribunal arbitral n'est pas constitué, à ce qu'une partie saisisse une juridiction de l'État aux fins d'obtenir une mesure d'instruction ou une mesure

563. V. par exemple, Paris, 9 déc. 1987, *Rev. arb.* 1988, p. 573 (2e esp.), et obs. G. PLUYETTE, p. 534 (arrêt rendu en matière d'arbitrage interne).

564. Pour des exemples de refus de voir dans le comportement d'une partie une renonciation non-équivoque à la convention d'arbitrage, v. Paris, 21 janv. 2010, *Rev. arb.* 2010, p. 339, note F.-X. TRAIN ; Paris, 7 avr. 2015, *Rev. arb.* 2015, p. 1216. V. aussi les exemples donnés par Ph. FOUCHARD, E. GAILLARD, B. GOLDMAN, *Traité de l'arbitrage commercial international*, Litec, 1996, n° 736, p. 456.

565. En ce sens, Paris, 7 juill. 1994, *Rev. arb.* 1995, p. 107, note S. JARVIN. V. aussi, Paris, 15 oct. 2013, *Rev. arb.* 2013, p. 1077.

566. Cass. 1re civ., 15 juin 1975, *Rev. arb.* 1976, p. 189, note É. LOQUIN ; Cass. 1re civ., 6 juin 1978, *JDI* 1978, p. 908, note B. OPPETIT ; *Rev. arb.* 1979, p. 230, note P. LEVEL ; Paris, 7 juin 1984, *Rev. arb.* 1984, p. 504, note E. MEZGER. V. encore les exemples donnés *supra*, n° 180, dans le cadre de l'étude de l'arbitrage interne.

567. V. Paris, 14 nov. 1991, *Rev. arb.* 1994, p. 545 (2e déc.), note Ph. FOUCHARD : le refus d'une partie de désigner son arbitre dans le délai qui lui avait été imparti ne vaut pas renonciation à la convention d'arbitrage.

568. V., sous l'empire du régime antérieur au décret du 14 mai 1980 qui ne prévoyait pas l'aide du juge étatique à la constitution du tribunal arbitral en cas de difficultés, Cass. com., 22 févr. 1983, *Rev. arb.* 1984, p. 134.

569. Sur cette intervention, v. *infra*, n° 769 et *infra*, n° 773 et s.

570. V. récemment, Cass. 1re civ., 29 janv. 2014, *Rev. arb.* 2017, p. 903, note Th. DUFOUR.

provisoire ou conservatoire ». De la même manière, la saisine d'une juridiction étatique pour ordonner une mesure qui relève de sa compétence exclusive et qui ne peut être prononcée par un tribunal arbitral, ne saurait caractériser une renonciation au bénéfice de la convention d'arbitrage. À cet égard, l'article 1468 du Code de procédure civile, issu du décret du 13 janvier 2011 et applicable à l'arbitrage international par renvoi de l'article 1506.3°, précise, après avoir reconnu le pouvoir du tribunal arbitral de prononcer des mesures provisoires et conservatoires, que « toutefois la juridiction de l'État est seule compétente pour ordonner des saisies conservatoires et sûretés judiciaires ». Compte tenu de cette compétence exclusive, la saisine du juge ne saurait être interprétée comme une renonciation à l'arbitrage[571]. Enfin, sauf stipulation conventionnelle d'une forclusion, le non-respect du délai prévu par la convention d'arbitrage pour la mise en œuvre de la procédure arbitrale ne peut être interprété comme une renonciation à celle-ci[572].

698 **Portée de la renonciation.** Lorsqu'elle est caractérisée, la renonciation peut poser difficulté quant à sa portée exacte. Elle est certaine s'agissant du droit de saisir un tribunal arbitral de la même demande que celle qui a été soumise au juge étatique. On peut en revanche hésiter davantage à considérer qu'il y a alors renonciation à saisir un tribunal arbitral pour tout autre litige qui pourrait survenir à l'avenir relativement au contrat visé par la convention d'arbitrage. On pourrait déjà distinguer selon la nature de la convention d'arbitrage en cause. En effet, la renonciation à un compromis, convention qui vise un litige particulier, a, à l'évidence, un effet général puisque le compromis est alors caduc. En revanche, la clause compromissoire vise un ensemble de litiges pouvant survenir entre les parties ; aussi, la renonciation à cette clause pour l'un d'eux ne paraît pas devoir nécessairement s'étendre à d'autres litiges qui pourraient apparaître dans le futur. Tout devrait être ici question d'interprétation de la volonté des parties : ont-elles entendu renoncer à la clause compromissoire ponctuellement, pour un litige déterminé, ou définitivement, même pour des litiges ultérieurs ? En tout cas, la Cour de cassation a retenu que la partie qui saisit une juridiction étatique d'une demande au fond renonce au bénéfice de la convention d'arbitrage, « non seulement en ce qui concerne la demande présentée, mais encore quant aux demandes reconventionnelles rattachées au même contrat qui pourraient être présentées par l'autre partie »[573]. La solution doit être approuvée s'agissant d'un seul et même litige : elle évite alors une scission du contentieux, qui risquerait d'intervenir si le défendeur, qui avait dans un premier temps accepté la saisine du juge étatique par le demandeur au principal, était ensuite autorisé à saisir l'arbitre d'une demande incidente ou reconventionnelle[574]. En revanche, la solution serait probablement trop rigoureuse si elle était de portée générale et absolue et visait, quelles que soient les circonstances de la renonciation, non seulement le litige dans lequel l'existence de la clause compromissoire n'a pas été soulevée *in limine litis* devant le juge étatique saisi

571. Sur ces mesures provisoires et conservatoires, v. *infra*, n° 699 et s., et surtout *supra*, n° 406 et s.

572. Paris, 17 nov. 1994, *Rev. arb.* 1996, p. 137 (3e esp.), note J. Pellerin ; Versailles, 14 nov. 1996, *Rev. arb.* 1997, p. 361, note A. Hory.

573. Cass. 1re civ., 6 juin 1978, *JDI* 1978, p. 908, note B. Oppetit ; *Rev. arb.* 1979, p. 230, note P. Level. V. aussi, plus récemment en matière d'arbitrage interne, Cass. 1re civ., 23 janv. 2007, *Rev. arb.* 2007, p. 290, obs. E. Teynier et P. Pic : « la renonciation à la compétence arbitrale vaut pour tous les effets de la clause compromissoire ».

574. Ou encore si le demandeur au principal devant le juge étatique pouvait prétendre que les demandes reconventionnelles présentées par le défendeur relèvent de la compétence d'un tribunal arbitral.

du fond du litige, mais aussi tous les litiges ultérieurs qui pourraient naître du contrat contenant cette clause, pour lesquels le juge étatique serait donc désormais compétent. En saisissant le juge (demandeur), ou en ne contestant pas la compétence de celui-ci (défendeur), pour un litige, une partie ne manifeste pas nécessairement une volonté non équivoque de renoncer au bénéfice de la clause d'arbitrage pour tous les litiges susceptibles d'être visés par celle-ci. La décision prise par les parties, à un moment donné, de ne pas utiliser la voie arbitrale pour résoudre un litige, a pu être motivée par des diverses considérations d'opportunité, sans qu'elles aient par là même songé à renoncer de façon générale et définitive au bénéfice de la clause d'arbitrage pour tout autre litige qui pourrait ensuite les opposer dans le cadre de la relation contractuelle couverte par cette clause. Il serait donc préférable d'analyser au cas par cas les circonstances dans lesquelles la renonciation est intervenue et la volonté des parties au moment de celle-ci : qu'ont-elles alors voulu, et quelle croyance légitime quant au sort futur de la clause d'arbitrage a pu naître dans leur esprit lorsqu'elles ont décidé, pour un litige donné, de ne pas la mettre en œuvre[575] ? Au demeurant, certains droits étrangers adoptent une position relativement mesurée et nuancée à ce sujet[576].

b) La compétence résiduelle des juridictions étatiques en présence d'une convention d'arbitrage

699 **Compétence concurrente et compétence exclusive du juge étatique.** Malgré l'existence d'une convention d'arbitrage, et même lorsque la validité et l'applicabilité de celle-ci ne sont pas contestées, le juge étatique conserve diverses compétences résiduelles. Certaines peuvent être considérées comme concurrentes de celles reconnues au tribunal arbitral, dans la mesure où elles peuvent être potentiellement exercées par les deux autorités. D'autres sont exclusives, puisque le tribunal arbitral en est, quant à lui, privé. Cependant, dans tous les cas, l'intervention du juge vise généralement à assurer le bon déroulement de la procédure arbitrale malgré certaines faiblesses inhérentes à la justice arbitrale, et non à empiéter sur la compétence du tribunal arbitral pour trancher le fond du litige. Ce souci est évident lorsque le juge intervient, en cas de difficultés, afin de permettre la mise place du tribunal arbitral[577]. Mais on le vérifie encore à propos

575. V., pour la situation opposée où l'usage de la clause d'arbitrage pour un premier litige n'interdit pas aux parties d'y renoncer dans le cadre d'un deuxième litige portant sur le même contrat, Paris, 19 mai 2015, *Rev. arb.* 2015, p. 952 : « Une clause compromissoire continue à produire ses effets après un premier arbitrage et il est loisible aux parties, si un nouveau litige surgit entre elles à propos du même contrat, d'engager une nouvelle procédure arbitrale sur le fondement de la même clause, mais, aussi bien, de renoncer à celle-ci en saisissant du second différend une juridiction étatique. La circonstance qu'une partie ait précédemment fait usage du droit de recourir à l'arbitrage ne saurait être interprétée comme excluant à l'avenir toute renonciation au bénéfice des clauses compromissoires ». Un raisonnement analogue ne pourrait-il pas être tenu lorsque, à l'inverse, les parties ont renoncé à la clause d'arbitrage pour leur premier litige, ce qui n'exclurait pas systématiquement qu'elles puissent s'en prévaloir lors d'un deuxième litige ultérieur, tout dépendant bien entendu des circonstances de cette renonciation ?

576. Ainsi, il semble que la jurisprudence allemande et le droit suisse retiennent que la partie qui s'adresse au juge étatique ne renonce au bénéfice de la convention d'arbitrage que pour les litiges visés dans sa demande : v. J.-F. Poudret, S. Besson, *Droit comparé de l'arbitrage international*, Bruylant, 2002, n° 379, p. 342. Pour des sentences arbitrales examinant la question de la renonciation à une convention d'arbitrage, v. par exemple, Sent. CCI n° 10904 (2002), *Recueil des sentences arbitrales de la CCI 2001-2007*, p. 363 ; Sent. CCI n° 14243 (2007), *JDI* 2010, p. 1448, obs. A. C. ; Sent. CCI n° 14753 (2008), *JDI* 2011, p. 1257, obs. F. M.-S.

577. Sur cette intervention, v. *infra*, n° 773 et s.

des interventions du juge motivées par l'urgence ou par les faiblesses intrinsèques des pouvoirs de l'arbitre, juge privé qui ne bénéficie pas de certaines prérogatives du juge étatique. Ces questions ayant été largement abordées dans le cadre de l'étude de l'arbitrage interne[578], on se limitera ici à un exposé relativement bref.

α) La compétence concurrente des juridictions étatiques

700 **Intervention du juge étatique motivée par l'urgence pour des mesures provisoires ou conservatoires.** L'arbitrage est une procédure parfois mal adaptée à l'adoption, de façon efficace, de mesures provisoires ou conservatoires qui présentent un certain caractère d'urgence[579]. À l'évidence, la compétence du juge étatique pour prononcer de telles mesures serait particulièrement bienvenue lorsque le tribunal arbitral n'est pas encore constitué. Lorsque le tribunal arbitral est déjà constitué, la plupart des droits étatiques lui reconnaissent certes, à l'heure actuelle, le pouvoir de prononcer des mesures provisoires ou conservatoires[580]. Toutefois, ce pouvoir connaît diverses limites, certaines mesures provisoires ne pouvant être prises que par un juge. Par ailleurs, son efficacité est parfois limitée, dès lors que certaines mesures urgentes, que l'arbitre peut certes prononcer lui-même, risquent toutefois de se heurter à des problèmes d'exécution ; aussi, il pourrait sembler plus opportun aux parties de les solliciter du juge étatique.

Dans ces conditions, il n'est guère surprenant de voir les droits étatiques retenir que la stipulation d'une convention d'arbitrage n'interdit pas en principe aux parties de saisir le juge étatique de demandes relatives au prononcé de mesures provisoires ou conservatoires, à tout le moins tant que le tribunal arbitral n'est pas constitué[581]. Logiquement, une telle saisine ne peut donc constituer, sauf stipulation contraire de la convention d'arbitrage ou du règlement d'arbitrage applicable, une renonciation à la convention d'arbitrage. La jurisprudence française avait adopté ce point de vue dès avant le décret du 13 janvier 2011[582]. Le nouvel article 1449 du Code de procédure civile, issu de la réforme du 13 janvier 2011 et applicable à l'arbitrage international par renvoi de l'article 1506.1°, le confirme en disposant que « l'existence d'une convention d'arbitrage ne fait pas obstacle, tant que le tribunal arbitral n'est pas constitué, à ce qu'une partie saisisse une juridiction de l'État aux fins d'obtenir une mesure d'instruction ou une mesure provisoire ou conservatoire ». Les principaux règlements d'arbitrage vont dans le même sens. Ainsi, l'article 28 du règlement CCI de 2017, après avoir reconnu la compétence du tribunal arbitral pour ordonner des mesures provisoires ou conservatoires, dispose en son deuxième paragraphe : « Avant la remise du dossier au tribunal arbitral et même postérieurement si les circonstances s'y prêtent, les parties peuvent demander à toute autorité judiciaire des mesures provisoires ou conservatoires. La saisine d'une autorité judiciaire pour obtenir de telles mesures ou pour faire exécuter

578. V. *supra*, n° 182 et s., et *supra*, n° 406 et s.

579. Sur la question, v. S. Besson, *Arbitrage international et mesures provisoires, Études de droit comparé*, Soc. suisse de droit international, Zurich, 1998.

580. Sur ce point, v. *infra*, n° 664 et s.

581. V. par exemple, art. VI (4) Convention de Genève de 1961 : « Une demande de mesures provisoires ou conservatoires adressée à une autorité judiciaire ne doit pas être considérée comme incompatible avec la convention d'arbitrage » ; v. aussi, art. 9 loi-type CNUDCI.

582. V., très clairement, Paris, 7 juin 2001, *Rev. arb.* 2001, p. 616 : « La saisine du juge des référés pour voir ordonner des mesures provisoires d'urgence constitue un acte qui, pour la partie saisissante, ne vaut pas renonciation à la clause compromissoire, sous réserve de dispositions contraires dans le règlement d'arbitrage, dans la mesure où le pouvoir de l'arbitre de trancher le fond du litige reste intact ».

des mesures semblables prises par un tribunal arbitral ne contrevient pas à la convention d'arbitrage, ne constitue pas une renonciation à celle-ci, et ne préjudicie pas à la compétence du tribunal arbitral à ce titre [...] ».

La possibilité de saisir le juge étatique n'est toutefois reconnue que si les parties n'ont pas convenu par avance de s'interdire tout recours au juge pour solliciter des mesures conservatoires et provisoires. Cette renonciation par avance à la possibilité de recourir au juge peut être expresse, et prendre la forme d'une stipulation de la convention d'arbitrage la prévoyant, ou implicite, notamment du fait de l'adoption d'un règlement d'arbitrage prévoyant une disposition en ce sens[583]. La portée d'une telle renonciation est parfois discutée, lorsqu'il n'existe aucun mécanisme de substitution à l'intervention du juge étatique, surtout lorsque l'arbitre n'a pas le pouvoir de prononcer la mesure conservatoire et provisoire envisagée. En ce cas, selon certains auteurs, le déni de justice qui résulterait de l'impossibilité pour une partie de faire prononcer des mesures conservatoires et provisoires devrait, exceptionnellement, permettre de saisir le juge étatique[584]. Toutefois, il pourrait aussi être avancé que le droit de solliciter une mesure provisoire ou conservatoire étant très largement disponible, il est possible d'y renoncer par avance, dès lors que cette renonciation intervient en connaissance de cause ; pourquoi, dès lors, la priver de certains de ses effets ? Tout devrait donc plutôt dépendre de la rédaction de la disposition emportant renonciation au recours au juge étatique et de l'interprétation qui peut être donnée à la volonté des parties à cet égard : ont-elles ou non voulu exclure le recours au juge étatique pour toute mesure provisoire ou conservatoire[585] ?

À défaut d'exclusion conventionnelle, une compétence concurrente est reconnue au juge en matière de mesures provisoires ou conservatoires, essentiellement fondée sur l'urgence de la mesure à prendre. Aussi, en droit français, elle est reconnue au juge de l'urgence, soit le juge des référés. Le droit français a toutefois pour souci de ne pas voir cette compétence empiéter sur celle des arbitres pour trancher le fond du litige, ce qui explique le régime différencié des mesures de référé « classiques » et du référé-provision.

701 **Mesures de référé « classiques ».** En vertu de l'article 1449, alinéa 2, du Code de procédure civile, applicable à l'arbitrage international par renvoi de l'article 1506.1°, le juge des référés compétent pour prononcer ce type de mesures est, au choix du demandeur, le président du tribunal de grande instance ou du tribunal de commerce, à l'exclusion des présidents des autres juridictions, sous réserve des dispositions régissant les saisies conservatoires et les sûretés judiciaires. Sous cette réserve, les mesures de référé « classiques » sont soumises, malgré la présence d'une convention d'arbitrage, au droit commun de telles mesures. C'est donc essentiellement la condition d'urgence, aujourd'hui d'ailleurs expressément visée par l'article 1449, qui devra être satisfaite pour permettre au juge des référés de prendre toutes les mesures provisoires « qui ne se heurtent à aucune contestation sérieuse ou que justifie l'existence d'un différend »[586], ou encore « les mesures conservatoires ou de remise en état qui s'imposent pour prévenir un dommage imminent ou pour faire cesser un trouble manifestement illicite »[587]. Avant la

583. Cass. 1re civ., 18 nov. 1986, *JDI* 1987, p. 125, note E. Gaillard. V. aussi, Paris, 2 avr. 2003, *Rev. arb.* 2004, p. 981, à propos du référé fondé sur l'article 145 CPC : « [...] sauf si, par des stipulations particulières, les parties ont prévu de réserver aux arbitres la recherche des preuves ».

584. En ce sens, G. Pluyette, « Une vue française », in *Mesures provisoires et conservatoires en matière d'arbitrage international*, Publ. CCI n° 519, 1993, p. 74, spéc. p. 77.

585. Pour une discussion plus détaillée sur ce point, v. *supra*, n° 407.

586. Art. 808 CPC.

587. Art. 809, al. 1er, CPC.

réforme opérée par le décret du 13 janvier 2011, il semblait acquis que les parties pouvaient ici toujours s'adresser au juge, même si le tribunal arbitral était déjà saisi du fond du litige, dès lors que l'urgence le justifiait[588]. Les parties pouvant, bien entendu, en principe également s'adresser au tribunal arbitral une fois celui-ci saisi pour le prononcé des mêmes mesures, les deux compétences semblaient coexister, et il appartenait aux parties de choisir la voie qui leur paraissait la plus appropriée au cas d'espèce. Cette solution paraît remise en cause depuis le décret du 13 janvier 2011. Un premier doute avait pu naître dès avant le décret, à la suite de deux arrêts de la Cour de cassation, respectivement de 2002 et 2005. Bien qu'ambigus, ils semblaient indiquer qu'après constitution du tribunal arbitral, la saisine du juge des référés aux fins de mesures provisoires ou conservatoires ne serait plus possible[589]. Néanmoins, certaines juridictions inférieures se sont ultérieurement prononcées en sens contraire[590]. Cependant, le doute ne semble plus permis après le décret du 13 janvier 2011. En effet, le nouvel article 1449, alinéa 1er, du Code de procédure civile précise que « l'existence d'une convention d'arbitrage ne fait pas obstacle, tant que le tribunal arbitral n'est pas constitué, à ce qu'une partie saisisse une juridiction de l'État aux fins d'obtenir une mesure d'instruction ou une mesure provisoire ou conservatoire », ce qui paraît bien indiquer, malgré l'opinion de certains[591], qu'une fois le tribunal arbitral constitué, la voie du juge étatique est fermée[592]. Pourtant, une telle solution apparaît bien inopportune, dès lors qu'un tribunal arbitral, même constitué, n'est pas toujours le mieux placé pour agir avec la célérité et l'efficacité que requièrent certaines mesures d'urgence. Il aurait été préférable de permettre au juge d'intervenir, même une fois le tribunal arbitral constitué, à tout le moins lorsque la saisine du tribunal arbitral pour solliciter la même mesure paraît inadéquate en l'espèce[593].

Les solutions qui viennent d'être exposées sont également valables pour toutes les mesures urgentes que peut ordonner le président du tribunal de grande instance ou du tribunal de commerce saisi sur requête, lorsque les circonstances exigent qu'elles ne soient pas prises contradictoirement[594]. Elles valent aussi, pour l'essentiel, à l'égard des mesures d'instruction *in futurum* (expertise, constat, enquête, etc.) que les parties peuvent solliciter du juge en application de l'article 145 du Code de procédure civile, dès lors qu'il existe un motif légitime de conserver ou d'établir, avant tout procès, la preuve de faits dont pourrait dépendre la solution d'un litige[595]. Et il est incontestable

588. Cass. 1re civ., 20 mars 1989, *Rev. arb.* 1989, p. 653, note Ph. Fouchard.

589. Cass. 1re civ., 6 déc. 2005, *Bull. civ.* I, n° 463 ; *RTD com.* 2006, p. 297, obs. É. Loquin ; Cass. 2e civ., 7 mars 2002, *Bull. civ.* II, n° 31 (arrêts rendus en matière interne). Pour un examen plus détaillé de ces deux arrêts, v. *supra*, n° 418.

590. V. TGI Paris (Ord. réf.), 29 mars 2010, *République de Guinée Equatoriale c/ Société Fitzpatrick Equatorial Guinea Ltd, Cah. arb.* 2010, p. 853, note L. Degos ; *JCP* G 2010, 644, n° 4, obs. J. Ortscheidt ; *Rev. arb.* 2011, p. 499, note D. Bensaude, qui énonce que l'article 809, al. 1, CPC peut fonder une demande présentée au juge des référés « y compris dans l'hypothèse où le tribunal arbitral étant saisi, la juridiction étatique ne serait plus compétente pour trancher le litige [...] ».

591. Ch. Jarrosson, J. Pellerin, « Le droit français de l'arbitrage après le décret du 13 janvier 2011 », *Rev. arb.* 2011, p. 5, spéc. n° 17 et s.

592. Pour une démonstration plus détaillée, v. *supra*, n° 418.

593. Pour une discussion plus détaillée sur cette question, v. *supra*, n° 418.

594. Art. 812 CPC (tribunal de grande instance) et art. 875 CPC (tribunal de commerce).

595. Cass. 1re civ., 11 oct. 1995, *Rev. arb.* 1996, p. 228 (3 arrêts) ; *RTD com.* 1996, p. 664, obs. É. Loquin ; v. aussi A. Hory, « Mesure d'instruction in futurum et arbitrage », *Rev. arb.* 1996, p. 13. D'ailleurs, l'article 1449, al. 2, CPC, issu du décret du 13 janvier 2011, fait aujourd'hui expressément référence à l'article 145.

que la demande au titre de l'article 145 du Code de procédure civile n'est plus recevable si le tribunal arbitral, juge du principal, a déjà été saisi du fond du litige, puisque la mesure doit être ordonnée « avant tout procès » ; une fois l'instance arbitrale engagée, le juge ne peut donc plus intervenir sur la base de ce texte.

702 **Référé-provision.** La condition posée à la compétence du juge des référés, tirée de l'absence de saisine du tribunal arbitral, s'était très rapidement imposée avec certitude, dès avant le décret du 13 janvier 2011, dans le cas particulier du référé-provision. Plus généralement, le référé-provision est, en présence d'une convention d'arbitrage, soumis à un régime dérogatoire au droit commun du référé-provision. Ce régime dérogatoire, établi par la jurisprudence antérieure au décret du 13 janvier 2011, s'explique par le souci de ne pas empiéter sur la compétence du juge naturel des parties pour connaître d'éléments touchant au fond du litige. Or, le référé-provision, même s'il conduit à une décision provisoire qui ne préjudicie pas au principal, permet néanmoins au créancier d'obtenir une provision, parfois équivalente à l'intégralité de la créance, ou de voir ordonner l'exécution d'une obligation, même s'il s'agit d'une obligation de faire, dès lors que l'existence de l'obligation n'est pas sérieusement contestable[596]. En pratique, il est parfois devenu un mode de recouvrement des créances qui dispense d'agir au fond, puisque la décision du juge des référés est immédiatement exécutoire. Aussi, certains ont contesté la possibilité d'un référé-provision devant le juge en présence d'une convention d'arbitrage, le litige étant en fait tranché par le juge étatique si les parties en restaient là[597]. Le juge étatique interviendrait alors, non plus comme un auxiliaire, mais comme un substitut du tribunal arbitral. Aussi, on peut comprendre que la jurisprudence française, soucieuse de ne favoriser aucun empiétement sur la compétence des arbitres, ait hésité à admettre le jeu du référé-provision en présence d'une convention d'arbitrage, et ne l'ait finalement admis qu'en le soumettant à des conditions spécifiques. D'une part, la compétence du juge étatique pour accorder une provision cesse une fois que la procédure arbitrale est en cours, c'est-à-dire à partir du moment où le tribunal arbitral est constitué[598]. D'autre part, l'urgence doit être caractérisée[599]. De telles restrictions étaient justifiées dès lors que la décision du juge étatique risquant, dans les faits, d'empiéter sur la compétence arbitrale pour régler le fond du litige, seules l'urgence et l'impérieuse nécessité de préserver les intérêts du créancier pouvaient justifier l'intervention du juge. Aux yeux de la jurisprudence, le juge naturel d'une demande de provision restait donc le tribunal arbitral. Ces solutions sont confortées par la réforme opérée par le décret du 13 janvier 2011. En effet, le second alinéa de l'article 1449 du Code de procédure civile subordonne expressément le prononcé d'une mesure

596. Art. 809, al. 2, CPC.

597. H. Gaudemet-Tallon, note sous Cass. 1re civ., 29 nov. 1989 et 6 mars 1990, *Rev. arb.* 1990, p. 633, spéc. p. 640.

598. *A contrario*, Cass. 1re civ., 6 mars 1990, *Rev. arb.* 1990, p. 633 (2e esp.), note H. Gaudemet-Tallon. V. aussi, en matière interne, Cass. 2e civ., 18 juin 1986, *Rev. arb.* 1986, p. 565 (1re esp.), note G. Couchez. Cette condition, posée par la jurisprudence dès avant le décret du 13 janvier 2011, a été critiquée par certains arguant du fait que si l'intervention du juge est admise avant la constitution du tribunal arbitral, au motif que ses décisions n'ont qu'un caractère provisoire et ne préjudicient pas au principal, l'argument vaut autant une fois le tribunal arbitral saisi ; la décision du juge demeure alors provisoire, et le tribunal arbitral reste libre de ne pas adopter l'analyse du juge. L'article 1449, alinéa 1er, CPC issu du décret du 13 janvier 2011, en subordonnant l'intervention du juge à l'absence de constitution du tribunal arbitral, met fin à ce débat.

599. Cass. 1re civ., 29 nov. 1989 et 6 mars 1990, *Rev. arb.* 1990, p. 633, note H. Gaudemet-Tallon ; Cass. 2e civ., 18 oct. 2001, *Rev. arb.* 2006, p. 751 (1re esp.), obs. P. Duprey.

provisoire ou conservatoire à la condition de l'urgence, et son premier alinéa n'autorise ce type de mesures que « tant que le tribunal arbitral n'est pas constitué ».

β) La compétence exclusive des juridictions étatiques

703 **Juge étatique et voies d'exécution.** L'arbitre international, juge privé ne rendant la justice au nom d'aucun État, ne dispose pas de tous les pouvoirs dont bénéficie le juge étatique[600]. Il ne dispose notamment pas des pouvoirs de coercition qui sont à la disposition du seul juge étatique, en raison du monopole de l'État pour exercer la contrainte sur son territoire. Aussi, il a été admis de longue date que le juge étatique conserve en principe toute compétence, même lorsqu'une instance arbitrale est en cours, pour ordonner les mesures relevant des voies d'exécution, et notamment les mesures destinées à garantir l'exécution de la sentence à venir, comme une saisie conservatoire. La solution a été confirmée par le décret du 13 janvier 2011, puisque le nouvel article 1468 du Code de procédure civile, applicable à l'arbitrage international par renvoi de l'article 1506.3°, précise, après avoir expressément reconnu le pouvoir du tribunal arbitral pour ordonner toute mesure provisoire ou conservatoire qu'il juge opportune, que « toutefois, la juridiction de l'État est seule compétente pour ordonner des saisies conservatoires et sûretés judiciaires ». Cette compétence du juge étatique existe dès lors que ni une convention expresse des parties, ni le règlement d'arbitrage applicable, ne prohibent la mesure en question[601]. Certains auteurs s'interrogent toutefois sur la licéité et/ou la portée exacte d'une renonciation par avance des parties à la possibilité d'obtenir du juge ce type de mesures, dès lors qu'elles ne peuvent par ailleurs être obtenues de l'arbitre[602].

704 **Juge étatique et injonction aux tiers.** L'effet relatif de la convention d'arbitrage exclut également qu'un arbitre puisse adresser des ordres à des tiers à cette convention[603]. L'arbitre ne peut donc contraindre un tiers à produire un élément de preuve ou à comparaître devant lui comme témoin. Pourtant, cette production ou cette comparution du tiers peut parfois être utile à la bonne résolution du litige, Aussi, la doctrine avait émis le souhait qu'une partie, ou même l'arbitre, puisse s'adresser au juge des référés afin que celui-ci ordonne au tiers cette production ou de comparaître devant le tribunal arbitral. Son souhait n'a été que partiellement exaucé par le décret du 13 janvier 2011. Selon le nouvel article 1469 du Code de procédure civile, applicable à l'arbitrage international par renvoi de l'article 1506.3°, la partie à l'arbitrage qui souhaite faire état d'un document détenu par un tiers peut, sur invitation du tribunal arbitral, faire assigner ce tiers devant le président du tribunal de grande instance aux fins d'obtenir la production du document. En revanche, rien n'est prévu pour la comparution du tiers devant le tribunal arbitral[604].

600. Sur la question, Ch. Jarrosson, « Réflexions sur l'imperium », in *Études offertes à P. Bellet*, Litec, 1991, p. 245 ; et sur ses incidences dans le domaine des mesures provisoires, P. Mayer, « Imperium de l'arbitre et mesures provisoires », in *Mélanges J.-F. Poudret*, Lausanne, 1999, p. 437.

601. Cass. 1re civ., 18 nov. 1986, *RCDIP* 1987, p. 760, note B. Audit ; *Rev. arb.* 1987, p. 315, note Flécheux ; TGI Paris, 15 mars 1995, *JDI* 1997, p. 813, note B. Audit. V., pour l'ancienne saisie-arrêt du droit français, Cass. 1re civ., 20 mars 1989, *Rev. arb.* 1989, p. 653, note Ph. Fouchard ; *JDI* 1990, p. 1004, note Ph. Ouakrat.

602. Sur ce débat, v. *supra*, n° 700 et aussi, *supra*, n° 407.

603. Sauf éventuelle extension de la convention d'arbitrage à ces tiers ; sur laquelle, v. *infra*, n° 720 et s.

604. Pour plus de détails sur ces points, v. *infra*, n° 861 et s.

B. LA PORTÉE DU CONSENTEMENT DES PARTIES À L'ARBITRAGE : L'INTERPRÉTATION DE LA CONVENTION D'ARBITRAGE INTERNATIONALE

705 **Importance d'une rédaction appropriée de la convention d'arbitrage.** La rédaction des conventions d'arbitrage est une question pratique de première importance. Dès lors que la convention renferme l'accord des parties pour recourir à ce mécanisme de règlement des litiges dérogatoire au droit commun, la portée exacte de cet accord doit être définie, afin de déterminer ce que les parties ont effectivement entendu soumettre à l'arbitrage. Cette question renvoie à l'interprétation de la volonté des parties. Elle se révèle généralement plus problématique à propos de la clause compromissoire que pour le compromis, dans la mesure où la première est stipulée avant naissance de tout litige, et vise donc des litiges futurs encore relativement indéfinis, alors que le second vise un litige déjà né et donc, en principe, parfaitement identifié. Afin d'éviter toute contestation ultérieure sur leur volonté de recourir à l'arbitrage, ou sur ce qu'elles ont effectivement entendu soumettre à l'arbitrage en stipulant une clause compromissoire, les parties seront avisées de s'exprimer dans des termes clairs et choisis, ainsi que de donner une définition des litiges soumis à l'arbitrage. Cette définition devra être suffisamment large pour englober tous les litiges susceptibles de naître entre elles à l'occasion de la relation contractuelle en cause, à moins que les parties ne souhaitent effectivement limiter la compétence arbitrale à certaines questions précises. Par ailleurs, la rédaction de la convention d'arbitrage doit être suffisamment satisfaisante pour permettre de mettre en œuvre l'arbitrage envisagé. Une fois encore, les difficultés à cet égard risquent davantage d'apparaître dans le cas de la clause compromissoire, dans la mesure où le compromis intervenant une fois le litige déjà né, les parties sont alors généralement à même de prévoir les modalités de l'arbitrage qu'elles mettent en place. Ceci étant, le contenu des conventions d'arbitrage variera nécessairement en fonction des circonstances propres à chaque relation contractuelle. Il dépendra également du caractère institutionnel ou non de l'arbitrage envisagé par les parties. Dans le premier cas, la convention d'arbitrage peut être dispensée d'un certain nombre d'énonciations, dans la mesure où le règlement d'arbitrage applicable la complétera utilement. Néanmoins, les parties devront veiller à désigner clairement l'institution chargée d'administrer l'arbitrage, pour éviter toute incertitude sur ce point. Dans le cadre d'un arbitrage *ad hoc*, les parties auront intérêt, afin d'éviter nombre de difficultés, à prévoir dans leur convention certaines dispositions gouvernant l'arbitrage à venir, comme celles relatives à la désignation des arbitres[605]. Dans tous les cas, on conseillera aux parties de s'exprimer dans des termes clairs et précis[606].

605. Même si, s'agissant du droit français, le décret du 13 janvier 2011 fournit dorénavant des solutions en cas de silence des parties quant à la désignation des arbitres : v. art. 1452 à 1454 CPC, applicable à l'arbitrage international par renvoi de l'article 1506.2°. Sur les éléments devant, selon les auteurs, figurer dans une convention d'arbitrage bien rédigée, v. J.-F. Poudret, S. Besson, *Droit comparé de l'arbitrage international*, Bruylant, 2002, n°s 153 et s., p. 124, et plus généralement sur les conseils de rédaction, les références citées par ces auteurs. V. aussi G. Born, *International Arbitration and Forum Selection Agreements : Drafting and Enforcing*, Kluwer Law International, 5e éd., 2016.

606. La question de la rédaction proprement dite des conventions d'arbitrage ne sera pas abordée dans le cadre du présent ouvrage. On conseillera cependant aux parties, afin de prévenir toute discussion ultérieure, d'exprimer clairement leur volonté de recourir à l'arbitrage, en des termes choisis, et d'éviter notamment toute confusion de vocabulaire : un médiateur, un conciliateur, ou un expert, n'est pas un arbitre ; v. *supra*, n° 21 et s.

706 **Difficultés d'interprétation de la convention d'arbitrage.** Malheureusement, en pratique, la rédaction des conventions d'arbitrage n'est pas toujours adéquate et des difficultés d'interprétation ou de mise en œuvre peuvent survenir. À cet égard, l'interprétation d'une convention d'arbitrage peut poser des problèmes principalement dans deux situations[607], qui concernent essentiellement la clause compromissoire. Tout d'abord, dans un contrat isolé, la portée de la clause d'arbitrage signée par les parties quant aux litiges qu'elles ont entendu soumettre à l'arbitrage peut être incertaine ; il faudra alors déterminer si le litige dont le tribunal arbitral est saisi entre bien dans les prévisions de la clause et, par conséquent, si ce tribunal est effectivement compétent pour le trancher. De façon plus générale, la rédaction de la convention d'arbitrage peut, par sa défaillance, engendrer des difficultés de mise en œuvre compte tenu des interrogations qu'elle engendre quant à la volonté réelle des parties ; il faudra néanmoins tenter de la mettre en œuvre (1). Ensuite, les parties peuvent être liées par plusieurs contrats, et l'existence d'une ou de plusieurs clauses de règlement des litiges au sein d'un groupe de contrats liant les mêmes parties peut poser des difficultés particulières d'interprétation (2)[608]. Dans tous les cas, il convient de souligner qu'en raison du principe de Compétence-Compétence, il appartiendra souvent au tribunal arbitral lui-même de trancher ces éventuelles difficultés d'interprétation de la convention d'arbitrage. En droit français, il bénéficie même d'une compétence prioritaire par rapport au juge étatique à cet égard[609]. Toutefois, son appréciation, dès lors qu'elle a trait à sa compétence même, ne saurait en principe être souveraine : le juge, qui serait saisi d'un recours en annulation contre la sentence ou dans le cadre d'une procédure d'exequatur, opérera un contrôle total sur ce point[610].

1. L'interprétation de la convention d'arbitrage dans un contrat isolé

707 **Variabilité et difficultés de rédaction des conventions d'arbitrage.** Une clause d'arbitrage vise en principe une catégorie de litiges. Les parties peuvent avoir souhaité, lors de sa stipulation, restreindre la compétence de l'arbitre à un type particulier de litiges susceptibles de naître entre elles, ou exclure certaines questions du domaine de compétence de l'arbitre. Toutefois, le plus souvent, elles auront au contraire eu l'intention de soumettre à l'arbitrage toute question susceptible de s'élever entre elles relativement au contrat qu'elles ont conclu. L'intention des parties, quelle qu'elle soit, doit en principe être respectée, puisque le tribunal arbitral n'est investi du pouvoir de juger que dans le cadre de ce que les parties ont voulu. Cependant, il n'est pas toujours aisé de déceler l'intention exacte des parties quant à la portée *ratione materiae* de la clause d'arbitrage. Le libellé de la clause peut être défectueux ou au moins imprécis. Au moment de la survenance du litige, une partie pourra songer à profiter de ces imperfections rédactionnelles pour prétendre devant le tribunal arbitral que le litige n'entre pas dans les prévisions de la clause d'arbitrage qu'elle a acceptée. Si le tribunal arbitral lui

607. Si on laisse de côté le cas où le doute concerne le mécanisme même auquel les parties ont entendu recourir : arbitrage, ou expertise, ou autre mode alternatif de règlement des litiges ; sur ce point, v. *supra*, n° 21 et s.

608. Sur la question, différente, de l'extension des clauses d'arbitrage à des parties non-signataires dans les groupes de contrats entre parties différentes, v. *infra*, n° 720 et s.

609. V. *supra*, n° 689 et s.

610. Sur ce principe d'un contrôle total et ses limites dans l'arbitrage international, v. *supra*, n° 683, 690, 692.

donne tort, cette partie pourra reprendre son argumentation devant le juge, notamment dans le cadre d'un recours en annulation ou d'une procédure d'exequatur de la sentence. Ainsi, le tribunal arbitral, puis éventuellement le juge, pourront être amenés à rechercher quelle a été la volonté des parties à cet égard.

708 **Droit applicable à l'interprétation de la convention d'arbitrage.** Dans une logique conflictualiste, la loi applicable à toute question d'interprétation de la convention d'arbitrage devrait être la loi qui la régit au fond. Cependant, les arbitres internationaux interprètent généralement les dispositions de la convention d'arbitrage directement, sans se référer à une loi étatique particulière[611], pour en définir la portée *ratione materiae*. Certains vont même jusqu'à déclarer expressément que cette interprétation doit se faire en application de règles transnationales ou d'usages du commerce[612]. Cette démarche peut se comprendre puisqu'il s'agit surtout de déterminer la volonté des parties et que tout juge a tendance à se sentir capable de le faire directement. D'ailleurs, conformément à la logique des règles matérielles et du principe d'efficacité de la convention d'arbitrage internationale suivie par la jurisprudence[613], le juge français appelé à interpréter les dispositions d'une convention d'arbitrage internationale ne s'embarrasse pas davantage d'un quelconque raisonnement conflictuel et y procède directement[614].

709 **Utilité d'une définition large du champ d'application de la convention d'arbitrage.** Pour éviter un certain nombre de difficultés, les parties qui n'entendent pas restreindre la compétence de l'arbitre ont intérêt à rédiger leur convention d'arbitrage, et particulièrement dans le cas d'une clause compromissoire, de façon suffisamment large pour couvrir tous les différends susceptibles de naître entre elles à propos du contrat qui les lie. Elles pourront ici utilement se référer aux formules types établies notamment par certaines institutions d'arbitrage. Sinon, des formules comme « seront soumis à l'arbitrage tous les litiges qui pourront naître à l'occasion du présent contrat », ou « découlant du présent contrat », ou encore « se rattachant au présent contrat », devraient permettre d'englober tous les litiges susceptibles de survenir entre les parties dans le cadre de leur relation contractuelle, et donc éviter toute contestation à cet égard. En revanche, une clause selon laquelle « seront soumis à l'arbitrage tous les différends relatifs à l'interprétation ou à l'exécution du présent contrat » serait beaucoup moins satisfaisante. En effet, un tel libellé pourrait, en théorie au moins, créer un doute quant à l'applicabilité de la clause d'arbitrage au contentieux de la validité du contrat. Et une partie, assignée devant l'arbitre pour inexécution du contrat, pourrait tirer argument de ce libellé apparemment restrictif en invoquant la nullité du contrat et en prétendant que cette question, préalable à l'exécution, n'est pas de la compétence de l'arbitre et doit être tranchée par une juridiction étatique. Heureusement, la jurisprudence, tant arbitrale que française, vient au secours de ces rédactions maladroites, en retenant une interprétation très large des dispositions des clauses d'arbitrage, afin d'en assurer la pleine efficacité.

710 **Principes d'interprétation retenus dans la jurisprudence arbitrale.** Certains principes gouvernant l'interprétation de la convention d'arbitrage tendent à s'imposer dans les

611. V. cependant, pour une approche « conflictualiste » adoptée par un tribunal arbitral, Sent. CCI n° 14644 (2008), *JDI* 2015, chron. 1, p. 172, note F. M.S.

612. V. Sent. CCI n° 3131 (1979), *Rev. arb.* 1983, p. 525 ; Sent. CCI n° 4131 (1982), *JDI* 1983, p. 899, obs. Y. Derains ; Sent. CCI n° 5721 (1990), *JDI* 1990, p. 1020, obs. Y. Derains.

613. Sur laquelle, v. *supra*, n° 594 et s.

614. V. par exemple, Cass. 1re civ., 14 déc. 1983, *Rev. arb.* 1984, p. 483, note M.-C. Rondeau-Rivier.

sentences arbitrales[615]. Le principe, parfois avancé, d'interprétation stricte de la clause d'arbitrage est en réalité très largement écarté. Malgré quelques déclarations en sens contraire[616], les arbitres le rejettent majoritairement dès lors qu'il pourrait encourager une partie de mauvaise foi à se saisir de maladresses rédactionnelles, relativement courantes, pour échapper à l'arbitrage[617]. Aussi, ce principe se heurte à un autre principe, motivé par des considérations pratiques, celui de « l'effet utile » des conventions d'arbitrage, qui incite à éviter tout risque de dispersion du contentieux qui pourrait naître d'une interprétation stricte de la convention d'arbitrage. Selon certains auteurs, les arbitres considéreraient même cette maxime d'interprétation, inspirée de l'article 1191 du Code civil français[618], comme « une règle d'interprétation universellement reconnue »[619]. Dans le prolongement de cette idée, le principe d'interprétation de bonne foi des conventions, qui invite à faire prévaloir la volonté réelle sur la volonté déclarée en cas de divergence, paraît également être utilisé par les arbitres afin de donner, dans la mesure du possible, effet aux clauses d'arbitrage dont la rédaction est défectueuse.

À titre d'illustration de l'attitude des arbitres, on peut évoquer le fait qu'ils n'hésitent guère à se reconnaître compétents pour connaître de demandes de nature délictuelle dès lors qu'elles ont un lien avec la relation contractuelle liant les parties et peuvent être vues comme entrant dans les prévisions de la clause d'arbitrage. Il en est notamment ainsi à propos d'une demande en responsabilité quasi délictuelle dès lors que la clause compromissoire prévoyait de soumettre à l'arbitrage tout litige « découlant du » ou « en relation avec » le contrat[620]. Il en est de même d'une demande en responsabilité délictuelle pour concurrence déloyale face à une clause pourtant plus restrictive en apparence, prévoyant de soumettre à l'arbitrage les « différends relatifs à l'interprétation et/ou l'exécution du contrat », dans la mesure où, selon les arbitres, les actes supposés de concurrence déloyale sont intimement liés à l'inexécution ou à la mauvaise exécution du contrat[621].

711 **Attitude de la jurisprudence française : cas général.** La jurisprudence française semble également guidée, dans son interprétation des clauses d'arbitrage, par des considérations pratiques et un souci d'efficacité de ces clauses, quitte à prendre quelques

615. Pour une étude détaillée de ces principes et de leur portée, v. Ph. Fouchard, E. Gaillard, B. Goldman, *Traité de l'arbitrage commercial international*, Litec, 1996, n°s 476 et s., p. 277.

616. Par exemple, Sent. CCI n° 4392 (1983), *JDI* 1983, p. 907, obs. Y. Derains. V. aussi, dans la jurisprudence française et pour l'arbitrage interne, Paris, 11 mars 1986, *Gaz. Pal.* 1986, 1, 298, note J. Ripoll.

617. V. Sent. CIRDI rendue le 25 septembre 1983, *Amco*, *JDI* 1986, p. 200, spéc. p. 207, obs. E. Gaillard.

618. Depuis l'ordonnance n° 2016-131 du 10 février 2016 portant réforme du droit des contrats, du régime général et de la preuve des obligations. V. auparavant, art. 1157 C. civ.

619. Par exemple, Sent. CCI n° 1434 (1975), *JDI* 1976, p. 978, obs. Y. Derains, et les sentences citées par Ph. Fouchard, E. Gaillard, B. Goldman, *Traité de l'arbitrage commercial international*, préc., n° 478, p. 279. Ces auteurs restent plus circonspects à l'égard d'autres principes d'interprétation parfois employés dans la pratique arbitrale, comme celui d'interprétation *contra proferentem* de la clause obscure ou ambiguë, selon lequel celle-ci doit être interprétée contre celui qui l'a rédigée, ou celui d'interprétation *in favorem validitatis* de la clause d'arbitrage (n°s 479 et s., p. 280).

620. V. par exemple, Sent. CCI n° 12167 (2002), *JDI* 2007, p. 1270, obs. S. J. et C. T.-N. V. aussi, Sent. CCI n° 14297 (2007), *JDI* 2010, p. 1455, obs. S. J. et C. T.-N.

621. Sent. CCI n° 10988 (2003), *JDI* 2006, p. 1408, obs. B. D. V. aussi, pour les demandes fondées sur l'art. L. 442-6-I-5° du Code de commerce français relatif à la rupture brutale d'une relation commerciale établie, Sent. CCI n° 14817 (2008), *JDI* 2011, p. 1268, obs. A. C. Et plus généralement, v. aussi, F. Gonzales, « La responsabilité délictuelle dans les sentences arbitrales de la Chambre de commerce internationale », *Bull. CCI* 2002, vol. 13, n° 2, p. 41.

libertés à l'égard des termes employés par les parties. Plus généralement, elle interprète largement les termes des clauses d'arbitrage et n'hésite pas, même dans une approche détachée de toute loi étatique conforme à la logique de l'arrêt *Dalico*[622], à recourir à des règles d'interprétation que l'on trouve dans le Code civil : le principe d'interprétation de bonne foi, qui implique de rechercher la volonté réelle des parties sans s'arrêter au sens littéral des termes, et le principe d'effet utile[623], qui invite notamment à donner à la clause d'arbitrage une interprétation qui évite toute dispersion du contentieux, principes que l'on retrouve aux articles 1188 et 1191 du Code civil[624]. Elle retient ainsi que les questions de validité du contrat peuvent être soumises à l'arbitrage alors même que la clause d'arbitrage ne vise que de l'interprétation et de l'exécution du contrat[625]. De même, elle estime que des arbitres sont compétents pour statuer sur un litige relatif à une demande de dommages et intérêts pour résiliation abusive du contrat, bien que la clause compromissoire ne vise que « les litiges survenus à l'occasion de l'exécution du contrat »[626]. La position de la jurisprudence française est parfaitement résumée dans cette motivation de la cour d'appel de Paris selon laquelle « la convention d'arbitrage soustrait d'une manière générale le litige à la compétence des tribunaux judiciaires pour tout ce qui est en relation causale ou connexe avec son objet ; lorsque la clause se réfère à l'exécution du contrat, elle est applicable au litige mettant en cause la caducité du contrat »[627].

Au demeurant, ces solutions doivent être approuvées : l'exécution du contrat suppose que celui-ci soit valable ; aussi, on doit considérer qu'à défaut de dispositions contractuelles contraires claires, le pouvoir donné par les parties aux arbitres d'ordonner l'exécution du contrat implique le pouvoir d'examiner au préalable, le cas échéant, sa validité. De façon plus générale, la raison d'être d'une clause d'arbitrage est, en principe et à défaut d'expression claire d'une volonté contraire des parties, de leur fournir un mode complet de règlement des différends pouvant surgir entre elles du fait de leur relation contractuelle. Autrement dit, elle est *a priori* de fournir « un » mode de règlement de « tous » les différends pouvant surgir relativement au contrat liant les parties. La clause d'arbitrage doit donc être interprétée en conséquence[628]. En suivant la même logique, on peut comprendre qu'à l'inverse, lorsque les parties ont expressément confié à l'arbitre la seule mission d'interpréter le contrat, la jurisprudence refuse de lui reconnaître compétence pour connaître de l'inexécution du contrat et de ses suites ; l'interprétation n'implique pas l'exécution et les parties semblent n'avoir voulu confier à

622. V. *supra*, nº 594 et s.

623. V. particulièrement, Paris, 5 déc. 2017, *Rev. arb.* 2018, p. 624, obs. J. Barbet.

624. Depuis l'ordonnance nº 2016-131 du 10 février 2016 portant réforme du droit des contrats, du régime général et de la preuve des obligations ; auparavant, art. 1156 et 1157 C. civ. V. utilisant expressément ces deux principes dans une démarche « détachée de toute loi étatique », Paris, 7 avr. 2011, *Rev. arb.* 2011, p. 747, note S. Bollée et B. Haftel.

625. V., en matière d'arbitrage interne, Paris, 17 janv. 2002, *Rev. arb.* 2002, p. 202 ; confirmé par Cass. 2e civ., 15 janv. 2004, *Rev. arb.* 2004, p. 446.

626. Cass. com., 13 mars 1978, *Rev. arb.* 1979, p. 339, note Ph. Fouchard.

627. Paris, 10 mars 1995, *Rev. arb.* 1996, p. 143, obs. Y. Derains (arrêt rendu dans le cadre d'un arbitrage interne).

628. V. en ce sens, Paris, 5 déc. 2017, préc.

l'arbitre qu'une mission bien particulière et limitée[629]. Ceci étant, l'interprétation retenue par les juges est parfois particulièrement compréhensive[630].

L'interprétation très compréhensive généralement retenue par la jurisprudence française des termes des conventions d'arbitrage a nécessairement un impact sur la mise en œuvre de l'effet négatif du principe de Compétence-Compétence et de sa limite tirée de l'inapplicabilité manifeste de la convention d'arbitrage[631]. En effet, une telle interprétation rend difficile la caractérisation d'une inapplicabilité manifeste, puisque la clause d'arbitrage a *a priori* vocation à couvrir « tous les différends en relation avec le contrat la contenant », cette dernière expression étant au surplus largement entendue[632]. Par ailleurs, puisque le juge interprète largement les termes de la convention d'arbitrage, il validera le plus souvent, au stade du contrôle de la sentence, l'interprétation retenue par un tribunal arbitral qui s'est déclaré compétent.

712 **Attitude de la jurisprudence française : cas particulier des demandes de nature délictuelle.** L'attitude de la jurisprudence française favorable à l'efficacité des clauses d'arbitrage s'illustre particulièrement dans le cas des demandes de nature délictuelle ou quasi délictuelle que l'une des parties au contrat entend soumettre à un tribunal arbitral, comme une demande fondée sur l'enrichissement sans cause ou sur la responsabilité précontractuelle de son cocontractant[633]. La question concerne surtout la clause compromissoire, dans la mesure où le compromis, rédigé une fois le litige né, est souvent suffisamment précis pour savoir si les parties ont entendu y inclure ce type de demandes. Cela étant, la jurisprudence décide tout d'abord, à propos de l'effet négatif du principe de Compétence-Compétence[634], que le fondement délictuel de la demande ne suffit pas, à lui seul, à caractériser une inapplicabilité manifeste de la clause d'arbitrage, au sens de l'article 1448 du Code de procédure civile, qui autoriserait le juge à ne pas renvoyer les parties à l'arbitrage, dès lors que cette demande paraît pouvoir être comprise dans le libellé de la clause. Ainsi, « le caractère évident et incontestable de l'inapplicabilité manifeste ne se déduit pas de développements sur la nature contractuelle ou délictuelle du litige qui est lui-même "en relation" avec le contrat de distribution au sens de la clause compromissoire contenue dans celui-ci [...] »[635]. Autrement dit, lorsque la clause d'arbitrage vise tout litige en relation avec le contrat, la nature délictuelle ou quasi délictuelle du différend

629. En ce sens, Paris, 25 janv. 1972, *Rev. arb.* 1973, p. 158, note Ph. Fouchard ; Paris, 22 mai 2003, *Rev. arb.* 2003, p. 1252, note F.-X. Train ; *JCP* G 2004, I, 119, n° 6, obs. Ch. Seraglini.

630. V. ainsi, Paris, 24 mai 2000, *Rev. arb.* 2001, p. 535, note P. Didier : la clause compromissoire peut s'appliquer, après expiration du contrat qui la stipulait, à un litige relatif à l'indemnisation du préjudice résultant de la rupture des pourparlers entrepris en vue de la conclusion d'un nouveau contrat, car « la demande d'indemnisation découle et trouve sa source directement dans le contrat expiré ».

631. Sur ce principe et ses limites, v. *supra*, n° 689 et s.

632. Par exemple, Cass. 2e civ., 14 mai 1997, *D.* 1997, IR, 137 (rendu en matière interne).

633. Sur la question de la compétence de l'arbitre pour connaître des demandes de nature délictuelle liées au contrat pour lequel la clause d'arbitrage a été stipulée, v. Ph. Fouchard, E. Gaillard, B. Goldman, *Traité de l'arbitrage commercial international*, Litec, 1996, n° 524, p. 322 et les références citées.

634. Sur lequel, v. *supra*, n° 689 et s.

635. Paris, 2 juin 2004, *Rev. arb.* 2005, p. 673 (2e esp.), note J.-B. Racine. V. aussi, Cass. 1re civ., 25 avr. 2006, *JCP* G 2006, I, 187, n° 9, obs. Ch. Seraglini ; *Rev. arb.* 2008, p. 299, note L. Kiffer : pas d'inapplicabilité manifeste de la clause d'arbitrage figurant dans le contrat de distribution régissant auparavant les relations entre les parties pour une demande d'indemnisation présentée par l'une des parties, sur un fondement délictuel, en raison de la rupture brutale des pourparlers qui s'étaient instaurés visant à modifier les modalités des relations contractuelles entre les parties. V. encore, Paris, 15 févr. 2012, *Cah. arb.* 2012,

opposant les parties ne saurait permettre de retenir le caractère manifestement inapplicable de cette clause. Ensuite, l'absence d'inapplicabilité manifeste de la clause au sens de l'article 1448 du Code de procédure civile n'implique pas, en principe, que le tribunal arbitral soit effectivement compétent pour connaître de demandes de nature délictuelle. Aussi, au stade ultérieur du contrôle de la sentence arbitrale, le juge français, qui n'est alors plus limité dans son examen du respect par l'arbitre des limites de sa compétence et donc de l'étendue *ratione materiae* de la convention d'arbitrage[636], pourrait décider, contrairement à l'arbitre, que la clause, compte tenu de son libellé, ne couvrait pas les demandes de nature délictuelle. Cependant, bien souvent, le juge considérera que les demandes de nature délictuelle étaient effectivement couvertes par la convention d'arbitrage. En effet, la jurisprudence décide que la nature contractuelle ou délictuelle des demandes ne délimite pas la compétence du tribunal arbitral, dès lors que ces demandes peuvent être englobées dans les litiges couverts par le libellé de la convention d'arbitrage. Une fois encore, l'interprétation compréhensive des termes d'une clause d'arbitrage, adoptée par la jurisprudence, permettra généralement de retenir que l'arbitre était effectivement compétent pour connaître d'une demande de nature délictuelle ou extracontractuelle, dès lors que la clause visait tout litige « découlant » du contrat ou « en relation avec » le contrat et que la demande en question peut être considérée comme telle[637].

Toutefois, il faudra ici tenir compte de la spécificité du compromis par rapport à la clause compromissoire. En effet, une demande délictuelle n'est pas de même nature qu'une demande contractuelle. De ce fait, s'il avait d'abord été saisi sur le terrain contractuel, l'arbitre ne peut examiner une demande de nature délictuelle sans modifier les termes du litige, et devra donc se soumettre aux règles régissant, selon la jurisprudence, l'évolution possible du litige. Or, ces règles varient selon que l'arbitre est saisi sur la base d'une clause compromissoire, pour laquelle le principe est celui du caractère évolutif du litige, ou d'un compromis, pour lequel le principe est à l'inverse celui de l'immutabilité du litige[638]. Lorsque son investiture procède d'un compromis, l'arbitre ne peut en principe, sans nouvel accord des parties, être saisi par une partie d'une demande incidente n'entrant pas, dans son objet, dans les prévisions du compromis. En conséquence, « ayant souverainement constaté qu'une demande relative à l'éventuelle responsabilité délictuelle d'une partie s'analyse non comme une demande incidente ayant le même objet que la demande principale [uniquement fondée sur la responsabilité contractuelle, seule visée dans le compromis] mais comme une demande ayant un objet différent, une cour d'appel ne peut qu'annuler la sentence arbitrale du fait de la méconnaissance par les arbitres de l'étendue de leur mission »[639].

---

p. 419 ; Cass. 1re civ., 13 sept. 2017, *Rev. arb.* 2017, p. 1078. Pour des décisions du même ordre rendues en matière d'arbitrage interne, v. *supra*, n° 192.

636. Sur le contrôle plein du juge de la compétence de l'arbitre au stade des recours contre la sentence, v. *supra*, n° 683, 690.

637. V. ainsi, Paris, 17 mars 2011, *Rev. arb.* 2011, p. 575.

638. Sur ces questions relatives à l'évolution possible du litige et les contraintes en résultant pour l'arbitre, v. *infra*, n° 824 et s.

639. Cass. 1re civ., 6 mars 2007, *Rev. arb.* 2007, p. 143 ; *JCP* G 2007, I, 168, n° 8, obs. J. Ortscheidt ; *RTD com.* 2007, p. 684, obs. É. Loquin, sur pourvoi contre Paris, 6 avr. 2006, *RTD com.* 2006, p. 771, obs. É. Loquin (arrêts rendus en matière d'arbitrage interne).

713 **Clauses d'arbitrage pathologiques.** Malgré la bienveillance de la jurisprudence, tant française qu'arbitrale, on ne peut que conseiller aux parties d'éviter de rédiger une clause d'arbitrage dite « pathologique », malheureusement trop souvent rencontrée en pratique[640]. L'expression vise une clause dont la rédaction défectueuse est susceptible de faire obstacle au bon déroulement de l'instance arbitrale. Les exemples sont nombreux : clause ambiguë quant au caractère obligatoire ou non du recours à l'arbitrage en cas de litige ; clause se référant, alternativement, à la juridiction arbitrale et à une juridiction étatique ; clause dont la formulation suscite un doute quant à la volonté des parties de recourir à l'arbitrage ou à un autre mécanisme de règlement des litiges ; clause faisant référence tant à un arbitrage *ad hoc* qu'à un arbitrage institutionnel ; clause désignant maladroitement l'institution censée régir l'arbitrage envisagé ou l'autorité chargée de désigner les arbitres ; clause prévoyant des modalités de désignation des arbitres difficilement praticables ; ou encore clause ne soumettant expressément à l'arbitre que certaines questions (exécution et interprétation du contrat) sans en évoquer d'autres pourtant très liées (validité du contrat). Une telle clause pathologique ne sera pas nécessairement inefficace, puisque l'on sait que la jurisprudence s'attache, au nom de l'effet utile de la convention d'arbitrage, à rechercher l'intention des parties derrière l'usage de formules maladroites[641], en se montrant parfois particulièrement compréhensive à cet égard[642]. Elle est néanmoins susceptible de poser de nombreuses difficultés.

Le sommet de ces difficultés pourra être atteint dans le cas de la clause dite « blanche », dont la maladresse tient à ce qu'elle ne précise rien, excepté la volonté des parties de recourir à l'arbitrage. Elle ne fournit notamment aucune indication sur les modalités de désignation des arbitres, ni directement, ni par référence à un règlement ou à une institution d'arbitrage, circonstance qui, dans l'arbitrage international, n'emporte pas nullité de la convention d'arbitrage, l'actuel article 1508 du Code de procédure civile se bornant à énoncer que la convention peut, et non doit, prévoir les modalités de désignation des arbitres[643]. Dans le silence des parties, la constitution du tribunal arbitral

640. Sur ces clauses, v. F. Eisemann, « La clause d'arbitrage pathologique », in *Études Minoli*, p. 129 ; H. Scalbert et L. Marville, « Les clauses compromissoires pathologiques », *Rev. arb.* 1988, p. 117.

641. Pour des exemples de sauvetage de clauses pathologiques dans la jurisprudence française, notamment en cas de désignation maladroite d'une institution d'arbitrage, conduisant à « renommer » l'institution visée par la clause d'arbitrage, v. Cass. 1re civ., 14 déc. 1983, *Rev. arb.* 1984, p. 483, note M.-C. Rondeau-Rivier ; TGI Paris (Ord. réf.), 13 déc. 1988, *Rev. arb.* 1990, p. 521 ; Paris, 24 mars 1994, *Rev. arb.* 1994, p. 515, note Ch. Jarrosson. Plus généralement, v. les exemples cités par Ph. Fouchard, E. Gaillard, B. Goldman, *Traité de l'arbitrage commercial international*, Litec, 1996, nos 485 et s., p. 284.

642. V. Paris, 7 avr. 2011, *Rev. arb.* 2011, p. 747, note S. Bollée et B. Haftel, pour une clause prévoyant une conciliation préalable et, en cas d'échec de celle-ci, le recours aux juridictions étatiques de l'État de la demanderesse « ou, en dernière instance », le recours à la procédure arbitrale CCI ! Selon la cour d'appel, les parties ne pouvant être présumées avoir inséré une clause invalide ou dépourvue de portée, la stipulation de la compétence des juridictions de l'État était superfétatoire et la seule interprétation utile de la clause d'arbitrage était de faire du recours à l'arbitrage le sens de la commune volonté des parties.

643. Avant la réforme opérée par le décret du 13 janvier 2011, en matière d'arbitrage interne, une telle clause était considérée comme nulle en vertu des anciens articles 1443, al. 2 (clause compromissoire), et 1448, al. 2 (compromis), CPC qui imposaient, à peine de nullité, que la convention d'arbitrage, directement ou par référence à un règlement d'arbitrage, désigne les arbitres ou prévoit les modalités de leur désignation. Toutefois, cet article avait été jugé inapplicable à l'arbitrage international : v. par exemple, Paris, 7 déc. 1994, *RTD com.* 1995, p. 401, obs. J.-C. Dubarry et É. Loquin ; *Rev. arb.* 1996, p. 245, note Ch. Jarrosson. Depuis le décret du 13 janvier 2011, en matière interne, le nouvel article 1444 CPC prévoit qu'en cas de silence de la convention d'arbitrage quant aux modalités de désignation des arbitres, « il est procédé conformément aux dispositions des articles 1451 à 1454 ». Ainsi, la convention d'arbitrage n'est

pourra être opérée selon les modalités prévues aux articles 1452 à 1454, applicables à l'arbitrage international par renvoi de l'article 1506.2°, à tout le moins si le droit français peut trouver à s'appliquer[644]. En tout cas, les juges français s'efforcent de donner effet à de telles clauses[645], parfois au prix de certaines audaces dans l'interprétation. Il n'en demeure pas moins que leur mise en œuvre est source de difficultés et qu'il est parfois impossible, même pour un juge animé des meilleures intentions, de les sauver[646].

2. L'interprétation de la convention d'arbitrage dans un groupe de contrats entre les mêmes parties

714 **Données du problème.** Des parties peuvent être liées entre elles par un ensemble plus ou moins complexe de contrats. Cette situation est relativement fréquente dans le commerce international : contrats du même type conclus successivement dans le cadre de relations habituelles d'affaires entre les parties, contrat-cadre et contrats d'application de celui-ci, ou encore contrats qui, sans être formellement dans une situation de dépendance les uns des autres, sont néanmoins passés simultanément par les parties dans le cadre de la réalisation d'une opération économique unique[647]. La première catégorie fait l'objet de solutions relativement bien assises en jurisprudence, tant arbitrale que française : dès lors qu'une véritable pratique, entre des parties qui sont en relations habituelles d'affaires[648], peut être caractérisée en faveur de la soumission de leurs différends contractuels à l'arbitrage, l'omission, dans le dernier contrat en date, de la clause compromissoire figurant dans tous les contrats précédents, ne suffira pas à exclure le recours à l'arbitrage pour ce contrat[649] ; le recours à l'arbitrage sera au contraire exclu pour un litige relatif au dernier contrat en date si celui-ci contient des dispositions, telle une clause attributive de juridiction, manifestant clairement l'intention des parties de modifier leur pratique habituelle antérieure[650]. Les deux autres catégories d'ensembles contractuels posent des problèmes plus délicats, notamment lorsque, parmi les divers

plus nulle dans une telle situation ; il sera simplement fait application des modalités de désignation prévues aux articles 1451 à 1454. Sur l'évolution du régime de la clause « blanche » dans l'arbitrage interne, v. *supra*, n° 154 et s.

644. V. à cet égard, les critères de compétence du juge d'appui français prévus à l'article 1505 CPC. La compétence du juge d'appui français devrait conduire *ipso facto* à celle du droit français pour la désignation des arbitres.

645. V. ainsi, Cass. 1re civ., 20 févr. 2007, *JCP* G 2007, I, 168, p. 21, obs. J. Béguin ; *Rev. arb.* 2007, p. 775, note F.-X. Train : n'est pas manifestement inapplicable la clause d'arbitrage dont les termes, quelque peu contradictoires, désignent de façon impérative deux institutions arbitrales ; cette clause doit simplement faire l'objet d'une interprétation, mais ne remet pas en cause la volonté des parties de recourir à l'arbitrage.

646. On pourrait songer à celle qui ne prévoit ni les modalités de désignation des arbitres, ni le siège du tribunal arbitral, ni le droit applicable.

647. Sur le sujet, v. D. Cohen, « Arbitrage et groupe de contrats », *Rev. arb.* 1997, p. 471 ; F.-X. Train, *Les contrats liés devant l'arbitre du commerce international*, Paris, LGDJ, 2003 ; « L'extension de la clause compromissoire : chronique des années 2012-2017 », *Rev. arb.* 2017, p. 389, spéc. n° 28 et s.

648. Cela suppose la réitération entre les parties de contrats de même nature et un véritable courant d'affaires d'une certaine durée.

649. V. par exemple, Paris, 18 mars 1983, *Rev. arb.* 1983, p. 491, note J. Robert ; et dans la jurisprudence arbitrale, Sent. CCI n° 5117 (1986), *JDI* 1986, p. 1113, obs. Y. Derains.

650. V. par exemple, Paris, 9 déc. 1987, *Rev. arb.* 1988, p. 573 (2e décis.), et le commentaire de G. Pluyette, p. 530 (arrêt rendu en matière d'arbitrage interne).

contrats passés dans le cadre d'une même opération économique, un seul comporte une clause d'arbitrage, ou plusieurs comportent des clauses de règlement des litiges différentes (clauses d'arbitrage rédigées de façon différente, ou clause d'arbitrage et clause attributive de juridiction, etc.). Une question est alors de savoir si la clause d'arbitrage contenue dans un contrat peut s'appliquer aux litiges nés d'un autre de ces contrats, ou à des litiges impliquant plusieurs de ces contrats. On pourra également se demander si l'on peut combiner, le cas échéant, les différentes clauses d'arbitrage stipulées dans plusieurs contrats afin de soumettre l'ensemble du litige à un arbitrage unique. Ces interrogations, relatives à la portée *ratione materiae* de la clause d'arbitrage stipulée dans un contrat élément du groupe de contrats liant les mêmes parties, concernent l'interprétation de la volonté des parties : quelle portée celles-ci ont-elles voulu donner à la clause d'arbitrage contenue dans l'un de leurs contrats ? Cette question ne doit pas être confondue avec celle relative à la portée *ratione personae* – et à l'éventuelle extension – de la convention d'arbitrage à l'égard de personnes qui ne semblent pas *a priori* y être parties, notamment dans le cadre de groupes de contrats impliquant diverses parties[651] : la première concerne la portée *ratione materiae* d'une clause stipulée entre les mêmes parties, la seconde sa portée *ratione personae* à l'égard de personnes qui, au moins formellement, ne l'ont pas conclue.

Tant les arbitres internationaux que les juges français tendent effectivement à résoudre les difficultés relatives à la portée *rationae materiae* d'une clause d'arbitrage intervenant dans un groupe de contrats liant les mêmes parties par interprétation de la volonté de celles-ci. Le principe de l'effet relatif des conventions aurait pu conduire à retenir une interprétation relativement stricte de cette volonté, et qu'à défaut de dispositions claires en sens contraire, une clause d'arbitrage ne doit fonder la compétence de l'arbitre qu'à l'égard du contrat qui la contient, et ne peut justifier cette compétence pour des contrats distincts, même passés entre les mêmes parties. Cependant, en droit positif, la solution n'est pas aussi tranchée, le principe de l'effet relatif des conventions cédant ici largement face au principe de l'effet utile des conventions d'arbitrage.

715 **Attitude des arbitres internationaux.** Plusieurs sentences arbitrales ont admis, au nom de la volonté supposée des parties, l'extension d'une clause d'arbitrage contenue dans un contrat, notamment un contrat-cadre, à d'autres contrats liant les mêmes parties mais n'en contenant pas, au motif que ces contrats avaient un caractère complémentaire, ou participaient à la réalisation d'une même opération globalement envisagée[652]. Une solution analogue est parfois retenue lorsque plusieurs clauses d'arbitrage sont stipulées dans les différents contrats en cause, mais sont conciliables entre elles : dès lors que ces contrats participent à la réalisation d'une seule et même opération économique, la mise en place d'un seul tribunal arbitral pour juger de l'ensemble des litiges se rapportant aux différents contrats paraît conforme à la volonté des parties[653]. En revanche, les arbitres sont généralement plus réticents à l'idée d'adopter la même solution lorsque les clauses d'arbitrage ne sont pas conciliables entre elles, car trop différentes sur des points essentiels, et, *a fortiori*, en présence d'une clause d'arbitrage dans un contrat et

651. Sur cette autre question, v. *infra*, n° 720 et s.

652. Par exemple, Sent. CIRDI des 4 et 9 févr. 1988, *Soabi c/ Rép. du Sénégal*, *JDI* 1990, p. 193, obs. E. Gaillard.

653. Sent. CCI n° 5989 (1989), *Yearbook* 1990, p. 74 ; Sent. CCI n° 6149 (1990), *Yearbook* 1995, p. 47 ; Sent. CCI n° 12605 (2005), *JDI* 2008, p. 1193, obs. S. J. et C. T.-N.

d'une clause attributive de juridiction dans un autre[654]. Certes, cela risque de conduire à la mise en place de procédures parallèles, mais on peut considérer que l'on respecte ainsi la volonté des parties.

716 **Attitude du juge français.** L'attitude du juge français est relativement proche de la pratique des arbitres internationaux, et peut-être même encore plus audacieuse[655]. Depuis le décret du 13 janvier 2011, l'article 1442, alinéa 2, du Code de procédure civile envisage expressément l'application de la clause compromissoire à d'autres contrats que celui dans lequel elle est stipulée, puisqu'il dispose que « la clause compromissoire est la convention par laquelle les parties à un ou plusieurs contrats s'engagent à soumettre à l'arbitrage les litiges qui pourraient naître relativement à ce ou à ces contrats ». Même si cette disposition n'est pas, en elle-même, applicable à l'arbitrage international, l'article 1506 n'y renvoyant pas[656], on peut considérer que la définition qu'elle propose de la clause compromissoire est également valable en matière internationale[657]. Cependant, encore faut-il que les parties aient effectivement voulu inclure dans le champ d'application de la clause compromissoire stipulée dans un contrat les litiges susceptibles de naître d'autres contrats. Ici, c'est la jurisprudence qui s'est développée avant même la réforme de 2011, qui permettra de déterminer les circonstances dans lesquelles une telle volonté peut être présumée. À cet égard, la jurisprudence tend à retenir l'application de la clause d'arbitrage à des contrats qui ne la contiennent pas et qu'elle ne vise pas expressément, dès lors qu'existe un lien nécessaire entre ces contrats et celui dans lequel elle figure. Ce lien peut tout d'abord tenir au caractère accessoire ou complémentaire du contrat ne contenant pas la clause par rapport à celui qui la stipule[658]. Ce lien peut également résulter du fait que les contrats participent tous à une même opération économique et qu'une indivisibilité conventionnelle peut, dès lors, être retenue entre eux. Ainsi, la cour d'appel de Paris a jugé, s'agissant d'un contrat de vente de marchandises stipulant une clause d'arbitrage et d'un contrat ultérieur de « reprise » de la même marchandise n'en contenant pas, que même à supposer ces deux conventions juridiquement indépendantes l'une de l'autre, en raison de leur caractère complémentaire ou à tout le moins connexe, la seconde ayant pour objet d'éteindre la première et en étant ainsi la suite, « la volonté implicite des parties a été nécessairement d'étendre les effets de la clause compromissoire à l'ensemble du contentieux aux composantes indissociables pouvant survenir entre elles à propos de leur exécution »[659]. Dans le même ordre d'idées, la

654. Sent. CCI n° 4392 (1983), *JDI* 1983, p. 907, obs. Y. Derains.

655. Sur la question, v. notamment, F.-X. Train, « L'extension de la clause compromissoire : chronique des années 2012-2017 », *Rev. arb.* 2017, p. 389.

656. Ce choix a été motivé par le fait qu'en matière internationale, le consentement à l'arbitrage peut être donné par d'autres biais que la clause compromissoire ou le compromis (par exemple, en matière de protection des investissements internationaux) : sur ce point, v. E. Gaillard et P. de Lapasse, « Commentaire analytique du décret du 13 janvier 2011 portant réforme du droit français de l'arbitrage », *Cah. arb.* 2011, p. 263, spéc. n° 80, p. 309 ; et v. aussi *supra*, n° 11, 12.

657. En ce sens, E. Gaillard et P. de Lapasse, « Commentaire analytique du décret du 13 janvier 2011 portant réforme du droit français de l'arbitrage », préc., n° 80, p. 309.

658. Cass. 1re civ., 14 mai 1996, *Rev. arb.* 1997, p. 535, alors même que le contrat « accessoire » avait été conclu huit ans après le contrat « principal » ; v. aussi les arrêts cités en matière d'arbitrage interne, *supra*, n° 195.

659. Paris, 23 nov. 1999, *Rev. arb.* 2000, p. 501, note Li-Kotovtchikhine ; *RTD com.* 2001, p. 59, obs. É. Loquin ; Paris, 12 juin 2012, *Rev. arb.* 2012, p. 811, note L. Aynès. V. aussi les exemples cités en matière d'arbitrage interne, *supra*, n° 195.

Cour de cassation a décidé qu'entre, à défaut de stipulations contraires, dans le champ de la convention d'arbitrage figurant dans un premier contrat, un second contrat entre les mêmes parties qui trouve son origine dans l'inobservation du premier dont il est le complément[660]. Ainsi, la fonction économique attribuée par les parties au second contrat, complément du premier, permettait de présumer leur volonté de lui étendre la clause insérée dans le premier. Ce faisant, la jurisprudence adopte une approche plus économique que juridique des ensembles contractuels. Lorsque, selon cette approche, elle peut caractériser l'existence d'un groupe de contrats concourant à une même opération économique, elle présumera la volonté des parties d'appliquer la clause d'arbitrage stipulée dans l'un d'eux à l'ensemble du contentieux pouvant naître de ces contrats, en tout cas si ses composantes sont indissociables. Autrement dit, la jurisprudence combine une analyse objective de l'objet des différents contrats, pour vérifier qu'ils sont intellectuellement liés, participent à une même opération économique, se complètent ou se réalisent l'un par l'autre, et une analyse subjective de la volonté des parties, pour vérifier qu'elles ont entendu regrouper le règlement des contentieux pouvant naître de ces différents contrats. Toutefois, cette volonté des parties étant présumée si le lien intellectuel entre les contrats est vérifié, la jurisprudence semble faire prévaloir l'analyse objective sur l'analyse subjective[661]. Conformément à la démarche adoptée de façon générale par la jurisprudence à l'égard des conventions d'arbitrage internationales, ces solutions résultent d'une règle matérielle du droit français de l'arbitrage international, supprimant tout raisonnement conflictuel.

La limite à l'extension de la clause d'arbitrage d'un contrat à un autre se trouve logiquement dans l'expression par les parties d'une volonté contraire[662]. Ainsi, les juges sont plus réservés à l'idée d'appliquer la clause d'arbitrage contenue dans un contrat à un autre contrat du même groupe qui contient cependant lui-même une autre clause de règlement des litiges, comme une clause compromissoire inconciliable[663], ou une clause attributive de juridiction[664], ou lorsque les parties semblent avoir clairement exprimé leur volonté en faveur de procédures distinctes s'agissant des différents contrats les liant[665]. Le risque de voir se développer des instances parallèles, et donc d'éventuelles décisions contradictoires, semble alors inévitable, à défaut d'accord entre les parties pour procéder à une consolidation des procédures[666].

660. Cass. 1re civ., 29 janv. 2014, *Rev. arb.* 2017, p. 903, note Th. Dufour.

661. En ce sens, D. Cohen, « Arbitrage et groupes de contrats », *Rev. arb.* 1997, p. 471, spéc., p. 487.

662. V. par exemple, Paris, 22 mai 2003, *Rev. arb.* 2003, p. 1252, note F.-X. Train ; *JCP* G 2004, I, 119, n° 6, obs. Ch. Seraglini : inapplication de la clause d'arbitrage figurant dans un premier contrat au nouveau contrat « annulant le premier » et comportant une nouvelle clause d'arbitrage au libellé plus limité quant aux litiges couverts.

663. Et non pas simplement différente ; les clauses inconciliables sont, par exemple, celles qui prévoient, pour l'une, un arbitrage *ad hoc* et, pour l'autre, un arbitrage institutionnel, ou qui diffèrent quant à la composition du tribunal arbitral.

664. V. Cass. 1re civ., 4 juill. 2006, *Rev. arb.* 2006, p. 960, note F.-X. Train ; *JCP* G 2006, I, 187, n° 10, obs. Ch. Seraglini (arrêt rendu en matière d'arbitrage interne). V. aussi, Cass. 1re civ., 1er juin 2017, *Rev. arb.* 2018, p. 234, note S. Willaume, les contrats formant l'ensemble contractuel impliquant au surplus, en l'espèce, des parties différentes.

665. Paris, 16 nov. 2006, *Rev. arb.* 2008, p. 109, note M. de Boisséson. V. aussi, pour un contrat-cadre contenant une clause d'arbitrage et des contrats d'application contenant des clauses de règlement des litiges inconciliables, Cass. 1re civ., 6 nov. 2013, *Rev. arb.* 2013, p. 1081 ; *JCP* G 2013, 1391, n° 4, obs. Ch. Seraglini ; *RDC* 2014, p. 260, note X. Boucobza et Y.-M. Serinet.

666. À tout le moins en France : v. Cass. 1re civ., 8 mars 1988, *Rev. arb.* 1989, p. 481, note Ch. Jarrosson. Au contraire, certains droits autorisent le juge, sous certaines conditions, à procéder à la

Par ailleurs, il a été décidé que la convention d'arbitrage contenue dans un protocole d'accord ne peut être étendue à des effets de commerce, en l'occurrence des billets à ordre, souscrits en exécution d'avenants, portant reconnaissance de dettes, signés pour régler les sommes dues en vertu de ce protocole, dès lors que ces billets constituaient un engagement autonome qui n'était pas soumis audit protocole ni à ses avenants[667]. Ainsi, l'autonomie du droit cambiaire s'opposerait à l'extension de la convention d'arbitrage applicable au rapport fondamental. Toutefois, cette décision, rendue par une chambre de la cour d'appel de Paris non spécialisée en matière d'arbitrage, semble très en retrait de la jurisprudence dominante en la matière. En effet, dans la mesure où le litige en cause était bien lié à l'exécution des reconnaissances de dette, il nous semble que la jurisprudence dominante aurait plutôt tendu à considérer, dans cette affaire, que les parties avaient entendu régler par voie d'arbitrage tous les litiges pouvant résulter de l'exécution du protocole et de ses avenants, sans s'arrêter au caractère autonome de l'engagement cambiaire, surtout dans le contexte d'un arbitrage international, où la jurisprudence ne goûte généralement guère ce genre de subtilité juridique.

C. L'EXTINCTION DE LA CONVENTION D'ARBITRAGE INTERNATIONALE

717 **Double origine des causes d'extinction d'une convention d'arbitrage.** Deux ordres de cause pourraient conduire à voir les effets d'une convention d'arbitrage s'éteindre. Tout d'abord, on pourrait penser que la convention d'arbitrage, liée à un contrat principal pour lequel elle a été stipulée, pourrait voir son extinction résulter de celle de ce contrat. Toutefois, le principe d'autonomie de la convention d'arbitrage par rapport au contrat principal vient contredire, dans une large mesure, cette proposition. Ensuite, et en réalité surtout, la convention d'arbitrage peut s'éteindre pour des causes qui lui sont propres. En tout cas, la jurisprudence française, conformément à sa démarche générale en ce qui concerne le régime juridique de la convention d'arbitrage internationale, règle ces problèmes d'extinction de la convention d'arbitrage, quel qu'en soit le fondement, par le biais de règles matérielles, sans recourir à la méthode conflictuelle.

718 **Impact limité de l'extinction du contrat principal.** Dans un premier mouvement, on pourrait penser que l'extinction du contrat principal justifie celle de la convention d'arbitrage, particulièrement dans le cas d'une clause compromissoire, dès lors que celle-ci semble alors privée de sa raison d'être, puisqu'elle avait été conclue pour résoudre les litiges nés du contrat. Mais justement, la convention d'arbitrage peut conserver une grande utilité même après l'extinction du contrat principal, notamment pour régler les litiges relatifs à cette extinction et à ses conséquences. Ainsi, la convention d'arbitrage doit s'appliquer pour le règlement des litiges concernant la validité d'une résiliation du contrat, les responsabilités consécutives, etc. Et en vertu du principe d'autonomie de la convention d'arbitrage par rapport au contrat pour lequel elle a été stipulée, l'allégation de la caducité, de la nullité, de la résolution

consolidation d'instances connexes : v. par exemple art. 1046 CPC néerlandais. Sur les difficultés engendrées par ces situations de connexité, v. *infra*, n° 839 et s.

667. Paris, 3 déc. 2008, *Rev. arb.* 2009, p. 547, note J.-J. Daigre.

ou de la résiliation du contrat, ne suffit pas pour priver d'effet la clause d'arbitrage ; le contentieux éventuel de ces causes d'extinction du contrat principal et de leurs conséquences pourra donc être résolu par voie d'arbitrage[668]. Dans ces conditions, l'extinction du contrat principal a en réalité un impact tout relatif sur le sort de la convention d'arbitrage[669].

719 **Causes d'extinction propres à la convention d'arbitrage.** Compte tenu du principe d'autonomie de la convention d'arbitrage par rapport au contrat principal, celle-ci peut, en définitive, essentiellement voir ses effets s'éteindre en raison de causes qui lui sont propres. Il en sera ainsi lorsqu'elle est valablement résiliée pour de justes motifs par l'une des parties[670], lorsque les parties y ont toutes renoncé[671], ou lorsqu'une cause de nullité affecte directement, et indépendamment du contrat principal, la convention d'arbitrage elle-même[672].

Par ailleurs, certains événements, s'ils peuvent justifier l'extinction d'un compromis, acte conclu pour la résolution d'un litige particulier et déjà né, n'auront cependant pas le même effet à l'égard d'une clause compromissoire, qui est conclue pour la résolution de litiges à venir. Ainsi, le prononcé de la sentence arbitrale, qui met fin à la mission du tribunal arbitral, éteint de ce fait les effets du compromis qui avait été spécialement conclu pour la résolution du litige tranché par la sentence. Le même événement laisse en principe subsister la clause compromissoire, qui pourra encore déployer ses effets postérieurement, notamment pour le règlement d'un nouveau litige entre les parties. De même, l'expiration du délai convenu pour rendre la sentence arbitrale, qui emporte, sauf prorogation du délai, cessation de la mission du tribunal arbitral, entraîne également extinction du compromis, mais non celle de la clause compromissoire.

§ 2. LE RAYONNEMENT DE LA CONVENTION D'ARBITRAGE INTERNATIONALE À L'ÉGARD DES TIERS : L'EXTENSION *RATIONE PERSONAE* DE LA CONVENTION D'ARBITRAGE INTERNATIONALE

720 **Données du problème.** Il n'est pas improbable qu'une convention d'arbitrage en vienne à concerner d'autres personnes que les deux parties au contrat pour lequel elle a été stipulée, même si ces personnes ne semblent pas l'avoir formellement souscrite[673]. Les raisons de cette extension du cercle des personnes liées par la

668. Sauf si la cause de nullité du contrat principal invoquée affecte également et directement la convention d'arbitrage elle-même ; sur l'ensemble de la question, v. *supra*, n° 610 et s.

669. S'agissant de l'impact sur la clause d'arbitrage d'une transaction relative au contrat pour lequel cette clause avait été stipulée, v. *supra*, n° 78.

670. J.-F. Poudret, S. Besson, *Droit comparé de l'arbitrage international*, Bruylant, 2002, n° 381, p. 343.

671. Sur la renonciation à la convention d'arbitrage, v. *supra*, n° 696 et s.

672. Par exemple, l'inarbitrabilité du litige, ou l'impossibilité de mettre en œuvre une clause d'arbitrage « trop pathologique ».

673. Sur la question, v. *L'arbitrage et les tiers*, *Rev. arb.* 1988, p. 431 ; D. Cohen, « Arbitrage et groupes de contrats », *Rev. arb.* 1997, p. 471 ; É. Loquin, « Différences et convergences dans le régime de

convention d'arbitrage peuvent varier. Ainsi, la question de l'éventuelle extension *ratione personae* de la convention d'arbitrage peut être posée en présence de mécanismes particuliers comme la stipulation pour autrui, la promesse de porte-fort, le cautionnement, ou encore la garantie à première demande. Ces mécanismes ayant déjà été examinés sous cet angle dans le cadre de l'étude de l'arbitrage interne, il y sera ici renvoyé[674]. Mais, particulièrement en matière internationale, la question de l'éventuelle extension *ratione personae* de la convention d'arbitrage peut également tenir au fait qu'une opération commerciale donne aujourd'hui parfois lieu à la mise en place de rapports contractuels complexes : chaînes de contrats, sous-contrats, ensembles contractuels, mettant en cause diverses personnes qui sont appelées à intervenir, à un titre ou à un autre, à un certain stade de l'opération. La question se pose alors de l'effet de la clause d'arbitrage stipulée dans l'un des contrats en cause à l'égard de parties qui, sans avoir signé ce contrat particulier, sont néanmoins impliquées dans ce schéma contractuel complexe.

Cette question de l'extension éventuelle de la convention d'arbitrage à des personnes non-signataires ne doit pas être confondue avec celle de sa transmission d'une personne à une autre, notamment en raison de la transmission d'un droit auquel la convention d'arbitrage peut être considérée comme attachée. Ici, l'éventuelle extension *ratione personae* de la convention d'arbitrage, lorsqu'elle est admise, s'opère en dehors de toute transmission des droits contractuels auxquels cette convention se rapporte.

À vrai dire, une telle question pourrait paraître incongrue. Le principe de l'effet relatif des contrats semble en effet impliquer que la clause d'arbitrage stipulée dans un contrat ne couvre que ce contrat et ne lie que les parties à ce contrat[675]. Toutefois, ce schéma classique est quelque peu malmené dans le cas de la convention d'arbitrage, essentiellement au nom de considérations pratiques, particulièrement en matière d'arbitrage international. En effet, appliquer strictement à propos de la convention d'arbitrage, le principe de l'effet relatif des conventions serait susceptible de nuire à l'efficacité de l'arbitrage pour la résolution des litiges apparaissant dans le cadre de schémas contractuels complexes. À titre d'exemple, dans un contentieux relatif à un groupe de contrats ou un ensemble contractuel impliquant plusieurs parties, il pourrait conduire à un éparpillement du contentieux, à la multiplication de procédures parallèles, et donc à des décisions contradictoires, pour des litiges impliquant des parties différentes mais néanmoins connexes, voire quasi identiques. On sait que pour éviter de tels désagréments, la justice étatique

la transmission et de l'extension de la clause compromissoire devant les juridictions françaises » *Cah. arb.*, vol. II, *Gaz. Pal.* éd. 2004, p. 49 ; J.-F. Poudret, « L'extension de la clause d'arbitrage : approches française et suisse », *JDI* 1995, p. 893 ; F.-X. Train, *Les contrats liés devant l'arbitre du commerce international*, LGDJ, 2003 ; et aussi, pour le droit comparé, B. Hanotiau, *Complex Arbitrations – Multiparty, Multicontract, Multi-Issue and Class Actions*, Kluwer Law International, 2005 ; W. W. Park, *Non-signatories and International Contracts*, Oxford, 2009. *Adde* A. Dimolitsa, « L'"extension" de la clause compromissoire à des non-signataires : rien de neuf », *Bull. ASA* 2012, p. 516 ; F.-X. Train, « L'extension de la clause compromissoire : chronique des années 2012-2017 », *Rev. arb.* 2017, p. 389.

674. V. *supra*, n° 199 et s.

675. On parle souvent « d'opposabilité » ou « d'inopposabilité » de la convention d'arbitrage aux tiers. Cependant, la notion « d'opposabilité » revêt un sens particulier dans ce contexte, différent de celui qu'on lui attribue en droit commun des contrats. En matière de convention d'arbitrage, le plus souvent, doctrine et jurisprudence visent ainsi la possibilité pour la convention de déployer ses effets à l'égard d'un tiers qui ne l'a pas signée mais qui pourrait néanmoins, soit l'invoquer, soit se la voir imposer. Il s'agit donc davantage d'un « effet obligatoire » que d'une « opposabilité », au sens traditionnel du terme, de la convention d'arbitrage à l'égard des tiers. Pour plus de détails sur ce sens particulier de « l'opposabilité », v. les développements qui y sont consacrés dans le cadre de l'étude de l'arbitrage interne, *supra*, n° 200.

dispose de divers mécanismes : appel en garantie, intervention forcée ou volontaire, jonction d'instances, et autres mesures permettant de rationaliser le contentieux impliquant diverses parties et divers contrats. De son côté, marqué par sa dimension conventionnelle et volontaire, l'arbitrage ne peut aisément mettre en œuvre de tels mécanismes de concentration des contentieux. Dans ces conditions, l'extension de la convention d'arbitrage à des personnes qui ne l'ont pas formellement conclue pourrait apparaître comme un autre moyen de résoudre ces difficultés sans remettre en cause, au moins en apparence, la dimension conventionnelle et volontaire de l'arbitrage. En effet, les cas d'extension de la convention d'arbitrage sont généralement justifiés en jurisprudence par le fait que certaines personnes, qui n'ont pas formellement conclu la convention d'arbitrage, doivent néanmoins, en raison des circonstances et notamment de leur comportement, être liées par elle. Aussi, compte tenu du souci de la jurisprudence, notamment française, d'assurer au mieux l'efficacité de l'arbitrage en tant que justice du commerce international, on ne s'étonnera finalement guère que l'extension d'une convention d'arbitrage internationale à des parties qui ne l'ont pas formellement signée soit admise, dans certaines circonstances au moins, par la pratique arbitrale et la jurisprudence étatique[676]. Une telle extension a d'abord essentiellement concerné le cas des groupes de sociétés. Cependant, elle semble aujourd'hui se voir reconnaître, surtout dans la jurisprudence française, une portée plus générale, au moins s'agissant de l'arbitrage international.

721 **Convention d'arbitrage internationale et groupes de sociétés.** Les arbitres admettent parfois d'étendre la clause d'arbitrage signée par un membre d'un groupe de sociétés à une autre société du groupe, qu'il s'agisse de lui opposer ou pour elle de s'en prévaloir, dès lors que cette autre société a participé à l'opération économique pour laquelle la clause a été stipulée, ou est directement concernée par elle[677]. Toutefois, des auteurs ont justement relevé que les refus d'extension restaient prédominants dans la jurisprudence arbitrale[678]. En effet, la simple appartenance à un groupe ne saurait, à elle seule, justifier l'extension. Dans la pratique arbitrale, deux fondements semblent pouvoir justifier l'extension. Le premier fondement est la théorie de la transparence, qui vise à sanctionner l'abus manifeste ou la fraude d'une société membre du groupe, qui prétend se retrancher derrière une société-écran et le principe d'indépendance des

676. Il convient toutefois de noter que l'extension, une fois admise, aura parfois pour conséquence de conduire à un arbitrage multipartite, lui-même source de difficultés, notamment quant à la constitution du tribunal arbitral.

677. Sur la question, v. D. Cohen, *Arbitrage et société*, LGDJ, 1993, spéc. n°s 521 et s. ; X. Boucobza, « L'extension de la clause compromissoire à l'épreuve du droit des sociétés », in *Droit sans frontières, Mélanges en l'honneur d'Éric Loquin*, LexisNexis, 2018, p. 101 ; Y. Derains et S. Schaf, « Clauses d'arbitrage et groupes de sociétés », *RDAI* 1985, p. 231 ; I. Fadlallah, « Clauses d'arbitrage et groupe de sociétés », in *Travaux Com. Fr. DIP* 1984-1985, p. 105 ; B. Hanotiau, « L'arbitrage et les groupes de sociétés », *Cah. arb.*, vol. II, *Gaz. Pal.* éd. 2004, p. 111 ; Ch. Jarrosson, « Conventions d'arbitrage et groupes de sociétés », in *Groupes de sociétés : contrats et responsabilités*, LGDJ, 1994, p. 53 ; N. K. Kerameus, « L'engagement des sociétés d'un groupe à l'arbitrage :une approche comparative », *Rev. arb.* 2013, p. 617 ; O. Sandrock, « Arbitration agreements and group of companies », in *Études de droit international en l'honneur de Pierre Lalive*, Helbing & Lichtenhahn éd., 1993, p. 625 ; D. Vidal, « L'extension de l'engagement compromissoire dans un groupe de sociétés : application arbitrale et judiciaire de la théorie de l'alter ego », *Bull. CCI* 2005, vol. 16, n° 2, p. 67.

678. J.-F. Poudret, S. Besson, *Droit comparé de l'arbitrage international*, Bruylant, 2002, n° 254, p. 227, et les sentences citées dans un sens et dans l'autre. Pour un exemple récent de rejet, v. Sent. CCI n° 12721 (2007), *JDI* 2011, p. 1165, obs. A. Carlevaris (avec une motivation quelque peu laconique à cet égard).

personnalités morales des sociétés membres du groupe pour échapper à l'arbitrage ; en cas de fraude ou d'abus manifeste, les arbitres acceptent de « lever le voile social » pour lui étendre la clause d'arbitrage[679]. Il en sera notamment ainsi lorsqu'une filiale, signataire de la clause d'arbitrage et contrôlée à 100 % par sa société mère, est vidée par celle-ci de tous ses actifs afin d'échapper à ses obligations. Le second fondement est l'idée d'une acceptation tacite, voire parfois présumée, de la clause d'arbitrage par la partie non-signataire. Cette acceptation tacite ou présumée pourra être déduite de la participation à des titres divers, et plus ou moins active selon les sentences[680], de la société non signataire au stade de la négociation, de l'exécution, ou même de la résiliation du contrat. Ainsi, dans la sentence *Dow Chemical*, les arbitres ont retenu que « la clause compromissoire expressément acceptée par certaines des sociétés du groupe doit lier les autres sociétés qui, par le rôle qu'elles ont joué dans la conclusion, l'exécution ou la résiliation des contrats contenant ladite clause, apparaissent selon la commune volonté de toutes les parties à la procédure, comme ayant été de véritables parties à ces contrats ou comme étant en premier chef concernées par ceux-ci et par les litiges qui peuvent en découler »[681].

De son côté, la jurisprudence française paraît prête à aller plus loin. En effet, si elle a pu se reposer sur la théorie de la transparence ou de l'« alter ego » et la « levée du voile social » pour étendre une convention d'arbitrage au propriétaire personne physique de la société signataire de cette convention[682], ou sur l'intention, au moins implicite, des parties pour justifier l'extension d'une convention d'arbitrage signée par une société à la personne la contrôlant[683], elle a également parfois fondé cette extension sur le principe « de validité et d'efficacité propres » de la convention d'arbitrage, en relevant l'existence d'un groupe formant « un ensemble de sociétés [...] liées dans une unité économique soumise à un pouvoir unique »[684]. En ce cas, la solution paraît donc résulter de la simple « identité économique »

679. V. par exemple, Sent. CCI n° 8385 (1995), *JDI* 1997, p. 1061. Des solutions analogues sont appliquées au dirigeant de la société intervenu ès qualités, en principe non personnellement engagé par la convention d'arbitrage signée au nom de la société, sauf manœuvres ou fraude de sa part destinées à occulter le cocontractant véritable ; sur ce point, v. D. Cohen, « L'engagement des sociétés à l'arbitrage », *Rev. arb.* 2006, p. 35, spéc. n° 65 et s., et les références citées.

680. La plupart des sentences exigent toutefois une participation « substantielle » pour retenir l'extension de la clause d'arbitrage à la société non-signataire.

681. Sent. CCI n° 4131 (1982), *Dow Chemical*, *Rev. arb.* 1984, p. 137 ; *JDI* 1983, p. 899, obs. Y. Derains ; v. également, Sent. CCI n° 7604 et 7610 (1995 et 1996), *JDI* 1998, p. 1027, obs. D. H., et p. 1053, obs. J.-J. A. ; Sent. CCI n° 10758 (2000), *JDI* 2001, p. 1171, obs. J.-J. A. ; Sent. CCI n° 12605 (2005), *JDI* 2008, p. 1193, obs. S. J. et C. T.-N. ; Sent. CCI 14753 (2008), *JDI* 2011, p. 1257, obs. F. M.-S. ; et les extraits de sentences arbitrales CCI portant sur l'extension de la convention d'arbitrage aux parties non-signataires, in *Bull. CCI* 2005, vol. 16, n° 2, p. 81, et *Bull. CCI* 1991, vol. 2, n° 2, p. 20.

682. Paris, 16 oct. 2018, *Rev. arb.* 2018, p. 837.

683. Par exemple, Paris, 21 oct. 1983, *Rev. arb.* 1984, p. 98, note A. Chapelle.

684. Paris, 11 janv. 1990, *Orri*, *Rev. arb.* 1992, p. 95, note D. Cohen ; *JDI* 1991, p. 141, note B. Audit ; *RTD com.* 1992, p. 586, obs. J.-C. Dubarry et É. Loquin ; la décision a été maintenue par la Cour de cassation, mais sur la base d'un autre motif avancé par la cour d'appel, relatif à la fraude consistant à se substituer une autre société du groupe au moment de contracter afin de dissimuler le véritable contractant : Cass. 1re civ., 11 juin 1991, *Rev. arb.* 1992, p. 73, note D. Cohen. V. pour un cas particulier où les juges semblent admettre que la clause compromissoire figurant dans un acte de cession de droits sociaux puisse être étendue à la société « cible » dans le cadre du litige opposant celle-ci au cédant et relatif au remboursement du compte courant d'associé de ce dernier, au motif que cette société était l'objet de la cession, Cass. 1re civ., 10 oct. 2012, *D.* 2012, p. 2995, obs. Th. Clay ; *Cah. arb.* 2013, p. 117, note A. Pinna (d'une certaine manière, on pourrait aussi considérer que la société cible était « impliquée » dans l'exécution du contrat contenant la clause d'arbitrage, compte tenu du caractère particulièrement flou et malléable

entre les sociétés, ce qui peut sembler peu respectueux de la pluralité juridique du groupe de sociétés.

En tout cas, en droit comparé, les solutions sont généralement plus soucieuses du respect de l'indépendance juridique des personnes morales : dans beaucoup de droits étrangers, l'extension n'est admise qu'en présence d'un abus manifeste ou d'une fraude qui autorise à « lever le voile social »[685].

722 **Convention d'arbitrage internationale et groupes de contrats.** En matière d'arbitrage international[686], la cour d'appel de Paris a rapidement semblé prête à généraliser les solutions qu'elle retenait à propos des groupes de sociétés et à imposer l'extension dans des hypothèses d'ensembles contractuels et de sous-contrats en dehors de tout lien organique particulier entre parties signataires et non-signataires de la convention d'arbitrage. En effet, elle a énoncé, à plusieurs reprises, une règle matérielle qui part du principe selon lequel « la clause compromissoire insérée dans un contrat international a une validité et une efficacité propres ». Selon une formulation qui varie quelque peu d'une espèce à une autre, pour la cour d'appel, ces deux caractéristiques de la clause d'arbitrage internationale « commandent d'en étendre l'application aux parties directement impliquées dans l'exécution du contrat et dans les litiges qui peuvent en résulter, dès lors qu'il est établi que leur situation et leurs activités font présumer qu'elles ont eu connaissance de l'existence et de la portée de la clause d'arbitrage, bien qu'elles n'aient pas été signataires du contrat la stipulant »[687]. L'objectif ici poursuivi était certainement de fournir une règle matérielle de portée générale, applicable, sous réserve de quelques ajustements propres à chaque situation, à l'ensemble des hypothèses d'extension de la clause d'arbitrage internationale au-delà du cercle des parties signataires originaires. La formulation de cette règle, et plus généralement la solution, peuvent néanmoins laisser perplexe.

de cette notion « d'implication » fondant le principe général d'extension de la convention d'arbitrage au tiers retenu par la jurisprudence ; sur ce principe et cette notion, v. *infra*, n° 722).

685. Sur l'état de la question et les divergences de solutions en droit comparé, v. N. Blackaby, C. Partasides, A. Redfern, M. Hunter, *Redfern and Hunter on International Arbitration*, Oxford University Press, 6th ed., 2015, n° 2.42 et s. ; G. Born, *International Commercial Arbitration*, Kluwer Law International, 2nd ed., 2014, n° 10.02 ; J.-F. Poudret, S. Besson, *Droit comparé de l'arbitrage international*, préc., nos 258 et s., p. 233 (et pour une vision actualisée, la seconde édition, en anglais, de l'ouvrage : *Comparative Law of International Arbitration*, Sweet & Maxwell, 2007, n° 258 et s.) ; v. aussi, N. K. Kerameus, « L'engagement des sociétés d'un groupe à l'arbitrage : une approche comparative », *Rev. arb.* 2013, p. 617, qui examine les droits français, américain, suisse et anglais et conclut que les deux premiers paraissent plus libéraux que les deux derniers. Sur le problème similaire des clauses d'arbitrage signées par des organismes d'État et opposées à l'État lui-même, ou inversement, v. Ph. Fouchard, E. Gaillard, B. Goldman, *Traité de l'arbitrage commercial international*, Litec, 1996, nos 507 et s., p. 306 ; et notamment l'affaire *Plateau des Pyramides* : Sent. CCI n° 3493 (1983), *Rev. arb.* 1986, p. 105 ; sur le recours en annulation contre cette sentence, v. Paris, 12 juill. 1984, *JDI* 1985, p. 130, note B. Goldman ; *Rev. arb.* 1986, p. 75, et Cass. 1re civ., 6 janv. 1987, *JDI* 1987, p. 638, note B. Goldman ; *Rev. arb.* 1987, p. 469, note Ph. Leboulanger ; et Ph. Leboulanger, « État, politique et arbitrage. L'affaire du *Plateau des Pyramides* », *Rev. arb.* 1986, p. 3.

686. Sur la situation éventuellement plus nuancée en matière d'arbitrage interne, v. *supra*, n° 206.

687. V. par exemple, Paris, 30 nov. 1988 et 14 févr. 1989, *Rev. arb.* 1989, p. 691, note P.-Y. Tschanz ; Paris, 28 nov. 1989, *Cotunav*, *Rev. arb.* 1990, p. 675 (1re esp.), note P. Mayer. V. encore récemment, Paris, 18 déc. 2018, *Rev. arb.* 2018, p. 847, qui précise même que « la circonstance que l'implication du tiers dans l'exécution du contrat stipulant la clause compromissoire résulte d'obligations contractées en vertu d'un autre contrat n'exclut pas que cette implication emporte extension de la clause compromissoire à ce tiers ».

En effet, même si la cour d'appel de Paris prétend généralement faire reposer la solution sur une présomption d'acceptation tacite de la clause d'arbitrage par le tiers[688], l'implication directe de ce dernier dans l'exécution du contrat comportant la clause semble, en réalité, le plus souvent suffire à lui étendre cette clause. En effet, cette acceptation tacite résulte, dans certains arrêts, d'une double présomption : une présomption de connaissance de la clause, née de la « situation » et de « l'activité » de la partie en cause, qui conduit à une présomption d'acceptation de cette clause. Or, un consentement qui repose sur une double présomption ne peut que revêtir un caractère artificiel. L'argument relatif à « la connaissance de la portée de la clause » n'est guère plus convaincant, puisque cette portée est alors définie par la jurisprudence elle-même, une clause d'arbitrage stipulant rarement qu'elle s'étend aux tiers. Enfin, le tiers en question doit être « directement impliqué » dans l'exécution du contrat ; mais à quel titre exactement, s'agissant particulièrement, non pas d'un contrat isolé, mais d'un ensemble contractuel ? D'ailleurs, la cour d'appel a récemment précisé que « la circonstance que l'implication du tiers dans l'exécution du contrat stipulant la clause compromissoire résulte d'obligations contractées en vertu d'un autre contrat n'exclut pas que cette implication emporte extension de la clause compromissoire à ce tiers »[689]. Aussi, la notion « d'implication », quelque peu « mystérieuse » et en tout cas particulièrement malléable, introduit ici une grande dose d'imprévisibilité. Au vrai, à suivre la cour d'appel, l'implication directe dans l'exécution du contrat, expression dont le sens exact reste à préciser, suffirait finalement pour présumer la connaissance par une personne de la clause d'arbitrage et, par voie de conséquence, son adhésion à celle-ci. Ce raisonnement peut sembler peu conforme au caractère en principe volontaire, et donc consenti, de l'arbitrage.

Certes, certains auteurs ont avancé l'idée que le fondement de l'extension dans la jurisprudence de la cour d'appel de Paris était la ratification : « En participant à l'exécution du contrat, la société non-signataire adhère à une partie de son contenu, les obligations qu'elle exécute, mais aussi à la clause compromissoire qui affecte le droit d'action accessoire de ses obligations »[690]. On peut toutefois ne pas être convaincu par l'argument. En effet, la cour d'appel de Paris ne semble pas exiger que le tiers exécute, à proprement parler, une partie du contrat contenant la clause ; d'ailleurs, dans un

688. Ou sur le constat de l'immixtion évidente du tiers dans le contrat, ce qui rend alors la solution beaucoup moins contestable : v. par exemple, Paris, 17 févr. 2011, *Gouvernement du Pakistan c/ sté Dallah*, *JCP* G 2011, 1432, n° 2, obs. Ch. Seraglini ; *JDI* 2011, p. 395, note I. Michou ; *Cah. arb.* 2011, p. 433, note G. Cuniberti ; *LPA* 2011, n° 225-226, p. 5, note L.-C. Delanoy ; *Rev. arb.* 2012, p. 369, note F.-X. Train : « L'État qui a créé un trust ayant la personnalité morale pour s'occuper d'un projet et qui, parallèlement et après la disparition de ce trust, continue de s'impliquer dans l'exécution du contrat et se comporte comme si le contrat litigieux était le sien, sans qu'il soit fait état d'actes accomplis par le trust, partie signataire, et qui, lors des négociations précontractuelles s'était déjà comporté ainsi, confirme que la création du trust était purement formelle, et qu'il était la véritable partie à l'opération économique. En conséquence, est infondé le moyen pris de ce que le tribunal arbitral a étendu à tort la clause d'arbitrage à cet État et s'est déclaré compétent ». Les juges anglais, appliquant pourtant le droit français sur ce point, ont été, dans la même affaire, d'une opinion contraire ! Sur la décision anglaise (Cour suprême du Royaume-Uni, 3 nov. 2010, *Rev. arb.* 2012, p. 427), v. les notes préc. V. aussi, pour une extension fondée sur le fait que le tiers s'était, en connaissance de cause, véritablement substitué au cocontractant originaire dans l'exécution du contrat contenant la clause d'arbitrage, Cass. 1re civ., 7 nov. 2012, n° 11-25891, *JCP* G 2012, doctr. 1354, n° 5, obs. Ch. Seraglini.

689. Paris, 18 déc. 2018, préc.

690. É. Loquin, « Différences et convergences dans le régime de la transmission et de l'extension de la clause compromissoire devant les juridictions françaises », *Cah. arb.*, vol. II, *Gaz. Pal.* éd. 2004, p. 49.

ensemble contractuel, il exécutera souvent un autre contrat. Il semble suffire, pour que la clause d'arbitrage lui soit étendue, qu'il participe à l'exécution de l'ensemble contractuel en cause[691]. De plus, ce tiers ne connaît pas nécessairement l'existence de la clause d'arbitrage, cette connaissance étant, dans plusieurs arrêts, d'autorité présumée. Il est alors délicat, voire arbitraire, de caractériser la ratification implicite d'une clause dont la connaissance est ainsi présumée. Aussi, on peut douter que la solution soit réellement fondée sur la volonté du tiers, qui aurait tacitement accepté la convention d'arbitrage en s'impliquant dans l'exécution du contrat. En réalité, on est bien plutôt en présence d'une règle matérielle selon laquelle la clause d'arbitrage internationale prévue dans un contrat s'étend à toute personne autre que celle qui l'a conclue, dès lors que cette personne est « directement impliquée », on peut espérer volontairement et de façon relativement substantielle, dans l'exécution du contrat ou, plus exactement, dans l'ensemble des contrats participant à la réalisation d'une même opération économique et parmi lesquels figure celui qui stipule la clause.

Au demeurant, un arrêt rendu par la cour d'appel de Paris dans une affaire *Jaguar* semble bien confirmer cette analyse[692]. La cour y énonce que « dans le droit de l'arbitrage international, les effets de la clause compromissoire s'étendent aux parties directement impliquées dans l'exécution du contrat dès lors que leurs situations et leurs activités font présumer qu'elles avaient connaissance de l'existence et de la portée de cette clause... », sans exiger spécialement un consentement. Surtout, elle y donne ensuite une justification pratique qui est révélatrice du fondement réel de solution retenue : « [...] afin que l'arbitre puisse être saisi de tous les aspects économiques du litige ». La clause d'arbitrage paraît donc bien être imposée, pour des considérations pratiques, à tout intervenant dans le groupe de contrats, et ce afin d'éviter la dispersion du contentieux et les procédures parallèles sur des litiges connexes.

Pendant longtemps, la Cour de cassation a semblé vouloir rester en retrait par rapport à la position de la cour d'appel de Paris. Elle ne reprenait pas la motivation adoptée par la cour d'appel et préférait rejeter les pourvois dirigés contre les arrêts de celle-ci en retenant d'autres fondements[693]. Mais elle a finalement franchi le pas et énoncé, dans un arrêt du 27 mars 2007, que « l'effet de la clause d'arbitrage international s'étend aux parties directement impliquées dans l'exécution du contrat et les litiges qui peuvent en résulter »[694], semblant ainsi effectivement faire sienne, en l'épurant quelque peu, la formule auparavant retenue par la cour d'appel de Paris. La Haute juridiction ne fait en effet aucune référence à une volonté supposée du tiers impliqué qui, reposant sur une double présomption (de connaissance de la clause d'arbitrage et donc de consentement

691. V. en ce sens, Paris, 18 déc. 2018, préc.

692. Paris, 7 déc. 1994, *Jaguar*, *Rev. arb.* 1996, p. 265, note Ch. Jarrosson ; *RTD com.* 1995, p. 401, obs. J.-C. Dubarry et É. Loquin.

693. V. ainsi, Cass. 1re civ., 5 juin 1991, *Cotunav*, *Rev. arb.* 1991, p. 453 (2e esp.), note P. Mayer ; Cass. 1re civ., 11 juin 1991, *Orri*, *Rev. arb.* 1992, p. 73, note D. Cohen.

694. Cass. 1re civ., 27 mars 2007, *stés ABS et AGF Iart c/ sté Amcor Technology et a.*, *JCP* G 2007, I, 168, no 11 et s., obs. Ch. Seraglini ; *ibid.*, II, 10118, note C. Gohlen ; *D.* 2007, p. 2077, note S. Bollée, et pan. 180, spéc. 184, obs. Th. Clay ; *JDI* 2007, p. 968, note C. Legros ; *Rev. arb.* 2007, p. 785, note J. El Adhab ; *RCDIP* 2007, p. 798, note F. Jault-Seseke ; *RTD com.* 2007, p. 677, obs. É. Loquin ; F.-X. Train, « Action directe et arbitrage – à propos de l'arrêt *ABS* du 27 mars 2007 », *Cah. arb.*, vol. IV, Pedone, 2008, p. 30.

à celle-ci), paraissait de toute façon quelque peu artificielle. Depuis lors, la Cour de cassation a répété cette solution[695].

Ainsi, il semble bien, qu'au moins en matière d'arbitrage international[696], la jurisprudence française pose une règle matérielle retenant un principe général d'extension de la convention d'arbitrage au tiers non-signataire dans des hypothèses d'ensembles contractuels et de sous-contrats, en dehors de tout lien structurel entre ce tiers et les parties ayant souscrit la convention d'arbitrage, et simplement fondé sur l'implication directe et, on l'espère, volontaire et substantielle du tiers dans l'exécution du contrat pour lequel la convention d'arbitrage a été stipulée. Si elle paraît justifiée en cas de véritable immixtion volontaire du tiers dans la conclusion, l'exécution ou la rupture du contrat[697], cette solution est plus discutable lorsque la clause d'arbitrage est imposée à une personne simplement « impliquée », notion ô combien malléable, dans un ensemble contractuel. La Cour de cassation n'a ainsi pas hésité à l'imposer à un sous-traitant qui, selon elle, avait eu connaissance de la clause d'arbitrage lors de la signature de son contrat et était directement impliqué dans l'exécution du contrat principal[698]. On était donc pourtant en présence de deux relations contractuelles *a priori* bien distinctes et cloisonnées : le contrat entre le maître d'ouvrage et l'entrepreneur, d'une part, et le contrat entre l'entrepreneur et le sous-traitant, d'autre part. Aussi, on pouvait considérer que le sous-traitant n'était pas impliqué « directement » dans l'exécution du contrat principal, mais simplement « indirectement », du fait de son exécution du contrat de sous-traitance, de son implication directe dans ce dernier. De son côté, la cour d'appel de Paris a déjà jugé, de façon encore plus large et donc particulièrement contestable, que « la clause compromissoire [...] s'applique au tiers qui a consenti à son application ou est directement intéressé à l'exécution des contrats participant à l'ensemble contractuel »[699]. Ainsi, un simple « intérêt » à l'exécution, de plus dans le cadre d'un ensemble contractuel, pourrait suffire à justifier l'extension de la clause au tiers. En réalité, la jurisprudence semble donc bien opérer une extension objective de la clause d'arbitrage internationale au tiers, sans véritable considération relative à son acceptation de cette clause, mais fondée sur sa seule implication directe, volontaire et plus ou moins substantielle selon les cas, voire sur son seul intérêt, dans l'exécution du contrat la contenant. On peut même se demander, malgré certains arrêts l'évoquant, s'il importe vraiment que le tiers puisse avoir connu ou ait dû connaître la clause d'arbitrage[700]. La solution peut apparaître d'autant plus discutable que la jurisprudence paraît imposer cette solution aux arbitres eux-mêmes, puisqu'elle n'hésite pas à annuler les sentences

---

695. Cass. 1re civ., 26 oct. 2011, *JCP* G 2011, 1432, n° 3, obs. Ch. Seraglini ; *JDI* 2012, p. 661, note S. Sana-Chaillé de Néré ; *Cah. arb.* 2013, p. 63, note S. Bonnard ; Cass. 1re civ., 7 nov. 2012, préc.

696. Sur la question de l'extension éventuelle de cette jurisprudence à l'arbitrage interne, v. *supra*, n° 206.

697. V. ainsi, Paris, 17 févr. 2011, *Gouvernement du Pakistan c/ sté Dallah*, préc. ; et aussi, Cass. 1re civ., 7 nov. 2012, préc. (substitution du tiers dans l'exécution du contrat) ; ou encore, Cass. 1re civ., 13 juill. 2016, *Rev. arb.* 2016, p. 964 (clause opposée aux actionnaires d'une société partie à la convention d'arbitrage qui avaient personnellement participé à la négociation du contrat et à son exécution et avaient eu connaissance de la convention d'arbitrage).

698. Cass. 1re civ., 26 oct. 2011, préc.

699. Paris, 9 juin 2017, *Rev. arb.* 2018, p. 639, obs. J. Barbet.

700. V. cependant, semblant quelque peu en retrait par rapport à cette jurisprudence, Cass. 1re civ., 29 juin 2011, *Sté Papillon Group Corp. c/ République arabe de Syrie et a.*, *Rev. arb.* 2011, p. 959, note V. Chantebout.

arbitrales qui n'en auraient pas fait application[701]. Pourtant, les mérites de cette solution « expansionniste » restent à démontrer, dès lors notamment qu'elle est susceptible d'engendrer des problèmes de mise en œuvre de la clause d'arbitrage puisqu'elle favorise le développement d'un arbitrage multipartite, hypothèse souvent non envisagée au départ par ladite clause[702]. La caractérisation plus rigoureuse d'un véritable consentement implicite du tiers à la convention d'arbitrage, fondée sur sa connaissance de cette convention et son comportement manifestant son acceptation de celle-ci (par exemple, par exécution de tout ou partie des obligations nées du contrat la stipulant ou du fait de son interférence volontaire dans ce contrat), serait plus respectueuse du caractère consensuel de l'arbitrage et des prévisions des parties. Malheureusement, il est peu probable que la solution jurisprudentielle actuelle soit modifiée du seul fait de la nouvelle rédaction de l'article 2061 du Code civil, qui, depuis la loi nº 2016-1547 du 18 novembre 2016 dite de modernisation de la justice du XXIe siècle, exige que la clause compromissoire ait « été acceptée par la partie à laquelle on l'oppose, à moins que celle-ci n'ait succédé aux droits et obligations de la partie qui l'a initialement acceptée »[703]. En effet, il est vraisemblable que la jurisprudence décide, notamment parce qu'elle le trouvera trop exigeant en matière de consentement à la convention d'arbitrage, que cet article, comme pour ses versions antérieures, est inapplicable en matière internationale[704].

723 **Convention d'arbitrage internationale et cas particulier du transport maritime.** Pendant longtemps, la jurisprudence a paru quelque peu en retrait sur la question de l'extension de la clause d'arbitrage au tiers non-signataire dans le domaine du transport maritime de marchandises. Il est vrai que les décisions émanaient essentiellement de la chambre commerciale de la Cour de cassation, et non de la première chambre civile spécialisée en matière d'arbitrage. Sourde aux protestations de certains auteurs, la chambre commerciale a pendant longtemps maintenu une solution particulièrement stricte. Elle retenait que l'opposabilité au destinataire de la marchandise de la clause d'arbitrage insérée dans un connaissement (ou plus souvent dans la charte-partie à laquelle le connaissement fait référence) était subordonnée à la preuve que cette clause avait été portée à sa connaissance et avait été acceptée par lui, au plus tard au moment où, recevant livraison de la marchandise, il avait adhéré au contrat[705]. Autrement dit, la clause d'arbitrage ne lui était opposable que s'il l'avait formellement acceptée. Toutefois, deux arrêts plus récents, rendus respectivement par la chambre commerciale et la première chambre civile de la Cour de cassation, semblent marquer un rapprochement des positions de ces deux chambres dans un sens favorable à une solution plus libérale. À propos de différends opposant le destinataire de la marchandise au transporteur, les

701. Paris, 22 mai 2008, *Abela Foundation, D.* 2008, p. 3117, obs. Th. Clay ; *JCP* G 2008, I, 222, nº 7 et s., obs. Ch. Seraglini ; *Rev. arb.* 2008, p. 730, note F.-X. Train ; J.-B. Racine, « L'affaire Abela ou les vicissitudes du contrôle de la compétence arbitrale », *Cah. arb.*, vol. V, Pedone 2011, p. 187 ; maintenu par Cass. 1re civ., 6 oct. 2010, *D.* 2010, p. 2943, obs. Th. Clay ; *JCP* G 2010, p. 1028, note P. Chevalier, et p. 1286, nº 6, obs. J. Ortscheidt ; *Rev. arb.* 2010, p. 813, note F.-X. Train ; *Cah. arb.* 2011, p. 443, note J.-B. Racine ; *RCDIP* 2011, p. 85, note F. Jault-Seseke.

702. Sur l'arbitrage multipartite et les difficultés qu'il peut engendrer, notamment quant à la constitution du tribunal arbitral, v. *infra*, nº 770 et s.

703. Sur ce point, v. *supra*, nº 200 et nº 206. Plus généralement, sur la réforme de l'article 2061 du Code civil, v. *supra*, nº 129 et s.

704. Sur cette exclusion de l'article 2061 du Code civil en matière internationale, v. *supra*, nº 134.

705. Cass. com., 29 nov. 1994, *DMF* 1995, p. 218, obs. Y. Tassel ; Cass. com., 20 juin 1995, *Rev. arb.* 1995, p. 622, note J.-L. Goutal ; Cass. com., 8 oct. 2003, *Rev. arb.* 2004, p. 77, note O. Cachard ; *JDI* 2004, p. 1187 (1re esp.), note S. Sana-Chaillé de Néré ; *RCDIP* 2005, p. 763 (1re esp.), note F. Jault-Seseke.

deux arrêts ont en effet approuvé les juges du fond de s'être déclarés incompétents et d'avoir renvoyé les parties à l'arbitrage, au vu de la clause compromissoire stipulée dans le connaissement[706]. Certes, ces deux arrêts se bornent à mettre en œuvre l'effet négatif du principe de Compétence-Compétence[707], en décidant que la question de l'opposabilité de la clause compromissoire au destinataire doit être appréciée par le tribunal arbitral. Ils ne se prononcent donc pas directement sur la question de savoir si la clause compromissoire du connaissement est par principe, et sans caractérisation d'un consentement spécial, opposable au destinataire. En conséquence, il pourrait paraître hâtif d'en tirer un enseignement définitif sur ce dernier point. Néanmoins, une solution libérale de la première chambre civile en la matière ne fait guère de doute, cette chambre déclarant d'ailleurs « qu'il est habituel qu'une clause d'arbitrage international soit insérée dans un contrat de transport maritime international », laissant ainsi entendre que le consentement du destinataire doit être présumé. En revanche, au vu de la motivation de son arrêt, la position exacte de la chambre commerciale, au-delà de la mise en œuvre du principe de Compétence-Compétence, reste plus incertaine. En tout cas, il semble que c'était bien la première fois que cette chambre acceptait de faire jouer le principe de Compétence-Compétence sur cette question, ce qui marque une certaine évolution de sa position et obligera dorénavant le destinataire à aller à l'arbitrage pour savoir si la clause d'arbitrage lui est opposable.

§ 3. LA CIRCULATION JURIDIQUE DE LA CONVENTION D'ARBITRAGE INTERNATIONALE

724 **Données du problème.** La question de la « circulation juridique » de la convention d'arbitrage est différente de celle, précédemment examinée, de son extension, en dehors de tout mécanisme de transmission des obligations, à des personnes qui ne l'ont pas conclue. Elle consiste à se demander si et, le cas échéant, à quelles conditions, une convention d'arbitrage peut faire l'objet d'un transfert à un tiers, autrement dit d'une transmission juridique[708]. Elle concerne au premier chef les opérations translatives de droits, notamment les hypothèses de cession de contrats ou de créance,

706. Cass. 1re civ., 22 nov. 2005, *Rev. arb.* 2006, p. 437, note O. Cachard ; *JDI* 2006, p. 622 (1re esp.), note C. Legros ; *RCDIP* 2006, p. 606 (1re esp.), note F. Jault-Seseke ; *JCP* G 2006, I, 148, n° 5, obs. J. Béguin ; *JCP* G 2006, II, 10206, note C. Humann ; *D.* 2007, p. 111, n° III-A, obs. H. Kenfack ; *D.* 2006, p. 3026, n° I-C, obs. Th. Clay ; et Cass. com., 21 févr. 2006, *Rev. arb.* 2006, p. 943 ; *JDI* 2006, p. 622 (2e esp.), note C. Legros ; *RCDIP* 2006, p. 606 (2e esp.), note F. Jault-Seseke ; *DMF* 2006, p. 379, note Ph. Delebecque ; *JCP* G 2007, I, 216, n° 3, obs. J. Béguin ; *D.* 2007, p. 111, n° III-A, obs. H. Kenfack ; *D.* 2006, p. 3026, n° I-C, obs. Th. Clay ; v. aussi, Ch. Kaplan, « Les clauses d'arbitrage en transport maritime : chronique d'un rapprochement (Réflexions sur l'arrêt Lindos) », *Cah. arb.*, vol. IV, Pedone, 2008, p. 40.

707. Sur ce principe, v. *supra*, n° 688 et s.

708. Sur la question, v. Ph. Delebecque, « La transmission de la clause compromissoire », *Rev. arb.* 1991, p. 19 ; D. Girsberger et Ch. Hausmaninger, « Assignment of Rights and Agreement to Arbitrate », *Arb. Int.* 1992, p. 121 ; J.-P. Goutal, « L'arbitrage et les tiers : le droit des contrats », *Rev. arb.* 1988, p. 439 ; C. Legros, *L'arbitrage et les opérations juridiques à trois personnes*, thèse Paris II, 1999 ; X. Y. Li, *La transmission et l'extension de la clause compromissoire dans l'arbitrage international*, thèse Dijon, 1993 ; É. Loquin, « Différences et convergences dans le régime de la transmission et de l'extension de la clause compromissoire devant les juridictions françaises », *Cah. arb.*, vol. II, *Gaz. Pal.* éd., 2004, p. 49 ; P. Mayer, « La "circulation" des conventions d'arbitrage », *JDI* 2005, p. 253 ; F.-X. Train, *Les contrats liés devant l'arbitre du commerce international*, LGDJ, 2003, t. 395.

de subrogation, ou encore de fusion de sociétés. Ainsi, la transmission d'un contrat, ou de droits nés de ce contrat, emporte-t-elle transmission de la clause compromissoire qui y est stipulée ? Elle concerne également, en droit français à tout le moins, les chaînes de contrats translatives de propriété, dès lors que la jurisprudence française admet la transmission d'une action de nature contractuelle entre les différents intervenants de la chaîne. En ce cas, la clause compromissoire est-elle également transmise ? Dans tous les cas, la jurisprudence française apporte une réponse positive à cette question.

725 **Droit applicable à la transmission de la convention d'arbitrage internationale.** Quel que soit le mécanisme juridique par lequel la transmission des droits contractuels s'opère, la question de la loi applicable à l'éventuelle transmission consécutive de la convention d'arbitrage internationale pourrait sembler dans tous les cas épineuse. Tout d'abord, il faudrait probablement distinguer les cas de transmission légale des droits[709] des cas de transmission conventionnelle de ceux-ci. Ensuite, si l'on s'en tient à la seule transmission conventionnelle des droits, on peut hésiter à soumettre la question de l'éventuelle transmission consécutive de la clause d'arbitrage à la loi propre de cette clause, au nom de son indépendance par rapport au contrat principal, ou à la loi régissant le mécanisme de transmission des droits cédés, qui sera généralement la loi applicable au contrat dont ces droits résultent, puisque la clause pourra être considérée comme transmise en raison justement de la transmission des droits substantiels nés de ce contrat, en tant qu'accessoire[710]. Enfin, et si l'on opte pour la première solution, il faudrait logiquement néanmoins interroger la loi applicable à la transmission des droits substantiels transmis, pour vérifier que cette loi retient en l'espèce la transmission des droits substantiels, avant d'interroger, le cas échéant, la loi applicable à la convention d'arbitrage, pour voir si elle admet en ce cas la transmission de la convention d'arbitrage. Dans cette dernière étape, on retrouvera en tout cas le délicat problème de la détermination exacte de la loi applicable à une convention d'arbitrage[711].

Toutefois, en droit français, cet épineux problème de détermination de la loi applicable à la transmission d'une convention d'arbitrage internationale ne se pose pas vraiment. En effet, conformément à la logique de la jurisprudence *Dalico*[712], les juges français soumettent la question de la transmission d'une convention d'arbitrage internationale à une règle matérielle du droit français de l'arbitrage international qu'ils ont eux-mêmes progressivement élaborée. À cet égard, la cour d'appel de Paris a clairement indiqué que « la transmission d'une clause d'arbitrage international est régie par une règle matérielle du droit français de l'arbitrage et n'est pas soumise au jeu du conflit de lois »[713].

726 **Portée générale de la règle matérielle française de transmission de la convention d'arbitrage internationale.** La règle matérielle élaborée par la jurisprudence

709. Transmission successorale, subrogation légale ; sur lesquelles, v. Ph. Fouchard, E. Gaillard, B. Goldman, *Traité de l'arbitrage commercial international*, Litec, 1996, n°s 701 et s., p. 438.

710. Plus exactement en tant qu'accessoire au second degré selon la doctrine et la jurisprudence françaises, c'est-à-dire en tant qu'accessoire du droit d'action, lui-même accessoire des droits substantiels cédés ; sur ce point, v. *infra*, n° 728.

711. Sur les difficultés de détermination de la loi applicable à une convention d'arbitrage internationale, v. *supra*, n° 586 et s.

712. Sur laquelle, v. *supra*, n° 594 et s.

713. Paris, 19 déc. 2008, *Rev. arb.* 2009, p. 430 ; v. déjà, moins sobrement mais dans le même sens, Paris, 17 nov. 1998, *RTD com.* 1999, p. 377, obs. É. Loquin.

française semble avoir aujourd'hui une portée générale, et s'appliquer quel que soit le mécanisme de transmission des droits substantiels en cause : cession de créance, cession de contrat, subrogation, ou autre[714]. En effet, la Cour de cassation retient, par une formule très générale, que « la clause d'arbitrage international s'impose à toute partie venant aux droits de l'un des contractants »[715]. On sait que la solution a d'ailleurs été étendue à l'arbitrage interne[716].

Pendant un temps, on a considéré que la transmission conventionnelle de la convention d'arbitrage supposait le consentement du nouveau partenaire, même si ce consentement était présumé dès lors qu'il acceptait la transmission des droits substantiels[717]. Cependant, la jurisprudence actuelle paraît bien plutôt se fonder sur un mécanisme purement objectif de transmission de la convention d'arbitrage, sans référence à l'acceptation, même tacite, du bénéficiaire de la transmission des droits substantiels. Elle paraît considérer que l'acceptation du bénéfice des droits substantiels transmis emporte automatiquement et inéluctablement transmission de la convention d'arbitrage, modalité incontournable du droit d'action attaché à ces droits substantiels, puisque cette convention est transmise en tant qu'accessoire du droit d'action, lui-même accessoire du droit substantiel transmis[718]. Cette transmission objective de la convention d'arbitrage, découlant de la transmission des droits substantiels, s'imposera également au cocontractant initial, généralement non impliqué dans l'opération de transmission, de celui qui a vu quelqu'un lui succéder. Si la jurisprudence semble poser une limite à cette transmission automatique lorsque la convention d'arbitrage elle-même avait été conclue *intuitu personae* par les parties initiales[719], il sera en réalité très difficile d'établir ce caractère *intuitu personae*, à tout le moins lorsqu'il n'aura pas été expressément stipulé, c'est-à-dire dans la très grande majorité des cas. En effet, il faudrait alors que la

714. Toutefois, quelques incertitudes demeurent quant à la circulation de la convention d'arbitrage dans les opérations non translatives de droit, tels la stipulation pour autrui, la substitution, le cautionnement, ou encore la garantie autonome ; sur ces incertitudes, v. É. Loquin, *L'arbitrage du commerce international*, in *Lamy Pratique des contrats internationaux*, Livre X, 2001, n°s 139 et s., p. 64 ; v. aussi, dans le cadre de l'étude de l'arbitrage interne, *supra*, n° 201 et s.

715. Cass. 1re civ., 8 févr. 2000, *Taurus Films*, *Rev. arb.* 2000, p. 280, note P.-Y. Gautier ; *RCDIP* 2000, p. 763, note N. Coipel-Cordonnier ; *RTD com.* 2000, p. 596, obs. É. Loquin. Et déjà, pour la cession de créance : Cass. 1re civ., 5 janv. 1999 et 19 oct. 1999, *Rev. arb.* 2000, p. 85, note D. Cohen ; *RCDIP* 1999, p. 832, note E. Pataut ; *JDI* 1999, p. 787, note S. Poillot-Peruzzetto (« La clause d'arbitrage international, valable par le seul effet de la volonté des contractants, est transmise au cessionnaire avec la créance, telle que cette créance existe dans les rapports entre le cédant et le débiteur cédé. ») ; pour la cession de contrat : Paris, 28 janv. 1988, *JDI* 1989, p. 1021, note É. Loquin (« Une telle cession implique nécessairement transmission par le cédant au cessionnaire du bénéfice de la clause d'arbitrage indissociable de l'économie du contrat. ») ; pour la subrogation : Paris, 13 nov. 1992, *Rev. arb.* 1993, p. 632, note J.-L. Goutal ; Paris, 6 févr. 1997, *Rev. arb.* 1997, p. 556, note P. Mayer (« par l'effet translatif de la subrogation d'une compagnie d'assurances dans les droits et actions de son assuré, la clause compromissoire est transmise à l'assureur avec la créance et les droits de l'assuré dont elle constitue une modalité » ; la cour considère par ailleurs que, du fait de la subrogation intervenue en cours d'instance arbitrale, la compagnie d'assurances n'est pas une partie nouvelle dans cette procédure d'arbitrage mais s'y substitue à la partie qu'elle a payée, avec la même position procédurale).

716. V. *supra*, n° 208.

717. En ce sens, Ph. Fouchard, E. Gaillard, B. Goldman, *Traité de l'arbitrage commercial international*, Litec, 1996, n° 707, p. 441.

718. Sur ce point, v. *infra*, n° 728.

719. Cass. 1re civ., 28 mai 2002, *Cimat*, *Rev. arb.* 2003, p. 397, note D. Cohen ; *RCDIP* 2002, p. 758, note N. Coipel-Cordonnier ; *RTD com.* 2002, p. 667, obs. É. Loquin ; *D.* 2003, som., p. 2471, obs. Th. Clay ; *JCP* G 2003, I, 105, n° 10, obs. Ch. Seraglini.

partie qui invoque le caractère *intuitu personae* démontre que la convention d'arbitrage avait été conclue en considération de la personne du partenaire initial, démonstration bien difficile alors que le recours à l'arbitrage est pour le moins usuel dans le commerce international.

727 **Le cas particulier des chaînes de contrats.** L'application de cette règle de transmission de la clause d'arbitrage internationale a paru, un temps, plus incertaine dans le cas des chaînes de contrats translatives de propriété. Il est vrai qu'elle pouvait apparaître problématique dans un contexte international, dès lors que le droit français reste relativement isolé en droit comparé dans sa reconnaissance d'une transmission aux sous-acquéreurs des actions contractuelles nées du contrat initial en tant qu'accessoires de la chose transmise[720]. Imposer, dans ces situations, la transmission de la convention d'arbitrage au titre d'une règle matérielle, et donc éventuellement à des parties qui n'ont que peu de liens avec la France[721], pouvait sembler excessif. Pourtant, après avoir retenu une solution contraire[722], la Cour de cassation a finalement décidé, dans un arrêt *Peavey* rendu en 2001, que « dans une chaîne homogène de contrats translatifs de marchandises, la clause d'arbitrage international se transmet avec l'action contractuelle, sauf preuve de l'ignorance raisonnable de l'existence de cette clause »[723]. Si la solution semblait s'inscrire dans la logique du droit français à l'égard des chaînes de contrats translatives, la formule relativement restrictive retenue dans cet arrêt suscitait néanmoins plusieurs interrogations. Tout d'abord, en visant les seules « chaînes homogènes », elle semblait exclure l'application de la solution aux chaînes hétérogènes translatives. De la même manière, on pouvait se demander si la solution était bien limitée au cas des « marchandises », seules visées par l'arrêt. Ensuite, on pouvait s'étonner de la présence d'une limite à la transmission de la clause d'arbitrage en cas de « preuve de l'ignorance raisonnable de l'existence de cette clause » par celui auquel on prétend l'opposer, à propos d'un mécanisme de transmission qui paraissait, à tous autres égards, objectif. Si la clause d'arbitrage se transmet avec l'action contractuelle de façon objective, en tant qu'accessoire, en quoi le consentement ou l'ignorance de l'acquéreur final importeraient-ils ? Au-delà, compte tenu de l'isolement du droit français en matière de chaîne de contrats, c'est l'opportunité même d'appliquer la solution retenue dans l'arrêt *Peavey* à des arbitrages internationaux qui pouvait être questionnée[724]. La plupart de ces interrogations ont été levées par un arrêt *ABS* rendu par la Cour de cassation le 27 mars 2007[725]. Suivant la même démarche que dans l'arrêt *Peavey*, la Cour de cassation pose

720. ass. plén., 7 févr. 1986, *D.* 1986, p. 293, note A. BÉNABENT.

721. Par exemple simplement parce que la France est le siège de l'arbitrage et qu'en conséquence, le juge français est saisi en tant que juge de l'annulation de la sentence.

722. Cass. 1re civ., 6 nov. 1990, *Fraser*, *Rev. arb.* 1991, p. 73, et l'article de Ph. DELEBECQUE, « La transmission de la clause compromissoire », p. 19.

723. Cass. 1re civ., 6 févr. 2001, *Peavey*, *Rev. arb.* 2001, p. 765, note D. COHEN ; *D.* 2001, som., p. 1135, obs. Ph. DELEBECQUE ; *JCP* G 2001, II, 10567, note C. LEGROS ; *RCDIP* 2001, p. 522, note F. JAULT-SESEKE ; *RTD com.* 2001, p. 413, obs. É. LOQUIN ; Ch. SERAGLINI, « Le transfert de la clause compromissoire dans les chaînes de contrats après l'arrêt *Peavey* », *Cah. arb.*, vol. I, *Gaz. Pal.* éd., 2002, p. 87.

724. Pour une appréciation critique plus détaillée de la solution, v. Ch. SERAGLINI, « Le transfert de la clause compromissoire dans les chaînes de contrats après l'arrêt *Peavey* », préc.

725. Cass. 1re civ., 27 mars 2007, *stés ABS et AGF Iart c/ sté Amcor Technology et a.*, *JCP* G 2007, I, 168, nº 11 et s., obs. Ch. SERAGLINI ; *ibid.*, II, 10118, note C. GOHLEN ; *D.* 2007, p. 2077, note S. BOLLÉE, et pan. 180, spéc. 184, obs. Th. CLAY ; *JDI* 2007, p. 968, note C. LEGROS ; *Rev. arb.* 2007, p. 785, note J. EL ADHAB ; *RCDIP* 2007, p. 798, note F. JAULT-SESEKE ; *RTD com.* 2007, p. 677, obs. É. LOQUIN ; F.-X. TRAIN, « Action directe et arbitrage – à propos de l'arrêt *ABS* du 27 mars 2007 », *Cah. arb.*, vol. IV, Pedone, 2008,

une règle matérielle du droit français de l'arbitrage international, excluant ainsi le jeu des règles de conflit de lois, selon laquelle, « dans une chaîne de contrats translatifs de propriété, la clause compromissoire est transmise de façon automatique en tant qu'accessoire du droit d'action, lui-même accessoire du droit substantiel transmis, sans incidence du caractère homogène ou hétérogène de cette chaîne ». Ainsi, le domaine d'application de la règle concerne bien toute chaîne contractuelle translative de propriété, qu'elle soit homogène ou hétérogène, et va au-delà du seul cas des « marchandises ». Par ailleurs, la transmission est bien objective et « automatique », si bien que la connaissance ou l'ignorance raisonnable de l'existence de la clause par le destinataire final n'est, en toute logique, plus évoquée. Enfin, le fondement de la solution est expressément mentionné : la clause est transmise en tant qu'accessoire au second degré, plus précisément en tant qu'accessoire du droit d'action, lui-même accessoire du droit substantiel transmis. La Cour de cassation reprend ici une analyse doctrinale[726].

Ainsi, la solution en matière de chaînes contractuelles translatives de propriété paraît bien s'être définitivement rapprochée du principe général de transmission de la convention d'arbitrage internationale par ailleurs dégagé par la Cour de cassation[727]. On pourra cependant continuer à s'interroger sur la pertinence de la solution dans l'arbitrage international, au regard du préalable qui la justifie, à savoir la transmission de l'action contractuelle entre les différents maillons de la chaîne. On sait en effet que le droit français reste relativement isolé en droit comparé sur ce dernier point, et que la Cour de justice de l'Union européenne retient au contraire la qualification délictuelle pour l'action du sous-acquéreur contre le fabricant ou le vendeur initial dans le cadre de la Convention de Bruxelles du 27 septembre 1968 (aujourd'hui Règlement du 12 décembre 2012)[728]. Aussi, convenait-il vraiment d'imposer la transmission de la clause d'arbitrage internationale dans les chaînes translatives de propriété, en vertu d'une règle matérielle systématiquement appliquée par un juge français qui serait saisi à un titre ou un autre de la question[729], alors même que la situation litigieuse n'aurait par ailleurs que peu de liens avec la France ? L'arbitre siégeant en France devra-t-il se conformer à cette solution, afin d'éviter l'annulation de sa sentence, quitte à compromettre l'exécution de celle-ci dans les autres pays, majoritaires et peut-être plus intéressés au litige, qui ne retiennent pas une telle transmission ? Par ailleurs, comment articuler cette clause d'arbitrage ainsi transmise avec les autres clauses de règlement des litiges pouvant intervenir dans les autres contrats de la chaîne, notamment si l'acquéreur final assigne l'ensemble des intervenants de la chaîne ? Quels seront les champs d'application respectifs de chacune des clauses ? L'une aura-t-elle priorité sur les

p. 30. Et depuis, Cass. 1re civ., 9 janv. 2008, *RCDIP* 2008, p. 129, note H. Muir Watt. V. plus récemment, Cass. 1re civ., 9 juill. 2014, *Cah. arb.* 2015, p. 71, note Th. Tomasi.

726. É. Loquin, « Différences et convergences dans le régime de la transmission et de l'extension de la clause compromissoire devant les juridictions françaises », *Cah. arb.*, vol. II, *Gaz. Pal.* éd. 2004, p. 49. Sur cette analyse, v. *infra*, n° 728.

727. Sur ce principe, v. *supra*, n° 726.

728. CJCE, 17 juin 1992, *Jakob Handte*, *RCDIP* 1992, p. 726, note H. Gaudemet-Tallon. V. plus récemment, CJUE, 7 févr. 2013, *Refcomp*, *JDI* 2013, comm. 20, p. 1201, note S. Clavel ; *RTD com.* 2013, p. 384, note Ph. Delebecque ; *D.* 2013, p. 1110, note S. Bollée ; *JCP* G 2013, 516, note Ph. Guez : inopposabilité de la clause attributive de juridiction conclue entre le fabricant et l'acquéreur initial d'un bien au sous-acquéreur qui souhaite engager une action en responsabilité à l'encontre du fabricant, sauf s'il est établi que ce sous-acquéreur a donné son consentement effectif à l'égard de ladite clause.

729. Par exemple, simplement en tant que juge du siège de l'arbitrage et dans le cadre d'un recours en annulation contre la sentence.

autres[730] ? En tout état de cause, est-il judicieux d'imposer ainsi une clause d'arbitrage internationale à l'acquéreur final lorsque celui-ci est un consommateur[731] ?

Par ailleurs, on peut se demander si la solution retenue par l'arrêt *ABS*, qui admet la transmission de la clause d'arbitrage internationale dans les chaînes translatives et semble ainsi l'écarter dans les chaînes non translatives, n'est pas rendue obsolète, ou au moins quelque peu inutile, par la solution posée par la jurisprudence française en matière d'extension de la clause d'arbitrage internationale au tiers « directement impliqué » dans l'exécution du contrat[732]. En effet, tous les acteurs de la chaîne, qu'elle soit translative ou non, ne doivent-ils pas être considérés comme « directement impliqués » dans l'ensemble contractuel constitué par cette chaîne ? Plus généralement, si la convention d'arbitrage ne devrait pas être, à strictement parler, « transmise » dans les opérations non translatives de droits, la jurisprudence ne tendra-t-elle pas à faire application, dans ces hypothèses, de sa solution relative à l'extension de la convention d'arbitrage internationale au tiers « directement impliqué » ?

728 **Justification doctrinale et jurisprudentielle de la transmission de la convention d'arbitrage.** Très tôt, la doctrine a cherché à justifier la transmission de la convention d'arbitrage dans les opérations translatives de droits substantiels. Pour ce faire, elle a d'abord avancé l'idée, pourtant *a priori* difficilement conciliable avec le principe d'autonomie de la clause d'arbitrage par rapport au contrat principal[733], que cette clause est indissociable de l'économie de ce contrat et est, à ce titre, un accessoire ou une modalité des droits substantiels transmis. Cependant, certains auteurs ont affiné le propos en avançant que la clause d'arbitrage est une modalité, un accessoire, du droit d'action, lui-même accessoire de la créance ou du droit réel que cette action protège et qui a été transmis ; la clause d'arbitrage est donc transmise en tant qu'accessoire « au second degré ». Ainsi, M. Loquin expose : « La clause compromissoire est transmise en tant qu'accessoire du droit d'action, car lui-même est dans un rapport d'accessoire et de principal avec le droit substantiel qu'il sert. Il en résulte qu'il suit nécessairement le droit substantiel transmis. Ainsi, la transmission de la clause compromissoire est la conséquence d'un double rapport d'accessoire à principal. La clause compromissoire suit le droit d'action qui suit lui-même le droit substantiel [...]. Pour cette raison, le caractère autonome de la clause compromissoire n'est pas un obstacle à sa transmission. Si la clause compromissoire est autonome par rapport aux droits subjectifs substantiels créés par le contrat principal, elle est en situation d'accessoire à l'égard du droit d'agir en justice servant les droits substantiels »[734]. C'est, semble-t-il, également la justification aujourd'hui retenue par la jurisprudence française.

730. Pour un exemple de ce type de situations, v. Cass. 1re civ., 9 juill. 2014, *Cah. arb.* 2015, p. 71, note Th. Tomasi (présence d'une clause attributive de juridiction dans le dernier contrat de la chaîne).

731. Plus généralement, sur les difficultés engendrées par cette solution en matière d'arbitrage international, v. Ch. Seraglini, « Le transfert de la clause compromissoire dans les chaînes de contrats après l'arrêt *Peavey* », préc., spéc. n° 32 et s. ; F.-X. Train, « Action directe et arbitrage – à propos de l'arrêt *ABS* du 27 mars 2007 », préc., spéc. n° 19 et s.

732. Sur cette solution, v. *supra*, n° 722.

733. V., tentant de justifier la compatibilité des deux principes d'autonomie et d'accessoire, Paris, 10 sept. 2003, *Rev. arb.* 2004, p. 623, note L. Aynès.

734. É. Loquin, *J. Cl. Proc. Civ.*, fasc. 1020, n° 145 ; v. également, du même auteur, « Différences et convergences dans le régime de la transmission et de l'extension de la clause compromissoire devant les juridictions françaises », *Cah. arb.*, vol. II, *Gaz. Pal.* éd., 2004, p. 49, spéc. n° 14 et s. ; et aussi, C. Legros, *L'arbitrage et les opérations juridiques à trois personnes*, thèse Rouen, 1999.

La jurisprudence a toutefois connu quelques flottements pour justifier la transmission de la convention d'arbitrage dans les opérations translatives de droits[735]. Ainsi, en 2003, la cour d'appel de Paris l'expliquait en énonçant : « Son caractère accessoire indissociable de sa qualité de clause contractuelle explique que la clause compromissoire ait la même faculté de circulation que les autres stipulations du contrat et qu'elle ne puisse être séparée des autres dispositions qui régissent la créance litigieuse en cas de cession de celle-ci »[736]. Pour réconcilier cette solution avec le principe d'autonomie de la clause compromissoire affirmé par ailleurs[737], la cour ajoutait : « Sa dimension juridictionnelle explique la séparabilité de la clause compromissoire du contrat qui la contient pour tout ce qui concerne son existence, sa validité et sa force obligatoire, c'est-à-dire son efficacité ». Elle concluait ainsi : « Le principe de séparabilité conforme aux prévisions raisonnables des parties en obligeant celles-ci à déférer à l'arbitre tout litige susceptible de naître du contrat, y compris les demandes qui visent à remettre en cause son existence même, n'est pas contradictoire avec la dimension contractuelle de la clause compromissoire ». En résumé, la nature contractuelle de la clause compromissoire fondait son caractère accessoire, et donc sa transmission, alors que sa nature juridictionnelle justifiait sa séparabilité par rapport au contrat. Le raisonnement pouvait ne pas totalement convaincre. D'ailleurs, la Cour de cassation semble aujourd'hui avoir plutôt fait sienne l'explication doctrinale selon laquelle la convention d'arbitrage est transmise en tant qu'accessoire du droit d'action, lui-même accessoire du droit substantiel transmis[738].

Autrement dit, celui qui reçoit un droit substantiel par une opération translative reçoit également, afin de faire valoir ce droit en justice, le droit d'action qui lui est attaché ; mais il reçoit nécessairement ce droit d'action avec les modalités qui peuvent l'affecter, et en particulier avec la clause d'arbitrage éventuellement stipulée qui aura configuré ce droit d'action. Dans ces conditions, la notion de « transmission » de la clause d'arbitrage pourrait paraître impropre à décrire parfaitement le phénomène, dans la mesure où la clause sera toujours opposable au cédant lorsque celui-ci n'aura pas cédé la totalité des droits. Comme le souligne par exemple M. Mayer à propos d'une chaîne de contrats translative[739], le vendeur intermédiaire transmet, non pas la clause d'arbitrage par laquelle il reste lié pour les autres droits et actions nés du contrat avec son vendeur, mais seulement un droit d'action, accessoire du droit substantiel transmis, dont la clause est une modalité l'ayant définitivement configuré et qui produira donc ses effets. En effet, en application de la règle *nemo plus juris*, le cédant ne peut transmettre que le droit d'action dont il dispose lui-même, donc affecté des mêmes modalités. Il conviendrait donc plutôt de parler de « transmission du droit d'action configuré par la clause d'arbitrage ». Dans le même ordre d'idées, d'autres auteurs[740] estiment que la clause d'arbitrage est un élément du cadre normatif donné par les parties

735. Sur ces hésitations, v. É. Loquin, « Différences et convergences dans le régime de la transmission et de l'extension de la clause compromissoire devant les juridictions françaises », préc., spéc. n° 10 et s.

736. Paris, 10 sept. 2003, préc.

737. Sur ce principe, v. *supra*, n° 610 et s.

738. Cass. 1re civ., 27 mars 2007, *Stés ABS et AGF Iart c/ Sté Amkor Technology et a.*, *JCP* G 2007, II, 10118, note C. Gohlen ; *ibid.*, I, 168, nos 11 et s., obs. Ch. Seraglini ; *D.* 2007, p. 2077, note S. Bollée, et pan. 180, spéc. 184, obs. Th. Clay ; *RTD com.* 2007, p. 677, obs. É. Loquin ; *JDI* 2007, p. 968, note C. Legros ; *Rev. arb.* 2007, p. 785, note J. El Adhab ; *RCDIP* 2007, p. 798, note F. Jault-Seseke ; F.-X. Train, « Action directe et arbitrage –À propos de l'arrêt *ABS* du 27 mars 2007 », *Cah. arb.*, vol. IV, Pedone, 2008, p. 30.

739. P. Mayer, « La circulation des conventions d'arbitrage », *JDI* 2005, p. 251, spéc. n° 7 et s.

740. P. Ancel, « Arbitrage et novation », *Rev. arb.* 2002, p. 3, spéc. n° 20.

à leur relation ; elle est donc transmise avec les créances nées du contrat ou avec celui-ci, non pas parce qu'elle en est un accessoire, mais parce que, comme les autres éléments du cadre contractuel, elle contribue à configurer les créances nées du contrat. Autrement dit, la créance née du contrat se trouve configurée par les clauses et conditions figurant dans le contrat originaire et est donc transmise dans cet état au cessionnaire.

En droit comparé, si le fondement donné à la solution n'apparaît pas toujours être absolument identique selon les droits étatiques, il semble bien que la transmission de la convention d'arbitrage à celui qui succède à une partie liée par celle-ci soit une solution relativement répandue[741]. Certains droits y apportent des limites, et particulièrement l'éventuel *intuitu personae* qui s'attacherait à la convention d'arbitrage convenue, mais qui semble davantage constituer une limite théorique, rarement retenue en pratique[742].

729 **Une transmission de la convention d'arbitrage internationale détachée de celle des droits substantiels ?** De façon quelque peu troublante, la Cour de cassation a décidé « qu'en matière internationale, la clause d'arbitrage, juridiquement indépendante du contrat principal, est transmise avec lui, quelle que soit la validité de la transmission des droits substantiels »[743]. La solution a probablement été motivée par le souci de permettre aux arbitres de juger eux-mêmes de la validité de la transmission des droits substantiels. En effet, dans cette affaire, il était soutenu par le cédé que la convention de cession était irrégulière, de sorte que le cessionnaire ne pouvait se prévaloir de la clause d'arbitrage. Or, en application de cet arrêt, la nullité alléguée de la transmission des droits substantiels ne pourra pas faire échec au jeu de l'effet négatif du principe de Compétence-Compétence[744]. Cependant, la solution retenue par l'arrêt risque de conduire à admettre la cession de la convention d'arbitrage alors même que le tribunal arbitral pourrait finalement rejeter celle des droits substantiels. On oblige ainsi le supposé cessionnaire des droits substantiels à aller devant l'arbitre pour se voir finalement dire par celui-ci, et par une décision qui aura autorité de chose jugée, qu'il n'a aucunement succédé au titulaire initial des droits substantiels, alors même qu'il lui a succédé dans la titularité de la clause d'arbitrage et que la transmission des droits substantiels était supposée justifier celle de la clause d'arbitrage ! Surtout, on devra alors s'interroger : le prétendu cédant, qui a finalement conservé les droits substantiels, est-il encore lié par la clause d'arbitrage qui, si on suit la Cour de cassation, a quant à elle bien été transmise au prétendu cessionnaire ? Un chemin pavé de bonnes intentions peut conduire à une solution peu satisfaisante. Même si l'intention de la Haute juridiction était

741. P. Mayer, « La "circulation" des conventions d'arbitrage », préc., spéc. n° 3 et s., qui fait toutefois état de l'exception en droit italien.

742. V. P. Mayer, « La "circulation" des conventions d'arbitrage », préc., spéc. n° 11 et s. ; en France, la limite a été évoquée, et non retenue en l'espèce, dans l'arrêt *Cimat* : Cass. 1re civ., 28 mai 2002, *Rev. arb.* 2003, p. 397, note D. Cohen ; *RCDIP* 2002, p. 758, note N. Coipel-Cordonnier ; *RTD com.* 2002, p. 667, obs. É. Loquin ; *D.* 2003, som., p. 2471, obs. Th. Clay ; *JCP* G 2003, I, 105, n° 10, obs. Ch. Seraglini.

743. Cass. 1re civ., 28 mai 2002, *Cimat c/ SCA, Rev. arb.* 2003, p. 397, note D. Cohen ; *RCDIP* 2002, p. 758, note N. Coipel-Cordonnier ; *RTD com.* 2002, p. 667, obs. É. Loquin ; *D.* 2003, som., p. 2471, obs. Th. Clay ; *JCP* G 2003, I, 105, n° 10, obs. Ch. Seraglini. Et déjà, l'arrêt d'appel, Paris, 17 nov. 1998, *RTD com.* 1999, p. 377, obs. É. Loquin. La cour d'appel émettait toutefois une réserve, non expressément reprise par la Cour de cassation ; elle indiquait que si la clause d'arbitrage « se transmet accessoirement au contrat qui la contient ou aux droits nés de celui-ci, la validité de cette transmission n'est pas susceptible d'être affectée par les vices qui pourraient affecter la cession du droit substantiel, pourvu seulement que l'existence même de celle-ci soit constante », et relevait que « l'existence même de la cession n'est pas remise en cause [...] ».

744. Sur ce principe, v. *supra*, n° 688 et s.

louable, sa solution peut apparaître illogique et insatisfaisante. Au demeurant, elle ne semble nullement nécessaire. Pour répondre au souci pratique de permettre à un tribunal arbitral d'examiner la question de la validité de la transmission des droits substantiels, il serait plus simple, et tout aussi efficace, de se fonder sur le seul principe de Compétence-Compétence[745]. En vertu de ce dernier, le tribunal arbitral peut examiner cette question, ce qui évite les arguments présentés de façon dilatoire afin de bloquer l'instance arbitrale. En effet, la validité de la cession de la clause d'arbitrage étant liée à celle des droits substantiels, sa nullité éventuelle implique le plus souvent une analyse des données de l'espèce et est rarement manifeste ; aussi, dans la conception française du principe de Compétence-Compétence, il appartient logiquement au tribunal arbitral de trancher en premier cette question relative à son pouvoir juridictionnel[746]. Et s'il constate effectivement l'absence de transmission des droits substantiels, le tribunal arbitral pourra logiquement en tirer la conséquence que la clause d'arbitrage n'a, dès lors, pas davantage été transmise et, en conséquence, se déclarer incompétent[747].

745. Sur lequel, v. *supra*, n° 679 et s.

746. Art. 1465 CPC, applicable à l'arbitrage international par renvoi de l'art. 1506.3°.

747. V. d'ailleurs, semblant retenir une solution plus raisonnable, permettant au tribunal arbitral, pour se déclarer compétent ou incompétent, d'examiner à titre incident la validité de la cession dans la mesure où « pour apprécier sa compétence à l'égard du cessionnaire de l'une des parties à la convention d'arbitrage, le tribunal doit apprécier l'opposabilité de cette cession à l'autre partie, la compétence étant alors liée au fond », Paris, 24 juin 2014, *Rev. arb.* 2014, p. 800.

TITRE 2
L'INSTANCE ARBITRALE

730 **Concision des textes français relatifs à l'instance arbitrale internationale.** Comme on l'a déjà souligné[1], à l'inverse de la réglementation de l'arbitrage interne, celle applicable à une procédure arbitrale internationale est très concise, même si le décret nº 2011-48 du 13 janvier 2011 a sensiblement augmenté le nombre de dispositions qui lui sont spécifiquement consacrées par le Code de procédure civile. Cela dit, comme auparavant, les quelques règles aujourd'hui énoncées par les articles 1505 à 1513 du Code de procédure civile se réfèrent, pour l'essentiel, à la volonté des parties pour l'organisation de l'instance arbitrale, traduisant le constat, de fait, que cette instance est effectivement très largement le domaine de l'autonomie de la volonté des parties. Que ce soit pour la constitution du tribunal arbitral ou pour le déroulement de l'instance, les parties jouissent d'une très grande liberté. L'approche très libérale du droit français n'est d'ailleurs pas isolée ; elle s'impose très largement en droit comparé[2]. Le plus souvent en effet, les parties sont libres de choisir le droit applicable à la procédure arbitrale ou même de créer les règles qui lui seront applicables. Et, lorsque les parties n'utilisent pas cette faculté de modeler à leur gré la procédure, le tribunal arbitral se voit à son tour reconnaître un très grand pouvoir d'initiative pour l'organisation de l'instance arbitrale. Toutefois, comme dans la plupart des autres législations, cette liberté des parties et des arbitres connaît des limites en droit français. Certains principes essentiels de procédure s'imposent en effet à tout arbitrage.

Quoi qu'il en soit, si les rédacteurs du décret de 1981 avaient voulu montrer qu'un texte pouvait être concis, parfois, le leur l'était peut-être trop. Ce parti pris de sobriété, en vue de laisser la liberté des parties s'exprimer, présentait des inconvénients. Certaines questions relatives à l'instance, parce qu'elles affectent directement la fonction de juger, ne peuvent être totalement laissées à la liberté des parties. Il y en a d'autres que les parties oublient souvent d'envisager et de résoudre. Le silence des anciens textes pouvait alors apparaître fâcheux. Des opérateurs soucieux de prévisibilité des règles applicables pouvaient en effet reprocher au droit français de l'arbitrage international

1. V. *supra*, nº 580.

2. V. notamment, J.-F. Poudret, S. Besson, *Droit comparé de l'arbitrage international*, Bruylant, 2002, nº 525 et s., p. 484 et s. ; D. Hascher, « Principes et pratique de procédure dans l'arbitrage commercial international », *Rec. Cours La Haye*, 1999, p. 53 et s., spéc. p. 68 et s.

une trop grande concision. De plus, la jurisprudence française ayant heureusement œuvré pour combler le silence des textes, dans un sens généralement favorable à l'arbitrage international, le droit français de l'arbitrage international restait, en réalité, essentiellement jurisprudentiel. Il est d'ailleurs principalement l'œuvre de deux juridictions : la Cour de cassation d'abord, et plus précisément sa première chambre civile qui connaît de toutes les questions relatives à l'arbitrage[3] ; la cour d'appel de Paris ensuite, très souvent compétente pour connaître des recours contre les sentences rendues en France et de l'appel en matière d'exequatur[4]. Cette origine essentiellement jurisprudentielle du droit de l'arbitrage international affectait sa lisibilité pour un regard extérieur.

Sur ce point, le décret du 13 janvier 2011 a amélioré la situation. Tout d'abord, il a ajouté quelques règles écrites spécifiques à l'arbitrage international, consacrant au passage des solutions dégagées par la jurisprudence. Ensuite, il a clarifié un certain nombre d'autres dispositions. À titre d'exemple, d'un point de vue étranger, la référence à la loi française de procédure pour régir l'instance arbitrale pouvait être vue comme un moyen d'obtenir l'application des solutions libérales retenues par le droit français de l'arbitrage international. Or, en vertu de l'ancien article 1495 du Code de procédure civile, une référence à la loi française, sans autre précision, pouvait plutôt conduire à l'application des dispositions, beaucoup plus contraignantes, du droit français de l'arbitrage interne. Aussi, les parties qui souhaitaient voir appliquer à leur arbitrage le droit français dans sa version internationale et libérale, devaient l'exprimer clairement, ou se borner à en fixer le siège en France, sans désigner le droit français comme applicable à la procédure arbitrale. De son côté, l'article 1506 issu de la réforme de 2011 ne distingue plus selon que les parties ont choisi ou non la loi française de procédure pour régir l'instance arbitrale. Il énumère la liste des règles relatives à l'arbitrage interne qui s'appliquent aussi à l'arbitrage international, en indiquant clairement que, si les parties veulent y échapper, elles doivent le dire. Enfin, en procédant à un tel renvoi, l'article 1506 augmente au surplus de façon significative le nombre de dispositions applicables à une procédure arbitrale internationale.

Sous le bénéfice de ces observations[5], les questions que posent l'organisation et le déroulement de l'instance arbitrale internationale sont proches de celles rencontrées dans l'arbitrage interne. Cela tient surtout au caractère éphémère de la juridiction arbitrale, qui doit être constituée pour chaque nouveau litige. La procédure débute donc par la constitution du tribunal arbitral (chapitre 1), qui fait ensuite place à l'instance arbitrale proprement dite (chapitre 2).

3. Sur cette question, v. J. Ortscheidt, « Rôles et fonctions de la Cour de cassation », *Rev. arb.* 2018, p. 65.

4. Au sein de cette juridiction, c'est la Chambre 1 du Pôle 1 de la cour dont relèvent en principe les questions relatives à l'arbitrage. En France, la régulation de l'arbitrage international dépend ainsi d'un nombre très limité de magistrats.

5. Sur lesquelles et pour plus de détails, v. également *supra*, n° 580.

CHAPITRE 1
LA CONSTITUTION DU TRIBUNAL ARBITRAL

731 **Plan.** Les parties confient ponctuellement au tribunal arbitral la fonction de juger. Lorsque survient le litige, il faut donc désigner les arbitres, ce qui est une étape cruciale du processus arbitral (section 1). Comme pour l'arbitrage interne, c'est en effet d'abord du choix des arbitres que dépend la qualité de la sentence qui sera rendue et, par voie de conséquence, son accueil par les ordres juridiques dans lesquels elle a vocation à être exécutée. Parfois d'ailleurs, la désignation des arbitres est à ce point discutée qu'un juge, le juge d'appui, interviendra pour résoudre les difficultés. Une fois cette première étape franchie, lorsque les arbitres sont désignés, ils doivent encore accepter leur mission (section 2) pour que débute véritablement l'instance.

SECTION 1 LA DÉSIGNATION DES ARBITRES

732 **Division.** Même si le droit français de l'arbitrage international laisse une très grande liberté aux parties dans l'organisation de l'instance, comme la plupart des droits étrangers, il formule certaines exigences quant au choix de la personne appelée à exercer une mission juridictionnelle. *A priori*, la question de la loi applicable à cette question pourrait être posée : loi applicable à la procédure arbitrale, loi du siège du tribunal arbitral, dont les dispositions impératives ont une vocation naturelle à devoir être respectées, loi de l'institution d'arbitrage dont le règlement est applicable à la procédure arbitrale et fixe les obligations de l'arbitre et les modalités de désignation et, éventuellement, de récusation des arbitres[1] ? En pratique, chaque État a cependant tendance à raisonner, sur cette question, en termes de règles matérielles et à imposer ses propres vues, de sorte que le juge qui a à connaître de la difficulté applique sa loi : le juge du siège, en tant que juge d'appui saisi en cours de procédure arbitrale ou juge saisi du recours en annulation contre la sentence, appliquera sa loi ; le juge saisi d'une demande d'exequatur appliquera la sienne. S'agissant du droit français, certaines

1. En ce sens, Ph. Fouchard, E. Gaillard, B. Goldman, *Traité de l'arbitrage commercial international*, Litec, 1996, n° 1011, p. 576.

qualités sont requises pour être arbitre (§ 1). Les règles sont beaucoup plus libérales quant aux modalités de désignation (§ 2)[2].

§ 1. LES QUALITÉS REQUISES DES ARBITRES

733 **Subdivision.** Même si les textes français relatifs à l'arbitrage international ne formulent directement aucune exigence relative à la personne même de l'arbitre pressenti, parce qu'il est un juge[3], son choix n'est pas totalement libre : il doit remplir des qualités qui tiennent à sa personne (A) et qui sont liées à la fonction juridictionnelle qu'il va exercer (B). Plusieurs mécanismes sont mis en place pour s'assurer qu'il les réunit effectivement (C).

A. LES QUALITÉS ATTACHÉES À LA PERSONNE

734 **Faculté pour les parties de formuler des exigences particulières.** Les parties ont toujours la faculté de prévoir, directement dans la convention d'arbitrage ou en se référant à un règlement d'arbitrage, que certaines qualités particulières seront requises des arbitres qui devront être choisis en cas de litige[4]. Elles pourront ainsi poser des exigences en matière de nationalité des arbitres, notamment afin de s'assurer de leur neutralité[5]. Certains règlements d'arbitrage stipulent d'ailleurs que le troisième arbitre, ou l'arbitre unique, doit être d'une nationalité différente de celles des parties[6], la « neutralité géographique » de l'arbitre conservant une certaine importance psychologique et symbolique pour celles-ci[7]. Les litigants peuvent aussi exiger de l'arbitre une qualification professionnelle, juriste par exemple[8], ou des connaissances spécifiques[9]. Ils peuvent enfin s'engager à ne choisir que des personnes qui sont membres d'un organisme ou d'une association en particulier[10] ou qui figurent sur une liste fournie par un centre d'arbitrage[11]. De telles exigences doivent échapper aux principes de non-discrimination à l'embauche, les arbitres n'étant pas les

2. Sur la question plus générale du « statut » de l'arbitre, qui vise l'ensemble de ses droits et devoirs au cours de la procédure arbitrale, v. *supra*, n° 293 et s. et *infra*, n° 793 et s.

3. V. sur cette question, v. Th. Clay, *L'arbitre*, Dalloz, Nouvelle Bibliothèque de Thèses, 2001, n° 60 et s., p. 43 et s. ; Ch. Jarrosson, *La notion d'arbitrage*, LGDJ, 1987, n° 174 et s., p. 101 et s. ; S. Lazaref, « L'arbitre est-il un juge », in *Liber Amicorum Claude Reymond autour de l'arbitrage*, Litec, 2004, p. 173 ; B. Oppetit, *Théorie de l'arbitrage*, PUF, 1998, p. 19 et s.

4. E. Gaillard et P. de Lapasse, « Commentaire analytique du décret portant réforme du droit français de l'arbitrage », *Cah. arb.* 2011, p. 263, spéc. n° 87.

5. Paris, 25 nov. 2014, *Rev. arb.* 2014, p. 1041.

6. V. notamment, art. 9.5 du règlement CCI dans sa version applicable avant le 1er janv. 2012 ; art. 6.1 du règlement LCIA ; art. 20. b du règlement OMPI. V. également, art. 11.5 loi-type CNUDCI.

7. P. Lalive, « Le choix de l'arbitre », in *Libertés, Mélanges Jacques Robert*, Montchrestien, 1998, p. 353, spéc. p. 359.

8. TGI Paris (ord. réf.), 12 et 20 déc. 1990, *Rev. arb.* 1996, p. 516, note Ph. Fouchard.

9. Dans l'arbitrage de qualité, l'arbitre est un expert choisi en raison de ses connaissances techniques afin qu'il apprécie la qualité d'une denrée.

10. V. notamment, art. 4 (a) du Code d'arbitrage de la *National Future Association* ; art. 3 : 7 des règles d'arbitrage de la *Grain and Feed Trade Association*.

11. V. notamment, art. IV du règlement de la CAMP.

employés des parties, comme l'a rappelé la Cour suprême du Royaume-Uni, dans un arrêt remarqué[12].

Au-delà des difficultés provoquées par ces derniers mécanismes de sélection de l'arbitre au regard de l'impératif d'indépendance de ce dernier[13], l'énoncé d'exigences particulières pour le choix de la personne des arbitres appelle plusieurs observations. D'abord, plus celles-ci seront précises, plus les parties auront la possibilité, dans un esprit dilatoire ou non, de contester que l'un ou l'autre des arbitres désignés les remplit effectivement. Il y a donc là matière à alourdir le contentieux judiciaire pré-arbitral[14]. Ensuite, il est délicat, et sans doute vain, de définir dans la clause compromissoire, c'est-à-dire avant la naissance du litige, les qualités que les arbitres devront présenter pour résoudre un litige qui n'est pas né. Enfin, s'agissant plus spécifiquement de la question des listes d'arbitres établies par les institutions d'arbitrage et qui s'imposent aux parties, on peut se demander si elles constituent véritablement l'instrument approprié pour assurer la qualité de l'arbitrage qu'elles sont censées garantir[15].

Lorsque les parties ont conventionnellement posé des exigences en matière de choix des arbitres, celles-ci doivent être respectées. Le juge d'appui, qui intervient parfois pour résoudre les difficultés de constitution du tribunal arbitral[16], ne pourra pas, par exemple, faire droit à la demande d'une partie de choisir un arbitre en dehors de la liste initialement prévue[17]. Bien plus, le non-respect de ces exigences contractuelles peut ensuite être sanctionné par la nullité de la sentence rendue au motif de la constitution irrégulière du tribunal arbitral, à condition toutefois de ne pas avoir été couvert par le silence des parties en cours d'instance[18].

735 **Le plein exercice des droits.** L'article 1450 du Code de procédure civile exige, pour l'arbitrage interne, que l'arbitre ait « le plein exercice de ses droits ». Même si le texte n'est pas, directement ou par renvoi, applicable à l'arbitrage international[19], la question demeure débattue de savoir s'il est exigé de l'arbitre qu'il jouisse pleinement de ses droits pour être valablement désigné[20]. Certains estiment que cette question relève de la capacité de l'arbitre qui s'engage contractuellement à accomplir une mission juridictionnelle, de sorte qu'elle est soumise à sa loi personnelle, conformément aux solutions traditionnelles du droit international privé. L'exigence posée par

12. Cour suprême R.-U., 27 juill. 2011, *Jivraj c/ Hashwani*, [2011] UKSC 41. La Cour suprême infirme ainsi l'arrêt d'appel qui, appliquant les règles du droit du travail (*Employment Equality [Religion or Belief] Regulations 2003*), avait considéré comme illicite une clause compromissoire exigeant que les arbitres appartinssent à la communauté ismaélienne : [2010] EWCA Civ 712. Cet arrêt avait suscité des critiques nourries et unanimes.

13. V. *infra*, n° 738 et s.

14. V. notamment, TGI Paris (ord. réf.), 12 et 20 déc. 1990, *Rev. arb.* 1996, p. 516, note Ph. Fouchard. Dans cette affaire, le président du tribunal de grande instance de Paris a été saisi de la difficulté de mise en œuvre d'une clause compromissoire qui prévoyait que les arbitres ne devaient pas être de nationalité américaine ou française, qu'ils devaient pleinement maîtriser la langue anglaise, avoir une « expérience importante en matière de différends internationaux relatifs à la construction » et, pour le président du tribunal, être « un juriste ».

15. Sur cette critique, v. notamment, Th. Clay, *L'arbitre*, Dalloz, Nouvelle Bibliothèque de Thèses, 2001, n° 478, p. 399.

16. V. *infra*, n° 773 et s.

17. Paris, 6 avr. 1990, *Rev. arb.* 1990, p. 880, note M. de Boisséson.

18. V. *infra*, n° 758.

19. L'art. 1506 CPC ne mentionne pas ce texte parmi ceux applicables à défaut de convention contraire des parties.

20. Sur le contenu de cette exigence, v. *supra*, n° 220 et s.

l'article 1450 précité s'appliquerait alors aux seuls arbitres français, mais à tous les Français[21]. Cette solution peut être discutée si l'on admet que la question ne concerne pas vraiment la protection de l'incapable, mais relève plutôt de la protection des parties et de l'organisation de la justice arbitrale. Aussi, l'exigence d'une pleine capacité d'exercice pourrait s'imposer en vertu d'une règle matérielle française, quelle que soit la nationalité de l'arbitre, même si les règles applicables pour vérifier que celui-ci jouit de cette capacité seront celles de sa loi nationale. La légitimité d'une telle règle peut d'ailleurs se concevoir compte tenu de la tendance actuelle du droit comparé, qui est bien d'imposer que l'arbitre possède la pleine capacité d'exercice de ses droits[22].

736 **Incompatibilités professionnelles.** On retrouve dans l'arbitrage international les mêmes incompatibilités professionnelles que celles qui prévalent dans l'arbitrage interne[23]. Ainsi, en principe, un magistrat français ne peut être nommé arbitre même lorsque l'arbitrage est international[24]. La solution n'est d'ailleurs pas isolée en droit comparé[25]. Sauf autorisation de son supérieur hiérarchique, un fonctionnaire ne peut pas non plus arbitrer un litige international, à moins que ce ne soit à titre gracieux[26]. Les professeurs de droit peuvent être désignés en qualité d'arbitre, sous la réserve, applicable à tous les fonctionnaires, qu'ils n'agissent pas en défaveur de l'État français[27]. Et à l'exception de certaines professions en particulier, les salariés du secteur privé peuvent exercer la fonction d'arbitre. Il faut ajouter qu'une clause d'exclusivité figurant dans un contrat de travail ne peut valablement faire obstacle à ce qu'un salarié soit arbitre, à moins que cette clause ne soit indispensable à la protection des intérêts légitimes de l'entreprise, qu'elle soit justifiée par la nature de la tâche à accomplir et proportionnée au but recherché[28].

737 **Qualités indifférentes.** Dans l'arbitrage interne, l'article 1450 du Code de procédure civile précise que « la mission d'arbitre ne peut être exercée que par une personne physique »[29]. Aucun texte relatif à l'arbitrage international ne reprend cette restriction, ni ne renvoie aux dispositions du droit interne. Aussi, on admet volontiers que l'exigence relative à un arbitre personne physique est exclue en matière internationale[30]. Le juge français, saisi comme juge du contrôle ou d'une demande

21. Ph. Fouchard, E. Gaillard, B. Goldman, *Traité de l'arbitrage commercial international*, Litec, 1996, n° 765, p. 474.

22. J.-F. Poudret, S. Besson, *Droit comparé de l'arbitrage international*, Bruylant, 2002, n° 387, p. 347. En plus des références citées par ces auteurs, v. aussi, art. 6 de l'Acte Uniforme relatif au droit de l'arbitrage de l'OHADA ; art. 13 de la loi espagnole sur l'arbitrage du 23 déc. 2003.

23. V. *supra*, n° 223 et s.

24. Th. Clay, « Arbitre, magistrat ou juge consulaire, il faut choisir », *Dr. et patr.* juin 2002, p. 92, spéc. p. 94.

25. V. notamment, art. 93 de la loi anglaise sur l'arbitrage de 1996. V. aussi : J.-F. Poudret, S. Besson, *Droit comparé de l'arbitrage international*, préc., n° 390, p. 351 et les réf. citées.

26. V. *supra*, n° 225.

27. V. *supra*, n° 225.

28. V. *supra*, n° 226.

29. V. *supra*, n° 219.

30. J. Béguin, J. Ortscheidt, Ch. Seraglini, « Un second souffle pour l'arbitrage. – Arbitrage international – À propos du décret du 13 janvier 2011 », *JCP* G 2011, 467, n° 4 ; Ph. Fouchard, E. Gaillard, B. Goldman, *Traité de l'arbitrage commercial international*, Litec, 1996, n° 766, p. 474 ; Ph. Fouchard, « L'arbitrage international en France après le décret du 12 mai 1981 », *JDI* 1982, p. 374, spéc. n° 17, p. 384.

de reconnaissance en France de la sentence, devrait donc estimer qu'une personne morale ayant son siège social en France peut être valablement désignée comme arbitre, et reconnaître en France la sentence rendue par une personne morale étrangère dès lors que l'arbitrage est international. Là aussi, la solution paraît revêtir la nature d'une règle matérielle française, même si la possibilité pour les parties de désigner une personne morale comme arbitre n'est pas unanimement admise en droit comparé[31]. Peu importerait donc l'opinion de la loi du siège de la personne morale à cet égard. Et, bien entendu, la personne morale exercera sa mission arbitrale par l'intermédiaire de représentants légaux. Le droit français ne pose pas non plus de condition de nationalité pour être désigné en tant qu'arbitre. Au demeurant, la plupart des droits étatiques ont supprimé les conditions de nationalité qu'ils ont pu un temps poser à la fonction d'arbitre[32].

B. LES QUALITÉS ATTACHÉES À LA FONCTION JURIDICTIONNELLE

738 **Affirmation jurisprudentielle d'une exigence d'indépendance et d'impartialité de l'arbitre.** Pour l'arbitrage interne, l'exigence d'indépendance et d'impartialité de l'arbitre découle de l'article 1456, alinéa 2, du Code de procédure civile, applicable lorsque le tribunal a été constitué après le 1er mai 2011[33], qui consacre un devoir de révélation sur ce point[34]. Ce texte est applicable à l'arbitrage international, par renvoi de l'article 1506.2° du Code de procédure civile. Auparavant, c'est la jurisprudence qui avait affirmé les obligations d'impartialité et d'indépendance de l'arbitre et en avait progressivement tracé les contours. Comme pour l'arbitrage interne[35], cette double exigence est liée à la fonction que l'arbitre doit remplir : parce qu'il est voué à exercer, certes de façon temporaire, une véritable fonction juridictionnelle, l'arbitre, comme tout juge, doit être indépendant et impartial. Ces qualités sont en effet, comme le souligne la cour d'appel de Paris, « de l'essence de sa fonction juridictionnelle exclusive par nature de tout lien de dépendance à l'égard notamment des parties, et de tout préjugé »[36]. Dans une formule un peu différente, la Cour de cassation relève « qu'il appartient au juge de la régularité de la sentence arbitrale d'apprécier l'indépendance

31. V. notamment, J.-F. Poudret, S. Besson, *Droit comparé de l'arbitrage international*, Bruylant, 2002, n° 387, p. 347. Par exemple, l'article 6 de l'Acte Uniforme relatif au droit de l'arbitrage de l'OHADA précise que « la mission d'arbitre ne peut être confiée qu'à une personne physique ». En ce sens également, art. 13 de la loi espagnole sur l'arbitrage du 23 déc. 2003.

32. Sur ce point, v. Th. Clay, *L'arbitre*, Dalloz, Nouvelle Bibliothèque de Thèses, 2001, n° 549 et s., p. 440 et s. ; J.-F. Poudret, S. Besson, *Droit comparé de l'arbitrage international*, préc., n° 389, p. 350. L'article 11 (1) de la loi-type de la CNUDCI dispose que « nul ne peut, en raison de sa nationalité, être empêché d'exercer des fonctions d'arbitres, sauf convention contraire des parties ». De son côté, la Convention de Genève de 1961 prévoit que, dans les arbitrages qu'elle régit, « les étrangers peuvent être désignés comme arbitres » (art. 3).

33. Art. 3.2° du décret n° 2011-48 du 13 janvier 2011. V. aussi : Cass. 1re civ., 16 déc. 2015, *Rev. arb.* 2016, p. 536, note M. Henry.

34. V. *supra*, n° 235 et s.

35. V. *supra*, n° 228.

36. Paris, 28 nov. 2002, *Rev. arb.* 2003, p. 445, note Ch. Belloc ; JCP G 2003, I, 164, n° 3, obs. Ch. Seraglini ; *D.* 2003, somm., p. 2473, obs. Th. Clay. V. aussi, Paris, 12 févr. 2009, *Rev. arb.* 2009, p. 186, note Th. Clay ; *LPA* 2009, p. 4, note M. Henry ; *Cah. arb.*, vol. V, Pedone 2011, p. 54, note L. Degos.

et l'impartialité de l'arbitre en relevant toute circonstance de nature à affecter le jugement de celui-ci et à provoquer dans l'esprit des parties un doute raisonnable sur ces qualités qui sont de l'essence de la fonction juridictionnelle »[37]. Ces exigences garantissent un procès équitable aux plaideurs[38]. Elles s'imposent très largement en droit comparé[39], tant elles paraissent consubstantielles à la fonction même d'arbitre[40], et sont aussi parfois énoncées dans des règlements d'arbitrage[41]. L'indépendance est même parfois qualifiée de principe de droit naturel[42].

739 **Distinction de l'indépendance et de l'impartialité.** Sur un strict plan théorique, les deux notions d'indépendance et d'impartialité doivent être distinguées[43]. L'indépendance vise une situation de droit ou de fait, qui peut être appréciée objectivement, relative aux relations entre l'arbitre et les parties ou un autre intervenant dans la procédure arbitrale ; elle impose l'absence de lien entre l'arbitre et les parties ou tout autre pouvoir de fait. L'impartialité renvoie plutôt à une disposition d'esprit, à un état psychologique par nature subjectif, de l'arbitre à l'égard du litige ; elle exige de l'arbitre de ne pas faire preuve de préjugé, favorable ou défavorable, à l'égard d'une partie, de ne pas se laisser dominer par des opinions préconçues ou des facteurs étrangers aux mérites de la cause.

37. Cass. 1re civ., 16 mars 1999, *D.* 1999, Jur., p. 498, note P. Courbe ; *Rev. arb.* 1999, p. 308 ; *RTD com.* 1999, p. 850, obs. É. Loquin.

38. Selon la formule de la cour d'appel de Paris qui énonce que « dans l'exercice de leur fonction, les arbitres doivent être indépendants et impartiaux pour assurer à chaque partie un traitement égal au cours d'un procès équitable » (Paris, 23 févr. 1999, *RTD com.* 1999, p. 371, obs. É. Loquin).

39. V. notamment, D. Cohen, « Indépendance des arbitres et conflits d'intérêts », *Rev. arb.* 2011, p. 611, spéc. n° 20 et s. ; J.-F. Poudret, S. Besson, *Droit comparé de l'arbitrage international*, Bruylant, 2002, n° 413 et s., p. 356 et s. Ainsi, l'exigence d'indépendance et d'impartialité est notamment posée par l'art. 1685, § 2, du Code judiciaire belge, l'art. 180.1 (c) de la LDIP suisse, l'art. 12 de la loi-type CNUDCI. On retrouve l'exigence d'impartialité formulée par la section 24 de l'*Arbitration Act* anglais et par l'article 8 de loi suédoise sur l'arbitrage du 4 mars 1999.

40. La question a fait l'objet, ces dernières années, de nombreuses études doctrinales : v. notamment, M. Bedjaoui, « Des fortes vérités de Cassandre aux modestes correctifs de Némésis », in *Mélanges de droit international Pierre Lalive*, Helbing & Lichtenhahn, 1993, p. 385 ; P. Bellet, « Des arbitres neutres et non neutres », in *Mélanges de droit international Pierre Lalive*, Helbing & Lichtenhahn, 1993, p. 399 ; J.-D. Bredin, « La révélation : Remarques sur l'indépendance de l'arbitre en droit interne français », in *Études de procédure et d'arbitrage. Mélanges Jean-François Poudret*, Faculté de droit de Lausanne, 1999, p. 349 ; CCI, *La procédure arbitrale et l'indépendance des arbitres*, Publ. CCI n° 472, Paris, 1991 ; Th. Clay, *L'arbitre*, Dalloz, Nouvelle Bibliothèque de Thèses, 2001, n° 275 et s., p. 231, et les réf. citées ; D. Cohen, « Indépendance des arbitres et conflits d'intérêts », *Rev. arb.* 2011, p. 611 ; M. Henry, *Le devoir d'indépendance de l'arbitre*, LGDJ, 2001 ; « Les obligations d'indépendance et d'information de l'arbitre à la lumière de la jurisprudence récente », *Rev. arb.* 1999, p. 193 ; « L'indépendance de l'arbitre au cœur du Juste et de l'Utile », *Cah. arb.* 2013, p. 873 ; É. Loquin, « La dualité des fonctions de l'obligation de révélation », in *Liber amicorum Ph. Merle*, Dalloz, 2012, p. 487 ; P. Mayer, « Réflexions sur l'exigence d'indépendance de l'arbitre », in *Festchrift A. S. El-Kosheri*, Kluwer, 2015, p. 8 ; G. Pluyette, « Actualités du droit de l'arbitrage : l'obligation de révélation des arbitres et le contrôle de l'odre public de fond par la Cour de cassation, in *Mélanges B. Audit*, Lextenso, 2014, p. 623 ; J.-B. Racine, « Propos sur une hérésie juridique : l'arbitre partisan », in *Med Mid African Arbitration and Mediation Reports, The Electronic Bulletin of the european Court of Arbitration*, 2012/2, p. 14 ; F.-X. Train, « Mode d'exercice de l'activité de l'arbitre et conflits d'intérêts », *Rev. arb.* 2012, p. 725.

41. V. notamment, art. 11.1 du règlement CCI de 2017 ; art. VIII du règlement d'arbitrage de la CAMP ; art. 5.3 du règlement LCIA ; art. 11 et 12 du règlement CNUDCI.

42. D. Cohen, « Indépendance des arbitres et conflits d'intérêts », *Rev. arb.* 2011, p. 611, spéc. n° 30.

43. V. *supra*, n° 229. V. aussi, Ph. Fouchard, E. Gaillard, B. Goldman, *Traité de l'arbitrage commercial international*, Litec, 1996, n° 1028, p. 582.

Toutefois, la jurisprudence assimile très largement les deux notions pour les soumettre à un seul et même régime[44].

740 **Caractère absolu de l'exigence d'indépendance.** Dans le cas de l'arbitre, l'indépendance doit être essentiellement envisagée par rapport aux parties[45] : l'arbitre ne doit pas entretenir avec l'une des parties des liens de nature à faire suspecter son indépendance ou son impartialité. Si elle est très largement affirmée en droit comparé, cette indépendance nécessaire de l'arbitre par rapport aux parties n'est pas appréciée de la même façon selon les systèmes juridiques. En France, elle est très strictement entendue[46]. La jurisprudence rejette l'idée de l'arbitre « partisan » ou « non neutre », et l'exigence d'indépendance vise non seulement le président du tribunal arbitral ou l'arbitre unique, mais également les co-arbitres désignés par chaque partie. Cette solution rigoureuse ne s'impose pas dans tous les pays[47]. Toutefois, l'arbitre non neutre ne semble plus correspondre aux mœurs actuelles de l'arbitrage international[48], même si, en pratique, on peut parfois s'interroger sur la réelle neutralité de l'arbitre dès lors qu'il est nommé par une partie[49]. Une fois désigné, il peut en effet garder à l'esprit, consciemment ou non, qu'il a été choisi par l'une des parties. Certains évoquent d'ailleurs l'indispensable relation de confiance qui doit exister entre, d'un côté, l'arbitre et, de l'autre, la partie qui l'a nommé et son conseil[50].

741 **Circonstances susceptibles de relever un défaut d'indépendance ou d'impartialité.** Si dans un premier temps, la jurisprudence française a paru se limiter à la liste des

44. V. notamment, Paris, 28 nov. 2002, *Rev. arb.* 2003, p. 445, note Ch. Belloc ; JCP G 2003, I, 164, n° 3, obs. Ch. Seraglini ; *D.* 2003, somm., p. 2473, obs. Th. Clay ; Paris, 27 juin 2002, *Rev. arb.* 2003, p. 427, note C. Legros.

45. La cour d'appel de Paris a par exemple jugé que les liens du président du tribunal arbitral avec un tiers sont sans incidence sur l'indépendance de cet arbitre dès lors que l'arbitrage n'a aucun retentissement sur la situation financière de ce tiers (Paris, 17 mars 2011, *Rev. arb.* 2011, p. 573).

46. V. Paris, 10 mars 2011, *Cah. arb.* 2011, p. 787, note M. Henry ; *Rev. arb.* 2011, p. 569 ; Paris, 9 sept. 2010, *D.* 2010, Pan., p. 2934, obs. Th. Clay ; *Cah. arb.* 2010, p. 1169 ; *LPA* 2011, p, 17, note M. Henry ; *Bull. ASA* 2011, p 187, note Ph. Pinsolle ; Paris, 12 févr. 2009, *Rev. arb.* 2009, p. 186, note Th. Clay ; *LPA* 2009, p. 4, note M. Henry ; *Cah. arb.*, vol. V, Pedone 2011, p. 54, note L. Degos. V. aussi, J.-B. Racine, « Propos sur une hérésie juridique : l'arbitre partisan », in *Med Mid African Arbitration and Mediation Reports, The Electronic Bulletin of the european Court of Arbitration*, 2012/2, p. 14.

47. Sur cette exigence en droit comparé, v. Th. Clay, *L'arbitre,* Dalloz, Nouvelle Bibliothèque de Thèses, 2001, n° 347 et s., p. 293 et s. ; J.-F. Poudret, S. Besson, *Droit comparé de l'arbitrage international*, Bruylant, 2002, n° 413, p. 356. V. notamment la pratique, aux États-Unis, des arbitres non neutres, admise notamment par certains règlements d'arbitrage ; l'arbitre nommé par chaque partie peut se montrer *predisposed* à l'égard de celle-ci ; il importe seulement qu'il demeure intègre, loyal et de bonne foi. Sur le sujet, v. P. Bellet, « Des arbitres neutres et non neutres », in *Mélanges de droit international Pierre Lalive*, Helbing & Lichtenhahn, 1993, p. 399. De même, pour certains types de litiges (à propos des conventions collectives entre employeurs et syndicats, et en matière d'assurance), la pratique de l'arbitre partisan est apparemment admise. Sur ce point, v. A. S. Rau et C. Pédamon, « La contractualisation de l'arbitrage : le modèle américain », *Rev. arb.* 2001, p. 451, spéc. p. 464 et s. V. cependant le standard 5 de l'*International Bar Association* sur l'impartialité, l'indépendance et la révélation en matière d'arbitrage international, qui précise que les autres standards, relatifs à l'impartialité et l'indépendance de l'arbitre, s'appliquent également aux arbitres désignés par les parties.

48. Ainsi, l'AAA, dans son règlement du 1er avr. 1997, n'admet plus cette pratique dans les arbitrages internationaux.

49. Sur cette question, v. Ph Fouchard, E. Gaillard, B. Goldman, *Traité de l'arbitrage commercial international*, Litec, 1996, n° 1041 et s., p. 590 et s.

50. E. Robine, « Le choix des arbitres », *Rev. arb.* 1990, p. 315, spéc. p. 332-333.

causes pouvant justifier la récusation du juge étatique, qui figure à l'article 341 du Code de procédure civile, pour apprécier l'indépendance et l'impartialité de l'arbitre[51], elle a ensuite abandonné cette approche restrictive pour énoncer que ce texte « n'épuise pas nécessairement l'exigence d'impartialité requise de toute juridiction »[52]. L'article 1456 du Code de procédure civile, dans sa rédaction issue du décret du 13 janvier 2011, conforte cette analyse puisqu'il dispose que l'arbitre doit, avant d'accepter sa mission, « révéler *toute circonstance* susceptible d'affecter son indépendance ou son impartialité ». Dans ces conditions, même si toute tentative d'exhaustivité est vaine, puisque l'indépendance et l'impartialité sont fonctions de données de fait, il convient de préciser les principaux cas dans lesquels un défaut d'indépendance ou d'impartialité de l'arbitre est susceptible d'être retenu par le juge, leur indétermination pouvant être source d'insécurité dans l'arbitrage.

Par principe, la cour d'appel de Paris considère que les circonstances qui peuvent être invoquées pour contester l'indépendance ou l'impartialité de l'arbitre « doivent caractériser, par l'existence de liens matériels ou intellectuels avec l'une des parties en litige, une situation de nature à affecter le jugement de cet arbitre et constituant un risque certain de prévention à l'égard de l'une des parties à l'arbitrage »[53]. De son côté, comme il a déjà été observé, la Cour de cassation vise « toute circonstance de nature à affecter le jugement de celui-ci et à provoquer dans l'esprit des parties un doute raisonnable sur ces qualités, qui sont de l'essence même de la fonction arbitrale »[54]. Comme pour l'arbitrage interne[55], l'approche du juge est donc à la fois objective et subjective : le juge prend en compte toutes les circonstances qui, en raison de liens matériels ou intellectuels entre l'arbitre et l'une des parties, ou son conseil, pourraient créer un risque de défaut d'indépendance ou d'impartialité ; et il les confronte ensuite à la situation de l'espèce pour voir si elles pouvaient effectivement faire raisonnablement suspecter, dans l'esprit des parties, un risque de préjugé de l'arbitre. Ainsi qu'il a justement été relevé, la « seule présence de circonstances objectivement défavorables ne suffit pas. Il faut que ces circonstances permettent de mettre, dans chaque espèce particulière, légitimement en doute l'indépendance de l'arbitre »[56].

Les circonstances pouvant relever de cette qualification[57] visent tout d'abord tout lien de subordination[58] et, plus largement, toute relation professionnelle intéressée entre un arbitre et une partie. L'arbitre qui est le conseil habituel rémunéré[59] ou le comptable de l'une des parties[60], ou encore le consultant rémunéré de l'une des sociétés

51. Paris, 19 nov. 1993, *Rev. arb.* 1996, p. 419, note Ph. Fouchard ; Cass. com., 29 nov. 1991, *Bull. civ.* IV, n° 313 ; Cass. 2e civ., 14 nov. 1990, *Rev. arb.* 1991, p. 75, note Ch. Jarrosson.

52. Cass. 1re civ., 28 avr. 1998, *Bull. civ.* I, n° 155.

53. Paris, 28 oct. et 30 nov. 1999, *Rev. arb.* 2000, p. 299, note Ph. Grandjean ; Paris, 9 avr. 1992, *Rev. arb.* 1996, p. 483 ; et plus récemment, Paris, 28 nov. 2002, *Rev. arb.* 2003, p. 445, note Ch. Belloc ; JCP G 2003, I, 164, n° 3, obs. Ch. Seraglini ; *D.* 2003, somm., p. 2473, obs. Th. Clay.

54. Cass. 1re civ., 16 mars 1999, *D.* 1999, Jur., p. 498, note P. Courbe ; *Rev. arb.* 1999, p. 308 ; *RTD com.* 1999, p. 850, obs. É. Loquin.

55. V. *supra*, n° 229 et s.

56. M. Henry note sous Paris, 12 févr. 2009, *LPA* 2009, p. 4, spéc. n° 20.

57. Sous réserve qu'elles créent effectivement un doute raisonnable dans l'esprit des parties sur l'indépendance ou l'impartialité de l'arbitre ; sur ce point, qui concerne la sanction du défaut de révélation de ces circonstances, v. *infra*, n° 747 et s.

58. Paris, 20 oct. 1994, *Rev. arb.* 1996, p. 442, note Ph. Fouchard.

59. TGI Paris (ord. réf.), 15 janv. 1988, *Rev. arb.* 1988, p. 316, note J. Robert.

60. Paris, 23 févr. 1999, *RTD com.* 1999, p. 371, obs. É. Loquin.

d'un groupe auquel appartient l'une des parties à l'arbitrage[61], est ainsi susceptible d'être considéré comme dépendant. Il a même été jugé que pouvait affecter l'exigence d'indépendance l'existence de relations d'affaire entre le cabinet d'avocats au sein duquel le président du tribunal arbitral était consultant et une filiale de l'une des parties au litige[62]. Ces exigences particulières sont cependant assouplies dans le cas des arbitrages dits corporatifs, qui réunissent des parties et des arbitres professionnels de la même spécialité, pour des litiges essentiellement techniques ne pouvant être tranchés que par un nombre limité de spécialistes, et qui sont généralement pris en charge par des centres d'arbitrage spécialisés. Le juge français estime qu'ils sont « confiés à des professionnels en tant qu'arbitres, lesquels sont nécessairement en relation d'affaires les uns avec les autres, les uns contre les autres selon les circonstances, sans que l'existence de telles relations d'affaires doive, par principe, mettre en doute et même en cause leur indépendance à l'égard de la partie les ayant désignés et leur impartialité pour statuer sur le litige comme arbitre [...] »[63]. Au-delà d'un lien de subordination, et du parti pris qui pourrait exister envers une partie[64], l'arbitre et l'une des parties ne doivent plus généralement pas avoir des intérêts communs. Aussi, les rapports d'intérêts entre un arbitre et une partie ayant déposé ensemble une demande de brevet d'invention et constitué une société civile pour son exploitation, bien que sans lien avec l'objet du litige, peuvent créer un doute raisonnable sur l'indépendance de l'arbitre[65]. Dans le même ordre d'idées, l'existence de liens personnels, de parenté ou d'amitié, entre l'arbitre et l'une des parties peut également conduire à suspecter l'indépendance ou l'impartialité de l'arbitre[66].

Des liens entre l'arbitre et le conseil de l'une des parties ont également été retenus par la jurisprudence comme susceptibles d'affecter l'indépendance du premier. La cour d'appel de Paris a ainsi annulé des sentences, par arrêts des 9 septembre 2010[67] et 10 mars 2011[68], en reprochant à l'arbitre, de manière très sévère au regard des circonstances factuelles des espèces en cause, de n'avoir pas révélé des « relations d'intérêts » entretenues avec le conseil d'une partie. Il s'agissait en effet, dans le premier cas, de consultations établies par l'arbitre, professeur de droit, au profit du conseil de la partie qui l'avait désigné, sans que l'on sache précisément ni le nombre de ces consultations, ni les revenus qu'en avait tirés l'arbitre en cause. Dans le second, la cour d'appel a

61. Paris, 9 avr. 1992, *Rev. arb.* 1996, p. 483 (2e esp).

62. Reims, 2 nov. 2011, *JCP* G 2011, I, 1432 n° 5, obs. J. Béguin ; *Cah. arb.* 2011, p. 1109, note Th. Clay ; *Rev. arb.* 2012, p. 112, note M. Henry et, dans la même affaire, v. Paris, 12 févr. 2009, *Rev. arb.* 2009, p. 186, note Th. Clay ; *LPA* 2009, p. 4, note M. Henry ; *Cah. arb.*, vol. V, Pedone 2011, p. 54, note L. Degos.

63. Paris, 27 juin 2002, *Rev. arb.* 2003, p. 427, note C. Legros ; TGI Paris (ord. réf.), 28 oct. 1988, *Rev. arb.* 1990, p. 497, note M. de Boisséson. V. aussi, Rouen, 28 oct. 1998, *Rev. arb.* 1999, p. 368. V. aussi, Cass. 1re civ., 19 déc. 2012, n° 10-27474, *Procédures* 2013, p. 45, note L. Weiller ; *JDI* 2013, p. 946, note S. Sana-Chaillé de Néré ; *D.* 2013, Pan., p. 2936, obs. Th. Clay.

64. Cass. 1re civ., 13 mars 2013, n° 12-16944, qui rejette le pourvoi formé contre Paris, 21 févr. 2012, *Rev. arb.* 2012, p. 587, note Ch. Jarrosson.

65. Paris, 23 mars 1995, *Rev. arb.* 1996, p. 446. V., dans le même esprit, Cass. com., 16 juill. 1964, *Gaz. Pal.* 1964, 2, Jur., p. 371 (arbitre associé du même cabinet que le conseil de l'une des parties à l'arbitrage).

66. V. par exemple, Paris, 18 déc. 2008, *Rev. arb.* 2011, p. 683, pour des liens professionnels étroits entre la fille de l'un des arbitres et le conseil de l'une des parties.

67. Paris, 9 sept. 2010, *D.* 2010, Pan., p. 2934, obs. Th. Clay ; *Cah. arb.* 2010, p. 1169 ; *LPA* 2011, p. 17, note M. Henry ; *Bull. ASA* 2011, p. 187, note Ph. Pinsolle.

68. Paris, 10 mars 2011, *Cah. arb.* 2011, p. 787, note M. Henry ; *Rev. arb.* 2011, p. 569.

retenu, d'une part, la position d'« *of counsel* » de l'arbitre, professeur de droit, au sein du cabinet dans lequel exerçait le conseil de la partie l'ayant désigné, qui s'était pourtant achevée 8 ans avant le début de l'instance arbitrale, et, d'autre part, deux ou trois consultations pour ce cabinet, dans les années précédant l'arbitrage. Cette dernière décision a cependant été censurée par la Cour de cassation, le 10 octobre 2012[69]. L'arbitre doit révéler les liens professionnels qu'il entretient avec le conseil d'une partie[70]. En revanche, dans son arrêt précité du 10 mars 2011, la cour d'appel de Paris a estimé que les rapports existant entre le conseil d'une partie et un arbitre, postérieurs à la procédure d'arbitrage, qui touchent à l'organisation et à la vie du barreau, ne sont pas de nature à provoquer dans l'esprit des parties un doute raisonnable sur les qualités d'impartialité et d'indépendance du président du tribunal arbitral. Dans cette affaire, l'avocat d'une partie apparaissait en qualité « d'ami » sur la page « Facebook » du président du tribunal arbitral, ouverte dans le cadre d'une campagne électorale à l'ordre du barreau de Paris. Plus largement, *a priori*, les relations d'amitié existant entre l'avocat de l'une des parties et l'arbitre ne devraient pas non plus être considérées comme jetant un doute raisonnable sur l'indépendance de ce dernier. L'arbitrage international étant un « petit monde », des liens se créent nécessairement entre ceux qui le composent. Aussi, il convient probablement d'être, s'agissant des liens, professionnels ou amicaux, existant entre l'arbitre et le conseil de l'une des parties, plus exigeant dans l'appréciation d'un réel défaut d'indépendance ou d'impartialité de l'arbitre.

Des liens d'intérêts entre arbitres peuvent aussi faire douter de leur indépendance. Il peut en être ainsi lorsqu'il existe un lien de subordination entre le président du tribunal arbitral et un autre arbitre[71]. Mais la preuve de ce lien ne résulte pas de la participation commune de ces derniers à des colloques ou travaux sur l'arbitrage[72]. Elle ne résulte pas non plus de ce que les arbitres appartiennent au même réseau international de cabinets d'avocats[73]. De même encore, il a été jugé que l'appartenance de deux arbitres à un même cercle de réflexion sur des questions juridiques générales et le fait qu'ils aient assisté à un débat à visée purement scientifique, avec de nombreux participants, au cours duquel est intervenu en qualité d'expert un avocat du cabinet au sein duquel exerce le conseil d'une partie à l'arbitrage, ne peuvent être regardés comme étant de nature à provoquer un doute raisonnable sur l'indépendance et l'impartialité de ces arbitres dans l'esprit des parties[74].

Certaines circonstances peuvent être considérées comme relevant davantage du risque d'impartialité que du défaut d'indépendance. S'agissant d'un état d'esprit, les événements qui peuvent l'établir sont plus difficiles à cerner. Néanmoins, on considère qu'il pourrait y avoir un risque de préjugé lorsque l'arbitre a déjà eu à connaître à un autre titre du litige finalement soumis à l'arbitrage, notamment en tant qu'avocat de l'une des parties[75]. Une autre raison de douter de l'impartialité de l'arbitre pourrait

69. V. *infra*, n° 746.

70. Cass. 1re civ., 18 déc. 2014, *RTD com.* 2015, p. 53, obs. É. Loquin ; *Cah. arb.* 2015, p. 95, note M. Danis ; *D.* 2015, Pan, p. 2588, obs. Th. Clay ; *Procédures* 2015, p. 84, note L. Weiller.

71. Cass. 1re civ., 29 janv. 2002, *JCP* G 2003, I, 105, n° 7, obs. J. Béguin, qui rejette le pourvoi formé contre un arrêt ayant estimé que la preuve d'un lien de subordination n'était pas rapportée.

72. Cass. 1re civ., 29 janv. 2002, *JCP* G 2003, I, 105, n° 7, obs. J. Béguin ; *D.* 2003, somm., p. 2473, obs. Th. Clay.

73. Paris, 28 nov. 2002, *Rev. arb.* 2003, p. 445, note Ch. Belloc, qui considère que l'appartenance commune de deux arbitres au même réseau d'avocats n'établit pas une « perte de liberté d'esprit ».

74. Paris, 14 oct. 2014, *Rev. arb.* 2014, p. 1028.

75. Versailles, 14 nov. 1996, *Rev. arb.* 1997, p. 361 (2e esp.), note A. Hory (le moyen d'annulation de la sentence a cependant été écarté, la partie y ayant renoncé) ; *RTD com.* 1997, p. 234, note É. Loquin.

être son attitude antérieure à l'égard de l'une des parties, marquée par une franche hostilité. Par exemple, l'existence d'un conflit judiciaire entre une partie et l'arbitre qu'elle a désigné, le second s'opposant à sa récusation parce que la première a appris en cours d'instance qu'il avait participé à d'autres tribunaux arbitraux, peut faire naître un doute sérieux sur son impartialité à trancher le litige[76]. En revanche, l'ignorance d'une langue ou du droit d'un État par l'arbitre n'est pas une circonstance pouvant sérieusement faire douter de son impartialité[77].

La question est plus délicate dans le cas de l'arbitre nommé dans plusieurs tribunaux arbitraux qui ont à connaître, successivement ou parallèlement, de litiges connexes ou interdépendants. En principe, un même arbitre peut statuer dans deux instances parallèles ou connexes. La jurisprudence considère « qu'il n'y a ni prévention, ni préjugé lorsque l'arbitre est appelé à se prononcer sur une situation de fait proche de celle examinée antérieurement, mais entre des parties différentes, et encore moins lorsqu'il doit trancher sur une question de droit sur laquelle il s'est précédemment prononcé »[78]. Aussi, il a été considéré que le fait pour un arbitre d'avoir déjà été désigné en cette qualité par l'une des parties dans une instance opposant cette partie à l'un de ses sous-traitants ne mettait pas en cause son impartialité, dès lors que ce précédent litige ne concernait pas les relations entre cette partie et le maître de l'ouvrage, objet du second litige[79]. En revanche, l'impartialité de l'arbitre pourrait être questionnée s'il a été conduit, dans une précédente instance, à prendre une décision pouvant constituer un préjugé à l'égard d'une instance ultérieure, en particulier lorsque la sentence rendue dans la première affaire entraîne logiquement certaines conséquences pour les questions à trancher dans la seconde, par exemple quant à l'appréciation de la responsabilité d'une partie qui ne figurait pas au premier arbitrage[80]. Autrement dit, il ne semble pas y avoir d'opposition de principe à la participation du même arbitre à des arbitrages connexes successifs, à condition que la première sentence ne contienne aucune disposition entraînant logiquement certaines conséquences sur les questions à trancher dans la seconde[81], et que l'arbitre ne se trouve pas en « situation d'opposition » avec l'une des parties[82], pour avoir, par exemple, jugé dans un sens défavorable à cette partie dans la première instance sur une question intéressant la seconde instance. Tout dépendra en réalité des circonstances de chaque espèce. Le fait que l'arbitre se prononce sur la même question de droit n'implique en soi aucun préjugé, dès lors que les circonstances de fait de chaque espèce sont différentes[83]. En revanche, si les faits sont identiques, peu

76. Th. Clay, obs. sous Paris, 18 mars 2005, *D.* 2005, Pan., p. 3057.

77. Paris, 3 mai 2007, *Rev. arb.* 2008, p. 706, note J. Ortscheidt.

78. Paris, 14 oct. 1993, *JDI* 1994, p. 446, note É. Loquin ; *Rev. arb.* 1994, p. 381, note P. Bellet.

79. Cass. 1re civ., 16 mars 1999, *D.* 1999, Jur., p. 498, note P. Courbe ; *Rev. arb.* 1999, p. 308 ; *RTD com.* 1999, p. 850, obs. É. Loquin.

80. En ce sens, Paris, 12 janv. 1996, *Rev. arb.* 1996, p. 428 (2e esp.), note Ph. Fouchard ; TGI Paris, 13 janv. 1986, *Rev. arb.* 1987, p. 63, note P. Bellet.

81. Cass. 1re civ., 2 déc. 2015, *Rev. arb.* 2016, p. 525, note V. Chantebout, qui rejette le pourvoi formé contre Paris, 9 sept. 2014, *Rev. arb.* 2014, p. 805, note F. de Bérard et A. Pinna ; *D.* 2014, p. 2541, obs. Th. Clay ; Paris, 14 oct. 1993, préc.

82. Paris, 12 janv. 1996, préc.

83. La Cour de cassation décide en effet, en matière judiciaire, que « le fait que la position du juge sur une question de droit qui lui est soumise soit prévisible, n'est pas de nature à remettre en cause son impartialité » (Cass. 1re civ., 18 mai 2011, no 10-10282). L'arbitre est un juge et il n'existe aucune raison valable de ne pas transposer cette solution à l'arbitrage.

importe que les parties soient différentes ; la conjonction de faits identiques et d'une même question de droit peut engendrer un risque de préjugé.

En tout cas, une partie peut légitimement avoir des doutes sur l'impartialité d'un arbitre qui est régulièrement désigné par son adversaire dans des litiges l'opposant à des partenaires différents, mais posant des questions de droit similaires. La jurisprudence est de plus en plus rigoureuse à l'égard des « nominations à répétitions », relativement fréquentes dans les litiges opposant des franchiseurs à leurs franchisés ou des grandes entreprises de construction à leurs sous-traitants[84]. Un doute raisonnable sur l'impartialité de l'arbitre qu'elle a désigné peut aussi naître de ce qu'une partie découvre, au cours de la procédure arbitrale, que l'autre partie a nommé postérieurement cette même personne en qualité d'arbitre dans trois autres litiges qui l'opposent à des tiers[85]. En ce sens d'ailleurs, dans deux arrêts rendus le 20 octobre 2010 en matière d'arbitrage interne, mais dont la solution est transposable en matière internationale, la Cour de cassation a jugé que « le caractère systématique de la désignation d'une personne donnée par les sociétés d'un même groupe, sa fréquence et sa régularité sur une longue période, dans des contrats comparables, ont créé les conditions d'un courant d'affaires entre cette personne et les sociétés du groupe parties à la procédure de sorte que l'arbitre », ce qui devait conduire l'arbitre à révéler ces circonstances, pour permettre aux parties d'exercer leur droit de récusation[86]. Il n'a en revanche pas à le révéler lorsque ce courant n'est pas suffisamment significatif pour être de nature à affecter son indépendance[87].

742 **Permanence de l'exigence d'indépendance et d'impartialité tout au long de l'instance.** Ces exigences ne concernent pas uniquement la phase de désignation de l'arbitre. L'indépendance et l'impartialité de l'arbitre doivent être continues et se vérifier pendant toute la durée de l'instance arbitrale[88]. C'est pour cette raison, d'ailleurs, que l'arbitre supporte une obligation de révéler aux parties, pendant toute « la durée de l'arbitrage »[89], et jusqu'à « la fin de la procédure »[90], les éléments susceptibles d'affecter son indépendance ou son impartialité[91]. Ainsi, n'a pas été jugé indépendant, l'arbitre qui a été embauché par l'une des parties le lendemain du prononcé de la sentence[92]. Cette embauche constitue en effet l'indice de ce qu'antérieurement même au prononcé de la sentence, il existait un doute raisonnable sur l'indépendance de l'arbitre : si la relation de travail a certes débuté à l'issue de la procédure, des négociations pour l'embauche ont nécessairement été engagées avant. Or, il ne doit exister aucun lien entre

84. Paris 29 janv. 2004 et T. com. Paris, 6 juill. 2004, *Rev. arb.* 2005, p. 709, note M. Henry ; Paris, 2 avr. 2003 et 16 mai 2002, *Rev. arb.* 2003, p. 123, note E. Gaillard.

85. *Contra*, Paris, 17 févr. 2005, *Rev. arb.* 2005, p. 709 (3e esp.), note M. Henry ; *D.* 2005, Pan., p. 3057, obs. Th. Clay.

86. Cass. 1re civ., 20 oct. 2010 (2 arrêts) JCP G 2011, I, 1286, no 1, obs. Ch. Seraglini ; *LPA* 2011, p. 17, note M. Henry, *D.* 2010, Pan., p. 2933, obs. Th. Clay.

87. Paris, 23 juin 2015, *Rev. arb.* 2017, p. 597.

88. V. en ce sens, art. 11.1 règlement CCI de 2017 qui dispose que l'arbitre « doit être et demeurer impartial et indépendant des parties en cause » ; art. 5.3 du règlement LCIA qui énonce que les arbitres doivent « demeurer à toute époque impartiaux et indépendants ». V. aussi, art. 17.1 de la loi espagnole sur l'arbitrage du 23 déc. 2003.

89. Paris, 12 févr. 2009, *Rev. arb.* 2009, p. 186, note Th. Clay ; *LPA* 2009, p. 4, note M. Henry ; *Cah. arb.*, vol. V, Pedone 2011, p. 54, note L. Degos.

90. Paris, 17 févr. 2005, *Rev. arb.* 2005, p. 709 (3e esp.), note M. Henry.

91. V. *infra* no 746.

92. Paris, 2 juill. 1992, *Rev. arb.* 1996, p. 411 (1re esp.).

l'arbitre et une partie « à l'époque de l'arbitrage »[93], c'est-à-dire jusqu'à l'issue de l'instance qui s'achève en principe avec le prononcé de la sentence. Dans le même ordre d'idées, une attitude d'hostilité manifeste d'un arbitre à l'égard de l'une des parties pendant l'instance arbitrale devrait être vue comme un signe de défaut d'impartialité, pouvant justifier la récusation de l'arbitre ou la nullité de la sentence[94]. À ce titre, la jurisprudence française a toutefois adopté une position relativement restrictive[95].

C. LES MÉCANISMES DE CONTRÔLE DES QUALITÉS DE L'ARBITRE

743 **Mécanisme préventif et mécanismes curatifs.** Comme pour l'arbitrage interne[96], un mécanisme spécifique est mis en place à titre préventif afin d'assurer le respect des exigences relatives aux qualités attendues de l'arbitre, particulièrement celles d'indépendance et d'impartialité. Il vise à anticiper toute difficulté potentielle à cet égard. Dans cette perspective, une obligation est imposée à l'arbitre : révéler les circonstances qui sont de nature à affecter son indépendance ou son impartialité (1). Lorsque cette obligation n'est pas respectée, des mécanismes curatifs pourront également être mis en œuvre, sanctionnant la non-révélation de telles circonstances (2).

1. L'obligation de révélation de l'arbitre

744 **Obligation générale de révélation imposée à l'arbitre.** Pour assurer l'effectivité du droit à un arbitre indépendant et impartial, toute personne pressentie pour être désignée en qualité d'arbitre doit faire connaître aux parties et, dans le cas de l'arbitrage institutionnel, au centre d'arbitrage, les circonstances qui sont de nature à faire douter de son indépendance ou de son impartialité. Cette obligation présente un caractère continu, imposant à l'arbitre, tout au long de la procédure, de porter à la connaissance des parties toute circonstance nouvelle de même nature. La cour d'appel de Paris énonce en ce sens que « l'arbitre a le devoir d'informer les parties sur sa situation depuis l'époque de sa nomination jusqu'à la fin de la procédure »[97], ou « que le lien de confiance entre l'arbitre et les parties devant être préservé continûment, celles-ci doivent être informées pendant toute la durée de l'arbitrage des relations qui pourraient avoir à leurs yeux une incidence sur le jugement de l'arbitre et qui seraient de nature à affecter son indépendance »[98]. Dans l'arbitrage interne, l'obligation de révélation résulte directement d'une disposition du Code de procédure civile, l'article 1456, alinéa 2, prévoyant : « Il appartient à l'arbitre, avant d'accepter sa mission, de révéler toute circonstance susceptible d'affecter son indépendance ou son impartialité. Il lui est également fait obligation de révéler sans délai toute circonstance de même nature qui pourrait naître après l'acception de sa mission ». Ce texte est applicable à l'arbitrage international, lorsque

93. Paris, 1er déc. 1995, *Rev. arb.* 1996, p. 529, obs. Ph. Fouchard.

94. Cass. 1re civ., 13 mars 2013, nº 12-16944, qui rejette le pourvoi formé contre Paris, 21 févr. 2012, *Rev. arb.* 2012, p. 587, note Ch. Jarrosson.

95. TGI Paris (ord. réf.), 29 oct. 1996, inédit, cité par Th. Clay, *L'arbitre*, Dalloz, Nouvelle Bibliothèque de Thèses, 2001, nº 328, p. 279, note 3.

96. V. *supra*, nº 234 et s.

97. Paris, 17 févr. 2005, *Rev. arb.* 2005, p. 709 (3e esp.), note M. Henry.

98. Paris, 12 févr. 2009, *Rev. arb.* 2009, p. 186, note Th. Clay ; *LPA* 2009, p. 4, note M. Henry ; *Cah. arb.*, vol. V, Pedone 2011, p. 54, note L. Degos.

le tribunal a été constitué après le 1er mai 2011[99], dans les conditions posées par l'article 1506 du Code de procédure civile, c'est-à-dire « à moins que les parties en soient convenues autrement ». Malgré cette faculté de dérogation ouvertement offerte aux parties, qui contredit la solution applicable à l'arbitrage interne où l'article 1461 du Code de procédure civile répute non écrite une stipulation qui relèverait l'arbitre de son obligation de révélation, on peut s'interroger sur la validité d'une convention qui libérerait l'arbitre de cette obligation, au moins lorsqu'elle est conclue avant la naissance du litige. En effet, si l'on admet, au regard des enjeux en cause, que cette obligation de révélation participe d'un ordre public de protection, les parties ne pourraient valablement convenir que les arbitres ne sont pas tenus de la respecter qu'après la naissance du litige.

Il faut noter qu'avant la réforme de 2011, dans l'arbitrage international, cette obligation de révélation avait déjà été dégagée par la jurisprudence[100] en tant que règle matérielle française applicable à toute instance arbitrale internationale dont un juge français aurait à connaître à un titre ou un autre[101]. Il est vrai que cette obligation est très largement reprise en droit comparé[102]. Elle est également expressément organisée par la plupart des règlements d'arbitrage. Ils imposent à l'arbitre d'établir une déclaration d'impartialité et d'indépendance[103] et l'obligent, pendant tout le cours de l'instance, à révéler à l'institution et aux parties les faits et circonstances de nature à affecter son indépendance ou son impartialité[104].

745 **Incidences de la révélation sur la désignation de l'arbitre.** Une partie, informée par l'arbitre pressenti d'une circonstance pouvant faire douter de son indépendance ou de son impartialité, doit bien entendu pouvoir s'opposer à sa désignation. La solution applicable à l'arbitrage interne[105] doit être étendue à l'arbitrage international, dès lors que la règle constitue le corollaire de l'obligation de révélation de l'arbitre[106]. En effet, à quoi bon obliger l'arbitre à révéler des circonstances pouvant faire raisonnablement douter de son impartialité ou de son indépendance si les parties ne peuvent pas, ensuite, s'opposer à sa désignation ? Cela précisé, dans une telle hypothèse, une partie ne peut plus, comme avant la réforme du 13 janvier 2011, écarter un arbitre pressenti de façon discrétionnaire[107]. Désormais, l'article 1456, alinéa 3, du Code de procédure civile, applicable à l'arbitrage international sauf convention contraire et pour le tribunal arbitral constitué après le 1er mai 2011, ne permet plus d'opposer un veto insurmontable à la nomination de l'arbitre puisqu'il dispose qu'« en cas de différend sur le maintien de l'arbitre, la difficulté est réglée par la personne chargée d'organiser l'arbitrage ou, à défaut, tranchée par le juge d'appui,

99. Cass. 1re civ., 16 déc. 2015, *Rev. arb.* 2016, p. 536, note M. Henry.

100. D. Hascher, « Arbitrage du commerce international », *Rép. Internat. Dalloz*, n° 83.

101. Ph Fouchard, E. Gaillard, B. Goldman, *Traité de l'arbitrage commercial international*, Litec, 1996, n° 1056, p. 596.

102. J.-F. Poudret, S. Besson, *Droit comparé de l'arbitrage international*, Bruylant, 2002, n° 429, p. 382. V. par exemple, art. 12.1 de la loi-type CNUDCI ; art. 1036, al. 1er ZPO allemand ; art. 57 du Code tunisien de l'arbitrage ; art. 1034 Code de procédure civile néerlandais ; art. 9 de la loi suédoise sur l'arbitrage du 4 mars 1999 ; art. 17.2 de la loi espagnole sur l'arbitrage du 23 déc. 2003.

103. V. notamment, art. 11.2 du règlement CCI de 2017 ; art. 11 du règlement CNUDCI ; art. 5.4 du règlement LCIA ; art. 7.1 du règlement international AAA ; art. 22 (b) du règlement OMPI ; art. 6.2 du règlement CIRDI.

104. V. notamment, art. 11.3 du règlement CCI de 2017 ; art. 5.4 du règlement LCIA ; art. 7.1 du règlement international AAA.

105. V. *supra*, n° 236.

106. Th. Clay, *L'arbitre*, Dalloz, Nouvelle Bibliothèque de Thèses, 2001, n° 406, p. 344.

107. Sur cette possibilité, v. *supra*, n° 236.

saisi dans le mois qui suit la révélation ou la découverte du fait litigieux ». Le refus exprimé par une partie, s'il est illégitime, c'est-à-dire lorsqu'elle désavoue le choix d'un arbitre par une autre partie alors que les informations révélées par la personne pressentie ne sont pas objectivement de nature à faire douter de son indépendance ou de son impartialité, ne peut plus créer une situation de blocage : la difficulté doit être réglée par l'institution d'arbitrage ou tranchée par le juge d'appui, qui doit être saisi dans le mois de la révélation[108]. Au demeurant, dans l'arbitrage institutionnel, certains règlements d'arbitrage prévoient l'intervention de l'institution organisatrice dans ce cas[109].

Dans l'arbitrage institutionnel, lorsqu'il appartient à l'institution de confirmer la désignation des arbitres opérée par les parties, il est souvent prévu que l'institution puisse se réserver le droit de ne pas confirmer un arbitre en fonction des éléments révélés[110]. Et, si elle confirme l'arbitre, une procédure de récusation peut être introduite par l'une des parties devant l'organe compétent de l'institution[111]. À l'étranger, lorsqu'ont été reprises les règles posées par la loi-type CNUDCI, la déclaration par l'arbitre de faits susceptibles de faire douter de son indépendance ne s'oppose pas à sa désignation ; ces faits pourront seulement être utilisés au soutien d'une procédure de récusation[112].

Ceci étant, en droit français, l'obligation de révélation a toujours une vertu préventive. En effet, les parties qui ont eu connaissance de la circonstance litigieuse et qui ont néanmoins accepté la nomination de l'arbitre ne pourront plus s'en prévaloir pour invoquer un défaut d'indépendance en vue de récuser l'arbitre ou d'obtenir l'annulation de la sentence. La jurisprudence considère même qu'une partie, bien que non spécialement informée d'une circonstance pouvant faire douter de l'indépendance de l'arbitre, ne peut s'en prévaloir pour contester la sentence rendue si cette circonstance était notoire ou si elle en a eu connaissance au cours de la procédure arbitrale et avant le prononcé de la sentence et n'a pas pour autant récusé l'arbitre en temps utile[113].

46 **Étendue de l'obligation de révélation.** Plus délicate est la question de l'étendue exacte de l'obligation de révélation pesant sur l'arbitre. Sur un plan pratique, il établira une déclaration d'indépendance au moment de sa désignation, dans laquelle il fera état des circonstances qui pourraient, selon lui, mettre en cause son indépendance ou son impartialité. Mais l'arbitre devra se placer dans la peau des parties pour déterminer ces circonstances. Et, à s'en tenir aux déclarations jurisprudentielles, il semble alors devoir avertir les parties de toutes les circonstances qui sont de nature à compromettre son indépendance et son impartialité, même si elles ne le font pas effectivement. En effet, le juge français estime que l'arbitre doit révéler « toute circonstance de nature à

108. V. *supra*, n° 239.

109. V. art. 11. 4 du règlement CCI de 2017.

110. V. notamment, art. 13.2 du règlement CCI de 2017 ; art. 7.1 du règlement LCIA. Selon la même logique, on peut penser que le juge d'appui ou un tiers préconstitué chargé de désigner un arbitre veillera à s'assurer de l'indépendance et de l'impartialité de cet arbitre, en sollicitant au besoin des renseignements sur les faits susceptibles d'affecter son indépendance ou son impartialité.

111. V. notamment, art. 14.2 du règlement CCI de 2017.

112. V. notamment, art. 12 et 13 de la loi-type CNUDCI.

113. Paris, 28 nov. 2002, *Rev. arb.* 2003, p. 445, note Ch. Belloc ; Civ 2e, 25 mars 1999, *Rev. arb.* 1999, p. 319, note Ch. Jarrosson ; *RTD com.* 1999, p. 372, obs. É. Loquin ; Paris, 12 déc. 1996, *Rev. arb.* 1998, p. 699, obs. D. Bureau ; Paris, 12 janv. 1995, *Rev. arb.* 1996, p. 72 ; Cass. com., 29 mars 1994, *Rev. arb.* 1996, p. 527. V. aussi en matière d'arbitrage interne, la solution étant identique, Paris, 16 déc. 2010, *Rev. arb.* 2011, p. 710.

affecter le jugement de celui-ci et provoquer, dans l'esprit des parties, un doute raisonnable » sur son indépendance ou son impartialité[114]. Dans ces conditions, l'objet de l'information porte non seulement sur des circonstances objectives, mais encore sur tout ce qui peut faire douter, de façon raisonnable, une partie de l'indépendance de l'arbitre. Toutefois, la jurisprudence pose aussi un correctif à cette règle en énonçant que « l'obligation d'information doit s'apprécier au regard à la fois de la notoriété de la situation critiquée et de son incidence raisonnablement prévisible sur le jugement de l'arbitre »[115]. Bien plus, il n'est en principe tenu de révéler que ce qui présente un lien avec le litige[116]. Ainsi, l'arbitre est notamment dispensé de révéler ce qui est notoirement connu ou à l'évidence sans incidence sur le cas d'espèce[117]. Il doit seulement « informer les parties de toute relation qui ne présente pas un caractère notoire et qui pourrait raisonnablement avoir à leurs yeux une incidence sur son jugement »[118]. Il ne faut en effet pas perdre de vue que la fonction de la révélation est de permettre aux parties pleinement éclairées d'exercer leur droit de récusation[119]. Mais, comme cela a déjà été observé en matière d'arbitrage interne[120], à la notoriété de la situation en cause, qui n'est pas forcément publique mais connue d'un très grand nombre, est assimilée celle qui est aisément accessible[121]. En effet, si la cour d'appel de Paris a jugé que les parties n'ont pas à se livrer « à un dépouillement systématique des sources susceptibles de mentionner le nom de l'arbitre et des personnes qui lui sont liées »[122], il pèse quand même sur elles un devoir minimum d'investigation avant le début de l'arbitrage, un « devoir de curiosité », afin de s'assurer des qualités essentielles des arbitres nommés pour trancher leur litige, notamment au regard des circonstances alors révélées par eux[123]. Bien plus, même s'il a été jugé que les parties « n'ont pas à poursuivre leurs

114. Cass. 1re civ., 16 mars 1999, *D.* 1999, Jur., p. 498, note P. Courbe ; *Rev. arb.* 1999, p. 308 ; *RTD com.* 1999, p. 850, obs. É. Loquin.

115. Paris, 28 nov. 2002, *Rev. arb.* 2003, p. 445, note Ch. Belloc ; Cass. 2e civ., 25 mars 1999, *Rev. arb.* 1999, p. 319, note Ch. Jarrosson ; *RTD com.* 1999, p. 372, obs. É. Loquin ; Paris, 23 mars 1995, *Rev. arb.* 1996, p. 446 ; Paris, 8 juill. 1994, *Rev. arb.* 1996, p. 429 (1re esp.) ; Paris, 9 avr. 1992, *Rev. arb.* 1996, p. 483 (2e esp). V. aussi *supra*, no 236.

116. Paris, 15 sept. 2015, *Rev. arb.* 2015, p. 1221 ; Cass. 1re civ., 25 juin 2014, *Rev. arb.* 2015, p. 75, note S. Bollée ; *D.* 2014, 1986, note Th. Le Bars ; *D.* 2014, Pan., 2550, obs. Th. Clay ; *Procédures* 2014, comm. 299, obs. L. Weiller ; Paris, 2 juill. 2013, *Rev. arb.* 2013, p. 1033, note M. Henry ; JCP G 2013, I, 1391, no 5, obs. J. Ortscheidt.

117. Mettre ainsi l'accent sur ce qui est notoirement connu présente l'inconvénient de ne pas s'interroger sur ce qui était véritablement connu des parties, pour s'intéresser uniquement à ce qui devait l'être d'elles.

118. Paris, 13 mars 2008, *D.* 2008, Pan., p. 3111, obs. Th. Clay. V. aussi, en matière interne, la solution étant identique, Paris, 10 mars 2011, *Cah. arb.* 2011, p. 787, note M. Henry ; *Rev. arb.* 2011, p. 569 ; Paris, 9 sept. 2010, *D.* 2010, Pan., p. 2934, obs. Th. Clay ; *Cah. arb.* 2010, p. 1169 ; *LPA* 2011, p. 17, note M. Henry ; *Bull. ASA* 2011, p. 187, note Ph. Pinsolle.

119. E. Gaillard, note sous Cass. 2e civ., 6 déc. 2001, Paris, 16 mai 2002, *Rev. arb.* 2003, p. 1231, spéc. p. 1243.

120. V. *supra*, no 236.

121. V. par ex. Cass. 1re civ., 15 juin 2017, no 16-17108 ; Cass. 1re civ., 25 mai 2016, *Cah. arb.* 2016, p. 633, note V. Chantebout ; v. aussi M. Henry, note sous Cass. 1re civ., 16 déc. 2015, *Rev. arb.* 2016, p. 536, spéc. no 9 et s., p. 542 et s ; É. Loquin, note sous Paris, 12 avr. 2016, *Rev. arb.* 2017, p. 234, spéc. no 32, p. 252.

122. Paris, 14 oct. 2014, *Rev. arb.* 2015, p. 151, note. M. Henry ; *Cah. arb.* 2014, p. 795, note D. Cohen ; *D.* 2014, Pan., p. 2549, obs. Th. Clay.

123. Cass. 1re civ., 16 déc. 2015, *Rev. arb.* 2016, p. 536, note M. Henry qui rejette le pourvoi formé contre Paris, 14 oct. 2014, préc. ; Cass. 1re civ., 18 déc. 2014, *RTD com.* 2015, p. 53, obs. É. Loquin ; *Cah.*

recherches après le début de l'instance arbitrale »[124], ce d'autant que l'arbitre doit révéler tout nouveau fait susceptible de faire douter de son indépendance ou de son impartialité, elles devraient tout de même faire à nouveau preuve de curiosité en cours d'arbitrage, puisqu'une information notoire, ou aisément accessible, n'a pas à être révélée par l'arbitre[125].

Même ainsi entendue, l'obligation de révélation peut mettre l'arbitre pressenti dans une situation délicate puisque, excepté les faits notoirement connus, ou aisément accessibles, il devrait *a priori* révéler tout ce qui est de nature à créer un « doute raisonnable dans l'esprit des parties », appréciation parfois difficile[126]. L'arbitre devrait donc se mettre dans la position d'une partie « raisonnable », et non pas demeurer dans la sienne, afin d'apprécier s'il doit ou non révéler telle circonstance. Certes, pour certaines circonstances, notamment celles visées à l'article 341 du Code de procédure civile s'agissant des causes de récusation des juges, comme des liens de subordination ou d'étroite parenté entre l'arbitre et l'une des parties, l'obligation de révéler paraît évidente. Mais les circonstances de nature à affecter l'indépendance ou l'impartialité de l'arbitre dépassant largement cette liste, l'arbitre pressenti peut parfois hésiter : un lien existe, sans lui paraître avec certitude susceptible de créer un doute sur son indépendance dans l'esprit d'une partie raisonnable. D'un côté, l'arbitre pourrait alors préférer révéler toute circonstance qui pourrait être invoquée par une partie pour contester son indépendance et laisser ainsi les parties trancher son hésitation ; si les parties estiment que la circonstance en question est indifférente, elles accepteront sa nomination. Au surplus, le fait pour l'arbitre de ne pas révéler une circonstance normalement relativement anodine pourrait la rendre suspecte[127]. Aussi, dans un premier élan, on conseillerait volontiers à l'arbitre de tout révéler. D'un autre côté, on peut également estimer que l'arbitre doit

---

arb. 2015, p. 95, note M. Danis ; *D.* 2015, Pan., p. 2588, obs. Th. Clay ; *Procédures* 2015, p. 84, note L. Weiller.

124. Paris, 14 oct. 2014, préc.

125. Cass. 1re civ., 25 mai 2016, préc. V. aussi : Cass. 1re civ., 19 déc. 2018, *Dalloz Actualité*, 1er févr. 2019, obs. C. Debourg ; *JCP* E 2019, 1177, note A. Constant ; *Procédures* 2019, étude 8, note L. Weiller. É. Loquin, note sous Paris, 12 avr. 2016, préc. V. cpdt, Cass. 1re civ., 3 oct. 2019, no 18-15756, qui rejette le pourvoi formé contre Paris, 27 mars 2018, *Rev. arb.* 2019, p. 522 (1re esp.), note L.-Ch. Delanoy. Le pourvoi soutenait que l'arbitre n'a pas à révéler aux parties les faits notoires ou aisément accessibles, ni avant d'accepter sa mission, ni ensuite en cours d'arbitrage. Il reprochait dès lors à la cour d'appel d'avoir estimé qu'un arbitre avait manqué à son obligation de révélation en ne déclarant pas, pendant l'arbitrage, une mission confiée au cabinet d'avocats au sein duquel il était associé par une société du groupe auquel appartenait une partie, et ce alors que la cour avait constaté que l'information avait été publiée pendant l'arbitrage dans un annuaire professionnel et qu'elle avait en même temps jugé notoire, et estimé qu'elle n'avait pas à être révélée, une autre information publiée avant le début de l'arbitrage dans ce même annuaire, parce qu'il était connu « de tous les cabinets d'avocats d'affaires allemands ». La Cour de cassation a écarté cette critique, dans son arrêt précité, en relevant que la cour d'appel a « exactement décidé que si l'existence d'un contrat exécuté en 2010 » par le cabinet d'avocats pour l'une des parties à l'arbitrage « devait être regardée comme notoire du fait de sa publication avant le début de l'arbitrage dans un annuaire professionnel connu de tous les cabinets d'avocats d'affaires allemands, en revanche », la demanderesse au recours en annulation « n'était pas tenue de poursuivre ses recherches après le début des opérations d'arbitrage et il incombait à l'arbitre d'informer les parties de toute circonstance susceptible d'affecter son indépendance ou son impartialité survenant après l'acceptation de sa mission ».

126. Sur la question, v. J.-D. Bredin, « La révélation », in *Études de procédure et d'arbitrage. Mélanges Jean-François Poudret*, Faculté de droit de Lausanne, 1999, p. 349 ; Th. Clay, note sous Paris, 12 févr. 2009, *Rev. arb.* 2009, p. 186 ; M. Henry, note sous Paris, 12 févr. 2009, *LPA* 2009, p. 4.

127. V. en ce sens, Paris, 10 mars 2011, *Rev. arb.* 2011, p. 732, qui juge que « le refus non motivé des arbitres de se soumettre à l'obligation qui leur incombe de satisfaire à une demande de déclaration

conserver une certaine marge de manœuvre. En effet, s'il devait tout révéler, une partie de mauvaise foi pourrait, au prétexte d'une circonstance insignifiante mais déclarée, s'opposer à la désignation d'un arbitre, pourtant parfaitement indépendant, afin de ralentir la progression de l'instance arbitrale. La révélation systématique pourrait donc constituer une prime à l'obstruction. De plus, l'arbitre peut en toute bonne foi oublier de révéler une circonstance particulière, tant le champ des circonstances susceptibles de devoir être révélées est vaste. Dès lors, on le voit aisément, la conduite à tenir pour un arbitre dépend en réalité de la position prise par le juge en cas de défaut de révélation. Or, le juge français ne sanctionne pas tout défaut de révélation et fait preuve de pragmatisme, ce qui ressort notamment d'un arrêt rendu par la Cour de cassation le 4 juillet 2012[128]. Dans cette affaire, il était reproché à l'arbitre, dont la responsabilité était recherchée, de n'avoir pas révélé sa présence à un colloque en même temps que l'avocat de la partie qui l'avait désigné, également présente à ce colloque qui était organisé par une association ayant, selon la demanderesse, une inimitié connue à son égard. La Cour de cassation a relevé que la cour d'appel ayant constaté que l'arbitre avait assisté à ce colloque en tant qu'avocat, sans intervenir comme orateur, elle en avait exactement déduit que « sa présence occasionnelle, dans de telles circonstances, n'était pas de nature à faire douter de son indépendance et de son impartialité, de sorte qu'en ne la révélant pas lors de sa déclaration d'indépendance », il n'avait pas commis de faute. Cette analyse a été ensuite confirmée par un arrêt de la Cour de cassation du 10 octobre 2012, rendu en matière d'arbitrage interne, mais dont la solution est transposable à l'arbitrage international. Cet arrêt, qui sonne le glas de la théorie selon laquelle l'obligation de révélation aurait absorbé l'obligation d'indépendance et d'impartialité de l'arbitre, a cassé celui rendu par la cour d'appel de Paris le 10 mars 2011[129], qui avait annulé une sentence au motif qu'un arbitre avait manqué à son obligation de révélation en n'indiquant pas qu'il avait ou avait eu des liens d'intérêt avec le cabinet d'avocats, dont le conseil de la partie qui l'avait désigné était collaborateur et, plus précisément, qu'il avait été « *of counsel* » de ce cabinet pendant presque 11 ans et, depuis, lui avait donné des consultations juridiques à deux ou trois reprises. La Cour régulatrice a en effet retenu « qu'en se déterminant par ces seuls motifs sans expliquer en quoi ces éléments étaient de nature à provoquer dans l'esprit des parties un doute raisonnable quant à l'impartialité de l'arbitre et à son indépendance, la cour d'appel n'a pas mis la Cour de cassation en mesure d'exercer son contrôle sur la décision »[130]. Cette solution a encore été confirmée par un arrêt rendu le 28 mai 2015, dont il résulte que l'arbitre n'a pas à révéler les liens professionnels qu'il a entretenus pendant 2 ans avec le conseil d'une partie, pour avoir travaillé au sein du même cabinet d'avocats, près de 20 ans avant le début de l'arbitrage[131]. L'absence de révélation ne crée donc pas automatiquement un doute raisonnable.

d'intérêts formulée par une partie est de nature à faire raisonnablement douter celle-ci de l'indépendance et de l'impartialité du tribunal arbitral ».

128. Cass. 1re civ., 4 juill. 2012, *Bull. civ.* I, n° 149 ; *JCP* G 2012, I, 1354, n° 1, obs. Ch. Seraglini.

129. Paris, 10 mars 2011, *Cah. arb.* 2011, p. 787, note M. Henry ; *Rev. arb.* 2011, p. 569.

130. Cass. 1re civ., 10 oct. 2012, *Bull. civ.* I, n° 193 ; *JCP* G 2012, Act, 1929, obs. M. Henry ; *JCP* G 2012, I, 1354, n° 1, obs. Ch. Seraglini ; *Rev. arb.* 2013, p. 129, note Ch. Jarrosson ; *D.* 2012, Pan., p. 2991, obs. Th. Clay ; *RTD com.* 2013, p. 481, obs. É. Loquin.

131. Cass. 1re civ., 28 mai 2015, *Rev. arb.*, p. 656 ; *D.* 2015, p. 2588, obs. Th. Clay.

2. Les sanctions du défaut de révélation

747 **Triple sanction du défaut de révélation.** Lorsque l'une des parties s'oppose, du fait d'une circonstance révélée, à la désignation d'un arbitre qui prétend pourtant être indépendant, la solution idéale est de permettre la saisine du juge étatique, afin que celui-ci se prononce sur l'incidence de la circonstance en cause quant à l'indépendance de l'arbitre. C'est aujourd'hui possible, pour les tribunaux arbitraux constitués après le 1er mai 2011, en application de l'article 1456, alinéa 3, du Code de procédure civile, applicable à l'arbitrage international à défaut de convention contraire des parties. Le juge d'appui pourra alors confirmer la désignation de l'arbitre, ou au contraire juger que la personne pressentie ne présente pas les qualités requises pour exercer la mission que les parties voulaient lui confier[132]. Cela étant, il existe trois types de sanctions à un défaut de révélation. Une sanction intervient avant que la sentence ne soit rendue : la récusation de l'arbitre (a). Une autre intervient en bout de course : la nullité de la sentence (b). Une troisième sanction est susceptible d'atteindre plus directement l'arbitre lui-même, qui peut voir sa responsabilité personnelle engagée (c).

a) La récusation de l'arbitre

748 **Causes de récusation.** Après la constitution du tribunal arbitral, une partie informée d'une circonstance particulière qu'un arbitre désigné n'avait pas révélée, peut songer à lui faire quitter le tribunal arbitral en le récusant pour défaut d'indépendance ou d'impartialité. La récusation peut en principe aussi intervenir si une partie s'aperçoit que l'arbitre désigné ne présente pas les aptitudes ou les qualités particulières qui avaient été expressément requises de lui[133]. Les causes de récusation de l'arbitre ne sont pas celles limitativement énoncées par l'article 341 du Code de procédure civile[134]. Les exigences d'impartialité et d'indépendance présentant un caractère permanent[135], la récusation peut concerner le cas où la circonstance est née après la désignation de l'arbitre. La procédure de récusation est connue de la plupart des législations relatives à l'arbitrage[136].

Comme pour le droit français de l'arbitrage interne[137], l'arbitre ne peut être récusé que pour une cause qui se serait révélée ou serait survenue depuis sa désignation[138]. Il appartient en effet à la partie qui le souhaite de s'opposer immédiatement à la désignation de l'arbitre si elle a connaissance d'une circonstance affectant son indépendance ou son impartialité. La récusation suppose donc que la cause de suspicion n'ait pas été connue par la partie qui entend récuser l'arbitre avant la constitution du tribunal arbitral, soit parce qu'elle lui avait alors été révélée, soit parce qu'elle était notoirement connue ou que l'information était aisément accessible. La partie qui accepte, en connaissance de cause, la désignation d'un arbitre, est censée avoir renoncé à invoquer les faits en question[139]. Cette solution est très

132. Sur la procédure v. *supra*, n° 239 et s.

133. Cette cause de récusation se retrouve en droit comparé. V. notamment, art. 24 de la loi anglaise sur l'arbitrage de 1996 ; art. 17.3 de la loi espagnole sur l'arbitrage du 23 déc. 2003 ; art. 12.2 de la loi type CNUDCI.

134. V. *supra*, n° 741.

135. V. *supra*, n° 742.

136. Sur le droit comparé, v. J.-F. Poudret, S. Besson, *Droit comparé de l'arbitrage international*, Bruylant, 2002, n° 415 et s, p. 368 et s.

137. V. *supra*, n° 239.

138. En droit comparé, v. notamment, art. 17.3 de la loi espagnole sur l'arbitrage du 23 déc. 2003.

139. Paris, Paris, 10 mai 1994, *Rev. arb.* 1996, p. 66, Ch. Jarrosson.

largement répandue en droit comparé[140]. De plus, la partie qui entend récuser doit agir sans tarder, dès qu'elle a connaissance de la circonstance incriminée ; à défaut, elle est réputée avoir renoncé à la possibilité de se fonder sur cette circonstance pour contester la régularité de la constitution du tribunal arbitral, que ce soit dans le cadre d'une récusation ou lors d'un recours contre la sentence[141]. Le recours en annulation ne peut en effet venir suppléer la carence d'une partie dans l'exercice de son droit de récusation en temps utile[142]. D'ailleurs, l'article 1456, alinéa 3, du Code de procédure civile, applicable à l'arbitrage international à défaut de convention contraire des parties, prévoit que la difficulté est tranchée par la personne chargée d'organiser l'arbitrage, ou à défaut, tranchée par le juge d'appui saisi dans le mois « qui suit la révélation ou la découverte du fait litigieux »[143]. En tout cas, la récusation doit intervenir avant la fin de la procédure arbitrale. Cependant, la jurisprudence française semble divisée quant à la date ultime à retenir à cet égard. Certaines décisions retiennent la date où la sentence est rendue[144], d'autres le moment de la clôture des débats[145]. Cette dernière solution, calquée sur celle applicable au juge français[146], est pourtant difficilement conciliable avec les spécificités de l'arbitrage puisqu'il n'y est imposé, ni de clôturer les débats[147], ni d'écarter systématiquement les écritures et pièces échangées en cours de délibéré[148].

749 **Diversité des procédures de récusation.** Les modalités de la procédure de récusation sont très largement laissées à la liberté des parties. Les droits étatiques admettent en effet généralement, au moins pour l'arbitrage international, que la procédure de récusation n'est pas de la compétence exclusive des juridictions étatiques et que les parties peuvent convenir, dans la convention d'arbitrage, d'autres modalités à cet égard[149]. En

140. V. par exemple, art. 12.2 de la loi type CNUDCI ; art. 180, al. 2, de la LDIP suisse ; art. 1033 du CPC néerlandais.

141. Cass. 1re civ., 19 déc. 2012, *Procédures* 2013, p. 45, note L. Weiller ; *JDI* 2013, p. 946, note S. Sana-Chaillé de Néré ; *D.* 2013, Pan., p. 2936, obs. Th. Clay ; Paris, 16 déc. 2010, *Rev. arb.*, 2011, p. 711 ; Paris, 7 févr. 2008, *Rev. arb.* 2008, p. 501, note J.-B. Racine ; *D.* 2008, Pan., p. 3111, obs. Th. Clay ; Paris, 22 févr. 2007, *Rev. arb.* 2007, p. 142 ; Paris, 27 oct. 2005, *Gaz. Pal.* 14 et 15 déc. 2005, p. 54 ; Paris, 28 nov. 2002, *Rev. arb.* 2003, p. 445, note Ch. Belloc ; Paris, 16 mai 2002, *Rev. arb.* 2003, p. 1231, note E. Gaillard ; Paris, 12 janv. 1995, *Rev. arb.* 1996, p. 72 ; Paris, 2 juin 1989, *Rev. arb.* 1991, p. 87.

142. Paris, 8 juill. 1994, *Rev. arb.* 1996, p. 428.

143. V. *supra*, n° 240.

144. TGI Paris (ord. réf.), 2 juill. 1990, *Rev. arb.* 1996, p. 483 (1re esp) ; TGI Paris (ord. réf.), 22 oct. 1984, *Rev. arb.* 1985, p. 167.

145. TGI Paris (ord. réf.), 27 sept. 1995, cité par Th. Clay, *L'arbitre*, Dalloz, Nouvelle Bibliothèque de Thèses, 2001, n° 430, p. 361.

146. Art. 342 CPC.

147. V. *infra* n° 860.

148. V. *supra*, n° 388, la règle étant identique en matière d'arbitrage international.

149. En France, v. TGI Paris, 1er avr. 1993, *Rev. arb.* 1993, p. 455, note P. Bellet ; TGI Paris, 23 juin 1988, *Rev. arb.* 1988, p. 657, note Ph. Fouchard, qui relève « qu'il n'a pas été attribué aux juridictions étatiques une compétence exclusive et dérogatoire de la volonté des parties pour connaître de toute demande de récusation, même en matière d'arbitrage interne ». V. également, implicitement, Cass. 2e civ., 7 oct. 1987, *Rev. arb.* 1987, p. 479, note E. Mezger. En droit comparé, v. notamment, art. 23.1 et 24.2 de la loi anglaise sur l'arbitrage de 1996 ; art. 18 de la loi espagnole sur l'arbitrage du 23 déc. 2003 ; art. 13 de la loi type CNUDCI ; art. 11 de la loi suédoise sur l'arbitrage du 4 mars 1999. V. également, J.-F. Poudret, S. Besson, *Droit comparé de l'arbitrage international*, Bruylant, 2002, n° 424 et s, p. 376 et s.

France, la réforme du 13 janvier 2011 a confirmé cette liberté des parties[150]. Dès lors, trois solutions sont envisageables : la récusation peut être judiciaire, organisée devant les arbitres eux-mêmes ou, dans l'arbitrage institutionnel, prise en charge par une institution d'arbitrage.

750 **Procédure judiciaire de récusation.** Lorsque la convention des parties ou le règlement d'arbitrage applicable n'a prévu aucune procédure de récusation particulière, la récusation est judiciaire. Pratiquement, l'arbitre, qui n'aime guère l'idée d'être récusé, pourra contester le fait que la circonstance invoquée par celui qui entend le récuser affecte son indépendance ou son impartialité et refuser de se déporter ; il aura beau jeu de souligner que si tel avait été le cas, il aurait révélé cette circonstance. La partie qui entend le récuser devra alors saisir un juge ; la loi de celui-ci déterminera les conditions de son intervention, et notamment sa compétence internationale. À cet égard, en droit comparé, le juge du siège est généralement compétent pour connaître de ce type d'incidents[151]. En droit français, il n'y a pas de disposition spécifique sur la récusation pour l'arbitrage international. Il est renvoyé à l'article 1456 du Code de procédure civile par l'article 1506 du même code, sous réserve des conventions particulières des parties. Auparavant, pour les tribunaux arbitraux constitués avant le 1er mai 2011, la compétence du juge français était fondée sur l'article 1493 ancien du Code de procédure civile[152], le contentieux de la récusation étant considérée comme une « difficulté de constitution » du tribunal arbitral au sens du texte précité. Il était jugé que le juge français pouvait intervenir pour régler une difficulté, certes apparue après la mise en place du tribunal arbitral, mais qui en affectait la composition, ce qui est bien le cas d'une demande de récusation[153]. La solution jurisprudentielle a été clairement consacrée par le décret n° 2011-48 du 13 janvier 2011 et c'est donc le juge d'appui qui est compétent pour « trancher » le différend en matière de récusation des arbitres[154].

Comme avant la réforme[155], la compétence pour statuer sur la demande de récusation revient, sauf clause contraire, au président du tribunal de grande instance de Paris, qui est le juge d'appui en matière internationale en application de l'article 1505 du Code de procédure civile[156] et ce, dans quatre hypothèses[157]. Il demeure toujours possible de déroger à cette compétence de principe, comme l'autorisait déjà l'ancien article 1493 du Code de procédure civile et la jurisprudence[158]. Les parties peuvent donc choisir, en qualité de juge d'appui, une juridiction française autre que le président du tribunal de grande instance de Paris ou un juge situé à l'étranger[159]. En tout état de cause, la compétence du juge d'appui, en matière de récusation et plus largement, a

150. E. Gaillard et P. de Lapasse, « Commentaire analytique du décret portant réforme du droit français de l'arbitrage », *Cah. arb.* 2011, p. 263, spéc. n° 91.

151. J.-F. Poudret, S. Besson, *Droit comparé de l'arbitrage international*, Bruylant, 2002, n° 427, p. 378.

152. Ph. Fouchard, E. Gaillard, B. Goldman, *Traité de l'arbitrage commercial international*, Litec, 1996, n° 872 et s., p. 518 et s.

153. En ce sens, TGI Paris, 1er avr. 1993, *Rev. arb.* 1993, p. 455, note P. Bellet, qui relève que dans l'arbitrage international se déroulant en France ou soumis à la loi française, « le Président du tribunal de grande instance est compétent pour se prononcer sur un incident de récusation ».

154. Art. 1456, al. 3, CPC.

155. Art. 1493 ancien CPC.

156. V. *infra*, n° 773.

157. V. *infra*, n° 775 et s.

158. Cass. 1re civ., 7 mars 2000, *Rev. arb.* 2000, p. 447, note A. Lacabarats.

159. V. églt, Th. Clay, « L'appui du juge à l'arbitrage, *Cah. arb.* 2011, p. 331, spéc. n° 21 et s.

également un caractère supplétif : il n'est compétent que si les parties n'ont pas prévu, dans la convention d'arbitrage ou par l'adoption d'un règlement d'arbitrage, de confier le règlement de cet incident à une autre autorité, comme l'autorise expressément l'article 1505 du Code de procédure civile[160].

À défaut de clause contraire, selon l'article 1505 précité, le Président du tribunal de grande instance de Paris est le juge d'appui de la procédure arbitrale dans quatre situations. Deux de celles-ci, soit lorsque « l'arbitrage se déroule en France » ou si « les parties sont convenues de soumettre l'arbitrage à la loi de procédure française », étaient déjà envisagées sous l'empire de l'ancien article 1493 du Code de procédure civile. Les deux autres chefs de compétence, soit lorsque « les parties ont expressément donné compétence aux juridictions françaises pour connaître des différends relatifs à la procédure arbitrale » ou si « l'une de parties est exposée à un risque de déni de justice », ont été ajoutés par l'article 1505. Mais ils avaient, auparavant, été dégagés par la jurisprudence. En effet, tant la prorogation volontaire de compétence du président du tribunal de grande instance de Paris[161], que le déni de justice[162], étaient admis comme chefs de compétence du juge d'appui avant la réforme de 2011. L'inscription des solutions dans un texte a toutefois contribué à clarifier le droit français de l'arbitrage international sur ce point.

Le juge d'appui ne pourra bien évidemment être saisi qu'avant que la sentence ne soit rendue, puisqu'une fois le tribunal arbitral dessaisi de sa mission, il n'existe plus aucune difficulté susceptible de justifier la compétence de ce juge[163]. Lorsque sont applicables les textes relatifs à la procédure devant le juge d'appui prévus en matière d'arbitrage interne, celui-ci doit être saisi dans « le mois qui suit la révélation ou la découverte du fait », en application de l'article 1456, alinéa 3, du Code de procédure civile. Ce délai doit être respecté à peine de forclusion, la demande de récusation tardive devant être déclarée irrecevable[164]. Par exception, la récusation d'un arbitre pourra encore être demandée si, après le prononcé de la sentence, le tribunal arbitral est saisi d'une requête en interprétation[165].

Selon les législations, le juge peut être saisi directement ou seulement après examen de la question par les arbitres eux-mêmes[166]. En France, il peut intervenir directement[167]. La procédure devant lui est identique à celle suivie dans l'arbitrage interne, puisque l'article 1506.2° du Code de procédure civile renvoie à l'article 1460 du même code[168]. Ainsi, la demande est formée, instruite et jugée comme en matière de référé. La décision

160. V. sous l'empire de l'art. 1493 al. 2 ancien CPC, TGI Paris (ord. réf.), 23 juin 1988, *Rev. arb.* 1988, p. 657, (3e esp.), note Ph. Fouchard.

161. Paris, 1er mars 2007, *RTD com.* 2008, p. 526, obs. É. Loquin.

162. Cass. 1re civ., 1er févr. 2005, *Bull. civ.* I, n° 53 ; JCP G 2005, I, 134, n° 4, obs. J. Béguin ; *D.* 2005, Pan., p. 3054, obs. Th. Clay ; *RCDIP* 2006, p. 140, note Th. Clay ; *D.* 2005, Jur., p. 2727, note S. Hotte ; JCP E 2005, II, 447, note G. Kessler ; *RTD com.* 2005, p. 266, obs. É. Loquin ; *Rev. arb.* 2005, p. 693, note H. Muir Watt ; *Gaz. Pal.* 28 mai 2005, p. 37, note F.-X. Train.

163. TGI Paris, 2 juill. 1990, *Rev. arb.* 1996, p. 483 (1re esp.).

164. Ch. Jarrosson et J. Pellerin, « Le droit français de l'arbitrage après le décret du 13 janvier 2011 », *Rev. arb.* 2011, p. 5, spéc. n° 28, p. 22.

165. Paris, 19 nov. 1993, *Rev. arb.* 1996, p. 419, note Ph. Fouchard.

166. V. les exemples cités par J.-F. Poudret, S. Besson, *Droit comparé de l'arbitrage international*, Bruylant, 2002, n° 426, p. 377.

167. Au contraire, l'article 13.2 loi type CNUDCI donne au tribunal arbitral, comprenant l'arbitre visé par la demande de récusation, le pouvoir de statuer sur cette demande. Si la demande est accueillie, la décision des arbitres est sans recours ; au contraire, si les arbitres la rejettent, elle peut être réitérée devant le juge étatique.

168. Sur les règles de procédure applicables, v. *supra* n° 243 et *supra*, n° 274 et s.

du juge d'appui ne présente cependant pas un caractère provisoire. Son ordonnance est en effet assortie de l'autorité de la chose jugée relativement à la contestation qu'elle tranche[169]. Aussi bien, si une partie a été déboutée de sa demande de récusation d'un arbitre, elle n'est pas recevable à saisir à nouveau le juge d'appui d'une demande ayant un objet identique, à moins qu'elle ne soit fondée sur une cause différente. En outre, malgré les conditions particulièrement restrictives de l'appel-nullité, lorsqu'elle est saisie dans le cadre du contrôle de la sentence, la cour d'appel ne saurait réexaminer la question de l'indépendance et de l'impartialité de l'arbitre tranchée par le juge d'appui, et doit en conséquence respecter la décision de ce juge rejetant une demande de récusation[170]. Le juge du contrôle ne pourra donc pas annuler la sentence en relevant que le tribunal était irrégulièrement constitué, au motif que l'arbitre n'était pas impartial ou indépendant, si le juge d'appui a préalablement écarté une demande de récusation fondée sur les mêmes circonstances[171], à tout le moins en l'absence d'éléments nouveaux apparus postérieurement à la décision de ce juge ; au moment de contrôler la sentence, le juge peut en effet tenir compte de nouveaux éléments, révélés après la décision du juge d'appui, pour prononcer l'annulation de la sentence. Cette solution, qui respecte la décision du juge d'appui lorsqu'il intervient pour sécuriser l'arbitrage en aval de la sentence, peut être discutée, compte tenu du caractère particulièrement limité du recours ouvert contre la décision de ce juge[172].

En principe en effet, l'ordonnance du président du tribunal de grande instance de Paris n'est pas susceptible de recours[173], ce que prévoit aujourd'hui expressément l'article 1460, alinéa 3, du Code de procédure civile auquel renvoie l'article 1506.2°. Toutefois, comme dans l'arbitrage interne[174], la jurisprudence avait, avant la réforme du 13 janvier 2011, réintroduit la possibilité d'un appel-nullité contre cette ordonnance en cas d'excès de pouvoir[175]. Le recours étant toujours ouvert en cas d'excès de pouvoir du juge, la solution a été reconduite sous l'empire des textes issus de la réforme de 2011. Mais ce recours n'a plus à être exercé selon les règles relatives à l'ancien contredit, comme auparavant[176], faute pour l'article 1460, alinéa 3, de soumettre l'appel qu'il envisage à la procédure du contredit[177]. Le délai de recours n'est donc plus de 15 jours à

169. Art. 492-1.2° CPC.

170. Paris, 3 mars 2005, Rev. arb. 2005, p. 787 ; Paris, 4 juin 1992, *Rev. arb.* 1993, p. 449 ; Paris, 6 avr. 1990, *Rev. arb.* 1990, p. 880, note M. de Boisséson. Pour des raisons déjà exposées, techniquement, la solution ne peut être fondée sur l'autorité de la chose jugée de l'ordonnance rendue par le juge d'appui (v. *supra*, n° 277).

171. Cass. 1re civ., 4 nov. 2015, *Rev. arb.* 2015, p. 1230 ; Cass. 1re civ., 13 mars 2013, *Bull. civ.* I, n° 40 ; *Rev. arb.* 2013, p. 735, note V. Chantebout ; *JCP* G 2013, I, 784, n° 1, obs. Ch. Seraglini ; *JCP* G 2013, 465, note D. Mouralis ; *RTD civ.* 2013, p. 631, obs. P.-Y. Gautier ; *D.* 2016, Pan., p. 2936, obs. Th. Clay ; Paris, 3 mars 2005, *Rev. arb.* 2006, p. 446, note P. Callé ; Paris, 6 avr. 1990, *Rev. arb.* 1990, p. 880, note M. de Boisséson.

172. En ce sens, M. de Boisséson, note sous Paris, 6 avr. 1990, *Rev. arb.* 1990, p. 880, spéc. p. 890.

173. Paris, 6 déc. 2007, *Rev. arb.* 2007, p. 934.

174. V. *supra*, n° 243 et 278 et s.

175. V. notamment, Cass. 1re civ., 7 mars 2000, préc. Il pourrait en être ainsi lorsque le juge statue sur l'incident de récusation alors que les parties avaient prévu d'en confier la résolution à une institution d'arbitrage. Pour une analyse plus approfondie de la notion d'excès de pouvoir en ce domaine, v. D. Foussard, « Le recours pour excès de pouvoir dans le domaine de l'arbitrage », *Rev. arb.* 2002, p. 578, spéc. n° 15 et s., p. 607 et s. ; « Retour sur l'excès de pouvoir en matière d'arbitrage : vers une consolidation des règles ? », *Rev. arb.* 2004, p. 803, spéc. n° 10 et s., p. 817 et s.

176. Paris, 29 mars 2001, *Rev. arb.* 2002, p. 427, note Ph. Fouchard.

177. V. *supra*, n° 279.

compter du prononcé de l'ordonnance et le recours n'a plus à être motivé et déposé au secrétariat de la juridiction ayant rendu la décision. Pour les raisons précédemment exposées[178], le délai pour former l'appel-nullité est de 15 jours à compter de la signification à partie de l'ordonnance, puisque les demandes devant le juge d'appui sont formées, instruites et jugées « comme en matière de référé »[179].

751 **Procédure de récusation devant le tribunal arbitral.** La procédure de récusation peut être organisée devant les arbitres eux-mêmes, notamment lorsque les parties ont choisi, pour régir la procédure arbitrale, un règlement d'arbitrage[180] ou une loi qui prévoit une telle solution. On l'a vu, l'article 1505 du Code de procédure civile autorise les parties à déroger à la compétence du président du tribunal de grande instance de Paris. La loi-type CNUDCI retient ce mécanisme à titre de principe. Son article 13.2 prévoit en effet, à défaut d'accord des parties sur la procédure de récusation à suivre : « La partie qui a l'intention de récuser un arbitre expose par écrit les motifs de la récusation au tribunal arbitral [...]. Si l'arbitre récusé ne se déporte pas ou que l'autre partie n'accepte pas la récusation, le tribunal arbitral se prononce sur la récusation. ». Si la demande de récusation est rejetée par le tribunal arbitral, le demandeur pourra saisir le juge étatique (art. 13.3)[181]. Toutefois, cette voie est rarement utilisée en France.

752 **Procédure institutionnelle de récusation.** Dans l'arbitrage institutionnel, certains règlements d'arbitrage prévoient que le contentieux de la récusation sera porté par la partie qui souhaite récuser un arbitre devant un organe de l'institution et tranché par celui-ci[182]. La procédure est souvent, et devrait sans doute toujours y être, contradictoire, notamment à l'égard de l'arbitre dont la récusation est sollicitée[183]. Il a d'ailleurs déjà jugé par le président du tribunal de grande instance de Paris qu'on « ne saurait statuer sur une cause de récusation, fondée sur des motifs tenant à la personne même d'un arbitre, sans lui avoir au préalable fait connaître l'existence de la procédure et ses fondements et, surtout, sans lui avoir permis de présenter, le cas échéant, toutes observations utiles avant toute décision »[184]. Si les parties ont accepté qu'une institution d'arbitrage se prononce sur la requête en récusation en adhérant à un règlement d'arbitrage, le juge français est alors incompétent pour statuer sur l'incident de récusation[185], à moins d'une carence de l'institution dans l'exercice de cette mission[186]. L'article 1456, alinéa 3, du Code de procédure civile, applicable à défaut de convention contraire des parties par renvoi de l'article 1506.2°, précise d'ailleurs en ce sens que « la difficulté est réglée par la personne chargée d'organiser l'arbitrage ou, à défaut, tranchée par le juge d'appui ». Néanmoins une question demeure : la procédure de récusation est-elle alors totalement soustraite à la compétence du juge étatique, si bien que ce juge ne pourra être saisi de l'incident même après épuisement des voies de récusation conventionnellement prévues ?

178. V. *supra*, n° 279.

179. Art. 490, 492-1 et 1460, al. 1, CPC.

180. V. notamment, art. 9 du règlement CIRDI.

181. En ce sens également, v. notamment, art. 18.2 de la loi espagnole sur l'arbitrage de 2003 ; art. 10 de la loi suédoise sur l'arbitrage de 1999 ; § 1037, al. 2, du ZPO allemand.

182. V. notamment, art. 14 du règlement CCI de 2017 ; art. 10 du règlement de la LCIA.

183. V. notamment, art. 9.3 du règlement CIRDI ; art. 14.3 du règlement CCI de 2017 qui organise un débat contradictoire devant la Cour d'arbitrage en sollicitant les observations des parties et des arbitres.

184. TGI Paris (ord. réf.), 14 juin 1989, *Rev. arb.* 1990, p. 497.

185. TGI Paris (ord. réf.), 1er avr. 1993, *Rev. arb.* 1993, p. 455, note P. Bellet ; TGI Paris (ord. réf.), 23 juin 1988, *Rev. arb.* 1988, p. 657 (3e esp.).

186. En ce sens, TGI Paris (ord. réf.), 1er avr. 1993, préc.

En premier lieu, la Cour de cassation a écarté la possibilité d'un recours direct contre la décision de l'institution, non pas en assimilant cette décision à celle du juge d'appui, non susceptible de recours, mais au motif que « la décision portant sur une demande de récusation rendue par la Cour d'arbitrage de la Chambre de commerce internationale, laquelle avait seulement été chargée d'organiser l'arbitrage et ne remplissait pas de fonction juridictionnelle, ne peut être qualifiée de sentence arbitrale »[187]. Ceci explique que l'organe chargé de connaître de l'incident de récusation n'ait pas l'obligation de motiver sa décision et, surtout, qu'aucune voie de recours n'est ouverte en France contre la décision qu'il rend. En second lieu, cela ne signifie pas pour autant qu'il n'y aura plus aucune possibilité de contester devant un juge la position prise par l'institution. En effet, la décision de l'institution n'étant pas de nature juridictionnelle, elle ne bénéficie d'aucune autorité de chose jugée et ne lie en aucune façon le juge saisi d'un recours en annulation contre la sentence rendue par le tribunal arbitral dont l'un des membres est contesté[188] ; cette sentence pourra donc être annulée si le juge estime que la demande de récusation rejetée par l'institution était fondée[189]. On peut néanmoins regretter l'impossibilité d'un recours contre la décision de l'institution, qui aurait permis de régler plus rapidement la question et évité d'aller, peut-être inutilement, jusqu'au bout de l'instance arbitrale.

753 **Effets de la récusation.** La récusation conduit à écarter l'arbitre récusé, qui devra être remplacé selon les modalités qui ont présidé à sa désignation, sauf disposition contraire de la convention d'arbitrage. En cas de difficulté, le juge d'appui pourra être sollicité. La question de l'effet d'une procédure de récusation sur l'instance arbitrale est plus délicate. En principe, une procédure de récusation n'interdit pas à l'arbitre concerné de poursuivre son office dans l'attente de la décision de l'autorité chargée de l'incident, et les actes accomplis pendant cette procédure sont tenus pour valables[190]. L'absence de suspension de l'instance arbitrale pendant la procédure de récusation est une solution que l'on retrouve en droit comparé[191]. La cour d'appel de Paris a même décidé que les arbitres pouvaient rendre leur sentence alors qu'une procédure de récusation était en cours[192]. Cependant, comme pour l'arbitrage interne[193], pour éviter le risque que la sentence ne soit annulée parce qu'elle a été rendue par un arbitre récusé, c'est-à-dire par un tribunal arbitral irrégulièrement constitué, les parties peuvent conventionnellement prévoir que l'instance arbitrale et, lorsqu'elles l'ont déterminé[194], le délai de l'arbitrage, sont suspendus pendant l'incident de récusation. Certains règlements d'arbitrage prévoient d'ailleurs que l'instance est suspendue jusqu'à la résolution de cet incident[195]. De plus, depuis la réforme résultant du décret du 13 janvier 2011, sur le fondement de l'article 1472 du

187. Cass. 2e civ., 7 oct. 1987, *Rev. arb.* 1987, p. 479, note E. Mezger.

188. Paris, 23 juin 2015, *Rev. arb.* 2017, p. 597.

189. Paris, 13 juin 1996, *Rev. arb.* 1997, p. 251, note E. Gaillard ; Paris, 12 janv. 1996, *Rev. arb.* 1996, p. 428, note Ph. Fouchard.

190. Paris, 12 nov. 1998, *Rev. arb.* 1999, p. 374, note Ch. Jarrosson.

191. V. les exemples cités par J.-F. Poudret, S. Besson, *Droit comparé de l'arbitrage international*, Bruylant, 2002, n° 428, p. 381.

192. Paris, 12 nov. 1998, préc. Toutefois, la sentence pourra être annulée si le juge estime qu'un manquement à l'indépendance ou à l'impartialité de l'arbitre en question est effectivement constitué. Dans le même sens, v. art. 13.3 loi-type CNUDCI.

193. V. *supra*, n° 244.

194. Sur le délai de l'arbitrage, v. *infra*, n° 828 et s.

195. V. notamment, art. 9 (6) du règlement CIRDI.

Code de procédure civile, applicable à l'arbitrage international à défaut de convention contraire des parties[196], le tribunal arbitral peut décider de surseoir à statuer jusqu'à la décision à intervenir sur la récusation et, le cas échéant, jusqu'au remplacement de l'arbitre récusé, ce qui entraînera la suspension de l'instance arbitrale.

Depuis le décret nº 2011-48 du 13 janvier 2011, sous l'empire des textes applicables à l'arbitrage interne, l'instance arbitrale ne prend plus fin par l'effet de la récusation d'un arbitre. Auparavant, lorsque les parties avaient choisi de soumettre l'arbitrage international à la loi de procédure française, par application de l'article 1464 du Code de procédure civile, si les litigants n'avaient pas prévu la poursuite de l'instance dans cette situation, elle prenait fin par « la récusation d'un arbitre ». Avec les textes relatifs à l'arbitrage interne issus de la réforme de 2011, la récusation d'un arbitre ne met plus fin à l'instance : celle-ci est suspendue, le tribunal n'est pas dessaisi et elle est ensuite reprise lorsque l'arbitre désigné en remplacement accepte sa mission[197]. Toutefois, il n'a pas été renvoyé à ces dispositions pour l'arbitrage international ; il n'est donc pas prévu que l'instance arbitrale internationale est suspendue après la récusation d'un arbitre et jusqu'à son remplacement. À défaut d'accord des parties pour la poursuite de la procédure devant un tribunal arbitral amputé de l'un de ses arbitres, l'instance ne pouvant utilement progresser en présence d'un tribunal arbitral tronqué, voire dépourvu de tout arbitre en cas d'arbitrage soumis à un arbitre unique, le risque existe donc, dans cette situation, que l'instance prenne fin par l'expiration du délai de l'arbitrage. Aussi, les parties devraient prendre le soin de prévoir, directement ou par référence à un règlement d'arbitrage, une suspension de l'instance dans cette hypothèse, jusqu'à l'acceptation de sa mission par un nouvel arbitre. Les règlements d'arbitrage organisent d'ailleurs généralement un mécanisme de remplacement de l'arbitre récusé[198]. À défaut d'un tel mécanisme, le tribunal arbitral peut décider de suspendre l'instance, sur le fondement de l'article 1472 du Code de procédure civile, dès qu'il est informé de la demande de récusation de l'un de ses membres. Enfin, il demeure toujours possible, pour une partie ou l'un des membres du tribunal arbitral, de solliciter une prorogation du délai de l'arbitrage du juge d'appui français, pour organiser le remplacement de l'arbitre récusé[199].

b) L'annulation de la sentence

754 **Renonciation.** Lorsqu'une circonstance de nature à faire douter une partie de l'indépendance ou de l'impartialité de l'arbitre ne vient à sa connaissance qu'une fois la sentence rendue, ou lorsque l'institution d'arbitrage a refusé de récuser l'arbitre, cette partie pourra encore tenter d'obtenir l'annulation de la sentence[200]. Le cas du refus de récuser par l'institution mise à part, ce recours n'a de chances d'aboutir que si la

196. Art. 1506.3° CPC.

197. V. *supra*, nº 244 et 357.

198. Art. 14 du règlement de la CNUDCI ; art. 11 du règlement LCIA ; art. 15 du règlement CCI de 2017.

199. Sur cette possibilité, v. *infra*, nº 849.

200. Paris, 29 janv. 2004, *JCP* G 2004, I, 179, nº 5, obs. Ch. Seraglini ; Lyon, 6 mai 2002, *JCP* G 2003, I, 105, nº 7, obs. J. Béguin. De son côté, la Cour de cassation a même décidé (Cass. 2e civ., 12 févr. 2004, *Rev. arb.* 2004, p. 359, note M.-C. Rivier ; JCP G 2004, I, 179, nº 5, obs. Ch. Seraglini ; *D.* 2005, Pan., p. 3056, obs. Th. Clay) que les faits susceptibles de faire douter de l'indépendance et de l'impartialité de l'arbitre, s'ils étaient révélés à l'une des parties après le rejet du recours en annulation que celle-ci avait exercé contre la sentence, pouvaient justifier l'ouverture d'un recours en révision pour fraude contre l'arrêt ayant rejeté son recours en annulation, quand bien même le défaut d'indépendance et d'impartialité n'avait

circonstance invoquée n'a été connue du demandeur en annulation qu'une fois la sentence rendue[201]. S'il en a eu connaissance au cours de l'instance et est néanmoins demeuré silencieux, s'abstenant notamment d'exercer son droit de récusation, il sera considéré comme ayant renoncé à se prévaloir de ce vice affectant la sentence arbitrale, la solution étant identique en matière d'arbitrage interne et international[202]. Il a même été jugé qu'une partie a renoncé à se prévaloir du défaut d'indépendance d'un arbitre démissionnaire, la sentence ayant ensuite été rendue par les deux arbitres encore en fonction, dès lors qu'invitée par l'institution d'arbitrage à faire valoir ses observations sur cette démission de l'arbitre, qui rejoignait le cabinet d'avocat qui conseillait l'autre partie, et sur la mise en œuvre d'une disposition du règlement d'arbitrage prévoyant que l'arbitrage pouvait se poursuivre avec les seuls arbitres restant[203], elle s'est abstenue de présenter des observations sur la poursuite de l'arbitrage dans de telles conditions[204].

Bien plus, une partie n'est pas recevable à se prévaloir, devant le juge de l'annulation, d'un fait qu'une institution d'arbitrage a refusé de sanctionner par la récusation de l'arbitre au motif qu'il avait été invoqué tardivement devant elle au regard des dispositions du règlement d'arbitrage applicable[205]. En effet, si les parties acceptent d'enfermer dans un certain délai les contestations relatives à l'indépendance ou à l'impartialité de l'arbitre, à défaut de respecter ce délai, elles doivent être présumées avoir renoncé à se prévaloir de l'irrégularité tirée du défaut d'indépendance ou d'impartialité[206]. C'est ce que la Cour de cassation a jugé dans un arrêt du 25 juin 2014, en relevant, pour casser l'arrêt soumis à son examen[207], que « la partie qui, en connaissance de cause, s'abstient d'exercer, dans le délai prévu par le règlement d'arbitrage applicable, son droit de récusation en se fondant sur toute circonstance de nature à mettre en cause l'indépendance ou l'impartialité d'un arbitre, est réputée avoir renoncé à s'en prévaloir devant le juge de l'annulation »[208]. Cette règle ne joue que si les circonstances susceptibles d'affecter l'indépendance ou l'impartialité de l'arbitre sont notoires ou aisément accessibles[209], ou si elles ont été révélées à la recourante avant l'expiration du délai prévu par le

pas été évoqué dans le cadre de ce recours. Ces solutions se justifient par le fait que le défaut de révélation a privé l'une des parties de son droit de récusation de l'arbitre concerné.

201. Paris, 21 févr. 2012, *Rev. arb.* 2012, p. 587, note Ch. Jarrosson.

202. Paris, 28 oct. 2010, *Rev. arb.* 2011, p. 691 ; Paris, 7 févr. 2008, *Rev. arb.* 2008, p. 501, note J.-B. Racine ; *D.* 2008, Pan., p. 3111, obs. Th. Clay ; Paris, 22 févr. 2007, *Rev. arb.* 2007, p. 142 ; Paris, 27 oct. 2005, *Gaz. Pal.* 14 et 15 déc. 2005, p. 54 ; Paris, 28 nov. 2002, *Rev. arb.* 2003, p. 445, note Ch. Belloc ; Paris, 16 mai 2002, *Rev. arb.* 2003, p. 1231, note E. Gaillard ; Paris, 27 sept. 2001, *Rev. arb.* 2001, p. 916 ; Paris, 12 janv. 1995, *Rev. arb.* 1996, p. 72 ; Paris, 2 juin 1989, *Rev. arb.* 1991, p. 87 (1re esp.).

203. Art. 12 (5) règlement CCI de 1998, devenu l'article 15 (5) du règlement de 2017.

204. Cass. 1re civ., 27 janv. 2016, *Rev. arb.* 2016, p. 352.

205. V. notamment, art. 13 du règlement de la CNUDCI ; art. 14.2 du règlement CCI de 2017 ; art. VIII du règlement CAMP ; art. 10.3 du règlement LCIA.

206. V. notamment, Paris, 18 nov. 2004, *Rev. arb.* 2006, p. 192, note L. Perreau-Saussine ; *D.* 2006, Pan., p. 3026, obs. Th. Clay.

207. Reims, 2 nov. 2011, *JCP* G 2011, 1432 n° 5, obs. J. Béguin ; *Cah. arb.* 2011, p. 1109, note Th. Clay ; *Rev. arb.* 2012, p. 112, note M. Henry.

208. Cass. 1re civ., 25 juin 2014, *Rev. arb.* 2015, p. 85, note J.-J. Arnaldez et A. Mezghani ; *D.* 2014, p. 1981, avis P. Chevalier ; *D.* 2014, p. 1986, note B. Le Bars ; *Cah. arb.* 2014, p. 547, note Th. Clay ; *JCP* G 2014, 742, obs. Th. Clay ; *JCP* G 2014, I, 857, n° 4, obs. Ch. Seraglini ; *JCP* G 2014, 977, n° 9, obs. C. Nourissat ; *LPA* 2014, n° 215, p. 5, obs. M. Henry. V. aussi, Paris, 22 sept. 2015, *Rev. arb.* 2015, p. 880, obs. P. Giraud.

209. Sur l'assimilation de l'information aisément accessible à l'information notoire, v. *supra*, n° 746.

règlement d'arbitrage pour exercer le droit de récusation, et non si elles ont été découvertes après l'expiration de ce délai[210]. Mais il a été jugé qu'elle joue également lorsque les informations dont une partie soutient qu'elles ont été découvertes après l'expiration du délai de récusation, « ne faisaient que compléter celles dont elle disposait avant le dépôt de sa requête » et « n'étaient pas de nature à aggraver de manière significative ses doutes sur l'indépendance et l'impartialité de l'arbitre »[211]. Autrement dit, des faits postérieurs à l'expiration du délai de récusation, mais qui participent de la même cause susceptible d'affecter l'indépendance ou l'impartialité de l'arbitre, ne peuvent être invoqués devant le juge pour contourner la fin de non-recevoir liée à la renonciation. Ainsi, même si le juge du contrôle de la sentence n'est pas directement lié par ce délai, il doit tirer les conséquences de cette renonciation. À défaut, c'est encourager la négligence ou la mauvaise foi, alors que selon l'article 1464, alinéa 3, du Code de procédure civile, applicable à l'arbitrage international par renvoi de l'article 1506.3°, les parties doivent agir « avec célérité et loyauté dans la conduite de la procédure » arbitrale. De plus, cela revient également à priver de tout effet utile les dispositions des règlements d'arbitrage.

755 **Cas d'ouverture du recours en annulation pour défaut d'indépendance de l'arbitre.** Avant la réforme de 2011, la jurisprudence fondait l'annulation de la sentence pour défaut d'indépendance ou d'impartialité de l'arbitre sur trois des cas d'ouverture du recours en annulation, qui figuraient dans la liste limitative de l'article 1502 ancien du Code de procédure civile[212]. L'annulation était tout d'abord encourue au titre de l'article 1502.1°, qui vise le cas où l'arbitre a statué sur « convention nulle », au motif que le consentement de l'une des parties a été vicié ; il y aurait erreur sur les qualités substantielles de l'arbitre[213]. La solution pourrait être reconduite sous l'empire de l'article 1520.1°, qui ouvre le recours en annulation si le « tribunal arbitral s'est déclaré à tort compétent ou incompétent ». Mais ce fondement ne paraît toutefois véritablement pertinent que si l'arbitre était, dans la convention d'arbitrage, désigné *intuitu personae* ; ce cas excepté, la validité de la convention d'arbitrage ne paraît pas affectée par la simple désignation d'un arbitre partial. Ensuite, était visé l'article 1502.2°, soit le cas où le tribunal arbitral a été irrégulièrement composé. Ce cas d'annulation figurant, depuis la réforme du 13 janvier 2011, à l'article 1520.2° du Code de procédure civile, constitue probablement un fondement plus approprié, surtout pour une circonstance qui existait avant la constitution et n'avait pas été révélée[214]. Enfin, l'article 1502.5°, devenu l'article 1520.5°, qui vise la violation de l'ordre public international, a parfois été utilisé par la jurisprudence dans la mesure où le défaut d'indépendance et d'impartialité d'un arbitre porte nécessairement atteinte au principe d'égalité entre les parties et aux droits

210. Cass. 1re civ., 31 mars 2016, *Rev. arb.* 2017, p. 165, note M. Henry ; JCP G 2016, I, 900, n° 4, obs. J. Ortscheidt.

211. Cass. 1re civ., 19 déc. 2018, *Dalloz Actualité*, 1er févr. 2019, obs. C. Debourg ; *JCP* E 2019, 1177, note A. Constant ; *Procédures* 2019, étude 8, note L. Weiller, qui rejette le pourvoi formé contre Paris, 12 avr. 2016, *Rev. arb.* 2017, p. 234, note É. Loquin ; *Cah. arb.* 2016, p. 446, note Th. Clay.

212. Sur le caractère limitatif des griefs pouvant être invoqués à l'encontre de la sentence, v. *infra*, n° 988.

213. Paris, 12 nov. 1998, *RTD com.* 1999, p. 371, obs. É. Loquin ; Paris, 9 avr. 1992, *Rev. arb.* 1996, p. 483 (2e esp.).

214. Paris, 10 mars 2011, *Rev. arb.* 2011, p. 732 ; Paris, 12 févr. 2009, *Rev. arb.* 2009, p. 186, note Th. Clay ; *LPA* 2009, p. 4, note M. Henry ; *Cah. arb.*, vol. V, Pedone 2011, p. 54, note L. Degos. Versailles, 14 nov. 1996, *Rev. arb.* 1997, p. 361, note A. Hory.

de la défense[215], donc à un ordre public international de nature procédurale[216]. Ce fondement est particulièrement approprié lorsque la circonstance est survenue après constitution du tribunal arbitral, car sa non-révélation a alors privé une partie de son droit de récusation et, de ce fait, a porté atteinte aux droits de la défense et à l'égalité des parties.

756 **L'annulation, sanction automatique ou non du défaut de révélation.** La question essentielle est ici de savoir si la sentence doit automatiquement être annulée dès qu'une circonstance de nature à faire douter de l'indépendance ou l'impartialité de l'arbitre n'a pas été révélée, ou s'il sera nécessaire d'établir au surplus qu'il y a eu effectivement un défaut d'indépendance ou d'impartialité de l'arbitre. D'un côté, le défaut d'indépendance en lui-même, donnée très psychologique, étant difficile à prouver, on est tenté de retenir la première branche de l'alternative, favorable au demandeur en annulation. D'un autre côté, compte tenu de l'ampleur des circonstances susceptibles de devoir être révélées, l'arbitre peut avoir oublié en toute bonne foi de révéler un fait, sans que son indépendance soit véritablement atteinte. À cet égard, la jurisprudence a d'abord été relativement bienveillante envers les arbitres et il n'était pas discuté qu'un manquement à l'obligation de révélation ne conduisait pas automatiquement à l'annulation de la sentence ; il appartenait au juge de mesurer les effets de cette réticence et d'apprécier si, à elle seule, ou rapprochée d'autres éléments de la cause, elle constituait une présomption suffisante du défaut d'indépendance allégué[217].

Puis, la Cour de cassation a paru adopter une solution plus sévère en sanctionnant, pour contradiction de motifs, une cour d'appel qui, tout en regrettant le silence gardé par l'arbitre, au moment de sa désignation, sur le fait qu'il avait déjà arbitré plusieurs litiges opposant le même franchiseur à d'autres franchisés, avait néanmoins décidé que ce défaut de révélation n'était pas de nature à démontrer le défaut d'indépendance et d'impartialité, ni à justifier l'annulation de la sentence[218]. Cette décision pouvait inquiéter : désormais, tout manquement à l'obligation de révélation caractérise-t-il, de façon automatique, le défaut d'indépendance ou d'impartialité impliquant la nullité de la sentence ? La solution serait regrettable, compte tenu des incertitudes qui demeurent quant à la détermination exacte des circonstances que l'arbitre doit révéler. Plus sûrement, l'arrêt pouvait être interprété comme un raidissement de la position jurisprudentielle face aux nominations à répétition du même arbitre par une même partie. Cette circonstance, particulièrement lorsqu'elle n'est pas révélée, engendrerait *ipso facto* un doute sérieux sur l'indépendance et l'impartialité de l'arbitre[219].

Plusieurs arrêts postérieurs de la cour d'appel de Paris ont au demeurant repris la règle énoncée avant cette décision[220], jugeant que « si l'arbitre a l'obligation d'informer

215. Paris, 23 févr. 1999, *RTD com.* 1999, p. 371, obs. É. Loquin.

216. Paris, 23 mars 1995, *Rev. arb.* 1996, p. 446, note Ph. Fouchard, visant l'article 1484.6° relatif à la violation de l'ordre public dans l'arbitrage interne.

217. Paris, 28 oct. 1999, *Rev. arb.* 2000, p. 299 (1re esp.), note Ph. Grandjean ; Paris, 12 janv. 1996, *Rev. arb.* 1996, p. 428 (2e esp.), note Ph. Fouchard.

218. Cass. 2e civ., 6 déc. 2001, *RTD com.* 2002, p. 657, obs. É. Loquin ; *Rev. arb.* 2003, p. 1231 (1re esp.), note E. Gaillard ; *D.* 2003, Pan., p. 2472, obs. Th. Clay ; JCP G 2004, I, 179, n° 5, obs. Ch. Seraglini.

219. En ce sens, E. Gaillard, note préc., et Ch. Seraglini, obs. préc. V. aussi, Paris, 18 déc. 2008, *Rev. arb.* 2011, p. 682, qui annule une sentence en conséquence, simplement, du défaut de révélation par l'arbitre des liens professionnels étroits existant entre lui et la fille du conseil de l'une des parties.

220. Paris, 17 févr. 2005, *Rev. arb.* 2005, p. 709 (3e esp.), note M. Henry ; Paris, 29 janv. 2004, *JCP* G 2004, I, 179, n° 5, obs. Ch. Seraglini ; *Rev. arb.* 2005, p. 709 (1re esp.), note M. Henry ; *D.* 2004, Pan., p. 3182, obs. Th. Clay.

les parties de l'existence de circonstances de nature à affecter son jugement ou à constituer un risque certain de prévention à l'égard d'une partie à l'arbitrage, un manquement à cette obligation entraîne l'annulation, si cette réticence, soit à elle seule, soit rapprochée d'autres éléments de la cause, constitue une présomption suffisante de défaut d'indépendance ou d'impartialité »[221]. L'annulation n'est donc pas automatique. Cependant, de nouvelles décisions de la cour d'appel de Paris[222] et de la Cour de cassation[223], indifféremment rendues en matière d'arbitrage interne ou international, sont venues semer le trouble et il a été soutenu que l'annulation de la sentence devrait intervenir *ipso facto* si l'arbitre manquait à son obligation de révélation[224]. Il s'agit toutefois de décisions d'espèce, dans lesquelles l'imprécision des déclarations imputées aux arbitres était telle qu'elle avait effectivement privé l'une des parties de la possibilité d'apprécier, en connaissance de cause, si elle devait ou non refuser sa nomination. Des arrêts postérieurs de la cour d'appel de Paris sont d'ailleurs venus confirmer que la sentence n'est annulée que lorsque les circonstances non révélées sont de nature à faire raisonnablement douter une partie de l'indépendance ou de l'impartialité de l'arbitre[225]. Et cette solution a été confirmée par la Cour de cassation[226]. L'absence de révélation ne crée donc pas automatiquement un doute raisonnable, et ne conduit donc pas automatiquement à l'annulation de la sentence.

Cela dit, certaines présomptions peuvent sans doute être utilisées à cet égard. Comme en matière d'arbitrage interne, la partie qui demande l'annulation de la sentence doit établir que les éléments non révélés, soit à eux seuls, soit rapprochés d'autres éléments de la cause, sont de nature à provoquer, dans l'esprit des parties, un doute raisonnable sur l'indépendance de l'arbitre, c'est-à-dire s'ils constituent une présomption suffisante de défaut d'indépendance ou d'impartialité. Une telle « présomption » peut ainsi être retenue lorsque l'arbitre n'a pas révélé précisément la consistance du véritable « courant d'affaires » s'étant instauré entre lui et l'une des parties à l'arbitrage du fait de « nominations à répétition »[227]. En effet, l'arbitre devait, à l'évidence, révéler de tels liens, sauf s'ils étaient notoirement connus[228]. En les dissimulant à l'une des parties, il la prive de son droit de récusation, ce qui justifie l'annulation de la sentence. Une présomption peut aussi être

221. En ce sens, v. aussi Paris, 17 févr. 2005, *Rev. arb.* 2005, p. 709 (3e esp.), note M. Henry ; *D.* 2005, Pan., p. 3057, obs. Th. Clay.

222. Paris, 12 févr. 2009, *Rev. arb.* 2009, p. 186, note Th. Clay ; *LPA* 2009, p. 4, note M. Henry ; *Cah. arb.*, vol. V, Pedone 2011, p. 54, note L. Degos.

223. Cass. 1re civ., 20 oct. 2010 (2 arrêts) *JCP* G 2011, I, 1286, n° 1, obs. Ch. Seraglini ; *LPA* 2011, 17, note M. Henry, *D.* 2010, 2933, obs. Th. Clay.

224. Th. Clay, note sous Paris, 12 févr. 2009, *Rev. arb.* 2009, p. 186 ; note sous Cass. 1re civ., 4 nov. 2010, *Cah. arb.* 2010, p. 1147, qui souligne que l'obligation d'indépendance s'est « dissoute » dans l'obligation de révélation.

225. Paris, 10 mars 2011, *Cah. arb.* 2011, p. 787, note M. Henry ; *Rev. arb.* 2011, p. 569 ; Paris, 9 sept. 2010, *D.* 2010, Pan., p. 2934, obs. Th. Clay ; *Cah. arb.* 2010, p. 1169 ; *LPA* 2011, p. 17, note M. Henry ; *Bull. ASA* 2011, p. 187, note Ph. Pinsolle.

226. Cass. 1re civ., 16 déc. 2015, *Rev. arb.* 2016, p. 536, note M. Henry ; Cass. 1re civ., 10 oct. 2012, *Bull. civ.* I, n° 193 ; *Rev. arb.* 2013, p. 129, note Ch. Jarrosson ; *JCP* G 2012, Act. p. 1929, obs. M. Henry ; *JCP* G 2012, I, 1354, n° 1, obs Ch. Seraglini ; *D.* 2012, Pan., p. 2991, obs. Th. Clay ; *RTD com.* 2013, p. 481, obs. É. Loquin. Sur cette question et cet arrêt, v. aussi, *supra*, n° 746.

227. V. notamment, Cass. 1re civ., 20 oct. 2010 (2 arrêts), préc. Il doit s'agir d'un véritable courant d'affaires, ce qui n'est pas le cas lorsque le président du tribunal arbitral n'a été désigné que dans une autre procédure d'arbitrage d'investissements par le cabinet d'avocats de l'une des parties au cours des sept années qu'a duré l'arbitrage (Paris, 29 nov. 2016, *Rev. arb.* 2017, p. 500, note L. Franc-Menget).

228. Paris, 2 avr. 2003, *Rev. arb.* 2003, p. 1231 (2e esp.), note E. Gaillard.

retenue en cas de refus, non motivé, de se soumettre à la demande d'une partie de souscrire une déclaration d'indépendance au cours de l'instance arbitrale[229]. En revanche, il a été jugé que le choix d'une partie, en cours d'instance, de désigner l'arbitre nommé par l'autre partie afin qu'il tranche trois autres litiges sans lien avec le premier, n'apporte aucun élément permettant de déduire le manque d'indépendance de cet arbitre[230].

757 **Proposition de solution : distinction selon les circonstances non révélées.** Sans vouloir ajouter à la confusion, on pourrait proposer de distinguer deux catégories de circonstances non révélées : celles ne créant aucune présomption particulière de défaut d'indépendance ou d'impartialité, pour lesquelles il appartiendrait à celui qui recherche l'annulation de la sentence d'établir le défaut d'indépendance ou d'impartialité ; celles créant une présomption de défaut d'indépendance, que le défendeur à l'annulation pourrait toutefois tenter de renverser. Ceci étant, certaines réticences pourraient conduire à une annulation systématique de la sentence, ou au moins à rendre particulièrement difficile la preuve contraire, en ce qu'elles créent une présomption quasi irréfragable de défaut d'indépendance et d'impartialité. Tel serait le cas dans les espèces jugées par la Cour de cassation dans ses arrêts précités du 20 octobre 2010, le silence gardé par l'arbitre sur sa nomination dans de très nombreuses affaires, par le même groupe de sociétés, rendant son indépendance et son impartialité particulièrement suspectes[231]. En tout cas, compte tenu des difficultés de preuve inhérentes à la matière, s'agissant essentiellement d'établir un état d'esprit de l'arbitre, l'usage de présomptions paraît totalement justifié.

Plus généralement et en tout état de cause, l'essentiel est que la circonstance non révélée ait été de nature à faire naître « un doute raisonnable dans l'esprit d'une partie » quant à l'indépendance de l'arbitre[232]. Le juge devrait donc apprécier ce « doute raisonnable » par référence à un justiciable raisonnable, au « bon père de famille » placé dans les mêmes circonstances. Certes, l'appréciation variera en fonction des circonstances propres à chaque espèce. Si cette souplesse peut sembler source d'insécurité, elle est inévitable, compte tenu de la difficulté de déceler la partialité, et préférable à une sanction automatique du défaut de révélation par l'annulation de la sentence. La grande étendue de l'obligation de révélation de l'arbitre doit être compensée par une appréciation au cas par cas de sa sanction, l'arbitre ayant pu manquer à son obligation d'information tout en étant resté suffisamment indépendant pour que la sentence ne soit pas annulée.

758 **Cas d'ouverture du recours en annulation de la sentence pour défaut d'une autre qualité de l'arbitre.** Pour autant qu'il soit compétent pour statuer sur ce recours[233], le juge français peut aussi annuler une sentence qui a été rendue par un

229. Paris, 10 mars 2011, *Rev. arb.* 2011, p. 568.

230. Paris, 17 févr. 2005, *Rev. arb.* 2005, p. 709 (3e esp.), note M. Henry.

231. Cass. 1re civ., 20 oct. 2010 (2 arrêts), *JCP* G 2011, I, 1286, no 1, obs. Ch. Seraglini ; *LPA* 2011, 17, note M. Henry, *D.* 2010, 2933, obs. Th. Clay.

232. Pour reprendre la formule de la Cour de cassation : Cass. 1re civ., 16 mars 1999, *Rev. arb.* 1999, p. 308 ; *D.* 1999, p. 497, note P. Courbe. V. aussi, Reims, 2 nov. 2011, *JCP* G 2011, I, 1432 no 5, obs. J. Béguin ; *Cah. arb.* 2011, p. 1109, note Th. Clay ; *Rev. arb.* 2012, p. 112, note M. Henry ; Paris, 10 mars 2011, *Rev. arb.* 2011, p. 732 ; T. com. Paris (ord. réf.), 28 janv. 2005, *Rev. arb.* 2005, p. 217.

233. Sur les sentences susceptibles de faire l'objet d'un recours en annulation en France, v. *infra*, no 952 et s.

arbitre ne remplissant pas les qualités conventionnellement prévues par les parties[234]. En effet, lorsque la composition du tribunal arbitral ne respecte pas la volonté des parties, il est irrégulièrement constitué au sens de l'article 1520.2° du Code de procédure civile[235], ce qui constitue un motif d'annulation de la sentence. L'annulation ne pourra cependant être prononcée que si les parties n'ont pas renoncé à se prévaloir du vice affectant la composition du tribunal arbitral. Or, une partie est réputée avoir renoncé à se prévaloir ultérieurement des irrégularités qu'elle s'est, en connaissance de cause, abstenue d'invoquer devant l'arbitre[236]. Ainsi, si une partie n'a pas contesté la composition du tribunal arbitral devant les arbitres eux-mêmes, elle ne pourra ensuite se prévaloir du défaut de qualité de l'un des arbitres dont elle avait connaissance avant la sentence pour en solliciter l'annulation devant le juge français. Elle ne pourra d'ailleurs pas non plus faire état d'un tel vice devant la cour d'appel si le juge d'appui a déjà tranché cette difficulté de constitution du tribunal arbitral en décidant que l'arbitre en cause remplissait bien toutes les qualités prévues par les parties. La difficulté tranchée par l'ordonnance du juge d'appui ne peut plus être rejugée par le moyen du recours en annulation[237]. En revanche, la décision des arbitres sur la régularité de la composition du tribunal arbitral ne s'imposera pas à la cour d'appel saisie du recours en annulation, qui a le pouvoir d'apprécier si celui-ci était régulièrement composé[238]. De la même façon, si la contestation relative aux qualités de l'un des arbitres a été tranchée par une institution d'arbitrage, sa décision ne lie pas le juge du contrôle de la sentence[239].

c) *La responsabilité de l'arbitre*

759 **L'immunité de l'arbitre ne recouvre pas le défaut d'indépendance.** L'arbitre qui n'a pas révélé une circonstance qui était effectivement de nature à mettre en cause son indépendance ou son impartialité et qui a justifié l'annulation de la sentence, a commis une faute, source d'un préjudice pour les parties en termes de temps et d'argent. Il pourra en conséquence voir sa responsabilité engagée[240]. Certes, dans l'exercice de sa fonction juridictionnelle, l'arbitre dispose d'une certaine immunité, qui joue particulièrement après le prononcé de sa sentence. Cette immunité est entendue de façon très diverse selon les systèmes juridiques[241]. Elle a d'abord été reconnue dans les pays de *Common Law*[242]. La jurisprudence française l'admet également : un arbitre ne saurait

234. Sur la possibilité pour les parties de limiter le choix des arbitres à des personnes présentant des qualités particulières, v. *supra*, n° 734.

235. V. sous l'empire de l'ancien art. 1502.2° CPC, Paris, 1er juill. 1997, *Rev. arb.* 1998, p. 131, note D. Hascher.

236. V. *infra*, n° 977.

237. V. *supra*, n° 750.

238. Cass. 1re civ., 4 déc. 1990, *Rev. arb.* 1991, p. 81, note Ph. Fouchard.

239. V. *supra*, n° 752.

240. V. notamment, D. Cohen, « Indépendance des arbitres et conflits d'intérêts », *Rev. arb.* 2011, p. 611, spéc. n° 65.

241. Sur cette diversité, Ph. Fouchard, E. Gaillard, B. Goldman, *Traité de l'arbitrage commercial international*, Litec, 1996, n° 1085 et s., p. 609 et s. ; v. aussi : *La responsabilité de l'arbitre*, Le Club des juristes, juin 2017, p. 22

242. Sur le sujet, Th. Clay, *L'arbitre*, Dalloz, Nouvelle Bibliothèque de Thèses, 2001, n° 565 et s., p. 451 et s., et les réf. citées ; G. Born, *International Commercial Arbitration*, Kluwer Law International, 2009, p. 1637 et s. Une certaine jurisprudence américaine a même considéré que l'immunité de l'arbitre était absolue et le protégeait y compris en cas de fraude, de corruption ou de mauvaise foi : Alaska Supreme Court, 28 avr. 1995, *Bull. CCI* 1996, vol. 7, n° 1, annexe 3, p. 54.

voir sa responsabilité engagée pour mal-jugé, pour mauvaise exécution de sa mission juridictionnelle[243]. L'immunité garantit à l'arbitre un exercice serein de sa fonction juridictionnelle. Toutefois, elle ne se justifie que dans le cadre de l'exercice de cette fonction et ne doit donc couvrir que les actes qui en relèvent au sens strict, comme l'appréciation des prétentions litigieuses ou les décisions d'ordre procédural. En dehors de ce cadre, la responsabilité de l'arbitre doit être entière[244]. De plus, même dans le cadre de sa mission juridictionnelle, l'immunité de l'arbitre comporte certaines limites. Ainsi, sa responsabilité pourra être retenue en cas de faute équipollente au dol ou constitutive d'une fraude, d'une faute lourde ou d'un déni de justice[245], qui peut être caractérisée en cas de « manquement incompatible avec la fonction juridictionnelle »[246]. Selon Fouchard, la faute condamnable est celle qui manifeste une violation délibérée de ses devoirs de juge ou une négligence caractérisée dans leur accomplissement[247]. Aussi, l'immunité ne doit pas protéger l'arbitre qui a commis un manquement grave à sa fonction juridictionnelle en faisant preuve de dépendance ou de partialité ou, plus exactement, en omettant de révéler une circonstance qui était effectivement de nature à faire douter de son indépendance ou de son impartialité. De fait, la jurisprudence retient la responsabilité civile de l'arbitre dans de telles circonstances[248].

§ 2. LES MODALITÉS DE DÉSIGNATION DES ARBITRES

760 **Division.** La possibilité pour les parties de choisir les arbitres est une donnée fondamentale de l'arbitrage. Dans l'arbitrage international, plus encore que dans l'arbitrage interne, la constitution du tribunal arbitral est d'abord et surtout la chose des parties. Elles pourront y procéder directement ou indirectement, en confiant cette tâche à un tiers (B), sachant alors que l'imparité dans la composition du tribunal arbitral n'est pas exigée (A). Toutefois, certaines difficultés de constitution surviennent parfois et rendent l'intervention du juge d'appui nécessaire (C).

A. LE NOMBRE DES ARBITRES

761 **Le tribunal arbitral peut être composé d'arbitres en nombre pair.** La règle de l'imparité dans la composition du tribunal arbitral s'impose dans l'arbitrage

243. Paris, 22 mai 1991et TGI Paris, 13 juin 1990, *Rev. arb.* 1996, p. 476. Sur cette question, v. aussi Ph. Fouchard, « Le statut de l'arbitre », *Rev. arb.* 1996, p. 325, spéc. n° 66 et s., p. 358 et s.

244. En ce sens, J.-F. Poudret, S. Besson, *Droit comparé de l'arbitrage international*, Bruylant, 2002, n° 449, p. 398.

245. V. *supra*, n° 294 et 311. V. aussi : TGI Paris, 13 juin 1990, *Rev. arb.* 1996, p. 476. Dans un arrêt du 12 oct. 1995 (*Rev. arb.* 1999, p. 324, note Ph. Fouchard), la cour d'appel de Paris relevé que « l'arbitre ne peut se soustraire aux principes de responsabilité du droit commun en imposant... la preuve d'une faute lourde qu'il aurait commise ; que la responsabilité de l'arbitre à l'égard des parties peut donc être engagée pour tout manquement à ses obligations positives ».

246. Paris, 22 mai 1991, *Rev. arb.* 1996, p. 476.

247. Ph. Fouchard, « Le statut de l'arbitre dans la jurisprudence française », préc., spéc. n° 79, p. 364. Dès lors, on peut s'interroger sur l'opportunité de lever l'immunité de l'arbitre dans le cas d'une faute lourde, ou grave, ou d'une négligence caractérisée dans l'exercice de sa mission.

248. Paris, 12 oct. 1995, *Rev. arb.* 1999, p. 323, note Ph. Fouchard ; TGI Paris, 12 mai 1993, *Rev. arb.* 1996, p. 411 (2e esp.) ; TGI Paris, 9 déc. 1992, *Rev. arb.* 1996, p. 483.

interne[249]. Si les parties désignent des arbitres en nombre pair, à défaut de régularisation avant qu'elle ne soit rendue, la sentence peut être annulée[250]. En revanche, dans l'arbitrage international, le simple constat de ce que la sentence a été prononcée par des arbitres en nombre pair ne suffit pas à entraîner son annulation. La règle de l'imparité du nombre des arbitres ne s'y impose pas[251]. Les parties sont donc libres de choisir le nombre des arbitres, même si le choix d'un nombre pair doit probablement être déconseillé en raison des difficultés que la parité peut engendrer quant à la prise de décision au sein du tribunal arbitral. Le droit comparé révèle des solutions contrastées s'agissant du nombre des arbitres. Le plus souvent, il est laissé une grande liberté aux parties pour en convenir[252], certains droits exigeant toutefois qu'il soit en nombre impair[253]. Parfois, la loi prévoit le nombre des arbitres en l'absence de prévision des parties sur cette question[254]. De même, les règlements des institutions d'arbitrage laissent généralement aux parties le soin de déterminer le nombre des arbitres[255]. Et, à défaut d'accord sur ce point, la plupart des règlements retiennent le principe de l'arbitre unique, l'institution pouvant toutefois désigner trois arbitres si l'importance de la cause le justifie[256].

762 **Annulation de la sentence rendue par un tribunal arbitral tronqué.** Dès lors que le choix du nombre des arbitres est laissé à la discrétion des parties, la sentence arbitrale internationale ne peut être annulée par le juge français simplement parce que le tribunal arbitral était composé d'arbitres en nombre pair. En revanche, l'annulation est encourue, dans une telle hypothèse, si les parties avaient convenu de l'imparité du nombre des arbitres, puisqu'alors, la sentence avait été rendue par un tribunal irrégulièrement constitué au sens de l'article 1520.2° du Code de procédure civile[257].

Plus largement d'ailleurs, la sentence s'expose à l'annulation lorsqu'elle est rendue par un tribunal arbitral tronqué[258]. L'amputation de la juridiction arbitrale en cours

249. V. *supra*, n° 248.

250. V. *supra*, n° 250.

251. Paris, 16 janv. 2003, *D.* 2003, Pan., p. 2479, obs. Th. Clay ; *JDI* 2004, p. 161, note C. Kessedjian.

252. V. notamment, § 1034 du ZPO allemand ; art. 12 de la loi suédoise sur l'arbitrage de 1999 ; art. 15 de la loi anglaise sur l'arbitrage de 1996.

253. V. notamment, art. 12 de la loi espagnole sur l'arbitrage de 2003 ; art. 1684, § 1, du CJ belge ; art. 809 du CPC italien.

254. Ainsi, la loi espagnole sur l'arbitrage de 2003 (art. 12) et la loi anglaise de 1996 (art. 15) prévoient que dans cette hypothèse, un seul arbitre est nommé, alors que les droits allemand (§ 1034 ZPO), suédois (art. 13 de la loi de 1999), belge (art. 1685, § 3, CJ) et italien (art. 809 CPC) disposent, suivant en cela la règle consacrée par la loi-type CNUDCI (art. 10.2), que le tribunal arbitral est composé de trois arbitres.

255. À titre d'exemple, si l'art. 12.1 du règlement CCI de 2017 limite par principe à un ou trois le nombre des arbitres, il est aussi prévu que ce texte ne s'applique que si les parties n'y ont pas dérogé (art. 11.6).

256. En ce sens, art. 12.2 règlement CCI de 2017 ; art. 5.8 règlement LCIA ; art. 14 (b) règlement OMPI. Au contraire, le règlement CNUDCI retient le principe d'un tribunal de trois membres (art. 7.1).

257. V. sous l'empire de l'art. 1502 ancien CPC, Paris, 21 avr. 2005, *JCP* G 2005, I, n° 5, obs. Ch. Seraglini ; Paris, 1er juill. 1997, *Rev. arb.* 1998, p. 131, note D. Hascher, qui annule une sentence rendue par un tribunal arbitral dont l'un des membres avait démissionné en cours de délibéré, de sorte que la composition de ce tribunal n'était « plus conforme à la convention fondant et légitimant son pouvoir juridictionnel ».

258. Sur la question, v. notamment, D. Hascher, « Principes et pratique de procédure dans l'arbitrage commercial international », *Rec. Cours La Haye*, 1999, p. 53 et s., spéc. p. 162 et s. ; P. Lalive, « Du nouveau sur les tribunaux arbitraux tronqués ? », *Bull. ASA*, 1999, p. 211 ; Ph. Mirèze, « Difficultés procédurales causées par les clauses compromissoires et les tribunaux arbitraux tronqués », *Cah. arb.*, vol. II, *Gaz. Pal.* éd., 2004, p. 82.

d'instance peut notamment résulter de la démission d'un arbitre, de sa récusation, de son décès ou de son refus de participer à la procédure. Dans ces hypothèses, même si les parties n'ont pas dérogé aux dispositions relatives à l'arbitrage interne, auxquelles renvoie l'article 1506 du Code de procédure civile, dès lors que l'article 1473 n'est pas applicable, l'instance n'est pas nécessairement suspendue[259]. Théoriquement, la procédure arbitrale peut donc se poursuivre, avec le risque qu'une sentence soit ensuite rendue par un tribunal arbitral irrégulièrement constitué au regard de la convention des parties. Aussi, pour pallier tout risque d'annulation ou de refus de reconnaissance de la sentence, les parties pourraient convenir, même au cours de l'instance[260], que la sentence peut être valablement rendue par le tribunal arbitral tronqué[261]. Certains règlements d'arbitrage envisagent d'ailleurs la poursuite de la procédure dans des hypothèses où l'un des arbitres ne poursuit pas sa mission[262]. La cour d'appel de Paris paraît avoir admis une telle pratique, pour autant que les parties consentent à la poursuite de l'instance après la survenance de l'incident[263]. En tout état de cause, la partie qui entend s'opposer à la poursuite de l'instance par les seuls arbitres restants doit le faire valoir devant le tribunal arbitral ; à défaut, elle renonce à se prévaloir du moyen tiré de l'irrégularité de la constitution du tribunal arbitral devant le juge du contrôle de la sentence[264]. D'autres règlements prévoient les modalités de remplacement de l'arbitre défaillant[265]. Cela dit, même en l'absence d'accord unanime des parties, afin de lutter contre les éventuelles manœuvres dilatoires consistant à pousser « son arbitre » à démissionner ou à empêcher un arbitre de poursuivre la procédure[266], une sentence devrait pouvoir être régulièrement rendue par un tribunal arbitral amputé et ensuite reconnue en France, lorsque l'arbitre défaillant n'avait aucune raison valable de ne pas remplir sa mission[267]. Cette solution, déjà consacrée par d'autres droits[268], est d'autant plus opportune que le juge d'appui français refuse de contraindre un arbitre à poursuivre sa mission et se déclare incompétent pour juger que la procédure peut régulièrement se poursuivre malgré la démission d'un arbitre[269]. Le juge français ne peut d'ailleurs

259. Sur cette question, v. *infra*, n° 849.

260. D. Hascher, « Principes et pratique de procédure dans l'arbitrage commercial international », préc., spéc. p. 183.

261. En ce sens, v. aussi, § 1039 du ZPO allemand ; art. 27.1 de la loi anglaise sur l'arbitrage de 1996.

262. V. notamment, art. 15.5 du règlement CCI de 2017 qui permet à la Cour d'arbitrage de décider que les arbitres restants continueront l'arbitrage en cas de décès ou destitution après la clôture des débats ; art. 12 du règlement LCIA et 11 du règlement AAA, qui autorisent les autres arbitres à décider de continuer l'arbitrage.

263. Paris, 21 avr. 2005, *JCP* G 2005, I, 179, n° 5, obs. Ch. Seraglini.

264. Cass. 1re civ., 27 janv. 2016, *Rev. arb.* 2016, p. 352.

265. V. notamment, art. 10 et 11 du règlement CIRDI ; art. 14 du règlement CNUDCI.

266. Notamment en obtenant une *anti-suit injunction*. Sur cette pratique, v. *infra*, n° 783. V. aussi, S. Clavel, « *Anti-suit injunctions* et arbitrage » *Rev. arb.* 2001, p. 669 ; E. Gaillard, « Il est interdit d'interdire : réflexions sur l'utilisation des *anti-suit injunctions* dans l'arbitrage commercial international », *Rev. arb.* 2004, p. 47 ; « L'interférence des juridictions du siège dans le déroulement de l'arbitrage », in *Liber Amicorum Claude Reymond autour de l'arbitrage*, Litec, 2004, p. 83.

267. Ph. Fouchard, E. Gaillard, B. Goldman, *Traité de l'arbitrage commercial international*, Litec, 1996, n° 1136, p. 631. L'arrêt rendu par la cour d'appel de Paris le 21 avr. 2005 (*JCP* G 2005, I, n° 5, obs. Ch. Seraglini) admet implicitement cette possibilité, en la subordonnant toutefois à l'accord des parties pour la poursuite de l'instance, au motif, surprenant, qu'il ne peut être renoncé par avance au principe d'égalité des parties dans la désignation de l'arbitre.

268. V. notamment, art. 30 de la loi suédoise sur l'arbitrage de 1999.

269. TGI Paris (ord. réf.), 15 févr. 1995, *Rev. arb.* 1996, p. 503, note Ph. Fouchard.

« intervenir dans le déroulement d'une instance arbitrale internationale », le tribunal arbitral étant « une juridiction internationale autonome »[270]. Si cette solution était admise, le contrôle de la régularité de la poursuite de l'instance pourrait être opéré par le juge, qui vérifierait *a posteriori* si les motifs d'empêchement de l'arbitre étaient effectivement illégitimes et si son attitude justifiait que l'arbitrage continue sans lui. À défaut, la sentence pourrait être annulée, ou se voir refuser l'exequatur, parce qu'elle a été rendue par un tribunal arbitral irrégulièrement constitué[271].

B. LA DÉSIGNATION DES ARBITRES PAR LES PARTIES

763 **Grande liberté des parties.** Dans la plupart des droits, la constitution du tribunal arbitral, à tout le moins pour l'arbitrage international, est soumise à très peu de règles contraignantes. La volonté des parties, qui peut s'exprimer directement ou par l'intermédiaire d'un règlement d'arbitrage, joue donc un rôle essentiel. Les dispositions législatives relatives aux modalités de désignation des arbitres n'ayant le plus souvent qu'un caractère supplétif[272], elles ne jouent qu'à défaut de prévisions contraires des parties[273]. Le droit français de l'arbitrage international est conforme à ce libéralisme. Les quelques exigences posées par les textes relatifs à l'arbitrage interne ne sont pas reprises en matière internationale. En revanche, à défaut de convention contraire des parties, sont applicables les articles 1452 à 1458 et 1460 du Code de procédure civile, qui envisagent notamment les hypothèses dans lesquelles les parties n'ont pu s'accorder pour la constitution du tribunal arbitral. L'article 1508 du Code de procédure civile, seule disposition spécifique sur la constitution du tribunal arbitral dans l'arbitrage international, se veut peu contraignant et reprend la règle auparavant posée par l'ancien article 1493, alinéa 1er. Il dispose que « la convention d'arbitrage peut, directement ou par référence à un règlement d'arbitrage ou à des règles de procédure, désigner le ou les arbitres ou prévoir les modalités de leur désignation ». Ainsi, contrairement à l'arbitrage interne[274], aucune obligation n'est faite aux parties de prévoir les modalités de

270. Cass. 1re civ., 12 oct. 2011, *D.* 2011, p. 3023, obs. Th. Clay ; *RCDIP* 2012, p. 121, note H. Muir Watt ; JCP G 2011, I, 1432, n° 6, obs. Ch. Seraglini.

271. Sur ce grief, v. *infra*, n° 993.

272. V. art. 4 (1) (a) et (b) de la Convention de Genève de 1961 ; art. 11. 2 de la loi-type CNUDCI ; art. 179 de la LDIP suisse et, plus généralement, J.-F. Poudret, S. Besson, *Droit comparé de l'arbitrage international*, Bruylant, 2002, n° 391, p. 352.

273. Aussi, la question de la loi applicable à la constitution du tribunal arbitral est rarement posée. Mais l'article V (d) de la Convention de New York prévoit que la constitution du tribunal arbitral doit être conforme à la convention des parties ou, à défaut de convention, à la loi du pays où l'arbitrage a lieu. Les parties peuvent toutefois choisir la loi qui gouvernera l'instance arbitrale et, si celle-ci prévoit des dispositions relatives à la désignation des arbitres (à titre d'exemple, l'article 11 de la loi-type CNUDCI dispose que, faute de prévision par les parties quant aux modalités de désignation des arbitres, « chaque partie nomme un arbitre et les deux arbitres ainsi nommés choisissent le troisième »), ces dernières seront préférées à la loi du siège. Dans la perspective de l'efficacité de la sentence à intervenir, la constitution du tribunal devra en tout cas satisfaire aux exigences impératives, relativement rares, de la loi du siège et de celle du pays d'exécution.

274. V. *supra*, n° 154, 253. La désignation des arbitres ou les modalités de leur désignation doivent figurer dans la convention d'arbitrage (art. 1444 CPC). Avant la réforme de 2011, le manquement à cette exigence emportait nullité de la convention d'arbitrage (pour la clause compromissoire : art. 1443, al. 2, ancien CPC ; pour le compromis : art. 1448, al. 2, ancien CPC). Ce n'est plus le cas depuis la réforme résultant du décret du 13 janvier 2011, la personne chargée d'organiser l'arbitrage ou le juge d'appui intervenant alors pour assurer la constitution d'un tribunal arbitral (art. 1444 et art. 1451 à 1454 CPC).

désignation dans la convention d'arbitrage[275]. En revanche, lorsque la volonté des parties s'est exprimée, elle prime et la sentence rendue par un tribunal qui n'a pas été constitué conformément à cette volonté pourrait être annulée ou se voir refuser l'exequatur par le juge français, à tout le moins si le comportement ultérieur des parties n'indique pas qu'elles ont renoncé à se prévaloir de l'irrégularité[276]. De même, s'il est amené à intervenir, le juge d'appui doit respecter la volonté commune des parties, l'arbitre investi par lui en méconnaissance de cette volonté étant irrégulièrement désigné[277]. Comme l'article 1493, alinéa 1er, ancien avant lui, l'article 1508 du Code de procédure civile est très certainement une règle matérielle du droit français de l'arbitrage international, applicable à tout arbitrage se déroulant en France et à toute sentence dont un juge français aurait à connaître, notamment lors d'une demande d'exequatur. Le texte n'impose pas aux parties de se référer à une loi étatique, celles-ci ayant simplement la faculté de se référer à un règlement d'arbitrage ou à « des règles de procédure ». En ce sens d'ailleurs, sous l'empire du droit antérieur, la Cour de cassation a décidé, dans un arrêt du 4 décembre 1990 relatif à la régularité de la constitution d'un tribunal arbitral appréciée au moment de l'exequatur de la sentence, que la recherche par le juge de la commune intention des parties est légitime pour un arbitrage international, même soumis à une loi étrangère[278]. Le juge, comme l'arbitre avant lui, pourra alors se référer aux règles générales d'interprétation de la convention d'arbitrage dégagées par la pratique, tel le principe d'interprétation de bonne foi, le principe d'effet utile et le principe d'interprétation *contra proferentem*[279].

764 **Choix d'une loi pour régir la constitution du tribunal arbitral.** Les parties étant libres de déterminer les modalités de constitution du tribunal arbitral, elles peuvent choisir d'appliquer une loi de procédure arbitrale qui gouvernera cette question[280], ce que prévoit expressément l'article 1508 précité. Les règles particulières posées par cette loi devront alors être suivies pour le choix des arbitres. Si la loi choisie comporte des règles impératives en matière de constitution d'un tribunal arbitral international, en première analyse, on pourrait penser que celles-ci devraient être respectées et prévaloir en cas de contrariété avec une disposition de la convention d'arbitrage. La solution peut cependant paraître trop rigide au regard du droit français, puisque les parties auraient pu se référer à une autre loi étatique, voire à aucune. En cas de contrariété entre les stipulations de la convention d'arbitrage et la loi choisie, la volonté des parties, à l'aune de laquelle doivent d'abord être déterminées les modalités de constitution du tribunal arbitral, peut sans doute être interprétée en ce sens que celles-ci ont entendu déroger à cette loi.

275. TGI Paris (ord. réf.), 13 juill. 1999, *Rev. arb.* 1999, p. 625, obs. D. BUREAU.

276. Paris, 11 juill. 1978, *Rev. arb.* 1979, p. 258, note BOITARD.

277. Cass. 1re civ., 10 mai 1995, *Rev. arb.* 1995, p. 605 (2e esp.), note A. HORY.

278. Cass. 1re civ., 4 déc. 1990, *Rev. arb.* 1991, p. 81, note Ph. FOUCHARD.

279. Paris, 7 févr. 2002, *Rev. arb.* 2002, p. 423, note Ph. FOUCHARD ; JCP G 2003, I, 105, n° 11, obs. J. ORTSCHEIDT. Le premier de ces principes implique, selon la cour d'appel de Paris, de rechercher la volonté réelle des parties au-delà du sens littéral des termes et de ne pas permettre à l'une d'elles de se soustraire à des engagements librement consentis mais exprimés de manière maladroite. Le deuxième fait présumer que l'intention des parties a été d'établir un mécanisme efficace pour le règlement des litiges visés par la clause compromissoire. Et le troisième conduit à interpréter contre celui qui a rédigé la clause obscure ou ambiguë.

280. Ph. FOUCHARD, E. GAILLARD, B. GOLDMAN, *Traité de l'arbitrage commercial international*, Litec, 1996, n° 753, p. 469.

Le choix à cet égard de la loi de procédure française revient-il à soumettre un arbitrage international à l'ensemble des règles prévues par le droit français pour l'arbitrage interne ? La réponse est certainement négative, dans la mesure où l'article 1506 du Code de procédure civile renvoie seulement à certains articles du titre consacré à l'arbitrage interne. Seuls ces articles devraient donc être applicables à l'arbitrage international si les parties ont, sans autre précision, choisi la loi française comme *lex arbitrii.* En effet, ce faisant, les parties ont entendu désigner uniquement les dispositions du droit français prévues pour gouverner les arbitrages internationaux. Aussi, sous l'empire des textes issus de la réforme de 2011, il faut dorénavant tenir compte du renvoi opéré par l'article 1506.2° du Code de procédure civile particulièrement aux articles 1452 à 1458 qui concernent la constitution du tribunal arbitral. Ainsi, si les parties n'ont rien prévu quant aux modalités de désignation des arbitres, ni directement, ni par référence à un règlement d'arbitrage ou à des règles de procédure, pour un arbitrage se déroulant en France, l'article 1452, qui prévoit des modalités de constitution supplétives de la volonté des parties, pourra néanmoins s'appliquer. Bien entendu, il est toujours possible pour les parties de stipuler expressément que d'autres dispositions, normalement réservées aux arbitrages internes, s'appliqueront à leur arbitrage international. Enfin, il faut noter que même lorsqu'il est renvoyé à la loi française pour la procédure, les règles des articles 1450 et suivants du Code de procédure civile, précisément listées par l'article 1506, ne s'imposeront alors « qu'à défaut de convention particulière » des parties. Celles qui revêtent un caractère impératif en droit interne perdent donc ce caractère en matière internationale[281]. Les parties devront néanmoins prendre soin de bien préciser les dérogations qu'elles entendent apporter à ces dispositions, faute de quoi celles-ci s'appliqueront. Ceci étant, plus qu'à un dépeçage des règles du droit de l'arbitrage interne, l'article 1508 du Code de procédure civile incite davantage les parties à définir elles-mêmes les modalités de constitution du tribunal arbitral, directement ou par référence à un règlement d'arbitrage.

Avant la réforme opérée par le décret du 13 janvier 2011, la situation était différente. Le choix de la loi française de procédure ne conduisait pas à l'adoption des solutions libérales posées par la jurisprudence pour l'arbitrage international, mais à celle des règles sur l'arbitrage interne, parce que l'ancien article 1495 ancien du Code de procédure civile indiquait expressément qu'un tel choix emportait application des principes énoncés dans les titres I, II et III du livre IV. Toutefois, toujours en vertu de l'article 1495, ces principes – y compris les articles 1451 à 1457 du Code de procédure civile – ne s'imposaient alors « qu'à défaut de convention particulière » des parties. Ils perdaient donc, là aussi, tout caractère impératif.

765 **Limites à la liberté des parties : le respect du principe d'égalité des parties et des exigences d'impartialité et d'indépendance de l'arbitre.** La liberté des parties dans la constitution du tribunal arbitral n'est pas sans limite. Même dans l'arbitrage international, le respect de certains principes fondamentaux s'impose. Comme pour l'arbitrage interne[282], la Cour de cassation a depuis longtemps imposé, en premier lieu, un principe d'égalité des parties dans la désignation des arbitres, qu'elle qualifie

281. E. Gaillard et P. de Lapasse, « Commentaire analytique du décret portant réforme du droit français de l'arbitrage », *Cah. arb.* 2011, p. 263, spéc. n° 77.

282. V. *supra*, n° 263.

d'ordre public international[283] et dont la violation conduira à l'annulation de la sentence rendue en France ou à un refus d'exequatur de la sentence rendue à l'étranger. L'article 1510 du Code de procédure civile, issu de la réforme du 13 janvier 2011, précise d'ailleurs que « quelle que soit la procédure choisie, le tribunal arbitral garantit l'égalité des parties ». Ce principe est à ce point fondamental qu'il est parmi ceux que l'on a qualifiés de « fondateur de l'arbitrage international ». Il doit notamment être respecté par le juge d'appui lorsqu'il désigne un arbitre[284] et il ne peut y être renoncé par avance, c'est-à-dire avant la naissance du litige[285], notamment par la soumission à un règlement d'arbitrage[286]. Pour la Cour de cassation, il est par exemple violé lorsqu'une institution d'arbitrage a imposé à des codéfendeurs un arbitre commun, alors que le demandeur a pu désigner un arbitre[287]. Toutefois, tel qu'il est aujourd'hui compris par le juge français, ce principe impose seulement une égalité de droits des parties dans la désignation des arbitres, et non le droit pour chaque partie de désigner « son arbitre »[288]. Ainsi, il a déjà été jugé que la convention d'arbitrage peut valablement prévoir qu'en cas de carence de l'une des parties dans la désignation d'un arbitre, l'arbitre nommé par l'autre partie pourra agir comme arbitre unique, comme s'il avait été désigné conjointement, cette modalité sanctionnant la défaillance d'une partie[289] ; de même, le principe d'égalité ne s'oppose pas à la pratique des listes d'arbitres, à condition que les contraintes s'imposent de la même manière à chaque partie. Il a par exemple été jugé en matière d'arbitrage interne, la solution étant transposable à l'arbitrage international, que lorsque les parties ont convenu que la demanderesse à l'arbitrage désignerait seule l'arbitre unique après la naissance du litige, à partir d'une liste de plusieurs noms acceptés par elles, l'égalité entre elles est rompue[290]. La désignation d'un arbitre unique à partir de cette liste ne procède de la volonté commune des parties, et respecte le principe d'égalité, que si toutes les parties s'accordent sur ce choix au moment de la constitution du tribunal arbitral, ou si l'arbitre est désigné par le juge d'appui. Le principe d'égalité ne doit cependant pas être appliqué mécaniquement, sauf à constituer un frein à l'arbitrage et à affecter son efficacité[291].

Lors de la constitution du tribunal arbitral, le principe d'indépendance et d'impartialité de l'arbitre[292] et, plus généralement, toutes les exigences liées au droit à un procès équitable, tirées de l'article 6 de la Convention européenne de sauvegarde des droits de l'homme et des libertés fondamentales et de l'article 14 du pacte de New York relatif

283. Cass. 1re civ., 7 janv. 1992, *Rev. arb.* 1992, p. 470, note P. Bellet ; *JDI* 1992, p. 707, concl. Flipo et note Ch. Jarrosson ; *RTD com.* 1992, p. 796, obs. J.-Cl. Dubarry et É. Loquin.

284. Cass. 1re civ., 8 juin 1999, *Rev. arb.* 2000, p. 116, note É. Loquin. Sur cette exigence pour le juge d'appui, v. *infra*, n° 786.

285. Cass. 1re civ., 7 janv. 1992, préc.

286. Paris, 21 avr. 2005, *JCP* G 2005, I, n° 5, obs. Ch. Seraglini.

287. Paris, 7 oct. 1999, *Rev. arb.* 2000, p. 288, note D. Bureau ; Cass. 1re civ., 7 janv. 1992, préc. Sur cette jurisprudence et ses incidences en matière d'arbitrage multipartite, v. *infra*, n° 770 et s.

288. V. *supra*, n° 264. V. aussi, Ph. Fouchard, E. Gaillard, B. Goldman, *Traité de l'arbitrage commercial international*, Litec, 1996, n° 792, p. 485.

289. Paris, 7 oct. 1999, préc. V. aussi, Paris, 8 sept. 2005, *D.* 2005, Pan., p. 3055, obs. Th. Clay.

290. Paris, 3 juill. 2012, *Rev. arb.* 2013, p. 160, note J. Barbet. *Contra* : Paris, 16 nov. 1999, *Rev. arb.* 2000, p. 313 ; TGI Paris (ord. réf.), 7 déc. 1994, *Rev. arb.* 2000, p. 116 (3e esp.), note É. Loquin. Sur cette question, v. aussi, M. Danis, « Les listes d'arbitres en question », *Cah. arb.* 2014, p. 465 ; Cass. 2e civ., 31 janv. 2002, *JCP* G 2003, I, 105, n° 5, obs. Ch. Seraglini.

291. V. *supra*, n° 264 et *infra*, n° 771.

292. Sur ces exigences, v. *supra*, n° 738 et s.

aux droits civils et politiques, devront aussi être respectées[293]. Il en est ainsi, notamment, du droit d'accès au juge arbitral, dont la Cour de cassation a estimé, dans son arrêt *État d'Israël/Soc. Nioc*, qu'il relève de l'ordre public international consacré par les principes de l'arbitrage international et par l'article 6 § 1 de la Convention européenne de sauvegarde des droits de l'homme et des libertés fondamentales[294]. Les modalités de constitution du tribunal arbitral ne doivent donc pas constituer un moyen d'interdire un accès effectif et égal à l'arbitrage[295].

La sanction de ces exigences se situe essentiellement au stade de la demande d'exequatur ou lors du recours en annulation. Le juge peut en effet être conduit à vérifier que le tribunal arbitral a été régulièrement constitué[296], et que la sentence ne heurte pas l'ordre public international[297]. Les irrégularités pouvant affecter la constitution du tribunal arbitral sont alors appréciées tant au regard de la volonté exprimée par les parties à cet égard, que des principes fondamentaux évoqués, ceux-ci l'emportant en cas de contradiction avec celle-là. En revanche, en amont, le principe de Compétence-Compétence s'impose au juge saisi d'une demande au fond qui relève d'une convention d'arbitrage semblant méconnaître le principe d'égalité des parties dans la constitution du tribunal arbitral. Le juge étatique devra ainsi se déclarer incompétent, sauf violation flagrante du principe constituant alors une nullité manifeste de la convention d'arbitrage. Un arrêt de la Cour de cassation en offre l'illustration. L'assemblée générale de la Banque des règlements internationaux (BRI) ayant décidé de réserver la détention de ses actions aux banques centrales, des actionnaires évincés ont saisi le tribunal de commerce de Paris. La BRI et la Banque de France leur ont opposé une clause compromissoire statutaire, qui prévoyait que les arbitres seraient désignés par des gouvernements européens. Ce mode de constitution du tribunal arbitral était évidemment douteux au regard du principe d'égalité, les gouvernements pouvant être soupçonnés de vouloir favoriser leurs banques centrales. Pour autant, la violation du principe d'égalité n'étant pas manifeste, le juge étatique devait se déclarer incompétent[298].

766 **Diversité des procédés de désignation des arbitres.** Il est fréquent que les parties qui signent un compromis après la survenance de leur litige y désignent directement les

293. En ce sens, C. Chainais, « Exigences du procès équitable et arbitrage : existence et essence du droit à un procès arbitral équitable », in *Convention européenne des droits de l'homme et droit de l'entreprise*, *Droit et Justice*, 2016, p. 265, spéc. p. 301 ; Ph. Fouchard, E. Gaillard, B. Goldman, *Traité de l'arbitrage commercial international*, préc., n° 785 et s., p. 481 et s. À ce titre, l'article 18 de la loi-type CNUDCI dispose que « les parties doivent être traitées sur un pied d'égalité [...] ». Pour une application jurisprudentielle, v., dans l'affaire *République de Guinée*, TGI Paris, 30 mai 1986 et 28 janv. 1987, *Rev. arb.* 1988, p. 371, et Paris, 18 nov. 1987 et 4 mai 1988, *Rev. arb.* 1988, p. 657, note Ph. Fouchard. Sur l'arbitrage et la CEDH, v. C. Chainais, note préc ; Ch. Jarrosson, « L'arbitrage et la convention européenne des droits de l'homme », *Rev. arb.* 1989, p. 573.

294. Cass. 1re civ., 1er févr. 2005, *Bull. civ.* I, n° 53 ; JCP E 2005, II, 447, note G. Kessler ; JCP G 2005, I, 134, n° 4, obs. J. Béguin ; *Rev. arb.* 2005, p. 693, note H. Muir Watt ; *D.* 2005, Pan., p. 3054, obs. Th. Clay ; *RTD com.* 2005, p. 266, obs. É. Loquin ; *Gaz. Pal.* 28 mai 2005, p. 37, note F.-X. Train ; *D.* 2005, Jur., p. 2727, note S. Hotte.

295. Sur le contenu du droit au juge au regard de la CEDH, v. notamment, S. Guinchard, « Convention européenne des droits de l'homme et procédure civile », *Rép. Proc. civ. Dalloz*, mars 2003, spéc. n° 123-172.

296. Art. 1520.2° CPC.

297. Art. 1520.5° CPC.

298. Cass. 1re civ., 23 mai 2006, *Bull. civ.* I, n° 252 ; *Rev. arb.* 2008, p. 69, note É. Loquin ; JCP G 2006, I, 187, n° 9, obs. Ch. Seraglini.

arbitres. Dans le cas de la clause compromissoire, la désignation directe des arbitres est beaucoup plus rare et pourrait d'ailleurs poser quelques difficultés de mise en œuvre. En effet, lorsqu'une telle clause est adoptée, les parties ignorent encore la consistance exacte et le moment du litige qui pourrait survenir entre elles. Il est alors délicat de choisir un arbitre présentant toutes les qualités idoines. De plus, il n'est pas garanti qu'au moment de la survenance du litige, l'arbitre dont le nom figure dans la clause accepte sa mission, ne soit pas empêché ou décédé. Aussi, si la désignation de l'arbitre doit toujours procéder de la volonté commune des parties, puisque seule cette « volonté commune des contractants a le pouvoir d'investir l'arbitre de son pouvoir juridictionnel »[299], le plus souvent, les parties prévoient uniquement les modalités de désignation des arbitres dans la clause compromissoire. Leur désignation, après la naissance du litige, procède donc bien de cette volonté commune, même si d'un point de vue pratique, à l'exception du cas de l'arbitre unique et du président du tribunal arbitral, dont il est le plus souvent prévu qu'il est choisi par les autres arbitres, le choix de chaque arbitre pris individuellement revient alors à l'une ou l'autre des parties. Ces modalités de désignation varient selon qu'il s'agit d'un arbitrage *ad hoc* (1) ou institutionnel (2) ; leur mise en œuvre devient problématique dans le cas particulier des arbitrages multipartites (3).

1. Les procédés de désignation dans l'arbitrage *ad hoc*

767 **Procédés de désignation d'un arbitre unique.** Lorsque les parties décident de confier le règlement de leur litige à un arbitre unique, elles peuvent désigner celui-ci directement dans la convention d'arbitrage, soit nommément, soit par sa fonction. Ces procédés sont toutefois peu utilisés dans le cas des clauses compromissoires, et plus fréquents pour les compromis. Pour la clause compromissoire, la pratique la plus répandue consiste à ne pas arrêter le choix de l'arbitre dans la convention d'arbitrage et à y prévoir seulement les modalités de sa désignation. Dans un arbitrage *ad hoc*, les parties peuvent tout d'abord stipuler, dans la convention d'arbitrage, qu'elles nommeront d'un commun accord l'arbitre unique au moment de la survenance du litige. Cette clause, bien qu'usuelle, peut poser un problème de mise en œuvre. Par définition, elle implique, une fois le litige né, un accord des parties qui peut être alors difficile à trouver. À défaut d'un tel accord, et si la clause n'avait pas prévu un mécanisme subsidiaire de désignation, une difficulté de constitution du tribunal arbitral survient et l'intervention du juge étatique devient nécessaire pour la résoudre[300]. L'article 1452.1° du Code de procédure civile, applicable à l'arbitrage international par renvoi de l'article 1506.2° et faute de convention contraire des parties, précise d'ailleurs en ce sens que si les parties ne s'accordent pas sur le choix de l'arbitre unique, il est « désigné par la personne chargée d'organiser l'arbitrage ou, à défaut, par le juge d'appui ». De plus, une juste application du principe d'ordre public procédural d'égalité des parties dans la désignation des arbitres ne devrait pas permettre que le soin de nommer l'arbitre unique soit confié, par avance, à une seule partie, même si la jurisprudence actuelle paraît, dans une certaine mesure, autoriser ce procédé[301].

299. Cass. 1re civ., 19 mars 2002, *JDI* 2003, p. 139, note É. Loquin ; Paris, 1er juin 1999, *JDI* 2000, p. 370, note É. Loquin.

300. Sur cette intervention, v. *infra*, n° 773 et s.

301. Sur ce principe et les quelques atteintes qu'y porte la jurisprudence actuelle des juges du fond, v. *supra*, n° 264, et *infra*, n° 772.

La convention d'arbitrage peut également prévoir qu'un tiers préconstitué, souvent identifié par sa fonction (président d'une juridiction[302], d'une chambre de commerce, d'un syndicat professionnel ou d'une association corporative), désignera l'arbitre unique, soit directement, soit uniquement à défaut d'accord entre les parties. En cas de carence du tiers, la validité de la convention d'arbitrage ne sera pas affectée et le juge étatique pourra à nouveau intervenir pour régler les difficultés de constitution du tribunal arbitral.

768 **Procédés de désignation d'un tribunal arbitral de plusieurs membres.** Le recours à un tribunal arbitral de plusieurs membres est fréquent dans l'arbitrage international. Cette tendance peut s'expliquer par la complexité et l'importance des affaires traitées, mais peut-être également par la volonté de chaque partie de nommer « son » arbitre. La règle de l'imparité, fixée par l'article 1451 du Code de procédure civile, sévèrement appliquée par la Cour de cassation dans l'arbitrage interne[303], n'est pas reprise en matière internationale. Malgré tout, la pratique arbitrale internationale est très largement favorable au recours à l'imparité, qui permet de dégager plus aisément une majorité lorsqu'il s'agit d'arrêter la décision du tribunal arbitral. Les arbitres peuvent être désignés par leur nom ou leur fonction dans la convention d'arbitrage. Mais, ici encore, le plus souvent, la convention d'arbitrage se borne à prévoir les modalités de leur désignation. Dans l'arbitrage *ad hoc*, si les parties peuvent stipuler dans la convention d'arbitrage qu'elles devront s'accorder sur la personne de tous les arbitres ou qu'ils seront tous nommés par un tiers, il est plus souvent prévu que chacune d'elles désignera un arbitre. Sauf disposition contraire de la convention, il n'est alors pas nécessaire qu'une fois le litige né, les autres parties acceptent cette désignation pour que l'arbitre soit nommé par leur volonté commune. Il convient bien entendu de réserver le cas où l'arbitre pressenti par une partie révèle une circonstance pouvant faire douter de son indépendance ou de son impartialité ; l'autre partie peut alors s'opposer à sa désignation et le différend sera tranché par le juge d'appui[304]. Le troisième arbitre, et président du tribunal, sera désigné conformément aux prévisions des parties, soit d'un commun accord, soit, le plus souvent, par les deux arbitres déjà désignés, soit encore par un tiers. En cas de difficulté, notamment pour désigner le troisième arbitre ou si l'une des parties refuse de nommer son arbitre, le recours au juge sera nécessaire. L'article 1452.2° du Code de procédure civile, auquel renvoie l'article 1506.2°, envisage d'ailleurs cette hypothèse, lorsqu'il précise qu'« en cas d'arbitrage par trois arbitres, chaque partie en choisit un et les deux arbitres ainsi choisis désignent le troisième ; si une partie ne choisit pas d'arbitre dans un délai d'un mois à compter de la réception de la demande qui lui en est faite par l'autre partie ou si les deux arbitres ne s'accordent pas sur le choix du troisième dans un délai d'un mois à compter de l'acceptation de leur désignation, la personne chargée d'organiser l'arbitrage ou, à défaut, le juge d'appui procède à cette désignation ». Si les parties n'en ont pas convenu autrement, ce texte permet donc d'accélérer la constitution du tribunal arbitral, puisque le choix des parties ou des arbitres a été enfermé dans un délai d'un mois lorsque le tribunal arbitral est

302. Cass. 1re civ., 10 mai 1995, *Rev. arb.* 1995, p. 605 (2e esp.), note A. Hory, qui censure l'arrêt ayant déclaré irrecevable l'appel formé contre le jugement d'un tribunal de commerce qui, statuant au fond, avait nommé un arbitre alors même que la clause compromissoire prévoyait que la désignation devait être faite par le président de cette juridiction statuant en référé.

303. V. *supra*, n° 249 et s.

304. V., en matière interne, *supra*, n° 236, et sur les difficultés en découlant en matière internationale, *supra*, n° 745.

composé de trois arbitres. Son point de départ est fixé à la date de réception de la demande de désignation d'un arbitre par une partie à une autre, ou à celle de l'acception de leur mission par les arbitres désignés par les parties ; le juge d'appui ne pourra pas être saisi d'une demande de désignation d'un arbitre avant l'expiration de ce délai, qui n'est pas un délai de forclusion[305].

2. Les procédés de désignation dans l'arbitrage institutionnel[306]

769 **Rôle variable de l'institution.** L'arbitrage institutionnel fait intervenir une forme particulière de tiers préconstitué. Selon la jurisprudence française, le choix par les parties d'un centre d'arbitrage conduit à l'applicabilité de plein droit de son règlement[307]. Dès lors, les modalités de désignation des arbitres prévues par ce règlement seront en principe applicables. Et le juge d'appui ne pourra intervenir qu'en cas de carence de l'institution dans l'exécution de sa mission[308]. Sa compétence est en effet subsidiaire, ce que précisent les articles 1452 à 1454 du Code de procédure civile, auquel renvoie l'article 1506.2°. En pratique, les règlements d'arbitrage abordent généralement des questions comme le nombre d'arbitres, les qualifications exigées[309], les procédures de nomination, de remplacement, ou de récusation. Souvent, ils donnent certains pouvoirs à l'institution d'arbitrage en matière de désignation des arbitres. Toutefois, les règlements d'arbitrage laissent eux-mêmes une grande place aux parties dans la désignation des arbitres. L'institution joue le plus souvent un simple rôle d'assistance dans la constitution du tribunal arbitral et n'intervient qu'à titre subsidiaire, en cas de difficulté entre les parties ou de carence de l'une d'elles[310] ; un organe de l'institution pourra alors désigner l'arbitre.

Certains règlements prévoient un plus grand interventionnisme de l'institution. Ainsi, il peut être prévu que l'institution devra confirmer l'arbitre choisi par les parties[311] ou que l'arbitre devra être désigné à partir d'une liste dressée par l'institution[312]. Parfois même, l'institution doit formellement nommer l'arbitre et dispose du pouvoir de refuser de tenir compte du choix des parties si elle estime que l'arbitre choisi ne convient pas[313]. Le règlement d'arbitrage peut même autoriser

305. Ch. Jarrosson et J. Pellerin, « Le droit français de l'arbitrage après le décret du 13 janvier 2011 », *Rev. arb.* 2011, p. 5, spéc. n° 22, p. 19.

306. Sur cette question, v. notamment M. de Boisséson, « La constitution du tribunal arbitral dans l'arbitrage institutionnel », *Rev. arb.* 1990, p. 337 ; Ph. Fouchard, « Les institutions permanentes d'arbitrage devant le juge étatique », *Rev. arb.* 1987, p. 225 ; E. Robine, « Le choix des arbitres », *Rev. arb.* 1990, p. 313.

307. Spéc. en matière de désignation des arbitres : Paris, 6 avr. 1990, *Rev. arb.* 1990, p. 880, note M. de Boisséson. V. aussi, Paris, 7 juill. 1987, *Rev. arb.* 1988, p. 649, note E. Mezger ; Cass. com., 19 mai 1987, *Rev. arb.* 1988, p. 142, note P. Ancel. V. également, art. IV (1) (a) de la Convention de Genève de 1961.

308. V. *infra*, n° 781.

309. V. art. 3-2 du règlement GAFTA ; art. 1er du règlement des cafés et poivres du Havre.

310. V. art. 12 et 13 du règlement CCI de 2017 ; art. 8 à 10 du règlement CNUDCI ; art. 6 du règlement AAA.

311. V. art. 13 du règlement CCI de 2017. Ces dispositions ne sont toutefois pas impératives et les parties peuvent donc supprimer l'exigence de confirmation (art. 11.6 du règlement CCI).

312. V. art. 12-16 de la Convention de Washington pour l'arbitrage CIRDI.

313. V. art. 5.7, 7.1 et 11.1 du règlement LCIA.

l'institution à nommer un arbitre alors que la question du choix de ce règlement par les parties peut être discutée. Ainsi, en application du règlement d'arbitrage CCI[314], la Cour internationale peut décider, *prima facie*, que la convention d'arbitrage vise le règlement et nommer un arbitre qui, ensuite, se prononcera sur la régularité de son investiture[315]. Quoi qu'il en soit, les parties peuvent déroger sur certains points aux dispositions du règlement, lorsque celui-ci le prévoit[316] ; leur volonté devra alors être respectée par l'institution[317].

Les décisions prises par les institutions d'arbitrage en matière de désignation ou de confirmation des arbitres n'ont pas, selon la jurisprudence française, une nature juridictionnelle. Elles ne sont donc pas susceptibles de recours devant un juge étatique[318]. Dès lors, ce n'est que dans le cadre du contrôle ultérieur de la sentence rendue par le tribunal arbitral ainsi constitué, qu'une partie pourra invoquer une irrégularité de constitution qui résulterait d'une décision de l'institution[319]. La jurisprudence française estime aussi que les règlements doivent respecter le principe d'égalité des parties dans la désignation des arbitres ; or, cette exigence peut poser un épineux problème dans le cas de l'arbitrage multipartite.

3. Les procédés de désignation confrontés à l'arbitrage multipartite

770 **Données du problème : l'arrêt *Dutco*.** L'arbitrage multipartite est celui qui implique plus de deux parties[320]. Il met en cause soit plusieurs défendeurs, soit plusieurs demandeurs, voire une multitude de demandeurs et de défendeurs. L'arbitrage est également dit multipartite lorsque le défendeur à l'arbitrage appelle en garantie un tiers lié par la clause d'arbitrage. Ces diverses situations peuvent poser de graves problèmes de constitution du tribunal arbitral, à tout le moins lorsque la convention d'arbitrage prévoit que chaque partie désignera un arbitre[321]. Par exemple, une clause d'arbitrage prévoyant un tribunal de trois membres, dont le président sera désigné par les deux arbitres choisis par les parties, est parfois difficile à mettre en œuvre si l'instance concerne trois parties, chacune voulant nommer un arbitre. Une solution simple serait d'imposer à tous les demandeurs ou à tous les défendeurs, selon le cas, de nommer un seul arbitre.

314. Art. 6.4 du règlement CCI de 2017.

315. Paris, 7 févr. 2002, *Rev. arb.* 2002, p. 413, note Ph. Fouchard ; JCP G 2003, I, 105, nº 11, obs. J. Ortscheidt.

316. V. par exemple, art. 11.6 du règlement CCI de 2017.

317. Cass. 1re civ., 4 déc. 1990, *Rev. arb.* 1991, p. 81, note Ph. Fouchard ; Paris, 11 févr. 1988, *Rev. arb.* 1989, p. 683, note L. Zollinger.

318. TGI Paris (ord. réf.), 13 juill. 1988, *Rev. arb.* 1989, p. 97, note P. Bellet. Pour une solution analogue en droit comparé, v. aussi, Trib. Féd. Suisse, 16 mai 1983, *Bull. ASA* 1984, p. 203.

319. V. par exemple, Cass. 1re civ., 4 déc. 1990, *Rev. arb.* 1991, p. 81, note Ph. Fouchard ; Paris, 11 févr. 1988, *Rev. arb.* 1989, p. 683, note L. Zollinger.

320. Sur les difficultés posées par l'arbitrage multipartite, v. notamment : *L'arbitrage complexe. Questions de procédure*, *Bull. CCI*, Suppl., déc. 2003, et plus spéc., pour la constitution du tribunal arbitral, A. M. Whitesell et E. Silva-Romero, « L'arbitrage à pluralité de parties ou de contrats : l'expérience récente de la Chambre de commerce internationale », p. 7.

321. En effet, si la convention d'arbitrage prévoit la désignation par les parties d'un arbitre unique, et dans l'hypothèse où les parties ne s'entendraient pas sur sa désignation, le juge étatique ou l'institution d'arbitrage, selon le cas, pourra intervenir pour procéder à cette désignation (v. depuis la réforme du 13 janvier 2011, art. 1453 CPC, applicable à l'arbitrage international par renvoi de l'article 1506.2° ; sur ce texte, v. *supra*, nº 258).

Cependant, les divers demandeurs ou défendeurs peuvent avoir des intérêts plus ou moins divergents et la volonté de nommer chacun leur propre arbitre. Dans l'affaire *Dutco*, la CCI avait cru pouvoir débloquer ce type de situations en imposant à plusieurs défendeurs de nommer en commun un seul arbitre. La Cour de cassation a cependant condamné cette pratique, en la jugeant contraire au principe d'égalité des parties dans la désignation des arbitres, ce qui justifiait l'annulation de la sentence rendue par le tribunal arbitral ainsi constitué[322]. La Cour régulatrice a qualifié ce principe « d'ordre public international », et estimé qu'on ne pouvait y renoncer par avance, mais seulement après naissance du litige ; dès lors, un règlement d'arbitrage ne saurait prévoir que tous les défendeurs devront nommer un seul arbitre. Après la naissance du litige, les défendeurs peuvent renoncer au principe d'égalité et accepter de nommer en commun un seul arbitre, ou permettre à l'institution de le désigner. Toutefois, si un tel accord est alors autorisé, il ne se réalise que très rarement[323]. La solution posée par la Cour de cassation a plutôt été mal accueillie en doctrine, notamment en ce qu'elle interdit aux parties de renoncer par avance, dans la clause compromissoire, au principe d'égalité[324]. Néanmoins, la plupart des règlements d'arbitrage contiennent aujourd'hui des dispositions visant à résoudre ces difficultés de constitution tout en respectant le principe d'égalité des parties dans la désignation des arbitres. Depuis la réforme résultant du décret n° 2011-48 du 13 janvier 2011, le droit français de l'arbitrage envisage spécifiquement l'arbitrage multipartite à l'article 1453 du Code de procédure civile, auquel renvoie l'article 1506.2°.

771 **Résolution du problème.** La solution généralement préconisée consiste, faute d'accord entre les parties, à confier à l'institution ou au juge d'appui le soin de nommer l'ensemble du tribunal arbitral. C'est celle adoptée par l'article 1453 précité, qui prévoit que « lorsque le litige oppose plus de deux parties et que celles-ci ne s'accordent pas sur les modalités de constitution du tribunal arbitral, la personne chargée d'organiser l'arbitrage ou, à défaut, le juge d'appui, désigne le ou les arbitres ». Aucune des parties ne choisissant son arbitre, en cas de désaccord, l'égalité est ainsi respectée. Cette solution peut aisément s'imposer dans l'arbitrage institutionnel, dès lors qu'elle est prévue par le règlement : en se soumettant au règlement, les parties sont censées l'avoir accepté[325]. La situation est *a priori* plus délicate dans l'arbitrage *ad hoc*, ou lorsque le règlement d'arbitrage applicable ne prévoit rien. Certes, l'institution pourra sans doute nommer les arbitres à la place des

322. Cass. 1re civ., 7 janv. 1992, *Rev. arb.* 1992, p. 470, note P. Bellet ; *JDI* 1992, p. 707, concl. Flipo et note Ch. Jarrosson ; *RTD com.* 1992, p. 796, obs. J.-Cl. Dubarry et É. Loquin.

323. Puisque la solution retenue par la Cour de cassation favorise les procédures dilatoires dont beaucoup de défendeurs ne se privent pas.

324. Sur ce débat, v. Ph. Fouchard, E. Gaillard, B. Goldman, *Traité de l'arbitrage commercial international*, Litec, 1996, n° 792, p. 485, et les réf. citées.

325. Ainsi, les articles 12.6 et 12.8 du règlement CCI de 2017, prévoient que tous les demandeurs et/ou défendeurs désignent conjointement un arbitre, mais qu'à défaut de nomination conjointe ou d'accord entre les parties, la Cour peut nommer elle-même tous les arbitres et désigner l'un d'eux en tant que président (v. auparavant, mêmes art. du règlement CCI de 2012 et art. 10 règlement CCI de1998). Il a cependant été constaté qu'en pratique, elle tient compte du droit national du lieu de l'arbitrage et des lieux possibles d'exécution pour déterminer si peut se poser un problème d'égalité des parties. Parfois, elle décide donc de confirmer l'arbitre désigné par le demandeur ou pour son compte, tout en nommant l'autre co-arbitre (A. M. Whitesell et E. Silva-Romero, « L'arbitrage à pluralité de parties ou de contrats : l'expérience récente de la Chambre de commerce internationale », *L'arbitrage complexe. Questions de procédure*, *Bull. CCI*, Suppl. spéc., déc. 2003, p. 7, spéc. p. 13). V. également, art. 8 du règlement LCIA ; art. 6.5 du règlement AAA ; art. 8 du règlement suisse d'arbitrage international.

parties, en considérant que l'article 1453 lui confère ce pouvoir, du moins lorsque l'arbitrage a été soumis à la loi française ou se déroule en France, ou simplement si la sentence doit être exécutée en France. À défaut, si l'institution refuse d'intervenir sur le fondement de ce texte, ou en cas d'arbitrage *ad hoc*, le juge d'appui pourra exercer les pouvoirs qu'il tient de l'article 1453 du Code de procédure civile. Toutefois, dans l'exercice de son pouvoir, il pourrait être tiraillé entre le respect du principe d'égalité des parties dans la désignation des arbitres et le respect de la volonté exprimée par elles dans la convention d'arbitrage quant à la constitution du tribunal arbitral[326]. Aussi, lorsque la convention prévoit un tribunal arbitral de trois membres et que chaque partie nommera un arbitre, le juge serait pris entre le respect du principe d'égalité et le respect des prévisions des parties. On peut estimer qu'il devrait alors faire prévaloir le principe d'égalité sur la volonté exprimée par les parties, dont la mise en œuvre s'avère impossible, en procédant lui-même à la désignation de l'ensemble du tribunal arbitral, ce qu'il peut faire sur le fondement de l'article 1453 du Code de procédure civile[327]. La solution est en effet conforme au principe d'effet utile, au regard duquel doit être recherchée la commune volonté des parties qui ont conclu une convention d'arbitrage[328]. En effet, selon ce principe, lorsque les parties ont inséré une clause d'arbitrage dans leur contrat, il doit être présumé que leur intention a été d'établir un mécanisme efficace pour le règlement des litiges visés par cette clause[329]. Selon cette directive, si la stricte mise en œuvre des modalités conventionnelles de désignation des arbitres conduit à méconnaître ouvertement le principe d'égalité des parties, la clause doit être interprétée en ce sens que pour assurer l'efficacité de l'arbitrage, et notamment afin d'éviter une annulation future de la sentence, les parties ont souhaité que ce principe soit respecté.

Une autre solution peut également consister, dans cette hypothèse ou lorsqu'en cas d'intervention d'un tiers[330], le tribunal arbitral est déjà constitué et que la règle de l'article 1453 n'est d'aucun secours, à admettre que la désignation d'un seul arbitre pour des parties dont les intérêts convergent ne méconnaît pas l'égalité des parties dans la désignation des arbitres. Tout est affaire de circonstances : l'égalité ne doit pas nécessairement avoir pour conséquence que chaque partie participe activement au processus de désignation des membres du tribunal arbitral, sauf à risquer de rendre l'arbitrage impraticable et à provoquer un éclatement artificiel du contentieux. L'arbitre est un juge, ce n'est pas le mandataire des parties[331]. S'appuyer sur l'égalité des parties dans la désignation des arbitres pour en déduire que chaque partie doit pouvoir participer au choix de « son » arbitre, c'est sans doute mettre excessivement l'accent sur l'aspect conventionnel de l'arbitrage au détriment de son aspect juridictionnel, et présupposer qu'à défaut de pouvoir en choisir un, une partie pourrait douter de l'indépendance et

326. Cass. 1re civ., 10 mai 1995, *Rev. arb.* 1995, p. 605 (2e esp.), note A. Hory.

327. En ce sens églt, J.-F. Poudret, S. Besson, *Droit comparé de l'arbitrage international*, Bruylant, 2002, spéc. n° 244, p. 214. V. aussi, TGI Paris (ord. réf.), 31 janv. 1986, *Rev. arb.* 1987, p. 1797 (3e esp.), note Ph. Fouchard, qui fait prévaloir, sans le mentionner toutefois, le principe d'égalité des parties dans la désignation de l'arbitrage sur une clause compromissoire prévoyant que seule l'une des parties nommerait l'arbitre unique.

328. Pour une application de ce principe lorsque les modalités conventionnelles de désignation heurtent le principe de l'égalité des parties, v. notamment TGI Paris (ord. réf.), 31 janv. 1986, préc.

329. Paris, 7 févr. 2002, *Rev. arb.* 2002, p. 423, note Ph. Fouchard ; JCP G 2003, I, 105, n° 11, obs. J. Ortscheidt.

330. Sur l'intervention, v. *infra*, n° 841 et *supra*, n° 351 et 352.

331. Cass. 2e civ., 3 juill. 1996, *Rev. arb.* 1996, p. 405, note Ph. Fouchard ; Paris, 24 mars 1992, *Rev. arb.* 1993 (2e esp.), p. 277.

de l'impartialité du tribunal arbitral à son égard, ou de ses qualités pour trancher le litige. La cour d'appel de Paris, dans un arrêt rendu le 10 octobre 2002, soit après l'arrêt *Dutco*, a d'ailleurs jugé que la désignation par le juge d'appui, tenu de respecter l'égalité des parties, d'un seul arbitre pour deux parties « dont le sort est lié, ayant signé la convention indivisément et solidairement et n'ayant pas d'intérêts divergents, ne constitue pas une rupture d'égalité entre les parties »[332]. Toutefois, dans un certain nombre de situations, la seule solution sera probablement de procéder à plusieurs arbitrages, ce qui fait naître des risques de contrariété de décisions en cas de litiges connexes.

772 **Réactions des juges du fond face à l'arrêt *Dutco*.** Le décret du 13 janvier 2011 ayant prévu un mécanisme simple pour surmonter les difficultés liées au caractère multipartite d'un arbitrage au moment de la constitution du tribunal arbitral, le juge du contrôle devrait pouvoir imposer le respect du principe d'égalité avec davantage de rigueur, alors que certaines décisions avaient semblé, avant la réforme de 2011 et face aux difficultés engendrées par la jurisprudence *Dutco* dans le cas des arbitrages multipartites, opérer un retour en arrière plus ou moins dissimulé par rapport à cette jurisprudence. Ainsi, dans une affaire impliquant plusieurs défendeurs, une clause d'arbitrage prévoyait que chaque partie devait nommer un arbitre, mais que l'arbitre nommé par l'une d'elles agirait comme arbitre unique, comme s'il avait été conjointement désigné, si l'autre partie refusait de désigner le sien. Selon la cour d'appel de Paris[333], ce mécanisme sanctionnait la défaillance d'une partie, sans porter atteinte au principe d'égalité. Or, ce point de vue était contestable : l'arbitre étant alors désigné par une seule partie, il y avait bien une rupture d'égalité ; et si le mécanisme instauré par la clause d'arbitrage était analysé comme une renonciation au principe d'égalité, celle-ci aurait été antérieure au litige. En tout cas, la solution était discutable lorsque plusieurs parties étaient ainsi sanctionnées pour ne pas avoir désigné un arbitre en commun. Tel semblait être le cas dans cette affaire, la cour ayant toutefois contourné la difficulté en estimant qu'au vu des circonstances de l'espèce, les codéfendeurs formaient une seule et même partie ! De même, les juges du fond avaient admis la conformité au principe d'égalité de la clause d'arbitrage laissant au demandeur le choix de l'arbitre unique, au sein d'une liste de plusieurs noms, au motif que ce choix ne dépendait pas de la volonté unilatérale d'une partie mais du demandeur, qui pouvait être l'une ou l'autre des parties, et était opéré à partir d'une liste dressée de concert[334]. Une fois encore, on pouvait demeurer circonspect face à cette motivation. La liste résulte généralement d'un document établi unilatéralement par la partie en position de force lors des négociations contractuelles. Surtout, au moment de la naissance du litige, une seule partie décidait, et dire que cette partie était susceptible de varier en fonction de celle qui prendrait la position procédurale de demandeur revenait à favoriser *a priori* le demandeur, ce qui n'était pas tout à fait conforme au principe d'égalité. Au surplus, la solution constituait une prime à la rapidité et, éventuellement, à une certaine mauvaise foi dans la saisine du tribunal arbitral : le premier qui saisit était le... seul servi ! Cette solution a certainement été abandonnée, puisque

332. Paris, 10 oct. 2002, *Rev. arb.* 2003, p. 1277, obs. A. Lacabarats ; *RTD com.* 2004, p. 249, obs. É. Loquin. V. aussi, Paris, 3 déc. 2013, *Rev. arb.* 2013, p. 216.

333. Paris, 7 nov. 1999, *Rev. arb.* 2000, p. 288, note D. Bureau. V. aussi, Paris, 8 sept. 2005, *D.* 2005, Pan., p. 3055, obs. Th. Clay.

334. Paris, 16 nov. 1999, *Rev. arb.* 2000, p. 313 ; TGI Paris, 7 déc. 1994, *Rev. arb.* 2000, p. 116 (3e esp.), note É. Loquin.

dans un arrêt du 3 juillet 2012, rendu en matière interne mais dont la solution peut être étendue à l'arbitrage international, la cour d'appel de Paris a estimé que lorsque les parties ont convenu que la demanderesse à l'arbitrage désignerait seule l'arbitre unique après la naissance du litige, à partir d'une liste de plusieurs noms acceptés par elles, l'égalité entre elles est rompue[335] ; la désignation d'un arbitre unique à partir de cette liste ne procédera de la volonté commune des parties que lorsque toutes les parties s'accordent ensuite sur ce choix au moment de la constitution du tribunal arbitral, ou s'il est désigné par le juge d'appui.

C. L'INTERVENTION DU JUGE FRANÇAIS EN CAS DE DIFFICULTÉS DE CONSTITUTION DU TRIBUNAL ARBITRAL

773 **Importance du juge d'appui dans l'arbitrage international.** Comme dans l'arbitrage interne[336], l'intervention d'un juge étatique peut être précieuse pour résoudre les divers problèmes de constitution du tribunal arbitral qui peuvent survenir, que les parties n'aient prévu aucune modalité de désignation ou que les modalités prévues, notamment par le règlement d'arbitrage applicable dans un arbitrage institutionnel, ne fonctionnent pas. Pour éviter la paralysie de l'arbitrage et assurer l'efficacité des conventions d'arbitrage, la plupart des législations étatiques accordent, selon des modalités variables, le concours de leurs tribunaux, en tant que juge d'appui, à la résolution des problèmes liés à la constitution et, plus généralement, à la composition du tribunal arbitral[337]. Dans l'arbitrage international, le rôle du juge d'appui est primordial. Il pourra intervenir pour aider à la mise en place et, plus généralement, au bon déroulement de l'arbitrage, en désignant un arbitre en cas de difficulté lors de la constitution du tribunal arbitral, en remplaçant un arbitre décédé ou démissionnaire ou encore, en prorogeant un délai d'arbitrage. C'est en principe le juge du siège du tribunal arbitral qui est le plus apte à remplir ce rôle, dans la mesure où il est le plus proche de l'arbitrage et dispose seul du pouvoir de contrainte sur son territoire. Le droit français autorise cependant les parties à choisir, en qualité de juge d'appui, un juge qui n'est pas situé au siège du tribunal arbitral[338]. L'article 1505 du Code de procédure civile précise en effet que le juge d'appui est, « sauf clause contraire », le président du tribunal de grande instance de Paris. Malgré son importance, les textes français relatifs à l'arbitrage international ne consacrent que peu de dispositions à l'intervention du juge d'appui français et avant la réforme du 13 janvier 2011, c'était essentiellement la jurisprudence qui avait dégagé les règles applicables en la matière. Aujourd'hui, pour sa compétence matérielle et la procédure suivie devant lui, il est procédé par renvoi aux textes applicables à l'arbitrage

335. Paris, 3 juill. 2012, *Rev. arb.* 2013, p. 160, note J. Barbet. V. aussi *supra*, n° 765.

336. Sur le rôle du juge dans l'arbitrage interne, v. *supra*, n° 265 et s.

337. J.-F. Poudret, S. Besson, *Droit comparé de l'arbitrage international*, Bruylant, 2002, n° 405, p. 361. V. par exemple, art. 11.4 de la loi-type CNUDCI ; art. 10 et 14 à 18 de la loi suédoise sur l'arbitrage de 1999 ; art. 18 de la loi anglaise sur l'arbitrage de 1996 ; art. 15 de la loi espagnole sur l'arbitrage de 2003 ; § 1035 du ZPO allemand.

338. V. également, Th. Clay, « L'appui du juge à l'arbitrage », *Cah. arb.* 2011, p. 331, spéc. n° 21 et s.

interne[339]. Et, lorsque le juge d'appui est le juge français, il ne paraît pas possible de déroger, par convention spéciale, aux dispositions relatives à la procédure suivie devant lui, qui touchent à l'organisation interne des juridictions française[340]. C'est sous le bénéfice de ces observations qu'il convient de préciser les conditions de l'intervention du juge d'appui français pour résoudre les problèmes de constitution du tribunal arbitral dans les arbitrages internationaux (1), avant d'envisager les règles de procédures gouvernant cette intervention (2).

1. Les conditions d'intervention du juge

774 **Précision des textes issus du décret du 13 janvier 2011.** L'article 1493, alinéa 2, du Code de procédure civile, dans sa rédaction antérieure à la réforme de 2011, prévoyait déjà l'assistance du juge français pour aider à résoudre des difficultés de constitution du tribunal arbitral. Il énonçait que « si pour les arbitrages se déroulant en France ou pour ceux à l'égard desquels les parties ont prévu l'application de la loi de procédure française, la constitution du tribunal arbitral se heurte à une difficulté, la partie la plus diligente peut, sauf clause contraire, saisir le président du tribunal de grande instance de Paris selon les modalités de l'article 1457 ». Même si la jurisprudence avait su l'interpréter largement, en vue d'étendre la compétence du juge d'appui à diverses difficultés pouvant se rencontrer dans le déroulement d'une procédure arbitrale, l'imprécision du texte affectait sa lisibilité, spécialement pour les praticiens étrangers, et avait suscité de nombreuses interrogations, notamment sur la possibilité de saisir le juge en cours d'arbitrage. La réforme résultant du décret n° 2011-48 du 13 janvier 2011 a été l'occasion de clarifier et préciser la compétence du juge d'appui, notamment en matière internationale, dont l'intervention n'est plus textuellement limitée aux difficultés de « constitution » du tribunal arbitral. L'article 1506.2° renvoie en effet aux textes relatifs à l'arbitrage interne, relativement précis quant à la compétence matérielle de ce juge[341]. Mais, avant d'envisager les conditions de fond d'intervention du juge d'appui français (b), il faut préalablement déterminer sa compétence internationale (a).

a) La compétence internationale du juge d'appui français

775 **Chefs de compétence internationale du juge français.** Le juge français ne peut prêter assistance à l'ensemble des arbitrages internationaux se déroulant dans le monde. Aussi, l'article 1505 du Code de procédure civile limite l'intervention du juge aux arbitrages présentant un certain lien avec la France. Il prévoit en effet quatre chefs de compétence. Les deux premiers étaient déjà envisagés sous l'empire de l'ancien article 1493 du Code de procédure civile. Les deux autres ont été ajoutés par l'article 1505, mais ils avaient, auparavant, été dégagés par la jurisprudence.

339. L'art. 1506.2° CPC renvoie ainsi aux articles 1452, 1453, 1454, 1456, 1457, 1458 CPC, qui envisagent divers chefs de compétence du juge d'appui, et à l'article 1460 CPC, qui traite des règles de procédure suivies devant lui.

340. E. GAILLARD et P. DE LAPASSE, « Commentaire analytique du décret portant réforme du droit français de l'arbitrage », *Cah. arb.* 2011, p. 263, spéc. n° 77 ; Ch. JARROSSON et J. PELLERIN, « Le droit français de l'arbitrage après le décret du 13 janvier 2011 », *Rev. arb.* 2011, p. 5, spéc. n° 86, p. 61.

341. V. *infra*, n° 781 et s.

776 **L'arbitrage se déroule en France.** L'article 1505.1° du Code de procédure civile, applicable depuis le 1er mai 2011, même si la convention d'arbitrage a été conclue avant cette date, prévoit que le juge d'appui français est compétent lorsque « l'arbitrage se déroule en France », reprenant la règle auparavant énoncée par l'article 1493, alinéa 2, du même code. C'est le chef principal de compétence du juge d'appui français et ce dernier pourra intervenir, sur ce fondement, même si les parties ont soumis l'arbitrage à une loi de procédure étrangère[342]. Comme il a justement été souligné[343], cette disposition ne doit pas être strictement interprétée et limitée aux seuls arbitrages qui sont effectivement en train de se dérouler en France. La plupart des difficultés justifiant l'intervention du juge apparaissent avant ou au début de l'instance arbitrale. Aussi, la compétence du juge français est acquise si, selon la convention d'arbitrage, le siège du tribunal arbitral doit être situé en France[344]. En revanche, la simple tenue d'une audience du tribunal arbitral sur le territoire français, indépendamment du lieu de l'arbitrage, ne doit pas suffire à donner compétence au juge d'appui français[345].

777 **L'arbitrage est soumis à la loi de procédure française.** L'article 1505.2° du Code de procédure civile dispose ensuite que le juge d'appui français intervient si « les parties sont convenues de soumettre l'arbitrage à la loi de procédure française ». Cette disposition n'est applicable que si la convention d'arbitrage est postérieure au 1er mai 2011[346], mais reproduit en fait lui aussi une règle antérieurement posée par l'article 1493 alinéa 2 ancien. La date de la convention d'arbitrage est cependant importante compte tenu des modalités d'intervention du juge d'appui, qui ont été sensiblement modifiées par la réforme de 2011. La compétence du juge peut donc d'abord être fondée sur le fait que la loi française a été choisie expressément ou même, semble-t-il, implicitement[347], pour régir la procédure arbitrale, lorsque l'arbitrage se déroule à l'étranger ou si le siège de l'arbitrage n'a pas été choisi[348]. Cette hypothèse d'intervention du juge français se présente rarement en pratique. Les parties ne choisissent en effet qu'exceptionnellement la loi française à titre de loi de procédure pour régir l'arbitrage.

342. TGI Paris (ord. réf.), 15 févr. 1995, *Rev. arb.* 1996, p. 503 (2e esp.), note Ph. Fouchard.

343. Ph. Fouchard, E. Gaillard, B. Goldman, *Traité de l'arbitrage commercial international*, Litec, 1996, n° 841, p. 505.

344. En ce sens, v. aussi, D. Hascher, « Arbitrage du commerce international », *Rép. Internat. Dalloz*, n° 94. Pour des critères de compétence internationale du juge en droit comparé, v. J.-F. Poudret, S. Besson, *Droit comparé de l'arbitrage international*, Bruylant, 2002, n° 137, p. 107. V. aussi, TGI Paris (ord. réf.), 10 avr. 1990, *Rev. arb.* 1994, p. 545 (1re esp.), obs. Ph. Fouchard ; TGI Paris (ord. réf.), 13 juill. 1999, *Rev. arb.* 1999, p. 625, obs. D. Bureau.

345. E. Gaillard et P. de Lapasse, « Commentaire analytique du décret portant réforme du droit français de l'arbitrage », *Cah. arb.* 2011, p. 263, spéc. n° 93.

346. Art. 3.1° du décret n° 2011-48 du 13 janvier 2011.

347. Notamment par une participation sans protestation du défendeur étranger à une procédure française d'assistance judiciaire à l'arbitrage : TGI Paris (ord. réf.), 11 mai 1987, *Rev. arb.* 1988, p. 699 (1re esp.), note Ph. Fouchard (solution implicite).

348. Selon la même logique, on estime que le juge français est aussi compétent lorsque l'une des parties le saisit et que l'autre ne conteste pas sa compétence internationale, les deux parties ayant alors accepté tacitement l'intervention du juge comme autorité de nomination, comme elles auraient pu le faire pour un tiers préconstitué : Ph. Fouchard, E. Gaillard, B. Goldman, *Traité de l'arbitrage commercial international*, Litec, 1996, n° 843, p. 506.

778 **L'existence d'une clause attributive de compétence.** L'article 1505.3°, applicable aux conventions d'arbitrage postérieures au 1er mai 2011[349], consacre quant à lui un chef de compétence du juge d'appui français auparavant dégagé par la jurisprudence, soit lorsque « les parties ont expressément donné compétence aux juridictions françaises pour connaître des différends relatifs à la procédure arbitrale ». En effet, alors que l'article 1493 ancien du Code de procédure civile ne le prévoyait pas expressément, la compétence du juge français pour aider à la constitution du tribunal arbitral était reconnue lorsqu'il avait été désigné à cette fin dans la convention d'arbitrage[350]. Comme pour le précédent chef de compétence, il n'est pas exclu que l'intervention du juge français se fasse ici concurremment à celle d'un juge étranger, notamment celui du siège de l'arbitrage, qui peut également s'estimer compétent en vertu de son propre droit.

779 **Le risque de déni de justice.** Le juge français pourra en dernier lieu intervenir, de façon exceptionnelle, quelle que soit la date à laquelle la convention d'arbitrage a été conclue, si « l'une de parties est exposée à un risque de déni de justice », selon ce que prévoit l'article 1505.4° du Code de procédure civile. Comme la Cour de cassation l'a énoncé, « ce texte n'a pas investi le juge d'appui d'une compétence générale pour trancher tous les litiges survenant au cours de la procédure d'arbitrage mais a seulement désigné un juge étatique territorialement compétent afin de pourvoir, à titre supplétif, à la constitution d'un tribunal arbitral en cas de risque de déni de justice »[351]. Il s'agit donc de l'hypothèse dans laquelle il existe un risque de déni de justice à l'étranger, plus précisément un risque de « déni de justice arbitrale » lorsque le juge d'appui étranger, en principe compétent pour aider à la constitution du tribunal arbitral, ne peut être saisi de la difficulté ou la résoudre. Ce pourrait encore être le cas lorsque les parties n'ont pas, dans leur convention d'arbitrage, localisé le siège de l'arbitrage et qu'en conséquence, aucun juge étranger ne semble prêt à intervenir en tant que juge d'appui. Le décret du 13 janvier 2011 a ainsi consacré la jurisprudence de la cour d'appel de Paris et de la Cour de cassation, dans l'affaire *Nioc*. La cour d'appel de Paris avait en effet jugé que « le juge français peut intervenir en cas de déni de justice avéré à l'étranger ; qu'en effet, le droit pour une partie à une convention d'arbitrage de voir soumettre ses prétentions à une juridiction arbitrale est une règle d'ordre public que le juge français, comme tout autre, a vocation à faire respecter dans l'exercice de ses attributions de soutien à l'arbitrage »[352]. De son côté, la Cour de cassation, statuant sur le pourvoi formé contre l'arrêt précité, l'avait rejeté en posant le principe que « l'impossibilité pour une partie d'accéder au juge, fût-il arbitral, chargé de statuer sur sa prétention, à l'exclusion de toute juridiction étatique, et d'exercer ainsi un droit qui relève de l'ordre public international consacré par les principes de l'arbitrage international et l'article 6. 1, de la Convention européenne des droits de l'homme, constitue un déni de justice qui fonde la compétence internationale du

349. Art. 3.1° du décret n° 2011-48 du 13 janvier 2011.

350. Paris, 1er mars 2007, *RTD com.* 2008, p. 526, obs. É. Loquin. Il s'agit d'une sorte de clause attributive de juridiction visant spécialement la constitution du tribunal arbitral. En ce sens, Ph. Fouchard, E. Gaillard, B. Goldman, *Traité de l'arbitrage commercial international*, Litec, 1996, n° 846, p. 507.

351. Cass. 1re civ., 13 déc. 2017, *Cah. arb.* 2017, p. 701, note H. Barbier ; *Rev. arb.* 2018, p. 370, note V. Chantebout, sur pourvoi formé contre Paris, 24 mai 2016, *Rev. arb.* 2016, p. 649 ; *Cah. arb.* 2016, p. 641, note M. de Fontmichel ; *JCP* G 2017, 1018, n° 9, obs. J. Ortscheidt ; *D.* 2016, Pan., p. 2589, obs. Th. Clay, qui avait annulé TGI Paris (ord. réf.), 16 nov. 2015, *Rev. arb.* 2016, p. 258, note Ch. Jarrosson et F.-X. Train ; *Cah. arb.* 2015, p. 129, note M. de Fontmichel ; *D.* 2015, Pan., p. 2588, obs. Th. Clay.

352. Paris, 29 mars 2001, *RTD com.* 2001, p. 651, obs. É. Loquin ; *Rev. arb.* 2002, p. 487 (3e esp.), note Ph. Fouchard ; *JDI* 2002 498, note D. Cohen.

président du tribunal de grande instance de Paris, dans la mission d'assistance et de coopération du juge étatique à la constitution d'un tribunal arbitral, dès lors qu'il existe un rattachement avec la France »[353]. Le risque de déni de justice arbitrale, et non pas uniquement le déni avéré, qui était au demeurant caractérisé dans l'affaire précitée par l'impossibilité générale et durable de saisir les tribunaux étatiques d'un pays des parties au litige pour nommer un arbitre aux fins de constitution du tribunal arbitral[354], suffit à justifier l'intervention du juge français. En effet, il faut relever que les arrêts précités avaient certes aussi exigé, pour admettre la compétence du juge français, que l'affaire présente un contact avec la France. Ce contact n'avait pas à être important puisque le juge d'appui français pouvait retenir sa compétence même lorsqu'il était ténu. En ce sens, dans l'affaire précitée, la Cour de cassation avait approuvé la décision de la cour d'appel de Paris en ce qu'elle avait considéré que le lien avec la France, « même s'il était ténu », résultait « du choix par les parties du président de la CCI de Paris pour une désignation éventuelle d'un troisième arbitre » et « était le seul » dont la société partie qui avait saisi le juge d'appui français « pouvait utilement se prévaloir pour assurer la réalisation de leur commune volonté de recourir à l'arbitrage »[355]. Cela dit, compte tenu de la faiblesse du rattachement avec la France, c'était sans doute principalement parce que, selon les juges du fond, il n'existait pas d'autre lien dont puisse utilement se prévaloir la société Nioc pour saisir un juge afin de résoudre la difficulté de constitution du tribunal arbitral, que le juge français avait retenu sa compétence. Quoi qu'il en soit, cette exigence d'un lien de rattachement avec la France n'a pas été reprise par l'article 1505.4° précité, qui élargit donc encore davantage la compétence du juge français[356].

780 **Autres chefs de compétence du juge d'appui ?** Le juge d'appui français peut-il être compétent en dehors des cas énumérés par l'article 1505 du Code de procédure civile ? Lorsqu'aucun des critères énoncés par ce texte n'est satisfait, sa compétence est hasardeuse. On pourrait certes songer à la fonder sur la nationalité des parties et les privilèges de juridiction des articles 14 et 15 du Code civil. En effet, si la stipulation d'une clause d'arbitrage peut être considérée comme une renonciation aux privilèges de

353. Cass. 1re civ., 1er févr. 2005, *Bull. civ.* I, n° 53 ; JCP E 2005, II, 447, note G. Kessler ; JCP G 2005, I, 134, n° 4, obs. J. Béguin ; *Rev. arb.* 2005, p. 693, note H. Muir Watt ; *D.* 2005, Pan., p. 3054, obs. Th. Clay ; *RTD com.* 2005, p. 266, obs. É. Loquin ; *Gaz. Pal.* 28 mai 2005, p. 37, note F.-X. Train ; *D.* 2005, Jur., p. 2727, note S. Hotte.

354. Plus précisément, la cour d'appel de Paris avait constaté, pour en déduire l'existence d'un déni de justice, que la société Nioc était, en l'état de la jurisprudence de la Cour suprême de l'État d'Israël, dans l'impossibilité générale et durable de saisir les tribunaux israéliens ou iraniens pour nommer un arbitre à la place de l'État d'Israël qui s'y refusait, dès lors que cet État avait expressément déclaré ne pas reconnaître leur compétence respective pour y procéder. Le déni de justice réside donc dans l'impossibilité de constituer le tribunal arbitral et donc, *in fine*, d'avoir accès à l'arbitre. Il est vrai que dans cette affaire, il n'était pas établi que la société NIOC se trouvait dans l'impossibilité de saisir un juge étatique pour trancher le litige.

355. Cass. 1re civ., 1er févr. 2005, préc. Le problème étant, dans l'affaire soumise à la cour d'appel de Paris, la désignation du deuxième arbitre en lieu et place d'une partie qui s'y refusait, et non celle du troisième. En l'espèce, la référence au président de la CCI pour nommer le troisième arbitre a été considérée comme un contact suffisant avec la France du fait de la localisation du siège de la CCI, personne morale de droit français, à Paris.

356. P. Chevalier, « Le nouveau juge d'appui », in *Le nouveau droit français de l'arbitrage*, Lextenso éditions, 2011, p. 143, spéc. p. 159 ; E. Gaillard et P. de Lapasse, « Commentaire analytique du décret portant réforme du droit français de l'arbitrage », *Cah. arb.* 2011, p. 263, spéc. n° 94 ; Ch. Jarrosson et J. Pellerin, « Le droit français de l'arbitrage après le décret du 13 janvier 2011 », *Rev. arb.* 2011, p. 5, spéc. n° 84, p. 59.

juridiction, cette renonciation ne concerne avec certitude que le fond du litige, et non l'assistance éventuelle du juge français pour permettre la mise en œuvre de l'arbitrage. La doctrine majoritaire rejette cependant l'application des privilèges de juridiction et la jurisprudence paraît aller dans le même sens, au motif principal que le texte spécial du Code de procédure civile a entendu déroger aux articles 14 et 15 du Code civil en définissant précisément et limitativement les conditions d'intervention du juge d'appui[357]. La compétence du juge ne peut pas non plus résulter du choix de la loi française pour régler le fond du litige[358].

781 **Compétence subsidiaire du président du tribunal de grande instance de Paris.** Lorsque l'un des chefs de compétence du juge d'appui français est vérifié, la compétence du président du tribunal de grande instance de Paris pour trancher la difficulté de constitution du tribunal arbitral est exclusive. Aucun autre juge français ne peut se reconnaître compétent sur le fondement de l'article 1505 du Code de procédure civile, le texte, issu de la réforme de 2011, reconduisant ainsi la solution consacrée auparavant par l'article 1493, alinéa 2[359]. La règle permet une concentration du contentieux de la constitution du tribunal arbitral devant un magistrat spécialisé, qui a développé une connaissance particulière de la matière. Comme pour l'arbitrage interne[360], la compétence du magistrat parisien est subsidiaire : son intervention est soumise à l'absence de clause contractuelle contraire, les dispositions du Code de procédure civile étant, sur cet aspect, supplétives de la volonté des parties[361]. Les parties peuvent donc renoncer d'un commun accord à la compétence du juge parisien en prévoyant d'autres modalités de règlement des difficultés de constitution du tribunal arbitral, notamment en les confiant à un autre juge, français ou étranger, à un tiers préconstitué, ou encore à un centre d'arbitrage[362]. Mais cette contractualisation par les parties de l'assistance du juge ne s'étend pas aux voies de recours contre les décisions de l'autorité chargée de nommer l'arbitre[363]. Ainsi, le régime des voies de recours contre les décisions rendues par le président du tribunal de grande instance de Paris[364] n'est pas applicable lorsque l'arbitre est nommé par un tiers préconstitué, notamment une institution d'arbitrage, chargé par les parties de trancher les difficultés de constitution du tribunal arbitral[365]. Dans cette hypothèse, la décision du tiers, même s'il s'agit du président d'une autre juridiction

357. TGI Paris (ord. réf.), 11 mai 1987, *Rev. arb.* 1988, p. 699 (1re esp.), note Ph. Fouchard. Dans le même sens, Ph. Fouchard, E. Gaillard, B. Goldman, *Traité de l'arbitrage commercial international*, Litec, 1996, nº 840, p. 503 ; D. Hascher, « Arbitrage du commerce international », *Rép. Internat. Dalloz*, nº 94.

358. TGI Paris, (ord. réf.), 2 avr. 1981, *Rev. arb.* 1983, p. 191, note Ph. Fouchard, solution rendue avant le décret de 1981 mais certainement toujours applicable.

359. Cass. 1re civ., 7 mars 2000, *Rev. arb.* 2000, p. 447 (1re esp.), note A. Lacabarats ; *RTD com.* 2000, p. 345, obs. É. Loquin. V. aussi, Cass. 1re civ., 20 févr. 2007, *JCP* G 2007 I, 168, nº 15, obs. J. Béguin ; *Rev. arb.* 2007, p. 775, note F.-X. Train.

360. V. *supra*, nº 214.

361. Paris, 21 nov. 2002, *Rev. arb.* 2003, p. 239. V. aussi, Th. Clay, « L'appui du juge à l'arbitrage », *Cah. arb.* 2011, p. 331, spéc. nº 21 et s.

362. V. en ce sens, Paris, 21 nov. 2002, *Rev. arb.* 2003, p. 239 ; TGI Paris (ord. réf.), 26 nov. 1998, *Rev. arb.* 1999, p. 131, obs. A. Hory ; Cass. 1re civ., 7 mars 2000, *Rev. arb.* 2000, p. 447 (1re esp.), note A. Lacabarats ; *RTD com.* 2000, p. 345, obs. É. Loquin.

363. Paris, 19 juin 2003, *Rev. arb.* 2004, p. 136.

364. V. *infra*, nº 787.

365. Paris, 19 juin 2003, préc. ; Paris, 5 juin 2003, *RTD com.* 2003, p. 700, obs. É. Loquin ; *Rev. arb.* 2004, p. 134.

française, ne peut faire l'objet de l'appel, qui est ouvert exceptionnellement s'agissant de l'ordonnance du juge d'appui[366]. Le juge conventionnellement désigné par les parties pour trancher les difficultés de constitution du tribunal arbitral agit en effet comme un mandataire des parties[367]. Simplement, si les modalités convenues par les parties se révèlent insuffisantes ou impossibles à mettre en œuvre, ou si le tiers choisi n'exerce pas correctement la mission qui lui a été confiée, la jurisprudence a admis que le juge d'appui puisse alors intervenir[368]. La solution est aujourd'hui consacrée par les articles 1452 à 1458 du Code de procédure civile, applicables à l'arbitrage international à défaut de convention contraire des parties[369].

b) Les conditions de fond de l'intervention du juge d'appui français

782 **Questions susceptibles d'être tranchées par le juge d'appui.** Avant la réforme résultant du décret n° 2011-48 du 13 janvier 2011, l'article 1493 du Code de procédure civile prévoyait que le juge d'appui pouvait être saisi lorsque « la constitution du tribunal arbitral se heurte à une difficulté ». Ce texte, qui demeure applicable aux conventions d'arbitrage conclues jusqu'au 1er mai 2011 dans l'hypothèse où le juge d'appui français est compétent parce que la loi française de procédure a été choisie par les parties ou parce que celles-ci ont conventionnellement choisi ce juge, avait été largement interprété par la jurisprudence, le terme « difficulté » étant suffisamment large pour permettre de justifier un grand nombre d'interventions du juge français. Les nouvelles dispositions relatives à l'arbitrage international n'enferment plus la compétence matérielle du « juge d'appui », expression qui a fait son entrée dans le Code de procédure civile[370]. Elles ne donnent d'ailleurs aucune précision sur cette compétence matérielle. Il est simplement renvoyé aux dispositions relatives à l'arbitrage interne, par l'article 1506.2°, la convention contraire des parties étant réservée. Ainsi, indépendamment des litiges liés aux questions d'indépendance et d'impartialité des arbitres[371] et à la prorogation du délai de l'arbitrage[372], selon ces textes, le juge d'appui peut intervenir pour désigner un ou plusieurs arbitres en cas d'arbitrage par un arbitre unique, par trois arbitres ou lorsqu'il oppose plus de deux parties[373], et, plus largement, pour régler « tout autre différend lié à la constitution du tribunal arbitral »[374]. Mais il faut bien qu'il s'agisse d'une question de constitution du tribunal arbitral puisque le juge d'appui n'est pas investi « d'une compétence générale pour trancher tous les litiges survenant au cours de la procédure d'arbitrage »[375]. Comme sous l'empire de l'article 1493 ancien, cette compétence résiduelle permet de résoudre toute situation née du refus de l'une des parties de

366. Paris, Paris, 19 juin 2003, préc.
367. Paris, 5 juin 2003, préc.
368. Paris, 5 juin 2003, préc. ; TGI Paris (ord. réf.), 26 nov. 1998, *Rev. arb.* 1999, p. 131, obs. A. Hory.
369. Art. 1506.2° CPC.
370. Art. 1451 à 1457, 1459, 1460, 1463, 1505 et 1506 CPC.
371. V. *supra*, n° 750.
372. V. *infra*, n° 835.
373. Art. 1452 et 1453 CPC.
374. Art. 1454 CPC.
375. Cass. 1re civ., 13 déc. 2017, *Cah. arb.* 2017, p. 701, note H. Barbier, *Rev. arb.* 2018, p. 370, note V. Chantebout, sur pourvoi formé contre Paris, 24 mai 2016, *Rev. arb.* 2016, p. 649 ; *Cah. arb.* 2016, p. 641, note M. de Fontmichel ; *JCP* G 2017, 1018, n° 9, obs. J. Ortscheidt ; *D.* 2016, Pan., p. 2589, obs. Th. Clay, qui avait annulé TGI Paris (ord. réf.), 16 nov. 2015, *Rev. arb.* 2016, p. 258, note Ch. Jarrosson et F.-X. Train ; *Cah. arb.* 2015, p. 129, note M. de Fontmichel ; *D.* 2015, Pan., p. 2588, obs. Th. Clay.

participer à la constitution du tribunal arbitral[376], tout blocage résultant d'un désaccord entre les parties pour la désignation de l'arbitre unique ou du président du tribunal arbitral[377], ou tout dysfonctionnement des modalités de désignation envisagées par les parties dans la convention d'arbitrage. Qu'il intervienne sur le fondement des textes antérieurs ou postérieurs au décret du 13 janvier 2011, le juge d'appui français peut aussi résoudre les difficultés nées des clauses lacunaires quant aux modalités de désignation des arbitres, dites « clauses blanches »[378]. De même encore, il peut trancher une difficulté née de la désignation incertaine de l'institution chargée d'organiser l'arbitrage[379]. L'intervention du juge sera ainsi particulièrement utile dans l'arbitrage *ad hoc*, lorsque les parties n'ont pas prévu le recours à un tiers préconstitué pour résoudre ces diverses difficultés. En principe, le juge parisien n'est cependant compétent que pour résoudre un différend lié à la constitution du tribunal arbitral. Il ne peut donc apprécier la régularité, contestée par une partie, des conditions qui ont présidé à la désignation des arbitres ; cette appréciation relève de la compétence du juge qui peut être saisi des recours ouverts contre la sentence arbitrale[380]. Plus largement, le juge d'appui ne peut pas se prononcer sur des questions relevant du pouvoir juridictionnel de l'arbitre, telle l'investiture de ce dernier ou sa compétence[381].

En revanche, dans l'hypothèse d'une démission de l'arbitre, comme en présence d'une abstention ou d'un empêchement de ce dernier, le juge d'appui est compétent pour régler la difficulté née de cette situation, selon ce que prévoit l'article 1457, alinéa 2, du Code de procédure civile, auquel renvoie l'article 1506.2°. Il lui est ainsi possible, dans ce type de situation, de procéder au remplacement de l'arbitre. Le juge d'appui peut également statuer sur le différend né de l'absence d'unanimité des parties pour révoquer un arbitre[382]. Au demeurant, avant même la réforme de 2011, alors que l'article 1493, alinéa 2, ancien semblait textuellement limiter la compétence du juge d'appui aux seules difficultés rencontrées lors de la constitution du tribunal arbitral en début d'arbitrage, la jurisprudence avait jugé que « la disposition de l'article 1493, alinéa 2, du Code de procédure civile ne limite pas l'intervention du juge étatique, pour l'exercice de sa mission « d'assistance technique » et de « coopération judiciaire » à l'arbitrage, aux seules opérations de constitution du tribunal arbitral *ab initio*, mais lui donne aussi pouvoir de régler, dans le respect de la volonté commune des parties, une difficulté relative à un événement postérieur affectant la constitution du tribunal arbitral ne permettant plus à ce dernier de poursuivre l'exercice des prérogatives attachées au pouvoir de juger »[383]. Le juge français intervenait donc déjà pour régler des difficultés survenues postérieurement à la mise en place du tribunal arbitral, dès lors qu'elles

376. TGI Paris (ord. réf.), 26 nov. 1998, *Rev. arb.* 1999, p. 131, obs. A. Hory.

377. Paris, 1er mars 2007, *Rev. arb.* 2007, p. 643 ; TGI Paris, (ord. réf.), 12 et 20 déc. 1991, *Rev. arb.* 1996, p. 516, note Ph. Fouchard.

378. TGI Paris (ord. réf.), 13 juill. 1999, *Rev. arb.* 1999, p. 625, obs. D. Bureau.

379. TGI Paris (ord. réf.), 13 déc. 1988, *Rev. arb.* 1990, p. 521.

380. TGI Paris (ord. réf.), 29 juin 1989, *Rev. arb.* 1990, p. 497 (3e esp.). V. cpdt, en matière d'arbitrage interne, Cass. 1re civ., 23 janv. 2007, *Rev. arb.* 2007, p. 284, obs. E. Teynier, qui admet que le juge d'appui peut, à la demande d'une partie, « confirmer » l'arbitre qu'elle a choisi.

381. TGI Paris (ord. réf.), 29 oct. 1997, *Rev. arb.* 1998, p. 383, note J.-L. Delvolvé ; TGI Paris (ord. réf.), 18 janv. 1991, *Rev. arb.* 1996, p. 503 (1re esp.), note Ph. Fouchard.

382. Art. 1456, al. 3, 1458 et 1506.2° CPC.

383. TGI Paris, 12 juill. 1989, *Rev. arb.* 1990, p. 176 (1re esp.), note Ph. Kahn. V. aussi, TGI Paris (ord. réf.), 24 févr. 1992 et 15 avr. 1992, *Rev. arb.* 1994, p. 557, obs. Ph. Fouchard ; TGI Paris (ord. réf.), 10 avr. 1990, *Rev. arb.* 1994, p. 545 (1re esp.), obs. Ph. Fouchard.

concernaient sa composition : demande de récusation d'un arbitre[384], remplacement d'un arbitre décédé[385], conséquences de la démission ou de la carence d'un arbitre[386].

783 **Absence de pouvoir d'injonction du juge sur l'arbitre ou sur le centre d'arbitrage.** Le juge d'appui ne peut pas enjoindre à l'arbitre démissionnaire de poursuivre sa mission[387]. Il ne dispose pas non plus, pas plus que le juge des référés d'ailleurs, du pouvoir d'autoriser un tribunal arbitral tronqué à poursuivre la procédure[388] ou, à l'inverse, de faire injonction à un ou plusieurs arbitres de ne pas participer à l'instance[389]. De même, il ne peut pas enjoindre à un centre d'arbitrage de rétablir des demandes réputées retirées faute de paiement de la provision[390]. Contrairement à certains juges étrangers, le juge français n'a pas un pouvoir d'injonction lui permettant d'ordonner ou d'interdire un arbitrage. Aux États-Unis, en Inde ou en Égypte par exemple, le juge dispose d'un tel pouvoir, et l'utilise. Aussi, si l'une des parties ne veut pas participer à l'arbitrage, le juge peut lui enjoindre d'y participer. Mais l'arme a ses revers. Dans ces pays en effet, la partie qui veut échapper à l'arbitrage peut également saisir le juge pour qu'il fasse injonction à l'arbitre de ne pas poursuivre la procédure arbitrale. Le juge adresse parfois ces « *anti-suit injunctions* » à des arbitrages se déroulant en dehors de son territoire, ce qui a pu poser des problèmes délicats dans certaines affaires (les juges d'autres États réagissant parfois sous forme « d'*anti-anti-suit injunctions* » !). L'injonction ne peut pas toujours être négligée par l'arbitre, même supposé délocalisé, car sa vie quotidienne l'est rarement. En France, de telles pratiques sont exclues : le juge ne peut pas plus stopper l'arbitrage qu'il ne peut le forcer[391]. D'ailleurs, en principe, plus largement, les « *anti-suit injunctions* » paraissent condamnées lorsqu'elles tendent à s'opposer à une procédure judiciaire dans un autre État membres de l'Union européenne. En effet, dans un arrêt *West Tankers* du 10 février 2009, la Cour de justice des Communautés européennes a jugé que l'adoption, par une juridiction d'un État membre, d'une injonction visant à interdire à une personne d'engager ou de poursuivre

384. TGI Paris (ord. réf.), 29 juin 1989, *Rev. arb.* 1990, p. 497 (3ᵉ esp.).

385. V. *infra*, n° 849. Ce décès peut mettre fin à l'instance, mais les parties restent liées par la convention d'arbitrage et doivent en conséquence désigner un nouvel arbitre : TGI Paris (ord. réf.), 12 juill. 1989, *Rev. arb.* 1990, p. 176 (1ʳᵉ esp.), note Ph. Kahn.

386. TGI Paris (ord. réf.), 15 févr. 1995, *Rev. arb.* 1996, p. 503 (2ᵉ esp.), note Ph. Fouchard ; TGI Paris (ord. réf.), 24 févr. 1992 et 15 avr. 1992, *Rev. arb.* 1994, p. 557, obs. Ph Fouchard ; TGI Paris (ord. réf.), 10 avr. 1990, *Rev. arb.* 1994, p. 545 (1ʳᵉ esp.), obs. Ph. Fouchard. Plus généralement, le juge français acceptait déjà d'intervenir en tant que juge d'appui dans de nombreuses hypothèses non prévues par les textes relatifs à l'arbitrage international. Ainsi, il se reconnaissait le pouvoir de proroger la durée de la mission des arbitres (v. *infra*, n° 835), alors même qu'aucune disposition relative à l'arbitrage international ne lui confiait expressément un tel pouvoir.

387. TGI Paris (ord. réf.), 15 févr. 1995, *Rev. arb.* 1996, p. 503 (2ᵉ esp.), note Ph. Fouchard.

388. TGI Paris (ord. réf.), 15 févr. 1995, préc.

389. V. notamment, TGI Paris, 6 janv. 2010, *JCP* G 2010, I, 644, n° 7, obs. J. Ortscheidt. Dans la même affaire, v. aussi ; Cass. 1ʳᵉ civ., 12 oct. 2011, *D.* 2011, p. 3023, obs. Th. Clay ; *RCDIP* 2012, p. 121, note H. Muir Watt ; JCP G 2011, I, 1432, n° 6, obs. Ch. Seraglini.

390. Cass. 1ʳᵉ civ., 13 déc. 2017, *Cah. arb.* 2017, p. 701, note H. Barbier, *Rev. arb.* 2018, p. 370, note V. Chantebout.

391. Sur la question, v. notamment S. Clavel, « *Anti-suit injunctions* et arbitrage » *Rev. arb.* 2001, p. 669 ; E. Gaillard, « Il est interdit d'interdire : réflexions sur l'utilisation des *anti-suit injunctions* dans l'arbitrage commercial international », *Rev. arb.* 2004, p. 47 ; « L'interférence des juridictions du siège dans le déroulement de l'arbitrage », in *Liber Amicorum Claude Reymond autour de l'arbitrage*, Litec, 2004, p. 83 ; R. Carrier, « *Anti-suit injunctions* : réquisitoire pour l'abandon de leur prononcé en matière d'arbitrage », *D.* 2005, p. 2712.

une procédure devant les juridictions d'un autre État membre, au motif qu'une telle procédure serait contraire à une convention d'arbitrage, est incompatible avec le règlement n° 44/2001 concernant la compétence judiciaire, la reconnaissance et l'exécution des décisions en matière civile et commerciale[392].

784 **Existence d'un litige et d'une convention d'arbitrage qui n'est pas manifestement nulle.** La jurisprudence a précisé que l'intervention du juge français suppose aussi, comme lorsque l'arbitrage est interne[393], l'existence d'un litige et d'une véritable clause d'arbitrage qui n'est pas manifestement nulle[394]. Ces conditions ont été reconduites par les textes issus de la réforme résultant du décret du 13 janvier 2011. De la première condition, qui s'infère de l'article 1505 du Code de procédure civile lorsqu'il traite de la compétence du juge d'appui « de la procédure arbitrale », il résulte qu'il est interdit de faire appel à ce juge à titre préventif, pour faire « corriger » une clause d'arbitrage pathologique avant qu'il soit nécessaire de la mettre en œuvre. Le juge ne remplit qu'une fonction curative. Il ne peut donc être saisi avant la naissance du litige entre les parties. Et sa saisine sera dépourvue d'intérêt après que la sentence a été rendue, puisqu'alors, il n'existe plus de difficulté de constitution du tribunal arbitral justifiant l'intervention du juge d'appui[395].

La seconde condition doit conduire le juge d'appui à vérifier qu'il est bien en présence d'un arbitrage, et non d'une expertise ou d'une conciliation, et que la clause n'est pas « manifestement nulle ou manifestement inapplicable ». L'article 1506.2° du Code de procédure civile renvoie en effet à l'article 1455, qui énonce que « si la convention d'arbitrage est manifestement nulle ou manifestement inapplicable, le juge d'appui déclare n'y avoir lieu à désignation ». Ces limites, déjà étudiées dès lors qu'elles constituent également des exceptions à l'effet négatif du principe de Compétence-Compétence[396], peuvent ici prêter à discussion.

Ainsi, la clause compromissoire « blanche », qui se borne à exprimer la volonté des parties de soumettre le litige à l'arbitrage sans plus de précision sur la désignation des arbitres, est-elle manifestement nulle ? Si elle a été conclue après le 1er mai 2011, la réponse est négative en matière d'arbitrage interne[397]. Dans le silence du Code de procédure civile, il convient d'étendre cette solution à l'arbitrage international, dont le régime est toujours plus libéral que celui de l'arbitrage interne ; d'ailleurs, l'article 1508 du Code de procédure civile ne prévoit qu'une faculté, et non une obligation, pour les parties de prévoir dans leur convention d'arbitrage internationale les modalités de désignation des arbitres. Par conséquent, le juge d'appui qui rencontre ce type de clause « blanche », interne ou internationale, doit apporter son concours à la constitution du tribunal arbitral.

392. CJCE, 10 févr. 2009, *West Tankers*, Aff. C-185/07, *JCP* G 2009, II, 227, note P. Callé ; *Rev. arb.* 2009, p. 407, note S. Bollée ; *RTD civ.* 2009, p. 357, obs. Ph. Théry ; *RTD com.* 2009, p. 482, obs. A. Marmisse-d'Abbadie d'Arrast ; *D.* 2009, p. 981, note C. Kessedjian ; *Europe* 2009, comm. n° 176, obs. L. Idot ; *Rev. dr. transp.* 2009, repère 4, obs. Ph. Delebecque ; *RCDIP* 2009, p. 373, note H. Muir Watt ; A. Mourre et A. Vagenheim, « À propos de la portée de l'exclusion de l'arbitrage dans le règlement n° 44/2001, notamment après l'arrêt West Tankers », *Cah. arb.*, vol. V, Pedone, 2011, p. 313.

393. V. *supra*, n° 267 et s.

394. Paris, 29 mars 2001, *Rev. arb.* 2002, p. 427 (3e esp.), note Ph. Fouchard ; *JDI* 2002, p. 498, note D. Cohen ; *RTD com.* 2001, p. 651, obs. É. Loquin.

395. TGI Paris (ord. réf.), 2 juill. 1990, *Rev. arb.* 1996, p. 483 (1re esp.).

396. V. *supra*, n° 174 et s.

397. Art. 1444 CPC et art. 3-1° du décret du 13 janvier 2011 et *supra*, n° 155.

En revanche, si la clause « blanche » a été conclue le 1er mai 2011 ou avant, l'hésitation est permise, au vu du droit antérieur à la réforme, alors applicable. L'ancien article 1444, alinéa 3, du Code de procédure civile comportait en effet une formule quelque peu différente de celle de l'article 1455. Il prévoyait que le juge devait déclarer n'y avoir lieu à désignation, « si la clause compromissoire [était] soit manifestement nulle, soit insuffisante pour permettre de constituer le tribunal arbitral ». La clause « insuffisante » était la clause trop incomplète pour permettre au juge de constituer le tribunal arbitral, et il pouvait en être ainsi de la clause « blanche ». Dans l'arbitrage interne, une telle clause était d'ailleurs nulle en application de l'ancien article 1443, alinéa 2, du Code de procédure civile qui prévoyait que la clause compromissoire devait, à peine de nullité, désigner les arbitres ou prévoir les modalités de leur désignation. Toutefois, l'article 1493 du Code de procédure civile ne prévoyait pas de telles restrictions pour l'arbitrage international et semblait offrir une compétence plus large au juge, puisque celui-ci était invité à intervenir lorsque « la constitution du tribunal arbitral se heurte à une difficulté » sans autre précision, là où l'article 1444, en matière interne, précisait que la difficulté naissait « du fait de l'une des parties ou dans la mise en œuvre des modalités de désignation ». Dans ces conditions, l'hésitation était permise entre l'inapplicabilité et l'extension des limites de l'article 1443, alinéa 3, du Code de procédure civile à l'arbitrage international[398]. Fouchard avait proposé une solution intermédiaire : la limite relative à la nullité manifeste y serait applicable, dans la mesure où il serait déraisonnable et inutile de contraindre le juge à désigner un arbitre lorsqu'il n'y a pas d'accord à l'arbitrage ; en revanche, celle relative à la clause insuffisante y serait sans application, dès lors qu'elle conduirait à étendre la prohibition interne de la clause blanche à l'ordre international, où elle ne s'applique manifestement pas[399]. Pendant un temps au moins, la jurisprudence était marquée d'incertitude, décidant parfois que l'article 1444 du Code de procédure civile était inapplicable en matière internationale[400], d'autres fois qu'il était applicable dans l'arbitrage tant interne qu'international[401]. Il avait aussi été jugé que l'article 1444 du Code de procédure civile était applicable dans le cas où la compétence du juge était fondée sur le fait que la loi française avait été choisie par les parties pour régir la procédure arbitrale, mais non lorsqu'elle reposait sur le fait que l'arbitrage se déroulait en France[402]. Après ces hésitations, la limite tirée de la nullité manifeste de la clause semblait avoir effectivement été reprise pour l'arbitrage international, s'agissant au moins de l'incompétence des tribunaux en présence d'une clause d'arbitrage[403], la solution étant plus incertaine pour l'intervention du juge dans la constitution du tribunal arbitral[404]. Pourtant, il n'existait guère de raison logique de distinguer les deux situations. Par ailleurs, la limite tirée de l'insuffisance de la clause d'arbitrage devait, elle aussi, trouver à s'appliquer dans l'arbitrage

398. Pour une discussion, v. Ph. Fouchard, E. Gaillard, B. Goldman, *Traité de l'arbitrage commercial international*, Litec, 1996, n° 851 et s., p. 510 et s.

399. Ph Fouchard, « L'arbitrage international en France après le décret du 12 mai 1981 », *JDI* 1982, p. 374, spéc. n° 20, p. 387.

400. TGI Paris (ord. réf.), 3 juin 1985, *Rev. arb.* 1987, p. 179 (1re esp.), note Ph. Fouchard.

401. Paris, 9 juill. 1986, *Rev. arb.* 1987, p. 179 (5e esp.), note Ph. Fouchard ; TGI Paris (ord. réf.), 21 févr. 1983, *Rev. arb.* 1983, p. 479 (1re esp.), note B. Moreau.

402. TGI Paris (ord. réf.), 10 avr. 1990, *Rev. arb.* 1994, p. 545 (1re esp.), obs. Ph. Fouchard.

403. Paris, 29 mars 2001, *Rev. arb.* 2002, p. 427 (3e esp.), note Ph. Fouchard ; *JDI* 2002, p. 498, note D. Cohen ; *RTD com.* 2001, p. 651, obs. É. Loquin.

404. Cass. 2e civ., 13 juin 2002, *Rev. arb.* 2002, p. 679 (2e esp.), rendu, il est vrai, en matière d'arbitrage interne.

international[405]. En effet, même si la clause blanche n'était pas interdite, encore fallait-il que le juge pût la mettre en œuvre. Cela paraissait délicat pour une clause qui n'aurait comporté aucune précision, ni sur la désignation des arbitres, ni sur le siège de l'arbitrage. Cela étant, la jurisprudence tentait de sauver les clauses défaillantes au prix d'interprétations généreuses. Ainsi, dans le cas d'une clause prévoyant la désignation de l'arbitre unique par une seule partie, et donc contraire au principe d'égalité des parties dans la désignation des arbitres, le juge avait estimé qu'il était certes impossible de mettre en œuvre de telles modalités, mais que la convention d'arbitrage n'était pas nulle pour autant ; selon lui, les parties devaient s'entendre sur l'arbitre unique et, à défaut, nommer chacune un arbitre, les deux arbitres ainsi désignés nommant le troisième... soit une véritable réécriture de la clause[406] ! Le souci de la jurisprudence d'assurer au maximum le respect de la parole donnée de recourir à l'arbitrage était ici patent. Cette jurisprudence a donc été consacrée par le décret du 13 janvier 2011. Il est vrai qu'il serait vain d'imposer la mise en place d'un arbitrage s'il apparaît que celui-ci ne peut manifestement pas reposer sur une clause d'arbitrage. Toutefois, la nullité doit être évidente car le principe demeure que l'appréciation de la validité de la clause d'arbitrage relève dans un premier temps du tribunal arbitral[407].

2. La procédure

785 **Saisine du juge et déroulement de la procédure.** L'article 1506.2° du Code de procédure civile renvoie aux articles 1452 à 1458 et 1460 du même code, qui gouvernent donc la procédure devant le juge d'appui, tant en matière d'arbitrage interne qu'en matière d'arbitrage international[408]. Conformément au dernier de ces textes, le juge d'appui peut donc être « saisi soit par une partie, soit par le tribunal arbitral ou l'un de ses membres ». Un ou plusieurs arbitres peuvent dès lors solliciter l'assistance du juge d'appui en cas de différend lié à la constitution du tribunal arbitral[409], ce qui confirme la jurisprudence qui admettait déjà que l'un des arbitres puisse saisir seul le juge d'appui[410]. L'instance devant présenter un caractère contradictoire, l'article 1460 énonçant qu'elle est « formée, instruite et jugée comme en matière de référé », elle ne peut être engagée par voie de requête et doit l'être par assignation[411]. À défaut, la désignation de l'arbitre par le juge d'appui serait entachée d'une irrégularité affectant la constitution du tribunal arbitral[412]. Le juge d'appui devrait toutefois être valablement saisi par voie de requête conjointe des parties, puisqu'alors, la procédure conserve en effet un caractère contradictoire[413]. Le juge saisi, la procédure est orale mais, pour des raisons tenant

405. *Contra*, Ph. Fouchard, E. Gaillard, B. Goldman, *Traité de l'arbitrage commercial international*, préc., n° 854, p. 511 ; D. Hascher, « Arbitrage du commerce international », *Rép. Internat. Dalloz*, n° 96.

406. TGI Paris (ord. réf.), 31 janv. 1986, *Rev. arb.* 1987, p. 179 (3e esp.), note Ph. Fouchard.

407. TGI Paris (ord. réf.), 26 nov. 1998, *Rev. arb.* 1999, p. 131, obs. A. Hory.

408. Sur cette procédure, v. *supra*, n° 273 et s.

409. Pratiquement, le tribunal arbitral exercera cette faculté pour solliciter une prorogation du délai de l'arbitrage que les parties ne lui ont pas accordée.

410. TGI Paris (ord. réf.), 29 nov. 1989, *Rev. arb.* 1990, p. 525.

411. L'article 485 CPC, auquel renvoie l'article 492-1 relatif à la procédure devant le juge qui statue « comme en matière de référé », prévoit en effet que le juge des référés est saisi par assignation.

412. V. *supra*, n° 274.

413. TGI Paris (ord. req.), 22 févr. 1984, *Rev. arb.* 1985, p. 91. En faveur de cet assouplissement, v. aussi Ph. Fouchard, « La coopération du Président du tribunal de grande instance à l'arbitrage », *Rev. arb.* 1985, p. 5, spéc. p. 35 ; A. Hory, note sous Cass. 2e civ., 19 mai 1999, *Rev. arb.* 1999, p. 593.

à la preuve des prétentions et moyens éventuellement présentés, il est recommandé de déposer des écritures à l'audience[414].

Il faut noter que lorsque le juge d'appui français est compétent parce que l'arbitrage a été soumis à la loi française de procédure et si la convention d'arbitrage a été conclue le 1er mai 2011 ou avant[415], ce sont les anciennes dispositions du Code de procédure civile qui organisent son intervention. En application de l'article 1493, alinéa 2, du Code de procédure civile, la partie la plus diligente peut saisir le magistrat parisien selon les modalités de l'article 1457 ancien. Sous l'empire de ces textes, le juge est saisi « comme en matière de référé » par l'une des parties ou par le tribunal arbitral, la jurisprudence ayant, on l'a vu, admis le droit pour un seul arbitre d'user de cette faculté[416]. La saisine s'effectue en principe par voie d'assignation, même si elle peut intervenir par requête conjointe. La procédure suivie est également contradictoire[417]. La procédure applicable est donc, dans cette hypothèse particulière, très largement similaire à celle prévue par les textes issus de la réforme de 2011.

786 **Encadrement des pouvoirs du juge d'appui.** Dans l'exercice de sa mission, le juge d'appui doit respecter la volonté des parties, telle qu'exprimée par la convention d'arbitrage, et certains principes. Son pouvoir d'intervention peut en effet d'abord être encadré par les stipulations contractuelles : il doit se conformer à la volonté des parties clairement exprimée dans la convention d'arbitrage quant à la constitution du tribunal arbitral[418]. Si elles ont décidé que les arbitres devraient réunir certaines qualités, personnelles ou professionnelles, le juge devra s'assurer qu'il nomme des personnes qui les possèdent, ce qui peut parfois poser des difficultés[419]. Excède par exemple ses pouvoirs le juge qui désigne un arbitre unique alors que la clause compromissoire prévoyait un arbitrage collégial[420]. De même, le juge d'appui doit refuser de se substituer au tiers visé par la convention d'arbitrage pour désigner le ou les arbitres et il ne peut intervenir que pour suppléer aux lacunes ou aux insuffisances du règlement d'arbitrage applicable qui ne permet pas de résoudre la difficulté de constitution[421].

Le juge d'appui devra aussi respecter le principe de l'égalité des parties dans la constitution du tribunal arbitral et ainsi mettre tout en œuvre pour permettre à chacune de participer, dans les mêmes conditions, à cette constitution. Aussi, lorsqu'une partie, subsidiairement à son refus de désigner un arbitre au motif que la clause d'arbitrage est

414. Pour une analyse plus détaillée du déroulement de l'instance, v. *supra*, n° 274 et s.

415. D. 13 janvier 2011, art. 3-1°. Même si cela peut paraître curieux, dans la mesure où la plupart des dispositions du décret entrent en vigueur le 1er mai à zéro heure, les articles faisant l'objet de dispositions transitoires spéciales ne s'appliquent que si l'événement visé (selon les cas : conclusion de la convention d'arbitrage, constitution du tribunal arbitral, prononcé de la sentence) s'est produit « après » le 1er mai 2011, soit à partir du 2 mai, zéro heure.

416. TGI Paris (ord. réf.), 29 nov. 1989, *Rev. arb.* 1990, p. 525, pour une demande de prorogation de l'instance arbitrale.

417. V. *supra*, n° 274.

418. V. aussi : G. Pluyette, « La désignation d'un arbitre par le juge d'appui », *Mélanges en l'honneur du professeur Pierre Mayer*, LGDJ, 2015, p. 711, spéc. p. 712.

419. V. notamment, TGI Paris, (ord. réf.), 12 et 20 déc. 1991, *Rev. arb.* 1996, p. 516, note Ph. Fouchard, pour la mise en œuvre, par le juge d'appui, d'une clause compromissoire prévoyant que « tous les arbitres devront avoir une pleine maîtrise de la langue anglaise et une expérience importante en matière de différends internationaux relatifs à la construction, le président du tribunal arbitral sera un juriste ».

420. Cass. 2e civ., 16 mars 1999, *RTD com.* 2000, p. 583, obs. É. Loquin.

421. V. *supra*, n° 781.

nulle, propose le nom d'un arbitre, le juge qui décide d'écarter l'argument tiré de la nullité de la clause ne peut désigner un autre arbitre que celui proposé à titre subsidiaire[422]. Compte tenu du principe d'égalité, il a aussi été jugé que le juge ne pouvait ni imposer à plusieurs parties qui ne l'ont pas choisi un seul arbitre, ni ordonner la mise en œuvre de procédures arbitrales distinctes non prévues par les stipulations de la convention d'arbitrage[423]. Le souci de respecter la volonté des parties et le principe d'égalité dans la constitution du tribunal arbitral peut probablement expliquer une pratique du juge parisien, non prévue par les textes, consistant, même lorsque la clause d'arbitrage ne le restreint pas dans l'exercice de son pouvoir de nomination, à ne pas l'exercer immédiatement et à laisser un délai à la partie défaillante pour procéder à la désignation de son arbitre, ou aux parties en désaccord pour trouver un terrain d'entente ; ce n'est qu'à l'issue de ce délai qu'il imposera, le cas échéant, ses choix[424]. Il a même été jugé que le juge d'appui devait procéder ainsi, et inviter la partie défaillante à nommer un arbitre ; à défaut, il commet un excès de pouvoir[425]. De plus, lorsque la difficulté de désignation provient d'un problème d'interprétation de la clause d'arbitrage, au lieu de désigner, le juge s'autorise à en donner sa propre interprétation afin que les parties puissent elles-mêmes mettre en œuvre les modalités de désignation ainsi interprétées.

Enfin, il faut ajouter que si le juge d'appui apprécie si les conditions de son intervention sont réunies pour résoudre la difficulté de constitution du tribunal arbitral, il a été jugé que dans un cas, il est privé de ce pouvoir : lorsque le juge du fond, préalablement saisi par l'une des parties du litige soumis à l'arbitrage, s'est déjà déclaré incompétent en raison de l'existence de la convention d'arbitrage[426]. Dans cette hypothèse, le juge d'appui doit en principe procéder à la nomination sollicitée[427]. Pour ne pas exposer les parties à un déni de justice arbitrale[428], puisque la juridiction étatique ne peut plus être saisie, le président du tribunal ne peut alors refuser de désigner un arbitre au motif que la convention d'arbitrage lui paraît manifestement nulle ou insuffisante.

787 **Autorité de la décision du juge et voies de recours.** L'intervention du juge d'appui n'emprunte au référé que certains éléments de sa procédure, afin de permettre une action rapide tout en respectant le caractère contradictoire de la procédure. Si selon l'article 1460 du Code de procédure civile, auquel renvoie l'article 1506.2° du même code pour l'arbitrage international, le président est saisi « comme en matière de référé », il ne s'agit que d'un référé « procédural », qui bénéficie d'un régime qui lui est propre, fixé à l'article 492-1° du Code de procédure civile. L'ordonnance rendue est revêtue de

422. Cass. 1re civ., 8 juin 1999, *Rev. arb.* 2000, p. 116 (2e esp.), note É. Loquin.

423. TGI Paris (ord. réf.), 29 oct. 1997, *Rev. arb.* 1998, p. 383, note J.-L. Delvolvé.

424. TGI Paris (ord. réf.), 13 juill. 1999, *Rev. arb.* 1999, p. 625, obs. D. Bureau ; TGI Paris (ord. réf.), 11 août, 20 sept. et 30 déc. 1983, *Rev. arb.* 1985, p. 81.

425. Paris, 1er mars 2007, *Rev. arb.* 2007, p. 643.

426. Cass. 2e civ., 24 juin 2004, *Bull. civ.* II, n° 311. La solution, consacrée dans l'arbitrage interne, devrait logiquement s'appliquer en matière d'arbitrage international.

427. La solution retenue s'explique principalement par la considération que le litige devant être soumis à l'arbitrage, le juge d'appui doit tenir compte de la modification de l'ordonnancement juridique créée par la décision du juge du fond. En ce sens, v. aussi D. Foussard, « Retour sur l'excès de pouvoir en matière d'arbitrage : vers une consolidation des règles ? », *Rev. arb.* 2004, p. 803, spéc. n° 7-9.

428. Sur lequel, v. notamment Cass. 1re civ., 1er févr. 2005, *Bull. civ.* I, n° 53 ; JCP E 2005, II, 447, note G. Kessler ; JCP G 2005, I, 134, n° 4, obs. J. Béguin ; *Rev. arb.* 2005, p. 693, note H. Muir Watt ; *D.* 2005, Pan., p. 3054, obs. Th. Clay ; *RTD com.* 2005, p. 266, obs. É. Loquin ; *Gaz. Pal.* 28 mai 2005, p. 37, note F.-X. Train ; *D.* 2005, Jur., p. 2727, note S. Hotte.

l'autorité de la chose jugée s'agissant de la contestation qu'elle tranche et est exécutoire à titre provisoire, « à moins que le juge en décide autrement »[429]. Il faut également relever que, sauf élément nouveau survenu depuis l'ordonnance du juge d'appui, le juge du contrôle de la sentence ne peut notamment réexaminer la question de l'indépendance ou de l'impartialité de l'arbitre, lorsqu'elle a été tranchée par le juge d'appui, ce qui confère un poids très important à la décision de ce dernier[430]. Selon l'article 1460, alinéa 3, du Code de procédure civile, cette ordonnance n'est en principe pas susceptible de recours[431]. Ce texte limite toutefois l'absence de recours au cas où le juge a désigné un arbitre et prévoit que l'ordonnance peut au contraire être frappée d'appel lorsque le juge déclare n'y avoir lieu à désignation pour l'une des causes prévues à l'article 1455, c'est-à-dire parce que « la convention d'arbitrage est manifestement nulle ou manifestement inapplicable ». Avant la réforme de 2011, l'appel contre l'ordonnance du juge d'appui était formé, instruit et jugé comme en matière de contredit de compétence[432]. Depuis le 1er mai 2011, l'article 1460, alinéa 2, du Code de procédure civile précisant que, devant le juge d'appui, la « demande est formée, instruite et jugée comme en matière de référé », il résulte de la combinaison des articles 490 et 492-1 du même code que l'appel doit être formé dans le délai 15 jours à compter de la signification à partie de l'ordonnance du juge d'appui.

Mais le refus d'intervention du juge d'appui pour constituer le tribunal arbitral pouvant procéder d'un autre motif que la nullité ou l'inapplicabilité manifeste de la convention d'arbitrage, la jurisprudence avait, avant la réforme de 2011, ajouté une autre limite à l'absence de recours, qui jouait aussi bien en cas de désignation que de refus de désignation d'un arbitre. Elle avait décidé qu'un appel-nullité demeurait toujours ouvert en cas de violation, par le juge d'appui, d'un principe fondamental ou s'il commettait un excès de pouvoir. Cette jurisprudence, autorisant exceptionnellement un appel-nullité, a été reconduite sous l'empire des textes issus de la réforme de 2011[433]. L'appel-nullité est donc ouvert contre les ordonnances du juge d'appui entachées d'excès de pouvoir[434].

---

429. Art. 492-1.2° CPC. Sur les conséquences de cette autorité, v. *supra*, n° 277. Lorsque le juge d'appui a, au contraire, décidé de procéder à la constitution du tribunal arbitral en rejetant l'argument tiré de la nullité manifeste ou du caractère manifestement inapplicable de la clause compromissoire, le juge saisi du recours contre la sentence pourra encore examiner la question de la validité de cette clause. En effet, le grief touche alors, non à la constitution du tribunal, mais à la validité de la clause, pour laquelle le juge d'appui n'a qu'un pouvoir d'examen extrêmement restreint ; une clause qui n'est pas manifestement nulle ou manifestement inapplicable peut néanmoins être nulle ou inapplicable.

430. V. *supra*, n° 277 et 750. V. aussi : Cass. 1re civ., 4 nov. 2015, *Rev. arb.* 2015, p. 1230 ; Cass. 1re civ., 13 mars 2013, *Bull. civ.* I, n° 40 ; *Rev. arb.* 2013, p. 735, note V. Chantebout ; *JCP* G 2013, I, 784, n° 1, obs. Ch. Seraglini ; *JCP* G 2013, 465, note D. Mouralis ; *RTD civ.* 2013, p. 631, obs. P.-Y. Gautier ; *D.* 2016, Pan., p. 2936, obs. Th. Clay. V. aussi : B. Haftel, « L'autorité de la chose jugée par le juge d'appui », *D.* 2016, p. 138 ; Ch. Jarrosson, « L'autorité de chose jugée des décisions relatives à l'indépendance des arbitres », *Rev. arb.* 2016, p. 165.

431. Sur les voies de recours, v. L. Weiller, « Les recours contre les décisions du juge d'appui », *Rev. arb.* 2018, p. 15.

432. V. *supra*, n° 278.

433. Cass. 1re civ., 13 déc. 2017, *Cah. arb.* 2017, p. 701, note H. Barbier ; *Rev. arb.* 2018, p. 370, note V. Chantebout ; Cass. 1re civ., 9 nov. 2016, *Rev. arb.* 2016, p. 1216 ; Paris, 24 mai 2016, *Rev. arb.* 2016, p. 649 ; *Cah. arb.* 2016, p. 641, note M. De Fontmichel ; *JCP* G 2017, 1018, n° 9, obs. J. Ortscheidt ; *D.* 2016, Pan., p. 2589, obs. Th. Clay ; Cass. 1re civ., 25 juin 2014, JCP *G* 2014, I, 857, n° 5, obs. J. Ortscheidt ; *Procédures* 2014, comm. 236, obs. L. Weiller.

434. P. Chevalier, « Le nouveau juge d'appui », in *Le nouveau droit français de l'arbitrage*, Lextenso éditions, 2011, p. 143, spéc. p. 158 ; Ch. Jarrosson et J. Pellerin, « Le droit français de l'arbitrage après le décret du 13 janvier 2011 », *Rev. arb.* 2011, p. 5, spéc. n° 31, p. 25 ; E. Gaillard et P. de Lapasse,

L'excès de pouvoir peut, selon la terminologie classique, être positif ou négatif[435]. Ainsi, le juge peut commettre un excès de pouvoir dans l'abstention lorsqu'il refuse d'aider à la constitution du tribunal arbitral au motif, non visé par l'article 1455 du Code de procédure civile, de l'existence d'une « difficulté sérieuse »[436]. Il commet aussi un excès de pouvoir négatif quand il refuse son concours au motif que la convention principale contenant la clause compromissoire était caduque[437], ou lorsqu'il se prononce sur le périmètre de l'arbitrage et met hors de cause une partie, ou subordonne sa saisine à un désaccord des parties dans des formes que n'exige pas le Code de procédure civile[438]. Le juge d'appui peut également commettre un excès de pouvoir positif, dans l'action. Il en est ainsi si le juge consulaire constitue le tribunal arbitral alors que ce pouvoir appartient à un autre juge[439], ou lorsque le juge d'appui exerce son pouvoir de désignation sans respecter le principe d'égalité des parties dans la constitution du tribunal arbitral[440], ou s'il méconnaît la volonté des parties quant aux modalités de désignation des arbitres[441]. Il a aussi été jugé qu'il excède ses pouvoirs lorsqu'il se substitue au centre d'arbitrage dans l'application de son règlement d'arbitrage, en lui enjoignant de rétablir des demandes réputées retirées faute de paiement de la provision[442]. En revanche, le juge d'appui n'excède pas ses pouvoirs lorsque, saisi d'une demande de dessaisissement d'un centre d'arbitrage, il constate le doute de la requérante sur l'indépendance et l'impartialité de l'un des arbitres et désigne une autre arbitre pour le remplacer, même en l'absence de demande formulée en ce sens par les litigants[443]. Comme pour l'arbitrage interne[444], l'appel-nullité devait, avant la réforme de 2011, être exercé

« Commentaire analytique du décret portant réforme du droit français de l'arbitrage », *Cah. arb.* 2011, p. 263, spéc. n° 32.

435. Pour un examen approfondi de situations dans lesquelles le juge d'appui commet un excès de pouvoir, v. D. Foussard, « Le recours pour excès de pouvoir dans le domaine de l'arbitrage », *Rev. arb.* 2002, p. 578, spéc. n° 14 20 ; « Retour sur l'excès de pouvoir en matière d'arbitrage : vers une consolidation des règles ? », *Rev. arb.* 2004, p. 803, spéc. n° 10-14.

436. Cass. 2e civ., 8 avr. 1998, *Rev. arb.* 1998, p. 373, note A. Hory. La Cour de cassation a précisé que le juge ne peut refuser de désigner un arbitre au motif que l'une des parties à l'instance ne serait pas partie au contrat principal, sans constater la nullité manifeste de la clause d'arbitrage ou son insuffisance : Cass. 2e civ., 13 juin 2002, *Rev. arb.* 2002, p. 679, (2e esp.) ; il appartiendra à l'arbitre de dire si cette partie est liée ou non par la clause. La solution est peut-être excessive, puisqu'il est inutile de désigner un arbitre en lieu et place de cette partie si, à l'évidence, celle-ci n'est pas liée par la clause ; il aurait donc fallu également réserver le cas de l'inapplicabilité manifeste.

437. Cass. 2e civ., 8 avr. 2004, *Bull. civ.* II, n° 162 ; *Rev. arb.* 204. 849.

438. Paris, 11 oct. 2016, *Rev. arb.* 2017, p. 544, note V. Chantebout.

439. Cass. 2e civ., 29 mars 1995, *Rev. arb.* 1995, p. 605 (1re esp.), note A. Hory.

440. Paris, 1er mars 2007, *Rev. arb.* 2007, p. 643.

441. Ainsi, le juge qui, devant la multiplicité de clauses d'arbitrage rédigées différemment et dans des contrats différents, joint les procédures et organise un seul arbitrage, confié à un arbitre unique, sans constater l'accord des parties pour une telle solution : Cass. 2e civ., 16 mars 2000, *Rev. arb.* 2002, p. 675.

442. Cass. 1re civ., 13 déc. 2017, *Cah. arb.* 2017, p. 701, note H. Barbier ; *Rev. arb.* 2018, p. 370, note V. Chantebout, sur pourvoi formé contre Paris, 24 mai 2016, *Rev. arb.* 2016, p. 649 ; *Cah. arb.* 2016, p. 641, note M. De Fontmichel ; *JCP* G 2017, 1018, n° 9, obs. J. Ortscheidt ; *D.* 2016, Pan., p. 2589, obs. Th. Clay, qui avait annulé TGI Paris (ord. réf.), 16 nov. 2015, *Rev. arb.* 2016, p. 258, note Ch. Jarrosson et F.-X. Train ; *Cah. arb.* 2015, p. 129, note M. de Fontmichel ; *D.* 2015, pan, 2588, obs. Th. Clay.

443. Cass. 1re civ., 25 juin 2014, JCP G 2014, I, 857, n° 5, obs. J. Ortscheidt ; *Procédures* 2014, comm. 236, obs. L. Weiller.

444. V. *supra*, n° 279.

selon les modalités et dans les délais du contredit de compétence[445]. Ainsi, le délai de recours contre l'ordonnance était de 15 jours à compter de son prononcé, sous réserve que le juge d'appui ait informé les parties de la date de ce prononcé le jour de la clôture des débats. Le recours devait être motivé et formé au greffe du tribunal de grande instance, et non auprès de celui de la cour d'appel[446]. Depuis le 1er mai 2011, l'appel contre l'ordonnance du juge d'appui qui refuse de désigner un arbitre est soumis au délai de 15 jours à compter de la signification à partie de l'ordonnance, qui est prévu par l'article 490 du Code de procédure civile, par renvoi de l'article 492-1 du même code, puisque la demande est formée, instruite et jugée « comme en matière de référé » devant le juge d'appui. Il faut donc considérer que, désormais, c'est aussi le cas de l'appel-nullité[447]. Comme en matière d'arbitrage interne[448], l'arrêt rendu par la cour d'appel est susceptible de pourvoi, mais sa recevabilité est strictement encadrée. La solution énoncée en matière d'arbitrage interne par la Cour de cassation dans son arrêt du 13 février 2019, par lequel elle a calqué le régime du pourvoi en cassation contre la décision de la cour d'appel sur celui du recours ouvert contre la décision du président du tribunal intervenant en qualité de juge d'appui, peut en effet être étendue à l'arbitrage international[449]. Aussi, le pourvoi est recevable, sans qu'il soit besoin de caractériser un excès de pouvoir de la cour d'appel, si celle-ci a déclaré n'y avoir lieu à désignation d'un arbitre pour l'une des causes prévues à l'article 1455 du Code de procédure civile (convention d'arbitrage manifestement nulle ou manifestement inapplicable). En revanche, dans les autres cas, sa recevabilité et son bien-fondé sont subordonnés à la preuve d'un excès de pouvoir de la cour d'appel, sauf s'il est reproché à la cour d'appel qui a statué sur la recevabilité d'un appel-nullité d'avoir écarté ou retenu l'excès de pouvoir du juge d'appui[450].

SECTION 2 L'ACCEPTATION DE SA MISSION PAR L'ARBITRE

788 **Division.** Parce que l'arbitrage a un fondement contractuel, il ne peut se passer de l'accord de l'arbitre. L'acceptation de sa mission par l'arbitre est

445. Paris, 29 mars 2001, *Rev. arb.* 2002, p. 427 (3e esp.), note Ph. Fouchard ; *JDI* 2002, p. 498, note D. Cohen ; *RTD com.* 2001, p. 651, obs. É. Loquin. V. aussi, Cass. 2e civ., 10 juill. 2003, *Bull. civ.* II, no 235 ; JCP G 2004, I, 119, spéc. no 2, obs. J. Ortscheidt ; Cass. 2e civ., 21 janv. 1998, *Rev. arb.* 1998, p. 113, note A. Hory ; *RTD com.* 1998, p. 573, obs. É. Loquin.

446. Art. 82 CPC.

447. V. *supra*, no 279.

448. V. *supra*, no 280.

449. Cass. 1re civ., 13 févr. 2019, *JCP* G 2019, 393, note J. Ortscheidt, qui précise « que les décisions de la cour d'appel qui, saisie de l'appel des ordonnances rendues par le président du tribunal en application de l'article 1454 du Code de procédure civile, statue dans la limite des pouvoirs dont celui-ci est investi, ne sont susceptibles de recours en cassation que lorsqu'elles déclarent n'y avoir lieu à désignation d'arbitre pour une des causes prévues à l'article 1455 du même code ».

450. V. *supra*, no 280.

nécessaire pour que se développent les effets de la convention d'arbitrage (§ 1). De plus, elle marque la naissance de droits et obligations pour l'arbitre, liés à sa mission juridictionnelle et au contrat qui se noue avec les parties (§ 2).

§ 1. LA NÉCESSITÉ DE L'ACCEPTATION

789 **L'acceptation de l'arbitre est une condition de constitution du tribunal arbitral.** L'arbitrage a un fondement contractuel, même si la mission de l'arbitre est de nature juridictionnelle. La convention d'arbitrage ne peut donc développer ses effets si l'arbitre choisi par les parties refuse d'exercer la mission qui lui a été confiée. En France, personne, pas même le juge d'appui[451], ne peut, en théorie au moins, obliger une personne qui ne le souhaite pas à remplir la fonction de juge, compte tenu des contraintes provoquées par l'exercice de celle-ci. Ainsi, ni la convention d'arbitrage, à laquelle, sauf stipulation contraire, elle demeure tiers, ni son choix en qualité d'arbitre par l'une des parties, n'obligent une personne à trancher le litige né entre les parties. L'article 1456, alinéa 1er, du Code de procédure civile prévoit en ce sens que « le tribunal arbitral est constitué lorsque le ou les arbitres ont accepté la mission qui leur est confiée ». Ce texte est applicable à l'arbitrage interne et à l'arbitrage international, par renvoi de l'article 1506.2°. Au demeurant, avant la réforme de 2011, il avait été proposé que cette exigence du consentement de l'arbitre, pour parfaire la constitution du tribunal arbitral, alors uniquement posée en matière d'arbitrage interne, soit étendue à l'arbitrage international en tant que règle matérielle du droit français[452]. Cette position avait été consacrée par la Cour de cassation qui, dans un arrêt du 30 mars 2004, avait notamment relevé, sans référence à un texte quelconque, « que l'instance arbitrale est en cours à partir du jour où le tribunal arbitral est définitivement constitué et peut donc être saisi du litige, c'est-à-dire à partir de l'acceptation par tous les arbitres de leur mission »[453]. Il est vrai que la solution est généralement prévue par les règlements d'arbitrage[454] et par de nombreuses lois sur l'arbitrage[455].

790 **Forme de l'acceptation.** L'acceptation de sa mission par l'arbitre n'est en principe soumise à aucune condition particulière. Son consentement peut être tacite, et notamment résulter de l'accomplissement des premiers actes de la procédure arbitrale. Il faut simplement que l'acceptation soit portée à la connaissance des parties[456], ou éventuellement de l'institution d'arbitrage qui intervient en qualité de mandataire de celles-ci dans la procédure de constitution du tribunal arbitral. Ceci étant, il sera généralement donné par écrit, et notamment, dans l'arbitrage institutionnel, par le biais de l'établissement d'un acte de mission[457].

451. V. *supra*, n° 783.

452. Ph. Fouchard, E. Gaillard, B. Goldman, *Traité de l'arbitrage commercial international*, Litec, 1996, n° 944, p. 549.

453. Cass. 1re civ., 30 mars 2004, *Bull. civ.* I, n° 98 ; *Rev. arb.* 2005, p. 977, note J. Pellerin ; *D.* 2004, Pan., p. 3183, obs. Th. Clay ; JCP G 2004, I, 179, n° 8, obs. J. Ortscheidt.

454. V. notamment, art. 11.5 du règlement CCI de 2017 ; art. 5.2 du règlement CIRDI.

455. V. notamment, art. 16 de la loi espagnole sur l'arbitrage de 2003. V. aussi le réf. citées par J.-F. Poudret, S. Besson, *Droit comparé de l'arbitrage international*, Bruylant, 2002, n° 438, p. 390.

456. TGI Paris (ord. réf.), 28 oct. 1983, *Rev. arb.* 1985, p. 151.

457. Sur cet acte, v. *infra*, n° 826.

791 **Conséquence du refus de l'arbitre d'accepter sa mission.** Le refus par l'arbitre choisi par une partie d'accepter sa mission empêche la constitution du tribunal arbitral et, corrélativement, retarde le début de l'instance. Le juge d'appui ne pouvant forcer la personne choisie à revenir sur sa décision, les litigants devront alors s'accorder sur le choix d'un autre arbitre pour trancher leur différend. En principe donc, le refus de l'arbitre d'accepter sa mission retardera simplement la solution du litige par voie d'arbitrage. Il existe cependant une hypothèse dans laquelle les effets d'un tel refus peuvent directement affecter l'efficacité de la convention d'arbitrage : lorsque les parties ont choisi l'arbitre dans cette convention et que ce choix constituait un élément déterminant de leur volonté de soumettre le litige à l'arbitrage. Dans cette situation, techniquement, la convention d'arbitrage est caduque puisse que l'un de ses éléments essentiels a disparu après sa formation. Cette solution s'inscrit parfaitement dans le courant jurisprudentiel issu de l'arrêt *Dalico*, qui avait posé en principe « qu'en vertu d'une règle matérielle du droit international de l'arbitrage, la clause compromissoire est indépendante juridiquement du contrat principal qui la contient directement ou par référence et que son existence et son efficacité s'apprécient, sous réserve des règles impératives du droit français et de l'ordre public international, d'après la commune volonté des parties, sans qu'il soit nécessaire de se référer à une loi étatique »[458]. Si la commune volonté des parties était de soumettre le litige à un arbitre donné, et que ce choix était un élément déterminant de leur consentement, le refus de celui-ci d'accepter sa mission devrait affecter l'efficacité de la convention d'arbitrage elle-même.

792 **Conséquence de l'acceptation par l'arbitre de sa mission.** L'acceptation par l'arbitre de sa mission a d'abord des conséquences sur l'arbitrage. Principalement, elle marque le point de départ de l'instance arbitrale[459] et, à défaut de convention contraire, fait courir le délai pendant lequel l'arbitre doit exercer sa mission[460]. Mais cette acceptation a également des conséquences pour l'arbitre : elle le soumet aux obligations liées à la fonction juridictionnelle qu'il s'engage à remplir et scelle la conclusion d'un contrat liant l'arbitre aux parties. Une fois sa désignation acceptée, l'arbitre supporte des obligations contractuelles et juridictionnelles, qu'il convient maintenant d'envisager.

§ 2. LES EFFETS DE L'ACCEPTATION SUR LES DROITS ET OBLIGATIONS DE L'ARBITRE

793 **Naissance de relations contractuelles et de la mission juridictionnelle.** L'acceptation de sa mission par l'arbitre a pour lui sensiblement les mêmes conséquences que l'arbitrage soit interne ou international. Aussi, pour apprécier l'existence et la portée des différents liens contractuels qui se nouent à partir de cette acceptation, il convient pour l'essentiel de renvoyer aux règles applicables à l'arbitrage interne[461]. Ni la nature des relations que l'arbitre noue avec les parties et, le cas échéant, une institution d'arbitrage, ni sa fonction juridictionnelle ne sont en effet transformées

458. Cass. 1re civ., 20 déc. 1993, *JDI* 1994, p. 432, note E. Gaillard, et p. 690, note É. Loquin ; *RCDIP* 1994, p. 663, note P. Mayer ; *Rev. arb.* 1994, p. 116, note H. Gaudemet-Tallon. Sur cette jurisprudence, v. *supra*, n° 770 et s.

459. V. *infra*, n° 819.

460. V. *infra*, n° 832.

461. V. *supra*, n° 292 et s.

simplement parce que le litige met en jeu des intérêts du commerce international : l'arbitre demeure un juge qui tire essentiellement son pouvoir de juger de la convention des parties. Ainsi, comme en matière d'arbitrage interne, l'acceptation de sa mission par l'arbitre donne naissance à des relations contractuelles avec les litigants (A), desquelles résultent, pour partie, les droits et obligations de l'arbitre (B).

A. LA NAISSANCE DE RELATIONS CONTRACTUELLES

794 **Une superposition de contrats.** L'arbitrage est une justice qui revêt une forte dimension contractuelle. Ce constat est évident pour les relations entre les parties, gouvernées par la convention d'arbitrage. Mais il vaut aussi pour les relations qui se nouent entre celles-ci et les arbitres. L'acceptation de sa mission par l'arbitre donne en effet naissance à une convention entre lui et les parties[462]. Le constat vaut également pour les relations qui peuvent, le cas échéant, s'instaurer avec une institution dans l'arbitrage institutionnel. À ce stade, deux nouveaux contrats peuvent ensuite se superposer : un contrat conclu entre les parties et le centre d'arbitrage et un contrat passé entre le centre et l'arbitre[463].

795 **Existence, qualification et juge compétent pour statuer sur la validité du contrat passé entre les parties et l'arbitre[464].** On l'a vu pour l'arbitrage interne[465], les solutions étant identiques dans l'arbitrage international, la nature contractuelle des relations qu'entretiennent les parties et l'arbitre a été depuis longtemps reconnue par la jurisprudence[466]. Le lien, qui s'instaure entre d'un côté toutes les parties et de l'autre l'arbitre, demeure de nature contractuelle, et ce quelle que soit la personne qui a procédé à la désignation de cet arbitre. Que la désignation émane des parties, d'un centre d'arbitrage ou du juge d'appui, les premières sont toujours liées par un contrat avec l'arbitre[467], cette convention étant communément désignée sous le qualificatif de « *receptum arbitrii* », de « contrat d'investiture », ou, plus fréquemment, de « contrat d'arbitre »[468]. Ce contrat, qui se distingue notamment du mandat et du contrat d'entreprise, ne se laisse enfermer dans aucune figure contractuelle connue. Il s'agit d'un contrat *sui generis*, consensuel, dont le régime a été progressivement dégagé par la pratique et la jurisprudence[469]. S'il est consensuel, il est cependant courant, notamment dans l'arbitrage *ad hoc*, que l'arbitre accepte sa mission dans un acte de

462. *Contra*, P. Mayer, « Le mythe du contrat d'arbitre », in *Mélanges en l'honneur du professeur Bertrand Ancel*, Iprolex-LGDJ, 2018, p. 1181.

463. Sur lesquels, v. *supra*, n° 286 et s.

464. Sur ces questions, v. notamment Th. Clay, *L'arbitre*, Dalloz, Nouvelle Bibliothèque de Thèses, 2001, spéc. n° 590 et s., p. 475 et s. ; A. Ditchev, « Le contrat d'arbitrage. Essai sur le contrat ayant pour objet la mission d'arbitrer », *Rev. arb.* 1981, p. 395 ; Ph. Fouchard, « Le statut de l'arbitre dans la jurisprudence française », *Rev. arb.* 1996, p. 325.

465. V. *supra*, n° 286.

466. V. notamment Paris, 19 déc. 1996, *Rev. arb.* 1998, p. 121, note Ch. Jarrosson ; Paris, 4 mai 1988, *Rev. arb.* 1988, p. 657, note Ph. Fouchard. V. cependant, contestant cette qualification, P. Mayer, « Le mythe du contrat d'arbitre », préc.

467. V. *supra*, n° 286.

468. Sur l'origine de cette désignation, v. Th. Clay, *L'arbitre*, Dalloz, Nouvelle Bibliothèque de Thèses, 2001, spéc. n° 612, p. 491.

469. Sur la qualification de ce contrat, v. *supra*, n° 286.

mission[470], qui constitue alors l'*instrumentum* du contrat d'arbitre[471]. Dans l'arbitrage international, on s'interroge parfois sur la loi applicable à un tel contrat. À cet égard, on peut notamment considérer que le contrat d'arbitre, lié à la procédure arbitrale, doit être régi, soit par la loi à laquelle les parties l'ont expressément soumis, soit par la loi choisie par les parties pour régir la procédure ou, à défaut, par celle du siège du tribunal arbitral[472]. En tout cas, au regard du droit français, le contrat d'arbitre est synallagmatique et fait systématiquement naître des droits et des obligations pour l'arbitre.

La détermination du juge compétent pour se prononcer sur la validité de la désignation d'un arbitre, et donc sur la validité du contrat d'arbitre, a causé débat à l'occasion de l'affaire *Elf Neftegaz*[473]. Par un arrêt du 6 janvier 2011, la cour d'appel de Paris avait jugé qu'il n'entre pas dans les pouvoirs du juge étatique français de statuer sur la régularité de la composition du tribunal arbitral avant le prononcé de la sentence, « dès lors que ce tribunal définitivement constitué n'a pas son siège en France et ne fait pas application des règles de procédure française »[474]. Cet arrêt a été cassé par la Cour de cassation le 28 mars 2013, qui a considéré, au visa des articles L. 211-3 du Code de l'organisation judiciaire et 497 du Code de procédure civile, que la rétractation de la désignation du mandataire *ad hoc* d'une partie pour la représenter dans la procédure d'arbitrage, celui-ci ayant ensuite désigné un arbitre, « emportant anéantissement rétroactif des actes faits par celui-ci en cette qualité, au nombre desquels figurait la nomination » de l'arbitre, « la juridiction étatique du lieu du domicile de celui-ci était seule compétente pour connaître de l'action en nullité de cette désignation, à charge pour le tribunal arbitral d'en tirer toutes conséquences juridiques sur la régularité de sa composition »[475]. Malgré l'ambiguïté du vocabulaire employé par la Cour de cassation, qui parle d'action en nullité de la désignation de l'arbitre et non en nullité du contrat d'arbitre, c'est donc la juridiction du lieu du domicile de l'arbitre qui semble compétente pour statuer sur la validité de ce contrat. Cette solution n'est peut-être pas juridiquement contestable, puisqu'il peut paraître somme toute cohérent, en droit, de confier la question de la validité du contrat d'arbitre au même juge que celui qui apprécie son exécution, en cas d'action en responsabilité contre l'arbitre. Mais elle peut avoir des conséquences pratiques

470. Sur cet acte, v. *infra*, n° 826.

471. On peut alors imaginer que le contrat d'arbitre contienne lui-même une clause compromissoire pour soumettre à l'arbitrage toute question tenant à la responsabilité éventuelle de l'arbitre.

472. Sur cette question, v. notamment Th. Clay, *L'arbitre*, Dalloz, Nouvelle Bibliothèque de Thèses, 2001, n° 994 et s., p. 745 et s. ; Ph. Fouchard, E. Gaillard, B. Goldman, *Traité de l'arbitrage commercial international*, Litec, 1996, n° 1011, p. 576, et, sur la question du tribunal compétent pour statuer sur un litige opposant l'arbitre à l'une des parties ou au centre d'arbitrage, n° 1012 et s., p. 57 ; J.-F. Poudret, S. Besson, *Droit comparé de l'arbitrage international*, Bruylant, 2002, n° 439, p. 391.

473. Sur la question du juge internationalement compétent, v. Ch. Seraglini, « Le juge du contrat d'arbitre : aspects de droit international privé », in *Mélanges en l'honneur du Professeur Loquin, Droit sans frontières*, LexisNexis, 2019, p. 323.

474. Paris, 6 janv. 2011, *JCP* G 2011, I, 1432, n° 6, obs. Ch. Seraglini ; *Rev. arb.* 2011, p. 179, note M. Audit ; *D.* 2011, p. 2434, note S. Bollée et L. d'Avout ; *D.* 2011, p. 3023, obs. Th. Clay ; *Cah arb.* 2011, p. 425, note Y. Derains ; v. aussi : TGI Paris, 22 sept. 2010, *D.* 2010, p. 2933, obs. Th. Clay ; *Rev. arb.* 2011. 171, note M. Audit ; *LPA* 2011, n° 225-226, p. 120, note L. Degos.

475. Cass. 1re civ., 28 mars 2013, *JCP* G 2013, 558, note M. de Fontmichel ; *JCP* G 2013, I, 784, obs. J. Ortscheidt ; *Procédures* 2013, comm. 186, obs. L. Weiller ; *D.* 2013, p. 929, et 2293, obs. S. Bollée ; *Cah. arb.* 2013, p. 1049, note A. Mourre et Ph. Pinsolle et avis P. Chevalier ; *RJDA* 2013, p. 723, note G. Pluyette ; *D.* 2013, Pan., p. 2936, obs. Th. Clay.

dangereuses. Elle éclate le contentieux pré-arbitral, dont le juge d'appui est en principe le juge naturel[476]. Elle offre en outre une nouvelle possibilité de former des demandes dilatoires et de ralentir la procédure arbitrale : le tribunal de grande instance du domicile de l'arbitre, lorsque celui-ci est domicilié en France, peut aujourd'hui être saisi d'une demande d'annulation de la désignation de cet arbitre au motif, notamment, d'un vice du consentement. Et un tribunal arbitral ne prendra peut-être pas le risque, lorsqu'une telle demande d'annulation est formée, de ne pas suspendre la procédure arbitrale jusqu'à la décision définitive du juge français (première instance, appel, cassation...) puisqu'il pourrait, s'il poursuivait l'instance arbitrale et si cette désignation était ensuite annulée, engager sa responsabilité envers les parties pour avoir vainement laissé l'instance arbitrale se poursuivre. Certes, la compétence du tribunal arbitral pour trancher la question de la validité du contrat d'arbitre ne pouvait être admise : laisser le tribunal arbitral apprécier la validité du contrat d'arbitre, c'est, en quelque sorte, lui permettre d'être à la fois juge et partie. Mais puisqu'il s'agit, somme toute, d'une difficulté ou d'un différend lié à la constitution du tribunal arbitral, reconnaître le juge d'appui compétent, plutôt que le juge du lieu du domicile de l'arbitre, présente au moins le mérite d'éviter un éclatement du contentieux pré-arbitral. Lorsque l'arbitrage se déroule à l'étranger, il pourrait d'abord s'agir du juge d'appui étranger. Et si celui-ci ne peut intervenir dans cette situation, le juge d'appui français pourrait alors trancher la difficulté. Plus généralement, on peut se demander si le juge internationalement compétent pour connaître du contrat d'arbitre ne devrait pas être le juge du siège du tribunal arbitral[477].

B. LES DROITS ET OBLIGATIONS DE L'ARBITRE

796 **Identité des droits dans l'arbitrage interne et international.** Que l'arbitrage soit interne ou international, la relation qui se noue entre les parties et l'arbitre est de nature contractuelle. De même, que soient ou non en jeu les intérêts du commerce international, la mission de l'arbitre ne change pas de nature : elle est et demeure juridictionnelle. Partant, les droits et obligations de l'arbitre restent pour l'essentiel les mêmes, que l'arbitre ait été désigné pour trancher un litige interne ou international. Ceux-ci ayant déjà été examinés, il convient donc de renvoyer aux passages qui y sont consacrés, en n'en rappelant, brièvement, que les principaux[478].

797 **Les principaux droits de l'arbitre.** Ces droits sont d'abord liés à la mission confiée par les parties à l'arbitre. Puisqu'elle est de nature juridictionnelle, elle suppose, au premier chef, que l'arbitre dispose d'une immunité de jugement. Pour pouvoir exercer sa mission sereinement, à l'abri d'éventuelles pressions des parties, celui-ci ne doit en effet pas voir sa responsabilité engagée pour un mal-jugé[479]. Une telle immunité connaît cependant une limite : elle n'exonère pas l'arbitre des conséquences d'une faute incompatible avec sa fonction juridictionnelle. Comme l'a énoncé la Cour de cassation dans un arrêt du 15 janvier 2014, la responsabilité de l'arbitre, dans l'exercice de sa mission juridictionnelle suppose la « preuve de faits propres à caractériser une faute

476. Sur la compétence du juge d'appui, v. *supra*, n° 773 et s.

477. Pour les éléments militant en faveur d'une telle solution, v. Ch. SERAGLINI, « Le juge du contrat d'arbitre : aspects de droit international privé », préc.

478. V. *supra*, n° 293 et s.

479. V. *supra*, n° 294 et 311 et *infra*, n° 799.

personnelle équipollente au dol ou constitutive d'une fraude, d'une faute lourde ou d'un déni de justice »[480]. Compte tenu de l'objet de sa mission, sous réserve de ne pas en abuser, l'arbitre dispose aussi du droit de s'abstenir en cours d'instance, notamment lorsque se révèle en sa personne une cause de récusation ou s'il se trouve dans l'impossibilité physique de poursuivre sa mission[481]. Et, surtout, il dispose d'une liberté de jugement qui lui permet d'exprimer son désaccord avec la solution retenue par les autres arbitres. Il peut alors le faire de deux manières. En premier lieu, à l'inverse de la solution retenue dans l'arbitrage interne[482], la validité de la sentence internationale n'étant pas soumise à l'exigence de la signature de tous les arbitres[483], l'arbitre peut, sans risque d'engager sa responsabilité s'il a poursuivi sa mission jusqu'à son terme, exprimer son désaccord en refusant de signer la sentence. Dans cette situation, il n'est même pas exigé que la sentence fasse mention de ce refus, les dispositions de l'article 1480 du Code de procédure civile étant alors inapplicables. En second lieu, l'arbitre peut, sans porter atteinte au secret du délibéré, exprimer son opinion dissidente dans la sentence[484].

En plus des droits attachés à sa mission juridictionnelle, l'arbitre puise directement certains de ses droits du contrat qui le lie avec les parties. Le principal de ceux-ci est, sans aucun doute, celui d'être rémunéré. S'il est traditionnellement admis que la rémunération de l'arbitre n'est pas une condition de validité du contrat d'arbitre, parce que ce contrat serait gratuit par nature[485], l'arbitrage gratuit étant un cas de figure particulièrement rare dans l'arbitrage international, une présomption d'onérosité pourrait y être reconnue. Le plus souvent en effet, une rémunération est prévue par le contrat d'arbitre, dans son montant ou, au moins, dans son principe. Il s'agit, au demeurant, du principal poste des frais de l'arbitrage[486]. Les règlements d'arbitrage contiennent souvent des stipulations détaillées relatives aux honoraires des arbitres. Ils prévoient ainsi parfois que leur montant est fixé par les parties[487], par les arbitres[488] ou par l'institution d'arbitrage[489]. Et, selon le règlement choisi, ces honoraires sont fonctions de l'enjeu du litige[490], d'un tarif horaire ou

480. Cass. 1re civ., 15 janv. 2014, *Rev. arb.* 2016, p. 493, note J.-S. Borghetti ; *Cah. arb.* 2014, p. 299, note L. Aynès ; *Cah. arb.* 2015, p. 313, note M. Henry ; *JCP* G 2014, I, 231, avis P. Chevalier ; *JCP* G 2014, I, 255, note É. Loquin ; *JCP* G 2014, I, 857 n° 2, obs. J. Ortscheidt ; *D.* 2014, Pan., p. 2541, obs. Th. Clay.

481. V. *supra*, n° 295.

482. V. *supra*, n° 446.

483. V. *infra*, n° 880.

484. V. *infra*, n° 882.

485. P. Level, « Brèves réflexions sur l'office de l'arbitre », in *Nouveaux juges, nouveaux pouvoirs ? Mélanges en l'honneur de R. Perrot*, Dalloz, 1996, p. 259, spéc. n° 11, p. 268. *Contra*, H. Lécuyer, note sous TGI Paris, 25 nov. 1999, TGI Sens, 28 avr. 2000 et Paris, 13 déc. 2001, *Rev. arb.* 2003, p. 1312, spéc. p. 1327. Pour l'auteur, favorable à une présomption d'onérosité au motif de la loi du plus grand nombre, le contrat d'arbitre est en principe onéreux mais assimilable sur ce point à un contrat d'entreprise, pour lequel un accord préalable sur le montant de la rémunération n'est pas un élément nécessaire à sa validité ; en l'absence d'accord, il appartient au juge du fond de fixer la rémunération, compte tenu des éléments de la cause.

486. Sur ce frais, v. *infra*, n° 863.

487. V. notamment, art. 60.2 de la Convention de Washington pour le règlement des différends relatifs aux investissements entre États et ressortissants d'autres États.

488. V. notamment, art. 60 de la Convention de Washington pour le règlement des différends relatifs aux investissements entre États et ressortissants d'autres États ; art. 40 du règlement CNUDCI.

489. V. notamment, art. 38 du règlement CCI de 2017 ; art. 28.1 du règlement LCIA.

490. V. notamment, Appendice III du règlement CCI de 2017.

journalier[491], ou tiennent compte à la fois du montant du litige, de la complexité de l'affaire, et du temps que les arbitres lui ont consacré ainsi que de toutes autres circonstances pertinentes de l'espèce[492]. Dans l'arbitrage *ad hoc*, une pratique s'est installée, consistant à retenir le principe d'une rémunération et à renvoyer à l'arbitre le soin d'en fixer le montant plus tard, notamment dans sa sentence. Mais, sur ce point, la sentence est dépourvue de l'autorité de chose jugée et l'évaluation par l'arbitre de ses honoraires reste soumise au contrôle du juge, qui peut la réviser lorsqu'elle est excessive[493]. L'éventuelle répartition des honoraires entre les parties opérée par l'arbitre dans sa sentence, parce qu'elle relève de son pouvoir juridictionnel, a un caractère définitif. Le juge ne peut ensuite la modifier. Simplement, à défaut de fixation conventionnelle, celui-ci pourra fixer le montant des honoraires de l'arbitre. Le juge compétent est le juge de droit commun du contrat, et non celui chargé du contrôle de la sentence. Il appréciera la rémunération de l'arbitre en fonction des diligences accomplies. Il faut ajouter que l'obligation des parties à la dette constituée des frais et honoraires des arbitres est solidaire, indépendamment même de toute stipulation la prévoyant[494]. Cette solidarité résulte du contrat d'arbitre en matière d'arbitrage international[495], la mission des arbitres étant au demeurant exécutée dans l'intérêt commun des litigants.

Dans l'arbitrage institutionnel, le centre d'arbitrage détermine généralement le montant des honoraires et s'occupe de leur recouvrement[496]. Il est souvent prévu le paiement d'une provision par les parties[497]. L'obligation au paiement d'une telle provision par les parties existe d'ailleurs indépendamment de toute stipulation du règlement éventuellement applicable ou de la convention d'arbitrage. Elle découle, en effet, de l'obligation plus générale que supportent les parties à l'arbitrage de concourir loyalement à la conduite de la procédure[498]. La rémunération de l'arbitre reste due lorsque la sentence

491. V. notamment, art. 13 du règlement administratif et financier du CIRDI ; art. 32 du règlement AAA ; barème des frais LCIA.

492. V. notamment, art. 41 du règlement CNUDCI ; art. 30 du règlement de l'Institut d'arbitrage de la Chambre de commerce de Stockholm.

493. V. *supra*, n° 297.

494. Paris, 13 déc. 2001, *Rev. arb.* 2003, p. 1312 (2e esp., 2e déc.), note H. Lécuyer. V. aussi, Th. Clay, *L'arbitre*, Dalloz, Nouvelle Bibliothèque de Thèses, 2001, n° 887 et s., p. 676 et s. ; Ch. Jarrosson, note sous Paris, 19 déc. 1996, *Rev. arb.* 1998, p. 121, spéc. n° 11, p. 128.

495. Cass. 1re civ., 1er févr. 2017, *D.* 2017, p. 2054, obs. L. d'Avout ; *D.* 2017, Pan., p. 2559, obs. Th. Clay ; *RTD civ.* 2017, p. 394, obs. H. Barbier ; *RTD civ.* 2017, p. 421, obs. P.-Y. Gautier ; *JCP* G 2017, II, 339, note S. Bollée ; *Rev. arb.* 2017, p. 483, note Ch. Jarrosson ; *Cah. arb.* 2017, p. 709, note Ph. Stoffel-Munck.

496. V. notamment, art. 37 du règlement d'arbitrage CCI de 2017 ; art. 28 du règlement LCIA. L'article 41 du règlement CNUDCI, sans fixer un barème, précise que le montant des honoraires des arbitres « doit être raisonnable, compte tenu du montant en litige, de la complexité de l'affaire, du temps que les arbitres ont consacré et de toutes autres circonstances pertinentes de l'espèce ».

497. V. notamment, art. 37 du règlement d'arbitrage CCI de 2017 ; art. 24 du règlement LCIA ; art. 41 du règlement CNUDCI ; art. 33 du règlement AAA.

498. Art. 1506.3° qui renvoie à l'art. 1464, al. 3, CPC. Sur l'obligation de loyauté dans la conduite de la procédure, v. *supra*, n° 306, 396 et *infra*, n° 815. La cour d'appel de Paris avait annulé une sentence arbitrale, sur le fondement des articles 1520.4° (principe de la contradiction) et 1520.5° (contrariété de la solution à l'ordre public international) CPC ; celle-ci, faisant application de la décision de la Cour internationale d'arbitrage de la CCI, qui avait mis en œuvre les pouvoirs qu'elle tire du règlement d'arbitrage CCI, n'avait pas examiné la demande reconventionnelle du défendeur, placé en liquidation judiciaire en Espagne, faute de paiement de sa part de provision de frais et honoraires d'arbitrage (Paris, 17 nov. 2011, *JDI* 2012, p. 2, note X. Boucobza et Y.-M. Serinet ; *Cah. arb.* 2011, p. 159, note D. Cohen ; JCP G 2012, I, 843, n° 6, obs. Ch. Seraglini ; *Rev. arb.* 2012, p. 387, et l'article de F.-X. Train, p. 267).

a été annulée ou si l'instance n'a pu parvenir à son terme indépendamment de toute faute de l'arbitre. Autrement dit, il n'est pas nécessaire, pour que le droit à honoraires existe, qu'une sentence ait été effectivement rendue, dès lors qu'un travail a été accompli par l'arbitre et que le défaut de sentence n'est pas dû à sa négligence[499].

798 **Principales obligations de l'arbitre envers les parties.** Les obligations à la charge de l'arbitre sont, comme ses droits, d'une double nature : certaines découlent de l'exercice de sa mission juridictionnelle ; d'autres sont plus spécifiquement liées à l'exécution du contrat d'arbitre.

Ainsi, l'arbitre a avant tout l'obligation de trancher le différend qui lui est soumis. L'article 1457, alinéa 1er, du Code de procédure civile, applicable à l'arbitrage international par renvoi de l'article 1506.2°, pose d'ailleurs le principe qu'il « appartient à l'arbitre de poursuivre sa mission jusqu'au terme de celle-ci ». Il s'agit même de son obligation principale. L'arbitre doit alors d'abord faire preuve de diligence dans l'examen des éléments de preuve soumis par les parties, il doit respecter certains principes essentiels, tel notamment l'égalité des parties, l'équité de la procédure, le principe de la contradiction ou la loyauté des débats[500]. Il doit aussi s'assurer du bon déroulement de la procédure arbitrale lorsque ce rôle n'est pas dévolu à une institution d'arbitrage en application du règlement auquel les parties se sont référées. À ce titre, pour que soit respecté le délai de l'arbitrage imparti par les parties, il supporte d'ailleurs une obligation de résultat de solliciter du juge d'appui, en cas d'impéritie des litigants ou de l'institution, une prorogation de ce délai[501]. Le décret du 13 janvier 2011 a consacré une obligation de célérité des parties et de l'arbitre, applicable aussi bien en matière interne qu'internationale[502]. L'obligation de juger comporte aussi celle de participer au délibéré et à l'élaboration de la sentence. Dans le prolongement de cette obligation, les droits étatiques imposent aussi à l'arbitre une obligation d'indépendance et d'impartialité,

---

V. aussi, sur cette décision : F.-X. TRAIN, « Impécuniosité et accès à la justice dans l'arbitrage international (à propos de l'arrêt de la cour d'appel de Paris du 17 novembre 2011 dans l'affaire Lpc/Pirelli) », *Rev. arb.* 2012, p. 267. Cet arrêt a été cassé par la Cour de cassation, par arrêt du 28 mars 2013, aux motifs « que, si le refus par le tribunal arbitral d'examiner les demandes reconventionnelles peut être de nature à porter atteinte au droit d'accès à la justice et au principe d'égalité entre les parties, c'est à la condition que celles-ci soient indissociables des demandes principales » et que la cour d'appel « n'a pas recherché, comme il le lui était demandé, si tel était le cas en l'espèce » (Cass. 1re civ., 28 mars 2013, *Rev. arb.* 2013, p. 746, note F.-X. TRAIN ; JCP G 2013, Act. 408, obs. J. BÉGUIN, et 559, note J. BÉGUIN et H. WANG ; Cah. arb. 2013, p. 479, note A. PINNA, et 585, note d'audience av. gén. P. CHEVALIER ; *Procédures* 2013, comm. 189, obs. L. WEILLER ; JCP G 2013, I, 784, n° 4, obs. Ch. SERAGLINI ; *D.* 2013, Pan., p. 2936, obs. Th. CLAY).

499. V. *supra*, n° 297. Sur la fiscalité applicable, en France, à la rémunération de l'arbitre, v. *supra*, n° 297. V. aussi G. BLANLUET, « Le nouveau régime de la TVA sur les honoraires d'arbitrage », *Rev. arb.* 2010, p. 682 ; « La fiscalité des rémunérations des arbitres », *Rev. arb.* 2001, p. 345 ; J.-P. LE GALL, « Les honoraires d'arbitrage au regard du droit fiscal communautaire (à propos de l'arrêt Von Hoffmann de la CJCE) », *Rev. arb.* 1998, p. 83, spéc. n° 12, p. 91.

500. V. *infra*, n° 808 et s.

501. Paris, 31 mars 2015, *Rev. arb.* 2016, p. 493 (2e esp.), note J.-S. BORGHETTI ; *D.* 2015, Pan., p. 2588, obs. Th. CLAY ; *RTD civ.* 2015, p. 612, note H. BARBIER ; *Cah. arb.* 2015, p. 313, note M. HENRY ; Cass. 1re civ., 6 déc. 2005, *Bull. civ.* I, n° 462 ; *D.* 2006, p. 274, note P.-Y. GAUTIER ; *D.* 2006, Pan., p. 3031, obs. Th. CLAY ; *RTD civ.* 2006, p. 144, obs. Ph. THÉRY ; *RTD com.* 2006, p. 299, obs. É. LOQUIN ; *Rev. arb.* 2006, p. 126, note Ch. JARROSSON ; JCP G 2006, II, 10066, note Th. CLAY ; *RLDC* 2006, p. 14, note F.-X. TRAIN ; *Stockholm Int. Arb. Rev.* 2006, n° 1, p. 149, note L. DEGOS. Sur les pouvoirs du juge d'appui en ce domaine, v. *infra*, n° 835.

502. Art. 1506.3° qui renvoie à l'art. 1464, al. 3, CPC. Sur l'obligation de célérité, v. *supra*, n° 305.

qui est de l'essence de la fonction juridictionnelle[503]. Dans l'exercice de sa fonction de juge, l'arbitre a également l'obligation de respecter les principes d'égalité des parties et le principe de la contradiction. Au-delà des exigences imposées par les droits étatiques, les règlements des institutions d'arbitrage contiennent souvent des dispositions sur le comportement attendu de l'arbitre dans sa fonction de juge. Et certains organismes privés ont énoncé des devoirs de l'arbitre. Ainsi, la Commission de l'arbitrage international de la CCI a élaboré des règles déontologiques à l'adresse des arbitres[504], parmi lesquelles on trouve l'obligation « d'être et rester indépendant à l'égard de toutes les parties et de leurs représentants, et de faire preuve d'une complète impartialité », « de conduire la procédure de manière équitable, en respectant le principe d'égalité entre les parties et leur droit à être entendues », « d'accomplir sa mission dans un délai raisonnable », de « respecter la confidentialité de l'arbitrage ». En réalité, la plupart de ces obligations sont déjà imposées par les droits étatiques, dans une mesure qui varie cependant d'une législation à une autre[505]. Ces codes de « bonne conduite » arbitrale ont au moins pour mérite d'illustrer le « standard commun » sur lequel les droits étatiques s'accordent et qui s'impose donc à l'arbitre. Certains évoquent à cet égard un véritable « statut » de l'arbitre international[506]. La méconnaissance par l'arbitre de ses obligations liées à sa fonction juridictionnelle peut certes d'abord être sanctionnée par l'annulation de sa sentence par le juge du siège de l'arbitrage, ou par le refus de reconnaissance de celle-ci par le juge requis. Mais elle peut aussi, si elle a causé un dommage aux parties, conduire à engager sa responsabilité personnelle[507].

L'arbitre étant un juge privé, lié aux parties par un contrat, il peut supporter d'autres obligations selon ce que prévoit cette convention. Mais, au-delà même des stipulations propres à chaque espèce, il est traditionnellement admis que certaines obligations découlent naturellement du contrat d'arbitre. Il s'agit, en principe, d'obligations de moyens[508], puisque des aléas, liés notamment au comportement des parties, peuvent affecter le bon déroulement de l'instance arbitrale. La première de ces obligations est d'aider à la constitution du tribunal arbitral en cas de blocage, afin d'assurer l'efficacité de l'arbitrage[509]. La deuxième consiste souvent à respecter la confidentialité de la procédure et de la sentence arbitrales. La confidentialité est en effet un avantage attendu de l'arbitrage par les parties[510] et l'obligation de respecter celle-ci a, un temps au moins, été consacrée par le

503. V. *supra*, n° 738 et s.

504. Commission de l'arbitrage international de la CCI, *Rapport final sur le statut de l'arbitre, Rev. arb.* 1996, p. 559.

505. En droit français, l'arbitre doit par exemple statuer dans un délai raisonnable lorsqu'aucun délai n'a été fixé (Paris, 28 févr. 2008, *D.* 2008, p. 1325, note R. Meese ; *D.* 2008, Pan., p. 3111, obs. Th. Clay).

506. Sur cette question, v. notamment Ph. Fouchard, « Le statut des arbitres dans la jurisprudence française », *Rev. arb.* 1996, p. 325.

507. V. notamment, Cass. 1re civ., 6 déc. 2005, préc.

508. Cass. 1re civ., 17 nov. 2010, *D.* 2010, Pan., p. 2933, obs. Th. Clay.

509. V. *supra*, n° 308.

510. Plus généralement, sur la confidentialité de l'arbitrage, v. V. L. Bernheim-van de Casteele, *Les principes fondamentaux de l'arbitrage*, thèse dactyl. Versailles, 2010, n° 445 et s. ; H. Bagner, « L'imbroglio de la confidentialité dans l'arbitrage commercial international », *Bull. CCI* 2001, vol. 12, n° 1, p. 19 ; O. Caprasse et R. Ziadé, « La confidentialité dans la procédure arbitrale, *Rev. arb.* 2014, p. 593 ; Ph. Cavalieros, « La confidentialité de l'arbitrage », *Cah. arb.*, vol. III, *Gaz. Pal.* éd. 2006, p. 56 ; Th. Clay, *L'arbitre*, Dalloz, Nouvelle Bibliothèque de Thèses, 2001, n° 771, p. 595 ; J.-L. Delvolvé, « Vraies et fausses confidences, ou les petits et grands secrets de l'arbitrage », *Rev. arb.* 1996, p. 373, spéc. n° 7, p. 380 ; F. Fages, « La confidentialité de l'arbitrage à l'épreuve de la transparence financière », *Rev. arb.* 2003, p. 5 ; E. Gaillard, « Le principe de confidentialité de l'arbitrage commercial

juge français dans l'arbitrage international[511]. Toutefois, depuis la réforme du 13 janvier 2011, il n'est pas certain que le respect de la confidentialité soit exigé de l'arbitre international, dans la mesure où l'article 1506 du Code de procédure civile ne renvoie pas au quatrième alinéa de l'article 1464, qui le prévoit en matière interne[512]. Cette absence de renvoi est interprétée de deux manières différentes. Certains considèrent que, désormais, en matière internationale, la confidentialité ne s'impose à l'arbitre que si elle est exigée par les parties[513]. On peut aussi estimer que la confidentialité s'impose de toute façon à l'arbitre international, en tant que principe général inhérent à l'arbitrage, mais avec une intensité moindre qu'en matière interne. Dans les arbitrages internationaux, elle pourrait être écartée par les parties mais aussi par les usages propres à certains types de contentieux, notamment celui des investissements[514]. En tout cas, l'obligation de confidentialité découle parfois, au moins indirectement, de règlements d'arbitrage[515] ou de la convention des parties[516], et est prescrite par certains droits[517]. La troisième obligation naturellement attachée au contrat d'arbitre est que l'arbitre doit s'assurer de l'efficacité de sa sentence, dans la mesure où l'objectif premier des parties qui recourent à l'arbitrage est d'obtenir une sentence efficace[518]. Cette obligation ne peut, elle aussi, qu'être de moyens : l'arbitre doit surtout éviter que sa sentence ne s'expose trop facilement à une annulation au siège ou à un refus d'exequatur au lieu de son exécution prévisible et, plus généralement, dans la plupart des pays.

799 **Sanctions de la méconnaissance de ses obligations par l'arbitre : révocation et responsabilité.** La méconnaissance de ses obligations contractuelles et juridictionnelles par l'arbitre peut être sanctionnée, selon le cas, soit sur le terrain du droit de l'arbitrage,

international », *D.* 1987, chron., p. 153 ; D. Hascher, « Arbitrage du commerce international », *Rép. Internat. Dalloz,* n° 126 ; Ph. Fouchard, E. Gaillard, B. Goldman, *Traité de l'arbitrage commercial international*, Litec, 1996, n° 1132, p. 629 ; É. Loquin, « Les obligations de confidentialité dans l'arbitrage », *Rev. arb.* 2006, p. 323 ; J.-B. Racine, *Droit de l'arbitrage*, Puf, 2016, spéc. n° 658 et s., p. 430 et s. ; Ch. Müller, « La confidentialité de l'arbitrage commercial international, un trompe l'œil ? », *Bull. ASA* 2005, n° 2, vol. 23, p. 216.

511. Paris, 18 févr. 1986, *Rev. arb.* 1986, p. 583, note G. Flécheux. V. cependant, Paris, 22 janv. 2004, *Rev. arb.* 2004, p. 647, note É. Loquin, qui relève, de manière incidente, que la partie qui invoquait la violation du principe de confidentialité « s'abstient de s'expliquer sur l'existence et les raisons d'un principe de confidentialité dans le droit français de l'arbitrage international quelle que soit la nature de l'arbitrage et, le cas échéant, sur la renonciation à ce principe par les parties en considération du règlement applicable ».

512. Mais c'est « sous réserve des obligations légales et à moins que les parties n'en disposent autrement ».

513. En ce sens, v. J. Béguin, J. Ortscheidt et Ch. Seraglini, « Un second souffle pour l'arbitrage – Arbitrage international –À propos du décret du 13 janvier 2011 », *JCP* G 2011, 467, n° 14 ; Y. Derains, « Les nouveaux principes de procédure : confidentialité, célérité, loyauté », in *Le nouveau droit français de l'arbitrage*, Lextenso éditions, 2011, p. 91, spéc. n° 24 ; E. Gaillard et P. de Lapasse, « Commentaire analytique du décret portant réforme du droit français de l'arbitrage », *Cah. arb.* 2011, p. 263, spéc. n° 106. Avant même la réforme, la jurisprudence pouvait faire douter de l'existence d'un principe légal de confidentialité dans le droit français de l'arbitrage international : Paris, 22 janv. 2004, *Rev. arb.* 2004, p. 647, note É. Loquin.

514. Ch. Jarrosson et J. Pellerin, « Le droit français de l'arbitrage après le décret du 13 janvier 2011 », *Rev. arb.* 2011, p. 5, spéc. n° 86, p. 60.

515. V. notamment, art. 22.3 et 26.3 du règlement CCI de 2017 et art. 6 du règlement intérieur de la Cour internationale d'arbitrage de la CCI ; art. 19.4 et 30 du règlement LCIA ; art. 34 du règlement AAA ; art. 52, 53 et 73 à 76 du règlement OMPI ; art. 28.3 du règlement CNUDCI.

516. V. O. Caprasse et R. Ziadé, « La confidentialité dans la procédure arbitrale », préc.

517. V. notamment, art. 24.1 de la loi espagnole sur l'arbitrage de 2003.

518. V. *supra*, n° 309.

soit sur celui de la responsabilité civile. En droit de l'arbitrage, l'arbitre qui a manqué à ses obligations pourra être révoqué par les parties. L'article 1458 du Code de procédure civile, auquel renvoie l'article 1506.2°, prévoit que l'arbitre « ne peut être révoqué que du consentement unanime des parties », sans d'ailleurs qu'il soit besoin d'établir sa faute[519]. Cette possibilité pour les parties de révoquer l'arbitre, en matière d'arbitrage international, était admise avant la réforme de 2011[520]. Certains règlements d'arbitrage prévoient d'ailleurs que l'institution peut, à la demande des parties ou parfois d'office, procéder à la révocation de l'arbitre lorsqu'il ne remplit pas correctement sa mission[521] ou se trouve dans une impossibilité de droit ou de fait de la poursuivre[522]. Depuis la réforme de 2011, si le tribunal arbitral a été constitué après le 1er mai 2011, le juge d'appui dispose aussi du pouvoir de révoquer un arbitre, et ce même sans le consentement de toutes les parties. Il intervient en effet sur le fondement de l'article 1457, alinéa 2, du Code de procédure civile, qui prévoit qu'en « cas de différend sur le maintien de l'arbitre, la difficulté est réglée par la personne chargée d'organiser l'arbitrage ou, à défaut, tranchée par le juge d'appui, saisi dans le mois de la révélation ou la découverte du fait litigieux »[523].

L'arbitre peut également engager sa responsabilité à l'égard des parties en cas de manquement à ses obligations contractuelles ou juridictionnelles. Dans le premier cas, sa responsabilité devrait être contractuelle ; dans le second, elle pourrait être de nature délictuelle, parce que liée à la fonction de juger, ce qui pourrait renforcer l'idée d'une véritable statut de l'arbitre. Si tout manquement aux obligations positives de l'arbitre est susceptible d'engager sa responsabilité[524] lorsque celles-ci sont de nature contractuelle, en revanche, le simple fait pour lui de commettre des erreurs dans sa mission de juger est insuffisant[525]. Pour correctement exercer sa mission, l'arbitre bénéficie en effet d'une immunité de jugement. Mais cette immunité n'est pas totale et cède lorsque la preuve est rapportée de faits propres à caractériser une faute personnelle équipollente au dol ou constitutive d'une fraude, d'une faute lourde ou d'un déni de justice[526]. Ainsi, l'arbitre ne dispose pas d'une telle immunité lorsque lui sont reprochées des fautes contractuelles, liées à l'exécution du contrat d'arbitre. En effet, s'agissant des manquements de l'arbitre à ses obligations contractuelles, la cour d'appel de Paris estime que « dans l'accomplissement de leur contrat d'arbitre, les arbitres engagent leur responsabilité civile à raison de leur inexécution ou mauvaise exécution qui leur serait imputable à faute »[527]. Pour distinguer ce qui peut être rattaché à la mission juridictionnelle de l'arbitre de ce qui relève de ses obligations contractuelles, de sorte que la responsabilité

519. V. *supra*, n° 310.

520. V. notamment, Th. Clay, *L'arbitre*, Dalloz, Nouvelle Bibliothèque de Thèses, 2001, spéc. n° 893, p. 680 ; Ph. Fouchard, E. Gaillard, B. Goldman, *Traité de l'arbitrage commercial international*, Litec, 1996, n° 1140, p. 632. En droit comparé, v. J.-F. Poudret, S. Besson, *Droit comparé de l'arbitrage international*, Bruylant, 2002, n° 431, p. 383. La loi-type de la CNUDCI énonce ainsi que la révocation peut intervenir en cas de carence ou d'incapacité de l'arbitre (art. 14).

521. V. notamment, art. 10 du règlement LCIA ; art. 15 du règlement CCI de 2017.

522. V. notamment, art. 14 du règlement CNUDCI ; art. 10 du règlement LCIA ; art. 15.2 du règlement CCI de 2017.

523. Sur les conditions et le régime de l'intervention du juge d'appui v. *supra*, n° 773 et s.

524. Paris, 12 oct. 1995, *Rev. arb.* 1999, p. 324, note Ph. Fouchard.

525. Paris, 22 mai 1991, *Rev. arb.* 1996, p. 480 (2e esp.).

526. V. *supra*, n° 294, 311, 759.

527. Paris, 6 nov. 2008, *D.* 2008, Pan., p. 3111, obs. Th. Clay ; *D.* 2009, p. 538, note D. Mainguy ; *Rev. arb.* 2009, p. 376, note Ph. Leboulanger. V. aussi : Paris, 31 mars 2015, *Rev. arb.* 2016, p. 493 (2e esp.),

peut être engagée dans les conditions du droit commun, il faut s'attacher à ce qui est reproché à cet arbitre : si c'est le contenu de la sentence, alors l'immunité joue et la responsabilité suppose une faute équipollente au dol ou constitutive d'une fraude, une faute lourde ou un déni de justice ; en revanche, si c'est le processus arbitral, la conduite de l'arbitrage, qui est remis en cause, alors la faute simple suffit[528]. Autrement dit, tout ce qui peut être rattaché à la *jurisdictio* et conduire à la remise en cause du contenu de la sentence relève de la mission juridictionnelle de l'arbitre[529], alors que ce qui a trait à la conduite de l'arbitrage peut être rattaché aux obligations contractuelles de l'arbitre. Ainsi, l'arbitre peut voir sa responsabilité engagée en cas de manquement à son obligation d'indépendance ou d'impartialité[530], et être condamné à verser des dommages et intérêts à l'une ou l'autre des parties lorsque, par sa faute personnelle, un préjudice a été subi[531].

Quel peut être ce préjudice ? Il peut s'agir des frais et honoraires de l'arbitrage si la sentence a été annulée ou son exequatur refusé, pour autant qu'ils aient été exposés en pure perte[532]. Les arbitres peuvent même être condamnés *in solidum* à les restituer lorsque c'est leur faute commune qui est à l'origine de l'annulation de la sentence, par exemple lorsque cela résulte de l'expiration du délai de l'arbitrage sans que le tribunal arbitral en ait demandé la prorogation[533]. Indépendamment même de cette question de responsabilité, le nouvel article 1223 du Code civil français, issu de l'ordonnance du 10 février 2016, autorise le créancier, après mise en demeure, à « accepter une exécution imparfaite du contrat et solliciter une réduction proportionnelle du prix ». La restitution d'une partie des honoraires pourrait dès lors être fondée sur ce texte, comme pourrait d'ailleurs l'être la restitution d'une partie des frais d'un arbitrage administré par un centre d'arbitrage en cas de responsabilité de ce centre. La perte de chance d'obtenir les sommes accordées par la sentence annulée est également susceptible d'être sollicitée, mais ne pourra être indemnisée que si le demandeur ne peut plus agir par la faute de l'arbitre. À défaut, si l'action peut être portée devant un autre juge, la chance d'obtenir ces sommes n'est pas perdue[534].

note J.-S. Borghetti ; *D.* 2015, Pan., p. 2588, obs. Th. Clay ; *RTD civ.* 2015, p. 612, note H. Barbier ; *Cah. arb.* 2015, p. 313, note M. Henry.

528. Cass. 1re civ., 15 janv. 2014, *Rev. arb.* 2016, p. 493, note J.-S. Borghetti ; *Cah. arb.* 2014, p. 299, note L. Aynès ; *Cah. arb.* 2015, p. 313, note M. Henry ; JCP G 2014, I, 231, avis P. Chevalier ; JCP G 2014, I, 255, note É. Loquin ; JCP G 2014, I, 857 n° 2, obs. J. Ortscheidt ; *D.* 2014, Pan., p. 2541, obs. Th. Clay.

529. La cour d'appel de Paris a par exemple décidé, dans un arrêt du 21 mai 2019, que la violation du principe de la contradiction constitue une « erreur qui porte sur la mise en œuvre d'un principe de procédure civile essentiel gouvernant l'élaboration de la décision juridictionnelle [...] doit être considérée comme commise dans l'exercice des fonctions juridictionnelles du tribunal arbitral et ne peut donc être source de responsabilité que si elle est constitutive d'une faute » équipollente au dol (Paris, 21 mai 2019, *D. Act.*, 7 juin 2019, obs. J. Jourdan-Marques).

530. Sur cette cause de responsabilité, v. *supra*, n° 246 et 759.

531. V. par exemple, TGI Paris, 12 mai 1993, *Rev. arb.* 1996, p. 411 (2e esp.).

532. Paris, 31 mars 2015, préc.

533. V. par ex., Paris, 31 mars 2015, préc., qui utilise cependant improprement, au regard des faits de l'espèce, le terme « solidairement », la jurisprudence acceptant qu'en statuant ainsi, le juge a entendu prononcer une condamnation *in solidum* (Cass. com., 19 mai 2015, n° 13-28066). Le pourvoi formé contre cet arrêt, qui reprochait à la cour d'appel d'avoir présumé la solidarité entre les arbitres, a été déclaré non admis le 8 juin 2016 (pourvoi n° 15-20545).

534. Ph. Stoffel-Munck, « La responsabilité de l'arbitre », *Rev. arb.* 2017, p. 1123, spéc. n° 45 et s.

CHAPITRE 2
LE DÉROULEMENT DE L'INSTANCE ARBITRALE

800 **Incidence prépondérante de la volonté des parties.** L'instance judiciaire et l'instance arbitrale se distinguent essentiellement par le rôle qu'y joue la volonté des parties[1]. Le lien d'instance arbitrale ayant une origine conventionnelle, l'organisation et le déroulement de cette instance est principalement la chose des parties. L'un des principaux avantages de l'arbitrage est d'ailleurs de leur permettre de voir leur litige réglé selon une procédure différente de celle suivie devant les juridictions étatiques. Dans l'arbitrage international, la volonté des parties prend une place encore plus importante que dans l'arbitrage interne. Celles-ci disposent en effet de davantage de liberté pour régler la procédure, ce qui s'explique principalement par la considération qu'étant très souvent issues de systèmes juridiques différents, il faut leur laisser la possibilité de s'affranchir des spécificités procédurales nationales pour rendre les règles de procédure acceptables par toutes[2]. Ainsi, que ce soit pour le droit applicable à la procédure (section 1), l'introduction et la durée de l'instance (section 2) ou pour les incidents susceptibles de l'affecter (section 3), l'autonomie de la volonté des parties est particulièrement marquée dans l'arbitrage international.

SECTION 1 LE DROIT APPLICABLE À LA PROCÉDURE ARBITRALE

801 L'arbitrage permettant aux parties d'échapper aux spécificités procédurales des droits étatiques, les règles de procédure peuvent être adaptées au litige, ce qui permet parfois à l'arbitrage de gagner en souplesse, en efficacité et en rapidité[3]. Le

1. V. *supra*, n° 312.
2. En ce sens, P. Mayer, « Le pouvoir des arbitres de régler la procédure. Une analyse comparative des systèmes de *Civil Law* et de *Common Law* », *Rev. arb.* 1995, p. 163, spéc. p. 177.
3. J.-F. Poudret, S. Besson, *Droit comparé de l'arbitrage international*, Bruylant, 2002, spéc. n° 522, p. 483.

droit français de l'arbitrage international laisse ainsi une large liberté aux parties pour déterminer les règles qui gouverneront l'instance arbitrale (§ 1). Cette liberté est néanmoins restreinte par quelques principes fondamentaux s'imposant dans toute procédure arbitrale (§ 2).

§ 1. LA LIBERTÉ DES PARTIES POUR FIXER LES RÈGLES APPLICABLES À LA PROCÉDURE ARBITRALE

802 **Très large liberté reconnue aux parties.** Le droit français de l'arbitrage international ne soumet pas la procédure arbitrale au droit de l'État du siège de l'arbitrage. Une telle solution conduirait en effet à nier toute spécificité à l'arbitrage international et à le considérer comme une procédure judiciaire interne, alors que la sentence n'est pas rendue au nom de l'État sur le territoire duquel elle est prononcée et que l'arbitre n'a pas de for[4]. Les règles régissant la procédure arbitrale ne sont pas non plus nécessairement celles qui s'appliquent au fond du litige[5]. Les raisons pour les parties de choisir une loi peuvent en effet être différentes s'agissant du fond du litige et de la procédure arbitrale[6]. Comme de nombreux systèmes juridiques[7], le droit français de l'arbitrage international consacre le principe de l'autonomie de la volonté des parties dans le choix des règles applicables à la procédure arbitrale[8]. L'article 1509 du Code de procédure civile prévoit en effet que « la convention d'arbitrage peut, directement ou par référence à un règlement d'arbitrage ou à des règles de procédure, régler la procédure à suivre dans l'instance arbitrale »[9]. Il ajoute que « dans le silence de la convention, le tribunal arbitral règle la procédure autant qu'il est besoin, soit directement, soit par référence à un règlement d'arbitrage ou à des règles de procédure ». Ce texte manifeste donc une « délégalisation » de la procédure arbitrale, déjà opérée par l'article 1494 ancien du Code de procédure civile : la procédure peut échapper à toute loi ou règle de droit préétablie[10]. Cela renforce le phénomène de délocalisation de l'arbitrage, détaché de tout ordre juridique national[11]. Selon l'article 1509, la priorité est d'abord donnée à la volonté des parties pour fixer les règles de la procédure arbitrale. Et, à défaut pour les parties d'avoir exercé leur faculté de régler la procédure, c'est le tribunal arbitral qui dispose du pouvoir de le faire. Pratiquement, les parties peuvent donc opter pour l'une des trois solutions suivantes : fixer elles-mêmes les règles de procédure, se référer à un règlement d'arbitrage ou à

4. D. Hascher, « Principes et pratique de procédure dans l'arbitrage commercial international », *Rec. Cours La Haye*, 1999, p. 53 et s., spéc. p. 69 et s. V. aussi, Ph. Fouchard, E. Gaillard, B. Goldman, *Traité de l'arbitrage commercial international*, Litec, 1996, n° 1178 et s., p. 651 et s.

5. Cass. 1re civ., 10 mai 1988, *Rev. arb.* 1989, p. 51, note J.-L. Goutal ; Cass. 1re civ., 18 mars 1980, *Bull. civ.* I, n° 87 ; *JDI* 1980, p. 874, note É. Loquin.

6. Ph. Fouchard, E. Gaillard, B. Goldman, *Traité de l'arbitrage commercial international*, préc., n° 1177, p. 651.

7. Sur lequel, v. J.-F. Poudret, S. Besson, *Droit comparé de l'arbitrage international*, préc., n° 525, p. 484. V. par exemple, art. 182 de la LDIP suisse ; art. 19 de la loi-type CNUDCI ; art. 34-1 de la loi anglaise sur l'arbitrage de 1996 ; art. 25 de la loi espagnole sur l'arbitrage de 2003 ; art. 21 de la loi suédoise sur l'arbitrage de 1999 ; § 1042 du ZPO allemand.

8. V. déjà, dans l'arbitrage interne, art. 1464 CPC et *supra*, n° 371 et s.

9. Art. 1494 ancien CPC.

10. B. Goldman, « Instance judiciaire et instance arbitrale internationale », in *Études offertes à P. Bellet*, Litec, 1991, p. 219, spéc. n° 4 et s., p. 220 et s.

11. Sur lequel, v. *supra*, n° 577 et s.

une loi étatique, ou s'en remettre au tribunal arbitral, qui bénéficiera à son tour d'une grande liberté. Mais dans tous les cas, quel que soit le choix des litigants, il doit être gouverné par un souci d'efficacité de la procédure arbitrale[12].

803 **Règles de procédure fixées par les parties.** Lorsque les parties choisissent de régler elles-mêmes la procédure arbitrale, elles peuvent le faire « directement », en élaborant de toutes pièces les règles applicables. Elles peuvent ainsi se confectionner une procédure sur mesure. Il leur est ainsi possible d'imposer certaines obligations procédurales particulières aux arbitres, par des clauses qui doivent être expresses et précises[13], telle que la nécessité de statuer sur la compétence par une sentence intérimaire[14]. Ce procédé est toutefois rarement utilisé pour régir l'ensemble de la procédure. Plus souvent, les parties définissent quelques règles spécifiques, par exemple sur la langue de l'arbitrage, l'échange des mémoires, la confidentialité des informations échangées. Fréquemment, les parties régleront elles-mêmes la procédure arbitrale de façon indirecte, par l'adoption d'un ensemble de règles préexistantes, et notamment d'un règlement d'arbitrage. Celui-ci tient alors lieu de « loi de procédure »[15]. Dans l'arbitrage institutionnel, la solution est très fréquente puisque les parties sont censées adopter le règlement de l'institution qu'elles ont choisie, qui a alors valeur contractuelle[16]. Le règlement fournira donc la plupart des solutions et déterminera également les conditions dans lesquelles les parties peuvent y déroger. Les parties à un arbitrage *ad hoc* peuvent également se référer à un règlement d'arbitrage[17], certains regrettant toutefois la perte de souplesse et d'adaptabilité qui en résulterait[18]. Les parties pourront aussi choisir une loi étatique pour régir la procédure arbitrale, et y déroger sur certains points. Le choix de cette loi est totalement libre ; il n'est exigé aucun lien entre celle-ci et un élément de l'arbitrage. Les litigants peuvent notamment choisir les règles de procédure résultant de la loi française sur l'arbitrage interne[19]. Cela dit, le choix de la loi de procédure française ne revient pas à soumettre l'arbitrage international à l'ensemble des règles prévues par le droit français pour l'arbitrage interne, l'article 1506 du Code de procédure civile renvoyant seulement à certains articles du titre consacré à l'arbitrage interne. Seules ces dispositions devraient donc être applicables à l'arbitrage international si les parties ont, sans autre précision, choisi la loi française comme *lex arbitrii.* De plus, lorsque la loi de procédure

12. Sur cette exigence, v. notamment D. Hascher, « Principes et pratique de procédure dans l'arbitrage commercial international », *Rec. Cours La Haye*, 1999, spéc. p. 108 et s. V. aussi, Paris, 18 nov. 2004, *Rev. arb.* 2004, p. 989, qui relève que la conduite de l'arbitrage par l'arbitre ne doit pas l'amener à prolonger trop les délais de communication des pièces et des mémoires en allant à l'encontre de l'efficacité de la procédure.

13. Paris, 11 avr. 2002, *Rev. arb.* 2003, p. 1252, note F.-X. Train ; Cass. 1re civ., 8 mars 1988, *Rev. arb.* 1989, p. 481, note Ch. Jarrosson.

14. Cass. 1re civ., 8 mars 1988, *Rev. arb.* 1989, p. 481, note Ch. Jarrosson.

15. Cass. 1re civ., 17 juin 1997, *Rev. arb.* 1998, p. 414, obs. L. Kiffer. V. aussi, Cass. 1re civ., 5 mars 2008, *JCP* G 2008, I, 164 n° 5, obs. J. Ortscheidt ; *D.* 2008, Pan., p. 3111, obs. Th. Clay.

16. De même, les arbitres qui acceptent leur mission dans le cadre d'un arbitrage institutionnel s'engagent à respecter le règlement de l'institution.

17. V. notamment le règlement de la CNUDCI de 1976 (révisé en 2010) et le commentaire de Ph. Fouchard, *JDI* 1979, p. 816.

18. P. Lalive, « Avantages et inconvénients de l'arbitrage "*ad hoc*" », in *Études offertes à P. Bellet*, Litec, 1991, p. 301, spéc. p. 309.

19. Celle-ci ne s'appliquera que si la volonté de la choisir pour gouverner l'instance arbitrale est réelle. À cet égard, il a été jugé, avant la réforme de 2011, que la précision, dans l'acte de mission, que l'arbitrage relève « des articles 1492 et suivants du nouveau Code de procédure civile » est insuffisante à le soumettre aux dispositions relatives à l'instance arbitrale en matière interne (TGI Paris (ord. réf.), 12 juill. 1989, *Rev. arb.* 1990, p. 176 (1re esp.), note Ph. Kahn).

française est choisie[20], ou si l'arbitrage se déroule en France, l'article 1506 du Code de procédure civile renvoie à certains articles prévus pour régir l'arbitrage interne, « à moins que les parties en soient convenues autrement »[21]. Les parties peuvent ainsi choisir la loi française et néanmoins en écarter certaines dispositions par convention, fût-ce des dispositions impératives en droit interne de l'arbitrage, tels les principes directeurs énoncés aux articles 1er et suivants du Code de procédure civile[22]. De même, les modalités du prononcé de la sentence prévues par l'article 1513 de ce code sont supplétives de volonté. En revanche, les litigants ne peuvent jamais déroger à certains principes fondamentaux, l'article 1510 imposant notamment au tribunal arbitral, « quelle que soit la procédure choisie », de garantir « l'égalité des parties » et de respecter le « principe de la contradiction »[23]. Sauf si cela est expressément autorisé par les textes[24], les parties ne peuvent pas non plus déroger aux dispositions qui s'adressent au juge français, qu'il s'agisse du juge d'appui ou du juge du contrôle de la sentence, ou à celles relatives à la reconnaissance ou l'exécution des sentences en France. On le voit, les parties qui se réfèrent à une loi nationale pour régler la procédure arbitrale doivent donc préciser quelles dérogations elles entendent y apporter, après avoir vérifié si ces dérogations sont possibles. Enfin, sous l'empire de l'article 1494 ancien du Code de procédure civile, la loi française peut également être choisie à titre subsidiaire, pour combler les lacunes des règles directement établies par les parties ou par un règlement d'arbitrage[25]. Et, si la loi française de procédure choisie par les parties comporte des lacunes sur tel ou tel aspect, le tribunal arbitral peut les combler en exerçant le pouvoir qu'il tient de l'article 1509, alinéa 2, du Code de procédure civile[26].

804 **Règles de procédure fixées par le tribunal arbitral.** Lorsque les parties n'ont pas exercé la faculté qu'elles tirent de l'article 1509, alinéa 1er, du Code de procédure civile de régler elles-mêmes la procédure arbitrale, ou si les dispositions arrêtées se révèlent insuffisantes, le tribunal arbitral devra lui-même déterminer les règles applicables à la procédure. Il peut le faire au début de l'instance ou plus tard, au cours de celle-ci[27]. Cette dernière façon de procéder, si elle présente l'inconvénient d'une certaine imprévisibilité juridique[28], permet de régler efficacement les difficultés procédurales au fur et

20. V. par exemple, sous l'empire des textes antérieurs à la réforme de 2011, Paris, 3 déc. 1998, *Rev. arb.* 1999, p. 601 (2e esp.), note Ch. Jarrosson ; TGI Paris (ord. réf.), 3 juin 1988, *Rev. arb.* 1994, p. 538 (2e esp.), obs. Ph. Fouchard.

21. Les parties prendront toutefois la précaution de bien préciser ces dérogations. Pour une étude détaillée de l'ancien art. 1495 CPC, qui précisait qu'étaient applicables à l'arbitrage international soumis à la loi française les Titres I II et II du livre relatif à l'arbitrage « à défaut de convention particulière », v. D. Cohen, « La soumission de l'arbitrage international à la loi française (commentaire de l'article 1495 CPC) », *Rev. arb.* 1991, p. 155.

22. E. Gaillard et P. de Lapasse, « Commentaire analytique du décret portant réforme du droit français de l'arbitrage », *Cah. arb.* 2011, p. 263, spéc. n° 77.

23. V. *infra*, n° 808 et s.

24. V, par ex., l'article 1505 CPC.

25. Sous l'empire des textes antérieurs à la réforme de 2011, v. B. Goldman, « La volonté des parties et le rôle de l'arbitre dans l'arbitrage international », *Rev. arb.* 1981, p. 469, spéc. p. 478.

26. Sous l'empire des textes antérieurs à la réforme de 2011, v. P. Bellet et E. Mezger, « L'arbitrage international dans le Code de procédure civile », *RCDIP* 1981, p. 611, spéc. p. 627.

27. Sur le sujet, P. Mayer, « Le pouvoir des arbitres de régler la procédure. Une analyse comparative des systèmes de *Civil Law* et de *Common Law* », *Rev. arb.* 1995, p. 163.

28. Cette imprévisibilité est relative puisque les parties peuvent s'attendre à ce que les arbitres adoptent très souvent les solutions des systèmes juridiques dont ceux-ci sont issus, qu'ils connaissent le mieux, au moment de régler une difficulté procédurale.

à mesure qu'elles surviennent[29]. Quoi qu'il en soit, en droit français, le tribunal arbitral a le choix, dans la limite de ce qu'il estime nécessaire, entre plusieurs solutions, calquées sur celles offertes aux parties : régler lui-même la procédure directement, se référer à un règlement d'arbitrage ou à des « règles de procédure », catégorie relativement vague, qui inclut les lois nationales mais ne s'y limite pas[30]. En pratique, les arbitres se réfèrent rarement à une loi étatique[31]. Ils préfèrent d'ailleurs généralement conserver une certaine souplesse ; aussi, ils se bornent le plus souvent à fixer au départ les règles essentielles de la procédure, celles qui permettront de résoudre les questions qui se poseront inévitablement[32], pour les compléter par la suite en fonction des nécessités de l'instance. Le tribunal arbitral peut alors s'inspirer, ou directement reprendre, de règles spécialement établies à cette fin par des associations ou organismes intéressés par le développement de l'arbitrage[33]. Pratiquement, il est conseillé au tribunal arbitral de fixer les règles de procédure qu'il entend suivre dans un document qui ne soit pas signé des parties, une ordonnance de procédure par exemple, afin d'éviter ensuite de se heurter à leur désaccord s'il lui apparaît nécessaire de les modifier[34].

805 **Règlement d'un désaccord entre les parties et le tribunal arbitral sur les règles de procédure.** Comme dans l'arbitrage interne, le tribunal arbitral disposant du pouvoir de déterminer les règles de procédure, il peut arriver qu'il se trouve en désaccord avec les parties sur celles qu'il convient d'appliquer pour conduire l'instance[35]. Une telle opposition, assez rare parce que le tribunal parvient le plus souvent à user de son autorité pour convaincre les parties, ne constitue toutefois pas une hypothèse d'école. Elle peut naître, par exemple, d'une volonté de réduire les délais de production des mémoires et des pièces, préalablement arrêtés par les litigants. Elle peut aussi résulter de ce que, malgré les dispositions prises du commun accord des litigants, le tribunal arbitral estime devoir modifier les conditions d'audition des témoins ou celles dans lesquelles sont reçus les éléments de preuve[36]. En première analyse, puisque le tribunal arbitral

29. Sur cette pratique arbitrale, v. notamment B. Goldman, « Instance judiciaire et instance arbitrale internationale », in *Études offertes à P. Bellet*, Litec, 1991, p. 219, spéc. n° 13, p. 224.

30. Avant la réforme de 2011, l'ancien article 1494 CPC prévoyait que le tribunal arbitral se réfère à « une loi ou à un règlement d'arbitrage », ce qui était plus restrictif. V. également, art. 19.2 loi-type CNUDCI et art. 17.1 règlement CNUDCI, énonçant que le tribunal arbitral doit procéder « comme il l'estime approprié ».

31. D. Hascher, « Principes et pratique de procédure dans l'arbitrage commercial international », *Rec. Cours La Haye*, 1999, spéc. p. 74 et s.

32. J.-F. Poudret, S. Besson, *Droit comparé de l'arbitrage international*, Bruylant, 2002, spéc. n° 535, p. 491.

33. Comme, par exemple, les règles sur la preuve établies le 1er juin 1999, par l'IBA (*Yearbook of Commercial Arbitration*, 1999, p. 410 ; le 29 mai 2010, l'*International Bar Association* a approuvé une version révisée de ces règles : pour un commentaire, v. D. Bensaude, « Présentation des règles *IBA* 2010 sur l'administration de la preuve », *Rev. arb.* 2011, p. 1109 (avec le texte reproduit en français p. 1149) ; J. Gill QC, G. S. Tawil, R. Kreindler, « The 2010 Revisions to the IBA Rules on the Taking of Evidence in International Arbitration », *Cah. arb.* 2011, p. 23 ; v. aussi, les divers articles consacrés à cette version révisée in *International Arbitration Law Review*, vol. 13, n° 5, 2010), ou celles listées par l'« Aide-mémoire de la CNUDCI sur l'organisation des procédures arbitrales » de 1996 (*Rev. arb.* 1998, p. 273, obs. Ph. Fouchard).

34. D. Hascher, « Principes et pratique de procédure dans l'arbitrage commercial international », préc., spéc. p. 112.

35. Pour l'arbitrage interne, v. *supra*, n° 372.

36. Pour une étude détaillée, v. G. Kauffmann-Kohler, « Qui contrôle l'arbitrage ? Autonomie des parties, pouvoirs des arbitres et principe d'efficacité », in *Liber Amicorum Claude Reymond autour de*

puise son pouvoir de juger dans la convention des parties, le conflit semble nécessairement devoir être résolu en faveur de celles-ci[37]. Il a d'ailleurs déjà été jugé que le tribunal arbitral est tenu par l'accord des parties sur la procédure applicable[38]. Mais, si l'on s'attache à la fonction juridictionnelle qui lui est dévolue, il faut alors tempérer cette dépendance dans laquelle il se trouve à l'endroit des parties : il doit bénéficier d'une marge de manœuvre pour remplir correctement sa mission[39]. Aussi, pour des raisons déjà exposées[40], à la solution qui consiste à toujours laisser le dernier mot aux parties dans la conduite de l'instance, on peut en préférer une autre, ne limitant la liberté du tribunal arbitral pour régler la procédure que par les seules dispositions procédurales arrêtées par les parties, soit avant le début de l'instance, notamment dans la convention d'arbitrage, soit au tout début de celle-ci, par exemple dans un acte de mission[41]. Pour le reste, le pouvoir d'initiative du tribunal arbitral devrait rester entier.

806 **Effectivité du pouvoir du tribunal arbitral pour régler la procédure.** L'existence du pouvoir du tribunal arbitral, pour organiser la procédure, pose une autre question : celle de son effectivité alors même qu'il ne peut pas contraindre les parties à exécuter ses décisions[42]. Certes, la jurisprudence a reconnu aux arbitres le pouvoir de prononcer une injonction de faire ou une astreinte[43]. L'article 1467, alinéa 3, du Code de procédure civile, issu de la réforme du 13 janvier 2011, auquel renvoie l'article 1506.3° pour l'arbitrage international, énonce que « si une partie détient un élément de preuve, le tribunal arbitral peut lui enjoindre de le produire selon les modalités qu'il détermine et au besoin à peine d'astreinte ». Plus largement, l'article 1468, auquel l'article 1506.3° se réfère aussi, offre la possibilité au tribunal arbitral d'ordonner aux parties, « dans les conditions qu'il détermine et au besoin à peine d'astreinte, toute mesure conservatoire ou provisoire qu'il juge opportune ». Il peut donc enjoindre aux

l'arbitrage. Mélanges offerts à Cl. Reymond, Litec, 2004, p. 153, spéc. p. 154 ; Ph. Pinsolle et R. H. Kreindler, « Les limites du rôle de la volonté des parties dans la conduite de l'instance arbitrale », *Rev. arb.* 2003, p. 41, spéc. p. 44.

37. Pour une étude du droit comparé sur cette question, v. G. Kauffmann-Kohler, « Qui contrôle l'arbitrage ? Autonomie des parties, pouvoirs des arbitres et principe d'efficacité », préc., spéc. p. 155-159, qui constate que les conventions internationales, les droits nationaux et les règlements d'arbitrage convergent sur cette question.

38. Paris, 19 mai 1998, *Rev. arb.* 1999, p. 601, note Ch. Jarrosson.

39. Ch. Jarrosson, note sous Cass. 1re civ., 8 mars 1988, *Rev. arb.* 1989, p. 481.

40. V. *supra*, n° 372.

41. C'est la solution consacrée par l'art. 816 bis du Code de procédure civil italien. Une autre solution a été proposée (J.-F. Poudret, S. Besson, *Droit comparé de l'arbitrage international*, Bruylant, 2002, spéc. n° 531, p. 488). Elle est directement inspirée de l'art. 21 de la loi suédoise sur l'arbitrage de 1999, et consiste à autoriser l'arbitre à ne pas respecter l'accord des parties s'il fait obstacle au bon déroulement de la procédure arbitrale.

42. V. *supra*, n° 373. V. aussi J.-F. Poudret, S. Besson, *Droit comparé de l'arbitrage international*, Bruylant, 2002, spéc. n° 538-541, p. 493-496.

43. Paris, 19 janv. 2016, *Rev. arb.* 2016, p. 351, qui relève notamment que la liquidation de l'astreinte, préalablement ordonnée par le tribunal arbitral, a un fondement contractuel, et que le caractère obligatoire de l'astreinte prononcée procède des effets du contrat d'arbitrage sans que l'efficacité de la décision soit subordonnée à un exequatur ; Paris, 7 oct. 2004, *Rev. arb.* 2004, p. 982 ; *D.* 2005, Pan., p. 3062, obs. Th. Clay ; *JDI* 2005, p. 341, note A. Mourre et P. Pedone ; JCP G 2005, I, 134, n° 5 et 7, obs. J. Ortscheidt, qui relève que « le prononcé d'astreintes ou d'injonctions... constitue un prolongement inhérent et nécessaire à la fonction de juger pour assurer une meilleure efficacité au pouvoir juridictionnel et ne caractérise aucun dépassement de la mission de l'arbitre ». V. aussi Paris, 19 mai 1998, *Rev. arb.* 1999, p. 601 (1re esp.), note Ch. Jarrosson.

parties d'exécuter telle ou telle mesure pour assurer le déroulement de l'instance et, le cas échéant, assortir son injonction d'une astreinte[44]. Mais en cas de refus de leur part, le tribunal arbitral ne peut les obliger à obtempérer à sa demande. Dans une telle hypothèse, on peut certes penser que, comme en matière d'arbitrage interne, il pourra tenir compte de ce refus, notamment lorsqu'il a demandé la production d'un élément de preuve, au moment de se prononcer sur le fond sur la question dont dépendait l'exécution de sa décision[45]. À court terme, cependant, ce type de sanction du comportement d'une partie refusant de collaborer loyalement à l'arbitrage n'évite pas la paralysie de la procédure. Plus sûrement, pour en assurer l'effectivité, le tribunal arbitral peut aujourd'hui couler sa décision, qui présente un caractère provisoire, limitée à l'instance, dans une véritable sentence arbitrale[46]. Celle-ci, assortie de l'autorité de la chose jugée[47], pourra alors ensuite recevoir l'exequatur, ce qui permettra d'exercer des mesures d'exécution forcée pour contraindre la partie récalcitrante[48].

Dans tous les cas, lorsqu'il est lié par la volonté des parties, le tribunal arbitral expose sa sentence à la censure, ou à un refus d'exequatur en France, s'il méconnaît les règles de procédure qu'elles ont choisies. La sentence peut alors être annulée sur le fondement de l'article 1520.3° du Code de procédure civile[49], pour non-respect de sa mission par le tribunal arbitral[50]. Mais, en principe, l'annulation ne pourra intervenir que si, d'une part, la partie qui se prévaut de cette méconnaissance avait protesté en temps utile au cours de l'arbitrage. À défaut, elle sera réputée avoir renoncé à se prévaloir de l'irrégularité devant le juge. La jurisprudence a en effet consacré cette fin de non-recevoir[51], aujourd'hui reprise par l'article 1466 du Code de procédure civile, qui est applicable dans l'arbitrage international par renvoi l'article 1506.3°[52]. D'autre part, l'annulation n'est prononcée qu'à supposer que le non-respect de la procédure arbitrale par le tribunal arbitral a causé un grief, c'est-à-dire qu'elle a eu une incidence sur l'issue du litige[53].

807 **Efficacité de la sentence et limites à la liberté dans la fixation des règles de procédure.** Le souci d'assurer un minimum d'efficacité à la sentence arbitrale peut conduire les parties, ou le tribunal arbitral, à s'autolimiter dans la détermination des règles de procédure, en prenant en considération les dispositions de la loi du siège du tribunal arbitral qui revêtent un caractère impératif[54]. Les litigants et le tribunal ont en

44. Paris, 19 janv. 2016, *Rev. arb.* 2016, p. 351.

45. V. *supra*, n° 373.

46. Dans son arrêt précité du 7 oct. 2004, la cour d'appel de Paris a en effet décidé que « le tribunal arbitral s'est définitivement prononcé le 4 avril 2002 sur la demande de mesures conservatoires qui lui avait été présentée par les sociétés Carlyle, la limitation des mesures ordonnées à la durée de l'instance ne remettant pas en cause l'autorité de la chose jugée de sa décision, que les arbitres ont pu exprimer sous forme de sentence, choix de procédure auquel aucune des parties ne s'est opposée, leur pouvoir de juger d'une demande d'urgence qui participe à la résolution du litige ».

47. V. *infra*, n° 913 et s.

48. Sur l'exequatur de la sentence, v. *infra*, n° 940 et s.

49. V. aussi, art. V (1) (d) de la Convention de New York.

50. Plus généralement, sur ce grief, v. *infra*, n° 994 et s.

51. V. notamment, Cass. 2e civ., 11 juill. 2002, *Bull. civ.* II, n° 161 ; JCP G 2003, I, 105, spéc. n° 8, obs. J. Ortscheidt.

52. Sur cette fin de non-recevoir, v. *supra*, n° 524 et *infra*, n° 977.

53. Paris, 28 avr. 1988, *Rev. arb.* 1989, p. 280, note L. Idot ; Cass. 2e civ., 17 juin 1981, *Rev. arb.* 1985, p. 458, obs. Th. Bernard ; Paris, 15 nov. 1979, *Rev. arb.* 1980, p. 513, note J. Viatte.

54. Sur cette question, v. aussi Ph. Fouchard, E. Gaillard, B. Goldman, *Traité de l'arbitrage commercial international*, Litec, 1996, n° 1193 et s., p. 660 et s.

effet intérêt à respecter les règles de procédure impératives du droit du pays dans lequel siège le tribunal arbitral puisque c'est en principe dans celui-ci que la sentence peut faire l'objet d'un recours en annulation, dont le succès risquerait, ensuite, de compromettre l'efficacité internationale de la sentence. Bien entendu, le tribunal arbitral siégeant dans un pays où les règles impératives sont rares ressentira moins profondément cette contrainte. Il en est notamment ainsi de celui siégeant en France, où seuls quelques grands principes de procédure doivent être respectés, et probablement davantage dans leur esprit que dans la lettre des dispositions du droit français qui les énoncent. Un tribunal arbitral prudent devrait néanmoins s'attacher à les respecter, peu important la volonté exprimée par les parties. Tout dépendra en réalité du degré de contrainte que le droit du siège entend faire peser sur les arbitrages se déroulant sur son territoire. Le plus souvent, le droit du siège n'imposera aux procédures arbitrales se déroulant sur son territoire que le respect des garanties fondamentales de procédure. Toujours par souci d'efficacité, le tribunal arbitral pourrait également s'interroger sur les grands principes de justice s'imposant aux lieux d'exécution prévisibles de la sentence, afin de ne pas compromettre cette exécution. Une fois encore, il est probable que le juge du pays d'exécution de la sentence admette une certaine souplesse quant à la procédure suivie dans l'arbitrage, et n'impose pas un respect scrupuleux de toutes ses règles de procédure. Il réservera plus sûrement le respect de grands principes constitutifs de son ordre public procédural. Ainsi, la liberté reconnue aux parties et aux arbitres dans la conduite de la procédure arbitrale trouve essentiellement sa limite dans le fait que certains principes d'ordre procédural, considérés comme fondamentaux par le juge susceptible d'opérer un contrôle sur la sentence, doivent être respectés dans toute instance arbitrale internationale.

§ 2. LES PRINCIPES FONDAMENTAUX APPLICABLES À TOUTE PROCÉDURE ARBITRALE

808 **Une approche « dénationalisée » des principes fondamentaux dans l'arbitrage international.** Tous les droits de l'arbitrage imposent le respect de certains principes de procédure qu'ils considèrent comme fondamentaux[55]. Il a ainsi été constaté que les parties disposaient toujours du droit d'être entendu, de connaître les moyens et preuves de l'autre partie, du droit de participer à l'administration des preuves et que devaient être systématiquement respectés les principes de la contradiction et de l'égalité des parties[56]. Toutefois, ces principes fondamentaux, sans doute de justice naturelle, n'ont pas toujours le même sens ou la même portée selon le droit considéré. Et, même à l'intérieur d'un système juridique donné, ils peuvent ne pas être parfaitement identiques selon que l'arbitrage se déroule ou non sur le territoire de l'État ou selon que le litige présente ou non un élément d'extranéité.

Le droit français n'impose que très peu d'exigences relatives à la procédure dans l'arbitrage international. Et, même lorsque l'arbitrage est soumis à la loi française de procédure, il demeure possible de déroger aux règles prévues par le Code de procédure

55. J.-F. Poudret, S. Besson, *Droit comparé de l'arbitrage international*, Bruylant, 2002, spéc. n° 546, p. 498.

56. J.-F. Poudret, S. Besson, *Droit comparé de l'arbitrage international*, préc., spéc. n° 547-554, p. 499-508.

civile pour l'arbitrage interne, qui perdent ainsi leur caractère impératif[57]. Mais cette faculté offerte aux parties et au tribunal arbitral connaît toutefois des limites, qui, avant la réforme de 2011, étaient indirectement énoncées par les textes relatifs à la reconnaissance et l'exécution des sentences rendues à l'étranger ou en matière d'arbitrage international[58]. L'article 1502.4° ancien du Code de procédure civile prévoyait qu'une sentence pouvait être annulée ou ne pas être reconnue en France si « le principe de la contradiction n'a pas été respecté ». Ce grief est aujourd'hui repris par l'article 1520.4°. Surtout, l'article 1510 du Code de procédure civile dispose très clairement : « Quelle que soit la procédure choisie, le tribunal arbitral garantit l'égalité des parties et respecte le principe de la contradiction ». Au vrai, les garanties procédurales imposées par le droit français dans l'arbitrage international découlent essentiellement du principe de la contradiction[59]. Cela ne signifie nullement que les règles du Code de procédure civile relatives au principe de la contradiction sont applicables telles quelles dans l'arbitrage international. Déjà, en matière d'arbitrage interne, l'article 1464, alinéa 2, du Code de procédure civile marque un certain assouplissement en énonçant que « les principes directeurs du procès énoncés aux articles 4 à 10, au premier alinéa de l'article 11, aux deuxième et troisième alinéas de l'article 12 et aux articles et 13 à 21, 23 et 23-1 » sont « toujours applicables », et non que ces articles eux-mêmes sont applicables[60]. L'assouplissement ne peut qu'être plus marqué encore dans l'arbitrage international. En réalité, le respect des principes fondamentaux de procédure y sera apprécié par le juge français exerçant un contrôle sur la sentence en vertu de règles matérielles du droit français de l'arbitrage international, indépendamment des stipulations précises d'un droit étatique. Cette approche matérielle est également celle de la Convention de New York, qui retient que la sentence arbitrale ne pourra être reconnue lorsque « la partie contre laquelle la sentence est invoquée n'a pas été dûment informée de la désignation de l'arbitre ou de la procédure d'arbitrage, ou qu'il lui a été impossible, pour une autre raison, de faire valoir ses moyens ». Selon la même logique, l'article 18 de la loi-type CNUDCI dispose que « chaque partie doit avoir la possibilité de faire valoir ses droits ». On peut donc considérer que c'est le « noyau dur » du principe de la contradiction, commun à la plupart des systèmes juridiques, qui doit être respecté par le tribunal arbitral et que, de son côté, le juge français n'entend pas nécessairement imposer aux arbitrages internationaux la vision de ce principe retenue par le droit interne français. Ensuite, la sentence pourra aussi être annulée ou ne pas être reconnue si la solution qu'elle consacre heurte les exigences de l'ordre public international français, en application de l'article 1520.5° de ce code[61]. La prise en compte de ces exigences entraîne, là aussi, la nécessité pour les parties et l'arbitre de respecter certains principes fondamentaux de procédure.

57. V. *supra*, n° 764.

58. Sur ces textes, v. *infra*, n° 940 et s.

59. Sur le sujet, v. C. Chainais, « L'arbitre, le droit et la contradiction : l'office du juge arbitral à la recherche de son point d'équilibre », *Rev. arb.* 2010, p. 3 ; C. Kessedjian, « Principe de la contradiction et arbitrage », *Rev. arb.* 1995, p. 381 ; S. Guinchard, « L'arbitrage et le respect du principe du contradictoire », *Rev. arb.* 1997, p. 185. Ces garanties procédurales s'imposent même à l'arbitre qui a reçu les pouvoirs d'amiable compositeur : Paris, 7 nov. 1996, *Rev. arb.* 1997, p. 240 (8e esp.) ; sur les « aménagements » possibles du principe de la contradiction dans le cas des arbitrages dits « de qualité », v. Paris, 16 janv. 1996, *Rev. arb.* 1997, p. 239 (4e esp.).

60. Sur l'application des principes directeurs du procès dans l'arbitrage interne, v. *supra*, n° 375 et s.

61. Art. 1502.5° ancien CPC.

A. LES OBLIGATIONS DÉCOULANT DU PRINCIPE DE LA CONTRADICTION

809 **Identité des obligations issues du principe de la contradiction en droit de l'arbitrage interne et international.** Même entendu de façon « dénationalisée », le principe de la contradiction impose des obligations relativement contraignantes dans l'arbitrage international qui, pratiquement, sont par nature identiques à celles supportées par les parties et le tribunal arbitral dans l'arbitrage interne[62]. Il est vrai qu'il s'agit d'un principe fondamental de justice qui, comme l'a jugé la cour d'appel de Paris, permet d'assurer la loyauté des débats et le caractère équitable du procès, en empêchant qu'une décision soit rendue sans que chaque partie ait été en mesure de faire valoir ses prétentions, de fait et de droit, de connaître celles de l'adversaire et de les discuter, ou qu'une écriture ou un document ait été porté à la connaissance du tribunal arbitral sans être également communiqué à l'autre partie, et en veillant à ce qu'aucun moyen de fait ou de droit ne soit soulevé d'office sans que les parties aient été appelées à le commenter[63].

810 **Le droit pour les parties d'être entendues ou appelées.** Ainsi, ce principe implique tout d'abord que, dès le début de l'instance arbitrale, une partie soit informée de la procédure arbitrale engagée contre elle[64]. Dès lors, l'acte introductif de l'instance arbitrale doit lui être notifié[65]. Aucune forme particulière ne s'impose *a priori* pour cette notification. Néanmoins, les règlements d'arbitrage prévoient très souvent des formes particulières à cet égard, qui s'imposent tant aux parties qu'aux arbitres dès que le règlement en question est applicable[66]. La procédure peut se dérouler par défaut, mais doit toujours être contradictoire, étant observé que la partie qui refuse de participer à l'instance ne pourra pas, ensuite, se prévaloir des éventuelles irrégularités l'affectant, à condition toutefois qu'elle ait été informée des développements de l'instance arbitrale[67]. Il a par exemple été jugé qu'un tribunal arbitral ne peut prononcer la dissolution d'une société sans la mettre en cause et que ce moyen est d'ordre public international et peut être invoqué pour la première fois devant le juge du contrôle de la sentence[68]. Le principe implique ensuite que chacune des parties ait été en mesure de faire valoir ses prétentions et ses moyens de fait et de droit, de connaître ceux de son adversaire et de les discuter[69]. Certaines énonciations de la sentence ont, à cet égard, une force probante particulière[70] : elles font foi des énonciations qu'elles contiennent quant au déroulement de la procédure et, notamment, à la possibilité qui a été donnée à une partie de faire

62. Sur lesquelles, v. *supra*, nº 386 et s.

63. Paris, 14 juin 2007, *Rev. arb.* 2007, p. 644.

64. Paris, 7 févr. 1991, *Rev. arb.* 1992, p. 634, obs. J. Pellerin ; Paris, 25 mars 1983, *Rev. arb.* 1984, p. 363, note J. Robert. Plus largement, sur la question, v. A. Dimolitsa, « L'office de l'arbitre dans les procédures par défaut », *Cah. arb.*, vol. V, Pedone, 2011, p. 68.

65. Paris, 14 sept. 1994, *RTD com.* 1995, p. 753, obs. É. Loquin ; Paris, 14 févr. 1985, *Rev. arb.* 1987, p. 325, note P. Level.

66. Cass. 1re civ., 5 mars 2008, *JCP* G 2008, I, 164 nº 5, obs. J. Ortscheidt ; *D.* 2008, Pan., p. 3111, obs. Th. Clay ; Paris, 14 févr. 1985, *Rev. arb.* 1987, p. 325, note P. Level.

67. Paris, 21 avr. 2005, *JCP* G 2005, I, 179, nº 5, obs. Ch. Seraglini.

68. Paris, 20 janv. 2015, *Rev. arb.* 2015, p. 797 (3e esp.), note D. Cohen.

69. Paris, 16 janv. 2003, *JDI* 2004, p. 161, note C. Kessedjian ; Paris, 1er juill. 1999, *Rev. arb.* 1999, p. 834, note Ch. Jarrosson.

70. Plus généralement, sur la force probante attachée aux énonciations de la sentence, v. *infra*, nº 917.

valoir ses moyens[71]. Et si les mentions de la sentence relatives aux communications du tribunal arbitral aux parties ne valent pas jusqu'à inscription de faux, elles ne sont pas dénuées de force probante. Si la sentence précise que les communications ont été reçues des parties, elles font présumer cette réception et la partie qui conteste ce fait doit prouver le contraire, par tous moyens[72]. C'est en effet à la partie qui fait valoir qu'elle n'a pas été régulièrement invitée à participer à la procédure, ou n'a pas été rendue destinataire de l'ensemble des communications du tribunal arbitral, de l'établir[73]. Le tribunal arbitral doit aussi laisser aux parties le temps utile pour faire valoir leurs prétentions et moyens. Mais contrairement à ce qui est retenu par d'autres législations[74], une telle exigence n'implique pas, au regard du droit français, que les parties, ou leurs conseils, aient eu la possibilité d'être entendus oralement par le tribunal arbitral, l'argumentation pouvant être présentée par écrit[75]. Toutefois, dans la pratique de l'arbitrage international, les débats oraux sont fréquents[76]. D'ailleurs, de nombreux règlements d'arbitrage prévoient que l'audience orale est organisée si l'une des parties la réclame[77].

811 **Les communications entre parties.** Le principe de la contradiction gouverne également les relations entre les parties. Aussi, le tribunal arbitral doit s'assurer que chaque partie a été mise en mesure de connaître l'ensemble des documents communiqués au tribunal par son adversaire[78]. Les communications contradictoires doivent en principe être spontanées, dans un délai permettant aux autres parties de prendre connaissance des mémoires et pièces et, le cas échéant, d'y répondre[79]. Compte tenu de l'absence de formalisme de la procédure arbitrale, la preuve du respect d'une telle exigence peut être difficile à établir. Aussi, la jurisprudence française décide qu'il doit être présumé que des demandes ou des conclusions analysées ou visées dans une sentence ont été régulièrement versées aux débats[80], et qu'il appartient dès lors à celui qui prétend que le principe de la contradiction n'a pas été respecté de prouver que les éléments d'information utilisés par les arbitres n'ont pas été soumis au débat contradictoire[81]. En outre, il a été jugé que le tribunal arbitral méconnaît le principe de la contradiction lorsqu'il se

71. Paris, 24 mars 2005, *JCP* G 2005, I, 179, n° 7, obs. J. Ortscheidt. V. aussi, Paris, 3 juill. 2008, *Rev. arb.* 2008, p. 836 ; Paris, 28 févr. 2008, *D.* 2008, p. 1325, note R. Meese ; *D.* 2008, Pan., p. 3111, obs. Th. Clay ; *RTD com.* 2008, p. 516, obs. É. Loquin ; JCP E 2008, p. 1582, note Ch. Caron.

72. Cass. 1re civ., 5 nov. 2014, *Cah. arb.* 2015, p. 57, note J. Barbet ; *Procédures* 2015, comm. 44, obs. L. Weiller. Il a été justement noté que la preuve de ce fait négatif, soit le défaut de réception des communications du tribunal arbitral, est certainement impossible (J. Barbet, note préc, spéc. p. 61). V. aussi : Paris, 25 mars 1983, *Rev. arb.* 1984, p. 363, note J. Robert.

73. Cass. 1re civ., 5 nov. 2014, préc.

74. Sur lesquelles, v. J.-F. Poudret, S. Besson, *Droit comparé de l'arbitrage international*, Bruylant, 2002, n° 547, p. 500.

75. Paris, 12 juill. 1971, *Rev. arb.* 1973. 74, note Ph. Fouchard.

76. Sur cette pratique, v. Ph. Fouchard, E. Gaillard, B. Goldman, *Traité de l'arbitrage commercial international*, Litec, 1996, n° 1296 et s., p. 720 et s.

77. V. notamment, art. 25.2 et 25.6 du règlement CCI de 2017 ; art. 19.1 du règlement LCIA ; art. 17.3 du règlement CNUDCI. Le règlement CIRDI prévoit une phase écrite puis une phase orale (art. 29-32). Certaines lois sur l'arbitrage prévoient aussi cette faculté pour les parties de solliciter l'organisation d'une audience : art. 30.1 de la loi espagnole sur l'arbitrage de 2003 ; art. 24 de la loi suédoise sur l'arbitrage de 1999 ; art. 24-1 de la loi-type CNUDCI.

78. En ce sens également, v. loi-type CNUDCI, art. 24.3.

79. V. *supra*, n° 388.

80. Cass. 2e civ., 28 janv. 1970, *Bull. civ.* II, n° 33 ; *Rev. arb.* 1973, p. 67.

81. Paris, 13 janv. 1984, *Rev. arb.* 1984, p. 530, obs. Th. Bernard. V. aussi, Cass. 2e civ., 30 sept. 1999, *Rev. arb.* 2000, p. 267, note J.-G. Betto ; Cass. 2e civ., 31 janv. 1996, *Rev. arb.* 1997, p. 239 (1re esp.).

fonde sur un rapport d'expertise qu'il a ordonné, auquel étaient annexées des pièces produites par une partie, partiellement traduites dans la langue de l'arbitrage par le président du tribunal arbitral lui-même, ne mettant pas l'autre partie en mesure de discuter utilement l'intégralité des pièces portées à la connaissance des arbitres[82].

812 **La contradiction et le tribunal arbitral.** Les exigences imposées par le principe de la contradiction, notamment envers le tribunal arbitral, lors de l'instruction d'une instance arbitrale ont été résumées par la cour d'appel de Paris de la manière suivante : « La juridiction arbitrale doit impérativement respecter et faire respecter le principe de la contradiction ; ce principe suppose que chaque partie ait été en mesure de faire valoir ses moyens de fait et de droit, de connaître ceux de son adversaire et de les discuter, ensuite qu'aucune écriture et qu'aucun document n'ait été porté à la connaissance des arbitres sans être également communiqué à l'autre partie, enfin qu'aucun moyen, de fait ou de droit, ne soit relevé d'office par le tribunal arbitral sans que les parties aient été invitées à présenter leurs observations »[83]. Autrement dit, rien de ce qui sert à la décision du tribunal arbitral ne doit échapper au débat contradictoire[84]. Le respect du principe de la contradiction lui impose donc, notamment, de n'appliquer d'office aucun moyen de fait ou de droit sans le soumettre à la discussion préalable des parties[85], par exemple des dispositions d'un règlement d'arbitrage[86], ou encore de ne pas conduire d'investigations personnelles sur les faits de la cause sans en référer aux parties[87]. Le tribunal arbitral ne peut modifier ni le fondement de l'indemnisation demandée[88], ni plus largement le fondement juridique de la demande[89], ni le taux d'intérêt conventionnel[90], ni d'ailleurs fixer ces intérêts à un taux différent de celui discuté[91], sans débat contradictoire préalable. Et, s'il a un temps été jugé que le tribunal arbitral n'avait pas à interroger les parties sur un moyen de droit qu'il relevait mais qui était « nécessairement dans la cause » ou « dans le débat »[92], cette jurisprudence semble

82. Cass. 1re civ., 18 mars 2015, *Rev. arb.* 2015, p. 632, qui rejette le pourvoi formé contre : Paris, 2 avr. 2013, *Rev. arb.* 2014, p. 106, note L. Jaeger ; *JCP* G 2013, 800, note C. Duclercq ; *D.* 2013, Pan., p. 2936, obs. Th. Clay. V. également, É. Loquin, « La traduction dans l'arbitrage international », *Rev. arb.* 2018, p. 319, spéc. nº 23 et s., p. 329 et s.

83. Paris, 16 janv. 2003, *JDI* 2004, p. 161, note K. Kessedjian. V. aussi, Paris, 1er juill. 1999, *Rev. arb.* 1999, p. 834, note Ch. Jarrosson ; Paris, 13 janv. 1999, *Rev. arb.* 1999, p. 601 (3e esp.), note Ch. Jarrosson.

84. Paris, 25 nov. 1999, *Rev. arb.* 2001, p. 165, note D. Cohen. V. cependant, Cass. 1re civ., 6 mai 2009, *Rev. arb.* 2009, p. 439, qui écarte toute violation de principe de la contradiction lorsque le moyen se trouve dans un motif surabondant de la sentence.

85. V. notamment, Cass. 1re civ., 29 juin 2011, *Rev. arb.* 2011, p. 678, note C. Chainais ; *Cah. arb.* 2012, p. 183, note N. Mayer Fabre ; Cass. 1re civ., 23 juin 2010, *Rev. arb.* 2011, p. 442, note C. Chainais ; Paris, 19 juin 2008, *JCP* G 2008, I, 222, nº 6, obs. J. Béguin ; pour d'autres exemples, v. *supra*, nº 389. V. aussi, D. Bensaude, « Les moyens relevés d'office par l'arbitre en arbitrage international », *Cah. arb.*, vol. III, *Gaz. Pal.* éd. 2006, p. 45.

86. Cass. 1re civ., 26 juin 2013, *Rev. arb.* 2013, p. 1022, note M. Laazouzi.

87. Cass. 2e civ., 10 nov. 1998, *Bull. civ.* II, nº 266.

88. Cass. 1re civ., 1er juin 2017, *Rev. arb.* 2017, p. 1073, qui rejette le pourvoi formé contre Paris, 15 mars 2016, *Rev. arb.* 2017, p. 215, note J.-B. Racine ; Cass. 1re civ., 29 juin 2011, *Rev. arb.* 2011, p. 678, note C. Chainais.

89. Paris, 3 sept. 2013, *Rev. arb.* 2013, p. 822.

90. Cass. 1re civ., 12 oct. 2011, *Rev. arb.* 2012, p. 91 (1re esp.), note É. Loquin.

91. Paris, 22 sept. 2015, *Rev. arb.* 2015, p. 880, obs. P. Giraud.

92. Cass. 1re civ., 19 nov. 2002, *Rev. arb.* 2004, p. 589 ; Paris, 27 nov. 1997, *Rev. arb.* 1998, p. 684, note G. Bolard ; Cass. 1re civ., 28 févr. 1995, *Rev. arb.* 1995, p. 597, note D. Bureau ; Paris, 25 mars, 28 mai et 3 juin 1993, *Rev. arb.* 1995, p. 468.

aujourd'hui abandonnée[93]. Toutefois, même s'il est aujourd'hui plus strictement appliqué, le principe de la contradiction n'oblige pas les arbitres à soumettre le raisonnement juridique qui étaye la motivation de leur sentence à une discussion préalable et contradictoire des parties[94]. Enfin, la jurisprudence estime que si les parties doivent en principe pouvoir être présentes lors des opérations d'expertise, « l'absence d'une des parties aux opérations d'expertise arbitrale n'est pas à elle seule susceptible de donner lieu à annulation de la sentence lorsque le rapport a bien été soumis à une discussion contradictoire »[95].

B. LES OBLIGATIONS DÉCOULANT DU RESPECT DE L'ORDRE PUBLIC PROCÉDURAL

813 **Égalité des parties.** L'ordre public international français recouvre certaines règles de procédure. Ce sont celles « en l'absence desquelles on ne pourrait parler de justice », qui « transcendent tous les particularismes techniques et nationaux »[96]. Plus largement, ce sont les principes et règles à défaut desquelles il ne peut exister de véritable procès équitable. Au premier rang de ceux-ci, figure d'abord l'égalité des parties[97]. L'article 1510 du Code de procédure civile, issu du décret du 13 janvier 2011, énonce en ce sens que « quelle que soit la procédure choisie, le tribunal arbitral garantit l'égalité des parties ». Il doit donc toujours veiller à traiter les parties sur un pied d'égalité[98]. La portée de ce principe, indissociablement lié à la fonction de dire le droit, est identique dans l'arbitrage interne et international[99]. Elle implique notamment une « égalité des armes », « qui représente un élément du procès équitable protégé par l'ordre public international » et qui implique « l'obligation d'offrir à chaque partie une possibilité raisonnable de présenter sa cause, dans des conditions qui ne la placent pas dans une situation de net désavantage par rapport à son adversaire »[100]. Ainsi, la cour d'appel de Paris a annulé une sentence arbitrale pour méconnaissance du principe de l'égalité des armes, le tribunal ayant refusé de surseoir à statuer pour laisser à un État partie à l'arbitrage, en état de guerre, le temps nécessaire pour organiser sa défense, en relevant notamment « que le défaut de production d'éléments de preuve en défense ne doit pas avoir pour effet de priver la partie demanderesse de son droit de faire juger le bien-fondé de ses prétentions », « que, toutefois, la mise en œuvre de ce principe doit s'apprécier au cas par cas, en respectant l'égalité des armes, qui est un élément du procès équitable protégé par l'ordre public international », « qu'il incombe aux arbitres de rechercher, au cas par cas, un juste équilibre entre le droit de la partie demanderesse de voir examiner ses prétentions dans un délai raisonnable et le droit de la partie défenderesse d'organiser utilement sa défense » et « qu'il appartenait au tribunal

93. V. aussi, C. Chainais, note sous Cass. 1re civ., 23 juin 2010, *Rev. arb.* 2011, p. 442.

94. Paris, 18 janv. 2007, *Rev. arb.* 2007, p. 134 ; Cass. 1re civ., 14 mars 2006, *JCP* G 2006, I, 148, n° 8, obs. J. Ortscheidt ; *Rev. arb.* 2006, p. 653, note G. Bolard ; Paris, 25 mars 2004, *Rev. arb.* 2004, p. 671, note J. Ortscheidt ; Paris, 12 févr. 2004, *Rev. arb.* 2004, p. 448 ; Paris, 19 sept. 2002, *Rev. arb.* 2004, p. 619 ; Paris, 23 mai 2002, *Rev. arb.* 2002, p. 971, note J.-B. Racine.

95. Paris, 6 févr. 1997, *Rev. arb.* 1997, p. 556, note P. Mayer.

96. B. Oppetit, *Théorie de l'arbitrage*, PUF, 1998, spéc. p. 29.

97. D. Hascher, « Principes et pratique de procédure dans l'arbitrage commercial international », *Rec. Cours La Haye*, 1999, spéc. p. 126 et s. ; J.-F. Poudret, S. Besson, *Droit comparé de l'arbitrage international*, Bruylant, 2002, n° 554, p. 507.

98. Paris, 19 janv. 1999, *Rev. arb.* 1999, p. 601, note Ch. Jarrosson.

99. V. *supra*, n° 394 et s.

100. Paris, 12 juin 2003, *Rev. arb.* 2004, p. 887 (2e esp.), note D. Bensaude.

d'adapter le devoir de célérité dans la conduite de l'arbitrage à ces événements exceptionnel, alors surtout que les sociétés allemandes, qui ne prétendaient pas avoir traversé de semblables tribulations, avaient attendu quinze ans pour introduire en novembre 2003, huit mois après le début de la guerre, une demande fondée sur une pièce datant de décembre 1988 », de sorte que l'État en cause s'est trouvé placé « dans une situation substantiellement désavantageuse par rapport à ses adversaires »[101]. L'égalité entre les parties, lorsqu'elle est combinée avec le droit d'accès au juge, oblige également le tribunal arbitral, selon ce qui ressort d'un arrêt de la Cour de cassation du 28 mars 2013, à examiner les demandes reconventionnelles d'une partie impécunieuse, qui n'a par exemple pas réglé l'avance des frais à laquelle elle devait procéder en application du règlement d'arbitrage, si lesdites demandes reconventionnelles sont « indissociables » des demandes principales[102].

814 **Protection des droits de la défense et célérité de la procédure.** Les droits de la défense ne se limitent pas au principe de la contradiction, qu'ils englobent[103]. Ils recouvrent notamment l'exigence d'un tribunal impartial et indépendant, la célérité et l'équité de la procédure. Ces exigences doivent être respectées par le tribunal arbitral et les parties en matière d'arbitrage international[104]. Elles sont en effet imposées par l'article 6 § 1 de la Convention européenne de sauvegarde des droits de l'homme et des libertés fondamentales et, si ce texte n'oblige pas directement l'arbitre, il exerce au moins sur lui une contrainte indirecte : sa sentence pourra être annulée, en ce qu'elle heurte l'ordre public international français, si elle méconnaît ouvertement les exigences qui en résultent[105]. Le procès arbitral doit donc toujours être équitable[106], ce qui oblige parfois les arbitres à devoir concilier les droits de la défense d'une partie avec des dispositions qui protègent la confidentialité de certains documents dans l'intérêt de la sécurité ou de la défense nationale, afin que, dans une instance arbitrale internationale, un État, ses organes ou les personnes assujetties au respect de ces règles, souvent pénalement sanctionnées, ne se trouvent pas « en situation de devoir divulguer des informations confidentielles ou d'être privé(e)s des moyens de présenter utilement leur défense »[107].

101. Paris, 8 nov. 2016, *Rev. arb.* 2016, p. 1213 ; *Cah. arb.* 2017, p. 487, note P. Giraud.

102. Cass. 1re civ., 28 mars 2013, *Rev. arb.* 2013, p. 746, note F.-X. Train ; *JCP* G 2013, Act. 408, obs. J. Béguin, et 559, note J. Béguin et H. Wang ; *Cah. arb.* 2013, p. 479, note A. Pinna, et 585, note d'audience av. gén. P. Chevalier ; *Procédures* 2013, comm. 189, note L. Weiller ; *JCP* G 2013, I, 784, nº 4, obs. Ch. Seraglini ; *D.* 2013, Pan., p. 2936, obs. Th. Clay.

103. V. *supra*, nº 385.

104. Sur l'exigence d'indépendance et d'impartialité de l'arbitre, v. *supra*, nº 738 et s.

105. Ch. Seraglini, note sous Cass. 1re civ., 20 févr. 2001, *RCDIP* 2002, p. 124, spéc. nº 8, p. 130. Sur l'influence indirecte exercée par l'article 6 de la CEDH à l'égard de l'arbitre, v. aussi *L'arbitrage et la convention européenne des droits de l'homme*, Bruylant, coll. « Droit et justice », nº 31, 2001 ; C. Chainais, « Exigences du procès équitable et arbitrage : existence et essence du droit à un procès arbitral équitable », in *Convention européenne des droits de l'homme et droit de l'entreprise, Droit et Justice*, 2016, p. 265 ; J.-F. Flauss, « L'application de l'article 6 (1) de la convention européenne des droits de l'Homme aux procédures arbitrales », *Gaz. Pal.* 1986, doctr. 407 ; Ch. Jarrosson, « L'arbitrage et la convention européenne des droits de l'Homme », *Rev. arb.* 1989, p. 573 ; A. Mourre, « Le droit français de l'arbitrage international face à la convention européenne des droits de l'Homme », *Cah. arb.*, vol. I, *Gaz. Pal.* éd. 2002, p. 22.

106. Paris, 12 juin 2003, préc. Sur l'efficacité de la procédure arbitrale, v. D. Hascher, « Principes et pratique de procédure dans l'arbitrage commercial international », *Rec. Cours La Haye*, 1999, spéc. p. 108 et s.

107. Paris, 21 mars 2017, *Cah. arb.* 2017, p. 487, note P. Giraud ; *JCP* G 2017, I, 1326, nº 2, obs. J. Ortscheidt ; *Rev. arb.* 2018, p. 587, note P. de Vareilles-Sommières.

L'instance arbitrale doit aussi se dérouler dans un délai qui doit demeurer raisonnable[108], ce d'autant que la célérité est un avantage attendu de l'arbitrage et que la procédure d'arbitrage doit être efficace[109]. L'article 1464, alinéa 3, du Code de procédure civile, auquel renvoie l'article 1506.3° pour l'arbitrage international, dispose d'ailleurs, que « les parties et les arbitres agissent avec célérité et loyauté dans la conduite de la procédure »[110]. Cette obligation de célérité, que l'on retrouve parfois dans les règlements d'arbitrage[111], oblige plus précisément les parties à respecter le calendrier de la procédure et, plus largement, à ne prendre aucune initiative procédurale qui ralentisse inutilement la conduite de l'instance[112]. Et elle impose aux arbitres de s'assurer que le délai de l'arbitrage éventuellement fixé est respecté, à organiser et mettre en œuvre la procédure avec diligence et à se rendre disponible pour qu'elle se déroule efficacement[113].

815 **Loyauté de la procédure.** Ce principe de loyauté des parties à la procédure, mis en exergue par la Cour de cassation[114], est commun à l'arbitrage interne et international[115]. La procédure arbitrale ne peut en effet être efficace, en l'absence de pouvoir de contrainte de l'arbitre, si les parties agissent avec déloyauté au cours de l'instance. On l'a vu, l'article 1464, alinéa 3, du Code de procédure civile, applicable à l'arbitrage international par renvoi de l'article 1506.3°, précise que les parties et les arbitres agissent « avec loyauté dans la conduite de la procédure ». Ce principe leur impose d'abord de se faire mutuellement connaître, en temps utile, leurs prétentions et moyens, « de manière à éviter qu'une demande qui aurait pu et dû être soulevée ne le soit par la suite dans un but dilatoire »[116]. Il les oblige ensuite à soulever devant l'arbitre tous les

108. Paris, 28 févr. 2008, *D.* 2008, p. 1325, note R. Meese ; *D.* 2008, Pan., p. 3111, obs. Th. Clay ; *RTD com.* 2008, p. 516, obs. É. Loquin ; JCP E 2008, p. 1582, note Ch. Caron. En ce sens, v. aussi E. Gaillard, note sous Cass. 1re civ., 15 juin 1994 (2 arrêts), *Rev. arb.* 1995, p. 88, spéc. p. 98 ; Ph. Fouchard, « Les rapports entre l'arbitre et les parties et l'institution arbitrale », *Écrits, Droit de l'arbitrage droit du commerce international*, CFA, 2007, p. 427, spéc. n° 23, p. 434 ; D. Hascher, in « Principes et pratique de procédure dans l'arbitrage commercial international », préc., spéc. p. 108, indique que « l'arbitrage doit se dérouler dans des conditions de sécurité juridique et de célérité afin d'assurer la validité de la sentence et de diminuer les coûts que les parties doivent assumer ». *Contra*, J.-F. Poudret, S. Besson, *Droit comparé de l'arbitrage international*, Bruylant, 2002, n° 454, p. 402, pour lesquels la volonté des parties de recourir à l'arbitrage l'emporte sur leur désir de rapidité de la procédure, la durée de la mission des arbitres n'étant pas une condition essentielle de leur engagement.

109. Paris, 18 nov. 2004, *Rev. arb.* 2004, p. 989.

110. Sur ces principes, v. Y. Derains, « Les nouveaux principes de procédure : confidentialité, célérité, loyauté », in *Le nouveau droit français de l'arbitrage*, Lextenso éditions, 2011, p. 91, spéc. n° 18 et s. ; E. Kleiman et S. Saleh, « Célérité et loyauté en droit français de l'arbitrage international : quels pouvoirs et quelles responsabilités pour les arbitres et les parties », *Cah. arb.* 2012, p. 99.

111. Art. 22.1 du règlement CCI de 2017. V. aussi, art. 17.1 du règlement CNUDCI, qui oblige le tribunal arbitral à conduire la procédure « de manière à éviter les retards ».

112. V. aussi *supra*, n° 398.

113. V. aussi *supra*, n° 305. Dans cette vue, le règlement d'arbitrage de la CCI de 2017 (art. 11.2 et 13.1) impose à l'arbitre de procéder à une déclaration de disponibilité avant d'accepter sa mission, qui l'oblige à indiquer le nombre d'affaires dans lesquelles il est impliqué et les autres activités qui peuvent l'occuper dans les 12 à 18 mois à venir.

114. Cass. 1re civ., 6 mai 2009, *JCP* G 2009, I, 2167, n° 7, obs. J. Béguin ; *D.* 2009, Pan., p. 2959, obs. Th. Clay ; *Rev. arb.* 2010, p. 299, note D. Cohen ; *RTD com.* 2009, p. 546, note É. Loquin.

115. Sur ce principe, v. *supra*, n° 396 et s.

116. Paris, 18 nov. 2004, *D.* 2005, Pan., p. 3058, obs. Th. Clay ; JCP G 2005 I. 134, n° 8, obs. Ch. Seraglini ; *RTD com.* 2005, p. 263, obs. É. Loquin.

moyens tenant à l'irrégularité de la procédure dont elles ont connaissance[117]. À défaut, ces moyens ne seront pas recevables devant le juge du contrôle[118]. Il interdit aussi, après le prononcé de la sentence, de faire valoir devant ce juge un moyen d'annulation incompatible avec la position adoptée devant l'arbitre. Celui qui a formé la demande d'arbitrage ne peut ainsi solliciter l'annulation de la sentence en invoquant l'absence ou la nullité de la convention d'arbitrage[119]. Plus largement d'ailleurs, la règle de l'estoppel, qui n'est pas d'ordre public international[120], étant applicable dans l'arbitrage international[121], elle interdit à une partie de revenir sur une déclaration ou un comportement s'ils ont été pris en considération par l'autre partie et si cette prise en compte s'est accompagnée, soit d'un avantage pour la première partie, soit d'un détriment pour la seconde[122]. Enfin, la loyauté oblige les parties à collaborer à l'instruction de la cause et, notamment, à participer aux mesures d'instructions ordonnées par les arbitres[123]. De leur côté, ces derniers doivent également agir loyalement dans la conduite de la procédure, ce qui implique notamment, en plus du strict respect des exigences d'indépendance, d'impartialité et d'égalité, qu'ils ne surprennent pas les parties et respectent les règles procédurales arrêtées.

816 **Instruction collégiale de l'arbitrage et pouvoirs propres du président du tribunal arbitral.** Le juge français a consacré une obligation d'instruction collégiale de l'arbitrage en cas de pluralité d'arbitres[124]. Elle peut, à certains égards, être rattachée à une exigence de l'ordre public procédural, au moins de protection[125]. En ce sens en effet, dans un arrêt du 16 janvier 2003, reprenant ainsi, presque mot pour mot une formule doctrinale[126], la cour d'appel de Paris a retenu que « l'obligation d'instruire et de juger ensemble est reconnue de manière unanime, la force du principe de collégialité reposant à la fois sur la volonté des parties et sur la nécessité d'un tribunal impartial et indépendant »[127]. L'obligation pour les arbitres, non seulement de délibérer, mais en

117. V. notamment ; Paris, 28 févr. 2008, *D.* 2008, p. 1325, note R. MEESE ; *D.* 2008, Pan., p. 3111, obs. Th. CLAY ; *RTD com.* 2008, p. 516, obs. É. LOQUIN ; JCP E 2008, p. 1582, note Ch. CARON ; Cass. 1re civ., 31 janv. 2006, *Bull. civ.* I, n° 37 ; *RTD com.* 2006, p. 310, obs. É. LOQUIN ; Cass. 1re civ., 6 mai 2003, *Rev. arb.* 2004, p. 311 (1re esp.), note J.-B. RACINE. Pour des exemples d'application concrète, v. *supra*, n° 523 et s.

118. Sur cette fin de non-recevoir, v. *infra*, n° 977.

119. Cass. 1re civ., 6 juill. 2005, *D.* 2005, Pan., p. 3060, obs. Th. CLAY ; JCP G 2005, I, 179, n° 6, obs. J. ORTSCHEIDT ; *Rev. arb.* 2005, p. 993, note Ph. PINSOLLE.

120. Cass. 1re civ., 19 déc. 2012, *Rev. arb.* 2013, p. 147, note A. PINNA.

121. Cass. 1re civ., 6 juill. 2005, préc. ; Rouen, 25 nov. 2004, *Gaz. Pal.* 28 avr. 2005, p. 32.

122. Ph. PINSOLLE, note sous Cass. 1re civ., 6 juill. 2005, *Rev. arb.* 2005, p. 993, spéc. n° 25, p. 1009.

123. V. *infra*, n° 862.

124. Sur le principe de collégialité, v. L.-Ch. DELANOY, « La Cour de cassation et le principe de collégialité en droit français de l'arbitrage », *Cah. arb.* 2010, p. 863 ; P. DUPREY, « Le délibéré à l'épreuve du principe de la collégialité », *Rev. arb.* 2009, p. 360 ; Ph. LEBOULANGER, « Principe de collégialité et délibéré arbitral », in *Mélanges en l'honneur de F. Knoepfler,* Helbing & Lichtenhahn, Genève, 2005, p. 262. V. aussi *supra*, n° 401.

125. Les parties pourraient ainsi y renoncer, une fois acquis les effets de la règle.

126. Il s'agit de celle de D. HASCHER, *in* « Principes et pratique de procédure dans l'arbitrage commercial international », *Rec. Cours La Haye*, 1999, qui note (p. 141) que « l'obligation d'instruire et de juger ensemble l'affaire est reconnue de manière unanime tant en doctrine que dans la jurisprudence étatique » et ajoute (p. 142) que le principe de collégialité « repose à la fois sur la volonté des parties et sur la nécessité d'un tribunal impartial et indépendant ».

127. Paris, 16 janv. 2003, *JDI* 2004, p. 161, note C. KESSEDJIAN. V. aussi, Paris, 10 janv. 2008, *Rev. arb.* 2008, p. 161.

principe aussi d'instruire collégialement[128], résulte à la fois d'une exigence de l'ordre public international français – puisqu'elle est liée à l'indépendance et à l'impartialité des arbitres – et de la convention des parties – qui ont choisi que leur litige serait tranché par plusieurs arbitres. Cette obligation d'instruire collégialement, énoncée à l'article 1467, alinéa 1er, du Code de procédure civile, applicable à l'arbitrage international par renvoi de l'article 1506.3°, doit conduire les arbitres à prendre ensemble les décisions procédurales les plus importantes[129]. Il suppose, en tout cas, « que chaque arbitre ait la faculté de débattre de toute décision avec ses collègues »[130].

En revanche, l'un des arbitres, le plus souvent le président du tribunal arbitral, peut valablement se voir déléguer des pouvoirs d'administration de l'instance arbitrale[131]. L'article 1467, alinéa 1er, précité précise d'ailleurs que « le tribunal arbitral procède aux actes d'instruction nécessaires à moins que les parties ne l'autorisent à commettre l'un de ses membres ». Un arbitre peut donc effectuer seul certains actes d'instruction[132]. Il est même admis qu'à défaut de convention contraire des parties, l'usage autorise le président du tribunal arbitral à exercer seul certaines prérogatives tenant notamment à l'organisation matérielle des réunions et audiences, à la police de celles-ci, ou même à l'organisation du délibéré[133]. Certains règlements d'arbitrage confient d'ailleurs des pouvoirs de cette nature au président du tribunal[134], ou prévoient que les autres arbitres peuvent les lui déléguer[135].

Au total, le contrôle exercé par le droit français de l'arbitrage international paraît relativement faible. Sous réserve que soient respectés certains principes fondamentaux de procédure, la liberté des parties et du tribunal arbitral demeure grande quant au déroulement de la procédure arbitrale : la délocalisation de l'arbitrage international prend ici une dimension pratique réelle.

128. Paris, 21 avr. 2005, *JCP* G 2005, I, 179, n° 5, obs. Ch. Seraglini, qui rappelle que ce principe oblige les parties à instruire et à délibérer collégialement et annule une sentence rendue par deux arbitres au lieu des trois initialement désignés.

129. Paris, 16 janv. 2003, préc.

130. Cass. 1re civ., 29 juin 2011, *Rev arb.*, 2011, p. 959, note V. Chantebout ; JCP G 2011, I, 1432, n° 7, obs. J. Ortscheidt ; Cass. 1re civ. 8 juill. 2009, *D.* 2009, Pan., p. 2959, obs. Th. Clay ; *Cah. arb.* 2010, p. 863, note L.-C. Delanoy.

131. Paris, 16 janv. 2003, préc. Sur le rôle du président du tribunal arbitral, v. aussi, J. Béguin et J. Ortscheidt, « Les dix commandements d'un président du tribunal arbitral interne *ad hoc* », JCP G 2010, 646 ; C. Reymond, « Le président du tribunal arbitral », in *Études offertes à P. Bellet*, Litec, 1991, p. 467, spéc. p. 469 ; H. Barbier, « Faut-il un statut spécial pour le président du tribunal arbitral ? », *Cah. arb.* 2015, p. 459. V. aussi, *supra*, n° 402.

132. Paris, 26 avr. 1985, *Rev. arb.* 1985, p. 311, note E. Mezger.

133. D. Hascher, *in* « Principes et pratique de procédure dans l'arbitrage commercial international », *Rec. Cours La Haye*, 1999, spéc. p. 142-146 ; Ph. Fouchard, E. Gaillard, B. Goldman, *Traité de l'arbitrage commercial international*, Litec, 1996, n° 1249, p. 698.

134. V. notamment, art. 13 (1), 14 (1), 14 (3), 21 (1), 35 (1) du règlement CIRDI.

135. V. notamment, art. 26 (1) du règlement CIRDI ; art. 14.6 du règlement LCIA ; art. 26.2 du règlement AAA.

SECTION 2 LA PROGRESSION DE L'INSTANCE ARBITRALE

817 **Division.** L'introduction de l'instance (§ 1) marque le point de départ de l'arbitrage, ce qui conduit à s'interroger sur sa durée (§ 2) et sur les incidents qui peuvent l'affecter (§ 3). Quelques éléments relatifs à l'organisation et à l'instruction pratique de l'instance pourront également être précisés (§ 4).

§ 1. L'INTRODUCTION DE L'INSTANCE

818 **Division.** Comme en matière interne, l'engagement de la procédure arbitrale internationale peut se faire par étapes[136]. Mais, en droit français, à l'une d'entre elles seulement correspond le point de départ de l'instance arbitrale, avec les conséquences importantes qui y sont attachées, notamment au regard du droit des procédures collectives (A). La création du lien d'instance se distingue donc le plus souvent de la saisine effective du tribunal arbitral (B).

A. LE POINT DE DÉPART DE L'INSTANCE ARBITRALE

819 **Le principe : l'acceptation par les arbitres de leur mission.** Avant la réforme de 2011, la question du point de départ de l'instance arbitrale était discutée[137]. Aucun texte relatif à l'arbitrage international ne précisait en effet la date à laquelle elle débutait. Et pendant longtemps, la jurisprudence n'a donné aucune réponse tranchée à cette question[138]. La Cour de cassation a mis fin à cette incertitude par un arrêt du 30 mars 2004, posant en principe que « l'instance est en cours à partir du moment où le tribunal arbitral est définitivement constitué et peut donc être saisi du litige, c'est-à-dire à partir de l'acceptation par tous les arbitres de leur mission »[139]. L'article 1456, alinéa 1er, du Code de procédure civile issu de la réforme du 13 janvier 2011, qui est applicable à l'arbitrage international[140] lorsque le tribunal arbitral a été constitué après le 1er mai 2011[141], a consacré cette solution et dispose : « Le tribunal arbitral est constitué lorsque le ou les arbitres ont accepté la mission qui leur est confiée. À cette date, il est saisi du litige ». L'instance arbitrale débute donc lorsque tous les arbitres ont accepté leur mission, ce qui, sauf prévision contraire des parties, correspond à la date à laquelle ils sont

136. Sur ces étapes, dans l'arbitrage interne, v. *supra*, n° 314 et s.

137. V. notamment, A. Hory, « Mesures d'instructions *in futurum* et arbitrage », *Rev. arb.* 1996, p. 191, spéc. n° 20-22, p. 204-207 ; J.-C. Dubarry et É. Loquin, « La compétence du juge des référés saisi sur le fondement de l'article 145 CPC en présence d'une clause compromissoire », *RTD com.* 1996, p. 664, spéc. p. 666.

138. V. cependant D. Hascher, « Arbitrage du commerce international », *Rép. Internat. Dalloz*, spéc. n° 119, pour qui la jurisprudence distingue l'arbitrage *ad hoc* de l'arbitrage institutionnel. Dans le premier cas, l'instance débute avec l'acceptation de sa mission par le dernier arbitre ; dans le second, elle commence avec la réception de la demande par le tribunal arbitral.

139. Cass. 1re civ., 30 mars 2004, *D.* 2004, Pan., p. 3183, obs. Th. Clay ; JCP G 2004, I, 179, n° 8, obs. J. Ortscheidt ; *Rev. arb.* 2005, p. 977, note J. Pellerin.

140. Art. 1506.2° CPC.

141. Cass. 1re civ., 16 déc. 2015, *Rev. arb.* 2016, p. 536, note M. Henry.

également saisis du litige. Comme pour l'arbitrage interne, il est permis de penser que pour que l'instance se noue véritablement, il faut que le consentement des arbitres soit ferme et définitif, qu'il ne soit soumis à aucune condition[142]. Dans cette vue, selon les circonstances, l'instance ne pourrait débuter, à défaut d'acceptation sans réserve des arbitres avant cette date, qu'au moment où leur mission a été clairement définie. En droit comparé, la solution n'est pas uniforme. Dans certains systèmes, l'instance débute au moment où le défendeur reçoit la demande d'arbitrage et à la condition, parfois, qu'il désigne aussi un arbitre. Dans d'autres, c'est la mise en œuvre de la procédure de constitution du tribunal arbitral qui constitue le point de départ de l'instance. Dans d'autres encore, c'est l'invitation adressée au défendeur d'avoir à agir qui noue celle-ci[143]. Ces dissemblances se retrouvent également s'agissant de la faculté éventuellement offerte aux parties de reporter le point de départ de l'instance.

820 **Dérogation : le report du point de départ de l'instance.** Dans l'arrêt précité du 30 mars 2004, après avoir indiqué que l'instance débutait avec l'acceptation par les arbitres de leur mission, la Cour de cassation avait ajouté qu'un projet d'acte de mission, postérieur à cette acceptation, n'était « pas susceptible de différer les effets » de ce consentement[144]. Sous l'empire des textes antérieurs au décret du 13 janvier 2011, malgré la liberté des parties et des arbitres dans la fixation des règles applicables à la procédure arbitrale, à moins de limiter la portée de la solution énoncée au contexte particulier de cette affaire, la décision des parties ou du tribunal arbitral de modifier le début de l'instance, prise après que le dernier arbitre a accepté sans condition sa mission, ne semblait produire aucun effet au regard des exigences du droit français de l'arbitrage international. En revanche, la règle énoncée par l'arrêt du 30 mars 2004 n'interdisait pas, avant l'acceptation de leur mission par les arbitres, qu'il soit convenu que l'instance arbitrale débuterait après la réalisation d'un autre événement, par exemple après la soumission au tribunal arbitral des demandes des parties. Cette possibilité d'ajuster conventionnellement le point de départ de l'instance demeure sous l'empire des textes issus de la réforme de 2011, les dispositions de l'article 1456, alinéa 1er, du Code de procédure civile étant applicables « à moins que les parties en soient convenues autrement »[145]. Les parties peuvent donc décider que l'instance ne sera engagée qu'une fois le tribunal arbitral effectivement saisi, après que ne lui soient soumises les demandes des parties. Cette dérogation au principe précédemment posé peut résulter de la convention d'arbitrage ou d'un règlement d'arbitrage auquel les parties se sont soumises[146]. Les règlements prévoient d'ailleurs parfois que la procédure arbitrale est introduite à la date de réception de la demande d'arbitrage par l'institution ou par l'autre partie, celle-ci étant le plus souvent antérieure à la constitution du tribunal

142. V. *supra*, n° 315.

143. J.-F. Poudret, S. Besson, *Droit comparé de l'arbitrage international*, Bruylant, 2002, n° 565-567, p. 515-517.

144. Cass. 1re civ., 30 mars 2004, préc. V. aussi, en matière interne, Cass. 1re civ., 22 sept. 2010, *Bull. civ.* I, n° 176 ; *Rev. arb.* 2011, p. 152 (2e esp.), note J.-G. Betto et A. Reynaud ; *D.* 2010, Pan., p. 2933, obs. Th. Clay ; *Cah. arb.* 2011, p. 453, note L. Jaeger.

145. Art. 1506.2° CPC.

146. Paris, 30 mars 1999, *Rev. arb.* 2003, p. 207 (2e esp.), obs. Ph. Fouchard, qui décide que l'arbitrage étant soumis au règlement CCI (version 1988), le point de départ de l'instance correspond à la réception de la demande d'arbitrage par le secrétariat de la Cour internationale d'arbitrage (art. 3.2 de l'ancien règlement).

arbitral[147], l'instance pouvant ainsi débuter avant même la saisine effective des arbitres. Plusieurs lois étrangères sur l'arbitrage autorisent également les parties à fixer conventionnellement le point départ de l'instance arbitrale[148]. Bien plus, depuis la réforme de 2011, comme pour l'arbitrage interne[149], les parties peuvent dorénavant fixer la saisine du tribunal arbitral à une date autre que celle à laquelle les arbitres ont accepté leur mission, peu important que leur accord sur ce point intervienne avant ou après cette acception. En effet, aucune limite temporelle n'est expressément posée par l'article 1506.2° du Code de procédure civile au droit de déroger au principe posé à l'article 1461, alinéa 1er.

821 **L'incidence d'une procédure collective.** La règle de l'arrêt des poursuites individuelles étant d'ordre public interne et international[150], l'incidence d'une procédure de redressement ou de liquidation judiciaire sur l'introduction d'une instance arbitrale est la même que l'arbitrage soit interne ou international[151]. Ainsi, si une procédure collective est ouverte avant l'acceptation de leur mission par les arbitres, ils ne peuvent être immédiatement saisis d'un litige portant sur une créance antérieure. Le créancier doit d'abord déclarer sa créance. Il doit ensuite se prévaloir de la convention d'arbitrage devant le juge-commissaire qui devra se déclarer incompétent pour statuer sur le fond du litige, à moins que cette convention ne soit manifestement nulle ou inapplicable[152]. Le juge-commissaire conserve cependant le pouvoir de statuer sur la régularité de la déclaration de créance elle-même lorsque celle-ci est contestée, et la saisine du tribunal arbitral ne pourra de toute façon intervenir qu'après la décision d'incompétence du juge-commissaire, ce qui retarde donc l'introduction effective de la procédure.

B. LA SAISINE EFFECTIVE DU TRIBUNAL ARBITRAL

822 **Division.** La saisine résulte de l'initiative de l'une des parties, voire des deux, qui prennent la décision de soumettre effectivement le litige aux arbitres, en application de la convention d'arbitrage. L'article 1462 du Code de procédure civile, applicable à l'arbitrage international sauf convention contraire des parties[153], précise en ce sens que « le litige est soumis au tribunal arbitral soit conjointement par les parties, soit par la partie la plus diligente ». Pratiquement, la saisine du tribunal arbitral enclenche véritablement le processus arbitral qui doit, *in fine*, aboutir au règlement du litige opposant les parties

147. V. notamment, art. 4.2 du règlement CCI de 2017 (date de réception de la demande par le Secrétariat de la Cour) ; art. 1.4 du règlement LCIA (date de réception de la requête par le greffier de la Cour d'arbitrage) ; art 3.2 du règlement CNUDCI (date de réception de la notification d'arbitrage par l'autre partie) ; art. 2.2 du règlement AAA (date de réception de la demande par le Centre). L'art. 6 (1) du règlement CIRDI prévoit en revanche que l'instance est engagée à la date à laquelle le secrétariat général notifie aux parties que tous les arbitres ont accepté leur mission.

148. J.-F. Poudret, S. Besson, *Droit comparé de l'arbitrage international*, Bruylant, 2002, n° 568, p. 518.

149. V. *supra*, n° 316.

150. Cass. 1re civ., 6 mai 2009, *JCP* G 2009, I, 2167, n° 7, obs. J. Béguin ; *D.* 2009, Pan., p. 2959, obs. Th. Clay ; *Rev. arb.* 2010, p. 299, note D. Cohen ; *RTD com.* 2009, p. 546, note É. Loquin ; Cass. com., 2 juin 2004, *Rev. arb.* 2004, p. 591, note P. Ancel (2e esp.) ; Cass. 1re civ., 8 mars 1988, *Rev. arb.* 1989, p. 473, note P. Ancel.

151. Sur celles-ci, v. *supra*, n° 319.

152. Cass. com., 2 juin 2004, *Rev. arb.* 2004, p. 591, note P. Ancel (3e esp.).

153. Art. 1506.3° CPC.

par une sentence. Mais, en droit, la saisine ne marque pas nécessairement le début de l'instance arbitrale, les parties pouvant déroger à l'article 1456, alinéa 1er, et le tribunal arbitral pouvant être constitué alors que les contours du litige n'ont pas encore été précisément circonscrits[154]. Au vrai, comme pour l'arbitrage interne[155], la constitution du tribunal arbitral et la soumission du litige au tribunal constitué sont deux opérations successives. La saisine effective du tribunal arbitral ne peut effectivement intervenir qu'une fois celui-ci constitué et lorsqu'il prend connaissance des données du litige. Ainsi, lorsque ces données ne sont connues qu'après l'acceptation par les arbitres de leur mission, la saisine peut être retardée à la date à laquelle elles leur sont communiquées, notamment par la remise du dossier. En pratique, les modalités de saisine du tribunal arbitral varient selon que l'on est en présence d'une clause compromissoire (1) ou d'un compromis (2).

1. Saisine sur clause compromissoire

823 **La Requête d'arbitrage.** Que l'arbitrage soit ou non international, lorsque les parties sont liées par une clause compromissoire, il n'est pas nécessaire de conclure un compromis au moment de la naissance du litige[156]. La clause se suffit à elle-même. L'arbitrage peut alors être engagé à l'initiative des deux parties par le biais d'une requête conjointe. Mais plus souvent, une partie demanderesse formulera une demande d'arbitrage adressée à la partie défenderesse, la requête d'arbitrage, par laquelle elle l'informera de son intention de recourir à l'arbitrage, la mettra en demeure de faire valoir sa position dans la procédure et, le cas échéant, de désigner son arbitre. Généralement, cette demande contient l'exposé, au moins sommaire, des prétentions du demandeur. En droit français, elle n'est soumise à aucune forme particulière. Elle doit simplement manifester la volonté non équivoque de son auteur d'introduire une action devant un tribunal arbitral[157]. Lorsque les parties ont arrêté, directement ou par référence à un règlement d'arbitrage, des dispositions relatives à la forme et au délai de la demande d'arbitrage, celles-ci devront cependant être suivies. À cet égard, dans l'arbitrage institutionnel, il est généralement prévu que la requête d'arbitrage est adressée par le demandeur à l'organisme d'arbitrage qui la communique au défendeur[158]. Parfois, c'est le demandeur qui doit directement adresser sa demande au défendeur[159]. La demande d'arbitrage est normalement suivie d'une réponse, par laquelle le défendeur énoncera les moyens par lesquels il s'oppose à la demande initiale, ainsi que ses éventuelles demandes reconventionnelles. Là encore, les éventuelles dispositions de la convention d'arbitrage ou du règlement d'arbitrage applicable à la forme, au contenu et aux délais de la réponse devront être respectées[160]. La requête d'arbitrage ne marque pas, en principe, le début de l'instance arbitrale. Elle intervient en effet le plus souvent avant même que le tribunal arbitral ne soit constitué. De même, elle ne coïncide pas

154. V. *supra*, n° 820.
155. V. *supra* n° 317.
156. Cass. 2e civ., 11 juill. 2002, *Bull. civ.* II, n° 161 ; JCP G 2003, I, 105, n° 8, obs. J. Ortscheidt ; Paris, 17 févr. 2002, *Gaz. Pal.* 13 juin 2002, p. 24 ; Paris, 14 févr. 2002, *Rev. arb.* 2002, p. 212.
157. Paris, 5 févr. 1980, *Rev. arb.* 1980, p. 519.
158. V. par exemple, art. 4 du règlement CCI de 2017 ; art. 1.1 et 2.1 du règlement LCIA.
159. V. notamment, art. 2.1 du règlement AAA ; art. 3.1 du règlement CNUDCI.
160. V. par exemple, art. 5 du règlement CCI de 2017 ; art. 20 du règlement CNUDCI ; art. 2 du règlement LCIA ; art. 3 du règlement AAA ; art. 31 du règlement CIRDI.

avec la saisine effective du tribunal arbitral, marqué par la soumission du litige aux arbitres, soit lorsqu'ils prennent connaissance de ses données. C'est pour cette raison, d'ailleurs, que le point de départ du délai de la mission des arbitres est parfois conventionnellement reporté à une date postérieure à l'acceptation par le dernier arbitre de sa mission. Et, dans l'arbitrage institutionnel, les règlements d'arbitrage fixent généralement les formes dans lesquelles s'effectue la saisine du tribunal arbitral, et prévoient parfois, à cet égard, une formalité supplémentaire : la transmission effective, par l'organisme d'arbitrage, du dossier aux arbitres[161].

824 **Saisine des arbitres et détermination de l'objet du litige.** Une question parfois délicate au tout début de l'instance est celle de la détermination exacte de l'objet du litige. L'objet du litige va en effet définir la mission confiée au tribunal arbitral, dont celui-ci ne doit pas dépasser les termes sous peine d'annulation de sa sentence[162]. Or, la clause compromissoire, généralement rédigée de façon très large, est rarement suffisante pour déterminer précisément l'objet du litige. Au moment où elle a été acceptée, les parties ne pouvaient en effet précisément prévoir quel différend pourrait à l'avenir naître entre elles. À la différence de ceux consacrés à l'arbitrage interne[163], les textes français sur l'arbitrage international n'apportent aucune précision relative à la détermination de l'objet du litige. C'est la jurisprudence qui a posé en principe qu'il est déterminé par les prétentions respectives des parties[164]. Mais, à moins de l'avoir volontairement rendu applicable à l'arbitrage, les parties et les arbitres ne sont pas tenus de respecter les dispositions de l'article 4 du Code de procédure civile, qui prévoient une immutabilité tempérée du litige[165]. À défaut d'une telle soumission volontaire, deux cas de figure sont dès lors concevables. Les parties peuvent tout d'abord se mettre d'accord pour fixer précisément, et éventuellement définitivement, l'objet du litige en début de procédure. Elles exposeront alors toutes leurs demandes au moment où elles saisissent le tribunal arbitral. Plus souvent, l'objet du litige est déterminé par le jeu des prétentions originaires de chaque partie, qui peut évoluer tout au long de l'instance arbitrale. Chaque partie peut alors présenter des demandes nouvelles ou modifier ses demandes initiales au cours de la procédure. Ces demandes devront toutefois demeurer dans les prévisions, souvent très larges et interprétées très largement par la jurisprudence, de la clause compromissoire. À défaut, le tribunal arbitral ne pourrait statuer sur celles-ci. Et s'il le faisait, sa sentence pourrait ne pas être reconnue ou éventuellement annulée, puisqu'il se serait à tort déclaré compétent, au sens de l'article 1520.1° du Code de procédure civile[166]. Par ailleurs, il existe tout de même une limite temporelle à la possibilité de formuler des demandes en cours d'instance. Elle résulte du principe de la contradiction : les demandes nouvelles ou modifiées ne peuvent plus être formulées à partir du moment où l'autre partie ne dispose plus du temps suffisant pour pouvoir y répondre.

825 Toutefois, cette faculté offerte à chacune des parties de modifier ses demandes initiales, ou de former des demandes nouvelles pendant toute la durée de l'instance

161. V. notamment, art. 16 et 23 du règlement CCI de 2017.
162. V. art. 1520.3° CPC. Sur ce cas d'ouverture à annulation de la sentence, v. *infra*, n° 994 et s.
163. V. *supra*, n° 379 et s.
164. Paris, 27 nov. 2008, *Rev. arb.* 2009, p. 229 ; Paris, 24 mars 2005, *Rev. arb.* 2005, p. 791 ; Cass. 1re civ., 6 mars 1996, *Rev. arb.* 1997, p. 69, note J.-J. ARNALDEZ.
165. V. *supra*, n° 379.
166. Sur ce grief, v. *infra*, n° 991.

arbitrale, n'apparaît pas pleinement satisfaisante[167]. Pratiquement, la modification ou l'adjonction de nouvelles demandes peuvent revêtir un caractère dilatoire ou simplement résulter de ce que l'une des parties s'aperçoit, au fur et à mesure du déroulement de la procédure, que ses chances de succès augmentent. En toute hypothèse, quelles qu'en soient les raisons, les modifications réitérées des demandes initiales, ou les adjonctions continuelles de nouvelles demandes, peuvent conduire à un allongement considérable de la durée de la procédure. En outre, les parties ont intérêt à connaître rapidement l'enjeu de la procédure puisqu'on ne se défend pas de la même manière selon le montant des sommes en jeu[168]. Ces considérations peuvent donc conduire les litigants à restreindre leur propre liberté et à prévoir, directement dans la convention d'arbitrage ou en début de procédure, les modalités de l'évolution possible du litige. Les parties peuvent également y procéder indirectement, en soumettant leur arbitrage à un règlement d'arbitrage ou à une loi étatique qui contient des dispositions à cet égard. Il peut ainsi être prévu que l'objet du litige ne pourra pas être modifié en cours d'instance, ou ne pourra l'être que par des demandes présentant un lien suffisant avec les demandes originaires[169]. Une date peut être fixée au-delà de laquelle les nouvelles prétentions ne pourront plus être reçues. Il peut encore être accordé au tribunal arbitral le pouvoir de fixer des délais ultimes pour la modification des demandes initiales ou la formulation des prétentions nouvelles, voire celui d'apprécier la recevabilité des demandes nouvelles. Certains règlements d'arbitrage prévoient en ce sens que la demande nouvelle est recevable à moins que le tribunal arbitral ne l'estime inappropriée en fonction de telle ou telle circonstance[170], ou, au contraire, qu'elle ne l'est que sur autorisation de celui-ci[171]. Ces modalités peuvent aussi être fixées dans un acte de mission, établi par les parties au début de l'instance arbitrale, même si la nature de cet acte demeure incertaine.

826 **L'acte de mission.** Une pratique aujourd'hui largement répandue dans l'arbitrage international consiste à établir un acte de mission au début de la procédure

167. Sur la question de l'évolution des demandes en cours d'instance, v. notamment Ph. Fouchard, E. Gaillard, B. Goldman, Litec, 1996, n° 1218, p. 674 et n° 1223, p. 684 ; G. Bolard, note sous Cass. 2ᵉ civ., 8 juill. 2004, *Rev. arb.* 2005, p. 663 ; P. Gunter, Compte rendu du colloque organisé à Paris le 6 mars 1995 sur *Les conclusions et les chefs de demandes dans l'arbitrage international, Bull. ASA*, 1995, p. 32 ; J.-J. Arnaldez, « L'acte déterminant la mission de l'arbitre », in *Études offertes à P. Bellet,* Litec, 1991, p. 1 ; M. de Boisséson, *Le droit français de l'arbitrage interne et international*, GLN-éditions, 1990, n° 724 et s., p. 694 et s. ; W. L. Craig, W. W. Park et J. Paulsson, *International Chamber of Commerce Arbitration*, Oceana-ICC Publishing SA, 2ᵉ éd., 1990, p. 251 et s. ; A. Redfern et M. Hunter, *Droit et pratique de l'arbitrage commercial international*, avec le concours de M. Smith, traduit de l'anglais par E. Robine, LGDJ, 2ᵉ éd., 1994, spéc. p. 221-222.

168. A. Reiner, « Le règlement d'arbitrage de la CCI, version 1998 », *Rev. arb.* 1998, p. 25, spéc. p. 53 ; S. Lazareff, « L'acte de mission » *Bull. CCI* 2006, p. 22.

169. Comme, par exemple, le droit français de l'arbitrage interne (v. *supra*, n° 380).

170. V. notamment art. 4 du règlement AAA ; art. 22 du règlement CNUDCI.

171. Ainsi, selon l'article 23.4 du règlement d'arbitrage de la CCI de 2017 : « Après la signature de l'acte de mission, ou son approbation par la Cour, les parties ne peuvent former de nouvelles demandes hors des limites de l'acte de mission, sauf autorisation du tribunal arbitral qui tient compte de la nature de ces nouvelles demandes, de l'état d'avancement de la procédure et de toutes autres circonstances pertinentes ». V. déjà, dans le même sens, art. 23.4 du règlement CCI de 2012 et art. 19 du règlement CCI 1998. Sous l'empire du règlement CCI de 1988, l'art. 13 laissait seulement la possibilité aux parties, d'un commun accord, d'ajouter des demandes qui n'entrait pas dans les limites fixées par l'acte de mission (v. notamment, Sent. CCI n° 2375 (1975), *JDI* 1976, p. 973, obs. Y. Derains). V. aussi, art. 22 du règlement LCIA.

arbitrale[172]. Cet acte, pour la négociation duquel le président du tribunal arbitral joue habituellement un rôle d'intermédiaire entre les litigants[173], a pour objet de définir plus précisément la mission des arbitres, en précisant la nature du litige, les prétentions respectives des parties, les points litigieux à trancher, ainsi que les modalités matérielles de l'arbitrage mis en place. Il peut, sur certains points, modifier les dispositions de la convention d'arbitrage, notamment sur le délai de l'arbitrage. Fréquemment, il acte l'accord des parties sur l'investiture des arbitres et l'acceptation par ces derniers de leur mission. Si en principe, il n'est pas obligatoire[174], il est parfois imposé dans les arbitrages institutionnels, en particulier par le règlement d'arbitrage CCI[175]. Et, dans l'arbitrage *ad hoc*, la rédaction d'un acte de mission peut paraître utile aux parties pour « baliser » l'instance arbitrale à venir, ce d'autant que la clause compromissoire ne détermine pas l'objet du litige. Ce document est en principe signé par les parties et les arbitres. Toutefois, certains règlements d'arbitrage prévoient qu'à défaut d'accord entre les parties, il peut être signé par les seuls arbitres, après approbation de l'institution d'arbitrage[176].

La nature juridique de l'acte de mission, instrument né de la pratique, est discutée. Il doit être distingué de la convention d'arbitrage signée entre les parties, siège du pouvoir juridictionnel de l'arbitre. Cependant, la jurisprudence n'est pas parfaitement claire. Elle estime que l'acte de mission, s'il est signé par les parties, constitue un accord entre elles dont les stipulations, notamment quant à la procédure à suivre, s'imposent à elles et aux arbitres. Toutefois, il ne constitue pas, en principe, un compromis dès lors qu'une clause compromissoire lie déjà les parties. Il semble qu'il puisse néanmoins valoir convention d'arbitrage en l'absence de clause compromissoire valable entre les parties[177], à condition qu'il ne contienne pas l'indication d'une contestation de la compétence des arbitres, car il ne peut alors caractériser un accord pour soumettre le litige à l'arbitrage[178].

Le mécanisme est diversement apprécié en doctrine[179]. Beaucoup l'approuvent, en soulignant qu'il permet d'organiser l'instance arbitrale et de définir précisément la mission des arbitres, évitant ainsi toute contestation ultérieure quant à l'étendue de celle-ci dans le cadre des recours exercés contre la sentence. Il impose également aux parties de clarifier leurs prétentions et favorise donc une bonne compréhension du litige par les arbitres[180]. Certains lui reprochent toutefois de retarder le début de l'instance arbitrale et surtout de figer de façon prématurée l'objet du litige et de restreindre à l'excès toute

172. Sur le sujet, v. notamment J.-J. Arnaldez, « L'acte déterminant la mission de l'arbitre », in *Études offertes à P. Bellet,* Litec, 1991, p. 1. V. aussi *supra*, nº 379.

173. Paris, 19 févr. 2004, *Rev. arb.* 2004, p. 858 (4e esp.), note L. Jaeger.

174. Paris, 13 févr. 2003, *Rev. arb.* 2004, p. 311 (2e esp.), note J.-B. Racine.

175. Art. 23 du règlement CCI de 2017.

176. Art. 23.3 du règlement CCI de 2017.

177. Paris, 19 janv. 1999, *Rev. arb.* 1999, p. 601 (3e esp.), note Ch. Jarrosson. V. aussi, Paris, 12 janv. 1988, *Rev. arb.* 1988, p. 691, note L. Zollinger ; Paris, 19 mars 1987, *Rev. arb.* 1987, p. 498, note L. Zollinger.

178. Cass. 1re civ., 6 janv. 1987, *Rev. arb.* 1987, p. 469, note Ph. Leboulanger ; *JDI* 1987, p. 638, note B. Goldman.

179. Sur ce débat, v. Ph. Fouchard, E. Gaillard, B. Goldman, *Traité de l'arbitrage commercial international*, Litec, 1996, nº 1230 et s., p. 683, et les réf. citées.

180. En ce sens, É. Loquin, « L'arbitrage du commerce international », in *Lamy Pratique des contrats internationaux*, Livre X, 2001, nº 221, p. 92 ; D. Hascher, « Arbitrage du commerce international », *Rép. Internat. Dalloz*, spéc. nº 121.

possibilité d'évolution de celui-ci pendant l'instance. Il est vrai que, même si la rédaction des actes de mission est variable à cet égard, certains règlements d'arbitrage limitent fortement toute possibilité d'évolution du litige après l'établissement de l'acte de mission, notamment quant à la formulation de nouvelles demandes[181]. Une question se pose alors : l'acte de mission constitue-t-il une limite conventionnelle à la faculté offerte aux parties de faire évoluer unilatéralement l'objet du litige tout au long de l'instance ? On pourrait le penser, dès lors qu'il semble y avoir eu un accord des parties, certes le plus souvent indirect, par renvoi au règlement d'arbitrage, pour fixer définitivement les choses. Toutefois, la portée exacte de l'acte de mission à cet égard reste incertaine. En effet, la Cour de cassation a décidé que « la mission de l'arbitre, définie par la convention d'arbitrage, est délimitée principalement par l'objet du litige, tel qu'il est déterminé par les prétentions des parties », et qu'« investis par une clause d'arbitrage visant "tout litige relatif au présent contrat", les arbitres peuvent statuer sur toutes les demandes qui leur sont soumises à cet égard, sans s'attacher uniquement à l'énoncé des questions litigieuses dans l'acte de mission »[182]. Cette décision, dont les termes ont été repris presque mot pour mot dans un arrêt postérieur rendu en matière d'arbitrage interne[183], a suscité des interrogations. Sa formulation semble indiquer que l'acte de mission ne saurait, en aucune manière, enfermer la mission de l'arbitre. Une solution aussi rigoureuse serait toutefois inopportune car les parties ont pu vouloir limiter définitivement les termes du débat et rien ne justifie de ne pas respecter cette volonté. Elles sont en effet libres d'organiser le déroulement de l'instance arbitrale comme elles l'entendent, sous réserve de respecter certains principes fondamentaux que ne heurte pas une telle limitation[184]. L'argument ne perd pas tout poids dans le cas où une telle volonté est indirecte et résulte du choix d'un règlement d'arbitrage, dans la mesure où les parties se sont volontairement soumises aux dispositions du règlement qu'elles ont adopté. Une autre interprétation de l'arrêt serait donc préférable : l'objet du litige et les demandes ne se confondent pas avec la notion de « questions litigieuses » visée par le règlement applicable dans cette affaire[185]. De plus, la cour d'appel avait relevé que l'acte de mission laissait les choses ouvertes puisqu'il énonçait qu'« il est demandé au tribunal arbitral de trancher, à titre principal et sans que cela exclue d'autres questions, les questions suivantes [...] ». Aussi, au-delà d'une formulation peut-être trop tranchée, l'arrêt de la Cour de cassation semble indiquer que tout est question d'interprétation des énonciations de l'acte de mission et du règlement d'arbitrage applicable : à condition qu'elles le fassent clairement, ces énonciations pourront figer l'objet du litige.

181. V. notamment art. 16 de l'ancien règlement d'arbitrage CCI de 1988 et, dans une moindre mesure, les art. 23 des règlements de 2017 et de 2012. V. aussi, J. Ortscheidt, *La réparation du dommage dans l'arbitrage commercial international*, Dalloz, Nouvelle Bibliothèque de Thèses, 2001, spéc. n° 385-395, p. 174-179.

182. Cass. 1re civ., 6 mars 1996, *Rev. arb.* 1997, p. 69, note J.-J. Arnaldez. V. aussi, Cass. com., 29 juin 2010, n° 09-15810, qui énonce, en matière d'arbitrage interne, « que la mission des arbitres, définie par la convention d'arbitrage, est délimitée principalement par l'objet du litige, tel qu'il est déterminé par les prétentions des parties, sans s'attacher uniquement à l'énoncé des questions dans l'acte de mission ». En ce sens aussi, Cass. 2e civ., 24 juin 2004, *Bull. civ.* II, n° 310.

183. Cass. 1re civ., 20 juin 2012, *Rev. arb.* 2012, p. 678.

184. Sur ces principes, v. *supra*, n° 808.

185. Soit l'article 13 du règlement ancien de la CCI de 1988. V. aujourd'hui, art. 23.1 (d) du règlement CCI de 2017, qui énonce que l'acte de mission contient la liste des « points litigieux à résoudre », « à moins que le tribunal arbitral ne l'estime inopportun ».

2. Saisine sur compromis

827 **Fixation de l'objet du litige.** Le compromis manifeste un accord des parties, réalisé après la naissance du litige, pour le soumettre à l'arbitrage. Un accord des parties étant nécessaire, la saisine du tribunal arbitral sera ici conjointe. Le plus souvent, les parties prendront la précaution de rédiger un écrit. Le compromis pourra notamment être constaté dans un écrit signé par les parties et les arbitres qui exposera le litige, actera la volonté des premières de le soumettre à l'arbitrage, la désignation des seconds, l'acceptation par les arbitres de leur mission, et précisera les conditions de l'arbitrage à venir. Le compromis déterminera le plus souvent précisément l'objet du litige[186]. On considère généralement que, sauf intervention d'une nouvelle convention entre les parties, le compromis « fige » alors l'objet du litige. La formulation de demandes nouvelles serait dès lors soumise à l'accord des deux parties[187]. Toutefois, cette immutabilité de principe de l'objet du litige résultant du compromis subit des tempéraments. Tout d'abord, la détermination de l'objet du litige dans le compromis peut être relativement générale : plus elle est large, moins les choses sont « figées ». Ensuite, dès lors qu'aucune forme particulière n'est imposée pour le compromis, l'accord des parties pour en modifier les termes peut être tacite. Aussi, un accord ultérieur étendant l'objet du litige sera par exemple caractérisé lorsque, par ses écritures produites pendant l'instance, une partie formule des nouvelles demandes qui ne font l'objet d'aucune protestation de la part de l'autre partie. Enfin, comme dans l'arbitrage interne[188], devraient demeurer recevables les demandes qui peuvent être considérées comme accessoires à celles formulées dans le compromis.

§ 2. LA DURÉE DE L'INSTANCE ARBITRALE

828 La mission de l'arbitre est par nature éphémère. Elle ne dure normalement que le temps de l'instance arbitrale, soit jusqu'au prononcé de la sentence, sachant que certains événements peuvent mettre brusquement fin à celle-ci.

829 **Silence des textes français sur l'arbitrage international.** L'un des avantages de l'arbitrage, réel ou supposé, est sa rapidité. Elle ne peut cependant être la conséquence de l'application des textes français sur l'arbitrage international, puisque, s'inscrivant ainsi dans une logique largement partagée en droit comparé[189], ils ne contiennent aucune disposition relative à son délai. Ils se démarquent ainsi de la réglementation applicable à l'arbitrage interne[190]. Ceci étant, un délai d'arbitrage est souvent prévu (A), qui peut être prorogé (B).

186. Dans l'arbitrage interne, il doit, à peine de nullité, définir l'objet du litige : art. 1445 CPC (v. *supra*, n° 157). Cette obligation ne s'impose pas en matière internationale.

187. V. pour l'arbitrage interne, la solution étant identique à celle consacrée dans l'arbitrage international, Cass. 1re civ., 6 mars 2007, *JCP* G 2007, I, 168, n° 8 obs. J. Ortscheidt ; *D.* 2008, Pan., p. 180, obs. Th. Clay ; *LPA* 2007, n° 192, obs. J.-G. Betto. V. aussi, J. Pellerin, note sous Cass. 2e civ., 8 avr. 1999, *Rev. arb.* 2000, p. 106, spéc. p. 111.

188. V. *supra*, n° 380.

189. Sur lequel, v. J.-F. Poudret, S. Besson, *Droit comparé de l'arbitrage international*, Bruylant, 2002, spéc. n° 452, p. 399.

190. V. *supra*, n° 321 et s.

A. LE DÉLAI INITIAL

830 **Absence de délai légal et délai raisonnable.** Afin d'éviter un prolongement excessif de l'instance arbitrale, les textes français relatifs à l'arbitrage interne limitent dans le temps le délai d'arbitrage. L'article 1463, alinéa 1er, du Code de procédure civile enferme ainsi la mission de l'arbitre dans un délai légal de six mois si les parties n'en ont pas prévu un autre, à l'expiration duquel l'instance arbitrale est éteinte ; la sentence qui intervient hors délai est nulle puisque le tribunal a alors statué sans se conformer à la mission qui lui avait été confiée[191]. Toutefois, ces dispositions sont inapplicables en matière d'arbitrage international. L'article 1506.3° du Code de procédure civile ne renvoie qu'à l'alinéa 2 du texte précité, qui prévoit la possibilité pour les parties et le juge d'appui de proroger le délai conventionnel qui aurait été fixé. Bien plus, la Cour de cassation a déjà jugé que « la loi française n'exige pas, en matière internationale, que les pouvoirs des arbitres soient enfermés, à défaut de délai conventionnel, dans un délai légal »[192]. Cela dit, si le procès arbitral doit être équitable et, surtout, efficace[193], il doit nécessairement se dérouler dans un délai raisonnable, ce qu'a déjà jugé la cour d'appel de Paris[194]. D'ailleurs, à défaut de convention contraire, les arbitres sont tenus d'un devoir de célérité dans la conduite de la procédure[195]. Aussi, indépendamment même de tout délai légal, la sentence qui serait rendue dans un délai déraisonnable au regard de toutes les circonstances de l'affaire devrait pouvoir être annulée ou se voir refuser la reconnaissance ou l'exequatur en France, parce que la solution qu'elle consacrerait serait contraire à l'ordre public international français[196].

831 **Fixation conventionnelle du délai.** Pour éviter que l'arbitrage ne dure trop longtemps, les parties peuvent décider de fixer un délai. Elles peuvent le faire dans la convention d'arbitrage, directement ou par renvoi à un règlement d'arbitrage[197]. Ainsi, l'article 31.1 du règlement d'arbitrage de la CCI de 2017 prévoit que le tribunal arbitral doit rendre sa sentence dans un délai de six mois. Les parties peuvent également déterminer le délai d'arbitrage dans un acte postérieur à la convention d'arbitrage, qui manifeste leur accord exprès ou tacite à cet égard, comme un échange de notes ou un acte de mission. Elles peuvent encore indirectement stipuler un délai en soumettant leur arbitrage à une loi étatique qui fixe un délai d'arbitrage. Ainsi, avant la réforme de 2011, en matière d'arbitrage international, si les parties avaient choisi la loi française de procédure, l'ancien article 1456 du Code de procédure civile et le

191. V. *supra*, n° 325.

192. Cass. 1re civ., 15 juin 1994, *Rev. arb.* 1995, p. 88 (1re esp.), note E. Gaillard ; *RCDIP* 1994, p. 680 (2e esp.), note D. Cohen.

193. Paris, 18 nov. 2004, *Rev. arb.* 2004, p. 989.

194. Paris, 28 févr. 2008, *D.* 2008, Jur., p. 1325, note R. Meese ; *D.* 2008, Pan., p. 3111, obs. Th. Clay.

195. Art. 1506.3° et 1464, al. 3, CPC.

196. En ce sens, v. aussi, E. Gaillard, note sous Cass. 1re civ., 15 juin 1994 (2 arrêts), *Rev. arb.* 1995, p. 88, spéc. p. 98. D. Hascher, in « Principes et pratique de procédure dans l'arbitrage commercial international », *Rec. Cours La Haye*, 1999, spéc. p. 108, indique que « l'arbitrage doit se dérouler dans des conditions de sécurité juridique et de célérité afin d'assurer la validité de la sentence et de diminuer les coûts que les parties doivent assumer ». V. cependant, J.-F. Poudret, S. Besson, *Droit comparé de l'arbitrage international*, Bruylant, 2002, n° 454, p. 402, pour lesquels la volonté des parties de recourir à l'arbitrage l'emporte sur leur désir de rapidité de la procédure, la durée de la mission des arbitres n'étant pas une condition essentielle de leur engagement.

197. Cass. 1re civ., 15 juin 1994, *Rev. arb.* 1995, p. 88 (2e esp.), note E. Gaillard ; *RCDIP* 1994, p. 680 (1re esp.), note D. Cohen.

délai de six mois qu'il prévoyait s'appliquaient, par renvoi de l'ancien article 1495[198]. Désormais, le choix de la loi française comme *lex arbitrii* emporte uniquement application des dispositions visées par l'article 1506 du Code de procédure civile, qui ne mentionne que le second alinéa de l'article 1463. Si les parties souhaitent que la procédure soit gouvernée par les dispositions prévues pour régir l'arbitrage interne, elles doivent le stipuler expressément ; seule une telle stipulation aurait alors pour effet de limiter à six mois la mission des arbitres. Dans tous les cas, le délai prévu par les parties ne doit pas être trop court, afin que les arbitres, qui peuvent résider dans des pays éloignés, disposent du temps suffisant pour mener correctement la procédure arbitrale.

832 **Point de départ du délai.** Muet sur l'existence même d'un délai d'arbitrage, les textes français relatifs à l'arbitrage international ne précisent pas davantage le point de départ du délai éventuellement fixé par les parties. En matière interne, sauf dérogation, la mission des arbitres part du jour où le dernier des arbitres l'a acceptée, qui est la date à laquelle le tribunal arbitral est saisi du litige[199], avec cette précision que la jurisprudence l'entend en principe comme le jour où cet arbitre a pu prendre connaissance du contenu exact de sa mission, notamment par la signature de l'acte de mission, et non nécessairement du jour où il a donné son accord à l'arbitrage[200]. Cette règle relevant somme toute du bon sens, à supposer que les parties aient fixé un délai pour la mission des arbitres sans préciser son point de départ, elle devrait être transposée dans l'arbitrage international. En effet, l'arbitre ne peut véritablement voir sa mission débuter avant qu'il n'accepte sa mission, et donne son consentement au contrat d'arbitre, et cette acceptation n'est réelle que si elle est éclairée, c'est-à-dire si l'arbitre connaît exactement le litige qu'il doit trancher. Ainsi, la solution retenue dans l'arbitrage interne, selon laquelle le délai ne peut commencer à courir faute de définition précise du contenu de la mission des arbitres dès lors qu'une partie n'avait pas encore communiqué ses conclusions au tribunal arbitral[201], est transposable à l'arbitrage international quand les parties ont prévu un délai d'arbitrage. Les parties peuvent cependant fixer librement le point de départ du délai[202], notamment en adoptant un règlement d'arbitrage qui comporte des dispositions à cet égard[203]. Leur liberté semble toutefois soumise à une limite : le point de départ du délai ne paraît pouvoir être antérieur à l'acceptation de sa mission par le dernier arbitre, qui marque le début de l'instance arbitrale[204].

198. Ph. Fouchard, E. Gaillard, B. Goldman, *Traité de l'arbitrage commercial international*, Litec, 1996, n° 1382, p. 767. V. aussi, Paris, 9 mars 2006, *Rev. arb.* 2006, p. 481.

199. V. *supra*, n° 323.

200. Cass. 2e civ., 20 mars 2003, *Rev. arb.* 2003, p. 551 ; Paris, 8 mars 2001, *Rev. arb.* 2001, p. 567, note C. Legros ; TGI Paris (ord. réf.), 3 févr. 1999, *Rev. arb.* 1999, p. 139, obs. A. Hory.

201. Cass. 2e civ., 20 mars 2003, préc.

202. V. Cass. 1re civ., 30 mars 2004, *D.* 2004, Pan., p. 3183, obs. Th. Clay ; JCP G 2004, I, 179, n° 8, obs. J. Ortscheidt ; *Rev. arb.* 2005, p. 977, note J. Pellerin, qui constate que le projet d'acte de mission avait pour objet de reporter conventionnellement le point de départ du délai d'arbitrage.

203. Ainsi, l'article 31.1 du règlement CCI 2017 dispose que le délai initial « court soit du jour où la dernière signature du tribunal arbitral ou des parties a été apposée sur l'acte de mission, soit dans le cas visé à l'article 23, paragraphe 3, à compter de la date de notification au tribunal arbitral par le Secrétariat de l'approbation de l'acte de mission par la Cour ».

204. Paris, 8 mars 2001, *Rev. arb.* 2001, p. 567, note C. Legros (solution implicite) ; de toute façon, on voit mal l'utilité de prévoir un point de départ antérieur.

833 **Sanctions du dépassement du délai.** Lorsque le tribunal arbitral rend une sentence hors délai, il peut voir sa responsabilité personnelle engagée[205]. En outre, la sentence peut être annulée ou se voir refuser l'exequatur par le juge français en application des articles 1520.3° et 1525 du Code de procédure civile, dès lors qu'il a statué sans se conformer à la mission qui lui avait été confiée[206]. Cela suppose, bien sûr, que le moyen soit recevable, et donc que la partie qui s'en prévaut ne se soit pas abstenue, en connaissance de cause, de le soulever devant l'arbitre[207]. Cette sanction est également prévue par certaines législations étrangères relatives à l'arbitrage, précisément celles qui, comme le droit français, ont fixé un délai pour que le tribunal arbitral rende sa sentence[208]. Pour certains, elle apparaît inappropriée, la volonté des parties de recourir à l'arbitrage devant l'emporter sur celle de voir la mission des arbitres se dérouler rapidement[209]. De toute façon, la sentence ne pourra être annulée ou se voir refuser l'exequatur que si les parties n'ont pas accepté, fût-ce tacitement, de proroger le délai de l'arbitrage.

B. PROROGATION DU DÉLAI

834 **Prorogation conventionnelle du délai.** Le délai initialement fixé est généralement trop court parce qu'au début de l'instance, les parties peuvent rarement prévoir quel sera précisément le temps nécessaire au tribunal arbitral pour instruire la cause. La prorogation du délai de l'arbitrage est dès lors souvent indispensable en cours de procédure. L'article 1463, alinéa 2, du Code de procédure civile, applicable à l'arbitrage international[210], prévoit que « le délai légal ou conventionnel peut être prorogé par accord des parties ou, à défaut, par le juge d'appui »[211]. L'extension à l'arbitrage international des solutions applicables à l'arbitrage interne pour la prorogation conventionnelle du délai ne pose guère de difficulté. La question est plus problématique s'agissant des solutions internes relatives à la prorogation par le juge et à l'interdiction faite aux arbitres de proroger eux-mêmes le délai.

Les parties peuvent prolonger elles-mêmes ou par l'intermédiaire de mandataires, le délai initial. Souvent, la prorogation est accordée par les mandataires des parties, notamment leurs avocats. La Cour de cassation admet ainsi que le mandat de représentation en justice de l'avocat lui permet de consentir valablement à cette prorogation[212]. Par ailleurs, la plupart des règlements d'arbitrage prévoient la compétence de l'institution administrant

205. V. *supra*, n° 326.

206. V. *infra*, n° 997. V., sous l'empire des textes antérieurs à la réforme de 2011, lorsque l'annulation était prononcée sur le fondement de l'article 1502.1° ancien CPC, Paris, 9 mars 2000, *Rev. arb.* 2001, p. 200 (2e esp.), obs. Ph. Pinsolle ; Cass. 1re civ., 6 oct. 1998, *Bull. civ.* I, n° 268.

207. Cass. 1re civ., 28 mai 2008, *Rev. arb.* 2008, p. 691, note D. Bureau. V. aussi, en matière interne, la solution étant identique : Cass. 1re civ., 11 sept. 2013, *Bull. civ.* I, n° 160 ; *JCP* G 2013, I, 1391, obs. J. Ortscheidt ; *JCP* G 2013, 1098, note D. Mouralis ; *Rev. arb.* 2014, p. 704, obs. C. Debourg.

208. Notamment les droits belge et italien. Sur cette question, v. J.-F. Poudret, S. Besson, *Droit comparé de l'arbitrage international*, Bruylant, 2002, n° 453, p. 402.

209. J.-F. Poudret, S. Besson, *Droit comparé de l'arbitrage international*, préc., n° 453, p. 402.

210. Art. 1506.3° CPC.

211. Sur cette disposition, v. *supra*, n° 327 et s.

212. Cass. 2e civ., 21 nov. 2002, *Rev. arb.* 2004, p. 303, note E. Taÿ-Pamart ; JCP G 2003, I, 164, n° 5, obs. J. Ortscheidt (rendu en matière d'arbitrage interne, mais la solution est certainement transposable à l'arbitrage international).

l'arbitrage pour proroger le délai, à la demande de l'une des parties ou du tribunal arbitral, voire même d'office[213]. La Cour de cassation considère que « la prorogation décidée par le tiers préconstitué par les parties s'imposait à celles-ci au même titre que si elles l'avaient consentie elles-mêmes »[214]. La décision de prorogation de l'institution n'a pas besoin d'être motivée[215], ni même d'être notifiée aux parties, sauf stipulation contraire du règlement[216]. Il s'agit en effet d'un acte d'organisation de la procédure arbitrale produisant effet indépendamment de l'information qui en est donnée à ses destinataires. D'ailleurs, ce sont en principe les arbitres qui sont les destinataires d'une telle décision. En opportunité, on peut toutefois regretter l'opacité de la procédure arbitrale résultant du défaut de notification de la décision de prolonger le délai de l'arbitrage aux parties[217]. En outre, il appartient à l'institution de veiller à ce que l'instance arbitrale ne se prolonge pas au-delà du raisonnable, et donc à ne pas proroger indéfiniment le délai, sous peine d'engager sa responsabilité à l'égard des parties.

Quant à sa forme, la prorogation conventionnelle peut être expresse ou tacite. La prorogation tacite sera caractérisée lorsque les parties participent activement et sans réserve aux opérations d'arbitrage au-delà du délai initialement stipulé[218]. La jurisprudence a d'abord exigé des « actes positifs manifestant sans équivoque la volonté des parties de proroger ». Aussi, une attitude purement passive, le silence gardé, ne permettait pas en principe de conclure à une prorogation tacite. Cependant, la Cour de cassation a par la suite assoupli sa jurisprudence en approuvant notamment une cour d'appel qui avait estimé qu'en ne protestant pas à la réception d'une lettre des arbitres les informant d'une prorogation d'un mois, les parties avaient tacitement donné leur accord au dernier, et bref, report demandé par les arbitres[219]. Dans cette affaire, l'accord des parties résultait donc du silence gardé après sollicitation des arbitres[220]. De manière encore plus claire, la Cour de cassation a ensuite estimé qu'une cour d'appel avait pu déduire « que les parties avaient donné leur accord à la prorogation du délai d'arbitrage » du fait qu'elles n'en « avaient jamais invoqué l'expiration »[221]. Ainsi, toute attitude des parties pourrait être prise en compte, dès lors qu'elle indique leur volonté de couvrir l'irrégularité tirée de l'expiration du délai initial[222]. Au vrai, plus que sur un réel accord des

213. V. notamment, art 31.2 du règlement CCI de 2017.

214. Cass. 1re civ., 16 juin 1976, *Rev. arb.* 1977, p. 269, note E. MEZGER.

215. Paris, 17 mai 1983, *Rev. arb.* 1987, p. 309 (2e esp.) ; Paris, 22 janv. 1982, *Rev. arb.* 1982, p. 91.

216. Paris, 12 mai 2011, *Rev. arb.* 2011, p. 581 ; Cass. 1re civ., 6 juill. 2005, *D.* 2005, Pan., p. 3061, obs. Th. CLAY ; JCP G 2005, I, 179, n° 4, obs. J. ORTSCHEIDT ; Paris, 6 mars et 12 juin 2003, *JCP* G 2004, I, 119, n° 7, obs. J. BÉGUIN ; *Rev. arb.* 2004, p. 887, note D. BENSAUDE ; *D.* 2003, Pan. p. 2477, obs. Th. CLAY ; *RTD com.* 2003, p. 479, obs. É. LOQUIN.

217. V. aussi, Th. CLAY, obs. sous Cass. 1re civ., 6 juill. 2005, *D.* 2005, Pan., p. 3061.

218. Cass. 2e civ., 11 mai 2000, *Rev. arb.* 2000, p. 635, note E. TAŸ-PAMART ; Paris, 24 juin 1997, *Rev. arb.* 1997, p. 588, note D. BUREAU ; Paris, 4 juill. 1991 et 17 janv. 1992, *Rev. arb.* 1992, p. 625, note J. PELLERIN.

219. Cass. 2e civ., 18 oct. 2001, *Rev. arb.* 2002, p. 89 (2e esp.), note J.-G. BETTO.

220. Les particularités de l'espèce peuvent expliquer cette décision : les parties avaient déjà, d'un commun accord, suspendu un an et prorogé une fois le délai, et l'ultime demande de prorogation des arbitres portait sur un nouveau délai bref, rendu nécessaire par une grève des transports ; le silence était donc « circonstancié ».

221. Cass. 1re civ., 23 mai 2006, *Bull. civ.* I, n° 251 ; JCP G 2006, I, 187, n° 5, obs. J. BÉGUIN.

222. Cass. 1re civ., 6 juill. 2005, *D.* 2005, Pan., p. 3061, obs. Th. CLAY ; JCP G 2005, I, 179, n° 4, obs. J. ORTSCHEIDT, qui relève que la partie qui se prévalait de l'expiration du délai de l'arbitrage, « par son comportement actif, et notamment par le paiement des frais en cours de délibéré, avait manifesté sa volonté non équivoque de participer à l'arbitrage jusqu'au prononcé de la sentence et d'accepter les prorogations de

parties pour proroger, la solution paraît reposer aujourd'hui sur une renonciation de chaque partie à se prévaloir de l'expiration du délai d'arbitrage pour fonder l'annulation de la sentence. Par ailleurs, les parties décident librement de la durée de la prorogation conventionnelle, et peuvent convenir de renouvellements successifs[223]. Lorsqu'elles prorogent sans préciser la durée de la prorogation, on peut retenir qu'elles ont entendu implicitement renouveler le délai initialement convenu[224]. En cas de prorogation tacite, la prorogation peut durer tant que les parties participent sans réserve à l'instance, ce qui conforte l'idée qu'il s'agit davantage d'une renonciation à se prévaloir de l'irrégularité que d'un véritable accord des parties pour une prorogation.

835 **Prorogation judiciaire du délai.** Pour l'arbitrage international comme pour l'arbitrage interne, il résulte de la combinaison des articles 1460, alinéa 1er, et 1463, alinéa 2, du Code de procédure civile que le juge d'appui peut être saisi par l'une des parties, le tribunal arbitral ou l'un de ses membres, d'une demande de prorogation du délai d'arbitrage[225]. Le juge d'appui, qui est, sauf clause contraire, le président du tribunal de grande instance de Paris[226], peut accepter ou refuser de proroger, et sa décision n'est, en principe, pas susceptible de recours, sauf s'il a commis un excès de pouvoir, auquel cas un appel-nullité peut être formé contre l'ordonnance[227], dont le régime est calqué sur l'appel ouvert contre les autres décisions du juge d'appui[228]. Le recours au juge d'appui s'avère particulièrement utile en l'absence d'accord des parties, et donc afin de contrecarrer toute volonté dilatoire de l'une d'elles, dès lors que l'on ne se situe pas dans le cadre d'un arbitrage institutionnel où le règlement applicable permet généralement à l'institution de proroger.

Avant la réforme de 2011, face au silence des textes, on s'était interrogé sur le pouvoir du juge français de proroger le délai d'un arbitrage international. La réponse était relativement aisée lorsque les parties avaient choisi la loi française pour régir la procédure arbitrale, l'article 1456 ancien du Code de procédure civile devant alors être considéré comme applicable. Dans cette hypothèse, même si l'arbitrage était international, le juge compétent n'était cependant pas exclusivement le président du tribunal de grande instance de Paris, mais le juge visé à l'article 1457 ancien du Code de procédure civile, soit celui du tribunal dans le ressort duquel la convention d'arbitrage avait situé les opérations d'arbitrage ou, à défaut, celui du tribunal du lieu où demeurait le défendeur à l'incident ou, si le défendeur ne demeurait pas en France, celui du tribunal du lieu où demeurait le demandeur[229]. Mais à défaut d'avoir choisi la loi française pour régir la procédure arbitrale, la compétence du juge d'appui français

délais, de sorte qu'elle avait renoncé à se prévaloir de toute irrégularité de ce chef ». V. aussi, Cass. 2e civ., 8 mars 2001, *Rev. arb.* 2002, p. 899 (1re esp.), note J.-G. Betto.

223. Dans l'arbitrage interne, lorsque les parties n'ont pas précisé sa durée, la prorogation est censée valoir pour le délai légal, soit six mois (v. *supra*, n° 330). La solution ne peut être transposée à l'arbitrage international, faute de délai légal imposé.

224. En ce sens, dans l'arbitrage interne, Cass. 2e civ., 26 nov. 1980, *Rev. arb.* 1981, p. 418, note Th. Bernard.

225. Par renvoi de l'art. 1506.2° et 3° CPC.

226. Art. 1505 CPC. Sur le sens de la réserve, v. *supra*, n° 781.

227. V. *supra*, n° 787. V. aussi, Cass. 1re civ., 7 mars 2000, *RTD com.* 2000, p. 345 (2e esp.), obs. crit. É. Loquin ; *Rev. arb.* 2000, p. 447 (2e esp.), note A. Lacabarats.

228. V. *supra*, n° 787.

229. V., Cass. 1re civ., 7 mars 2000, *RTD com.* 2000, p. 345 (2e esp.), obs. crit. É. Loquin ; *Rev. arb.* 2000, p. 447 (2e esp.), note A. Lacabarats.

pour proroger le délai d'arbitrage était plus discutée. Pour fonder cette compétence, on pouvait songer à se référer aux dispositions de l'article 1493 ancien du Code de procédure civile, déterminant la compétence internationale du juge français pour aider à la constitution du tribunal arbitral. L'intervention du juge français était alors possible lorsque le siège de l'arbitrage était fixé en France. Toutefois, cette proposition forçait, à l'évidence, la lettre de l'article 1493, qui ne visait que les « difficultés de constitution du tribunal arbitral ». Aussi, c'est sur la base de l'ancien article 1456 du Code de procédure civile, et sous couvert d'une référence implicite des parties à la loi française pour régir la procédure, que le président du tribunal de grande instance de Paris avait reconnu sa compétence internationale en matière de prorogation de délai d'arbitrage[230].

836 **Interdiction faite aux arbitres de proroger eux-mêmes le délai.** Que l'arbitrage soit interne ou international, les arbitres ne peuvent proroger eux-mêmes le délai d'arbitrage. La Cour de cassation considère en effet que « le principe selon lequel le délai fixé par les parties ne peut être prorogé par les arbitres eux-mêmes traduit une exigence de l'ordre public aussi bien interne qu'international en ce qu'il est inhérent au caractère contractuel de l'arbitrage »[231]. Le tribunal arbitral ne peut donc ni prendre la décision de proroger[232], ni faire droit à la demande d'une seule partie de proroger. On estimait toutefois que les parties pouvaient, par convention et par avance, par exemple dans l'acte de mission, donner aux arbitres le pouvoir de proroger le délai en cas de nécessité et pour une durée précise, déterminée par elles dans la convention[233]. La Cour de cassation s'est cependant opposée à cette pratique[234]. Les parties ne pourraient donc renoncer à l'interdiction faite à l'arbitre de proroger lui-même le délai. Cette solution est sûrement trop sévère[235] et pouvait certainement être abandonnée dans l'arbitrage international, après la réforme du 13 janvier 2011. En effet, les textes issus du décret n° 2011-48 peuvent être interprétés comme autorisant les parties à prévoir, par avance, que le tribunal arbitral pourra proroger le délai d'arbitrage. Ainsi, si l'article 1463, alinéa 2, du Code de procédure civile, qui semble réserver aux parties et au juge d'appui le pouvoir de proroger, est étendu à l'arbitrage international par l'article 1506.3°, c'est sous réserve que les parties n'en soient pas convenues autrement. Malgré tout, il conviendrait de distinguer selon que l'autorisation, donnée au tribunal arbitral par les parties, de proroger lui-même le délai d'arbitrage, l'est pour un délai déterminé par elles, pratique qui devrait être admise, ou pour un délai indéterminé, pratique qui peut sembler plus dangereuse au regard de l'ordre public de protection. La cour d'appel de Paris, dans un arrêt du 4 novembre 2014, a cependant confirmé la jurisprudence antérieure en refusant de procéder à une telle distinction. Elle a annulé une sentence, sur le fondement des textes issus du décret du 13 janvier 2011, au motif que l'arbitre unique avait prorogé seul le délai de l'arbitrage, relevant que les parties « ne pouvaient laisser

230. TGI Paris (ord. réf.), 12 janv. 1988, 10 mai 1990, 30 oct. 1990, 6 juill. 1990, *Rev. arb.* 1994, p. 538, note Ph. Fouchard. V. aussi, Paris, 9 mars 2000, *Rev. arb.* 2001, p. 200 (2e esp.), obs. Ph. Pinsolle.

231. Cass. 1re civ., 15 juin 1994, *Rev. arb.* 1995, p. 88 (2e esp.), note E. Gaillard ; *RCDIP* 1994, p. 680 (1re esp.), note D. Cohen ; Paris 22 sept. 1995, *Rev. arb.* 1996, p. 100, note E. Gaillard.

232. Paris, 4 nov. 2014, *Rev. arb.* 2014, p. 1039.

233. Cass. 2e civ., 20 juin 1996, *Bull. civ.* II, n° 167.

234. Cass. 2e civ., 7 nov. 2002, *Rev. arb.* 2003, p. 115, note É. Loquin ; JCP G 2003, I, 164, spéc. n° 5, obs. J. Ortscheidt ; *Gaz. Pal.* 5 juill. 2003, p. 19, note B. Moreau (solution rendue dans l'arbitrage interne qui peut être étendue à l'arbitrage international).

235. V. *supra*, n° 328.

au tribunal arbitral le choix d'étendre unilatéralement la durée de l'arbitrage, fût-ce dans certaines limites »[236]. En tout cas, une renonciation *a posteriori* des parties à invoquer l'irrégularité pourrait être retenue, notamment du fait de leur participation sans protestation à l'instance après prorogation irrégulière du délai par le tribunal arbitral.

§ 3. LES PRINCIPAUX INCIDENTS AFFECTANT L'INSTANCE ARBITRALE

837 **Division.** On qualifie d'incidents toutes les difficultés rencontrées au cours de l'instance arbitrale[237]. Les principales concernent d'abord la personne des arbitres (leur nombre, leurs qualités...)[238]. Mais elles peuvent aussi toucher à la compétence de l'arbitre (A) ou affecter le lien d'instance qui s'est créé entre lui et les parties (B).

A. LES INCIDENTS RELATIFS À LA COMPÉTENCE DE L'ARBITRE

838 En plus de l'hypothèse, déjà envisagée, dans laquelle l'une des parties conteste la compétence du tribunal arbitral pour trancher le litige[239], les principales difficultés procédurales liées à sa compétence, susceptibles de se rencontrer dans l'arbitrage international, tiennent à la connexité, à la litispendance et à l'intervention de tiers.

839 **La connexité.** La situation de connexité naît de ce que le tribunal arbitral et le juge, ou deux juridictions arbitrales, peuvent se voir confier le soin de statuer sur des prétentions qui, même si elles ne sont pas strictement identiques en leurs causes et objets, apparaissent susceptibles d'être jugées ensemble[240]. Le droit français de l'arbitrage, interne ou international, n'envisage pas explicitement la solution à une telle difficulté et, dans cette situation, le tribunal arbitral ne peut décider unilatéralement de se dessaisir du litige. Il commettrait en effet un déni de justice. En plus de s'exposer personnellement à une action en responsabilité, le tribunal arbitral pourrait voir sa sentence annulée par le juge français, éventuellement compétent, au motif qu'il a statué sans se conformer à sa mission ou que la solution rendue heurte l'ordre public international français[241]. Ceci étant, plusieurs solutions s'offrent à lui, au regard du droit français en

236. Paris, 4 nov. 2014, *Rev. arb.* 2014, p. 1039.
237. Sur la notion d'incident, v. *supra*, n° 335.
238. Sur ces difficultés, v. *supra*, n° 734 et s.
239. V. *supra*, n° 782.
240. Pour des exemples de situations de connexité, v. *supra*, n° 337. V. aussi, P. Mayer, « Litispendance, connexité et chose jugée dans l'arbitrage international », in *Liber Amicorum Claude Reymond autour de l'arbitrage. Mélanges offerts à Cl. Reymond*, Litec, 2004, p. 185, spéc. p. 193.
241. Art. 1520.3 et 5° CPC.

tout cas[242], pour résoudre l'incident[243]. D'abord, le règlement d'arbitrage auquel les parties se sont référées a pu envisager l'hypothèse d'une jonction de procédures[244]. Il suffira alors au tribunal arbitral d'appliquer les dispositions idoines de ce règlement. Ensuite, les parties peuvent renoncer à la convention d'arbitrage originaire et accepter de confier le soin de trancher leur litige à l'autre juridiction, étatique ou arbitrale, saisie des demandes connexes. Celle-ci, avec le consentement de toutes les parties au litige dont elle est déjà saisie lorsqu'il s'agit d'un tribunal arbitral[245], pourra alors consentir à statuer sur ces nouvelles questions litigieuses. Les litigants peuvent encore accepter que le tribunal arbitral saisi se prononce sur toutes les demandes connexes dont l'autre juridiction a été saisie[246]. Ils peuvent aussi l'autoriser à surseoir à statuer dans l'attente que le juge ou l'arbitre saisi de demandes connexes se prononce[247], en précisant que ce sursis constitue une cause de suspension du délai d'arbitrage lorsqu'un tel délai a été prévu. On pourrait aussi envisager, dans cette hypothèse précise, que le juge d'appui français puisse être saisi par l'une des parties, le tribunal arbitral ou l'un de ses membres, d'une demande de prorogation du délai de l'arbitrage pour lui permettre de rendre sa sentence après que l'autre juridiction, saisie des prétentions connexes, a statué[248].

840 **La litispendance.** Il a déjà été noté qu'une situation de litispendance se rencontre en théorie très rarement dans l'arbitrage[249]. Elle suppose en effet qu'une partie formule des demandes identiques au cours de deux procédures arbitrales distinctes et toujours en cours. Pour éviter que des sentences inconciliables ne soient prononcées, le tribunal arbitral saisi en second peut interpréter la clause compromissoire en ce sens qu'elle prévoit que la question litigieuse doit être tranchée par une seule juridiction arbitrale et, partant, décider qu'elle a épuisé ses effets et qu'il est incompétent[250]. Le tribunal arbitral qui a été saisi de la demande en premier peut, comme lorsqu'il est en présence d'une situation de connexité, demander aux parties, voire même au juge d'appui, de proroger sa mission pour attendre la décision de l'autre juridiction arbitrale.

242. On peut en effet en imaginer une autre consistant à ce que le juge puisse se voir confier le soin, par une législation, de consolider des instances différentes devant un même tribunal. Sur cette question, v. E. Gaillard, « Jonction de procédures arbitrale et judiciaire », in *L'arbitrage complexe. Questions de procédure*, Bull. CCI, suppl. déc. 2003, p. 37, spéc. p. 39 ; P. Mayer, « Litispendance, connexité et chose jugée dans l'arbitrage international », préc., spéc. p. 194

243. Elles sont au demeurant identiques à celles dont il dispose lorsqu'il rencontre cette difficulté dans l'arbitrage interne (v. *supra*, n° 338).

244. V. notamment, l'art. 10 du règlement CCI de 2017. Pour un commentaire de l'ancien art. 4.6, qui énonçait déjà le principe de solution : A. M. Whitesell et E. Silva-Romero, « L'arbitrage à pluralité de parties ou de contrats : l'expérience récente de la Chambre de commerce internationale », in *L'arbitrage complexe. Questions de procédure*, Bull. CCI, suppl. déc. 2003, p. 7, spéc. p. 16.

245. E. Gaillard, « Jonction de procédures arbitrale et judiciaire », préc., spéc. p. 43. Pour le juge, il faut se référer aux conditions alors prévues par le droit du for.

246. E. Gaillard, « L'affaire Sofidif ou les difficultés de l'arbitrage multipartite (à propos de l'arrêt rendu par la cour d'appel de Paris le 19 déc. 1986) », *Rev. arb.* 1987, p. 275, spéc. p. 286.

247. En faveur de cette solution, v. P. Mayer, « Litispendance, connexité et chose jugée dans l'arbitrage international », préc., spéc. p. 194.

248. Pour plus de détails sur ces différentes solutions et leurs mérites et faiblesses respectifs, v. *supra*, n° 338.

249. V. *supra*, n° 339.

250. P. Mayer, « Litispendance, connexité et chose jugée dans l'arbitrage international », in *Liber Amicorum Claude Reymond autour de l'arbitrage. Mélanges offerts à Cl. Reymond*, Litec, 2004, p. 185, spéc. p. 193. Un tel raisonnement n'est cependant pas possible en présence d'un compromis ou lorsque l'exception de litispendance est soulevée devant l'arbitre saisi en premier.

841 **L'intervention.** Les problèmes posés par l'intervention d'un tiers à la convention d'arbitrage dans une instance arbitrale internationale sont identiques à ceux rencontrés dans l'arbitrage interne et il convient donc d'y renvoyer, pour l'essentiel[251]. L'arbitrage repose en principe sur la volonté de confier à un tribunal arbitral le soin de trancher un litige. Ainsi, en théorie, au regard du droit français qui ne contient aucune disposition traitant spécifiquement de cette question[252], il est exclu qu'une personne qui n'est pas partie à la convention d'arbitrage[253] soit attraite à une procédure arbitrale contre son gré, ou qu'elle puisse y intervenir volontairement sans l'accord des autres[254]. L'intervention à l'arbitrage d'un véritable tiers à la convention d'arbitrage, qu'elle soit forcée ou volontaire, suppose toujours l'accord de toutes les personnes concernées par cet arbitrage, y compris des arbitres. L'intervention affecte en effet le contrat d'arbitre, puisqu'elle modifie le nombre des cocontractants[255]. L'adjonction d'une nouvelle partie à ce contrat suppose l'accord de ces derniers, donc de l'arbitre.

L'intervention volontaire ou forcée d'une personne liée par la clause compromissoire, ou à laquelle elle peut être étendue, qui n'a pas été mise en cause par le demandeur au moment où il a engagé la procédure, pose en théorie moins de difficultés. Si le règlement d'arbitrage éventuellement applicable n'y fait pas obstacle, et pour autant que les demandes formées par l'intervenant restent dans les limites de la convention d'arbitrage, les autres litigants ne devraient pas pouvoir s'y opposer. Cette intervention présente d'ailleurs de nombreux avantages, déjà exposés[256], dont celui d'éviter le morcellement du contentieux et la multiplication des instances arbitrales ou judiciaires, avec le risque de décisions inconciliables que cela entraîne. Comme pour l'arbitrage interne, le principe d'égalité des parties dans la désignation de l'arbitre, entendu de manière efficiente, ne devrait pas faire obstacle à l'intervention forcée, sachant que l'intervenant volontaire accepte, et renonce ainsi à la contester, la composition du tribunal arbitral en se joignant à l'instance[257]. En revanche, ce qui peut faire difficulté, c'est l'acceptation de l'arbitre à cette intervention puisque cette demande incidente entraîne une modification du contrat d'arbitre[258] par l'adjonction d'une nouvelle partie, ce qui peut dès lors avoir une incidence sur les droits et obligations de l'arbitre et, le cas échéant, *in fine*, sur son éventuelle responsabilité dans la conduite de l'arbitrage. L'intervention d'un tiers à l'arbitrage, même partie à la convention d'arbitrage, est donc subordonnée à l'accord de l'arbitre[259]. En matière d'arbitrage interne, il a été vu que l'acceptation par l'arbitre d'une modification du contrat d'arbitre par l'adjonction d'une nouvelle partie résultant de l'intervention d'un tiers à l'arbitrage, partie à la convention d'arbitrage, se produit en amont de cette intervention, au moment où l'arbitre donne son accord à sa

251. V. *supra*, n° 351 et s.

252. Les droits suisses et belges envisagent l'intervention : v. J.-F. Poudret, S. Besson, *Droit comparé de l'arbitrage international*, Bruylant, 2002, n° 241, p. 210.

253. Sachant que cette qualité est parfois largement entendue (v. *supra*, n° 720 et s.).

254. Sur l'intervention dans l'arbitrage, v. notamment P. Callé, « Demandes en intervention et justice arbitrale », *Mélanges J. Héron*, LGDJ, 2008, p. 155 ; Y. Derains, « Les limites de la convention d'arbitrage dans les contrats impliquant plus de deux parties », in *L'arbitrage complexe. Questions de procédure*, Bull. CCI, suppl. déc. 2003, p. 21 ; A. Mourre, « L'intervention des tiers à l'arbitrage », *Cah. arb.*, vol. I, *Gaz. Pal.* éd. 2002, p. 100.

255. Sur ce contrat, v. *supra*, n° 286, 795.

256. V. *supra*, n° 351.

257. V. *supra*, n° 351.

258. Sur ce contrat, v. *supra*, n° 794 et s.

259. V. aussi : P. Callé, « Demande en intervention en justice arbitrale », préc., spéc. n° 4.

désignation par les autres parties à la convention d'arbitrage[260]. La solution repose sur le constat qu'en matière d'arbitrage interne, l'arbitre doit toujours respecter les articles 4 et 5 du Code de procédure civile et qu'il est dès lors tenu de statuer sur une demande incidente, ce que constitue l'intervention lorsqu'elle remplit certaines conditions[261]. Or, les principes directeurs du procès, desquels relèvent les textes précités, sont inapplicables à l'arbitrage international, sauf choix contraire des parties[262]. Sauf à admettre, notamment par une règle matérielle, que même en matière d'arbitrage international, sa mission juridictionnelle l'oblige toujours à statuer sur toutes les demandes incidentes qui entrent dans le champ d'application de la convention d'arbitrage, il est alors plus délicat de soutenir que l'arbitre a accepté tacitement, au moment de sa désignation, l'adjonction d'une partie au contrat d'arbitre qui le lie aux autres parties et qui résulte de l'intervention[263]. L'arbitre pourrait alors refuser l'adjonction de cette nouvelle partie au contrat d'arbitre et empêcher ainsi pratiquement l'intervention forcée ou volontaire à l'arbitrage.

B. LES INCIDENTS AFFECTANT LE LIEN D'INSTANCE

842 On distingue, parmi les principaux incidents susceptibles d'affecter le lien d'instance, ceux qui entraînent la suspension ou l'interruption de l'instance (1), de ceux qui l'éteignent (2).

1. Les causes d'interruption et de suspension de l'instance

843 L'instance arbitrale est suspendue ou interrompue – le premier de ces incidents se distinguant du second parce qu'une fois disparue la cause de suspension de l'instance, celle-ci reprend son cours sans aucune formalité – par les parties, le tribunal arbitral, et en cas d'ouverture d'une procédure collective, en France, à l'égard de l'un des litigants.

844 **La volonté des parties.** La suspension de l'instance, ou son interruption, peut résulter de la volonté des parties, qui peuvent l'avoir spécialement prévue en cas de survenance d'événements en particulier[264]. Celles-ci peuvent par exemple décider qu'une suspension de l'instance arbitrale interviendra en cas de désignation d'un expert, ou jusqu'au dépôt de son rapport puisqu'en droit français de l'arbitrage, une telle suspension n'intervient pas automatiquement[265]. Elles peuvent aussi prévoir une telle suspension si un recours en annulation est formé contre une sentence partielle, l'exercice de ce recours n'affectant pas la poursuite de la procédure arbitrale[266], ou dans l'attente

260. V. *supra*, n° 351.
261. V. *infra*, n° 376 et s.
262. L'article 1506 du Code de procédure civile ne renvoie pas à l'article 1464, alinéa 2, du même code, qui prévoit, en matière d'arbitrage interne, que « sont toujours applicables les principes directeurs du procès énoncés aux articles 4 à 10, au premier alinéa de l'article 11, aux deuxième et troisième alinéas de l'article 12 et aux articles 13 à 21, 23 à 23-1 ».
263. Pour l'arbitrage interne, v. *supra*, n° 351.
264. Sur les causes de suspension de l'instance, v. aussi, L. Lévy et A. V. Schaepfer, « La suspension d'instance dans l'arbitrage international », *Cah. arb.*, vol. I, *Gaz. Pal.* éd. 2002, p. 132.
265. Cass. 2e civ., 5 avr. 1993, *Rev. arb.* 1995, p. 68 ; *RTD com.* 1993, p. 643, obs. É. Loquin.
266. Sur l'absence d'effet suspensif du recours en annulation sur l'instance arbitrale, v. *infra*, n° 981 et s.

de la décision d'un tribunal étatique sur un incident qui échappe à la compétence de l'arbitre. La règle « le criminel tient le civil en l'état » ne s'imposant pas au tribunal arbitral en matière d'arbitrage international[267], les litigants peuvent ainsi consentir à ce qu'il sursoit à statuer dans l'attente de la décision du juge pénal français ou étranger, lorsqu'il est saisi d'une question susceptible d'avoir une incidence sur l'issue du litige.

845 **La décision du tribunal arbitral.** Depuis la réforme du 13 janvier 2011, le tribunal arbitral peut surseoir à statuer et sa décision suspend alors l'instance. L'article 1472, alinéa 1, du Code de procédure civile, applicable à l'arbitrage international par renvoi de l'article 1506.3°, précise en effet que cette décision « suspend le cours de l'instance pour le temps ou jusqu'à la survenance de l'événement qu'elle détermine ». Le tribunal arbitral peut donc surseoir à statuer, ce qui entraînera une suspension de l'instance, notamment pour le temps d'une mesure d'instruction ou dans l'attente de la décision d'un tribunal étatique sur un incident ou une question litigieuse connexe qui échappe à sa compétence. L'article 1472, alinéa 2, du Code de procédure civile lui donne aussi pouvoir de révoquer le sursis ou d'en abréger le délai.

846 **L'interruption résultant de l'ouverture d'une procédure collective.** Au regard du droit français de l'arbitrage[268], l'instance arbitrale, si elle tend au paiement d'une somme d'argent ou à la résolution d'un contrat pour défaut de paiement d'une somme d'argent, est interrompue lorsque l'une des parties est placée en redressement ou en liquidation judiciaire en France[269], ou lorsqu'une procédure de sauvegarde est ouverte à son encontre[270]. La Cour de cassation a en effet jugé que les règles de « l'arrêt des poursuites individuelles des créanciers, de dessaisissement du débiteur et d'interruption de l'instance en cas de faillite, sont à la fois d'ordre public interne et international »[271]. L'ouverture de la procédure collective en France constitue donc une cause d'interruption de l'instance même lorsque l'arbitrage se déroule à l'étranger[272]. Et si la sentence rendue à l'étranger ne respecte pas la règle de l'interruption de l'instance, l'exequatur lui sera refusé par le juge français[273]. La solution est particulièrement sévère lorsque le tribunal arbitral ignore l'existence de la procédure collective. Dans un arrêt du 14 octobre 2014[274], la cour d'appel de Paris est allée plus loin et a même considéré

267. V. *supra*, n° 658. V. aussi, Cass. 1re civ., 25 oct. 2005, *Bull. civ.* I, n° 378 ; *JCP* G 2006, I, 148, n° 6, obs. J. Béguin*;* *D.* 2005, Pan., p. 3060, obs. Th. Clay ; *D.* 2006, jurisp., p. 199, avis J. Sainte-Rose ; *Rev. arb.* 2006, p. 103, note J.-B. Racine ; *JDI* 2006, p. 996, note F.-X. Train.

268. Sur le droit comparé, v. J.-F. Poudret, S. Besson, *Droit comparé de l'arbitrage international*, Bruylant, 2002, n° 584, p. 533.

269. Les dispositions du droit français de la procédure collective ne s'appliquent pas lorsque celle-ci se déroule à l'étranger. En ce sens, Paris, 6 déc. 2001, *Rev. arb.* 2001, p. 933 ; Cass. 1re civ., 3 avr. 2001, *Rev. arb.* 2003, p. 220, obs. Ph. Fouchard.

270. Art. L. 622-22, L. 631-14 et L. 641-3 C. com.

271. Cass. 1re civ., 5 févr. 1991, *Bull. civ.* I, n° 44 ; *Rev. arb.* 1991, p. 625, note L. Idot. Il a aussi été jugé que les règles de suspension des poursuites individuelles et d'égalité des créanciers dans les procédures d'insolvabilité relèvent de l'ordre public de direction et que les parties ne peuvent y renoncer, même devant les arbitres ; ni les dispositions de l'article 1466 du Code de procédure civile, ni l'*estoppel*, ne peuvent donc être opposés à la partie qui s'en prévaut devant la juge de l'annulation (Paris, 27 févr. 2018, *Rev. arb.* 2018, p. 299 ; *JCP* G 2018, 1322, n° 4, obs. J. Ortscheidt).

272. Ph. Fouchard, « Arbitrage et faillite », *Rev. arb.* 1998, p. 471, spéc. n° 28, p. 482 ; L. Idot, note sous Cass. 1re civ., 5 févr. 1991, *Rev. arb.* 1991, p. 625, spéc. n° 8, p. 630.

273. TGI Paris (ord. req.), 2 févr. 1996, *Rev. arb.* 1998, p. 577.

274. Paris, 14 oct. 2014, *Rev. arb.* 2014, p. 1030. Le pourvoi formé contre cet arrêt a été rejeté par arrêt du 25 mai 2016 (pourvoi n° 14-29264).

que ces principes d'arrêt des poursuites individuelles, de dessaisissement et d'interruption de l'instance étant d'ordre public international, ils s'imposent à l'arbitrage se déroulant en France mais n'étant pas soumis à la loi française, ajoutant toutefois que le tribunal arbitral doit, avant de faire application de ces principes, vérifier que le jugement d'ouverture de la procédure collective à l'étranger n'est pas lui-même contraire aux exigences de cet ordre public[275] ; elle a considéré que le tribunal arbitral devait notamment procéder ainsi lorsqu'il est informé de la mise en liquidation judiciaire de l'une des parties, peu important que la partie adverse ne se prévale pas de cette circonstance. Une fois l'instance interrompue, comme en matière d'arbitrage interne, la créance doit être déclarée auprès des organes de la procédure collective[276]. L'instance arbitrale est ensuite reprise de plein droit en présence du représentant des créanciers ou du mandataire liquidateur, et le cas échéant de l'administrateur, qui doivent être appelés en la cause[277], le tribunal arbitral laissant en général un délai au créancier pour procéder à cet appel en cause[278]. La reprise d'instance peut intervenir avant l'issue de la procédure de vérification des créances, c'est-à-dire avant la décision du juge-commissaire[279]. C'est au demeurant l'arbitre, et non le juge-commissaire, qui est tenu de vérifier la régularité de la reprise d'instance et qui devrait donc apprécier la régularité de la déclaration de créance[280]. Une fois reprise, l'instance arbitrale tend uniquement à la constatation de la créance et à la fixation de son montant, l'arbitre ne pouvant plus condamner le débiteur placé en redressement ou en liquidation judiciaire à payer une somme d'argent[281]. S'il prononce une condamnation, sa sentence pourra être annulée ou se voir refuser l'exequatur devant le juge français, puisque la règle de la « suspension des poursuites individuelles en matière de faillite est à la fois d'ordre public interne et international »[282].

847 **Incidence de l'interruption et de la suspension de l'instance sur le délai d'arbitrage.** Lorsque l'instance est suspendue ou interrompue, le délai éventuellement imparti au tribunal arbitral pour remplir sa mission doit l'être également. Les notions d'interruption et de suspension n'ont certes pas le même sens selon qu'elles s'appliquent à une

275. Cette contrariété du jugement de liquidation étranger à l'ordre public international français ayant au demeurant été reconnue en l'espèce. On peut penser qu'une autre condition à l'application des principes d'arrêt des poursuites individuelles, de dessaisissement et d'interruption de l'instance est que des principes analogues soient retenus par le droit étranger de la procédure collective ; en effet, on voit mal pourquoi le droit français imposerait une solution que le droit de la procédure collective n'impose pas.

276. V. *supra*, n° 361.

277. Paris, 3 mars 1998, p. et 30 mars 1999, *Rev. arb.* 2003, p. 207, obs. Ph. Fouchard.

278. Ph. Fouchard, « Arbitrage et faillite », préc., spéc. n° 41, p. 488.

279. V. *supra*, n° 361. C'est la solution inverse qui prévaut lorsque l'instance arbitrale n'a pas été engagée au jour de l'ouverture de la procédure collective (v. *supra*, n° 821).

280. V. notamment, Cass. com., 29 sept. 2015, n° 14-15448, qui relève que « tenue, en tant que juridiction saisie de l'instance en cours de vérifier, au besoin d'office, la régularité de la reprise de cette instance », c'est « à bon droit » que la cour d'appel « s'est prononcée sur la déclaration de créance » ; Cass. com., 25 févr. 2004, n° 02-17246, qui constate que si une instance est en cours, « il appartient à la juridiction saisie de vérifier la régularité de la reprise d'instance et, à cette fin, d'apprécier la régularité de la déclaration de créance ».

281. Paris, 27 févr. 1992, *Rev. arb.* 1992, p. 590, note P. Ancel.

282. Cass. 1re civ., 6 mai 2009, *Bull. civ.* I, n° 86 ; *JCP* G 2009, I, 462, n° 13, obs. J. Béguin ; *D.* 2009, Pan., p. 2959, obs. Th. Clay ; *Rev. arb.* 2009, p. 299, note D. Cohen ; *RTD com.* 2009, p. 546, obs É. Loquin.

instance ou à un délai[283]. Mais, contrairement à l'instance judiciaire, l'instance arbitrale n'est soumise à aucun délai de péremption. Partant, la suspension ou l'interruption de cette instance, sans suspension corrélative du délai d'arbitrage, serait privée de toute utilité, ce d'autant qu'en principe, ces incidents ne dessaisissent pas le tribunal arbitral. Cela posé, deux situations peuvent sans doute être distinguées.

En présence d'un texte qui prévoit une cause de suspension ou d'interruption de l'instance arbitrale, sauf à le priver de portée, l'incident suspend le délai d'arbitrage. Il en est donc notamment ainsi lorsqu'un arbitrage international est volontairement soumis, par les parties, aux dispositions applicables à l'arbitrage interne ; sauf convention particulière, s'appliqueront alors les causes d'interruption prévues par les articles 369 et 370 du Code de procédure civile, auquel renvoie l'article 1471 du même Code[284]. La suspension du délai d'arbitrage intervient aussi lorsque le tribunal arbitral, usant de la faculté qui lui est offerte par l'article 1472, alinéa 1er, du Code de procédure civile, sursoit à statuer, ce qui suspend le « cours de l'instance ». De même encore, l'interruption de l'instance arbitrale résultant de l'ouverture d'une procédure collective suspend le délai d'arbitrage. Bien plus, la Cour de cassation a jugé qu'un tribunal arbitral avait pu décider que la suspension, qui est en réalité une interruption, de l'instance arbitrale résultant de l'ouverture de la procédure de liquidation judiciaire emportait, dans les circonstances de l'espèce, interruption du délai d'arbitrage, qui avait recommencé à courir au moment de la reprise d'instance[285]. Autrement dit, lors de la reprise d'une instance arbitrale interrompue du fait de l'ouverture d'une procédure collective, le tribunal arbitral peut considérer que le délai d'arbitrage est suspendu et cesse donc de courir. Il peut alors s'en tenir à une simple suspension : ses pouvoirs expireront au terme d'un délai, décompté à partir de la reprise de l'instance, égal au délai d'arbitrage diminué du laps de temps qui s'est écoulé entre sa saisine et l'interruption de l'instance. Les arbitres peuvent aussi décider que le délai, en plus d'avoir été suspendu, est interrompu et recommence donc à courir intégralement.

En revanche, au regard du droit français, faute d'un texte applicable à l'arbitrage international envisageant la suspension ou l'interruption de l'instance arbitrale, en première analyse, il ne va pas de soi que ce type d'incidents, même conventionnellement prévu par les parties, emporte automatiquement la suspension du délai d'arbitrage. À défaut de jurisprudence idoine sur la question, il n'est en effet pas certain que la solution posée en matière de procédure collective soit généralisable à tous les cas d'interruption ou de suspension de la procédure arbitrale. Il ne faut pas perdre de vue qu'autoriser le tribunal arbitral à systématiquement considérer le délai d'arbitrage comme suspendu, voire ensuite comme interrompu, revient à lui conférer une certaine maîtrise sur la computation des délais. Cela peut se justifier en cas d'interruption automatique de l'arbitrage par l'effet de la loi mais, compte tenu de l'interdiction, pour les arbitres, de proroger eux-mêmes le délai d'arbitrage, c'est plus difficile à expliquer en dehors de ce cas particulier. Pourtant, aujourd'hui, en matière interne, le second alinéa de l'article 1475 du Code de procédure civile, issu du décret du 13 janvier 2011, autorise le

283. Il faut bien distinguer l'interruption et la suspension d'un délai. L'interruption efface le délai déjà acquis et en fait courir un nouveau, de même durée que l'ancien. La suspension arrête temporairement le cours du délai, sans effacer le délai déjà couru. V., à propos du délai de prescription, art. 2230 et 2231 C. civ. Suspension et interruption peuvent se combiner à propos du même délai : il est alors suspendu pendant un certain temps, puis il recommence à courir intégralement à une date ultérieure.

284. Sur celles-ci, v. *supra*, n° 361 et s.

285. Cass. 1re civ., 5 févr. 1991, *Bull. civ.* I, n° 44 ; *Rev. arb.* 1991, p. 625, note L. Idot.

tribunal arbitral, au moment de la reprise de l'instance, à proroger le délai d'arbitrage pour une durée n'excédant pas six mois, que les parties aient ou non fixé un délai conventionnel plus long. Implicitement, cette règle signifie donc que l'interruption ou la suspension de l'instance arbitrale emporte suspension du délai d'arbitrage jusqu'à la reprise de l'instance. Sinon, le délai d'arbitrage continuerait de courir et expirerait souvent avant la reprise de l'instance. Le tribunal arbitral serait dès lors dessaisi et ne pourrait pas proroger le délai d'arbitrage. L'article 1475 n'est toutefois pas applicable à l'arbitrage international, sans doute parce que celui-ci n'est pas soumis à un délai légal. Mais, en partant du principe que le régime de l'arbitrage international est, de manière générale, plus libéral que celui de l'arbitrage interne, il devrait être admis, pour les arbitrages internationaux soumis à un délai conventionnel, que l'interruption ou la suspension de l'instance arbitrale emporte suspension du délai d'arbitrage et qu'au moment de la reprise de l'instance, le tribunal arbitral a le pouvoir de proroger le délai pour une durée n'excédant pas le délai conventionnel initial. Cela équivaudrait à une interruption du délai d'arbitrage au moment de la reprise de l'instance. Évidemment, en cas de sursis à statuer décidé par le tribunal arbitral, cela lui confère le pouvoir de contourner l'interdiction qui lui est faite de proroger le délai sans l'accord des parties[286]. Cependant, le juge contrôlant la sentence pourrait sanctionner les abus, en les assimilant à une méconnaissance, par l'arbitre, de sa mission[287]. En définitive, en matière d'arbitrage international, face à l'incertitude qui résulte des textes et de la rareté de la jurisprudence, on ne saurait trop conseiller aux parties de déterminer elles-mêmes, ou par référence à un règlement d'arbitrage disposant à cet égard, les conséquences, sur le délai d'arbitrage qu'elles fixent conventionnellement, des différents événements susceptibles d'interrompre ou de suspendre la procédure arbitrale. Autrement dit, il paraît prudent de prévoir que la suspension ou l'interruption de l'instance arbitrale, hors les cas précédemment évoqués, emporte également suspension du délai d'arbitrage.

2. Les causes d'extinction anticipée de l'instance

848 **Expiration du délai d'arbitrage et renonciation à l'instance.** L'instance arbitrale s'achève normalement par le prononcé d'une sentence qui tranche les contestations soumises au tribunal arbitral. Mais elle peut aussi se terminer prématurément, par la survenance d'un événement qui fait obstacle à la poursuite de leur mission par les arbitres. Comme dans l'arbitrage interne, la renonciation à l'instance arbitrale[288] ou l'expiration du délai d'arbitrage[289] met fin à l'instance arbitrale. Les parties peuvent en effet renoncer à poursuivre l'arbitrage, notamment parce qu'elles ont signé une transaction qui met fin au litige. La renonciation peut être expresse ou tacite, pour autant qu'elle résulte d'actes manifestant sans équivoque la volonté des parties de renoncer à l'instance[290]. Cette renonciation emporte extinction de l'instance arbitrale qui, sauf prévision

286. Sur laquelle, v. *supra*, n° 836.

287. Art. 1520.3° CPC.

288. V. *supra*, n° 369.

289. V. *supra*, n° 367.

290. Cass. 1re civ., 9 oct. 1990, *Bull. civ.* I, n° 205, qui approuve les juges du fond d'avoir rejeté une exception d'incompétence tirée de l'existence d'une clause compromissoire dès lors que la partie qui l'invoquait, après la saisine la Chambre de commerce internationale et postérieurement au dépôt d'un rapport d'expert désigné par cette institution, avait ensuite saisi le juge des référés d'une demande de désignation d'un expert.

contraire des parties, reste toutefois subordonnée à la constatation par le tribunal arbitral de son incompétence. L'instance s'achève avec la sentence arbitrale par laquelle le tribunal arbitral constate qu'il a perdu le pouvoir de se prononcer sur le litige, étant observé qu'il peut avoir conservé celui de statuer sur la répartition des frais de l'instance entre les parties. L'expiration du délai de l'arbitrage, lorsqu'il a été prévu, emporte également extinction de l'instance arbitrale[291].

849 **Défaillance de l'arbitre.** Dans l'arbitrage interne, avant la réforme du 13 janvier 2011, l'article 1464 du Code de procédure civile prévoyait que l'instance arbitrale prenait fin, sous réserve toutefois des conventions particulières des parties, par la survenance d'un certain nombre d'événements, et notamment la révocation, le décès ou l'empêchement d'un arbitre, son abstention ou sa récusation. Le décret nº 2011-48 du 13 janvier 2011 a abandonné ces causes d'extinction de l'instance et, « sauf stipulation contraire », le décès, l'empêchement, l'abstention, la démission, la récusation ou la révocation d'un arbitre suspendent l'instance arbitrale « jusqu'à l'acceptation de sa mission par l'arbitre désigné en remplacement », selon ce que prévoit l'article 1473, alinéa 1er, du Code de procédure civile[292]. Dans le cadre de l'arbitrage institutionnel, ces conséquences sont souvent aménagées par les règlements d'arbitrage, directement ou par renvoi à d'autres textes. Ainsi, dans un arrêt du 8 avril 2014, la cour d'appel de Paris a fait application de l'article 1473 du Code de procédure civile à un arbitrage international, au motif que le règlement d'arbitrage ne réglait pas l'hypothèse de la suspension de l'instance mais prévoyait que, dans le silence de la convention des parties, il convenait de se référer aux dispositions du Code de procédure civile. Cette décision a appliqué de manière extensive le texte précité, en jugeant que la procédure judiciaire, engagée aux fins de dessaisissement du tribunal arbitral constitué sous l'égide d'un centre d'arbitrage et de désignation d'un arbitre *ad hoc*, qui avait conduit le juge d'appui à remplacer un arbitre et rejeté le surplus des demandes, avait suspendu l'instance arbitrale[293]. En tout cas, en matière d'arbitrage international, faute de texte analogue à l'article 1473 ou de règlement d'arbitrage prévoyant la suspension de l'instance, on peut s'interroger sur les solutions qui y sont applicables dans ces mêmes circonstances, qui empêchent l'arbitre d'accomplir sa mission.

En toute première analyse, la question de la défaillance de l'arbitre unique ne semble guère soulever de difficulté : elle devrait logiquement emporter extinction de l'instance arbitrale, faute de juge pour trancher le litige. Mais une telle solution serait alors bien rigoureuse, et en tout cas beaucoup plus sévère qu'en matière interne. Elle serait en outre économiquement désastreuse pour les parties, qui auraient exposé en vain des frais pour la procédure, surtout à un stade avancé de l'instance arbitrale. Dans cette situation, à défaut de convention des parties régissant cet incident, comme en matière interne, la procédure arbitrale devrait être considérée comme étant suspendue jusqu'à la désignation d'un nouvel arbitre, par les parties ou au besoin par le juge d'appui territorialement compétent, sauf volonté contraire de toutes les parties qu'il soit mis fin à l'instance. Lorsque le tribunal arbitral est composé de plusieurs membres, le problème est un peu plus complexe, puisqu'en théorie, on pourrait imaginer que les autres arbitres poursuivent leur mission en cas de défaillance de l'un des membres. Ce n'était toutefois pas la solution retenue par le droit français de l'arbitrage international

291. Cass. 1re civ., 6 oct. 1998, *Bull. civ.* I, nº 268.
292. Sur les conséquences de ces événements sur l'instance arbitrale interne, v. *supra*, nº 357.
293. Paris, 8 avr. 2014, *Rev. arb.* 2015, p. 118, note P. Pic.

avant la réforme de 2011 qui, en l'absence de texte, a été dégagée par la jurisprudence. Il a en effet déjà été jugé, dans l'affaire *La Belle Créole*, que le décès d'un arbitre était un événement affectant la composition du tribunal arbitral qui justifiait l'intervention du juge d'appui français et que « si un tribunal arbitral ainsi constitué se trouve privé de l'investiture conventionnelle qui en est son fondement, par l'effet de l'impossibilité pour un arbitre de poursuivre sa mission juridictionnelle, dûment constatée, les autres arbitres ne peuvent plus exercer leurs pouvoirs, sauf remplacement de l'arbitre par la volonté commune des parties, implicite ou explicite, ou par l'application d'un règlement d'arbitrage »[294]. Le décès de l'arbitre est ainsi analysé comme un événement mettant fin à l'instance arbitrale. De son côté, la cour d'appel de Paris a annulé une sentence rendue par un tribunal arbitral malgré la démission de l'un de ses membres en cours de délibéré[295]. Elle a considéré que cette démission constituait un fait ne pouvant être ignoré et que le tribunal arbitral n'était alors plus régulièrement constitué au regard de la volonté des parties et ne pouvait rendre sa sentence. La démission, et donc plus largement, la défaillance de l'arbitre, ont donc été analysées comme des incidents qui mettent fin à l'instance arbitrale internationale avant la réforme du 13 janvier 2011. Cette solution, qui a le mérite de la simplicité et qui est respectueuse de la volonté initiale des parties de voir trancher le litige par le nombre d'arbitres prévu, présentait cependant plusieurs inconvénients : en présence d'un compromis d'arbitrage, il faudra sans doute conclure une nouvelle convention d'arbitrage pour que le litige échappe au juge étatique ; elle peut encourager les démissions dilatoires. Quoi qu'il en soit, cette jurisprudence est sans doute obsolète au regard de l'évolution du droit de l'arbitrage interne. On l'a vu, depuis la réforme résultant du décret n° 2011-48 du 13 janvier 2011, le décès, l'empêchement, l'abstention, la démission, la récusation ou la révocation d'un arbitre sont des causes de suspension de l'instance arbitrale. L'arbitrage international ne pouvant être soumis à des règles plus contraignantes que celles régissant l'arbitrage interne, ce qui serait à l'évidence contraire à la philosophie générale du droit français, et parce que la fin de l'instance serait économiquement irrationnelle, ces causes de défaillance de l'un des arbitres devraient, comme lorsqu'elles affectent un arbitre unique, provoquer une suspension de la procédure arbitrale. Il est vrai qu'aucune de ces causes ne révèle la volonté des parties de renoncer à l'arbitrage. De plus, la mission des autres arbitres ne prend pas fin, ni les contrats d'arbitre les liant aux litigants d'ailleurs, simplement parce qu'un membre du tribunal arbitral est révoqué, récusé, empêché ou encore parce qu'il est démissionnaire ou décédé. L'instance, suspendue par l'un ou l'autre de ces incidents, devrait donc reprendre, comme en matière d'arbitrage interne, après l'acceptation de sa mission par l'arbitre désigné en remplacement, que cette désignation soit faite par les parties ou par le juge d'appui, s'il est territorialement compétent[296]. En tout état de cause, pour éviter toute incertitude, les parties peuvent prévoir, par avance, que l'instance ne s'éteindra pas par le décès, la révocation, l'abstention, la récusation ou l'empêchement de l'arbitre. Elles peuvent ainsi accepter, dès la signature de la clause compromissoire, directement ou en se référant à un règlement d'arbitrage qui le prévoit, que la procédure arbitrale peut être poursuivie par un tribunal arbitral amputé de l'un des arbitres, ou fixer les conditions de sa reconstitution par la nomination d'un remplaçant[297]. Avant la réforme de 2011, la cour d'appel

294. TGI Paris (ord. réf.), 12 juill. 1989, *Rev. arb.* 1990, p. 176 (1re esp.), note Ph. KAHN.
295. Paris, 1er juill. 1997, *Rev. arb.* 1998, p. 131, note D. HASCHER.
296. Sur sa compétence, v. *supra*, n° 775 et s.
297. Sur ce point, v. *supra*, n° 762. V. aussi, art. 15.5 du règlement d'arbitrage CCI de 2017.

de Paris a toutefois subordonné la poursuite de l'instance par un tribunal arbitral tronqué, et la régularité de la sentence, à un accord de la partie, donné après la défaillance de l'arbitre qu'elle avait choisi, motif pris que doit être respecté le principe d'égalité des parties dans la constitution du tribunal arbitral, principe d'ordre public international auquel il n'est pas permis de renoncer par avance[298]. On peut cependant douter que ce principe soit effectivement méconnu en cas de défaillance d'un arbitre après sa désignation et de poursuite de la procédure par le tribunal amputé. Il postule en effet seulement que chacune des parties dispose de droits identiques dans le processus de désignation des arbitres[299].

§ 4. PRINCIPAUX ÉLÉMENTS DE L'ORGANISATION ET L'INSTRUCTION DE L'INSTANCE ARBITRALE

850 **Division.** L'organisation de l'instance arbitrale, sous réserve du respect de certains principes fondamentaux, relève au premier chef de la volonté des parties, qui peut s'exprimer soit directement, soit par référence à un règlement d'arbitrage ou à une loi étatique[300]. Les règlements établis par des institutions d'arbitrages stipulent d'ailleurs souvent des règles relativement précises s'agissant du déroulement matériel de la procédure arbitrale : siège, langue, audiences, échanges des mémoires et pièces, mesures d'instruction[301]... En revanche, tout comme le droit français de l'arbitrage international, rares sont les systèmes juridiques dans lesquels sont détaillés des principes d'organisation et d'instruction de l'instance arbitrale[302]. À défaut de volonté exprimée par les parties[303], c'est au tribunal arbitral de définir les règles qui gouverneront l'instance, en s'inspirant, au besoin, de directives établies par des institutions d'arbitrage[304]. Dans ces conditions, le déroulement d'une instance arbitrale peut concrètement obéir à des figures diverses. Néanmoins, quelques questions d'ordre général peuvent être abordées, concernant la fixation du siège de l'arbitrage (A), l'instruction de l'instance (B) et les mesures provisoires et conservatoires (C).

298. Paris, 21 avr. 2005, *JCP* G 2005, I, 179, n° 5, obs. Ch. Seraglini.

299. V. *supra*, n° 765.

300. V. *supra*, n° 802 et s.

301. V. notamment, art. 21 à 28 du règlement CCI de 2017 ; art. 13 à 45 du règlement CIRDI ; art. 18 à 32 du règlement CNUDCI ; art. 12 à 24 du règlement AAA ; art. 13 à 21 du règlement LCIA.

302. Sur le droit comparé, v. J.-F. Poudret, S. Besson, *Droit comparé de l'arbitrage international*, Bruylant, 2002, n° 577 et s., p. 528 et s.

303. Sur la conciliation entre la volonté des parties et les pouvoirs propres de l'arbitre pour organiser la procédure arbitrale, v. *supra*, n° 805.

304. V. notamment, « L'Aide-mémoire » de la CNUDCI sur l'organisation des procédures arbitrales, adopté en 1996, qui prévoit une liste de questions qui peuvent être examinées pour organiser l'instance (*Rev. arb.* 1998, p. 273, obs. Ph. Fouchard) ou les règles sur la preuve établies le 1er juin 1999 par l'IBA (*YCA* 1999, p. 410 ; le 29 mai 2010, l'IBA a approuvé une version révisée de ces règles ; v. D. Bensaude, « Présentation des règles *IBA* 2010 sur l'administration de la preuve », *Rev. arb.* 2011, p. 1109, avec le texte reproduit en français p. 1149 ; et aussi, J. Gill QC, G. S. Tawil, R. Kreindler, « The 2010 Revisions to the IBA Rules on the Taking of Evidence in International Arbitration », *Cah. arb.* 2011, p. 23 ; et les divers articles consacrés à cette version révisée in *International Arbitration Law Review*, vol. 13, n° 5, 2010).

A. LA FIXATION DU SIÈGE DE L'ARBITRAGE

851 **Importance du siège.** Le choix du siège de l'arbitrage est une considération importante dans l'arbitrage international[305]. Certes, le poids exercé par le droit du siège tend à s'alléger, à mesure du succès grandissant de la conception délocalisée de l'arbitre international[306]. Toutefois, la fixation du siège dans un pays entraîne encore un certain nombre de conséquences juridiques. Elle emporte généralement application de la « loi d'arbitrage », ou « *lex arbitrii* », de ce pays, c'est-à-dire de sa législation relative à l'arbitrage international[307]. Cette loi d'arbitrage ne doit pas être confondue avec la loi applicable à la procédure arbitrale qui peut en principe être librement choisie par les parties[308]. Cette dernière fixe les règles qui gouverneront la procédure devant les arbitres. De son côté, la loi d'arbitrage d'un État s'adresse en premier lieu à ses juges, pour leur permettre de résoudre les problèmes dont ils seraient saisis relatifs à un arbitrage se déroulant sur leur territoire. En effet, la plupart des États définissent le champ d'application dans l'espace de leur législation sur l'arbitrage en prévoyant qu'elle s'appliquera aux arbitrages se déroulant sur leur territoire. Cependant, le droit français ne suit pas cette voie. Il ne définit pas, au moins de façon générale, le champ d'application de ses dispositions relatives à l'arbitrage international[309]. Le droit français de l'arbitrage semble donc prétendre à une application universelle de ses dispositions, à tout arbitrage international quel qu'en soit le siège, à tout le moins dès lors qu'un juge français est saisi d'une question à propos d'un tel arbitrage[310]. Il adopte ainsi une conception « dénationalisée » de l'arbitrage international[311].

305. Sur la question, v. notamment R. Goode, « The Role of the *Lex Fori Arbitrii* in International Commercial Arbitration », *Arb. Int.* 2001, p. 19 ; G. Kaufmann-Kholer, « Le lieu de l'arbitrage à l'aune de la mondialisation. Réflexions à propos de deux formes récentes d'arbitrage », *Rev. arb.* 1998, p. 517. V. aussi, S. Jarvin, « Le lieu de l'arbitrage. Examen des principes et des pratiques de la Cour de la CCI en matière de choix du lieu de l'arbitrage », *Bull. CCI* 1996, n° 2, p. 54 ; A. Panchaud, « Le siège de l'arbitrage international de droit privé », *Rev. arb.* 1966, p. 2.

306. Sur laquelle, v. *supra*, n° 577 et s.

307. J.-F. Poudret, S. Besson, *Droit comparé de l'arbitrage international*, Bruylant, 2002, n° 115, p. 86.

308. Sur la loi applicable à l'instance arbitrale, v. *supra*, n° 801 et s.

309. Même si l'article 1505 CPC, issu de la réforme du 13 janvier 2011, délimite la compétence territoriale du juge d'appui français, et si ce juge agira en application du droit français. Toutefois, le juge d'appui n'est pas le seul juge français susceptible de connaître de procédures arbitrales internationales : on peut également songer au juge français de l'exequatur, au juge français saisi du fond du litige au mépris d'une convention d'arbitrage, ou encore au juge français des référés saisi d'une demande de mesure provisoire ou conservatoire (art. 1449 CPC) ou au juge français saisi d'une demande de production de pièces détenues par un tiers (art. 1469 CPC).

310. V. aussi, Ch. Jarrosson et J. Pellerin, « Le droit français de l'arbitrage après le décret du 13 janvier 2011 », *Rev. arb.* 2011, p. 5, spéc. n° 84, p. 58.

311. Sur cette question, v. Ph. Fouchard, E. Gaillard, B. Goldman, *Traité de l'arbitrage commercial international*, Litec, 1996, n° 94, p. 52 et n° 140, p. 77. Cette conception pourrait notamment expliquer que la Cour de cassation refuse, dans le cadre d'une procédure de reconnaissance en France d'une sentence rendue à l'étranger, de tenir compte d'une annulation de cette sentence par le juge étranger de l'État du siège, dans la mesure où cette sentence n'est pas « intégrée à l'ordre juridique » de cet État : Cass. 1re civ., 29 juin 2007, *sté PT Putrabali Adyamulia c/sté Rena Holding et a.* (2 arrêts), *Rev. arb.* 2007, p. 507, rapport J.-P. Ancel, note E. Gaillard ; *JDI* 2007, p. 1236, note Th. Clay ; JCP G 2007, I, 216, n° 7 et s., obs. Ch. Seraglini ; *RTD com.* 2007, p. 682, obs. É. Loquin ; *D.* 2008, p. 1429, note L. Degos ; *RCDIP* 2008, p. 109, note S. Bollée ; Ph. Pinsolle, « L'ordre juridique arbitral et la qualification de la sentence arbitrale de décision de justice internationale (à propos de l'arrêt Putrabali du 29 juin 2007) », *Cah. arb.*, vol. IV, Pedone, 2008, p. 110 ; *adde* A. Mourre, « À propos des articles V et VII de la Convention de New York et

Il reste que le droit du siège comporte généralement un certain nombre de dispositions qui ont vocation à s'appliquer, soit de façon impérative, soit uniquement à défaut de volonté contraire des parties, à tout arbitrage se déroulant sur son territoire[312]. Le juge du siège a notamment une vocation naturelle à être le juge d'appui d'une procédure arbitrale internationale et pourra, en cas de difficulté, aider à la constitution du tribunal arbitral et, plus largement, au bon déroulement de l'instance arbitrale. À l'inverse, le juge du siège dispose parfois du pouvoir de perturber le bon déroulement de l'arbitrage, en enjoignant à un arbitre ou une partie de ne pas y participer[313]. Or, le cadre de son intervention dépend des dispositions de son droit. Par ailleurs, la loi d'arbitrage du siège impose le plus souvent le respect d'un certain nombre de principes fondamentaux de procédure dans l'instance arbitrale, comme le respect du contradictoire. Le juge du siège est également celui qui peut connaître d'un recours en annulation contre la sentence. Or, compte tenu des graves conséquences que peut avoir l'annulation de la sentence sur son efficacité internationale[314], les parties auront le souci de fixer le siège du tribunal arbitral dans un pays où les règles en la matière sont libérales, sans être laxistes afin que l'activité du tribunal arbitral soit un minimum contrôlée. Plus généralement, les parties doivent être conscientes de l'importance du choix d'un siège et s'informer, au moment de ce choix, sur le contenu de la loi d'arbitrage du siège pressenti, ainsi que sur l'attitude de ses tribunaux à l'égard de l'arbitrage[315].

852 **Détermination du siège.** Le droit français de l'arbitrage international ne comporte aucune disposition relative à la fixation du siège arbitral. Il laisse ainsi la liberté des parties s'exprimer pleinement sur ce point. Les parties peuvent fixer le siège de l'arbitrage dans la convention d'arbitrage ou dans tout autre accord ultérieur, comme l'acte de mission éventuellement établi. À défaut de choix opéré par les parties, le siège pourra, dans l'arbitrage *ad hoc*, être choisi par les arbitres eux-mêmes[316]. Dans l'arbitrage institutionnel, les règlements d'arbitrage prévoient généralement qu'à défaut d'accord des parties, soit le centre d'arbitrage détermine le siège de l'arbitrage[317], soit il est fixé au lieu où se situe l'institution[318].

---

de la reconnaissance des sentences annulées dans leurs pays d'origine : où va-t-on après les arrêts *Termo Rio* et *Putrabali* ? », *Rev. arb.* 2008, p. 263 ; et déjà, Cass. 1re civ., 23 mars 1994 (*Hilmarton*), *Rev. arb.* 1994, p. 327, note Ch. Jarrosson ; *JDI* 1994, p. 701, note E. Gaillard ; sur cette question, v. *infra*, n° 924.

312. Comme l'ont souligné des auteurs (J.-F. Poudret, S. Besson, *Droit comparé de l'arbitrage international*, Bruylant, 2002, n° 112, p. 83), pour résoudre une question posée, la loi d'arbitrage du siège peut édicter soit des règles matérielles la régissant directement, soit renvoyer, par le jeu de ses règles de conflit de lois, à une autre loi.

313. Sur cette question, v. *supra*, n° 783.

314. En effet, tant la Convention de New York (art. V (1) (e)), que la loi-type CNUDCI (art. 36 (1) (a) (v)) et la plupart des droits étatiques, retiennent qu'une annulation de la sentence dans le pays du siège de l'arbitrage peut justifier un refus de reconnaissance dans les autres pays. Le droit français ne retient toutefois pas cette solution. Pour un examen détaillé de cette question, v. *infra*, n° 924.

315. Sur les considérations pratiques pouvant aider au choix du siège, v. P. Bernardini, « The Arbitration Clause of an International Contract », *Arb. Int.* 1992, p. 51 ; G. Born, *International Arbitration and Forum Selection Agreements : Drafting and Enforcing*, Kluwer Law International, 3e éd. 2010, p. 63 et s. ; Y. Derains, « Le choix du lieu de l'arbitrage », *RDAI* 1986, p. 109 ; S. Bond, « Party Autonomy : the Choice of Place », *Arb. Int.* 1992, p. 83 ; H. Verbist, « The Practice of the ICC International Court of Arbitration With Regard to the Fixing of the Place of Arbitration », *Arb. Int.* 1996, p. 347.

316. V. notamment, art. 16 du règlement CNUDCI.

317. V. par exemple, art. 18.1 du règlement CCI de 2017 ; art. 13 du règlement AAA.

318. V. par exemple, art. 16.1 du règlement LCIA ; art. 13 (3) du règlement CIRDI.

853 **Transfert du siège.** Même si elle ne constitue pas une hypothèse d'école, la question du transfert du siège de l'arbitrage se pose en pratique assez rarement. Elle peut d'abord naître d'un bouleversement géopolitique dans le pays initialement choisi pour constituer le siège de l'arbitrage, qui fait obstacle à ce que, juridiquement ou matériellement, le siège demeure fixé en ce pays au moment où le tribunal arbitral doit remplir sa mission[319]. La guerre, l'insécurité ou l'absence d'indépendance des autorités judiciaires d'un État peuvent faire obstacle au bon déroulement de l'arbitrage, faire courir un risque d'annulation de la sentence au siège et par conséquent même, le cas échéant, un refus de reconnaissance de celle-ci dans les autres pays. La question d'un transfert du siège peut aussi surgir lorsqu'une partie s'aperçoit que le choix opéré emporte des incidences qu'elle répugne, soit sur l'organisation de l'arbitrage, soit sur la sentence elle-même, notamment sur le régime des recours ouverts contre celle-ci. Pratiquement, il n'y aura aucune difficulté à modifier le siège de l'arbitrage si toutes les parties y consentent et si les arbitres ne s'y opposent pas[320]. De même, un transfert du siège est sans doute possible lorsque le droit applicable à la procédure ou la *lex arbitrii* l'envisage. À l'inverse, en l'absence de telles dispositions, compte tenu des conséquences attachées au choix du siège de l'arbitrage[321], lorsque les litigants ont pris le soin de le fixer, le tribunal arbitral ne devrait pas pouvoir unilatéralement le transférer[322]. Le problème est plus délicat quand les litigants ont laissé à l'arbitre ou à l'institution d'arbitrage le choix initial du siège, qu'un transfert apparaît nécessaire en cours d'instance, auquel l'une ou toutes les parties à l'arbitrage s'opposent, et que le droit applicable à la procédure et la *lex arbitrii* sont silencieux sur ce point. Dans cette hypothèse, on peut difficilement justifier que le tribunal arbitral puisse modifier le siège au motif que la difficulté relèverait de l'organisation matérielle de l'arbitrage. Si la localisation juridique de l'arbitrage a des incidences sur les voies de recours ouvertes contre la sentence, la question du siège dépasse alors largement un simple problème d'aménagement de l'instance. En revanche, on peut sans doute considérer que les parties n'ayant pas fait du siège un élément déterminant de leur volonté de recourir à l'arbitrage, les arbitres peuvent apprécier les avantages à un changement de siège et décider d'en fixer un nouveau[323]. Mais si les litigants ont déterminé le siège de l'arbitrage, le tribunal arbitral ne devrait pas pouvoir le modifier si l'un d'eux s'y oppose, lorsque le droit applicable à la procédure, ou la *lex arbitrii*, ne l'y autorise pas.

854 **Portée de la fixation du siège.** La fixation du siège peut avoir une portée variable selon les systèmes juridiques[324]. En droit français, le siège ne correspond pas

319. Sur cette question, v. notamment, P. Lalive, « On the transfer of seat in International Arbitration », in *Law and justice in a multistate world. Essays in honor of Arthur T. von Mehren*, Transnational Publishers, 2002, p. 516 ; F. Knoepfler, note sous CCI nº 10439 (2000), *Rev. arb.* 2004, p. 413. V. aussi, J.-F. Poudret, S. Besson, *Droit comparé de l'arbitrage international*, Bruylant, 2002, nº 144, p. 114.

320. Le consentement des arbitres paraît en effet indispensable dès lors que le siège de l'arbitrage peut constituer un critère de rattachement pour déterminer la loi applicable au contrat d'arbitre, et donc les règles gouvernant leur responsabilité (sur ce critère, subsidiaire : Th. Clay, *L'arbitre*, Dalloz, Nouvelle Bibliothèque de Thèses, 2001, spéc. nº 1007, p. 754).

321. V. *supra*, nº 851.

322. J.-F. Poudret, S. Besson, *Droit comparé de l'arbitrage international*, préc., nº 144, p. 115.

323. Leur décision, qu'elle soit coulée dans une sentence partielle ou non, pourrait être ensuite contrôlée par le juge au titre du respect de sa mission par l'arbitre, ou même, le cas échéant, de l'ordre public (sur ces contrôles, v. *infra*, nº 994 et s. et *infra*, nº 1000 et s.).

324. Sur ce point, J.-F. Poudret, S. Besson, *Droit comparé de l'arbitrage international*, Bruylant, 2002, nº 134, p. 103.

nécessairement à la localisation matérielle du tribunal arbitral et des opérations d'arbitrage. Il est reconnu aux arbitres le pouvoir d'organiser ces opérations en tout autre lieu. La Cour de cassation a ainsi retenu « qu'aucune disposition légale n'oblige le tribunal arbitral à effectuer dans le même lieu tous les actes nécessaires à l'exécution de tous les chefs de leur mission, dont les débats et le prononcé de la sentence »[325]. De son côté, la cour d'appel de Paris retient même une conception purement juridique du siège, en énonçant que « le siège de l'arbitrage est une notion purement juridique emportant d'importantes conséquences et notamment la compétence des juridictions étatiques pour connaître des recours en annulation, sous la dépendance de la volonté des parties, et non une notion matérielle dépendant du lieu où l'audience a été tenue ou du lieu de signature de la sentence, susceptible de varier au gré de la fantaisie ou de la maladresse des arbitres »[326]. Ainsi, le siège de l'arbitrage ne dépend pas du lieu de résidence de l'arbitre[327]. Et la sentence sera seulement réputée rendue au siège de l'arbitrage[328], mais pourra l'être matériellement ailleurs. Malgré tout, le juge du siège réputé, et non celui du lieu où elle a été matériellement rendue, sera compétent pour connaître du recours en annulation contre la sentence.

B. L'INSTRUCTION DE L'INSTANCE

855 **Assistance et représentation des parties.** Dans l'arbitrage interne, compte tenu du renvoi aux dispositions des articles 18 et 19 du Code de procédure civile opéré par l'article 1464, alinéa 2, du même texte, les parties peuvent se défendre elles-mêmes, être assistées ou représentées[329]. L'article 1481.2° du Code de procédure civile précise aussi que l'indication « du nom des avocats ou de toute personne ayant représenté ou assisté les parties » est, « le cas échéant », portée sur la sentence arbitrale. Si aucun texte n'évoque l'assistance ou la représentation des litigants en matière d'arbitrage international, il y est traditionnellement admis que les parties disposent des mêmes libertés : devant le tribunal arbitral, elles peuvent choisir de se défendre personnellement, de se faire représenter ou simplement assister par un tiers[330], ce que prévoient d'ailleurs certains règlements d'arbitrage[331]. D'ailleurs, à moins que les parties en soient convenues autrement, l'article 1481 précité est applicable à la sentence arbitrale internationale[332], ce qui confirme indirectement cette faculté. L'assistance ou la représentation n'est pas nécessairement assurée par un avocat[333], ni même par un ressortissant du siège de

325. Cass. 2e civ., 9 févr. 1994, *Rev. arb.* 1995, p. 127, note P. Veron ; *RTD com.* 1994, p. 477, obs. J.-Cl. Dubarry et É. Loquin (rendu en matière interne mais dont la solution est transposable à l'arbitrage international). En ce sens aussi, v. art. 26.2 de la loi espagnole sur l'arbitrage de 2003 ; § 1043 du ZPO allemand ; art. 22 de la loi suédoise sur l'arbitrage de 1999.

326. Paris 28 oct. 1997, *Rev. arb.* 1998, p. 399, note B. Leurent. V. aussi, Paris, 3 déc. 1998, *Rev. arb.* 1999, p. 601 (2e esp.), note Ch. Jarrosson ; Paris, 11 janv. 1996 et 22 sept. 1995, *Rev. arb.* 1996, p. 100 (1re et 2e esp.), note E. Gaillard.

327. Paris, 3 déc. 1998, *Rev. arb.* 1999, p. 601 (2e esp.), note Ch. Jarrosson.

328. Paris, 22 sept. 1995, *Rev. arb.* 1996, p. 100 (1re esp., 2e déc.), note E. Gaillard.

329. V. *supra*, no 390 et s.

330. V. aussi, § 1042 du ZPO allemand ; art. 36 de la loi anglaise sur l'arbitrage de 1996.

331. Art. 5 du règlement CNUDCI ; art. 26.4 du règlement CCI de 2017.

332. Art. 1506.4° CPC.

333. En droit belge, il était auparavant exigé une autorisation du tribunal arbitral (v : J.-F. Poudret, S. Besson, *Droit comparé de l'arbitrage international*, Bruylant, 2002, no 578, p. 528).

l'arbitrage. En pratique toutefois, les parties préfèrent le plus souvent faire appel à un avocat ou, en tout cas, à un juriste. Certains systèmes juridiques exigeant que les représentants des parties, quelle que soit leur qualité, justifient d'un pouvoir à cet effet, la pratique la plus courante dans l'arbitrage international consiste à s'assurer de l'existence de ces pouvoirs. Le règlement d'arbitrage précise d'ailleurs parfois que le tribunal arbitral ou le centre d'arbitrage peut, à tout moment, solliciter la preuve du pouvoir du représentant d'une partie[334]. Et il faut savoir que quand les parties ont choisi d'être représentées, leurs représentants peuvent notamment consentir à des prorogations du délai de l'arbitrage au regard du droit français[335].

856 **Procédure par défaut.** Le défaut d'un défendeur à la procédure ne constitue pas un obstacle à la poursuite de l'instance arbitrale[336]. La règle inverse pourrait encourager les manœuvres dilatoires. Les règlements d'arbitrage[337] et certains droits[338] prévoient parfois expressément que la procédure peut se dérouler par défaut. S'il n'existe pas de disposition spécifique à la procédure par défaut dans le droit français de l'arbitrage international, la jurisprudence en a reconnu la validité. La cour d'appel de Paris a ainsi depuis longtemps décidé que la sentence rendue par défaut n'était pas contraire à l'ordre public international, si le défendeur a été dûment informé du déroulement de la procédure arbitrale et ne s'est pas trouvé dans l'impossibilité matérielle de se faire représenter devant le tribunal arbitral, notamment lorsqu'il siège à l'étranger[339]. À cet égard, les dispositions du règlement d'arbitrage éventuellement applicables, qui peuvent prévoir des modalités de convocation précises pour qu'une sentence puisse être rendue par défaut, doivent être respectées[340]. À défaut, la sentence peut être annulée, notamment parce que le principe de la contradiction a été méconnu[341]. Plus largement, ce principe est respecté dès lors que la partie en défaut est tenue informée des étapes de la progression de l'instance, afin d'être mise en position de faire valoir ses moyens. C'est d'ailleurs à cette partie, si elle soutient n'avoir pas été régulièrement invitée à participer à la procédure ou n'avoir pas reçu l'ensemble des communications du tribunal arbitral, pour solliciter l'annulation de la sentence ou le rejet de la demande d'exequatur, d'établir la violation du principe de la contradiction[342]. À cet égard, si les mentions de la sentence relatives aux communications du tribunal arbitral aux parties ne valent pas jusqu'à inscription de faux, elles ne sont pas dénuées de force probante. Si la sentence précise que les communications ont été reçues des parties, elles font

334. Art. 17 du règlement CCI de 2017 ; art. 18 du règlement LCIA ; art. 5 du règlement CNDCI.

335. V. *supra*, n° 834.

336. Sur les procédures par défaut, v. Ph. Fouchard, E. Gaillard, B. Goldman, *Traité de l'arbitrage commercial international*, Litec, 1996, n° 1224, p. 678 ; J.-F. Poudret, S. Besson, *Droit comparé de l'arbitrage international*, Bruylant, 2002, n° 586 et s., p. 535 et s. ; A. Dimolitsa, « L'office de l'arbitre dans les procédures par défaut », *Cah. arb.*, vol. V, Pedone, 2011, p. 68.

337. V. notamment, art. 6.8, 23.3 et 26.2 du règlement CCI de 2017 ; art. 30 du règlement CNUDCI ; art. 29 du règlement AAA ; art. 15.8 du règlement LCIA ; art. 42 du règlement CIRDI.

338. V. notamment, art. 24 de la loi suédoise sur l'arbitrage de 1999 ; § 1048 du ZPO allemand ; art. 31 de la loi espagnole sur l'arbitrage de 2003 ; art. 41 de la loi anglaise sur l'arbitrage de 1996.

339. Paris, 7 févr. 1991, *Rev. arb.* 1992, p. 634, obs. J. Pellerin. V. aussi, Paris, 25 mars 1983, *Rev. arb.* 1984, p. 363, note J. Robert.

340. V. par ex., art 3, 28 et 30 du règlement CNUDCI.

341. Cass. 1re civ., 5 mars 2008, *D.* 2008, Pan., p. 3111, obs. Th. Clay ; JCP G 2008, I, 164, n° 5, obs. J. Ortscheidt.

342. Cass. 1re civ., 5 nov. 2014, *Cah. arb.* 2015, p. 57, note J. Barbet ; *Procédures* 2015, comm. 44, obs. L. Weiller.

présumer cette réception et la partie qui conteste ce fait doit prouver le contraire, par tous moyens[343]. De plus, le défaut ne valant pas acquiescement aux prétentions de la partie demanderesse, le tribunal arbitral doit tout de même examiner leur bien-fondé[344].

857 **Langue de l'arbitrage.** Les parties peuvent fixer librement la ou les langues de l'arbitrage[345]. Les règlements d'arbitrage contiennent parfois des règles précises à cet égard. Ainsi, il peut y être prévu que la langue de l'arbitrage est celle du contrat qui contient la clause compromissoire[346]ou même, qu'à défaut de choix des litigants, elle est déterminée par le tribunal arbitral[347]. Les parties peuvent aussi choisir de s'exprimer dans leurs langues respectives, en même temps qu'est prévue une langue unique pour la rédaction de la sentence[348]. La nullité de la sentence pour non-respect de l'accord des parties quant à la langue de l'arbitrage n'est encourue qu'en cas de preuve d'un grief en résultant pour l'auteur du recours[349]. Et il a déjà été jugé qu'elle n'était pas encourue lorsque la clause relative à la langue n'était pas suffisamment précise, que sa mise en œuvre compliquait la bonne administration de la justice arbitrale et que, par souci d'équité de la procédure, les arbitres ont accepté que chacune des parties s'exprime dans sa langue[350].

858 **Échanges des mémoires et pièces.** Il appartient aux parties et, à défaut, au tribunal arbitral, de déterminer les règles qui régiront la production et la communication de mémoires et pièces au cours de l'instance, notamment le calendrier de la procédure[351]. À ce sujet, il convient de concilier trois exigences : l'égalité des parties, le respect du principe de la contradiction, principes rappelés par l'article 1510 du Code de procédure civile et que le tribunal doit respecter quelle que soit la procédure choisie, et l'efficacité de la procédure. Les parties doivent en effet être traitées de manière égalitaire s'agissant des échanges de mémoires et pièces, ce qui implique que l'une d'elles ne doit pas se trouver nettement désavantagée par rapport aux autres[352]. Il a ainsi été jugé qu'un simple décalage de sept jours au profit de l'un des litigants dans le calendrier de la procédure, puisqu'il ne confère aucun avantage décisif, ne rompt pas l'égalité des parties[353]. Les conditions fixées pour l'échange des mémoires et pièces doivent, en outre, toujours

343. Cass. 1re civ., 5 nov. 2014, préc. Il a été justement noté que la preuve de ce fait négatif, soit le défaut de réception des communications du tribunal arbitral, est certainement impossible (J. Barbet, note sous Cass. 1re civ., 5 nov. 2014, préc, spéc. p. 61).

344. Ph. Fouchard, E. Gaillard, B. Goldman, *Traité de l'arbitrage commercial international*, Litec, 1996, nº 1224, p. 678 ; J.-F. Poudret, S. Besson, *Droit comparé de l'arbitrage international*, préc., nº 587, p. 536.

345. V. notamment, § 1045 du ZPO allemand ; art. 28.1 de la loi espagnole sur l'arbitrage de 2003.

346. Art. 17.1 du règlement LCIA (jusqu'à la constitution du tribunal arbitral).

347. Art. 20 du règlement CCI de 2017 ; art. 19 du règlement CNUDCI ; art. 17.4 du règlement LCIA.

348. L'art. 22 (2) du règlement CIRDI prévoit que lorsque deux langues de procédure sont choisies, la sentence est rédigée dans les deux langues, chacune des deux versions faisant également foi.

349. Paris, 27 juin 2002, *Rev. arb.* 2003, p. 427, note C. Legros.

350. Paris, 11 avr. 2002, *Rev. arb.* 2003, p. 1252, note F.-X. Train.

351. K.-H. Böckstiegel, « Principaux critères retenus par les arbitres internationaux pour l'organisation d'une procédure efficace », in *Arbitrage : regard sur la prochaine décennie*, Bull. CCI, suppl. spéc., 1999, p. 49, spéc. p. 52.

352. Plus généralement, sur le principe d'égalité des parties au cours de la procédure, v. *supra*, nº 394, 813.

353. Paris, 22 janv. 2004, *Rev. arb.* 2004, p. 647, note É. Loquin.

permettre d'assurer le respect du principe de la contradiction[354]. Ceci implique, d'une part, que toute pièce communiquée au tribunal arbitral le soit également à l'autre partie[355] et, d'autre part, que les parties soient en mesure, si elles l'estiment opportun, de présenter des observations sur les documents reçus. Dans le même temps, les délais éventuellement arrêtés pour ces communications ne doivent pas être trop longs pour ne pas nuire à l'efficacité de la procédure[356]. Le tribunal et les parties sont tenus d'agir avec célérité dans la conduite de la procédure[357]. Pour concilier ces deux exigences, les parties, qui doivent aussi participer loyalement à l'instance arbitrale[358], ne devraient produire que des mémoires et pièces directement en rapport avec les questions litigieuses. La pratique consistant à inonder l'adversaire et le tribunal arbitral de documents, n'ayant parfois qu'un très lointain rapport avec le litige, devrait donc être sanctionnée par les arbitres[359]. En tout cas, des règles respectant un équilibre entre le principe de la contradiction et l'efficacité de la procédure pourront être fixées, par exemple dans l'acte de mission. Quant aux modalités de production, les règlements d'arbitrage comportent souvent des dispositions en la matière, qui visent à éviter tout formalisme excessif[360]. À titre d'exemple, le règlement CCI prévoit que la notification ou communication peut être effectuée « par remise contre reçu, lettre recommandée, courrier, courriel ou par tout autre moyen de télécommunication permettant de fournir une preuve de l'envoi »[361].

859 **Ordonnances de procédure prises par le tribunal arbitral.** Les actes de l'instruction sont en principe effectués par tous les arbitres. Il existe en effet, en droit français de l'arbitrage, une obligation d'instruction collégiale de l'arbitrage en cas de pluralité d'arbitres, énoncée à l'article 1467, alinéa 1er, du Code de procédure civile, texte applicable à l'arbitrage international par renvoi de l'article 1506.3°, même si le président du tribunal peut se voir déléguer certains pouvoirs d'administration de l'instance[362]. Les décisions d'ordre strictement procédural, organisant le déroulement de la procédure arbitrale, ne sont pas des sentences. Elles ne sont donc pas, en principe[363], susceptibles d'un recours immédiat distinct de celui ouvert contre la sentence[364]. Il s'agit de simples mesures d'administration de l'instance prenant la forme d'ordonnances de procédure[365].

354. D. Hascher, « Principes et pratique de procédure dans l'arbitrage commercial international », *Rec. Cours La Haye*, 1999, spéc. p. 88. V. aussi *supra*, n° 811.

355. Les règlements d'arbitrage contiennent parfois des stipulations générales en ce sens : art. 18 du règlement AAA ; art. 17.4 du règlement CNUDCI ; art. 13 et 15 du règlement LCIA.

356. Paris, 18 nov. 2004, *Rev. arb.* 2004, p. 989.

357. Art. 1506.3° et 1464, al. 3, CPC. Sur cette obligation, v. *supra*, n° 814.

358. Art. 1506.3° et 1464, al. 3, CPC. Sur cette obligation, v. *supra*, n° 815.

359. Pour une dénonciation de cette pratique, v. notamment, B. Goldman, « Instance judiciaire et instance arbitrale internationale », in *Études offertes à P. Bellet*, Litec, 1991, p. 219, spéc. n° 20 et s., p. 229 et s. ; D. Hascher, « Principes et pratique de procédure dans l'arbitrage commercial international », préc., spéc. p. 88.

360. V. notamment, art. 4.1 du règlement LCIA ; art. 21 du règlement AAA.

361. Art. 3.2 du règlement CCI de 2017.

362. Sur cette obligation v. *supra*, n° 816.

363. V. Cass. 1re civ., 17 juin 2009, *JCP* G 2009, I, 2167, n° 3, obs. J. Ortscheidt, qui semble réserver un recours pour excès de pouvoir contre une décision arbitrale qui ne constitue pas une sentence.

364. Paris, 4 et 11 avr. 2002, *JCP* G 2003, I, n° 12, obs. J. Ortscheidt ; *Rev. arb.* 2003, p. 143, note D. Bensaude ; Paris, 25 mars 1994, *Rev. arb.* 1994, p. 391, note Ch. Jarrosson ; *RTD com.* 1994, p. 483, obs. J.-C. Dubarry et É. Loquin. Sur les limites de cette affirmation, v. *infra*, n° 871 et 970.

365. Pour un inventaire de ces ordonnances, v. notamment, S. Jarvin, « Les décisions de procédure des arbitres peuvent-elles faire l'objet d'un recours juridictionnel ? », *Rev. arb.* 1998, p. 611.

Elles se distinguent ainsi de la sentence par leur objet, puisqu'elles tendent en principe uniquement à faire progresser l'instance[366]. Parfois, elles permettent aussi d'aménager des mesures provisoires, pour assurer l'efficacité de décisions arrêtées par voie de sentences[367]. Ces ordonnances ne sont pas assorties de l'autorité de la chose jugée et peuvent être modifiées par les arbitres[368]. Et puisqu'il ne s'agit pas de sentences, elles ne peuvent recevoir l'exequatur, préalable indispensable à des mesures d'exécution forcée. Aussi, les arbitres ne disposant pas du pouvoir de contrainte, l'exécution des mesures prises par eux par voie d'ordonnances de procédure peut s'avérer difficile si les litigants refusent de coopérer loyalement à l'instance arbitrale.

860 **Audiences.** Si, à défaut de prévisions en ce sens des parties, rien n'oblige à ce que soient organisées des plaidoiries orales[369], il est rare que les procédures arbitrales soient uniquement écrites[370]. Un certain nombre d'audiences prennent donc généralement place et peuvent se tenir en d'autres lieux que celui correspondant au siège juridique de l'arbitrage[371]. Les règlements d'arbitrage organisent ainsi parfois une première audience dite « de procédure », afin de signer l'éventuel acte de mission et de définir divers points relatifs au déroulement futur de l'instance, notamment le calendrier[372]. Après plusieurs échanges de mémoires et d'éventuelles auditions de témoins ou des parties elles-mêmes[373], viendra l'audience de plaidoirie[374]. Un dossier de plaidoirie pourra éventuellement être remis au tribunal arbitral au moment de l'audience, mais si aucune règle de procédure ne l'y oblige, celui-ci pourra refuser de le recevoir[375]. L'affaire fait ensuite l'objet d'une clôture[376] et d'une mise en délibéré dans l'attente de la sentence qui sera rendue. Il faut noter qu'à défaut de prévision des parties en ce sens, le tribunal arbitral n'est nullement tenu de clôturer les débats. Comme dans l'arbitrage interne[377], la procédure arbitrale n'étant pas nécessairement écrite, à défaut de règle contraire adoptée par elles ou par le tribunal arbitral, les parties peuvent donc soulever de nouvelles demandes ou de nouveaux moyens au cours de l'audience, pour autant que soit respecté le principe de la contradiction[378]. Au demeurant, alors même qu'elle est

366. Sur la distinction des ordonnances et des sentences, v. aussi, D. Hascher, « Principes et pratique de procédure dans l'arbitrage commercial international », *Rec. Cours La Haye*, 1999, spéc. p. 133 et s.

367. Cass. 1re civ., 12 oct. 2011, *JCP* G 2011, I, 1432 n° 8, obs. J. Ortscheidt ; *Rev. arb.* 2012, p. 86, note F.-X. Train.

368. J.-F. Poudret, S. Besson, *Droit comparé de l'arbitrage international*, Bruylant, 2002, n° 727, p. 677.

369. V. notamment, Paris, 21 juin 1990, *Rev. arb.* 1991, p. 96, note J.-L. Delvolvé.

370. En droit comparé, v. J.-F. Poudret, S. Besson, *Droit comparé de l'arbitrage international*, préc., n° 548, et 594, p. 500 et 542 ; Y. Derains, « La pratique de l'administration de la preuve dans l'arbitrage commercial international », *Rev. arb.* 2004, p. 781, spéc. n° 13 et s., p. 787 et s.

371. V. *supra*, n° 854.

372. V. notamment, art. 21 du règlement CIRDI ; art. 24 du règlement CCI de 2017.

373. V. notamment, art. 32 du règlement CIRDI ; art. 25.3 du règlement CCI de 2017 ; art. 27.2 du règlement CNUDCI ; art. 19 et 20. du règlement LCIA.

374. B. Goldman, « Instance judiciaire et instance arbitrale internationale », in *Études offertes à P. Bellet*, Litec, 1991, spéc. n° 48, p. 242 ; Ph. Fouchard, E. Gaillard, B. Goldman, *Traité de l'arbitrage commercial international*, Litec, 1996, n° 1296 et s., p. 720 et s.

375. Paris, 12 mars 1998, *Rev. arb.* 1999, p. 95, note G. Flécheux (la solution consacrée en arbitrage interne peut être étendue à l'arbitrage international).

376. V. notamment, art. 35 du règlement AAA ; art. 27 du règlement CCI de 2017 ; art. 31 du règlement CNUDCI ; art. 38 du règlement CIRDI.

377. V. *supra* n° 436.

378. Sur les exigences liées à ce principe, v. *supra* n° 809 et s.

pratiquement très utile pour éviter les demandes et productions tardives, il a été jugé, dans l'arbitrage interne, que la fixation de la date du délibéré « ne constitue pas une formalité d'ordre public » et « n'ouvre pas le recours en annulation de la sentence »[379]. Or, la philosophie du droit français de l'arbitrage veut que les règles applicables à l'arbitrage international soient moins contraignantes que celles qui doivent être respectées dans l'arbitrage interne.

861 **Production des preuves.** Les preuves sont souverainement appréciées par le tribunal arbitral et le choix des pièces propres à fonder sa conviction, dès lors qu'elles ont été régulièrement échangées et débattues devant lui, ne peut caractériser une violation de l'ordre public international[380]. En outre, il incombe à chaque partie de produire les éléments de preuve au soutien de ses prétentions[381]. Il s'agit là d'une règle très largement reçue en droit comparé, même si les présomptions légales varient énormément d'un pays à l'autre[382]. La règle *actori incumbit probatio* est parfois inscrite dans le règlement d'arbitrage applicable[383] et est consacrée par la pratique arbitrale internationale[384]. Et de ce consensus, une grande partie de la doctrine déduit, avec des différences de vocabulaire mineures, qu'il s'agit d'une norme appartenant à la *lex mercatoria*[385], certaines

379. Paris, 6 nov. 1997, *Rev. arb.* 1998, p. 706, obs. Y. Derains ; Cass. 2e civ., 12 déc. 1990, *Rev. arb.* 1991, p. 317, note Ph. Théry.

380. Paris, 12 nov. 2013, *Rev. arb.* 2013, p. 1084.

381. Sur ce point, v. notamment les *IBA Rules on the Taking of Evidence in International Commercial Arbitration* de 1999, reproduites in *YCA* 1999, p. 410 (codification des principes généralement reconnus en matière d'administration de la preuve dans l'arbitrage international). Le 29 mai 2010, l'*International Bar Association* a approuvé une version révisée de ces règles : pour un commentaire, v. D. Bensaude, « Présentation des règles *IBA* 2010 sur l'administration de la preuve », *Rev. arb.* 2011, p. 1109, avec le texte reproduit en français p. 1149 ; J. Gill QC, G.-S. Tawil et R. Kreindler, « The 2010 Revisions to the IBA Rules on the Taking of Evidence in International Arbitration », *Cah. arb.* 2011, p. 23. V. aussi, les divers articles consacrés à cette version révisée in *International Arbitration Law Review* 2010, vol. 13, nº 5.

382. En ce sens, H. Batiffol et P. Lagarde, *Droit international privé*, tome 2, 7e éd., nº 706, p. 540 ; G.-A. L. Droz, « Les droits de la demande dans les relations privées internationales », in *Travaux Com. Fr. DIP* 1993-1994, Pedone, 1996, spéc. p. 108 ; B. Hanotiau, « Satisfying the Burden of Proof : The Viewpoint of a Civil Law Lawyer », *Arb. Int.* 1994, p. 341, spéc. p. 342 ; A. Huet, *Les conflits de lois en matière de preuve*, Dalloz, 1965, nº 115.

383. V. notamment, art. 27.1 du règlement CNUDCI ; art. 19 du règlement AAA.

384. Sur laquelle, v. notamment, A. Redfern, « The Practical Distinction Between the Burden of Proof and the Taking of Evidence An English Perspective », *Arb. Int.* 1994, p. 317, spéc. p. 321 ; A. Redfern et M. Hunter, avec le concours de M. Smith, *Droit et pratique de l'arbitrage commercial international*, 2e éd., traduction E. Robine, LGDJ, 1994, p. 266 ; M. Roth, « The Standards and Burden of Proof in International Arbitration », *Arb. Int.* 1994, p. 317 ; A. L. Marriot, « Evidence in International Arbitration », *Arb. Int.* 1989, p. 280, spéc. p. 282 ; A. Philip, « Description in the Award of the Standard of Proof Sought and Satisfied », *Arb. Int.* 1994, p. 361.

385. En ce sens, S. A. Baker et D. Davis, *The Uncitral Arbitration Rules in Practice. The Experience of the Iran-United States Claims Tribunal*, Kluwer law and Taxation publishers, p. 109 ; K. P. Berger, *International Economic Arbitration*, Kluwer, 1993, p. 446 ; *The Creeping Codification of the Lex Mercatoria*, Kluwer Law International, 1999, spéc. nº 56, p. 302 ; G. Flécheux, « La preuve dans les arbitrages internationaux », in *L'internationalité dans les institutions et le droit. Convergences et défis. Études offertes à A. Plantey*, Pedone, 1995, p. 321, spéc. p. 324 ; Ph. Fouchard, *L'arbitrage commercial international*, Dalloz, 1965, nº 621, p. 424, *in limine ;* B. Goldman, « Instance judiciaire et instance internationale », in *Études offertes à P. Bellet*, Litec, 1991, p. 219, spéc. nº 29, p. 234 ; J. Paulsson, « La Lex mercatoria dans l'arbitrage C.C.I. », *Rev. arb.* 1990, p. 53, spéc. p. 90 ; A. Reiner, « Burden and General Standards of Proof », *Arb. Int.* 1994, p. 328, spéc. p. 333 ; R.-B. Von Mehren, « Burden of Proof in International Arbitration », XII Congrès ICCA à Vienne, 3-6 nov. 1984, Kluwer Law International, p. 123 et s. La règle est également appliquée dans les contentieux entre États et notamment par l'Organe de règlement

sentences ayant d'ailleurs déjà repris à leur compte cette analyse[386]. L'existence d'une telle règle dans l'arbitrage commercial international semble ne faire l'objet d'aucune contestation sérieuse, même s'il a pu être observé qu'elle n'appartient pas à ce qu'il est convenu d'appeler l'ordre public transnational[387].

Mais cette obligation supportée par les parties de rapporter la preuve des faits invoqués au soutien de leurs moyens et prétentions n'exclut pas que le tribunal arbitral dispose d'un certain pouvoir d'initiative. Ainsi, à moins que les parties en soient convenues autrement[388], il peut, notamment sur le fondement de l'article 1467, alinéa 3, du Code de procédure civile, enjoindre à l'un des litigants de produire un document et assortir son injonction d'une astreinte[389]. D'autres droits prévoient ce pouvoir d'injonction de l'arbitre[390], qui est aussi expressément envisagé par certains règlements d'institutions d'arbitrage[391]. Plus largement, malgré le défaut d'*imperium* de l'arbitre[392], la jurisprudence française a consacré le pouvoir du tribunal arbitral d'enjoindre à une partie de produire des documents et tirer toute conséquence d'un refus de produire sans justification valable, même en l'absence de texte applicable ou d'autorisation des parties[393]. Le tribunal arbitral peut d'ailleurs aussi assortir son injonction d'une astreinte, prolongement inhérent et nécessaire à la fonction de juger[394]. Toutefois, puisqu'il ne dispose pas du pouvoir de contraindre les parties, l'efficacité de sa décision est

des différends de l'Organisation mondiale du commerce (en ce sens, R.-S.-J. Martha, « Presumptions and Burden of Proof in World Trade Law », *Journ. Int. Arb.* 1997, p. 67, spéc. p. 82 et s.).

386. Sent. CCI n° 6653 (1993), *JDI* 1993, p. 1040, obs. J.-J. Arnaldez ; Sent. CIRDI, 27 juin 1990, *Asian Agricultural Products Ltd (AAPL) c/ République du Sri Lanka*, *JDI* 1992, p. 217, obs. E. Gaillard ; Sent. CCI n° 3344 (1981), *JDI* 1982, p. 978, note Y. Derains.

387. En ce sens, P. Lalive, « Ordre public transnational (ou réellement international) et arbitrage international », *Rev. arb.* 1986, p. 329, spéc. n° 50, p. 349. Dans l'ordre juridique français, il a en revanche été soutenu qu'elle serait d'ordre public international : J. Pellerin, obs. sous Paris, 29 nov. 1990, *Rev. arb.* 1991, p. 659 ; v. toutefois les réserves émises par Ph. Fouchard, E. Gaillard, B. Goldman, *Traité de l'arbitrage commercial international*, Litec, 1996, note 355, p. 973.

388. Art. 1056.3° CPC.

389. V. *supra*, n° 343 et s.

390. V. notamment, art. 30 (3) de la loi égyptienne de 1994 ; art. 22 de la loi brésilienne sur l'arbitrage de 1996 ; art. 38 (4) et (5) de la loi anglaise sur l'arbitrage de 1996 ; art. 25.2 de la loi espagnole sur l'arbitrage de 2003.

391. V. notamment, Art. 20.5 du règlement CCI de 2017 ; art. 22.1 du règlement LCIA ; art. 19.3 du règlement AAA ; art. 24.3 du règlement CNUDCI.

392. Sur cette question, v. *supra*, n° 373.

393. Paris, 19 janv. 2016, *Rev. arb.* 2016, p. 351, qui relève notamment que la liquidation de l'astreinte, préalablement ordonnée par le tribunal arbitral, a un fondement contractuel, et que le caractère obligatoire de l'astreinte prononcée procède des effets du contrat d'arbitrage sans que l'efficacité de la décision soit subordonnée à un exequatur ; Paris, 7 oct. 2004, *Rev. arb.* 2004, p. 982 ; *D.* 2005, Pan., p. 3062, obs. Th. Clay ; *JDI* 2005, p. 341, note A. Mourre et P. Pedone ; *JCP* G 2005, I, 134, n° 5 et 7, obs. J. Ortscheidt. Dans cet arrêt, la cour d'appel de Paris a relevé que « le prononcé d'astreintes ou d'injonctions [...] constitue un prolongement inhérent et nécessaire à la fonction de juger pour assurer une meilleure efficacité au pouvoir juridictionnel et ne caractérise aucun dépassement de la mission de l'arbitre ». V. aussi, Y. Derains, « La pratique de l'administration de la preuve dans l'arbitrage commercial international », *Rev. arb.* 2004, p. 781, spéc. n° 22, p. 793. À cet égard, le caractère confidentiel du document peut poser difficulté ; l'hypothèse n'est pas d'école, compte tenu de l'importance du secret des affaires. Sur ce point, Ph. Fouchard, E. Gaillard, B. Goldman, *Traité de l'arbitrage commercial international*, Litec, 1996, n° 1258, p. 704.

394. Paris, 7 oct. 2004, préc. ; Paris, 10 mars 1995, *Rev. arb.* 1996, p. 143, obs. Y. Derains.

ici pratiquement nulle si ces dernières refusent de l'exécuter[395]. Le tribunal arbitral pourra cependant toujours tirer toute conséquence du refus ou de l'abstention d'une partie, notamment dans le cadre de la décision qu'il rend au fond[396]. Le caractère persuasif d'une telle sanction contribue sans doute à limiter les inconvénients nés de l'absence de pouvoir de contrainte de l'arbitre sur les parties.

Indépendamment des pouvoirs d'initiative éventuellement reconnus au tribunal arbitral par la *lex arbitrii* ou la loi de la procédure, les parties peuvent arrêter des règles relatives à la production des preuves. Elles le font parfois indirectement, par une référence à un règlement d'arbitrage, qui peut contenir des règles plus ou moins détaillées à cet égard[397]. Les litigants peuvent ainsi accepter la procédure de *discovery*, consistant à les obliger à s'échanger en début de procédure, même massivement, tous les documents pertinents au regard des demandes formées[398]. À défaut de règles précises fixées directement ou indirectement par les parties, les arbitres peuvent aussi s'inspirer de directives établies par des associations ou institutions, telles que celles de l'International Bar Association en 1999 qui ont fait l'objet d'une révision en 2010[399].

Par ailleurs, en raison de la nature contractuelle de l'arbitrage, le tribunal arbitral ne dispose pas de pouvoir de contrainte à l'égard des tiers à la procédure arbitrale. Il ne peut par exemple les contraindre à comparaître comme témoin ou à produire des pièces à l'instance arbitrale. Pourtant, l'audition de tiers ou la production de documents détenus par des tiers peut parfois s'avérer fort utile. Dans le silence des textes antérieurs à la réforme du 13 janvier 2011, il existait des discussions pour déterminer si une partie ou le tribunal arbitral pouvait faire appel au juge étatique pour enjoindre à un tiers récalcitrant de témoigner devant le tribunal arbitral ou d'y produire des éléments de preuve. Depuis la réforme précitée, l'article 1469 du Code de procédure civile, applicable à l'arbitrage international par renvoi de l'article 1506.3°, autorise une partie à l'arbitrage qui « entend faire état d'un acte authentique ou sous seing privé auquel elle n'a pas été partie ou d'une pièce détenue par un tiers » à, « sur invitation du tribunal arbitral, faire assigner ce tiers devant le président du tribunal de grande instance aux fins d'obtenir la délivrance d'une expédition ou la production de l'acte ou de la pièce ». Les conditions d'application de ce texte ont déjà été

395. Sur la question de l'assistance possible du juge d'appui en matière probatoire, v. J.-F. Poudret, S. Besson, *Droit comparé de l'arbitrage international*, Bruylant, 2002, n° 669 et s., p. 597 et s.

396. Y. Derains, « La pratique de l'administration de la preuve dans l'arbitrage commercial international », *Rev. arb.* 2004, p. 781, spéc. n° 22-23, p. 793-794 ; J.-F. Poudret, S. Besson, *Droit comparé de l'arbitrage international*, préc., n° 650, p. 586 ; Ph. Fouchard, E. Gaillard, B. Goldman, *Traité de l'arbitrage commercial international*, préc., n° 1275, p. 713. V. aussi, dans l'arbitrage interne, *supra*, n° 373.

397. V. notamment, art. 24 et 27 du règlement CNUDCI ; art. 21 du règlement AAA ; art. 15, 19 et 20 du règlement LCIA ; art. 33 à 37 du règlement CIRDI.

398. Sur cette procédure dans l'arbitrage international, v. notamment, B. Goldman, « Instance judiciaire et instance internationale », in *Études offertes à P. Bellet*, Litec, 1991, p. 219, spéc. n° 23-31, p. 230-236 ; D. Hascher, « Principes et pratique de procédure dans l'arbitrage commercial international », *Rec. Cours La Haye*, 1999, spéc. p. 89 et s. ; J.-F. Poudret, S. Besson, *Droit comparé de l'arbitrage international*, préc., n° 652, p. 587 ; D. Brian et L. Bosman, « Repenser la problématique de la *discovery* dans l'arbitrage international, au-delà du clivage entre *common law* et droit romain », *Bull. CCI* 2001, n° 1, p. 25.

399. *IBA Rules on the Taking of Evidence in International Commercial Arbitration* de 1999, *YCA* 1999, p. 410. L'*International Bar Association* a approuvé la version révisée de ces règles le 29 mai 2010 ; pour un commentaire, v. D. Bensaude, « Présentation des règles *IBA* 2010 sur l'administration de la preuve », *Rev. arb.* 2011, p. 1109, avec le texte reproduit en français p. 1149 ; J. Gill QC, G.-S. Tawil et R. Kreindler, « The 2010 Revisions to the IBA Rules on the Taking of Evidence in International Arbitration », *Cah. arb.* 2011, p. 23. V. aussi, les divers articles consacrés à cette version révisée in *International Arbitration Law Review* 2010, vol. 13, n° 5, et les règles plus anciennes établies par l'*IBA* (*Rev. arb.* 1986, p. 655).

étudiées et il suffit, pour l'essentiel, de renvoyer à ce qui a été dit pour l'arbitrage interne[400]. Pour l'essentiel, une telle demande suppose donc l'accord du tribunal arbitral, ce qui est opportun dans la mesure où il appartient à celui-ci de juger de la pertinence de l'élément de preuve en cause. Il faut s'adresser, non pas au juge d'appui, mais au président du tribunal de grande instance, dont la compétence territoriale est déterminée conformément aux règles de droit commun des articles 42 à 48 du Code de procédure civile. Enfin, on peut relever, pour le regretter, qu'il ne soit pas prévu de pouvoir recourir au même mécanisme pour contraindre à l'audition de tiers par le tribunal arbitral.

862 **Mesures d'instruction.** Le tribunal arbitral a le pouvoir d'ordonner d'office toutes les mesures d'instruction qu'il estime utiles, comme une expertise ou l'audition d'un témoin. L'article 1467, applicable à l'arbitrage international par renvoi de l'article 1506.3°, précise d'ailleurs notamment que le « tribunal arbitral procède aux actes d'instruction nécessaires ». Les parties, parce qu'elles sont tenues d'un devoir de loyauté dans la conduite de l'instance[401], doivent apporter leur concours à ces mesures d'instruction[402], le tribunal arbitral pouvant tirer toute conséquence d'une abstention ou d'un refus.

Le tribunal arbitral dispose ainsi de toute liberté de recourir à des mesures d'expertise. Pour le juge français, il apprécie seul la nécessité d'organiser une mesure d'instruction[403] et ne méconnaît pas le principe de la contradiction lorsqu'il refuse de faire droit à la demande d'expertise d'une partie[404]. Et s'il décide d'organiser une expertise, alors, le tribunal arbitral « choisit librement les personnes physiques ou morales qui procèdent aux investigations qu'il juge utiles »[405]. Les règlements d'arbitrage[406], et parfois même certaines lois[407], peuvent consacrer cette faculté offerte à l'arbitre d'ordonner toute mesure d'instruction qu'il estime utile. Simplement, si le respect du principe de la contradiction n'impose pas que les parties ou leurs représentants soient physiquement présents lors des opérations d'expertise, les constatations de l'expert doivent être communiquées aux parties pour pouvoir être soumises au débat contradictoire[408]. Le tribunal arbitral peut d'ailleurs fonder sa sentence sur un rapport d'expertise non

400. V. *supra*, n° 345 et s.

401. Art. 1506.3° et 1464, al. 3, CPC. V. *supra*, n° 815.

402. Sur ce devoir de collaboration dans l'arbitrage, v. Sent. CCI n° 1434 (1975), *JDI* 1976, p. 979 ; S. Jarvin, « L'obligation de coopérer de bonne foi. Exemple d'application au plan de l'arbitrage international », *L'apport de la jurisprudence arbitrale*, *Pub. CCI* n° 440/1, 1986, p. 157, spéc. p. 175 ; F. Ruhlmann et O. Gutkes, « L'absence de règles de preuve spécifiques dans les arbitrages internationaux : remèdes souhaitables », *RDAI* 1995, p. 437, spéc. p. 454.

403. Paris, 25 nov. 1999, *Rev. arb.* 2001, p. 165, note D. Cohen.

404. Paris, 16 janv. 2003, *JDI* 2004, p. 161, note K. Kessedjian.

405. Cass. 2e civ., 30 nov. 1978, *Rev. arb.* 1979, p. 343, note R. Levy.

406. V. notamment, art. 21 du règlement LCIA ; art. 25.4 du règlement CCI de 2017 ; art. 29 du règlement CNUDCI.

407. V. notamment, art. 37 de la loi anglaise sur l'arbitrage de 1996 ; art. 32 de la loi espagnole sur l'arbitrage de 2003 ; art. 25 de la loi suédoise sur l'arbitrage de 1999 ; § 1049 du ZPO allemand. V. aussi, art. 26 de la loi-type CNUDCI dispose que « sauf convention contraire des parties, le tribunal arbitral peut nommer un ou plusieurs experts chargés de lui faire rapport sur les points précis qu'il déterminera » et, lorsque l'arbitrage est soumis à la loi de procédure française, *supra*, n° 401 et s.

408. Paris, 6 févr. 1997, *Rev. arb.* 1997, p. 556, note P. Mayer ; Paris, 27 juin 1991, *Rev. arb.* 1991, p. 651 (4e esp.), obs. J. Pellerin.

contradictoire, établi à la demande d'une partie avant ou en cours d'instance[409], pourvu que celui-ci ait été soumis à la libre discussion des parties[410].

L'opportunité d'entendre des témoins relève aussi, sauf convention contraire des parties, de la libre appréciation de l'arbitre[411]. L'article 1467, alinéa 2, du Code de procédure civile, applicable à l'arbitrage international à défaut de convention contraire[412], précise d'ailleurs que « le tribunal arbitral peut entendre toute personne. Cette audition a lieu sans prestation de serment ». Celui-ci peut donc refuser d'entendre un témoin s'il s'estime suffisamment informé, ou solliciter de son propre chef un témoignage, en gardant toutefois à l'esprit qu'il doit toujours respecter le principe d'égalité des parties[413]. Dans l'arbitrage international, les modalités d'audition des témoins sont également librement définies par les parties et, à défaut de convention entre elles, par les arbitres. Il pourra donc être convenu que les témoins seront interrogés par le tribunal arbitral seulement, ou également par les représentants des parties (système de la *cross-examination*). Et les arbitres apprécient souverainement la valeur à accorder aux témoignages recueillis[414].

863 **Frais de l'arbitrage.** On insiste souvent sur le coût de l'arbitrage international, relativement important, pour souligner les excès de ce phénomène ou, au contraire, le relativiser[415]. Les dépenses exposées sont en effet d'abord constituées des frais de l'instance proprement dite : frais administratifs des institutions d'arbitrage, frais et honoraires des arbitres, frais et honoraires des experts désignés par le tribunal arbitral et du secrétariat employé par lui, frais de toute nature engendrés par la tenue des audiences.

409. Cette pratique d'une « expertise privée », l'expert étant alors un véritable témoin, est courante dans les arbitrages entre parties issues de pays de tradition de *Common Law*. Sur celle-ci, v. D. Hascher, « Principes et pratique de procédure dans l'arbitrage commercial international », *Rec. Cours La Haye*, 1999, spéc. p. 97 ; J.-F. Poudret, S. Besson, *Droit comparé de l'arbitrage international*, Bruylant, 2002, n° 662 et s., p. 592 et s.

410. Paris, 12 févr. 1993, *Rev. arb.* 1993, p. 255, note D. Hascher.

411. Paris, 15 mars 1984, *Rev. arb.* 1985, p. 285. Sur la pratique arbitrale en matière de témoignage, v. B. Goldman, « Instance judiciaire et instance internationale », in *Études offertes à P. Bellet*, Litec, 1991, spéc. n° 33-45, p. 236-241 ; Y. Derains, « La pratique de l'administration de la preuve dans l'arbitrage commercial international », *Rev. arb.* 2004, p. 781, spéc. n° 26 et s., p. 796 et s. ; D. Hascher, « Principes et pratique de procédure dans l'arbitrage commercial international », préc., spéc. p. 98 et s. ; J.-F. Poudret, S. Besson, *Droit comparé de l'arbitrage international*, préc., n° 656 et s., p. 589 et s.

412. Art. 1506.3° CPC.

413. Sur ce principe, v. *supra*, n° 813.

414. Paris, 10 janv. 2012, *Rev. arb.* 2012, p. 409, note Ch. Camboulive.

415. V. *supra*, n° 47. V. aussi, notamment, G. Born, *International Commercial Arbitration in the United States. Commentary & materials*, Kluwer Law and Taxation Publishers, 1993, p. 625 ; P. Fouchard, E. Gaillard, B. Goldman, *Traité de l'arbitrage commercial international,* Litec, 1996, n° 1160, p. 639 et n° 1255, p. 701 ; B. Hanotiau, « Mieux maîtriser le temps et réduire les coûts dans l'arbitrage international », in *Mélanges G. Keutgen*, Bruylant, 2009, p. 377 ; P.-A. Karrer, « Arbitration Saves Costs : Poker and Hide-and-Seek », *Journ. Int. Arb*, 1986, p. 35 ; L. Nurick, « Costs in International Arbitrations », *ICSID Rev. For. Invest. Law Journ.*, 1992, p. 57 ; J. Uff, « Cost-effective arbitration », *Arbitration*, 1993, p. 31 ; A. Redfern et M. Hunter, *Droit et pratique de l'arbitrage commercial international*, avec le concours de M. Smith, traduit de l'anglais par E. Robine, LGDJ, 2e éd., spéc. p. 330 ; M.-E. Schneider, « Lean Arbitration : Cost Control and Efficiency Trough Progressive Identification of Issues and Separate pricing of Arbitration Services », *Arb. Int.* 1994, p. 1192002 ; E. A. Schwartz, « Les frais d'arbitrage C.C.I. », *Bull. CCI* 1993, vol. 4, p. 8 ; J. G. Wetter et C. Priem, « Cost and their Allocation in International Commercial Arbitrations », *The American Review of International Arbitration*, vol. 2, 1991, n° 3, p. 249.

Le principal poste de ces dépenses est en général constitué par les honoraires des arbitres. En plus des frais de l'instance, les parties supportent également le coût de la préparation et de la conduite de la procédure : frais de recherche d'éléments factuels et de preuves, frais exposés pour des conseils juridiques internes à l'entreprise, frais d'expertises, de traductions de documents, de témoignages et surtout, frais de représentation et d'assistance de conseils externes. Dans certains cas, les parties ont également exposé des frais dans des instances connexes à l'arbitrage : contentieux liés à des questions de compétence du tribunal arbitral, à des difficultés de constitution du tribunal arbitral, à d'éventuelles procédures de récusation des arbitres, dépenses engendrées pour effectuer des saisies conservatoires... En pratique, ce sont tous ces frais qui sont pris en compte par le tribunal arbitral, afin de respecter le principe de réparation intégrale du dommage[416]. Quant à la répartition des frais de l'arbitrage entre les parties, le tribunal arbitral dispose à cet égard d'un pouvoir totalement discrétionnaire, en France au moins. Les principaux règlements d'arbitrage consacrent d'ailleurs un tel pouvoir[417]. L'examen de la pratique arbitrale enseigne cependant que, le plus souvent, c'est la règle selon laquelle l'accessoire suit le principal qui est respectée, la répartition de la charge des frais de l'arbitrage se faisant proportionnellement entre les parties, en fonction du résultat de leurs demandes respectives[418]. Mais, avant même que la sentence finale ne soit rendue, les parties peuvent être conduites à verser des provisions pour qu'il soit fait face aux frais de l'arbitrage[419]. Ainsi, le tribunal arbitral peut condamner une partie à payer sa part de provision pour frais de l'arbitrage[420].

C. LES MESURES PROVISOIRES ET CONSERVATOIRES

864 **Mesures provisoires et conservatoires.** Une fois l'instance arbitrale engagée, l'une des parties peut vouloir obtenir des mesures provisoires et conservatoires dans l'attente de la solution du litige sur le fond. Elle peut notamment chercher à préserver une situation de fait, des droits ou des preuves, ou à anticiper sur la solution au fond en sollicitant une provision[421]. La compétence du tribunal arbitral pour ordonner de telles

416. Sur ce point, v. J. Ortscheidt, *La réparation du dommage dans l'arbitrage commercial international*, Dalloz, 2001, préf. E. Gaillard, spéc. n° 752 et s., p. 347 et s.

417. V. notamment, art. 38 du règlement CCI de 2017 ; art. 61.2 de la Convention de Washington pour le règlement des différends relatifs aux investissements entre États et ressortissants d'autres États ; art. 28.2 et 28.3 du règlement LCIA. V. cependant, art. 42 du règlement CNUDCI, qui prévoit que les frais du tribunal sont à la charge de la partie qui succombe, les frais de la partie qui triomphe pouvant toutefois être répartis entre les parties.

418. J. Ortscheidt, *La réparation du dommage dans l'arbitrage commercial international*, préc., spéc. n° 785 et s., p. 362 et s.

419. Sur cette pratique et sur les conséquences d'un défaut de paiement de la provision par une partie, v. *supra*, n° 289.

420. V. notamment, J. Rouche, « Le paiement par le défendeur de sa part de provision sur les frais d'arbitrage : simple faculté ou obligation contractuelle ? », *Rev. arb.* 2002, p. 841, spéc. n° 6 et s., p. 844 et s., et les réf. citées.

421. Sur le sujet, v. *Mesures conservatoires et provisoires en matière d'arbitrage international*, Publ. CCI n° 519, Paris, 1993 ; M.-A. Bahmaei, *L'intervention du juge étatique des mesures provisoires et conservatoires en présence d'une convention d'arbitrage. Droits français, anglais et suisse*, préf. J. Béguin, LGDJ, 2002 ; O. Cachard, « Les mesures conservatoires dans l'arbitrage maritime », *DMF* 2004, p. 220 ; A. Carlevaris, « Les pouvoirs des arbitres en matière de mesures conservatoires et provisoires et l'arbitrage international à la lumière du droit italien », *Cah. arb.*, vol. I, *Gaz. Pal.* éd., 2002,

mesures, si elle fait encore l'objet de controverses, est, dans son principe, aujourd'hui majoritairement admise[422]. En droit comparé, elle l'est expressément par certaines législations sur l'arbitrage[423], et est par ailleurs envisagée par certains règlements d'arbitrage[424]. Depuis la réforme du 13 janvier 2011, le droit français de l'arbitrage contient aussi une disposition en ce sens. L'article 1468 du Code de procédure civile, applicable à l'arbitrage international à moins que les parties en soient convenues autrement, selon ce que prévoit l'article 1506.3°, dispose en effet : « Le tribunal arbitral peut ordonner aux parties, dans les conditions qu'il détermine et au besoin à peine d'astreinte, toute mesure conservatoire ou provisoire qu'il juge opportune. Toutefois, la juridiction de l'État est seule compétente pour ordonner des saisies conservatoires et sûretés judiciaires. Le tribunal arbitral peut modifier ou compléter la mesure provisoire ou conservatoire qu'il a ordonnée ». Ainsi, les plus larges pouvoirs sont reconnus aux arbitres, sous une seule réserve : les mesures qui impliquent l'exercice d'un pouvoir de contrainte sur un territoire ou qui visent des tiers non liés par la convention d'arbitrage demeurent donc de la compétence exclusive des tribunaux étatiques. Avant la réforme, la doctrine[425] et la jurisprudence admettaient déjà la compétence du tribunal arbitral pour ordonner des mesures provisoires ou conservatoires[426], celle-ci ayant d'ailleurs pu être réservée par les parties, à l'exclusion de celle du juge[427].

865 **Mesures *ex parte*.** Pour certains, comme le juge, le tribunal arbitral pourrait même accorder des mesures provisoires *ex parte*, c'est-à-dire sur simple requête du demandeur et sans que le défendeur ne soit entendu[428]. La surprise peut en effet s'avérer nécessaire afin d'éviter, par exemple, un transfert d'actifs de la société débitrice, qui a signé la convention d'arbitrage, à une autre société pour faire échec à toute une

p. 140 ; C. Chainais, « Les mesures provisoires dans le nouveau droit de l'arbitrage », in *L'arbitre et le juge étatique. Études de droit comparé à la mémoire de Giuseppe Tarzia*, Bruylant, 2014, p. 281 ; D.F. Donovan, « Le pouvoir des arbitres de rendre des ordonnances de procédure, notamment des mesures conservatoires, et leur force obligatoire à l'égard des parties », *Bull. CCI* 1999, vol. 10/1, p. 59 ; P. Mayer, « *Imperium* de l'arbitre et mesures provisoires », in *Études de procédure et d'arbitrage. Mélanges Jean-François Poudret*, Faculté de droit de Lausanne, 1999, p. 437 ; Ph. Ouakrat, « L'arbitrage international et les mesures provisoires : étude générale », *DPCI* 1988, p. 239 ; A. Reiner, « Les mesures provisoires et conservatoires et l'arbitrage international, notamment l'arbitrage CCI », *JDI* 1998, p. 853 ; et plus généralement les références citées *in* J.-F. Poudret, S. Besson, *Droit comparé de l'arbitrage international*, Bruylant, 2002, p. 548.

422. Sur ce point, v. J.-F. Poudret, S. Besson, *Droit comparé de l'arbitrage international*, préc., n° 606 et s., spéc. p. 551 et s.

423. V., par exemple, § 1041 du ZPO allemand ; art. 23 de la loi espagnole sur l'arbitrage de 2003 ; art. 38 et 39 de la loi anglaise sur l'arbitrage de 1996. V. aussi les art. 17, 17.A, 17.D à 17.I de la loi-type CNUDCI.

424. V. art. 28 du règlement CCI de 2017 ; art. 25.1 du règlement LCIA ; art. 26 du règlement CNUDCI ; art. 39 du règlement CIRDI ; art. 34 du règlement AAA ; art. V et XI du règlement de la CAMPI.

425. Ph. Fouchard, E. Gaillard, B. Goldman, *Traité de l'arbitrage commercial international*, Litec, 1996, n° 1314, p. 729.

426. Paris, 7 oct. 2004, *Rev. arb.* 2004, p. 982 ; *D.* 2005, Pan., p. 3062, obs. Th. Clay ; *JDI* 2005, p. 341, note A. Mourre et P. Pedone ; JCP G 2005, I, 134, n° 5 et 7, obs. J. Ortscheidt.

427. Paris, 2 avr. 2003, *Rev. arb.* 2005, p. 115 (2e esp.), note X. Boucobza. Pour une typologie des mesures envisageables, v. Ph. Fouchard, E. Gaillard, B. Goldman, *Traité de l'arbitrage commercial international*, préc., n° 1325 et s., p. 734 et s.

428. A. Reiner, « Les mesures provisoires et conservatoires et l'arbitrage international, notamment l'arbitrage CCI », *JDI* 1998, p. 853, spéc. p. 864.

mesure conservatoire. On peut cependant douter de la compatibilité d'une telle procédure avec le principe fondamental selon lequel le tribunal arbitral doit, en toutes circonstances, respecter le principe de la contradiction[429]. Il peut aussi être avancé que l'octroi d'une mesure *ex parte* par l'arbitre se heurte au principe d'égalité des parties dans l'arbitrage[430] et qu'il s'accorde mal avec le consensualisme qui constitue la pierre angulaire de ce mode de règlement des différends. Une telle pratique risque, en plus, de compromettre la confiance que les parties ont placée en les arbitres, surtout lorsque la mesure suppose un débat sur le fond, fût-il même seulement limité à un examen *prima facie* des moyens articulés par l'une des parties. Enfin, on peut également discuter l'utilité de ce type de mesures lorsque l'on sait qu'elles doivent principalement intervenir en début de procédure, alors même qu'à ce stade, les parties sont encore disposées à exécuter les injonctions des arbitres pour montrer leur volonté de collaborer à l'arbitrage. Compte tenu de ces obstacles, le droit comparé connaît peu ce type de mesures. Après de longues discussions au sein du Groupe de travail sur l'arbitrage[431], la loi-type CNUDCI sur l'arbitrage commercial international a, quant à elle, consacré une solution de compromis s'agissant des mesures provisoires *ex parte*. Il est prévu, en son article 17 B, que sauf convention contraire, une partie peut présenter, sans le notifier à l'autre, une demande de mesure provisoire au tribunal arbitral, en même temps qu'une requête aux fins d'ordonnance préliminaire enjoignant à une autre partie de ne pas compromettre la mesure provisoire demandée. Sous certaines conditions, propres à ce type de mesures[432] et communes à toutes mesures provisoires[433], le tribunal arbitral peut prononcer une ordonnance préliminaire, qui est notifiée aux parties, notamment avec la demande de mesure provisoire. La partie contre laquelle l'ordonnance est dirigée peut alors faire valoir ses droits et le tribunal arbitral se prononce rapidement sur la contestation. L'efficacité de la mesure provisoire ainsi prononcée n'est cependant que très relative. D'une part, l'ordonnance préliminaire n'a qu'une durée de vie limitée, puisqu'elle expire vingt jours à compter de la date à laquelle elle a été prononcée[434]. D'autre part, si elle « s'impose aux parties », elle n'est pas une sentence et « n'est pas susceptible d'exécution par un tribunal »[435]. À côté de cette question des mesures provisoires *ex parte*, le débat concerne encore l'étendue exacte des mesures que le tribunal arbitral peut prendre[436] et l'efficacité des mesures prises. Pour différentes raisons en effet, l'intervention du juge peut demeurer soit opportune, soit indispensable.

429. Pour une critique de cette procédure, v. notamment, Y. Derains, « L'arbitre et l'octroi de mesures provisoires ex parte », *Cah. arb.*, vol. II, *Gaz. Pal.* éd., 2004, p. 74.

430. Sur lequel, v. *supra*, n° 813.

431. Rapport de la CNUDCI sur les travaux de sa 39e session, 19 juin 7 juill. 2006, spéc. n° 89.

432. Art. 17.B.2 En substance, il faut que le respect du principe de la contradiction risque de compromettre la mesure demandée.

433. Art. 17.B.3. Dans leurs grandes lignes, les deux conditions sont les suivantes : 1. dommage irréparable probable si la mesure provisoire n'est pas ordonnée, qui « l'emporte » sur celui que peut subir la partie contre laquelle la mesure est dirigée ; 2. chance raisonnable d'obtenir gain de cause sur le fond du litige.

434. Art. 17.C.4.

435. Art. 17.C.5.

436. V. notamment, J.-F. Poudret, S. Besson, *Droit comparé de l'arbitrage international*, Bruylant, 2002, n° 608 et s., spéc. p. 552 et s. ; P. Mayer, « *Imperium* de l'arbitre et mesures provisoires », in *Études de procédure et d'arbitrage. Mélanges Jean-François Poudret*, Faculté de droit de Lausanne, 1999, p. 437.

866 **Compétence complémentaire ou exclusive du juge.** Un certain nombre de mesures provisoires ou conservatoires ne peuvent être prises par le tribunal arbitral et demeurent de la compétence exclusive des tribunaux étatiques. Comme dans l'arbitrage interne, il s'agit de toutes celles qui impliquent l'exercice d'un pouvoir de contrainte, d'un *imperium* dont l'arbitre est dépourvu, ou qui visent des tiers à la procédure arbitrale non liés par la convention d'arbitrage[437]. D'autres mesures, tout en pouvant être prises par le tribunal arbitral, auront probablement besoin du juge, qui dispose ici d'une compétence concurrente, pour être réellement efficaces. Certes, l'arbitre peut inciter une partie à respecter une mesure provisoire qu'il prononce en l'assortissant d'une astreinte, un tel pouvoir lui étant reconnu par la jurisprudence française[438] et ayant été consacré par l'article 1468 du Code de procédure civile. De même, les parties peuvent être poussées au respect d'une telle mesure par crainte que le tribunal arbitral ne tire toute conséquence d'un refus ou d'une abstention lorsqu'il statue sur le fond[439]. Mais l'intervention du juge risque de se révéler néanmoins nécessaire afin d'obtenir, à défaut d'exécution volontaire, l'exécution forcée de la mesure ordonnée par l'arbitre.

Deux voies sont alors concevables[440] : obtenir l'exequatur de la décision du tribunal arbitral, ce qui suppose qu'elle se voit reconnaître la qualité de sentence, ou obtenir une ordonnance du juge entérinant la décision du tribunal arbitral ou contraignant la partie récalcitrante à l'exécuter[441]. Le sujet est l'objet de controverses en droit comparé. En France toutefois, il paraît aujourd'hui admis que l'arbitre peut couler sa décision ordonnant une mesure provisoire ou conservatoire dans une sentence, même si l'article 1468 précité ne l'énonce pas précisément. Certes, pendant un temps, même si certains défendaient déjà l'idée que le tribunal arbitral pouvait prendre une mesure provisoire sous forme de sentence[442], cette opinion semblait incompatible avec la définition restrictive retenue par la jurisprudence de la notion de sentence arbitrale. Les juges définissaient traditionnellement la sentence comme une décision tranchant de manière définitive tout ou partie du litige soumis aux arbitres[443] ; une décision arrêtant une mesure provisoire ou conservatoire était donc plutôt, aux yeux du juge français, une ordonnance de procédure, et ne pouvait en conséquence recevoir l'exequatur et faire l'objet de mesures

437. V. *supra*, n° 373.

438. Paris, 19 janv. 2016, *Rev. arb.* 2016, p. 351, qui relève notamment que la liquidation de l'astreinte, préalablement ordonnée par le tribunal arbitral, a un fondement contractuel, et que le caractère obligatoire de l'astreinte prononcée procède des effets du contrat d'arbitrage sans que l'efficacité de la décision soit subordonnée à un exequatur ; Paris, 7 oct. 2004, *Rev. arb.* 2004, p. 982 ; *D.* 2005, Pan., p. 3062, obs. Th. Clay ; *JDI* 2005, p. 341, note A. Mourre et P. Pedone ; JCP G 2005, I, 134, n° 5 et 7, obs. J. Ortscheidt, qui relève que « le prononcé d'astreintes ou d'injonctions [...] constitue un prolongement inhérent et nécessaire à la fonction de juger pour assurer une meilleure efficacité au pouvoir juridictionnel et ne caractérise aucun dépassement de la mission de l'arbitre » ; Paris, 10 mars 1995, *Rev. arb.* 1996, p. 143, obs. Y. Derains.

439. Certains nient cependant que l'arbitre puisse indirectement sanctionner le comportement d'une partie dans une telle hypothèse : A. Reiner, « Les mesures provisoires et conservatoires et l'arbitrage international, notamment l'arbitrage CCI », *JDI* 1998, p. 853, spéc. p. 861.

440. J.-F. Poudret, S. Besson, *Droit comparé de l'arbitrage international*, Bruylant, 2002, n° 630, p. 569.

441. Ce qui paraît admis en Allemagne, en Suisse et en Grande-Bretagne, sous certaines conditions : J.-F. Poudret, S. Besson, *Droit comparé de l'arbitrage international*, préc., n° 635 et s., p. 573 et s.

442. Ph. Fouchard, E. Gaillard, B. Goldman, *Traité de l'arbitrage commercial international*, Litec, 1996, n° 1316, p. 729.

443. V. *infra*, n° 871.

d'exécution forcée[444]. Cependant, la cour d'appel de Paris a amendé sa définition de la sentence arbitrale pour admettre que des mesures conservatoires, dont les effets sont limités au cours de l'instance arbitrale, peuvent être ordonnées par voie de sentence[445]. Ainsi, la décision du tribunal arbitral pourrait obtenir l'exequatur, les parties pouvant ensuite entreprendre des mesures d'exécution forcée.

Reste toutefois qu'à supposer même que la décision se prononçant uniquement sur des mesures provisoires et conservatoires puisse être dorénavant qualifiée de sentence, l'obligation d'obtenir l'exequatur est parfois incompatible avec l'urgence justifiant ces mesures. En outre, de telles mesures peuvent être nécessaires avant même que le tribunal arbitral ne soit constitué. Enfin, il n'est pas certain que sa décision, même qualifiée de sentence arbitrale, puisse être reconnue dans un autre État, en application des dispositions conventionnelles applicables[446]. L'exécution des mesures ordonnées peut alors être rendue plus difficile. Dans ces conditions[447], le recours direct au juge étatique pour le prononcé d'une mesure provisoire peut, lorsqu'il n'est pas tout simplement la seule voie envisageable, être à tout le moins la plus efficace et avoir la préférence des parties. Pourtant, en France, le décret du 13 janvier 2011 semble bien limiter, une fois le tribunal arbitral constitué, la possibilité d'intervention du juge à cet égard[448].

444. J. Ortscheidt, « L'exécution provisoire des sentences arbitrales », *Rev. arb.* 2004, p. 9, spéc. n° 15, p. 25.

445. Paris, 7 oct. 2004, *Rev. arb.* 2004, p. 982 ; *D.* 2005, Pan., p. 3062, obs. Th. Clay ; *JDI* 2005, p. 341, note A. Mourre et P. Pedone ; JCP G 2005, I, 134, n° 5 et 7, obs. J. Ortscheidt. Il s'agissait d'injonctions de faire assorties d'une astreinte et la cour d'appel a relevé que « le tribunal arbitral s'est définitivement prononcé le 4 avril 2002 sur la demande de mesures conservatoires qui lui avait été présentée par les sociétés Carlyle, la limitation des mesures ordonnées à la durée de l'instance ne remettant pas en cause l'autorité de la chose jugée de sa décision, que les arbitres ont pu exprimer sous forme de sentence, choix de procédure auquel aucune des parties ne s'est opposée, leur pouvoir de juger d'une demande d'urgence qui participe à la résolution du litige ». V. aussi, *infra*, n° 871.

446. Sur ce débat, v. notamment, M.-A. Bahmaei, *L'intervention du juge étatique des mesures provisoires et conservatoires en présence d'une convention d'arbitrage. Droits français, anglais et suisse*, préf. J. Béguin, LGDJ, 2002, spéc. n° 327 et s., p. 237 et s. ; J.-F. Poudret, S. Besson, *Droit comparé de l'arbitrage international*, Bruylant, 2002, n° 639 et s., p. 576 et s.

447. Pour d'autres raisons encore de recourir au juge étatique, v. aussi, A. Hory, « Mesures d'instructions *in futurum* et arbitrage », *Rev. arb.* 1996, p. 191, spéc. n° 2, p. 191.

448. Sur la compétence du juge étatique et ses éventuelles limites à cet égard, v. *supra*, n° 701.

TITRE 3
LA SENTENCE ARBITRALE ET SON EXÉCUTION

867 **Plan.** Les litigants recourent à l'arbitrage pour voir trancher leur différend par un tribunal arbitral ; sauf incident y mettant prématurément fin[1], la sentence arbitrale (chapitre 1) est le fruit du délibéré des arbitres, qui tranche ce litige et marque la fin de l'instance arbitrale. La sentence n'est cependant pas immédiatement exécutoire sur le territoire français ; qu'elle ait été rendue en France ou à l'étranger, elle y fait préalablement l'objet d'un contrôle étatique et, dans la première situation, peut être frappée d'un recours spécifique (chapitre 2).

1. Sur lesquels, v. *supra*, n° 848 et s.

CHAPITRE 1
LA SENTENCE ARBITRALE

868 **Division.** Pour apprécier correctement la sentence arbitrale, il faut en cerner la notion et les conditions d'élaboration (section 1), envisager le droit applicable au fond du litige (section 2), définir ses attributs (section 3) et, parce que cela a une incidence sur le contrôle étatique ensuite opéré, préciser les modalités de sa notification (section 4).

SECTION 1 NOTION ET ÉLABORATION DE LA SENTENCE ARBITRALE

869 L'étude de la notion (§ 1) précédera celle de ses conditions d'élaboration (§ 2).

§ 1. LA NOTION DE SENTENCE ARBITRALE

870 **Enjeux de la qualification.** Comme lorsque l'arbitrage est purement interne, au cours d'une instance arbitrale internationale, le tribunal arbitral peut être conduit à rendre plusieurs décisions, de nature diverse, qu'il qualifie selon le cas, de sentences finale, partielle ou intérimaire, ou de simples ordonnances de procédure[1]. Or, il est essentiel, face à une décision des arbitres, de savoir si elle peut ou non recevoir la qualification de sentence. En effet, la sentence est assortie de l'autorité de chose jugée dès qu'elle est rendue. Et seule une sentence peut faire l'objet d'un recours en annulation[2] et obtenir force exécutoire par l'exequatur[3]. Au contraire, l'ordonnance de

1. Sur ces ordonnances, v. *supra*, n° 426, 859.

2. Cass. 1re civ., 12 oct. 2011, *JCP* G 2011, I, 1432 n° 8, obs. J. Ortscheidt ; *Rev. arb.* 2012, p. 86, note F.-X. Train ; Paris, 17 juin 2004, *Rev. arb.* 2006, p. 161, note T. Azzi ; *D.* 2006, Pan., p. 3026, obs. Th. Clay ; *JDI* 2005, p. 1165, note É. Loquin.

3. V. *infra*, n° 940 et s.

procédure, qui est une décision relative à la conduite de l'instance[4], est toujours susceptible d'être rapportée. En principe également, seule une sentence peut, sous certaines conditions, faire l'objet d'un recours immédiat ; l'ordonnance de procédure ne peut, quant à elle, être frappée de recours indépendamment de la sentence sur le fond[5]. Et, si les irrégularités affectant cette ordonnance sont parfois susceptibles d'affecter la validité de la sentence, la partie qui entend les invoquer lors du recours contre la sentence doit prendre la précaution de les dénoncer devant le tribunal arbitral, faute de quoi elle serait considérée comme ayant renoncé à s'en prévaloir[6].

871 **Définition et incertitudes.** Même après la réforme du 13 janvier 2011, les textes français, qu'ils soient relatifs à l'arbitrage interne ou international, ne définissent pas la notion de sentence, dont ils déterminent pourtant le régime, notamment en matière de reconnaissance, d'exécution et de voies de recours. Face à ce silence, c'est la jurisprudence qui a élaboré une définition de la sentence arbitrale. Elle a tout d'abord précisé que la qualification de sentence ne dépendait pas des termes retenus par le tribunal arbitral ou les parties[7] ; au-delà de la volonté des parties et du tribunal arbitral, le juge éventuellement saisi du recours contrôle que la décision soumise à son examen est une sentence arbitrale. Après quelques hésitations, la jurisprudence semble s'être aujourd'hui fixée sur une définition qui tient compte à la fois de l'autorité qui rend la décision, de l'existence d'un litige, de l'objet du litige tranché, du caractère définitif de la décision et, lorsqu'elle se prononce sur un moyen de procédure, du sens de la décision rendue par l'arbitre. En effet, constituent des sentences toutes « les décisions des arbitres qui tranchent, de manière définitive, en tout ou en partie, le litige qui leur a été soumis, que ce soit sur le fond, sur la compétence ou sur un moyen de procédure qui les conduit à mettre fin à l'instance »[8]. Ainsi, la décision par laquelle le tribunal arbitral tranche le fond du litige est une sentence. Revêt également cette qualification la décision par laquelle il se prononce sur sa compétence pour trancher ce litige, lorsque celle-ci est contestée. De même, est une sentence la décision se prononçant sur un moyen de procédure, comme la prescription de l'action, et constatant que la demande est prescrite, dès lors qu'elle met fin à l'instance. Plus récemment, encouragée par la doctrine[9], la cour d'appel de Paris a admis que constitue aussi une sentence arbitrale la décision du tribunal arbitral qui arrête des mesures provisoires ou conservatoires pour la durée de

4. V. *supra*, n° 426, 859.

5. Paris, 25 mars 1994, *Rev. arb.* 1994, p. 391, note Ch. Jarrosson ; *RTD com.* 1994, p. 483, obs. J.-C. Dubarry et É. Loquin. V. cependant Cass. 1re civ., 17 juin 2009, *Bull. civ.* I, n° 129 ; *Rev. arb.* 2009, p. 741 (2e esp.), note C. Chainais ; JCP G 2009, I, 462, n° 7, obs. J. Ortscheidt, qui semble réserver un recours pour excès de pouvoir contre une décision arbitrale qui ne constitue pas une sentence, en matière d'arbitrage interne. Si la solution était confirmée, elle pourrait être étendue à l'arbitrage international.

6. Sur cette fin de non-recevoir, v. *infra*, n° 977.

7. Cass. 1re civ., 10 janv. 2018, n° 16-21391 ; Paris, 4 et 11 avr. 2002, *JCP* G 2003, I, 105, n° 12, obs. J. Ortscheidt ; *Rev. arb.* 2003, p. 143 ; Paris, 1er juill. 1999, *Rev. arb.* 1999, p. 834, note Ch. Jarrosson. Un arrêt de la cour d'appel de Paris (Paris, 7 oct. 2004, *Rev. arb.* 2004, p. 982 ; *D.* 2005, Pan., p. 3062, obs. Th. Clay ; *JDI* 2005, p. 341, note A. Mourre et P. Pedone ; *JCP* G 2005, I, 134, n° 5 et 7, obs. J. Ortscheidt) a toutefois admis qu'un arbitre pouvait « choisir » de couler des mesures provisoires qu'il prend dans une sentence ou une ordonnance de procédure (v. *supra*, n° 426).

8. Cass. 1re civ., 12 oct. 2011, *JCP* G 2011, I, 1432 n° 8, obs. J. Ortscheidt ; *Rev. arb.* 2012, p. 86, note F.-X. Train ; Paris, 4 et 11 avr. 2002, *JCP* G 2003, I, 105, n° 12, obs. J. Ortscheidt ; Paris, 1er juill. 1999, *Rev. arb.* 1999, p. 834, note Ch. Jarrosson ; Paris, 25 mars 1994, *Rev. arb.* 1994, p. 391, note Ch. Jarrosson.

9. V. notamment, P. Mayer, note sous Paris, 29 avr. 2003, *JDI* 2004, p. 511, spéc. p. 518.

l'instance[10]. Elle a même considéré que la nature de la décision, ordonnance de procédure ou sentence, pouvait résulter d'un choix de procédure des arbitres, ce qui peut apparaître plus discutable dès lors que la qualification de sentence ne doit, en principe, pas dépendre de la volonté de ces derniers[11].

Malgré ces précisions jurisprudentielles, l'hésitation demeure parfois permise. Certes, certaines décisions, qualifiées d'ordonnances de procédure par le tribunal arbitral ou son président, ne sont, à l'évidence, pas des sentences. Il en est ainsi des décisions dont l'objet est purement procédural, qui vise seulement à organiser l'instance arbitrale ou à la faire progresser sans préjuger de son règlement : décision fixant le calendrier de la procédure[12], arrêtant le choix de la langue de l'arbitrage[13], ordonnant une expertise, ordonnant sous astreinte à une partie de produire des documents ou aménageant des mesures provisoires pour assurer l'efficacité de décisions arrêtées par voie de sentences[14]. Mais dans quelques cas, marginaux, la nature de la décision rendue est plus délicate à définir, notamment parce que la jurisprudence distingue, s'agissant des moyens de procédure, selon le sens de la décision du tribunal arbitral[15]. Un contentieux s'est développé du fait de parties souhaitant exercer un recours devant les tribunaux étatiques contre des « ordonnances de procédure » rendues par le tribunal arbitral et relatives à des incidents de procédure arbitrale[16].

872 **Diversité des sentences.** La typologie des sentences adoptée pour l'arbitrage interne[17] convient aussi à l'arbitrage international. La sentence arbitrale est dite définitive, ou finale, lorsqu'elle constitue l'aboutissement la procédure arbitrale, qu'elle met fin à l'instance arbitrale. Cette sentence peut être précédée d'une ou plusieurs sentences « partielles », également qualifiées, par la pratique arbitrale, de sentences « intérimaires » ou « interlocutoires »[18], quand le tribunal arbitral ne tranche de façon définitive que des points précis du litige. Ils peuvent toucher à sa compétence, à la loi applicable au litige, au principe de la responsabilité d'une partie, etc. D'ailleurs, si en principe, au regard du droit français, le tribunal arbitral juge librement de l'opportunité de se prononcer par voie de sentences partielles sur certaines questions, et s'il peut ainsi préférer

10. Paris, 7 oct. 2004, préc. Il s'agissait d'injonctions de faire assorties d'une astreinte et la cour d'appel a relevé que « le tribunal arbitral s'est définitivement prononcé le 4 avril 2002 sur la demande de mesures conservatoires qui lui avait été présentée par les sociétés Carlyle, la limitation des mesures ordonnées à la durée de l'instance ne remettant pas en cause l'autorité de la chose jugée de sa décision, que les arbitres ont pu exprimer sous forme de sentence, choix de procédure auquel aucune des parties ne s'est opposée, leur pouvoir de juger d'une demande d'urgence qui participe à la résolution du litige ».

11. Sur cette critique, v. *supra*, n° 426. Il faut noter que le règlement d'arbitrage CCI de 2017, en son art. 28.1, autorise le tribunal arbitral à ordonner des mesures provisoires ou conservatoires « prises sous forme d'ordonnance motivée ou sous forme d'une sentence, selon ce que le tribunal arbitral estime adéquat ».

12. Paris, 10 nov. 2005, *Rev. arb.* 2006, p. 280, rendue en matière interne, la solution étant transposable dans l'arbitrage international.

13. Paris, 26 févr. 2013, *Rev. arb.* 2014, p. 82, note P. Duprey et C. Fouchard.

14. Cass. 1re civ., 12 oct. 2011, *JCP* G 2011, I, 1432 n° 8, obs. J. Ortscheidt ; *Rev. arb.* 2012, p. 86, note F.-X. Train.

15. Sur cette analyse, v. *supra*, n° 426.

16. Sur ces difficultés, v. par exemple, Paris, 4 et 11 avr. 2002, *JCP* G 2003, I, 105, n° 12, obs. J. Ortscheidt ; *Rev. arb.* 2003, p. 143. V. aussi, S. Jarvin, « Les décisions de procédure des arbitres peuvent-elles faire l'objet d'un recours juridictionnel ? », *Rev. arb.* 1998, p. 611.

17. Sur laquelle, v. *supra*, n° 427 et s.

18. V. notamment, art. 26.1 du règlement LCIA ; art. 2 (v) du règlement CCI de 2017.

statuer en même temps sur la compétence et sur le fond[19], les parties peuvent lui imposer au contraire de se prononcer sur certains points par de telles sentences sans pouvoir attendre la sentence finale[20]. Le droit comparé enseigne que la pratique des sentences partielles est largement répandue[21].

À côté de ces figures relativement traditionnelles, on trouve encore des sentences rendues par défaut, lorsque l'une des parties décide d'adopter la politique de la « chaise vide » dans l'instance arbitrale ; ces sentences sont valables dès lors que le tribunal arbitral a, dans le respect du principe de la contradiction, veillé à informer la partie défaillante de la progression de l'instance et à respecter le principe d'égalité[22].

Pour faire le départ entre les sentences qui sont susceptibles d'un recours immédiat, dès qu'elles sont rendues, et celles pour lesquelles il est différé[23], on peut qualifier la sentence de mixte, lorsqu'elle tranche une partie du principal, ou d'avant-dire droit, quand elle prépare simplement la décision sur le fond[24]. La seconde ne pourra en principe – et sous réserve sans doute de l'excès de pouvoir – être frappée de recours en annulation qu'en même temps que la sentence définitive. La pratique arbitrale a également fait apparaître des sentences « d'accord-parties », par lesquelles le tribunal arbitral entérine l'accord des parties sur le fond du litige survenu en cours d'instance[25]. Bien que cet accord soit très proche, dans sa nature juridique, d'une transaction, il pourra, par ce biais, être « converti » en sentence et bénéficier du régime juridique favorable de celle-ci[26].

§ 2. L'ÉLABORATION DE LA SENTENCE ARBITRALE

873 **Division.** Les arbitres supportent l'obligation de trancher dans sa totalité le litige opposant les parties. Ils ne sont en effet dessaisis de leur mission qu'une fois la sentence finale rendue[27]. Un refus d'exercer cette mission jusqu'à son terme naturel les exposerait à une action en responsabilité de la part des litigants[28]. Le litige devant être tranché en totalité, le tribunal arbitral ne peut statuer *ultra petita* ou *infra petita*. Lorsqu'il se prononce au-delà de ce qui lui a été demandé, la sentence peut être annulée[29]. En revanche, avant comme après la réforme du 13 janvier 2011, l'*infra petita* peut être réparé par le tribunal arbitral lui-même et ne peut donc constituer une cause d'annulation ou de refus d'exequatur de la sentence[30]. Le juge français décide ainsi que « le recours en annulation [...] ne peut être exercé contre une sentence ayant statué *infra petita*, les cas d'ouverture de ce recours devant s'interpréter restrictivement, d'autant

19. Paris, 10 mars 1995, *Rev. arb.* 1996, p. 143, obs. Y. Derains.
20. Cass. 1re civ., 8 mars 1988, *Rev. arb.* 1989, p. 481, note Ch. Jarrosson.
21. J.-F. Poudret, S. Besson, *Droit comparé de l'arbitrage international*, Bruylant, 2002, n° 721 et s., p. 669 et s.
22. Sur ces principes, v. *supra*, n° 809 et s. et *supra*, n° 813.
23. Sur cette distinction, v. *infra*, n° 970.
24. V. *supra*, n° 430.
25. V. notamment, art. 33 du règlement CCI de 2017 ; art. 36.1 du règlement CNUDCI ; art. 26.9 du règlement LCIA ; art. 43.2 du règlement CIRDI.
26. En ce sens, v. art. 30.2 de la loi-type CNUDCI.
27. Sur la notion de sentence finale, v. *supra*, n° 428.
28. Sur les devoirs et obligations de l'arbitre, v. *supra*, n° 796 et s.
29. Art. 1520-3° CPC (v. *infra*, n° 995).
30. Sur le pouvoir du tribunal arbitral de compléter sa sentence, v. *infra*, n° 912.

plus que l'impossibilité de réunir à nouveau le tribunal arbitral pour compléter éventuellement la sentence n'est pas démontrée »[31]. À ce titre, l'article 1485, alinéa 2, du Code de procédure civile, applicable à l'arbitrage international par renvoi de l'article 1506.3°, prévoit que le tribunal arbitral peut compléter sa sentence « lorsqu'il a omis de statuer sur un chef de demande ». Pour remplir sa mission, le tribunal élabore donc une ou plusieurs sentences arbitrales, vecteur par lequel il tranche le litige. Une fois l'instruction achevée, le processus d'élaboration de la sentence internationale se décompose en deux étapes principales, l'une intellectuelle, l'autre matérielle : le délibéré (A) et la rédaction de la sentence (B). Les obligations supportées par les arbitres sont, à cet égard, moins contraignantes dans l'arbitrage international que dans l'arbitrage interne.

A. LE DÉLIBÉRÉ

874 **Obligation de délibérer.** Dans l'arbitrage interne, l'obligation de délibérer supportée par le tribunal arbitral est indirectement énoncée par l'article 1476, alinéa 1er, du Code de procédure civile, qui dispose que « le tribunal arbitral fixe la date à laquelle le délibéré sera prononcé », et l'article 1479, qui précise que « les délibérations du tribunal arbitral sont secrètes »[32]. L'article 1506.4° renvoie à ce dernier texte pour l'arbitrage international, de sorte que les arbitres supportent également, en ce domaine, une obligation de délibérer. Et, malgré les dispositions de l'article 1506, les parties ne devraient pas pouvoir y déroger puisque cette obligation appartient à l'ordre public international français. Ainsi, s'il est prouvé que la sentence a été rendue alors que tous les arbitres n'en ont pas délibéré, elle peut être annulée pour contrariété à l'ordre public international français[33]. Le délibéré constitue une étape indispensable dans l'élaboration de la sentence, dont l'exigence est d'ailleurs parfois rappelée, au moins de manière indirecte, par les règlements d'arbitrage[34]. Dans un arrêt rendu le 16 janvier 2003, la cour d'appel de Paris a d'ailleurs énoncé que « l'exigence du délibéré représente une règle fondamentale de la procédure qui garantit la nature juridictionnelle de la décision à laquelle parvient le tribunal arbitral »[35]. On peut donc conclure, avec le Tribunal fédéral suisse, que le délibéré est « une opération essentielle qui doit avoir lieu même s'il n'est pas expressément prévu par la loi »[36], et ce, que le tribunal arbitral soit composé d'un ou plusieurs membres. Certes, l'arbitre unique prend bien évidemment sa décision seul et en toute indépendance ; il ne peut délibérer qu'avec lui-même. Il n'en

31. Paris, 27 juin 2002, *Rev. arb.* 2003, p. 42, note C. Legros ; Paris, 20 avr. 2000, *Rev. arb.* 2001, p. 805 (6e esp.), note Y. Derains.

32. V. *supra*, n° 435.

33. V. Cass. 1re civ., 29 juin 2011, *Rev arb.* 2011, p. 959, note V. Chantebout ; JCP G 2011, I, 1432, n° 7, obs. J. Ortscheidt ; Cass. 1re civ., 8 juill. 2009, *D.* 2009, Pan., p. 2959, obs. Th. Clay ; *Cah. arb.* 2010, p. 863, note L.-C. Delanoy. V. aussi, Ph. Fouchard, E. Gaillard, B. Goldman, *Traité de l'arbitrage commercial international*, Litec, 1996, n° 1369, p. 760. D. Hascher, « Principes et pratique de procédure dans l'arbitrage commercial international », *Rec. Cours La Haye*, 1999, spéc. p. 155.

34. V. notamment, art. 18.3 du règlement CCI de 2017 qui prévoit que « le tribunal arbitral peut délibérer en tout endroit qu'il considère opportun ».

35. Paris, 16 janv. 2003, *D.* 2003, Pan., p. 2479, obs. Th. Clay ; *JDI* 2004, p. 161, note K. Kessedjian.

36. Trib. Féd. Suisse, 16 oct. 2003, *Rev. arb.* 2004, p. 695, note L. Lévy et B. Stucki. V. aussi la décision du Comité *ad hoc* CIRDI, *Klöckner c/ République du Cameroun*, 3 mai 1985, *JDI* 1987, p. 163, obs. E. Gaillard, qui constate que l'exigence du délibéré est « une règle fondamentale de procédure ».

demeure pas moins que sa décision n'est pas arbitraire ; elle est le fruit d'une réflexion, objet du délibéré. Mais l'exigence prend surtout son sens lorsque le tribunal arbitral est composé de plusieurs membres. Le délibéré, lié à la nature juridictionnelle de l'arbitrage, est alors aussi la conséquence du principe de collégialité[37]. Si les parties ont désigné plusieurs arbitres, c'est pour qu'ils tranchent ensemble le litige. Ceux-ci doivent donc réfléchir ensemble pour parvenir à une décision et, c'est très exactement l'objet du délibéré[38].

Pratiquement, c'est à celui qui soutient qu'il n'y a pas eu de délibéré de le prouver. Il existe, en effet, une présomption de délibéré[39]. Il s'agit, bien entendu, d'une présomption simple. Mais pour éviter des recours frauduleux rendus possibles avec la complicité d'un arbitre qui serait alors malhonnête, elle n'est pas renversée par les seules assertions d'un arbitre précisant qu'il a été écarté du délibéré[40], ni par son refus de signer la sentence[41]. On peut d'ailleurs penser que face à une telle situation, si un arbitre constate qu'il est effectivement mis à l'écart du délibéré, il doit refuser de poursuivre sa mission et en informer les parties et le tribunal arbitral. Pratiquement, la preuve d'une absence de délibéré des arbitres est très difficile à rapporter si la sentence contient la formule « après en avoir délibéré », puisque ses mentions font preuve jusqu'à inscription de faux en droit français[42]. En l'absence d'une telle précision, l'existence d'un délibéré peut aussi résulter d'autres indices, notamment de l'indication que l'un des arbitres a émis une opinion dissidente[43].

875 **Contenu et forme du délibéré.** Le délibéré doit être réel et, s'il y a lieu, collégial[44]. Ceci implique que chacun des arbitres soit mis en mesure d'y participer et de confronter son opinion avec celle des autres arbitres[45]. Autrement dit, tous les arbitres composant le tribunal arbitral doivent effectivement pouvoir émettre leur opinion sur le litige et discuter celle des autres membres, avant que la sentence ne soit rendue[46]. Mais aucune forme particulière n'est imposée pour le délibéré et la rencontre physique entre les arbitres, au lieu du siège de l'arbitrage, n'est pas obligatoire[47]. D'autres voies sont

37. Sur lequel, v. *supra*, n° 816. Pour certains, l'exigence de délibéré résulte plutôt « du droit d'être entendu, et d'un droit et devoir de chacun des arbitres » (J.-F. Poudret, S. Besson, *Droit comparé de l'arbitrage international*, Bruylant, 2002, n° 733, p. 689).

38. Sur cette acception du délibéré, v. notamment J.-P. Dumas, « Secret de juges », in *Le droit privé français à la fin du XXe siècle. Études offertes à P. Catala*, Litec, 2001, p. 179.

39. Cass. 1re civ., 29 juin 2011, *Rev arb.* 2011, p. 959, note V. Chantebout ; JCP G 2011, I, 1432, n° 7, obs. J. Ortscheidt, qui relève « qu'il existe une présomption de délibéré de la sentence et qu'il appartient à celui qui prétend à une absence de délibération de le prouver ».

40. Cass. 1re civ., 29 juin 2011, préc.

41. Paris, 14 févr. 2017, *Cah. arb.* 2017, p. 110.

42. Paris, 26 oct. 2000, *RTD com.* 2001, p. 53, obs. É. Loquin.

43. Paris, 16 janv. 2003, *D.* 2003, Pan., p. 2479, obs. Th. Clay ; *JDI* 2004, p. 161, note K. Kessedjian.

44. Cass. 1re civ., 8 juill. 2009, *D.* 2009, Pan., p. 2959, obs. Th. Clay ; *Cah. arb.* 2010, p. 863, note L.-C. Delanoy.

45. V. notamment, Paris, 16 janv. 2003, *D.* 2003, Pan., p. 2479, obs. Th. Clay ; *JDI* 2004, p. 161, note K. Kessedjian, qui refuse d'annuler une sentence pour non-respect de l'exigence de délibéré en relevant, notamment, que l'arbitre désigné par la requérante avait été « constamment informé du déroulement du délibéré » et qu'il avait « pu faire connaître son opposition à ses co-arbitres à tout moment ».

46. Cass. 2e civ., 28 janv. 1981, *Rev. arb.* 1982, p. 425, note Ph. Fouchard.

47. Cass. 2e civ., 28 janv. 1981, préc.

possibles, comme le téléphone ou le courrier électronique, voire même la circulation entre les arbitres d'un projet de sentence[48].

876 **Secret du délibéré.** Que l'arbitrage soit interne ou international, il est généralement attendu des arbitres qu'ils gardent le secret du délibéré. D'ailleurs, l'article 1479 du Code de procédure civile, applicable à l'arbitrage international par renvoi de l'article 1506.4°, précise que « les délibérations du tribunal arbitral sont secrètes ». Il est vrai que cette exigence est le gage d'une bonne justice : elle protège l'indépendance d'esprit et la liberté de décision des arbitres en les mettant à l'abri des pressions. Ce secret est aussi parfois expliqué par le souci d'assurer l'égalité des parties, en évitant que l'une d'elles puisse accéder à des informations privilégiées lui permettant de se préparer au résultat au détriment de l'autre[49]. Le secret du délibéré comporte deux facettes : d'une part, une personne qui n'est pas membre du tribunal arbitral ne doit pas participer au délibéré ; d'autre part, les échanges qui s'y sont déroulés doivent demeurer confidentiels. Sur ce second aspect, le secret connaît cependant des exceptions notables. D'abord, en présence d'un arbitre unique, la règle ne peut être respectée puisque, par hypothèse, la sentence est le reflet exact du délibéré. Ensuite, la pratique de la publication de l'opinion « minoritaire » ou « dissidente », admise dans l'arbitrage international[50], révèle nécessairement, non seulement l'avis de l'arbitre qui l'émet, mais aussi l'opinion des autres arbitres. De toute façon, il a été jugé que « le secret du délibéré n'est pas plus une cause d'annulation de la sentence en droit international qu'en droit interne »[51]. La sentence pourrait toutefois être annulée si l'expression d'une opinion dissidente ou séparée emportait méconnaissance du principe de collégialité ou affectait la réalité du délibéré[52]. De plus, l'éventuelle indiscrétion de l'un des arbitres lors du délibéré peut engager sa responsabilité[53].

877 **Conséquences d'un refus de délibérer par un arbitre.** Un arbitre peut parfois décider de s'abstenir de participer au délibéré, voire démissionner en cours de délibéré, soit parce qu'il est matériellement empêché de statuer, pour des raisons indépendantes de sa volonté, soit dans un but purement dilatoire[54]. Si l'arbitre a été mis en mesure de participer au délibéré, son abstention n'affecte pas la validité de la sentence[55]. Le cas de la démission est plus problématique. Dans cette hypothèse, avant la réforme du 13 janvier 2011, l'instance prenait fin à défaut de volonté contraire des parties, parce que le tribunal arbitral n'était plus régulièrement constitué ; et si elle était poursuivie, malgré le

48. Sur les modalités matérielles du délibéré, v. aussi *supra*, n° 437.

49. J.-L. Delvolvé, « Vraies et fausses confidences, ou les petits et grands secrets de l'arbitrage », *Rev. arb.* 1996, p. 373, spéc. n° 14, p. 380.

50. V. *infra*, n° 882. Pour l'arbitrage interne, v. *supra*, n° 441.

51. Paris, 9 oct. 2008, *Rev. arb.* 2009, p. 352, note J.-B. Betto et A. Canivet.

52. Paris, 7 avr. 2011, *D.* 2011, Pan., p. 3023, obs. Th. Clay ; *LPA* 2011, n° 227, note M. Valentini ; *Gaz. Pal.* 24-26 juill. 2011, p. 14, obs. D. Bensaude.

53. Paris, 19 mars 1981, *Rev. arb.* 1982, p. 84, note J. Viatte, rendu en matière interne, mais dont la solution peut être étendue en matière internationale.

54. Pour une dénonciation de cette pratique, v. notamment, E. Gaillard, « Les manœuvres dilatoires des parties et des arbitres dans l'arbitrage commercial international », *Rev. arb.* 1990, p. 759, spéc. p. 788.

55. Le § 1052 (2) du ZPO allemand prévoit que si un arbitre refuse de participer au vote, sous réserve d'en avertir les parties à l'avance et sauf convention contraire de celles-ci, les autres arbitres peuvent statuer sans lui. V. aussi l'art. 30 de la loi suédoise sur l'arbitrage de 1999, qui dispose que lorsqu'un arbitre, sans raison valable, ne participe pas à l'examen d'une question par le tribunal arbitral, les autres arbitres peuvent trancher cette question.

refus ou la démission de l'arbitre, la sentence rendue par un tribunal arbitral tronqué pouvait être annulée[56]. La sentence rendue malgré un refus de délibérer injustifié ou une démission jugée irrégulière par les autres arbitres ou l'institution, était donc frappée d'une précarité inquiétante et la solution pouvait encourager les comportements dilatoires d'arbitres inféodés aux litigants. Pour les éviter, il fallait juger que la démission de l'arbitre au cours du délibéré n'affectait pas la poursuite de l'arbitrage et le prononcé de la sentence dans l'immédiat, cette démission demeurant sans effet sur la procédure, et que ce n'est que par la suite que la sentence pouvait être annulée, ou se voir refuser l'exequatur, si le juge du contrôle devait constater que le refus de l'arbitre, ou sa démission, était fondé sur des motifs légitimes. La réforme du 13 janvier 2011 permet sans doute de contourner plus efficacement ces difficultés. Désormais, en cas de différend sur la réalité du motif invoqué par un arbitre pour justifier sa démission, la difficulté est réglée par la personne chargée d'organiser l'arbitrage ou, à défaut, tranchée par le juge d'appui[57]. Ainsi, un contrôle des démissions est expressément instauré. De plus, en cas de démission d'un arbitre, l'instance arbitrale ne prend pas fin mais doit être suspendue jusqu'au remplacement du démissionnaire[58]. Il devrait alors être possible d'associer le nouvel arbitre au délibéré, quitte, peut-être, à rouvrir les débats si les parties souhaitent présenter leurs arguments oralement devant lui.

878 **Adoption de la décision par les arbitres.** La décision des arbitres peut bien entendu être prise à l'unanimité. Avant la réforme de 2011, la jurisprudence exigeait simplement que « les décisions importantes des arbitres », c'est-à-dire au moins les sentences, soient prises à la majorité « afin d'éviter une infraction à la clause arbitrale »[59]. Depuis la réforme du 13 janvier 2011, lorsque le tribunal arbitral a été constitué postérieurement au 1er mai 2011[60], à défaut d'unanimité, en matière d'arbitrage international, l'article 1513, alinéa 1, du Code de procédure civile prévoit que « dans le silence de la convention d'arbitrage, la sentence est rendue à la majorité des voix », ce qui ne conduit d'ailleurs pas toujours à dégager une majorité, même si le tribunal arbitral est composé d'arbitres en nombre impair : chaque arbitre peut en effet avoir un point de vue qu'il ne partage pas avec les autres. Pour éviter une situation de blocage, certains droits étrangers prévoient que le président a voix prépondérante en cas d'absence de majorité[61]. Le législateur français s'en est inspiré et, par l'effet du décret du 13 janvier 2011, pour les tribunaux arbitraux constitués après le 1er mai 2011, le droit français de l'arbitrage international contient également une disposition en ce sens : l'article 1513, alinéa 3, du Code de procédure civile prévoit qu'« à défaut de majorité, le président du tribunal arbitral statue seul ». Ces dispositions sont supplétives et la volonté des parties[62], le règlement d'arbitrage applicable ou, le cas échéant, la loi choisie pour régir la procédure, peuvent fixer des modalités de vote des arbitres différentes et prévoir, par exemple, que les

56. V. *supra*, n° 762.

57. Art. 1457, al. 2, CPC, applicable à l'arbitrage international par renvoi de l'article 1506.2°.

58. V. *supra*, n° 762, 849.

59. Paris, 16 janv. 2003, *D.* 2003, Pan., p. 2479, obs. Th. Clay ; *JDI* 2004, p. 161, note K. Kessedjian.

60. Art. 3.2° du décret n° 2011-48 du 13 janvier 2011.

61. V. notamment, art. 189, al. 2, de la LDIP suisse ; art. 35.1 de la loi espagnole sur l'arbitrage de 2003 ; art. 30 de la loi suédoise sur l'arbitrage de 1999 ; art. 20.4 de la loi anglaise sur l'arbitrage de 1996. V. aussi, J.-F. Poudret, S. Besson, *Droit comparé de l'arbitrage international*, Bruylant, 2002, n° 742, p. 701.

62. L'article 1513, al. 1, CPC réserve la volonté contraire des parties en précisant que la règle qu'il énonce s'applique « dans le silence de la convention d'arbitrage ».

décisions sont effectivement prises uniquement à la majorité[63] ou, qu'à défaut de majorité, c'est le président du tribunal arbitral qui statue seul[64]. Il faut noter qu'en pratique, le vote séparé sur chacun des points en litige, parce qu'il conduit à des concessions réciproques des arbitres, permet le plus souvent d'arriver à s'entendre sur la solution globale.

879 **Le projet de sentence dans l'arbitrage CCI.** Le règlement d'arbitrage CCI prévoit que les arbitres élaborent dans un premier temps un projet de sentence qui est soumis à l'examen préalable de la Cour d'arbitrage de la CCI. La Cour peut alors prescrire des modifications de forme et appeler l'attention du tribunal arbitral sur les points intéressant le fond du litige. Si le tribunal arbitral demeure néanmoins libre de sa décision sur les points de fond, aucune sentence ne peut en revanche être rendue sans avoir été approuvée en la forme par la Cour[65]. Si la doctrine est divisée sur la légitimité et l'opportunité de cette prérogative[66], la jurisprudence française l'a avalisée. Elle constitue, selon elle, non pas une ingérence dans la mission juridictionnelle de l'arbitre, mais la fourniture d'un conseil rédactionnel[67].

B. LA RÉDACTION DE LA SENTENCE

880 **Forme et mentions de la sentence.** Avant la réforme résultant du décret n° 2011-48 du 13 janvier 2011, aucune disposition du Code de procédure civile n'exigeait que la sentence internationale soit rendue par écrit, contrairement à la règle en vigueur dans d'autres systèmes de droit[68]. Et la doctrine était divisée sur la possibilité, ou non, d'admettre qu'une sentence puisse être simplement orale. Certains auteurs estimaient que l'écrit était une exigence de forme minimale imposée par le droit de l'arbitrage international[69], alors que d'autres déduisaient du silence des textes qu'une sentence internationale orale était admise par le droit français[70]. Si, théoriquement, rien ne semble fondamentalement contredire cette seconde analyse, il faut cependant admettre

63. V. notamment, art. 16 du règlement CIRDI ; art. 33 du règlement CNUDCI. V. aussi, art. 29 de la loi-type CNUDCI ; § 1053 du ZPO allemand.

64. V. notamment, art. 32.1 du règlement CCI de 2017 ; art. 26.5 du règlement LCIA.

65. Art. 34 du règlement CCI de 2017.

66. V. notamment, en faveur de ce contrôle, É. Loquin, « L'examen du projet de sentence par l'institution et la sentence au deuxième degré. Réflexion sur la nature et la validité de l'intervention de l'institution arbitrale sur la sentence », *Rev. arb.* 1990, p. 427. Et, défavorable à un tel contrôle, A. Kassis, *Réflexions sur le règlement d'arbitrage de la Chambre de commerce internationale. Les déviations de l'arbitrage institutionnel*, LGDJ, 1988, spéc. n° 149-230.

67. Cass. 1re civ., 20 févr. 2001, *Rev. arb.* 2001, p. 511, note Th. Clay ; *RCDIP* 2002, p. 124, note Ch. Seraglini, qui rejette le pourvoi formé contre Paris, 15 sept. 1998, *Rev. arb.* 1999, p. 103, note P. Lalive ; *JDI* 1999, p. 162, note É. Loquin.

68. V. notamment, § 1054 (1) du ZPO allemand ; art. 31 de la loi suédoise sur l'arbitrage de 1999 ; art. 37.3 de la loi espagnole sur l'arbitrage de 2003 ; art. 31.1 de la loi-type CNUDCI. En revanche, l'art. 52.1 de la loi anglaise sur l'arbitrage autorise les parties à convenir de la forme sous laquelle la sentence est rendue. Il existe également un débat sur cette question en droit suisse (art. 189 de la LDIP), sur lequel, v. J.-F. Poudret, S. Besson, *Droit comparé de l'arbitrage international*, Bruylant, 2002, n° 744, p. 705.

69. É. Loquin, *L'arbitrage du commerce international,* in *Lamy Pratique des contrats internationaux*, Livre X, 2001, n° 273, p. 110.

70. Ph. Fouchard, E. Gaillard, B. Goldman, *Traité de l'arbitrage commercial international*, Litec, 1996, n° 1389, p. 773.

qu'elle est pratiquement fragile. En effet, une sentence qui serait uniquement prononcée oralement pose un problème d'exécution évident, sous l'empire des textes antérieurs ou postérieurs à la réforme de 2011, puisqu'elle ne peut être reconnue en France que si son existence est établie, par celui qui s'en prévaut, par la production de l'original accompagné de la convention d'arbitrage ou des copies de ces documents réunissant les conditions requises pour leur authenticité[71]. Au demeurant d'ailleurs, on peut se demander si cette règle probatoire, reconduite par le décret du 13 janvier 2011, ne postulait pas déjà indirectement l'exigence d'un écrit. Au surplus, cette exigence particulière étant formulée par de nombreux autres systèmes de droit, notamment ceux qui ont transposé la loi-type CNDUCI, un tribunal arbitral siégeant en France, qui se croirait autorisé à élaborer une sentence purement orale, devrait s'interroger sur le sort de celle-ci à l'étranger. Enfin, la solution est de toute façon à déconseiller au regard des problèmes de preuve qu'elle engendrerait. D'ailleurs, les parties, et plus souvent le règlement d'arbitrage[72] ou la loi de procédure qu'elles ont choisi, imposent généralement aux arbitres de rendre leur sentence selon la forme écrite.

Depuis la réforme résultant du décret n° 2011-48 du 13 janvier 2011, l'exigence d'une sentence écrite résulte du renvoi opéré aux textes sur l'arbitrage interne. L'article 1506.4° du Code de procédure civile prévoit en effet l'application à l'arbitrage international des articles 1481 et 1482. Ainsi, « à moins que les parties en soient convenues autrement »[73], ce qui serait inopportun, pour les raisons précédemment exposées, les règles posées par ces textes devront être respectées. La sentence devra alors être écrite, datée, comporter le nom des arbitres, les noms, prénoms ou dénomination des parties et leur domicile ou siège social. Elle devra aussi préciser, le cas échéant, le nom des avocats ou de toute personne ayant assisté ou représenté les parties, le lieu où elle a été rendue et comporter un rappel succinct des prétentions et moyens des parties. Elle devra, en outre, nécessairement être motivée[74]. Toutefois, l'omission de l'une ou l'autre de ces mentions n'entraînera pas la nullité de la sentence devant le juge français. D'une part, l'article 1483 du Code de procédure civile, qui prévoit que certaines des mentions prescrites par les articles 1481 et 1482 le sont à peine de nullité de la sentence, n'est pas applicable à l'arbitrage international. D'autre part, l'article 1520 du Code de procédure civile, relatif aux cas d'ouverture d'un recours en annulation ou d'un refus d'exequatur de la sentence dans l'arbitrage international, ne sanctionne pas le non-respect d'exigences de forme, contrairement à l'article 1492.6° de ce code pour l'arbitrage interne[75]. Mais cette absence de sanction en droit de l'arbitrage international ne devrait pas conduire les parties à écarter ces règles de forme ou les arbitres à s'en affranchir. En effet, les mentions relatives à la date de la sentence, au nom des arbitres et des parties, au lieu où la sentence a été rendue et le rappel succinct des prétentions et moyens des parties, permettent, *prima facie*, de s'assurer de la régularité de la sentence, ce d'autant

71. Art. 1515 CPC ; art. 1498 et 1499 ancien CPC.

72. V. notamment, art. 34.2 du règlement CNUDCI ; art. 26.2 du règlement LCIA, qui réserve cependant un accord écrit contraire des parties ; art. 47 du règlement CIRDI ; art. 32.2 et 34 du règlement CCI de 2017, qui l'exigent implicitement en posant la règle de la soumission du « projet » de sentence à la Cour internationale d'arbitrage et en précisant que celle-ci doit être motivée.

73. Art. 1506 CPC.

74. V. *infra*, n° 881.

75. On pourrait néanmoins envisager l'application de la cause d'annulation fondée sur le non-respect par l'arbitre de sa mission, prévue par l'article 1520.3°, CPC et la soumettre à l'exigence de démonstration du grief causé par le vice.

que certaines de celles-ci font foi jusqu'à inscription de faux[76]. Ainsi, l'indication du nom des arbitres et des parties permet de vérifier qu'elle a été rendue par les arbitres nommés par les parties et évite des problèmes d'identification des litigants, qui pourraient ensuite être source de difficultés d'exécution. La mention de la date de la sentence est utile pour contrôler qu'elle a été rendue dans le délai d'arbitrage éventuellement fixé[77]. Le rappel des prétentions et moyens des parties présente quant à lui un double avantage : il évite au tribunal arbitral d'oublier une demande ou, au contraire, de statuer *ultra petita*, en l'obligeant, en fin d'instance, au moment de rédiger la sentence, à vérifier que ces prétentions et moyens ont été correctement appréciés ; il permet aussi de rassurer les parties, en ce qu'il fait présumer que le tribunal arbitral a bien pris l'ensemble de leurs demandes et moyens en considération. Enfin, la précision du lieu où la sentence est rendue est importante, parce qu'elle peut déterminer la compétence du juge de son contrôle[78]. Au demeurant, les règlements d'arbitrage exigent souvent que les sentences comportent de telles mentions[79]. Certains envisagent même la question du refus d'un arbitre de signer la sentence et, comme le droit français de l'arbitrage, exigent que le motif du refus soit indiqué dans la sentence[80]. En effet, l'article 1513, disposition spécifique à l'arbitrage international, prévoit non seulement que les arbitres signent la sentence et que si une minorité refuse de la signer, il en est fait mention dans la sentence, mais précise aussi, en son alinéa 3, que lorsque le président statue seul, à défaut de majorité, « en cas de refus de signature des autres arbitres », il « en fait mention dans la sentence qu'il signe alors seul ». Enfin, l'article 1513, alinéa 4, énonce que dans l'une ou l'autre de ces deux situations, la sentence « produit les mêmes effets que si elle avait été signée par tous les arbitres ou rendue à la majorité des voix ». Il faut toutefois relever que ce texte ne paraît s'appliquer que « dans le silence de la convention d'arbitrage »[81] et, en tout état de cause, que si le tribunal arbitral a été constitué le 2 mai 2011 ou après[82]. Cette exigence devrait cependant être systématiquement respectée, puisque la signature des arbitres fait présumer qu'ils ont effectivement délibéré et que la sentence a été rendue collégialement. De plus, une sentence qui ne serait signée par aucun arbitre ne pourrait sans doute pas être reconnue et exécutée en France, faute de preuve de son authenticité.

881 **Motivation de la sentence.** Cette exigence est posée de façon impérative par l'article 1482, alinéa 2, du Code de procédure civile en matière interne et reprise en matière internationale par l'effet du renvoi opéré à ce texte par l'article 1506.4°. Cependant, l'article 1482 ne revêt pas un caractère impératif en matière internationale, et les parties peuvent donc y déroger. De plus, l'article 1483, qui prévoit que l'exigence de motivation

76. V. *infra*, n° 917.

77. Pour une contestation relative à la date de la sentence, v. Cass. 1re civ., 15 juill. 1999, *Rev. arb.* 1999, p. 623, obs. D. Bureau.

78. V. *supra*, n° 851. En droit français toutefois, c'est le juge du siège réputé, et non celui du lieu où a été matériellement rendue la sentence, qui est compétent pour connaître du recours en annulation contre la sentence.

79. V. notamment, art. 34.4 du règlement CNUDCI (signature et date) ; art. 26.2 du règlement LCIA (signature, date et lieu) ; art. 47 du règlement CIRDI (désignation des parties, nom des arbitres et des conseils des parties, date, lieu, signature, résumé de l'instance, exposé des faits et chefs de conclusions des parties...) ; art. 32 et 35 du règlement CCI de 2017 (signature, date, lieu).

80. V. notamment, art. 34.4 du règlement CNUDCI ; art. 26.6 du règlement LCIA.

81. Même si cette référence au silence de la convention d'arbitrage ne figure que dans la première phrase de l'article, qui concerne le vote à la majorité des voix. Un doute est donc permis.

82. Art. 3.2° du décret n° 2011-48 du 13 janvier 2011.

posée par l'article 1482 l'est à peine de nullité de la sentence, n'est pas applicable à l'arbitrage international. Si cette solution n'est pas isolée en droit comparé[83], elle ne reflète cependant plus la position majoritaire de la communauté des États, de plus en plus nombreux à exiger du tribunal arbitral qu'il motive ses décisions[84]. L'exemple le plus frappant de ce mouvement général en faveur de la motivation des sentences arbitrales est sans doute celui du droit anglais : alors que l'*Arbitration Act* de 1979 autorisait l'arbitre à ne pas motiver sa sentence en l'absence de volonté expresse d'une partie notifiée avant qu'il ne se prononce, l'*Arbitration Act* de 1996 prévoit, à l'inverse, que « la sentence doit être motivée à moins qu'elle ne soit rendue d'accord-partie ou que les parties ne soient convenues de dispenser les arbitres de la motivation »[85]. Ce développement contemporain d'une véritable obligation de motivation est la conséquence d'au moins deux facteurs. D'abord, l'adoption de la Convention de Genève du 21 avril 1961 qui dispose, en son article VIII, que les parties sont présumées avoir voulu que la sentence arbitrale soit motivée à moins qu'elles n'aient expressément déclaré qu'elle ne doit pas l'être ou qu'elles se soient soumises à une procédure arbitrale dans le cadre de laquelle il n'est pas d'usage de motiver la sentence et, condition cumulative, qu'aucune d'elles n'ait expressément demandé, avant la fin de l'audience ou, en l'absence d'audience, avant la rédaction de la sentence, que celle-ci soit motivée. Ensuite, la transposition, dans de nombreuses législations, des dispositions de la loi-type de la CNUDCI du 21 juin 1985 qui prévoit, en son article 31.2, que « la sentence est motivée, sauf si les parties sont convenues que tel ne doit pas être le cas ou s'il s'agit d'une sentence rendue par accord des parties conformément à l'article 30 ». Toujours dans le domaine conventionnel, on peut également relever que l'article 48.3 de la Convention de Washington du 14 octobre 1966, pour le règlement des différends relatifs aux investissements entre États et ressortissants d'autres États, prévoit aussi que « la sentence [...] doit être motivée »[86]. Cette faveur pour l'exigence de motivation se retrouve aussi dans les principaux règlements d'arbitrage. Ainsi tant le règlement d'arbitrage de la CCI de 2017 (art. 32.2) que celui de la CNUDCI (art. 32.3), de la Cour internationale d'arbitrage de Londres (art. 26.1) et de l'Association américaine d'arbitrage (art. 27.2) prévoient que le tribunal arbitral motive sa sentence.

Cette convergence législative, conventionnelle, et même pratique, puisque l'on a pu relever que la quasi-totalité des sentences étaient motivées en matière d'arbitrage commercial international, à l'exception parfois de l'arbitrage de qualité[87], a conduit à s'interroger sur le bien-fondé de la jurisprudence française, antérieure à la réforme de 2011, qui exclut l'exigence de motivation de l'ordre public international[88]. En effet, si pour le juge français, « l'ordre public interne exige que la sentence exprime les motifs pour lesquels elle a été rendue »[89], l'ordre public international français ne pose pas une

83. V. notamment, loi suédoise sur l'arbitrage de 1999.

84. V. notamment, art. 1713, § 4, du CJ belge ; art. 823 du CPC italien et les exemples cités par J.-F. Poudret, S. Besson, *Droit comparé de l'arbitrage international*, Bruylant, 2002, nº 746, p. 708.

85. Art. 52.4 de l'*Arbitration Act* de 1996, *Rev. arb.* 1997, p. 93.

86. V. aussi, art. 47 du règlement CIRDI.

87. V. Ph. Fouchard, E. Gaillard et B. Goldman, *Traité de l'arbitrage commercial international*, Litec, 1996, spéc. nº 1393, p. 775. Sur la question particulière de la motivation des arbitrages de qualité, v. J.-L. Delvolvé, « Essai sur la motivation des sentences arbitrales », *Rev. arb.* 1989, p. 149, spéc. p. 155, pour lequel l'absence de motivation ne constitue, en définitive, qu'une apparence.

88. En ce sens, J.-L. Delvolvé, « Essai sur la motivation des sentences arbitrales », préc., spéc. p. 160, *in limine*.

89. Paris, 28 nov. 1996, *Rev. arb.* 1997, p. 380, note É. Loquin. V. aussi, *supra*, nº 453.

telle exigence[90]. Cette position peut s'expliquer par plusieurs considérations. D'abord, d'un point de vue strictement historique, qui reste certes anecdotique eu égard à l'époque à laquelle il faut se référer, les juridictions françaises n'ont pas toujours été soumises à l'obligation de motivation. Cette obligation, qui n'a jamais existé dans le droit romain, n'est apparue en France qu'après la Révolution, avec le décret des 16-24 août 1790 et dans la constitution du 5 fructidor an III[91]. La loi du 20 avril 1810 a ensuite prévu que les arrêts des cours d'appels étaient nuls lorsqu'ils n'étaient pas motivés. Ensuite, l'exigence de motivation, ressentie comme une garantie fondamentale[92], est principalement destinée à assurer le respect des droits de la défense[93]. Mais ce n'est pas le défaut de motif, en lui-même, qui porte atteinte aux droits de la défense[94]. Si la décision juridictionnelle doit être motivée, c'est pour s'assurer que le juge a examiné tous les moyens soumis par les parties[95]. Or, puisque le juge français ne reconnaît la sentence arbitrale étrangère dépourvue de motivation qu'à la condition que ce défaut de motif ne cache pas une violation des droits de la défense[96], il n'est pas indispensable de considérer qu'une sentence non motivée est nécessairement contraire à l'ordre public international français. La solution consacrée par la jurisprudence française accorde au plaideur une « garantie équivalente »[97] à celle résultant de l'obligation du juge de motiver sa décision. Enfin, la position des juridictions françaises est sans doute aussi justifiée par une raison d'opportunité, traduisant le phénomène d'effet atténué de l'ordre public, en ce sens qu'il importe de valider des sentences rendues sous l'empire de lois n'exigeant pas la motivation eu égard aux besoins du commerce international[98]. Il reste toutefois que, même si actuellement, l'exigence de motivation ne relève pas de l'ordre public international français, les avantages attachés à l'expression par le tribunal arbitral des raisons qui l'ont amené à statuer, déjà exposés[99], militent en faveur d'une telle obligation dans l'arbitrage commercial international. D'ailleurs, avant le décret du 13 janvier 2011, le juge du contrôle français considérait que, dans certaines circonstances, le défaut de motif caractérisait un non-respect de sa mission par le tribunal arbitral.

En effet, dans plusieurs hypothèses, la jurisprudence a refusé de reconnaître une sentence internationale qui n'était pas motivée, ou a prononcé le cas échéant son annulation, en se fondant sur les dispositions de l'article 1502.3° ancien du Code de procédure civile, c'est-à-dire en jugeant que le tribunal avait statué sans se conformer à la

90. Paris, 26 mars 1992, *D.* 1992, IR, p. 161 et 169 ; Paris 28 juin 1991, *Rev. arb.* 1992, p. 568, note P. Bellet ; Paris, 22 janv. 1988, *Rev. arb.* 1989, p. 251, note Y. Derains ; Cass. 1re civ., 18 mars 1980, *Rev. arb.* 1980, p. 496, note E. Metzger ; *JDI* 1980, p. 875, note É. Loquin ; Cass. 1re civ., 22 nov. 1966, *JDI* 1967, p. 631, note B. Goldman ; JCP 1968, II, 15318, note H. Motulsky ; *RCDIP* 1967, p. 372, note Ph. Francescakis.

91. E. Garçonnet et Ch. Cézar-Bru, *Traité théorique et pratique de procédure civile et commerciale*, 3e éd., 1913, Tome III, n° 656, p. 325.

92. H. Motulsky, *Études et notes de procédure civile*, préf. G. Cornu et J. Foyer, Dalloz, T. 1, 1973, n° 29, p. 80.

93. H. Motulsky, *Études et notes de procédure civile*, préc., n° 29, p. 80.

94. H. Motulsky, note sous Civ. 22 nov. 1966, *JCP* 1968, II, 15318 ; v. aussi J.-L. Delvolvé, « Essai sur la motivation des sentences arbitrales », préc., spéc. p. 162, qui souligne qu'il ne s'agit que « d'un hommage a *posteriori* à la défense des parties ».

95. H. Motulsky, *Études et notes de procédure civile*, préc., n° 29, p. 80.

96. Cass. 1re civ., 18 mars 1980, *Rev. arb.* 1980, p. 496, note E. Metzger ; *JDI* 1980, p. 875, note É. Loquin ; Paris 28 avr. 1976, *Rev. arb.* 1977, p. 151, note M. Boitard.

97. En ce sens, H. Motulsky, *Études et notes de procédure civile*, préc., n° 29, p. 80.

98. É. Loquin, *L'amiable composition en droit comparé et international. Contribution à l'étude du non-droit dans l'arbitrage commercia*l, Librairie Technique Paris, 1980, spéc. n° 345, p. 203.

99. V. *supra*, n° 453.

mission qui lui avait été confiée. Elle l'a fait lorsque la loi applicable à la procédure exigeait que la sentence soit motivée[100], quand l'obligation de motiver la sentence résultait de la convention d'arbitrage[101] ou du règlement d'arbitrage auxquels les parties ont fait référence[102]. De plus, on l'a vu, il a aussi été jugé que le défaut de motif de la sentence ne devait pas dissimuler une violation des droits de la défense[103]. Enfin et surtout, même lorsque les parties n'ont rien précisé, directement ou indirectement, il a été présumé qu'elles ont souhaité une sentence motivée[104]. En ce sens, la cour d'appel de Paris a décidé, lorsqu'était applicable le règlement d'arbitrage de la CCI, dans sa version antérieure à 2012 qui ne prévoyait pas expressément que la sentence devait être motivée, qu'à moins que les parties ou les arbitres aient entendu se référer à une loi de procédure dispensant de cette exigence, la sentence devait être motivée[105]. Ainsi, dans l'arbitrage international, même en l'absence de texte, l'obligation pour le tribunal arbitral de motiver sa sentence a été fondée sur la volonté des parties[106]. Ces solutions devraient très largement être reconduites sous l'empire des textes issus de la réforme de 2011, dès lors que les cas d'ouverture du recours en annulation n'ont pas été bouleversés et que l'article 1506.4° pose aujourd'hui une obligation de motivation la sentence à défaut de convention contraire des parties.

882 **Les opinions dissidentes.** La question de l'admission des opinions dissidentes dans les décisions arbitrales internationales est toujours controversée[107]. D'un côté, l'opinion dissidente s'accorde mal avec l'exigence du secret du délibéré et permet à l'arbitre partisan de prouver qu'il a « fait le travail » pour lequel il pense avoir été nommé, portant ainsi

100. Paris, 14 janv. 1997, *Rev. arb.* 1997, p. 395, note Ph. FOUCHARD ; Paris, 28 juin 1988, *Rev. arb.* 1989, p. 328, note J. PELLERIN ; Cass. 1re civ., 18 mars 1980, *Rev. arb.* 1980, p. 496, note E. METZGER ; *JDI* 1980, p. 875, note É. LOQUIN ; Cass. 1re civ., 22 nov. 1966, *JDI* 1967, p. 631, note B. GOLDMAN ; JCP 1968, II, 15318, note H. MOTULSKY ; *RCDIP* 1967, p. 372, note Ph. FRANCESCAKIS.

101. Paris, 28 juin 1988, *Rev. arb.* 1989, p. 328, note J. PELLERIN.

102. Cass. 1re civ., 18 mars 1980, *Rev. arb.* 1980, p. 496, note E. METZGER ; *JDI* 1980, p. 875, note É. LOQUIN Paris, 14 janv. 1997, *Rev. arb.* 1997, p. 395, note Ph. FOUCHARD.

103. Cass. 1re civ., 18 mars 1980, *Rev. arb.* 1980, p. 496, note E. METZGER ; *JDI* 1980, p. 875, note É. LOQUIN ; Paris 28 avr. 1976, *Rev. arb.* 1977, p. 151, note M. BOITARD.

104. Paris, 20 juin 1996, *Rev. arb.* 1996, p. 656, obs. D. BUREAU ; Paris, 30 mars 1995, *Rev. arb.* 1996, p. 131, obs. J. PELLERIN ; Paris, 28 mai 1993, *Rev. arb.* 1993, p. 664, note D. BUREAU ; *RCDIP* 1994, p. 349, note V. HEUZÉ ; *RTD com.* 1994, p. 703, obs. J.-Cl. DUBARRY et É. LOQUIN ; Paris, 8 mars 1990, *Rev. arb.*, p. 675 (2e esp.), note P. MAYER ; Paris, 16 juin 1988, *Rev. arb.* 1989, p. 309, note Ch. JARROSSON.

105. Paris, 30 mars 1995, *Rev. arb.* 1996, p. 131, obs. J. PELLERIN.

106. En ce sens, v. aussi, É. LOQUIN, « Perspectives pour une réforme des voies de recours », *Rev. arb.* 1992, p. 321, spéc. n° 39, p. 341. L'auteur avait proposé une réforme des règles de procédure civile, qui conduirait à exiger la motivation de la sentence si les parties n'en ont pas dispensé l'arbitre d'un commun accord, en ajoutant à l'article 1502 CPC (art. 1520 nouveau CPC) un nouveau cas d'ouverture de l'appel contre l'ordonnance d'exequatur lorsque « le tribunal arbitral n'a pas motivé la sentence alors que les parties ne l'avaient pas dispensé de cette obligation ».

107. V. notamment, J.-D. BREDIN, « Le secret du délibéré arbitral », in *Études offertes à P. Bellet*, Litec, 1991, p. 71, spéc. n° 12, p. 79 ; Th. CLAY, *L'arbitre*, Dalloz, Nouvelle Bibliothèque de Thèses, 2001, spéc. n° 854 et s., p. 651 et s. ; Ph. FOUCHARD, E. GAILLARD, B. GOLDMAN, *Traité de l'arbitrage commercial international*, Litec, 1996, n° 1396 et s., p. 777 et s. ; Ch. JARROSSON, note sous Paris, 15 oct. 1991, *Rev. arb.* 1991, p. 643 ; J.-F. POUDRET, « Légitimité de l'opinion dissidente dans le silence de la loi ? Poursuite d'un débat amical », in *Liber Amicorum Claude Reymond autour de l'arbitrage. Mélanges offerts à Cl. Reymond*, Litec, 2004, p. 243 ; F. KNOEPFLER, « L'opinion dissidente dans l'arbitrage commercial international : une hypocrisie », *Mélanges en l'honneur du Professeur Pierre Mayer*, LGDJ, 2015, p. 414 ; J.-F. POUDRET, S. BESSON, *Droit comparé de l'arbitrage international*, Bruylant, 2002, n° 751 et s., p. 714 et s.

atteinte à la crédibilité de l'arbitrage ; elle affaiblit aussi incontestablement l'autorité de la décision du tribunal arbitral en révélant une fracture entre ses membres et encourage la partie qui a succombé à engager des recours, en se prévalant notamment de cette opinion et du poids de son auteur. Mais d'un autre côté, elle est largement répandue dans la tradition de *Common Law*. Il semble difficile d'empêcher un arbitre d'avoir une opinion dissidente de la majorité et de l'exprimer. Il pourrait toujours l'adresser, de sa propre initiative, aux parties. Aussi, le phénomène existe, même si les arbitres de tradition française répugnent généralement à utiliser cette voie. Si la pratique ne paraît pas admise par le droit français de l'arbitrage interne[108], la solution n'est pas la même pour l'arbitrage international. L'ordre public international ne s'oppose pas à la reconnaissance en France d'une sentence internationale faisant apparaître une opinion dissidente. La cour d'appel de Paris l'a jugé à plusieurs reprises[109], précisant même que le texte de l'opinion dissidente ne fait pas partie de la sentence et n'a d'autre autorité que celle d'un élément de fait[110].

SECTION 2 DROIT APPLICABLE AU FOND DU LITIGE

883 **Arbitrage en droit et arbitrage en équité.** Dans l'arbitrage, la résolution au fond du litige peut être effectuée de deux manières. À cet égard, les articles 1511 et 1512 du Code de procédure civile[111] permettent de distinguer l'arbitrage en droit, par lequel le tribunal arbitral tranche le litige conformément aux règles de droit, et l'arbitrage en amiable composition ou dit « en équité », qui met au premier plan le souci de rendre une décision juste, ne résultant pas forcément d'une stricte application de la loi[112]. L'arbitrage en amiable composition se rencontrant essentiellement dans l'arbitrage interne, il sera pour l'essentiel renvoyé aux développements qui y ont été consacrés lors de l'étude de cette matière[113]. On se bornera ici à quelques rappels.

Hier objet de controverses, l'arbitrage en équité ou en amiable composition est aujourd'hui largement admis en droit comparé[114]. L'arbitre amiable compositeur peut s'écarter, dans sa décision, des conséquences que commanderait l'application rigoureuse des règles de droit si elles lui apparaissent inéquitables en l'espèce. Dans plusieurs États et notamment en France, il peut également exercer son pouvoir modérateur à l'égard des dispositions contractuelles et en modifier les conséquences en fonction des circonstances. La cour d'appel de Paris a ainsi résumé les implications d'un recours à

108. V. *supra*, n° 441.

109. Paris, 9 oct. 2008, *Rev. arb.* 2009, p. 352, note J.-B. Betto et A. Canivet ; Paris, 16 janv. 2003, *D.* 2003, somm., p. 2479, obs. Th. Clay ; *JDI* 2004, p. 161, note K. Kessedjian.

110. Paris, 16 janv. 2003, préc.

111. Avant la réforme de 2011, art. 1496 et 1497.

112. Sur le sujet, v. É. Loquin, *L'amiable composition en droit comparé et international*, Litec, 1980 ; « Pouvoirs et devoirs des amiables compositeurs », *Rev. arb.* 1985, p. 199 ; L. Kiffer, « L'amiable composition et l'arbitrage CCI », *Bull. CCI*, vol. 18, n° 1, 2007, p. 54, et les extraits de sentences, p. 67 et s.

113. V. *supra*, n° 454.

114. Par exemple, art. 28.3 loi-type CNUDCI. Sur les distinctions qui peuvent exister en droit comparé entre l'amiable composition, l'arbitrage en équité et les *equity clauses*, v. J.-F. Poudret, S. Besson, *Droit comparé de l'arbitrage international*, Bruylant, 2002, n°s 709 et s., p. 652.

l'amiable composition : « La clause d'amiable composition est une renonciation conventionnelle aux effets et au bénéfice de la règle de droit, les parties perdant la prérogative d'en exiger la stricte application et les arbitres recevant corrélativement le pouvoir de modifier ou de modérer les conséquences des stipulations contractuelles dès lors que l'équité ou l'intérêt commun bien compris des parties l'exige »[115]. Le pouvoir modérateur de l'amiable compositeur ne peut toutefois pas aller jusqu'à « modifier l'économie du contrat en substituant aux obligations contractuelles des obligations nouvelles ne répondant pas à l'intention commune des parties »[116].

L'arbitre ne peut s'octroyer lui-même un pouvoir d'amiable composition, sous peine d'exposer sa sentence à la censure pour non-respect de sa mission qui est en principe de statuer conformément aux règles de droit, en vertu de l'article 1511 du Code de procédure civile[117]. L'article 1512 précise d'ailleurs quant à lui que l'arbitre statue en amiable composition « si les parties lui ont confié cette mission »[118]. En revanche, lorsqu'un tel pouvoir est octroyé par les parties, la jurisprudence française considère qu'il devient obligatoire pour l'arbitre. En effet, les juges décident que la décision de l'amiable compositeur ne doit pas résulter d'une stricte application de la loi, à moins que celle-ci soit conforme à l'équité. Et certains arrêts semblaient indiquer que cette conformité ne peut pas être présumée, en paraissant imposer à l'amiable compositeur qui se prononce exclusivement par application de règles de droit de s'expliquer expressément sur leur conformité à l'équité, sous peine d'annulation de sa sentence[119]. Serait ainsi refusé le raisonnement un temps retenu par certaines cours d'appel, selon lequel l'application de la règle de droit pouvant être un moyen de donner une solution juste et équitable au litige, l'amiable compositeur n'avait pas à spécialement s'expliquer sur l'équité de la règle qu'il appliquait. À première vue très rigoureuse, l'obligation ainsi imposée par ces arrêts à l'amiable compositeur peut également sembler quelque peu formelle, puisqu'il ne s'agit pas de revenir sur l'interdiction faite au juge de l'annulation de réviser au fond la sentence[120]. Aussi, le juge ne pouvant apprécier le bien-fondé du raisonnement juridique suivi par l'arbitre pour trancher le litige, il vérifiera seulement que l'arbitre a, en apparence, fait usage de son pouvoir d'amiable compositeur, et non l'équité de la solution adoptée par la sentence. L'amiable compositeur reste libre du sens qu'il donne à l'équité et le juge devra s'en tenir aux apparences. Cela risque de

115. Paris, 28 nov. 1996, *Rev. arb.* 1997, p. 381, note É. Loquin ; Paris, 4 nov. 1997, *Rev. arb.* 1998, p. 704, obs. Y. D. (arrêts rendus en matière d'arbitrage interne).

116. Paris, 19 avr. 1991, *Rev. arb.* 1991, p. 673, note É. Loquin ; et aussi, Paris, 6 mai 1988, *Rev. arb.* 1989, p. 83, note É. Loquin. V. également : Cass. 1re civ., 12 juill. 2017, nº 16-18328 ; Paris, 8 mars 2016, *Rev. arb.* 2016, p. 883, obs. P. Giraud ; *JCP* G 2016, I, 900, nº 1, obs. J. Ortscheidt.

117. V. récemment, Cass. 1re civ., 12 oct. 2011, *sté Groupe Antoine Tabet c/ République du Congo*, *Rev. arb.* 2012 (1re esp.), p. 91, note É. Loquin.

118. V. cependant, en matière d'évaluation du quantum du préjudice, Paris, 17 janv. 2008, *Rev. arb.* 2008, p. 333, note N. Mélin ; *JCP* G 2008, I, 164, nº 7, obs. J. Béguin, qui considère que « l'évaluation du dommage en équité, qui correspond d'ailleurs à un principe général du droit reconnu dans tous les systèmes juridiques y compris celui applicable au fond du litige, sur la base des éléments objectifs fournis pour effectuer une appréciation globale, n'implique pas dans ces conditions que l'arbitre ait excédé ses pouvoirs en s'attribuant ceux d'un amiable compositeur » ; dans le même sens, Paris, 23 oct. 2012, *Rev. arb.* 2013, p. 170, note L. d'Avout. Ainsi, se référer, dans le cadre de l'évaluation d'un préjudice, à l'équité, qui ne serait qu'une expression de la règle de droit relative à l'appréciation souveraine des arbitres dans l'évaluation du préjudice, n'est pas statuer en amiable composition.

119. Paris, 15 janv. 2004, *Rev. arb.* 2004, p. 907 (2e esp.), note J.-G. Betto. V. aussi, les arrêts rendus en matière d'arbitrage interne, cités *supra*, nº 454.

120. Sur cette interdiction, v. *infra*, nº 989.

faire de la référence à l'équité une clause de style aux vertus salvatrices rendant quelque peu artificielle l'obligation mise à la charge de l'amiable compositeur de s'interroger expressément sur l'équité de sa décision ; mais imposer, pour éviter une telle clause de style, à l'amiable compositeur de s'expliquer sur la conformité à l'équité de chacune des règles de droit qu'il applique serait une charge excessivement lourde et propice à la multiplication des recours contre la sentence. Par ailleurs, cette obligation mise à la charge de l'amiable compositeur risque à l'inverse de conduire le juge à sanctionner le simple oubli de la mention « équitable » dans la sentence, solution qui serait alors excessivement rigoureuse, puisque ne rien dire sur l'équité n'exclut pas de rendre une décision équitable. Au demeurant, une référence expresse à l'équité ne garantit pas, à l'inverse, qu'elle ait été effectivement prise en compte par l'amiable compositeur. De plus, l'arbitre, non amiable compositeur, qui prend en compte l'équité sans le dire, a des chances de ne pas être sanctionné, alors que l'amiable compositeur, qui fait de même, le sera. Il est pour le moins surprenant de voir l'interdiction faite au juge de contrôler au fond la sentence, généralement perçue comme une règle favorable à l'arbitrage, se retourner ici contre l'amiable compositeur. Enfin, cette solution rigoureuse, dont on peut déjà discuter les mérites en matière interne[121], risquerait de poser plus de difficultés encore en matière d'arbitrage international, dans la mesure où, si l'on suit la tendance jurisprudentielle à cet égard[122], elle devrait logiquement s'y imposer en tant que règle matérielle du droit français de l'arbitrage international, et donc à toute sentence venant à la connaissance d'un juge français. Or, cela serait particulièrement inapproprié. En effet, compte tenu des conceptions diverses, en droit comparé, de l'amiable composition et, par conséquent, des obligations qui en découlent quant à l'office de l'arbitre, les arbitres internationaux, de traditions juridiques différentes, n'ont pas tous la même appréhension des exigences liées à l'exercice du pouvoir d'amiable composition.

Dans ces conditions, une solution plus mesurée était certainement opportune. D'ailleurs, un arrêt du 8 juillet 2004[123] a paru marquer un certain assouplissement de la Cour de cassation sur la question, la Haute juridiction semblant se satisfaire de la vérification, par les juges du fond et elle-même, que la décision de l'amiable compositeur « témoigne de la recherche d'une solution conforme à l'équité », ou « révèle la volonté de [celui-ci] de parvenir à une décision fondée en droit et en équité [...] ». Ainsi, l'amiable compositeur, sans se référer expressément à l'équité, pourrait néanmoins en avoir tenu compte... ou, en tout cas, être supposé l'avoir fait selon les appréciations *a posteriori* du juge. Si, par la suite, la Cour de cassation a un temps semblé revenir à sa solution plus rigoureuse[124], elle paraît aujourd'hui uniquement exiger du juge qui contrôle la sentence qu'il s'assure que l'arbitre a « pris en compte des considérations d'équité »[125]. Il s'agit d'une solution équilibrée : il est toujours exigé de l'amiable compositeur qu'il confronte à l'équité les solutions du litige qui se déduisent de la seule application de la loi ou du contrat ; mais il est aussi admis que la simple absence de

121. V. *supra*, n° 454.

122. V. *supra*, n° 594 et s.

123. Cass. 2e civ., 8 juill. 2004, *JCP* G 2004, I, 179, n° 4, obs. Ch. Seraglini ; v. aussi, Cass. 1re civ., 28 nov. 2007, *D.* 2008, pan. 187, obs. Th. Clay ; *JCP* G 2008, I, 164, n° 1, obs. J. Béguin ; *RTD com.* 2008, p. 521, obs. É. Loquin ; *Rev. arb.* 2008, p. 99, note V. Chantebout (arrêts rendus en matière interne).

124. Cass. 1re civ., 17 déc. 2008, *D.* 2009, p. 2959, n° V-A, obs. Th. Clay ; *JCP* G 2009, I, 148, n° 1, obs. J. Béguin ; *RTD com.* 2009, p. 550, obs. É. Loquin (rendu en matière interne).

125. Cass. 1re civ., 12 juin 2014, n° 13-18596 ; Cass. 1re civ., 21 nov. 2012, n° 11-12145 et 11-12197 ; et déjà, Cass. 1re civ., 1er févr. 2012, *Bull. civ.* I, n° 14 ; *Rev. arb.* 2012, p. 91 (2e esp.), note É. Loquin (arrêts rendus en matière interne).

référence expresse à l'équité dans sa sentence n'établit pas qu'il ne s'est pas conformé à cette mission. Le juge peut rechercher des motifs implicites de référence à l'équité et estimer, dans ce cadre, qu'un arbitre qui a retenu une décision qui ne s'imposait pas juridiquement, a ainsi tranché en amiable compositeur. Autrement dit, pour reprendre les termes d'un arrêt de la cour d'appel de Paris, « si la prise en considération de l'équité peut ne pas être explicite, elle d[evrait] cependant résulter d'une façon certaine de la motivation de la sentence »[126].

884 **Rapprochement de l'arbitrage en droit et de l'arbitrage en équité.** Il ne faut pas exagérer la différence qui existe, en pratique, entre l'amiable composition et l'arbitrage en droit. Sur le plan de la procédure, les deux types d'arbitrage obéissent aux mêmes règles et doivent notamment tous deux respecter certains principes fondamentaux comme le principe du contradictoire. Quant au fond du litige, l'amiable compositeur trouve souvent commode de mener son raisonnement en application de règles de droit, puis de prendre en compte toute considération qui lui semble pertinente au regard de l'équité, afin de moduler le résultat auquel aboutit l'application stricte des règles de droit considérées. Par ailleurs, l'amiable compositeur ne peut pas écarter toute règle de droit : il peut uniquement écarter les droits nés de l'application de règles auxquelles les parties peuvent valablement renoncer et doit respecter celles qui sont considérées comme d'ordre public international. À l'inverse, dans l'arbitrage en droit, l'équité n'est pas toujours absente. Dans son for intérieur, l'arbitre a souvent le souci de l'équité de sa décision ; tout dépendra ici largement de la culture et de la personnalité de chaque arbitre. De plus, la liberté reconnue à l'arbitre international statuant en droit d'appliquer des règles anationales[127], si elle ne se confond pas avec une autorisation de statuer en équité, lui confère néanmoins une grande marge de manœuvre qui peut lui permettre d'instiller de l'équité dans sa décision.

885 **Arbitrage en droit et droit applicable au fond du litige.** En matière internationale, l'arbitrage en droit pose essentiellement la question de la détermination du droit applicable au fond du litige. La grande liberté laissée, à cet égard, aux parties et aux arbitres est très certainement l'un des traits marquants de l'arbitrage international[128]. Si la solution ne s'est pas toujours imposée par le passé[129], les droits étatiques font aujourd'hui preuve d'un grand libéralisme en la matière[130]. Toutefois, bien que la liberté des parties et des arbitres puisse s'exprimer très largement quant au droit applicable au fond du litige (§ 1), cette liberté comporte encore, à l'heure actuelle, quelques limites (§ 2).

126. Paris, 6 oct. 2011, *Rev. arb.* 2011, p. 1094 (rendu en matière interne). V. aussi, Cass. 1re civ., 24 mai 2018, n° 17-18796 ; *JCP* G 2018, 1322, n° 2, obs. Ch. Seraglini.

127. V. *infra*, n° 901.

128. La littérature sur le sujet est très abondante. Pour une bibliographie très fournie, v. J.-F. Poudret, S. Besson, *Droit comparé de l'arbitrage international*, Bruylant, 2002, n° 676, p. 603 (et, pour une bibliographie plus actualisée, v. la version anglaise de l'ouvrage chez Thomson – Sweet & Maxwell, 2007, n° 676, p. 569).

129. Sur l'évolution des idées en la matière, v. J.-F. Poudret, S. Besson, *Droit comparé de l'arbitrage international*, préc., n° 677, p. 605.

130. L'exemple le plus symptomatique de ce libéralisme est probablement celui manifesté par le droit français à l'article 1511 CPC (et déjà, avant le décret du 13 janvier 2011, art. 1496 CPC).

§ 1. LA LIBERTÉ DES PARTIES ET DES ARBITRES QUANT AU DROIT APPLICABLE AU FOND DU LITIGE

886 **Libéralisme des droits étatiques et caractère délocalisé de l'arbitrage international.** L'article 1511 du Code de procédure civile énonce que le droit applicable au fond du litige sera constitué par les règles de droit choisies par les parties ou, à défaut d'un tel choix, par celles que l'arbitre estime appropriées[131]. Cet article affirme ainsi de façon solennelle une liberté qui est, au demeurant, peut-être évidente dans l'arbitrage international. En effet, c'est probablement sur la question du droit applicable au fond du litige que le caractère délocalisé de l'arbitrage international s'affirme et se constate avec le plus d'évidence. L'arbitre international n'ayant pas de for, ne rendant la justice au nom d'aucun État en particulier, n'est donc pas, *a priori*, contraint d'appliquer une loi substantielle ou une règle de conflit de lois en particulier. Certes, les parties et l'arbitre peuvent s'intéresser au sort de la sentence qui sera rendue, et donc à l'opinion des juges susceptibles d'opérer un contrôle sur celle-ci. Mais cette considération induit justement des contraintes relativement faibles s'agissant du droit applicable au fond du litige, à tout le moins si l'on réserve pour le moment la question des lois de police ou règles d'ordre public international[132]. En premier lieu, les droits étatiques sont à peu près unanimes pour reconnaître la liberté des parties et des arbitres quant au choix du droit applicable au fond du litige, même si les contours exacts de cette liberté peuvent quelque peu varier d'un droit à un autre, notamment quant à la possibilité de choisir un droit non étatique pour régir le fond du litige. En second lieu, la plupart des droits étatiques ne prévoient aucun contrôle de leurs juges en la matière : ni sur la détermination des règles applicables par les parties ou, à défaut, par l'arbitre, ni sur le contenu de ces règles, ni même sur la manière dont l'arbitre les applique[133]. Le droit français est probablement l'exemple le plus criant du désintérêt manifesté par les droits étatiques à cet égard. L'article 1511 du Code de procédure civile, issu de la réforme du 13 janvier 2011 mais simple reprise de l'ancien article 1496, qui semble énoncer une règle de conflit de lois spécialement destinée aux arbitres[134], se borne toutefois à renvoyer à la liberté des parties et de l'arbitre. La jurisprudence française en a tiré toute conséquence, en décidant que les parties ou l'arbitre peuvent donc choisir, non seulement une loi étatique quelconque, mais encore des règles non étatiques qu'ils jugent appropriées. Même dans les États où cette liberté n'est pas proclamée de façon aussi solennelle, elle résulte indirectement du fait qu'aucun contrôle n'est en principe exercé par le juge, saisi de l'examen d'une sentence, quant au droit appliqué au fond du litige, hormis le respect des lois de police et de l'ordre public international.

Ceci étant, les parties pourront donc déterminer elles-mêmes, librement, le droit applicable à leur litige (A). Dans le silence des parties, il incombera à l'arbitre, qui jouira alors également d'une grande liberté, de le déterminer (B).

---

131. Et déjà, avant le décret du 13 janvier 2011, anc. art. 1496 CPC.

132. Sur laquelle, v. *infra*, nº 906 et s.

133. Sur cette liberté de l'arbitre, v. P. Mayer, « La liberté de l'arbitre », *Rev. arb.* 2013, p. 339.

134. Qui n'y sont pourtant pas réellement soumis ; le destinataire de la règle est davantage le juge chargé de contrôler la sentence.

A. LA DÉTERMINATION PAR LES PARTIES DES RÈGLES APPLICABLES AU FOND DU LITIGE

887 **Division.** Le choix des parties peut se porter sur une loi étatique (1) ou sur des règles de droit anationales (2)[135].

1. Le choix d'une loi étatique

888 **Liberté de choix des parties.** Lorsque les parties se sont accordées sur une loi applicable au fond du litige, que ce soit dans le contrat initial ou à un stade ultérieur, notamment en début de procédure lors de l'établissement d'un acte de mission, le tribunal arbitral doit tout simplement donner effet à leur choix[136]. Le choix des parties peut être exprès ou tacite[137]. Il est libre et peut donc porter sur la loi d'un État qui n'entretient pas de rapport avec le litige, et être combiné avec une référence aux principes généraux du droit ou à toute autre dénomination des règles anationales. La faculté de dépeçage est reconnue aux parties, qui peuvent soumettre différents éléments de leur contrat à des lois différentes. De même, les parties peuvent stipuler une clause de « gel », ou de stabilisation, de la loi choisie au jour du contrat, possibilité d'ailleurs largement utilisée dans les contrats d'État[138].

Le choix d'une loi étatique par les parties reste le cas de figure le plus fréquent en pratique. On ne s'en étonnera guère puisque lui seul leur garantit le choix d'un corps de règles complet et en principe aisément accessible, et ainsi une certaine prévisibilité du droit qui sera appliqué en cas de litige et, par conséquent, du régime juridique applicable à leurs relations contractuelles.

889 **Obligation pour l'arbitre de respecter le choix des parties.** L'obligation pour l'arbitre de respecter le choix opéré par les parties résulte du fait que le libre choix de la loi applicable par les parties est unanimement reconnu par les diverses sources du droit de l'arbitrage international (textes nationaux et internationaux, règlements d'arbitrage, etc.) et protégé par les droits étatiques. Pour s'en tenir au droit français, l'article 1511 du Code de procédure civile indique que « le tribunal arbitral tranche le litige conformément aux règles de droit que les parties ont choisies ». Aussi, l'arbitre doit respecter le choix des parties sous peine d'exposer sa sentence à une annulation ou à un refus d'exequatur pour avoir statué « sans se conformer à la mission qui lui avait été confiée » au sens de l'article 1520.3°. À tout le moins, il ne devrait pouvoir ouvertement déclarer s'en écarter, sauf à le justifier par de bonnes raisons, comme la contrariété de la

135. Sur la question, v. notamment Ph. Fouchard, E. Gaillard, B. Goldman, *Traité de l'arbitrage commercial international*, Litec, 1996, n°s 1421 et s., p. 797.

136. Sous réserve, bien entendu, de tenir compte des limites imposées par les droits étatiques à cette liberté de choix : v. *infra*, n° 903 et s.

137. Sur des hypothèses de choix implicite de la loi applicable par les parties, v. Sent. CCI n° 13763 (2006), *JDI* 2011, p. 1174, obs. J.-J. Arnaldez ; Sent. CCI n° 14470 (2008), *JDI* 2011, p. 1229, obs. E. Silva-Romero. Il convient par ailleurs de noter que le choix par les parties du siège du tribunal arbitral dans un certain pays n'est plus considéré, comme il avait pu l'être auparavant par de nombreux juges étatiques et même certains arbitres, comme un choix implicite de la loi de l'État concerné pour régir le fond du litige ; sur ce point, v. J.-F. Poudret, S. Besson, *Droit comparé de l'arbitrage international*, Bruylant, 2002, n° 677, p. 605.

138. Ph. Fouchard, E. Gaillard, B. Goldman, *Traité de l'arbitrage commercial international*, Litec, 1996, n° 1437, p. 806.

loi choisie à l'ordre public international ou le respect nécessaire de lois de police[139], ou encore parce qu'une stipulation contractuelle apparaît être en contrariété absolue avec une disposition du droit choisi et qu'il ressort clairement des circonstances de l'espèce que la volonté des parties, telle que décelée par l'arbitre, tend à indiquer qu'elles ont clairement entendu faire prévaloir la clause contractuelle sur cette disposition de la loi choisie, fût-elle d'ordre public interne[140]. Cependant, puisque les États exercent un contrôle des plus restreints sur la manière dont l'arbitre interprète le choix des parties et met en œuvre le droit choisi par elles[141], des voies détournées, qui ne sauraient être recommandées, pourraient néanmoins être utilisées par certains arbitres pour ne pas scrupuleusement respecter, sans raison impérieuse, le choix opéré par les parties.

2. Le choix d'un droit anational

890 **Le droit anational, un concept incertain.** Les parties peuvent, dès lors qu'elles choisissent de recourir à l'arbitrage pour régler les différends pouvant naître de leurs relations contractuelles, soumettre celles-ci à des règles non étatiques[142]. Cependant, le vocabulaire est, en la matière, particulièrement varié et incertain, tant chez les arbitres, que dans la doctrine et dans la rédaction des clauses relatives au droit applicable : *lex mercatoria*, principes généraux du droit, principes généraux retenus par la jurisprudence arbitrale, usages du commerce international, droit modélisé, pour ne citer que ces quelques exemples, sont autant d'expressions que l'on peut rencontrer. Des hésitations demeurent sur ce qui doit être rangé sous la dénomination de *lex mercatoria*, ou de règles anationales ou transnationales, et ce qui doit en être distingué[143]. Des débats existent également sur le point de savoir s'il faut, à l'intérieur de la catégorie, distinguer ou non des sous-catégories. La polémique concerne encore la détermination exacte des sources dans lesquelles les règles de la *lex mercatoria* peuvent être puisées[144]. Malgré ces difficultés, on retiendra ici, par facilité, l'expression de *lex mercatoria* pour désigner ce droit anational, sans ignorer le caractère excessivement simplificateur de ce choix. Par ailleurs, on ne rentrera pas dans le détail de son étude et des controverses qui l'accompagnent.

139. V. *infra*, n° 903 et s.

140. Sur cette question, v. notamment S. Bollée, « L'impérativité du droit choisi par les parties devant l'arbitre international », *Rev. arb.* 2016, p. 675 ; F. Perret, « Resolving Conflicts between Contractual Clauses and Specific Rules of the Governing Law », in *The Application of Substantive Law by International Arbitrators*, F. Bortolotti et P. Mayer (dir.), ICC, 2014, p. 109 ; « Quelques réflexions au sujet de l'application par l'arbitre international du droit matériel choisi par les parties », in *Liber Amicorum S. Lazareff*, Pedone, 2011, p. 491. Bien entendu, la question est tout autre lorsque la disposition du droit choisi est une loi de police, et non une simple règle d'ordre public interne, la volonté des parties devant être, en principe, impuissante à écarter une loi de police légitimement applicable : sur l'application des lois de police par l'arbitre, v. *infra*, n° 906 et s.

141. Pour une illustration du contrôle très léger opéré à cet égard par le juge français, v. Paris, 16 janv. 2003 et 29 avr. 2003, *RTD com.* 2003, p. 487, obs. É. Loquin.

142. Sur la question, v. notamment Ph. Fouchard, E. Gaillard, B. Goldman, *Traité de l'arbitrage commercial international*, Litec, 1996, n°s 1443 et s., p. 813 et les réf. citées.

143. Il en est ainsi des « usages du commerce international ».

144. Sur tous ces débats et flottements terminologiques, v. J.-F. Poudret, S. Besson, *Droit comparé de l'arbitrage international*, Bruylant, 2002, n°s 690 et s., p. 626, et les réf. citées ; v. également, E. Gaillard, « La distinction des principes généraux du droit et des usages du commerce international », in *Études offertes à Pierre Bellet*, Litec, 1991, p. 203.

De façon générale, la *lex mercatoria* désigne traditionnellement un droit qui puise ses règles dans diverses sources d'origine privée : solutions élaborées par les arbitres dans les sentences arbitrales, instruments divers du commerce international, principes généraux du droit, voire, dans une vision élargie du concept, usages du commerce international. Pour certains, la *lex mercatoria* constituerait ainsi un véritable ordre juridique, détaché des ordres juridiques étatiques et directement issu des pratiques des opérateurs du commerce international. L'arbitre en serait l'exécutant et surtout le principal interprète. D'autres auteurs, plus mesurés, considèrent que la *lex mercatoria* est avant tout une méthode, particulièrement adaptée à l'arbitrage international[145]. Dans cette perspective, elle serait davantage un droit révélé par les arbitres à partir d'une analyse de droit comparé permettant de dégager des règles admises dans la plupart des systèmes juridiques et dans les textes internationaux. Aussi, ces auteurs préfèrent parler de règles « transnationales », plutôt que de règles anationales, dès lors que leur origine n'est pas totalement détachée des ordres juridiques étatiques[146]. Mais, en ce cas, la *lex mercatoria* devient alors plus un droit des arbitres qu'un droit des opérateurs du commerce international. Quoi qu'il en soit, et sans entrer plus avant dans la polémique, il suffit de constater qu'il est inutile de reconnaître à la *lex mercatoria* la nature d'ordre juridique pour en admettre l'application possible dans l'arbitrage international.

891 **Possibilité pour les parties de choisir des règles anationales.** La licéité et l'efficacité d'un choix exprimé par les parties en faveur de la *lex mercatoria* ont, un temps, été discutées par certains, dans la mesure où elle ne constituait pas un ordre juridique mais une simple collection, au demeurant relativement pauvre, de règles. Aussi, admettre l'application de la *lex mercatoria* dans l'arbitrage international conduirait à autoriser le contrat sans loi[147]. Toutefois, une telle objection bute tout simplement sur un constat : les droits étatiques autorisent aujourd'hui majoritairement l'usage par les parties et les arbitres de règles de droit anationales dans l'arbitrage international, même si la plupart d'entre eux en interdisent au contraire l'utilisation à leurs juges saisis directement de litiges relatifs au commerce international. Dès lors, un contrat soumis à des règles anationales n'est pas sans loi, puisque l'ordre juridique du juge qui viendrait à connaître de la sentence[148] autorise les parties à les choisir et l'arbitre à donner effet à ce choix en les appliquant. La possibilité de choisir la *lex mercatoria* dans l'arbitrage international résulte donc tout simplement du fait que les droits étatiques, dans leur majorité, l'admettent et, plus généralement, se désintéressent dans une large mesure du droit applicable au fond du litige. Ils réservent seulement le respect des règles et principes qu'ils estiment relever de leur ordre public international ; or, pour la plupart, leur ordre public international n'est, le plus souvent, pas concerné par l'application de la *lex mercatoria*.

145. Ph. Fouchard, E. Gaillard, B. Goldman, *Traité de l'arbitrage commercial international*, préc., n°s 1455 et s., p. 825.

146. V. particulièrement, E. Gaillard, « Trente ans de *lex mercatoria*. Pour une application sélective de la méthode des principes généraux du droit », *JDI* 1995, p. 5 ; « Transnational Law : a Legal System or a Method of Decision Making ? », *Arb. Int.* 2001, p. 59. Pour une liste de ces règles, par essence non exhaustive et évolutive, v. Ph. Fouchard, E. Gaillard, B. Goldman, *Traité de l'arbitrage commercial international*, préc., n°s 1459 et s., p. 830. Sur le contenu de la *lex mercatoria*, v. également J.-B. Racine, *Droit de l'arbitrage*, Puf, Thémis, 2016, n° 759 et s., p. 485 et s.

147. Sur ce débat, v. Ph. Fouchard, E. Gaillard, B. Goldman, *Traité de l'arbitrage commercial international*, Litec, 1996, n°s 1443 et s., p. 813 et les réf. citées.

148. Juge du siège, saisi du recours en annulation, ou juge de l'État où la reconnaissance ou l'exécution de la sentence est sollicitée.

D'ailleurs, il n'est plus guère discuté aujourd'hui que le choix par les parties de la *lex mercatoria* ou autres règles de droit anationales pour régir leur contrat est efficace et doit être respecté par les arbitres. La jurisprudence française s'est clairement prononcée en ce sens. En considérant, dans l'arrêt *Compania Valenciana*, que l'arbitre peut faire application de la *lex mercatoria* lorsque les parties n'ont pas elles-mêmes déterminé le droit applicable à leurs relations et ne lui ont donc pas spécialement demandé de le faire, elle a reconnu *a fortiori* aux parties le pouvoir de choisir un tel droit[149]. Au demeurant, le libellé de l'ancien article 1496, aujourd'hui remplacé par l'article 1511 du Code de procédure civile, qui énonçait que les parties peuvent choisir des « règles de droit », et non seulement une « loi », pour la résolution de leur litige par voie d'arbitrage, laissait présager de la solution. Même si certains droits étrangers demeurent plus réservés que le droit français à l'égard de la *lex mercatoria*, notamment en semblant ne pas en autoriser l'application à la seule initiative de l'arbitre, la plupart admettent aujourd'hui son application dès lors qu'elle résulte d'un choix des parties[150].

892 **Opportunité du choix de règles anationales.** Reste la question de l'opportunité d'un tel choix pour les parties. Ici, il conviendrait de distinguer entre une référence à la « *lex mercatoria* » et une référence à des corps de règles anationales plus précis. Compte tenu de la relative pauvreté et de l'incertitude du contenu de la *lex mercatoria*, on peut douter de l'opportunité, pour des parties qui, par souci de prévisibilité, souhaitent déterminer par avance la loi applicable à leurs relations, de désigner un concept aussi flou. Les parties feraient fausse route si elles pensaient qu'une référence pure et simple, dans leur contrat, à la *lex mercatoria* conduira à l'application de règles claires et connues. Une telle référence introduit au contraire une forte dose d'imprévisibilité. En réalité, ce faisant, les parties s'en remettent très largement à la liberté de l'arbitre. D'ailleurs, dans la pratique, les contrats d'État mis à part, le choix des parties se porte très rarement sur la *lex mercatoria* en tant que telle. Et son application se rencontre surtout dans le cas où la loi n'a pas été choisie par les parties[151], et résulte alors d'une initiative propre de l'arbitre[152].

En revanche, les parties désireuses de recourir à un droit non étatique pourraient plus avantageusement désigner comme applicables à leur contrat d'autres corps de règles anationales, plus facilement identifiables parce que codifiés. Certains parlent à leur propos de règles de droit « modélisées », au sens de règles spécialement conçues par une institution, publique ou privée, pour régir les échanges internationaux[153] : incoterms et règles et usances du crédit documentaire établis par la CCI, principes européens de droit des contrats, principes Unidroit relatifs aux contrats du commerce international, convention internationale posant des règles matérielles, comme la Convention de Vienne sur la vente internationale de marchandises, alors que les conditions d'application spatiale de celle-ci ne sont pas réunies, etc. Les parties pourront opérer cette désignation à titre exclusif ou, mieux encore, en

149. Cass. 1re civ., 22 oct. 1991, *Rev. arb.* 1992, p. 457, note P. Lagarde ; *RCDIP* 1992, p. 113, note B. Oppetit ; *JDI* 1992, p. 177, note B. Goldman ; v. aussi, dans cette affaire, l'arrêt d'appel : Paris, 13 juill. 1989, *JDI* 1990, p. 430, note B. Goldman ; *RCDIP* 1990, p. 304, note B. Oppetit.

150. V. notamment art. 28 loi-type CNUDCI, et art. 46 *Arbitration Act* anglais. En revanche, comme le droit français, v. art. 187-1 LDIP suisse.

151. Sur ce constat, v. G. Cuniberti, « La *Lex Mercatoria* au XXIe siècle : une analyse empirique et économique », *JDI* 2016, doctr. 6, p. 765.

152. Sur ce point, v. *infra*, n° 901 et s.

153. Sur la question, v. É. Loquin, « Les sources du droit mondialisé », *Dr. et patr.* sept. 2001, p. 70.

combinaison avec un droit étatique qu'elles choisiront, afin de bénéficier d'un ensemble complet de règles apte à régir la résolution des litiges nés de leurs rapports contractuels[154].

Une place particulière peut être faite, à cet égard, aux principes relatifs aux contrats du commerce international élaborés par Unidroit. Ces principes ont fait l'objet d'une première publication en 1994, qui a été suivie de nouvelles versions, améliorées et plus complètes, d'abord en 2004, puis en 2010 et la dernière en 2016. Publiés en plusieurs langues, soigneusement rédigés et modernes, spécialement pensés pour les contrats du commerce international, ils sont donc *a priori* particulièrement adaptés aux relations du commerce international. Leur préambule énonce que les parties peuvent volontairement choisir d'y soumettre leur contrat[155]. Et le choix des principes Unidroit ne peut qu'être conseillé à des parties qui souhaitent voir leur contrat régi par un droit anational, tout en refusant de rester dans l'expectative quant au contenu de ce droit[156]. Toutefois, ce choix risque d'être insuffisant pour lever toute incertitude quant au droit applicable, dans la mesure où les principes, malgré leurs révisions successives, ne constituent toujours pas un corps complet de règles apte à régir l'ensemble des questions qu'un litige relatif à un contrat du commerce international est susceptible de poser. Aussi, les parties devraient procéder à la désignation complémentaire d'un droit étatique afin de combler les lacunes éventuelles des principes, au besoin en instaurant une hiérarchie entre ceux-ci et celle-là, en stipulant par exemple que les principes seront applicables et que, pour les questions qu'ils ne résolvent pas, la loi étatique choisie le sera à titre complémentaire[157].

B. LA DÉTERMINATION PAR L'ARBITRE DES RÈGLES APPLICABLES AU FOND DU LITIGE

893 **Détermination par l'arbitre du contenu du droit applicable.** Que les parties aient ou non opéré un choix quant au droit applicable au fond du litige, le tribunal arbitral devra souvent déterminer le contenu même du droit applicable, ou interpréter

154. Pour une illustration d'une telle combinaison, v. Sent. CCI n° 13436 (2006), *JDI* 2014, chron. 1, p. 189, note C. T.-N.

155. De façon plus discutable, les auteurs du préambule ont déclaré que les principes Unidroit pourraient s'appliquer lorsque les parties ont désigné la *lex mercatoria* comme applicable à leur contrat. Peut-être opportune en pratique, cette proposition n'en est pas moins audacieuse. En effet, l'assimilation des principes Unidroit à la *lex mercatoria* est contestée. Ceci étant, un tribunal arbitral pourra probablement, sans trop de risque pour sa sentence, décider d'appliquer les principes en cas de désignation par les parties de la *lex mercatoria*, en le justifiant par une assimilation des deux concepts. Sur la question, v. Ch. Seraglini, « Du bon usage des principes Unidroit dans l'arbitrage commercial international », *Rev. arb.* 2003, p. 1101, et les réf. citées ; et spéc. n°s 8 et s., p. 1109. V. aussi sur les principes Unidroit, *Principes d'Unidroit relatifs aux contrats du commerce international – Réflexions sur leur utilisation dans l'arbitrage international, Bull. CCI*, suppl. spéc. 2002 ; W. Ben Hamida, « Les principes Unidroit et l'arbitrage transnational : l'expansion des principes Unidroit aux arbitrages opposant des États ou des organisations internationales à des personnes privées », *JDI* 2012, doctr. 12, p. 1213 ; F. Bortolotti, « The Unidroit Principles and their Application in the Context of International Arbitration », in *Liber Amicorum S. Lazareff*, Pedone, 2011, p. 81.

156. Depuis 2013, Unidroit a mis à la disposition des parties des « Clauses types sur l'utilisation des principes d'Unidroit relatifs aux contrats du commerce international » (https://www.unidroit.org/fr/instruments/contrats-du-commerce/picc-clauses-types).

157. Sur ce point et de façon plus détaillée, v. Ch. Seraglini, « Du bon usage des principes Unidroit dans l'arbitrage commercial international », préc., spéc. n°s 12 et s., p. 1111.

celui-ci[158]. Or, il n'est pas certain, compte tenu des spécificités de la procédure arbitrale internationale, et notamment du rôle essentiel qu'y joue la volonté des parties et de l'absence de for de l'arbitre qui lui commanderait de suivre des règles précises à cet égard, que les règles en vigueur devant les juridictions étatiques quant à l'établissement de la teneur du droit applicable soient bien adaptées à l'arbitrage[159]. Ainsi, l'adage « *jura novit curia* » (la Cour connaît le droit), avec les conséquences qui en découlent, notamment quant à la faculté du juge de soulever de sa propre initiative des moyens de droit non spécialement invoqués par les parties, ne peut être opportunément appliqué tel quel à l'arbitrage. Par ailleurs, on peut constater une relative pauvreté des droits nationaux[160], comme des règlements d'arbitrage[161], quant aux solutions à suivre par l'arbitre en matière d'établissement de la teneur du droit applicable. Ce vide conduit à des pratiques très diverses chez les arbitres internationaux, variant selon les affinités de chacun. Une ligne claire, et plus prévisible pour les parties, serait probablement plus souhaitable. À ce titre, les Recommandations de l'Association de droit international sur la détermination du contenu du droit applicable en matière d'arbitrage commercial international, adoptées en 2008 et qui s'adressent spécifiquement aux arbitres internationaux, pourront constituer un guide utile[162]. L'arbitre devant trancher le litige en application de règles de droit, les Recommandations partent du principe qu'il doit identifier les droits et règles applicables et déterminer leur contenu dans la mesure nécessaire à la résolution du litige[163]. Aussi, l'arbitre est invité à alerter rapidement les parties et à provoquer la discussion avec elles s'il lui apparaît que le contenu du droit applicable est susceptible d'affecter significativement la solution du litige, afin de déterminer les procédures selon lesquelles le contenu du droit applicable sera déterminé (mémoires avec sources annexées, experts, témoins, ou autre forme)[164]. Par ailleurs, pour déterminer le

158. Sur la question, très particulière, et qui ne sera donc pas abordée ici, de l'office de l'arbitre confronté à un problème de hiérarchie des normes interne à l'ordre juridique de la loi applicable, v. P. MAYER, « L'arbitre international et la hiérarchie des normes », *Rev. arb.* 2011, p. 361. V. aussi, P. MAYER, note sous Cass. 1re civ., 29 juin 2011, *Smeg c/La Poupardine*, *Rev. arb.* 2012, p. 76, à propos de l'office de l'arbitre confronté à un problème de hiérarchie entre une norme interne et une norme européenne ; sur cet arrêt, v. également, *JCP* G 2011, 1432, n° 4, obs. J. BÉGUIN ; *D.* 2011, p. 2439, obs. L. D'AVOUT ; *LPA* 15 nov. 2011, p. 11, obs. J. JOURDAN-MARQUES ; *Cah. arb.* 2012, p. 393, note A. MOURRE.

159. Sur le sujet, v. notamment, G. KAUFMANN-KOHLER, « "The Governing Law : Fact or Law ?" a Transnational Rule on Establishing its Contents », *Bull. ASA Special Series,* n° 26 ; « Iura Novit Abiter : Est-ce bien raisonnable ? Réflexions sur le statut du droit de fond », in *Réflexions sur le droit désirable en l'honneur du Professeur Alain Hirsch,* éd. Slatkine, Genève, 2004, p. 71 ; « The Arbitrator and the Law : Does He/She Know It ? Apply It ? How ? And a Few More Questions », *Arb. Int.* 2005, p. 631 ; P. MAYER, « Reflexions on the international arbitrator's duty to apply the law », in LEW and MISTELIS, *Arbitration Insights,* Kluwer Law International, 2007, p. 289 ; L. G. RADICATI DI BROZOLO, « Ethics and the law applicable to the merits in arbitration », in *Mélanges en l'honneur du professeur Pierre Mayer*, LGDJ, 2015, p. 753. V. aussi le rapport du Comité sur l'arbitrage commercial international de l'Association de droit international, dont sont issues les Recommandations de l'Association sur la détermination du contenu du droit applicable en matière d'arbitrage commercial international, disponible sur http://www.ila-hq.org/en/committees/index.cfm/cid/19, et les références citées dans ce rapport.

160. V. toutefois, art. 34 (1) et (2) (g) *Arbitration Act* anglais ; art. 1044 CPC néerlandais ; art. 27 (2) loi danoise sur l'arbitrage de 2005.

161. V. toutefois, art. 22.1 (iii) Règlement LCIA.

162. V. le texte des Recommandations, in *Rev. arb.* 2009, p. 451, avec la présentation de D. BENSAUDE, p. 445 ; et aussi les commentaires de A. CARLEVARIS (*Cah. arb.* 2010, p. 433) et F.-X. TRAIN (*Cah. arb.*, vol. V, éd. Pedone, 2011, p. 155).

163. Recommandation n° 1.

164. Recommandation n° 3.

contenu du droit applicable, l'arbitre peut donner l'importance qu'il juge appropriée à toute source fiable d'information (textes de lois, jurisprudence, mémoires des parties, consultations et contre-interrogatoires d'experts, doctrine, et autres) dont il a pu disposer avant de rendre sa décision[165]. Les Recommandations précisent que, dans ce cadre, l'arbitre doit agir en respectant les principes de la contradiction et du procès équitable, ainsi de l'ordre public international, et en évitant la partialité ou l'apparence de partialité[166]. Cela étant, dès lors que l'arbitrage est avant tout la chose des parties, les Recommandations estiment qu'il appartient en premier lieu à celles-ci d'apporter au tribunal arbitral l'information nécessaire sur le contenu du droit applicable[167], et que le tribunal devrait s'abstenir de relever d'office des moyens de droit non soulevés par les parties[168], sous réserve de la mise en cause dans le litige de règles d'ordre public international et autres règles auxquelles les parties ne peuvent valablement déroger[169]. Néanmoins, il n'est pas recommandé au tribunal arbitral une attitude purement passive. Les Recommandations précisent en effet que le tribunal arbitral n'est pas limité par les soumissions des parties sur le contenu du droit applicable et peut donc les interroger sur le contenu des règles qu'elles soulèvent, effectuer des recherches indépendantes sur celles-ci, ou encore faire usage de sa propre connaissance de ces règles[170], dès lors qu'il invite les parties à en débattre avant de rendre toute décision fondée sur cette connaissance ou ces recherches, afin de ne pas les surprendre et, pourrait-on ajouter, de respecter le principe de la contradiction[171]. Enfin, lorsque la teneur du droit applicable n'a pu être dégagée selon les règles préconisées par les Recommandations, il est reconnu à l'arbitre toute liberté pour la déterminer[172].

Une autre question est de savoir comment, en l'absence de choix exprimé par les parties, l'arbitre devra déterminer lui-même quel est le droit applicable[173]. Il jouit alors d'une grande liberté, prolongement de celle reconnue aux parties dans la détermination des règles applicables au fond du litige[174]. Aussi, l'arbitre pourra porter son choix sur une loi étatique (1), ou préférer l'application de règles substantielles anationales (2).

1. Le choix d'une loi étatique

894 **Liberté de l'arbitre quant au choix de la méthode de détermination de la loi étatique applicable.** L'arbitre qui choisit d'appliquer une loi étatique, à titre exclusif ou combinée à des règles anationales, devra la déterminer. *A priori*, il devrait le faire à partir de règles de conflit de lois. Cependant, il est en réalité très libre quant à la méthode utilisée pour déterminer la loi applicable, les droits étatiques se montrant ici

165. Recommandation n° 9.

166. Recommandation n° 2.

167. Recommandation n° 5.

168. Recommandation n° 6.

169. Recommandation n° 13. Cela vise essentiellement les lois de police ; sur l'office de l'arbitre à l'égard de l'ordre public international et des lois de police, v. *infra*, n° 903 et s.

170. V. Recommandation n° 7.

171. Recommandation n° 8. V. aussi, Recommandations n° 10 et n° 15. Sur le nécessaire respect du principe de la contradiction par l'arbitre, v. *supra*, n° 808 et s.

172. Recommandation n° 15.

173. V. art. 1511 CPC.

174. Même si certains tendent à considérer que l'arbitre doit alors se conformer aux directives impératives de la loi du siège (J.-F. Poudret, S. Besson, *Droit comparé de l'arbitrage international*, Bruylant, 2002, n° 685) ; toutefois, en pratique, ces directives impératives sont généralement inexistantes !

fort peu contraignants. Ainsi, en France, l'article 1511 du Code de procédure civile dispose qu'à défaut de choix des parties, le tribunal arbitral applique au litige les règles de droit « qu'il estime appropriées »[175]. En conséquence, la jurisprudence laisse clairement la question du droit applicable à la libre appréciation de l'arbitre en énonçant que « la détermination et la mise en œuvre de la règle de droit retenue par l'arbitre pour le fond du litige échappent au contrôle du juge de l'annulation »[176]. Dans le même ordre d'idées, d'autres législations prévoient que le tribunal arbitral applique la loi désignée par la règle de conflit qu'il juge applicable en l'espèce[177]. Certains droits paraissent plus directifs, en énonçant que l'arbitre devra appliquer les règles de droit avec lesquelles la cause présente les liens les plus étroits[178]. Toutefois, une telle règle de conflit de lois laisse, dans sa mise en œuvre, une très grande marge de manœuvre à l'arbitre. En toute hypothèse, on peut douter du caractère réellement contraignant de ces textes, dès lors que le droit appliqué au fond par le tribunal arbitral ne fait l'objet d'aucun contrôle de la part des juridictions étatiques ; il est par exemple probable qu'une sentence, qui ne suivrait pas la règle prévue par l'État du siège du tribunal arbitral pour déterminer le droit applicable en l'absence de choix des parties, ne sera pas sanctionnée par le juge du siège. Dans ces conditions, il est généralement admis que le tribunal arbitral n'est pas tenu de suivre les règles de conflit de lois d'un État en particulier, que ce soient ses règles de conflit ordinaires, ou des règles de conflit que cet État aurait spécifiquement posées pour l'arbitrage international[179].

95 **Diversité des méthodes suivies dans la pratique arbitrale internationale.** Dans la pratique arbitrale, on peut répertorier principalement quatre méthodes utilisées pour désigner la loi étatique applicable au litige, qui sont d'ailleurs souvent mises en œuvre cumulativement par les arbitres dès lors qu'elles aboutissent au même résultat[180] : l'application des règles de conflit de lois du siège du tribunal arbitral, celle des règles de conflit de lois des pays intéressés au litige, le recours à des règles de conflit de source internationale, et la voie directe qui peut être vue, soit comme un refus d'application d'une règle de conflit, soit comme l'élaboration d'une règle de conflit propre aux arbitres internationaux[181].

96 **Règles de conflit du siège.** L'application par l'arbitre des règles de conflit de lois du siège du tribunal arbitral s'est longtemps imposée dans la pratique arbitrale. En 1957, l'Institut de droit international pouvait encore écrire, dans sa Résolution adoptée à Amsterdam, que « les règles de rattachement en vigueur dans l'État du siège de

175. Et déjà, ancien art. 1496 CPC avant le décret du 13 janvier 2011. Sur le sens de cette expression, v. É. Loquin, « L'application par les tribunaux arbitraux internationaux des règles de droit qu'ils estiment appropriées », in *Mélanges en l'honneur du professeur Pierre Mayer*, LGDJ, 2015, p. 533.

176. Paris, 24 nov. 2005, *Rev. arb.* 2006, p. 717, note S. Bollée.

177. Par exemple, art. 7 Convention de Genève de 1961 ; art. 28.2 loi-type CNUDCI.

178. Art. 187 LDIP suisse.

179. Sur la question, v. Ph. Fouchard, E. Gaillard, B. Goldman, *Traité de l'arbitrage commercial international*, Litec, 1996, n°s 1538 et s., p. 880.

180. V. par exemple, Sent. CCI n° 12193 (2004), *JDI* 2007, p. 1276, obs. E. S.-R.

181. Sur ces méthodes et pour des illustrations de chacune d'entre elles, v. Ph. Fouchard, E. Gaillard, B. Goldman, *Traité de l'arbitrage commercial international*, Litec, 1996, n°s 1545 et s., p. 884. Pour une étude plus récente sur la détermination du droit applicable au fond du litige par l'arbitre, qui confirme la grande variété des approches retenues dans la pratique arbitrale internationale, v. E. Jolivet, « Chronique de jurisprudence arbitrale de la CCI – La détermination du droit applicable au fond du litige », *Cah. arb.*, vol. V, éd. Pedone, 2011, p. 515.

l'arbitrage doivent être suivies pour déterminer la loi applicable au fond du litige »[182]. Toutefois, les avancées de la conception délocalisée de l'arbitrage international[183] ont fait perdre toute valeur contraignante à cette méthode, et certainement contribué à lui faire également perdre sa position dominante dans la pratique des arbitres[184]. Au demeurant, à l'heure actuelle, le droit du siège ne pose généralement aucune règle impérative que devrait suivre l'arbitre dans la détermination du droit applicable en l'absence de choix exprimé par les parties. Ceci étant, les arbitres peuvent encore choisir d'emprunter cette voie[185], qui présente des avantages indéniables. Tout d'abord, la démarche est généralement neutre, puisqu'elle conduit à appliquer les règles de conflit de l'État du siège, lui-même souvent choisi pour sa neutralité. De plus, les solutions du droit international privé du siège sont généralement aisément consultables pour le tribunal arbitral. La démarche n'apparaît pas davantage surprenante, ni choquante, pour les parties, et peut même apparaître naturelle à leurs yeux. Elle a toutefois pour principal inconvénient de ne pas toujours fournir aux arbitres de solution efficace. Ainsi, un tribunal arbitral siégeant en France, qui souhaite appliquer les règles de conflit de lois du siège, consultera l'article 1511 du Code de procédure civile, disposition spécialement élaborée pour l'arbitrage international ; mais il constatera immédiatement qu'elle ne lui fournit aucune solution réelle puisqu'elle l'invite, en l'absence de choix exprimé par les parties, à appliquer les règles de droit qu'il estime appropriées... l'arbitre se sentira libre, mais guère plus avancé ! Reste donc à savoir si l'arbitre, qui souhaite se référer aux règles de conflits de lois du siège, déciderait alors d'ignorer les règles spécifiquement élaborées par l'État en question pour l'arbitrage, souvent peu précises, et de se tourner vers les seules règles de conflit de lois ordinaires de cet État, qui s'adressent toutefois en priorité à ses juges.

897 **Règles de conflit des pays intéressés au litige.** Une méthode, conceptualisée par M. Derains[186] et aujourd'hui très répandue dans la pratique arbitrale, consiste à faire application, de façon cumulative, des règles de conflit de lois des pays intéressés au litige. Lorsque ces diverses règles désignent toutes la même loi, les titres de compétence de la loi ainsi désignée apparaissent, à n'en pas douter, très forts[187]. Peu importe que les règles de conflit en présence n'aient pas le même contenu ; l'essentiel est qu'elles désignent toutes, en l'espèce, la même loi. La démarche présente des mérites évidents. En effet, la compétence de la loi désignée par les systèmes de conflit de lois de pays, par hypothèse tous intéressés au litige, paraît peu discutable ; la méthode renforce donc considérablement la légitimité d'application de cette loi. Ensuite, l'arbitre qui utilise une telle méthode pourra difficilement être soupçonné d'arbitraire dans la désignation

182. *Ann.* 1957, II, 484.

183. Sur laquelle, v. *supra*, n° 577 et s.

184. Pour une affirmation relativement récente, dans la jurisprudence arbitrale, de l'absence d'obligation pour l'arbitre de se référer aux règles de conflit de lois du siège, v. Sent. CCI n° 12193 (2004), *JDI* 2007, p. 1276, obs. E. S.-R.

185. V. par exemple, Sent. CCI n° 10137 (1999), et Sent. CCI n° 11024 (2003), citées par E. Jolivet, « Chronique de jurisprudence arbitrale de la CCI – La détermination du droit applicable au fond du litige », *Cah. arb.*, vol. V, éd. Pedone, 2011, p. 515, spéc. p. 519 et p. 522.

186. Y. Derains, « L'application cumulative des systèmes de conflit de lois intéressés au litige », *Rev. arb.* 1972, p. 99 ; « Attente légitime des parties et droit applicable au fond en matière d'arbitrage commercial international », *Travaux Com. Fr. DIP* 1985, p. 87. V. aussi, P. Lalive, « Les règles de conflit de lois appliquées au fond du litige par l'arbitre international siégeant en Suisse », *Rev. arb.* 1976, p. 155.

187. V. par exemple, Sent. CCI n° 7197 (1992), *JDI* 1993, p. 1029.

du droit applicable. Enfin, la solution ménage les prévisions des parties, qui ne peuvent être légitimement surprises par l'application d'une loi que désignent les règles de conflit des pays ayant un contact sérieux avec la situation litigieuse, et notamment de leurs pays respectifs.

Dans une version élargie, la méthode conduit l'arbitre à consulter les règles de conflit de tous les pays présentant, à des titres divers, un rattachement avec la cause : pays d'établissement du demandeur, pays d'établissement du défendeur, pays du lieu d'exécution du contrat, pays du lieu de conclusion du contrat, etc. Toutefois, la multiplication des consultations engendre un risque évident de ne pas aboutir à la désignation d'une seule et même loi. Aussi, il ne faut guère s'étonner de voir aujourd'hui les arbitres généralement réduire la consultation aux règles de conflit des pays d'établissement des deux parties au litige[188]. Les chances de convergence des solutions sont alors beaucoup plus grandes, alors que la démarche reste satisfaisante, puisque la consultation de deux systèmes juridiques ayant des liens évidents avec les parties et la situation contractuelle est suffisante pour assurer la neutralité et la prévisibilité de la solution, ainsi que pour renforcer l'autorité de la loi désignée. La limite de la méthode réside évidemment dans le fait que, même ainsi réduite, la consultation de règles de conflit d'origine différente ne permet pas toujours de parvenir à une convergence des désignations.

898 **Règles de conflit de source internationale.** Une autre méthode rencontrée dans la pratique arbitrale, qui se veut probablement plus « anationale » et détachée des ordres juridiques nationaux, consiste à appliquer des règles de conflit de lois issues de conventions internationales, comme la Convention de Rome de 1980 sur la loi applicable aux obligations contractuelles, ou la Convention de La Haye de 1955 sur la loi applicable à la vente internationale d'objets mobiliers corporels[189]. Lorsque la convention en question est en vigueur dans les pays d'établissement des deux parties au litige, les arbitres n'hésitent guère à en faire application. Toutefois, la démarche se confond alors avec l'application cumulative des systèmes de droit international privé des pays intéressés au litige. Les arbitres peuvent cependant également faire application d'une convention internationale relative au conflit de lois alors même qu'une seule des parties est établie dans un État signataire de cette convention, voire lorsqu'aucune d'entre elles ne l'est. La solution peut néanmoins être parfois appropriée : se référer à une convention sur laquelle se sont mis d'accord un nombre relativement important d'États, et qui traduit donc un certain consensus sur une question de détermination de la loi applicable, peut permettre de légitimer la compétence de la loi ainsi désignée par l'arbitre.

899 **« Voie directe ».** La méthode qui semble avoir, à l'heure actuelle, la faveur de la pratique arbitrale est celle généralement appelée « voie directe ». Elle consiste pour l'arbitre à se désintéresser des règles de conflit de lois étatiques et à déterminer lui-même, et directement, la loi applicable[190]. Elle est expressément autorisée par certaines juridictions étatiques. Ainsi, la cour d'appel de Paris a déclaré que, « pour déterminer la loi applicable au fond du litige, l'arbitre n'est pas tenu d'appliquer une règle de conflit

188. V. Sent. CCI n° 9636 (1998), citée par E. Jolivet, « Chronique de jurisprudence arbitrale de la CCI –La détermination du droit applicable au fond du litige », *Cah. arb.*, vol. V, éd. Pedone, 2011, p. 515.

189. V. P. Mayer, « L'application par l'arbitre des conventions internationales », in *Mélanges en l'honneur d'Y. Loussouarn*, Dalloz, 1994, p. 275.

190. Parfois, les arbitres l'appliquent en sus de la méthode consistant à appliquer cumulativement les règles de conflit des pays intéressés au litige : v. ainsi, Sent. CCI n° 12193 (2004), *JDI* 2007, p. 1276, obs. E. S.-R.

relevant d'une législation déterminée ; il peut se référer aux principes régissant la matière »[191]. Cette prise de position du juge français était au demeurant prévisible au vu du libellé de l'ancien article 1496 du Code de procédure civile, repris à l'identique, depuis le 1er mai 2011, dans l'article 1511 : à défaut de choix des parties, le tribunal arbitral est en effet invité à appliquer les règles de droit « qu'il estime appropriées ». De la même manière, la méthode de la « voie directe » peut sembler encouragée par la rédaction de nombreux règlements d'arbitrage récents qui offrent une liberté analogue aux arbitres[192]. Certains pourront analyser la « voie directe » comme un refus manifesté par les arbitres d'appliquer toute règle de conflit de lois. D'autres pourront plutôt y voir l'élaboration par les arbitres d'un système de droit international privé propre à l'arbitrage international, détaché des ordres juridiques nationaux, autrement dit véritablement international ou transnational.

En effet, la démarche connaît en réalité diverses variantes dans la pratique arbitrale, les arbitres qui y recourent prenant plus ou moins la peine de donner une justification à la compétence de la loi étatique qu'ils désignent comme applicable au fond du litige par ce biais. Ils se contentent rarement d'affirmer purement et simplement qu'ils retiennent telle loi. Généralement, la désignation de la loi applicable par la « voie directe » est au contraire étayée d'une motivation, plus ou moins fournie selon les cas. Une motivation minimum consiste à énoncer que la loi étatique désignée apparaît comme la plus proche des relations des parties au litige. Souvent, les arbitres justifient davantage leur choix et énoncent le principe de localisation du contrat qu'ils appliquent. Ainsi, une loi pourra être déclarée applicable parce qu'elle correspond le mieux aux prévisions des parties, ou parce qu'elle dispose du plus grand nombre de points de contact avec le litige, ou encore, en matière de vente, parce qu'elle est la loi du lieu d'établissement du vendeur. Plus le degré de précision dans la motivation est élevé, plus l'on se rapproche de la formulation d'une règle de conflit de lois par les arbitres eux-mêmes. Certains arbitres n'hésitent pas, à cet égard, à faire ici appel aux principes généraux du droit international privé, ce qui peut toutefois laisser perplexe. En effet, la règle de conflit posée dans une instance arbitrale reste personnelle à l'arbitre qui l'énonce. Plus généralement, il n'est pas certain que la « voie directe » puisse être approuvée sans réserve.

Certes, l'ambition pourrait être de créer, par cette voie, un système de droit international privé propre à l'arbitrage, véritablement international et qui résulterait d'une synthèse du droit comparé. En cela, la démarche pourrait paraître louable. Elle ferait alors écho aux vœux formulés par Bertold Goldman en 1963[193], en faveur de la création d'un système autonome de droit international privé dans l'arbitrage international. Ce système, une fois réalisé, aurait pour avantage de dispenser les arbitres, dans chaque espèce, de choisir une règle de conflit étatique plutôt qu'une autre. Cependant, la possibilité même de dégager de tels principes généraux du droit international privé peut être discutée. Lorsque les règles de conflit des pays d'établissement des deux parties désignent la même loi, l'application cumulative de ces règles devrait être privilégiée, car la compétence de la loi désignée repose alors sur des bases solides. Dans ce cas, une éventuelle référence à un « principe général de droit international privé » n'ajouterait rien. Au contraire, lorsque les règles de conflit des pays d'établissement des deux parties ne désignent pas la même loi, la référence à un principe général de droit

191. Paris, 13 juill. 1989, *JDI* 1990, p. 430, note B. Goldman ; *RCDIP* 1990, p. 304, note B. Oppetit.

192. Par exemple, art. 21.1 règlement CCI 2017.

193. B. Goldman, *Les conflits de lois dans l'arbitrage international de droit privé*, *RCADI* 1963, II, p. 351.

international privé pourrait sembler utile. Mais elle apparaît alors bien délicate. En effet, par hypothèse, ce « principe général » ne sera pas partagé par au moins l'une des deux règles de conflit des pays d'établissement des parties, voire ne le sera par aucune des deux. Sauf à alors considérer qu'au moins un des systèmes de conflit de lois des pays intéressés au litige est particulièrement archaïque ou atypique, le « principe général » auquel l'arbitre se référerait serait, en réalité, inexistant. D'ailleurs, en pratique, les arbitres qui prétendent appliquer des règles de conflit issues de principes généraux du droit international privé pour désigner la loi applicable en l'absence de choix des parties ne leur donnent pas tous le même contenu. Certains ont une approche plutôt subjectiviste et font prévaloir la recherche de l'intention implicite des parties ; d'autres ont une approche plus objectiviste et tentent de constater des liens objectifs du contrat avec telle ou telle loi. Dans cette seconde démarche, certains arbitres retiennent un seul critère de rattachement, alors que d'autres tiennent compte d'un ensemble de points de contacts afin de déterminer le centre de gravité du contrat. Parmi ceux qui favorisent un seul critère de rattachement, certains arbitres privilégient le lieu d'exécution du contrat, et d'autres le lieu d'établissement du débiteur de la prestation caractéristique. En fait, toutes ces divergences sont la marque de la difficulté qu'il y a à dégager des règles de conflit véritablement internationales qui soient incontestables. La seule règle de conflit unanimement consacrée en droit comparé, mais qui est de peu d'utilité ici, est celle qui commande de donner en principe effet au choix exprimé par les parties quant au droit applicable.

900 **Appréciation des différentes méthodes suivies dans la pratique arbitrale internationale.** De façon rassurante, on peut noter que les arbitres choisissent souvent d'appliquer cumulativement deux ou plusieurs des méthodes qui viennent d'être évoquées[194]. Ils manifestent probablement ainsi un souci de convaincre les parties de la pertinence de la solution retenue. Ainsi, on lit souvent, dans les sentences, que l'application d'une autre méthode que celle privilégiée en l'espèce par le tribunal arbitral aurait conduit au même résultat, ou « qu'aussi bien la règle de conflit du siège du tribunal arbitral qu'un principe général de droit international privé auraient conduit à désigner » telle loi.

En tout cas, s'il fallait procéder à une appréciation d'ensemble de ces différentes méthodes, les mérites de l'application cumulative des règles de conflit des pays intéressés au litige, entendus comme ceux où les parties sont établies, devraient être soulignés. Ses avantages en termes de prévisibilité, de neutralité, et d'absence de suspicion d'arbitraire sont évidents. Elle présente, il est vrai, l'inconvénient d'obliger à un travail plus lourd et ne garantit pas, au surplus, un résultat positif, puisque la convergence des différentes règles de conflit examinées vers la désignation d'une même loi n'est jamais acquise. À l'opposé, la « voie directe » est probablement la méthode qui laisse le plus perplexe au regard des mêmes exigences de prévisibilité, de neutralité et d'absence de suspicion d'arbitraire. Les variations rencontrées, d'une sentence à une autre, sur la justification donnée par les arbitres utilisant cette méthode à la compétence de la loi étatique qu'ils désignent par ce biais, ne favorisent guère la prévisibilité des solutions, ni la conviction des parties sur la pertinence de la solution retenue. Une partie demeurera incrédule face à l'utilisation de la « voie directe » si le droit désigné est favorable à son adversaire, alors qu'un autre ne l'était pas. La référence à un principe général de droit international privé ne renforcera

194. V. par exemple, Sent. CCI n° 12193 (2004), *JDI* 2007, p. 1276, obs. E. S.-R.

guère sa conviction, dès lors que l'on peut légitimement douter de la possibilité de véritablement dégager des principes incontestés en la matière.

Cela étant, il faut surtout rappeler la très grande liberté dont jouit ici l'arbitre. En l'absence de volonté exprimée par les parties et de réel contrôle des juridictions étatiques sur la question, il dispose en effet de la plus grande marge de manœuvre dans la détermination du droit applicable au fond du litige. Aussi, il s'agit surtout d'espérer que l'arbitre se comporte ici comme un « despote éclairé ».

2. Le choix d'un droit anational

901 **Pouvoir de l'arbitre d'appliquer de sa propre initiative du droit anational.** La possibilité pour l'arbitre d'appliquer des règles non étatiques, alors même que les parties ne lui ont pas demandé de le faire, a fait l'objet de vives controverses, qui ne sont d'ailleurs pas encore tout à fait dissipées[195]. En effet, on pourrait considérer qu'une chose est de permettre aux parties de choisir de telles dispositions pour régir leurs relations, mais qu'une autre est d'accorder aux arbitres le droit de les appliquer de leur propre initiative. Néanmoins, la solution paraît de plus en plus admise en droit comparé.

La jurisprudence française a nettement affirmé qu'en l'absence de choix de la loi applicable par les parties, l'arbitre peut, de sa propre initiative, appliquer des règles anationales, plutôt que la loi d'un État déterminé. Dans l'affaire *Compania Valenciana*[196], la cour d'appel de Paris a retenu que l'arbitre qui a appliqué les règles de la *lex mercatoria* dans le silence des parties n'a pas dépassé les termes de sa mission, « ces dispositions de caractère international ayant vocation, à défaut de compétence législative déterminée, à s'appliquer pour la solution d'un tel litige »[197]. De son côté, la Cour de cassation, rejetant le pourvoi dirigé contre cette décision, a décidé qu'« un arbitre doit être considéré comme statuant en droit lorsque, le droit applicable n'ayant pas été déterminé par les parties, il se réfère à l'ensemble des règles du commerce international dégagées par la pratique et ayant reçu la sanction des jurisprudences nationales »[198]. Le libellé de l'ancien article 1496 du Code de procédure civile, aujourd'hui repris par l'article 1511, laissait augurer de cette solution, puisqu'il invite le tribunal arbitral à appliquer, dans le silence des parties quant au droit applicable, les « règles de droit », et non la loi, qu'il estime appropriées. En toute hypothèse, même sans cette invitation, l'arbitre resterait probablement libre d'appliquer des règles de droit anationales, puisque les juridictions françaises n'exercent aucun contrôle sur le droit appliqué au fond du litige par l'arbitre, à tout le moins dès lors qu'il ne contredit

195. Sur la question, v. notamment, J.-F. Poudret, S. Besson, *Droit comparé de l'arbitrage international*, Bruylant, 2002, n°s 698 et s., p. 636, et les références citées.

196. V. déjà auparavant, Cass. 2e civ., 9 déc. 1981, *Fougerolle*, *Rev. arb.* 1982, p. 183, note G. Couchez ; *JDI* 1982, p. 931, obs. B. Oppetit, rejetant le pourvoi contre Paris, 12 juin 1980, *JDI* 1983, p. 931, note B. Oppetit ; *Rev. arb.* 1981, p. 292, note G. Couchez ; Paris, 19 nov. 1982, *Norsolor*, *Rev. arb.* 1983, p. 472, maintenu par Cass. 1re civ., 9 oct. 1984, *RCDIP* 1985, p. 551, note B. Dutoit ; *Rev. arb.* 1985, p. 431, note B. Goldman ; *D.* 1985, p. 101, note J. Robert ; *JDI* 1985, p. 679, note Ph. Kahn.

197. Paris, 13 juill. 1989, *Compania Valenciana*, *Rev. arb.* 1990, p. 663, note P. Lagarde ; *JDI* 1990, p. 430, note B. Goldman ; *RCDIP* 1990, p. 305, note B. Oppetit.

198. Cass. 1re civ., 22 oct. 1991, *Rev. arb.* 1992, p. 457, note P. Lagarde ; *RCDIP* 1992, p. 113, note B. Oppetit ; *JDI* 1992, p. 177, note B. Goldman.

pas le choix opéré par les parties[199]. Or, le plus souvent, un arbitre ne choisira d'appliquer un droit anational qu'en l'absence de choix de loi des parties.

Ce relatif désintérêt manifesté par le droit français à l'égard du droit appliqué au fond du litige par l'arbitre est très largement partagé en droit comparé, si bien que le pouvoir de l'arbitre d'appliquer un droit anational de sa propre initiative n'est guère limité par les droits étatiques. Certaines lois consacrent d'ailleurs aujourd'hui expressément ce pouvoir[200]. Certes, il existe quelques îlots de résistance, qui ne devraient pas être négligés par le tribunal arbitral dans une affaire particulière s'ils sont susceptibles de fragiliser l'efficacité de sa sentence : plusieurs législations distinguent expressément la situation des parties de celle de l'arbitre, en reconnaissant la liberté des premières de désigner un droit anational comme applicable à leurs relations, mais en imposant au second de désigner une loi étatique lorsque, dans le silence des parties, il détermine lui-même le droit applicable[201]. Toutefois, cette restriction ne sera pas applicable lorsque l'arbitrage en cause est régi par un règlement d'arbitrage qui accorde à l'arbitre le pouvoir d'appliquer des règles de droit non étatiques à défaut de choix des parties. Or, divers règlements d'arbitrage, au moins dans leur version la plus récente, confère un tel pouvoir à l'arbitre en se référant aux « règles de droit », et non pas simplement à la « loi »[202]. En se référant à un tel règlement, les parties auront ainsi donné indirectement à l'arbitre le pouvoir dont elles bénéficiaient elles-mêmes. Et, même en dehors de ce cas de figure, un arbitre qui, dans le silence des parties, a appliqué la *lex mercatoria*, court en réalité peu de risques de voir sa sentence annulée ou non reconnue pour ce motif par le juge d'un État dont la loi semblait lui imposer d'appliquer une loi étatique, dès lors que ce juge n'exercera le plus souvent aucun contrôle sur le droit appliqué par l'arbitre. Aussi, les vœux exprimés par l'Association de Droit International dans sa Résolution adoptée en avril 1992 au Caire, selon lesquels l'application de règles transnationales par les arbitres internationaux ne devrait pas affecter la validité ou le caractère exécutoire de leur sentence « lorsque les parties sont demeurées silencieuses sur le droit applicable », seront souvent exaucés[203].

Dans la pratique arbitrale, l'application d'un droit anational par les arbitres connaît des formes variées : référence à des « principes généraux du droit du commerce international »[204], à des « principes communs à tous les ordres juridiques étatiques », à la « *lex mercatoria* », ou encore à des « règles transnationales », ou application de corps de règles plus identifiés, tels les principes Unidroit[205], qu'ils soient ou non alors assimilés par l'arbitre à la *lex mercatoria*[206]. Cette application est également justifiée par les

199. En cas de choix des parties en faveur d'une loi étatique, le tribunal arbitral qui ne respecterait pas ce choix pourrait être sanctionné pour méconnaissance des termes de sa mission, grief prévu à l'article 1520.3° CPC.

200. Art. 187 LDIP suisse ; art. 1054, al. 2, CPC néerlandais.

201. V, par exemple, art. 28.2 loi-type CNUDCI ; art. 1051 (2) ZPO allemand ; art. 46 (3) *Arbitration Act* anglais.

202. V. ainsi, art. 21.1 règlement CCI 2017 ; art. 22.3 règlement LCIA ; art. 28.1 règlement AAA.

203. V. le commentaire de cette Résolution in *Transnational Rules in International Commercial Arbitration*, Publ. CCI 480/4, 1993.

204. V. par exemple, Sent. CCI n° 12603 (2004), citée par E. Jolivet, « Chronique de jurisprudence arbitrale de la CCI –La détermination du droit applicable au fond du litige », *Cah. arb.*, vol. V, éd. Pedone, 2011, p. 515, spéc. p. 524.

205. Sur ces principes, v. *supra*, n° 892.

206. Sur la pratique arbitrale des tribunaux arbitraux CCI, v. les sentences présentées par E. Jolivet, « Chronique de jurisprudence arbitrale de la chambre de commerce internationale : la jurisprudence

arbitres de diverses manières, plus ou moins convaincantes selon le cas. Dans ces conditions, se pose la question de l'opportunité de l'application par l'arbitre, de sa propre initiative, d'un droit anational.

902 **Opportunité de l'application par l'arbitre, de sa propre initiative, d'un droit anational.** La question de l'opportunité d'une application par l'arbitre, de sa propre initiative, de règles anationales, peut faire l'objet d'une réponse nuancée selon la situation de l'espèce et le corps de règles effectivement appliqué par l'arbitre. Bien entendu, l'application de règles anationales par l'arbitre devrait être exclue lorsque les parties le lui ont expressément interdit ; la volonté des parties, même purement négative, doit être respectée. Au-delà de cette hypothèse simple, au moins deux autres cas de figure peuvent être distingués.

En premier lieu, les parties peuvent être demeurées silencieuses quant au droit applicable. L'arbitre est alors totalement libre et peut donc appliquer, s'il le souhaite, la *lex mercatoria* ou d'autres règles anationales. Pour justifier cette application, certains arbitres se sentent pourtant obligés d'utiliser différents artifices. Ainsi, certaines sentences découvrent notamment dans l'absence de choix positif des parties pour un droit national, l'existence d'une volonté de chaque partie d'écarter la loi de l'autre, dont est déduit, dans un second temps, un accord implicite des parties pour exclure l'application de tout droit étatique et voir appliquer un droit anational. Autrement dit, ces sentences dégagent un accord en faveur du droit anational à partir d'une absence d'accord pour une loi nationale. Le plus souvent, cette théorie du « choix négatif » laisse pour le moins perplexe. Ainsi, dans une affaire CCI nº 9479[207], l'une des parties invoquait la compétence de la loi de l'État de New York, alors que l'autre plaidait en faveur de l'application de la loi italienne... et le tribunal arbitral a cru pouvoir en déduire l'intention des parties de soumettre leur contrat à un droit anational ! Le raisonnement suivi par le tribunal arbitral apparaît particulièrement pernicieux : les parties n'excluaient pas l'application de tout droit étatique ; au contraire, le seul point d'accord entre elles était qu'elles revendiquaient toutes deux l'application d'un droit national[208]. Aussi, l'arbitre souhaitant appliquer des règles anationales ne devrait pas s'embarrasser de ces justifications artificielles qui ne convaincront pas les parties, et devrait plus clairement énoncer que, faute d'accord entre les parties sur la loi applicable ou pour lui interdire d'appliquer des règles transnationales, il les appliquera parce qu'elles lui semblent appropriées au commerce international et à la situation litigieuse.

En second lieu, les parties ont pu choisir une loi étatique pour régir leur contrat. Dans ce cas, l'arbitre ne devrait pas substituer globalement la *lex mercatoria* ou d'autres règles anationales à cette loi, puisqu'il doit avant tout respecter la volonté des parties. Les parties se sont entendues sur une loi et n'ont pas demandé à l'arbitre d'être

arbitrale de la CCI et la *lex mercatoria* », *Cah. arb.*, vol. I, *Gaz. Pal.* éd. 2002, p. 253 ; et, sur les principes Unidroit, les sentences présentées par F. Gélinas, « Chronique de jurisprudence arbitrale de la chambre de commerce internationale : la jurisprudence arbitrale de la CCI et les principes d'Unidroit », *ibid.*, p. 243.

207. Sent. CCI nº 9479 (1999), *Bull. CCI* 2001, vol. 12/2, p. 71.

208. Pour d'autres illustrations de cette théorie du choix négatif, v. notamment Sent. CCI nº 14748 (2009), *JDI* 2016, chron. 3, p. 623, note B. D. Pour une critique plus approfondie de la théorie du « choix négatif », v. Ch. Seraglini, « Du bon usage des principes Unidroit dans l'arbitrage commercial international », *Rev. arb.* 2003, p. 1101, spéc. nº 44 et s., p. 1144.

original ou créatif[209]. Certes, il existe des limites à la force obligatoire du choix exprimé par les parties ; mais elles sont essentiellement constituées par des règles d'origine étatique revêtant un caractère d'ordre public international, voire par un ordre public véritablement international[210]. Ceci étant, une application ponctuelle de règles anationales pourrait néanmoins être éventuellement envisagée par l'arbitre. En effet, tel le juge étatique qui recourt parfois à sa *lex fori* malgré la désignation d'une loi étrangère par sa règle de conflit, l'arbitre pourrait recourir à la *lex mercatoria*, sorte de *lex fori* arbitrale, en cas de lacune, d'absence de preuve, d'insuffisance voire d'inadaptation manifeste au commerce international de la loi choisie par les parties. Il pourrait encore envisager de recourir à des règles transnationales pour résoudre une question qui lui est posée si, ni la *lex contractus* choisie par les parties, ni aucune autre loi en présence (loi du siège, loi du lieu d'établissement de chacune des parties, etc.) n'ont un titre prépondérant pour régir cette question. On peut notamment songer à la question de l'extension d'une convention d'arbitrage dans le cadre d'un groupe de sociétés ou, plus largement, à des tiers, pour laquelle aucune des lois en présence n'a un titre supérieur aux autres pour s'appliquer et les arbitres recourent, en conséquence, plutôt à des règles matérielles élaborées par eux-mêmes[211].

De façon générale, il n'est pas certain que l'application par l'arbitre de la *lex mercatoria*, alors que les parties ne l'ont pas sollicitée, doive être encouragée. Les règles de la *lex mercatoria*, dès lors que n'y sont pas assimilés des textes codifiés d'origine privée comme les principes Unidroit relatifs aux contrats du commerce international, sont souvent, soit trop générales pour être véritablement utiles à la résolution du litige, soit trop floues pour assurer une prévisibilité suffisante aux parties et emporter leur conviction quant à la pertinence de la solution retenue par le tribunal arbitral. Les parties pourraient davantage y voir « une dénomination commode pour regrouper des règles de droit tirées de sources préexistantes, hétérogènes, et de force inégale », et considérer que « la *lex mercatoria*, création de la doctrine, est en passe de devenir un droit des arbitres plutôt que des commerçants, lesquels semblent subir plus que promouvoir ce courant »[212]. En revanche, l'application de règles, certes d'origine privée mais codifiées, d'un droit « modélisé », comme les principes Unidroit, paraît être une pratique bien plus recommandable à un arbitre qui trouve plus approprié de recourir, dans l'espèce qui lui est soumise, à un droit anational plutôt qu'à une loi étatique. En effet, de telles règles sont aisément consultables, précises et adaptées au commerce international. L'arbitre devrait toutefois en faire une application raisonnée et raisonnable, lorsque les circonstances s'y prêtent[213]. On pourrait notamment recommander à l'arbitre de ne pas se limiter à un choix binaire entre loi étatique ou droit modélisé et, au contraire, de combiner l'application d'une loi nationale, qu'il désignera, avec celle de règles issues d'un droit modélisé, la première lui permettant, le cas échéant, de combler les éventuelles lacunes des secondes.

209. V. dès lors, pour un recours à *lex mercatoria* critiquable et, au demeurant, inutile compte tenu de la généralité des concepts utilisés par le tribunal arbitral, Sent. CCI n° 12456 (2004), *JDI* 2010, p. 1386, obs. E. S.-R.

210. Sur ces limites, v. *infra*, n° 903 et s.

211. Sur l'extension de la convention d'arbitrage à des tiers, v. *supra*, n° 720 et s.

212. J.-F. Poudret, S. Besson, *Droit comparé de l'arbitrage international*, Bruylant, 2002, n° 704, p. 643.

213. Sur cette question, v. Ch. Seraglini, « Du bon usage des principes Unidroit dans l'arbitrage commercial international », préc., spéc. n° 42 et s.

§ 2. LIMITES À LA LIBERTÉ DES PARTIES ET DES ARBITRES QUANT AU DROIT APPLICABLE AU FOND DU LITIGE

903 **Division.** La liberté reconnue aux parties et aux arbitres quant au droit applicable au fond du litige est soumise à une double limite : l'ordre public international d'une part (A), les lois de police d'autre part (B).

A. L'ORDRE PUBLIC INTERNATIONAL

904 **Nécessité et limite du respect de l'ordre public international du siège et du lieu d'exécution prévisible de la sentence.** Un juge ne pourra tolérer de donner effet sur son territoire à une sentence qui heurte son ordre public international. La solution est d'ailleurs expressément prévue par le droit français aux articles 1520.5°, 1522, alinéa 2, et 1524, alinéa 1er, du Code de procédure civile, dont il résulte que la reconnaissance et l'exécution d'une sentence arbitrale seront refusées si elles sont contraires à l'ordre public international[214]. De façon plus générale, elle est retenue par l'ensemble des droits étatiques et exprimée à l'article V (2) (b) de la Convention de New York de 1958 sur la reconnaissance et l'exécution des sentences arbitrales étrangères. La contrariété d'une sentence à l'ordre public international de l'État du siège du tribunal arbitral pourra également conduire à son annulation par le juge du siège. Aussi, un arbitre, soucieux d'assurer l'efficacité de sa sentence, pourrait être enclin à ne pas donner effet à une loi, même choisie par les parties, qui apparaît contraire à l'ordre public international du siège de l'arbitrage ou du lieu d'exécution prévisible de la sentence, afin d'éviter une annulation ou un refus d'exequatur[215]. D'ailleurs, certains auteurs estiment que « l'arbitre international ne considère la notion d'ordre public que par rapport à l'efficacité de la sentence qu'il doit rendre »[216].

Toutefois, une telle démarche, si elle est louable, doit comporter des limites. Le souci de l'arbitre de veiller à l'efficacité de sa sentence ne doit pas se transformer en dogme et gouverner l'ensemble de son activité[217]. Aussi, l'arbitre ne doit pas nécessairement se sentir contraint d'obéir aux dispositions du droit du siège ou du lieu d'exécution de sa sentence lorsque celles-ci sont très particularistes ou particulièrement choquantes. Par ailleurs, le lieu d'exécution prévisible de sa sentence peut être difficile à déterminer à l'avance, et peut même être multiple. En réalité, comme le relève M. Gaillard, « parce que sa mission est celle de juger, l'arbitre ne peut se désintéresser des exigences de justice. Parce que le fondement de son pouvoir de juger ne résulte pas du droit d'un seul État mais de tous ceux qui se déclarent prêts à reconnaître une sentence à certaines conditions, l'arbitre statuant dans une affaire à caractère international

214. Et déjà, avant la réforme opérée par le décret du 13 janvier 2011, art. 1502.5° CPC.

215. V. par exemple, Sent. CCI n° 3281 (1981), *JDI* 1982, p. 990, obs. Y. Derains ; Sent. CCI n° 4131 (1982), *JDI* 1983, p. 901, obs. Y. D. ; Sent. CCI n° 5505 (1987), *Yearbook* 1988, p. 110.

216. É. Loquin, « Les pouvoirs des arbitres internationaux à la lumière de l'évolution récente du droit de l'arbitrage international », *JDI* 1983, p. 293, spéc. n° 87, p. 341.

217. Sur l'office de l'arbitre international au regard de l'ordre public, v. P. Mayer, « L'arbitre et l'ordre public », in *Droit sans frontières, Mélanges en l'honneur d'Éric Loquin*, LexisNexis, 2018, p. 231. V. aussi, A.-S. Courdier-Cuisinier, « Les arbitres confrontés à la violation de l'ordre public », in *L'ordre public et l'arbitrage*, É. Loquin et S. Manciaux (dir.), Credimi, LexisNexis, 2014, p. 79.

ne peut se contenter de se faire l'écho d'une conception particulière de l'ordre public »[218].

905 **Respect d'un ordre public véritablement international.** Dans ces conditions, certains arbitres préfèrent se référer à un ordre public véritablement international lorsqu'ils décident, au nom de principes ou de règles considérés comme supérieurs à la volonté des parties, de ne pas donner effet au choix qu'elles ont effectué pour une certaine loi ou, plus souvent, au contrat qu'elles ont conclu[219]. La pratique arbitrale paraît très séduite par cette idée et l'on peut effectivement d'ores et déjà dégager certains grands principes de l'ordre public véritablement international, qui peuvent être qualifiés de fondamentaux dans l'ensemble des systèmes juridiques étatiques et difficilement contestables : la prohibition de l'esclavage, la protection du patrimoine commun de l'humanité, l'interdiction de la corruption[220], du trafic de drogue, etc.

Toutefois, malgré son indéniable succès auprès des arbitres, cet ordre public véritablement international remplit un rôle nécessairement limité. Son contenu demeure pauvre puisque, par hypothèse, ses règles résultent de la constatation d'un consensus en droit comparé[221]. De plus, compte tenu du contenu très limité et, dans les faits, de la forte « orientation occidentale » d'un tel ordre public, il n'est pas certain que son application conduise toujours à un résultat satisfaisant[222].

B. LES LIMITES D'ORIGINE ÉTATIQUE : LES LOIS DE POLICE

906 **Situation de l'arbitre international à l'égard des lois de police.** Chaque État entend sans conteste imposer le respect dans l'arbitrage des lois de police du for, et peut-être même de certaines lois de police étrangères. L'arbitre international est, quant à lui, dans une position particulière face aux lois de police, qui le distingue du juge étatique : puisqu'il n'est le juge d'aucun État, toutes les lois de police lui sont étrangères. Il ne faut pas en conclure pour autant qu'il ne doit en respecter aucune. L'arbitre devrait au contraire assurer le respect des lois de police qui se veulent impérativement

218. Ph. Fouchard, E. Gaillard, B. Goldman, *Traité de l'arbitrage commercial international*, Litec, 1996, n° 1534, p. 875. Aussi, l'auteur n'hésite pas à affirmer que l'arbitre devra parfois faire prévaloir l'ordre public réellement international sur l'ordre public du lieu d'exécution de la sentence qui imposerait par exemple une discrimination raciale ou religieuse. Plus généralement, sur les limites d'un raisonnement fondé sur l'efficacité de la sentence en matière d'ordre public, v. Ch. Seraglini, *Lois de police et justice arbitrale internationale*, Dalloz, 2001, n°s 518 et s., p. 248.

219. Sur la question, v. J.-B. Racine, *L'arbitrage commercial international et l'ordre public*, LGDJ, 1999, n°s 628 et s., p. 353 et les réf. citées ; Ch. Seraglini, *Lois de police et justice arbitrale internationale*, Dalloz, 2001, n°s 639 et s., p. 307 et les réf. citées. Favorables à cette démarche, v. notamment P. Lalive, « Ordre public transnational (ou réellement international) et arbitrage international », *Rev. arb.* 1986, p. 329 ; et aussi, Ph. Fouchard, E. Gaillard, B. Goldman, *Traité de l'arbitrage commercial international*, Litec, 1996, n°s 1533 et s., p. 874.

220. V. ainsi Sent. CCI n° 12290 (2005), *JDI* 2010, p. 1406, obs. F. M.-S.

221. Sur les sources de l'ordre public dans l'arbitrage international, v. J.-B. Racine, « Les normes porteuses d'ordre public dans l'arbitrage commercial international », in *L'ordre public et l'arbitrage*, É. Loquin et S. Manciaux (dir.), Credimi, LexisNexis, 2014, p. 7 ; et sur l'ordre public véritablement international, v. J.-M. Jacquet, « L'ordre public transnational », in *L'ordre public et l'arbitrage*, préc., p. 101.

222. Pour une étude des limites d'une telle approche lorsqu'il s'agit d'assurer le respect de certains intérêts supérieurs à la volonté des parties dans le commerce international, v. Ch. Seraglini, *Lois de police et justice arbitrale internationale*, préc., n°s 640 et s., p. 308.

applicables au litige, même si les parties ont désigné une autre loi, dès lors que cette revendication extraordinaire de compétence lui apparaît légitime. L'avenir et l'efficacité de sa sentence et, plus globalement, de l'arbitrage international, l'imposent[223].

907 **Le point de vue des États : admission de l'arbitrabilité des litiges intéressant l'ordre public et respect nécessaire des lois de police par les arbitres.** Si la question de l'office de l'arbitre international à l'égard des lois de police reste débattue, l'arbitre ne peut, en tout cas, la négliger. En effet, au terme de l'évolution qui a marqué la question de l'arbitrabilité des litiges impliquant des règles d'ordre public international (autrement dit, des lois de police), les droits étatiques lui ont reconnu le pouvoir, mais en réalité le devoir, d'assurer lui-même le respect de ces règles[224].

La jurisprudence française s'est clairement prononcée en ce sens à propos des lois de police françaises. Ainsi, le juge français s'opposera à la reconnaissance et à l'exécution en France d'une sentence qui contreviendrait de façon effective et sérieuse à une loi de police française[225]. Il lui opposera l'exception de contrariété à l'ordre public international, visée à l'article 1520.5° du Code de procédure civile[226]. En effet, la sentence qui viole une loi de police française porte atteinte à un intérêt considéré comme fondamental par le for et, pour cette raison, protégé par l'ordre public international français. Ici, l'absence de contrôle du juge étatique quant à la loi appliquée au fond du litige par l'arbitre devrait trouver une limite évidente, justifiée par la nature et l'importance des règles en cause[227]. À titre d'exemple, la violation par la sentence des règles d'ordre public international relatives au droit des procédures collectives, comme l'arrêt des poursuites individuelles[228], justifie le jeu de l'article 1520.5° du Code de procédure civile. De même, une sentence rendue à l'étranger qui méconnaît, par application des dispositions contractuelles, les règles impératives françaises relatives à l'attribution des

223. Pour une étude détaillée de cette question, v. J.-B. Racine, *L'arbitrage commercial international et l'ordre public*, LGDJ, 1999, spéc. n°s 459 et s., p. 271, et les réf. citées ; Ch. Seraglini, *Lois de police et justice arbitrale internationale*, Dalloz, 2001, et les réf. citées. V. aussi, sur la question plus générale de l'impact des lois de portée extraterritoriale sur l'arbitrage, M. Audit, « L'arbitrage international confronté à l'extraterritorialité des lois », *Rev. arb.* 2015, p. 1001 ; « L'effet des sanctions économiques internationales sur l'arbitrage international », in *L'ordre public et l'arbitrage*, É. Loquin et S. Manciaux (dir.), Credimi, LexisNexis, 2014, p. 143.

224. Sur ce point, v. *supra*, n° 652.

225. Sur l'exigence, longtemps posée par la jurisprudence française et partiellement contestable, d'une violation « flagrante, effective et concrète » de l'ordre public par la sentence pour conduire à une annulation ou un refus d'exequatur de celle-ci, et sur l'évolution récente de la jurisprudence vers une solution plus satisfaisante, v. *infra*, n° 1002 et s.

226. Avant la réforme de 2011, art. 1502.5° CPC.

227. V. Ch. Seraglini, *Lois de police et justice arbitrale internationale*, Dalloz, 2001, n°s 306 et s., p. 150. Toutefois, sur les doutes engendrés, quant à une protection effective des lois de police françaises dans l'arbitrage international, par la jurisprudence française longtemps développée relative au contrôle de la contrariété de la sentence à l'ordre public international, et sur son évolution récente, v. *infra*, n° 1001 et s.

228. Cass. 1re civ., 6 mai 2009, *Bull. civ.* I, n° 86 ; *Rev. arb.* 2009, p. 299, note D. Cohen ; *D.* 2009, p. 2959, obs. Th. Clay ; *JCP* G 2009, II, 534, note G. Bolard ; *JCP* G 2009, I, 462, n° 13, obs. J. Béguin ; *RTD com.* 2009, p. 546, obs. É. Loquin ; *LPA* 21 juill. 2009, n° 144, p. 17, note D. Mouralis ; Cass. com., 2 juin 2004, *Bull. civ.* IV, n° 112 ; *Rev. arb.* 2004, p. 591, note P. Ancel ; *D.* 2004, p. 1732, obs. A. Lienhard ; *D.* 2004, p. 3184, obs. Th. Clay ; *RTD com.* 2004, p. 439, obs. É. Loquin ; *RTD com.* 2004, p. 808, obs. A. Martin-Serf ; Cass. 1re civ., 5 févr. 1991, *Bull. civ.* I, n° 44 ; *Rev. arb.* 1991, p. 625, note L. Idot ; Cass. 1re civ., 4 févr. 1992, *Bull. civ.* I, n° 38, p. 28 ; *Rev. arb.* 1992, p. 663, obs. J.-H. Moitry ; Cass. 1re civ., 8 mars 1988, *Bull. civ.* I, n° 65 ; *D.* 1989, jurispr. 577, note J. Robert ; *Rev. arb.* 1989, p. 473, note P. Ancel.

montants compensatoires monétaires liés à la politique agricole commune, est contraire à l'ordre public international tel qu'il est conçu en France et ne peut, en vertu de l'article 1520.5° du Code de procédure civile, être revêtue de l'exequatur[229]. De même encore, la cour d'appel de Paris s'est plusieurs fois prononcée sur le respect nécessaire par l'arbitre des règles du droit communautaire de la concurrence. Elle a notamment déclaré : « En matière d'arbitrage international, la méconnaissance par l'arbitre d'une règle de droit communautaire porte atteinte à la conception française de l'ordre public international dès lors que la règle méconnue est impérative et effectivement applicable en la cause »[230].

La question est plus discutée à propos des lois de police étrangères. Pourtant, les juges français disposent des instruments juridiques leur permettant de contrôler le respect des lois de police étrangères par les arbitres. En effet, la réserve de contrariété à l'ordre public international français visée à l'article 1520.5° du Code de procédure civile peut constituer un mécanisme adéquat pour assurer un tel contrôle[231]. Certes, cet article vise l'ordre public français, et non un ordre public étranger. Néanmoins, le juge peut, à travers sa propre conception de la réserve d'ordre public international, envisager le respect par l'arbitre de lois de police étrangères : si le respect, par les parties et l'arbitre, d'une loi de police étrangère lui apparaît comme nécessaire selon les propres conceptions du for, le juge peut considérer que l'insertion dans son ordre juridique d'une sentence qui viole cette loi est contraire à son ordre public. Il peut en être notamment ainsi lorsque l'intérêt défendu par la loi de police étrangère fait l'objet d'un large consensus en droit comparé ou, à tout le moins, est partagé par le for, ou même simplement lorsque le juge le considère comme légitime et devant primer les intérêts particuliers des parties[232]. Dès lors, la question essentielle est plutôt celle de la volonté du juge français d'assurer le respect des lois de police étrangères dans l'arbitrage international. À l'examen du droit positif, le juge français pourrait sembler *a priori* peu favorable aux lois de police étrangères[233]. Quelques avancées peuvent néanmoins être

229. Cass. 1re civ., 15 mars 1988, *D.* 1989, p. 577, note J. Robert. Bien entendu, à l'époque, la solution était fondée sur l'ancien article 1502.5° CPC.

230. Paris, 16 avr. 1996, *Rev. arb.* 2001, p. 805, obs. Y. Derains. ; et aussi, *a contrario*, Paris, 23 oct. 2012, *Rev. arb.* 2013, p. 170, note L. d'Avout.

231. Pour une démonstration à propos de l'ancien article 1502.5°, v. Ch. Seraglini, *Lois de police et justice arbitrale internationale*, préc., n° 347 et s., p. 169.

232. V. en ce sens, Paris, 18 janv. 2018, *Rev. arb.* 2018, p. 401, note S. Lemaire, qui énonce : « L'ordre public international au regard duquel s'effectue le contrôle du juge de l'annulation s'entend de la conception qu'en a l'ordre juridique français, c'est-à-dire des valeurs et des principes dont celui-ci ne saurait souffrir la méconnaissance même dans un contexte international ; ce n'est que dans cette mesure que des lois de police étrangères peuvent être regardées comme relevant de l'ordre public international [...] » ; dans le même sens, Paris, 6 mars 2018, *Rev. arb.* 2018, p. 471 ; Paris, 20 déc. 2018, *Rev. arb.* 2019, p. 472, note J.-B. Racine ; *JDI* 2019, comm. 18, p. 800, note S. Bollée.

233. V. ainsi, Paris, 24 nov. 2005, *Rev. arb.* 2006, p. 717, note S. Bollée : le recourant invoquait une contrariété de la sentence arbitrale à l'ordre public international français du fait de la non-application par l'arbitre de la loi belge du 13 avril 1995 sur les contrats d'agence commerciale ; la cour d'appel répond sur le seul terrain de la liberté de l'arbitre de déterminer les règles de droit applicables au fond du litige, en ignorant totalement la question du respect éventuel de lois de police étrangères ; ce silence est d'autant plus critiquable que la loi belge en cause est issue de la transposition d'une directive communautaire du 18 décembre 1986 dont certaines dispositions protectrices de l'agent se sont vu reconnaître le caractère de lois de police par la Cour de justice des communautés européennes (CJCE, 9 nov. 2000, *Ingmar*, *RCDIP* 2001, p. 112, note L. Idot ; *JDI* 2001, p. 517, note J.-M. Jacquet). Le juge aurait donc à tout le moins pu s'interroger sur le caractère de lois de police des dispositions particulières de la loi belge invoquées en l'espèce et, le cas échéant, sur la légitimité de leur application à la situation litigieuse. Il faut dire, à la

décelées, au moins lorsque la loi de police étrangère en cause défend un principe considéré comme fondamental par l'ordre juridique français, comme la lutte contre la corruption[234] ou le blanchiment[235], la souveraineté des États sur leurs ressources naturelles[236] ou le respect de la libre concurrence[237], ou encore lorsqu'elle défend un principe trouvant son équivalent en droit français, comme les principes d'arrêt des poursuites individuelles, de dessaisissement du débiteur et d'interruption de l'instance en cas de procédure collective[238]. Par ailleurs, il ne faut pas négliger l'impact éventuel du droit de l'Union européenne, et notamment des jurisprudences *Eco Swiss*[239] et *Claro*[240] de la Cour de justice, qui pourraient conduire le juge d'un État membre à tenir compte des lois de police des autres États membres, au moins de celles ayant une origine communautaire, et donc à en contrôler le respect par les sentences arbitrales qu'il aurait à examiner au regard de son propre ordre public international.

En tout cas, les droits étrangers imposent généralement à l'arbitre des contraintes analogues à celles du droit français. Dans tout État, le juge sera enclin à annuler une sentence, ou à lui refuser l'exequatur, sur le fondement de la contrariété de celle-ci à son ordre public international, si elle viole des lois de police du for, et pourrait faire de même en cas de violation d'une loi de police étrangère. Aussi, dans une espèce donnée, l'arbitre international, juge délocalisé, peut être conduit à devoir s'intéresser aux exigences, en matière de lois de police, de divers États. Reste à définir quelle démarche il devrait alors adopter.

908 **Démarche préconisée à l'arbitre.** La nécessaire prise en compte des lois de police par les arbitres internationaux semble, à l'heure actuelle, admise. Toutefois, les pratiques en la matière restent fort diverses[241].

décharge de la jurisprudence française, que les juridictions étrangères ne sont parfois pas en reste. Ainsi, le Tribunal fédéral suisse a pu décider, à propos du droit communautaire de la concurrence : « Les dispositions du droit de la concurrence, quel qu'il soit, ne font pas partie des valeurs essentielles et largement reconnues qui, selon les conceptions prévalant en Suisse, devraient constituer le fondement de tout ordre juridique. Par conséquent, la violation d'une disposition de ce genre ne tombe pas sous le coup de l'article 190 al. 2 let. e LDIP » (Trib. féd. suisse, 8 mars 2006, *Rev. arb.* 2006, p. 763, note L. G. Radicati di Brozolo).

234. Paris, 30 sept. 1993, *Westman*, *Rev. arb.* 1994, p. 359, note D. Bureau ; *RCDIP* 1994, p. 349, note V. Heuzé. V. également, Paris, 27 oct. 1994, *LTDC* c/ *Reynolds*, *Rev. arb.* 1994, p. 709, et comm. P. Mayer, p. 615.

235. Paris, 21 févr. 2017, *République de Kirghizistan c/ M. Belokon*, *Rev. arb.* 2017, p. 915, note M. Audit et S. Bollée ; *JCP* G 2017, 1326, nº 5, obs. Ch. Seraglini ; *D.* 2017, p. 2054, obs. S. Bollée ; *ibid.*, p. 2570, obs. Th. Clay ; *JDI* 2017, comm. 20, p. 1361 (3e esp.), note E. Gaillard ; *RDC* 2017, p. 304, obs. X. Boucobza et Y.-M. Serinet.

236. Paris, 18 janv. 2018, préc. : les dispositions par lesquelles, dans le respect du droit international, les États étrangers expriment leur souveraineté sur leurs ressources naturelles, relèvent de l'ordre public international.

237. Paris, 12 juill. 1974, *Dame Krebs* c/ *Milton Stern*, *Rev. arb.* 1975, p. 196, note E. Mezger. V. aussi, mettant en cause une réglementation des taux d'intérêts, Paris, 9 juin 1983, *Rev. arb.* 1983, p. 497, note M. Vasseur. Plus généralement sur cette volonté d'un État d'imposer le respect par l'arbitre de certaines lois de police étrangères, v. Ch. Seraglini, *Lois de police et justice arbitrale internationale*, préc., nos 190 et s., p. 91.

238. En ce sens, v. Paris, 7 avr. 2011, *République de Guinée équatoriale c/ sté Fitzpatrick Equatorial Guinea Ltd*, *Rev. arb.* 2011, p. 747, note S. Bollée et B. Haftel.

239. CJCE, 1er juin 1999, *Rev. arb.* 1999, p. 631, note L. Idot.

240. Sur laquelle, v. *supra*, nº 113, 127.

241. Sur la pratique des tribunaux arbitraux CCI face aux règles nationales internationalement impératives du droit des procédures collectives, v. les sentences présentées par E. Jolivet, « Chronique de

L'arbitre ne devrait pas se borner, dans la perspective d'assurer l'efficacité de sa sentence, à se conformer, quant au respect des lois de police, aux seules exigences du lieu d'exécution probable de sa sentence. Outre le fait que ce lieu n'est pas toujours déterminable à l'avance, ou peut être multiple, le droit du lieu d'exécution prévisible de la sentence n'a pas forcément un titre légitime à régir cette question, puisque ce lieu peut n'avoir d'autre lien avec la situation litigieuse que le hasard de la localisation de certains actifs de la partie condamnée à l'issue de l'instance arbitrale. Surtout, la démarche participe d'une vue à court terme de l'efficacité des sentences arbitrales internationales. L'arbitre doit être davantage guidé par le souci de rechercher l'efficacité universelle de sa sentence et, à plus long terme, de préserver la crédibilité, et donc l'avenir, de la justice arbitrale internationale auprès des États.

De même, l'arbitre ne devrait pas se borner à respecter les exigences du droit du siège de l'arbitrage en matière de lois de police. L'État du siège pourra n'être que très peu concerné par le fond du litige dont l'arbitre est saisi, et donc par le respect de lois de police d'États davantage intéressés par la situation litigieuse. On pourrait en outre reprocher à cette démarche de faire la part trop belle à la volonté des parties : celles-ci, en fixant le siège dans un pays extrêmement libéral, pourraient ainsi échapper à l'application de lois de police émanant de pays plus proches de la situation litigieuse, et notamment de leurs États respectifs, alors même que ces lois de police peuvent poursuivre des buts légitimes. Par ailleurs, la démarche exclut tout traitement homogène de la question du respect d'une même loi de police, puisque la solution pourra varier, d'une espèce à une autre, en fonction du siège choisi. De plus, la démarche ne présage en rien du sort qui sera réservé à la sentence par le juge du ou des lieux où son exécution sera recherchée. En effet, la décision du juge du siège, qui refuserait d'annuler une sentence n'ayant pas pris en compte une loi de police étrangère à ce juge, n'aura aucune portée en dehors de son territoire et ne garantira pas l'efficacité de la sentence dans les autres pays[242]. À l'inverse d'ailleurs, une sentence annulée au siège au motif qu'elle a violé une loi de police de l'État du siège ne verra pas obligatoirement son efficacité internationale définitivement compromise[243]. Enfin, une fois encore, un tel raisonnement procède d'une vue à court terme de l'efficacité des sentences arbitrales internationales[244].

jurisprudence arbitrale de la Chambre de commerce internationale : quelques exemples de traitement du droit des procédures collectives dans l'arbitrage », *Cah. arb.*, vol. IV, Pedone, 2008, p. 351. Selon l'auteur, son étude révèle la variété des approches retenues par les arbitres.

242. Ph. Fouchard, « La portée internationale de l'annulation de la sentence arbitrale dans son pays d'origine », *Rev. arb.* 1997, p. 328, spéc. p. 345 et s.

243. Notamment pas en France, où la jurisprudence décide que l'exequatur d'une sentence annulée à l'étranger reste possible : Cass. 1re civ., 29 juin 2007, *sté PT Putrabali Adyamulia c/ sté Rena Holding et a.* (2 arrêts), *Rev. arb.* 2007, p. 507, rapport J.-P. Ancel, note E. Gaillard ; *JDI* 2007, p. 1236, note Th. Clay ; *JCP* G 2007, I, 216, n° 7 et s., obs. Ch. Seraglini ; *RTD com.* 2007, p. 682, obs. É. Loquin ; *D.* 2008, p. 1429, note L. Degos ; *RCDIP* 2008, p. 109, note S. Bollée ; Ph. Pinsolle, « L'ordre juridique arbitral et la qualification de la sentence arbitrale de décision de justice internationale (à propos de l'arrêt Putrabali du 29 juin 2007) », *Cah. arb.*, vol. IV, Pedone, 2008, p. 110 ; *adde* A. Mourre, « À propos des articles V et VII de la Convention de New York et de la reconnaissance des sentences annulées dans leurs pays d'origine : où va-t-on après les arrêts *Termo Rio* et *Putrabali* ? », *Rev. arb.* 2008, p. 263. Sur cette jurisprudence, v. *supra*, n° 577 et s., et *infra*, n° 924.

244. Pour une démonstration plus détaillée du caractère inadéquat de la seule prise en compte des exigences, en matière de respect des lois de police, du droit du siège ou du lieu d'exécution prévisible de la sentence, v. Ch. Seraglini, *Lois de police et justice arbitrale internationale*, Dalloz, 2001, spéc. n° 518 et s., p. 248. V. aussi la critique d'un raisonnement de l'arbitre fondé sur le respect des exigences du droit du

En réalité, deux considérations devraient dicter la démarche de l'arbitre quant au respect des lois de police : d'une part, l'efficacité de sa sentence et, d'autre part et surtout, l'avenir de l'institution arbitrale[245]. Comme le relève M. Gaillard, « parce que sa mission est celle de juger, l'arbitre ne peut se désintéresser des exigences de justice. Parce que le fondement de son pouvoir de juger ne résulte pas du droit d'un seul État mais de tous ceux qui se déclarent prêts à reconnaître une sentence à certaines conditions, l'arbitre statuant dans une affaire à caractère international ne peut se contenter de se faire l'écho d'une conception particulière de l'ordre public »[246]. Aussi, une vision particulière de l'efficacité devrait guider l'arbitre. Lorsqu'il exerce sa mission, et afin d'assurer l'efficacité de sa décision, l'arbitre ne devrait pas se limiter à considérer un lieu d'exécution de sa sentence en particulier. Au contraire, puisque le lieu d'exécution de sa sentence n'est pas toujours déterminable par avance, ni unique, l'arbitre devrait veiller à rendre une sentence susceptible d'être acceptée dans une majorité d'États, en vue d'en assurer l'efficacité maximale sur le plan international. Par ailleurs, et au-delà du sort de la seule sentence qu'il doit rendre dans un litige particulier, l'arbitre devrait également veiller à préserver le crédit dont bénéficie aujourd'hui l'institution arbitrale auprès des États en tant que justice appropriée des litiges du commerce international. Or, cet impératif ne serait pas satisfait si l'arbitre était guidé, dans l'exercice de sa mission, par la seule considération de l'efficacité de la sentence qu'il doit rendre dans l'espèce dont il est saisi. En effet, l'arbitre, qui ne respecte pas une loi de police posée par un État autre que celui du lieu d'exécution de sa sentence, assurera peut-être ponctuellement l'efficacité de celle-ci si le droit du lieu d'exécution n'y trouve rien à redire. Mais c'est la politique de faveur de cet autre État à l'égard de l'arbitrage international qui risque d'être, à terme, remise en cause si l'arbitrage devient un moyen de contourner l'application des lois de police qu'il édicte[247]. Dans ces conditions, la meilleure solution consiste probablement, pour l'arbitre, à prendre de la hauteur et à adopter une démarche qui lui permette, selon des prévisions raisonnables, de rendre une sentence acceptable dans une majorité d'États. Pour ce faire, il devrait assurer le respect des lois de police qui se veulent applicables à la situation litigieuse si, selon les vues généralement acceptées dans la communauté juridique internationale des États, l'objectif poursuivi par ces dispositions, les moyens utilisés pour sa satisfaction, ainsi que les conséquences de l'application de ces dispositions, apparaissent légitimes.

L'examen détaillé de la démarche ainsi préconisée à l'arbitre ne peut être entrepris dans le cadre du présent ouvrage[248]. Elle peut néanmoins être ainsi résumée. L'arbitre devrait tout d'abord vérifier que la disposition en question est bien une loi de police, se voulant impérativement applicable malgré le caractère international de la situation, et non une simple règle d'ordre public interne[249]. Ensuite, il devrait vérifier que les conditions

siège ou du droit du lieu d'exécution prévisible de la sentence pour apprécier l'arbitrabilité du litige, qui est très largement transposable au cas des lois de police de fond : *supra*, n° 644 et s.

245. Sur l'impact de ces considérations quant au raisonnement que l'arbitre devrait adopter face à des lois de police étatiques, v. Ch. Seraglini, *Lois de police et justice arbitrale internationale*, préc., n° 370 et s., p. 179.

246. E. Gaillard, in *Traité de l'arbitrage commercial international*, Litec, 1996, n° 1534, p. 875.

247. Pour une discussion plus détaillée sur ces considérations relatives à la pérennité de la justice arbitrale, v. Ch. Seraglini, *Lois de police et justice arbitrale internationale*, préc., n°s 392 et s., p. 188.

248. Sur le détail de la démarche ici préconisée, v. Ch. Seraglini, *Lois de police et justice arbitrale internationale*, préc., spéc. n°s 676 et s., p. 327.

249. S'agissant de règles d'ordre public simplement interne, l'arbitre ne devrait en tenir compte que dans la mesure où elles font partie du droit par ailleurs applicable au contrat, et sous réserve que les

d'application posées par la loi de police elle-même sont réunies en l'espèce[250]. Sur ces deux points, qualification de loi de police et détermination du champ d'application de celle-ci, il se référera logiquement au droit de l'État auteur de la disposition en question. À cet égard, l'examen de la jurisprudence du pays concerné est généralement éclairant[251], même s'il ne l'est pas toujours[252]. Puis, le cas échéant, l'arbitre devrait apprécier la légitimité de cette loi de police, quant à son but, au champ d'application spatial qu'elle revendique, aux moyens utilisés pour la satisfaction de l'objectif qu'elle poursuit, et aux conséquences de son application à l'espèce. Fort de sa relative liberté d'action, l'arbitre devrait apprécier cette légitimité à partir d'une étude de droit comparé. Le but poursuivi par la loi de police pourrait lui paraître légitime lorsqu'il est très largement partagé par les autres droits étatiques, ou même lorsqu'il est isolé mais justifié en l'espèce, notamment par le contexte particulier existant dans l'État en question. À titre d'exemple, en l'état actuel de la pensée dans la communauté juridique internationale, une loi de police qui entend assurer la protection du consommateur ou du salarié devrait bénéficier d'un *a priori* favorable, sans que cela implique de la reconnaître comme légitimement applicable en l'espèce. En effet, l'arbitre devrait encore examiner la légitimité du champ d'application spatial que cette loi revendique. Or, ce champ d'application pourra lui paraître excessif s'agissant de l'espèce dont il est saisi. Enfin, l'arbitre devrait encore apprécier la légitimité des moyens utilisés par la loi de police en question pour satisfaire le but qu'elle poursuit, ainsi que des conséquences de son application sur la situation des parties. À cet égard, certaines solutions posées par la loi de police pour assurer la défense d'un intérêt légitime pourront lui paraître excessives ou disproportionnées au regard de l'objectif poursuivi.

Certaines sentences paraissent adopter une démarche proche de celle ici proposée. Ainsi, à propos de la loi française sur les procédures collectives, un tribunal arbitral, siégeant à Genève, a retenu : « Le Tribunal arbitral est tenu de respecter les règles de police qui se

circonstances de l'espèce ne révèlent pas que les parties, eussent-elles choisi ce droit, ont néanmoins clairement entendu exclure l'application de ses dispositions d'ordre public interne, notamment par adoption de dispositions contractuelles qui apparaissent en contradiction totale avec elles. Sur le sujet, v. notamment S. Bollée, « L'impérativité du droit choisi par les parties devant l'arbitre international », *Rev. arb.* 2016, p. 675 ; F. Perret, « Resolving Conflicts between Contractual Clauses and Specific Rules of the Governing Law », in *The Application of Substantive Law by International Arbitrators*, F. Bortolotti et P. Mayer (dir.), ICC, 2014, p. 109 ; « Quelques réflexions au sujet de l'application par l'arbitre international du droit matériel choisi par les parties », in *Liber Amicorum S. Lazareff*, Pedone, 2011, p. 491.

250. V. ainsi, Sent. CCI nº 14637 (2008), *JDI* 2011, p. 1244, obs. S. J. et C. T.-N.

251. Ainsi en France, la Cour de cassation considère que les dispositions des articles L. 331-1 et L. 331-2 du Code de la consommation (avant l'ordonnance nº 2016-301 du 14 mars 2016, v. art. L. 341-2 et L. 341-3 du même code), imposant les mentions manuscrites dans l'engagement de la caution personne physique, édictent des normes dont la méconnaissance, à la supposer établie, n'est pas contraire à l'ordre public international : Cass. 1re civ., 2 déc. 2015, *Rev. arb.* 2016, p. 525, note V. Chantebout ; il en est de même pour l'article L. 332-1 (L. 341-4 avant l'ordonnance nº 2016-301 du 14 mars 2016) du même code : Cass. 1re civ., 30 janv. 2013, *D.* 2013, p. 2293, obs. S. Bollée.

252. Par exemple, s'agissant de la jurisprudence française qui a finalement décidé de qualifier de lois de police certaines dispositions de la loi de 1975 sur la sous-traitance (Cass. ch. mixte, 30 nov. 2007, *D.* 2008, p. 753, note W. Boyault et S. Lemaire ; *ibid.*, p. 1507, obs. P. Courbe ; *ibid.*, p. 2560, obs. S. Bollée ; *JCP* G 2008, II, 10000, note L. d'Avout ; *JDI* 2008, p. 1073, note L. Perreau-Saussine ; *RCDIP* 2009, p. 728, note M.-E. Ancel), mais qui peine à en définir clairement le champ d'application internationale impératif ; sur ce point, v. notamment Cass. com., 27 avr. 2011, *RCDIP* 2011, p. 624, rapp. A. Maitrepierre, note M.-E. Ancel ; *D.* 2011, p. 1654, note Y.-E. Le Bos ; *ibid.*, p. 2434, obs. L. d'Avout ; *D.* 2012, p. 1228, obs. H. Gaudemet-Tallon ; *JDI* 2012, p. 148, note P. de Vareilles-Sommières ; Cass. com., 20 avr. 2017, *RCDIP* 2017, p. 542, note D. Bureau ; *D.* 2017, p. 2054, obs. L. d'Avout ; *JDI* 2018, comm. 4, p. 125, note C. Brière.

veulent directement et impérativement applicables à la situation litigieuse, lorsqu'elles sont édictées par la loi d'un État dont l'application en l'espèce est à la fois légitime, en raison des buts qu'elle poursuit et des intérêts qu'elle protège, et conforme à l'attente des parties »[253].

Cette démarche, qui consiste pour l'arbitre à assurer le respect des lois de police qu'il considère comme légitimement applicables au litige, paraît plus adéquate, s'agissant des limites à poser à la liberté des parties quant au droit applicable, que le recours par l'arbitre à un ordre public véritablement international. À titre d'exemple, la protection substantielle des parties réputées faibles (consommateurs, salariés, assurés, etc.) par l'arbitre[254] semble mieux assurée par la prise en compte des lois de police d'origine nationale qui se veulent applicables à la situation litigieuse, que par l'invocation d'un ordre public véritablement international. En effet, le concept d'ordre public véritablement international risque de se révéler quelque peu vide de contenu en la matière, tant il s'est plutôt développé dans le cadre de relations entre opérateurs économiques professionnels. De plus, relativement vague, incomplet et essentiellement constitué de principes très généraux, il n'est guère susceptible de fournir une réglementation précise de la protection qu'il convient d'accorder à une partie réputée faible. Ainsi, on voit mal ce que l'ordre public véritablement international aurait à dire sur le délai de réflexion ou de rétractation dont devrait bénéficier un consommateur pour la conclusion de certains contrats. Au contraire, les lois de police d'origine étatique protectrices d'une partie faible ont généralement ce degré d'élaboration nécessaire pour fournir un régime de protection adéquat[255].

909 **Invocation d'office par l'arbitre des lois de police.** L'arbitre devrait pouvoir soulever d'office la question de l'application éventuelle d'une loi de police, qui justifierait l'inarbitrabilité du litige[256] ou le régirait au fond, en cas de silence des parties sur ce point. Cette question ayant été largement examinée à propos des règles d'ordre public dans le cadre de l'étude de l'arbitrage interne, et les propositions avancées dans ce cadre étant très largement transposables aux lois de police et à l'arbitrage international, il sera, pour l'essentiel, renvoyé à ces développements[257]. L'arbitre devrait également pouvoir, de sa propre initiative, établir le contenu de la loi de police, sans se reposer sur les seuls dires des parties à cet égard, et procéder à cette fin à des recherches personnelles si nécessaire. En ce sens, la Recommandation n° 13 de l'Association de droit international sur la détermination du contenu du droit applicable en matière d'arbitrage commercial international[258] énonce : « Dans les litiges impliquant des règles d'ordre public international ou d'autres règles auxquelles les parties ne peuvent déroger, les arbitres peuvent être fondés à prendre toute mesure appropriée pour déterminer l'applicabilité et le contenu de ces règles, y compris en procédant à des recherches indépendantes, en

253. Sent. CCI n° 9163 (2001), *JDI* 2005, p. 1283, obs. B. D. et Y. D.

254. Puisque l'arbitrage international ne semble pas systématiquement exclu à l'égard des parties faibles ; sur les limites actuelles, notamment dans la jurisprudence française, de la protection procédurale des parties faibles contre l'arbitrage international, v. *supra*, n° 660 et s.

255. V., pour plus de détails sur ce point, Ch. Seraglini, *Lois de police et justice arbitrale internationale*, préc., n° 584 et s., p. 282.

256. Sur le caractère de lois de police des dispositions restreignant l'arbitrabilité en matière internationale, v. *supra*, n° 648.

257. V. *supra*, n° 113.

258. Sur ces Recommandations, v. *supra*, n° 893, et le texte des Recommandations, in *Rev. arb.* 2009, p. 451, avec la présentation de D. Bensaude, p. 445 ; et aussi les commentaires de A. Carlevaris (*Cah. arb.* 2010, p. 433) et F.-X. Train (*Cah. arb.*, vol. V, éd. Pedone, 2011, p. 155).

soulevant de nouvelles questions (de fait ou de droit) auprès des parties, et en donnant les instructions ou en ordonnant toutes mesures appropriées qu'ils estiment nécessaires pour respecter ces règles ou protéger la sentence des recours ».

SECTION 3 LES ATTRIBUTS DE LA SENTENCE

910 **Plan.** Comme le jugement, la sentence est dotée d'attributs, c'est-à-dire de conséquences qui y sont automatiquement attachées, indépendamment de la volonté des arbitres[259]. Ses attributs sont identiques, que la sentence soit rendue en matière d'arbitrage interne, en France ou à l'étranger, ou en matière d'arbitrage international[260]. Ainsi, il a par exemple été jugé que même en l'absence de disposition en ce sens, dès lors que le tribunal arbitral ne peut plus être saisi, la condamnation principale prononcée, fût-ce en monnaie étrangère, emporte également condamnation au paiement des intérêts au taux légal français à compter de la date de cette sentence[261]. Il n'en est pas de même quand la sentence a fixé des intérêts, fût-ce en omettant d'en préciser la périodicité et le taux, et que le tribunal arbitral peut être saisi pour l'interpréter ; il a ainsi été jugé que, dans ce cas, le juge de l'exécution ne peut alors « substituer un taux d'intérêt à un autre sans modifier la sentence »[262]. Surtout, la sentence dessaisit le tribunal arbitral de la contestation tranchée (§ 1), elle est assortie de l'autorité de la chose jugée et certaines de ses mentions ont la force probante d'un acte authentique (§ 2).

§ 1. LE DESSAISISSEMENT DU TRIBUNAL ARBITRAL

911 **Principe du dessaisissement.** Le dessaisissement du tribunal arbitral est une conséquence de la sentence[263]. L'article 1506.4° du Code de procédure

259. Sur cette notion, v. *supra*, n° 458. En revanche, les effets de la sentence sont les conséquences résultant de la volonté du tribunal arbitral qui, lorsqu'il dit le droit, modifie l'ordonnancement juridique.

260. Sur les attributs de la sentence rendue en matière interne, v. *supra*, n° 459 et s.

261. Cass. 1re civ., 30 juin 2004, *Bull. civ.* I, n° 189 ; JCP G 2005, I, 134, n° 6, obs. J. Béguin ; *D*, 2004, Pan., p. 3185, obs. Th. Clay ; *Rev. arb.* 2005, p. 645, note R. Libchaber. Dans un arrêt du 30 juin 2005, la cour d'appel de Paris a cependant décidé, revenant ainsi sur sa jurisprudence antérieure, que même lorsque le droit français est applicable au contrat, les arbitres ne devraient pas automatiquement faire application de l'article 1153-1 du Code civil et assortir leur condamnation indemnitaire des intérêts légaux en l'absence de demande en ce sens des parties ; avant de statuer sur cette question, ils devraient s'informer auprès des parties des contours de leur mission (Paris, 30 juin 2005, *Rev. arb.* 2006, p. 687, note R. Libchaber ; P. Raoul-Duval, « Intérêts moratoires : vers une remise en cause du pouvoir des arbitres ? (à propos d'un arrêt de la cour d'appel de Paris du 30 juin 2005) », *Cah. arb.*, vol. III, *Gaz. Pal.* éd., 2006, p. 49). Si l'on suit cette analyse, la condamnation prononcée par la sentence ne devrait pas non plus être automatiquement assortie des intérêts légaux prévus au texte précité. V. aussi, en matière d'arbitrage interne : Cass. 1re civ., 9 janv. 2007, *JCP* G 2007, I, 168, n° 10, obs. J. Ortscheidt.

262. Cass. 1re civ., 13 sept. 2017, *Rev. arb.* 2018, p. 221, note R. Libchaber ; *JCP* G 2017, I, 1326, n° 3, obs. J. Ortscheidt.

263. Ph. Fouchard, E. Gaillard, B. Goldman, *Traité de l'arbitrage commercial international*, Litec, 1996, n° 1414, p. 788 ; N. Garnier, « Interpréter, rectifier et compléter les sentences arbitrales internationales », *Rev. arb.* 1995, p. 565, spéc. n° 11 et s., p. 570 et s. ; D. Hascher, « Arbitrage du commerce

civile renvoie à l'article 1485, alinéa 1er, qui dispose que « la sentence dessaisit le tribunal arbitral de la contestation qu'elle tranche »[264]. La sentence rendue, le tribunal arbitral ne peut donc ni statuer sur un point litigieux qu'il a déjà tranché, ni se prononcer sur une demande qui ne lui a pas été soumise en temps utile avant la sentence finale[265]. Cette conséquence automatiquement attachée à la sentence est le corollaire du caractère contractuel de la mission confiée au tribunal arbitral : une fois la sentence rendue, il a exécuté ses obligations et s'il statue à nouveau, il le fait sans convention d'arbitrage. De plus, la règle du dessaisissement est indispensable pour assurer le respect de l'autorité de la chose jugée par le tribunal arbitral.

912 **Aménagements au principe du dessaisissement : interprétation de la sentence et réparation des erreurs et omissions.** L'article 1485, alinéa 2, du Code de procédure civile, auquel renvoie l'article 1506.4° pour l'arbitrage international, prévoit qu'« à la demande des parties, le tribunal arbitral peut interpréter la sentence, réparer les erreurs ou omissions matérielles qui l'affectent ou la compléter lorsqu'il a omis de statuer sur un chef de demande. Il statue après avoir entendu les parties ou celles-ci appelées »[266]. Ces aménagements au dessaisissement du tribunal arbitral sont particulièrement utiles. Le tribunal doit en effet pouvoir donner une interprétation des dispositions de sa sentence qui se révéleraient obscures, sans être pour autant autorisé à en modifier le contenu sous prétexte d'interprétation. De même, la rectification des erreurs ou omissions matérielles peut se révéler nécessaire, sachant que l'auteur de la décision est toujours mieux placé que quiconque pour le faire. Surtout, il serait dommageable que le tribunal arbitral ne puisse pas réparer son omission de statuer sur un chef de demande. En effet, à défaut, cet *infra petita* pourrait éventuellement constituer une méconnaissance des termes de la mission qui lui avait été confiée par les parties, justifiant l'annulation de la sentence par les juridictions étatiques[267]. Malgré l'utilité évidente de tels mécanismes, il faut noter que les textes relatifs à l'arbitrage international, antérieurs à la réforme de 2011, ne comportaient aucune disposition spécifique à cet égard et ne renvoyaient pas à celles relatives à l'arbitrage interne. Certains soutenaient cependant qu'il convenait tout de même d'appliquer purement et simplement l'article 1475 ancien du Code de procédure civile, qui traitait de la question pour l'arbitrage interne[268], et d'autres pensaient que, comme tout juge, tout arbitre dispose de toute façon du pouvoir d'interpréter, de corriger et de compléter sa décision[269]. La difficulté pouvait aisément être résolue si l'arbitrage était soumis par les parties à un règlement d'arbitrage[270], ou à une loi de procédure prévoyant des mécanismes d'exception au principe du

international », *Rép. Internat. Dalloz*, n° 143 ; B. Moreau, « Le prononcé de la sentence entraîne-t-il le dessaisissement de l'arbitre ? », in *Études de procédure et d'arbitrage. Mélanges Jean-François Poudret*, Faculté de droit de Lausanne, 1999, p. 453, spéc. p. 454 ; J.-F. Poudret, S. Besson, *Droit comparé de l'arbitrage international*, Bruylant, 2002, n° 761, p. 731.

264. V. *supra*, n° 459 et s.

265. Paris, 30 juin 1995, *Rev. arb.* 1996, p. 533, obs. L. Kiffer.

266. Sur ces aménagements, v. *supra*, n° 462 et s.

267. V. *infra*, n° 995.

268. V. notamment, N. Garnier, « Interpréter, rectifier et compléter les sentences arbitrales internationales », *Rev. arb.* 1995, p. 565, spéc. n° 11 et s., p. 570 et s.

269. D. Hascher, « Arbitrage du commerce international », *Rép. Internat. Dalloz*, n° 143.

270. V. par exemple, art. 36 du règlement CCI de 2017 ; art. 27 du règlement LCIA ; art. 30 du règlement AAA ; art. 37 à 39 du règlement CNUDCI ; art. 49 du règlement CIRDI.

dessaisissement des arbitres[271]. Le choix de la loi de procédure française conduisait ainsi à l'application des dispositions de l'article 1475 ancien du Code de procédure civile. De plus, la cour d'appel de Paris avait admis, indépendamment de toute disposition en ce sens, que l'omission de statuer pouvait être réparée par le tribunal arbitral, qui pouvait rendre une sentence additionnelle, à moins de ne plus pouvoir être constitué[272].

Il faut observer que le troisième alinéa de l'actuel article 1485 du Code de procédure civile n'est pas applicable en matière internationale[273], l'article 1506.4° n'y renvoyant pas. Aussi, si le tribunal arbitral « ne peut être à nouveau réuni et si les parties ne peuvent s'accorder pour le reconstituer », l'interprétation, la réparation des erreurs matérielles et le complément de la sentence semblent impossibles, sauf à admettre qu'une partie puisse introduire, sur la base de la clause compromissoire, de nouvelles demandes devant un nouveau tribunal arbitral qui pourra « rectifier » la sentence, et notamment la compléter. Sinon, le seul remède disponible serait, s'agissant de l'omission de statuer, l'annulation de la sentence ou le refus d'exequatur pour non-respect, par les arbitres, de leur mission[274], solution qui pourrait sembler regrettable. De plus, les parties à un arbitrage international peuvent toujours le soumettre à un règlement d'arbitrage ou à une loi de procédure prévoyant d'autres mécanismes d'exception au principe du dessaisissement des arbitres. En effet, selon l'article 1506.4° du Code de procédure civile, les articles 1485, alinéas 1 et 2, et 1486 sont applicables à l'arbitrage international, « à moins que les parties en soient convenues autrement ».

L'article 1486 du Code de procédure civile, auquel renvoie l'article 1506.4°, organise une procédure propre à l'interprétation et à la rectification des sentences arbitrales[275]. Il précise que les demandes « sont présentées dans un délai de trois mois à compter de la notification de la sentence » et que « sauf convention contraire, la sentence rectificative ou complétée est rendue dans un délai de trois mois à compter de la saisine du tribunal arbitral », qui peut « être prorogé conformément au second alinéa de l'article 1463 ». Enfin, « la sentence rectificative ou complétée est notifiée dans les mêmes formes que la sentence initiale ». La demande des parties et la réponse du tribunal arbitral sont donc dorénavant enfermées dans un délai relativement cours, qui peut être prorogé par les parties ou par le juge d'appui. Mais il a déjà été observé que l'article 1486 n'est applicable que si le tribunal arbitral a été constitué le 2 mai 2011 ou postérieurement à cette date[276]. Lorsque la sentence est rendue par un tribunal arbitral constitué auparavant, en matière d'arbitrage interne, il faut certainement suivre la procédure prévue aux articles 461 à 463 du Code de procédure civile, en raison du renvoi opéré par l'ancien article 1475, alinéa 3. Toutefois, ce texte n'était applicable à l'arbitrage international que si les parties avaient choisi le droit français comme *lex arbitrii*, sur le fondement de l'article 1495 ancien. Si ce n'est pas le cas, les parties devraient

271. V. notamment, art. 33 de la loi-type CNUDCI ; art. 57 de la loi anglaise sur l'arbitrage de 1996 ; art. 39 de la loi espagnole sur l'arbitrage de 2003 ; art. 32 de la loi suédoise sur l'arbitrage de 1999 ; § 1058 du ZPO allemand. V. aussi les réf. citées par J.-F. Poudret, S. Besson, *Droit comparé de l'arbitrage international*, Bruylant, 2002, n° 763-766, p. 733-739.

272. Paris, 23 juin 2005, *Rev. arb.* 2005, p. 798 ; Paris, 27 juin 2002, *Rev. arb.* 2003, p. 427, note C. Legros.

273. Cet article prévoit que « si le tribunal arbitral ne peut être à nouveau réuni et si les parties ne peuvent s'accorder pour le reconstituer, ce pouvoir appartient à la juridiction qui eût été compétente à défaut d'arbitrage ».

274. Art. 1520.3° CPC. V. *infra*, n° 994 et s.

275. V. *supra*, n° 466.

276. Art. 3.2° du décret du 13 janvier 2011.

tout simplement présenter leur demande sous la même forme que la demande initiale ayant déclenché l'arbitrage.

§ 2. L'AUTORITÉ DE LA CHOSE JUGÉE ET LA FORCE PROBANTE

913 **Renvoi aux textes sur l'arbitrage interne.** L'article 1506.4° du Code de procédure civile évite l'approche conflictualiste en renvoyant notamment à l'article 1484, alinéa 1er, de ce code pour déterminer les attributs en France d'une sentence rendue à l'étranger ou en matière internationale. Ainsi, il en résulte que « la sentence arbitrale a, dès qu'elle est rendue, l'autorité de la chose jugée relativement à la contestation qu'elle tranche ». Cet attribut de la sentence est très largement reconnu en droit comparé[277], et parfois même contractualisé dans les règlements d'arbitrage, lorsqu'il est prévu que la sentence est « obligatoire » pour les parties[278]. Le droit français de l'arbitrage international procédant par renvoi aux règles du droit de l'arbitrage interne, déjà exposées[279], il n'est pas nécessaire de les reprendre dans le détail[280].

914 **Étendue de la chose jugée.** En substance, l'autorité de chose jugée est attachée tant aux sentences partielles qu'aux sentences finales, mais pas aux autres décisions du tribunal arbitral, telles les ordonnances de procédure qu'il rend parfois pour organiser l'instance arbitrale. Cette autorité s'étend à toute « contestation » tranchée par le tribunal arbitral, même lorsque la sentence est purement avant-dire droit. Ainsi, la sentence qui se borne à ordonner des mesures provisoires est assortie de l'autorité de la chose jugée[281], même si celle-ci n'est que provisoire, limitée à la durée de l'instance arbitrale : le tribunal arbitral n'est pas lié par cette sentence au moment de trancher le fond du litige. Et la mesure peut être modifiée ou rapportée en cas de circonstance nouvelle. De plus, formellement, puisque la sentence n'est pas nécessairement rédigée comme un jugement, qui se termine par un dispositif, la chose jugée peut s'étendre à certains de ses motifs : il s'agit de ceux qui se rapportent directement à la contestation

277. V., par exemple, art. 58 de la loi anglaise sur l'arbitrage de 1996 ; § 1055 du ZPO allemand ; art. 199 de la LDIP suisse. V. aussi, D. Hascher, « L'autorité de la chose jugée des sentences arbitrale », *Travaux Com. Fr. DIP* 2000-2002, Pedone, p. 17 ; P. Mayer, « Litispendance, connexité et chose jugée dans l'arbitrage international », in *Liber Amicorum Claude Reymond autour de l'arbitrage. Mélanges offerts à Cl. Reymond*, Litec, 2004, p. 185.

278. V. notamment, art. 26.8 du règlement LCIA ; art. 35.6 du règlement CCI de 2017 ; art. 27.1 du règlement AAA.

279. V. *supra*, n° 467 et s.

280. V. aussi, sur l'autorité de la chose jugée en matière d'arbitrage, Ch. Seraglini, « Le droit applicable à l'autorité de la chose jugée dans l'arbitrage », *Rev. arb.* 2016, p. 51 ; P. Mayer, « L'autorité de la chose jugée des sentences entre les parties », *Rev. arb.* 2016, p. 91 ; C. Debourg, « L'autorité de la chose jugée des décisions relatives à la compétence arbitrale », *Rev. arb.* 2016, p. 127 ; Ch. Jarrosson, « L'autorité de la chose jugée des décisions relatives à l'indépendance des arbitres », *Rev. arb.* 2016, p. 165 ; É. Loquin, « Autorité de la chose jugée et concentration des moyens », *Rev. arb.* 2016, p. 107.

281. Paris, 7 oct. 2004, *Rev. arb.* 2004, p. 982 ; *D.* 2005, Pan., p. 3062, obs. Th. Clay ; *JDI* 2005, p. 341, note A. Mourre et P. Pedone ; JCP G 2005, I, 134, n° 5 et 7, obs. J. Ortscheidt, pour une sentence prononçant des injonctions de faire assorties d'une astreinte, la cour d'appel ayant relevé que « le tribunal arbitral s'est définitivement prononcé le 4 avr. 2002 sur la demande de mesures conservatoires qui lui avait été présentée par les sociétés Carlyle, la limitation des mesures ordonnées à la durée de l'instance ne remettant pas en cause l'autorité de la chose jugée de sa décision... ».

tranchée[282]. C'est d'ailleurs ce qui explique que lorsque la sentence a fixé le montant des honoraires des arbitres, ces dispositions n'ont pas l'autorité de chose jugée ; seule la répartition des honoraires entre les parties est susceptible de bénéficier d'une telle autorité[283].

915 **Conséquences de la chose jugée.** La chose jugée a des conséquences positives et négatives[284]. De manière négative, l'autorité de chose jugée de la sentence implique que le tribunal arbitral ne peut plus revenir sur ce qu'il a jugé. Et, de leur côté, les juridictions étatiques ne peuvent être saisies de la même cause entre les mêmes parties. En principe, d'autres arbitres ne peuvent être saisis du même litige par l'une des parties. Devant un tribunal arbitral, la chose jugée par une précédente sentence affecte en effet la recevabilité de la nouvelle demande. Il s'agit d'une fin de non-recevoir[285]. Même si, implicitement, la question de l'autorité de la chose jugée par une première sentence affecte sa compétence, le tribunal arbitral saisi en second doit alors apprécier si les conditions de l'autorité de la chose jugée sont réunies. Cependant, les parties auront toujours la possibilité, d'un commun accord, de renoncer au bénéfice d'une première sentence qui ne leur conviendrait pas, de la « mettre au panier » et de saisir un nouveau tribunal arbitral du même litige. Il faut préciser que l'autorité négative de la chose jugée ne joue qu'entre les parties à l'arbitrage, ou celles qui y ont été représentées ou appelées, pour une demande fondée sur une cause et avec un objet identique. Mais si la sentence est dépourvue d'autorité de la chose jugée à l'égard des tiers, elle leur est cependant opposable[286]. Ainsi, la caution simple peut s'en prévaloir à l'égard du créancier qui, lui-même, peut lui opposer ce qui y a été décidé[287]. Aussi, la caution ne pourra plus, de son côté, contester l'obligation du débiteur cautionné telle qu'elle a été arrêtée dans la sentence. La règle de l'autorité de la chose jugée n'étant pas d'ordre public international[288], sauf lorsque la sentence est rendue dans la même instance[289] parce que l'ordre juridique français ne peut souffrir d'accueillir deux décisions inconciliables dans un même procès, une sentence ne peut en principe être annulée, ou se voir refuser l'exequatur, au motif que la méconnaissance de la chose jugée par une précédente sentence ou par un jugement heurte cet ordre public. En revanche, l'annulation de la sentence par le juge français, ou le refus de lui accorder l'exequatur, peut intervenir en cas

282. V. *supra*, n° 470. V. aussi, D. Hascher, « L'autorité de la chose jugée des sentences arbitrale », *Travaux Com. Fr. DIP* 2000-2002, Pedone, spéc. p. 23.

283. V. *supra*, n° 471.

284. V. *supra*, n° 472. V. aussi, S. Bollée, *Les méthodes du droit international privé à l'épreuve des sentences arbitrales*, préf. P. Mayer, Economica, 2004, spéc. n° 272, p. 191 et s.

285. Paris, 9 sept. 2010, *Rev. arb.* 2011, p. 970, note C. Debourg ; *Cah. arb.* 2011, p. 413, note P. Mayer.

286. V. *supra*, n° 476. V. aussi, Cass. com., 26 mai 2009, *JCP* G 2009, I, 462, n° 1, obs. J. Béguin ; Cass. com., 2 déc. 2008, *Rev. arb.* 2009, p. 327, note P. Mayer ; Cass. com., 23 janv. 2007, *Rev. arb.* 2007, p. 769, note P. Mayer ; JCP G 2007, I, 168, n° 9, note J. Béguin ; *RTD civ.* 2007, p. 383, obs. R Perrot ; Cass. com., 7 janv. 2004, *Bull. civ.* IV, n° 4 (la solution, rendue par la chambre commerciale de la Cour de cassation en matière interne, peut être étendue à l'arbitrage international).

287. V. *supra*, n° 476.

288. Paris, 10 mars 2005, *Rev. arb.* 2006, p. 456, note M. Mignot ; Paris, 22 mai 1997, citée par D. Hascher, « L'autorité de la chose jugée des sentences arbitrale », in *Travaux Com. Fr. DIP* 2000-2002, Pedone, spéc. p. 31 ; Paris, 9 juin 1983, *Rev. arb.* 1983, p. 497, note M. Vasseur. V. aussi, Ch. Jarrosson, « L'autorité de chose jugée des sentences arbitrale », *Procédures* août 2007, p. 27, spéc. n° 29 ; P. Mayer, note sous Paris, 9 sept. 2010, *Cah. arb.* 2011, p. 413, spéc. p. 416.

289. Paris, 29 mai 2018, *JCP* G 2018, 1322, n° 5, obs. J. Ortscheidt.

de véritable inconciliabilité de celle-ci avec une autre sentence ou un jugement reconnus en France, c'est-à-dire en présence d'une incompatibilité juridique de leurs effets[290] ; dans cette hypothèse, en effet, il est jugé que la reconnaissance ou l'exécution d'une sentence inconciliable avec une décision exécutoire en France heurte l'ordre public international français[291]. Il peut aussi être reproché au tribunal arbitral qui a rendu la seconde sentence d'avoir statué sans se conformer à sa mission et, le cas échéant, d'avoir méconnu le principe de la contradiction[292]. Bien entendu, la sentence ne bénéficie de l'autorité de chose jugée que tant qu'elle n'a pas fait l'objet en France d'une annulation, pour les sentences rendues sur le territoire, ou d'un refus d'exequatur. Enfin, il a été observé que dans l'arbitrage interne, la Cour de cassation a d'abord jugé qu'il incombe au demandeur de présenter dans la même instance toutes les demandes fondées sur la même cause et qu'il ne peut invoquer dans une instance postérieure un fondement juridique qu'il s'était abstenu de soulever en temps utile[293]. Selon cette décision, une partie ne peut donc pas, au cours d'une instance arbitrale, présenter une demande qu'elle n'a pas formée au cours d'une précédente instance arbitrale, fût-ce en invoquant un fondement juridique différent de celui débattu au cours de la première procédure[294]. La Cour de cassation semble avoir plus récemment abandonné cette solution pour limiter le principe de concentration aux seuls moyens. Elle a ainsi jugé qu'il incombe au demandeur de présenter dès l'instance relative à la première demande l'ensemble des moyens qu'il estime de nature à fonder celle-ci, pour en déduire qu'il ne peut pas saisir le juge étatique d'une demande ayant un objet identique à celle rejetée par le tribunal arbitral, en agissant sur un fondement juridique distinct[295]. Ainsi, les parties ne sont-elles pas tenues de présenter dans la même instance arbitrale toutes les demandes fondées sur les mêmes faits. En tout état de cause, la cour d'appel de Paris, peut-être sensible à l'opinion de certains auteurs[296], semble avoir écarté ce principe dans l'arbitrage international, en décidant que le principe de « concentration des moyens » n'est pas applicable « dans l'ordre international »[297]. Il a toutefois été suggéré de déduire cette obligation de concentration, en matière d'arbitrage international, des principes de bonne foi et de loyauté[298]. En tout cas, elle a clairement décidé que le contrôle du respect de ce principe par un tribunal arbitral saisi en second ne relève pas du champ d'application de l'article 1520.1° du Code de procédure civile, puisqu'il s'agit d'une question de recevabilité des demandes présentées aux arbitres[299].

290. Sur cette notion d'inconciliabilité, v. C. Debourg, *Les contrariétés de décisions dans l'arbitrage international*, préf. F.-X. Train, LGDJ, 2011.

291. Paris, 10 mai 2016, *Rev. arb.* 2016, p. 646 ; Paris, 24 févr. 2015, *Rev. arb.* 2015, p. 283 ; Paris, 17 janv. 2012, *Rev. arb.* 2012, p. 569, note M.-L. Niboyet ; Paris, 17 nov. 2011, *Rev. arb.* 2011, p. 1004 ; Paris, 9 sept. 2010, *Rev. arb.* 2011, p. 970, note C. Debourg ; *Cah. arb.* 2011, p. 413, note P. Mayer ; Paris, 10 mars 2005, *Rev. arb.* 2006, p. 456, note M. Mignot.

292. D. Hascher, « L'autorité de la chose jugée des sentences arbitrales », préc., Pedone, spéc. p. 29.

293. Cass. 1re civ., 28 mai 2008, *JCP* G 2008, Actu 411, obs. J. Béguin ; JCP G 2008, I, 164, n° 3, obs. J. Béguin ; JCP G 2008, II, 10170, note G. Bolard ; *D.* 2008, Pan., p. 3111, obs. Th. Clay ; *RTD civ.* 2008, p. 551, obs. R. Perrot ; *Rev. arb.* 2008, p. 461, note L. Weiller.

294. V. *supra*, n° 473.

295. Cass. 1re civ., 12 avr. 2012, *Rev. arb.* 2013, p. 121, note Y. Strickler ; *Procédures* 2012, comm. 180, obs. L. Weiller.

296. V, notamment, P. Mayer, note sous Paris, 9 sept. 2010, *Cah. arb.* 2011, p. 413, spéc. p. 417 et s.

297. Paris, 5 mai 2011, *Rev. arb.* 2011, p. 1093.

298. É. Loquin, « Autorité de la chose jugée et concentration des moyens », *Rev. arb.* 2016, p. 107, spéc. n° 24 et s., p. 120 et s.

299. Paris, 17 nov. 2011, *Rev. arb.* 2011 p. 1104.

916 **Mesures conservatoires**. En principe, le créancier muni notamment d'une décision de justice qui n'a pas encore force exécutoire, peut, sans autorisation judiciaire préalable, faire procéder à une saisie conservatoire si la créance apparaît fondée en son principe et s'il existe des circonstances susceptibles de menacer son recouvrement[300]. Ainsi, la sentence arbitrale, même non revêtue de l'exequatur, puisqu'elle a l'autorité de la chose jugée dès qu'elle est rendue, permet de pratiquer une saisie conservatoire sans autorisation préalable du juge[301]. Mais il a été jugé que la mainlevée d'une telle mesure doit être ordonnée lorsque l'ordonnance d'exequatur a été infirmée par la cour d'appel, dès lors que la sentence ne peut plus produire d'effets juridiques en France[302].

Cette solution n'a cependant plus vocation à être appliquée lorsque le débiteur est un État étranger, depuis la loi nº 2016-1691 du 9 décembre 2016, dite « Sapin II », la Cour de cassation ayant même conféré *de facto*, sous couvert d'un retour à une « jurisprudence confortée par la loi nouvelle », une portée rétroactive à certaines de ses dispositions, celles résultant de l'article L. 111-1-3 du Code des procédures civiles d'exécution[303], « compte tenu de l'impérieuse nécessité, dans un domaine touchant à la souveraineté des États et à la préservation de leurs représentations diplomatiques, de traiter de manière identique des situations similaires » et dans un « objectif de cohérence et de sécurité juridique »[304]. Dans sa rédaction issue de cette loi, l'article L. 111-1-1 du Code des procédures civiles d'exécution dispose que « des mesures conservatoires ou des mesures d'exécution forcée ne peuvent être mises en œuvre sur un bien appartenant à un État étranger que sur autorisation préalable du juge par ordonnance rendue sur requête ». Et l'article L. 111-1-2 du même code précise que ces mesures ne peuvent être autorisées par le juge que si : l'État concerné « a expressément consenti à l'application d'une telle mesure », ou s'il « a réservé ou affecté ce bien à la satisfaction de la demande qui fait l'objet de la procédure », ou encore « lorsqu'un jugement ou une sentence arbitrale a été rendu contre l'État concerné et que le bien en question est spécifiquement utilisé ou destiné à être utilisé par ledit État autrement qu'à des fins de service public non commerciales et entretient un lien avec l'entité contre laquelle la procédure a été intentée ». Le même texte liste ensuite toute une série de biens qui sont « considérés » comme spécifiquement utilisés ou destinés à être utilisés par l'État à des fins de service public non commerciales (comptes bancaires utilisés ou destinés à être utilisés dans l'exercice des fonctions de la mission diplomatique de l'État ou de ses postes consulaires, biens militaires, créances fiscales ou sociales de l'État...). En outre, l'article

300. Art. L. 511-1 et L. 511-2 du Code des procédures civiles d'exécution.

301. Cass. 2e civ., 12 oct. 2006, *Bull. civ.* II, nº 270 ; *D.* 2006, Pan., p. 3028, obs. Th. Clay ; JCP G 2007, I, 139, nº 22, obs. L. Cadiet ; *RTD civ.* 2007, 183, obs. R. Perrot ; Dijon, 23 avr. 2002 et TGI Chaumont, 31 janv. 2001, *Rev. arb.* 2002, p. 743, note M.-C. Rivier ; *JDI* 2003, p. 459, note G. Cuniberti ; Paris, 9 juill. 1992, *Rev. arb.* 1994, p. 133, note Ph. Théry. *Contra* : TGI Lyon, 25 janv. 1994, *Rev. arb.* 1994, p. 525, note M.-C. Rondeau-Rivier.

302. Paris, 22 juin 2017, *Rev. arb.* 2017, p. 1261.

303. Ce texte, dans sa rédaction issue de la loi Sapin II, pose la condition, pour que des mesures conservatoires ou des mesures d'exécution forcée puissent être mises en œuvre, d'une renonciation expresse et spéciale à l'immunité d'exécution des États concernés pour « les biens, y compris les comptes bancaires, utilisés ou destinés à être utilisés dans l'exercice des fonctions de la mission diplomatique des États étrangers ou de leurs postes consulaires, de leurs missions spéciales ou de leurs missions auprès des organisations internationales ».

304. Cass. 1re civ., 10 janv. 2018, *RTD civ.* 2018, p. 474, note Ph. Théry ; *RTD civ.* 2018, p. 353, note L. Usinier et P. Deumier ; *D.* 2018, p. 541, note B. Haftel ; *D.* 2018, p. 966, obs. S. Clavel et F. Jault-Seseke ; *D.* 2018, p. 1223, obs. A. Leborgne ; *JDI* 2018, p. 8, obs. J.-S. Bazile et R. Bismuth ; *JCP* G 2018, I, 157, nº 9, obs. C. Nourissat ; *Cah. arb.* 2018, p. 65, note B. Siino et A. Kirilov.

R. 111-1 du Code des procédures civiles d'exécution, créé par l'article 37 du décret nº 2017-892 du 6 mai 2017, a conféré, pour l'application de l'article L. 111-1-1 précité, une compétence nationale aux juges de l'exécution du tribunal de grande instance de Paris[305], à la seule exception des mesures soumises au droit local d'Alsace et de Moselle, concentrant ainsi une large part du contentieux de l'exécution contre les États étrangers devant ce juge[306]. Cette nécessité d'une autorisation du juge est discutable puisqu'elle ajoute une contrainte, et constitue donc un frein, à la mise en œuvre de mesures conservatoires, notamment, contre les États étrangers[307]. Elle ne figure pas dans la Convention des Nations unies du 2 décembre 2004 sur l'immunité juridictionnelle des États et de leurs biens, dont la Cour de cassation a jugé qu'elle reflète le droit coutumier[308], et il n'est pas certain que, pour cette raison notamment, cette exigence supplémentaire soit conforme à l'article 6 de la Convention européenne des droits de l'homme et des libertés fondamentales[309]. La contrainte est d'autant plus lourde que peut se poser la question des conditions auxquelles est soumise l'autorisation du juge. S'agit-il uniquement de celles envisagées par l'article L. 111-1-2 précité ou faut-il que soient prouvées, en plus, celles de l'article L. 511-1 du Code des procédures civiles d'exécution, qui subordonne la mesure conservatoire, en l'absence de titre exécutoire ou de décision de justice qui n'a pas encore force exécutoire, à l'existence d'une créance qui paraît fondée en son principe et à des circonstances qui en menacent son recouvrement ? Certaines des premières décisions des juges du fond rendues sous l'empire de la loi Sapin II semblent bien cumuler ces exigences[310], alors pourtant que celles de l'article L. 511-1 n'ont pas vocation à s'appliquer[311].

917 **La force probante de la sentence.** La sentence arbitrale bénéfice, en droit français, de la force probante d'un acte authentique[312]. Aussi, ses énonciations relatives aux constatations personnelles des arbitres font foi jusqu'à l'inscription de faux. Il en est ainsi des énonciations relatives à la date de la sentence et au lieu où elle a été rendue, à l'existence d'un délibéré, à la communication d'une pièce, à l'audition de l'une des parties ou d'un témoin par les arbitres, ou encore à la décision des parties de proroger le délai d'arbitrage[313].

305. Comme un auteur l'a justement observé, cette concentration du contentieux n'était pas nécessaire, dès lors que les biens en cause sont localisés sur le territoire français et que le juge du lieu de situation de ces biens dispose d'un titre naturel de compétence pour connaître de la demande d'autorisation, et correspond certainement à une volonté de politique législative de verrouiller le contentieux de l'immunité d'exécution des États étrangers (J.-B. Donnier, « Aspects du décret nº 2017-892 du 6 mai 2017 relatifs aux procédures civiles d'exécution », JCP G 2017, 635).

306. Cette compétence exclusive ne s'étend pas aux régimes spéciaux d'immunités existant à l'égard des biens des banques centrales étrangères ou des aéronefs.

307. Pour une analyse critique de cette condition v. notamment, R. Bismuth, « L'immunité d'exécution après la loi Sapin 2 », *JDI* 2018, p. 4, spéc. nº 6 et s.

308. Cass. 1re civ., 11 janv. 2018, *D.* 2018, Pan, 1934, obs. L. d'Avout ; *Rev. dr. banc.* 2018, comm. 89, note T. Samin et S. Torck ; *Banque et droit* 2018, nº 178, p. 40, obs. J. Morel-Maroger ; Cass. 1re civ., 28 mars 2013, *D.* 2013, Pan., 2294, obs. S. Bollée ; *D.* 2013, Pan., 1578, obs. A. Leborgne ; *D.* 2013, 1728, note D. Martel ; *JCP* G 2013, 406, note J. B. Donnier ; *Rev. arb.* 2013, p. 989, note L. Franc-Menget.

309. R. Bismuth, « L'immunité d'exécution après la loi Sapin 2 », préc., spéc. nº 14-15 ; S. Bollée, « Les dispositions de la loi Sapin 2 relatives à l'immunité d'exécution », *D.* 2016, p. 2560.

310. V. sur ce point, H. Adida-Cainac et J. Morel-Maroger, « Jurisprudence du tribunal de grande instance de Paris », *JCP* G 2018, I, 687, spéc. nº 4.

311. H. Adida-Cainac et J. Morel-Maroger, préc.

312. V. *supra*, nº 479 et s.

313. Paris, 26 oct. 2000, *RTD com.* 2001, p. 53, obs. É. Loquin. V. aussi les réf. citées *supra*, nº 479.

SECTION 4 LA NOTIFICATION DE LA SENTENCE

918 **Incidences de la réforme du 13 janvier 2011.** La notification de la sentence est un acte important. Elle permet en effet aux parties d'en prendre connaissance et marque, en principe, le point de départ des recours ouverts à son encontre. Les règlements d'arbitrage y consacrent souvent des dispositions[314], ce qui a d'ailleurs des incidences sur les délais de recours depuis la réforme résultant du décret du 13 janvier 2011[315]. Le décret nº 2011-48 a en effet renforcé l'efficacité de la sentence arbitrale en allégeant le formalisme de certaines démarches postérieures à la sentence, notamment celle touchant à sa notification. Avant le 1er mai 2011, quelles que soient les stipulations des règlements d'arbitrage éventuellement applicables, si une partie souhaitait faire courir les délais de recours, il était indispensable de procéder par voie de signification de la sentence, celle-ci consistant, selon l'article 651 du Code de procédure civile, en une notification faite par acte d'huissier de justice. Ainsi, l'article 1505 ancien du Code de procédure civile prévoyait que le recours en annulation, porté devant la cour d'appel dans le ressort de laquelle la sentence a été rendue, « est recevable dès le prononcé de la sentence » et « cesse de l'être s'il n'a pas été exercé dans le mois de la signification de la sentence déclarée exécutoire ». Dans le même sens, l'article 1503 ancien du Code de procédure civile disposait, s'agissant de l'appel de l'ordonnance d'exequatur cette fois, qu'il « peut être formé jusqu'à l'expiration du délai d'un mois à compter de la signification de la décision du juge ». Depuis le 1er mai 2011, date d'entrée en vigueur du décret nº 2011-48 du 13 janvier 2011, il résulte de la combinaison des articles 1519, 1522 et 1525 du Code de procédure civile que la sentence peut être valablement notifiée aux parties autrement que par voie de signification[316]. Le droit français s'harmonise donc, sur ce point, avec de nombreux droits étrangers. En effet, l'exigence d'une signification de la sentence pour faire courir le délai de recours est souvent écartée en droit comparé. La loi-type CNUDCI évoque par exemple un délai courant à compter de la « communication » de la sentence[317], ce qui est aussi la solution des droits suisse, italien, allemand et suédois[318]. En droit français, pour plus de clarté, il faut, comme le font d'ailleurs les dispositions idoines du Code de procédure civile, distinguer les sentences rendues en France de celles rendues à l'étranger.

919 **Les sentences rendues en France.** Pour les sentences rendues en France, l'article 1519 du Code de procédure civile prévoit que le recours en annulation cesse d'être recevable s'il n'a pas été exercé dans le mois de la notification de la sentence – et non plus de la signification – et que « la notification est faite par voie de signification à moins que les parties en conviennent autrement ». De même, l'article 1522, qui envisage, lorsque les parties ont renoncé au recours en annulation, la possibilité d'un appel de l'ordonnance d'exequatur dans les cas d'ouverture du recours en annulation

314. V. notamment, art. 35 du règlement CCI de 2017 ; art. 34.5 du règlement CNUDCI.

315. V. *infra*, nº 976.

316. Pour rendre les dispositions relatives à l'arbitrage international plus lisibles et donc plus accessibles, les articles 1519, 1522 et 1525 CPC ne procèdent pas par renvoi à 1484, alinéa 3, qui prévoit aussi cet allégement du formalisme en matière interne (v. *supra*, nº 520).

317. Art. 34.3 de la loi-type CNUDCI.

318. Sur le droit comparé, v. notamment, J.-F. Poudret, S. Besson, *Droit comparé de l'arbitrage international*, Bruylant, 2002, spéc. nº 779 et s., p. 757 et s.

limitativement énumérés à l'article 1520, énonce que « l'appel est formé dans le délai d'un mois à compter de la notification de la sentence revêtue de l'exequatur » et que « la notification est faite par voie de signification à moins que les parties en conviennent autrement ». En revanche, pour la décision qui refuse l'exequatur, à l'encontre de laquelle l'appel demeure comme auparavant ouvert[319], l'article 1523 du Code de procédure civile précise qu'il doit être formé dans le mois de la « signification de la décision », sans possibilité de dérogation, ce qui s'explique parce qu'il s'agit alors de notifier une décision du juge, et non la sentence.

920 **Sentences rendues à l'étranger.** Pour les sentences rendues à l'étranger, l'article 1525 du Code de procédure civile prévoit que l'appel contre la décision d'exequatur est « formé dans le délai d'un mois à compter de la signification de la décision » et ajoute que « les parties peuvent convenir d'un autre mode de notification lorsque l'appel est formé à l'encontre de la sentence revêtue de l'exequatur ». La dérogation à la signification n'est là encore possible que lorsque l'exequatur est octroyé et que c'est la sentence qui est notifiée. Si l'ordonnance refuse l'exequatur, comme lorsque la sentence est rendue en France, il n'est pas possible de déroger à l'exigence de signification de cette décision pour la raison, encore une fois, qu'il s'agit d'une décision du juge.

921 **Entrée en vigueur de la réforme.** Les articles 1519 et 1525 du Code de procédure civile, relatifs respectivement au recours en annulation et à l'appel de la décision qui statue sur l'exequatur d'une sentence rendue à l'étranger, sont applicables dès l'entrée en vigueur du décret, soit le 1er mai 2011. Cette précision est importante puisque la possibilité de convenir d'un mode particulier de notification de la sentence n'est enfermée dans aucun formalisme[320]. Autrement dit, avec l'accord des parties, les textes issus de ce décret peuvent être applicables à des sentences rendues avant le 1er mai 2011. Cela dit, par souci de sécurité juridique, il ne faudrait pas que la convention des parties, exigée pour déroger à la nécessité de signifier la sentence, soit dégagée d'un accord de volonté antérieur à cette date. Il faut également noter que l'article 1522 du Code de procédure civile, qui porte principalement sur la renonciation au recours en annulation, n'entre en vigueur que lorsque le tribunal arbitral a été constitué après le 1er mai 2011.

922 **Modalités de notification de la sentence.** S'agissant des modalités selon lesquelles les parties peuvent convenir de déroger à l'exigence de signification de la sentence par acte d'huissier de justice, il résulte des textes précités que l'accord peut intervenir à tout moment : dans la convention d'arbitrage, au cours de la procédure arbitrale, par exemple dans l'acte de mission, ou même, pourquoi pas, après reddition de la sentence. Formellement, cet accord des parties peut être logé dans un document auquel la convention d'arbitrage renvoie, notamment un règlement d'arbitrage, qui a une valeur contractuelle. Mais c'est à la condition que ce texte soit suffisamment précis pour qu'il éclaire la volonté non équivoque des parties de renoncer à la garantie que constitue la signification de la sentence par acte d'huissier[321]. La solennité et, plus largement, les modalités pratiques de signification d'une décision juridictionnelle, par un huissier de justice notamment, constituent une garantie que le destinataire de la notification soit touché par elle et en comprenne la portée. Ainsi, par exemple, sauf si les parties décident expressément de conférer cet effet à ces dispositions, il ne résulte pas de la combinaison de

319. V. *infra*, n° 946.
320. V. *infra*, n° 922.
321. Paris, 26 mai 2015, *JCP* G 2015, I, n° 4, obs. J. Ortscheidt.

l'article 34.1 du règlement d'arbitrage de la CCI de 2012 (art. 35.1 du règlement de 2017), qui prévoit que « la sentence rendue, le Secrétariat en notifie aux parties le texte signé du tribunal arbitral, après que les frais d'arbitrage ont été intégralement réglés à la CCI par les parties ou l'une d'entre elles », et de son article 34.3 (art. 35.3 du règlement de 2017), qui ajoute que « dès lors que la notification a été faite conformément à l'article 34, paragraphe 1, les parties renoncent à toute autre notification ou dépôt à la charge du tribunal arbitral », que cette notification de la sentence par le secrétariat de la CCI vaut notification au sens de l'article 1519, alinéa 3[322]. Il avait déjà été précédemment jugé que, lorsque les parties se sont référées au règlement d'arbitrage de la CCI dans une convention d'arbitrage conclue avant l'entrée en vigueur de la réforme du 13 janvier 2011, soit sous l'empire de l'article 1505 ancien du Code de procédure civile, qui n'autorisait aucune dérogation conventionnelle à la formalité de la signification de la sentence, « les dispositions procédurales qui ont été ainsi convenues ne sauraient, sans donner au décret du 13 janvier 2011 une portée rétroactive, s'interpréter comme une renonciation à la signification, alors qu'un tel effet ne pouvait, à la date où elles se sont engagées, être envisagé par les parties contractantes »[323]. La notification par l'institution d'arbitrage ne peut donc valoir notification de la sentence, au sens de l'article 1519, que si les stipulations du règlement d'arbitrage sont suffisamment claires pour caractériser l'accord éclairé des parties sur ce point. À défaut, l'objet de cette formalité, par l'institution arbitrale, est purement contractuel, lié au contrat d'organisation de l'arbitrage conclu entre les parties et l'institution d'arbitrage. L'institution d'arbitrage a pris l'engagement contractuel de délivrer la sentence aux parties et la notification qu'elle en fait marque uniquement l'exécution de cette obligation. En outre, toute notification par le centre d'arbitrage, ou selon toutes autres modalités convenues par les parties (lettre recommandée, courriel avec accusé de réception, télécopie...), devra respecter certaines formalités pour que le juge français, éventuellement saisi d'une contestation sur ce point, consente à y voir le point de départ des délais de recours. En effet, les parties ne peuvent déroger à la nécessité d'indiquer les modalités et voies de recours dans l'acte de notification parce qu'il s'agit d'une garantie fondamentale, intrinsèquement liée au recours lui-même. Il a ainsi été jugé, avant la réforme de 2011, que les dispositions de l'article 680 du Code de procédure civile, qui prévoient que « l'acte de notification » – et non pas seulement de signification – d'un jugement doit préciser les modalités et délais de recours, sont applicables à la notification d'une sentence arbitrale[324]. Compte tenu des enjeux de cette formalité, elle doit être exigée dans tout acte de notification d'une sentence, quelle que soit sa forme, pour faire courir les délais de recours[325]. En revanche, il n'est pas évident que le juge français exige, lorsque les parties dérogent à l'exigence de signification, le respect des formalités posées par les traités internationaux relatifs aux notifications internationales lorsque la sentence est notifiée à l'étranger[326]. Certes, il pourrait considérer que puisqu'elle fait courir en

322. Paris, 26 mai 2015, préc. ; Paris (ord. CME), 6 mars 2014, *Rev. arb.* 2014, p. 654, note J. Pellerin.

323. Ord. CME, 8 mars 2012, *Rev. arb.* 2012, p. 393 (2e esp.), note Ch. Jarrosson et J. Pellerin.

324. Cass. 2e civ., 4 févr. 1999, *Bull. civ.* II, n° 22 ; Cass. 2e civ. 28 avr. 1986, *Rev. arb.* 1986, p. 329, obs. Th. Bernard.

325. En ce sens : Paris, 26 mai 2015, préc. ; Paris (ord. CME), 6 mars 2014, préc. Pour une analyse critique de cette exigence : A. Kirry et G. Goubin, « Un progrès en trompe l'œil : le nouveau texte sur la notification des sentences rendues en France en matière d'arbitrage international », *Procédures* 2014, étude 5.

326. Règlement CE n° 1393/2007 du 13 novembre 2007 qui, depuis le 13 novembre 2008, a remplacé le règlement CE n° 1348/2000 du 29 mai 2000 ; Convention de La Haye du 15 novembre 1965 relative à la

France les délais de recours, la notification doit au moins respecter certaines règles fondamentales prévues par ces traités, qui, en raison de leur nature, participent en quelque sorte à l'ordre public international de procédure. Mais le juge français pourrait tout aussi bien adopter une position plus libérale, qui serait sans doute plus conforme à sa jurisprudence actuelle, et juger que la sentence internationale n'étant insérée dans aucun ordre juridique, les parties ne sont pas tenues de respecter tel ou tel instrument international en matière de notification dérogatoire à la signification, ce d'autant que ces instruments ne concernent en principe pas directement les sentences arbitrales.

signification et la notification à l'étranger *des actes judiciaires et extrajudiciaires en matière civile ou commerciale.*

CHAPITRE 2
LE CONTRÔLE ÉTATIQUE DES SENTENCES ARBITRALES

923 **Relocalisation de la sentence arbitrale internationale au stade de l'exécution.** Au moment de l'exécution de la sentence arbitrale, une certaine relocalisation de l'arbitrage international va s'opérer. À ce stade en effet, le soutien du juge étatique est souvent nécessaire. À défaut d'exécution volontaire de la décision du tribunal arbitral par la partie condamnée, l'exécution forcée de la sentence devra être recherchée. Or, chaque État souverain a le monopole des procédés de contrainte sur son territoire. Il faudra donc bien souvent l'accord du juge local pour exercer une mesure de contrainte afin d'obtenir l'exécution forcée de la sentence arbitrale. À ce moment, l'ordre juridique requis posera ses conditions pour donner effet à la sentence sur son territoire. Ainsi, l'exécution forcée d'une sentence arbitrale est soumise, dans tous les pays, à une procédure préalable d'exequatur de cette sentence.

Certes, le recours aux juridictions étatiques n'est pas toujours indispensable. Il pourrait même sembler ne pas être de l'essence de l'arbitrage. Les sentences sont, pour la plupart, exécutées spontanément. Aussi, l'arbitrage international pourrait échapper aux contraintes que les droits imposent pour accorder l'exequatur aux sentences arbitrales. Toutefois, on a, à juste titre, relativisé la portée qu'il faut attribuer au fort taux d'exécution volontaire des sentences[1]. Cette exécution volontaire tient certainement, en grande partie, à la conscience qu'a la partie condamnée du caractère vain de sa résistance, compte tenu de la possibilité pour son adversaire d'obtenir aisément l'exécution forcée de la sentence auprès des juridictions étatiques.

Par ailleurs, l'efficacité de la sentence arbitrale internationale est en partie dépendante du sort qui lui sera réservé par les juridictions du siège du tribunal arbitral. En effet, un recours en annulation est généralement ouvert devant ces juridictions, et le droit local exercera de ce fait une influence certaine sur la manière dont l'arbitre accomplira sa mission. La procédure d'arbitrage devra notamment satisfaire aux exigences fondamentales posées par le droit du siège, afin d'éviter une annulation de la sentence qui risque d'en compromettre l'efficacité internationale.

1. P. Mayer, « L'autonomie de l'arbitre international dans l'appréciation de sa propre compétence », *RCADI* 1989, p. 325, spéc. n° 39, p. 36.

924 **Multilocalisation de la sentence arbitrale internationale.** Le caractère délocalisé de l'arbitrage international ne disparaît toutefois pas complètement au stade de l'exécution de la sentence. En réalité, la nécessité de recourir au juge étatique pour obtenir l'exécution forcée de la sentence arbitrale conduit plutôt à une multilocalisation de celle-ci. Deux facteurs l'expliquent. D'une part, la sentence pourra souvent être exécutée en plusieurs lieux, en fonction de la localisation des actifs de la partie condamnée. D'autre part, le contrôle opéré à ce titre par chaque État sur la sentence est relatif. Chaque État décide pour lui d'accorder ou non des effets contraignants à la sentence sur son territoire. Si un État le refuse, un autre État pourra néanmoins l'accepter.

Une relocalisation forte de la sentence au siège de l'arbitrage aurait pu s'opérer si une confiance particulière était accordée par les autres États au point de vue du juge du siège quant à la validité internationale de la sentence. L'influence du siège aurait notamment été considérable si une sentence annulée dans son pays d'origine ne pouvait plus être exécutée en aucun pays ; les exigences du droit local seraient alors le minimum nécessaire que l'arbitre devrait, dans tous les cas, respecter. Ceci étant, l'efficacité de sa sentence ne serait pas pour autant garantie. En effet, les États qui accordent un certain poids à la décision du juge du siège saisi d'un recours en annulation contre la sentence ne le font que de façon limitée. Ils n'accordent jamais une confiance particulière à la décision du juge du siège qui rejette le recours en annulation. La cour d'appel de Paris a ainsi précisé que, dans le cadre d'une procédure d'exequatur, le juge français procède au contrôle de la sentence, peu important que le recours en annulation devant le juge du siège ait été rejeté[2]. Cette solution est quasi unanimement retenue en droit comparé[3]. Les États refusent de reconnaître à cette décision, qui implique un avis favorable à la validité de la sentence de la part du juge du siège, le moindre effet sur leur territoire. La plupart des États estiment seulement que la décision du juge du siège qui annule une sentence en compromet en principe l'efficacité sur leur territoire. Mais même cette confiance limitée à l'égard de la décision du juge du siège n'est pas manifestée par tous les États[4]. Certains, et à vrai dire surtout la France, n'accordent en effet aucun poids à l'avis du juge du siège lorsque celui-ci annule la sentence.

On aurait pourtant pu douter qu'une sentence, annulée dans son pays d'origine, puisse recevoir l'exequatur dans un quelconque État. Le doute grandit lorsqu'on songe au fait que cette annulation pourra souvent conduire à la mise en place d'un nouvel arbitrage, et donc à une seconde sentence. L'article V (1) (e) de la Convention de New York du 10 juin 1958 sur la reconnaissance et l'exécution des sentences arbitrales étrangères prévoit d'ailleurs le refus de reconnaissance ou d'exécution lorsque la partie défenderesse fournit la preuve que la sentence n'est pas encore devenue obligatoire pour les parties, ou a été annulée ou suspendue par une autorité compétente du pays dans lequel, ou d'après la loi duquel, la sentence a été rendue[5]. Pourtant, en droit français de l'arbitrage international, l'annulation de la sentence à l'étranger n'est pas

2. Paris, 12 févr. 1993, *Rev. arb.* 1993, p. 255, note D. Hascher. V. aussi, Paris, 10 sept. 1998, *Rev. arb.* 2001, p. 583 (1re esp.), obs. J.-B. Racine.

3. V. cependant, les obs. de J.-F. Poudret, S. Besson, *Droit comparé de l'arbitrage international*, Bruylant, 2002, nº 119, p. 90. V. aussi les obs. de S. Bollée, in *Les méthodes du droit international privé à l'épreuve des sentences arbitrales*, préf. P. Mayer, Economica, 2004, spéc. nº 402 et s., p. 278 et s.

4. Sur la question de la portée extraterritoriale des décisions relatives au contrôle des sentences, v. aussi, S. Bollée, L. Radicati di Brozolo, M. Scherer et B. Zajdela, « L'autorité de chose jugée des décisions relatives au contrôle des sentences – table ronde », *Rev. arb.* 2016, p. 183.

5. V. *infra*, nº 1016.

une cause d'inefficacité de celle-ci en France. Aussi, dans l'affaire *Norsolor*[6] une sentence rendue à Vienne et annulée par la cour d'appel de Vienne, a pu obtenir l'exequatur en France. La solution française repose sur deux fondements. En premier lieu, l'article 1520 du Code de procédure civile[7], qui énumère, de façon exhaustive, les griefs pouvant être opposés à la reconnaissance et à l'exécution d'une sentence en France, ne mentionne pas son annulation dans son pays d'origine. En second lieu, l'article VII de la Convention de New York du 10 juin 1958 prévoit que les dispositions de la Convention ne privent aucune partie intéressée du droit qu'elle pourrait avoir de se prévaloir d'une sentence arbitrale de la manière et dans la mesure admise par la législation ou les traités du pays où la sentence est invoquée. Autrement dit, l'article VII de la Convention permet au juge du pays où l'exécution de la sentence est recherchée d'appliquer son propre droit si celui-ci est plus favorable à la reconnaissance et à l'exécution de la sentence que la Convention[8]. Or, en ne retenant pas l'annulation de la sentence dans son pays d'origine comme cause de refus d'exequatur, le droit français se montre en effet plus favorable. Sur un plan plus théorique, relevant de la philosophie de l'arbitrage international[9], la solution repose par ailleurs sur l'idée qu'une sentence ne fait pas partie de l'ordre juridique dans lequel elle a été rendue, le tribunal arbitral étant quant à lui une juridiction internationale autonome[10]. Ainsi, dans la rocambolesque affaire *Hilmarton*, une sentence annulée par le Tribunal fédéral suisse a obtenu l'exequatur en France dès lors que, pour la Cour de cassation[11], « la sentence rendue en Suisse était une sentence internationale qui n'était pas intégrée dans l'ordre juridique de cet État, de sorte que son existence demeurait établie malgré son annulation ». Plus clairement encore, dans son arrêt *Putrabali*, la première chambre civile de la Cour de cassation a relevé que « la sentence internationale, qui n'est rattachée à aucun ordre juridique étatique, est une décision de justice internationale dont la régularité est examinée au regard des règles applicables dans le pays où sa reconnaissance et son exécution sont demandées ; qu'en application de l'article VII de la Convention de New York du 10 janvier 1958, la société Rena Holding était recevable à présenter en France la sentence rendue à Londres le 10 avril 2001 conformément à la convention d'arbitrage et au règlement de l'IGPA, et fondée à se prévaloir des dispositions du droit français de l'arbitrage international, qui ne prévoit pas l'annulation de la sentence dans son pays d'origine comme cause de refus de reconnaissance et d'exécution de la sentence rendue à l'étranger »[12]. La reconnaissance en France de cette sentence n'étant pas contraire à

6. Cass. 1re civ., 9 oct. 1984, *Rev. arb.* 1985, p. 431, note B. Goldman ; *JDI* 1985, p. 679, note Ph. Kahn ; *D.* 1985, p. 101, note J. Robert.

7. Art. 1502 ancien CPC.

8. V. *infra*, n° 1009.

9. V. E. Gaillard, *Aspects philosophiques du droit de l'arbitrage international*, Adi-Poche, spéc. n° 65 et s.

10. Cass. 1re civ., 12 oct. 2011, *D.* 2011, p. 3023, obs. Th. Clay ; *RCDIP* 2012, p. 121, note H. Muir Watt ; *JCP* G 2011, I, 1432, n° 6, obs. Ch. Seraglini.

11. Cass. 1re civ., 23 mars 1994, *Rev. arb.* 1994, p. 327, note Ch. Jarrosson ; *RCDIP* 1995, p. 356, note B. Oppetit ; *JDI* 1994, p. 701, note E. Gaillard ; *RTD com.* 1994, p. 702, obs. J.-Cl. Dubarry et É. Loquin.

12. Cass. 1re civ., 29 juin 2007, *Putrabali*, *Bull. civ.* I, n° 250 ; *D.* 2008, chron., p. 1429, note L. Degos ; *D.* 2008, pan., p. 180, obs. Th. Clay ; *RTD com.* 2007, p. 682, obs. É. Loquin ; *Rev. arb.* 2007, p. 499, rapp. J.-P. Ancel et note E. Gaillard ; *JDI* 2007, p. 1236, obs. Th. Clay ; *LPA* 2007, n° 192, note M. de Boisséson ; *Cah. arb.*, vol. IV, Pedone, 2008, p. 110 note Ph. Pinsolle ; *JCP* G 2007, I, 216, n° 7, obs. Ch. Seraglini ; *RJDA* 2007, p. 883, obs. J.-P. Ancel ; *RCDIP* 2008, p. 109, note S. Bollée ; *Bull. ASA*

l'ordre public international, l'exequatur devait être accordé[13]. Par ailleurs, l'autorité de chose jugée de la décision d'exequatur de la sentence annulée s'opposait à la reconnaissance de tout effet en France de la seconde sentence, rendue par le nouveau tribunal arbitral constitué après annulation de la première[14]. Dans ces conditions, l'annulation d'une sentence par les juridictions de l'État dans lequel elle a été rendue n'étant pas susceptible de fonder un refus d'exequatur, il n'y a pas davantage lieu, pour le juge français de l'exequatur, de surseoir à statuer dans l'attente de la décision du juge étranger saisi du recours en annulation[15].

Le refus français de prendre en compte une annulation de la sentence dans son pays d'origine a fait l'objet de vifs débats en doctrine[16]. La solution a pourtant, un temps au moins, séduit quelques juridictions étrangères, notamment en Europe[17] et aux États-Unis[18]. Depuis lors cependant, ces juridictions paraissent l'avoir abandonnée et retenir des solutions beaucoup plus mesurées. Ainsi, la jurisprudence américaine semble aujourd'hui considérer que la décision étrangère d'annulation s'oppose en principe à la reconnaissance ou l'exécution de la sentence aux États-Unis, sauf si cette décision heurte l'ordre public américain compte tenu des conditions dans lesquelles elle a été rendue[19]. D'autres juridictions considèrent que la décision étrangère d'annulation,

---

2007, p. 826, note P.-Y. GUNTER. V. plus récemment, Paris, 4 déc. 2012, *Planor Afrique*, *Rev. arb.* 2013, p. 411 (2e esp.), note C. DEBOURG (même dans le cas particulier d'une annulation de la sentence par la Cour commune de justice et d'arbitrage (CCJA) dans le cadre du Traité OHADA) ; Paris, 15 janv. 2013, *Rev. arb.* 2013, p. 779, note S. BOLLÉE ; Paris, 27 juin 2017, *Fédération de Russie c/ Société Yukos*, *Rev. arb.* 2017, p. 1075.

13. V. aussi, Paris, 29 sept. 2005, *Bechtel*, *JCP* G 2006, I, 148, n° 7, obs. Ch. SERAGLINI ; *D.* 2005, pan., p. 3063, obs. Th. CLAY ; *Rev. crit. DIP* 2006, p. 387, note A. SZEKLY ; *Rev. arb.* 2006, p. 695, note H. MUIR-WATT. Dans cette décision, la cour d'appel de Paris a notamment relevé que « les principes fondamentaux de l'arbitrage dans notre pays tels qu'exprimés par les articles 1498 et suivants CPC [...] poursuivent l'élimination des obstacles à la circulation internationale des sentences en n'érigeant pas l'annulation de la sentence dans l'État d'origine en cause de refus d'exequatur ».

14. Cass. 1re civ., 29 juin 2007, *Bull. civ.* I, n° 251 (et les références citées *supra*, note 11 de l'affaire *Putrabali*) ; Cass. 1re civ., 10 juin 1997, *Rev. arb.* 1997, p. 376, note Ph. FOUCHARD ; *JDI* 1997, p. 1033, note E. GAILLARD.

15. Paris, 15 janv. 2013, *Rev. arb.* 2013, p. 779, note S. BOLLÉE ; Paris, 19 févr. 2013, *Rev. arb.* 2013, p. 299.

16. En faveur de la solution, v. notamment, Ph. FOUCHARD, « La portée internationale de l'annulation de la sentence arbitrale dans son pays d'origine », *Rev. arb.* 1997, p. 329 ; E. GAILLARD, « L'exécution des sentences annulées dans leur pays d'origine », *JDI* 1998, p. 645 ; « Constance et bien-fondé de la jurisprudence française sur la reconnaissance des sentences annulées au siège », note sous Paris, 31 mars 2005, *Rev. arb.* 2006, p. 665 ; « Souveraineté et autonomie. Réflexions sur les représentations de l'arbitrage international », *JDI* 2007, p. 1163 ; A. MOURRE, « À propos des articles V et VII de la Convention de New York et de la reconnaissance des sentences annulées dans leur pays d'origine : où va-t-on après les arrêts *Termo Rio* et *Putrabali* », *Rev. arb.* 2008, p. 263. En défaveur de la solution, v. notamment, J.-F. POUDRET, « Quelle solution pour en finir avec Hilmarton ? Réponse à Philippe FOUCHARD », *Rev. arb.* 1998, p. 7 ; B. LEURENT, « Réflexion sur l'efficacité internationale des sentences arbitrales », *Trav. Com. Fr. DIP* 1996, p. 181 ; H. MUIR WATT, « La sentence annulée dans son pays d'origine : voyage au bout de la fiction », note sous Paris, 29 sept. 2005, *Rev. arb.* 2006, p. 695.

17. Cour suprême autrichienne, 20 oct. 1993, *Rev. arb.* 1998, p. 419, note P. LASTENOUSE et P. SENKOVIC ; *JDI* 1998, p. 1003, obs. I. SEIDL-HOHENVELDERN ; Trib. Prem. Inst. Bruxelles, 6 déc. 1988, *XV Yearbook Comm. Arb.*, p. 370.

18. US District Court of Columbia, 31 juill. 1996, *Chromalloy, Rev. arb.* 1997, p. 439 et, dans la même affaire, Paris, 14 janv. 1997, *Rev. arb.* 1997, p. 395, note Ph. FOUCHARD.

19. Plus précisément, lorsque la décision d'annulation viole les « basic notions of justice », est « repugnant to fundamental notions of what is decent and just in the United States » : US Court of Appeal, District

pour pouvoir s'opposer à la reconnaissance ou l'exécution de la sentence arbitrale sur leur territoire, doit pouvoir y être reconnue en vertu de leurs règles de droit international privé[20]. Ces dernières solutions, plus équilibrées, nous paraissent également plus raisonnables. D'un côté, la solution retenue par le droit français a pour inconvénient évident de condamner toute harmonie internationale des solutions. Par ailleurs, elle est source d'imprévisibilité pour les parties, puisqu'elle peut conduire à instaurer une incertitude indéfinie sur le point de savoir si une sentence, pourtant annulée au siège, est véritablement non avenue ou si elle pourra, malgré tout, être exécutée dans tel ou tel pays. Or, les parties souhaitent généralement qu'un contrôle de la sentence au siège, limité à certains points particuliers et exclusif de révision au fond, existe ; le peu de succès de la possibilité offerte aux parties par certaines législations de renoncer par avance au recours en annulation en atteste[21] ; on peut imaginer que les parties souhaitent également que ce contrôle ait en principe un effet au-delà d'une simple déclaration d'annulation, notamment quant au futur de la sentence et à leur situation. De plus, la solution française conduira souvent, compte tenu de la mise en œuvre fréquente d'un second arbitrage suite à l'annulation de la première sentence, à une « concurrence internationale » en matière d'exequatur entre deux sentences pour un même arbitrage. Enfin, elle oblige le juge de l'exequatur à se placer, indirectement au moins, en censeur de la décision d'annulation judiciaire rendue dans le pays d'origine de la sentence[22] ; aussi, pourquoi ne pas effectuer un réel examen de cette décision, pour voir si elle mérite ou non d'être reconnue sur le territoire du juge de l'exequatur ? D'un autre côté, la solution française peut également se prévaloir de certains arguments. On peut notamment faire valoir qu'accorder une autorité particulière à la décision d'annulation de la sentence rendue au siège favoriserait une empreinte excessive du droit du siège sur un arbitrage international, et que l'accueil de la sentence sur le territoire français doit s'apprécier en

---

of Columbia, 25 mai 2007, *Termo Rio*, *Rev. arb.* 2007, p. 553, note J. PAULSSON ; US District Court of Columbia, 17 mars 2006, *Termo Rio*, *Rev. arb.* 2006, p. 786, note J. PAULSSON ; Cour d'appel des États-Unis (2e cir.), 12 août 1999, *Baker Marine*, *Rev. arb.* 2000, p. 135, note E. GAILLARD; ; v. aussi, US Court of Appeal, 2nd Cir., 2 août 2016, *Corporacion Mexicana De Mantenimiento Integral v. Pemex-Exploracion y produccion*, 832 F. 3d 92, *Cah. arb.* 2016, p. 969, note E. SILVA-ROMERO (et déjà, dans la même affaire, US District Court Southern District of New-York, 27 août 2013, *Rev. arb.* 2015, p. 183, note C. DARRIGADE ; *Cah. arb.* 2013, p. 1027, note L. G. RADICATI DI BROZOLO) ; US Court of Appeal, 2nd Cir., 20 juill. 2017, *Thai-Lao Lignite Co. Ltd. et al. v. Government of the Lao People's Democratic Republic*, 864 F. 3d. 172 ; sur ces deux derniers arrêts, v. E. GAILLARD, « La vision américaine des sentences annulées au siège (observations sur les arrêts *Pemex* et *Thai-Lao Lignite* de la Cour d'appel fédérale du 2e circuit des 2 août 2016 et 20 juillet 2017) », *Rev. arb.* 2017, p. 1147 ; A. G. LEVENTHAL, « Le juge de l'exequatur devant la sentence internationale et la décision d'annulation :une lecture de la jurisprudence récente aux États-Unis », *Cah. arb.* 2018, p. 273.

20. Cour d'appel d'Amsterdam, 28 avr. 2009, *Rev. arb.* 2009, p. 557, note S. BOLLÉE. Sur le droit comparé, v. G. BORN, *International Commercial Arbitration*, Kluwer Law International, 2nd ed., 2014, n° 25.11, n° 26.03 et n° 26.05 ; et aussi, S. BOLLÉE, L. RADICATI DI BROZOLO, M. SCHERER et B. ZAJDELA, « Table-ronde : l'autorité de chose jugée des décisions relatives au contrôle des sentences », *Rev. arb.* 2016, p. 183 ; S. MANCIAUX, « Le sort des sentences arbitrales annulées dans l'État du siège : proposition pour sortir du désordre actuel », in *Droit sans frontières, Mélanges en l'honneur d'Éric Loquin*, LexisNexis, 2018, p. 215 ; sur la situation en Grande-Bretagne, v. aussi B. RIX et J. HUARD-BOURGOIS, « Revelations on the English Approach to Enforcement of International Awards: a Dialogue with Professor Sir Bernard Rix », *Cah. arb.* 2016, p. 387. V. aussi, *supra*, n° 578.

21. Sur ce point, v. *infra*, n° 962 et s.

22. En ce sens, J.-F. POUDRET, S. BESSON, *Droit comparé de l'arbitrage international*, Bruylant, 2002, n° 1013, p. 963.

fonction des seules exigences et critères posés par le droit français[23], sans se préoccuper de celui réservé à cette sentence par un autre juge, que ce soit dans l'État du siège ou dans un autre État où l'exécution aurait auparavant été demandée[24]. Ceci étant, la solution intermédiaire adoptée par certains États (États-Unis, Pays-Bas) semble préférable : que le juge du lieu d'exécution requis reconnaisse que la décision d'annulation d'une sentence, rendue par le juge étranger du siège, peut, le cas échéant, s'opposer à l'exécution de cette sentence sur son territoire, dès lors que la décision d'annulation étrangère remplit les conditions pour y être reconnue en vertu des règles de son droit international privé[25]. Autrement dit, si on peut comprendre qu'un jugement d'annulation d'une sentence ne bénéficie pas automatiquement et aveuglément d'une autorité extraterritoriale, notamment afin de ne pas favoriser les annulations abusives ou de complaisance, on pourrait néanmoins admettre qu'il soit susceptible de reconnaissance, comme toute autre décision juridictionnelle, dès lors qu'il satisfait aux conditions de reconnaissance des décisions étrangères en vigueur dans l'État requis.

925 **Conséquences de la multilocalisation de la sentence sur la mission de l'arbitre international.** Compte tenu de cette grande relativité affectant le contrôle étatique des

23. V. la solution intermédiaire retenue par l'article IX de la Convention de Genève du 21 avril 1961.

24. Pour une synthèse récente des arguments en faveur de la solution française, v. E. Gaillard, *Aspects philosophiques du droit de l'arbitrage international*, Adi-Poche, spéc. nº 125 et s. Il a même été jugé qu'il n'avait pas à prendre en considération la décision du juge du siège de suspendre le caractère exécutoire d'une sentence jusqu'à ce qu'il soit jugé sur la demande d'annulation pour refuser l'exécution de cette sentence en France, au titre du droit commun (Cass. 1re civ., 10 mars 1993, *Rev. arb.* 1993, p. 255, note D. Hascher).

25. V. par exemple, aux États-Unis, US District Court, District of Columbia, 17 mars 2006, *Termo Rio c/ Electrificadoria Dela Atlantico*, *Rev. arb.* 2006, p. 786, note J. Paulsson, et US Court of Appeal, District of Columbia, 25 mai 2007, *Rev. arb.* 2007, p. 552, note J. Paulsson, qui décide, à propos d'une sentence rendue en Colombie et annulée au siège, que « dans un litige entre des parties colombiennes, sur un contrat de services devant être fournis en Colombie, qui a conduit à une décision arbitrale colombienne et à une procédure judiciaire colombienne, les demandeurs ne peuvent valablement demander l'exécution de leur sentence arbitrale ici, sauf dans l'hypothèse où les décisions des juridictions colombiennes violeraient l'ordre public américain » ; dans le même sens, US Court of Appeal, 2nd Cir., 20 juill. 2017, *Thai-Lao Lignite Co. Ltd. et al. v. Government of the Lao People's Democratic Republic*, 864 F. 3d. 172 (acceptant de reconnaître le jugement d'annulation, ce qui s'oppose à la reconnaissance et l'exécution de la sentence aux États-Unis). Cela conduit parfois le juge américain à reconnaître une sentence annulée au siège dès lors que le jugement d'annulation lui apparaît contraire à son ordre public : US Court of Appeal, 2nd Cir., 2 août 2016, *Corporacion Mexicana De Mantenimiento Integral v. Pemex-Exploracion y produccion*, 832 F. 3d 92, *Cah. arb.* 2016, p. 969, note E. Silva-Romero (refusant de reconnaître la décision d'annulation jugée contraire à l'ordre public américain) ; et déjà dans la même affaire, US District Court Southern District of New-York, 27 août 2013, *Rev. arb.* 2015, p. 183, note C. Darrigade ; *Cah. arb.* 2013, p. 1027, note L. G. Radicati di Brozolo) ; sur cette jurisprudence, v. aussi E. Gaillard, « La vision américaine des sentences annulées au siège (observations sur les arrêts *Pemex* et *Thai-Lao Lignite* de la Cour d'appel fédérale du 2e circuit des 2 août 2016 et 20 juillet 2017) », *Rev. arb.* 2017, p. 1147 ; A. G. Leventhal, « Le juge de l'exequatur devant la sentence internationale et la décision d'annulation :une lecture de la jurisprudence récente aux États-Unis », *Cah. arb.* 2018, p. 273. De même, la cour d'appel d'Amsterdam (cour d'appel d'Amsterdam, 28 avr. 2009, *Yukos Capital SARL c/ OARosneft*, *Rev. arb.* 2009, p. 557, note S. Bollée) a décidé que la question de savoir si l'annulation d'une sentence arbitrale par la juridiction du siège du tribunal arbitral faisait ou non obstacle à la reconnaissance et l'exécution de celle-ci aux Pays-Bas devait être jugée au cas par cas, et dépendait de la possible reconnaissance ou non du jugement étranger aux Pays-Bas en application des règles de droit international privé commun. Aussi, ça n'est que si ce jugement ne peut, au cas d'espèce, être reconnu aux Pays-Bas, notamment parce qu'il a été rendu dans des conditions choquant l'ordre public international néerlandais, que la sentence arbitrale annulée sera susceptible d'y être accueillie. Sur ce point, v. aussi, *supra*, nº 578.

sentences arbitrales, dont la portée reste essentiellement territoriale, l'arbitre international bénéficie d'une certaine marge de manœuvre. En même temps, la relativité de ce contrôle pourrait sembler lui imposer plus de contraintes, car un arbitre, qui doit se soucier de l'efficacité de sa sentence, devra multiplier les examens pour garantir cette efficacité : se conformer aux exigences du siège, mais aussi des lieux d'exécution prévisibles de la sentence. En effet, même si le tribunal arbitral n'est le gardien d'aucun ordre juridique étatique, puisqu'il leur est extérieur[26], il doit veiller à rendre une sentence efficace, susceptible d'être ensuite reconnue et exécutée. Les parties ayant placé leur confiance entre les mains d'un juge « privé », choisi pour ses qualités et compétences particulières, ce serait décevoir leur légitime attente que, pour des raisons parfois surprenantes[27], de ne pas se préoccuper d'abord de rendre une sentence qui soit susceptible d'exécution forcée[28]. Cette exigence de veiller à l'efficacité de la sentence, dont le fondement peut être moral, déontologique[29] ou contractuel[30], est d'ailleurs au moins justifiée par des considérations économiques, puisque l'annulation et le refus d'exequatur d'une sentence représentent un gaspillage de ressources et de temps regrettable. Lorsque les lieux d'exécution de la sentence ne peuvent être facilement déterminés à l'avance, la tâche du tribunal arbitral peut cependant paraître bien difficile. De plus, prendre en considération, de façon cumulative, toutes les exigences des États susceptibles d'accueillir la sentence risque de conduire à l'application de la norme la plus restrictive. Aussi, la meilleure attitude pour l'arbitre sera le plus souvent de prendre de la hauteur et de rendre une sentence qui soit susceptible de reconnaissance dans un grand nombre d'États. La démarche peut d'autant plus être recommandée que les conditions de reconnaissance et d'exécution des sentences arbitrales tendent à s'uniformiser d'un État à un autre, et que le contrôle opéré dans ce cadre par le juge étatique se veut, dans la plupart des pays, de plus en plus léger.

926 **Les sources du droit français relatif au contrôle des sentences arbitrales.** La France est liée par plusieurs instruments conventionnels, bilatéraux ou multilatéraux, dont l'objet est la reconnaissance et l'exécution forcée des sentences arbitrales. La principale est la Convention de New York du 10 juin 1958 pour la reconnaissance et

26. V. *supra*, n° 577.

27. Tel que l'amour-propre qui, selon Pierre MAYER, « pousse certains à voir leur sentence comme une œuvre en soi, qui doit être parfaite, juste, selon leurs critères, dût-elle être anéantie... par un juge incompréhensif » (P. MAYER, « L'arbitre et la loi », in *Le droit privé français à la fin du xxe siècle. Études offertes à P. Catala*, Litec, 2001, p. 225, spéc. p. 228.).

28. Pour Mme L.-F. REED, « enforcement is *the raison d'être* of international arbitration » (« Experience of Practical Problems of enforcement », in *Communication au XIV Congrès ICCA*, Paris, 3-6 mai 1998, p. 5, *in fine*) ; v. aussi, P. LEVEL, « Brèves réflexions sur l'office de l'arbitre », in *Nouveaux juges, nouveaux pouvoirs. Mélanges en l'honneur de R. Perrot*, Dalloz, 1996, p. 260, spéc. n° 12, p. 268, qui estime que le souci d'efficacité de la décision est inhérent à la fonction juridictionnelle de l'arbitre.

29. Philippe FOUCHARD souligne que « cet apparent désintérêt concernant le sort de la sentence procède d'une déontologie curieuse, et, à la limite, pourrait engager la responsabilité de l'arbitre » (Ph. FOUCHARD, « Les conflits de lois en matière d'arbitrabilité des litiges de propriété industrielle », *Rev. arb.* 1977, p. 63, spéc. p. 66).

30. Thomas CLAY évoque l'obligation pour l'arbitre « de prendre en compte l'exécution de sa sentence », dont il puise la cause dans le contrat d'arbitre (Th. CLAY, *L'arbitre*, Dalloz, Nouvelle Bibliothèque de Thèses, 2001, spéc. n° 831-834, p. 637-639). Pierre MAYER trouve également la source de cette obligation « dans la convention qui lie les parties à l'arbitre » (P. MAYER, « L'autonomie de l'arbitre international dans l'appréciation de sa propre compétence », *RCDAI* 1989, p. 325, spéc. n° 36, p. 366. V. aussi, *supra*, n° 798 sur les droits et obligations de l'arbitre).

l'exécution des sentences arbitrales étrangères. Cependant, si elle est d'une grande importance en droit comparé pour assurer la reconnaissance et l'exécution des sentences à travers le monde[31], elle a une influence limitée en France. En effet, son article VII autorise toute partie intéressée à « se prévaloir d'une sentence arbitrale de la manière et dans la mesure admises par la législation ou les traités du pays où la sentence est invoquée ». Autrement dit, dès lors que la législation de l'État requis est plus favorable à la reconnaissance ou à l'exécution de la sentence que ne l'est la Convention, elle prévaut[32]. Or, puisque sur de nombreux aspects, le droit français est vu comme plus favorable à cet égard, la Convention de New York a très peu l'occasion d'être mise en œuvre par les juridictions françaises. Quoi qu'il en soit, l'étude des conditions posées à la reconnaissance et à l'exécution des sentences arbitrales étrangères par les principaux instruments, dont la Convention de New York, présente tout de même un intérêt, ne serait-ce que dans une perspective comparatiste. Elle sera donc brièvement menée (section 3) après un exposé du droit commun français des voies du contrôle étatique de la sentence (section 1) et de l'objet de ce contrôle (section 2). Mais au préalable, puisque les règles ensuite exposées ne concernent pas directement ces sentences, il faut ici brièvement exposer le régime dérogatoire des recours contre les sentences arbitrales internationales relatives à des contrats administratifs internationaux impliquant une entité publique française, pour lesquelles il existe une compétence résiduelle du juge administratif.

927 **Le régime dérogatoire des recours contre les sentences arbitrales internationales relatives à des contrats administratifs internationaux impliquant une entité publique française : évolution historique.** Ce régime dérogatoire est le fruit d'une évolution récente. Dans un arrêt rendu le 19 mai 1958, le Tribunal des conflits avait en effet décidé que relevait de la juridiction administrative le moyen, soulevé devant le juge français pour s'opposer à l'exequatur d'une sentence rendue à Londres, tiré du défaut de pouvoir du signataire d'une charte-partie – qui comportait une clause compromissoire – conclue à Londres par le sous-directeur de la Mission française des transports maritimes[33]. Puis, dans un avis du 6 mars 1986[34], le Conseil d'État relevait qu'« il résulte des principes généraux du droit public français, confirmés par les dispositions du premier alinéa de l'article 2060 du Code civil que, sous réserve des dérogations découlant de dispositions législatives expresses ou, le cas échéant, des stipulations de conventions internationales incorporées dans l'ordre juridique interne, des personnes morales de droit public ne peuvent pas se soustraire aux règles qui déterminent la compétence des juridictions nationales en remettant à la décision d'un arbitre la solution des litiges auxquels elles sont parties et qui se rattachent à des rapports relevant de l'ordre juridique interne. Tout compromis ou toute clause compromissoire conclu en méconnaissance de ce principe est atteint d'une nullité d'ordre public ». Et en 2006, le commissaire du Gouvernement Jacques-Henri Stahl soulignait, dans ses conclusions devant le Tribunal des conflits dans l'affaire *Caisse centrale de réassurance*[35], que « contrairement à ce qui a parfois été soutenu en doctrine, le recours au mode

31. V. *supra*, n° 60.
32. V. *infra*, n° 1009.
33. TC, 19 mai 1958, *Société Myrtoon Steamship*, *Rec.* 793 ; *D.* 1958, p. 699, note J. Robert.
34. CE, 6 mars 1986, *Eurodisney*, *Rev. arb.* 1992, p. 397.
35. TC, 16 oct. 2006, *Rec.* 639 ; *RFDA* 2007, p. 290, note B. Delaunay ; *RFDA* 2007, p. 284, concl. J.-H. Stahl.

particulier des règlements juridictionnels des litiges que constitue l'arbitrage n'a ni pour objet ni pour effet de modifier la nature des litiges, qui demeurent ce qu'ils sont et ne cessent pas d'être régis par les règles juridiques qui leur sont applicables : ainsi, un litige de droit public ne devient pas un litige de droit privé au motif qu'il serait réglé non par les juridictions administratives de droit commun mais par la voie de l'arbitrage, et ce quand bien même les règles de procédure mises en œuvre par le tribunal arbitral seraient celles fixées par le nouveau Code de procédure civile ». L'arrêt *Inserm* rendu le 17 mai 2010[36] par le Tribunal des conflits a bouleversé la matière. Dans cette décision, le Tribunal des conflits a en effet fait sienne, au moins partiellement, l'analyse contemporaine du droit de l'arbitrage, selon laquelle la sentence arbitrale internationale n'est rattachée à aucun ordre juridique en particulier, tout en laissant subsister en droit français une dualité de régime pour le contrôle de certaines sentences arbitrales internationales.

928 **Dualité de régime et compétence résiduelle du juge administratif**. Dans la décision *Inserm* précitée, le Tribunal des conflits a jugé « que le recours formé contre une sentence arbitrale rendue en France, sur le fondement d'une convention d'arbitrage, dans un litige né de l'exécution ou de la rupture d'un contrat conclu entre une personne morale de droit public française et une personne de droit étranger, exécuté sur le territoire français, mettant en jeu les intérêts du commerce international, fût-il administratif selon les critères du droit interne français, est porté devant la cour d'appel dans le ressort de laquelle la sentence a été rendue [...], ce recours ne portant pas atteinte au principe de la séparation des autorités administrative et judiciaire ». Mais il a immédiatement ajouté « qu'il en va cependant autrement lorsque le recours, dirigé contre une telle sentence intervenue dans les mêmes conditions, implique le contrôle de la conformité de la sentence aux règles impératives du droit public français relatives à l'occupation du domaine public ou à celles qui régissent la commande publique et applicables aux marchés publics, aux contrats de partenariat et aux contrats de délégation de service public ; que, ces contrats relevant d'un régime administratif d'ordre public, le recours contre une sentence arbitrale rendue dans un litige né de l'exécution ou de la rupture d'un tel contrat relève de la compétence du juge administratif ». La compétence de principe pour statuer sur un recours contre une sentence arbitrale rendue en France, mettant en cause les intérêts du commerce international, dans un litige opposant une personne morale de droit public et une personne de droit étranger, relatif à l'exécution ou la rupture d'un contrat administratif sur le territoire français, appartient donc au juge judiciaire. Mais par exception, cette sentence, lorsqu'elle est rendue dans un litige relatif à un contrat qui doit nécessairement respecter des règles impératives de droit public

36. TC, 17 mai 2010, *JCP* G 2010, I, 644, n° 12, obs. J. Ortscheidt ; *Rev. arb.* 2010, p. 275, p. 253, note M. Audit ; *D.* 2010, p. 2323, obs. S. Bollée ; *D.* 2010, p. 2933, obs. Th. Clay ; *D.* 2010, p. 2633, chron. S. Lemaire ; *RCDIP* 2010, p. 653, note M. Laazouzi ; v. aussi : E. Gaillard, « Le Tribunal des conflits torpille le droit français de l'arbitrage », *JCP* G 2010, 253 ; Th. Clay, « Les contorsions byzantines du Tribunal des conflits en matière d'arbitrage », *JCP* G 2010, 1045 ; M. Audit, « Le nouveau régime de l'arbitrage des contrats administratifs internationaux », *Rev. arb.* 2010, p. 253 ; « Les recours contre les sentences arbitrales internationales rendues en matière administrative : une cartographie », *Rev. arb.* 2018, p. 161 ; D. Foussard, « L'arbitrage en matière administrative ; le point après l'arrêt du 27 avril 2010 », *Cah. arb.* 2010, p. 717 ; É. Loquin, « Retour dépassionné sur l'arrêt *INSERM c/ Fondation Letten F. Saugstad* », *JDI* 2011, doctr. 10, p. 841 ; J. Ortscheidt, « Psychose à la française : quelques réponses pratiques aux critiques essuyées par l'arrêt *Inserm* du Tribunal des conflits », *Cah. arb.* 2010, p. 877 ; P. Cassia « Les sentences arbitrales internationales : une compétence de contrôle partagée entre les juridictions françaises », *AJDA* 2010, p. 1564.

touchant à l'occupation du domaine public ou aux principes généraux de la commande publique (marchés publics, contrats de partenariats, contrats de délégation de service public), est soumise au contrôle du juge administratif. On retrouve donc, pour ce type de contrat, la liaison de la compétence et du fond. La décision laissait toutefois en suspend plusieurs questions, qui ont par la suite été tranchées : les modalités du recours, la nature du contrôle exercé par le juge administratif, le régime de l'exequatur d'une sentence pour ce type de contrat et, dans une moindre mesure puisque la solution allait finalement de soi au regard des critères posés, la façon de répartir la compétence entre le juge judiciaire et le juge administratif et la détermination du juge compétent au sein de l'ordre administratif.

929 **La sentence rendue en France est susceptible d'appel devant le Conseil d'État.** Un arrêt du Conseil d'État du 19 avril 2013[37] est venu confirmer, non seulement que le recours alors ouvert contre la sentence est un appel devant cette juridiction mais, en plus, que lorsque la sentence est rendue dans les conditions précédemment décrites, le Conseil d'État est compétent pour la contrôler, non en considération des moyens d'annulation qui seraient dans chaque espèce soulevés contre cette sentence, mais à chaque fois qu'est en jeu l'occupation du domaine public ou que le litige trouve son origine dans un marché public, un contrat de partenariat et un contrat de délégation du service public. Le Conseil d'État a en effet très précisément relevé que « les marchés publics sont au nombre des contrats qui relèvent d'un régime administratif d'ordre public » et « que, dans l'hypothèse où le litige né de l'exécution ou de la rupture d'un tel contrat, conclu entre une personne morale de droit public française et une personne de droit étranger, est soumis à l'arbitrage et donne lieu à une sentence arbitrale rendue en France, le recours dirigé contre cette sentence, qui implique le contrôle de sa conformité aux règles impératives du droit public français auxquelles sont nécessairement soumis de tels contrats, relève de la compétence du juge administratif et est porté devant le Conseil d'État en application de l'article L. 321-2 du Code de justice administrative ». La solution amoindrit ainsi quelque peu l'incertitude quant au juge compétent pour contrôler la sentence[38].

930 **La sentence rendue à l'étranger est susceptible d'un exequatur devant le tribunal administratif.** Bien plus, il ressort aussi de ce même arrêt du 19 avril 2013 que le

37. CE, 19 avr. 2013, JCP G 2013, 748, note S. Lemaire ; JCP G 2013, 784, n° 7, obs. J. Ortscheidt ; JCP G 2013, 1117, note G. Eveillard ; *Rev. arb.* 2013, p. 761, note M. Laazouzi ; *D.* 2013, p.1069, obs. M.-C. de Montecler ; *D.* 2013, p. 1445, note P. Cassia ; *D.* 2013, p. 2293, obs. S. Bollée ; *D.* 2013, p. 2936, obs. Th. Clay ; *RTD com.* 2014, p. 326, obs. É. Loquin ; *RJEP* 2013. 47, concl. rapp. pub. G. Pelissier ; *Cah. arb.* 2013, p. 1083, obs. L. Jaeger et N. Chahid Nourai.

38. V. aussi : TC, 11 avr. 2016, JCP G 2016, I, 900, n° 5, obs. Ch. Seraglini ; *Cah. arb.* 2017, p. 977, note M. Laazouzi et S. Lemaire ; *D.* 2016, p. 2025, obs. S. Bollée. Dans cette décision, le Tribunal des conflits a aussi estimé que la nature juridique du contrat s'apprécie à la date de sa conclusion, de sorte que, dans cette affaire, ni la modification du statut de Gaz de France, devenu société anonyme en 2004, ni la cession ultérieure du contrat à l'une de ses filiales, la société Fosmax, avec effet rétroactif au jour de sa conclusion, n'ont eu pour effet d'en modifier la nature juridique. La compétence du juge administratif est donc maintenue malgré la modification de statut juridique d'un contractant puis la cession du contrat à une personne privée, quand bien même les parties avaient stipulé le caractère rétroactif de cette cession. Par ailleurs, l'arrêt ne vise pas, contrairement à l'arrêt *Inserm*, les « marchés publics, contrats de partenariat et contrats de délégation de service public », mais semble plus simplement retenir la compétence administrative pour tout contrat mettant en cause « l'occupation du domaine public » ou soumis aux règles de « la commande publique », ce qui pourrait apparaître comme un certain élargissement du critère de compétence administrative, susceptible de poser de nouvelles questions.

Conseil d'État a, dans un *obiter dictum*, tranché la question du juge compétent pour statuer sur l'exequatur de la sentence dans de telles conditions. Il a relevé en ce sens que « quel que soit le siège de la juridiction arbitrale qui a statué sur un litige né d'un tel contrat, le juge administratif est toujours compétent pour connaître d'une demande tendant à l'exequatur de la sentence, dont l'exécution forcée ne saurait être autorisée si elle est contraire à l'ordre public » et « qu'une telle demande relève en premier ressort du tribunal administratif en application de l'article L. 311-1 du Code de justice administrative ». Le juge de l'exequatur de la sentence, en présence d'un contrat relevant d'un régime administratif d'ordre public selon les critères posés par l'arrêt *Inserm*, est donc également le juge administratif et, plus précisément, le tribunal administratif, le Conseil d'État n'ayant pas retenu la solution, proposée par certains, qui aurait consisté à se déclarer de manière prétorienne juge de l'exequatur de la sentence. Et il a subordonné l'exequatur de la sentence dans cet arrêt, comme le prévoit l'article 1514 du Code de procédure civile, à l'absence de contrariété de la sentence à l'ordre public, sans préciser alors s'il s'agissait d'un ordre public international, « allégué », ou de l'ordre public interne.

931 **La vaine résistance de la Cour de cassation.** Dans un arrêt du 8 juillet 2015, la première chambre civile s'est frontalement opposée au Conseil d'État en décidant que le juge judiciaire est seul compétent pour l'exequatur de sentences rendues à l'étranger, même relatives à des contrats relevant d'un régime administratif d'ordre public, et notamment à un marché public[39]. La cour d'appel de Paris[40] s'était, dans cette affaire, conformée à la position du Conseil d'État en retenant que l'article 1516 du Code de procédure civile (qui donne compétence au tribunal de grande instance de Paris en matière d'exequatur des sentences étrangères) avait seulement vocation à « régler les compétences au sein de l'ordre judiciaire » et était donc « sans influence sur le principe de séparation des autorités administratives et judiciaires » et en infirmant en conséquence les ordonnances d'exequatur. La Cour de cassation a censuré son arrêt, au visa de la Convention de New York du 10 juin 1958 pour la reconnaissance et l'exécution des sentences arbitrales étrangères, ensemble l'article 1516 du Code de procédure civile, en relevant « que la sentence internationale, qui n'est rattachée à aucun ordre juridique étatique, est une décision de justice internationale dont la régularité est examinée au regard des règles applicables dans le pays où la reconnaissance et l'exécution sont demandées ; qu'il résulte des textes susvisés que l'exequatur des sentences arbitrales rendues à l'étranger est exclusif de tout jugement sur le fond et relève de la compétence des juridictions judiciaires » et que « la Convention de New York du 10 juin 1958, applicable à l'exequatur en France d'une sentence rendue à Londres, interdit toute discrimination entre les sentences étrangères et les sentences nationales ainsi que toute révision au fond ». La Haute juridiction a donc ainsi considéré, au moins pour les sentences rendues à l'étranger, que le juge judiciaire conserve le monopole de l'exequatur. Cette décision entendait ainsi maintenir l'uniformité et donc la simplicité dans le régime de l'exequatur d'une sentence rendue à l'étranger, en évitant tout éclatement de la compétence entre ordres de juridictions selon la nature du contrat concerné par la sentence, critère délicat à mettre en œuvre. Mais, dans le même temps, il est vrai qu'il n'est pas illogique, et peut-être même nécessaire pour éviter toute contradiction de

39. Cass. 1re civ., 8 juill. 2015, *Bull. civ.* I, nº 17 ; *D.* 2015, p. 2031, obs. L. d'Avout ; *JCP* G 2015, I, 1370, nº 5, obs. Ch. Seraglini.

40. Paris, 10 sept. 2013, *Rev. arb.* 2014, p. 153, note M. Laazouzi.

décisions, que l'ordre de juridiction compétent pour connaître du recours en annulation d'une sentence le soit aussi pour accorder ou refuser l'exequatur à la même sentence. La question ne se pose certes pas pour les sentences rendues à l'étranger, le juge français étant alors de toute façon incompétent pour connaître du recours en annulation, ce qui permet à la Cour de cassation d'affirmer la compétence exclusive du juge judiciaire pour leur exequatur. Mais cette position pouvait ainsi engendrer une distinction en matière d'exequatur entre les sentences rendues en France en matière internationale (application de la solution *Inserm*) et celles rendues à l'étranger (monopole judiciaire de l'exequatur).

932 **La prise de position du Tribunal des conflits.** Le Tribunal des conflits a été saisi et a finalement écarté cette analyse de la Cour de cassation dans une décision du 24 avril 2017[41]. Le Tribunal des conflits a très clairement jugé que, s'agissant de la sentence arbitrale rendue dans un litige né de l'exécution d'un contrat administratif entre une personne morale de droit public français et une personne de droit étranger, mettant en jeu les intérêts du commerce international et dans le cas où le contrat à l'origine du litige sur lequel l'arbitre s'est prononcé est soumis aux règles impératives du droit public français relatives à l'occupation du domaine public ou à celles qui régissent la commande publique, le recours contre la sentence rendue en France et la demande d'exequatur relèvent de la compétence de la juridiction administrative. Ainsi, un certain parallélisme des formes est-il respecté et cette décision du Tribunal des conflits atténue un peu la confusion qui règne dans le droit français des recours contre les sentences arbitrales internationales, exacerbée par la décision précitée de la Cour de cassation refusant d'étendre la logique de l'arrêt *Inserm*, rendu à propos du recours en annulation, à l'exequatur des sentences rendues à l'étranger. On peut toutefois regretter la construction actuelle, qui a ses raisons (le juge judiciaire est-il le mieux placé pour assurer le respect de l'ordre public administratif et donc des intérêts publics ?) mais qui met à mal la cohérence et la clarté, maintes fois louées, du droit français de l'arbitrage international, dès lors que la matière administrative est impliquée, puisque deux régimes juridiques sont alors à distinguer.

933 **Modalités du contrôle exercé par le juge administratif en cas d'appel ou d'exequatur.** Le contrôle exercé par le juge administratif a été précisé par un arrêt du Conseil d'État du 9 novembre 2016. Cette décision expose de façon pédagogique les modalités, la teneur et même les effets du contrôle que le Conseil d'État entend opérer sur les sentences, allant même au-delà des questions posées dans le cas dont il était saisi, démontrant ainsi une volonté d'établir, faute de dispositions légales à ce sujet dans le Code de justice administrative, un véritable « mode d'emploi » des recours contre les sentences arbitrales internationales devant la juridiction administrative[42]. L'arrêt est donc riche d'enseignements, et force est de constater que ce mode d'emploi, sans être fondé sur les dispositions du Code de procédure civile applicables aux recours devant le juge judiciaire, ne diverge pas tant que cela des solutions retenues par ce dernier. Le Conseil d'État a indiqué qu'il opérera un contrôle limité de la sentence, ne portant que sur certains éléments.

41. TC, 24 avr. 2017, *Rev. arb.* 2017, p. 883, note Y. Gaudemet ; *JCP* G 2018, I, 1188, n° 8, obs. Ch. Seraglini.

42. CE, 9 nov. 2016, *JCP* G 2016, I, 1430, n° 4, obs. Ch. Seraglini ; *JCP* G 2017, II, 29, note S. Bollée ; *RFDA* 2017, p. 111, note B. Delaunay ; *RFDA* 2016, p. 1154, concl. G. Pellissier ; *JDI* 2017, p. 4, note S. Manciaux.

934 **Appréciation de la licéité de la convention d'arbitrage.** Tout d'abord, le Conseil d'État s'assure, le cas échéant d'office, de la licéité de la convention d'arbitrage, clause compromissoire ou compromis. Il faut espérer que cela ne vaudra, à l'avenir, que pour des causes de nullité de la convention d'arbitrage qui ne peuvent être valablement couvertes par les parties, comme celles relevant d'un ordre public de direction, par exemple, s'agissant de contrats administratifs, celles relatives à l'arbitrabilité du litige. En effet, dans le cas contraire, il faudrait plutôt considérer que le silence gardé par des parties qui participent à la procédure arbitrale sans contestation couvre le vice qui affectait éventuellement la convention. À cet égard, dans un arrêt antérieur[43], le Conseil d'État a déjà estimé que le moyen tiré de l'illégalité du recours à l'arbitrage peut être soulevé pour la première fois devant le juge du recours, sans que puisse être utilement invoqué, pour y faire obstacle, l'estoppel ou un principe de bonne foi, ni probablement, même si le Conseil ne le mentionne pas, l'article 1466 du Code de procédure civile, qui prévoit que la partie qui, en connaissance de cause et sans motif légitime, s'abstient d'invoquer en temps utile une irrégularité devant le tribunal arbitral, est réputée avoir renoncé à s'en prévaloir. Dans cette affaire, c'était l'autorité publique qui avait prévu, dans un acte unilatéral, le recours à l'arbitrage, auquel l'opérateur privé pouvait donc se croire tenu, et l'autorité publique avait ensuite participé à l'arbitrage sans contester la compétence arbitrale ; ce n'est qu'une fois condamnée par l'arbitre qu'elle s'est soudainement réveillée et a contesté la légalité du recours à l'arbitrage. Elle a ainsi été autorisée à se prévaloir de sa propre turpitude dans des conditions que n'aurait probablement pas tolérées un juge judiciaire.

935 **Irrégularité de la procédure**. Ensuite, le Conseil d'État a précisé que peuvent être utilement soulevés devant lui des moyens tirés de ce que la sentence a été rendue dans des conditions irrégulières. Sur ce point, constatant l'absence de règles procédurales applicables aux instances arbitrales relevant de la compétence de la juridiction administrative, le Conseil énonce qu'une sentence arbitrale ne peut être regardée comme rendue dans des conditions irrégulières que si le tribunal arbitral s'est déclaré à tort compétent ou incompétent, s'il a été irrégulièrement composé, notamment au regard des principes d'indépendance et d'impartialité, s'il n'a pas statué conformément à la mission qui lui avait été confiée, s'il a méconnu le principe du caractère contradictoire de la procédure ou s'il n'a pas motivé sa sentence. On retrouve assez largement les griefs visés, pour les recours devant le juge judiciaire, à l'article 1520 du Code de procédure civile, l'exigence de motivation exceptée, qui, si elle est formulée à l'article 1492 du Code de procédure civile en matière d'arbitrage interne, ne se retrouve pas en matière internationale. Serait-ce une exigence de l'ordre public international procédural en matière administrative, justifiée par le fait que des intérêts publics sont susceptibles d'être concernés par le litige ? En tout cas, dans cette affaire, aucun des arguments invoqués au soutien d'une prétendue irrégularité de la procédure n'a été retenu. Le Conseil d'État a adopté des solutions assez similaires à celles retenues par le juge judiciaire. Il a notamment décidé que l'obligation de motivation de la sentence arbitrale est satisfaite lorsque les arbitres ont bien examiné les moyens soulevés devant eux par les parties. De même, constatant que les parties, qui étaient d'accord pour l'application du droit français mais en désaccord sur l'application ou non du droit administratif français, avaient confié aux arbitres le soin de décider de cette question, le Conseil d'État a jugé que le fait pour le tribunal

43. CE, 23 déc. 2015, *JCP* G 2016, I, 900, n° 5, obs. Ch. Seraglini ; *JCP* A 2016, I, 2116, n° 5, obs. O. Le Bot.

arbitral d'avoir qualifié le contrat de contrat de droit privé au sens du droit français, alors que le Tribunal des conflits l'a qualifié de contrat de droit public, ne permet pas de considérer que le tribunal arbitral ne s'est pas conformé à sa mission. Enfin, comme le ferait le juge judiciaire, le Conseil d'État retient que le tribunal arbitral ne méconnaît pas le principe du contradictoire en ne recueillant pas les observations des parties sur le raisonnement qu'il entend déduire des éléments de fait et de droit dont elles ont débattu.

936 **Contrariété à l'ordre public.** Enfin, le Conseil d'État considère que peuvent être utilement soulevés devant lui des moyens tirés de ce que la sentence est contraire à l'ordre public. Pour ce contrôle, le Conseil d'État se démarque sans doute plus significativement de la pratique judiciaire, au moins de celle en vigueur avant les arrêts les plus récents de la cour d'appel de Paris[44], même si c'est finalement de façon limitée et très mesurée. Il est clair qu'il n'entend pas rejuger au fond le litige, semblant faire sien le principe de non-révision au fond des sentences retenu par le juge judiciaire. Le Conseil d'État contrôle seulement l'éventuelle contrariété de la sentence à l'ordre public. Mais sur cet aspect, il n'a pas adopté l'analyse traditionnellement défendue, en tout cas jusqu'à récemment, par le juge judiciaire. Selon lui en effet, une sentence arbitrale est contraire à l'ordre public lorsqu'elle fait application d'un contrat dont l'objet est illicite ou entaché d'un vice d'une particulière gravité relatif notamment aux conditions dans lesquelles les parties ont donné leur consentement, lorsqu'elle méconnaît des règles auxquelles les personnes publiques ne peuvent déroger, telles que notamment l'interdiction de consentir des libéralités, d'aliéner le domaine public ou de renoncer aux prérogatives dont ces personnes disposent dans l'intérêt général au cours de l'exécution du contrat, ou lorsqu'elle méconnaît les règles d'ordre public du droit de l'Union européenne. Mais si le juge administratif s'autorise un contrôle plein de ces éléments, son exercice n'en demeure pas moins relativement mesuré, comme l'espèce en cause le démontre. Le Conseil, sans le dire, semble exiger, comme le fait le juge judiciaire, une violation effective et concrète de l'ordre public, excluant ainsi de sanctionner une simple erreur de droit des arbitres. Ainsi, il estime en premier lieu que, sur cette question, le contrôle du juge doit porter non sur la qualification donnée par les arbitres à la convention liant les parties, mais sur la solution donnée au litige, l'annulation n'étant encourue que dans la mesure où cette solution méconnaît une règle d'ordre public. Aussi, si le contrat en cause était un contrat administratif et que, par suite, les arbitres ont à tort estimé dans cette affaire que le litige était régi par le droit privé, la censure de la sentence ne serait encourue que dans la mesure où cette erreur de qualification aurait conduit les arbitres à écarter ou à méconnaître une règle d'ordre public applicable aux contrats administratifs. Il s'agit donc d'une appréciation *in concreto* de la violation de l'ordre public, faisant écho à l'exigence du caractère « concret » de la violation posée par le juge judiciaire. À cet égard, le Conseil d'État a en l'espèce considéré que le tribunal arbitral avait bien violé concrètement une règle d'ordre public en refusant, au motif que le contrat la subordonnait à une résiliation préalable du contrat, la possibilité pour le maître de l'ouvrage de mettre en régie les travaux, c'est-à-dire de décider, après mise en demeure infructueuse, de les faire exécuter par un tiers ou de les exécuter lui-même aux frais et risques de son cocontractant, dès lors qu'il estimait que celui-ci n'exécutait pas le contrat. Pour le Conseil d'État, cette « mise en régie », destinée à surmonter l'inertie, les manquements ou la mauvaise foi du cocontractant lorsqu'ils entravent l'exécution d'un marché de travaux publics, est une règle d'ordre public à

44. Sur lesquels, v. *infra*, n° 1004.

laquelle les parties ne peuvent légalement renoncer, en raison de l'intérêt général qui s'attache à l'achèvement d'un ouvrage public, et sa mise en œuvre ne saurait être subordonnée à une stipulation contractuelle le prévoyant, ni à une résiliation préalable du contrat par le maître d'ouvrage. Dans ces conditions, en rejetant la demande du maître d'ouvrage tendant à la condamnation de l'entrepreneur au paiement du coût des travaux mis en régie, le tribunal arbitral avait bien concrètement et effectivement méconnu cette règle. En revanche, il a été jugé que la sentence arbitrale ne violait pas l'ordre public en ce qu'elle avait mis à la charge de la personne publique divers surcoûts occasionnés par le comportement du maître d'ouvrage dans la conduite du contrat qui avait provoqué, selon le tribunal arbitral, un bouleversement économique de celui-ci rendant caduc le prix forfaitaire convenu. Selon la demanderesse, la sentence méconnaissait ainsi les règles impératives du droit de la commande publique relatives aux conditions dans lesquelles un prix forfaitaire convenu dans un marché public pouvait être remis en cause. Pour le Conseil d'État au contraire, les modalités d'indemnisation du cocontractant d'un contrat de la commande publique conclu à prix forfaitaire en cas de survenance de difficultés d'exécution ne revêtent pas, par elles-mêmes, un caractère d'ordre public ; aussi, en mettant à la charge de la personne publique les surcoûts résultant de son comportement durant le chantier, le tribunal arbitral n'avait pas méconnu de règle d'ordre public. Le Conseil d'État conclut donc à une simple annulation partielle de la sentence.

De cet arrêt précité du 9 novembre 2016, il résulte aussi que le juge administratif doit exercer un contrôle analogue lorsqu'il est saisi d'une demande d'exequatur d'une sentence arbitrale rendue dans un litige né de l'exécution d'un contrat administratif entre une personne morale de droit public français et une personne de droit étranger, mettant en jeu les intérêts du commerce international et soumis à un régime administratif d'ordre public, qu'elle ait été rendue en France ou à l'étranger, dès lors que l'exécution forcée d'une sentence arbitrale ne peut être autorisée si elle est contraire à l'ordre public.

937 **Effets du contrôle.** Enfin, le Conseil d'État a expliqué, dans son arrêt du 9 novembre 2016, les effets possibles de son contrôle : s'il constate l'illégalité du recours à l'arbitrage, notamment du fait de la méconnaissance du principe de l'interdiction pour les personnes publiques d'y recourir sauf dérogation prévue par des dispositions législatives expresses ou des conventions internationales régulièrement incorporées dans l'ordre juridique interne, il prononcera l'annulation de la sentence arbitrale. Il peut alors décider, soit de renvoyer le litige au tribunal administratif compétent pour en connaître, soit d'évoquer l'affaire et de statuer lui-même sur le fond ; s'il constate au contraire que le litige est arbitrable, il peut rejeter le recours dirigé contre la sentence ou annuler, totalement ou partiellement, celle-ci ; en ce dernier cas, il ne peut ensuite régler lui-même l'affaire au fond que si la convention d'arbitrage l'a prévu ou s'il est invité à le faire par les deux parties ; à défaut, c'est aux parties de déterminer si elles entendent de nouveau porter leur litige devant un tribunal arbitral ou saisir conjointement le tribunal administratif compétent.

SECTION 1 LES VOIES DE DROIT COMMUN DU CONTRÔLE ÉTATIQUE DE LA SENTENCE

938 **Réforme.** Avant la réforme du 13 janvier 2011, le « Titre Sixième » du « Livre Quatrième » du Code de procédure civile, qui contenait les dispositions relatives à l'arbitrage, s'intitulait « la reconnaissance, l'exécution forcée et les voies de recours à l'égard des sentences arbitrales rendues à l'étranger ou en matière d'arbitrage international ». Et les intitulés des deux chapitres qui composaient ce Livre, traitant de la reconnaissance et de l'exécution forcée des sentences d'une part (chapitre 1), et des voies de recours d'autre part (chapitre 2), reprenaient cette formule de « sentences arbitrales rendues à l'étranger ou en matière d'arbitrage international ». Les textes applicables, issus du décret du 12 mai 1981, soit les articles 1501 à 1507 anciens du Code de procédure civile, ne distinguaient donc pas clairement les sentences rendues en France et celles rendues à l'étranger, ce qui affectait leur lisibilité, surtout pour des praticiens étrangers. Les dispositions du décret du 13 janvier 2011 relatives aux voies de recours en matière d'arbitrage international ont répondu aux principaux objectifs de la réforme : la consolidation des acquis jurisprudentiels développés à partir des décrets de 1980 et 1981 ; la clarification des textes pour les rendre plus aisément accessibles ; la modernisation de ceux apparus inadaptés[45]. Et, précisément, pour clarifier l'articulation des voies de recours dans l'arbitrage international, les textes font aujourd'hui très nettement le départ entre les dispositions applicables aux sentences rendues en France et à l'étranger[46]. La modernisation du droit de l'arbitrage international en matière de voies de recours s'est aussi opérée par la prise en considération de la préoccupation première des parties à l'arbitrage : obtenir une sentence tranchant de façon définitive le litige, qui ne puisse être, ni trop facilement, ni trop longtemps, contestée et qui soit susceptible d'être rapidement exécutée. À quoi bon en effet obtenir une décision de justice, ce que constitue une sentence arbitrale, si elle peut être trop facilement remise en cause et si l'effectivité de son exécution n'est pas assurée ? Pour répondre à ce souci, le décret du 13 janvier 2011 a institué de nouvelles règles, pour l'essentiel puisées dans le droit comparé, qui contribuent à renforcer à la fois l'efficacité et l'autorité de la sentence[47]. Ainsi, le décret du 13 janvier 2011 a renforcé l'efficacité de la sentence arbitrale en allégeant le formalisme de certaines démarches postérieures à la sentence[48] et en encourageant l'exécution rapide de celle-ci par la suppression de l'effet suspensif des recours[49]. Quant au renforcement de l'autorité de la sentence internationale rendue en France et, ce faisant, du tribunal arbitral, il est passé par une limitation des possibilités de contester cette sentence[50] et par une réorientation de certains

45. Rapport au Premier ministre relatif au décret n° 2011-48 du 13 janvier 2011 portant réforme de l'arbitrage, *JORF* 14 janv. 2011.

46. Art. 1518 à 1524 CPC pour les sentences rendues en France ; art. 1525 CPC pour les sentences rendues à l'étranger.

47. Sur la réforme en matière de voies de recours, v. J. Ortscheidt et Ch. Seraglini, « La nouvelle articulation des recours en arbitrage international », in *Le nouveau droit français de l'arbitrage*, Lextenso éditions, 2011, p. 189 et s. ; Ch. Seraglini, « L'efficacité et l'autorité renforcées des sentences arbitrales en France après le décret n° 2011-48 du 13 janvier 2011 », *Cah. arb.* 2011, p. 375.

48. V. *infra*, n° 942.

49. V. *infra*, n° 981.

50. V. *infra*, n° 959 et s.

recours extraordinaires contre une telle sentence devant le tribunal arbitral lui-même, et non devant les juridictions étatiques[51].

939 **Domaine du contrôle.** Sont concernées par les règles du contrôle étatique, ici exposées, toutes les sentences rendues en France, en matière internationale, et celles rendues à l'étranger[52], pour ces dernières que l'arbitrage soit interne ou international. En effet, contrairement à la sentence rendue en France, il n'est pas distingué, pour les conditions d'exequatur de la sentence étrangère, selon qu'elle met ou non en jeu les intérêts du commerce international[53]. De même, les recours ouverts contre elle sont identiques dans les deux cas[54]. Ce parti pris présente l'avantage de la simplicité. Mais la solution mériterait peut-être parfois d'être nuancée. On peut notamment considérer que la sentence rendue à l'étranger, qui ne met pas en cause des intérêts du commerce international, ne devrait pas être traitée comme une sentence internationale quand se pose la question de son exequatur alors qu'elle fait l'objet d'un recours suspensif dans son pays d'origine[55], ou y a été annulée[56]. Dans cette hypothèse, pourquoi ne pas respecter la position de l'ordre juridique étranger, qui est au premier chef concerné, et alors que la sentence ne peut certainement pas se prévaloir du qualificatif de « décision de justice internationale », pour reprendre les termes de l'arrêt *Putrabali*[57] ? Ceci étant, en France, le contrôle de la sentence est particulièrement favorable à l'autorité et l'efficacité de la sentence. On peut le vérifier aussi bien au travers de l'examen de la reconnaissance et de l'exequatur de la sentence (§ 1) que du recours en annulation (§ 2).

§ 1. LA RECONNAISSANCE ET L'EXEQUATUR DE LA SENTENCE

940 **Distinction entre la reconnaissance et l'exequatur de la sentence et intérêt à solliciter l'exequatur.** En droit français, dès qu'elle est rendue, la sentence arbitrale bénéficie de l'autorité de chose jugée et le tribunal arbitral est dessaisi[58]. En revanche, même s'il n'existe pas d'obstacle théorique insurmontable à la règle contraire[59], elle n'a pas de plein droit force exécutoire[60]. La sentence arbitrale n'a donc pas tous les attributs d'un jugement français. On peut y voir la conséquence de la nature privée de la décision des arbitres et, plus généralement, de l'arbitrage. La force exécutoire de la sentence est soumise, selon le droit commun[61], à une procédure

51. V. *infra*, n° 965.

52. À l'exception de celles qui relèveraient d'un régime dérogatoire, comme les sentences CIRDI (sur lequel, v. *infra*, n° 1007).

53. Art. 1514 à 1517 CPC. V. aussi, avant la réforme, Cass. 1re civ., 17 oct. 2000, *Rev. arb.* 2000, p. 648, note P. Mayer.

54. Art. 1525 CPC. V. aussi, avant la réforme, Paris, 18 févr. 1986, *Rev. arb.* 1986, p. 583, note G. Flécheux.

55. P. Mayer, note sous Cass. 1re civ., 17 oct. 2000, *Rev. arb.* 2000, p. 648, spéc. n° 7, p. 654.

56. E. Gaillard, note sous Paris, 14 janv. 1997, *Chromalloy*, *JDI* 1998, p. 750, spéc. p. 752.

57. Sur cet arrêt, v. *supra*, n° 578, 924.

58. V. *supra*, n° 913 et s.

59. S. Bollée, *Les méthodes du droit international privé à l'épreuve des sentences arbitrales*, préf. P. Mayer, Economica, 2004, spéc. n° 275, p. 192.

60. Sur l'arbitrage interne, v. *supra*, n° 481.

61. Art. 1514 CPC.

préalable de reconnaissance ou d'exequatur. L'article 1514 du Code de procédure civile distingue en effet la première du second[62]. La reconnaissance est l'admission par l'ordre juridique français de l'existence de la sentence, indépendamment de l'autorité qui y est automatiquement attachée dès son prononcé. Le mécanisme présente essentiellement un intérêt lorsqu'une partie à l'arbitrage souhaite invoquer une sentence de manière incidente, dans un autre litige, notamment pour se prévaloir de l'autorité de la chose jugée par le tribunal arbitral[63]. Il permet aussi à une partie de voir constater l'existence de la sentence arbitrale par le juge français lorsque le tribunal arbitral a déclaré les demandes irrecevables ou quand il les a rejetées sur le fond, sa décision ne devant faire l'objet d'aucune mesure d'exécution forcée. L'exequatur n'emporte pas uniquement reconnaissance de l'existence de la sentence arbitrale ; il lui confère la force exécutoire et constitue, à ce titre, un préalable à l'exécution forcée de la sentence.

La recevabilité de la demande d'exequatur, ou de reconnaissance, n'est pas subordonnée à l'existence d'actifs, en France, susceptibles de donner prise à des mesures d'exécution forcée[64]. Pour la cour d'appel de Paris, les parties ont en effet « le droit de demander à titre principal la reconnaissance d'une sentence, c'est-à-dire son insertion dans l'ordre juridique français, peu important qu'elle soit, en raison du sens de la décision ou du fait de l'absence d'actifs du débiteur, insusceptible d'exécution forcée sur le territoire national »[65]. Pratiquement, subordonner la recevabilité de la demande d'exequatur à l'existence d'actifs permettant l'exécution forcée de la sentence serait inopportun, puisque l'exequatur peut très bien être sollicité préventivement, pour assurer plus tard l'exécution de la sentence sur le territoire français. En outre, la sécurité juridique justifie que le demandeur puisse obtenir immédiatement une décision de l'ordre juridique français constatant la conformité ou non de la sentence aux conditions de son accueil sur le territoire[66]. Dans cette perspective, l'exequatur d'une sentence de débouté, ou défavorable aux intérêts de la requérante, devrait théoriquement pouvoir être sollicité devant le juge français[67]. Si la Cour de cassation a certes jugé que « l'intérêt à agir en exequatur existe dès lors que le demandeur à l'exequatur est la partie au procès au profit de laquelle la sentence a été rendue »[68], la formule n'implique pas qu'une partie qui a succombé est privée d'intérêt à agir. Mais cet exequatur, purement déclaratoire, ne permet pas, par la suite, de remettre en cause la sentence étrangère devant le juge du contrôle[69], puisqu'en l'état de la jurisprudence actuelle, celui qui a sollicité son exequatur est irrecevable à interjeter appel de l'ordonnance qui l'accorde, pour défaut d'intérêt à agir[70]. Autrement dit, si l'exequatur de la sentence étrangère de débouté ou de rejet peut être sollicité et obtenu par la partie qui a succombé, cela ne lui ouvre pas un recours permettant d'en contester ensuite la validité dans l'ordre juridique français.

62. Art. 1498 ancien CPC.

63. V. par exemple, T. com. Nanterre, 5 sept. 2001, *Rev. arb.* 2002, p. 455, note D. Bureau.

64. Paris, 15 janv. 2013, *Rev. arb.* 2013, p. 779, note S. Bollée ; v. aussi, Paris, 15 janv. 2013, *JCP* G 2013, I, 784, n° 6, obs. J. Ortscheidt.

65. Paris, 15 janv. 2013, *Rev. arb.* 2013, p. 779, note S. Bollée.

66. S. Bollée, note sous Paris, 15 janv. 2013, préc., spéc. n° 4, p. 785.

67. En revanche, il n'est pas prévu, par les textes, qu'une partie puisse saisir le juge français d'une demande préventive de « non-reconnaissance » d'une sentence.

68. Cass. 1re civ., 25 mai 2016, *Rev. arb.* 2016, p. 957.

69. La sentence rendue sur le territoire français peut faire l'objet d'un recours en annulation (v. *infra*, n° 952 et s.).

70. V. *infra*, n° 948.

Selon l'article 1514 précité, « les sentences arbitrales sont reconnues ou exécutées en France si leur existence est établie par celui qui s'en prévaut et si cette reconnaissance ou cette exécution n'est pas manifestement contraire à l'ordre public international ». Ainsi, la reconnaissance et l'exécution des sentences rendues et France ou à l'étranger sont soumises pratiquement aux mêmes conditions de procédure (A) et de contrôle par le juge (B). En revanche, les recours ouverts contre les décisions relatives à l'exequatur ne sont pas identiques selon que la sentence a ou non été rendue en France (C).

A. PROCÉDURE DE RECONNAISSANCE ET D'EXEQUATUR DE LA SENTENCE

941 **Le juge compétent.** Lorsqu'à défaut pour la sentence d'être exécutée spontanément, l'exequatur devient nécessaire pour ensuite en poursuivre l'exécution forcée en France, le juge compétent n'est pas le même selon qu'elle a été rendue France ou à l'étranger. Avant la réforme de 2011, l'article 1500 ancien du Code de procédure civile renvoyait, pour l'arbitrage international, aux textes applicables dans l'arbitrage interne, soit aux anciens articles 1477 à 1479. Par conséquent, la procédure d'exequatur d'une sentence rendue en France en matière internationale ou d'une sentence rendue à l'étranger était analogue à celle applicable aux sentences purement internes. En principe, il avait été jugé que c'était le président du tribunal de grande instance, statuant à juge unique, qui était compétent pour statuer sur la requête d'exequatur[71]. Mais, sur le juge territorialement compétent, il existait une différence entre les sentences rendues en France et celles rendues à l'étranger. Pour les premières, le Code de procédure civile prévoyait que le juge compétent était celui du siège de l'arbitrage[72]. En revanche, les textes ne fournissaient aucun critère de compétence pour les sentences rendues à l'étranger et le demandeur pouvait choisir son juge en considération d'un lien de rattachement entre l'instance et le tribunal saisi (lieu de situation des biens à saisir, domicile du défendeur tel qu'indiqué sur la sentence[73]), ou même en fonction des exigences d'une bonne administration de la justice. L'article 42 du Code de procédure civile n'ayant pas une vocation privilégiée à s'appliquer en la matière[74], le choix du tribunal de grande instance de Paris, hors cas de fraude, était jugé approprié en considération de l'internationalité du litige[75]. Les textes issus du décret n° 2011-48 du 13 janvier 2011 ont reconduit cette dichotomie s'agissant du juge compétent pour statuer sur la demande d'exequatur. Ainsi, selon ce que prévoit l'article 1516, alinéa 1er, du Code de procédure civile, pour les sentences rendues en France, comme auparavant, le juge compétent est celui « dans le ressort duquel » la sentence a « été rendue », soit celui du siège de l'arbitrage. En revanche, pour les sentences rendues à l'étranger, le tribunal

71. Cass. 1re civ., 9 déc. 2003, *JCP* G 2004, I, 119, n° 8, obs. J. Béguin ; *Rev. arb.* 2004, p. 337, note S. Bollée ; *DMF* 2004, p. 260, obs. J.-P. Rémery ; *RTD civ.* 2004, p. 547, obs. Ph. Théry ; Orléans, 5 oct. 2000, *RCDIP* 2001, p. 354, obs. H. Muir Watt.

72. Art. 1477 ancien CPC, par renvoi de l'art. 1500 ancien.

73. Paris, 22 sept. 1995, *Rev. arb.* 1996, p. 100, note E. Gaillard.

74. Cass. 1re civ., 3 nov. 2004, n° 01-03262 ; Paris, 22 févr. 2001, *Rev. arb.* 2002, p. 723 (2e esp.) ; Paris, 18 janv. 2001, *Rev. arb.* 2002, p. 723 (1re esp.) ; Paris 10 juill. 1992, *Rev. arb.* 1994, p. 142, note P. Level.

75. Paris, 31 janv. 2008, *Rev. arb.* 2008, p. 163 ; Paris, 4 mai 2006, *Rev. arb.* 2006, p. 488 ; Cass. 1re civ., 3 nov. 2004, n° 01-03262 ; Paris, 22 févr. 2001, *Rev. arb.* 2002, p. 723 (2e esp.) ; Paris, 18 janv. 2001, *Rev. arb.* 2002, p. 723 (1re esp.) ; Paris 10 juill. 1992, *Rev. arb.* 1994, p. 142, note P. Level.

de grande instance de Paris est aujourd'hui seul compétent, ce qui va entraîner une concentration des recours ouverts contre les ordonnances rendues devant la cour d'appel de Paris[76]. Il faut encore préciser que, s'agissant du juge compétent au sein de cette juridiction, l'article R. 212-8.2° du Code de l'organisation judiciaire prévoit que le tribunal de grande instance connaît, à juge unique, « des demandes en reconnaissance et en exequatur [...] des sentences arbitrales françaises ou étrangères ».

Par exception aux règles précédemment exposées, dans deux situations, l'exequatur de la sentence ne relève pas de la compétence du tribunal de grande instance. D'abord, le recours en annulation formé contre la sentence rendue en France « emporte de plein droit, dans les limites de la saisine de la cour », selon l'article 1524 du Code de procédure civile[77], « recours contre l'ordonnance du juge ayant statué sur l'exequatur ou dessaisissement de ce juge ». Ainsi, le juge de l'exequatur étant automatiquement dessaisi en cas de recours en annulation, s'il rend une ordonnance, elle doit être annulée par la cour d'appel saisie du recours formé contre la sentence[78]. De plus, selon l'article 1527 du Code de procédure civile[79], « le rejet [...] du recours en annulation confère l'exequatur à la sentence arbitrale ou à celles de ses dispositions qui ne sont pas atteintes par la censure de la cour ». L'arrêt de rejet de la cour d'appel statuant sur le recours en annulation a donc un attribut particulier : il confère l'exequatur à la sentence. La cour d'appel n'a donc pas à se prononcer sur cette question particulière, l'exequatur étant automatiquement attaché à la décision de rejet[80]. Ensuite, il existe une deuxième hypothèse dans laquelle l'exequatur n'est pas accordé par le tribunal de grande instance. L'article 1521 du Code de procédure civile[81] prévoit que lorsque la sentence internationale rendue en France a été frappée d'un recours en annulation, par hypothèse avant de recevoir l'exequatur, ce dernier peut être conféré par le premier président de la cour d'appel ou par le conseiller chargé de la mise en état dès qu'il est saisi.

942 **Modalités procédurales.** Auparavant, le Code de procédure civile procédait essentiellement par renvoi aux textes applicables à l'arbitrage interne pour les modalités procédurales de l'exequatur d'une sentence rendue à l'étranger ou en France en matière d'arbitrage international. Le décret du 13 janvier 2011 a amélioré la lisibilité des dispositions applicables en la matière. Il n'est plus procédé par renvoi et les articles 1515 à 1517 du Code de procédure civile viennent préciser la procédure d'exequatur. Si celle-ci est presque identique à celle suivie pour une sentence interne[82], l'efficacité de la sentence s'est toutefois trouvée renforcée par l'allégement de certaines formalités d'exequatur, ce qui permet de faciliter les conditions de son obtention et donc d'accélérer l'exécution de la sentence.

76. Ch. Jarrosson et J. Pellerin, « Le droit français de l'arbitrage après le décret du 13 janvier 2011 », *Rev. arb.* 2011, p. 5, spéc. n° 99, p. 69.
77. Art. 1504, al. 2, ancien CPC.
78. Paris, 28 juin 2001, *Rev. arb.* 2001, p. 729, note H. Lécuyer (rendue en matière interne, la solution est transposable dans l'arbitrage international).
79. Art. 1490 et 1507 ancien CPC.
80. Paris, 14 déc. 1999, *Rev. arb.* 2000, p. 471, note J.-B. Racine.
81. Art. 1479 et 1500 ancien CPC.
82. V. *supra*, n° 486.

D'abord, consacrant la jurisprudence qui s'était, faute de texte, dégagée sur ce point[83], l'article 1516, alinéa 2, du Code de procédure civile prévoit que la « procédure relative à la demande d'exequatur n'est pas contradictoire », l'alinéa 3 précisant, notamment, que « la requête est déposée par la partie la plus diligente au greffe de la juridiction ». Si le tribunal de grande instance est saisi par requête non contradictoire, c'est pour éviter un examen approfondi de la sentence à ce stade, réservé à la cour d'appel[84]. Pratiquement, la requête consiste le plus souvent en une simple formule manuscrite, apposée sur la sentence, par laquelle il est sollicité du juge qu'il octroie l'exequatur. La procédure devrait en revanche être contradictoire devant le conseiller de la mise en état ou le président de la cour d'appel saisi sur le fondement de l'article 1521 du Code de procédure civile[85].

En application de l'article 1516, alinéa 3, du Code de procédure civile, la requête doit être accompagnée « de l'original de la sentence et d'un exemplaire de la convention d'arbitrage ou de leurs copies réunissant les conditions requises pour leur authenticité »[86]. Et, selon ce que prévoit l'article 1517, alinéa 1er, « l'exequatur est apposé sur l'original ou, si celui-ci n'est pas produit, sur la copie de la sentence arbitrale répondant aux conditions prévues au dernier alinéa de l'article 1516 ». À compter du 1er mai 2011, il est donc très clairement prévu que l'exequatur peut être apposé sur la copie de la sentence arbitrale réunissant les conditions requises pour son authenticité, alors qu'auparavant, l'article 1500 ancien du Code de procédure civile renvoyait à l'article 1478, texte relatif à l'arbitrage interne qui énonçait que « l'exequatur est apposé sur la minute de la sentence arbitrale », l'existence de la sentence, condition de son exequatur, pouvant pourtant déjà être établie par une copie de celle-ci réunissant « les conditions requises pour son authenticité », selon ce que prévoyait l'article 1499 ancien du Code de procédure civile.

Surtout, sous l'empire de ce dernier texte, issu du décret du 12 mai 1981, il était prévu que si la sentence et la convention d'arbitrage « ne sont pas rédigées en langue française, la partie en produit une traduction certifiée par un traducteur inscrit sur la liste des experts » pour accompagner la requête d'exequatur. Cette exigence avait été posée dans un souci d'éviter la fraude, en permettant au juge de s'assurer de l'intégrité du document qui lui est présenté[87]. Cela dit, selon la jurisprudence, le défaut de production d'une traduction certifiée par un expert inscrit sur la liste des experts ne constituait pas un motif de refus d'exequatur[88]. L'article 1515, alinéa 2, du Code de procédure civile prend acte de cette jurisprudence. Il prévoit en effet que si la sentence et la convention d'arbitrage, établissant l'existence de la sentence arbitrale lorsque l'exequatur est demandé, ne « sont pas rédigées en langue française, la partie requérante en produit une traduction ». Autrement dit, la production d'une traduction simple de la convention et de la sentence suffit. Et, si le juge ne s'estime pas satisfait par cette traduction, s'il a un doute sur ses qualités, alors il peut solliciter une traduction officielle. L'article 1515 précité ajoute en ce sens que la partie requérante « peut être invitée à produire une

83. Cass. 1re civ., 9 déc. 2003, *JCP* G 2004, I, 119, n° 8, obs. J. Béguin ; *Rev. arb.* 2004, p. 337, note S. Bollée ; *DMF* 2004, p. 260, obs. J.-P. Rémery ; *RTD civ.* 2004, p. 547, obs. Ph. Théry ; Orléans, 5 oct. 2000, *RCDIP* 2001, p. 354, obs. H. Muir Watt.

84. *Rapport de la Cour de cassation*, 2003, La Documentation française, spéc. p. 578 et s.

85. V. *supra*, n° 486.

86. Art. 1499 ancien CPC.

87. Cass. 1re civ., 14 janv. 2015, *Rev. arb.* 2015, p. 270.

88. Paris, 18 mars 2004, *Rev. arb.* 2004, p. 917, note J.-Y. Garaud et R. Ziadé.

traduction établie par un traducteur inscrit sur une liste d'experts judiciaires ou par un traducteur habilité à intervenir auprès des autorités judiciaires ou administratives d'un autre État membre de l'Union européenne, d'un État partie à l'accord sur l'Espace économique européen ou de la Confédération suisse ». Ce qui est aussi notable, par rapport à l'ancien texte, pour l'exequatur d'une sentence rendue à l'étranger en langue étrangère, est que la traduction officielle peut être réalisée non seulement par un traducteur inscrit sur la liste des experts, mais aussi par traducteur habilité à intervenir auprès des autorités judiciaires ou administratives d'un autre État membre de l'Union européenne, d'un État partie à l'accord sur l'Espace économique européen ou de la Confédération suisse. Là encore, cela facilite le processus d'exequatur, ce qui, corrélativement, renforce l'efficacité de la sentence arbitrale. Enfin, puisque c'est à la sentence elle-même que l'exequatur est accordé, et non à sa traduction en tant que telle, les erreurs affectant cette traduction sont sans incidence sur la chose jugée et le juge doit tenir compte de ce qui a été décidé par la sentence[89].

943 **Ordonnance d'exequatur.** Comme en matière d'arbitrage interne, l'exequatur est accordé par voie d'ordonnance, qui n'obéit pas au régime de celles envisagées par les articles 493 et suivants du Code de procédure civile[90]. L'article 1516 du Code de procédure civile dispose que « la sentence arbitrale n'est susceptible d'exécution forcée qu'en vertu d'une ordonnance d'exequatur ». Cette ordonnance n'a pas à être motivée lorsque l'exequatur est accordé qui, matériellement, se présente comme un cachet apposé par le juge sur l'original, ou la copie de la sentence présentant les conditions requises pour son authenticité[91]. En revanche, comme l'exige l'article 1517, alinéa 3, du Code de procédure civile, l'ordonnance est motivée lorsque l'exequatur est refusé[92]. Une fois l'exequatur apposé sur la sentence, des mesures d'exécution forcée pourront être immédiatement entreprises, sans qu'il soit besoin que l'ordonnance soit elle-même assortie de l'exécution provisoire[93]. Ces mesures d'exécution peuvent intervenir même lorsque la sentence n'est pas exécutoire par provision et que le délai de recours n'est pas expiré, puisque l'appel n'est plus suspensif pour les sentences rendues après le 1er mai 2011[94]. Pour les sentences rendues jusqu'à cette date, la sentence ne pouvait faire l'objet de mesures d'exécution forcée une fois l'exequatur obtenu que si elle était assortie de l'exécution provisoire ou que le délai d'appel était expiré, puisque dernier était suspensif.

89. Cass. 1re civ., 14 janv. 2015, préc.

90. V. *supra*, n° 506. En ce sens également, v. D. Hascher, « Arbitrage du commerce international », *Rép. Internat. Dalloz*, n° 155.

91. Art. 1517 CPC et art. 1478, al. 1, et 1500 ancien CPC. V. aussi, Ph. Fouchard, E. Gaillard, B. Goldman, *Traité de l'arbitrage commercial international*, Litec, 1996, n° 1574, p. 910.

92. Art 1478, al. 2, et 1500 ancien CPC.

93. Paris, 2 juin 2005, *Rev. arb.* 2005, p. 1015, note P. Callé. La solution peut cependant être discutée dès lors que l'ordonnance d'exequatur n'est pas une ordonnance sur requête dont l'exécution immédiate peut être entreprise et qu'aucun texte ne déroge, à son égard, au principe général du caractère suspensif de l'appel (en ce sens, J. Ortscheidt, « L'octroi et l'arrêt de l'exécution provisoire des sentences arbitrales en France », *Rev. arb.* 2004, p. 9, spéc. n° 18, p. 27. V. aussi, D. Hascher, « L'exécution provisoire en arbitrage international », in *Études de procédure et d'arbitrage en l'honneur de J.-F. Poudret*, Lausanne, 1999, 403, spéc. p. 413, qui admet que le juge peut arrêter ou ordonner l'exécution provisoire d'une ordonnance d'exequatur). Et, sur le pouvoir du conseiller de la mise en état pour accorder l'exécution provisoire à l'ordonnance d'exequatur d'une sentence rendue à l'étranger en cas d'appel formé contre cette ordonnance : Paris (ord.), 22 sept. 2005, *Rev. arb.* 2005, p. 1095.

94. V. *infra*, n° 949.

B. ÉTENDUE DU CONTRÔLE EXERCÉ PAR LE JUGE

944 **Contrôle *prima facie* de la sentence.** Avant la réforme de 2011, les textes ne précisaient pas les conditions substantielles auxquelles était subordonné l'exequatur d'une sentence rendue en matière interne et celles-ci avaient été dégagées par la jurisprudence[95]. Le décret du 13 janvier 2011 a depuis consacré cette jurisprudence en instituant un nouvel article 1488 du Code de procédure civile, qui subordonne l'octroi de l'exequatur à l'absence de contrariété manifeste de la sentence à l'ordre public. L'article 1498 ancien du Code de procédure civile énonçait déjà, pour les sentences rendues à l'étranger ou en matière d'arbitrage international, qu'elles devaient être reconnues et déclarées exécutoires « si leur existence est établie par celui qui s'en prévaut et si cette reconnaissance n'est pas manifestement contraire à l'ordre public international ». L'article 1514, issu du décret de 2011, a repris cette solution. L'exequatur de la sentence est donc soumis à deux conditions : la preuve de son existence et l'absence de contrariété manifeste à l'ordre public international[96]. S'agissant de la première, elle est satisfaite, ainsi que le prévoit l'article 1515 du Code de procédure civile, par « la production de l'original accompagné de la convention d'arbitrage ou des copies de ces documents réunissant les conditions requises pour leur authenticité »[97].

Quant à la seconde, elle ne doit pas conduire le juge à examiner, autrement que de façon sommaire, la conformité de la solution consacrée par la sentence avec les valeurs de l'ordre public international français. L'emploi du terme « manifestement » souligne bien qu'il ne s'agit ici que d'un contrôle très limité : la contrariété à l'ordre public international devrait apparaître à la seule lecture de la sentence[98]. La procédure n'étant pas contradictoire devant lui, le contrôle du juge ne peut s'exercer que *prima facie*[99]. Le contrôle plus approfondi est réservé à la cour d'appel. Et, lorsque seuls certains chefs de la sentence sont manifestement contraires à l'ordre public international français, et qu'ils sont divisibles d'autres chefs de la décision, un exequatur partiel peut être accordé[100].

Le juge de l'exequatur ne peut pas non plus modifier la sentence, et y ajoutant par exemple une condamnation au paiement de dommages-intérêts[101]. Pour les sentences rendues jusqu'au 1er mai 2011, pour lesquelles le délai d'appel et l'appel sont

95. V. *supra*, nº 488.

96. Ainsi, le juge de l'exequatur ne contrôle pas l'existence et l'étendue de la compétence du tribunal arbitral lorsqu'il s'assure de l'existence de la convention d'arbitrage, ce contrôle étant exercé, le cas échéant, par la cour d'appel (pour une discussion sur ce point, v. Ph. Fouchard, E. Gaillard, B. Goldman, *Traité de l'arbitrage commercial international*, Litec, 1996, nº 1576, p. 912).

97. Sur cette condition, v. *supra*, nº 486.

98. Il a par exemple été jugé qu'une sentence rendue à Londres était manifestement contraire à l'ordre public international français parce qu'informé de l'ouverture d'une procédure collective en France et de la désignation d'un administrateur, l'arbitre unique avait poursuivi sa mission et condamné la débitrice à payer diverses sommes d'argent, en méconnaissance de la règle de suspension des poursuites individuelles (TGI Paris (ord. réf.), 2 févr. 1996, *Rev. arb.* 1998, p. 577 et les obs. de Ph. Fouchard, « Arbitrage et faillite », *Rev. arb.* 1998, p. 471, spéc. nº 28, p. 482).

99. *Rapport de la Cour de cassation,* 2003, La Documentation française, spéc. p. 581 ; Ph. Fouchard, E. Gaillard, B. Goldman, *Traité de l'arbitrage commercial international*, préc., nº 1577, p. 912. V. aussi, sur la nature du contrôle exercé, Ph. Bertin, « Le rôle du juge dans l'exécution de la sentence arbitrale », *Rev. arb.* 1983, p. 281 ; J. Cl. Peyre, « Le juge de l'exequatur, fantôme ou réalité ? », *Rev. arb.* 1985, p. 231.

100. Cass. 1re civ., 28 avr. 1987, *Rev. arb.* 1991, p. 345, obs. J.-H. Moitry et C. Vergne.

101. Cass. 1re civ., 14 déc. 1983, *Rev. arb.* 1984, p. 483, note M.-C. Rondeau-Rivier.

suspensifs, il faut noter qu'il a aussi été jugé que le juge de l'exequatur ne peut pas conférer l'exécution provisoire à une sentence qui en est dépourvue[102]. En revanche, toujours sous l'empire des textes antérieurs au décret du 13 janvier 2011, on pouvait admettre que l'exécution provisoire puisse être accordée à la sentence, par le premier président de la cour d'appel ou le conseiller de la mise en état, en cas d'appel de l'ordonnance refusant l'exequatur à une sentence rendue en France et en cas d'appel d'une ordonnance refusant ou accordant l'exequatur à une sentence rendue à l'étranger[103].

C. RECOURS CONTRE LA DÉCISION RELATIVE À LA RECONNAISSANCE OU L'EXEQUATUR

945 **Distinctions entre les sentences rendues en France et à l'étranger.** Le décret n° 2011-48 du 13 janvier 2011 a clarifié l'organisation des voies de recours ouvertes, en France, contre les décisions du juge français relatives à l'exequatur[104]. Aujourd'hui, même si les règles sont demeurées identiques, les textes font très nettement le départ, en matière de voies de recours, entre les dispositions applicables aux sentences rendues en France et celles rendues à l'étranger. Auparavant, les articles 1501 à 1507 du Code de procédure civile, résultant du décret du 12 mai 1981, ne distinguaient pas explicitement entre celles-ci, ce qui affectait leur clarté. De la combinaison des articles 1523, 1524 et 1525 du Code de procédure civile, il résulte que la décision qui refuse la reconnaissance ou l'exécution est toujours susceptible d'appel. En revanche, celle qui accorde l'exequatur ne peut être frappée d'un appel que dans deux cas : si la sentence a été rendue à l'étranger ou, si par convention spéciale, les parties ont renoncé au recours en annulation[105]. Cette distinction s'explique aisément. L'ordonnance accordant l'exequatur à la sentence rendue en France, en matière d'arbitrage international, n'est en principe susceptible d'aucun recours direct parce que le recours en annulation formé contre la sentence « emporte de plein droit, dans les limites de la saisine de la cour, recours contre l'ordonnance du juge ayant statué sur l'exequatur », lorsque l'exequatur a déjà été accordé, « ou dessaisissement de ce juge », si la procédure d'exequatur est pendante devant lui[106]. Ainsi, lorsque la sentence rendue en France en matière d'arbitrage international a été assortie de l'exequatur, la partie qui souhaite s'opposer à cette mesure doit exercer un recours contre la sentence elle-même, et non simplement contre l'ordonnance d'exequatur. Enfin, le rejet du recours en annulation par la cour d'appel « confère l'exequatur à la sentence arbitrale ou à celles de ses dispositions qui ne sont pas atteintes par la censure de la cour »[107]. En plus de celle déjà prévue par l'article 1524 alinéa 1, du Code de procédure civile, liée à une renonciation par les parties au recours en annulation, on peut sans doute envisager une autre exception à la règle

102. Paris (ord. réf.), 27 juill. 2000, *Rev. arb.* 2004, p. 91 et les obs. de J. Ortscheidt, « L'exécution provisoire des sentences arbitrales », *Rev. arb.* 2004, p. 9, spéc. n° 19 et s., p. 28 et s.

103. En ce sens, J. Ortscheidt, « L'exécution provisoire des sentences arbitrales », préc., spéc. n° 18, p. 27. *Contra*, Paris (ord.), 22 sept. 2005, *Rev. arb.* 2005, p. 1095, et Paris (ord. réf.), 27 juill. 2000, *Rev. arb.* 2004, p. 91, qui refusent d'appliquer l'art. 1479 CPC en cas d'appel d'une ordonnance d'exequatur d'une sentence rendue à l'étranger.

104. J. Béguin, J. Ortscheidt, Ch. Seraglini, « Un second souffle pour l'arbitrage. – Arbitrage international –À propos du décret du 13 janvier 2011, », *JCP* G 2011, 467, n° 17.

105. Sur cette possibilité de renoncer au recours en annulation, v. *infra*, n° 959 et s.

106. Art. 1524, al. 2, CPC ; art. 1504, al. 2, ancien CPC.

107. Art. 1527, al. 2, CPC ; art. 1490 et 1507 ancien CPC.

selon laquelle l'ordonnance qui accorde l'exequatur à une sentence rendue en France n'est susceptible d'aucun recours : indépendamment des causes de nullité affectant la sentence elle-même, elle devrait pouvoir faire l'objet d'un appel-nullité, c'est-à-dire d'un appel fondé sur l'excès de pouvoir du juge de l'exequatur[108]. À ce stade, il faut également signaler qu'il a déjà été jugé que la tierce opposition est ouverte au tiers contre l'ordonnance d'exequatur d'une sentence rendue à l'étranger, en tout cas dans l'hypothèse où une condamnation aurait été prononcée contre ce tiers[109], solution qui pourrait être étendue à la sentence rendue en France[110]. Sous le bénéfice de ces observations et sous réserve de certaines règles communes (3), il faut donc distinguer, pour l'appel ouvert contre l'ordonnance d'exequatur, les sentences rendues en France (1) de celles rendues à l'étranger (2).

1. Sentences rendues en France

946 **Cas d'ouverture de l'appel.** Selon les articles 1523 et 1524 du Code de procédure civile, lorsque la sentence est rendue en France, l'appel n'est ouvert que lorsque l'exequatur est refusé. Le second texte précise en effet que « l'ordonnance qui accorde l'exequatur n'est susceptible d'aucun recours ». Un appel-nullité devrait cependant être ouvert, à titre exceptionnel, contre cette ordonnance qui accorde l'exequatur[111]. Il devrait en être ainsi si l'excès de pouvoir en cause ne peut être dénoncé par aucune autre voie de recours, parce qu'il ne peut être invoqué devant le juge de l'annulation, soit parce que ce dernier n'a pas été saisi d'un recours contre cette sentence, soit parce qu'il a déjà statué. En outre, l'article 1524 du Code de procédure civile réserve l'hypothèse d'une renonciation par les parties au recours en annulation. Dans ce cas précis, selon l'article 1522, alinéa 2, « elles peuvent toujours faire appel de l'ordonnance d'exequatur pour l'un des motifs prévus à l'article 1520 ». Autrement dit, quand les parties ont renoncé au recours en annulation, si elles sont toujours dans le délai[112], elles peuvent interjeter appel de l'ordonnance d'exequatur et doivent alors démontrer que la sentence est affectée de l'un des vices envisagés par l'article 1520, qui énonce les cas du

108. D. Foussard, « Le recours pour excès de pouvoir dans le domaine de l'arbitrage », *Rev. arb.* 2002, p. 579, spéc. n° 26 et s., p. 623 et s.

109. TGI Paris, 25 avr. 2017, *Rev. arb.* 2017, p. 1064 ; *Cah. arb.* 2017, p. 481, note S. Bollée.

110. S. Bollée, note préc., spéc. n° 4, p. 482.

111. V. Cass. 1re civ., 6 nov. 2013, *Bull. civ.* I, n° 212 ; *Procédures* 2014, n° 48, obs. L. Weiller ; *JCP* G 2013, I, 1391, obs. J. Ortscheidt ; *Rev. arb.* 2013, p. 699, obs. C. Debourg, qui précise « qu'après avoir à juste titre rappelé que l'appel-nullité n'est ouvert, à titre exceptionnel, que contre une décision qui n'est susceptible d'aucun autre recours, puis relevé à bon droit que l'ordonnance d'exequatur d'une sentence internationale peut être attaquée par la voie du recours exercé contre cette sentence, ce dont il résulte que la partie qui reproche au juge de l'exécution d'avoir commis un excès de pouvoir, en ordonnant l'exequatur de la sentence, malgré son dessaisissement du fait du recours en annulation préalablement formé contre celle-ci, est en mesure de s'en prévaloir et d'en tirer toutes les conséquences utiles au cours de la procédure en annulation de la sentence, la cour d'appel en a exactement déduit que la voie de l'appel-nullité n'était pas ouverte contre l'ordonnance d'exequatur d'une sentence internationale, partant que l'action de la société B... est irrecevable ». Dans cette affaire, l'appel-nullité était irrecevable pour reprocher au juge de l'exequatur d'avoir statué malgré le dessaisissement résultant du recours en annulation dirigé contre la sentence, puisque cet excès de pouvoir était susceptible d'être invoqué devant le juge de l'annulation. L'article 1524, alinéa 2, du Code de procédure civile comme l'ancien article 1504, alinéa 2, prévoient en effet que le recours en annulation contre la sentence emporte de plein droit, dans la limite de la saisine de la cour, recours contre cette ordonnance ou dessaisissement du juge de l'exequatur.

112. V. *infra*, n° 947.

recours en annulation[113]. Dans cette hypothèse, la cour d'appel ne pourra pas annuler la sentence, les parties ayant renoncé au recours en annulation. Elle pourra seulement infirmer l'ordonnance entreprise et refuser d'accorder l'exequatur. En revanche, lorsque l'exequatur a été refusé, « la cour d'appel connaît, à la demande d'une partie, du recours en annulation à l'encontre de la sentence à moins qu'elle ait renoncé à celui-ci ou que le délai pour l'exercer soit expiré ». Deux situations doivent donc être distinguées.

Si le délai du recours en annulation est expiré au moment de l'appel de l'ordonnance qui a refusé l'exequatur, parce que la sentence a été notifiée plus d'un mois auparavant[114], la cour d'appel ne pourra pas annuler la sentence. Elle devra se borner à refuser l'exequatur. Aucun texte ne limite les moyens susceptibles d'être mis en œuvre devant la cour d'appel. Celle-ci pourra refuser l'exequatur pour l'un des cas qui autorisaient déjà le tribunal de grande instance à statuer en ce sens. De plus, un débat contradictoire s'instaurant à ce stade, et la cour ne statuant plus uniquement au vu de la sentence et de la convention d'arbitrage, elle devrait procéder à un contrôle plus approfondi de la solution rendue au regard de l'ordre public international français.

Si le délai ouvert pour former un recours en annulation n'est pas expiré lorsqu'il est interjeté appel de l'ordonnance qui a refusé l'exequatur, à la demande d'une partie, en toute logique l'intimée, la cour d'appel pourra connaître de ce recours et donc annuler la sentence arbitrale pour l'un des cas d'ouverture prévus par l'article 1520 du Code de procédure civile. Elle ne se bornera donc pas à refuser l'exequatur et la sentence disparaîtra de l'ordre juridique français.

947 **Procédure.** L'appel, auquel il a été depuis longtemps jugé que les parties ne peuvent renoncer par avance[115], parce qu'en France, l'organisation des voies de recours est d'ordre public[116], est toujours porté devant la cour d'appel dont relève le président du tribunal de grande instance qui a statué. À l'encontre d'une ordonnance ayant refusé l'exequatur, il est formé, précise l'article 1523 du Code de procédure civile, « dans le délai d'un mois à compter de la signification de la décision »[117]. Encore faut-il, pour que ce délai commence à courir, que la signification de l'ordonnance soit régulière. Ainsi, la mention erronée quant à la voie de recours ou à son délai dans l'acte de signification ne fait pas courir le délai de l'appel[118]. Cela précisé, la décision refusant l'exequatur étant rarement signifiée, la procédure n'étant pas contradictoire, l'appel n'est en réalité, le plus souvent, enfermé dans aucun délai.

Lorsque les parties ont renoncé au recours en annulation, le délai d'appel ouvert contre l'ordonnance qui accorde l'exequatur ne court pas à compter de la signification de cette ordonnance, l'exequatur étant apposé sur l'original ou la copie de la sentence. L'appel doit en effet être formé, selon l'article 1522, alinéa 3, « dans le délai d'un mois à compter de la notification de la sentence revêtue de l'exequatur », précision étant faite que « la notification est faite par voie de signification à moins que les parties en conviennent autrement ». La solution est logique puisque, depuis le décret du 13 janvier

113. V. *infra*, n° 991 et s.
114. Sur le délai du recours et son point de départ, v. *infra*, n° 976.
115. Paris, 17 mai 1983, *Rev. arb.* 1987, p. 309 (2e esp.).
116. V. *infra*, n° 953.
117. Art. 1503 ancien CPC.
118. Paris, 28 juin 2001, *Rev. arb.* 2002, p. 163, note J. Paulsson.

2011, les parties peuvent déroger à la nécessité de notifier la sentence par acte d'huissier de justice pour faire courir les délais de recours[119].

2. Sentences rendues à l'étranger

948 **Cas d'ouverture de l'appel.** Pour les sentences rendues à l'étranger, les ordonnances du tribunal de grande instance de Paris, qu'il accorde ou refuse l'exequatur, sont toujours susceptibles d'appel. Mais, selon l'article 1525, alinéa 3, du Code de procédure civile, la cour d'appel « ne peut refuser la reconnaissance ou l'exequatur de la sentence arbitrale que dans les cas prévus à l'article 1520 ». Le décret du 13 janvier 2011 a donc reconduit la solution antérieure. En effet, l'article 1502 ancien du Code de procédure civile prévoyait que l'appel de la décision qui accorde la reconnaissance ou l'exequatur à une sentence rendue à l'étranger « n'est ouvert que » dans cinq cas, que le texte énumérait : 1° si l'arbitre a statué sans convention d'arbitrage ou sur une convention nulle ou expirée ; 2° si le tribunal arbitral a été irrégulièrement composé ou l'arbitre unique irrégulièrement désigné ; 3° si l'arbitre a statué sans se conformer à la mission qui lui avait été conférée ; 4° lorsque le principe de la contradiction n'a pas été respecté ; 5° si la reconnaissance ou l'exécution sont contraires à l'ordre public international. Malgré une rédaction relativement claire, dès la promulgation du décret du 12 mai 1981, dont est issu le texte précité, la doctrine s'était partagée quant à sa portée. Certains estimaient que les pouvoirs de contrôle de la cour d'appel, saisie d'un appel contre l'ordonnance ayant accordé l'exequatur à la sentence rendue à l'étranger, devaient être limités aux cinq cas précédemment énumérés[120]. D'autres soutenaient en revanche que le recours demeurait ouvert lorsque la décision d'exequatur recelait un vice propre, de forme ou d'incompétence, la limitation des cas de nullité prévue par le texte précité ne concernant que les vices dont pouvait être entachée la sentence[121]. C'est la première de ces deux thèses qui a été consacrée par la jurisprudence et c'est la solution également adoptée par l'article 1525, alinéa 3. Ainsi, comme l'a jugé la Cour de cassation au visa des textes antérieurs à la réforme de 2011, la formule étant transposable sous l'empire des textes actuels, l'appel ouvert contre la décision d'exequatur ne l'est donc que « dans les cas visant la sentence elle-même et non l'ordonnance d'exequatur qui n'est donc susceptible, en tant que telle, d'aucun recours »[122]. Les moyens qui ne se réfèrent à aucun de ces cas d'ouverture de l'appel prévus et limitativement énumérés par l'article 1520 ne peuvent donc être accueillis[123]. Il en est notamment ainsi du moyen tiré de l'incompétence territoriale du juge de l'exequatur[124] ou de l'annulation de la sentence à

119. V. *supra*, n° 918 et s.

120. Ph. Fouchard, « L'arbitrage international en France après le décret du 12 mai 1981 », *JDI* 1982, p. 374, spéc. n° 80 et s., p. 414 et s.

121. F. Ch. Jeantet, « L'accueil des sentences étrangères ou internationales dans l'ordre juridique français », *Rev. arb.* 1981, p. 503, spéc. p. 515.

122. Cass. 1re civ., 3 nov. 2004, *Rev. arb.* 2004, p. 985.

123. Sous l'art. 1502 ancien CPC, v. Paris, 18 mars 2004, *Rev. arb.* 2004, p. 917, note J.-Y. Garaud et R. Ziadé, qui écarte, pour ce motif notamment, le moyen tiré de ce que les sentences en cause avaient été traduites par un expert inscrit sur la liste des experts.

124. Paris, 4 mai 2006, *Rev. arb.* 2006, p. 488 ; Cass. 1re civ., 3 nov. 2004, *Rev. arb.* 2004, p. 985 ; Paris, 22 févr. 2001, *Rev. arb.* 2002, p. 723 (2e esp.) ; Paris, 18 janv. 2001, *Rev. arb.* 2002, p. 723 (1re esp.) ; Paris, 22 sept. 1995, *Rev. arb.* 1996, p. 100, note E. Gaillard ; Paris, 10 juill. 1992, *Rev. arb.* 1994, p. 142, note P. Level.

l'étranger[125]. De la même façon, les moyens tirés de l'insuffisance ou de l'imperfection des pièces soumises au juge de l'exequatur ne constituent pas un des cas d'ouverture du recours contre la sentence[126]. Cela n'interdit cependant pas à la cour d'appel de vérifier la recevabilité du recours dont elle est saisie au regard des règles pertinentes du Code de procédure civile, applicables[127], et donc de contrôler la qualité et l'intérêt à agir de l'appelant[128]. Ainsi, il a déjà été observé qu'est irrecevable, pour défaut d'intérêt, l'appel formé par celui qui a sollicité l'exequatur de la sentence[129]. De même, la cour d'appel peut aussi s'assurer de la validité de la requête d'exequatur, notamment que le demandeur avait bien la personnalité juridique[130]. De plus, il existe au moins une réserve à la règle limitant les moyens recevables devant la cour d'appel : l'appel de l'ordonnance d'exequatur peut en effet aussi être accueilli en cas d'excès de pouvoir ou de violation, par le juge de l'exequatur, soit le tribunal de grande instance de Paris, d'un principe essentiel de la procédure[131]. À cet égard, il a déjà été jugé que l'excès de pouvoir est caractérisé lorsque l'exequatur est accordé par le juge des référés[132] ou par la formation collégiale du tribunal de grande instance[133]. Enfin, l'ordonnance d'exequatur peut également être infirmée lorsque l'exequatur a été accordé à une décision qui ne constitue pas une véritable sentence, notamment parce que les parties avaient prévu un arbitrage à deux degrés et que la demande de réexamen de l'affaire avait anéanti cette décision originaire des arbitres[134].

949 **Procédure.** L'appel est nécessairement formé devant la cour d'appel de Paris puisque, pour les sentences rendues à l'étranger, le juge de l'exequatur est le tribunal de grande instance de Paris[135]. Il doit être formé dans « le délai d'un mois à compter de la signification de la décision », lorsqu'il s'agit d'une ordonnance ayant refusé l'exequatur. Le requérant n'ayant aucun intérêt à faire signifier l'ordonnance ayant refusé l'exequatur, sans débat contradictoire, le délai d'appel courra dès lors rarement. En revanche, s'agissant d'une ordonnance ayant accordé l'exequatur à une sentence rendue à l'étranger, qui est directement apposé sur la sentence ou sa copie[136], le délai d'appel peut courir à compter de la notification de cette sentence revêtue de l'exequatur, si les

125. Paris, 31 mars 2005, *Rev. arb.* 2006, p. 665, note E. Gaillard.

126. Cass. 1re civ., 7 oct. 2015, *Rev. arb.* 2016, p. 1079, note L. de Maria ; *Procédures* 2015, comm. 362, obs. L. Weiller, qui rejette le pourvoi contre Paris, 21 janv. 2014, *Rev. arb.* 2014, p. 711, obs. C. Debourg.

127. V. *infra*, n° 950.

128. Cass. 1re civ., 14 nov. 2007, *JCP* G 2008, I, 164, n° 9, obs. J. Ortscheidt ; Paris, 23 févr. 2006, *Rev. arb.* 2006, p. 286.

129. Paris, 10 nov. 1987, *Rev. arb.* 1989, p. 669, note A.D. Bousquet.

130. Paris, 18 nov. 2010, *Rev. arb.* 2010, p. 982.

131. Cass. 1re civ., 9 déc. 2003, *JCP* G 2004, I, 119, n° 8, obs. J. Béguin ; *Rev. arb.* 2004, p. 337, note S. Bollée ; *DMF* 2004, p. 260, obs. J.-P. Rémery ; *RTD civ.* 2004, p. 547, obs. Ph. Théry. V. aussi, Cass. 1re civ., 3 nov. 2004, *Rev. arb.* 2004, p. 985 ; Paris, 22 mars 2001, *Rev. arb.* 2002, p. 723 (3e esp.) ; Paris, 22 févr. 2001, *Rev. arb.* 2002, p. 723 (2e esp.).

132. Cass. 1re civ., 29 juin 1994, *Rev. arb.* 1996, p. 400, note A. Hory.

133. Cass. 1re civ., 9 déc. 2003, préc.

134. Cass. 1re civ., 5 mars 2014, *Bull. civ.* I, n° 27 ; *Rev. arb.* 2014, p. 718, obs. C. Debourg ; *Procédures* 2014, comm. 147, obs. L. Weiller ; *RTD com.* 2014, p. 323, obs. É. Loquin ; *JCP* G 2014, I, 857, n° 6, obs. J. Ortscheidt.

135. V. *supra*, n° 941.

136. V. *supra*, n° 943.

parties en ont convenu[137]. L'article 1525, alinéa 2, du Code de procédure civile précise en ce sens que « les parties peuvent toutefois convenir d'un autre mode de notification lorsque l'appel est formé à l'encontre de l'ordonnance revêtue de l'exequatur ». De plus, pour les sentences rendues après le 1er mai 2011[138], le délai de recours et le recours exercé dans le délai ne sont pas suspensifs. C'est une innovation importante de la réforme de 2011[139]. La sentence peut donc être immédiatement exécutée, avant l'expiration du délai d'appel, son exécution pouvant cependant être arrêtée ou aménagée par le premier président de la cour d'appel ou le conseiller de la mise en état, une fois la cour d'appel saisie, en application de l'article 1506 du Code de procédure civile[140]. Mais pour les sentences rendues jusqu'au 1er mai 2011, le délai d'appel et l'appel de l'ordonnance d'exequatur demeuraient suspensifs[141]. Avant l'expiration de ce délai, ou le rejet de l'appel formé contre l'ordonnance d'exequatur, la sentence rendue à l'étranger ne pouvait donc faire l'objet d'aucune mesure d'exécution forcée, à moins qu'elle ne soit exécutoire par provision.

3. Dispositions communes

950 **Instruction devant la cour d'appel.** Alors que les dispositions relatives à l'arbitrage interne n'y renvoient pas clairement pour l'appel des décisions du juge de l'exequatur[142], l'article 1527 du Code de procédure civile précise bien que « l'appel de l'ordonnance ayant statué sur l'exequatur » est formé, instruit et jugé selon « les règles relatives à la procédure en matière contentieuse prévues aux articles 900 à 930-1 ». L'appel de l'ordonnance du juge de l'exequatur est donc soumis à ces textes, applicables à l'appel des jugements[143]. Ainsi, l'appelant, qui estime que ses droits sont en péril, peut demander au premier président l'autorisation d'assigner son adversaire à jour fixe[144]. Mais les articles 900 à 930-1 du Code de procédure civile ne traitent pas précisément de la manière dont sont « jugés » les appels, de sorte que le renvoi n'épuise pas tous les textes applicables en la matière. Ainsi, les rédacteurs du décret n'ont certainement pas entendu qu'il soit dérogé aux exigences fondamentales posées, notamment, par les articles 430 et suivants du Code de procédure civile, relatives aux débats et à la manière dont sont rédigés les jugements et arrêts. Il faut aussi préciser que celui qui a acquiescé à la sentence rendue à l'étranger n'est pas recevable à interjeter appel de l'ordonnance accordant l'exequatur à cette sentence, les griefs susceptibles d'être articulés devant la cour d'appel étant dirigés, non contre cette ordonnance, mais contre la

137. Sur la faculté de déroger à la signification par acte d'huissier, v. *supra*, n° 920.
138. Art. 3.3° du décret 2011-48 du 13 janvier 2011.
139. J. Béguin, J. Ortscheidt, Ch. Seraglini, « Un second souffle pour l'arbitrage– Arbitrage international –À propos du décret du 13 janvier 2011, », *JCP* G 2011, 467, n° 27 ; E. Gaillard et P. de Lapasse, « Commentaire analytique du décret portant réforme du droit français de l'arbitrage », *Cah. arb.* 2011, p. 263, spéc. n° 109 et s. ; Ch. Jarrosson et J. Pellerin, « Le droit français de l'arbitrage après le décret du 13 janvier 2011 », *Rev. arb.* 2011, p. 5, spéc. n° 108 ; J. Ortscheidt et Ch. Seraglini, « La nouvelle articulation des recours en arbitrage international », in *Le nouveau droit français de l'arbitrage*, Lextenso éditions, 2011, p. 189 et s, spéc. n° 16 et s.
140. V. *infra*, n° 984 et s.
141. Art. 1506 ancien CPC.
142. Art. 1495 CPC ; v. *supra*, n° 491.
143. Sur la portée de ce renvoi, v. *infra*, n° 969.
144. Art. 917 à 925 CPC.

sentence[145]. De plus, l'appel est irrecevable, pour défaut d'intérêt, lorsqu'il est formé par celui qui a sollicité et obtenu l'exequatur d'une sentence rendue[146].

Avant la loi nº 2007-291 du 5 mars 2007[147], la cour d'appel saisie d'un appel contre une décision relative à l'exequatur devait respecter la règle « le criminel tient le civil en l'état », posée par l'article 4 du Code de procédure pénale[148]. Elle devait donc surseoir à statuer lorsque l'action publique avait été engagée en France, si les faits dénoncés comme constituant une infraction avaient une incidence directe sur la solution du litige soumis à la cour. Deux situations pouvaient être distinguées. Si l'appel était formé contre une ordonnance accordant l'exequatur, pour que le juge soit tenu de surseoir à statuer, les faits en cause devaient avoir une incidence directe sur l'existence de l'un des griefs envisagés par l'article 1502 du Code de procédure civile, puisque seuls ces griefs peuvent être articulés devant la cour d'appel[149]. Si l'appel était formé contre une ordonnance ayant refusé l'exequatur, le recours n'étant enfermé dans aucun cas d'ouverture, les faits dénoncés comme constitutifs d'une infraction devaient directement influer sur la décision de la cour. La cour d'appel était aussi tenue de surseoir en présence d'un traité entre l'État étranger où se déroulait l'instruction pénale et la France, qui impose au juge français un tel sursis[150]. Aujourd'hui, seule cette dernière circonstance peut éventuellement encore obliger le juge à surseoir à statuer. En effet, depuis la réforme de 2007, il est seulement « sursis au jugement » de l'action civile en réparation du dommage causé par l'infraction « exercée devant la juridiction civile tant qu'il n'a pas été prononcé définitivement sur l'action publique lorsque celle-ci a été mise en mouvement ». Le sursis à statuer n'est plus obligatoire pour le juge qui n'est pas saisi de l'action civile, au sens de l'article 2 du Code de procédure pénale. L'article 4, alinéa 3, dispose en effet que « la mise en mouvement de l'action publique n'impose pas la suspension des autres actions exercées devant la juridiction civile, de quelque nature qu'elles soient, même si la décision à intervenir au pénal est susceptible d'exercer, directement ou indirectement, une influence sur la solution du procès civil ». Pour le juge du contrôle de la sentence, le sursis est donc aujourd'hui facultatif, sauf, sans doute, l'hypothèse d'un traité qui l'imposerait.

951 **Renonciation, estoppel et recours contre la décision de la cour d'appel.** Devant la cour d'appel, comme en matière d'arbitrage interne[151], les parties ne peuvent soulever aucun moyen qu'elles se sont, en connaissance de cause, abstenues d'invoquer devant le tribunal arbitral[152]. Ainsi, sous réserve des dispositions d'ordre public auxquelles les

145. V. *supra*, nº 948.

146. Paris, 10 nov. 1987, *Rev. arb.* 1989, p. 669, note A. D. Bousquet.

147. F.-X. Train, « Modification de l'article 4 du Code de procédure pénale », *Rev. arb.* 2007, p. 145.

148. Paris, 20 juin 2002, *Rev. arb.* 2002, p. 971 (2e esp.), note J.-B. Racine ; Paris, 7 sept. 1999, *Rev. arb.* 2001 (2e esp.), p. 583, obs. J.-B. Racine.

149. Paris, 20 juin 2002, *Rev. arb.* 2002, p. 971 (2e esp.), note J.-B. Racine ; Paris, 7 sept. 1999, *Rev. arb.* 2001 (2e esp.), p. 583, obs. J.-B. Racine.

150. Cass. 1re civ., 6 mai 2003, *JCP* G 2003, I, 164, nº 7, obs. J. Ortscheidt ; *Rev. arb.* 2004, p. 311, note J.-B. Racine.

151. V. *supra*, nº 523 et s.

152. Paris, 31 janv. 2008, *Rev. arb.* 2008, p. 487 note L.-M. Pillebout, qui déclare irrecevable le moyen contestant la composition du tribunal arbitral, composé uniquement d'arbitres chinois, qui n'a pas été remise en cause devant les arbitres ; Paris, 4 mai 2006, *Rev. arb.* 2006, p. 488, qui déclare irrecevable le moyen tiré de l'irrégularité de la composition du tribunal arbitral, celle-ci n'ayant pas été contestée devant les arbitres et aucune demande de récusation n'ayant été formée devant eux ; Paris, 18 mars 2004, *Rev. arb.*

parties ne peuvent pas renoncer[153], elles sont, en application de l'article 1466 du Code de procédure civile, réputées avoir renoncé à se prévaloir d'une irrégularité qu'elles se sont abstenues, en connaissance de cause et sans motif légitime, d'invoquer en temps utile devant le tribunal arbitral. Ce texte, qui est venu consacrer la règle antérieurement dégagée par la jurisprudence, est en effet applicable à l'arbitrage international par renvoi de l'article 1506.3°[154]. Bien plus, sous la même réserve tenant aux dispositions auxquelles les parties ne peuvent renoncer, même après la naissance du litige, une partie ayant participé sans réserve à l'arbitrage est par exemple « irrecevable, en vertu de la règle de l'estoppel, à soutenir, par un moyen contraire, que cette juridiction aurait statué sans convention d'arbitrage ou sur une convention nulle »[155]. La décision rendue par la cour d'appel est ensuite susceptible de pourvoi, selon les conditions du droit commun[156], et le cas échéant, d'opposition, de tierce opposition et d'un recours en révision.

§ 2. LE RECOURS EN ANNULATION

952 **Pertinence d'un recours en annulation.** Comme pour l'arbitrage interne, conceptuellement, il aurait pu être envisagé d'exclure tout recours contre la sentence au siège de l'arbitrage[157]. La proposition a d'ailleurs reçu un écho en doctrine[158], comme constituant une solution pour en finir avec la jurisprudence *Hilmarton*[159]. L'ouverture d'un recours en annulation contre la sentence arbitrale au siège du tribunal arbitral constitue cependant une garantie essentielle pour les parties. L'arbitre, comme n'importe quel juge, n'est pas infaillible. Indépendamment de la question d'un éventuel réexamen au fond de la sentence, il faut au moins veiller à ce que soient respectés les principes fondamentaux de la procédure, inhérents à la composante juridictionnelle de l'arbitrage, et la volonté des parties, pierre angulaire de ce mode de résolution des litiges. On peut aussi penser qu'un juge doit pouvoir se prononcer sur la régularité de la sentence sans qu'il soit nécessaire d'attendre les initiatives de la partie gagnante en matière d'exécution forcée. Le décret du 12 mai 1981 a donc décidé qu'un recours en annulation était toujours ouvert à l'encontre des sentences rendues en France. La solution est retenue par la plupart des législations

2004, p. 917, note J.-Y. Garaud et R. Ziadé, qui rejette, comme non-fondé, le moyen de nullité de la clause compromissoire, la partie l'invoquant ayant activement participé à toutes les phases de l'arbitrage.

153. Il a par exemple été jugé que les règles de suspension des poursuites individuelles et d'égalité des créanciers dans les procédures d'insolvabilité relèvent de l'ordre public de direction et que les parties ne peuvent dès lors y renoncer, même devant les arbitres ; aussi, ni les dispositions de l'article 1466 du Code de procédure civile, ni l'estoppel, ne peuvent être opposés à la partie qui s'en prévaut devant le juge de l'annulation (Paris, 27 févr. 2018, *Rev. arb.* 2018, p. 299 ; *JCP* G 2018, 1322, n° 4, obs. J. Ortscheidt).

154. Sur cette règle, v. *infra*, n° 977.

155. Cass. 1re civ., 6 juill. 2005, *D.* 2005, Pan., p. 3060, obs. Th. Clay ; JCP G 2005, I, 179, n° 6, obs. J. Ortscheidt ; *Rev. arb.* 2005, p. 993, note Ph. Pinsolle ; *JDI* 2006, p. 608, note M. Behar-Touchais.

156. Sur lequel, v. notamment : J. Ortscheidt, « Rôles et fonctions de la Cour de cassation », *Rev. arb.* 2018, p. 65, spéc. n° 14, p. 72.

157. Sur l'intérêt des recours dans l'arbitrage interne, v. *supra*, n° 502 et s.

158. Ph. Fouchard, « La portée internationale de l'annulation de la sentence arbitrale dans son pays d'origine », *Rev. arb.* 1997, p. 329, spéc. n° 40, p. 351.

159. Sur laquelle, v. *supra*, n° 924.

relatives à l'arbitrage[160]. Celles qui ont envisagé d'exclure un tel recours, le plus souvent non de façon automatique, mais en permettant aux parties de procéder à cette exclusion, ont rencontré peu de succès[161]. En pratique, les parties n'utilisent généralement pas cette option et semblent vouloir maintenir la possibilité d'un contrôle d'un juge étatique sur la validité de la sentence. On peut d'ailleurs comprendre leur réticence. L'inconvénient majeur de l'exclusion de tout recours en annulation est de laisser perdurer une sentence peut-être irrégulière, qui ne peut être définitivement annulée. Son exécution pourra être recherchée dans divers États, chacun se prononçant selon ses propres vues sur la reconnaissance et l'exécution de la sentence sur son territoire. La partie condamnée par la sentence sera donc soumise aux initiatives procédurales de son créancier et vivra ainsi toujours sous la menace d'un éventuel et tardif exequatur de la sentence. Dans certains cas, le demandeur à l'arbitrage n'est pas nécessairement mieux loti. S'il a été débouté par une sentence qu'il estime irrégulière, l'impossibilité d'en obtenir l'annulation rend très difficile la mise en place d'un second arbitrage. La faculté donnée aux parties d'exclure le recours en annulation est donc un piège dans lequel les parties semblent éviter de tomber[162]. Quoi qu'il en soit, cette possibilité est aujourd'hui ouverte en droit français, pour les sentences rendues en France[163]. Le décret du 13 janvier 2011 a en effet permis aux parties de renoncer au recours en annulation. Selon l'article 1522 du Code de procédure civile, si le tribunal arbitral a été constitué le 2 mai 2011 ou après[164], « par convention spéciale, les parties peuvent à tout moment renoncer expressément au recours en annulation »[165]. L'organisation des voies de recours étant d'ordre public, le recours en annulation, seule voie ouverte par les textes et dont la procédure est proche de celle suivie en matière interne (B), est en principe exclusif de tout autre recours contre la sentence (A). Quant à l'objet du contrôle exercé par le juge, il est identique à celui pratiqué en cas d'appel de l'ordonnance d'exequatur[166].

A. CARACTÈRE EXCLUSIF ET D'ORDRE PUBLIC DU RECOURS EN ANNULATION

953 **L'organisation des voies de recours est d'ordre public.** Il ne peut être dérogé aux dispositions relatives aux voies de recours en matière d'arbitrage. Il s'agit en effet d'une matière indisponible[167]. La Cour de cassation énonce en ce sens que « le régime interne ou international de l'arbitrage détermine, notamment, celui des voies de recours à

160. Sur ces législations, v. J.-F. Poudret, S. Besson, *Droit comparé de l'arbitrage international*, Bruylant, 2002, n° 767 et s., p. 742 et s.

161. Sur ces législations, v. J.-F. Poudret, S. Besson, *Droit comparé de l'arbitrage international*, préc., n° 838 et s., p. 826 et s.

162. Sur les limites, en droit français, de l'utilité d'un recours en annulation à cet égard dès lors que la sentence a été rendue à l'étranger, v. *supra*, n° 924.

163. V. *infra*, n° 959 et s.

164. Art. 3.2° du décret n° 2011-48 du 13 janvier 2011.

165. Si le tribunal arbitral a été constitué le 1er mai 2011 ou avant, le droit antérieur à la réforme s'applique et les parties ne peuvent renoncer par avance au recours en annulation, qui peut toujours être exercé même lorsque la convention des parties ou le règlement d'arbitrage applicable exclut toute possibilité de recours contre la sentence (Paris, 16 avr. 1989, *Rev. arb.* 1989, p. 711, note L. Idot).

166. V. *infra*, n° 988 et s.

167. Ch. Seraglini, *Lois de police et justice arbitrale internationale*, préf. P. Mayer, Dalloz, 2001, spéc. n° 375, p. 181.

l'égard des sentences qu'il n'appartient pas aux parties de modifier, fût-ce par un accord exprès conformément à l'article 12 du Code de procédure civile »[168] ou encore « qu'il n'appartient pas aux parties de modifier le régime interne ou international de l'arbitrage, dont la qualification est déterminée en fonction de la nature des relations économiques à l'origine du litige »[169] ; les voies de recours ouvertes « ont un caractère impératif »[170]. À l'exception notable de la renonciation au recours en annulation, les parties ne peuvent donc, même une fois la sentence rendue, déroger par un accord procédural aux règles relatives à l'organisation des voies de recours ouvertes en France contre les sentences. La généralité des termes employés par la Cour de cassation ne laisse planer aucun doute sur le fait que les parties ne peuvent pas contractuellement créer une voie de recours non prévue par le législateur (1). En revanche, depuis la réforme du 13 janvier 2011, lorsque le tribunal arbitral a été constitué après le 1er mai 2011, elles peuvent renoncer au recours en annulation par convention spéciale (2)[171]. De plus, mais toutefois exceptionnellement, un recours en révision est ouvert à l'encontre de la sentence rendue en France, à des conditions particulièrement restrictives (3).

1. Le caractère exclusif du recours en annulation

954 **Exclusion de l'appel.** L'appel, voie de recours ouverte dans l'arbitrage interne lorsque les parties l'ont expressément souhaité[172], est exclu à l'encontre d'une sentence rendue en France en matière internationale. Les parties ne peuvent choisir d'y soumettre volontairement une sentence[173]. L'article 1518 du Code de procédure civile énonce en ce sens que « la sentence rendue en France en matière d'arbitrage international ne peut faire l'objet que d'un recours en annulation ». L'appel est donc irrecevable, sans que cela n'affecte la recevabilité du recours en annulation qui, le cas échéant, a pu être régulièrement formé contre la sentence[174]. Certes, certaines conventions d'arbitrage présentent parfois des pathologies en ce qu'elles prévoient une faculté d'appel en matière internationale. Elles sont cependant privées d'effet sur ce point, la jurisprudence ayant récemment évolué sur cette question. Pendant longtemps en effet, la cour d'appel de Paris, adoptant ainsi un raisonnement civiliste traditionnel, décidait que la convention d'arbitrage en son entier était affectée de nullité si la faculté de faire appel en constituait un élément essentiel ayant déterminé le consentement des parties de recourir

168. Cass. 1re civ., 6 avr. 1994, *Rev. arb.* 1995, p. 263, note P. Level ; v. également, Paris, 11 juin 2009, *Rev. arb.* 2009, p. 652 ; Paris, 19 févr. 2004, 2 oct. 2003 et 19 oct. 2000, *Rev. arb.* 2004, p. 858 (1re, 2e et 4e esp.), note L. Jaeger ; Paris, 29 mars 2001, *Rev. arb.* 2001, p. 543, note D. Bureau ; Paris, 27 oct. 1994, *Rev. arb.* 1995, p. 263, note P. Level ; Paris, 12 déc. 1989, *Rev. arb.* 1990, p. 863, note P. Level.

169. Cass. 1re civ., 20 nov. 2013, *Rev. arb.* 2014, p. 383, note D. Bureau ; *JCP* G 2013, I, 1391, spéc. n° 2, obs. Ch. Seraglini. V. aussi : Cass. 1re civ.,10 janv. 2018, n° 16-21391, qui relève que « la cour d'appel, qui devait, par application de l'article 125 du Code de procédure civile, relever d'office la fin de non-recevoir résultant de l'absence d'ouverture d'une voie de recours, était tenue d'analyser la décision rendue par le tribunal arbitral afin de lui restituer, le cas échéant, son exacte qualification, sans s'arrêter aux dénominations retenues par les arbitres ou proposées par les parties ».

170. Cass. 1re civ., 13 mars 2007, *RCDIP* 2007, p. 455, note D. Bureau ; *Rev. arb.* 2007, p. 499, note L. Jaeger ; JCP G 2007, Act. 135, obs. J. Ortscheidt.

171. Ch. Seraglini, *Lois de police et justice arbitrale internationale*, préc., spéc. n° 375, p. 181.

172. V. *supra*, n° 504 et *supra*, n° 529 et s.

173. V. notamment, Paris, 19 oct. 2000, 2 oct. 2003 et 19 févr. 2004, *Rev. arb.* 2004, p. 858 (1re, 2e et 4e esp.), note L. Jaeger.

174. Paris, 12 juin 2003, *Rev. arb.* 2004, p. 887 (2e esp.), note D. Bensaude.

à ce mode de règlement des litiges[175]. À l'inverse, si la faculté d'appel n'était pas un élément essentiel de la convention d'arbitrage, celle-ci demeurait valable[176]. Aujourd'hui, la juridiction d'appel parisienne est revenue sur cette jurisprudence. Elle décide, sans s'attacher au caractère essentiel ou non de la clause prévoyant une faculté d'appel dans chaque espèce, que celle-ci est toujours réputée non écrite et que la convention d'arbitrage demeure valable[177]. Cette solution, consacrée par la Cour de cassation[178], qui présente l'avantage de la simplicité, perd pourtant de vue la volonté des parties, composante essentielle de l'arbitrage, qui ont très bien pu subordonner leur consentement à l'arbitrage à la croyance, erronée, qu'elles pourraient ensuite bénéficier d'un second degré de juridiction.

955 **Exclusion de l'opposition et de la tierce opposition et du pourvoi en cassation.** Comme la sentence interne et pour les mêmes raisons[179], la sentence internationale n'est pas susceptible d'opposition[180]. En revanche, en matière interne, la sentence peut être frappée de tierce opposition[181]. Ce recours extraordinaire est expressément prévu par l'article 1501 du Code de procédure civile[182]. L'article 1506 du Code de procédure civile ne renvoyant pas à ce texte pour les sentences rendues en France en matière internationale et pour les sentences rendues à l'étranger, elles ne peuvent donc être frappées de tierce opposition[183]. Cela dit, parce qu'il existe des risques que des tiers soient affectés par l'effet substantiel attaché à une sentence, c'est-à-dire par la modification de l'ordonnancement juridique des droits des parties qui en résulte[184], certains ont, sans succès jusqu'à ce jour, proposé d'ouvrir cette voie de recours pour les sentences rendues en France[185]. La sentence ne peut pas non plus être frappée de pourvoi en cassation. C'est l'article 1503 du Code de procédure civile qui le précise en matière d'arbitrage interne[186], comme auparavant l'article 1481, alinéa 1, ancien. Et l'article 1506.5° du Code de procédure civile renvoie à cette disposition en matière d'arbitrage international. Le pourvoi formé contre une sentence arbitrale est donc irrecevable et la solution se comprend aisément. Le pourvoi n'est en effet ouvert que « lorsque les autres voies de droit sont fermées »[187]. Or, des voies

175. Paris, 12 déc. 1989, *Rev. arb.* 1990, p. 863, note P. Level ; Paris, 27 oct. 1994, *Rev. arb.* 1995, p. 263, note P. Level.

176. Paris, 23 mai 1991, *Rev. arb.* 1991, p. 661, obs. J. Pellerin.

177. Paris, 19 oct. 2000, 2 oct. 2003 et 19 févr. 2004, *Rev. arb.* 2004, p. 858 (1re, 2e et 4e esp.), note L. Jaeger.

178. V. sous l'empire des textes antérieurs à la réforme de 2011, Cass. 1re civ., 13 mars 2007, *JCP* G 2007, Act. 135, obs. J. Ortscheidt ; *Rev. arb.* 2007, p. 499, note L. Jaeger ; *RCDIP* 2007, p. 455, note D. Bureau.

179. V. *supra*, n° 505.

180. Art. 1503 et 1506-5° CPC.

181. V. *supra*, n° 567.

182. Art. 1481, al. 2, ancien CPC.

183. Cass. 1re civ., 8 oct. 2009, n° 07-21990 ; *D.* 2009, Pan., p. 2959, obs. Th. Clay.

184. Ainsi, une sentence qui déclare une partie propriétaire d'un bien, notamment parce que le tribunal arbitral estime qu'elle l'a régulièrement acquis, peut affecter un tiers à l'arbitrage qui se croyait également propriétaire de ce bien, pour l'avoir acheté du même vendeur.

185. É. Loquin, « Perspectives pour une réforme des voies de recours », *Rev. arb.* 1992, p. 321, spéc. n° 28, p. 333 ; S. Bollée, « Les recours et les tiers en matière d'arbitrage », *Rev. arb.* 2018, p. 139, spéc. p. 149 et s.

186. V. *supra*, n° 505.

187. Cass. com., 26 juin 2012, *Bull. civ.* IV, n° 138 ; Cass. 2e civ., 17 nov. 2011, *Bull. civ.* II, n° 214 ; Cass. 1re civ., 15 mai 2008, *Bull. civ.* I, n° 129.

de recours sont ouvertes en France contre la sentence qui y est rendue ou l'ordonnance qui lui confère l'exequatur. En outre, à supposer même que les parties renoncent au recours en annulation en matière d'arbitrage international, cela n'ouvrirait pas pour autant le pourvoi contre la sentence. D'une part, il a déjà été jugé, en matière d'arbitrage, que les voies de recours sont indisponibles et ne peuvent être modelées par les parties[188]. C'est d'ailleurs ce qui explique qu'une décision qui serait rendue en dernier ressort, sans aucun recours, par le seul effet de la volonté des parties – ou même de la qualification erronée que lui donnerait le juge – ne peut faire l'objet d'un pourvoi en cassation. D'autre part, soumettre directement l'examen de la régularité d'une sentence à la Cour de cassation, même uniquement en matière internationale, ne cadre pas avec son rôle : le tribunal arbitral n'est pas une juridiction étatique et la Cour de cassation n'a pas pour fonction d'assurer l'unité de la jurisprudence arbitrale.

956 **Exclusion du recours en inopposabilité.** La jurisprudence française a écarté toute possibilité d'une action en inopposabilité de la sentence rendue à l'étranger[189]. Une telle action déclaratoire, admise à l'égard des jugements étrangers[190], présenterait pourtant un intérêt évident pour une partie condamnée en vertu d'une décision étrangère et qui entend savoir si celle-ci est ou non régulière au regard du droit français, sans avoir à attendre les initiatives de son adversaire. En l'état du droit positif, la partie débitrice en vertu de la sentence arbitrale étrangère devra attendre que l'autre partie en demande l'exequatur en France afin de pouvoir s'y opposer et ainsi connaître sa valeur au regard du droit français. En effet, la jurisprudence décide, par ailleurs, qu'est irrecevable pour défaut d'intérêt à agir l'appel diligenté par une partie contre l'ordonnance d'exequatur qu'elle avait elle-même sollicitée[191]. La partie condamnée par la sentence ne peut donc prendre l'initiative de l'exequatur pour ensuite contester la valeur de la sentence étrangère en France. On peut dès lors regretter l'exclusion de l'action en inopposabilité, bien commode et peu douloureuse[192].

957 **Irrecevabilité du recours en annulation contre une sentence rendue à l'étranger.** Les parties ne pouvant contractuellement créer une voie de recours qui n'a pas été prévue, le recours en annulation est réservé aux sentences rendues en France. La jurisprudence a depuis longtemps jugé qu'il ne peut être formé contre la sentence rendue à l'étranger[193]. La sentence rendue à l'étranger ne peut en définitive faire l'objet d'aucune voie de recours directe en France. Le contrôle opéré par le juge français ne s'effectuera que de façon indirecte, dans le cadre d'une procédure de reconnaissance ou d'exécution de cette sentence en France[194]. Le juge français examinera alors, seulement, si la

188. Cass. 1re civ., 28 mai 2008, *Rev. arb.* 2008, p. 691, note D. Bureau ; Cass. 1re civ., 6 avr. 1994, *Rev. arb.* 1995, p. 263, note P. Level. V. aussi : Ch. Seraglini, *Lois de police et justice arbitrale internationale*, préf. P. Mayer, Dalloz, 2001, spéc. n° 375, p. 181.

189. TGI Paris, 22 nov. 1989, *Rev. arb.* 1990, p. 693, note B. Moreau ; *RCDIP* 1990, p. 107, note M.-N. Jobard-Bachellier.

190. Civ., 22 janv. 1951, *JCP* G 1951, II, 6151, note Sarraute et Tager ; *RCDIP* 1951, p. 167, note Ph. Francescakis.

191. Paris, 10 nov. 1987, *Rev. arb.* 1989, p. 670, note A. D. Bousquet.

192. M.-N. Jobard-Bachellier, note sous TGI Paris, 22 nov. 1989, *RCDIP* 1990, p. 107, spéc. p. 116 et s. ; É. Loquin, « Perspectives pour une réforme des voies de recours », *Rev. arb.* 1992, p. 321, spéc. n° 14-23, p. 328-332. V. aussi, H. Motulsky, note sous Trib. Civ. Seine, 17 oct. 1956, *JCP* 1956, II, 9647.

193. Paris, 28 juin 2001, *Rev. arb.* 2002, p. 163, note J. Paulsson ; Paris, 18 févr. 1986, *Rev. arb.* 1986, p. 583, note G. Flécheux, qui condamne en outre le requérant à payer des dommages-intérêts pour procédure abusive.

194. V. *supra*, n° 924 et s.

sentence peut ou non être intégrée dans l'ordre juridique français et y déployer certains effets. Il ne se prononcera donc que très indirectement sur sa validité. Des voies de recours seront ensuite ouvertes devant la cour d'appel contre la décision ordonnant ou refusant d'accorder des effets en France à la sentence étrangère[195].

958 **Possibilité de porter le recours en annulation devant un autre juge que celui du siège.** Par un arrêt rendu le 17 juin 2004[196], la cour d'appel de Paris a jugé, dans un *obiter dictum*, que les parties avaient « la possibilité de porter le recours en annulation par la voie d'une clause attributive de juridiction devant un autre juge que celui du siège ». Elle a justifié cette solution par « la délocalisation de la sentence en droit français de l'arbitrage international ». Autrement dit : l'arbitre international n'a pas de for et « la sentence internationale, qui n'est rattachée à aucun ordre juridique étatique, est une décision de justice internationale »[197] ; la juridiction du siège n'a donc pas une vocation supérieure à une autre à connaître du recours en annulation contre cette sentence délocalisée. Sous réserve d'être clairement confirmée sous l'empire des textes issus de la réforme de 2011, cette décision ouvre donc la voie à la possibilité, pour les parties, d'attribuer compétence à un autre juge que le juge français pour connaître du recours en annulation.

2. La renonciation anticipée au recours en annulation

959 **Réforme.** Avant la réforme résultant du décret n° 2011-48 du 13 janvier 2011, les parties ne pouvaient valablement renoncer par avance au recours en annulation. Le décret a cependant voulu renforcer l'efficacité de l'arbitrage et l'autorité de la sentence, l'arbitrage ne pouvant être une justice attractive que si l'œuvre des arbitres est dotée d'une grande autorité, ce qui suppose, notamment, que leur décision ne puisse être ni trop longtemps, ni trop facilement, contestée. Et c'est probablement en matière d'arbitrage international que la volonté du décret de limiter les possibilités de contestation de la sentence transparaît le plus. Or, l'un des moyens de limiter les possibilités de contester une sentence internationale rendue en France est d'offrir aux parties le choix de renoncer par avance à exercer un recours contre celle-ci. Cela renforce par là même l'autorité de la sentence arbitrale, et celle du tribunal arbitral lui-même, puisque les parties qui font un tel choix limitent fortement et par avance leur droit de contester la décision qui sera rendue par ce tribunal. C'est précisément l'innovation apportée par l'article 1522 du Code de procédure civile qui prévoit que « par convention spéciale, les parties peuvent à tout moment renoncer expressément au recours en annulation » contre les sentences rendues

195. V. *supra*, n° 948 et s.

196. Paris, 17 juin 2004, *Rev. arb.* 2006, p. 161, note T. Azzi ; *JDI* 2005, p. 1165, note É. Loquin ; *D.* 2006, Pan., p. 3036, obs. Th. Clay.

197. Cass. 1re civ. 29 juin 2007, *Putrabali*, *Bull. civ.* I, n° 250 ; *D.* 2008, chron., 1429, note L. Degos ; *D.* 2008, Pan., p. 180, obs. Th. Clay ; *RTD com.* 2007, p. 682, obs. É. Loquin ; *Rev. arb.* 2007, p. 499, rapp. J.-P. Ancel et note E. Gaillard ; *JDI* 2007, p. 1236, obs. Th. Clay ; *LPA* 2007, n° 192, note M. de Boisséson ; *Cah. arb.*, vol. IV, Pedone, 2008, p. 110, note Ph. Pinsolle ; JCP G 2007, I, 216, n° 7, obs. Ch. Seraglini ; *RJDA* 2007, p. 883, obs. J.-P. Ancel ; *RCDIP* 2008, p. 109, note S. Bollée ; *Bull. ASA* 2007, p. 826, note P.-Y. Gunter.

en France[198]. Ce texte n'étant applicable que lorsque le tribunal arbitral a été constitué après le 1er mai 2011[199], il faut donc distinguer entre les deux situations.

a) *Tribunal arbitral constitué jusqu'au 1er mai 2011*

960 **Renonciation impossible avant la sentence.** Lorsque le tribunal arbitral a été constitué avant le 2 mai 2011, les parties ne peuvent renoncer au recours en annulation ouvert en France. Il peut donc être exercé même lorsque la convention des parties ou le règlement d'arbitrage applicable exclut toute possibilité de recours contre la sentence[200]. Ainsi, au regard du droit français de l'arbitrage, l'article 35.6 du règlement d'arbitrage de la CCI de 2017, qui prévoit que les parties « sont réputées avoir renoncé à toutes voies de recours auxquelles elles peuvent valablement renoncer », est sans portée pratique[201].

961 **Renonciation autorisée après la sentence : l'acquiescement à la sentence.** En revanche, la renonciation au recours après que la sentence est rendue demeure possible. Les parties peuvent en effet acquiescer à la sentence. Selon l'article 410 du Code de procédure civile, qui a été jugé applicable au recours en annulation formé contre une sentence rendue en matière d'arbitrage international en France[202], cet acquiescement peut être exprès ou implicite. Il est exprès lorsque l'une des parties manifeste la volonté d'accepter et d'exécuter la sentence[203]. Il peut aussi être implicite et résulter d'actes manifestant, sans équivoque, la volonté de renoncer à l'exercice du recours en annulation et d'accepter la décision intervenue. Ainsi, il a déjà été jugé que l'acquiescement à une sentence partielle sur la compétence du tribunal arbitral ne pouvait être déduit de l'absence de recours immédiat contre celle-ci et de la poursuite de la procédure arbitrale, lorsqu'une partie avait, dès l'origine, contesté la compétence du tribunal arbitral[204]. En revanche, si l'une des parties exécute sans réserve une sentence arbitrale qui n'est pas exécutoire par provision, cette exécution vaut acquiescement, en application de l'article 410, alinéa 2, du Code de procédure civile[205]. L'acquiescement a aussi été retenu lorsque l'un des litigants a sollicité l'exécution des chefs de sentence lui étant favorables et qui n'étaient pas exécutoires par provision[206]. Dans cette situation

198. Sur cette réforme, v. notamment, J. Béguin, J. Ortscheidt, Ch. Seraglini, « Un second souffle pour l'arbitrage. – Arbitrage international –À propos du décret du 13 janvier 2011, », *JCP* G 2011, 467, n° 27 ; E. Gaillard et P. de Lapasse, « Commentaire analytique du décret portant réforme du droit français de l'arbitrage », *Cah. arb.* 2011, p. 263, spéc. n° 119 et s. ; Ch. Jarrosson et J. Pellerin, « Le droit français de l'arbitrage après le décret du 13 janvier 2011 », *Rev. arb.* 2011, p. 5, spéc. n° 104 et s. ; J. Ortscheidt et Ch. Seraglini, « La nouvelle articulation des recours en arbitrage international », in *Le nouveau droit français de l'arbitrage*, Lextenso éditions, 2011, p. 189 et s, spéc. n° 27 et s. ; Ch. Seraglini, « L'efficacité et l'autorité renforcées des sentences arbitrales en France après le décret n° 2011-48 du 13 janvier 2011 », *Cah. arb.* 2011, p. 375, spéc. n° 30 et s.

199. Art. 3.2° du décret n° 2011-48 du 13 janvier 2011.

200. Paris, 16 avr. 1989, *Rev. arb.* 1989, p. 711, note L. Idot.

201. V. aussi, art. 26.8 du règlement LCIA.

202. Paris, 4 mars 2004, *Rev. arb.* 2005, p. 143, note F.-X. Train.

203. Cass. 1re civ., 11 janv. 2000, n° 97-15172.

204. Paris, 4 mars 2004, *Rev. arb.* 2005, p. 143, note F.-X. Train ; Paris, 1er juin 1999, *Rev. arb.* 2000, p. 493.

205. V. notamment, Paris, 11 sept. 2003, *Rev. arb.* 2004, p. 140 (la solution retenue en matière d'arbitrage interne est transposable à l'arbitrage international, puisque l'art. 410 CPC s'applique au recours en annulation ouvert en cette matière).

206. Paris, 14 mai 2009, *Rev. arb.* 2009, p. 651.

d'acquiescement « légal »[207], l'exécution de la sentence fait présumer la volonté d'accepter la décision, sous réserve que cette exécution n'ait pas été faite sous la contrainte, notamment pour obtenir la mainlevée d'une saisie[208].

b) Tribunal arbitral constitué postérieurement au 1er mai 2011

962 **Principe.** Lorsque le tribunal arbitral a été constitué après le 1er mai 2011, non seulement les parties peuvent renoncer à exercer un recours en annulation après le prononcé de la sentence, mais elles peuvent également le faire, selon ce que prévoit l'article 1522 du Code de procédure civile, « par convention spéciale », à « à tout moment expressément ». Dorénavant, les parties peuvent ainsi fixer leur siège en France et y bénéficier de tous les avantages du droit français de l'arbitrage, tout en ne subissant pas le contrôle des juridictions françaises sur une sentence relative à un litige qui ne concernerait pas la France. Mais la nouvelle disposition va plus loin encore dans l'innovation, puisque même des parties ayant un lien avec la France, telles des parties françaises ou domiciliées en France, peuvent renoncer au recours en annulation. Les autres États ayant introduit une telle possibilité de renonciation, comme la Belgique[209], la Suisse[210] et, dans une moindre mesure, la Suède[211], ont été plus timides, puisqu'ils ne l'autorisent que si aucune des parties n'a de lien avec leur pays : en Belgique, les parties ne doivent avoir ni la nationalité belge, ni leur résidence, ni leur principal établissement, ni de succursale sur le territoire ; en Suisse, elles ne doivent avoir ni leur domicile, ni leur résidence habituelle, ni d'établissement sur le territoire ; en Suède, elles ne doivent avoir ni de domicile, ni d'établissement sur le territoire. L'article 1522 prévoit néanmoins qu'en cas de renonciation, les parties « peuvent toujours faire appel de l'ordonnance d'exequatur pour l'un des motifs prévus à l'article 1520 », c'est-à-dire pour les motifs justifiant en principe l'annulation de la sentence ; cet appel devra être formé dans le mois de la signification de la sentence revêtue de l'exequatur, les parties pouvant toutefois convenir d'un autre mode de notification[212]. Certains pourraient tout d'abord s'étonner d'une telle nouveauté introduite par le décret de 2011, au regard du peu de succès rencontré en pratique par les précédents étrangers. Cependant, cette solution nouvelle est en phase avec la vision délocalisée de l'arbitrage international qui est celle du droit français. Mais ce sont surtout les modalités de cette renonciation et ses conséquences qui interrogent[213].

963 **Modalités de la renonciation.** Quelles sont les stipulations qui satisferont les conditions posées par le nouvel article 1522 du Code de procédure civile ? Le texte énonce que les parties peuvent renoncer « à tout moment », mais « par convention spéciale », et « expressément ». Malgré cette formulation exigeante, certains commentateurs du nouveau décret se sont demandé si l'adoption d'un règlement d'arbitrage prévoyant la renonciation par les parties à tout recours contre la sentence suffisait. Or, ce type de dispositions est assez courant dans les règlements d'arbitrage. On l'a vu,

207. J. Héron et Th. Le Bars, *Droit judiciaire privé*, LGDJ, 6e éd., 2015, spéc. n° 1220, p. 957.
208. Paris, 4 avr. 1996, *Rev. arb.* 1997, p. 437 (3e esp.), obs. Th. Bernard.
209. Article 1717 (4) du Code judiciaire belge.
210. Article 192 LDIP suisse.
211. Article 51 de la loi suédoise sur l'arbitrage.
212. V. *supra*, n° 350 et s.
213. Pour une approche critique de cette innovation, v. Ch. Seraglini, « L'efficacité et l'autorité renforcées des sentences arbitrales en France après le décret n° 2011-48 du 13 janvier 2011 », *Cah. arb.* 2011, p. 375, spéc. n° 30 et s.

l'article 35.6 du règlement CCI de 2017, qui reprend la formule déjà présente dans sa version antérieure[214], dispose que « les parties sont réputées avoir renoncé à toutes voies de recours auxquelles elles peuvent valablement renoncer ». Une première réaction serait de considérer qu'une formule aussi générale ne satisfait pas à l'exigence d'une « convention spéciale » formulée par le nouvel article 1522[215].

Toutefois, il n'est pas exclu que soit soutenu, au moins tant que la jurisprudence ne l'aura pas clairement écarté, le moyen selon lequel, tout étant ici affaire d'interprétation de la volonté des parties, il faut distinguer selon que la convention d'arbitrage se référant à un tel règlement d'arbitrage a été conclue avant ou après l'entrée en vigueur du nouveau décret. Les dispositions de droit transitoire prévues par le décret du 13 janvier 2011 ne permettent pas de régler cette question pour les conventions d'arbitrage conclues avant l'adoption de la nouvelle réglementation. En effet, l'article 3 du décret prévoit que l'article 1522 s'applique si le tribunal arbitral a été constitué après le 1er mai 2011, date d'entrée en vigueur du décret, et non pas si la convention d'arbitrage a été conclue après cette date. Aussi, des conventions d'arbitrage conclues avant le 1er mai 2011 peuvent être concernées par l'article 1522, dès lors que le tribunal arbitral constitué sur la base de telles conventions d'arbitrage l'a été postérieurement au 1er mai 2011. Certes, on ne saurait sérieusement prétendre que des parties fixant le siège de leur arbitrage à Paris et se référant au règlement CCI avant le décret du 13 janvier 2011, ont pu ainsi envisager de renoncer au recours en annulation contre la sentence à venir. En effet, à une telle époque, cette possibilité de renonciation n'existant pas, les parties n'ont pu y songer. Dès lors, les clauses d'arbitrage conclues avant le décret et faisant référence à un règlement d'arbitrage du type du règlement CCI ne sauraient emporter renonciation au recours en annulation. En revanche, certains pourraient prétendre qu'il devrait en être autrement, dans certaines situations au moins, pour des conventions d'arbitrage conclues après le 1er mai 2011. Ainsi, par exemple, ils pourraient avancer que, s'agissant d'une partie domiciliée en France, ou contractant avec une partie domiciliée en France, qui a été conseillée lors de la rédaction de la convention d'arbitrage conclue après le 1er mai 2011 par un cabinet d'avocats parisien spécialiste d'arbitrage, ses avocats n'ont pu ignorer les conséquences d'une référence à l'article 34-6 nouveau, ou à l'article 28-6 ancien, du règlement CCI et d'une fixation du siège à Paris quant à la renonciation à « toutes voies de recours auxquelles [les parties] peuvent valablement renoncer », et donc au recours en annulation par le jeu combiné de cette disposition et du nouvel article 1522 du Code de procédure civile.

Une hypothèse plus délicate encore pourrait être celle d'une convention d'arbitrage *ad hoc* conclue après le 1er mai 2011, fixant le siège de l'arbitrage à Paris et énonçant de façon générale, mais cette fois directement, que « les parties renoncent à toutes voies de recours auxquelles elles peuvent valablement renoncer ». L'hypothèse est plus délicate dans la mesure où la référence à la renonciation à toutes voies de recours figure alors directement dans la convention d'arbitrage, et ne résulte plus d'un simple renvoi indirect aux dispositions d'un règlement d'arbitrage.

Néanmoins, un tel argumentaire ne devrait pas être favorablement accueilli par les juges, principalement compte tenu des exigences affichées par le texte de

214. Art. 34.6 de l'ancien règlement CCI de 2012 et 28.6 de celui de 1998.

215. E. Gaillard et P. de Lapasse, « Commentaire analytique du décret portant réforme du droit français de l'arbitrage », *Cah. arb.* 2011, p. 263, spéc. n° 119 ; Ch. Jarrosson et J. Pellerin, « Le droit français de l'arbitrage après le décret du 13 janvier 2011 », *Rev. arb.* 2011, p. 5, spéc. n° 104.

l'article 1522 : « convention spéciale » ; « expressément »[216]. S'y ajoute la considération de la gravité de la renonciation à un recours en annulation, surtout au regard des conséquences de cette renonciation[217]. Aussi, les exigences posées par le texte devraient faire l'objet d'une interprétation jurisprudentielle restrictive. Cela étant, puisqu'il s'agit bien d'un problème d'interprétation de la volonté des parties, sujet aléatoire s'il en est, les choses demeurent pour le moment incertaines. D'ailleurs, des exigences formelles du même ordre ont pu susciter des débats et des hésitations jurisprudentielles à l'étranger, notamment en Suisse au regard de l'exigence de « déclaration expresse » posée par l'article 192 LDIP[218]. Dès lors, certains conseils de parties pourraient être tentés, par prudence au moins et tant que la jurisprudence n'aura pas clairement exprimé son point de vue, lorsqu'ils seront chargés de rédiger une convention d'arbitrage CCI, ou même *ad hoc* mais prévoyant une renonciation générale aux voies de recours, avec siège de l'arbitrage en France, de dorénavant stipuler expressément que cela n'emporte pas renonciation au recours en annulation. Bien entendu, si une telle renonciation au recours n'est pas un souhait des parties. Mais peut-elle réellement l'être, et peut-elle être raisonnablement conseillée à des parties, lorsqu'on examine les incertitudes entourant ses conséquences ?

964 **Effets de la renonciation.** Certains effets de la renonciation peuvent en effet inquiéter. Certes, l'intention des auteurs du décret du 13 janvier 2011 n'a, à l'évidence, pas été de priver l'une des parties à l'arbitrage de tout moyen de contester une sentence qui ne lui convient pas et qui pourrait lui être préjudiciable. L'idée sous-jacente est plutôt que le « principal contrôle de la régularité de la sentence internationale s'effectue au lieu où celle-ci a vocation d'être exécutée »[219]. Ce lieu pourra bien entendu être en France, notamment lorsque la partie condamnée en vertu de la sentence y est établie ; en ce cas, l'article 1522, alinéa 2, du Code de procédure civile paraît sauvegarder les intérêts de cette partie puisqu'il précise qu'en cas de renonciation au recours en annulation contre une sentence rendue en France, les parties « peuvent toujours faire appel de l'ordonnance d'exequatur pour l'un des motifs prévus à l'article 1520 »[220] ; et le rapport au Premier ministre de souligner qu'une telle disposition « préserve le droit des parties à un recours effectif »[221]. *A priori*, tout cela est donc rassurant pour celui qui souhaiterait s'opposer à ce que la sentence arbitrale internationale rendue en France y déploie des effets juridiques qui lui seraient préjudiciables. Le problème est qu'il n'y a pas que l'exécution parmi les effets susceptibles d'être déployés en France par une sentence arbitrale. Aussi, il n'est pas certain que l'article 1522, alinéa 2, suffise à préserver dans tous les cas le droit d'une partie à un « recours effectif » contre une sentence qui lui est préjudiciable. Deux exemples, l'un concernant un demandeur malchanceux, l'autre un défendeur malchanceux, permettront de l'illustrer.

216. En ce sens aussi, E. Gaillard et P. de Lapasse, « Commentaire analytique du décret portant réforme du droit français de l'arbitrage », *Cah. arb.* 2011, p. 263, spéc. n° 119.

217. V. *infra*, n° 964.

218. Sur les hésitations du Tribunal Fédéral suisse, v. J.-F. Poudret, S. Besson, *Comparative Law of International Arbitration*, 2nd ed., 2007, Thomson – Sweet & Maxwell, n° 839, p. 782.

219. V. E. Gaillard et P. de Lapasse, « Le nouveau droit de l'arbitrage interne et international », *D.* 2011, p. 175, spéc. n° 41.

220. On pourra relever au passage que l'article 1522, alinéa 2, CPC crée, dans ce cas particulier, une nouvelle voie de recours, l'appel de l'ordonnance d'exequatur d'une sentence rendue en France.

221. Rapport au Premier ministre relatif au décret n° 2011-48 du 13 janvier 2011 portant réforme de l'arbitrage, *JORF* 14 janv. 2011.

Le premier exemple vise l'hypothèse d'une relation contractuelle ayant des liens avec la France (demandeur et/ou défendeur domiciliés en France, contrat exécuté en France) et d'un demandeur à l'arbitrage qui se heurte à une sentence de débouté ou d'irrecevabilité qu'il estime injustifiée. Ayant renoncé par avance au recours en annulation, il ne peut pas la contester directement. De son côté, le défendeur n'éprouvera aucun besoin d'en demander l'exequatur en France. Aussi, si le demandeur veut retenter sa chance au fond devant le juge français (juge du domicile du défendeur, juge du lieu d'exécution du contrat), le défendeur pourra lui opposer l'autorité négative de chose jugée de la sentence, et ainsi demander la reconnaissance incidente de cette sentence. Or, une sentence arbitrale a en France, dès qu'elle est rendue et sans autre formalité, autorité de chose jugée[222]. Le demandeur qui entendrait s'opposer à cette reconnaissance de l'autorité négative de chose jugée, pourra-t-il contester la sentence, alors même qu'il avait renoncé au recours en annulation, et alors même qu'il ne s'agit pas de s'opposer à une demande d'exequatur, seul cas envisagé par l'article 1522, alinéa 2 ? Une réponse négative conduirait à effectivement priver ce demandeur de toute possibilité de contester une sentence qui lui est préjudiciable en France, puisque cette sentence conduira à définitivement fermer son action au fond ! Et il n'est pas certain qu'il existe une autre piste envisageable pour remédier à une telle situation. En effet, le demandeur ne peut pas utiliser la voie de l'action en inopposabilité en France de la sentence, qui n'était pas admise par la jurisprudence sous l'empire de l'ancienne réglementation et dont on pourrait douter qu'elle le soit sous l'empire de la nouvelle[223]. La partie insatisfaite de la sentence ne peut pas non plus demander l'exequatur pour immédiatement ensuite faire appel de l'ordonnance accordant l'exequatur. Là encore, la jurisprudence antérieure au décret de 2011 ne l'a pas admis faute, selon elle, d'intérêt à agir en appel pour celui qui a sollicité, et obtenu, l'exequatur[224]. Ces solutions mériteraient donc d'être reconsidérées, au moins dans la situation ici examinée, compte tenu de la possibilité nouvelle de renoncer par avance au recours en annulation. Si la jurisprudence décidait néanmoins de maintenir ses positions, une autre piste envisageable serait de faire une interprétation particulièrement restrictive des dispositions relatives à la renonciation au recours en annulation, et particulièrement souple des pouvoirs du juge en matière de reconnaissance incidente des sentences internationales rendues en France. Ainsi, il s'agirait de soutenir que la renonciation vaut pour le seul recours en annulation, n'interdisant pas au juge saisi d'une reconnaissance incidente d'opérer un contrôle couvrant tous les griefs du nouvel article 1520 du Code de procédure civile (normalement applicable au recours en annulation et à l'appel de l'ordonnance d'exequatur). Toutefois, il faut concéder qu'une telle interprétation est largement contraire à l'esprit du décret de 2011 et du droit français de l'arbitrage international, et même à la lettre du nouveau texte. À l'esprit tout d'abord, lorsque l'on connaît le souci du droit français de l'arbitrage d'opérer une centralisation du contentieux des recours contre la sentence devant la cour d'appel du siège du tribunal arbitral, ce qui signifie de plus, dans l'arbitrage international, le plus souvent devant la cour d'appel de Paris. À la lettre ensuite, puisque le nouvel article 1518 du Code de procédure civile indique que « la sentence rendue en France en matière d'arbitrage international ne peut faire l'objet que d'un recours en annulation », recours qui doit alors être porté devant la cour d'appel dans le ressort de laquelle la sentence a été rendue. Et, en cas de renonciation à ce recours,

222. V. *supra*, n° 913 et s.
223. V. *supra*, n° 956.
224. V. *supra*, n° 950.

seul l'article 1522, alinéa 2, du Code de procédure civile semble pouvoir entrer en jeu : la seule autre voie serait donc alors l'opposition à l'ordonnance accordant l'exequatur à une telle sentence. Ainsi, finalement, il semble bien qu'au mieux, la partie mécontente ne puisse s'opposer à la reconnaissance incidente de la sentence arbitrale qu'en invoquant l'article 1514 du Code de procédure civile, qui parle bien, lui, de « reconnaissance », et qui la conditionne à l'absence de contrariété manifeste à l'ordre public international. Toutefois, c'est une réserve bien restrictive, qui ne peut couvrir toutes les hypothèses, sauf à adopter une interprétation particulièrement large et généreuse de la contrariété manifeste à l'ordre public international, ce qui n'est ni souhaitable, ni probable compte tenu des orientations de la jurisprudence française en matière de contrôle de la conformité de la sentence arbitrale à l'ordre public international[225].

Le second exemple concerne cette fois un défendeur malchanceux. Imaginons le cas d'un demandeur au fond qui estime que le tribunal arbitral n'est pas compétent et que sa demande devrait être portée devant le juge étatique français, par exemple en raison du domicile en France du défendeur, mais qui est néanmoins au fait de la règle française de l'effet négatif du principe de Compétence-Compétence[226]. Aussi, sachant qu'il est inutile de saisir en premier le juge étatique pour contester la compétence du tribunal arbitral, ce demandeur saisit d'abord un tribunal arbitral siégeant en France, tout en contestant la compétence de celui-ci... et il obtient effectivement une sentence d'incompétence... que le défendeur ne peut pas contester dans le cadre d'un recours en annulation auquel il a renoncé. Le demandeur saisit ensuite le juge français du fond du litige en se prévalant de la décision des arbitres. Le défendeur peut-il alors s'opposer à l'action devant le juge, et contester le bien-fondé de la sentence d'incompétence, lui qui avait milité pour la compétence des arbitres et n'a pu auparavant contester la décision d'incompétence prise par ceux-ci ? En réalité, il est placé dans la même situation délicate que le demandeur de l'exemple précédent.

Ces difficultés sont largement liées au fait que la renonciation au recours en annulation n'est pas réservée au cas où les deux parties sont étrangères ou domiciliées à l'étranger, et peut donc concerner des parties françaises ou domiciliées en France[227]. Dès lors, la France est susceptible d'être concernée par ces sentences, rendues en France mais ne pouvant plus y faire l'objet d'un recours en annulation, autrement que dans le seul cadre d'une demande d'exequatur, et notamment parce que le juge français pourra être saisi d'une demande au fond relative au litige qui avait été soumis aux arbitres. Au contraire, le droit suisse ou le droit belge, en exigeant que les parties n'aient pas de liens avec leur territoire pour admettre une telle renonciation au recours en annulation, ont davantage pris soin de s'assurer que leur État ne serait pas concerné par ce type de sentences autrement que dans le cadre d'une éventuelle, et en principe rare compte tenu de cette absence de lien, demande d'exequatur. Aussi, on peut se demander si le nouveau décret français n'a pas ici été trop « novateur ». En tout cas, pour l'instant au moins, et tant que la jurisprudence n'aura pas éclairci ce point, on ne saurait conseiller, à tout le moins à une partie engagée dans une relation contractuelle ayant un lien avec la France, d'utiliser une telle possibilité de renonciation au recours... enfin, si

225. V. *infra*, n° 1000 et s.

226. Désormais codifiée à l'article 1448 CPC (v. *supra*, n° 687 et s.).

227. E. Gaillard et P. de Lapasse, « Commentaire analytique du décret portant réforme du droit français de l'arbitrage », *Cah. arb.* 2011, p. 263, spéc. n° 117.

cette partie a un pouvoir de négociation suffisant dans le rapport contractuel pour ne pas se voir imposer cette renonciation par l'autre partie[228] !

3. L'ouverture exceptionnelle du recours en révision

965 **Réforme du 13 janvier 2011.** En matière interne, l'article 1502 du Code de procédure civile prévoit qu'une sentence arbitrale peut faire l'objet d'un recours en révision, « dans les cas prévus pour les jugements à l'article 595 et sous les conditions prévues aux articles 594, 596, 597 et 601 à 603 »[229]. Ce recours, auparavant porté devant la cour d'appel compétente pour connaître des recours ouverts contre la sentence[230], et aujourd'hui devant le tribunal arbitral, sauf s'il ne peut plus être à nouveau réuni[231], permet à une partie victime d'une fraude ou d'un faux au cours de la procédure d'obtenir des arbitres la rectification partielle ou totale de la sentence passée en force de chose jugée. Avant la réforme de 2011, l'article 1507 ancien du Code de procédure civile déclarait expressément que les dispositions de l'article 1491 ancien de ce code, ouvrant le recours en révision en matière d'arbitrage interne, n'étaient pas applicables à l'arbitrage international. La révision de la sentence est cependant particulièrement utile lorsqu'au moment de la découverte de la fraude ou du faux, les délais du recours en annulation sont expirés. La Cour de cassation avait donc réintroduit cette voie de recours extraordinaire en matière internationale. Ainsi, dans l'affaire *Fougerolle* c/ *Procofrance*, elle avait retenu que « la rétractation d'une sentence rendue en France en matière d'arbitrage international doit être exceptionnellement admise lorsque le tribunal arbitral demeure constitué ou peut être de nouveau réuni après le prononcé de la sentence »[232]. Le principe *fraus omnia corrumpit* rendait donc recevable la voie de la rétractation devant le tribunal arbitral lui-même, dès lors qu'il est demeuré constitué ou pouvait être à nouveau réuni. La réforme du 13 janvier 2011 a consacré cette solution, l'article 1506.5° du Code de procédure civile renvoyant à l'article 1502, alinéas 1 et 2, et le recours en révision est donc désormais ouvert par le Code lui-même en matière internationale, à condition toutefois que le tribunal arbitral ait été constitué le 2 mai 2011 ou après[233]. Dans le cas contraire, le droit antérieur à la réforme du 13 janvier 2011 s'applique.

966 **Procédure**[234]. Le recours est recevable dès le prononcé de la sentence et il n'est même pas indispensable d'attendre qu'elle soit notifiée. En application de l'article 594 du Code de procédure civile, auquel renvoie l'article 1502, alinéa 2, le recours en révision ne peut « être demandé que par les personnes qui ont été parties ou représentées » à la sentence. Il faut noter que les voies de recours étant indisponibles, il ne peut être

228. On pourrait ici songer au cas d'un consommateur domicilié en France, les clauses d'arbitrage internationales n'étant pas manifestement nulles à son égard : v. Cass. 1re civ., 30 mars 2004, *Rado*, *RTD com.* 2004, p. 447, obs. É. Loquin ; JCP G 2004, 134, n° 3, obs. Ch. Seraglini ; *Rev. arb.* 2005, p. 125, note X. Boucobza ; et *supra*, n° 662.

229. V. *supra*, n° 570 et s.

230. Art. 1491 ancien CPC.

231. Art. 1502, al. 3, CPC (v. *supra*, n° 575).

232. Cass. 1re civ., 25 mai 1992, *RCDIP* 1992, p. 699, note B. Oppetit ; *JDI* 1992, p. 974, note É. Loquin ; *Rev. arb.* 1993, p. 91 et l'article de M. de Boisséson, « L'arbitrage et la fraude (à propos de l'arrêt *Fougerolle* rendu par la Cour de cassation le 25 mai 1992) », p. 3. V. aussi, Paris, 15 févr. 2007, *Rev. arb.* 2009, p. 158 (1re esp.), note P. Callé.

233. Art. 3.2° du décret n° 2011-48 du 13 janvier 2011.

234. Il convient, pour l'essentiel, de renvoyer aux paragraphes consacrés à l'arbitrage interne sur ce point, puisque l'article 1506.5° procède par renvoi aux dispositions qui y sont applicables.

renoncé au recours en révision par les parties. L'article 1502, alinéa 2, se référant à l'article 595 du Code de procédure civile pour les cas d'ouverture du recours en révision, il n'est donc ouvert que pour l'un des quatre cas qu'énumère ce texte. La révision est d'abord possible si, après la sentence, soit il se révèle qu'elle a « été surprise par la fraude de la partie au profit de laquelle elle a été rendue », soit « il a été recouvré des pièces décisives qui avaient été retenues par le fait d'une autre partie »[235]. Le recours en révision est ensuite ouvert « s'il a été jugé sur des pièces reconnues ou judiciairement déclarées fausses depuis » la sentence ou « s'il a été jugé sur des attestations, témoignages ou serments judiciairement déclarés faux depuis » la sentence. Et, dans tous les cas, le recours n'est recevable que si son auteur n'a pu, « sans faute de sa part, faire valoir la cause qu'il invoque avant que la décision ne soit passée en force de chose jugée ». De plus, le recours en révision est enfermé dans le délai de deux mois, qui court à compter « du jour où la partie a eu connaissance de la cause de révision qu'elle invoque »[236], et toutes les parties doivent être appelées à l'instance à peine d'irrecevabilité du recours[237]. Il ne peut être accueilli que si celui qui l'invoque prouve que la fraude a eu une incidence sur la solution consacrée par la sentence[238].

967 **Solution en cas d'impossibilité de réunir à nouveau le tribunal arbitral.** En matière interne, si le tribunal arbitral ne peut plus être réuni, alors, comme le prévoit l'article 1502, alinéa 3, du Code de procédure civile, « le recours est porté devant la cour d'appel qui eût été compétente pour connaître des autres recours contre la sentence », soit la cour d'appel dans le ressort de laquelle la sentence a été rendue. Ce texte est toutefois inapplicable en matière d'arbitrage international, et lorsque le tribunal arbitral ne peut plus être reconstitué, le Code de procédure civile n'offre alors aucune solution. Avant la réforme, dans ce cas de figure, la Cour de cassation avait retenu une autre voie pour sanctionner la fraude. Selon elle, la fraude procédurale « peut aussi être sanctionnée au regard de l'ordre public international de procédure de sorte que demeure ouvert le recours en annulation prévu par l'article 1502.5° du Code de procédure civile »[239]. Cette solution reste certainement pertinente sous l'empire du droit issu de la réforme de 2011. Mais cette règle n'offre aucune solution si le délai du recours en annulation est expiré. Si un précédent recours en annulation a été rejeté avant la découverte des faits frauduleux, la partie lésée n'est toutefois pas totalement démunie. Elle peut tenter d'obtenir la révision de l'arrêt de rejet en arguant que la fraude, découverte après ce rejet, était de nature à fonder le premier recours en annulation[240]. Mais on pourrait également considérer que le décret du 13 janvier 2011, en ne renvoyant pas, en matière internationale, à l'alinéa 3 de l'article 1502 du Code de procédure civile, et en excluant ainsi la compétence subsidiaire de la cour d'appel qui eût été compétente pour

235. Sur ces cas, v. *supra*, n° 574.

236. Art. 596 CPC.

237. Art. 597 CPC.

238. Cass. 1re civ., 16 janv. 2018, n° 16-21391.

239. Cass. 1re civ., 19 déc. 1995, *Westman, Rev. arb.* 1996, p. 49, note D. Bureau. V. cependant, Paris, 15 févr. 2007, *Rev. arb.* 2009, p. 158 (1re esp.), note P. Callé, qui pour rejeter le recours en annulation se prévalant de la fraude, a jugé « qu'à supposer qu'une quelconque fraude puisse jamais être établie par la société H., il revient à celle-ci de demander à l'arbitre la rétractation de la sentence rendue en France en matière d'arbitrage international ».

240. Cass. 2e civ., 12 févr. 2004, *JCP* G 2004, I, 179, n° 5, obs. Ch. Seraglini ; *Rev. arb.* 2004, p. 359, note M.-C. Rivier, s'agissant de faits susceptibles de faire douter de l'impartialité de l'arbitre qui ont été découverts après le rejet du recours en annulation.

connaître des autres recours contre la sentence, implique, *a contrario*, que l'on peut, dans une telle hypothèse, constituer un nouveau tribunal arbitral pour connaître du recours en révision[241]. La formule très générale de l'alinéa 2 de l'article 1502 du Code de procédure civile, selon laquelle « le recours est porté devant le tribunal arbitral », favorise une telle interprétation[242]. La solution n'a au demeurant rien de choquant, puisqu'il peut parfaitement arriver qu'en cours d'arbitrage, un ou plusieurs membres du tribunal arbitral soient remplacés, soit parce qu'ils ont été récusés, soit parce qu'ils ont démissionné, soit encore parce qu'ils sont décédés.

968 **Appréciation critique.** L'ouverture d'une voie de recours extraordinaire pour sanctionner une éventuelle fraude à la sentence, solution que l'on retrouve en droit comparé[243], est à l'évidence une bonne chose. La fraude consistant à tromper un tribunal arbitral doit être sanctionnée. Certains pourraient néanmoins exprimer une petite réserve quant à la solution spécifiquement retenue, d'abord par la jurisprudence française, puis par le décret de 2011. En effet, confier la tâche de rectifier la fraude aux arbitres eux-mêmes pourrait ne pas être perçu comme la meilleure solution. On pourrait en effet craindre que ceux-ci soient réticents à l'idée de se reconnaître victimes d'une fraude et n'admettent que rarement de rétracter leur sentence. D'un autre côté, la solution semble conforme à la volonté initiale des parties de voir leur litige tranché par le tribunal arbitral, et ce dernier est au surplus probablement mieux au fait des données du litige que ne le serait un juge étatique examinant un tel recours. De plus, cela renforce l'autorité de la sentence et du tribunal arbitral lui-même. Dans son principe déjà, la possibilité d'un tel recours en révision renforce l'autorité de ce dernier, car il serait intolérable qu'une partie puisse impunément tromper sa religion par des manœuvres. Mais cette autorité est d'autant plus renforcée si c'est le tribunal arbitral lui-même qui connaît de ce recours. En effet, qui mieux que le tribunal arbitral, parfaitement au fait de l'affaire, peut pleinement apprécier si sa religion a été véritablement trompée ? De plus, une partie hésitera à user de telles manœuvres si elle sait s'exposer à un retour, qui serait alors pour le moins délicat, devant le tribunal arbitral qu'elle aura trompé.

Par ailleurs, en plus de la révision, l'auteur des manœuvres peut sans doute être sanctionné. On peut songer à l'introduction d'une action en responsabilité à son encontre, fondée sur la violation délibérée de l'obligation de loyauté dans la conduite de la procédure arbitrale[244]. On peut également envisager de faire condamner l'auteur de la manœuvre pour escroquerie « au jugement »[245]. Ces procédures permettraient ainsi

241. En ce sens aussi, J. Béguin, J. Ortscheidt, Ch. Seraglini, « Un second souffle pour l'arbitrage. – Arbitrage international – À propos du décret du 13 janvier 2011, », *JCP* G 2011, 467, n° 32 ; E. Gaillard et P. de Lapasse, « Commentaire analytique du décret portant réforme du droit français de l'arbitrage », *Cah. arb.* 2011, p. 263, spéc. n° 115 ; Ch. Seraglini, « Les recours en cas de fraude », *Rev. arb.* 2018, p. 121, spéc. n° 27, p. 131.

242. V. sur cette possibilité, avant la réforme, I. Fadlallah, « Nouveau recul de la révision au fond : motivation et fraude dans le contrôle des sentences arbitrales internationales », *Cah. arb.*, vol. I, *Gaz. Pal.* éd., 2002, p. 148 ; D. Hascher, « La révision en arbitrage international », in *Liber Amicorum Claude Reymond autour de l'arbitrage. Mélanges offerts à Cl. Reymond*, Litec, 2004, p. 111, spéc. n° 6, p. 115.

243. J.-F. Poudret, S. Besson, *Droit comparé de l'arbitrage international*, Bruylant, 2002, n° 843 et s., p. 833 et s.

244. Sur cette obligation, v. *supra*, n° 815. Sur la possibilité d'une telle action en responsabilité, v. déjà, B. Oppetit, note sous Paris, 25 mai 1990, *RCDIP* 1990, p. 753, spéc. p. 763.

245. B. Oppetit, note préc., spéc. p. 763. Il a ainsi déjà été jugé que « la production de témoignages et écrits mensongers devant le tribunal arbitral en vue d'obtenir une décision favorable de sa part » peut, notamment, être qualifiée de tentative d'escroquerie (Crim., 12 mars 2002, n° 01-88608).

d'obtenir la réparation du préjudice causé par la fraude et la punition du fraudeur, même si elles restent sans effet sur la sentence.

B. PROCÉDURE DU RECOURS EN ANNULATION

969 **Renvoi aux règles relatives à la procédure contentieuse devant la cour d'appel.** Sous l'empire des textes antérieurs à la réforme du 13 janvier 2011, l'article 1487, alinéa 1er, du Code de procédure civile, applicable au recours en annulation formé contre une sentence rendue en France en matière d'arbitrage international[246], précisait que « l'appel et le recours en annulation sont formés, instruits et jugés selon les règles relatives à la procédure en matière contentieuse devant la cour d'appel ». Comme en matière d'arbitrage interne, l'imprécision de ce texte rendait incertaines les dispositions précisément applicables devant la cour d'appel saisie d'un recours en annulation contre une sentence rendue en France en matière d'arbitrage international[247]. Ainsi, la cour d'appel de Paris, à rebours de la solution retenue par la Cour de cassation[248], avait plusieurs fois adopté une interprétation restrictive du texte précité, pour décider que seules étaient visées par le renvoi les règles relatives à la procédure d'appel ordinaire (articles 901 à 915 CPC) et à jour fixe (articles 917 à 925 CPC), à l'exclusion de celles concernant les conditions de fond du droit d'appel relatives aux jugements susceptibles d'appel (articles 543 à 545 CPC) et aux parties (articles 546 à 558 CPC)[249]. Toutefois, elle faisait aussi, dans le même temps, ponctuellement application de textes ne figurant pas parmi les dispositions précitées[250]. Le décret du 13 janvier 2011 a partiellement remédié à cette situation. Il ne renvoie plus au texte relatif à l'arbitrage interne et l'article 1527, alinéa 1er, du Code de procédure civile, inséré dans une Section traitant des « dispositions communes aux sentences rendues en France et à l'étranger », dispose, notamment, que le recours en annulation de la sentence est formé, instruit et jugé « selon les règles relatives à la procédure contentieuse prévues aux articles 900 à 930-1 ». Ce texte est certes plus précis, mais ne vise pas toutes les dispositions applicables au recours en annulation, qui est en effet soumis à des règles empruntées au droit judiciaire (1) et à des règles qui lui sont propres (2). De plus, compte tenu de sa portée pratique considérable, et de l'importante réforme survenue en 2011 sur ce point, il faut également envisager la question du caractère non suspensif du recours (3).

1. Les principales règles empruntées au droit judiciaire privé

970 **Recours immédiat ou différé contre la sentence ?** On pourrait songer à n'ouvrir le recours en annulation qu'à l'encontre des sentences qui tranchent une partie du

246. Art. 1507 ancien CPC.

247. Sur ce débat, v. *supra*, n° 510 s. V. aussi, G. Bolard, note sous Cass. 1re civ., 14 mars 2006, *Rev. arb.* 2006, p. 653, spéc. p. 659 ; J. Ortscheidt, note sous Cass. 2e civ., 6 déc. 2001, *Rev. arb.* 2002, p. 697.

248. Cass. 2e civ., 6 déc. 2001, *Rev. arb.* 2002, p. 697, note J. Ortscheidt.

249. V. notamment, Paris, 7 oct. 2004, *Rev. arb.* 2004, p. 982 ; JCP G 2005, I, 134, n° 5 et 7 ; *D.* 2005, Pan., p. 3062, obs. Th. Clay. V. aussi *supra*, n° 510.

250. Art. 32-1 et 559 du CPC, notamment (v. Paris, 6 mai 2004, *Gaz. Pal.* 3 et 4 déc. 2004, p. 49 ; *Rev. arb.* 2006, p. 661).

principal ou qui mettent fin à l'instance en accueillant une exception de procédure, une fin de non-recevoir ou tout autre incident[251]. Le recours en annulation contre les autres ne serait alors recevable qu'en même temps que celui exercé contre la sentence sur le fond[252]. Cette concentration des recours présente en effet plusieurs avantages : elle accélère la procédure et, par là même, le dénouement de l'instance en évitant qu'elle ne soit hachée par des recours judiciaires ; elle réduit le risque de recours dilatoires et les coûts de l'arbitrage ; elle renforce l'autonomie de l'arbitrage en limitant les points de contact avec la justice étatique. Mais, en même temps, elle présente l'inconvénient, en présence d'une sentence partielle qui se borne à statuer en faveur de la compétence du tribunal arbitral, de laisser la procédure se poursuivre inutilement si le juge du contrôle décide ensuite que les arbitres étaient incompétents. C'est sans doute pour cette raison que la recevabilité du recours en annulation immédiat contre une telle sentence est admise[253]. La solution n'est pas uniforme en droit comparé[254]. De même, il faut noter que dans l'arbitrage CIRDI, la « décision » rendue sur la compétence n'est pas susceptible d'un recours immédiat devant le comité *ad hoc*[255].

971 **Sanction du recours abusif : amende et dommages-intérêts.** L'article 559 du Code de procédure civile, qui autorise le juge à prononcer une amende civile « en cas d'appel » dilatoire ou abusif, a été jugé applicable au recours en annulation formé contre une sentence rendue en France en matière d'arbitrage international[256]. L'amende peut aussi être prononcée sur le fondement de l'article 32-1 du Code de procédure civile lorsque le recours en annulation est irrecevable[257]. En outre, la victime du recours abusif ou dilatoire, qui a subi un préjudice résultant de ce recours, peut obtenir des dommages-intérêts[258]. Le juge sanctionne ainsi aussi bien la faute intentionnelle, résultant par exemple de ce que le requérant savait son recours voué à l'échec, que la légèreté blâmable[259].

972 **Causes de suspension et d'interruption de l'instance judiciaire.** L'instance engagée devant le juge du contrôle de la sentence est suspendue ou interrompue pour les causes du droit commun, énoncées aux articles 369 à 383 du Code de procédure civile[260]. Deux de celles-ci retiennent plus particulièrement l'attention lorsqu'un recours en annulation est formé contre une sentence rendue en France en matière

251. J. Ortscheidt, note sous Cass. 2e civ., 6 déc. 2001, *Rev. arb.* 2002, p. 697, spéc. no 15 et s., p. 710 et s.

252. En droit comparé, v. J.-F. Poudret, S. Besson, *Droit comparé de l'arbitrage international*, Bruylant, 2002, no 773 et s., p. 749 et s.

253. Paris, 22 mai 2003, *JCP* G 2004, I, 119, no 6, obs. Ch. Seraglini ; *Rev. arb.* 2003, p. 1252 (2e esp.), note F.-X. Train.

254. Notamment en droit hollandais et italien (sur ce point, J.-F. Poudret, S. Besson, *Droit comparé de l'arbitrage international*, préc., no 480 et s., p. 429 et s.).

255. E. Gaillard, *La jurisprudence du CIRDI*, Pedone, 2004, p. 190.

256. Cass. 1re civ., 23 févr. 1994, *Bull. civ.* I, no 75. V. aussi, Paris, 6 mai 2004, *Gaz. Pal.* 3 et 4 déc. 2004, p. 49 ; *Rev. arb.* 2006, p. 661.

257. Paris, 6 mai 2004, préc.

258. V. notamment, Paris, 6 mai 2004, préc. ; Paris, 16 janv. 2003, *D.* 2003, Pan., p. 2479, obs. Th. Clay ; *JDI* 2004, p. 161, note C. Kessedjian.

259. H. Lécuyer, « L'exercice abusif des voies de recours contre les sentences arbitrales : de quelques manifestations de l'ire du juge judiciaire », *Rev. arb.* 2006, p. 573, spéc. p. 583.

260. Sur celles-ci, v. J. Héron et Th. Le Bars, *Droit judiciaire privé*, LGDJ, 6e éd., 2015, no 1190 et s., p. 935 et s.

d'arbitrage international : la suspension éventuelle de l'instance judiciaire résultant de l'application de la règle « le criminel tient le civil en l'état » ; l'interruption de cette instance en raison de l'ouverture d'une procédure de sauvegarde ou d'une procédure collective.

973 **Suspension de l'instance et procédure pénale.** Avant la réforme résultant de la loi n° 2007-291 du 5 mars 2007[261], que la sentence ait été rendue en matière d'arbitrage international ou d'arbitrage interne[262], si la procédure pénale se déroulait en France, le juge de l'annulation était soumis à la règle « le criminel tient le civil en l'état », énoncée à l'article 4 du Code de procédure pénale[263]. Il devait surseoir à statuer dans l'attente de la décision du juge pénal. Le sursis s'imposait aussi lorsque la procédure pénale se déroulait à l'étranger et si une convention internationale le prévoyait[264]. Dans ces deux hypothèses, le sursis n'était toutefois pas automatique. Il était jugé qu'il ne s'imposait que si « les faits dénoncés comme constituant l'infraction ont une incidence directe sur la cause d'annulation de la sentence et si la décision pénale à intervenir est susceptible d'influer sur la décision civile »[265]. Le sursis ne devait donc être obligatoirement prononcé que si les faits, objet de la procédure pénale, avaient une incidence directe sur l'un des cinq griefs énoncés par l'article 1502 ancien du Code de procédure civile[266]. Puisque le juge de l'annulation ne peut réviser la sentence au fond, le sursis n'était pratiquement obligatoire que si la décision pénale à intervenir était susceptible de révéler un défaut de convention d'arbitrage valable, une composition irrégulière du tribunal arbitral, la méconnaissance de sa mission ou du principe de la contradiction par l'arbitre, ou encore, que la solution rendue heurtait l'ordre public international français. Compte tenu des conditions posées, le juge du contrôle de la sentence était rarement tenu de surseoir à statuer en application de la règle « le criminel tient le civil et l'état »[267]. Il l'est moins encore depuis la modification de l'article 4 du Code de procédure pénale par la loi précitée du 5 mars 2007. L'article 4, alinéa 3, dispose en effet que « la mise en mouvement de l'action publique n'impose pas la suspension des autres actions exercées devant la juridiction civile (autre que l'action civile), de quelque nature qu'elles soient, même si la décision à intervenir au pénal est susceptible d'exercer, directement ou indirectement, une influence sur la solution du procès civil ». Le sursis n'est donc plus jamais obligatoire pour le juge[268], sauf, sans doute, l'hypothèse d'une obligation résultant d'un traité international en présence d'une procédure pénale engagée à l'étranger, pour autant qu'elle puisse avoir une incidence directe sur l'un des cinq griefs énoncés par l'article 1520 du Code de procédure civile.

974 **Interruption de l'instance et procédure collective.** L'instance en annulation de la sentence engagée devant la cour d'appel est interrompue en cas d'ouverture d'une

261. F.-X. Train, « Modification de l'article 4 du Code de procédure pénale », *Rev. arb.* 2007, p. 145. Ce texte, de procédure, s'applique aux instances en cours (Cass. 1re civ., 8 juill. 2009, n° 08-16025).

262. V. *supra*, n° 514.

263. Cass. 1re civ., 25 oct. 2005, *JCP* G 2005, I, 148, n° 6, obs. J. Béguin ; *D.* 2005, Pan., p. 3052 et 3060, obs. Th. Clay ; *Rev. arb.* 2006, p. 103, note J.-B. Racine ; *D.* 2006, p. 199, avis J. Sainte-Rose.

264. Cass. 1re civ., 6 mai 2003, *JCP* G 2004, I, 164, n° 7, obs. J. Ortscheidt ; *Rev. arb.* 2004, p. 311 (1re esp.), note J.-B. Racine.

265. Cass. 1re civ., 25 oct. 2005, préc.

266. Sur lesquels, v. *infra*, n° 991 et s.

267. V. cependant, Paris, 20 avr. 2000, *Rev. arb.* 2001, p. 583 (3e esp.), note J.-B. Racine.

268. V. notamment, Paris, 2 avr. 2013, *Rev. arb.* 2014, p. 106, note L. Jaeger ; JCP G 2013, 800, note C. Duclercq ; *D.* 2013, Pan., p. 2936, obs. Th. Clay ; Cass. 1re civ., 9 mars 2011, *Rev. arb.* 2011, p. 567.

procédure de sauvegarde, de redressement ou de liquidation judiciaire de l'une des parties par le juge français. Les règles alors applicables sont identiques à celles mises en œuvre lorsque cette cause d'interruption de l'instance survient alors qu'un appel ou qu'un recours en annulation a été formé contre une sentence rendue en matière d'arbitrage interne[269]. Dans cette situation, l'instance est interrompue en application des articles L. 622-21, L. 622-22, L. 631-14 et L. 641-3 du Code de commerce, jusqu'à ce que les créances soient déclarées. Elle est reprise de plein droit sur justification de la déclaration des créances, le mandataire judiciaire et, le cas échéant, l'administrateur, s'il a pour mission d'assister le débiteur, ou le commissaire à l'exécution du plan dûment appelés. Pratiquement, le juge du contrôle de la sentence va fixer un délai au créancier pour justifier de la déclaration de ses créances et, s'il n'est pas respecté, il peut prononcer la radiation de l'affaire du rôle en application de l'article 376 du Code de procédure civile. Une fois l'instance reprise, le juge peut annuler la sentence mais ne peut pas prononcer une condamnation du débiteur au paiement d'une somme d'argent. Il n'entre pas dans son pouvoir, par exemple, de condamner le débiteur soumis à la procédure collective à payer des frais irrépétibles de l'article 700 du Code de procédure civile. Conformément à l'article L. 622-22 précité, la cour d'appel peut uniquement fixer le montant de la créance au passif du débiteur.

975 **Compétence du conseiller de la mise en état et voies de recours contre l'arrêt de la cour d'appel.** L'article 914 du même code est applicable au recours en annulation formé contre la sentence. Cette disposition prévoit la compétence exclusive du conseiller de la mise en état, lorsqu'il est désigné et jusqu'à son dessaisissement, pour notamment déclarer l'appel irrecevable ou trancher toute question relative à la recevabilité de l'appel. L'irrecevabilité du recours en annulation pour expiration du délai[270], défaut d'intérêt à agir[271] ou renonciation à ce recours[272], notamment, doit donc être soulevée devant le conseiller de la mise en état ; sa décision est ensuite susceptible d'être déférée devant la cour d'appel, par simple requête, dans les 15 jours de sa date[273].

Les voies de recours ouvertes contre un arrêt d'une cour d'appel ayant statué sur le recours en annulation formé contre une sentence rendue en France en matière d'arbitrage international sont les mêmes que celles qui peuvent être exercées contre un arrêt statuant sur recours en annulation en matière d'arbitrage interne[274]. L'arrêt d'annulation ou de rejet peut faire l'objet d'un pourvoi devant la Cour de cassation, dans les conditions du droit commun, selon la procédure avec représentation obligatoire[275]. Il faut noter qu'en cas d'inexécution de la sentence arbitrale, le pourvoi peut être radié du

269. V. *supra*, n° 515.

270. Paris, 24 févr. 2015, *Rev. arb.* 2015, p. 1149, note P. Giraud, rendu en matière d'arbitrage interne, mais dont la solution est transposable à l'arbitrage international, qui déclare irrecevable la fin de non-recevoir tirée de l'expiration du délai du recours en annulation qui n'a pas été soulevée devant le conseiller de la mise en état.

271. Paris, 25 nov. 2014, *Rev. arb.* 2015, p. 555, note Cl. Fouchard, qui déclare irrecevable la fin de non-recevoir tirée de l'absence d'intérêt à agir qui n'a pas été soulevée devant le conseiller de la mise en état.

272. Paris (ord. CME), 3 avr. 2014, *Rev. arb.* 2015, p. 110, note Ph. Leboulanger.

273. Art. 916, al. 2, CPC. V., Cass. 1re civ., 4 nov. 2015, n° 14-22630, rendu en matière d'arbitrage interne, mais dont la solution est transposable à l'arbitrage international.

274. V. *supra*, n° 516.

275. Sur lequel, v. notamment : J. Ortscheidt, « Rôles et fonctions de la Cour de cassation », *Rev. arb.* 2018, p. 65, spéc. n° 14, p. 72.

rôle de la Cour de cassation, en application de l'article 1009-1 du Code de procédure civile. Le rejet du recours en annulation conférant l'exequatur à la sentence, il existe en effet une condamnation de fond susceptible d'exécution[276]. L'arrêt de la cour d'appel peut aussi, le cas échéant, si les conditions posées par les articles 593 et suivants du Code de procédure civile sont réunies, être révisé par la cour qui l'a rendu, notamment en cas de fraude[277]. Il peut enfin, toujours selon les conditions du droit commun, être frappé d'opposition ou de tierce opposition.

2. Les règles propres au droit de l'arbitrage

976 **Compétence et délai.** L'article 1519, alinéa 1er, du Code de procédure civile prévoit que le recours en annulation « est porté devant la cour d'appel dans le ressort de laquelle la sentence a été rendue »[278]. À défaut d'indication contraire, puisqu'il est présumé que la sentence a été rendue au siège de l'arbitrage[279], c'est donc la cour d'appel située dans le ressort où la sentence est réputée avoir été rendue, et non celle du lieu où elle a été matériellement prononcée, qui est compétente pour connaître du recours en annulation.

Selon le texte précité, le recours est recevable dès le prononcé de la sentence et cesse de l'être s'il n'a pas été exercé dans le mois de sa notification, et non plus, comme auparavant, dans le mois de la signification de la sentence déclarée exécutoire[280]. Le décret du 13 janvier 2011 a donc limité le délai pendant lequel le recours en annulation peut être exercé, permettant d'obtenir plus rapidement une sentence définitive. S'il reste en effet d'un mois, ce délai est écourté puisqu'il court à compter de la notification de la sentence, les parties pouvant déroger à la signification par huissier de justice[281], et non plus de la signification de la sentence revêtue de l'exequatur. Comme avant la réforme, le recours en annulation est recevable même si la sentence n'a pas été notifiée[282]. Pour des raisons déjà exposées[283], il ne peut pas non plus courir si les dispositions de l'article 680 du Code de procédure civile, qui est applicable à la notification d'une sentence arbitrale[284], ne sont pas respectées. Pour que la notification de la sentence constitue le point de départ du délai d'un mois de l'article 1519 précité, l'acte de notification doit donc faire apparaître, de manière « très apparente », le délai de recours en annulation et les modalités selon lesquelles il doit être formé. Cet acte doit également préciser que l'auteur d'un recours abusif ou dilatoire peut être condamné au paiement d'une amende et à des dommages-intérêts à l'autre partie[285]. Comme pour la sentence rendue en matière interne, les règles de computation des délais sont celles du droit commun. Et le recours reste possible même après

276. Ord. prem. prés. 7 avr. 2011, inédit ; 6 janv. 2011, inédit ; 21 mars 1995, *Bull. ord.*, n° 12 ; 30 juill. 1994, *Bull. ord.*, n° 23. V. cependant, *contra :* ord. prem. prés., 21 juin 2012, inédit.

277. V. *supra*, n° 516.

278. Art. 1505 ancien CPC.

279. Paris, 22 sept. 1995, *Rev. arb.* 1996, p. 100 (1re esp., 2e déc.), note E. Gaillard.

280. Art. 1505 ancien CPC.

281. V. *supra*, n° 918 et s.

282. Paris, 4 mars 2004, *Rev. arb.* 2005, p. 143, note F.-X. Train. En droit comparé, v. J.-F. Poudret, S. Besson, *Droit comparé de l'arbitrage international*, Bruylant, 2002, n° 779 et s., p. 757 et s.

283. V. *supra*, n° 922.

284. Cass. 2e civ., 4 févr. 1999, *Bull. civ.* II, n° 22 ; Cass. 2e civ., 28 avr. 1986, *Rev. arb.* 1986, p. 329, obs. Th. Bernard.

285. Sur cette sanction, v. *supra*, n° 971.

l'expiration du délai de deux ans de l'article 528-1 du Code de procédure civile, ce texte étant inapplicable aux sentences arbitrales[286].

977 **Recevabilité encadrée des moyens d'annulation : renonciation et estoppel.** Tous les moyens d'annulation d'une sentence ne sont pas recevables devant le juge de l'annulation, même lorsqu'ils correspondent à l'un des cas d'ouverture du recours énoncés à l'article 1520 du Code de procédure civile[287]. On retrouve en effet, lors du contrôle de la sentence rendue en France en matière d'arbitrage international, les mêmes fins de non-recevoir que celles appliquées en matière d'arbitrage interne[288], de sorte que les solutions retenues dans un domaine sont transposables à l'autre. En premier lieu, la jurisprudence a depuis longtemps posé en principe que « tout grief invoqué à l'encontre d'une sentence au titre de l'article 1502 du Code de procédure civile », devenu l'article 1520 depuis la réforme de 2011, « doit, pour être recevable devant le juge de l'annulation, avoir été soulevé, chaque fois que cela était possible, devant le tribunal arbitral lui-même »[289]. Cette règle jurisprudentielle est aujourd'hui inscrite à l'article 1466 du Code de procédure civile, auquel renvoie l'article 1506.3° en matière d'arbitrage international, Dès lors, à moins que l'irrégularité ne lui soit cachée ou révélée trop tardivement pour pouvoir être utilement dénoncée pendant l'instance arbitrale, celui qui participe à la procédure ne peut se prévaloir, devant le juge chargé du contrôle de la sentence : d'une méconnaissance du principe de la contradiction, même s'il est d'ordre public[290], du défaut d'indépendance de l'arbitre[291] ou de son manque d'impartialité[292], de l'absence de convention d'arbitrage[293], de la nullité de la convention d'arbitrage[294], de l'incompétence de l'arbitre[295], d'une méconnaissance des termes de la mission confiée au tribunal arbitral[296], ou encore de l'expiration du délai de l'arbitrage[297]. Il faut toutefois réserver les irrégularités auxquelles les parties ne peuvent valablement renoncer, parce que les dispositions en cause relèvent de l'ordre public de direction. Et il faut aussi garder à l'esprit la règle déjà évoquée pour le grief tiré d'un défaut d'indépendance ou d'impartialité de l'arbitre[298], qui a vocation à jouer pour toutes les irrégularités susceptibles d'être

286. V. *supra*, n° 520.

287. Sur ces cas, limitatifs, v. *infra*, n° 991 et s.

288. Pour un exposé de celles-ci, v. *supra*, n° 523 et s.

289. Cass. 1re civ., 31 janv. 2006, *Bull. civ.* I, n° 37 (absence de convention d'arbitrage). V. aussi, Cass. 1re civ., 20 mai 2003, *Rev. arb.* 2004, p. 312 (1re esp.), note J.-B. Racine (nullité de la convention d'arbitrage) ; Paris, 18 sept. 2003 *Rev. arb.* 2004, p. 312 (3e esp.), note J.-B. Racine (non-respect de sa mission par l'arbitre).

290. Paris, 3 juill. 2008, 23 oct. 2008 et 2 juill. 2009, *Rev. arb.* 2009, p. 765, note L. Gouiffès et L.-A. Bret ; Paris, 8 nov. 2007, *D.* 2008, p. 181, obs. Th. Clay ; Paris, 28 févr. 2008, *D.* 2008, p. 1325, note R. Meese ; Cass. 2e civ. 20 nov. 2003, *Bull. civ.* II, n° 342 ; *Rev. arb.* 2004, p. 283 (4e esp.), note M. Bandrac ; Paris, 17 janv. 2002, *JCP* G 2003, I, 105, n° 8, obs. J. Ortscheidt.

291. Paris, 22 juill. 2007, *Rev. arb.* 2007, p. 142 ; Paris, 16 mai 2002, *Rev. arb.* 2003, p. 1231, note E. Gaillard ; Paris, 2 juin 1989, *Rev. arb.* 1991, p. 87.

292. Paris, 27 sept. 2001, *Rev. arb.* 2001, p. 916.

293. Paris, 7 mars 2002, *Rev. arb.* 2002, p. 771.

294. Cass. 2e civ., 21 nov. 2002, *Rev. arb.* 2004, p. 283 (2e esp.), note M. Bandrac ; Paris, 14 déc. 1999, *Rev. arb.* 2000, p. 471.

295. Paris, 5 mai 2015, *Rev. arb.* 2015, p. 650 ; Paris, 7 avr. 2015, *Rev. arb.* 2015, p. 640 ; Paris, 2 juill. 2009, *Rev. arb.* 2009, p. 656.

296. Cass. 1re civ., 20 sept. 2006, n° 04-10567.

297. Paris, 25 sept. 2008, *Rev. arb.* 2008, p. 138 ; Paris, 22 mai 2008, *Rev. arb.* 2008, p. 832 ; Paris, 9 mars 2006, *Rev. arb.* 2006, p. 481 ; Paris, 30 juin 2005, *Rev. arb.* 2006, p. 687, note R. Libchaber.

298. V. *supra*, n° 754.

invoquées. Les parties doivent en effet respecter le délai éventuellement prévu par le règlement d'arbitrage applicable pour soulever une contestation sur la régularité de la procédure. La Cour de cassation a jugé en ce sens que « la partie qui, en connaissance de cause, s'abstient d'exercer, dans le délai prévu par le règlement d'arbitrage applicable, son droit de récusation en se fondant sur toute circonstance de nature à mettre en cause l'indépendance ou l'impartialité d'un arbitre, est réputée avoir renoncé à s'en prévaloir devant le juge de l'annulation »[299]. Il reste cependant possible d'invoquer une irrégularité découverte après l'expiration du délai prévu par le règlement d'arbitrage[300]. En second lieu, sous la même réserve, en vertu de la règle de l'estoppel, une partie est irrecevable à soutenir, devant le juge de l'annulation, un moyen incompatible avec l'argumentation développée devant le tribunal arbitral[301]. L'estoppel ne joue, en principe, que lorsqu'un litigant a tenu compte du comportement d'un autre litigant pour agir à son propre détriment ou à l'avantage de ce dernier[302]. Le juge a, par exemple, déclaré irrecevable le moyen tiré de ce que la composition du tribunal arbitral était irrégulière alors que la partie avait participé à la procédure sans faire d'objection[303], ou celui lié à la nullité de la convention d'arbitrage qui prévoyait un appel de la sentence en matière internationale, dès lors que le litigant avait, lors de l'établissement de l'acte de mission, demandé aux arbitres de tenir compte de son accord pour un double degré de juridiction[304].

978 **Intervention des tiers.** Que l'arbitrage soit interne[305] ou international, il n'est pas admis qu'un tiers à la convention d'arbitrage puisse volontairement intervenir, ou soit appelé en intervention forcée, au cours de l'instance en annulation de la sentence engagée devant la cour d'appel[306]. C'est, dit-on, la composante contractuelle de l'arbitrage qui constituerait un obstacle à cette intervention[307]. Pourtant, il faut bien convenir qu'au stade du recours en annulation, cette composante est sans véritable incidence sur le litige : la cour d'appel ne puise pas son pouvoir juridictionnel pour contrôler la sentence dans la volonté des parties et elle ne peut connaître du fond de l'affaire si elle annule la sentence[308]. La composante contractuelle de l'arbitrage n'a véritablement d'incidence sur l'office du juge que s'il statue sur le fond, puisqu'il est alors tenu par les limites

299. Cass. 1re civ., 25 juin 2014, *Rev. arb.* 2015, p. 85, note J.-J. Arnaldez et A. Mezghani ; *D.* 2014, p. 1981, avis P. Chevalier ; *D.* 2014, p. 1986, note B. Le Bars ; *Cah. arb.* 2014, p. 547, note Th. Clay ; *JCP* G 2014, 742, obs. Th. Clay ; *JCP* G 2014, I, 857, n° 4, obs. Ch. Seraglini ; *JCP* G 2014, 977, n° 9, obs. C. Nourissat ; *LPA* 2014, n° 215, p. 5, obs. M. Henry ; v. aussi : Paris, 12 avr. 2016, *Rev. arb.* 2017, p. 234, note É. Loquin ; *Cah. arb.* 2016, p. 447, note Th. Clay.

300. Cass. 1re civ., 31 mars 2016, *Rev. arb.* 2017, p. 165, note M. Henry ; *JCP* G 2016, I, 900, n° 4, obs. J. Ortscheidt.

301. Cass. 1re civ., 6 juill. 2005, *Bull. civ.* I, n° 302 ; *D.* 2006, p. 1424, note E. Agostini ; *JDI* 2006, p. 608, note M. Behar-Touchais ; *D.* 2005, Pan. 3060, obs. Th. Clay ; *Rev. cont.* 2006, p. 1279, obs. B. Fauvarque-Cosson ; *RCDIP* 2006, p. 602, note H. Muir Watt ; *JCP* G 2005, I, 179, n° 6, obs. J. Ortscheidt ; *Rev. arb.* 2005, p. 993, note Ph. Pinsolle ; *Gaz. Pal.* 24-25 févr. 2006, p. 18, obs. F.-X. Train.

302. Paris, 24 févr. 2015, *Rev. arb.* 2015, p. 283 ; Cass. 1re civ., 3 févr. 2010, *JCP* G 2010, Act. 178, obs. J. Ortscheidt.

303. Paris, 10 avr. 2008, *Rev. arb.* 2008, p. 342.

304. Cass. 1re civ., 28 mai 2008, *Rev. arb.* 2008, p. 691, note D. Bureau.

305. Pour l'arbitrage interne, v. *supra*, n° 526.

306. Paris, 23 janv. 2018, *Cah. arb.* 2018, p. 120 ; Paris, 15 mars 2016, *Rev. arb.* 2017, p. 215, note J.-B. Racine ; Paris, 9 avr. 2009, *JCP* G 2009, I, 462, n° 17, obs. J. Ortscheidt ; Paris, 18 sept. 2003, *Rev. arb.* 2004, p. 311 (3e esp.), note J.-B. Racine ; Paris, 27 févr. 1997, *Rev. arb.* 1998, p. 159, obs. Ch. Jarrosson.

307. Ch. Jarrosson, obs. sous Paris, 27 févr. 1997, *Rev. arb.* 1998, p. 159, spéc. p. 160.

308. V. *infra*, n° 979.

de la convention d'arbitrage. Or, en matière internationale, le juge ne se prononce pas sur le fond du litige. L'intervention volontaire d'un tiers à l'instance ne paraît donc pas incompatible avec la nature contractuelle de l'arbitrage au stade du contrôle de la validité de la sentence par le juge. Elle permettrait d'ailleurs d'atténuer la rigueur résultant de ce que, d'une part, la tierce opposition est fermée en matière d'arbitrage international[309] tandis que, d'autre part, la sentence est opposable aux tiers[310]. En tout état de cause, l'intervention volontaire d'un tiers devrait au moins être autorisée si les parties à l'arbitrage l'acceptent.

979 **Sens et portée de la décision du juge.** L'exercice du recours en annulation ne suspend pas l'instance arbitrale[311]. Celle-ci peut donc se poursuivre avec ce risque, *in fine*, que l'annulation d'une première sentence par le juge affecte la validité de celle rendue ensuite[312]. Le recours en annulation emporte par ailleurs, de plein droit, recours contre l'ordonnance du juge de l'exequatur ou son dessaisissement, s'il a déjà été saisi d'une requête tendant à voir la sentence déclarée exécutoire[313]. Le juge de l'exequatur étant ainsi mécaniquement dessaisi une fois le recours en annulation formé, s'il rend une ordonnance, elle doit être annulée par la cour d'appel qui statue sur ce recours[314]. De plus, en application de l'article 1527, alinéa 2, du Code de procédure civile[315], « le rejet de l'appel ou du recours en annulation confère l'exequatur à la sentence arbitrale ou à celles de ses dispositions qui ne sont pas atteintes par la censure de la cour », ce que, pratiquement, la cour d'appel constate dans une telle hypothèse[316]. Si elle accueille le recours en annulation, la cour d'appel peut annuler la sentence en toutes ses dispositions[317] ou restreindre la portée de l'annulation qu'elle prononce, ce que prévoit d'ailleurs implicitement l'article 1527, alinéa 2, précité. L'annulation de la sentence peut donc être partielle[318], limitée à un chef de la sentence lorsqu'il est divisible des autres[319]. Il en est ainsi, par exemple, lorsqu'est annulée la condamnation à payer des intérêts moratoires sur une condamnation principale[320]. Dans tous les cas, que l'annulation soit totale ou partielle, la cour d'appel ne peut ensuite connaître du fond du litige, la solution retenue pour l'arbitrage interne n'ayant pas été reprise en matière d'arbitrage international[321]. Elle ne peut pas non plus renvoyer la cause devant le tribunal arbitral, comme le prévoit le droit allemand de l'arbitrage[322]. Une nouvelle procédure d'arbitrage

309. V. *supra*, n° 955.
310. V. *supra*, n° 915.
311. Cass. 1re civ., 19 mars 2002, *JCP* G 2003, I, 105, n° 13, obs. J. Ortscheidt.
312. V. *infra*, n° 980.
313. Art. 1524, al. 2, CPC ; art. 1504, al. 2, ancien CPC.
314. Paris, 14 déc. 1999, *Rev. arb.* 2000, p. 471 (2e esp.), note J.-B. Racine.
315. Art. 1490 et 1507 ancien CPC.
316. Paris, 14 déc. 1999, *Rev. arb.* 2000, p. 471 (2e esp.), note J.-B. Racine.
317. V. notamment, Cass. 1re civ., 30 oct. 2006, *Bull. civ.* I, n° 440 ; *Rev. arb.* 2008, p. 307, note D. Cohen.
318. La règle est identique en matière d'arbitrage interne (v. *supra*, n° 559).
319. Cass. 1re civ., 18 mars 2015, *Rev. arb.* 2015, p. 632, qui rejette le pourvoi formé contre : Paris, 2 avr. 2013, *Rev. arb.* 2014, p. 106, note L. Jaeger ; *JCP* G 2013, 800, note C. Duclercq ; *D.* 2013, Pan., p. 2936, obs. Th. Clay. V. aussi : J.-B. Racine, *Droit de l'arbitrage*, Puf, 2016, spéc. n° 975, p. 605 ; É. Loquin, *L'arbitrage du commerce international*, Joly, 2015, spéc. n° 541, p. 442.
320. V. notamment, Paris, 30 juin 2005, *Rev. arb.* 2006, p. 687, note R. Libchaber.
321. Pour l'arbitrage interne, v. *supra*, n° 561 et s.
322. J.-F. Poudret, S. Besson, *Droit comparé de l'arbitrage international*, Bruylant, 2002, n° 833, p. 820.

pourra donc être suivie, si la convention d'arbitrage demeure et n'a pas été déclarée inexistante ou nulle par les arbitres[323]. Il a même été jugé que l'annulation de la sentence n'anéantissait pas la demande d'arbitrage, dont l'institution compétente demeurait saisie[324]. De plus, l'annulation d'une sentence entraîne, si la demande en est faite devant le juge, celle de la sentence qui en est la suite ou la conséquence, ou qui s'y rattache par un lien de dépendance nécessaire, telle que la sentence interprétative ou modificative[325]. La situation est cependant plus complexe lorsque c'est une sentence partielle qui est annulée.

980 **Effets de l'annulation d'une sentence partielle sur l'arbitrage[326].** La question des effets de l'annulation d'une sentence partielle sur l'arbitrage a une grande importance pratique, dès lors que dans l'arbitrage international, peut-être plus que dans l'arbitrage interne, sont fréquemment rendues des sentences partielles qui ne tranchent que certaines questions litigieuses sans mettre fin à l'instance[327]. Elle est d'autant plus essentielle que même lorsque le recours en annulation avait encore un effet suspensif sur l'exécution de la sentence arbitrale, sous l'empire des dispositions antérieures au décret du 13 janvier 2011, il restait sans effet sur le déroulement de l'arbitrage : l'exercice du recours en annulation ne suspend pas l'instance arbitrale[328] et celle-ci peut donc se poursuivre, avec ce risque, *in fine*, que l'annulation d'une sentence partielle par le juge du contrôle affecte la validité de la sentence finale. Rationnellement, la réponse à la question des effets de l'annulation de la sentence partielle, sur un arbitrage se déroulant en France, dépend essentiellement du cas d'annulation retenu par le juge pour annuler la sentence partielle. Deux types de situations peuvent alors être distingués.

D'abord, lorsque la sentence partielle est annulée en sa totalité, parce que le tribunal arbitral n'avait pas le pouvoir de trancher le litige, soit parce qu'il s'est à tort déclaré compétent (art. 1520.1° CPC), soit parce qu'il a été irrégulièrement constitué (art. 1520.2° CPC), alors, cette annulation entraînera, par voie de conséquence, celle de la sentence finale rendue par le même tribunal arbitral[329]. En ce sens, il a en effet été jugé que l'annulation définitive d'une sentence partielle qui déclare le tribunal arbitral compétent, motif pris qu'il avait statué sans convention d'arbitrage, « prive nécessairement celui-ci de tout pouvoir pour statuer sur le fond »[330]. La solution devrait cependant être quelque peu différente dans le cas d'une annulation partielle de la sentence partielle, qui n'affecte que certaines parties à l'arbitrage dans un arbitrage multipartite ; dans cette situation, la sentence finale devrait suivre le même sort. Si une

323. Sur les effets de l'annulation de la sentence, v. B. Moreau, « Les effets de la nullité de la sentence arbitrale », in *Études offertes à P. Bellet*, Litec, 1991, p. 403.

324. Cass. 2e civ., 29 févr. 1984, *Rev. arb.* 1986, p. 43, note B. Moreau, qui rejette le pourvoi formé contre Paris, 8 janv. 1982, *Rev. arb.* 1982, p. 62, note B. Moreau.

325. Paris, 21 févr. 2012, *Rev. arb.* 2012, p. 587, note Ch. Jarrosson.

326. Sur cette question, v. A. Pinna, « L'annulation d'une sentence arbitrale partielle », *Rev. arb.* 2008, p. 615.

327. Sur la notion de sentence partielle, v. *supra*, n° 872.

328. Cass. 1re civ., 19 mars 2002, *JCP* G 2003, I, 105, n° 13, obs. J. Ortscheidt.

329. Sous cette réserve, sans doute, que les parties n'ont pas ensuite valablement renoncé à se prévaloir de la nullité de la sentence partielle au cours de la procédure arbitrale, ou qu'il n'a pas été renoncé à la demande au titre de laquelle le tribunal arbitral s'était à tort déclaré compétent dans sa première sentence, les arbitres ne statuant que sur celles entrant dans le champ de leur compétence dans la sentence finale.

330. Paris, 18 nov. 2004, *Rev. arb.* 2006, p. 755, obs. P. Duprey ; Paris, 21 nov. 2002, *Rev. arb.* 2003, p. 240.

sentence partielle a été annulée parce que le tribunal arbitral était irrégulièrement composé, alors, il a été jugé que la sentence finale doit aussi être annulée[331]. Il en serait aussi de même si le litige était globalement jugé inarbitrable. Dans cette première situation, l'annulation de la sentence partielle a nécessairement une conséquence sur l'arbitrage en cours lorsque le tribunal arbitral n'a pas encore été dessaisi par une sentence finale. Certes, techniquement, aucun texte ne l'oblige directement à mettre fin à l'arbitrage. C'est en réalité le devoir de loyauté dans la conduite de l'instance arbitrale de l'article 1464, alinéa 3, du Code de procédure civile, auquel renvoie l'article 1506.3°, qui fait obstacle à ce qu'il poursuive l'instance arbitrale et statue sur les prétentions des parties, qu'il s'agisse ou non de celles sur lesquelles il s'est déjà prononcé dans la sentence annulée. En effet, s'il le faisait, il ferait nécessairement preuve de déloyauté puisque sa nouvelle sentence pourrait être annulée par le juge français, en conséquence de l'annulation de la première. Informé de l'annulation de sa sentence partielle, le tribunal arbitral devrait alors constater son empêchement, quitte à ce que la personne chargée d'organiser l'arbitrage ou à défaut le juge d'appui, tranche la difficulté[332].

Les conséquences ne sont pas les mêmes lorsque l'annulation de la sentence partielle est prononcée en raison d'un vice qui n'affecte pas directement le pouvoir de juger des arbitres. Ainsi, la méconnaissance de sa mission ou du principe de la contradiction par le tribunal arbitral, dans une sentence partielle, n'affecte pas nécessairement la validité des sentences suivantes. De la même façon, même si la solution d'une sentence partielle heurte les exigences de l'ordre public international français, cela ne vicie pas indiscutablement les autres sentences. Dans ce cas, l'annulation, totale ou partielle, de la ou des sentences rendues par la suite par le tribunal arbitral n'est encourue, par voie de conséquence, que si elles sont, sur les chefs de décision en cause, la conséquence[333], l'application ou se rattachent à la sentence annulée par un lien de dépendance nécessaire. Bien plus, puisqu'il n'a pas été constaté, par le juge du contrôle, que les arbitres n'avaient pas le pouvoir de juger, le tribunal arbitral, s'il n'est pas dessaisi définitivement du litige, ou s'il peut encore être réuni, doit pouvoir statuer à nouveau sur les points tranchés par la sentence partielle annulée, et le cas échéant, en cas d'annulation d'une ou plusieurs autres sentences par voie de conséquence, sur tous les points litigieux. Ce d'autant, on l'a vu, qu'il a déjà été jugé que l'annulation de la sentence n'anéantissait pas la demande d'arbitrage, dont l'institution compétente demeurait saisie[334]. De même, les actes de procédure antérieurs à la sentence arbitrale, tel un rapport d'expertise, sont en principe valables[335].

En tout état de cause, quelles que soient les causes de nullité affectant la sentence partielle, la nullité de la sentence rendue en second doit être demandée ; il n'y a pas d'annulation « automatique » de la seconde par l'effet de l'annulation de la première. En effet, parmi les règles propres à l'arbitrage, ne figure aucune disposition identique à celle de l'article 625, alinéa 2, du Code de procédure civile, qui prévoit que la cassation « entraîne, sans qu'il y ait lieu à une nouvelle décision, l'annulation par voie de conséquence de toute décision qui est la suite, l'application ou l'exécution du jugement cassé ou qui s'y

331. Paris, 22 mars 2007, *Rev. arb.* 2008, p. 704.

332. Art. 1457 et 1506.2° CPC.

333. Paris, 14 sept. 1994, *Rev. arb.* 1995, p. 448, qui relève que la nullité de la sentence interprétative est la conséquence de celle de la sentence interprétée.

334. Cass. 2e civ., 29 févr. 1984, *Rev. arb.* 1986, p. 43, note B. Moreau, qui rejette le pourvoi formé contre Paris, 8 janv. 1982, *Rev. arb.* 1982, p. 62, note B. Moreau.

335. Cass. 2e civ., 18 mai 1989, *Bull. civ.* II, n° 111.

rattache par un lien de dépendance nécessaire ». Le recours en annulation formé contre une première sentence n'emporte donc pas recours en annulation contre une sentence ultérieure[336]. Ainsi, même si une sentence partielle statuant sur la compétence ou sur le principe de la responsabilité a été annulée pour l'un des griefs énoncés à l'article 1520 du Code de procédure civile, l'annulation de la sentence définitive n'en découle pas automatiquement. Il est nécessaire de saisir à nouveau le juge de l'annulation pour qu'il la prononce[337].

3. Caractère non suspensif du recours

981 **Réforme pour les sentences postérieures au 1er mai 2011.** En application de l'article 1506 ancien du Code de procédure civile, le délai pour exercer le recours en annulation et l'appel de l'ordonnance d'exequatur, et le recours ou l'appel exercé dans le délai, suspendaient l'exécution de la sentence arbitrale. Aucune mesure d'exécution forcée de la sentence ne pouvait donc être entreprise, si celle-ci n'était pas exécutoire par provision, avant l'expiration du délai du recours et, si un recours était formé, pendant l'instance alors engagée devant la cour d'appel. La solution avait pour inconvénient majeur de fournir un instrument dilatoire de premier ordre à une partie récalcitrante à l'idée d'exécuter une sentence arbitrale. Il lui suffisait de faire un recours, même ne présentant aucune chance de succès, contre l'ordonnance d'exequatur, ou contre la sentence rendue en France, afin de retarder l'exécution de celle-ci. Certes, pour contourner la manœuvre, il était possible de demander au tribunal arbitral, ou même au juge, d'assortir la sentence de l'exécution provisoire, ce qui permettait, une fois la sentence revêtue de l'exequatur, d'entreprendre immédiatement des mesures d'exécution forcée. Toutefois, le régime de l'exécution provisoire des sentences arbitrales posait diverses questions qui n'en facilitaient pas la mise en œuvre[338]. L'article 1526 du Code de procédure civile, qui s'applique aux sentences arbitrales rendues après le 1er mai 2011[339], bouleverse toute l'architecture du système en posant le principe de l'exécution immédiate de la sentence arbitrale en matière internationale (a), en veillant toutefois à l'assortir d'un garde-fou (b)[340].

336. Paris, 24 févr. 1995, *Rev. arb.* 1996, p. 141, obs. Y. Derains.

337. V. notamment, Paris, 18 nov. 2004, *Rev. arb.* 2006, p. 755, obs. P. Duprey, qui annule une sentence rendue sur le fond du litige, après avoir annulé une sentence partielle sur la compétence, au motif que « l'annulation définitive de la sentence initiale statuant sur la compétence de l'arbitre a privé nécessairement celui-ci de tout pouvoir pour statuer sur le fond ».

338. Sur ces questions, v. J. Ortscheidt, « L'exécution provisoire des sentences arbitrales », *Rev. arb.* 2004, p. 9.

339. Art. 3.3° du décret n° 2011-48 du 13 janvier 2011.

340. Sur cette réforme, v. J. Béguin, J. Ortscheidt, Ch. Seraglini, « Un second souffle pour l'arbitrage. – Arbitrage international –À propos du décret du 13 janvier 2011, », *JCP* G 2011, 467, n° 27 ; E. Gaillard et P. de Lapasse, « Commentaire analytique du décret portant réforme du droit français de l'arbitrage », *Cah. arb.* 2011, p. 263, spéc. n° 109 s. ; Ch. Jarrosson et J. Pellerin, « Le droit français de l'arbitrage après le décret du 13 janvier 2011 », *Rev. arb.* 2011, p. 5, spéc. n° 108 ; J. Ortscheidt et Ch. Seraglini, « La nouvelle articulation des recours en arbitrage international », in *Le nouveau droit français de l'arbitrage*, Lextenso éditions, 2011, p. 189 et s, spéc. n° 16 et s. ; Ch. Seraglini, « L'efficacité et l'autorité renforcées des sentences arbitrales en France après le décret n° 2011-48 du 13 janvier 2011 », *Cah. arb.* 2011, p. 375, spéc. n° 15 et s.

a) *Le principe de l'exécution immédiate de la sentence*

982 **Principe.** L'article 1526 du Code de procédure civile prévoit que « le recours en annulation formé contre la sentence et l'appel de l'ordonnance ayant accordé l'exequatur ne sont pas suspensifs ». En application de ce texte, qui aligne le droit français avec celui de systèmes juridiques encourageant le développement de l'arbitrage, comme le droit suisse[341], la sentence n'est pas simplement exécutoire de droit par provision ; elle est immédiatement exécutoire, les recours n'étant plus suspensifs. Une fois la sentence revêtue de l'exequatur[342], elle peut faire l'objet de mesures d'exécution forcée, même si elle n'est pas assortie de l'exécution provisoire. La valeur de la sentence arbitrale en sort incontestablement renforcée et, plus largement, c'est l'efficacité de l'arbitrage qui est affermi. D'un point de vue strictement théorique, l'absence d'effet suspensif consolide aussi la cohérence du droit français de l'arbitrage, puisque l'effet suspensif des recours est intimement lié au double degré de juridiction[343], qui n'existe pas en matière d'arbitrage international.

983 **Avantages.** La solution nouvelle présente plusieurs avantages. En premier lieu, et à l'évidence, elle favorise l'exécution rapide de la sentence arbitrale. D'une part, le créancier n'a plus à attendre l'expiration des délais de recours pour entreprendre des mesures d'exécution forcée. D'autre part, il n'a plus à obtenir, du tribunal arbitral ou du juge, l'exécution provisoire de la sentence. En conséquence, il s'évite ainsi toutes les questions que pose le régime de l'exécution provisoire des sentences arbitrales, comme, par exemple, déterminer si une disposition d'un règlement d'arbitrage peut permettre de considérer que les parties ont conventionnellement décidé que la sentence serait toujours exécutoire par provision, et à quelles conditions le juge peut octroyer l'exécution provisoire de la sentence[344]. En deuxième lieu, la solution nouvelle devrait contribuer à réduire les recours purement dilatoires, uniquement destinés à retarder l'exécution de la sentence pour, par exemple, organiser son insolvabilité. En troisième lieu, la suppression de l'effet suspensif devrait renforcer l'efficacité des mesures provisoires ou conservatoires prononcées par le tribunal arbitral par voie de sentence[345] ; les recours n'étant plus suspensifs, si l'on admet qu'une sentence se bornant à ordonner des mesures provisoires ou conservatoires est susceptible d'un recours immédiat, indépendamment de la sentence qui tranche tout ou partie du litige au fond, ces mesures pourront être exécutées rapidement malgré un éventuel recours contre la sentence les ordonnant. Toutefois, compte tenu des dangers potentiels que l'exécution immédiate de la sentence présente, l'article 1526 Code de procédure civile veille à assortir ce principe d'un garde-fou.

341. Art. 190, al. 1, LDIP suisse.

342. Sur cette condition, v. *supra*, n° 940 et s.

343. Sur ce point, v. J. Moury, « De la règle de l'effet suspensif de l'appel en matière civile », in *Études offertes à J. Normand, Justice et droits fondamentaux*, Litec, 2003, p. 353, spéc. n° 13-14.

344. Sur ces questions, v. J. Ortscheidt, « L'exécution provisoire des sentences arbitrales », *Rev. arb.* 2004, p. 9.

345. Sur la possibilité d'ordonner des mesures provisoires ou conservatoires par voie de sentence, v. *supra*, n° 871.

b) Le garde-fou : la possibilité pour le juge d'aménager ou d'arrêter l'exécution immédiate de la sentence

984 **Principe.** L'exécution immédiate des sentences présente potentiellement des dangers. En effet, elle peut avoir des conséquences dramatiques pour la partie condamnée en vertu de la sentence, en cas d'annulation ultérieure de celle-ci ou d'infirmation de l'ordonnance d'exequatur lorsque, entre-temps, la sentence a été exécutée. Le retour au *statu quante* peut alors s'avérer difficile, voire impossible. Si la condamnation a été exécutée en nature, son bénéficiaire peut avoir dilapidé ou détruit ce qui a été remis. Si elle a été exécutée en argent, la partie qui a bénéficié du paiement en vertu de l'exécution immédiate de la sentence a pu devenir insolvable ou organiser son insolvabilité ; en toute hypothèse, elle peut être réticente à l'idée de rendre ce qu'elle a reçu et résister à cette obligation de restitution ; l'y contraindre peut se révéler difficile en matière internationale, surtout si cette partie ne possède aucun actif saisissable en France. Aussi, le décret du 13 janvier 2001 a prévu la possibilité pour le juge d'arrêter ou d'aménager l'exécution immédiate de la sentence. Selon l'article 1526, alinéa 2, du Code de procédure civile, « le premier président statuant en référé ou, dès qu'il est saisi, le conseiller de la mise en état peut arrêter ou aménager l'exécution de la sentence si cette exécution est susceptible de léser gravement les droits de l'une des parties ». Cette disposition, si elle apparaît indispensable, pose néanmoins plusieurs questions tenant aux conditions de l'arrêt ou de l'aménagement de l'exécution de la sentence, aux sentences visées par le texte et à la procédure suivie devant le juge.

985 **Conditions.** Même si le texte ne le précise pas, la demande d'arrêt ou d'aménagement de l'exécution immédiate ne peut à l'évidence être formulée qu'à partir du dépôt d'un recours en annulation contre la sentence ou d'un appel de l'ordonnance d'exequatur. À défaut, ni le premier président, ni le conseiller de la mise en état, ne disposent du pouvoir de statuer sur l'arrêt ou l'aménagement de l'exécution de la sentence. Par ailleurs, il faut que la sentence ne soit pas déjà exécutée lorsque le premier président ou le conseiller se prononce. En effet, si la sentence a été exécutée, il n'y a plus rien à arrêter ou à aménager ; il faudrait revenir en arrière en anéantissant ou aménageant ce qui a été exécuté, par exemple en ordonnant des restitutions, et ni le premier président, ni le conseiller de la mise en état ne semblent détenir un tel pouvoir. La sentence ne doit pas avoir déjà été exécutée au moment où le juge statue, et non pas seulement lorsqu'il est saisi, parce que sa saisine n'a pas d'effet suspensif sur l'exécution de la sentence. La sentence peut en effet être exécutée alors même que le premier président, ou le conseiller de la mise en état, a été saisi d'une demande d'arrêt ou d'aménagement de l'exécution immédiate de la sentence[346]. Il est remarquable que l'article 1526 ne parle pas de « conséquences manifestement excessives », contrairement à l'article 524 du Code de procédure civile, auquel renvoyait l'ancien article 1479 jusqu'alors applicable lorsqu'il s'agissait d'arrêter l'exécution provisoire éventuellement attachée à une sentence arbitrale. Le critère posé par l'article 1526 semble plus large : il est nécessaire, mais suffisant, que l'exécution de la sentence soit « susceptible de léser gravement les droits de

346. Pour éviter une course à l'exécution de la sentence une fois le recours formé, il pourrait, à l'avenir, être envisagé d'attacher un effet suspensif à la demande d'arrêt ou d'aménagement de l'exécution immédiate. Cependant, cela risque de provoquer un déplacement des recours dilatoires du juge du contrôle vers le premier président ou le conseiller de la mise en état, celui-ci étant alors formé dans le seul but de ralentir l'exécution de la sentence.

l'une des parties »[347]. Si tout est ici affaire de pratique judiciaire, quelques observations peuvent être formulées. Avant tout, l'expression doit faire l'objet, de la part du premier président ou du conseiller de la mise en état, d'une interprétation permettant un usage mesuré de l'arrêt ou de l'aménagement de l'exécution immédiate de la sentence, sous peine de priver le nouveau principe de tout effet réel. Il ne faut pas perdre de vue que le principe est désormais l'exécution immédiate des sentences, et que l'arrêt ou l'aménagement doivent constituer l'exception. Aussi, le critère justifiant l'exception ne doit pas être entendu de manière trop souple ; le texte parle de lésion « grave » des droits, et l'importance de cet adjectif ne doit pas être négligée[348]. Ceci étant, il ne paraît pas nécessaire de prouver que l'exécution immédiate de la sentence entraînera avec certitude une lésion grave des droits ; il est suffisant d'établir qu'elle est susceptible d'avoir cette conséquence, ce qui allège le fardeau de la preuve. Ensuite, le critère retenu permet d'envisager diverses hypothèses de lésion des droits : lésion du patrimoine de la personne, de nature à compromettre sa pérennité[349], ou lésion de sa personnalité juridique elle-même. Il a par exemple été jugé que le caractère très aléatoire de la restitution des condamnations, en cas d'infirmation de l'ordonnance d'exequatur, est de nature à léser gravement les droits de la demanderesse[350]. Par ailleurs, le magistrat n'est pas invité à apprécier les chances de succès ou d'échec du recours[351] ; il doit uniquement s'attacher aux conséquences de l'exécution immédiate de la sentence sur les droits de la partie en question. Au demeurant, le texte évoque les droits de l'une « des parties », et non pas uniquement de celle qui est débitrice de l'obligation d'exécuter la sentence, ce qui devrait permettre au juge de prendre en compte, le cas échéant, la lésion grave de droits d'une partie autre que celle condamnée par la sentence ; on peut notamment ici songer à des hypothèses d'arbitrage multipartite. Enfin, les mesures que peut prendre le juge pour aménager l'exécution immédiate de la sentence ne sont pas précisées par l'article 1526, alinéa 2, du Code de procédure civile, ce qui laisse au magistrat une grande liberté. Il pourrait envisager la consignation[352] ou le séquestre de la condamnation[353], des délais de paiement, une caution bancaire... ou toute mesure qu'il jugera utile, pour autant qu'elle ne présente qu'un caractère provisoire, et non pas définitif. Le juge ne peut pas ordonner la compensation ou arrêter le cours des intérêts[354].

•86 **Sentences concernées.** L'article 1526, alinéa 2, ne distinguant pas, il semble bien viser les sentences rendues tant en France qu'à l'étranger. En revanche, plus délicate est la question de savoir s'il peut concerner une sentence ordonnant des mesures provisoires ou conservatoires. Une réponse positive pourrait être vue comme privant une

347. *Contra :* Paris (ord. prem. psdt), 18 oct. 2011, *Rev. arb.* 2012 (1re esp.), p. 393, note Ch. Jarrosson et J. Pellerin.

348. En ce sens également, v. Ch. Jarrosson et J. Pellerin, « Le droit français de l'arbitrage après le décret du 13 janvier 2011 », *Rev. arb.* 2011, p. 5, spéc. no 109, p. 75.

349. Paris (ord. CME), 3 avr. 2014, *Rev. arb.* 2015, p. 110, note Ph. Leboulanger ; *Cah. arb.* 2014, p. 783, note J. Pellerin et L. de Maria.

350. Paris (ord. CME), 17 déc. 2015, *Cah. arb.* 2016, p. 951, note P. Pic ; Paris (ord. CME), 3 juill. 2015, *Rev. arb.* 2016, p. 954 ; Paris (ord. CME), 4 juill. 2014, *Cah. arb.* 2014, p. 783, note J. Pellerin et L. de Maria ; Paris (ord. prem. psdt), 23 avr. 2013, *Rev. arb.* 2013, p. 542.

351. Paris (ord. CME), 17 déc. 2015, préc. ; Paris (ord. CME), 27 mars 2014, *Cah. arb.* 2014, p. 783, note J. Pellerin et L. de Maria ; Paris (ord. prem. psdt), 18 oct. 2011, préc.

352. Paris (ord. CME), 17 déc. 2015, préc.

353. Paris (ord. CME), 27 mars 2014, préc.

354. Paris (ord. prem. psdt), 23 avr. 2013, préc.

telle sentence de sa raison d'être, qui est de permettre l'exécution d'une mesure urgente et/ou indispensable pour le bon déroulement de l'instance arbitrale. D'un autre côté, l'exécution immédiate de certaines mesures provisoires ou conservatoires est bien susceptible de « léser gravement les droits de l'une des parties ». Ne faudrait-il pas, alors, au moins prévoir la possibilité pour le juge de l'aménager ? Une approche au cas par cas, sans dogmatisme, est donc peut-être ici la meilleure option, tout en partant du principe que le pouvoir d'aménagement du juge doit être utilisé, pour les sentences prononçant des mesures provisoires ou conservatoires, avec encore plus de parcimonie, compte tenu de l'objectif particulier et de la spécificité de ces mesures. On peut ainsi par exemple penser qu'une mesure provisoire ou conservatoire dont l'exécution serait susceptible de gravement léser les droits d'une partie, parce qu'elle risque de porter une atteinte grave au secret des affaires, devrait pouvoir être aménagée par le juge.

987 **Procédure.** Lorsque le conseiller de la mise en état est désigné, le premier président n'est plus compétent, la compétence du premier étant exclusive de celle du second[355]. L'article 1526, alinéa 2, du Code de procédure civile précise que le premier président doit statuer en référé, donc selon une procédure contradictoire. De même, la procédure devant le conseiller de la mise en état est nécessairement contradictoire, puisqu'il ne peut pas être saisi par requête. En revanche, le décret ne dit rien sur les voies de recours contre la décision du juge. Si l'on s'en tient au droit commun, il conviendrait de distinguer selon l'autorité qui rend l'ordonnance. En effet, l'ordonnance du premier président, lorsqu'il se prononce sur l'arrêt ou l'aménagement de l'exécution provisoire, met fin à l'instance et peut être frappée d'un pourvoi[356] ; la solution devrait être identique pour une ordonnance rendue sur le fondement de l'article 1526, alinéa 2, puisque celle-ci met également fin à l'instance engagée devant ce magistrat. En revanche, l'ordonnance du conseiller de la mise en état n'est pas, en principe, susceptible d'un pourvoi indépendamment de l'arrêt sur le fond ; elle peut toutefois, à la condition de mettre fin à l'instance, être déférée à la cour d'appel dans les quinze jours, dans les conditions de l'article 916, alinéa 2, du Code de procédure civile. Si l'on admet que, comme la décision du premier président, la décision du conseiller de la mise en état qui statue sur l'arrêt ou l'aménagement de l'exécution immédiate de la sentence met fin à l'instance engagée devant lui, elle devrait pouvoir être déférée à la cour d'appel dans les conditions du texte précité. Il existerait donc deux voies de recours pour un même type de décision, selon le juge qui l'a rendue. Cette « curiosité » devrait toutefois avoir peu d'impact en pratique : c'est le plus souvent le conseiller de la mise en état qui devrait être conduit à se prononcer sur l'arrêt ou l'aménagement de l'exécution de la sentence en application de l'article 1526, alinéa 2, du Code de procédure civile.

355. Paris (ord. prem. psdt), 11 juill. 2014, *Cah. arb.* 2014, p. 783, note J. Pellerin et L. de Maria.

356. Cass. 2e civ., 30 mars 2002, n° 00-20638 ; ass. plén., 2 nov. 1990, *Bull. ass. plén.*, n° 11. L'article 525-2 du Code de procédure civile, issu du décret n° 2014-1338 du 6 novembre 2014, qui dispose : « Lorsqu'il est saisi en application des articles 524, 525 et 525-1, le premier président statue en référé, par une décision non susceptible de pourvoi », ne vise pas l'article 1526 du même code.

SECTION 2 L'OBJET DU CONTRÔLE

988 **Caractères du contrôle.** Le contrôle exercé par les juges français est identique à l'égard des sentences rendues à l'étranger et des sentences rendues en France en matière d'arbitrage international. Il pourrait paraître inopportun de traiter de la même manière, libérale, les sentences rendues à l'étranger dans un arbitrage international et celles rendues à l'étranger dans un litige purement interne. Dans cette seconde hypothèse, un seul pays est véritablement concerné par le litige et la sentence ne vient à la connaissance du juge français que de façon accidentelle, en raison de la localisation en France de biens du débiteur, qui sont susceptibles d'être saisis. Toutefois, la jurisprudence française, contrainte il est vrai par des textes clairs qui ne font pas le départ entre ces sentences, refuse de distinguer : le contrôle effectué sur une sentence étrangère est le même, qu'elle soit interne ou internationale[357]. Sur ce point, la réforme du 13 janvier 2011 n'a rien changé, même si les nouveaux textes ont pris le soin de bien préciser les recours ouverts contre les sentences rendues en France (Section I du Chapitre IV du Titre II) et ceux qui peuvent être formés lorsqu'elle est rendue à l'étranger (Section II du Chapitre IV du Titre II).

Le contenu du contrôle ne dépend pas non plus du contexte procédural dans lequel il est effectué. Quelles que soient les conditions de la saisine de la cour d'appel, qu'il s'agisse d'un appel contre une ordonnance accordant l'exequatur à une sentence rendue à l'étranger ou d'un recours en annulation contre une sentence prononcée en France, l'objet de ce contrôle est strictement encadré par l'article 1520 du Code de procédure civile[358]. La liste donnée par cette disposition des griefs qui peuvent être adressés à une sentence a un caractère limitatif et fait par ailleurs l'objet d'une interprétation stricte de la part de la jurisprudence[359]. Aussi, à l'exception de l'hypothèse dans laquelle la nullité d'une sentence finale résulte de l'annulation préalable d'une sentence partielle, rendue par exemple sur la compétence de l'arbitre, puisque cette annulation « prive nécessairement celui-ci de tout pouvoir pour statuer sur le fond »[360], les griefs qui ne sont pas visés par l'article 1520 du Code de procédure civile sont irrecevables ; la mission de la cour d'appel est limitée à l'examen des vices énumérés par ce texte[361]. Il en est notamment ainsi de la dénaturation du contrat par les arbitres[362], du défaut de réponse à conclusions[363], du défaut de traduction de la sentence par un expert inscrit sur la liste

357. Cass. 1re civ., 17 oct. 2000, *Rev. arb.* 2000, p. 648, note P. Mayer.
358. Art. 1502 et 1504 ancien CPC.
359. V. déjà, pour l'appel l'ordonnance d'exequatur, *supra*, n° 948.
360. Paris, 18 nov. 2004, *Rev. arb.* 2006, p. 755, obs. P. Duprey ; Paris, 21 nov. 2002, *Rev. arb.* 2003, p. 240.
361. Cass. 1re civ., 8 juill. 2009, *D.* 2009, Pan., p. 2959, obs. Th. Clay ; *Cah. arb.* 2010, p. 863, note L.-C. Delanoy ; Cass. 1re civ., 6 janv. 1987, *Rev. arb.* 1987, p. 469, note Ph. Leboulanger.
362. Paris, 7 mai 2002, *Rev. arb.* 2002, p. 784 ; Cass. 1re civ., 20 déc. 1993, *Rev. arb.* 1994, p. 126, note P. Bellet.
363. Paris, 27 nov. 2008, *Rev. arb.* 2009, p. 229 ; Paris, 21 juin 1990, *Rev. arb.* 1991, p. 96, note J.-L. Delvolvé.

des experts et de la notification incomplète de celle-ci[364], ou encore de la contradiction entre des motifs de la sentence[365].

989 **Interdiction de réviser la sentence au fond.** De manière plus générale, les griefs formulés à l'encontre d'une sentence arbitrale ne doivent pas tendre à une révision au fond de celle-ci, interdite au juge de l'annulation[366]. En effet, « le juge de l'annulation est juge de la sentence pour admettre ou refuser son insertion dans l'ordre juridique français et non juge de l'affaire pour laquelle les parties ont conclu une convention d'arbitrage », de sorte que le contrôle de la sentence ne doit pas tendre à une nouvelle instruction de l'affaire au fond[367]. Il ne peut apprécier le bien-fondé de la décision du tribunal arbitral[368], notamment s'agissant de la détermination et de la mise en œuvre de la règle de droit[369]. Ainsi, hors les cas, définis par l'article 1520 du Code de procédure civile, de violation du principe de la contradiction ou de l'ordre public international, le contenu de la motivation de la sentence échappe au contrôle du juge de la régularité de la sentence[370]. Mais si le juge ne peut apprécier la pertinence du raisonnement des arbitres[371], cela ne signifie pas qu'il ne dispose pas du pouvoir de rechercher en droit et en fait tous les éléments concernant les vices de l'article 1520. En particulier, il appartient au juge du contrôle de la sentence d'interpréter le contrat pour apprécier la portée de la convention d'arbitrage et vérifier si le tribunal arbitral a statué sans convention d'arbitrage ou en déduire, le cas échéant, les conséquences sur le respect de la mission qui lui a été confiée[372]. Il doit cependant y avoir été invité par le requérant.

Le juge du contrôle peut user de la faculté qui lui est offerte par l'article 267 du Traité sur le fonctionnement de l'Union européenne pour poser une question préjudicielle à la Cour de justice de l'Union européenne, lorsqu'il éprouve un doute sérieux sur la conformité de la sentence à l'ordre public communautaire[373] ou, plus précisément, quand il se trouve en présence d'une incertitude relative au contenu de cet ordre public,

364. Paris, 18 mars 2004, *Rev. arb.* 2004, p. 917, note J.-Y. Garaud et R. Ziadé.

365. Paris, 21 janv. 2014, *Rev. arb.* 2014, p. 222 ; Cass. 1re civ., 14 juin 2000 et Paris, 16 nov. 2000, *Rev. arb.* 2001, p. 729 (1re et 2e esp.), note H. Lécuyer ; Cass. 1re civ., 11 mai 1999, *Rev. arb.* 1999, p. 811 (1re esp.), note E. Gaillard.

366. Cass. 1re civ., 6 oct. 2010, *Bull. civ.* I, no 184 ; Cass. 1re civ., 11 mars 2009, *Bull. civ.* I, no 48 ; *D.* 2009, pan, p. 2959, obs. Th. Clay ; *LPA* 2009, no 144, note C. Tse ; JCP G 2009, I, 148, no 10, obs. Ch. Seraglini ; Cass. 1re civ., 25 oct. 2005, *JCP* G 2005, I, 148, no 6, obs. J. Béguin ; *D.* 2005, Pan., p. 3052 et 3060, obs. Th. Clay ; *Rev. arb.* 2006, p. 103, note J.-B. Racine ; *D.* 2006, p. 199, avis J. Sainte-Rose. ; Paris, 16 oct. 2003, *Rev. arb.* 2006, p. 147. Sur la portée de cette règle, v. notamment D. Holleaux, « Les conséquences de la prohibition de la révision », in *Travaux Com. Fr. DIP* 1980-1981, p. 53.

367. Cass. 1re civ., 30 janv. 2019, no 14-23822 ; Cass. 1re civ., 12 févr. 2014, *Rev. arb.* 2014, p. 389, note D. Vidal ; *Cah. arb.* 2014, p. 585, note L.-Ch. Delanoy.

368. Paris, 12 mars 1985, *D.* 1985, IR, 467, obs. P. Julien.

369. Paris, 18 nov. 2010, *Rev. arb.* 2010, p. 982 ; Paris, 24 nov. 2005, *Rev. arb.* 2006, p. 717, note S. Bollée.

370. Cass. 1re civ., 9 mars 2011, *Rev. arb.* 2011, p. 567 ; Cass. 1re civ., 31 janv. 2006, *Bull. civ.* I, no 37.

371. Cass. 1re civ., 28 févr. 1995, no 93-18486.

372. Cass. 1re civ., 1er juin 2011, no 10-15199 ; Cass. 1re civ., 6 oct. 2010, *Bull. civ.* I, no 185 ; *JCP* G 2010, II, 1028, note P. Chevalier ; *D.* 2010, p. 2933 obs. Th. Clay ; *RCDIP* 2011, p. 85, note F. Jault-Seseke ; JCP G 2010, I, 1286, no 6, obs. J. Ortscheidt ; *Rev. arb.* 2010, p. 813, note F.-X. Train ; Paris, 22 oct. 2003, *Rev. arb.* 2006, p. 149 ; Paris, 22 mai 2003, *Rev. arb.* 2003, p. 1252 (2e esp.), note F.-X. Train ; Cass. 1re civ., 6 janv. 1987, *JDI* 1987, p. 638, note B. Goldman ; *Rev. arb.* 1987, p. 469, note Ph. Leboulanger.

373. Ph. Fouchard, note sous CJCE, 27 avr. 1994, *Almelo*, *Rev. arb.* 1995, p. 504, spéc. no 10, p. 509.

et ce, afin de s'assurer, dans un second temps, que la sentence ne se heurte pas à ses exigences. À ce stade, il ne procède à aucun contrôle de la sentence puisque, précisément, c'est pour l'exercer ensuite de manière pleinement éclairée que le juge interroge la Cour de justice[374]. L'exercice de cette faculté est d'autant plus essentiel qu'un tribunal arbitral ne peut saisir cette juridiction d'une question préjudicielle[375].

Même si le juge exerce un contrôle plein de la sentence, il appartient au premier chef aux parties d'articuler des moyens d'annulation qui correspondent à l'un ou l'autre des cas de l'article 1520 du Code de procédure civile. Le juge peut certes examiner le recours lorsque le requérant omet de préciser le cas d'ouverture sur lequel il se fonde, sous réserve toutefois que celui-ci soit suffisamment identifié[376]. Il peut aussi requalifier un cas d'ouverture improprement choisi[377], notamment parce que le requérant se prévaut des dispositions applicables à l'arbitre interne alors que l'arbitrage est international[378]. Le juge du contrôle de la régularité de la sentence n'est cependant tenu d'aucune obligation à cet égard[379]. C'est sous le bénéfice de ces observations qu'il convient d'examiner les cinq chefs de contrôle d'une sentence arbitrale visés à l'article 1520 du Code de procédure civile, qui, comme pour l'arbitrage interne[380], ont été légèrement reformulés par le décret du 13 janvier 2011.

990 **Retrait litigieux.** Le droit au retrait litigieux, prévu par les articles 1699 et 1700 du Code civil, permet au débiteur cédé (le retrayant) de se substituer au cessionnaire (le retrayé) en lui remboursant le prix effectif de la cession avec les frais du contrat, outre les intérêts au taux légal, et permet ainsi d'éteindre la dette du premier par confusion[381]. Le retrait litigieux peut être exercé devant le juge du contrôle de la sentence, qu'il statue sur un recours en annulation ou sur l'appel d'une ordonnance d'exequatur, comme cela résulte de deux arrêts de la première chambre civile de la Cour de cassation du 28 février 2018[382]. Celle-ci a en effet cassé deux arrêts rendus par la cour d'appel de Paris, laquelle avait estimé irrecevable une demande de retrait litigieux formée devant elle, dans le cadre, d'une part, de l'appel d'une ordonnance d'exequatur d'une sentence rendue à l'étranger et, d'autre part, du recours en annulation d'une autre sentence rendue en France entre les mêmes parties. La cour d'appel avait statué ainsi en relevant qu'en application des articles 1520 et 1525 du Code de procédure civile, sa mission est limitée à l'examen des vices énumérés par ces textes et que la demande tendant, après une instruction du fond de l'affaire, à la libération de la recourante par le paiement au cessionnaire du prix de cession et de divers accessoires, n'était pas comprise

374. Cass. 1re civ., 18 nov. 2015, *Rev. arb.* 2015, p. 1231, qui déclare irrecevable, les griefs invoqués ne caractérisant pas un excès de pouvoir, le pourvoi formé contre Paris, 23 sept. 2014, *JCP* G 2015, I, 877, n° 8, obs. Ch. Seraglini.

375. CJCE, 23 mars 1982, aff. 102/81, *Rec.* p. 1095 ; *Rev. arb.* 1982, p. 473 ; v. aussi, CJCE, 1er juin 1999, *Eco Swiss c/Benetton*, aff. C-126-97, *Rec.* I, p. 3055 ; *Rev. arb.* 1999, p. 631 (att. 34), note L. Idot ; CJCE, 27 janv. 2005, *Denuit*, *Rev. arb.* 2005, p. 765, note L. Idot ; *RTD com.* 2005, p. 488, obs. É. Loquin.

376. Paris, 11 avr. 2002, *Rev. arb.* 2003, p. 143 (2e esp.).

377. Paris, 14 nov. 1996, *Rev. arb.* 1997, p. 434, obs. Y. Derains.

378. Paris, 22 mars 2000, *Rev. arb.* 2001, p. 199 (2e esp.), obs. Ph. Pinsolle ; Paris, 15 juin 1989, *Rev. arb.* 1992, p. 80, note J.-J. Arnaldez.

379. V. *supra*, n° 539.

380. V. *supra*, n° 540 et s.

381. V. É. Savaux, « Cessions de droits litigieux », Rép. civ. Dalloz, spéc. n° 66 et s.

382. Cass. 1re civ., 28 févr. 2018, *JCP* G 2018, 1322, n° 6, obs. Ch. Seraglini ; *JCP* G 2018, II, 640, note Ph. Casson ; *Procédures*, 2018, comm. 148, obs. L. Weiller ; *AJ Contrats* 2018, p. 187, obs. J. Joussan-Marques ; *Rev. arb.* 2018, p. 389, note M. Laazouzi.

dans cette mission ; les deux arrêts ont été censurés au motif identique que « l'exercice du retrait litigieux affecte l'exécution de la sentence ». Il est vrai que si le retrait litigieux suppose qu'il y ait « procès et contestation sur le fond du droit », selon ce que prévoit l'article 1700 du Code civil, il peut être admis que la créance est encore litigieuse devant le juge de l'annulation : la sentence consacrant la créance peut être annulée en totalité ou partie ou son accueil dans l'ordre juridique français peut être refusé. Il a d'ailleurs déjà été jugé, sous l'empire de l'ancien droit de l'arbitrage et à propos d'une sentence française, que, l'opposition formée par une partie à une ordonnance d'exequatur d'une sentence arbitrale qui a condamné l'opposant à payer une certaine somme étant susceptible d'aboutir au prononcé de la nullité de la sentence, cela imprime à la créance un caractère litigieux et que doit être rejeté le pourvoi contre la décision qui déclare régulier le retrait litigieux exercé par le débiteur à la suite de la cession de la créance au cours de l'instance en opposition[383]. En outre, le retrait litigieux ne tend pas à obtenir, devant le juge du contrôle de la sentence, l'annulation de la sentence ou le refus d'exequatur ; il ne s'agit pas, à proprement parler, de se prévaloir d'un vice affectant la sentence. Le juge du contrôle de la sentence doit donc s'assurer que les conditions du retrait litigieux sont réunies lorsqu'il est saisi d'une demande en ce sens et, si tel est le cas, la sentence internationale ne pourra plus être exécutée, au moins en France, puisque la créance née de cette sentence est considérée par l'ordre juridique français comme étant éteinte. Reste à déterminer plus précisément les effets procéduraux et substantiels du retrait, notamment en dehors de l'ordre juridique français. D'abord, le retrait litigieux n'a pas pour effet de faire disparaître la sentence, il n'en affecte pas la validité. Il n'est dès lors pas certain que le recours en annulation soit véritablement privé d'objet lorsque le juge constate que les conditions du retrait litigieux sont réunies. Le recourant, qui a en même temps exercé le retrait litigieux, peut conserver un intérêt à l'annulation de la sentence pour ensuite s'en prévaloir devant un juge étranger afin de s'opposer à des mesures d'exécution. De la même façon, on peut se demander si l'exequatur de la sentence peut être refusé au cessionnaire (le retrayé), alors même qu'il ne peut plus exécuter la sentence en France[384]. Il a en effet déjà été jugé que les parties ont en effet « le droit de demander à titre principal la reconnaissance d'une sentence, c'est-à-dire son insertion dans l'ordre juridique français, peu important qu'elle soit, en raison du sens de la décision ou du fait de l'absence d'actifs du débiteur, insusceptible d'exécution forcée sur le territoire national »[385]. Si l'on suit cette logique, l'exequatur n'est pas privé d'objet par l'effet du retrait, puisque le retrayé conserve un intérêt à voir la sentence insérée dans l'ordre juridique français. Ensuite, d'un point de vue substantiel, les effets du retrait litigieux au sein d'autres ordres juridiques dépendront de l'accueil que ces ordres feront à cette institution au moment où le retrayant cherchera à y faire reconnaître la décision du juge français.

383. Cass. 1re civ., 9 janv. 1974, *Bull. civ.* I, nº 12 ; *RTD. civ.* 1974, p. 808, note Y. LOUSSOUARN.
384. V. *supra*, nº 940.
385. Paris, 15 janv. 2013, *Rev. arb.* 2013, p. 779, note S. BOLLÉE.

§ 1. DÉCLARATION ERRONÉE DU TRIBUNAL ARBITRAL SUR SA COMPÉTENCE

991 **Griefs visés par l'article 1520.1° du Code de procédure civile et distinction entre compétence et recevabilité.** Le juge français peut annuler la sentence, refuser de la reconnaître ou refuser de l'exécuter si, selon les termes de l'article 1520.1° du Code de procédure civile, « le tribunal arbitral s'est déclaré à tort compétent ou incompétent ». Le libellé de ce premier chef de contrôle a été modifié par le décret du 13 janvier 2011, puisque l'ancien article 1502.1° envisageait l'hypothèse où « l'arbitre a statué sans convention d'arbitrage ou sur convention nulle ou expirée ». Toutefois, ce changement de formule n'apporte pas de changement substantiel[386]. Celle-ci recouvre essentiellement les hypothèses d'absence et de nullité de la convention d'arbitrage, qui ont, pour l'essentiel, déjà été envisagées lors de l'étude de la convention d'arbitrage[387]. Ainsi, lorsqu'il est soutenu devant le juge que la convention d'arbitrage avait été transmise avant le litige et l'arbitrage, de sorte que le tribunal arbitral était incompétent, ce n'est pas la qualité à défendre à l'arbitrage qui est en jeu, mais bien la compétence du tribunal arbitral, que le juge doit apprécier en fait et en droit[388]. La compétence, qui s'apprécie en considération de la convention d'arbitrage, ne se confond pas avec la recevabilité des demandes formées devant le tribunal arbitral, notamment au regard des pouvoirs d'une partie d'engager l'arbitrage[389] ou de l'autorité de la chose jugée attachée à une précédente sentence[390]. Le juge ne contrôle pas plus la qualité et l'intérêt à agir des parties devant les arbitres[391] et, plus généralement, vérifie que le moyen en cause porte bien sur la compétence du tribunal arbitral et non sur le fond du litige, quels que soient les termes de la sentence, qui ne le lient pas[392]. Pour déterminer si c'est bien la compétence du tribunal arbitral qui est en jeu, le juge est tenu « d'analyser la décision rendue par le tribunal arbitral afin de lui restituer, le cas échéant, son exacte qualification, sans s'arrêter aux dénominations retenues par les arbitres ou proposées par les parties »[393].

Cela rappelé, on se bornera à évoquer ici les principaux vices susceptibles d'être sanctionnés au visa de ce texte, étant observé qu'il est désormais plus logique de fonder l'annulation de la sentence pour dépassement du délai conventionnel d'arbitrage sur l'article 1520.3°, qui vise le non-respect de sa mission par le tribunal arbitral, alors qu'avant la réforme de 2011, ce cas d'annulation était rattaché à l'article 1502.1°. En effet, l'expiration de la convention d'arbitrage correspond précisément à l'hypothèse d'une sentence rendue après expiration du délai dans lequel les arbitres devaient exercer leur mission. En revanche, le tribunal arbitral qui statue hors délai ne se déclare pas à tort compétent, puisqu'il y a bien une convention d'arbitrage.

386. J. Béguin, J. Ortscheidt, Ch. Seraglini, « Un second souffle pour l'arbitrage. – Arbitrage international – À propos du décret du 13 janvier 2011, », *JCP* G 2011, 467, n° 32 ; Ch. Jarrosson et J. Pellerin, « Le droit français de l'arbitrage après le décret du 13 janvier 2011 », *Rev. arb.* 2011, p. 5, spéc. n° 71.

387. V. *supra*, n° 619 et s.

388. Cass. 1re civ., 1er juin 2017,*Rev. arb.* 2017, p. 1197 (1re esp.), note L. Mayer.

389. Cass. 1re civ., 18 mars 2015, *Rev. arb.* 2015, p. 1110, note D. Cohen ; *JCP* G 2015, I, 877, obs. Ch. Seraglini ; *Procédures* 2015, comm. 6, note L. Weiller ; *Cah. arb.* 2015, p. 803, note S. Bollée.

390. Cass. 1re civ., 9 sept. 2010, *Rev. arb.* 2011, p. 970, note C. Debourg.

391. Paris, 2 déc. 2014, *Rev. arb.* 2014, p. 1042 ; Paris, 26 févr. 2013, *Rev. arb.* 2014, p. 82, note P. Duprey et Cl. Fouchard ; Paris, 24 juin 1997, *Rev. arb.* 1997, p. 588, obs. D. Bureau.

392. Paris, 24 févr. 2015, *Rev. arb.* 2015, p. 282.

393. Cass. 1re civ., 16 janv. 2018, n° 16-21391.

L'article 1520.1° recouvre d'abord la situation dans laquelle le tribunal arbitral s'est à tort déclaré compétent, parce qu'il n'y avait aucune clause compromissoire ou compromis susceptible de fonder son pouvoir juridictionnel. C'est le cas lorsqu'une sentence arbitrale a été rendue par un tribunal arbitral qui n'avait reçu aucun pouvoir pour trancher un litige entre les parties concernées, ou qui a statué sur le fondement d'une convention d'arbitrage qui, soit ne couvrait pas le litige tranché[394], soit n'était pas opposable à l'une des parties au litige[395]. Il en est notamment ainsi, en droit français de l'arbitrage international, de la clause compromissoire insérée dans un contrat de travail[396].

L'article 1520.1° englobe aussi le grief de nullité de la convention d'arbitrage, qui peut résulter de plusieurs causes : vices du consentement, inarbitrabilité du litige, etc. En revanche, sauf stipulation contraire[397], la nullité de la convention d'arbitrage ne résulte pas de la nullité de la convention principale, puisqu'en vertu d'une règle matérielle du droit français de l'arbitrage, la convention d'arbitrage « est indépendante juridiquement du contrat principal qui la contient directement ou par référence »[398]. La convention d'arbitrage n'est donc pas privée d'effet du fait de la nullité, de la caducité, de l'inefficacité ou de l'expiration de ce contrat[399].

Avant la réforme, le recours en annulation était déjà admis contre la décision par laquelle le tribunal arbitral se déclarait à tort incompétent. Mais le contrôle du juge était alors opéré au regard de la conformité de la sentence à la mission confiée aux arbitres, visée à l'ancien article 1502.3° du Code de procédure civile[400]. Dans cette hypothèse, il peut en effet être reproché au tribunal arbitral d'avoir méconnu les termes de sa mission parce qu'il s'est déclaré à tort incompétent. Néanmoins, depuis la réforme, le contrôle doit évidemment être fondé sur l'article 1520.1°. Une sentence peut par exemple être annulée au motif que le tribunal arbitral s'est déclaré incompétent pour statuer sur une demande formée contre un sous-traitant qui avait pourtant contresigné le marché principal contenant la clause compromissoire[401].

394. Paris, 22 mai 2003, *Rev. arb.* 2003, p. 1252 (2e esp.), note F.-X. Train.

395. Paris, 26 juin 2003, *Rev. arb.* 2006, p. 143 et la note de D. Cohen, « L'engagement des sociétés à l'arbitrage », *Rev. arb.* 2006, p. 35.

396. Cass. soc., 12 mars 2008, *Rev. dr. trav.* 2008, p. 326, note E. Serverin ; Cass. soc., 28 juin 2005, *JCP* G 2006, I, 179, n° 2, obs. J. Béguin ; *RCDIP* 2006, p. 159, note F. Jault-Seseke ; Cass. soc., 9 oct. 2001, *Rev. arb.* 2002, p. 347, note Th. Clay.

397. Cass. com., 9 avr. 2002, *JCP* G 2003, I, 105, n° 2, obs. Ch. Seraglini.

398. Cass. 1re civ., 30 mars 2004, *Rev. arb.* 2005, p. 959, note Ch. Seraglini ; *RTD com.* 2004, p. 443, obs. É. Loquin ; Cass. 1re civ., 20 déc. 1993, *Bull. civ.* I, n° 379 ; *Rev. arb.* 1994, p. 116, note H. Gaudemet-Tallon ; *JDI* 1994, p. 432, note E. Gaillard ; *JDI* 1994, p. 663, note É. Loquin ; *RCDIP* 1994, p. 674, note P. Mayer.

399. V. *supra*, n° 610 et s.

400. Cass. 1re civ., 6 oct. 2010, *Bull. civ.* I, n° 185 ; *JCP* G 2010, II, 1028, note P. Chevalier ; *D.* 2010, Pan., p. 2933 obs. Th. Clay ; *RCDIP* 2011, p. 85, note F. Jault-Seseke ; JCP G 2010, I, 1286, n° 6, obs. J. Ortscheidt ; *Cah. arb.* 2011, p. 443, note J.-B. Racine ; *Rev. arb.* 2010, p. 813, note F.-X. Train, qui relève « que le juge de l'annulation contrôle la décision du tribunal arbitral sur sa compétence, qu'il se soit déclaré compétent ou incompétent, en recherchant tous les éléments de droit ou de fait permettant d'apprécier la portée de la convention d'arbitrage et d'en déduire les conséquences sur le respect de la mission confiée aux arbitres » ; Paris, 22 mai 2008, *Rev. arb.* 2008, p. 730, note F.-X. Train ; JCP G 2009, I, 222, n° 7, obs. Ch. Seraglini ; *D.* 2008, Pan., p. 3117, obs. Th. Clay. V. aussi, J.-B. Racine, « L'affaire Abela ou les vicissitudes du contrôle de la compétence arbitrale », *Cah. arb.*, vol. V, Pedone, 2010, p. 187 ; Paris, 7 juill. 1994, *Rev. arb.* 1995, p. 107, note S. Jarvin ; *RTD com.* 1995, p. 593, note J.-C. Dubarry et É. Loquin. ; Paris, 16 juin 1988, *Rev. arb.* 1989, p. 309, note Ch. Jarrosson.

401. Paris, 26 oct. 1995, *Rev. arb.* 1997, p. 553.

992 **Appréciation par le tribunal arbitral de sa compétence et contrôle du juge.** Les griefs tirés de la nullité de la convention d'arbitrage et de la déclaration d'incompétence du tribunal arbitral mettent particulièrement en cause l'appréciation de leur compétence par les arbitres. On sait que le droit français retient, à cet égard, qu'il appartient en priorité aux arbitres de se prononcer sur leur compétence[402]. Toutefois, cette priorité se veut uniquement chronologique : dans le cadre du contrôle de la régularité de la sentence, le juge n'est aucunement lié par le point de vue exprimé par le tribunal arbitral sur sa compétence[403]. Il peut alors opérer un contrôle total sur la compétence du tribunal arbitral et l'absence de nullité manifeste d'une clause d'arbitrage n'implique pas sa validité. Le juge va notamment contrôler l'interprétation de la convention d'arbitrage par le tribunal arbitral, dès lors qu'elle met en cause sa compétence[404]. Il va, dans son analyse, rechercher tous les éléments de fait et de droit permettant d'apprécier la portée de la convention d'arbitrage[405]. Et le juge procède également ainsi quand il s'agit d'un arbitrage en matière d'investissements étrangers et que l'offre d'arbitrage figure dans un traité[406]. Le juge de l'annulation peut décider que le tribunal arbitral s'est, à tort, déclaré incompétent pour connaître d'un litige, compte tenu des termes de la convention d'arbitrage et des circonstances de l'affaire. Ainsi, dans un arrêt du 14 mars 2006, la Première chambre civile de la Cour de cassation a retenu qu'il peut être reproché à l'arbitre, sur le fondement de l'article 1502.1° ancien du Code de procédure civile, d'avoir refusé d'étendre les effets d'une convention d'arbitrage à une partie impliquée dans l'exécution d'un contrat[407]. On sait en effet que selon une règle matérielle du droit français de l'arbitrage international, les effets de la convention d'arbitrage peuvent être étendus à un tiers, qui, à un degré ou un autre, a participé à l'exécution du contrat principal qui la renferme[408]. Il faut aussi noter que le contrôle de l'existence et de l'efficacité de la convention d'arbitrage, et donc de la compétence du tribunal arbitral, n'est effectué

402. V. *supra*, n° 673 et s.

403. La règle a notamment été énoncée pour le contrôle de l'arbitrabilité du litige (Cass. 1re civ., 21 mai 1997, *Rev. arb.* 1997, p. 537, note E. GAILLARD ; *RCDIP* 1998, p. 87, note V. HEUZÉ ; *JDI* 1998, p. 969, note S. POILLOT-PERUZZETTO), celui de la compétence matérielle de l'arbitre (Cass. 1re civ., 6 janv. 1987, *JDI* 1987, p. 638, note B. GOLDMAN ; *Rev. arb.* 1987, p. 469, note Ph. LEBOULANGER) et, plus largement, de l'existence, de la validité et de l'étendue de la convention d'arbitrage (Cass. 1re civ., 11 juill. 2006, n° 05-18681).

404. Cass. 1re civ., 6 juill. 2011, n° 08-12648 ; Cass. 1re civ. juin 2011, n° 10-15199.

405. Cass. 1re civ., 1er juin 2017, *Rev. arb.* 2017, p. 1197 (1re esp.), note L. MAYER ; Paris, 18 nov. 2010, *Rev. arb.* 2010, p. 985 ; Cass. 1re civ., 6 oct. 2010, *Bull. civ.* I, n° 185 ; *JCP* G 2010, II, 1028, note P. CHEVALIER ; *D.* 2010, Pan., p. 2933 obs. Th. CLAY ; *RCDIP* 2011, p. 85, note F. JAULT-SESEKE ; JCP G 2010, I, 1286, n° 6, obs. J. ORTSCHEIDT ; *Cah. arb.* 2011, p. 443, note J.-B. RACINE ; *Rev. arb.* 2010, p. 813, note F.-X. TRAIN.

406. V. par ex : Cass. 1re civ., 28 mars 2018, n° 16-16568 ; *Rev. arb.* 2018, p. 561, note Cl. FOUCHARD ; Paris, 25 avr. 2017, *Rev. arb.* 2017, p. 648, obs. M. LAAZOUZI ; *Rev. arb.* 2017, p. 767 ; *D.* 2017, p. 2559, obs. Th. CLAY ; Paris, 7 févr. 2017, *Rev. arb.* 2017, p. 566, note J. FOURET et A. REYNAUD ; *Rev. arb.* 2017, p. 648, obs. M. LAAZOUZI ; *D.* 2017, p. 2559, obs. Th. CLAY ; Paris, 29 nov. 2016, *Rev. arb.* 2017, p. 500, note L. FRANC-MENGET ; Paris, 12 avr. 2016, *Rev. arb.* 2016, p. 839, note Cl. FOUCHARD ; *Cah. arb.* 2017, p. 357, note M. AUDIT ; Paris, 18 nov. 2010, *Rev. arb.* 2011, p. 695, note S. LEMAIRE ; Paris, 25 sept. 2008, *Rev. arb.* 2009, p. 337, note I. FADLALLAH ; v. aussi : L. GUIFFÈS et L. CHATELAIN, « L'annulation en France des sentences arbitrales rendues sur le fondement de traités d'investissement », *Rev. arb.* 2017, p. 839.

407. Cass. 1re civ., 14 mars 2006, *Rev. arb.* 2006, p. 653, note G. BOLARD ; *JCP* G 2006, I, 183 n° 18, obs. Th. CLAY ; *JCP* G 2006, I, 148, n° 8, obs. J. ORTSCHEIDT. V. aussi, Cass. 1re civ., 7 nov. 2012, *JCP* G 2012, I, 1354, n° 5, obs. Ch. SERAGLINI ; 6 oct. 2010, préc.

408. V. *supra*, n° 720 et s.

par le juge français au regard, ni de la *lex fori*, ni de la *lex contractus*, ni de la loi régissant la convention d'arbitrage, ni même de celle de la procédure arbitrale. Le juge apprécie en effet l'existence et la validité de la convention d'arbitrage, « sous réserve des règles impératives du droit français et de l'ordre public international, d'après la commune volonté des parties, sans qu'il soit besoin de se référer à une loi étatique »[409].

§ 2. IRRÉGULARITÉ DE LA CONSTITUTION DU TRIBUNAL ARBITRAL

993 **Griefs visés par l'article 1520.2° du Code de procédure civile.** Le décret du 13 janvier 2011 a également reformulé ce cas d'annulation de la sentence. Auparavant, l'article 1502.1° du Code de procédure civile précisait que la sentence peut être annulée, ou sa reconnaissance et son exécution refusée, si « le tribunal arbitral a été irrégulièrement composé ou l'arbitre unique irrégulièrement désigné ». L'article 1520.2° prévoit maintenant, plus globalement, que le recours en annulation est ouvert si « le tribunal arbitral a été irrégulièrement constitué ». Malgré la généralité de la formule, qui englobe toutes les irrégularités affectant la constitution du tribunal arbitral, le contrôle du juge est, en pratique, relativement limité en ce domaine, le plus souvent confiné à la vérification du respect de la volonté des parties et de l'impartialité et de l'indépendance des arbitres. Le droit français de l'arbitrage international ne pose en effet que peu de conditions relatives à la constitution du tribunal arbitral[410]. Ceci étant, la sentence pourrait, le cas échéant, être annulée parce que l'un des arbitres ne dispose pas du plein exercice de ses droits ou parce qu'il ne pouvait être arbitre en raison d'une incapacité professionnelle[411]. Elle pourrait aussi l'être parce qu'a été méconnu le principe d'égalité des parties dans la désignation des arbitres[412] ou pour un défaut d'indépendance ou d'impartialité de l'arbitre[413]. Le défaut d'indépendance d'un arbitre, spécialement dans ses rapports avec le conseil de la partie qui l'a désigné, est d'ailleurs un cas d'annulation qui actuellement particulièrement usité[414], même si la Cour de cassation a récemment mis un frein aux excès constatés en ce domaine[415]. En dehors de ces hypothèses, la régularité de la

409. Cass. 1re civ., 30 mars 2004, *Rev. arb.* 2005, p. 959, note Ch. Seraglini ; *RTD com.* 2004, p. 443, obs. É. Loquin. V. aussi, Paris, 7 avr. 2011, *Rev. arb.* 2011, p. 747, note S. Bollée et B. Haftel.

410. V. *supra*, n° 732 et s.

411. Sur ces conditions de capacité de l'arbitre, v. *supra*, n° 735 et s.

412. Cass. 1re civ., 7 janv. 1992, *Rev. arb.* 1992, p. 470, note P. Bellet ; *JDI* 1992, p. 707, concl. Flipo et note Ch. Jarrosson ; *RTD com.* 1992, p. 796, obs. J.-Cl. Dubarry et É. Loquin. Sur ce principe, v. *supra*, n° 765.

413. Sur ce grief, v. *supra*, n° 754.

414. Reims, 2 nov. 2011, *JCP* G 2011, 1432, n° 5, obs. J. Béguin ; *Cah. arb.* 2011, p. 1109, note Th. Clay, statuant sur renvoi après cassation de Paris, 12 févr. 2009, *Rev. arb.* 2009, p. 186, note Th. Clay ; *LPA* 2009, p. 4, note M. Henry ; *Cah. arb.*, vol. V, Pedone 2011, p. 54, note L. Degos. Pour une analyse critique de cette jurisprudence, v. notamment D. Cohen, « Indépendance des arbitres et conflits d'intérêts », *Rev. arb.* 2011, p. 611 ; M. Henry, « Le devoir de révélation dans les rapports entre arbitres et conseils : de la suggestion aux électrochocs », *Cah. arb.* 2011, p. 787.

415. Cass. 1re civ., 10 oct. 2012, *Bull. civ.* I, n° 193 ; *JCP* G 2012, Act. p. 1929, obs. M. Henry ; *JCP* G 2012, I, 1354, n° 1, obs. Ch. Seraglini ; *Rev. arb.* 2013, p. 129, note Ch. Jarrosson ; *D.* 2012, Pan., p. 2991, obs. Th. Clay ; *RTD com.* 2013, p. 481, obs. É. Loquin. V. *supra*, n° 746, 755.

sentence sera essentiellement contrôlée, sur le fondement de l'article 1520.2°, au regard de la volonté des parties, qui ont pu exprimer des exigences particulières à cet égard, directement ou par référence à une loi de procédure ou à un règlement d'arbitrage. La sentence pourrait ainsi être annulée parce qu'elle a été rendue par un tribunal arbitral composé d'arbitres en nombre pair, alors que les parties avaient conventionnellement prévu la règle de l'imparité[416], ou parce que les modalités de constitution du tribunal arbitral, arrêtées par les parties, n'ont pas été respectées[417]. Les parties ne doivent cependant pas avoir couvert les irrégularités de constitution du tribunal arbitral en ne protestant pas après leur révélation[418]. Dans l'exercice de ce contrôle de la régularité de la constitution du tribunal arbitral, le juge dispose aussi du pouvoir d'interpréter la convention des parties[419] ou les stipulations du règlement d'arbitrage applicable[420]. La cour d'appel de Paris a d'ailleurs eu l'occasion de préciser que l'interprétation de la volonté réelle des parties se fait alors au regard du « principe d'interprétation de bonne foi », qui autorise éventuellement à aller au-delà du sens littéral des termes afin d'éviter qu'une partie ne puisse se soustraire à ses engagements, en appliquant le principe « d'effet utile », qui fait préférer l'interprétation qui donne effet à la clause compromissoire et, aussi, en interprétant la clause *contra proferentem*, c'est-à-dire contre celui qui l'a rédigée[421].

§ 3. NON-RESPECT PAR LE TRIBUNAL ARBITRAL DE LA MISSION QUI LUI AVAIT ÉTÉ CONFIÉE

994 **Griefs visés par l'article 1520.3° du Code de procédure civile.** Parce qu'il tire son pouvoir juridictionnel des parties, l'arbitre doit respecter la mission qu'elles lui ont confiée, dans son étendue et dans ses modalités. À défaut, sa sentence peut être annulée ou sa reconnaissance ou son exécution refusée. L'article 1520.3° du Code de procédure civile envisage en effet le cas dans lequel « le tribunal arbitral a statué sans se conformer à la mission qui lui avait été confiée »[422]. Comme pour l'arbitrage interne[423], le grief recouvre trois hypothèses : lorsque le tribunal arbitral a méconnu l'étendue des demandes des parties, quand il a outrepassé les pouvoirs qui lui avaient été confiés par elles et lorsqu'il a rendu une sentence après le délai fixé par les parties[424].

995 **La méconnaissance de l'étendue des demandes des parties.** Le tribunal arbitral ne doit pas statuer *ultra petita*, en accordant plus que ce qui avait été demandé, sous peine d'exposer sa sentence à une annulation ou à un refus d'exequatur. Le grief se

416. Paris, 21 avr. 2005, *JCP* G 2005, I, n° 5, obs. Ch. SERAGLINI ; Paris, 1er juill. 1997, *Rev. arb.* 1998, p. 131, note D. HASCHER.

417. Cass. 1re civ., 4 déc. 1990, *Rev. arb.* 1991, p. 81, note Ph. FOUCHARD.

418. V. *supra*, n° 977.

419. V. notamment, Paris, 28 oct. 1999, *Rev. arb.* 2002, p. 175, obs. Th. CLAY.

420. Cass. 1re civ., 4 déc. 1990, *Rev. arb.* 1991, p. 81, note Ph. FOUCHARD.

421. Paris, 7 févr. 2002, *Rev. arb.* 2002, p. 413, note Ph. FOUCHARD ; JCP G 2003, I, 105, n° 11, obs. J. ORTSCHEIDT.

422. Art. 1502.3° ancien CPC.

423. V. *supra*, n° 547 et s.

424. Pour une étude détaillée de ce cas d'ouverture, v. P. GIRAUD, *Le devoir de l'arbitre de se conformer à sa mission*, Bruylant, 2017.

distingue de celui prévu par l'article 1520.1° du Code de procédure civile puisque le tribunal arbitral peut parfaitement rester dans les limites de la convention d'arbitrage tout en accordant à une partie autre chose que ce qu'elle réclamait[425]. Ainsi, la sentence peut-elle être annulée, ou l'exequatur refusé, si le tribunal arbitral a accordé des intérêts moratoires sur une condamnation principale alors qu'ils n'avaient pas été demandés[426]. Il en serait de même d'un arbitre statuant *infra petita*, mais seulement si le tribunal arbitral ne peut plus être à nouveau réuni pour compléter la sentence[427]. Il appartient donc à celui qui soutient que le tribunal arbitral a omis de statuer sur l'un de ses chefs de demande de rapporter la preuve que cette condition est remplie puisqu'en principe, l'omission de statuer n'est pas un cas d'ouverture du recours en annulation[428].

996 **La méconnaissance des pouvoirs conférés au tribunal arbitral par les parties.** Le tribunal arbitral ne peut outrepasser ou refuser d'exercer les pouvoirs que lui ont confiés les parties. Ne respecte pas non plus les modalités de sa mission le tribunal arbitral qui s'écarte des règles de procédure arrêtées expressément et précisément par elles[429]. Sa sentence peut notamment être critiquée lorsqu'il n'a pas respecté la langue de l'arbitrage[430]. Mais, s'agissant de ce cas d'annulation ou de refus d'exequatur fondé sur une violation d'une règle procédurale, l'auteur du recours devra établir que cette méconnaissance lui a causé un grief[431]. De même, le tribunal arbitral qui a statué en équité, alors que les parties ne lui avaient pas donné les pouvoirs d'un amiable compositeur, sort du cadre de sa mission, en violation de l'article 1520.3° du Code de procédure civile[432]. Encore faut-il que la sentence ne soit pas également justifiée par des considérations tirées du droit applicable, qui rendraient surabondantes celles fondées sur l'équité[433]. Selon la jurisprudence française, le même grief peut être invoqué dans l'hypothèse inverse, où le tribunal arbitral désigné amiable compositeur par les parties ne mentionne pas expressément dans sa sentence qu'il a exercé ses pouvoirs d'amiable compositeur[434]. Enfin, même si cette exigence ne relève pas de l'ordre public international français, il est admis que le tribunal arbitral méconnaît les termes de sa mission s'il ne motive pas sa sentence dès lors que l'obligation de motivation découlait de la loi applicable à la procédure, du règlement d'arbitrage ou de la convention des parties[435]. Bien plus, même lorsque les parties n'ont rien précisé, directement ou indirectement par référence à un règlement d'arbitrage ou une loi de procédure, quant à l'exigence de motivation de la sentence, il doit être présumé que les parties ont souhaité une sentence motivée[436].

425. V. par exemple, Paris, 19 janv. 1990, *Rev. arb.* 1991, p. 125 (1re esp.), obs. J.-H. Moitry et C. Vergne.

426. Paris, 30 juin 2005, *Rev. arb.* 2006, p. 687, note R. Libchaber, qui fait une application contestable de l'article 1153-1 du Code civil français.

427. V. *supra*, n° 912 et Paris, 4 mars 2004, *Rev. arb.* 2005, p. 143, note F.-X. Train ; Paris, 27 juin 2002, *Rev. arb.* 2003, p. 427, note C. Legros.

428. Paris, 27 févr. 2018, *Rev. arb.* 2018, p. 299 ; *JCP* G 2018, 1322, n° 4, obs. J. Ortscheidt.

429. Sur cette exigence, v. *supra*, n° 806.

430. V. *supra*, n° 857 et la jurisprudence citée.

431. V. *supra*, n° 548 pour l'arbitrage interne.

432. V. *supra*, n° 883.

433. Paris, 30 mai 1996, *Rev. arb.* 1996, p. 645, note D. Bureau.

434. V. *supra*, n° 883.

435. V. *supra*, n° 881.

436. V. *supra*, n° 881.

997 **L'expiration du délai d'arbitrage.** Ce grief était auparavant visé par l'article 1502.1° du Code de procédure civile. Il est aujourd'hui rattaché à l'article 1520.3° puisque lorsque la sentence est rendue après l'expiration du délai dans lequel les arbitres devaient statuer, ils ne se sont pas conformés à la mission qui leur avait été confiée. La jurisprudence considère que la question de l'expiration du délai relève de la procédure et non du fond du litige. Aussi, c'est le droit français de l'arbitrage international qui s'y applique devant le juge français. On rappellera, à cet égard, que le droit français de l'arbitrage international décide qu'à défaut de fixation conventionnelle d'un délai par les parties, directement ou par référence à un règlement d'arbitrage ou à une loi de procédure stipulant un délai, la mission du tribunal arbitral n'est enfermée dans aucun délai particulier[437]. On peut cependant admettre que si la sentence n'était pas rendue dans un délai raisonnable, elle pourrait être annulée[438].

998 **Respect de sa mission par le tribunal arbitral et droit applicable au fond du litige.** Le contrôle du respect de sa mission par le tribunal arbitral ne couvre pas la bonne application du droit par lui, ou la pertinence de son raisonnement, toute révision au fond de la sentence arbitrale étant interdite au juge[439]. De la même manière, le tribunal arbitral qui applique la *lex mercatoria* lorsque les parties sont demeurées silencieuses sur la loi applicable ne s'écarte pas de sa mission, qui est de statuer en application de règles de droit[440]. En revanche, on estime généralement que les arbitres qui n'appliquent pas la loi choisie par les parties ne se conforment pas à leur mission[441]. Si cette opinion est juste, elle doit également être relativisée. Tout d'abord, le nécessaire respect de sa mission par le tribunal arbitral ne lui interdit pas de s'écarter du choix des parties lorsque des raisons supérieures aux volontés privées le justifient, comme le respect de l'ordre public international ou des lois de police qui peuvent être considérées comme légitimement applicables au litige[442]. Ensuite, le juge vérifie seulement que le tribunal arbitral ne s'est pas écarté ouvertement et sans raison valable du choix opéré par les parties ; il ne contrôle pas la façon dont l'arbitre a appliqué la loi choisie par les parties[443]. Il faudrait donc que le tribunal arbitral soit bien maladroit pour être ici sanctionné au titre du non-respect de sa mission, et de nombreuses libertés éventuellement prises par les arbitres par rapport à la volonté exprimée par les parties ne seront pas sanctionnées.

§ 4. NON-RESPECT DU PRINCIPE DE LA CONTRADICTION

999 **Griefs visés par l'article 1520.4° du Code de procédure civile.** L'article 1520.4° du Code de procédure civile, qui reprend le cas d'annulation de

437. V. *supra*, n° 830.

438. V. *supra*, n° 830.

439. V. *supra*, n° 989.

440. V. *supra*, n° 901.

441. V. *supra* n° 889. V. aussi Ph. FOUCHARD, E. GAILLARD, B. GOLDMAN, *Traité de l'arbitrage commercial international*, Litec, 1996, spéc. n° 1637, p. 960 ; v. aussi, Paris, 10 mars 1988, *Rev. arb.* 1989, p. 269, note Ph. FOUCHARD.

442. Sur ce point, v. *supra*, n° 903 et s., et Ch. SERAGLINI, *Lois de police et justice arbitrale internationale*, Dalloz, 2001, spéc. n° 272 et s., p. 132 et s.

443. Paris, 24 juin 2010, *Rev. arb.* 2010, p. 675 ; Paris, 24 nov. 2005, *Rev. arb.* 2006, p. 717, note S. BOLLÉE.

l'ancien article 1502.4°, a pour objectif de rappeler une exigence fondamentale de la procédure, que la Cour de cassation a qualifié de « principe supérieur indispensable au déroulement d'un procès équitable »[444]. Sa violation sera donc sanctionnée sur le fondement du texte précité, étant observé qu'il « incombe à la partie qui invoque la violation par l'arbitre du principe de la contradiction d'en apporter la preuve »[445]. Bien plus, l'annulation n'est encourue que si le droit ou le fait soulevé d'office et non soumis au débat contradictoire fonde la décision du tribunal arbitral[446]. L'examen de ce principe ayant déjà été conduit au titre des principes fondamentaux applicables à toute procédure arbitrale, il convient d'y renvoyer pour déterminer les hypothèses dans lesquelles la sentence peut être annulée, ou l'exequatur refusé, parce qu'il n'a pas été respecté[447]. Pour l'essentiel, il faut simplement rappeler que son respect exige : que toutes les parties soient entendues ou appelées, que chacune d'elles ait été en mesure de faire valoir ses demandes et ses moyens de fait et de droit, de connaître ceux de son adversaire et de les discuter ; qu'elles aient été mises en mesure de connaître l'ensemble des documents communiqués au tribunal arbitral ; que tout ce qui sert à la décision de l'arbitre, pièces ou moyens, soit soumis au débat contradictoire. En revanche, le tribunal arbitral n'est pas tenu de soumettre le raisonnement juridique qui étaye la motivation de sa sentence à une discussion préalable et contradictoire des parties[448]. Cependant, faisant application de la fin de non-recevoir précédemment exposée[449], le juge français considère qu'une partie n'est pas recevable à dénoncer une violation du principe de la contradiction si elle ne l'a pas fait devant le tribunal arbitral, alors pourtant qu'elle en avait connaissance[450]. L'irrecevabilité n'est encourue qu'à condition que l'irrégularité en cause ait été susceptible d'être réparée devant les arbitres[451]. Malgré le caractère fondamental de ce grief, il fait quelque peu double emploi avec celui visé à l'article 1520.5° du Code de procédure civile, imposant le respect de l'ordre public international, dans la mesure où la jurisprudence estime que l'ordre public international revêt, outre une dimension substantielle, également une dimension procédurale. La méconnaissance des droits de la défense, notamment de l'égalité des armes, est ainsi sanctionnée au visa de ce dernier texte[452].

§ 5. RECONNAISSANCE OU EXÉCUTION DE LA SENTENCE CONTRAIRE À L'ORDRE PUBLIC INTERNATIONAL

1000 **Grief visé par l'article 1520.5° du Code de procédure civile.** Une sentence arbitrale ne saurait déployer un quelconque effet en France si elle est

444. Civ 1re, 5 févr. 1991, *Rev. arb.* 1991, p. 625, note L. Idot.

445. Cass. 1re civ., 5 nov. 2014, *Cah. arb.* 2015, p. 57, note J. Barbet.

446. Paris, 25 avr. 2017, *Rev. arb.* 2017, p. 767 et p. 648, obs. M. Laazouzi ; Cass. 1re civ., 19 déc. 2012, *Rev. arb.* 2012, p. 292.

447. V. *supra*, n° 809 et s. Pour une étude plus détaillée, v. aussi *supra*, n° 386 et s., les règles relatives à l'arbitrage interne étant transposables à l'arbitrage international.

448. Sur l'ensemble de ces règles, v. *supra*, n° 809 et s.

449. V. *supra*, n° 977.

450. Cass. 2e civ., 20 nov. 2003, *Bull. civ.* II, n° 342 ; *Rev. arb.* 2004, p. 283 (4e esp.), note M. Bandrac (la solution rendue en matière interne est transposable à l'arbitrage international).

451. Paris, 21 janv. 1997, *Rev. arb.* 1997, p. 429, note D. Bureau.

452. Paris, 8 nov. 2016, *Cah. arb.* 2017, p. 487, note P. Giraud ; *Rev. arb.* 2016, p. 1213.

contraire à l'ordre public international[453]. Aussi, l'article 1520.5° du Code de procédure civile dispose logiquement que la sentence ne pourra être reconnue ou exécutée en France « si la reconnaissance ou l'exécution de la sentence sont contraires à l'ordre public international »[454]. L'ordre public ici en cause doit être entendu restrictivement. Il s'agit de l'ordre public international, et non simplement des règles d'ordre public interne. Aussi, seules des atteintes à certaines valeurs ou politiques fondamentales du for, dont le respect s'impose même dans des situations internationales, sont ici concernées. Néanmoins, cet ordre public international demeure de source française. La jurisprudence a ainsi précisé que « l'ordre public international [...] s'entend de la conception française de l'ordre public, c'est-à-dire de l'ensemble des règles et des valeurs dont l'ordre juridique français ne peut souffrir la méconnaissance, même dans des matières internationales »[455], ou encore que « l'exécution d'une sentence est incompatible avec l'ordre public international procédural lorsque les principes fondamentaux du procès ont été violés et avec l'ordre public international matériel lorsqu'ont été violés des principes juridiques fondamentaux au point que le résultat atteint par les arbitres est inconciliable avec le système de valeurs essentielles de notre ordre juridique »[456]. Elle a également retenu que « la défense de la conception française de l'ordre public international implique que le juge étatique chargé du contrôle puisse annuler la sentence dont l'exécution heurte cette conception alors même que le moyen tiré de l'ordre public n'avait pas été invoqué devant les arbitres et que ceux-ci ne l'avaient pas mis dans le débat » ; aussi, doit être écarté l'argument d'une partie au litige, selon lequel l'autre partie aurait renoncé à ce moyen en ne l'invoquant pas devant le tribunal arbitral et serait irrecevable à le soulever devant la cour d'appel[457]. En effet, « l'étendue du contrôle juridictionnel quant au respect des règles impératives [...] ne doit pas être conditionnée par l'attitude des parties »[458]. L'intérêt qui sous-tend la défense de l'ordre public international français justifie le maintien de cette solution malgré l'introduction, par le décret du 13 janvier 2011, de l'article 1466 dans le Code de procédure civile, applicable à l'arbitrage international par renvoi de l'article 1506.3° et qui dispose que « la partie qui, en connaissance de cause et sans motif légitime, s'abstient d'invoquer en temps utile une irrégularité devant le tribunal arbitral est réputée avoir renoncé à s'en prévaloir ». Il

453. Sur le sujet, v. P. Mayer, « La sentence contraire à l'ordre public de fond », *Rev. arb.* 1994, p. 615 ; J.-B. Racine, *L'arbitrage commercial international et l'ordre public*, LGDJ, 1999, n° 784 et s., p. 437.

454. V., avant le décret du 13 janvier 2011, art. 1502.5° ancien CPC.

455. Paris, 14 juin 2001, *Rev. arb.* 2001, p. 773, note Ch. Seraglini ; Paris, 23 oct. 2012, *Rev. arb.* 2013, p. 170, note L. d'Avout. V. encore récemment, Paris, 16 mai 2017, *République du Congo*, *D.* 2017, p. 2054, obs. S. Bollée ; *ibid.*, p. 2571, obs. Th. Clay ; *JDI* 2017, comm. 20, p. 1361 (2e esp.), note E. Gaillard ; *Rev. arb.* 2018, p. 248, note J.-B. Racine ; Paris, 16 janv. 2018, *Rev. arb.* 2018, p. 401, note S. Lemaire ; *JDI* 2018, comm. 12, p. 883, note S. Bollée ; *ibid.*, comm. 13, p. 898, note E. Gaillard ; *D.* 2018, p. 968, obs. S. Clavel ; *ibid.*, p. 1635, note M. Audit ; *ibid.*, p. 1941, obs. L. d'Avout ; *ibid.*, p. 2460, obs. Th. Clay.

456. Paris, 1er mars 2007, *Rev. arb.* 2007, p. 143.

457. Paris, 14 juin 2001, préc.

458. Paris, 18 nov. 2004, *Thalès Air Défense c/ GIE Euromissile*, *JCP* G 2005, II, 10038, note G. Chabot ; *ibid.*, I, 134, n° 8, obs. Ch. Seraglini ; *JDI* 2005, p. 357, note A. Mourre ; *D.* 2005, pan. 3058, obs. Th. Clay ; *RTD com.* 2005, p. 263, obs. É. Loquin ; *Rev. arb.* 2005, p. 529, note L. G. Radicati di Brozolo ; *RCDIP* 2006, p. 104, note S. Bollée ; Ch. Seraglini, « L'affaire Thalès et le non-usage immodéré de l'exception d'ordre public (ou les dérèglements de la déréglementation) », *Cah. arb.*, vol. III, *Gaz. Pal.* éd. 2006, p. 87. V. aussi, Cass. 1re civ., 13 sept. 2017, *Société Indagro c/ société Ancienne Maison Marcel Bauche*, *JCP* G 2017, 1326, n° 5, obs. Ch. Seraglini ; *Rev. arb.* 2017, p. 900 ; *JDI* 2017, comm. 20, p. 1361 (1re esp.), note E. Gaillard ; *D.* 2017, p. 2571, obs. Th. Clay.

conviendrait simplement de réserver le cas des règles qui relèvent d'un ordre public de protection, et auxquelles la partie protégée peut valablement renoncer ; pour celles-ci, l'article 1466 devrait au contraire prévaloir.

La limite à la reconnaissance et à l'exécution d'une sentence arbitrale tirée de sa contrariété à l'ordre public est très largement répandue en droit comparé. Tous les textes nationaux ou internationaux relatifs à la reconnaissance et à l'exécution des sentences arbitrales la prévoient, sous des formulations variables[459]. Sa légitimité n'est donc pas à démontrer. En revanche, la question du contenu exact de l'ordre public pouvant être opposé à la reconnaissance ou à l'exécution d'une sentence et celle de l'intensité du contrôle devant être opéré par les juges à cet égard sont plus délicates. Si un relatif consensus se dégage progressivement en droit comparé s'agissant du contenu de l'ordre public ici en cause, les avis demeurent beaucoup plus partagés quant à l'intensité du contrôle opéré par les juges.

1001 **Contenu de l'ordre public international visé à l'article 1520, 5°, du Code de procédure civile.** L'ordre public visé à l'article 1520, 5°, du Code de procédure civile revêt à la fois une dimension procédurale et une dimension substantielle. Quant à sa dimension procédurale, la contrariété à l'ordre public international pourra notamment tenir aux conditions dans lesquelles la sentence a été élaborée, en cas de méconnaissance du principe d'égalité des parties dans la désignation des arbitres[460], ou de sentence prononcée par une institution qui n'avait pas la qualité d'arbitre[461]. Les juges ont également sanctionné, pour violation du principe du contradictoire et de l'ordre public procédural, la sentence par laquelle le tribunal arbitral avait fondé l'indemnisation d'un préjudice sur la perte de chance, et non sur le gain manqué invoqué par les parties, sans interroger au préalable celles-ci sur ce changement de fondement juridique conduisant à une modification de l'indemnisation réclamée[462]. L'ordre public procédural sera encore atteint en cas de sentence obtenue par fraude[463]. Ainsi, est insusceptible de reconnaissance en France, car rendue en fraude et, de ce fait, contraire à la conception française de l'ordre public international, « une sentence d'accord-parties, intervenue en période suspecte à la demande de deux parties qui n'ont pas de différend entre elles, n'ayant manifestement pour objet que d'imposer aux futurs curateurs de la société

459. Par exemple, Convention de New York du 10 juin 1958 (art. V (2) (b)), Loi-type CNUDCI sur l'arbitrage commercial international du 21 juin 1985 (art. 34 (2) (b) (ii) et 36 (1) (b) (ii)) ; et aussi, dans la sphère des textes d'origine privée, les Recommandations de l'Association de Droit International adoptées lors de la Conférence de New Delhi du 2 au 6 avril 2002 sur « l'ordre public en tant que motif de refus de reconnaissance ou d'exécution des sentences arbitrales internationales » (*Rev. arb.* 2002, p. 1061, avec la présentation de P. Mayer). Pour une liste non exhaustive des dispositions nationales prévoyant cette exception, v. L.-Ch. Delanoy, « Le contrôle de l'ordre public au fond par le juge de l'annulation : trois constats, trois propositions », *Rev. arb.* 2007, p. 177, spéc. p. 183, notes 20 et 21.

460. Sur ce principe, v. *supra*, n° 765, 770.

461. Cass. 1re civ., 28 mars 2012, n° 11-10347, *Cah. arb.* 2012, p. 429 ; *JCP* G 2012, 843, n° 7, obs. J. Ortscheidt.

462. Cass. 1re civ., 29 juin 2011, *Caribbean Niquel*, *D.* 2011, p. 1911, obs. X. Delpech ; *Rev. arb.* 2011, p. 678, note C. Chainais ; rendu sur pourvoi contre Paris, 25 mars 2010, *D.* 2010, p. 2933, spéc. 2941 et 2945, obs. Th. Clay ; *RTD com.* 2010, p. 545, obs. É. Loquin ; *Rev. arb.* 2011, p. 442, note C. Chainais ; *JCP* G 2010, I, 644, n° 2, obs. Ch. Seraglini.

463. Paris, 10 sept. 1993, *Rev. arb.* 1994, p. 359, note D. Bureau ; *RCDIP* 1994, p. 349, note V. Heuzé ; Paris, 1er juill. 2010, *Rev. arb.* 2010, p. 857, note B. Audit ; *Cah. arb.* 2011, p. 741 (2e arrêt), note L.-Ch. Delanoy ; *JCP* G 2010, 1286, n° 5, obs. J. Ortscheidt ; *LPA* 23 févr. 2011, n° 38, p. 9, note M. de Boisséson ; Paris, 25 juin 2013, *Rev. arb.* 2014, p. 120, note A. de Fontmichel.

en faillite un fait accompli »[464]. La cour d'appel de Paris a précisé que la fraude à la sentence, autrement appelée la fraude dans l'arbitrage, « suppose que des faux documents aient été produits, que des témoignages mensongers aient été recueillis ou que des pièces intéressant la solution du litige aient été frauduleusement dissimulées aux arbitres, de sorte que la décision de ceux-ci a été surprise »[465] ; autrement dit, une partie a trompé la religion du tribunal. Dans le même ordre d'idées, la contrariété à l'ordre public est encore caractérisée en cas de fraude par l'arbitrage, c'est-à-dire lorsque « les conditions dans lesquelles l'arbitrage avait été décidé, organisé et conduit en faisaient un simulacre de procédure » mis en place pour favoriser les intérêts d'une partie au détriment de l'autre[466] ; autrement posé, lorsque les parties ont conclu une convention d'arbitrage constitutive elle-même d'une fraude.

La contrariété à l'ordre public au sens de l'article 1520, 5°, du Code de procédure civile peut également concerner le fond du litige, et être constituée en cas d'inconciliabilité de la sentence avec une décision ayant déjà autorité de chose jugée en France[467], ou encore en cas de méconnaissance par une sentence de l'autorité de chose jugée d'une précédente sentence rendue dans la même instance[468]. Mais elle sera surtout constituée en cas de violation de règles et des valeurs dont l'ordre juridique français ne peut souffrir la méconnaissance, comme la lutte contre la corruption[469] ou le blanchiment[470],

464. Paris, 9 avr. 2009, *Cah. arb.* 2010, p. 889 (2e arrêt), note É. Loquin, la cour d'appel n'hésitant pas ainsi à sanctionner la violation par les parties d'une loi de police étrangère, en l'occurrence belge.

465. Paris, 1er juill. 2010, préc. ; et aussi, Paris, 28 juin 2016, *Rev. arb.* 2016, p. 1101, note N. Dissaux ; *ibid.*, p. 1153, note J. Barbet ; Paris, 25 avr. 2017, *Rev. arb.* 2017, p. 767 ; Paris, 20 déc. 2018, *Rev. arb.* 2019, p. 472, note J.-B. Racine ; *JDI* 2019, comm. 18, p. 18, p. 800, note S. Bollée.

466. Cass. 1re civ., 4 nov. 2015, *Taburno c/ Vasarhelyi*, *JCP* G 2015, 1370, n° 1, obs. J. Ortscheidt ; *Rev. arb.* 2016, p. 235, note F. de Bérard ; *D.* 2015, p. 2598, obs. Th. Clay ; et l'arrêt d'appel, Paris, 27 mai 2014, *Cah. arb.* 2015, p. 481, note R. Dupeyré ; *D.* 2014, p. 2541, obs. Th. Clay. Sur les différentes formes que peut revêtir la fraude en matière d'arbitrage et leurs sanctions, v. notamment Ch. Poncet, « Fraud in International Arbitration », *Cah. arb.* 2016, p. 789 ; et aussi, J. Pellerin, « La fraude et l'arbitrage », *in* É. Loquin et S. Manciaux (dir.), *L'ordre public et l'arbitrage*, LexisNexis, 2014, p. 177.

467. V. Paris, 17 janv. 2012, *Planor Afrique*, *Rev. arb.* 2012, p. 569, note M.-L. Niboyet ; aussi, dans la même affaire, Paris, 4 déc. 2012, *Planor Afrique*, *Rev. arb.* 2013, p. 411 (2e esp.), note C. Debourg. Et déjà, *a contrario*, Paris, 9 sept. 2010, *Rev. arb.* 2011, p. 970, note C. Debourg. Selon la jurisprudence, l'inconciliabilité est caractérisée lorsque les deux décisions emportent des conséquences qui s'excluent mutuellement : v. aussi, Paris, 10 mai 2016, *Rev. arb.* 2017, p. 646. Et pour un exemple en Suisse, Trib. féd. Suisse, 13 avr. 2010, *Cah. arb.* 2011, p. 1093, note Ch. Poncet.

468. Paris, 29 mai 2018, *JCP* G 2018, 1322, n° 5, obs. J. Ortscheidt.

469. Cass. 1re civ., 13 sept. 2017, *Société Indagro c/ société Ancienne Maison Marcel Bauche*, *Rev. arb.* 2017, p. 900 ; *JDI* 2017, comm. 20, p. 1361 (1re esp.), note E. Gaillard ; *JCP* G 2017, 1326, n° 5, obs. Ch. Seraglini ; *D.* 2017, p. 2571, obs. Th. Clay.

470. Paris, 21 févr. 2017, *République du Kirghizistan c/ M. Belokon*, *Rev. arb.* 2017, p. 915, note M. Audit et S. Bollée ; *JCP* G 2017, 1326, n° 5, obs. Ch. Seraglini ; *D.* 2017, p. 2054, obs. S. Bollée ; *ibid.*, p. 2570, obs. Th. Clay ; *JDI* 2017, comm. 20, p. 1361 (3e esp.), note E. Gaillard ; *RDC* 2017, p. 304, obs. X. Boucobza et Y.-M. Serinet.

d'une loi de police française[471], voire d'une loi de police étrangère[472]. Ici, l'article 1520, 5°, apparaît donc comme un instrument de défense des lois de police dans l'arbitrage. Encore faut-il cependant que le contrôle exercé par le juge à ce titre soit suffisant pour permettre une réelle défense de ces dispositions impératives. Or, on a pu en douter au regard de la position longtemps retenue par la jurisprudence française en matière d'intensité du contrôle opéré par le juge à cet égard, même si les arrêts les plus récents, au moins ceux émanant de la cour d'appel de Paris, laissent espérer une évolution plus favorable à un contrôle réel du juge français en la matière.

1002 **Intensité du contrôle opéré par le juge français quant au respect par la sentence de l'ordre public.** Le texte de l'article 1520, 5°, du Code de procédure civile prévoit que la reconnaissance ou l'exécution de la sentence sera refusée si cette reconnaissance ou cette exécution, et non la sentence en elle-même, est contraire à l'ordre public international. La jurisprudence a en conséquence estimé que « son appréciation doit être concrète, le contrôle de la cour d'appel devant porter non sur l'appréciation que les arbitres ont faite des droits des parties au regard des dispositions d'ordre public invoquées, mais sur la solution donnée au litige, l'annulation de la sentence n'étant encourue que si son exécution heurte la conception française de l'ordre public international ». Elle a, au moins un temps, ajouté que « le juge de l'annulation ne saurait, sous peine de remettre en cause le caractère final de la détermination des arbitres sur le fond du procès, la violation alléguée d'une loi de police n'autorisant aucune atteinte à la règle procédurale de l'interdiction d'une révision au fond, effectuer en l'absence de fraude, ou [...] de violation manifeste, un examen de l'application des règles de la concurrence au contrat litigieux [...] »[473]. Par la suite, dans les affaires *Thalès* et *Cytec*, elle a retenu que, « s'agissant de la violation de l'ordre public international, seule la reconnaissance ou l'exécution de la sentence est examinée par le juge de l'annulation au regard de la compatibilité de sa solution avec cet ordre public, dont le contrôle se limite au caractère flagrant, effectif et concret de la violation

471. Par exemple, pour la sentence ordonnant à un débiteur failli de payer diverses sommes à son adversaire, en violation de la règle d'ordre public international de suspension des poursuites individuelles, dès lors que, une fois la créance déclarée et le liquidateur mis en cause, l'instance arbitrale ne pouvait tendre qu'à la fixation de la créance : Cass. 1re civ., 6 mai 2009, *Rev. arb.* 2010, p. 299, note D. Cohen ; *D.* 2009, p. 2959, obs. Th. Clay ; *JCP* G 2009, I, 462, n° 7, obs. J. Béguin ; *RTD com.* 2009, p. 546, obs. É. Loquin ; et aussi, Paris, 29 mai 2012, *Cah. arb.* 2012, p. 695. V. aussi, pour le droit de la concurrence, Paris, 18 nov. 2004, *Thalès Air Défense c/ GIE Euromissile*, *JCP* G 2005, II, 10038, note G. Chabot ; *ibid.*, I, 134, n° 8, obs. Ch. Seraglini ; *JDI* 2005, p. 357, note A. Mourre ; *D.* 2005, pan. 3058, obs. Th. Clay ; *RTD com.* 2005, p. 263, obs. É. Loquin ; *Rev. arb.* 2005, p. 529, note L. G. Radicati di Brozolo ; *RCDIP* 2006, p. 104, note S. Bollée ; Ch. Seraglini, « L'affaire Thalès et le non-usage immodéré de l'exception d'ordre public (ou les dérèglements de la déréglementation) », *Cah. arb.*, vol. III, *Gaz. Pal.* éd. 2006, p. 87. Encore faut-il que l'on soit en présence d'une loi de police, et non d'une simple règle d'ordre public interne (v. Paris, 6 mai 2014, *Rev. arb.* 2014, p. 516) et que la loi de police en question veuille impérativement s'appliquer à l'espèce litigieuse (v. Paris, 23 oct. 2013, *Rev. arb.* 2013, p. 170, note L. d'Avout).

472. V. *supra*, n° 907 ; et Paris, 7 avr. 2011, *Rev. arb.* 2011, p. 747, note S. Bollée et B. Haftel, à propos de lois de police étrangères sur la faillite ; et aussi, Paris, 16 janv. 2018, *Rev. arb.* 2018, p. 401, note S. Lemaire ; *JDI* 2018, comm. 12, p. 883, note S. Bollée ; *ibid.*, comm. 13, p. 898, note E. Gaillard ; *D.* 2018, p. 968, obs. S. Clavel ; *ibid.*, p. 1635, note M. Audit ; *ibid.*, p. 1941, obs. L. d'Avout ; *ibid.*, p. 2460, obs. Th. Clay, à propos de lois de police étrangères assurant le respect du principe de souveraineté de l'État sur ses ressources naturelles ; v. aussi, Paris, 20 déc. 2018, *Rev. arb.* 2019, p. 472, note J.-B. Racine ; *JDI* 2019, comm. 18, p. 800, note Bollée. Et, pour les lois de police d'origine communautaire, v. CJCE, 1er juin 1999, *Eco Swiss, Rev. arb.* 1999, p. 631, note L. Idot.

473. Paris, 14 juin 2001, *Rev. arb.* 2001, p. 773, note Ch. Seraglini.

alléguée »[474]. Ce faisant, la jurisprudence posait des conditions drastiques à la mise en œuvre du contrôle : la violation de l'ordre public doit être flagrante, et l'examen nécessaire pour vérifier le bien-fondé de l'allégation d'une telle violation n'autorise pas le juge à déroger à l'interdiction de révision au fond de la sentence[475].

1003 **Appréciation critique de la jurisprudence *Thalès-Cytec*.** La position de la jurisprudence française exprimée dans les arrêts *Thalès* et *Cytec*, peut inquiéter, particulièrement s'agissant de la défense de l'ordre public de fond. Au vrai, la question de la teneur exacte du contrôle que le juge est prêt à opérer quant au respect par la sentence de l'ordre public de fond, et plus précisément des lois de police[476], et de l'étendue des pouvoirs d'examen dont il doit bénéficier dans ce contrôle, reste controversée[477]. On sait que la jurisprudence a progressivement admis l'arbitrabilité des litiges impliquant une réglementation d'ordre public et reconnu à l'arbitre le pouvoir d'appliquer les principes et règles relevant de cet ordre public, ainsi que d'en sanctionner la méconnaissance éventuelle, sous le contrôle du juge de l'annulation[478]. La confiance ainsi manifestée à l'égard des arbitres ne semblait pas être aveugle, les juges paraissant simplement considérer que l'arbitre pouvait assurer l'application des dispositions impératives et que le contrôle de l'activité arbitrale sur ce point pouvait être effectué par le juge ultérieurement, au stade de l'examen de la sentence. À ce stade, le contrôle pouvait très bien être réel. Toutefois, la question de la teneur exacte de ce contrôle a rapidement fait l'objet d'un débat. Schématiquement, deux conceptions, dites maximaliste et minimaliste, du contrôle par le juge de la conformité

474. Cass. 1re civ., 4 juin 2008, *Cytec*, *D.* 2008, p. 2560, obs. S. Bollée ; *ibid.*, p. 3111, obs. Th. Clay ; *JCP* G 2008, I, 164, obs. Ch. Seraglini ; *ibid.*, act. 430, J. Ortscheidt ; *RTD com.* 2008, p. 518, obs. É. Loquin ; *Rev. arb.* 2008, p. 473, note I. Fadlallah ; *JDI* 2008, p. 1107, note A. Mourre ; Ch. Seraglini, « Le contrôle de la sentence au regard de l'ordre public international par le juge étatique : mythes et réalités », *Cah. arb.*, vol. V, Pedone 2011, p. 198. Et déjà, Paris, 18 nov. 2004, *Thalès Air Défense c/ GIE Euromissile*, *JCP* G 2005, II, 10038, note G. Chabot ; *ibid.*, I, 134, n° 8, obs. Ch. Seraglini ; *JDI* 2005, p. 357, note A. Mourre ; *D.* 2005, pan. 3058, obs. Th. Clay ; *RTD com.* 2005, p. 263, obs. É. Loquin ; *Rev. arb.* 2005, p. 529, note L. G. Radicati di Brozolo ; *RCDIP* 2006, p. 104, note S. Bollée ; Ch. Seraglini, « L'affaire Thalès et le non-usage immodéré de l'exception d'ordre public (ou les dérèglements de la déréglementation) », *Cah. arb.*, vol. III, *Gaz. Pal.* éd. 2006, p. 87. Et depuis, Cass. 1re civ., 29 juin 2011, *Smeg c/ La Poupardine*, *Rev. arb.* 2012, p. 76 ; *JCP* G 2011, 1432, n° 4, obs. J. Béguin ; *D.* 2011, p. 2439, obs. L. d'Avout ; *LPA* 15 nov. 2011, p. 11, obs. J. Jourdan-Marques ; *Cah. arb.* 2012, p. 393, note A. Mourre.

475. V. encore récemment, Cass. 1re civ., 12 févr. 2014, *Rev. arb.* 2014, p. 389, note D. Vidal ; *D.* 2014, p. 1967, obs. S. Bollée ; *JCP* G 2014, 474, avis av. gén. P. Chevalier, et 475, note D. Mouralis ; *Cah. arb.* 2014, p. 585, note L.-Ch. Delanoy ; *JDI* 2015, comm. 5, p. 145, note P. de Vareilles-Sommières.

476. Souvent appelées « règles d'ordre public international » dans la jurisprudence française relative à l'arbitrage international.

477. Sur la controverse, v. notamment, L.-Ch. Delanoy, « Le contrôle de l'ordre public au fond par le juge de l'annulation : trois constats, trois propositions », *Rev. arb.* 2007, p. 177 ; P. Mayer, « L'étendue du contrôle, par le juge étatique, de la conformité des sentences arbitrales aux lois de police », in *Mélanges Gaudemet-Tallon*, Dalloz, 2008, p. 459 ; L.-G. Radicati di Brozolo, « Arbitrage commercial international et lois de police : considérations sur les conflits de juridictions dans le commerce international », *RCADI* 2005, t. 315, p. 389 ; Ch. Seraglini, « Le contrôle de la sentence au regard de l'ordre public international par le juge étatique : mythes et réalités », *Cah. arb.*, vol. V, Pedone 2011, p. 198, et les réf. citées dans ces différentes contributions. Et plus récemment, Ch. Jarrosson, « L'intensité du contrôle de l'ordre public », *in* É. Loquin et S. Manciaux (dir.), *L'ordre public et l'arbitrage*, LexisNexis, 2014, p. 161 ; table-ronde « Faut-il modifier les règles du contrôle », *in* É. Loquin et S. Manciaux (dir.), *L'ordre public et l'arbitrage*, préc., p. 221 ; E. Gaillard, « La corruption saisie par les arbitres du commerce international », *Rev. arb.* 2017, p. 824 ; Ch. Seraglini, « Le contrôle par le juge de l'absence de contrariété de la sentence à l'ordre public : le passé, le présent, le futur », *Rev. arb.* 2019, à paraître.

478. V. *supra*, n° 652.

de la sentence arbitrale à l'ordre public se sont opposées. Les partisans d'une conception minimaliste du contrôle ont revendiqué le droit pour l'arbitre à ne pas être surveillé de trop près dans l'exercice de son office à l'égard des règles d'ordre public. Ils se sont en cela opposés aux défenseurs d'une conception maximaliste du même contrôle, requérant des juges un examen attentif de la façon dont l'arbitre assure le respect de l'ordre public[479]. La jurisprudence française s'est progressivement orientée vers la conception minimaliste du contrôle. Ce faisant, au nom de l'interdiction de révision au fond de la sentence par le juge de l'annulation, elle était conduite à n'opérer qu'un contrôle illusoire, limité aux seules apparences de conformité, ou aux seules évidences de contrariété, de la sentence arbitrale à l'ordre public international. Or, on peut douter que le juge de l'annulation doive uniquement être celui des évidences en matière de respect de l'ordre public par la sentence[480].

On peut d'autant plus regretter la position de la jurisprudence française telle qu'elle ressort des arrêts *Thalès* et *Cytec* qu'elle repose sur un fondement bien fragile[481]. En effet, une riche réflexion doctrinale a combattu de façon convaincante l'idée selon laquelle le contrôle de la conformité des sentences arbitrales à l'ordre public international met en cause le « sacro-saint » principe d'interdiction de révision au fond des sentences[482]. En effet, la révision consiste à réexaminer l'ensemble des éléments de droit et de fait soumis au juge étranger, comme si ce dernier ne s'était pas prononcé, de façon à vérifier s'il existe une « identité parfaite » entre la solution à laquelle il est parvenu et celle qu'aurait retenue un juge français dans les mêmes circonstances[483]. Or, tel n'est pas l'objet du contrôle de la sentence arbitrale au regard de l'ordre public international. Le système du contrôle tend seulement à vérifier que la sentence satisfait à certaines conditions prédéfinies, strictement délimitées, qui fixent les limites du cadre dans lequel l'examen de la sentence est opéré par le juge. Aussi, comme l'exprime un auteur, « la prohibition de la révision au fond des sentences ne saurait s'opposer à l'exercice effectif du contrôle de leur conformité à l'ordre public, quand bien même il faudrait pour cela procéder à un réexamen de certains points de fait et de droit, dès lors qu'il ne s'agit pas de statuer à nouveau sur le litige primaire, ni même de vérifier si les arbitres l'ont convenablement tranché, mais seulement de s'assurer que la solution inscrite dans la sentence, si elle devait recevoir exécution en France, ne contreviendrait pas à l'ordre public [...] »[484]. Autrement dit, le principe d'interdiction de la révision au fond de la sentence arbitrale est hors de propos dans le cadre des griefs visés à l'article 1520 du Code de procédure civile. Pour ces derniers, l'arrêt rendu par la Cour de cassation dans l'affaire *Plateau des Pyramides* paraît avoir posé une solution plus

479. Sur ce débat, v. É. Loquin note sous Cass. 1re civ., 3 juin 1998, *Rev. arb.* 1999, p. 71 ; Ch. Seraglini, note sous Paris, 14 juin 2001, *Rev. arb.* 2001, p. 773, et chron. Y. Derains, *ibid.*, p. 807.

480. Sur la légitimité d'un contrôle réel du juge en la matière, v. notamment Ch. Seraglini, « Le contrôle par le juge de l'absence de contrariété de la sentence à l'ordre public : le passé, le présent, le futur », préc.

481. Sur cette fragilité, v. Ch. Seraglini, « Le contrôle de la sentence au regard de l'ordre public international par le juge étatique : mythes et réalités », préc., spéc. nº 14 et s. et les auteurs cités.

482. Notamment, L.-Ch. Delanoy, « Le contrôle de l'ordre public au fond par le juge de l'annulation : trois constats, trois propositions », préc. Pour plus de détails sur ce point, v. Ch. Seraglini, « Le contrôle de la sentence au regard de l'ordre public international par le juge étatique : mythes et réalités », préc., spéc. nº 16, et les réf. citées.

483. L.-Ch. Delanoy, « Le contrôle de l'ordre public au fond par le juge de l'annulation : trois constats, trois propositions », préc., nº 28.

484. L.-Ch. Delanoy, « Le contrôle de l'ordre public au fond par le juge de l'annulation : trois constats, trois propositions », préc., nº 35.

juste, en retenant que si la mission de la cour d'appel, saisie d'un recours en annulation ou de l'appel d'une ordonnance d'exequatur, est limitée à l'examen des vices énumérés par l'article 1502 (aujourd'hui 1520) du Code de procédure civile, « aucune limitation n'est apportée au pouvoir de cette juridiction de rechercher en droit et en fait tous les éléments concernant les vices en question »[485].

L'attitude de la jurisprudence française exprimée dans les arrêts *Thalès* et *Cytec* à l'égard de l'ordre public de fond contraste d'ailleurs étrangement avec celle qu'elle adopte en matière de contrôle de la contrariété de la sentence à l'ordre public procédural. En effet, s'agissant de la sanction de la fraude, la cour d'appel de Paris a au contraire clairement énoncé qu'il « appartient au juge de l'exequatur d'examiner l'ensemble des circonstances susceptibles de caractériser la fraude alléguée, sans que puisse être utilement opposé le moyen tiré de la prohibition de la révision au fond des sentences, dès lors que la contestation porte précisément sur l'altération, par les manœuvres d'une partie, de l'appréciation des faits à laquelle se sont livrés les arbitres »[486]. Ainsi, lorsqu'est alléguée une fraude procédurale, le contrôle du juge français est approfondi et ne se limite pas au « caractère flagrant, effectif et concret de la violation » de l'ordre public international. On ne voit guère ce qui justifie cette différence de traitement.

Par ailleurs, il n'est pas certain que la solution retenue par les arrêts *Thalès* et *Cytec* soit totalement conforme aux orientations de la Cour de justice de l'Union européenne[487]. L'arrêt *Claro* du 26 octobre 2006[488] démontre en tout cas que la Cour de justice est prête à fortement limiter l'autonomie procédurale laissée aux États s'agissant du respect nécessaire par les sentences des règles d'ordre public d'origine communautaire[489]. Dans cette affaire[490], la question était de savoir si, au regard de la directive du 5 avril 1993 sur les clauses abusives, un consommateur espagnol, assigné en arbitrage, qui n'avait pas invoqué le caractère abusif de la clause d'arbitrage et avait participé à l'instance arbitrale, pouvait néanmoins, au stade du recours contre la sentence, invoquer ce caractère abusif. Le droit espagnol imposait aux parties de contester la compétence arbitrale devant le tribunal arbitral, ce que le consommateur n'avait pas fait. Néanmoins, au nom du principe d'effectivité du droit communautaire, en vertu duquel les modalités procédurales d'un droit étatique ne doivent pas rendre en pratique impossible ou excessivement difficile l'exercice des droits conférés par l'ordre juridique communautaire, la Cour a estimé que l'objectif de protection du consommateur poursuivi par la législation communautaire « ne pourrait pas être atteint si la juridiction saisie d'un recours en annulation d'une sentence arbitrale était empêchée d'apprécier la nullité de cette sentence, au seul motif que le consommateur n'a pas invoqué la nullité de la convention d'arbitrage dans le cadre de la procédure arbitrale ». Cet arrêt pourrait

485. Cass. 1re civ., 6 janv. 1987, *Rev. arb.* 1987, p. 469, note Ph. Leboulanger ; *JDI* 1987, p. 638, note B. Goldman.

486. Paris, 1er juill. 2010, *Rev. arb.* 2010, p. 857, note B. Audit ; *Cah. arb.* 2011, p. 741 (2e arrêt), note L.-Ch. Delanoy ; *JCP* G 2010, 1286, n° 5, obs. J. Ortscheidt ; *LPA* 23 févr. 2011, n° 38, p. 9, note M. de Boisséson.

487. Sur ce point, v. Ch. Seraglini, « Le contrôle de la sentence au regard de l'ordre public international par le juge étatique : mythes et réalités », préc., spéc. n° 17.

488. CJCE, 26 oct. 2006, *Claro c/ Centro Movil*, aff. C-168/05, *D.* 2006, p. 2562, obs. S. Bollée ; *ibid.*, p. 3027, obs. Th. Clay ; *Rev. arb.* 2007, p. 109, note L. Idot ; *JDI* 2007, p. 581, note A. Mourre ; *JCP* G 2007, I, 168, n° 1, obs. Ch. Seraglini ; *RTD civ.* 2007, p. 113, obs. J. Mestre et B. Fages ; *ibid.*, p. 633, obs. Ph. Théry.

489. Sur cette autonomie, v. CJCE, 1er juin 1999, *Eco Swiss, Rev. arb.* 1999, p. 631, note L. Idot.

490. Sur l'arrêt *Claro*, v. surtout, *supra*, n° 113, 127, 662.

avoir un impact sur l'étendue du contrôle opéré par le juge français sur une sentence arbitrale au regard du respect des règles d'ordre public, au moins d'origine communautaire. En effet, compte tenu de la restriction à l'autonomie procédurale des États opérée par la Cour de justice au nom de l'effectivité du droit communautaire, le contrôle, pour le moins léger, opéré en vertu de la jurisprudence *Thalès/Cytec* pouvait-il être maintenu, alors que cette jurisprudence exclut tout contrôle réel du respect par la sentence des règles d'ordre public communautaire ? On peut en douter. Pour reprendre les termes de l'arrêt *Claro*, les objectifs poursuivis par les législations d'ordre public communautaire « pourraient-ils être atteints si la juridiction saisie d'un recours en annulation d'une sentence arbitrale était empêchée d'apprécier la nullité de cette sentence, au seul motif » qu'il est en principe interdit au juge de réviser au fond la sentence ? La défense effective de telles législations n'implique-t-elle pas au contraire « une intervention positive, extérieure aux seules parties au contrat », surtout lorsqu'aucune des parties n'a *a priori* un intérêt à les voir respectées ?

En tout cas, la position adoptée par les juridictions judiciaires dans les arrêts *Thalès* et *Cytec* a probablement largement contribué au développement de la jurisprudence *Inserm/Ryanair/Fosmax* du Tribunal des conflits, qui confie au juge administratif le contrôle des sentences arbitrales internationales relatives à la plupart des contrats administratifs internationaux impliquant une entité publique française et crée ainsi une dualité de régimes en matière de contrôle des sentences arbitrales internationales en France[491]. Dans le cadre de son contrôle de la conformité à l'ordre public des sentences relevant de sa compétence, le juge administratif n'entend pas, quant à lui, adopter l'approche minimaliste défendue par le juge judiciaire dans les arrêts *Thalès* et *Cytec*. Il entend au contraire procéder à un contrôle approfondi et examiner toutes les circonstances de droit et de fait pour déterminer si la sentence est conforme à l'ordre public[492].

Dans ces conditions, on ne peut que se féliciter de l'évolution récente de la jurisprudence judiciaire, pour le moment essentiellement de la cour d'appel de Paris, vers une solution plus équilibrée en matière de contrôle de la conformité des sentences à l'ordre public.

1004 **Vers un retour à la raison du juge judiciaire ?** La cour d'appel de Paris paraît avoir totalement changé de ligne de conduite dans plusieurs arrêts récents, impliquant notamment la corruption[493], le blanchiment d'argent[494] ou encore le principe de

491. Sur cette question, v. *supra*, n° 632 et 927 et s.

492. CE, 9 nov. 2016, *Société Fosmax LNG c/ société TMC FR*, *JCP* G 2016, 1430, n° 4, obs. Ch. Seraglini ; *JCP* G 2017, 29, note S. Bollée ; *D.* 2016, p. 2589, obs. Th. Clay ; *Cah. arb.* 2016, p. 977, note M. Laazouzi et S. Lemaire ; *Rev. arb.* 2017, p. 179, concl. G. Pellissier, note J. Billemont, et p. 254, note M. Audit et C. Broyelle ; *JDI* 2017, comm. 4, p. 173, note S. Manciaux. Sur ce contrôle, v. *supra*, n° 936.

493. Paris, 16 mai 2017, *République du Congo*, *D.* 2017, p. 2054, obs. S. Bollée ; *ibid.*, p. 2571, obs. Th. Clay ; *JDI* 2017, comm. 20, p. 1361 (2e esp.), note E. Gaillard ; *Rev. arb.* 2018, p. 248, note J.-B. Racine ; Paris, 10 avr. 2018, *Alstom Transport c/ Alexander Brothers*, *Rev. arb.* 2018, p. 574, note E. Gaillard ; *Cah. arb.* 2018, p. 465, note A. Pinna ; *D.* 2018, p. 1934, obs. L. d'Avout ; *ibid.*, p. 2460, obs. Th. Clay ; et, dans la même affaire, Paris, 28 mai 2019, rép. gén. n° 16/11182 ; v. aussi, Cass. 1re civ., 24 juin 2015, *Société Gulf Leaders*, *Rev. arb.* 2016, p. 219, note L.-Ch. Delanoy.

494. Paris, 21 févr. 2017, *République du Kirghizistan c/ M. Belokon*, *Rev. arb.* 2017, p. 915, note M. Audit et S. Bollée ; *JCP* G 2017, 1326, n° 5, obs. Ch. Seraglini ; *D.* 2017, p. 2054, obs. S. Bollée ; *ibid.*, p. 2570, obs. Th. Clay ; *JDI* 2017, comm. 20, p. 1361 (3e esp.), note E. Gaillard ; *RDC* 2017, p. 304, obs. X. Boucobza et Y.-M. Serinet.

souveraineté des États sur leurs ressources naturelles[495]. Tout d'abord, un changement de vocabulaire est apparu. Ainsi, la cour d'appel retient, pour définir la nature de l'atteinte à l'ordre public requise pour conduire à une annulation ou un refus d'exequatur de la sentence arbitrale, soit l'exigence d'une violation simplement « effective et concrète »[496], occultant totalement l'adjectif «flagrant» auparavant employé, soit celle d'une violation « manifeste, effective et concrète », remplaçant ainsi l'adjectif « flagrant », par l'adjectif « manifeste »[497]. Ce changement de vocabulaire n'est probablement pas anodin, même si la différence de sens entre « manifeste » et « flagrant » peut ne paraître ni manifeste, ni flagrante ! On pourrait donc préférer ne retenir que les adjectifs « effectif » et « concret », ou leur adjoindre plutôt l'adjectif « grave » ou « sérieux », ou encore « significatif » afin de marquer l'importance que doit revêtir la violation de l'ordre public pour être sanctionnée. En tout cas, s'il fallait donner à l'adjectif « manifeste » un sens différent de celui de l'adjectif « flagrant », on peut penser qu'il se réfère davantage aux caractères, à la nature de la violation à l'ordre public exigée pour conduire à l'annulation ou au refus d'exequatur de la sentence, autrement dit à l'objet du contrôle du juge et non plus, contrairement à l'adjectif « flagrant », à l'étendue du contrôle que le juge est prêt à opérer pour vérifier si une atteinte à l'ordre public est caractérisée. Ainsi, il concernerait davantage la gravité de l'atteinte requise à l'ordre public que l'intensité du contrôle opéré pour caractériser celle-ci[498].

Ensuite et surtout, c'est la démarche suivie par la cour d'appel de Paris qui semble avoir totalement changé. S'agissant précisément de l'étendue du contrôle qu'elle est prête à opérer pour vérifier si une atteinte « manifeste, effective et concrète » à l'ordre public est ou non caractérisée, autrement dit quant à l'office du juge au regard du grief relatif à la contrariété de la sentence à l'ordre public visé à l'article 1520, 5°, CPC, la cour énonce que « si la mission de la cour d'appel, saisie en vertu de l'article 1520 du Code de procédure civile, est limitée à l'examen des vices énumérés par ce texte, aucune limitation n'est apportée au pouvoir de cette juridiction de rechercher en droit et en fait tous les éléments concernant les vices en question » ; aussi, par exemple en matière de corruption, « lorsqu'il est prétendu qu'une sentence donne effet à un contrat obtenu par corruption, il appartient au juge de l'annulation [...] de rechercher en droit et en fait tous les éléments permettant de se prononcer sur l'illicéité alléguée de la convention et d'apprécier si la reconnaissance ou l'exécution de la sentence viole de manière effective et concrète l'ordre public international »[499]. Mettant en œuvre ce précepte, elle

495. Paris, 16 janv. 2018, *Rev. arb.* 2018, p. 401, note S. Lemaire ; *JDI* 2018, comm. 12, p. 883, note S. Bollée ; *ibid.*, comm. 13, p. 898, note E. Gaillard ; *D.* 2018, p. 968, obs. S. Clavel ; *ibid.*, p. 1635, note M. Audit ; *ibid.*, p. 1941, obs. L. d'Avout ; *ibid.*, p. 2460, obs. Th. Clay.

496. Paris, 17 janv. 2012, *Rev. arb.* 2012, p. 569, note M.-L. Niboyet ; Paris, 26 févr. 2013, *Rev. arb.* 2014, p. 82, note P. Duprey et C. Fouchard ; Paris, 25 nov. 2014, *Rev. arb.* 2015, p. 555, note C. Fouchard ; Paris, 7 avr. 2015, *D.* 2015, p. 2031, obs. S. Bollée ; *Rev. arb.* 2015, p. 797 (3e esp.), note D. Cohen ; Paris, 14 avr. 2015, *D.* 2015, p. 2031, obs. S. Bollée ; *Rev. arb.* 2016, p. 556, note L. Idot.

497. Paris, 20 janv. 2015, *D.* 2015, p. 2031, obs. S. Bollée ; Paris, 24 févr. 2015, *D.* 2015, p. 2031, obs. S. Bollée ; Paris, 27 sept. 2016, *SA Ancienne Maison Marcel Bauche c/ Indagro*, *Rev. arb.* 2017, p. 942 ; *JDI* 2017, comm. 20, p. 1361 (4e esp.), note E. Gaillard ; *JCP* G 2017, 1326, n° 5, obs. Ch. Seraglini ; *D.* 2017, p. 2054, obs. S. Bollée ; et sur pourvoi, Cass. 1re civ., 13 sept. 2017, *Rev. arb.* 2017, p. 900 ; *JDI* 2017, comm. 20, p. 1361 (1re esp.), note E. Gaillard ; *JCP* G 2017, 1326, n° 5, obs. Ch. Seraglini ; *D.* 2017, p. 2571, obs. Th. Clay ; Paris, 21 févr. 2017, ***République du Kirghizistan c/ M. Belokon***, préc.

498. Pour plus de détails sur cette distinction, v. Ch. Seraglini, « Le contrôle par le juge de l'absence de contrariété de la sentence à l'ordre public : le passé, le présent, le futur », *Rev. arb.* 2019, à paraître.

499. Paris, 4 mars 2014, *D.* 2014. p. 1967, obs. S. Bollée ; *ibid.*, p. 2555, obs. Th. Clay ; *Rev. arb.* 2014, p. 955, note L.-Ch. Delanoy ; (pourvoi rejeté par Cass. 1re civ., 24 juin 2015, *Rev. arb.* 2016,

déclare que « cette recherche, menée pour la défense de l'ordre public international, n'est pas limitée aux éléments de preuve produits devant les arbitres, ni liée par les constatations, appréciations et qualifications opérées par ceux-ci »[500], ou encore qu'« elle n'est liée, dans cet examen, ni par les appréciations portées par le tribunal arbitral, ni par la loi de fond choisie par les parties »[501], sans se sentir limitée par le principe d'interdiction de révision au fond des sentences qui n'est même plus évoqué dans ses arrêts. Par ailleurs, la cour d'appel de Paris n'hésite pas, pour savoir s'il y a lieu ou non de retenir que la reconnaissance ou l'exécution d'une sentence en France serait de nature à entraver l'objectif de lutte contre la corruption ou le blanchiment en permettant à une partie de retirer les bénéfices d'activités délictueuses de cette nature, à se fonder sur un faisceau d'indices graves, précis et concordants quant à l'existence d'un blanchiment ou d'une corruption[502]. Elle n'hésite même pas à guider les parties sur les éléments pertinents à produire pour lui permettre de porter son appréciation et à rouvrir les débats pour les inviter à fournir des explications et pièces complémentaires pour éclairer sa décision[503]. Ainsi, la cour n'hésite plus aujourd'hui à opérer un contrôle approfondi du respect par la sentence de l'ordre public international.

Même si la solution dorénavant adoptée par la cour d'appel de Paris a certainement besoin d'être précisée et affinée, notamment quant à l'utilité ou au sens exact de l'adjectif « manifeste », quant à son champ d'application, limité à quelques domaines « privilégiés » de l'ordre public international, ce qui nous paraîtrait contestable[504], ou couvrant toute règle ou valeur d'ordre public international, ou encore quant à la possibilité offerte aux parties de produire de nouveaux éléments de preuve devant le juge[505], elle doit être approuvée. Aussi, on doit espérer que la Cour de cassation suive cette orientation. En effet, tout en s'attachant à donner un contenu relativement restreint à l'ordre public international (uniquement les principes, règles et valeurs dont l'ordre juridique français ne peut souffrir la méconnaissance, même dans un contexte international) et en ne sanctionnant que la violation « manifeste, effective et concrète » de l'ordre public

p. 219, note L.-Ch. Delanoy) ; Paris, 14 oct. 2014, *D.* 2014, p. 2555, obs. Th. Clay ; Paris, 4 nov. 2014, *D.* 2014, p. 2555, obs. Th. Clay ; *D.* 2015, p. 2031, obs. S. Bollée ; *Rev. arb.* 2015, p. 543, note A de Fontmichel ; *RTD com.* 2015, p. 67, obs. É. Loquin.

500. Paris, 21 févr. 2017, *République du Kirghizistan c/ M. Belokon*, préc.

501. Paris, 27 sept. 2016, *SA Ancienne Maison Marcel Bauche c/ Indagro*, préc. ; Paris, 10 avr. 2018, *Alstom Transport c/ Alexander Brothers*, *Rev. arb.* 2018, p. 574, note E. Gaillard ; *Cah. arb.* 2018, p. 465, note A. Pinna ; *D.* 2018, p. 1934, obs. L. d'Avout ; *ibid.*, p. 2460, obs. Th. Clay ; et, dans la même affaire, Paris, 28 mai 2019, rép. gén. nº 16/11182.

502. Paris, 21 févr. 2017, *République du Kirghizistan c/ M. Belokon*, préc. ; Paris, 16 mai 2017, *République du Congo*, *D.* 2017, p. 2054, obs. S. Bollée ; *ibid.*, p. 2571, obs. Th. Clay ; *JDI* 2017, comm. 20, p. 1361 (2e esp.), note E. Gaillard ; *Rev. arb.* 2018, p. 248, note J.-B. Racine ; *Rev. arb.* 2018, p. 248, note J.-B. Racine ; Paris, 10 avr. 2018, *Alstom Transport c/ Alexander Brothers*, *Rev. arb.* 2018, p. 574, note E. Gaillard ; *Cah. arb.* 2018, p. 465, note A. Pinna ; *D.* 2018, p. 1934, obs. L. d'Avout ; *ibid.*, p. 2460, obs. Th. Clay ; et, dans la même affaire, Paris, 28 mai 2019, rép. gén. nº 16/11182.

503. Paris, 10 avr. 2018, *Alstom Transport c/ Alexander Brothers*, préc.

504. *Contra* J.-B. Racine, note sous Paris, 16 mai 2017, *République du Congo*, *Rev. arb.* 2018, p. 248, spéc. p. 261-262.

505. Une telle possibilité pourra être jugée excessive si elle ne comporte pas des limites. Pour le moment, la cour d'appel ne propose qu'une soupape de sécurité qui peut sembler insuffisante : il convient de s'assurer que la production des éléments de preuve devant elle respecte le principe de la contradiction et celui de l'égalité des armes et que chaque partie a été mise en mesure de présenter sa cause dans des conditions qui ne la placent pas dans une situation substantiellement désavantageuse vis à vis de son adversaire (Paris, 21 févr. 2017, *République du Kirghizistan c/ M. Belokon*, préc.).

international (soit celle portant atteinte, de façon significative, aux objectifs poursuivis par le principe, la règle ou la valeur d'ordre public international en cause), la cour d'appel se donne dorénavant les moyens de vérifier la présence ou l'absence d'une telle violation[506]. Or, cette solution semble aujourd'hui indispensable au développement serein de l'arbitrage international, notamment au regard des réactions de la jurisprudence administrative[507] ou européenne[508], ou encore des divisions en droit comparé sur le sujet.

1005 **Les divisions en droit comparé.** Selon certains[509], la position exprimée par les arrêts *Thalès* et *Cytec* quant au contrôle de la conformité de la sentence à l'ordre public serait une tendance très largement suivie en droit comparé. On peut toutefois légitimement en douter[510]. Plusieurs juridictions étrangères ont clairement indiqué qu'elles entendaient opérer un contrôle approfondi du respect par la sentence de l'ordre public international. Ainsi, dans le cadre européen, le Tribunal de première instance de Bruxelles a déclaré que « le contrôle du respect de dispositions d'ordre public suppose que la motivation de la sentence soit examinée, en fait et en droit, non seulement d'un point de vue formel mais aussi du point de vue du contenu »[511]. Si sa décision a ensuite été annulée par la cour d'appel de Bruxelles[512], cette dernière a elle-même procédé, avant d'écarter l'argument de contrariété à l'ordre public belge, à un examen attentif des sentences arbitrales litigieuses, et plus particulièrement du raisonnement suivi par le tribunal arbitral et des résultats auxquels il était parvenu au regard des règles d'ordre public en cause, afin de vérifier que ces sentences ne contrevenaient pas à l'ordre public. Plus généralement, de nombreux États maintiennent un contrôle rigoureux des sentences arbitrales au regard de l'ordre public[513]. Au vrai, le seul constat qui peut être fait d'un examen de droit comparé est que les États tendent aujourd'hui à adopter une conception restrictive du contenu de l'ordre public concerné dans le cadre du contrôle des sentences arbitrales internationales, qui se veut moins large que leur ordre public interne. En revanche, les points de vue sont beaucoup plus divers sur la question des caractères que

506. Pour plus de détails, v. Ch. Seraglini, « Le contrôle par le juge de l'absence de contrariété de la sentence à l'ordre public : le passé, le présent, le futur », *Rev. arb.* 2019, à paraître.

507. Sur laquelle, v. *supra*, n° 632, 927 et s., et 1003.

508. Sur laquelle, v. CJUE, 6 mars 2018, aff. C-284/16, *République Slovaque c/Achmea*, *Rev. arb.* 2018, p. 424, obs. S. Lemaire ; *Cah. arb.* 2018, p. 73, note A. Pinna ; *RCDIP* 2018, p. 616, note E. Gaillard ; *JDI* 2018, comm. 14, p. 903, note Y. Nouvel ; *D.* 2018, p. 1934, obs. S. Bollée ; *ibid.*, p. 2450, obs. Th. Clay. Sur le sujet, v. notamment, S. Lemaire, « Arbitrage d'investissement et Union européenne », *Rev. arb.* 2016, p. 1029.

509. A. Mourre et L. G. Radicati di Brozolo, note sous TPI Bruxelles, 8 mars 2007, *Rev. arb.* 2007, p. 303 ; A. Mourre, note sous Cass. 1re civ., 4 juin 2008, *Cytec*, *JDI* 2008, p. 1107.

510. D'ailleurs, pour un tableau beaucoup plus contrasté du droit comparé, v. B. Hanotiau et O. Caprasse, « Public Policy in International Commercial Arbitration », in *Enforcement of Arbitration Agreements and International Arbitral Awards – The New York Convention in Practice*, E. Gaillard and D. di Pietro Ed., *Cameron May*, 2008, p. 787, spéc. p. 804 et s.

511. TPI Bruxelles, 8 mars 2007, *SNF c/Cytec*, *Rev. arb.* 2007, p. 303, note A. Mourre et L. G. Radicati di Brozolo. Dans la même logique, v. cour d'appel de La Haye, 24 mars 2005, *Marketing Displays*, *Cah. arb.*, vol. III, *Gaz. Pal.*, 2006, p. 470. Il faut probablement y ajouter la position de la Cour Fédérale allemande : sur ce point, v. Ch. Seraglini, « Le contrôle de la sentence au regard de l'ordre public international par le juge étatique : mythes et réalités », *Cah. arb.*, vol. V, Pedone 2011, p. 198, spéc. n° 9.

512. Cour d'appel de Bruxelles, 22 juin 2009, *Rev. arb.* 2009, p. 574, note A. Mourre.

513. Pour une démonstration plus détaillée sur ce point, v. Ch. Seraglini, « Le contrôle de la sentence au regard de l'ordre public international par le juge étatique : mythes et réalités », préc., spéc. n° 5 et s., et les réf. citées.

doit revêtir l'atteinte à cet ordre public pour conduire à une annulation ou un refus d'exequatur de la sentence, et sur celle de l'intensité du contrôle opéré par le juge pour vérifier que ces caractères sont ou non présents.

On ne peut se satisfaire de cette absence de consensus en droit comparé, dès lors qu'elle fragilise l'efficacité de l'arbitrage international. Le besoin de sécurité juridique et de prévisibilité éprouvé par les opérateurs du commerce international milite plutôt en faveur de réponses claires et relativement uniformes en droit comparé. Dans cette perspective, il n'est pas certain qu'une position aussi libérale que celle adoptée par la jurisprudence française dans les arrêts *Thalès* et *Cytec* soit le plus grand service à rendre à l'arbitrage international. Elle ne convaincra guère les États qui restent déjà réservés quant à la faveur qu'il convient d'accorder à l'arbitrage. Or, il n'est pas suffisant de s'intéresser, pour assurer l'efficacité de l'arbitrage international, au point de vue des quelques États, essentiellement européens, qui constituent les « grandes places d'arbitrage » et se livrent une lutte farouche pour attirer les arbitrages sur leur territoire ; dans cette lutte, ils sont bien entendu incités à se montrer très libéraux. Mais le contexte est très différent pour de nombreux autres États qui, parce que leurs entreprises, parfois publiques, sont de grandes utilisatrices de l'arbitrage international, peuvent constituer les potentiels lieux d'exécution des sentences, et dont le point de vue n'est donc pas moins important pour le bon fonctionnement de l'arbitrage international. Or, les juges de certains États doivent encore être convaincus d'utiliser avec mesure la réserve de l'ordre public à l'encontre des sentences arbitrales. Même si les législations évoluent dans un sens favorable à l'arbitrage, il est souvent plus difficile de faire évoluer les pratiques judiciaires. Ainsi, dans certains pays, on peut encore rencontrer des solutions judiciaires qui, au nom de l'ordre public, sont très régressives en matière de contrôle des sentences arbitrales[514]. On ne risque guère de convaincre ces juges d'évoluer vers davantage de modération dans l'usage de l'exception d'ordre public en militant pour une solution extrêmement libérale qui conduit à l'abandon de tout contrôle réel de la conformité de la sentence à l'ordre public international. Au contraire, ce militantisme pourrait être contre-productif. Le juge d'un État qui entend assurer la défense des intérêts économiques, politiques ou sociaux jugés essentiels par son ordre juridique, pourrait estimer qu'une attitude trop libérale à l'égard des sentences arbitrales en matière d'ordre public risquerait d'inciter les arbitres à montrer peu de zèle dans la défense des dispositions d'ordre public et les parties à recourir à l'arbitrage pour y échapper. Il pourrait donc rester plus convaincu par les vertus dissuasives de la « peur du gendarme » à cet égard. Il serait donc probablement plus convaincant, et plus utile à l'efficacité de l'arbitrage international, de lui proposer une solution plus équilibrée[515]. Une solution qui prendrait en compte, de façon équilibrée, tant les intérêts de l'arbitrage international que ceux des États qui ont toujours à cœur de ne pas sacrifier aux « besoins du commerce international » la défense de certaines politiques économiques ou sociales qu'ils jugent fondamentales, et qui, de ce fait, serait susceptible de convaincre le plus grand nombre d'États, ne peut, à terme, que contribuer à l'efficacité de l'arbitrage international.

514. Sur ces tendances « régressives » dans la jurisprudence de certains pays, v. pour les pays d'Amérique Latine, et en particulier l'attitude de la Cour suprême argentine, les développements riches d'enseignements de H. A. Naon, « Arbitration and Latin America : Progress and Setbacks », *Arb. Int.* 2005, p. 127 ; et aussi, avec en particulier le cas du Vénézuéla, P. E. Mason et M. Gomm-Santos, « New Keys to Arbitration in Latin America », *Journ. Int. Arb.* 2008, p. 31.

515. Sur ce point, v. Ch. Seraglini, « Le contrôle de la sentence au regard de l'ordre public international par le juge étatique : mythes et réalités », préc., spéc. n° 11 et s.

1006 **Proposition d'une solution équilibrée.** Il serait donc bien utile de trouver, dans une matière aussi sensible pour de nombreux États, une voie équilibrée et claire à propos du contrôle par le juge de la conformité de la sentence arbitrale à l'ordre public international. Une solution équilibrée consisterait en un contrôle du juge qui soit réel mais mesuré. Elle conduirait le juge à devoir procéder, le cas échéant, à un examen au fond de la sentence relativement attentif, mais qui n'a lieu d'être que dans un objectif précis : vérifier que la situation créée par la sentence ne constitue pas une atteinte d'un degré suffisant aux objectifs poursuivis par la règle d'ordre public international concernée pour justifier un refus de reconnaissance ou d'exequatur. Il s'agirait pour le juge, non pas tellement de vérifier que le tribunal arbitral a fait la même application de la règle d'ordre public que celle qu'il aurait lui-même faite, mais de savoir si l'application – ou d'ailleurs l'absence d'application – de cette réglementation par le tribunal arbitral conduit ou non à une atteinte grave (ou sérieuse ou significative), concrète et effective à l'ordre public. Afin d'assurer un équilibre entre le légitime souci d'efficacité de l'arbitrage international et le non moins légitime respect nécessaire de l'ordre public international du for par les sentences, le degré d'atteinte à cet ordre public requis pour conduire à un refus de reconnaissance ou d'exequatur de la sentence devrait en effet être relativement élevé. En revanche, les moyens mis en œuvre par le juge, autrement dit l'étendue de son contrôle, pour vérifier si une telle atteinte est, ou non, constituée en l'espèce, devraient être, le cas échéant, importants[516]. Ainsi, il conviendrait de mieux distinguer, d'une part, la nature, les caractères de l'atteinte à l'ordre public international exigée pour conduire à une annulation ou un refus d'exequatur de la sentence et, d'autre part, l'étendue du contrôle que le juge est prêt à opérer, les moyens qu'il se donne, pour vérifier si une telle atteinte est ou non caractérisée.

La contrariété de la sentence à l'ordre public devrait, pour être sanctionnée, effectivement être, comme le retient la jurisprudence française, « effective » et « concrète », au sens où l'appréciation du juge devrait ici être opérée *in concreto*, afin de vérifier si la solution consacrée par la sentence porte réellement et matériellement atteinte aux objectifs poursuivis par la règle d'ordre public international en cause. L'application incorrecte, ou même la non-application, de cette règle par le tribunal arbitral ne caractérise pas, à elle seule, une telle atteinte. C'est le résultat concret consacré par la sentence qui doit réellement et matériellement porter atteinte aux objectifs poursuivis par cette règle. De plus, en application du principe d'actualité de l'ordre public, cette atteinte devrait exister au moment où le contrôle du juge s'opère[517]. En revanche, on pouvait demeurer beaucoup plus circonspect à l'égard de l'adjectif « flagrant » employé par les arrêts *Thalès* et *Cytec*. S'il doit être entendu comme signifiant « devant crever les yeux du juge », comme l'a retenu la cour d'appel de Paris dans l'arrêt *Thalès*[518], il paraît

516. Pour un exposé plus détaillé de cette proposition, v. Ch. Seraglini, « Le contrôle de la sentence au regard de l'ordre public international par le juge étatique : mythes et réalités », *Cah. arb.*, vol. V, Pedone 2011, p. 198, spéc. n° 23 et s. ; « Le contrôle par le juge de l'absence de contrariété de la sentence à l'ordre public : le passé, le présent, le futur », *Rev. arb.* 2019, à paraître.

517. Dans le même sens, P. Mayer, « L'étendue du contrôle, par le juge étatique, de la conformité des sentences arbitrales aux lois de police », in *Mélanges Gaudemet-Tallon*, Dalloz, 2008, p. 459, spéc. n° 21.

518. Paris, 18 nov. 2004, *Thalès Air Défense c/ GIE Euromissile*, *JCP* G 2005, II, 10038, note G. Chabot ; *ibid.*, I, 134, n° 8, obs. Ch. Seraglini ; *JDI* 2005, p. 357, note A. Mourre ; *D.* 2005, pan. 3058, obs. Th. Clay ; *RTD com.* 2005, p. 263, obs. É. Loquin ; *Rev. arb.* 2005, p. 529, note L. G. Radicati di Brozolo ; *RCDIP* 2006, p. 104, note S. Bollée ; Ch. Seraglini, « L'affaire Thalès et le non-usage immodéré de l'exception d'ordre public (ou les dérèglements de la déréglementation) », *Cah. arb.*, vol. III, *Gaz. Pal.* éd. 2006, p. 87.

particulièrement inapproprié. Il n'est pas souhaitable d'exiger que la violation de l'ordre public international doive « crever les yeux » pour conduire à l'annulation ou à un refus d'exequatur de la sentence. Le juge ne peut se satisfaire d'un contrôle des évidences qui, en réalité, vide le contrôle de la plus grande partie de sa substance. Le plus souvent, une illicéité ne pourra être concrètement constatée tant qu'elle n'aura pas été examinée avec attention. Aussi, l'adjectif « flagrant » pourrait être utilement remplacé par l'adjectif « sérieux » ou « grave », ou encore « significatif ». En effet, le niveau d'atteinte matérielle à l'ordre public international requis pour conduire à une annulation ou un refus d'exequatur devrait être d'une certaine amplitude : seules les atteintes matérielles graves, sérieuses ou significatives aux objectifs poursuivis par le principe, la valeur ou la réglementation d'ordre public international en cause devraient être sanctionnées. Si l'exigence du caractère « flagrant », entendu comme « évident », de l'atteinte conduit inéluctablement, sur le plan de l'étendue du contrôle, à un contrôle des seules apparences, l'exigence de « gravité » de l'atteinte n'appelle pas une telle démission. Au contraire, pour vérifier l'absence de gravité de l'atteinte portée par la situation consacrée par la sentence aux objectifs poursuivis par le principe, la règle ou la valeur d'ordre public international concerné, le juge ne peut justement pas s'en tenir aux apparences et peut être conduit à exercer, le cas échéant, un contrôle approfondi.

L'exigence d'une atteinte matérielle et sérieuse à l'ordre public international évite bien entendu de censurer des erreurs ou des oublis de l'arbitre qui seraient sans véritable conséquence néfaste au regard des objectifs poursuivis par la réglementation d'ordre public en cause, ou même des sentences où le tribunal arbitral s'est montré « plus royaliste que le roi » et a appliqué avec un peu trop de zèle cette réglementation[519]. Mais elle évite également le déclenchement d'un contrôle approfondi du juge lorsqu'il s'avère, en toute hypothèse, inutile. En effet, pour s'assurer de l'absence d'atteinte grave (ou sérieuse, ou encore significative), effective et concrète à l'ordre public international, le juge doit pouvoir opérer un examen relativement approfondi de la sentence et des éléments de fait soumis aux arbitres. Cependant, cet examen approfondi n'a lieu d'être que s'il est utile à cette vérification, autrement dit que si, *prima facie*, un risque d'atteinte matérielle et sérieuse à l'ordre public existe. Dans ces conditions, si le juge peut au contraire constater *prima facie* que la méconnaissance de la réglementation d'ordre public invoquée, à la supposer caractérisée, n'est pas susceptible de constituer une telle atteinte, il n'aura pas à aller plus avant dans son contrôle. En revanche, face à une sentence dont le résultat est susceptible *prima facie* de heurter de façon grave, effective et concrète l'ordre public international, le juge devrait accepter d'exercer plus avant son contrôle. Dans cette seconde étape, il doit pouvoir questionner les appréciations de fait, les qualifications juridiques et l'application des règles d'ordre public effectuées par le tribunal arbitral[520]. À défaut, comme l'a souligné un auteur, « des solutions violant concrètement et effectivement des règles d'ordre public [seraient] à l'abri de toute sanction pour peu qu'elles procèdent d'une qualification erronée (mais

519. V. à cet égard, Paris, 14 avr. 2015, *République Hellénique c/ société Bombardier*, *Rev. arb.* 2016, p. 556, note L. Idot.

520. V. en ce sens, Paris, 10 sept. 1998, *Rev. arb.* 2001, p. 583 (1re esp.), note J.-B. Racine ; et aussi, Paris, 30 sept. 1993, *Rev. arb.* 1994, p. 359, note D. Bureau ; *RCDIP* 1994, p. 349, note V. Heuzé ; Paris, 5 avr. 1990, *Rev. arb.* 1992, p. 110, note H. Synvet ; *RCDIP* 1991, p. 580, note C. Kessedjian.

souveraine) excluant en apparence le jeu desdites règles »[521]. Ceci étant, l'exercice d'un tel contrôle ne devrait pas conduire le juge à systématiquement refaire le procès qui a eu lieu devant le tribunal arbitral.

Ici, lorsqu'il s'agit de déterminer jusqu'où le juge doit pousser ses investigations, il faut probablement distinguer selon que la question de l'application d'une réglementation d'ordre public au litige a été ou non abordée par le tribunal arbitral. Par respect pour le travail déjà effectué par l'arbitre, et au nom de la confiance qui doit être placée *a priori* en celui-ci, la première situation autorise probablement moins d'investigations supplémentaires du juge que la seconde. Aussi, lorsque la question de l'application d'une réglementation d'ordre public au litige a été traitée par le tribunal arbitral, le juge devrait partir des énonciations de la sentence et des documents et écritures soumis aux arbitres, et envisager son examen avec une confiance *a priori* pour le travail déjà effectué. Les faits énoncés dans la sentence devraient être tenus pour vrais, jusqu'à inscription de faux. En revanche, le juge ne devrait pas être lié par les appréciations et qualifications juridiques de ces faits retenues par le tribunal arbitral au regard de la réglementation d'ordre public en cause. Par ailleurs, son examen devrait pouvoir porter sur l'ensemble des pièces du dossier soumis au tribunal arbitral, mais seulement si, à la lecture de la sentence, des doutes sérieux demeurent quant à la conformité de celle-ci à l'ordre public international. Autrement dit, le juge devrait pouvoir analyser la situation à partir des éléments de fait qui ont été soumis au tribunal arbitral, tout en pouvant en apprécier librement la valeur et la portée au regard tant de l'applicabilité que de l'application de la réglementation d'ordre public en cause. Souvent, ce sera suffisant pour constater, soit la contrariété, soit l'absence de contrariété de la sentence à l'ordre public international. Si une partie prétend néanmoins que cette contrariété ne peut être établie que par l'examen de nouveaux faits ou de nouvelles pièces, non soumis au tribunal arbitral[522], une réouverture de l'instruction ne devrait être admise que dans des cas précis, notamment si les éléments nouveaux sont essentiels à la démonstration et n'étaient pas disponibles au moment de l'instance arbitrale. Ceci étant, tout dépend peut-être ici du type d'intérêts en jeu. Si la réglementation impérative visait à la protection des intérêts d'une partie, comme un consommateur, on ne devrait admettre la production d'éléments nouveaux que de façon tout à fait exceptionnelle : cette partie a eu l'opportunité de défendre sa cause devant le tribunal arbitral en invoquant les faits nécessaires au succès de sa prétention ; si elle a échoué du fait de sa propre carence à lui soumettre les éléments pertinents à cet égard, le souci de la protéger a ses limites et il ne faut pas en principe l'autoriser à produire de nouvelles pièces devant le juge. En revanche, lorsque la réglementation impérative en cause défendait un intérêt plus général, comme la lutte contre la corruption ou le blanchiment, l'hésitation est davantage permise. La question des moyens d'investigation du juge se présente en tout cas nécessairement de façon quelque peu différente lorsque l'application de la réglementation d'ordre public au litige n'a pas été abordée dans le cadre de l'instance arbitrale. Dans le cas où cette réglementation visait à protéger l'une des parties, le juge chargé du contrôle pourra, le plus souvent, constater que cette partie a valablement renoncé, dans le cadre de l'instance arbitrale, à l'application de cette loi protectrice de ses intérêts, et décider

521. L.-Ch. Delanoy, « Le contrôle de l'ordre public au fond par le juge de l'annulation : trois constats, trois propositions », *Rev. arb.* 2007, p. 177, spéc. n° 14, p. 190.

522. Sur la question de la charge de la preuve de la contrariété de la sentence à l'ordre public, v. Ch. Seraglini, « Le contrôle de la sentence au regard de l'ordre public international par le juge étatique : mythes et réalités », préc., spéc. n° 42.

qu'elle ne peut, en conséquence, s'en prévaloir devant lui[523]. S'agissant de règles d'ordre public défendant des intérêts plus généraux, il est certain qu'assez souvent, une violation grave, effective et concrète de l'ordre public international ne pourra être identifiée à la seule lecture d'une sentence qui, par hypothèse, n'a pas abordé la question. Ceci étant, les faits énoncés dans la sentence ne deviennent pas pour autant inutiles car ils peuvent notamment permettre de vérifier si, *prima facie*, le problème se pose réellement ou non, et s'il existe un réel soupçon d'atteinte grave, effective et concrète à l'ordre public. Cette première appréciation pourra conduire le juge, en cas de réponse négative, à ne pas aller plus avant dans ses investigations. À l'inverse, si le juge estime que ce soupçon existe, il devra aller au-delà de la sentence et consulter les éléments du dossier soumis au tribunal arbitral. Il devra également admettre l'invocation de nouveaux arguments juridiques par les parties. Doit-on l'autoriser à aller un peu plus loin, et à rouvrir au besoin l'instruction en admettant la production de nouveaux éléments de fait, voire la mise en œuvre de nouvelles mesures d'instruction ? Ici encore, on peut hésiter. Ceci étant, les pièces et mesures d'instruction nouvelles ne devraient être admises que dans des cas précis, même si l'on doit peut-être se montrer un peu plus ouvert que dans l'hypothèse où la question de l'application de la réglementation d'ordre public a été examinée par le tribunal arbitral, dès lors que les arguments relatifs à l'ordre public n'ont, par hypothèse, ici été ni envisagés ni plaidés devant le tribunal arbitral.

Pour résumer, une solution équilibrée pourrait résider dans un contrôle judiciaire au besoin approfondi du respect par la sentence de l'ordre public, mais qui, dans son exercice, ne perd pas de vue qu'il vise à satisfaire un objectif précis : vérifier que la situation créée par la sentence ne porte pas atteinte matériellement et sérieusement aux objectifs poursuivis par la réglementation d'ordre public international concernée. Elle conduirait à une mise en œuvre circonstanciée du contrôle et à un usage mesuré de la sanction à l'égard de la sentence arbitrale. En effet, pour opérer cette vérification, l'examen relativement attentif du juge quant au fond pourra être nécessaire dans certains cas, mais non dans tous ; il sera inutile si, *prima facie*, la méconnaissance, alléguée ou soupçonnée, de l'ordre public international n'est pas susceptible de constituer une atteinte sérieuse, effective et concrète aux objectifs poursuivis par cette législation. Même lorsque le juge aura été conduit à un examen plus approfondi, le refus d'exequatur ou l'annulation de la sentence n'interviendra que si la situation créée par la sentence est effectivement en opposition suffisamment grave avec les buts que cette législation poursuit. Ainsi, pour reprendre, en les modifiant quelque peu, les termes utilisés par la cour d'appel de Paris dans ses arrêts les plus récents, on pourrait retenir que, « s'agissant de la violation de l'ordre public international, seule la reconnaissance ou l'exécution de la sentence importe au regard de sa compatibilité avec cet ordre public, l'annulation ou le refus d'exequatur n'étant encouru qu'en cas de violation concrète, effective et grave (ou significative ou sérieuse) des dispositions d'ordre public international en cause », et que « dans ce cadre, le juge doit pouvoir, le cas échéant, rechercher tant en

523. Même si l'arrêt *Claro* de la Cour de justice paraît remettre en cause cette solution en autorisant le consommateur, qui a choisi en connaissance de cause d'aller à l'arbitrage, à se prévaloir néanmoins du caractère abusif de la clause d'arbitrage pour la première fois au stade du recours en annulation devant le juge : CJCE, 26 oct. 2006, *Claro c/ Centro Movil*, aff. C-168/05, *D.* 2006, p. 2562, obs. S. Bollée ; *ibid.*, p. 3027, obs. Th. Clay ; *Rev. arb.* 2007, p. 109, note L. Idot ; *JDI* 2007, p. 581, note A. Mourre ; *JCP* G 2007, I, 168, nº 1, obs. Ch. Seraglini ; *RTD civ.* 2007, p. 113, obs. J. Mestre et B. Fages ; *ibid.*, p. 633, obs. Ph. Théry. Cependant, la position de la Cour de justice nous semble critiquable sur ce point : v. *supra*, nº 113, 127, 662.

fait qu'en droit tous les éléments concernant le vice en question ». Cette solution d'équilibre ne ruinerait aucunement l'efficacité de l'arbitrage international. Compte tenu du contenu restreint que chaque État tend à donner à son ordre public international et, selon la solution ici proposée, du degré d'atteinte à cet ordre public exigé pour justifier une annulation ou un refus d'exequatur de la sentence, ainsi que des conditions préalables posées à un éventuel examen approfondi du juge, un contrôle réellement approfondi de la sentence et des données du litige sera rare, et une sanction à l'égard de la sentence le sera plus encore[524]. En tout cas, on ne peut que se réjouir des orientations récentes de la cour d'appel de Paris qui vont clairement en ce sens[525].

SECTION 3 LE DROIT CONVENTIONNEL DU CONTRÔLE ÉTATIQUE DE LA SENTENCE

1007 **Importance du droit conventionnel.** Parce que le droit français est particulièrement libéral en matière de reconnaissance et d'exécution des sentences arbitrales, il est rare que les litigants invoquent une convention internationale pour solliciter, en France, l'exequatur d'une sentence[526]. Certains instruments prévoient d'ailleurs que la législation de l'État requis prévaut lorsqu'elle est plus favorable à la reconnaissance ou à l'exécution de la sentence[527]. L'analyse des mécanismes d'exequatur institués par les principales conventions internationales présente tout de même un intérêt. D'abord, dans une perspective comparatiste, elle permet de vérifier si le droit français de l'arbitrage international reflète ou non, sur ces questions, la position de nombreux États qui ne connaissent pas d'autres règles que celles résultant de ces conventions. Ensuite, elle éclaire les conditions dans lesquelles les sentences rendues en France pourront être exécutées dans les pays qui les ont signées.

En plus des nombreux accords bilatéraux qui, indirectement ou non, peuvent affecter les conditions de reconnaissance et d'exécution des sentences avec d'autres États[528], plusieurs conventions internationales multilatérales ont été signées et ratifiées par la France depuis le début du XXe siècle : le Protocole de Genève du 24 septembre 1923, « relatif aux clauses d'arbitrage », qui prévoyait que les États contractants s'engageaient à assurer, par leurs autorités, l'exécution des sentences arbitrales conformément à leurs droits nationaux ; la Convention de Genève du 26 septembre 1927, qui comporte des dispositions relatives à la reconnaissance et l'exécution des sentences arbitrale étrangères. Les

524. Pour plus de détails, v. Ch. Seraglini, « Le contrôle par le juge de l'absence de contrariété de la sentence à l'ordre public : le passé, le présent, le futur », *Rev. arb.* 2019, à paraître.

525. V. *supra*, n° 1004.

526. Ph. Fouchard, E. Gaillard, B. Goldman, *Traité de l'arbitrage commercial international*, Litec, 1996, n° 1664, p. 979. V. récemment, Paris, 29 sept. 2005, *JCP* G 2005, I, 148, n° 7, obs. Ch. Seraglini ; *Rev. arb.* 2006, p. 695, note H. Muir Watt ; *RCDIP* 2006, p. 387, note A. Szekely, qui écarte le Traité d'entraide judiciaire entre la France et les Émirats Arabes Unis du 9 sept. 1991.

527. V. *supra*, n° 60 pour la Convention de New York du 10 juin 1958.

528. Sur lesquelles, v. Ph. Fouchard, E. Gaillard, B. Goldman, *Traité de l'arbitrage commercial international*, préc., n° 206 et s., p. 121 et s.

principaux instruments sont cependant postérieurs à la Seconde Guerre mondiale. Il s'agit de la Convention de New York du 10 juin 1958 pour la reconnaissance et l'exécution des sentences arbitrales étrangères (§ 1) et de la Convention de Genève du 21 avril 1961 sur l'arbitrage commercial international (§ 2). La Convention de Washington du 18 mars 1965, pour le règlement des différends relatifs aux investissements entre États et ressortissants d'autres États, signée par la France et 156 autres États au 5 mai 2011[529], a quant à elle supprimé tout contrôle étatique de la sentence au stade de l'exequatur[530]. Les sentences rendues sous l'égide du CIRDI font en effet l'objet d'un recours en annulation devant un comité *ad hoc*[531].

§ 1. LA CONVENTION DE NEW YORK DU 10 JUIN 1958

1008 **Champ d'application.** La Convention de New York du 10 juin 1958 pour la reconnaissance et l'exécution des sentences arbitrales étrangères est le principal instrument de reconnaissance et d'exécution des sentences arbitrales[532]. Elle s'applique aux sentences rendues dans un autre État, qu'il soit ou non partie à la convention[533], que celui requis et à celles rendues sur son territoire lorsqu'elles n'y sont pas considérées comme « nationales »[534]. Ce dernier cas vise essentiellement les sentences rendues en application d'une loi étrangère[535]. Mais la Convention ne définissant pas ce que sont les « sentences nationales », ce sont les juges des États signataires de celle-ci qui déterminent les situations relevant, selon eux, de son champ d'application[536]. La Convention ne définit pas non plus la notion de sentence, la détermination du droit applicable à cette question demeurant d'ailleurs discutée[537], la décision du tribunal arbitral pourra être qualifiée différemment selon l'État requis. Deux réserves sont par ailleurs autorisées par le texte[538] : une réserve de réciprocité et une

529. Au 5 mai 2011, 147 États, dont la France (21 août 1967), avaient déposé leurs instruments de ratification (v. le site : www.worldbank.org/icsid.).

530. Art. 53 et 55 de la Convention de Washington. Pour les sentences CIRDI, les dispositions des articles 1498 et s. CPC ne sont donc pas applicables (Civ 1re, 11 juin 1991, *Bull. civ.* I, n° 193 ; *JDI* 1991, p. 1005, note E. GAILLARD). Il n'est toutefois pas interdit de saisir le juge français de demandes de mesures conservatoires (Cass. 1re civ., 18 nov. 1986, *Bull. civ.* I, n° 269 ; *JDI* 1987, p. 125, note E. GAILLARD).

531. Art. 52 de la Convention de Washington et 50 à 55 du règlement d'arbitrage CIRDI. Pour un examen détaillé de la procédure d'annulation instituée par ces textes, v. E. GAILLARD, *La jurisprudence du CIRDI*, Pedone, 2004, spéc. p. 189-191 et p. 245-252.

532. 159 États y avaient adhéré en juin 2019 (la liste actualisée des États peut être consultée sur le site internet de la CNUDCI). Sur cette convention, v. E. GAILLARD et G. A. BERMANN, *Guide sur la Convention pour la reconnaissance et l'exécution des sentences arbitrales étrangères*, Pedone, 2017.

533. E. GAILLARD et G. A. BERMANN, *op. cit.*, p. 28.

534. Art. I.1 de la Convention.

535. J.-D. BREDIN, « La Convention de New York du 10 juin 1958 pour la reconnaissance et l'exécution des sentences arbitrales étrangères », *JDI* 1960, p. 1002, spéc. p. 1010 ; J.-F. POUDRET, S. BESSON, *Droit comparé de l'arbitrage international*, Bruylant, 2002, n° 885, p. 870 ; A.J. VAN DEN BERG, *The New York Arbitration Convention of 1958. Towards a Uniform Judicial Interpretation*, Kluwer, La Haye, 1981, spéc. p. 23.

536. Sur ce point, v. E. GAILLARD et G. A. BERMANN, *op. cit.*, p. 32 et s.

537. Sur ce débat, v. J.-F. POUDRET, S. BESSON, *op. cit.*, n° 878-884, p. 860-870.

538. Art. I.3 de la Convention. Sur ces réserves, v. Ph. FOUCHARD, E. GAILLARD, B. GOLDMAN, *Traité de l'arbitrage commercial international*, Litec, 1996, n° 261-262, p. 149-150 ; E. GAILLARD et G. A. BERMANN, *op. cit.*, p. 39 et s.

réserve de commercialité. Selon la première, un État contractant peut subordonner l'application de la Convention à la reconnaissance et l'exécution des seules sentences rendues sur le territoire d'un autre État contractant[539]. La seconde permet de réserver la mise en œuvre de cette convention aux différends issus de rapports considérés comme commerciaux par le droit national[540]. La mise en œuvre de l'une ou l'autre de ces réserves conduira donc l'État requis à faire application de son droit national relatif à la reconnaissance ou l'exécution des sentences, ou, le cas échéant, d'un autre traité multilatéral ou d'une convention bilatérale, qui conservent pour cette raison un rôle résiduel. Cette intervention du droit national ou d'une autre convention internationale, alors pourtant que la sentence entre dans le champ d'application de la Convention de New York, peut cependant être beaucoup plus importante compte tenu de la règle de traitement plus favorable insérée à l'article VII.1 de la Convention.

1009 **La règle du traitement plus favorable.** L'article VII.1 de la Convention de New York consacre la règle du traitement plus favorable lorsqu'il prévoit que « les dispositions de la présente convention ne portent pas atteinte à la validité des accords multilatéraux ou bilatéraux conclus par les États contractants en matière de reconnaissance et d'exécution de sentences arbitrales et ne privent aucune partie intéressée du droit qu'elle pourrait avoir de se prévaloir d'une sentence arbitrale de la manière et dans la mesure admises par la législation ou les traités du pays où la sentence est invoquée ». Ainsi, lorsque la législation de l'État requis, ou une convention internationale applicable, est plus favorable à la reconnaissance ou à l'exécution de la sentence que ne l'est la Convention de New York, cette législation ou ce traité prévaut[541]. C'est d'ailleurs parce que, sur beaucoup d'aspects, le droit français est vu comme plus favorable que la Convention, que celle-ci est rarement mise en œuvre par les juridictions françaises[542]. Ainsi, dès lors que le droit national, ou international, autorise l'exequatur de la sentence, le juge français ne peut refuser de l'accorder sur le fondement d'une disposition de la Convention de New York[543], notamment parce que la sentence a été annulée dans son État d'origine[544]. La règle du traitement plus favorable a en revanche un effet plus limité lorsque le droit national relatif à la reconnaissance et l'exécution des sentences adopte des solutions très proches de celles consacrées par la Convention. Et

539. En juin 2019, 74 États, dont la France, avaient fait cette réserve.

540. En juin 2019, 47 États avaient fait cette réserve. Elle a été levée par la France le 17 nov. 1989 (*Rev. arb.* 1990, p. 210).

541. Sur ce point, v. E. Gaillard et G. A. Bermann, *op. cit.*, p. 356 et s. ; Ph. Fouchard, E. Gaillard, B. Goldman, *op. cit.*, n° 267 et s., p. 152 et s. ; J.-F. Poudret, S. Besson, *op. cit.*, n° 887 et s., p. 872 et s.

542. V. notamment, pour des décisions écartant la Convention, Cass. 1re civ., 29 juin 2007, *Putrabali*, *Bull. civ.* I, n° 250 ; *D.* 2008, chron., 1429, note L. Degos ; *D.* 2008, Pan., p. 180, obs. Th. Clay ; *RTD com.* 2007, p. 682, obs. É. Loquin ; *Rev. arb.* 2007, p. 499, rapp. J.-P. Ancel et note E. Gaillard ; *JDI* 2007, p. 1236, obs. Th. Clay ; *LPA* 2007, n° 192, note M. de Boisséson ; *Cah. arb.*, vol. IV, Pedone, 2008, p. 110, note Ph. Pinsolle ; *JCP* G 2007, I, 216, n° 7, obs. Ch. Seraglini ; *RJDA* 2007, p. 883, obs. J.-P. Ancel ; *RCDIP* 2008, p. 109, note S. Bollée ; *Bull. ASA.* 2007, p. 826, note P.-Y. Gunter ; Cass. 1re civ., 7 juin 2006, *Rev. arb.* 2006, p. 945, note E. Gaillard ; *JDI* 2006, p. 1384, note A. Mourre ; JCP G 2006, I, 187, n° 8, obs. Ch. Seraglini ; Cass. 1re civ., 17 oct. 2000, *Rev. arb.* 2000, p. 648, note P. Mayer ; Paris, 2 avr. 1998, *Rev. arb.* 1999, 821, note B. Leurent.

543. V. Cass. 1re civ., 21 nov. 2006, *Bull. civ.* I, n° 502 ; *Rev. arb.* 2006, p. 1086 ; Cass. 1re civ., 10 mars 1993, *Rev. arb.* 1993, p. 255 (2e esp.), note D. Hascher ; *JDI* 1993, p. 360 (1re esp.), note Ph. Kahn ; Cass. 1re civ., 9 oct. 1984, *Rev. arb.* 1985, p. 431, note B. Goldman ; *JDI* 1985, p. 679, note Ph. Kahn ; *RCDIP* 1985, p. 551 (2e esp.), note B. Dutoit ; *D.* 1985, p. 101, note J. Robert.

544. V. *supra*, n° 924.

elle n'en a aucun s'il est purement et simplement renvoyé à la Convention pour l'exequatur des sentences[545]. Ces précisions apportées, il convient d'envisager les motifs de refus d'exequatur (A) prévus par la Convention avant d'examiner brièvement les aspects procéduraux traités par elle (B).

A. LES MOTIFS DE REFUS D'EXEQUATUR

1010 **Division.** Sous réserve de respecter en plus certaines règles de procédure[546], la Convention de New York distingue deux types de griefs susceptibles d'entraîner un refus de reconnaissance et d'exécution de la sentence : ceux qui ne peuvent être accueillis que lorsqu'ils ont été établis par la partie qui s'oppose à l'exequatur (1) ; ceux qui peuvent être relevés d'office par le juge (2).

1. Les griefs qui doivent être prouvés par la partie qui s'oppose à l'exequatur

1011 **Charge de la preuve du grief.** La Convention de New York du 10 juin 1958 a renversé la règle de preuve posée par la Convention de Genève du 26 septembre 1927, qui prévoyait qu'il appartenait au demandeur à l'exequatur d'établir que la sentence réunissait les conditions requises pour sa reconnaissance et son exécution. Selon l'article V.1, c'est en effet la partie contre laquelle la reconnaissance et l'exécution de la sentence est invoquée qui doit fournir à l'autorité compétente de l'État requis la preuve qu'il existe un motif de refus d'exequatur au sens de la Convention[547]. Elle doit donc prouver : soit que la convention d'arbitrage n'est pas valide, soit que la procédure d'arbitrage n'a pas été contradictoire, soit que le tribunal arbitral a dépassé les termes de la convention d'arbitrage, soit que le tribunal arbitral ou la procédure arbitrale était irrégulier, soit encore que la sentence n'est pas obligatoire pour les parties, a été annulée ou suspendue dans l'État d'origine.

1012 **L'invalidité de la convention d'arbitrage.** C'est le premier des cinq motifs de refus d'exequatur prévus par l'article V.1 de la Convention de New York. Selon ce texte, la reconnaissance et l'exécution de la sentence sont refusés si la partie qui s'y oppose prouve « que les parties à la convention visée à l'article II [clause compromissoire ou compromis] étaient, en vertu de la loi à elles applicables, frappées d'une incapacité, ou que ladite convention n'est pas valable en vertu de la loi à laquelle les parties l'ont subordonnée ou, à défaut d'une indication à cet égard, en vertu de la loi du pays où la sentence a été rendue ». L'exequatur pourra donc être refusé lorsque l'une des parties à la convention, tel l'organe d'une personne morale ou le représentant d'une personne publique, n'avait pas, pour une raison ou une autre, la capacité ou le pouvoir de la conclure[548]. La Convention précise que cette question doit être examinée au regard de la « loi [...] applicable » aux parties, c'est-à-dire la loi personnelle, laissant ainsi le soin aux États contractants d'appliquer leurs propres règles de conflit pour la

545. J.-F. Poudret, S. Besson, *op. cit.*, n° 888, p. 889.
546. V. *infra*, n° 1020.
547. E. Gaillard et G. A. Bermann, *op. cit.*, p. 179.
548. Ph. Fouchard, E. Gaillard, B. Goldman, *op. cit.*, n° 1695, p. 999 ; J.-F. Poudret, S. Besson, *op. cit.*, n° 906, p. 882.

déterminer. Le refus de reconnaître et d'exécuter la sentence peut aussi résulter de ce que la convention d'arbitrage n'est pas valable au regard de la loi régissant cette convention, ou à défaut d'un tel choix, de la loi du lieu où la sentence a été rendue. Peuvent ainsi notamment être contrôlées, en considération de l'une ou l'autre de ces lois, l'arbitrabilité subjective[549], la validité formelle de la convention ou l'existence de vices affectant le consentement des cocontractants.

1013 **La méconnaissance du caractère contradictoire de la procédure.** En application de l'article V.1.b de la Convention de New York, la reconnaissance et l'exécution de la sentence peuvent être refusées si « la partie contre laquelle la sentence est invoquée n'a pas été dûment informée de la désignation de l'arbitre ou de la procédure d'arbitrage, ou qu'il lui a été impossible, pour une autre raison, de faire valoir ses moyens ». En théorie, toute violation du caractère contradictoire de la procédure d'arbitrage, depuis son introduction jusqu'au prononcé de la sentence, permet donc à l'autorité compétente du pays d'accueil de refuser d'accorder l'exequatur. Mais les exigences pratiques attachées au respect par le tribunal arbitral du principe de la contradiction peuvent varier d'un pays à un autre, même si la Convention a choisi, sur ce point, de poser une règle matérielle plutôt que de renvoyer à telle ou telle loi. Ainsi, l'autorité compétente d'un État peut par exemple, comme le juge français, considérer que le tribunal arbitral n'a pas à inviter les parties à s'expliquer sur le point de départ des intérêts légaux assortissant une condamnation principale[550], ni même à leur soumettre le fruit de son analyse comparative de documents comptables produits devant lui mais non discutés[551]. En tout cas, le refus d'exequatur, sur le fondement de l'article V.1.b de la Convention de New York, peut intervenir sans qu'il soit besoin que celui contre lequel la sentence est invoquée prouve que le non-respect du principe de la contradiction lui a causé un grief[552]. De plus, le grief pourra être relevé d'office par le tribunal arbitral dans les États dans lesquels le principe de la contradiction appartient à l'ordre public[553].

1014 **Le dépassement des termes de la convention d'arbitrage.** L'article V.1.c de la Convention énonce que la reconnaissance et l'exécution de la sentence peuvent être refusées si « la sentence porte sur un différend non visé dans le compromis ou n'entrant pas dans les prévisions de la clause compromissoire, ou qu'elle contient des décisions qui dépassent les termes du compromis ou de la clause compromissoire ; toutefois, si les dispositions de la sentence qui ont trait à des questions soumises à l'arbitrage peuvent être dissociées de celles qui ont trait à des questions non soumises à l'arbitrage, les premières pourront être reconnues et exécutées ». Ce grief ne correspond pas exactement à celui de l'article 1520.3° du Code de procédure civile français, qui autorise le refus d'exequatur « si le tribunal arbitral a statué sans se conformer à la mission qui lui avait été confiée », c'est-à-dire aussi en cas d'*ultra* ou d'*infra petita* au regard des demandes respectives des parties soumises au tribunal arbitral tout au long de la procédure[554]. En principe en effet, l'appréciation du respect de sa mission par l'arbitre,

549. J.-F. Poudret, S. Besson, *op. cit.*, n° 907, p. 883 et les réf. citées.

550. Paris, 25 mars 2004, *Rev. arb.* 2004, p. 671, note J. Ortscheidt.

551. Cass. 2e civ., 3 oct. 2002, *Rev. arb.* 2004, p. 585 et la note de G. Bolard, « Les principes directeurs du procès arbitral », *Rev. arb.* 2004, p. 511, spéc. n° 17, p. 527.

552. V. cependant, en droit comparé, E. Gaillard et G. A. Bermann, *op. cit.*, p. 206, notamment la jurisprudence allemande citée.

553. V. *infra*, n° 1019.

554. V. *supra*, n° 994 et s.

en vertu de la Convention de New York, se fait uniquement en considération des termes de la convention d'arbitrage, dont on sait qu'ils sont en pratique très généraux et ne précisent pas les points litigieux à trancher[555]. Quoi qu'il en soit, on admet qu'en application de l'article V.1.c, la reconnaissance et l'exécution de la sentence pourront être refusées, en totalité ou en partie, si le tribunal arbitral a statué sur un litige qui n'entrait pas dans le champ d'application personnel ou matériel de la convention d'arbitrage[556].

1015 **Irrégularité affectant la composition du tribunal arbitral ou la procédure arbitrale.** L'article V.1.d de la Convention de New York dispose que la reconnaissance et l'exécution de la sentence peuvent être refusés « lorsque la constitution du tribunal arbitral ou la procédure d'arbitrage n'a pas été conforme à la convention des parties ou, à défaut de convention, qu'elle n'a pas été conforme à la loi du pays où l'arbitrage a eu lieu ». La détermination de la régularité de la composition du tribunal arbitral, ou de la procédure, se fait donc en priorité au regard des règles arrêtées par les parties sur ces questions, directement ou par référence à une loi ou un règlement d'arbitrage. Ce n'est que si aucune règle n'a été choisie que celles du siège de l'arbitrage ont vocation à s'appliquer[557]. Cette distribution des rôles entre la loi du siège et la loi d'autonomie peut placer le tribunal arbitral soucieux de s'assurer de l'effectivité de sa sentence devant un dilemme[558] : doit-il systématiquement faire prévaloir la loi des parties sur les dispositions impératives du siège et risquer l'annulation de la sentence au siège et, par voie de conséquence, un refus de reconnaissance et d'exécution à l'étranger en application de l'article V.2.e de la Convention de New York[559] ? Ou doit-il toujours respecter les règles impératives du siège et, le cas échéant, écarter celles contraires choisies par les parties, au risque d'exposer sa sentence à un refus d'exequatur à l'étranger en application de l'article V.1.d de la Convention ? S'il faut nécessairement choisir, la seconde de ces deux options paraît sans doute la meilleure. D'une part, contrairement à la première, elle évite déjà la double peine de l'annulation et du refus de reconnaissance, pour n'exposer la sentence qu'à la seconde. D'autre part, même si la position de la France n'est pas totalement isolée[560], les États contractants refusant systématiquement de reconnaître et d'exécuter une sentence annulée à l'étranger sont plus nombreux que ceux susceptibles de refuser d'accueillir une sentence qui a certes méconnu la loi des parties pour la constitution du tribunal arbitral ou la procédure arbitrale, mais pour des raisons tenant au caractère impératif des règles du siège. En tout cas, quel que soit le choix du tribunal arbitral placé dans une telle situation, le refus d'accorder l'exequatur sur le fondement de l'article V.1.d de la Convention de New York peut intervenir, notamment, en cas de non-respect des modalités de désignation des arbitres, d'impartialité ou de défaut d'indépendance de ceux-ci, ou s'ils ne présentaient pas d'autres qualités requises au regard des règles applicables (expérience, langues, incompatibilités professionnelles...). Il pourra aussi résulter du constat de ce qu'une règle quelconque de procédure n'a pas été respectée, la Convention ne se bornant pas à sanctionner les irrégularités procédurales les plus graves.

555. E. Gaillard et G. A. Bermann, *op. cit.*, p. 216.

556. J.-F. Poudret, S. Besson, *op. cit.*, n° 913, p. 888 et les réf. citées.

557. E. Gaillard et G. A. Bermann, *op. cit.*, p. 236.

558. Sur lequel, v. Ph. Fouchard, E. Gaillard, B. Goldman, *op. cit.*, n° 1702, p. 1006 ; J.-F. Poudret, S. Besson, *op. cit.*, n° 915, p. 891.

559. V. *infra*, n° 1016.

560. Sur celle-ci, v. *supra*, n° 924.

1016 **Caractère non obligatoire, annulation ou suspension de la sentence dans l'État d'origine.** L'article V.1.e de la Convention de New York dispose que la reconnaissance et l'exécution de la sentence peuvent être refusées dans trois hypothèses supplémentaires : si « la sentence n'est pas encore devenue obligatoire pour les parties » ; si elle « a été annulée ou suspendue par une autorité compétente du pays dans lequel, ou d'après la loi duquel, la sentence a été rendue ». S'agissant d'abord de la première de ces trois causes de refus d'exequatur, la Convention n'a pas précisé ce qu'est une sentence « obligatoire ». Plusieurs interprétations de ce terme ont donc été proposées. Pour certains, le caractère obligatoire de la sentence, au regard de la disposition précitée, est apprécié selon la loi de l'État où elle a été rendue ; pour d'autres, la notion est autonome[561]. C'est, semble-t-il, cette dernière interprétation qui est aujourd'hui la plus largement partagée en droit comparé[562] : la sentence est obligatoire, de sorte que sa reconnaissance et son exécution ne pourront alors être refusées sur le fondement de l'article V.1.e de la Convention de New York, si elle n'est plus susceptible d'une voie de recours ordinaire, c'est-à-dire si elle ne peut plus être infirmée sur le fond. Il faut ajouter que, dans tous les cas, la sentence n'est pas considérée comme n'étant pas obligatoire simplement parce qu'un recours en annulation demeure ouvert à son encontre dans l'État d'origine ou parce qu'aucune procédure d'exequatur n'y a été engagée[563]. L'annulation de la sentence prononcée dans l'État dans lequel elle a été rendue constitue une autre cause de refus d'exequatur sur le fondement du texte précité, sauf dans les pays qui, comme la France, considèrent qu'il convient de faire application de leur droit, plus favorable, parce qu'il ne prévoit pas cette cause de refus d'exequatur[564]. Quant à la suspension de la sentence, elle ne constitue un motif de refus de reconnaissance et d'exécution que si elle est décidée par une autorité du siège. Ainsi, le simple effet suspensif attaché, le cas échéant, au délai de recours ou à l'exercice d'un recours dans l'État où la sentence a été rendue ne devrait pas affecter son exequatur dans un autre État contractant[565].

2. Les griefs qui peuvent être relevés d'office par l'autorité compétente

1017 La Convention de New York a prévu deux cas de refus d'exequatur que l'autorité compétente peut relever d'office : l'inarbitrabilité du litige et la contrariété à l'ordre public de l'État d'accueil.

1018 **L'inarbitrabilité du litige.** L'article V.2.a de la Convention énonce que la reconnaissance et l'exécution de la sentence peuvent être refusées si l'autorité compétente constate « que, d'après la loi de ce pays, l'objet du différend n'est pas susceptible d'être réglé par voie d'arbitrage ». L'appréciation de l'arbitrabilité objective, de l'aptitude d'une cause à être soumise à l'arbitrage, est donc fonction de la conception qu'en a

561. Sur cette controverse, v. E. Gaillard et G. A. Bermann, *op. cit.*, p. 256 ; Ph. Fouchard, E. Gaillard, B. Goldman, *op. cit.*, n° 1677 et s., p. 986 et s. ; J.-F. Poudret, S. Besson, *op. cit.*, n° 918 et s., p. 894 et s.

562. J.-F. Poudret, S. Besson, *op. cit.*, n° 918, p. 894.

563. Ph. Fouchard, E. Gaillard, B. Goldman, *op. cit.*, n° 1684., p. 992 ; J.-F. Poudret, S. Besson, *op. cit.*, n° 920, p. 897.

564. V. *supra*, n° 924, 948.

565. E. Gaillard et G. A. Bermann, *op. cit.*, p. 272.

l'État d'accueil de la sentence[566]. Si la solution n'est théoriquement pas surprenante, dès lors qu'il s'agit pour l'autorité requise de déterminer les conditions auxquelles une sentence rendue à l'étranger peut produire des effets sur son territoire[567], elle peut paraître regrettable lorsque l'exequatur est sollicité dans un pays sans lien aucun avec la situation litigieuse. Pour atténuer cet inconvénient, l'arbitrabilité du litige peut, comme en France, être envisagée de manière plus libérale pour une sentence étrangère que pour une sentence interne[568]. Autrement dit, le contrôle de ce que le litige peut être réglé par voie d'arbitrage, en application de l'article V.2.a de la Convention de New York, devrait être réalisé en considération de la conception internationale de l'arbitrabilité du litige. Il faut aussi relever que la règle posée par la Convention de New York ne semble pas autoriser la prise en compte, par l'autorité d'accueil, d'une loi de police étrangère qui aurait légitimement vocation à restreindre l'arbitrabilité du litige, ce qui semble également regrettable.

1019 **Contrariété à l'ordre public.** L'article V.2.b de la Convention de New York admet également que l'autorité compétente de l'État refuse reconnaître ou d'exécuter une sentence si elle constate « que la reconnaissance ou l'exécution de la sentence serait contraire à l'ordre public de ce pays ». Le droit comparé enseigne que, comme l'article 1520.5° du Code de procédure civile français, c'est l'ordre public dans sa conception internationale qui est ici visé, et non pas l'ensemble des règles impératives internes du droit de l'État d'accueil[569]. Il n'est pas question d'un éventuel ordre public transnational ou véritablement international, qui demeure, au mieux, à l'état embryonnaire[570].

B. LA PROCÉDURE

1020 **Renvoi aux règles de procédure internes.** Pour l'essentiel, la Convention de New York renvoie aux droits nationaux pour les règles procédurales de l'exequatur. Son article III dispose en effet que « chacun des États contractants reconnaîtra l'autorité d'une sentence arbitrale et accordera l'exécution de cette sentence conformément aux règles de procédure suivies dans le territoire où la sentence est invoquée, aux conditions établies dans les articles suivants ». Pour éviter que les sentences entrant dans son champ d'application ne subissent un traitement sensiblement plus défavorable que les sentences nationales, l'article III ajoute toutefois qu'« il ne sera pas imposé, pour la reconnaissance ou l'exécution des sentences arbitrales auxquelles s'applique la présente convention, de conditions sensiblement plus rigoureuses, ni de frais de justice sensiblement plus élevés, que ceux qui sont imposés pour la reconnaissance et l'exécution des sentences arbitrales nationales ». Il n'est donc pas interdit aux États contractants de mettre en œuvre des règles de procédure distinctes selon que les sentences relèvent ou non de la Convention. Simplement, la procédure d'exequatur des secondes ne doit pas être, de manière notable, soit plus onéreuse, soit plus compliquée. Sous cette réserve, la

566. Sur le droit français, v. *supra*, n° 636 et s.

567. Sur le droit applicable à l'arbitrabilité du litige devant le juge étatique, v. *supra*, n° 637 et s.

568. V. *supra*, n° 649 et s.

569. E. Gaillard et G. A. Bermann, *op. cit.*, p. 299 ; Ph. Fouchard, E. Gaillard, B. Goldman, *op. cit.*, n° 1710, p. 1012 ; J.-F. Poudret, S. Besson, *op. cit.*, n° 933, p. 907, qui préfèrent parler « d'effet atténué » de l'ordre public.

570. V. *supra*, n° 905.

reconnaissance et l'exécution des sentences, sous le régime de la Convention de New York, obéissent aux conditions de compétence, délai et forme prévues dans chacun des États contractants. En France, il s'agira donc de celles fixées aux articles 1514 et suivants du Code de procédure civile[571].

1021 **Documents requis et traduction.** L'article IV.1 de la Convention dispose que « pour obtenir la reconnaissance et l'exécution », la partie qui la demande « doit fournir, en même temps que la demande », « l'original dûment authentifié de la sentence ou une copie de cet original réunissant les conditions requises pour son authenticité » et « l'original de la convention visée à l'article II [la convention d'arbitrage], ou une copie réunissant les conditions requises pour son authenticité ». Et, si la sentence ou la convention ne sont pas rédigées dans une langue officielle du pays où la sentence est invoquée, la partie « aura à produire une traduction de ces pièces dans cette langue. La traduction devra être certifiée par un traducteur officiel ou un traducteur juré ou par un agent diplomatique ou consulaire ». Indirectement, la Convention prévoit ainsi un nouveau cas de refus de reconnaissance ou d'exécution de la sentence : le défaut de production d'un original authentifié de la sentence et d'un original de la convention d'arbitrage, ou de copies réunissant les conditions requises pour leur authenticité, et d'une traduction certifiée de ces pièces lorsqu'elles sont rédigées dans une langue étrangère. Le texte est donc moins favorable que le droit français, qui a été modifié et simplifié par le décret du 13 janvier 2011, s'agissant des formalités d'exequatur. L'article IV étant silencieux sur ce point, l'authentification de l'original ou des copies peut être réalisée par toute autorité judiciaire, par des notaires ou des agents diplomatiques ou consulaires de tout État, notamment de l'État d'origine de la sentence[572]. En principe, si l'article IV est appliqué à la lettre, la sentence et la convention d'arbitrage doivent être produites « en même temps » que la demande de reconnaissance et d'exequatur, la traduction certifiée de ces documents pouvant être fournie plus tard. Le droit comparé enseigne cependant que la requête peut le plus souvent être complétée[573]. Quant à la traduction de la sentence et de la convention, qui n'est en pratique pas toujours exigée[574], elle peut être réalisée par tout moyen. C'est simplement la certification de cette traduction qui doit être faite par un traducteur officiel, par un traducteur juré ou par un agent diplomatique ou consulaire, sans que la Convention ne précise d'ailleurs leur nationalité, ce qui laisse, là encore, une grande latitude à l'autorité compétente de l'État d'accueil.

1022 **Suspension de la procédure.** L'article VI de la Convention de New York prévoit un cas de suspension facultative de l'instance d'exequatur de la sentence dans l'État d'accueil. Il dispose que « si l'annulation ou la suspension de la sentence est demandée à l'autorité compétente [du pays dans lequel ou d'après la loi duquel la sentence a été rendue], l'autorité devant qui la sentence est invoquée peut, si elle l'estime approprié, surseoir à statuer sur l'exécution de la sentence ; elle peut aussi, à la requête de la partie qui demande l'exécution de la sentence, ordonner à l'autre partie de fournir des sûretés convenables ». L'autorité compétente de l'État d'accueil de la sentence dispose donc d'un large pouvoir d'appréciation de l'opportunité de suspendre l'instance ou, le cas

571. Sur laquelle, v. *supra*, n° 940 et s.

572. E. Gaillard et G. A. Bermann, *op. cit.*, p. 138 ; Ph. Fouchard, E. Gaillard, B. Goldman, *op. cit.*, n° 1675, p. 985. V. aussi, J.-F. Poudret, S. Besson, *op. cit.*, 2002, n° 950, p. 920.

573. J.-F. Poudret, S. Besson, *op. cit.*, n° 950, p. 920.

574. J.-F. Poudret, S. Besson, *op. cit.*, n° 951, p. 922 ; J.-Y. Garaud et R. Ziadé, note sous Paris, 18 mars 2004, *Rev. arb.* 2004, p. 917, spéc. p. 929.

échéant, autoriser l'exécution de la sentence moyennant la fourniture d'une garantie personnelle ou réelle. Ceci lui permet de déjouer les tentatives dilatoires d'une partie désireuse de faire obstacle à l'exécution de la sentence, consistant à solliciter l'annulation de la sentence ou sa suspension dans l'État d'origine pour ensuite ralentir l'exécution de la sentence dans d'autres États.

§ 2. LA CONVENTION DE GENÈVE DU 21 AVRIL 1961

1023 **Champ d'application.** La Convention européenne sur l'arbitrage commercial international du 21 avril 1961, ratifiée par 31 États, dont la France, a marqué l'évolution du droit de l'arbitrage commercial international en édictant des règles parfois audacieuses relatives à la convention d'arbitrage, à la constitution du tribunal arbitral et à l'instance arbitrale[575]. Mais elle ne traite que de manière indirecte de la reconnaissance et de l'exécution des sentences arbitrales, au travers de son article IX. La Convention est applicable, selon son article premier, aux sentences arbitrales fondées sur des conventions d'arbitrage conclues pour le règlement de litiges nés ou à naître d'opérations du commerce international entre des personnes ayant, au moment de la conclusion de cette convention, « leur résidence habituelle ou leur siège dans des États contractants différents ». Ce n'est donc pas le siège de l'arbitrage qui constitue le critère permettant de définir le champ d'application de la Convention de Genève, mais le lieu d'établissement des parties. Ainsi, la reconnaissance et l'exécution de la sentence peuvent être affectées par les dispositions de son article IX même si l'arbitrage s'est déroulé dans un pays qui n'a pas ratifié la Convention.

1024 **Portée.** La Convention de Genève ne constitue qu'un complément de la Convention de New York s'agissant de la reconnaissance et de l'exécution des sentences. Son article IX se borne en effet à prévoir que l'annulation de la sentence dans un État contractant constitue un motif de refus de reconnaissance ou d'exécution dans un autre État contractant si elle est intervenue, dans l'État dans lequel ou d'après la loi duquel la sentence a été rendue, pour l'une des causes qu'elle liste, qui sont celles prévues par l'article V.1.a) à d) de la Convention de New York[576].

575. Sur celles-ci, v. Ph. Fouchard, E. Gaillard, B. Goldman, *Traité de l'arbitrage commercial international*, Litec, 1996, n° 282 et s., p. 161 et s.

576. V. *supra* n° 1012 et s.

INDEX ALPHABÉTIQUE

Les chiffres renvoient aux numéros des ***paragraphes***

D

E

F

S

V-Z

TABLE DES MATIÈRES

(Les chiffres renvoient aux numéros des pages)

COLLECTION DOMAT

Jean-Bernard Auby, Hugues Périnet-Marquet et Rozen Noguellou, *Droit de l'urbanisme et de la construction*, 11e éd., 2017

Mathias Audit, Sylvain Bollée et Pierre Callé, *Droit du commerce international et des investissements étrangers*, 3e éd., 2019

Pierre Avril, Jean Gicquel et Jean-Éric Gicquel, *Droit parlementaire*, 5e éd., 2014

Francis Balle, *Médias et sociétés*, 18e éd., 2019

Jean Bart, *Histoire du droit privé, De la chute de l'Empire romain au XIXe siècle*, 2e éd., 2009

Bernard Beignier, *Droit des assurances*, 3e éd., 2018

Florence Bellivier, *Droit des personnes*, 2015

Alain Bénabent, *Droit des obligations*, 18e éd., 2019

Alain Bénabent, *Droit des contrats spéciaux civils et commerciaux*, 13e éd., 2019

Alain Bénabent, *Droit de la famille*, 4e éd., 2018

Thierry Bonneau, *Droit bancaire*, 13e éd., 2019

Thierry Bonneau, Pauline Pailler, Anne-Claire Rouaud, Adrien Tehrani et Régis Vabres, *Droit financier*, 2e éd., 2019

Michel Borgetto et Robert Lafore, *Droit de l'aide et de l'action sociales*, 10e éd., 2018

Jean Boulouis, *Droit institutionnel de l'Union européenne*, 6e éd., 1997

Philippe Braud et François Burdeau, *Histoire des idées politiques depuis la Révolution*, 2e éd., 1992

François Burdeau, *Histoire de l'administration française, XVIIIe-XXe siècles*, 2e éd., 1994

Rémy Cabrillac, *Droit des régimes matrimoniaux*, 11e éd., 2019

Jérôme Caby, Alain Couret et Gérard Hirigoyen, *Initiation à la gestion, Connaissance de l'entreprise à partir de ses principaux documents obligatoires*, 3e éd., 1991

Nicolas Cayrol, *Droit de l'exécution*, 3e éd., 2019

René Chapus, *Droit administratif général*, t. 1 (15e éd., 2001) *Service public, Police, Responsabilité, Actes, Organisation et justice administratives, Séparation des autorités administratives et judiciaires, Conflits d'attribution* ; t. 2 (15e éd., 2001) *Fonction publique, Domaine public, Travaux publics, Expropriation*

René Chapus, *Droit du contentieux administratif*, 13e éd., 2017

Martin Collet, *Finances publiques*, 4e éd., 2019

Jean Combacau et Serge Sur, *Droit international public*, 13e éd., 2019

Gérard Cornu, *Droit civil, Introduction au droit*, 13e éd., 2007

Gérard Cornu, *Droit civil, Les biens*, 13e éd., 2007

Gérard Cornu, *Droit civil, Les personnes*, 13e éd., 2007

Gérard Cornu, *Droit civil, La famille*, 9e éd., 2006

Gérard Cornu, *Linguistique juridique*, 3e éd., 2005

Françoise Dekeuwer-Défossez et Édith Blary-Clément, *Droit commercial, Actes de commerce, Fonds de commerce, Commerçants, Concurrence*, 12e éd., 2019

Jean Devèze et Philippe Pétel, *Droit commercial, Instruments de paiement et de crédit*, 1992

Nicolas Dissaux et Romain Loir, *Droit de la distribution*, 2017

William Dross, *Droit des biens*, 4e éd., 2019

Louis Dubouis et Claude Blumann, *Droit matériel de l'Union européenne*, 8e éd., 2019

Michel Fromont et Jonas Knetsch, *Droit privé allemand*, 2e éd., 2017

Jean Gaudemet et Emmanuelle Chevreau, *Les institutions de l'Antiquité*, 8e éd., 2014

Jean Gaudemet, *Les naissances du droit, Le temps, le pouvoir et la science au service du droit*, 4e éd., 1997

Jean Gaudemet, *Sociologie historique, Les maîtres du pouvoir*, 1994

Jean Gaudemet et Emmanuelle Chevreau, *Droit privé romain*, 3e éd., 2009

Paul-Marie Gaudemet et Joël Molinier, *Finances publiques*, t. 1 (7e éd., 1996) *Politique financière ; Budget et Trésor*, t. 2 (6e éd., 1997) *Fiscalité*

Jean Gicquel et Jean-Éric Gicquel, *Droit constitutionnel et institutions politiques*, 33e éd., 2019

Gilles J. Guglielmi, Geneviève Koubi et Martine Long et la collab. de Gilles Dumont, *Droit du service public*, 4e éd., 2016

Daniel Gutmann, *Droit fiscal des affaires*, 10e éd., 2019

Jacques Héron, Thierry Le Bars et Karim Sahli, *Droit judiciaire privé*, 7e éd., 2019

Emmanuel Jeuland, *Droit processuel général*, 4e éd., 2018

Christian Jubault, *Droit civil, Les successions, Les libéralités*, 2e éd., 2010

Jérôme Julien, *Droit de la consommation*, 3e éd., 2019

Thierry Lambert, *Procédures fiscales*, 4e éd., 2019

Paul Le Cannu et Bruno Dondero, *Droit des sociétés*, 8e éd., 2019

Cécile Le Gallou et Simon Wesley, *Droit anglais des affaires*, 2018

Pierre Mayer, Vincent Heuzé et Benjamin Remy, *Droit international privé*, 12e éd., 2019

Antoine Mazeaud, *Droit du travail*, 10e éd., 2016

Michel Menjucq, *Droit international et européen des sociétés*, 5e éd., 2018

Yves Mény et Yves Surel, *Politique comparée, Les démocraties (Allemagne, États-Unis, France, Grande-Bretagne, Italie)*, 8e éd., 2009

Marcel Morabito, *Histoire constitutionnelle de la France de 1789 à nos jours*, 15e éd., 2018

Sébastien Neuville, *Philosophie du droit*, 2019

Sophie Nicinski, *Droit public des affaires*, 7e éd., 2019

Roger Perrot, Bernard Beignier et Lionel Miniato, *Institutions judiciaires*, 17e éd., 2018

Jacques Petit et Pierre-Laurent Frier, *Droit administratif*, 13e éd., 2019

Nicolas Petit, *Droit européen de la concurrence*, 2e éd., 2018

Frédéric Pollaud-Dulian, *Droit de la propriété industrielle*, 1999

Romain Rambaud, *Droit des élections et des référendums politiques*, 2019

Jacques Robert et Jean Duffar, *Droits de l'homme et libertés fondamentales*, 8e éd., 2009

Raphaël Romi, *Droit de l'environnement et du développement durable*, 10e éd., 2018

Raphaël Romi, *Droit international et européen de l'environnement*, 3e éd., 2017

Dominique Rousseau, Pierre-Yves Gahdoun, Julien Bonnet, *Droit du contentieux constitutionnel*, 11e éd., 2016

Corinne Saint-Alary-Houin, *Droit des entreprises en difficulté*, 11e éd., 2018

François Saint-Bonnet et Yves Sassier, *Histoire des institutions avant 1789*, 6e éd., 2019

Carlos Santulli, *Droit du contentieux international*, 2e éd., 2015

Roger-Gérard Schwartzenberg, *Sociologie politique*, 5e éd., 1998

Christophe Seraglini et Jérôme Ortscheidt, *Droit de l'arbitrage interne et international*, 2e éd., 2019

Serge Sur, *Relations internationales*, 6e éd., 2011

Romuald Szramkiewicz et Olivier Descamps, *Histoire du droit des affaires*, 3e éd., 2019

Jacques Ziller, *Administrations comparées, Les systèmes politico-administratifs de l'Europe des Douze,* 1993

Imprimé en France - JOUVE, 1, rue du Docteur Sauvé, 53100 MAYENNE
N° 2934088R - Dépôt légal : octobre 2019